LANGENSCHEIDTS
TASCHENWÖRTERBÜCHER

LANGENSCHEIDT

DICCIONARIO DE BOLSILLO

DE LAS LENGUAS ESPAÑOLA Y ALEMANA

Parte primera

Español-Alemán

por

TH. SCHOEN Y T. NOELI

Refundición

por

GISELA HABERKAMP DE ANTÓN

LANGENSCHEIDT

BERLÍN · MUNICH · VIENA · ZURICH · NUEVA YORK

LANGENSCHEIDTS
TASCHENWÖRTERBUCH
DER SPANISCHEN UND DEUTSCHEN SPRACHE

Erster Teil

Spanisch-Deutsch

von

TH. SCHOEN UND T. NOELI

Neubearbeitung

von

GISELA HABERKAMP DE ANTÓN

LANGENSCHEIDT

BERLIN · MÜNCHEN · WIEN · ZÜRICH · NEW YORK

Inhaltsverzeichnis

Índice

Auflage	16.	15.	14.	13.	12.		*Letzte Zahlen*
Jahr:	1994	93	92	91	90		*maßgeblich*

*Copyright 1965, 1980 Langenscheidt KG, Berlin und München
Druck: Philipp Reclam jun., Ditzingen
Printed in Germany · ISBN 3-468-10341-7*

Vorwort

Die vorliegende Neubearbeitung des spanisch-deutschen Taschenwörterbuches soll der in den letzten Jahren erfolgten raschen Entwicklung des Wortschatzes Rechnung tragen. Es wurden vor allem diejenigen neu entstandenen Wörter aufgenommen, die dem an der heutigen spanischen Sprache Interessierten täglich begegnen. Welche Bereiche hierbei im Rahmen eines Taschenwörterbuches erfaßt werden konnten, zeigen folgende Beispiele:

aletas (Schwimmflossen), papel de aluminio (Alufolie), almuerzo de trabajo (Arbeitsessen), aperturismo (Politik der Öffnung), lucha antipolución (Bekämpfung der Umweltverschmutzung), capacidad competitiva (Wettbewerbsfähigkeit), calculadora de bolsillo (Taschenrechner), cortometraje (Kurzfilm), cuenta atrás (Countdown), drogadicto (rauschgiftsüchtig), faro antiniebla (Nebelscheinwerfer), huelga de celo (Bummelstreik), marcapasos (Herzschrittmacher), parquímetro (Parkuhr), rotulador (Filzstift).

Um der Bedeutung des Spanischen als Weltsprache gerecht zu werden, wurde das süd- und mittelamerikanische Vokabular beträchtlich erweitert. Der Benutzer wird nunmehr Ausdrücke wie *acreencia (Gläubigerguthaben), aeromoza (Stewardeß), alojo (Unterkunft), andinismo (Bergsport in den Anden), breque (Bremse), soroche (Höhenkrankheit)* finden, dazu die Namen vieler einheimischer Speisen und Getränke (*carincho, tamal, tequila* usw.).

Es versteht sich von selbst, daß auch in dieser Neubearbeitung das Spanische als Handels- und Wirtschaftssprache den heutigen Erfordernissen entsprechend berücksichtigt wurde.

Schließlich wurde der bereits vorhandene spanische und deutsche Wortschatz überprüft, wo nötig korrigiert und vielseitig ergänzt, so daß das Werk im ganzen den derzeitigen Sprachstand wiedergibt.

Jedem Stichwort ist die Aussprachebezeichnung in der Lautschrift der Association Phonétique Internationale beigegeben.

Im Anhang sind in besonderen Verzeichnissen und Tabellen zusammengestellt: die wichtigsten in Spanien und in den südamerikanischen Ländern gebrauchten Eigennamen und Abkürzungen, Konjugationsmuster der spanischen regelmäßigen und unregelmäßigen Verben, sowie die spanischen Zahlwörter, Maße und Gewichte.

Prefacio

La presente refundición del Diccionario de bolsillo español-alemán tiene en cuenta la rápida evolución del vocabulario que se ha manifestado en el curso de los últimos años. Se han incluido en especial los neologismos con los que los interesados en el lenguaje actual español pueden encontrarse a diario. Para demostrar la gama de los distintos sectores a los que se ha dado acogida — dentro de los límites de un diccionario de bolsillo — citemos a título de ejemplo:

aletas (*Schwimmflossen*), *papel de aluminio* (*Alufolie*), *almuerzo de trabajo* (*Arbeitsessen*), *aperturismo* (*Politik der Öffnung*), *lucha antipolución* (*Bekämpfung der Umweltverschmutzung*), *capacidad competitiva* (*Wettbewerbsfähigkeit*), *calculadora de bolsillo* (*Taschenrechner*), *cortometraje* (*Kurzfilm*), *cuenta atrás* (*Countdown*), *drogadicto* (*rauschgiftsüchtig*), *faro antiniebla* (*Nebelscheinwerfer*), *huelga de celo* (*Bummelstreik*), *marcapasos* (*Herzschrittmacher*), *parquímetro* (*Parkuhr*), *rotulador* (*Filzstift*).

Teniendo presente la importancia del idioma español como lengua universal, se ha aumentado considerablemente el número de americanismos. El usuario se encontrará con términos como *acreencia* (*Gläubigerguthaben*), *aeromoza* (*Stewardeß*), *alojo* (*Unterkunft*), *andinismo* (*Bergsport in den Anden*), *breque* (*Bremse*), *soroche* (*Höhenkrankheit*), así como con los nombres de muchas comidas y bebidas nacionales (*carincho, tamal, tequila, etc.*).

Es evidente que también en esta refundición se ha concedido el espacio adecuado a la terminología comercial y económica española.

Asimismo el vocabulario existente, tanto español como alemán, ha sido revisado, en algunos casos corregido, en muchos otros completado, de manera que en su totalidad, la obra refleja fielmente las últimas evoluciones del idioma moderno.

Cada voz guía va seguida de la pronunciación figurada según el sistema de la Asociación Fonética Internacional.

El apéndice comprende listas especiales: los nombres propios y las abreviaturas de uso corriente en España y en los países iberoamericanos, modelos de conjugación de los verbos españoles regulares e irregulares, los numerales españoles y una lista de medidas y pesos españoles.

Durch sorgfältige Beachtung des Inhalts der Seiten 7—16 gewinnt
das Buch erst den richtigen Wert

El estudio detenido y atento de las páginas 7—16 es indispensable
para conseguir el máximum de utilidad en el empleo de este diccionario

Bemerkungen über die Einrichtung des Wörterbuches

Advertencias referentes a la organización del diccionario

1. Die alphabetische Anordnung ist überall streng eingehalten. An alphabetischer Stelle sind auch angegeben:

a) die wichtigsten unregelmäßigen Formen der Verben sowie des Komparativs und Superlativs;

b) die verschiedenen Formen der Fürwörter.

2. Rechtschreibung. Für die Schreibung der spanischen Wörter dienten als Norm die Regeln der Academia de la Lengua Española, für die deutschen Wörter die amtlichen Regeln für die deutsche Rechtschreibung (Duden).

3. Die Aussprachebezeichnung ist jedem fettgedruckten spanischen Wort beigefügt worden.

4. Tilde und Strich. Abgeleitete und zusammengesetzte Wörter sind zwecks Raumersparnis oft zu Gruppen vereinigt. Der senkrechte Strich (|) im ersten Stichwort einer solchen Gruppe trennt den Teil ab, der allen folgenden Wörtern dieser Gruppe gemeinsam ist. Die fette Tilde (~) vertritt entweder das ganze erste Stichwort einer Gruppe oder den vor dem senkrechten Strich (|) stehenden Teil dieses Stichworts. Die einfache Tilde (~) vertritt das ganze, unmittelbar vorhergehende Stichwort, das selbst schon mit Hilfe der Tilde gebildet sein kann. Wenn sich der Anfangsbuchstabe ändert (groß in klein oder umgekehrt), steht statt der Tilde die Tilde mit Kreis (2, 2).

1. El orden alfabético queda rigurosamente establecido. Ocupan su lugar alfabético también:

a) las formas irregulares más importantes de los verbos, del comparativo y del superlativo;

b) las diferentes formas de los pronombres.

2. Ortografía. Para las voces españolas han servido de norma las reglas establecidas por la Academia de la Lengua Española; para las alemanas, las oficiales que rigen para la ortografía alemana (Duden).

3. La pronunciación figurada acompaña cada voz española impresa en caracteres gruesos.

4. Tilde y Raya. Para reservar todo el espacio disponible a las voces-guía, las palabras derivadas y compuestas se han reunido casi siempre en grupos. La raya (|) separa de la voz-guía la parte común de todas las demás voces del grupo. La tilde gruesa (~) sustituye la primera voz-guía entera de un grupo o bien la parte de la voz-guía que precede a la raya (|). La tilde normal (~) sustituye la voz-guía entera que precede inmediatamente y puede ser formada ella misma por medio de la tilde. La transformación de mayúscula en minúscula o viceversa se indica por los signos 2, 2.

Beispiele: **capital, ~ismo** = capitalismo; **ape|lable, ~lación** = apelación; **contra|riar, ~rio**, al ~ = al contrario; **padre,** ♀ Santo = Padre Santo.

Ejemplos: **capital, ~ismo** = capitalismo; **ape|lable, ~lación** = apelación; **contra|riar, ~rio**, al ~ = al contrario; **padre,** ♀ Santo = Padre Santo.

5. Der Bindestrich (-) findet als Abkürzungszeichen vor der Endung -*a* der weiblichen Form von Substantiven und (meist substantivisch gebrauchten) Adjektiven Verwendung und bedeutet Ersatz des Endvokals -*o* der Maskulinform durch -*a* oder Anhängung des *a* an den Endkonsonanten der Maskulinform, z. B. *suizo m, -a* (= *suiza*) *f* Schweizer(in); *español m, -a* (= *española*) *f* Spanier (-in).

5. El guión (-) se emplea como signo de abreviación delante de la letra final -*a* de la forma femenina de sustantivos y adjetivos (empleados éstos las más veces como sustantivos) y significa sustitución de la -*o* final del masculino por -*a*, o agregación de esta letra a la consonante final del masculino precedente, vg. *suizo m, -a* (= *suiza*) *f Schweizer(in)*; *español m, -a* (= *española*) *f Spanier(in)*.

6. Die runden Klammern (). Wenn in einem spanischen Wort einzelne Buchstaben in runden Klammern stehen, so handelt es sich um zwei unterschiedlos gebräuchliche Formen, z. B. *chapurr(e)ar* = *chapurrar* oder *chapurrear* radebrechen.

6. Los paréntesis (). Cuando en una voz española ciertas letras están entre paréntesis, se trata de dos formas que se usan sin distinción de sentido, vg. *chapurr(e)ar* = *chapurrar* o *chapurrear radebrechen*.

7. Wörter von gleicher Schreibung, aber von verschiedener Abstammung oder verschiedener Wortart sind meist getrennt aufgeführt und in solchem Falle mit [1], [2] usw. bezeichnet worden, z. B. *sino*[1] ['sino] *m* Schicksal *n*; (neuer Titelkopf:) *sino*[2] ['sino] *prp.* außer.

7. Voces de igual ortografía, pero de etimología diferente o pertenecientes a partes de la oración distintas se encuentran la mayoría de las veces en apartes distintos y marcadas en tal caso con [1], [2], etc., vg. *sino*[1] ['sino] *m Schicksal n*; *sino*[2] ['sino] *prp. außer*.

8. Die grammatischen Bezeichnungen (*adj., adv., v/t., v/i., prp.* usw.) sind da, wo beide Sprachen übereinstimmen, weggelassen worden, außer wo ein Artikel verschiedene Nummern (**1., 2.** usw.) enthält.

8. Las advertencias gramaticales (*adj., adv., v/t., v/i., prp.*, etc.) quedan omitidas siempre que los dos idiomas concuerden entre sí, excepto cuando un artículo contenga distintos números (**1., 2.,** etc.).

Das Geschlecht (*m, f, n*) ist bei allen spanischen und deutschen Substantiven angegeben, z. B. *deber* [de'ber] **1.** *m* Pflicht *f*; **2.** *v/t.* schulden ...; **3.** *v/i.* + *inf.* müssen ...

Se indica el género de todos los sustantivos españoles y alemanes (*m* = masculino, *f* = femenino, *n* = neutro), vg. *deber* **1.** *m Pflicht f*; **2.** *v/t. schulden* ...; **3.** *v/i.* + *inf. müssen* ...

Von Adjektiven ist nur die männliche Form verzeichnet, da sich die weibliche leicht daraus bilden läßt, z. B. *caro* (*m*): *cara* (*f*) teuer. Dagegen ist bei denjenigen spanischen Hauptwörtern, die eine männliche und weibliche Form haben, das weibliche Geschlecht angegeben, z. B. *hablador m, -a f* Schwätzer(in), s. a. die Beispiele zu 5.

De los adjetivos no se halla anotada sino la forma masculina, pudiéndose derivar de ella sin dificultad la femenina, vg. *caro* (*m*): *cara* (*f*) *teuer*. No obstante, en aquellos sustantivos españoles que admiten una acepción masculina y otra femenina, el género femenino queda indicado, vg. *hablador m, -a f Schwätzer(in)*.

9. Hinweis auf die Konjugationstabelle: (1a) usw. Bei jedem spanischen Verb weisen die in runden Klammern stehenden Zahlen und Buchstaben auf das entsprechende Konjugationsmuster hin (s. S. 529–541).

10. Die Rektion der Verben ist nur da angegeben, wo sie in beiden Sprachen verschieden ist. Deutsche Präpositionen sind überall mit der Kasusangabe versehen, z.B. *acordarse de* sich erinnern an (*ac.*); ∼ *con* sich einigen mit (*dat.*).

11. Reflexive Verben. Wenn bei vielen Verben die dazugehörige reflexive Form mit abweichender Bedeutung angeführt worden ist, so ist damit nicht gesagt, daß die ursprüngliche Bedeutung nicht auch in reflexivem Gebrauch vorkommt; so heißt *abrir* öffnen; *abrirse a alg.* j-m sein Herz ausschütten usw., aber selbstverständlich auch *abrirse* = sich (von selbst) öffnen.

12. Verkleinerungsformen (auf *-[c]ico, -[c]illo, -[c]ito, -[z]uelo* usw.) und **Vergrößerungsformen** (auf *-ón, -azo, -ote* usw.) haben nur dann Aufnahme gefunden, wenn sie eine vom Grundwort abweichende Sonderbedeutung entwickelt haben. Wörter, die durch die Ableitungssilben *-aco, -uco, -acho, -ucho, -astro* usw. eine geringschätzende Bedeutung erhalten, sind nur insoweit berücksichtigt, als es sich um besonders häufig gebrauchte Wörter handelt. So sind zu *casa* (Haus) nicht gegeben *casita* (Häuschen) und *casón* (großes Haus), wohl aber *casilla* (Hütte; Bahnwärterhäuschen) *Fach* usw.) und *caserón* (großes Haus; P Wohnmaschine) sowie *casu|ca, ∼cha, ∼cho* (P Bruchbude); zu *padre* nicht *padrecito* (Väterchen), wohl aber *padrastro* (Stiefvater; Rabenvater).

13. Übersetzung und Bedeutung. Die Bedeutungen der Wörter sind durch Zahlen oder Buchstaben voneinander geschieden, im allgemeinen jedoch trennt das Semikolon verschiedenartige Bedeutun-

9. Indicaciones relativas al cuadro sinóptico de las conjugaciones: (1a), etc. Detras de cada verbo español una cifra y una letra, puestas las dos entre paréntesis, remiten al paradigma de la conjugacion correspondiente (v. pag. 529–541).

10. El régimen de los verbos se indica solamente si hay diferencia en este punto entre los dos idiomas. Las preposiciones alemanas van siempre seguidas del caso que rigen su complemento, p. ej. *acordarse de sich erinnern an* (*ac.*), ∼ *con sich einigen mit* (*dat.*).

11. Verbos reflexivos. Queda apuntado el reflexivo de muchos verbos, cuando entraña una significación distinta, lo cual no quiere decir que este verbo no se encuentre con las acepciones primitivas. Así, p. ej., se da del verbo *abrir «öffnen»* el giro reflexivo «abrirse a alg. *j-m sein Herz ausschütten»*, pero se entiende que «abrirse» puede también significar «*sich (von selbst) öffnen»*.

12. Los diminutivos (en *-[c]ico, -[c]illo, -[c]ito, -[z]uelo*, etc.) y **los aumentativos** (en *-ón, -azo, -ote*, etc.) no se dan sino en el caso de que hayan adoptado una significación especial y diferente de la adjudicada a la voz-guía. Las voces de sentido peyorativo (terminando en *-aco, -uco, -acho, -ucho, -astro*, etc.) se han incluído tan sólo si se trata de vocablos de uso muy frecuente. Así, partiendo de la voz «casa *Haus*», no se da «casita *Häuschen»*, ni «casón *großes Haus»*, pero sí, «casilla *Hütte, Bahnwärterhäuschen; Fach* usw.*»* y «caserón *großes Haus;* P *Wohnmaschine,* como casu|ca, ∼cha, ∼cho P *Bruchbude»;* como derivado de «padre *Vater»*, no se encontrará «padrecito *Väterchen»*, aunque sí, «padrastro *Stiefvater; Rabenvater»*.

13. Traducción y significación. Las diferentes acepciones de los vocablos están marcadas mediante números o letras, separando, por regla general, el punto y coma los significados distintos; la coma sola,

gen, das **Komma** aber sinnverwandte Wörter. Die Bedeutungsunterschiede ein und desselben Wortes sind gekennzeichnet:

a) durch vorgesetzte Zeichen oder Abkürzungen;

b) durch vorgesetzte deutsche Objekte;

c) durch nachgesetzte deutsche Subjekte. Die Erläuterungen sind stets in *kursiver* Schrift gedruckt.

14. Die Tabelle der Zeichen und Abkürzungen befindet sich auf den Seiten 11—13.

las voces sinónimas. Las diferencias de significación se hallan señaladas mediante:

a) signos o abreviaturas que las preceden;

b) complementos alemanes ídem;

c) sujetos que las siguen o notas explicativas, yendo todo ello impreso en letra cursiva.

14. La lista de los signos y abreviaturas se encuentra en las páginas 11—13.

Das spanische Alphabet

A a	B b	C c	Ch ch	D d	E e	F f	G g	H h	I i	J j	K k
a	be	θe	tʃe	de	e	'efe	xe	'atʃe	i	'xota	ka

L l	Ll ll	M m	N n	Ñ ñ	O o	P p	Q q	R r	S s	T t	U u
'ele	'eʎe	'eme	'ene	'eɲe	o	pe	ku	'ere	'ese	te	u

V v	W w	X x	Y y	Z z
be	'doblebe	'ekis	i 'gri̯ega	'θeda

Beim Nachschlagen im spanisch-deutschen Wörterbuch ist darauf zu achten, daß im spanischen Alphabet ch auf c, ll auf l und ñ auf n folgt.

Erklärung der im Wörterbuch angewendeten Zeichen und Abkürzungen

Explicación de los signos y abreviaturas empleados en el diccionario

1. Bildliche Zeichen — Signos

F	familiär, *familiar*.	♀	Pflanzenkunde, *botánica*.
P	populär, *popular*.	△	Baukunst, *arquitectura*.
V	vulgär *od.* unanständig, *vulgar, indecente*.	A	Mathematik, *matemáticas*.
†	veraltet, *anticuado*.	♎	Chemie, *química*.
⚕	Handel, *comercio*.	⚡	Elektrotechnik, *electrotecnia*.
⚓	Schiffahrt, *navegación*.	⚚	Medizin, *medicina*.
⚔	Militär, *milicia*.	⚖	Rechtswissenschaft, *jurisprudencia*.
⊕	Technik, *tecnología*.		
⚒	Bergbau, *minería*.	⊞	wissenschaftlich, *científico*.
⛫	Eisenbahn, *ferrocarril*.	▨	Wappenkunde, *blasón*.
✈	Flugwesen, *aviación*.	=	gleich, *igual a*.
✆	Post, *correo*.	>	verwandelt sich in, *se convierte en*.
♪	Musik, *música*.		
✗	Acker-, Gartenbau, *agricultura, horticultura*.	-, ~ ♀, | s. S. 7 u. 8.	

2. Abkürzungen — Abreviaturas

a.	auch, *también*.	*Arg.*	Argentinien, *Argentina*.
Abk.	Abkürzung, *abreviatura*.	*Arith.*	Arithmetik, *aritmética*.
abstr.	abstrakt, *abstracto*.	*art.*	Artikel, *artículo*.
a/c.	alguna cosa, *algo* = etwas.	*Astr.*	Astronomie, *astronomía*.
ac.	Akkusativ, *acusativo*.	*atr.*	attributiv, *atributivo*.
adj.	Adjektiv, *adjetivo*.	*Biol.*	Biologie, *biología*.
adv.	Adverb, *adverbio*.	*Bol.*	Bolivien, *Bolivia*.
alg.	alguien, *alguno* = jemand.	*bsd.*	besonders, *especialmente*.
Am.	Amerika(nismus), *América, americanismo*.	*Chi.*	Chile, *Chile*.
		Chir.	Chirurgie, *cirugía*.
Am. Cent.	Mittelamerika, *América Central*.	*cj.*	Konjunktion, *conjunción*.
		comp.	Komparativ, *comparativo*.
Am. Mer.	Südamerika *América Meridional*.	*Col.*	Kolumbien, *Colombia*.
		concr.	konkret, *concreto*.
Am. reg.	Amerika regional, *América regional*.	*C.R.*	Costa Rica, *Costa Rica*.
		Cu.	Kuba, *Cuba*.
Anat.	Anatomie, *anatomía*.	*dat.*	Dativ, *dativo*.
andal.	andalusisch, *andaluz*.	*def.*	defektives Verb, *verbo defectivo*.
Ant.	Antillen, *Antillas*.		

desp.	verächtlich, *despectivo.*	j-n }	jemanden, *(a) alguien (ac.).*
d. h.	das heißt, *es decir.*	j-n }	
dim.	Diminutiv, *diminutivo.*	j-s }	jemandes, *de alguien (gen.).*
d-s }	dies, dieses, *esto.*	j-s }	
d-s }		*kath.*	katholisch, *católico.*
ea., ea.	einander, *uno(s) a otro(s).*	*Kchk.*	Kochkunst, *arte de cocinar.*
Ec.	Ecuador, *Ecuador.*	*Kdspr.*	Kindersprache, *lenguaje infantil.*
e-e }	eine, *una.*		
e-e }		*Kfz.*	Kraftfahrzeug, *vehículo automóvil.*
ehm.	ehemals, *antiguamente.*		
e-m }	einem, *a un(o).*	*Lit.*	Literatur, *literatura.*
e-m }		*lt.*	lateinisch, *latín.*
e-n }	einen, *un(o).*	*m*	Maskulinum, *masculino.*
e-n }		*Mal.*	Malerei, *pintura.*
engl.	englisch, *inglés.*	m-e }	meine, *mi, mis.*
e-r }	einer, *de (od. a) una.*	m-e }	
e-r }		*Méj.*	Mexiko, *Méjico.*
e-s }	eines, *de un(o).*	*Min.*	Mineralogie, *mineralogía.*
e-s }		m-m }	meinem, *a mi (dat.).*
Erdk.	Erdkunde, *geografía.*	m-m }	
et., et.	etwas, *algo, alguna cosa.*	m-n }	meinen, *(a) mi (ac.).*
f	Femininum, *femenino.*	m-n }	
Fechtk.	Fechtkunst, *esgrima.*	*mor.*	moralisch, *moral.*
Fernspr.	Fernsprecher, *teléfono.*	*m/pl.*	Maskulinum im Plural, *masculino al plural.*
fig.	figürlich, *en sentido figurado.*		
Fil.	Philippinen, *Filipinas.*	m-r }	meiner, *de mí, de (od. a) mi.*
f/pl.	Femininum im Plural, *femenino al plural.*	m-r }	
		m-s }	meines, *de mi.*
fut.	Futurum, *futuro.*	m-s }	
gal.	Gallizismus, *galicismo.*	*mst*	meistens, *por lo común.*
gen.	Genitiv, *genitivo.*	*Myth.*	Mythologie, *mitología.*
Geol.	Geologie, *geología.*	*n*	Neutrum, *neutro.*
Geom.	Geometrie, *geometría.*	*nd.*	norddeutsch, *provincialismo de la Alemania del Norte.*
ger.	Gerundium, *gerundio.*		
Ggs.	Gegensatz, *contrario.*	*neol.*	neues Wort, *neologismo.*
Gram.	Grammatik, *gramática.*	*nom.*	Nominativ, *nominativo.*
Guat.	Guatemala, *Guatemala.*	*n/pl.*	Neutrum im Plural, *neutro al plural.*
hist.	historisch, *histórico.*		
Hond.	Honduras, *Honduras.*	*od., od.*	oder, *o.*
imp.	Imperativ, *modo imperativo.*	*örtl.*	örtlich, *relativo al lugar.*
impf.	Imperfekt, *pretérito imperfecto.*	*öst.*	österreichisch, *austriaco.*
		Pan.	Panama, *Panamá.*
ind.	Indikativ, *indicativo.*	*Par.*	Paraguay, *Paraguay.*
indekl.	indeklinabel, undeklinierbar, *indeclinable.*	*Parl.*	Parlament, *parlamento.*
		part.	Partizip, *participio.*
inf.	Infinitiv, *infinitivo.*	*part.pt.*	Partizip des Perfekts, *participio pasivo o de pretérito.*
inf. pt.	Infinitiv des Perfekts, *infinitivo compuesto o de pretérito.*		
		pas.	Passiv, *voz pasiva.*
int.	Interjektion, *interjección.*	*Pe.*	Peru, *Perú.*
interr.	Interrogativum, *interrogativo.*	*Phil.*	Philosophie, *filosofía.*
		Phot.	Photographie, *fotografía.*
iron.	ironisch, *irónico.*	*Phys.*	Physik, *física.*
ital.	italienisch, *italiano.*	*pl.*	Plural, *plural.*
j., j.	jemand, *alguien.*	*poet.*	poetisch, *poético.*
Jgdw.	Jagdwesen, *montería.*	*Pol.*	Politik, *política.*
j-m }	jemandem, *a alguien (dat.).*	*P.R.*	Puerto Rico, *Puerto Rico.*
j-m }		*pred.*	prädikativ, *empleado como predicado nominal.*

pron.	Pronomen (Fürwort), *pronombre.*		*vo (m y f).*
prot.	protestantisch, *protestante.*	*subj.*	Konjunktiv (Möglichkeitsform), *subjuntivo.*
prov.	provinziell, *provincialismo.*	*sup.*	Superlativ, *superlativo.*
prp.	Präposition, *preposición.*	*Tel.*	Telegraphie, *telegrafía.*
prs.	Präsens, *presente.*	*Thea.*	Theater, *teatro.*
Psych.	Psychologie, *psicología.*	*Theol.*	Theologie, *teología.*
pt.	Präteritum, *pretérito perfecto.*	*Typ.*	Buchdruckerhandwerk, *tipografía.*
refl.	reflexiv, *reflexivo.*	*u., u.*	und, *y.*
Rel.	Religion, *religión.*	*unprs.*	unpersönlich, *impersonal.*
rel.	relativ, *relativo.*	*untr.*	untrennbar, *inseparable.*
R.D.	Dominikanische Republik, *República Dominicana.*	*Ur.*	Uruguay, *Uruguay.*
Rpl.	Rio-Plata-Staaten, *rioplatense.*	*usw.*	und so weiter, *etcétera.*
		uv.	unveränderlich, *invariable.*
S.	Seite, *página.*	*v., v.*	von, vom, *de.*
s.	siehe, *véase.*	*Ven.*	Venezuela, *Venezuela.*
sdd.	süddeutsch, *provincialismo de la Alemania del Sur.*	*vet.*	Tierheilkunde, *veterinaria.*
		vgl.	vergleiche, *compárese.*
s-e	*s-e* } seine *sg. f u. pl., su(s).*	*v/i.*	intransitives Verb, *verbo intransitivo o neutro.*
sg.	Singular, *singular.*	*v/rfl.*	reflexives Verb, *verbo reflexivo.*
s-m	*s-m* } seinem, *a su (dat.).*	*v/t.*	transitives Verb, *verbo transitivo o activo.*
s-n	*s-n* } seinen, *(a) su (ac.).*	*Zahnhlk.*	Zahnheilkunde, *odontología*
span.,	*Span.* spanisch, in Spanien, *español, en España.*	*z. B.*	zum Beispiel, *vg., p.ej. = por ejemplo.*
s-r	*s-r* } seiner, *de su.*	*zeitl.*	zeitlich, *relativo al tiempo.*
		Zo.	Zoologie, *zoología.*
s-s	*s-s* } seines, *de su.*	*zs., zs.*	zusammen, *juntos.*
Stk.	Stierkampf, *tauromaquia.*	*Zssg(n)*	Zusammensetzung(en), *composición(-ciones), compuesto(s).*
su.	Substantiv *(m u. f),* *sustanti-*		

Erklärung
der Aussprachebezeichnung

Die Aussprachebezeichnung ist in der Lautschrift der Association Phonétique Internationale wiedergegeben.

Bei zwei- und mehrsilbigen Wörtern steht vor der betonten Silbe der Akzent (').

Zeichen	Wert des Zeichens	Beispiele
A. Vokale		
a	kurzes helles *a* wie in *Abend*	mano ['mano] Hand
ε	kurzes offenes *e* wie in *ändern*	llover [ʎo'βɛr] regnen
e	kurzes halboffenes *e* wie in *essen*	meseta [me'seta] Hochfläche
i	reines geschlossenes *i* wie in *hier*	mina ['mina] Bergwerk
ĭ	unbetonter Teil des Doppellauts [aĭ] wie in *Saite*	baile ['baĭle] Tanz
	unbetonter Teil des Doppellauts [εĭ] wie in *hebräisch*	peine ['peĭne] Kamm
	unbetonter Teil des Doppellauts [ɔĭ] wie in *heute*	boina ['bɔĭna] Baskenmütze
ɔ	kurzes offenes *o* wie in *Wolle*	ojo ['ɔxo] Auge
o	kurzes halboffenes *o* wie in *Norden*	oficina [ofi'θina] Büro
u	reines geschlossenes *u* wie in *Huhn*	pluma ['pluma] Feder
ŭ	unbetonter Teil des Doppellauts [εŭ] wie in *Jubiläum*	deuda ['deŭða] Schuld
B. Konsonanten		
b	deutsches *b* wie in *Bad*, doch möglichst weich zu sprechen *Siehe Hinweis S. 16*	basta ['basta] genügt

Zeichen	Wert des Zeichens	Beispiele
β	stimmhafter, mit beiden Lippen gebildeter Reibelaut *Siehe Hinweis S. 16*	escribir [eskri'βir] schreiben
d	deutsches *d* wie in *dann*, doch möglichst weich zu sprechen *Siehe Hinweis S. 16*	donde ['dɔnde] wo
đ	stimmhafter Reibelaut, ähnlich dem englischen stimmhaften *th* in *other* *Siehe Hinweis S. 16*	nada ['nađa] nichts
ᵈ	hochgestellt: derselbe Laut, jedoch sehr schwach	usted [us'teᵈ] Sie
⁽ᵈ⁾	hochgestellt: derselbe Laut, jedoch in der Umgangssprache verstummt	ciudad [θiu'da⁽ᵈ⁾] Stadt
f	deutsches *f* wie in *Fall*	favor [fa'bɔr] Gunst
g	deutsches *g* wie in *Golf*, doch möglichst weich zu sprechen	gusto ['gusto] Geschmack
ğ	stimmhafter Reibelaut wie in *Hagel*	agua ['agŭa] Wasser
x	wie *ch* in *Dach*	gerente [xe'rente] Geschäftsführer jefe ['xefe] Chef
j	deutsches *j* wie in *jeder*, jedoch möglichst weich zu sprechen	yema ['jema] Eigelb
k	deutsches *k* wie in *kalt*	casa ['kasa] Haus
l	deutsches *l* wie in *Lampe*	leche ['letʃe] Milch
ʎ	mouilliertes *l* ähnlich wie in *Familie*	capilla [ka'piʎa] Kapelle
m	deutsches *m* wie in *Magen*	miel [miɛl] Honig
n	deutsches *n* wie in *nie*	naranja [na'raŋxa] Apfelsine

Zeichen	Wert des Zeichens	Beispiele
ɲ	wie *gn* in *Champagner*	España [es'paɲa] Spanien
ŋ	wie deutsches *n* vor *g* oder *k* in *Menge* oder *Anker*	tengo ['teŋgo] ich habe
p	deutsches *p* wie in *Puppe*	pastas ['pastas] Gebäck
r rr	Zungen-*r* stark gerolltes Zungen-*r*	señor [se'ɲɔr] Herr espárragos [es'parragos] Spargel
s z	scharfes *s* wie in *Messer*, jedoch mit leichtem Anklang an das deutsche *sch* weiches *s* wie in *Sonne*	casa ['kasa] Haus mismo ['mizmo] selbst
t	deutsches *t* wie in *Tor*	nata ['nata] Sahne
θ	stimmloser Lispellaut wie *th* in englisch *thing*	cinco ['θiŋko] fünf zapato [θa'pato] Schuh
ð	stimmhafter Lispellaut wie *th* in englisch *there*	juzgado [xuð'gaᵈo] Gerichtshof
tʃ	*t* mit deutschem *sch* wie in *Pritsche*	mucho ['mutʃo] viel

Für die mit **b** und **v** beginnenden Wörter machen wir den deutschen Benutzer noch besonders darauf aufmerksam, daß der diesen beiden Buchstaben entsprechende Laut im Wörterverzeichnis logischerweise mit deutschem b (Verschlußlaut!) wiedergegeben ist, da er hier im absoluten Anlaut steht, während er im Wortgefüge wie im Wortinneren — außer nach m und n — als b (Reibelaut!) zu sprechen ist, also: *babor* = ba'bɔr, aber: *el babor* = el ba'bɔr; *vivienda* = bi'bǐenda, aber: *la vivienda* = la bi'bǐenda — neben: *viento* ['bǐento] und *un viento* [um 'bǐento].

Das gleiche gilt für **d**: im Vokabelanfang = d, im Wortgefüge wie im Wortinneren = d — außer nach l und n, also: *deuda* = 'deŭda, aber: *la deuda* = la 'deŭda — neben: *dedo* ['dedo], *el dedo* [el 'dedo] und *un dedo* [un 'dedo].

A

A, a f [a] A, a n.

a [a] **1.** *örtlich, Nähe: a la mesa* am Tisch, bei Tisch; *a la puerta* an der Tür; *al lado de* zur Seite (*gen.*), neben (*dat.*); *a la derecha* zur Rechten, rechts; *Entfernung: a treinta kilómetros de Barcelona* 30 Kilometer von Barcelona entfernt; *Richtung: de cara al este* nach Osten gewandt; ostwärts; *Ziel: a casa* nach Hause; *¡a comer!* zu Tisch!; *vamos a Francia* (*a París*) wir fahren nach Frankreich (nach Paris); *voy a casa de López* ich gehe zu L.; *vete a la cama geh* zu Bett; **2.** *zeitlich: ¿a qué hora?* um wieviel Uhr?, wann?; *a las tres* um drei (Uhr); *de once a doce* von elf bis zwölf; *al día siguiente* am folgenden Tag; *a quince de febrero* am fünfzehnten Februar; *a los treinta años* mit (*od.* nach) dreißig Jahren; *a poco* kurz darauf; *a vuelta de correo* postwendend; **3.** *Art u. Weise: a la española* auf spanische Art; *a pie* zu Fuß; *a lo que parece* anscheinend; *a mi juicio, a mi modo de ver* meines Erachtens; **4.** *Aufeinanderfolge: poco a poco* nach und nach; *paso a paso* Schritt für Schritt; *dos a dos* je zwei und zwei; **5.** *Mittel, Werkzeug: trabajo* (*hecho*) *a mano* Handarbeit f; *a sangre y fuego* mit Feuer und Schwert; *cuadro* m *al óleo* Ölgemälde n; *a nado* schwimmend; **6.** *Preis: ¿a cómo* (*od.* *cuánto*) *está?* wie teuer ist das?, wieviel kostet das?; *a 20 pesetas el kilo* 20 Peseten das Kilo; **7.** *Zweck, Bestimmung: ¿a qué?* wozu?; **8.** *Entsprechung, Vergleich: al compás* im Takt; *saber a vinagre* nach Essig schmecken; **9.** *Dativobjekt: dáselo a tu hermano* gib es deinem Bruder; **10.** *Akkusativobjekt, wenn dies eine bestimmte Person od. als solche gedacht ist: vi a mi padre* ich sah meinen Vater; *amamos a la patria* wir lieben unser Vaterland; **11.** *vor Infinitiven, abhängig von Verben:* **a**) *der Bewegung:*

voy a comer ich gehe essen; **b**) *der Entschließung: decidirse a, resolverse a* sich entschließen zu *et.*; *bedingend: a saberlo yo* wenn ich es gewußt hätte; *a decir verdad* offen gesagt, eigentlich; **12.** *elliptisch: ¿A qué no lo sabes?* wetten, daß du es nicht weißt?; *a ver lo que pasa* (*sale*) ich bin gespannt, was es gibt (was dabei herauskommt).

abacá [aba'ka] m Manilahanf m.

abacero [aba'θero] m Krämer m.

abacial [aba'θi̯al] Abt...

ábaco ['abako] m Rechenbrett n (*mit Kugeln*); △ Kapitelplatte f.

abad [a'ba⁽ᵈ⁾] m Abt m; *prov.* Pfarrer m.

abadejo [aba'ðexo] m Kabeljau m; Stockfisch m; Zaunkönig m.

aba|desa [aba'ðesa] f Äbtissin f; **~día** [~'ðia] f Abtei f; *prov.* Pfarrhaus n.

aba|jadero [abaxa'ðero] m Abhang m; **~jarse** Rpl. [~'xarse] (1a) herabsteigen.

abajeño Méj. [aba'xeɲo] m Tieflandbewohner m.

abajo [a'baxo] adv. herunter, hinunter, hinab; unten; *de arriba* ~ von oben nach (*od.* bis) unten; *cuesta* ~ bergab; *de diez para* ~ unter zehn; *el* ~ *firmado* der Unterzeichnete; *¡~ los traidores!* nieder mit den Verrätern!

abalanzar [abalan'θar] (1f) ausgleichen; stoßen, schleudern; **~se** a sich stürzen in (*ac.*); ~ *sobre* herfallen über (*ac.*); sich auf *j-n* stürzen.

abalear [abale'ar] (1a) Spreu wegkehren; Am. auf *j-n* schießen.

abalorio [aba'lorio] m Glasperle f.

abander|ado [abande'ra⁽ᵈ⁾o] m Fahnenträger m; **~ar** [~'rar] (1a) ein fremdes Schiff unter heimischer Flagge registrieren; **~izarse** [~ri-'θarse] (1f) sich zs.-schließen (*zu e-r Gruppe*); Am. einer politischen Partei beitreten.

abandon|ado [abando'na⁽ᵈ⁾o] verlassen, einsam; verwahrlost, nachlässig; **~ar** [⌣'nar] (1a) verlassen, im Stich lassen, aufgeben; ~ *a alg. a sí mismo* j-n sich selbst überlassen; **~arse** sich gehen lassen; den Mut verlieren; ~ *a la desesperación* sich der Verzweiflung überlassen.

abandono [aban'dono] *m* Aufgabe *f*, Verzicht *m*; Verwahrlosung *f*; Liederlichkeit *f*; Verlassenheit *f*; Mutlosigkeit *f*; ~ *de la víctima* Fahrerflucht *f*.

aba|nicar [abani'kar] (1g) fächeln, **~nico** [⌣'niko] *m* Fächer *m* (*a. fig.*); Ofenschirm *m*; ~ *eléctrico Méj.* Ventilator *m*; **~niqueo** [⌣ni'keo] *m* Fächeln *n*.

abanto [a'banto] schreckhaft, unberechenbar (*Stier*); fahrig; plump, ungeschickt (*Person*).

abarata|miento [abarata'mjento] *m* Verbilligung *f*; **~r** [⌣'tar] (1a) *v/t.* billig verkaufen, verbilligen; **~rse** billiger werden.

abarcar [abar'kar] (1g) umfassen, umschließen, enthalten; *Méj.* hamstern; ~ *con la vista* überblicken.

abarquillarse [abarki'ʎarse] (1a) schrumpfen (*Blätter, Pergament*); sich werfen (*Holz*).

abarraganarse [abarraga'narse] (1a) in wilder Ehe leben.

abarrancar [abarraŋ'kar] (1g) **1.** *v/t.* auswaschen (*Regen*); *fig.* in e-e schwierige Lage bringen; **2.** *v/i.* auf Sand laufen, stranden; *fig.* in Schwierigkeiten kommen.

abarro|tado [abarro'taᵈo] überfüllt (*Zug usw.*); **~tar** [⌣'tar] (1a) ⚓ verstauen, vollstopfen; *Am. Ware* hamstern, monopolisieren; **~tarse** *Am.* billiger (*od.* unverkäuflich) werden; **~te** [⌣'rɔte] *m* ⚓ kleines Staugut *n*; **~s** *pl. Am.* (*bes.* Eß-) Waren *f/pl.*; *tienda f de* **~s** *Am.* (*bes.* Lebensmittel-)Geschäft *n*; **~tería** *Am. Cent.* [⌣te'ria] *f* Eisenwarenhandlung *f*; **~tero** *Méj.* [⌣'tero] *m* (Lebensmittel-)Händler *m*.

aba|stecedor [abasteθe'dɔr] *m* Lieferant *m*; **~stecer** [⌣ste'θer] (2d) beliefern, versorgen; **~stecerse** de sich eindecken mit (*dat.*); **~stecimiento** [⌣steθi'mjento] *m* Versorgung *f*, (Be-)Lieferung *f*.

abastero [abas'tero] *m Cu. u. Chi.* Vieh- u. Landesproduktenhändler *m*.

abasto [a'basto] *m* Versorgung *f*

(*bsd. mit Lebensmitteln*); *dar ~ a* Genüge tun; *no dar ~* alle Hände voll zu tun haben; es nicht schaffen; nicht fertig werden (*mit* [*dat.*] *a*).

abatanar [abata'nar] (1a) walken (*Tuch*); *fig.* mißhandeln, verprügeln.

abate [a'bate] *m* Abbé *m*.

abatí *Rpl.* [aba'ti] *m* Mais *m*; (alkoholisches) Maisgetränk *n*.

aba|tido [aba'tido] mutlos, niedergeschlagen; **~timiento** [⌣ti'mjento] *m* Niedergeschlagenheit *f*; Hinfälligkeit *f*; **~tir** [⌣'tir] (3a) niederreißen, -werfen, -schlagen; ✈ abschießen; demütigen; entmutigen; ~ *la bandera* die Flagge streichen; **~tirse** mutlos werden, verzagen; abstürzen (*Flugzeug*); *fig.* hereinbrechen (über [*ac.*] *sobre*).

abdica|ción [abdika'θjon] *f* Abdankung *f*; Verzicht *m*; **~r** [⌣'kar] (1g) abdanken; ~ *de un derecho* ein Recht aufgeben.

abdom|en [ab'domen] *m* Unterleib *m*; Bauch *m*; **~inal** [abdomi'nal] Bauch..., Unterleibs...; *cavidad f* ~ Bauchhöhle *f*.

abecé [abe'θe] *m* Alphabet *n*, Abc *n*; Anfangsgründe *m/pl.*; *no saber el* ~ (sehr) unwissend sein.

abecedario [abeθe'darjo] *m* Alphabet *n*; Fibel *f*.

abedul [abe'dul] *m* Birke *f*.

abe|ja [a'bexa] *f* Biene *f*; **~machiega, maestra, reina** Bienenkönigin *f*, Weisel *m*; ~ *obrera* Arbeitsbiene *f*; **~jar** [abe'xar] *m* Bienenstock *m*, Bienenkorb *m*; **~jarrón** [⌣xa'rrɔn] *m* Hummel *f*; **~jaruco** [⌣'ruko] *m* Vogel: Bienenfresser *m*; **~jón** [⌣'xɔn] *m* Drohne *f*; Hummel *f*; **~jorro** [⌣'xɔrro] *m* Hummel *f*; Maikäfer *m*. [dunkelviolett.]

aberenjenado [aberenxe'naᵈo] 〕

aberración [aberra'θjon] *f* Abweichung *f*, Verirrung *f*.

abertura [aber'tura] *f* Öffnung *f*; Riß *m*; Spalt *m*; Offenherzigkeit *f*.

abeto [a'beto] *m* Tanne *f*; ~ *blanco* Silbertanne *f*, Edeltanne *f*; ~ *rojo* Fichte *f*.

abierto [a'bjerto] offen, frei; offenherzig; ~ *a a/c.* aufgeschlossen für et. (*ac.*).

abigarrado [abiga'rraᵈo] buntscheckig; *fig.* bunt.

abisal [abi'sal] Tiefsee...; *fauna f* ~ Tiefseefauna *f*.

abis|mar [abiz'mar] (1a) in einen Abgrund stürzen; *fig.* verwirren; **~marse** sich *in Betrachtungen* verlieren; *Am.* staunen, sich wundern; ~ *en el dolor* sich dem Schmerz hingeben; **~mo** [a'bizmo] *m* Abgrund *m*; Kluft *f*; *fig.* Hölle *f*; *estar al borde del* ~ am Rande des Abgrunds stehen (*a. fig.*).

abjura|ción [abxura'θiɔn] *f* Abschwören *n*; Widerruf *m*; **~r** [~'rar] (1a) abschwören, widerrufen.

ablación *Chir.* [abla'θiɔn] *f* Amputation *f*.

ablandar [ablan'dar] (1a) erweichen, mildern; *fig.* besänftigen, beschwichtigen; nachlassen (*Kälte, Wind*); **~se** weich werden (*a. fig.*).

ablución [ablu'θiɔn] *f* Waschung *f* (*a. Rel.*).

abneg|ación [abnega'θiɔn] *f* Selbstverleugnung *f*, Entsagung *f*, Opferwilligkeit *f*; **~ado** [~'ɣaᵈo] opferbereit; selbstlos; **~ar** [~'ɣar] (1h u. k) verzichten auf (*ac.*), entsagen (*dat.*); **~arse** sich aufopfern (für [*ac.*] *por*).

abobar [abo'bar] (1a) dumm machen, verdummen, **~se** dumm werden.

aboca|do [abo'kaᵈo] süffig (*Wein*); ~ *al fracaso* zum Scheitern verurteilt; **~r** [~'kar] (1g) umfüllen (*Gefäß*); *Hafen* anlaufen; **~rse con alg.** mit j-m ins Gespräch kommen, mit j-m verhandeln.

abocardar [abokar'dar] (1a) *Öffnung* ausweiten.

abocin|ado [aboθi'naᵈo] ausgeweitet; **~ar** F [~'nar] (1a) auf die Schnauze fallen.

abochornar [abotʃɔr'nar] (1a) versengen (*Sonne*); erhitzen; *fig.* beschämen; **~se** schwül werden; *fig.* sich schämen.

abofado *Cu., Méj.* [abo'faᵈo] geschwollen, aufgedunsen.

abofetear [abofete'ar] (1a) ohrfeigen.

aboga|cía [aboga'θia] *f* Anwaltschaft *f*; **~deras** *Am.* [~'ᵈeras] *f/pl.* Kniffe *m/pl.*; Spitzfindigkeiten *f/pl.*; **~do** [~'ɣaᵈo] *m* (Rechts-)Anwalt *m*; *fig.* Fürsprecher *m*; ~ *criminalista* Strafverteidiger *m*; **~r** [~'ɣar] (1h) *vor Gericht* verteidigen,

vertreten; ~ *por alg.* sich einsetzen, eintreten für j-n; ~ *por* sprechen für (*Gründe*).

abolengo [abo'lengo] *m* Abstammung *f*; (*bienes m/pl. de*) ~ Familienbesitz *m*; *de rancio* ~ aus altem Adel; alteingesessen.

aboli|ción [aboli'θiɔn] *f* Abschaffung *f*, Aufhebung *f*; **~r** [~'lir] (3a) abschaffen, aufheben.

abolsarse [abɔl'sarse] (1a) sich bauschen.

aboll|adura [aboʎa'ᵈura] *f* Beule *f*; getriebene Arbeit *f*; **~ar** [~'ʎar] (1a) verbeulen; **~onar** [~ʎo'nar] (1a) *Metall* treiben.

abombar [abɔm'bar] (1a) wölben, ausbauchen; *fig.* betäuben; **~se** *Am.* faulen; *Am.* F sich beschwipsen.

abomi|nable [abomi'nable] abscheulich; scheußlich, gräßlich; **~nación** [~na'θiɔn] *f* Abscheu *m*; Greuel *m*; **~nar** [~'nar] (1a) verabscheuen; verwünschen, verfluchen.

abon|able [abo'nable] glaubwürdig (*Nachricht*); zahlbar (*Summe*); fällig (*Wechsel*); **~ado** [~'naᵈo] **1.** *adj.* glaubwürdig; **2.** *m* Abonnent *m*; Teilnehmer *m*; ♪ Düngung *f*.

abonanzar [abonan'θar] (1f) sich aufklären (*Wetter*); sich legen (*Sturm*).

abo|nar [abo'nar] (1a) billigen, gutheißen; verbürgen; rechtfertigen; verbessern; (be)zahlen; düngen; ~ *en cuenta* gutschreiben; **~naré** [~na're] *m* Schuldschein *m*; **~narse** [~'narse] (1a) abonnieren (*ac. a*); **~no** [a'bono] *m* **1.** Gewähr *f*; Bürgschaft *f*; **2.** Vergütung *f*; ~ *en cuenta* Gutschrift *f*; **3.** Abonnement *n*; Zeitkarte *f*; **4.** Dünger *m*; ~ *químico* Kunstdünger *m*; **5.** ~ *al teléfono* Fernsprechanschluß *m*.

abor|dable [abɔr'dable] zum Landen geeignet; zugänglich (*a. fig.*); **~daje** ♣ [~'daxe] *m* Entern *n*; *tomar al* ~ entern; **~dar** [~'dar] (1a) *v/t.* entern, rammen; *Thema, Frage* anschneiden, zur Sprache bringen; *Sache* in Angriff nehmen; *v/i.* anlegen (*Schiff*).

abo|rigen [abo'rixen] **1.** *adj.* einheimisch (*Tiere, Pflanzen*); **2.** **~rígenes** *m/pl.* Ureinwohner *m/pl.*

aborrascarse [abɔrras'karse] (1g) stürmisch werden (*Wetter*).

aborre|cer [aborre'θer] (2d) verabscheuen, hassen; **~cible** [~'θible] abscheulich, hassenswert; **~cido** [~'θido] verhaßt; **~cimiento** [~θi-'mĭento] *m* Abneigung *f*; Abscheu *m*; Haß *m*.

aborregarse [aborre'garse] (1h) sich mit Schäfchenwolken überziehen (*Himmel*); *Am.* verdummen.

abor|tado [abor'tado] *fig.* mißglückt, gescheitert; **~tar** [~'tar] (1a) e-e Fehlgeburt haben; verwerfen (*Vieh*); *fig.* mißlingen, fehlschlagen; **~tivo** [~'tibo] **1.** *adj.* zu früh geboren; abtreibend; **2.** *m* Abtreibungsmittel *n*; **~to** [a'borto] *m* Fehl-, Frühgeburt *f*; Verwerfen *n* (*Vieh*); *fig.* Ausgeburt *f*; Machwerk *n*; ~ *criminal* Abtreibung *f*; ~ *provocado* Schwangerschaftsunterbrechung *f*; **~tón** [abor'ton] *m* zu früh geborenes Tier *n*.

abota(r)garse [abota(r)'garse] (1h) anschwellen (*Leib, Gesicht*).

abotonar [aboto'nar] (1a) *v/t.* zuknöpfen; *v/i.* Knospen treiben.

abovedar [abobe'dar] (1a) überwölben.

abozalar [aboθa'lar] (1a) *einem Tier* den Maulkorb anlegen.

abra [a'bra] *f* Bucht *f*; Engpaß *m*, Schlucht *f*; *Col.* Tür-, Fensterflügel *m*; *Am.* Lichtung *f*; **~car** *Am.* [abra'kar] (1g) umarmen; umfassen.

abra|sador [abrasa'dor] (ver)brennend, (ver)sengend; **~sar** [~'sar] (1a) (ver)brennen; stechen (*Sonne*); ausdörren; versengen; *fig.* vergeuden; beschämen; **~sarse** verbrennen; *fig.* entbrennen; ~ *de sed* (*calor*) vor Durst (Hitze) vergehen *od.* F umkommen.

abrazadera [abraθa'dera] *f* Klammer *f*; Rohrschelle *f*, Muffe *f*; Kreissäge *f*.

abra|zar [abra'θar] (1f) umarmen, umfassen (*a. fig.*); *Beruf* ergreifen; *Arbeit* in Angriff nehmen; *fig.* ~ *de una ojeada* mit einem Blick übersehen; ~ *un partido* sich einer Partei anschließen; **~zo** [a'braθo] *m* Umarmung *f*; *dar un* ~ umarmen.

ábrego ['abrego] *m* Südwestwind *m*.

abrelatas [abre'latas] *m* Büchsenöffner *m*.

abre|vadero [abreba'dero] *m* Tränke *f*; **~var** [~'bar] (1a) tränken.

abre|viación [abrebĭa'θĭon] *f* Kürzung *f*; Kurzfassung *f*; Kompendium *n*; **~viadamente** [~bĭada-'mente] *adv.* kurzgefaßt; **~viar** [~'bĭar] (1b) ab-, verkürzen; **~viatura** [~bĭa'tura] *f* Abkürzung *f*.

abri|dero [abri'dero] *m* Frühpfirsich *m*; **~dor** [~'dor] *m* Flaschenöffner *m*; ✗ Pfropfmesser *n*; **~dura** ∨ *Am.* [~'dura] *f* Öffnen *n*.

abri|gada [abri'gada] *f* windgeschützter Ort *m*; **~gadero** [~ga-'dero] *m* windgeschützte Stelle *f*; Zufluchtsstätte *f*; *Méj.*, *P.R.* Spelunke *f*; **~gado** [~'gado] windstill; warm angezogen; **~gador** [~ga'dor] *adj.* warm (*Kleidung*); *m Méj.* Hehler *m*; **~gar** [~'gar] (1h) *vor Wind und Wetter* schützen; beschützen; warm halten *od.* zudecken; *Hoffnungen* hegen; *Pläne* schmieden; **~garse** sich zudecken; sich warm anziehen; *¡~!* volle Deckung!; **~go** [a'brigo] *m* Obdach *n*; Schutz *m*; Mantel *m*; ✗ Unterstand *m*; ~ *de entretiempo* Übergangsmantel *m*; *ropa f de* ~ warme Wäsche (*od.* Kleidung) *f*; *al* ~ *de* geschützt vor (*dat.*).

abril [a'bril] *m* April *m*; **~es** *pl.* Jugendjahre *n/pl.*

abrillan|tador [abriλanta'dor] *m* Diamantenschleifer *m*; Klarspülmittel *n*; **~tar** [~'tar] (1a) auf Hochglanz bringen; *Steine* schleifen.

abrir [a'brir] (3a; *part. abierto*) **1.** *v/t.* öffnen, eröffnen, anfangen; aufmachen, aufschlagen, aufbrechen; *Tunnel, Kanal* bauen; *Weg* anlegen; *Konto, Kredit* eröffnen; ~ *brecha* Bresche schlagen; ~ *camino* e-n Weg bahnen; ~ *la mano* bestechlich sein; ~ *los ojos* staunen, große Augen machen; ~ *el apetito* Appetit machen; ~ *paso*, ~ *calle* Platz machen, schaffen; **2.** *v/i.* sich aufklären (*Wetter*); ~ *mal* schlecht schließen (*Tür*); *a medio* ~ halb geöffnet; *en un* ~ *y cerrar de ojos* im Nu; **3.** **~se** aufblühen (*Blume*); aufgehen (*Tür*); ~ *a alg.* j-m sein Herz ausschütten; ~ *paso* sich durchdrängen; *fig.* sich durchhelfen; weiterkommen.

abrochar [abro'tʃar] (1a) zuknöpfen, zuhaken; *Méj.* packen, festnehmen.

abro|gación [abroga'θĭon] *f* Aufhebung *f*; Abschaffung *f*; **~gar**

[ˌˈgar] (1h) aufheben, abschaffen, außer Kraft setzen.

abrojo [aˈbrɔxo] m Sterndistel f; Fußangel f; **~s** pl. Mühsal f, Kummer m.

abrótano [aˈbrotano] m Eberraute f.

abru|mado [abruˈmaᵈo] dunstig, neblig; **~mador** [abrumaˈdɔr] drückend; lästig; **~mar** [ˌˈmar] (1a) bedrücken, belasten; **~ de reproches** mit Vorwürfen überschütten; **~ de od. con trabajo** mit Arbeit überlasten; **~marse** neblig werden.

abrupto [aˈbrupto] steil; jäh; heftig (Wesen).

abrutado [abruˈtaᵈo] roh, verroht, brutal.

absceso [abˈsθeso] m Abszeß m.

abscisa Å [abˈsθisa] f Abszisse f.

absentismo [absenˈtizmo] m Absentismus m, Fernbleiben n von der Arbeit.

ábside △ [ˈabsiðe] m Apsis f.

absintio [abˈsintio] m Absinth m.

absolu|ción [absoluˈθiɔn] f Freispruch m; Lossprechung f; Absolution f; **~ta** [ˌˈluta] f kategorische Behauptung f; **dar la ~** abweisen; ✗ **tomar la ~** seinen Abschied nehmen; **~tamente** [ˌlutaˈmente] absolut, durchaus; F a. keineswegs; **~ nada** gar nichts; **~tismo** [ˌluˈtizmo] m Absolutismus m; **~to** [ˌˈluto] absolut, unumschränkt, unbedingt; fig. eigenmächtig; gebieterisch; **en ~** rundweg; durchaus nicht, überhaupt nicht.

absolvederas [absɔlbeˈderas] f/pl.: F **tener buenas ~** ein (allzu) nachsichtiger Beichtvater sein; zu viel durchgehen lassen.

absolver [absɔlˈber] (2h; part. absuelto) freisprechen; Rel. lossprechen; **e-e Sache** erledigen, abschließen.

absor|bente ⚗ [absɔrˈbente] aufsaugend, absorbierend; fig. verzehrend; **~ber** [ˌˈber] (2a) ein-, aufsaugen, absorbieren; fig. ganz in Anspruch nehmen, fesseln; abfangen; abschirmen; **~berse** sich vertiefen (in [ac.] en); **~ción** [ˌˈθiɔn] f ⚗ Absorption f; Ein-, Aufsaugung f; Verzehrung f; Aufnahme f; **~to** [abˈsɔrto] hingerissen, versunken; **~ en sus pensamientos** in Gedanken versunken.

abstemio [absˈtemio] m Abstinenzler m.

absten|ción [abstenˈθiɔn] f Enthaltung f, Entsagung f, Verzicht m; Pol. Stimmenthaltung f; **~nerse** [ˌˈnerse] (2l): **~ de** sich enthalten (gen.); verzichten auf (ac.); **~ (de votar)** sich der Stimme enthalten.

abstergente [absterˈxente] m wundreinigendes Mittel n.

abstinen|cia [abstiˈnenθia] f Enthaltsamkeit f; Abstinenz f; **~te** [ˌˈnente] enthaltsam; mäßig.

abstrac|ción [abstragˈθiɔn] f Außerachtlassung f; Abstraktion f; **hacer ~ de** außer acht lassen; **~ hecha de** abgesehen von (dat.); **~to** [ˌˈtrakto] abstrakt (a. Mal.); abgesondert; **en ~** abstrakt genommen.

abstra|er [abstraˈer] (2p) abziehen, abstrahieren; v/i. absehen (von [dat.] de); **~erse** sich vertiefen, sich versenken; abgelenkt werden (von [dat.] de); **~ído** [ˌˈido] gedankenvoll, weltentrückt; zerstreut.

abstruso [absˈtruso] schwer verständlich; dunkel; verworren.

absuelto [abˈsuᵉlto] frei; ⚖ freigesprochen.

absurdo [abˈsurðo] **1.** adj. ungereimt; unsinnig; absurd; widersinnig; **2.** m Ungereimtheit f; Sinnlosigkeit f.

abubilla [abuˈbiλa] f Wiedehopf m.

abuche|ar [abutʃeˈar] (1a) v/t. auspfeifen, -zischen; **~o** [ˌˈtʃeo] m Auspfeifen n, -zischen n.

abuela [aˈbu̯ela] f Großmutter f; alte Frau f; F ¡que se lo cuente a su ~! machen Sie das einem andern weis!

abuelo [aˈbu̯elo] m Großvater m; alter Mann m; **~s** m/pl. Großeltern pl.; Vorfahren pl.

ab|ulia [aˈbulia] f Willenslosigkeit f, Willensschwäche f; **~úlico** [aˈbuliko] willensschwach.

abul|tado [abulˈtaᵈo] dick, massig; sperrig, platzraubend; **~tar** [ˌˈtar] (1a) v/t. vergrößern; fig. übertreiben, aufbauschen; v/i. viel Platz einnehmen; auftragen (in der Tasche).

abun|damiento [abundaˈmiento] m: **a mayor ~** noch dazu; **~dancia** [ˌˈdanθia] f Überfluß m; Fülle f; Reichtum m; **en ~** in Hülle und Fülle; **nadar en la ~** in Geld

abundante

schwimmen; **~dante** [~'dante] reich
(-lich); reichhaltig; **~dar** [~'dar]
(1a) reichlich vorhanden sein; ~ *en
dinero* steinreich sein; ~ *en la opinión* de sich *j-s* Meinung anschließen; ~ *en su juicio* auf s-r Meinung
beharren.

¡abur! F [a'bur] leb wohl!

aburgue|sado [aburge'saᵈo] *adj.*
bürgerlich; *desp.* spießig; **~sarse**
[~'sarse] (1a) verbürgerlichen; *desp.*
verspießern.

abu|rrido [abu'rrido] verdrießlich,
mißvergnügt; langweilig; **~rri-
miento** [~rri'miento] *m* Überdruß
m, Verdruß *m*; Langeweile *f*; **~rrir**
[~'rrir] (3a) belästigen; langweilen;
~rrirse sich langweilen; ~ *de* F *et.*
satt haben; ~ *como una ostra* sich
zu Tode langweilen.

abu|sar [abu'sar] (1a): ~ *de a/c. et.*
mißbrauchen; ~ *de alg.* j-n ausnützen; ~ *de una mujer* e-e Frau
vergewaltigen; **~sivo** [~'sibo] miß-
bräuchlich; ⚖ widerrechtlich; **~so**
[a'buso] *m* Mißbrauch *m*; Unsitte *f*;
~ *de autoridad* Amts-, Ermessens-
mißbrauch *m*; ~ *de confianza* Ver-
trauensbruch *m*; **~s** *deshonestos* unzüchtige Handlungen *f/pl.*; **~són**
[abu'son] *m* F Nassauer *m*, Schmarotzer *m*.

abyec|ción [abjeg'θion] *f* Verwor-
fenheit *f*; Niederträchtigkeit *f*; **~to**
[ab'jekto] verworfen; niederträchtig, gemein.

acá [a'ka] *adv.* hierher, hier(herum);
~ *y allá* (*od. acullá*) hier und dort;
de ~ para allá hin und her; *¡ven ~!*
komm her!

acaba|do [aka'baᵈo] **1.** *adj.* fertig,
vollendet; vollkommen; erledigt;
kraftlos; *producto m* ~ Fertigware *f*;
2. *m* ⊕ Endverarbeitung *f*;
Finishing *n*; **~lladero** [~baʎa'dero]
m Gestüt *n*; **~miento** [~'miento]
m Ende *n*; Vollendung *f*; Abschluß *m*.

acabar [aka'bar] (1a) **1.** *v/t. u. v/i.*
(be)enden, abschließen, vollenden,
fertigstellen; ~ *con alg.* j-n erledigen, j-n ruinieren; j-n töten; ~ *con
alc.* mit et. Schluß machen, et. zerstören; ~ *de hacer a/c.* et. eben
getan haben; ~ *de escribir* zu Ende
schreiben; ~ *de padecer* ausgelitten
haben; *no* ~ *de comprender* nicht
verstehen können; ~ *en* enden, auslaufen in (*ac.*); ~ *en punta* spitz zu-

laufen; ~ *en bien* gut ausgehen; ~
por comprender endlich, schließlich
verstehen; ~ *diciendo* schließlich
sagen; *dejar por* ~ unvollendet lassen; *(él) va a* ~ *mal* es wird ein
schlimmes Ende mit ihm nehmen;
es cosa de nunca ~ das nimmt ja
kein Ende; *¡acabáramos!* da hätten
wir es ja endlich!; *no* ~ *así lo!; no
puedo* ~ *con él que...* ich kann es bei
ihm nicht durchsetzen, daß ...;
¡acaba ya! nun mach doch endlich!; **2. ~se** zu Ende gehen; *¡se
acabó!* es ist aus!; F *¡es el aca-
bóse!* das ist doch die Höhe!

acacia [a'kaθia] *f* Akazie *f*.

acachetear [akatʃete'ar] (1a) ohrfeigen.

academia [aka'demia] *f* Akademie
f; Privatlehranstalt *f*; *Mal.* Akt *m*;
Real ♀ Española Königl. Spanische
Akademie; ~ *de idiomas* Sprachen-
schule *f*; ~ *militar* Kriegsschule *f*.

académico [aka'demiko] **1.** *adj.* aka-
demisch; **2.** *m* Mitglied *n* einer
Akademie.

acae|cer [akae'θεr] (2d) geschehen,
sich ereignen; **~cimiento** [~θi-
'miento] *m* Ereignis *n*, Begebenheit *f*.

acalenturarse *Am.* [akalentu'rarse]
(1a) Fieber bekommen.

acalor|ado [akalo'raᵈo] hitzig, hef-
tig; gereizt; **~amiento** [~ra'miento]
m Erhitzung *f*; *fig.* Aufwallung *f*;
Eifer *m*; **~ar** [~'rar] (1a) erhitzen;
erregen; ermuntern; **~arse** warm
werden; sich erhitzen; in Wut geraten; sich ereifern.

acallar [aka'ʎar] (1a) zum Schweigen bringen; beschwichtigen; zu-
friedenstellen; **~se** sich beruhigen.

acampanado [akampa'naᵈo] glok-
kenförmig; *falda f -a* Glockenrock
m.

acampar [akam'par] (1a) *v/t.* lagern
(lassen); *v/i.* zelten, kampieren,
lagern.

acana|ladura [akanala'dura] *f* Rille
f, Rinne *f*; Auskehlung *f*; **~lar**
[~'lar] (1a) auskehlen, riefeln.

acanallado [akana'ʎaᵈo] niederträchtig.

acanelado [akane'laᵈo] zimtfarben;
Zimt... [(*Papier*).⟩

acanillado [akani'ʎaᵈo] gerippt⟩

acantilado [akanti'laᵈo] **1.** *adj.* steil,
felsig (*Küste*); **2.** *m* Steilküste *f*.

acanto [a'kanto] *m* ♀ Bärenklau *m*; ♠ Akanthus *m*.

acanton|amiento ✕ [akantona-'mǐento] *m* Einquartierung *f*; Quartier *n*, Unterkunft *f*; **ʌar** [ʌ'nar] ✕ (1a) belegen, einquartieren; **ʌarse** Quartier beziehen.

acapa|rador [akapara'dɔr] *m* Aufkäufer *m*; Schieber *m*; Hamsterer *m*; **ʌrar** [ʌ'rar] (1a) aufkaufen; hamstern; ~ *el poder* die Macht an sich reißen.

acápite *Am.* [a'kapite] *m* Absatz *m*.

acaramelado [akarame'la⁴o] *m* mit Karamel überzogen; *fig.* zuckersüß.

acardenalarse [akardena'larse] (1a) Flecken bekommen, sich verfärben.

acariciar [akari'θǐar] (1b) liebkosen; streicheln; ~ *una idea* mit e-m Gedanken spielen; ~ *una esperanza* e-e Hoffnung hegen.

ácaro ['akaro] *m* Milbe *f*.

aca|rrear [akarre'ar] (1a) transportieren, befördern; *fig.* verursachen, nach sich ziehen; **ʌrreo** [ʌ'rreo] *m* Transport *m*, Beförderung *f*; Anlieferung *f*; Rollgeld *n*; Rollfuhrdienst *m*.

acartonarse [akarto'narse] (1a) einschrumpfen; *fig.* ⸗ abmagern.

acaserarse [akase'rarse] (1a) *Am.* Kunde werden; *fig.* ~ *con alg.* mit j-m vertraut werden; j-n liebgewinnen.

acaso [a'kaso] **1.** *m* Zufall *m*; **2.** *adv.* vielleicht; *al* ~ aufs Geratewohl; *por si* ~ falls (etwa); für alle Fälle; *por* ~ zufällig.

aca|tamiento [akata'mǐento] *m* Ehrfurcht *f*, Hochachtung *f*; **ʌtar** [ʌ'tar] (1a) ehren, verehren; anerkennen; *Regeln etc.* befolgen, einhalten; huldigen (*dat.*); *Am. reg.* wahrnehmen, bemerken.

acatarrar [akata'rrar] (1a) *Méj.* belästigen; **ʌse** sich erkälten; *P* sich beschwipsen.

acato [a'kato] *m* = acatamiento.

acaudalado [akaǔda'la⁴o] reich, vermögend, wohlhabend.

acaudillar [akaǔdi'ʎar] (1a) anführen, befehligen.

acceder [agθe'der] (2a) zustimmen; nachgeben; ~ *a* entsprechen (*e-r Bitte*); einwilligen in (*ac.*); ~ *a un deseo* einen Wunsch erfüllen.

accesible [agθe'sible] zugänglich; erschwinglich.

accesión [agθe'sǐɔn] *f* Beitritt *m* (*zu e-m Vertrag etc.*).

accésit [ag'θesit] *m* Nebenpreis *m*, Trostpreis *m* (*bei Wettbewerben*).

acceso [ag'θeso] *m* Annäherung *f*; Zutritt *m*, Zugang *m*; ✠ *u. fig.* Anfall *m*; *de difícil* ~ schwer zugänglich; ~ *de fiebre* Fieberanfall *m*; ~ *de rabia* Wutanfall *m*; **ʌrio** [ʌ'sorǐo] **1.** *adj.* zugehörig, Neben...; **2.** *m* Zubehörteil *n*; **ʌs** *pl.* Zubehör *n*; Accessoires *n/pl.* (*Mode*); *Thea.* Requisiten *n/pl.*

acciden|tado [agθiden'ta⁴o] **1.** *adj.* verunglückt; bewußtlos; *terreno m* ~ hügeliges Gelände *n*; **2.** *m* Verunglückte(r) *m*; **ʌtal** [ʌ'tal] zufällig; unwesentlich; **ʌtarse** [ʌ'tarse] (1a) verunglücken; **ʌte** [ʌ'dente] *m* Zufall *m*, Ereignis *n*; Unglück *n*; Unfall *m*; ♪ Vorzeichen *n*; ~ *de(l) trabajo* Betriebsunfall *m*; ~ *de tráfico* (*od. tránsito*) Verkehrsunfall *m*.

acción [ag'θǐɔn] *f* Handlung *f*; Tat *f*; Werk *n*; Einwirkung *f*, Wirkung *f*; ✕ Gefecht *n*; ⚖ Klage *f*; ⸸ Aktie *f*; ~ *concertada* konzertierte Aktion *f*; ~ *ordinaria* Stammaktie *f*; ~ *de mina(s)* Kux *m*; ~ *preferente* Vorzugsaktie *f*; ~ *de fundador* Gründeraktie *f*; ~ *al portador* Inhaberaktie *f*; ~ *nominativa* Namensaktie *f*; ~ *nueva* junge Aktie *f*; ~ *popular* Volksaktie *f*; *entrar en* ~ losschlagen; beginnen; *poner en* ~ aktivieren, in Betrieb setzen.

accionamiento ⊕ [agθǐona'mǐento] *m* Antrieb *m*.

accionar [agθǐo'nar] (1a) *v/i.* gestikulieren; (ein)wirken (auf [*ac.*] *sobre*); *v/t.* ⊕ antreiben, betätigen.

accionista [agθǐo'nista] *m* Aktionär *m*, Aktieninhaber *m*.

acebo [a'θebo] *m* Stechpalme *f*.

acebuche [aθe'butʃe] *m* wilder Ölbaum *m*.

acecinar [aθeθi'nar] (1a) selchen, *Fleisch* einsalzen u. räuchern; **ʌse** ausdorren; mager werden.

ace|chadera [aθetʃa'dera] *f u.* **ʌchadero** [ʌ'dero] *m Jgdw.* Anstand *m*; Hinterhalt *m*; **ʌchador** [ʌ'dɔr] *m* Aufpasser *m*, Spion *m*, Späher *m*; **ʌchar** [ʌ'tʃar] (1a) auflauern (*dat.*); (aus)spionieren; ~ *una ocasión* e-e Gelegenheit abwarten.

aceche [a'θetʃe] *m* Vitriol *n*.

ace|cho [a'θetʃo] *m* Hinterhalt *m*;

Auflauern n; Jgdw. Anstand m, Ansitz m; al (od. en el) ~ auf der Lauer; estar de ~ Jgdw. auf dem Anstand sein; ponerse al ~ sich auf die Lauer legen, auflauern; **~chón** [aθe'tʃɔn] m Horcher m, Späher m, Spion m.

ace|dar [aθe'dar] (1a) säuern; fig. (v)erbittern; **~darse** sauer werden; griesgrämig werden; gelb werden (Pflanzen); **~dera** [~'dera] f Sauerampfer m; **~día** [~'dia] f Säure f; Sodbrennen n; fig. Bitterkeit f; Scholle f (Fisch).

acedo [a'θeðo] sauer; barsch, unwirsch.　　　　[fig. führerlos.⟩

acéfalo Anat. [a'θefalo] kopflos;⟩

acei|tar [aθei'tar] (1a) ölen, schmieren; **~te** [a'θeite] m Öl n; ~ (de oliva) Olivenöl n; ~ de colza Rüböl n; ~ combustible Heizöl n; ~ de hígado de bacalao Lebertran m; ~ lubri(fi)cante Schmieröl n; ~ pesado Schweröl n; ~ vegetal Pflanzenöl n; **~tera** [aθei'tera] f Ölkrug m; Ölkanne f; Ölhändlerin f; **~tero** [~'tero] m Ölhändler m; molino m ~ Ölmühle f; **~toso** [~'toso] ölhaltig, ölig; **~tuna** [~'tuna] f Olive f; **~tunado** [~tu'naðo] olivfarben; **~tunero** [~tu'nero] m Olivenpflücker m; Olivenhändler m; **~tuno** [~'tuno] m Ölbaum m.

acelera|ción [aθelera'θiɔn] f Beschleunigung f; **~do** [~'raðo] rasch; flott; **~dor** [~ra'ðɔr] **1.** adj. beschleunigend; **2.** m Kfz. Gaspedal n; **~r** [~ rar] (1a) beschleunigen; fig. vorantreiben.

acelga ♀ [a'θelɡa] f Mangold m.

acémila [a'θemila] f Saum-, Lasttier n; fig. Dummkopf m, Esel m.

acemilero [aθemi'lero] m Maultierführer m, -treiber m.

acemite [aθe'mite] m Grießmehlsuppe f.

acendrar [aθen'drar] (1a) läutern, reinigen; fig. cariño m acendrado innige Liebe f.

acens(u)ar [aθen's(u)ar] (1a[d]) besteuern.

acen|to [a'θento] m Akzent m, Ton (-fall) m; Betonung f; Klang m; **~tuar** [aθen'tuar] (1e) betonen, hervorheben; **~tuarse** (stärker) zutage treten; sich verschärfen; zunehmen.

aceña [a'θeɲa] f Wassermühle f; Schöpfrad n.

acepción [aθeb'θiɔn] f Bedeutung f e-s Wortes; sin ~ de personas ohne Ansehen der Person.

acepill|adora [aθepiʎa'dora] f Hobelmaschine f; **~adura** [~'dura] f Hobeln n; Hobelspäne m/pl.; **~ar** [~'ʎar] (1a) (ab)hobeln; (aus)bürsten.

acepta|ble [aθep'table] annehmbar; **~ción** [~ta'θiɔn] f Annahme f; Genehmigung f; Anerkennung f; ✝ Akzept n; ~ a tres meses (fecha) Dreimonatsakzept n; **~dor** [~ta'ðɔr] m ✝ Akzeptant m; **~nte** [~'tante] m Akzeptant m.

acep|tar [aθep'tar] (1a) annehmen, billigen; ✝ akzeptieren; ~to a [a'θepto] adj. angenehm, willkommen.

ace|quia [a'θekia] f Bewässerungsgraben m, -kanal m; **~quiero** [aθe'kiero] m Grabenaufseher m; Kanalwärter m.

acera [a'θera] f Bürgersteig m; Häuserreihe f.

ace|rado [aθe'raðo] gestählt, stählern; fig. schneidend, beißend, scharf; **~rar** [~'rar] (1a) verstählen; fig. stählen.

acerbo [a'θerbo] herb; fig. hart, streng, grausam.

acerca [a'θerka] de betreffs (gen.), in bezug auf (ac.); über (ac.); hinsichtlich (gen.).

acercar [aθer'kar] (1g) (näher) heranbringen; **~se** sich nähern.

acería [aθe'ria] f Stahlwerk n.

acerico [aθe'riko] m Nadelkissen n.

acero [a'θero] m Stahl m; ~ afinado Edelstahl m; ~ bruto Rohstahl m; ~ fundido, ~ colado Stahlguß m, Gußstahl m; ~ laminado Walzstahl m; tener buenos ~s Mut haben; großen Appetit haben.

acérrimo [a'θerrimo] sup. v. acre sehr scharf, herb; fig. erbittert; hartnäckig.

acerrojar [aθerro'xar] (1a) abriegeln.

acer|tado [aθer'taðo] geschickt, klug; treffend (Bemerkung); richtig; **~tante** [~'tante] m Gewinner m (Wettbewerb, Preisausschreiben); **~tar** [~'tar] (1k) erraten; das Ziel (od. das Rechte) treffen; ~ con finden (ac.); ~ a (inf.) zufällig et. tun; no acierto a hacerlo es gelingt mir nicht, ich habe kein Glück damit; **~tijo** [~'tixo] m Rätsel n.

acervo [a'θerbo] *m* Haufen *m*; Erbmasse *f*.

acetato [aθe'tato] *m* essigsaures Salz *n*, Azetat *n*; ~ de *alúmina* essigsaure Tonerde *f*.

acético [a'θetiko] Essig...

acetileno [aθeti'leno] *m* Azetylen *n*.

acetoso [aθe'toso] essigsauer.

acetre [a'θetre] *m* Schöpfeimer *m*.

acezar [aθe'θar] (1f) keuchen.

aciago [a'θiago] unglückbringend, unheilvoll; *día m* ~ Unglückstag *m*.

acial *Am. Cent., Ec.* [a'θial] *m* Peitsche *f*.

aciano [a'θiano] *m* Kornblume *f*.

acíbar [a'θibar] *m* Aloe *f*; Aloesaft *m*; *fig.* Unannehmlichkeit *f*.

acibarar [aθiba'rar] (1a) mit Aloe versetzen; *fig.* verbittern.

acicalar [aθika'lar] (1a) herausputzen, schniegeln; *Wand* verputzen; ~**se** sich herausputzen.

acica|te [aθi'kate] *m* (maurischer) Sporn *m*; *fig.* Antrieb *m*, Anreiz *m*; ~**tear** *Am.* [~kate'ar] (1a) (an)spornen, antreiben.

acidez [aθi'deθ] *f* Säure *f*; Säuregehalt *m*; ~ de *estómago* Sodbrennen *n*; Magensäure *f*.

acidificar [aθidifi'kar] (1g) säuern, mit Säure versetzen.

ácido ['aθido] **1.** *adj.* sauer; **2.** *m* Säure *f*; ~ *acético* Essigsäure *f*; ~ *carbónico* Kohlen, ~ *clorhídrico* Salz, ~ *fénico* Karbol, ~ *fórmico* Ameisen, ~ *nítrico* Salpeter, ~ *sulfúrico* Schwefel, ~ *úrico* Harnsäure *f*.   [(an)säuern.\]

acidular [aθidu'lar] (1a) *Flüssigkeit)*

acídulo [a'θidulo] säuerlich.

acierto [a'θierto] *m* Treffen *n des* *Ziels*; *fig.* Geschicklichkeit *f*; Erfolg *m*; Treffer *m* (*Lotterie*); con ~ geschickt, treffend.

acirate [aθi'rate] *m* erhöhter Grenzrain *m*; Pfad *m* zwischen zwei Baumreihen.

acitara [aθi'tara] *f* Zwischenwand *f*; Brückengeländer *n*; (Sattel-)Decke *f*.

acitrón [aθi'trɔn] *m* Zitronat *n*.

acla|mación [aklama'θiɔn] *f* Beifallsrufen *n*; Zuruf *m*; ~**mar** [~'mar] (1a) *v/t.* j-m zubeln; durch Zuruf ernennen.

acla|ración [aklara'θiɔn] *f* Aufklärung *f*; Erläuterung *f*; Aufhellung *f*; ~**rar** [~'rar] (1a) (auf)klären; aufhellen; *Flüssigkeit* klären; *Wald*, *Reihen* lichten; *Wäsche* spülen; *Worte* erläutern; *v/i.* aufklaren (*Wetter*); anbrechen (*Tag*).

aclarecer [aklare'θer] (2d) = *aclarar*.

aclimata|ción [aklimata'θiɔn] *f* Akklimatisierung *f*; Eingewöhnung *f*; ~**r** [~'tar] (1a) akklimatisieren; ~**rse** sich eingewöhnen, heimisch werden.

acné ⚕ [ak'ne] *f* Akne *f*.

acobardar [akobar'dar] (1a) einschüchtern; ~**se** verzagen, den Mut verlieren.

acobrado [akobraᵈo] kupferfarben.

acocear [akoθe'ar] (1a) ausschlagen (*Pferd*); *fig.* mit Füßen treten.

acochinar F [akotʃi'nar] (1a) P abmurksen; *fig.* V zur Sau machen.

acodado [ako'daᵈo] gebogen, geknickt.

acodalar [akoda'lar] (1a) abstützen.

aco|dar ⚲ [ako'dar] (1a) absenken, Senker stecken; ~**darse** sich *auf* *den Ellbogen* stützen; ~**do** [~'kodo] *m* Ableger *m*, Senker *m*; Absenken *n*.

acog|edor [akɔxe'ᵈor] gastlich, gemütlich; liebenswürdig, gewinnend; ~**encia** *Am. Cent.* [~'xenθia] *f* Aufnahme *f*; Annahme *f*; ~**er** [~'xer] (2c) *Gast, Nachricht* aufnehmen; *fig.* beschützen; ~ con *satisfacción* gutheißen; ~**erse** a *alg.* sich an j-n halten; bei j-m Schutz (*od.* Hilfe) suchen; ~ a *a/c.* sich auf et. (*ac.*) berufen; ~ a *sagrado* sich an e-n geweihten Ort flüchten; ~**ida** [~'xida] *f* Aufnahme *f*, Empfang *m*; Honorierung *f* (*e-s Wechsels*); Zuflucht(sort *m*) *f*; *dispensar buena* ~ freundlich aufnehmen; *tener buena* ~ Beifall finden; gut ankommen (*beim Publikum*).

acogollar ⚲ [akogo'ʎar] (1a) *mit Stroh usw.* abdecken; ~**se** Köpfe bilden (*Kohl, Salat*).

acogotar [akogo'tar] (1a) durch e-n Schlag *od.* Stich ins Genick töten; F kleinkriegen, unterkriegen.

acolada [ako'laᵈa] *f* Ritterschlag *m*.

acol|char [akɔl'tʃar] (1a) polstern, steppen, wattieren; ~**chonar** *Am.* [~tʃo'nar] (1a) polstern.

acólito [a'kolito] *m* Ministrant *m*; Meßdiener *m*; *fig.* Anhänger *m* Gefährte *m*.

acollar [ako'ʎar] (1a) *Pflanzen* häufeln; ✄ *Fugen* mit Werg verstopfen.

acollarar [akoʎa'rar] *Tieren* ein Halsband anlegen; *Jagdhunde* koppeln.

acomedido *Am.* [akome'ðiðo] gefällig, dienstbeflissen.

acome|ter [akome'ter] (2a) angreifen; in Angriff nehmen, unternehmen; sich stürzen auf (*ac.*); befallen (*Schlaf, Krankheit*); **~tida** [~'tiða] *f* Angriff *m*; *fig.* Anfall *m*; ✄ Licht-, Wasser-, Gasanschluß *m*; **~timiento** [~ti'mi̯ento] *m* Angriff *m*; Inangriffnahme *f*; **~tividad** [~tiβi'ða⁽ᵈ⁾] *f* Angriffslust *f*, Streitlust *f*.

acomo|dable [~'ðaβle] anpassungsfähig; **~dación** [~da'θi̯on] *f* Anpassung(sfähigkeit) *f*; Umbau *m*, -gestaltung *f*; **~dadizo** [~da'ðiθo] leicht anzupassen; fügsam; leicht zu befriedigen; **~dado** [~'daðo] geeignet; bequem; auskömmlich (*Leben*); wohlhabend; **~dador** [~da'ðor] *m* Logenschließer *m*; Platzanweiser *m*; **~damiento** [~da'mi̯ento] *m* Anpassen *n*, Einrichten *n*; Vergleich *m*, Abkommen *n*; **~dar** [~'dar] (1a) anpassen; anwenden auf (*ac. a*); Platz anweisen (*dat.*); j-m e-n Arbeitsplatz verschaffen; *v/i.* passen(d sein); **~daticio** [~da'tiθi̯o] sehr anpassungsfähig; **~do** [ako'moðo] *m* Unterkommen *n*; Anstellung *f*; Auskommen *n*; Versorgung *f*.

acompañ|ado [akompa'ɲaðo] beiliegend; F belebt (*Straße*); **~amiento** [~ɲa'mi̯ento] *m* Begleitung *f* (*a.* ♪); Gefolge *n*; *Thea.* Komparsen *m/pl.*; **~ante** [~'ɲante] *m* Begleiter *m*; **~ar** [~'ɲar] (1a) begleiten (*a.* ♪); j-m Gesellschaft leisten; *Papiere* beilegen; **~o** *Am. Cent.* [~'paɲo] *m* Zusammentreffen *n*.

acompa|sado [akompa'saðo] abgemessen, nach dem Takt; *fig.* wohlgeordnet; **~sar** [~'sar] (1a) gleichmäßig gestalten; abzirkeln; ⊕ justieren, einpassen.

acomplej|ado [akomple'xaðo]: estar ~ Komplexe haben; **~ar** [~'xar] (1a): ~ *a alg.* j-m Komplexe geben; **~arse** Komplexe bekommen.

acomunarse [akomu'narse] (1a) sich verbünden.

aconcharse [akon'tʃarse] (1a) sich anlehnen; sich stemmen; ✄ auflaufen; *Am.* F schmarotzen, nassauern.

acondicio|nado [akondiθi̯o'na⁽ᵈ⁾o] beschaffen; *aire m* ~ Klimaanlage *f*; **~nador** [~'ðor] *m de aire* Klimaanlage *f*; **~namiento** [~'mi̯ento] *m de aire* Klimatisierung *f*; **~nar** [~'nar] (1a) bilden, gestalten; herrichten; *Speisen* zubereiten, anrichten; klimatisieren.

acongojar [akoŋgo'xar] (1a) bedrücken, bekümmern, beängstigen.

acónito ♀ [a'konito] *m* Eisenhut *m*.

aconse|jable [akonse'xaβle] ratsam; empfehlenswert; **~jar** [~'xar] (1a) *Sache* (an)raten; j-m raten, j-n beraten; **~jarse** *de od. con* sich (*dat.*) Rat holen bei (*dat.*).

aconsonantar [akonsonan'tar] (1a) in Reime bringen; (sich) reimen.

aconte|cer [akonte'θer] (2d) sich ereignen, vorkommen, geschehen; **~cimiento** [~θi'mi̯ento] *m* Ereignis *n*, Begebenheit *f*; Geschehnis *n*.

aco|piar [ako'pi̯ar] (1b) anhäufen, ansammeln; aufkaufen; **~pio** [a'kopi̯o] *m* Anhäufung *f*; Aufkauf *m*; Vorrat *m*.

aco|plado [ako'plaðo] *m Chi., Rpl.* Anhänger *m* (*Wagen*); **~plamiento** ⊕ [~pla'mi̯ento] *m* Kupplung *f*; Schaltung *f*; ~ *en serie* Reihen-, Serienschaltung *f*; **~plar** [~'plar] (1a) zs.-fügen; anpassen; kuppeln; *Pferde* zs.-koppeln, -schirren; *Tiere* belegen lassen; *fig.* versöhnen; ⚡ *Batterie* schalten; **~plarse** F sich zusammentun; sich liebgewinnen.

acoquinar [akoki'nar] (1a) F einschüchtern; **~se** F sich einschüchtern lassen.

acora|zado [akora'θa⁽ᵈ⁾o] **1.** *adj.* gepanzert; Panzer...; *división f* ~*a* Panzerdivision *f*; **2.** *m* ♣ Panzerkreuzer *m*; **~zar** [~'θar] (1f) panzern.

acorazonado [akoraθo'na⁽ᵈ⁾o] herzförmig.

acorcharse [akor'tʃarse] (1a) einschrumpfen; korkartig werden; *fig.* einschlafen (*Glied*); abstumpfen (*Sinne, Gewissen*).

acor|dada ⚖ [akor'daða] *f* gerichtliche Anweisung *f*; **~dado** [~'ðaðo] (einmütig) beschlossen; *lo* ~ der Beschluß; die Vereinbarung; **~dar** [~'dar] (1m) **1.** *v/t.* beschließen; vereinbaren; bewilligen; ♪ stimmen; **2.** *v/i.* übereinstimmen;

⌐darse de sich erinnern an (*ac.*); ⌐ con sich einigen mit (*dat.*); *si mal no me acuerdo* wenn ich mich recht entsinne; **⌐de** [a'kɔrde] **1.** *adj.* übereinstimmend; ♪ harmonisch; *estar* ⌐ *con* einig sein mit (*dat.*); **2.** ♪ *m* Akkord *m*; *entre los* ⌐s de unter den Klängen von (*dat.*).

acordelar [akɔrde'lar] (1a) mit e-r Schnur abstecken.

acorde|ón [akɔrde'ɔn] *m* Akkordeon *n*, Ziehharmonika *f*; **⌐onista** [ˌɔdeo'nista] *m* Akkordeonspieler *m*.

acordo|namiento [akɔrdona'mˈiento] *m* Abriegelung *f* e-s Gebietes *od.* der Grenze; Absperrung *f* (*Polizei*); Kordon *m*; **⌐nar** [ˌⁿar] (1a) (ein)schnüren; abriegeln, absperren; *Münzen* rändern.

acorra|lamiento [akɔrrala'mˈiento] *m* Einpferchen *n*; *fig.* Einkreisung *f*; **⌐lar** [ˌⁿlar] (1a) *Vieh* einpferchen; in die Enge treiben (*a. fig.*); *j-m* den Weg verstellen; einkreisen; einschüchtern.

acorrer [akɔ'rrer] (2a) zu Hilfe eilen.

acortar [akɔr'tar] (1a) *v/t.* ab-, verkürzen; kürzer machen (*Kleider*); ⌐ *el paso* langsamer gehen; *v/i.* kürzer werden (*Tage*); **⌐se** in der Rede stocken.

aco|sar [ako'sar] (1a) hetzen; *j-n* bedrängen; *j-m* zusetzen (*con preguntas mit Fragen*); **⌐sijar** *Méj.* [ˌsi'xar] (1a) verfolgen, hetzen; drängen.

acostar [akos'tar] (1m) zu Bett bringen; heranrücken; ⚓ anlegen; **⌐se** zu Bett gehen, schlafen gehen; *Am. Cent., Méj.* gebären; ⌐ *con las gallinas* mit den Hühnern zu Bett gehen.

acostum|brado [akostum'braⁿdo] gewohnt, gewöhnlich; *estar* ⌐ *a a/c.* an et. (*ac.*) gewöhnt sein; **⌐brar** [ˌⁿbrar] (1a) **1.** *v/t.* gewöhnen (an [*ac.*] a); **2.** *v/i.* pflegen, gewohnt sein; **3.** **⌐brarse** sich gewöhnen (an et. *a a/c.*).

aco|tación [akota'θiɔn] *f* **a)** Randbemerkung *f*; Bühnenanweisung *f*; **b)** Abgrenzung *f*; Einfriedigung *f*; **⌐tada** [ˌⁿtada] *f* (*eingefriedigte*) Baumschule *f*; **⌐tamiento** [ˌⁿtaⁿmˈiento] *m* Abgrenzung *f*; Vermarkung *f*; **⌐tar** [ˌⁿtar] (1a) **a)** mit Randbemerkungen versehen; *An-*

gebot annehmen; **b)** abgrenzen; einfriedigen, einhegen; *Bäume* kappen.

acoyundar [akojun'dar] (1a) *Ochsen* anjochen.

ácrata ['akrata] **1.** *adj.* anarchistisch; **2.** *m* Anarchist *m*.

acre ['akre] scharf, herb; *fig.* schroff, rauh, unliebenswürdig.

acre|cencia [akre'θenθia] *f* Zuwachs *m*; Zunahme *f*; **⌐centar** [ˌθen'tar] (1k) vermehren, steigern, verstärken; **⌐centarse** zunehmen, anwachsen; gewinnen (*Macht, Einfluß*).

acredi|tado [akreði'taⁿdo] geachtet, angesehen; beglaubigt; bewährt; **⌐tar** [ˌⁿtar] (1a) Ansehen verleihen (*dat.*); verbürgen; rechtfertigen; *Gesandten* beglaubigen, akkreditieren (bei [*dat.*] *cerca de*); ⌐ *en cuenta* gutschreiben; **⌐tarse** sich bewähren; sich Ansehen erwerben; **⌐tivo** [ˌⁿtiβo] *m*: ⌐ *de cheque* Kreditscheck *m*, Akkreditiv *n*.

acre|edor [akree'ðɔr] **1.** *adj.* anspruchsberechtigt; würdig (*gen.*); **2.** *m*, ⌐*a f* [ˌ'ðora] Gläubiger(in *f*) *m*; *junta f de* ⌐*es* Gläubigerversammlung *f*; *hacerse* ⌐ *de alg.* j-s Vertrauen gewinnen; **⌐encia** *Am.* [ˌ'enθia] *f* Gläubigerguthaben *n*.

acribillar [akriβi'ʎar] (1a) durchlöchern; *fig.* quälen, bedrängen (mit [*dat.*] *a*).

acrimi|nación [akrimina'θiɔn] *f* Beschuldigung *f*; **⌐nar** [ˌⁿnar] (1a) *e-s Verbrechens* beschuldigen *od.* bezichtigen (*gen. de*).

acrimonia [akri'moⁿnia] *f* Schärfe *f*; *fig.* Bitterkeit *f*.

acriollarse *Am.* [akriˈo'ʎarse] (1a) die Lebensweise der Einheimischen e-s Landes annehmen.

acrisolar [akriso'lar] (1a) *Metalle* läutern; *fig.* auf die Probe stellen.

acristalar [akrista'lar] (1a) verglasen.

acritud [akri'tu⁽ᵈ⁾] *f* Schärfe *f* (*a. fig.*); herber Geschmack *m*.

acróbata [a'kroβata] *m* Akrobat *m*; Seiltänzer *m*.

acromático [akro'matiko] achromatisch.

acta ['akta] *f* Urkunde *f*; Protokoll *n*; Verhandlungsbericht *m*; ⚓ Akt *m*, Akte *f*; ⌐ *de acusación* Anklageerhebung *f*; ⌐ *de una sesión* Sitzungsbericht *m*; ⌐ *notarial* notarielles Protokoll n; hacer constar en ~ aktenkundig machen, protokollieren; levantar ~ beurkunden, zu Protokoll nehmen.

acti|tud [akti'tu⁽ᵈ⁾] f Stellung f, Haltung f; fig. Einstellung f, Benehmen n, Verhalten n; **~var** [~'βar] (1a) antreiben; beschleunigen; **~vidad** [~bi'ða⁽ᵈ⁾] f Tätigkeit f, Wirksamkeit f; Lebhaftigkeit f; Betriebsamkeit f; **~vista** [~'βista] m Pol. Aktivist m; **~vo** [~'tiβo] **1.** adj. tätig, wirksam; tatkräftig; en ~ im Dienst stehend; Gram. voz f -a Aktiv n, Tätigkeitsform f; **2.** ~ m Aktivvermögen n, Haben n.

acto ['akto] m Tat f, Handlung f, Werk n; Feier(lichkeit) f; Thea. Akt m, Aufzug m; ~ inaugural Eröffnungsfeier f; ~ de clausura Schlußfeier f; hacer ~ de presencia erscheinen, auftauchen; ~ continuo, ~ seguido anschließend, sofort (danach); en el ~ auf der Stelle, unverzüglich; en ~ de servicio in Erfüllung s-r Pflicht; ~ carnal Geschlechtsakt m; ~ jurídico Rechtshandlung f; ~ oficial Amtshandlung f.

ac|tor [ak'tɔr] **a)** m Schauspieler m; **b)** ⚖ m, -a f [~'tora] Kläger(in f) m; ~ civil Nebenkläger m; **~triz** [~'triθ] f Schauspielerin f.

act|uación [aktŭa'θiɔn] f Tätigkeit f; Verrichtung f; Amtsführung f; Auftreten n (a. Thea.); actuaciones pl. Prozeßführung f; **~ual** [ak'tŭal] aktuell, gegenwärtig; wirksam; wirklich; **~ualidad** [aktŭalida⁽ᵈ⁾] f Gegenwart f; de gran ~ sehr aktuell; en la ~ zur Zeit, gegenwärtig; **~es** f/pl. (Film) Wochenschau f; **~uar** [~'tŭar] (1e) betätigen; ⊕ antreiben; ✿ wirken; Thea. auftreten; ~ de sich betätigen als, auftreten als; **~uario** [~'tŭario] m ⚖ Protokollführer m, Urkundsbeamte(r) m; ~ de seguros Versicherungssachverständige(r) m.

acuare|la [akŭa'rela] f Aquarell n; **~lista** [~re'lista] m Aquarellmaler m.

acuario [a'kŭario] m Aquarium n; Astr. ♀ Wassermann m.

acuartela|miento [akŭartela'miento] m Kasernierung f; Einquartierung f; Quartier n; **~r** [~'lar] (1a) einquartieren; kasernieren.

acuá|tico [a'kŭatiko] im Wasser lebend; Wasser...; deporte m ~ Wassersport m.

acu|cia [a'kuθia] f Eifer m; Begierde f; **~ciar** [aku'θiar] (1b) anstacheln; heftig begehren; **~cioso** [~'θioso] gierig, eifrig.

acuclillarse [akukli'ʎarse] (1a) sich hocken, sich kauern.

acuchillar [akutʃi'ʎar] (1a) er-, niederstechen; Parkett abziehen.

acudir [aku'ðir] (3a) herbeieilen, sich einfinden; ~ a teilnehmen an (dat.); ~ a alg. sich an j-n (um Hilfe) wenden; ~ a las urnas wählen.

acueducto [akŭe'ðukto] m Aquädukt m.

acuerdo [a'kŭerðo] m Übereinkunft f; Übereinstimmung f; Verständigung f; Abkommen n; Vereinbarung f; Beschluß f; ~ comercial Handelsabkommen n; estar de ~ con einverstanden sein mit (dat.); llegar a un ~, ponerse de ~ (con) sich einigen (mit [dat.]); tomar un ~ in Beschluß fassen; de común ~ einmütig; de ~ con gemäß (dat.); ¡de ~! einverstanden!

acullá [aku'ʎa] dort(hin); acá y ~ hier und dort.

acumula|ción [akumula'θiɔn] f Anhäufung f; Speicherung f; **~dor** [~'ðɔr] ⚡ m Akku(mulator) m; **~r** [~'lar] (1a) an-, aufhäufen; speichern.

acuñ|ación [akuɲa'θiɔn] f (Münz-) Prägung f; **~ar** [~'ɲar] (1a) Münzen, Worte prägen; ⊕ verkeilen.

acuoso [a'kŭoso] wässerig; saftig (Obst).

acupuntura [akupun'tura] f Akupunktur f.

acu|sación [akusa'θiɔn] f Beschuldigung f; Anklage f; **~sado** [~'sa⁴o] m Angeklagte(r) m; **~sador** [~'ðɔr] m Ankläger m; **~sar** [~'sar] (1a) anklagen, beschuldigen; e-n Zustand anzeigen; bezichtigen (gen. de); aufweisen (Defizit etc.); Kartenspiel: anmelden, ansagen; ~ recibo den Empfang bestätigen; **~sativo** Gram. [~sa'tiβo] m Akkusativ m; **~satorio** [~sa'torio] Anklage...; **~se** [a'kuse] m Kartenspiel: Ansagen n; ~ de recibo Empfangsbestätigung f; **~sete** Am. Mer., Cu. [~'sete] m, **~són** F [aku'sɔn] m Schülerspr.: Petzer m.

acústi|ca [a'kustika] f Akustik f; **~co** [~ko] akustisch, Schall...; (Ge-) Hör...; *órgano* m ~ Hörorgan n; *tubo* m ~ Sprach-, Hörrohr n.

acutángulo [aku'taŋgulo] spitzwinklig.

achacar [atʃa'kar] (1g) ~ (*la culpa*) *a alg.* j-m (die Schuld) zuschieben, die Schuld auf j-n schieben.

achacoso [atʃa'koso] anfällig; kränklich; fehlerhaft.

achaflanar [atʃafla'nar] (1a) abschrägen, abkanten.

achantarse F [atʃan'tarse] (1a) sich ducken, kuschen.

achaparrado [atʃapa'rraᵈo] untersetzt (*Person*); verkümmert (*Pflanze*).

achaque [a'tʃake] m Unpäßlichkeit f; Anfall m; üble Angewohnheit f; Vorwand m; ✗ Beschwerde f; ~s *de la edad* Altersbeschwerden f/pl.; *con* ~ *de* unter dem Vorwand von (*dat.*).

acharolar [atʃaro'lar] (1a) = *charolar.*

acha|tado [atʃa'taᵈo] *Rpl.* bedrückt, beklommen; **~tar** [~'tar] (1a) abplatten, platt drücken; **~tarse** *Méj.*, *Rpl.* Angst bekommen.

achi|cado [atʃi'kaᵈo] kindisch; eingeschüchtert; **~car** [~'kar] (1g) verkleinern; einschüchtern; ⚓ auspumpen; **~carse** kleiner werden; F klein werden.

achicoria [atʃi'koria] f Zichorie f.

achicha|rrar [atʃitʃa'rrar] (1a) (zu) stark braten; anbrennen lassen; *fig.* j-m sehr zusetzen; **~rronar** *Am.* [~rro'nar] (1a) (zer)drücken, (zer)quetschen.

achín *Am. Cent.* [a'tʃin] m Hausierer m.

achi|nado *Am.* [atʃi'naᵈo] pöbelhaft; **~nero** *Am. Cent.* [~'nero] m Hausierer m.

achiquitarse *Am.* [atʃiki'tarse] (1a) verzagen.

achisparse F [atʃis'parse] (1a) sich beschwipsen.

achocharse [atʃo'tʃarse] (1a) kindisch werden (*im Alter*); P vertrotteln.

acholar *Am. Mer.* [atʃo'lar] (1a) beschämen.

achubascarse [atʃubas'karse] (1g) sich mit Regengewölk überziehen (*Himmel*).

achuchar [atʃu'tʃar] (1a) **a**) zerquetschen; **b**) (auf)hetzen.

achuchón F [atʃu'tʃon] m Stoß m.

achula(pa)do [atʃula'paᵈo od. ~'laᵈo] P angeberisch, großspurig.

achur|a *Am.* [a'tʃura] f (*meist pl. ~s*) Innereien f/pl.; **~ar** [atʃu'rar] (1a) *geschlachtetes Vieh* ausnehmen.

adagio [a'daxio] m Sprichwort n; Spruch m; ♪ Adagio n.

adalid [ada'li⁽ᵈ⁾] m Anführer m; *fig.* Vorkämpfer m.

adamado [ada'maᵈo] weibisch; F piekfein; P aufgedonnert.

adamascado [adamas'kaᵈo] damastartig.

Adán [a'dan] m: *bocado* m (*od. nuez* f) *de* ~ Adamsapfel m; ♋ *fig.* Lumpenkerl m, Faulenzer m; *ir hecho un* ~ abgerissen herumlaufen.

adap|table [adap'table] anpassungsfähig; **~tación** [adapta'θion] f Anpassung f; *Lit.*, ♪ Bearbeitung f; ~ *cinematográfica* Filmbearbeitung f; ~ *escénica* Bühnenbearbeitung f; **~tar** [~'tar] (1a) anpassen; bearbeiten (*a la pantalla* für den Film); **~tarse** sich anpassen (an [*ac.*] *a*).

adecentar [adeθen'tar] (1a) (ordentlich) herrichten; **~se** F sich fein machen.

ade|cuado [ade'kŭaᵈo] angemessen, geeignet, passend; **~cuar** [~'kŭar] (1d) anpassen.

adefesio F [ade'fesio] m Unsinn m, Albernheit f; lächerlicher Aufzug m; *estar hecho un* ~ die reinste Spottfigur sein.

adelan|tado [adelan'taᵈo] vorgerückt; vor-, fortgeschritten; vorzeitig; vorlaut; *pagar por* ~ vorausbezahlen; *ir* ~ vorgehen (*Uhr*); **~tamiento** [~ta'miento] m Fortschritt m; Aufschwung m; *Kfz.* Überholen n; **~tar** [~'tar] (1a) v/t. vorrücken, -schieben; fördern; *Geld* vorschießen; v/i. vorgehen (*Uhr*); *Kfz.* überholen; fortschreiten, Fortschritte machen; **~tarse** vorangehen, überholen; vorrücken; ~ *a alg.* j-n überholen (*a. fig.*); j-m zuvorkommen.

adelante [ade'lante] vor, vorwärts; ¡~! los!; vorwärts!; herein!; *de ahora* (*aquí*) *en* ~ von jetzt an; *de allí en* ~ von da an; *más* ~ weiter vorn; weiter unten (*im Buch*); *llevar* (*od. sacar*) ~ *et.* fördern, durchsetzen; *salir* ~ *fig.* vorwärtskommen, es zu et. bringen.

adelanto [ade'lanto] *m* Fortschritt *m*; ⚓ Vorschuß *m*; ~s *m/pl.* Errungenschaften *f/pl.*

adelfa ⚘ [a'delfa] *f* Oleander *m*.

adelgaz|amiento [adelgaθa'mjento] *m* Abmagern *n*; *cura f de* ~ Abmagerungskur *f*; **~ar** [~'θar] (1f) *v/t.* dünner machen; *v/i.* dünner (*od.* schlank) werden; abmagern; abnehmen (*an Gewicht*).

ademán [ade'man] *m* Gebärde *f*; Haltung *f*; *en* ~ *de* bereit zu; *ademanes pl.* Manieren *f/pl.*; *hacer* ~ Anstalten treffen.

además [ade'mas] **1.** *adv.* außerdem, ferner, überdies; **2.** *prp.* ~ *de* außer (*dat.*).

adentrarse [aden'trarse] (1a) hineingehen, eindringen (*a. fig.*) (in [*ac.*] en).

adentro [a'dentro] darin; hinein; inwendig; *¡~!* herein!; *mar* ~ seewärts; *tierra* ~ landeinwärts; *para* (en) *sus* ~s innerlich; *decir para sus* ~s zu sich selbst sagen.

adepto [a'depto] *m* Eingeweihte(r) *m*, Schüler *m*, Jünger *m*, Anhänger *m*.

aderezar [adere'θar] (1f) herrichten, zurechtmachen; *Speisen* zubereiten, anrichten; *Stoff* appretieren; **~se** sich zurechtmachen, F sich fein machen.

aderezo [ade're θo] *m* Zubereitung *f*; Würzen *n*; Schmuck *m*; Zubehör *n*; ~s *pl.* Gerätschaften *f/pl.*; Schmucksachen *f/pl.*; ~s *de casa* Hausgerät *n*.

adeu|dado [adeu̯'da θo] verschuldet; **~dar** [~'dar] (1a) **a)** schulden; zollpflichtig sein; in Rechnung stellen, berechnen; ~ *en cuenta* Konto belasten; **b)** verwandt werden; **~darse** Schulden machen; **~do** [a'deu̯ðo] *m* Schuld *f*; Abgabe *f*; Zoll *m*; ~ *en cuenta* Belastung *f* (*Konto*); Lastschrift *f*.

adhe|rencia [ade'renθia] *f* Anhaften *n*; Anhängen *n*; 𝕤 Verwachsung *f*; Anhängsel *n*; Beitritt(serklärung *f*) *m*; **~rente** [~'rente] **1.** *adj.* (an)haftend, (an)klebend; **2.** *m* Anhänger *m*; ~s *pl.* Zubehör *n*; **~rir** [~'rir] (3i) (an)haften; zustimmen; *v/t.* an-, aufkleben; **~rirse** sich anschließen (an [*ac.*] *a*); beitreten (*Partei usw.*, *dat.*); **~sión** [~'sion] *f* Anschluß *m*, Beitritt *m*; Zustimmung *f*; *Phys.*

Adhäsion *f*; **~sivo 1.** *adj.* (an)haftend, Haft...; **2.** *m* Klebstoff *m*.

adi|ción [adi'θion] *f* Beifügung *f*; Zusatz *m*; Addieren *n*, Addition *f*; **~cional** [~θio'nal] zusätzlich, Zusatz...; **~cionar** [~θio'nar] (1a) hinzufügen; addieren.

adicto [a'dikto] **1.** *adj.* ergeben, zugetan (*dat. a*); zugeteilt (*e-r Behörde*); ~ *al partido* linientreu; ~ *a las drogas* drogensüchtig; **2.** *m* Anhänger *m*.

adiestr|amiento [adiestra'mjento] *m* Abrichtung *f*; Schulung *f*; Dressur *f*; **~ar** [~'trar] (1a) abrichten, dressieren; *Pferd* zureiten; anleiten, anlernen, schulen.

adinerado [adine'ra θo] vermögend, begütert.

¡adiós! [a'dios] **1.** *int.* auf Wiedersehen!; grüß Gott!; F *iron.* so e-e Bescherung!, jetzt ist es aus!; **2.** *m* Lebewohl *n*; Abschied *m*; *decir* ~ sich verabschieden (von [*dat.*] *a*).

adiposo [adi'poso] fetthaltig, Fett...; *tejido m* ~ Fettgewebe *n*.

adit|amento [adita'mento] *m* Zusatz *m*; Zulage *f*; Beilage *f*; **~ivo** [~'tibo] *adj.* zusätzlich; **2.** *m* Zusatz *m*.

adivi|nación [adibina'θion] *f* Wahrsagung *f*; Erraten *n*; **~nanza** [~'nanθa] *f* Rätsel *n*; **~nar** [~'nar] (1a) vorhersehen, -sagen; wahrsagen; *Rätsel* lösen; (er)raten; **~no** *m*, **~na** *f* [~'bino, ~'bina] Wahrsager(in *f*) *m*.

adjetivo [adxe'tibo] *m* Eigenschaftswort *n*, Adjektiv *n*.

adjudi|cación [adxudika'θion] *f* Zuschlag *m*; Zuteilung *f*; Zuerkennung *f*; ~ *de una obra* Vergabe *f* e-s Baues; **~car** [~'kar] (1g) zuerkennen; zuschlagen; zuteilen; zusprechen; vergeben; **~carse** sich et. aneignen *od.* anmaßen.

adjun|tar [adxun'tar] (1a) beilegen, -fügen; **~to** [~'xunto] **1.** *adj.* angefügt; bei-, inliegend; **2.** *m* An-, Beilage *f*; Dozent *m*; enger Mitarbeiter *m*.

adminis|tración [administra'θion] *f* Verwaltung *f*; Geschäftsführung *f*; ~ *de justicia* Rechtspflege *f*, Rechtsprechung *f*; ~ (*de los sacramentos*) Spendung *f* der Sakramente; *consejo m de* ~ Aufsichtsrat *m*; **~trador** [~tra'dor] *m* Verwalter *m*; Geschäftsführer *m*; **~trar** [~'trar] (1a) verwalten; *Amt* bekleiden; *Sakramente* spenden; *Arzneien* verabreichen; F *Fußtritt usw.* versetzen; **~trativo** [~tra'tibo] **1.** *adj.* Verwaltungs...; **2.** *m* Verwaltungsangestellte(r) *m*.

admi|rable [admi'rable] bewunderungswürdig; ausgezeichnet; **~ración** [~ra'θiɔn] *f* Bewunderung *f*; Staunen *n*; *signo m de ~* Ausrufungszeichen *n*; **~rado** [~'raᵈo] erstaunt; **~rador** [~ra'dɔr] *m* Bewunderer *m*; Verehrer *m*; **~rar** [~'rar] (1a) bewundern, bestaunen; **~rarse** sich wundern (über [*ac.*] de); staunen.

admi|sible [admi'sible] zulässig, statthaft; **~sión** [~'siɔn] *f* Zulassung *f*; Annahme *f*, Aufnahme *f*; *válvula f de ~* Einlaßventil *n*; **~tir** [~'tir] (3a) zulassen, dulden; *Behauptungen* zugeben; *~ en pago* in Zahlung nehmen.

admonición [admoni'θiɔn] *f* Ermahnung *f*; Verwarnung *f*; Verweis *m*.

ado|bado [aдo'baᵈo] *m* Pökelfleisch *n*; **~bar** [~'bar] (1a) anrichten, zubereiten; pökeln; in Essigbeize einlegen, beizen; gerben; **~be** [a'dobe] *m* Luftziegel *m*; *Rpl.* großer Fuß *m*; **~bera** [~'bera] *f Méj.* Käse *m* in Ziegelform; **~bo** [a'dobo] *m* Zubereitung *f*; Gerben *n*; Beize *f*; Pökelbrühe *f*.

adocenado [aдoθe'naᵈo] alltäglich; Dutzend...

adoctrinar [aдɔktri'nar] (1a) belehren, unterweisen.

adolecer [aдole'θer] (2d) kranken, leiden (an [*dat.*] de).

adoles|cencia [aдoles'θenθia] *f* Jugend *f*; Jünglingsalter *n*; **~cente** [~'θente] *m* Jüngling *m*.

adonde [a'dɔnde] wohin; *~ quiera* wo(hin) auch immer; *fragend:* *¿adónde?* wohin?

adop|ción [adɔb'θiɔn] *f* Annahme *f* an Kindes Statt, Adoption *f*; **~tar** [adɔp'tar] (1a) an Kindes Statt annehmen, adoptieren; sich zu eigen machen, annehmen; *~ una medida e-e* Maßnahme ergreifen; *~ una resolución* e-n Entschluß fassen; **~tivo** [~'tibo] Adoptiv..., Wahl...: *hijo m ~* Adoptivkind *n*, Pflegekind *n*; *patria f ~a* Wahlheimat *f*.

ado|quín [aдo'kin] *m* Pflasterstein *m*; F Dummkopf *m*; Flegel *m*; **~quinado** [~ki'naᵈo] *m* Pflaster(n) *n*; **~quinar** [~ki'nar] (1a) pflastern; *sin ~* ungepflastert.

ado|rable [aдo'rable] anbetungswürdig; **~ración** [~ra'θiɔn] *f* Anbetung *f*; Verehrung *f*; **~rar** [~'rar] (1a) anbeten; verehren; vergöttern, abgöttisch lieben; **~ratorio** [~ra'torio] *m* Götzentempel *m*; Kultstätte *f*.

adorme|cedor [adɔrmeθe'dɔr] einschläfernd; **~cer** [~'θer] (2d) einschläfern; *Schmerz* stillen; beschwichtigen; **~cerse** einschlafen; taub werden (*Glied*).

adormidera [adɔrmi'dera] *f* Mohn *m*.

adormilarse [adɔrmi'larse] (1a) einnicken.

ador|nar [adɔr'nar] (1a) (aus-)schmücken, verzieren; **~nista** [~'nista] *m* Dekorationsmaler *m*; **~no** [a'dɔrno] *m* Schmuck *m*; Zierat *m*; Dekoration *f*; Putz *m*; *fig.* Zierde *f*.

adosar [aдo'sar] (1a) anlehnen; anbauen.

adqui|rente [adki'rente], **~ridor** [~ri'dɔr], **~sidor** [~si'dɔr] *m* Erwerber *m*; **~rir** [~'rir] (3i) erwerben; anschaffen; erlangen; **~sición** [~si'θiɔn] *f* Erwerb(ung *f*) *m*; Anschaffung *f*; *hacer una buena ~* e-n guten Kauf machen; *gastos m/pl. de ~* Anschaffungskosten *pl.*; **~sitivo** [~si'tibo]: *poder m ~* Kaufkraft *f*; **~sitorio** [~si'torio] Erwerbs..., Kauf...

adrede [a'drede] *adv.* absichtlich.

adscribir [adskri'bir] (3a; *part. adscrito*) zuschreiben; zuweisen; zuteilen.

adua|na [a'ðuana] *f* Zoll *m*; Zollgebühr *f*; Zollamt *n*; *declaración f de ~* Zoll(inhalts)erklärung *f*; *derechos m/pl. de ~* Zollgebühren [*m/pl.*]; *exento de ~* zollfrei; *sujeto a ~* zollpflichtig; **~nar** [aðua'nar] (1a) verzollen; **~nero** [aðua'nero] **1.** *adj.* Zoll...; *arancel m ~* Zolltarif *m*; *visita f ~a* Zollkontrolle *f*; **2.** *m* Zollbeamte(r) *m*.

aducir [aðu'θir] (3o) *Beweise* beibringen, anführen.

adueñarse [aðue'narse] (1a): *~ de* sich bemächtigen (*gen.*).

adu|lación [aдula'θiɔn] *f* Schmeichelei *f*, Lobhudelei *f*; **~lador** *m*, **-a** *f* [ˌʌlaˈdɔr, ˌʌlaˈdora] Schmeichler(in *f*) *m*; **~lar** [ˌʌˈlar] (1a) schmeicheln; *j-m* schöntun; **~lete** [ˌʌˈlete] *Am. Mer.*, **~lón** [ˌʌˈlɔn] **1.** *adj.* kriecherisch; **2.** *m* Kriecher *m*, Speichellecker *m*.

adulte|ración [adulteraˈθjɔn] *f* Fälschung *f*, Verfälschung *f* (*Lebensmittel*); **~rador** *m*, **-a** *f* [ˌʌraˈdɔr, ˌʌraˈdora] Fälscher(in *f*) *m*; **~rar** [ˌʌˈrar] (1a) (ver)fälschen; *v/i.* die Ehe brechen; **~rarse** verderben (*Lebensmittel*); **~rino** [ˌʌˈrino] ehebrecherisch; **~rio** [ˌʌˈterjo] *m* Ehebruch *m*.

adúltero [aˈdultero] **1.** *adj.* ehebrecherisch; verfälscht; **2.** *m*, **-a** *f* Ehebrecher(in *f*) *m*.

adul|tez [adulˈteθ] *f Am. Cent.* Männlichkeit *f*; **~to** [aˈdulto] **1.** *adj.* erwachsen, ausgewachsen; voll entwickelt; **2.** *m* Erwachsene(r) *m*.

adundarse [adunˈdarse] (1a) *Am. Cent.* verdummen.

adusto [aˈdusto] glühend heiß (*Land*); finster, mürrisch; *Arg.* unbeugsam.

adve|nedizo [adβeneˈdiθo] **1.** *adj.* fremd, zugereist; hergelaufen; **2.** *m* Fremde(r) *m*; Emporkömmling *m*; **~nimiento** [ˌʌniˈmjento] *m* Ankunft *f*; Machtergreifung *f*; Thronbesteigung *f*.

adventicio [adβenˈtiθjo] zufällig auftretend; fremd; ♀ *planta* **-a** Adventivpflanze *f*.

adverbio [adˈβerβjo] *m* Umstandswort *n*, Adverb *n*.

adver|sario [adβerˈsarjo] *m* Gegner *m*, Widersacher *m*; **~sidad** [ˌʌsiˈda^(d)] *f* Widrigkeit *f*; Unglück *n*; Mißgeschick *n*; **~so** [adˈβerso] widrig; feindlich; ungünstig; *suerte f* **-a** Mißgeschick *n*.

adver|tencia [adβerˈtenθja] *f* Warnung *f*; Mahnung *f*; Hinweis *m*; Bemerkung *f*; Vorbemerkung *f*; **~tido** [ˌʌˈtido] erfahren, klug; **~timiento** [ˌʌtiˈmjento] *m = advertencia*; **~tir** [ˌʌˈtir] (3i) bemerken; aufmerksam machen; benachrichtigen; warnen.

adviento *Rel.* [adˈβjento] *m* Advent *m*. [angrenzend.)

adyacente [adjaˈθente] anliegend,)

aeración [aeraˈθjɔn] *f* Lüftung *f*, Durchlüftung *f*, Be-, Entlüftung *f*.

aéreo [aˈereo] luftförmig, Luft...; luftig; *compañía f* **-a** Luftfahrtgesellschaft *f*; *correo m* **~** Luftpost *f*; *ferrocarril m* **~** Schwebebahn *f*; *navegación f* **-a** Luftfahrt *f*.

aero|bús [aeroˈbus] *m Am.* Verkehrsflugzeug *n*; *neol.* Airbus *m*; **~dinámico** [ˌʌdiˈnamiko] stromlinienförmig.

aeródromo [aeˈrodromo] *m* Flugplatz *m*, Flughafen *m*.

aero|foto [aeroˈfoto] *f* Luftbild *n*; **~grama** [ˌʌˈgrama] *m* Luftpostleichtbrief *m*; **~línea** [ˌʌˈlinea] *f* Fluglinie *f*.

aerolito [aeroˈlito] *m* Meteorstein *m*.

aerómetro [aeˈrometro] *m* Aerometer *n*.

aero|modelismo [aeromodeˈlizmo] *m* Flugmodellbau *m*; **~moza** [ˌʌˈmoθa] *f* (*bes. Am.*) Stewardeß *f*.

aero|náutica [aeroˈnautika] *f* Luftfahrt *f*; **~náutico** [ˌʌˈnautiko] Luftfahrt...; **~nave** [ˌʌˈnabe] *f* Luftschiff *n*; **~navegación** [ˌʌnabegaˈθjɔn] *f* Luftfahrt *f*; **~plano** [ˌʌˈplano] *m* Flugzeug *n*; **~postal** [ˌʌpɔsˈtal] Luftpost...; **~puerto** [ˌʌˈpwerto] *m* Flughafen *m*; **~sol** [ˌʌˈsɔl] *m* Aerosol *n*; Spray *m*; **~stática** [ˌʌsˈtatika] *f* Aerostatik *f*; **aeróstato** [aeˈrostato] *m* Luftballon *m*, Fesselballon *m*; **~técnica** [ˌʌˈteknika] *f* Flugtechnik *f*; **~terapia** [ˌʌteˈrapja] *f* Lufttherapie *f*; Luftkur *f*; **~vía** [ˌʌˈbia] *f* Fluglinie *f*.

afabilidad [afabiliˈda^(d)] *f* Leutseligkeit *f*, Freundlichkeit *f*.

afable [aˈfable] entgegenkommend, freundlich (zu [*dat.*], gegen [*ac.*] *con od. para con*).

afa|mado [afaˈma^do] berühmt; **~mar** [ˌʌˈmar] (1a) berühmt machen.

afán [aˈfan] *m* Trachten *n*, Streben *n*; Eifer *m*; Gier *f*, Sucht *f*; Mühe *f*; **~** *de aprender* Bildungsdrang *m*; **~** *de lucro* Gewinnsucht *f*; Geldgier *f*.

afa|nar [afaˈnar] (1a) quälen, plagen; F klauen, stibitzen; *Am. Cent.* Geld verdienen; **~narse** sich abmühen, F sich abrackern, schuften; **~noso** [ˌʌˈnoso] arbeitsam; strebsam; mühsam.

afasia [aˈfasja] *f* Sprachlosigkeit *f*, -lähmung *f*.

afear [afeˈar] (1a) verunstalten, entstellen; **~** *a/c. a alg.* j-m et. vorwerfen.

afección [afeg'θiɔn] f (Gemüts-) Stimmung f; Gefühlserregung f; Affekt m; Zuneigung f; ✠ Leiden n.

afec|tación [afekta'θiɔn] f Ziererei f; Getue n; Heuchelei f; **~tado** [~'taᵈo] betroffen (von [dat.] por); behaftet (mit [dat.] de); unnatürlich, geziert, gekünstelt, affektiert; estar ~ del pecho Am. an Schwindsucht leiden; **~tar** [~'tar] (1a) betreffen; zur Schau tragen; vorgeben; beeindrucken; ✠ befallen, angreifen; Am. schädigen, verletzen; esto le afecta mucho das geht ihm sehr nahe.

afec|tísimo [afek'tisimo] sehr ergeben; hochachtungsvoll (Brief-schluß); **~tividad** [~tibi'daᵈ] f (gesteigerte) Erregbarkeit f; **~tivo** [~'tibo] Gemüts...; empfindsam; **~to** [a'fekto] 1. adj. geneigt, gewogen, ergeben (j-m a alg.); abgabenpflichtig; zugeteilt (e-r Behörde); ~ de un mal von e-m Leiden befallen; 2. m Gemütsbewegung f; Affekt m; Zuneigung f, Gewogenheit f; **~tuosidad** [afektůosida⁽ᵈ⁾] f Herzlichkeit f, Zärtlichkeit f; **~tuoso** [~'tůoso] herzlich, zärtlich, liebevoll.

afei|tada [afei'taða] f Am. reg., **~tado** m Rasieren n, Rasur f; **~dora** [~ta'dora] f Trockenrasierer m; **~ar** [~'tar] (1a) rasieren; Schwanz stutzen; Stierhörner abstumpfen; putzen; schminken; **~te** [a'feite] m Putz m; Schminke f; Schönheitsmittel n.

afelpado [afel'paᵈo] plüschartig.

afemi|nación [afemina'θiɔn] f Verweichlichung f; **~nado** [~'naᵈo] 1. adj. weibisch; weichlich; 2. m Weichling m.

afe|rrado [afe'rraᵈo] halsstarrig; **~rramiento** [~rra'miento] m Zupacken n; Hartnäckigkeit f; Verranntheit f in (a) e-e Idee; **~rrar** [~'rrar] (1k) anpacken, festhalten; ⚓ ankern; v/i. Anker werfen; **~rrarse** a ac. auf et. beharren.

afian|zamiento [afianθa'miento] m Bürgschaft f; Stütze f; Sicherung f; **~zar** [~'θar] (1f) bürgen; befestigen; festhalten; (ab)stützen; **~zarse** sich (be)festigen; sich stützen.

afición [afi'θiɔn] f Zuneigung f, Liebe f; Liebhaberei f, Steckenpferd n.

aficion|ado [afiθio'naᵈo] 1. adj. zugetan, geneigt; ~ a (stets) aufgelegt zu (dat.); 2. m Kunstfreund m; Liebhaber m, Amateur m, Dilettant m; ~ (al deporte) Sportfreund m; F Fan m; **~nar** [~'nar] (1a) geneigt machen, gewinnen für (ac.); **~arse** a sich verlieben in (ac.); sich an et. (ac.) gewöhnen; et. gern tun.

afiebrarse [afie'brarse] Am. (1a) Fieber bekommen.

afila|cuchillos [afilaku'tʃiʎos] m Messerschärfer m; **~da** [afi'lada] f Am. Schleifen n; **~dera** [~'dera] f Schleifstein m; **~do** [~'laᵈo] 1. adj. scharf, spitz; 2. m Schliff m; **~dor** [~la'dor] m (Scheren-)Schleifer m; Streichriemen m; **~dora** [~la'dora] f Schleifmaschine f; **~dura** [~'dura] f Schleifen n; **~lápices** [afila'lapiθes] m Bleistiftspitzer m; **~miento** [~'miento] m Abmagern n (Gesicht, Finger); **~r** [afi'lar] (1a) schärfen (a. fig.); schleifen; spitzen; Am. F poussieren; **~rse** schmal werden (Gesicht, Finger).

afi|liación [afilia'θiɔn] f Aufnahme f (in e-e Körperschaft od. Partei); Beitritt m (zu [dat.] a); Mitgliedschaft f (bei [dat.] a); **~liado** [~'liaᵈo] m Mitglied n; **~liar** [~'liar] (1b) aufnehmen (in [ac.] a); **~liarse** a eintreten in (ac.).

afiligranado [afiligra'naᵈo] filigranartig; fig. fein, schmächtig, zierlich.

afín [a'fin] angrenzend; ⚭ verwandt (a. fig.).

afi|nación [afina'θiɔn] f Verfeinerung f; Stimmen n der Instrumente; **~nador** [~na'dɔr] m ♪ (Klavier-) Stimmer m; Stimmschlüssel m; Stimmgabel f; **~nar** [~'nar] (1a) verfeinern; ♪ stimmen; Metalle läutern; tonrein spielen (singen); **~narse** feiner werden.

afincarse [afiŋ'karse] (1g) Grundbesitz erwerben; ansässig werden.

afinidad [afini'da⁽ᵈ⁾] f Verschwägerung f; Verwandtschaft f (a. fig.); ~ electiva Wahlverwandtschaft f.

afino [a'fino] m Veredelung f.

afir|mación [afirma'θiɔn] f Bejahung f; Versicherung f; Behauptung f; Bestätigung f; **~mar** [~'mar] (1a) **a)** befestigen, festmachen; **b)** bejahen, behaupten, bestätigen;

marse sich durchsetzen; **mativa** [∼ma'tiba] f Bejahung f; Zusage f; **mativamente** [∼matiba-'mente] adv. bejahend(enfalls); **mativo** [∼ma'tiβo] bejahend.

aflic|ción [aflig'θiɔn] f Betrübnis f; Leid n, Kummer m; **tivo** [aflik-'tiβo] betrübend; pena f -a Leibesstrafe f.

afli|gido [afli'xiᵈo] bedrückt; bekümmert; **gir** [∼'xir] (3c) betrüben; kränken; quälen, peinigen; Méj. schlagen, prügeln; **girse** sich grämen.

aflojar [aflɔ'xar] (1a) v/t. lockern, lösen; F Geld locker machen; v/i. erschlaffen, nachlassen; **se** abflauen (a. fig.); locker werden.

aflorar [aflo'rar] (1a) zutage treten (Erze u. fig.).

afluencia [a'flůenθia] f Zufluß m, Zustrom m; Andrang m; fig. Redestrom m, Wortschwall m; horas f/pl. **s** Hauptverkehrs (od. -geschäfts)zeit f.

afluente [a'flůente] 1. adj. einmündend; fig. redselig; 2. m Nebenfluß m.

afluir [a'flůir] (3g) einmünden; herbeiströmen (a. fig.).

aflujo [a'fluxo] m Zufluß m; **∼** de la sangre Blutandrang m.

afofarse [afo'farse] (1a) schwammig werden; quellen.

afonía [afo'nia] f Stimmlosigkeit f.

afónico [a'foniko] stimmlos; stockheiser.

afo|rador [afora'dɔr] m Taxator m; Eichmeister m; **ramiento** [∼ra-'miento] m = aforo; **rar** [∼'rar] a) (1a) zollamtlich abschätzen; taxieren; eichen; b) (1m) Rechte (fueros) verleihen.

aforismo [afo'rizmo] m Sinnspruch m, Aphorismus m.

aforo [a'foro] m zollamtliche Abschätzung f; Eichmaß n; Eichmaß f; Fassungsvermögen n (Stadion usw.).

aforrar [afo'rrar] (1a) Kleidung füttern; **se** sich warm anziehen; **∼** bien F tüchtig essen od. mächtig einhauen.

afortuna|damente [afɔrtunaᵈa-'mente] adv. glücklicherweise, zum Glück; **do** [∼'naᵈo] beglückt; glücklich; stürmisch (Wetter).

afrance|sado [afranθe'saᵈo] französisch gesinnt; **sarse** [∼'sarse] (1a)

französische Sitten u. Gebräuche annehmen.

afrecho [a'fretʃo] m Kleie f.

afrenta [a'frenta] f Schimpf m; Beschimpfung f, Beleidigung f.

afren|tar [afren'tar] (1a) beschimpfen; **tarse** de sich schämen (gen.); **toso** [∼'toso] schimpflich, schändlich, ehrenrührig.

africanista [afrika'nista] m Afrikaforscher m.

africano [afri'kano] 1. adj. afrikanisch; 2. m, -a f Afrikaner(in f) m.

afrontar [afrɔn'tar] (1a) einander gegenüberstellen; trotzen (dat.); **∼** un peligro e-r Gefahr ins Auge sehen.

aft|a ['afta] f Mundfäule f; **oso** [af'toso]: fiebre f -a Maul- und Klauenseuche f.

afuera [a'fůera] (dr)außen; hinaus; äußerlich; de **∼** von draußen od. von auswärts; ¡**∼**! hinaus!

afueras [a'fůeras] f/pl. Umgebung f; Außenbezirke m/pl.

afueta|da [afůe'taᵈa] f, **dura** [∼'dura] f Am. Tracht f Prügel.

afufar F [afu'far] (1a) ausreißen, sich aus dem Staube machen, P abhauen.

agachar [aga'tʃar] (1a) neigen; beugen (Kopf usw.); **se** sich ducken; sich verkriechen; sich bücken; Am. Mer. nachgeben, sich unterwerfen; Méj. boshaft schweigen; **∼** con a/c. Col., Méj. et. stehlen und sich davonmachen.

agalla [a'ɡaʎa] f Gallapfel m; **s** pl. Kiemen f/pl.; F tener **s** Schneid haben; Am. knauserig sein; gerissen, verschlagen sein.

agallinarse [aɡaʎi'narse] F Angst kriegen.

ágape ['aɡape] m Rel. Liebesmahl n; Festessen n.

aga|rrada F [aɡa'rraᵈa] f Wortwechsel m; F Krach m; **rradera** [∼rra'dera] f Am. Griff m, Henkel m; tener **s** Beziehungen haben; **rradero** [∼rra'dero] m Griff m, Henkel m; fig. gute Beziehungen f/pl.; **rrado** [∼'rraᵈo] fest anhaftend; fig. F knauserig, geizig; **rrador** [∼rra'dɔr] m Topflappen m; **rrar** [∼'rrar] (1a) (er)greifen, (an)packen; befallen (Krankheit); Am. statt coger, tomar; **rrarse** sich anklammern; F handgemein werden; **~rrón** [~'rrɔn] *m Am.* Streit *m*, Zank *m*.

agarrotar [agarrɔ'tar] (1a) fest zusammenbinden; stark drücken; knebeln; **~se** steif werden (*Glieder*).

aga|sajar [agasa'xar] (1a) freundlich aufnehmen; bewirten; beschenken; *j-n* feiern; **~sajo** [~'saxo] *m* freundliche Aufnahme *f*; Geschenk *n*, Bewirtung *f*; (festlicher) Empfang *m*; Ehrung *f*.

ágata ['agata] *f* Achat *m*.

agavanz|a [aga'banθa] *f* Hagebutte *f*; **~o** *m* Heckenrose *f*.

agave [a'gabe] *f* Agave *f*.

agavillar [agaβi'ʎar] (1a) in Garben binden; **~se** F sich zusammenrotten.

agazaparse [agaθa'parse] (1a) sich ducken, sich verstecken.

agen|cia [a'xenθia] *f* Agentur *f*, Vertretung *f*; Zweigstelle *f*; *Am.* Pfand-, Leihhaus *n*; **~ de colocaciones** Stellenvermittlungsbüro *n*; **~ de informes** Auskunftei *f*; **~ matrimonial** Eheanbahnungsinstitut *n*; **~ de noticias** Nachrichtenagentur *f*; **~ de patentes** Patentbüro *n*; **~ de publicidad** Werbeagentur *f*; **~ de transportes** Spedition(sfirma) *f*; **~ de viajes** Reisebüro *n*; **~ciar** [axen'θiar] (1b) betreiben, besorgen; F heranschaffen; P schaukeln; **~cioso** [~'θioso] betriebsam, rührig.

agenda [a'xenda] *f* Taschen-, Notizbuch *n*; Terminkalender *m*; *Am.* Tagesordnung *f*.

agente [a'xente] *m* Agent *m*, Vertreter *m*; Vermittler *m*; Makler *m*; ⊕ Triebkraft *f*; 🜛 Mittel *n*; Agens *n*; **~ de bolsa** Börsenmakler *m*; **~ diplomático** diplomatischer Vertreter; **~ marítimo** Schiffsmakler *m*; **~ patógeno** Krankheitserreger *m*; **~ de la propiedad industrial** Patentanwalt *m*; **~ (de policía)** Polizist *m*; **~ provocador** Lockspitzel *m*; **~ de publicidad** Akquisiteur *m*; **~ secreto** Geheimagent *m*; **~ de tráfico** Verkehrspolizist *m*; **~ de transportes** Spediteur *m*.

agestado [axes'taᵈo]: **bien (mal) ~** schön (häßlich) von Gesicht.

agigantado [axigan'taᵈo] riesenhaft, riesig.

ágil ['axil] behend, flink, beweglich.

agilidad [axili'da⁽ᵈ⁾] *f* Behendigkeit *f*, Gewandtheit *f*; Beweglichkeit *f*.

agio † ['axio] *m* Agio *n*, Aufgeld *n*;

~taje [axiɔ'taxe] *m* Agiotage *f*, Börsenspekulation *f*; **~tista** [~'tista] *m* (Börsen-)Spekulant *m*.

agita|ción [axita'θiɔn] *f* heftige Bewegung *f*; Auf-, Erregung *f*; *Pol.* Unruhe *f*; Agitation *f*; *fig.* Gärung *f*; **~do** [~'taᵈo] aufgeregt, erregt; bewegt; stürmisch; **~dor** [~ta'dɔr] *m* Hetzer *m*, Agitator *m*, Aufwiegler *m*.

agitanado [axita'naᵈo] zigeunerhaft.

agitar [axi'tar] (1a) hin- und herbewegen, schwenken, schütteln; *fig.* aufregen; beunruhigen.

aglome|ración [aglomera'θiɔn] *f* Anhäufung *f*; Zs.-ballung *f*; Siedlung *f*; Menschenmenge *f*, Gedränge *n*; **~rado** [~'raᵈo] *m* Brikett *n*; **~rar** [~'rar] (1a) anhäufen; **~rarse** sich zusammenballen.

agluti|nante [agluti'nante] **1.** *adj.* Binde..., Klebe...; **2.** *m* Bindemittel *n*; Klebstoff *m*; Wund(heft)pflaster *n*; **~nar** [~'nar] (1a) verkleben; 🜛 verklumpen; agglutinieren.

ago|biar [ago'βiar] (1b) beugen; *fig.* (be-, nieder-)drücken; überlasten; **~ de trabajo** mit Arbeit überhäufen; **~bio** [a'goβio] *m* Druck *m* e-r Last; *fig.* Last *f*; Mühsal *f*.

agol|pamiento [agɔlpa'miento] *m* Auflauf *m*; Andrang *m*; **~parse** [~'parse] (1a) sich dicht drängen; (hin)strömen.

agonía [ago'nia] *f* Todeskampf *m*; Agonie *f*; *fig.* (Todes-)Angst *f*.

agónico [a'goniko] = **agonizante**.

agoni|zante [agoni'θante] **1.** *adj.* mit dem Tode ringend; **2.** *m* Sterbende(r) *m*; **~zar** [~'θar] (1f) mit dem Tode ringen; *fig.* erlö;chen, zu Ende gehen.

agorafobia 🜛 [agora'fobia] *f* Platzangst *f*.

ago|rar [ago'rar] (1n) voraussagen, prophezeien; F unken; **~rero** [~'rero] **1.** *adj.* wahrsagend, unheilverkündend; **ave *f* -a** Unglücksvogel *m*; **2.** *m* Zeichendeuter *m*; Wahrsager *m*; Schwarzseher *m*.

agos|tadero [agɔsta'dero] *m* Sommerweide *f*; **~tar** [~'tar] (1a) austrocknen; auf den Stoppelfeldern weiden (*Vieh*); **~tarse** verdorren; *fig.* zunichte werden; **~tero** [~'tero] *m* Erntearbeiter *m*; **~to** [a'gɔsto] *m*

3*

August *m*; Ernte *f*; *hacer su* ~ sein Schäfchen ins trockene bringen.

ago|tado [ago'ta^{d}o] erschöpft, abgespannt; ausverkauft (*Ware*); vergriffen (*Buch*); **~tamiento** [~ta'mi̯ento] *m* Erschöpfung *f*; Entkräftung *f*; **~tar** [~'tar] (1a) ausschöpfen (*a. fig.*); *Waren* ausverkaufen; *Vorräte* aufbrauchen; **~tarse** ausgehen (*Vorräte*).

agraciado [agra'θi̯a^{d}o] anmutig, zierlich; (*vom Glück*) begünstigt; begnadet; *salir* ~ gewinnen (*Los*).

agraciar [agra'θi̯ar] (1b) begünstigen (*ac.*); begnadigen; auszeichnen (mit [*dat.*] con); bedenken (mit [*dat.*] con).

agra|dable [agra'daβle] gefällig; anmutig; angenehm; gemütlich; F nett; **~dar** [~'dar] (1a) gefallen, behagen.

agrade|cer [agraðe'θer] (2d) danken; ~ *a/c. a alg.* j-m für et. danken; *se lo agradezco* ich bin Ihnen dankbar dafür; **~cido** [~'θiðo] dankbar, erkenntlich; **~cimiento** [~θi'mi̯ento] *m* Dank *m*; Dankbarkeit *f*.

agrado [a'gra^{d}o] *m* Anmut *f*; einnehmendes Wesen *n*; (Wohl-)Gefallen *n*; Belieben *n*; *ser del ~ de alg.* j-m zusagen.

agramar [agra'mar] (1a) *Flachs, Hanf* brechen.

agrandar [agran'dar] (1a) vergrößern, erweitern; *fig.* erhöhen.

agranujado [agranu'xa^{d}o] F spitzbübisch; F zerlumpt.

agrario [a'gra̯ri̯o] Agrar..., Ackerbau...; *medida f ~a* Feldmaß *n*; *reforma f ~a* Bodenreform *f*.

agra|vación [agraβa'θi̯ɔn] *f* Erschwerung *f*; Verschärfung *f*; Verschlimmerung *f*; **~vante** [~'βante] erschwerend; ⚖ strafverschärfend; **~var** [~'βar] (1a) erschweren; verschärfen; verschlimmern; überlasten; **~varse** sich verschlimmern; sich verschärfen.

agra|viar [agra'βi̯ar] (1b) beleidigen; j-m Unrecht tun; **~viarse** sich beleidigt fühlen (durch [*ac.*] por); ~ *de a/c.* et. übelnehmen (*ac.*); **~vio** [a'graβi̯o] *m* Beleidigung *f*; Beschimpfung *f*; Beeinträchtigung *f*; ⚖ Revisionsantrag *m*; *sin ~ de ninguno* ohne j-m zu nahe treten zu wollen; **~vioso** [agra'βi̯oso] beleidigend; schimpflich.

agraz [a'graθ] *m* Sauerwein *m*; unreife Traube *f*; *fig.* Verdruß *m*; *en* ~ vorzeitig, zu früh.

agra|zada [agra'θaða] *f* gezuckerter Sauerwein *m*; **~zar** [~'θar] (1f) *v/i.* sauer schmecken; *v/t. fig.* ärgern; **~zón** [~'θɔn] *m* Wildtraube *f*; *fig.* Verdruß *m*, Ärger *m*.

agredir [agre'ðir] (3a; *ohne stammbetonte Formen*) angreifen; überfallen.

agrega|ción [agrega'θi̯ɔn] *f* Hinzufügen *n*; *Phys. estado m de* ~ Aggregatzustand *m*; **~do** [~'ga^{d}o] *m* Aggregat *n*, Zugabe *f*; *Am. reg.* Pächter *m*; ~ (*diplomático*) Attaché *m*; ~ *cultural* Kulturattaché *m*; *Span.* (*profesor m*) ~ außerordentlicher Professor *m*; **~r** [~'gar] (1h) beigeben, hinzufügen; *Beamte* zuteilen; **~rse** *a alg.* sich j-m anschließen.

agremiarse [agre'mi̯arse] (1b) sich in einer Innung (*od.* e-m Verband) zusammenschließen.

agre|sión [agre'si̯ɔn] *f* Angriff *m*, Überfall *m*; **~sividad** [~siβi'da$^{(d)}$] *f* Angriffslust *f*; Aggressivität *f*; **~sivo** [~'siβo] aggressiv, angriffslustig; herausfordernd, feindselig; **~sor** *m*, **-a** *f* [~'sɔr, ~'sora] Angreifer(in *f*) *m*.

agreste [a'greste] ländlich, bäurisch; *fig.* ungeschliffen, grob; unwegsam (*Gelände*).

agri|ado [a'gri̯a^{d}o] verbittert; **~ar** [a'gri̯ar] (1b *od.* 1c) säuern; *fig.* erbittern; **~arse** sauer werden; *fig.* sich ärgern.

agrícola [a'grikola] *adj.* landwirtschaftlich, Agrar..., Ackerbau...

agricul|tor [agrikul'tɔr] *m* Landwirt *m*; **~tura** [~'tura] *f* Landwirtschaft *f*, Ackerbau *m*.

agridulce [agri'ðulθe] süßsauer (*a. fig.*).

agriera *Col., P.R.* [a'gri̯era] *f* Sodbrennen *n*.

agrietarse [agri̯e'tarse] (1a) Risse bekommen, rissig werden (*a. Haut*).

agrifolio ♀ [agri'foli̯o] *m* Stechpalme *f*.

agrimen|sor [agrimen'sɔr] *m* Feldmesser *m*, Geometer *m*; **~sura** [~'sura] *f* Feldmessung *f*, (Land-)Vermessung *f*, Geodäsie *f*.

agringarse *Am.* [agriŋ'garse] (1h) Ausländer nachahmen.

agrio ['agrĭo] sauer; scharf; *fig.* unfreundlich; spröde (*Metall*); steinig, holprig (*Weg, Gelände*); hart, grell (*Farben*); **~s** *m/pl.* Zitrusfrüchte *f/pl.*

agriura *Am. Cent.* [a'grĭura] *f* Sodbrennen *n.*

agro- [agro-] Land...

agronomía [agrono'mia] *f* Landwirtschaftskunde *f.*

agrónomo [a'gronomo] *m* Agronom *m*; *ingeniero m ~* Diplomlandwirt *m.*

agropecuario [agrope'kŭarĭo] *adj.* auf Landwirtschaft und Viehzucht bezüglich; Agrar..., Landwirtschafts...

agru|pación [agrupa'θĭɔn] *f* Gruppierung *f*; Gruppe(nbildung) *f*; **~par** [~'par] (1a) gruppieren; zs.-stellen; **~parse** sich zs.-schließen.

agua ['agŭa] **1.** *f* Wasser *n*; Regen *m*; ~ *bendita* Weihwasser *n*; ~ *de Colonia* Kölnisch Wasser *n*; ~ *dentífrica* Mundwasser *n*; ~ *dulce* Süßwasser *n*; ~ *estancada* Stauwasser *n*; ~ *fluvial* Flußwasser *n*; ~ *fuerte* Scheidewasser *n*; ~ *gaseosa* Sodawasser *n*; ~ (*de*) *manantial* Quellwasser *n*; ~ *de mar* Seewasser *n*; ~ *mineral* Mineralwasser *n*; ~ *oxigenada* Wasserstoffsuperoxyd *n*; ~ *pluvial* Regenwasser *n*; ~ *potable* Trinkwasser *n*; ~ *refrigerante* Kühlwasser *n*; ~ *de Seltz* Selterswasser *n*; ~ *de socorro* Nottaufe *f*; *para las* ~*s Méj.* Trinkgeld *n*; *a prueba de* ~ wasserdicht; *como* ~ in Hülle u. Fülle; *F como el* ~ *de mayo* hochwillkommen; sehnlichst; ~(*s*) *abajo* stromabwärts; ~(*s*) *arriba* stromaufwärts; *bailar el* ~ *a alg.* F j-m Honig um den Bart schmieren; *ha corrido mucha* ~ viel Zeit ist vergangen; *llevar el* ~ *a su molino* auf s-n Vorteil bedacht sein; *llevar* ~ *al mar* Eulen nach Athen tragen; *se me hace* ~ *la boca* das Wasser läuft mir im Munde zusammen; *hacerse* (*od. volverse*) *a/c.* ~ *de cerrajas* (*od. borrajas*) zu Wasser (*od.* Essig) werden (*Hoffnungen, Pläne*); ⚓ *hacer* ~ lecken; *j* ~ *va!* Kopf weg!, Vorsicht!; *sin decir* ~ *va* mir nichts dir nichts; **2.** **~s** *pl.* Gewässer *n*; ~ *freáticas* (*od. subterráneas*) Grundwasser *n*; ~ *jurisdiccionales* (*od. territoriales*) Hoheitsgewässer *n/pl.*; ~ *mayores* Stuhlgang *m*; ~

menores Urin *m*; ~ *residuales* Abwässer *n/pl.*; ~ *termales* Thermalquelle *f*; Thermalbad *n*; **3.** *fig. Perú* Geld *n.*

aguacate [agŭa'cate] *m* Avocato (-birne) *f.*

aguacero [agŭa'θero] *m* Platzregen *m*, Regenguß *m.* [*n.*⌐

aguacha [a'gŭatʃa] *f* Pfützenwasser⌐

aguachento [agŭa'tʃento] *Am.* wässerig (*Frucht*); verwässert; ausgelaugt.

aguachirle [agŭa'tʃirle] *f* Tresterwein *m*; F Gesöff *n*; *fig.* F Schmarren *m.*

aguada [a'gŭaða] *f* Wasserstelle *f*; ⚓ Wasservorrat *m*; Wasserfarbe *f*; *Am.* (Vieh-)Tränke *f.*

agua|deras [agŭa'ðeras] *f/pl.* Traggestell *n für Esel zur Wasserbeförderung;* **~dero** [~'ðero] **1.** *adj.* wasserdicht; **2.** *m* Tränke *f*; Flößstelle *f*; **~do** [a'gŭaᵈo] gewässert; wässerig, wäßrig; **~dor** *m*, **-a** *f* [~'ðɔr, ~'ðora] Wasserträger(in *f*) *m*, Wasserverkäufer(in *f*) *m*; **~ducho** [~'dutʃo] *m* Trinkbude *f*; **~fiestas** [~'fĭestas] *m* Spielverderber *m*; **~fuerte** *m* Radierung *f*; **~itar** [agŭa'itar] (1a) *Am.* belauern; **~ite** *Am.* [a'gŭaite] *m* Lauern *m*; **~je** [a'gŭaxe] *m* Springflut *f*; Kielwasser *n*; Tränke *f*; Wasserstelle *f*; *Am. cent., Ec.* Platzregen *m*; *Méj.* (Vieh-)Tränke *f*; *Am. cent., Ec.* Rüge *f*; **~mala** [~'mala] *f* Seeanemone *f*, Meduse *f*; **~manil** [agŭama'nil] *m* Wasserkrug *m* und -becken *n* zum Händewaschen; **~manos** [~'manɔs] *m* Wasser *n* zum Händewaschen; **~marina** [~ma'rina] *f Min.* Aquamarin *m*; **~miel** [~'mĭel] *f* Honigwasser *n*; Met *m*; *Am.* Agavensaft *m*; **~nieve** [~'nĭeße] *f* Schneewasser *n*, -regen *m*; **~noso** [~'noso] wässerig, morastig.

aguan|tada *Am.* [agŭan'tada] *f* Ausdauer *f*, Geduld *f*; **~tador** *Am.* [~ta'ðɔr] geduldig; **~tar** [~'tar] (1a) aushalten; ertragen; (er)dulden; abwarten; *no le puedo* ~ ich kann ihn nicht ausstehen; ~ *burlas* Spaß verstehen; ~ *con a/c.* et. ertragen; **~tarse** sich beherrschen, an sich halten; **~te** [a'gŭante] *m* Ausdauer *f*, Geduld *f*; Widerstandsfähigkeit *f*; *ser hombre de mucho* ~ e-e Engelsgeduld haben.

aguapié [aġŭa'pĭe] *m* Tresterwein *m*.

aguaplana [aġŭa'plana] *f* Wellenreiten *n*.

aguar [a'ġŭar] (1a) wässern, verwässern; *Am. Cent., Chi. Vieh* tränken; ~ *la fiesta* das Spiel (*od.* den Spaß) verderben.

aguar|dadero [aġŭarda'dero] *m Jgdw.* Anstand *m*; **~dar** [~'dar] (1a) (er)warten; *j-m* e-e Frist gewähren.

aguardiente [aġŭar'dĭente] *m* Branntwein *m*, F Schnaps *m*; ~ *anisado* Anisbranntwein *m*; ~ *de arroz* Arrak *m*; ~ *de caña* Zuckerrohrbranntwein *m*, Rum *m*; ~ *de trigo* Kornbranntwein *m*.

aguardo [a'ġŭardo] *m Jgdw.* Anstand *m*, Ansitz *m*.

aguarrás [aġŭa'rras] *m* Terpentin *n*.

aguatero *Am.* [aġŭa'tero] *m* Wasserträger *m*.

aguatinta [aġŭa'tinta] *f* Tusch(e)-zeichnung *f*.

agua|turma [aġŭa'turma] *f* Erdbirne *f*; **~zal** [~'θal] *m* Wasserlache *f*.

aguazo [a'ġŭaθo] *m* Wasserfarbenmalerei *f*, Gouache *f*.

agudeza [aġu'deθa] *f* Schärfe *f*; Scharfsinn *m*; Witz *m*.

agudo [a'ġŭdo] spitz; stechend; scharf; ♂ akut; ♪ hoch; grell, lebhaft (*Farbe*); *Gram.* endbetont; *fig.* scharfsinnig, geistreich; *acento m* ~ Akut *m*.

agüero [a'ġŭero] *m* Vorbedeutung *f*; *de mal* ~ unheilverkündend.

aguerrido [aġe'rrido] kriegserfahren; abgehärtet.

agui|jada [aġi'xada] *f* Ochsenstachel *m*; **~jar** [~'xar] (1a) stacheln; anspornen; **~jón** [~'xon] *m* Stachel *m* (*a. Pfl. u. Insekt*); *fig.* Antrieb *m*, Ansporn *m*; **~jonazo** [~xo'naθo] *m* Stachelstich *m*; **~jonear** [~xone'ar] (1a) stacheln; spornen; *fig.* anspornen, anstacheln; beunruhigen.

águila ['aġila] *f* Adler *m*; *mex.* Goldmünze *f* (*20 pesos*); *fig. Am. Mer.* Betrüger *m*, Gauner *m*; ~ *caudal*, ~ *real* Steinadler *m*; ~ *imperial* Kaiseradler *m*; ~ *marina*, ~ *de mar* Seeadler *m*; *mirada f de* ~ Adlerblick *m*, *-auge n*; *ser un* ~ ein Genie sein.

agui|leña ♣ [aġi'leɲa] *f* Akelei *f*; **~leño** [~'leɲo] Adler...; *nariz f -a* Adlernase *f*; **~lera** [~'lera] *f* Adler-

horst *m*; **~lón** [~'lon] *m* Dachgiebel *m*; **~lucho** [~'lutʃo] *m* Jungadler *m*.

aguinaldo [aġi'naldo] *m* Weihnachts-, Neujahrsgeschenk *n*; Trinkgeld *n* (*zu Weihnachten od. Neujahr*); *fig.* Belohnung *f*; Sonderzulage *f*.

agüi|sta [a'ġŭista] *m* Bade-, Kurgast *m*; **~ta** *Pe.* [a'ġŭita] *f* Geld *n*.

aguja [a'ġuxa] *f* **a)** Nadel *f*; Uhrzeiger *m*; ~ *de coser* Nähnadel *f*; ~ *de flotador mot.* Schwimmernadel *f*; ~ *de gancho* Häkelnadel *f*; ~ *de marear* Schiffskompaß *m*; ~ *de mechar* Spicknadel *f*; ~ *de (hacer) media* (*od. punto*) Stricknadel *f*; ~ *de ternera* Kalbfleischpastete *f*; ~ *de zurcir* Stopfnadel *f*; *entender la* ~ *de marear* den Rummel kennen; *meter* ~ *y sacar reja* mit der Wurst nach der Speckseite werfen; *buscar una* ~ *en el pajar* (*od. entre la paja*) *fig. et.* Aussichtsloses versuchen; **b)** 🚂 Weiche *f*; **c)** (Turm-, Berg-) Spitze *f*.

agu|jazo [aġu'xaθo] *m* Nadelstich *m*; **~jerear** [~xere'ar] (1a) durchlöchern; **~jer(e)arse** löcherig werden; **~jero** [~'xero] *m* Loch *n*, Öffnung *f*; *tapar* ~*s* Löcher stopfen (*a. fig.*); **~jeta** [~'xeta] *f* Schnalle *f*, Bund *n*; Schnürriemen *m*; ~*s pl.* Muskelkater *m*; Seitenstechen *n*.

agusanarse [aġusa'narse] (1a) wurmstichig werden.

agustiniano [aġusti'nĭano], **agustino** [~'tino] **1.** *adj.* augustinisch, Augustiner...; **2.** *m* Augustiner *m* (*Mönch*).

aguzanieves [aġuθa'nĭebes] *f* Bachstelze *f*.

aguzar [aġu'θar] (1f) schleifen, spitzen; *fig.* aufmuntern, anreizen; *Appetit* anregen; ~ *el ingenio* den Geist anstrengen; ~ *las orejas* (*od. el oído*) die Ohren spitzen.

¿ah? *Am. reg.* [a] wie bitte?

ahebrado [ae'brado] faserig, faserähnlich.

aherrojar [aerro'xar] (1a) fesseln, anketten; *fig.* unterdrücken.

aherrumbrarse (1a) [aerrum'brarse] rosten, rostig werden.

ahí [a'i] da, dort(hin); *de* ~ *que* daher kommt es, daß ...; *por* ~ dort (-herum); dadurch; *por* ~, *por* ~ ungefähr; *por* ~ *voy* darauf wollte ich hinaus; F ~ *me las den todas*

das läßt mich kalt, P das ist mir wurscht; F ¡~ va! jetzt kommt's!; sieh da!; irse por ~ kurz weggehen.

ahi|jado m, -a f [ai'xaᵈo, ᵈa] Patenkind m; fig. Schützling m; **~jar** [ˌ'xar] (1a) adoptieren; v/i. Schößlinge treiben; Junge werfen.

ahilar [ai'lar] (1a) in e-r Reihe gehen od. stehen; **~se** abmagern.

ahin|cado [aiŋ'kaᵈo] eifrig, nachdrücklich; **~car** [ˌ'kar] (1g) j-n drängen, nachdrücklich bitten; v/i. ~ en bestehen auf (ac.); **~carse** sich beeilen, F sich ranhalten; **~co** [a'iŋko] m Nachdruck m, Eifer m; con ~ eifrig; poner ~ en a/c. auf et. Nachdruck legen, et. betonen.

ahi|tar [ai'tar] (1a) überfüttern; Überdruß erregen; **~tarse** sich überessen; überdrüssig werden (gen. de); **~to** [a'ito] 1. adj. e-r Speise überdrüssig; übersättigt; angeekelt (von [dat.] de); 2. m Magenüberladung f; Magenverstimmung f.

aho|gadero [aoga'dero] m überfüllter Raum m; **~gadizo** [ˌga'diθo] erstickend; schwer zu schlucken; leicht sinkend (Holz); **~gado** [ˌ'gaᵈo] ertrunken; erstickt; eng, dumpf; grito m ~ unterdrückter Schrei m; estar (od. verse) ~ F in der Klemme sitzen; **~gar** [ˌ'gar] (1h) ersticken; ertränken; ersäufen; erdrosseln; fig. quälen; (aus)löschen (Feuer); unterdrücken; **~garse** ersticken; ertrinken; P ersaufen; fig. sich sehr ängstigen; versaufen (Vergaser); ~ en un vaso de agua wegen e-r Kleinigkeit den Mut verlieren; **~go** [a'ogo] m Ersticken n; Atemnot f; Bedrängnis f; Geldnot f; **~guío** [ao'gio] m Atemnot f; Erstickungsanfall m.

ahondar [aon'dar] (1a) vertiefen; tief graben; eindringen (in [ac.] en); fig. ergründen; grübeln.

ahora [a'ora] jetzt, nun, soeben, gleich; ~... o ... sei es nun ... oder ...; ~ mismo sogleich; eben erst; por ~ einstweilen, vorläufig; ~ pues nun aber; ~ bien also, demnach; ~ más nun erst recht; desde ~ (en adelante) von nun an; ¡hasta ~! bis gleich!

ahorcajarse [aorka'xarse] (1a) sich rittlings setzen.

ahorcar [aor'kar] (1g) (auf)hängen, henken; ~ los hábitos die Kutte ausziehen; fig. umsatteln; **~se** sich erhängen.

ahormar [aor'mar] (1a) anpassen; über den Leisten schlagen; Schuhe austreten; fig. F j-m den Kopf zurechtsetzen.

ahornagarse [aorna'garse] (1h) ausdorren (Erde, Getreide).

ahorquillar [aorki'Kar] Ast abstützen; **~se** sich gabeln.

ahorrador [aorra'dor] 1. adj. sparsam, haushälterisch; 2. m Sparer m.

ahorrar [ao'rrar] (1a) sparen, ersparen; schonen; ~ disgustos ein Ärger ersparen; no ~ sacrificios kein Opfer scheuen.

ahorrativo [aorra'tiβo] sparsam; knauserig, geizig.

ahorro [a'orro] m Sparsamkeit f; Sparen n; ~s m/pl. Ersparnisse f/pl.; caja f de ~s Sparkasse f.

ahoyar [ao'jar] (1a) v/t. Löcher (od. Gruben) machen in (ac.), aushöhlen.

ahuchar [au't∫ar] (1a) sparen; F auf die hohe Kante legen; Col., Méj. hetzen.

ahuecar [aŭe'kar] (1g) aushöhlen; weiten; (auf)lockern; ~ la voz mit (unnatürlich) tiefer Stimme sprechen; P ~ el ala sich aus dem Staub machen; **~se** F angeben, großtun.

ahuesado [aŭe'saᵈo] knochenfarben; knochenhart.

ahulado Am. Cent., Méj. [au'laᵈo] m Wachstuch n; ~s pl. Am. Cent. Wachstuchschuhe m/pl.

ahu|mada [au'maᵈa] f Rauchzeichen n; **~mado** [au'maᵈo] geräuchert; rauchig; rauchfarben; arenque m ~ Bückling m; cristal m ~ Rauchglas n; **~mar** [ˌ'mar] (1a) räuchern, ausräuchern; v/i. rauchen; **~marse** Rauchgeschmack annehmen (Speisen); vom Rauch schwarz werden; F sich beschwipsen.

ahuyentar [aujen'tar] (1a) verjagen, verscheuchen; **~se** flüchten.

aindiado [ain'diaᵈo] Am. indianerähnlich.

air|ado [ai'raᵈo] zornig, aufbrausend; liederlich (Leben); **~ar** [ˌ'rar] (1a) erzürnen; **~arse** zornig werden, aufbrausen.

aire ['aire] m a) Luft f; Wind m; ~ comprimido Druckluft f; ~ con-

trario Gegenwind *m*; ~ *viciado* schlechte Luft *f*; *al* ~ *fig.* in die Luft hinein, unüberlegt; *al* ~ *libre* unter freiem Himmel, im Freien; *por el* ~ *flugs*; F angeschneit (kommen); *cambiar de* ~*s* e-e Luftveränderung vornehmen; *corre mucho* ~ es zieht; *estar en el* ~ in der Luft hängen; in der Schwebe sein; *flotar en el* ~ in der Luft liegen; *hablar al* ~ in den Wind reden; *matarlas en el* ~ schlagfertig sein; *tomar el* ~ frische Luft schöpfen; *tomar* ~*s* e-e Luftkur machen; F *vivir del* ~ F von der Luft leben; **b)** Gestalt *f*, Aussehen *n*; Anmut *f*; *tener* ~ *con alg.* j-m ähnlich sehen; **c)** ♪ Tempo *n*; Melodie *f*; Lied *n*; ~ *popular* Volksweise *f*.

airear [aiˑre'ar] (1a) lüften; ~**se** an die Luft gehen; Zugluft bekommen; sich erkälten.

airón [aiˑ'rɔn] *m* Reiher *m*; Federbusch *m*.

airoso [aiˑ'roso] luftig; anmutig, schmuck, fesch; *salir* ~ glänzend abschneiden.

ais|lado [aiˑz'laðo] abgesondert, vereinzelt; isoliert; ~**lador** [~la'ðɔr] *m* Isolator *m*; ~**lamiento** [~la'mi̯ento] *m* Abgeschiedenheit *f*; Isolierung *f* (*a.* ⊕, ⚡); ~**lante** [~'lante] *m* Isolator *m*; Isoliermaterial *n*; ~ *acústico* Schalldämpfer *m*; ~**lar** [~'lar] (1a) isolieren, absondern.

ajamonarse F [axamo'narse] (1a) Fettpolster ansetzen, mollig werden (*v. Frauen*).

ajar [a'xar] (1a) zerknittern; zerknüllen; *fig.* heruntermachen, -putzen; ~**se** sich abnutzen; faltig werden; verblühen; welken.

ajedrea ♀ [axe'ðrea] *f* Bohnenkraut *n*.

aje|drecista [axeðre'θista] *m* Schachspieler *m*; ~**drez** [~'dreθ] *m* Schachspiel *n*, Schach *n*; ~**drezado** [~ðre'θaðo] schachbrettartig.

ajenjo ♀ [a'xeŋxo] *m* Wermut *m*, Absinth *m*.

ajeno [a'xeno] andern gehörig; fremd; ~ *a* widersprechend, nicht gemäß (*dat.*); ~ *de* frei von (*dat.*); fern von (*dat.*); *lo* ~ fremdes Gut *n*; *fig.* ~ *de inf.* weit davon entfernt *et. zu tun.*

aje|trearse F [axetre'arse] (1a) sich plagen, sich schinden; sich abhet-

zen; ~**treo** F [~'treo] *m* Mühe *f*, Plackerei *f*; Hetze *f*.

ají ♀ [a'xi] *m Am.* Art Pfeffer *m od.* Paprika *m*.

ajia|ceite [axi̯a'θeite] *m* Soße *f* aus Knoblauch u. Öl; ~**co** *Am. Mer., Ant.* [a'xi̯ako] *m* Art Eintopf; *Art Tunke mit ají.*

aji|limoje [axili'moxe], **ajilimójili** [~xili] *m* F Pfeffertunke *f*; F Wirrwarr *m*; ~**s** *pl.* Drum u. Dran *n*; ~**llo** [a'xiʎo] *m*: *al* ~ mit Knoblauch (gebraten).

ajo ['axo] *m* Knoblauch *m*; F Kraftausdruck *m*; F unsauberes Geschäft *n*; Klüngel *m*; F *andar en el* ~ dahinter stecken; ~ *se* Hände im Spiel haben; F *estar (od. andar) en el* ~ davon wissen, Mitwisser sein; F *bueno anda el* ~ das ist e-e nette Bescherung; *soltar* ~*s y cebollas* mit Kraftausdrücken um sich werfen.

ajobo [a'xoβo] *m* Bürde *f*, Last (*a. fig.*).

ajonjolí ♀ [axoŋxo'li] *m* Sesam *m*.

ajornalar [axorna'lar] (1a) auf Tagelohn dingen.

ajuar [a'xu̯ar] *m* Hausrat *m*; Ausstattung *f*; Aussteuer *f*.

ajuiciar [axu̯i'θi̯ar] (1b) Verstand annehmen.

ajus|table [axus'taβle] einstellbar; regulierbar; ~**tado** [~'taðo] passend; ordentlich; gerecht, billig; eng anliegend (*Kleid*); ~**tar** [~'tar] (1a) einrichten; anpassen; *den Preis* ausmachen; vereinbaren; verpflichten, dingen; *Konto* ausgleichen; *Personal* anstellen; *v/i.* genau passen; ~ *cuentas* abrechnen (*a. fig.*); ~**tarse** sich nach *j-m od. et.* richten; sich einigen; ~**te** [a'xuste] *m* Anpassung *f*; Übereinkunft *f*; Angleichung *f*; ⊕ Einstellung *f*; Montage *f*; ~ *de cuentas* Abrechnung *f* (*a. fig.*); *dispositivo m de* ~ Einstellvorrichtung *f*; *palanca f de* ~ Stellhebel *m*.

ajusticiar [axusti'θi̯ar] (1b) hinrichten.

ala ['ala] *f* Flügel *m*; ✗ Reihe *f*; Glied *n*; ~ *de la nariz* Nasenflügel *m*; ~ *del sombrero* Hutkrempe *f*; F *arrastrar el* ~ den Hof machen; *caérsele a alg. las* ~*s* den Mut verlieren; *cortar las* ~*s a alg.* j-m die Flügel beschneiden; j-n kurz hal-

alberca

ten; *dar* ~*s a alg.* j-n ermutigen; *tomar* ~*s* frech werden; Mut bekommen.

ala|bancioso [alaban'θioso] prahlerisch, F angeberisch; **~banza** [~'banθa] *f* Lob *n*; *cantar las* ~*s de alg.* ein Loblied auf j-n singen; **~bar** [~'bar] (1a) loben, rühmen; **~barse** de sehr zufrieden sein mit (*dat.*); sich e-r *Sache* rühmen, mit *et.* prahlen.

alabastro [ala'bastro] *m* Alabaster *m*.

alacena [ala'θena] *f* Wandschrank *m*; *Am.* Speisekammer *f*.

alacrán [ala'kran] *m* Skorpion *m*; Öse *f*; [keit *f*.]

alacridad [alakri'da⁽ᵈ⁾] *f* Munter-]

ala|da [a'lada] *f* Flügelschlag *m*; **~do** [a'lado] ge-, beflügelt; beschwingt, schnell.

alamar [ala'mar] *m* Schnüre *f|pl.*; Litze *f*; **~es** *pl.* Fransenbesatz *m*.

alam|bicado [alambi'kaᵈo] gekünstelt; spitzfindig; geziert; knapp; **~bicar** [~bi'kar] (1g) destillieren; *fig.* ausklügeln; tüfteln; kärglich bemessen, scharf kalkulieren; **~bique** [~'bike] *m* Destillier-, Brennkolben *m*.

alam|brada [alam'braða] *f* Drahtgitter *n*; ~ de *púas* Stacheldrahtverhau *m*; **~brado** [~'braᵈo] *m* Drahtgeflecht *n*; Drahtzaun *m*; **~brar** [~'brar] (1a) mit Draht einzäunen; **~bre** [a'lambre] *m* Draht *m*; ~ *espinoso* Stacheldraht *m*; **~brera** [alam'brera] *f* Drahtgeflecht *n*; Drahtgitter *n*; Fliegenfenster *n*; Käseglocke *f*; **~brista** [~'brista] *su.* Seiltänzer(in *f*) *m*.

alameda [ala'meða] *f* Pappelbestand *m*; Allee *f*.

álamo ['alamo] *m* Pappel *f*; ~ *temblón* Zitterpappel *f*, Espe *f*.

alar|de [a'larde] *m* Prahlerei *f*; Protzerei *f*; Renommierstück *n*; *hacer* ~ de prahlen, großtun mit (*dat.*); **~dear** [alarde'ar] (1a) prahlen, protzen (mit [*dat.*] de).

alar|gamiento [alarga'miento] *m* Verlängerung *f*; Dehnung *f*; Streckung *f*; **~gar** [~'gar] (1h) verlängern, erweitern; (aus)dehnen; länger machen (*Kleid*); ausstrecken (*Arm*); recken (*Hals*); erhöhen (*Lohn*); **~garse** länger werden; sich in die Länge ziehen.

alarido [ala'riðo] *m* Geschrei *n*, Getöse *n*; *dar* ~*s* schreien.

alarma [a'larma] *f* Alarm *m*; Notruf *m*; Angst *f*, Sorge *f*, Unruhe *f*; ~ *aérea* Fliegeralarm *m*; *falsa* ~ blinder Alarm *m*; *cese m de* ~ Entwarnung *f*; *grito m de* ~ Warnruf *m*; *dar la* (*voz de*) ~ Alarm schlagen, alarmieren.

alar|mante [alar'mante] beunruhigend, alarmierend; **~mar** [~'mar] (1a) alarmieren; *fig.* beunruhigen, besorgt machen; **~marse** sich beunruhigen; **~mista** [~'mista] *m* Gerüchtemacher *m*; Schwarzseher *m*.

alazán [ala'θan] *m* Fuchs *m* (*Pferd*).

alba ['alba] *f* **a)** Tagesanbruch *m*; Morgendämmerung *f*; *al rayar el* ~ bei Tagesanbruch; *levantarse con el* ~ (sehr) früh aufstehen; **b)** *kath.* Chorhemd *n*, Albe *f*.

albacea [alba'θea] *m* Testamentsvollstrecker *m*.

albanega [alba'nega] *f* Haarnetz *n*; Häubchen *n*; *Jgdw.* Kaninchenschlinge *f*.

albañal [alba'ɲal] *m* Abzugsgraben *m*; Abwässerkanal *m*; Kloake *f*.

albañil [alba'ɲil] *m* Maurer *m*; **~ería** [~ɲile'ria] *f* Maurerhandwerk *n*.

albar [al'bar] weiß (*v. einigen Tieren u. Pflanzen*).

albarán [alba'ran] *m* Lieferschein *m*; Laufzettel *m*; Aushang *m* (*Mietangebote*).

albar|da [al'barða] *f* Pack-, Saumsattel *m*; **~dilla** [albar'diʎa] *f* Schulsattel *m* für Fohlen; Schutzleder *n*, -polster *n*; Mauerabdeckung *f*; Speckschnitte *f zum Braten v. Geflügel; Kchk.* Panade *f*; **~dón** [~'don] *m* Reitsattel *m* in Saumsattelform; *Arg., Bol.* Anhöhe *f* im Überschwemmungsgebiet.

albari|coque [albari'koke] *m* Aprikose *f*; **~coquero** [~ko'kero] *m* Aprikosenbaum *m*.

albariza [alba'riθa] *f* Salzwasserlagune *f*

albayalde [alba'jalde] *m* Bleiweiß *n*.

albedrío [albe'drio] *m* Willkür *f*; freies Ermessen *n*; Laune *f*; *libre* ~ freier Wille *m*; *a su* ~ nach seinem Belieben.

albéitar [al'beïtar] *m* Tierarzt *m*.

alberca [ai'berka] *f* gemauerter Wasserbehälter *m*; Zisterne *f*;

Hanfröste *f; Méj.* Schwimmbecken *n.*

albergar [alber'gar] (1h) beherbergen; **~se** einkehren; sich einlogieren.

albergue [al'berge] *m* Herberge *f;* Obdach *n;* Höhle *f (e-s Tieres);* ~ de carreteras Rasthaus *n;* ~ juvenil Jugendherberge *f; tomar* ~ einkehren.

albino [al'bino] *m* Albino *m.*

albóndiga [al'bondiga] *f* Klops *m,* Knödel *m;* Fleischkloß *m.*

albor [al'bor] *m poet.* Weiße *f;* Morgendämmerung *f; fig. (a. pl.)* Beginn *m;* Anbruch *m.*

alborada [albo'raða] *f* Tagesanbruch *m;* Morgenständchen *n,* Morgenlied *n.*

alborear [albore'ar] (1a) Tag werden, tagen.

albornoz [albor'noθ] *m* Burnus *m;* Bademantel *m.*

alboroque [albo'roke] *m* Vergütung *f für Vermittlerdienste.*

alboro|tadizo [alborota'diθo] leicht erregbar; unruhig; **~tado** [~'taðo] aufgeregt; wirr; unbesonnen; **~tador** [~ta'ðor] **1.** *m* Aufwiegler *m;* Ruhestörer *m;* **2.** *adj.* lärmend, randalierend; **~tar** [~'tar] (1a) beunruhigen; empören; aufhetzen, aufwiegeln; *v/i.* randalieren; **~to** [~'roto] *m* Lärm *m;* Krach *m;* Aufruhr *m;* (große) Unruhe *f.*

alboro|zar [alboro'θar] (1f) *j-n* sehr erfreuen; **~zarse** jubeln, jauchzen, sich sehr freuen; **~zo** [albo'roθo] *m* Fröhlichkeit *f,* Jubel *m.*

albricias [al'briθias] *f/pl.* Botenlohn *m für e-e Freudenbotschaft; ¡~!* gute Nachricht!

álbum ['album] *m* Album *n;* Gedenkbuch *n;* Stammbuch *n.*

albúmina [al'bumina] *f* Eiweißstoff *m.*

albuminoso [albumi'noso] eiweißhaltig.

albur [al'bur] *m* **a)** *Art* Weißfisch *m;* **b)** *Kartenspiel; fig.* Wagnis *n; correr un* ~ sich e-m Risiko aussetzen; *et.* wagen.

alcacer [alka'θer] *m* grüne Gerste *f; F le retoza el* ~ ihn sticht der Hafer; er schlägt über die Stränge.

alcachofa [alka'tʃofa] *f* Artischocke *f; Chi.* F Ohrfeige *f.*

alcahaz [alka'aθ] *m* Vogelhaus *n;*

~ar [~a'θar] (1f) *Geflügel* einpferchen.

alca|huete *m,* **-a** *f* [alka'uete, ~ta] Kuppler(in *f) m;* Hehler *m;* Zwischenträger *m;* **~huetear** [~uete'ar] (1a) verkuppeln; *v/i.* Kuppelei treiben; **~huetería** [~uete'ria] *f* Kuppelei *f; fig.* F Schliche *m/pl.,* Kniff *m.*

alcaide [al'kaiðe] *m* Burgvogt *m;* Kerkermeister *m.*

alcaidía [alkai'ðia] *f* Burgvogtei *f.*

alcaldada [alkal'daða] *f* Amtsanmaßung *f,* Übergriff *m.*

alcal|de [al'kalde] *m* Bürgermeister *m; hist.* Ortsrichter *m;* ~ de barrio Bezirksbürgermeister *m;* ~ mayor Oberbürgermeister *m;* F ~ de monterilla Dorfschulze *m;* ~ rural Gemeindevorsteher *m;* **~día** [alkal-'dia] *f* Bürgermeisteramt *n.*

álcali ['alkali] *m* Laugensalz *n,* Alkali *n.*

alca|lino [alka'lino] alkalisch; **~loide** [~'loiðe] *m* Alkaloid *n.*

alcamonías [alkamo'nias] **1.** *f/pl.* Gewürzkörner *n/pl.;* **2.** *m* F Kuppeleien *f/pl.*

alcance [al'kanθe] *m* Einholen *n,* Erreichen *n;* Bereich *m;* Reichweite *f;* Belang *m;* Sollsaldo *m;* letzte Meldung *f (Zeitung); Am.* Extrablatt *n;* Eilbote *m; al* ~ de erreichbar für *(ac.);* zugänglich *(dat.); al* ~ de la mano in Reichweite; greifbar; *un hombre de mucho* ~ ein bedeutender Mann; *de largo* ~ weitreichend; *dar* ~ a alg. *j-n* einholen *(a. fig.); poner al* ~ de zugänglich machen *(dat.); seguir al* ~ de hinter *et.* her sein; *tener otro* ~ auf *et.* anderes abzielen; *de pocos* ~s einfältig; beschränkt; *irle a uno a los* ~s *j-m* hinterherspionieren.

alcancía [alkan'θia] *f* Sparbüchse *f; Am.* Opferstock *m.*

alcanfor [alkam'for] *m* Kampfer *m;* **~ar** [~fo'rar] (1a) kampfern.

alcanta|rilla [alkanta'riʎa] *f* Steg *m;* überdeckter (Abwasser-)Kanal *m;* Abzugsrinne *f,* -kanal *m;* **~rillado** [~ri'ʎaðo] *m* städtische Kanalisation *f;* **~rillar** [~ri'ʎar] (1a) entwässern, kanalisieren.

alcan|zadizo [alkanθa'diθo] leicht zu erreichen; **~zado** [~'θaðo] notleidend; verschuldet; *andar (od.*

estar ~ F knapp bei Kasse sein; *quedar* ~ Schuldner bleiben; **~zar** [~'θar] (1f) **1.** *v/t.* einholen, erreichen, F kriegen; hinlangen, (hin-)reichen; treffen (*Geschoß*); *fig.* verstehen, begreifen; ~ *la cifra de* sich belaufen auf (*ac.*); *no se me alcanza* es will mir nicht in den Kopf; **2.** *v/i.* ausreichen, F hinlangen.

alca|parra ♀ [alka'parra] *f* Kapernstaude *f*; Kaper *f*; **~parrón** [~pa-'rron] *m* längliche, große Kaper *f*; **~parrosa** [~pa'rrosa] *f* Vitriol *n*.

alcartaz [alkar'taθ] *m* Tüte *f*.

alcatraz *Am.* [alka'traθ] *m* Pelikan *m*.

alcaucil ♀ [alkaŭ'θil] *m* wilde Artischocke *f*; *Am. u. prov.* Artischocke *f*.

alcaudón [alkaŭ'dɔn] *m* Würger *m* (*Vogel*).

alcayata [alka'jata] *f* Hakennagel *m*, Wandhaken *m*.

alcázar [al'kaθar] *m* Burg *f*, Festung *f*; maurisches Schloß *n*.

alcazuz [alka'θuθ] *m* Süßholz *n*; Lakritze *f*.

alce ['alθe] *m* **a)** abgehobene Karten *f/pl.*; *Typ.* Abzug *m*; **b)** *Zo.* Elch *m*.

alción [al'θiɔn] *m* Eisvogel *m*.

alcista [al'θista] *m* *Börse:* Haussier *m*; *tendencia f* ~ steigende Tendenz *f*.

alcoba [al'koba] *f* Alkoven *m*; Schlafzimmer *n*.

alcohol [alko'ɔl] *m* Alkohol *m*; Sprit *m*; ~ *alcanforado* Kampferspiritus *m*; ~ *de quemar* Brennspiritus *m*; ~ *etílico* Äthylalkohol *m*; ~ *metílico* Methylalkohol *m*; ~ *de menta* Pfefferminztropfen *m/pl.*

alco|holado [alkoo'laðo] *m* alkoholische Essenz *f*; **~holar** [~o'lar] (1a) mit Alkohol versetzen; **~holemia** [~o'lemia] *f* Blutalkohol(gehalt) *m*; *prueba f de* ~ Alkoholtest *m* (*bei Autofahrern*); **~hólico** [~'oliko] **1.** *adj.* alkoholisch; trunksüchtig; **2.** *m* Trinker *m*, Alkoholiker *m*; **~holismo** [~o'lizmo] *m* Alkoholismus *m*; Trunksucht *f*; **~holizar** [~oli-'θar] (1f) mit Alkohol versetzen.

alcor [al'kɔr] *m* *Lit.* Anhöhe *f*, Hügel *m*.

alcorán [alko'ran] *m* Koran *m*.

alcor|nocal [alkɔrno'kal] *m* Korkeichenwald *m*; **~noque** [~'noke] *m*

Korkeiche *f*; (*pedazo m de*) ~ F Dussel *m*, Dummkopf *m*.

alcor|za [al'kɔrθa] *f* Zuckerguß *m*; **~zado** [~kɔr'θaðo] mit Zuckerguß überzogen; *fig.* F schleimig.

alcotana [alko'tana] *f* Maurerhammer *m*.

alcubilla [alku'biʎa] *f* Wasserturm *m*, -schloß *n*.

alcucero [alku'θero] naschhaft.

alcurnia [al'kurnia] *f* Geschlecht *n*, Abstammung *f*; *de noble* ~ aus adligem Geschlecht.   [kanne *f*.\

alcuza [al'kuθa] *f* Ölkrug *m*; Öl-\

alcuzcuz [alkuθ'kuθ] *m* Kuskus *m* (*Teig aus Mehl u. Honig*).

alda|ba [al'daba] *f* Türklopfer *m*; Mauerring *m* (*zum Anbinden der Reittiere*); Sicherheitsriegel *m*; *tener buenas* ~s mächtige Gönner haben; **~bada** [alda'baða] *f* Schlag *m* mit dem Türklopfer; *fig.* Schreck *m*; **~billa** [~'biʎa] *f* Schließhaken *m*, Riegel *m*; **~bón** [~'bɔn] *m* Türklopfer *m*; Griff *m* an Truhen; **~bonazo** [~bo'naθo] *m* heftiger Schlag *m* mit dem Türklopfer.

aldea [al'dea] *f* Dorf *n*; ~ *infantil* SOS-Kinderdorf *n*; ~ *de vacaciones* Feriendorf *n*.

aldeano [alde'ano] **1.** *adj.* dörflich, ländlich; *fig.* bäuerisch; **2.** *m*, **-a** *f* Bauer *m*, Bäuerin *f*.

aldehuela [alde'ŭela] *f* Dörfchen *n*.

ale|ación [alea'θiɔn] *f* Legierung *f*; **~ar** [~'ar] (1a) **1.** mischen, legieren; **2.** *v/i.* flattern; *ir aleando* sich erholen, auf dem Wege der Genesung sein.

aleatorio [alea'torio] vom Zufall abhängig; 🎲 aleatorisch.

alebrarse [ale'brarse] (1k) sich an den Boden ducken; *fig.* verzagen, F die Ohren hängen lassen.

aleccio|nador [alegθiona'dɔr] lehrreich; **~nar** [~'nar] (1a) lehren, unterweisen, anleiten.

aledaño [ale'daɲo] **1.** *adj.* angrenzend, Grenz...; *fig.* nahestehend; **2.** *m* Anlieger *m*; ~s *m/pl.* Grenze *f*; Umgebung *f*.

ale|gador *Am.* [alega'dɔr] streitsüchtig; **~gar** [~'gar] (1h) anführen; zitieren; *Beweise* beibringen; *Am.* streiten; *v/i.* plädieren (*vor Gericht*); **~gato** [~'gato] *m* Schriftsatz *m*; Verteidigungsschrift *f*; *Am.* Streit *m*; Wortwechsel *m*.

ale|goría [alego'ria] *f* Allegorie *f*;
Sinnbild *n*; **~górico** [~'goriko]
allegorisch, sinnbildlich.

ale|grador [alegra'dɔr] *m* Spaß-
macher *m*; **~grar** [~'grar] (1a)
erfreuen, erheitern; verschönern;
Feuer anfachen; ~ *al toro* den Stier
reizen; **~grarse** sich freuen; F sich
beschwipsen; P sich die Nase begießen; **~gre** fröhlich, lustig; froh;
heiter, sonnig (*Gemüt, Wetter*);
frei, anstößig, locker (*Erzählung,
Lebenswandel*); F angeheitert; ~ *de
cascos* leichtsinnig; **~gría** [ale'gria]
f Freude *f*; Fröhlichkeit *f*; F
Schwips *m*; ♀ Sesam *m*; **~grón**
[~'grɔn] **1.** *m* große Freude *f*; F
Strohfeuer *n*; *darse un* ~ sich e-n
guten Tag machen; **2.** *adj.* *Am.*
beschwipst.

ale|jamiento [alexa'mĭento] *m* Ent-
fernung *f*; Zurückgezogenheit *f*;
~jar [~'xar] (1a) entfernen, beseitigen; fernhalten; **~jarse** sich
entfernen, abrücken.

alela *Am.* [a'lela] *f* großer Fuß
m.

ale|lado [ale'la⁰o] blöde, einfältig;
verblüfft; **~lar** [~'lar] (1a) verblüffen; verdummen; **~larse** kindisch werden; verblöden.

aleluya [ale'luja] **1.** *f* Lobgesang *m*,
Halleluja *n*; **2.** *m* Osterzeit *f*; *Art*
Osterkuchen *m*; ♀ Sauerklee *m*; F
Bohnenstange *f*; F mageres Tier *n*;
Reimerei *f*; Pinselei *f*.

alemán [ale'man] **1.** *adj.* deutsch;
2. *m* Deutsche(r) *m*; Deutsch *n*;
alto ~ Hochdeutsch *n*; *bajo* ~ Nie-
derdeutsch *n*, Plattdeutsch *n*.

alen|tada [alen'taða] *f* Atemzug *m*;
de una ~ in einem Zug (*lesen usw.*);
~tado [~'ta⁰o] mutig; stolz; **~tador**
[~ta'dɔr] ermutigend; **~tar** [~'tar]
(1k) atmen; ermutigen; **~tarse**
Mut fassen; *Am.* genesen.

alerce ♀ [a'lerθe] *m* Lärche *f*.

al|ergia ⚕ [a'lerxia] *f* Allergie *f*;
~érgico [a'lerxiko] allergisch (gegen [*ac.*] *a. fig.*).

ale|ro [a'lero] *m* Schutzdach *n*;
Wetterdach *n*; Kotflügel *m*; *estar
en el* ~ in der Schwebe sein; unge-
löst sein; **~rón** [ale'rɔn] *m* Quer-
ruder *n* (*Flugzeug*).

aler|ta [a'lerta] **1.** *adv.* wachsam,
aufmerksam; *estar (ojo)* ~ ein wach-
sames Auge haben; *¡alerta!* Ach-

tung!, Vorsicht!; **2.** *m* Alarm *m*;
~to [~'to] wachsam; aufgeweckt.

alesna [a'lezna] *f* Pfriem *m*.

aleta [a'leta] *f* Flosse *f*; △ Anbau
m; Brückenrampe *f*; Nasenflügel *m*;
~s *f/pl.* Schwimmflossen *f/pl.*
(*Sport*).

aletada [ale'taða] *f* Flügelschlag *m*.

aletargar [aletar'gar] (1h) einschläfern; **~se** in Willenlosigkeit
versinken, erschlaffen.

ale|tazo [ale'taθo] *m* Flügelschlag
m; **~teo** [~'teo] *m* Flügelschlagen *n*;
Herzflattern *m*.

aleve [a'leβe] treulos; hinterlistig;
heimtückisch.

ale|vosía [aleβo'sia] *f* Treulosigkeit
f; Hinterlist *f*, Heimtücke *f*; **~voso**
[~'βoso] **1.** *adj.* treulos; heimtückisch; **2.** *m* Meuchelmörder *m*.

alfabético [alfa'βetiko] alphabe-
tisch; *por orden m* ~ in alphabetischer Reihenfolge.

alfabeto [alfa'βeto] *m* Alphabet *n*.

alfalfa ♀ [al'falfa] *f* Schneckenklee
m, Luzerne *f*.

alfandoque *Am.* [alfan'doke] *m Art*
Gewürzkuchen *m*.

alfanje [al'fanxe] *m* Krummsäbel *m*;
Schwertfisch *m*.

alfaque [al'fake] *m* Sandbank *f*.

alfar [al'far] *m* Töpferwerkstatt *f*.

alfa|rería [alfare'ria] *f* Töpferei *f*;
Töpferware *f*, Töpferarbeit *f*;
~rero [~'rero] *m* Töpfer *m*.

alféizar [al'feĭθar] *m* Tür-, Fenster-
leibung *f*; Fensterbrett *n*.

alfeñique [alfe'ɲike] *m* Zucker-
mandelstange *f*; *fig.* schwächliche
Person *f*, F Schwachmatikus *m*;
fig. Ziererei *f*.

alférez [al'fereθ] *m* Leutnant *m*;
hist. Fähnrich *m*; ~ *de fragata*
Leutnant *m* zur See; ~ *de navío*
Oberleutnant *m* zur See.

alfil [al'fil] *m Schach:* Läufer *m*.

alfiler [alfi'ler] *m* **1.** Stecknadel *f*;
Ansteknadel *f*; Brosche *f*; ~ *de
corbata* Krawattennadel *f*; *no caber
un* ~ überfüllt sein; **2.** **~es** *pl.* Trinkgeld *n*; Nadelgeld *n*; *de veinticinco*
~ aufgedonnert, in vollem Staat;
prendido con ~ aufgesteckt; *fig.* un-
zuverlässig.

alfi|lerazo [alfile'raθo] *m* Nadel-
stich *m* (*a. fig.*); **~letero** [~le'tero] *m*
Nadelbüchse *f*.

alfom|bra [al'fombra] *f* Teppich *m*;

Läufer *m*; **~brado** [~'bra⁴o] *m* Teppichbelag *m*; *Am.* Teppichboden *m*, Auslegware *f*; **~brar** [~'brar] (1a) mit Teppichen auslegen; **~brilla** [~'briʎa] *f* a) kleiner Fußteppich *m*; Bettvorleger *m*; b) ✠ Röteln *f*/*pl.*; **~brista** [~'brista] *m* Teppichhändler *m*.

alfón|cigo ✤ [al'fɔnθigo], **~sigo** [~sigo] *m* Pistazie *f*.

alforfón ✤ [alfor'fɔn] *m* Buchweizen *m*.

alforja(s) [al'fɔrxa(s)] *f*(*pl.*) Reisesack *m*; Satteltasche *f*; Mundvorrat *m*, Wegzehrung *f*; F *sacar los pies de las* ~ aus sich herausgehen; sich aufraffen; s-e Scheu verlieren; F *¡qué alforjas!* so was Dummes!

alforza [al'fɔrθa] *f* Querfalte *f an Kleidern*; F Schmiß *m*, Narbe *f*.

alga ['alga] *f* Alge *f*, Tang *m*.

algaida [al'gaida] *f* Buschwald *m*; Sanddüne *f*.

algalia [al'galia] *f* a) Zibet *m*; (*gato m de*) ~ Zibetkatze *f*; b) ✠ Katheter *m*.

algarabía [algara'bia] *f* arabische Sprache *f*; *fig.* Kauderwelsch *n*; Jargon *m*; Gezeter *n*; Durcheinander *n*; Getöse *f*.

algarada [alga'raða] *f* Reitertrupp *m*; Husarenritt *m*; Straßenauflauf *m*; F Spektakel *m*.

algarro|ba ✤ [alga'rrɔba] *f* Johannisbrot *n*; **~bo** [~'rrɔbo] *m* Johannisbrotbaum *m*.

algazara [alga'θara] *f hist.* Kriegsgeschrei *n* (*bsd. der Mauren*); *fig.* Freudengeschrei *n*; Getöse *n*, Lärm *m*.

álgebra ['alxebra] *f* Algebra *f*.

algebraico [alxe'braiko] algebraisch.

álgido ['alxiðo] eisig; *punto m* ~ Gefrierpunkt *m*; *fig.* Krise *f*; entscheidender Moment *m*.

algo ['algo] etwas; *por* ~ aus gutem Grund; in bestimmter Absicht; *esto sí que es* ~ das läßt sich hören; ~ *es* ~ *od. más vale* ~ *que nada* besser als nichts.

algo|dón [algo'dɔn] *m* Baumwolle *f*; Watte *f*; ~ *en rama* Rohbaumwolle *f*; ~ *hidrófilo* Verbandswatte *f*; ~ *pólvora* Schießbaumwolle *f*; *criado entre algodones* sehr verwöhnt (*od.* verhätschelt); **~donar** [~do'nar] (1a) mit Baumwolle füttern,

wattieren; **~donero** [~do'nero] 1. *adj.* Baumwoll...; 2. *m* Baumwollstaude *f*; Baumwollpflanzer *m*.

algua|cil [algŭa'θil] *m* Gerichtsvollzieher *m*; Gerichts-, Amtsdiener *m*; ~ *del campo* Feldhüter *m*; **~cilillo** *Stk.* [~θi'liʎo] *m* Platzräumer *m*, der „Cuadrilla" vorausreitend.

alguien ['algien] jemand; irgend-}

alguno [al'guno] *pron.* jemand; etwas; *adj.* (*vor männl. Subst.* **algún**) mancher; (irgend)einer; *algún día* e-s Tages; *algún tanto* etwas; *-a vez* irgendeinmal; ~ *que otro* der e-e oder andere, einige, ein paar; *de modo* ~ keineswegs, -falls.

alhaja [a'laxa] *f* Schmuck *m*, Zierat *m*; Juwel *n*, Kleinod *n*; Prachtstück *n*, -exemplar *n* (*a. fig.*); *¡buena* ~! *iron.* ein sauberes Früchtchen!

alha|jar [ala'xar] (1a) ausstatten, schmücken; **~jera** *Am.* [~'xera] *f*, **~jero** *Am.* [~'xero] *m* Schmuckkästchen *n*.

alharaca [ala'raka] *f* Gezeter *n*; Getue *n*; *sin* ~*s ni bambollas* ohne viel Wesens zu machen.

alhelí [a'le'li] *m* Levkoje *f*; ~ *amarillo* Goldlack *m*.

alheña [a'leɲa] *f* ✤ Rainweide *f*, Liguster *m*; Henna *f*; Rost *m*, Brand *m des Getreides*.

alhóndiga [a'lɔndiga] *f* öffentlicher Kornspeicher *m*; Getreidehalle *f*.

alhucema [alu'θema] *f* Lavendel *m*.

aliado [a'lia⁴o] 1. *adj.* verbündet; 2. *m* Verbündete(r) *m*; ~*s m*/*pl. Pol.* Alliierte(n) *m*/*pl.*

alianza [a'lianθa] *f* Bündnis *n*; Bund *m*; Verbindung *f*; *Pol.* Allianz *f*; Trau-, Ehering *m*; ~ *ofensiva y defensiva* Schutz- u. Trutzbündnis *n*.

aliarse [a'liarse] (1c) sich verbünden; sich anschließen (*dat. od.* an [*ac.*] *a*).

alias *lt.* ['alïas] 1. *adv.* sonst auch; genannt; 2. *m* Spitzname *m*; Deckname *m*.

alicaído [alika'iðo] flügellahm; *fig.* schwach, kraftlos; mutlos; heruntergekommen.

alicante [ali'kante] *m* a) Sandviper *f*; b) Alikantewein *m*.

alicantina F [alikan'tina] *f* List *f*; Verschlagenheit *f*.

alicatado [alika'ta^do] *m* Fliesen-
belag *m*; Kacheltäfelung *f*.

alicates [ali'kates] *m/pl.* Flachzange *f*; Drahtzange *f*; Kneifzange
f; ~ *universales* Kombizange *f*.

aliciente [ali'θiente] *m* Lockmittel *n*,
Köder *m* (*a. fig.*); *fig.* Anreiz *m*.

alie|nación [alie̯na'θi̯on] *f* Entäuße-
rung *f*; Veräußerung *f*; ~ *mental*
Geisteskrankheit *f*; **~nado** [~'na^do]
geisteskrank; **~nar** [~'nar] (1a)
veräußern; **~narse** sich entäußern
(*gen.*); **~nista** [~'nista] *m* Irrenarzt
m.

aliento [a'li̯ento] *m* Atem *m*; Hauch
m; *fig.* Mut *m*; *cobrar* ~ Mut
schöpfen; *de un* ~ in e-m Zug, ohne
Unterbrechung; *sin* ~ atemlos;
tomar ~ Atem holen.

aligación [aliga'θi̯on] *f* Mischung *f*,
Verbindung *f*.

aligerar [alixe'rar] (1a) erleichtern;
lindern; mäßigen; ~ *un barco* ein
Schiff löschen; ~ *el paso* den
Schritt beschleunigen; **~se de ropa**
sich leichter kleiden.

alijar¹ [ali'xar] *m* Brachland *n*.

alijar² ⚓ [ali'xar] (1a) *Ladung*
löschen; Schmuggelware an Land
bringen.

alijo [a'lixo] *m* Löschen *n eines
Schiffes*; Schmuggelware *f*.

alimaña [ali'maɲa] *f Jgdw.* kleines
Raubzeug *n*; *fig.* Ungeziefer *n*;
elender Wicht *m*; P Knilch *m*.

alimen|tación [alimenta'θi̯on] *f* Er-
nährung *f*; Verpflegung *f*; Fütterung *f*; ♒ *u.* ⊕ Speisung *f*, Beschickung *f*; **~tador** ⊕ [~ta'ðor]
m Beschickungsvorrichtung *f*.
~tante [~'tante] *m* Ernährer *m*; ⚖
Unterhaltspflichtige(r) *m*; **~tar**
[~'tar] (1a) ernähren, beköstigen;
fig. Hoffnung nähren; *Haß* schüren;
⊕ speisen; beschicken; **~tario**
[~'tari̯o], **~ticio** [~'tiθi̯o] Nähr...;
substancia f -a Nährstoff *m*; **~to**
[~'mento] *m* Nahrung *f*, Speise *f*;
Heiz-, Brennstoff *m*; **~s** *pl.* Lebensmittel *n/pl.*; Unterhalt *m*, Pflege-
geld *n*, Alimente *n/pl.*; *deber m de*
~s Unterhaltspflicht *f*; **~toso**
[~'toso] sehr nahrhaft.

alimón [ali'mɔn]: *al* ~ gemeinsam,
mit vereinten Kräften.

alindar [alin'dar] (1a) **a)** abgrenzen; *v/i.* grenzen an (*ac. con*);
b) herausputzen, verschönern.

aline|ación [aline̯a'θi̯on] *f* Ausrich-
tung *f*; Aufstellung *f* (*e-r Mannschaft*); **~ar** [~'ar] (1a) ausrichten;
abmessen; *Mannschaft* aufstellen;
✕ *¡~!* Richt euch; *Pol. países m/pl.*
no alineados blockfreie Länder
n/pl.

aliñar [ali'nar] (1a) schmücken;
Speisen anrichten.

aliño [a'liɲo] *m* Schmuck *m*, Verzierung *f*; *Kchk.* Zubereitung *f*;
Würze *f*.

aliquebrado [alike'bra^do] flügellahm; mutlos, niedergeschlagen.

ali|sador [alisa'ðɔr] *m* Polierer *m*,
Schleifer *m*; Glättholz *n*; **~sar¹**
[~'sar] (1a) glätten, polieren; *das
Haar* glatt streichen.

alisar² [ali'sar] *m*, **aliseda** [~'seða] *f*
Erlengehölz *n*.

aliso [a'liso] *m* Erle *f*.

alis|tamiento [alista'mi̯ento] *m*
Einschreibung *f*; ✕ Anwerbung *f*;
Erfassung *f* (*von Wehrpflichtigen*);
Jahrgang *m*; Aushebung *f*, Musterung *f*; **~tar** [~'tar] (1a) bereit-
stellen; einschreiben (*Liste*); ✕
anwerben; ausheben, mustern; erfassen; **~tarse** sich einschreiben
lassen; sich anwerben lassen; sich
melden.

aliteración [alitera'θi̯on] *f* Stab-
reim *m*, Alliteration *f*.

aliviar [ali'βi̯ar] (1b) erleichtern;
entlasten; lindern; beschleunigen;
~se sich erholen; *¡que Vd. se alivie!*
gute Besserung!

alivio [a'liβi̯o] *m* Erleichterung *f*;
Erholung *f*; Besserung *f*; ~ *de luto*
Halbtrauer *f*.

aljaba [al'xaba] *f* Köcher *m*.

aljama [al'xama] *f* Mauren-, Judenviertel *n*; Moschee *f*; Synagoge *f*.

aljibe [al'xiβe] *m* Zisterne *f*; Regen-
faß *n*; ⚓ Wassertank *m*; Tank-
schiff *n*.

alma ['alma] *f* Seele *f*; Herz *n*, Gemüt *n*; Geist *m*; *fig.* Wesen *n*; ~ *de
caballo* gewissenloser Mensch *m*; ~
de cántaro Einfaltspinsel *m*; ~ *de
Dios* guter Kerl *m*, treue Seele *f*;
¡~ mía! mein Liebling!; *con toda
mi* ~ von ganzem Herzen; *con el* ~
herzlich; *con* ~ *y vida* mit Leib
und Seele; *en el* ~ lebhaft; *arran-
carle a uno el* ~ zutiefst verwunden;
caérsele a uno el ~ *a los pies* mutlos
werden; *como* ~ *que (se) lleva el*

diablo mit Windeseile; *echarse el ~ a la espalda* gewissenlos handeln; *destrozar el ~* das Herz zerreißen; *írsele a uno el ~ tras a/c.* et. sehnsüchtig erstreben; *llegar al ~* tief ergreifen; *no se ve un ~* man sieht keine Menschenseele; *partir el ~* gehörig verprügeln; *paseársele a uno el ~ por el cuerpo* träge sein; *romperle a uno el ~* F j-m das Genick brechen; P j-m eins vor den Latz knallen; *tener el ~ bien puesta* das Herz auf dem rechten Fleck haben.

almacén [alma'θen] *m* Magazin *n*, Lager(haus) *n*; ✝ Niederlage *f*; ✂ Kammer *f*; *Am.* Gemischtwarenhandlung *f*; ~ *(de carbón)* (Kohlen-)Bunker *m*; ~ *de* Lagerschein *m*; *talón m de* Lagerschein *m*; ~ *de la aduana* Zollager *n*; *depositar mercancías en los almacenes* Waren unter Zollverschluß legen; *tener en ~* auf Lager haben, vorrätig haben; *(grandes) almacenes m/pl.* Kauf-, Warenhaus *n*.

almace|naje [almaθe'naxe] *m* Einlagerung *f*; Lagerhaltung *f*; Lagermiete *f*; *derechos m/pl. de ~* Lagergeld *n*; **~namiento** [almaθena-'mjento] *m* Bevorratung *f*, (Ein-)Lagerung *f*; **~nar** [~'nar] (1a) (auf-)speichern, (ein)lagern; *fig.* anhäufen; **~nero** [~'nero] *m* Magazinverwalter *m*, Lageraufseher *m*; *Am.* Gemischtwarenhändler *m*; **~nista** [~'nista] *m* Lagerhalter *m*, Großhändler *m*; Lagerhausverwalter *m*.

almáciga [al'maθiga] *f* Mastix *m*; (Fenster-)Kitt *m*; ♂ Mistbeet *n*.

almádena [al'maðena] *f* Steinhammer *m*.

almadraba [alma'draβa] *f* Thunfischerei *f*; Thunfischnetz *n*.

almadreña [alma'dreɲa] *f* Holzschuh *m*.

alma|grar [alma'grar] (1a) mit Ocker färben; **~gre** [al'magre] *m* Ocker *m*, Rötel *m*.

almanaque [alma'nake] *m* Almanach *m*, Kalender *m*; F *hacer ~s* spintisieren.

almarjo ♀ [al'marxo] *m* Salzkraut *n*.

almártaga [al'martaga] *f* Bleiglätte *f*.

almazara [alma'θara] *f* Ölmühle *f*.

almeja [al'mexa] *f* Art Muschel *f*.

alme|na [al'mena] *f* (Mauer-)Zinne

f; **~nara** [~'nara] *f* **a)** Feuerzeichen *n*, Signalfeuer *n*; **b)** *prov.* Ableitungsgraben *m*.

almen|dra [al'mendra] *f* Mandel *f*; Obstkern *m*; ~ *amarga* bittere Mandel *f*; ~ *de cacao* Kakaobohne *f*; ~ *garapiñada* gebrannte u. überzuckerte Mandel *f*; ~ *mollar* Knack-, Krachmandel *f*; ~ *peladilla* geschälte u. überzuckerte Mandel *f*; ~ *tostada* gebrannte Mandel *f*; F *de la media ~* zimperlich; **~drada** [almen'draða] *f* Mandelmilch *f* mit Zucker; **~drado** [~'draᵈo] **1.** *adj.* mandelförmig; **2.** *m* Mandelteig *m*; Mandelgebäck *n*, Makrone *f*; **~dral** [~'dral] *m* Mandelbaumpflanzung *f*.

almendrilla [almen'driʎa] *f* Schotter *m*; Nußkohle *f*; Schlosserpfeile *f*.

almendro [al'mendro] *m* Mandelbaum *m*.

almendruco [almen'druko] *m* grüne Mandel *f*.

almiar [al'mjar] *m* Miete *f* (*Getreide, Stroh, Heu*); Triste *f*; Dieme *f*; Feime *f*.

almíbar [al'miβar] *m* Sirup *m*; *melocotón m en ~* Pfirsichkompott *n*.

almiba|rado *fig.* [almiβa'raᵈo] zukkersüß; **~rar** [~'rar] (1a) *Früchte* in Sirup einmachen; *fig.* versüßen; F *j-m* Honig ums Maul schmieren.

almidón [almi'ðon] *m* Stärke *f*; Stärkemehl *n*.

almido|nado [almiðo'naᵈo] gestärkt (*Wäsche*); *fig.* F geschniegelt; **~nar** [~'nar] (1a) *Wäsche* stärken.

alminar [almi'nar] *m* Minarett *n*.

almiran|tazgo [almiran'taθgo] *m* Admiralität *f*; Admiralsrang *m*; **~te** [~'rante] *m* Admiral *m*.

almirez [almi'reθ] *m* Mörser *m* (*Küchengerät*).

almiz|cle [al'miθkle] *m* Moschus *m*, Bisam *m*; **~cleña** [almiθ'klena] *f* Moschusblume *f*; **~cleño** [~'kleɲo] Moschus...; **~clera** [~'klera] *f* Bisamratte *f*; **~clero** [~'klero] *m* Moschustier *n*.

almocafre [almo'kafre] *m* Jäthacke *f*.

almohada [almo'aða] *f* Kissen *n*; Kopfkissen *n*; Polster *n*; ~ *neumática* Luftkissen *n*; *consultar a/c. con la ~* et. überschlafen.

almoha|dilla [almo'ðiʎa] *f* kleines Kissen *n*; Sitzkissen *n*; Nähkissen *n*; △ Polster *n* beim ionischen Säu-

lenkapitell; Wulststein *m im Mauerwerk*; ~ *eléctrica* Heizkissen *n*;
~dillado [~di'ʎaᵈo] gepolstert;
~dillar [~di'ʎar] (1a) polstern; **~dón** [~'dɔn] *m* großes Kissen *n*;
Keil-, Sofakissen *n*.

almoha|za [almo'aθa] *f* Striegel *m*;
~zar [~a'θar] (1f) striegeln.

almone|da [almo'neða] *f* Versteigerung *f*, Auktion *f*; Ausverkauf *m*;
~d(e)ar [~ned(e)'ar] (1a) versteigern. [morrhoiden *pl.*]

almorranas [almo'rranas] *f/pl.* Hä-]

almorta [al'mɔrta] *f* Platterbse *f*.

almor|zada *Méj.* [almor'θaða] *f*
ausgiebiges Frühstück *n*; **~zar**
[~'θar] (1f *u.* 1m) frühstücken; *offiziell u. Am.*: zu Mittag essen; *vengo almorzado* ich habe bereits gefrühstückt.

almuecín [almŭe'θin], **almuédano**
[al'mŭedano] *m* Muezzin *m*, Ausrufer *m* zum Gebet.

almuerzo [almu'erθo] *m* zweites
(*od.* Gabel-)Frühstück *n*; *offiziell
u. Am.*: Mittagessen *n*; ~ *de trabajo* Arbeitsessen *n*.

alo|cado [alo'kaᵈo] **1.** *adj.* verrückt;
unüberlegt; **2.** *m* Wirrkopf *m*; **~car**
[~'kar] (1g) verrückt machen.

alocución [aloku'θiɔn] *f* kurze Ansprache *f*.

aloe *od.* **áloe** ♀ ['aloe] *m* Aloe *f*.

alo|jamiento [aloxa'mȷ̈ento] *m* Unterkunft *f*; Unterbringung *f*; Einquartierung *f*; Quartier *n*; ⊕ Lager
(-ung *f*) *n*; Einbau *m*; **~jar** [~'xar]
(1a) beherbergen; unterbringen,
einquartieren; ⊕ einbauen; **~jarse**
Wohnung *od.* Quartier beziehen;
absteigen (*Hotel*); **~jo** *Am.* [a'lɔxo]
m Unterkunft *f*.

alomar ✗ [alo'mar] (1a) rigolen.

alón [a'lɔn] *m* (gerupfter) Flügel *m*.

alondra [a'lɔndra] *f* Lerche *f*.

alongar [alɔŋ'gar] (1h *u.* 1m) verlängern; aufschieben.

alo|patía [alopa'tia] *f* Allopathie *f*;
~pático [~'patiko] allopathisch.

alopecia [alo'peθia] *f* Haarschwund
m; Haarausfall *m*.

alpaca [al'paka] *f* **a**) *Zo.* Alpaka *n*;
Alpakawolle *f*; **b**) Alpakasilber *n*.

alpar|gata [alpar'gata] *f* Span.
Leinenschuh *m* mit Hanfsohle;
~gatería [~gate'ria] *f* Hanfschuhwerkstatt *f*; **~gatilla** F [~ga'tiʎa] *f*
Speichellecker *m*.

alpechín [alpe'tʃin] *m* Ölhefe *f*; *Am.*
jede Art von Pflanzen- *od.* Obstsaft *m*.

alpende [al'pende] *m* Bauhütte *f*;
Schuppen *m*.

alp|estre [al'pestre] Alpen...; **~inismo** [~pi'nizmo] *m* Bergsport *m*;
~inista [~pi'nista] *m* Bergsteiger
m; **~ino** [~'pino] **1.** *adj.* Alpen...;
club m ~ Alpenverein *m*; **2.** *m* ✗
Gebirgsjäger *m*.

alpiste [al'piste] *m* Kanariengras *n*;
Vogelfutter *n*; F *quedarse* ~ leer
ausgehen, das Nachsehen haben;
F *dejar a alg. sin* ~, *quitar a alg.
el* ~ j-n um sein Brot (*od.* s-n Verdienst) bringen.

alquequenje [alke'kenxe] *m* Judenkirsche *f*.

alquería [alke'ria] *f* Bauernhof *m*;
Meierei *f*; Landhaus *n* (*in Valencia*).

alqui|ladizo [alkila'diθo] Miet...;
fig. käuflich, bestechlich; **~lador** *m*,
-a *f* [~la'dɔr, ~la'dora] Vermieter(in
f) *m*; Mieter(in *f*) *m*; **~lar** [~'lar]
(1a) (ver)mieten; **~larse** sich verdingen (bei [*dat.*] *con*); **~ler** [~'ler]
m Vermieten *n*; Miete *f*; Mietzins
m; *coche m de* ~ Leihwagen *m*.

alqui|mia [al'kimia] *f* Alchimie *f*;
~mista [~ki'mista] *m* Alchimist
m.

alquita|ra [alki'tara] *f* = *alambique*; **~rar** [~ta'rar] (1a) destillieren.

alqui|trán [alki'tran] *m* Teer *m*; ~
vegetal Holzteer *m*; **~tranado** [alkitra'naᵈo] *m* Teerung *f*; Teerdach
n, -pflaster *n*; **~tranar** (1a) teeren.

alrededor [alrreðe'dɔr] **1.** *adv.*
ringsherum; ~ *de* ungefähr; **2.** **~es**
m/pl. Umgegend *f*, Umgebung *f*.

alsaciano [alsa'θiano] **1.** *adj.* elsässisch; **2.** *m* Elsässer *m*.

alta ['alta] *f* Entlassungsschein *m*;
✗ Anmeldung *f*; Meldezettel *m*;
dar de ~ den Dienstantritt bescheinigen; anmelden; (*e-n Kranken*)
gesund schreiben, (als gesund) entlassen; *darse de* ~ als Mitglied eintreten, sich anmelden.

altamente [alta'mente] *adv.* höchst,
äußerst.

alta|nería [altane'ria] *f* **a**) Höhe *f*,
obere Regionen *f/pl.*; **b**) Beize *f*,
Falkenjagd *f*; **c**) Hochmut *m*,
Stolz *m*; **~nero** [~'nero] hochflie-

gend (*Raubvögel*); *fig.* hochmütig, stolz.

altar [al'tar] *m* Altar *m*; ～ *mayor* Hochaltar *m*; *llevar* (*od. conducir*) *al* ～ zum Altar führen.

altavoz [alta'boθ] *m* Lautsprecher *m*; ～ *de bocina* Trichterlautsprecher *m*.

alte|rable [alte'rable] veränderlich, wandelbar; **～ración** [～ra'θi̯on] *f* Veränderung *f*, Wechsel *m*, Störung *f*; Aufregung *f*; Streit *m*; Unwille *m*, Ärger *m*; **～rar** [～'rar] (1a) (ver)ändern; entstellen; verfälschen; aufregen; ～ *el orden* Unruhe stiften; **～rarse** sich aufregen; sich ärgern (*über* [*ac.*] *por*); sauer (*od.* schlecht) werden (*Milch usw.*).

alter|cado [alter'ka⁴o] *m* Wortwechsel *m*; Streit *m*; **～car** [～'kar] (1g) sich (herum)streiten, sich zanken.

alter|nación [alterna'θi̯on] *f* Abwechslung *f*, Wechsel *m*; ～ *Pol* wechsel *m*; **～nador** ⚡ [～na'ðor] *m* Wechselstromerzeuger *m*; **～nar** [～'nar] (1a) **1.** *v/t.* (ab)wechseln; ～ *el trabajo con el descanso* abwechselnd arbeiten u. ausruhen; **2.** *v/i.* (sich) abwechseln, sich ablösen; ～ *con* sich mit *j-m* unterhalten, mit *j-m* verkehren; ～ *de igual a igual* auf gleichem Fuß verkehren; **～nativa** [～na'tiba] *f* Alternative *f*; Entscheidung *f*; Schicht *f* (*im Dienst*); *poner ante la* ～ vor die Alternative stellen; *Stk. dar la* ～ als Matador zulassen; *tomar la* ～ die Würde e-s Matadors erhalten; **～nativo** [～na'tibo] abwechselnd.

alterno [al'terno] abwechselnd; ⚡ *corriente f -a* Wechselstrom *m*; ✗ *cultivo m* ～ Wechselwirtschaft *f* Fruchtwechsel *m*.

alteza [al'teθa] *f* **a)** Hoheit *f*; Würde *f*; **b)** ♀ *Titel*: Durchlaucht; ♀ *Real* Königliche Hoheit *f*.

altibajo [alti'baxo] *m Fechtk.* Hochquart *f*; **～s** *pl.* Unebenheiten *f/pl.* (*im Gelände*); *fig.* ⚡ Auf und Ab *n*; Wechselfälle *m/pl.* (*des Schicksals*).

altillo [al'tiʎo] *m* Anhöhe *f*; *Am. Mer.* Dachkammer *f*.

altímetro [al'timetro] *m* Höhenmesser *m*.

alti|planicie [altipla'niθi̯e] *f* Hochfläche *f*, -ebene *f*; **～plano** *Am.* [～'plano] *m* Hochland *n*.

altísimo [al'tisimo] höchst; *el Altísimo* der Allerhöchste (*Gott*).

altisonante [altiso'nante] hochtönend, hochtrabend (*a. Stil*).

altitud [alti'tu⁽ᵈ⁾] *f* Höhe *f*; Höhe *f* über dem Meeresspiegel.

altivez [alti'beθ] *f* Stolz *m*, Hochmut *m*.

altivo [al'tibo] stolz, hochmütig.

alto[1] ['alto] **1.** *adj.* hoch; groß (*Person*); vortrefflich; vorgerückt (*Stunde*); *en -as horas de la noche* spät nachts; *-a calidad* erstklassige Qualität *f*; *-a sociedad* vornehme Gesellschaft; *en -a mar* auf hoher See; ～ *horno* Hochofen *m*; *en voz -a* laut; *en lo* ～ oben; **2.** *adv. de* ～ *a bajo* von oben nach unten; *en* ～ oben, hoch; *hablar* ～ laut sprechen; *llegar* ～ es weit bringen; *pasar por* ～ übergehen; *por todo lo* ～ sehr gut, glänzend; **3.** *m* Höhe *f*; Anhöhe *f*; oberes Stockwerk *n*; **～s** *y bajos* *pl.* Wechselfälle *m/pl.* des Lebens.

alto[2] ['alto] *m* Halt *m*; Rast *f*; *dar el* ～ stoppen, anhalten, zum Halten auffordern; *hacer* (*un*) ～ Halt machen, rasten; ～ *el fuego* Feuereinstellung *f*; Waffenstillstand *m*; *¡*～*!* halt!; *¡*～ *ahí!* halt ein!, stopp!

altoparlante [altopar'lante] *m Am.* Lautsprecher *m*.

altozano [alto'θano] *m* Anhöhe *f*; *Am.* Platz *m* vor e-r Kirche.

altramuz ♀ [altra'muθ] *m* Lupine *f*.

altruis|mo [altru'izmo] *m* Selbstlosigkeit *f*, Altruismus *m*; **～ta** [～'ista] **1.** *adj.* selbstlos; **2.** *m* Altruist *m*.

altura [al'tura] *f* Höhe *f* (*Geom., Astr., ♪*); Gipfel *m*; (Körper-)Größe *f*; *fig.* Erhabenheit *f*; ✈ ～ *de vuelo* Flughöhe *f*; *timón m de* ～ Höhensteuer *n*; *estar a la* ～ *de a/c.* e-r Sache gewachsen sein; *tomar* ～ ✈ steigen.

alubia ♀ [a'lubi̯a] *f* Bohne *f*, Brechbohne *f*.

aluci|nación [aluθina'θi̯on] *f* Halluzination *f*, Sinnestäuschung *f*, Wahnvorstellung *f*; **～nar** [～'nar] (1a) blenden, täuschen, die Sinne täuschen; *fig.* bannen, fesseln; **～nógeno** [～'noxeno] *m* ⚕ Halluzinogen *n*; Rauschgift *n*.

alud [a'lu⁽ᵈ⁾] *m* Lawine *f* (*a. fig.*).

aludir [alu'dir] (3a): ～ *a* anspielen auf (*ac.*); *el aludido* der Vorerwähnte; *darse por aludido* auf sich beziehen; *no darse por aludido* sich nichts anmerken lassen; sich nicht betroffen fühlen.

alum|brado [alum'braᵈo] **1.** *adj.* aufgeklärt; erleuchtet; *fig.* angetrunken; **2.** **m a)** Beleuchtung *f*; ~ *público* Straßenbeleuchtung *f*; *red f de* ~ Lichtnetz *n*; **b)** ⚡ Alaunbad *n*; **~bramiento** *m* Beleuchtung *f*; Entbindung *f*, Niederkunft *f*; ~ *de aguas* Quellenerschließung *f*; **~brar** [~'brar] (1a) **1.** *v/t.* er-, beleuchten, erhellen; *j-m* leuchten; *fig.* F *j-m* ein Licht aufstecken; F verprügeln; ~ *aguas* Quellen erschließen; **2.** *v/i.* leuchten; entbinden, niederkommen; **~brarse** *fig.* P sich einen ansäuseln, sich beschwipsen.

alumbre [a'lumbre] *m* Alaun *m*.

alúmina [a'lumina] *f* reine Tonerde *f*; *acetato m de* ~ essigsaure Tonerde *f*.

aluminio [alu'minĭo] *m* Aluminium *n*; *papel m de* ~ Alufolie *f*.

alumnado [alum'naᵈo] *m* Lehranstalt *f*; Internat *n*; Schülerschaft *f*.

alumn|o *m*, **~a** *f* [a'lumno, ~na] Schüler(in *f*) *m*; Zögling *m*; ~ *interno* Internatszögling *m*.

alunado [alu'naᵈo] mondsüchtig.

aluni|zaje [aluni'θaxe] *m* (*suave*) (weiche) Mondlandung *f*; **~zar** [~'θar] (1f) auf dem Mond landen.

alu|sión [alu'sĭon] *f* Anspielung *f* (*auf* [*ac.*] *a*); Erwähnung *f*; *hacer* ~ *a* anspielen auf (*ac.*); erwähnen; **~sivo** [~'sibo] anspielend (*auf* [*ac.*] *a*).

aluvión [alu'bĭon] *m* Wasserflut *f*, Anschwemmung *f*; *Geol.* Alluvium *n*, Schwemmland *n*; *fig.* Schwall *m*.

álveo ['albeo] *m* Flußbett *n*.

alvéolo [al'beolo] *m Anat.* Alveole *f*; Zahnfach *n*; Lungenbläschen *n*; Bienenzelle *f*; ⊕ Zelle *f*.

alza [al'θa] *f* Erhöhung *f*, Steigerung *f*; Hausse *f*; ~ *de precios* Preisanstieg *m*, -steigerung *f*; *Börse: jugar al* ~ auf Hausse spekulieren.

alzacuellos [alθa'kŭeʎos] *m* Halsbinde *f der Geistlichen.*

alzada [al'θada] *f* Größe *f* des Pferdes; ⚖ Berufung *f*; Beschwerde *f*; *juez m de* ~*s* Berufsrichter *m*.

alzado [al'θaᵈo] **1.** *adj.* **a)** *in betrügerischer Absicht* bankrott; *precio m* ~ Pauschalpreis *m*; **b)** *Am.* unverschämt; eingebildet; **2.** *m* △ Höhenaufriß *m*; *Typ.* Aufhängen *n* der Druckbogen.

alzamiento [alθa'mĭento] *m* Emporheben *n*; Erhebung *f*, Aufstand *m*; betrügerischer Bankrott *m*.

alzaprima [alθa'prima] *f* Hebebaum *m*; Brecheisen *n*; ♪ Steg *m* (*Saiteninstrumente*).

alzar [al'θar] (1f) aufheben; hoch halten; emporheben; erheben; F mitgehen heißen; *Ernte* einbringen; *Karten* abheben; *Tisch* abdecken; F ~ *el grito* schreien; klagen; ~ *velas* unter Segel gehen; ~ *la vista* aufblicken, -schauen; ~ *el vuelo* sich aufschwingen; F hoch hinaus wollen; F abhauen; *¡alza!* steh auf!, P los!; ~**se** sich erheben; betrügerisch bankrott machen; ~ *con el dinero* mit der Kasse durchbrennen; ~ *con el triunfo* den Sieg davontragen.

alzo *Am. Cent.* ['alθo] *m* Diebstahl *m*.

allá [a'ʎa] dort(-hin; -herum), da; damals; *más* ~ weiter weg; jenseits; *el más* ~ Jenseits *n*; *muy* ~ ganz weit weg; ~ *en* weit hinten in (*dat.*); *por* ~ dorthin; ungefähr dort; *tan* ~ so weit; *¡~ voy!* (ich komme) gleich; ~ *se las arregle* er mag sehen, wie er fertig wird; *¡~ va eso!* da kommt's!, hier ist es!; *¿quién va* ~*?* wer da?; ~ *él* (*od. ella*) das ist s-e (*od.* ihre) Sache.

allanamiento [aʎana'mĭento] *m* Einebnen *n*; Beseitigung *f von Hindernissen*; Glättung *f*; ~ *de morada* Hausfriedensbruch *m*.

allanar [aʎa'nar] (1a) ebnen; gleichmachen; planieren; schlichten; ~ *obstáculos* Hindernisse beseitigen *od.* überwinden; *Gebäude* abreißen; ~ *una casa* Hausfriedensbruch begehen; ~**se** sich unterwerfen (*dat. a*), sich fügen; einstürzen; auf Standesvorrechte verzichten; ~ *a todo* sich in alles ergeben *od.* fügen.

allegado [aʎe'gaᵈo] **1.** *adj.* nächstgelegen; *fig.* nahestehend *od.* verwandt; **2.** *m* Verwandte(r) *m*, Angehörige(r) *m*; Gesinnungsgenosse *m*; Anhänger *m*.

allegar [aʎe'gar] (1h) sammeln; zusammentragen; **~se** sich nähern; sich anschließen.

allí [a'ʎi] da, dort(hin); damals; ~ mismo genau dort; de ~ daher; de ~ a poco kurz darauf; *hasta* ~ bis dahin; ¡~ *está!* da ist er!

allulla *Bol., Ec.* [a'ʎuʎa] *f Art* Brötchen *n*.

ama ['ama] *f* Herrin *f*; ~ *de brazos Am.* Kinderfrau *f*; ~ *de casa* Hausfrau *f*; ~ *de cría* Amme *f*; ~ *de llaves* Wirtschafterin *f*, Haushälterin *f*; ~ *seca* Kinderfrau *f*.

ama|bilidad [amabili'da⁽ᵈ⁾] *f* Liebenswürdigkeit *f*; Güte *f*; **~ble** [a'maßle] liebenswürdig; gütig (zu j-m (*para*) con *alg.*); **~dor** *m*, **-a** *f* [ama'dɔr, ~'dora] Liebhaber(in *f*) *m* (*bsd. fig.*).

amachinarse *Am.* [amatʃi'narse] (1a) in wilder Ehe leben.

amadrigar [amaðri'gar] (1h) *j-n* gut aufnehmen, *bes. j-n, der es nicht verdient*); **~se** F sich in s-n Bau verkriechen.

amadrinar [amaðri'nar] (1a) Patin werden (*od.* sein); *fig.* bemuttern.

amaes|trado [amaes'tra⁽ᵈ⁾o] erfahren; gerieben; abgerichtet (*Tiere*); **~tramiento** [~tra'mjento] *m* Unterweisung *f*; Abrichten *n*; Dressur *f*; **~trar** [~'trar] (1a) *Tier* abrichten, dressieren; schulen, unterweisen.

amagar [ama'gar] (1h) drohen, bevorstehen (*Unglück, Krankheit*); e-e drohende Gebärde machen; ~ *y no dar* versprechen und nicht halten; drohen und nicht ausführen.

amago [a'mago] *m* drohende Gebärde *f*; Anzeichen *n*; ~ *de una enfermedad* Vorbote *m* e-r Krankheit.

amainar [amaï'nar] (1a) *v/t.* Segel streichen; *fig.* beschwichtigen; *v/i. fig.* nachlassen (*Forderungen, Wünsche, Wind*). [lauern, bespitzeln.)

amaitinar [amaïti'nar] (1a) be-)

¡amal(h)aya! *Am.* [ama'laïa] hoffentlich!

amal|gama [amal'gama] *f* Amalgam *n*; Gemisch *n*; *fig.* Verquikung *f*; **~gamar** [~ga'mar] (1a) mit Quecksilber versetzen; verquicken; vermengen; **~gamarse** verschmelzen.

amamantar [amaman'tar] (1a) säugen (*Tiere*); stillen, nähren.

amance|bado [amanθe'ßa⁽ᵈ⁾o] in wilder Ehe lebend; **~bamiento** [~ßa'mjento] *m* wilde Ehe *f*; **~barse** [~'ßarse] (1a) in wilder Ehe leben.

amanecer [amane'θer] **1.** *v/i.* (2d) tagen, Tag werden; bei Tagesbeginn ankommen; **2.** *m* Tagesbruch *m*; *al* ~ bei Tagesanbruch.

amane|rado [amane'ra⁽ᵈ⁾o] geziert; manieriert; affektiert; **~ramiento** [~ra'mjento] *m* geziertes Wesen *n*; Affektiertheit *f*.

amanojar [amano'xar] (1a) *Getreide* bündeln; *Blumen* binden.

aman|sador [amansa'dɔr] *m* Tierbändiger *m*, Dompteur *m*; *Am.* Zureiter *m*; **~sar** [~'sar] (1a) zähmen, bändigen; *fig.* besänftigen; **~sarse** zahm werden; sanft werden.

amante [a'mante] **1.** *adj.* liebreich, liebevoll; ~ *de la paz* friedliebend; **2.** *m* (*f*) Liebhaber(in *f*) *m*; Geliebte(r) *m*, Geliebte *f*; ~*s pl.* Liebespaar *n*.

amanuense [ama'nŭense] *m* Schreiber *m*; Schreibkraft *f*.

ama|ñar [ama'ɲar] (1a) geschickt ausführen, F deichseln; **~ñarse** sich geschickt anstellen; sich leicht in et. (*ac.*) hineinfinden; **~ño** [a'maɲo] *m* Anstelligkeit *f*; Geschick *n*, Geschicklichkeit *f*; *fig.* Kniff *m*, Trick *m*; ~*s m/pl. Am.* Arbeitszeug *n*, -gerät *n*.

amapola ♀ [ama'pola] *f* Mohn *m*, Klatschmohn *m*.

amar [a'mar] (1a) lieben, liebhaben (*bsd. lit. u. abstr.*); *hacerse* ~ sich beliebt machen.

amaraje ✈ [ama'raxe] *m* Wasserlandung *f*, Wasserung *f*; ~ *forzado* Notwasserung *f*.

amarar ✈ [ama'rar] (1a) auf dem Wasser niedergehen, wassern.

amarchantarse *Am. reg.* [amartʃan'tarse] (1a) Kunde werden.

amargar [amar'gar] (1h) bitter sein *od.* schmecken; *v/t.* verbittern (*fig.*); **~se** *la vida* sich das Leben schwer machen.

amargo [a'margo] **1.** *adj.* bitter; *fig.* verbittert; verärgert; unwirsch; **2.** ~*s m/pl. pharm.* Bittertropfen *m/pl.*

amargor [amar'gɔr] *m*, **amargura** [~'gura] *f* Bitterkeit *f*; bitterer Geschmack *m*; *fig.* Verdruß *m*; Ärger *m*.

amaricado P [amari'ka⁽ᵈ⁾o] weibisch; *fig.* zimperlich.

amari|llear [amari‍ʎe'ar] (1a) gelb
(*od.* gelblich) sein; gelb werden,
vergilben; **~llento** [~'ʎento] gelblich; **~llez** [~'ʎeθ] *f* gelbe Gesichtsfarbe *f*; **~llo** [~'riʎo] gelb.
amari|zaje [amari'θaxe] *m* =
amaraje; **~zar** [~'θar] (1f) = *amarar.*
amarra [a'marra] *f* Ankertau *n*;
Trosse *f*; *fig. tener buenas* **~s** *pl.*
gute Beziehungen haben.
amarradero ♕ [amarra'dero] *m*
Anlegeplatz *m.*   [geld *n.*]
amarraje ♕ [ama'rraxe] *m* Anker-*f*
amarrar ♕ [ama'rrar] (1a) befestigen; vertäuen; festschnallen.
amarte|lado [amarte'laᵈo] sehr ver-
liebt; **~lar** [~'lar] (1a) den Hof
machen (*dat.*); eifersüchtig lieben;
~larse sich unsterblich verlieben.
amartillar [amarti'ʎar] (1a) hämmern; *Waffe* spannen.
amasa|dera [amasa'dera] *f* Back-
trog *m*; **~dor** *Am.* [~'dɔr] *m* Bäcker
m; **~dora** [~'dora] *f* Teigknet-
maschine *f*; **~dura** [~'dura] *f* Kneten *n*; Teig *m*; **~miento** [~'mjento]
m Kneten *n*; ♣ Massage *f.*
amasar [ama'sar] (1a) einrühren;
kneten; F *fig. ein Geschäft usw.* aushecken.
amasijo [ama'sixo] *m* Teig *m*; Knet-
masse *f*; *fig.* Mischmasch *m*; F
(dunkle) Machenschaften *f/pl.*
amatista [ama'tista] *f* Amethyst *m.*
amatorio [ama'torjo] Liebes...;
cuentos m/pl. **~s** Liebesgeschichten
f/pl.
amazacotado [amaθako'taᵈo]
plump; *fig.* schwerfällig.
amazona [ama'θona] *f* Amazone *f*,
Reiterin *f*; Reitkleid *n*; *fig.* Mannweib *n.*
ambages [am'baxes] *m/pl.* Umschweife *m/pl. im Reden*; **~ y rodeos**
lauter Umschweife; *sin* **~** unverhohlen.
ámbar ['ambar] *m* Bernstein *m*; **~**
gris Amber *m*, Ambra *f.*
ambarino [amba'rino] Bernstein...,
Amber...; bernsteingelb.
ambición [ambi'θjɔn] *f* Ehrgeiz *m*;
Streben *n.*
ambi|cionar [ambiθjo'nar] (1a)
eifrig erstreben, sehnlich wünschen; **~cioso** [~'θjoso] strebsam;
ehrgeizig; *estar* **~** *de* begierig sein
auf (*ac.*).

ambien|tación [ambjenta'θjon] *f*
Thea., Film Milieugestaltung *f*;
~tal [~'tal] Umwelt...; **~te** [~'bjen-
te] **1.** *adj.* umgebend; *medio m* **~**
Umwelt *f*; **2.** *m die* umgebende
Luft *f*; *fig.* Umwelt *f*; Milieu *n*;
Stimmung *f*; Atmosphäre *f.*
ambigú [ambi'gu] *m* kaltes Büfett
n; Theaterbüfett *n.*
ambigüedad [ambigüe'da⁽ᵈ⁾] *f*
Zweideutigkeit *f*, Doppelsinn *m.*
ambiguo [am'bigüo] zweideutig,
doppelsinnig; zwiespältig (*Charakter*); *Gram.* doppelgeschlechtig.
ámbito ['ambito] *m* Umkreis *m*; Bereich *m.*
amb|ladura [ambla'dura] *f*: (*paso
m de*) **~** Paßgang *m*; **~lar** [~'blar]
(1a) im Paßgang gehen.
ambo ['ambo] *m Lotterie*: Ambe *f*;
Chi. Sakko *m*, Jackett *n.*
ambón [am'bon] *m* Seitenkanzel *f.*
amb|os, ~as ['ambos, ~as] *adj. pl.*
beide; **~** *a dos* alle beide.
ambrosía [ambro'sia] *f* Ambrosia *f*,
Götterspeise *f* (*a. fig.*).
ambu|lancia [ambu'lanθia] *f* Feld-
lazarett *n*; Krankenwagen *m*; **~**
volante fliegendes Lazarett *n*; **~** *de
correos* Bahnpost *f*; **~lante** [~'lante]
1. *adj.* wandernd; umherziehend;
fahrend; *copa f* **~** Wanderpokal *m*;
vendedor m **~** Hausierer *m*; Straßen-
verkäufer *m*; **2.** *m* Bahnpostschaff-
ner *m*; **~lativo** [~la'tibo] unstet;
~latorio [~la'torjo] *m* Ambulanz *f.*
ameba [a'meba] *f* = *amiba.*
amedrentar [amedren'tar] (1a)
einschüchtern; erschrecken; **~se**
verzagen.
amelga [a'melga] *f* Ackerbeet *n.*
amelonado [amelo'naᵈo] melonen-
förmig; *fig.* verliebt, verschos-
sen.
amén [a'men] *m* Amen *n*; *en un
decir* **~** im Nu; *decir a todo* **~** zu
allem ja u. amen sagen; F *llegar a
los amenes* erst gegen Ende (*z. B.
e-r Vorstellung*) kommen; **~** *de*
außer (*dat.*).
ame|naza [ame'naθa] *f* Drohung *f*;
~nazador [amenaθa'dɔr], **~na-
zante** [~na'θante] drohend; be-
drohlich; **~nazar** [amena'θar] (1f)
v/t. bedrohen (*ac.*); drohen (*dat.*);
amenaza tempestad es droht ein
Unwetter.
amenguar [ameŋ'güar] (1i) be-

einträchtigen; vermindern; *fig.* beschimpfen; entehren.

ame|nidad [ameni'da⁽ᵈ⁾] *f* Lieblichkeit *f*; Anmut *f*; Reiz *m*; Gemütlichkeit *f*; **~nizar** [~ni'θar] (1f) verschönern; anregend gestalten; **~no** [a'meno] lieblich; ansprechend; anregend; unterhaltsam.

amento ⚥ [a'mento] *m* Kätzchen *n*.

ameri|cana [ameri'kana] *f* (Herren-) Jackett *n*, Sakko *m*; **~canismo** [~ka'nizmo] *m* amerikanischer Ausdruck *m*, Amerikanismus *m*; **~canista** [~ka'nista] *m* Amerikanist *m*, Amerikaforscher *m*; **~canizar** [~kani'θar] (1f) amerikanisieren; **~cano** [~'kano] **1.** *adj.* amerikanisch; **2.** *m*, **-a** *f* Amerikaner(in *f*) *m*.

ameri|zaje [ameri'θaxe] *m* = *amaraje*; **~zar** [~'θar] (1f) = *amarar*.

ametra|lladora ⚔ [ametraʎa'dora] *f* Maschinengewehr *n*; **~llar** (1a) unter Maschinengewehrfeuer nehmen.

amianto [a'mianto] *m* Asbest *m*.

amiba [a'miba] *f* Amöbe *f*.

amiga [a'miga] *f* Freundin *f*; Geliebte *f*.

ami|gable [ami'gable] freundschaftlich; **~** *composición f* Schlichtung *f*, gütliche Vereinbarung *f*; **~garse** F [~'garse] (1a) in wilder Ehe leben.

amígdala *Anat.* [a'migdala] *f* Mandel *f*.

amigo [a'migo] **1.** *adj.* freundschaftlich; befreundet; zugetan; **2.** *m* Freund *m*; Liebhaber *m*; *hacerse ~s* sich anfreunden; *ser ~ de a/c. et.* lieben, gern haben.

amigote F [ami'gote] *m* F Spezi *m*, guter (*od.* dicker) Freund *m*.

amiláceo [ami'laθeo] stärkehaltig.

amilanar [amila'nar] (1a) einschüchtern; **~se** verzagen.

aminorar [amino'rar] (1a) (ver-) mindern; **~** *la marcha* langsamer fahren.

amis|tad [amis'ta⁽ᵈ⁾] *f* Freundschaft *f*; Gunst *f*; Zuneigung *f*; **~tades** *f/pl.* Freundes-, Bekanntenkreis *m*; *hacer las ~* sich aussöhnen; *romper ~* sich entzweien; **~tar** [~'tar] (1a) anfreunden; versöhnen; **~tarse** sich anfreunden; sich aussöhnen; **~toso** [~'toso] freundschaftlich; gütlich.

amnesia [am'nesia] *f* Amnesie *f*, Gedächtnisverlust *m*, -schwund *m*.

amnis|tía [amnis'tia] *f* Amnestie *f*; **~tiar** [~'tiar] (1c) amnestieren.

amo ['amo] *m* Herr *m*; Eigentümer *m*; Dienstherr *m*; *fig.* ser el ~ del cotarro das Regiment führen; Herr der Lage sein.

amoblado *Am. Mer.* [amɔ'blaᵈo] **1.** *adj.* möbliert; **2.** *m* Mobiliar *n*.

amodo|rramiento [amodɔrra'miento] *m* Schlaftrunkenheit *f*; Benommenheit *f*; **~rrarse** [~'rrarse] (1a) sehr schläfrig werden.

amohinar [amoi'nar] (1a) ärgern; verdrießen; **~se** verdrießlich werden.

amojonar [amɔxo'nar] (1a) vermarken, abgrenzen.

amolador [amola'dɔr] *m* Schleifer *m*; F aufdringlicher Kerl *m*, Ekel *n*.

amolar F [amo'lar] (1m) schleifen; *fig. j-m* lästig fallen.

amoldar [amɔl'dar] (1a) formen, modellieren; gestalten; **~se** sich anpassen (a [*ac.*] *a*).

amones|tación [amonesta'θiɔn] *f* Ermahnung *f*; Verwarnung *f*; **~taciones** *f/pl.* Heiratsaufgebot *n*; *correr las ~* aufgeboten werden; **~tar** [~'tar] (1a) ermahnen; verwarnen; *Brautpaar* aufbieten; erinnern; **~tarse** aufgeboten werden.

amo|niacal [amonia'kal] ammoniakhaltig; **~níaco** [~'niako], **~niaco** [~'niako] *m* Ammoniak *m*.

amonita *Min.* [amo'nita] *f* Ammonit *m*; *Zo.* Ammonshorn *n*.

amonto|namiento [amɔntona'miento] *m* An-, Aufhäufung *f*; **~nar** [~'nar] (1a) anhäufen; aufstapeln; **~narse** sich häufen; F sich ärgern; P in wilder Ehe leben.

amor [a'mɔr] *m* Liebe *f*; **~** *propio* Selbstbewußtsein *n*, -gefühl *n*; **~** *de sí mismo* Eigenliebe *f*; *por ~ de Dios* um Gottes willen; *por ~ a alg.* j-m zuliebe; *en ~ y compañía* in Friede u. Eintracht; *al ~ de la lumbre* am Feuer, am Kamin; *hacer el ~ a alg.* j-m den Hof machen, F mit j-m flirten; **~es** *pl.* Liebelei *f*; *con mil ~es* herzlich gern.

amoral [amo'ral] amoralisch.

amoratado [amora'taᵈo] schwarzblau, dunkelviolett; **~** de frío blau vor Kälte.

amorcillo [amɔr'θiʎo] *m* Amor *m*, Kupido *m*.

amordazar [amɔrda'θar] (1f) knebeln; *fig.* mundtot machen.

amor|fia [a'mɔrfia] *f* Formlosigkeit; **~fo** [~fo] formlos.

amorío [amo'rio] *m* Liebelei *f*.

amoroso [amo'roso] liebevoll, liebreich; Liebes...; freundlich (*Wetter*); weich, mild, locker (*Stein, Erde*).

amorrar F [amo'rrar] (1a) den Kopf hängen lassen; F schmollen.

amor|tajar [amɔrta'xar] (1a) ins Leichentuch hüllen; **~tecer** [~te-'θer] (2d) abtöten; abschwächen, dämpfen; **~tecerse** ohnmächtig werden; **~tecimiento** [~teθi-'miento] *m* Abschwächung *f*; tiefe Ohnmacht *f*; **~tiguado** [~ti'ǧu̯aᵈo] erstorben, erloschen; gedämpft; no ~ *Radio*: mit voller Lautstärke; **~tiguador** [~tiǧu̯a'dɔr] *m* Dämpfer *m*; ~ (*de choques*) Stoßdämpfer *m*; **~tiguar** [~ti'ǧu̯ar] (1i) abschwächen, dämpfen; lindern, mildern; **~tizable** [~ti'θable] tilgbar, amortisierbar; **~tización** [~tiθa-'θi̯on] *f* Tilgung *f*, Abschreibung *f*, Amortisierung *f*; **~tizar** [~ti'θar] (1f) tilgen, abschreiben; amortisieren.

amoscarse F [amos'karse] (1g), **amostazarse** [~ta'θarse] (1f) böse (*od.* ärgerlich) werden; F einschnappen.

amoti|nado [amoti'naᵈo] **1.** *adj.* meuternd; **2.** *m* Meuterer *m*; **~nador** [~na'dɔr] **1.** *adj.* aufwieglerisch; **2.** *m* Aufwiegler *m*; **~namiento** [~na'mi̯ento] *m* Meuterei *f*, Aufruhr *m*; **~nar** [~'nar] (1a) aufwiegeln; **~narse** meutern.

amovible [amo'bible] absetzbar, widerruflich.

ampa|rador *m*, **-a** *f* [ampara'dɔr, ~'dora] Beschützer(in *f*) *m*; **~rar** [~'rar] (1a) (be)schützen, (be-)schirmen, decken; **~rarse** sich schützen; sich verteidigen; ~ con *alg.* j-s Schutz (*od.* Hilfe) in Anspruch nehmen.

amparo [am'paro] *m* Schutz *m*, Hilfe *f*; al ~ de unter dem Schutz von (*dat.*).

amp|erímetro ⚡ [ampe'rimetro] *m* Amperemeter *n*; **~erio** ⚡ [am-'perio] *m* Ampere *n*.

amplia|ción [amplia'θi̯on] *f* Erweiterung *f*; Vergrößerung *f* (a. *Phot.*); Ausbau *m*; ~ de *capital* Kapitalerhöhung *f*; **~mente** [~'mente] weit; reichlich; ausführlich.

ampliar [am'pliar] (1c) erweitern; vergrößern (a. *Phot.*); ausbauen.

amplifi|cación [amplifica'θi̯on] *f* Erweiterung *f*; *Radio*: Verstärkung *f*; *sprachlich, künstlerisch*: weitere Ausführung *f*; **~cador** [~ka'dɔr] *m* *Radio*: Verstärker *m*; **~car** [~'kar] (1g) erweitern, ausdehnen; *Ton* verstärken.

ampli|o [am'plio] weit, weitgehend, weitläufig; ausgedehnt, umfassend, reichlich; **~tud** [ampli'tu̯ᵈ] *f* Ausdehnung *f*, Weite *f*; *Radio*: Schwingungsweite *f*.

ampo ['ampo] *m* Schneeweiße *f*; Schneeflocke *f*.

ampolla [am'poʎa] *f* (Wasser-, Haut-, Brand-)Blase *f*; Ampulle *f*; Phiole *f*; *levantar* ~s Aufsehen erregen; **~rse** [~'ʎarse] (1a) Blasen bekommen; Blasen ziehen.

ampolleta [ampo'ʎeta] *f* Sanduhr *f*, Eieruhr *f*; *Arg., Chi.* Glühbirne *f*.

ampu|losidad [ampulosi'da̯ᵈ] *f* Schwülstigkeit *f* *im Stil*; **~loso** [~'loso] schwülstig, hochtrabend.

ampu|tación [amputa'θi̯on] *f* ⚕ Amputation *f*; **~tar** [~'tar] (1a) *ein Glied* abnehmen, amputieren; *fig.* beschneiden.   [benhaft.⟩

amuchachado [amut͡ʃa't͡ʃaᵈo] kna-⟩

amuchar *Bol., Rpl.* [amu't͡ʃar] (1a) zunehmen, sich vermehren.

amueblar [amu̯e'blar] (1a) möblieren, mit Möbeln ausstatten.

amugronar [amugro'nar] (1a) *e-e Weinrebe* absenken *od.* fechsen.

amujerado [amuxe'raᵈo] weibisch.

amulatado [amula'ta̯ᵈo] mulattenhaft.

amuleto [amu'leto] *m* Amulett *n*, Talisman *m*.

amuñecado [amuɲe'kaᵈo] puppenhaft.

amurallar [amura'ʎar] (1a) mit Mauern umgeben.

amusgar [amuz'gar] (1h) *die Ohren* anlegen (*Pferd, Esel*); mit zs.-gekniffenen Augen fixieren.

anabaptista [anabap'tista] *m* Wiedertäufer *m*.

anacarado [anaka'raᵈo] perlmuttfarben.

anacoreta [anako'reta] *m* Einsiedler *m*, Anachoret *m*.

ana|crónico [ana'kroniko] anachronistisch, zeitwidrig; **~cronismo** [~kro'nizmo] *m* Anachronismus *m*.

ánade ['anade] *m* Ente *f*.

anad|ear [anade'ar] (1a) watscheln; **~ino** [~'dino] *m* Entchen *n*.

anaf(r)e [a'naf(r)e] *m* Kohlenbecken *n*; eiserner Ofen *m*, F Kanonenofen *m*.

anagrama [ana'grama] *m* Anagramm *n*, Buchstabenversetzung *f*.

anal [a'nal] *adj*. After...; Steiß...

anales [a'nales] *m/pl*. Annalen *pl.*, Jahrbuch *n*.

analfabe|tismo [analfabe'tizmo] *m* Analphabetentum *n*; **~to** [~'beto] **1.** *adj*. des Schreibens u. Lesens unkundig, analphabetisch; **2.** *m* Analphabet *m*.

anal|gesia [anal'xesia] *f* Schmerzunempfindlichkeit *f*; **~gésico** [~'xesiko] **1.** *adj*. schmerzstillend; **2.** *m* schmerzstillendes Mittel *n*.

análisis [a'nalisis] *m* Analyse *f*; Untersuchung *f*; Zergliederung *f*; ~ *del mercado* Marktanalyse *f*.

analista [ana'lista] *m* Annalist *m*, Chronist *m*; Analytiker *m*.

analítico [ana'litiko] analytisch.

analizar [anali'θar] (1f) analysieren; untersuchen; zergliedern.

analogía [analo'xia] *f* Ähnlichkeit *f*, Analogie *f*; Entsprechung *f*.

analógico [analo'ɔxiko], **análogo** [a'nalogo] analog, ähnlich; entsprechend, übereinstimmend.

ananá(s) ♀ [ana'na(s)] *f Am.* Ananas *f*.

anaquel [ana'kel] *m* Schrankbrett *n*; Fach(brett) *n*; Bord *n*; **~ería** [~kele'ria] *f* Ladenschrank *m*, -gestell *n*; Regal *n*.

anaranjado [anaraŋ'xaðo] orange(nfarbig).

anarquía [anar'kia] *f* Gesetzlosigkeit *f*, Anarchie *f*.

anárquico [a'narkiko] anarchisch, gesetzlos.

anarquista [anar'kista] **1.** *adj*. anarchistisch; **2.** *m* Anarchist *m*.

anate|ma [ana'tema] *m* Bannfluch *m*, Anathem *n*; **~matizar** [~temati'θar] (1f) mit dem Kirchenbann belegen; *fig*. verdammen.

ana|tomía [anato'mia] *f* Anatomie *f*; **~tómico** [~'tomiko] anatomisch;

~tomista [~to'mista] *m* Anatom *m*; **~tomizar** [~tomi'θar] (1f) sezieren, zergliedern.

anca ['aŋka] *f* Hinterbacken *m*; **~s** *pl.* Kreuz *n*, Kruppe *f*; F Hintern *m*; **~s de rana** *Kchk*. Froschschenkel *m/pl.*; *ir a las* **~s** hinten aufsitzen; F *no sufrir* **~s** sich nichts gefallen lassen.

ancestral [anθes'tral] von den Vorfahren überliefert.

ancia|na [an'θiana] *f* Greisin *f*; **~nidad** [anθiani'da⁽ᵈ⁾] *f* (Greisen-)Alter *n*; Altersjahre *n/pl.*; **~no** [an'θiano] **1.** *adj*. alt, (hoch)betagt; **2.** *m* Greis *m*.

ancla ['aŋkla] *f* Anker *m*; ~ *de esperanza* Notanker *m*; *echar* **~s** Anker werfen; *estar al* **~** vor Anker liegen; *levar* **~s** die Anker lichten.

anc|ladero [aŋkla'dero] *m* Ankerplatz *m*; **~laje** [~'klaxe] *m* Verankerung *f*; Ankern *n*; Ankerplatz *m*; Ankergeld *n*; **~lar** [~'klar] (1a) (ver)ankern.

ancón [aŋ'kon] *m*, **anconada** [aŋko'naða] *f* kleine Bucht *f*.

áncora ['aŋkora] *f* Anker *m* (*bsd. fig.*); ~ *de salvación fig.* Rettungsanker *m*; *reloj m de* **~** Ankeruhr *f*.

ancusa ♀ [aŋ'kusa] *f* Ochsenzunge *f*.

anche|ta [an'tʃeta] *f* Schnitt *m*, Profit *m*; *Am. iron.* schlechtes Geschäft *n*; Unsinn *m*, Dummheit *f*; **~tero** *Méj.* [~tʃe'tero] *m* Hausierer *m*.

ancho ['antʃo] **1.** *adj*. breit; weit; *a sus* -*as* nach Belieben; zwanglos; *vida f -a* flottes Leben *n*; F *ponerse muy* **~** mächtig stolz sein, sich aufblasen; *me quedo tan* **~** das ist mir egal; *venir muy* **~** zu weit sein (*Anzug*); *le viene muy* **~** *el cargo* er ist s-m Amt nicht (recht) gewachsen; *estar a sus -as* sich wohl fühlen; **2.** *m* Breite *f*; 🚇 ~ *de vía* Spurweite *f*.

anchoa [an'tʃoa] *f* Anchovis *f*, Sardelle *f*.

anchu|ra [an'tʃura] *f* Breite *f*, Weite *f*; *fig*. Ungeniertheit *f*, Zwanglosigkeit *f*; **~roso** [~'roso] sehr weit *od.* geräumig.

andadas [an'dadas] *f/pl. Jgdw*. Fährten *f/pl.*, Spuren *f/pl.*; *volver a las* **~** in e-e schlechte Gewohnheit zurückfallen, F wieder sündigen.

anda|deras [anda'deras] *f/pl.* Gängelband n; Laufstühlchen n (*für Kinder*); **~dero** [~'dero] gut begehbar (*Weg*).

andado[an'da^{a}o] begangen (*Straße*); abgetragen (*Kleider*); alltäglich, gewöhnlich.

anda|dor [anda'dɔr] **1.** *adj.* leichtfüßig; gut zu Fuß; **2.** *m* (*guter*) Fußgänger *m*; F Rumtreiber *m*; Bote(ngänger) *m*; **3.** **~dores** *pl.* Gängelband *n*; Laufgeschirr *n*; *fig.* poder andar sin ~ sich allein zu helfen wissen; **~dura** [~'dura] *f* Gang *m*; Gangart *f des Pferdes*.

andaluz [anda'luθ] **1.** *adj.* andalusisch; **2.** *m*, **-a** *f* [~'luθa] Andalusier(in *f*) *m*; **~ada** [~lu'θaða] *f* Übertreibung *f*, Aufschneiderei *f*.

anda|miada [anda'miada] *f*, **~miaje** [~'miaxe] *m*, **~mio** [an'damio] *m* (Bau-)Gerüst *n*; Tribüne *f*.

andana [an'dana] *f* Reihe *f*, Flucht *f*; ⚓ Breitseite *f*; me llamo ~ mein Name ist Hase.

andanada [anda'naða] *f* **a)** ⚓ Breitseite(nsalve) *f*; soltar a alg. la (*od. una*) ~ j-m e-n strengen Verweis erteilen; **b)** zweiter Rang *m* (*gedeckter Platz*) in der Stierkampfarena.

andante [an'dante] **1.** *adj.* wandernd; unstet; caballero ~ fahrender Ritter *m*; **2.** ♪ *m* Andante *n*.

andanza [an'danθa] *f* Zufall *m*; Geschick *n*; buena ~ Glück *n*; mala ~ Unglück *n*; **~s** *f/pl.* (abenteuerliche) Wanderung *od.* Reise.

andar[1] [an'dar] (1q) **1.** *v/i.* gehen; schreiten; fahren; sich befinden; laufen (*Maschine*); ~ alegre (triste) vergnügt (traurig) sein; ~ bien (mal) sich wohl (unwohl) fühlen; ~ bien (mal) de a/c. et. gut (schlecht) können *od.* beherrschen; ~ mal de dinero knapp bei Kasse sein; ~ a las bonicas F sich kein Bein ausreißen; ~ a derechas, ~ a derecho rechtschaffen handeln; ~ a golpes, ~ a palos sich (herum)prügeln; ~ a puñetazos sich mit Faustschlägen traktieren; ~ a una sich einig sein; ~ a *inf.* sich bemühen (et. zu erreichen); ~ con a/c. mit et. herumspielen, hantieren; ~ con alg. mit j-m verkehren; ~ con cuidado (*od. ojo*) vorsichtig zu Werke gehen; ~ con rodeos Umschweife machen; F ~ de la Ceca a la Meca von Pontius zu

Pilatus laufen; ~ en ello s-e Hand im Spiele haben; ~ en el cajón im Schubfach herumkramen, sich zu schaffen machen; ~ en (*od. por*) los 30 años etwa 30 Jahre alt sein; ~ en pleitos (*bei jeder Gelegenheit*) prozessieren; ~ en pretensiones anspruchsvoll sein; ~ por buen camino auf dem rechten Wege sein (*a. fig.*); ~ por mal camino *fig.* auf die schiefe Bahn geraten; F ~ por las nubes (*im Preise*) unerschwinglich sein; ~ sin recelo unbesorgt sein; ~ tras a/c. hinter et. her sein; ~ haciendo a/c. dabei sein, et. zu tun; ¡anda! aber geh!; so ist's recht!; nanu!; nur zu!; los!; ¡andando! also los!; andando el tiempo mit der Zeit; **2.** *v/t.* durchgehen, -wandern; Wegstrecke zurücklegen; **3.** **~se**: ~ con bromas Spaß machen; ~ en el ojo (mit dem Finger) im Auge herumwischen; F ~ por las ramas sich in Kleinigkeiten verlieren; se le anda la cabeza es wird ihm schwindlig; todo se andará es wird schon gehen; ~ irá wird noch alles gut werden.

andar[2] [an'dar] *m* Gang *m*, Gangart *f*; Fahrt *f e-s Schiffes*; a todo ~ eiligen Schrittes; *fig.* höchstens; a un ~ auf gleicher Höhe.

andariego [anda'riego] **1.** *adj.* wanderlustig; gut zu Fuß; **2.** *m* = andador.

anda|rín [anda'rin] *m* Läufer *m*, (schneller) Fußgänger *m*; **~rivel** [~ri'βel] *m* Fährseil *n*.

andarríos [anda'rrios] *m* Bachstelze *f*.

andas ['andas] *f/pl.* Bahre *f*; Traggestell *n*; en ~ y en volandas im Fluge.

andén [an'den] *m* Gehweg *m*; Bahnsteig *m*; Fach *n*, Brett *n* (*im Schrank, Regal*); ~ de transbordo Verladerampe *f*; billete m de ~ Bahnsteigkarte *f*; *mst* andenes pl. Am. Mer. am Berghang angelegte Terrassen *f/pl.*

andinis|mo Am. [andi'nizmo] *m* Bergsport *m* (in den Anden); **~ta** Am. [~'nista] *m* Bergsteiger *m*.

ándito ['andito] *m* Umgang *m*, Galerie *f* an e-m Hause.

andorga F [an'dɔrga] *m* Wanst *m*; Bauch *m*; frotarse la ~ sich auf die faule Haut legen.

anguila

andra|jo [an'draxo] *m* Lumpen *m*, Fetzen *m*; **⁓joso** [andra'xoso] abgerissen, zerlumpt.

andrómina F [an'dromina] *f* Bluff *m*; **⁓s** *pl.* Ausflüchte *f/pl.*; Flausen *f/pl.*

andurriales [andu'rriales] *m/pl.* abgelegene Gegend *f*.

anea ♀ [a'nea] *f* Rohrkolben *m*.

an|écdota [a'neɣδota] *f* Anekdote *f*; **⁓ecdótico** [aneɣ'δotiko] anekdotisch.

ane|gadizo [aneɣa'δiθo] Überschwemmungen ausgesetzt (*Gelände*); **⁓gar** [⁓'ɣar] (1h) ertränken; unter Wasser setzen; **⁓garse** ertrinken; untergehen (*Schiff*); **⁓ en llanto** in Tränen zerfließen.

anejo [a'nexo] **1.** *adj.* angefügt; zugehörig; **2.** *m* Filialgemeinde *f*; Anbau *m*; Nebengebäude *n*; Anlage *f* (*e-s Briefes*); Beiheft *n*.

anemia [a'nemia] *f* Blutarmut *f*, Anämie *f*.

anémico [a'nemiko] blutarm.

anemómetro ⊕ [ane'mometro] *m* Windmesser *m*.

anemona [ane'mona], **anémona** [a'nemona], **anemone** [ane'mone] ♀ *f* Anemone *f*.

anes|tesia [anes'tesia] *f* Anästhesie *f*; Empfindungslosigkeit *f*; **⁓ local** örtliche Betäubung *f*, Lokalanästhesie *f*; **⁓tesiar** [⁓te'siar] (1b) unempfindlich machen, narkotisieren, betäuben; **⁓tésico** [⁓'tesiko] *m* Anästhetikum *n*, Betäubungsmittel *n*; **⁓tesista** [⁓te'sista] *m* Narkosearzt *m*, Anästhesist *m*.

ane|x(ion)ar [aneɣ'sar *od.* ⁓gsio'nar] (1a) einverleiben; angliedern; annektieren; **⁓xión** [⁓g'sion] *f* Einverleibung *f*; (*gewaltsame*) Aneignung *f*; Annexion *f*; **⁓xionismo** [⁓sio'nizmo] *m* Annexionismus *m*, Annexionspolitik *f*; **⁓xo** [a'neɣso] = *anejo*.

anfibio [am'fibio] **1.** *adj.* amphibisch; **2.** *m* Amphibium *n*, Amphibie *f*; *vehículo m* **⁓** Amphibienfahrzeug *n*; **⁓s** *m/pl.* Zo. Lurche *m/pl.*

anfíbol [am'fibol] *m* Magnesiumsilikat *n*.

anfibología [amfibolo'xia] *f* Zweideutigkeit *f*.

anfiteatro [amfite'atro] *m* Amphitheater *n*; *Thea.* Rang *m*; **⁓ anatómico** Seziersaal *m*.

anfitr|ión [amfi'trion] *m* Gastgeber *m*; **⁓iona** [⁓'triona] *f* Gastgeberin *f*.

ánfora ['amfora] *f* Amphora *f*; *Am. reg.* Wahlurne *f*; **⁓s** *pl. kath.* die heiligen Ölgefäße *n/pl.*

anfractuosidad [amfraktŭosi'da⁽δ⁾] *f* Krümmung *f*; Unebenheit *f*; *Anat.* Gehirnfurche *f*.

angarillas [aŋga'riʎas] *f/pl.* Trage *f* (*für Lasten*); Tragkörbe *m/pl. aus Bast für Lasttiere.*

ángel ['aŋxel] *m* Engel *m*; **⁓ custodio** *od.* **⁓ de la guarda** Schutzengel *m*; F **tener ⁓** Charme haben, charmant sein.

angélica ♀ [an'xelika] *f* Engelwurz *f*.

angelical [aŋxeli'kal] engelhaft, engelrein.

angélico *Rel.* [an'xeliko] engelhaft; himmlisch.

angelito [aŋxe'lito] *m* Engelchen *n*; kleines Kind *n*; *estar con los* **⁓s** nicht bei der Sache sein.

angelote [aŋxe'lote] *m* dickes, ruhiges Kind *n*, F Dickerchen *n*.

ángelus ['aŋxelus] *m* Angelus-, Abendläuten *n*.

angina ♂ [aŋ'xina] *f* (*mst* **⁓s** *pl.*) Angina *f*, Halsentzündung *f*; Mandelentzündung *f*; **⁓ de pecho** Angina *f pectoris.*

angli|canismo [aŋglika'nizmo] *m* Anglikanismus *m*; **⁓cano** [⁓'kano] **1.** *adj.* anglikanisch; **2.** *m* Anglikaner *m*; **⁓cismo** [⁓'θizmo] *m* englische Spracheigentümlichkeit *f*, Anglizismus *m*; **⁓cista** [⁓'θista], **⁓sta** [⁓'glista] *m* Anglist *m*.

angló|filo [aŋ'glofilo] englandfreundlich; **⁓fobo** [⁓fobo] englandfeindlich.

anglo|manía [aŋgloma'nia] *f* Vorliebe *f* für alles Englische; **⁓parlante** [⁓par'lante] englischsprechend; **⁓sajón** [⁓sa'xon] **1.** *adj.* angelsächsisch; **2.** *m* Angelsachse *m*.

angora [aŋ'gora] *m* **a**) *od.* gato *m* de ♀ Angorakatze *f*; **b**) Angorakaninchen *n*; Angoraziege *f*; **c**) Angorawolle *f*.

angos|tar [aŋgos'tar] (1a) verengen; **⁓to** [aŋ'gosto] eng, knapp; **⁓tura** [aŋgos'tura] *f* Enge *f*, Verengung *f*; Engpaß *m*; Schlucht *f*; Meerenge *f*.

angra ['aŋgra] *f* Bucht *f*.

anguila [aŋ'gila] *f* Aal *m*.

angula [aŋ'gula] f Jungaal m; *Kchk.* Glasaal m.

angular [aŋgu'lar] eckig, winkelig; *piedra* f ~ Eckstein m (a. *fig.*).

ángulo ['aŋgulo] m Ecke f; *Geom.* Winkel m; ~ *abarcador* Phot. Bildwinkel m; ~ *agudo* (*obtuso, recto*) spitzer (stumpfer, rechter) Winkel m.

anguloso [aŋgu'loso] (viel)winkelig; eckig.

angurria *Am.* [aŋ'gurria] f Bärenhunger m; *fig.* Habsucht f, Egoismus m.

angus|tia [aŋ'gustia] f Angst f; Beklemmung f; Qual f; Herzeleid n; **~tiado** [aŋgus'tiaᵈo] ängstlich; F knauserig; **~tiar** [~'tiar] (1b) ängstigen, quälen; **~tioso** [~'tioso] beängstigend; angstvoll, ängstlich.

anhe|lante [ane'lante] keuchend; **~lar** [~'lar] (1a) v/i. keuchen; v/t. wünschen, ersehnen; begehren; erstreben; **~lo** [a'nelo] m Sehnen n, Trachten n (nach [*dat.*] de); **~loso** [ane'loso] keuchend (*Atem*); sehnsüchtig; eifrig.

anhídrido [a'nidrido] m Anhydrid n.

anidar [ani'dar] (1a) v/i. nisten; horsten; F hausen; v/t. beherbergen, unterbringen.

anilina [ani'lina] f Anilin n.

anilla [a'niʎa] f Gardinenring m; **~s** f/pl. *Sport*: Ringe m/pl.

ani|llados [ani'ʎaðos] m/pl. Ringelwürmer m/pl.; **~llamiento** [~'miento] m *Zo.* Beringung f; **~llar** [~'ʎar] (1a) ringeln; mit Ringen versehen; *Vögel* beringen.

anillo [a'niʎo] m Ring m; ~ *de boda* Trauring m, Ehering m; ~ *pastoral* Bischofsring m; ~ *de sello* Siegelring m; *Anat.* ~ *inguinal* Leistenring m; F *como* ~ *al dedo* wie angegossen; *venir como* ~ *al dedo* wie gerufen kommen.

ánima ['anima] f *Rel.* Seele f; ~ *bendita*, ~ *del purgatorio* Seele f im Fegefeuer; *las* ~ *s* Abendgeläut n; *¡*~*s! Méj.* hoffentlich!

ani|mación [anima'θion] f Beseelung f, Belebung f; Lebhaftigkeit f; lebhafter Verkehr m; bewegtes Treiben n; Betrieb m; **~mado** [ani'maᵈo] lebendig; belebt (*a. fig.*); lebhaft, munter; angeregt; **~mador** [~ma'ðɔr] m Conférencier m; **~madora** [~'ðora] f Animiermädchen n; Ansagerin f.

animadversión [animaðber'sion] f Abneigung f; Feindschaft f; Groll m.

animal [ani'mal] **1.** *adj.* tierisch; *reino m* ~ Tierreich n; **2.** m Tier n; *fig.* Dummkopf m; brutale(r) Kerl; *¡*~*! F* Blödmann!

anima|lada [anima'laða] f F dummer Streich m; Eselei f; Gemeinheit f; **~lejo** [~'lexo] m Tierchen n; **~lidad** [~li'ðaᵈ] f Tiernatur f; **~lucho** [~'lutʃo] m häßliches Tier n, F Biest m.

animar [ani'mar] (1a) beseelen, beleben; aufmuntern, ermutigen; ~ *la conversación* die Unterhaltung anregen; ~ *se* sich aufraffen, Mut fassen; Lust bekommen.

ánimo ['animo] m Seele f; Geist m; Gemüt n; Mut m; Lust f; Verlangen n; Absicht f; *estado m de* ~ Gemütsverfassung f; *presencia f de* ~ Geistesgegenwart f; *caer(se) de* ~*s*, *perder el* ~ den Mut verlieren; *se caldeaban los* ~*s* die Gemüter erhitzten sich; *cobrar* ~ Mut fassen; *dar* (*od. infundir*) ~ *a alg.* j-m Mut einflößen, j-n aufmuntern; *dilatar el* ~ *fig.* aufatmen; *estar en* ~ *de* willens sein zu; *hacer* (*od. tener*) ~ *de* beschließen, et. zu tun; *tener* ~*s para* fähig sein zu; *con* ~ *de* in der Absicht zu; *¡*~*! auf!*, munter!, los!; *¡buen* ~*! Kopf hoch!*

animo|sidad [animosi'ðaᵈ] f Abneigung f; Gereiztheit f; **~so** [~'moso] tatkräftig; mutig; beherzt, tapfer.

ani|ñado [ani'ɲaᵈo] kindisch; kindlich; **~ñarse** [~'ɲarse] (1a) sich kindisch betragen.

aniquilar [aniki'lar] (1a) zerstören, vernichten, zunichte machen; **~se** zunichte werden.

anís ♀ [a'nis] m Anis m; Aniskonfekt n, -likör m; F *no ser* (*un*) *grano de* ~ sehr wichtig sein; *llegar a los anises* zu spät zu e-m Fest kommen.

ani|sado [ani'saᵈo] m Anisbranntwein m; **~sar** [~'sar] (1a) mit Anis versetzen; **~sete** [~'sete] m Anislikör m.

aniversario [aniber'sario] **1.** *adj.* alljährlich; **2.** m Jahrestag m; Jubiläum n; ~ *de boda* Hochzeitstag m.

ano *Anat.* ['ano] m After m.

anoche [a'notʃe] gestern abend; *antes de* ~ vorgestern abend.

anoche|cedor [anotʃeθe'dɔr] *m:* ser ~ spät zu Bett gehen; **~cer** [~'θer] **1.** (2d) Nacht werden; zur Nachtzeit ankommen; **2.** *m* Dunkelwerden *n;* Abenddämmerung *f; al* ~ bei Einbruch der Nacht.

anodino [ano'dino] schmerzstillend; *fig.* harmlos; nichtssagend.

ánodo ⚡ ['anodo] *m* Anode *f.*

anomalía [anoma'lia] *f* Regelwidrigkeit *f,* Anomalie *f.*

anómalo [a'nomalo] regelwidrig, anomal.

anona|damiento [anonada'mi̯ento] *m* Vernichtung *f;* Zerknirschung *f;* **~dar** [~'dar] (1a) vernichten; niederschmettern; *fig.* demütigen.

anónimo [a'nonimo] **1.** *adj.* namenlos, anonym; **2.** *m* nicht genannter Autor *m;* anonymer Brief *m.*

anorak [ano'rak] *m* Anorak *m.*

anormal [anɔr'mal] abnorm; anormal; regelwidrig; krankhaft.

ano|tación [anota'θi̯on] *f* Anmerkung *f,* Notiz *f;* Randbemerkung *f;* Vermerk *m;* **~tar** [~'tar] (1a) mit Anmerkungen versehen; aufzeichnen, notieren.

anqueta [aŋ'keta] *f dim. v. anca; estar uno de media* ~ schlecht sitzen.

anquilo|sarse [ankilo'sarse] (1a) sich versteifen; *fig.* zum Erliegen kommen; **~sis** [~'losis] *f* Gelenkversteifung *f.*

ánsar ['ansar], **ansarón** [ansa'rɔn] *m* Gans *f;* Wildgans *f.*

ansarino [ansa'rino] *m* Gänschen *n,* Junggans *f.*

anseático [anse'atiko] hanseatisch; *ciudades f/pl. -as* Hansestädte *f/pl.*

ansia ['ansi̯a] *f* Begierde *f;* Sehnsucht *f;* Kummer *m,* Qual *f;* ~ *de saber* Wißbegierde *f;* ~*s pl.* Übelkeit *f;* Brechreiz *m;* ~*s de muerte* Todesangst *f.*

an|siar [an'siar] (1b) ersehnen; **~siedad** [ansi̯e'da⁽ᵈ⁾] *f* Seelenangst *f;* innere Unruhe *f;* **~sioso** [an-'si̯oso] sehnsüchtig; begierig; beklommen; ~ *de* erpicht auf (*ac.*).

anta ['anta] *f* **a)** *Zo.* Elch *m; Am.* Tapir *m;* **b)** △ Eckpfeiler *m.*

anta|gónico [anta'goniko] antagonistisch; widerstreitend; feindlich; **~gonismo** [~go'nizmo] *m* Antago-

nismus *m;* Widerstreit *m;* **~gonista** [~go'nista] *m* Gegner *m,* Widersacher *m;* Gegenspieler *m.*

antaño [an'taɲo] voriges Jahr; ehemals, einst.

antárti|co [an'tartiko] antarktisch; Südpol...; **2da** [~'tartida] *f* Antarktis *f.*

ante¹ ['ante] *m* Elen *n;* Sämisch-, Wildleder *n;* Büffel *m; Méj.* Tapir *m; Guat., Méj. e-e* Süßspeise *f; Pe.* (alkoholisches) Erfrischungsgetränk *n.*

ante² ['ante] *prp.* vor (*dat.*); in Gegenwart (*gen.*); angesichts (*gen.*); ~ *todo* zunächst, vor allem.

ante|anoche [antea'notʃe] vorgestern abend; **~anteayer** [~antea-'i̯er] vorvorgestern; **~ayer** [~a'i̯er] vorgestern.

antebrazo [ante'braθo] *m* Unterarm *m.*   [leger *m.*⟩

antecama [ante'kama] *f* Bettvor-⟩

antecámara [ante'kamara] *f* Vorzimmer *n.*

antece|dente [anteθe'dente] **1.** *adj.* vorhergehend, vorig; **2.** *m Logik:* Vordersatz *m;* Präzedenzfall *m;* ~*s pl.* Vorleben *n;* ~*s penales* Vorstrafen *f/pl.; estar en* ~*s* im Bilde sein; *poner en* ~*s* den Zusammenhang klarmachen; ins Bild setzen; *sin* ~*s* beispiellos; *sin* ~*s* (*penales*) nicht vorbestraft; *tener* ~*s* vorbestraft sein; **~der** [~θe'der] (2a) vorhergehen; **~sor** [~θe'sɔr] *m* Vorgänger *m;* Vorfahr *m;* ~*es pl.* Vorfahren *pl.;* **~sora** [~θe'sora] *f* Vorgängerin *f.*

ante|data [ante'data] *f* Zurückdatierung *f;* **~datar** [~da'tar] (1a) zurückdatieren.

antedicho [ante'ditʃo] obengenannt, obig.

antediluviano [antedilu'bi̯ano] vorsintflutlich (*a. fig.*).

antefechar [antefe'tʃar] (1a) vordatieren.

anteguerra [ante'gerra] *f* Vorkriegszeit *f.*

ante|lación [antela'θi̯on] *f* Vorwegnahme *f; con* ~ im voraus; vorzeitig; *con la debida* ~ rechtzeitig; **~mano** [~'mano]: *de* ~ im voraus.

antemeridiano [antemeri'di̯ano] vormittägig.

antena [an'tena] *f Zo.* Fühlhorn *n,* Fühler *m; Radio:* Antenne *f;* ~

60

aérea Hochantenne *f*; ~ *colectiva* Gemeinschaftsantenne *f*; ~ *de cuadro* Rahmenantenne *f*; ~ *exterior* Außenantenne *f*; ~ *interior* Zimmerantenne *f*.

antenombre [ante'nɔmbre] *m* Benennung *f*, die dem Namen vorangeht (*z. B. Don, San*).

ante|ojeras [anteɔ'xeras] *f/pl.* Scheuklappen *f/pl.*; **~ojo** [~'ɔxo] *m* Augenglas *n*; Fernglas *n*; ~ *de larga vista* Fernrohr *n*; ~ *de puntería* Zielfernrohr *n*; ~ *de teatro* Opernglas *n*; **~s** *pl.* Brille *f*.

antepasado [antepa'saᵈo] **1.** *adj.* vorhergegangen; **2.** *m* Vorfahr *m*, Ahnherr *m*; **~s** *m/pl.* Ahnen *m/pl.*

antepatio [ante'patio] *m* Vorhof *m*.

antepecho [ante'petʃo] *m* Brüstung *f*, Brustlehne *f*; Fensterbrett *n*.

antepenúltimo [antepe'nultimo] vorvorletzt.

anteponer [antepo'ner] (2r) voranstellen, vorziehen (*a. fig.*); den Vorrang geben (vor [*dat.*] *u*).

anteportada [antepɔr'tada] *f* Typ. Schmutz-, Vortitel *m*.

anteproyecto [antepro'jekto] *m* Vorprojekt *n*, Vorentwurf *m*.

antepuerto [ante'pŭerto] *m* Außen-, Vorhafen *m*.

antera ♀ [an'tera] *f* Staubbeutel *m*.

anterior [ante'riɔr] vorhergehend, früher, vorig.

anterioridad [anteriori'da⁽ᵈ⁾] *f* Vorzeitigkeit *f*, Priorität *f*; *con* ~ früher, eher.

antes ['antes] **1.** ~ *de prp.* vor (*dat. u. ac.*); ~ *de ahora* früher; ~ *de mediodía* vormittags; ~ *de mucho* bald; ~ *de tiempo* vorzeitig; ~ *de llegar el tren* vor Ankunft des Zuges; **2.** *adv.* früher; ~ (*bien*) vielmehr; *de* ~ ehemalig; *cuanto* ~, *lo* ~ *posible* baldmöglichst; *poco* ~ kurz zuvor; *el día* ~ tags zuvor. **3.** *cj.* ~ (*de*) *que* + *subj.* bevor, ehe.

antesala [ante'sala] *f* Vorsaal *m*; Vorzimmer *n*; *hacer* ~ im Vorzimmer warten, antichambrieren.

antevíspera [ante'bispera] *f* der vorvorige Tag *m*.

antiaéreo [antia'ereo] **1.** *adj.* Luftschutz..., Fliegerabwehr...; **2.** *m* Flakgeschütz *n*.

antialcohólico [antialko'oliko] **1.** *adj.* alkoholfeindlich; **2.** *m* Antialkoholiker *m*.

antibalas [anti'balas]: *chaleco m* ~ kugelsichere Weste *f*; *cristal m* ~ Panzerglas *n*.

antibelicista [antibeli'θista] *m* Kriegsgegner *m*.

antibióticos [anti'biɔtikos] *m/pl.* Antibiotika *n/pl.* (*sg.* Antibiotikum *n*).

anticanceroso [antikanθe'roso] krebsverhütend; *lucha f -a* Krebsbekämpfung *f*.

antici|pación [antiθipa'θiɔn] *f* Vorausnahme *f*; Vorwegnahme *f*; Voraus(be)zahlung *f*; *con* ~ im voraus; **~pada** [~'pada] *f* verräterischer Überfall *m*; **~par** [~'par] (1a) verfrühen, voraus- (*od.* vorweg)-nehmen, -schicken; *Geld*: vorschießen; zuvorkommen (*dat.*); früher ansetzen; ~ *las gracias* im voraus danken; **~parse** sich früher einstellen; vorzeitig kommen; vorgreifen (*dat. a*).

anticiclón [antiθi'klɔn] *m* Hoch (-druckgebiet) *n*.

anticipo [anti'θipo] *m* Vorschuß *m*; Vorauszahlung *f*.

anticlericalismo [antiklerika'lizmo] *m* Antiklerikalismus *m*.

anticoncep|ción [antikɔnθeb'θiɔn] *f* Empfängnisverhütung *f*; **~tivo** [~'tibo] *m* Empfängnisverhütungsmittel *n*.

anticongelante [antikɔnxe'lante] *m* Frostschutzmittel *n*.

anticonstitucional [antikɔnstitu-θio'nal] verfassungswidrig.

anticuado [anti'kŭaᵈo] veraltet.

anticuario [anti'kŭario] *m* Antiquar *m*; Antiquitätenhändler *m*.

anticuarse [anti'kŭarse] (1d) veralten.

antideslizante ⊕ [antidezli'θante] **1.** *adj.* rutschfest; **2.** *m* Gleitschutz *m*.

antidetonante [antideto'nante] klopffest.

antídoto [an'tiδoto] *m* Gegengift *n*; *fig.* Gegenmittel *n*.

antieconómico [antieko'nomiko] unwirtschaftlich.

antiespasmódico [antiespaz'moδiko] krampflösend.

antifaz [anti'faθ] *m* Gesichtsmaske *f*; Larve *f*, Augenmaske *f*.

antífona *Rel.* [an'tifona] *f* Wechselgesang *m*.

antigualla [anti'gŭaʎa] *f* F alte

Klamotte *f*; ~s *pl.* alter Kram *m*, Plunder *m*.

antigüedad [antiǧŭe'da⁽ᵈ⁾] *f* Altertum *n*; Antike *f*; Dienstalter *n*; ~es *pl.* Antiquitäten *pl.*

antiguo [an'tiǧŭo] *adj.* alt, langjährig; antik, altmodisch; de ~ von alters her; *a la* -*a* nach alter Weise; *edad f* -*a* Antike *f*.

antihigiénico [antii'xĭeníko] unhygienisch.

antijurídico [antixu'riđiko] rechtswidrig.

antílope [an'tilope] *m* Antilope *f*.

antimonio [anti'monĭo] *m* Antimon *n*.

antinatural [antinatu'ral] widernatürlich.

antinomia [anti'nomĭa] *f* (unlösbarer) Widerspruch *m*, Antinomie *f*.

antipa|pa [anti'papa] *m* Gegenpapst *m*; ~**pista** [~pa'pista] *m* Papstgegner *m*.

antipa|rasitario [antiparasi'tarĭo] *m* Schädlingsbekämpfungsmittel *n*; ~**rásito** [~'rasito] entstört (*Apparate usw.*).

anti|patía [antipa'tia] *f* Widerwille *m*, Abneigung *f*; ~**pático** [~'patiko] widerwärtig; unsympathisch; unausstehlich; ~**patizar** *Am.* [~pati-'θar] (1f) Abneigung empfinden.

antipirético [antipi'retiko] *adj.* fieberdämpfend.

antípoda [an'tipođa] *m* Gegenfüßler *m*, Antipode *m*.

antipolución [antipolu'θĭon]: *lucha f* ~ Bekämpfung *f* der Umweltverschmutzung.

anti|pútrido [anti'putriđo] Fäulnis verhütend.

antirreglamentario [antirreglamen'tarĭo] vorschriftswidrig; verkehrswidrig.

antirrobo [anti'rroɓo] *m* Diebstahlschutz *m*.

anti|semita [antise'mita] *m* Antisemit *m*; ~**semítico** [~se'mitiko] antisemitisch; ~**semitismo** [~semi-'tizmo] *m* Antisemitismus *m*; ~**séptico** [~'septiko] 1. *adj.* antiseptisch; keimtötend; 2. *m* Antiseptikum *n*.

antisocial [antiso'θĭal] asozial; unsozial.

antítesis [an'titesis] *f* Antithese *f*.

antitético [anti'tetiko] gegensätzlich, antithetisch.

antojadizo [antoxa'diθo] launenhaft; lüstern.

antojarse [anto'xarse] (1a): se me *antoja* ich habe Lust zu ...; es fällt mir ein; es scheint mir; es kommt mir so vor, als ob ...

antojo [an'toxo] *m* Gelüst *n*; Laune *f*; F Flause *f*; *a su* ~ nach Gutdünken.

antología *Lit.* [antolɔ'xia] *f* Anthologie *f*, Gedichtsammlung *f*.

antonomasia [antono'masĭa] *f*: *por* ~ schlechthin.

antorcha [an'tɔrtʃa] *f* Fackel *f*.

antracita [antra'θita] *f* Anthrazit *m*, Glanzkohle *f*.

ántrax ⚕ ['antraǥs] *m* Karbunkel *m*; Milzbrand *m*.

antro ['antro] *m* Höhle *f*, Grotte *f*; *fig.* F Bruchbude *f*; Loch *n*.

antro|pofagia [antropo'faxia] *f* Menschenfresserei *f*, Kannibalismus *m*; ~**pófago** [~'pofaǥo] *m* Menschenfresser *m*; ~**pología** [~polɔ'xia] *f* Menschenkunde *f*, Anthropologie *f*; ~**pomorfo** [~po-'morfo] menschenähnlich, anthropomorph.

antrue|jada [antrŭe'xađa] *f* Fastnachtspossen *m*; grober Scherz *m*; ~**jo** [~'trŭexo] *m* Karneval *m*, Fasching *m*.

antuvión [antu'ɓĭon] *m* plötzlicher Schlag *m*; unerwartetes Ereignis *n*; F *de* ~ plötzlich; überraschend.

anual [a'nŭal] einjährig; jährlich; *Jahres...*; ~**idad** [anŭali'da⁽ᵈ⁾] *f* Jahresbetrag *m*, -ertrag *m*; Jahreseinkommen *n*.

anuario [a'nŭarĭo] *m* Jahrbuch *n*; Kalender *m*; Adreßbuch *n*.

anublar [anu'ɓlar] (1a) bewölken; *fig.* verdunkeln; ~**se** sich bewölken; *fig.* mißlingen.

anudar [anu'đar] (1a) (ver)knoten; anknüpfen (*a. fig.*); anbinden; *fig.* verbinden, vereinigen; ~**se** im Wachstum zurückbleiben; versagen (*Stimme*).

anuencia [a'nŭenθĭa] *f* Einwilligung *f*, Zustimmung *f*.

anu|lación [anula'θĭon] *f* Aufhebung *f*; Nichtigkeitserklärung *f*; Annullierung *f*; ~**lar¹** [~'lar] (1a) aufheben, streichen, annullieren; rückgängig machen; für null u. nichtig erklären; abbestellen; ~**larse** (1a) sich demütigen.

anu|lar² [anu'lar] ringförmig; (dedo *m*) ~ Ringfinger *m*; **~loso** [~'loso] geringelt.

anun|ciación [anunθia'θiɔn] *f* Anzeige *f*, Ankündigung *f*; *Rel.* ♀ Mariä Verkündigung *f*; **~ciador** [~θia'dɔr] anzeigend, ver-, ankündigend; *columna f* ~*a* Anschlagsäule *f*, Litfaßsäule *f*; **~ciante** [~'θiante] *m* Inserent *m*; **~ciar** [~'θiar] (1b) anzeigen, bekanntmachen, ankündigen; inserieren; annoncieren; **~cio** [a'nunθio] *m* Anzeige *f*; Bekanntmachung *f*; Annonce *f*; Vorhersage *f*; ~ *luminoso* Lichtreklame *f*; ~*s económicos* kleine Anzeigen *f/pl.*; *sección f* de ~*s* Anzeigenteil *m*.

anuria ✍ [a'nuria] *f* Harnverhaltung *f*, Anurie *f*.

anverso [am'bɛrso] *m* Bildseite *f* e-r *Münze*; Vorderseite *f*.

anzuelo [an'θuelo] *m* Angelhaken *m*; *fig. picar (od. caer) en el ~ darauf* hereinfallen, anbeißen; *echar el ~* die Angel auswerfen (*a. fig.*).

añada [a'ɲada] *f* Erntejahr *n*; Jahrgang *m*; ✗ Wechselfeld *n*.

añadi|do [aɲa'diðo] *m* Hinzugefügte(s) *n*; **~dura** [~'dura] *f* Zusatz *m*; Zugabe *f* beim Einkauf; *por ~* noch obendrein.

añadir [aɲa'dir] (3a) hinzufügen; vergrößern; erweitern.

añagaza [aɲa'gaθa] *f* Lockvogel *m*; *fig.* Lockmittel *n*, Köder *m*.

añascar F [aɲas'kar] (1g) zusammenklauben; durcheinanderbringen, verwirren.

añe|jarse [aɲe'xarse] (1a) mit dem Alter an Güte gewinnen *od.* verlieren (*Wein, Lebensmittel*); ablagern; **~jo** [a'ɲexo] alt (*bes. Wein*); abgelagert; langjährig; überholt.

añicos [a'ɲikos] *m/pl.* Scherben *f/pl.*, Splitter *m/pl.*, Fetzen *m/pl.*; *hacer ~* in kleine Stücke zerbrechen *od.* zerreißen; kurz und klein schlagen, P zerdeppern, kaputtmachen.

añil [a'ɲil] *m* Indigo *m*.

año [a'ɲo] **a)** *m* Jahr *n*; Jahrgang *m*; ~ *bisiesto* Schaltjahr *n*; ~ *corriente* laufende(s) Jahr *n*; ~ *eclesiástico* Kirchenjahr *n*; ~ *económico* Rechnungsjahr *n*; ~ *escolar* Schuljahr *n*; (*día m* de) ♀ *Nuevo* Neujahr(stag *m*) *n*; ~ *tras* ~ Jahr für Jahr; ~ *y vez* ein Jahr ums andere;

el ~ *que viene* das nächste Jahr; F *el ~ de la nan(it)a* (*od. de la pera*) Anno dazumal *od.* Anno Tobak; *estar de buen* ~ dick und rund sein; *¡mal ~ para él!* der Teufel soll ihn holen!; **b)** ~*s pl.*: *de pocos ~* wenige Jahre alt; klein (*Kind*); *entrado (od. metido) en ~* bejahrt; *quitarse ~* sich für jünger ausgeben; *¡por muchos ~!* meine Glückwünsche!; ~ *ha* vor Jahren.

año|jal [aɲo'xal] *m* Wechselfeld *n*; **~jo** [a'ɲoxo] *m* jähriges Rind *n*.

año|ranza [aɲo'ranθa] *f* Sehnsucht *f*; wehmütige Erinnerung *f*; Heimweh *n*; **~rar** [~'rar] (1a) sich sehnen nach (*dat.*); nachtrauern (*dat.*).

añoso [a'ɲoso] bejahrt, betagt, alt.

añublo [a'ɲublo] *m* Getreidebrand *m*.

aojar [ao'xar] (1a) durch den bösen Blick behexen; zugrunde richten.

aojo [a'oxo] *m* der „böse Blick" *m*.

aorta [a'ɔrta] *f* große Körperschlagader *f*, Aorta *f*.

aov|ado [ao'baðo] eiförmig, oval; **~ar** [ao'bar] (1a) Eier legen.

apabullar F [apaβu'ʎar] (1a) plattdrücken; *fig. mit Beweisen* erdrücken (*ac.*), F das Maul stopfen (*dat.*).

apacen|tadero [apaθenta'ðero] *m* Weideplatz *m*; **~tamiento** [~ta'miento] *m* Weiden *n*; Hütung *f*; **~tar** [~'tar] (1k) *Vieh* weiden, auf die Weide führen, hüten; *fig.* nähren, schüren.

apaci|bilidad [apaθibili'ða(ᵈ)] *f* Leutseligkeit *f*; Sanftmut *f*; Milde *f* (*a. Wetter*); **~ble** [~'θiβle] leutselig; milde, ruhig (*a. Wetter, Wind*).

apaci|guador [apaθiɣua'ðɔr] **1.** *adj.* beschwichtigend; **2.** *m* Friedensstifter *m*; **~guar** [~'ɣŭar] (1i) Frieden stiften unter *od.* zwischen (*dat.*); beruhigen, besänftigen; **~guarse** sich beruhigen.

apadrinar [apaðri'nar] (1a) Patenstelle annehmen, Pate sein bei (*dat.*); *j-n* protegieren; Trauzeuge sein bei (*dat.*); *j-n* begünstigen *od.* fördern.

apa|gado [apa'gaðo] erloschen; gedämpft (*Töne, Farben*); dumpf (*Stimme*); **~gador** [~ga'ðɔr] *m* ♪ Dämpfer *m*; **~gar** [~'gar] (1h) (aus-)löschen; *Licht* ausmachen; *Radio* abstellen; *Farben* mildern; *Ton* dämpfen; ~ *la* sed den Durst löschen *od.* stillen; F *apaga y vámonos* jetzt reicht's!; jetzt aber Schluß!; **~garse** erlöschen; verklingen.

apagón [apa'gɔn] *m* (plötzlicher) Stromausfall *m*.

apaisado [apai'sa⁴o] in Querformat (*Bild, Buch*).

apala|brar [apala'brar] (1a) *j-n zu e-r* Zusammenkunft bestellen; absprechen; **~se** sich verabreden; **~brear** *Am.* [~bre'ar] (1a) verabreden.

apalancar [apalaŋ'kar] (1g) mit Hebeln *od.* Brechstangen bewegen.

apa|leamiento [apalea'mi̯ento] *m* Schlagen *n*, Durchprügeln *n*; **~lear** [~le'ar] (1a) prügeln; *Teppiche* klopfen; *Kleidungsstücke* ausklopfen; **↙** *Korn* umschaufeln, worfeln; ~ *oro* (*od. plata*) das Geld scheffeln, sehr reich sein; **~leo** [~'leo] *m* Herunterschlagen *n* (*v. Früchten*) mit der Stange; **↙** Worfeln *n des Korns*.

apandar F [apan'dar] (1a) stibitzen, P klauen.

apandillarse [apandi'ʎarse] (1a) sich zusammenrotten.

apa|ñado F [apa'ɲa⁴o] anstellig; geschickt; fix, brauchbar; *estar* ~ F aufgeschmissen sein; F in der Patsche sitzen; **~ñar** [~'ɲar] (1a) flicken, ausbessern; zurechtmachen; schön anziehen; herausstreichen; ergreifen; wegnehmen; P stibitzen; **~ñarse** sich geschickt anstellen; *apañárselas* zurechtkommen, sich zu helfen wissen; **~ño** [a'paɲo] *m* Flicken *m u. n*; Zugreifen *n*, Zugriff *m*; Stehlen *n*; Geschick *n*.

aparador [apara'dɔr] *m* Kredenz *f*, Anrichte *f*; Werkstatt *f*, Atelier *n*; **↑** Auslage *f*.

aparato [apa'rato] *m* Apparat *m*; Gerät *n*, Vorrichtung *f*; Telefon *n*; Prunk *m*, Gepränge *n*; Umstände *m/pl.*; ~ *adicional* Zusatzgerät *n*; ~ *de televisión* Fernsehgerät *n*; ~ *digestivo* Verdauungsapparat *m*; ~ *respiratorio* Atmungsorgane *n/pl.*; *al* ~ am Apparat (*Fernspr.*).

aparatoso [apara'toso] prunkhaft; F protzig, knallig.

aparca|dero [aparka'dero] *m* Parkplatz *m*; **~miento** [~'mi̯ento] *m*

Parken *n*; Parkplatz *m*; ~ *subterráneo* Tiefgarage *f*.

aparcar [apar'kar] (1g) parken.

apar|cería [aparθe'ria] *f* Halb-, Teilpacht *f*; **~cero** [~'θero] *m* Halb-, Teilpächter *m*; *Arg.* Kunde *m*.

apare|amiento [aparea'mi̯ento] *m* Zo. Paarung *f*; **~ar** [~re'ar] (1a) paaren (*bsd. Tiere*); paarweise zs.-stellen.

apare|cer [apare'θer] (2d) erscheinen, zum Vorschein kommen; auftreten; **~cerse** (unvermutet) erscheinen; auftauchen; **~cido** [~'θi̯do] *m* Gespenst *n*, Geist *m*.

apare|jado [apare'xa⁴o] zweckmäßig; passend; *traer* (*od. llevar*) ~ mit sich bringen; **~jador** [~xa'dɔr] *m* Baumeister *m*, -führer *m*; **↑** Takelmeister *m*; **~jar** [~'xar] (1a) zubereiten; rüsten; (an)schirren; **↑** auftakeln; **~jo** [~'rexo] a) *m* Zurüstung *f*; ⊕ Hebezeug *n*, Flaschenzug *m*; Pferdegeschirr *n*; Segelwerk *n*, Takelage *f*; b) **~s** *pl.* Geräschaften *f/pl.*; Zubehör *n*.

aparen|tar [aparen'tar] (1a) vorspiegeln; ~ + *inf.* sich stellen als ob; *no aparenta la edad que tiene* er sieht nicht so alt aus, wie er ist; **~te** [~'rente] scheinbar, anscheinend; augenscheinlich; *Am.* passend, zweckmäßig.

aparición [apari'θi̯ɔn] *f* Erscheinung *f*, Vision *f*; Gespenst *n*; *hacer su* ~ erscheinen; auftreten.

apariencia [apa'ri̯enθi̯a] *f* Schein *m*; Erscheinung *f*, Aussehen *n*; Anschein *m*; Wahrscheinlichkeit *f*; **~s** *pl.* äußerer Schein *m*; *salvar las* **~s** den Schein wahren; *las* **~s** *engañan* der Schein trügt; *según las* **~s**, *en* ~ wahrscheinlich; vermutlich.

aparta|dero [aparta'dero] *m* Ausweichstelle *f*; **🚂** Abstell- (*od.* Ausweich-)gleis *n*; **~dijo** [~'dixo] beiseite gelegter Teil *m*; Häufchen *n*; **~dizo** [~'di⁴o] **1.** *adj.* menschenscheu; **2.** *m* Nebenraum *m*; Verschlag *m*; **~do** [apar'ta⁴o] **1.** *adj.* entfernt, abgelegen; **2.** *m* Hinterzimmer *n*; *Typ.* Absatz *m*; *Stk.* Einstallung *f* der Kampfstiere; ~ (*de correos*) Postschließfach *n*; **~mento** [~'mento] *m* Appartement *n*; **~miento** [~ta'mi̯ento] *m*

a) Entfernung *f*; Trennung *f*, Aussonderung *f*, Sortierung *f*; **b)** = *apartamento*.

apartar [apar'tar] (1a) absondern; trennen; sortieren; beiseite legen; *Geld* zurücklegen; ~ *de* abbringen von (*dat.*); ~ *de sí* von sich weisen; ~ *los ojos* das Gesicht abwenden; ~**se** Platz machen; beiseite treten; sich trennen; ~ *de lo convenido* der Vereinbarung nicht nachkommen; ~ *del tema* vom Thema abweichen.

aparte [a'parte] **1.** *adv.* beiseite; für sich; ~ *de ello* außerdem; ~ *de que* abgesehen davon, daß; *hablar* ~ *Thea.* zur Seite sprechen; **2.** *m Thea.* zur Seite Gesprochene(s) *n*; *Typ.* Absatz *m*; *punto y* ~ neuer Absatz.

apasio|nado [apasio'naᵈo] leidenschaftlich; ~ *por* eingenommen für (*ac.*); ~**namiento** [~na'miento] *m* leidenschaftliche Teilnahme *f*, Begeisterung *f*; ~**nante** [~'nante] begeisternd; mitreißend; ~**nar** [~'nar] (1a) leidenschaftlich erregen; begeistern; ~**narse** in heftiger Leidenschaft entbrennen; ~ *por* sich leidenschaftlich für *et.* einsetzen; sich begeistern für (*ac.*).

apatía [apa'tia] *f* Teilnahmslosigkeit *f*; Gleichgültigkeit *f*, Apathie *f*.

apático [a'patiko] teilnahmslos; gleichgültig.

apátrida [a'patrida] staatenlos.

apeadero [apea'dero] *m* Absteigequartier *n*; 🚉 Haltepunkt *m*.

apear [ape'ar] (1a) *j-m v. Pferd* helfen; *v. e-r Meinung od. Absicht* abbringen; *Schwierigkeit* beheben; *Gebäude* stützen; *Feld* vermessen u. abmarken; *Wagen (mit e-m Stein)* blockieren; *Bäume* fällen; ~ *el tratamiento j-m* den ihm gebührenden Titel vorenthalten; ~**se** absitzen; aussteigen; *Am.* absteigen (*in e-r Unterkunft*); F ~ *de algo* von et. abkommen; ~ *por las orejas* abgeworfen werden (*von e-m Reittier*); *fig. et.* Unpassendes sagen.

apechugar [apetʃu'gar] (1h) an die Brust drücken; *v/i. fig.* ~ *con a/c. et.* über sich ergehen lassen; ~ *con todo* sich mit allem abfinden.

apedre|ado [apedre'aᵈo] buntscheckig; blatternarbig; ~**ar** [~dre'ar] (1a) mit Steinen bewerfen,

steinigen; ~**arse** verhageln (*Getreide*).

apedreo [ape'dreo] *m* Steinigen *n*, Steinigung *f*.

ape|gado [ape'gaᵈo] anhänglich, zugetan; ~ *al terruño* mit der Scholle verwachsen; heimatverbunden; ~**garse** [~'garse] (1h) Zuneigung fassen (zu [*dat.*] *a*); ~**go** [a'pego] *m* Anhänglichkeit *f*, Zuneigung *f*.

ape|lable [ape'lable] ⚖ berufungsfähig; anfechtbar; ~**lación** [~la-'θion] *f* Berufung *f*; *interponer* ~ Berufung einlegen; *sin* ~ hoffnungslos; ~**lante** [~'lante] *m* Berufungskläger *m*; ~**lar** [~'lar] (1a) appellieren (an [*ac.*] *a*); ~ *de una sentencia* gegen ein Urteil Berufung einlegen; ~ *a* Hilfe suchen bei (*dat.*); ~ *a la fuga* sein Heil in der Flucht suchen.

apelativo [apela'tiβo] **1.** *Gram.* (*nombre m*) ~ Gattungsname *m*; **2.** *m Am. Cent.* Familienname *m*.

apelma|zado [apelma'θaᵈo] klumpig, klitschig (*Brot*); schwer lesbar (*Buch*); ~**zar** [~'θar] (1f) zusammenpressen; ~**zarse** sich zs.-ballen (*z. B. Schnee*); Klumpen bilden.

apeloto|nar [apeloto'nar] (1a) zs.-ballen; ~**narse** sich zs.-kauern; sich zs.-drängen.

apelli|dar [apeʎi'dar] (1a) (be-)nennen; ~**darse** heißen; ~**do** [~'ʎiᵈo] *m* Zuname *m*, Familienname *m*.

apenar [ape'nar] (1a) bekümmern, schmerzen; ~**se** sich sorgen (um [*ac.*] *por*).

apenas [a'penas] kaum; mit Mühe.

apéndice [a'pendiθe] *m* Anhang *m*; Zusatz *m*; *Anat.* ~ *cecal*, ~ *vermiforme* Wurmfortsatz *m* des Blinddarms.

apendicitis [apendi'θitis] *f* Blinddarmentzündung *f*.

apeo [a'peo] *m* Ab-, Aussteigen *n*; Abstützen *n v. Gebäuden*; Feldmessung *f*, Abmarkung *f*.

aperador [apera'dor] *m* Stellmacher *m*; Gutsinspektor *m*; ⚒ Steiger *m*.

apercepción [aperθeβ'θion] *f Phil.* Apperzeption *f*; (bewußte) Wahrnehmung *f*.

aperci|bimiento [aperθiβi'miento] *m* Vorbereitung *f*; Warnung *f*; Mahnung *f*; Aufforderung *f*; *carta f de* ~ Mahnbrief *m*; ~**bir** [~'bir]

(3a) vorbereiten; mahnen; ver-
warnen; **~birse** *a* sich rüsten zu
(*dat.*); ~ de sich versehen mit (*dat.*);
et. merken, wahrnehmen.

apercollar F [aperko'ʎar] (1a) beim
Kragen packen; heimlich beiseite
schaffen.

aperitivo [aperi'tibo] **1.** *adj.* appe-
titanregend; **2.** *m* appetitanregende
(Vor-)Speise *f*; Aperitif *m*.

apero [a'pero] *m* Gerät *n*; Handwerkszeug *n*; *Am.* Sattelzeug *n*; ~s
de *labranza* Ackergeräte *n/pl.*; ~s de
trabajo Arbeitsgeräte *n/pl.*

aperrear [aperre'ar] (1a) mit Hun-
den hetzen; **~se** sich abrackern,
schuften.

apertu|ra [aper'tura] *f* (Er-)Öff-
nung *f*; ~ de *claros* Aufheiterung *f*
(*Wetter*); **~rismo** [ʌ'rizmo] *m*
Politik *f* der Öffnung.

apesadumbrar [apesaðum'brar]
(1a) (tief) bekümmern; **~se** sich
grämen.

apes|tado [apes'taðo] verpestet;
fig. ~ de *géneros* mit Waren überfüllt; **~tar** [ʌ'tar] (1a) verpesten;
fig. belästigen; langweilen; anekeln;
v/i. übel riechen, stinken; **~toso**
[ʌ'toso] stinkig; *fig.* widerlich.

apete|cer [apete'θer] (2d) begehren;
v/i. zusagen; no me *apetece* es
schmeckt mir nicht; ich habe keine
Lust auf (*ac.*); **~cible** [ʌ'θible]
wünschens-, begehrenswert.

apetencia [ape'tenθia] *f* Appetit *m*;
Verlangen *n* (nach [*dat.*] de).

apeti|to [ape'tito] *m* Eßlust *f*, Appe-
tit *m*; Trieb *m*, Begierde *f*; *falta f*
de ~ Appetitlosigkeit *f*; **~toso**
[ʌti'toso] appetitlich, einladend;
schmackhaft.

apiadar [apia'ðar] (1a) Mitleid erregen; **~se** de sich erbarmen (*gen.*),
Mitleid fühlen mit (*dat.*).

apicarado [apika'raðo] durchtrieben.

ápice ['apiθe] *m* Gipfel *m*; Spitze *f*;
fig. Geringfügigkeit *f*; no ceder ni
un ~ nicht im geringsten nachgeben;
no falta un ~ kein Tüpfelchen
fehlt.

apicul|tor [apikul'tor] *m* Bienen-
züchter *m*, Imker *m*; **~tura** [ʌ'tura]
f Bienenzucht *f*, Imkerei *f*.

apilar [api'lar] (1a) (auf)schichten,
stapeln.

apiñ|ado [api'ɲaðo] dichtgedrängt;

~ar [ʌ'ɲar] (1a) zs.-drängen; **~arse**
sich drängen.

apio ♀ ['apio] *m* Sellerie *m od. f.*

apiparse F [api'parse] (1a) sich den
Bauch vollschlagen.

apiso|nadora [apisona'ðora] *f*
Dampf-, Straßenwalze *f*; **~nar**
[ʌ'nar] (1a) feststampfen.

apitonar [apito'nar] (1a) sprießen,
ansetzen (*Knospen, Hörner*); **~se** F
krakeelen.

aplacar [apla'kar] (1g) besänftigen.

aplanacalles *Am.* [aplana'kaʎes] *m*
Bummler *m*, Faulenzer *m*.

apla|nadera [aplana'ðera] *f* Pfla-
sterramme *f*; **~nado** [ʌ'naðo] platt,
flach; **~namiento** [ʌna'mĭento] *m*
Einebnen *n*, Planieren *n*; *fig.* Niedergeschlagenheit *f*; **~nar** [ʌ'nar]
(1a) (ein)ebnen, planieren; *fig.*
bestürzen; ~ *las calles Am. fig.*
herumbummeln; **~narse** einstürzen; verfallen; *fig.* den Mut verlie-

aplast|ante [aplas'tante] erdrük-
kend; *con mayoría* ~ mit überwälti-
gender Mehrheit; **~ar** [ʌ'tar] (1a)
plattdrücken; zertreten; *fig.* F
fertigmachen, erledigen; nieder-
schlagen.

aplau|dida *Am.* [aplaŭ'diða] *f*
Beifall *m*; **~dir** [ʌ'dir] (3a) Beifall
klatschen (*dat.*), applaudieren
(*dat.*); billigen, begrüßen, loben;
~so [a'plaŭso] *m* Beifall *m*, Applaus
m.

apla|zada *Am.* [apla'θaða] *f* Auf-
schub *m*; **~zamiento** [ʌθa'mĭento]
m Vertagung *f*; Stundung *f*; Aufschub *m*; ⚡ Vorladung *f*; **~zar**
[ʌ'θar] (1f) vertagen; auf-, ver-
schieben; vorladen; *Wechsel* verlängern; *Arg. Prüfling* durchfallen
lassen.

apli|cable [apli'kable] anwendbar;
~cación [ʌka'θiɔn] *f* Anwendung *f*;
Verwendung *f*; Fleiß *m*; Geschick
n; (Kleider-)Besatz *m*; **~cado** [ʌ-
'kaðo] fleißig; angewandt (*Wissenschaft*); **~car** [ʌ'kar] (1g) an-, auflegen; auftragen; anwenden; ~ *el
oído* aufmerksam zuhören; **~carse**
fleißig sein; sich hingeben (*dat. a*).

aplique [a'plike] *m* Wandlampe *f*.

aplo|mado [aplo'maðo] bleifarbig;
ernst, umsichtig; **~mar** [ʌ'mar] (1a)
loten; **~marse** zs.-brechen, einstürzen; **~mo** [a'plomo] *m* Ernst *m*,

Umsicht *f*; Sicherheit *f im Auf-treten.*

apo|cado [apo'ka⁴o] kleinmütig, verzagt; schüchtern; niedrig, gemein; **2calipsis** [⌇ka'lipsis] *f* Apokalypse *f*, Offenbarung *f* des Johannes; **⌇calíptico** [⌇ka'liptiko] apokalyptisch; geheimnisvoll; grauenhaft; **⌇camiento** [⌇ka'mien-to] *m* Kleinmut *m*; Verzagtheit *f*; **⌇car** [⌇'kar] (1g) verkleinern; *fig.* herabsetzen; **⌇carse** sich demütigen; verzagen.

apócrifo [a'pokrifo] unecht, untergeschoben; apokryph.

apodar [apo'dar] (1a) e-n Spitznamen geben (*dat.*).

apode|rado [apode'ra⁴o] *m* Bevollmächtigte(r) *m*; Prokurist *m*; *Stk.*, ♪ Impresario *m*, Agent *m*; *constituir* ⌇ Vollmacht *od.* Prokura erteilen (*dat.*); **⌇ramiento** [⌇ra'miento] *m* Bevollmächtigung *f*; **⌇rar** [⌇'rar] (1a) bevollmächtigen; **⌇rarse de** sich bemächtigen (*gen.*).

apodo [a'podo] *m* Spitzname *m*.

apogeo [apo'xeo] *m* Erdferne *f e-s Planeten*; *fig.* Höhepunkt *m*; *estar en su* ⌇ den Gipfel erreicht haben.

apolilla|dura [apoliʎa'dura] *f* Mottenfraß *m*; **⌇r** [⌇'ʎar] (1a) anfressen; **⌇rse von den Motten** angefressen werden.

apolítico [apo'litiko] unpolitisch; parteilos.

apolo|gético [apolo'xetiko] verteidigend, widerlegend; **⌇gía** [⌇'xia] *f* Verteidigungsrede *f*, -schrift *f*; **⌇gista** [⌇'xista] *m* Verteidiger *m*; Lobredner *m*.

apólogo [a'pologo] *m* Fabel *f*; Gleichnis *n*.

apoltronarse [apoltro'narse] (1a) träge werden; faulenzen; F verlottern.

apo|plejía ✖ [apople'xia] *f* Schlaganfall *m*; **⌇plético** [⌇'pletiko] apoplektisch, zu Schlaganfällen neigend.

aporcar ✔ [apor'kar] (1f) (an)häufeln.

aporre|ado [aporre'a⁴o] **1.** *adj.* F arm, elend, jämmerlich; abgefeimt; **2.** *m Cu., Méj. Art* Fleischgericht *n*; **⌇ar** [⌇'ar] (1a) verprügeln.

apor|tación [aporta'θjon] *f* Beitrag *m*; Anteil *m*, Einlage *f*; **⌇tar** [⌇'tar] (1a) ♣ einlaufen; *fig.* irgendwohin geraten, landen; *v/t.* beisteuern, beitragen; **㊫** *in die Ehe* einbringen.

aportillar [aporti'ʎar] (1a) *v/t.* eine Bresche schlagen in (*ac.*); **⌇se** bersten, einfallen (*Mauer*).

aposen|tador [aposenta'dor] *m* Quartiermacher *m*; **⌇tar** [⌇'tar] (1a) beherbergen, einquartieren; **⌇tarse** Wohnung nehmen; **⌇to** [⌇'sento] *m* Herberge *f*; Gemach *n*; Quartier *n*.

aposición [aposi'θjon] *f Gram.* Apposition *f*, Beisatz *m*, -fügung *f*.

apósito [a'posito] *m* Wundverband *m*.

aposta [a'posta] absichtlich.

apostadero [aposta'dero] *m* Posten *m*; Wachstation *f*; Marinestation *f*.

apostar [apos'tar] **a)** (1m) wetten; *fig.* wetteifern; ⌇ *por un caballo auf* ein Pferd setzen; F *apostárselas a uno* es mit j-m aufnehmen; **b)** (1a) ✖ aufstellen, postieren.

apostasía [aposta'sia] *f* Abtrünnigkeit *f*; Abfall *m* vom Glauben.

apóstata [a'postata] **1.** *adj.* abtrünnig; **2.** *m* Abtrünnige(r) *m*.

apostatar [aposta'tar] (1a) abtrünnig werden; *vom Glauben* abfallen; *aus e-m Orden* austreten.

aposti|lla [apos'tiʎa] *f* Erläuterung *f*; Randbemerkung *f*; **⌇llar** [⌇ti-'ʎar] (1a) erläutern, mit Randbemerkungen versehen.

apóstol [a'postol] *m* Apostel *m*.

apostolado [aposto'la⁴o] *m* Apostelamt *n*; *fig.* Sendung *f*; ⌇ *laico* Laienapostolat *n*.

apostólico [apos'toliko] apostolisch; päpstlich.

apostrofar [apostro'far] (1a) anreden; hart anfahren.

apóstrofe [a'postrofe] *m* Anrede *f*; Verweis *m*.

apóstrofo *Gram.* [a'postrofo] *m* Apostroph *m*.

apostura [apos'tura] *f* Anstand *m*; gefälliges Aussehen *n*.

apotegma [apo'tegma] *m* Denkspruch *m*, Sentenz *f*.

apoteosis [apote'osis] *f* Vergötterung *f*, Apotheose *f*; *fig.* Höhepunkt *m*.

apo|yar [apo'jar] (1a) stützen; *fig.* unterstützen; **⌇yarse en** *a/c.* sich stützen auf (*ac.*); ⌇ *contra a/c.* sich (an)lehnen an (*ac.*); **⌇yatura** ♪ [⌇ja'tura] *f* Vorschlag *m*; **⌇yo** [⌇'pojo] *m* Stütze *f*; Lehne *f*; *fig.*

Hilfe *f*, Unterstützung *f*; Rückhalt *m*.

aprecia|ble [apre'θĭable] schätzbar, berechenbar; wahrnehmbar; *fig.* achtbar, schätzenswert; **~ción** [~θĭa'θĭon] *f* (Wert-)Schätzung *f*; Beurteilung *f*; Preisbestimmung *f*; **~dor** [~θĭa'dɔr] *m* Schätzer *m*, Taxator *m*; **~r** [~'θĭar] (1b) schätzen (*a. fig.*); taxieren, den Preis bestimmen von (*dat.*); ~ (*en*) *mucho* hochschätzen; ~ *por* beurteilen nach (*dat.*); **~tivo** [~θĭa'tibo] (Wert...

aprecio [a'preθĭo] *m* (Ein-)Schätzung *f*; (Hoch-)Achtung *f*; Wert *m*; *tener a alg. en gran ~* j-n hochschätzen.

aprehen|der [apreen'der] (2a) fassen; ertappen; beschlagnahmen; **~sión** [~'sĭon] *f* Ergreifung *f*, Festnahme *f*; Beschlagnahme *f*.

apre|miador [apremĭa'dɔr] bedrückend; **~miante** [~'mĭante] dringend; **~miar** [~'mĭar] (1b) (be)drängen; gerichtlich mahnen; *v/i.* dringlich sein; **~mio** [~'premĭo] *m* Druck *m*; Zwang *m*; Mahnung *f* (*zum Steuerzahlen*); Mahngebühren *f/pl.*; ⚖ Aufforderung *f*; *por ~ de tiempo* aus Zeitmangel.

aprend|er [apren'der] (2a) (er-) lernen; erfahren; ~ *de memoria* auswendig lernen; **~iz** [~'diθ] *m* Lehrling *m*, Auszubildende(r) *m*; **~iza** [~'diθa] *f* Lehrmädchen *n*; **~izaje** [~di'θaxe] *m* Lehrzeit *f*, Lehre *f*; *certificado m de ~* Lehrbrief *m*; *contrato m de ~* Lehrvertrag *m*; *estar de ~* in der Lehre sein.

apren|sión [apren'sĭon] *f* Besorgnis *f*; Angst(vorstellung) *f*; falsche Vorstellung *f*; **~sivo** [~'sibo] überängstlich; furchtsam.

apre|sador [apresa'dɔr] *m* Seeräuber *m*; **~samiento** [~sa'mĭento] *m* Prise *f*, Kapern *n*; **~sar** [~'sar] (1a) ergreifen; fangen; gefangennehmen; ⚓ kapern, aufbringen.

apres|tar [apres'tar] (1a) zubereiten; rüsten; *Stoff* appretieren; **~tarse** *a* sich bereitmachen *od.* sich anschicken zu; **~to** [a'presto] *m* Vorbereitung *f*; Zurichten *n*; Appretur *f*.

apresu|rado [apresu'raᵈo] eilig; **~ramiento** [~ra'mĭento] *m* Eile *f*; Beschleunigung *f*; **~rar** [~'rar] (1a)

(zur Eile) drängen; beschleunigen; *v/i.* eilen; **~rarse** sich beeilen.

apre|tadera [apreta'dera] *f* Riemen *m*; Schnur *f*; **~tado** [~'taᵈo] eng, knapp; dichtgedrängt; F geizig; *asunto m ~* schwieriger Fall *m*; *estar muy ~* in großer Bedrängnis sein; **~tador** [~ta'dɔr] *m* Leibchen *n*.

apretar [apre'tar] (1k) **1.** *v/t.* zs.-drücken, -pressen; *Knopf* drücken; *fig.* Druck ausüben auf (*ac.*); in die Enge treiben; drängen; *j-m* (hart) zusetzen; ängstigen; ~ *el freno* die Bremse anziehen; ~ *el paso* den Schritt beschleunigen; ~ *los dientes* die Zähne zs.-beißen; ~ *los puños* die Fäuste ballen; ~ *los tornillos* die Schrauben anziehen; **2.** **~se** *a correr* losrennen, davonlaufen; ~ *a llover* stärker regnen; ~ *con alg.* auf j-n losgehen; *¡aprieta!* sachte!, schön langsam!; **3.** **~se** eng(er) werden; ~ *el cinturón* den Gürtel enger schnallen.

apretón [apre'ton] *m* Druck *m*; *fig.* Bedrängnis *f*; kurzer, schneller Lauf *m*, Trab *m*; Stuhldrang *m*; ~ *de manos* Händedruck *m*.

apretu|jar [apretu'xar] (1a) drängeln; **~jón** [~'xon] *m* Drängeln *n*; **~ra** [~'tura] *f* Enge *f*; Gedränge *n*.

aprieto [a'prieto] *m* Bedrängnis *f*, Not(lage) *f*, F Klemme *f*; *estar en un ~* F in der Klemme sein.

aprisa [a'prisa] schnell; *¡~!* rasch!

apris|car [apris'kar] (1g) einpferchen; **~co** [a'prisko] *m* Schafhürde *f*, Pferch *m*.

aprisionar [aprisĭo'nar] (1a) verhaften; gefangennehmen; *fig.* fesseln.

apro|bación [aproba'θĭon] *f* Billigung *f*, Genehmigung *f*; Druckerlaubnis *f*; **~bado** [~'baᵈo] *im Examen:* „bestanden"; *als Note:* genügend; **~bar** [~'bar] (1m) billigen, gutheißen; ~ *una cuenta* e-e Rechnung für richtig erkennen; ~ *un examen* e-e Prüfung bestehen; **~batorio** [~ba'torĭo] beifällig.

apron|tamiento [apronta'mĭento] *m* Bereitstellung *f*; Beschaffung *f*; **~tar** [~'tar] (1a) anschaffen; bereitstellen; *Geld* erlegen; *Truppen* mobilmachen; *Waren* sofort ausliefern.

apropia|ción [apropia'θi̯ɔn] *f* Aneignung *f*; Anpassung *f*; **~do** [~'pi̯aᵈo] geeignet, angemessen; **~r** [~'pi̯ar] (1b) anpassen; **~rse** *a/c.* sich et. aneignen.

aprove|chable [aprobe'tʃable] nutzbar; brauchbar; verwertbar; **~chado** [~'tʃaᵈo] findig; F fix; fleißig (*Schüler*); berechnend (*Charakter*); ser un **~** F ein Nassauer sein; **~chamiento** [~tʃa'mi̯ento] *m* Benutzung *f*; Ausnutzung *f*; Nutzen *m*, Vorteil *m*; Fortschritt *m*; **~** de las aguas residuales Abwasserserwertung *f*; **~char** [~'tʃar] (1a) benutzen; ausnutzen; gebrauchen; *v/i.* nutzen; vorwärtskommen; **~** el tiempo die Zeit nutzen; ¡que aproveche! wohl bekomm's!, guten Appetit!; **~charse** de sich et. zunutze machen, ausnützen.

aprovisio|namiento [aprobisi̯ona-'mi̯ento] *m* Versorgung *f*; ✕ Verpflegung *f*; **~nar** [~'nar] (1a) versorgen; verproviantieren; **~narse** sich eindecken (mit [*dat.*] de).

aproxi|mación [aprɔgsima'θi̯ɔn] *f* Annäherung *f*; **~madamente** [~maða'mente] ungefähr, etwa; **~mado** [~'maᵈo] annähernd; **~mar** [~'mar] (1a) nähern; **~marse** sich nähern, nahen; **~mativo** [~ma'tiβo] annähernd.

aptitud [apti'tu⁽ᵈ⁾] *f* Eignung *f*, Fähigkeit *f*; Tauglichkeit *f*; Geschick *n*; **~** para las lenguas Sprachbegabung *f*.

apto ['apto] fähig, geschickt; tauglich; **~** para menores jugendfrei (*Film*).

apuesta [a'pu̯esta] *f* Wette *f*; de **~**, sobre **~** um die Wette; hacer una **~** e-e Wette eingehen.

apuesto [a'pu̯esto] stattlich, schmuck; gut aussehend.

apu|nado Am. Mer. [apu'naᵈo] an Höhenkrankheit leidend; **~narse** Am. Mer. [~'narse] (1a) die Höhenkrankheit bekommen.

apuntación [apunta'θi̯ɔn] *f* Zielen *n*, Anschlag *m* e-r Schußwaffe; Anmerkung *f*, Aufzeichnung *f*; ♪ Notierung *f*.

apuntado [apun'taᵈo] spitz.

apuntador [apunta'dɔr] *m* Souffleur *m*.

apuntalar [apunta'lar] (1a) Wand abstützen; absteifen; versteben.

apuntamiento ᵗᵗ [apunta'mi̯ento] *m* Aktenauszug *m*.

apuntar [apun'tar] (1a) **1.** *v/t.* zielen auf (*ac.*); *Waffe* anschlagen; hinweisen auf (*ac.*); andeuten; skizzieren; Notizen machen, machen; zu verstehen geben; *Schriftstück* aufzeichnen; anmerken; bemerken; (*mit Nägeln*) leicht anheften; anspitzen; F flicken, stopfen; vorsagen (*Schüler*); *Thea.* soufflieren; ᵗᵗ e-n Aktenauszug machen aus (*dat.*); **~** y no dar versprechen und nicht halten; **2.** *v/i.* anbrechen (*Tag*); aufbrechen (*Knospen*); sprießen (*Bart*); auf e-e Karte setzen; **~** alto *fig.* hoch hinaus wollen; **~se** e-n Stich bekommen (*Wein*); F sich beschwipsen; ¡me apunto! ich mach mit!

apunte [a'punte] *m* Zielen *n*; Anmerkung *f*; Notiz *f*; *Mal.* Skizze *f*; *Thea.* Stichwort *n* des Souffleurs; Souffleur *m*; Inspizient *m*; F Gauner *m*, P Knilch *m*; **~s** *pl.* Aufzeichnungen *f/pl.*; tomar **~s** Notizen machen; mitschreiben; *Mal.* skizzieren.

apuñalar [apuna'lar] (1a) erdolchen, erstechen.

apuñar [apu'nar] (1a) mit der Faust packen.

apu|radamente F [apuraða'mente] genau; pünktlich; soeben; **~rado** [~'raᵈo] leer, erschöpft; sorgfältig, genau; heikel, schwierig; *Am.* eilig; **~** (de dinero) abgebrannt, in Geldnöten.

apurar [apu'rar] (1a) läutern; erschöpfen; leeren, austrinken, zu Ende rauchen; auf den Grund gehen (*dat.*); quälen; (*zur Eile*) drängen; verärgern; **~se** sich grämen; sich et. zu Herzen nehmen; *Am.* sich beeilen.

apuro [a'puro] *m* Bedrängnis *f*; unangenehme Lage *f*; Verlegenheit *f*; Mittellosigkeit *f*; Not *f*; Kummer *m*; *Am.* Eile *f*; estar en un **~** F in der Klemme sitzen; sacar a alg. de un **~** F j-m aus der Patsche helfen.

aque|jado [ake'xaᵈo]: **~** de bedrückt von (*dat.*); leidend an (*dat.*); **~jar** [~'xar] (1a) quälen; bedrängen.

aquel [a'kel] **1.** **~**, **~la**, **~lo** [a'kel, a'keλa, a'keλo] jener, jene, jenes; der, die, das dort; derjenige, diejenige, diejenige; dort befindlich; ¡ya apareció *aquello!* da haben wir's!; **2.** *m* F Anmut *f*, Schick *m*; *tener un ~ por algo.* e-e Schwäche für j-n haben.

aquelarre [ake'larre] *m* Hexensabbat *m*.

aquerenciarse [akeren'θǐarse] (1b) sich eingewöhnen, heimisch werden.

aquí [a'ki] hier(her); jetzt; *de ~ que* daher (kommt es), daß; *de ~ para allí* hin u. her; *de ~ a ocho días* heute in acht Tagen; *desde ~* von hier aus; *por ~* hier(her); *¡he ~!* siehe da!; *he ~* hier ist (sind).

aquiescencia [akǐes'θenθǐa] *f* Zustimmung *f*.

aquietar [akǐe'tar] (1a) beruhigen.

aquilatar [akila'tar] (1a) *Gold usw.* auf s-e Reinheit prüfen; *fig.* läutern; erproben, prüfen.

aquilón [aki'lɔn] *m* Nordwind *m*.

aquillado [aki'ʎaᵈo] kielförmig.

ara ['ara] *f* Altar *m*; *en ~s de* um ... willen, wegen (*gen.*).

árabe ['arabe] **1.** *adj.* arabisch; **2.** *m* Araber *m*.

arabesco [ara'besko] **1.** *adj.* arabisch; **2.** *m/pl.* Arabesken *f/pl.*, Schnörkel *m/pl.*

arábi|co [a'rabiko], **~go** [~go] arabisch.

arabismo [ara'bizmo] *m* arabischer Ausdruck *m*.

arabista [ara'bista] *m* Arabist *m*.

arable [a'rable] *adj.* anbaufähig, ackerfähig (*Land*); *suelo m ~* Ackerboden *m*.

arácnidos [a'ragnidos] *m/pl.* Spinnentiere *n/pl.*

ara|da [a'raᵈa] *f* Pflügen *n*; **~do** [a'raᵈo] *m* Pflug *m*; *~ de motor* Motorpflug *m*; **~dor** [ara'dɔr] *m* Pflüger *m*; *Zo. ~ (de la sarna)* Krätzmilbe *f*.

aragonés [arago'nes] **1.** *adj.* aragonisch; **2.** *m* Aragonier *m*.

arancel [aran'θel] *m* Tarif *m*, Zoll (-tarif) *m*; Preistabelle *f*; *~ de abogados* Gebührenordnung *f* für Rechtsanwälte; **~ar** *Am. Cent.* [~θe'lar] (1a) zahlen; **~ario** [~θe-'larǐo] Gebühren...; Zoll...; *derechos m/pl. ~s* Zollgebühren *f/pl.*

arándano [a'randano] *m* Heidelbeerstrauch *m*; Heidel-, Blaubeere *f*; *~ encarnado, ~ rojo* Preiselbeere *f*.

arandela [aran'dela] *f* ⊕ Scheibe *f*, Lamelle *f*, Flansch *m*.

ara|ña [a'raɲa] *f* Spinne *f*; Kron-

leuchter *m*, Lüster *m*; **~ñar** [~'ɲar] (1a) kratzen; schrammen; (ein-) ritzen; *fig.* zs.-scharren; **~ñazo** [~'ɲaθo] *m* Kratzer *m*; Kratzwunde *f*; Schramme *f*; **~ñuela** ♀ [~'ɲuela] *f* Frauenhaar *n*; **~ñuelo** [~'ɲuelo] *m* Saatspinne *f*.

arar [a'rar] (1a) (be)ackern, (um-) pflügen.

arbi|traje [arbi'traxe] *m* Schiedsspruch *m*; ⚖ Schiedsverfahren *n*; Funktion *f* des Schiedsrichters (*Sport*); ✝ *~ del cambio* Wechselarbitrage *f*; **~tral** [~'tral] schiedsrichterlich; Schieds...; **~trar** [~'trar] (1a) e-n Schiedsspruch fällen, schlichten; Schiedsrichter sein (*Sport*); **~trariedad** [~tra-rǐe'daᵈ] *f* Willkür *f*; Eigenmächtigkeit *f*; **~trario** [~'trarǐo] willkürlich; eigenmächtig; **~trio** [ar-'bitrǐo] *m* freier Wille *m*; Gutdünken *n*; Mittel *n*, Ausweg *m*; **~s** *pl.* (*municipales*) Stadtzoll *m*.

árbitro ['arbitro] *m* Schiedsrichter *m*; (unumschränkter) Herr(scher) *m*; *ser el ~ de a/c.* tonangebend sein.

árbol ['arbɔl] *m* Baum *m*; ⚓ Mast *m*; ⊕ Achse *f*, Welle *f*; *~ genealógico* Stammbaum *m*; *~ de dirección od. ~ de mando* Lenksäule *f*; *~ frutal* Obstbaum *m*; *~ de impulsión* Antriebswelle *f*; *~ de levas* Nockenwelle *f*; *~ de Navidad* Weihnachtsbaum *m*.

arbolado [arbo'laᵈo] **1.** *adj.* mit Bäumen bepflanzt; **2.** *m* Baumbestand *m*; Allee *f*.

arbolar [arbo'lar] (1a) *Fahne, Kreuz* aufpflanzen, aufrichten; anlehnen; ⚓ bemasten.

arboleda [arbo'leda] *f* Baumpflanzung *f*, Waldstück *n*.

arbollón [arbo'ʎɔn] *m* Abfluß *m* e-s Teiches.

arbóreo [ar'boreo] Baum...

arborescente [arbores'θente] baumartig (wachsend).

arbori|cultor [arborikul'tɔr] *m* Baumzüchter *m*; **~cultura** [~'tura] *f* Baumzucht *f*; **~forme** [~'fɔrme] baumartig.

arbotante △ [arbo'tante] *m* Strebepfeiler *m*, -bogen *m*.

arbusto [ar'busto] *m* Staude *f*; Strauch *m*.

arca ['arka] *f* Kasten *m*, Truhe *f*; Geldschrank *m*; *Anat.* Weiche *f*;

~ de agua Wasserturm *m*; ~ de la
alianza *Rel.* Bundeslade *f*; ~ de
congelación, ~ congeladora Gefrier-
truhe *f*; ~ de Noé Arche *f* Noah;
es un ~ cerrada er ist ein Buch mit
sieben Siegeln.

arcada [ar'kaða] *f* Säulen-, Bogen-
gang *m*; Brückenbogen *m*; Arkade
f; 🏛 Aufstoßen *n* zum Erbrechen.

arcaduz [arka'ðuθ] *m* Brunnenrohr
n; Schöpfeimer *m am Wasserrad*;
fig. F Kniff *m*, Trick *m*, Dreh *m*.

arcaico [ar'kaiko] altertümlich; veraltet.

arcaísmo [arka'izmo] *m* veraltetes
Wort *n*, veralteter Ausdruck *m*,
Archaismus *m*.

arcángel [ar'kaŋel] *m* Erzengel *m*.

arcano [ar'kano] **1.** *adj.* verborgen,
geheim; **2.** *m* Geheimmittel *n*, Geheimnis *n*.

arce ♀ ['arθe] *m* Ahorn *m*.

arcedia|nato [arθeðia'nato] *m* Erz-
diakonat *n*; ~no [~'ðiano] *m* Erzdiakon *m*.

arcén [ar'θen] *m* Rand *m*; Brüstung *f*.

arci|lla [ar'θiʎa] *f* Ton *m*, Tonerde
f; ~ esquistosa Schieferton *m*; ~
refractaria Schamotte *f*; ~ roja
Lehm *m*; ~lloso [arθi'ʎoso] ton-
haltig.

arcipres|tazgo [arθipres'taðɣo] *m*
Würde *f* e-s Erzpriesters; ~te
[~'preste] *m* Erzpriester *m*.

arco ['arko] *m* Bogen *m* (*a.* △, ♪);
~ iris Regenbogen *m*; ~ de medio
punto Rundbogen *m*; ~ ojival Spitz-
bogen *m*; ~ peraltado überhöhter
Bogen *m*; ~ triunfal Triumphbogen
m; ~ voltaico Lichtbogen *m*; *tender
el* ~ den Bogen spannen.

arcón [ar'kon] *m* große Truhe *f*.

archi... [artʃi...] Erz...

archi|diácono [artʃi'ðiakono] *m*
Erzdiakon *m*; ~diócesis [~'ðioθesis]
f Erzbistum *n*; ~ducado [~ðu'kaðo]
m Erzherzogtum *n*; ~ducal [~ðu'kal]
erzherzoglich; ~duque [~'ðuke] *m*
Erzherzog *m*; ~duquesa [~ðu'kesa]
f Erzherzogin *f*; ~episcopal
[~episko'pal] erzbischöflich; ~pié-
lago [~'pielaɣo] *m* Inselgruppe *f*,
Archipel *m*.

archivador [artʃiβa'ðor] *m* Akten-
schrank *m*; (Brief-)Ordner *m*; Kartothek *f*.

archi|var [artʃi'βar] (1a) im Archiv

aufbewahren; *Akten* ablegen; F *ad
acta legen*; ~vero [~'βero] *m* Archivar *m*; ~vo [ar'tʃiβo] *m* Archiv *n*;
Ablage *f*.

archivolta △ [artʃi'βolta] *f* Stirn-
bogen *m*.

ardentía [arden'tia] *f* 🏛 Sodbrennen *n*; Meeresleuchten *n*.

arder [ar'ðer] (2a) brennen; in
Flammen stehen; leuchten; ~ de
(*od.* en) *amor* (*ira usw.*) in Liebe
(Zorn *usw.*) entbrennen; *está la
cosa que arde* gleich wird's was
geben.

ardi|d [ar'ði⁽ᵈ⁾] *m* List *f*; Kunstgriff
m; Kniff *m*, Trick *m*; ~do *Am.*
[~'ðido] zornig, gereizt.

ardiente [ar'ðiente] brennend, heiß,
feurig.

ardilla [ar'ðiʎa] *f* Eichhörnchen *n*.

ardimiento [arði'miento] *m* Brand
m, Brennen *n*; *fig.* Kühnheit *f*.

ardite [ar'ðite] *m alte Scheidemünze*;
fig. no vale un ~ keinen Pfifferling
(*od.* Deut) wert sein.

ardor [ar'ðor] *m* Glut *f*, Hitze *f*;
fig. Eifer *m*; ~ del estómago Sodbrennen *n*; *en el* ~ de la batalla
(*od. disputa*) in der Hitze des Ge-
fechts.

ardoroso [arðo'roso] glühend; *fig.*
feurig; hitzig.

arduo ['arðuo] schwierig; mühselig.

área ['area] *f* (*Bau-*, *Acker-*)Fläche
f; Gebiet *n* (*a. fig.*); Ar *n*; ~
aduanera Zollgebiet *n*; ~ de castigo,
~ de penalty Strafraum *m* (*Sport*);
~ monetaria Währungsgebiet *n*.

arena [a'rena] *f* Sand *m*; Kampfplatz *m*; Reitbahn *f*; Arena *f* (*a.
Stk.*); ~ movediza Treib-, Flugsand
m; ~ seca Streusand *m*; *edificar
sobre* ~ *fig.* auf Sand bauen.

aren|al [are'nal] *m* Sandfläche *f*;
Sandgrube *f*; ~ar [~'nar] (1a) mit
Sand bestreuen; ~ero [~'nero] *m*
Stk. Sandstreuer *m*; 🏛 Sandkasten
m.

aren|ga [a'reŋga] *f* Ansprache *f*;
F langes Gerede *n*; ~gar [areŋ'gar]
(1h) eine Ansprache halten an (*ac.*);
F palavern; abkanzeln.

are|nilla [are'niʎa] *f* Streusand *m*;
🏛 Grieß *m*; ~nillero [~ni'ʎero] *m*
Streusandbüchse *f*; ~nisco [~'nisko] sandhaltig; ~noso [~'noso]
sandig.

arenque [a'reŋke] *m* Hering *m*;

armarse

~ *ahumado* Bückling *m*; ~ *en escabeche* marinierter Hering *m*; ~ *enrollado* Rollmops *m*; ~ *fresco* grüner Hering *m*; ~ *salado* Salzhering *m*.

areó|metro [are'ometro] *m* Senkwaage *f*; **~pago** [~'opago] *m hist.* Areopag *m*; *fig.* vornehme Clique *f*.

arepa *Am.* [a'repa] *f Art* Maisbrötchen *n*, Maiskuchen *m*.

arete [a'rete] *m* Ring *m*; Ohrring *m*.

arfar [ar'far] (1a) stampfen (*Schiff*).

argadijo [arɣa'dixo], **argadillo** [~'diʎo] *m* Haspel *f*; *prov.* großer Weidenkorb *m*; F Zappelphilipp *m*.

argamasa [arɣa'masa] *f* Mörtel *m*.

argelino [arxe'lino] **1.** *adj.* algerisch; **2.** *m*, **-a** *f* Algerier(in *f*) *m*.

argentar [arxen'tar] (1a) versilbern.

argénteo [ar'xenteo] silbern.

argen|tería [arxente'ria] *f* Silberarbeit *f*; **~tífero** [~'tifero] silberhaltig.

argentina¹ [arxen'tina] *f* Silberkraut *n*.

argentino¹ [arxen'tino] silbern; *voz f -a* silberhelle Stimme *f*.

argentino² [arxen'tino] **1.** *adj.* argentinisch; **2.** *m*, **-a** *f* Argentinier(in *f*) *m*.

argolla [ar'ɣoʎa] *f* metallener Ring *m*; Halseisen *n* (*Folter*); *Am.* Ehering *m*.

argucia [ar'ɣuθia] *f* Arglist *f*; Spitzfindigkeit *f*.

argüir [ar'ɣŭir] (3g) *v/i.* streiten; argumentieren; *v/t.* folgern; schließen (lassen) auf (*ac.*); ~ *a alg. de a/c.* j-m et. vorwerfen.

argumen|tación [arɣumenta'θiɔn] *f* Beweisführung *f*; Begründung *f*; **~tar** [~men'tar] (1a) Schlüsse ziehen, folgern; argumentieren; **~to** [~'mento] *m* Schluß *m*; Beweisgrund *m*; Argument *n*; Inhaltsangabe *f*; Thema *n*; *Thea., Film:* Text *m*; Handlung *f*.

aria ['aria] *f* Arie *f*; Lied *n*.

aridez [ari'deθ] *f* Dürre *f*; Trockenheit *f*; Langweiligkeit *f*.

árido ['ariðo] *adj.* dürr; trocken (*a. fig.*).

Aries *Astr.* ['aries] *m* Widder *m*.

ariete [a'riete] *m hist.* Sturm-, Rammbock *m*; (Mittel-)Stürmer *m* (*Fußball*).

ario ['ario] **1.** *adj.* arisch; **2.** *m* Arier *m*.

arisco [a'risko] unbändig, störrisch (*Tier*); unliebenswürdig, widerborstig (*Mensch*).

arista [a'rista] *f* ✔ Granne *f*; Kante *f*, Schneide *f*, Grat *m*; Gebirgskamm *m*; *bóveda f por* ~ Rippengewölbe *n*.

aris|tocracia [aristo'kraθia] *f* Aristokratie *f*; **~tócrata** [~'tokrata] *m* (*f*) Aristokrat(in *f*) *m*; **~tocrático** [~to'kratiko] aristokratisch.

aritméti|ca [arið'metika] *f* Rechenkunst *f*; Arithmetik *f*; **~co** [~ko] **1.** *adj.* Rechen..., arithmetisch; **2.** *m* Rechner *m*; Arithmetiker *m*.

arle|quín [arle'kin] *m* Harlekin *m*; Hanswurst *m*; **~quinada** [~ki'nada] *f* Harlekinade *f*, dummer Streich *m*.

arma ['arma] *f* Waffe *f*; Waffen-, Truppengattung *f*; ~ *blanca* blanke Waffe *f*; ~ *de fuego* Schußwaffe *f*; ~ *punzante* Stichwaffe *f*; ~*s pl.* ⬜ Wappen(schild) *n*; ~*s atómicas* Atomwaffen *f/pl.*; ~*s nucleares* Kernwaffen *f/pl.*; *alzarse en* ~*s* sich erheben, sich empören; *estar sobre las* ~*s* unter den Waffen stehen; *hacer uso de las* ~*s* zu den Waffen greifen; *llamar a las* ~*s* zu den Waffen rufen; *pasar por las* ~*s* (standrechtlich) erschießen; *rendir las* ~*s* die Waffen strecken; *de* ~*s tomar* zu allem entschlossen.

arma|da [ar'maða] *f* Kriegsflotte *f*; **~día** [arma'dia] *f* Floß *n*.

armadijo [arma'dixo] *m* Schlinge *f*; Falle *f*.

armadillo *Zo.* [arma'diʎo] *m* Gürteltier *n*.

armado [ar'maðo] bewaffnet.

armador ⚓ [arma'ðɔr] *m* Reeder *m*.

armadura [arma'dura] *f* (Ritter-) Rüstung *f*; (Dach-, Knochen-) Gerüst *n*; Armatur *f*; Beschlag *m*; Fassung *f*; ~ *de cama* Bettstelle *f*; ⚡ ~ *de imán* Magnetanker *m*; ~ *de tejado* Dachstuhl *m*.

armamento [arma'mento] *m* Rüstung *f*; (Kriegs-)Ausrüstung *f*; Bewaffnung *f*; ⚓ Bestückung *f*; Schiffsgerät *n*.

armar [ar'mar] (1a) bewaffnen; ausrüsten; aufstellen; ⚓ bestücken; verursachen, anrichten; veranstalten; ~*la* Streit anfangen; ~*se* sich rüsten (*a. fig.*); *la que se va a armar* F das wird was geben; ~ *de paciencia* sich mit Geduld wappnen.

armario [ar'marịo] *m* Schrank *m*; ~ de luna Spiegelschrank *m*; ~ rinconero Eckschrank *m*; ~ ropero Kleider-, Wäscheschrank *m*; ~ zapatero Schuhschrank *m*.

armatoste F [arma'tɔste] *m* ungefüges Möbel *n*; *fig.* Koloß *m*.

armazón [arma'θɔn] *f* Gerüst *n*; Gestell *n*; Rahmen *m*.

armella [ar'meʎa] *f* Ösenschraube *f*.

arme|ría [arme'ria] *f* Rüstkammer *f*; Zeughaus *n*; Waffenhandlung *f*; **~ro** [ar'mero] *m* a) Waffenschmied *m*; Waffenhändler *m*; b) Gewehrständer *m*.

armiño [ar'miɲo] *m* Hermelin *n*; Hermelinpelz *m*.

armisticio [armis'tiθịo] *m* Waffenstillstand *m*.

armón ⚔ [ar'mɔn] *m* Protze *f*.

armonía [armo'nia] *f* Harmonie *f*; Wohllaut *m*; *fig.* Eintracht *f*; ♪ Harmonielehre *f*.

armóni|ca [ar'monika] *f* Mundharmonika *f*; **~co** [~ko] harmonisch; *fig.* einträchtig; passend.

armo|nio ♪ [ar'monịo] *m* Harmonium *n*; **~nioso** [armo'nịoso] harmonisch, wohlklingend; **~nizar** [~ni'θar] (1f) in Einklang bringen (*a. fig.*); in Einklang stehen, harmonieren; zs.-passen.

armorial [armo'rịal] *m* Wappenbuch *n*.

armuelle ♀ [ar'mŭeʎe] *m* Melde *f*.

arnés [ar'nes] *m* Harnisch *m*; *arneses pl.* Pferdegeschirr *n*; Reitzeug *n*.

aro ['aro] *m* Ring *m*; Bügel *m*; (Spiel-)Reif *m*; *Rpl., P.R., Chi.* Ohrring *m*; *entrar* (*od. pasar*) *por el* ~ sich fügen, klein beigeben.

aro|ma [a'roma] *m* Wohlgeruch *m*, Duft *m*, Aroma *n*; Blume *f*, Bukett *n* (*des Weins*); **~mático** [aro'matiko] aromatisch, würzig; Kräuter...; **~matizar** [~mati'θar] (1f) würzen.

arpa ['arpa] *f* Harfe *f*.

arpar [ar'par] (1a) zerkratzen, zerreißen.

arpegio ♪ [ar'pexịo] *m* Arpeggio *n*.

arpeo [ar'peo] *m* Enterhaken *m*.

arpía [ar'pia] *f* Myth. Harpyie *f*; *fig.* häßliches Weib *n*; *fig.* Drachen *m*. [Sackleinen *n*.]

arpillera [arpi'ʎera] *f* Packtuch *n*;

arpista [ar'pista] *m* (*f*) Harfenspieler(in *f*) *m*.

arpón [ar'pɔn] *m* Harpune *f*; *Stk.* Banderillaspitze *f*; ⊕ Krampe *f*.

arpo|nar [arpo'nar] (1a) harpunieren; **~nero** [~'nero] *m* Harpunenfischer *m*.

arque|ada ♪ [arke'aða] *f* Bogenstrich *m*; **~ar** [~'ar] (1a) wölben; rundbiegen; *ein Schiff* vermessen; *v/i.* Brechreiz empfinden; ~ *las cejas* große Augen machen.

arqueo [ar'keo] *m* Wölben *n*; Wölbung *f*, Krümmung *f*; ⚓ Tonnage *f*; † Kassensturz *m*.

arque|ología [arkeolo'xịa] *f* Altertumskunde *f*, Archäologie *f*; **~ológico** [~o'lɔxiko] archäologisch; **~ólogo** [~'ologo] *m* Altertumsforscher *m*, Archäologe *m*.

arque|ría [arke'ria] *f* Bogenwerk *n*; **~ro** [ar'kero] *m* Bogenschütze *m*; Schatzmeister *m*; *bsd. Am.* Torwart *m*.

arqueta [ar'keta] *f* Schatulle *f*, Kästchen *n*.

arquetipo [arke'tipo] *m* Urbild *n*, Archetyp(us) *m*.

arquidiócesis [arki'ðịoθesis] *f* Erzdiözese *f*.

arquimesa [arki'mesa] *f* Schreibschrank *m*, Sekretär *m*.

arqui|tecto [arki'tekto] *m* Baumeister *m*, Architekt *m*; **~tectónico** [~tek'toniko] baukünstlerisch, architektonisch; **~tectura** [~tek'tura] *f* Baukunst *f*, Architektur *f*; **~trabe** [~'traβe] *m* Hauptbalken *m*, Architrav *m*.

arrabal [arra'βal] *m* Vorstadt *f*; *Am. reg.* Armenviertel *n*; **~ero** [~'lero] *desp.* vorstädtisch; vulgär.

arracimado [arraθi'maðo] traubenförmig; dichtgedrängt.

arrai|gado [arrai'gaðo] verwurzelt; ansässig; **~gar** [~'gar] (1h) (ein-) wurzeln, Wurzel schlagen; **~garse** ansässig *od.* heimisch werden; Fuß fassen.

arraigo [a'rraigo] *m* Wurzelschlagen *n*; Liegenschaften *f|pl.*; *persona f de* ~ alteingesessene Person *f*; *tener su* ~ *en* wurzeln in (*dat.*).

arramblar [arram'blar] (1a) versanden; *fig.* mit sich fortreißen; ~ *con todo* alles an sich reißen; sich über alles hinwegsetzen.

arran|cada [arran'kaða] *f* ⚓ Auslaufen *n*; (plötzliches) Anfahren *n*; **~cadero** [~ka'ðero] *m* Start(platz)

m; **~cado** [~'ka^do] heruntergekommen; schäbig; **~car** [~'kar]
(1g) **1.** *v/t.* ausreißen, entreißen;
entlocken; abnötigen; *Motor* anlassen; **2.** *v/i.* anziehen (*Zugtier*);
losgehen, -fahren; starten, abfahren
(*Wagen, Zug*); anlaufen (*Maschine*);
angreifen (*Stier*); ausgehen *von e-m
Punkt*; F losbrausen.

arranchar [arran'tʃar] (1a) **⚓** nahe
vorbeifahren an (*dat.*); die Segel
brassen; *Am.* F wegnehmen.

arranque [a'rraŋke] *m* Ausreißen *n*,
Entwurzeln *n*; **△** Gewölbeanfang
m; Ansatz *m*; Anlaufen *n e-r Maschine*; Anlasser *m* (*Motor*); Anlauf
m; Start *m*; *fig.* rascher Entschluß
m; überraschender Einfall *m*;
Koller *m*; Anwandlung *f*; ~ de pie
Kickstarter *m* (*am Motorrad*).

arrapiezo [arra'pieθo] *m* Fetzen *m*,
Lumpen *m*; *fig.* F Lausejunge *m*.

arras ['arras] *f/pl.* Anzahlung *f*;
Handgeld *n*.

arrasar [arra'sar] (1a) dem Erdboden gleichmachen; *Festung*
schleifen; *Acker* einebnen; bis zum
Rand füllen; **~se** sich aufheitern
(*Himmel*); ~ en lágrimas in Tränen
zerfließen.

arrastra|dera [arrastra'dera] *f*
Schleppseil *n*; **~dero** [~'dero] *m*
Holzweg *m*.

arrastrado [arras'tra^do] **1.** *adj.* armselig, elend; *vida f -a* kümmerliches
Leben *n*; **2.** *m* Spitzbube *m*, Rumtreiber *m*; *Kartenspiel:* Ramsch *m*.

arrastrar [arras'trar] (1a) schleifen,
schleppen; mit sich fortreißen;
Trumpf ausspielen; ~ *los pies* F
schlurfen, latschen; *v/i.* kriechen;
~se sich erniedrigen, kriechen.

arrastre [a'rrastre] *m* Fortschleppen
n; Zugkraft *f*; Holzabfuhr *f*; *Stk.*
Abschleppen *n* des toten Stiers;
Kartenspiel: Trumpfausspielen *n*;
estar para el ~ *fig.* zum alten Eisen
gehören.

arrayán [arra'jan] *m* Myrte *f*.

¡arre! ['arre] hott!, hü!; los!

arre|ada [arre'ada] *f Am.* Treiben *n*
(*von Vieh*); *Arg., Méj.* Viehdieb-
stahl *m*; **~ador** *Am.* [~a'ðor] *m*
Peitsche *f*; **~ar** [~'ar] (1a) *Lasttiere*
antreiben; *Am.* Vieh, Sachen, *Personen* rauben, entführen; F *Schlag*
versetzen, verpassen; F *¡arrea!*
schnell!, F dalli!; nanu!

arrebañ|aduras [arreβaɲa'ðuras]
f/pl. Speisereste *m/pl.*; Brosamen
m/pl.; **~ar** [~βa'ɲar] (1a) aufessen;
Teller leer essen.

arreba|tadizo [arreβata'ðiθo] über-
eilt; impulsiv; **~tado** [~'ta^do] ungestüm, jäh, hastig; glühend (*Ge-
sicht*); **~tador** [~ta'ðor] hinreißend;
entzückend; **~tamiento** [~ta-
'miento] *m* Ungestüm *n*; Entzücken *n*; Verzückung *f*; **~tar**
[~'tar] (1a) entreißen; rauben; weg-
raffen; entzücken; *Am. Mer.* anfahren; **~tarse** außer sich geraten;
sich eifern; aufbrausen.

arrebatiña [arreβa'tiɲa] *f* Rauferei *f*; andar a la ~ um et. raufen.

arrebato [arre'βato] *m* heftige Ge-
mütsbewegung *f*; Erregung *f*; Anwandlung *f*; Verzückung *f*; ~ de
cólera Jähzorn *m*.

arrebol [arre'βol] *m* Röte *f* (*der
Wolken*); Morgen-, Abendrot *n*;
~ar [~βo'lar] (1a) röten.

arrebujar [arreβu'xar] (1a) zerknittern; **~se** sich gut zudecken, F
sich einmummeln.

arre|ciar [arre'θiar] (1b) stärker
werden; zunehmen; auffrischen
(*Wind*); **~cido** [~'θiðo] starr,
klamm (*vor Kälte*).

arrecife [arre'θife] *m* Riff *n*, Felsenriff *n*.

arrecirse [arre'θirse] (3a; *nur mit
Endungen mit betontem i*) *vor Kälte*
erstarren.

arrechucho F [arre'tʃutʃo] *m* Anwandlung *f*, Koller *m*.

arredilar [arreði'lar] (1a) *Vieh* einpferchen.

arredrar [arre'drar] (1a) zurückstoßen; erschrecken; **~se** zurückweichen; zurückscheuen; Angst
bekommen.

arregazado [arrega'θa^do] umge-
stülpt; *nariz f -a* Stupsnase *f*.

arre|glado [arre'gla^do] ordentlich;
geregelt; *precio m* ~ mäßiger Preis
m; **~glar** [~'glar] (1a) regeln, ordnen; in Ordnung bringen; *Rechnung* begleichen; ausbessern, überholen; *Preis* festsetzen; *Uhr* stellen;
~ *una cuenta* ein Konto ausgleichen;
~ *cuentas* abrechnen (*a. fig.*); **~**
glarse sich herrichten; **~** *a (al.
con) lo suyo* sich nach der Decke
strecken; ~ *con alg.* sich mit j-m
vergleichen; ~ *con a/c.* mit et. zu

Rande kommen; **~glárselas** mit
et. fertig werden, sich zu helfen
wissen; ~ *sin alg.* (*a/c.*) ohne j-n
(et.) auskommen; **~glista** ♪ [~-
'glista] *m* Arrangeur *m*; **~glo**
[a'rreglo] *m* Ordnung *f*, Anordnung
f, Regelung *f*; Einrichtung *f*; Abmachung *f*; ⚖ Vergleich *m*; ♪ Arrangement *n*; ~ *de cuentas* Abrech-
nung *f*; *con* ~ *a* gemäß (*dat.*); tener
~ wiedergutzumachen sein; *esto no
tiene* ~ da ist nichts zu machen.
arrellanarse [arre ʎa'narse] (1a)
sich's bequem machen.
arremangar [arreman'gar] (1h)
Ärmel aufstreifen; *Hosen* umkrempeln; *nariz f arremangada*
Stülpnase *f*; **~se** F sich aufraffen,
sich zs.-reißen.
arreme|tedero [arremete'dero] *m*
Angriffspunkt *m*; **~ter** [~'ter] (2a)
angreifen, anfallen; ~ *con od. contra*
herfallen über (*ac.*); **~tida** ✕ [~-
'tida] *f* Angriff *m*, Überfall *m*.
arremolinar [arremoli'nar] (1a)
wirbeln; **~se** zs.-laufen; sich zs.-
drängen.
arren|dable [arren'dable] verpacht-
bar, vermietbar; **~dador** [~da'dor]
m Verpächter *m*; Vermieter *m*;
~dajo *Zo.* [~'daxo] *m* Eichelhäher
m.
arren|damiento [arrenda'miento]
m Verpachtung *f*; Pacht *f*; *dar en* ~
verpachten, vermieten; *tomar en* ~
pachten, mieten; ~ *de buque, de
avión* Chartervertrag *m* (*Schiff bzw.
Flugzeug*); **~dar** [~'dar] (1k) **a)**
verpachten, vermieten; pachten,
mieten; *no le arriendo la ganancia*
ich möchte nicht in s-r Haut stek-
ken; **b)** *Pferd* zügeln; **~datario**
[~da'tarjo] **1.** *m*, **-a** *f* Pächter(in *f*)
m, Mieter(in *f*) *m*; **2.** *adj. compañía
f* **-a** staatliche Monopolgesellschaft
f.
arreo [a'rreo] *m* Putz *m*, Schmuck *m*;
Am. Treiben *n* (*von Vieh*); **~s** *pl.*
Zubehör *n*; (Pferde-)Geschirr *n*,
Reitzeug *n*.
arrepen|tido [arrepen'tido] buß-
fertig; reumütig; *estar* ~ *de a/c.* et.
bereuen; **~timiento** [~ti'mjento] *m*
Reue *f*; **~tirse** [~'tirse] (3i) Reue
fühlen; ~ *de et.* bereuen.
arrequives [arre'kibes] *m/pl.* Putz
m; F Staat *m*.
arres|tado [arres'ta do] verhaftet;

F unerschrocken, schneidig; **~tar**
[~'tar] (1a) verhaften; **~tarse** *a* sich
heranwagen an (*ac.*); **~to** [a'rresto]
m Verhaftung *f*; Haft *f*; Arrest *m*;
F Schneid *m*; *orden m de* ~ Haftbefehl *m*.
arriar [a'rriar] (1c) überschwemmen; ♻ *Boote* niederlassen *od.*
fieren; *Segel, Flagge* streichen *od.*
einholen; ~ *velas fig.* nachgeben,
klein beigeben.
arriate [a'rriate] *m* Rabatte *f*,
Blumen-, Gartenbeet *n*.
arriba [a'rriba] oben, obenan; hinauf; ~ *de mehr als*; *de* ~ von oben,
vom Himmel; *Bol., Rpl. gratis*; *de*
~ *abajo* von oben bis unten; *fig.*
ganz u. gar, völlig; *de tres pesetas*
~ von drei Peseten an; *agua*(*s*) ~
stromaufwärts; *cuesta* ~ bergauf;
más ~ weiter oben; ¡*arriba!* auf!;
hoch!; ¡*arriba ...!* es lebe ...!
arri|bada ♻ [arri'bada] *f*, **~baje**
[~'baxe] *m* Einlaufen *n*; *entrar de
arribada forzosa* e-n Nothafen anlaufen; **~bar** ♻ [~'bar] (1a) einlaufen; *Am.* ankommen; **~beño** *Am.*
[~'beŋo] *m* Hochländer *m*; **~bismo**
[~'bizmo] *m* Strebertum *n*; **~bista**
[~'bista] *m* Emporkömmling *m*,
Parvenü *m*. [*damiento.*)
arriendo [a'rriendo] *m* = *arren-*
arriero [a'rriero] *m* Maultiertreiber
m.
arries|gado [arriez'ga do] gefährlich,
riskant; dreist; waghalsig; **~gar**
[~'gar] (1h) wagen, aufs Spiel
setzen, riskieren; **~garse** sich e-r
Gefahr aussetzen; sich (heran-)
wagen (*a a/c.* an et. [*ac.*]); **~go** *Am.*
[a'rriezgo] *m* Wagnis *n*.
arri|madero [arrima'dero] *m* Lehne
f; **~mar** [~'mar] (1a) nähern; anlehnen; heranrücken; F *Schlag* versetzen; ~ *el hombro* sich gewaltig
anstrengen; sich ins Zeug legen;
tüchtig mithelfen; **~marse** sich anlehnen; sich nähern; dicht heran-
treten (an [*ac.*] *a*); sich stellen (an
[*ac.*] *a*); ~ *a alg.* j-s Gunst suchen;
F sich heranmachen an j-n.
arrimo [a'rrimo] *m* Lehne *f*, Stütze
f; *fig.* Schutz *m*, Gunst *f*.
arrimón [arri'mɔn] *m* F Eckensteher *m*; F *estar de* ~ sich die Beine
in den Leib stehen.
arrinco|nado [arriŋko'na do] ab-
gelegen, verlassen, (welt)verloren;

~nar [~'nar] (1a) in e-n Winkel stellen; *fig.* in die Enge treiben; beiseite-, zurückdrängen; vernachlässigen; F zum alten Eisen werfen, ad acta legen.

arris|cado [arris'ka⁴o] felsig; *fig.* beherzt, verwegen; rüstig, stattlich; **~car** [~'kar] (1g) wagen; *Am.* (an-) heben, hochklappen; **~carse** abstürzen (*Vieh*); *fig.* sich aufblasen, wichtig tun.

arrivista [arri'bista] *m* = arribista.

arrizar ⚓ [arri'θar] (1f) *Segel* reffen.

arroba [a'rroba] *f span. Gewicht* (11,5 kg); *por* ~s scheffelweise.

arro|bador [arroba'ðor] entzükkend; **~bamiento** [~ba'mjento] Verzückung *f*; Entzücken *n*; **~barse** [arro'barse] (1a) in Verzückung geraten; **~bo** [a'rrobo] *m* = arrobamiento.

arrocero [arro'θero] **1.** *adj.* Reis...; *molino m* ~ Reismühle *f*; **2.** *m* Reisbauer *m*.

arrodillar [arroði'ʎar] (1a) niederknien lassen; **~se** niederknien.

arrodri|gar ✗ [arroðri'gar], **~gonar** [~go'nar] (1a) *Reben usw.* (an-) pfählen.

arrogación [arroga'θjɔn] *f* Aneignung *f*; Annahme *f* an Kindes Statt; ~ *de funciones* Amtsanmaßung *f*.

arro|gancia [arro'ganθia] *f* Anmaßung *f*; Dünkel *m*; Stolz *m*; **~gante** [~'gante] anmaßend; dünkelhaft; stolz; forsch, schneidig; **~gar** [~'gar] (1h) an Kindes Statt annehmen; **~garse** sich anmaßen; sich aneignen.

arro|jadizo [arroxa'diθo] Wurf...; *arma f* -*a* Schleuderwaffe *f*; **~jado** [~'xa⁴o] mutig; unternehmend; forsch; **~jar** [~'xar] (1a) werfen; wegwerfen; schleudern; *Licht* ausstrahlen; *Geruch* verbreiten; *Gewinn, Zinsen* abwerfen; F (aus-) kotzen; *fig. als Resultat* ergeben; **~jarse** sich stürzen (auf *od.* in [*ac.*] *a*); sich erkühnen; ~ **de** (*od. por*) *la ventana* aus dem Fenster springen; **~jo** [a'rroxo] *m* Verwegenheit *f*, Schneid *m*.

arrolla|do *Chi.*, *Rpl.* [arro'ʎa⁴o] *m Art* große Fleischroulade *f*; **~r** [~'ʎar] (1a) (auf)rollen, (auf)wikkeln; (fort)wälzen; überfahren (*a. fig.*); sich hinwegsetzen über (*ac.*);

~ *al contrario* den Gegner niederwerfen, -zwingen.

arropar [arro'par] (1a) **a)** bekleiden, bedecken; **b)** *Wein* mit Mostsirup versetzen.

arrope [a'rrope] *m* Mostsirup *m*.

arrostrar [arros'trar] (1a) *v/t. j-m* die Stirn bieten, trotzen.

arro|yarse [arro'jarse] (1a) vom Rost befallen werden (*Pflanzen*); **~yo** [a'rrojo] *m* Bach *m*; Rinnstein *m*; Gosse *f*; *fig.* Strom *m*; *poner* (*od. plantar*) *a alg. en el* ~ j-n auf die Straße setzen.

arroz [a'rroθ] *m* Reis *m*; F ~ *y gallo muerto* Schlemmermahl *n*; ~ *con leche* Milchreis *m*; **~al** [arro'θal] *m* Reisfeld *n*.

arru|ga [a'rruga] *f* Runzel *f*; Falte *f*; **~gado** [arru'ga⁴o] runzlig; verknittert; zerknüllt; **~gar** [~'gar] (1h) runzeln; zerknüllen; zer-, verknittern; *Nase* rümpfen; *Cu.*, *Méj.* belästigen, stören; **~garse** *Méj.* den Mut verlieren.

arruinar [arrŭi'nar] (1a) zerstören, ruinieren, verderben; **~se** verfallen; sich zugrunde richten.

arru|llar [arru'ʎar] (1a) girren, gurren (*Taube u. fig.*); *mit j-m* schäkern; *Kind* einwiegen; **~llarse** *mit-ea.* schäkern; **~llo** [a'rruʎo] *m* Girren *n*, Gurren *n*; Wiegenlied *n*.

arrumaco F [arru'mako] *m mst* ~*s pl.* Geschmuse *n*.

arrumar ⚓ [arru'mar] (1a) (ver-) stauen; **~se** sich bewölken.

arrumbar [arrum'bar] (1a) wegräumen; abstellen.

arsenal [arse'nal] *m* Arsenal *n*, Zeughaus *n*; Marinewerft *f*.

arsénico [ar'seniko] *m* Arsen(ik) *n*.

arte ['arte] *m od.* ~*s f/pl.* Kunst *f*; Kunstfertigkeit *f*; List *f*; Kunstgriff *m*; *bellas* ~*s* schöne Künste *f/pl.*; *malas* ~*s* Ränke *pl.*, List und Tücke *f*; *por* ~ *de magia* wie durch ein Wunder; ~*s m/pl.* Fischereigerät *n*.

artefacto [arte'fakto] *m* künstliches Erzeugnis *n*; Apparat *m*; *iron.* Möbel *n*; ~ (*explosivo*) Sprengkörper *m*.

artejo [ar'texo] *m* Fingerknöchel *m*.

artemisa ♀ [arte'misa] *f* Beifuß *m*.

arteria [ar'teria] *f* Schlagader *f*, Arterie *f*; *fig.* Hauptverkehrsstraße *f*.

artería [arte'ria] f Hinterlist f; Schlauheit f.

arteriosclerosis [arteriɔskle'rosis] f Arterienverkalkung f.

artesa [ar'tesa] f Backtrog m; (Back-)Mulde f; ~nal [artesa'nal] handwerklich; Handwerks...; **~nía** [artesa'nia] f (Kunst-)Handwerk n; **~no** [arte'sano] m (Kunst-)Handwerker m.

artesiano [arte'siano] artesisch; pozo m ~ artesischer Brunnen m.

artesón [arte'sɔn] m Scheuerfaß n; Bottich m.

artesonado [arteso'naᵈo] **1.** adj. getäfelt; **2.** m Täfelung f; Stuckarbeit f.

ártico ['artiko] arktisch; nördlich, Nord...

articula|ción [artikula'θiɔn] f Anat. u. ⊕ Gelenk n; Gliederung f; Artikulation f; **~do** [~'laᵈo] **1.** adj. gegliedert; Glieder...; tren m ~ Gliederzug m; **2.** m die Artikel m/pl. e-s Vertrages; Beweismaterial n; **~s** Zo. Gliedertiere n/pl.

articu|lar [artiku'lar] **1.** adj. Gelenk...; **2.** v/t. (1a) durch Gelenke in-ea.-fügen; gliedern; deutlich aussprechen; Beweismittel n/pl. vorlegen; **~lista** [~'lista] m (f) Artikelschreiber(in f) m.

artículo [ar'tikulo] m Gram. Artikel m; ✝ Ware f; ⁂ Paragraph m; ~ de comercio Handelsware f; ~ de consumo Gebrauchsartikel m; ~ de fe Glaubenssatz m; ~ de fondo Leitartikel m; ~ de gran consumo Massenartikel m; ~ de la muerte Sterbestunde f; ~ de primera necesidad lebenswichtiger Artikel m; ~ semimanufacturado Halbfabrikat n.

artífice [ar'tifiθe] m Künstler m; Kunsthandwerker m; fig. Urheber m.

arti|ficial [artifi'θial] künstlich, Kunst...; **~ficiero** [~'θiero] m Feuerwerker m; **~ficio** [~'fiθio] m Kunstfertigkeit f; fig. Kunstgriff m, F Kniff m; **~ficioso** [~fi'θioso] unnatürlich; gekünstelt; kunstvoll; verschmitzt.

artilugio [arti'luxio] m Machwerk n; F Trick m, Kniff m.

arti|llar [arti'ʎar] (1a) bestücken; **~llería** [~ʎe'ria] f Geschütz n; Artillerie f; ~ antiaérea Flak(artillerie) f; ~ ligera (pesada) leichte

(schwere) Artillerie f; ~ de costa Küstenartillerie f; ~ de marina Schiffsartillerie f; **~llero** [~'ʎero] m Kanonier m, Artillerist m; ~ apuntador Richtkanonier m.

artimaña [arti'maɲa] f Jgdw. Falle f; fig. Kniff m; F Nepp m.

artista [ar'tista] m (f) Künstler(in f) m; ~ de circo Artist m.

artístico [ar'tistiko] künstlerisch, Kunst...

artolas [ar'tolas] f/pl. Doppelsattel m; Packsattel m.

artritis [ar'tritis] f Gelenkentzündung f, Arthritis f.

artrópodos Zo. [ar'trɔpoðos] m/pl. Gliederfüß(l)er m/pl.

arveja [ar'bexa] f Platterbse f; Wicke f; Am. Erbse f.

arzobis|pado [arθobis'paᵈo] m Erzbistum n; **~pal** [~'pal] erzbischöflich; **~po** [~'bispo] m Erzbischof m.

arzón [ar'θɔn] m Sattelbogen m.

as [as] m Kartenspiel: As n; fig. Meister m; (Sport-, Film- usw.) Größe f; F Kanone f; ~ del volante Rennfahrer m.

asa ['asa] f Henkel m, Griff m.

asa|do [a'saᵈo] **1.** adj. gebraten; **2.** m Braten m; ~ a la parrilla Grill-, Rostbraten m; **~dor** [asa'dɔr] m Bratspieß m; Grill m; **~dura** [~'dura] f Innereien pl., Gekröse n; echar las ~s sich ins Zeug legen.

asaetear [asaete'ar] (1a) mit Pfeilen beschießen; fig. bombardieren.

asala|riado [asala'riaᵈo] m Lohn-, Gehaltsempfänger m; Arbeitnehmer m; **~riar** [~'riar] (1b) besolden.

asal|tante [asal'tante] m Angreifer m; **~tar** [~'tar] (1a) angreifen; anfallen; überfallen; ⚔ stürmen; bestürmen (Gedanken); anwandeln (Lust, Versuchung); befallen (Krankheit usw.).

asalto [a'salto] m Angriff m; Überfall m; Ansturm m; Runde f (Boxkampf); Fechtgang m; tomar por ~ im Sturm nehmen (a. fig.).

asamblea [asam'blea] f Versammlung f; ⚔ Sammeln n (Signal); ~ general (od. plenaria) Vollversammlung f.

asar [a'sar] (1a) braten; ~ a la parrilla grillen; **~se:** fig. ~ vivo F vor Hitze umkommen.

asbesto [az'besto] m Asbest m.

ascenden|cia [asθenden'θia] f aufsteigende Verwandtschaftslinie *f*; Ahnen *m/pl.*; Vorfahren *m/pl.*; Abstammung *f*; **~te** [~'dente] aufsteigend.

ascen|der [asθen'der] (2g) hinaufbefördern; *im Amt* befördern; *v/i.* hinaufsteigen; *~ a* sich belaufen auf *(ac.)*; **~diente** [~'diente] *m* Blutsverwandte(r) *m* in aufsteigender Linie; Ansehen *n*, Einfluß *m*; **~s** *pl.* Ahnen *m/pl.*; **~sión** [~'sjon] *a)* Aufstieg *m*; Besteigung *f*; *~ al trono* Thronbesteigung *f*; *b)* ♀ Christi Himmelfahrt *f*.

ascenso [as'θenso] *m* Aufstieg *m*; Steigung *f*; *fig.* Beförderung *f*.

ascensor [asθen'sor] *m* Aufzug *m*, Fahrstuhl *m*; **~ista** [~so'rista] *m* Liftboy *m*.

asceta [as'θeta] *m* Asket *m*.

ascetismo [asθe'tizmo] *m* Askese *f*.

asco ['asko] *m* Ekel *m*, Widerwille *m*; *da ~* es ekelt e-n an; *hacer ~s* sich zieren; zimperlich sein; F *estar hecho un ~* wie ein Schwein aussehen; *¡que ~!* pfui!

ascua [as'kŭa] *f* Glut *f*; F *arrimar el ~ a su sardina* auf s-n Vorteil bedacht sein; *fig. estar en* (*od. sobre*) *~s* auf glühenden Kohlen sitzen; *ser un ~ de oro* blitzsauber sein, glänzen; *tener a alg. sobre ~s* j-n auf die Folter spannen.

aseado [ase'aᵈo] sauber, reinlich.

asear [ase'ar] (1a) putzen, säubern; herausstaffieren; **~se** sich fertig machen.

ase|chanza [ase'tʃanθa] *f* Falle *f*, Schlinge *f*; Hinterlist *f*; *tender ~s a alg.* j-m nachstellen; **~char** [~'tʃar] (1a) j-m nachstellen.

asediar [ase'djar] (1b) belagern; *fig. ~ a uno con* j-n bestürmen mit *(dat.)*.

asedio [a'seðjo] *m* Belagerung *f*.

asegu|rado [asegu'raᵈo] *m* Versicherte(r) *m*; **~rador** [~ra'ðor] *m* Versicherer *m*; **~rar** [~'rar] (1a) (ver)sichern; behaupten; festmachen, befestigen; **~rarse** sich versichern; sich vergewissern.

asemejarse [aseme'xarse] (1a) ähnlich sehen, ähneln *(dat. a)*.

asendere|ado [asendere'aᵈo] ausgetreten *(Weg)*; *fig.* geplagt; gewitzigt; **~ar** [~'ar] (1a) *im Walde* Wege schlagen; *fig.* hetzen, verfolgen.

asenso [a'senso] *m* Zustimmung *f*.

asenta|da F [asen'taða]: *de una ~* auf e-n Hieb; **~deras** F [~ta'ðeras] *f/pl.* Gesäß *f*; **~dillas** [~ta'diʎas]: *a ~* im Damensitz *(beim Reiten)*; **~do** [~'taᵈo] gesetzt, vernünftig; gut fundiert; dauerhaft; **~dor** [~ta'ðor] *m* Zwischenhändler *m*; 🚆 Streckenarbeiter *m*.

asentar [asen'tar] (1k) hinsetzen; festsetzen; *Fundament* legen; *Schlag* versetzen; *Unebenheiten* glätten; ✝ buchen; *~ el pie* fest auftreten; **~se** sich niederlassen *(a. fig.)*; sich setzen *(Flüssigkeit)*.

asen|timiento [asenti'mjento] *m* Zustimmung *f*; Einwilligung *f*; **~tir** [~'tir] (3i): *~ a* zustimmen *(dat.)*; **~tista** [~'tista] *m* Verpflegungslieferant *m*.

aseo [a'seo] *m* Sauberkeit *f*; *~ personal* Körper-, Schönheitspflege *f*; *(cuarto m de)* ~ Waschraum *m*.

aséptico *Chir.* [a'septiko] keimfrei, aseptisch.

asequible [ase'kible] erreichbar.

aserción [aser'θjon] *f* Behauptung *f*; Aussage *f*.

aserra|da *Am.* [ase'rraða] *f* Sägen *n*; **~dero** [~rra'ðero] *m* Sägeplatz *m*; Sägemühle *f*, -werk *n*; **~dora** [~'ðora] *f* Sägemaschine *f*; **~dura** [~'ðura] *f* Sägen *n* *~s pl.* Sägespäne *m/pl.*

aserrar [ase'rrar] (1k) (zer)sägen.

aserr|ín [ase'rrin] *m* Sägemehl *n*; **~uchar** *Am.* [~u'tʃar] (1a) sägen.

aserto [a'serto] *m* Behauptung *f*, Aussage *f*.

asesar [ase'sar] (1a) Vernunft annehmen.

asesi|nar [asesi'nar] (1a) ermorden, umbringen; **~nato** [~'nato] *m* Mord *m*; **~no 1.** *adj.* mörderisch; **2.** *m*, **-a** *f* [ase'sino, ~na] Mörder(in *f*) *m*.

asesor [ase'sor] **1.** *adj.* beratend; **2.** *m* Gerichtsbeisitzer *m*; Berater *m*; *~ fiscal* Steuerberater *m*; *~ jurídico* Syndikus *m*, Rechtsberater *m*; **~amiento** [~sora'mjento] *m* Beratung *f*; **~ar** [~so'rar] (1a) *j-m* e-n Rat geben, j-n beraten; **~arse**: *~ con* sich Rat holen bei *(dat.)*; **~ía** [~so'ria] *f* Amt *n* u. Gehalt *n* e-s Beisitzers *od.* Beraters; Beratungsbüro *n*.

asestar [ases'tar] (1a) *Waffe* richten

auf (ac.); ✗ anvisieren; *Schläge* versetzen; *Schuß* abgeben.

aseverar [aseβe'rar] (1a) versichern, behaupten.

asfal|tado [asfal'taᵈo] **1.** *adj.* asphaltiert; **2.** *m* Asphaltierung *f*; Asphalt (-belag) *m*; **~tar** [~'tar] (1a) asphaltieren; **~to** [as'falto] *m* Asphalt *m*.

asfi|xia [as'fiɣsia] *f* Erstickung *f*; Ersticken *n*; **~xiante** [~ɣ'siante] erstickend; **~xiar(se)** [~ɣ'siar(se)] (1b) ersticken.

así [a'si] **1.** *adv.* (*cj.*) so; also; ~ ~, *Am. Mer.* – no más so od. so, mittelmäßig; ~ *como* ~ sowieso, jedenfalls, ohne weiteres; ~ o ~ so oder so, F gehüpft wie gesprungen; ~ y todo trotzdem; immerhin; ¡*ni tanto* ~! nicht im geringsten!; ~ *de grande* so groß; **2.** *cj.* ~ *es que* ... daher kommt es, daß ...; ~ ... *como* ... sowohl ... als auch; ~ *que* also; daher.

asiático [a'siatiko] **1.** *adj.* asiatisch; **2.** *m*, -a *f* Asiat(in *f*) *m*.

asidero [asi'dero] *m* Griff *m*, Henkel *m*; *fig.* Vorwand *m*; Handhabe *f*.

asiduidad [asiðuï'da⁽ᵈ⁾] *f* Fleiß *m*, Emsigkeit *f*; Pünktlichkeit *f*.

asiduo [a'siðuo] emsig, eifrig; stets pünktlich; dienstbeflissen, strebsam; *cliente m* ~ Stammgast *m*.

asiento [a'siento] *m* Sitz *m*, Stuhl *m*; Sitzgelegenheit *f*; Amt *n*, Stelle *f*, Posten *m*; Platz *m*; Boden *m* (*e-s Gefäßes*); Bodensatz *m*; Eintragung *f*; ✝ Buchung *f*, Posten *m*; Abkommen *n*, Vertrag *m*; ⊕ Lagerung *f*, Verlegung *f*; *Am.* Bergwerksbezirk *m* u. -siedlung *f*; ~ *eyectable* od. *catapulta* 𝄢 Schleudersitz *m*; *hombre m de ~* gesetzter, reifer Mensch *m*; *estar de ~* ansässig sein; *tomar* ~ Platz nehmen.

asigna|ción [asiɣna'θiɔn] *f* Anweisung *f*; Zuwendung *f*; (Geld-)Bezüge *m/pl.*; Gehalt *n*; **~r** [asiɣ'nar] (1a) zuweisen, anweisen; *Gehalt* festsetzen; **~torio** *Am.* [~'torio] *m* Empfänger *m* e-r Erbschaft *od.* e-s Legates; **~tura** [~ɣna'tura] *f* Lehrfach *n*; ~ *facultativa* (*obligatoria*) Wahl- (Pflicht-)fach *n*.

asilado [asi'laᵈo] *m* Insasse *m* (*e-s Asyls*).

asilo [a'silo] *m* Asyl *n*; Heim *n*; Armenhaus *n*; Zufluchtsstätte *f*; ~ *de ancianos* Altersheim *n*.

asimi|lación [asimila'θiɔn] *f* Angleichung *f*, Assimilation *f*; **~lar** [~'lar] (1a) ähnlich machen; angleichen; verarbeiten (a. fig.); assimilieren.

asimismo [asi'mizmo] auch, ebenfalls, ebenso.

asimplado [asim'plaᵈo] einfältig, dumm (aussehend).

asir [a'sir] (3a; *pres. asgo, ases usw.*) **1.** *v/t.* (an)fassen; (er)greifen; **2.** *v/i.* Wurzel schlagen; **3.** **~se** F sich in die Haare geraten; ~ *de* sich festhalten an (*dat.*).

asis|tencia [asis'tenθia] *f* Beistand *m*; Anwesenheit *f*; Bedienung *f*, Wartung *f*, Pflege *f*; *die Anwesenden pl.*; *Méj.* Besuchszimmer *n*; ~ *facultativa* (*od. médica*) ärztliche Hilfe *f*; ~ *judicial* Hilfe *f* des Gerichts; ~ *pública* Fürsorge *f*; ~ *social* Wohlfahrt *f*; ~ *social* Sozialfürsorge *f*; **~tenta** [~'tenta] *f* Assistentin *f*; Aufwartefrau *f*; Pflegerin *f*; ~ *social* Fürsorgerin *f*; **~tente** [~'tente] *m* Anwesende(r) *m*; Teilnehmer *m*; Krankenpfleger *m*; Assistent *m*; **~tir** [~'tir] (3a) *Kranke* pflegen, betreuen; *j-n* bedienen; *j-m* helfen; *v/i.* anwesend sein; teilnehmen (an [*dat.*] a); *Schule* besuchen.

asma ['azma] *f* Asthma *n*.

asmático [az'matiko] asthmatisch.

as|na ['azna] *f* Eselin *f*; **~nada** [az'naða] *f*, **~nería** [azne'ria] *f* Eselei *f*.

asno ['azno] *m* Esel *m* (a. fig.).

aso|ciación [asoθia'θiɔn] *f* Vereinigung *f*; Verbindung *f*; Verein *m*; Verband *m*; ~ *de ideas* Gedankenverbindung *f*; ~ *profesional* Berufsverband *m*; **~ciado** [~'θiaᵈo] *m* Gesellschafter *m*, Teilhaber *m*; **~ciar** [~'θiar] (1b) zugesellen; vereinigen, verbinden; in (Gedanken-)Verbindung bringen (mit [*dat.*] a).

asola|dor [asola'dor] verheerend, verwüstend; **~miento** [~'miento] *m* Zerstörung *f*, Verwüstung *f*; **~r** [~'lar] (1m) zerstören, verwüsten; **~rse** verdorren.

asolea|da *Am.* [asole'aða], **~dura** *Am.* [~a'dura] *f* Sonnenstich *m*; **~r** [~'ar] (1a) der Sonnenhitze aussetzen; *~rse* sich (von der Sonne) bräunen lassen; sich sonnen; verdorren (*Pflanzen*).

asomar [aso'mar] (1a) **1.** *v/t.* hinausstecken; zum Vorschein bringen; zeigen; **2.** *v/i.* zum Vorschein kommen; hinaussehen (*zur Tür*, *zum Fenster*); erscheinen; **3.** **~se** sich zeigen; ~ *a la ventana* zum Fenster hinaussehen.

asom|bradizo [asɔmbra'diθo] furchtsam, scheu; **~brar** [~'brar] (1a) beschatten, verdunkeln; *fig.* bestürzen; verwundern; in Erstaunen (*od.* in Schrecken) setzen; **~brarse** sich wundern; **~bro** [a'sɔmbro] *m* Erstaunen *n*; Bestürzung *f*; Schreck *m*; **~broso** [asɔm'broso] erstaunlich; bestürzend.

asomo [a'somo] *m* Anschein *m*; Anzeichen *n*; Andeutung *f*; *ni por* ~ nicht die Spur, kein Gedanke daran.

asonada [aso'naða] *f* Auflauf *m*, Zusammenrottung *f*.

asonancia [aso'nanθia] *f* Einklang *m*; Assonanz *f*, vokalischer Gleichklang *m*; *fig.* tener ~ con im Einklang stehen mit (*dat.*).

asoro|chamiento *Am. Mer.* [asɔrotʃa'miento] *m* Höhenkrankheit *f*; **~charse** *Am. Mer.* [~'tʃarse] (1a) die Höhenkrankheit bekommen.

aspa ['aspa] *f* Haspel *f*; Windmühlenflügel *m*; **~dera** [aspa'ðera] *f* Haspel *f*; **~do** [as'paðo] eingezwängt (*in ein zu enges Kleidungsstück*); **~m(i)ento** *Am.* [aspa'm(i)ento] *m* Faxen *f/pl.*

aspar [as'par] (1a) haspeln; F peinigen; **~se** sich winden (*vor Wut*, *Schmerzen*); F sich anstellen; ~ *a gritos* Zeter und Mordio schreien.

aspa|ventero [aspaben'tero], **~ventoso** *Am.* [~'toso] *m* aufgeregte Person *f*; Faxenmacher *m*; **~viento** [~'biento] *m* aufgeregtes Getue *n*; *hacer muchos* ~*s* viel Aufhebens machen.

aspecto [as'pekto] *m* Anblick *m*; Aussehen *n*; Aspekt *m*; Gesichtspunkt *m*; Blick(punkt) *m*; *tener buen* ~ gut aussehen.

aspereza [aspe'reθa] *f* Herbheit *f*; Rauheit *f*; Unebenheit *f* (*Gelände*); Derbheit *f*; Härte *f*, Strenge *f*.

asper|ges *Rel.* [as'perxes] *m* Besprengung *f* mit Weihwasser; F *quedarse* ~ sich in s-r Hoffnung getäuscht sehen, F in die Röhre gucken; **~jar** *Rel.* [asper'xar] (1a) mit Weihwasser besprengen.

áspero ['aspero] **rauh**; uneben

(*Fläche*); herb (*Frucht*); hart (*Wort*); schroff; mürrisch.

asper|sión *Rel.* [asper'siɔn] *f* Besprengung *f*; **~sor** [~'sɔr] *m* Regner *m*; ~ (*para césped*) Rasensprenger *m*; **~sorio** [~'sorio] *m* Weihwedel *m*.

aspérula [as'perula] *f* (*olorosa*) ♀ Waldmeister *m*.

áspid ['aspi⁽ᵈ⁾] *m* Natter *f*.

aspillera [aspi'ʎera] *f* Schießscharte *f*.

aspi|ración [aspira'θiɔn] *f* Atemholen *n*; ⊕ An-, Einsaugen *n*; *Gram.* Aspiration *f*; *fig.* Trachten *n*, Sehnen *n*, Streben *n*, Hoffen *n*; *tubo de* ~ Saugrohr *n*; **~rador** [~ra'dɔr] *m u.* **-a** [~'dora] *f* Staubsauger *m*; **~rante** [~'rante] **1.** *adj.* an-, einsaugend; **2.** *m* (*f*) Bewerber(in *f*) *m*, Anwärter(in *f*) *m*; **~rar** [~'rar] (1a) einatmen; ⊕ an-, einsaugen; *Gram.* aspirieren; ~ *a* trachten nach (*dat.*), sich bewerben um (*ac.*).

asque|ar [aske'ar] (1a) anwidern, anekeln; *v/i.* Ekel empfinden *od.* äußern; **~rosidad** [~rosi'ða⁽ᵈ⁾] *f* F Schweinerei *f*; **~roso** [~'roso] ekelhaft, widerlich.

asta ['asta] *f* Fahnenstange *f*; Horn *n* (*des Stiers*); ⚓ Topp *m*; *a media* ~ halbmast; F *darse de las* ~*s* aneinandergeraten.

astenia [as'tenia] *f* Kraftlosigkeit *f*, Schwäche *f*.

aster ♀ [as'ter] *m* Aster *f*.

asterisco [aste'risko] *m* Sternchen *n* im Buch: *. [~'m.]

astil [as'til] *m* Stiel *m*; Waagebalken *m*.

asti|lla [as'tiʎa] *f* Splitter *m*, Span *m*; *sacar* ~ *de a/c.* aus et. Nutzen ziehen; **~llar** [asti'ʎar] (1a) zersplittern; spalten; **~llero** [~'ʎero] *m* Schiffswerft *f*; F *estar en* ~ sich glänzend stehen.

astracán [astra'kan] *m* Persianer (-mantel) *m*.

astrágalo △ [as'tragalo] *m* Säulenring *m*; *Anat.* Sprungbein *n*.

astral [as'tral] Sternen...

astringente [astrin'xente] *m* zs.-ziehendes Mittel *n*, Adstringens *n*.

astringir [astrin'xir] (3c) zs.-ziehen; *fig.* zwingen.

astro ['astro] *m* Gestirn *n*; ~ *rey* Sonne *f*; **~logía** [astrolɔ'xia] *f* Sterndeutung *f*, Astrologie *f*.

astrólogo [as'trologo] *m* Sterndeuter *m*, Astrologe *m*.

astro|nauta [astro'nauta] *m* (Welt-)Raumfahrer *m*; **~náutica** [~'nautika] *f* Raumfahrt *f*; **~nave** [~'nabe] *f* Raumschiff *n*.

astro|nomía [astrono'mia] *f* Sternkunde *f*, Astronomie *f*; **~nómico** [~'nomiko] astronomisch (*a. fig.*).

astrónomo [as'tronomo] *m* Sternforscher *m*, Astronom *m*.

astroso [as'troso] verlottert, schlampig; *fig.* elend, schäbig.

astucia [as'tuθia] *f* Verschlagenheit *f*, List *f*; Arglist *f*, Tücke *f*.

astuto [as'tuto] schlau; verschlagen, hinterlistig.

asueto [a'sueto] *m* Ferientag *m*; Ruhetag *m*; *dar* ~ frei geben.

asumir [asu'mir] (3a) auf-, übernehmen; an sich nehmen.

Asunción [asun'θion] *f* Mariä Himmelfahrt *f*.

asunto [a'sunto] *m* Stoff *m*, Gegenstand *m*; *Lit.* Thema *n*; *Mal.* Motiv *n*; Geschäft *n*; Angelegenheit *f*, Sache *f*.

asus|tadizo [asusta'diθo] schreckhaft; **~tar** [~'tar] (1a) erschrecken; F bange machen (*dat.*); **~tarse**: ~ *de* erschrecken *vor* (*dat.*); sich fürchten *vor* (*dat.*).

atabal [ata'bal] *m* (Kessel-)Pauke *f*; **~ear** [~bale'ar] (1a) stampfen (*Pferd*); *mit den Fingern* trommeln.

ata|cado [ata'kaᵈo] verzagt; knauserig, schäbig; ~ *de* befallen von (*dat.*); **~cante** [~'kante] *m* Angreifer *m*; **~car** [~'kar] (1g) angreifen; befallen (*Krankheit, Schlaf*); ♪ anstimmen, einsetzen.

ata|deras F [ata'deras]*f/pl.* Strumpfbänder *n/pl.*; **~dero** [~'dero] *m* Band *n*; Haken *m*, Ring *m* (*zum Festbinden*); *fig.* eso no tiene ~ das ist völlig sinnlos; **~dijo** [~'dixo] *m* unordentlich verschnürtes Päckchen *n*; **~do** [a'taᵈo] **1.** *adj. fig.* verlegen, zaghaft; **2.** *m* Bündel *n*; Packung *f*; Päckchen *n*; **~dor** [ata'ᵈor] *m* Garbenbinder *m*; **~dora** [~'dora] *f* Garbenbindemaschine *f*; **~dura** [~'dura] *f* Binden *n*; Bindung *f*; Band *n*; *fig.* Bund *m*, Verbindung *f*; **~fagar** [~fa'gar] (1h) betäuben; *fig.* F löchern, aus dem Häuschen bringen.

ata|jar [ata'xar] (1a) *j-m* den Weg abschneiden *od.* verlegen; *fig.* aufhalten; eindämmen, hemmen; unterbrechen; abtrennen (*durch Wand, Schirm, Gitter*); *v/i.* den kürzesten Weg nehmen; **~jarse** verstummen, kleinlaut werden; **~jo** [a'taxo] *m* Abkürzungsweg *m*; no hay ~ *sin trabajo* ohne Fleiß kein Preis.

atala|ya [ata'laja] **1.** *f* Wartturm *m*; Aussichtsturm *m*; **2.** *m* Turmwärter *m*; **~yar** [~la'jar] (1a) erspähen; beobachten; *v/i.* Ausschau halten.

atañer [ata'ɲer] (2f; *nur 3. Person*) betreffen; *por lo que atañe a* was ... (*ac.*) betrifft. [fall *m* (*a. fig.*).]

ataque [a'take] *m* Angriff *m*; ♣ An-)

atar [a'tar] (1a) (an-, ver-, zu-) binden; *fig.* hemmen, hindern; **~se** verlegen werden.

ataran|tado [ataran'taᵈo] von der Tarantel gestochen; *fig.* unruhig; erstaunt; entsetzt; **~tar** [~'tar] (1a) betäuben; außer Fassung bringen.

atara|zana [atara'θana] *f* Schiffszeughaus *n*; Seilerwerkstatt *f*; **~zar** [~'θar] (1f) zerbeißen, zerreißen.

atardecer [atarde'θer] **1.** (2d) Abend werden; dämmern; **2.** *m* Abenddämmerung *f*; *al* ~ gegen Abend.

atare|ado [atare'aᵈo] vielbeschäftigt; **~ar** [~'ar] (1a) *j-m* eine Arbeit (auf)geben; **~arse** angestrengt arbeiten; F schuften.

atarjea [atar'xea] *f* Abzugsrohr *n*; Ableitungsgraben *m*.

ataru|gamiento [ataruga'mĩento] *m* Verschlucken *n*; Befangenheit *f*; **~gar** [~'gar] (1h) *j-m* den Mund stopfen; *j-n mit Speise* vollstopfen; **~garse** F sich verschlucken; verlegen schweigen.

atas|cadero [ataska'dero] *m* schlammige Wegstelle *f*; *fig.* Hindernis *n*; **~car** [~'kar] (1g) *Löcher* usw. verstopfen; *fig.* hemmen; Schwierigkeiten machen; **~carse** sich verstopfen; *im Schlamm, beim Sprechen* steckenbleiben; sich festfahren; **~co** [a'tasko] *m* Hindernis *n*; Verstopfung *f*; ~ (*circulatorio*) Verkehrsstauung *f*.

ataúd [ata'u⁽ᵈ⁾] *m* Sarg *m*.

ataviar [ata'biar] (1c) putzen, schmücken; **~se** sich herausstaffieren, F sich auftakeln.

atavío [ata'bio] *m* Putz *m*, Schmuck *m*; F Aufmachung *f*.

atavismo [ata'bizmo] *m* Atavismus *m*.

atediar [ate'ðĭar] (1b) langweilen; anwidern.

ateísmo [ate'izmo] *m* Gottlosigkeit *f*, Atheismus *m*.

atemorizar [atemori'θar] (1f) erschrecken, einschüchtern.

atemperar [atempe'rar] (1a) mäßigen; mildern; anpassen; **~se** *a* sich richten nach (*dat.*).

atenacear [atenaθe'ar] (1a) (ab-) kneifen; *fig.* in die Enge treiben; quälen.

atenazar [atena'θar] (1f) = *atenacear.*

aten|ción [aten'θĭɔn] *f* Aufmerksamkeit *f*; Gefälligkeit *f*; Achtung *f*; Sorgfalt *f*; *llamar la ~ de alg. sobre a/c.* j-n auf et. (*ac.*) aufmerksam machen; *llamar la ~* auffallen; *prestar ~* aufmerksam sein, aufpassen (auf [*ac.*] *a*); *en ~ a* mit Rücksicht auf (*ac.*); *atenciones pl.* Verpflichtungen *f/pl.*, Geschäfte *n/pl.*; **~dedor** [~de'ðɔr] *Typ. m* Korrektor *m*; **~der** [~'der] (2g) beachten; berücksichtigen; betreuen; bedienen; sich kümmern (um [*ac.*] *a*); behandeln (*Arzt*; *Wechsel*) honorieren; **~dible** [~'dible] beachtlich; **~dido** *Am. Mer., Méj.* [~'dido] aufmerksam, höflich.

atenerse [ate'nerse] (2l): **~** *a* sich halten an (*ac.*); *saber a qué* **~** wissen, woran man ist.

aten|tado [aten'taðo] **1.** *adj.* besonnen, behutsam; **2.** *m* Anschlag *m*, Attentat *n*; **~tamente** [~ta-'mente] hochachtungsvoll (*Briefschluß*); **~tar** [~'tar] (1k): **~** *a* sich vergreifen an (*dat.*); **~** *contra alg.* j-m nach dem Leben trachten; **~** *contra a/c.* gegen et. verstoßen; **~tatorio** [~ta'torĭo] frevelhaft; **~to** [a'tento] aufmerksam, achtsam; **~** *a que* mit Rücksicht darauf, daß.

atenu|ación [atenŭa'θĭɔn] *f* Abschwächung *f*, Milderung *f*; **~ante** [~'nŭante] **1.** *adj.* mildernd; strafmildernd; **2.** *m* mildernder Umstand *m*; **~ar** [~'nŭar] (1e) abschwächen, mildern.

ateo [a'teo] **1.** *adj.* gottlos, atheistisch; **2.** *m* Gottesleugner *m*, Atheist *m*.

aterciopelado [aterθĭope'laðo] samtartig.

aterirse [ate'rirse] (3a; *nur inf. u. part.*) vor Kälte erstarren.

aterrar [ate'rrar] **a)** (1a) *v/t.* erschrecken; *fig.* niederschmettern; **b)** (1k) zu Boden schlagen; mit Erde bedecken.

aterri|zaje ✈ [aterri'θaxe] *m* Landung *f*; **~** *con avería* Bruchlandung *f*; **~** *forzoso* Notlandung *f*; **~** *instrumental* Blindlandung *f*; **~zar** ✈ [~'θar] (1f) niedergehen, landen, aufsetzen; **~** *suavemente* glatt landen.

aterrorizar [aterrori'θar] (1f) in Schrecken setzen; terrorisieren.

atesorar [ateso'rar] (1a) *Schätze* aufhäufen, sammeln (*a. fig.*); *Geld* horten; in sich vereinigen (*gute Eigenschaften*).

ates|tación [atesta'θĭɔn] *f* Zeugenaussage *f*. **1.** *adj.* **a)** dickköpfig, bockig; **b)** gedrängt voll, F gerammelt voll; **2.** *m* Zeugnis *n*; Attest *n*; Bescheinigung *f*; **~tar** [~'tar] **a)** (1k) vollstopfen (mit [*dat.*] de); nachfüllen; **~se** F sich vollpumpen; **b)** (1a) (be)zeugen; bescheinigen; F *ir atestando* herumschimpfen; **~tiguación** [~tiǧŭa-'θĭɔn] *f* Bezeugung *f*; **~tiguar** [~ti'ǧŭar] (1i) bezeugen.

atezar [ate'θar] (1f) *Haut* bräunen.

atiborrar [atiβo'rrar] (1a) vollpfropfen; **~se** de sich vollstopfen mit (*dat.*); sich überessen an (*dat.*).

ático [ˈatiko] *m* Dachgeschoß *n*; Dachwohnung *f*.

atiesar [atĭe'sar] (1a) steifen, straffen, spannen.

atil|dado [atil'daðo] herausgeputzt, -staffiert; adrett; **~dadura** [~da-'dura] *f* Putz *m*; **~dar** [~'dar] (1a) herausputzen; tadeln.

ati|nado [ati'naðo] zutreffend; **~nar** [~'nar] (1a) finden, treffen; *et.* richtig erraten.

atipl|ado [ati'plaðo] *adj.: voz f -a* Diskantstimme *f*; **~arse** [~'plarse] (1a) umkippen, versagen (*Stimme*).

atirantarse *Méj.* [atiran'tarse] (1a) sterben.

atis|bar [atiz'βar] (1a) belauern; **~bo** [a'tizβo] *m* Anzeichen *n*; Spur *f*.

atiza|dero [atiθa'ðero] *m*, **~dor** [~'ðɔr] *m* Schür-, Feuerhaken *m*; *fig.* Hetzer *m*.

atizar [ati'θar] (1f) *Feuer*, *Haß*

schüren; *Schläge* versetzen; *¡atiza!*
nanu!, was du nicht sagst!

atizonarse [atiθo'narse] (1a) brandig werden (*Getreide*).

atlántico [at'lantiko] **1.** *adj.* atlantisch; **2.** ♀ *m* Atlantische(r) Ozean *m*, Atlantik *m*.

atlas ['atlas] *m* Atlas *m*.

atleta [at'leta] *m* (Leicht-)Athlet *m* (*a. fig.*). [athletik *f.*)]

atletismo [atle'tizmo] *m* Leicht-}

atmósfera [ad'mɔsfera] *f* Lufthülle *f*, Atmosphäre *f*; *fig.* Stimmung *f*.

atmosférico [admɔs'feriko] atmosphärisch; *estado m* ~ Wetterlage *f*; *perturbaciones f/pl. -as* atmosphärische Störungen *f/pl.*; *presión f -a* Luftdruck *m*.

atoci|nado F [atoθi'naᵈo] feist; **~nar** F [~'nar] (1a) F abmurksen; **~narse** F aus der Haut fahren; sich sterblich verlieben.

atocha ♀ [a'totʃa] *f* Espartogras *n*.

atole *Am. reg.* [a'tole] *m* **1.** Art Maismehlgetränk *n*; *después de* ~ *Méj.* (zu) ungelegen(er Stunde); **2.** *Lied u. Tanz.*

atolondra|do [atolɔn'draᵈo] unbesonnen; unvernünftig; übereilt; leichtsinnig; **~miento**[~dra'mǐento] *m* Unbesonnenheit *f*; Verwirrung *f*; Übereilung *f*; **~r** [~'drar] (1a) *durch e-n Schlag* betäuben; verwirren.

atolla|dero [atoʎa'dero] *m* Pfütze *f*; *fig.* Patsche *f*; *meterse en* ~s F in die Patsche geraten; **~rse** [~'ʎarse] (1a) sich festfahren (*a. fig.*).

atómico [a'tomiko] atomar; Atom...

atomista [ato'mista] *m* Atomforscher *m*.

atomi|zador [atomiθa'dɔr] *m* Zerstäuber *m*; **~zar** [~'θar] (1f) atomisieren; zerstäuben; sprühen.

átomo ['atomo] *m* Atom *n*; *fig.* Spur *f*.

atonía ♀ [ato'nia] *f* Atonie *f*, Erschlaffung *f*.

atónito [a'tonito] verblüfft, verdutzt.

aton|tado [atɔn'taᵈo] benommen; blöd, dumm; **~tamiento** [~'mǐento] *m* Dummheit *f*; Betäubung *f*; **~tar** [~'tar] (1a) dumm (F verdreht) machen; betäuben; **~tarse** einfältig *od.* kindisch werden.

atormentar [atɔrmen'tar] (1a) foltern; *fig.* quälen, peinigen.

atornillar [atɔrni'ʎar] (1a) schrauben; ein-, anschrauben; zs.-schrauben; *Am. reg. fig.* belästigen, quälen.

atorrante *Am. Mer.* [atɔ'rrante] *m* Faulenzer *m*; F Pennbruder *m*.

atortillar *Am.* [atɔrti'ʎar] (1a) (zer-)drücken, (zer)quetschen.

atortolar F [atɔrto'lar] (1a) verwirren; **~se** sich verlieben.

atosigar [atosi'gar] (1h) vergiften; *fig.* drängen, hetzen, treiben; quälen; verfolgen.

atóxico [a'tɔgsiko] giftfrei, ungiftig.

atrabiliario [atrabi'lǐarǐo] griesgrämig.

atraca|cado *Méj.* [atrabaŋ'kaᵈo] unbesonnen, kopflos; **~car** [~'kar] (1g) Hindernisse nehmen; **~carse** F in der Klemme sein.

atraca|da *Am.* [atra'kada] *f* Streit *m*, Zank *m*; **~dero** ♪ [~ka'dero] *m* Anlegeplatz *m*, Pier *f*; **~dor** [~'dɔr] *m* Straßenräuber *m*; **~r** [~'kar] (1g) ♪ anlegen; längsseit gehen; *v/t. mit Speisen* vollstopfen; *Am. Schlag* versetzen; *j-n auf der Straße* anfallen *od.* überfallen; **~rse**: ~ *de* sich den Magen überladen mit (*dat.*).

atracción [atrag'θǐon] *f* Anziehung(skraft) *f*; *fig.* Glanznummer *f*; *parque m de atracciones* Vergnügungspark *m*, F Rummelplatz *m*.

atraco [a'trako] *m* Raubüberfall *m*; ~ *a mano armada* bewaffneter Raubüberfall *m*.

atracón [atra'kɔn] *m* Magenüberladung *f*; *darse un* ~ de sich den Magen überladen mit (*dat.*), sich überessen an (*dat.*).

atractivo [atrak'tiβo] **1.** *adj.* anziehend; charmant; *fuerza f -a* Anziehungskraft *f*; **2.** *m* Anziehungsmittel *n*; Reiz *m*, Charme *m*.

atraer [atra'er] (2p) anziehen; herbeiführen; *fig.* für sich einnehmen.

atragantarse [atragan'tarse] (1a) sich verschlucken; *fig.* steckenbleiben.

atramparse [atram'parse] (1a) in die Falle gehen; sich verstopfen (*Leitung*); zuschnappen (*Türschloß*); *fig.* sich verrennen.

atrancar [atraŋ'kar] (1g) *v/t.* verriegeln; verstopfen; F *Text* überfliegen; *v/i.* lange Schritte machen.

atranco [a'traŋko] *m* Verstopfung *f*; Verklemmung *f*; *fig.* Klemme *f*.

atrapar [atra'par] F (1a) erwischen, fangen; F ergattern; *fig.* F einwikkeln.

atrás [a'tras] hinten, rückwärts; zurück; vorher, früher; weiter vorn; *años ~* vor Jahren; *de od. por ~* von hinten; *echar ~* rückwärtsgehen *od.* -fahren; *hacia ~* rückwärts; *quedarse ~* zurückbleiben, nicht mitkommen (*a. fig.*); *volverse ~* sein Wort zurücknehmen *od.* brechen; *¡~!* zurück!; zurücktreten!

atra|sado [atra'saðo] zurückgeblieben; rückständig; veraltet; *ir ~,* *estar ~* nachgehen (*Uhr*); *estar ~ en los pagos* mit den Zahlungen im Rückstand sein; **~sar** [~'sar] (1a) **1.** *v/t.* verzögern; *Uhr* zurückstellen; am Fortschritt hindern; **2.** *v/i.* nachgehen (*Uhr*); **3. ~sarse** sich verspäten; **~so** [a'traso] *m* Zurückbleiben *n*; Verspätung *f*; Rückstand *m* (*e-r Zahlung*); Rückgang *m* (*a. fig.*); Rückständigkeit *f*; *~s pl.* Außenstände *m/pl.*; Rückstände *m/pl.*

atravesa|da *Am.* [atrabe'saða] *f* Überquerung *f*; **~do** [~'saðo] **1.** *adj.* ein wenig schielend (*Blick*); *fig.* falsch, heimtückisch; F *tener a alg. ~ en la garganta* j-n nicht ausstehen (P verknusen) können; **2.** *m* Mischling *m*; Bastard *m* (*Tier*).

atravesar [atrabe'sar] (1k) durchbohren; quer über den Weg legen; durchqueren, -fahren; über *e-n Fluß* setzen; fahren über (*ac.*); *fig.* durchmachen, erleben; ⚓ beidrehen; *~se* in die Quere kommen; sich einmischen; im Halse steckenbleiben (*Bissen, Worte*); gesetzt werden (*Geld im Spiel*).

atrayente [atra'jente] anziehend, verlockend.

atre|guado [atre'ğŭaðo] verrückt; **~guar** [~'ğŭar] (1i) e-n Aufschub (*od.* e-e Atempause) gewähren.

atre|verse [atre'berse] (2a) wagen; sich erdreisten; *~ a* (*inf.*) (es) wagen zu (*inf.*); *~ a a/c.* sich an et. (*ac.*) heranwagen; *~ con alg.* sich an j-n heranwagen, es mit j-m aufnehmen; **~vido** [~'biðo] dreist; verwegen; **~vimiento** [~bi'mĭento] *m* Dreistigkeit *f*; Verwegenheit *f*; Unverschämtheit *f*.

atribu|ción [atribu'θĭon] *f* Bei-, Zumessung *f*; Zuwendung *f*; Befugnis *f*, Zuständigkeit *f*; **~ir** [~bu'ir] (3g) verleihen; beimessen; zuerkennen; zuschreiben.

atribular [atribu'lar] (1a) Sorge (*od.* Kummer) machen; betrüben.

atributo [atri'buto] *m* Eigenschaft *f*; Kennzeichen *n*; Sinnbild *n*; *Gram.* Attribut *n*, Beifügung *f*.

atril [a'tril] *m* Pult *n*, Notenständer *m*.

atrinchera|r [atrintʃe'rar] (1a) verschanzen, befestigen; **~se** sich eingraben; sich verschanzen (hinter [*dat.*] *tras*) (*a. fig.*).

atrio ['atrĭo] *m* Vorhalle *f*; Vorhof *m* (*Kirche*); Diele *f*.

atrocidad [atroθi'ða⁽ᵈ⁾] *f* Scheußlichkeit *f*, Greuel *m*; *¡qué ~!* nicht möglich!; *decir (hacer) ~es* die unglaublichsten Dinge sagen (tun).

atrofia [a'trofĭa] *f* Atrophie *f*, Schwund *m*; **~rse** [atro'fĭarse] (1b) absterben, verkümmern (*a. fig.*).

atronado [atro'naðo] unbesonnen, kopflos.

atronador [atrona'ðɔr] betäubend, dröhnend.

atronar [atro'nar] (1m) mit Lärm erfüllen, durch Lärm betäuben.

atropar [atro'par] um sich scharen, (ver)sammeln; **~se** sich zusammenrotten.

atropella|do [atrope'ʎaðo] übereilt, überstürzt; hastig; **~miento** [~ʎa-'mĭento] *m* Überstürzung *f*.

atropellar [atrope'ʎar] (1a) überfahren, umrennen; tätlich angreifen; F anpöbeln; **~se** sich überstürzen.

atropello [atro'peʎo] *m* Zusammenstoß *m*, Verkehrsunfall *m* (*durch Überfahren*); Gewalttätigkeit *f*; Beschimpfung *f*; F Pöbelei *f*.

atroz [a'troθ] gräßlich, scheußlich; F riesig, furchtbar.

atuendo [a'tŭendo] *m* Prunk *m*; Volkstracht *f*; Kleidung *f*.

atufar [atu'far] (1a) ärgern, erzürnen; e-n schlechten Geruch *od.* Geschmack annehmen, e-n Stich bekommen (*Lebensmittel*); **~se** F böse werden.

atún [a'tun] *m* Thunfisch *m*; F *pedazo m de ~* Dummkopf *m*; F *ir por ~ y a ver al duque* zwei Fliegen mit e-r Klappe schlagen wollen.

aturdido

aturdi|do [atur'điđo] kopflos; verblüfft, F baff; **~miento** [~đi-'mjento] *m* Bestürzung *f*; Kopflosigkeit *f*; Verwirrung *f*; **~r** [~'đir] (3a) *mit Worten, Lärm usw.* betäuben; verblüffen; **~rse** sich sehr wundern.

aturrulla|do [aturru'ʎađo] sprachlos; unbesonnen; **~r** [~'ʎar] (1a) einschüchtern; verwirren; **~rse** außer Fassung geraten.

atusar [atu'sar] (1a) scheren; *das Haar* stutzen, glatt kämmen; *Bäume* beschneiden; **~se** sich herausputzen.

audacia [au̯'đaθja] *f* Kühnheit *f*, Verwegenheit *f*.

audaz [au̯'đaθ] kühn, verwegen.

audi|ble [au̯'đible] hörbar; **~ción** [au̯di'θjon] *f* Hören *n*; Konzert *n*; Übertragung *f* (*im Rundfunk*); Abspielen *n*; Verständigung *f* (*Telephon*); ‡‡ **~** (*de testigos*) (Zeugen-)Vernehmung *f*.

audiencia [au̯'đjenθja] *f* Audienz *f*, Empfang *m*; Gerichtshof *m*; Gerichtssaal *m*; **~** *provincial* Landgericht *n*; **~** *territorial* Oberlandesgericht *n*; *dar* **~** *a j-n* vorlassen, empfangen; *recibir en* **~** in Audienz empfangen.

audífono [au̯'đifono], **audiófono** [au̯'đjofono] *m* Hörapparat *m*.

audiovisual [au̯đjobi'sual] audiovisuell.

auditivo [au̯đi'tibo] Gehör..., Hör...

auditorio [au̯đi'torjo] *m* Zuhörerschaft *f*; Hörsaal *m*; Auditorium *n*.

auge ['au̯xe] *m fig.* Gipfelpunkt *m*, Höhepunkt *m*; *estar en* **~** *fig.* blühen (*Geschäft*); *tomar un* **~** e-n Aufschwung erleben.

augu|rar [au̯gu'rar] (1a) wahrsagen; voraussagen; **~rio** [~'gurjo] *m* Vorzeichen *n*; Vorbedeutung *f*; *un* **~** *feliz* ein gutes Omen.

augusto [au̯'gusto] erhaben, edel.

aula ['au̯la] *f* Hörsaal *m*; Klassenzimmer *n*; **~** *magna* Aula *f*.

aullar [au̯'ʎar] (1a) heulen; brüllen.

aullido [au̯'ʎiđo] *m*, **aúllo** [a'uʎo] *m* Geheul *n*, Heulen *n*.

aumen|tar [au̯men'tar] (1a) vermehren; vergrößern; *Preise* erhöhen; verstärken; erweitern; *fig.* übertreiben; *v/i.* sich mehren; zunehmen, wachsen; steigen (*Preise*). **~to** [au̯'mento] *m* Vermehrung *f*;

Vergrößerung *f*; Erhöhung *f* (*Preis*); Zunahme *f*; *Méj., Guat.* Postskriptum *n*, Nachschrift *f*; *ir en* **~** zunehmen; *fig.* aufwärts gehen.

aun [au̯n], **aún** [a'un] noch, noch immer; sogar; selbst; **~** *así* auch so noch; **~** *cuando* wenn auch, obwohl; **~** *no* noch nicht; *ni* **~** (*siquiera*) nicht einmal.

aunar [au̯'nar] (1a) verbinden, vereinigen.

aunque ['au̯ŋke] obwohl, obgleich, wenn auch.

aupar F [au̯'par] (1a) auf die Beine helfen; *¡aúpa!* auf!; *¡es de aúpa!* das ist toll, F prima, dufte!

aura ['au̯ra] *f* Lufthauch *m*, Lüftchen *n*; **~** *popular* Volksgunst *f*.

aureola [au̯re'ola] *f* Heiligenschein *m*; Nimbus *m*.

aurícula [au̯'rikula] *f Anat.* (Herz-)Vorkammer *f*, Vorhof *m*; ♀ Aurikel *f*.

auricular [au̯riku'lar] **1.** *adj.* Ohren...; (*dedo m*) **~** kleine(r) Finger *m*; *testigo m* **~** Ohrenzeuge *m*; **2.** *m* Telephonhörer *m*; **~es** *pl.* Kopfhörer *m*.

aurífero [au̯'rifero] goldhaltig.

aurora [au̯'rora] *f* Morgenröte *f*; **~** *boreal* Nordlicht *n*.

auscultar ✕ [au̯skul'tar] (1a) abhorchen.

ausen|cia [au̯'senθja] *f* Abwesenheit *f*; Fehlen *n*; Mangel *m*; *brillar por su* **~** F durch Abwesenheit glänzen; *hacer buenas* (*malas*) **~s** *a alg.* gut (gehässig) v. j-m reden (*in s-r Abwesenheit*); **~tarse** [au̯sen'tarse] (1a) sich entfernen; verreisen; **~te** [au̯'sente] abwesend; **~tismo** [au̯sen'tizmo] *m* = *absentismo*.

auspiciar *Am.* [au̯spi'θjar] (1b) begünstigen, fördern; die Schirmherrschaft übernehmen über (*ac.*).

auspicio [au̯s'piθjo] *m* Vorzeichen *n*, Vorbedeutung *f*; **~s** *pl.* Schutz *m*; *bajo los* **~s** *de alg.* unter der Schirmherrschaft von (*dat.*); *buenos* (*malos*) **~s** gute (böse) Vorzeichen *n/pl.*

auste|ridad [au̯steri'đa⁽ᵈ⁾] *f* Härte *f*; (Sitten-)Strenge *f*; *Pol.* Sparsamkeit *f*; *programa m de* **~** Sparprogramm *n*; **~ro** [au̯s'tero] (sitten-)streng; hart; in sich gekehrt; ernst; nüchtern.

austral [au̯s'tral] südlich, Süd...

australiano [aŭstra'liano] **1.** *adj.* australisch; **2.** *m*, **-a** *f* Australier(in *f*) *m*.

austríaco [aŭs'triako] **1.** *adj.* österreichisch; **2.** *m*, **-a** *f* Österreicher(in *f*) *m*.

austro ['aŭstro] *m* Südwind *m*.

autarquía [aŭtar'kia] *f* Autarkie *f*.

auténtica [aŭ'tentika] *f* beglaubigte Abschrift *f*.

autenti|car [aŭtenti'kar] (1g) beglaubigen; **~cidad** [~θi'da⁽ᵈ⁾] *f* Echtheit *f*, Glaubwürdigkeit *f*.

auténtico [aŭ'tentiko] glaubwürdig; echt, authentisch.

autillo [aŭ'tiʎo] *m* Waldkauz *m*.

auto... [aŭto...] *in Zssgn su.* Selbst..., Auto...; *adj.* selbst..., eigen..., auto...

auto ['aŭto] *m* richterliche Verfügung *f*; (= *automóvil*) Auto *n*, Kraftwagen *m*; *Lit.* Auto *n*, Mysterienspiel *n*; ~ de fe Ketzerverbrennung *f*; ~ sacramental Sakramentsspiel *n*; ~s *pl.* Prozeßakten *f/pl.*; (*dictar*) ~ de detención Haftbefehl *m* (erlassen); *fig.* estar en ~s mit e-r Sache vertraut sein, im Bilde sein; poner en ~s aufklären, einweihen.

auto|abastecimiento [aŭtoabasteθi'miento] *m* Selbstversorgung *f*; **~adhesivo** [~ade'sibo] selbstklebend.

auto|bús [aŭto'bus] *m* (Stadt-)Autobus *m*, Omnibus *m*; ~ escolar Schulbus *m*; **~car** [~'kar] *m* Reise(omni)bus *m*; **~cracia** [~'kraθia] *f* Autokratie *f*.

autócrata [aŭ'tokrata] *m* Autokrat *m*, Selbstherrscher *m*.

autóctono [aŭ'tɔktono] **1.** *adj.* bodenständig; **2.** *m* Ureinwohner *m*.

autodeterminación [aŭtodetermina'θion] *f* Selbstbestimmung *f*.

autodidacta [aŭtodi'dakta] *m* Autodidakt *m*.

autodisparador *Phot.* [aŭtodispara'dɔr] *m* Selbstauslöser *m*.

autodominio [aŭtodo'minio] *m* Selbstbeherrschung *f*. [rennbahn *f*.)

autódromo [aŭ'todromo] *m* Auto-)

autoescuela [aŭtoes'kŭela] *f* Fahrschule *f*; profesor *m* de ~ Fahrlehrer *m*.

autógeno [aŭ'tɔxeno] autogen; soldadura *f* -a autogenes Schweißen *n*.

autogestión [aŭtoxes'tion] *f* Selbstverwaltung *f*.

auto|giro ✈ [aŭtoʻxiro] *m* Tragschrauber *m*; **~gol** [~'gol] *m* Eigentor *n* (*Sport*).

autó|grafo [aŭ'tografo] **1.** *adj.* eigenhändig (geschrieben); **2.** *m* Urschrift *f*, Originalhandschrift *f*; Autogramm *n*; **~mata** [aŭ'tomata] *m* Automat *m*; *fig.* willenloses Werkzeug *n*.

auto|mático [aŭto'matiko] automatisch; mechanisch; **~matización** [~matiθa'θiɔn] *f* Automatisierung *f*; **~matizar** [~mati'θar] (1f) automatisieren; **~motor** [~'mo'tɔr] *m* Triebwagen *m*, Schienenbus *m*.

auto|móvil [aŭto'mobil] *m* Kraftwagen *m*, -fahrzeug *n*; Auto *n*, Wagen *m*; **~movilismo** [~mobi'lizmo] *m* Auto-, Kraftfahrsport *m*; **~movilista** [~mobi'lista] *m* Auto-, Kraftfahrer *m*; **~movilístico** [~mobi'listiko] Auto..., Kraftwagen...

autonomía [aŭtono'mia] *f* Autonomie *f*, Unabhängigkeit *f*; ~ (*administrativa*) Selbstverwaltung *f*.

autónomo [aŭ'tonomo] unabhängig, selbständig, autonom.

autopista [aŭto'pista] *f* Autobahn *f*.

autopsia ✂ [aŭ'tɔpsia] *f* Obduktion *f*, Sektion *f*.

autor *m*, **-a** *f* [aŭ'tɔr, aŭ'tora] Täter (-in *f*) *m*; Urheber(in *f*) *m*; Autor(in *f*) *m*; Verfasser(in *f*) *m*; Schriftsteller(in *f*) *m*; ~ teatral Bühnenautor *m*; ~ material ausführende(r) Täter *m*.

autori|dad [aŭtori'da⁽ᵈ⁾] *f* Ansehen *n*; Autorität *f*; (Amts-)Gewalt *f*; Machtbefugnis *f*; Obrigkeit *f*, Behörde *f*; **~tario** [~'tario] autoritär; selbstherrlich, herrisch; **~tarismo** [~ta'rizmo] *m* autoritäres System *n*; **~tativo** [~ta'tibo] maßgeblich, Autoritäts...

autori|zación [aŭtoriθa'θiɔn] *f* Genehmigung *f*; Bevollmächtigung *f*, Ermächtigung *f*; Berechtigung *f*; Beglaubigung *f*; **~zado** [~'θaᵈo] ermächtigt; zuständig; angesehen; glaubwürdig; **~zar** [~'θar] (1f) bevollmächtigen; berechtigen; genehmigen; beglaubigen; **~zarse** con sich berufen auf (*ac.*). [radio *n.*)

autorradio [aŭto'rradio] *m* Auto-)

autorregadora [aŭtorrega'dora] *f* Straßensprengwagen *m*.

autorretrato [aŭtorre'trato] *m* Selbstbildnis *n*.

autorriel [aŭto'rriel] *m* Schienenbus *m*.

autoservicio [aŭtoser'biθio] *m* Selbstbedienung *f*.

auto|stop [aŭto'stɔp] *m* Autostop *m*; *ir por* ~ *per Anhalter fahren*; **∼stopista** [∼stɔ'pista] *m* Anhalter *m*.

autosugestión [aŭtosuxes'tiɔn] *f* Autosuggestion *f*.

autovía [aŭto'bia] *f* Auto(schnell)-straße *f*; Triebwagen *m*.

auxiliar¹ [aŭgsi'liar] **1.** *adj.* helfend; Hilfs...; **2.** *m* Gehilfe *m*; Hilfskraft *f*; ♀ ~ *de vuelo* Steward *m*.

auxiliar² [aŭgsi'liar] (1b) helfen, beistehen.

auxilio [aŭ'gsilio] *m* Hilfe *f*, Beistand *m*; ♀ *Social* Volkswohlfahrt *f*; *pedir* ~ *a alg.* j-n um Hilfe bitten; *prestar* ~ Hilfe leisten.

aval [a'bal] *m* Wechselbürgschaft *f*, Aval *m*; *fig.* Garantie *f*.

avalancha *gal.* [aba'lantʃa] *f* Lawine *f*.

avalent(on)|ado [abalen'ta⁴o, ∼to'na⁴o] großsprecherisch, großmäulig; **∼arse** [∼'tarse, ∼to'narse] (1a) renommieren, F angeben.

avalista [aba'lista] *m* Wechselbürge *m*.

ava|lorar [abalo'rar] *v/t.* (1a) Wert beimessen (*dat.*); *fig.* ermutigen; **∼luada** *Am.* [∼'lŭada] *f* Schätzung *f*; **∼luar** [∼'lŭar] (1e) (ab)schätzen; bewerten, taxieren; **∼lúo** [∼'luo] *m* Bewertung *f*.

avance [a'banθe] *m* Vorrücken *n*; Vormarsch *m*; ✝ Vorausbezahlung *f*, Vorschuß *m*; Bilanz *f*; Voranschlag *m*; ~ *de programas* Programmvorschau *f*.

avan|trén [aban'tren] *m* ✕ Protze *f*; **∼zada** ✕ [∼'θada] *f* Voraustrupp *m*, Vorposten *m*; **∼zado** [∼'θa⁴o] vorgeschritten (*Alter, Krankheit*); fortschrittlich; **∼zar** [∼'θar] (1f) vorrücken; *fig.* fortschreiten; **∼zo** [a'banθo] *m* ✝ Bilanz *f*; Voranschlag *m*.

ava|ricia [aba'riθia] *f* Geiz *m*; Habsucht *f*; **∼ricioso** [∼ri'θioso], **∼riento** [∼'riento] geizig; habsüchtig; **∼ro** [a'baro] **1.** *adj.* geizig; **2.** *m* Geizhals *m*.

avasa|llador [abasaʎa'dɔr] überwältigend; **∼llar** [∼'ʎar] (1a) unterwerfen; *fig.* überwältigen.

ave ['abe] *f* Vogel *m*; **∼s** *pl.* Ge-

flügel *n*; ~ *de paso*, ~ *migratoria* Zugvogel *m*; ~ *de presa*, ~ *de rapiña* Raubvogel *m*; **∼s** *canoras* Singvögel *m/pl.*; **∼s** *domésticas od. de corral* Hausgeflügel *n*. [nähern.]

avecinarse [abeθi'narse] (1a) sich)

avecinda|miento [abeθinda'miento] *m* Einbürgerung *f*; **∼r** [∼'dar] (1a) einbürgern; **∼rse** sich ansiedeln, s-n Wohnsitz nehmen.

avechucho [abe'tʃutʃo] *m* häßlicher Vogel *m* (*a. fig.*).

avefría *Zo.* [abe'fria] *f* Kiebitz *m*.

avejentarse [abexen'tarse] (1a) vor der Zeit altern.

avellana [abe'ʎana] *f* Haselnuß *f*; **∼do** [∼ʎa'na⁴o] haselnußfarben; faltig.

avella|nar [abeʎa'nar] *Niet, Schraube* versenken; **∼narse** *fig.* austrocknen; runzelig werden; zs.-schrumpfen; **∼no** [∼'ʎano] *m* Haselstrauch *m*.

avemaría [abema'ria] *f* **a)** *Rel.* Ave-Maria *n*; Abendläuten *n*; *en un* ~ F im Nu; **b)** ¡*Ave María* (*Purísima*)! *Ausruf des Erstaunens:* Ach, du lieber Gott!

ave|na [a'bena] *f* Hafer *m*; **∼nal** [abe'nal] *m* Haferfeld *n*.

avenar [abe'nar] (1a) trockenlegen; dränieren.

avenencia [abe'nenθia] *f* Übereinkunft *f*; Vergleich *m*; Eintracht *f*.

avenida [abe'niða] *f* Allee *f*; Überschwemmung *f*; Zustrom *m*; **∼s** *pl.* Zugänge *m/pl.*, Zugangsmöglichkeiten *f/pl.*

avenido [abe'niðo]: *bien* ~ einig; *mal* ~ uneinig; unharmonisch (*Ehe*).

avenir [abe'nir] (3s) *v/t.* einigen; *v/i.* geschehen; **∼se** sich vertragen; sich anpassen; sich bequemen (zu [*dat.*] *a*); *allá se las avenga* das ist seine (*od. ihre*) Sache.

aventaja|do [abenta'xa⁴o] vorzüglich; begabt (*Schüler*); *de estatura* -*a* hochgewachsen, stattlich; **∼r** [∼'xar] (1a) übertreffen; **∼rse** sich hervortun.

aventar [aben'tar] Luft zuführen (*dat.*); *Getreide* worfeln, schwingen; *F* an die Luft setzen; **∼se** F sich davonmachen, P abhauen.

aventu|ra [aben'tura] *f* Abenteuer *n*; Wagnis *n*; **∼rar** [∼tu'rar] (1a) wagen; **∼rarse** sich vorwagen; sich in Gefahr begeben; ~ *en* sich ein-

axiomático

lassen auf (*ac.*); **~rero** [‿tu'rero]
1. *adj.* abenteuerlich; 2. *m*, **-a** *f*
Abenteurer *m*, Abenteu(r)erin *f*.

avergonza|do [abergɔn'θaᵈo]
schamhaft, verschämt; **~r** [‿'θar]
(1n *u.* 1f) beschämen; **~rse** sich
schämen.

ave|ría ⚓ [abe'ria] *f* Havarie *f*, See-
schaden *m*; *allg.* Beschädigung *f*,
Schaden *m*; ≮ Bruch *m*; *Auto:*
Panne *f*; **~riado** [‿'riaᵈo] beschädigt; *fig.* mitgenommen; **~riarse**
[‿'riarse] (1c) ⚓ Havarie erleiden;
allg. beschädigt werden; verderben
(*Waren*).

averiguar [aberi'ǧuar] (1i) untersuchen; ermitteln; ausfindig machen; ergründen; *Am. Cent., Méj.*
sich in e-n Streit einlassen.

aversión [aber'sion] *f* Abneigung *f*;
Widerwille *m*.

avestruz [abes'truθ] *m Zo.* Strauß *m*;
política f del ~ Vogelstraußpolitik *f*.

avetoro [abe'toro] *m* Rohrdommel *f*
(*Vogel*).

avezar [abe'θar] (1f) gewöhnen.

aviación [abia'θion] *f* Flugwesen *n*;
Luftfahrt *f*; ~ *militar* Luftwaffe *f*;
campo m de ~ Flugplatz *m*.

aviador [abia'dɔr] *m* Flieger *m*.

aviar [a'biar] (1c) ausrüsten; für
die Reise vorbereiten; mit dem
Nötigen versehen; fertigmachen;
F *¡vamos aviando!* munter! (*damit
wir fertig werden*); F *¡estamos
aviados!* da sitzen wir schön in der
Patsche!; **~se** sich anschicken; sich
fertigmachen.

avícola [a'bikola] Geflügel...; *granja f* ~ Geflügelfarm *f*.

avicul|tor [abikul'tɔr] *f* Geflügel-
züchter *m*; **~tura** [‿'tura] *f* Ge-
flügelzucht *f*.

avidez [abi'deθ] *f* Gier *f*.

ávido ['abiðo] gierig.

aviejarse [abie'xarse] (1a) = *avejentarse*. [F verdreht.\]

avieso [a'bieso] verkehrt; schief;\]

avifauna [abi'fauna] *f* Vogelwelt *f*.

avillanado [abiʎa'naᵈo] bäurisch,
grob.

avinagra|do [abina'graᵈo] essig-
sauer; *fig.* mürrisch; **~r** [‿'grar]
(1a) *fig.* verbittern; **~rse** sauer werden (*a. fig.*).

avío [a'bio] *m* Ausrüstung *f*; Mundvorrat *m*, Wegzehrung *f*; *¡al ~!* ans
Werk!; **~s** *pl.* Werkzeug *n*; Sachen

---

f/pl.; **~s** *pl. de escribir* Schreibzeug
n.

avión [a'biɔn] *m* **a)** Mauersegler *m*
(*Vogel*); **b)** Flugzeug *n*; ~ *de bom-
bardeo* Bombenflugzeug *n*, Bomber
m; ~ *de caza* Jagdflugzeug *n*, Jäger
m; ~ *de combate* Kampfflugzeug *n*;
~ *comercial* Verkehrsflugzeug *n*; ~
de hélice Propellerflugzeug *n*; ~
militar Militärflugzeug *n*; ~ *a* (*od.
de*) *reacción* (*Am. a* *od. de*) Düsenflugzeug *n*; ~ *supersónico* Über-
schallflugzeug *n*; ~ *torpedo* Tor-
pedoflugzeug *n*.   [*zeug n.*\]

avioneta [abio'neta] *f* Sportflug-\]

avisado [abi'saᵈo] schlau; *mal* ~ unklug (handelnd); übel beraten.

avi|sador [abisa'dɔr] *m* ⊕ Melde-
anlage *f*; ~ *de incendios* Feuer-
melder *m*; **~sar** [‿'sar] (1a) benachrichtigen; verständigen; Bescheid
sagen; *j-m et.* melden; ankündigen;
Am. inserieren; **~so** [a'biso] *m* Be-
nachrichtigung *f*, Nachricht *f*; Anzeige *f*, Meldung *f*, Bescheid *m*;
Wink *m*; Warnung *f*; Bekanntmachung *f*; *Am.* Inserat *n*; ~ *de abono*
Gutschriftsanzeige *f*; *estar sobre* ~
auf der Hut sein; *poner a alg. sobre*
~ *j-n* warnen; *salvo* ~ *en contrario*
Widerruf vorbehalten; *sin previo* ~
unangemeldet.

avis|pa [a'bispa] *f* Wespe *f*; **~pado**
F [abis'paᵈo] aufgeweckt, schlau;
Am. erschrocken; **~par** [‿'par] *v/t.*
(1a) antreiben; F *j-m* Beine machen; aufregen; **~parse** sich beunruhigen;
~pero [‿'pero] *m* Wespennest *n*;
fig. meterse en un ~ in ein Wespennest greifen (*od.* stechen); **~pón**
[‿'pɔn] *m* Hornisse *f*.

avistar [abis'tar] (1a) von weitem erblicken.

avituallar [abitua'ʎar] (1a) ver-
pflegen, verproviantieren.

aviva|r [abi'bar] (1a) beleben; *fig.*
anfeuern, ermuntern; ~ *el paso*
schneller gehen; **~rse** munter werden; sich beleben (*Geschäft*).

avizor [abi'θɔr] forschend; lauernd;
estar ojo ~ auf der Hut sein; **~ar**
[‿θo'rar] (1a) spähen, lauern.

avutarda [abu'tarða] *f* Trappe *f*
(*Vogel*).

axila [a'gsila] *f* Achsel(höhle) *f*.

axio|ma [a'gsioma] *m* Grundsatz *m*,
Axiom *n*; **~mático** [agsio'matiko]
unbestreitbar.

¡ay! [aĭ] ach!, oh!; au!; *¡~ de mí!* wehe mir!, ich Unglücklicher!

aya ['aja] *f* Kinderfrau *f*; Erzieherin *f*.

ayer [a'jer] gestern; *~ por la mañana* gestern morgen; *de ~ acá, de ~ a hoy* seit kurzem.

ayote ♀ *Am. Cent., Méj.* [a'jote] *m* Art Kürbis *m*.

ayuda [a'juda] **a)** *f* Hilfe *f*; *~ de costa* Kostenbeitrag *m*; *con (la) ~ de* mit Hilfe von *(dat.)*; **b)** *m* Gehilfe *m*; *~ de cámara* Kammerdiener *m*.

ayudante [aju'dante] *m* ✕ Adjutant *m*; Gehilfe *m*, Helfer *m*; Assistent *m*; *~ de realización* Regieassistent *m*.

ayudar [aju'dar] (1a) helfen; *~se* sich zu helfen wissen.

ayu|nada *Am.* [aju'nada] *f* Fasten *n*; *~nador* [~na'dor] *m* Fastende(r) *m*; *~nar* [~'nar] (1a) fasten; *~nas* [a'junas]: *en ~* nüchtern; *quedarse en ~* nichts bekommen, leer ausgehen; nichts verstehen; *~no* [a'juno] **1.** *adj.* nüchtern; *estar ~ de a/c.* von et. keine Ahnung haben; **2.** *m* Fasten *n*.

ayuntamiento [ajunta'mĭento] *m* Rathaus *n*; Gemeinderat *m*; Magistrat *m*; *~ carnal* Beischlaf *m*.

azabache [aθa'batʃe] *m* Gagat *m*, Pechkohle *f*; *de ~* pechschwarz.

azada [a'θada] *f* Hacke *f*.

azafata [aθa'fata] *f* Stewardeß *f*; Hostess *f*.

aza|frán ♀ [aθa'fran] *m* Safran *m*; *~franal* [~fra'nal] *m* Safranfeld *n*.

azahar [aθa'ar] *m* Orangenblüte *f*.

azalea ♀ [aθa'lea] *f* Azalee *f*.

azar [a'θar] *m* Zufall *m*; Schicksalsschlag *m*; Unglückskarte *f* *(Spiel)*; *al ~* aufs Geratewohl, blindlings; *juego de ~* Glücksspiel *n*.

azararse F [aθa'rarse] (1a) schiefgehen *(Geschäft)*.

azaroso [aθa'roso] gefahrvoll; unheilvoll.

ázimo ['aθimo] ungesäuert *(Brot)*.

azo|gado [aθo'ɡaᵈo] quecksilberhaltig; *fig.* unruhig; zappelig; *temblar como un ~* wie Espenlaub zittern; *~gamiento* [~ɡa'mĭento] *m* Quecksilbervergiftung *f*; *fig.* große Unruhe *f* u. Ängstlichkeit *f*; *~gar* [~'ɡar] (1h) mit Quecksilber bestreichen *od.* vergiften.

azogue [a'θoɡe] *m* Quecksilber *n*; F Zappelphilipp *m*, Quirl *m*.

azonzado *Am.* [aθon'θaᵈo] dumm.

azor [a'θor] *m* (Hühner-)Habicht *m*.

azo|rar [aθo'rar] (1a) erschrecken; ängstigen; verwirren; reizen; *~rarse* in Angst *od.* Verwirrung geraten; *~rramiento* [aθo'rra'mĭento] *m* Benommenheit *f*; *~rrarse* [aθo'rrarse] (1a) e-n schweren Kopf haben, benommen sein.

azotado [aθo'taᵈo] buntscheckig.

azo|taina F [aθo'taĭna] *f* Tracht *f* Prügel; *~tar* [~'tar] (1a) peitschen; schlagen; *fig.* strafen; *~tazo* [~'taθo] *m* Klaps *m* auf den Hintern; *~te* [a'θote] *m* Peitsche *f*; *fig.* Geißel *f*; F *dar ~s* verprügeln, F versohlen.

azotea [aθo'tea] *f* flaches Dach *n*; Söller *m*; Dachterrasse *f*; *~jardín* [~xar'din] *f* Dachgarten *m*.

azúcar [a'θukar] *m* *(a. f)* Zucker *m*; *~ de flor, ~ en polvo* Puderzucker *m*; *~ (en) bruto* Rohzucker *m*; *~ cande, ~ candi, ~ piedra* Kandiszucker *m*; *~ de caña* Rohrzucker *m*; *~ molido* Streuzucker *m*; *~ de piłón* Hutzucker *m*; *~ refinado* Raffinade *f*; *~ de remolacha* Rübenzucker *m*; *~ en terrones, ~ cortadillo* Würfelzucker *m*; *~ de uva* Traubenzucker *m*.

azuca|rado [aθuka'raᵈo] gezuckert; *fig.* zuckersüß; *~rar* [~'rar] (1a) (über)zuckern; *fig.* versüßen, *~rera* [~'rera] *f* Zuckerdose *f*; *~ automática* Zuckerstreuer *m*.

azucena [aθu'θena] *f* weiße Lilie *f*.

azud [a'θu⁽ᵈ⁾] *m* Flußwehr *n*.

azuda [a'θuda] *f* vom Fluß angetriebenes Schöpfrad *n*, Wasserrad *n*.

azu|frado [aθu'fraᵈo] **1.** *adj.* schweflig; **2.** *m* Schwefeln *n*; *~frador* [~fra'dor] *m* ✕ Schwefler *m*; *~frar* [~'frar] (1a) schwefeln; *~fre* [a'θufre] *m* Schwefel *m*; *~frera* [aθu'frera] *f* Schwefelgrube *f*; *~froso* [~'froso] schwefelhaltig.

azul [a'θul] **1.** *adj.* blau; *~ celeste* himmelblau; *~ turquí* türkisblau; **2.** *m* Blau *n*.

azu|lado [aθu'laᵈo] bläulich; *~lear* [~le'ar] (1a) blau (getönt) sein; *~lejo* [~'lexo] **1.** *m* Fliese *f*, Kachel *f*; **2.** *Am. adj.* bläulich.

azumbre [a'θumbre] *m* Flüssigkeitsmaß *f* (= 2,016 Liter).

azuza|dor [aθuθa'dor] *m* Hetzer *m*, Scharfmacher *m*; *~r* [~'θar] (1f) hetzen; reizen; ärgern; F frotzeln.

B

(Im absoluten Anlaut klingt das spanische b wie das deutsche b)

B, b [be] *f* B, b *n.*

baba ['baba] *f* Geifer *m*; Schleim *m*; caérsele a alg. la ~ mit offenem Munde dastehen; F vernarrt sein (in [ac.] con); **dor** [baba'dɔr] *m* (Kinder-)Lätzchen *n*; **za** [ba'baθa] *f* dicker Schleim *m*.

babear [babe'ar] (1a) geifern; F bis über die Ohren verliebt sein.

babel [ba'bɛl] *su.* Wirrwarr *m.*

babero [ba'bero] *m* (Kinder-)Lätzchen *n.*

Babia ['baβia] *f*: estar en ~ geistesabwesend sein.

babor ⚓ [ba'βɔr] *m* Backbord *n.*

babo|sa [ba'bosa] *f* Zo. Nacktschnecke *f*; **sada** Am. Cent., Méj. [babo'sada] *f* Dummheit *f*, Unsinn *m*; **so** [ba'boso] **1.** *adj.* geifernd; *fig.* sinnlos verliebt; Am. desp. dämlich; schlapp; **2.** F *m* Rotznase *f*; F Grünschnabel *m.*

baca ['baka] *f* Wagenplane *f*; Gepäckträger *m* auf dem Autodach.

bacalao [baka'lao] *m* Kabeljau *m*, Dorsch *m*; Schellfisch *m*; ~ (seco) Stockfisch *m*; F cortar el ~ den Ton angeben.

bacanal [baka'nal] *f* wüstes Gelagen.

bacanora Méj. [baka'nora] *f* gegorenes Agavengetränk *n.*

bacenica Arg., Chi. [baθe'nika] *f* Nachtgeschirr *n.*

bacía [ba'θia] *f* Becken *n*, Napf *m.*

bacilo [ba'θilo] *m* Bazillus *m.*

bacín [ba'θin] *m* Nachtgeschirr *n.*

bacón *engl.* [ba'kɔn] *m* (Frühstücks-)Speck *m.*

bacter|ia [bak'terja] *f* Bakterie *f*; **icida** [ˌteri'θida] bakterientötend; **iología** [ˌteriolo'xia] *f* Bakteriologie *f.*

báculo ['bakulo] *m* Stab *m*; *fig.* Stütze *f*; ~ pastoral Bischofsstab *m.*

bache ['batʃe] *m* Schlagloch *n*; *fig.* Tiefpunkt *m*; ✈ ~ de aire Luftloch *n.*

bachich|a [ba'tʃitʃa] **1.** *m* Rpl., Chi. desp. Italiener *m*; **2.** *f* Méj. Zigar-

renstummel *m*; **e** Ec., Perú desp. [ˌe] *m* Italiener *m.*

bachiller [batʃi'ʎer] *m* Bakkalaureus *m*; Abiturient *m*; F Schwätzer *m*; **ato** [ˌʎe'rato] *m* Abitur *n*, Reifeprüfung *f*; estudiar el ~ auf die Oberschule gehen; **ear** F [ˌʎere'ar] (1a) klugreden; **ía** [ˌʎe'ria] *f* leeres Geschwätz *n.*

bada|jada [bada'xada] *f* Glockenschlag *m*; *fig.* Ungereimtheit *f*; **jear** [ˌxe'ar] (1a) Unsinn reden; **jo** [ba'daxo] *m* Glockenschwengel *m*, Klöppel *m*; F dummer Schwätzer *m.*

badana [ba'dana] *f* gegerbtes Schafleder *n*; F zurrar a alg. la ~ j-m das Fell gerben.

badén [ba'den] *m* Querrinne *f.*

badil *m*, **a** *f* [ba'dil(a)] Feuerschaufel *f*; Schüreisen *n.*

badulaque [badu'lake] *m* Dummkopf *m*, Stümper *m.*

bagaje [ba'gaxe] *m* Gepäck *n*; *fig.* Rüstzeug *n.*

bagatela [baga'tela] *f* Kleinigkeit *f*, Lappalie *f.*

bagazo [ba'gaθo] *m* Bodensatz *m*; Trester *pl.*

bahareque Am. Cent., Col., Ven. [baa'reke] *m* Art Hütte *f.*

bahía [ba'ia] *f* Bai *f*, Bucht *f.*

bahorrina [bao'rrina] *f* Schmutz *m*; P Schweinepack *m.*

bai|lable [bai'lable] *m* Tanzplatte *f*; música *f* ~ Tanzmusik *f*; **lador** *m*, **-a** *f* [ˌla'dɔr, ˌ'dora] Tänzer(in *f*) *m*; **lar** [ˌ'lar] (1a) tanzen; ~le a alg. el agua sich lieb Kind bei j-m machen, j-m nach dem Munde reden; ~ alg. al son que tocan sein Mäntelchen nach dem Wind hängen; ~ con la más fea den kürzeren ziehen; **larín** *m*, **larina** *f* [bailaˈrin, ˌ'rina] Ballettänzer(in *f*) *m*; **le** ['baile] *m* Tanz *m*, Ball *m*; ~ de San Vito ✳ Veitstanz *m*; **lecito** Am. Mer. [ˌle'θito] *m* ein Volkstanz; **longo** Am. V [ˌ'lɔngo] *m*

Tanzfest *n*; **⁓lotear** [bailote'ar] (1a) (herum)hopsen.

baja ['baxa] *f* Fallen *n*, Sinken *n*; *Preise*: Absinken *n*; *Börse*: Baisse *f*; ✗ Verlust *m*; *Entlassung f aus dem Dienst*; ✗ dar de ⁓ abmelden; e-n Namen löschen, streichen; entlassen; ✠ krank schreiben; *darse de* ⁓ *od. causar* ⁓ austreten; sich abmelden; *jugar a la* ⁓ *an der Börse auf Baisse spekulieren*; *seguir en* ⁓ weiter fallen (*Preise*); ⁓ *del descuento* Diskontsenkung *f*; *movimiento m de* ⁓ rückläufige Bewegung *f*.

bajá [ba'xa] *m* Pascha *m*.

bajada [ba'xaða] *f* Abstieg *m*; Abhang *m*.

bajamar [baxa'mar] *f* Niedrigwasser *n*; Ebbe *f*.

bajar [ba'xar] (1a) **1.** *v/t.* herunternehmen; herunterbringen; herunterlassen, -klappen; herabsetzen, senken (*Preise*); **2.** *v/i.* sinken; ab-, aussteigen; nachlassen, abnehmen; fallen (*Preise*); **3.** **⁓se** sich bücken; ab-, aussteigen.

bajativo [baxa'tiβo] *m Arg., Chi.* Verdauungslikör *m*.

bajeza [ba'xeθa] *f* Niedertracht *f*; Gemeinheit *f*.

bajial *Méj., Ven.* [ba'xǐal] *m* (Überschwemmungen ausgesetztes) Tiefland *n*.

bajío [ba'xio] *m* Untiefe *f*, Sandbank *f*; *Am.* (Überschwemmungen ausgesetztes) Tiefland *n*.

bajista [ba'xista] *m an der Börse*: Baissier *m*.

bajo ['baxo] **1.** *adj.* niedrig; klein; tieferliegend (*Land*); matt (*Farben*); leise (*Stimme*); frühfallend (*Feste*); platt (*Stil*); *fig.* niederträchtig, gemein; *por lo* ⁓ in aller Stille; unter der Hand; **2.** *m* ♪ Baß *m*; Bassist *m*; Baßstimme *f*; Baßgeige *f*; Niederung *f*; ♫ Sandbank *f*; (*piso m*) ⁓ Erdgeschoß *n*; **3.** *adv.* unten, darunter; *hablar* ⁓ leise sprechen; **4.** *prp.* unter; ⁓ *juramento* unter Eid; ⁓ *palabra* auf Ehrenwort; ⁓ *techado* unter Dach und Fach.

bajón [ba'xɔn] *m* Niedergang *m*; *fig. dar un (gran)* ⁓ herunterkommen.

bajorrelieve [baxɔrre'lǐeβe] *m* Flachrelief *n*.

bajuno [ba'xuno] gemein; rüpelhaft.

bala ['bala] *f* Kugel *f*; ✠ Ballen *m*; ⁓ *luminosa* Leuchtkugel *f*; F *como una* ⁓ blitzschnell; *ni a* ⁓ *Am.* auf keinen Fall, unter keinen Umständen; **⁓ca** *Am.* [ba'laka] *f*, **⁓cada** *Arg., Ec.* [ba'lakaða] *f* Prahlerei *f*.

bala|ceo *Am.* [ba'laθeo] *m*, **⁓cera** *Am.* [⁓θera] *f* Schießerei *f*.

balada [ba'laða] *f* Ballade *f*.

baladí [bala'ði] wertlos, gering.

baladro|nada [balaðro'naða] *f* Aufschneiderei *f*, Prahlerei *f*; **⁓near** [⁓ne'ar] (1a) aufschneiden, prahlen.

balan|ce [ba'lanθe] *m* Schwanken *n*; ♫ Schlingern *n*; *Buchhaltung*: Bilanz *f*; Abschluß *m*; ⁓ *anual* Jahresbilanz *f*; ⁓ *deficitario* Unterbilanz *f*; ⁓ *mensual* Zwischenbilanz *m*; ⁓ *provisional* Zwischenbilanz *f*; *hacer* (*el*) ⁓ Bilanz ziehen; **⁓cear** [balan-θe'ar] (1a) *v/t.* abwägen; *v/i. fig.* schwanken, unentschlossen sein; balancieren; ♫ schlingern.

balancín [balan'θin] *m* Schwingarm *m*, Schwinghebel *m*; Balancierstange *f*; Gartenschaukel *f*.

balan|dra ♫ [ba'landra] *f* Kutter *m*; **⁓dro** [⁓'landro] Seegelboot *n*.

balanza [ba'lanθa] *f* **a)** *Außenhandel*: Bilanz *f*; ⁓ *comercial* Handelsbilanz *f*; ⁓ *de pagos* Zahlungsbilanz; **b)** Waage *f*; ⁓ *de platillos* Tellerwaage *f*; ⁓ *de precisión* Präzisionswaage *f*; ⁓ *postal* Briefwaage *f*; ⁓ *romana* Laufgewichtswaage *f*; *inclinar la* ⁓ *fig.* den Ausschlag geben.

balar [ba'lar] (1a) blöken.

balasto [ba'lasto] *m* Schotter *m*; Bettung *f*.

balaustrada [balaus'traða] *f* Balustrade *f*; Brüstung *f*.

balazo [ba'laθo] *m* Schuß *m*; Schußwunde *f*.

balbu|cear [balbuθe'ar] (1a) stammeln, stottern; **⁓ceo** [⁓'θeo] *m* Stammeln *n*, Stottern *n*; **⁓cir** [⁓'θir] (3f; *nur im inf. und part. prs.*) stammeln, stottern.

balcánico [bal'kaniko] Balkan..., balkanisch.

balcón [bal'kɔn] *m* Balkon *m*.

balché *Am. Cent., Méj.* [bal'tʃe] *m* gegorenes Fruchtgetränk *m*.

baldaquín [balda'kin] *m* Thronhimmel *m*, Baldachin *m*.

balde ['balde] *m bsd. ♫ u. Am.* Wassereimer *m*; *de* ⁓ umsonst, un-

91   **bandera**

entgeltlich; *en* ~ vergeblich; *estar de* ~ überflüssig sein; *Rpl.*, *Col.* arbeitslos sein; **~ar** ♣ [balde'ar] (1a) *das Deck* scheuern.
baldío [bal'dio] **1.** *adj.* unbebaut; brachliegend; *fig.* zwecklos; **2.** *m* Brachland *n*.
bal|dón [bal'dɔn] *m* Schimpf *m*; Beschimpfung *f*; **~donar** [~do'nar] (1a) beschimpfen.
baldosa [bal'dosa] *f* (Boden-)Fliese *f*.
bale|ar [bale'ar] **1.** (1a) *Am.* beschießen; erschießen; **2.** *adj.* balearisch; **~o** *Am.* [ba'leo] *m* Schießerei *f*; **~ro** [ba'lero] *m Am. Mer.* = *boliche* (*Spiel*).
balido [ba'lido] *m* Blöken *n*.
balín [ba'lin] *m* kleinkalibrige Gewehrkugel *f*.
balística [ba'listika] *f* Ballistik *f*.
baliza ♣ [ba'liθa] *f* Bake *f*, Boje *f*; **~miento** [~'mjento] *m* Befeuerung *f* (*a.* ✈); ~ *luminoso* Lichtanlage *f* (*Straße*).
balneario [balne'ario] *m* Bade-, Kurort *m*.
balompié [balɔm'pje] *m* Fußball *m*.
balón [ba'lɔn] *m* großer Ballen *m*; Ball *m zum Spielen*.
baloncesto [balɔn'θesto] '*m* Korbball *m*, Basketball *m*.
balon|mano [balɔn'mano] *m* Handball *m*; **~volea** [balɔmbo'lea] *m* Volleyball *m*.
balsa ['balsa] *f* Floß *n*; Fähre *f*; Pfütze *f*; (*como*) *una* ~ *de aceite* ganz still und ruhig.
bálsamo [ba'lsamo] *m* Balsam *m*; *fig.* Linderung *f*, Trost *m*.
balsero [bal'sero] *m* Flößer *m*; Fährmann *m*.
báltico ['baltiko] baltisch; *Mar m* ⚲ Ostsee *f*.
baluarte [ba'lŭarte] *m* Bollwerk *m* (*a. fig.*); Bastei *f*; Bastion *f*.
balumba [ba'lumba] *f* Kram *m*, Krempel *m*; *Am.* Krach *m*; Durcheinander *n*.
ballena [ba'ʎena] *f* Walfisch *m*; Fischbein *n*; Kragenstäbchen *n*; Korsettstange *f*; **~to** [baʎe'nato] *m* junger Walfisch *m*.
ballenero [baʎe'nero] *m* Walfänger *m*; (*barco m*) ~ Walfangschiff *n*.
ballesta [ba'ʎesta] *f* Armbrust *f*; ⊕ Tragfeder *f*; ~ *de eje* Achsfeder *f*.
ballet *gal.* [ba'let] *m* Ballett *n*.

bambalear [bambale'ar] (1a) schwanken; *fig.* wackeln, wanken.
bambalina *Thea.* [bamba'lina] *f* Soffitte *f*.
bam|bolla F [bam'boʎa] *f* Prunksucht *f*; Pomp *m*; *Am. reg.* lebhafte Unterhaltung *f*; Stimmengewirr *n*; **~bollero** F [~bo'ʎero] protzig.
bambú [bam'bu] *m* Bambusrohr *n*.
banal *gal.* [ba'nal] alltäglich, platt, banal; **~idad** [~nali'da⁽ᵈ⁾] *f* Banalität *f*.
bana|na *Am.* [ba'nana] *f* Banane *f*; **~nero** [~na'nero] *m* Bananenbaum *m*.
banano ⚲ [ba'nano] *m* Bananenbaum *m*.
banasta [ba'nasta] *f* länglicher Korb *m*.
banastero *m*, **-a** *f* [banas'tero, ~a] Korbflechter(in *f*) *m*.
banasto [ba'nasto] *m* runder Korb *m*.
banca ['baŋka] *f* **a)** Bank *f* (*ohne Rückenlehne*); Schemel *m*; *Am.* Sitz *m*; ~ *de hielo* Eisscholle *f*; **b)** Bankwesen *n*; Bank *f* (*im Spiel*).
bancal [baŋ'kal] *m* (Garten-)Beet *n*.
bancario [baŋ'kario] Bank...; *crédito m* ~ Bankkredit *m*.
bancarrota [baŋka'rrɔta] *f* Bankrott *m*.
banco ['baŋko] *m* **a)** (Sitz-)Bank *f*; Arbeitsbank *f*, Werkbank *f*; ~ *de carpintero* Hobelbank *f*; ~ *de pruebas* Prüfstand *m*; **b)** ♣ Untiefe *f*; *Geol.* Lager *n*, Schicht *f*; ~ *de arena* Sandbank *f*; **c)** ✝ Bank *f*; ~ *de crédito* Kreditbank *f*; ~ *de datos* Datenbank *f*; ~ *de depósitos* Depositenbank *f*; ~ *de descuento* Diskontbank *f*; ~ *emisor* Notenbank *f*; ~ *hipotecario* Hypothekenbank *f*; ~ *vitalicio* Rentenbank *f*.
banda ['banda] *f* Binde *f*; Streifen *m*; Breitseite *f eines Schiffes*; Bande *f*; Schar *f*; Musikkapelle *f*; ~ *de frecuencias* Frequenzband *n*; ~ *sonora* Tonstreifen *m* (*Film*).
bandada [ban'dada] *f* Schwarm *m* Vögel.
bandeja [ban'dɛxa] *f* Tablett *n*; Einlegefach *n* (*im Koffer*); *servir* (*od. ofrecer*) *en* ~ *fig.* fix und fertig übergeben.
bandera [ban'dera] *f* Fahne *f*, Flagge *f*; *a* ~*s desplegadas* mit fliegenden Fahnen.

bandería [bande'ria] *f* Partei *f*; Clique *f*.

banderilla *Stk.* [bande'riʎa] *f* Banderilla *f*; F *poner a alg. una ~* j-m eins auswischen, j-m an den Wagen fahren.

banderillero *Stk.* [banderi'ʎero] *m* Banderillero *m*. [flagge *f*.⟩

banderín [bande'rin] *m* Signal-⟩

banderola [bande'rola] *f* Fähnchen *n*, Wimpel *m*.

bandido [ban'diðo] *m* Bandit *m*.

bando ['bando] *m* Partei *f*; Erlaß *m*; öffentliche Bekanntmachung *f*.

bandola [ban'dola] *f* ♪ *Art* Mandoline *f*; ♣ Notmast *m*.

bandolera [bando'lera] *f* Schulterriemen *m*; Umhänge-, Schultertasche *f*; *en ~* umgehängt.

bando|lerismo [bandole'rizmo] *m* Räuberunwesen *n*; **~lero** [~'lero] *m* (Straßen-)Räuber *m*, Bandit *m*.

bandurria ♪ [ban'durria] *f* zwölfsaitige kleine Gitarre *f*.

banjo ♪ [ˈbanxo] *m* Banjo *n*.

banquero [ban'kero] *m* Bankier *m*; Bankhalter *m* (*beim Spiel*).

banque|ta [ban'keta] *f* Schemel *m*; *Méj., Guat.* Bürgersteig *m*; **~te** [~'kete] *m* Gastmahl *n*, Bankett *n*; **~tear** [~kete'ar] (1a) schlemmen.

banquillo [ban'kiʎo] *m* Fußschemel *m*; ⚖ Anklagebank *f*; *estar en el ~* Reservespieler sein (*Sport*).

baña ['baɲa] *f* Suhle *f*; **~dera** *Am. reg.* [baɲa'dera] *f* Badewanne *f*; **~dor** [~'dor] *m* Badeanzug *m*; Badehose *f*.

bañar [ba'ɲar] (1a) baden; *Land* bespülen; bescheinen (*Sonne*); *Porzellan* glasieren; bestreichen; tränken (mit).

bañe|ra [ba'ɲera] *f* Badefrau *f*; Badewanne *f*; **~ro** [ba'ɲero] *m* Bademeister *m*.

bañista [ba'ɲista] *m* Badegast *m*, Kurgast *m*.

baño ['baɲo] *m* Bad *n*; Badezimmer *n*; *Am. a.* Toilette *f*; Überzug *m*, Glasur *f*; *~ María* Wasserbad *n*; **~s** *pl.* Heilbad *n*.

baptisterio [baptis'terio] *m* Taufkapelle *f*; Taufbecken *n*.

baqueta [ba'keta] *f* Gerte *f*, Rute *f*; *tratar a* (*la*) *~* hart behandeln; *correr ~s pl.* Spießruten laufen.

baquía *Am.* [ba'kia] *f* genaue Ortskenntnis *f*; Geschicklichkeit *f*.

baquiano *Am.* [ba'kiano] **1.** *adj.* orts-, sachkundig; geschickt; **2.** *m* Führer *m* (*durch unwegsames Gelände*).

bar [bar] *m* Bar *f* (*Imbiß- und Trinkstube*).

barahúnda [bara'unda] *f* Lärm *m*, Tumult *m*, Wirrwarr *m*.

bara|ja [ba'raxa] *f* Spiel *n* Karten; **~jar** [bara'xar] (1a) *Karten* mischen; *Rpl.* in der Luft auffangen; *fig.* verwirren; ins Spiel bringen; *~ cifras* mit Zahlen jonglieren; *~ en el aire Arg., Ur.* rasch begreifen.

baranda [ba'randa] *f* (Treppen-)Geländer *n*.

barandilla [baran'diʎa] *f* Brüstung *f*; Geländer *n*.

barata *Col., Méj.* [ba'rata] *f* Ramschladen *m*; billiger Ausverkauf *m*.

barate|ar [barate'ar] (1a) verschleudern, verramschen; **~ro** *Am.* [~'tero] *m* Krämer *m*.

barati|ja [bara'tixa] *f* wertlose Kleinigkeit *f*; **~s** *pl.* Ramschware *f*; Plunder *m*; **~llero** [~ti'ʎero] *m* Trödler *m*; **~llo** [~'tiʎo] *m* Trödelmarkt *m*, -laden *m*; Ausschußware *f*.

baratío *Am. Cent.* [bara'tio] *m* Ramschladen *m*.

barato [ba'rato] **1.** *adj.* billig; *dar de ~* gutwillig zubilligen; **2.** *m* Verkauf *m* unter Preis.

baratura [bara'tura] *f* Billigkeit *f*.

barba ['barba] *f* Kinn *n*; Bart *m*; ♀ Granne *f*; *por ~* pro Kopf, pro Person; *a las ~s de alg.* in j-s Gegenwart; *decir a alg. a/c. en sus ~s* j-m et. ins Gesicht sagen; *hacer la ~* rasieren; *fig.* F einseifen; *subirse a las ~s de alg.* j-m über den Kopf wachsen.

barba|cana ✕ [barba'kana] *f* Schießscharte *f*; **~coa** [~'koa] *f* (Garten-)Grill *m*.

bar|bado [bar'baðo] **1.** *adj.* bärtig; **2.** ♀ *m* Wurzeltrieb *m*; **~bar** [~'bar] (1a) einen Bart bekommen; ♀ Wurzeln treiben.

barba|ridad [barbari'da(d)] *f* Barbarei *f*; Ungeheuerlichkeit *f*; *¡qué ~! so* ein Unsinn!; unglaublich!; F *una ~ de* e-e Unmenge von; *hacer ~es* Ungehöriges tun; **~rie** [~'barie] *f* Barbarei *f*, Roheit *f*; Unkultur *f* Grausamkeit *f*; **~rismo** *Gram.* [~ba'rizmo] *m* Sprachwidrigkeit *f*;

⁓**rizar** [⁓baɾi'θaɾ] (1f) F Unsinn
reden; sich ungehörig ausdrücken.
bárbaro ['baɾbaɾo] **1.** *adj.* barba-
risch; grausam, wild, roh; F toll,
enorm; **2.** *m* Barbar *m*; F toller
Kerl *m*; *¡qué ⁓!* unglaublich!; unerhört!
barbe|chera [baɾbe'tʃeɾa] *f* Brach-
land *n*; Brache *f*; ⁓**cho** [⁓'betʃo] *m*
Brachfeld *n*; Brachen *n*; *estar de ⁓*
brachliegen.
barbero [baɾ'beɾo] *m* Barbier *m*;
Herrenfriseur *m*.
barbián [baɾ'bian], **barbiana** [⁓-
'biana] stattlich, stramm; schick,
fesch.
barbi|cano [baɾbi'kano] graubär-
tig; ⁓**lla** [⁓'biʎa] *f* Kinn *n*; ⁓**llas**
Am. Mer. [⁓'biʎas] bartlos.
barbo ['baɾbo] *m* Barbe *f (Fisch)*.
barbotear [baɾbo'taɾ], **barbotear**
[⁓te'aɾ] (1a) murmeln, brummeln.
barbu|chas *Am. desp.* [baɾ'butʃas]
bartlos; ⁓**do** [⁓do] bärtig.
barca ['baɾka] *f* Barke *f*, Kahn *m*;
⁓ *de pesca* Fischerboot *n*; ⁓**da**
[baɾ'kada] *f* Kahnladung *f*; ⁓**je**
[⁓'kaxe] *m* Fährgeld *n*; ⁓**rola** ♪
[⁓ka'rola] *f* Gondellied *n*, Barka-
role *f*; Seemannslied *n*; ⁓**za** ⚓
[⁓'kaθa] *f* Barkasse *f*.
barco ['baɾko] *m* Schiff *n*; ⁓ *cisterna*
Tanker *m*; ⁓ *pesquero* Fischerboot
n; ⁓ *salvador* Bergungsschiff *n*; ⁓
tra(n)sbordador Fährschiff *n*; ⁓ *de
vela* Segelboot *n*.
bardana ⚘ [baɾ'dana] *f* Klette *f*.
baremo [ba'ɾemo] *m* Tarifliste *f*;
Tarifordnung *f*.
barítono [ba'ɾitono] *m* Bariton *m*.
barloven|tear ⚓ [baɾlobente'aɾ]
(1a) kreuzen; ⁓**to** ⚓ [⁓'bento] *m*
Luv(seite) *f*.
barman *engl.* ['baɾman] *m* Barmixer *m*.
barniz [baɾ'niθ] *m* Firnis *m*; Lack
m; (Porzellan-)Glasur *f*; Drucker-
schwärze *f*; ⁓ *secante* Trockenfirnis
m; ⁓**ado** [⁓ni'θaᵈo] *m* Firnissen *n*,
Lackieren *n*; Firnisanstrich *m*; ⁓**ar**
[⁓'θaɾ] (1f) firnissen, lackieren.
barómetro [ba'ɾometro] *m* Barometer *m*, Luftdruckmesser *m*.
ba|rón [ba'ɾɔn] *m* Baron *m*, Freiherr
m; ⁓**ronesa** [baɾo'nesa] *f* Baronin *f*,
Freifrau *f*.
barquero [baɾ'keɾo] *m* Fährmann
m; (Fluß-)Schiffer *m*.

barquía [baɾ'kia] *f* Fischerboot *n*.
barquilla [baɾ'kiʎa] *f* ⚓ Log *n*;
Ballonkorb *m*, Luftschiffgondel *f*.
barquillo [baɾ'kiʎo] *m* Waffel *f*.
barra ['baɾra] *f* Stab *m*, Stange *f*;
Barren *m*; Gerichtsschranken *f/pl.*;
⚓ Sandbank *f*; Theke *f*, Bar *f*;
⁓ *fija* Reck *n*; ⁓*s pl.*: ⁓*s asimétricas*
Stufenbarren *m*; ⁓*s paralelas* Barren *m (Turngerät)*; *sin pararse en ⁓s*
rücksichtslos; ⁓**basada** F [baɾraba-
'sada] *f* mutwilliger Streich *m*.
barraca [ba'rraka] *f* Baracke *f*; *Am.*
Lager *n*, Schuppen *m*; *Chi.* Holz-
handlung *f*; ⁓ *de la obra* Baubude *f*.
barranco [ba'rraŋko] *m* Schlucht *f*,
Klamm *f*; *fig.* Hindernis *n*.
barre|al *Am. reg.* [baɾre'al] *m*
Sumpf *m*; ⁓**ar** [⁓'aɾ] (1a) verram-
meln; *Straße* sperren.
barredera [baɾre'deɾa] *f* Straßen-
kehrmaschine *f*; Teppichkehrer *m*;
⁓*regadera* Straßenkehr- und
Sprengmaschine *f*; *(red f)* ⁓
Schleppnetz *n*.
barredura [baɾre'duɾa] *f* Kehren *n*,
Fegen *n*; ⁓*s pl.* Kehricht *m*.
barrena [ba'rrena] *f* Bohrer *m*; ✈
Trudeln *n*; *entrar en ⁓* (ab)trudeln.
barrenado [baɾre'naᵈo] **1.** *adj. fig.* F
verdreht, halb verrückt; **2.** *m* Bohren *n*.
barrenadora [baɾrena'doɾa] *f* Bohrmaschine *f*.
barrenar [baɾre'naɾ] (1a) bohren;
✈ trudeln; *fig.* vereiteln; *Gesetze*
mißachten.
barrendero [baɾren'deɾo] *m* Stra-
ßenkehrer *m*.
barrenillo [baɾre'niʎo] *m* **a)** Bor-
kenkäfer *m*; **b)** Knorren *m (am
Baum)*.
barreno [ba'rreno] *m* Sprengloch *n*,
Bohrloch *n*.
barreño [ba'rreɲo] *m* (große)
Schüssel *f*; Trog *m*; Kübel *m*.
barrer [ba'rrer] (2a) kehren, fegen;
⁓ *hacia (od. para) dentro* auf s-n
Vorteil bedacht sein; ⁓**a** [ba'rrera] *f*
Schranke *f*; Schlagbaum *m*; Barriere *f*; untere, erste Sitzreihe *f* in
der Stierkampfarena; *fig.* Hindernis
n; ⁓ *del sonido* Schallmauer *f*; ⁓*s
arancelarias* Zollschranken *f/pl.*;
⁓**o** [⁓ro] *m* Töpfer *m*.
barria|da [ba'rriaða] *f* Stadtviertel
n; ⁓**l** *Am.* [⁓l] *m* Lehmgrund *m*,
Schlamm *m*.

barrica [ba'rrika] *f* Faß *n*; **~da** [barri'kaða] *f* Barrikade *f*, Straßensperre *f*.

barri|da *Am.* [ba'rrida] *f*, **~do** [~ðo] *m* Kehren *n*; Kehricht *m*.

barriga [ba'rriɣa] *f* Bauch *m*; *echar* ~ e-n Bauch bekommen.

barri|gón F [barri'ɣɔn], **~gudo** [~'ɣuðo] dickbäuchig.

barril [ba'rril] *m* Faß *n*, Tonne *f*; *Am. reg. Art* Drachen *m* (*Spielzeug*); **~ero** [barri'lero] *m* Böttcher *m*, Faßbinder *m*.

barrio ['barrio] *m* Stadtviertel *n*; Vorstadt *f*; ~ *obrero* Arbeitersiedlung *f*; ~*s bajos* Unterstadt *f*.

barrista [ba'rrista] *m* Barrenturner *m*.

barrita [ba'rrita] *f* Stäbchen *n*; ~ *de carmín* Lippenstift *m*.

barrizal [barri'θal] *m* Lehmboden *m*; Sumpf *m*, Schlamm *m*.

barro ['barrɔ] *m* Schlamm *m*, Morast *m*; Ton *m*, Lehm *m*; *Arg.*, *Ur. fig.* Irrtum *m*, Fehlgriff *m*; *tener* ~ *a mano* Geld wie Heu haben; **~so** [ba'rrɔso] schlammig; lehmig.

barrun|tar [barrun'tar] (1a) ahnen, vermuten; **~to** [ba'rrunto] *m* Ahnung *f*, Vermutung *f*.

barto|la [bar'tola]: *fig. a la* ~ lässig, flegelhaft; **~lina** [~'lina] *Cu., Guat., Méj., P.R.* [~to'lina] *f* Gefängnis *n*.

bártulos ['bartulos] *m/pl.* Kram *m*, F Siebensachen *f/pl.*; *liar los* ~ seine Sachen packen.

barullo [ba'ruʎo] *m* Wirrwarr *m*; Lärm *m*.

bar|zón [bar'θɔn] *m* Bummel *m*; *dar barzones* (herum)bummeln; **~zonear** [~θone'ar] (1a) (herum-)bummeln.

basa ['basa] *f* Säulenfuß *m*; Basis *f*.

basalto [ba'salto] *m* Basalt *m*.

basar [ba'sar] (1a) gründen; **~se en** *a/c.* fußen auf et. (*dat.*); beruhen auf et. (*dat.*).

basca ['baska] *f* Übelkeit *f*; Brechreiz *m*.

báscula ['baskula] *f* Waage *f*; Personen-, Brückenwaage *f*.

basculador [baskula'ðɔr] *m* Kippvorrichtung *f*, Kipper *m*.

base ['base] *f* Grundlage *f*, Basis *f*; ⚛ Base *f*; ⚖ Grundlinie *f*, -zahl *f*; ✕ Stützpunkt *m*; *a* ~ *de* auf Grund von (*dat.*); *a* ~ *de bien* großartig, ausgezeichnet.

básico ['basiko] Grund...; grundlegend; ⚛ basisch.

basílica [ba'silika] *f* Basilika *f*.

basilisco [basi'lisko] *m* Basilisk *m*; *hecho un* ~ wutschnaubend.

basta ['basta] *f* Steppnaht *f*; Heftnaht *f*.

basta|nte [bas'tante] *adj.* hinlänglich, genügend; *adv.* genug, ziemlich; **~r** [~'tar] (1a) genügen; *¡basta (con eso)!* das genügt!, genug (damit)!

bastarda [bas'tarða] *f* Vorfeile *f*; *Typ.* Kursivschrift *f*.

bastar|dear [bastarðe'ar] (1a) aus der Art schlagen; *v/t.* verfälschen; **~dilla** [~'diʎa] *f* Kursivschrift *f*; **~do** [~'tarðo] **1.** *adj.* unecht; Misch...; **2.** *m* Bastard *m*; uneheliches Kind *n*.

bastedad *Am. Cent.* [baste'ða⁽ᵈ⁾] *f* Überfluß *m*.

basteza [bas'teθa] *f* Grobheit *f*; Plumpheit *f*; Ungeschliffenheit *f*.

bastidor [basti'ðɔr] *m* Rahmen *m*; Gestell *n*; *Phot.* Kassette *f*; *Thea.* ~es *pl.* Kulissen *f/pl.*; *entre* ~es im geheimen; F *hinter den Kulissen*.

bastilla [bas'tiʎa] *f* Saum *m*.

bastimento [basti'mento] *m* Proviant *m*; Wasserfahrzeug *n*.

bastión [bas'tiɔn] *m* Bollwerk *n* (*a. fig.*).

basto ['basto] *adj.* grob, roh; *fig.* plump, ungeschliffen.

bas|tón [bas'tɔn] *m* Stock *m*, Stekken *m*; Stab *m*; Spazierstock *m*; ~ *de esquí* Schistock *m*; *empuñar el* ~ den Befehl übernehmen; *meter el* ~ vermitteln; Frieden stiften; **~tonada** [~to'naða] *f* Stockschläge *m/pl.*; **~tonazo** [~to'naθo] *m* Stockhieb *m*; **~tonear** [~tone'ar] (1a) durchprügeln; **~tonera** [~to'nera] *f* Stock-, Schirmständer *m*; **~tonero** [~to'nero] *m* Zeremonienmeister *m*.

basu|ra [ba'sura] *f* Kehricht *m*; Müll *m*; *cubo de* ~ Mülleimer *m*; **~ral** *Am.* [basu'ral] *m* Müllhaufen *m*, -grube *f*; **~rero** [~'rero] *m* Müllfahrer *m*; Müllhaufen *m*; **~rita** F *Am.* [~'rita] *f* Lappalie *f*.

bata ['bata] *f* Haus-, Schlaf-, Morgenrock *m*; Kittel *m*.

bata|cazo [bata'kaθo] *m* Fall *m*, Sturz *m*; F *dar un* ~ lang hinschlagen; **~hola** F [~'ɔla] *f* Krach *m*, Radau *m*.

bata|lla [ba'taʎa] f Schlacht f; Kampf m; Streit m; ~ campal Feldschlacht f; ~ de flores Blumenkorso m; **~llar** [bata'ʎar] (1a) kämpfen; **~llón** [~'ʎɔn] m Bataillon n; **~llona** F [~'ʎona]: cuestión f ~ Streitfrage f.

batanga Méj. [ba'taŋga] f Art Fähre f.

batata [ba'tata] f Batate f, süße Kartoffel f.

batea [ba'tea] f Tablett n; flacher, offener Güterwagen m; ⚓ Prahm m; Am. Waschtrog m.

bate|ría [bate'ria] **a)** f ✕, ⚜ Batterie f; ♪ Schlagzeug n; ~ seca Trockenbatterie f; ~ de arranque Starterbatterie f; ~ de cocina (Satz) Küchengeschirr n; **b)** m ♪ Schlagzeuger m; **~rista** ♪ [~'rista] m Schlagzeuger m.

batiboleo Cu., Méj. [batibo'leo] m Lärm m, Wirrwarr m.

batida [ba'tida] f Treibjagd f; ✕ Streife f; Razzia f.

batidero [bati'dero] m Klappern n; holpriger Fahrweg m; fig. überlaufener Ort m.

bati|do [ba'tido] **1.** adj. ausgetreten, ausgefahren (Weg); schillernd (Seide); **2.** m Schütteln n; eingerührter Teig m; Mixgetränk n; **~dor** [bati'dɔr] m Jagd: Treiber m; Dreschflegel m; Schneebesen m; **~dora** [~'dora] f Mixer m.

batiente [ba'tiente] m Fenster-, Türflügel m.

batir [ba'tir] (3a) schlagen; klopfen; ✕ unter Feuer nehmen, beschießen; Münzen prägen.

batiscafo [batis'kafo] m Tiefseetauchgerät n.

batista [ba'tista] f Batist m.

Batuecas F [ba'tŭekas]: estar en las ~ nicht bei der Sache sein.

baturrillo F [batu'rriʎo] m Mischmasch m.

batuta ♪ [ba'tuta] f Taktstock m; llevar la ~ den Ton angeben.

baúl [ba'ul] m Koffer m; Truhe f; P Bauch m; ~ armario Schrankkoffer m; P henchir (od. llenar) el ~ P sich den Bauch vollschlagen.

bauprés ⚓ [baŭ'pres] m Bugspriet n od. m.

bautismal [baŭtiz'mal] Tauf...

bauti|smo [baŭ'tizmo] m Taufe f; partida f de ~ Taufschein m; F romper el ~ a uno j-m den Schädel

einschlagen; **~zar** [~ti'θar] (1f) taufen; fig. benennen; **~zo** [~'tiθo] m Taufe f; ~ de fuego Feuertaufe f.

bauxita [baŭ'gsita] f Bauxit m.

bávaro ['baβaro] **1.** adj. bay(e)risch; **2.** m Bayer m.

baya ['baja] f Beere f.

bayeta [ba'jeta] f (grober) Flanell m; Scheuertuch n, Putzlumpen m.

bayo ['bajo] hellbraun, falb (Pferd).

bayoneta [bajo'neta] f Bajonett n, Seitengewehr n.

bayunca Am. Cent. [ba'juŋka] f Schenke f.

baza ['baθa] f Kartenspiel: Stich m; meter ~ sich ins Gespräch mischen, F seinen Senf dazugeben; no dejar meter ~ niemanden zu Worte kommen lassen; soltar la ~ seinen Trumpf aus der Hand geben.

bazar [ba'θar] m Basar m.

bazo Anat. ['baθo] m Milz f.

bazofia [ba'θofia] f Speisereste m/pl.; F Fraß m. [faust f.]

bazooka ✕ [ba'θoka] m Panzer-♪

bazu|car [baθu'kar] (1g), **bazuquear** [~ke'ar] (1a) schütteln (Flüssigkeit).

be [be] f B n (Buchstabe); ce por ~ umständlich, haarklein; tener las tres ~s gut (bueno), hübsch (bonito) und zugleich billig (barato) sein.

bea|ta [be'ata] f Laienschwester f; F Betschwester f; **~tería** [beate'ria] f Frömmelei f; **~tificar** [~tifi'kar] (1g) seligsprechen; **~tísimo** [~ti'simo]: ♀ Padre Heiliger Vater m (Papst); **~titud** [~ti'tu⁽ᵈ⁾] f Glückseligkeit f; Su ♀ Seine Heiligkeit (Titel des Papstes); **~to** [be'ato] (glück)selig; fromm; scheinheilig.

bebé gal. [be'be] m Baby n.

bebe|dero [bebe'dero] **1.** adj. trinkbar; **2.** m Tränke f; Trinknapf m (Vögel); **~dizo** [~'diθo] **1.** adj. trinkbar; **2.** m Heiltrank m; Gift-, Liebestrank m; **~dor** m, -a f [~'dɔr, ~'dora] Trinker(in f) m, Säufer (-in f) m; **~r** [be'ßer] (2a) trinken; P saufen; ~ en un vaso aus e-m Glas trinken; ~ los vientos por alg. vernarrt sein in j-n; **~rse** austrinken; **~zón** V Am. [bebe'θɔn] m Trinken n, Saufen n; alkoholisches Getränk n.

bebi|da [be'βiða] f Getränk n; **~do** [~ðo] angetrunken; **~strajo** F [bebis'traxo] m Gesöff n.

beborrotear F [beborro'te'ar] (1a) nippen.

beca ['beka] f Schärpe f; Stipendium n; Freistelle f.

becada [be'kaða] f Schnepfe f.

becario [be'karĭo] m Stipendiat m.

becerra [be'θerra] f Färse f, junge Kuh f; **~da** [beθe'rraða] f Stierkampf m mit Jungstieren.

becerr|illo [beθe'rriλo] m gegerbtes Kalbsleder n; **~o** [be'θerro] m Stierkalb n; Jungstier m; Kalbsleder n; **~ de oro** Goldenes Kalb n.

becuadro ♪ [be'kŭaðro] m Auflösungszeichen n.

bedel [be'ðel] m Schuldiener m; Pedell m.

beduino [be'ðŭino] m Beduine m.

befa ['befa] f Spott m, Hohn m.

befar [be'far] (1a) verspotten, verhöhnen.

befo ['befo] **1.** adj. dicklippig; **2.** m Zo. Lefze f.

bejín [be'xin] m ⚥ Bovist m (Pilz); fig. F Hitzkopf m.

beju|cal [bexu'kal] m Urwalddickicht n; **~co** [be'xuko] m Liane f.

beldad [bel'da⁽ᵈ⁾] f Schönheit f, schöne Frau f.

Belén [be'len] m **a)** Bethlehem f; F estar en ~ nicht bei der Sache sein; **b)** ♀ Weihnachtskrippe f; fig. Durcheinander n, Lärm m, Wirrwarr m.

belga ['belga] **1.** adj. belgisch; **2.** su. Belgier(in f) m.

beli|cismo [beli'θizmo] m Kriegstreiberei f; **~cista** [~'θista] m Kriegshetzer m, Kriegstreiber m.

bélico [beliko] kriegerisch, Kriegs...

beli|coso [beli'koso] kriegerisch, streitsüchtig; **~gerante** [~xe'rante] kriegführend.

belitre F [be'litre] m Lump m.

bellaco [be'λako] m Schurke m; Arg. störrisches Pferd n.

belladona [beλa'ðona] f Tollkirsche f.

bellaquería [beλake'ria] f Schurkenstreich m.

belleza [be'λeθa] f Schönheit f.

bello [be'λo] schön.

bellota ⚥ [be'λota] f Eichel f.

bellote [be'λote] m großer rundköpfiger Nagel m.

bemol ♪ [be'mol] m Erniedrigungszeichen n (b); do ~ Ces n; esto tiene (tres) ~es das ist äußerst schwierig.

bencina [ben'θina] f ⚒ Benzin n; Am. reg. (Auto-)Benzin n.

ben|decir [bende'θir] (3p) segnen; (ein)weihen; **~dición** [~ði'θĭon] f Segen m; ~ de la mesa Tischgebet n; ~ nupcial Trauung f; F echar la ~ a a/c. auf et. (ac.) verzichten; F echar la ~ a alg. mit j-m nichts (mehr) zu tun haben wollen; F es una ~ es ist eine wahre Pracht od. ein wahrer Segen; con la ~ de mit der Einwilligung von; **~dito** [~'ðito] **1.** adj. gesegnet; geweiht; fig. einfältig; agua f ~da Weihwasser n; **2.** m Segen m (Gebet); **~edícite** [bene-'ðiθite] m Tischgebet n.

benedictino [beneðik'tino] m Benediktiner m (Mönch); Benediktiner m (Likör).

benefi|cencia [benefi'θenθĭa] f Wohltätigkeit f; **~cencia** ⚒ [~ði-'θĭon] f Vered(e)lung f; **~ciar** [~'θĭar] (1b) wohltun; ⚒ veredeln; läutern; Nutzen bringen; Am. schlachten; **~ciarse** Am.: ~ a alg. j-n umbringen, erschießen; **~ciario** [~'θĭarĭo] m Begünstigte(r) m, Berechtigte(r) m; Nutznießer m; **~cio** [~'fiθĭo] m Wohltat f; Gewinn m, Nutzen m; Am. Schlachten n; ~ bruto Rohgewinn m; ~ eclesiástico geistliche Pfründe f; ~ neto Reingewinn m; en ~ de zugunsten (gen.); vermöge, kraft (gen.); **~cioso** [~fi'θĭoso] vorteilhaft, einträglich.

benéfico [be'nefiko] wohltätig; función f -a Wohltätigkeitsvorstellung f.

Benemérita [bene'merita] f: Span. la ~ die Gendarmerie (= guardia civil).

bene|mérito [bene'merito] verdienstvoll; ~ de wohlverdient um (ac.); **~plácito** [~'plaθito] m Genehmigung f; dar su ~ sein Plazet geben; **~volencia** [~ßo'lenθĭa] f Wohlwollen n.

benévolo [be'neßolo] wohlwollend.

Ben|gala [ben'gala] f: (luz f de) ~ bengalisches Licht n; **♀galí** [~ga'li] **1.** adj. bengalisch; **2.** m Bengale m.

benignidad [benigni'ða⁽ᵈ⁾] f Güte f, Milde f.
benigno [be'nigno] gütig, mild; } gutartig.⟩

benjamín [benxa'min] m fig. Benjamin m; Nesthäkchen n.

beo|dez [beo'ðeθ] f Trunkenheit f; **~do** [be'oðo] betrunken.

bequista *Am. Cent.*, *Cu.* [be'kista] *m* Stipendiat *m*.

berbiquí [berbi'ki] *m* Drillbohrer *m*.

beren|jena [beren'xena] *f* Eierfrucht *f*, Aubergine *f*; **~jenal** [~xe'nal] *m* Auberginenfeld *n*; *meterse en un* ~ sich in die Nesseln setzen.

bergante [ber'gante] *m* Spitzbube *m*, Gauner *m*.

bergantín ⚓ [bergan'tin] *m* Brigg *f*.

berilo *Min.* [be'rilo] *m* Beryll *m*.

berli|na [ber'lina] *f* Berline *f*; *estar (od. ponerse) en* ~ sich lächerlich machen; **~nés** [~li'nes] *m* Berliner *m*; **~nesa** [~li'nesa] *f* Berlinerin *f*.

bermejo [ber'mexo] rötlichblond.

bermellón [berme'ʎon] *m* Zinnober *m*.

bernardina F [bernar'dina] *f* Aufschneiderei *f*; Angabe *f*.

bernardo [ber'nardo]: *(monje m)* Bernhardinermönch *m*; *(perro m de)* San ♀ Bernhardiner(hund) *m*.

berrear [berre'ar] (1a) blöken; *fig.* grölen.

berrido [be'rriðo] *m* Blöken *n*; *fig.* Gegröle *n*.

berrinche F [be'rrintʃe] *m* Wutanfall *m*.

berro ['berro] *m* (Brunnen-)Kresse *f*.

berro|cal [berro'kal] *m* felsiger Ort *m*; **~queño** [~'keɲo] graniten; felsig; Granit...

berza ['berθa] *f* Kohl *m*; ~ *lombarda*, ~ *roja* Rotkohl *m*; ~ *de Saboya*, ~ *rizada* Wirsing *m*.

ber|zas F ['berθas] *m*, **~zotas** F [~'θotas] *m* Dummkopf *m*, F Niete *f*.

besa|lamano [besala'mano] *m* Briefkarte *f* mit der Abkürzung *B.L.M.* (*besa la mano* = es küßt die Hand) statt Unterschrift; **~manos** [~'manos] *m* Handkuß *m*.

besana [be'sana] *f* Richtfurche *f*.

be|sar [be'sar] (1a) küssen; *llegar y* ~ *(el santo)* et. auf Anhieb erreichen; **~sito** *Am. Mer.*, *P.R.* [~'sito] *m* *Art* süßes Brötchen *n*; **~so** ['beso] *m* Kuß *m*.

bestia ['bestja] *f* Tier *n*, Vieh *n*; ~ *de albarda* Saumtier *n*; ~ *de carga* Lasttier *n*; ~ *de tiro* Zugtier *n*; P *ser (un)* ~ rücksichtslos sein; ein brutaler Kerl sein; **~l** [bes'tjal] viehisch; dumm; F toll, prima; **~lidad** [~tjali'da(d)] *f* Bestialität *f*; Gemeinheit *f*.

besugo [be'sugo] *m* Brassen (Brachsen) *m* (*Fisch*); *ojos m/pl. de* ~ Glotzaugen *n/pl.*; *no seas* ~ F sei nicht blöd.

betel [be'tel] *m* Betel(pfeffer) *m*.

betún [be'tun] *m* Erdpech *n*, Bitumen *n*, Teerasphalt *m*; Schuhcreme *f*.

bey [bei] *m* Bei *m* (*türkischer Titel*).

biberón [bibe'rɔn] *m* Saugflasche *f*; *dar el* ~ (e-m Säugling) die Flasche geben.

Biblia ['biblja] *f* Bibel *f*.

bíblico ['bibliko] biblisch.

bibli|ófilo [bi'bliofilo] *m* Bücherliebhaber *m*, Bibliophile(r) *m*; **~grafía** [bibliogra'fia] *f* Bibliographie *f*; Literaturverzeichnis *n*, Quellennachweis *m*; **~ográfico** [~'grafiko] bibliographisch; **~ógrafo** [bi'bliografo] *m* Bücherkenner *m*; **~omanía** [biblioma'nia] *f* Bücherleidenschaft *f*; **~ómano** [bi'bliomano] *m* Büchernarr *m*; **~oteca** [biblio'teka] *f* Bibliothek *f*; Bücherei *f*; Schriftensammlung *f*; ~ *circulante* Leihbücherei *f*; **~otecario** [~te'karjo] *m* Bibliothekar *m*.

bicarbonato [bikarbo'nato] *m* *(de sosa)* doppeltkohlensaures Natron *n*. [köpfig.]

bicéfalo [bi'θefalo] *adj.* doppel-

bíceps ['biθebs] *m* Bizeps *m*.

bicic|leta [biθi'kleta], F **bici** ['biθi] *f* Fahrrad *n*; *ir (od. montar) en* ~ radfahren, F radeln; ~ *de carreras* Rennrad *n*; ~ *de carretera*, ~ *de turismo* Tourenrad *n*; ~ *con engranaje* kettenloses Fahrrad *n*; ~ *con motor auxiliar* Fahrrad *n* mit Hilfsmotor; ~ *de rueda libre* Fahrrad *n* mit Freilauf; **~lista** [~'klista] = *ciclista*.

bicoca [bi'koka] *f* wertlose Sache *f*, Lappalie *f*.

bicolor [biko'lor] zweifarbig.

bicharraco F [bitʃa'rrako] *m* Tier *n*, Viehzeug *n*; *fig.* Biest *n*, Ekel *n*.

bicherío *Am.* [bitʃe'rio] *m* Ungeziefer *n*.

bichero [bi'tʃero] *m* Bootshaken *m*.

bicho ['bitʃo] *m* Tier *n*; Biest *n*; Viech *n*; *Méj.* F Katze *f*; F schlechter Kerl *m*; ~ *raro* komischer Kauz *m*; **~s** *pl.* Ungeziefer *n/sg.*; *matar el* ~ *Am. Mer.* trinken, P saufen.

bid|é *gal.* [bi'de] *m* Bidet *n*; **~el**

bidón 98

Am. Mer., Ant., Méj. [~'del] m
Bidet n.
bidón [bi'dɔn] m Kanister m.
biela ['biela] f Pleuelstange f, Kurbelstange f.
bielda ✗ ['bielda] f Strohgabel f, Heugabel f.
bien [bien] **1.** m Gut n; Gute(s) n; Wohl n; Nutzen m; mi ~ mein Schatz m; hombre m de ~ Ehrenmann m; ~es pl. Vermögen n; Güter n/pl.; ~es dotales Heiratsgut n; ~es (in)muebles (un)bewegliche Güter n/pl.; ~es raíces Liegenschaften f/pl., Immobilien pl.; ~es de capital Kapitalgüter n/pl.; ~es de consumo Konsum-, Verbrauchsgüter n/pl.; ~es de equipo Investitionsgüter n/pl.; ~es parafernales Sondergüter n/pl. (der Frau); **2.** adv. gut, wohl; recht; gern; sehr; más ~ eher, vielmehr; ~ que mal sowieso; la gente ~ die „feinen" Leute; si ~ ~ que obgleich, wenn auch; no ~ kaum, sobald; ~ haya quien wohl dem, der ...; ~ ... (o) ~ ... entweder ... oder ...; pues ~ also gut; ¡está ~! richtig!, gut so!
bienal [bie'nal] **1.** adj. zweijährig; zweijährlich; **2.** f Biennale f.
bien|andante [bienan'dante] glücklich; **~andanza** [~ɵa] f Glück n; **~aventurado** [bienabentu'raðo] glücklich; selig; **~aventuranza** [~'ranɵa] f Glück n; (ewige) Seligkeit f; **~estar** [bienes'tar] m Wohlstand m; Wohlbefinden n; **~hechor** [biene'tʃor] **1.** adj. wohltuend; **2.** m, -a f [~'tʃora] Wohltäter(in f) m; **~intencionado** [~intenɵio'naðo] wohlmeinend, wohlgesinnt.
bienio [bi'enio] m Zeitraum m von zwei Jahren.
bien|mandado [bienman'daðo] gehorsam; **~querencia** [bienke'renɵia] f Wohlwollen n, Zuneigung f; **~querer** [~ke'rɛr] (2u) j-n schätzen; **~quistarse** [~kis'tarse] (1a) sich anfreunden; **~quisto** [~'kisto] beliebt.
bienveni|da [biembe'nida] f Willkomm m, Begrüßung f; dar a alg. la ~ j-n willkommen heißen, begrüßen; **~do** [~ðo] willkommen.
bienvivir [biembi'bir] (3a) sein gutes Auskommen haben.
bife ['bife] m Rpl. Beefsteak n; P Ohrfeige f.

biftec [bif'tek] m = bisté, bistec.
bifurca|ción [bifurka'ɵiɔn] f Gabelung f; Abzweigung f; **~do** [~'kaðo] gabelförmig; **~rse** [~'karse] (1g) abzweigen, sich gabeln, sich teilen (Leitungen, Eisenbahnstrecken, Flüsse).
bigamia [bi'gamia] f Doppelehe f, Bigamie f.
bígamo ['bigamo] **1.** adj. in Doppelehe lebend; **2.** m Bigamist m.
bigar|dear F [bigarðe'ar] (1a) ein Lotterleben führen; **~do** F [bi'gardo] m Rumtreiber m, Liederjan m. [m.\
bigornia [bi'gɔrnia] f Spitzamboß\
bigo|te [bi'gote] m Schnurrbart m; F tener ~(s) hartnäckig, schwierig sein; F está de ~ das ist toll, phantastisch; **~tera** [bigo'tera] f Bartbinde f; Klappsitz m; Schuhkappe f; **~tudo** [~'tuðo] schnurrbärtig.
bigudí [bigu'di] m Lockenwickler m.
bikini [bi'kini] m Bikini m.
bilateral [bilate'ral] zweiseitig, doppelseitig, bilateral.
biliar [bi'liar] Gallen...; cálculo m ~ Gallenstein m; vesícula f ~ Gallenblase f.
bilingüe [bi'liŋgüe] zweisprachig.
bilioso [bi'lioso] gallig; fig. reizbar; cólico m ~ Gallenkolik f.
bilis ['bilis] f Galle f; fig. Zorn m.
bilma ❀ Am. ['bilma] f Umschlag m.
billar [bi'ʎar] m Billard(spiel) n; jugar al ~ Billard spielen.
billete [bi'ʎete] m Eintrittskarte f; Fahrkarte f, -schein m; Briefchen n; Zettel m; Anweisung f; ~ (de banco) Banknote f; ~ (de lotería) Lotterielos n; ~ de andén Bahnsteigkarte f; ~ de avión Flugschein m; ~ de asiento reservado Platzkarte f; ~ de correspondencia Umsteigefahrschein m; ~ de ida, ~ sencillo einfache Fahrkarte f; ~ de ida y vuelta Rückfahrkarte f; ~ circular Rundreiseheft n; ~ kilométrico Kilometerheft n; ~ mensual Monatskarte f; ~ semicircular Rundreiseheft n (mit beschränkter Kombination).
billeter|a Am. [biʎe'tera] f, **~o** [~ro] m Brieftasche f.
billón [bi'ʎɔn] m Billion f.
bimano [bi'mano] **1.** adj. zweihändig; **2.** m Zweihänder m.

bimba F ['bimba] *f* Zylinder *m*, F Angströhre *f*; *Am. Cent. fig.* lange Latte *f*, Hopfenstange *f*; *Méj.* Rausch *m*.

bimensual [bimen'sŭal] vierzehntägig, zweimal im Monat.

bimestral [bimes'tral] zweimonatlich.

bimotor [bimo'tɔr] **1.** *adj.* zweimotorig; **2.** *m* zweimotoriges Flugzeug *n*.

bina ✍ ['bina] *f* Zwiebrache *f*; ⁓**r** [bi'nar] (1a) **a)** ✍ zwiebrachen, wenden; **b)** zwei Messen lesen, binieren.

binario [bi'narĭo] ♫ binär; *compás m* ⁓ ♩ Zweivierteltakt *m*.

bingarrote *Méj.* [biŋga'rrɔte] *m* Agavenschnaps *m*.

binóculo [bi'nokulo] *m* Lorgnette *f*, Stielbrille *f*; Kneifer *m*.

bio|grafía [bĭogra'fía] *f* Lebensbeschreibung *f*, Biographie *f*; ⁓**gráfico** [⁓'grafiko] biographisch.

biógrafo ['bĭografo] *m* Biograph *m*.

bio|logía [bĭolo'xía] *f* Biologie *f*; ⁓**lógico** [⁓'lɔxiko] biologisch.

biólogo ['bĭologo] *m* Biologe *m*.

biombo ['bĭɔmbo] *m* spanische Wand *f*; Kamin-, Wandschirm *m*.

bipartidismo [biparti'dizmo] *m* *Pol.* Zweiparteiensystem *n*.

bípedo ['bipeđo] **1.** *adj.* zweifüßig; zweibeinig; **2.** *m* Zweifüßer *m*.

birlar F [bir'lar] (1a) *fig.* wegschnappen, ergattern; P umlegen.

birli|birloque F [birlibir'loke] *m*: *por arte de* ⁓ wie her- *od.* weggezaubert.

birlonga F [bir'lɔŋga] *f*: *a la* ⁓ drauflos; in den Tag hinein.

birre|ta [bi'rreta] *f*: ⁓ *cardenalicia* Kardinalshut *m*; ⁓**te** [⁓te] *m* Barett *n*.

birria ['birrĭa] *f* F Plunder *m*, Kram *m*; *ser una* ⁓ F ein Schmarren *od.* mies sein; *está hecho una* ⁓ F er sieht verboten aus.

bis [bis] **a)** noch einmal, da capo; *bei Hausnummern:* *el número 3* ⁓ Nummer 3A; **b)** *m* ♩ Zugabe *f*.

bisabuel|a [bisa'bŭela] *f* Urgroßmutter *f*; ⁓**o** [⁓lo] *m* Urgroßvater *m*.

bisagra [bi'sagra] *f* Türangel *f*; Scharnier *n*.

bisar [bi'sar] (1a) *ein Stück* wiederholen (*Konzert, Theater*).

bisec|ción [biseg'θĭɔn] *f* Ⱥ Hal-

bierung *f*; ⁓**triz** [bisɛk'triθ] *f* Halbierende *f*.

bisel [bi'sɛl] *m* Schrägkante *f*; Zierleiste *f*; ⁓**ado** [bise'laᵈo] abgeschrägt.

bi|semanal [bisema'nal] zweimal in der Woche erscheinend (*Zeitschrift*); ⁓**siesto** [⁓'sĭesto]: *año m* ⁓ Schaltjahr *n*; F *mudar de* ⁓ sich anders besinnen; seinen Ton (sein Verhalten) ändern.

bisílabo [bi'silabo] zweisilbig.

bismuto [biz'muto] *m* Wismut *n*.

bisnieto *m*, **-a** *f* [biz'nĭeto, -ta] Urenkel(in *f*) *m*.

bisojo [bi'sɔxo] schielend.

bisonte [bi'sɔnte] *m* Bison *m*; ⁓ *europeo* Wisent *m*.

bisoñada F [biso'ɲađa] *f* unbesonnene Rede *f* *od.* Handlung *f*; Kinderei *f*.

bisoño [bi'soɲo] **1.** *adj.* neu, unerfahren; **2.** *m* Neuling *m*; F Grünschnabel *m* [Beefsteak *n*.]

bisté [bis'te], **bistec** [bis'tɛk] *m*}

bisturí [bistu'ri] *m* Operations-, Seziermesser *n*.

bisutería [bisute'ria] *f* Modeschmuck *m*.

bitácora ⚓ [bi'takora] *f* Kompaßhaus *n*; *cuaderno m de* ⁓ Logbuch *n*.

bitango [bi'taŋgo]: *pájaro m* ⁓ (Papier-)Drachen *m*.

bitongo [bi'tɔŋgo]: F *niño m* ⁓ Kindskopf *m*.

bitoque [bi'toke] *m* Spund *m*; *Am. Cent.* Kloake *f*; *Méj., Rpl.* Wasserhahn *m*.

bituminoso [bitumi'noso] erdpechhaltig, teerhaltig.

bizantino [biθan'tĭɔo] byzantinisch; *fig.* leer, unbedeutend; ausgeklügelt.

biza|rría [biθa'rria] *f* Mut *m*; Großzügigkeit *f*; Tapferkeit *f*; F Schneid *m*; ⁓**rro** [bi'θarrɔ] mutig, tapfer, F schneidig.

biz|car [biθ'kar] (1g) schielen; ⁓ *el ojo* blinzeln; ⁓**co** ['biθko] schielend.

bizco|chada [biθko'tʃađa] *f* Milchsuppe *f* mit Zwieback; ⁓**cho** [⁓'kotʃo] *m* Zwieback *m*; Keks *m*; Biskuit *n*; ⁓ *de porcelana* unglasiertes Porzellan *od.* Steingut *n*; ⁓**tela** [⁓ko'tela] *f* feiner Zwieback *m* mit Zuckerguß.

bizma ⚕ ['biθma] *f* Zugpflaster *n*; Umschlag *m*.

biznieto [biθ'nĭeto] = **bisnieto**.

blanca ['blaŋka] *f* ♪ halbe Note *f*; *fig.* Geld *n*; F *no tener* (*od. quedarse, estar sin*) ⁓ blank sein, kein Geld haben.

Blancanieves [blaŋka'nĭebes] *f* Schneewittchen *n*.

blanco ['blaŋko] 1. *adj.* weiß; blank; hell; F feige; einfältig, dumm; harmlos; *carta f -a* Blankovollmacht *f*; *crédito m en* ⁓ Blankokredit *m*; *dejar a alg. en* ⁓ j-n täuschen; j-n sitzenlassen; *no distinguir lo* ⁓ *de lo negro* strohdumm sein; *pasar la noche en* ⁓ eine schlaflose Nacht verbringen; *quedarse en* ⁓ das Nachsehen haben; 2. *m* Weiß *n*; Weiße(r) *m*; Ziel *n*; Zielscheibe *f* (*a. fig.*); *fig.* Endzweck *m*; *Typ.* Schöndruck *m*; leerer Zwischenraum *m*; Lücke *f*; (Zwischenakt-)Pause *f*; *dar en el* ⁓ ins Schwarze (*od.* das Richtige) treffen; *errar el* ⁓ das Ziel verfehlen; *hacer* ⁓ treffen.

blan|cor [blaŋ'kɔr] *m*, **⁓cura** [⁓'kura] *f* Weiße *f*.

blancuzco [blaŋ'kuθko] weißlich, schmutzigweiß.

blandengue [blan'deŋge] 1. *adj.* weich(lich), schwach; 2. *m desp.* Weichling *m*, Waschlappen *m*.

blando ['blando] weich; zärtlich; lind; mild (*Wetter*); sanft; kraftlos; zart; lässig; schlapp; feige; *ser un* ⁓ ein Schwächling sein.

blandón [blan'dɔn] *m* große Wachskerze *f*; Altarleuchter *m*.

blandu|cho [blan'dutʃo], **⁓jo** [⁓'duxo], **⁓zco** F [⁓'duθko] weichlich, etwas weich; **⁓ra** [⁓'dura] *f* Weichheit *f*; Sanftheit *f*; Weichlichkeit *f*; Zärtlichkeit *f*; Schmeichelei *f*; ♣ Zugpflaster *n*.

blanque|ar [blaŋke'ar] (1a) weißen, tünchen; bleichen; *v/i.* weiß aussehen, weißlich schimmern; **⁓cer** [⁓ke'θer] (2d) blank reiben, polieren; **⁓cino** [⁓ke'θino] weißlich; **⁓o** [⁓'keo] *m* Weißen *n*, Tünchen *n*; Bleichen *n*.

blanqui|llo [blaŋ'kiʎo] 1. *adj.*: *trigo* ⁓ Weichweizen *m*; 2. *m Méj., Guat.* (Hühner-)Ei *n*; **⁓negro** [⁓ki'negro] schwarzweiß; **⁓zal** [⁓ki'θal] *m* Kreidegrube *f*.

blas|femar [blasfe'mar] (1a) lästern, fluchen; **⁓femia** [⁓'femĭa] *f*

Gotteslästerung *f*; Fluch *m*; **⁓femo** [⁓'femo] 1. *adj.* gotteslästerlich; 2. *m* Gotteslästerer *m*.

blasón [bla'sɔn] *m* Wappen *n*; Wappenschild *n*; *fig.* Ruhm *m*, Ehre *f*.

blasonar [blaso'nar] (1a) *v/t.* ein Wappen entwerfen; *v/i.*: ⁓ *de* prahlen mit (*dat.*), sich aufspielen als (*nom.*).

bledo ['bleðo] *m*: *no se me da un* ⁓ (*no*) *me importa un* ⁓ es schert mich keinen Deut, das ist mir völlig schnuppe *f*.

blenda *Geol.* ['blenda] *f* (Zink-)Blende *f*.

blinda ✗ ['blinda] *f* Verhau *m*; Blende *f* (*schußfeste Abschirmung*); **⁓do** [blin'daðo] gepanzert; ⁓ abgeschirmt; *carro* ⁓ *de exploración* Panzerspähwagen *m*; **⁓je** [⁓'daxe] *m* Panzer *m*; Panzerung *f*; ⁓ Abschirmung *f*; **⁓r** [⁓'dar] (1a) panzern; abschirmen.

bloc [blɔk] *m* Block *m*, Schreibblock *m*; ⁓ *de notas* Notizblock *m*.

blocao [blo'kao] *m* befestigte Stellung *f*; Bunker *m*.

blof *Am.* [blɔf] *m* Bluff *m*.

blon|da ['blɔnda] *f* Blonde *f*, Seidenspitze *f*; **⁓do** *poet.* [⁓do] blond.

bloque ['bloke] *m* Block *m*; Klotz *m*; Häuserblock *m*; Schreibblock *m*; *en* ⁓ in Bausch und Bogen, pauschal; **⁓ar** [bloke'ar] (1a) blockieren; sperren; bremsen; *Bremsen* scharf anziehen; **⁓o** [⁓'keo] *m* Blockade *f*; Sperre *f*; Blockierung *f*.

blusa ['blusa] *f* Bluse *f*; Kittel *m*.

boa ['boa] *f* Boa *f* (*a. Mode*); Riesenschlange *f*.

boato [bo'ato] *m* Prunk *m*, Pomp *m*; *vivir con* ⁓ auf großem Fuße leben.

bob|ada [bo'baða] *f* Dummheit *f*; **⁓alicón** [bobali'kɔn] 1. *adj.* dumm; 2. *m* Erznarr *m*; F Dussel *m*.

bobe|ar [bobe'ar] (1a) sich albern benehmen; **⁓ría** [⁓'ria] *f* Dummheit *f*, Albernheit *f*.

bóbilis ['bobilis]: *de* ⁓ ⁓ ohne Mühe und Arbeit; umsonst.

bobina [bo'bina] *f* Spule *f*; Rolle *f* (*Papier, Garn*); **⁓do** ⚡ [bobi'naðo] *m* Wicklung *f*; **⁓r** [⁓'nar] (auf)spulen, wickeln.

bobis *Am.* ['bobis]: *de* ⁓ umsonst.

bobo ['bobo] 1. *adj.* dumm, albern;

2. *m* Narr *m*, Dummkopf *m*; *como el ~ de Coria* saudumm, blöd; *a los ~s se les aparece la madre de Dios* die dümmsten Bauern ernten die dicksten Kartoffeln; *pájaro m ~* Pinguin *m*.

boca ['boka] *f* Mund *m*; P *u. vom Tier:* Maul *n*, Schnauze *f*; Mündung *f*; Öffnung *f*; Eintritt *m*, Einfahrt *f*, Eingang *m*; *~ de fuego* Feuerwaffe *f*, Geschütz *n*; *~ de la galería* Stolleneinfahrt *f*; *~ de incendios* Feuerhydrant *m*; *~ de riego* Wasseranschluß *m*, Hydrant *m*; *~ abajo* auf dem Bauch; *~ arriba* auf dem Rücken; *a ~ de jarro* aus nächster Nähe; *a pedir de ~* ganz nach Wunsch; *callar la ~* den Mund halten; *hablar uno por ~ de ganso* andern et. (*ac.*) dumm nachschwätzen, F nachplappern; *se me hace agua la ~* das Wasser läuft mir im Munde zusammen; *no decir esta ~ es mía* den Mund nicht aufmachen; *meterse en la ~ del lobo* sich in die Höhle des Löwen wagen; *quedarse con la ~ abierta*, *Am. Mer. abrir tamaña ~* sprachlos sein; F *baff* sein; F *taparle la ~ a alg.* j-m das Maul stopfen.

boca|calle [boka'kaʎe] *f* Straßeneinmündung *f*, *-ecke f*; **~caz** [*~'kaθ*] *m* Durchlaß *m* (*am Wehr*).

bocadear [bokaðe'ar] (1a) *v/t.* knabbern an (*dat.*).

boca|dillo [boka'ðiʎo] *m* belegtes Brötchen *n*, Butterbrot *n*; **~do** [bo'kaðo] *m* Bissen *m*, Mundvoll *m*, Happen *m*; Imbiß *m*; *~ (del freno)* Gebiß *n* (*am Zaum*), Kandare *f*; *no probar ~* keinen Bissen anrühren.

bocajarro [boka'xarro] *m*: *a ~* aus nächster Nähe (*Schuß*).

bocal [bo'kal] *m* Krug *m* (*mit breiter Öffnung und kurzem Hals*).

boca|llave [boka'ʎaβe] *f* Schlüsselloch *n*; **~manga** [*~'maŋga*] *f* Ärmelloch *n*; Ärmelaufschlag *m*; **~na** *Am. reg.* [bo'kana] *f* Flußmündung *f*; **~nada** [*~'kaða*] *f* Schluck *m*, Mundvoll *m*; Rauch-, Windstoß *m*; Rauchwolke *f*; Zug *m* (*beim Rauchen*); **~za(s)** [*~'kaθa(s)*] *m fig.* F Schwätzer *m*, Großmaul *n*.

bocera [bo'θera] *f* Trinkrand *m*, Speiserand *m* (*an den Lippen*); ☞ Faulecke *f*, Ausschlag *m* in den Mundwinkeln.

boceto [bo'θeto] *m* Skizze *f*; Entwurf *m*.

bocina [bo'θina] *f* Sprachrohr *n*, Schalltrichter *m*; ⚓ Nebelhorn *n*; *Auto:* Hupe *f*; **~zo** [boθi'naθo] *m* Hupsignal *n*.

bocio ☞ ['boθĭo] *m* Kropf *m*.

bock [bɔk] *m* kleines Glas *n* Bier.

bocón [bo'kɔn] *m* Großmaul *n*.

bocha ['botʃa] *f* Bocciakugel *f*; **~s** *f/pl.* Bocciaspiel *n*.

bochar *Am.* [bo'tʃar] (1a) durchfallen lassen (*bei der Prüfung*); *Méj.*, *Ven.* zurückweisen, kränken.

bochinche [bo'tʃintʃe] *m* Tumult *m*; Durcheinander *n*; *Col.*, *P.R.* Gerede *n*; *Méj.* lärmendes Vergnügen *n*; *Méj.* Ramschladen *m*.

bochorno [bo'tʃorno] *m* Schwüle *f*; *fig.* Scham(röte) *f*; Schande *f*; **~so** [botʃor'noso] schwül; *fig.* beschämend, peinlich.

boda ['boða] *f* Heirat *f*, Hochzeit *f*; *~s de oro* goldene Hochzeit *f*; *~s de plata* silberne Hochzeit *f*.

bode|ga [bo'ðega] *f* Weinkeller *m*; Kellerei *f*; Weinstube *f*; Vorratskeller *m*; Lagerraum *m*, Warenlager *n*; ⚓ Laderaum *m*; *Cu.*, *Pe.*, *Ven.* Kram-, Lebensmittelladen *m*; **~gón** [boðe'gɔn] *m* Garküche *f*; billiges Gasthaus *n*; Kneipe *f*; P Kaschemme *f*; *Mal.* Stilleben *n*; **~gonero** [*~go'nero*] *m* Speisewirt *m*; **~guero** [*~'gero*] *m* Kellermeister *m*.

bodijo [bo'ðixo] *m*, **bodorrio** [bo-'ðorrĭo] *m* Mißheirat *f*; armselige Hochzeit *f*.

bofe ['bofe] **1.** *m* (*mst. pl.*) Lunge *f* (*von Tieren*); F *echar los ~s* sich abhetzen; sich gewaltig anstrengen, F sich umbringen (*für* [*ac.*] *por*); **2.** *adj. Am. Cent.* unangenehm, ekelhaft; **~tada** [bofe'taða] *f* Ohrfeige *f*; **~tear** *Am. reg.* [*~te'ar*] (1a) ohrfeigen; **~tón** [*~'tɔn*] *m* derbe Ohrfeige *f*.

boga ['boga] *f* **a)** Silberfisch *m* (*Flußfisch*); Goldstriemen *m* (*Seefisch*); **b)** Rudern *n*; **c)** Glück *n*, Erfolg *m*; *estar en ~* Mode sein; beliebt sein; hoch im Kurs stehen; **~r** [bo'gar] (1h) rudern; **~vante** [boga'βante] *m* Hummer *m*.

bohemio [bo'emĭo] **1.** *adj.* böhmisch; zigeunerisch; *vida f -a* Bohemeleben *n*; **2.** *m* Böhme *m*; Zigeuner *m*; *fig.* verbummeltes Genie *n*, Bohemien *m*.

bohío *Am.* [bo'io] *m* Rohrhütte *f*, Schilfhütte *f*.

boi|cot [boi'kɔt] *m* Boykott *m*; **∼cotear** [boikote'ar] (1a) boykottieren.

boina ['bɔina] *f* Baskenmütze *f*.

boite *gal.* [bŭat] *f* Nachtlokal *n*.

boj ♀ [bɔx] *m* Buchsbaum *m*.

bojote *Am. reg.* [bo'xɔte] *m* Bündel *n*, Paket *n*; *fig.* Krach *m*; Wirrwarr *m*.

bol [bɔl] *m* henkellose Tasse *f*, Schale *f*; Fischzug *m*, Fang *m*.

bola ['bola] *f* Kugel *f*; Ball *m*; *Am.* Bola *f*; Schuhwichse *f*; F Lüge *f*; Ente *f* (*Zeitungswesen*); *Méj.* Lärm *m*, Aufruhr *m*; Vergnügen *n*; Streit *m*; *Chi.* Papierdrachen *m*; *no dar pie con ∼* immerfort danebenhauen, überhaupt nicht zurechtkommen; *¡dale ∼!* das ist ja nicht mehr auszuhalten!; *dejar rodar* (*od. que ruede*) *la ∼* die Dinge laufen lassen; *hacer ∼s* die Schule schwänzen; **∼da** *Am. reg.* [bo'laða] *f* Glück *n*; Schwindel *m*, Betrug *m*; **∼do** *Am. Cent.* [bo-'laðo] *m* Gerücht *n*, Gerede *n*.

bolchevi|que [bɔltʃe'bike] **1.** *adj.* bolschewistisch; **2.** *m* Bolschewist *m*; **∼smo** [∼'bizmo] *m* Bolschewismus *m*.

bole|ada *Arg.* [bole'aða] *f* Treiben *n* des Viehs mit der Bola; **∼adoras** *Bol., Chi., Rpl.* [∼a'ðoras] *f/pl.* Bolas *f/pl.*; **∼ar** [∼'ar] (1a) werfen, schleudern, F schmeißen; *Am.* mit der Bola jagen; *Méj. Schuhe* putzen; **∼arse** *Bol., Rpl.* sich schämen.

boleo [bo'leo] *m* Kugelwerfen *n*.

bolera [bo'lera] *f* Kegelbahn *f*.

bolero [bo'lero] *m* Bolero *m* (*span. Tanz*); Bolerojäckchen *n*; Bolerotänzer *m*; F Schwindler *m*; Aufschneider *m*; *Méj.* Schuhputzer *m*.

bole|ta [bo'leta] *f* Quartierzettel *m*; Ausweis *m*; Bezugsschein *m*; *Méj., Pe., P.R.* Stimmzettel *m*; *Chi., Rpl.* Quittung *f*; **∼tería** *Am.* [bo-lete'ria] *f* Schalter *m*, Kartenausgabe *f*; **∼tero** *Am.* [bole'tero] *m* Kartenverkäufer *m*.

boletín [bole'tin] *m* Zettel *m*; amtlicher Bericht *m*; Bulletin *n*; *∼ de cotizaciones* Kurszettel *m* (*Börse*); *∼ oficial* Amtsblatt *n*; *∼ de pedido* Bestellschein *m*; *∼ de reparto* Zu-

teilungsbrief *m*; *∼ meteorológico* Wetterbericht *m*; ♀ *Naviero* Schiffahrtsanzeiger *m*.

boleto [bo'leto] *m Am.* Fahrkarte *f*; Eintrittskarte *f*; *∼ de quinielas* Totoschein *m*.

boliche [bo'litʃe] *m* kleine Bocciakugel *f*; Kegelspiel *n*; Fangbecherspiel *n*; *Am.* Kramladen *m*; Ausschank *m*; Kantine *f*.

bólido ['bolido] *m* Meteorstein *m*; *fig.* Rennwagen *m*; *como un ∼* rasend (schnell). [schreiber *m*.╲

bolígrafo [bo'ligrafo] *m* Kugel-╱

bolín [bo'lin] *m = boliche.*

bolina ⚓ [bo'lina] *f* Senkblei *n*, Lot *n*; F Streit *m*; *ir de ∼* beim Winde segeln.

bolívar [bo'libar] *m* Bolivar *m* (*venezolanische Münzeinheit*).

boliviano¹ [boli'biano] *m* bolivianische Münzeinheit.

boliviano² [boli'biano] **1.** *adj.* bolivianisch; **2.** *m*, **-a** *f* Bolivianer(in *f*) *m*.

bolo ['bolo] **1.** *m* Kegel *m*; *juego m de ∼s* Kegelspiel *n*; *jugar a los ∼s* kegeln; *echar a rodar los ∼s* lärmen, randalieren; **2.** *adj. Am. Cent., Méj.* betrunken.

bol|sa ['bɔlsa] *f* Börse *f*, Geldbeutel *m*; Beutel *m*, Sack *m*, Tasche *f*; Tüte *f*; *Am. reg.* (Rock- *etc.*)Tasche *f*; ♱ Börse *f*; *∼ de compra* Einkaufstasche *f*; *∼ de goma* Wärmflasche *f*; *∼ isotérmica* Kühltasche *f*; F *aflojar la ∼* F Geld herausrücken; *∼ de contratación* Warenbörse *f*; *∼ de trabajo* Arbeitsmarkt *m*; *∼ de valores* Wertpapier-, Effektenbörse *f*; *∼ de estudio* Stipendium *m*; **∼sero** *Méj.* [bɔl'sero] *m* Taschendieb *m*; **∼sillo** [∼'siʎo] *m* Geldbeutel *m*, Börse *f*; Tasche *f*; *∼ trasero* Gesäßtasche *f*; *meterse a alg. en el ∼* j-n in die Tasche stecken; **∼sín** ♱ [∼'sin] *m* Vor-, Nachbörse *f*; **∼sista** [∼-'sista] *m* Börsenspieler *m*, Börsianer *m*; **∼so** ['bɔlso] *m* Beutel *m*; Handtasche *f*; **∼són** [bɔl'son] *m* großer Beutel *m*; *Am. Mer. reg.* Schulmappe *f*; *Arg., Perú* Handtasche *f*; *Méj.* Geländesenke *f*.

bollo ['boʎo] *m* Milchbrötchen *n*; Beule *f*; *fig.* Durcheinander *m*; *∼ de Berlín* Krapfen *m*; F *este ∼ no se ha cocido en su horno* F das ist nicht auf s-m Mist gewachsen.

bomba ['bɔmba] *f* **a)** Pumpe *f*; ~ *de aire* Luftpumpe *f*; ~ *aspiradora* Saugpumpe *f*; ~ *de gasolina* Benzinpumpe *f*; ~ *de incendios* Feuerspritze *f*; ~ *de presión* Druckpumpe *f*; *dar a la* ~ pumpen; **b)** Bombe *f*; ~ *atómica* Atombombe *f*; ~ *de cobalto* Kobaltbombe *f*; ~ *explosiva* Sprengbombe *f*; ~ *fétida* Stinkbombe *f*; ~ *de hidrógeno* Wasserstoffbombe *f*; ~ *incendiaria* Brandbombe *f*; ~ *lacrimógena* Tränengasbombe *f*; ~ *de mano* Handgranate *f*; ~ *de neutrones* (*od. neutrónica*) Neutronenbombe *f*; ~ *de relojería* Zeitzünderbombe *f*; *caer como una* ~ *fig.* wie e-e Bombe einschlagen; F *pasarlo a* ~ F sich toll amüsieren; **~rdear** [bombarde'ar] (1a) bombardieren; **~rdeo** [~'deo] *m* Bombenwerfen *n*, Bombardement *n*; **~rdero** [~'dero] *m* Bombenflugzeug *n*, Bomber *m*.

bom|bear [bombe'ar] (1a) mit Bomben belegen; unter Artilleriebeschuß nehmen; *fig.* F angeben; *Am.* pumpen; **~beo** [~'beo] *m* Pumpen *n*.

bombero [bom'bero] *m* Feuerwehrmann *m*.

bombill|a [bom'biʎa] *f* Glühbirne *f*; *Méj.* Schöpflöffel *m*; *Rpl.* Trinkröhrchen *n* für Mate; **~o** [~'ʎo] *m* Saugheber *m*; *Am. reg.* Glühbirne *f*.

bombín [bom'bin] *m* Melone *f* (*Hut*).

bombita *Arg.* [bom'bita] *f* Glühbirne *f*.

bombo ['bɔmbo] **1.** *adj.* F bestürzt, verdattert; **2.** *m* große Trommel *f*; Pauke *f*; Paukenschläger *m*, Pauker *m*; F Übertreibung *f*, Angabe *f*; *apelar al* ~ die Reklametrommel rühren; *fig. dar* ~ herausstreichen; *darse* ~ F angeben; *a* (*od. de*) ~ *y platillos* mit Pauken und Trompeten.

bom|bón [bom'bon] *m* Praline *f*; *fig.* P hübsches Mädchen *n*; **~bona** [~'bona] *f* Ballon-, Korbflasche *f*; **~bonera** [~bo'nera] *f* Pralinenschachtel *f*; **~bonería** *Am. reg.* [~bone'ria] *f* Süßwarengeschäft *n*.

bon|achón [bonat͡ʃon] *m* gutmütig; **~aerense** [bonae'rense] aus Buenos Aires; **~ancible** [bonan'θible] heiter, milde (*Wetter*); ruhig (*Meer*); **~anza** [bo'nanθa] *f* Meeresstille *f*; *ir en* ~ im Wohlstand leben; **~dad**

[bon'da⁽ᵈ⁾] *f* Güte *f*; **~dadoso** [bonda'doso] gütig.

bonete [bo'nete] *m* Birett *n*, Mütze *f*; *a tente* ~ was das Zeug hält; **~ría** *Méj.* [bonete'ria] *f* Kurzwarengeschäft *n*; **~ro** [bone'tero] *m* Mützenmacher *m*.

bongo *Am.* ['bɔŋgo] *m* Lastkahn *m*.

boniato ♀ [bo'niato] *m* Süßkartoffel *f*.

bonifi|cación [bonifika'θiɔn] *f* Vergütung *f*; Gutschrift *f*; ✍ Melioration *f*, Bodenverbesserung *f*; **~car** [~'kar] (1g) vergüten; gutschreiben; ✍ meliorieren.

bonito [bo'nito] **1.** *adj.* hübsch; F nett; **2.** *m Art* Thunfisch *m*.

bono ✝ ['bono] *m* Gutschein *m*; Bon *m*; Bonus *m*; ~ *del Tesoro* Schatzanweisung *f*.

bonzo ['bɔnθo] *m* Bonze *m*.

boñiga [bo'niga] *f* Kuhmist *m*.

boom *engl.* [bum] *m* Boom *m*, Hochkonjunktur *f*.

boque|ada [boke'ada] *f* Öffnen *n* des Mundes; *dar la última* ~ den letzten Atemzug tun; **~ar** [~ke'ar] (1a) den Mund öffnen; nach Luft schnappen; verscheiden; F zu Ende gehen (*Vorräte*); **~ra** [bo'kera] *f* Luke *f*; ✍ Ausschlag *m* am Mundwinkel; **~rón** [boke'ron] *m* **a)** weite Öffnung *f*; **b)** *Art* Sardelle *f*; **~te** [bo'kete] *m* enge Öffnung *f*; Bresche *f*.

boqui|abierto [bokia'bierto] mit offenem Munde; F baff; **~fresco** [boki'fresko] feuchtmäulig (*Pferd*); *fig.* F *es un* ~ er nimmt kein Blatt vor den Mund; **~lla** [bo'kiʎa] *f* Mundstück *n* (*a. ♪*); Zigarren-, Zigarettenspitze *f*; Gasbrenner *m*; Düse *f*; Verschluß *m*; **~rroto** [boki'rroto] schwatzhaft; **~rrubio** F [~'rrubio] *m* Grünschnabel *m*.

borato [bo'rato] *m* borsaures Salz *n*.

borbo|llar [borbo'ʎar] (1a) sprudeln, Blasen werfen; **~llón** [~'ʎon] *m* Sprudeln *n*; *a borbollones* hastig, F Hals über Kopf; **~rigmo** [~'rigmo] *m* Kollern *n* (*im Leib*); **~tar** [~'tar] (1a) *s. borbollar*; **~tón** [~'ton] *m* = *borbollón*.

borcegui [borθe'gi] *m* Halbstiefel *m*, Schnürschuh *m*.

borda ['bɔrda] *f* Hütte *f* (*in den Pyrenäen*); Reling *f*; *echar* (*od.*

tirar) por la ~ über Bord werfen *(a. fig.)*.

borda|do [bɔr'daᵈo] *m* Stickerei *f*; ~ *a canutillo* Brokatstickerei *f*; ~ *a mano* Handstickerei *f*; ~ *mecánico* Maschinenstickerei *f*; ~ *de realce* erhabene Stickerei *f*; ~ *de sobrepuesto* Aufnähstickerei *f*; **dora** [bɔrda-'dora] *f* Stickerin *f*; *(mecánica)* Stickmaschine *f*; **dura** [~'dura] *f* Stickerei *f*; **r** [~'dar] (1a) sticken.

borde¹ F ['bɔrde] ungeschickt; tolpatschig.

borde² ['bɔrde] *m* Rand *m*, Saum *m*; Ufer *n*; *al* ~ *del abismo* am Rande des Abgrunds *(a. fig.)*; **ar** [~de'ar] (1a) ~ aufkreuzen, lavieren; *fig.* grenzen an *(ac.)*.

bordelés [bɔrde'les] aus Bordeaux.

bordillo [bɔr'diʎo] *m* Randstein *m*, Bordstein *m*.

bordo ⚓ ['bɔrdo] *m* Bord *m*; *a* ~ an Bord; *al* ~ längsseits; *de alto* ~ seetüchtig; *fig.* einflußreich; *franco a* ~ frei an Bord, „fob".

bor|dón [bɔr'dɔn] *m* Pilgerstab *m*; Kehrreim *m*; ♩ Baßsaite *f*; *fig.* Stütze *f*, Helfer *m*; **donear** [~done'ar] (1a) sich bettelnd herumtreiben.

boreal [bore'al] nördlich; *aurora f* ~ Nordlicht *n*.

borgo|ña [bɔr'gɔɲa] *m* Burgunder (-wein) *m*; **ñón** [~go'ɲɔn] **1.** *adj.* burgundisch; **2.** *m* Burgunder *m*.

bórico ['bɔriko] Bor...; *ácido m* ~ Borsäure *f*.

borla ['bɔrla] *f* Quaste *f*, Troddel *f*; *tomar la* ~ s-n Doktor machen.

borne ['bɔrne] *m* Klemme *f*, Klemmschraube *f*; *Radio:* Polschuh *m*, Polklemme *f*; **ar** [bɔrne'ar] (1a) um-, verbiegen, krümmen; **arse** sich werfen *(Holz)*.

boro ['bɔro] *m* Bor *n*.

borona [bo'rona] *f* Hirse *f*; Mais *m*; *prov.* Maisbrot *n*; *Am.* Brotkrümel *m*.

borra ['bɔrra] *f* Füllhaar *n*; Bodensatz *m* *(Öl, Farbe usw.)*; *meter* ~ F leeres Stroh dreschen.

borra|chera [bɔrra'tʃera] *f* Rausch *m*; **chería** *Méj., Rpl.* [~tʃe'ria] *f* Schenke *f*; **cho** [bo'rratʃo] **1.** *adj.* betrunken, berauscht; *fig.* trunken, besessen; mit Wein zubereitet *(Speise)*; **2.** *m* Betrunkene(r) *m*; Trinker *m*.

borra|dor [bɔrra'dɔr] *m* Entwurf *m*, Konzept *n*; Kladde *f*; *Am.* Radiergummi *m*; **dura** [~'dura] *f* Streichung *f* *(auf e-r Liste usw.)*.

borra|ja ♀ [bo'rraxa] *f* Borretsch *m*; **jear** [bɔrraxe'ar] (1a) kritzeln, Figuren malen; **r** [bo'rrar] (1a) durchstreichen; verwischen; *Tonband* löschen; (aus)radieren; **rse** (ver)schwinden *(Tinte, Schrift)*.

borras|ca [bo'rraska] *f* Sturm *m*, Unwetter *n*; Bö *f*; **coso** [~bɔrras-'koso] stürmisch.

borrego [bo'rrego] *m* jähriger Schafbock *m*; *fig.* Dummkopf *m*; **uillos** [bɔrre'giʎos] *m/pl.* Schäfchenwolken *f/pl. am Himmel.*

borri|ca [bo'rrika] *f* Eselin *f*; **cada** [bɔrri'kada] *f* Eselherde *f*; *fig.* Dummheit *f*, Eselei *f*; **co** [bo-'rriko] *m* Esel *m*; F Dummkopf *m*; **quero** [bɔrri'kero] *m* Eseltreiber *m*; *cardo m* ~ Eselsdistel *f*; **quete** ⊕ [~'kete] *m* Sägebock *m*.

borr|ón [bo'rrɔn] *m* Klecks *m*; *fig.* Schandfleck *m*; Skizze *f*; *i ~ y cuenta nueva!* Schwamm drüber!, Strich drunter!; **onear** [bɔrrone'ar] (1a) hinkritzeln; schmieren; **oso** [bo-'rroso] trübe, flockig *(Flüssigkeit)*; verschwommen *(Schrift, Zeichnung)*. [Gehölz *n*.]

boscaje [bɔs'kaxe] *m* Gebüsch *n*,]

bosque ['bɔske] *m* Wald *m*; Gehölz *n*; **jar** [bɔske'xar] (1a) skizzieren; entwerfen; **jo** [bɔs'kexo] *m* Skizze *f*; Entwurf *m*; *fig.* ungefähre Vorstellung *f*.

bosta ['bɔsta] *f* Kuhfladen *m*; Roßäpfel *m/pl.*

boste|zar [bɔste'θar] (1f) gähnen: **zo** [~'teθo] *m* Gähnen *n*.

bota ['bɔta] *f* **a)** Stiefel *m*; ~ *de montar* Reitstiefel *m*; ~ *ortopédica* orthopädischer Schuh *m*; *ponerse las* ~*s* zu Wohlstand kommen; *con las* ~*s puestas* gestiefelt und gespornt; **b)** Lederflasche *f*; **do** [bo'taᵈo] **1.** *adj. Am. reg.* spottbillig; **2.** *m Am. Mer.* Findelkind *n*.

bota|dor [bota'dɔr] *m* Bootshaken *m*; **dura** ⚓ [~'dura] *f* Stapellauf *m*; **fuego** [~'fuego] *m* Luntenstock *m*; F Hitzkopf *m*; Unruh(e)-stifter *m*; **lón** ⚓ [~'lɔn] *m* Ausleger *m*, Baum *m*, Spiere *f*.

botana [bo'tana] *f* Spundzapfen *m*; Flicken *m*; *Méj.* kleine Vorspeise *f*.

botáni|ca [bo'tanika] f Pflanzenkunde f, Botanik f; **~co** [~ko] **1.** adj. botanisch; **2.** m Botaniker m.

botar [bo'tar] (1a) werfen, herausstoßen; Am. wegwerfen; vergeuden; entlassen, auf die Straße setzen; ⚓ Ruder umlegen; vom Stapel lassen; v/i. zurückprallen; Sprünge machen; fig. wütend sein.

botara|tada [botara'tada] f unbesonnene Handlung f; **~te** [~'rate] m unbesonnener Mensch m; Am. Verschwender m.

bote ['bote] m Stoß m; Sprung m, Satz m; Büchse f, Dose f; Boot m; Méj. Gefängnis n; **~ neumático** Schlauchboot n; **~ plegable** Faltboot n; **~ salvavidas** Rettungsboot n; *tener a alg. en el ~* j-n in der Tasche haben; *de ~ en ~* gestopft voll.

bote|lla [bo'teʎa] f Flasche f; **~ con tapón roscado** Flasche f mit Schraubverschluß; **~ de un solo uso** Einwegflasche f; **~llero** [~te'ʎero] m Flaschenständer m; **~llín** [~'ʎin] m Fläschchen n; **~ro** [bo'tero] m Bootsführer m, Bootseigner m.

botica F [bo'tika] f Apotheke f.

boticario F [boti'karjo] m Apotheker m; *venir como pedrada en ojo de ~* sehr gelegen kommen.

boti|ja [bo'tixa] f kurzhalsiger, weitbauchiger Krug m; F Dickwanst m; Am. V Bauch m; **~jo** [~xo] m Wasser, Trinkkrug m; 🍺 F tren m ~ Bummelzug m.

botín [bo'tin] m **a)** Schnürstiefel m; Halbstiefel m; **b)** Kriegsbeute f.

botiquín [boti'kin] m Hausapotheke f; ✚ Verbandskasten m.

boto ['boto] stumpf; fig. schwerfällig, plump.

botón [bo'ton] m Knopf m; ♀ Knospe f; Pickel m; **~ de ajuste** Einstellknopf m; **⚡ ~ de mando** Schaltknopf m; **~ de muestra** Muster n; Glanzstück n; **~ de presión** Druckknopf m; **~ de timbre** Klingelknopf m; Arg. F al ~ vergebens.

boton|adura [botona'dura] f Knopfgarnitur f; **~ero** [~'nero] m Knopfmacher m; **~es** [bo'tones] m Laufbursche m; Boy m, Page m (im Hotel).

bóveda [bo'beda] f Gewölbe n; Wölbung f; Anat. ~ craneal Schädeldach n.

bovedilla [bobe'diʎa] f △ Sparrenfeld n; F fig. *subirse a las ~s* an den Wänden hochgehen, aus der Haut fahren.

bovino [bo'bino] Rind..., Rinder...

boxe|ador [bɔɡsea'dɔr] m Boxer m; **~ar** [~'ar] (1a) boxen; **~o** [bɔɡ'seo] m Boxsport m, Boxen n.

boya ⚓ ['boja] f Boje f; Schwimmer m (Kork an Netzen); **~ baliza** Bakenboje f; **~ de campana** Glockenboje f; **~ luminosa** Leuchtboje f; **~ de silbato** Heulboje f.

boyada [bo'jada] f Ochsenherde f.

boyante [bo'jante] nicht tiefgehend, leicht befrachtet (Schiff); Stk. leicht lenkbar (Stier); *estar ~* Erfolg haben; frisch und munter sein.

boyar ⚓ [bo'jar] (1a) loskommen, flott werden.

boye|ra [bo'jera] f, **~riza** [boje-'riða] f Ochsenstall m; **~ro** [bo'jero] m Ochsenhirt m, -treiber m.

bozal [bo'θal] **1.** adj. wild; fig. unerfahren; dumm; Am. schlecht Spanisch sprechend; **2.** m Maulkorb m.

bozo ['boθo] m Flaum-, Milchbart m; Halfter m od. n.

bracear [braθe'ar] (1a) mit den Armen fuchteln, um sich schlagen; ⚓ brassen.

bracero [bra'θero] m Tagelöhner m (bsd. Landarbeiter); ungelernter Arbeiter m; *de ~* Arm in Arm.

bra|ga ['braga] f Hebeseil n; Schlüpfer m, (Damen-)Unterhose f; **~gado** [bra'gaðo] fig. energisch; verwegen; **~gazas** F [~'gaθas] m Pantoffelheld m; Schwächling m; **~guero** [~'gero] m Bruchband n; **~gueta** [~'geta] f Hosenschlitz m, -latz m; **~guetazo** P [~ge'taθo] m: *dar ~* e-e reiche Frau heiraten; **~guillas** [~'giʎas] m F Hosenmatz m; Knirps m.

brama ['brama] f Brunft(zeit) f (bsd. der Hirsche).

bramar [bra'mar] (1a) brüllen (Stier, Löwe); heulen (Wind).

bramido [bra'mido] m Gebrüll n; Toben n, Tosen n.

branquia ['brankia] f Kieme f.

brasa ['brasa] f Kohlenglut f; glühende Kohlen f/pl.; fig. *estar en ~s* auf glühenden Kohlen sitzen.

brasero [bra'sero] *m* Kohlenbecken *n*; *Méj.* Herd *m*, Feuerstelle *f*.

brasil [bra'sil] *m* Brasilholz *n*.

brasileño [brasi'leɲo] **1.** *adj.* brasilianisch; **2.** *m*, **-a** *f* Brasilianer(in *f*) *m*.

brava|ta [bra'bata] *f* prahlerische Drohung *f*; Großsprecherei *f*; **~tear** *Am.* [braβate'ar] (1a) prahlen.

brave|ar [braβe'ar] (1a) prahlerisch drohen; prahlen; **~za** [bra'beθa] *f* Wut *f* (*der Elemente*).

bravío [bra'bio] **1.** *adj.* wild, ungebändigt (*Tier*); tölpelhaft, bäurisch; **2.** *m* Wildheit *f* (*der Tiere*).

bravo ['braβo] tapfer, mutig; beherzt; wild (*Tier*); unwirtlich, unwegsam (*Land*); unwirsch, barsch; mürrisch; prahlerisch; rauflustig; *Am.* wütend; *int.* ¡~! bravo!

bravucón F [braβu'kɔn] *m* Maulheld *m*, Prahlhans *m*.

bravura [bra'bura] *f* Mut *m*, Tapferkeit *f*; Verwegenheit *f*, Schneid *m*; Wildheit *f der Tiere*.

braza [bra'θa] *f* **a)** Klafter *m od. n* (= *1,6718 m*); **b)** Brustschwimmen *n*.

braza|da [bra'θaða] *f* Armbewegung *f*; Schwimmstoß *m*; **~do** [~'θaðo] *m* Armvoll *m*; **~l** [~'θal] *m* Armbinde *f*; **~lete** [~θa'lete] *m* Armband *n*.

brazo ['braθo] *m* Arm *m*; Oberarm *m*; Vorderbein *n der Tiere*; Armlehne *f*; Waagebalken *m*; *fig.* Mut *m*; Gewalt *f*, Macht *f*; *mst* **~s** *m/pl.* Arbeitskraft *f*, Arbeiter *m*; **~ de mar** Meeresarm *m*; *a fuerza de* **~s** mit Gewalt; *a* **~ partido** aus Leibeskräften; *con los* **~s abiertos** mit offenen Armen, liebevoll; *con los* **~s cruzados** mit verschränkten Armen, untätig; *dar su* **~ *a torcer** klein beigeben; *no dar su* **~ *a torcer** nicht nachgeben; *echarse en los* **~s de *alg.** sich j-m an den Hals werfen (*a. fig.*); *ponerse a* **~s** handgreiflich werden; *ser el* **~ *derecho de alg.** j-s rechte Hand sein.

brea ['brea] *f* Teer *m*, Pech *n*.

brebaje [bre'baxe] *m* Getränk *n*; F Gesöff *n*.

brécol(es) F [breˈkɔl(es)] *m(pl.)* Brokkoli *pl.*, Spargelkohl *m*.

brecha ['bretʃa] *f* Bresche *f*; Mauerdurchbruch *m*; *abrir* **~** eine Bresche

schlagen; *hacer* **~** *en alg.* auf j-n Eindruck machen; *estar siempre en la* **~** immer zur Verteidigung (*e-r Sache*) bereit sein; *seguir en la* **~** unermüdlich tätig sein.

brega ['brega] *f* Kampf *m* (*bsd. Stk.*); Zank *m*, Streit *m*; *fig.* Streich *m*; *andar a la* **~** schuften, sich abrackern; *dar* **~** narren, foppen; **~r** [bre'gar] (1h) kämpfen; zanken; hart arbeiten.

breñal [breˈɲal] *m* felsiges, mit Gestrüpp bedecktes Gelände *n*.

breque *Am.* ['breke] *m* Bremse *f*; **~ar** *Am. Cent.* [breke'ar] (1a) bremsen.

brete ['brete] *m* Fußeisen *n*; *fig.* Verlegenheit *f*, Not *f*, F Klemme *f*; *poner en un* **~** in die Enge treiben.

breva ['breβa] *f* ♀ Frühfeige *f*; flache Havannazigarre *f*; *fig.* F Gelegenheit *f*, Zufall *m*; F *chuparse* (*una*) *buena* **~** den Rahm abschöpfen.

breve ['breβe] kurz; *en* **~** bald; *ser* **~** sich kurz fassen; **~dad** [breβe'da⁽ᵈ⁾] *f* Kürze *f*; *a la mayor* **~** *posible* baldmöglichst.

breviario [bre'biario] *m* Brevier *n*.

brezal [bre'θal] *m* Heide *f*.

brezo ['breθo] *m* Heidekraut *n*, Erika *f*.

bri|ba ['briba] *f* Lotterleben *n*; F *andar a la* **~** herumlungern *ein* Lotterleben führen; **~bón** [bri'bɔn] **1.** *adj.* nichtsnutzig; **2.** *m* Taugenichts *m*; Schuft *m*, Schurke *m*.

bribo|nada [bribo'naða] *f* Gaunerei *f*; Schurkenstreich *m*; **~near** [~ne'ar] (1a) müßig umherlungern *od.* -strolchen; Gaunereien begehen; **~nería** [~ne'ria] *f* Umherlungern *n*; Gaunerstreich *m*.

bricola|ge, ~je *gal.* [brikoˈlaxe] *m* Basteln *n*.

brida ['briða] *f* Zaum *m*, Zügel *m*; ⊕ (*loser*) Flansch *m*, Tellerflansch *m*; Lasche *f*; *a toda* **~** in vollem Galopp.

bridón [bri'dɔn] *m* Ersatzzaum *m*; Trense *f*; *poet.* mutiges Roß *n*.

brigada [bri'gaða] **a)** *f* ✕ Brigade *f*; Rotte *f od.* Trupp *m* (*Arbeiter*); **~ de bomberos** Löschzug *m* (*Feuerwehr*); **~ de extranjeros** Ausländerpolizei *f*; **~ mundana** Sittenpolizei *f*; **~ de homicidios** Mordkommission *f*;

~ de narcóticos Rauschgiftdezernat n; **b)** m ✕ (Ober-)Feldwebel m.

brill|ante [bri'ʎante] **1.** adj. glänzend, strahlend; prächtig; **2.** m Brillant m; **~antez** [~ʎan'teθ] f Glanz m; **~ar** [~'ʎar] (1a) glänzen, funkeln; **~o** [bri'ʎo] m Glanz m, Schein m; fig. Vortrefflichkeit f; Ruhm m; Prunk m; dar (od. sacar) ~ a polieren, blank putzen.

brincar [briŋ'kar] (1g) v/i. hüpfen, springen; F hochgehen, sich aufregen; v/t. fig. j-n od. et. absichtlich übergehen.

brinco ['briŋko] m Sprung m, Satz m, F Hopser m; dar ~s hüpfen.

brin|dar [brin'dar] (1a) v/t. anbieten; v/i. zutrinken; e-n Trinkspruch ausbringen (auf [ac.] por); Gelegenheit bieten; Stk. den Stier zu Ehren (por) e-r bestimmten Person töten; **~dis** ['brindis] m Trinkspruch m, Toast m; echar un ~ e-n Trinkspruch ausbringen.

brío ['brio] m Kraft f; Mut m, Schneid m; F Schmiß m; fig. Feuer n.

brioso ['brioso] mutig, feurig, F schneidig, schmissig.

briqueta [bri'keta] f Brikett n.

brisa ⚓ ['brisa] f Brise f.

brisera Am. [bri'sera] f Sturmlaterne f. [tisch; **2.** m Brite m.)

británico [bri'taniko] **1.** adj. bri-)

brizna ['briðna] f Fädchen n; Faser f; Splitter m.

broca ['broka] f Schusterzwecke f; Bohreinsatz m; (Web-)Spule f.

brocado [bro'kaðo] m Brokat m.

brocal [bro'kal] m Schildrand m; Brunnenrand m.

brocha ['brotʃa] f großer Malerpinsel m; ~ de afeitar Rasierpinsel m; pintor m de ~ gorda Anstreicher m; **~do** [bro'tʃaðo] (gold)durchwirkt; **~zo** [~'tʃaθo] m (grober) Pinselstrich m.

broche ['brotʃe] m Haken m u. Öse f; Brosche f, Schnalle f; Haarspange f; Am. Büroklammer f, Heftklammer f.

bro|ma ['broma] f Scherz m; Witz m, Ulk m; Spaß m; ~ pesada Unfug m, übler Scherz m; en ~ zum Spaß; no estoy para ~s mir ist nicht zum Lachen zumute; **~mear** [brome'ar] (1a) scherzen, **~mista** [~'mista] m Spaßvogel m, F fideles Haus n.

bro|mo ['bromo] m Brom n; **~muro** [bro'muro] m Bromid n.

bronca ['broŋka] f F Zänkerei f; P Klamauk m; Krach m; F Rüffel m; echar una ~ a alg. j-n ausschimpfen; F j-m eins auf den Deckel geben.

bron|ce ['bronθe] m Erz n, Bronze f; **~ceado** [bronθe'aðo] **1.** adj. bronzefarben; braungebrannt; **2.** m Bronzieren n; **~ceador** [~θea'ðor] m Sonnenöl n; **~cear** [~θe'ar] (1a) bronzieren; bräunen; **~cíneo** [~'θineo] bronzen, ehern; **~cista** [~'θista] m Bronzearbeiter m; **~co** ['broŋko] roh, unbearbeitet; spröde (Metall); rauh (Stimme); barsch (Wesen).

bronquedad [broŋke'ða⁽ᵈ⁾] f Rauheit f; Sprödigkeit f.

bronqui|al [broŋ'kial] bronchial; **~os** ['broŋkios] m/pl. Bronchien f/pl.; **~tis** 🩺 [broŋ'kitis] f Bronchitis f.

broquel [bro'kɛl] m kleiner Schild m; fig. Schutz m, Schirm m.

brotar [bro'tar] (1a) keimen; ausschlagen (Baum); sprießen (Pflanze); aufgehen (Saat); hervorquellen; v/t. hervorbringen.

brote ['brote] m Knospe f, Sproß m; Trieb m; fig. Ursprung m, Keim m.

broza ['broθa] f dürres Laub n; Reisig n; Abfall m; Gestrüpp n; fig. unnützes Zeug n.

bruces ['bruθes]: de ~ auf dem Bauch; caer de ~ aufs Gesicht (F auf die Nase) fallen.

bruja ['bruxa] f Hexe f.

brujería [bruxe'ria] f Hexerei f, Zauberei f.

brujo ['bruxo] m Hexenmeister m, Zauberer m.

brújula ['bruxula] f Magnetnadel f; (Schiffs-)Kompaß m; fig. perder la ~ die Orientierung verlieren.

brujulear [bruxule'ar] (1a) fig. allmählich herausbekommen, dahinterkommen.

bru|ma ['bruma] f Nebel m, Dunst m; **~moso** [bru'moso] neblig, dunstig.

bruñi|do [bru'niðo] m Politur f, Schliff m; **~dor** [~ni'ðor] m Polierstahl m; **~r** [~'nir] (3h; ohne prs.) glätten, polieren; Am. Cent. belästigen.

brusco ['brusko] **1.** *adj.* plötzlich, jäh; barsch; **2.** *m* ♀ Mäusedorn *m*.

brusquedad [bruske'da⁽ᵈ⁾] *f* Barschheit *f*, Schroffheit *f*.

brutal [bru'tal] viehisch, brutal; grob, roh, gemein; gewaltsam; P toll; P pfundig; **idad** [–tali'da⁽ᵈ⁾] *f* Brutalität *f*; Roheit *f*; Flegelei *f*; P große Menge *f*.

bruto ['bruto] **1.** *adj.* tierisch, *fig.* dumm, unwissend; ungeschliffen, grob(schlächtig); en ~ in rohem Zustand; brutto; *peso m* ~ Brutto-, Rohgewicht *n*; **2.** *m* Tier *n*; *fig.* brutaler Kerl *m*.

bu F [bu] *m* schwarzer Mann *m*; F Buhmann *m*.

búa ♂ ['bua] *f* Pustel *f*, Eiterbeule *f*.

buba ♂ ['buba] *f* Lymphdrüsengeschwulst *f*.

bubón ♂ [bu'bɔn] *m* (Pest-)Beule *f*; große Geschwulst *f*.

bucal [bu'kal] Mund...

buce|ador [buθea'dɔr] *m* Taucher *m*; **~ar** [buθe'ar] (1a) tauchen; (nach)forschen; **~o** [bu'θeo] *m* Tauchen *n*.

bucle ['bukle] *m* Locke *f*; *fig.* Windung *f*, Schleife *f*, Knick *m*.

bucólica [bu'kolika] *f* Hirtendichtung *f*.

buche [but͡ʃe] *m* Kropf *m der Vögel*; Mundvoll *m Wasser usw.*; F Magen *m*; *fig.* Busen *m*, Herz *n*; F *no le cabe en el* ~ er kann es nicht für sich behalten; *sacar el* ~ *a alg.* alles aus j-m herausholen.

budín [bu'din] *m* Pudding *m*.

buen [buen] (*Kurzform von bueno vor männl. Substantiv im Singular u. substantiviertem Infinitiv*): ~ *hombre* guter Kerl *m*; ~ *mozo* stattlicher Bursche *m*; ~ *sentido* gesunder Menschenverstand *m*; ~ *tiempo* schönes Wetter *n*.

buenaventura [buenaben'tura] *f* Glück *n*; *decir la* ~ aus der Hand lesen, wahrsagen.

buenazo [bue'naθo] seelengut, kreuzbrav.

bueno ['bueno] gut; tüchtig; gehörig; schön; gesund; artig, brav (*Kind*); gutmütig; *a la buena de Dios* aufs Geratewohl, auf gut Glück; *por las buenas* im guten; bereitwillig; *de buenas a primeras* mir nichts dir nichts, schlankweg, sofort; *ahora viene lo* ~ jetzt kommt das Schönste; *¡eso es* ~*! iron.* das ist ja reizend!; *¡~! also gut; Schluß jetzt!

buey [buei] *m* Ochse *m*.

búfalo ['bufalo] *m* Büffel *m*.

bufanda [bu'fanda] *f* Halstuch *n*; Schal *m*.

bufar [bu'far] (1a) schnauben (*vor Wut usw.*); (*Katze*) fauchen.

bufé *gal.* [bu'fe] *m Kchk.* Büfett *n*; Bahnhofsgaststätte *f*.

bufete [bu'fete] *m* Schreibtisch *m*; Büro *n* e-s Rechtsanwalts.

bufido [bu'fido] *m* Schnauben *n*; *fig.* Wutschnauben *n*.

bufo ['bufo] possenhaft, komisch; *ópera* ~ *a* komische Oper *f*.

bufón [bu'fɔn] **1.** *adj.* närrisch; possenhaft; **2.** *m* Spaßmacher *m*; Hofnarr *m*.

bufo|nada [bufo'nada] *f*, **~nería** [~ne'ria] *f* Narrenstreich *m*; Posse *f*.

buhardilla [buar'diʎa] *f* Dachluke *f*; Dachstube *f*.

búho ['buo] *m* Uhu *m*.

buhonero [buo'nero] *m* Hausierer *m*.

buido ['buido] spitz; gerieft.

buitre ['buitre] *m* Geier *m*.

buitrón [bui'trɔn] *m* Fischreuse *f*; Fangnetz *n*, Kescher *m*.

bujería [buxe'ria] *f* Kleinkram *m*.

bujía [bu'xia] *f* Kerze *f*; *Kfz.* Zündkerze *f*.

bula ['bula] *f* päpstliche Bulle *f*; Ablaß(brief) *m*; F *no le vale la* ~ *de Meco* ihm ist nicht zu helfen.

bulbo ['bulbo] *m* Zwiebel *f*, Blumenzwiebel *f*; Knolle *f*.

bulevar [bule'bar] *m* Boulevard *m*.

búlgaro ['bulgaro] **1.** *adj.* bulgarisch; **2.** *m*, **-a** *f* Bulgare *m*, Bulgarin *f*.

bulimia ♂ [bu'limia] *f* Heißhunger *m*.

bulto ['bulto] *m* Umfang *m*; Gestalt *f*; unbestimmtes Etwas *n*; Beule *f*; Büste *f*; Bündel *n*; Gepäckstück *n*, Warenballen *m*; *Am.* Schulmappe *f*; 🕮 ~s *pl.* Stückgut *n*; ~s *pl. de mano* Handgepäck *n*; *a* ~ ungefähr, grob gesehen; *de* ~ deutlich, augenscheinlich; F wichtig; tüchtig; sehr; *en* ~ im großen und ganzen; *buscar a uno el* ~ j-m nachstellen; F *escurrir el* ~, *huir el* ~ F sich drücken, sich dünnmachen; *hacer* ~ viel Platz einnehmen.

bulla ['buʎa] *f* Lärm *m*, Krach *m*; (Menschen-)Auflauf *m*; *meter ~* Krach machen; **~nga** [bu'ʎaŋga] *f* Tumult *m*; **~nguero** [buʎaŋ-'gero] *m* Unruhestifter *m*; **~ranga** *Am.* [buʎa'raŋga] *f* Aufruhr *m*.

bu|llero *Am.* [bu'ʎero] lärmend; aufrührerisch; **~llicio** [bu'ʎiθ]ο] *m* Geräusch *n*, Getöse *n*; Unruhe *f*, Tumult *m*; **~llicioso** [buʎi'θjoso] lärmend, unruhig; **~llidor** [~'ðɔr] unruhig, lebhaft; **~llir** [bu'ʎir] (3h) sieden, kochen; sprudeln; (auf-) wallen; *v/t. Méj.* sich lustig machen über (*ac.*); *me bullen los pies fig.* es juckt mich in den Beinen.

buñuelo [bu'ɲuelo] *m* Ölgebäck *n*; *fig.* F Pfuscherei *f*, Pfuscharbeit *f*; F *no es ~* das geht nicht so schnell; *~ de viento* Windbeutel *m*.

buque ['buke] *m* Schiff *n*; *~ almirante*, *~ insignia* Flaggschiff *n*; *~ de guerra* Kriegsschiff *n*; *~ de carga* Frachter *m*; *~ escuela* Schulschiff *n*; *~ frigorífico* Kühlschiff *n*; *~ mercante* Handelsschiff *n*; *~ naufragado* Wrack *n*; *~ nodriza de aviones* Flugzeugmutterschiff *n*; *~ de pasaje(ros)* Passagierdampfer *m*; *~ pesquero* Fischereifahrzeug *n*; *~ tra(n)sbordador* Fährschiff *n*; *~ de vapor* Dampfschiff *n*.

burbu|ja [bur'buxa] *f* Wasser-, Luftblase *f*; **~jear** [~buxe'ar] (1a) Blasen werfen, sprudeln, perlen.

burdégano [bur'deɣano] *m* Maulesel *m*.

burdel [bur'ðɛl] *m* Bordell *n*; *fig.* Getöse *n*.

burdeos [bur'ðeɔs] **1.** *adj.* bordeauxrot; **2.** *m* (*vino m de*) *~* Bordeaux (-wein) *m*.

burdo ['burðo] grob; plump.

bureo [bu'reo] *m*: *ir de ~* sich amüsieren.

bur|gomaestre [burgoma'estre] *m* Bürgermeister *m deutscher, holländischer und schweizerischer Städte*; **~gués** [~'ɣes] **1.** *adj.* bürgerlich; *desp.* spießbürgerlich; **2.** *m* Bürger *m*; Spießbürger *m*; Bourgeois *m*; **~guesía** [~ɣe'sia] *f* Bürgerstand *m*; Bürgertum *n*; *desp.* Bourgeoisie *f*.

buril [bu'ril] *m* (Grab-, Gravier-) Stichel *m*; **~ar** [buri'lar] (1a) stechen, gravieren.

burla ['burla] *f* Spott *m*; Spötterei *f*; *gastar ~s con alg.* j-n verulken; *hacer ~ de todo* alles ins Lächerliche ziehen; *~ burlando* versehens; so nebenher; **~dero** [burla'ðero] *m Stk.* Schutzwand *f* für den Stierkämpfer; *fig.* Unterschlupf *m*; Verkehrsinsel *f*; **~dor** [~'ðɔr] *m* Spötter *m*; Verführer *m*; *el ♀ de Sevilla* Don Juan *m*.

burlar [bur'lar] (1a) verspotten, necken; täuschen, hintergehen; **~se de alg.** sich über j-n lustig machen.

burlesco [bur'lesko] spaßhaft, drollig.

burlete [bur'lete] *m* Stoffleiste *f* (*zum Abdichten von Fenstern u. Türen*).

burlón [bur'lɔn] **1.** *adj.* spaßhaft; spöttisch; **2.** *m* Spaßmacher *m*; Spötter *m*.

buró *gal.* [bu'ro] *m* Schreibtisch *m*, Sekretär *m*.

bu|rocracia [buro'kraθia] *f* Bürokratie *f*; **~rócrata** [~'rokrata] *m* Bürokrat *m*; **~rocrático** [~ro-'kratiko] bürokratisch.

burra ['burra] *f* Eselin *f*; F *fig.* dumme Kuh *f* (*od.* Pute *f*); F *írsele a alg. la ~* aus der Schule plaudern, sich verplappern; **~da** *fig.* [bu'rrada] *f* dummer Streich *m*.

burrillo [bu'rriʎo] *m* Merkbüchlein *n*.

burro ['burrɔ] *m* Esel *m*; ⊕ Sägebock *m*; *~ de carga* Packesel *m*; *fig.* Arbeitstier *m*; *caer* (*od. apearse*) *del ~* e-n Irrtum einsehen.

bursátil [bur'satil] Börsen...

buru|jo [bu'ruxo] *m* Knäuel *n*; Bündel *n*; **~jón** [buru'xɔn] *m* Menschenmenge *f*.

bus [bus] *m = autobús.*

busca ['buska] *f* Suche *f*; *en ~ de* auf der Suche nach (*dat.*); **~dor** [buska-'ðɔr] *m* Sucher *m* (*a. Phot.*); *~ de tesoros* Schatzgräber *m*; **~pleitos** *Am.* [~'pleitos] *m* Winkeladvokat *m*; Radaubruder *m*.

bus|car [bus'kar] (1g) suchen, aufsuchen; *Am. reg.* j-n rufen (lassen); *~ tres* (*od. cinco*) *pies al gato* immer ein Haar in der Suppe finden; **~cárselas** sich schlecht und recht durchschlagen.

buscarruidos *fig.* [buska'rrŭiðos]

m Streithahn *m*, P Zankbruder *m*.

buscavidas *su.* [buska'bidas] arbeitsamer Mensch, der sich schlecht und recht durchs Leben schlägt; *Méj.* Petzer *m*.

bus|cón [bus'kon] *m* Dieb *m*, Gauner *m*; **~cona** [~'kona] *f* Straßendirne *f*.

busilis F [bu'silis] *m*: *ahí está el* ~ dies ist der springende Punkt; *dar en el* ~ ins Schwarze treffen.

búsqueda ['buskeda] *f* Suche *f*.

busto ['busto] *m* Brustbild *n*, Büste *f*.

butaca [bu'taka] *f* Lehnstuhl *m*; *Thea.* Parkettplatz *m*.

butano [bu'tano] *m* Butan *n*.

butén P [bu'ten]: *de* ~ großartig; P pfundig, dufte.

butifarra [buti'farra] *f* katalanische Bratwurst *f*.

buzo ['buθo] *m* Taucher *m*.

buzón [bu'θɔn] *m* Briefkasten *m*, Briefeinwurf *m*; ~ *de alcance* Spätbriefkasten *m*.

C

C, c [θe] *f* C, c *n*.

¡ca! F [ka] kein Gedanke!, i wo!

cabal [ka'bal] **1.** *adj.* völlig; erledigt; richtig; *hombre m* ~ ein ganzer Mann; *¡justo y cabal!* vollkommen richtig!; **2.** *m*: *no estar en sus* ~es F nicht recht bei Trost sein.

cábala ['kabala] *f* Kabbala *f* (*jüdische Geheimlehre*); Kabale *f*, Intrige *f*, Ränke *m/pl.*

cabalga|da [kabal'gaða] *f* Reitertrupp *m*; **~dura** [~ga'ðura] *f* Reit-, Lasttier *n*; **~r** [~'gar] (1h) (umher-)reiten; *v/t.* bespringen, beschälen, decken (*Hengst*); **~ta** [~'gata] *f* Kavalkade *f*; Umzug *m*.

cabalmente [kabal'mente] *adv.* vollkommen; richtig; völlig, ganz; wie es sich gehört.

caballa [ka'baʎa] *f* Makrele *f* (*Fisch*).

caba|llada *Am.* [kaba'ʎaða] *f* Gemeinheit *f*; **~llaje** [~'ʎaxe] *m* Bespringen *n*, Decken *n* (*der Pferde und Esel*); **~llar** [~'ʎar] Pferde...; **~lleresco** [~ʎe'resko] ritterlich, Ritter...; **~llerete** [~ʎe'rete] *m* F Fatzke *m*, Laffe *m*; **~llería** [~ʎe'ria] *f* **a)** Rittertum *n*; ✗ Kavallerie *f*; **b)** Reittier *n*; **~lleriza** [~ʎe'riθa] *f* Pferdestall *m*; **~llerizo** [~ʎe'riθo] *m* Stallmeister *m*.

caballero [kaba'ʎero] **1.** *adj.* reitend; *fig.* ~ *en su opinión* hartnäckig auf seiner Meinung beharrend; **2.** *m* Reiter *m*; Ritter *m*; Ordensritter *m*; Edelmann *m*; Kavalier *m*, Gentleman *m*; **~sidad** [~ʎerosi-'da⁽ᵈ⁾] *f* Ritterlichkeit *f*; **~so** [~ʎe-'roso] ritterlich.

caballe|ta [kaba'ʎeta] *f* Heuschrecke *f*; **~te** [~'ʎete] *m* Mal. Staffelei *f*; ⊕ Gestell *n*, Bock *m*.

caballi|sta [kaba'ʎista] *m* Pferdekenner *m*; guter Reiter *m*; **~to** [~'ʎito] *m* Pferdchen *n*; ~ *del diablo* Libelle *f*; ~s *m/pl.* Karussell *n*.

caballo [ka'baʎo] *m* Pferd *n*; *Schach:* Springer *m*; *Kartenspiel:* Dame *f* bzw. Königin *f*; *Am.* Dummkopf *m*; *fig.* ~ *de batalla* j-s starke Seite *f* od.

Steckenpferd *n*; ~ *bayo* Braune(r) *m*; ~ *blanco* Schimmel *m*; ~ *de carreras* Rennpferd *n*; ~ *marino* Walroß *n*; Seepferd *n*; Flußpferd *n*; ~ *negro* Rappe *m*; ~ *de pura sangre* Vollblut *n*; *a* ~ zu Pferd; *ir* (*od. montar*) *a* ~ reiten; *a mata* ~ überstürzt; Hals über Kopf; *andar a* ~ *Rpl.* knapp (*od.* teuer) sein; ~s (*de*) *vapor* (*Abk. CV*) Pferdestärke *f* (*Abk.* PS).

caba|ña [ka'baɲa] *f* Hütte *f*; große Viehherde *f*; **~ñal** [kaba'ɲal] *m* Triftweg *m*; **~ñero** [~'ɲero] **1.** *adj.* *perro* ~ Hirtenhund *m*; **2.** *m* Schafhirt *m*, Schäfer *m*; **~ñuelas** *Méj.* [~'ɲuelas] *f/pl.* Winterregen *m*.

cabecear [kabeθe'ar] (1a) umsäumen; *Wein* verschneiden; *v/i.* den Kopf schütteln; (ein)nicken; ⊕ stampfen; wackeln; schaukeln (*Gegenstände*); köpfen (*Fußball*).

cabecera [kabe'θera] *f* Hauptteil *m*; Ehrenplatz *m am* Tisch; Kopfende *n* (*Bett, Tisch*); Bezirkshauptstadt *f*; *Typ.* Vignette *f*; *médico m de* ~ Hausarzt *m*.

cabecilla [kabe'θiʎa] *m* Bandenführer *m*; Rädelsführer *m*.

cabe|llera [kabe'ʎera] *f* (Haupt-) Haar *n*; ~ *de cometa* Kometenschweif *m*; **~llo** [ka'beʎo] *m* Haar *n*; ~ *de ángel* Kürbiskonfitüre *f*; *Am.* dünne Nudeln *f/pl.*; *en* ~ mit aufgelöstem Haar; *en* ~s barhäuptig; **~lludo** [~'ʎuðo] langhaarig, dicht behaart.

caber [ka'ber] (2m) fassen, Platz haben; hineingehen; enthalten sein; zufallen, zuteil werden; möglich sein; *no* ~ *en sí de alegría* vor Freude außer sich sein; *no cabe duda* zweifellos; *cabe preguntar* man muß sich fragen; *me cabe hacerlo* ich muß es tun; *¡no cabe más!* das ist doch die Höhe!; *todo cabe en él* er ist zu allem fähig.

cabes|trería [kabestre'ria] *f* Sattlerei *f*; **~trillo** ✗ [~'triʎo] *m* Armbinde *f*, Tragschlinge *f*; **~tro** [ka'bestro] *m* Halfter *m* od. *n*; Leitochse *m*.

cabeza [ka'beθa] *f* Kopf *m*, Haupt *n*; Schädel *m*; *fig.* Geist *m*, Verstand *m*; Anfang *m*, Spitze *f*; Leitung *f*, Führung *f*; Vorsteher *m*, Leiter *m*; Hauptstadt *f*; Stück *n* (*Vieh*); F ~ de chorlito Hohlkopf *m*; Leichtfuß *m*; ~ de turco Sündenbock *m*, schwarzes Schaf *n*; de ~ kopfüber; en ~ *Am.* barhäuptig; F tocado de la ~ *fig.* auf den Kopf gefallen; aprender de ~ auswendig lernen; ir de ~ nicht wissen, wo e-m der Kopf steht; írsele a uno la ~ schwindlig werden; llevar a alg. de ~ j-n verrückt machen; meterse a/c. en la ~ sich et. in den Kopf setzen; perder la ~ den Kopf verlieren; sacar la ~ sich hervorwagen, den Mund weider auftun; sentar la ~ Vernunft annehmen; subírsele a uno a la ~ in den Kopf steigen (*Wein, Erfolg*); de pies a ~ von Kopf bis Fuß; **~da** [kabe'θada] *f* Stoß *m* mit dem Kopf; Kopfnicken *n*; dar ~s mit dem Kopf nicken, einnicken.

cabezal [kabe'θal] *m* Kopfkissen *n*.

cabezazo [kabe'θaθo] *m* Kopfstoß *m* (*a. Fußball*).

cabezo [ka'beθo] *m* Hügel *m*; Gipfel *m*.

cabezón [kabe'θɔn] **1.** *adj.* dickköpfig; **2.** *m* F Dickkopf *m*.

cabe|zonada [kabeθo'nada] *f* F Dickköpfigkeit *f*; **~zota** [~'θota] *f* F Dickkopf *m*; **~zudo** [~'θudo] dickköpfig.

cabida [ka'bida] *f* Fassungsvermögen *n*; Flächeninhalt *m*; ⚓ Ladefähigkeit *f*; dar ~ a berücksichtigen.

cabil|dada [kabil'dada] *f* übereilter Beschluß *m* (e-r öffentl. Körperschaft); **~dear** [~de'ar] (1a) in e-r Gemeinschaft intrigieren; **~dero** [~'dero] *m* Intrigant *m*; **~do** [ka'bildo] *m* Domkapitel *n*; *prov.* Stadtrat *m*; Kapitel- *od.* Stadtratssitzung *f*; *prov.* Ratssaal *m*; Rathaus *n*.

cabina [ka'bina] *f* Kabine *f*, Zelle *f*; Führerhaus *n* (*Kran, LKW*); 🎥 Kanzel *f*; ~ acondicionada a presión Druckkabine *f*; ~ telefónica Telefonzelle *f*.

cabizbajo F [kabiθ'baxo] niedergeschlagen, verzagt.

cable ['kable] *m* Kabel *n*, Tau *n*, Trosse *f*, Seil *n*; **~grafiar** [kablegra'fiar] (1c) kabeln; **~grama** [~'grama] *m* Kabelnachricht *f*.

cabo ['kabo] *m* Ende *n* (*räumlich u. zeitlich*); Spitze *f*; Stiel *m*; Zipfel *m*; Kap *n*, Vorgebirge *n*; ⚓ Leine *f*, Tau *n*, Seil *n*; *fig.* F Chef *m*; Vorarbeiter *m*; ✗ Gefreite(r) *m*; al ~ zuletzt, am Ende, schließlich; al ~ de nach Verlauf von (*dat.*); al fin y al ~ letzten Endes; F de ~ a rabo von A bis Z, durch und durch; dar ~ a a/c. Schluß machen mit (*dat.*); F estar al ~ de dahintergekommen sein; llevar a ~ vollbringen, durchführen; F no tener ~ ni cuerda F weder Hand noch Fuß haben.

cabotaje [kabo'taxe] *m* Küstenschiffahrt *f*.

cabra ['kabra] *f* Ziege *f*; Ziegenleder *n*; P *Chi.* Mädchen *n*; ~ montés Steinbock *m*; estar como una ~ verrückt sein, spinnen.

cabrear P [kabre'ar] (1a) ärgern; **~se** sich ärgern, einschnappen.

cabre|riza [kabre'riθa] *f* Hütte *f* der Ziegenhirten; **~rizo** [~θo] *m*, **~ro** [ka'brero] *m* Ziegenhirt *m*.

cabrestante ⚓ [kabres'tante] *m* Ankerwinde *f*.

cabria ['kabria] *f* Hebezeug *n*, Winde *f*, Haspel *f*.

cabrillear ⚓ [kabriʎe'ar] (1a) sich kräuseln (*See bei aufkommendem Wind*).

cabrio ['kabrio] *m* Dachsparren *m*.

cabrío [ka'brio] Ziegen...; macho ~ Ziegenbock *m*.

cabriola [ka'briola] *f* Bock-, Luftsprung *m*.

ca|britilla [kabri'tiʎa] *f* Ziegen-, Schaf-, Glacéleder *n*; **~brito** [ka'brito] *m* Zicklein *n*; **~bro** ['kabro] *m* *Am.* Ziegenbock *m*; P *Chi.* Junge *m*; **~brón** [ka'brɔn] *m* Ziegenbock *m*; *Am.* Zuhälter *m*; V ¡~! V Schweinehund!; Scheißkerl!; **~bronada** P [kabro'nada] *f* P Sauerei *f*, Hundsgemeinheit *f*; **~bruno** [ka'bruno] Ziegen...

cabuya *Am.* [ka'buja] *f* Pitahanf *m*; Seil *n*.

caca V ['kaka] *f* P Kacke *f*; *fig.* Mist *m*, P Scheiße *f*.

caca|huate *Méj.* [kaka'uate] *m*, **~huete** [~'uete] *m* Erdnuß *f*; **~lote** [~'lote] *m* *Am. Cent., Cu., Méj.* Puffmais *m*; *Cu., Méj.* Unsinn *m*.

cacao [ka'kao] *m* Kakao(baum) *m*; Kakaobohne *f*; *fig.* Durcheinander *n*; *pedir* ~ *Am. reg.* um Gnade bitten; *tener* ~ *Perú*, *P.R.* Geld haben; *no valer un* ~ *Am.* wertlos sein; **~tal** [kakao'tal] *m* Kakaopflanzung *f*.

cacarear [kakare'ar] (1a) gackern (*a. fig.*); *v/t.* häufig erwähnen; F ausposaunen.

cacatúa [kaka'tua] *f* Kakadu *m*.

cace|ría [kaθe'ria] *f* Jagd *f*, Jagdausflug *m*; **~rina** [~'rina] *f* Jagdtasche *f*; Patronentasche *f*.

cacerola [kaθe'rola] *f* Kasserolle *f*, Schmortopf *m*, Stieltopf *m*.

caci|que [ka'θike] *m* Kazike *m*; F Partei-, Ortsgewaltige(r) *m*; P Bonze *m*, F hohes Tier *n*; **~quismo** [kaθi'kizmo] *m* Bonzentum *n*.

cacle *Méj.* ['kakle] *m Art* Sandale *f*.

caco F ['kako] *m* Dieb *m*; Feigling *m*, Hasenfuß *m*. [*m*.\]

cacofonía [kakofo'nia] *f* Mißklang

cacto ♀ ['kakto], **cactus** ['kaktus] *m* Kaktus *m*.

cacha [ka'tʃaθa] *f* Heft *n* (*Messer*); **~s** *pl.* F Gesäß *n*, Hintern *m*.

cachalote [katʃa'lote] *m* Pottwal *m*.

cachar [ka'tʃar] (1a) zerbrechen; kurz und klein schlagen; *Am.* F ergattern; erwischen.

cacharr|ería [katʃarre'ria] *f* Töpferladen *m*, Töpferei *f*; **~ero** [~'rrero] *m* Töpfer *m*; **~o** [ka'tʃarro] *m* irdener Topf *m*; F altes Stück *n*; F *Kfz.* Klapperkasten *m*; *Am. Cent.*, *P.R.* Gefängnis *n*; **~s** *m/pl.* Kram *m*.

cacha|za [ka'tʃaθa] *f* F Langsamkeit *f*; Phlegma *n*; Kaltblütigkeit *f*; **~zudo** [katʃa'θudo] phlegmatisch, F pomadig; kaltblütig.

cach|ear [katʃe'ar] durchsuchen; filzen; **~eo** [ka'tʃeo] *m* Durchsuchung *f*; Leibesvisitation *f*, F Filzen *n*; **~ería** *Am. reg.* [~tʃe'ria] *f* Trödelladen *m*; Kleinkram *m*.

cache|tada *Am.* [katʃe'tada] *f* Ohrfeige *f*; **~te** [ka'tʃete] *m* Faustschlag *m* ins Gesicht; Klaps *m*; *Chi.* (Paus-)Backe *f*; **~tear** *Am.* [katʃete'ar] (1a) ohrfeigen; **~tero** [~'tero] *m* Stierkämpfer *m*, der dem Stier mit dem Dolch den Todesstoß versetzt; **~tina** [~'tina] *f* Schlägerei *f*; **~tudo** [~'tudo] pausbäckig.

cachicán [katʃi'kan] *m* ♂ Vorarbeiter *m*; F Schlaumeier *m*.

cachigordete F [katʃigor'dete] rundlich, untersetzt (*Person*).

cachimba [ka'tʃimba] *f Am.* (Tabaks-)Pfeife *f*; *Arg.*, *Ur.* flacher, seichter Brunnen *m*.

cachipolla [katʃi'poʎa] *f* Eintagsfliege *f*.

cachiporra [katʃi'porra] *f* Knüppel *m*.

cachivache [katʃi'batʃe] *m desp.* Kram *m*; Krimskrams *m*, Gerümpel *n*, F Klamotte *f*.

cacho ['katʃo] *m* Scherbe *f*; Stück *n*; Brocken *m*; *Am.* Horn *n*; *Am. Mer.* Würfelbecher *m*; *Rpl.* Bananenbüschel *n*; *Am. reg.* Anekdote *f*, Witz *m*.

cachondeo P [katʃon'deo] *m* Ulk *m*, Spaß *m*, Gaudi *f*.

cachondo [ka'tʃondo] läufig (*Hündin*); *fig.* scharf, geil.

cachorr|illo [katʃo'rriʎo] *m* Taschenpistole *f*; **~o** [ka'tʃorro] *m* junger Hund *m*, Löwe *m*, Tiger *m*, Bär *m usw.*

cada ['kada] jeder, jede, jedes; ~ *cosa* alles Mögliche; ~ *uno*, ~ *cual* ein jeder; † pro Stück; ~ *vez* jedesmal; ~ *vez más* immer mehr; ~ *tres días* alle 3 Tage.

cadalso [ka'dalso] *m* Schafott *n*.

cadáver [ka'daβer] *m* Leiche *f*, Leichnam *m*; Kadaver *m*.

cadavérico [kada'βeriko] leichenhaft, -blaß; Leichen...

cadena [ka'dena] *f* Kette *f*; ~ *antideslizante* Gleitschutzkette *f*, Schneekette *f*; ~ *del frío* Kühlkette *f*; ~ *de montaje* Fließband *n*; ~ (*de*) *oruga* Raupenkette *f*; ~ *perpetua* lebenslängliche Zuchthausstrafe *f*.

cadenci|a [ka'denθia] *f* Tonfall *m*; Takt *m*; ♪ Kadenz *f*; **~oso** [kaden'θioso] wohlklingend, harmonisch.

cadera [ka'dera] *f* Hüfte *f*.

cadetada F [kade'tada] *f* Dummejungenstreich *m*.

cadete [ka'dete] *m* Kadett *m*; *Rpl.*, *Bol.* Lehrling *m*.

caducar [kadu'kar] (1g) alt u. hinfällig werden; verfallen (*Vertrag*, *Paß*); verjähren (*Recht*, *Frist*); veralten, außer Gebrauch kommen; ablaufen (*Zeit*).

caduceo [kadu'θeo] *m* Merkurstab *m*.

cadu|cidad [kaðuθi'da⁽d⁾] *f* Hinfälligkeit *f*; *fig.* Vergänglichkeit *f*;

ᵗᵗ Verfall *m*; Verjährung *f*; ~co [ka'duko] hinfällig; vergänglich; ᵗᵗ verfallen; verjährt.

caedizo [kae'diθo] hinfällig, schwach; *fruta f -a* Fallobst *n*.

caer [ka'er] (2o) fallen; stürzen; ab-, ausfallen; zufallen, zuteil werden; fällig sein (*Zinsen*); sitzen (*Kleidung*); sich neigen (*Tag*); untergehen (*Sonne*); *fig.* (ab)sinken, nachlassen; *Rpl.* (unerwartet) eintreffen; ~ *bien* (*mal*) gut (schlecht) sitzen, stehen; (un)sympathisch sein; ~ *a Fenster usw.*: hinausgehen auf (*ac.*); *estar al* ~ unmittelbar bevorstehen; ~ *enfermo*, ~ *malo* krank werden; ~ *en Fest usw.*: fallen auf *od.* in (*ac.*); ~ *en cama* bettlägerig werden; ~ *en gracia* gefallen; ~ *en suerte* zufallen; F ~ *en la cuenta* begreifen; ~ *en la red*, ~ *en la trampa* in die Falle gehen (*bsd. fig.*); ~ *en falta* seine Pflicht versäumen; *no caigo* ich verstehe nicht; *¡ahora caigo!* jetzt hab' ich's erfaßt!; ~**se** stürzen; fallen, umfallen; ~ *de risa* sich totlachen; ~ *de sueño* vor Müdigkeit umfallen; ~ *de viejo* recht altersschwach sein.

café [ka'fe] *m* Kaffee *m*; Café *n*, Kaffeehaus *n*; *Rpl.* Rüge *f*, Tadel *m*; ~ *cantante* Konzertcafé *n*; Kabarett *n*; ~ *helado* Eiskaffee *m*; ~ *cargado*, *fuerte* starker Kaffee *m*; ~ *ligero*, *flojo* schwacher (dünner) Kaffee *m*; ~ *solo* schwarzer Kaffee *m*.

cafeína [kafe'ina] *f* Koffein *n*.

cafe|tal [kafe'tal] *m* Kaffeepflanzung *f*; ~**talero** *Am.* [∟ta'lero] *m* Kaffeepflanzer; Kaffeehändler *m*; ~**tera** [∟'tera] *f* Kaffeekanne *f*; Kaffeemaschine *f*; P alte Mühle *f* (*Auto*); ~**tería** [∟te'ria] *f* Café *n*; Snackbar *f*; ~**tero** [∟'tero] *m* Kaffeehausbesitzer *m*; ~**tín** [∟'tin] *m* kleines Kaffeehaus *n*; ~**to** [ka'feto] *m* Kaffeebaum *m*.

cafre ['kafre] *m* Kaffer *m* (*a. fig.*).

caga|da [ka'gaða] *f* Kothaufen *m*; P Dreck *m*, Scheiße *f*; ~**fierro** [kaga'fjerro] *m* Eisenschlacke *f*; ~**jón** [∟'xon] *m* Roßapfel *m*; ~**lera** [∟'lera] *f* P Dünnschiß *m*; ~**r** V [ka'gar] (1h) kacken, scheißen; *fig.* verderben, versauen; ~**rse** P in die Hosen machen (*a. fig.*); P *me cago en diez* (*en tu tía*) P verdammt nochmal, V verfluchte Scheiße!; V *me*

cago en tu padre (= *sehr schwere Beleidigung*).

caga|rruta [kaga'rruta] *f* Kot *m* (*Kleinvieh*), Losung *f* (*Wild*); ~**tintas** F [∟'tintas] *m* Federfuchser *m*, F Bürohengst *m*.

cagueta [ka'geta] **1.** *m* Angsthase *m*; **2.** *f prov.* Durchfall *m*; *fig.* V Schiß *m*, Bammel *m*.

caída [ka'iða] *f* Fall *m*, Sturz *m*; F Reinfall *m*; Abhang *m*; Neigung *f*, Schräge *f*; *a la* ~ *del sol* bei Sonnenuntergang; ~ *del pelo* Haarausfall *m*; ~*s pl.* witzige Einfälle *m/pl.*

caído [ka'iðo] **1.** *adj.* herabhängend; gefallen; ~ *de ánimo* mutlos, niedergeschlagen; ~ *de color* bleich *bzw.* verblichen; **2.** ~*s m/pl.* ※ Gefallene(n) *m/pl.*

caimiento [kai'mjento] *m* Fall *m*; *fig.* Niedergeschlagenheit *f*.

caja ['kaxa] *f* Kiste *f*; Kasten *m*; Lade *f*, Truhe *f*; Büchse *f*, Dose *f*; Schachtel *f*; Kasse *f*; ~ (*postal*) *de ahorros* (Post-)Sparkasse *f*; ~ *de alquiler* Safe *m* (*bei e-r Bank*); ~ *de caudales* Geldschrank *m*, -kassette *f*; Safe *m*; ~ *de colores* Malkasten *m*; ~ *de compases* Reißzeug *n*; ~ *de compensación* Ausgleichskasse *f*; ~ *de construcciones* Baukasten *m*; ~ *de enchufe* Steckdose *f*; ~ *de la escalera* Treppenhaus *n*; ~ *de muerto* Sarg *m*; ~ *fuerte* Geldschrank *m*, Tresor *m*; ~ *de música* Spieldose *f*; ~ *negra* Flugschreiber *m*; ~ *de reclutamiento* ※ Wehrerfassungsstelle *f*; ~ *registradora* Registrierkasse *f*; ~ *de reloj* Uhrgehäuse *n*; ~ *de* (*seguros contra*) *enfermedad* Krankenkasse *f*; ~ *torácica* Brustkorb *m*; *estar en* ~ wohlauf sein; *entrar en* ~ ※ eingezogen werden; F *echar a alg. con* ~*s destempladas* F j-n hochkantig hinauswerfen.

caje|ro, **-a** *f* [ka'xero, ~ra] Kassierer(in *f*) *m*; ~**ta** [∟'xeta] *f* Kästchen *n*; *Am. Cent., Ant.* Art Süßigkeiten *f/pl.*; Behälter *m* für Süßigkeiten; ~**tilla** [kaxe'tiʎa] *f* Päckchen *n* Tabak; Schachtel *f* Zigaretten; ~**tín** [∟'tin] *m* Aktenstempel *m*, Handstempel *m*.

cajista [ka'xista] *m* (Schrift-)Setzer *m*.

cajita [ka'xita] *f* Kästchen *n*; Kassette *f*; Schachtel *f*.

cajón [ka'xɔn] *m* Kasten *m*, große

Kiste *f*; Schublade *f*; Fach *n*; *Am.* Sarg *m*; *Am. reg.* Engpaß *m*, Schlucht *f*; *fig.* ~ de sastre F Sammelsurium *n*; F eso es de ~ es ist so üblich.

cajonería [kaxone'ria] *f* Fächer *n/pl. e-s Schranks od. Regals.*

cal [kal] *f* Kalk *m*; de ~ y canto felsenfest, dauerhaft.

cala ['kala] *f* Sonde *f*; kleine Bucht *f*; Tiefgang *m e-s Schiffes*; Laderaum *m e-s Schiffes*; Scheibe *f e-r Melone*; **~bacín** [kala'ba'θin] *m* gurkenähnlicher, grüner Kürbis *m*; **~bacino** [‿ba'θino] *m* Kürbisflasche *f*; **~baza** [‿'baθa] *f* Kürbis *m*; *fig.* F Schafskopf *m*, Trottel *m*; F *fig.* dar ~s bei der Prüfung durchfallen lassen; *fig.* einen Korb geben; salir ~ völlig versagen, F e-e Niete sein; **~bazada** [‿ba'θaða] *f* Schlag *m* auf den Kopf; darse de ~s sich den Kopf zerbrechen.

calabobos F [kala'boβos] *m* anhaltender feiner Regen *m*, Nieselregen *m*.

calabozo [kala'boθo] *m* Verlies *n*, Kerker *m*.

calabrote [kala'brote] *m* Ankertau *n*; Trosse *f*.

cala|da [ka'laða] *f* Eindringen *n*, Einsickern *n*; *fig.* scharfer Verweis *m*; **~dero** [‿la'ðero] *m* Fischgrund *m*.

calado [ka'laᵈo] *m* Tiefgang *m e-s Schiffes*; Hohlsaum *m*.

calafate ⚓ [kala'fate] *m* Kalfaterer *m*.

calafatear ⚓ [kalafate'ar] (1a) kalfatern; abdichten.

calamar [kala'mar] *m* Art Tintenfisch *m*.

calambre [ka'lambre] *m* Muskel-, Wadenkrampf *m*.

calamidad [kalami'ða⁽ᵈ⁾] *f* Not *f*; Unheil *n*; Katastrophe *f*; Landplage *f*; F Unglücksmensch *m*; F es una ~ das ist verheerend (*od.* katastrophal); ley *f* de ~es públicas Notstandsgesetz *n*.

calamina Min. [kala'mina] *f* Zinkspat *m*.

calamitoso [kalami'toso] unglücklich; unheilvoll; trübselig.

cálamo ['kalamo] *m* Schalmei *f*; ♀ Kalmus *m*, Magenwurz *f*.

calamo|co [kala'moko] *m* Eiszapfen *m*; **~rra** F [‿'mɔrra] *f* Kopf *m*.

calan|drajo [kalan'draxo] *m* Fetzen

m, Lappen *m*; F Dreckspatz *m*; **~drar** [‿'drar] (1a) *Wäsche* mangeln; **~dria** [ka'landria] **a)** *f* Zeugrolle *f*, Mangel *f*; Rolle *f*; Walze *f*; **b)** *m* F Drückeberger *m*; Simulant *m*.

calaña [ka'laɲa] *f* Muster *m*, Vorbild *n*; Art *f*, Beschaffenheit *f*; de mala ~ von übler Sorte (*Mensch*).

calar¹ [ka'lar] (1a) **1.** *v/t.* herablassen, (ein)senken; durchbohren, durchstoßen, hineinstoßen; durchnässen, durchtränken; *fig.* ergründen; ~ la bayoneta das Seitengewehr fällen; ~ un melón e-e Melone anschneiden; ~ la intención a uno j-s Absicht durchschauen; **2.** *v/i.* eindringen (*Wasser*); durchregnen; ⚓ Tiefgang haben; **3.** **~se** eindringen (*Feuchtigkeit*); *fig.* sich Eingang verschaffen, sich einschmeicheln; absaufen (*Motor*); ~ el sombrero den Hut tief ins Gesicht ziehen; ~ hasta los huesos bis auf die Haut naß werden.

calar² [ka'lar] *m* Kalksteinbruch *m*.

calave|ra [kala'βera] **a)** *f* Totenkopf *m*; *Méj.* Schlußlicht *n* (*am Wagen*); **b)** *m* F Liederjan *m*, Windhund *m*; **~rada** [‿βe'raða] *f* dummer Streich *m*; F Seitensprung *m*; **~rear** F [‿βere'ar] (1a) dumme Streiche *od.* Seitensprünge machen.

calcañar [kalka'ɲar] *m* Ferse *f*.

calcar [kal'kar] (1g) durchpausen; *fig.* (sklavisch) nachahmen.

calcáreo [kal'kareo] kalkartig, -haltig.

calce ['kalθe] *m* Unterlage *f*, Keil *m*; Bremsklotz *m*; Radfelge *f*.

calce|ta [kal'θeta] *f* Strumpf *m*; hacer ~ stricken; **~tero** *m*, **-a** *f* [‿θe'tero, ‿ra] Strumpfwirker(in *f*) *m*, -händler(in *f*) *m*.

calcetín [kalθe'tin] *m* Socke *f*.

calcina [kal'θina] *f* Beton *m*; **~ción** [‿θina'θiɔn] *f* Brennen *n* (*von Kalkstein*); Rösten *n* (*von Erzen*); **~r** [‿θi'nar] (1a) *Kalk* brennen; *Erze* rösten; *fig.* dörren, verbrennen.

calcio ['kalθio] *m* Kalzium *n*.

cal|co ['kalko] *m* Pause *f*; Abklatsch *m*; **~cografía** [kalkogra'fia] *f* Kupferstechkunst *f*; **~cógrafo** [‿'kografo] *m* Kupferstecher *m*; **~comanía** [‿koma'nia] *f* Abziehbild *n*; Abziehbilderbogen *m*.

calcula|ble [kalku'laβle] berechenbar, zählbar; **~ción** [‿la'θiɔn] *f* Berechnung f; **~dor** [~la'dɔr] **1.** *adj.* berechnend; **2.** *m* Rechner *m*; **~dora** [~la'dora] *f* Rechnerin *f*; Rechenmaschine *f*; ~ *de bolsillo* Taschenrechner *m*; ~ *electrónica* Elektronenrechner *m*, Computer *m*; **~r** [~'lar] (1a) (be)rechnen; **~torio** [~la'tɔrĭo] kalkulatorisch, rechnerisch.

cálculo ['kalkulo] *m* **a)** Rechnen *n*; Rechnung *f*, Berechnung *f*, Kalkulation *f*; Überschlag *m*, Schätzung *f*; ~ *mental* Kopfrechnen *n*; **b)** 𝔰 Blasen-, Nieren-, Gallenstein *m*.

calda ['kalda] *f* Wärmen *n*, Erhitzen *n*; ~ *pl.* Thermalquelle *f*.

caldear [kalde'ar] (1a) erhitzen, erwärmen (*a. fig.*).

caldeo [kal'deo] *m* Erhitzen *n*; Beheizung *f*.

caldera [kal'dera] *f* Kessel *m*; Heizkessel *m*; *Arg.* Kaffeekanne *f*, *Chi.* Teekanne *f*; ~ *de vapor* Dampfkessel *m*.

calde|rada [kalde'rada] *f* Kesselvoll *m*; **~rero** [~'rero] *m* Kesselschmied *m*; **~rilla** [~'riʎa] *f* Weihwasserkessel *m*; Kupfer-, Kleingeld *n*; **~ro** [~'dero] *m* Eimer *m*; Bottich *m*.

calderón [kalde'rɔn] *m* großer Kessel *m*; ♪ Fermate *f*.

caldillo [kal'diʎo] *m* *Méj.* gewürztes Hackfleisch *n* in Brühe; *Chi.* Fisch-, Muschelsuppe *f*.

caldo ['kaldo] *m* Brühe *f*; ~ *de carne* Fleischbrühe *f*, Bouillon *f*; *amargar el* ~ *a alg.* j-m die Suppe versalzen; *hacer(le) el* ~ *gordo a alg.* j-n begünstigen; ~s *pl.* Flüssigkeiten *f|pl.* (*wie Wein, Öl, Obstsäfte usw.*).

calé P [ka'le] *m* Geld *n*, F Moneten *pl.*, P Zaster *m*, Kies *m*.

calefac|ción [kalefag'θĭɔn] *f* Heizung *f*, Erhitzung *f*; ~ *central* Zentralheizung *f*; ~ *individual* Etagenheizung *f*; ~ *por aire caliente* Warmluftheizung *f*; ~ *por aceite* Ölheizung *f*; **~tor** [~fak'tɔr] *m* Heizgerät *n*.

calenda|rio [kalen'darĭo] *m* Kalender *m*; ~ *de pared*, ~ *de taco* Abreißkalender *m*; ~ *de bolsillo* Taschenkalender *m*.

calen|tador [kalenta'dɔr] *m* Heizgerät *n*; Kocher *m*; ~ *de agua* Boiler *m*; **~tamiento** [~ta'mĭento] *m* Wärmen *n*, Erhitzen *n*; Beheizung *f*; **~tar** [~'tar] (1k) (er)wärmen; (be-)

heizen; *fig.* beleben; **~tarse** *fig.* sich erhitzen, sich ereifern; **~tito** [~'tito] F hübsch warm; neu, frisch; **~tón** [~'tɔn]: *darse un* ~ sich schnell ein wenig (auf)wärmen; **~tura** [~'tura] *f* Fieber *n*; *estar con* ~ Fieber haben; **~turiento** [~tu'rĭento] fiebrig; fiebernd; fieberkrank.

calera [ka'lera] *f* Kalkbruch *m*; Kalkofen *m*.

caleta [ka'leta] *f* kleine Bucht *f*, Schlupfwinkel *m*.

caletre F [ka'letre] *m* Verstand *m*, F Grips *m*, Köpfchen *n*.

cali|brador ⊕ [kalibra'dɔr] *m* Schublehre *f*; ~ *de alambres* Drahtlehre *f*; ~ *de espesores* Dickenlehre *f*; ~ *de profundidades* Tiefenlehre *f*; **~brar** [~'brar] (1a) messen; eichen; **~bre** [ka'libre] *m* Kaliber *n*; *fig.* Beschaffenheit *f*, Art *f*; Größe *f*, Bedeutung *f*.

calicata 𝔰 [kali'kata] *f* Mutung *f*, Schürfung *f*.

calidad [kali'da⁽ᵈ⁾] *f* Qualität *f*, Beschaffenheit *f*, Eigenschaft *f*; Rang *m*; Güte *f*; *de primera* ~ erstklassig, hochwertig; *en* ~ *de als*; ~*es pl.* Geistesgaben *f|pl.*, Begabung *f*.

cálido ['kalido] warm (*Tönung, Farbe*); heiß (*Länder*).

calidoscopio [kalidɔs'kopĭo] *m* Kaleidoskop *n*.

calienta|cerveza [kalĭentaθer'beθa] *m* Bierwärmer *m*; **~piés** [~'pĭes] *m* Fußwärmer *m*; **~platos** [~'platɔs] *m* Tellerwärmer *m*.

caliente [ka'lĭente] heiß, warm; *fig.* feurig, lebhaft; *en* ~ *auf* der Stelle.

califa [ka'lifa] *m* Kalif *m*.

califica|ble [kalifi'kable] qualifizierbar; **~ción** [~ka'θĭɔn] *f* Benennung *f*; Qualifikation *f*; Benotung *f*, Note *f* (*Schule*); Eignung *f*; **~do** [~'kaᵈo] befähigt, geeignet; bewährt; angesehen; bedeutend; **~r** [~'kar] (1g) beurteilen, bezeichnen (*als de*); qualifizieren; **~tivo** [~ka'tibo] **1.** *adj.* bezeichnend, kennzeichnend; **2.** *m* Beiname *m*.

caliginoso *poet.* [kalixi'noso] neblig, diesig.

cali|grafía [kaligra'fia] *f* Schönschreibkunst *f*; Schönschrift *f*; Handschrift *f*; **~gráfico** [~'grafiko] in künstlerischer Schrift, kunstvoll geschrieben.

calina [ka'lina] *f* Dunst *m*.

cama

cáliz [ˈkaliθ] *m* Kelch *m*; Blumenkelch *m*.
cali|za [kaˈliθa] *f* Kalkstein *m*; **~zo** [~θo] kalkhaltig; Kalk...
cal|ma [ˈkalma] *f* ⚓ Windstille *f*; *fig.* Stille *f*, Ruhe *f*; Gelassenheit *f*; Gleichgültigkeit *f*; ~ *chicha* vollständige Windstille *f*, Flaute *f*; *con toda* ~ in aller Ruhe; **~mante** [kalˈmante] **1.** *adj.* beruhigend; **2.** *m* ⚕ schmerzstillendes Mittel *n*; **~mar** [~ˈmar] (1a) beruhigen; *v/i.* abflauen (*Wind*); **~moso** [~ˈmoso] ruhig, still; langsam, gelassen; träge, phlegmatisch.
caló [kaˈlo] *m* Rotwelsch *n*, Gaunersprache *f*.
calor [kaˈlɔr] *m* Wärme *f*, Hitze *f*; Lebhaftigkeit *f*; *hace (mucho)* ~ es ist (sehr) heiß; *entrar en* ~ *fig.* sich erhitzen; *tengo* ~ mir ist warm *od.* heiß; *al* ~ *de fig.* unter dem Schutz von; **~ía** *Phys.* [kaloˈria] *f* Kalorie *f*.
calorí|fero [kaloˈrifero] **1.** *adj.* wärmend; **2.** *m* Heizofen *m*, Heizvorrichtung *f*; **~fico** [~ˈrifiko] wärmeerzeugend; **~fugo** [~ˈrifugo] nicht wärmeleitend; **~metro** [~ˈrimetro] *m* Wärmemesser *m*.
calumni|a [kaˈlumnia] *f* Verleumdung *f*; **~ador** [kalumniaˈdɔr] **1.** *adj.* verleumderisch; **2.** *m* Verleumder *m*; **~ar** [~ˈniar] (1b) verleumden; **~oso** [~ˈnioso] verleumderisch.
caluroso [kaluˈroso] heiß (*a. fig.*); lebhaft; herzlich.
cal|va [ˈkalba] *f* Glatze *f*; kahle Stelle *f*; *fig.* Zwischenraum *m*; Lichtung *f* (*im Wald*); **~vario** [kalˈbario] *m* Golgatha *n*; Kreuzweg *m*; *fig.* Leidensweg *m*; Qual *f*; **~vatrueno** [kalbaˈtrŭeno] *m* Vollglatze *f*, F Vollmond *m*; *fig.* Faselhans *m*; **~vero** [kalˈbero] *m* Lichtung *f*; Kreidegrube *f*; **~vicie** [~ˈbiθie] *f* Kahlheit *f*; Glatze *f*; **~vo** [ˈkalbo] **1.** *adj.* kahlköpfig; fadenscheinig (*Gewebe*); **2.** *m* Kahlkopf *m*.
calza [ˈkalθa] *f* Keil *m*; **~s** *pl.* Hosen *f/pl.*; Beinkleider *n/pl.*
calzada [kalˈθada] *f* Chaussee *f*; Fahrbahn *f*.
calza|do [kalˈθaᵈo] *m* Fußbekleidung *f*; Schuhwerk *n*; **~dor** [~θaˈᵈɔr] *m* Schuhlöffel *m*, -anzieher *m*.
calzar [kalˈθar] (1f) *Schuhe, Strümpfe usw.* anziehen *od.* tragen; *durch e-n Stützkeil* sichern, verkeilen;

Sporen anlegen; *Rad* verkeilen; **~se** sich Schuhe (*od.* Strümpfe) anziehen.
calzo [ˈkalθo] *m* Radschiene *f*; Spanneisen *n*; **~s** *pl.* Schienenlaschen *f/pl.*
calzón [kalˈθɔn] *m* Hose *f*, Beinkleid *n*; *calzones pl. Chi., Pe.* (Damen-)Unterhosen *f/pl.*; *calzones de gimnasia* Turnhose *f*; *llevar (od. ponerse) los calzones fig.* die Hosen anhaben.
calzonazos F [kalθoˈnaθos] *m* Angsthase *m*; Pantoffelheld *m*.
calzoncillos [kalθonˈθiʎos] *m/pl.* Unterhose(n) *f(pl.)*.
calla|da [kaˈʎada] *f* Schweigen *n*; (Wind-)Stille *f*; *de* ~ heimlich; *dar la* ~ *por respuesta* nichts antworten; **~do** [kaˈʎaᵈo] schweigsam; stillschweigend; **~ndito** F [kaʎanˈdito] ganz leise; **~r** [kaˈʎar] (1a) (ver-)schweigen; *¡calla!, ¡calle (usted)!* nicht möglich!, so etwas!; *¡calla la boca (od. el pico)!* halt den Mund!, halt's Maul! P; **~rse** schweigen, den Mund halten.
calle [ˈkaʎe] *f* Straße *f*; ~ *de dirección única* Einbahnstraße *f*; ~ *lateral* Nebenstraße *f*; ~ *mayor*, ~ *principal* Hauptstraße *f*; ~ *de prioridad* Vorfahrtstraße *f*; *abrir (od. hacer)* ~ Platz machen; *poner (plantar) a alg. en la* ~, *echar a la* ~ j-n hinauswerfen; *quedar(se) en la* ~ *fig.* auf der Straße sitzen; **~ja** [kaˈʎexa] *f* Gäßchen *n*; *jear* [kaʎexeˈar] (1a) durch die Straßen bummeln; **~jero** [kaʎeˈxero] **1.** *adj.* Straßen..., Gassen...; **2.** *m* Straßenverzeichnis *n*; **~jón** [~ˈxɔn] *m* enge Gasse *f*; ~ *sin salida* Sackgasse *f*; *fig.* schwierige Lage *f*; **~juela** [~ˈxŭela] *f* enge Gasse *f*; *fig.* Ausflucht *f*, Ausrede *f*.
calli|cida [kaʎiˈθida] *m* Hühneraugenpflaster *n*; **~sta** [kaˈʎista] *m* Fußpfleger *m*.
callo [ˈkaʎo] *m* Schwiele *f*; Hornhaut *f*; Hühnerauge *n*; **~s** *pl.* Kaldaunen *f/pl.*; **~sidad** [kaʎosiˈda⁽ᵈ⁾] *f* Hornhaut *f*; **~so** [kaˈʎoso] schwielig.
cama [ˈkama] *f* Bett *n*; Lager *n* (*a. für Tiere*); 🌿 Streu *f*; ~ *de campaña* Feldbett *n*; ~ *de matrimonio* Ehebett *n*, Doppelbett *n*; ~ *nido* Bettcouch *f*; ~ *de tijera*, ~ *plegable* Klappbett *n*, Liege *f*; ~ *turca* Couch

f; *guardar* (*la*) ~ das Bett hüten; *hacer la* ~ das Bett machen.

camada [ka'maða] *f* Wurf *m* junger Tiere; ⊕ Lage *f*, Schicht *f*.

camaleón [kamale'ɔn] *m* Chamäleon *n*; *fig.* wankelmütiger Mensch *m*.

camama F [ka'mama] *f* Schwindel *m*, Lug und Trug *m*.

camándula [ka'mandula] *f* Schlauheit *f*; *tener muchas* ~*s* sehr gerissen sein, F es faustdick hinter den Ohren haben.

camandulero [kamandu'lero] **1.** *adj.* heuchlerisch; **2.** *m* Heuchler *m*.

cámara ['kamara] **a)** *f* Gemach *n*, Kammer *f*; ♫, ⊕ Kammer *f*; ~ *de aire Kfz.* Schlauch *m*; ~ (*fotográfica*) Kamera *f*; ~ *frigorífica* Kühlraum *m*; ♀ *Alta* Oberhaus *n*; ♀ *Baja* Unterhaus *n*; ♀ *de Comercio* Handelskammer *f*; ♀ *de Comercio e Industria* Industrie- und Handelskammer *f*; ♀ *de Diputados* Abgeordnetenhaus *n*; ~ *lenta* Zeitlupe *f*; ~ *oscura* Dunkelkammer *f*; *ayuda m de* ~ Kammerdiener *m*; *música f de* ~ Kammermusik *f*; **b)** *m* Kameramann *m*.

cama|rada [kama'raða] *m* Kamerad *m*; *Pol.* Genosse *m*; **~radería** [‿raðe'ria] *f* Kameradschaft *f*; **~rera** [‿'rera] *f* Kellnerin *f*; Stubenmädchen *n*; Stewardeß *f* (*Schiff*); **~rero** [‿'rero] *m* Kammerdiener *m*; Kellner *m*; Steward *m* (*Schiff*); **~rilla** [‿'riʎa] *f* Kamarilla *f*, Hofpartei *f*; *fig.* Clique *f*; **~rín** [‿'rin] *m* Heiligennische *f*, -schrein *m*; *Thea.* Künstlergarderobe *f*; Privatbüro *n*; Fahrstuhlkabine *f* [nele *f*, Krabbe *f*.]

camarón *Zo.* [kama'rɔn] *m* Garfeele]

cama|rote ⚓ [kama'rote] *m* Kajüte *f*, Kabine *f*; **~rotero** *Am. reg.* [‿ro'tero] *m* Kabinensteward *m*; **~stro** [ka'mastro] *m* elendes Lager *n*; Pritsche *f*; **~strón** [kamas-'trɔn] *m* F lockerer Vogel *m*; P gerissenes Luder *n*.

cambalache F [kamba'latʃe] *m* Tausch *m*, Schacher *m*, Kuhhandel *m*; *Arg.* Trödlerladen *m*; **~ar** [‿latʃe'ar] (1a) (ver)schachern; **~ro** [‿la'tʃero] *m* Trödler *m*, Schacherer *m*.

cambi|able [kam'biable] ver-, austauschbar; wandelbar; **~al** †

[‿'bial] *f* Wechsel *m*; **~ante** [‿'biante] (vielfarbig) schillernd, wechselnd.

cambiar [kam'biar] (1b) (ver-, um-)tauschen; *Geld* wechseln; (ver-, um-, ab-)ändern; verwandeln, umgestalten; *Getriebe* schalten; *v/i.* wechseln, sich wandeln; umspringen (*Wind*); ~ *de domicilio* den Wohnsitz wechseln; ~ *de lugar* um-, verstellen; ~ *de traje* sich umziehen; ~ *de tren* umsteigen; ~ *de velocidad* schalten.

cambiario [kam'biario] Wechsel...

cambiazo F [kam'biaθo]: *dar el* ~ in betrügerischer Absicht vertauschen.

cambio ['kambio] *m* Tausch *m*; Austausch *m*; Wechsel *m*; Geldwechsel *m*; Wechselstube *f*; Wechselkurs *m*; ⚡ Schaltung *f*; ⊕ Austausch *m*, Auswechslung *f*; Wechselgeld *n*, Kleingeld *n*; Veränderung *f*, Wandel *m*; 🚂 ~ (*de vía*) Weiche *f*; ✝ ~ *exterior*, ~ *extranjero* Auslandskurs *m*; ~ *de dirección* Richtungsänderung *f*; *libre* ~ Freihandel *m*; ~ *de marea* Gezeitenwechsel *m*; ~ *por palanca* Lenkradschaltung *f*; ~ *de velocidades*, ~ *de marchas* Gangschaltung *f*; ~ *del día* Tageskurs *m*; ~ *de tren* Zugwechsel *m*, Umsteigen *n*; ~ *a la par*, ~ *paritario* Wechselpari *n*, Parikurs *m*; *a* ~ *de* gegen, für; *en* ~ hingegen.

cambista [kam'bista] *m* (Geld-)Wechsler *m*.

camelar F [kame'lar] (1a) umschmeicheln, F einfangen, P einseifen.

camelia 🌸 [ka'melia] *f* Kamelie *f*.

camelo F [ka'melo] *m* Liebeswerben *n*; Schmeichelei *f*; F *dar el* ~ *a alg.* F j-n auf den Arm nehmen.

camell|ero [kame'ʎero] *m* Kameltreiber *m*; **~o** [ka'meʎo] *m* Kamel *n*; **~ón** [kame'ʎɔn] *m* Rindertränke *f*.

camerino *Thea.* [kame'rino] *m* Künstlergarderobe *f*.

camer|o [ka'mero] Bett...; *colchón m* ~ Bettmatratze *f*; **~ógrafo** *Am.* [‿me'roɣrafo] *m* Kameramann *m*.

camilla [ka'miʎa] *f* Ruhebett *n*; Tragbahre *f*.

camillero [kami'ʎero] *m* Krankenträger *m*; Sanitäter *m*.

cami|nador [kamina'ðɔr] gut zu Fuß; **~nante** [‿'nante] *m* Wanderer *m*, Reisende(r) *m*; **~nar** [~'nar] (1a) wandern, gehen; *fig.* sich bewegen, vorrücken; **~nata** [~'nata] *f* weiter Spaziergang *m*, Wanderung *f*; **~nero** [~'nero]: peón *m* ~ Straßenarbeiter *m*, Straßenwärter *m*.

camino [ka'mino] *m* Weg *m*; Straße *f*; Gang *m*; ~ carretero Fahrweg *m*; ~ rural Feldweg *m*; ~ trillado ausgetretener Weg *m*; *fig.* P alte Masche *f*; de ~ auf dem Wege, unterwegs; por el ~ unterwegs; ~ de auf dem Wege nach; abrirse ~ *fig.* s-n Weg machen; sich durchsetzen; cerrar el ~ a alg. j-m den Weg verlegen (*a. fig.*); estar en (el) ~ unterwegs sein; hallar ~ sich zurechtfinden (*a. fig.*); (no) llevar ~ (nicht) richtig sein, (un)berechtigt sein.

camión [ka'mion] *m* Last(kraft)wagen *m*; *Méj.* Omnibus *m*; ~ cisterna Tankwagen *m*; ~ de mudanzas Möbelwagen *m*; ~ frigorífico Kühlwagen *m*; ~ remolcador Lastzug *m*; ~ volquete Kipplaster *m*.

camionero [kamio'nero] *m* Lastwagen-, Fernfahrer *m*.

camioneta [kamio'neta] *f* Lieferwagen *m*; Bereitschaftswagen *m* (der Polizei); Kleinbus *m*.

camisa [ka'misa] *f* Hemd *n*; Glühstrumpf *m*; ⊕ Mantel *m*, Futter *n*; ~ de fuerza Zwangsjacke *f*; ~ de noche Nachthemd *n*; ~ de vestir Oberhemd *n*; en ~ im Hemd; *fig.* ohne Mitgift; en mangas de ~ in Hemdsärmeln; meterse en ~ de once varas F sich in Dinge einmischen, die e-n nichts angehen; sich übernehmen.

camise|ría [kamise'ria] *f* Herrenwäschegeschäft *n*, -ausstattung *f*; **~ro** [~'sero] *m* Hemdbluse *f* (vestido *m*) ~ Hemdblusenkleid *n*.

cami|seta [kami'seta] *f* Unterhemd *n*; **~sola** [~'sola] *f* Frackhemd *n*; **~són** [~'son] *m* Nachthemd *n*.

camorr|a [ka'morra] *m* Streit *m*; Schlägerei *f*; **~ista** [kamo'rrista] *m* Radaubruder *m*, Krakeeler *m*.

campa|l [kam'pal]: batalla *f* ~ Feldschlacht *f*; **~mento** [~pa'mento] *m* Lagern *n*; (Feld-, Truppen-, Zelt-) Lager *n*.

campa|na [kam'pana] *f* Glocke *f*; Kirchspiel *n*; ~ de buzo Taucherglocke *f*; ~ de chimenea Rauchfang *m*; ~ de rebato Sturmglocke *f*;

vuelta *f* de ~ Überschlagen *n* e-s Wagens; Purzelbaum *m*; echar las ~s al vuelo F sich freuen wie ein Schneekönig; frohlocken; no haber oído las ~s nicht wissen, was los ist; **~nada** [~pa'nada] *f* Glockenschlag *m*; F Skandal *m*; dar una ~ ärgerliches Aufsehen erregen; **~nario** [~'nario] *m* Glockenturm *m*; de ~ engstirnig; **~nazo** *Am.* [~'naθo] *m* Glockenschlag *m*; **~near** [~ne'ar] (1a) anhaltend läuten; **~nero** [~'nero] *m* Glockengießer *m*; Glöckner *m*; **~nilla** [~'niʎa] *f* Glockenchen *n*, Klingel *f*, Schelle *f*; ~ blanca ♀ Schneeglöckchen *n*; de (muchas) ~s hochstehend, bedeutend; **~nillazo** [~ni'ʎaθo] *m* starkes Klingeln *n*.

campante [kam'pante] vortrefflich; quedarse tan ~ so tun, als ob nichts dabei wäre; F tan ~ quietschvergnügt.

campanudo [kampa'nuđo] glockenförmig; bauschig (Frauenrock); dröhnend (Stimme); schwülstig, hochtrabend; F famos.

camp|aña [kam'pana] *f* Feld *n*, flaches Land *n*; Kampagne *f*; Feldzug *m*; Erntezeit *f*; ~ electoral Wahlkampf *m*; ~ de pesca Fangzeit *f*; ~ de propaganda (od. publicitaria) Werbefeldzug *m*; ~ de silencio Lärmbekämpfung *f*; batir la ~ das Gelände erkunden; **~ar** [~'par] (1a) lagern; sich hervortun; *fig.* ~ por su(s) respeto(s) eigenmächtig vorgehen; **~ear** [~pe'ar] (1a) ins Freie gehen (Vieh); grünen (Saaten).

campecha|na [kampe'tʃana] *f* Cu., Méj. alkoholisches Mischgetränk *n*; **~no** [~no] gemütlich, ungezwungen; jovial; freigebig.

campe|ón [kampe'on] *m* Sport: Meister *m*; *fig.* Vorkämpfer *m*; **~onato** [~o'nato] *m* Sport: (Kampf *m* um die) Meisterschaft *f*; ~ mundial, ~ del mundo Weltmeisterschaft *f*; F de ~ großartig; F prima, toll.

campe|ra *Am.* [kam'pera] *f* Wetterjacke *f*; **~ro** [~ro] im Freien nächtigend (Vieh).

campesino [kampe'sino] **1.** *adj.* ländlich; **2.** *m*, -a *f* [~na] Landbewohner(in *f*) *m*; Landmann *m* (*pl.* Landleute), Bauer *m*; Bäuerin *f*.

campestre [kam'pestre] Feld..., Land...; ♀ wildwachsend.

camping ['kampiŋ] *m* Zelten *n*; Zeltlager *n*; Zelt-, Campingplatz *m*.

campiña [kam'piɲa] *f* Feld *n*; Gefilde *n*; Flur *f*.

campista [kam'pista] *m* Zeltler *m*.

campo ['kampo] *m* Feld *n*, Acker *m*; Land *n* (*Ggs.* Stadt); ✕ Lager *n*; *fig.* Bereich *m*; Gebiet *n*; ~ de actividades Geschäftsbereich *m*; ~ de aplicación Anwendungsgebiet *n*; ~ de aterrizaje Flugfeld *n*, Rollfeld *n*; ~ de aviación Flugplatz *m*; ~ de batalla Schlachtfeld *m*; ~ de deportes Sportplatz *m*; ~ de juego Spielplatz *m*; ~ de tiro Schießplatz *m*; *a* ~ raso im Freien; *a* ~ traviesa *od.* ~ *a* través querfeldein; *dejar el* ~ *libre* das Feld räumen; *tener* ~ *libre* freie Bahn haben; **~santo** [~'santo] *m* Friedhof *m*.

camu|flaje ✕ [kamu'flaxe] *m* Tarnung *f*; **~flar** [~'flar] (1a) tarnen.

can [kan] *m* Hund *m*.

cana ['kana] *f* weißes Haar *n*; F *echar una* ~ *al aire* sich e-n vergnügten Tag machen, P auf die Pauke hauen.

canadiense [kana'djense] **1.** *adj.* kanadisch; **2.** *su.* Kanadier(in *f*) *m*.

canal [ka'nal] *m* Kanal *m*; Fahrrinne *f*; Dachrinne *f*; 🏛 Rille *f*; Hohlkehle *f*; ~ de televisión Fernsehkanal *m*; *abrir en* ~ *Schlachtvieh* in zwei Hälften teilen; **~ete** [kana-'lete] *m* Kanupaddel *m*; **~ización** [~liθa'θjon] *f* Kanalisation *f*; Kanalsystem *n*; **~izar** [~li'θar] (1f) kanalisieren; **~ón** [~'lon] *m* Dachrinne *f*; **~ones** *Kchk.* [~'lones] *m/pl.* Canneloni *pl.*

canalla [ka'naʎa] **a)** *f* Gesindel *n*, Pack *n*; **b)** *m* Lump *m*, Schuft *m*, Schurke *m*; **~da** [kana'ʎada] *f* Gemeinheit *f*, Schurkerei *f*.

canana [ka'nana] *f* Patronengurt *m*.

canapé [kana'pe] *m* Sofa *n*, Polsterbank *f*; belegtes Brot *n*.

canario [ka'narjo] **1.** *m* Kanarienvogel *m*; **2.** *int.* F ¡~(s)! Himmeldonnerwetter!

canas|ta [ka'nasta] *f* Henkelkorb *m*; **~tilla** [kanas'tiʎa] *f* Nähkörbchen *n*; Babyausstattung *f*; *hacer la* ~ die Babyausstattung beschaffen; **~tillo** [~ʎo] *m* (Blumen-)Körbchen *n*; **~to** [ka'nasto] *m* Tragkorb *m*; F ¡*canastos!* verfluchter Mist!

cancel [kan'θel] *m* Windfang *m* vor

Türen; Windschirm *m*; **~a** [kan-'θela] *f* Gitter *n* vor Haustüren.

cancela|ción [kanθela'θjon] *f* Tilgung *f*, Löschung *f*, Auflassung *f*, Streichung *f*, Nichtigkeitserklärung *f*; **~dora** [~'dora] *f*: ~ de billetes Fahrscheinentwerter *m*.

cancelar [kanθe'lar] (1a) *Schrift* aus-, durchstreichen; *Eintragung* löschen; ✝ *Auftrag* zurückziehen; *Scheck* sperren; *allg.* annullieren; ungültig machen.

cáncer ['kanθer] *m* 🦀 Krebs *m*; *Astr.* ♋ Krebs *m*.

cance|rígeno [kanθe'rixeno], **~rógeno** [~'roxeno] krebserregend; **~rología** [~rolo'xia] *f* Krebsforschung *f*; **~roso** [~'roso] krebsartig, Krebs...

canciller [kanθi'ʎer] *m* Kanzler *m*; ~ federal Bundeskanzler *m*; **~esco** [~ʎe'resko] Kanzlei...; **~ía** [~ʎe'ria] *f* (Staats-)Kanzlei *f*; Kanzleiamt *n*.

canci|ón [kan'θjon] *f* Lied *n*; ~ de cuna Wiegenlied *n*; ~ de moda Schlager *m*; *volver a la misma* ~ F immer die alte Leier; **~onero** [~θjo'nero] *m* Liederbuch *n*, -sammlung *f*; **~onista** [~θjo'nista] *m* (*f*) Lieder-, Schlagersänger(in *f*) *m*.

canch|a ['kantʃa] *f* Spielplatz *m*, -feld *n*; Sportplatz *m*; ~ de tenis Tennisplatz *m*; ¡~! *Rpl.* Platz (da)!; *abrir, hacer* ~ *Am. reg.* Platz machen; **~ear** *Am.* [kantʃe'ar] (1a) sich herumtreiben, herumlungern.

candado [kan'daðo] *m* Vorhängeschloß *n*. [diszucker *m*.]

cande ['kande]: *azúcar m* ~ Kan-f

candeal [kande'al] **1.** *adj.*: *trigo m* ~ Weichweizen *m*; **2.** *m Rpl.* Art Eierlikör *m*.

cande|la [kan'dela] *f* Kerze *f*; Licht *n*; F *arrimar* ~ verprügeln, versohlen; **~labro** [~de'labro] *m* Armleuchter *m*; ♀laria *Rel.* [~de'larja] *f* Mariä Reinigung *f*, Lichtmeß *f*; **~lero** [~de'lero] *m* Leuchter *m*; *estar en* ~ großen Einfluß besitzen, prominent sein; **~lilla** [~de'liʎa] *f* Lichtchen *n*; ♀ Weidenkätzchen *n*; **~nte** [kan'dente] glühend; *cuestión f* ~ brennende Frage *f*.

candida|to [kandi'dato] *m* Kandidat *m*, Bewerber *m*; Prüfling *m*; **~tura** [~da'tura] *f* Bewerbung *f*; Kandidatur *f*; *presentar su* ~ *para* sich bewerben um (*ac.*).

candidez [kandi'deθ] *f* Aufrichtigkeit *f*, Redlichkeit *f*; Naivität *f*.

cándido ['kandido] arglos; redlich, aufrichtig; einfältig, naiv.

candil [kan'dil] *m* F Ölfunzel *f*; *fig*. F *arder en un ~* F starker Tobak sein, sich gewaschen haben; **~eja** [~'di-'lexa] *f* (Öl-)Lämpchen *n*, Funzel *f*; **~s** *pl. Thea.* Rampenlicht *n*.

candon|ga F [kan'donga] *f* Fopperei *f*, Ulk *m*; *dar ~* verulken, P auf die Schippe nehmen; **~go** F [~'go] **1.** *adj.* schmeichlerisch; arbeitsscheu; **2.** *m* Drückeberger *m*; **~guear** F [~donge'ar] (1a) verulken, hänseln; *v/i.* sich vor der Arbeit drücken; **~guero** F [~don'gero] *m* Drückeberger *m*, Faulenzer *m*.

candor [kan'dor] *m* blendende Weiße *f*; *fig.* Aufrichtigkeit *f*, Treuherzigkeit *f*; **~oso** [~do'roso] arglos, aufrichtig, redlich.

cane|la [ka'nela] *f* Zimt *m*, Kaneel *m*; *fig.* F *das Beste, das Feinste*; *¡de ~!* großartig!, wundervoll!; **~lo** [~lo] **1.** *adj.* zimtfarbig; **2.** *m* Zimtbaum *m*.

canel|ón [kane'lon] *m* Eiszapfen *m*; ✂ Achselschnur *f*; **~ones** [~'lones] *m/pl.* = canalones.

cangilón [kanxi'lon] *m* Schöpfeimer *m*; großer Wasserkrug *m*; *Am.* Radspur *f*.

cangrejo *Zo.* [kan'grexo] *m* Flußkrebs *m*; *ponerse como un ~* krebsrot werden.

cangrina ♀ *Am.* [kan'grina] *f* Brand *m*.

canguro [kan'guro] *m* Känguruh *n*; F Babysitter *m*.

ca|níbal [ka'nibal] **1.** *adj.* kannibalisch; **2.** *m* Menschenfresser *m*, Kannibale *m*; **~nibalismo** [kaniba-'lizmo] *m* Menschenfresserei *f*, Kannibalismus *m*.

canica [ka'nika] *f* Murmel *f*, Knicker *m*.

canicie [ka'niθie] *f* graues Haar *n*.

canícula [ka'nikula] *f* Hundstage *m/pl.*; *Astr.* ♀ Hundsstern *m*, Sirius *m*.

canijo [ka'nixo] schwächlich, kränklich.

canilla [ka'niʎa] *f* Schienbein *n*; Elle *f*; Faßhahn *m*; Spule *f* (*Nähmaschine*); *Am.* Wasserhahn *m*; *Méj.* Kraft *f*; *a ~ Méj.* mit Gewalt; *irse de ~* schwadronieren, den

Mund nicht halten können; Durchfall haben.

canillero [kani'ʎero] *m* Spundloch *n*.

canillita *Am.* [kani'ʎita] *m* Zeitungsjunge *m*.

canin|a [ka'nina] *f* Hundekot *m*; **~o** [~no] Hunde...; *hambre f -a* Heißhunger *m*; *diente m ~* Augenzahn *m*, Eckzahn *m*.

canje ['kanxe] *m* Austausch *m*; Auswechslung *f*; Umtausch *m*; Einlösung *f*; *Pol.* ~ *de notas* Notenwechsel *m*; **~ar** [kanxe'ar] (1a) austauschen; auswechseln; umtauschen; einlösen.

cano ['kano] grau, weiß (*Bart, Haupthaar*).

canoa [ka'noa] *f* Kanu *n*.

canódromo [ka'nodromo] *m* Hunderennbahn *f*.

canon ['kanon] *m* Regel *f*; Kanon *m* (*a. ♪*); Pachtgebühr *f*; *apartarse de los cánones* von den Regeln abweichen; **~ical** [kanoni'kal] kanonisch; F *vida f ~* gemächliches Leben *n*; **~icato** [~ni'kato] *m* = canonjía.

canónico [ka'noniko] kanonisch; *derecho m ~* Kirchenrecht *n*.

canónigo [ka'nonigo] *m* Domherr *m*, Kanonikus *m*.

canoni|sta [kano'nista] *m* Kirchenrechtsgelehrte(r) *m*; **~zación** [~ni-θa'θion] *f* Heiligsprechung *f*; **~zar** [~ni'θar] (1f) heiligsprechen.

canonjía [kanon'xia] *f* Domherrenwürde *f*; F Sinekure *f*, Pfründe *f* (*a. fig.*).

canoro [ka'noro] wohlklingend, melodisch; melodienreich; *aves f/pl. -as* Singvögel *m/pl.*

canoso [ka'noso] grauhaarig.

canotaje [kano'taxe] *m* Kanusport *m*.

can|sado [kan'saᵈo] müde, matt; erschöpft, abgespannt; lästig; langweilig; **~sancio** [~'sanθio] *m* Müdigkeit *f*; F Langeweile *f*; **~sar** [~'sar] (1a) ermüden, ermatten; belästigen, ärgern; langweilen; **~sarse** müde werden; sich abplagen; sich langweilen; ~ *de a/c.* e-r Sache überdrüssig werden; **~sera** [~'sera] *f* Belästigung *f*, Zudringlichkeit *f*; **~sino** [~'sino] abgehetzt, übermüdet.

cantábrico [kan'tabriko] kantabrisch.

cantante

cantante [kan'tante] *m* (*f*) Sänger (-in *f*) *m*.

cantaor [kanta'ɔr] *m*, **~a** [~'ora] *f* Flamencosänger(in *f*) *m*.

cantar [kan'tar] (1a) **1.** *v/i.* singen; krähen (*Hahn*); quaken (*Frosch*); quietschen (*Tür*); *fig.* F nicht dichthalten, singen; ~ a dos voces zweistimmig singen; **2.** *v/t.* besingen, rühmen, preisen; ~las claras F kein Blatt vor den Mund nehmen; **3.** *m* Lied *n*; ~ popular Volkslied *n*; F ése es otro ~ das ist et. ganz anderes.

cántara ['kantara] *f* Krug *m*, Kanne *f*.

cantarela ♫ [kanta'rela] *f* Pfifferling *m*.

cantárida [kan'tarida] *f* spanische Fliege *f*, Kantharide *f*.

cántaro ['kantaro] *m* Henkelkrug *m*; Kanne *f*; F *fig.* alma *f* de ~ P Depp *m*; llover a ~s in Strömen regnen.

canta|ta [kan'tata] *f* Kantate *f*; **~triz** [~ta'triθ] *f* (Konzert-)Sängerin *f*; **~zo** [~'taθo] *m* Steinwurf *m*.

cante ['kante] *m*: ~ flamenco Flamenco *m* (*andal. Zigeunerweise*); ~ hondo (*od. jondo*) andal. Volksweise.

cante|ra [kan'tera] *f* Steinbruch *m*; Nachwuchs *m* (*Sport*); *fig.* unerschöpfliche Quelle *f*; **~ro** [~'tero] *m* Steinmetz *m*; Kanten *m* (*Brot*), Knust *m*.

cántico ['kantiko] *m* Lobgesang *m*; Choral *m*, Kirchenlied *n*.

cantidad [kanti'da⁽ᵈ⁾] *f* Quantität *f*, Anzahl *f*, Menge *f*; Summe *f*; Quantum *n*, Größe *f*.

cantil [kan'til] *m* Steilklippe *f*; Felsenriff *n*.

cantilena [kanti'lena] *f* Kantilene *f*; *fig.* F die alte Leier *f*.

cantimplora [kantim'plora] *f* Feldflasche *f*.

canti|na [kan'tina] *f* Weinkeller *m*; Kantine *f*; **~nero** [~ti'nero] *m* Kantinenwirt *m*.

canto¹ ['kanto] *m* Singen *n*; Gesang *m*, Lied *n*; ~ del gallo Krähen *n*.

canto² ['kanto] *m* Kante *f*; Seite *f*; Ecke *f*, Rand *m*, Spitze *f*; Saum *m*; Rücken *m* (*e-s Messers*); Stein *m*, Baustein *m*; Fels(block) *m*; ~s rodados Geröll *n*.

cantón [kan'tɔn] *m* Ecke *f*; Kanton *m*, Kreis *m*, Bezirk *m*; ⚔ Quartier *n*.

canto|nera [kanto'nera] *f* Eck-

beschlag *m*; Kantenschutz *m*; *fig.* P Nutte *f*; **~nero** [~'nero] *m* Eckensteher *m*.

cantor [kan'tɔr] **1.** *adj.* Sing...; **2.** *m* Sänger *m*; Kantor *m*; maestro *m* ~ Meistersinger *m*; niño *m* ~ Sängerknabe *m*.   [Gelände *n.*]

cantorral [kantɔ'rral] *m* steiniges⟨

cantu|ría [kantu'ria] *f* Singsang *m*; Melodie *f*; **~rriar** F [~'rriar] (1b) F trällern, vor sich hin summen; F *fig.* herleiern.

cánula ⚕ ['kanula] *f* Kanüle *f*.

caña ['kaɲa] *f* Halm *m*; (Schilf-) Rohr *n*; (Stiefel-)Schaft *m*; *Anat.* Röhrenknochen *m*; *Am.* Zuckerrohrschnaps *m*; ~ de azúcar Zukkerrohr *n*; ~ de pescar Angelrute *f*.

cañada [ka'ɲada] *f* Engpaß *m*; Hohlweg *m*; *Am. reg.* sumpfiges Tiefland *n*.

cáñama|r [kaɲa'mar] *m* Hanffeld *n*; **~zo** [~'maθo] *m* Hanfleinwand *f*; Gitterleinen *n*.

caña|melar [kaɲame'lar] *m* Zuckerrohrpflanzung *f*; **~miel** [~'miel] *f* Zuckerrohr *n*.

cáñamo ['kaɲamo] *m* Hanf *m*; Hanfleinwand *f*; *Am.* Schnur *f*, Bindfaden *m*; ~ en rama Basthanf *m*.

cañamón [kaɲa'mɔn] *m* Hanfsamen *m*.

caña|veral [kaɲabe'ral] *m* Röhricht *n*, Rohrdickicht *n*; **~zo** [kaɲa'θo] *m* Schlag *m* mit e-m Rohrstock; *Am.* Zuckerrohrschnaps *m*.

cañe|ría [kaɲe'ria] *f* Rohrleitung *f*; Rohrnetz *n*; **~ro** *Am.* [~'nero] *m* Zuckerrohr...

cañizo [ka'ɲiθo] *m* Rohrgeflecht *n*.

cañ|o ['kaɲo] *m* Röhre *f*, Rohr *n*; Orgelpfeife *f*; **~ón** [ka'ɲɔn] *m* Kanone *f*; Geschützlauf *m*; Geschütz *n*; tief eingeschnittenes Flußbett *n*; ~ de chimenea Schornstein *m*; ~ de largo alcance weittragendes Geschütz *n*; ~ antiaéreo Flakgeschütz *n*; ~ antitanque Pakgeschütz *n*; ~ atómico Atomgeschütz *n*.

caño|nazo [kaɲo'naθo] *m* Kanonenschuß *m*, -donner *m*; *Pe., Rpl., P.R.* überraschende Nachricht *f*; **~near** [~ne'ar] (1a) mit Geschützfeuer belegen; **~neo** [~'neo] *m* Beschießung *f*; Geschützfeuer *n*; **~nera** [~'nera] *f* Schießscharte *f*, Geschützstand *m*; **~nero** [~'nero] *m* Kanonenboot *n*.

capitolio

cañu|tero [kaɲu'tero] *m* Nadelbüchse *f*; ~to [ka'ɲuto] *m* Stück *n* Rohr, Röhrchen *n*; F *fig.* Petzer *m*.

caoba [ka'oba] *f* Mahagonibaum *m*, -holz *n*.

ca|os ['kaɔs] *m* Chaos *n* (*a. fig.*); ~ótico [ka'otiko] chaotisch.

capa ['kapa] *f* Umhang *m*; Cape *n*; *Stk.* Capa *f*; Schicht *f*, Lage *f*; Deckblatt *n* e-r Zigarre; *bajo* ~ *de* unter dem Vorwand von; *echar la* ~ *a* uno j-n in Schutz nehmen; *andar* (*od. ir*) *de* ~ *caída* heruntergekommen sein, F schlecht dran sein; *hacer de su* ~ *un sayo* nach eigenem Ermessen handeln; *hacer a uno la* ~ j-n decken (*od.* schützen); *ponerse a la* ~ ⚓ beidrehen; *fig.* den günstigen Moment abpassen.

capacidad [kapaθi'da⁽ᵈ⁾] *f* Fassungsvermögen *n*; Raum *m*, Inhalt *m*; Fähigkeit *f*; ~ *de carga* Ladefähigkeit *f*; ~ *competitiva* Wettbewerbsfähigkeit *f*; ~ *de compra* (*od. adquisitiva*) Kaufkraft *f*; ~ *de producción* Leistungsfähigkeit *f*; ~ *jurídica* Rechtsfähigkeit *f*.

capacho [ka'patʃo] *m* (flacher) Strohkorb *m*; Tragkorb *m*.

capadura [kapa'dura] *f* Verschneiden *n*, Entmannen *n*, Kastrieren *n*.

capar [ka'par] (1a) verschneiden, entmannen, kastrieren; *fig.* F beschneiden, vermindern.

caparazón [kapara'θɔn] *m* Satteldecke *f*; Futtersack *m* (*für Zugtiere*); Panzer *m* (*der Krebse usw.*).

caparrón [kapa'rrɔn] *m* (Baum-) Knospe *f*.

caparrosa [kapa'rrɔsa] *f* Vitriol *n*.

capataz [kapa'taθ] *m* Vorarbeiter *m*; Werkmeister *m*; Aufseher *m*; ⚒ Polier *m*; *Am.* ⚐ Hilfsverwalter *m*; ⚒ ~ *de mina* Steiger *m*.

capaz [ka'paθ] fähig; befähigt; imstande; tauglich; geschickt; berechtigt; ~o [_θo] *m* = *capacho*.

capcioso [kab'θioso] verfänglich; *pregunta f -a* Fangfrage *f*.

cape|a *Stk.* [ka'pea] *f* Amateurkampf *m* mit Jungstieren; ~ar [kape'ar] (1a) *den Stier* mit der Capa reizen; *fig.* F an der Nase herumführen; *mit Ausreden* hinhalten.

capelo [ka'pelo] *m* Kardinalshut *m*.

cape|llán [kape'ʎan] *m* Kaplan *m*; ~llanía [_ʎa'nia] *f* Kaplanstelle *f*.

capeo *Stk.* [ka'peo] *m* Reizen *n* des Stieres mit der Capa.

Caperucita [kaperu'θita] *f*: ~ *Roja* Rotkäppchen *n*.

caperuza [kape'ruθa] *f* Kapuze *f*; Mütze *f*, Kappe *f*.

capibara [kapi'bara] *f südam.* Wasserschwein *n*.

capicúa [kapi'kua] *m* symmetrische Zahl *f* (*z. B.* 5665).

capilar [kapi'lar] Haar...; Kapillar...; ~idad *Phys.* [_lari'da⁽ᵈ⁾] *f* Kapillarität *f*.

capill|a [ka'piʎa] *f* Kapelle *f*; Mönchskapuze *f*; ~ *ardiente* (Raum *m für die*) feierliche Aufbahrung *f*; ~ *mayor* Altarraum *m*; *estar en* ~ die Hinrichtung erwarten; *fig.* in tausend Ängsten schweben.

capi|rotada *Am. Mer.* [kapiro'tada] *f ein Fleischgericht*; ~rotazo [_ro'taθo] *m* Kopfnuß *f*; ~rote [_'rote] *m* hohe, spitze Mütze *f*; Doktormantel *m* mit Haube (*in den Fakultätsfarben*); F *tonto de* ~ P saudumm.

capitación [kapita'θiɔn] *f* Kopfsteuer *f*.

capital [kapi'tal] **1.** *adj.* hauptsächlich, wesentlich; Haupt..., Kapital...; *enemigo m* ~ Todfeind *m*; *letra f* ~ Großbuchstabe *m*; *pecado m* ~ Todsünde *f*; *pena f* ~ Todesstrafe *f*; **2. a)** *f* Hauptstadt *f*; **b)** *m* Kapital *n*; 🕇 ~ *aportado* Einlage *f*; ~ *circulante* Umlaufsvermögen *n*; ~ *de explotación* Betriebskapital *n*; ~ *de inversión* Investitionskapital *n*; ~ *líquido* verfügbares (*od.* flüssiges) Kapital *n*; ~ *nominal*, ~ *principal* Stammkapital *n*; ~ *social* Gesellschaftskapital *n*; ~ismo [_ta'lizmo] *m* Kapitalismus *m*; ~ista [_ta'lista] *m* Kapitalist *m* (*socio m*) ~ Geldgeber *m*; ~izar [_tali'θar] (1f) kapitalisieren; ~ *una renta* e-e Rente ablösen.

capi|tán [kapi'tan] *m* ⚓ Kapitän *m*; Hauptmann *m*, Rittmeister *m*; ~ *aviador* Flugkapitän *m*, Hauptmann *m* der Luftwaffe; ~ *de navío* Kapitän *m* zur See; ~ *de puerto* Hafenmeister *m*; ~tanear [_tane'ar] (1a) befehligen, anführen; ~tanía [_ta'nia] *f* Hauptmannsstelle *f*; Hafenbehörde *f*.

capitel [kapi'tel] *m* Kapitell *n*.

capitolio [kapi'toljo] *m* Kapitol *n*.

capitoso *Rpl.* [kapi'toso] berauschend (*Getränk*).

capitoste F [kapi'tɔste] *m* F Bonze *m*; F Boß *m*.

capitula|ción [kapitula'θjɔn] *f* Vertrag *m*, Vergleich *m*; Kapitulation *f*, Übergabe *f*; *capitulaciones pl.* (*matrimoniales*) Ehevertrag *m*; **~r** [~'lar] **1.** *adj.* Kapitel..., Ordens...; *sala f ~* Kapitelsaal *m*; **2.** *v/i.* (1a) kapitulieren, sich ergeben; *x̄z* vereinbaren.

capítulo [ka'pitulo] *m Rel.* Kapitel *n*, Domkapitel *n*, Stift *n*; Abschnitt *m*, Kapitel *n e-s Buches*; *~ de cargos* Sündenregister *n*; *llamar (od. traer) a uno a ~* j-n zur Rechenschaft ziehen.

capó *Kfz.* [ka'po] *m* Motorhaube *f*.

capón [ka'pɔn] *m* Verschnittene(r) *m*, Kastrat *m*; Kapaun *m*; *Rpl.* Hammel *m*.

capona ✕ [ka'pona] *f* Achselklappe *f*.

caponera [kapo'nera] *f* Kapaunkäfig *m*; F freie Station *f*; F Gefängnis *n*.

caporal [kapo'ral] *m* Anführer *m*; Viehaufseher *m*.

capot [ka'po] *m = capó.*

capota *Kfz.* [ka'pota] *f* Verdeck *n*; **~je** 🚗 [kapo'taxe] *m* Kopfstand *m*; **~r** 🚗 [~'tar] (1a) sich nach vorn überschlagen, sich auf den Kopf stellen.

capo|te [ka'pote] *m* Regenmantel *m*; Militärmantel *m*; Arbeits-, Schutzmantel *m*; *Kartenspiel*: *dar ~* alle Stiche machen; *fig.* alle Trümpfe in der Hand haben; *decir a/c. a (od. para) su ~ et.* vor sich hin sagen, F nur so meinen; **~tear** [kapote'ar] (1a) *Stk. = capear*; **~tera** *Am.* [~'tera] *f* Kleiderrechen *m*.

Capricornio [kapri'kɔrnjo] *m Astr.* Steinbock *m*.

capricho [ka'pritʃo] *m* Einfall *m*, Laune *f*; Eigensinn *m*; Willkür *f*; Schrulle *f*; *a ~* nach Belieben; **~so** [kapri'tʃoso] launisch; eigensinnig.

cápsula ['kabsula] *f* Hülse *f*, Kapsel *f*; ♀ Frucht-, Samenkapsel *f*; *~ fulminante* Zündhütchen *n*, Sprengkapsel *f*; *~ de percusión* Aufschlagzünder *m*.

capt|ación [kapta'θjɔn] *f* Erschleichung *f*; *~ de aguas* Wassergewinnung *f*; *~ de clientes* Kundenfang

m; *~ de herencias* Erbschleicherei *f*; **~ar** [~'tar] (1a) erschleichen; (ab-, auf)fangen; zu gewinnen suchen; *~ la atención* die Aufmerksamkeit fesseln; *~ la onda* peilen; *~ las simpatías de alg.* j-s Zuneigung gewinnen.

captura [kap'tura] *f* Festnahme *f*; Fang *m*; ⚓ Prise *f*; **~r** [~'tar] (1a) (ein)fangen; festnehmen; ⚓ aufbringen.

capu|cha [ka'putʃa] *f* Kapuze *f*; **~china** [kapu'tʃina] *f* ♀ Kapuzinerkresse *f*; **~chino** [~'tʃino] *m* Kapuzinermönch *m*; **~chón** [~'tʃon] *m* Mantel *m* mit Kapuze; *P ponerse el ~* hinter schwedische Gardinen kommen.

capullo [ka'puʎo] *m* Kokon *m*; Blumenknospe *f*.

capuz [ka'puθ] *m* Mütze *f*, Kappe *f*.

caqui ['kaki] *m* **a)** Kakibaum *m*, -frucht *f*; **b)** Khakistoff *m*; -farbe *f*.

cara ['kara] *f* Gesicht *n*, Antlitz *n*; Miene *f*; Vorderseite *f*; Bildseite *f e-r Münze*; Äußere(s) *n*; Aussehen *n*; *~ a ~* von Angesicht zu Angesicht, persönlich; *~ de pascua* zufriedene Miene *f*; *~ de pocos amigos* finsteres (*od.* abstoßendes) Gesicht *n*; *~ de viernes* verhärmtes Gesicht *n*; *de ~* gegenüber; *en ~* im Hinblick auf (*ac.*); *de dos ~s* doppelzüngig, falsch; *echar en ~ a uno a/c.* j-m et. vorwerfen; *hacer ~ a alg.* j-m entgegentreten, die Stirn bieten; *sacar la ~ por alg.* j-n verteidigen; *tener la ~ dura* unverschämt sein; *tener buena (mala) ~* gut (schlecht) aussehen; *¡nos veremos las ~s!* wir treffen uns noch! (*Drohung*).

caraba F [ka'raba] *f*: F *¡es la ~!* F das ist das Letzte!

carabela [kara'bela] *f* Karavelle *f*.

carabi|na [kara'bina] *f* ✕ Büchse *f*; Karabiner *m*; *fig.* F Anstandswau-wau *m*; *ser (lo mismo que) la ~ de Ambrosio* nichts taugen; **~nero** [~bi'nero] *m* Grenzpolizist *m*; *Chi.* Polizist *m*.

cárabo [ka'rabo] *m* Waldkauz *m*; Laufkäfer *m*.

caracol [kara'kɔl] *m Zo.* Schnecke *f* (*mit Haus*); *escalera f de ~* Wendeltreppe *f*; *hacer ~es* F torkeln (*Betrunkener*); *no se me da un ~* F das ist mir schnuppe; *no vale un ~ es* ist nicht der Rede wert; ¡~es! zum Kuckuck!   [schel f.)

caracola [kara'kola] f große Mu-)
caracolear [karakole'ar] (1a) sich tummeln (*Pferd*).

carácter [ka'rakter] m Kennzeichen n, Merkmal n; Schriftzeichen n, Buchstabe m; Wesen n, Eigenart f; Charakter(zug) m; Titel m; *caracteres m/pl. de imprenta* Druckbuchstaben m/pl.

caracte|rística [karakte'ristika] f Charakteristik f, Kennzeichnung f; Pausen-, Zeitzeichen n; **~rístico** [~ko] bezeichnend, charakteristisch; **~rizado** [~ri'θaᵈo] vornehm, hervorragend; **~rizar** [~ri'θar] (1f) charakterisieren; kennzeichnen; auszeichnen; *Thea.* lebenswahr verkörpern; **~rología** [~rolo'xia] f Charakterkunde f.

caradura P [kara'dura] m unverschämter Kerl m.

carajo V [ka'raxo] m männliches Glied n, V Schwanz m; V ¡~! verdammt (noch mal)!

¡**caramba**! [ka'ramba] Donnerwetter!; hol's der Teufel!

carámbano [ka'rambano] m Eiszapfen m.

carambola [karam'bola] f Karambolieren n (*Billard*); *fig.* Schwindel m; *por* ~ indirekt, auf Umwegen, F um die Ecke; zufällig.

caramelo [kara'melo] m Karamel (-zucker) m; Bonbon m *od.* n.

caramillo [kara'miʎo] m Rohrpfeife f; *fig.* F Durcheinander n; Tratsch m, Klatsch m.

carapacho [kara'patʃo] m Zo. Rückenschale f; Schildpatt n; *Am. reg. Kchk.* Muschelgericht n.

caraqueño [kara'keɲo] **1.** *adj.* aus Caracas (*Venezuela*); **2.** m, -a f [~ɲa] Einwohner(in f) m von Caracas.

carátula [ka'ratula] f Maske f; *Am.* Titelseite f (*e-s Buches*).

carava|na [kara'bana] f Karawane f; Autoschlange f; Wohnwagen (anhänger) m; *Méj.* Kompliment n/pl.; **~ning** *neol.* [~'baniŋ] m Reisen n im Wohnwagen, Caravaning n.

¡**caray**! [ka'rai] Donnerwetter!

carbón [kar'bon] m Kohle f; ~ *animal* Tierkohle f; ~ *granulado* Stückkohle f; ~ *menudo* Grus m; ~ *de piedra* Steinkohle f; ~ *vegetal* Holz-

kohle f; *dibujo m al* ~ Kohlezeichnung f.

carbo|nato [karbo'nato] m kohlensaures Salz n, Karbonat n; **~ncillo** [~bon'θiʎo] m Zeichenkohle f; **~near** [~bone'ar] (1a) zu Kohle brennen; **~nera** [~bo'nera] f Kohlenmeiler m; Kohlenkeller m; ⊕ Bunker m; **~nería** [~ne'ria] f Kohlenhandlung f; **~nero** [~'nero] **1.** m Kohlenhändler m; **2.** *adj.* Kohlen...

carbónico [kar'boniko] kohlensauer; Kohlenstoff...

carbo|nizar [karboni'θar] (1f) verkohlen; *quedar carbonizado* völlig verbrennen; **~no** 🜍 [~'bono] m Kohlenstoff m.

carbunc(l)o 🜍 [kar'buŋk(l)o] m Milzbrand m; Karbunkel m.

carbúnculo [kar'buŋkulo] m Karfunkel m.

carbu|ración [karbura'θiɔn] f Verkohlung f; *Kfz.* Vergasung f; **~rador** *Kfz.* [~ra'dor] m Vergaser m; **~rante** [~'rante] m Treibstoff m, Kraftstoff m; **~rar** [~'rar] (1a) verkohlen; vergasen.

carca P ['karka] m: *ser un* ~ rückständig, stockkonservativ sein.

carcaj [kar'kax] m Köcher m.

carcajada [karka'xada] f Gelächter n; *reír a* ~s aus vollem Halse lachen; *soltar la* ~ laut loslachen.

carcajear [karkaxe'ar] (1a) laut herauslachen.

cárcel ['karθel] f Kerker m; Gefängnis n; ⊕ Schraubzwinge f.

carcelero m, -a f [karθe'lero, ~ra] Gefängniswärter(in f) m.

carco|ma [kar'koma] f Holzwurm m; *fig.* nagender Kummer m, Gram m; **~mer** [~ko'mer] (2a) zernagen; *fig.* untergraben; **~merse** wurmstichig werden; *fig.* verfallen.

carda ['karda] f ♀ Distelkopf m; *fig.* Verweis m, Rüge f; *dar una* ~ F den Kopf waschen.

carda|dor m, -a f [karda'dor, ~'dora] Wollkämmer(in f) m; **~r** [~'dar] (1a) *Wolle* kämmen; *Tuch* rauhen; F ~ *la lana a alg.* j-m den Kopf waschen.

cardenal [karde'nal] m Kardinal m (*a. Vogel*); Strieme f; blauer Fleck m; **~ato** [~na'lato] m Kardinalswürde f.

cardencha ♀ [kar'dentʃa] f Weberdistel f.

cardenillo [karđe'niʎo] *m* Grünspan *m*.

cárdeno ['karđeno] dunkelviolett; opalisierend (*Wasser*).

cardíaco ☞ [kar'điako] Herz...; herzleidend.

cardillo [kar'điʎo] *m* span. Golddistel *f* (*eßbar*).

cardinal [karđi'nal] hauptsächlich; *números m/pl.* ~es Grundzahlen *f/pl.*; *los cuatro puntos* ~es die vier Himmelsrichtungen *f/pl.*; *virtudes f/pl.* ~es Grundtugenden *f/pl.*

cardiograma [karđio'grama] *m* Kardiogramm *n*.

cardo ♀ ['karđo] *m* Distel *f*.

cardume(n) [kar'đume(n)] *m* Fischschwarm *m*, -bank *f*.

carear [kare'ar] (1a) *Zeugen* ea. gegenüberstellen; *fig.* gegeneinanderhalten, miteinander vergleichen; ~se sich (mit-ea.) aussprechen.

carecer [kare'θer] (2d) *v/i.*: ~ de nicht haben; ermangeln, entbehren (*ac.*); *et.* nicht mehr (vorrätig) haben.

carena [ka'rena] *f* ⚓ Schiffsreparatur *f am Rumpf*; Kielholen *n*; *fig.* Neckerei *f*, Ulk *m*; *dar* ~ = ~**r** ⚓ [ka're'nar] (1a) *Schiffsrumpf* ausbessern; überholen.

carencia [ka'renθia] *f* Mangel *m*, Fehlen *n*; Entbehrung *f*; *período m de* ~ Warte-, Karenzzeit *f*.

careo [ka'reo] *m* Gegenüberstellung *f*.

carestía [kares'tia] *f* Mangel *m*, Not *f*; Teuerung *f*; Verteuerung *f*.

careta [ka'reta] *f* Maske *f*, Larve *f*; ~ *antigás* Gasmaske *f*; ~ *protectora* Schutzmaske *f*; *quitarse la* ~ *fig.* die Maske fallen lassen.

carey [ka'reĩ] *m* Karettschildkröte *f*; Schildpatt *n*.

carga ['karga] *f* Last *f*, Bürde *f* (*a. fig.*); Fracht *f*; Ladung *f* (*a.* ⚔, ⚡); Frachtgut *n*; Befrachtung *f*; ⚔ Angriff *m*; ⚡ ~ *de bultos sueltos* Stückgutladung *f*; ~ *explosiva* Sprengladung *f*; ~ *útil* Nutzlast *f*; *a* ~ *cerrada* in Bausch und Bogen; *echarse con la* ~ die Flinte ins Korn werfen; *llevar la* ~ die Last tragen (*a. fig.*); *ser una* ~ *para alg.* j-m zur Last fallen; *volver a la* ~ bestehen auf (*ac.*); ~**dero** [karga'đero] *m* Ladeplatz *m*; Ladebühne *f*; ~**do** [~'gađo] voll belastet, überladen; stark, schwer (*Getränk*); schwül (*Wetter*); ~ *de años* hochbetagt; ~**dor** [~ga'đor] *m* Verlader *m*; Magazin *n* (*Waffe*); *Am.* Lastträger *m*; ~**mento** [~'mento] *m* Schiffsladung *f*; Fracht *f*; Wagenladung *f*; *póliza f de* ~ Ladeschein *m*; ~**nte** F [kar'gante] beschwerlich, lästig.

cargar [kar'gar] (1h) **1.** *v/t.* (auf-, be-, ver-)laden; *Schiff* befrachten; *Hochofen* beschicken; *Feind* angreifen; *allg.* beschweren, belästigen, F auf die Nerven fallen; *Steuern* auferlegen, erhöhen; *Schuld* anhängen, aufhalsen; *Am.* bei sich tragen; ~ *en cuenta* das (*bzw.* ein) Konto belasten; **2.** *v/i.* lasten, legen (auf [*dat.*] en); drücken; kräftig essen, F mächtig einhauen; P saufen; zunehmen (*Wind*); sich stauen (*Menge*); ~ *con a/c.* et. übernehmen, et. auf sich (*ac.*) nehmen; et. tragen; et. heran- *bzw.* wegschleppen; et. mitnehmen; ~ *sobre alg.* auf j-n eindringen; j-m zusetzen; **3.** ~**se** sich beziehen (*Himmel*); P ~ *a alg.* j-n durchfallen lassen (*Examen*); P j-n umlegen; F j-n fertigmachen; ~ *a/c.* et. kaputtmachen.

cargazón [karga'θon] *f* Ladung *f*; Belastung *f*; ☞ Kopfdruck *m*, Magendruck *m*; dickes Gewölk *n*.

cargo ['kargo] *m* Last *f*; Amt *n*; Posten *m*; Anklage *f*, Beschuldigung *f*; Vorwurf *m*; *alto* ~ hohe Stellung *f* (*od.* Persönlichkeit *f*); ~ *en cuenta* Lastschrift *f*; *a* ~ *de su* Lasten von (*dat.*); *hacerse* ~ *de et.* begreifen, verstehen; et. übernehmen; *tener a su* ~ *a/c.* für et. sorgen.

carguero ⚓ [kar'gero] *m* Frachter *m*.

caria|do [ka'riađo] hohl, kariös (*Zahn*); ~**rse** [ka'riarse] (1b) faulen; kariös werden.

caricatu|ra [karika'tura] *f* Karikatur *f*, Zerrbild *n*; ~**rista** [~tu'rista] *m* Karikaturist *m*; ~**rizar** [~ri'θar] (1f) karikieren.

caricia [ka'riθia] *f* Liebkosung *f*.

caridad [kari'đa⁽ᵈ⁾] *f* christliche Nächstenliebe *f*; Liebesgabe *f*, Almosen *n*; Wohltätigkeit *f*.

caries ['karĩes] *f* ☞ Karies *f*; Knochenfraß *m*; ♀ Brand *m*.

carillón [kari'ʎɔn] m Glockenspiel n.

carincho Am. [ka'rintʃo] m scharf gewürztes Fleischgericht n mit Kartoffeln.

cari|ñar Arg. [kari'ɲar] (1a) Heimweh haben; **~ño** [ka'riɲo] m Liebe f, Zuneigung f; Am. Mer., Méj. Geschenk n, Aufmerksamkeit f; tener ~ a alg. j-n gern haben; **~ñoso** [kari'ɲoso] liebevoll; zärtlich.

cariparejo F [karipa'rexo] mit unbewegtem Gesicht.

carirredondo F [karirre'dɔndo] pausbackig.   [barmherzig.\

caritativo [karita'tibo] mildtätig,\

cariz [ka'riθ] m Wetter-, Geschäftslage f; F ir tomando mal ~ bedenklich (P mulmig) aussehen.

carlanca [kar'laŋka] f Stachelhalsband n; fig. F Gerissenheit f.

carlinga ✈ [kar'liŋga] f Pilotenkanzel f, Cockpit n.

carmelita [karme'lita] m (f) Karmeliter(in f) m.

carmen ['karmen] m Karmeliterorden m; Landhaus n in Granada.

carmenar [karme'nar] (1a) Wolle kämmen, zupfen, rupfen.

car|mesí [karme'si] karmesinrot; **~mín** [~'min] m Karmin(rot) n.

carnada [kar'nada] f Köder m.

carnal [kar'nal] fleischlich, sinnlich; blutsverwandt; leiblich (Verwandter); **~idad** [karnali'da⁽ᵈ⁾] f Fleischeslust f, Sinnenlust f.

carnaval [karna'bal] m Karneval m, Fasching m; **~esco** [~ba'lesko] Karnevals..., Fastnachts...

carne ['karne] f Fleisch n; ~ adobada Pökelfleisch n; ~ de cañón fig. Kanonenfutter n; ~ congelada Gefrierfleisch n; ~ en conserva od. lata Büchsenfleisch n; ~ estofada Schmorbraten m; ~ de gallina fig. Gänsehaut f; ~ de membrillo Quittengelee n; ~ picada Hackfleisch n; en ~s nackt; cobrar (od. echar) ~s Fleisch ansetzen, dick werden; echar ~s Méj. fluchen; estar metido en ~s wohlgenährt sein; herir en ~ viva zutiefst verletzen; ser alma y ~ fig. ein Herz und eine Seele sein.

carnear Am. [karne'ar] (1a) schlachten.

carnero [kar'nero] m Hammel m; Schafbock m; Hammelfleisch n; Arg. Streikbrecher m; F no hay tales ~s das stimmt nicht.

carnestolendas [karnesto'lendas] f/pl. Fastnachts-, Karnevalszeit f.

carnet gal. [kar'ne] m Ausweis m; Notizbuch n; ~ de conducir Führerschein m; ~ de identidad Personalausweis m.

carni|cería [karniθe'ria] f Metzgerei f, Fleischerei f; fig. Blutbad n, Gemetzel n; **~cero** [~'θero] m Fleischer m, Metzger m.

car|nívoro [kar'niboro] fleischfressend; **~niza** [~'niθa] f Fleischabfall m; **~nosidad** ✄ [~nosi'da⁽ᵈ⁾] f Fleischwucherung f; **~noso** [~'noso] fleischig; fig. beleibt, F fett.

caro ['karo] teuer (Ware); fig. lieb, wert; **~ca** [ka'roka] f Straßendekoration f bei Festzügen; Posse f im Volksstil; F ~s pl. Flausen f/pl., Faxen f/pl.

carona [ka'rona] f Satteldecke f.

carótida Anat. [ka'rotida] f Halsschlagader f.

carozo [ka'roθo] m Maisrispe f; Am. Kern m, Stein m (Pfirsich, Kirsche usw.).

carpa ['karpa] f **a)** Karpfen m; **b)** Am. Zelt n; Jahrmarktsbude f, Stand m.

carpanta F [kar'panta] f Mordshunger m.

carpe|ta [kar'peta] f Kolleg-, Aktenmappe f; Schreibunterlage f; Aktendeckel m; Tischdecke f; ~ flexible Schnellhefter m; **~tazo** [~pe'taθo]: fig. F dar ~ a a/c. et. (unerledigt) zu den Akten legen; et. abschließen.

carpincho Am. [kar'pintʃo] m Wasserschwein n.

carpin|tería [karpinte'ria] f Schreinerwerkstatt f; Tischlerei f; Tischlerhandwerk n; **~tero** [~'tero] m Schreiner m, Zimmermann m; Tischler m; Zo. pájaro ~ Specht m.

car|pir ✄ Am. [kar'pir] (3a) jäten; **~po** Anat. ['karpo] m Handwurzel f.

carra|ca [ka'rraka] f Klapper f, Schnarre f; **~co** F [~ko] klapprig, kränklich.

carras|pear [karraspe'ar] (1a) heiser sein; sich räuspern; **~peo** [~'peo] m Räuspern n; **~pera** [~'pera] f Heiserkeit f.

carre|ra [ka'rrera] f Lauf m; Wettlauf m; Rennen n, Rennstrecke f;

Laufbahn *f*, Karriere *f*; Hub *m* (*Kolben*); Laufmasche *f*; ~ de armamentos Wettrüsten *n*; ~ de fondo Lang(strecken)lauf *m*; joven *m* de ~ Jungakademiker *m*; hombre *m* de ~ Akademiker *m*; a la ~ in vollem Lauf; de ~ eiligst; *fig.* hastig, unüberlegt; no poder hacer ~ de alg. mit j-m nicht zurechtkommen; dar ~ a alg. j-n studieren lassen; tomar ~ Anlauf nehmen; **~rista** [karre-'rista] *m* Rennsportler *m*; Rennfahrer *m*; Liebhaber *m* von Pferderennen.

carre|ta [ka'rreta] *f* Karren *m*; zweirädriger Wagen *m*; **~tada** [karre'tada] *f* Fuhre *f*, Wagenladung *f*; F a ~s haufenweise; **~te** [ka'rrete] *m* Spule *f*; *Phot.* Rollfilm *m*; ~ de hilo Garnrolle *f*; **~tear** [karrete'ar] (1a) auf m-n Karren fortschaffen; *v/i.* e-n Wagen fahren; **~tera** [~'tera] *f* Landstraße *f*; **~tería** [~te'ria] *f* Stellmacherei *f*; **~tero** [~'tero] *m* Fuhrmann *m*; Stellmacher *m*; F ungebildeter Kerl *m*; **~tilla** [~'tiʎa] *f* Schubkarre *f*; de ~ gewohnheitsmäßig; auswendig; **~tón** [~'ton] *m* offener Kastenwagen *m*; Handwagen *m*.

carricoche [karri'kotʃe] *m* Kfz. F Klapperkasten *m*.

carril [ka'rril] *m* Rad-, Fahrspur *f*; Gleis *n*; Schiene *f*.

carri|llo [ka'rriʎo] *m* Backe *f*, Wange *f*; comer a dos ~s mit vollen Backen kauen; *fig.* zwei Eisen im Feuer haben; **~lludo** [karri'ʎudo] pausbäckig; **~to** [ka'rrito] *m* Wägelchen *n*; ~ de compra Einkaufskarre *f*; ~ de té (*od.* de servicio) Teewagen *m*.

carri|zal [karri'θal] *m* Röhricht *n*; **~zo** [ka'rriθo] *m* Schilf *n*, Teichrohr *n*; Ried(gras) *n*.

carro ['karro] *m* Karren *m*, Karre *f*; *Am.* Auto *n*; ~ de cargamento profundo Tieflader *m*; ~ de combate Panzer(wagen) *m*; ~ de grúa Laufkatze *f*; ~ de riego Sprengwagen *m*; poner el ~ antes que los bueyes *fig.* das Pferd beim Schwanz aufzäumen; untar el ~ bestechen, F schmieren; **~cería** [karroθe'ria] *f* Wagenaufbau *m*; *Kfz.* Karosserie *f*.

carroña [ka'rroɲa] *f* Aas *n*, Luder *n*.

carroño [ka'rroɲo] aasig, faul.

carro-patrulla *Am.* ['karro pa'truʎa] *m* Streifenwagen *m*.

carroza [ka'rroθa] *f* Karosse *f*, Staatskutsche *f*.

carruaje [ka'rrüaxe] *m* Fuhrwerk *n*, Wagen *m*, Kutsche *f*.

carta ['karta] *f* Brief *m*, Schreiben *n*; *Pol.* Charta *f*; Seekarte *f*; Spielkarte *f*; ~ blanca Blankovollmacht *f*; ~-bomba *f* Briefbombe *f*; ~ certificada (*Am. reg.* registrada) Einschreiben *n*; (~) circular Rundschreiben *n*; ~ de ciudadanía Bürgerbrief *m*; ~ comercial Geschäftsbrief *m*; (~) credencial Beglaubigungsschreiben *n*; ~ de crédito Kreditbrief *m*; ~ monitoria Mahnbrief *m*; ~ mural Wandkarte *f*; ~ de naturaleza Einbürgerungsschein ·*m*; ~ de pago Zahlungsbeleg *m*; ~ pastoral Hirtenbrief *m*; ~ de pésame Beileidsschreiben *n*; ~ de porte Frachtbrief *m*; ~ de presentación, ~ de recomendación Empfehlungsschreiben *n*; ~ de solicitud Bewerbungsschreiben *n*; ~ de venta Kaufbrief *m*; ~ con valores (declarados) Wertbrief *m*; ~ urgente Eilbrief *m*; dar ~ blanca a alg. j-m freie Hand lassen; honrado a ~ cabal grundehrlich; jugar a ~s vistas mit offenen Karten spielen (*a. fig.*); jugarse todo a una ~ *fig.* alles auf e-e Karte setzen; tomar ~s en el asunto sich befassen mit (*dat.*); sich einmischen in (*ac.*).

cartabón [karta'bon] *m* Winkelmaß *n*, Zeichendreieck *n*.

cartapacio [karta'paθio] *m* Ranzen *m*; Schulmappe *f*; Schreibunterlage *f*; Notizbuch *n*.

cartearse [karte'arse] (1a) in Briefwechsel stehen.

cartel [kar'tel] *m* Aushang *m*, öffentlicher Anschlag *m*, Plakat *n*; Wandbild *n*; Theaterzettel *m*, Filmprogramm *n*; de ~ berühmt, prominent; estar en ~ auf dem Spielplan stehen; tener ~ e-n guten Namen haben.

cártel † ['kartel] *m* Kartell *n*.

cartele|ra [karte'lera] *f* Anschlagbrett *n*; Schwarzes Brett *n*; Veranstaltungskalender *m in der Zeitung*; **~ro** [~'lero] *m* Plakatkleber *m*.

carte|o [kar'teo] *m* Briefwechsel *m*; **~ra** [~'tera] *f* Brieftasche *f*; Akten-, Schreib-, Zeichenmappe *f*; *fig.*

Ministeramt n, -portefeuille n; Am. reg. Damenhandtasche f; ✝ ~ de pedidos Auftragsbestand m; **.ría** [~'te'ria] f Briefabfertigung f; **.rista** [~'rista] m Taschendieb m; **.ro** [~'tero] m Briefträger m.

cartílago [kar'tilago] m Knorpel m.

cartilla [kar'tiʎa] f Fibel f; Sparbuch n; ~ de racionamiento Lebensmittelkarte f; leerle (od. cantarle) la ~ a alg. F j-m den Kopf waschen.

cartógrafo [kar'tografo] m Kartenzeichner m, Kartograph m.

cartomancia [karto'manθia] f Kartenlegen n, -schlagen n.

cartón [kar'ton] m Pappe f, Karton m; Am. reg. Karikatur f; ~ alquitranado Dachpappe f; ~ ondulado Wellpappe f; ~ piedra Pappmaché n.

cartoné [karto'ne] kartoniert.

cartonería [kartone'ria] f Kartonagenfabrik f.

cartuch|era [kartu'tʃera] f Patronentasche f; **.o** [~'tutʃo] m Patrone f, Kartusche f; Filtereinsatz m der Gasmaske; Tüte f; Hülse f, Hülle f; ~ con bala scharfe Patrone f; ~ de fogueo, ~ sin bala Platzpatrone f.

cartu|ja [kar'tuxa] f Karthäuserorden m, -kloster n; **.jo** [~'tuxo] m Karthäuser(mönch) m; vivir como un ~ sehr zurückgezogen leben.

cartulina [kartu'lina] f dünner Karton m, feine Pappe f.

casa ['kasa] f Haus n; Wohnung f; Firma f, Handelshaus n, Unternehmen n; Heim(stätte f) n; Familie f, Sippe f; Haushalt m; a ~ nach Hause; de ~ von Hause; en ~ zu Hause; ~ de cambio Wechselstube f; ~ de campo Landhaus n, Villa f; ~ de corrección Erziehungsheim n; ~cuna Säuglingsheim n; ~ de empeños, ~ de préstamos Pfandhaus n; ~ de huéspedes Pension f; ~ de juego Spielbank f; ~ de locos, ~ de orates Irrenhaus n; ~ de maternidad Entbindungsanstalt f; ~ de pisos (de alquiler) Mietshaus n; ~ matriz ✝ Stammhaus n; ~ prefabricada Fertighaus n; ~ pública, ~ de putas Bordell n; ~ de salud Erholungsheim n; ~ de socorro Unfallstation f, Rettungsstelle f; ~ grande de vecindad F Mietskaserne f; F como una ~ riesengroß, F enorm; echar (od. tirar) la ~ por

la ventana das Geld zum Fenster hinauswerfen, F ganz groß feiern; llevar la ~ den Haushalt führen; poner ~ ein Haus beziehen; ser muy de ~ ein Vertrauter der Familie sein.

casabe Am. [ka'sabe] m Maniokbrot n.

casaca [ka'saka] f Kasack m; Uniformrock m; volver (od. cambiar de) ~ s-e Gesinnung wechseln.

casación ✝ [kasa'θion] f Kassation f; Aufhebung f, Ungültigkeitserklärung f.

casadero [kasa'dero] heiratsfähig.

casado [ka'saᵈo] verheiratet; recién ~ jungverheiratet.

casal [ka'sal] m 1. Landhaus n, Meierei f; 2. Am. Pärchen n.

casamata [kasa'mata] f Kasematte f.

casamentero m, -a f [kasamen'tero, ~ra] Heiratsvermittler(in f) m.

casamiento [kasa'miento] m Heirat f, Hochzeit f, Eheschließung f; Trauung f.

casar [ka'sar] (1a) 1. v/t. a) verheiraten, trauen; b) 🏛 Urteil aufheben, kassieren, für ungültig erklären; 2. v/i. heiraten; fig. harmonieren (Farben); 3. **.se** (sich ver-) heiraten; no ~ con nada fig. sich nicht beeinflussen lassen.

cascabel [kaska'ᵬel] m Schelle f; Glöckchen n; serpiente f de ~ Klapperschlange f; echar el ~ F auf den Busch klopfen.

cascabelear [kaskaᵬele'ar] F (1a) v/t. an der Nase herumführen, foppen; v/i. P Quatsch machen.

cascada [kas'kada] f Wasserfall m; Kaskade f.

cascado [kas'kaᵈo] zerbrochen; gesprungen; brüchig (Stimme); verbraucht; altersschwach.

casca|jar [kaska'xar] m Kiesgrube f, Geröllhalde f; **.jo** [~'kaxo] m Kies m; Geröll n; Scherben f/pl.; Klamotte f; F estar hecho un ~ f alt und gebrechlich sein, nichts mehr taugen.

casca|nueces [kaska'nŭeθes] m, **.piñones** [~pi'ɲones] m Nuß-, Mandelknacker m.

cascar [kas'kar] (1g) (zer)knacken; zerbrechen; F schlagen, prügeln, fertigmachen; F schwatzen.

cáscara ['kaskara] f (Eier-, Obst-)

Schale *f*; ⊕ Gehäuse *n*; F *de (la)* ~ *amarga politisch* radikal.

cascarón [kaska'ron] *m* leere Eierschale *f*; *salir del* ~ ausschlüpfen.

cascarrabias F [kaska'rraβias] *m* jähzorniger (F rabiater) Kerl *m*.

casco ['kasko] *m* Scherbe *f*; ⚒ Granatsplitter *m*; Helm *m*; Schiffsrumpf *m*; Flugzeugrumpf *m*; Tonne *f*, Faß *n*; Huf *m*; ~ *antiguo* Altstadt *f*; ~ *urbano* Innenstadt *f*; F *ligero de* ~*s* leichtsinnig; *romper los* ~*s a uno* j-m den Schädel einschlagen; *romperse los* ~*s fig.* sich den Kopf zerbrechen.

cascote [kas'kote] *m* (Bau-)Schutt *m*.

caseína [kase'ina] *f* Kasein *n*.

case|ría [kase'ria] *f* Einödhof *m*; **~río** [~'rio] *m* Weiler *m*; Gehöft *n*; **~ro** [ka'sero] **1.** *adj.* Haus...; hausbacken; häuslich; gemütlich; selbstgemacht (*Essen*); **2.** *m* Hausherr *m*, Hauswirt *m*; Hausverwalter *m*; **~rón** [kase'ron] *m* großes Haus *n*; P Wohnmaschine *f*; **~ta** [ka'seta] *f* Häuschen *n*; Stand *m* (*auf e-r Messe*); Zelle *f*, Kabine *f*; ~ *de baños* Badekabine *f*; ~ *de tiros* Schießbude *f*.

casete [ka'sete] *m* = *cassette*.

casi ['kasi] beinahe, fast.

casill|a [ka'siʎa] *f* Hütte *f*; Bauwächter-, Bahnwärterhäuschen *n*; Feld *n* (*Schachbrett*); Fach *n*; Fahrkartenschalter *m*; *Am. reg.* Postschließfach *n*; *fig. salirse uno de sus* ~*s* aus dem Häuschen geraten; **~ero** [kasi'ʎero] *m* Schrank *m* mit Fächern.

casino [ka'sino] *m* Kasino *n*; Gesellschafts-, Vereinshaus *n*; Klubhaus *n*, Klub *m*; ~ *de juego* Spielbank *f*.

casis ['kasis] *f* schwarze Johannisbeere *f*.

caso ['kaso] *m* Fall *m*, Vorfall *m*; Ereignis *n*; Zufall *m*; Umstand *m*; Anlaß *m*; *Gram.* Kasus *m*; *en* ~ *(de) que* (*subj.*), ~ *de* (*inf.*) falls, wofern; *se da el* ~ *que es kommt vor, daß; dado* (*el*) ~ *que* (*subj.*) vorausgesetzt, daß; *estar en el* ~ = im Bilde sein; *hacer* ~ *de* Rücksicht nehmen auf (*ac.*); sich um ... (*ac.*) kümmern; *hacer gran* ~ *de algo* viel Wesens machen von et. (*dat.*); *no venir al* ~ nicht zur Sache gehören; *hacer* ~ *omiso de et.* unbeachtet lassen;

¡*vamos al* ~! kommen wir zur Sache!; *en todo* ~ auf jeden Fall; *en último* ~ notfalls; *por si al* ~ für alle Fälle.

casorio F [ka'sorio] *m* Mißheirat *f*.

cas|pa 🦠 ['kaspa] *f* Kopfschuppen *f/pl.*; **~pera** [kas'pera] *f* Staubkamm *m*.

caspiroleta *Am. Mer.* [kaspiro'leta] *f* Erfrischungsgetränk *n*.

¡**cáspita**! ['kaspita] Donnerwetter!

casquijo [kas'kixo] *m* Schotter *m*; Mörtelsand *m*; Kies *m*.

casquillo [kas'kiʎo] *m* ⊕ Hülse *f*; Buchse *f*; Muffe *f*; *Am.* Hufeisen *n*.

casquivano F [kaski'βano] leichtsinnig, F windig.

cassette *neol.* [ka'set] *f* (Tonband-)Kassette *f*; ~ *virgen* unbespielte Kassette *f*, Leerkassette *f*.

casta ['kasta] *f* Rasse *f*; Kaste *f*; Geschlecht *n*; *venir de* ~ angeboren sein.

casta|ña [kas'taɲa] *f* Kastanie *f*; F Ohrfeige *f*; F *dar la* ~ *a alg.* j-n übers Ohr hauen; *sacar las* ~*s del fuego* die Kastanien aus dem Feuer holen; **~ñar** [~ta'ɲar] *m* Kastanienpflanzung *f*; **~ñero** [~ta'ɲero] *m* Kastanienverkäufer *m*; **~ñeta** [~ta-'ɲeta] *f* Fingerschnalzen *n*; Kastagnette *f*; **~ñetear** [~taɲete'ar] (1a) die Kastagnetten schlagen; mit den Zähnen klappern; ~ *los dedos* mit den Fingern schnalzen; **~ño** [~'taɲo] **1.** *adj.* kastanienbraun; **2.** *m* Kastanienbaum *m*; F *pasar de* ~ *oscuro* über die Hutschnur gehen; **~ñuela** [~ta'ɲuela] *f* Kastagnette *f*; *estar como unas* ~*s* quietschvergnügt sein.

castella|na [kaste'ʎana] *f* Burgherrin *f*; Kastilierin *f*; **~nizar** [~ʎani'θar] (1f) dem Spanischen angleichen, hispanisieren; **~no** [~'ʎano] **1.** *adj.* kastilisch; spanisch; **2.** *m* Burgherr *m*; Kastilier *m*; spanische Sprache *f*.

casti|cidad [kastiθi'da⁽ᵈ⁾] *f* Rassenreinheit *f*; Echtheit *f*; **~cismo** [~'θizmo] *m* Vorliebe *f* (*bzw.* Eintreten *n*) für Reinheit der Sprache, Sitten *usw.*; **~dad** [~'da⁽ᵈ⁾] *f* Keuschheit *f*.

casti|gador [kastiga'ðɔr] strafend, züchtigend; **~gar** [~'gar] (1h) strafen, züchtigen; kasteien; heimsuchen; P den Kopf verdrehen;

Männer aufreizen; **~go** [ˌ'tigo] *m* Züchtigung *f*, Strafe *f*; Strafarbeit *f* (*Schule*).

castillete [kasti'ʎete] *m* Förderturm *m*; ~ de sondeos Bohrturm *m*.

castillo [kas'tiʎo] *m* Burg *f*; Schloß *n*; Kastell *n*; ~ de naipes Kartenhaus *n* (*a. fig.*); ~ en el aire *fig.* Luftschloß *n*.

castizo [kas'tiθo] echt, rein (*Sprache, Abstammung*); urwüchsig (*Person*); echt, typisch (*Volkscharakter*).

casto ['kasto] keusch, rein; ehrbar, sittsam.

castor [kas'tɔr] *m* Biber *m*; *Am.* aceite de ~ Rizinusöl *n*.

castr|ación [kastra'θiɔn] *f* Kastration *f*; **~ar** [ˌ'trar] (1a) *Tiere* verschneiden, kastrieren; *Menschen* entmannen.

castrense [kas'trense] Militär...; Heeres...; *capellán m* ~ Feldgeistliche(r) *m*.

casual [ka'sŭal] zufällig.

casualidad [kasŭali'da⁽ᵈ⁾] *f* Zufall *m*; Zufälligkeit *f*; da la ~ que zufällig; por (*Am.* de) ~ zufällig(erweise).

casu|ista [ka'sŭista] *m* Kasuist *m*; **~ística** [ka'sŭistika] *f* Kasuistik *f*.

casulla [ka'suʎa] *f* Meßgewand *n*, Kasel *f*.

cata ['kata] *f* Versuchen *n*, Kosten *f*; Weinprobe *f*; **~caldos** F [kata-'kaldos] *m* Topfgucker *m*; Flattergeist *m*; **~clismo** [kata'klizmo] *m* Katastrophe *f*; *fig.* Umwälzung *f*.

catacumbas [kata'kumbas] *f/pl.* Katakomben *f/pl.*

cata|dor [kata'dɔr] *m* Weinprüfer *m*; **~dura** [ˌ'dura] *f* Probe *f*; F de mala ~ verdächtig aussehend; **~foto** *Kfz.* [ˌ'foto] *m* Rückstrahler *m*.

catalán [kata'lan] **1.** *adj.* katalanisch; **2.** *m* Katalane *m*.

catalejo [kata'lexo] *m* Fernglas *n*.

catalepsia *⚕* [kata'lεbsĭa] *f* Starrsucht *f*.

catalogar [katalo'gar] (1h) katalogisieren.

catálogo [ka'talogo] *m* Katalog *m*, Verzeichnis *n*.

cataplasma [kata'plazma] *f* *⚕* Umschlag *m*; *fig.* langweiliger Mensch *m*.

¡cataplum! [kata'plum] plumps!, klatsch!

catapulta [kata'pulta] *f* Katapult *m* od. *n*.

catar [ka'tar] (1a) kosten, schmecken; (unter)suchen; probieren.

catarata [kata'rata] *f* Wasserfall *m*; *⚕* grauer Star *m*.

catarro [ka'tarro] *m* Katarrh *m*; Erkältung *f*.

catastro [ka'tastro] *m* Kataster *m* od. *n*.

catástrofe [ka'tastrofe] *f* Katastrophe *f*.

catastr|ófico [katas'trofiko] katastrophal; **~ofismo** [ˌtro'fizmo] *m* Katastrophenstimmung *f*.

catavino [kata'bino] *m* Stechheber *m*; **~s** [ˌ'binos] *m* Weinprüfer *m*; P Saufbruder *m*.

catecismo [kate'θizmo] *m* Katechismus *m*.

cátedra ['katedra] *f* Katheder *n*; *fig.* Lehrstuhl *m*, Professur *f*.

catedral [kate'dral] *f* Kathedrale *f*; Dom *m*, Münster *n*; F como una ~ riesengroß.

catedrático [kate'dratiko] *m* Professor *m*, Hochschullehrer *m*; ~ de *Instituto Span. etwa*: Studienrat *m*; ~ numerario ordentlicher Professor *m*; ~ supernumerario außerordentlicher Professor *m*.

cate|goría [katego'ria] *f* Art *f*, Klasse *f*; *fig.* Rang *m*; de ~ bedeutend, von Rang; **~górico** [ˌ'goriko] unbedingt, bestimmt, entschieden, kategorisch.

catequi|sta [kate'kista] *m* Religionslehrer *m*, Katechet *m*; **~zar** [ˌki'θar] (1f) Religionsunterricht erteilen; *fig.* beschwatzen, F breitschlagen.

caterva [ka'terba] *f* Haufen *m* (od. Rotte *f*) v. Menschen.

catéter [ka'teter] *m* Harnsonde *f*, Katheter *m*.

cateto [ka'teto] *m* Geom. Kathete *f*; P Tölpel *m*; Flegel *m*.

cátodo *⚡* ['katodo] *m* Kathode *f*.

catolicismo [katoli'θizmo] *m* katholische Religion *f*; Katholizismus *m*.

católico [ka'toliko] katholisch; *fig.* einwandfrei; no estar muy ~ sich nicht recht wohl fühlen.

catorce [ka'tɔrθe] vierzehn.

catre ['katre] *m* Feldbett *n*; Pritsche *f*; ~ de tijera Klappbett *n*; **~cillo** [katre'θiʎo] *m* Klappstuhl *m*.

cauce ['kaŭθe] *m* Flußbett *n*; *fig.* Bahn *f*, Weg *m*; volver a su ~ *fig.* wieder ins Geleise kommen.

caución [kaŭ'θiɔn] f Sicherheits-
bürgschaft f, Kaution f.

caucionar [kaŭθio'nar] (1a) Sicherheit leisten, bürgen.

caucho ['kaŭtʃo] m Kautschuk m;
Gummi n u. m; ~ esponjoso Schaum-
gummi n u. m; ~ vulcanizado Hart-
gummi m.

caudal [kaŭ'dal] m Wassermenge f;
fig. Fülle f; Reichtum m; Vermögen n; **~oso** [~da'loso] wasser-
reich; reich(lich); vermögend.

caudillo [kaŭ'diʎo] m An-, Heer-
führer m; Pol. Führer m.

causa ['kaŭsa] f Ursache f; Grund
m; Rechtssache f, Rechtsstreit m;
Prozeß m; ~ civil Zivilprozeß m; ~
legal Rechtsgrund m; ~ penal Straf-
sache f; ~ pública öffentliches
Wohl n; a ~ de wegen; por mi ~
meinetwegen; abrir ~ a alg. j-m
den Prozeß machen; hacer ~ común
con gemeinsame Sache machen mit
(dat.); **~dor** [kaŭsa'dɔr] m Urheber
m; **~habiente** [~a'βiente] m Rechts-
nachfolger m; **~l** [kaŭ'sal] **1.** adj.
ursächlich; **2.** f Ursache f; **~lidad**
[~sali'da⁽ᵈ⁾] f Kausalität f, Ursäch-
lichkeit f; **~nte** [kaŭ'sante] m Urheber m; Erblasser m; **~r** [kaŭ'sar]
(1a) verursachen; hervorbringen,
hervorrufen, veranlassen.

causticidad [kaŭstiθi'da⁽ᵈ⁾] f Ätz-
kraft f; fig. Bissigkeit f.

cáustico ['kaŭstiko] **1.** adj. ätzend,
beizend; fig. beißend, bissig; **2.** m
Ätzmittel n; ♫ Zugpflaster n.

caute|la [kaŭ'tela] f Vorsicht f; Vor-
behalt m; Verschlagenheit f; **~lar**
[~te'lar] (1a) vorbeugen (dat.);
~larse de sich hüten vor (dat.); **~**
loso [~te'loso] vorsichtig, behutsam; verschlagen.

cauteri|o [kaŭ'terio] m Brenneisen n;
~zar [~teri'θar] (1f) (aus)brennen.

cauti|var [kaŭti'βar] (1a) gefangen-
nehmen; fig. fesseln, entzücken;
~verio [~ti'βerio] m Gefangen-
schaft f; **~vo** [kaŭ'tiβo] **1.** adj. gefangen; **2.** m Gefangene(r) m.

cauto ['kaŭto] vorsichtig; behutsam;
schlau.

cava ['kaβa] f Behacken n bsd. Wein-
berge; ♫ vena f ~ Hohlvene f; **~dura**
[kaβa'dura] f Graben n, Umgraben
n; Grube f; **~r** [ka'βar] (1a) hacken,
(um)graben; fig. grübeln.

caver|na [ka'βerna] f Höhle f,

Grotte f; ♣ Kaverne f; **~nícola**
[kaβer'nikola] **1.** adj. in Höhlen
lebend; **2.** m Höhlenbewohner m;
~noso [~'noso] voller Höhlen (Gelände); hohl (Ton, Stimme).

caviar [ka'βiar] m Kaviar m.

cavidad [kaβi'da⁽ᵈ⁾] f Höhlung f;
Hohlraum m; ♣ Höhle f; Vertie-
fung f.

cavi|lación [kaβila'θiɔn] f Grübelei
f; Spitzfindigkeit f; **~lar** [~'lar] (1a)
grübeln; **~losidad** [~losi'da⁽ᵈ⁾] f
Voreingenommenheit f; Argwohn
m; **~loso** [~'loso] grüblerisch; spitzfindig; argwöhnisch.

cayad|o m, **-a** f [ka'jaᵈo, ~da] Hir-
tenstab m; Krummstab m.

cayo Am. ['kajo] m (flache) Insel f
(in der Karibik).

caza ['kaθa] **a)** f Jagd f; Wild(bret)
n; Jagdbeute f; a ~ de auf der Jagd
nach; dar ~ a verfolgen; jagen nach
(a. fig.); **b)** ⚔ m Jagdflugzeug n; ~
de reacción Düsenjäger m; **~bom-
bardero** [~bombar'dero] m Jagd-
bomber m; **~dero** [kaθa'dero] m
Jagdrevier n; **~dor** [~'dɔr] m Jäger
m (a. ✕); ⚔ Jagdflieger m; ~ furtivo Wilddieb m; **~dora** [~'dora] f
Jägerin f; Joppe f, Windjacke f;
~dotes [~'dotes] m Mitgiftjäger m;
~r [ka'θar] (1f) jagen; nachjagen; F
ergattern; ertappen.

cazcarri|as [kaθ'karrias] f/pl.
Schmutz m an der Schuhsohle;
Kotspritzer m/pl.; **~ento** F [~ka-
'rriento] schmutzig.

cazo ['kaθo] m Stielpfanne f; -topf
m; Leimtopf m; Schöpflöffel m;
~leta [~'leta] f Pfeifenkopf m.

cazuela [ka'θuela] f Tiegel m; Kasserolle f; Thea. Galerie f, Olymp m.

cazurro [ka'θurro] wortkarg; ungesellig, verschlossen.

ce [θe] f Name des Buchstabens C n;
F ~ por be haarklein; por ~ o por be
so oder so.

ceba ['θeba] f Mast f; Mastfutter n;
~da [θe'βada] f Gerste f; **~dal**
[θeβa'dal] m Gerstenfeld n; **~dera**
[~'dera] f Futtersack m; **~dero**
[~'dero] m Futterhändler m; Futter-
platz m; **~dura** [~'dura] f Fütterung f, Mast f.

cebar [θe'βar] (1a) **1.** v/t. mästen;
füttern; Leidenschaft schüren, nähren; Hochofen beschicken; Maschine anlassen; Angel beködern;

Zündsatz *bei Raketen* anbringen; *Am. Mate* anrichten; **2.** *v/i.* fassen (*Schraube*); **3.** **~se** en *a/c.* in et. versunken sein; **~** en *alg.* s-e Wut an j-m auslassen.

cebellina [θeβe'ʎina] *f* Zobel *m*.

cebiche *Pe.* [θe'bitʃe] *m ein Fischgericht.*

cebo ['θeβo] *m* Mastfutter *n*; Köder *m*; Beschickung *f e-s Hochofens*; Zündsatz *m*; *fig.* Nahrung *f e-r Leidenschaft.*

cebo|lla [θe'βoʎa] *f* Zwiebel *f*; Blumenzwiebel *f*; **~llana** [θeβo'ʎana] *f* Salatzwiebel *f*; **~llar** [~'ʎar] *m* Zwiebelfeld *n*; **~lleta** [~'ʎeta] *f* Winterzwiebel *f*; Schnittlauch *m*; **~llino** [~'ʎino] *m* Samenzwiebel *f*; *¡vete a escardar ~s!* scher dich zum Teufel!; **~llón** [~'ʎon] *m* süße Zwiebel *f*; *Rpl.* eingefleischter Junggeselle *m*, Hagestolz *m*.

cebón [θe'βon] **1.** *adj.* gemästet; Mast...; **2.** *m* Masttier *n*.

cebra ['θeβra] *f* Zebra *n*; *paso m* **~** Zebrastreifen *m*; **~do** [θe'βraᵈo] gestreift (*von Tieren*).

Ceca ['θeka] *f*: *ir* (*od. andar*) *de la* **~** *a la Meca* von Pontius zu Pilatus laufen.

cece|ar [θeθe'ar] (1a) lispeln; **~o** [~'θeo] *m* Lispeln *n*; **~oso** [~θe'oso] lispelnd.

cecina [θe'θina] *f* Rauch-, Dörrfleisch *n*.

cedazo [θe'ðaθo] *m* Sieb *n*.

cedente ✝ [θe'ðente] *m* Zedent *m*.

ceder [θe'ðer] (2a) weichen, nachgeben; abtreten; **~** *el paso* den Vortritt lassen.

cedro ♀ ['θeðro] *m* Zeder *f*.

cédula [θe'ðula] *f* Zettel *m*, Schein *m*; Urkunde *f*; **~** *de aplazamiento* Vorladung *f*; *Am.* **~** *de identidad* Personalausweis *m*; **~** *hipotecaria* Pfandbrief *m*; **~** *personal* Steuerkarte *f*.

céfiro ['θefiro] *m* Zephyr *m*, Westwind *m*; sanfter Wind *m*.

cega|joso [θega'xoso] triefäugig; **~r** [θe'gar] (1h *u.* 1k) erblinden; *v/t.* blenden; *fig.* verblenden; *Loch* verstopfen; *Lücke* zumauern; *Graben* zuschütten.

cegue|dad [θege'ða⁽ᵈ⁾] *f*, **~ra** [θe'gera] *f* Blindheit *f*; *fig.* Verblendung *f*.

ceja ['θexa] *f* Augenbraue *f*; ♪ Sattel

m; Kapodaster *m*; **~** *de monte Am. reg.* Waldweg *m*; *tener entre* **~** *y* **~** (*e-e Sache*) im Auge haben; *F tener a alg. entre* **~** *y* **~** j-n im Magen haben, *P* j-n nicht verknusen können; *quemarse las* **~***s F* büffeln.

cejar [θe'xar] (1a) zurückweichen; *fig.* nachlassen; nachgeben.

cejijunto [θexi'xunto] mit zs.-gewachsenen Augenbrauen; *fig.* finster blickend.

cejudo [θe'xuðo] mit buschigen Augenbrauen.

cela|da [θe'laða] *f* Hinterhalt *m*; *fig.* Falle *f*, Fallstrick *m*; **~dor** [θela'ðor] **1.** *adj.* wachsam; **2.** *m* Aufseher *m*, Inspektor *m*.

celaje [θe'laxe] *m* Gewölk *n*; *fig.* gutes Vorzeichen *n*; **~s** *m/pl.* Schleierwolken *f/pl.*; *como un* **~** *Am. reg.* schnell wie der Blitz.

celar [θe'lar] (1a) **a)** verstecken; verheimlichen; verhehlen; **b)** wachen über (*ac.*), überwachen; **c)** stechen, gravieren.

cel|da ['θelda] *f* (Kloster-, Gefängnis-)Zelle *f*; **~dilla** [θel'diʎa] *f* Bienenzelle *f*; Honigzelle *f*.

cele|bérrimo [θele'berrimo] *sup. zu célebre* hochberühmt; **~bración** [~βra'θion] *f* Feier *f*; Begehung *f*, Abhaltung *f*; Lob *n*; Beifall *m*; **~brante** *Rel.* [~'brante] *m* Zelebrant *m*; **~brar** [~'brar] (1a) loben, preisen; feiern, feierlich begehen; veranstalten; *Sitzung* abhalten; *Messe* lesen; *lo celebro mucho* es freut mich sehr; **~brarse** stattfinden; gefeiert werden.

célebre ['θelebre] berühmt.

celebridad [θelebri'ða⁽ᵈ⁾] *f* Berühmtheit *f*, Größe *f* (*Person*).

celeridad [θeleri'ða⁽ᵈ⁾] *f* Schnelligkeit *f*.

celes|te [θe'leste] himmlisch (*a. fig.*), Himmels...; *azul* **~** himmelblau; **~tial** [θeles'tial] himmlisch; *fig.* göttlich; **~tina** [~'tina] *f* Kupplerin *f*.

celibato [θeli'bato] *m* Ehelosigkeit *f*, Zölibat *n* (*a. m*).

célibe ['θeliβe] unverheiratet, ledig.

celo ['θelo] *m* Eifer *m*, Inbrunst *f*; Neid *m*; *Zo.* Brunst *f*, Brunft *f*; **~s** *pl.* Eifersucht *f*; *dar* **~s** eifersüchtig machen; *tener* **~s** *de* eifersüchtig sein auf (*ac.*).

celofán [θelo'fan] *m* Cellophan *n*.

celosía [θelo'sia] *f* Gitterfenster *n*.

celoso [θe'loso] eifersüchtig (auf [*ac.*] *de*); eifrig; wachsam; argwöhnisch.

celta ['θelta] **1.** *adj.* keltisch (*Volk*); **2.** *su.* Kelte *m*, Keltin *f*.

celtibérico [θelti'beriko] keltiberisch.

céltico ['θeltiko] keltisch.

célula ['θelula] *f Biol., Pol.* Zelle *f*; ~ **electrónica** Elektronenzelle *f*; ~ **fotoeléctrica** Photozelle *f*; ~ **germinal** Keimzelle *f*.

celu|lar [θelu'lar] zellenförmig; Zell..., Zellen...; ~**loide** [⌣'biðe] *m* Zelluloid *n*; ~**losa** [⌣'losa] *f* Zellulose *f*; ~ **nítrica** Schießbaumwolle *f*.

cellisca [θe'ʎiska] *f* Schneegestöber *n* (mit Regen).

cementar [θemen'tar] (1a) *Metalle* härten; zementieren.

cementerio [θemen'terio] *m* Friedhof *m*.

cemento [θe'mento] *m* Zement *m*; ~ **armado** Eisenbeton *m*.

cena ['θena] *f* Abendessen *n*; ~ *fría* kaltes Büfett *n*; ♀ Abendmahl *n* Christi.

cenáculo [θe'nakulo] *m* Abendmahlssaal *m*; *fig.* Zirkel *m*, Club *m* *von Gelehrten, Künstlern.*

cenacho [θe'natʃo] *m* Marktkorb *m*; Lebensmitteltasche *f*.

cena|da *Méj.* [θe'naða] *f* Abendessen *n*; ~**do** [⌣'naðo] *bien* ~ gut gespeist; *llegar* ~ nach dem Abendessen kommen. [Pavillon *m*.⟩

cenador [θena'ðɔr] *m* Laube *f*,⟩

cena|gal [θena'gal] *m* Moor *n*; Morast *m*; *fig.* schwierige Lage *f*; ~**goso** [⌣'goso] morastig, sumpfig.

cenar [θe'nar] (1a) zu Abend essen.

cenceño [θen'θeɲo] schlank; *pan m* ~ ungesäuertes Brot *n*.

cencerr|ada [θenθe'rraða] *f* Klamaukmusik *f*; Höllenlärm *m*; ~**ear** [⌣rre'ar] (1a) klirren, klappern, knarren, quietschen; ~**o** [⌣'θerro] *m* Viehschelle *f*, Kuhglocke *f*.

cenefa [θe'nefa] *f* Saum *m*, Rand *m* (*Taschentuch, Kleid usw.*); △ Randverzierung *f*.

ceni|cero [θeni'θero] *m* Aschenbecher *m*; -kasten *m*; ~**ciento** [⌣'θiento] aschgrau; *la Cenicienta* Aschenbrödel *n*, -puttel *n*.

cenit *Astr.* [θe'nit] *m* Zenit *m*; ~**al** [θeni'tal] im Zenit stehend, Zenit...

ceni|za [θe'niθa] *f* Asche *f*; ~**zo** [⌣θo] *m* F Pechvogel *m*.

cenizoso [θeni'θoso] aschenhaltig; mit Asche bedeckt; aschfarben.

cenobio [θe'nobio] *m* Kloster *n*.

cen|so ['θenso] *m* Volkszählung *f*; statistische Erhebung *f*; Pachtvertrag *m*, Pacht(zins *m*) *f*; Abgabe *f*; ~ *electoral* Wählerliste *f*; ~**sor** [θen'sɔr] *m* Kritiker *m*; ~ *de cuentas* Rechnungsprüfer *m*; ~**sual** [⌣'sŭal] zinsbar; ~**sualista** [⌣sŭa'lista] *m* Pachtempfänger *m*; ~**sura** [⌣'sura] *f* Zensur(behörde) *f*; Tadel *m*; Kritik *f*; Gerede *n*; ~**surable** [⌣su'rable] tadelnswert; ~**surar** [⌣su'rar] (1a) kritisieren; zensieren; tadeln.

centau|r(e)a [θen'taŭr(e)a] *f* Flockenblume *f*.

centauro *Myth.* [θen'taŭro] *m* Zentaur *m*.

centavo [θen'tabo] *m* **a)** Hundertstel *n*; **b)** Centavo *m* (= $^1/_{100}$ *Peso*).

centell|a [θen'teʎa] *f* Funke(n) *m*; Blitz *m*; ~**ear** [⌣teʎe'ar] (1a) funkeln, glitzern, flimmern.

centena [θen'tena] *f* Hundert *n*.

centenal [θente'nal] *m* Roggenfeld *n*.

centenar [θente'nar] *m* Hundert *n*; *a* ~*es fig.* in Hülle und Fülle.

centenario [θente'nario] **1.** *adj.* hundertjährig; **2.** *m* Hundertjahrfeier *f*.

centeno [θen'teno] *m* Roggen *m*.

cen|tésimo [θen'tesimo] hundertste(r); ~**tígrado** [⌣'tigraðo] hundertgradig; *termómetro m* ~ Thermometer *n* nach Celsius; ~**tigramo** [⌣ti'gramo] *m* Zentigramm *n*; ~**tilitro** [⌣ti'litro] *m* Zentiliter *m* od. *n*; ~**tímetro** [⌣'timetro] *m* Zentimeter *m* od. *n*.

céntimo ['θentimo] *m* Hundertste (-r) *m*; *span. Münze* (= $^1/_{100}$ *Peseta*); *al* ~ auf Heller und Pfennig.

centinela [θenti'nela] **a)** *f* Wache *f*; **b)** *m* (Wacht-)Posten *m*; *estar de* ~ Posten stehen, ℙ Wache schieben.

central [θen'tral] **1.** *adj.* zentral; **2.** *f* Zentrale *f*, Hauptstelle *f*; Stammhaus *n*; *Ant., Méj., P.R.* große Zuckerfabrik *f*; ~ *atómica, ~ nuclear* Kern-, Atomkraftwerk *n*; ~ *eléctrica* Elektrizitätswerk *n*; ~ *hidráulica* Wasserkraftwerk *n*; ~ *de teléfonos* Fernsprechamt *n*; ~**ita** [⌣tra'lita] *f* Hausvermittlung *f*; ~**izar** [⌣trali'θar] (1f) zentralisieren.

centrar [θen'trar] (1a) ⊕ zentrieren; *Sport*: *Ball* in die Mitte geben; **~se** en *neol*. sich richten auf (*ac*.); sich konzentrieren auf (*ac*.).

céntrico ['θentriko] Zentral..., Mittel...; zentral gelegen.

centrifug|adora [θentrifuga'dora] *f* Zentrifuge *f*, Schleuder *f* (*a. Wäsche*); **~ar** [~'gar] (1h) schleudern.

centri|fugo [θen'trifugo] zentrifugal; **~peto** [~'tripeto] zentripetal.

centro ['θentro] *m* Mitte *f*; Mittelpunkt *m*; Zentrum *n*; Stadtmitte *f*; ~ *comercial* Einkaufszentrum *n*; ~ *de gravedad* Schwerpunkt *m*; ~ *investigador* Forschungszentrum *n*; *estar en su ~ fig*. in seinem Element sein; **~campista** [~kam'pista] *m Fußball*: Mittelfeldspieler *m*.

céntuplo ['θentuplo] *m* Hundertfache(s) *n*.

ceñi|do [θe'niðo] enganliegend; straff; knapp; **~dor** [~ni'ðor] *m* Gürtel *m*.

ceñir [θe'nir] (3l *u.* 3h) gürten; umschnallen; einfassen; **~se** sich gürten; *fig.* sich kurz fassen; sich einschränken; sich beschränken.

ceño ['θeno] *m* Stirnrunzeln *n*; finstere Miene *f*.

ceñudo [θe'nudo] stirnrunzelnd; finster blickend; mürrisch.

cepa ['θepa] *f* Baumstrunk *m*; Weinstock *m*; *fig.* Stamm *m*, Ursprung *m*; *Méj.* Grube *f*, Loch *n*; *de buena* ~ rein; *F* waschecht.

cepillar [θepi'ʎar] (1a) bürsten; hobeln; *fig.* abschleifen; *Am.* schmeicheln (*dat.*).

cepillo [θe'piʎo] *m* Bürste *f*; Hobel *m*; Schrubber *m*; ~ *de dientes* Zahnbürste *f*; ~ (*para limosnas*) Opferstock *m*; ~ *de uñas* Nagelbürste *f*.

cepo ['θepo] *m* Ast *m*; Klotz *m*; Raubtierfalle *f*, Fuchseisen *n*; Opferstock *m*; Zeitungshalter *m*; *fig.* ungehobelter Mensch *m*.

ceporro [θe'porro] *m* Rebknorren *m*; *fig.* Tolpatsch *m*, Lümmel *m*; *F dormir como un ~* wie ein Murmeltier schlafen.

cera ['θera] *f* Wachs *n*; *Col., Ec., Méj.* Kerze *f*; ~ *de los oídos* Ohrenschmalz *n*; ~ *para pisos* Bohnerwachs *n*.

cerámica [θe'ramika] *f* Töpferkunst *f*, Keramik *f*.

ceramista [θera'mista] *m* (*f*) Keramiker(in *f*) *m*.

cerca[1] ['θerka] *f* Umzäunung *f*; Gehege *n*; Hecke *f*; Zaun *m*.

cerca[2] ['θerka] *adv., prp.* nahe; *de* ~ aus der Nähe; ~ *de* ungefähr; bei.

cercado [θer'kaðo] *m* Umzäunung *f*, Einfriedigung *f*; Gehege *n*; eingefriedigtes Grundstück *n*.

cercanía [θerka'nia] *f* Nähe *f*; **~s** *f/pl.* Umgebung *f*; *tren m de* ~s Nahverkehrszug *m*.

cercano [θer'kano] nahe.

cercar [θer'kar] (1g) umgeben; einfriedigen; einschließen; umzingeln.

cer|cén [θer'θen]: *a* ~ ganz und gar; *cortar a* ~ an der Wurzel abschneiden; **~cenar** [~θe'nar] (1a) abbeschneiden; *fig.* schmälern; *Ausgaben* einschränken.

cerceta [θer'θeta] *f* Krickente *f*.

cerciorar(se) [θerθio'rar(se)] (1a) (sich) vergewissern.

cerco ['θerko] *m* Ring *m*, Kreis *m*; Reif(en) *m*; Fenster-, Türrahmen *m*; ✕ Belagerung *f*; *Am.* Hecke *f*; *levantar el* ~ die Belagerung aufheben.

cerda ['θerða] *f* Borste *f*, Roßhaar *n*; *Zo.* Sau *f*; **~da** [θer'ðaða] *f* Schweinerei *f*, Gemeinheit *f*.

cer|do [θerðo] *m* Schwein *n*; **~doso** [θer'ðoso] borstig. [*n*, Korn *n*.⟩

cereales [θere'ales] *m/pl.* Getreide⟨

cere|belo [θere'belo] *m* Kleinhirn *n*; **~bral** [~'bral] Gehirn..., Hirn...; **~bro** [θe'rebro] *m* Gehirn *n*, Hirn *n*; ~ *electrónico* Elektronenhirn *n*.

ceremoni|a [θere'monia] *f* Feierlichkeit *f*; Förmlichkeit *f*, Zeremonie *f*; *por* ~ um der Form zu genügen; *sin* ~(*s*) ohne Umstände; **~al** [~mo'nial] **1.** *adj.* feierlich; förmlich; **2.** *m* Zeremoniell *n*; Formalitäten *f/pl.*; **~oso** [~mo'nioso] förmlich, mit übertriebener Höflichkeit.

céreo ['θereo] wächsern.

cere|za [θe're θa] *f* Kirsche *f*; **~zo** [~θo] *m* Kirschbaum *m*.

cerilla [θe'riʎa] *f* Wachsstock *m*; Streich-, Zündholz *n*; Ohrenschmalz *n*.

cerne ['θerne] *m* Kernholz *n*.

cerner [θer'ner] (2g) **1.** *v/t.* sieben, sichten, klären, läutern; **2.** *v/i.* Frucht ansetzen; **3.** **~se** schweben, rütteln (*Vögel*); drohen, im Anzug sein; in der Luft liegen.

cernícalo [θer'nikalo] *m* Turmfalke *m*; F Esel *m*.

cernido [θer'niðo] *m* Beuteln *n* (*Mehl*); Feinmehl *n*.

cernir [θer'nir] = cerner.

cero ['θero] *m* Null *f*; F ser un ~ (*a la izquierda*) e-e (*völlige*) Null sein; *a* ~ tantos mit null Punkten; vencer por tres a ~ mit drei zu null (Punkten *bzw.* Toren) gewinnen.

cerote [θe'rote] *m* Schusterpech *n*; F Angst *f*.

cerquillo [θer'kiʎo] *m* Tonsur *f*.

cerquita [θer'kita] *adv.* ganz nahe.

cerra|da [θe'rrada] *f* Rücken *m* (*Fell, Leder*); **~dera** [θerra'ðera] *f*: echar uno la ~ *fig.* j-n abblitzen lassen; **~dero** [~'ðero] **1.** *adj.* verschließbar; **2.** *m* Schließblech *n* (*am Schloß*); **~do** [θe'rraðo] **1.** *adj.* geschlossen; dicht (*Baumbestand*); *fig.* zugeknöpft, verschlossen; zurückhaltend; schwer von Begriff; dickköpfig; barba *f* ~a Vollbart *m*; curva *f* ~a scharfe Kurve *f*; noche *f* ~a tiefschwarze Nacht *f*; oler a ~ muffig riechen; **2.** *m* Gehege *n*; **~dura** [θerra'ðura] *f* Schließen *n*; (*Tür- usw.*) Schloß *n*; ~ de golpe Schnappschloß *n*; ~ de seguridad Sicherheitsschloß *n*; ojo *m* de la ~ Schlüsselloch *n*; ~ de la ~ Schlüsselloch *n*; ~ja [θe'rraxa] *f* Kofferschloß *n*; ♀ Gänsedistel *f*; **~jería** [θerraxe'ria] *f* Schlosserei *f*; Schlosserarbeit *f*; **~jero** [~'xero] *m* Schlosser *m*.

cerrar [θe'rrar] (1k) **1.** *v/t.* ab-, ver-, zuschließen (*alles a. fig.*); Buch zuklappen; Loch, Grube zuschütten; Tätigkeit einstellen; Bilanz abschließen; ~ la mano die Faust ballen; F ~ el pico den Mund (F Schnabel) halten; **2.** *v/i.* schließen, zugehen (*Tür, Schrank*); ablaufen (*Frist*); al ~ el día bei Anbruch der Nacht; **3.** **~se**: ~ en callar hartnäckig schweigen; ~ de golpe zuschlagen; einschnappen (*Falle*).

cerrazón [θerra'θɔn] *f* Wolkenwand *f*; Gewitterwolken *f/pl.*; *Rpl.* Nebel *m*.

cerr|ero *Am.* [θe'rrero] ungebildet, grob; **~il** [θe'rril] bergig; wild, ungezähmt; ungeschliffen; P ruppig.

cerro ['θerro] *m* Hügel *m*; *Am.* Berg *m*; Hals *m bzw.* Genick *n der Tiere*; en ~ ungesattelt; echar (irse, salir) por los ~s de Úbeda dummes Zeug

schwatzen; **~jo** [θe'rrɔxo] *m* Riegel *m*; echar el ~ zuriegeln.

certamen [θer'tamen] *m* Wettbewerb *m*, -streit *m*; Ausstellung *f*, Schau *f*.

certero [θer'tero] treffsicher, treffend; zuverlässig, genau.

certeza [θer'teθa] *f* Gewißheit *f*.

certidumbre [θerti'dumbre] *f* Gewißheit *f*, Sicherheit *f*.

certifica|ción [θertifika'θiɔn] *f* Bescheinigung *f*, Beglaubigung *f*; **~do** [~'kaðo] *m* Bescheinigung *f*; Nachweis *m*; Beleg *m*; Zeugnis *n*; Einschreiben *n*; ~ de aptitud Befähigungsnachweis *m*; ~ de buena conducta Führungszeugnis *n*; ~ de depósito ✝ Lagerschein *m*; ~ justificante Berechtigungsschein *m*; ~ de origen Ursprungszeugnis *n*; **~r** [~'kar] (1g) bescheinigen, beglaubigen; versichern; beurkunden; ~ cartas Briefe einschreiben lassen.

cerúleo [θe'ruleo] himmelblau; tiefblau (*See*).

cerumen [θe'rumen] *m* Ohrenschmalz *n*.

cerusa [θe'rusa] *f* Bleiweiß *n*.

cerval [θer'bal] Hirsch...; miedo *m* ~ panischer Schrecken *m*.

cervato [θer'bato] *m* Hirschkalb *n*.

cerve|cería [θerbeθe'ria] *f* Brauerei *f*, Brauhaus *n*; Bierstube *f*; **~cero** [~'θero] *m* Bierbrauer *m*; **~za** [~'beθa] *f* Bier *n*; ~ de barril Faßbier *n*; ~ en botellas Flaschenbier *n*; ~ fuerte Starkbier *n*.

cervi|cal [θerbi'kal] Genick...; **~guillo** [~'giʎo] *m*, **~gón** [~'gɔn] *m* feister Nacken *m*, Speck-, Stiernacken *m*; **~z** [~'biθ] *f* Genick *n*, Nacken *m*; doblar la ~ sich demütigen.

cesa|ción [θesa'θiɔn] *f* Aufhören *n*; Einstellung *f*, Stillegung *f*; **~nte** [θe'sante] **1.** *adj.* aufhörend; *Chi.* arbeitslos; **2.** *m* entlassener Beamter *m*; dejar ~ Beamte entlassen, abbauen; **~ntía** [θesan'tia] *f* Abbau *m* v. Beamten; Wartegeld *n*; *Chi.* Arbeitslosigkeit *f*; **~r** [θe'sar] (1a) aufhören, ablassen; einstellen; ~ en el negocio sein Geschäft aufgeben; ~ en sus funciones sein Amt niederlegen; sin ~ unaufhörlich.

cesárea ⚕ [θe'sarea] *f* Kaiserschnitt *m*.

cese ['θese] *m* Aufhören *n*, Beendi-

gung *f*; ~ del negocio Geschäftsauf-
gabe *f*.

cesión [θe'sìɔn] *f* Abtretung *f*, Über-
lassung *f*.

cesionario [θesìo'narìo] *m* Zes-
sionar *m*.

cesionista [θesìo'nista] *m* Zedent *m*,
Verzichtleistende(r) *m*.

césped ['θespe⁽ᵈ⁾] *m* Rasen *m*.

ces|ta ['θesta] *f* Korb *m*; Schlagkorb
m der Pelotaspieler; **~tada** [θes-
'taða] *f* Korbvoll *m*; **~tería** [~te'rìa]
f Korbmacherei *f*; **~tero** [~'tero] *m*
Korbmacher *m*, Korbwarenhändler
m; **~to** ['θesto] *m* hoher Korb *m*;
ser un ~ P bekloppt sein.

cesura [θe'sura] *f* Zäsur *f* (*a. fig.*).

cetáceo [θe'taθeo] *m* Wal *m*.

cetre|ría [θetre'rìa] *f* Falkenbeize *f*,
Falknerei *f*; **~ro** [~'trero] *m* Falk-
ner *m*.

cetrino [θe'trino] zitronengelb; *fig.*
trübsinnig.

cetro ['θetro] *m* Zepter *n*.

ch: *besonderer Buchstabe nach C,
s. dort!*

ciaboga [θìa'boga] *f* Wenden *n e-s
Schiffes*.

cianuro [θìa'nuro] *m*: ~ de potasio
Zyankali *n*.

ciáti|ca ['θìatika] *f* Ischias *m* (*a. n
od. f*); **~co** [~kɔ] Hüft...

cibernética [θìber'netika] *f* Kybernetik *f*.

cicate|ar [θìkate'ar] (1a) knausern;
~ría [~te'rìa] *f* Knauserei *f*; **~ro**
[~'tero] **1.** *adj.* knauserig; **2.** *m*
Knauser *m*.

cicatriz [θìka'triθ] *f* Narbe *f*;
~ación [~trìθa'θìɔn] *f* Vernarbung
f; **~ar** [~tri'θar] (1f) vernarben.

cicerone [θìθe'rone] *m* Fremdenführer *m*.

ciclamen [θì'klamen] *m* Alpen-
veilchen *n*.

cíclico ['θìkliko] *adj.* zyklisch;
periodisch auftretend.

cicli|smo [θì'klizmo] *m* Rad(fahr)-
sport *m*; **~ta** [θì'klista] *m* (*f*) Rad-
fahrer(in *f*) *m*.

ciclo ['θìklo] *m* Zyklus *m*; Kreis
(-lauf) *m*; **~motor** [~mo'tɔr] *m*
Moped *n*.

ciclón [θì'klɔn] *m* Zyklon *m*, Wirbelsturm *m*.

ciclotrón [θìklo'trɔn] *m* Zyklotron *n*.

cicuta ♀ [θì'kuta] *f* Schierling *m*.

cidra ['θìdra] *f* Zedratzitrone *f*.

ciego ['θìego] **1.** *adj.* blind; a ciegas
blindlings; **2.** *m*, -a *f* [~ga] Blinde(r)
m, Blinde *f*; (*intestino m*) ~ Blind-
darm *m*.

cielito Rpl. [θìe'lito] *m ein Volkstanz.*

cielo ['θìelo] *m* Himmel *m*; Paradies
n; ~ raso flache Zimmerdecke *f*;
llovido del ~ wie gerufen (kommen);
mover ~ y tierra Himmel u. Hölle
in Bewegung setzen; a ~ abierto
unter freiem Himmel.

ciempiés [θìem'pìes] *m* Zo. Tau-
sendfüß(l)er *m*; P Machwerk *n*, das
weder Hand noch Fuß hat.

cien [θìen] *Kurzform zu* ciento;
Arg., Par. Abort *m*; ~ por ~ F *fig.*
hundertprozentig.

ciénaga ['θìenaga] *f* Sumpf *m*;
Moor *n*.

ciencia ['θìenθìa] *f* Wissenschaft *f*;
Kenntnisse *f/pl.*; **~-ficción** Science-
-fiction *f*; a ~ cierta mit aller Be-
stimmtheit; a ~ y paciencia mit
Wissen u. Billigung; ser un pozo
de ~ F ein sehr gelehrtes Haus sein.

cieno ['θìeno] *m* Schlamm *m*,
Schlick *m*.

científico [θìen'tifiko] **1.** *adj.* wissenschaftlich; **2.** *m* Wissenschaftler
m.

cientista *Am. reg* [θìen'tista] *m*
Wissenschaftler *m*.

ciento ['θìento] (*vor Substantiven*
cien) **1.** hundert; por ~ Prozent *n*;
el cinco por ~ 5⁰/₀; **2.** *m* Hundert *n*.

cierne ['θìerne] *m*: estar en ~ blühen; *fig.* ganz am Anfang stehen.

cierre ['θìerre] *m* Schließen *n*;
Schloß *n*, Verschluß *m*; Redak-
tionsschluß *m*; ~ relámpago Am.
Reißverschluß *m*; ~ (*de las emi-
siones*) Sendeschluß *m*; ~ metálico
Metallrolladen *m*; ~ patronal Lock-
out *n*, Aussperrung *f*; (*precio de*) ~
~ Schlußpreis *m* (*Börse*).

cierto ['θìerto] gewiß, sicher; wahr;
por ~ übrigens, freilich, gewiß; sí,
por ~ aber sicher; estar en lo ~ recht
haben.

cier|va ['θìerba] *f* Hirschkuh *f*; **~vo**
[~bo] *m* Hirsch *m*.

cierzo ['θìerθo] *m* Nordwind *m*.

cifra ['θìfra] *f* Ziffer *f*, Zahl *f*;
Kennzahl *f*, Chiffre *f*; Namenszug
m; ~ de negocios Umsatz *m*; en ~
verschlüsselt, chiffriert; *fig.* rätsel-
haft.

cifrar [θiˈfrar] (1a) beziffern; ver-
schlüsseln, chiffrieren; ~ su esperanza en s-e Hoffnung setzen auf
(ac.).

cigala Zo. [θiˈgala] f Kaisergranat m,
Kronenhummer m.

cigarra [θiˈgarra] f Zikade f, Baum-
grille f.

cigarre|ra [θigaˈrrera] f Zigarren-
tasche f, Zigarettenetui n; **~ría**
Am. [ˌrreˈria] f Tabakladen m.

cigarrillo [θigaˈrriʎo] m Zigarette f.

cigarro [θiˈgarro] m Zigarre f (a.
~ puro); F Am. reg. Zigarette f.

cigoñal [θigoˈɲal] m Brunnen-
schwengel m; Ziehbrunnen m.

cigüeña [θiˈgweɲa] f Storch m; **~l**
[θigüeˈɲal] m Kurbelwelle f.

cilampa Am. Cent. [θiˈlampa] f
Sprühregen m.

cilantro ♀[θiˈlantro] m Koriander m.

cilindra|da Kfz. [θilinˈdraða] f
Hubraum m; **~r** ⊕ [ˌˈdrar] (1a)
walzen, plätten; Papier satinieren.

cilíndrico [θiˈlindriko] zylindrisch.

cilindro [θiˈlindro] m Zylinder m,
Walze f, Rolle f.

cima [ˈθima] f Gipfel m; Wipfel m;
Spitze f; fig. Vollendung f, Höhepunkt m; dar ~ a glücklich zu Ende
führen, abschließen.

cimarrón [θimaˈrron] **1.** adj. wild,
verwildert; Arg. mate m ~ unge-
süßter Mate m; **2.** m Mustang m.

címbalo ♪ [ˈθimbalo] m Zimbel f.

cimbel Jgdw. [θimˈbel] m Lockvogel m.   [gewölbe n.)

cimborrio [θimˈborrio] m Kuppel-

cim|bra [ˈθimbra] f Holzverscha-
lung f (beim Gewölbebau), Bogen-
gerüst n; **~brar** [θimˈbrar] (1a),
~brear [ˌbreˈar] (1a) unterwölben
(mit e-m Gerüst); fuchteln, schwingen, peitschen; niederknüppeln.

cim|entar [θimenˈtar] (1k) (be-)
gründen, verankern (a. fig.); mit
Zement vergießen; **~iento(s)** [ˌˈmiento(s)] m(/pl.) Grundmauer f;
Fundament n (a. fig.).

cinabrio [θiˈnabrio] m Zinnober m.

cinc [θiŋk] m Zink n.

cincel [θinˈθel] m Meißel m; Grab-
stichel m; Stemmeisen n; **~ado**
[ˌθeˈlaðo] m gestochene Arbeit f,
Ziselierung f; **~ador** [ˌθeˈlaðor] m
Kunststecher m; **~ar** [ˌθeˈlar] (1a)
mit dem Meißel ausarbeiten, mei-
ßeln; stechen; ziselieren.

cinco [ˈθiŋko] **1.** fünf; **2.** m die Fünf;
no tener ni ~ keinen Pfennig haben.

cincuen|ta [θiŋˈkwenta] **1.** fünfzig;
2. m Fünfzig f; **~tena** [ˌkwenˈtena] f
etwa fünfzig; **~tón** [ˌkwenˈton] m
Fünfziger m.

cincha [ˈθintʃa] f Sattelgurt m; **~r**
[θinˈtʃar] (1a) den Sattel gürten.

cine [ˈθine] m, **cinema** [θiˈnema]
m Lichtspieltheater n, Kino n; ~ de
estreno Erstaufführungstheater n;
~ mudo Stummfilm m; ~ hablado
Sprechfilm m; ~ sonoro Tonfilm m;
~ en colores Farbfilm m; ~ en relieve
dreidimensionaler Film m.

cine|asta [θineˈasta], **~ista** [ˌˈista]
m Filmschauspieler m; Filmschaf-
fende(r) m, -produzent m; Film-
freund m.

Cine|landia [θineˈlandia] f Traum-
fabrik f (mst. = Hollywood);
Qmateca [ˌmaˈteka] f Filmarchiv
n; **Qmatografía** [ˌmatograˈfia] f
Filmkunst f; **Qmatográfico** [ˌmatoˈgrafiko] Film...; **Qmató-
grafo** [ˌmaˈtografo] m Kinemato-
graph m, F Kintopp m.

cinerario [θineˈrario] Aschen...

cinética [θiˈnetika] f Kinetik f,
Bewegungslehre f.

cínico [ˈθiniko] **1.** adj. zynisch; **2.** m
Zyniker m; Spötter m.

cinismo [θiˈnizmo] m Zynismus m.

cin|ta [ˈθinta] f Band n; Streifen m;
Schleife f; Farbband n; Film-
streifen m, Film m; (Fuß-)Leiste f;
~ adhesiva Klebestreifen m; ~ aislante Isolierband n; ~ bicolor Zwei-
farbenband n; ~ magnetofónica
Tonband n; ~ métrica Bandmaß n;
sierra f de ~ Bandsäge f; **~tería**
[θinteˈria] f Posamenten n/pl.; Po-
samentengeschäft n; **~tero** [ˌˈtero]
m Posamenter m; **~tura** [ˌˈtura] f
Gürtel m, Gurt m; Taille f; meter
en ~ a alg. j-n zur Vernunft bringen; **~turón** [ˌtuˈron] m Gürtel m;
Gurt m; ✕ Koppel n; Kfz. ~ (de
ronda) Ringstraße f; ✍ ~ de seguridad Anschnallgurt m, Sicherheits-
gurt m.

cíper Méj. [ˈθiper] m Reißverschluß m

ciprés [θiˈpres] m Zypresse f.

circense [θirˈsense] Zirkus...

circo [ˈθirko] m Zirkus m.

circu|ir [θirˈkuir] (3g) umkreisen;
~ito [ˌˈito] m Umkreis m; Kreis-

lauf m; Rundfahrt f; Rennstrecke f; ⨎ Stromkreis m; corto ~ ⨎ Kurzschluß m; ~lación [~kula'θiɔn] f Kreislauf m, Umlauf m; Straßenverkehr m; ~ de la sangre Blutkreislauf m; ~ urbana Stadtverkehr m; de gran ~ weitverbreitet, viel gelesen (Zeitung); ~ fiduciaria Notenumlauf m; ~ giratoria Kreisverkehr m; ~ monetaria Geldumlauf m; fuera de ~ außer Kurs (Geld); poner en ~ in Umlauf bringen; quitar de la ~ aus dem Verkehr ziehen.

circular¹ [θirku'lar] 1. adj. kreisförmig; 2. f Rundschreiben n.

circular² [θirku'lar] (1a) herumgehen, umhergehen; im Umlauf sein; verkehren (Züge); ¡circulen! weitergehen!

circulatorio [θirkula'torio] Kreis...; Kreislauf...; Verkehrs...; movimiento m ~ Kreisbewegung f.

círculo ['θirkulo] m Kreis m; Verein m.

circunci|dar [θirkunθi'dar] (1a) beschneiden (a. fig.); ~sión [~'siɔn] f Beschneidung f.

circundar [θirkun'dar] (1a) umgeben; einfassen.

circunferencia [θirkunfe'renθia] f Umfang m, Umkreis m.

circunnavega|ción [θirkunnabega-'θiɔn] f Umseg(e)lung f, Umschiffung f; ~r [~'gar] (1h) die Erde od. e-n Erdteil umschiffen.

circuns|cribir [θirkunskri'bir] (3a) eingrenzen; ⅍ umschreiben; fig. beschränken; ~cripción [~krib-'θiɔn] f Eingrenzung f; Verwaltungsbezirk m; ~cri(p)to [~'krito] umgrenzt; ~pección [~peg'θiɔn] f Umsicht f, Bedacht m; ~pecto [~'pekto] umsichtig, bedachtsam; ~tancia [~'tanθia] f Umstand m; Lage f; ~tanciado [~tan'θiaðo] umständlich, ausführlich; ~tancial [~tan'θial] den Umständen gemäß; von den Umständen abhängig; behelfsmäßig; ~tante [~'tante] umgebend; herumstehend; anwesend.

circun|valación [θirkumbala'θiɔn] f Umwallung f; „Ring" m (Straßenbahn); Umgehungsstraße f; ~vecino [~be'θino] benachbart, umliegend; ~volución [~bolu'θiɔn] f Umdrehung f; Windung f.

cirio ['θirio] m Altarkerze f.

cirro ['θirro] m Ranke f; ~s pl. Zirrus-, Federwolken f/pl.

cirue|la [θi'rŭela] f Pflaume f; ~ claudia Reineclaude f; ~ pasa Backpflaume f; ~lo [~lo] m Pflaumenbaum m; F Schafskopf m.

ciru|gía [θiru'xia] f Chirurgie f; ~ estética, ~ plástica Schönheitschirurgie f; ~jano [~'xano] m Chirurg m.

ciscar [θis'kar] (1g) beschmutzen, besudeln; V Cu., Méj. beschämen; ärgern.

cisco ['θisko] m Kohlenstaub m; F Krach m, Lärm m, Streit m; armar ~ Streit anfangen; F hacer ~ in Klump hauen, zertrümmern.

cisma ['θizma] m Schisma n, Kirchenspaltung f; Spaltung f.

cisne ['θizne] m Schwan m; (jersey m de) cuello m ~ Rollkragen(pullover) m.

cister [θis'ter] m Zisterzienserorden m; ~ciense [~ter'θiense] Zisterzienser...

cisterna [θis'terna] f Zisterne f.

cisura [θi'sura] f Schnitt m; feiner Riß m.

cita ['θita] f Verabredung f; Stelldichein n; Zitat n.

citación [θita'θiɔn] f ⅍ Vorladung f; ~ honorífica ehrenvolle Erwähnung f.

citar [θi'tar] (1a) a) ⅍ vorladen; zu e-r Zs.-kunft bestellen; zitieren, anführen; b) Stk. Stier locken, reizen; ~se sich verabreden.

cítara ['θitara] f Zither f.

citarista [θita'rista] m Zitherspieler m.

citerior [θite'riɔr] diesseitig.

cítrico ['θitriko] 1. adj.: ácido m ~ Zitronensäure f; 2. ~s m/pl. Zitrusfrüchte f/pl.

citricultura [θitrikul'tura] f Anbau m von Zitrusfrüchten.

ciudad [θiŭ'ðað] f Stadt f; la ♀ Condal = Barcelona; la ♀ Eterna die Ewige Stadt, Rom; la ♀ Imperial = Toledo; ~ universitaria Universitätsstadt f; ~anía [~ðaða'nia] f Bürgertum n; Bürgerrecht n; Am. Staatsangehörigkeit f; ~ano [~ða-'ðano] 1. adj. städtisch; bürgerlich; 2. m Städter m; Bürger m; ~ de honor, ~ honorario Ehrenbürger m; ~ela [~ða'ðela] f Zitadelle f.

cívico ['θiβiko] bürgerlich; deber m

~ Bürgerpflicht *f*; *educación f -a staatsbürgerliche* Erziehung *f*.

civil [θiˈbil] **1.** *adj.* bürgerlich, zivil; gesittet, kultiviert; höflich; *casarse por lo ~* standesamtlich heiraten; *guardia f ~* spanische Gendarmerie *f*; *registro m ~* Standesamt *n*; **2.** *m bsd. Am.* Zivilist *m*; **~idad** [θibiliˈdad] *f* Höflichkeit *f*; Bildung *f*; **~ización** [~liθaˈθiɔn] *f* Zivilisation *f*, Kultur *f*, Bildung *f*; **~izado** [~liˈθaᵈo] gesittet; zivilisiert; **~izar** [~liˈθar] (1f) zivilisieren, zur Kultur erziehen; *Sitten* verfeinern; **~izarse** feine Sitten, Kultur annehmen.

civismo [θiˈbizmo] *m* Bürgersinn *m*; staatsbürgerliche Erziehung *f*.

cizalla(s) [θiˈθaʎa(s)] *f(/pl.)* Blechschere *f*; Schneidemaschine *f*; *pl.* Metallspäne *m/pl.*

ciza|ña ♀ [θiˈθaɲa] *f* Taumellolch *m*; *sembrar (od. meter)* ~ Zwietracht säen; **~ñero** [θiθaˈɲero] *m* Unruhestifter *m*.

clamar [klaˈmar] (1a) schreien; stürmisch verlangen (nach [*dat.*] *por*); protestieren; bitten, flehen.

clamor [klaˈmɔr] *m* Geschrei *n*; Klage *f*; Totengeläut *n*; **~ear** [~moreˈar] (1a) jammern; läuten (*Totenglocke*); **~oso** [~moˈroso] klagend, jammernd; durchschlagend (*Erfolg*). *[(a. fig.).]*

clan [klan] *m* Klan *m*; Sippe *f]*

clandesti|nidad [klandestiniˈdaᵈ] *f* Heimlichkeit *f*; **~no** [~ˈtino] **a)** verstohlen, heimlich; **b)** Geheim..., Schwarz..., z.B. *emisora f -a* Schwarzsender *m*; *radioescucha m ~* Schwarzhörer *m*.

clara [ˈklara] *f* Eiweiß *n*; lichte Stelle *f (Haar, Wald)*.

claraboya [klaraˈboja] *f* Oberlicht *n*.

clarear [klareˈar] **1.** *v/i.* tagen; aufklaren (*Himmel*); **2.** *v/t.* erhellen, lichten; **3. ~se** durchsichtig werden; F sich verraten.

clarete [klaˈrete] *m* Rosé *m (Wein)*.

clari|dad [klariˈdaᵈ] *f* Helle *f*, Licht *n*; *fig.* Klarheit *f*; Offenheit *f*; **~doso** *Am. Cent., Méj.* [~ˈdoso] offen, ehrlich; **~ficar** [~fiˈkar] (1g) erhellen; reinigen; läutern.

clarín [klaˈrin] *m* Signalhorn *n*; helle Trompete *f*; ✕ Hornist *m*.

clarinete ♩ [klariˈnete] *m* Klarinette *f*; Klarinettist *m*.

clarión [klaˈriɔn] *m* Maler-, Tafelkreide *f*.

clari|videncia [klaribiˈdenθia] *f* Scharfblick *m*; **~vidente** [~biˈdente] scharfsichtig, weitblickend.

claro [ˈklaro] **1.** *adj.* hell; klar; rein; dünn (*Haar, Gewebe*); dünnflüssig; heiter (*Himmel*); deutlich; *¡~!* natürlich!, klar!; *~ está* das versteht sich; *a las -as* unverhohlen; **2.** *m* Helle *f*, Licht *n*; lichte Stelle *f*; Lichtung *f*; Lücke *f*, Zwischenraum *m*; Fenster-, Türöffnung *f*; lichte Weite *f*; *~ de luna* Mondschein *m*; *poner en ~* klarstellen.

claroscuro [klarɔsˈkuro] *m* Helldunkel *n*.

clase [ˈklase] *f* Gattung *f*, Art *f*; Rang *m*, Klasse *f*, Hörsaal *m*; Unterricht *m*, Vorlesung *f*; *~ media* Mittelstand *m*; *~ obrera* Arbeiterklasse *f*; *~ particular* Privatunterricht *m*; *dar ~* Unterricht geben.

clasicismo [klasiˈθizmo] *m* Klassizismus *m*; Klassik *f*.

clásico [ˈklasiko] klassisch, mustergültig; (*autor m*) ~ Klassiker *m*.

clasifica|ción [klasifikaˈθiɔn] *f* Einteilung *f*, Klassifizierung *f*; *Sport:* Tabellenstand *m*; **~dor** [~ˈdɔr] *m* Akten-, Briefordner *m*; Registratur *f*, Ablage *f*; **~r** [~ˈkar] (1g) einordnen; klassifizieren (*a. Sport*).

claudicar [klaudiˈkar] (1g) hinken (*a. fig.*); *fig.* sich zweideutig benehmen; *s-e* Überzeugung verraten, F umfallen.

claustral [klausˈtral] klösterlich.

claustro [ˈklaustro] *m* Kreuzgang *m*; Mönchstand *m*; *~ de profesores* Lehrkörper *m (bsd. der Universitäten)*.

cláusula [ˈklausula] *f* ⚖ Klausel *f*, Bestimmung *f*; *Gram.* Satz *m*, Periode *f*; *~ de nación más favorecida* Meistbegünstigungsklausel *f*; *~ penal* Konventionalstrafe *f*.

clausu|lar [klausuˈlar] (1a) verklausulieren; *e-n Satz* abschließen; **~ra** [~ˈsura] *f* Klausur *f*; Klosterleben *n*; *fig.* Schluß *m e-r Sitzung*; **~rar** [~suˈrar] (1a) *Tagung, Ausstellung usw.* (feierlich) schließen.

clava [ˈklaba] *f* Keule *f*.

clava|do [klaˈbaᵈo] (an)genagelt; pünktlich; *quedar como ~ (en el suelo)* verblüfft sein; **~r** [~ˈbar] (1a) nageln; befestigen; einschlagen, einrammen; *Am.* F betrügen, anschmieren; ~ *los ojos en alg.* j-n starr anblicken; **~rse** eindringen (*Nagel usw.*); **~zón** [␣ba'θon] *f* Beschlag *m* (*an e-r Tür usw.*); Beschlagnägel *m/pl.*

clave ['klaβe] **a)** *f fig.* Schlüssel *m*; Lösung(sheft *n*) *f* (*zu Aufgaben*); Code *m*; ♿ Schlußstein *m*; ♪ Notenschlüssel *m*; ~ *de fa* Baßschlüssel *m*; ~ *de sol* Violinschlüssel *m*; **b)** *m* ♪ Cembalo *n*.

clave|l ♿ [kla'βεl] *m* Nelke *f*; **~llina** ♿ [␣be'ʎina] *f* Bartnelke *f*.

clavi|cémbalo ♪ [klaβi'θembalo] *m* Cembalo *n*; **~cordio** ♪ [␣'kordio] *m* Klavichord *n*.

clavícula *Anat.* [kla'βikula *f* Schlüsselbein *n*.

clavija [kla'βixa] *f* Stift *m*, Bolzen *m*; Pflock *m*, Zapfen *m*; ♪ Wirbel *m*; ⚡ ~ *de enchufe* Stecker *m*; ~ *con hembrilla* (*od.* ~ *banana*) Bananenstecker *m*; *apretarle a alg. las* ~*s* j-n unter Druck setzen.

clavo ['klaβo] *m* Nagel *m*, Drahtstift *m*; Gewürznelke *f*; *Am.* Ladenhüter *m*; unbrauchbarer Mensch *m*, P Niete *f*; *agarrarse a un* ~ *ardiendo fig.* sich an e-n Strohhalm klammern; *como un* ~ genau, pünktlich; *dar en el* ~ den Nagel auf den Kopf treffen; *remachar el* ~ sich in e-n Irrtum verrennen; *sacar un* ~ *con otro* den Teufel mit Beelzebub austreiben; *sacarse el* ~ *Am. Mer.* sich rächen.

claxon *Kfz.* ['klaqson] *m* Hupe *f*; *tocar el* ~ hupen. [tis *f.*)

clematíde ♿ [kle'matiđe] *f* Klema-)

clemen|cia [kle'menθia] *f* Milde *f*, Gnade *f*; **~te** [␣'mente] mild, gütig.

clerecía [klere'θia] *f* Geistlichkeit *f*, Klerus *m*.

cleri|cal [kleri'kal] geistlich, klerikal; **~calismo** [␣ka'lizmo] *m* Klerikalismus *m*; **~cato** [␣'kato] *m* geistlicher Stand *m*; **~có** *Rpl.* [␣'ko] *m Art* Weinbowle *f*.

clérigo ['kleriqo] *m* Kleriker *m*; Geistliche(r) *m*; ~ *secular* Weltgeistliche(r) *m*.

clero ['klero] *m* Klerus *m*, Geistlichkeit *f*.

cliente ['kliente] *m* Kunde *m*; Mandant *m*; Klient *m*; **~la** [klien'tela] *f* Kundschaft *f*, Kundenkreis *m*; ~ *fija* Stammkundschaft *f*.

clima ['klima] *m* Klima *n* (*a. fig.*); Himmelsstrich *m*; **~térico** [klima-'teriko] **1.** *adj.* bedenklich, gefährlich; **2.** *m* Wechseljahre *n/pl.*

clim|ático [kli'matiko] klimatisch; **~atización** [␣matiθa'θion] *f* Klimatisierung *f*; **~atizado** [␣'θaᵈo] mit Klimaanlage.

clínica ['klinika] *f* Klinik *f*.

clip [klip] *m* Ohrclip *m*; Büroklammer *f*.

clisé [kli'se] *m* Klischee *n*.

cloaca [klo'aka] *f* Kloake *f* (*a. Zo.*).

cloque|ar [kloke'ar] (1a) glucken, locken (*Henne*); **~ra** [␣'kera] *f* Brutzeit *f der* Vögel.

cloro ['kloro] *m* Chlor *n*; **~fila** [kloro'fila] *f* Blattgrün *n*, Chlorophyll *n*; **~formar** *Am.* [␣fɔr'mar] (1a), **~formizar** [␣fɔrmi'θar] (1f) chloroformieren; **~formo** [␣'fɔrmo] *m* Chloroform *n*.

clorosis [klo'rosis] *f* Bleichsucht *f*.

clorótico [klo'rotiko] bleichsüchtig.

cloruro [klo'ruro] *m* Chlorid *n*.

clóset *Am.* ['kloset] *m* Wandschrank *m*; Einbauschrank *m*.

club [klub] *m* Klub *m*; Verein *m*; ~ *nocturno* Nachtlokal *n*.

clueca ['klŭeka] *f* Glucke *f*.

coac|ción ♱ [koaq'θion] *f* Zwang *m*, Nötigung *f*; **~tivo** [koak'tiβo] Zwangs...

coacusado [koaku'saᵈo] *m* Mitangeklagte(r) *m*.

coadjutor [koadxu'tɔr] *m* Koadjutor *m*, Hilfsgeistliche(r) *m*, Vikar *m*.

coadyuvar [koadju'βar] (1a) mithelfen, unterstützen.

coagular [koaɡu'lar] (1a) zum Gerinnen bringen; **~se** gerinnen.

coágulo [ko'aɡulo] *m* Gerinnsel *n*.

coalición [koali'θion] *f* Bund *m*, Bündnis *n*, Zs.-schluß *m*, Koalition *f*.

coaptación ♱ [koapta'θion] *f* Einrichten *n* (*bei Knochenbrüchen*).

coar|tación [koarta'θion] *f* Einschränkung *f*; Zwang *m*; **~tada** ⚖ [␣'tada] *f* Alibi *n*; *probar la* ~ sein Alibi nachweisen; **~tar** [␣'tar] (1a) einschränken; einengen; zwingen.

coautor [koaŭ'tɔr] *m* Mitarbeiter *m*, Mitautor *m*; ⚖ Mittäter *m*.

coba F ['koba] *f: dar* ~ *a alg.* j-m schmeicheln; F j-m Honig um den Bart schmieren.

cobalto *Min.* [ko'βalto] *m* Kobalt *n*.

cobarde

cobar|de [ko'barðe] **1.** adj. feige; niederträchtig; **2.** m Feigling m, F Memme f; **~día** [kobar'dia] f Feigheit f; Niedertracht f.

cobayo Arg. [ko'bajo] m Meerschweinchen n.

cober|tera [kober'tera] f Deckel m; **~tizo** [~'tiθo] m Schuppen m; Vordach n; Schutzdach n; Hütte f; **~tor** [~'tor] m Bettdecke f; **~tura** [~'tura] f ✝ Deckung f.

cobija [ko'bixa] f Firstziegel m; Am. Bettzeug n, Bettdecke f; warme Kleidung f.

cobijar [kobi'xar] (1a) be-, zudecken; beherbergen; hegen; **~se** Deckung nehmen, in Deckung gehen; sich unterstellen.

cobra ['kobra] f Kobra f (Schlange).

cobra|ble [ko'braβle] einziehbar (Geldforderung); **~dero** [kobra-'ðero] zahlbar, fällig (Zahlung); **~dor** [~'ðor] m Kassierer m; (Straßenbahn-, Bus-)Schaffner m; Zahlkellner m; ✝ Zahlungsempfänger m; **~nza** [ko'branθa] f Erhebung f, Eintreibung f; Inkasso n.

cobrar [ko'brar] (1a) erlangen; einkassieren, einziehen; einlösen; Steuern beitreiben; Geld, Gehalt erheben od. abheben, beziehen, verdienen; Spenden sammeln; ~ ánimo Mut fassen; F que vas a ~ du wirst gleich eins abbekommen; **~se** sich bezahlt machen; sich schadlos halten (an [dat.] de); eingehen (Beträge).

cobre ['kobre] m Kupfer n; Kupfermünze f; grabado m en ~ Kupferstich m; batir(se) el ~ F sich abschuften; no tener un ~ Am. Mer. blank sein.

[kupferfarben.]
cobrizo [ko'briθo] kupferhaltig;⌡

cobro ['kobro] m Erhebung f (Gebühren); Einziehung f (Schuld, Steuer); Inkasso n; ✝ salvo buen ~ Eingang vorbehalten; poner(se) en ~ (sich) in Sicherheit bringen; **~s** pendientes Außenstände pl.

coca ['koka] f ✿ Kokastrauch m; Koka; F Kopf m; Kopfnuß f; de ~ Méj. umsonst, gratis; **~cho** Am. Mer. [ko'katʃo] m Kopfnuß f; **~da** Am. [~'kaða] f Süßigkeit f aus Kokosnuß.

cocaína [koka'ina] f Kokain n.

cocción [koɡ'θiɔn] f Abkochen n, Dämpfen n; Sud m.

cocear [koθe'ar] (1a) ausschlagen (Pferd).

cocer [ko'θɛr] (2b u. 2h) **1.** v/t. kochen; backen; **2.** v/i. kochen; gären (a. fig.); a medio ~ halbgar; sin ~ ungekocht, roh; **3. ~se** fig. sich verzehren, sich aufreiben.

cocido [ko'θiðo] **1.** adj. gekocht; gebacken; fig. bewandert, beschlagen; **2.** m Eintopfgericht n, bestehend aus Fleisch, Kichererbsen usw.

cociente ⚛ [ko'θiente] m Quotient m.

coci|miento ♨ [koθi'miento] m Abkochen n; Absud m; **~na** [ko'θina] f Küche f; Herd m; ~ económica Sparherd m; ~ eléctrica Elektroherd m; ~ funcional Einbauküche f; ~ de gas Gasherd m; **~nar** [koθi-'nar] (1a) kochen; v/i. die Küche besorgen; **~nera** [~'nera] f Köchin f; **~nería** Chi., Pe. [~ne'ria] f Garküche f; **~nero** [~'nero] m Koch m; **~nilla** [~'niʎa] f (Spiritus-)Kocher m.

coco ['koko] m Kokosnuß f; Made f, Wurm m (im Obst); F Kopf m, P Birne f; fig. Popanz m, Kinderschreck m.

cocodrilo [koko'ðrilo] m Krokodil n.

cocoliche Arg. [koko'litʃe] m Kauderwelsch n (bsd. das Spanisch der italienischen Einwanderer).

coco|so [ko'koso] wurmstichig; **~tazo** Am. [koko'taθo] m Kopfnuß f; **~tero** [koko'tero] m Kokospalme f.

cóctel neol., engl. ['koktɛl] m Cocktail m.

coctelera [kokte'lera] f Mixbecher m.

cocha|mbre f [ko'tʃambre] m Schmutz m, Unrat m; **~yuyo** Chi., Pe. [kotʃa'jujo] m eßbare Alge f.

coche ['kotʃe] m Kutsche f; 🚗 Wagen m; Auto n; ~ de alquiler Mietwagen m; **~cama** Schlafwagen m; ~ de carreras Rennwagen m; ~ celular Gefängniswagen m; **~comedor** Speisewagen m; **~directo** Kurswagen m; ~ fúnebre Leichenwagen m; ~ de línea Überlandbus m; ~ radio-patrulla Funkstreifenwagen m; ~ de reparto Lieferwagen m; ~ restaurante Speisewagen m; ~ usado Kfz. Gebrauchtwagen m; **~ra** [ko'tʃera] f Wagenschuppen m, Remise f; **~ro** [~ro] **1.** m Kutscher *m*; **2.** *adj.*: puerta *f* -*a* Torweg *m*, Einfahrt *f*.

cochi|na [ko'tʃina] *f* Sau *f*; **~nada** F [kotʃi'nada] *f* Schweinerei *f*; *P* Sauerei *f*; **~nería** [~ne'ria] *f* Schweinerei *f*; Niedertracht *f*; **~nilla** [~'niʎa] *f* Assel *f*; Schildlaus *f*; de ~ *Cu.*, *Méj.* unwichtig; **~nillo** [~'niʎo] *m* Ferkel *n*, junges Schwein *n*; **~no** [ko'tʃino] **1.** *adj.* schweinisch, Schweine...; **2.** *m* Schwein *n*; **~quera** [kotʃi'kera] *f* F Schweinestall *m*; **~te hervite** F [ko'tʃine er'bite] Hals über Kopf; **~tril** [kotʃi'tril] *m* P Saustall *m*, Dreckloch *n*.

cochura [ko'tʃura] *f* Kochen *n*, Backen *n*; ⊕ Brennen *n*.

coda ['koda] *f* ♪ Schlußsatz *m*, Koda *f*; Keilstück *n* (*Tischlerei*).

codaste ⚓ [ko'daste] *m* Achtersteven *m*.

codazo [ko'daθo] *m* Rippenstoß *m*, F Knuff *m*; a ~ limpio mit Gewalt.

code|ar [kode'ar] (1a) *mit den Ellbogen stoßen; fig.* **~arse** con alg. auf du und du stehen mit j-m; **~lin-cuente** [~liŋ'küente] *m* Mittäter *m*; **~ra** [ko'dera] *f* Flicken *m* auf dem Ellbogen.

códice [ˈkodiθe] *m* alte Handschrift*

codici|a [ko'diθia] *f* Habsucht *f*; Geldgier *f*; Verlangen *n*, Trieb *m*; **~able** [kodi'θiable] begehrenswert; **~ar** [~'θiar] (1b) begehren; sehnlich wünschen; **~lo** [~'θilo] *m* Kodizill *n*, Testamentszusatz *m*; **~oso** [~'θioso] habsüchtig; lüstern; *fig.* emsig, rührig.

código ['kodigo] *m* Gesetzbuch *n*; Code *m*; ~ civil Bürgerliches Gesetzbuch *n*; ~ de comercio Handelsgesetzbuch *n*; ~ penal Strafgesetzbuch *n*.

codillo [ko'diʎo] *m* ⊕ Knie *n*; tirar a uno al ~ j-m auf alle mögliche Weise zu schaden suchen.

codo ['kodo] *m* Ellbogen *m*; ⊕ Knierohr *n*; *Guat.*, *Méj.* Geizhals *m*; ~ a (od. con) ~ in Tuchfühlung; comerse los ~s de hambre am Hungertuch nagen; dar de(*l*) ~ a uno j-n mit dem Ellbogen anstoßen; empinar el ~ F gern einen heben; hablar por los ~s quatschen.

codorniz [kodor'niθ] *f* Wachtel *f*.

coeducación [koeduka'θiɔn] *f* Gemeinschaftserziehung *f*.

coeficiente [koefi'θiente] **1.** *adj.* zusammenwirkend; **2.** *m* Koeffizient *m*, Faktor *m*.

coer|cer [koer'θer] (2b) zwingen, nötigen; **~ción** [~'θiɔn] *f* Zwang *m*, Nötigung *f*; **~citivo** [~θi'tibo] Zwangs...

coetáneo [koe'taneo] **1.** *adj.* gleichaltrig; zeitgenössisch; **2.** *m* Alters-, Zeitgenosse *m*.

coexistencia [koegsis'tenθia] *f* Koexistenz *f*; *Pol.* friedliches Nebeneinanderbestehen *n*.

coexistir [koegsis'tir] (3a) gleichzeitig vorhanden sein; nebeneinander bestehen.

cofa ⚓ ['kofa] *f* Mastkorb *m*.

cofia ['kofia] *f* Haube *f*, Schutzhaube *f*.

cofra|de [ko'frade] *m* Mitglied *n* e-r Laienbruderschaft; **~día** [kofra-'dia] *f* Laienbruderschaft *f*; Zunft *f*.

cofre ['kofre] *m* Truhe *f*; Schrank *m*, Kasten *m*; Kästchen *n*, Schatulle *f*.

cofundador [kofunda'dɔr] *m* Mitbegründer *m*.

coge|dera [koxe'dera] *f* Obstpflücker *m* (*Gerät*); **~dero** [~'dero] **1.** *adj.* pflückreif (*Obst*); **2.** *m* Griff *m*, Stiel *m*; **~dor** [~'dɔr] *m* (Kohlen-usw.)Schaufel *f*.

coger [ko'xer] (2c) nehmen; (er-)greifen; (an)fassen; (auf-, ab)fangen; antreffen, erreichen, F erwischen; bekommen, F kriegen; *Obst* pflücken, ernten; *V Am. reg.* Geschlechtsverkehr haben mit (*dat.*); F ~ frío sich e-n Schnupfen holen; **~se** los dedos *fig.* sich in den Finger schneiden.

cogestión [koxes'tiɔn] *f* Mitbestimmung *f*.

cogida [ko'xida] *f* Obsternte *f*; *Stk.* Verwundung *f* (*durch den Stier*).

cogitabundo [koxita'bundo] nachdenklich.

cogna|ción [kogna'θiɔn] *f* Blutsverwandtschaft *f* mütterlicherseits; **~do** [~'naᵈo] *m* Blutsverwandte(r) *m* mütterlicherseits.

cognición [kogni'θiɔn] *f* Erkenntnis(fähigkeit) *f*.

cognomento [kogno'mento] *m* Beiname *m*.

cogollo ⚕ [ko'goʎo] *m* Herz *n* (*Salat*); Kopf *m* (*Kohl*).

cogo|tazo [kogo'taθo] *m* Schlag *m* in den Nacken; **~te** [ko'gote] *m*

Hinterkopf *m*, Nacken *m*; F *estar hasta el ~ de a/c.* F die Nase v. et. voll haben; **~tera** [kogo'tera] *f* Nackenschutz *m* (*an Helmen*); **~tudo** [~'tuðo] **1.** *adj.* stiernackig; **2.** *m Am. reg.* ungebildete(r) Neureiche(r) *m*.

cogu|jada [kogu'xaða] *f* Haubenlerche *f*; **~jón** [~'xɔn] *m* Zipfel *m e-s Kissens, Sackes usw.*

cogulla [ko'guʎa] *f* Mönchskutte *f*.

cohabitar [koaβi'tar] (1a) ehelich zusammenleben, den Beischlaf vollziehen.

cohech|ar [koe'tʃar] (1a) bestechen; **~o** [ko'etʃo] *m* Bestechung *f*.

coheredero [koere'ðero] *m* Miterbe *m*.

cohe|rencia [koe'renθia] *f* Zs.-hang *m*; **~rente** [~'rente] zs.-hängend; **~sión** [koe'sion] *f* Kohäsion *f*; **~sor** [~'sɔr] *m* Fritter *m* (*Radio*).

cohete [ko'ete] *m* Rakete *f*; Schwärmer *m* (*Feuerwerkskörper*); **~** *escalonado* Mehrstufenrakete *f*; **~** *de freno* Bremsrakete *f*; **~** *portador* Trägerrakete *f*; **~** *propulsor* Antriebsrakete *f*; **~ro** [koe'tero] *m* Feuerwerker *m*.

cohi|bición [koiβi'θiɔn] *f* Einengung *f*, Einschränkung *f*; Einschüchterung *f*; Hemmung *f*; **~bido** [~'βiðo] befangen, schüchtern; **~bir** [~'βir] (3a) hemmen, zügeln, beengen; einschüchtern.

cohombro [ko'ɔmbro] *m* Gurke *f*.

cohonestar [koones'tar] (1a) beschönigen, bemänteln.

coima *Am. reg.* ['kɔima] *f* Schmiergeld *n*.

coinci|dencia [koinθi'ðenθia] *f* Zs.-treffen *n*, Zs.-fall *m*; Gleichzeitigkeit *f*; Übereinstimmung *f*; **~dir** [~'ðir] (3a) zs.-treffen, -fallen; übereinstimmen.

coito ['kɔito] *m* Beischlaf *m*, Koitus *m*.

coje|ar [kɔxe'ar] (1a) hinken; wackeln (*Tisch, Stuhl*); **~ra** [~'xera] *f* Hinken *n*; Lahmen *n*.

cojín [kɔ'xin] *m* (Sofa-)Kissen *n*.

cojinete [kɔxi'nete] *m* Nähkissen *n*; ⊕ Lager *n*; **~** *de bolas* Kugellager *n*.

cojinillo *Am.* [kɔxi'niʎo] *m* Satteldecke *f*.

cojo ['kɔxo] hinkend (*a. fig.*); lahm; wack(e)lig.

co|jón P [kɔ'xɔn] *m* Hoden *m*;

¡*cojones!* P verdammt noch mal!; *tener cojones* P Schneid haben; **~jonudo** P [~xo'nuðo] toll, phantastisch.

col [kɔl] *f* Kohl *m*; **~** *blanca* Weißkohl *m*; **~** *de Bruselas* Rosenkohl *m*; **~** *de Milán* Wirsing *m*; **~** *rizada* Grünkohl *m*; *entre ~ y ~, lechuga* Abwechslung muß sein.

cola¹ ['kola] *f* Leim *m*.

cola² ['kola] *f* Schwanz *m*, Schweif *m* (*a. Komet*); Schleppe *f* (*am Kleid*; *fig.* F dickes Ende *n*; **~** *de caballo* Pferdeschwanz *m* (*a. Frisur*); Schachtelhalm *m*; F *apearse por la ~* ins Fettnäpfchen treten; *hacer ~* Schlange stehen; F *ser arrimado a la ~* begriffsstutzig sein; F *traer ~* Folgen haben; F *a la ~* am Schluß, hinten.

colabo|ración [kolaβora'θiɔn] *f* Mitarbeit *f*; **~racionista** [~raθio'nista] *m* Kollaborateur *m*; **~rador** [~ra'ðɔr] *m* Mitarbeiter *m*; **~rar** [~'rar] (1a) mitarbeiten, mitwirken.

cola|ción [kola'θiɔn] *f* Imbiß *m*; leichtes Abendessen *n* (*an Fasttagen*); Verleihung *f* e-r akademischen Würde; Vergleichung *f* v. *Handschriften*; *traer* (*od. sacar*) *a ~ et.* zur Sprache bringen; **~cionar** [~θio'nar] (1a) vergleichen.

cola|da [ko'laða] *f* (Auf-)Waschen *n*; Wäsche *f*; (Hochofen-)Abstich *m*; Engpaß *m*; **~dera** [kola'ðera] *f* Sieb *n*; *Méj.* Kloake *f*; **~dero** [~'ðero] *m* Sieb *n*; Engpaß *m*, schmaler Gang *m*; **~do** [ko'laðo]: *estar ~ por alg.* F in j-n verknallt sein; **~dor** [kola'ðɔr] *m* Sieb *n*, Durchschlag *m*; **~dora** [~'ðora] *f* Wäscherin *f*; Waschkessel *m*; **~dura** [~'ðura] *f* Sieben *f*; F grobes Versehen *n*, Blamage *f*, Reinfall *m*; **~pez** [~'peθ] *f* Fischleim *m*.

colapso [ko'labso] *m* 🠻 Kollaps *m*; *fig.* Zs.-bruch *m*.

colar [ko'lar] (1m) **1.** *v/t.* (durch-)sieben; *Wäsche* in der Lauge ziehen lassen, auswaschen; F *j-m et.* andrehen; *j-m et.* weismachen; **2.** *v/i.* durcheinsickern; **3.** **~se** sich einschleichen; sich einschmuggeln; F sich blamieren.

colateral [kolate'ral] **1.** *adj.* Seiten...; **2.** *m* Verwandte(r) *m* in der Nebenlinie.

colch|a ['kɔltʃa] *f* (Bett-)Überdecke

f; Steppdecke *f*; Oberbett *n*; **~ón** [kɔl'tʃɔn] *m* Matratze *f*; Unterbett *n*; **~ de muelles** Sprungfedermatratze *f*; **~ neumático** Luftmatratze *f*; **~onería** [kɔltʃoneˈria] *f* Tapezierladen *m*; Matratzengeschäft *n*; **~oneta** [~ˈneta] *f* Polster *n*.

colear [koleˈar] (1a) wedeln; *Stk.* den Stier am Schwanz festhalten; F *todavía colea* das hat noch gute Weile, das dauert noch.

colec|ción [kolegˈθjon] *f* Sammlung *f*; Auswahl *f*; **~cionar** [~θioˈnar] (1a) sammeln; **~cionista** [~θio-ˈnista] *m* Sammler *m*; **~ta** [ko-ˈlekta] *f* Geldsammlung *f*, Kollekte *f*; **~tivamente** [kolektibaˈmente] insgesamt; gemeinschaftlich; **~tivero** *Arg.* [~tiˈbero] *m* Busfahrer *m*; **~tividad** [~tibiˈda⁽ᵈ⁾] *f* Gemeinschaft *f*; Gesamtheit *f*; Kollektiv *n*; **~tivo** [~ˈtibo] **1.** *adj.* gemeinsam; Sammel..., Kollektiv...; *sociedad f -a* offene Handelsgesellschaft *f*; **2.** *m Am.* kleiner Autobus *m*; **~tor** [~ˈtɔr] *m* Sammler *m* (*a.* ⊕); Sammelbecken *n*; ⚡ Stromsammler *m*, -abnehmer *m*.

cole|ga [koˈlega] *m* Amtsbruder *m*, Kollege *m*; **~giado** [koleˈxiaᵈo] *m* (*Sport*) Schiedsrichter *m*; **~gial** [~ˈxial] **1.** *adj.* zu einem Kollegium gehörig; *iglesia f* **~** Stiftskirche *f*; **2.** *m* Schüler *m*; Oberschüler *m*; *Méj.* unerfahrener Mensch *m*; **~giala** [~ˈxiala] *f* Schülerin *f*; Oberschülerin *f*; F Backfisch *m*, Teenager *m*; **~giarse** [~ˈxiarse] (1b) sich zu e-m Kollegium zs.-schließen; **~giata** [~ˈxiata] *f* Stiftskirche *f*.

colegio [koˈlexio] *m* Kollegium *n*, Berufsgenossenschaft *f*; höhere Schule *f*; **~ de abogados** Anwaltskammer *f*; **~ electoral** Wählerschaft *f*; Wahllokal *n*; **~ de internos** Internat *n*; **~ mayor** Studentenheim *n*; **~ de médicos** Ärztekammer *f*; **~ militar** Kadettenanstalt *f*; **~ particular** Privatschule *f*.

colegir [koleˈxir] (3l *u.* 3c) folgern, schließen.

colegislador [kolexizlaˈdɔr] mitgesetzgebend.   [Käfer *m.*]

coleóptero *Zo.* [koleˈɔptero] *m*⟩

cólera [ˈkolera] **a)** *f* Zorn *m*, Unwille *m*; *montar en* **~** in Wut geraten; **b)** *m* ☧ Cholera *f*.

colérico [koˈleriko] cholerisch; aufbrausend, jähzornig; cholerakrank.

coleta [koˈleta] *f* Zopf *m*; Stierfechterzopf *m*; Nachschrift *f*; *cortarse la* **~** *fig.* den Beruf aufgeben (*bsd. Stk.*).

coleto [koˈleto] *m* Wams *n*; Reit-, Sportjacke *f*; *Col.*, *Ven.* Unverschämtheit *f*; Frechheit *f*; *decir para su* **~** für sich (*od.* bei sich) sagen; F *echarse un vaso de cerveza al* **~** sich ein Glas Bier hinter die Binde gießen.

colga|dero [kolgaˈdero] *m* Haken *m*; Kleiderhaken *m*; Fleischerhaken *m*; **~dizo** [~ˈdiθo] *m* Wetterdach *n*, Vordach *n*; **~do** [~ˈgaᵈo] hängend; freitragend; F *dejar* **~** *a alg.* j-n versetzen; *estar* **~** *de las palabras de alg.* an j-s Lippen hängen; **~dor** [~gaˈdor] *m* Kleiderbügel *m*; *Am.* Kleiderschrank *m*; **~dura** [~gaˈdura] *f* Wandbehang *m*; **~s** *pl.* Vorhänge *m/pl.*; **~jo** [~ˈgaxo] *m* (*Haut-*, *Tuch-*)Fetzen *m*; **~ de frutas zum Trocknen** aufgehängte Früchte *f/pl.*; **~nte** [~ˈgante] **1.** *adj.* hängend; *ferrocarril m* **~** Schwebebahn *f*; *puente m* **~** Hängebrücke *f*; **2.** *m* Gehänge *n*, Behang *m*; Anhänger *m* (*Schmuck*).

colgar [kolˈgar] (1h *u.* 1m) **1.** *v/t.* (an-, auf-, um)hängen; *fig.* anhängen, zuschieben; F *im Examen* durchfallen lassen; *¡no cuelgue!* bleiben Sie am Apparat!; **2.** *v/i.* herab-, heraushängen; abhängen.

colibacilo [kolibaˈθilo] *m* Kolibazillus *m*.

colibrí *Zo.* [koliˈbri] *m* Kolibri *m*.

cólico [ˈkoliko] *m* Kolik *f*; **~ gástrico** Magenkolik *f*; **~ hepático** Gallenkolik *f*; **~ nefrítico** Nierenkolik *f*.

colicuar [koliˈkuar] (1d) schmelzen; *v/i.* zerfließen, sich auflösen.

coliflor [koliˈflɔr] *f* Blumenkohl *m*.

coligarse [koliˈgarse] (1h) sich verbünden.

colilla [koˈliʎa] *f* (Zigarren-, Zigaretten-)Stummel *m*.

colina [koˈlina] *f* **a)** Hügel *m*, Anhöhe *f*; **b)** Kohlsamen *m*.

colinabo [koliˈnabo] *m* Kohlrabi *m*.

colindante [kolinˈdante] **1.** *adj.* angrenzend, benachbart; **2.** *m* Anrainer *m*.

colirio [koˈlirio] *m* Augensalbe *f*, -tropfen *m/pl.*

coliseo 146

coliseo [koli'seo] *m* Kolosseum *n*;
Theater *n*.

colisión [koli'sĭɔn] *f* Zusammenstoß *m*; *fig.* Widerstreit *m* der
Interessen. [lenletzte(r) *m*.]

colista [ko'lista] *m* (*Sport*) Tabel-⌐

colitigante ᵍⁱᵗ [koliti'gante] *m* Mit-
kläger *m*.

colitis [ko'litis] *f* Kolitis *f*, Dick-
darmentzündung *f*.

colmado [kɔl'maᵈo] **1.** *adj.* voll; beladen; reichlich; **2.** *m* Feinkostgeschäft *n*; Imbißstube *f*.

colmar [kɔl'mar] (1a) (an)füllen
(mit [*dat.*] de); überhäufen.

colme|na [kɔl'mena] *f* Bienenkorb
m; **~nar** [⌐me'nar] *m* Bienenhaus
n; **~nero** [⌐me'nero] *m* Imker *m*;
~nilla [⌐me'niʎa] *f* Morchel *f*.

colmillo [kɔl'miʎo] *m* Eckzahn *m*;
Reißzahn *m*, Hauer *m*; P *escupir
por el ~* P große Töne spucken.

colmo ['kɔlmo] *m* Übermaß *n*; *fig.*
Gipfel *m*, Höhe *f*; *fig. ¡es el ~!* das
ist doch die Höhe!; *en ~* übervoll;
para ~ de la desgracia (*od. de males*)
um das Unglück vollzumachen.

colocación [koloka'θĭɔn] *f* Aufstellung *f*; Anordnung *f*; Geldanlage *f*; Unterbringung ᵥf, Versorgung *f*, Stelle *f*, Anstellung *f*.

colocar [kolo'kar] (1g) (an-, auf-)
stellen; an-, einordnen; anbringen;
unterbringen, versorgen, anstellen;
Geld anlegen; **~se** e-e Anstellung
finden; Absatz finden.

colo|fón [kolo'fɔn] *m* Abschluß *m*;
Höhepunkt *m*; **~fonia** [⌐'fonĭa] *f*
Kolophonium *n*, Geigenharz *n*.

coloide [ko'lŏiðe] *m* Kolloid *n*.

colombiano [kolɔm'bĭano] **1.** *adj.*
kolumbianisch; **2.** *m*, **-a** *f* Kolum-
bianer(in *f*) *m*.

colon ['kolɔn] *m* Anat. Grimmdarm
m; *Gram.* Doppelpunkt *m*, Kolon *n*.

colonche *Méj.* [ko'lɔntʃe] *m* be-
rauschendes Getränk aus Kaktus-
feigen.

colo|nia [ko'lonĭa] *f* Kolonie *f*,
Siedlung *f*; *~ obrera* Arbeitersiedlung *f*; *~ veraniega* Ferienkolonie *f*;
~nial [kolo'nĭal] kolonial; Sied-
lungs..., Kolonie...; *casco m ~* Tro-
penhelm *m*; **~nización** [⌐niθa'θĭɔn]
f An-, Besiedlung *f*; [⌐ni-
'θar] (1f) an-, besiedeln, koloni-
sieren; **~no** [ko'lono] *m* Ansiedler
m; (Pacht-)Bauer *m*.

coloquio [ko'lokĭo] *m* Gespräch *n*,
Kolloquium *n*; Besprechung *f*.

color [ko'lɔr] *m* Farbe *f*; Gesichtsfarbe *f*; Farbton *m*, Tönung *f*; *~ al
óleo* Ölfarbe *f*; *~ local* Lokalkolorit
n; *gente de ~ farbige Völker n/pl.*;
subido de ~ P pikant (*Witz*, *Geschichte*); *de ~* farbig; *sin ~* farblos; *so ~ de ... unter dem Vorwand...*; *mudar de ~* die Farbe
wechseln (*bsd. v. Personen*); *tomar ~*
sich färben; *verlo todo de ~ de rosa*
fig. alles in rosigen Farben sehen;
~ación [kolora'θĭɔn] *f* Färbung *f*;
Farbgebung *f*; **~ado** [⌐'raᵈo] farbig;
(hell)rot; *fig.* F gepfeffert, obszön
(*Witz*); **~ante** [⌐'rante] *m* Farb-
stoff *m*, Färbemittel *n*; **~ar** [⌐'rar]
(1a) färben; **~ear** [⌐re'ar] (1a) beschönigen, vertuschen; *v/i.* rot
werden (*Früchte*); **~ete** [⌐'rete] *m*
Schminke *f*; **~ido** [⌐'rido] *m* Farbe
f, Färbung *f*; Kolorit *n*, Farbgebung *f*; **~ín** [⌐'rin] *m* Stieglitz *m*;
schreiende Farbe *f*; **~ir** [⌐'rir] (3a,
ohne prs.) anmalen; kolorieren;
~ista [⌐'rista] *m* Kolorist *m*.

colos|al [kolo'sal] riesig, kolossal;
~o [ko'loso] *m* Koloß *m* (*a. fig.*).

cólquico ♀ ['kɔlkiko] *m* Herbstzeit-
lose *f*.

columbrar [kolum'brar] (1a) von
weitem entdecken, ausmachen, erspähen; *fig.* ahnen, vermuten.

columna [ko'lumna] *f* Säule *f*; *Typ.*
Spalte *f*; ✗ Kolonne *f*; *~ triunfal*
Siegessäule *f*; *~ vertebral* Wirbel-
säule *f*; **~ta** [kolum'nata] *f* Kolonnade *f*, Säulenreihe *f*.

columnista [kolum'nista] *m* Ko-
lumnist *m* (*Zeitung*).

columpi|ar [kolum'pĭar] (1b)
schaukeln; **~o** [ko'lumpĭo] *m*
Schaukel *f*.

colza ♀ ['kɔlθa] *f* Raps *m*; Rübsen
m, Rübsamen *m*.

colla [ko'ʎa] *m* *Am.* Hochland-
indianer *m*; *Arg.* Mestize *m*.

colla|do [ko'ʎaᵈo] *m* Hügel *m*;
Bergsattel *m*; **~r** [ko'ʎar] *m* Hals-
band *n*; Halskette *f*; Ordenskette *f*;
⊕ Preßring *m*.

collera [ko'ʎera] *f* Kum(me)t *n*; **~s**
f/pl. Am. reg. Manschettenknöpfe
m/pl.

collón F [ko'ʎɔn] **1.** *adj.* feige; **2.** *m*
Feigling *m*, Memme *f*.

coma ['koma] **a)** *f Gram.* Komma

n; **b)** *m* ⚔ Koma *n*, tiefe Bewußtlosigkeit *f*.

coma|dre [ko'maðre] *f* Gevatterin *f*; Hebamme *f*; Klatschbase *f*; **~drear** F [komaðre'ar] (1a) klatschen, tratschen; **~dreja** [~'ðrexa] *f* Wiesel *n*; *Arg.* Beutelratte *f*, Opossum *n*; **~dreo** [~'ðreo] *m* Klatsch *m*, Klatscherei *f*; **~drería** [~dre'ria] *f* Klatsch *m*, Gerede *f*; **~drón** [~'ðrɔn] *m* Geburtshelfer *m*; **~drona** [~'ðrona] *f* Hebamme *f*.

coman|dancia [koman'danθia] *f* Kommandantur *f*; Majorsrang *m*; **~dante** [~'dante] *m* Kommandant *m*; Major *m*; **~dar** [~'dar] (1a) kommandieren, befehlen.

comandita † [koman'dita] *f*: *sociedad f en* ~ Kommanditgesellschaft *f*; **~rio** [~di'tarjo] **1.** *adj.* Kommandit...; **2.** *m* stiller Teilhaber *m*, Kommanditist *m*.

comando [ko'mando] *m* Kommando *n* (*a. Gruppe*).

comarca [ko'marka] *f* Landstrich *m*; Gegend *f*; **~no** [komar'kano] umliegend.

comarcar [komar'kar] (1g) angrenzen (an [*ac.*] con).

comba ['komba] *f* Biegung *f*, Krümmung *f*; Durchhang *m*; Springseil *n*; *jugar a la* ~ Seil springen.

combar [kɔm'bar] (1a) *Holz, Eisen usw.* biegen, krümmen; **~se** sich werfen (*Holz*); durchhängen.

comba|te [kɔm'bate] *m* Kampf *m*; Gefecht *n*; Streit *m*; *fuera de* ~ außer Gefecht (*a. fig.*); **~tiente** [~ba'tiente] *m* Kämpfer *m*; **~tir** [~'tir] (3a) kämpfen; *v/t.* bekämpfen; **~tivo** [~'tiβo] kampflustig; *dnimo m* ~ Kampfgeist *m*.

combi|nación [kɔmbina'θjɔn] *f* Zusammenstellung *f*; ♀ Verbindung *f*; Berechnung *f*; Unterrock *m*; Schutzanzug *m*, Kombination *f*; *juego m de* ~ Zusammenspiel *n*; **~nar** [~'nar] (1a) zs.-stellen; kombinieren.

combo ['kɔmbo] **1.** *adj.* verbogen, krumm, schief; **2.** *m* Faßuntersatz *m*; *Chi., Pe.* großer Hammer *m*; *Chi.* Faustschlag *m*.

comburente [kɔmbu'rente] *adj.* den Brennvorgang fördernd; Brenn...

combusti|bilidad [kɔmbustibili-'da⁽ᵈ⁾] *f* Brennbarkeit *f*; **~ble**

[~'tible] **1.** *adj.* brennbar; **2.** *m* Kraftstoff *m*; Brennstoff *m*; **~ón** [~'tjɔn] *f* Verbrennung *f*; Verfeuerung *f*, Verheizung *f*.

comedero [kome'ðero] **1.** *adj.* eßbar; **2.** *m* Futter-, Freßnapf *m*; Futtertrog *m*.

comedia [ko'meðja] *f* Lustspiel *n*, Komödie *f*; ~ *de capa y espada* Mantel- u. Degenstück *n* (*span. Theaterstück des 17. Jahrhunderts*); ~ *de costumbres* Sitten-, Gesellschaftsstück *n*; ~ *de enredo* Intrigenstück *n*.

comediante [kome'ðiante] *m* Schauspieler *m*, Komödiant *m* (*bsd. fig.*).

comedi|do [kome'ðiðo] höflich; bescheiden; artig; **~miento** [~di-'miento] *m* Höflichkeit *f*; Anstand *m*; **~ógrafo** [~'ðiɔgrafo] *m* Komödiendichter *m*; **~rse** [~'ðirse] (3l) sich mäßigen, sich zurückhalten.

come|dón [kome'ðɔn] *m* Mitesser *m*; **~dor** [~'ðɔr] **1.** *adj.* gefräßig; **2.** *m* Eßzimmer *n*, Speisesaal *m*; Mittagstisch *m*; Kantine *f*; ~ *universitario* Mensa *f*.

comején [kome'xen] *m* *bsd. Am.* Termite *f*; *Am.* F Rotznase *f*.

comenda|dor [komenda'ðɔr] *m* Komtur *m* *der Ritterorden*; **~dora** [~'ðora] *f* Priorin *f* in *Frauenklöstern*; **~torio** [~'torjo] Empfehlungs...

comensal [komen'sal] *m* Tischgast *m*.

comen|tar [komen'tar] (1a) erklären, auslegen; besprechen, kommentieren; **~tario** [~'tarjo] *m* Kommentar *m*; **~s** *pl.* Bemerkungen *f*/*pl.*; **~tarista** [~ta'rista] *m* Kommentator *m*.

comenzar [komen'θar] (1f *u.* 1k) anfangen, beginnen.

comer [ko'mer] (2a) essen, speisen; zu Mittag essen; fressen (*Tier u.* P); zerfressen (*Rost, Säure*); *Brettspiel:* Figur *od.* Stein wegnehmen; *ser de buen* ~ ein starker Esser sein; wohlschmeckend sein; *tener qué* ~ sein Auskommen haben; *sin* ~*lo ni beberlo* ohne eigenes Zutun, ohne zu wissen, wie; **~se** aufessen, verschlingen; *fig.* sich verzehren; ~ *de envidia* vor Neid vergehen; F ~ *los santos* ein Betbruder sein.

comer|ciable [komer'θiable] (ver-)

käuflich; umgänglich, gesellig; **~cial** [~'θїal] kaufmännisch, Handels..., Geschäfts...; **~ciante** [~-'θїante] *m* Kaufmann *m*, Händler *m*; ~ *al por mayor* Großhändler *m*; ~ *al por menor* Einzelhändler *m*; **~ciar** [~'θїar] (1b) handeln, Handel treiben (mit [*dat.*] *con od.* en); Umgang haben, verkehren (mit [*dat.*] con); **~cio** [ko'mɛrθїo] *m* Handel *m*; Geschäft *n*, Laden *m*; *fig.* Umgang *m*, Verkehr *m*; ~ *carnal* Geschlechtsverkehr *m*; ~ *exterior* Außenhandel *m*; ~ *interior* Binnenhandel *m*; ~ *intermediario* Zwischenhandel *m*; ~ *libre* Freihandel *m*; ~ *de ultramar* Überseehandel *m*; ~ *de ventas por correspondencia* Versandgeschäft *n*.

comestible [komes'tible] **1.** *adj.* eßbar; **2.** **~s** *m/pl.* Eßwaren *f/pl.*, Lebensmittel *pl.*; **~s finos** Feinkost *f*.

cometa [ko'meta] **a)** *m* Komet *m*; **b)** *f* (Papier-)Drachen *m*.

come|ter [kome'ter] (2a) *Irrtum, Verbrechen* begehen; *Aufgabe, Geschäft* übertragen, anvertrauen; **~tido** [~'tido] *m* Auftrag *m*; Aufgabe *f*; Pflicht *f*.

comezón [kome'θɔn] *f* Jucken *n*; *fig.* Gelüst *n*; Unruhe *f*.

comible F [ko'mible] genießbar.

comicastro [komi'kastro] *m* Schmierenschauspieler *m*.

comici|dad [komiθi'da⁽ᵈ⁾] *f* Komik *f*; **~os** [~'miθїɔs] *m/pl.* (Wahl-)Versammlung *f*; Wahlen *f/pl.*

cómico [ˈkomiko] **1.** *adj.* komisch; lustig, spaßhaft; **2.** *m* Komiker *m* (*Schauspieler*).

comida [ko'miða] *f* Essen *n*; Speise *f*, Nahrung *f*, Kost *f*; Mittagessen *n*; ~ *casera* Hausmannskost *f*; ~ *dietética* Diätkost *f*; ~ *de gala* Festessen *n*.

comidilla [komi'diʎa] *f* Lieblingsbeschäftigung *f*, Steckenpferd *n*, Hobby *n*; *ser la* ~ *de alg.* Gesprächsthema sein.

comido [ko'miðo] satt; *llegar* ~ nach dem Essen kommen (*Besuch*); F ~ *por servido* man verdient nichts dabei, es kommt nichts dabei heraus.

comienzo [ko'mїenθo] *m* Beginn *m*, Anfang *m*.

comi|lón F [komi'lɔn] **1.** *adj.* gefräßig; **2.** *m* Vielfraß *m*, Schlemmer *m*; **~lona** F [~'lona] *f* P Fresserei *f*.

comillas [ko'miʎas] *f/pl.* Anführungszeichen *n/pl.*; *poner entre* ~ in Anführungszeichen setzen.

comine|ar F [komine'ar] (1a) sich mit Weiberkram abgeben; **~ro** F [~'nero] *m* Kleinigkeitskrämer *m*, Topfgucker *m*.

comino ♀ [ko'mino] *m* Kümmel *m*; F *me importa un* ~ das ist mir egal (F schnuppe); F *no vale un* ~ das ist keinen Pfifferling wert.

comi|saría [komisa'ria] *f*, **~sariato** [~sa'rїato] *m* Kommissariat *n*; Polizeirevier *n*; **~sario** [~'sarїo] *m* Kommissar *m*; Beauftragte(r) *m*; **~sión** [~'sїɔn] *f* Kommission *f*; Auftrag *m*; Abordnung *f*; Ausschuß *m*; ✝ Provision *f*, Vergütung *f*; Begehung *f e-s Verbrechens*; *a* ~ auf Provisionsbasis; *en* ~ in Kommission; ~ *directiva* Lenkungsausschuß *m*; ~ *de inspección*, ~ *de vigilancia* Kontrollkommission *f*; **~sionado** [~sїo'naᵈo] **1.** *adj.* beauftragt. **2.** *m* Beauftragte(r) *m*, Vertreter *m*, Bevollmächtigte(r) *m*; **~sionar** [~sїo'nar] (1a) beauftragen; **~sionista** [~sїo'nista] *m* Kommissionär *m*; ~ *en nombre ajeno* Handelsvertreter *m*; ~ *de transportes* Spediteur *m*; **~so** [ko'miso] *m* Einziehung *f*, Beschlagnahme *f* (*v. Schwarzmarktwaren, Diebesgut usw.*). [Hundefraß *m*.]

comistrajo F [komis'traxo] *m desp.*┘

comisura [komi'sura] *f Anat.* Verbindungsstelle *f*, Naht *f*; ~ *de los labios* Mundwinkel *m*.

comi|té [komi'te] *m* Ausschuß *m*, Komitee *n*; ~ *de arbitraje* Schlichtungsausschuß *m*; ~ *de empresa* Betriebsrat *m*; **~tente** [~'tente] *m* Auftraggeber *m*, Kommittent *m*; **~tiva** [~'tiba] *f* Begleitung *f*, Gefolge *n*; ~ *fúnebre* Trauerzug *m*.

como [ˈkomo] **1.** *adv.* wie, sowie; (*in der Eigenschaft*) als; ungefähr; ~ *quien dice* sozusagen; **2.** *cj.* da; wenn (nur); wofern; sobald; ~ *quiera que* da ja, weil; ~ *que od. si* als ob; **3.** *¿cómo?* wie?; *¿* ~ *pues?*, *¿* ~ *qué?* wieso?; *¿* ~ *que no?* wieso nicht?; *¡* ~ *no!* natürlich!, selbstverständlich!

cómoda [ˈkomoða] *f* Kommode *f*.

comodidad [komoði'da⁽ᵈ⁾] *f* Bequemlichkeit *f*; Wohlstand *m*; **~es** *pl.* Komfort *m*.

comodín [komo'ðin] **1.** *adj. Col., Méj., Pe., P.R.* verwöhnt, bequem; **2.** *m* kleiner Koffer *m*; *Kartenspiel*: Joker *m*.

cómodo ['komoðo] bequem; leicht.

comodoro ⚓ [komo'ðoro] *m* Kommodore *m*; Geschwaderführer *m*.

compacto [kɔm'pakto] kompakt; dicht, fest.

compa|decer [kɔmpaðe'θɛr] (2d) bemitleiden; mitempfinden; **~decerse** sich vertragen; **~** *de alg.* Mitleid empfinden mit j-m; **~dre** [~'paðre] *m* Gevatter *m*; *Am.* Freund *m*; **~drear** *Arg.* [~paðre'ar] (1a) F sich aufspielen; **~drito** *Arg.* [~paˈðrito] *m* Angeber *m*.

compa|ginación [kɔmpaxina'θiɔn] *f Typ.* Umbruch *m*; **~ginar** [~xi'nar] (1a) *Typ.* umbrechen; **~** *con* in Einklang bringen mit (*dat.*).

compa|ñerismo [kɔmpaɲe'rizmo] *m* Kameradschaftlichkeit *f*; **~ñero** [~pa'ɲero] *m* Genosse *m*; Kollege *m*; Kamerad *m*; Mitarbeiter *m*; Mitspieler *m*; **~** *de clase* Mitschüler *m*; Schulfreund *m*; **~** *de viaje* Mitreisende(r) *m*.

compañía [kɔmpa'ɲia] *f* ✝ Gesellschaft *f*; ✕ Kompanie *f*; Schauspielertruppe *f*; Begleitung *f*; *en ~* de in Begleitung von; **~** *de aviación* Fluggesellschaft *f*; **~** *de navegación, ~ naviera* Schiffahrtsgesellschaft *f*, Reederei *f*; **~** *de transportes* Verkehrsgesellschaft *f*; ♀ *de Jesús* Jesuitenorden *m*; *hacer ~* *a alg.* j-m Gesellschaft leisten.

compara|ble [kɔmpa'raßle] vergleichbar; **~ción** [~ra'θiɔn] *f* Vergleich *m*; **~do** [~'raðo] vergleichend; **~r** [~'rar] (1a) vergleichen; **~tivo** [~ra'tißo] **1.** *adj.* vergleichend; **2.** *m Gram.* Komparativ *m*.

compare|cencia [kɔmpare'θenθia] *f* Erscheinen *n* vor Gericht; **~cer** [~re'θɛr] (2d) *vor Gericht* erscheinen; **~ciente** ⚖ [~re'θiente] *m* Erscheinende(r) *m*, Erschienene(r) *m*; **~ncia** *Rpl., Chi.* [~'renθia] *f* Erscheinen *n* vor Gericht.

comparsa [kɔm'parsa] **a)** *f* Gefolge *n*; **b)** *m* (*f*) *Thea.* Statist(in *f*) *m*.

compar|timiento [kɔmparti'miento] *m* Abteilung *f*; *Am.* 🚃 Abteil *n*; **~tir** [~'tir] (3a) regelmäßig einteilen; **~** *con* teilen mit (*dat.*).

compás [kɔm'pas] *m* Zirkel *m*; Takt *m*; Kompaß *m*; **~** *de espera* ♪ ganztaktige Pause *f*; *fig.* Pause *f*; Wartezeit *f*; *al ~* nach dem Takt; *llevar el ~* den Takt (*fig.* Ton) angeben; F *salir de ~* aus der Reihe tanzen.

compa|sar [kɔmpa'sar] (1a) abzirkeln; abmessen; **~sión** [~'siɔn] *f* Mitleid *n*; **~sivo** [~'sißo] mitleidig; **~tibilidad** [~tißili'ða⁽ᵈ⁾] *f* Vereinbarkeit *f*; **~tible** [~'tißle] vereinbar, verträglich.

compatriota [kɔmpa'triota] *su.* Landsmann *m*, -männin *f*.

compeler [kɔmpe'lɛr] (2a) zwingen, nötigen.

compen|diar [kɔmpen'diar] (1b) kürzen; im Auszug bringen; **~dio** [~'pendio] *m* Auszug *m*; Abriß *m*; Leitfaden *m*; **~dioso** [~pen'dioso] gedrängt.

compenetrarse [kɔmpene'trarse] (1a) geistig durchdringen; inea. aufgehen.

compensa|ción [kɔmpensa'θiɔn] *f* Ausgleich *m*; Verrechnung *f*; Clearing *n*; **~dor** [~sa'ðor] **1.** *adj.* ausgleichend; **2.** *m* Uhr: Ausgleichspendel *m*; **~r** [~'sar] (1a) ausgleichen; abgelten; verrechnen.

compe|tencia [kɔmpe'tenθia] *f* Wettbewerb *m*, Konkurrenz *f*; Zuständigkeit *f*, Befugnis *f*; *~ desleal* unlauterer Wettbewerb *m*; *a ~* um die Wette; **~tente** [~'tente] zuständig; fähig, befugt; **~ter** [~'tɛr] (2a) rechtmäßig zustehen; **~tición** [~ti-'θiɔn] *f* Wettstreit *m*; **~tidor** [~ti-'ðor] **1.** *adj.* Konkurrenz...; **2.** *m* Konkurrent *m*; **~tir** [~'tir] (3l) wetteifern; konkurrieren (mit [*dat.*] con); **~titivo** [~ti'tißo] Wettbewerbs..., Konkurrenz...

compi|lación [kɔmpila'θiɔn] *f* Sammelwerk *n*, Kompilation *f*; **~lar** [~'lar] (1a) zs.-stellen, kompilieren.

compinche F [kɔm'pintʃe] *m* Kumpan *m*.

compla|cencia [kɔmpla'θenθia] *f* Wohlgefallen *n*; Gefälligkeit *f*; **~cer** [~'θɛr] (2x) willfahren, gefällig sein; befriedigen; **~cerse** *en* Gefallen finden an (*dat.*); **~cido** [~'θiðo] zufrieden; **~ciente** [~'θiente] gefällig, zuvorkommend.

comple|jidad [kɔmplexi'ða⁽ᵈ⁾] *f* Vielgestaltigkeit *f*; **~jo** [~'plexo]

1. *adj.* vielgestaltig; verwickelt; *números m|pl.* ~s komplexe Zahlen *f|pl.*; **2.** *m* Gesamtheit *f*; Komplex *m (a. &*); ~ de inferioridad Minderwertigkeitskomplex *m*; **~mentar** [~plemen'tar] (1a) ergänzen, vervollständigen; **~mentario** [~plemen'tarĭo] ergänzend; **~mento** [~ple'mento] *m* Ergänzung *f*; *Gram.* Objekt *n*; **~tar** [~ple'tar] (1a) vervollständigen, ergänzen; **~to** [~'pleto] vollständig; ausverkauft (*Theater*); besetzt (*Wagen*); por ~ völlig; **~xión** [~pleg'sĭon] Körperbau *m*, Konstitution *f*; **~xionado** [~plegsĭo'naᵈo]: bien (mal) ~ von kräftigem (schmächtigem) Körperbau; **~xo** [~'plegso] = complejo.

complica|ción [kɔmplika'θĭon] *f* Verwicklung *f*; Komplikation *f*; **~r** [~'kar] (1g) komplizieren; ~se la vida sich das Leben schwermachen.

cómplice ['kɔmpliθe] *su.* Mitschuldige(r) *m*, Mitschuldige *f*; Komplize *m*, Komplizin *f*; Helfershelfer(in *f*) *m*.

complicidad [kɔmpliθi'daᵈ] *f* Mitschuld *f*, Beihilfe *f*.

complot [kɔm'plɔt] *m* Komplott *n*, Verschwörung *f*.

compone|dor [kɔmpone'dɔr] *m* Vermittler *m*; *Typ.* Winkelhaken *m*; amigable ~ Schiedsrichter *m*; **~dora** *Typ.* [~'dora] *f* Setzmaschine *f*; **~nda** F [~'nenda] *f* Ausrede *f*; **~nte** [~'nente] *m* Bestandteil *m*; Mitglied *n*, Angehörige(r) *m*.

componer [kɔmpo'ner] (2r) **1.** *v/t.* zs.-setzen; anordnen; *Typ.* absetzen; **2.** *v/i.* dichten; komponieren; **3.** ~se bestehen (aus [*dat.*] de); F componérselas sich zu helfen wissen, e-n Ausweg finden.

comporta|ble [kɔmpɔr'table] erträglich; **~miento** [~ta'mĭento] *m* Betragen *n*, Verhalten *n*; **~r** [~'tar] (1a) *Am.* verursachen, bewirken; **~rse** sich betragen, sich benehmen.

composi|ción [kɔmposi'θĭon] *f* Zs.-setzung *f*; Dichtung *f*; ♪ Komposition *f*; *Typ.* Satz *m*; Aufsatz *m*; ⚖ Schlichtung *f*, Vergleich *m*; ♫ Verbindung *f*; **~tor** [~'tɔr] *m* Komponist *m*.

compostura [kɔmpɔs'tura] *f* Zs.-setzung *f*; Zierde *f*, Schmuck *m*; Ausbesserung *f*; Aufarbeitung *f*.

compo|ta [kɔm'pota] *f* Kompott *n*; **~tera** [~po'tera] *f* Kompottschale *f*.

compra ['kɔmpra] *f* Kauf *m*; Einkauf *m*, Ankauf *m*; ~ al contado Barkauf *m*; ~ a plazos Ratenkauf *m*; ir de ~s einkaufen gehen; **~dor, ~dora** *f* [kɔmpra'dɔr, ~'dora] Käufer(in *f*) *m*; **~r** [kɔm'prar] (1a) kaufen; **~venta** [~pra'benta] *f*: (contrato m de) ~ Kauf(vertrag) *m*.

compren|der [kɔmpren'der] (2a) umfassen, einschließen; begreifen, verstehen; sin ~ ausschließlich; hacerse ~ sich verständlich machen; **~sible** [~'sible] begreiflich, verständlich; **~sión** [~'sĭon] *f* Verständnis *n*; Auffassung *f*; **~sivo** [~'sibo] in sich fassend; verständnisvoll.

compre|sa [kɔm'presa] *f* Kompresse *f*; Damenbinde *f*; **~sible** [~pre'sible] zs.-drückbar; **~sión** [~pre'sĭon] *f* Kompression *f*; **~sor** [~pre'sɔr] *m* Kompressor *m*.

comprimido [kɔmpri'miᵈo] *m* Tablette *f*.

comprimir [kɔmpri'mir] (3a) zs.-pressen, -drücken; *fig.* unterdrücken.

compro|bación [kɔmproba'θĭon] *f* Bestätigung *f*; Kontrolle *f*; Nachweis *m*, Feststellung *f*; **~bante** [~'bante] **1.** *adj.* beweiskräftig; **2.** *m* Beleg *m*; **~bar** [~'bar] (1m) bestätigen; feststellen; nach-, überprüfen, kontrollieren.

compro|metedor F [kɔmpromete'dɔr] kompromittierend; heikel; **~ter** [~'ter] (2a) kompromittieren; bloßstellen, blamieren; in Gefahr bringen; verpflichten; **~terse** a sich verpflichten; *Am.* sich verloben; **~tido** [~'tiᵈo]: estar ~ schon etwas vorhaben, schon e-e Verabredung haben.

compromi|sario [kɔmpromi'sarĭo] *m* Wahlmann *m*; **~so** [~'miso] *m* Kompromiß *m* od. *n*; Verpflichtung *f*; Verlegenheit *f*; † libre de ~, sin ~ freibleibend; estar en ~ fraglich sein; poner en ~ in Frage stellen.

compuerta [kɔm'pŭerta] *f* Schleusentor *n*.

compuesto [kɔm'pŭesto] **1.** *adj.* zs.-gesetzt; umsichtig; ordentlich; interés m ~ Zinseszins *m*; **2.** *m* Zs.-setzung *f*; ♫ Verbindung *f*.

compulsión [kɔmpul'sɪɔn] *f* *gerichtlicher* Zwang *m*.

compun|ción [kɔmpun'θɪɔn] *f* Zerknirschung *f*; **~gido** [~pun'xiðo] zerknirscht; **~girse** [~pun'xirse] (3c) zerknirscht sein.

compu|tación [kɔmputa'θɪɔn] *f* Berechnung *f*; **~tador** *m*, **~tadora** *f* [~ta'ðɔr, ~'ðora] Computer *m*, Elektronenrechner *m*; **~tar** [~'tar] (1a) aus-, an-, berechnen.

cómputo ['kɔmputo] *m* Berechnung *f*.

comulga|r [komul'ɡar] die heilige Kommunion, das heilige Abendmahl empfangen; **~** *con alg.* mit j-m übereinstimmen; **~torio** [~ɡa-'torio] *m* Kommunionbank *f*, Tisch *m* des Herrn.

común [ko'mun] **1.** *adj.* gemeinsam; gemeinschaftlich; gewöhnlich; alltäglich; *en* **~** gemeinschaftlich; *por lo* **~** gewöhnlich; *lugar m* **~** Gemeinplatz *m*; *sentido m* **~** gesunder Menschenverstand *m*; **2.** *m* Gemeinwesen *n*; *el* **~** *de las gentes* die meisten Leute; *Cámara f de los Comunes Pol.* Unterhaus *n* (*England*).

comuna [ko'muna] *f* Kommune *f*, Wohngemeinschaft *f*; *Am.* Gemeinde *f*; **~l** [komu'nal] Gemeinde...

comuni|cable [komuni'kaβle] mitteilbar, gesellig; **~cación** [~ka'θɪɔn] *f* Mitteilung *f*; Umgang *m*; Verbindung *f*; Verkehr *m*; *medio m de* **~** Verkehrsmittel *n*; *comunicaciones pl.* Verkehrswege *m/pl.*; Post- und Fernmeldewesen *n*; **~cado** [~'kaðo] *m* Verlautbarung *f*, Kommuniqué *n*; **~car** [~'kar] (1g) mitteilen; verbinden; *v/i.* in Verbindung stehen; *está comunicando* besetzt! (*Telefon*); **~cativo** [~ka'tiβo] mitteilsam, gesprächig; **~dad** [~'da⁽ᵈ⁾] *f* Gemeinschaft *f*; Kloster *n*; **~** *de bienes* Gütergemeinschaft *f*; ♀ *Económica Europea* Europäische Wirtschaftsgemeinschaft *f*; ♀ *Europea del Carbón y del Acero* Montanunion *f*; **~ón** [~'nɪɔn] *f* Kommunion *f*, Abendmahl *n*; Glaubensgemeinschaft *f*; **~smo** [~'nizmo] *m* Kommunismus *m*; **~sta** [~'nista] **1.** *adj.* kommunistisch; **2.** *m* Kommunist *m*.

con [kɔn] *Begleitung*: mit (*dat.*);

Werkzeug, *Mittel*: durch (*ac.*), mit (*dat.*); *Personen*: bei (*dat.*); *Verhältnis*: *para* **~** gegenüber (*dat.*), zu (*dat.*); *Grund*, *Ursache*: vor (*dat.*); **~** *eso demnach* (*Folgerung*); **~** *todo* eso trotz alledem; **~** *tal que* mit *subj.* vorausgesetzt, daß; **~** *inf.* wenn; obwohl.

conato [ko'nato] *m* ⚖ Versuch *m*; Absicht *f*; *fig.* Hang *m*, Neigung *f*.

conca|denar [kɔŋkaðe'nar] (1a) verketten; **~tenación** [~tena'θɪɔn] *f* Verkettung *f* (*a. fig.*).

concausa [kɔŋ'kaũsa] *f* Mitursache *f*.   [lung *f*.

concavidad [kɔŋkaβi'ða⁽ᵈ⁾] *f* Höhlung *f*.

cóncavo ['kɔŋkaβo] konkav; hohl.

conce|bible [kɔnθe'βible] faßbar, verständlich; **~bir** [~'βir] (3l) empfangen (*Frau*); begreifen; *Plan* fassen; **~der** [~'ðer] (2a) gewähren, zubilligen; erteilen; zugestehen.

conce|jal [kɔnθe'xal] *m* Stadtverordnete(r) *m*; Stadtrat *m* (*Person*); **~jo** [~'θexo] *m* Stadtrat *m* (*als Körperschaft*).

concen|tración [kɔnθentra'θɪɔn] *f* Konzentration *f*; Konzentrierung *f*; Zs.-ziehung *f*; **~** *de masas* Massenkundgebung *f*; **~** *parcelaria* Flurbereinigung *f*; *campo m de* **~** Konzentrationslager *n*; **~trar** [~'trar] (1a) konzentrieren; zs.-ziehen.

concéntrico [kɔn'θentriko] konzentrisch.

concep|ción [kɔnθɛβ'θɪɔn] *f* Empfängnis *f*; Auffassung *f*; Eingebung *f*; ♀ Mariä Empfängnis *f*; **~tista** [~θeβ'tista] gesucht geistreich; **~to** [~'θepto] *m* Begriff *m*, Idee *f*; Auffassung *f*, Meinung *f*; *formar* **~** *de* sich e-e Meinung bilden über (*ac.*); *en* **~** *de* als; *bajo todos* (*los*) **~s** unter allen Umständen; *por todos* **~s** in jeder Hinsicht; **~tuar** [~θeβ'tŭar] (1e): **~** *por od.* de erachten als, halten für (*ac.*); **~tuoso** [~θeβ-'tŭoso] gesucht geistreich.

concerniente [kɔnθer'nɪente]: **~** *a* betreffend (*ac.*); **~** *a eso* in dieser Hinsicht.

concernir [kɔnθer'nir] (3i) betreffen; *en lo que concierne a* was ... (*ac.*) angeht.

concertar [kɔnθer'tar] (1k) *Geschäft*, *Kauf* abschließen; in Einklang bringen; vereinbaren, abmachen; *v/i.* übereinstimmen.

concertista [kɔnθɛr'tista] *su.* Konzertspieler(in *f*) *m*, -sänger(in *f*) *m*.

concesión [kɔnθe'sɪɔn] *f* Bewilligung *f*, Gewährung *f*; Konzession *f*, Lizenz *f*; Verleihung *f*; Zugeständnis *n*; ~ de divisas Devisenzuteilung *f*; ~ de un plazo Stundung *f*.

concesionario [kɔnθesɪo'narɪo] *m* Lizenzinhaber *m*, Konzessionär *m*.

concien|cia [kɔn'θɪenθɪa] *f* Gewissen *n*; Bewußtsein *n*; a ~ gewissenhaft; en ~ mit gutem Gewissen; apelar a la ~ de alg. j-m ins Gewissen reden; tener la ~ limpia ein reines Gewissen haben; **~zudo** [~θɪen'θuðo] gewissenhaft.

concierto [kɔn'θɪerto] *m* Einklang *m*; Übereinstimmung *f*; Konzert *n*; de ~ einstimmig; sin orden ni ~ ungereimt, maßlos.

conci|liable [kɔnθi'lɪable] vereinbar; **~liábulo** [~'lɪabulo] *m* geheime Zs.-kunft *f*; **~liación** [~lɪa'θɪon] *f* Versöhnung *f*; Schlichtung *f*; procedimiento *m* de ~ Sühneverfahren *n*; **~liador** [~lɪa'ðɔr], **~liante** [~'lɪante] versöhnlich, vermittelnd; **~liar** [~'lɪar] (1b) aus-, versöhnen; in Einklang bringen; ~ el sueño einschlafen; **~liarse** sich versöhnen; sich zuziehen; **~lio** [~'θɪlɪo] *m* Konzil *n*.

concisión [kɔnθi'sɪon] *f* Gedrängtheit *f*; Kürze *f*; Bündigkeit *f*, Knappheit *f*. [gefaßt; knapp.\]

conciso [kɔn'θiso] gedrängt; kurz-∫

concitar [kɔnθi'tar] (1a) aufwiegeln; antreiben.

conciudadano *m*, **-a** *f* [kɔnθɪuða-'ðano, ~na] Mitbürger(in *f*) *m*; Landsmann *m*, Landsmännin *f*.

cónclave ['kɔnklaβe] *m* Konklave *n*.

conclu|ir [kɔnklu'ir] (3g) **1.** *v/t.* (ab)schließen, beenden, vollenden; folgern; entscheiden; **2.** *v/i.* enden; fertig sein; aussein; **3.** **~irse** endigen; **~sión** [~klu'sɪon] *f* Vollendung *f*, Abschluß *m*; Schlußfolgerung *f*; ⟮⟯ Antrag *m*; en ~ schließlich.

concluyente [kɔnklu'jente] überzeugend; schlagend (Beweis).

conco|merse F [kɔnko'merse] (2a) die Achseln zucken (aus Spott usw.); **~mitancia** [~mi'tanθɪa] *f* Zs.-wirken *n*; Begleiterscheinung *f*; **~mitante** [~mi'tante] Begleit...

concor|dancia [kɔnkɔr'danθɪa] *f* Übereinstimmung *f*; Konkordanz *f*; **~dar** [~'dar] (1m) in Einklang bringen; *v/i.* übereinstimmen (mit [dat.] con); **~dato** [~'dato] *m* Konkordat *n*; **~de** [~'kɔrde] einstimmig; **~dia** [~'kɔrdɪa] *f* Eintracht *f*; Übereinstimmung *f*.

concre|ción [kɔnkre'θɪon] *f* Hartwerden *n*; Geol. Konkretion *f*; ♂ Konkrement *n*; **~tar** [~'tar] (1a) zs.-setzen; kurz zs.-fassen; klar ausdrücken; **~tarse** a sich beschränken auf (ac.); **~to** [~'kreto] **1.** adj. konkret; en ~ kurzgefaßt; nada en ~ nichts Bestimmtes; **2.** *m* Am. Beton *m*.

concubina [kɔnku'bina] *f* Konkubine *f*; **~to** [~bi'nato] *m* wilde Ehe *f*, Konkubinat *n*.

conculcar fig. [kɔnkul'kar] (1g) Gesetz übertreten.

concupiscen|cia [kɔnkupis'θenθɪa] *f* Genußsucht *f*; Fleischeslust *f*; **~te** [~'θente] genußsüchtig; lüstern.

concurr|encia [kɔnku'rrenθɪa] *f* Zulauf *m*; Publikum *n*; Versammlung *f*; Am. Wettbewerb *m*, Konkurrenz *f*; **~ente** [~'rrente] **1.** adj. zs.-wirkend; **2.** *m* Mitbewerber *m*; Besucher *m*; **~ido** [~'rrido] stark besucht, beliebt (Ort, Veranstaltung); **~ir** [~'rrir] (3a) zs.-kommen; erscheinen; ~ a teilnehmen an (dat.), mitwirken bei (dat.); ~ con übereinstimmen mit.

concur|sante [kɔnkur'sante] *m* Bewerber *m*; **~sar** [~'kur'sar] (1a) sich an e-m Wettbewerb beteiligen; **~so** [~'kurso] *m* Zs.-lauf *m*; Zs.-treffen *n*; Wettbewerb *m*; Mitarbeit *f*; ~ de acreedores Gläubigerversammlung *f*; **~so-subasta** [~'kurso su-'basta] *m* Ausschreibung *f*.

concha ['kɔntʃa] *f* Muschel *f*; Schale *f*; Schildpatt *n*; Souffleurkasten *m*; ~ (de caracol) Schneckenhaus *n*; metido en su ~ menschenscheu (sein); tener muchas ~s es faustdick hinter den Ohren haben.

concha|bar [kɔntʃa'bar] (1a) vereinigen; Am. in Dienst nehmen, anstellen; **~bo** Am. reg. [~'tʃaβo] *m* Arbeitsvertrag *m* (für Hauspersonal).

con|dado [kɔn'daðo] *m* Grafschaft *f*; **~dal** [~'dal] gräflich; **~de** ['kɔnde] *m* Graf *m*.

condeco|ración [kɔndekora'θɪon] *f*

Auszeichnung *f*; Ehren-, Ordenszeichen *n*, Orden *m*; **~rar** [~'rar] (1a) *mit e-m Orden* auszeichnen.

condena ⚤ [kɔn'dena] *f* Verurteilung *f*; Strafmaß *n*; Strafe *f*; ~ *condicional* Strafaussetzung *f* zur Bewährung; **~ble** [~de'naβle] verwerflich; strafbar; **~ción** [~dena-'θjɔn] *f* Verurteilung *f*; *Rel.* Verdammnis *f*; **~do** [~de'naᵈo] **1.** *adj.* verurteilt; *Rel.* verdammt; ruchlos; **2.** *m* Verurteilte(r) *m*; Verdammte(r) *m*; **~r** [~de'nar] (1a) verurteilen; verdammen; *Tür usw.* zumauern *od.* (*mit Möbeln*) verstellen; ⚤ ~ *en costas* zu den Kosten verurteilen; **~torio** [~dena'tɔrjo] Straf...

conden|sador [kɔndensa'dɔr] *m* Verdichter *m*, Kondensator *m*; **~sar** [~'sar] (1a) verdichten; zs.-fassen (*Inhalt e-s Artikels*).

condesa [kɔn'desa] *f* Gräfin *f*.

condescen|dencia [kɔndesθen'denθja] *f* Herablassung *f*; Nachgiebigkeit *f*; Gefälligkeit *f*; **~der** [~'der] (2g) sich herablassen (zu [*dat.*] *a*); einwilligen (in [*ac.*] *a*); ~ *con alg.* j-m nachgeben; ~ *en hacer a/c.* auf et. (*ac.*) eingehen; **~diente** [~'djente] herablassend; nachgiebig.

condici|ón [kɔndi'θjɔn] *f* Bedingung *f*; Zustand *m*; Beschaffenheit *f*; Rang *m*, Stand *m*; Charakter *m*; ~ *previa* Voraussetzung *f*; *a ~ de que* (*subj.*) unter der Bedingung, daß; *estar en condiciones de* in der Lage sein zu; **~onal** [~θjo'nal] bedingend; bedingt; **~onar** [~θjo'nar] (1a) bedingen.

condimen|tar [kɔndimen'tar] (1a) würzen; **~to** [~'mento] *m* Würze *f*; Gewürz *n*.

condiscípulo *m*, **-a** *f* [kɔndis'θipulo, ~la] Mitschüler(in*f*) *m*.

condo|lencia [kɔndo'lenθja] *f* Anteilnahme *f*; **~lerse** [~'lerse] (2h): ~ *de Mitleid haben mit* (*dat.*); Anteil nehmen an (*dat.*).

condominio [kɔndo'minjo] *m* Mitbesitz *m*.

condona|ción [kɔndona'θjɔn] *f* Verzeihung *f*; Straferlaß *m*; **~ble** [~'naβle] verzeihbar; **~r** [~'nar] (1a) verzeihen; *Strafe* erlassen, schenken.

cóndor ['kɔndɔr] *m* Kondor *m*.

conduc|ción [kɔndug'θjɔn] *f* Herbeiführung *f*; *Kfz.* Lenkung *f*; ⊕

Leitung *f*; **~ir** [~'θir] (3o) führen, leiten; *Fahrzeug* lenken; fahren; **~irse** sich betragen, sich aufführen; **~ta** [~'dukta] *f* Führung *f*; Betragen *n*; **~tibilidad** [~duktiβili'daᵈ⁾] *f* Leitfähigkeit *f*; **~tible** [~'tiβle] leitfähig; **~to** [~'dukto] *m* Röhre *f*, Leitung *f*; *Anat.* Gang *m*, Kanal *m*; *por ~ de* durch Vermittlung von (*dat.*); **~tor** [~duk'tor] **1.** *adj.* leitend; *hilo ~* Leitungsdraht *m*; **2.** *m* Führer *m*; Wagenführer *m*; Fahrer *m*; *Am.* Schaffner *m*; *Phys.* (Wärme-, Strom-)Leiter *m*; ~ *de orquesta Am. reg.* Dirigent *m*; *ⵜ* ~ *de tierra* Erdleiter *m*.

condueño [kɔn'dweɲo] *m* Mitbesitzer *m*.

condumio F [kɔn'dumjo] *m* Essen *n*, F Futter *n*.

conec|tador *ⵜ* [kɔnekta'dɔr] *m* Schalter *m*; **~tar** [~'tar] (1a) (ein)schalten; *ⵜ* anschließen; ~ *a tierra ⵜ* erden.

cone|jera [kone'xera] *f* Kaninchenbau *m*, -stall *m*; **~jillo** [~'xiʎo] *m*: ~ *de Indias* Meerschweinchen *n*; *fig.* Versuchskaninchen *n*; **~jo** [ko'nexo] *m* Kaninchen *n*.

cone|xión [koneg'sjɔn] *f* Verknüpfung *f*, Verbindung *f*; Zusammenhang *m*; *ⵜ* Schaltung *f*; Anschluß *m*; ~ *a la red ⵜ* Netzanschluß *m*; **~xo** [ko'negso] verbunden, verknüpft.

confabula|ción [kɔmfabula'θjɔn] *f* Verschwörung *f*; **~rse** [~'larse] (1a) sich verschwören.

confecc|ión [kɔmfeg'θjɔn] *f* Anfertigung *f*, Verarbeitung *f*; Konfektion *f* (*Kleidung*); **~ionar** [~θjo'nar] (1a) anfertigen.

confedera|ción [kɔmfeðera'θjɔn] *f* Bündnis *n*, Bund *m*; **~rse** [~'rarse] (1a) sich verbünden.

confer|encia [kɔmfe'renθja] *f* Konferenz *f*, Besprechung *f*; Vortrag *m*; Ferngespräch *n*; *celebrar una ~ e-e* Konferenz abhalten; *dar una ~ e-n* Vortrag halten; ~ *de* (*od.* en) *la cumbre* Gipfelkonferenz *f*; **~enciante** [~ren'θjante] *m* Vortragende(r) *m*; **~enciar** [~ren'θjar] (1b) verhandeln; Gespräche führen; **~encista** *Am. reg.* [~ren'θjista] *m* Vortragende(r) *m*; **~ir** [~'rir] (3i) verleihen, erteilen; erörtern, besprechen.

confe|sar [kɔmfe'sar] (1k) bekennen; gestehen; *v/i.* Beichte hören; **~sarse** (*con*) beichten (bei); **~sión** [~'sjon] *f* Geständnis *n*; *Rel.* Beichte *f*; Bekenntnis *n*; Glaubensbekenntnis *n*; ~ *auricular* Ohrenbeichte *f*; **~s(i)onario** [~fes(i)o'narjo] *m* Beichtstuhl *m*; **~so** ⚜ [~'feso] gestündig; **~sor** *Rel.* [~fe'sor] *m* Beichtvater *m*; Glaubenszeuge *m*.

confia|do [kɔm'fiaðo] vertrauensvoll, -selig; eingebildet, von sich eingenommen; **~nza** [~'fianθa] *f* Vertrauen *n*; ~ *en sí mismo*, ~ *propia* Selbstvertrauen *n*; *de* ~ *zu*verlässig; *en* ~ vertraulich; **~r** [~'fiar] (1c) vertrauen (*auf* [*ac.*] *en*); *v/t.* anvertrauen.

confiden|cia [kɔmfi'denθia] *f* Vertraulichkeit *f*; vertrauliche Mitteilung *f*; **~cial** [~den'θial] vertraulich; **~te** [~'dente] **1.** *adj.* zuverlässig; **2.** *m* Vertraute(r) *m*.

configu|ración [kɔmfigura'θjon] *f* Gestalt(ung) *f*; **~rar** [~'rar] (1a) bilden, gestalten.

confín *poet.* [kɔm'fin] *m* Grenze *f*.

confina|miento [kɔmfina'mjento] *m* Zwangsaufenthalt *m*; **~r** [~'nar] (1a) *j-m ein* Zwangsaufenthalt zuweisen; *v/i.* angrenzen (*con an*).

confirma|ción [kɔmfirma'θjon] *f* Bestätigung *f*; *kath.* Firmung *f*; *prot.* Einsegnung *f*, Konfirmation *f*; **~r** [~'mar] (1a) bestätigen; *kath.* firmen; *prot.* konfirmieren, einsegnen; **~tivo** [~ma'tibo], **~torio** [~'torjo] bestätigend.

confisca|ción [kɔmfiska'θjon] *f* Einziehung *f*, Beschlagnahme *f*; **~r** [~'kar] (1g) konfiszieren, einziehen; beschlagnahmen.

confi|tar [kɔmfi'tar] (1a) überzuckern; *mit Zucker einkochen*; **~te** [~'fite] *m* Zuckerwerk *n*; **~tería** [~fite'ria] *f* Süßwarengeschäft *n*.

confitero *m*, **-a** *f* [kɔmfi'tero, ~ra] Zuckerbäcker(in *f*) *m*; Süßwarenhändler(in *f*) *m*. [lade *f.*
confitura [kɔmfi'tura] *f* Marme-

conflagración [kɔmflagra'θjon] *f* *fig.* Brand *m*; ~ *mundial* Weltkrieg *m*.

conflic|tivo *neol.* [kɔmflik'tibo] konfliktreich, Konflikt...; **~to** [~'flikto] *m* Konflikt *m*; *fig.* Reibung *f*.

conflu|encia [kɔm'fluenθia] *f* Zs.-fluß *m*; **~ente** [~'fluente] **1.** *adj.* zs.-fließend; **2.** *m* Zs.-fluß *m*.

confluir [kɔmflu'ir] (3g) zs.-fließen; *fig.* zs.-strömen.

confor|mación [kɔmforma'θjon] *f* Gestaltung *f*, Gestalt *f*; **~mar** [~'mar] (1a) Gestalt geben; in Übereinstimmung bringen; **~marse** *con* sich einverstanden erklären mit (*dat.*); sich abfinden mit (*dat.*); sich fügen in (*ac.*); **~me** [~'forme] **1.** *adj.* übereinstimmend; *¡~!* einverstanden!; **2.** *prp.*: ~ *a* in Übereinstimmung mit (*dat.*); **3.** *cj.* sobald; in dem Maße, wie; **~midad** [~formi'ðað] *f* Übereinstimmung *f*, Zustimmung *f*; *de* ~ *con* gemäß (*dat.*), in Übereinstimmung mit (*dat.*).

confort [kɔm'fort] *m* Komfort *m*; Bequemlichkeit *f*; **~able** [~for'table] bequem, gemütlich; tröstlich.

conforta|ción [kɔmforta'θjon] *f* Stärkung *f*, Tröstung *f*; **~nte** [~'tante] **1.** *adj.* stärkend; tröstlich; **2.** *m* Stärkungsmittel *n*; **~r** [~'tar] (1a) stärken; trösten.

confraternidad [kɔmfraterni'ðað] *f* brüderliche Gesinnung *f*.

confronta|ción [kɔmfronta'θjon] *f* Gegenüberstellung *f*; Vergleich *m*; **~r** [~'tar] (1a) gegenüberstellen; vergleichen.

confu|ndir [kɔmfun'dir] (3a) verwechseln; durchea.-bringen, verwirren; beschämen; zuschanden machen; **~ndirse** in Verwirrung geraten; **~sión** [~fu'sjon] *f* Verwirrung *f*; Verwechslung *f*; Beschämung *f*; **~so** [~'fuso] verwirrt; verworren; beschämt.

confutar [kɔmfu'tar] (1a) widerlegen.

congal *Méj.* [kɔŋ'gal] *m* Bordell *n*.

congela|ción [kɔŋxela'θjon] *f* Gefrieren *n*; Einfrieren *n*; ~ *de precios* Preisstopp *m*; ~ *de salarios* Lohnstopp *m*; **~dor** [~la'ðor] *m* Gefrierfach *n*; **~r** [~'lar] (1a) einfrieren; **~rse** gefrieren.

congénere [kɔŋ'xenere] **1.** *adj.* gleichartig; **2.** *m* Artgenosse *m*.

con|genial [kɔŋxe'njal] geistesverwandt; **~geniar** [~'njar] (1b) zusammenpassen, harmonieren; **~génito** [~'xenito] angeboren.

conges|tión ✖ [kɔŋxes'tjon] *f* Stauung *f*; Blutandrang *m*; **~tionarse** [~tjo'narse] (1a) Blutandrang haben.

conglomerado *Geol.* [kɔŋglome-'raðo] *m* Konglomerat *n*.

conglutinarse [kɔngluti'narse] (1a) zs.-kleben.

congo|ja [kɔŋ'gɔxa] f Kummer m; Angst f; **~joso** [~gɔ'xoso] angst-, kummervoll.

congosto [kɔŋ'gɔsto] m Schlucht f.

congra|ciarse [kɔŋgra'θiarse] (1b); ~ con sich beliebt machen bei (dat.); **~tulación** [~tula'θiɔn] f Glückwunsch m; **~tular** [~tu'lar] (1a) beglückwünschen; **~tularse** de od. por a/c. sich über et. freuen.

congre|gación [kɔŋgrega'θiɔn] f Kongregation f, kirchliche Vereinigung f; ~ de los fieles Gemeinschaft f der Gläubigen; **~gante** [~'gante] su. Mitglied n e-r Kongregation; **~gar** [~'gar] (1h) versammeln; **~sal** Am. [~'sal] m, **~sista** [~'sista] m Kongreßteilnehmer m; **~so** [~'greso] m Kongreß m; ♀ de los Diputados Abgeordnetenhaus n.

congrio ['kɔŋgrio] m Meeraal m.

congru|encia [kɔŋ'grüenθia] f Übereinstimmung f; Zweckmäßigkeit f; Geom. Kongruenz f; **~ente** [~'grüente], **~o** [~'kɔŋgrüo] angemessen, passend; Geom. kongruent.

cónico ['koniko] kegelförmig; sección f -a Kegelschnitt m.

coníferas [ko'niferas] f/pl. Nadelhölzer n/pl.

conjetura [kɔnxe'tura] f Vermutung f; **~r** [~tu'rar] (1a) vermuten, mutmaßen.

conjuga|ción [kɔnxuga'θiɔn] f Konjugation f; fig. Vereinigung f; **~r** [~'gar] (1h) konjugieren; vereinigen.

conjun|ción [kɔnxun'θiɔn] f Vereinigung f; Gram. Bindewort n, Konjunktion f; **~tiva** Anat. [~'tiba] f Bindehaut f; **~tivitis** [~ti'bitis] f Bindehautentzündung f; **~tivo** [~'tibo] Binde...; **~to** [~'xunto] 1. adj. verbunden; gemeinsam; 2. m Vereinigung f; Gesamtheit f; Einheit f; ♪ u. Mode Ensemble n; el ~ das Ganze; en ~ im ganzen gesehen.

conjura [kɔn'xura], **~ción** [~xura-'θiɔn] f Verschwörung f; **~do** [~xu-'raᵈo] m Verschworene(r) m; **~r** [~xu'rar] (1a) Geister beschwören, bannen; v/i. konspirieren; **~rse** sich verschwören.

conjuro [kɔn'xuro] m Beschwörung f, flehentliche Bitte f; mal ~ Fluch m.

conllevar [kɔnʎe'bar] (1a) mittragen; ertragen, ausstehen.

conmemora|ción [kɔnmemora-'θiɔn] f Gedenken n; Gedächtnis n; Gedenkfeier f; Rel. ~ de los difuntos Allerseelen n (2. Nov.); en ~ de zur Erinnerung an (ac.); **~r** [~'rar] (1a) feierlich gedenken, begehen; **~tivo** [~ra'tibo] Gedenk..., Erinnerungs...

conmigo [kɔn'migo] mit mir, bei mir.

conmilitón [kɔnmili'tɔn] m Kriegskamerad m.

conmina|r [kɔnmi'nar] (1a) mit Strafe bedrohen; **~torio** [~na'torio] Droh..., Mahn...

conmiseración [kɔnmisera'θiɔn] f Erbarmen n, Mitleid n.

conmo|ción [kɔnmo'θiɔn] f Erschütterung f (a. fig.); ~ cerebral Gehirnerschütterung f; **~cionar** neol. [~θio'nar] (1a) erschüttern; conmocionado hasta las lágrimas zu Tränen gerührt; **~vedor** [~be'dɔr] erschütternd, rührend; **~ver** [~'ber] (2h) erschüttern; rühren.

conmuta|ble [kɔnmu'table] vertauschbar; **~ción** [~ta'θiɔn] f Tausch m; Umwandlung f; ⚡ Schaltung f; **~dor** ⚡ [~ta'dɔr] m Schalter m; Am. Telefonzentrale f; ~ giratorio Drehschalter m; **~r** [~'tar] (1a) tauschen; ⚖ Strafe umwandeln; ⚡ umschalten.

connatural [kɔnnatu'ral] naturgemäß, angeboren; **~izarse** [~rali-'θarse] (1f) sich eingewöhnen; hineinwachsen (in [ac.] con).

convivencia [kɔnni'benθia] f Nachsicht f.

cono ['kono] m Kegel m; Tannenzapfen m; ~ truncado Kegelstumpf m.

cono|cedor [kono'θe'dɔr] m Kenner m; **~cer** [~'θer] (2d) kennen, kennenlernen; erkennen (an [dat.] por); ⚖ ~ de a/c. befinden über; llegar a ~ erst richtig kennenlernen; **~cido** [~'θiðo] 1. adj. bekannt; 2. m, -a f [~'θiða] Bekannte(r) m, Bekannte f; **~cimiento** [~θi'miento] m Kenntnis f; Erkenntnis f; Einsicht f; Bewußtsein n; Bekanntschaft f; Bekenntnis f; Konnossement n, Seefrachtbrief m; ~ aéreo Luftfrachtbrief m; poner en ~ de in Kenntnis setzen von (dat.); **~s** pl. Kenntnisse f/pl., Wissen n.

conque ['kɔŋke] also, nun.

conquista [kɔŋ'kista] f Eroberung f (a. fig.); Errungenschaft f; **~dor** [‿kista'dɔr] **1.** adj. Eroberungs...; **2.** m Eroberer m; fig. Frauenheld m; **~r** [‿kis'tar] (1a) erobern; für sich gewinnen.

consabido [kɔnsa'biðo] bewußt, bereits genannt; sattsam bekannt.

consagra|ción [kɔnsagra'θiɔn] f Rel. Weihe f, Einweihung f; Widmung f; Bestätigung f; **~r** [‿'grar] (1a) Rel. weihen, einsegnen; widmen; bestätigen; **~rse** a sich widmen (dat.).

consangu|íneo [kɔnsaŋ'gineo] blutsverwandt; **~inidad** [‿gini‿'da⁽ᵈ⁾] f Blutsverwandtschaft f.

consciente [kɔns'θiente] bewußt.

conscrip|ción ✗ [kɔnskrib'θiɔn] f Aushebung f; **~to** Am. [‿'kripto] m Rekrut m.

consecu|ción [kɔnseku'θiɔn] f Erlangung f; Erreichung f; de difícil ~ schwer zu erreichen; **~encia** [‿'kuenθia] f Folge f, Konsequenz f; a ~ de als Folge von; en ~ folglich; tener ~s Folgen nach sich ziehen; **~ente** [‿'kuente] **1.** adj. folgerichtig; konsequent; **2.** m Folgesatz m; **~tivo** [‿ku'tiβo] aufea.-folgend; tres horas -as drei Stunden hintereinander.

conseguir [kɔnse'gir] (3l u. 3d) erlangen; erreichen; bekommen; erzielen; consigo inf. es gelingt mir zu inf.

conse|ja [kɔn'sexa] f desp. Märchen n, Ammenmärchen n; **~jero** [‿se'xero] m Ratgeber m; Berater m; Rat m (Person); ~ matrimonial Eheberater m; **~jo** [‿'sexo] m Rat (-schlag) m; Rat m (Körperschaft); ~ de administración Verwaltungsrat m; ~ de guerra Militärgericht m; Standgericht n; ~ de ministros Ministerrat m; ♀ de Seguridad Sicherheitsrat m (UNO); entrar en ~ beratschlagen; tomar ~ de sich Rat holen von (dat.).

consen|so [kɔn'senso] m Zustimmung f; Einigung f; llegar a un ~ sich einigen; **~tido** [‿sen'tiðo] verwöhnt, launisch; marido ~ wissentlich betrogener Ehemann m; **~timiento** [‿senti'miento] m Einwilligung f, Zustimmung f; **~tir** [‿'tir] (3i) gestatten, billigen; zulassen, dulden; v/i. ~ en a/c. in et.

(ac.) einwilligen, e-r Sache (dat.) zustimmen.

conserje [kɔn'serxe] m Pförtner m; Portier m; Hausmeister m; **~ría** [‿serxe'ria] f Pförtnerloge f.

conserva [kɔn'serβa] f Konserve f, Dauerware f; carne f en ~ Büchsenfleisch n; **~ción** [‿serβa'θiɔn] f Aufbewahrung f; Konservierung f; **~dor** [‿'dɔr] **1.** adj. konservativ; **2.** m Erhalter m; Aufseher m, Kustos m; Pol. Konservative(r) m; **~durismo** [‿ðu'rizmo] m Konservati(vi)smus m; **~r** [‿'βar] (1a) erhalten, (auf)bewahren; einmachen, konservieren; **~rse** sich schonen; sich gut halten; **~torio** [‿serβa'torio] m Konservatorium n.

considera|ble [kɔnsiðe'raβle] beträchtlich, erheblich; **~ción** [‿ra'θiɔn] f Betrachtung f; Erwägung f; Rücksicht(nahme) f; Hochachtung f; de ~ gewichtig, erheblich; en ~ a in Anbetracht (gen.); tener en ~ a/c. an et. (ac.) denken; tomar en ~ in Erwägung ziehen; berücksichtigen; **~do** [‿'raðo] angesehen; rücksichtsvoll; überlegt; **~ndos** [‿'randos] m/pl. Urteilsbegründung f; **~r** [‿'rar] (1a) bedenken, erwägen; für et. (ac.) halten; berücksichtigen; achten.

consigna [kɔn'signa] f Losung f; Weisung f; Gepäckaufbewahrung f; **~ción** [‿signa'θiɔn] f Konsignation f; Anweisung f; Kaution f; gerichtliche Hinterlegung f; **~r** [‿sig-'nar] (1a) konsignieren; anweisen; gerichtlich hinterlegen; Handgepäck zur Aufbewahrung geben; ~ por escrito schriftlich niederlegen; **~tario** [‿signa'tario] m Konsignatar m; (Waren-)Empfänger m.

consigo [kɔn'sigo] **1.** mit sich, bei sich; **2.** s. conseguir.

consiguiente [kɔnsi'giente]: ~ a sich ergebend aus (dat.); entsprechend (dat.); por ~ folglich.

consis|tencia [kɔnsis'tenθia] f Dauer f, Bestand m; Festigkeit f; Beschaffenheit f; **~tente** [‿'tente] fest, stark; **~tir** [‿'tir] (3a) bestehen (aus od. in [dat.] en, Am. de); beruhen (auf [dat.] en, Am. de).

consisto|rial [kɔnsisto'rial] konsistorial...; **~rio** [‿'torio] m Konsistorium n; prov. Gemeinderat m.

consocio *m*, **-a** *f* [kɔn'soθĭo, ~'θĭa] Mitinhaber(in *f*) *m*.

consola [kɔn'sola] *f* Konsole *f*.

consola|ción [kɔnsola'θĭɔn] *f* Trost *m*; Tröstung *f*; **~dor** [~'dɔr] **1.** *adj.* tröstlich; **2.** *m* Tröster *m*; **~r** [~'lar] (1m) trösten.

consolida|ción [kɔnsolida'θĭɔn] *f* Sicherung *f*, Festigung *f*; Konsolidierung *f*; **~r** [~'dar] (1a) festigen, sichern; konsolidieren.

consomé [kɔnso'me] *m* Fleisch-, Kraftbrühe *f*, Bouillon *f*.

conso|nancia [kɔnso'nanθĭa] *f* Ein-, Zusammenklang *m*; Übereinstimmung *f*; **~nante** [~'nante] **1.** *adj.* zs.-stimmend; reimend; **2.** *f* Konsonant *m*.

consorcio [kɔn'sɔrθĭo] *m* Konsortium *n*; Konzern *m*.

consorte [kɔn'sɔrte] *su.* Ehegatte *m*, -gattin *f*.

conspicuo [kɔns'pikŭo] hervorragend.

conspira|ción [kɔnspira'θĭɔn] *f* Verschwörung *f*; **~dor** [~ra'dɔr] *m* Verschwörer *m*; **~r** [~'rar] (1a) sich verschwören; *a et.* bezwecken.

consta|ncia [kɔns'tanθĭa] *f* Standhaftigkeit *f*, Beharrlichkeit *f*; Beständigkeit *f*, Ausdauer *f*; *Am.* schriftlicher Beweis *m*; *dejar ~ de et.* bestätigen; *et.* zum Ausdruck bringen; **~nte** [~'tante] standhaft, beharrlich; beständig; **~r** [~'tar] (1a) gewiß sein; bestehen (aus [*dat.*] de); *me consta* ich weiß sicher; *hacer ~* feststellen, konstatieren; **~tar** [~ta'tar] (1a) feststellen.

constelación [kɔnstela'θĭɔn] *f* Sternbild *n*; *fig.* Konstellation *f*.

consterna|ción [kɔnsterna'θĭɔn] *f* Bestürzung *f*; **~r** [~'nar] (1a) bestürzen, in Bestürzung versetzen.

constipación ✲ [kɔnstipa'θĭɔn] *f* Verstopfung *f*.

constipa|do [kɔnsti'paᵈo] **1.** *adj.* erkältet; **2.** *m* Erkältung *f*; Schnupfen *m*; **~rse** [~'parse] (1a) sich e-n Schnupfen holen; sich erkälten.

constitu|ción [kɔnstitu'θĭɔn] *f* Beschaffenheit *f*, Zustand *m*; Aufbau *m*; *Pol.* Verfassung *f*; *~ de herederos* Erbeneinsetzung *f*; **~cional** [~θĭo-'nal] verfassungsmäßig; **~ir** [~'tu'ir] (3g) einsetzen; bilden; gründen; errichten; **~irse** zs.-treten; *fig. ~ en juez* sich zum Richter aufwerfen;

~tivo [~tu'tĭbo] wesentlich; Haupt...; **~yente** [~tu'jente] verfassunggebende.

constreñir [kɔnstre'ɲir] (3h *u.* 3l) zwingen, nötigen.

constricción [kɔnstrig'θĭɔn] *f* Zs.-ziehung *f*.

constru|cción [kɔnstrug'θĭɔn] *f* Bauen *n*; Bauwesen *n*; ⚙ Konstruktion *f*; *Gram. ~ (de la frase)* Satzbau *m*; *~ de viviendas subvencionadas* sozialer Wohnungsbau *m*; **~ctor** [~truk'tɔr] *m* Erbauer *m*; Konstrukteur *m*; **~ir** [~tru'ir] (3g) (er)bauen; errichten; zs.-stellen.

consubstancialidad [kɔnsustan-θĭali'da⁽ᵈ⁾] *f* Wesenseinheit *f* (*Gottes des Vaters und des Sohnes*).

consuelo [kɔn'sŭelo] *m* Trost *m*; *sin ~* trostlos.

consuetudinario [kɔnsŭetudi'na-rĭo] gewohnheitsmäßig; *derecho m ~* Gewohnheitsrecht *n*.

cónsul ['kɔnsul] *m* Konsul *m*.

consulado [kɔnsu'laᵈo] *m* Konsulat *n*.

consular [kɔnsu'lar] konsularisch; Konsulats...

consul|ta [kɔn'sulta] *f* Befragung *f*; ✚ Sprechstunde *f*; *obra f de ~* Nachschlagewerk *n*; **~tar** [~sul'tar] (1a) befragen, um Rat fragen, zu Rate ziehen; beratschlagen; *~ el diccionario* im Wörterbuch nachschlagen; **~tivo** [~sul'tĭbo] beratend; **~tor** [~sul'tɔr] *m* Berater *m*; **~torio** [~sul'torĭo] *m* Beratungsstelle *f*; ✚ Sprechzimmer *n*; (Arzt-)Praxis *f*.

consu|mación [kɔnsuma'θĭɔn] *f* Vollendung *f*; ⚖ Vollziehung *f*; **~mado** [~'maᵈo] vollendet; gründlich; **~mar** [~'mar] (1a) vollenden; vollbringen; ⚖ vollziehen; *Verbrechen* begehen; *Opfer* bringen; **~mido** [~'miᵈo] mager; abgehärmt; **~midor** [~mi'dɔr] *m* Gast *m*; ✚ Abnehmer *m*, Verbraucher *m*; **~mir** [~'mir] (3a) auf-, verzehren; auf-, verbrauchen; **~mirse** sich verzehren; sich aufreiben; **~mo** [~-'sumo] *m* Verbrauch *m*; ✚ Konsum *m*; **~s** *pl.* Verbrauchssteuer *f*.

consunción ✲ [kɔnsun'θĭɔn] *f* Auszehrung *f*.

consuno [kɔn'suno] *m*: *de ~* in Übereinstimmung.

contabili|dad [kɔntabili'da⁽ᵈ⁾] *f*

Rechnungswesen *n*; ✝ Buchführung *f*; ~ *por partida doble* (*simple*) doppelte (einfache) Buchführung *f*; **~zar** [~'θar] (1f) (ver)buchen.

contable [kɔn'table] *m* Buchhalter *m*.

contac|tar *neol.* [kɔntak'tar] (1a) Verbindung aufnehmen (mit [*dat.*] *con*); **~to** [~'takto] *m* Berührung *f*; Fühlung(nahme) *f*; ✝ Kontakt *m*; *ponerse en ~* sich in Verbindung setzen (mit [*dat.*] *con*).

conta|do [kɔn'taᵈo]: *al ~ bar* (*Geld*); *de ~ sogleich*; *por de ~ selbstverständlich*; *-as veces selten*; **~dor** [~ta'dɔr] *m* Rechnungsführer *m*; *~ público Am.* Wirtschaftsprüfer *m*; ⊕ Zähler *m*; **~duría** [~tadu'ria] *f* Rechnungsamt *n*.

conta|giar ☞ [kɔnta'xiar] (1b) anstecken (*a. fig.*); **~giarse** sich anstecken; angesteckt werden (*a. fig.*); **~gio** [~'taxio] *m* Ansteckung *f*; **~gioso** [~ta'xioso] ansteckend; **~minación** [~tamina'θiɔn] *f* Ansteckung *f*; Verunreinigung *f*; *~ ambiental* Umweltverseuchung *f*; *~ atmosférica* Luftverseuchung *f*; **~minar** [~tami'nar] (1a) anstecken; verseuchen, besudeln (*a. fig.*).

conta|nte [kɔn'tante]: *pagar en dinero ~ y sonante* in klingender Münze zahlen; **~r** [~'tar] (1m) zählen; aus-, berechnen; erzählen; *v/i.* rechnen; *~ con alg.* auf j-n zählen; *~ con a/c.* über et. (*ac.*) verfügen, et. aufweisen.

contempla|ción [kɔntempla'θiɔn] *f* Betrachtung *f*; Anschauung *f*; *sin -ciones* rücksichtslos; **~r** [~'plar] (1a) betrachten; anschauen; *v/i.* (nach)sinnen, meditieren; **~tivo** [~pla'tiβo] beschaulich; betrachtend.

contemporáneo [kɔntempo'raneo] **1.** *adj.* zeitgenössisch; **2.** *m* Zeitgenosse *m*.

contemporiza|ción [kɔntempori-θa'θiɔn] *f* kluge Rücksichtnahme *f*; **~r** [~'θar] (1f): *~ con alg.* auf j-s Wünsche geschickt eingehen.

conten|ción [kɔnten'θiɔn] *f* Mäßigung *f*, Beherrschung *f*; *muro m de ~* Schutzmauer *f*; **~cioso** [~'θioso] strittig; Streit...; **~diente** [~'diente] *m* Gegner *m*, Streiter *m*; **~edor** [~ne'dɔr] *m* Container *m*.

conten|er [kɔnte'ner] (2l) (*in sich*) enthalten; **~erse** sich mäßigen; an

sich (*ac.*) halten; **~ido** [~'niðo] **1.** *adj.* gelassen; **2.** *m* Inhalt *m*; Gehalt *m*; **~tadizo** [~ta'diθo] genügsam; **~tamiento** [~ta'miento] *m* Befriedigung *f*; Vergnügen *n*; **~tar** [~'tar] (1a) befriedigen; **~tarse** *con* vorliebnehmen mit (*dat.*), sich begnügen mit (*dat.*); **~to** [~'tento] **1.** *adj.* zufrieden, genügsam; vergnügt, froh; **2.** *m* Zufriedenheit *f*; Freude *f*.

conteo [kɔn'teo] *m* Berechnung *f*; Schätzung *f*; Zählung *f*.

conterráneo [kɔnte'rraneo] = *coterráneo*.

contertulio [kɔnter'tulio] *m* Teilnehmer *m* an e-r Gesellschaft; Stammgast *m*.

contes|ta *Am.* [kɔn'testa] *f* Antwort *f*; **~table** [kɔntes'table] strittig; **~tación** [~ta'θiɔn] *f* Antwort *f*; Beantwortung *f*; Entgegnung *f*; *~ plazo m de ~* Einlassungsfrist *f*; **~tador** [~ta'dɔr] *m Fernspr.* Anrufbeantworter *m*; **~tar** [~'tar] (1a) beantworten; erwidern; **~tatario** [~ta'tarió] *m* Protestler *m*; **~to** *Arg., Méj., Pe.* [kɔn'testo] *m* Antwort *f*.

contex|to [kɔn'testo] *m* Verkettung *f*; *fig.* Zs.-hang *m*; **~tura** [~tes-'tura] *f* Verbindung *f*; Gewebe *n*.

contienda [kɔn'tienda] *f* Streit *m*, Zank *m*; Kampf *m*.

contigo [kɔn'tigo] mit dir, bei dir.

contigüidad [kɔntigüi'da⁽ᵈ⁾] *f* Nachbarschaft *f*; Angrenzen *n*.

contiguo [kɔn'tiguo] anstoßend, benachbart; -liegend; Neben..., Nachbar...

continen|cia [kɔnti'nenθia] *f* Enthaltsamkeit *f*; Keuschheit *f*; **~tal** [~nen'tal] kontinental; **~te** [~'nente] **1.** *adj.* enthaltsam; keusch; **2.** *m* Festland *n*; Erdteil *m*, Kontinent *m*; Körperhaltung *f*, Auftreten *n*.

contingen|cia [kɔntiŋ'xenθia] *f* Zufall *m*; Möglichkeit *f*; **~tación** [~xenta'θiɔn] *f* Kontingentierung *f*; **~tar** [~xen'tar] (1a) kontingentieren; **~te** [~'xente] **1.** *adj.* zufällig; möglich; **2.** *m* Kontingent *n*.

continua|ción [kɔntinŭa'θiɔn] *f* Fortsetzung *f*; Fortführung *f*; *a ~* dann, darauf; nun, jetzt; **~ador** *m*, **-a** *f* [~nŭa'dɔr, ~'dora] Fortführer (-in *f*) *m*; **~ar** [~nu'ar] (1e) fortsetzen, -führen; *v/i.* fort-, an dauern; bleiben; ~ haciendo a/c. et. weiterhin tun; **~idad** [~nŭi'da^(d)] f Stetigkeit f; Zs.-hang m; **~o** [~'tinŭo] unablässig; stetig; ununterbrochen; de ~ fortwährend.

contonearse [kontone'arse] (1a) sich in den Hüften wiegen.

contor|no [kon'torno] m Umriß m; Kontur f; **~s** m/pl. Umgegend f; **~sión** [~tor'sĭon] f Verdrehung f; 𝔰⁸ Verrenkung f; **~sionista** [~torsĭo'nista] m Schlangenmensch m.

contra ['kontra] **1.** prp. gegen (ac.); wider (ac.); gegenüber (dat.); an (dat.); **2.** in Zssgn: Gegen..., Wider...; **3.** adv.: en ~ dagegen; entgegen; **4. a)** m: el pro y el ~ das Für u. Wider; **b)** f Schwierigkeit f; llevar la ~ widersprechen; **c)** f Am. Gegengift n.

contra|almirante ⚓ [kontralmi-'rante] m Konteradmiral m; **~ataque** [~tra'take] m Gegenangriff m.

contrabajo ♪ [kontra'baxo] m Kontrabaß m; Kontrabassist m.

contrabalancear [kontrabalanθe-'ar] (1a) aufwiegen.

contraban|dista [kontraban'dista] m Schmuggler m; **~do** [~'bando] m Schmuggel m, Schmuggelware f; hacer ~ schmuggeln; pasar de ~ durchschmuggeln.

contracción [kontrag'θĭon] f Zs.-ziehung f; Verkürzung f; ~ monetaria Währungsschrumpfung f.

contra|cepción [kontraθeb'θĭon] f Empfängnisverhütung f; **~(con)ceptivo** [~(kon)θep'tibo] empfängnisverhütend.

contracorriente [kontrako'rrĭente] f Gegenströmung f.

contráctil [kon'traktil] zs.-ziehbar.

contrac|to [kon'trakto] verkürzt; **~tual** [~trak'tŭal] vertraglich.

contra|decir [kontrađe'θir] (3p) widersprechen; **~dicción** [~dig-'θĭon] f Widerspruch m; Gegensatz m; sin ~ unstreitig; **~dictorio** [~dik'torĭo] widersprechend; **~dique** [~'dike] m Vordeich m; **~dirección** [~direg'θĭon] f: ir en ~ gegen die Fahrtrichtung fahren.

contraer [kontra'εr] (2p) zs.-ziehen; verkürzen; sich e-e Krankheit zuziehen; Verpflichtungen übernehmen; ~ deudas Schulden machen; ~ matrimonio e-e Ehe schließen; **~se** sich zs.-ziehen; schwinden.

contraespionaje [kontraespĭo'naxe] m Spionageabwehr f.

contra|fuerte [kontra'fŭerte] m ⊕ Widerlager n; Arch. Strebebogen m; Schuh: Hinterkappe f; **~s** pl. Vorgebirge n; **~hacer** [~a'θer] (2s) nachmachen, (ver)fälschen; Buch widerrechtlich nachdrucken; **~hecho** [~'etʃo] verwachsen, bucklig.

contralto ♪ [kon'tralto] m Altstimme f; Alt m.

contra|luz Phot. [kontra'luθ] f Gegenlichtaufnahme f; a ~ bei Gegenlicht; **~maestre** [~ma'estre] m Werkmeister m; ⚓ Obermaat m; **~mandar** [~man'dar] (1a) abbestellen; **~marca** [~'marka] f Zollplombe f; **~marcar** [~mar'kar] (1g) mit e-r Zollplombe versehen; **~marea** [~ma'rea] f Gegenflut f; **~orden** [~'orden] f Gegenbefehl m; fig. Widerruf m, Absage f; **~partida** 🕈 [~par'tida] f Gegenposten m; en ~ fig. als Gegenleistung; **~pelo** [~'pelo]: a ~ gegen den Strich (Haare); **~pesar** [~pe'sar] (1a) aufwiegen; **~peso** [~'peso] m Gegengewicht n (a. fig.); **~poner** [~po-'ner] (2r) gegena.-halten; entgegenstellen; vergleichen; **~posición** [~posi'θĭon] f Gegenüberstellung f; Gegensatz m; **~presión** [~pre'sĭon] f Gegendruck m; **~prestación** [~presta'θĭon] f Gegenleistung f; **~producente** [~produ-'θente] das Gegenteil bewirkend; unzweckmäßig; **~proposición** [~proposi'θĭon] f Gegenvorschlag m; **~prueba** [~'prŭeba] f Gegenprobe f.

contrapunto ♪ [kontra'punto] m Kontrapunkt m.

contra|riar [kontra'rĭar] (1c) v/t. widerstreben (dat.); sich entgegenstellen (dat.), behindern; ärgern; leid tun; **~riedad** [~rĭe'da^(d)] f Widerwärtigkeit f; Ärger m; **~rio** [~'trarĭo] **1.** adj. entgegengesetzt; widrig; schädlich; feindlich; al ~, por lo ~ im Gegenteil; de lo ~ andernfalls, sonst; en ~ dagegen; **2.** m, -a f Gegner(in f) m; **3.** llevar la -a widersprechen.

Contrarreforma [kontrarre'forma] f Gegenreformation f.

contra|rrestar [kontrarres'tar] (1a) entgegenwirken (dat.); wettmachen; **~rrevolución** [~rrebolu'θĭon] f Ge-

contrasentido   160

genrevolution *f*; **~sentido** [~sen-
'tido] *m* Widersinn *m*; **~seña** [~
'sena] *f Thea.* Kontrollmarke *f*; ✗
Losungswort *n*; ✝ Kontrollschein
m.

contras|tar [kɔntras'tar] (1a) **1.** *v/t.*
widerstehen (*dat.*); eichen; **2.** *v/i.*
im Widerspruch stehen (zu [*dat.*]
con); **~te** [~'traste] *m* Gegensatz *m*;
Kontrast *m*.

contrata [kɔn'trata] *f* (Arbeits-,
Werk-)Vertrag *m*; *Thea.* Engage-
ment *n*; **~ción** [~trata'θiɔn] *f* Ver-
tragsabschluß *m*; ✝ Umsatz *m*;
~nte [~tra'tante] *m* Vertragspartner
m; *~ del seguro* Versicherungs-
nehmer *m*; **~r** [~tra'tar] (1a) ver-
traglich abmachen; *Personal* einstellen; *Künstler* engagieren.

contratiempo [kɔntra'tiempo] *m*
widriger Zufall *m*; Unannehmlichkeit *f*; Rückschlag *m*; ♩ falscher
Takt *m*.   [unternehmer *m.*]

contratista [kɔntra'tista] *m* Bau-⌡

contrato [kɔn'trato] *m* Vertrag *m*;
~ de fletamento Chartervertrag *m*;
~ de suministro Liefervertrag *m*; *~
tipo* Mantelvertrag *m*.

contra|torpedero [kɔntratɔrpe'de-
ro] *m* Torpedobootzerstörer *m*;
~valor [~ba'lɔr] *m* Gegenwert *m*.

contraven|ción [kɔntraben'θiɔn] *f*
Übertretung *f*; Zuwiderhandlung *f*;
~eno [~be'neno] *m* Gegengift *m*;
~ir [~be'nir] (3s): *~ a* zuwider-
handeln (*dat.*); verstoßen gegen
(*ac.*).

contra|ventana [kɔntraben'tana] *f*
Fensterladen *m*; **~ventor** [~ben'tɔr]
m Übertreter *m*.

contrayentes [kɔntra'jentes] *m/pl.*
Eheschließende *pl.*

contribu|ción [kɔntribu'θiɔn] *f* Bei-
trag *m*; Steuer *f*; Abgabe *f*; **~ir**
[~bu'ir] (3g) beitragen, beisteuern;
mitwirken; **~yente** [~bu'jente] **1.**
adj. steuerpflichtig; **2.** *m* Steuer-
zahler *m*.

contrición [kɔntri'θiɔn] *f* Zerknir-
schung *f*; *Rel.* vollkommene Reue *f*.

contrincante [kɔntriŋ'kante] *m*
Mitbewerber *m*; Gegenspieler *m*.

contri|star [kɔntris'tar] (1a) betrü-
ben; **~to** [~'trito] zerknirscht.

control [kɔn'trɔl] *m* Kontrolle *f*;
Regelung *f*; ⚡ Steuerung *f*; (Preis-)
Überwachung *f*; *~ aéreo* Flug-
sicherung *f*; *~ de divisas* Devisen-

bewirtschaftung *f*; **~ador** [~trola-
'dɔr] *m*: *~ aéreo od. de vuelo* Flug-
lotse *m*; **~ar** [~tro'lar] (1a) kontrollieren, überwachen.

controver|sia [kɔntro'bersia] *f*
Streit *m*, Streitfrage *f*; Kontroverse *f*; **~tible** [~ber'tible] bestreit-
bar; **~tido** [~ber'tido] umstritten;
~tir [~ber'tir] (3i) streiten über *et.*;
diskutieren.

contubernio [kɔntu'bernio] *m* Zs.-
wohnen *n*; wilde Ehe *f*, P Onkel-
ehe *f*.

contuma|cia [kɔntu'maθia] *f* Hart-
näckigkeit *f*; Halsstarrigkeit *f*; ⚖
Nichterscheinen *n* vor Gericht; *por
~ in Abwesenheit;* **~z** [~'maθ] hartnäckig.

contun|dente [kɔntun'dente] über-
zeugend; *arma f ~* Stoßwaffe *f*;
prueba f ~ schlagender Beweis *m*;
~dir [~'dir] (3a) (zer)quetschen.

conturba|ción [kɔnturba'θiɔn] *f*
Beunruhigung *f*; **~r** [~'bar] (1a) beunruhigen.

contu|sión [kɔntu'siɔn] *f* Quet-
schung *f*; Prellung *f*; **~so** [~'tuso]
gequetscht; *herida f -a* Quetsch-
wunde *f*.

convale|cencia [kɔmbale'θenθia] *f*
(Wieder-)Genesung *f*; Rekonvales-
zenz *f*; **~cer** [~'θer] (2d) genesen;
~ciente [~'θiente] *m* Rekonvales-
zent *m*.

convali|dación [kɔmbalida'θiɔn] *f*
Bestätigung *f*; Anerkennung *f v.
Zeugnissen usw.*; **~dar** [~'dar] (1a)
bestätigen; anerkennen.

convecino [kɔmbe'θino] **1.** *adj.* benachbart; **2.** *m* Mitbürger *m*; Nachbar *m*.

conven|cer [kɔmben'θer] (2b) über-
zeugen; ⚖ überführen; **~cimiento**
[~θi'miento] *m* Überzeugung *f*;
~ción [~'θiɔn] *f* Übereinkunft *f*;
Pol. Konvent *m*; **~cional** [~θio'nal]
vertragsmäßig; herkömmlich; **~ien-
cia** [~'nienθia] *f* Zweckmäßigkeit *f*;
Nutzen *m*, Vorteil *m*; Bequemlichkeit *f*; *matrimonio m de ~* Vernunft-
ehe *f*; **~s** *pl.* Nebeneinkünfte *f/pl.*;
~iente [~'niente] angemessen; angebracht; schicklich; genehm;
nützlich; **~io** [~'benio] *m* Übereinkunft *f*; Abkommen *n*; *~ colectivo*
Tarifvertrag *m*; *~ extrajudicial
(amigable)* außergerichtlicher (güt-
licher) Vergleich *m*.

convenir [kombe'nir] (3s) vereinbaren; übereinstimmen; übereinkommen (über [*ac.*] en); nützlich sein; zusagen; passen; angebracht sein; *conviene* es schickt sich, es gehört sich so; es ist ratsam; **~se** einig werden (über [*ac.*] en).

conventillo *Am.* [komben'tiʎo] *m* Mietskaserne *f*.

conven|to [kom'bento] *m* Kloster *n*; **~tual** [~ben'tual] klösterlich.

conver|gencia [komber'xenθia] *f* Zs.-laufen *n* von Linien; Konvergenz *f*; *fig.* Übereinstimmung *f*; **~ger** [~'xer] (2c), **~gir** [~'xir] (3c) konvergieren, zs.-laufen.

conversa|ción [kombersa'θion] *f* Unterhaltung *f*, Gespräch *n*; ~ *telefónica* Telefongespräch *n*; **~r** [~'sar] (1a) sich unterhalten; ~ *con alg. sobre* (*od. de*) a/c. mit j-m über et. (*ac.*) sprechen.

conver|sión [komber'sion] *f* Umkehrung *f*; Verwandlung *f*; *Rel.* Bekehrung *f*; ✗ Schwenkung *f*; ✝ Umrechnung *f*; Umstellung *f*; *tabla f de* ~ Umrechnungstabelle *f*; **~so** *Rel.* [~'berso] *m* Konvertit *m*; Laienbruder *m*; **~tibilidad** [~bertibili'da⁽ᵈ⁾] *f* Konvertierbarkeit *f*; **~tible** [~ber'tible] **1.** *adj.* konvertierbar; **2.** *m Am.* Kabriolett *n*; **~tidor** ⊕ [~berti'dor] *m* Konverter *m*; **~tir** [~ber'tir] (3i) umwandeln; ✝ konvertieren; *Rel.* bekehren; **~tirse** sich verwandeln; *Rel.* übertreten.

conve|xidad [kombegsi'da⁽ᵈ⁾] *f* Konvexität *f*; Wölbung *f*; **~xo** [~'begso] konvex; gewölbt.

convic|ción [kombig'θion] *f* Überzeugung *f*; **~to** [~'bikto] überführt.

convida|do [kombi'daᵈo] *m* Gast *m*; **~r** [~'dar] (1a) einladen; auffordern; **~rse** *a* sich erbieten zu *inf.*

con|vincente [kombin'θente] überzeugend, triftig; **~vite** [~'bite] *m* Gastmahl *n*; **~vivencia** [~bi'benθia] *f* Zs.-leben *n*; **~vivir** [~bi'bir] (3a) zs.-leben; **~vocación** [~boka-'θion] *f* Einberufung *f*; **~vocar** [~bo'kar] (1g) einberufen; **~vocatoria** [~boka'toria] *f* Einberufung(s-schreiben *n*) *f*; Ausschreibung *f*.

convoy [kom'boi] *m* Geleitzug *m*; Geleitschutz *m*; (Eisenbahn-)Zug *m*; F Essig- u. Ölständer *m*.

convul|sión [kombul'sion] *f* Zukkung *f*; Krampf *m*; **~sivo** [~'sibo]

krampfartig; **~so** [~'bulso] an Zuckungen leidend; verkrampft; Krampf...

conyugal [konju'gal] ehelich; Ehe-..., Gatten...

cónyuge ['konjuxe] *su.* Ehegatte *m*, Ehefrau *f*.

coña F [koɲa] *f* Spaß *m*, Ulk *m*; *en* ~ zum Spaß. [brand *m.*⟩

coñac [ko'ɲak] *m* Kognak *m*, Wein-⟩

coño V [koɲo] *m* weibliches Geschlechtsorgan *n*; *¡~!* V Scheiße!, P verflucht!

coopera|ción [koopera'θion] *f* Mitwirkung *f*; Zs.-arbeit *f*; **~r** [~'rar] (1a) mitarbeiten; **~tiva** [~ra'tiba] *f* Genossenschaft *f*; ~ *de consumo* Konsumgenossenschaft *f*; Konsumverein *m*; **~tivo** [~ra'tibo] Genossenschafts...

coor|denadas [koorde'naðas] *f/pl.* Koordinaten *pl.*; **~dinación** [~dina-'θion] *f* Koordinierung *f*; **~dinar** [~di'nar] (1a) koordinieren, aufeinander abstimmen.

copa ['kopa] *f* Pokal *m*; (Stiel-)Glas *n*; Kopf *m des Hutes*; (Baum-)Krone *f*; *beber unas* ~*s de más* F e-n über den Durst trinken.

copar [ko'par] (1a) ✗ *u. fig.* den Rückzug abschneiden; alle Stimmen *bei e-r Wahl* auf sich vereinigen; *fig.* alles für sich in Anspruch nehmen.

copear F [kope'ar] (1a) zechen, trinken.

cop|eo [ko'peo] *m* Zechen *n*, Trinken *n*; **~era** [ko'pera] *f* Gläserschrank *m*; *Am.* Kellnerin *f*.

cope|te [ko'pete] *m* Haube *f e-s Vogels*; Schaum *m* (*bei Getränken*); F *persona f de alto* ~ gewichtige Persönlichkeit *f*; F *tener mucho* ~ F die Nase hoch tragen; **~tudo** [kope-'tuðo] hochnäsig.

copia ['kopia] *f* Abschrift *f*, Kopie *f*; Durchschlag *m*; *Phot.* Abzug *m*; **~r** [ko'piar] (1b) abschreiben; kopieren; nachzeichnen; nachahmen.

copiloto [kopi'loto] *m* Kopilot *m*.

copio|sidad [kopiosi'da⁽ᵈ⁾] *f* Reichhaltigkeit *f*; **~so** [ko'pioso] reichlich, zahlreich.

co|pla ['kopla] *f* Strophe *f*; *aus dem Stegreif gedichtetes* Liedchen *n*; ~*s pl.* Verse *m/pl.*; **~plero** [ko'plero], **~plista** [~'plista] *m* Bänkelsänger *m*; Dichterling *m*.

copo ['kopo] *m* Flocke *f*; ~ de nieve Schneeflocke *f*.

copón [ko'pɔn] *m* Hostiengefäß *n*.

copra ['kopra] *f* Kopra *f*.

copudo [ko'puðo] dichtbelaubt.

cópula ['kopula] *f* Verknüpfung *f*; Begattung *f*; *Gram.* Kopula *f*.

copulativo [kopula'tiβo] verbindend.

coque ['koke] *m* Koks *m*; **~facción** [kokefag'θiɔn] *f* Verkokung *f*.

coque|ta [ko'keta] *f* Kokette *f*; **~tear** [kokete'ar] (1a) kokettieren; **~teo** [~'teo] *m*, **~tería** [~te'ria] *f* Koketterie *f*; **~tón** F [~'tɔn] gefallsüchtig.

coquitos [ko'kitos] *m/pl.*: hacer ~ *Kinder* durch Gebärden zum Lachen bringen.

coracero [kora'θero] *m* Kürassier *m*.

cora|je [ko'raxe] *m* Mut *m*; **~jina** F [kora'xina] *f* Wutanfall *m*, F Koller *m*; **~judo** [~'xuðo] jähzornig; *Am.* verwegen.

coral [ko'ral] **a)** *m* Koralle *f*; Choral *m*; **b)** *f* Chor *m*; ~ de cámara Kammerchor *m*.

corán [ko'ran] *m* Koran *m*.

coraza [ko'raθa] *f* Panzer *m*, Küraß *m*; *fig.* Schutz *m*.

cora|zón [kora'θɔn] *m* Herz *n*; de ~ von Herzen, herzlich; de todo mi ~ herzlich gern; tener el ~ en la mano das Herz auf der Zunge tragen; **~zonada** [~θo'naða] *f* schneller, mutiger Entschluß *m*; Ahnung *f*.

corbata [kor'bata] *f* Krawatte *f*; ~ de bandera Fahnenschleife *f*.

corbeta ⚓ [kor'beta] *f* Korvette *f*.

corcel *Lit.* [kor'θel] *m* Streitroß *n*.

corco|ba [kor'koβa] *f* Höcker *m*, **~vado** [~ko'βaðo] höckerig; bucklig; **~vear** [~koβe'ar] (1a) bocken (*Pferd*); **~vo** [~'koβo] *m* Bocksprung *m*.

corche|a ♪ [kor'tʃea] *f* Achtelnote *f*; doble ~ Sechzehntelnote *f*; **~ro** [~'tʃero] Kork...; *industria f -a* Korkindustrie *f*; **~te** [~'tʃete] *m* Haken *m* mit Öse; *Typ.* ~s *pl.* eckige Klammern *f/pl.*

corcho ['kortʃo] *m* Kork *m*; Pfropfen *m*; ~s de baño Schwimmgürtel *m*; **~so** [kor'tʃoso] korkartig.

corda|da [kor'daða] *f* Seilschaft *f*; **~je** ⚓ [~'daxe] *m* Takelwerk *n*.

cordal [kor'ðal] **1.** *adj.* muela *f* ~

Weisheitszahn *m*; **2.** *m* ♪ Saitenhalter *m*.

cordel [kor'ðel] *m* Bindfaden *m*, Schnur *f*; *a* ~ schnurgerade; **~ería** [~ðele'ria] *f* Seilerei *f*; **~ero** [~ðe-'lero] *m* Seiler *m*.

corde|ra [kor'ðera] *f* Schaflamm *n*; *fig.* sanfte Frau *f*; **~ro** [~ro] *m* Lamm *n*; Lammfell *n*.

cordial [kor'ðial] **1.** *adj.* herzstärkend; herzlich, innig; **2.** *m* Magenlikör *m*; **~idad** [~ðiali'ða⁽ᵈ⁾] *f* Herzlichkeit *f*, Innigkeit *f*.

cordillera [korði'ʎera] *f* Gebirgskette *f*; Kettengebirge *n*.

cordo|bán [korðo'βan] *m* Korduan *n* (*feines Leder*); **~bés** [~'bes] **1.** *adj.* aus Córdoba; **2.** *m* flacher Hut *m* mit breiter Krempe.

cordón [kor'ðɔn] *m* Schnur *f*; Schnürriemen *m*, Schnürband *n*; ✕ Kordon *m*, Sperrkette *f*; ⚡ Zuleitung *f*; ~ umbilical Nabelschnur *f*.

cordon|ería [korðone'ria] *f* Posamentierwaren *f/pl.*; **~ero** [~'nero] *m* Posamentierer *m*.

cordura [kor'ðura] *f* Verstand *m*; Besonnenheit *f*.

corea ♬ [ko'rea] *f* Veitstanz *m*.

corear F [kore'ar] (1a) begeistert zustimmen.

core|ografía [koreogra'fia] *f* Tanzkunst *f*; Choreographie *f*; **~ógrafo** [~'ografo] *m* Choreograph *m*.

coriáceo [ko'riaθeo] ledern, Leder...

corifeo [kori'feo] *m* Anführer *m*.

corindón *Min.* [korin'dɔn] *m* Korund *m*.

corista [ko'rista] **a)** *su.* Chorsänger(in *f*) *m*; Chorist(in *f*) *m*; **b)** *f* Revuegirl *n*.

coriza [ko'riθa] *f* Nasenschleimhautentzündung *f*, Schnupfen *m*.

corladura [korla'ðura] *f* Goldfirnis *m*.

corna|da [kor'naða] *f* Hornstoß *m*; *Stk.* Verletzung *f* durch Hornstoß; **~dillo** [~na'ðiʎo] *m*: poner su ~ sein Scherflein beitragen; **~dura** [~'ðura] *f* Gehörn *n*; **~l** [~'nal] *m* Jochriemen *m der Ochsen*; **~menta** [~na'menta] *f* Gehörn *n*; Geweih *n*; **~musa** [~'musa] *f* Dudelsack *m*.

córnea ['kornea] *f* Hornhaut *f des Auges*.

cornear [korne'ar] (1a) mit den Hörnern stoßen.

corneja [kor'nexa] *f* Krähe *f*.

cornejo [kɔr'nexo] *m* Kornelkirschbaum *m*.

córneo ['kɔrneo] Horn...

córner *engl.* ['kɔrnɛr] *m* Eckball *m* (*Sport*).

corne|ta [kɔr'neta] **a)** *f* ♪ Horn *n*; Hörrohr *n*; ♪ ~ *de llaves* Klapphorn *n*; **b)** *m* ♪ Hornist *m*; *ehm.* Kornett *m*; **~tín** ♪ [~ne'tin] *m* Kornett *n*; **~zuelo** ⚥ [~'θûelo] *m* Mutterkorn *n*.

corni|cabra ⚥ [kɔrni'kabra] *f* wilde Feige *f*; **~forme** [~'fɔrme] *adj.* hornförmig.

cornijal [kɔrni'xal] *m* Ecke *f*, Spitze *f*.

cornisa ⚠ [kɔr'nisa] *f* Kranzgesims *n*.

cor|niveleto [kɔrnibe'leto] *Stk.* mit aufrechten Hörnern; **~no** ♪ ['kɔrno] *m*: ~ *inglés* Englischhorn *n*; **~nucopia** [~nu'kopia] *f* Füllhorn *n*; **~nudo** [~'nudo] **1.** *adj.* gehörnt; **2.** *m* Hahnrei *m*; **~núpeto** F *Stk.* [~'nupeto] *m* Stier *m*.

coro ['koro] *m* ♪ Chor *m*; ⚠ Empore *f*; *hacer* ~ *con alg.* j-m beipflichten; **~ides** *Anat.* [ko'rõîdes] *f* Aderhaut *f*.

corola [ko'rola] *f* Blumenkrone *f*.

corolario [koro'larîo] *m* Folgesatz *m*.

corona [ko'rona] *f* Krone *f*; Kranz *m*; Heiligenschein *m*; Tonsur *f*; Zahnkrone *f*; Hof *m* *um den Mond*; ~ *fúnebre* (*od. mortuoria*) Totenkranz *m*; ~ *triunfal* Siegerkranz *m*; **~ción** [korona'θîon] *f* Krönung *f* (*a. fig.*); Vollendung *f*; **~r** [~'nar] (1a) krönen (*a. fig.*); bekränzen; vollenden.

coronel [koro'nɛl] *m* Oberst *m*.

coronilla [koro'niʎa] *f* Kopfwirbel *m*; Tonsur *f*; *estar hasta la* ~ es satt haben, F die Nase voll haben.

corotos *Am.* [ko'rotos] *m/pl.* Siebensachen *f/pl.*

cor|pachón [kɔrpa'tʃɔn] *m* großer, plumper Leib *m*; **~piño** [~'piɲo] *m* Leibchen *n*, Mieder *n*; **~poración** [~pora'θîon] *f* Körperschaft *f*; Zunft *f*; Innung *f*; Gilde *f*; **~poral** [~po'ral] **1.** *adj.* körperlich, Körper...; **2.** *m* geweihtes Meßtuch *n*; **~póreo** [~'poreo] leiblich.

cor|pulencia [kɔrpu'lenθîa] *f* Beleibtheit *f*; **~pulento** [~pu'lento] beleibt; ⚥**pus** ['kɔrpus] *m* Fronleichnamsfest *n*; **~púsculo** [kɔr'puskulo] *m* Körperchen *n*.

corral [kɔ'rral] *m* Geflügelhof *m*; Wirtschaftshof *m*; Gehege *n*; **~ito** [kɔrra'lito] *m* Laufstall *m* *für Kinder*.

correa [kɔ'rrea] *f* Riemen *m*; Treibriemen *m*; Uhrarmband *n*; *besar la* ~ zu Kreuz kriechen; *tener mucha* ~ *fig.* ein dickes Fell haben; Spaß verstehen; ausdauernd sein; **~je** [kɔrre'axe] *m* Riemenwerk *n*; ⚒ Koppelzeug *n*.

correc|ción [korreg'θîon] *f* Verbesserung *f*; Korrektur *f*; Korrektheit *f*, Anstand *m*; Tadel *m*; Strafe *f*; ~ *disciplinaria* Disziplinarstrafe *f*; **~cional** [~θîo'nal] **1.** *adj.* Besserungs...; **2.** *m* Besserungsanstalt *f*; **~tivo** [korrek'tibo] **1.** *adj.* lindernd; **2.** *m* Linderungsmittel *n*; **~to** [kɔ'rrekto] richtig; fehlerfrei; untadelig; korrekt; **~tor** [korrek'tɔr] *m* Verbesserer *m*; *Typ.* Korrektor *m*.

corredera [korre'dera] *f* ⊕ Schieber *m*; Gleitbahn *f*, Führungsbahn *f*; Schiebetür *f*, -laden *m*.

corre|dizo [korre'diθo] Schiebe...; *techo m* ~ *Kfz.* Schiebedach *n*; **~dor** [~'dɔr] **1.** *adj.* schnell, leichtfüßig; **2.** *m* Wettläufer *m*; Rennfahrer *m*; Vertreter *m*; Makler *m*; Korridor *m*, Flur *m*; ~ *aéreo* Luftkorridor *m*, -schneise *f*; ~ *de apuestas* Buchmacher *m*; ~ *de bolsa* Börsenmakler *m*; ~ *de buques* Schiffsmakler *m*; ~ *de letras* Wechselmakler *m*; ~ *de seguros* Versicheiungsmakler *m*; **~duría** [~du'ria] *f* Maklergebühr *f*; **~gible** [korre'xible] besserungsfähig; **~gidor** [~xi'dɔr] *m* *ehm.* Richter *m*; **~gir** [~'xir] 3c *u.* 3l (ver)bessern, berichigen; tadeln; *Typ.* korrigieren.

correhuela ⚥ [korre'ûela] *f* Ackerwinde *f*.

correla|ción [korrela'θîon] *f* Wechselwirkung *f*, -beziehung *f*; **~tivo** [~'tibo] wechselseitig.

correligionario [korrelixio'narîo] *m* Glaubens-, Gesinnungsgenosse *m*.

correlón *Am.* [korre'lon] schnell, leichtfüßig.

corren|cia F [kɔ'rrenθîa] *f* ♂ Durchfall *m*; Verlegenheit *f*; **~tada** *Am.* [korren'tada] *f* starke Strömung *f*; **~tío** [korren'tio] dünnflüssig; *fig.* zwanglos; **~tón** F [~'ton] **1.** *adj.* gern umherlaufend; *fig.* aufgeräumt; **2.** *m* Hansdampf *m* in

164

allen Gassen; ~toso *Am.* [~'toso]
reißend (*Strom*).

correo [ko'rreo] *m* Bote *m*; Kurier
m; Post *f*; Postamt *n*; Posteingang
m; (*tren m*) ~ Personenzug *m*; ~
aéreo Luftpost *f*; ~ neumático, ~
tubular Rohrpost *f*; estafeta *f* (*od.*
oficina *f*) de ~s Postamt *n*; lista *f*
de ~s postlagernd; *a vuelta de* ~
postwendend; *echar al* ~ *Brief* einwerfen; *llevar al* ~ *zur Post*
bringen; *Central f de* ⚫s Haupt-
postamt *n*.

correoso [korre'oso] dehnbar; zäh
(*a. Person*); schwammig.

correr [ko'rrer] (2a) **1.** *v/i.* laufen;
eilen; rennen; vergehen (*Zeit*);
fließen (*Fluß*); wehen (*Wind*); ~
con los gastos die Kosten tragen; *a
todo* ~ eiligst; *corre prisa* die Sache
eilt; **2.** *v/t.* durcheilen; bereisen;
Möbel rücken; *Riegel* vorschieben;
Vorhang zuziehen; *Wild* hetzen;
Gefahr laufen; *Geschäft* erledigen;
✝ *Ware* an den Mann bringen;
Rpl. ängstigen; ~ *la clase* die Schule
schwänzen; ~ *la misma suerte* das
gleiche Schicksal erleiden; *hacer* ~
la voz ein Gerücht verbreiten; ~
parejas sich ähnlich sein; **3.** ~**se**
beiseite rutschen; sich schämen.

correría [korre'ria] *f* Streifzug *m*,
Raubzug *m*; Wanderung *f*.

correspon|dencia [korrespon'den-
θia] *f* Briefwechsel *m*, Schrift-
wechsel *m*; Entsprechung *f*; 🏛 Anschluß *m*; ~**der** [~'der] (2a) er-
widern; entsprechen; zukommen;
angehen; ~**derse** Briefe wechseln;
Umgang haben; ~**diente** [~'diente]
entsprechend; zugehörig; *miembro
m* ~ korrespondierendes Mitglied *n*
e-r *Akademie*; ~**sal** [~'sal] *m* Ge-
schäftsfreund *m*; Korrespondent *m*;
Berichterstatter *m*; ~ *de guerra*
Kriegsberichterstatter *m*.

corretaje [korre'taxe] *m* Makler-
gebühr *f*.

corretear [korrete'ar] (1a) herumlaufen, sich herumtummeln.

correveidile F [korrebei'dile] *m*
Zwischenträger *m*, P Klatschmaul *n*.

corrida [ko'rrida] *f* Lauf *m*; Hetze *f*;
~ *de toros* Stierkampf *m*; *de* ~ eilig;
fehlerfrei *aufsagen*.

corrido [ko'rrido] überreichlich,
-voll; beschämt; verlegen; *Am.*

fortlaufend, ununterbrochen; *de* ~
fließend.

corriente [ko'rriente] **1.** *adj.* laufend; geläufig; fließend; alltäglich,
üblich, gewöhnlich; **2.** *f* Strom *m*
(*a. fig. u. ⚡*); *fig.* Strömung *f*; ~ *de
agua* Wasserlauf *m*; ~ *de aire* Luftzug *m*; ⚡ ~ *alterna* Wechselstrom
m; ~ *continua* Gleichstrom *m*; ~
trifásica Drehstrom *m*; *ir* (*od. nadar*) *contra la* ~ gegen den Strom
schwimmen; **3.** *m* laufende(r) Monat *m*; *estar al* ~ *de a/c.* über et.
auf dem laufenden sein; *fuera de
lo* ~ außergewöhnlich; *poner al* ~
de a/c. über et. (*ac.*) genau unterrichten.

corrillo [ko'rriʎo] *m* Gruppe *f* sich
unterhaltender Personen.

corrimiento [korri'miento] *m* 🌽
Fluß *m*; ~ *de tierras* Erdrutsch *m*.

corro ['korro] *m* Kreis *m* von Personen, die sich unterhalten; Ringel-
reihen *m*; *Börse*: Wertpapier-
gruppe *f*; ~**borar** [korrobo'rar] (1a)
(be)stärken; bekräftigen.

corroer [korro'er] (2za) zernagen,
zerfressen.

corromper [korrom'per] (2a) verderben; verunstalten; *fig.* bestechen; verführen; ~**se** verderben;
verfaulen, verwesen, verkommen.

corros|ión [korro'sion] *f* Korrosion
f; ~**ivo** [~'sibo] **1.** *adj.* zerfressend;
beizend; **2.** *m* Ätzmittel *n*; Beize *f*.

corrup|ción [korrub'θion] *f* Ver-
derben *n*; Verwesung *f*, Fäulnis *f*;
Bestechung *f*; Korruption *f*; Sit-
tenverderbnis *f*; Verfall *m*; ~ *de
menores* Verführung *f* Minder-
jähriger; ~**tibilidad** [korruptibili-
'da⁽ᵈ⁾] *f* Verderblichkeit *f*; Bestechlichkeit *f*; ~**tible** [~'tible] bestechlich; ~**to** [~'rrupto] verdorben;
korrupt; ~**tor** [korrup'tor] **1.** *adj.*
verderblich; sittenverderbend; **2.** *m*
Verderber *m*; Verführer *m*.

corsario [kor'sario] *m* Seeräuber *m*,
Freibeuter *m*, Korsar *m*.

corsé [kor'se] *m* Korsett *n*.

corso ['korso] **1.** *adj.* korsisch; **2.** *m*
Korse *m*; Kaperei *f*.

corta ['korta] *f* Holzfällen *n*; Abholzen *n*.

corta|césped [korta'θespe⁽ᵈ⁾] *m*
Rasenmäher *m*; ~**cigarros** [~θi-
'garros] *m* Zigarrenabschneider *m*;
~**circuitos** ⚡ [~θir'kuitos] *m* Siche-

rung *f*; **~da** *Am*. [kɔr'taða] *f* Schnitt(wunde *f*) *m*; **~dillo** [~ta'ði-ʎo] *m* kleines Trinkglas *n*; **~do** [~'taðo] **1.** *adj*. zugeschnitten; geeignet; *Stil*: knapp; *quedarse* ~ steckenbleiben; **2.** *m* Kaffee *m* mit et. Milch; **~dor** [kɔrta'dɔr] **1.** *adj*. schneidend; **2.** *m* Zuschneider *m*; **~dora** [~'dɔra] *f* Schneidemaschine *f*; **~dura** [~'dura] *f* Schnitt *m*; Schnittwunde *f*; **~fiambres** [~'fiambres] *m* Aufschnittmaschine *f*; **~frío** [~'frio] *m* Hartmeißel *m*; **~fuego** [~'füego] *m* Brandmauer *f*; **~nte** [~'tante] **1.** *adj*. Schneide...; **2.** *m* Hackmesser *n*; **~papeles** [kɔrtapa'peles] *m* Papiermesser *n*; Brieföffner *m*; **~pisa** [~'pisa] *f* Vorbehalt *m*; **~plumas** [~'plumas] *m* Federmesser *n*, Taschenmesser *n*; **~puros** [~'puros] *m* Zigarrenabschneider *m*.

cortar [kɔr'tar] (1a) schneiden; ab-, aus-, be-, durchschneiden; *Weg* abschneiden; *Stoff* zuschneiden; *Wein* verschneiden; *Text* kürzen; *Verbindung* unterbrechen; *Gas, Licht, Verkehr* sperren; *Karten* abheben; *Am. Obst* pflücken; *Motor*: ~ *el gas* Gas wegnehmen; **~se** sich schneiden; gerinnen; verlegen werden, sich genieren; steckenbleiben; *Méj*., *Pe*., *P.R*. Schüttelfrost haben.

corta|úñas [kɔrta'uɲas] *m* Nagelzange *f*; **~vientos** [~'bientos] *m* Windschutz *m*.

corte¹ ['kɔrte] *m* Schnitt *m*; (Ab-, Durch-)Schneiden *n*; Zuschnitt *m*; Stoff *m* für *Anzug od. Kleid*; *Am*. Ernte *f*; ~ *de pelo* Haarschnitt *m*.

corte² ['kɔrte] *f* königlicher Hof *m*; *Am*. Gerichtshof *m*; *fig. hacer la* ~ *a alg*. j-m den Hof machen; **2s** *pl*. das spanische Parlament.

corte|dad [kɔrte'da⁽ᵈ⁾] *f* Kürze *f*; Beschränktheit *f*; Schüchternheit *f*; **~jar** [~te'xar] (1a) j-m den Hof machen; **~jo** [~'texo] *m* Liebeswerben *n*; Zug *m*, Gefolge *n*; *Zo*. Balz *f*; ~ *fúnebre* Trauerzug *m*.

cortés [kɔr'tes] höflich.

corte|sana [kɔrte'sana] *f* Kurtisane *f*; **~sano** [~'sano] **1.** *adj*. höfisch, Hof...; **2.** *m* Höfling *m*; **~sía** [~'sia] *f* Höflichkeit *f*; Verbeugung *f*.

corte|za [kɔr'teθa] *f* Rinde *f*; Kruste *f* (*Brot*); Schale *f* (*Früchte*);

~zudo [~te'θuðo] dickschalig; *fig*. grob, ungeschliffen.

cortijo [kɔr'tixo] *m* *andalusisches* Landgut *n*; Gehöft *n*.

corti|na [kɔr'tina] *f* Gardine *f*, Vorhang *m*; *Am*. ~ *de hierro* Eiserner Vorhang *m*; **~naje** [~ti'naxe] *m* Gardinen u. Vorhänge *pl*.

corto ['kɔrto] kurz; klein; dumm, beschränkt; schüchtern; ~ *de alcances* geistig beschränkt; ~ *de oído* schwerhörig; ~ *de vista* kurzsichtig; *a la -a o a la larga* über kurz oder lang; *ni* ~ *ni perezoso* mir nichts, dir nichts; *no quedarse* ~ keine Antwort schuldig bleiben; **~circuito** ⚡ [kɔrtoθir'küito] *m* Kurzschluß *m*; **~metraje** [~me'traxe] *m* Kurzfilm *m*.

cor|va ['kɔrba] *f* Kniekehle *f*; **~vadura** [kɔrba'dura] *f* Krümmung *f*, Biegung *f*.

corvo ['kɔrbo] krumm.

corzo ['kɔrθo] *m* Reh *n*; Rehbock *m*.

cosa ['kosa] **a)** *f* Sache *f*, Ding *n*; *(a)* ~ *de* ungefähr; ~ *fungible* vertretbare Sache *f*; ~ *juzgada* rechtskräftige Entscheidung *f*; ~ *de importancia* et. Wichtiges; ~ *de poca monta* et. Unbedeutendes; *poca* ~ wenig; *no ... gran* ~ nicht viel; *¡~ hecha!* abgemacht!; *¡~ rara!* seltsam!, merkwürdig!; *como si tal* ~ als ob nichts geschehen wäre; *no hay tal* ~ das stimmt nicht; **b)** **~s** *pl*. Angelegenheiten *f/pl.*; *¡~s de España! iron*. typisch spanisch!

cosaco [ko'sako] *m* Kosak *m*.

coscorrón [kɔskɔ'rrɔn] *m* Schlag *m* auf den Kopf.

cosech|a [ko'setʃa] *f* Ernte *f*; Ausbeute *f*; **~adora** [koset∫a'dɔra] *f* Mähdrescher *m*; **~ar** [~'tʃar] (1a) ernten; **~ero** [~'tʃero] *m* Pflanzer *m*.

cose|dora [kose'dora] *f* Heftmaschine *f*; **~no** [ko'seno] *m* Kosinus *m*; **~papeles** [kosepa'peles] *m* Heftmaschine *f*.

coser [ko'ser] (2a) nähen; heften; *máquina f de* ~ Nähmaschine *f*; *(cosa f de)* ~ *y cantar* kinderleicht.

cosido [ko'sido] *m* Nähen *n*, Heften *n*.

cosmética [kɔz'metika] *f* Kosmetik *f*, Schönheitspflege *f*.

cosmético [kɔz'metiko] **1.** *adj*. kosmetisch; **2.** *m* Schönheitsmittel *n*.

cósmico ['kɔzmiko] kosmisch.

cosmo|logía [kɔzmɔlɔ'xia] f Lehre f vom Weltall; **~nauta** [~'nauta] m Kosmonaut m; **~nave** [~'naβe] f Raumschiff n; **~polita** [~po'lita] m Weltbürger m; **~politismo** [~poli-'tizmo] m Weltbürgertum n.

cosmos ['kɔzmɔs] m Kosmos m.

cosmovisión [kɔzmobi'siɔn] f bsd. Am. Weltanschauung f.

cosquill|as [kɔs'kiʎas] f/pl. Kitzeln n; hacer ~ kitzeln; fig. reizen, ärgern; **~ear** [~kiʎe'ar] (1a) kitzeln; **~eo** [~ki'ʎeo] m Kitzeln n; **~oso** [~ki'ʎoso] kitz(e)lig; fig. empfindlich.

costa ['kɔsta] f **a)** Kosten pl.; ~s pl. Gerichtskosten pl.; a ~ de auf Kosten von; a toda ~ um jeden Preis; **b)** Küste f; **~do** [kɔs'taðo] m Seite f; Flanke f; Breitseite f (Schiff); por los cuatro ~s reinblütig.

costal [kɔs'tal] m Getreidesack m; ~ de mentiras Erzlügner m; eso es harina de otro ~ das steht auf e-m andern Blatt.

costalada F [kɔsta'laða] f: dar una ~ lang hinschlagen; ausgleiten.

costa|nera [kɔsta'nera] f Abhang m; ~s pl. Dachsparren m/pl.; **~nero** [~'nero] abschüssig.

cos|tar [kɔs'tar] (1m) kosten; schwerfallen; ~ caro teuer zu stehen kommen; cueste lo que cueste um jeden Preis; **~tarricense** [kɔstarri-'θense] **1.** adj. costaricanisch; **2.** m, **-a** f Costaricaner(in f) m; **~te** ['kɔste] m Preis m; Kosten pl.; ~ de la vida Lebenshaltungskosten pl.; **~tear** [kɔste'ar] (1a) Kosten tragen; v/i. ♠ längs der Küste fahren.

costeño [kɔs'teɲo], costero [~'tero] Küsten...

costilla [kɔs'tiʎa] f Rippe f; F Ehefrau f, bessere Hälfte f; medirle a alg. las ~s j-n verprügeln.

costo ['kɔsto] m Kosten pl.; ~s fijos feste Kosten pl.; **~so** [kɔs'toso] kostspielig; teuer; mühsam.

costra ['kɔstra] f Kruste f, Rinde f; ♠ Schorf m. [schorfig.]

costroso [kɔs'troso] krustig; ♠

costumbre [kɔs'tumbre] f Gewohnheit f; Sitte f; Brauch m; mala ~ Unsitte f; de ~ gewöhnlich, üblich.

costu|ra [kɔs'tura] f Naht f; Fuge f; Nähen n; Näharbeit f; alta ~ Haute Couture f; **~rar** [~tu'rar] Am. Cent.,

Bol., Méj., **~rear** [~re'ar] Am. Cent., Arg., Chi., Méj. (1a) nähen; **~rera** [~tu'rera] f Näherin f, Schneiderin f; **~rero** [~tu'rero] m Nähkasten m.

cota ['kɔta] f **a)** hist. Panzerhemd n; **b)** Höhenzahl f auf Landkarten.

cotana [ko'tana] f Zapfenloch n.

cotarro [ko'tarro] m Nachtasyl n; F alborotar el ~ das Fest stören.

cote|jar [kote'xar] (1a) vergleichen; **~jo** [ko'texo] m Vergleich m.

coterráneo [kote'rraneo] m Landsmann m.

cotidiano [koti'ðiano] täglich.

cotiledón ♀ [kotile'ðɔn] m Keimblatt n.

cotillear [kotiʎe'ar] (1a) F klatschen.

cotiza|ción [kotiθa'θiɔn] f Notierung f; Kurs m; boletín m de ~ Kurszettel m; **~r** [~'θar] (1f) Börse: notieren; **~rse** a. fig. gut im Kurs stehen.

coto ['kɔto] m eingezäuntes Grundstück n; Jagdgehege n; Am. Kropf m; poner coto a ~ fig. Schranken setzen.

cotorr|a [ko'tɔrra] f kleiner Papagei m; Sittich m; F Klatschbase f; **~eo** [kotɔ'rreo] m Klatscherei f; **~era** [~'rrera] f Schwätzerin f.

covacha [ko'batʃa] f kleine Höhle f; ärmliche Wohnung f.

coxal ♠ [kɔg'sal] adj. Hüft...

coy [kɔi] m Hängematte f.

coyote [ko'jote] m Präriewolf m.

coyun|da [ko'junda] f Jochriemen m; **~tura** [kojun'tura] f **a)** Gelenk n; **b)** günstige Gelegenheit f; Konjunktur f.

coz [kɔθ] f Ausschlagen n (v. Reittieren); F soltar la ~ grob werden.

cráneo ['kraneo] m Hirnschale f; Schädel m.

crápula ['krapula] f Schwelgerei f.

crapuloso [krapu'loso] schwelgerisch; verbummelt; vida f -a Luderleben n.

cra|situd [krasi'tu⁽ᵈ⁾] f Fettleibigkeit f; **~so** [kraso] fett; plump; kraß; grob (Irrtum).

cráter ['krater] m Krater m; Trichter m.

crawl engl. [krol] m Sport: Kraulen n; nadar a ~ kraulen.

cre|ación [krea'θiɔn] f Schöpfung f; Erschaffung f; **~ador** [~a'ðɔr] **1.** adj. schöpferisch; **2.** m Schöpfer

m; Urheber *m*; **~ar** [~'ar] (1a)
(er)schaffen; errichten, gründen.
cre|cedero [kreθe'ðero] im Wachstum begriffen; **~cer** [~'θer] (2d)
(an)wachsen; anschwellen, steigen
(*Fluß*); zunehmen; **~ces** ['kreθes]
f/pl. Zunahme *f*; con ~ reichlich;
~cida [kre'θiða] *f* Hochwasser *n*;
~cido [~'θiðo] erwachsen; groß;
ansehnlich; **~ciente** [~'θiente]
1. *adj.* steigend, wachsend; *estar en*
~ zunehmen (*Mond*); **2.** *f* Steigen *n*
der Flut; Mondsichel *f*; **~cimiento**
[~θi'miento] *m* Wachstum *n*; Zunahme *f*; Zuwachs *m*.
credencia [kre'ðenθia] *f* Kredenz *f*;
~l [~ðen'θial]: (*cartas*) ~es *f/pl.*
Beglaubigungsschreiben *n*; Ernennungsurkunde *f*.
credi|bilidad [kreðiβili'ða⁽ᵈ⁾] *f*
Glaubwürdigkeit *f*; **~ticio** [~'tiθio]
Kredit...
crédito ['kreðito] *m* Vertrauen *n*;
Ansehen *n*; Glaubwürdigkeit *f*;
Kredit *m*; Schuldforderung *f*; ~ de
aceptación Akzeptkredit *m*; ~ en
cuenta corriente Kontokorrentkredit *m*; ~ documentario Akkreditiv *n*; ~ territorial Bodenkredit *m*;
~ a la vista Tagegeld *n*; dar ~ a
alg. j-m Glauben schenken.
cre|do ['kreðo] *m* Rel., Pol. Glaubensbekenntnis *n*; en un ~ im Nu;
~dulidad [kreðuli'ða⁽ᵈ⁾] *f* Leichtgläubigkeit *f*.
crédulo ['kreðulo] leichtgläubig.
creedero [kree'ðero] glaubhaft.
creencia [kre'enθia] *f* Glaube *m*.
creer [kre'ɛr] (2e) glauben; für et.
(*ac.*) halten; ~ conveniente es für
ratsam halten; ~ en Dios an Gott
glauben; **~se** sich et. einbilden; sich
für et. (*ac.*) halten; *¡ya lo creo!* das
will ich meinen!
cre|íble [kre'iβle] glaubhaft; **~do**
[~'iðo] Am. leichtgläubig; Am. reg.
eingebildet, eitel.
crema ['krema] *f* Sahne *f*, Rahm *m*;
Creme *f*; Cremefarbe *f*; Gram.
Trema *n*; ~ batida Schlagsahne *f*;
~ dental Zahnpasta *f*.
cremación [krema'θion] *f* Verbrennung *f*; Feuerbestattung *f*.
cremallera [krema'ʎera] *f* Zahnstange *f*; Reißverschluß *m*; (*ferrocarril de*) ~ Zahnradbahn *f*.
crematorio [krema'torio] *m* Krematorium *n*.

crencha ['krentʃa] *f* Scheitelhaar *n*.
crepé [kre'pe] *m* Krepp *m*; Pfannkuchen *m*.
crepita|ción [krepita'θion] *f* Prasseln *n*, Knistern *n*; **~nte** [~'tante]
prasselnd; **~r** [~'tar] (1a) prasseln,
knistern.
crepuscular [krepusku'lar] dämmerig; Dämmerungs...
crepúsculo [kre'puskulo] *m* Dämmerung *f*.
cresa ['kresa] *f* Made *f*.
crespo ['krespo] kraus.
crespón [kres'pon] *m* Krepp *m*.
cresta ['kresta] *f* Kamm *m* des
Hahnes; Gebirgskamm *m*.
creta ['kreta] *f* Geol. Kreide *f*.
cretin|ismo [kreti'nizmo] *m* Kretinismus *m*; **~o** [~'tino] *m* Kretin *m*.
creyente [kre'iente] **1.** *adj.* gläubig;
2. *m* Gläubige(r) *m*.
cría ['kria] *f* Zucht *f*; Wurf *m*;
Brut *f*; Junge(s) *n*; ~ de caballos
Pferdezucht *f*.
criada [kri'aða] *f* Dienstmädchen *n*;
Magd *f*.
criadero [kria'ðero] *m* Zucht *f*; ⚒
Erzgang *m*.
criadilla [kria'ðiʎa] *f* Gericht *n* aus
Hoden; ~ de tierra Trüffel *f*.
cria|do [kri'aðo] **1.** *adj.*: bien ~ gut
erzogen; mal ~ schlecht erzogen;
2. *m* Diener *m*; Knecht *m*; **~dor**
[~a'ðor] *m* Züchter *m*; el ♀ der
Schöpfer (= Gott); **~nza** [~'anθa] *f*
Stillen *n*; Aufzucht *f*; sin ~ unerzogen; **~r** [~'ar] (1c) erzeugen;
(er)schaffen; hervorbringen; säugen; stillen; aufziehen; *Anlaß*
geben, verursachen; **~rse** aufwachsen; **~tura** [~a'tura] *f* Kreatur *f*;
Lebewesen *n*; Geschöpf *n*.
criba ['kriβa] *f* Sieb *n*; **~r** [kri'βar]
(1a) sieben.
cric ⊕ [krik] *m* Hebewinde *f*; Kfz.
Wagenheber *m*.
crimen ['krimen] *m* Verbrechen *n*.
criminal [krimi'nal] **1.** *adj.* verbrecherisch; Straf...; **2.** *m* Verbrecher *m*; **~idad** [~nali'ða⁽ᵈ⁾] *f*
Kriminalität *f*; **~ista** [~na'lista] *m*
Kriminalist *m*; Strafrechtler *m*.
crin [krin] *f* (Mähnen-, Schwanz-)
Haar *n*; ~ (de caballo) Roßhaar *n*;
~ vegetal Seegras *n*.
crío ['krio] *m* Säugling *m*; F Kind *n*.
criollo [kri'oʎo] **1.** *adj.* kreolisch;
2. *m*, **-a** *f* Kreole *m*, Kreolin *f*.

cripta ['kripta] f Gruft f, Krypta f.

crisálida Zo. [kri'salida] f Puppe f.

crisis ['krisis] f Krise f.

crisma ['krizma] **a)** m Salböl n; **b)** f F Kopf m, P Birne f; romper la ~ a alg. j-m den Schädel einschlagen.

crisol [kri'sɔl] m Schmelztiegel m; fig. Prüfstein m.

crispar [kris'par] (1a) zs.-krampfen.

cristal [kris'tal] m Kristall n; Glas n; Fensterscheibe f; ~ inastillable splitterfreies Glas n; ~ opalino Milchglas n; ~ de roca Min. Bergkristall m; ~era [ʌta'lera] f Glasschrank m; ~ería [ʌtale'ria] f Glaswaren f/pl.; ~ero [ʌta'lero] m Glaser m; ~ino [ʌta'lino] **1.** adj. kristallinisch; kristallklar; **2.** m Anat. Linse f; ~izar [ʌtali'θar] (1f) kristallisieren; ~izarse Kristalle bilden.

cristia|ndad [kristian'da⁽ᵈ⁾] f Christenheit f; ~nismo [ʌtia'nizmo] m Christentum n; ~nizar [ʌtiani'θar] (1f) christianisieren; ~no [ʌ'tiano] **1.** adj. christlich; ¡hable Vd. en ~! sprechen Sie verständlich!; **2.** m Christ m; Am. Cent. gutmütiger, naiver Mensch m; no se ve un ~ keine Menschenseele ist zu sehen.

cristo ['kristo] m **a)** ♀ Christus m; **b)** ✝ Kruzifix m F ni por un ~ um nichts in der Welt!; F sacar el ♀ zum äußersten Mittel greifen; sentar como a un Santo ♀ un par de pistolas passen wie die Faust aufs Auge.

criterio [kri'terio] m Kriterium n; Gesichtspunkt m; Merkmal n; Verstand m; Urteil n.

crítica ['kritika] f Kritik f.

critica|ble [kriti'kable] kritisierbar; ~r [ʌ'kar] (1g) kritisieren; ~stro [ʌ'kastro] m F Kritikaster m.

crítico ['kritiko] **1.** adj. kritisch; entscheidend; bedenklich, gefährlich; **2.** m Kritiker m.

criticón [kriti'kon] **1.** adj. allzu kritisch; **2.** m F Nörgler m, P Meckerer m.

croar [kro'ar] (1a) quaken.

cromar [kro'mar] (1a) verchromen.

cromo ['kromo] m **a)** Chrom n; **b)** Sammelbild n; ~tipia [ʌ'tipia] f Farbendruck m.

cróni|ca ['kronika] f Chronik f; Bericht m; ~co ['kroniko] chronisch.

cro|nista [kro'nista] m Berichterstatter m; ~nología [ʌnolo'xia] f zeitlicher Ablauf m; Chronologie f; ~nológico [ʌno'lɔxiko] zeitlich geordnet, chronologisch; ~nometrador [ʌmetra'dɔr] m Zeitnehmer m (a. Sport); ~nometrar [ʌ'trar] (1a) Zeit stoppen (Sport); ~nómetro [ʌ'nometro] m Präzisions-, Stoppuhr f.

croquetas [kro'ketas] f/pl. Kroketten pl.

croquis ['krokis] m Skizze f, erster Entwurf m.

crótalo ['krotalo] m Klapperschlange f.

cruce [kru'θe] m Kreuzung f (a. Zo.); Straßenkreuzung f; ~rista [kruθe'rista] m Teilnehmer m an e-r Kreuzfahrt; ~ro [ʌ'θero] m ♦ Kreuzbogen m; ♣ Kreuzer m; Kreuzfahrt f; ~ de placer ♣ See-Vergnügungsreise f; ~ta [ʌ'θeta] f Kreuzstich m.

crucial [kru'θial] kreuzförmig; fig. entscheidend.

crucifi|car [kruθifi'kar] (1g) kreuzigen; ~jo [ʌ'fixo] m Kruzifix n; ~xión [ʌfig'θion] f Kreuzigung f.

crucigrama [kruθi'grama] m Kreuzworträtsel n.

crudeza [kru'deθa] f Rohzustand m; Roheit f; Strenge f; Härte f; ~s pl. schwerverdauliche Speisen f/pl.

crudo ['krudo] **1.** adj. roh, ungekocht; grob, unfreundlich; schwerverdaulich; **2.** m Rohöl n.

cruel [kru'el] grausam; ~dad [kruel'da⁽ᵈ⁾] f Grausamkeit f.

cruento [kru'ento] blutig.

crujía [kru'xia] f Flur m, Gang m; Zimmerflucht f; Krankensaal m; fig. pasar una ~ e-e schlimme Zeit durchmachen.

cruji|do [kru'xido] m Knistern n; Knirschen n; Knarren n; ~r [ʌ'xir] (3a) knistern; knirschen; knarren.

crup ✿ [krup] m Krupp m.

crural [kru'ral] Schenkel...

crustáceos [krus'taθeos] m/pl. Krustentiere n/pl.

cruz [kruθ] f Kreuz n; Schriftseite f e-r Münze; Bug m der Tiere; fig. Leid n; ~ gamada Hakenkreuz n; ♀ Roja Rotes Kreuz n; en ~ kreuzweise; de la ~ a la fecha von Anfang bis zu Ende; ¡~ y raya! genug davon!, Schluß damit!; hacerse cruces sprachlos sein; F quedarse en ~ y en cuadro alles bis auf den letzten Heller verloren haben; **~a** Am. ['kruθa] f Kreuzung f (Straße und Zucht); **~ada** [~'θaða] f Kreuzzug m; **~ado** [~'θa⁴o] **1.** adj. gekreuzt; zweireihig (Anzug); **2.** m Kreuzfahrer m; **~amiento** [~θa-'miento] m = cruce; **~ar** [~'θar] (1f) (durch)kreuzen; überqueren; Arme verschränken; Briefe wechseln; **~arse**: ~ de brazos untätig zuschauen.

cuaderno [kŭa'ðɛrno] m Heft n; Typ. Bogen m (= 16 Seiten); ~ de bitácora ♣ Logbuch n.

cuadra ['kŭaðra] f (Pferde-)Stall m; Am. Häuserreihe f, -zeile f; Am. reg. Häuserblock m.

cuadra|dillo [kŭaðra'ðiλo] m Vierkantlineal n; **~do** [~'ðra⁴o] **1.** adj. quadratisch; **2.** m Quadrat n; **~genario** [kŭaðraxe'nario] vierzigjährig; **~gesimal** [~xesi'mal] Fasten...; **~gésimo** [~'xesimo] vierzigste(r); **~ngular** [~ðrangu'lar] viereckig; **~nte** [~'drante] m Quadrant m; Sonnenuhr f; Radio: Skala f; **~r** [~'drar] (1a) **1.** v/t. viereckig machen; Arith. ins Quadrat erheben; **2.** v/i. passen; **3.** **~rse** ✕ strammstehen; F offiziell werden; **~tura** [kŭaðra'tura] f Quadratur f, Vierung f.

cuadrícula [kŭa'ðrikula] f Raster m, Liniennetz n.

cuadri|culado [kŭaðriku'la⁴o] kariert (Papier); **~cular** [~'lar] (1a) karieren; **~enal** [~e'nal] vierjährig; **~ga** [~'ðriɣa] f Viergespann n, Quadriga f; **~l** [~'ðril] m Hüftknochen m; **~látero** [~ðri'latero] **1.** adj. viereckig; **2.** m Viereck n; Boxsport: Ring m; **~lla** [~'ðriλa] f Stierfechtermannschaft f; fig. Bande f; Team n; Quadrille f (Tanz).

cuadrimotor [kŭaðrimo'tor] **1.** adj. viermotorig; **2.** m viermotoriges Flugzeug n.

cuadringentésimo [kŭaðrinxen'tesimo] vierhundertste(r).

cuadro ['kŭaðro] m Quadrat n; Tabelle f; Bild n, Gemälde n; Rahmen m; Gartenbeet n; ~ de distribución Schalttafel f; ~ de mando Kfz. Armaturenbrett n; ~ sinóptico Übersichtstabelle f; de ~s kariert.

cuadrúpedo [kŭa'ðrupeðo] **1.** adj. vierfüßig; **2.** m Vierfüß(l)er m.

cuádrupl|e ['kŭaðruple] vierfach; **~o** [~lo] m das Vierfache n.

cua|jada [kŭa'xaða] f geronnene Milch f; Quark m; **~jado** [~'xa⁴o] geronnen; übervoll; dichtbesetzt (mit [dat.] de); **~jaleche** [~xa-'letʃe] m Labkraut n; **~jar** [~'xar] **1.** m Labmagen m; **2.** (1a) v/t. zum Gerinnen bringen; verdicken; **3.** v/i. gerinnen; fig. gelingen, F klappen; Méj. lügen; **4.** **~jarse** gerinnen; **~jarón** [~xa'ron] m Klumpen m von geronnenem Blut od. geronnener Milch; **~jo** ['kŭaxo] m Lab n; de ~ mit Stumpf u. Stiel; F fig. tener mucho ~ hart im Nehmen sein.

cual [kŭal] **1.** pron. relat. el, la, lo ~ der, die, das; welche(r, s); a ~ más um die Wette; por lo ~ weswegen; **2.** pron. interr. ¿cuál? wer?, welche(r, s)?; **3.** adv. wie, so wie; tal ~ so wie; **4.** cj. ~ si als ob.

cuali|dad [kŭali'ða⁽d⁾] f Eigenschaft f, Qualität f; Fähigkeit f; **~ficar** [~fi'kar] (1g) qualifizieren.

cualitativo [kŭalita'tiβo] qualitativ.

cualquier [kŭal'kiɛr] irgendein; de ~ modo irgendwie; **~a** [~'kiera] irgend jemand; jedermann; un ~ ein x-beliebiger; ¡~ lo comprende! das soll e-r begreifen!

cuan [kŭan] wie (sehr).

cuando ['kŭando] **1.** cj. wenn; als; **2.** prp. während (gen.); **3.** adv.: de ~ en ~, de vez en ~ von Zeit zu Zeit; ~ ... ~ ... bald ..., bald ...; ~ más, ~ mucho höchstens; ~ menos wenigstens; ~ quiera jederzeit; **4.** interr. ¿cuándo? wann?; ¿de cuándo acá? seit wann?; **5.** int. ¡cuándo! nein!; ¡cuándo no! Am. das mußte ja kommen!

cuan|tía [kŭan'tia] f Summe f; Betrag m; Menge f; Bedeutung f, Belang m; **~tidad** [~ti'ða⁽d⁾] f Arith. Größe f; **~tioso** [~'tioso] zahlreich, reichlich, überreich; **~titativo** [~tita'tiβo] quantitativ.

cuánto[1] ['kŭanto] pron. wieviel; wie viele?; ¿a ~s estamos? den wievielten haben wir heute?

cuanto[2] ['kŭanto] alles, was; soviel wie; en ~ sobald; en ~ a was betrifft; ~ más que um so mehr als; ~ antes baldmöglichst; por ~ weil.

cuarenta [kŭa'renta] vierzig; cantar las ~ a alg. fig. j-m den Kopf waschen.

cuarent|ena [kŭaren'tena] f Quarantäne f; *poner en ~* mit Mißtrauen aufnehmen; **~ón** [~'tɔn] m Vierziger m.

cuaresma [kŭa'rezma] f Fasten pl., Fastenzeit f.

cuarta [kŭarta] f Spanne f; ♪ Quart f; **~na** [kŭar'tana] f viertägiges Fieber n.

cuartear [kŭarte'ar] (1a) vierteilen; spalten; v/i. e-e Viertelwendung machen; **~se** Risse bekommen.

cuartel [kŭar'tel] m Kaserne f; *~ general* Hauptquartier n; *no dar ~* keinen Pardon geben; *lucha f sin ~* erbarmungsloser Kampf m; **~azo** Am. [~te'laθo] m (Militär-) Putsch m.

cuarteo [kŭar'teo] m **a)** Spalt m, Riß m, Sprung m; **b)** Ausweichen n (vor dem Stoß des Stieres).

cuar|terón [kŭarte'rɔn] m Viertelpfund n; △ Paneel n; Am. Doppelmischling m; **~teto** ♪ [~'teto] m Quartett n; **~tilla** [~'tiʎa] f Quartblatt n; Zettel m; Fessel f des Pferdes; **~tillo** [~'tiʎo] m Schoppen m; Hohlmaß n (= 1,156 l).

cuarto ['kŭarto] **1.** vierte(r); **2.** m Viertel n (a. Schlächterei); Zimmer n; Quartformat n; Mondviertel n; *~ creciente* erstes Mondviertel n; *~ menguante* letztes Mondviertel n; *~ de baño* Badezimmer n; *~ de hora* Viertelstunde f; F *de tres al ~* minderwertig, nichts wert; *echar su ~ a espadas* s-e Meinung sagen, F s-n Senf dazugeben; F *tener ~s* P Zaster haben.

cuartón [kŭar'tɔn] m Kantholz n.

cuarzo Min. ['kŭarθo] m Quarz m.

cuasidelito ⚖ [kŭaside'lito] m unerlaubte Handlung f.

cuaternario Geol. [kŭater'narĭo] m Quartär...

cuatrero [kŭa'trero] m Viehdieb m.

cuatrillizos [kŭatri'ʎiθos] m/pl. Vierlinge m/pl.

cuatro ['kŭatro] **1.** vier; *~ palabras f/pl.* ein paar Worte n/pl.; **2.** m Méj. Betrug m, Schwindel m.

cuba ['kŭba] f Faß n; Kübel m; Eimer m.

cubano [ku'bano] **1.** adj. kubanisch; **2.** m, -a f Kubaner(in f) m.

cubero [ku'bero] m Küfer m, Böttcher m; *a ojo de buen ~* nach Augenmaß.

cuberte|ría [kuβerte'ria] f Besteck n; **~ro** [~'tero] m Besteckkasten m.

cubeta [ku'beta] f Trageimer m; Waschfaß n; ⚗ Wanne f, Schale f.

cubicar △ [kubi'kar] (1g) in die dritte Potenz erheben; das Volumen berechnen.

cúbico ['kubiko] kubisch; △ Kubik...

cubier|ta [ku'bĭerta] f Decke f; Hülle f; Kfz. Mantel m; ♻ Deck n; **~to** [~to] **1.** adj. bedeckt; bewölkt; † gedeckt; **2.** m Besteck n; Gedeck n; fig. Obdach n; *ponerse a ~* sich unterstellen.

cubil [ku'bil] m Lager n v. Tieren.

cubi|lete [kubi'lete] m Backform f; Würfelbecher m; Sektkübel m; **~tera** [~'tera] f Eiswürfelbehälter m.

cúbito Anat. ['kubito] m Elle f.

cubo ['kubo] m Würfel m; Kubikzahl f; Eimer m, Kübel m; Radnabe f; *~ de basura* Mülleimer m.

cubre|cadena [kubreka'dena] m Kettenschutz m; **~cama** [~'kama] f Bettüberzug m; **~nuca** [~'nuka] f Nackenschutz m; **~objetos** [~ob'xetos] m Deckglas n (Mikroskop).

cubrir [ku'brir] (3a) (be-, zu-)decken; bekleiden; schützen; Strecke zurücklegen; Kosten, Dach decken; Dienst versehen; Zo. decken, bespringen; **~se** den Hut aufsetzen.

cucaña [ku'kaɲa] f Kletterstange f, -mast m; fig. Zufallstreffer m.

cucañero [kuka'ɲero] m Glücksritter m.

cucaracha [kuka'ratʃa] f Schabe f, Kakerlak m.

cucarda [ku'karda] f Kokarde f.

cuclillas [ku'kliʎas]: *en ~* in Hockstellung.

cuclillo [ku'kliʎo] m Kuckuck m.

cuco ['kuko] **1.** m Kuckuck m; fig. Schlauberger m; *hacer ~ a alg. Méj.* sich über j-n lustig machen; **2.** adj. schlau, gerissen.

cucúrbita [ku'kurbita] f Retorte f.

cucurucho [kuku'rutʃo] m Papiertüte f; Eistüte f; Büßermütze f (bei Prozessionen); Am. reg. Gipfel m, Spitze f (e-s Berges etc.).

cucha|ra [ku'tʃara] f (Eß-)Löffel m, Kelle f; Greifer m (Kran); Am. (Maurer-)Kelle f; F *meter su ~* s-n Senf dazugeben; **~rada** [kutʃa'rada] f Eßlöffelvoll m; **~rero** [~'rero] m Löffelhändler m; Löffelbrett *n*; **~rilla** [~'riʎa] *f* Teelöffel *m*, Kaffeelöffel *m*; **~rón** [~'rɔn] *m* Schöpflöffel *m*, Schöpfkelle *f*.

cuchich|ear [kutʃitʃe'ar] (1a) flüstern, tuscheln, **~eo** [~'tʃeo] *m* Getuschel *n*; *andar en* **~s** F geheimtun.

cuchi|lla [ku'tʃiʎa] *f* (großes) Messer *n*; Klinge *f*, Schneide *f*; *Am. reg.* Hügelkette *f*; **~llada** [kutʃi'ʎada] *f* Messerstich *m*; Schnitt *m*; **~llería** [~ʎe'ria] *f* Stahlwaren *f/pl.*; **~llero** [~'ʎero] *m* Messerschmied *m*; **~llo** [ku'tʃiʎo] *m* Messer *n*; **~** *de monte* Hirschfänger *m*; *pasar a* **~** über die Klinge springen lassen; **~panda** F [kutʃi'panda] *f* Gelage *n*.

cuchitril [kutʃi'tril] *m* elendes Zimmer *n*, Loch *n*.

cuchufleta F [kutʃu'fleta] *f* Witz *m*, Jux *m*.

cueca *Am. Mer.* ['kŭeka] *f ein Volkstanz*.

cuelga ['kŭelɡa] *f* Bündel *n* (*Früchte zum Aufhängen*); Angebinde *n*.

cuello ['kŭeʎo] *m* Hals *m*; Kragen *m*; **~** *postizo* loser Kragen *m*; **~** *de botella* Engstelle *f*; **~** *de pajarita* steifer Eckenkragen *m*; *gritar a voz en* **~** aus vollem Halse schreien.

cuenca ['kŭeŋka] *f* Becken *n*; Kohlenrevier *n*; Flußgebiet *n*; **~** *del ojo* Augenhöhle *f*.

cuenco ['kŭeŋko] *m* Napf *m*; Höhlung *f*.

cuenta ['kŭenta] **a)** *f* Rechnen *n*; Rechnung *f*; Konto *n*; Rechenschaft *f*; Sorgfalt *f*; Perle *f* (*Rosenkranz*); **~** *abierta* offenes Konto *n*; **~** *atrás* Countdown *m*; **~** *bancaria* Bankkonto *n*; **~** *bloqueada* Sperrkonto *n*; **~** *corriente* Kontokorrent *n*, laufendes Konto *n*; **~** *de compensación* Verrechnungskonto *n*; **~** *de gastos* Spesenrechnung *f*; **~** *de pérdidas y ganancias* Gewinn- und Verlustrechnung *f*; *a* **~** a conto; *de* **~** *wichtig*; *por* **~** *de* auf Rechnung von; *abonar en* **~** gutschreiben; *cargar en* **~** belasten; *dar* **~** Rechenschaft ablegen; *darse* **~** *de a/c. et.* bemerken; *echar la* **~** abrechnen; *entrar en* **~** in Betracht kommen; *hacer* **~** überschlagen, überlegen; *poner en* **~** auf die Rechnung setzen; *sacar la* **~** ausrechnen; *saldar una* **~** e-e Rechnung begleichen; *tener* (*od. tomar*) *en* **~** in Betracht ziehen, berücksichtigen; *tomar por su* **~** auf

sich nehmen; **b) ~s** *f/pl.*: **~** *pendientes* unbezahlte Rechnungen *f/pl.*; *en fin de* **~** schließlich; *en resumidas* **~** kurz u. gut; alles in allem; *vamos a* **~** kommen wir zur Sache; **~correntista** [kŭentakɔrren'tista] *m* Kontokorrentinhaber *m*; **~gotas** [~'ɡotas] *m* Tropfenzähler *m*; **~kilómetros** [~ki'lometros] *m* Kilometerzähler *m*; **~rrevoluciones** [~rrebolu'θiones] *m* Drehzahlmesser *m*.

cuentista [kŭen'tista] *m* Prahlhans *m*; Klatschmaul *m*.

cuento ['kŭento] *m* Erzählung *f*; Geschichte *f*; Klatsch *m*; *a* **~** zu rechter Zeit; *un* **~** *de nunca acabar* e-e endlose Geschichte; *sin* **~** unzählig; **~** *de hadas* Märchen *n*; **~** *del tío Chi.*, *Rpl.* Schwindel *m*, Betrug *m*; **~** *de viejas* Ammenmärchen *n*; *ser un* **~** nicht wahr sein; *traer a* **~** zur Sprache bringen; *venir a* **~** gelegen kommen; **~s** *pl.* Gerede *n*, Unsinn *m*.

cuerda ['kŭerda] *f* Seil *n*; ♩ Saite *f*; Feder *f* (*Uhr*); **~** *para tender* Wäscheleine *f*; *de la misma* **~** vom gleichen Schlag; *dar* **~** (*al reloj*) (die Uhr) aufziehen; *dar* **~** *a alg.* das Gespräch auf das Lieblingsthema j-s bringen; *estar en su* **~** *Am.* in s-m Element sein; *tener* **~** aufgezogen sein (*Uhr*); *tener* **~** *para* das Zeug haben zu; *bajo* **~** heimlich; **~s** *pl. vocales* Stimmbänder *n/pl.*

cuerdo ['kŭerdo] klug, vernünftig.

cuer|na ['kŭerna] *f* Geweih *n*; ♩ Jagdhorn *n*; Gefäß *n* aus Horn; **~no** [~no] *m* Horn *n* (*a. ♩*); Spitze *f* der Mondsichel; ¡~(s)! Donnerwetter!; F ¡vaya usted al ~! scheren Sie sich zum Teufel!; *poner* **~s** *a alg.* j-m Hörner aufsetzen.

cuero ['kŭero] *m* Haut *f*; Leder *n*; *Am.* Peitsche *f*; **~** *cabelludo* Kopfhaut *f*; *en* **~s** splitternackt; F *dejar en* **~** *a alg.* j-m alles wegnehmen.

cuerpo ['kŭerpo] *m* Körper *m*, Leib *m*; Rumpf *m*; Leichnam *m*; Körperschaft *f*; Haupt(bestand)teil *m*; ✕ Korps *n*; Dicke *f*; Größe *f*; Wichtigkeit *f*; Gewicht *n*; ⊕ Gehäuse *n*, Mantel *m*; **~** *de bomberos* Feuerwehr *f*; **~** *docente* Lehrkörper *m*; **~** *de ejército* Armeekorps *n*; **~** *del delito* Beweisstück *n*, Corpus delicti *n*; **~** *de guardia* Wachstube *f*;

Wache *f*; *a* ~ ohne Mantel; *a* ~ de rey fürstlich; *en* ~ in corpore; *en* ~ *y alma* mit Leib und Seele; *retrato m de medio* ~ Brustbild *n*; ~ *a* ~ Mann gegen Mann; *estar de* ~ *presente* aufgebahrt sein (*Leiche*); *hacer del* ~ s-e Notdurft verrichten; *tomar* ~ Gestalt annehmen.

cuervo ['kǔerβo] *m* Rabe *m*.

cuesco ['kǔesko] *m* Obstkern *m*; P Furz *m*.

cuesta ['kǔesta] *f* Abhang *m*; Anhöhe *f*; Steigung *f*; Gefälle *n*; *hacer* ~ steil abfallen; ~ *abajo* bergab; ~ *arriba* bergauf; *a* ~s auf den Rücken; *tomar a* ~s übernehmen.

cuestación [kǔesta'θǐon] *f* Sammlung *f* für wohltätige Zwecke.

cuestión [kǔes'tǐon] *f* Frage *f*; Problem *n*; Sache *f*; Aufgabe *f*; 🏛 ~ *de derecho* Rechtsfrage *f*; 🏛 ~ *de hecho* Tatfrage *f*; *la* ~ *es que* es geht darum, daß ...

cuestiona|ble [kǔestǐo'naβle] streitig, zweifelhaft; ~**r** [~'nar] (1a) erörtern, diskutieren; ~**rio** [~'narǐo] *m* Fragebogen *m*.

cueva ['kǔeβa] *f* Höhle *f*; Keller *m*; ~ *de ladrones* Räuberhöhle *f*.

cuévano ['kǔeβano] *m* Kiepe *f*; Tragkorb *m*. [Waschkübel *m*.]

cuezo ['kǔeθo] *m* Mörteltrog *m*;

cui|dado [kǔi'daðo] *m* Sorge *f*; Sorgfalt *f*; Vorsicht *f*; Aufmerksamkeit *f*; *enfermo de* ~ schwer krank; *tener* ~ achtgeben; sich hüten; *hombre m de* ~ gefährlicher Mensch *m*; *sin* ~ unbesorgt; ¡~! Achtung!, Vorsicht!; ¡*pierda Vd.* ~! seien Sie unbesorgt!; *eso me tiene sin* ~ darüber mache ich mir keine Sorgen; ~ *de* Pflege *f*; ~**dadora** *Méj.* [~da'ðora] *f* Kindermädchen *n*; ~**dadoso** [~da'ðoso] sorgfältig; ~**dar** [~'ðar] (1a) besorgen; pflegen; versorgen; ~ *de* sorgen für (*ac.*); ~**darse** sich pflegen; sich schonen; ~ *de* sich in acht nehmen vor (*dat.*).

cuita ['kǔita] *f* Sorge *f*; Kummer *m*; Leiden *n*; ~**do** [kǔi'taðo] traurig; bekümmert.

cuja *Am. reg.* ['kuxa] *f* Bett *n*.

culada [ku'laða] *f*: ∨ *dar una* ~ auf den Hintern fallen.

culata [ku'lata] *f* Kruppe *f*; Gewehrkolben *m*; Zylinderkopf *m*; ~**zo** [kula'taθo] *m* Kolbenstoß *m*; Rückstoß *m*.

cule|bra [ku'leβra] *f* Schlange *f*; ~**brear** [kuleβre'ar] (1a) sich schlängeln.

culera [ku'lera] *f* Flicken *m* auf dem Hosenboden.

culinario [kuli'narǐo] kulinarisch; Küchen...

culmin|ante [kulmi'nante]: *punto m* ~ Höhepunkt *m*; Gipfel *m*; ~**ar** [~'nar] (1a) *v/i.* gipfeln; *v/t.* vollenden.

culo ['kulo] *m* Hintern *m*, ∨ Arsch *m*; Boden *m*, Unterteil *m od. n*; *ser* ~ *de mal asiento* kein Sitzfleisch haben.

culpa ['kulpa] *f* Schuld *f*; Verschulden *n*; *echar la* ~ *de a/c. a alg.* j-m die Schuld geben an et. (*dat.*); *tener la* ~ *de* schuld sein an (*dat.*); *por* ~ *de* wegen (*gen.*); ~**bilidad** [kulpaβili'ða⁽ᵈ⁾] *f* Strafbarkeit *f*; Schuld *f*; ~**ble** [~'paβle] strafbar; schuldig; ~**do** [~'paðo] schuldig; 🏛 beschuldigt, angeklagt; ~**r** [~'par] (1a) beschuldigen, anklagen.

cultera|nismo [kultera'nizmo] *m* schwülstiger Stil *m*; ~**no** [~'rano] geziert, schwülstig.

cul|tivable [kulti'βaβle] anbaufähig; ~**tivador** [~βa'ðor] *m* Züchter *m*; *fig.* Pfleger *m*; ~**tivar** [~'βar] (1a) anbauen, bebauen; *fig.* pflegen; ~**tivo** [~'tiβo] *m* Anbau *m*; Bebauung *f*; Pflege *f*; ~**to** ['kulto] **1.** *adj.* gebildet; höflich; gesittet; **2.** *m* Gottesdienst *m*; Kult *m*; Verehrung *f*; *rendir* ~ *a* Kult treiben mit (*dat.*); ~**tura** [kul'tura] *f* Bebauung *f*; Anbau *m*; Kultur *f*; Bildung *f*; Pflege *f*; Gesittung *f*; ~**tural** [~tu'ral] kulturell.

cumbre ['kumbre] *f* Berggipfel *m*; *fig.* Gipfel *m*.

cumpa *Am.* F ['kumpa] *m* Kumpan *m*, Kumpel *m*.

cúmplase ['kumplase] **1.** „genehmigt" *auf Urkunden*; **2.** *m* Genehmigungsvermerk *m*.

cumpleaños [kumple'aɲos] *m* Geburtstag *m*.

cumpli|dero [kumpli'ðero] zweckdienlich; ablaufend (*Frist*); ~**do** [~'pliðo] **1.** *adj.* vollkommen; vollendet; gebildet; ausgedient; *tiene 30 años* ~ er ist volle 30 Jahre alt; **2.** *m* Höflichkeit *f*; Glückwunsch *m*; *por* ~ aus Höflichkeit; ~s *pl.* Umstände *m/pl.*; *sin* ~s frei von der Leber weg; **~dor** [~'dɔr] gewissenhaft, zuverlässig; **~mentar** [~plimen-'tar] (1k) ɪ̯ɪ̯ ausführen; begrüßen; beglückwünschen; **~mentero** [~plimen'tero] übertrieben höflich; **~miento** [~pli'mi̯ento] m Erfüllung f; Vollziehung f; Vollstreckung f; por ~ der Form halber; ~s m/pl. Komplimente n/pl.; Am. reg. Glückwünsche m/pl.

cumplir [kum'plir] (3a) v/t. erfüllen; ausführen; befriedigen; Dienstzeit ableisten; Strafe verbüßen, absitzen; v/i. zu Ende gehen, ablaufen; ~ años Geburtstag feiern; ~ con sus deberes s-n Pflichten nachkommen; **~se** in Erfüllung gehen.

cúmulo ['kumulo] m Haufe m; Menge f; Gipfel m; Haufenwolke f.

cuna ['kuna] f Wiege f.

cundir [kun'dir] (3a) sich ausbreiten; aufquellen; sich verbreiten (Nachricht).

cunear [kune'ar] (1a) v/t. wiegen.

cuneiforme [kunei'forme] keilförmig; escritura f ~ Keilschrift f.

cuneta [ku'neta] f Straßengraben m.

cuña ['kuɲa] f Keil m; ~s f/pl. F gute Beziehungen f/pl.

cuña|da [ku'ɲaða] f Schwägerin f; **~do** [ku'ɲaᵈo] m Schwager m.

cuño ['kuɲo] m (Münz-)Stempel m; Prägung f.

cuota ['kṷota] f Quote f; Mitgliedsbeitrag m.

cupé [ku'pe] m Coupé n; ~ deportivo Kfz. Sportwagen m.

cup|lé [ku'ple] m Chanson n, Couplet n; **~letista** [~ple'tista] su. Chansonsänger(in f) m.

cupo ['kupo] m Quote f; Kontingent n.

cupón [ku'pon] m Kupon m; Zinsschein m.

cúprico ['kupriko], **cuproso** [ku'proso] Kupfer...

cúpula ['kupula] f Kuppel f.

cura ['kura] **a)** m Geistliche(r) m; ~ obrero Arbeiterpriester m; ~ párroco Pfarrer m; **b)** f Kur f; ~ de almas Seelsorge f; ~ termal Badekur f; ~ de urgencia Erste Hilfe f; tener ~ heilbar sein; **~ble** [ku'raβle] heilbar; **~ción** [kura'θi̯ɔn] f, **~da** Am. [ku'raða] f Heilung f; **~do** [ku'raᵈo] abgehärtet; **~dor** m, -a f [kura'dɔr, ~'ðora] ɪ̯ɪ̯ Pfleger(in f)

m; Vormund m; **~duría** [~ðu'ria] f Vormundschaft f; **~ndero** [kuran'dero] m Kurpfuscher m; Quacksalber m.

curar [ku'rar] (1a) **1.** v/i. genesen, heilen; **2.** v/t. ärztlich behandeln; Fleisch einsalzen, räuchern; gerben; **3. ~se** genesen; Chi., Pe., Rpl. sich betrinken; ~ de a/c. sich um et. (ac.) (be)kümmern; F ~ en salud es nicht erst darauf ankommen lassen; vorbeugen.

curare [ku'rare] m Pfeilgift n.

cura|tela [kura'tela] f Pflegschaft f; Vormundschaft f; **~tivo** [~'tiβo] heilend; Heil...; **~to** [ku'rato] m Pfarrei f; Pfarramt n.

cur|co ['kurko] Am. Mer., **~cuncho** [kur'kuntʃo] Am. Cent., Am. Mer. buck(e)lig.

curda F ['kurða] f Rausch m; estar ~ betrunken sein.

cureña ✕ [ku'reɲa] f Lafette f.

curia ['kuri̯a] f Gerichtshof m; Kurie f.

curio|sear [kuri̯ose'ar] (1a) v/i. neugierig sein; F herumschnüffeln; v/t. neugierig betrachten; **~sidad** [~si'ða⁽ᵈ⁾] f Neugierde f; Sauberkeit f; Sehenswürdigkeit f; **~so** [ku'ri̯oso] **1.** adj. neugierig; reinlich; sehenswert; merkwürdig; sonderbar; sorgfältig; **2.** m Am. Kurpfuscher m.

currícu|lo [ku'rrikulo] m Lehr-, Studienplan m; **~lum vitae** lt. [~lum bite] m Lebenslauf m.

cursado [kur'saᵈo] bewandert; geübt.

cursar [kur'sar] (1a) ein Fach, e-e Wissenschaft studieren; Gesuch amtlich weiterleiten; Telegramm, Annonce aufgeben.

cursear Am. [kurse'ar] Durchfall haben.

cursi F ['kursi] kitschig, geschmacklos; **~lería** [kursile'ria] f Kitsch m; Getue n.

cur|sillista [kursi'ʎista] su. Kursteilnehmer(in f) m; **~sillo** [~'siʎo] m Lehrgang m; ~ de esquí Schikurs m.

cursiva [kur'siβa] f Kursiv-, Schrägschrift f.

curso ['kurso] m Lauf m; Verlauf m; Gang m; Reihenfolge f; Kursus m, Lehrgang m; Vorlesung f; Schul-, Studienjahr n; ~ acelerado Schnellkurs m; ~ a distancia, ~ por corres-

pondencia Fernkurs *m*; ~ *legal* ✝ Zwangskurs *m*; *dar* ~ *a* amtlich weiterleiten; *tener* ~ gangbar sein.

cursor [kur'sɔr] *m Radio:* Gleitkontakt *m*.

curti|do [kur'tiðo] **1.** *adj.* abgehärtet; gebräunt; *estar* ~ *en a/c.* erfahren sein in (*dat.*); **2.** *m* Gerben *n*; ~*s pl.* gegerbte Häute *f/pl.*; **~dor** [~ti'ðɔr] *m* Gerber *m*; **~duría** [~tiðu'ria] *f* Gerberei *f*; **~r** [~'tir] (3a) gerben; *fig.* abhärten.

curuja [ku'ruxa] *f* Schleiereule *f*.

cur|va ['kurba] *f* Kurve *f*; **~vatura** [kurba'tura] *f* Krümmung *f*; **~vilíneo** [~βi'lineo] krummlinig; **~vo** ['kurbo] gebogen, krumm.

cúspide ['kuspiðe] *f* Spitze *f*; Gipfel *m*.

custo|dia [kus'toðia] *f* Aufbewahrung *f*; Obhut *f*; Wache *f*; Haft *f*; *Rel.* Monstranz *f*; **~diar** [~to'ðiar] (1b) bewachen, hüten; **~dio** [~-'toðio] *m* Wächter *m*; Kustos *m*; *ángel m* ~ Schutzengel *m*.

cususa *Am. Cent.* [ku'susa] *f* Zukkerrohrschnaps *m*.

cutáneo [ku'taneo] Haut...

cúter ⚓ ['kuter] *m* Kutter *m*.

cutis ['kutis] *m die menschliche* Haut *f*.

cuyo, -a ['kujo, ~ja] dessen, deren; *por -a causa* weswegen; *fragend:* ¿cúyo?, ¿cúya? wessen?

Ch

Ch, ch [tʃe] *f* Ch, ch *n*.
chabaca|nería [tʃabakane'ria] *f* Geschmacklosigkeit *f*; Plattheit *f*; **~no** [~'kano] geschmacklos; platt.
chabola [tʃa'bola] *f* Hütte *f*; Elendswohnung *f*.
chacal [tʃa'kal] *m* Schakal *m*.
chacarero *Am.* [tʃaka'rero] *m* Ackerbauer *m*; Besitzer *m od.* Pächter *m* e-r *chacra.*
chaco|ta [tʃa'kota] *f* Schäkerei *f*; lärmende Freude *f*; *hacer ~ de et.* scherzhaft auffassen; sich über *et.* lustig machen; **~tear** [~kote'ar] (1a) Spaß (*od.* Unfug) treiben; **~tero** [~ko'tero] lustig, spaßhaft; toll.
chacra *Am.* ['tʃakra] *f* kleine Farm *f*.
chacuaco *Am. Cent., Méj.* [tʃa-'kůako] *m* Zigarrenstummel *m*; schlechte Zigarre *f*.
chacha ['tʃatʃa] *f* (Kinder-, Dienst-)Mädchen *n*.
cháchara ['tʃatʃara] *f* leeres Geschwätz *n*; Gerede *n*; **~s** *f/pl. Méj.* Krimskrams *m*, Plunder *m*.
chachare|ar F ['tʃatʃare'ar] (1a) schwatzen; *f* quatschen; **~ro** [~'rero] *m* Schwätzer *m*; F Quatschkopf *m*. — (*form.*).
chacho ['tʃatʃo] *m* Junge *m* (*Kose-*
chafaldita F [tʃafal'dita] *f* Späßchen *n*.
chafallar F [tʃafa'ʎar] (1a) (ver-)pfuschen.
chafar [tʃa'far] (1a) zertreten; zerknittern; zerdrücken; *dejar chafado a uno* j-m den Mund stopfen.
chafarrinón [tʃafarri'nɔn] *m* Klecks *m*; Fleck *m*.
chaflán [tʃa'flan] *m* Schrägkante *f*; (abgeschrägte) Haus- *od.* Straßenecke *f*.
chaira ['tʃaira] *f* Sohlenmesser *n*; Wetzstahl *m*.
chal [tʃal] *m* Schal *m*; **~a** *Chi.* ['tʃala] *f* Sandale *f*; **~ado** [tʃa'la°o]: *estar ~* verrückt sein; F spinnen; *estar ~ por* F verknallt sein in (*ac.*).
chalán [tʃa'lan] *m* **1.** *adj.* gerissen (*Händler*); **2.** *m* Pferdehändler *m*; Roßkamm *m*.

chalana ⚓ [tʃa'lana] *f* Leichter *m*, Schute *f*.
chalanear [tʃalane'ar] (1a) schachern; *Am. Pferde* zureiten; *Am. Tiere* bändigen.
chalarse [tʃa'larse] (1a) sich wahnsinnig verlieben; P verrückt werden, durchdrehen.
chale|co [tʃa'leko] *m* Weste *f*; **~ salvavidas** Schwimmweste *f*; *al ~ Méj.* mit Gewalt; umsonst; **~cón** *Méj.* [~le'kɔn] *m* Betrüger *m*.
chalet [tʃa'let] *m* Landhaus *n*; Villa *f*. [*n*; Halsbinde *f*.]
chalina [tʃa'lina] *f* feines Halstuch]
chalote ♀ [tʃa'lote] *m* Schalotte *f*.
chalupa [tʃa'lupa] *f* ⚓ Schaluppe *f*; *Méj. Art* Maisfladen *m*.
chama|co *m*, **~ca** *f* [tʃa'mako, ~ka] *Am. Cent., Col., Méj.* Junge *m*, Mädchen *n*.
chamba ['tʃamba] *f* unverdientes Glück *n*, Zufallstreffer *m*; F *fig.* Schwein *n*; *Méj.* Arbeit *f*.
chambe|lán [tʃambe'lan] *m* Kammerherr *m*; **~rgo** [~'bergo] *m*: *sombrero m ~* runder, breitkrempiger Schlapphut *m*.
cham|bón F [tʃam'bɔn] *m* Hans im Glück; Glückskind *n*; **~bonear** *Am.* [~bone'ar] (1a) pfuschen.
chambra ['tʃambra] *f* kurze Hausjacke *f* (*für Frauen*).
chamizo [tʃa'miθo] *m* verkohltes Holzscheit *n*; P schmutzige Spelunke *f*.
cham|pán [tʃam'pan] *m*, **~paña** [~'paɲa] *m* Champagner *m*, Sekt *m*.
champiñón [tʃampi'nɔn] *m* Champignon *m*.
champola [tʃam'pola] *f Am. Cent., Cu., Méj. ein Erfrischungsgetränk.*
champú [tʃam'pu] *m* Shampoo *n*, Haarwaschmittel *n*.
chamuchina [tʃamu'tʃina] *f Am.* Pöbel *m*; *Ec., Rpl., Ven.* Streit *m*, Zank *m*.
chamus|car [tʃamus'kar] (1g) ansengen; leicht rösten; *Méj.* billig verkaufen, verschleudern; **~quina** [~'kina] *f* Sengen *n*; Brandgeruch

m; *fig.* Balgerei *f*; *oler a* ~ nach Ketzerei riechen; F *huele a* ~ es ist dicke Luft, es wird brenzlig.

chance *Am.* ['tʃanθe] *m od. f* Chance *f*.

chan|cear [tʃanθe'ar] (1a) scherzen; **~cero** [~'θero] **1.** *adj.* scherzhaft; **2.** *m* Spaßmacher *m*.

chanc|la ['tʃaŋkla] *f* alter ausgetretener Schuh *m*; F Latsche *f*; **~leta** [tʃaŋ'kleta] *f*. Pantoffel *m*, Hausschuh *m*; F *Am.* neugeborenes Mädchen *n*; **~lo** ['tʃaŋklo] *m* Überschuh *m*; Gummischuh *m*.

chancro ✠ ['tʃaŋkro] *m* Schanker *m*.

cháncharras máncharras F ['tʃantʃarras 'mantʃarras] *f/pl.*: *andar en* ~ Ausflüchte machen.

chan|chería *Am. Mer.* [tʃantʃe'ria] *f* Schweinemetzgerei *f*; **~cho** *Am.* ['tʃantʃo] **1.** *adj.* schmutzig; schweinisch; **2.** *m* Schwein *n*; Sau *f*.

chanchull|ero [tʃantʃu'ʎero] *m* Schwindler *m*; F Schieber *m*; **~o** [~'tʃuʎo] *m* Schwindelei *f*; Schiebung *f*.

chang|a *Am.* ['tʃaŋga] *f* Gelegenheitsarbeit *f*; **~ador** *Am.* [tʃaŋga'dor] *m* Dienstmann *m*, Gepäckträger *m*; **~adora** *Rpl.* [~'dora] *f* Prostituierte *f*; **~o** *Méj.* ['tʃaŋgo] *m* Junge *m*; kleiner Affe *m*.

chan|taje [tʃan'taxe] *m* Erpressung *f*; *hacer* ~ *a alg.* j-n erpressen; **~tajista** [~ta'xista] *m* Erpresser *m*.

chantar [tʃan'tar] (1a) *Kleid* anziehen; F ins Gesicht sagen.

chantre ['tʃantre] *m* Kantor *m* (*in Kirchen*).

chanza ['tʃanθa] *f* Scherz *m*; Posse *f*.

¡chao! *Chi.*, *Rpl.* ['tʃao] ade!, tschüs!

chapa ['tʃapa] *f* Blech *n*; Beschlag *m aus Holz od. Blech*; Platte *f*; Blechmarke *f*; *Am.* (Tür-)Schloß *n*; F *de* ~ vernünftig; ~ *de identidad* ✗ Erkennungsmarke *f*.

chapado [tʃa'paðo]: ~ *a la antigua* altmodisch, altfränkisch.

chapar [tʃa'par] (1a) **a)** = *chapear*; **b)** *Worte* an den Kopf werfen; **c)** *Arg.*, *Pe.* fangen, packen, ergreifen; *Col.*, *Ec.* beobachten, belauern.

chaparr|a ♀ [tʃa'parra] *f* Kermeseiche *f*, Zwergeiche *f*; **~ada** [~pa'rraða] *f* Regenguß *m*; **~al** [~pa'rral] *m* Eichenbusch *m*; **~o**

[~'parro] *m* Zwerg-, Straucheiche *f*; **~ón** [~pa'rron] *m* Regenguß *m*; *fig.* Abreibung *f*, Strafpredigt *f*; *a chaparrones* in Strömen.

chapear [tʃape'ar] (1a) beschlagen, plattieren; dublieren; *Holz* furnieren.

chape|tón *Am. reg.* [tʃape'ton] *m* neuangekommener Europäer *m*; **~tonada** *Am. Mer.* [~to'naða] *f* Unerfahrenheit *f*.

chapodar [tʃapo'ðar] (1a) *Bäume* beschneiden, lichten.

chapotear [tʃapote'ar] (1a) *v/t.* anfeuchten (*mit Schwamm od. Lappen*); *v/i.* plätschern (*Wasser*).

chapuce|ar [tʃapuθe'ar] (1a) (ver-)pfuschen; stümpern; **~ría** [~θe'ria] *f* Pfuscherei *f*; Stümperei *f*; **~ro** [~'θero] **1.** *adj.* stümperhaft; **2.** *m* Stümper *m*.

chapurr(e)ar [tʃapu'rrar, ~rre'ar] (1a) *e-e Sprache* radebrechen; F *Liköre* mixen.

chapuza [tʃa'puθa] *f* Pfusch-, Flickarbeit *f*; Stümperei *f*; **~r** [~pu'θar] (1f) den Kopf ins Wasser stecken; untertauchen (*mit Kopfsprung*).

chaqué [tʃa'ke] *m* Cut(away) *m*.

chaqueño [tʃa'keɲo] aus dem Gran Chaco.

chaque|ta [tʃa'keta] *f* Jacke *f*; Jackett *n*; ~ *de ante* Wildlederjacke *f*; *Pol. cambio m de* ~ Gesinnungswechsel *m*; **~tilla** [~ke'tiʎa] *f* Jäckchen *n*; **~tón** [~ke'ton] *m* Joppe *f*; Windjacke *f*.

charada [tʃa'raða] *f* Silbenrätsel *n*; Scharade *f*.

charamusca [tʃara'muska] *f* *Méj.* Zuckerstange *f*; **~s** *pl. Am.* Kleinholz *n*.

charan|ga [tʃa'raŋga] *f* Militär-, Blasmusik *f*; **~go** *Am. reg.* [~go] *m* kleine, fünfsaitige Gitarre *f*.

charanguero [tʃaraŋ'gero] stümperhaft.

char|ca ['tʃarka] *f* (*großer*) Tümpel *m*; **~co** [~ko] *m* Pfütze *f*; Lache *f*; F *pasar el* ~ über den großen Teich fahren; **~cutería** *gal.* [~kute'ria] *f* (Schweine-)Metzgerei *f*; Wurstwaren *f/pl.*

charla F ['tʃarla] *f* Plauderei *f*; Geschwätz *n*; **~r** F [tʃar'lar] (1a) plaudern, schwatzen; **~tán** [~la'tan] **1.** *adj.* schwatzhaft; **2.** *m* Schwätzer *m*; Quacksalber *m*; Marktschreier m; **~tanería** [‚latane'ria] f Geschwätzigkeit f; Quacksalberei f.

charl|ista [tʃar'lista] m Vortragsredner m; **~oteo** [‚lo'teo] m Geschwätz n.

charnela [tʃar'nela] f Scharnier n.

charol [tʃa'rɔl] m Lack m; Glanzleder n; **~ar** [‚ro'lar] (1a) Leder lackieren. [riemen m.]

charpa ✕ ['tʃarpa] f Schulter-)

char|que ['tʃarke], **~qui** [‚ki] m Am. Mer. Dörrfleisch n.

charr|án [tʃa'rran] m Gauner m; **~anada** [‚rra'nada] f Gaunerei f.

charretera [tʃarre'tera] f Achselstück n, Epaulette f.

charro ['tʃarro] **1.** adj. bäurisch, Bauern...; fig. geschmacklos; **2.** m Bauer m.

chasca ['tʃaska] f Reisig n.

chascar [tʃas'kar] (1g) prasseln; mit der Zunge schnalzen; schmatzen.

chascarrillo [tʃaska'rriλo] m Anekdote f; Schnurre f.

chasco ['tʃasko] m Streich m, Possen m; F Reinfall m; dar ~ e-n Possen spielen; llevar(se) un ~ das Nachsehen haben; (gehörig) reinfallen.

chasis ⊕ ['tʃasi(s)] m Fahrgestell n; Phot. Kassette f.

chasquear [tʃaske'ar] (1a) v/t. prellen; foppen; anführen; F reinlegen; an der Nase herumführen; v/i. mit der Peitsche knallen; mit der Zunge schnalzen; knacken; krachen.

chasquido [tʃas'kido] m Peitschenknall m; Knistern n; Knarren n; Knacken n; Schnalzen n; Schmatzen n.

chata ['tʃata] f Stechbecken n; F Stumpfnäschen n; Kleine f (Anrede); Rpl. Pritschenwagen m; Schleppkahn m; Méj. Liebling m (Anrede); **~rra** [tʃa'tarra] f **1.** Schlacke f; **2.** Alteisen n, Schrott m; **~rrero** [‚ta'rrero] m Schrotthändler m.

chato ['tʃato] **1.** adj. stumpf-, plattnasig; flach; desp. Am. jämmerlich, dürftig; Rpl. untersetzt; quedarse ~ Am. reg. Pech haben; quedarse ~ con a/c. Méj. sich et. aneignen; **2.** m niedriges breites Weingläschen n.

¡chau! Rpl. [tʃaù] auf Wiedersehn!

chau|cha Am. Mer. reg. ['tʃaùtʃa] f grüne, lange Bohne f; **~chera** Arg., Chi., Ec. [tʃaù'tʃera] f Geldbeutel m.

chaval P [tʃa'bal] m (junger)

Bursche m; **~a** [‚'bala] f Mädel n; **~o** Am. Cent., Méj. [‚'balo] m Straßenjunge m.

chaveta [tʃa'beta] f Splint m; Bolzen m; F estar ~ verrückt (P bekloppt) sein; F perder la ~ den Verstand verlieren.

chazar [tʃa'θar] (1f) den Ball zurücktreiben.

¡che! Bol., Rpl. P [tʃe] he!; hör mal!

checar Méj. [tʃe'kar] (1g) überprüfen.

checo ['tʃeko] **1.** adj. tschechisch; **2.** m, -a f [‚ka] Tscheche m, Tschechin f.

chelín [tʃe'lin] m Schilling m.

cheque † ['tʃeke] m Scheck m; ~ abierto Barscheck m; ~ cruzado gekreuzter Scheck m, Verrechnungsscheck m; ~ intransferible Rektascheck m; ~ al portador Inhaberscheck m; ~ a la orden Orderscheck m; ~ postal Postscheck m; ~-regalo Geschenkgutschein m; ~ de viaje Reisescheck m; **~ar** Am. Cent., Ant. [tʃeke'ar] (1a) überprüfen; **~o** [‚'keo] m neol. ✞ Generaluntersuchung f; Am. a. Überprüfung f; **~ra** Am. [‚'kera] f Scheckheft n.

chic|a ['tʃika] f Kleine f, Mädchen n; Dienstmädchen n; ~ para todo Alleinmädchen n; **~ana** Am. [tʃi'kana] f Kniff m, Trick m; Schikane f; **~anear** Am. [tʃikane'ar] (1a) schikanieren; **~anero** Am. [tʃika-'nero] spitzfindig; schikanös; **~le** ['tʃikle] m Kaugummi m; **~lear** Am. [tʃikle'ar] (1a) Kaugummi kauen; **~o** ['tʃiko] **1.** adj. klein; **2.** m Kleine(r) m, Junge m.

chicolear F [tʃikole'ar] (1a) Süßholz raspeln.

chico|ta [tʃi'kota] f dralles Mädchen n; **~te** [‚te] m strammer Bursche m; ✞ Tauende n; F (billige) Zigarre f, F Glimmstengel m; Am. kurze Peitsche f; **~tear** Am. [tʃikote'ar] (1a) verprügeln.

chicha ['tʃitʃa] f a) Maisbranntwein m; Am. Mer. a. (Apfel-, Trauben-)Most m; b) Kdspr. Fleisch n; ✞ calma ~ völlige Windstille f, Flaute f.

chícharo ['tʃitʃaro] m = guisante.

chicharra [tʃi'tʃarra] f a) = cigarra; b) ⊕ Ratsche f, Bohrknarre f.

chicharr|ero [tʃitʃa'rrero] m sehr heißer Ort m, fig. Backofen m; **~ón**

[ˌˈrrɔn] m Speckgriebe f; zu stark geröstetes Fleisch n.

chiche [ˈtʃitʃe] 1. m Am. Mer. Zierat m; Spielzeug n; 2. f Méj. Amme f; 3. adj. Am. hübsch; Am. Cent. leicht, einfach.

chichear [tʃitʃe'ar] (1a) = sisear.

chiche|ra Am. Cent. [tʃi'tʃera] f Kittchen n; **~ría** Am. [tʃitʃe'ria] f Chicha-Ausschank m; Schenke f.

chichón [tʃi'tʃon] 1. m ⚐ Beule f am Kopf; 2. adj. Am. Cent. leicht, einfach; Rpl. fröhlich, spaßig.

chifa Pe. [ˈtʃifa] f chinesisches Restaurant m.

chifla [ˈtʃifla] f Pfeifen n; Méj. schlechte Laune f; **~do** F [tʃi'flaᵈo] übergeschnappt; verdreht; ~ por verknallt in (ac.); **~dura** [tʃifla'dura] f Pfeifen n; F Verrücktheit f.

chiflar [tʃi'flar] (1a) pfeifen; Leder schaben; F gern eins hinter die Binde gießen; F **~se** verrückt werden, überschnappen.

chiflón [tʃi'flɔn] m Am. leichter Wind m; Bol., Col., Méj. starker Luftzug m; reißender Strom m.

chilaquiles Méj. [tʃila'kiles] m/pl. Gericht aus Maisfladen.

chileno [tʃi'leno] 1. adj. chilenisch; 2. m, -a f [ˌna] Chilene m, Chilenin f.

chilmol(e) Am. Cent., Méj. [tʃil'mol(e)] m Chilitunke f; -gericht n.

chilote Am. Cent. [tʃi'lote] m Maiskolben m.

chill|ar [tʃi'ʎar] (1a) kreischen; schreien; quietschen; **~ería** [ˌʎe'ria] f Gekreische n; Geschrei n; **~ido** [ˌˈʎido] m gellender Schrei m; **~ón** [ˌˈʎɔn] 1. adj. kreischend; grell (Farbe); 2. m Schreihals m.

chimenea [tʃime'nea] f Kamin m, Rauchfang m; Schornstein m, Esse f.

chimichurri Rpl. [tʃimi'tʃurri] m scharfe Fleischtunke f. [panse m.]

chimpancé [tʃimpan'θe] m Schim-⌡

china¹ [ˈtʃina] f Chinesin f; Am. Mer. (indianisches) Dienstmädchen n; (eingeborene) Geliebte f; Liebling m (Anrede); Am. Cent. Kindermädchen n; Chi. leichtes Mädchen n.

china² [ˈtʃina] f Steinchen n; (porcelana f de) ~ feines Porzellan n; fig. poner ~s a alg. j-m Steine in den Weg legen.

chinchar [tʃin'tʃar] (1a) belästigen.

chinch|arrero [tʃintʃa'rrero] m Wanzennest n; **~e** [ˈtʃintʃe] a) f Wanze f; b) m Reißzwecke f; F Ekel n; Abhörmikrophon n, F Wanze f; F Méj. Kittchen n.   [f od. n.]

chinchilla [tʃin'tʃiʎa] f Chinchilla⌡

chinchorr|ero [tʃintʃo'rrero] aufdringlich; klatschsüchtig; **~o** [ˌˈtʃorro] m kleines Ruderboot n; Am. reg. Hängematte f.

chinchoso F [tʃin'tʃoso] zudringlich.

chinela [tʃi'nela] f Pantoffel m.

chinesco [tʃi'nesko] 1. adj. chinesisch; 2. ♪ m Schellenbaum m.

chingue Am. [ˈtʃiŋge] m Stinktier n.

chino [ˈtʃino] 1. adj. chinesisch; Am. Cent. kahl(geschoren); böse, ärgerlich; Méj. kraus, lockig; 2. m Chinese m; F Glück n, Schwein n; Am. Mischling m; Farbige(r) m; Indianer m; Am. reg. Diener m; desp. od. Kosewort Junge m; esto es ~ para mí das kommt mir spanisch vor.

chiquero [tʃi'kero] m Schweinestall m (a. fig.); Stk. Stallbox f.

chiquill|ada [tʃiki'ʎada] f Kinderei f; **~ería** [ˌʎe'ria] f Haufen m (kleiner) Kinder; F kleine Gesellschaft f; **~o** m, -a f [ˌˈkiʎo, ˌ'kiʎa] kleines Kind n od. Mädchen n; F Kindskopf m.

chiqui(rri)tín F [tʃiki(rri)'tin] winzig; **~to** [ˌ'kito] klein; no andarse en -as den Stier bei den Hörnern packen.

chiquitura Am. Cent., Rpl. [tʃiki'tura] f Kleinigkeit f.

chiribitas F [tʃiri'bitas] f/pl. Funken m/pl.; F echar ~ Gift und Galle spucken; me hacen ~ los ojos es flimmert mir vor den Augen.

chiribitil [tʃiribi'til] m Dachkammer f; elende Bude f.

chirigota [tʃiri'gota] f Scherz m, Ulk m.

chirimbolos [tʃirim'bolos] m/pl. Krempel m; F Krimskrams m; Gerümpel n.

chirimía f [tʃiri'mia] f Schalmei f.

chiripa [tʃi'ripa] f Billard: Fuchs m; Zufallstreffer m.

chirlar F [tʃir'lar] (1a) laut schreien, kreischen.   [(-flüssig).]

chirle F [ˈtʃirle] fad(e); dünn⌡

chirlo F [ˈtʃirlo] m Schmiß m; Schramme f; P Stoß m, Puff m.

chirona F [tʃi'rona] *f* Kittchen *n* (*Gefängnis*); *estar* (*meter*) *en* ~ hinter Schloß und Riegel sitzen (bringen).

chirri|ar [tʃi'rriar] (1c) knarren; prasseln; quietschen; zirpen; zwitschern; **~do** [~'rrido] *m* Knarren *n*; Zirpen *n*; Zwitschern *n*; **~ón** [~'rrion] *m Am.* Peitsche *f*; *Am. Cent.* Reihe *f*, Anzahl *f*.

chirumen F [tʃi'rumen] *m* F Köpfchen *n*, Grips *m*.

¡chis! [tʃis] pst!, Ruhe!

chis|me ['tʃizme] *m* Klatsch *m*; F Zeug *n*, unnützer Kram *m*; Gerümpel *n*; **~s** *pl.* Sachen *f/pl.*; Kleinkram *m*; traer ~ *s* herumtratschen; **~mear** [tʃizme'ar] (1a) klatschen; **~mografía** F [~mogra'fia] *f* Klatschsucht *f*, Klatsch *m*, **~mosa** [~'mosa] *f* Klatschbase *f*; **~moso** [~'moso] **1.** *adj.* klatschhaft; **2.** *m* Klatschmaul *n*.

chis|pa ['tʃispa] *f* Funke(n) *m*; (Regen-)Spritzer *m*; *fig.* Geistesblitz *m*; F Schwips *m*; *correr como una* ~ sich wie ein Lauffeuer verbreiten; *ser una* ~ F helle sein; *echar* ~*s* vor Wut schäumen; *ni* ~ keine Spur; **~par** *Méj.* [tʃis'par] (1a) *j-n* hinauswerfen; **~pazo** [~'paθo] *m* Funke(n) *m*; F Blitz *m*; F Klatsch *m*; **~peante** [~pe'ante] funkensprühend; *fig.* geistsprühend; **~pear** [~pe'ar] (1a) funkeln; tröpfeln; **~po** F [tʃispo] beschwipst; **~porrotear** [tʃisporrote'ar] (1a) Funken sprühen; spritzen.

chistar [tʃis'tar] (1a) mucksen.

chiste ['tʃiste] *m* Witz *m*, Scherz *m*; Pointe *f*; *caer en el* ~ dahinterkommen; *dar en el* ~ die Pointe erfassen. [P Angströhre *f.*\]

chistera [tʃis'tera] *f* F Zylinder *m*,\]

chistoso [tʃis'toso] witzig; drollig.

chita ['tʃita] *f*: *F a la* ~ *callando* ganz heimlich.

chito¹ ['tʃito] *m* Wurfspiel *n*; P Köter *m*. [pst!, still!\]

¡chito!² ['tʃito], **¡chitón!** [tʃi'ton] F\]

chiva ['tʃiba] *f* Zicklein *n*; *Am.* Spitzbart *m*; *Am. Cent.* Wolldecke *f*; *de* ~ *Am. Cent.* wütend.

chivar [tʃi'bar] (1a) P petzen.

chiva|tazo [tʃiba'taθo] *m* P Petzerei *f*; *dar el* ~ P et. (ver)petzen, et. verpfeifen; **~to** [tʃi'bato] *m* P Petzer *m*.

chivo ['tʃibo] *m* Zicklein *n*; *Am. Cent.* Hammel *m*; *Col., Ec., Ven.* Wutanfall *m*; *Méj.* Tagelohn *m*; ~ *emisario* (*od. expiatorio*) Sündenbock *m*; *comer* ~ *Col., Ven.* wütend sein.

chocante [tʃo'kante] anstößig; empörend; wunderlich, merkwürdig; *Arg., Chi.* abstoßend, widerlich; *Col., Ven.* frech; *Méj.* unausstehlich; **~ría** *Am. reg.* [~kante'ria] *f* Frechheit *f*; Dummheit *f*.

choca|r [tʃo'kar] (1g) anstoßen; zs.-stoßen; aufea.-treffen; Anstoß erregen (bei [*dat.*] *a*); schockieren; *esto me choca* das wundert mich; **~rrería** [~karre'ria] *f* derber Witz *m*; Derbheit *f*; **~rrero** [~ka'rrero] derb; P saftig. [Maiskolben *m.*\]

choclo *Am. Mer.* ['tʃoklo] *m* junger\]

chocolate [tʃoko'late] *m* Schokolade *f*; **~ra** [~la'tera] *f* Schokoladenkanne *f*; **~ría** [~late'ria] *f* Schokoladenfabrik *f*, -geschäft *n*; **~ro** [~la'tero] *m* Schokoladenhändler *m*.

chocha ['tʃotʃa] *f* Schnepfe *f*.

cho|chear [tʃotʃe'ar] (1a) kindisch werden (*im Alter*); Unsinn reden; P quasseln, faseln; **~chera** [~'tʃera] *f*, **~chez** [~'tʃeθ] *f* Schwachsinnigkeit *f*; Faselei *f*; **~cho** ['tʃotʃo] **1.** *adj.* schwachköpfig; kindisch (*im Alter*); närrisch; **2.** *m* Schwachkopf *m*; Faselhans *m*; ~*s m/pl.* Süßigkeiten *f/pl.* (*für Kinder*).

chófer ['tʃofer] *m* Chauffeur *m*, Kraftfahrer *m*.

chola F ['tʃola] = *cholla*.

cholo ['tʃolo] *m* zivilisierte(r) Indianer *m*; Mischling *m* zwischen Weißem u. Indianerin.

cholla F ['tʃoʎa] *f* Kopf *m*, P Birne *f*.

chom|ba *Chi.* ['tʃomba], **~pa** *Arg., Bol., Pe.* [~pa] *f* Pullover *m*.

chongo *Méj.* ['tʃoŋgo] *m e-e Süßspeise*; *mandar a freír* ~*s* zum Teufel schicken.

chontal *Am.* [tʃon'tal] ungebildet.

chop *Am.* [tʃop] *m* Schoppen *m* (*Bier*).

chopo ['tʃopo] *m* Pappel *f*.

choque ['tʃoke] *m* Stoß *m*; Zs.-stoß *m*, -prall *m*; ~ *en cadena* Massenkarambolage *f*.

chori|cero [tʃori'θero] *m* Wursthändler *m*, -macher *m*; **~zo** [~'riθo] **1.** *adj. Col., Ec.* dumm; **2.** *m* span. Paprikawurst.

chorlito [tʃor'lito] m Brachvogel m; *fig. cabeza f de* ~ F Windbeutel m.

chorr|eado *Am.* [tʃorre'aᵈo] schmutzig, befleckt; **~ear** [tʃorre'ar] (1a) rieseln; träufeln; triefen; *Am.* P stehlen, klauen; **~eo** [~'rreo] m Geriesel n; **~era** [~'rrera] f Rinne f; (Spitzen-)Jabot n; *Am. reg.* Menge f (*von Dingen*); **~illo** F [~'rriʎo] m kleine(r) Wasserstrahl m; *irse por el* ~ *fig.* mit dem Strom schwimmen; *tomar el* ~ *de* sich gewöhnen an (*ac.*).

chorro [tʃorro] m Wasserstrahl m, Guß m, Strom m; *Am.* Dieb m; *Am. Cent.* Wasserhahn m; *avión m a* ~ Düsenflugzeug n; *fig. a* ~s in Strömen. [dium n.)

choteo [tʃo'teo] m Spaß m, Gau-)

chotis ['tʃotis] m Madrider Volkstanz.

choto ['tʃoto] m Zicklein n.

chotuno [tʃo'tuno] m: *oler a* ~ stinken.

chova ['tʃoba] f Dohle f (*Vogel*).

choza ['tʃoθa] f Hütte f.

chubas|co [tʃu'basko] m Platzregen m; Sturmbö f; **~quero** [~bas'kero] m Wetter-, Regenmantel m.

chuchería [tʃutʃe'ria] f Flitterkram m; Näschereien f/pl.

chucho ['tʃutʃo] **1.** *adj. Am. Cent.* verächtlich, armselig; *Bol., Col.* runz(e)lig (*Gesicht*); **2.** m Köter m; *Ant., Ven.* Peitsche f; *Am. Mer.* Wechselfieber n, Malaria f; Schüttelfrost m; *Arg., Ur.* Angst f.

chuchumeco [tʃutʃu'meko] m *desp.* Wicht m, Knirps m.

chufa ♀ ['tʃufa] f Erdmandel f.

chulada [tʃu'lada] f P Angabe f, Angeberei f.

chu|lear [tʃule'ar] (1a) P angeben; **~lería** [~le'ria] f P Angeberei f; **~lesco** [~'lesko] dreist; angeberisch.

chuleta [tʃu'leta] f Kotelett n; Schnitzel n; P Ohrfeige f; *Schülersprache:* Spickzettel m.

chulo ['tʃulo] **1.** *adj.* dreist, vorlaut; keß; *Am. Cent., Méj.* hübsch; **2.** m Flegel m; Angeber m; *Stk.* Gehilfe m; F Zuhälter m.

chumacera ⊕ [tʃuma'θera] f Zapfenlager n. [kaktus m.)

chumbera [tʃum'bera] f Feigen-)

chumbo ['tʃumbo] m: *higo m* ~ Kaktusfeige f.

chumer|o m, **~a** f [tʃu'mero, ~a] *Am. Cent.* Lehrling m.

chunches *Am. Cent.* ['tʃuntʃes] m/pl. Kram m, Plunder m.

chun|ga F ['tʃuŋga] f Neckerei f, Scherz m; **~guearse** [tʃuŋge-'arse] (1a) scherzen, sich necken.

chuño *Am. Mer.* ['tʃuɲo] m Kartoffelmehl n, -stärke f.

chupa ['tʃupa] f Wams n; Naßwerden n; *Am.* Rausch m; F *poner a alg. como* ~ *de dómine* j-n abkanzeln.

chupa|da [tʃu'paða] f Zug m beim Rauchen; *dar una* ~ e-n Zug tun; **~do** [~'paᵈo] abgezehrt; ausgemergelt; *Am.* betrunken; **~lla** *Arg., Chi., Méj.* [~'paʎa] f Strohhut m.

chupa|r [tʃu'par] (1a) lutschen; *an der Zigarre ziehen;* aus-, einsaugen; ~ *del bote* P nassauern; ~*se los dedos* sich die Finger nach et. lecken; **~tintas** [tʃupa'tintas] m F Federfuchser m.

chupe *Kchk.* ['tʃupe] m *Am. Mer. regional verschiedene Gerichte.*

chupete [tʃu'pete] m Bonbon m od. n; Schnuller m; F *ser de* ~ F toll (P dufte) sein.

chupón [tʃu'pon] **1.** *adj.* saugend; **2.** m ♀ Trieb m; Schößling m; *fig.* Schmarotzer m; *Am.* Babyflasche f; Schnuller m.

churrasco *Bol., Chi., Rpl.* [tʃu'rrasko] m Steak n (*vom Rost od. Grill*).

churre F ['tʃurre] f abtriefendes Fett n; **~ta** f *Am. reg.* [tʃu'rreta] Durchfall m.

churrigue|resco ⚠ [tʃurrige'resko] barock; *fig.* überladen; **~rismo** [~'rizmo] m spanischer Barockstil m.

churro ['tʃurro] **1.** *adj.* grobwollig; **2.** m Art Spritzkuchen m (*in Öl gebacken*).

chus [tʃus]: *sin (od. no) decir* ~ *ni mus* ohne zu mucksen; **~co** ['tʃusko] **1.** *adj.* drollig; **2.** m Witzbold m; Brötchen n, Semmel f; **~ma** ['tʃuzma] f, **~maje** *Rpl.* [tʃuz'maxe] m Gesindel n, Pöbel m.

chut *engl.* [tʃut] m Schuß m (*Fußball*); **~ar** [~'tar] (1a) schießen; F *esto va que chuta* F das geht wie geschmiert.

chuzo ['tʃuθo] m Spieß m; *Chi.* Spitzhaue f; *Cu.* Reitpeitsche f; *Am. Cent.* Schnabel m (*der Vögel*); Stachel m (*des Skorpions*); F *llover (od. caer)* ~s Bindfäden regnen.

chuz|ón, ~ona [tʃu'θon, ~'θona] listig, schlau.

D

(Im absoluten Anlaut klingt das spanische d wie das deutsche d)

D, d [de] *f* D, d *n*.

dable ['dable] möglich, tunlich.

daca ['daka]: *andar al ~ y toma* sich herumstreiten.

dación 𝔱𝔷 [da'θiɔn] *f* Hergabe *f*, Abtretung *f*.

dactilo|grafía [daktilogra'fia] *f* Maschinenschreiben *n*, -schrift *f*; **~grafiar** [~gra'fiar] (1c) mit der Maschine schreiben; **~gráfico** [~'grafiko] maschinenschriftlich.

dactilógrafo *m*, -a *f* [dakti'lografo, ~a] Maschinenschreiber(in *f*) *m*.

dactiloscopia [daktilɔs'kopia] *f* Fingerabdruckverfahren *n*.

dádiva ['dadiba] *f* Gabe *f*; Geschenk *n*.

dadivo|sidad [dadibosi'da⁽ᵈ⁾] *f* Freigebigkeit *f*; **~so** [~'boso] freigebig.

dado¹ ['daᵈo] *m* Würfel *m*; *jugar a (od. echar) los ~s* würfeln.

dado² ['daᵈo] *part. v.* dar: gegeben; *adj.* vergönnt; ergeben; *prp. en ~* angesichts (*gen.*), in Anbetracht (*gen.*); *cj. ~ que* gesetzt den Fall, daß.

dador *m*, -a *f* 𝔱𝔷, † [da'dɔr, da'dora] Geber(in *f*) *m*; **~ del crédito** Kreditgeber *m*.

daga ['daga] *f* Dolch *m*.

dalia ♀ ['dalia] *f* Dahlie *f*.

dalto|niano [dalto'niano] farbenblind; **~nismo** [~'nizmo] *m* Farbenblindheit *f*.

dallar [da'ʎar] (1a) *Gras* mähen.

dalle ['daʎe] *m* Sense *f*.

dama ['dama] *f* Dame *f*; Hofdame *f*; *juego m de ~s* Damespiel *n*.

dama|juana [dama'xuana] *f* Korbflasche *f*; Glasballon *m*; **~sana** *Am. reg.* [~'sana] *f* Korbflasche *f*.

damasco [da'masko] *m* Damast *m*; *Am.* Aprikose *f*.

damero [da'mero] *m* Damebrett *n*.

damnificar [damnifi'kar] (1g) schädigen.

da|nés [da'nes] **1.** *adj.* dänisch; **2.** **~nesa** [~'nesa] *f* Däne *m*, Dänin *f*.

danza ['danθa] *f* Tanz *m*; *meterle*

a uno en la ~ j-n in e-e Sache hineinziehen; **~nte** [dan'θante] *m* Tänzer *m*; F verrückter Kerl *m*; **~r** [~'θar] (1f) tanzen; **~rín** *m*, **~rina** *f* [~θa'rin, ~θa'rina] Tänzer(in *f*) *m*.

dañado [da'paᵈo] verdorben, schlecht; wurmstichig (*Obst*).

dañ|ar [da'par] (1a) schaden (*dat.*); schädigen; verderben; **~arse** Schaden leiden; **~ino** [da'pino] schädlich (*Tier*); **~o** [da'pano] *m* Schaden *m*; Verletzung *f*; *Am.* böser Blick *m*; **~ material** Sachschaden *m*; *hacerse ~* sich weh tun; **~s y perjuicios** *m/pl.* Schaden(ersatz) *m*; **~oso** [da'paoso] schädlich.

dar [dar] (1r) **1.** *v/t.* geben; her-, abgeben; schenken; *Befehl* erteilen; *Fest* veranstalten; *Früchte* tragen; *Furcht* erregen; *Grüße* bestellen; *Nutzen* abwerfen; *Spazierung* versetzen; *Spaziergang* machen; *Stunde* schlagen; *Vortrag* halten; *Wert* beimessen; **2.** *mit prp.:* **~ a la calle** auf die Straße hinausgehen (*Fenster*); **~ a conocer** bekanntmachen; **~ a entender** zu verstehen geben; **~ con alg.** auf j-n stoßen, j-n zufällig treffen; *no ~ con el nombre* nicht auf den Namen kommen; **~ contra a/c.** gegen et. (*ac.*) stoßen; **~ de alta** anmelden; als geheilt entlassen; **~ de baja** abmelden; krank schreiben; **~ de barniz** lackieren; **~ de comer** zu essen geben; **~ de sí** hergeben, leisten; sich weiten (*Leder, Stoffe*); **~ en la cara** ins Gesicht scheinen (*Sonne*); **~ por hecho** als abgeschlossen betrachten; **~ por muerto** für tot halten; **~ sobre alg.** über j-n herfallen; *a mí me da lo mismo (od. igual)* mir ist es gleich; *no se me da nada* ich mache mir nichts daraus; *¡qué más da!* was liegt schon daran!; **3.** **~se** vorkommen; sich widmen (*dat.*); **~ a la fuga** die Flucht ergreifen, sein Heil in der Flucht suchen; **~ maña** sich Mühe geben; **~ prisa** sich beeilen;

dardo 182

~ *por ofendido* sich gekränkt fühlen; ~ *por vencido* aufgeben; *dárselas de a/c.* sich aufspielen als; *se las da de poeta* er hält sich für einen Dichter.

dardo ['dardo] *m* Speer *m*; Wurfspieß *m*; *fig.* bissige Bemerkung *f*; ~ *de llama* Stichflamme *f*.

dares y tomares F ['dares i to'mares] *m/pl.* Geben u. Nehmen *n*; *andar en* ~ sich herumstreiten.

dársena ['darsena] *f* Hafenbecken *n*; Dock *n*.

datar [da'tar] (1a) datieren.

dátil ♀ ['datil] *m* Dattel *f*.

datilera [dati'lera] *f*: *(palmera f)* ~ Dattelpalme *f*.

dativo *Gram.* [da'tibo] *m* Dativ *m*.

dato ['dato] *m* Beleg *m*; Unterlage *f*; Angabe *f*; ~*s pl.* Daten *n/pl.*; ~*s filiatorios* Personalien *pl.*

de [de] *Herkunft:* von *(dat.)*, aus *(dat.)*; *Besitz:* von *(dat. bzw. gen.)*; *Stoff:* aus *(dat.)*; *Inhalt:* un vaso ~ *agua* ein Glas Wasser; *nähere Bestimmung:* ~ *20 años* zwanzigjährig; *Ursache:* ~ *miedo* aus Furcht; *Art u. Weise:* ~ *memoria* auswendig; ~ *veras* wirklich; *Ursache:* von, aus, wegen; *Zeit:* in, bei; ~ *noche* bei Nacht; *Eigenschaft:* ~ *niño* als Kind; *verstärkend:* F el tonto ~ *Juan* so ein Dummkopf, der Hans; *als cj.*: wenn, falls, ~ *no haber ocurrido esto* wenn das nicht geschehen wäre.

deambular [deambu'lar] (1a) wandeln; schlendern.

deán [de'an] *m* Dechant *m*.

debajo [de'baxo] unten, unterhalb; ~ *de* unter; *quedar* ~ unterliegen.

debat|e [de'bate] *m* Besprechung *f*; Debatte *f*; ~*s pl.* Verhandlungen *f/pl.*; ~**ir** [deba'tir] (3a) besprechen, erörtern; *v/i.* verhandeln.

debe ✝ ['debe] *m* Soll *n*, Debet *n*.

deb|er [de'ber] **1.** *m* Pflicht *f*; ~*es m/pl.* Hausaufgaben *f/pl.*; **2.** (2a) *v/t.* schulden; schuldig sein; verdanken; **3.** *v/i.* + *inf.* sollen, müssen *(moralische Pflicht)*; *mit de* + *inf.* müssen *(Möglichkeit, Vermutung)*; **4.** ~**erse** zurückzuführen sein (auf *[ac.]* *a*); ~**idamente** [~βida'mente] ordnungsgemäß; ~**ido** [de'βido] gebührend; *como es* ~ wie es sich gehört; ~ *a* wegen; ~ *a que* infolge davon, daß; *en su* ~ *tiempo* rechtzeitig.

débil ['debil] schwach.

debili|dad [debili'da[d]] *f* Schwäche *f*; ~ *mental* Schwachsinn *m*; ~**tar** [~'tar] (1a) schwächen; ~**tarse** schwach werden.

debitar ✝ [debi'tar] (1a): ~ *en cuenta* das Konto belasten.

débito ['debito] *m* Schuld *f*; Soll *n*.

debut [de'but] *m* Debüt *n*; ~**ante** [~βu'tante] *su.* Anfänger(in *f*) *m*; ~**ar** [~'tar] (1a) debütieren.

década ['dekada] *f* zehn Stück; Dekade *f*.

deca|dencia [deka'denθia] *f* Verfall *m*, Niedergang *m*; Dekadenz *f*; ~**dente** [~'dente] im Verfall begriffen; dekadent; ~**er** [~'er] (2o) in Verfall geraten; abnehmen; nachlassen; herunterkommen.

decaimiento [dekai'miento] *m* Verfall *m*.

decálogo *Rel.* [de'kalogo] *m* die Zehn Gebote *n/pl.*

deca|nato [deka'nato] *m* Dechanat *n*, Dekanat *n*; ~**no** [de'kano] *m* Dekan *m*, Älteste(r) *m*.

decantar ♀ [dekan'tar] (1a) klären, abgießen, dekantieren.

decapitar [dekapi'tar] (1a) enthaupten.

decasílabo [deka'silabo] zehnsilbig.

dece|na [de'θena] *f* zehn Stück; Zehner *m*; ♪ Dezime *f*; ~**nal** [deθe'nal] zehnjährlich; ~**nio** [de'θenio] *m* Jahrzehnt *n*.

decencia [de'θenθia] *f* Anstand *m*; Sittsamkeit *f*.

decentar [deθen'tar] (1a) *Brot usw.* anschneiden; ~**se** sich wundliegen.

decente [de'θente] anständig; sittsam; angemessen *(Preis)*.

decep|ción [deθeβ'θion] *f* Betrug *m*; Enttäuschung *f*; ~**cionar** [~θio'nar] (1a) enttäuschen.

deceso *Am. reg.* [de'θeso] *m* Tod *m*, Ableben *n*.

decibelio *Phys.* [deθi'belio] *m* Dezibel *n*.

decible [de'θible] in Worten ausdrückbar, sagbar.

decidero [deθi'dero] anständig, nicht anstößig *(Wort)*; F salonfähig.

decidido [deθi'dido] entschieden, entschlossen, energisch.

decidir [deθi'dir] (3a) entscheiden; veranlassen; ~**se** sich entscheiden; sich entschließen.

decidor [deθi'dor] gesprächig.

dechado

decigramo [deθi'gramo] *m* Dezigramm *n*.

décima ['deθima] *f* Zehntel *n*; *Lit.*, ♪ Dezime *f*; *tener* ~s leichtes Fieber haben.

decimal [deθi'mal] **1.** *adj.* Dezimal...; **2.** *m*: (*número m*) ~ Dezimalzahl *f*.

decímetro [de'θimetro] *m* Dezimeter *m od. n*.

décimo ['deθimo] **1.** *adj.* zehnt; **2.** *m* Zehntel *n*; Zehntellos *n*.

decir [de'θir] **1.** (3p) sagen, besagen; ~ *bien* (*mal*) *con a/c.* gut (schlecht) zu et. passen; ~ *entre od. para sí* vor sich hin sagen; ~ *misa* Messe lesen; ~ *que sí* (*no*) ja (nein) sagen; *como quien dice* sozusagen; *dar que* ~ *a la gente* Anlaß zu Gerede geben; *es* ~ das heißt; *por mejor* ~ besser gesagt; *ni que* ~ *tiene* das versteht sich von selber, daß; *no hay más que* ~ mehr kann man nicht verlangen; *¡no me diga!* was Sie nicht sagen!; *a* ~ *verdad* ehrlich gesagt; *por así* ~*lo* sozusagen; *¡quién lo diría!* wer hätte das gedacht!; *se dice od. dicen que man sagt, es heißt, daß; usted dirá* bestimmen Sie, bitte!, Sie haben das Wort!; *ya decía yo que* ich dachte mir doch gleich, daß; *digo* ich wollte sagen, ich meine vielmehr; *¡digo!* das will ich meinen!; *Telefon: ¡diga!* ja, bitte (sprechen Sie!); *está dicho* so ist es; *no es para dicho* es ist nicht zu sagen; *dicho y hecho* gesagt, getan; *lo dicho* wie gesagt; **2.** ~*se* heißen; ~ *de tú* sich duzen; **3.** *m* Gerede *n*; *es un* ~ das ist so eine Redensart.

decisión [deθi'sjon] *f* Entscheidung *f*; Entschlossenheit *f*; Entschluß *m*; ♫ Beschluß *m*.

decisivo [deθi'sibo] entscheidend.

declama|ción [deklama'θjon] *f* Vortrag(skunst *f*) *m*; ~**dor** [~'dor] *m* Deklamator *m*; ~**r** [~'mar] (1a) vortragen; ~**torio** [~ma'torjo] hochtönend, deklamatorisch.

declara|ción [deklara'θjon] *f* Erklärung *f*; Aussage *f*; ~ *de aduana* Zollerklärung *f*; ~ *de ausencia* Verschollenheitserklärung *f*; ~ *de entrada* (*salida*) Einfuhr-(Ausfuhr-)erklärung *f*; ~ *de impuestos* Steuererklärung *f*; ~ *de mayoría de edad* Mündigkeitserklärung *f*; ~ *jurada* eidesstattliche Erklärung *f*; *tomar* ~ verhören; ~**nte** ⚖ [~'rante] *su.* Aussagende(r) *m*, Aussagende *f*; ~**r** [~'rar] (1a) erklären, aussagen; angeben, anmelden; ~**rse** ausbrechen (*Feuer usw.*); ~**torio** [~ra'torjo] ⚖ Feststellungs...

declina|ble [dekli'nable] deklinierbar; ~**ción** [~na'θjon] *f* *Gram.* Deklination *f*; *Astr.* Abweichung *f*, *fig.* Verfall *m*; ~**r** [~'nar] (1a) ablehnen; *Gram.* deklinieren; *v/i.* sich neigen; verfallen; zu Ende gehen; *Astr.* abweichen; ~**torio** [~na'torjo] ablehnend.

declive [de'klibe] *m* Abhang *m*; *en* ~ abschüssig.

decocción [dekog'θjon] *f* Abkochen *n*; Absud *m*. [färben.)

decolorar [dekolo'rar] (1a) ent-)

decomi|sar [dekomi'sar] (1a) gerichtlich einziehen; ~**so** [~'miso] *m* Beschlagnahme *f*, Einziehung *f*.

decora|ción [dekora'θjon] *f* Ausschmückung *f*; *Thea.* Bühnenbild *n*; ~**do** [~'raðo] *m* Ausschmückung *f*; Bühnenausstattung *f*; ~**s** *m/pl.* Bauten *m/pl.* (*Film*).

decora|dor [dekora'dor] *m* Dekorateur *m*; *Thea.* Bühnenbildner *m*; ~**r** [~'rar] (1a) ausschmücken; dekorieren; ~**tivo** [~ra'tibo] dekorativ.

decoro [de'koro] *m* Anstand *m*; Würde *f*; Schicklichkeit *f*; *guardar el* ~ das Gesicht wahren; ~**so** [deko'roso] anständig; ehrenvoll; sittsam.

decrecer [dekre'θer] (2d) abnehmen; fallen (*Wasserstand*).

decremento [dekre'mento] *m* Abnahme *f*, Verfall *m*.

decrépito [de'krepito] hinfällig, altersschwach; verfallen.

decrepitud [dekrepi'tu(d)] *f* Altersschwäche *f*.

decretar [dekre'tar] (1a) anordnen, verordnen; *Befehl* erlassen.

decreto [de'kreto] *m* Verordnung *f*; Erlaß *m*; ~ *reglamentario* Durchführungsbestimmung *f*; ~**-ley** [~lei] *m* Gesetzesverordnung *f*.

decúbito ⚕ [de'kubito] *m* Lage *f*; ~ *supino* Rückenlage *f*.

décuplo ['dekuplo] zehnfach, -fältig.

decurso [de'kurso] *m* Verlauf *m der* Zeit.

dechado [de'tʃaðo] *m* Vorlage *f*; Muster *n*; *fig.* Vorbild *n*.

dedada [de'daða] *f* Fingerspitze-voll *f*.

dedal [de'ðal] *m* Fingerhut *m*; **~era** ♀ [~ða'lera] *f* Fingerhut *m*.

dédalo ['dedalo] *m* Labyrinth *n*.

dedica|ción [deðika'θiɔn] *f* Einweihung *f*; Widmung *f*; *Am.* Hingabe *f*, Fleiß *m*; **~r** [~'kar] (1g) widmen, zueignen; **~toria** [~ka-'toria] *f* Zueignung *f*, Widmung *f*.

dedil [de'ðil] *m* Fingerling *m*.

dedillo [de'ðiʎo] *m*: *saber a/c. al ~* et. wie am Schnürchen hersagen können.

dedo ['dedo] *m* Finger *m*; Zehe *f*; *~ anular* Ringfinger *m*; *~ del corazón* Mittelfinger *m*; *~ gordo* große Zehe *f*; *~ índice* Zeigefinger *m*; *~ meñique* kleine(r) Finger *m*; *~ pulgar* Daumen *m*; *a dos ~s de* ganz nah; *(no) mamarse el ~* (nicht) auf den Kopf gefallen sein; *no tener dos ~s de frente* kein Kirchenlicht sein.

deduc|ción [deðug'θiɔn] *f* Ableitung *f*; Folgerung *f*; ✝ Abzug *m*; Preisabschlag *m*; *~ hecha de* nach Abzug v. (*dat.*); **~ir** [deðu'θir] (3o) ableiten; folgern; *Kosten* abziehen.

defeca|ción [defeka'θiɔn] *f* (*Darm-*) Entleerung *f*; **~r** [~'kar] (1g) abklären; *Darm* entleeren.

defección [defeg'θiɔn] *f* Abfall *m* *v. e-r Partei usw.*

defec|tible [defek'tible] was fehlen kann; **~tivo** [~'tibo] unvollständig; **~to** [de'fekto] *m* Fehler *m*; Fehlen *n*; Mangel *m*; **~tuoso** [defek'tũoso] fehlerhaft; schadhaft.

defen|der [defen'der] (2g) verteidigen; (be)schützen; verbieten; **~derse** sich durchsetzen; *~ de* sich schützen vor (*dat.*); sich behaupten gegen (*ac.*); *~ con uñas y dientes* sich mit Händen u. Füßen wehren; F *irse defendiendo* sich (so) durchschlagen; **~sa** [de'fensa] **a)** *f* Verteidigung *f*, Schutz *m*; Abwehr *f*; Schutz *m*; Schutzwaffe *f*; *Kfz. Am. reg.* Stoßstange *f*; *~ antiaérea* Flugabwehr *f*; *~ pasiva antiaérea* Luftschutz *m*; *legítima ~* Notwehr *f*; **b)** *m* Verteidiger *m* (*Fußball*); **~siva** [defen-'siba] *f* Verteidigung *f*; **~sivo** [~-'sibo] verteidigend; Verteidigungs-...; Schutz...; **~sor**, **-a** *f* [~'sɔr, ~'sora] Verteidiger(in *f*) *m*.

defe|rencia [defe'renθia] *f* Will-

fährigkeit *f*; Ehrerbietung *f*; **~rente** [~'rente] nachgiebig, willfährig; ehrerbietig; **~rir** [~'rir] (3i) übertragen; überlassen; anheimstellen.

deficien|cia [defi'θienθia] *f* Mangel *m*; Fehlerhaftigkeit *f*; *~ mental* Geistesschwäche *f*; **~te** [~te] mangelhaft.

déficit ['defiθit] *m* Fehlbetrag *m*, Defizit *n*.

definible [defi'nible] bestimmbar.

defini|ción [defini'θiɔn] *f* Erklärung *f*; Begriffsbestimmung *f*; Definition *f*; **~r** [~'nir] (3a) bestimmen; definieren; **~rse** Stellung nehmen; **~tiva** ✝✝ [~ni'tiba] *f* Endurteil *n*; **~tivo** [~ni'tibo] entscheidend; endgültig; *en -a* letzten Endes.

defolia|ción [defolia'θiɔn] *f* Entlaubung *f*; **~r** [~'liar] (1b) entlauben.

defor|mación [deforma'θiɔn] *f* Entstellung *f*; Verzerrung *f*; Mißbildung *f*; **~mar** [~'mar] (1a) entstellen; **~me** [de'forme] ungestalt; **~midad** [deformi'ða⁽ᵈ⁾] *f* Mißgestalt *f*.

defrauda|ción [defrauða'θiɔn] *f* Veruntreuung *f*; Unterschlagung *f*; Hinterziehung *f*; **~dor** *m*, **-a** *f* [~'dɔr, ~'dora] Betrüger(in *f*) *m*; **~r** [~'dar] (1a) hinterziehen; veruntreuen; unterschlagen; betrügen; enttäuschen; *~ las esperanzas* Hoffnungen zunichte machen.

defuera [de'fũera] außen, außerhalb.

defunción [defun'θiɔn] *f* Tod(esfall) *m*.

degenera|ción [dexenera'θiɔn] *f* Entartung *f*; **~r** [~'rar] (1a) entarten; *~ en* ausarten in (*ac.*).

deglu|ción [deglu'θiɔn] *f* (Hinunter-)Schlucken *n*; **~tir** [~'tir] (3a; *ohne prs.*) (hinunter)schlucken.

degoll|ación [degoʎa'θiɔn] *f* Enthauptung *f*; Gemetzel *n*; **~ar** [~'ʎar] (1n) köpfen; niedermetzeln.

degrada|ción [degraða'θiɔn] *f* Degradierung *f*; Erniedrigung *f*; Entwürdigung *f*; Verfall *m*; *Mal.* Abtönung *f*; **~nte** [~'dante] erniedrigend; entwürdigend; **~r** [~'dar] (1a) degradieren; erniedrigen; *Mal.* abtönen.

degüello [de'ǧũeʎo] *m* Köpfen *n*; Gemetzel *n*; *fig.* F *tirar a ~ a alg.*

185 **delictivo**

j-n mit allen Mitteln zu schädigen (F reinzulegen) *od.* zu vernichten (F zu erledigen) suchen.

degustación [degusta'θiɔn] *f* Kosten *n*; Kostprobe *f*.

degustar [degus'tar] (1a) kosten, probieren.

dehesa [de'esa] *f* (Vieh-)Weide *f*; Koppel *f*.

dei|dad [dɛi'da⁽ᵈ⁾] *f* Gottheit *f*; **~ficar** [~fi'kar] (1g) vergöttern.

deja|ción [dɛxa'θiɔn] *f* 𝔱𝔱 Überlassung *f*; Abtretung *f*; F *Am. Cent., Col.* Schlamperei *f*; **~dez** [~'deθ] *f* Lässigkeit *f*; Schlamperei *f*; **~do** [dɛ'xaᵈo] nachlässig; schlampig.

dejar [dɛ'xar] (1a) lassen; auslassen; zulassen, dulden, erlauben; überlassen; *Unnötiges* weglassen; ver-, zurücklassen; im Stich lassen; stehenlassen, liegenlassen; *beim Tode* hinterlassen; *Arbeit* niederlegen, *Stelle* aufgeben; *Gewinn* einbringen, abwerfen; ✝ **~** *debitado un importe en cuenta a alg.* j-s Konto mit e-m Betrag belasten; **~** *atrás* zurücklassen; *fig.* übertreffen; **~** *bien a alg.* j-m Ehre mɑchen; **~** *encargado* beauftragen; **~** *plantado* vergeblich warten lassen; F versetzen; **~** *a un lado* beiseite lassen; **~** *de* + *inf.* aufhören zu + *inf.*; **~** *en blanco* offenlassen; **~** *al descubierto* bloßstellen; **~** *mucho que desear* viel zu wünschen übriglassen; *no* **~** *de* + *inf.* nicht unterlassen zu + *inf.*; nicht vergessen zu + *inf.*; unaufhörlich *et. tun*; *no poder* **~** *de* + *inf.* nicht umhin können zu + *inf.*; *no dejo de extrañarme* ich muß mich doch wirklich wundern; *como dejo dicho* wie (ich) bereits bemerkt (habe); *¡deja!* weg!; **~se** sich gehenlassen; sich vernachlässigen; **~** *de* *a/c.* et. einstellen; **~** *llevar* sich hinreißen lassen; **~** *de rodeos* zur Sache kommen; **~** *sentir* sich fühlbar machen; **~** *ver* sich zeigen, sich sehen lassen.

deje ['dexe] *m*, **dejo** ['dexo] *m* Nachgeschmack *m*; Nachklang *m*; *fig.* Anflug *m*.

delación [dela'θiɔn] *f* Anzeige *f*; Denunziation *f*; Verrat *m*.

delantal [delan'tal] *m* Schürze *f*.

delante [de'lante] vorn, voran; *tener* **~** vor Augen haben; *de* **~** *de* vorn; **~** *de* *prp.* vor (*dat.*), in Gegenwart von (*dat.*); **~ra** [delan'tera] *f* Vorderteil *n od. m*; Vorsprung *m*; Sturm *m* (*Fußball*); *tomar la* **~** *a alg.* j-m zuvorkommen; j-n überholen; j-n übertreffen; **~ro** [~'ro] 1. *adj.* vorder; 2. *m* Stürmer *m* (*Fußball*); **~** *centro* Mittelstürmer *m*.

dela|tar [dela'tar] (1a) anzeigen; denunzieren; **~tor** [~'tɔr] *m* Anzeigende(r) *m*, Denunziant *m*.

delectación [delɛkta'θiɔn] *f* Ergötzen *n*.

delegación [delega'θiɔn] *f* Abordnung *f*, Delegation *f*; **~** *de Hacienda* Finanzamt *n*; **~** *del trabajo* Arbeitsamt *n*; *por* **~** in Vertretung.

delega|do [dele'gaᵈo] 1. *adj.* abgeordnet; 2. *m* Abgeordnete(r) *m*, Beauftragte(r) *m*; Delegierte(r) *m*; **~r** [~'gar] (1h) abordnen; entsenden; *Vollmacht* übertragen.

delei|table [delɛi'table] ergötzlich, wonnig; **~tar** [~'tar] (1a) ergötzen; **~te** [de'leite] *m* Ergötzen *n*; Wonne *f*; Wollust *f*; **~toso** [delɛi'toso] wonnevoll; wollüstig.

deletéreo [dele'tereo] tödlich; giftig; schädlich.

deletrear [deletre'ar] (1a) buchstabieren; entziffern.

deleznable [deleθ'nable] zerbrechlich, bröckelig; schlüpfrig; *fig.* vergänglich.

delfín [del'fin] *m* Delphin *m*; *hist.* ♀ Dauphin *m*.

delga|dez [dɛlga'deθ] *f* Dünne *f*, Feinheit *f*; **~do** [~'gaᵈo] dünn; fein; schwach; schlank; **~ducho** [~ga'dutʃo] spindeldürr.

delibera|ción [delibera'θiɔn] *f* Überlegung *f*; Beratung *f*; Beschlußfassung *f*; **~do** [~'raᵈo] absichtlich (zurecht)gemacht; **~r** [~'rar] (1a) *v/t.* besprechen; *v/i.* beraten (über [*ac.*] *sobre*).

delica|deza [delika'deθa] *f* Zartheit *f*; Schwäche *f*; Zartgefühl *n*; Takt *m*; **~do** [~'kaᵈo] zart; fein; feinfühlig; kränklich; heikel; lecker, köstlich (*Speise*).

delici|a [de'liθia] *f* Vergnügen *n*; Entzücken *n*; Wonne *f*; *hacer las* **~s** *de alg.* j-n entzücken; **~oso** [deli'θioso] köstlich.

delictivo [delik'tiβo] strafbar; *acto m* (*od. hecho m*) **~** strafbare Handlung *f*, Straftat *f*.

delimitar [delimi'tar] (1a) abgrenzen, begrenzen.

delincuen|cia [delin'kŭenθĭa] f Verbrechertum n; ~ *juvenil* Jugendkriminalität f; ~te [~te] m Verbrecher m.

delinea|ción [delinea'θĭɔn] f Umriß m; Entwurf m; ~nte [~ne'ante] m technischer Zeichner m; ~r [~ne'ar] (1a) umreißen; fig. entwerfen.

delinquir [delin'kir] (3e) straffällig werden; e-e Straftat begehen.

deli|rante [deli'rante] wahnsinnig; irreredend; stürmisch (*Begeisterung*); ~rar [~'rar] (1a) irrereden; ~rio [de'lirĭo] m Wahnsinn m; stürmische Begeisterung f; ~ *alcohólico* Säuferwahnsinn m; ~ *de grandeza* Größenwahn m; ~ *furioso* Tobsucht f.

delito [de'lito] m Vergehen n; Verbrechen n.

delta *Erdk.* ['delta] m Delta n.

delusorio [delu'sorĭo] (be)trügerisch.

demacra|ción [demakra'θĭɔn] f Abmagerung f; ~rse [~'krarse] (1a) abmagern.

dema|gogia [dema'goxĭa] f Demagogie f, Volksaufwieg(e)lung f; ~gógico [~'goxiko] demagogisch; ~gogo [~'gogo] m Demagoge m, Volksaufwiegler m.

demanda [de'manda] f Forderung f; Anfrage f; † Nachfrage f; Verlangen n; Unternehmen n; ✝ Klage f; en ~ *de* auf der Suche nach (*dat.*); ~do [deman'daᵈo] m Beklagte(r) m; ~nte [~'dante] su. Kläger (-in f) m; ~r [~'dar] (1a) bitten, fordern; verklagen.

demarca|ción [demarka'θĭɔn] f Abgrenzung f; Bezirk m; ~r [~'kar] (1g) abgrenzen; abstecken.

demás [de'mas] übrig; ander; lo ~ das übrige; los ~ die anderen; por lo ~ im übrigen; estar ~ überflüssig sein; y ~ und so weiter.

demasía [dema'sia] f Übermaß n; Übertreibung f; Übergriff m; Ausschreitung f; en ~ im Übermaß, zuviel.

demasiado [dema'sĭaᵈo] adj. u. adv. zu viel; übermäßig; (all)zu, zu sehr.

demediar [deme'dĭar] (1b) halbieren.

demen|cia [de'menθĭa] f Wahnsinn

m; ~tado Am. [demen'taᵈo] wahnsinnig; ~te [~'mente] 1. adj. wahnsinnig; 2. m Wahnsinnige(r) m.

democracia [demo'kraθĭa] f Demokratie f, Volksherrschaft f; ~ *popular* Volksdemokratie f.

demócrata [de'mokrata] 1. adj. demokratisch; 2. su. Demokrat(in f) m.

demo|crático [demo'kratiko] demokratisch (*Verfassung usw.*); ~cratizar** [~krati'θar] (1f) demokratisieren.

demo|grafía [demogra'fia] f Bevölkerungslehre f; ~gráfico [~'grafiko] Bevölkerungs...

demo|ledor [demole'dɔr] zerstörend; ~ler [~'ler] (2h) zerstören; abbrechen; ~lición [~li'θĭɔn] f Zerstörung f; Abbruch m.

demon|íaco [demo'niako] dämonisch, teuflisch; ~io** [de'monĭo] m Teufel m; Dämon m; ¡(qué) ~! zum Teufel!; ¡que se lo lleve el ~! der Teufel soll ihn holen!; F es un ~ er ist ein Teufelskerl; ~tre F [de'montre] m = demonio.

demora [de'mora] f Verzögerung f; ✝ Verzug m; sin ~ unverzüglich; ~r [demo'rar] (1a) verzögern.

demostra|ble [demɔs'trable] erweislich; nachweisbar; ~ción [~tra'θĭɔn] f Beweis m; Nachweis m; Darlegung f; Bekundung f; ~r [~'trar] (1m) beweisen; darlegen; bekunden; ~tivo [~tra'tiβo] beweisend; demonstrativ; *Gram.* hinweisend.

demudar [demu'dar] (1a) verfärben; entstellen; verzerren; ~se sich verfärben; aus der Fassung geraten.

denega|ción [denega'θĭɔn] f Verweigerung f; Abweisung f; ~r [~'gar] (1h u. 1k) verweigern, abschlagen.

dengoso [den'goso] geziert, affektiert.

dengue ['deŋge] m Ziererei f; F Mätzchen n; hacer ~s sich zieren; F sich anstellen.

deni|gración [denigra'θĭɔn] f Anschwärzung f; ~grar [~'grar] (1a) anschwärzen; schlechtmachen.

denodado [deno'daᵈo] mutig.

denomi|nación [denomina'θĭɔn] f Benennung f; ~ *de origen* Ursprungsbezeichnung f; ~nador A rith. [~na'dɔr] m Nenner m; ~

común gemeinsamer Nenner *m* (*a. fig.*); **~nar** [ʌ'nar] (1a) benennen.

denostar [denɔs'tar] (1m) (be-)schimpfen; schmähen.

denota|ción [denota'θiɔn] *f* Bezeichnung *f*; **~r** [ʌ'tar] (1a) bedeuten; hindeuten auf (*ac.*).

den|sidad [densi' da⁽ᵈ⁾] *f* Dichtigkeit *f*; Dichte *f*; **~so** ['denso] dicht; dick (*Flüssigkeit*); *fig.* unklar, wirr.

den|tado [den'taᵈo] gezahnt; *rueda f* **~a** Zahnrad *n*; **~tadura** [ʌta'ðura] *f* Gebiß *n*; Zahnreihe *f*; **~** *postiza* falsches Gebiß *n*; **~tal** [ʌ'tal] Zahn...; **~tar** ⊕ [ʌ'tar] (1k) (ver)zahnen; **~tellada** [ʌte'ʎaða] *f* Biß *m*; Bißwunde *f*; *a* **~s** mit den Zähnen; **~tellado** [ʌte'ʎaᵈo] gezahnt, gezackt; **~tellar** [ʌte'ʎar] (1a) mit den Zähnen klappern; **~tición** [ʌti'θiɔn] *f* Zahnen *n*; *estar con la* **~** zahnen; **~tífrico** [ʌ'tifriko] **1.** *adj.*: *agua f* **~a** Mundwasser *n*; *pasta f* **~a** Zahnpasta *f*; **2.** *m* Zahnpasta *f*; **~tista** [ʌ'tista] *m* Zahnarzt *m*.

dentro ['dentro] **1.** *adv.* darin, drinnen; *de od. por* **~** von innen; **2.** *prp.* **~** *de in* (*dat. u. ac.*), innerhalb (*gen.*); binnen (*gen.*).

denuedo [de'nŭeðo] *m* Mut *m*; Kühnheit *f*.

denuesto [de'nŭesto] *m* Schimpf *m*; Schimpfwort *n*.

denunci|a [de'nunθĭa] *f* Anzeige *f*; Kündigung *f* (*Vertrag*); **~ador** [denunθĭa'dɔr] *m*, **~ante** [ʌ'θĭante] *m* Denunziant *m*, Anzeigeerstatter *m*; **~ar** [ʌ'θĭar] (1b) anzeigen; ankündigen; anklagen; verraten; *Vertrag kündigen;* **~o** *Am. reg.* [de'nunθĭo] *m* Anzeige *f*.

depar|ar [depa'rar] (1a) bescheren; (dar)bieten; **~tamento** [departa'mento] *m* Abteilung *f*; Ministerium *n*; 🚇 Abteil *n*; Fachbereich *m* (*Universität*); *Am. reg.* Appartement *n*, Wohnung *f*.

departir [depar'tir] (3a) plaudern.

depauperar [depaŭpe'rar] (1a) arm machen; ⚕ schwächen.

depen|dencia [depen'denθĭa] *f* Abhängigkeit *f*; Unterordnung *f*; Anhang *m*; Nebenhaus *n*; † Zweigstelle *f*; **~der** [ʌ'der] *v/i.* (2a) abhängen, abhängig sein (von [*dat.*] *de*); *¡eso depende!* das kommt darauf an!; **~dienta** [ʌ'dĭenta] *f* An-

gestellte *f*; **~diente** [ʌ'dĭente] **1.** *adj.* abhängig; **2.** *m* Untergebene(r) *m*; Angestellte(r) *m*.

depi|latorio [depila'torĭo] *m* Enthaarungsmittel *n*; **~lar** [ʌ'lar] (1a) enthaaren.

deplorar [deplo'rar] (1a) beklagen.

deponer [depo'ner] (2r) nieder-, hinterlegen; *des Amtes* entheben; 🚇 aussagen.

deporta|ción [deporta'θiɔn] *f* Verbannung *f*; **~r** [ʌ'tar] (1a) verbannen; deportieren, verschleppen.

depor|te [de'porte] *m* Sport *m*; **~** *blanco* Schisport *m*; **~tista** [depor-'tista] *su.* Sportler(in*f*) *m*; **~tividad** [ʌtiβi'ða⁽ᵈ⁾] *f* Sportlichkeit *f*; **~tivo** [ʌ'tiβo] sportlich; Sport...

deposi|ción [deposi'θiɔn] *f* Niederlegung *f*; Amtsenthebung *f*; 🚇 Aussage *f*; **~tador** [ʌta'dɔr], **~tante** [ʌ'tante] *m* Hinterleger *m*; **~tar** [ʌ'tar] (1a) deponieren, hinterlegen; niederlegen; † *Waren* einlagern; 🔩 *Bodensatz* absetzen; *Leiche* beisetzen; **~taría** [ʌta'ria] *f* † Niederlage *f*; Depositenkasse *f*; **~tario** [ʌ'tarĭo] *m* Verwahrer *m*.

depósito [de'posito] *m* Hinterlegte(s) *n*; Hinterlegung *f*; † Einlage *f*; Depot *n*; Lager *n*; Lagerhaus *n*; Behälter *m*; Tank *m*; 🔩 Niederschlag *m*, Bodensatz *m*; **~** *de aduana* Zollager *n*; **~** *de cadáveres* Leichenschauhaus *n*; **~** *franco* Zollfreilager *n*.

deprava|ción [depraβa'θiɔn] *f* Verderbnis *f*; Sittenlosigkeit *f*; **~r** [ʌ'bar] (1a) verderben.

depre|cación [depreka'θiɔn] *f* inständige Bitte *f*; **~car** [ʌ'kar] (1g) inständig bitten; **~catorio** [ʌka'torĭo] Bitt...; **~ciación** [ʌθĭa'θiɔn] *f* Entwertung *f* (*Geld*); **~ciarse** [ʌ'θĭarse] (1b) entwertet werden; **~sión** [ʌ'siɔn] *f* Senke *f*; Senkung *f*; Sinken *n*; Sog *m*; Niedergeschlagenheit *f*; gedrückte Stimmung *f*; † Depression *f*; Flaute *f*; **~sivo** [ʌ'siβo] demütigend; drückend.

depri|mente [depri'mente] demütigend; (nieder)drückend; **~mir** [ʌ'mir] (3a) (nieder)drücken; demütigen; verunglimpfen.

depura|ción [depura'θiɔn] *f* Reinigung *f*; Bereinigung *f*; *Pol.* Säuberung *f*; **~dora** [ʌ'dora]: *estación f* **~** Kläranlage *f*; **~r** [ʌ'rar] (1a) reinigen, läutern; *Pol.* säubern; **~tivo** [~ra'tiβo] *m* Blutreinigungsmittel *n*.

dere|cha [de'retʃa] *f* rechte Hand *f*; *Pol.* die Rechte; *a la ~* rechts; *llevar la ~* rechts gehen *od.* fahren; *a ~s pl.* wie es sich gehört, ordentlich; **~chamente** [deretʃa'mente] geradeswegs; aufrechten Sinnes; **~chista** *Pol.* [~'tʃista] **1.** *adj.* rechtsorientiert, Rechts...; **2.** *m* Rechte(r) *m*.

derecho [de'retʃo] **1.** *adj.* recht(s); gerade; *mor.* aufrecht; *Am. Cent.* glücklich, erfolgreich; *ser un hombre hecho y ~* ein aufrichtiger Mensch, F ein ganzer Kerl sein; **2.** *adv.* gerade(aus); **3.** *m* Recht *n*; Rechtsanspruch *m*; *~ administrativo* Verwaltungsrecht *n*; *~ de asilo* Asylrecht *n*; *~ de autor* Urheberrecht *n*; *~ cambiario* Wechselrecht *n*; *~ civil* Zivilrecht *n*; *~ criminal* Strafrecht *n*; *~ fiscal* Steuerrecht *n*; *~ de gentes* Völkerrecht *n*; *~ laboral* Arbeitsrecht *n*; *~ del más fuerte* Faustrecht *n*; *~ mercantil* Handelsrecht *n*; *~ de la propiedad industrial* Patentrecht *n*; *~ de la propiedad intelectual* Urheberrecht *n*; *~ prendario* Pfandrecht *n*; *~ público* öffentliches Recht *n*; *~ real* dingliches Recht *n*; *~ de voto* Stimmrecht *n*; *dar ~ a* berechtigen zu; *¡no hay ~!* das ist doch unerhört!; *tener ~ a a/c.* auf et. Anspruch haben; *tener el ~ de* das Recht haben zu; *de pleno ~* von Rechts wegen; **4.** *~s pl.* Steuer *f*; Gebühren *f/pl.*; Zoll *m*; *~s de almacenaje* Lagergebühr *f*; *~s de inscripción* Einschreibegebühr *f*; *~s preferenciales* Vorzugszölle *m/pl.*; *~s protectores* Schutzzölle *m/pl.*; *~s del timbre* Stempelsteuer *f*.

derechura [dere'tʃura] *f* Richtigkeit *f*; *Am. Cent., Pe.* Glück *n*; *en ~* geradewegs; schnurstracks.

deriva [de'riβa] *f* Abtrift *f*; *ir a la ~* abgetrieben werden.

deriva|ción [deriβa'θjon] *f* Ableitung *f*; Abzweigung *f*; *ℰ* Nebenschluß *m*; **~do** [~'βaðo] *m* Nebenprodukt *n*; *Gram.* abgeleitetes Wort *n*; **~r** [~'βar] (1a) ableiten; abzweigen (*a.* *ℰ*); *v/i.* hervorgehen (aus [*dat.*] de); *⚓* abtreiben.

derm|atólogo [derma'tologo] *m* Hautarzt *m*; **~is** *Anat.* ['dɛrmis] *f* Lederhaut *f*.

deroga|ción [deroga'θjon] *f* Aufhebung *f*, Abschaffung *f*; **~r** [~'gar] (1h) aufheben, abschaffen; **~torio** [~ga'torjo] aufhebend.

derra|mamiento [derrama'mjento] *m* Vergießen *n*; Verschwendung *f*; **~mar** [~'mar] (1a) vergießen, verschütten; (aus)schütten; ausstreuen; **~marse** ausfließen, auslaufen; sich verbreiten.

derrame [de'rrame] *m* Auslaufen *n*; Abfluß *m*; *⚓* Leckage *f*; *⚕* Bluterguß *m*.

derrapar *Kfz.* [derra'par] (1a) ins Schleudern geraten.

derredor [derre'ðor] *m* Umkreis *m*; *en ~* herum, ringsherum.

derrenga|r [derreŋ'gar] *v/t.* (1h) verbiegen; F *~ (a palos)* windelweich schlagen; **~rse** sich die Hüften verrenken; *fig.* sich abrackern.

derre|timiento [derreti'mjento] *m* Schmelzen *n*; *fig.* Inbrunst *f*; **~tir** [~'tir] (3l) schmelzen; vergeuden; F durchbringen; **~tirse** schmelzen; *fig.* vergehen (vor [*dat.*] de).

derri|ba *Am. reg.* [de'rriβa] *f* Niederreißen *n*; Rodung *f*; **~bar** [derri'βar] (1a) *Gebäude* abbrechen; zu Boden werfen; (um)stürzen; *Tür* einschlagen; *Flugzeug* abschießen; **~bo** [de'rriβo] *m* Niederreißen *n*; Abbruch *m*; Bauschutt *m*; Abschuß *m* (*e-s Flugzeuges*).

derroca|dero [derroka'ðero] *m* Felshang *m*; **~miento** [~'mjento] *m* Herabstürzen *n*, Absturz *m*; Zerstörung *f*.

derrocar [derro'kar] (1g) (herab-)stürzen, niederreißen; zerstören.

derro|chador *m*, *-a f* [derrotʃa'ðor, ~'ðora] Verschwender(in *f*) *m*; **~char** [~'tʃar] (1a) verschwenden; **~che** [~'rrotʃe] *m* Verschwendung *f*; Überfluß *m*.

derro|ta [de'rrota] *f* ✗ Niederlage *f*; Weg *m*; *⚓* ✗ Kurs *m*; **~tar** [derro'tar] (1a) (vernichtend) schlagen; ruinieren; **~tero** [~'tero] *m* Fahrtrichtung *f*, Kurs *m*; *fig.* Weg *m*, Bahn *f*; **~tismo** [~'tizmo] *m* Defätismus *m*; **~tista** [~'tista] *m* Defätist *m*.

derruir [derru'ir] (3g) *Gebäude* ab-, niederreißen.

derrumb|adero [derrumba'ðero] *m* Abgrund *m*; **~amiento** [~'mjento] *m* Einsturz *m*; Absturz *m*; **~ar**

[ˌ'bar] (1a) abstürzen; ˌarse einstürzen; ˌe *Am.* [de'rrumbe] *m*
Einsturz *m*.
derviche [dɛr'bitʃe] *m* Derwisch *m*.
desabollar [desabo'ʎar] (1a) ausbeulen.
desa|borido P [desabo'rido] ge-
schmacklos, fade; *fig.* gleichgültig,
langweilig; ˌ**botonar** [ˌboto'nar]
(1a) aufknöpfen; ˌ**brido** [ˌ'brido]
fade; rauh (*Wetter*); barsch; unwirsch; ˌ**brigarse** [ˌbri'garse] (1h)
sich leichter (*od.* sommerlich) anziehen; ˌ**brimiento** [ˌbri'mjento]
m Fadheit *f*; Barschheit *f*; Erbitterung *f*; ˌ**brirse** [ˌ'brirse] (3a)
ärgerlich werden.
desabrochar [desabro'tʃar] (1a)
aufhaken, aufknöpfen.
desaca|tar [desaka'tar] (1a) unehr-
erbietig behandeln; ˌ**to** [ˌ'kato] *m*
Unehrerbietigkeit *f*; Mißgriff *m*;
Mißachtung *f*.
desa|certado [desaθɛr'tado] falsch;
töricht; irrig; ˌ**certar** [ˌθɛr'tar]
(1k) sich irren; ˌ**cierto** [ˌ'θjerto] *m*
Irrtum *m*; Mißgriff *m*; ˌ**comedido**
Am. [ˌkome'dido] unhöflich; unaufmerksam, ungefällig.
desaconsejar [desakɔnse'xar] (1a)
abraten.   [auskuppeln.]
desacoplar ⊕ [desako'plar] (1a)ˌ
desacostum|brado [desakɔstum-
'brado] ungewohnt, ungewöhnlich;
ˌ**brar** [ˌ'brar] (1a): ˌ *a alg. de a/c.*
j-m et. abgewöhnen.
desacreditar [desakredi'tar] (1a) in
Verruf bringen.
desactivar [desakti'bar] (1a) *Bombe
usw.* entschärfen.
desacuerdo [desa'kŭerdo] *m* Mei-
nungsverschiedenheit *f*; Uneinigkeit *f*; *estar en* ˌ *con* nicht einverstanden sein mit (*dat.*).
desafecto [desa'fekto] **1.** *adj.* ab-
geneigt; **2.** *m* Abneigung *f*; Übel-
wollen *n*.
desafi|ar [desafi'ar] (1c) herausfor-
dern; trotzen (*dat.*); ˌ**nación** ♪
[ˌna'θjon] *f* Verstimmung *f*; ˌ**nar**
[ˌ'nar] (1a) ♪ unrein klingen; verstimmt sein; F aus der Rolle fallen.
desafío [desa'fio] *m* Herausforderung *f*.
desaforado [desafo'rado] gewaltig;
gewalttätig; F rabiat.
desafortunado [desafɔrtu'nado] unglücklich; unselig.

desafuero [desa'fŭero] *m* Frevel *m*.
desagra|dable [desagra'dable] un-
angenehm; peinlich; ˌ**dar** [ˌ'dar]
(1a) mißfallen; ˌ**decimiento** [ˌde-
θi'mjento] *m* Undankbarkeit *f*; ˌ**do**
[ˌ'grado] *m* Mißfallen *n*; Unannehmlichkeit *f*; ˌ**viar** [ˌgra'bjar]
(1b) Genugtuung geben; entschä-
digen; *Schaden* ersetzen; ˌ**vio**
[ˌ'grabjo] *m* Genugtuung *f*; Sühne *f*.
desagua|dero [desagŭa'dero] *m*
Abzugskanal *m*; ˌ**r** [ˌ'gŭar] (1i)
austrocknen, entwässern; trockenlegen; *v/i.* münden (*Fluß*) (in [*ac.*]
en).
desagüe [de'sagŭe] *m* Wasserabfluß
m; Trockenlegen *n*; Entwässerung *f*.
desaho|gado [desao'gado] bequem;
zwanglos; geräumig; wohlhabend;
ˌ**gar** [ˌ'gar] (1h) *v/t.* Linderung
verschaffen; ˌ**garse** sich erholen;
es sich bequem machen; *fig.* sich
aussprechen; ˌ**go** [ˌ'ogo] *m* Erleichterung *f*; Zwanglosigkeit *f*;
Dreistigkeit *f*; Ungezwungenheit *f*.
desahu|ciar [desau'θjar] (1b) *e-n
Kranken* aufgeben; zwangsräumen;
ˌ**cio** [ˌ'uθjo] *m* Zwangsräumung *f*.
desai|rado [desai'rado] linkisch; *ha-
cer un papel* ˌ eine schlechte Figur
abgeben; ˌ**rar** [ˌ'rar] (1a) *fig.* zu-
rücksetzen; geringschätzig behandeln; abweisen; F e-n Korb geben;
ˌ**re** [de'saire] *m* Zurücksetzung *f*;
Kränkung *f*; *hacer un* ˌ kränken.
desajus|tar [desaxus'tar] (1a) in
Unordnung bringen; ˌ**te** [ˌ'xuste]
m Unordnung *f*.
desal|ación [desala'θjon] *f* Ent-
salzung *f*; ˌ**ado** [ˌ'lado] eilig;
eifrig; ˌ**ar** [ˌ'lar] (1a) entsalzen;
wässern.
desalentar [desalen'tar] (1k) entmutigen.
desaliento [desa'ljento] *m* Mutlosigkeit *f*.
desali|ñado [desali'ɲado] verwahr-
lost; liederlich; unordentlich; F
schlampig; ˌ**ño** [ˌ'liɲo] *m* Verwahrlosung *f*; F Schlamperei *f*.
desalmado [desal'mado] **1.** *adj.*
herzlos, ruchlos; **2.** *m* Bösewicht *m*.
desaloja|miento [desalɔxa'mjento]
m Vertreibung *f* aus e-r Stellung *od.*
e-m Wohnsitz; ˌ**r** [ˌ'xar] (1a) aus-,
vertreiben; räumen; *v/i.* ausziehen;
⚔ abrücken.
desampar|ado [desampa'rado] hilf-

los, verlassen; **~ar** [~'rar] (1a) schutzlos lassen; verlassen; ⚔ *sein Besitzrecht auf e-e Sache* aufgeben; **~o** [~'paro] *m* Hilflosigkeit *f*, Schutzlosigkeit *f*.

desandar [desan'dar] (1q): ~ *el camino* den Weg zurückgehen.

desangrar [desaŋ'grar] (1a) ausbluten lassen; *fig.* ausbeuten; **~se** verbluten.

des|animado [desani'maðo] mutlos; gedrückt; **~animar** [~'mar] (1a) entmutigen; **~animarse** den Mut verlieren; **~ánimo** [de-'sanimo] *m* Mutlosigkeit *f*.

desanudar [desanu'dar] (1a) aufknoten; *fig.* entwirren.

desa|pacible [desapa'θible] unangenehm; barsch (*Ton*); unfreundlich (*Wetter*); **~parecer** [~re'θer] (2d) verschwinden; **~parecido** [~re'θiðo] *m* Vermißte(r) *m*; Verschollene(r) *m*; **~parición** [~ri'θiɔn] *f* Verschwinden *n*; **~pasionado** [~sio'naðo] leidenschaftslos, kühl; **~pego** [~'pego] *m* Abneigung *f*; **~percibido** [~perθi'biðo] unvorbereitet; *gal. pasar ~* unbeachtet bleiben; **~plicación** [~plika'θiɔn] *f* Nachlässigkeit *f*; **~plicado** [~pli-'kaðo] nachlässig.

desapreciar [desapre'θiar] (1b) geringschätzen.

desapren|sión [desapren'siɔn] *f* Unvoreingenommenheit *f*; Rücksichtslosigkeit *f*; **~sivo** [~'sibo] unvoreingenommen; vorurteilslos; rücksichtslos.

desaproba|ción [desaproba'θiɔn] *f* Mißbilligung *f*; **~r** [~'bar] (1m) mißbilligen; ablehnen.

desaprovecha|do [desaprobe'tʃaðo] unnütz; zurückgeblieben; **~miento** [~tʃa'miento] *m* Versäumnis *f*; Zurückbleiben *n*; **~r** [~'tʃar] (1a) nicht nutzen; *Gelegenheit* versäumen; *v/i.* keine Fortschritte machen.

desar|mar [desar'mar] (1a) entwaffnen; ⊕ auseinandernehmen, demontieren; ⚓ abtakeln; *fig.* besänftigen; *v/i.* abrüsten; **~me** [de'sarme] *m* Entwaffnung *f*, Abrüstung *f*.

desarrai|gar [desarrai'gar] (1h) entwurzeln; ausrotten; ausreißen; **~go** [~'rraigo] *m* Entwurzelung *f*; Ausrottung *f*.

desarr|eglado [desarre'glaðo] un-

ordentlich, liederlich; **~eglar** [~-'glar] (1a) in Unordnung bringen; **~eglo** [~'rreglo] *m* Unordnung *f*; Panne *f*; Störung *f*; **~imo** [~-'rrimo] *m* Hilflosigkeit *f*; **~ollar** [~rro'ʎar] (1a) entrollen; abwickeln; *fig.* entwickeln; entfalten; fördern; **~ollarse** sich entwickeln; sich abspielen; **~ollo** [~'rroʎo] *m* Entrollen *n*; Entwicklung *f*; Ablauf *m*; Erklärung *f*; *fig.* Förderung *f*; *ayuda f al* ~ Entwicklungshilfe *f*; **~ugar** [~rru'gar] (1h) entrunzeln, glätten.

desarticular [desartiku'lar] (1a) auseinandernehmen; *Spionagering* zerschlagen; *Verbrecherbande* ausheben. [F schlampig.\
desaseado [desase'aðo] liederlich.\]
desasi|miento [desasi'miento] *m* Loslassen *n*; Selbstlosigkeit *f*; **~r** [~'sir] (3a; *prs. s. asir*) loslassen; **~rse de** verzichten auf (*ac.*).

desasnar F [desaz'nar] (1a) Bildung *od.* Schliff beibringen (*dat.*).

desaso|segar [desasose'gar] (1h *u.* 1k) beunruhigen; **~siego** [~'siego] *m* Unruhe *f*.

desas|trado [desas'traðo] liederlich; zerlumpt; **~tre** [de'sastre] *m* Katastrophe *f*; Unglück *n*; Mißgeschick *n*; F *ser un* ~ *f* miserabel sein; **~troso** [desas'troso] unglückselig; unheilvoll; katastrophal; jämmerlich.

desata|do [desa'taðo] ungebunden; zwanglos; **~r** [~'tar] (1a) losbinden; lösen; aufschnüren; **~rse** sich lösen; drauflosreden *od.* -handeln; losbrechen (*Sturm*); **~scar** [~tas'kar] (1g) aus dem Schlamm ziehen; *fig.* aus der Patsche helfen.

desaten|ción [desaten'θiɔn] *f* Unaufmerksamkeit *f*; Unhöflichkeit *f*; **~der** [~'der] (2g) nicht beachten; sich nicht kümmern um (*ac.*); vernachlässigen; mißachten; **~tado** [~'taðo] unüberlegt; unbeherrscht; **~to** [~'tento] unaufmerksam; unhöflich.

desati|nado [desati'naðo] sinnlos; unsinnig; **~nar** [~'nar] (1a) Unsinn reden; **~no** [~'tino] *m* Unsicherheit *f*; Torheit *f*; Fehlgriff *m*.

desatornilla|dor *Am.* [desatɔrniʎa-'dɔr] *m* Schraubenzieher *m*; **~r** [~'ʎar] (1a) losschrauben, abschrauben.

desa|tracar ⚓ [desatra'kar] (1g) lostäuen; **~trancar** [~traŋ'kar] (1g) aufriegeln; *Rohr* durchspülen.

desautorizar [desautori'θar] (1f) die Zuständigkeit absprechen (*dat.*); verbieten.

desave|nencia [desabe'nenθia] *f* Uneinigkeit *f*; Streit *m*; **~nido** [~'nido] uneinig; widerstreitend; **~nir** [~'nir] (3s) entzweien; **~nirse** sich entzweien; **~ntajado** [~benta-'xaᵈo] benachteiligt; nachteilig.

desa|visado [desabi'saᵈo] unvorsichtig. **~visar** [~'sar] (1a) *Nachricht* widerrufen.

desayun|ar(se) [desaju'nar(se)] (1a) frühstücken; **~ de** *a/c.* et. erfahren; **~o** [~'juno] *m* (erstes) Frühstück *n*.

desa|zón [desa'θon] *f* Fadheit *f*; Verdruß *m*; Unbehagen *n*; **~zonado** [~θo'naᵈo] unbehaglich; schlecht aufgelegt; **~zonar** [~θo-'nar] (1a) unschmackhaft machen; verdrießen; mißfallen; **~zonarse** mürrisch werden.

desbancar [desbaŋ'kar] (1g) *die Bank* sprengen; *fig. j-n* verdrängen.

desbanda|da [dezban'dada] *f* wilde Flucht *f*; *a la ~* in wilder Flucht; **~rse** [~'darse] (1a) auseinanderstieben.

desbara|juste [dezbara'xuste] *m* Wirrwarr *m*; **~tado** [~'taᵈo] ausschweifend, liederlich; **~tar** [~'tar] (1a) in Unordnung bringen; zerstören; *Geld* durchbringen; *Pläne* vereiteln; *v/i.* Unsinn reden; P Quatsch machen; **~te** [~'rate] *m* Zerrüttung *f*, Vernichtung *f*.

desbarranca|dero *Am.* [dezbarraŋ-ka'dero] *m* Abhang *m*, Abgrund *m*; **~miento** *Am.* [~'miento] *m* Absturz *m*; **~r** *Am.* [~'kar] (1g) *j-n* verdrängen; **~rse** *Am.* abstürzen.

desbarrar [dezba'rrar] (1a) unüberlegt handeln *od.* reden; alles verkehrt machen.

desbas|tar [dezbas'tar] (1a) vorbearbeiten; abhobeln; *fig.* F den ersten Schliff beibringen; **~te** ⊕ [~'baste] *m* erste Bearbeitung *f*; *fig.* erster Schliff *m*.

desboca|do [dezbo'kaᵈo] scheu geworden (*Pferd*); **~rse** [~'karse] (1g) durchgehen, scheuen (*Pferd*).

desbordar [dezbor'dar] (1a) über die Ufer treten; überlaufen; *fig.* überquellen; übersteigen.

desbrozar [dezbro'θar] (1f) vom Gestrüpp befreien; *Baum* ausputzen.

descabe|llado [deskabe'ʎaᵈo] *fig.* verworren; kraus; unsinnig; **~llar** [~'ʎar] (1a) zerzausen; *den Stier durch Genickstoß sofort töten*; **~llo** [~'beʎo] *m* Genickstoß *m*; **~zado** [~be'θaᵈo] kopflos; **~zar** [~be'θar] (1f) köpfen, enthaupten.

descachalandrado *Am.* [deskat-ʃalan'draᵈo] ungepflegt, zerlumpt.

descafeinado [deskafeiˈnaᵈo] koffeinfrei.

descala|brado [deskala'braᵈo] übel zugerichtet; F schwer mitgenommen; **~brar** [~'brar] (1a) übel zurichten; beschädigen; **~bro** [~'labro] *m* Beschädigung *f*; Mißgeschick *n*; Schlappe *f*.

descalcifi|cador [deskalθifika'dɔr] *m* Entkalker *m*; **~car** [~'kar] (1g) entkalken.

descalificar [deskalifi'kar] (1g) disqualifizieren; ausschließen.

descal|zar [deskal'θar] *v/t.* (1f) *j-m* die Schuhe ausziehen; **~zo** [~'kalθo] **1.** *adj.* barfuß; **2.** *m* Barfüßer (-mönch) *m*.

descami|nado [deskami'naᵈo] abwegig; irrig; *andar ~* irren; *fig.* auf dem falschen Wege sein; **~nar** [~'nar] (1a) irreführen.

descamisa|do [deskami'saᵈo] ohne Hemd; *fig.* bettelarm; **~r** *Am. reg.* [~'sar] (1a) ruinieren.

descampado [deskam'paᵈo] *m* freies Feld *n*.

descansa|dero [deskansa'dero] *m* Ruheplatz *m*; Raststätte *f*; **~do** [~'saᵈo] bequem; geruhsam; **~r** [~'sar] (1a) **1.** *v/i.* ruhen; ausruhen, rasten; Ruhe haben; schlafen; unbesorgt sein; *¡que (usted) descanse!* schlafen Sie wohl!, gute Nacht!; **2.** *v/t.* stützen, auflehnen; unterstützen; *¡descansen armas!* Gewehr ab!

descansillo [deskan'siʎo] *m* Treppenabsatz *m*.

descanso [des'kanso] *m* Rast *f*; Ruhe *f*; Erholung *f*; *Thea., Konzert:* Pause *f*; *Sport:* Halbzeit *f*; Stütze *f*; Unterlage *f*; *sin ~* unermüdlich.

descapotable [deskapo'table] *m* Kabriolett *n*.

descara|do [deska'raᵈo] unverschämt; ~rse [~'rarse] (1a) unverschämt werden.

descarga [des'karga] f Entladung f (a. *≠*); ⚓ Ausladen n, Löschen n; ✂ Salve f; ⚞⚟ Entlastung f; **~dero** [~karga'dero] m Abladeplatz m; ⚓ Löschplatz m; **~dor** [~karga'dɔr] m Ablader m.

descargar [deskar'gar] (1h) **1.** v/t. abladen; ⚓ löschen; *Waffe*, *≠* entladen; *Schuß* abgeben; *Schlag* versetzen; *fig. u.* ⚞⚟ entlasten; **2.** v/i. losbrechen (*Sturm*); **3.** **~se:** ~ de sich freimachen v. (*dat.*), sich entlasten; ~ de todo el trabajo en alg. die ganze Arbeit auf j-n abwälzen.

descargo [des'kargo] m Entlastung f; Rechenschaft f; Entledigung f.

descargue [des'karge] m Abladen n; ⚓ Löschen n.

descarnado [deskar'naᵈo] abgemagert; *fig.* scharf, bissig.

descarnar [deskar'nar] (1a) das Fleisch von den Knochen lösen; **~se** abmagern. [heit f, Frechheit f.\]

descaro [des'karo] m Unverschämt-]

desca|rriado [deska'rriaᵈo] verirrt; **~rriar** [~'rriar] (1c) irreführen; **~rriarse** sich verirren, sich verlaufen.

descarrila|miento [deskarrila'miento] m Entgleisung f; **~r** [~'lar] (1a) entgleisen.

descar|tar [deskar'tar] (1a) beiseite lassen; ausschließen; **~tarse** Karten ablegen; ~ de algo sich vor et. (*dat.*) drücken.

descascarar [deskaska'rar] (1a) (ab)schälen; enthülsen; entrinden.

descasta|do [deskas'taᵈo] aus der Art geschlagen; ungeraten (*Kinder*); **~r** [~'tar] (2a) ausrotten.

descen|dencia [desθen'denθia] f Nachkommenschaft f; Abstammung f; **~dente** [~'dente] absteigend; fallend; **~der** [~'dɛr] (2g) v/i. herab-, hinuntersteigen; ab-, aussteigen; hinunterfließen; stromabwärts fahren; abstammen (von de); sinken, abnehmen; v/t. herunternehmen; **~diente** [~'diente] **1.** adj. abstammend; absteigend; **2.** m Nachkomme m; **~dimiento** [~di'miento] m Herabsteigen n; ♀ *Rel.* Kreuzabnahme f; **~so** [~'θenso] m Heruntersteigen n; Abstieg m; Fallen n (*Preise*); Abfahrtslauf m (*Schi*).

descentrado [desθen'traᵈo] vom Mittelpunkt abweichend.

descen|tralización [desθentraliθa'θiɔn] f Dezentralisierung f; **~tralizar** [~'θar] (1f) dezentralisieren.

desci|framiento [desθifra'miento] m Entzifferung f; Entschlüsselung f; **~frar** [~'frar] (1a) entziffern; entschlüsseln; *fig.* enträtseln.

desclavar [deskla'bar] (1a) losnageln.

desco|cado [desko'kaᵈo] vorlaut; dreist; **~carse** [~ko'karse] (1g) dreist werden; **~co** F [~'koko] m Dreistigkeit f.

descohesor [deskoe'sɔr] m *Radio:* Entfritter m.

descolgar [deskɔl'gar] (1h u. 1m) *Bild usw.* (her)abnehmen; herablassen; aushaken; *Telefonhörer* abnehmen; *Verfolger* abhängen (*Sport*); **~se** sich von e-r Mauer usw. herablassen; herabsteigen, -stürzen; abspringen; F ~ (por un sitio) F aufkreuzen.

descoloni|zación [deskoloniθa'θiɔn] f Entkolonisierung f; **~zar** [~'θar] (1f) entkolonisieren.

descolo|ramiento [deskolora'miento] m Entfärbung f; Blässe f; **~rar** [~'rar] (1a) entfärben; **~rido** [~'riᵈo] blaß, farblos.

desco|llado [desko'ʎaᵈo] hochmütig; selbstbewußt; **~llar** [~'ʎar] (1m) hervorragen; an erster Stelle stehen.

descombrar [deskɔm'brar] (1a) *Schutt* wegräumen; enttrümmern.

descome|dido [deskome'diᵈo] übermäßig; unhöflich; **~miento** [~di'miento] m Unhöflichkeit f; **~rse** [~'dirse] (3l) sich ungebührlich betragen.

descompaginar *Am.* [deskɔmpaxi'nar] (1a) in Unordnung bringen; *Pläne* zunichte machen.

descompo|ner [deskɔmpo'nɛr] (2r) zerlegen; zergliedern; zersetzen (a. ⚗); in Unordnung bringen; entzweien; **~nerse** die Fassung verlieren; sich zersetzen, in Fäulnis übergehen, verwesen; **~sición** [~si'θiɔn] f Zersetzung f, Verwesung f; Zerlegung f; Zerrüttung f; **~stura** [~pos'tura] f Zerlegung f; Unhöflichkeit f, Unbescheidenheit f.

descompuesto [deskɔm'pŭesto] unordentlich; entzwei; unwohl; *fig.* aus der Fassung geraten; verstört; verzerrt; verfault; dreist; *Am.* angeheitert.

descomunal [deskomu'nal] ungeheuer.

descon|centración [deskonθentra-'θĭon] *f* Entflechtung *f;* **~centrar** [~'trar] (1a) entflechten.

desconcerta|do [deskonθer'taᵈo] unordentlich; haltlos; bestürzt; **~r** [~'tar] (1k) verrenken; stören; entzweien; verwirren; bestürzen, verblüffen.

desconcierto [deskon'θĭerto] *m* Verwirrung *f;* Unordnung *f.*

desconcha|do △ [deskon'tʃaᵈo] *m* abgebröckelte Stelle *f;* **~rse** [~'tʃarse] (1a) abbröckeln.

desconectar ⚡ [deskonek'tar] (1a) ab-, ausschalten.

desconfia|do [deskomfĭa'ᵈo] mißtrauisch; (ver)zweifelnd (an [*dat.*] de); ungläubig; **~nza** [~fĭ'anθa] *f* Mißtrauen *n;* Argwohn *m;* **~r** [~fĭ'ar] (1c): **~** de mißtrauen (*dat.*); zweifeln an (*dat.*).

desconformar [deskomfor'mar] (1a) verschiedener Meinung sein; **~se** nicht übereinstimmen.

desconge|lación [deskonxela'θĭon] *f* Auf-, Abtauen *n;* **~lar** [~'lar] (1a) auf-, abtauen; *Preise* freigeben.

descongestión [deskonxes'tĭon] *f* Entlastung *f* (*bsd. Verkehr*).

descono|cer [deskono'θer] (2d) nicht kennen, nicht wissen; nicht wiedererkennen; verkennen; verleugnen; **~cido** [~'θido] **1.** *adj.* unbekannt; nicht wiederzukennen; undankbar; **2.** *m* Unbekannte(r) *m;* **~cimiento** [~θi'mĭento] *m* Unkenntnis *f;* Undankbarkeit *f.*

desconsentir [deskonsen'tir] (3i) nicht einwilligen in (*ac.*).

desconsiderado [deskonside'raᵈo] unüberlegt; rücksichtslos.

descon|solación [deskonsola'θĭon] *f* Trostlosigkeit *f;* **~solado** [~so-'laᵈo] trostlos; **~solador** [~sola-'dor] hoffnungslos; **~solar** [~so'lar] (1m) aufs tiefste betrüben; **~suelo** [~'sŭelo] *m* Trostlosigkeit *f;* tiefe Betrübnis *f.*

desconta|do [deskon'taᵈo]: ¡~! ausgeschlossen!; *dar por* **~** als sicher annehmen; *por* **~** selbstverständlich; **~minación** [~tamina'θĭon] *f*

Entseuchung *f;* **~minar** [~'nar] (1a) entseuchen; **~r** [~'tar] (1m) herabsetzen; abstreichen; abrechnen; diskontieren; skontieren.

desconten|tadizo [deskonṯenta'di-θo] schwer zufriedenzustellen; mißvergnügt; **~tamiento** [~ta'mĭento] *m* Unzufriedenheit *f;* **~tar** [~'tar] (1a) unzufrieden machen; mißfallen; **~to** [~'tento] **1.** *adj.* unzufrieden; mißvergnügt; **2.** *m* Unzufriedenheit *f;* Mißvergnügen *n.*

descontrolado *Am.* [deskontrola'ᵈo] unbeherrscht.

desconvocar *neol.* [deskombo'kar] (1g) absagen (*Streik usw.*).

descorazona|miento [deskoraθona-'mĭento] *m* Verzagtheit *f;* **~r** [~'nar] (1a) entmutigen; **~rse** den Mut verlieren.

descorcha|dor [deskortʃa'dor] *m* Korkenzieher *m;* **~r** [~'tʃar] (1a) *die Korkeiche* schälen; *Flasche* entkorken.

descorrer [desko'rrer] (2a) *Vorhang* aufziehen; *Riegel* zurückschieben.

descor|tés [deskor'tes] unhöflich; **~tesía** [~te'sia] *f* Unhöflichkeit *f.*

descortezar [deskorte'θar] (1f) entrinden, schälen.

desco|ser [desko'ser] (2a) *Naht* auf-, lostrennen; **~serse** aufgehen (*Naht*); *fig.* F sich verplappern; **~sido** [~'sido] **1.** *adj. fig.* schwatzhaft; liederlich; **2.** *m* aufgetrennte Naht *f;* F *reír como un* **~** aus vollem Halse lachen.

descostillarse [deskosti'ʎarse] (1a) sich die Rippen brechen.

descoyunta|miento [deskojunta-'mĭento] *m* Verrenkung *f;* **~r** [~'tar] (1a) verrenken; plagen.

descrédito [des'kredito] *m* Mißkredit *m;* Verruf *m.*

descre|ído [deskre'iᵈo] ungläubig; **~imiento** [~krei'mĭento] *m* Unglaube *m.*

descremar [deskre'mar] (1a) *Milch* entrahmen.

descri|bir [deskri'bir] (3a; *part. descrito*) beschreiben (*a.* 𝔄); **~pción** [~krib'θĭon] *f* Beschreibung *f;* Schilderung *f;* **~ptivo** [~krip'tibo] beschreibend; darstellend.

descrismar F [deskriz'mar] *v/t.* (1a) *j-m* auf den Kopf hauen.

descua|jar [deskŭa'xar] (1a) *Geronnenes* verflüssigen; mit der

Wurzel ausreißen; entmutigen;
~jarse F sich die Beine ausreißen;
~jaringarse F [ˌxariŋˈgarse] (1h)
vor Müdigkeit umfallen; *Am.* aus
dem Leim gehen; **~rtizar** [ˌ~
kŭartiˈθar] (1f) vierteilen; zerstückeln.

descubier|ta ✕ [deskuˈβĭerta] *f* Er-
kundung *f*; **~to** [ˌ~to] **1.** *adj.* unbe-
deckt; ungedeckt (*Scheck*); überzogen (*Konto*); *al ~* im Freien;
2. *m* Rückstand *m*; ungedeckte
Schuld *f*.

descubri|dor [deskubriˈðɔr] *m* Ent-
decker *m*; Kundschafter *m*; **~
miento** [ˌ~ˈmĭento] *m* Entdeckung *f*;
~r [ˌ~ˈβrir] (3a; *part. descubierto*)
aufdecken; entdecken, finden; **~rse**
den Hut abnehmen.

descuento [desˈkŭento] *m* Abzug *m*;
Skonto *m od. n*; Diskont *m*; Preis-
nachlaß *m*; *~ por pago al contado*
Kassenskonto *m*.

descuerar *Am.* [deskŭeˈrar] (1a)
(ab)häuten; *fig.* verleumden.

descui|dado [deskŭiˈðaᵈo] nach-
lässig; fahrlässig; **~dar** [ˌ~ˈðar] (1a)
1. *v/t.* vernachlässigen; in Sorglosigkeit wiegen; *¡descuide usted!*
seien Sie unbesorgt!; **2.** *v/i. u.*
~darse nachlässig sein; unvorsichtig sein; **~dero** [ˌ~ˈðero] *m*
Taschendieb *m*; **~do** [ˌ~ˈkŭido] *m*
Nachlässigkeit *f*; Fahrlässigkeit *f*;
Unachtsamkeit *f*; Fehlgriff *m*; *por ~*
aus Versehen; *en un ~* *Am. reg.*
unerwartet. [übergeschnappt.)

deschavetado *Am.* [destʃaβeˈtaᵈo]

desde [ˈdezde] **1.** *prp.* **a)** (*Zeit*) seit,
von ... an; *~ entonces* seitdem; *~
hace tres días* seit drei Tagen; **b)**
(*Ort*) aus, von, von ... aus (*dat.*);
2. *adv. ~ luego* ohne weiteres;
selbstverständlich; *~ ya Chi., Rpl.*
selbstverständlich; ab sofort; **3.** *cj.*
~ que seitdem; **~cir** [dezdeˈθir]
(3p): *~ de* widersprechen (*dat.*), in
Widerspruch stehen mit; **~cirse**
widerrufen (*it.* [*ac.*] de).

desdén [dezˈðen] *m* Geringschätzung *f*; Gleichgültigkeit *f*.

desdentado [dezdenˈtaᵈo] zahnlos.

desde|ñable [dezdeˈɲable] veräckt-
lich; **~ñador** [ˌɲaˈðɔr] geringschätzig; abweisend; **~ñar** [ˌ~ˈɲar]
(1a) geringschätzen; verachten;
verschmähen; **~ñoso** [ˌ~ˈɲoso] geringschätzig, verächtlich.

desdibujado *Mal.* [dezdibuˈxaᵈo]
verzeichnet; unscharf.

desdicha [dezˈðitʃa] *f* Unglück *n*,
Elend *n*; **~do** [ˌ~diˈtʃaᵈo] **1.** *adj.* unglücklich, elend; **2.** *m* armer Teufel
m; F Pechvogel *m*.

desdo|blamiento [dezdoblaˈmĭen-
to] *m* Entfaltung *f*; *fig.* Auslegung
f; *Psych.* Spaltung *f*; **~blar** [ˌ~ˈblar]
(1a) entfalten.

desdo|rar *fig.* [dezdoˈrar] (1a) ver-
unehren; schänden; **~ro** [ˌ~ˈðoro] *m*
Unehre *f*.

desea|ble [deseˈable] wünschens-
wert; erwünscht; **~r** [ˌ~ˈar] (1a)
(herbei)wünschen; verlangen; wollen.

deseca|ción [desekaˈθĭon] *f* Trok-
kenlegung *f*; **~r** [ˌ~ˈkar] (1g) austrocknen; trockenlegen.

dese|char [deseˈtʃar] (1a) weg-
werfen; verwerfen; in den Wind
schlagen; ausschlagen; von sich
weisen; *alte Kleider* ablegen; *Bergwerk* aufgeben; **~cho** [deˈsetʃo] *m*
Abfall *m*; Reste *m/pl.*; Auswurf *m*;
Ausschuß *m*; Geringschätzung *f*;
Am. Abkürzung(sweg *m*) *f*.

desellar [deseˈʎar] (1a) entsie-
geln.

desemba|laje [desembaˈlaxe] *m*
Auspacken *n*; **~lar** [ˌ~ˈlar] (1a) auspacken; **~nastar** [ˌ~nasˈtar] (1a)
aus dem Korb nehmen; **~razado**
[ˌ~raˈθaᵈo] ungehemmt; zwanglos;
~razar [ˌ~raˈθar] (1f) befreien; frei
machen, räumen (von de); **~ra-
zarse** sich entledigen; **~razo**
[ˌ~ˈraθo] *m* Ungezwungenheit *f*;
Zwanglosigkeit *f*; *Ec., Pe., P.R.,
Rpl.* Entbindung *f*, Niederkunft *f*.

desembar|cadero [desembarka-
ˈðero] *m* Landungsplatz *m*, Landungsbrücke *f*; **~car** [ˌ~ˈkar] (1g)
v/t. Personen ausschiffen; *Waren*
ausladen; *v/i.* landen, an Land
gehen; *~co* [ˌ~ˈbarko] *m* Ausschiff-
ung *f*; Landung *f*; **~gar** [ˌ~barˈgar]
(1h) *Beschlagnahmtes* freigeben;
~go [ˌ~ˈbargo] *m* Freigabe *f*; **~que**
[ˌ~ˈbarke] *m* Ausladen *n*; ⚓ Löschen *n*.

desembo|cadura [desemboka'ðu-
ra] *f* Mündung *f*; **~car** [ˌ~ˈkar] (1g)
münden; **~lsar** [ˌ~bolˈsar] (1a) *Geld*
ausgeben; auszahlen; *Kapital* ein-
zahlen; **~lso** [ˌ~ˈbolso] *m* (Geld-)
Ausgabe *f*; Auszahlung *f*; Einzah-

lung f (*Kapital*); ~ inicial Anzahlung f.

desembozarse [desembo'θarse] (1f) sein wahres Gesicht enthüllen.

desembra|gar ⊕ [desembra'gar] (1h) auskuppeln; ausschalten; **~gue** ⊕ [~'braγe] m Auslösung f; Ausrücken n, Auskuppeln n; ~ automático Selbstauslösung f.

desembriagar [desembria'γar] (1h) ausnüchtern.

desembrollar F [desembro'ʎar] (1a) entwirren.

desembuchar [desembu'tʃar] (1a) *aus dem Kropf ausspeien; fig.* ausplaudern; F auspacken.

desemejar [deseme'xar] (1a) unähnlich sein; *v/t.* entstellen.

desempacar [desempa'kar] (1g) auspacken.

desempa|char [desempa'tʃar] (1a) *den Magen erleichtern, unverdaute Speisen ausbrechen;* **~charse** aus sich herausgehen, F auftauen; **~cho** [~'patʃo] m Zwanglosigkeit f; Dreistigkeit f.

desempapelar [desempape'lar] (1a) aus dem Papier wickeln; *Tapeten* herunterreißen.

desempa|tar [desempa'tar] (1a) unentschieden gebliebenes Spiel entscheiden; *Pol.* bei Stimmengleichheit entscheiden; **~te** [~'pate] m Stichentscheid m.

desempe|ñar [desempe'ɲar] (1a) *Pfand* auslösen; *Pflicht* erfüllen; *Auftrag* erledigen, ausführen; *Amt* versehen, innehaben; *Thea. u. fig.* ~ un papel e-e Rolle spielen; **~ño** [~'peɲo] m Einlösen n; Erledigung f; Pflichterfüllung f; Befreiung f.

desempleo [desem'pleo] m Arbeitslosigkeit f.

desempolvar [desempol'bar] (1a) abstauben.

desenamorarse [desenamo'rarse] (1a): ~ de überdrüssig werden (*gen.*).

desencadenar [deseŋkade'nar] (1a) entfesseln; **~se** losbrechen, wüten.

desenca|jar [deseŋka'xar] (1a) *aus der Fassung reißen; ojos m/pl. desencajados* vor Schreck geweitete Augen *n/pl.*; **~jarse** aus der Fassung geraten; **~jonar** [~xo'nar] (1a) aus e-m Kasten nehmen; **~llar** ⚓ [~'ʎar] (1a) *ein gestrandetes Schiff* flottmachen.

desencan|tar [deseŋkan'tar] (1a) entzaubern; enttäuschen; **~to** [~'kanto] m Entzauberung f; Enttäuschung f.

desencoger [deseŋkɔ'xer] (2c) ausbreiten, entfalten.

desencolarse [deseŋkɔ'larse] (1m) aus dem Leim gehen.

desenco|nar [deseŋkɔ'nar] (1a) beschwichtigen; **~no** [~'kono] m Beschwichtigung f.

desenchufar ⚡ [desentʃu'far] (1a) den Stecker herausziehen; *Gerät* abstellen, ausschalten.

desenfadaderas F [desemfaða-'ðeras] f/pl.: tener buenas ~ sich zu helfen wissen.

desenfa|dado [desemfa'ðaᵈo] ungezwungen, ungehemmt; heiter; geräumig; **~dar** [~'dar] (1a) aufheitern; **~do** [~'faᵈo] m Ungezwungenheit f; Heiterkeit f, Frohsinn m; Freimut m.

desenfocado *Phot.* [desemfo'kaᵈo] unscharf (eingestellt).

desenfre|nado [desemfre'naᵈo] zügellos, hemmungslos; **~nar** [~'nar] (1a) abzäumen; **~narse** zügellos leben; jeden Halt verlieren; losbrechen (*Unwetter*); **~no** [~'freno] m Zügellosigkeit f; Ungestüm n.

desenfundar [desemfun'dar] (1a) aus dem Überzug *od.* Futteral nehmen.

desengan|char [deseŋgan'tʃar] (1a) loshaken; *Pferde* ausspannen; *Wagen* abhängen; **~che** [~'gantʃe] m Loshaken n; Abhängen n.

desenga|ñar [deseŋga'ɲar] (1a) enttäuschen; ernüchtern; *j-m* die Augen öffnen über (*ac.*); **~ñarse** e-e Enttäuschung erleben; s-n Irrtum einsehen; ¡*desengáñese usted!* lassen Sie sich e-s Besseren belehren!; **~ño** [~'gaɲo] m Enttäuschung f; Ernüchterung f.

desengastar [deseŋgas'tar] (1a) *Edelstein* aus der Fassung nehmen.

desengrasar [deseŋgra'sar] (1a) entfetten.

desenlace [desen'laθe] m Lösung f; Ausgang m (*Drama u. fig.*).

desenlazar [desenla'θar] (1f) losbinden; *fig.* lösen.

desenlutarse [desenlu'tarse] (1a) die Trauerkleidung ablegen.

desenmarañar [desenmara'ɲar] (1a) entwirren; aufklären.

desenmascarar [desenmaska'rar]

v/t. (1a) *j-m* die Maske vom Gesicht reißen; *fig. j-n* entlarven.

deseno|jar [deseno'xar] (1a) besänftigen; **~jo** [~'noxo] *m* Besänftigung *f.*

desenredar [desenrre'dar] (1a) entwirren.

desensillar [desensi'ʎar] (1a) absatteln.

desenten|derse [desenten'derse] (2g) von e-r Sache (*de a/c.*) nichts wissen wollen; sich fernhalten von (*dat.*); **~dido** [~'dido]: *hacerse el* ~ den Unwissenden spielen.

desenterra|miento [desenterra-'mjento] *m* Ausgraben *n;* **~r** [~'rrar] (1k) ausgraben; der Vergessenheit entreißen.

desento|nar [desento'nar] (1a) *v/t.* demütigen, F ducken; *v/i.* ♪ unrein klingen; nicht passen (*zu* [*dat.*] *con*); **~narse** *fig.* sich im Ton vergreifen; sich ungehörig betragen; **~no** [~'tono] *m* Mißton *m;* Ungehörigkeit *f.*

desentrañar [desentra'ɲar] (1a) ausweiden; *fig.* ergründen, erforschen; **~se** sein Letztes hingeben.

desentrenado [desentre'naᵈo] aus der Übung gekommen.

desentumecerse [desentume'θerse] (2d): ~ *las piernas* sich die Beine vertreten.

desenvainar [desembaï'nar] (1a) *Schwert* aus der Scheide ziehen, zücken; F herausrücken mit (*dat.*).

desenvoltura [desembol'tura] *f* Ungezwungenheit *f;* Zwanglosigkeit *f;* Dreistigkeit *f;* Unbefangenheit *f.*

desenvolver [desembol'ber] (2h; *part.* desenvuelto) auf-, los-, entwickeln.

desenvolvimiento [desembolbi-'mjento] *m* Entwicklung *f.*

desenvuelto [desem'buelto] ungezwungen; zwanglos; unbefangen; keck.

desenzarzar [desenθar'θar] (1f) F *Streitende* trennen.

deseo [de'seo] *m* Wunsch *m;* Verlangen *n;* Drang *m;* **~so** [dese'oso]: ~ *de* begierig nach (*dat.*); von dem Wunsch beseelt zu (*inf.*).

desequili|brado [desekili'braᵈo] unvernünftig, unverständig; halb verrückt; ~ *mental* geistesgestört; **~brar** [~'brar] (1a) aus dem Gleich-

gewicht bringen; **~brarse** in Verwirrung geraten; **~brio** [~'librio] *m* gestörtes Gleichgewicht *n.*

deser|ción [deser'θjon] *f* Abfall *m* (*a. fig.*); Fahnenflucht *f;* ⚖ Verzichtleistung *f;* **~tar** [~'tar] (1a) fahnenflüchtig werden; überlaufen; abtrünnig werden; **~tor** [~'tor] *m* Fahnenflüchtige(r) *m,* Deserteur *m;* Abtrünnige(r) *m.*

desespera|ción [desespera'θjon] *f* Verzweiflung *f; es una* ~ es ist zum Verzweifeln; **~do** [desespe'raᵈo] hoffnungslos; verzweifelt; **~nte** [~'rante] entmutigend.

desesperar [desespe'rar] (1a) zur Verzweiflung bringen; *v/i.* verzweifeln (*an* [*dat.*] *de*); **~se** alle Hoffnung aufgeben.

desesti|mación [desestima'θjon] *f* Verachtung *f;* Geringschätzung *f;* **~mar** [~'mar] (1a) verachten; geringschätzen; *Klage* abweisen; *Gesuch* ablehnen.

desfacha|tado F [desfatʃa'taᵈo] unverschämt, frech; **~tez** F [~'teθ] *f* Unverschämtheit *f,* Frechheit *f.*

desfal|car [desfal'kar] (1g) *Gelder* hinterziehen; unterschlagen; **~co** [~'falko] *m* Unterschlagung *f.*

desfalle|cer [desfaʎe'θer] (2d) schwächen; *v/i.* in Ohnmacht fallen; nachlassen; **~cimiento** [~θi-'mjento] *m* Ohnmacht *f;* Schwäche *f;* Nachlassen *n.*

desfasaje *neol.* [desfa'saxe], **~fase** [~'fase] *m* ⊕ Phasenverschiebung *f; fig.* Verschiebung *f.*

desfavo|rable [desfabo'rable] ungünstig, **~recer** [~re'θer] *v/t.* (2d) *j-m* s-e Gunst entziehen; *j-m* nicht gut stehen (*Kleidung usw.*).

desfigu|ración [desfigura'θjon] *f* Entstellung *f;* Verzerrung *f;* **~rar** [~'rar] (1a) entstellen; verzerren; unkenntlich machen.

desfiladero [desfila'dero] *m* Hohlweg *m,* Engpaß *m.*

des|filar [desfi'lar] (1a) in Reih und Glied vorüberziehen; vorbeimarschieren; **~file** [~'file] *m* Parade *f;* Vorbeimarsch *m;* ~ *de modelos* Modenschau *f.*

desflora|ción [desflora'θjon] *f* Verblühen *n;* ⚕, ⚖ Entjungferung *f;* **~miento** [~'mjento] *m* Entjungferung *f;* **~r** [~'rar] (1a) entjungfern; *fig. e-r Sache* den Reiz der Neuheit nehmen; *ein Thema* oberflächlich behandeln, streifen.

desflorecer [desflore'θεr] (2d) verblühen.

desflo|garse [desfo'garse] (1h) *fig.* sich Luft machen; sich austoben; **~gue** [~'foge] *m* Austoben *n*.

desfondar [desfɔn'dar] (1a) den Boden *e-s Fasses* einschlagen; tief lockern (*Boden*); in den Grund bohren (*Schiff*).

desgaire [dez'gaire] *m* Nonchalance *f*; *al ~* (betont) (nach)lässig, geringschätzig.

desga|jar [dezga'xar] (1a) *Ast vom Stamm* losreißen; **~jarse** sich losreißen; **~je** [~'gaxe] *m* Abreißen *n* *e-s Astes*; Losreißen *n*.

desgalichado F [dezgali'tʃaᵈo] ungepflegt, F schlampig.

desgana [dez'gana] *f* Appetitlosigkeit *f*; Unlust *f*; *a* ~ ungern, widerwillig; **~r** [~ga'nar] *v/t.* (1a) *j-m* die Lust nehmen; **~rse** die Lust (*od.* den Appetit) verlieren.

desgañitarse [dezgaɲi'tarse] (1a) sich heiser schreien.

desgarbado [dezgar'baᵈo] unmanierlich; anmutlos, ungraziös.

desga|rrado [dezga'rraᵈo] frech, schamlos; **~rrador** [~rra'dɔr] herzzerreißend; **~rrar** [~'rrar] (1a) zerreißen; **~rro** *fig.* [~'garro] *m* Frechheit *f*; Prahlerei *f*; *Am.* (Schleim-)Auswurf *m*; **~rrón** [~ga'rrɔn] *m* Riß *m*; Fetzen *m*.

desgasificar [dezgasifi'kar] (1g) entgasen.

desgas|tar [dezgas'tar] (1a) abnutzen, verschleißen; zermürben; **~te** [~'gaste] *m* Abnutzung *f*; Verschleiß *m*; *guerra f de* ~ Zermürbungskrieg *m*.

desglo|sar [dezglo'sar] (1a) *Kosten, Statistik* aufschlüsseln; **~se** [~'glose] *m* Aufschlüsselung *f*.

desgo|bernado [dezgober'naᵈo] unordentlich; **~bernar** [~'nar] (1k) in Unordnung bringen; drauflosswirtschaften; **~bierno** [~'bierno] *m* Mißwirtschaft *f*.

desgracia [dez'graθia] *f* Unglück *n*; Unfall *m*; Mißgeschick *n*; Unbeholfenheit *f*; *caer en* ~ in Ungnade fallen; *por* ~ leider; **~s personales** Personenschaden *m*; **~damente** [~graθiaᵈa'mente] unglücklicherweise; leider; **~do** [~gra'θiaᵈo] un-

1. *adj.* unglücklich; unbeholfen; **2.** *m* Unglücksmensch *m*; armer Teufel *m*; **~rse** [~gra'θiarse] (1b) mißglücken, scheitern (*Unternehmen*); in Ungnade fallen; P sich mit j-m verkrachen.

desgranar [dezgra'nar] (1a) auskörnen; abbeeren.

desgra|sar [dezgra'sar] (1a) entfetten; **~se** [~'grase] *m* Entfetten *n*.

desgre|ñado [dezgre'ɲaᵈo] mit zerzausten Haaren; **~ñar** [~'ɲar] (1a) zerzausen.

desgua|ce [dez'ǧuaθe] *m* Abwrakken *n* (*Schiff*); Verschrotten *n*; **~zar** [~'ǧua'θar] (1f) abwracken; verschrotten.

deshabita|do [desabi'taᵈo] unbewohnt; **~r** [~'tar] verlassen, entvölkern.

deshabituar [desabitu'ar] (1e) abgewöhnen.

deshacer [desa'θεr] (2s) auseinandernehmen; zerteilen, zerstückeln; (auf)lösen; zerstören; *Pläne* zunichte machen; *den Feind entscheidend* schlagen; **~se** auseinander-, entzweigehen, F kaputtgehen; aufgehen (*Naht*); sich auflösen; schmelzen; ~ *de a/c.* sich e-r Sache entledigen, et. loswerden; *Waren* abstoßen; ~ *de a/g.* sich j-n vom Halse schaffen; ~ *por* +*inf.* sich die erdenklichste Mühe geben, F alle Hebel in Bewegung setzen.

desharrapado [desarra'paᵈo] zerlumpt.

deshecho [de'setʃo] (*part. v. deshacer*): *estar* ~ ganz aufgelöst sein, aufgeregt sein; F kaputt sein; *tempestad f -a* schwerer Sturm *m*.

deshelar [dese'lar] (1k) (auf)tauen.

desherbar [deser'bar] (1k) *Unkraut* jäten.

desheredar [desere'ðar] (1a) enterben.

deshidratar [desiðra'tar] (1a) Wasser entziehen.

deshielo [de'sielo] *m* Auftauen *n*; Tauwetter *n*.

deshilachar [desila'tʃar] (1a) ausfasern, -zupfen.

deshilado [desi'laᵈo] ✕ in e-r Reihe marschierend; *a la -a* e-r hinter dem andern; *fig.* heimlich; unauffällig.

deshilar [desi'lar] (1a) auszupfen.

deshilvana|do [desilβa'naᵈo] unzusammenhängend; ungereimt; **~r** [ˌˈnar] (1a) die Heftfäden ausziehen, auftrennen.

deshinchar [desinˈtʃar] (1a) *Ballon* entleeren; *dem Zorn* Luft machen; **~se** abschwellen; den Hochmut ablegen; bescheiden werden; klein beigeben.

deshojar [desoˈxar] (1a) ab-, entblättern; **~se** die Blätter verlieren.

deshollina|dor [desoʎinaˈdɔr] *m* Schornsteinfeger *m*; **~r** [ˌˈnar] (1a) *den Schornstein* fegen.

deshon|estidad [desonestiˈda⁽ᵈ⁾] *f* Unehrbarkeit *f*; Unkeuschheit *f*; ♪♬ Unzucht *f*; **~esto** [ˌˈnesto] unehrbar; unkeusch; unschicklich; unzüchtig; **~or** [ˌˈnɔr] *m* Unehre *f*; Entehrung *f*; Schmach *f*; **~orar** [ˌnoˈrar] (1a) entehren; **~ra** [deˈsonra] *f* Unehre *f*; Schande *f*; **~rar** [desonˈrrar] (1a) entehren; schänden; herabwürdigen; Schande machen (*dat.*); **~roso** [ˌˈrrɔso] entehrend; schändlich.

deshora [deˈsora] *f*: a ~ zur Unzeit.

deshue|sador [desuesaˈdɔr] *m* Entsteiner *m*; Entkerner *m*; **~sar** [ˌˈsar] (1a) *Obst* entsteinen, entkernen; *Fleisch* entbeinen.

deshumanizar [desumaniˈθar] (1f) entmenschlichen. [schenswert.]

desiderable [desideˈrable] wün-}

desi|dia [deˈsiðja] *f* Fahrlässigkeit *f*; Nachlässigkeit *f*; **~dioso** [desiˈðjoso] träge, nachlässig.

desierto [deˈsjerto] **1.** *adj.* wüst; leer, öde; *declarar ~ e-n Preis* nicht vergeben; **2.** *m* Wüste *f*; Wildnis *f*, Einöde *f*.

designación [designaˈθjɔn] *f* Bezeichnung *f*; Ernennung *f*.

designar [desigˈnar] (1a) bezeichnen; bestimmen; ernennen.

designio [deˈsignjo] *m* Vorhaben *n*; Vorsatz *m*.

desigual [desiˈgwal] ungleich(mäßig); uneben; **~ar** [ˌguaˈlar] (1a) ungleich machen; **~dad** [ˌgwalˈda⁽ᵈ⁾] *f* Ungleichheit *f*; Ungleichmäßigkeit *f*; Unebenheit *f*.

desilusión [desiluˈsjɔn] *f* Enttäuschung *f*.

desilusionar [desilusjoˈnar] (1a) enttäuschen; *j-m* die Augen öffnen; **~se** e-e Enttäuschung erleben.

desinencia *Gram.* [desiˈnenθja] *f* (Wort-)Endung *f*.

desinfec|ción [desimfegˈθjɔn] *f* Desinfektion *f*; **~tante** [ˌfekˈtante] *m* Desinfektionsmittel *n*; **~tar** [ˌfekˈtar] (1a) desinfizieren.

desinflar [desimˈflar] (1a) *Ballon* entleeren; die Luft herauslassen.

desinsectación [desinsektaˈθjɔn] *f* Insektenvertilgung *f*.

desinte|gración [desintegraˈθjɔn] *f* Trennung *f*, Zerlegung *f* in s-e Bestandteile; ♪♬ Zerfall *m*; **~grarse** [ˌˈgrarse] (1a) sich auflösen; zerfallen.

desinte|rés [desinteˈres] *m* Uneigennützigkeit *f*; Interesselosigkeit *f* (*für* [*ac.*] *por*); **~resado** [ˌreˈsaᵈo] uneigennützig, selbstlos; unbeteiligt.

desintoxi|cación [desintɔgsikaˈθjɔn] *f* Entgiftung *f*; *cura f de ~* Entziehungskur *f*; **~car** [ˌˈkar] (1g) entgiften.

desis|timiento [desistiˈmjento] *m* Verzichtleistung *f*; ♪♬ Rücktritt *m*; **~tir** [ˌˈtir] (3a) *v. et.* Abstand nehmen; *auf et.* verzichten; *Klage* zurücknehmen.

deslavado [dezlaˈbaᵈo] verwaschen (*Farbe*), *fig.* unverschämt.

desleal [dezleˈal] treulos; unredlich, unlauter; **~tad** [ˌlealˈta⁽ᵈ⁾] *f* Treulosigkeit *f*; Untreue *f*.

des|leído [dezleˈiᵈo] aufgelöst. *fig.* weitschweifig; **~leír** [ˌleˈir] (3m) auflösen; zersetzen; *fig.* breittreten, F zerreden; **~leírse** zergehen.

deslengua|do [dezleŋˈgwaᵈo] unverschämt; lästernd; **~rse** [ˌˈgwarse] (1i) unverschämte Reden führen.

desli|ar [dezliˈar] (1c) aufbinden; **~arse** aufgehen (*Verpackung*); **~gadura** [ˌligaˈdura] *f* Aufbinden *n*; **~gar** [ˌliˈgar] (1h) aufbinden; *fig.* entbinden (*von* [*dat.*] de).

deslin|dar [dezlinˈdar] (1a) *Land* vermarken; **~de** [ˌˈlinde] *m* Vermarkung *f*.

desliz [dezˈliθ] *m* Ausgleiten *n*, Fehltritt *m*; Mißgriff *m*, Versehen *n*; **~adero** [ˌliθaˈdero] *m* Rutschbahn *f*; **~adizo** [ˌliθaˈdiθo] glitschig, glatt; **~ador** [ˌˈdɔr] *m*: ~ *acuático* Luftkissenboot *n*.

deslizar [dezliˈθar] (1f) **1.** *v*/*i.* aus-, hingleiten, ausrutschen; **2.** *v*/*t. Wort* fallenlassen; hinwerfen; heimlich zustecken; **3.** **~se** (dahin)gleiten, abgleiten; (herunter)rutschen; sich wegschleichen; e-n Mißgriff tun; e-n Fehltritt begehen.

deslomarse F [dezlo'marse] (1a) sich abrackern.

deslu|cido [dezlu'θiðo] unscheinbar; reiz-, glanzlos; schwunglos; abgetragen (*Kleidung*); **~cimiento** [~θi'mĭento] m Mattheit f; Unscheinbarkeit f; **~cir** [~'θir] (3f) den Glanz nehmen; *fig.* den guten Eindruck verderben; beeinträchtigen; **~cirse** unscheinbar werden; den Reiz verlieren.

deslumbra|dor [dezlumbra'ðor] blendend; glänzend; **~miento** [~'mĭento] m Blendung f; Verblendung f; **~nte** [~'brante] blendend; glänzend; **~r** [~'brar] (1a) (ver-) blenden.   [Glanz nehmen.)

deslustrar [dezlus'trar] (1a) den)

desmán [dez'man] m Ausschreitung f, Übergriff m; Unfug m; Gewaltstreich m.

desmanda|do [dezman'daðo] ungehorsam, ungezogen; **~rse** [~'darse] (1a) sich ungebührlich betragen; F aus der Rolle fallen.

desmanotado F [dezmano'taðo] linkisch, ungeschickt.

desman|telamiento [dezmantela'mĭento] m Demontage f; **~telar** [~'lar] (1a) demontieren; *Festung* schleifen.

desmaña [dez'maɲa] f Ungeschicklichkeit f; **~do** [~ma'ɲaðo] linkisch; ungeschickt.

desmaquilla|je [dezmaki'ʎaxe] m Abschminken n; **~rse** [~'ʎarse] (1a) sich abschminken.

desma|yado [dezma'jaðo] schwach; ohnmächtig; matt (*Farbe*); **~yar** [~'jar] (1a) v/t. niederschmettern; v/i. verzagen; (ab)sinken; **~yarse** ohnmächtig werden; zs.-brechen; -sinken; **~yo** [~'majo] m Ohnmacht f; Schwäche f; Mutlosigkeit f; *sin* ~ unermüdlich, unaufhörlich.

desmedi|do [dezme'ðiðo] übermäßig, ungeheuer; **~rse** [~'ðirse] (3l) das Maß überschreiten.

desme|drar [dezme'ðrar] (1a) v/t. *fig.* herunterbringen; v/i. *fig.* herunterkommen, zurückgehen; verkümmern; **~dro** [~'meðro] m *fig.* Rückgang m; Verfall m; Schaden m.

desmejorar [dezmexo'rar] (1a) verschlechtern; beeinträchtigen; **~se** sich verschlimmern.

desmelenar [dezmele'nar] (1a) zerzausen.

desmembra|ción [dezmembra-'θĭon] f, **~miento** [~'mĭento] m Zerstückelung f; **~r** [~'brar] (1k) zerstückeln; trennen.

desmemoria|do [dezmemo'rĭaðo] vergeßlich; **~rse** [~'rĭarse] (1b) das Gedächtnis verlieren.

desmenti|da [dezmen'tiða] f: *dar una* ~ *a alg.* j-n Lügen strafen; j-n widerlegen; **~r** [~'tir] (3i) Lügen strafen; widersprechen; widerlegen; in Abrede stellen; verleugnen; dementieren.

desmenuzar [dezmenu'θar] (1f) zerkleinern, zerstückeln; genau untersuchen; F unter die Lupe nehmen.

desmere|cedor [dezmereθe'ðor] unwürdig; **~cer** [~'θer] (2d) v/t. nicht verdienen; v/i. ~ *de* gegen et. (*ac.*) abfallen; *no* ~ *de* nicht nachstehen (*dat.*).

desmesura [dezme'sura] f Maßlosigkeit f; **~do** [~su'raðo] unmäßig; unbescheiden; unhöflich; dreist; **~rse** [~su'rarse] (1a) sich unbescheiden betragen; dreist werden.

desmi|gar [dezmi'gar] (1h), **~gajar** [~ga'xar] (1a) zerbröckeln, zerkrümeln.

desmilita|rización [dezmilitariθa-'θĭon] f Entmilitarisierung f; **~rizar** [~'θar] (1f) entmilitarisieren.

desmirriado F [dezmi'rrĭaðo] ausgemergelt.

desmoch|ar [dezmo'tʃar] (1a) stutzen; ✗ köpfen; **~e** [~'motʃe] m Stutzen n; ✗ Köpfen n.

desmon|table [dezmɔn'table] zerlegbar, abnehmbar; **~taje** [~'taxe] m Demontage f, Abbau m; **~tar** [~'tar] (1a) demontieren, abbauen; v/i. absitzen.

desmonte [dez'mɔnte] m Abholzen n; ~ *completo* Kahlschlag m.

desmorali|zación [dezmorali θa-'θĭon] f Sittenverwilderung f, -verderbnis f; **~zador** [~θa'ðor] adj. demoralisierend; entmutigend; **~zar** [~'θar] (1f) demoralisieren; entmutigen.

desmorona|dizo [dezmorona'ðiθo] baufällig; **~miento** [~'mĭento] m Einsturz m; Zerfall m; **~rse** [~'narse] (1a) ver-, zerfallen.

desnacionalizar [deznaθĭonali'θar] (1f) reprivatisieren.

desnatadora 200

desna|tadora [deznata'dora] *f* Milchzentrifuge *f*; **~tar** [~'tar] (1a) *Milch* entrahmen; *fig.* das Fett abschöpfen.

desnaturali|zación [deznaturaliθa-'θiɔn] *f* Verlust *m* des Heimatrechts; Entstellung *f*; **~zado** [~-'θaðo] entartet; unnatürlich; denaturiert (*Alkohol*); **~zar** [~'θar] (1f) entstellen; des Heimatrechts berauben; **~** denaturieren; **~zarse** s-m Vaterland entsagen; entarten.

desnivel [dezni'βel] *m* Höhenunterschied *m*, Gefälle *n*; *fig.* Ungleichheit *f*; **~ar** [~βe'lar] (1a) uneben *od.* ungleich machen.

desnu|dar [deznu'dar] (1a) entblößen; entkleiden; **~darse** sich auskleiden, -ziehen; **~dez** [~'deθ] *f* Nacktheit *f*, Blöße *f*; **~dismo** [~-'dizmo] *m s. nudismo*; **~do** [~'nuðo] **1.** *adj.* nackt, bloß; **2.** *m Mal.* Akt *m*; *al* **~** nackt; *poner al* **~** bloßlegen.

desnutri|ción [deznutri'θiɔn] *f* Unterernährung *f*; **~do** [~'triðo] unterernährt.

desobe|decer [desoβeðe'θer] *v/t.* (2d) *j-m* nicht gehorchen; **~diencia** [~'ðienθia] *f* Ungehorsam *m*; **~diente** [~'ðiente] ungehorsam; unfolgsam.

desocupa|ción [desokupa'θiɔn] *f* Untätigkeit *f*; Arbeitslosigkeit *f*; **~do** [~'paðo] arbeitslos; **~r** [~'par] (1a) (aus)räumen, (aus)leeren; **~rse** frei werden (*Zimmer*).

desodorante [desodo'rante] **1.** *adj.* geruchtilgend; **2.** *m* Desodorans *n*, Deodorant *n*.

desoír [deso'ir] (3q) *et.* (*ac.*) absichtlich überhören; *e-r Bitte* kein Gehör schenken.

desojarse [deso'xarse] (1a) sich die Augen aussehen (nach [*dat.*] *por*).

desola|ción [desola'θiɔn] *f* Verheerung *f*; Trostlosigkeit *f*; **~dor** [~'ðɔr] verheerend; trostlos; **~r** [~'lar] (1m) verheeren; **~rse** sich abhärmen.

desolla|dero [deso𝜆a'ðero] *m* Abdeckerei *f*; **~do** F [~'𝜆aðo] frech, unverschämt; **~dor** [~𝜆a'ðor] *m* Abdecker *m*; Leuteschinder *m*; Halsabschneider *m*; **~dura** [~𝜆a-'ðura] *f* Abdecken *n*; wundgeriebene Stelle *f*; Scheuerwunde *f*; **~r** [~'𝜆ar] (1m) (ab)häuten; schinden; *fig.* prellen, neppen; F **~***le a alg.*

vivo j-m das Fell über die Ohren ziehen; kein gutes Haar an j-m lassen.

desorbita|do [desorbi'taðo] *fig.* maßlos; *ojos m/pl.* **~s** weit aufgerissene Augen *n/pl.*; **~r** [~'tar] (1a) *fig.* (stark) übertreiben.

desorden [de'sɔrden] *m* Unordnung *f*; Störung *f*; Durcheinander *n*; **~ado** [desɔrde'naðo] unordentlich; ungezügelt; **~ar** [~'nar] (1a) in Unordnung bringen.

desorganiza|ción [desɔrganiθa-'θiɔn] *f* Zerrüttung *f*; Auflösung *f*; **~r** [~'θar] (1f) zerrütten; auflösen.

desorien|tación [desorienta'θiɔn] *f* Irreführung *f*; Verwirrung *f*; **~tar** [~'tar] (1a) irreleiten; verwirren; **~tarse** die Richtung verlieren; verwirrt werden.

deso|var [deso'bar] (1a) laichen; **~ve** [de'sobe] *m* Laichen *n*; Fischlaich *m*.

desovillar [desobi'𝜆ar] (1a) *Knäuel* abwickeln; entwirren.

desoxidar [desɔgsi'dar] (1a) 🜨 desoxydieren; entrosten.

despabiladeras [despabila'ðeras] *f/pl.* Lichtschere *f*.

despabila|do [despabi'laðo] munter; aufgeweckt; **~r** [~'lar] (1a) aufmuntern; **~rse** munter werden.

despaci|o [des'paθio] *adv.* langsam, sachte; *Am.* leise; **~oso** [~pa'θioso] *adj.* gemächlich, behäbig; **~to** [~pa'θito] *adv.* ganz langsam, ganz sachte.

despacha|deras F [despatʃa'ðeras] *f/pl.*: *tener buenas* **~** kurz angebunden sein; flott arbeiten; **~r** [~'tʃar] (1a) *v/t.* abfertigen; erledigen, ausführen; absenden; absetzen, verkaufen; entlassen; *Kunden* bedienen; abweisen; P umbringen; *v/i.* amtieren; die laufenden Geschäfte erledigen.

despacho [des'patʃo] *m* Abfertigung *f*; Ausfertigung *f*; Sendung *f*; Erledigung *f*; Geschäfts-, Amtszimmer *n*; Büro *n*; Verkaufsstelle *f*; Depesche *f*; *diplomatische* Note *f*; **~** *de aduana* Zollamt *n*; **~** *de bebidas* Getränkeausschank *m*; **~** *de billetes* Fahrkartenschalter *m*; **~** *de equipajes* Gepäckabfertigung *f*.

despachurrar F [despatʃu'rrar] (1a) plattdrücken; *fig.* F breittreten.

desparejo [despa'rexo] ungleich.

despistarse

desparpajo [despar'paxo] *m* Zungenfertigkeit *f;* Forschheit *f; con mucho ~* ganz ungeniert.

desparra|mado [desparra'ma^do] weitverstreut, ausgedehnt; **~mar** [~'mar] (1a) aus-, umher-, zerstreuen; verschwenden; **~marse** sich ausbreiten.

despavorido [despaßo'riðo] entsetzt.

despearse [despe'arse] (1a) sich die Füße wund laufen. [lich.]

despectivo [despek'tißo] verächt-]

despech|ar [despe't∫ar] (1a) erbosen; ärgern, F wurmen; *Kind* entwöhnen; **~o** [~'pet∫o] *m* Erbitterung *f;* Ingrimm *m;* Verzweiflung *f; a ~ de* zum Trotz.

despechugado [despet∫u'ga^do] mit entblößter Brust; tief ausgeschnitten.

despedazar [despeða'θar] (1f) zerreißen, zerfetzen, zerstückeln.

despedi|da [despe'ðiða] *f* Abschied *m;* Verabschiedung *f;* Entlassung *f;* **~r** [~'ðir] (3l) verabschieden; entsenden; herausschleudern; *Reiter* abwerfen; *Bittende* abweisen; *Angestellte* entlassen; *Duft* ausströmen; *Glanz* ausstrahlen; **~rse** Abschied nehmen, sich verabschieden.

despega|do *fig.* [despe'ga^do] unfreundlich, barsch, schroff; **~r** [~'gar] (1h) ab-, loslösen; *v/i.* ≷ starten; **~rse** sich zurückziehen, sich abkehren; nicht (zs.-)passen.

despegue ≷ [des'pege] *m* Start *m.*

despeina|do [despei'na^do] mit aufgelösten (*od.* zerzausten) Haaren; ungekämmt; **~r** [~'nar] (1a) zerzausen.

despe|jado [despe'xa^do] hell; wolkenlos; geräumig; breit; frei; munter, klug; **~jar** [~'xar] (1a) frei machen; klären; **~jarse** sich aufheitern (*Himmel*); F in Stimmung kommen; nachlassen (*Fieber*); **~** *la cabeza* frische Luft schöpfen; **~jo** [~'pexo] *m* Räumung *f; Stk.* Räumung *f* der Arena; *fig.* freies Auftreten *n;* Scharfsinn *m.*

despeluznante [despeluð'nante] haarsträubend, entsetzlich.

despellejar [despeʎe'xar] (1a) abhäuten, abziehen; *fig.* kein gutes Haar an j-m lassen.

despenalizar *neol.* [despenali'θar] (1f) für straffrei erklären.

despensa [des'pensa] *f* Speisekammer *f.*

despeña|dero [despeɲa'ðero] *m* steiler Abhang *m; fig.* gefährliches Unternehmen *n;* **~dizo** [~'ðiθo] steil, abschüssig; **~r** [~'ɲar] (1a) herab-, hinabstürzen; **~rse** sich hinabstürzen; abstürzen.

despeño [des'peɲo] *m* (Ab-)Sturz *m; fig.* jäher Fall *m.*

despepitar [despepi'tar] (1a) entkernen; **~se** schwärmen (für [*ac.*] *por*); sich die Lunge aus dem Hals schreien.

desperd|iciar [desperði'θiar] (1b) verschwenden; vergeuden; *Gelegenheit* versäumen; **~icio** [~'ðiθio] *m* Verschwendung *f;* **~s** *pl.* Abfall *m.*

desperdigar [desperði'gar] (1h) zerstreuen.

desperecerse [despere'θerse] (2d) sehnlich trachten (nach [*dat.*] *por*).

desperezarse [despere'θarse] (1f) sich strecken, sich recken, F sich rekeln.

desperfecto [desper'fekto] *m* Beschädigung *f;* Mangel *m;* (Schönheits-)Fehler *m.*

desperta|dor [desperta'ðor] *m* Wecker *m* (*Uhr*); *fig.* Wink *m;* Aufmunterung *f;* **~r** [~'tar] (1k) *v/t.* wecken; erwecken; *Erinnerungen* wachrufen; aufmuntern; *Eßlust* erregen; *v/i.* aufwachen; **~rse** aufwachen; *fig.* klüger werden.

despiadado [despia'ða^do] unbarmherzig.

despido [des'piðo] *m* Entlassung *f,* Kündigung *f.*

despierto [des'pierto] wach; munter; aufgeweckt; *soñar ~* mit offenen Augen träumen.

despilfarr|ado [despilfa'rra^do] zerlumpt, abgerissen; verschwenderisch; **~ar** [~'rrar] (1a) verschwenden; **~o** [~'farro] *m* Verschwendung *f;* Mißwirtschaft *f.*

despintar [despin'tar] (1a) *Farbe* abwaschen; *fig.* entstellen; *v/i. ~ de* aus der Art schlagen; **~se** verschießen, verblassen (*Farbe*).

despiojar [despio'xar] (1a) entlausen.

despistado [despis'ta^do] unaufmerksam, zerstreut.

despis|tar [despis'tar] (1a) ablenken; *Verfolger* abschütteln; **~tarse** vom Weg abkommen, sich ver-

despiste 202

irren; *fig.* den Faden verlieren; **~te** [~'piste] *m* Unaufmerksamkeit *f*, Zerstreutheit *f*.

despizcar [despiθ'kar] (1g) zerkleinern.

desplan|tar [desplan'tar] (1a) verpflanzen; **~te** [~'plante] *m* schiefe Stellung *f* (*Tanz, Fechten*); Dreistigkeit *f*; *dar un* ~ *a alg.* j-n abblitzen lassen.

desplaza|miento [desplaθa'miento] *m* ⚓ Wasserverdrängung *f*; Verschiebung *f*; Reise *f*; **~r** [~'θar] (1f) ⚓ *Wasser* verdrängen; verschieben; vertreiben; **~rse** reisen.

desplegar [desple'gar] (1h *u.* 1k) entfalten; ausbreiten; öffnen; **~se** ✕ ausschwärmen.

despliegue [des'pliege] *m* Entfaltung *f*; Aufmarsch *m*; *con gran* ~ de mit großem Aufgebot.

desplo|mar [desplo'mar] (1a) aus dem Lot bringen; **~marse** zu Boden sinken; einstürzen; **~me** [~'plome] *m* Sichneigen *n*, -senken *n*; Seitwärtsneigung *f*; Einsturz *m*.

desplumar [desplu'mar] (1a) rupfen (*a. fig.*).

despobla|ción [despobla'θion] *f* Entvölkerung *f*; **~do** [~'blaðo] *m* unbewohnter Ort *m*; **~r** [~'blar] (1m) entvölkern; entblößen; säubern.

despo|jar [despo'xar] (1a) berauben; **~jarse** de et. ablegen; **~jo** [~'poxo] *m* Beraubung *f*; Beute *f*; **~s** *pl.* Schlachtabfälle *m/pl.*; Überbleibsel *n/pl.*; ⚘ Abbruchsteine *m/pl.*; **~s mortales** sterbliche Überreste *m/pl.*

despolvorear [despolβore'ar] (1a) abstauben; *Teppich* klopfen.

desposa|da [despo'saða] *f* Braut *f*; Neuvermählte *f*; **~do** [~'saðo] **1.** *adj.* verlobt; **2.** *m* Bräutigam *m*; **~dos** [~'saðos] *m/pl.* Brautpaar *n*; **~r** [~'sar] (1a) trauen; **~rse** sich verloben; die Ehe eingehen.

despo|seer [despose'er] (2e) enteignen; entziehen; **~seimiento** [~sei'miento] *m* Enteignung *f*; Entziehung *f*.

desposorios [despo'sorios] *m/pl.* Verlobung *f*; Eheschließung *f*.

déspota ['despota] *m* Despot *m*.

des|pótico [des'potiko] despotisch; **~potismo** [~po'tizmo] *m* Despotismus *m*; Gewaltherrschaft *f*.

despotricar F [despotri'kar] (1g) lospoltern, wettern.

desprecia|ble [despre'θiaβle] verächtlich; **~r** [~'θiar] (1b) geringschätzen; verachten; verschmähen; **~tivo** [~θia'tiβo] verächtlich.

desprecio [des'preθio] *m* Verachtung *f*.

despren|der [despren'der] (2a) losmachen; **~derse** sich lösen, abfallen; sich entäußern (*gen.*); ~ de *a/c.* sich et. abgewöhnen, et. aufgeben; sich ergeben (*Schlußfolgerung*) aus (*dat.*); **~dido** [~'diðo] uneigennützig; freigebig; **~dimiento** [~di'miento] *m* Losmachen *n*; Uneigennützigkeit *f*; Freiwerden *n* (*v. Energie usw.*); ⚄ *Rel.* Kreuzabnahme *f*; ~ de tierras Erdrutsch *m*.

despreocupa|ción [despreokupa-'θion] *f* Vorurteilslosigkeit *f*; Sorglosigkeit *f*; **~do** [~'paðo] vorurteilsfrei, unvoreingenommen; sorglos; **~rse** [~'parse] (1a) sich v. Vorurteilen frei machen; sich nicht kümmern (um [*ac.*] de).

despreven|ción [despreβen'θion] *f* Mangel *m* an Vor(aus)sicht; **~ido** [~βe'niðo] unvorbereitet; *coger* ~ überraschen, -rumpeln.

desproporci|ón [despropor'θion] *f* Mißverhältnis *n*; **~onado** [~θio-'naðo] unverhältnismäßig, disproportioniert.

despropósito [despro'posito] *m* Ungereimtheit *f*; Unsinn *m*; Abgeschmacktheit *f*.

desprovisto [despro'βisto] entblößt (von [*dat.*] de), bar (*gen.*).

después [des'pues] **1.** *adv.* nachher, später; **2.** *prp.* ~ de nach; ~ de todo letzten Endes; **3.** *cj.* ~ (de) que nachdem, als.

despunt|ar [despun'tar] (1a) abstumpfen; *v/i.* aufbrechen (*Knospen*); zum Vorschein kommen; anbrechen (*Tag*); *fig.* hervorragen; *al* ~ el día bei Tagesanbruch; **~e** *Am.* [~'punte] *m* Reisig *n*.

desquicia|miento [deskiθia'miento] *m* Aushängen *n* (*Tür*); *fig.* Zerrüttung *f*; **~r** [~'θiar] (1b) aus den Angeln heben; zu Fall bringen; beirren; zerrütten; **~rse** aus den

Angeln gehen; den Halt verlieren.

desqui|tar [deski'tar] (1a) entschädigen; **~tarse** de a/c. sich schadlos halten für (ac.); sich rächen für (ac.); **~te** [~'kite] m Wiedergewinnen n (Spiel); Vergeltung f; tomar el ~ F sich revanchieren.

desratización [dezrratiθa'θi̯ɔn] f Rattenvertilgung f.

desrielar Am. Cent., Bol., Pe., Ven. [dezrrie'lar] (1a) entgleisen.

destaca|do [desta'kaᵈo] führend, hervorragend; **~mento** ✕ [~ka-'mento] m Sonderkommando n; Abteilung f; **~r** [~'kar] (1g) hervorheben; ✕ abkommandieren; **~rse** sich abheben; hervortreten; sich auszeichnen (durch [ac.] por).

desta|jero [desta'xero], **~jista** [~-'xista] m Akkordarbeiter m; **~jo** [~'taxo] m Akkordarbeit f; a ~ im Akkord; hablar a ~ dauernd reden.

destapar [desta'par] (1a) Topf aufdecken; entkorken; fig. enthüllen.

destaponar [destapo'nar] (1a) entkorken.

destartalado [destarta'laᵈo] krumm u. schief; baufällig.

destechar [deste'tʃar] (1a) Haus abdecken.

destejer [deste'xer] (2a) Gewebe wieder auftrennen; fig. vereiteln.

deste|llar [deste'ʎar] (1a) aufblitzen lassen; **~llo** [~'teʎo] m Lichtblitz m; Aufleuchten n; Funke(n) m.

destem|plado [destem'plaᵈo] unmäßig; unbeherrscht; unfreundlich; unharmonisch; ♪ verstimmt; **~planza** [~'planθa] f Unmäßigkeit f; Heftigkeit f; Unpäßlichkeit f; **~plar** [~'plar] (1a) stören; ♪ verstimmen; ~se ungleichmäßig werden; fig. das Maß verlieren; unpäßlich werden; **~ple** [~'temple] m leichte Unpäßlichkeit f; Verstimmung f.

desteñir [deste'ɲir] (3h u. 3l) entfärben; bleichen; **~se** die Farbe verlieren, verschießen.

desternillarse [desterni'ʎarse] (1a): ~ de risa sich krank lachen.

desterrar [destɛ'rrar] (1k) verbannen (a. fig.); verscheuchen.

deste|tar [deste'tar] (1a) Kind entwöhnen; Jungtier absetzen; **~te**

[~'tete] m Entwöhnen n; Absetzen n.

destiempo [des'ti̯empo]: a ~ zur Unzeit.

destierro [des'ti̯ɛrrɔ] m Verbannung f; Landesverweisung f; entlegener Ort m; P gottverlassenes Nest n.

destila|ción [destila'θi̯ɔn] f Destillation f, Abtröpfeln n; **~dor** [~'dɔr] 1. adj. Destillier...; 2. m Destillateur m; **~r** [~'lar] (1a) v/t. destillieren; durchtropfen lassen; filtrieren; v/i. tropfen.

destilería [destile'ria] f Brennerei f.

desti|nación [destina'θi̯ɔn] f Bestimmung f; **~nar** [~'nar] (1a) bestimmen; zuweisen; j-n dienstlich versetzen; ✕ abkommandieren; **~natario** [~na'tari̯o] m Empfänger m, Adressat m; **~no** [~'tino] m Schicksal n; Bestimmung(sort m) f; Ziel n; Amt n, Posten m.

destitu|ción [destitu'θi̯ɔn] f Amtsenthebung f; **~ir** [~tu'ir] (3g) des Amtes entheben; ~ a alg. de a/c. j-m et. entziehen.

destorcer [destɔr'θer] (2b u. 2h) aufdrehen; geradebiegen.

destornilla|do F [destɔrni'ʎaᵈo] unbesonnen; **~dor** [~ʎa'dɔr] m Schraubenzieher m; **~r** [~'ʎar] (1a) ab-, auf-, losschrauben; **~rse** fig. F den Kopf verlieren.

destoserse [desto'serse] (2a) sich räuspern, hüsteln.

destral [des'tral] m Handbeil n.

destreza [des'treθa] f Geschicklichkeit f.

destri|par [destri'par] (1a) die Eingeweide herausnehmen od. -reißen; Bauch, Polster usw. aufschlitzen; j-m das Wort aus dem Munde nehmen; **~paterrones** F [~pate-'rrones] m desp. Landarbeiter m.

destrísimo [des'trisimo] sup. v. diestro.

destrona|miento [destrona'mi̯ento] m Entthronung f; **~r** [~'nar] (1a) entthronen.

destronca|miento [destrɔŋka-'mi̯ento] m fig. Verstümmelung f; **~r** [~'kar] (1g) verstümmeln; Baum umhauen; j-s Interessen schädigen; Tiere überanstrengen.

destro|zar [destro'θar] (1f) zerstükkeln, zerreißen; Feind vernichtend schlagen; **~zo** [~'troθo] m Zerreißung *f*; Vernichtung *f*; vernichtende Niederlage *f*; Riß *m*; **∼zón** F [∼tro'θ⊃n]: ser un ∼ alles kaputtmachen.

destruc|ción [destrug'θi⊃n] *f* Zerstörung *f*; **∼tivo** [∼truk'tibo] zerstörend; **∼tor** [∼truk'tor] **1.** *adj.* zerstörend; **2.** *m* Zerstörer *m* (*a.* ♪).

destruir [destru'ir] (3g) zerstören, vernichten.

desuello [de'sŭeʎo] *m* Schinden *n*; Frechheit *f*; F Wucher(preis) *m*, P Nepp *m*.

desulfurar ♬ [desulfu'rar] (1a) entschwefeln.

desu|nión [desu'ni⊃n] *f* Trennung *f*; Uneinigkeit *f*; **∼nir** [∼'nir] (3a) trennen; entzweien.

desu|sado [desu'saᵈo] ungebräuchlich; **∼sarse** [∼'sarse] (1a) außer Gebrauch kommen; **∼so** [de'suso] *m* Nichtgebrauch *m*; caer en ∼ außer Gebrauch kommen, veralten.

desvaído [dezba'iᵈo] hager; blaß (*Farbe*).

desvainar [dezbai'nar] (1a) *Bohnen usw.* enthülsen.

desvalido [dezba'liᵈo] hilflos; verlassen.

desvalijar [dezbali'xar] (1a) ausplündern.

desvalimiento [dezbali'mĭento] *m* Hilflosigkeit *f*.

desvalori|zación [dezbaloriθa'θi⊃n] *f* (Geld-)Entwertung *f*, Abwertung *f*; **∼zar** [∼'θar] (1f) entwerten, abwerten.

desván [dez'ban] *m* Dachboden *m*; Bodenkammer *f*.

desvane|cedor Phot. [dezbaneθe'ᵈor] *m* Vignettiermaske *f*; **∼cer** [∼'θer] (2d) verwischen; zerstreuen; zunichte machen; **∼cerse** verdunsten, verfliegen; sich auflösen; ohnmächtig werden; eitel werden; **∼cimiento** [∼θi'mĭento] *m* Schwindel *m*; Eitelkeit *f*, Dünkel *m*.

desvarar ♪ [dezba'rar] (1a) flottmachen.

desva|riado [dezba'riaᵈo] im *Fieber* phantasierend; unvernünftig; **∼riar** [∼'riar] (1c) irrereden; im *Fieber* phantasieren; **∼río** [∼'rio] *m* Wahnsinn *m*; Ungeheuerlichkeit *f*; **∼s** *pl.* irre Reden *f/pl.*; (Fieber-)Phantasien *f/pl.*; Verirrungen *f/pl.*

desve|lar [dezbe'lar] (1a) wachhalten; nicht schlafen lassen; enthül-

len, aufdecken; **∼larse** nicht schlafen können; *fig.* wachsam sein; sich in Sorge verzehren (um [*ac.*] por); **∼lo** [∼'belo] *m* Schlaflosigkeit *f*; Sorge *f*.

desvencijarse [dezbenθi'xarse] (1a) aus den Fugen (*od.* dem Leim) gehen.

desvendar [dezben'dar] (1a) *j-m* die Binde abnehmen; ∼ los ojos *fig.* *j-m* die Augen öffnen.

desven|taja [dezben'taxa] *f* Nachteil *m*; **∼tajoso** [∼ta'xoso] nachteilig; unvorteilhaft; **∼tura** [∼'tura] *f* Unglück *n*; **∼turado** [∼tu'raᵈo] **1.** *adj.* unglücklich; einfältig; geizig; **2.** *m*, -a *f* [∼tu'rada] Unglückliche(r) *m*, Unglückliche *f*.

desver|gonzado [dezbergon'θaᵈo] unverschämt, frech; **∼gonzarse** [∼'θarse] (1f u. 1n) sich unverschämt benehmen (gegenüber [*dat.*] con); **∼güenza** [∼'gŭenθa] *f* Unverschämtheit *f*; Schamlosigkeit *f*.

desvestir [dezbes'tir] (3l) entkleiden.

des|viación [dezbĭa'θi⊃n] *f* Abweichung *f*; Ablenkung *f*; ⚞ Verkrümmung *f*; *Kfz.* Umleitung *f*; **∼viacionista** [∼θio'nista] Pol. **1.** *adj.* abtrünnig; **2.** *m* Abweichler *m*; **∼viar** [∼'bĭar] (1c) ablenken; abbringen; **∼viarse** abweichen.

desvío [dez'bio] *m* Abweichung *f*; Ablenkung *f*; Abneigung *f*; Widerwille *m*; ⚞ Ausweichgleis *n*.

desvirgar [dezbir'gar] (1h) deflorieren, entjungfern.

desvirtuar [dezbirtu'ar] (1e) entkräften; **∼se** an Kraft verlieren.

desvivirse [dezbi'birse] (3a) sich in Sehnsucht verzehren (nach [*dat.*] por).

deta|llado [deta'ʎaᵈo] ausführlich; **∼llar** [∼'ʎar] (1a) ausführlich beschreiben; einzeln aufführen; **∼lle** [de'taʎe] *m* Einzelheit *f*; Kleinhandel *m*; Spezifikation *f* e-r Rechnung; en ∼ ausführlich, im einzelnen; **∼llista** [deta'ʎista] *m* Einzelhändler *m*.

detective engl. [detek'tibe] *m* Detektiv *m*; ∼ privado (*od. particular*) Privatdetektiv *m*.

detector [detek'tor] *m* Detektor *m* (*Radio*); ∼ de mentiras Lügendetektor *m*.

deten|ción [deten'θi⊃n] *f* Verhaftung *f*; Haft *f*; Verzug *m*; Zurück-behaltung *f*; Gründlichkeit *f*; Hemmung *f*; ~ *preventiva* Unter-suchungshaft *f*; ~ *ilegal* Freiheits-beraubung *f*; ~er [dete'ner] (2l) verhaften, festnehmen; verzögern; zurück(be)halten; anhalten; auf-halten; festhalten; ~erse verweilen; sich aufhalten; stehenbleiben; ~ido [~'niðo] langsam; bedächtig; ein-gehend; ~imiento [~ni'miento] *m* Ausführlichkeit *f*; con ~ ausführ-lich, eingehend.

deten|tación [detenta'θiɔn] *f* un-rechtmäßige Vorenthaltung *f*; ~ta-dor [~ta'dɔr] *m* unrechtmäßiger Besitzer *m*; ~tar [~'tar] (1a) zu Un-recht einbehalten; vorenthalten.

detergente [deter'xente] *m* Reini-gungsmittel *n*; Wasch-, Putz-, Spülmittel *n*.

deterio|rar [deterio'rar] (1a) be-schädigen; verderben; ~ro [~'riɔro] *m* Beschädigung *f*; Verschlechte-rung *f*.

determina|ción [determina'θiɔn] *f* Bestimmung *f*; Entschließung *f*; Entschluß *m*; Entschlossenheit *f*; ~do [~'naðo] entschlossen; be-stimmt; ~nte [~'nante] 1. *adj.* be-stimmend; entscheidend; 2. *m* *Gram.* Bestimmungswort *n*; ~r [~'nar] (1a) bestimmen; anberau-men; festsetzen; feststellen; ~rse sich entschließen (zu [*dat.*] *a*); ~tivo [~na'tiβo] bestimmend.

deter|sivo ✠ [deter'siβo], ~sorio [~'sorio] reinigend.

detes|table [detes'table] abscheu-lich; ~tar [~'tar] (1a) verabscheuen; verwünschen.

detona|ción [detona'θiɔn] *f* Knall *m*; Detonation *f*; ~dor [~'dɔr] *m* Sprengkapsel *f*; Zünder *m*; ~r [~'nar] (1a) knallen; detonieren.

detorsión [detɔr'siɔn] *f* Muskel-zerrung *f*.

detrac|ción [detrag'θiɔn] *f* Ver-leumdung *f*; ~tor *m*, -a *f* [detrak-'tɔr, ~'tora] Verleumder(in *f*) *m*.

detraer [detra'er] (2p) trennen; ab-ziehen; verleumden.

detrás [de'tras] 1. *adv.* hinten; zu-rück; *por* ~ v. hinten; 2. *prp.* ~ *de* hinter (*dat. u. ac.*); *uno* ~ *de otro* hintereinander.

detri|mento [detri'mento] *m* Scha-den *m*, Abbruch *m*; en ~ *de* auf

Kosten von; zum Schaden von; ~to [de'trito], ~tus [~'tritus] *m* Trümmer *pl.*; Abfall *m*; Boden-satz *m*; *fig.* Ausschuß *m*.

deuda ['deuða] *f* Schuld *f*; ~ *activa* Schuldforderung *f*; ~ *pública* Staatsschuld *f*; ~ *flotante* schwe-bende Schuld *f*.

deudo *m*, -a *f* ['deuðo, ~ða] Ver-wandte(r) *m*, Verwandte *f*.

deudor [deu'ðɔr] 1. *adj.* schuldend; schuldig; 2. *m*, -a *f* [~'ðora] Schuld-ner(in *f*) *m*.

deva|luación [debalua'θiɔn] *f* Ab-wertung *f*; ~luar [~'luar] (1e) ab-werten.

devana|dera [debana'dera] *f* Has-pel *f*; Garnwinde *f*; ~do [~'naðo] *m* Wicklung *f*; ~r [~'nar] (1a) ab-haspeln; abspulen; ~rse: ~ *los sesos* sich den Kopf zerbrechen.

deva|near [debane'ar] (1a) phanta-sieren, faseln; ~neo [~'neo] *m* Faselei *f*; Albernheit *f*; Liebelei *f*.

devas|tación [debasta'θiɔn] *f* Ver-wüstung *f*; ~tador [~ta'ðɔr] ver-heerend; ~tar [~'tar] (1a) ver-wüsten, verheeren.

deven|gar [debeŋ'gar] (1h) erwer-ben, einbringen; *Zinsen* abwerfen; ~go [~'beŋgo] *m*: con ~ *de interés* verzinslich.

devenir *Phil.* [debe'nir] *m* das Werden.

devo|ción [debo'θiɔn] *f* Rel. An-dacht *f*; Frömmigkeit *f*; Ergeben-heit *f*; Zuneigung *f*; Vorliebe *f*; F *no es santo de mi* ~ ich schätze ihn nicht übermäßig; ~cionario [~θio-'nario] *m* Gebetbuch *n*.

devolución [debolu'θiɔn] *f* Rück-gabe *f*; Rückerstattung *f*.

devolver [debol'βer] (2l¹; *part.* devuelto) zurückgeben, -zahlen; vergelten, heimzahlen; *Dank*, *Ge-fälligkeit*, *Besuch*, *Gruß usw.* er-widern; *Speisen* ausbrechen; ~se *Am.* zurückkommen, -kehren.

devorar [debo'rar] (1a) verschlin-gen; (auf)fressen; verzehren; rui-nieren.

devoto [de'boto] 1. *adj.* andächtig; fromm; ergeben; verehrungswür-dig; 2. *m*, -a *f* [~ta] Andächtige(r) *m*, Andächtige *f*; Anhänger(in *f*) *m*.

deyección [dejeg'θiɔn] *f* *Stoffwech-sel*: Abgang *m*; Kot *m*.

día ['dia] *m* Tag *m*; ~ *de los* (*fieles*)

diabetes 206

difuntos Allerseelen *n*; ~ festivo Festtag *m*, Feiertag *m*; ~ *hábil od. laborable* Werktag *m*; ~ *de la Madre* Muttertag *m*; ~ *del santo* Namenstag *m*; *al* ~ auf dem laufenden; *cualquier* ~ *od. el mejor* ~ e-s schönen Tages; *de* ~ *en* ~ von Tag zu Tag; *todo el santo* ~ den lieben langen Tag; *el* ~ *menos pensado* ehe man sich's versieht, ganz unerwartet; *el otro* ~ neulich; *en su* ~ zur rechten Zeit; *de* ~ tagsüber; *hoy* ~ heutzutage; *hace mal* ~ es ist schlechtes Wetter; *un* ~ *sí y otro no, Am.* ~ *por medio* ~ n Tag um den anderen, jeden zweiten Tag; *a los pocos* ~s wenige Tage später; ✝ ~s *de cortesía*, ~s *de gracia* Respekttage *m/pl.*; ✝ ~s *de respiro* Verzugstage *m/pl.*; *estos* ~s dieser Tage; *todos los* ~s täglich, jeden Tag; *¡buenos* ~s! guten Tag!; guten Morgen!; *dar los buenos* ~s guten Tag *od.* guten Morgen sagen.

diabetes [dǐa'betes] *f* Zuckerkrankheit *f*.

dia|bla F [dǐa'bla]: *a la* ~ verteufelt schlecht; P saumäßig; **~blesa** F [dǐa'blesa] *f* Teufelsweib *n*; **~blillo** F [~'bliλo] *m* Teufelchen *n*; unartiges Kind *n*; **~blo** ['dǐablo] *m* Teufel *m*; Teufelskerl *m*; *¡~! Donnerwetter!; ¡qué* ~(s)! das fehlte gerade noch!; zum Teufel!; *mandar a alg. al* ~ j-n zum Teufel schicken; **~blura** [dǐa'blura] *f* Teufelei *f*; **~bólico** [~'boliko] teuflisch.

diaco|nato [dǐako'nato] *m* Diakonat *n*; **~nisa** [~'nisa] *f* Diakonissin *f*.

diácono ['dǐakono] *m* Diakon *m*.

diadema [dǐa'dema] *f* Diadem *n*.

diafanidad [dǐafani'da⁽ᵈ⁾] *f* Durchsichtigkeit *f*.

diáfano ['dǐafano] durchsichtig; klar.

diafragma [dǐa'fragma] *m Anat.* Zwerchfell *n*; Scheidewand *f*; *Phot.* Blende *f*.

diagn|osticar ⚕ [dǐagnɔsti'kar] (1g) diagnostizieren; **~óstico** ⚕ [~'nɔstiko] **1.** *adj.* diagnostisch; **2.** *m* Diagnose *f*.

diagonal [dǐago'nal] **1.** *adj.* diagonal; schräg(laufend); **2.** *f* Diagonale *f*.

dialec|tal [dǐalek'tal] mundartlich; **~to** [~'lɛkto] *m* Mundart *f*, Dialekt *m*.

dialogar [dǐalo'gar] (1h) in Gesprächsform abfassen; *v/i.* mitea. sprechen.

diálogo ['dǐalogo] *m* Zwiegespräch *n*, Dialog *m*.

diaman|te [dǐa'mante] *m* Diamant *m*; **~tino** [~man'tino] diamanten; *fig.* unerschütterlich, ehern; **~tista** [~'tista] *m* Diamantenschleifer *m*, -händler *m*.

diametral [dǐame'tral] diametral; **~mente opuesto** grundverschieden.

diámetro ['dǐametro] *m* Durchmesser *m*.

diana ['dǐana] *f* a) ✕ Wecken *n*, Reveille *f*; b) Zielscheibe *f* (*a. fig.*).

¡dianche! ['dǐantʃe], **¡diantre!** [~tre] zum Teufel!

diapasón ♪ [dǐapa'sɔn] *m* Kammerton *m*; Stimmgabel *f*.

diapositiva *Phot.* [dǐaposi'tiba] *f* Dia(positiv) *n*.

diarero *Arg.* [dǐa'rero] *m* Zeitungsverkäufer *m*.

diario ['dǐarǐo] **1.** *adj.* täglich; **2.** *adv. Am.* täglich; **3.** *m* Tagebuch *n*; (Tages-)Zeitung *f*; ~ *hablado* Nachrichten *f/pl.* (*im Rundfunk*); *a* ~ alltäglich; *de* ~ Alltags...

diarismo *Am.* [dǐa'rizmo] *m* Journalismus *m*.

diarrea ⚕ [dǐa'rrea] *f* Durchfall *m*, Diarrhöe *f*.

diarucho *Am.* F [dǐa'rutʃo] *m* Käseblatt *n*. [schrift *f*.]

diatriba [dǐa'triba] *f* Schmäh-∫

dibu|jante [dibu'xante] *m* Zeichner *m*; **~jar** [~'xar] (1a) zeichnen; **~jarse** sich abzeichnen; **~jo** [di'buxo] *m* Zeichen *n*; Zeichnung *f*; Gewebemuster *n*; ~ *lineal* technisches Zeichnen *n*; ~s *pl. animados* (Zeichen-)Trickfilm *m*.

dicci|ón [dig'θǐɔn] *f* Ausdrucks-, Vortragsweise *f*; **~onario** [~θǐo'narǐo] *m* Wörterbuch *n*; Lexikon *n*.

díceres *Am.* ['diθeres] *m/pl.* Gerüchte *n/pl.*, Gerede *n*.

diciembre [di'θǐembre] *m* Dezember *m*.

dicta|do [dik'taᵈo] *m* (Ehren-)Titel *m*; Diktat *n*; *al* ~ nach Diktat; **~dor** [~ta'dɔr] *m* Diktator *m*; **~dura** [~ta'dura] *f* Diktatur *f*.

dictam|en [dik'tamen] *m* Meinung *f*; Gutachten *n*; **~inar** [~tami'nar] (1a) ein Gutachten abgeben; ~ *sobre a/c.* et. begutachten.

dicta|r [dik'tar] (1a) diktieren; gebieten; *Gesetze* erlassen; *Vortrag* halten; ~ *sentencia* Urteil fällen; **~torial** [~tato'rial] diktatorisch.

dicterio [dik'terio] *m* Schmähung *f*.

dicha ['dit∫a] *f* Glück *n*; *por* ~ zum Glück; zufälligerweise.

dichara|chero F [dit∫ara't∫ero] *m* Zotenreißer *m*; **~cho** [~'rat∫o] *m* Zote *f*.

dicho ['dit∫o] **1.** *part. v. decir;* **2.** *adj.* besagt, genannt; ~ *y hecho* gesagt, getan; ~ *(sea) de paso* nebenbei bemerkt; *está* ~ es bleibt dabei; **3.** *m* Ausdruck *m*; Ausspruch *m*; Witzwort *n*; *es un* ~ man sagt das so; **~so** [di't∫oso] glücklich; F verflixt.

didácti|ca [di'daktika] *f* Didaktik *f*; **~co** [~ko] didaktisch.

dieci|nueve [dieθi'nŭebe] neunzehn; **~ocho** [~'ot∫o] achtzehn; **~séis** [~'seis] sechzehn; **~siete** [~'siete] siebzehn.

diente ['diente] *m* Zahn *m*; △ Zakken *m*; Zinke *f*; ~ *de ajo* Knoblauchzehe *f*; ~ *canino* Augenzahn *m*, Eckzahn *m*; ~ *de leche* Milchzahn *m*; ⚕ ~ *de león* Löwenzahn *m*; *dar* ~ *con* ~ mit den Zähnen klappern; *crujirle a uno los* ~*s* mit den Zähnen knirschen; *enseñar los* ~*s fig.* die Zähne zeigen; *hablar entre* ~*s* in den Bart brummen.

diestr|a ['diestra] *f* rechte Hand *f*; **~o** [~tro] **1.** *adj.* rechte(r, -s); geschickt; flink, F fix; günstig; *a* ~ *y siniestro* aufs Geratewohl, F drauflos; **2.** *m* Torero *m*; Zaum *m*, Halfter *m od. n.*

dieta ['dieta] *f* Krankenkost *f*, Diät *f*; Landtag *m*; *poner a* ~ *auf* Diät setzen; ~*s pl.* Tagegelder *n/pl. der Beamten;* **~rio** [die'tario] *m* Merk-, Notizbuch *n.*

diez [dieθ] zehn; **~mar** [dieð'mar] (1a) dezimieren; aufräumen unter.

difama|ción [difama'θiɔn] *f* Verleumdung *f*; üble Nachrede *f*; **~dor** [~ma'dɔr] **1.** *adj.* verleumderisch; **2.** *m, -a f* [~'dora] Verleumder(in *f*) *m*; **~r** [~'mar] (1a) verleumden, in Verruf bringen; **~torio** [~ma'torio] verleumderisch.

dife|rencia [dife'renθia] *f* Verschiedenheit *f*; Unterschied *m*; Restbetrag *m*; Streit *m*; *hacer* ~ unterscheiden; *a* ~ *de* zum Unterschied; *con poca* ~ annähernd; **~rencial**

[~ren'θial] **1.** *m Kfz.* Differential (-getriebe) *n*; **2.** *adj.* Differential...; **~renciar** [~'θiar] (1b) unterscheiden; *v/i.* ~ *(en opiniones)* verschiedener Meinung sein; **~rente** [~'rente] verschieden; **~rir** [~'rir] (3i) aufschieben; verzögern; *v/i.* verschieden sein.

difícil [di'fiθil] schwer, schwierig; peinlich; schwer zu behandeln *od.* zufriedenzustellen.

dificult|ad [difikul'ta⁽ᵈ⁾] *f* Schwierigkeit *f*; Verlegenheit *f*; *sin* ~ ohne weiteres; *poner* ~*es* Schwierigkeiten machen; **~ar** [~'tar] (1a) erschweren, behindern; **~oso** [~'toso] schwierig.

difteria ⚕ [dif'teria] *f* Diphtherie *f*.

difundir [difun'dir] (3a) *Flüssigkeiten* ausschütten; versprühen; *Nachrichten* verbreiten; **~se** sich ausbreiten; bekannt werden.

difu|sión [difu'siɔn] *f* Ausgießung *f*; Verbreitung *f*; Weitläufigkeit *f*; **~sivo** ⚡ [~'sibo] flüchtig; **~so** [di'fuso] verbreitet; weitschweifig; verschwommen.

digeri|ble [dixe'rible] verdaulich; **~r** [~'rir] (3i) verdauen; F *no poder* ~ *a alg.* j-n im Magen haben, nicht ausstehen können.

digesti|ble [dixes'tible] verdaulich; **~ón** [~'tiɔn] *f* Verdauung *f*; **~vo** [~'tibo] **1.** *adj.* die Verdauung fördernd; Verdauungs...; **2.** *m* die Verdauung förderndes Mittel *n.*

digi|tación [dixita'θiɔn] *f* Fingersatz *m*; **~tal** [~'tal] **1.** *adj.* Finger...; *huellas f/pl.* ~*es* Fingerabdrücke *m/pl.;* **2.** ⚕ *f* Fingerhut *m.*

dígito ['dixito] *m* einstellige Zahl *f*.

digna|ción [digna'θiɔn] *f* Herablassung *f*; **~rse** [~'narse] (1a; *mit reinem inf.*) geruhen zu, die Güte haben zu; **~tario** [~na'tario] *m* Würdenträger *m.*

dign|idad [digni'da⁽ᵈ⁾] *f* Würde *f*; Anstand *m*; **~o** ['digno] würdig; wert; angemessen; *a de fe* glaubwürdig; ~ *de mención* erwähnenswert. [fung *f*.)

digresión [digre'siɔn] *f* Abschwei-)

dije ['dixe] *m* Anhänger *m* (*Schmuck*); *fig.* F Perle *f*.

dilacerar [dilaθe'rar] (1a) zerreißen.

dilación [dila'θiɔn] *f* Verzögerung *f*; *sin* ~ unverzüglich.

dilapi|dación [dilapiḍa'θiɔn] *f* Verschwendung *f*; ~**dar** [~'dar] (1a) verschwenden; vergeuden.

dila|table [dila'table] dehnbar; ~**tación** [~ta'θiɔn] *f* Dehnung *f*, Erweiterung *f*; ~**tado** [~'taᵈo] ausgedehnt; ausgebreitet; ~**tar** [~'tar] (1a) ausdehnen; verbreiten; verzögern, hinausziehen; *✶ u. fig.* erweitern; ~**toria** [~'toria] *f* Aufschub *m*; ~**torio** [~'torio] Aufschub bewirkend, aufschiebend.

dilema [di'lema] *m* Dilemma *n*.

diletan|te [dile'tante] *m* Dilettant *m*; ~**tismo** [~tan'tizmo] *m* Dilettantismus *m*.

dilige|ncia [dili'xenθia] *f* Fleiß *m*, Eifer *m*; Schnelligkeit *f*; Sorgfalt *f*; Postkutsche *f*; ~*s pl.* Schritte *m/pl.*, Maßnahmen *f/pl.*; F *hacer una* ~ seine Notdurft verrichten; *✝* *instruir* ~*s* Ermittlungen anstellen; ~**ciar** [~xen'θiar] (1b) betreiben; ~**te** [~'xente] fleißig; flink; sorgfältig.

diluci|dación [diluθiḍa'θiɔn] *f* Aufklärung *f*, Erläuterung *f*; ~**dar** [~'dar] (1a) aufklären, erläutern;

dilu|ción [dilu'θiɔn] *f* Verdünnung *f*; ~**ir** [~'ir] (3g) (auf)lösen; verdünnen.

dilu|viar [dilu'biar] (1b) stark regnen, gießen; ~**vio** [di'lubio] *m* Sintflut *f*; Platzregen *m*; *fig.* Flut *f*.

dima|nación [dimana'θiɔn] *f* Ausfluß *m*; Abstammung *f*; ~**nar** [~'nar] (1a) ausfließen; abstammen; herrühren (von [*dat.*] de).

dimensión [dimen'siɔn] *f* Ausdehnung *f*; Ausmaß *n*; *dimensiones pl.* Abmessungen *f/pl.*

dimes y diretes F ['dimes i di'retes] *m/pl.*: *andar en* ~ sich herumstreiten.

diminutivo [diminu'tibo] **1.** *adj.* vermindernd; **2.** *m Gram.* Verkleinerungssilbe *f*.

diminuto [dimi'nuto] winzig.

dimi|sión [dimi'siɔn] *f* Rücktritt *m*; *presentar su* ~ s-n Abschied *od.* Rücktritt einreichen; abdanken, zurücktreten; ~**sionario** [~sio-'nario], ~**tente** [~'tente] abgedankt, zurückgetreten; ~**tir** [~'tir] (3a) aufgeben; entsagen; niederlegen; *v/i.* zurücktreten.

dinamar|qués [dinamar'kes] **1.** *adj.* dänisch; **2.** *m*, ~**quesa** [~'kesa] *f* Däne *m*, Dänin *f*.

dinámi|ca [di'namika] *f* Dynamik *f*; ~**co** [~ko] dynamisch; *fig.* kraft-, schwungvoll.

dinami|ta [dina'mita] *f* Dynamit *n*; ~**tar** [~mi'tar] (1a) in die Luft sprengen; ~**tero** [~mi'tero] *m* Sprengmeister *m*; Sprengstoffattentäter *m*.

dínamo ['dinamo] *f* Dynamo (-maschine *f*) *m*; Lichtmaschine *f*.

dinamómetro [dina'mometro] *m* Kraftmesser *m*, Dynamometer *n*.

dinastía [dinas'tia] *f* Dynastie *f*, Herrscherfamilie *f*, -haus *n*.

dinástico [di'nastiko] dynastisch.

dine|rada [dine'raḍa] *f* Menge *f* Geld; ~**ral** [~'ral] *m* große Menge *f* Geld; F Heidengeld *n*; ~**ro** [di'nero] *m* Geld *n*; ~ *efectivo*, ~ *en metálico* Bargeld *n*; ~ *metálico* Hartgeld *n*; ~ *suelto* Kleingeld *n*; *andar (od. estar) mal de* ~ knapp bei Kasse sein; *hacer* ~ Geld machen, reich werden.

dingolondangos P [diŋgolon'daŋgos] *m/pl.* Schmeicheleien *f/pl.*; Zärtlichkeiten *f/pl.*

dintel [din'tel] *m* Oberschwelle *f*; *Am.* Türschwelle *f*.

diñarla P [di'ñarla] (1a) F abkratzen, F krepieren.

diócesis [di'oθesis] *f* Diözese *f*.

Dios [diɔs] *m* Gott *m*; *como* ~ *manda* wie es sich gehört; *estaba de* ~ es hat so sein sollen; *¡*~ *nos libre!* Gott behüte!; *¡por* ~*!* bei Gott; um Gottes willen!; *sabe* ~ weiß Gott; *¡válgame* ~*!* um Gottes willen!; *¡vaya con* ~*!* leben Sie wohl!; *a la buena de* ~ aufs Geratewohl; 2 *heidnischer* Gott *m*, Götze *m*.

diosa [di'osa] *f* Göttin *f*.

diploma [di'ploma] *m* Diplom *n*, Zeugnis *n*.

diplo|macia [diplo'maθia] *f* Diplomatie *f*; ~**mado** *gal.* [~'maᵈo] **1.** *adj.* diplomiert; Diplom...; **2.** *m Am. reg.* Inhaber *m* e-s akademischen Titels; ~**mar** *Am. reg.* [~'mar] (1a) e-n Titel erteilen (*dat.*); ~**marse** *Am. reg.* e-e akademische Ausbildung abschließen, e-n Titel, ein Diplom erhalten; ~**mática** [~'matika] *f* Diplomatik *f*, Urkundenlehre *f*; ~**mático** [~

discurrir

'matiko] 1. *adj.* diplomatisch; 2. *m* Diplomat *m*.

diptongo *Gram.* [dip'tɔŋgo] *m* Diphthong *m*, Doppellaut *m*.

diputa|ción [diputa'θiɔn] *f* Abordnung *f*; Dauer *f* e-s Mandats; **~do** [~'tˠaˠo] *m* Abgeordnete(r) *m*; **~r** [~'tar] (1a) abordnen; **~** *para* bestimmen für (*ac.*).

dique ['dike] *m* Damm *m*; Deich *m*; Dock *n*; **~** *de carena,* **~** *seco* Trockendock *n*; **~** *flotante* Schwimmdock *n*.

direc|ción [direg'θiɔn] *f* Leitung *f*, Führung *f*; Direktion *f*; Richtung *f*; Steuerung *f*; Anschrift *f*, Adresse *f*; **~** *telegráfica* Telegrammadresse *f*; *Thea., Film* Regie *f*; **~tivo** [direk'tiβo] 1. *adj.* leitend; 2. *m* Manager *m*; Führungskraft *f*; Vorstandsmitglied *n*; **~to** [di'rekto] gerade; unmittelbar; **⬚** durchgehend; *coche m* (*od. vagón m*) **~** Kurswagen *m*; *tren m* **~** Schnellzug *m*; **~tor** [direk'tɔr] 1. *adj.* leitend; 2. *m* Leiter *m*, **~** *de cine* Filmregisseur *m*; **~** *de venta* Vertriebsleiter *m*; **~** *espiritual* Beichtvater *m*; **~** *de orquesta* Dirigent *m*, Kapellmeister *m*; **~tora** [~'tora] *f* Leiterin *f*, Vorsteherin *f*, **~torio** [~'torio] *m* Direktorium *n*; Leitung *f*; **~triz** [~'triθ] *f* Richtlinie *f*; Direktorin *f*, Vorsteherin *f*; Direktrice *f*.

diri|gente [diri'xente] *m* Leiter *m*, führende Persönlichkeit *f*; **~gible** [diri'xiβle] 1. *adj.* lenkbar; 2. *m* (lenkbares) Luftschiff *n*; **~gir** [~'xir] (3c) richten; lenken; leiten; *Brief* adressieren; *Thea., Film* Regie führen; **~girse** sich richten (nach [*dat.*] *por*); sich wenden (an [*ac.*] *a*); **~gismo** [~'xizmo] *m* Planwirtschaft *f*.

diri|mente [diri'mente] die Ehe aufhebend; **~mir** [~'mir] (3a) *Streit* schlichten; *Ehe* auflösen.

discante ♩ [dis'kante] *m* Diskant *m*.

discar *Am.* [dis'kar] (1g) *Telefonnummer* wählen.

discerni|miento [disθerni'miento] *m* Unterscheidung *f*, Sonderung *f*; Urteilskraft *f*; **~r** [~'nir] (3i) unterscheiden, sondern.

disciplina [disθi'plina] *f* Disziplin *f*; Zucht *f*; Ordensregel *f*; Bußgeißel *f*; wissenschaftliches Fach *n*; Zweig *m*; **~nte** [~pli'nante] *m*

Geißler *m*; Büßer *m*; **~r** [~pli'nar] (1a) in Zucht nehmen *od.* halten; disziplinieren; geißeln; **~rio** [~pli'nario] Disziplinar...; Dienststraf...

discípulo [dis'θipulo] *m* Schüler *m*; Jünger *m*; Anhänger *m*.

disco ['disko] *m* Scheibe *f*; Diskus *m*; Schallplatte *f*; Wählscheibe *f* (*Telefon*); **~** *de larga duración od. microsurco* Langspielplatte *f*; **~** *de señales* ⬚ Signalscheibe *f*; Verkehrsampel *f*; **~gráfico** [~'grafiko] Schallplatten...

díscolo ['diskolo] widerspenstig.

disconforme [diskɔn'fɔrme] nicht einverstanden.   [brochen.}

discontinuo [diskɔn'tinŭo] unter-

discor|dancia [diskɔr'danθia] *f; ♩* (Meinungs-)Verschiedenheit *f*; Mißklang *m*; **~dante** [~'dante] abweichend; unharmonisch; **~dar** [~'dar] (1m) abweichen; nicht übereinstimmen; ♩ verstimmt; **~de** [~'kɔrde] uneinig; verstimmt; **~dia** [~'kɔrdia] *f* Zwietracht *f*.

discoteca [disko'teka] *f* Schallplattensammlung *f*; Diskothek *f* (*a. Lokal*).

discreci|ón [diskre'θiɔn] *f* Urteilskraft *f*; Verschwiegenheit *f*; Takt *m*; Scharfsinn *m*; *a* **~** nach Belieben; **~onal** [~θiɔ'nal] beliebig; *parada* **~** Bedarfshaltestelle *f*.

discrepa|ncia [diskre'panθia] *f* Unterschied *m*; (Meinungs-)Verschiedenheit *f*; **~r** [~'par] (1a) sich unterscheiden, abweichen; anderer Meinung sein.

discre|tear [diskrete'ar] (1a) geistreich reden; F witzeln; **~to** [~'kreto] klug; geistreich; zurückhaltend; verschwiegen; diskret.

discriminación [diskrimina'θiɔn] *f* Diskriminierung *f*.

discriminar [diskrimi'nar] (1a unterscheiden, Unterschiede machen; diskriminierend behandeln.

disculpa [dis'kulpa] *f* Entschuldigung *f*; Rechtfertigung *f*; **~ble** [~kul'paβle] entschuldbar; **~r** [~kul'par] (1a) entschuldigen.

discurrir [disku'rrir] (3a) 1. *v/i.* umherlaufen, -reisen *usw.*; verstreichen (*Zeit*); **~** *sobre* a/c. über et. (*ac.*) nachdenken; sich über et. auslassen, über et. referieren; 2. *v/t.* ausfindig machen; sich et. ausdenken.

discur|sista [diskur'sista] *m* Schwätzer *m*; **sivo** [~'sibo] nachdenklich; redselig; **so** [~'kurso] *m* Rede *f*; Abhandlung *f*; Satz *m*; Zeitlauf *m*; Urteilskraft *f*; Überlegung *f*.

discu|sión [disku'sįon] *f* Besprechung *f*; Erörterung *f*; Diskussion *f*; **tible** [~'tible] bestreitbar, strittig; fraglich; **tir** [~'tir] (3a) besprechen; diskutieren, erörtern; *v/i.* verhandeln (über [*ac.*] sobre); *ser muy discutido* sehr umstritten sein.

disec|ar [dise'kar] (1g) zerschneiden; zerlegen; sezieren; *Tiere* ausstopfen; *Pflanzen* trocknen; **ción** [diseg'θįon] *f* Zergliederung *f*; Zerlegen *n*; Sezierung *f*; Sektion *f*; **tor** [disek'tor] *m* Zergliederer *m*, Sezierer *m*; Präparator *m*.

disemina|ción [disemina'θįon] *f* Ausstreuung *f*; Verbreitung *f*; **r** [~'nar] (1a) ausstreuen; verbreiten.

disensión [disen'sįon] *f* Uneinigkeit *f*; Zwist *m*; Zwistigkeit *f*.

disentería 🗲 [disente'ria] *f* Ruhr *f*.

disenti|miento [disenti'mįento] *m* Meinungsverschiedenheit *f*; Nichtzustimmung *f*; **r** [~'tir] (3i) anderer Meinung sein (als *de*).

dise|ñador [diseɲa'dor] *m* Designer *m*, Entwerfer *m*; Konstrukteur *m*; **ñar** [~'ɲar] (1a) zeichnen, entwerfen; **ño** [di'seɲo] *m* Entwurf *m*; Zeichnung *f*; ~ *industrial* Planzeichnen *n*.

diser|tación [diserta'θįon] *f* wissenschaftliche Abhandlung *f*; Vortrag *m*; **tar** [~'tar] (1a) *v/t.* gründlich erörtern; *v/i.* e-n Vortrag halten (über [*ac.*] sobre); **to** [di'serto] redegewandt.

disforme [dis'forme] mißgestalt; plump, unförmig.

disfraz [dis'fraθ] *m* Verkleidung *f*; Maskenkostüm *n*; ✗ Tarnung *f*; **ar** [~fra'θar] (1f) verkleiden, maskieren; ✗ tarnen; verbergen; *Tatsachen* verschleiern; **arse** de sich verkleiden als.

disfru|tar [disfru'tar] (1a) *Amt* innehaben; ~ de *a/c.* et. genießen; **te** [~'frute] *m* Genuß *m*.

disgrega|ción [dizgrega'θįon] *f* Zerstreuung *f*; **r** [~'gar] (1h) zersprengen; zerstreuen; zersetzen.

disgus|tado [dizgus'ta⁴o] unwillig, böse; verstimmt; *estar ~ con alg.* auf j-n böse sein; **tar** [~'tar] (1a) miß-, verstimmen; **tarse** zornig werden; **to** [~'gusto] *m* Ekel *m*; Verdruß *m*; Unannehmlichkeit *f*; Mißstimmung *f*; *a ~* mit Widerwillen; *llevarse un ~* Ärger bekommen.

disi|dencia [disi'denθįa] *f* Abfall *m*; Zwist *m*; **dente** [~'dente] *m* Abtrünnige(r) *m*, Dissident *m*.

disimul|ación [disimula'θįon] *f* Verstellung *f*; **ado** [~'la⁴o] hinterhältig, heimtückisch; verstellt; **ar** [~'lar] (1a) verheimlichen, verhehlen; (nachsichtig) übersehen; entschuldigen; *v/i.* sich verstellen; **o** [~'mulo] *m* Verstellung *f*; Falschheit *f*; Nachsicht *f*; *con ~* verstohlen; unauffällig.

disipa|ción [disipa'θįon] *f* Auflösung *f*; Verschwendung *f*; Ausschweifung *f*; **do** [~'pa⁴o] verschwenderisch; ausschweifend; **dor** [~pa'dor] **1.** *adj.* verschwenderisch; **2.** *m*, *-a f* [~pa'dora] Verschwender(in *f*) *m*; **r** [~'par] (1a) auflösen; verschwenden; *Zweifel, Nebel* zerstreuen.

dislate [diz'late] *m* Unsinn *m*.

disloca|ción [dizloka'θįon] *f* Verrenkung *f*; **r** [~'kar] (1g) ausrenken.

disminu|ción [dizminu'θįon] *f* Verminderung *f*; Abnahme *f*; Rückgang *m* (*Preis*); ~ *física* Körperbehinderung *f*; *ir en* ~ abnehmen; **ido** [~'ido] **1.** *part.* vermindert; **2.** *m*: ~ *físico* Körperbehinderte(r) *m*; **ir** [~'ir] (3g) vermindern, verkleinern; *Preise* herabsetzen; *v/i.* abnehmen; nachlassen.

disnea 🗲 [diz'nea] *f* Kurzatmigkeit *f*; Atemnot *f*.

diso|ciación [disoθįa'θįon] *f* Trennung *f*; **ciar** [~'θįar] (1b) trennen, absondern.

disolu|ción [disolu'θįon] *f* Auflösung *f*; 🜊 Lösung *f*; *fig.* Ausschweifung *f*; sittliche Zerrüttung *f*; **tivo** [~'tibo] auflösend; **to** [~'luto] liederlich, ausschweifend.

disolve|nte [disol'bente] *m* Lösemittel *n*; **r** [~'ber] (2h; *part.* disuelto) auflösen, trennen; zersetzen.

disona|ncia [diso'nanθįa] *f* Mißklang *m*; Mißverhältnis *n*; Dissonanz *f*; **~r** [~'nar] (1m) mißtönen; uneinheitlich wirken.

dispar [dis'par] ungleich.

disparada *Am.* [dispa'raða] *f* Auseinanderstieben *n*, Flucht *f*; *a la* **~** fluchtartig, Hals über Kopf.

dispara|dero [dispara'ðero] *m* Abzug *m* (*Gewehr*); **~dor** [~'ðor] *m* Drücker *m*, Abzug *m*; *Phot.* Auslöser *m*; **~r** [~'rar] (1a) schleudern; (ab)schießen (*a. Fußball*); abschnellen; *Phot.* auslösen, knipsen; *v/i.* Unsinn reden *od.* tun; **~rse** davonrennen; losgehen (*Schuß*).

dispara|tado [dispara'taðo] ungereimt; unsinnig; **~tar** [~'tar] (1a) Unsinn reden; Torheiten begehen; **~te** [~'rate] *m* Dummheit *f*; Unsinn *m*; Torheit *f*; F *un* **~** F irrsinnig viel, groß; *costar un* **~** *Chi., Rpl.* ein Heidengeld kosten.

disparidad [dispari'ðað] *f* Ungleichheit *f*; ✝ Gefälle *n*.

disparo [dis'paro] *m* Schuß *m*; Abfeuern *n*.

dispendio [dis'pendio] *m* Verschwendung *f*; **~so** [~pen'dioso] kostspielig.

dispensa [dis'pensa] *f* Dispens *m*, Erlaß *m*; **~ble** [~pen'sable] erläßlich; entschuldbar; **~ción** [~pensa'θion] *f* Dispensierung *f*; **~dor** *m*, *-a* *f* [~pensa'ðor, ~'ðora] Spender(in *f*) *m*.

dispensar [dispen'sar] (1a) befreien, entbinden (von [*dat.*] de); entschuldigen; spenden, gewähren; zuteil werden lassen; **~se**: *no poder* **~** *de* nicht umhin können zu.

dispensario [dispen'sario] *m* Poliklinik *f*; Ambulanz *f*.

dispepsia [dis'pepsia] *f* Verdauungsschwäche *f*.

disper|sar [disper'sar] (1a) zerstreuen; **~sión** [~'sion] *f* Zerstreuung *f*; Streuung *f* (*Geschoß*); **~so** [~'perso] zerstreut; versprengt.

displicen|cia [displi'θenθia] *f* Unfreundlichkeit *f*; Unlust *f*; **~te** [~'θente] unfreundlich; mißgelaunt; mürrisch.

disponer [dispo'ner] (2r) (an)ordnen, in Ordnung bringen; herrichten; *v/i.* verfügen (über [*ac.*] de); **~se** sich anschicken.

disponibili|**dad**[(d)] [disponibili'ðað] *f* Verfügbarkeit *f*; ✝ **~es** *f/pl.* Bestand *m*.

dispo|nible [dispo'nible] verfügbar; flüssig (*Gelder*); vorrätig (*Ware*); **~sición** [~si'θion] *f* Anordnung *f*; Verfügung *f*; ♂ *u.* *Psych.* Anlage *f*; Gesundheitszustand *m*; Stimmung *f*; *para* Veranlagung für (*ac.*); *estar en* **~** sich bereit halten; *estoy a la* **~** *de usted od. a su* **~** ich stehe zu Ihrer Verfügung; **~sitivo** [~si'tibo] *m* Vorrichtung *f*.

dispuesto [dis'puesto] geneigt; bereit; entschlossen; fähig.

disputa [dis'puta] *f* Wortstreit *m*, Disput *m*; Austragung *f* (*Sport*); *sin* **~** unbestreitbar; **~ble** [~pu'table] strittig, problematisch; **~r** [~pu'tar] (1a) bestreiten; *Spiel usw.* austragen; *v/i.* disputieren; hadern; **~rse**: **~** *a/c.* sich um et. streiten.

disquería *Am.* [diske'ria] *f* Schallplattengeschäft *n*.

dista|ncia [dis'tanθia] *f* Entfernung *f*; Abstand *m*; Unterschied *m*; *focal* Brennweite *f*; **~nciar** [~tan'θiar] (1b) entfernen; **~se** de sich distanzieren von; **~nte** [~'tante] entfernt; verschieden; **~r** [~'tar] (1a) entfernt sein; verschieden sein (von [*dat.*] de).

disten|der ♂ [disten'der] (2g) zerren; **~sión** [~'sion] *f* ♂ Zerrung *f*; *Pol.* Entspannung *f*.

distin|ción [distin'θion] *f* Unterscheidung *f*; Bestimmtheit *f*; Auszeichnung *f*; Vornehmheit *f*; *de* **~** distinguiert; *a* **~** *de* zum Unterschied v. (*dat.*); **~guido** [~tin'giðo] ausgezeichnet; vornehm; **~guir** [~tin'gir] (3d) unterscheiden (können); auszeichnen; **~tivo** [~tin'tibo] **1.** *adj.* unterscheidend; **2.** *m* Auszeichnung *f*; Kennzeichen *n*; (Ehren-, Fest-)Abzeichen *n*; **~to** [~'tinto] unterscheiden; verschieden; deutlich; *eso es muy* **~** das ist etwas ganz anderes.

distorsión [distor'sion] *f* Verstauchung *f*; *Radio:* Verzerrung *f*.

distra|cción [distrag'θion] *f* Unachtsamkeit *f*, Zerstreutheit *f*; Zerstreuung *f*; *por* **~** aus Versehen; **~er** [~tra'er] (2p) zerstreuen; abbringen; ablenken; unterhalten; unterschlagen; **~ído** [~tra'iðo] zerstreut; unaufmerksam; zügellos; ausschweifend.

distribu|ción [distribu'θion] *f* Aus-,

Verteilung *f*; Anordnung *f*; Vertrieb *m*; ⊕ Steuerung *f*; ⚡ Verteilung *f*; Versorgung *f* (*Gas, Wasser*); *Typ.* Ablegesatz *m*; **~idor** [~i'dɔr] *m* Austeiler *m*; Vertreter *m*, Auslieferer *m*; Agent *m*; Filmverleiher *m*; ⚡ Verteiler *m*; ~ *automático* Warenautomat *m*; **~idora** [~'dɔra] *f* Filmverleih *m*; (*sociedad f*) ~ *Vertriebsgesellschaft f*; **~ir** [~'ir] (3g) aus-, ver-, ein-, ab-, zuteilen; *Gewinn* ausschütten; *Waren* vertreiben; *Typ. Satz* ablegen; **~tivo** [~'tibo] austeilend; trennend.

distrito [dis'trito] *m* Bezirk *m*, Distrikt *m*; ~ *electoral* Wahlbezirk *m*.

distur|bar [distur'bar] (1a) stören; **~bio** [~'turβio] *m* Störung *f*, Unruhe *f*.

disua|dir [disŭa'dir] (3a) abraten, ausreden; **~sión** [~'siɔn] *f* Abraten *n*; *Pol.* Abschreckung *f*.

disyun|ción [disjun'θiɔn] *f* Trennung *f*; **~tiva** [~'tiβa] *f* Alternative *f*.

diurético [diu'retiko] harntreibend.

diurno ['diurno] täglich, Tages...

diva ['diβa] *f* Diva *f*; *caprichos m/pl. de* ~ Starallüren *f/pl.*

divaga|ción [diβaga'θiɔn] *f* Abschweifung *f*; **~r** [~'gar] (1h) abschweifen; irrereden.

diván [di'βan] *m* Diwan *m*.

diver|gencia [diβer'xenθia] *f* Abweichung *f*; Divergenz *f*; Meinungsverschiedenheit *f*; **~gente** [~'xente] abweichend; auseinanderlaufend; **~gir** [~'xir] (3c) abweichen; divergieren; verschiedener Meinung sein; **~sidad** [~si'da⁽ᵈ⁾] *f* Verschiedenheit *f*, Verschiedenartigkeit *f*; Mannigfaltigkeit *f*; **~sión** [~'siɔn] *f* Zeitvertreib *m*; Ablenkung *f*; Vergnügen *n*; **~so** [di'βerso] verschieden, abweichend; verschiedenartig; **~s** *pl.* mehrere, verschiedene.

diverti|do [diβer'tiðo] lustig, unterhaltend; **~miento** [~ti'miento] *m* Vergnügen *n*; **~r** [~'tir] (3i) ablenken; unterhalten, vergnügen, zerstreuen; **~rse** sich (gut) unterhalten; sich amüsieren.

divi|dendo [diβi'dendo] *m* Dividende *f*; ⚡ Dividend *m*, Teilungssumme *f*; **~dir** [~'dir] (3a) ab-, verteilen; dividieren; entzweien.

divieso ⚡ [di'βieso] *m* Furunkel *m*.

divi|nidad [diβini'da⁽ᵈ⁾] *f* Göttlichkeit *f*; Gottheit *f*; **~nizar** [~ni'θar] (1f) vergöttlichen; vergöttern; **~no** [di'βino] göttlich; himmlisch; *fig.* wunderbar.

divisa [di'βisa] *f* Devise *f*; Kennzeichen *n*; Rangabzeichen *n*; Wahlspruch *m*; Sinnbild *n*; Wappenspruch *m*; *Stk.* Züchterabzeichen *n der Stiere*; **~s** *pl.* Devisen *pl.*; **~r** [diβi'sar] (1a) undeutlich wahrnehmen; erspähen.

divi|sibilidad [diβisibili'da⁽ᵈ⁾] *f* Teilbarkeit *f*; **~sible** [~'siβle] teilbar; **~sión** [~'siɔn] *f* Teilung *f*; Abteilung *f*; Binde-, Trennungsstrich *m*; Zwist *m*; ✂, ⚡ Division *f*; **~sor** [~'sɔr] *m* Teiler *m*; Divisor *m*; **~sorio** [~'sɔrio] teilend, Teilungs..., Teil...; Grenz...

divo ['diβo] *m* Opern-, Bühnenstar *m*.

divorci|ar [diβor'θiar] (1b) trennen; *Ehe* scheiden; **~se de** *alg.* sich v. j-m scheiden lassen; **~o** [di'βorθio] *m* Ehescheidung *f*; *fig.* Trennung *f*.

divulga|ción [diβulga'θiɔn] *f* Bekanntmachung *f*; Verbreitung *f*; **~r** [~'gar] (1h) aussprengen, verbreiten; **~rse** bekannt werden.

do ♪ [do] *m das C der Tonleiter*; ~ *de pecho* hohes C *n*.   [saum *m.*]

dobladillo [doβla'ðiʎo] *m* Kleider-

dobla|do [do'βlaðo] verdoppelt; stämmig; doppelzüngig, falsch; **~dura** [doβla'ðura] *f* Falte *f*; **~je** [do'βlaxe] *m* Film: Synchronisierung *f*; **~r** [do'βlar] (1a) **1.** *v/t.* verdoppeln; biegen, beugen; falten; *Film* synchronisieren; ⚓ umschiffen; ~ *a la derecha* rechts abbiegen; **2.** *v/i.* zu Grabe läuten; **3.** **~rse** sich fügen.

doble ['doβle] **1.** *adj.* doppelt, Doppel...; doppelzüngig; **2.** *m das* Doppelte *n*; Doppelgänger *m*; Falte *f*; *Film:* Double *n*; **~gar** [doβle'gar] (1h) biegen; *fig.* nachgiebig od. gefügig machen; **~garse** nachgeben.

doblete [do'βlete] *m* Dublette *f*.

doblez [do'βleθ] **a)** *m* Falte *f*; **b)** *f fig.* Falschheit *f*.

doce ['doθe] zwölf; **~na** [do'θena] *f* Dutzend *n*; *Fla del fraile* 13 Stück.

docen|cia [do'θenθia] *f* Dozentur *f*; **~te** [~'θente] lehrend, unterrichtend; *cuerpo m* ~ Lehrerschaft *f*, Lehrkörper *m*.

don

dócil ['doθil] gelehrig; fügsam; geschmeidig.

docilidad [doθili'da⁽ᵈ⁾] f Gelehrigkeit f; Fügsamkeit f; Geschmeidigkeit f.

docto ['dɔkto] gelehrt.

doctor [dɔk'tɔr] m Doktor m; Arzt m; ♀ de la Iglesia Kirchenlehrer m; ⁓a [⁓'tora] f Ärztin f; ⁓ado [⁓to-'ra⁰o] m Doktorprüfung f; Doktortitel m; ⁓al [⁓to'ral] Doktor...; ⁓ar [⁓to'rar] (1a) die Doktorwürde verleihen; ⁓arse s-n Doktor machen, promovieren.

doctrina [dɔk'trina] f (Glaubens-) Lehre f; Unterricht m; ⁓l [⁓tri'nal] **1.** adj. belehrend, Lehr...; **2.** m Lehrbuch n (mst Rel.); ⁓rio [⁓tri-'nario] **1.** adj. doktrinär; **2.** m Doktrinär m; F Prinzipienreiter m; Pedant m.

doctrinero [dɔktri'nero] m Katechet m.

documen|tación [dokumenta'θion] f Dokumentation f; Beurkundung f; Ausweispapiere n/pl.; ⁓tal [⁓'tal] **1.** adj. urkundlich; **2.** m Kulturfilm m; ⁓tar [⁓'tar] (1a) beurkunden, urkundlich belegen; ⁓to [⁓'mento] m Urkunde f; Beweis m; Schriftstück n; Span. ⁓ nacional de identidad Kennkarte f; ⁓s pl. de embarque Schiffspapiere n/pl.

dodecafo|nía [dodekafo'nia] f, ⁓nismo [⁓'nizmo] m Zwölftonmusik f, -stem n.

dogal [do'gal] m Halsstrick m; Schlinge f.

dog|ma ['dɔgma] m Lehrsatz m; Glaubenssatz m, Dogma n; ⁓mático [dɔg'matiko] **1.** adj. dogmatisch; **2.** m Dogmatiker m; ⁓matizar [⁓mati'θar] (1f) dogmatisieren; in schulmeisterlichem Ton reden.

dogo ['dogo] m Dogge f.

dólar ['dolar] m Dollar m.

dol|encia [do'lenθia] f Krankheit f; Leiden n; ⁓er [do'ler] (2h) weh(e) tun, schmerzen; leid sein; ⁓erse bedauern; bereuen; klagen (über [ac.] de); ⁓iente [do'liente] **1.** adj. krank; leidtragend; leidend; klagend; **2.** su. Kranke(r) m, Kranke f; Leidtragende(r) m, Leidtragende f.

dolo ['dolo] m Vorsatz m; Arglist f.

dolor [do'lɔr] m Schmerz m; Betrübnis f; Reue f; ⚕ ⁓es del parto

Wehen f/pl.; ⁓ido [dolo'riðo] schmerzhaft; traurig; ♀osa Rel. [⁓'rosa] f Schmerzensmutter f; ⁓oso [⁓'roso] schmerzhaft; schmerzlich; kläglich; beklagenswert.

doloso [do'loso] vorsätzlich; betrügerisch.

doma ['doma] f, ⁓dura [doma'dura] f Zähmung f; ⁓ble [do'maβle] zähmbar; ⁓dor [doma'dɔr] m Tierbändiger m, Dompteur m; ⁓r [do'mar] (1a) zähmen; bezwingen; bändigen.

domesti|cable [domesti'kaβle] zähmbar; ⁓car [⁓'kar] (1g) zähmen.

doméstico [do'mestiko] **1.** adj. häuslich, Haus...; zahm; **2.** m Hausdiener m; Dienstbote m.

domicili|ado [domiθi'liaðo] wohnhaft; ⁓ar [⁓'liar] (1b) ansiedeln; ansässig machen; † Wechsel domizilieren; ⁓ario [⁓'liario] ortsansässig; Haus...; Heim...; ⁓o [⁓'θilio] m Wohnung f; Haus n; Wohnort m, Wohnsitz m; † Domizil n; ⁓ social Gesellschaftssitz m.

domina|ción [domina'θion] f Herrschaft f; ⁓dor [⁓'dɔr] herrisch; ⁓nte [⁓'nante] **1.** adj. (vor)herrschend; herrschsüchtig; **2.** f ♩ Dominante f; ⁓r [⁓'nar] (1a) beherrschen; überragen; überblicken; v/i. vorherrschen; hervorragen; hoch aufragen.

dómine F ['domine] m Schulmeister m, F Pauker m.

domin|go [do'miŋgo] m Sonntag m; ♀ de Ramos Palmsonntag m; ⁓guero [domiŋ'gero] **1.** adj. sonntäglich; **2.** m F Kfz. Sonntagsfahrer m; ⁓guillo [⁓'giʎo] m Stehaufmännchen n.

domini|cal [domini'kal] sonntäglich, Sonntags...; ⁓cano [⁓'kano] **1.** adj. dominikanisch; **2.** m Dominikaner m (Bewohner der Dominikanischen Republik); ⁓co [⁓'niko] m Dominikanermönch m.

dominio [do'minio] m Herrschaft f (a. fig.); Eigentum n; Gebiet n; del ⁓ público allgemein bekannt.

dominó [domi'no] m Dominospiel n; Domino m.

don¹ [dɔn] m Gabe f; ⁓ de gentes Gewandtheit f im Umgang mit Menschen.

don² [dɔn] m Don (Titel vor männlichen Vornamen); Herr m.

donación [dona'θiɔn] f Schenkung f; ~ de sangre Blutspende f.

donador m, -a f [dona'dɔr, ~'dora] Spender(in f) m, Geber(in f) m.

donaire [do'naǐre] m Anmut f; gewandtes Auftreten n; Witzwort n.

dona|nte [do'nante] m Stifter m; Schenker m; ~ de sangre Blutspender m; ~r [~'nar] (1a) schenken; stiften; ~tario [dona'tarǐo] m Beschenkte(r) m; ~tivo [~'tiβo] m Gabe f, Geschenk n, Spende f.

doncel [dɔn'θel] m Edelknabe m, Junker m; Knappe m.

donce|lla [dɔn'θeʎa] f Jungfrau f; Kammermädchen n; Zofe f; ~llez [~θe'ʎeθ] f Jungfräulichkeit f.

donde (*fragend:* **dónde**) ['dɔnde] wo; *Am.* bei; a ~ wohin; de ~ woher, von wo; en ~ wo; hacia ~ wohin; *fui* ~ *el médico Am.* ich bin zum Arzt gegangen; ~quiera [dɔnde'kǐera] wo auch immer.

dono|sidad [donosi'da⁽ᵈ⁾] f Anmut f; ~so [do'noso] anmutig; originell (*Einfall*). [San Sebastián.⌇

donostiarra [donos'tǐarra] *adj. aus*⌋

doña ['doɲa] f Frau f (*Titel vor weiblichen Vornamen*).

doquier *poet.* [do'kǐer], ~a [do'kǐera] wo immer; por ~ überall.

dora|da [do'ra⁰o] **1.** *adj.* golden, Gold...; **2.** m Vergoldung f; el 2 Eldorado n; ~dor [dora'dɔr] m Vergolder m; ~r [do'rar] (1a) vergolden; *fig.* beschönigen.

dormi|da [dɔr'mida] f Schlafen n; Schlafstätte f; ~deras [~mi'deras]: *tener buenas* ~ leicht einschlafen; ~do [~'mido] eingeschlafen; verschlafen; *quedarse* ~ einschlafen; ~lón F [~mi'lon] **1.** *adj.* verschlafen, schläfrig; **2.** m Langschläfer m; ~r [~'mir] (3k) schlafen; *v/t.* einschläfern; ~rse [~mi'derse] einnicken; ~tar [~mi-'tar] (1a) im Halbschlaf liegen; ~torio [~mi'torǐo] m Schlafzimmer n.

dor|sal [dɔr'sal] Rücken...; ~so [~so] ['dɔrso] m Rücken m; Rückseite f; *al* ~ umseitig.

dos [dɔs] zwei; ~ a ~ zu zweien; de ~ en ~ zwei zugleich; en un ~ por tres im Handumdrehen; los ~ beide; ~cientos [~'θǐentos] zweihundert.

dosel [do'sel] m Thronhimmel m.

dosi|ficación [dosifika'θiɔn] f Dosierung f; ~ficar [~'kar] (1g) dosieren.

dosis ['dosis] f Dosis f, Gabe f; Teil m; *una buena* ~ ein gut Teil.

dota|ción [dota'θiɔn] f Stiftung f; ⚓ Mannschaft f; ✠ Besatzung f; ~l [do'tal] zur Mitgift gehörig; ~r [do'tar] (1a) ausstatten, -rüsten, versehen (mit [*dat.*] de); stiften.

dote ['dote] **a)** *su.* Mitgift f; Aussteuer f; **b)** f Gabe f, Begabung f.

dozavo [do'θaβo] m Zwölftel n.

draga ['draga] f Bagger m; ~do [dra-'ga⁰o] m Ausbaggerung f; ~minas [~ga'minas] m Minensuchboot n, -räumboot n; ~r [~'gar] (1h) ausbaggern.

dragomán [drago'man] m Dolmetscher m (*im Orient*), Dragoman m.

dragón [dra'gɔn] m Drache m; ✕ Dragoner m.

drama ['drama] m Drama n, Schauspiel n.

dramáti|ca [dra'matika] f dramatische Dichtkunst f; ~co [~ko] **1.** *adj.* dramatisch; **2.** m Dramatiker m.

drama|tizar [dramati'θar] (1f) dramatisieren (*a. fig.*); ~turgo [~'turgo] m Dramatiker m; Dramaturg m.

drena|je [dre'naxe] m Entwässerung f; Dränage f (*a.* 🛠); ~r [~'nar] (1a) entwässern.

driblar *neol.* [dri'blar] (1a) *Sport:* dribbeln.

dril [dril] m Drillich m.

dro|ga ['droga] f Droge f; Rauschgift n; Schwindel m, P Ente f; ~gadicto [~'dikto] rauschgiftsüchtig; ~garse [~'garse] (1h) Drogen nehmen; ~guería [~ge'ria] f Drogerie f; ~guero [~'gero] m, ~guista [~'gista] m Drogist m.

dromedario [drome'darǐo] m Dromedar n.

drupa ['drupa] f Steinfrucht f.

dualidad [dualǐ'da⁽ᵈ⁾] f Zweiheit f.

ducado [du'ka⁰o] m Herzogtum n; Dukaten m (*Münze*).

ducal [du'kal] herzoglich.

dúctil ['duktil] dehnbar; geschmeidig; gefügig.

ductilidad [duktili'da⁽ᵈ⁾] f Dehnbarkeit f; Geschmeidigkeit f.

ducha ['dutʃa] f Dusche f; ~r(se) [~'tʃar(se)] (1a) (sich) duschen.

ducho ['dutʃo] erfahren; bewandert.

du|da ['duda] f Zweifel m; Unschlüssigkeit f; *sin* ~ ohne Frage; *sin* ~ *alguna* zweifellos; *poner en* ~ in Zweifel ziehen; in Frage stellen;

~dar [du'dar] (1a) (be)zweifeln; unschlüssig sein; **~doso** [du'ðoso] zweifelhaft; unschlüssig; verdächtig.

duela ['ðŭela] *f* Faßdaube *f*.

due|lista [dŭe'lista] *m* Duellant *m*; **~lo** ['dŭelo] *m* a) Traurigkeit *f*, Trauer *f*; Schmerz *m*; Leichenbegängnis *n*; Trauergefolge *n*; Beileidsbezeugung *f*; **b)** Duell *n*, Zweikampf *m*.

duende ['dŭende] *m* Kobold *m*; *hay* **~s** es spukt.

dueñ|a ['dŭeɲa] *f* Eigentümerin *f*; Herrin *f*; **~o** [~ɲo] *m* Eigentümer *m*; Wirt *m*; Herr *m*; *es Vd. muy* **~** es steht Ihnen ganz frei.

duermevela F [dŭerme'bela] *m* Halbschlaf *m*.

dul|ce ['dulθe] **1.** *adj.* süß; lieblich; weich; sanft; nachgiebig; **2.** *m* Zuckerwerk *n*; Süßigkeit *f*; Eingemachte(s) *n*, Kompott *n*; **~cedumbre** [dulθe'ðumbre] *f* Milde *f*; Annehmlichkeit *f*; **~cera** [~'θera] *f* Marmeladendose *f*; **~cificar** [~θifi'kar] (1g) süßen, versüßen; mildern; **~cinea** F [~θi'nea] *f* Herzensdame *f*; **~zarrón** F [~θa'rron] ekelhaft süß; **~zón** [~'θon] süßlich; **~zoso** *Am.* [~'θoso] süßlich; **~zor** [~'θor] *m*, **~zura** [~'θura] *f* Süße *f*; Süßigkeit *f*; Lieblichkeit *f*; Sanftmut *f*.

dumping *engl.* ['dampiŋ] *m* Dumping *n*.

duna ['duna] *f* Düne *f*.

duo ♪ ['dŭo] *m* Duett *n*; Duo *n*.

duo|décimo [dŭo'ðeθimo] zwölfte(r); **~deno** *Anat.* [~'deno] *m* Zwölffingerdarm *m*.

dúplica ['duplika] *f* Duplik *f*.

dupli|cación [duplika'θjon] *f* Verdoppelung *f*; **~cado** [~'kaᵈo] **1.** *adj.* doppelt; verdoppelt; *por* **~** in zweifacher Ausfertigung; **2.** *m* Duplikat *n*, Zweitschrift *f*; **~car** [~'kar] (1g) verdoppeln; **~cidad** [~θi'da⁽ᵈ⁾] *f* Doppelzüngigkeit *f*.

duplo ['duplo] **1.** *adj.* doppelt; **2.** *m das* Doppelte *n*.

duque ['duke] *m* Herzog *m*; *gran* **~** Großherzog *m*; *los* **~** *pl.* das Herzogspaar; **~sa** [du'kesa] *f* Herzogin *f*.

dura|ble [du'raβle] dauerhaft; **~ción** [dura'θjon] *f* Dauer *f*; **~dero** [~'dero] dauerhaft; **~nte** [du'rante] *prp.* während; **~r** [du'rar] (1a) (fort)dauern; durchhalten; **~zno** [du'raðno] *m* Herzpfirsich *m*; *Am.* (*jede Art*) Pfirsich *m*.

dureza [du'reθa] *f* Härte *f*; Verhärtung *f*; Hartherzigkeit *f*.

durmiente [dur'mjente] **1.** *adj.* schlafend; **2. a)** *su.* Schlafende(r) *m*, Schlafende *f*; *Bella* ♀ *f* Dornröschen *n*; **b)** *m* Tragbalken *m*; *Am.* (Eisenbahn-)Schwelle *f*.

duro ['duro] **1.** *adj.* hart; hartherzig; schwierig; widerstandsfähig; F *ser* **~** *de pelar* e-e harte Nuß sein; **2.** *adv.* tüchtig; P fest(e); **3.** *m* Duro *m* (= *5 Peseten*).

dux [dugs] *m* Doge *m* (*in Venedig*).

E

E, e [e] f E, e n.

e [e] und *(statt y vor nicht diphthongiertem i od. hi).*

¡ea! [ea!] wohlan!, nun!, auf!

ebanis|ta [eba'nista] m Kunst-, Möbeltischler m; **~tería** [~niste-'ria] f Kunst-, Möbeltischlerei f.

ébano ['ebano] m Ebenholz n.

ebrio ['ebriǫ] (be)trunken; berauscht.

ebullición [ebuʎi'θiǫn] f Aufkochen n, Sieden n; *punto de ~* Siedepunkt m.

ecléctico [e'klεktiko] eklektisch.

eclesiástico [ekle'siastiko] **1.** *adj.* kirchlich, Kirchen...; **2.** *m* Geistliche(r) m.

eclip|sar [eklib'sar] (1a) verfinstern; *fig.* in den Schatten stellen; **~sarse** sich verfinstern; verschwinden; **~se** [e'klibse] m Verfinsterung f, Finsternis f; Verschwinden n.

eclisa 🚂 [e'klisa] f Lasche f.

eco ['eko] m Echo n, Widerhall m; *hacer ~* Aufsehen erregen; *hacerse ~ de a/c.* über et. berichten; *tener ~* Widerhall finden.

eco|logía [ekolo'xia] f Ökologie f; **~lógico** [~'lɔxiko] ökologisch; Umwelt...

ecómetro [e'kometro] m Echolot n.

econo|mato [ekono'mato] m Verwalterstelle f; Einkaufszentrum n *(für Offiziere usw.)*; **~mía** [~'mia] f Wirtschaft f; Sparsamkeit f; Ersparnis f; *~ dirigida* Planwirtschaft f; *~ de mercado* Marktwirtschaft f; *~ nacional* Volkswirtschaft f; *~ política* Volkswirtschaftslehre f.

económico [eko'nomiko] (volks-)wirtschaftlich; haushälterisch; billig; sparsam; Wirtschafts...

economi|sta [ekono'mista] m Volkswirt(schaftler) m; **~zar** [~mi'θar] (1f) (ein)sparen; sparsam umgehen mit *(dat.)*.

ecónomo [e'konomo] m Verwalter m, Ökonom m; *cura m ~* Pfarrvikar m.

ecua|ción [ekǔa'θiǫn] f Algebra: Gleichung f; **~dor** [~'dor] m Äquator m; **~nimidad** [~nimi'da^(d)] f Unparteilichkeit f; Gleichmut m; **~torial** [~to'rial] Äquatorial...

ecuatoriano [ekǔato'riano] **1.** *adj.* ecuadorianisch; **2.** *m,* **-a** *f* [~na] Ecuadorianer(in f) m.

ecuestre [e'kǔestre] Reiter...; *estatua f ~* Reiterstandbild n.

ecuménico [eku'meniko] ökumenisch. [schlag m, Ekzem n.⟩

eczema 🔬 [eg'θema] m Hautaus-⟩

echa|da [e'tʃada] f Wurf m; *Méj.* Aufschneiderei f; Lüge f; **~dizo** [etʃa'diθo] zum Wegwerfen; untauglich; **~do** [e'tʃa^do] liegend; *estar ~ liegen*; *Am.Cent., Méj., P.R.* es bequem haben; *e-n gutbezahlten Posten haben.*

echar [e'tʃar] (1a) werfen, wegwerfen; wegjagen, vertreiben; eingießen, einschenken; *Brief* einwerfen; *Knospen* treiben; *Wurzeln* schlagen; *Fett* ansetzen; *Haare od. Zähne* bekommen; *Geruch* verbreiten; *Schlüssel* hineinstecken; zusperren, zuschließen; *Riegel* vorschieben; *Drohungen od. Verwünschungen* ausstoßen; *Rede* halten; *Schuld* zuschieben; *Alter* zuschreiben; *~ a la lotería* Lotterie spielen; *~ abajo Gebäude* abreißen; *~ a correr* anfangen zu laufen, losrennen; *~ de menos* vermissen; *~ de ver* (be)merken; *~ gasolina* tanken; *~ un pitillo* sich eine Zigarette anstecken; **~se** sich hinlegen; sich legen *(Wind)*; sich *et.* anschaffen; *~ a perder* verderben; *~ a llorar* zu weinen anfangen; *echárselas de* sich aufspielen als.

edad [e'da^(d)] f Alter n; Zeitalter n; ♀ *Media* Mittelalter n; ♀ *Moderna* Neuzeit f; *~ del pavo* Flegeljahre n/pl.; *a la ~ de* im Alter von; *mayor de ~* volljährig; *menor de ~* minderjährig.

edema 🔬 [e'dema] m Ödem n.

edén [e'den] m Paradies n, Eden n.

edible *Am.Cent.* [e'dible] eßbar.

edición [edi'θiǫn] f Ausgabe f; Auflage f.

edicto [e'dikto] m Verordnung f; Aufgebot n; Edikt n.

edifi|cación [eðifika'θiɔn] f Erbauung f (a. fig.); Bau m; **~cante** [~'kante] erbaulich; **~car** [~'kar] (1g) erbauen (a. fig.); **~cio** [~'fiθio] m Gebäude n, Bau m.

edi|tar [eði'tar] (1a) Buch herausgeben, -bringen; **~tor** [~'tɔr] m Herausgeber m; Verleger m; **~torial** [~to'rial] 1. adj. Verlags...; 2. m Leitartikel m; 3. f Verlag(shaus n) m; **~torialista** [~ria'lista] m Leitartikler m.

edredón [eðre'ðɔn] m Eiderdaune f; Federbett n; Daunendecke f.

educa|ble [eðu'kaßle] erziehbar; **~ción** [~ka'θiɔn] f Erziehung f; Gesittung f; Lebensart f, (gutes) Benehmen n; ~ física Leibeserziehung f; **~cional** Am. [~θiɔ'nal] = educativo; **~dor** [~ka'ðɔr] m Erzieher m; **~ndo** [~'kando] m Zögling m; Schüler m; **~r** [~'kar] (1g) erziehen; **~tivo** [~ka'tißo] Lehr..., Erziehungs...

edulcorante [eðulko'rante] m Süßstoff m.

efec|tismo [efek'tizmo] m Effekthascherei f; **~tividad** [~tißi'ða⁽ᵈ⁾] f Wirklichkeit f; **~tivo** [~'tißo] 1. adj. wirklich, tatsächlich; Bar...; Effektiv...; hacer ~ in die Tat umsetzen; Geld einziehen; 2. m (Ist-)Bestand m; ✕ (Truppen-)Stärke f; en ~ in bar; **~to** [e'fekto] m Wirkung f; Ergebnis n; Wertpapier n; hacer ~ wirken; Eindruck machen; llevar a ~ zustande bringen; en ~ in der Tat; al ~ zu dem Zweck; con ~ retroactivo rückwirkend; **~s** pl. Sachen f/pl.; Wertpapiere n/pl.; **~s** a cobrar Wechselforderungen f/pl.; **~tuar** [~'tuar] (1e) bewirken; ausführen; tätigen; **~tuarse** zustande kommen, stattfinden.

efervescen|cia [eferßes'θenθia] f Aufbrausen n; Gemütswallung f, Erregung f der Gemüter; **~te** [~'θente] aufbrausend (a. fig.).

efi|cacia [efi'kaθia] f Wirksamkeit f; Wirkung f; **~caz** [~'kaθ] wirksam; tatkräftig; **~ciencia** [~θien'θia] f Wirksamkeit f; Leistungsfähigkeit f; **~ciente** [~'θiente] wirkend; leistungsfähig; tüchtig.

efigie [e'fixie] f Bildnis n.

efímero [e'fimero] eintägig; kurzlebig; vorübergehend.

eflore|cerse 🔥ₘ [eflore'θerse] (2d)

auswittern; **~scencia** [~res'θenθia] f 🔥ₘ Auswitterung f; 🦠 Hautausschlag m; **~scente** [~res'θente] auswitternd.

efluvio [e'flußio] m Ausströmen n; Fluidum n.

efu|sión [efu'siɔn] f Vergießen n; Erguß m; Herzenserguß m; Innigkeit f; **~sivo** [~'sißo] innig; überströmend.

égida ['exiða] f: bajo la ~ de unter der Schirmherrschaft von (dat.).

egipcio [e'xißθio] 1. adj. ägyptisch; 2. m, -a f Ägypter(in f) m.

égloga ['egloɣa] f Hirtengedicht n, Ekloge f.

egoís|mo [ego'izmo] m Selbstsucht f, Egoismus m; **~ta** [~'ista] 1. adj. selbstsüchtig, egoistisch; 2. su. Egoist(in f) m.

egolatría [egola'tria] f Selbstverherrlichung f.

egregio [e'grexio] herrlich, vortrefflich; erlaucht.

egre|sar Am. [egre'sar] (1a) s-e (Schul-, Hochschul-)Ausbildung abschließen; **~so** Am. [egre'so] m Abgang m (von der [Hoch-]Schule) nach beendeter Ausbildung.

¡eh! [e] he!; ¿~? wie?, was?

eje ['exe] m Achse f; ⊕ Welle f; ~ oscilante Schwingachse f.

ejecu|ción [exeku'θiɔn] f Ausführung f, Vollziehung f; Vollstreckung f; Hinrichtung f; **~tante** [~'tante] m vortragender Künstler m; Virtuose m; **~tar** [~'tar] (1a) ausführen; vollstrecken; pfänden; hinrichten; Thea., ♪ spielen; Arg., Méj., Ven. Musikinstrument spielen; **~tivo** [~'tißo] 1. adj. ausübend; (poder m) ~ ausübende Gewalt f, Exekutive f; 2. m Manager m, Führungskraft f; **~tor** [~'tɔr] m Vollzieher m, Vollstrecker m; Scharfrichter m; **~toria** [~'toria] f Vollstreckungsbefehl m; Vollstreckung 🔥ₘ [~-'torio] vollstreckbar; sentencia f -a Endurteil n.

ejem|plar [exem'plar] 1. adj. musterhaft; Muster...; 2. m Muster n; Abdruck m; Abschrift f; **~plificar** [~plifi'kar] (1g) durch Beispiele belegen; **~plo** [e'xemplo] m Beispiel n; Vorbild n; dar buen ~ mit gutem Beispiel vorangehen; por ~ zum Beispiel; sin ~ beispiellos.

ejer|cer [exer'θer] (2b) ausüben;

ejercicio 218

Amt bekleiden; betreiben; ~ de tätig sein als; **~cicio** [~'θiθio] *m* Übung *f*; Leibesübung *f*; Waffenübung *f*; Körperbewegung *f*; Ausübung *f*; Geschäfts-, Rechnungsjahr *n*; *hacer* ~ sich Bewegung machen; ✕ ~s *pl.* Exerzieren *n*; *Rel.* ~s espirituales Exerzitien *pl.*; **~cita-do** [~θi'taᵈo]: ~ en bewandert in (*dat.*); **~citar** [~θi'tar] (1a) (aus-) üben, (be)treiben; anlernen; trainieren; ✕ drillen.

ejército [ɛ'xerθito] *m* Heer *n*; Armee *f*.

ejido [ɛ'xiðo] *m* Gemeindeweide *f*.

ejote *Am. Cent., Méj.* [ɛ'xote] *m* (junge) grüne Bohne *f*.

el [ɛl] *art.* der.

él [ɛl] *pron.* er.

elaboración [elabora'θiɔn] *f* Ausarbeitung *f*; Bearbeitung *f*; ~ *electrónica de datos* elektronische Datenverarbeitung *f*.

elaborar [elabo'rar] (1a) ausarbeiten; bearbeiten; anfertigen.

elasticidad [elastiθi'ðaᵈ] *f* Elastizität *f* (*a. fig.*).

elástico [e'lastiko] **1.** *adj.* elastisch; dehnbar; **2.** *m* Gummiband *n*.

elec|ción [eleg'θiɔn] *f* Wahl *f*; Auswahl *f*; **~cionario** *Am.* [~θio'nario], **~tivo** [elɛk'tibo] Wahl...; **~to** [e'lɛkto] **1.** *adj.* gewählt; **2.** *m* Gewählte(r) *m*; **~tor** *m*, **-a** *f* [elɛk'tor, ~a] Wähler(in *f*) *m*; Kurfürst *m*; *Gran* ♀ Großer Kurfürst *m*; **~torado** [elɛkto'raᵈo] *m* Kurfürstentum *n*; Wählerschaft *f*; **~toral** [~to'ral] Wahl...; kurfürstlich.

electri|cidad [elɛktriθi'ðaᵈ] *f* Elektrizität *f*; **~sta** [~'θista] *m* Elektriker *m*.

eléctrico [e'lɛktriko] elektrisch.

electr|ificación [elɛktrifika'θiɔn] *f* Elektrifizierung *f*; **~ificar** [~fi'kar] (1g) elektrifizieren; **~izar** [~'θar] (1f) elektrisieren; *fig.* begeistern; **~obatidor** [~trobati'ðɔr] *m* Mixgerät *n*; **~ocardiograma** [~trokar-dio'grama] *m* Elektrokardiogramm *n* (*Abk.* EKG); **~ocución** [~troku-'θiɔn] *f* Hinrichtung *f* durch den elektrischen Stuhl; **~ocutar** [~troku'tar] (1a) durch elektrischen Strom hinrichten *od.* getötet werden; **~ochoque** [~tro'tʃoke] *m* Elektroschock *m*; **~odinámica** [~-trodi'namika] *f* Elektrodynamik *f*;

~odo [~'troðo] *m* Elektrode *f*; **~o-doméstico** [~troðo'mestiko] *m* Elektrogerät *n*; **~ófono** [~'trofono] *m* Koffergrammophon *n*; **~oimán** [~troi'man] *m* Elektromagnet *m*; **~ólisis** [~'trolisis] *f* Elektrolyse *f*; **~ón** [~'tron] *m* Elektron *n*; **~ónica** [~'tronika] *f* Elektronik *f*; **~otecnia** [~tro'teknia] *f* Elektrotechnik *f*; **~o-termo** [~tro'termo] *m* Heißwasserspeicher *m*.

elefante [ele'fante] *m* Elefant *m*; ~ *blanco Arg., Chi., Méj., Pe.* kostspieliges und unnützes Unternehmen *n*.

elegan|cia [ele'ganθia] *f* Eleganz *f*; **~te** [~'gante] elegant; **~toso** F *Am.* [~gan'toso] elegant.

elegía [ele'xia] *f* Elegie *f*, Klagelied *n*; **~co** [~'xiako] elegisch.

elegi|bilidad [elexibili'ðaᵈ)] *f* Wählbarkeit *f*; **~ble** [~'xible] wählbar; **~r** [~'xir] (3c *u.* 3l) wählen.

elemen|tal [elemen'tal] elementar; Elementar..., Grund...; **~to** [~'men-to] *m* Grundstoff *m*, Element *n*; Bestandteil *m*; *estar en su* ~ in s-m Element sein; **~s** *pl.* Grundbegriffe *m/pl.*

elenco [e'lenko] *m* Katalog *m*; Liste *f*; *Thea.* Ensemble *n*; Besetzung *f*.

eleva|ción [eleba'θiɔn] *f* Erhebung *f*; Höhe *f*; Erhöhung *f*; Beförderung *f*; Verzückung *f*; **~do** [~'baᵈo] hoch, erhaben; **~dor** [~ba'ðɔr] *m* Elevator *m*, Hebewerk *n*; *Kfz.* Hebebühne *f*.

elevar [ele'bar] (1a) (empor)heben; erheben; erhöhen; steigern; **~se** sich erheben; sich überheben; **~ a** sich belaufen auf (*ac.*).

eli|minación [elimina'θiɔn] *f* Beseitigung *f*; Aussonderung *f*; Ausscheidung *f*; Entfernung *f*; **~minar** [~'nar] (1a) beseitigen; aussondern; ausschließen; entfernen; **~minarse** *Méj.* weggehen; **~minatoria** [~na-'toria] *f* Ausscheidungskampf *m*; **~minatorio** [~na'torio] Ausscheidungs...

elipse [e'libse] *f* Ellipse *f*.

élite *gal.* ['elite] *f* Elite *f*.

elitista [eli'tista] elitär.

élitro ['elitro] *m* Flügeldecke *f* (*Insekten*).

elixir [elig'sir] *m* Elixier *n*; ~ *bucal*, ~ *dental* Mundwasser *n*.

elocu|ción [eloku'θiɔn] *f* Ausdrucksweise *f*; **~encia** [~'kŭenθĭa] *f* Beredsamkeit *f*; **~ente** [~'kŭente] beredt.

elogi|ar [eloˈxĭar] (1b) loben, rühmen; preisen; **~o** [eloˈxĭo] *m* Lob *n*; Lobrede *f*.

elote *Am. Cent.*, *Méj.* [eˈlote] *m* grüner Maiskolben *m*.

elucidar [eluθiˈdar] (1a) auf-, erklären.

elu|dir [eluˈdir] (3a) *Gesetz*, *Schwierigkeiten* umgehen; **~sivo** *Am.* [~ˈsiβo] ausweichend.

ella [ˈeʎa] sie; F *¡ahora es ~!* da haben wir die Geschichte!; jetzt geht's los!

ello [ˈeʎo] es; *para ~* dafür, dazu; *por ~* darum; *~ es que* die Sache ist die, daß; *estar en ~* schon dabei sein; *estar para ~* drauf u. dran sein.

emana|ción [emanaˈθĭon] *f* Ausfluß *m*; **~r** [~ˈnar] (1a) ausfließen; ausströmen; entspringen.

emancipa|ción [emanθipaˈθĭon] *f* Freilassung *f*; Freimachung *f*; Mündigsprechung *f*; Befreiung *f*; Emanzipation *f*; **~r** [~θiˈpar] (1a) mündigsprechen; frei machen; freilassen; **~rse** mündig werden; unabhängig werden; sich loslösen.

embadurnar [embadurˈnar] (1a) be-, überschmieren.

embaja|da [embaˈxada] *f* Botschaft *f*; **~dor** [~xaˈdor] *m* Botschafter *m*.

embala|je [embaˈlaxe] *m* Verpackung *f*; **~r** [~ˈlar] (1a) **a)** verpacken; **b)** lossausen (*a. Kfz.*).

embaldo|sado [embaldoˈsaðo] *m* Fliesenboden *m*; **~sar** [~ˈsar] (1a) mit Fliesen belegen.

embalsamar [embalsaˈmar] (1a) parfümieren; einbalsamieren.

embalse [emˈbalse] *m* Stausee *m*, -becken *n*.

embalumarse [embaluˈmarse] (1a) sich zuviel zumuten, F sich übernehmen.

embara|zada [embaraˈθaða] schwanger; **~zar** [~ˈθar] (1f) hindern, hemmen; schwängern; **~zo** [~ˈraθo] *m* Hindernis *n*; Hemmung *f*; Schwangerschaft *f*; *interrupción f del ~* Schwangerschaftsunterbrechung *f*; **~zoso** [~raˈθoso] hinderlich; peinlich.

embar|cación [embarkaˈθĭon] *f* Wasserfahrzeug *n*, Schiff *n*; **~ca-**

dero [~kaˈdero] *m* Ladeplatz *m*; Landungsbrücke *f*; **~car** [~ˈkar] (1g) einschiffen; verladen; *fig.* hineinziehen; **~carse** sich einschiffen, an Bord gehen; sich einlassen (auf [*ac.*] *en*); **~co** [emˈbarko] *m* Einschiffung *f* v. *Reisenden*.

embar|gar [embarˈgar] (1h) beschlagnahmen; pfänden; *die Sinne* benehmen; **~go** [emˈbargo] *m* Beschlagnahme *f*; *sin ~* jedoch; trotzdem.

embarque [emˈbarke] *m* Einschiffung *f* v. *Waren*, Verschiffung *f*.

embarrancar [embarranˈkar] (1g) ⚓ stranden; **~se** steckenbleiben (*Wagen*).

embarrar [embaˈrrar] (1a) *mit feuchter Erde* beschmieren *od.* bewerfen; *Am. Cent.*, *Méj.* in e-e schmutzige Sache verwickeln; *Am. reg.* in Verruf bringen.

embarullar [embaruˈʎar] (1a) durcheinanderwerfen; verwirren.

embas|tar [embasˈtar] (1a) mit großen Stichen nähen; steppen; **~te** [~ˈbaste] *m* Heftnaht *f*; **~tecer** [~basteˈθer] (2d) dick werden.

embate [emˈbate] *m* Brandung *f*; Anprall *m*; heftiger Angriff *m*.

embauca|dor [embaŭkaˈdor] **1.** *adj.* betrügerisch; **2.** *-a f* [~ˈdora] Betrüger(in *f*) *m*; **~r** [~ˈkar] (1g) betrügen.

embaular [embaŭˈlar] (1a) in e-n Koffer packen; F kräftig zulangen, einhauen.

embe|becer [embebeˈθer] (2d) entzücken; **~becerse** in Entzücken geraten; **~ber** [~ˈber] (2a) einsaugen; tränken; **~berse** sich versenken in [*ac.*] *en*); sich gründlich unterrichten (über [*ac.*] *en*).

embe|lecar [embeleˈkar] (1g) betrügen; **~leco** [~ˈleko] *m* Schwindel *m*; **~lequería** *Ant.*, *Col.*, *Méj.* [~lekeˈria] *f* Betrug *m*, Schwindel *m*; **~lesar** [~leˈsar] (1a) betäuben; begeistern; **~leso** [~ˈleso] *m* Entzücken *n*.

embelle|cer [embeʎeˈθer] (2d) verschönern; **~cimiento** [~θiˈmĭento] *m* Verschönerung *f*.

embes|tida [embesˈtiða] *f* heftiger Angriff *m*; **~tir** [~ˈtir] (3l) anfallen; angreifen (*bsd. Stier*).

embetunar [embetuˈnar] (1a) teeren; *Schuhe* eincremen.

emblandecer 220

emblandecer [emblande'θer] (2d)
erweichen.

emblanquecer [emblaŋke'θer] (2d)
weißen, tünchen.

emble|ma [em'blema] m Sinnbild
n; Kennzeichen n; ~ nacional Ho-
heitszeichen n; ~mático [emble-
'matiko] sinnbildlich.

embo|bamiento [emboba'mǐento]
m Verblüffung f; ~barse [~'barse]
(1a) verblüfft (F verdattert) sein;
~becer [~be'θer] (2d) verdummen.

emboca|dero [emboka'dero] m
Mündung f; ~do [~'kaᵈo] süffig
(Wein); ~dura [~ka'dura] f Mün-
dung f; Gebiß n des Pferdezaums; ♪
Mundstück n; ~r [~'kar] (1g) in den
Mund stecken; hineinzwängen;
(hinein)schlingen; weismachen, F
einen Bären aufbinden.

embodegar [embode'gar] (1h) einkellern.

embolarse Am. Cent., Méj. [embo-
'larse] (1a) sich betrinken.

embolia ✞ [em'bolǐa] f Embolie f.

émbolo ['embolo] m Kolben m.

embolsar [embol'sar] (1a) einnehmen; einstecken.

emboque F [em'boke] m Betrug m.

emboquillados [emboki'ʎaðos]
m/pl. Filterzigaretten f/pl.

emborrachar [emborra'tʃar] (1a)
berauschen; ~se sich betrinken.

emborrar [embo'rrar] (1a) auspolstern; F einhauen.

emborrascarse [emborras'karse]
(1g) stürmisch werden (Wetter).

emborronar [emborro'nar] (1a)
hinschmieren; beklecksen.

embosca|da [embos'kaða] f Hinter-
halt m; Versteck n; ~rse [~'karse]
(1g) sich in e-n Hinterhalt legen.

embo|tadura [embota'dura] f Ab-
stumpfung f; ~tar [~'tar] (1a) abstumpfen; ~tarse stumpf werden.

embote|lladora [emboteʎa'dora] f
Abfüllmaschine f; ~llamiento [~
ʎa'mǐento] m Verkehrsstockung f;
~llar [~'ʎar] (1a) auf Flaschen
ziehen od. abfüllen.

embo|zar [embo'θar] (1f) verhüllen;
bemänteln; ~zo [em'boθo] m Überschlag m e-r Bettdecke; sin ~ freimütig.

embra|gar [embra'gar] (1h) an-
seilen; ⊕ kuppeln; ~gue ⊕ [em-
'brage] m Kupplung f; Schaltung f.

embrave|cer [embrabe'θer] (2d) in

Wut bringen; ~cimiento [~θi-
'mǐento] m Wut f.

embrazar [embra'θar] (1f) den
Schild ergreifen.

embrear [embre'ar] (1a) teeren.

embria|gar [embria'gar] (1h) be-
rauschen; entzücken; ~garse sich
betrinken; ~guez [~'geθ] f Trun-
kenheit f; Rausch m.

embrión [em'brǐon] m Embryo m.

embrocar [embro'kar] (1g) um-
gießen; Sohlen mit Nägeln beschlagen.

embro|llar [embro'ʎar] (1a) ver-
wirren; entzweien; ~llo [em'broʎo]
m Verwirrung f; ~llón f [embro-
'ʎon] m Wirrkopf m; P Stänker m.

embromar [embro'mar] (1a) nek-
ken, narren; F verulken; Am. belästigen; schädigen; Am. reg. die
Zeit stehlen (dat.).

embrujar [embru'xar] (1a) behexen.

embrute|cer [embrute'θer] (2d)
verrohen, vertieren; ~cimiento
[~θi'mǐento] m Vertierung f.

embuchado [embu'tʃaᵈo] m Preß-
wurst f; heimlicher Groll m.

embuchar [embu'tʃar] (1a) Wurst
stopfen; gierig schlingen.

embu|dar [embu'ðar] (1a) ein-
trichtern; betrügen; ~do [em'buðo]
m Trichter m; Schwindelei f.

embuste [em'buste] m Betrügerei f;
Schwindel m; ~ría f [embuste'ria]
f Flunkerei f; ~ro [~'tero] 1. adj.
lügnerisch; 2. m, -a [~'tera] f Be-
trüger(in f) m; Schwindler(in f) m.

embu|tido [embu'tiðo] m eingelegte
Arbeit f; ~s m/pl. Wurstwaren f/pl.;
~tir [~'tir] (3a) Wurst füllen; hin-
einstopfen.

emer|gencia [emer'xenθǐa] f Auf-
tauchen n; Vorkommnis n; Notfall
m; estado m de ~ Notstand m; ~
gente [~'xente] entstehend (z.B.
daño); ~ger [~'xer] (2c) auftauchen
(a. fig.); herausragen.

emérito [e'merito] 1. adj. emeritiert,
in den Ruhestand versetzt; 2. m
Emeritus m, Person im Ruhestand.

emersión [emer'sǐon] f Hervor-
treten n.

emigra|ción [emigra'θǐon] f Aus-
wanderung f; ~do [~'graᵈo] m
Emigrant m; ~nte [~'grante] m
Auswanderer m; ~r [~'grar] (1a)
auswandern, emigrieren.

eminen|cia [emi'nenθia] *f* Anhöhe *f*; Vorzüglichkeit *f*; Eminenz *f*; **~te** [~'nente] hervorragend; **~tísimo** [~nen'tisimo] hochwürdigst (*Kardinal*).

emi|sario [emi'sario] *m* Sendbote *m*; Abgesandte(r) *m*; **~sión** [~'sion] *f* Ausgabe *f v. Banknoten usw.*; *Radio*: Sendung *f*; ~ *agrícola* Landfunk *m*; ~ *escolar* Schulfunk *m*; **~sor** [~'sor] *m* Sendegerät *n*, Sender *m*; **~sora** [~'sora] *f* Sendestation *f*, Sender *m*; ~ *clandestina* Schwarzsender *m*; ~ *de interferencia* Störsender *m*; ~ *de ondas ultracortas* UKW-Sender *m*; ~ *pirata* Piratensender *m*; **~tir** [~'tir] (3a) *Banknoten usw.* ausgeben; *Stimme* abgeben; *Radio*: senden; *Phys.* ausstrahlen.

emo|ción [emo'θion] *f* Gemütsbewegung *f*; **~cional** [~θio'nal] Gefühls...; **~cionante** [~θio'nante] ergreifend, aufregend; **~cionar** [~θio'nar] (1a) rühren, ergreifen; aufregen.

emoliente [emo'liente] erweichend.

emolumentos [emolu'mentos] *m/pl.* (Neben-)Einkünfte *pl.*; Bezüge *m/pl.*

emotivo [emo'tibo] erregend.

empacar [empa'kar] (1g) ein-, verpacken; **~se** *Am.* bockbeinig werden; bocken (*Pferd*).

empa|char [empa'tʃar] (1a) *den Magen* überladen; **~charse** verlegen werden; **~cho** [em'patʃo] *m* verdorbener Magen *m*; Befangenheit *f*; **~choso** [empa'tʃoso] verlegen; **~dronamiento** [~drona-'miento] *m* Volkszählung *f*; Steuerregister *n*; **~dronar** [~'dronar] (1a) in die (Steuer-, Wahl- *usw.*) Liste eintragen.

empala|gar [empala'gar] *v/t.* (1h) *j-m* Ekel verursachen; *j-m* widerlich sein; **~garse** *de a/c.* sich vor et. ekeln; **~go** [~'lago] *m* Übersättigung *f*; Ekel *m*; **~goso** [~la'goso] ekelhaft; zudringlich; widerlich süß.

empalizada [empali'θaða] *f* Pfahlwerk *n*; Zaun *m*; Palisade *f*.

empal|mar [empal'mar] (1a) zs.-fügen; anschließen; *v/i.* Anschluß haben (*Verkehrsmittel*); **~me** [~'palme] *m* Zs.-fügung *f*, Anschluß *m*; 🚉 Knotenpunkt *m*.

empana|da [empa'naða] *f* (Fleisch-) Pastete *f*; **~r** [~'nar] (1a) panieren.

empantanar [empanta'nar] (1a) versumpfen; **~se** ins Stocken geraten; sich festfahren.

empañar [empa'ɲar] (1a) *Kind* wickeln; trüben; *fig.* verdunkeln; **~se** beschlagen (*Glas*).

empapar [empa'par] (1a) einweichen; durchnässen; aufsaugen; **~se** en sich versenken in (*ac.*).

empapela|do [empape'laðo] *m* Tapezieren *n*; **~dor** [~la'dor] *m* Tapezierer *m*; **~r** [~'lar] (1a) tapezieren; einwickeln.

empaque [em'pake] *m* Äußere(s) *n*; Aufmachung *f*; Verpackung *f*; *Am.* Dreistigkeit *f*; **~tador** [empaketa-'dor] *m* Packer *m*; **~tadura** [~'dura] *f* ⊕ Dichtung *f*; Packung *f*; **~tar** [~'tar] (1a) einpacken; ⊕ (ab-) dichten.

empareda|do [empare'daðo] *m* belegte(s) Brötchen *n*, Sandwich *n*; **~r** [~'dar] (1a) einsperren; F hinter Schloß u. Riegel bringen.

emparejar [empare'xar] (1a) paaren; angleichen; *Tür od. Fenster* anlehnen; ausrichten; einebnen; *v/i.* gleich(artig) sein; ~ *con alg.* j-n einholen; **~se** *con alg.* sich mit j-m zusammentun.

emparentar [emparen'tar] (1k) sich verschwägern.

emparrado [empa'rraðo] *m* Weinlaube *f*.   [Pfahlrost *m*.]

emparrillado [emparri'ʎaðo] *m*}

empas|tador *Am. reg.* [empasta-'dor] *m* Buchbinder *m*; **~tar** [~'tar] (1a) verkleben, verkitten; *Zahn* plombieren; *Buch* kartonieren; *Mal.* impastieren; **~te** [em'paste] *m* (Zahn-)Plombe *f*; *Mal.* Impasto *n*; **~telar** [empaste'lar] (1a) *Typ. den Satz* quirlen; *fig.* verkleistern.

empatar [empa'tar] (1a) *Entscheidung, Verfahren* aussetzen, unentschieden lassen; *Am.* aneinanderfügen, -reihen; *v/i.* unentschieden enden; ~ *a puntos* punktgleich enden.

empate [em'pate] *m* unentschiedener Ausgang *m*.

empavesar ⚓ [empabe'sar] (1a) beflaggen.

empecatado [empeka'taðo] gottverlassen; bösartig.

empeci|nado [empeθi'naðo] hart-

empecinamiento

näckig; **~namiento** *Am.* [ˌnaˈmi̯en-to] *m* Hartnäckigkeit *f*; **~nar** [ˌˈnar] (1a) aus-, verpichen; **~narse** *Am.*: ~ en a/c. hartnäckig auf et. (*dat.*) bestehen.

empeder|nido [empeðɛrˈniðo] hartherzig; unerbittlich; eingefleischt; **~nir** [ˌˈnir] (3a; *ohne prs.*) versteinern, verhärten.

empedra|do _ [empeˈðraðo] *m* (Stein-)Pflaster *n*; **~dor** [ˌðraˈðor] *m* Pflasterer *m*; **~r** [ˌˈðrar] (1k) pflastern.

empeine [emˈpei̯ne] *m* Oberleder *n*; Fußrücken *m*; Spann *m*; *Anat.* Leistengegend *f*.

empelotarse [empeloˈtarse] (1a) F aneinandergeraten; *Col.*, *Cu.*, *Chi.*, *Méj.* sich ausziehen; *Cu.*, *Méj.* sich verlieben.

empellón [empeˈʎon] *m* heftiger Stoß *m*, Puff *m*; *a empellones* stoßweise.

empe|ñar [empeˈɲar] (1a) verpfänden, F versetzen; nötigen; zwingen; *j-n* als Mittelsmann gebrauchen, vorschicken; **~ñarse** Schulden machen; sich verwenden (für [*ac.*] con *od.* por); sich verpflichten (zu [*dat.*] en); bestehen (auf [*dat.*] en); **~ñero** *Méj.* [ˌˈɲero] *m* Pfandleiher *m*; **~ño** [emˈpeɲo] *m* Verpfändung *f*; Verpflichtung *f*; Beharrlichkeit *f*; Einsatz *m*; Unternehmen *n*; *Méj.* Pfandhaus *n*; tener ~ en versessen sein auf (*ac.*); **~ñoso** *Am.* [ˌˈɲoso] fleißig, eifrig.

empeora|miento [empeoraˈmi̯ento] *m* Verschlechterung *f*; **~r** [ˌˈrar] (1a) verschlimmern; *v/i.* kränker werden; **~rse** sich verschlimmern.

empequeñecer [empekeɲeˈθer] (2d) verkleinern.

empera|dor [emperaˈðor] *m* a) Kaiser *m*; b) *Zo. prov.* Schwertfisch *m*; **~triz** [ˌˈtriθ] *f* Kaiserin *f*.

emperejilarse F [emperexiˈlarse] (1a) sich herausputzen.

emperezar [empereˈθar] (1f) ins Stocken bringen, hinziehen, verzögern; *v/i.* faul werden (*fig.*).

empernar [emperˈnar] (1k) verbolzen, verschrauben.

empero *Lit.* [emˈpero] indes, hingegen.

emperra|miento F [emperraˈmi̯ento] *m* Halsstarrigkeit *f*; **~rse** [ˌˈrrarse] (1a) halsstarrig werden.

empezar [empeˈθar] (1f *u.* 1k) *v/i. u. v/t.* anfangen, beginnen; ~ por hacer a/c. zunächst et. tun.

empiezo *Am. reg.* [emˈpi̯eθo] *m* Beginn *m*, Anfang *m*.

empina|do [empiˈnaðo] hoch; steil; *fig.* hochstehend; hochmütig, stolz; **~r** [ˌˈnar] (1a) steil aufrichten; *fig.* F ~ el codo gern eins hinter die Binde gießen; **~rse** sich auf die Zehenspitzen stellen *um besser zu sehen*; sich bäumen (*Pferd*).

empingorota|do [empiŋgoroˈtaðo] eingebildet, hochnäsig; **~r** F [ˌˈtar] (1a) obendrauf stellen; **~rse** überheblich sein.

empírico [emˈpiriko] empirisch, erfahrungsgemäß.

empitonar *Stk.* [empitoˈnar] (1a) aufspießen (*Stier*).

empizarrado [empiθaˈrraðo] *m* Schieferdach *n*.

emplas|tar [emplasˈtar] (1a) ein Pflaster auflegen; **~to** [emˈplasto] *m* Pflaster *n*.

emplaza|miento [emplaθaˈmi̯ento] *m* Aufstellung *f*; Standort *m*; Lage *f*; ⚖ Vorladung *f*; Anberaumung *f*; **~r** [ˌˈθar] (1f) aufstellen; *Frist* anberaumen; ⚖ vorladen.

emple|ada [empleˈaða] *f* Angestellte *f*; ~ del hogar Hausangestellte *f*, -gehilfin *f*; **~ado** [ˌˈaðo] **1.** *adj.* gebraucht; **2.** *m* Angestellte(r) *m*; **~ar** [ˌˈar] (1a) anwenden; einsetzen; *Geld* anlegen; *Zeit* verwenden; anstellen, beschäftigen.

empleo [emˈpleo] *m* Anwendung *f*; Gebrauch *m*; Verwendung *f*; Einsatz *m*; Geldanlage *f*; Aufwand *m*; Amt *n*; Anstellung *f*; modo m de ~ Gebrauchsanweisung *f*.

emplomar [emploˈmar] (1a) mit Blei bedecken, plombieren.

empobre|cer [empobreˈθer] (2d) arm machen; *v/i.* verarmen; **~cimiento** [ˌθiˈmi̯ento] *m* Verarmung *f*.

empolvar [empolˈβar] (1a) mit Staub bedecken, bestauben; (ein-)pudern.

empoll|adura [empoʎaˈðura] *f* Bienenbrut *f*; **~ar** [ˌˈʎar] (1a) aus-, bebrüten; *v/i.* Eier legen (*Insekten*); F pauken, büffeln.

empollón [empoˈʎon] *m* Streber *m*.

emponzoña|miento [empɔnθoɲa-

'miento] *m* Vergiftung *f*; **~r** [~'ɲar] (1a) vergiften.

emporcar [empɔr'kar] (1g) beschmutzen; P versauen.

emporio [em'porio] *m* große Handelsstadt *f*, Stapelplatz *m*; *Am.* Kaufhaus *n*.

empo|trado [empo'traᵈo] eingebaut; *armario m ~* Einbauschrank *m*; **~trar** [~'trar] (1a) einmauern, einlassen; einkeilen.

emprende|dor [emprende'dɔr] unternehmend; **~r** [~'der] (2a) unternehmen; *~la con alg.* F sich j-n vornehmen, P sich j-n vorknüpfen.

empresa [em'presa] *f* Unternehmung *f*; Unternehmen *n*; Betrieb *m*; **~riado** [empresa'riaᵈo] *m* Unternehmertum *n*; **~rial** [~'rial] Unternehmens...; Betriebs...; **~rio** [~'sario] *m* Unternehmer *m*; Arbeitgeber *m*; Impresario *m*.

empréstito [em'prestito] *m* Anleihe *f*.

empu|jar [empu'xar] (1a) (zurück-)stoßen; (an)treiben; *¡~!* (*Tür*) drücken!; **~je** [em'puxe] *m* Stoß *m*; Druck *m*; Wucht *f*; Nachdruck *m*; *fig.* Schwung *m*; Auftrieb *m*; **~jón** [empu'xɔn] *m* heftiger Stoß *m*; *a empujones* stoßweise.

empul|gar [empul'gar] (1h) *Bogen* spannen; **~gueras** [~'geras] *f/pl.* Daumenschrauben *f/pl.*

empuña|dura [empuɲa'dura] *f* (Hand-)Griff *m*; **~r** [~'ɲar] (1a) ergreifen, packen.

emula|ción [emula'θiɔn] *f* Nacheiferung *f*; Wetteifer *m*; **~dor** [~la'dɔr] **1.** *adj.* nacheifernd; **2.** *m* Nacheiferer *m*.

emular [emu'lar] (1a) nacheifern.

émulo ['emulo] *m* Nacheiferer *m*.

emulsión [emul'siɔn] *f* Emulsion *f*.

en [en] in; an; auf; bei.

enagua(s) [e'nagua(s)] *f(pl.)* (Frauen-)Unterrock *m*.

enajena|ble [enaxe'nable] veräußerlich; **~ción** [~na'θiɔn] *f*, **~miento** [~na'miento] *m* Veräußerung *f*; Entrückung *f*; Verzückung *f*; Geistesabwesenheit *f*; *~ mental* Irresein *n*, geistige Umnachtung *f*; **~do** [~'naᵈo] wahnsinnig; *~ de alegría* außer sich vor Freude; **~r** [~'nar] (1a) veräußern; entfremden; von Sinnen bringen.

enaltecer [enalte'θer] (2d) erhöhen; preisen, verherrlichen.

enamo|radizo [enamora'diθo]liebebedürftig; leicht entflammt; **~rado** [~'raᵈo] verliebt (in [*ac.*] de); **~ramiento** [~ra'miento] *m* Verliebtheit *f*; **~rar** [~'rar] (1a) verliebt machen; begeistern; F anschwärmen; **~rarse** sich verlieben; **~ricarse** [~ri'karse] (1g) eine Liebelei anfangen.

enano [e'nano] **1.** *adj.* zwerghaft; Zwerg...; **2.** *m* Zwerg *m*.

enarbolar [enarbo'lar] (1a) hissen.

enarcar [enar'kar] (1g) *Fässer* bereifen; binden; rundbiegen; *~ las cejas* große Augen machen.

enarde|cer [enarde'θer] (2d) entzünden; schüren; **~cerse** sich entzünden.

enarenar [enare'nar] (1a) mit Sand bestreuen; **~se** ⚓ auf Sand laufen.

enasta|do [enas'taᵈo] gehörnt; **~r** [~'tar] (1a) schäften, stielen.

encabeza|miento [eŋkabeθa'miento] *m* Eingangsformel *f*; Briefkopf *m*; **~r** [~'θar] (1f) anführen; überschreiben; *Kapitel* einleiten.

encabritarse [eŋkabri'tarse] (1a) sich bäumen (*Pferd*).

encadena|ción [eŋkaðena'θiɔn] *f* Verkettung *f*; **~r** [~'nar] (1a) an-, verketten; fesseln; *Ideen* verknüpfen.

enca|jadura [eŋkaxa'dura] *f* Einfügung *f*; Fassung *f*; **~jar** [~'xar] (1a) einfügen; einpassen; *in Rede* einflechten; *Schlag* versetzen, F verpassen; aufdrängen; aufbinden; *falsches Geld usw.* andrehen; *v/i.* (inea.-)passen, schließen; **~jarse** sich eindrängen; **~je** [eŋ'kaxe] *m* Einfügen *n*; Einschnitt *m*; Falz *m*; ✝ Kassenbestand *m*; **~s** *m/pl.* Spitzen *f/pl.*; **~jera** [eŋka'xera] *f* Spitzenklöpplerin *f*.

encajona|do [eŋkaxo'naᵈo] *m* Lehmmauer *f*; **~r** [~'nar] (1a) in Kisten packen; einengen.

encalabrinar [eŋkalabri'nar] (1a) benebeln (*Alkohol*); **~se** sich *et.* in den Kopf setzen.

encala|dor [eŋkala'dɔr] *m* Tüncher *m*; **~r** [~'lar] (1a) weißen; kalken.

encalmarse [eŋkal'marse] (1a) sich legen, abflauen (*Wind*); sich beruhigen (*Wetter*); matt werden.

encalvecer [eŋkalbe'θɛr] (2d) kahl werden.

encalla|dero [eŋkaʎa'dero] m Sandbank f; **~dura** [~'dura] f Strandung f; **~r** [~'ʎar] (1a) stranden; auflaufen; fig. festfahren, stocken.

encallecido [eŋkaʎe'θiðo] schwielig.

encaminar [eŋkami'nar] (1a) auf den Weg bringen; Brief, Paket befördern; **~se** sich begeben (nach [dat.] a).

encanallarse [eŋkana'ʎarse] (1a) verlottern, verkommen.

encandecer [eŋkande'θɛr] (2d) glühend machen.

encandilar [eŋkandi'lar] (1a) blenden (a. fig.).

encanecer [eŋkane'θɛr] (2d) grau werden; ergrauen.

encanijarse [eŋkani'xarse] (1a) abmagern; hinwelken.

encanta|do [eŋkan'taðo] ver-, bezaubert; verwunschen; ~ de entzückt über, begeistert von; ¡~! sehr erfreut! (Vorstellen); **~dor** [~ta'dor] 1. adj. bezaubernd; 2. m Zauberer m; **~miento** [~'mi̯ento] m Entzücken n; Bezauberung f; **~r** [~'tar] (1a) bezaubern; entzücken.

encanto [eŋ'kanto] m Zauber m, Entzücken n; Wonne f; como por ~ wie durch Zauber; ser un ~ wunderbar sein.

enca|ñada [eŋka'ɲaða] f Engpaß m; **~ñado** [~'ɲaðo] m Röhrenleitung f; **~ñar** [~'ɲar] (1a) durch Röhren leiten; durch Röhren entwässern; Pflanzen an Stützpfählen anbinden; **~ñonar** [~ɲo'nar] (1a) anlegen auf (ac.); aufs Korn nehmen (a. fig.).

enca|potarse [eŋkapo'tarse] (1a) sich bedecken (Himmel); **~pricharse** [~pri'tʃarse] (1a) versessen sein (auf [ac.] en od. por).

encapuchado [eŋkapu'tʃaðo] m Kapuzenträger m bei Prozessionen.

encarado [eŋka'raðo]: bien ~ hübsch, mal ~ häßlich (von Gesicht).

encaramar [eŋkara'mar] (1a) emporheben; fig. F herausstreichen, verhimmeln; **~se** (hinauf)klettern.

encarar [eŋka'rar] (1a) Waffe anlegen auf j-n; fig. die Stirn bieten (dat.); meistern; v/i. u. **~se con** alg. j-m gegenübertreten.

encarcelar [eŋkarθe'lar] (1a) einkerkern, einsperren.

encare|cer [eŋkare'θɛr] (2d) ver-

teuern; sehr loben; v/i. im Preise steigen, teurer werden; **~cidamente** [~θiða'mente] angelegentlich; aufs wärmste; **~cimiento** [~θi'mi̯ento] m Verteuerung f; Nachdruck m; con ~ eindringlich.

encar|gado [eŋkar'gaðo] 1. adj. beauftragt; 2. m Beauftragte(r) m; Geschäfts-, Werkführer m; ~ de curso Lehrbeauftragte(r) m; ~ de negocios Geschäftsträger m; **~gar** [~'gar] (1h) auftragen; beauftragen; befehlen; dringend empfehlen; anvertrauen; bestellen; **~garse de** a/c. et. übernehmen; **~go** [eŋ'kargo] m Auftrag m, Bestellung f; Amt n; por ~ de im Auftrag von.

encariñarse [eŋkari'ɲarse] (1a): ~ con alg. j-n liebgewinnen.

encar|nación [eŋkarna'θi̯ɔn] f Fleischwerdung f; Verkörperung f; Fleischfarbe f; **~nado** [~'naðo] hochrot; fleischfarben; ponerse ~ erröten, rot werden; **~nadura** [~na'dura] f: buena ~ gutes Heilfleisch n; **~nar** [~'nar] (1a) verkörpern (a. Thea.); v/i. Fleisch werden; heilen (Wunden); **~narse** mitea. verschmelzen, eins werden; **~necer** [~ne'θɛr] (2d) dick werden, Fleisch ansetzen; **~nizado** [~ni'θaðo] blutunterlaufen; entzündet; fig. erbittert; **~nizamiento** [~niθa'mi̯ento] m Erbitterung f; Blutgier f; adjust f; **~nizar** [~ni'θar] (1f) erbittern; **~nizarse** s-e Wut auslassen (an [dat.] en od. con).

encaro [eŋ'karo] m aufmerksames Beobachten n; Anschlag m (Waffe).

encarrilar [eŋkarri'lar] (1a) in die Wege leiten; in Gang bringen; fig. ins rechte Geleise bringen.

encartonar [eŋkarto'nar] (1a) kartonieren.

encasilla|do [eŋkasi'ʎaðo] 1. adj. schachbrettartig; 2. m Einteilung f in Felder; Fächerwerk n; **~r** [~'ʎar] (1a) in Felder (od. Bezirke) einteilen.

encasquetar [eŋkaske'tar] (1a) Hut aufstülpen; fig. einhämmern; aufdrängen.

encasquillar [eŋkaski'ʎar] (1a) Am. Pferd beschlagen; **~se** steckenbleiben; Waffe: Ladehemmung haben.

encastilla|do [eŋkasti'ʎaðo] verbohrt, hochmütig; **~rse** [~'ʎarse]

encontrarse

(1a) sich verschanzen; *fig.* sich in *et.* verbohren.

encauchado [eŋkaŭ'tʃaᵈo] gummiert; imprägniert (*Stoff*).

encausar [eŋkaŭ'sar] (1a) gerichtlich vorgehen, Anklage erheben.

encausto [eŋ'kaŭsto] *m* Brandmalerei *f*.

encau|zamiento [eŋkaŭθa'mĩento] *m* Flußregulierung *f*; ~**zar** [~'θar] (1f) in e-n Kanal leiten; eindämmen; *fig.* in die Wege leiten, auf den rechten Weg bringen.

encefálico [enθe'faliko] Gehirn...

encéfalo [en'θefalo] *m* Gehirn *n*.

encenaga|do [enθena'gaᵈo] kotig; lasterhaft; ~**rse** [~'garse] (1h) versumpfen (*a. fig.*); verkommen.

encen|dedor [enθende'ðor] *m* Anzünder *m*; Feuerzeug *n*; ~**der** [~'ðer] (2g) anzünden; erhitzen; *Feuer, Licht, Radio* anmachen; *Ofen* (ein)heizen; *fig.* entflammen; ~**dido** [~'ðiðo] **1.** *adj.* brennend; hochrot; **2.** *m Motor*: Zündung *f*; ~**dimiento** [~di'mĩento] *m* Entzündung *f*; Hitze *f*; ~**izar** [~ni'θar] (1f) mit Asche bestreuen.

encera|do [enθe'raᵈo] *m* Wachstuch *n*; Wachstafel *f*; Schreib-, Schultafel *f*; ~**dora** [~ra'ðora] *f* Bohnermaschine *f*; ~**r** [~'rar] (1a) bohnern; wachsen.

encerra|da *Chi., Pe., P.R.* [enθe-'rraða] *f* Einschließen *n*, Einsperren *n*; ~**dero** [~rra'ðero] *m* Pferch *m*; (Stier-)Zwinger *m*; ~**r** [~'rrar] (1k) einschließen; einsperren; umzingeln.

encerrona F [enθe'rrona] *f* Zwickmühle *f*, Zwangslage *f*; Falle *f*.

encía(s) [en'θia(s)] *f*(/*pl.*) Zahnfleisch *n*.

enciclo|pedia [enθiklo'peðia] *f* Enzyklopädie *f*; ~ *práctica* Konversationslexikon *n*; ~**pédico** [~'peðiko] enzyklopädisch; allgemeinwissenschaftlich.

encierro [en'θĩerro] *m* Einschließen *n*, Einsperren *n*; Zurückgezogenheit *f*; Klausur *f*; Kerker *m*; Stierzwinger *m*; *neol.* Sitzstreik *m*.

encima [en'θima] **1.** *adv.* oben; obendrein; darauf; auf; über; *por* ~ *fig.* obenhin, oberflächlich; *echarse* ~ auf sich nehmen; *estar* ~ in Sicht sein; *tener* ~ bei sich haben; **2.** *prp.* ~ *de* auf, über; *estar por* ~ *de* über-

legen sein; über *et.* gehen; *por* ~ *de todo* vor allem.

encina [en'θina] *f* Steineiche *f*; ~**r** [enθi'nar] *m* Steineichenwald *m*.

encinta [en'θinta] schwanger; ~**do** [enθin'taᵈo] *m* Bordschwelle *f des Bürgersteigs*.

enclaustrar [enklaŭs'trar] (1a) in ein Kloster stecken.

encla|var [eŋkla'bar] (1a) vernageln; einfügen; einschließen; durchbohren; F hinters Licht führen, hintergehen; ~**ve** [eŋ'klaβe] *m* Enklave *f*; ~**vijar** [~βi'xar] (1a) anbolzen; einstöpseln.

enclenque [eŋ'kleŋke] kränklich, schwächlich.

encocorar F [eŋkoko'rar] (1a) *j-m* lästig fallen.

encofr|ado [eŋko'fraᵈo] *m* Verschalung *f*; ~**ar** [~'frar] (1a) verschalen.

enco|ger [eŋkɔ'xer] (2c) *Glied* ein-, anziehen; verkürzen; einschüchtern; ~**gerse** sich zs.-ziehen; einlaufen (*Stoff*); schüchtern werden; ~ *de hombros* die Achseln zukken; ~**gido** [~'xiðo] verlegen, schüchtern; ~**gimiento** [~xi'mĩento] *m* Einlaufen *n v. Stoffen*; *fig.* Schüchternheit *f*.

encola|do [eŋko'laᵈo] **1.** *adj. Am.* geckenhaft; **2.** *m* Klärung *f des Weins*; ~**dura** [~la'ðura] *f* Leimen *n*; ~**r** [~'lar] (1a) leimen.

encolerizar [eŋkoleri'θar] (1f) erzürnen.

encomendar [eŋkomen'dar] (1k) beauftragen; ~**se** *a alg.* sich *j-m* anvertrauen.

encomi|ar [eŋko'mĩar] (1b) loben, preisen; ~**ástico** [~'miastiko] lobrednerisch; ~**enda** [~'mĩenda] *f* Auftrag *m*; Komturei *f*; Komturwürde *f*; Komturkreuz *n*; Empfehlung *f*; Schutz *m*; *Am.* Postpaket *n*; ~**o** [eŋko'mĩo] *m* Lob (-spruch *m*) *n*.

encon|ar [eŋko'nar] (1a) erzürnen; ~**o** [eŋ'kono] *m* Groll *m*; ~**oso** [eŋko'noso] nachtragend.

encon|tradizo [eŋkontra'ðiθo]: *hacerse el* ~ es so einzurichten wissen, als begegne man *j-m* zufällig; ~**trado** [~'traᵈo] entgegengesetzt; ~**trar** [~'trar] (1m) treffen; begegnen; finden; ~**trarse** *ea.* begegnen, zs.-treffen; sich finden; sich befinden;

encontrón

aufea.-treffen; **~trón** F [~'trɔn] *m*,
~tronazo [~tro'naθo] *m* Zusammenstoß *m*.

encopetado [eŋkope'taᵈo] eingebildet, stolz.

encorchar [eŋkɔr'tʃar] (1a) *Flaschen* verkorken.

encordelar [eŋkɔrðe'lar] (1a) mit Stricken befestigen.

encor|nado [eŋkɔr'naᵈo] gehörnt (*Rindvieh*); **~nadura** [~na'ðura] *f* Gehörn *n*; **~nudar** [~nu'ðar] (1a) *fig.* j-m Hörner aufsetzen.

encorralar [eŋkɔrra'lar] (1a) einpferchen; eng einschließen.

encorva|da [eŋkɔr'baða] *f* Krümmen *n*; *hacer la ~* F den kranken Mann spielen, *um sich von der Arbeit zu drücken*; **~dura** [~ba'ðura] *f*, **~miento** [~ba'mi̯ento] *m* Krümmung *f*; **~r** [~'bar] (1a) krümmen.

encrespa|do [eŋkres'paᵈo] kraus; schäumend (*Wogen*); **~r** [~'par] (1a) kräuseln; **~rse** schäumen (*Meer*); aufbrausen; sich kräuseln (*Haar*); sich sträuben (*Fell*).

encrucijada [eŋkruθi'xaða] *f* Kreuzweg *m*, Kreuzung *f*; *fig.* Scheideweg *m*.

encua|dernación [eŋku̯aðerna'θi̯ɔn] *f* Einbinden *n*; Band *m*; **~dernador** [~'ðɔr] *m* Buchbinder *m*; Heftklammer *f*; **~dernar** [~'nar] (1a) (ein)binden; **~drar** [~'ðrar] (1a) einrahmen; einfügen.

encuartelar *Am.* [eŋ'ku̯artelar] (1a) kasernieren; {füllen.}

encubar [eŋku'bar] (1a) in Fässer)

encu|bierta [eŋku'bi̯erta] *f* Hehlerei *f*; **~bierto** [~'bi̯erto] versteckt, verblümt; hinterlistig; **~bridor** [~bri'ðɔr] **1.** *adj.* hehlerisch; **2.** *m*, **-a** *f* [~bri'ðora] Hehler(in *f*) *m*; **~brimiento** [~bri'mi̯ento] *m* Hehlerei *f*; Begünstigung *f*; **~brir** [~-'brir] (3a; *part.* encubierto) verbergen; (ver)hehlen; j-n decken.

encuentro [eŋ'ku̯entro] *m* Begegnung *f*; Zusammenstoß *m*; ✕, *Pol.*, *Sport* Treffen *n*; *salir* (*od. ir*) *al ~ de alg.* j-m entgegengehen.

encuesta [eŋ'ku̯esta] *f* Nachforschung *f*; Untersuchung *f*; Umfrage *f*, Rundfrage *f*; *~ demoscópica* Meinungsbefragung *f*; **~dor** [~'ðɔr] *m* Meinungsbefrager *m*; **~r** [~'tar] (1a) e-e Umfrage veranstalten; befragen.

encumbra|do [eŋkum'braᵈo] hoch (-gestellt); hervorragend; stolz; **~miento** [~bra'mi̯ento] *m* Erhöhung *f*; *fig.* Aufstieg *m*; **~r** [~'brar] (1a) erhöhen; *Berg* ersteigen; **~rse** sich aufschwingen; *fig.* aufsteigen, emporkommen.

encurti|dos [eŋkur'tiðos] *m/pl.* Essiggemüse *n*; **~r** [~'tir] (3a) *in Essig* einlegen.

enchapar [entʃa'par] (1a) furnieren.

encharcada [entʃar'kaða] *f* Pfütze *f*, Lache *f*.

enchicharse [entʃi'tʃarse] (1a) *Am.* sich mit „chicha" betrinken; *Am. Cent.* böse werden.

enchi|lada *Guat., Méj.* [entʃi'laða] *f* gefüllter u. gewürzter Maisfladen *m*; **~loso** *Am. Cent., Méj.* [~'loso] scharf, pikant.

enchu|fado F [entʃu'faᵈo] *m* j., der gute Beziehungen hat; **~far** [~'far] (1a) ⊕ inea.-stecken; verbinden; ⚡ anschließen; **~fe** [en'tʃufe] *m* Verbindungsstück *n*; ⚡ Anschluß *m*; Steckdose *f*; Stecker *m*; gute Beziehung *f*; „Pöstchen" *n*; **~fismo** [entʃu'fizmo] *m* Vetternwirtschaft *f*; „Beziehungen" *f/pl.*

ende [ˈende]: *por ~* deswegen.

ende|ble [enˈdeble] schwächlich; **~blez** [endeˈbleθ] *f* Schwächlichkeit *f*.

endecha [enˈdetʃa] *f* Trauergesang *m*; **~r** [endeˈtʃar] (1a) beklagen.

endémico ✿ [enˈdemiko] endemisch.

endemonia|do [endemoˈni̯aᵈo] **1.** *adj.* (v. Teufel) besessen; teuflisch; **2.** *m*, **-a** [~ˈni̯aða] *f* Besessene(r) *m*, Besessene *f*; **~r** [~ˈni̯ar] (1b) F fuchsteufelswild machen.

endenante(s) *Am.* [endeˈnante(s)] vor kurzem.

enden|tar [endenˈtar] (1k) verzahnen; inea.-greifen; **~tecer** [~teˈθer] (2d) zahnen (*Kind*).

endereza|do [endereˈθaᵈo] geeignet; gelegen; **~r** [~ˈθar] (1f) geraderichten, aufrichten; in Ordnung bringen; *Schritte* lenken; **~rse** sich aufrichten; sich richten (auf [*ac.*] *hacia*).

endeuda|do [endeu̯ˈðaᵈo] verschuldet; *estar ~ hasta el cuello* bis zum Hals in Schulden stecken; **~miento** [~ðaˈmi̯ento] *m* Verschuldung f; ~rse [~'darse] (1a) sich in Schulden stürzen.

endiablado [endĭa'blaᵈo] verteufelt; F grundhäßlich.

endilgar F [endil'gar] (1h) leiten; fig. aufhängen, aufhalsen; verabfolgen; versetzen.

endiosa|miento [endĭosa'mĭento] m fig. (Selbst-)Vergötterung f; ~r [~'sar] (1a) vergöttern; ~rse sich über alles erhaben fühlen; F überschnappen.

endo|sado † [endo'saᵈo] m Indossatar m; ~sante [~'sante] m Indossant m; ~ anterior Vormann m; ~ posterior Nachmann m; ~sar [~'sar] ⟨1a⟩ † indossieren; fig. F aufbürden, aufhalsen; ~so † [en'doso] m Indossament n, Übertragungsvermerk m.

endriago [en'drĭago] m Drache m, Lindwurm m.

endri|na ♀ [en'drina] f Schlehe f; ~no [~'drino] 1. adj. blauschwarz; 2. m Schlehdorn m.

endulzar [endul'θar] (1f) süßen; fig. versüßen, mildern.

endure|cer [endure'θer] ⟨2d⟩ (ver-)härten; abhärten; ~cerse sein Herz verhärten; ~cimiento [~θi'mĭento] m Abhärtung f; Verstocktheit f.

enebro ♀ [e'nebro] m Wacholder m.

eneldo ♀ [e'neldo] m Dill m.

enema [e'nema] m Klistier n.

enemi|ga [ene'miga] f Feindschaft f; Haß m; Feindin f; ~go [~go] 1. adj. feindlich; 2. m Feind m; ~ público Volksfeind m.

enemis|tad [enemis'ta⁽ᵈ⁾] f Feindschaft f; ~tar [~'tar] (1a) verfeinden.

energía [ener'xia] f Tatkraft f; Phys. Energie f; Leistung f; ~ nuclear Kernenergie f.

enérgico [e'nerxiko] energisch; tatkräftig; nachdrücklich.

energúmeno [ener'gumeno] m Rasende(r) m, Besessene(r) m.

enero [e'nero] m Januar m.

enerva|ción [enerba'θĭon] f, ~miento [~'mĭento] m Entnervung f, Entkräftung f; Verweichlichung f; ~r [~'bar] (1a) entnerven, schwächen.

enésimo [e'nesimo]: por -a vez F zum x-ten Male.

enfa|dadizo [emfaᵈa'diθo] reizbar; ~dar [~'dar] (1a) ärgern; estar enfa-

dado con alg. j-m (od. auf j-n) böse sein; ~do [em'faᵈo] m Ärger m; Unwille m; ~doso [emfa'ᵈoso] ärgerlich; lästig.

enfan|gar [emfaŋ'gar] (1h) beschmutzen; ~garse fig. sich in schmutzige Geschäfte einlassen.

enfardadora [emfarᵈa'ᵈora] f Packmaschine f; Woll-, Heupresse f.

enfardar [emfar'dar] (1a) (ein-)packen; bündeln.

énfasis ['emfasis] m Emphase f, Nachdruck m; poner (od. hacer) ~ Nachdruck legen (auf [ac.] en).

enfático [em'fatiko] emphatisch, nachdrücklich.

enfer|mar [emfer'mar] (1a) krank machen; entkräften; v/i. erkranken; ~medad [~me'da⁽ᵈ⁾] f Krankheit f; ~mera [~'mera] f Krankenschwester f; ~mería [~me'ria] f Krankenrevier n; ~mero [~'mero] m Krankenwärter m; ~mizo [~'miθo] kränklich; krankhaft; ~mo [em'fermo] 1. adj. krank; ~ de cuidado, ~ de gravedad schwerkrank; 2. m, -a f [~ma] Kranke(r) m, Kranke f; Patient(in) f; ~moso Am. reg. [~fer'moso] kränklich.

enfiestarse Am. [emfĭes'tarse] (1a) feiern, sich amüsieren.

enfilar [emfi'lar] (1a) anea.-, aufreihen; visieren; ~se sich einreihen; Kfz. sich einordnen.

enfiteu|sis [emfi'teŭsis] f Erbpacht f; ~ta [~'teŭta] su. Erbpächter(in f) m.

enflaque|cer [emflake'θer] ⟨2d⟩ schwächen; v/i. abmagern; fig. erschlaffen; ~cimiento [~θi'mĭento] m Schwäche f; Abmagerung f.

enfo|cador Phot. [emfoka'ᵈor] m Sucher m, Einstellinse f; ~car [~'kar] (1g) Phot. einstellen; richtig (an)fassen; Problem usw. ins Auge fassen, beleuchten; ~que Phot. u. fig. [em'foke] m Einstellung f.

enfoscar [emfɔs'kar] (1g) Mauer verputzen; ~se sich verfinstern (Himmel).

enfras|car [emfras'kar] (1g) in Flaschen füllen; ~carse sich vertiefen (in [ac.] en).

enfrenar [emfre'nar] (1a) aufzäumen; zügeln.

enfrentar [emfren'tar] (1a) gegenüberstellen; ~se con alg. j-m gegenübertreten, die Stirn bieten.

enfrente [em'frente] gegenüber.

enfri|adera [emfria'dera] f Kühlgefäß n; **~amiento** [~'miento] m Abkühlung f (a. fig.); Erkältung f; **~ar** [emfri'ar] (1c) kühlen; abkühlen; fig. **~arse** sich abkühlen; erkalten.

enfullar F [emfu'ʎar] (1a) mogeln.

enfundar [emfun'dar] (1a) in e-n Überzug (od. e-e Schutzhülle) stecken.

enfurecer [emfure'θɛr] (2d) wütend machen; **~se** wütend werden.

enfurtir [emfur'tir] (3a) walken.

enfurruñarse F [emfurru'ɲarse] (1a) maulen; bockig sein (bsd. Kind). [beschwatzen.]

engaitar F [eŋgai'tar] überlisten.)

engalanar [eŋgala'nar] (1a) schmükken; **~se** sich herausputzen; F sich schönmachen.

engallarse [eŋga'ʎarse] (1a) fig. den Kopf hoch tragen; sich in die Brust werfen.

engan|chador [eŋgantʃa'dor] m Werber m; **~char** [~'tʃar] (1a) ein-, festhaken; Pferde anspannen; fig. bereden; ✗ anwerben; 🚋 Wagen koppeln; Stk. auf die Hörner nehmen; **~charse** sich festhaken; ✗ sich anwerben lassen; **~che** [eŋ-'gantʃe] m Festhalten n mit Haken; Ankoppeln n; 🚋 Kupplung f; ✗ Handgeld n.

enga|ñabobos F [eŋgaɲa'bobos] m Betrüger m, Bauernfänger m; **~ñadizo** [~'diθo] leicht zu betrügen; **~ñador** [~'dor] **1.** adj. betrügerisch; **2.** m, **-a** f [~'dora] Betrüger(in f) m; **~ñar** [~'ɲar] (1a) betrügen; täuschen; **~ñarse** sich täuschen; sich irren; **~ñifa** F [~'ɲifa] f List f; Betrug m; **~ño** [eŋ'gaɲo] m Betrug m; Täuschung f; llamarse a ~ sich betrogen fühlen; **~ñoso** [~'ɲoso] (be)trügerisch.

engara|bitarse [eŋgarabi'tarse] (1a) klamm werden (Finger); **~tusar** F Am. Cent., Méj. [~tu'sar] (1a) einwickeln, einnehmen.

engarce [eŋ'garθe] m Auffädeln n; Einfassung f.

engarzar [eŋgar'θar] (1f) auf e-n Draht aufreihen; Edelstein fassen.

engas|tar [eŋgas'tar] (1a) einfassen; **~te** [eŋ'gaste] m Fassung f.

engatusar F [eŋgatu'sar] (1a) umschmeicheln; F einseifen.

engen|drar [eŋxen'drar] (1a) (er-)zeugen; hervorbringen; **~dro** [eŋ-'xendro] m Ausgeburt f; Mißgeburt f.

englobar [eŋglo'bar] (1a) einbegreifen; einschließen.

engolfarse [eŋgol'farse] (1a) in See stechen; fig. sich vertiefen (in [ac.] en); sich einlassen (auf [ac.] en).

engolillado [eŋgoli'ʎaᵈo] fig. steif; altfränkisch.

engolosinar [eŋgolosi'nar] (1a) anlocken; **~se** con vernarrt sein in (ac.).

engomar [eŋgo'mar] (1a) gummieren.

engor|da Chi., Méj. [eŋ'gorda] f Mastvieh n; **~dar** [eŋgor'dar] (1a) mästen; v/i. dick werden; **~de** [eŋ-'gorde] m Mast f.

engorr|ar Méj., P.R., Ven. [eŋgo-'rrar] (1a) belästigen, langweilen; **~o** [eŋ'gorro] m Hemmung f; Belästigung f; Schwierigkeit f; **~oso** [eŋgo'rroso] hemmend; lästig; mühselig.

engra|naje ⊕ [eŋgra'naxe] m Verzahnung f; Getriebe n; fig. Inea.-greifen n; ~ helicoidal Schneckengetriebe n; **~nar** [~'nar] (1a) eingreifen, inea.-greifen (Zähne).

engrande|cer [eŋgrande'θɛr] (2d) vergrößern; erhöhen; loben; übertreiben; **~cimiento** [~θi'miento] m Vergrößerung f; Rangerhöhung f; Aufstieg m.

engra|sador [eŋgrasa'dor] m Schmierbüchse f; **~sadora** [~'dora] f Schmierkanne f; **~sar** [~'sar] (1a) einfetten, ölen; (ab)schmieren; **~se** [eŋ'grase] m (Ab-)Schmieren n.

engreído [eŋgre'iᵈo] dünkelhaft, eingebildet.

engre|imiento [eŋgrei'miento] m Dünkel m; Einbildung f; **~irse** [~'irse] (3b) sich in die Brust werfen, eingebildet werden.

engrosar [eŋgro'sar] (1m) dicker machen; vermehren; vergrößern; v/i. dick werden.

engru|dar [eŋgru'dar] (1a) kleistern; **~do** [eŋ'gruᵈo] m Kleister m.

enguantar [eŋgwan'tar] (1a) Handschuhe anziehen.

enguedejado [eŋgeᵈe'xaᵈo] strähnig (Haar); F geschniegelt.

enguijarrar [eŋgixa'rrar] (1a) beschottern.

engullir [eŋgu'ʎir] (3h) (ver)schlingen.

enharinar [enari'nar] (1a) mit Mehl bestreuen.

enhebrar [ene'brar] (1a) einfädeln; aneinanderreihen.

enhiesto [e'ni̯esto] emporgerichtet; steil aufragend.

enhilar [eni'lar] (1a) einfädeln; *fig.* ordnen.

enhora|buena [enora'bu̯ena] *f* Glückwunsch *m*; *dar la* ~ beglückwünschen; *¡~!* meinetwegen!, von mir aus!; einverstanden!; ich gratuliere!; *estar de* ~ Glück haben; **~mala** [~'mala]: *¡~!* zum Teufel!; *estar de* ~ Pech haben.

enig|ma [e'nigma] *m* Rätsel *n*; **~mático** [enig'matiko] rätselhaft.

enjabonar [eɲxaβo'nar] (1a) einseifen; F *j-m* Honig ums Maul schmieren.

enjaezar [eɲxae'θar] (1f) *Pferd* anschirren; herausputzen.

enjalbegar [eɲxalβe'gar] (1h) weißen; tünchen.

enjalma [eɲ'xalma] *f* leichter Saumsattel *m*.

enjam|brar [eɲxam'brar] (1a) schwärmen (*Bienen*); *v/t.* schwärmende *Bienen* einfangen; **~brazón** [~βra'θon] *f* Schwärmen *n*; **~bre** [eɲ'xambre] *m* Bienenschwarm *m*; *fig.* große Menge *f*.

enjarciar ⚓ [eɲxar'θi̯ar] (1b) auftakeln.

enjaular [eɲxau̯'lar] (1a) in e-n Käfig sperren; F einlochen.

enjoyar [eɲxo'i̯ar] (1a) mit Juwelen schmücken.

enjua|gar [eɲxu̯a'gar] (1h) ab-, ausspülen; **~gue** [eɲ'xu̯age] *m* Spülen *n*.

enju|gador [eɲxuga'ðor] *m* Trockengestell *n*; **~gamanos** *Am.* [~ga'manos] *m* Handtuch *n*; **~gar** [~'gar] (1h) trocknen; abwischen.

enjuicia|miento [eɲxu̯iθi̯a'mi̯ento] *m* Einleitung *f* des Gerichtsverfahrens; ~ *civil* Zivilprozeßordnung *f*; ~ *criminal* Strafprozeßordnung *f*; **~r** ⚖ [~'θi̯ar] (1b) das Verfahren eröffnen; ein Urteil fällen über (*ac.*).

enjundia [eɲ'xundi̯a] *f* Fett *n v. Tieren*; *fig.* Gehalt *m*, innerer Wert *m*.

enjuto [eɲ'xuto] trocken; mager; *a pie* ~ trockenen Fußes.

enlace [en'laθe] *m* Verbindung *f*; 🖻 Anschluß *m*; ⚒ Melder *m*, Verbindungsmann *m*; ~ *matrimonial* Vermählung *f*, Eheschließung *f*.

enladri|llado [enladri'ʎaðo] *m* Backsteinbelag *m*; **~llar** [~'ʎar] (1a) mit Fliesen belegen.

enlatar [enla'tar] (1a) eindosen; *Am.* (mit Holz) verkleiden, verschalen.

enlazar [enla'θar] (1f) festbinden; verknüpfen; *Am.* mit dem Lasso (ein)fangen; *v/i.* sich anschließen; 🖻 Anschluß haben (an [*ac.*] con).

enligar [enli'gar] (1h) *Vögel* mit Leimruten fangen; **~se** auf den Leim gehen (*Vogel*).

enlo|dar [enlo'dar] (1a), **~dazar** [~da'θar] (1f) beschmutzen.

enloque|cer [enloke'θer] (2d) verrückt machen; *v/i.* den Verstand verlieren; **~cimiento** [~θi'mi̯ento] *m* Verrücktheit *f*.

enlo|sar [enlo'sar] (1a) mit Fliesen *od.* Steinplatten belegen; **~zado** *Am.* [~'θaðo] emailliert, Email(le)...

enlu|cido [enlu'θiðo] *m* Gipsverputz *m*; Bewurf *m*; **~cir** [~'θir] (3f) blank putzen; weißen; gipsen.

enluta|do [enlu'taðo] in Trauer (-kleidung); mit Trauerrand (*Papier*); **~r** [~'tar] *v/t.* (1a) verdüstern; betrüben; **~rse** Trauer anlegen.

enmaderar [enmaðe'rar] (1a) täfeln.

enmara|ñar [enmara'ɲar] (1a) verwirren, verwickeln; *Haar* verfilzen; **~ñarse** sich bewölken (*Himmel*).

enmascarar [enmaska'rar] (1a) maskieren; tarnen. [kitten.]

enmasillar [enmasi'ʎar] (1a) (ver-)

enmelar [enme'lar] (1k) mit Honig bestreichen; *fig.* versüßen.

enmendar [enmen'dar] (1k) (ver-) bessern; *Schaden* gutmachen; ⚖ *Urteil* aufheben.

enmienda [en'mi̯enda] *f* Besserung *f*; Verbesserung *f*; Entschädigung *f*; *Pol.* Abänderung(santrag *m*) *f*.

enmohecerse [enmoe'θerse] (2d) (ver)schimmeln; (ein)rosten.

enmoquetar [enmoke'tar] (1a) mit Teppichboden auslegen.

enmudecer [enmude'θer] (2d) den Mund verschließen; *v/i.* verstummen; schweigen.

ennegrecer [ennegre'θer] (2d) schwärzen; **~se** *fig.* sich verfinstern.

ennoblecer [ennoble'θer] (2d) veredeln; adeln (*a. fig.*).

eno|jadizo [enɔxa'diθo] reizbar; jähzornig; **~jar** [~'xar] (1a) erzürnen; ärgern; kränken; **~jarse:** ~ de *a/c.* sich über et. (*ac.*) ärgern; ~ con *od. contra alg.* auf j-n böse sein; **~jo** [e'nɔxo] *m* Zorn *m*; Ärger *m*; Kummer *m*; **~jón** *Am. reg.* [enɔ'xɔn] reizbar, jähzornig; **~joso** [~'xoso] ärgerlich.

enología [enoˈlɔxia] *f* Weinbaukunde *f*.

enorgulle|cer [enɔrɡuʎe'θer] (2d) stolz machen; **~cerse** stolz werden *od.* sein (auf [*ac.*] de).

enor|me [e'nɔrme] ungeheuer, enorm; abscheulich; **~midad** [enɔrmi'da⁽d⁾] *f* Ungeheuerlichkeit *f*.

enquiciar [eŋki'θiar] (1b) Tür einhängen.

enrabiar [enra'biar] (1b) wütend machen; **~se** wütend werden.

enraizar [enraiˈθar] (1f) Wurzel schlagen.

enramada [enraˈmaɖa] *f* Laubwerk *n*; Laube *f*.

enranciarse [enrran'θiarse] (1b) ranzig werden.

enrare|cer [enrrare'θer] (2d) verdünnen; **~cerse** dünn werden; seltener werden; **~cimiento** [~θi'miento] *m* Verdünnung *f*.

enredadera ♀ [enrreɖa'ɖera] *f* Schling-, Kletterpflanze *f*; (Acker-)Winde *f*.

enre|dador [enrreɖa'ɖɔr] **1.** *adj.* ränkevoll; **2.** *m* Ränkeschmied *m*; **~dar** [~'ɖar] (1a) verwickeln; verstricken; umgarnen; verhetzen; entzweien; *v/i.* Unfug treiben; hetzen; F **~se** con alg. sich mit j-m einlassen; **~dijo** [~'ɖixo] *m*, **~do** [en-'rreɖo] *m* Verwicklung *f*; Verwirrung *f*; Intrige *f*; mißliche Lage *f*; Liebeshandel *m*; Unfug *m*; **~doso** [enrre'ɖoso] verwickelt; heikel.

enreja|do [enrreˈxaᵈo] *m* Gitterwerk *n*; Gitter *n*; Geflecht *n*; Netzarbeit *f*, Filet *n*; **~r** [~'xar] (1a) vergittern; kreuzweise stapeln.

enrevesado [enrrebe'saᵈo] verzwickt, verworren.

enriar [en'rriar] (1c) *Flachs* rösten.

enrique|cer [enrrike'θer] (2d) bereichern; ♀ anreichern; *v/i.* reich werden; **~cimiento** [~θi'miento] *m* Bereicherung *f*; ♀ Anreicherung *f*;

~ *injusto* ungerechtfertigte Bereicherung *f*.

enristrar [enrris'trar] (1a) *Lanze* einlegen; *fig.* geradewegs auf ein Ziel losgehen.

enrojecer [enrrɔxe'θer] (2d) röten; **~se** erröten.

enrolar ✖ [enrrɔ'lar] (1a) mustern; **~se** sich zum Militär melden.

enrollar [enrrɔ'ʎar] (1a) (ein)rollen.

enronquecer [enrrɔŋke'θer] (2d) heiser machen; *v/i.* heiser werden.

enroscar [enrrɔs'kar] (1g) spiralförmig zs.-rollen; einschrauben; **~se** sich zs.-rollen.

enrostrar *Am.* [enrrɔs'trar] (1a) vorwerfen, ins Gesicht sagen.

ensacar [ensa'kar] (1g) einsacken.

ensaimada [ensai'maɖa] *f* span. Blätterteiggebäck *n*.

ensala|da [ensa'laɖa] *f* Salat *m*; *fig.* Mischmasch *m*; ~ rusa italienischer Salat *m*; **~dera** [~la'ɖera] *f* Salatschüssel *f*; **~dilla** [~la'ɖiʎa] *f* F Sammelsurium *n*; ~ rusa italienischer Salat *m*.

ensalivar [ensali'bar] (1a) einspeicheln.

ensalmador [ensalma'ɖɔr] *m* Gliedereinrenker *m*; Gesundbeter *m*.

ensalmar [ensal'mar] (1a) *Knochen* einrenken; *Kranke* besprechen.

ensalmo [en'salmo] *m* Besprechen *n* e-r *Krankheit*; como por ~ wie weggezaubert.

ensalza|dor [ensalθa'ɖɔr] lobend; **~miento** [~'miento] *m* (Lobes-) Erhebung *f*; Lobrednerei *f*; **~r** [~'θar] (1f) loben; preisen.

ensambla|dura ⊕ [ensambla'ɖura] *f* Verbindung *f*, Verzapfung *f*, Verfugung *f*; **~r** [~'blar] (1a) zs.-fügen; fugen.

ensan|char [ensan'tʃar] (1a) erweitern; ausdehnen; ausweiten; **~charse** sich ausdehnen; *fig.* sich groß dünken; [~en'santʃe] *m* Erweiterung *f*; Stadterweiterung *f*; Außenbezirk *m*; Randsiedlung *f*.

ensangrentar [ensaŋɡren'tar] (1k) mit Blut beflecken.

ensaña|miento [ensaɲa'miento] *m* Erbitterung *f*; Grimm *m*; **~r** [~'ɲar] (1a) erbittern; **~rse** en alg. s-e Wut an j-m auslassen, F sein Mütchen an j-m kühlen.

ensartar [ensar'tar] (1a) *Perlen* einfädeln; *fig. Unsinn* reden; *Am. reg.*

j-n hereinlegen; **~se** *Am. reg.* hereinfallen.

ensa|yar [ensa'jar] (1a) versuchen; (aus)probieren; *Thea.* proben; üben; ⊕ testen; **~yista** [~'jista] *m* Essayist *m*; **~yo** [en'sajo] *m* Versuch *m*; Probe *f*; Essay *m*; ~ *general* Generalprobe *f*.

enseguida [ense'ɣiða] sofort.

ensenada [ense'naða] *f* Bucht *f*, Bai *f*.

enseña [en'seɲa] *f* Fahne *f*; Feldzeichen *n*; **~do** [ense'ɲaᵈo]: *bien* ~ gut erzogen; **~nza** [~'ɲanθa] *f* Lehre *f*; Unterricht *m*; *primera* ~, ~ *primaria* Volksschulunterricht *m*, Volksschulwesen *n*; *segunda* ~ höheres Schulwesen *n*; ~ *superior*, ~ *universitaria* Hochschulwesen *n*; ~ *intuitiva* Anschauungsunterricht *m*; ~ *por correspondencia*, ~ *a distancia* Fernunterricht *m*; ~ *profesional* Berufsschulwesen *n*; ~ *de tráfico* Verkehrsunterricht *m*; **~r** [~'ɲar] (1a) lehren, unterrichten; zeigen; **~rse** *a/c.* sich an et. (*ac.*) gewöhnen.

enseñorearse [enseɲore'arse] (1a) sich bemächtigen.

enseres [en'seres] *m/pl.* Geräte *n/pl.*; Sachen *f/pl.*

ensi|laje [ensi'laxe] *m* Einsilieren *n*; Silofutter *n*; **~lar** [~'lar] (1a) (ein)silieren.

ensillar [ensi'ʎar] (1a) satteln.

ensimismarse [ensimiz'marse] (1a) in Gedanken versunken sein; *Am.* eingebildet werden.

ensoberbecerse [ensoberbe'θerse] (2d) hochmütig werden; hochgehen (*Wogen*); toben (*Meer*).

ensombrecer [ensɔmbre'θer] (2d) verdüstern, überschatten (*a. fig.*).

ensorde|cedor [ensɔrdeθe'ðɔr] betäubend (*Lärm*); **~cer** [~'θer] (2d) betäuben; dämpfen; *v/i.* taub werden.

ensortijar [ensɔrti'xar] (1a) kräuseln; ringeln.

ensucia|miento [ensuθia'mjento] *m* Verunreinigung *f*; **~r** [~'θjar] (1b) beschmutzen, verunreinigen; beflecken; **~rse** sich bestechen lassen; P in die Hose (*od.* ins Bett) machen.

ensueño [en'sweɲo] *m* Traum *m*; Träumerei *f*; *fig.* Illusion *f*.

entabla|do [enta'blaᵈo] *m* Getäfel *n*; Bretterboden *m*; Podium *n*; **~dura** [~bla'ðura] *f* Täfelung *f*; Täfelwerk

n; **~r** [~'blar] (1a) dielen; täfeln; *Prozeß* einleiten; *Gespräch* beginnen, anknüpfen.

entablillar ⚕ [entabli'ʎar] (1a) einschienen.

entalla|do [enta'ʎaᵈo] auf Taille gearbeitet, tailliert; **~dor** [~ʎa'ðɔr] *m* Bildschnitzer *m*; Stein-, Stempelschneider *m*; **~dura** [~ʎa'ðura] *f* (*a.* **~miento** [~ʎa'mjento] *m*) Einschnitt *m*; **~r** [~'ʎar] (1a) schnitzen; in Stein hauen; auf Taille arbeiten; *v/i.* eng anliegen (*Kleid*).

entallecer ♧ [enta ʎe'θer] (2d) schießen, keimen.

entarima|do [entari'maᵈo] *m* Täfelwerk *n*; Parkett *n*; Parkettboden *m*; Podium *n*; **~r** [~'mar] (1a) täfeln; dielen.

ente ['ente] *m* Wesen *n*; *Phil.* das Seiende *n*; F komischer Kauz *m*, Sonderling *m*.

enteco [en'teko] kränklich, schwächlich.

entejar *Am.* [ente'xar] (1a) mit Ziegeln decken.

entende|deras [entende'ðeras]*f/pl.*: F *tener malas* ~ schwer v. Begriff sein; *ser corto de* ~ begriffsstutzig sein, P e-e lange Leitung haben; **~dor** *m*, **-a** *f* [~'ðɔr, ~'ðora] eine(r), (der) die versteht.

entender [enten'der] (2g) begreifen, verstehen; können; meinen; durchschauen; *hacerse* ~ sich verständlich machen; ~ *de a/c.* et. verstehen v. e-r Sache; ~ *en* sich verstehen auf (*ac.*), Fachmann sein *auf e-m Gebiet*; *a mi* ~ meiner Meinung nach; **~se** sich verständigen; sich verstehen; wissen, was man will; *eso se entiende por sí mismo* das versteht sich von selbst; *yo me entiendo* ich weiß, was ich sage.

entendi|do [enten'diðo] **1.** *adj.* (sach)verständig; beschlagen; einverstanden, selbstverständlich; *no darse por* ~ sich dumm stellen; *tengo* ~ *que* ich habe gehört, daß ...; **2.** *m*, **-a** *f* [~'diða] Kenner(in *f*) *m*; **~miento** [~di'mjento] *m* Begriffsvermögen *n*; Verständnis *n*; Einsicht *f*.

entenebrecer [entenebre'θer] (2d) verfinstern.

entera|do [ente'raᵈo] eingeweiht; F im Bilde, auf dem laufenden; *no darse por* ~ den Unwissenden spielen; **~mente** [ˌ~ra'mente] ganz; gänzlich, völlig.

enterar [ente'rar] (1a) unterrichten, benachrichtigen; **~se** de a/c. sich über et. (ac.) informieren; Kenntnis erhalten v. et. (dat.); et. erfahren; dahinterkommen.

ente|reza [ente'reθa] f Vollständigkeit f; Standhaftigkeit f; Männlichkeit f; Mut m; **~rizo** [ˌ~'riθo] aus e-m Stück.

enterne|cer [enterne'θer] (2d) weich machen; fig. rühren; **~cerse** gerührt werden; **~cimiento** [ˌ~θi'mjento] m Rührung f.

entero [en'tero] 1. adj. ganz; gesund; unverschnitten (Tier); unberührt; redlich; por ~ gänzlich; voll(ständig); 2. m ganze Zahl f; Bank, Börse: Punkt m.

enterra|dor [enterra'dor] m Totengräber m; **~miento** [ˌ~'mjento] m Begräbnis n; Grablegung f; Ver-, Eingraben n; **~r** [ˌ~'rrar] (1k) begraben; vergraben, eingraben; **~a todos** alle überleben.

entiba|ción ⚒ [entiba'θjon] f Abstützung f; **~r** [ˌ~'bar] (1a) abstützen, versteifen.

entibiar [enti'bjar] (1b) abkühlen (a. fig.); mäßigen.

entidad [enti'da$^{(d)}$] f Wesenheit f; Wichtigkeit f; Verein m, Körperschaft f; Firma f; de ~ wesentlich.

entierro [en'tjerro] m Begräbnis n, Grab n.

entolda|do [entol'da^{d}o] m Sonnendach n; Tanz-, Fest-, Bierzelt n; **~r** [ˌ~'dar] (1a) mit e-m Sonnendach versehen; **~rse** sich bewölken (Himmel); stolz werden.

entomología [entomolo'xia] f Insektenkunde f.

entona|ción [entona'θjon] f ♪ Intonation f; Tonfall m; Anmaßung f; Mal. Abtönung f; **~do** [ˌ~'na^{d}o] anmaßend, F großspurig; **~r** [entoˌ'nar] (1a) v/i. rein singen; v/t. Ton halten; anstimmen; Mal. abtönen; 🪨 kräftigen, stärken; **~rse** F großspurig auftreten.

entonces [en'tonθes] damals; alsdann; dann, da; desde ~ seitdem.

entonelar [entone'lar] (1a) in Fässer füllen.

entono [en'tono] m Selbstbewußtsein n; Einbildung f.

entonte|cer [entonte'θer] (2d) ver-

dummen; **~cimiento** [ˌ~θi'mjento] m Verdummung f; Einfalt f.

entorchado [entor't͡ʃa^{d}o] m Gold-, Silberfaden m; Gold- od. Silberstickerei f.

entor|nar [entor'nar] (1a) Tür anlehnen; Augen halb öffnen; umkippen; **~narse** sich seitwärts neigen; **~no** [ˌ~'torno] m Umgebung f, Umwelt f.

entorpe|cer [entorpe'θer] (2d) lähmen; erschweren; hemmen; **~cimiento** [ˌ~θi'mjento] m Lähmung f; Hemmung f.

entrada [en'trada] f Eingang m; Eintritt m; Einfahrt f; Einmarsch m, -zug m; Eintrittsgeld n; Eintrittskarte f; (Tages-)Einnahme f; Beginn m; Öffnung f; Kchk. Vorspeise f; ♪ Einsatz m; ⚓ Eingang m; Anzahlung f; Einfuhr f; Thea. Stichwort n; ~ en escena Auftritt m; ~ en vigor Inkrafttreten n; ~s F Geheimratsecken f/pl.

entramado △ [entra'ma^{d}o] m Fachwerk n.

entrambos [en'trambos] (alle) beide.

entrampar [entram'par] (1a) in e-e Falle locken; fig. überlisten; mit Schulden belasten; **~se** sich in Schulden stürzen.

entrante [en'trante]: ángulo m ~ einspringender Winkel m; mes m ~ kommender Monat m.

entraña [en'trana] f, mst ~s pl. Eingeweide n; fig. Innere(s) n; Gemüt n; sin ~s hartherzig; **~ble** [entra'nable] innig (geliebt); amigo m ~ Busenfreund m; **~r** [ˌ~'nar] (1a) ins Innere führen; bergen, hegen; einschließen; **~rse con uno** ea. liebgewinnen.

entrar [en'trar] (1a) 1. v/i. eintreten; einziehen, einmarschieren; einlaufen (Schiff, Zug); hineingehen; eindringen; Eingang finden, Zutritt haben; hineinpassen; Stk. angreifen (Stier); ~ de aprendiz in die Lehre gehen; ~ dentro de sí in sich gehen; ~ en calor in Hitze geraten, warm werden; ~ en acción eingreifen; ~ en escena auftreten; ~ en los 40 años in die Vierziger kommen; ~ en razón zur Vernunft kommen; ~ en religión ins Kloster gehen; ~ en el servicio de alg. in j-s Dienste treten; 2. v/t. hineinbringen, -fahren, -stek-

ken; *Waren* einführen; *esto no me
entra* das geht mir nicht ein; das
liegt mir nicht.

entre ['entre] zwischen, unter; ~
tú y yo wir beide; ~ ... *y* ... teils ...
teils ..., halb ... halb ...; ~ *día* tagsüber; **~abrir** [entrea'brir] (3a; *part.
-abierto*) wenig *od.* halb öffnen; **~
acto** [~'akto] *m* Zwischenakt *m*; **~
cano** [~'kano] *Haar*: graumeliert;
~cejo [~'θexo] *m* Raum *m* zwischen
den Augenbrauen; Stirnrunzeln *n*;
~claro [~'klaro] halbhell.

entrecoger [entreko'xer] (2c) pak-
ken, ergreifen; *fig.* in die Enge treiben.

entrecomillar [entrekomi'ʎar] (1a)
in Anführungszeichen setzen.

entrecor|tado [entrekɔr'taðo] stoß-
weise; abgehackt (*Sprache*); **~tar**
[~'tar] (1a) in *et.* hineinschneiden;
unterbrechen.

entrecubierta(s) ⚓ [entreku'bĭer-
ta(s)] *f (pl.)* Zwischendeck *n*.

entrechocar [entretʃo'kar] (1g) an-
einanderstoßen.

entredicho [entre'ðitʃo] *m* Verbot *n*;
Kirchenbann *m*; *estar en* ~ in Acht
u. Bann stehen; verboten sein;
poner en ~ in Abrede stellen, be-
zweifeln.

entredós [entre'ðɔs] *m* (Spitzen-)
Einsatz *m*.

entrefino [entre'fino] mittelfein.

entrega [en'treɣa] *f* Übergabe *f*;
Ablieferung *f*; Lieferung *f*; ~ *a
domicilio* Zustellung *f* ins Haus;
contra ~ gegen Aushändigung;
hacer ~ *de* abliefern; **~dor** [entreɣa-
'ðɔr] *m* Ablieferer *m*; **~r** [~'ɣar] (1h)
abliefern, ausliefern; aushändigen;
übergeben; **~rse** sich ergeben; hingeben; ~ *a e-m Laster* frönen.

entrelazar [entrela'θar] (1f) ver-
flechten.

entrelucir [entrelu'θir] (3f) durch-
schimmern.

entre|medias [entre'meðĭas] in-
zwischen; **~més** [~'mes] *m* Zwi-
schenspiel *n*; *entremeses pl.* Vor-
speisen *f/pl.*; **~meter** [~me'ter]
(2a) einschieben; **~meterse** sich
einmischen; **~metido** [~me'tiðo]
zudringlich; vorlaut; **~mezclar** [~
meθ'klar] (1a) untermischen.

entrena|dor [entrena'ðor] *m Sport*:
Trainer *m*, Ausbilder *m*; **~miento**
[~'mĭento] *m* Training *n*; Drill *m*;

Ausbildung *f*; **~r** [~'nar] (1a) ein-
üben, trainieren.

entreoír [entreo'ir] (3q) undeutlich
hören.

entrepaño [entre'paɲo] *m* Tür-
füllung *f*; Säulenweite *f*; Fach *n* (*in
Möbeln*).

entrepiernas [entre'pĭernas] *f/pl.*
Hosenzwickel *m*.

entrepuente(s) ⚓ [entre'pŭente(s)]
m(/pl.) Zwischendeck *n*.

entrerrenglonar [entrerreŋglo-
'nar] (1a) zwischen die Zeilen
schreiben.

entresacar [entresa'kar] (1g) aus-,
heraussuchen; auslesen; *Wald* lichten, ausholzen.

entresemana *Am.* [entrese'mana]
werktags.

entresijo [entre'sixo] *m* Gekröse *n*;
tener muchos ~*s Sache*: seine Muk-
ken haben; *Person*: es faustdick
hinter den Ohren haben.

entresuelo △ [entre'sŭelo] *m*
Zwischenstock *m*; Hochparterre *n*.

entresurco [entre'surko] *m* Acker-,
Furchenbeet *n*.

entretanto [entre'tanto] **1.** *adv.*
unterdessen; **2.** *m* Zwischenzeit *f*.

entrete|cho *Arg., Chi., Ur.* [entre-
'tetʃo] *m* Dachboden *m*; Bodenkammer *f*; **~jer** [~te'xer] (2a)
durch-, ein-, verweben; *fig.* einstreuen; **~la** [~'tela] *f* Steifleinen *n*;
Zwischenfutter *n*; ~*s pl. fig.* das
Innerste(s) *n* des Herzens.

entrete|ner [entre'ner] (2l) auf-,
hinhalten; unterhalten; ⊕ warten;
zerstreuen; aushalten; **~nerse** sich
unterhalten, sich vergnügen, sich
amüsieren; **~nida** [~'niða] *f* aus-
gehaltene Geliebte *f*; **~nido** [~'niðo]
unterhaltend, vergnüglich; **~ni-
miento** [~ni'mĭento] *m* Unterhaltung *f*; Zeitvertreib *m*; Instand-
haltung *f*; ⊕ Wartung *f*.

entretiempo [entre'tiempo] *m*
Übergangszeit *f*; *de* ~ Übergangs...
(*Kleidung*).

entrever [entre'ber] (2v) undeutlich
sehen; ahnen.

entrevera|do [entrebe'raðo] durch-
wachsen (*Speck*); **~r** [~'rar] (1a)
untermengen.

entrevero *Am.* [entre'bero] *m* Wirrwarr *m*.

entrevía [entre'bia] *f* Schienen-
abstand *m*.

entrevista [entre'bista] *f* Zs.-kunft *f*; Besprechung *f*; Begegnung *f*; Interview *n*; **~dor** [~bista'dɔr] *m* Interviewer *m*; **~r** [~bis'tar] (1a) ausfragen; interviewen; **~rse** zusammenkommen.

entristecer [entriste'θer] (2d) traurig machen.

entrometido [entrome'tido] **1.** *adj.* neugierig; **2.** *m* F Naseweis *m*.

entroncar [entrɔŋ'kar] (1g) *v/i.* verschwägert sein.

entronizar [entroni'θar] (1f) auf den Thron erheben; *fig.* in den Himmel heben, überschwenglich preisen; **~se** sich überheben.

entronque [en'trɔŋke] *m* Verwandtschaft *f*, Verschwägerung *f*; *fig.* Verbindung *f*; *Am. reg.* Verbindung *f*, Anschluß *m* (*Verkehr*).

entrucha|da F [entru'tʃada] *f* boshafter Streich *m*; **~r** [~'tʃar] (1a) F hineinlegen.

entubar [entu'bar] (1a) Rohr legen.

entuerto [en'tu̯erto] *m* Unrecht *n*; Beleidigung *f*.

entume|cerse [entume'θerse] (2d) starr werden; klamm werden; einschlafen (*Fuß usw.*); anschwellen; **~cimiento** [~θi'mi̯ento] *m* Erstarrung *f*; Einschlafen *n*.

enturbi|amiento [enturbi̯a'mi̯ento] *m* Trübung *f*; **~ar** [~'bi̯ar] (1b) trüben.

entusi|asmar [entusi̯az'mar] (1a) begeistern; **~asmo** [~'si̯azmo] *m* Begeisterung *f*; **~asta** [~'si̯asta] **1.** *adj.* begeistert; **2.** *m/f* Enthusiast (-in *f*) *m*; Schwärmer(in *f*) *m*; **~ástico** [~'si̯astiko] schwärmerisch.

enumera|ción [enumera'θi̯ɔn] *f* Aufzählung *f*; **~r** [~'rar] (1a) aufzählen.

enuncia|ción [enunθi̯a'θi̯ɔn] *f* Äußerung *f*; Eröffnung *f*; **~r** [~'θi̯ar] (1b) kurz äußern; eröffnen; darlegen.

envainar [embai̯'nar] (1a) *Schwert* einstecken.

envalentona|miento [embalentona'mi̯ento] *m* Ermutigung *f*; Großtuerei *f*; **~r** [~'nar] (1a) ermutigen; **~rse con** *a/c.* prahlen mit et. (*dat.*).

envane|cer [embane'θer] (2d) stolz machen; **~cerse con** (*od. de*) *a/c.* eitel werden auf (*ac.*); sich et. einbilden auf (*ac.*); **~cimiento** [~θi'mi̯ento] *m* Eitelkeit *f*.

envara|miento [embara'mi̯ento] *m* Steifheit *f*; **~rse** [~'rarse] (1a) steif werden.

enva|sar [emba'sar] (1a) *Flüssigkeiten* ab-, einfüllen; verpacken; **~se** [em'base] *m* (Ab-)Füllen *n*; Gefäß *n*; Verpackung *f*.

enveje|cer [embexe'θer] (2d) alt machen; *v/i.* alt werden; **~cerse** veralten; altern; **~cido** [~'θido] gealtert; *fig.* althergebracht.

envenena|dor [embenena'dɔr] *m*, **-a** [~'dora] *f* Giftmischer(in *f*) *m*; **~miento** [~'mi̯ento] *m* Vergiftung *f*; **~r** [~'nar] (1a) vergiften (*a. fig.*); verfälschen. [grünen.\

enverdecer [emberde'θer] (2d)\

envergadura [emberga'dura] *f* ⚓ Segelbreite *f*; Flügel-, Spannweite *f*; *de gran* ~ bedeutend.

enverjado [emberˣa'ᵈo] *m* Gitterwerk *n*.

envés [em'bes] *m* Rückseite *f*.

enviado [em'bi̯aᵈo] *m* Bote *m*; ~ *especial* Sonderberichterstatter *m*; ~ *extraordinario* außerordentliche(r) Gesandte(r) *m*.

enviar [em'bi̯ar] (1c) (ab)senden; versenden; ~ *por a/c. od. por alg.* nach et. *od.* nach j-n schicken.

enviciar [embi'θi̯ar] (1b) *sittlich* verderben; *v/i.* ins Kraut schießen; **~se** sich e-m Laster ergeben.

envidar [embi'dar] (1a) *Kartenspiel:* reizen; ~ *en falso a alg.* j-n bluffen.

envidi|a [em'biði̯a] *f* Neid *m*; *tener* ~ *a alg. de a/c.* j-n um et. (*ac.*) beneiden; **~able** [~'ði̯able] beneidenswert; **~ar** [~'ði̯ar] (1b): ~ *a/c. a alg.* j-n um et. (*ac.*) beneiden; **~oso** [~'ði̯oso] neidisch.

envigado [embi'gaᵈo] *m* Gebälk *n*.

envile|cer [embile'θer] (2d) herabwürdigen; **~cerse** sich erniedrigen; **~cimiento** [~θi'mi̯ento] *m* Erniedrigung *f*.

envío [em'bio] *m* Sendung *f*; Versand *m*; ~ *a gran velocidad* Eil(gut)-sendung *f*; ~ *contra re(e)mbolso* Nachnahmesendung *f*; ~ *de ensayo* (*od. de prueba*) Probesendung *f*; ~ *de dinero* Geldsendung *f*; ~ *parcial* Teilsendung *f*.

envión [em'bi̯ɔn] *m* Puff *m*, Stoß *m*.

envite [em'bite] *m* Bieten *n im Spiel*; Gebot *n*, Angebot *n*; Stoß *m*.

enviudar [embi̯u'dar] (1a) verwitwen.

envol|torio [embɔl'torǐo] *m* Bündel *n*; **~tura** [~'tura] *f* Einwicklung *f*; Hülle *f*; Packung *f*; ✱ Wickel *m*; ⊕ Mantel *m*; **~ver** [~'bɛr] (2h) (ein)wickeln; einhüllen (in [*ac.*] con); ✗ umfassen; verwirren; **~verse** sich einlassen (auf [*ac.*] *en*).

enyesa|do [enje'saᵈo] *m* Eingipsen *n*; Gipsverband *m*; **~r** [~'sar] (1a) eingipsen.

enzarzar [enθar'θar] (1f) *Mauer* mit Dornengestrüpp versehen; *fig.* in Schwierigkeiten verstricken; **~se** anea.-geraten; *fig.* sich in Ungelegenheiten bringen.

enzima ⚕ [en'θima] *f* (*a. m*) Enzym *n*.

épi|ca ['epika] *f* Epik *f*, epische Dichtung *f*; **~co** [~ko] **1.** *adj.* episch; gewaltig; **2.** *m* Epiker *m*.

epi|demia [epi'demǐa] *f* Epidemie *f*, Seuche *f*; **~démico** [~'demiko] epidemisch.

epidermis [epi'dɛrmis] *f* Oberhaut *f*.

Epifanía [epifa'nia] *f* Dreikönigsfest *n*.

epígrafe [e'pigrafe] *m* Überschrift *f*, Aufschrift *f*, Inschrift *f*; Motto *n*.

epigra|ma [epi'grama] *m* Epigramm *n*, Sinngedicht *n*; **~mático** [~gra-'matiko] epigrammatisch; kurz, treffend, geistreich.

epi|lepsia ✱ [epi'lɛbsǐa] *f* Fallsucht *f*, Epilepsie *f*; **~léptico** [~'lɛptiko] **1.** *adj.* epileptisch; **2.** *m* Epileptiker *m*.

epílogo [e'pilogo] *m* Epilog *m*, Schluß *m*, Nachwort *n*.

episco|pado [episko'paᵈo] *m* Bischofswürde *f*; **~pal** [~'pal] bischöflich.

episodio [epi'soᵈǐo] *m* Episode *f*; Nebenhandlung *f*. [bluten *n*.↘

epistaxis ✱ [epis'taɡsis] *f* Nasen-]

epístola [e'pistola] *f* *Rel.*, *Lit.* Brief *m*; Epistel *f*.

epistolar [episto'lar] brieflich, Brief...; **~io** [~'larǐo] *m* Briefsammlung *f*; Briefsteller *m*; Epistelbuch *n*.

epitafio [epi'tafǐo] *m* Grabschrift *f*.

epitalamio [epita'lamǐo] *m* Hochzeitsgedicht *n*.

epíteto [e'piteto] *m* Beiwort *n*.

epítome [e'pitome] *m* Abriß *m*; Auszug *m*.

epizootia [epiθo'otǐa] *f* Viehseuche *f*.

época ['epoka] *f* Zeitraum *m*, Zeit *f*; Epoche *f*; *coche m de* ~ Oldtimer *m*; *hacer* ~ Epoche machen; Aufsehen erregen.

epopeya [epo'peja] *f* Heldengedicht *n*; Epos *n*.

equidad [eki'daᵈ] *f* Billigkeit *f*; Gerechtigkeit *f*; Gleichmut *m*; Mäßigkeit *f*.

equidistante [ekiðis'tante] gleich weit entfernt.

equilátero [eki'latero] gleichseitig.

equili|brado [ekili'braᵈo] ausgeglichen; **~brar** [~'brar] (1a) ins Gleichgewicht bringen; ausgleichen; *Kfz.* auswuchten; **~brio** [~'librǐo] *m* Gleichgewicht *n*; Ausgleich *m*; **~brista** [~li'brista] *su.* Seiltänzer(in *f*) *m*.

equino [e'kino] Pferde...

equinoccio [eki'nɔgθǐo] *m* Tagundnachtgleiche *f*.

equipa|je [eki'paxe] *m* (Reise-) Gepäck *n*; ~ *de mano* Handgepäck *n*; **~r** [~'par] (1a) ausrüsten; ausstatten; verproviantieren.

equiparar [ekipa'rar] (1a) gleichstellen, -setzen.

equipo [e'kipo] *m* Ausrüstung *f*; Ausstattung *f*; (Arbeits-)Gruppe *f*; Schicht *f*; *Sport:* Mannschaft *f*; Team *n*; ⊕ Gerät *n*; ~ *de novia* Brautaussteuer *f*; ~ *de máquinas* Maschinenpark *m*; ~ *de radar* Radargerät *n*.

equis ['ekis] *f* *Name des Buchstabens* X; F *estar hecho una* ~ torkeln (*Betrunkener*).

equitación [ekita'θǐon] *f* Reitkunst *f*; Reiten *n*; Reitsport *m*.

equitativo [ekita'tiβo] billig; rechtlich denkend, gerecht.

equivale|ncia [ekiβa'lenθǐa] *f* Gleichwertigkeit *f*; Gegenwert *m*; Entsprechung *f*; **~nte** [~'lente] **1.** *adj.* gleichwertig; **2.** *m* Gegenwert *m*; Ersatz *m*; **~r** [~'ler] (2q) gleich (-wertig) sein.

equivoca|ción [ekiβoka'θǐon] *f* Irrtum *m*; Verwechs(e)lung *f*; Mißverständnis *n*; *por* ~ irrtümlicherweise; **~do** [~'kaᵈo] irrtümlich; *estar* ~ im Irrtum sein; **~r** [~'kar] (1g) verwechseln; verfehlen; **~rse** sich irren; sich versprechen; ~ *en el cálculo* sich verzählen; sich verrechnen.

equívoco [e'kiβoko] **1.** *adj.* doppelsinnig; zweideutig, verdächtig; **2.** *m* Doppelsinn *m*; Zweideutigkeit *f*.

era¹ ['era] *f* Zeitalter *n*.

era² ['era] *f* Tenne *f*.

erario [e'rarĭo] *m* Staatskasse *f*.

erección [ereg'θĭɔn] *f* Errichtung *f*, Aufrichtung *f*; ✍ Erektion *f*.

ere|mita [ere'mita] *m* Einsiedler *m*; **~mítico** [~'mitiko] Einsiedler...

ergoti|smo [ergo'tizmo] *m* Rechthaberei *f*; **~sta** [~'tista] **1.** *adj.* rechthaberisch; **2.** *m* Rechthaber *m*.

erguir [er'gir] (3n) aufrichten; **~se** sich aufrichten; sich erheben; *fig.* sich aufblasen.

erial [e'rĭal] **1.** *adj.* öde, wüst; **2.** *m* Ödland *n*, Brachfeld *n*.

erigir [eri'xir] (3c) auf-, errichten; stiften; **~se** *en juez* sich zum Richter aufwerfen. [Rose *f*.\

erisipela ✍ [erisi'pela] *f* Rotlauf *m*;\

eriza|do [eri'θaᵈo] borstig; stach(e)-lig; starrend (vor [*dat.*] de), *fig.* gespickt (mit [*dat.*] de); **~r** [~'θar] (1f) sträuben; ✍ spicken (mit [*dat.*] de); **~rse** sich sträuben (*Haare*).

erizo [e'riθo] *m* Igel *m*; stachlige Schale *f der Kastanie*; ✂ spanischer Reiter *m*; *fig.* Kratzbürste *f*; **~ de mar**, **~ marino** Seeigel *m*.

ermi|ta [er'mita] *f* Einsiedelei *f*; **~taño** [~'taɲo] *m* Einsiedler *m*; *Zo.* Einsiedlerkrebs *m*.

erogación [eroga'θĭɔn] *f Arg., Méj., Par.* Zahlung *f*; *Pe., Ven.* Schenkung *f*.

erosión [ero'sĭɔn] *f* Hautabschürfung *f*; *Geol.* Erosion *f*.

erótico [e'rotiko] erotisch.

erotismo [ero'tizmo] *m* Erotik *f*.

erra|bundo [erra'bundo] umherirrend; **~dizo** [~'diθo] umherirrend; **~do** [e'rraᵈo] irrig; unrichtig.

errante [e'rrante] umherirrend; Wandel...

erra|r [e'rrar] (1l) *v/t.* verfehlen; **~ el tiro** vorbeischießen; *v/i.* irren; umherirren; **~ta** [e'rrata] *f* Druckfehler *m*.

errático [e'rratiko] umherschweifend, unstet; *roca f -a* Findling *m*.

erre ['erre] *f* Name des Buchstabens rr; F **~ que ~** hartnäckig, immer wieder.

erróneo [e'rroneo] irrig, Irr...

error [e'rror] *m* Irrtum *m*; Fehler *m*; **~ de cálculo** Rechenfehler *m*; **~ judicial** Justizirrtum *m*.

eruc|tar [eruk'tar] (1a) aufstoßen, F rülpsen; **~to** [e'rukto] *m* Aufstoßen *n*, F Rülpser *m*.

erudi|ción [erudi'θĭɔn] *f* Gelehrsamkeit *f*; Belesenheit *f*; wissenschaftliche Bildung *f*; **~to** [~'dito] **1.** *adj.* gelehrt; **2.** *m* Gelehrte(r) *m*; F **~ a la violeta** Halbgebildete(r) *m*.

erup|ción [erub'θĭɔn] *f Geol.* Ausbruch *m*; ✍ Hautausschlag *m*; **~tivo** [erup'tibo] ✍ mit Ausschlag verbunden; *rocas -as* Eruptivgestein *n*.

esa ['esa] *usw. s.* ese.

esbel|tez [ezbel'teθ] *f* Schlankheit *f*; **~to** [ez'bɛlto] schlank.

esbirro [ez'birro] *m* Häscher *m*.

esbo|zar [ezbo'θar] (1f) skizzieren, andeuten; **~zo** [ez'boθo] *m* Skizze *f*.

escabe|char [eskabe'tʃar] (1a) marinieren; P umbringen; (*im Examen*) durchfallen lassen; **~che** [~'betʃe] *m* Marinade *f*; *en* **~** marinieret.

escabel [eska'bel] *m* Schemel *m*.

escabro [es'kabro] *m* Schafräude *f*; 🐑 Baumkrebs *m*.

escabro|sidad [eskabrosi'da⁽ᵈ⁾] *f* Geländeunebenheit *f*; Schwierigkeit *f*; *fig.* Schlüpfrigkeit *f*; **~so** [~'broso] holprig; kitzlig, heikel; *fig.* schlüpfrig.

escabullirse [eskabu'ʎirse] (3h) *aus den Händen* schlüpfen; entweichen; entwischen.

escafandr|a [eska'fandra] *f*, **~o** [~dro] *m* Taucheranzug *m*.

escala [es'kala] *f* Treppe *f*; Leiter *f*; Reihe(nfolge) *f*; Maßstab *m*; ♪ Tonleiter *f*; Skala *f*; Rangliste *f*; ⚓ Anlaufhafen *m*; **~ de cuerda** Strickleiter *f*; *hacer* **~** *en* (einen Hafen) anlaufen; ✈ zwischenlanden; **~da** [eska'lada] *f* Ersteigen *n*; Klettertour *f*; *Pol.* Eskalation *f*; **~fón** [~la-'fon] *m* Rang-, Beförderungsliste *f*; **~r** [~'lar] (1a) erklettern; einbrechen in (*ac.*).

escalda|do [eskal'daᵈo] gewitzigt; *fig.* abgebrüht; **~r** [~'dar] (1a) (ver-)brühen; heiß machen; **~rse** sich verbrennen, -brühen; sich wund laufen.

escale|ra [eska'lera] *f* Treppe *f*; Leiter *f*; **~ mecánica** Rolltreppe *f*; **~ de caracol** Wendeltreppe *f*; **~ de emergencia** Nottreppe *f*; **~ de incendios** Feuerleiter *f*; **~ telescópica** Ausziehleiter *f*; **~rilla** [~le'riʎa] *f* Trittleiter *f*; ⚓ Gangway *f*.

escalinata [eskali'nata] f Freitreppe f.

escalofrío [eskalo'frio] m Fieberschauer m, Schüttelfrost m; fig. Schauder m.

escalón [eska'lon] m Stufe f (a. fig.); (Leiter-)Sprosse f; fig. Grad m; ✕ Staffel f.

escalo|namiento [eskalona'mjento] m Abstufung f; Staffelung f; **~nar** [~'nar] (1a) abstufen; staffeln.

escalo|pa [eska'lopa] f u. **~pe** [~'lope] m Schnitzel n.

escalpelo [eskal'pelo] m Seziermesser n; Skalpell n.

escama [es'kama] f Schuppe f; fig. Groll m; Argwohn m; **~do** [eska-'maᵈo] mißtrauisch; **~r** [~'mar] (1a) schuppen; fig. argwöhnisch machen; **~rse** argwöhnisch werden; stutzig werden; durch Schaden klug werden. [*Bäume* ausästen.]

escamondar [eskamon'dar] (1a)]

escamoso [eska'moso] schuppig.

escamo|teable ✍ [eskamote'able] einziehbar (*Fahrgestell*); **~teador** m, **-a** f [~tea'dor, ~tea'dora] Trickdieb(in f) m; Taschenspieler(in f) m; **~tear** [~te'ar] (1a) wegzaubern; wegstibitzen, F beiseite schaffen; **~teo** [~'teo] m Taschenspielertrick m; Trickdiebstahl m.

escampar [eskam'par] (1a) räumen; v/i. aufhören zu regnen.

escampavía ⚓ [eskampa'bia] f Küstenwachschiff n.

escancia|dor [eskanθja'dor] m Mundschenk m; **~r** [~'θjar] (1b) kredenzen, aus-, einschenken.

escandalizar [eskandali'θar] (1f) Ärgernis erregen bei j-m; j-n empören; **~se** sich entrüsten (über [*ac.*] de); Anstoß nehmen (an [*dat.*] de).

escándalo [es'kandalo] m Ärgernis n; Skandal m; Anstoß m; armar un ~ Krach schlagen; e-e Szene machen; causar ~ Anstoß erregen.

escandaloso [eskanda'loso] ärgerlich, anstößig; empörend.

escandallo [eskan'daʎo] m Senkblei n; Probe f.

escantillón △ [eskanti'ʎon] m Schablone f, Lehre f.

escaño [es'kaɲo] m Bank f mit Lehne f; *Pol.* (Parlaments-)Sitz m.

escapa|da [eska'paða] f Entwischen n, Ausreißen n; Seitensprung m;

fig. Abstecher m; **~r** [~'par] (1a) v/i. entwischen; entrinnen; *e-r Gefahr* entgehen; davonkommen; **~rse** sich davonmachen; entweichen; entkommen; entfallen, entfahren (*Worte*); (*der Aufmerksamkeit j-s*) entgehen.

escaparate [eskapa'rate] m Glasschrank m; Schaufenster n; *Col., Cu., Ven.* Kleiderschrank m.

escapatoria [eskapa'toria] f Ausflucht f; F Hintertür f.

escape [es'kape] m eilige Flucht f; Entweichen n; ⊕ Auspuff m; Abdampf m; Auslaufen n, Lecken n; Ausströmen n (*Gas usw.*); a ~ eilig.

escara ℱ [es'kara] f Schorf m; **~bajear** [eskarabaxe'ar] (1a) krabbeln; v/t. F kribbelig machen; wurmen; **~bajo** [~'baxo] m Käfer m; F Knirps m; **~s** pl. Gekritzel n; **~mujo** [~'muxo] m Hagebutte f, Hagebuttenstrauch m; **~muza** ✕ [~'muθa] f Scharmützel n; fig. Geplänkel n; **~pela** [~'pela] f Kokarde f; Rauferei f.

escarba|dero [eskarba'dero] m Suhle f; **~dientes** [~'djentes] m Zahnstocher m; **~orejas** [~o'rexas] m Ohrlöffel m; **~r** [~'bar] (1a) kratzen, scharren; wühlen; *Ohren, Zähne* säubern.

escarcela [eskar'θela] f Gürteltasche f; Jagdtasche f; Haube f.

escarcha [es'kartʃa] f (Rauh-)Reif m; kristallisierter Zucker m im Likör; **~r** [eskar'tʃar] (1a) reifen; v/t. kandieren; *Ton* schlämmen.

escar|da 🌶 [es'karda] f kleine Jäthacke f; Jäten n; **~dadera** [eskarda-'dera] f Jäthacke f; **~dar** [~'dar] (1a) jäten; **~dillo** [~'diʎo] m Jäthacke f; Lichtreflex m.

escarifica|dor [eskarifika'dor] m ℱ Schröpfmesser n; 🌶 Grubber m; **~r** [~'kar] (1g) schröpfen; grubbern.

escarla|ta [eskar'lata] f Scharlach m (*Farbe*); **~tina** [~la'tina] f Scharlachtuch n; ℱ Scharlach m.

escar|mentar [eskarmen'tar] (1k) hart bestrafen; v/i. gewitzt werden (durch [*ac.*] con); **~miento** [~'mjento] m (schlimme) Erfahrung n; Gewitztheit f; (abschreckendes) Beispiel n; hacer un ~ ein Exempel statuieren; **~necer** [~ne'θer] (2d) verspotten; **~nio** [es'karnio] m Spott m.

escarola   238

escaro|la [eska'rola] f Endivie f;
∼lar [∼ro'lar] (1a) fälteln.

escarpa [es'karpa] f Abhang m;
Böschung f; **∼do** [eskar'paᵈo] abschüssig, steil; **∼dura** [∼pa'dura] f
Abhang m; **∼r** [∼'par] (1a) steil abdachen od. abböschen; abraspeln.

escarpia [es'karpja] f Hakennagel
m; Wandhaken m; **∼dor** ⊕ [eskar-
pia'dɔr] m (Rohr-)Schelle f.

escarpín [eskar'pin] m leichter
Schuh m, Tanzschuh m.

esca|samente [eskasa'mente] knapp,
kaum; **∼sear** [∼se'ar] (1a) kärglich
zuteilen, knapp bemessen; F knau-
sern, knickern mit (dat.); v/i. selten
werden; knapp sein; **∼sez** [∼'seθ] f
Kargheit f; Mangel m; ∼ de dinero
Geldknappheit f; **∼so** [es'kaso]
karg; knapp; selten; F knauserig.

escatimar [eskati'mar] (1a) schmälern; sparen mit (dat.); Worte verdrehen; no ∼ esfuerzos keine Anstrengungen scheuen.

escayola [eska'jola] f Stuck m;
Gips(verband) m; **∼r** [∼jo'lar] (1a)
ein-, vergipsen.

escena [es'θena] f Bühne f; Bühnen-
kunst f; Szene f, Auftritt m; poner
en ∼ inszenieren; entrar en ∼ auftreten; hacer una ∼ e-e Szene machen; **∼rio** [esθe'narjo] m Bühne f;
Bühnenbild n; Szenerie f;
Schauplatz m.   [nen...]

escénico [es'θeniko] szenisch, Büh-

escenifica|ción [esθenifika'θjɔn] f
Inszenierung f; Bühnenbearbeitung
f; **∼r** [∼'kar] (1g) inszenieren; für die
Bühne bearbeiten.

escen|ografía [esθenogra'fia] f
Bühnenmalerei f; Bühnenbild n;
∼ógrafo [∼'nografo] m Bühnen-
maler m, -bildner m.

escepticismo [esθepti'θizmo] m
Skepsis f; Skeptizismus m.

escéptico [es'θeptiko] **1.** adj. skep-
tisch; **2.** m Skeptiker m, Zweifler m.

escisión [esθi'sjɔn] f Bruch m;
Spaltung f.

esclare|cer [esklare'θer] (2d) er-
leuchten, erhellen; fig. aufklären;
berühmt machen; v/i. hell werden,
tagen; **∼cido** [∼'θiðo] ausgezeichnet; berühmt; **∼cimiento** [∼θi-
'mjento] m Aufklärung f; Klarheit f.

esclavina [eskla'bina] f Pilgerman-
tel m; Pelerine f.

escla|vitud [esklabi'tu⁽ᵈ⁾] f Sklave-
rei f; Knechtschaft f; Joch n; **∼vi-
zar** [∼bi'θar] (1f) versklaven; unterjochen; **∼vo** [es'klabo] **1.** adj.
sklavisch; **2.** m Sklave m.

esclerosis [eskle'rosis] f Sklerose f.

esclusa [es'klusa] f Schleuse f.

esco|ba [es'koβa] f Besen m; ♀ Be-
senginster m; **∼bada** [esko'baða] f
Besenstrich m; **∼bar** [∼'bar] **1.** m
Ginsterfeld n; **2.** (1a) kehren, fegen;
∼bazo [∼'baθo] m Schlag m mit dem
Besen; **∼bero** [∼'bero] m Besen-
binder m, -händler m; **∼betado**
Am. [∼be'taᵈo] m ein Tanz; **∼billa**
[∼'biʎa] f Kleiderbürste f; Klo-
(sett)bürste f; ⚡ Bürste f; **∼bón**
[∼'bɔn] m Kaminbesen m.

escocer [esko'θer] (2b u. h) brennen,
jucken (Insektenstich); fig. ärgern.

esco|cés [esko'θes] **1.** adj. schot-
tisch; **2.** m Schotte m; **∼cia** [es'ko-
θia] f Hohlkehle f.

escoda [es'koða] f Spitzhammer m;
∼r [esko'dar] (1a) Steine mit dem
Spitzhammer bearbeiten.

escofina [esko'fina] f Raspel f; **∼r**
[∼fi'nar] (1a) raspeln.

esco|ger [esko'xer] (2c) auswählen;
aussuchen; **∼gido** [∼'xiðo] aus-
erlesen; auserwählt.

esco|lar [esko'lar] **1.** adj. Schul...;
2. m Schüler m; **∼larización** neol.
[∼lariθa'θiɔn] f Einschulung f; ∼
obligatoria Schulpflicht f; **∼lástica**
[∼'lastika] f Scholastik f; **∼lástico**
[∼'lastiko] scholastisch; Schul...

escolta ✕ [es'kɔlta] f Eskorte f; Begleitung f; Geleitschutz m; **∼r** ✕
[eskɔl'tar] (1a) eskortieren; begleiten; geleiten.

escollera [esko'ʎera] f Wellenbrecher m.

escollo [es'koʎo] m Riff n; Klippe f
(a. fig.).

escombra [es'kɔmbra] f Auf-,
Wegräumen n.

escom|brar [eskɔm'brar] (1a) ab-,
ausräumen; reinigen; **∼brera** [∼
'brera] f (Schutt-)Halde f; Schutt-
abladeplatz m; **∼bro** [∼'kɔmbro]
m (mst ∼s pl.) Bauschutt m; Trüm-
mergestein n; Geröll n; ✕ Abraum
m.

escon|dedero [eskɔnde'dero] m
Versteck n; **∼der** [∼'der] (2a) verstecken; verbergen; verheimlichen;
verschweigen; **∼dida(s)** Am. Mer.

[~'dida(s)] *f(pl.)* Versteckspiel *n*; **~didas** [~'didas]: *a* ~ im geheimen; **~dite** [~'dite] *m* Versteck *n*; Versteckspiel *n*; **~drijo** [~'drixo] *m* Schlupfwinkel *m*, Versteck *n*.

escope|ta [esko'peta] *f* Flinte *f*; (Jagd-)Gewehr *n*; ~ *de aire comprimido* Luftgewehr *n*; **~tazo** [~pe-'taθo] *m* Flintenschuß *m*; **~tear** [~pete'ar] (1a) beschießen; **~teo** [~'teo] *m* Schießerei *f*; **~tero** [~'tero] *m* Büchsenmacher *m*.

esco|plear [esople'ar] (1a) ausmeißeln; **~plo** [es'koplo] *m* (Holz-)Meißel *m*; Stemmeisen *n*.

escora ♣ [es'kora] *f* Schlagseite *f*.

escor|bútico [eskor'butiko] **1.** *adj.* skorbutartig; **2.** *m* Skorbutkranke(r) *m*; **~buto** [~'buto] *m* Skorbut *m*.

escorchar [eskor'tʃar] (1a) abhäuten, abschinden.

escoria [es'koria] *f* Schlacke *f*; **~l** [esko'rial] *m* Schlackenhalde *f*.

Escorpi|o [es'korpio] *m* *Astr.* Skorpion *m*; **~ón** [~'pion] *m* *Zo.* Skorpion *m*.

escorz|ar *Mal.* [eskor'θar] (1f) perspektivisch verkürzen; **~o** *Mal.* [es-'korθo] *m* perspektivische Verkürzung *f*; **~onera** [eskorθo'nera] *f* Schwarzwurzel *f*.

escota ♣ [es'kota] *f* Schote *f*, Segelleine *f*.

esco|tado [esko'taᵈo] ausgeschnitten, dekolletiert; **~tar** [~'tar] (1a) *Kleid* ausschneiden; *v/i.* s-n Beitrag zahlen; **~te** [es'kote] *m* Ausschnitt *m* am *Kleid*, Dekolleté *n*; Halsausschnitt *m*; Hemdenpasse *f*; Zeche *f* (*Getränke*); *a* ~ durch gemeinschaftliche Beiträge, durch Umlage.

escoti|lla ♣ [esko'tiʎa] *f* Schiffsluke *f*; **~llón** [~ti'ʎon] *m* Falltür *f*; *Thea.* Versenkung *f*; F *por (el)* ~ plötzlich; spurlos.

escozor [esko'θor] *m* Brennen *n*, Jucken *n*; Kummer *m*.

escri|ba [es'kriba] *m* Schreiber *m*; *Bibel:* Schriftgelehrte(r) *m*; **~banía** [eskriba'nia] *f* Registratur *f*; Schreibzeug *n*, -gerät *n*; **~bano** [~'bano] *m* (Amts-)Schreiber *m*; **~biente** [~'biente] *m* Schreiber *m*; Kopist *m*; **~bir** [~'bir] (3a; *part.* *escrito*) schreiben; verfassen; ~ *a mano* mit der Hand schreiben; ~ *a máquina* mit der Maschine schreiben; **~to** [es'krito] **1.** *adj.* geschrie-

ben; schriftlich; **2.** *m* Schreiben *n*; Schriftstück *n*; Werk *n*; *por* ~ schriftlich; **~tor** *m*, -a *f* [eskri'tor, ~'tora] Schriftsteller(in *f*) *m*; **~torio** [~'torio] *m* Büro *n*, Schreibstube *f*; Geschäftszimmer *n*; Schreibtisch *m*; *artículos m/pl. de* ~ Büroartikel *m/pl.*; Schreibwaren *f/pl.*; **~tura** [~'tura] *f* Schreiben *n*; Schrift *f*; Urkunde *f*; *Sagrada* ⚥ Heilige Schrift *f*; **~turar** [~tu'rar] (1a) urkundlich beglaubigen; **~turario** [~tu'rario] notariell.

escrófula ☂ [es'krofula] *f* Skrofel *f*.

escrofuloso [eskrofu'loso] skrofulös.

escroto [es'kroto] *m* Hodensack *m*.

escrupu|lizar [eskrupuli'θar] (1f) Skrupel haben; Bedenken tragen (bei [*dat.*] en); **~losidad** [~losi'da⁽ᵈ⁾] *f* Gewissenhaftigkeit *f*; **~loso** [~-'loso] gewissenhaft; peinlich genau.

escrúpulo [es'krupulo] *m* Skrupel *m*; Bedenken *n*; *sin* ~s gewissen-, bedenkenlos.

escru|tador [eskruta'dor] **1.** *adj.* forschend; **2.** *m* Stimmzähler *m* (*Wahl*); **~tar** [~'tar] (1a) *Stimmen* zählen; untersuchen; **~tinio** [~'tinio] *m* Wahlgang *m*; Feststellung *f* des Wahlergebnisses; Stimmzählung *f*; Untersuchung *f*.

escua|dra [es'kuadra] *f* Winkelmaß *n*; Zeichendreieck *n*; (Anlege-) Winkel *m*; ✕ Trupp *m*; ♣ Geschwader *n*; ~ *de delineante* Reißschiene *f*; ~ *de hierro* Winkeleisen *n*; *falsa* ~ Stellwinkel *m*; *a* ~ rechtwinklig; **~drar** [esku̯a'drar] (1a) rechtwinklig behauen, zuschneiden; **~drilla** [~'driʎa] *f* Trupp *m*; Flottille *f*; ✈ Staffel *f*; **~drón** [~'dron] *m* Schwadron *f*; ✈ Geschwader *n*.

escu|alidez [eskuali'deθ] *f* Abmagerung *f*; Verwahrlosung *f*; **~álido** [es'kuali̯do] abgemagert; verwahrlost.

escucha [es'kutʃa] **a)** *m* Horcher *m*, Lauscher *m*; Späher *m*; Horchposten *m*; **b)** *f* (Ab-)Hören *n*; *quedar a la* ~ (*Telefon, Rundfunk*) am Apparat bleiben; ~s *telefónicas* Abhören *n* v. Telefongesprächen; **~r** [esku-'tʃar] (1a) horchen; anhören, zuhören; hören auf (*ac.*).

escu|dar [esku'dar] (1a) (be)schützen; **~darse** Deckung nehmen; **~dero** [~'dero] *m* Schildknappe *m*.

escu|dete [esku'dete] *m* Keil *m*,

Zwickel *m*; ✗ Pfropfauge *n*; **~dilla** [~'diʎa] *f* (Suppen-)Napf *m*; **~do** [es'kudo] *m* Schild *m*; Wappen *n*; Schutz *m*; Taler *m*.

escudriñar [eskudri'ɲar] (1a) erforschen; nachprüfen, -forschen.

escuela [es'kŵela] *f* Schule *f*; Schulgebäude *n*; Unterricht *m*; ~ de comercio Handelsschule *f*; ~ de conducción (*od.* de chóferes) Fahrschule *f*; ~ elemental, ~ primaria Volksschule *f*; ~ especial Fachschule *f*; ~ de ingenieros Technikum *n*; ~ integrada *od.* integral Gesamtschule *f*; ~ mixta Gemeinschaftsschule *f*; ~ nocturna Abendschule *f*; ~ normal Lehrerbildungsanstalt *f*; ~ de párvulos Kleinkinderschule *f*; ~ politécnica technische Hochschule *f*; ~ profesional Berufsschule *f*; ♀ Superior de Comercio Handelshochschule *f*; asistir a la ~ die Schule besuchen.

escue|lante Col., Méj., Ven. [eskŭe'lante] *m* (*f*) Schüler(in *f*) *m*; **~lero** [~'lero] **1.** F Am. reg. *m* Schulmeister *m*; **2.** *m*, -a *f* [~'lera] Col., Guat., Ven. Schüler(in *f*) *m*.

escueto [es'kŭeto] schlicht; einfach; schmucklos.

escul|pir [eskul'pir] (3a) Stein usw. behauen; schnitzen; **~tor** *m*, -a *f* [~'tor, ~'tora] Bildhauer(in *f*) *m*; **~tura** [~'tura] *f* Bildhauerkunst *f*; Skulptur *f*; **~tural** [~tu'ral] Bildhauer...; bildschön.

escupi|dera [eskupi'dera] *f* Spucknapf *m*; Am. reg. Nachttopf *m*; **~dura** [~'dura] *f* Spucke *f*; Speichel *m*; **~r** [~'pir] (3a) spucken; *v/t.* (aus)spucken, speien; **~tajo** F [~pi'taxo] *m* Spucke *f*.

escurreplatos [eskurre'platos] *m* Abtropfständer *m* (*für Geschirr*).

escurri|banda F [eskurri'banda] *f* ✗ Durchfall *m*; Tracht *f* Prügel; **~dizo** [~'diθo] schlüpfrig, glatt; **~do** [~'rrido] schmächtig; **~dor** [~rri'dor] *m* Trockenständer *m*; Plattenständer *m*; Durchschlag *m*; Küchensieb *n*; **~duras** [~rri'duras] *f/pl.* letzte Tropfen *m/pl.*; **~r** [~'rrir] (3a) abtropfen lassen; Wäsche auswringen, schleudern; Schwamm ausdrücken; bis zur Neige leeren; *v/i.* austropfen; **~rse** sich ausrutschen; entwischen; mehr tun *od.* sagen, als man wollte.

esdrújulo [ez'druxulo] auf der drittletzten Silbe betont (*z.B.* teléfono).

ese, esa, eso, esos, esas (*alleinstehend* ése, ésa[s], ésos) ['ese, 'esa, 'eso, 'esos, 'esas, 'ese, 'esa(s), 'esos) diese(r, s); jene(r, s); der, die, das; en ésa dort, in Ihrer Stadt; eso mismo, eso es ganz richtig (*als Antwort*); eso sí das allerdings; a eso de (las dos) gegen (zwei Uhr); por eso deswegen; no por eso nichtsdestoweniger; ¿y eso? wieso?; ni por ésas keineswegs.

esencia [e'senθia] *f* a) Wesen *n*, Sein *n*; b) ätherisches Öl *n*; Essenz *f*; **~l** [esen'θial] wesentlich; hauptsächlich; ätherisch (*Öl*).

esfera [es'fera] *f* Sphäre *f*, Kugel *f*; Zifferblatt *n* (*Uhr*); ~ (de actividad) Wirkungskreis *m*.

esférico [es'feriko] **1.** *adj.* kugelförmig; **2.** F *m* Fußball *m*.

esfinge [es'finxe] *f* Sphinx *f*.

esfínter Anat. [es'finter] *m* Schließmuskel *m*.

esforza|do [esfor'θaðo] tapfer, mutig; stark; **~r** [~'θar] (1f *u.* 1m) ermutigen; kräftigen; **~rse** sich anstrengen.

esfuerzo [es'fŭerθo] *m* Anstrengung *f*; Mut *m*; Kraft *f*; ⊕ Beanspruchung *f*; hacer un ~ sich anstrengen; sin ~ mühelos.

esfu|mar [esfu'mar] (1a) Mal. verwischen; **~marse** zergehen; F sich verdrücken; *fig.* sich auflösen; **~mino** [~'mino] *m* Wischer *m*.

esgri|ma [ez'grima] *f* Fechtkunst *f*; Fechten *n*; **~midor** [ezgrimi'dor] *m* Fechter *m*; **~mir** [~'mir] (3a) Waffe schwingen; *fig.* Argumente geltend machen, vorbringen; *v/i.* fechten.

esguazar [ezgŭa'θar] (1f) durchwaten.

esguince [ez'ginθe] *m* ausweichende Bewegung *f*; abweisende Geste *f*; ✗ Verrenkung *f*.

eslabón [ezla'bon] *m* Ring *m*; Glied *n* e-r Kette; Feuer-, Wetzstahl *m*.

eslabonar [ezlabo'nar] (1a) verketten; verknüpfen.

eslavo [ez'labo] **1.** *adj.* slawisch; **2.** *m* Slawe *m*.

eslora [ez'lora] *f* Kiel-, Schiffslänge *f*.

eslovaco [ezlo'bako] **1.** *adj.* slowakisch; **2.** *m* Slowake *m*.

esloveno [ezlo'beno] **1.** *adj.* slowenisch; **2.** *m* Slowene *m*.

esmal|tar [ezmal'tar] (1a) emaillieren; schmücken; **~te** [ez'malte] *m* Schmelz *m*; Glanz *m*; Email *n*; ~ *dental* Zahnschmelz *m*; ~ *para uñas* Nagellack *m*.

esmerado [ezme'ra⁴o] sorgfältig; sorgsam; gepflegt; tadellos.

esmeralda [ezme'ralda] *f* Smaragd *m*.

esmerarse [ezme'rarse] (1a) sich die größte Mühe geben.

esmeril [ezme'ril] *m* Schmirgel *m*; **~ado** [~ri'la⁴o] geschliffen; *cristal m* ~ *Phot.* Mattscheibe *f*; **~ar** [~ri'lar] (1a) schmirgeln; (ab)schleifen.

esmero [ez'mero] *m* Sorgfalt *f*; Gewissenhaftigkeit *f*; *con* ~ sorgfältig.

esmirriado [ezmi'rria⁴o] ausgemergelt; F mick(e)rig.

esmoquin [ez'mokin] *m* Smoking *m*.

esnobis|mo [ezno'bizmo] *m* Snobismus *m*; **~ta** [~'bista] **1.** *adj.* snobistisch; **2.** *m* Snob *m*.

eso ['eso] *usw. s.* ese.

esófago *Anat.* [e'sofaɣo] *m* Speiseröhre *f*.

espabila|do F [espabi'la⁴o] aufgeweckt; F helle; **~rse** [~'larse] (1a) munter werden; sich rühren; F sich zu helfen wissen.

espaciador [espaθia'dɔr] *m* Leertaste *f* (*Schreibmaschine*).

espacial [espa'θial] (Welt-)Raum...; räumlich.

espaciar [espa'θiar] (1b) verbreiten; ausdehnen; *Typ.* sperren, durchschießen; *et.* seltener tun; **~se** sich weitläufig ergehen; sich zerstreuen.

espacio [es'paθio] *m* Raum *m*; Zeitraum *m*; Fläche *f*; ♩ Pause *f*; *Typ.* Spatium *n*; *neol.* (Fernseh-)Sendung *f*; ~ *interplanetario* Weltraum *m*; ~ *vital* Lebensraum *m*; **~so** [espa'θioso] weit; geräumig; langsam.

espada [es'pada] **a)** *f* Degen *m*; Schwert *n*; **b)** *m Stk.* Matador *m*; **~chín** [espada'tʃin] *m* tüchtiger Fechter *m*; Raufbold *m*.

espadaña ♀ [espa'daɲa] *f* Rohrkolben *m*.

espadín [espa'din] *m* Zierdegen *m*.

espal|da [es'palda] *f* Rücken *m*; Rück-, Kehrseite *f*; Vorderkeule *f* (*Schlachttier*); *a* ~*s de* hinter *j-s* Rücken; *de* ~*s* mit dem Rücken nach (*dat.*); *por la* ~ von hinten;

tener buenas (*od. anchas*) ~*s* F ein dickes Fell haben; *tener bien guardadas las* ~*s* gute Rückendeckung haben; *volver las* ~*s a alg.* j-m den Rücken kehren; **~dar** [espal'dar] *m* Schulterstück *n*; Rückenlehne *f* (*Stuhl*); Spalier *n*; *Zo.* Rückenpanzer *m*; **~darazo** [~da'raθo] *m* Ritterschlag *m*; *dar el* ~ *a alg. fig.* j-n anerkennen; **~dera** [~'dera] *f* Spalier *n*; **~dilla** [~'diʎa] *f* Schulterblatt *n*.

espan|table [espan'table] schrecklich; **~tadizo** [~ta'diθo] schreckhaft; scheu; **~tajo** [~'taxo] *m*, **~tapájaros** [~ta'paxaros] *m* Vogelscheuche *f* (*a. fig.*); **~tar** [~'tar] (1a) *j-n* erschrecken; erstaunen; **~tarse** erschrecken; erstaunen; scheuen (*Pferd*); **~to** [es'panto] *m* Schrecken *m*; Entsetzen *n*; *Am.* Gespenst *n*; **~tosidad** *Am.* [espantosi'da⁽ᵈ⁾] *f* Schrecken *m*, Schauder *m*; **~toso** [~'toso] schrecklich; erstaunlich.

español [espa'ɲɔl] **1.** *adj.* spanisch; **2.** *m*, **-a** *f* [~'ɲola] Spanier(in *f*) *m*; **~ismo** [~ɲo'lizmo] *m* Spaniertum *n*; spanische(s) Wesen *n*; **~izar** [~ɲoli-'θar] (1f) hispanisieren, dem spanischen Wesen *od.* der spanischen Sprache anpassen.

esparadrapo [espara'drapo] · *m* Heftpflaster *n*. [*m.*]

esparaván [espara'ban] *m* Sperber⌡

esparci|do [espar'θiđo] *fig.* aufgeräumt; F fidel; **~miento** [~θi-'miento] *m* Verstreuen *n*; Zerstreuung *f*; Vergnügen *n*; **~r** [~'θir] (3b) ver-, ausstreuen; verbreiten; **~rse** sich belustigen, sich ergötzen.

espárrago [es'parraɣo] *m* Spargel *m*; Zeltstange *f*; Stiftschraube *f*; F *¡vete a freír* ~*s!* scher dich zum Teufel!

esparraguera [esparra'ɣera] *f* Spargelbeet *n*.

esparranca|do [esparraŋ'ka⁴o] mit gespreizten Beinen; breitbeinig; **~rse** [~'karse] (1g) die Beine spreizen.

espar|tería [esparte'ria] *f* Arbeiten *pl.* aus Espartogras; Laden *m* mit Espartowaren; **~tero** [~'tero] *m* Espartoarbeiter *m*; **~to** ♀ [es'parto] *m* Espartogras *n*.

espas|mo [es'pazmo] *m* Krampf *m*; ~*s pl.* Zuckungen *f/pl.*; **~módico** [espaz'modiko] krampfartig.

espato *Min.* [es'pato] *m* Spat *m*.

espátula [es'patula] *f* Spachtel *m*; ⚒ Spatel *m*.

especia [es'peθia] *f* Gewürz *n*.

especial [espe'θial] besonders; eigentümlich; Sonder...; Fach...; en ~ insbesondere; **~idad** [~θiali'ða⁽ᵈ⁾] *f* Spezialität *f*; Besonderheit *f*; (Fach-)Gebiet *n*; Eigentümlichkeit *f*; Fach *n*; **~ista** [~θia'lista] *m* Spezialist *m*, Fachmann *m*; ⚒ Facharzt *m*; **~izarse** [~θiali'θarse] (1f) sich spezialisieren (auf [*dat.*, *ac.*] en).

especie [es'peθie] *f* Art *f*; Gattung *f*; Sache *f*; ✝ Warengattung *f*; Geldsorte *f*; Gerücht *n*; *soltar una* ~ F fig. ~se Fühler ausstrecken, auf den Busch klopfen; en ~ in natura; **~ría** [espeθie'ria] *f* Gewürzhandlung *f*; **~ro** [~'θiero] **a)** Gewürzhändler *m*; **b)** Gewürzschränkchen *n*.

espe|cificar [espeθifi'kar] (1g) im einzelnen anführen, spezifizieren; **~cífico** [~'θifiko] **1.** *adj.* spezifisch; **2.** *m* Spezifikum *n*; **~cioso** [~'θioso] vorzüglich; scheinbar.

espécimen [es'peθimen] *m* Muster *n*, Probestück *n*.

espec|táculo [espek'takulo] *m* Schauspiel *n*; Vorstellung *f*; *fig.* Anblick *m*; *dar* (el) ~ unliebsames Aufsehen erregen; **~tador** *m*, **-a** *f* [~ta'ðor, ~ta'ðora] Zuschauer(in *f*) *m*; **~tro** [~'pektro] *m* Gespenst *n*; *Phys.* Spektrum *n*.

especu|lación [espekula'θion] *f* Spekulation *f*; **~lador** [~la'ðor] *m* Spekulant *m*; **~lar** [~'lar] (1a) nachsinnen über (*ac.*); *v/i.* spekulieren; **~lativo** [~la'tiβo] spekulativ.

espéculo [es'pekulo] *m* Spiegel *m*.

espe|jear [espexe'ar] (1a) (wider-) spiegeln; **~jismo** [~'xizmo] *n* Luftspiegelung *f*; Fata Morgana *f*; (Selbst-)Täuschung *f*; **~jo** [es'pexo] *m* Spiegel *m*; ~ *retrovisor Kfz.* Rückspiegel *m*; **~leólogo** [espele'ologo] *m* Höhlenforscher *m*.

espelta ⏚ [es'pelta] *f* Spelz *m*.

espeluznante [espeluð'nante] haarsträubend.

espera [es'pera] *f* Warten *n*; Erwartung *f*; Hoffnung *f*; Frist *f*; Geduld *f*; *Jgdw.* Anstand *m*; *sala f de* ~ Wartesaal *m*; *tiempo m de* ~ Wartezeit *f*; **~nza** [espe'ranθa] *f* Hoffnung *f*; ¡*qué* ~! *Am. reg.* **a)** es ist

hoffnungslos!; **b)** kommt nicht in Frage!; **~r** [~'rar] (1a) (er)warten; hoffen.

esperma [es'perma] *f* männliche(r) Samen *m*, Sperma *n*; ~ *de ballena* Walrat *m od. n*.

esperpento F [esper'pento] *m fig.* Vogelscheuche *f*; Unsinn *m*.

espe|sar [espe'sar] (1a) **1.** ein-, verdicken; verstärken; **2.** *m* Walddickicht *n*; **~so** [es'peso] dick (-flüssig); dicht(gedrängt); massig; fettig, schmierig; **~sor** [espe'sor] *m* Dicke *f*; **~sura** [~'sura] *f* Dichtigkeit *f*; Dickicht *n*; **~tar** [~'tar] (1a) aufspießen; *fig.* F vom Stapel lassen; *iron.* beglücken mit; **~tarse** sich in die Brust werfen; **~to** [es'peto] *m* Bratspieß *m*.

espía [es'pia] *su.* Spion(in *f*) *m*.

espiantar *Arg.* [espian'tar] (1a) fliehen; entwenden, stehlen.

espiar [espi'ar] (1c) ausspähen; (aus)spionieren.

espichar P [espi't∫ar] (1a) krepieren, abkratzen.

espiga [es'piga] *f* Ähre *f*; ⊕ Pflock *m*, Zapfen *m*, Stift *m*, Zinken *m*; **~dora** [espiga'ðora] *f* Ährenleserin *f*; **~r** [~'gar] (1h) Ähren lesen *od.* ansetzen; *fig.* zs.-tragen (*Daten usw.*); **~rse** ins Kraut schießen; *fig.* in die Höhe schießen.

espigón [espi'gon] *m* (Nagel-) Spitze *f*; ♀ Granne *f*; Bergkegel *m*; Wellenbrecher *m*; Mole *f*.

espina [es'pina] *f* Dorn *m*; Stachel *m*; (Holz-)Splitter *m*; Fischgräte *f*; ~ *dorsal* Rückgrat *n*; *dar mala* ~ verdächtig vorkommen; **~ca** ♀ [espi'naka] *f* Spinat *m*; **~l** [~'nal] Rückgrat...; **~r** [~'nar] **1.** (1a) mit Dornen stechen; *fig.* sticheln; **2.** *m* Dorngebüsch *n*; **~zo** [~'naθo] *m* Rückgrat *n*; F *doblar el* ~ *fig.* zu Kreuze kriechen.

espinilla [espi'niʎa] *f* Schienbein *n*; ⚒ Pickel *m*, Mitesser *m*.

espino [es'pino] *m* Weißdorn *m*; **~so** [espi'noso] dornig; *fig.* schwierig, heikel.

espinudo *Am.* [espi'nuðo] = *espinoso*.

espionaje [espio'naxe] *m* Spionage *f*; ~ *industrial* Werkspionage *f*.

espira [es'pira] *f* Spirale *f*; **~l** [espi'ral] **1.** *adj.* schneckenförmig, Spiral...; **2.** *f* Spirale *f*; **~r** [~'rar]

(1a) aushauchen, -strömen; *Geruch* verbreiten; *v/i.* (aus)atmen.

espiri|tismo [espiri'tizmo] *m* Spiritismus *m*; **\~tista** [\~'tista] **1.** *adj.* spiritistisch; **2.** *m* Spiritist *m*; **\~toso** [\~'toso] feurig; geistsprühend; *bebidas f/pl.* **\~as** Spirituosen *pl.*

espíritu [es'piritu] *m* Geist *m*; Seele *f*; Spiritus *m*; \~ *de vino* Weingeist *m*.

espiritu|al [espiri'tŭal] geistig; geistreich; **\~alidad** [\~tŭali'da⁽ᵈ⁾] *f* Geistigkeit *f*; **\~alizar** [\~tŭali'θar] (1f) vergeistigen.

espita [es'pita] *f* Faßhahn *m*; *fig.* Säufer *m*.

esplen|dente *poet.* [esplen'dente] strahlend; **\~didez** [\~di'deθ] *f* Pracht *f*; Glanz *m*; Freigebigkeit *f*.

espléndido [es'plendiđo] prächtig; glänzend; freigebig.

esplendor [esplen'dɔr] *m* Glanz *m*; Pracht *f*; **\~oso** [\~do'roso] strahlend; prächtig.

espliego ♀ [es'plĭego] *m* Lavendel *m*.

esplín [es'plin] *m* Spleen *m*.

espo|lear [espole'ar] (1a) (an)spornen (*a. fig.*); **\~leta** [\~'leta] *f* (Geschoß-)Zünder *m*.

espolón [espo'lɔn] *m* (Hahnen-) Sporn *m*; △ Widerlager *n*; Schiffsschnabel *m*; Dammweg *m*.

espolvore|ador [espɔlborea'dɔr] *m* Stäuber *m*, Stäubegerät *n*; **\~ar** [\~'ar] (1a) bestäuben, bestreuen; abstauben; **\~o** [\~'reo] *m* (Be-) Stäuben *n*.

esponja [es'pɔŋxa] *f* Schwamm *m*; **\~r** [espɔŋ'xar] (1a) aufblähen; auflockern; **\~rse** aufgehen (*Teig*); F sich aufblähen; *fig.* aufblühen.

esponjo|sidad [espɔŋxosi'da⁽ᵈ⁾] *f* Schwammigkeit *f*; **\~so** [\~'xoso] schwammig; porös; locker.

esponsales [espon'sales] *m/pl.* Verlobung *f*.

espon|tanearse [espontane'arse] (1a) aus sich herausgehen; **\~taneidad** [\~tanei'da⁽ᵈ⁾] *f* Ursprünglichkeit *f*, Natürlichkeit *f*; **\~táneo** [\~'taneo] ursprünglich, natürlich, spontan; ♀ wildwachsend.

espora ♀ [es'pora] *f* Spore *f*.

esporádico [espo'radiko] vereinzelt, sporadisch.

esportillo [espɔr'tiʎo] *m* Henkelkorb *m*; Kiepe *f*.

espo|sa [es'posa] *f* Gemahlin *f*,

Gattin *f*, Ehefrau *f*; **\~s** *f/pl.* Handschellen *f/pl.*; **\~sar** [\~po'sar] (1a) Handschellen anlegen (*dat.*); **\~so** [\~'poso] *m* Gemahl *m*, Gatte *m*, Ehemann *m*; **\~s** *m/pl.* Eheleute *pl.*

espue|la [es'pŭela] *f* Sporn *m*; *fig.* Antrieb *m*; **\~lar** *Am.* [\~pŭe'lar], **\~lear** *Am.* [\~pŭele'ar] (1a) (an)spornen.

espuerta [es'pŭerta] *f* Kiepe *f*; Henkelkorb *m*.

espulgar [espul'gar] (1h) entlausen; flöhen; *fig.* durchstöbern; sorgfältig betrachten *od.* studieren.

espuma [es'puma] *f* Schaum *m*; \~ *de mar* Meerschaum *m*; **\~dera** [espuma'dera] *f* Schaumlöffel *m*; **\~jear** [\~xe'ar] (1a) schäumen; **\~r** [\~'mar] (1a) (ab)schäumen; **\~rajo** [\~ma'raxo] *m* Geifer *m*; *echar* **\~s** vor Wut schnauben.

espumilla *Kchk. Am. Cent., Ec.* [espu'miʎa] *f Art* Baiser *n.*

espumoso [espu'moso] schaumig.

espurio [es'purio] **1.** *adj.* unehelich; unecht; **2.** *m* Bastard *m.*

espu|tar [espu'tar] (1a) (aus)spukken; **\~to** [\~'puto] *m* Speichel *m*; Auswurf *m.*

esqueje ⚲ [es'kexe] *m* Steckling *m.*

esquela [es'kela] *f* Billett *n*; *gedruckte* Anzeige *f*; \~ *de defunción* Todesanzeige *f.*

esqueleto [eske'leto] *m* Skelett *n*, Gerippe *n*; *fig.* Gerüst *n*; *Am. reg.* Skizze *f*, Entwurf *m*; Vordruck *m.*

esque|ma [es'kema] *m* Schema *n*; **\~mático** [\~ke'matiko] schematisch.

esquí [es'ki] *m* Schi *m*; \~ *náutico* Wasserschi *m.*

esquiador *m*, -a *f* [eskia'dɔr, \~'dora] Schiläufer(in *f*) *m.*

esquiar [eski'ar] (1a) Schi laufen.

esquife ⚓ [es'kife] *m* Beiboot *n.*

esquila [es'kila] *f* Kuh-, Viehglocke *f*; Schafschur *f*; **\~dor** [\~'dɔr] *m* Schafscherer *m.*

esquil|ar [eski'lar] (1a) *Schafe* scheren; **\~eo** [\~'leo] *m* Schafschur *f.*

esquilimoso [eskili'moso] F überempfindlich; zimperlich.

esquil|mar [eskil'mar] (1a) abernten; *fig.* aussaugen; **\~mo** [\~'kilmo] *m* Ertrag *m*; Ernte *f.*

esquimal [eski'mal] *m* Eskimo *m.*

esquina [es'kina] *f* Ecke *f*, Straßenecke *f*; *Rpl.* Laden *m* an der Straßenecke; **\~do** [eski'na⁽ᵈ⁾] eckig; *fig.*

barsch; **~zo** F [ʌ'naθo] *m* Ecke *f*; *Arg.*, *Chi.* Ständchen *n*; *dar* ~ F um die Ecke verschwinden; F versetzen.

esquirla [es'kirla] *f* (Knochen-) Splitter *m*.

esquirol [eski'rɔl] *m* Streikbrecher *m*.

esquisto [es'kisto] *m* Schiefer *m*; **~so** [ʌ'kis'toso] schieferhaltig, -artig.

esquite *Am. Cent.*, *Méj.* [es'kite] *m* Puffmais *m*.

esqui|var [eski'bar] (1a) vermeiden; ausweichen; **~varse** F sich verdrücken, abhauen; **~vez** [ʌ'beθ] *f* Scheu *f*; Sprödigkeit *f*; **~vo** [es-'kibo] spröde, scheu; ungesellig.

esquizofr|enia [eskiθo'frenia] *f* Schizophrenie *f*; **~énico** [ʌ'freniko] schizophren.

esta ['esta] *usw. s.* este².

esta|bilidad [estabili'da⁽ᵈ⁾] *f* Beständigkeit *f*, Festigkeit *f*; Stabilität *f*; **~bilización** [ʌθa'θiɔn] *f* Stabilisierung *f*; **~bilizador** ✠ [ʌθa'dɔr] *m* Leitwerk *n*, Flosse *f*; **~bilizar** [ʌ'θar] (1f) stabilisieren; **~ble** [es'table] beständig; fest, stabil; *Dauer...*; **~blecer** [estable'θer] (2d) begründen; errichten; einsetzen; herstellen; aufstellen; eröffnen; feststellen; **~blecerse** sich niederlassen; **~blecimiento** [ʌθi'miento] *m* Festsetzung *f*; Niederlassung *f*; Anstalt *f*; Geschäft *n*; Errichtung *f*; Aufstellung *f*; **~blo** [es'tablo] *m* Stall *m*.

estaca [es'taka] *f* Pfahl *m*, Stock *m*; **~da** [esta'kada] *f* Pfahlwerk *n*; Verhau *m*; Gatter *n*; *dejar en la* ~ F in der Patsche sitzenlassen; *quedar en la* ~ F unrettbar verloren sein; **~r** [ʌ'kar] (1g) anpflocken; *Weg* abstecken; **~rse** steif werden.

esta|ción [esta'θiɔn] *f* Stand *m*; Lage *f*; Jahreszeit *f*; Bahnhof *m*; Station *f*; Aufenthalt(sort) *m*; ~ *espacial* Raumstation *f*; ~ *de invierno od. invernal* Wintersportplatz *m*; ~ *meteorológica* Wetterwarte *f*; 🖼 ~ *de origen* Abgangsbahnhof *m*; ~ *de servicio* Tankstelle *f*; ~ *termal* Badeort *m*; ~ *veraniega* Sommerfrische *f*; **~cional** [ʌθio'nal] jahreszeitlich; Saison...; **~cionamiento** [ʌθiona-'miento] *m* Stehenbleiben *n*; Rast *f*; Parken *n*; **~cionario** [ʌθio'nario] stationär; rückständig; **~cionarse**

[ʌθio'narse] (1a) stehenbleiben; stocken.

estada [es'taða] *f* Aufenthalt *m*, Verweilen *n*.

estadía [esta'dia] *f* Aufenthalt *m*; ✠ Liegetage *m/pl.*; Liegegeld *n*.

estadio [es'taðio] *m* Rennbahn *f*; Stadion *n*; ⚕ *u. fig.* Stadium *n*.

estadista [esta'dista] *m* Staatsmann *m*; Statistiker *m*.

estadísti|ca [esta'ðistika] *f* Statistik *f*; **~co** [ʌko] statistisch.

estado [es'taᵈo] *m* Stand *m*; Zustand *m*; Rang *m*; Verzeichnis *n*; ♀ Staat *m*; ♀ *asistencial* Wohlfahrtsstaat *m*; ~ *civil* Personenstand *m*; ~ *de excepción* Ausnahmezustand *m*; ~ *de guerra* Kriegszustand *m*; ~ *de sitio* Belagerungszustand *m*; ♀ *Mayor* ✖ (General-)Stab *m*; *hallarse en* ~ *(interesante)* in anderen Umständen sein; **~unidense** [estaᵈouni-'dense] aus den USA.

estafa [es'tafa] *f* Betrug *m*, Betrügerei *f*, Gaunerei *f*; **~dor** *m*, **-a** *f* [estafa'dor, ʌ'dora] Betrüger(in *f*) *m*; Hochstapler(in *f*) *m*; **~r** [ʌ'far] (1a) abgaunern; betrügen; prellen; *Geld* veruntreuen.

estafeta [esta'feta] *f* Stafette *f*; ~ *de correos* Postamt *n*.

estalactita [estalak'tita] *m* Stalaktit *m*.

estalagmita [estalag'mita] *m* Stalagmit *m*.

estall|ar [esta'ʎar] (1a) knallen; platzen; explodieren; ausbrechen (*Krieg usw.*); **~ido** [ʌ'ʎiðo] *m* Knall *m*; Explosion *f*; *fig.* Ausbruch *m*.

estambre [es'tambre] *m* Kammgarn *n*; ♣ Staubgefäß *n*.

estamento [esta'mento] *m neol.* Gesellschaftsschicht *f*; **~s** *artísticos* Künstlerkreise *m/pl.*

estam|pa [es'tampa] *f* Bild *n*; Farbendruck *m*; Kupferstich *m*; (Fuß-) Spur *f*; *fig.* Aussehen *n*, Gestalt *f*; *dar a la* ~ in Druck geben; **~pado** [estam'paᵈo] **1.** *m* (Be-)Drucken *n*; **2.** *adj.* bedruckt; **~pador** [ʌpa'dor] *m* Drucker *m*; **~par** [ʌ'par] (1a) drucken; abdrucken; ein-, aufdrucken; ⊕ prägen, pressen, stanzen; **~pía** [ʌ'pia] *f*: *de* ~ Knall u. Fall; urplötzlich; **~pido** [ʌ'pido] *m* Knall *m*; Krachen *n*; Rollen *n des Donners*; **~pilla** [ʌ'piʎa] *f* Stempel *m*; Stempelunterschrift *f*;

Am. Briefmarke *f*; **~pillar** [ₓpi'ʎar] (1a) (ab)stempeln.

estan|cado [estaŋ'kaᵈo] Monopol...; stehend (*Gewässer*); **~camiento** [ₓka'miento] *m* Hemmung *f*; Stockung *f*; Stagnation *f*; **~car** [ₓ'kar] (1g) hemmen; stauen; zum Stocken bringen; monopolisieren; **~cia** [es-'tanθia] *f* großes Zimmer *n*; Aufenthalt *m*; Pflegezeit *f*, -geld *n*; *Rpl.* Viehzüchterei *f*; Viehgroßfarm *f*; *Cu., Ven.* kleines Landgut *n*; **~ciero** [estan'θiero] *m Rpl.* Großfarmer *m*; Viehzüchter *m*; **~co** [es'taŋko] *m* Monopol *n*; Tabakladen *m*; ⚓ *wasserdichtes* Schott *n*.

estándar [es'tandar] *m* Standard *m*; Norm *f*.

estandar|(d)ización [estandar(d)i-θa'θion] *f* Standardisierung *f*; **~(d)izar** [ₓ'θar] (1f) standardisieren.

estandarte [estan'darte] *m* Standarte *f*.

estanque [es'taŋke] *m* Teich *m*.

estanquero [estaŋ'kero] *m* Tabakhändler *m*.

estan|te [es'tante] **1.** *adj.* fest, bleibend; **2.** *m* Gestell *n*; Bücherbrett *n*, -ständer *m*; Regal *n*; **~tería** [estante'ria] *f* Regal *n*, Gestell *n*.

estañar [esta'ɲar] (1a) verzinnen.

estaño [es'taɲo] *m* Zinn *n*; hoja *f* de ~ Stanniol *n*.

estaquilla [esta'kiʎa] *f* Pflock *m*; Holznagel *m*; **~r** [ₓki'ʎar] (1a) anpflöcken.

estar [es'tar] (1p) *vorübergehend* sein; *an e-m Ort od. gesundheitlich* sich befinden; stehen, passen, sitzen (*Kleidung*); ~ haciendo gerade et. tun; ~ a kosten; ~ a punto fertig sein; gar sein (*Speise*); *estamos a 3 de enero* wir haben den 3. Januar; ~ a todo für alles einstehen, alles auf sich nehmen; ~ con *alg.* bei j-m sein *od.* wohnen; ~ bien (*mal*) *con alg.* sich mit j-m gut (schlecht) (ver)stehen; ~ con *cuidado* in Sorge sein, sich ängstigen; ~ de ausbest *od.* tätig sein als; ~ de *luto* Trauer tragen; ~ de *más* überflüssig sein; ~ de *pie* stehen; ~ de *prisa* es eilig haben; ~ de *viaje* reisefertig sein; auf Reisen sein; ~ en *a/c.* et. verstehen, et. schon wissen; ~ en que überzeugt sein, daß ...; ~ en *sí* bei Sinnen sein; ~ en *todo* an alles

denken; ~ *para hacer a/c.* im Begriff sein, et. zu tun; ~ *para a/c.* zu et. aufgelegt sein; ~ *por a/c.* für et. (*ac.*) (eingenommen) sein; ~ *por alg.* zu j-m halten; ~ *por hacer* noch zu tun sein, noch nicht erledigt sein; ~ *por ver* noch bevorstehen; ~ *sobre a/c.* (eifrig) hinter e-r Sache her sein; *¿cómo está Vd.?* wie geht es Ihnen?; *estoy mejor es* geht mir besser; *¿estamos?* (ein)verstanden?; *está que bota er ist* fuchsteufelswild; *¡ya está!* schon erledigt!; **~se** bleiben, verweilen; ~ *muriendo* im Sterben liegen; ~ *quieto* sich still verhalten.

estatal [esta'tal] staatlich.

estátic|a [es'tatika] *f* Statik *f*; **~o** [ₓko] statisch.

estatua [es'tatŭa] *f* Statue *f*, Bildsäule *f*; Standbild *n*; **~ria** [esta-'tŭaria] *f* Bildhauerkunst *f*; **~rio** [ₓrio] Bildhauerei...

estatu|illa [esta'tŭiʎa] *f* Statuette *f*; **~ir** [ₓtu'ir] (3g) feststellen; verordnen; **~ra** [ₓ'tura] *f* Körpergröße *f*, Statur *f*; **~tario** [ₓtu'tario] satzungsgemäß; **~to** [ₓ'tuto] *m* Statut *n*, Satzung *f*.

este¹ [¹este] *m* Osten *m*.

este², **esta**, **esto**, **estos**, **estas** (*alleinstehend* **éste**, **ésta[s]**, **éstos**) [¹este, ¹esta, ¹esto, ¹estas, ¹estas, ¹este, ¹esta(s), ¹estos] dieser (hier), diese, dieses, diese; *en ésta* am hiesigen Ort, hier; *en esto* inzwischen; *esto es* nämlich; das heißt; *por esto* deshalb, deswegen.

estearina [estea'rina] *f* Stearin *n*.

estela [es'tela] *f* **a)** ⚓ Kielwasser *n*; Sog *m*; *fig.* Spur *f*; **b)** Grabsäule *f*; **~r** [este'lar] *adj.* Stern...

estenotipia [esteno'tipia] *f* Maschinenkurzschrift *f*.

estentóreo [esten'toreo]: *voz f -a* Stentorstimme *f*.

estepa [es'tepa] *f* Steppe *f*; **~rio** [ₓte'pario] *adj.* Steppen...

estera [es'tera] *f* (Fuß-)Matte *f*.

esterco|ladura [esterkola'dura] *f* Düngen *n*; **~lar** [ₓ'lar] (1a) düngen; **~lero** [ₓ'lero] *m* Mistgrube *f*; Dunghaufen *m*.

estereofonía [estereofo'nia] *f* Raumton *m*, Stereophonie *f*.

estereometría [estereome'tria] *f* Stereometrie *f*.

estereo|scopio [estereɔs'kopio] *m*

Stereoskop n; **~tipar** [~oti'par] (1a)
stereotypieren; **~tipia** [~o'tipia] f
Stereotypie f.

esterero [este'rero] m Matten-
flechter m, -händler m.

estéril [es'teril] unfruchtbar; taub
(*Gestein*); 🪨 steril, keimfrei.

esterili|dad [esterili'da⁽ᵈ⁾] f Un-
fruchtbarkeit f; **~zación** [~θa'θjɔn]
f Sterilisierung f (a. 🪨); Entkei-
mung f; **~zar** [~'θar] (1f) unfruchtbar machen; sterilisieren; keimfrei
machen.

esterilla [este'riʎa] f kleine (Stroh-)
Matte f; Borte f, Tresse f.

esterlina [ester'lina]: *libra* f ~ *das
Pfund Sterling*.

esternón [ester'nɔn] m Brustbein n.

estero [es'tero] m breite Flußmündung f; *Rpl.* Sumpfniederung f;
Chi., Ec. Bach m.

estertor [ester'tɔr] m Röcheln n.

estéti|ca [es'tetika] f Ästhetik f; **~co**
[~ko] ästhetisch.

estetoscopio 🪨 [estetɔs'kopio] m
Hörrohr n; Stethoskop n.

esteva [es'teba] f Pflugsterz m; **~do**
[este'ba⁽ᵈ⁾o] O-beinig.

estiaje [es'tiaxe] m niedrigste(r)
Wasserstand m.

estiba [es'tiba] f ⚓ (Lasten-)Stau-
ung f; Wollpresse f; **~dor** [estiba-
'dɔr] m Stauer m; **~r** ⚓ [~'bar] (1a)
(ver)stauen; stapeln.

estiércol [es'tierkɔl] m Dung m,
Mist m.

estigma [es'tigma] m Stigma n,
Wundmal n; 🪨 u. ♀ Narbe f; **~ti-
zar** [estigmati'θar] (1f) stigmati-
sieren; *fig.* brandmarken.

estilar [esti'lar] (1a) gebrauchen;
Am. durchtropfen lassen; destillie-
ren; *v/i.* pflegen zu; **~se** üblich sein,
Mode sein.

estilete [esti'lete] m Stilett n; ⊕
Pinne f.

esti|lista [esti'lista] *su.* Stilist(in f)
m; **~lizar** [~li'θar] (1f) stilisieren;
~lo [es'tilo] m (Schreib-)Griffel m;
Schreibart f, Stil m; Gebrauch m;
♀ Griffel m; *al* ~ *de* im Stil *od.* nach
Art von; *por el* ~ dergleichen.

estilográfica [estilo'grafika]: (*pluma*) ~ f Füllfederhalter m.

estima [es'tima] f Schätzung f;
Wertschätzung f; Achtung f; **~ble**
[esti'mable] schätzbar; **~ción** [~ma-
'θjɔn] f Schätzung f, Abschätzung f;

Achtung f; **~r** [~'mar] (1a) **1.** *v/t.*
(ab)schätzen; taxieren; wertschät-
zen; ~ *conveniente inf.* es für angebracht halten zu *inf.*; **2.** *v/i.*
meinen, der Ansicht sein; **~tivo**
[~ma'tibo] Schätzungs...

estimula|nte [estimu'lante] m
Reiz-, Anregungs-, Aufputschmit-
tel n; *fig.* Anreiz m; **~r** [~'lar] (1a)
anreizen, anspornen; anregen.

estímulo [es'timulo] m Anreiz m,
Ansporn m; Reiz m (a. 🪨).

estío [es'tio] m Sommer m.

estipula|ción [estipula'θjɔn] f Fest-
setzung f; Abmachung f; 🕸 Klau-
sel f; **~nte** [~'lante]: *partes* f/pl. ~*s
die vertragschließenden Parteien*
f/pl.; **~r** [~'lar] (1a) festsetzen; ausbedingen; abmachen, vereinbaren.

estirado [esti'ra⁽ᵈ⁾o] hoch aufgeschos-
sen; *fig.* feingekleidet; stolz, hoch-
näsig; knauserig.

estirar [esti'rar] (1a) ziehen, strek-
ken, recken; F ~ *la pata* sterben, P
abkratzen; F ~ *las piernas* sich die
Beine vertreten.

estirón [esti'rɔn] m Ruck m; F *dar
un* ~ rasch wachsen.

estirpe [es'tirpe] f Stamm m; Sippe
f; Geschlecht n; Herkunft f.

estitiquez *Am.* [estiti'keθ] f (Stuhl-)
Verstopfung f.

estival [esti'bal] sommerlich, Sommer...

esto ['esto] *usw. s.* este².

estocada [esto'kada] f Degenstich m.

estofa [es'tofa] f Stoff m; *fig.* Beschaffenheit f; Qualität f; **~do**
[esto'fa⁽ᵈ⁾o] **1.** *adj.* geschmort; **2.** m
Schmorbraten m; **~r** [~'far] (1a)
schmoren, dünsten.

estoic|ismo [estoi'θizmo] m Stoi-
zismus m; **~o** [es'tojko] **1.** *adj.*
stoisch; standhaft; **2.** m Stoiker m.

estola [es'tola] f Stola f.

estolón ♀ [esto'lɔn] m Ausläufer m.

estomacal [estoma'kal] **1.** *adj.*
Magen..., magenstärkend; **2.** m
Magenbitter m.

estómago [es'tomago] m Magen m.

estonio [es'tonio] **1.** *adj.* estnisch,
estländisch; **2.** m, -a f [~'nia] Est-
länder(in f) m, Este m, Estin f.

esto|pa [es'topa] f Werg n; Putz-
wolle f; **~pón** [esto'pɔn] m Pack-
leinwand f.

estoque [es'toke] m Stoßdegen m.

estor|bar [estɔr'bar] (1a) stören,

(be)hindern; *v/i.* hinderlich sein; **~bo** [es'torbo] *m* Störung *f*; Hindernis *n*; Behinderung *f*.

estornino *Zo.* [estor'nino] *m* Star *m*.

estornu|dar [estornu'dar] (1a) niesen; **~do** [~'nudo] *m* Niesen *n*.

estrabismo ✞ [estra'bizmo] *m* Schielen *n*.

estracilla [estra'θiʎa] *f* Lappen *m*.

estrado [es'traðo] *m* Estrade *f*; Podium *n*; **~ de oradores** Rednerbühne *f*.

estrafalario [estrafa'lario] F nachlässig *in der Kleidung*, F salopp; F extravagant; wunderlich.

estra|gar [estra'gar] (1h) verheeren; verwüsten; **~go** [es'trago] *m* Verwüstung *f*; Beschädigung *f*.

estrambótico F [estram'botiko] extravagant.

estramonio ♀ [estra'monio] *m* Stechapfel *m*.

estrangulación [estraŋgula'θiɔn] *f* Erdrosselung *f*; ⊕ Drosselung *f*; ✞ Einklemmung *f* *e-s Bruchs.*

estrangulamiento ✝ [estraŋgula-'miento] *m* Engpaß *m*.

estrangular [estraŋgu'lar] (1a) erdrosseln, erwürgen; ⊕ drosseln; ✞ *Ader* abbinden.

estraper|lista [estraper'lista] *m* F Schwarzhändler *m*, Schieber *m*; **~lo** [~'perlo] *m* Schwarzhandel *m*; **de ~** hintenherum, schwarz.

estra|tagema [estrata'xema] *f* Kriegslist *f*; Streich *m*; **~tega** [~-'tega] *m* Stratege *m*; **~tegia** [~-'texia] *f* Strategie *f*; **~tégico** [~'texiko] strategisch.

estratificación *Geol.* [estratifika-'θiɔn] *f* Schichtung *f*; Ablagerung *f*.

estrato [es'trato] *m* *Geol.*, 🚩 Schicht *f*, Lage *f*; Stratus-, Schichtwolke *f*; **~sfera** [estratos'fera] *f* Stratosphäre *f*.

estraza [es'traθa] *f* Stoffabfall *m*; Lumpen *m*; *papel m de ~* grobes Packpapier *n*.

estre|char [estre'tʃar] (1a) einengen; verengen; enger machen; in die Enge treiben; umklammern; bedrängen; *Hand* drücken; **~ en los brazos** umarmen; **~charse** eng zs.-rücken; *fig.* sich einschränken; **~chez** [~'tʃeθ] *f* Enge *f*; *fig.* Bedrängnis *f*, Not *f*; **~ de miras** Engstirnigkeit *f*; **~cho** [es'tretʃo] **1.** *adj.* eng; beschränkt; innig verbunden;

peinlich genau, kleinlich; **2.** *m* Meerenge *f*; Engpaß *m*; *fig.* Bedrängnis *f*; **~gar** [estre'gar] (1h *u.* 1k) (ab)reiben.

estrella [es'treʎa] *f* Stern *m*; (Film-)Star *m*; **~ fugaz** Sternschnuppe *f*; **~ invitada** Gaststar *m*; *Zo.* **~ de mar** Seestern *m*; **~ polar** Nordstern *m*; **tener buena (mala) ~** Glück (Pech) haben; *ver las ~s vor Schmerz* die Engel im Himmel singen hören; **~do** [estre'ʎaðo] gestirnt; **~mar** [~ʎa'mar] *f* Seestern *m*; **~r** [~'ʎar] (1a) zerschmettern; zertrümmern; **~rse** zerschellen; in Stücke gehen; *fig.* scheitern; **~ contra** fahren gegen (*ac.*); **~to** *neol.* [~'ʎato] *m* Startum *n*.

estrellón *Am. reg.* [estre'ʎɔn] *m* (Zusammen-)Stoß *m*.

estreme|cer [estreme'θer] (2d) erschüttern; **~cerse** (er)zittern, schaudern; zs.-fahren; **~cimiento** [~θi'miento] *m* Zittern *n*, Schauder *m*.

estrena [es'trena] *f* Angebinde *n*.

estre|nar [estre'nar] (1a) zum erstenmal gebrauchen, einweihen; *Thea.* erst-, uraufführen; **~narse** *Amt usw.* antreten; *Thea.* zum erstenmal auftreten; **~no** [es'treno] *m* Einweihung *f*; *Thea.* Erst-, Uraufführung *f*, Premiere *f*.

estre|ñimiento ✞ [estreɲi'miento] *m* Verstopfung *f*; **~ñir** ✞ [~'ɲir] (3h *u.* 3l) verstopfen.

estrépito [es'trepito] *m* Getöse *n*, Lärm *m*. [geräuschvoll]

estrepitoso [estrepi'toso] lärmend, *f*

estreptomicina [estreptomi'θina] *f* Streptomycin *n*.

estrés [es'tres] *m* Streß *m*.

estr|ía [es'tria] *f* Rinne *f*; Rille *f*; **~iar** [estri'ar] (1c) riefeln; riffeln.

estriba|ción [estriβa'θiɔn] *f* Ausläufer *m* *e-s Gebirges*; **~r** [~'βar] (1a): **~ en** sich stützen auf (*ac.*), beruhen auf (*dat.*).

estribillo [estri'βiʎo] *m* Kehrreim *m*, Refrain *m*.

estribo [es'triβo] *m* Steigbügel *m* (*a. Anat.*); Trittbrett *n*; *perder los ~s* die Beherrschung verlieren.

estribor ⚓ [estri'βɔr] *m* Steuerbord *n*.

estricnina [estrig'nina] *f* Strychnin *n*.

estric|tez *Am. Mer.* [estrik'teθ] *f*

Strenge *f*; ~to [es'trikto] streng; strikt.

estri|dente [estri'dente] schrill; ~dor [~'dɔr] *m* Schrillen *n*, Gellen *n*.

estro *poet.* ['estro] *m* göttliche(r) Funke *m*, Eingebung *f*.

estrofa [es'trofa] *f* Strophe *f*.

estropajo [estro'paxo] *m* Bürste *f* *aus Espartogras*; Topfkratzer *m*; *fig.* unbrauchbare(r) Mensch *m*; *Am. reg.* Putzlappen *m*; ~so [~pa'xoso] zerlumpt; undeutlich, F nuschelig (*Aussprache*); zäh (*Fleisch*).

estropear [estrope'ar] (1a) beschädigen; verstümmeln; zerschlagen; F kaputtmachen, ruinieren, verpfuschen.

estropicio F [estro'piθio] *m* (Scherben-)Geklirr *n*; Spektakel *m*.

estructura [estruk'tura] *f* (Auf-)Bau *m*; Gliederung *f*; Struktur *f*; ~l [~tu'ral] strukturell, Struktur...; ~r [~tu'rar] (1a) aufbauen; gestalten.

estruendo [es'trŭendo] *m* Krachen *n*, Getöse *n*; *fig.* Prunk *m*; ~so [estrŭen'doso] lärmend; tosend.

estrujar [estru'xar] (1a) aus-, zerdrücken; zerknittern; auspressen; zerquetschen; *fig.* F aussaugen, ausquetschen.

estuario [es'tŭario] *m* breite Flußmündung *f*, Trichtermündung *f*.

estu|car [estu'kar] (1g) mit Stuck bekleiden; ~co [es'tuko] *m* Stuck *m*.

estuche [es'tutʃe] *m* Futteral *n*, Etui *n*; ⚔ Besteck *n*.

estudia|ntado [estudian'taᵈo] *m* Studentenschaft *f*; ~nte [~'diante] *m* Student *m*, Schüler *m*; ~ntil [~dian'til] studentisch, Studenten...; ~ntina [~dian'tina] *f* Studenten(-musik)kapelle *f*; ~r [~'diar] (1b) (ein)studieren; (er)lernen; einüben; ergründen; untersuchen.

estudio [es'tudio] *m* Studium *n*; Studie *f*; Studierzimmer *n*; Atelier *n*; *Radio:* Senderaum *m*, Studio *n*; Fleiß *m*; ~ del mercado Marktforschung *f*; ~ por correspondencia Fernstudium *n*; ~so [estu'dioso] lernbegierig, fleißig.

estufa [es'tufa] *f* Ofen *m*; ♪ Treibhaus *n*; ⊕ Trockner *m*.

estu|filla [estu'fiʎa] *f* Fußwärmer *m*; Kohlenbecken *n*; Muff *m*; ~fista [~'fista] *m* Ofensetzer *m*.

estul|ticia [estul'tiθia] *f* Dummheit *f*; ~to [es'tulto] töricht, dumm.

estupe|facción [estupefag'θiɔn] *f* Betäubung *f*; *höchstes* Erstaunen *n*; Bestürzung *f*; ~faciente [~fa-'θiente] *m* Rauschgift *n*; ~facto [~'fakto] höchst erstaunt; bestürzt.

estupendo [estu'pendo] fabelhaft; erstaunlich; F prima.

estupidez [estupi'deθ] *f* Stumpfsinn *m*; Dummheit *f*.

estúpido [es'tupido] stumpfsinnig; dumm.

estupor [estu'pɔr] *m* Erstarrung *f*; sprachloses Erstaunen *n*.

estu|prar [estu'prar] (1a) schänden; vergewaltigen; ~pro [es'tupro] *m* Notzucht *f*; Schändung *f*.

esturión [estu'riɔn] *m* Stör *m*.

etapa [e'tapa] *f* Etappe *f*; *fig.* Phase *f*; Stufe *f*; por ~s schritt-, stufenweise; quemar ~s Zwischenstufen überspringen.

éter ['eter] *m* Äther *m*.

etéreo [e'tereo] ätherisch (*a.* 🜨); himmlisch.

eterizar [eteri'θar] (1f) mit Äther betäuben, ätherisieren.

eter|nidad [eterni'daᵈ] *f* Ewigkeit *f*; ~nizar [~'θar] (1f) verewigen; ~no [e'terno] ewig.

éti|ca ['etika] *f* Ethik *f*; ~co [~ko] ethisch.

etimología *Gram.* [etimolɔ'xia] *f* Etymologie *f*.

etíope [e'tiope] **1.** *adj.* äthiopisch; **2.** *m*, **-a** *f* Äthiopier(in *f*) *m*.

etiqueta [eti'keta] *f* Etikette *f*, Hofsitte *f*; übertriebene Höflichkeit *f*; Etikett *n*.

étnico ['etniko] völkisch; Volks..., Rassen...

etno|grafía [etnogra'fia] *f* Völkerbeschreibung *f*; ~logía [~lɔ'xia] *f* Völkerkunde *f*.

etología [etolɔ'xia] *f* Verhaltensforschung *f*.

eucalipto ♪ [eŭka'lipto] *m* Eukalyptus *m*.

eucaristía [eŭkaris'tia] *f das* heilige Abendmahl *n*, Eucharistie *f*.

eufemismo [eŭfe'mizmo] *m* Euphemismus *m*, Beschönigung *f*.

eufonía [eŭfo'nia] *f* Wohlklang *m*.

euforia [eŭ'foria] *f* Euphorie *f*, Hochstimmung *f*.

eunuco [eŭ'nuko] *m* Eunuch *m*.

euritmia [eŭ'ritmia] *f* Ebenmaß *n*.

europeísta [eŭrope'ista] *m* Befürworter *m* des Europagedankens.

249

europe|izar [eŭropeï'θar] (1f) europäisieren; **~izarse** europäische Sitten annehmen; **~o** [~'peo] **1.** *adj.* europäisch; **2.** *m*, **-a** *f* [~'pea] Europäer(in *f*) *m*.

euskera [eŭs'kera] **1.** *adj.* baskisch; **2.** *m* baskische Sprache *f*. [sie *f*.]

eutanasia [eŭta'nasia] *f* Euthana-

evacua|ción [ebakŭa'θiɔn] *f* Ausleerung *f*; Evakuierung *f*; ✕ Räumung *f*; **~r** [~'kŭar] (1d) leeren; räumen; ausleeren; erledigen.

evadir [eba'dir] *v/t.* (3a) vermeiden; aus dem Wege gehen; **~se** entfliehen; F sich drücken.

evalua|ción [ebalŭa'θiɔn] *f* Schätzung *f*; Bewertung *f*; **~r** [~'lŭar] (1e) (ab)schätzen; bewerten.

evan|gélico [eban'xeliko] evangelisch; **~gelio** [~'xelio] *m* Evangelium *n*; **~gelizar** [~xeli'θar] (1f) das Evangelium predigen.

evapor|ación [ebapora'θiɔn] *f* Verdunstung *f*; **~ar** [~'rar] (1a) *v/t.* eindampfen; *v/i.* verdampfen, verfliegen; **~arse** verfliegen; verdunsten; F *fig.* verduften, abhauen.

evasi|ón [eba'siɔn] *f* Entweichen *n*, Flucht *f*; Ausflucht *f*; **~ de capitales** Kapitalflucht *f*; **~ fiscal** Steuerumgehung *f*; **~va** [~'siba] *f* Ausrede *f*; **~vo** [~'sibo] ausweichend.

evento [e'bento] *m* Ereignis *n*; **a todo ~** jedenfalls; um jeden Preis.

eventual [eben'tŭal] etwaig, möglich, eventuell; **~idad** [~tŭali'da⁽ᵈ⁾] *f* zufälliges Ereignis *n*; Möglichkeit *f*.

eviden|cia [ebi'ðenθia] *f* Offenkundigkeit *f*; Augenschein *m*; *Am. Mer.*, *P. R.* Beweis *m*; **ponerse en ~** sich bloßstellen; **~ciar** [~ðen'θiar] (1b) eindeutig darlegen, beweisen; **~ciarse** deutlich werden; **~te** [~'ðente] augenscheinlich, offenbar; ersichtlich.

evita|ble [ebi'table] vermeidbar; **~r** [~'tar] (1a) vermeiden; *j-m* ausweichen; *j-m* aus dem Weg gehen.

evoca|ción [eboka'θiɔn] *f* (Geister-) Beschwörung *f*; Anrufung *f*; Erinnerung *f*; **~r** [~'kar] (1g) anrufen; *Geister* beschwören; *Vergangenheit* heraufbeschwören; *Erinnerungen* wachrufen.

evolu|ción [ebolu'θiɔn] *f* Entwicklung *f*; ✕ Aufmarsch *m*; ✠ Verlauf

m; **~cionar** [~θio'nar] (1a) sich (fort)entwickeln; sich ändern; ✕ aufmarschieren; **~cionismo** [~θio'nizmo] *m* Entwicklungslehre *f*; **~tivo** [~'tibo] Entwicklungs...

ex [eks] *vor Substantiven* ehemalig; *z.B.* **ex ministro** *m* ehemalige(r) Minister *m*.

exa|cción [eɡsaɡ'θiɔn] *f* Eintreibung *f*; Beitreibung *f*; Abgabe *f*, Steuer *f*; **~cerbar** [~serβer'bar] (1a) erbittern; ✠ verschlimmern.

exac|titud [eɡsakti'tu⁽ᵈ⁾] *f* Genauigkeit *f*; Richtigkeit *f*; **~to** [eɡ'sakto] genau; richtig; **ciencias** *f|pl.* **-as** exakte Wissenschaften *f|pl.*; **~tor** [eɡsak'tɔr] *m* Steuereinnehmer *m*.

exagera|ción [eɡsaxera'θiɔn] *f* Übertreibung *f*; **~r** [~'rar] (1a) übertreiben; überschätzen.

exalta|ción [eɡsalta'θiɔn] *f* Erhöhung *f*; Lobpreisung *f*; Begeisterung *f*; Überspanntheit *f*; Schwärmerei *f*; **~do** [~'ta⁽ᵈ⁾o] überspannt; **~r** [~'tar] (1a) erhöhen; lobpreisen; begeistern; **~rse** in Begeisterung geraten; schwärmen (für [*ac.*] *por*).

examen [eɡ'samen] *m* Examen *n*; Prüfung *f*; Untersuchung *f* (*a.* ✠).

examina|dor [eɡsamina'ðɔr] *m* Prüfer *m*; Untersuchende(r) *m*; **~ndo** [~'nando] *m* Prüfling *m*; **~r** [~'nar] (1a) prüfen; aufmerksam betrachten; untersuchen (*a.* ✠); **~rse de** geprüft werden in (*dat.*).

exangüe [eɡ'saŋgŭe] blutlos. [seelt.]

exánime [eɡ'sanime] leblos, ent-

exantem|a [eɡsan'tema] *m* Hautausschlag *m*, Exanthem *n*; **~ático** [~te'matiko] *tifus* *m* **~** Flecktyphus *m*.

exaspera|ción [eɡsaspera'θiɔn] *f* Erbitterung *f*; **~r** [~'rar] (1a) reizen; erbittern; zur Verzweiflung bringen; **~rse** außer sich sein.

excarcela|ción [eskarθela'θiɔn] *f* Entlassung *f* aus dem Gefängnis, **~r** [~'lar] (1a) aus dem Gefängnis entlassen.

excava|ción [eskaba'θiɔn] *f* Ausgrabung *f*; Ausbaggerung *f*; **~dora** [~'dora] *f* Bagger *m*; **~r** [~'bar] (1a) ausgraben; ausbaggern.

excede|ncia [esθe'ðenθia] *f* Wartestand *m*; Wartegeld *n*; **~nte** [~'ðente] **1.** *adj.* überzählig; in den Wartestand versetzt; übermäßig; überschüssig; **2.** *m* Überschuß *m*;

Mehrbetrag *m*; Übergewicht *n*; **~r** [~'dɛr] (2a) übersteigen, überschreiten; übertreffen; **~rse** sich übernehmen; das Maß überschreiten.

excelen|cia [esθe'lenθia] *f* Vortrefflichkeit *f*; ♀ Exzellenz *f* (*Titel*); por ~ im wahrsten Sinne des Wortes; schlechthin; **~te** [~'lente] vortrefflich; ausgezeichnet; **~tísimo** [~len'tisimo]: ♀ Señor Euer Exzellenz.

excel|situd [esθɛlsi'tu⁽ᵈ⁾] *f* Erhabenheit *f*; **~so** [es'θelso] hoch, erhaben; ausgezeichnet.

ex|centricidad [esθentriθi'da⁽ᵈ⁾] *f* Überspanntheit *f*; Exzentrizität *f*; **~céntrica** ⊕ [es'θentrika] *f* Exzenter *m*; **~céntrico** [~ko] überspannt; exzentrisch.

excep|ción [esθeb'θiɔn] *f* Ausnahme *f*; ⚖ Einrede *f*; por ~ ausnahmsweise; sin ~ ausnahmslos; **~cional** [~θio'nal] außerordentlich; Ausnahme...; **~to** [es'θepto] *adv.* ausgenommen; **~tuar** [esθeptu'ar] (1e) ausnehmen.

exce|sivo [esθe'sibo] übermäßig; ungemein; Über...; **~so** [es'θeso] *m* Übermaß *n*; Überzahl *f*; Ausschreitung *f*; Ausschweifung *f*; Unfug *m*; ~ de peso Übergewicht *n*; en ~ übermäßig.

excita|ción [esθita'θiɔn] *f* Erregung *f*, Aufregung *f*; Anregung *f*; Reiz *m*; **~dor** ⚡ [~'dɔr] *m* Erreger *m*; **~nte** [~'tante] **1.** *adj.* an-, erregend; **2.** *m* Reizmittel *n*; **~r** [~'tar] (1a) an-, erregen; reizen; aufmuntern; **~tivo** [~ta'tibo] anregend, erregend.

exclama|ción [esklama'θiɔn] *f* Ausruf *m*; Schrei *m*; **~r** [~'mar] (1a) ausrufen. [*aduanero* Zollausschluß *m*.\

exclave [es'klabe] *m* Exklave *f*; ~]

exclu|ir [esklu'ir] (3g) ausschließen; **~sión** [~'siɔn] *f* Ausschluß *m*; Ausschließung *f*; **~siva** [~'siba] *f* ausschließliches Recht *n*; Alleinverkauf *m*, -vertretung *f*; **~sive** [~'sibe] ausschließlich, mit Ausschluß von (*dat.*); **~sivismo** [~si'bismo] *m* Ausschließlichkeit *f*; Einseitigkeit *f*; Exklusivität *f*; **~sivo** [~'sibo] ausschließlich; Allein...

excomulgar [eskomul'gar] (1h) exkommunizieren.

excomunión [eskomu'niɔn] *f* Kirchenbann *m*, Exkommunizierung *f*.

excoriación [eskoria'θiɔn] *f* Hautabschürfung *f*.

excrecencia [eskre'θenθia] *f* (Fleisch-)Auswuchs *m*; Wucherung *f*.

excremen|tar [eskremen'tar] (1a) den Darm entleeren; **~to** [~'mento] *m* (*mst* ~s *pl.*) Ausscheidung(en) *f*(*/pl.*); Kot *m*.

exculpa|ción [eskulpa'θiɔn] *f* Entschuldigung *f*; **~r** [~'par] (1a) entschuldigen.

excur|sión [eskur'siɔn] *f* Ausflug *m*; Wanderung *f*; **~sionista** [~sio'nista] *m* Ausflügler *m*; Wanderer *m*.

excusa [es'kusa] *f* Entschuldigung *f*; Rechtfertigung *f*; Ausflucht *f*, Ausrede *f*; ~ absolutoria ⚖ Strafausschließungsgrund *m*; **~ble** [esku'sable] entschuldbar; **~do** [~'sa⁴o] **1.** *adj.* überflüssig; unnötig; steuerfrei; geheim; **2.** *m* Abort *m*.

excusar [esku'sar] (1a) entschuldigen; vermeiden; verweigern; ~ a alg. de a/c. j-m et. ersparen *od.* erlassen.

execra|ble [egse'krable] abscheulich; greulich; **~ción** [~kra'θiɔn] *f* Abscheu *m*; Verwünschung *f*; **~r** [~'krar] (1a) verabscheuen.

exégesis [eg'sexesis] *f* Auslegung *f*, Exegese *f*.

exen|ción [egsen'θiɔn] *f* Befreiung *f*; Freistellung *f*; ~ fiscal Steuerfreiheit *f*; **~tar** [~'tar] (1a) befreien; freistellen; **~to** [eg'sento] frei, befreit; ~ de derechos zollfrei; ~ de franqueo portofrei; ~ de impuestos steuerfrei; [nisfeierlichkeiten *f*/*pl.*\

exequias [eg'sekias] *f*/*pl.* Begräb-]

exhala|ción [egsala'θiɔn] *f* Ausdünstung *f*; **~r** [~'lar] (1a) ausdünsten; *Duft* ausströmen; *Seufzer* ausstoßen.

exhaust|ivo [egsaus'tibo] erschöpfend (*a. fig.*); vollständig; **~o** [eg'sausto] erschöpft.

exhibi|ción [egsibi'θiɔn] *f* Vorweisung *f*; Zurschaustellung *f*; Ausstellung *f*; Vorführung *f*, Schau *f*; **~cionismo** [~θio'nizmo] *m* Exhibitionismus *m*; **~dor** [~'dɔr] *m*: ~ cinematográfico Filmvorführer *m*; **~r** [~'bir] (3a) *Urkunde* vorweisen; vorlegen; *Waren* auslegen, ausstellen; zur Schau stellen; *Méj.* zahlen.

exhorta|ción [egsɔrta'θiɔn] *f* Ermahnung *f*; **~r** [~'tar] (1a) ermahnen; aufmuntern.

exhumar [εgsu'mar] (1a) exhumieren.

exigen|cia [εgsi'xenθia] f Forderung f; Erfordernis n; Anspruch m; Bedarf m; **~te** [~'xente] anspruchsvoll.

exigi|ble [εgsi'xible] einklagbar; eintreibbar; **~r** [~'xir] (3c) (er)fordern; verlangen; beitreiben; dringen auf (ac.).

exi|güidad [εgsiqüi'da⁽ᵈ⁾] f Geringfügigkeit f; **~guo** [εg'siqüo] kärglich, winzig, geringfügig.

eximente ₂⁺₂ [εgsi'mente] schuldausschließend.

eximio [εg'simio] erhaben.

eximir [εgsi'mir] (3a) befreien (von [dat.] de).

exis|tencia [εgsis'tenθia] f Dasein n; Existenz f; **~** en ~ vorrätig; **~s** pl. ✝ Bestände m/pl., Vorräte m/pl.; **~tencialismo** [~tenθia'lizmo] m Existentialismus m; **~tencialista** [~tenθia'lista] 1. adj. existentialistisch; 2. m Existentialist m; **~tente** [~'tente] bestehend; vorrätig; **~tir** [~'tir] (3a) bestehen, dasein; leben; vorhanden sein.

éxito ['egsito] m Ausgang m; Erfolg m; ~ de venta Verkaufsschlager m.

exitoso Am. [εgsi'toso] erfolgreich.

éxodo ['egsodo] m Auszug m; Auswanderung f; ~ rural Landflucht f.

exonera|ción [εgsonera'θion] f Entlastung f; Befreiung f; **~r** [~'rar] (1a) entlasten; befreien.

exorbitan|cia [εgsorbi'tanθia] f Übermaß n; **~te** [~'tante] übermäßig; übertrieben.

exorci|smo [εgsor'θizmo] m Teufelsaustreibung f; **~sta** [~'sta] m Teufelsbeschwörer m; **~zar** [~θi-'θar] (1f) Geister beschwören, austreiben.   [artig.]

exótico [εg'sotiko] exotisch, fremd-

expansi|bilidad [εspansibili'da⁽ᵈ⁾] f Dehnbarkeit f; **~ón** [~'sion] f Ausdehnung f; Pol., ✝ Expansion f; fig. Mitteilsamkeit f; **~vo** [~'sibo] ausdehnend; mitteilsam; onda f ~a Druckwelle f.

expatria|ción [εspatria'θion] f Ausweisung f, Ausbürgerung f; **~rse** [~'triarse] (1b) außer Landes gehen, emigrieren.

expecta|ción [εspekta'θion] f Erwartung f; Abwarten n; **~nte** [~-

'tante] abwartend; **~tiva** [~ta'tiba] f (sichere) Erwartung f; Anwartschaft f; ~ de vida Lebenserwartung f; estar a la ~ sich abwartend verhalten.

expectora|ción [εspektora'θion] f Schleimauswurf m; **~r** [~'rar] (1a) Schleim auswerfen.

expedi|ción [εspedi'θion] f Beförderung f; Abfertigung f; ✝ Versand m; Feldzug m; Forschungsreise f; Expedition f; **~dor** [~'dor] m Absender m; Spediteur m.

expedien|tar [εspedien'tar] (1a): ~ a alg. gegen j-n ein Verfahren einleiten; **~te** [~'diente] m Rechtssache f; Antrag m (auf [ac.] de); Akten pl.; Gesuch n, Eingabe f; Verfahren n; abrir un ~ ein Verfahren einleiten (gegen [ac.] a); cubrir el ~ den Schein wahren; F sich kein Bein ausreißen; instruir (un) ~ alles Nötige veranlassen; sich alle Unterlagen verschaffen.

expedi|r [εspe'dir] (3l) erledigen; ausfertigen; absenden; befördern; auf den Weg bringen; verschicken; **~tar** Am. [~di'tar] (1a) (schnell) erledigen; **~tivo** [~di'tibo] findig, F fix; procedimiento m ~ Schnellverfahren n.

expedito [εspe'dito] flink, behende.

expeler [εspe'ler] (2a) austreiben; ausstoßen, auswerfen (a. ♣).

expende|dor [εspende'dor] m Verkäufer m; **~duría** ✝ [~du'ria] f Vertrieb m; ~ de tabacos Tabakladen m; **~r** [~'der] (2a) ausgeben; vertreiben; verkaufen.

expendio Am. [εs'pendio] m Tabak- und Getränkeverkauf m.

expensas [εs'pensas] f/pl. Kosten pl.; a ~ de auf j-s Kosten.

experi|encia [εspe'rienθia] f Erfahrung f; Probe f; Versuch m; **~mentación** [~rimenta'θion] f Experimentieren n; **~mentado** [~rimen'taᵈo] erfahren; erprobt; **~mental** [~rimen'tal] experimentell, Versuchs...; **~mentar** [~rimen'tar] (1a) erproben; erleiden; erfahren; empfinden; v/i. experimentieren; **~mento** [~ri'mento] m Versuch m; Experiment n.

experto [εs'perto] 1. adj. sachkundig, erfahren; 2. m Fachmann m, Sachverständige(r) m, Experte m.

expia|ción [εspia'θion] f Sühne f;

Ab-, Verbüßen *n*; **~r** [es'p̆iar] (1c) sühnen; *Strafe* abbüßen; **~torio** [espĭa'torĭo] Sühne...

expira|ción [espira'θĭɔn] *f* Ablauf *m*, Beendigung *f*; Erlöschen *n*; **~r** [~'rar] (1a) sterben; enden; ablaufen (*Frist*).

explana|ción [esplana'θĭɔn] *f* Nivellierung *f*, Einebnung *f*; *fig.* Erläuterung *f*; **~da** [~'nada] *f* eingeebnete(s) Gelände *n*; Böschung *f*; Esplanade *f*; **~r** [~'nar] (1a) nivellieren; einebnen; *fig.* erklären.

explayar [espla'jar] (1a) ausdehnen; **~se** sich verbreiten (*beim Reden*); sich aussprechen.

explica|ble [espli'kable] erklärlich; **~ción** [~ka'θĭɔn] *f* Erklärung *f*; **~deras** F [~ka'deras] *f/pl.*: *tener buenas* ~ sich (gut) auszudrücken wissen; **~r** [~'kar] (1g) klarmachen; erklären; darlegen; *v/i.* Vorlesungen halten, lesen; **~tivo** [~ka'tibo] erläuternd. [bestimmt.]

explícito [es'pliθito] ausdrücklich,∫

explora|ción [esplora'θĭɔn] *f* Erforschung *f*; Forschung *f*; ⚔ Erkundung *f*; **~dor** *m*, -a *f* [~'dor, ~'dora] Forscher(in *f*) *m*; ⚔ Kundschafter *m*; Aufklärer *m*; Pfadfinder *m*; **~r** [~'rar] (1a) erforschen; auskundschaften; **~torio** [~ra'torĭo] Forschungs...

explosi|ón [esplo'sĭɔn] *f* Ausbruch *m*; Explosion *f*; ~ *nuclear* Atomexplosion *f*; *hacer* ~ zünden; explodieren; **~vo** [~'sibo] **1.** *adj.* explosiv; Knall...; Spreng...; **2.** *m* Sprengkörper *m*, -stoff *m*.

explota|ción [esplota'θĭɔn] *f* Ausnutzung *f*; Ausbeutung *f*; Betrieb *m*; ~ *abusiva* Raubbau *m*; **~r** [~'tar] (1a) ausnutzen; ausbeuten; betreiben, bewirtschaften; *v/i.* explodieren.

expolia|ción [espolĭa'θĭɔn] *f* Beraubung *f*; **~r** [~'lĭar] (1b) berauben.

expone|nte [espo'nente] *m* Exponent *m*; **~r** [~'ner] (2r) darlegen; ausstellen; *Kind* aussetzen; gefährden; *Phot.* belichten; **~rse** sich *e-r Gefahr usw.* aussetzen.

exporta|ción [esporta'θĭɔn] *f* Ausfuhr *f*, Export *m*; **~dor** [~'dor] *m* Exporteur *m*; **~r** [~'tar] (1a) ausführen, exportieren.

exposición [esposi'θĭɔn] *f* Ausstellung *f*; Darlegung *f*; 🖳 Eingabe

f; Exposition *f*; Einführung *f*; Lage *f*; *Phot.* Belichtung(szeit) *f*; ~ (*de la vida*) Einsatz *m* (*des Lebens*); ~ *ambulante* (*od. circulante*) Wanderausstellung *f*.

expósito [es'posito] *m* Findelkind *n*.

expositor [esposi'tor] *m* Aussteller *m*.

expre|sado [espre'saᵈo] (oben-)erwähnt; **~sar** [~'sar] (1a) ausdrücken (*in Worten*); äußern; zu erkennen geben; **~sión** [~'sĭɔn] *f* Ausdruck *m*; **~sionismo** [~sĭo'nizmo] *m* Expressionismus *m*; **~sivo** [~'sibo] ausdrucksvoll; herzlich; **~so** [es'preso] **1.** *adj.* ausdrücklich; 🚂 (*tren m*) ~ Schnellzug *m*; **2.** *m* Eilbote *m*; Eilbrief *m*; *por* ~ als Eilgut; durch Eilboten.

exprimi|dera [esprimi'dera] *f*, ~*dor* [~'dor] *m* Fruchtpresse *f*; **~r** [~'mir] (3a) auspressen; ausquetschen.

expropia|ción [espropĭa'θĭɔn] *f* Enteignung *f*; ~ *forzosa* Zwangsenteignung *f*; **~r** [~'pĭar] (1b) enteignen.

expuesto [es'pŭesto] **1.** *part. v.* ex-*poner*; **2.** *adj.* gefährdet; gefährlich.

expugnar [espug'nar] (1a) erstürmen.

expul|sado [espul'saᵈo] *m* Vertriebene(r) *m*; **~sar** [~'sar] (1a) vertreiben, ausstoßen; aus-, verweisen; **~sión** [~'sĭɔn] *f* Vertreibung *f*; Ausstoßung *f*; Aus-, Verweisung *f*.

expurga|ción [espurga'θĭɔn] *f* *fig.* Reinigung *f*; **~r** [~'gar] (1h) *fig.* reinigen; ausmerzen, streichen; **~torio** [~ga'torĭo] *m*: (*índice m*) ~ Index *m* (*Verzeichnis der v. der kath. Kirche verbotenen Bücher*).

exquisi|tez [eskisi'teθ] *f* Vorzüglichkeit *f*; **~to** [~'sito] erlesen, vortrefflich.

extasiarse [esta'sĭarse] (1c) in Verzückung geraten. [Ekstase *f*.]

éxtasis ['estasis] *m* Verzückung *f*,∫

extático [es'tatiko] verzückt.

extemporáneo [estempo'raneo] unzeitgemäß; unpassend.

exten|der [esten'der] (2g) ausbreiten; verbreiten; ausdehnen; erweitern; *Schriftstück* ausfertigen; **~derse** sich erstrecken; sich ausdehnen; **~sión** [~'sĭɔn] *f* Ausdehnung *f*; Umfang *m*; Dauer *f*; *Fernspr.* Nebenstelle *f*; Durchwahl *f*; **~sivo** [~'sibo] ausdehnend; ausführlich; *hacer* ~ *a/c.* ausdehnen auf (*ac.*); **~so** [es'tenso] weit; ausgedehnt; *por* ~ ausführlich; **~sor** [esten'sɔr] **1.** *adj.* Streck...; **2.** *m* Expander *m* (*Sportgerät*).

extenua|ción [estenŭa'θiɔn] *f* Entkräftung *f*; **~r** [~nu'ar] (1e) entkräften; erschöpfen.

exterior [este'riɔr] **1.** *adj.* äußerlich, Außen...; **2.** *m* Äußere(s) *n*; Aussehen *n*; ♀ Ausland *n*; **~es** *m/pl.* Außenaufnahmen *f/pl.* (*Film*); **~idad** [~riori'da⁽ᵈ⁾] *f* Äußerlichkeit *f*; **~izar** [~riori'θar] (1f) äußern, zum Ausdruck bringen.

extermi|nar [estermi'nar] (1a) ausrotten; vernichten; **~nio** [~'minio] *m* Ausrottung *f*; Vernichtung *f*.

externo [es'terno] **1.** *adj.* äußerlich; **2.** *m* Externe(r) *m*.

extin|ción [estin'θiɔn] *f* Löschung *f*; Aussterben *n*; † Tilgung *f*; **~guidor** *Am.* [~tiŋgi'dɔr] *m* (*de incendios*) Feuerlöscher *m*; **~guir** [estiŋ'gir] (3d) auslöschen; tilgen; **~guirse** erlöschen; aussterben; **~to** [es'tinto] *m* Verstorbene(r) *m*; **~tor** [estin'tɔr] *m* (*de incendios*) Feuerlöscher *m*.

extirpa|ción [estirpa'θiɔn] *f* Ausrottung *f*; **~r** [~'par] (1a) ausrotten; ✄ entfernen.   [sung *f.*\]

extorsión [estor'siɔn] *f* Erpressung *f*.

extra ['egstra] **1.** *adj.* außergewöhnlich; Extra...; *horas f/pl.* ~ Überstunden *f/pl.*; **2.** *m* Zulage *f*; Statist *m*.

extrac|ción [estrag'θiɔn] *f* (Aus-)Ziehen *n e-s Zahns*; Herausziehen *n*; Ziehung *f* (*Lotterie*); Herkunft *f*; ✗ Förderung *f*; Gewinnung *f*; **~tar** [estrak'tar] (1a) Auszüge *aus e-m Buch* machen; **~to** [es'trakto] *m* (Text-, Konto-)Auszug *m*; Extrakt *m*; **~tor** [estrak'tɔr] *m*: ~ *de humos* Rauchabzug *m*.

extra|dición [estradi'θiɔn] *f* Auslieferung *f v. Verbrecher*; **~er** [~'er] (2p) ausziehen; herausziehen; ✗ fördern; **~judicial** [~xudi'θial] außergerichtlich; **~limitarse** [~limi'tarse] die Grenzen *des Erlaubten* überschreiten; **~muros** [~'muros] außerhalb der Stadt.

extran|jería [estranxe'ria] *f* Ausländertum *n*; **~jerismo** [~xe'rizmo] *m* Vorliebe *f* für alles Fremde; Fremdwort *n*; **~jero** [~'xero] **1.** *adj.* fremd; ausländisch; **2.** *m* Ausländer *m*; Ausland *n*.

extra|ñamiento [estraɲa'miento] *m* Entfremdung *f*; Befremden *n*; Verwunderung *f*; Verbannung *f*; **~ñar** [~'ɲar] (1a) entfremden; befremden; erstaunt sein über (*ac.*); nicht gewöhnt sein an (*ac.*); *Am.* vermissen; **~ñarse** *de* sich wundern, erstaunt sein über (*ac.*); **~ñeza** [~'ɲeθa] *f* Befremden *n*; Erstaunen *n*; Entfremdung *f*; **~ño** [es'traɲo] fremd; sonderbar, seltsam; ser ~ *a* a/c. nichts zu tun haben mit (*dat.*); **~ordinario** [~ɔrdi'nario] **1.** *adj.* außergewöhnlich; außerordentlich; seltsam; Sonder...; **2.** *m* Extrablatt *n*; Extragericht *n* (*Essen*); **~rradio** [~'rradio] *m* Außenbezirk *m*; Stadtrand *m*; **~terrestre** [~te'rrestre] außerirdisch; **~vagancia** [~ßa'ganθia] *f* Überspanntheit *f*; **~vagante** [~ßa'gante] überspannt; **~vasarse** [~ßa'sarse] (1a) sich ergießen; **~viar** [~ßi'ar] (1c) irreführen; *Gegenstand* verlegen; **~viarse** sich verirren; abhanden kommen; *fig.* auf Abwege geraten; **~vío** [~'bio] *m* Irregehen *n*; Abweg *m*; Abhandenkommen *n*.

extre|mado [estre'ma⁽ᵈ⁾o] übertrieben; **~mar** [~'mar] (1a) auf die Spitze treiben; übertreiben; **~marse** *en inf.* sich die größte Mühe geben zu *inf.*; **~maunción** *Rel.* [~maun'θiɔn] *f* letzte Ölung *f*; **~meño** [~'meɲo] aus Estremadura; **~midad** [~mi'da⁽ᵈ⁾] *f* Äußerste(s) *n*; Spitze *f*; Ende *n*; ~*es f/pl.* Gliedmaßen *pl.*; **~mista** [~'mista] *m* Radikale(r) *m*; Extremist *m*; **~mo** [es'tremo] **1.** *adj.* äußerst; letzt; **2.** *m* Ende *n*; Extrem *n*; en ~ außerordentlich; **~moso** [estre'moso] übermäßig; übereifrig; überhöflich.

extrínseco [es'trinseko] äußerlich.

exuberan|cia [egsuße'ranθia] *f* Überfülle *f*; Üppigkeit *f*; **~te** [~'rante] üppig; strotzend (vor [*dat.*] de).

exuda|ción [egsuda'θiɔn] *f* Ausschwitzen *n*; **~r** [~'dar] (1a) ausschwitzen.

exult|ación [egsulta'θiɔn] *f* Frohlocken *n*, Jubel *m*; **~ar** [~'tar] (1a) frohlocken.

exvoto [es'boto] *m* Weihgeschenk *n*; Votivbild *n*.

eyaculación [ejakula'θiɔn] *f* Ausspritzung *f*; Samenerguß *m*.

eyacular [ejaku'lar] (1a) ausspritzen.

F

F, f ['efe] *f* F, f *n.*

fa ♩ [fa] *m* F *n.*

fábrica ['faβrika] *f* Fabrik *f;* Mauerwerk *n.*

fabrica|ción [faβrika'θiɔn] *f* Fabrikation *f*, Herstellung *f*; Fertigung *f*; **~ en serie** Serienherstellung *f;* **~nte** [~'kante] *m* Fabrikant *m*, Hersteller *m;* **~r** [~'kar] (1g) fabrizieren; verfertigen, herstellen.

fabril [fa'βril] Fabrik...

fábula ['faβula] *f* Fabel *f;* Erzählung *f;* Lüge *f.*

fabu|lista [faβu'lista] *m* Fabeldichter *m;* **~loso** [~'loso] fabelhaft.

faca ['faka] *f* (krummes) Messer *n.*

facci|ón [fag'θiɔn] *f* Zusammenrottung *f*; Rotte *f*; Bande *f*; *facciones pl.* Gesichtszüge *m/pl.;* **~oso** [~'θioso] **1.** *adj.* aufrührerisch; **2.** *m* Aufrührer *m.*

faceta [fa'θeta] *f* Facette *f*; Schliffläche *f; fig.* Aspekt *m*, Seite *f.*

facial [fa'θial] Gesichts...

fácil ['faθil] leicht; gefügig, (leicht) zugänglich; leichtfertig; *es ~ que* es ist leicht möglich, daß ...

facili|dad [faθili'da⁽ᵈ⁾] *f* Leichtigkeit *f*; Fertigkeit *f*; **~es** *pl.* Erleichterungen *f/pl.;* Entgegenkommen *n;* **~tación** [~ta'θiɔn] *f* Gewährung *f*; Bereitstellung *f;* **~tar** [~'tar] (1a) erleichtern; ermöglichen; beschaffen, verschaffen.

facineroso [faθine'roso] **1.** *adj.* ruchlos; **2.** *m* Bösewicht *m*, Verbrecher *m.*

facistol [faθis'tɔl] **1.** *m* Chorpult *n; Cu., P. R.* Spaßvogel *m;* **2.** *adj. Am. reg.* eingebildet.

facsímil(e) [fag'simil(e)] *m* Faksimile *n*, getreue Nachbildung *f.*

factible [fak'tiβle] tunlich; möglich; machbar.

facticio [fak'tiθio] künstlich.

fac|tor [fak'tɔr] *m* Faktor *m;* **~toría** [~to'ria] *f* Handelsniederlassung *f*; Faktorei *f*; Fabrik *f; Ec., Pe.* Eisengießerei *f.*

factura [fak'tura] *f* Faktur *f*; (Waren)Rechnung *f;* **~ción** [~tura'θiɔn] *f* Fakturierung *f*; (Gepäck-)Aufgabe *f*, Abfertigung *f;* **~r** [~tu'rar] (1a) e-e Rechnung ausstellen über (*ac.*); in Rechnung stellen; *Gepäck* aufgeben.

faculta|d [fakul'ta⁽ᵈ⁾] *f* Fähigkeit *f*; Kraft *f*; Berechtigung *f*; Befugnis *f;* ♀ *Universität:* Fakultät *f;* **~es** *pl.* Geistesgaben *f/pl.;* **~r** [~'tar] (1a) ermächtigen; **~tivo** [~ta'tiβo] **1.** *adj.* fakultativ; freiwillig; wahlfrei (*Unterricht*); ärztlich; **2.** *m* Arzt *m.*

facun|dia [fa'kundia] *f* Redegewandtheit *f;* **~do** [~do] redegewandt.

facha ['fatʃa] *f* F Aussehen *n;* P Visage *f;* **~da** [fa'tʃada] *f* Vorderseite *f*; Fassade *f*; Titelseite *f.*

fachen|da F [fa'tʃenda] *f* Eitelkeit *f;* Prahlerei *f;* **~do** *Am.* [~do], **~dón,** **~doso** F [fatʃen'dɔn, ~'doso] **1.** *adj.* prahlerisch; **2.** *m* F Prahlhans *m.*

faena [fa'ena] *f* (körperliche) Arbeit *f*; Hausarbeit *f; Ant., Guat., Méj.* Zusatzarbeit *f*, Überstunden *f/pl.; hacer una ~ a alg.* j-m übel mitspielen; *mujer f de ~s* Putzfrau *f;* **~r** [fae'nar] (1a) fischen, auf Fang gehen; *Chi., Rpl.* Vieh schlachten.

fagot ♩ [fa'gɔt] *m* Fagott *n.*

faisán [fai'san] *m* Fasan *m.*

faja ['faxa] *f* Binde *f*; Leibbinde *f*; Streifen *m*; Schärpe *f; ⚙* Kreuzband *n;* **~r** [fa'xar] (1a) *mit Binden* umwickeln; **~rse** *Am. reg.* sich schlagen, sich balgen.

fajero [fa'xero] *m gestrickte Wickelbinde f*; Wickelzeug *n.*

fajín [fa'xin] *m* Schärpe *f.*

fajina [fa'xina] *f* Reisigbündel *n;* ✗ Faschine *f.*

fajo ['faxo] *m* Bündel *m.*

falacia [fa'laθia] *f* Trug *m.*

falange [fa'lanxe] *f* Fingerglied *n;* Phalanx *f.*

falaz [fa'laθ] trügerisch.

falciforme [falθi'fɔrme] sichelförmig.

falda ['falda] *f* Frauenrock *m;* (Rock-)Schoß *m*; Hang *m*, Fuß *m e-s Berges;* Schaft *m e-s Kolbens.*

fal|dero [fal'dero]: perro m ~ Schoßhündchen n; **~dón** [~'dɔn] m langer Rockschoß m.

falencia Am. [fa'lenθia] f Bankrott m.

fali|bilidad [falibili'da⁽ᵈ⁾] f Fehlbarkeit f; **~ble** [fa'lible] fehlbar.

falsario m, -a f [fal'sario, ~ria] Fälscher(in f) m; Schwindler(in f) m.

false|ar [false'ar] (1a) **1.** v/t. verfälschen; **2.** v/i. nachgeben, sich senken (Boden); ♩ verstimmt sein; **~dad** [~'da⁽ᵈ⁾] f Falschheit f; Verschleierung f; Fälschung f; ~ en documentos Urkundenfälschung f; **~te** [~'sete] m Tapetentür f; ♩ Falsettstimme f, Fistelstimme f.

falsía [fal'sia] f Falschheit f; Heimtücke f.

falsifica|ción [falsifika'θiɔn] f Fälschung f, Verfälschung f; **~dor** m, -a f [~'dɔr, ~'dora] Fälscher(in f) m; ~ de moneda Falschmünzer m; **~r** [~'kar] (1g) fälschen.

falsilla [fal'siʎa] f Linienblatt n.

falso [falso] falsch; unwahr; Schein...; Doppel...; ~ testimonio m falsche Zeugenaussage f; en ~ falsch; nur zum Schein; dar un paso en ~ einen Fehltritt tun.

falta [falta] f Fehler m; Mangel m; Schuld f; Verfehlung f; Übertretung f; Fehlen n, Fernbleiben n; a (od. por) ~ de mangels (gen.); sin ~ ganz bestimmt; unfehlbar; echar en ~ vermissen; hacer ~ nötig sein; no me hace ~ ich brauche es nicht; buena ~ le hace das tut ihm bitter not.

faltar [fal'tar] (1a) **1.** v/i. fehlen; nicht erscheinen, ausbleiben; abwesend sein; knapp sein; ~ a verstoßen gegen (ac.); ~ a clase den Unterricht versäumen; ~ a su palabra sein Wort nicht halten; ~ en hacer a/c. versäumen, et. zu tun; ¡no faltaba más! das fehlte gerade noch!; das wäre ja noch schöner!; aber selbstverständlich!; **2.** v/t. sich j-m gegenüber taktlos benehmen; j-n beleidigen.

falto [falto] mangelhaft; unzureichend; ~ de bar (gen.), in Ermangelung von (dat.); ~ de recursos mittellos. [Tasche f.)

faltriquera [faltri'kera] f (Rock-)

falla [faʎa] f (Material-)Fehler m; (Lade-)Hemmung f; Geol. Bruch m; Am. Versagen n.

fallar [fa'ʎar] (1a) v/t. ein Urteil fällen über (ac.); Karten mit Trumpf stechen; v/i. fehlgehen, versagen, fehlschlagen.

falleba [fa'ʎeba] f Tür-, Fensterriegel m.

falle|cer [faʎe'θɛr] (2d) sterben; aufhören; **~cido** [~'θido] m Verstorbene(r) m; **~cimiento** [~θi'miento] m Hinscheiden n, Tod m.

fallido [fa'ʎido] fehlgeschlagen; † bankrott.

fallo [faʎo] m Schiedsspruch m; ⚖ Urteil n, Richterspruch m; ⊕ Versagen n; ~ renal Nierenversagen n.

fama [fama] f Ruf m; Ruhm m; Gerücht n; de ~ mundial weltberühmt; tener mala ~ e-n schlechten Ruf haben.

famélico [fa'meliko] ausgehungert.

familia [fa'milia] f Familie f; nächste Verwandtschaft f; ~ numerosa kinderreiche Familie f; tener ~ Kinder haben; **~r** [fami'liar] **1.** adj. vertraut, bekannt; vertraulich; Familien...; lenguaje m ~ Umgangssprache f; **2.** m Familienangehörige(r) m; **~ridad** [~ʎiari'da⁽ᵈ⁾] f Vertraulichkeit f; **~rizar** [~ʎiari'θar] (1f) vertraut machen; **~rizarse** vertraut werden (mit [dat.] con), sich hineinfinden (in [ac.] con).

famoso [fa'moso] berühmt; berüchtigt; F großartig.

fámu|la F [famula] f Hausmädchen n; **~lo** [~lo] m Famulus m, Gehilfe m.

fanal [fa'nal] m Schiffslaterne f; Leuchtfeuer n; Lampenglocke f.

fanático [fa'natiko] **1.** adj. fanatisch; **2.** m Fanatiker m; Am. Fan m.

fanati|smo [fana'tizmo] m Schwärmerei f, Glaubenseifer m, Fanatismus m; **~zar** [~ti'θar] (1f) fanatisieren.

fandango [fan'daŋgo] m Fandango m (spanischer Tanz).

fanega [fa'nega] f Getreidemaß (= 55,5 Liter) u. Flächenmaß (= 64,6 Ar).

fanfarr|ón [famfa'rrɔn] **1.** adj. aufschneiderisch; **2.** m Aufschneider m; **~onada** [~farrɔ'nada] f Aufschneiderei f; **~onear** [~farrɔne'ar] (1a) aufschneiden; **~onería** [~farrɔne'ria] f Aufschneiderei f, Prahlerei f, Großtuerei f.

fang|al [faŋ'gal] m Morast m; **~uero**

fango 256

Cu., Méj., P. R. [‿'gero] *m* Schlamm *m*, Morast *m*; ‿o ['faŋgo] *m* Morast *m*, Schlamm *m*; **‿oso** [faŋ'goso] schlammig, morastig.

fantas|ear [fantase'ar] (1a) (herum)phantasieren; prunken; **‿ía** [‿'sia] *f* Einbildungskraft *f*; Phantasie *f*; Laune *f*; *artículos m/pl. de* ‿ Galanteriewaren *f/pl.*; **‿ma** [‿'tazma] *m* Trugbild *n*, Hirngespinst *n*; Gespenst *n*; **‿magoría** [‿tazmago'ria] *f* Blendwerk *n*; Spiegelfechterei *f*; **‿món** F [‿taz'mɔn] eingebildet.

fantástico [fan'tastiko] phantastisch; wunderlich; eingebildet; Gespenster...

fantoche [fan'totʃe] *m* Marionette *f*; Hampelmann *m* (*a. fig.*).

faquir [fa'kir] *m* Fakir *m*.

farándula [fa'randula] *f* Komödiantentum *n*; Betrug *m*; Schwindelei *f*.

farandulero *m, -a f* [farandu'lero, ‿ra] Schwindler(in *f*) *m*.

fardel [far'ðel] *m* Beutel *m*.

fardo [far'ðo] *m* Ballen *m*; Last *f*.

farero [fa'rero] *m* Leuchtturmwärter *m*.

farfantón F [farfan'tɔn] *m* Aufschneider *m*, Prahlhans *m*.

farfulla [far'fuʎa] *f* Stammeln *n*; *Ec., Pe., P. R.* Aufschneiderei *f*, Angeberei *f*; **‿r** [‿fuʎar] (1a) stammeln; F (ver)pfuschen.

farináceo [fari'naθeo] **1.** *adj.* mehlig, mehlhaltig; **2.** ‿s *m/pl.* Mehlprodukte *n/pl.*

faringe [fa'riŋxe] *f* Schlund *m*; Rachen *m*.

fariña *Am. Mer. reg.* [fa'riɲa] *f* Maniokmehl *n*.

fari|saico [fari'saiko] pharisäisch; *fig.* heuchlerisch; **‿seo** [‿'seo] *m* Pharisäer *m*; *fig.* Heuchler *m*.

farma|céutico [farma'θeûtiko] **1.** *adj.* Apotheker...; *productos m/pl.* ‿s Arzneien *f/pl.*, Arzneimittel *n/pl.*; **2.** *m* Apotheker *m*; **‿cia** [‿'maθia] *f* Apotheke *f*; ‿ *de turno od. de guardia* dienstbereite Apotheke *f*.

farma|cología [farmakolɔ'xia] *f* Pharmakologie *f*; **‿cólogo** [‿'kologo] *m* Pharmakologe *m*.

faro [′faro] *m* Leuchtturm *m*; große Laterne *f*; Scheinwerfer *m*; *fig.* Leuchte *f*; ‿ *antiniebla* Nebelscheinwerfer *m*; ‿ *flotante* Feuerschiff *n*; ‿ *halógeno od. de yodo*

Halogenscheinwerfer *m*; **‿l** [fa'rɔl] *m* Laterne *f*; Straßenlaterne *f*; F Angeber *m*; Bluff *m*; **‿lear** F [farole'ar] (1a) wichtig tun, F angeben; **‿lero** [‿'lero] *m* Laternenanzünder *m*; F Angeber *m*; **‿lillo** [‿'liʎo] *m* Lampion *m*; *hacer de* ‿ *rojo fig.* das Schlußlicht bilden.

farra *Am.* F [′farra] *f* lärmendes, fröhliches Beisammensein *n*.

fárrago [′farrago] *m* Wust *m*.

farraguista [farra'gista] *m* Wirrkopf *m*.

farrear [farre'ar] (1a) *Am.* ausgiebig feiern; F blaumachen.

farruco F [fa'rruko] draufgängerisch.

farsa [′farsa] *f* Posse *f*; Possenspiel *n*; *fig.* Farce *f*; Betrug *m*.

farsante [far'sante] *m* Possenreißer *m*; Komödiant *m*; Schwindler *m*.

fascículo [fas'θikulo] *m* Heft *n*, Lieferung *f* (*e-r Zeitschrift*).

fascina|ción [fasθina'θiɔn] *f* Bezauberung *f*; **‿r** [‿'nar] (1a) faszinieren, bezaubern.

fascis|mo [fas'θizmo] *m* Faschismus *m*; **‿ta** [‿'θista] **1.** *adj.* faschistisch; **2.** *m* Faschist *m*.

fase [′fase] *f* Entwicklungsstufe *f*; Phase *f*.

fastidi|ar [fasti'ðiar] (1b) anekeln; ärgern; F anöden; **‿arse** sich ärgern; *Am. reg.* sich schaden; F *¡fastídiate!* ätsch!; **‿o** [‿'tiðio] *m* Ekel *m*; Überdruß *m*; *¡qué* ‿*!* wie unangenehm!; **‿oso** [‿ti'ðioso] ekelhaft; lästig; ärgerlich.

fasto [′fasto] **1.** *adj.* glücklich, Glücks...; **2.** ‿s *m/pl.* Chronik *f*; Jahrbücher *n/pl.* [protzig.)

fastuoso [fas'tûoso] prunkvoll; F

fatal [fa'tal] verhängnisvoll; unselig; unabwendbar; tödlich; **‿idad** [fatali'ða⁽ᵈ⁾] *f* Verhängnis *n*; **‿ismo** [‿'lizmo] *m* Fatalismus *m*; **‿ista** [‿'lista] **1.** *adj.* fatalistisch; **2.** *m* Fatalist *m*.

fatídico [fa'tiðiko] unheilverkündend; unselig, unheilvoll.

fatiga [fa'tiga] *f* Mühe *f*; Mühsal *f*; Beschwerde *f*; Strapaze *f*; Ermüdung *f*; **‿nte** [‿ti'gante] ermüdend.

fatigar [fati'gar] (1h) ermüden; anstrengen; belästigen; **‿se** müde werden.

fatigoso [fati'goso] ermüdend; beschwerlich.

fatuidad [fatŭi'da⁽ᵈ⁾] f Eingebildet-
heit f; Albernheit f.

fatuo ['fatŭo] **1.** adj. eingebildet;
aufgeblasen; fuego m ~ Irrlicht n;
2. m Geck m.

fauces Anat. ['faŭθes] f/pl. Schlund
m.

fauna ['faŭna] f Tierwelt f, Fauna f.

fauno ['faŭno] m Faun m, Wald-
gott m.

fausto ['faŭsto] **1.** adj. glückbrin-
gend; **2.** m Pracht f, Pomp m.

fautor [faŭ'tor] m Anstifter m, F
Drahtzieher m.

favor [fa'bor] m Gunst(bezeugung)
f; Gefälligkeit f; Gefallen m;
Liebenswürdigkeit f; Hilfe f; a ~
de zugunsten von; a mi ~ zu m-n
Gunsten; por ~ aus Gefälligkeit;
bitte!; hacer a ~ de die Güte haben
zu; **~able** [fabo'rable] günstig; **~e-**
cedor [~reθe'dor] m Gönner m;
~ecer [~re'θer] (2d) begünstigen;
auszeichnen; gut stehen (Kleidung);
schmeicheln (Bild); **~itismo** [~ri-
'tizmo] m Günstlingswirtschaft f;
~ito [~'rito] **1.** adj. begünstigt;
Lieblings...; plato m ~ Leibgericht
n; **2.** m Günstling m; Favorit m.

faz [faθ] f Antlitz n, Gesicht n;
Oberfläche f; Bildseite f.

fe [fe] f Glaube m (an en); Vertrauen
n (zu en); Beglaubigung f; Urkunde
f; ~ de bautismo Taufschein m; ~ de
erratas Druckfehlerverzeichnis n;
buena ~ Ehrlichkeit f; de buena ~ in
gutem Glauben; mala ~ Unredlich-
keit f; a ~ wahrhaftig; a ~ mía mein
Wort darauf; en ~ de zufolge (gen.
od. dat.); kraft (gen.); dar ~ de a/c.
et. beglaubigen, beurkunden; bezeugen; hacer ~ beweiskräftig sein.

fealdad [feal'da⁽ᵈ⁾] f Häßlichkeit f.

febrero [fe'brero] m Februar m.

febrífugo [fe'brifuɣo] **1.** adj. fieber-
vertreibend; **2.** m Fiebermittel n.

febril [fe'bril] fieberhaft (a. fig.);
heftig.

fecal [fe'kal]: materias f/pl. ~es
Fäkalien pl.; Kot m.

fécula ['fekula] f Stärke(mehl n) f.

fecun|dación [fekunda'θion] f Be-
fruchtung f; **~dar** [~'dar] (1a) be-
fruchten; **~didad** [~di'da⁽ᵈ⁾] f
Fruchtbarkeit f; **~dizar** [~di'θar]
(1f) fruchtbar machen; **~do** [fe-
'kundo] fruchtbar (a. fig.).

fecha ['fetʃa] f Datum n; de larga ~

seit langem; hasta la ~ bis heute;
~dor [fetʃa'dor] m Datumsstempel
m; Chi., Méj. Poststempel m; **~r**
[~'tʃar] (1a) datieren.

fechoría [fetʃo'ria] f Missetat f.

federa|ción [federa'θion] f Föde-
ration f; Bund m; Verband m; **~l**
[~'ral], **~tivo** [~ra'tibo] föderativ;
Bundes...

féferes Am. reg. ['feferes] m/pl.
Krimskrams m, Plunder m.

fehaciente [fea'θiente] glaubhaft,
glaubwürdig; beweiskräftig.

feldespato [feldes'pato] m Feld-
spat m.

felici|dad [feliθi'da⁽ᵈ⁾] f Glückselig-
keit f; Glück n; **~es** pl. Glücks-
güter n/pl.; ¡muchas ~es! herzliche
Glückwünsche!; **~tación** [~ta'θion]
f Glückwunsch m; **~tar** [~'tar] (1a)
beglückwünschen; gratulieren (zu
[dat.] por).

feli|grés [feli'gres] m Pfarrkind n;
~gresía [~gre'sia] f Kirchspiel n.

felino [fe'lino] Katzen...

feliz [fe'liθ] glücklich.

felonía [felo'nia] f Treulosigkeit f;
Verrat m; Treubruch m; Gemeinheit f.

fel|pa ['felpa] f a) Felbel m; Plüsch
m; b) F Tracht f Prügel; F Anschnauzer m, Rüffel m; **~pudo**
[fel'pudo] m Fuß-, Kokosmatte f.

femenil [feme'nil] weiblich; weibisch.

femenino [feme'nino] **1.** adj. weiblich; Frauen...; **2.** m Gram. Femi-
ninum n.

fementido [femen'tido] falsch, treulos, trügerisch.

femini|dad [femini'da⁽ᵈ⁾] f Weib-
lichkeit f; Fraulichkeit f; **~smo** [~-
'nizmo] m Frauenbewegung f; **~sta**
[~'nista] f Frauenrechtlerin f.

fémur ['femur] m Oberschenkel-
knochen m.

fene|cer [fene'θer] (2d) (be)enden;
v/i. sterben; **~cimiento** [~θi'mien-
to] m Beendigung f; Ableben n.

fenicio [fe'niθio] **1.** adj. phönizisch;
2. m Phönizier m.

fénico ['feniko]: ácido m ~ Karbol-
säure f.

fenol [fe'nol] m Phenol n, Karbol n.

fenómeno [fe'nomeno] m Phänomen n; Erscheinung f; F estar ~ F
toll, prima sein.

feo ['feo] **1.** adj. häßlich; schändlich;

feote 258

unangenehm; *dejar* ~ beschämen;
2. *m* Kränkung *f*; F *hacer un* ~ *a alg.*
j-n kränken.

feote F [fe'ote] mordshäßlich.

feracidad [feraθi'da⁽ᵈ⁾] *f* Fruchtbarkeit *f des Bodens.*

feraz [fe'raθ] fruchtbar (*Boden*).

féretro ['feretro] *m* Sarg *m.*

feria ['feria] *f* Jahrmarkt *m*; ✝ Messe
f, Schau *f*; *Am. Cent., Méj.* Trinkgeld *n*; Klein-, Wechselgeld *n*; ~ *de
muestras* Mustermesse *f*; ~ *monográfica* Fachmesse *f*; **~do** [fe'riaᵈo]:
día m ~ Feiertag *m*; **~l** [fe'rial] **1.**
adj. Jahrmarkts...; *recinto m* ~
Messegelände *n*; **2.** *m* Jahrmarktsplatz *m*; **~nte** [fe'riante] *m* Messebesucher *m*; Schausteller *m*; **~r**
[fe'riar] (1b) auf dem Markt handeln *od.* kaufen; *v/i.* feiern.

fermen|table [fermen'table] gärungsfähig; **~tación** [~ta'θiɔn] *f*
Gärung *f*; **~tar** [~'tar] (1a) gären
lassen; säuern; *v/i.* gären; aufgehen (*Teig*); **~to** [~'mento] *m* Gärstoff *m*; Sauerteig *m*; (Wein-)Hefe
f; Ferment *n.*

ferocidad [feroθi'da⁽ᵈ⁾] *f* Wildheit *f*,
Grausamkeit *f.*

feroz [fe'roθ] wild; grausam; F übermäßig, gewaltig.   [starr.⟩

férreo ['ferreo] eisern; *fig.* hart,⟨
ferre|tería [ferrete'ria] *f* Eisenwaren(handlung) *f*; **~tero** [~'tero]
m Eisenwarenhändler *m.*

ferro|bús [ferro'bus] *m* Schienenbus
m; **~carril** [~ka'rril] *m* Eisenbahn *f*;
~carrilero *Am. reg.* [~karri'lero] *m*
Eisenbahner *m*; **~viario** [~'βiario]
1. *adj.* Eisenbahn...; **2.** *m* Eisenbahner *m.*

ferruginoso [ferruxi'noso] eisenhaltig.

ferry *engl.* ['ferri] *m* Fähre *f.*

fértil ['fertil] fruchtbar; *fig.* schöpferisch.

fertili|dad [fertili'da⁽ᵈ⁾] *f* Fruchtbarkeit *f*; **~zante** [~'θante] *m*
Düngemittel *n*; **~zar** [~'θar] (1f)
fruchtbar machen; düngen.

férula ['ferula] *f* Stock *m*, Rute *f*;
fig. Fuchtel *f*; ⚕ Schiene *f.*

férvido ['ferβiðo] inbrünstig; feurig.

fer|viente [fer'βiente] heftig; inbrünstig; innig; heiß; **~vor** [~'βɔr]
m Inbrunst *f*; Feuereifer *m*; **~vorín**
[~βo'rin] *m* Stoßgebet *n*; **~voroso**
[~βo'roso] inbrünstig; eifrig.

fes|tejar [feste'xar] (1a) festlich
bewirten; feiern; *j-m* den Hof machen; *Méj.* verprügeln; **~tejo** [~-
'texo] *m* Festlichkeit *f*; gastliche
Aufnahme *f*; ~*s pl.* öffentliche
Lustbarkeiten *f/pl.*; **~tín** [~'tin] *m*
Festmahl *n*, Bankett *n*; **~tival** [~ti-
'bal] *m* Musikfest *n*; Festival *n*; ~
cinematográfico Filmfestspiele *n/pl.*;
~tividad [~tiβi'da⁽ᵈ⁾] *f* Festlichkeit
f; Festtag *m*; **~tivo** [~'tiβo] festlich;
fröhlich; scherzhaft; *día m* ~ Fest-,
Feiertag *m*; **~tón** [~'tɔn] *m* Girlande
f; **~tonear** [~tone'ar] (1a) mit Girlanden schmücken; bekränzen;
Handarbeit: festonieren.

fetal [fe'tal] *adj.* Fötus...

fetich|e [fe'titʃe] *m* Fetisch *m*; **~ismo** [feti'tʃizmo] *m* Fetischismus *m.*

fetidez [feti'deθ] *f* Gestank *m.*

fétido ['fetiðo] stinkend.

feto ['feto] *m* Fötus *m*, Leibesfrucht *f.*

feúcho F [fe'utʃo] häßlich.

feuda|l [feu'dal] feudal; Lehns...;
~lismo [~da'lizmo] *m* Lehnswesen
n; **~tario** [~da'tario] *m* Lehnsmann
m.   [Lehen *n.*⟩

feudo ['feuðo] *m* Lehnsgut *n*;⟨

fez [feθ] *m* Fes *m.*

fiable [fi'able] zuverlässig.

fiado [fi'aᵈo] geborgt; *al* ~ auf Borg,
F auf Pump.

fiador [fia'ðɔr] *m* Bürge *m*; Sicherheitsverschluß *m*; Riegel *m*; *salir* ~
de alg. für j-n bürgen.

fiambre ['fiambre] **1.** *adj.* kalt
(*Speisen*); *fig.* abgestanden; **2.** *m*
kalter Aufschnitt *m*; kalte Küche *f*;
V Leiche *f*; **~ra** [fiam'brera] *f* Blechbüchse *f* für kalte Speisen, Picknickdose *f*; **~ría** *Am.* [~bre'ria] *f*
Feinkostgeschäft *n.*

fia|nza [fi'anθa] *f* Bürgschaft *f*;
Kaution *f*; Sicherheit *f*; *bajo* ~ gegen Kaution; *dar* ~ Bürgschaft leisten; *prestar una* ~ e-e Kaution
stellen; **~r** [fi'ar] (1c) *v/t.* verbürgen; *v/i.* vertrauen; **~rse** *de alg.* j-m
vertrauen.

fiasco ['fiasko] *m* Fiasko *n*; Mißerfolg *m.*

fibra ['fibra] *f* Fiber *f*, Faser *f*; *fig.*
Kraft *f*; ~ *sintética* Kunstfaser *f.*

fibroso [fi'broso] faserig.

fic|ción [fig'θiɔn] *f* Erdichtung *f*;
Verstellung *f*; **~ticio** [fik'tiθio] erdichtet; angeblich; Schein...

fich|a [ˈfitʃa] f Spielmarke f; Fernsprechmünze f; Karteikarte f; ⨎ Stecker m; **~aje** neol. [fiˈtʃaxe] m Sport: Verpflichtung f e-s Spielers; Sport: e-n Spieler verpflichten, unter Vertrag nehmen; **~ero** [fiˈtʃero] m Kartothek f; Zettelkasten m; Kartei f; ~ de clientes Kundenkartei f.

fidedigno [fideˈdigno] glaubwürdig.

fideicomiso [fideiˈkoˈmiso] m Fideikommiß n; Treuhänderschaft f.

fidelidad [fideliˈda⁽ᵈ⁾] f Treue f; Genauigkeit f; Radio: ~ del tono getreue Tonwiedergabe f; alta ~ Hi-Fi f.

fideos [fiˈdeos] m/pl. Fadennudeln f/pl.

fiduciario [fiduˈθiario] m Treuhänder m.

fiebre [ˈfiebre] f Fieber n; ~ del heno Heuschnupfen m; ~ tifoidea Typhus m.

fiel [ˈfiel] **1.** adj. treu; (wort)getreu; zuverlässig; gläubig; **2.** m Zünglein n an der Waage; (Zeiger-)Ausschlag m; Eichmeister m; Gläubige(r) m.

fielato [fieˈlato] m Stadtzollamt n.

fieltro [ˈfieltro] m Filz m.

fie|ra [ˈfiera] f Raubtier n; hecho una ~ fuchsteufelswild; **~reza** [fieˈreθa] f Wildheit f, Grausamkeit f; **~ro** [ˈfiero] wild, grausam.

fierro [ˈfierro] m Am. Brandeisen n; F Méj. Kleingeld n; ~s pl. Ec., Méj. Werkzeug n.

fiesta [ˈfiesta] f Fest n; Feiertag m; Freudenbezeugung f; ~ nacional Nationalfeiertag m; in Spanien: Stierkampf m; aguar la ~ die Freude verderben; estar de ~ lustig sein; hacer ~ feiern, F blaumachen; schulfrei haben; no estar para ~s schlecht aufgelegt sein; F hacer ~s a alg. sich bei j-m lieb Kind machen.

fifí Am. reg. [fiˈfi] m Playboy m.

figón [fiˈgon] m Speisewirtschaft f; Garküche f.

figonero [figoˈnero] m Speisewirt m.

figulino [figuˈlino] **1.** adj. tönern; **2.** m Tonfigur f.

figura [fiˈgura] f Figur f; Gestalt f; Bild n; Gesicht n; **~ción** [figuraˈθion] f Darstellung f; Gestaltung f; (bloße) Einbildung f; **~do** [~ˈraᵈo] figürlich; sinnbildlich; sentido m ~ übertragene Bedeutung f; **~nte** m,

~nta f [~ˈrante, ~ˈranta] Statist(in f) m; **~r** [~ˈrar] (1a) v/t. darstellen; vorgeben; Thea. e-e Rolle spielen; v/i. vorkommen; verzeichnet sein, in e-r Liste aufgeführt sein, stehen; **~rse** sich denken; se me figura que ich möchte meinen, daß; ¡figúrate! stell dir (nur) vor!; **~tivo** [~raˈtibo] bildlich.

figu|rilla [figuˈriʎa] f Figürchen n; Statuette f; kleine, unansehnliche Person f; **~rín** [~ˈrin] m Modeschnitt m; Modepuppe f; Thea. Figurine f.

figurón [figuˈron] m Aufschneider m, Angeber m.

fija|ción [fixaˈθion] f Befestigung f; Festsetzung f; Ski: Bindung f; Phot. Fixierung f; **~do** [fiˈxaᵈo] m Phot. Fixieren n; **~dor** [fixaˈdor] m Phot. Fixiermittel n; Frisiercreme f.

fijar [fiˈxar] (1a) befestigen; festsetzen; anschlagen; (an)heften; Phot. fixieren; ~ carteles Zettel ankleben, Plakate anschlagen; ~ la atención sein Augenmerk richten auf (ac.); **~se** achtgeben; ~ en alg. od. en a/c. j-n od. et. bemerken, gewahr werden.

fijeza [fiˈxeθa] f Festigkeit f; Sicherheit f.

fijo [ˈfixo] fest; de ~, a punto ~ sicher, bestimmt; estrella f -a Fixstern m; idea f -a fixe Idee f.

fila [ˈfila] f Reihe f; ⚔ Glied n; ~ india Gänsemarsch m; en ~ in Reih und Glied; ⚔ llamar a ~s einberufen, einziehen.

filamento [filaˈmento] m Faden m; Faser f; ⨎ Glühfaden m; ♀ Staubfaden m; **~so** [~menˈtoso] faserig.

filantrópico [filanˈtropiko] menschenfreundlich.

filántropo [fiˈlantropo] m Menschenfreund m, Philanthrop m.

filarmonía [filarmoˈnia] f Philharmonie f.

filarmónica [filarˈmonika] f philharmonisches Orchester n; Méj. Akkordeon n.

filate|lia [filaˈtelia] f Briefmarkensammeln n, Philatelie f; **~lista** [~teˈlista] m Briefmarkensammler m.

filete [fiˈlete] m △ Leiste f; ⊕ Gewinde n; Kchk. Filet n; Typ. Zierlinie f; **~ar** [fileteˈar] (1a) einsäumen.

filia|ción [filiaˈθion] f Abstammung

f; Herkunft *f*; Mitgliedschaft *f bei e-r Partei*; Personalien *pl.*; ⚹ Erfassung *f* der Personalien; **~l** [fi'lïal] **1.** *adj.* kindlich; Kindes..., Sohnes-..., Tochter...; **2.** *f* Tochtergesellschaft *f*.

filibustero [filibus'tero] *m* Freibeuter *m*.

filiforme [fili'forme] fadenförmig.

filigrana [fili'grana] *f* Filigranarbeit *f*; Wasserzeichen *n (im Papier)*.

filipino [fili'pino] **1.** *adj.* philippinisch; **2.** *m* Filipino *m*.

filisteo [filis'teo] *m* Philister *m*.

film|**(e)** [film(e)] *m* Film *m*; **~ación** [filma'θiɔn] *f* Verfilmung *f*; **~adora** [~'dora] *f* Filmkamera *f*; **~ar** [~'mar] (1a) (ver)filmen; **~ografía** [~mogra'fia] *f* Filmverzeichnis *n*; **~oteca** [~'teka] *f* Filmarchiv *n*.

filo ['filo] *m* Schneide *f*; Schärfe *f*; äußerste(r) Rand *m*; *al od. por* ~ haargenau; *de doble* ~ zweischneidig; *estar en el* ~ *de la navaja* auf des Messers Schneide stehen; **~so** *Am. reg.* [fi'loso] scharf *(Messer).*

filología [filolo'xia] *f* Philologie *f*.

filólogo [fi'lologo] *m* Philologe *m*.

filón [fi'lon] *m* Erzader *f*; Flöz *n*; *fig.* F tolles Geschäft *n*, P Masche *f*.

filoso|**fal** [filoso'fal]: *piedra f* ~ Stein *m* der Weisen; **~far** [~'far] (1a) philosophieren; **~fía** [~'fia] *f* Philosophie *f*.

filósofo [fi'losofo] *m* Philosoph *m*.

filoxera [filɔg'sera] *f* Reblaus *f*.

filtración [filtra'θiɔn] *f* Durchseihen *n*, Filtrieren *n*.

filtrar [fil'trar] (1a) filtrieren, seihen; **~se** durch-, einsickern.

filtro ['filtro] *m* Filter *m*; Liebes-Zaubertrank *m*.

fin [fin] *m* Ende *n*; Ziel *n*; Zweck *m*; Tod *m*; Ausgang *m*; ~ *de semana* Wochenende *n*; *dar* ~ *a* vollenden; *al (od. en, por)* ~ endlich; *a* ~ *de inf.* um zu *inf.*; *a* ~ *(od. con el* ~*) de* que damit; *a* ~es *de mayo* Ende Mai; *al* ~ *y al cabo* letzten Endes; *un sin* ~ e-e Unmenge.

finado *m*, **-a** *f* [fi'naðo, ~ða] Verstorbene(r) *m*, Verstorbene *f*.

final [fi'nal] **1.** *adj.* schließlich, End...; **2.** *m* Ende *n*; ♪ Finale *n*; **3.** *f Sport*: Endspiel *n*; Schlußrunde *f*; **~idad** [finali'ða⁽ᵈ⁾] *f* Zweck *m*; **~ista** [~'lista] *m* Endspielteilnehmer *m*; **~izar** [~li'θar] (1f) be-

endigen; **~mente** [final'mente] endlich.

financia|**ción** [finanθia'θiɔn] *f* Finanzierung *f*; **~miento** *Am.* [~-'miento] *m* Finanzierung *f*.

finan|**ciar** [finan'θiar] (1b) finanzieren; **~ciero** [~'θiero] **1.** *adj.* Finanz...; finanziell; **2.** *m* Finanzmann *m*; **~cista** *Am.* [~'θista] *m* = *financiero*; **~zas** [fi'nanθas] *f/pl.* Finanzen *f/pl.*

finar [fi'nar] (1a) zu Ende gehen; ablaufen *(Frist)*; sterben.

finca ['fiŋka] *f* Grundstück *n*; Landgut *n*; Bauernhof *m*; ~ *urbana* Wohnhaus *n*.

fin|**és** [fi'nes], **~esa** [fi'nesa] **1.** *adj.* finnisch; **2.** *su.* Finne *m*, Finnin *f*.

fineza [fi'neθa] *f* Feinheit *f*; Zartgefühl *n*; kleines Geschenk *n*, Aufmerksamkeit *f*.

fingi|**do** [fin'xiðo] verstellt, falsch; fingiert; **~miento** [~xi'miento] *m* Verstellung *f*; **~r** [~'xir] (3c) vortäuschen, vorgeben; erdichten; ~ *hacer* tun als ob; **~rse** *(enfermo)* sich (krank) stellen.

finlandés [finlan'des] = *finés*.

fino ['fino] fein; dünn; höflich; artig; zierlich; schlau.

finta ['finta] *f* Finte *f (Fechtk. u. fig.).*

finura [fi'nura] *f* Feinheit *f*; Liebenswürdigkeit *f*.

firma ['firma] *f* Unterzeichnung *f*; Unterschrift *f*; ~ *en blanco* Blankounterschrift *f*.

firmamento [firma'mento] *m* Firmament *n*.

firma|**nte** [fir'mante] *m* Unterzeichner *m*; **~r** [~'mar] (1a) unterzeichnen, -schreiben.

firme ['firme] **1.** *adj.* fest; standhaft; sicher; rechtskräftig *(Urteil)*; *de* ~ tüchtig, (ganz) gehörig; ✝ *en* ~ fest, verbindlich; ⚹ *¡*~*s!* stillgestanden!; **2.** *m* Straßendecke *f*; **~za** [fir'meθa] *f* Festigkeit *f*; Gewißheit *f*; Fassung *f*.

fiscal [fis'kal] **1.** *adj.* fiskalisch; Steuer...; **2.** *m* Staatsanwalt *m*; **~ía** [~ka'lia] *f* Staatsanwaltschaft *f*; **~idad** *neol.* [~li'ða⁽ᵈ⁾] *f* Steuerwesen *n*; **~izar** [~li'θar] (1f) überwachen, kontrollieren.

fisco ['fisko] *m* Fiskus *m*; Staatskasse *f*.

fisga ['fizga] *f* Harpune *f*; F *hacer* ~ *a alg.* j-n verulken; **~r** [fiz'gar] (1h) herumschnüffeln in (*dat.*); F verulken.

fisgón [fiz'gɔn] 1. *adj.* verulkend; (herum)schnüffelnd; 2. *m* Spötter *m*; Schnüffler *m*.

fisgone|ar [fizgone'ar] (1a) = *fisgar*; **~o** [~'neo] *m* Schnüffelei *f*.

fisible [fi'sible] spaltbar.

físi|ca ['fisika] *f* Physik *f*; **~** *nuclear* Kernphysik *f*; **~co** [~ko] 1. *adj.* physikalisch; physisch, körperlich; 2. *m* Physiker *m*; Aussehen *n*.

fisiología [fisiolo'xia] *f* Physiologie *f*; **~iólogo** [fi'siologo] *m* Physiologe *m*.

fisión [fi'siɔn] *f* Spaltung *f*; **~** *nuclear* Kernspaltung *f*.

fisonomía [fisono'mia] *f* Physiognomie *f*; Gesichtsausdruck *m*; Gepräge *n*.

fístula ✱ ['fistula] *f* Fistel *f*.

fistuloso [fistu'loso] fistelartig.

fisura [fi'sura] *f* Spalt *m*; Fissur *f*.

fito... [fito] *in Zssgn* Pflanzen...

fláccido ['flagθido] schlaff; welk (*Haut*).

fla|co ['flako] 1. *adj.* schlaff, schwach (*a. fig.*); mager; 2. *m* schwache Seite *f*; Schwäche *f*; **~cuchento** *Am.* [flaku'tʃento], **~cucho** [fla'kutʃo] *desp.* klapperdürr.

flagela|ción [flaxela'θiɔn] *f* Geißelung *f*; **~r** [~'lar] (1a) geißeln (*a. fig.*), peitschen.

flagelo [fla'xelo] *m* Geißel *f* (*a. fig.*).

flagrante [fla'grante]: *en* **~** *auf* frischer Tat.

flamante [fla'mante] funkelnagelneu; glänzend; neu.

flamea|nte [flame'ante]: *gótico m* **~** Spätgotik *f*; **~r** [~me'ar] (1a) flammen; flattern (*Fahnen*).

flamenco[1] *Zo.* [fla'meŋko] *m* Flamingo *m*.

flamenc|o[2] [fla'meŋko] 1. *adj.* flandrisch, flämisch; zigeunerhaft, Zigeuner...; F forsch; dreist; 2. *m*, **-a** *f* [~ka] Flamländer(in *f*) *m*, Flame *m*, Flämin *f*; andalusische(r) Zigeuner *m*, andalusische Zigeunerin *f*; *andalusischer Tanz u. Gesang*.

flámula ['flamula] *f* Wimpel *m*.

flan [flan] *m* Karamelpudding *m*.

flanco ['flaŋko] *m* Seite *f*, Flanke *f*.

flanquear [flaŋke'ar] (1a) flankieren; von der Seite bestreichen (*Geschütz*); seitwärts decken.

flaque|ar [flake'ar] weichen; wan-

ken; nachgeben; nachlassen; (herab)sinken; *fig.* verzagen; **~za** [~'keθa] *f* Magerkeit *f*; Schwäche *f*; Fehler *m*; Kleinmut *m*.

flash *engl.* [flaʃ] *m* Phot. Blitzlicht *n*; **~-back** [~'bek] *m* Rückblende *f*.

flato ['flato] *m* Blähung *f*.

flatulen|cia ✱ [flatu'lenθia] *f* Blähsucht *f*; **~to** [~'lento] blähend.

flau|ta ['flaŭta] a) *f* Flöte *f*; **~** *dulce* Blockflöte *f*; b) *m* Flötist *m*; **~tillo** [flaŭ'tiʎo] *m* Schalmei *f*; **~tín** [~'tin] *m* Pikkolöflöte *f*; **~tista** [~'tista] *m* Flötenspieler *m*, Flötist *m*.

flebitis [fle'bitis] *f* Venenentzündung *f*.

fleco ['fleko] *m* Franse *f*; Quaste *f*; Stirnlocke *f*.

flech|a ['fletʃa] *f* Pfeil *m*; *Auto:* Winker *m*; **~ar** [fle'tʃar] (1a) Bogen spannen; *mit Pfeilen* beschießen *od.* töten; *fig.* j-s Herz entflammen; **~azo** [~'tʃaθo] *m* Pfeilschuß *m*; F Liebe *f* auf den ersten Blick; **~ero** [~'tʃero] *m* Pfeilschütze *m*.

fleje ['flexe] *m* Faßreif *m*; Bandeisen *n*.

flema ['flema] *f* Schleim *m*; Phlegma *n*; Gleichgültigkeit *f*; Kaltblütigkeit *f*.

flemático [fle'matiko] phlegmatisch, schwerfällig; kaltblütig.

flemón [fle'mɔn] *m* Zellgewebsentzündung *f*; Zahngeschwür *n*.

flequillo [fle'kiʎo] *m* Pony *m* (*Frisur*).

fleta|dor [fleta'dɔr] *m* Befrachter *m*; **~mento** [~'mento] *m* Befrachtung *f*; Frachtvertrag *m*; Charter *f*; **~r** [~'tar] (1a) befrachten; chartern.

flete ['flete] *m* Fracht *f*; Charterung *f*; Frachtgebühr *f*.

flexi|bilidad [flegsibili'da⁽ᵈ⁾] *f* Biegsamkeit *f*; Nachgiebigkeit *f*; **~ble** [~'sible] biegsam; geschmeidig; nachgiebig; **~ón** [~'siɔn] *f* Biegung *f*; Beugung *f*; *Gram.* Flexion *f*.

flexor [fleg'sɔr]: *músculo m* **~** Beugemuskel *m*.

flirt *engl.* [flirt] *m* Flirt *m*, Liebelei *f*; **~ear** [flirte'ar] (1a) flirten; **~eo** [~'teo] *m* Flirten *n*.

floje|ar [floxe'ar] (1a) schwach werden; nachlassen; **~dad** [~'da⁽ᵈ⁾] *f*, **~ra** [~'xera] *f* Kraftlosigkeit *f*; *fig.* Faulheit *f*; Schlappheit *f*; Flauheit *f*.

flojo ['flɔxo] schlaff; locker; matt,

schlapp; faul; flau; schwach; *Rpl.* feige; *Chi.* arbeitsscheu.

flor [flɔr] *f* Blume *f*, Blüte *f*; Blüte- zeit *f*; *fig. das* Feinste *n*; Schimmel *m auf Wein*; ♀(es *pl.*) de Mayo Maienandacht *f*; la ~ y nata de la sociedad die Creme der Gesell- schaft; a ~ de auf gleicher Höhe mit (*dat.*); dicht über (*dat.*), dicht über (*ac.*) hin; *echar* ~es Komplimente machen, F Süßholz raspeln; *como mil* ~es sehr gut, vortrefflich; **~a** ['flora] *f* Pflanzenwelt *f*; Flora *f*; **~ación** [flora'θjɔn] *f* Blüte(zeit) *f*; **~al** [~'ral] Blumen...; **~ear** [~re'ar] (1a) mit Blumen schmücken; *Mehl* sieben; *Am. reg.* blühen; **~ecer** [~re'θer] (2d) blühen; **~eciente** [~re- 'θjente] blühend; **~ecilla** [~re'θiʎa] *f* Blümchen *n*; **~ecimiento** [~reθi- 'mjento] *m* Blühen *n*; Gedeihen *n*; **~eo** [~'reo] *m* überflüssiger Wort- schwall *m*, Floskeln *f/pl.*; **~ero** [~'rero] *m* Blumenvase *f*; Blumen- verkäufer *m*; **~escencia** [~res'θen- θja] *f* Blütezeit *f*; **~esta** [~'resta] *f* Hag *m*, Hain *m*.

flore|te [flo'rete] *m* Florett *n*; **~tista** [~re'tista] *m* Florettfechter *m*.

floricul|tor [florikul'tɔr] *m* Blu- menzüchter *m*; **~tura** [~'tura] *f* Blumenzucht *f*.

flori|do [flo'rido] blühend (*a. fig.*); blumig; auserlesen; **~legio** *Lit.* [~ri'lexjo] *m* Blütenlese *f*; **~sta** [~'rista] *m* Blumenhändler *m*.

florín [flo'rin] *m* Gulden *m*.

florón [flo'rɔn] *m* △ Rosette *f*.

flota ['flota] *f* ⚓ Flotte *f*; ~ *aérea* Luftflotte *f*; ~ de guerra Kriegs- flotte *f*; ~ mercante Handelsflotte *f*; **~ble** [flo'table] schwimmfähig; Treib...; flößbar; **~ción** [~ta'θjɔn] *f* ⊕ Flotation *f*; Schwimmen *n*; Flö- ßen *n*; *línea f* de ~ Wasserlinie *f*; **~dor** [~ta'dɔr] *m* Schwimmer *m* (⊕ *u.* ⚓); Schwimmgürtel *m*.

flota|nte [flo'tante] schwimmend; schwebend; **~r** [~'tar] (1a) *auf dem Wasser* schwimmen, treiben; *in der Luft* schweben.

flote ⚓ ['flote]: *a* ~ flott; *poner a* ~, *sacar a* ~ flottmachen (*a. fig.*); *salir a* ~ los~, freikommen.

flotilla ⚓ [flo'tiʎa] *f* Flottille *f*.

fluctua|ción [fluktua'θjɔn] *f* Schwankung *f*; Unentschlossenheit *f*; **~nte** [~tu'ante] schwankend; un-

schlüssig; **~r** [~tu'ar] (1e) schwan- ken (*a. fig.*); in Gefahr schweben.

fluidez [flui'deθ] *f* Flüssigkeit *f* (*a. fig.*, *z.B. des Stils*).

fluido [flu'ido] **1.** *adj.* flüssig; flie- ßend (*a. fig.*); **2.** *m* Fluidum *n*; Flüssigkeit *f*; elektrischer Strom *m*.

fluir [flu'ir] (3g) fließen.

flujo ['fluxo] *m* Fluß *m* (*a.* ⚕); (Meeres-)Flut *f*; Fließen *n*.

flúor ['fluɔr] *m* Fluor *n*.

fluorescencia [fluores'θenθja] *f* Fluoreszenz *f*.

flus *Ant.*, *Col.*, *Ven.* [flus] *m* (Her- ren-)Anzug *m*.

flu|vial [flu'bial] Fluß...; **~vió- metro** [~'bjometro] *m* Pegel *m*, Wasserstandsanzeiger *m*.

flux [fluks] *m* = flus.

fluxión ⚕ [fluk'sjɔn] *f* Fluß *m*.

fobia ['fobja] *f* heftige Abneigung *f*.

foca *Zo.* ['foka] *f* Robbe *f*, See- hund *m*.

foco ['foko] *m* Brennpunkt *m*; Licht- quelle *f*; *fig. u.* ⚕ Herd *m*; *Am. reg.* Glühbirne *f*.

fofo ['fofo] schwammig; matschig (*Obst*).

foga|rada [foga'rada] *f* Flacker- feuer *n*, Lohe *f*; **~ril** [~'ril] *m* Signalfeuer *n*; **~ta** [fo'gata] *f* hell- flackerndes Feuer *n*; Lagerfeuer *n*.

fogón [fo'gɔn] *m* Herd *m*; Küchen- herd *m*; ⊕ Feuerung *f*; *Am.* Lager- feuer *n*.

fogo|nazo [fogo'naθo] *m* Feuer- strahl *m*; **~nero** [~'nero] *m* Heizer *m*; **~sidad** [~si'da⁽ᵈ⁾] *f* Heftigkeit *f*; Ungestüm *n*; **~so** [fo'goso] heftig; ungestüm; feurig; hitzig.

foja ['foxa] *f* **a)** 🕮 Blatt *n* e-s Akten- stücks; **b)** *Zo.* Wasserhuhn *n*.

folgo ['folgo] *m* Fußsack *m*.

folía [fo'lia] *f* leichte Musik *f* im Volkston; **~s** *pl.* portugiesischer Tanz.

foliación [folja'θjɔn] *f* **a)** *Typ.* Pa- ginierung *f*; **b)** ♀ Belaubung *f*.

foliar [fo'liar] (1b) *Typ.* paginieren.

folio ['foljo] *m* Großformat *n*; Foliant *m*; F de a ~ riesengroß.

folk|lore *engl.* [fɔlk'lore] *m* Volks- kunde *f*; Brauchtum *n*; **~órico** [~- 'loriko] folkloristisch; Volks...

follaje [fo'ʎaxe] *m* Laubwerk *n*; *fig.* (*überflüssiges*) Beiwerk *n*.

folle|tín [foʎe'tin] *m* Feuilleton *n*, Unterhaltungsteil *m* e-r *Zeitung*;

fornido

~tinista [~ti'nista] *m* Feuilletonist *m*; **~to** [fo'~eto] *m* Broschüre *f*.

follisca *Am. reg.* [fo'~iska] *f* Streit *m*, Zank *m*.

follón [fo'~ɔn] **1.** *adj.* faul; dummdreist; **2.** *m* P Krach *m*, Wirbel *m*; *armar* (*un*) ~ Krach schlagen; F Wirbel machen.

fomen|tar [fomen'tar] (1a) schüren; fördern; begünstigen; **~to** [fo'mento] *m* Pflege *f*; Schutz *m*; Förderung *f*; Belebung *f*; ~ *del turismo* Förderung *f* des Fremdenverkehrs.

fonda ['fɔnda] *f* Gasthaus *n*, -hof *m*; Bahnhofsrestaurant *n*.

fondea|dero [fondea'dero] *m* Ankerplatz *m*, -grund *m*; **~r** [~'ar] (1a) ⚓ loten; durchsuchen; *v/i.* ankern; **~rse** *Am. reg.* reich werden.

fondero *Am.* [fɔn'dero] *m* Gastwirt *m*.   [boden *m*.)

fondillos [fɔn'diʎos] *m/pl.* Hosen-∫

fondista [fɔn'dista] *m* Gastwirt *m*.

fondo ['fɔndo] *m* Grund *m*, Boden *m*; Meeresgrund *m*; Hintergrund *m*; Tiefe *f*; Grundlage *f*; Wesen *n*; Wesensart *f*; Gehalt *m*; Kern *m*; ✝ Fonds *m*; ~ *de amortización* Tilgungsfonds *m*; ~ *de reserva* Reservefonds *m*; ♀ *Monetario Internacional* Internationaler Währungsfonds *m*; *a* ~ gründlich; *de* ~ Grund...; *en el* ~ im Grunde (genommen); *dar* ~ ankern; *echar a(l)* ~ versenken; *irse a(l)* ~ (ver)sinken; *fig. tocar* ~ den Tiefpunkt erreichen; **~s** *pl.* Vermögen *n*, Geldmittel *n/pl.*; **~s** *de explotación* Betriebsmittel *n/pl.*; **~s públicos** Staatspapiere *n/pl.*; *sin* **~s** ungedeckt (*Scheck*); *los (bajos)* **~s** Unterwelt *f*.

fonéti|ca [fo'netika] *f* Phonetik *f*; Lautlehre *f*; **~co** [~'netiko] phonetisch.

fono|absorbente [fonoabsɔr'bente] schallschluckend; **~captor** [~kap'tɔr] *m* Tonabnehmer *m*.

fonó|grafo [fo'nografo] *m* Grammophon *n*; **~metro** [~'metro] *m* Schallmeßgerät *n*.

fonta|na *Lit.* [fɔn'tana] *f* Quelle *f*; **~nería** [~tane'ria] *f* Klempnerei *f*; **~nero** [~ta'nero] *m* Klempner *m*; Installateur *m*.

foque ⚓ ['foke] *m* Klüver *m*.

forado *Am. reg.* [fo'ra⁽ᵈ⁾o] *m* Loch *n*.

forajido [fora'xido] *m* Straßenräuber *m*, Strolch *m*.

foráneo [fo'raneo] fremd.

forastero [foras'tero] **1.** *adj.* fremd; auswärtig; **2.** *m*, -**a** *f* [~'tera] Fremde(r) *m*, Fremde *f*; Auswärtige(r) *m*, Auswärtige *f*.

force|j(e)ar [fɔrθe'xar, ~xe'ar] (1a) sich verzweifelt anstrengen, sich mit allen Kräften sträuben *od.* wehren; **~jeo** [~'xeo] *m* Ringen *n*; F Gerangel *n*; Widerstand *m*; **~judo** [~'xudo] handfest; stämmig.

fórceps ['fɔrθebs] *m* Geburtszange *f*.

forense [fo'rense] **1.** *adj.* gerichtlich, Gerichts...; **2.** *m* Gerichtsarzt *m*.

forestal [fores'tal] Forst..., Wald...

forja ['fɔrxa] *f* Schmiede *f*; **~dor** [fɔr'xa⁽ᵈ⁾o] *m* Fachwerk *n*; **~dor** [fɔrxa'dɔr] *m* Schmied *m*; Anstifter *m*; **~r** [~'xar] (1a) schmieden (*a. fig.*); anstiften; ersinnen.

forma ['fɔrma] *f* Form *f*; Gestalt *f*; *de* ~ *que* so daß; *en debida* ~ ordnungsgemäß; *dar* ~ *a a/c.* et. in Ordnung bringen; *en toda* ~ regelrecht; *estar en* ~ in Form sein; *no hay* ~ *de inf.* es ist nicht möglich zu; **~ción** [fɔrma'θiɔn] *f* Formation *f*; Gestaltung *f*; (Aus-)Bildung *f*; ✗ Aufstellung *f*; **~l** [~'mal] förmlich; formell; ernsthaft, -lich; artig (*Kind*); solide; seriös; **~lidad** [~mali'da⁽ᵈ⁾] *f* Förmlichkeit *f*, Formalität *f*; Ernsthaftigkeit *f*; Pünktlichkeit *f*, Genauigkeit *f*; **~lismo** [~ma'lizmo] *m* Formalismus *m*; **~lista** [~ma'lista] *m* Formalist *m*; **~lizar** [~mali'θar] (1f) ordnungsgemäß ausfertigen, erledigen; offiziell gestalten; **~lizarse** formell werden; **~r** [~'mar] (1a) formen, bilden, gestalten; *Klage* vorbringen; ~ *parte de a/c.* zu et. (*dat.*) gehören; **~rse** wachsen; entstehen; zusammentreten; **~tivo** [~ma'tibo] Gestalt gebend; **~to** [~'mato] *m* Format *n*.

formidable [fɔrmi'dable] furchtbar; F riesig, gewaltig, toll.

formón [fɔr'mɔn] *m* Stemmeisen *n*; Stechbeitel *m*.   [zept *n*.)

fórmula ['fɔrmula] *f* Formel *f*; Re-∫

formu|lar [fɔrmu'lar] (1a) formulieren; aufsetzen; *Beschwerde* einlegen; **~lario** [~'lario] *m* Formular *n*; Arzneibuch *n*; **~lista** [~'lista] *m* Formenmensch *m*, Umstandskrämer *m*.

fornicar [fɔrni'kar] (1g) huren.

fornido [fɔr'nido] stark, stämmig.

foro ['foro] *m* Forum *n*; *Thea.* Hintergrund *m*.

forra|do [fɔ'rraᵈo] gefüttert (mit [*dat.*] de); *fig.* ~ (de *dinero*) reich, F betucht; **~je** [∠'rraxe] *m* (Vieh-)Futter *n*, ✕ Furage *f*; **~jero** [∠rra'xero] Futter...; **~r** [∠'rrar] (1a) füttern; beschlagen; ausschlagen; einschlagen; umwickeln; **~rse** *Am. reg.* reich werden.

forro ['forro] *m* Futter *n* (*Stoff*); Buchumschlag *m*; Überzug *m*, Hülle *f*; F *ni por el* ~ nicht im geringsten.

forta|chón F [fɔrta'tʃɔn] handfest; **~lecer** [∠le'θer] (2d) stärken; befestigen; ermutigen; **~lecimiento** [∠leθi'mjento] *m* Stärkung *f*; **~leza** [∠'leθa] *f* Kraft *f*; Mut *m*; Seelenstärke *f*; ✕ Festung *f*.

fortifica|ción [fɔrtifika'θjɔn] *f* Befestigung *f*; **~r** [∠'kar] (1g) stärken; ✕ befestigen. [(Außen-)Werk *n.*)

fortín ✕ [fɔr'tin] *m* Schanze *f*;)

fortu|ito [fɔr'tuito] zufällig; unerwartet; **~na** [∠'tuna] *f* Schicksal *n*; Geschick *n*; Glück *n*; Vermögen *n*; *por* ~ glücklicherweise; *correr* ~ ⚓ in e-n Sturm geraten; *probar* ~ sein Glück versuchen.

forza|do [fɔr'θaᵈo] *adj.* gezwungen; erzwungen; notgedrungen; *trabajos m/pl.* **~s** Zwangsarbeit *f*; **~r** [∠'θar] (1f *u.* 1m) zwingen; be-, erzwingen; *Tür* aufbrechen; *Festung* einnehmen; notzüchtigen.

forzoso [fɔr'θoso] notgedrungen; zwingend; zwangsmäßig; Not..., Zwangs...

forzudo [fɔr'θuᵈo] sehr stark.

fosa ['fosa] *f* Grab *n*; ~ *común* Massengrab *n*, **~s** *pl.* *nasales* Nasenhöhlen *f/pl.*

fosfato [fɔs'fato] *m* Phosphat *n*.

fosforecer [fɔsfore'θer] (2d) phosphoreszieren. [schachtel *f.*)

fosforera [fɔsfo'rera] *f* Streichholz-)

fósforo ['fɔsfoɾo] *m* Phosphor *m*; Zündholz *n*, Streichholz *n*.

fósil ['fɔsil] **1.** *adj.* versteinert, fossil; **2.** *m* Fossil *n*, Versteinerung *f*.

fosilizarse [fɔsili'θarse] (1f) versteinern.

foso ['foso] *m* Grube *f*; Graben *m*; *Thea.* Versenkung *f*.

foto ['foto] *f* F Foto *n*, Photo *n*; **~composición** *Typ.* [∠kɔmposi'θjɔn] *f* Photosatz *m*; **~copia** [foto'kopja] *f*

Fotokopie *f*; **~copiadora** [∠kopia-'dora] *f* Fotokopiergerät *n*; **~fobia** [∠'fobja] *f* Lichtscheu *f*; **~génico** [∠'xeniko] fotogen, bildwirksam; **~grabado** [fotogra'baᵈo] *m* Lichtdruck *m*; **~grafía** [∠gra'fia] *f* Fotografie *f*; Lichtbild *n*; Aufnahme *f*; ~ *aérea* Luftbild *n*; ~ *en color* Farbfotografie *f*; ~ *instantánea* Momentaufnahme *f*; **~grafiar** [∠grafi'ar] (1c) fotografieren; **~gráfico** [∠'grafiko] fotografisch.

fotó|grafo [fo'tografo] *m* Fotograf *m*; **~metro** [∠metro] *m* Belichtungsmesser *m*.

foto|terapia [fotote'rapja] *f* Lichtheilverfahren *n*; **~tipia** [∠'tipia] *f* Lichtdruck *m*, Phototypie *f*.

frac [frak] *m* Frack *m*.

fraca|sado [fraka'saᵈo] *m* Versager *m* (*Person*); **~sar** [∠'sar] (1a) scheitern; mißlingen; *Thea.* durchfallen; **~so** [∠'kaso] *m* Scheitern *n*; Mißlingen *n*; Mißerfolg *m*, Fiasko *n*.

fracci|ón [frag'θjɔn] *f* Brechen *n*; Bruchstück *n*, *Arith.* Bruch *m*; Bruchteil *m*; **~onamiento** [∠θiona-'mjento] *m* (Zer-)Stückelung *f*; **~onar** [∠θio'nar] (1a) zerteilen; (zer-)stückeln; **~onario** [∠θio'nario] Bruch...; *moneda f* *-a* Scheidemünze *f*.

fractura [frak'tura] *f* Aufbrechen *n*; ✗ Bruch *m*; *robo m con* ~ Einbruchsdiebstahl *m*; **~r** [∠tu'rar] (1a) (zer)brechen; *Tür, Schrank* aufbrechen.

fragan|cia [fra'ganθja] *f* Wohlgeruch *m*; **~te** [∠'gante] wohlriechend.

fragata ⚓ [fra'gata] *f* Fregatte *f*.

frágil ['fraxil] gebrechlich; zerbrechlich; schwach; vergänglich.

fragilidad [fraxili'da⁽ᵈ⁾] *f* Zerbrechlichkeit *f*; Vergänglichkeit *f*; Schwäche *f*; Zartheit *f*.

fragmento [frag'mento] *m* Fragment *n*, Bruchstück *n*.

fragor [fra'gɔr] *m* Geprassel *n*; Klirren *n*; Krachen *n*.

frago|sidad [fragosi'da⁽ᵈ⁾] *f* Unwegsamkeit *f*; Wildnis *f*; **~so** [∠'goso] unwegsam; holp(e)rig.

fragua ['fragwa] *f* Schmiede *f*, Esse *f*; **~dor** [fragwa'dɔr] *m*: ~ *de enredos* Ränkeschmied *m*; **~r** [∠'gŭar] (1i) schmieden (*a. fig.*); *Zement* abbinden; ausdenken; F aushecken.

fraile ['fraile] *m* Mönch *m*.

frambues|a [fram'bŭesa] f Himbeere f; **~o** [~'bŭeso] m Himbeerstrauch m.

francachela F [franka'tʃela] f Gelage n, Schlemmerei f.

francés [fran'θes] **1.** adj. französisch; **2.** m Franzose m.

francesa [fran'θesa] f Französin f; a la ~ auf französische Art; F despedirse a la ~ sich auf französisch empfehlen.

franco ['franko] **1.** adj. **a)** frei; freigebig; offen(herzig); ~ de porte portofrei; ~ de servicio dienstfrei; **b)** fränkisch; in Zssgn französisch; **~-alemán** deutsch-französisch; **2.** m Frank(en) m (Münze); hist. Franke m.

francó|filo [fran'kofilo] franzosenfreundlich; **~fobo** [~'kofobo] franzosenfeindlich.   [Freischärler m.]

francotirador [frankotira'dɔr] m]

franchute F [fran'tʃute] m Franzmann m.

franela [fra'nela] f Flanell m; Ant., Col., Méj., Ven. Unterhemd n.

franja ['franxa] f Franse f; Streifen m.

franque|ar [franke'ar] (1a) Briefe frankieren; freigeben; öffnen; überschreiten, durchqueren; sin ~ unfrankiert; **~arse** sein Herz ausschütten; **~o** [~'keo] m Frankieren n; Porto n; **~za** [~'keθa] f Freiheit f; Freimütigkeit f; Offenheit f.

franquicia [fran'kiθia] f Zollfreiheit f; ~ postal Portofreiheit f.

frasco ['frasko] m Flasche f; Flakon n od. m.

frase ['frase] f Phrase f; Redensart f; Satz m; Ausspruch m; ~ hecha stehende Redewendung f; **~o** ♪ [fra'seo] m Phrasierung f; **~ología** [fraseolɔ'xia] f Phraseologie f.

frater|nal [frater'nal] brüderlich; **~nidad** [~ni'da⁽ᵈ⁾] f Brüderlichkeit f; **~nizar** [~ni'θar] (1f) sich verbrüdern.

fratrici|da [fratri'θida] **1.** adj. brudermörderisch; **2.** m Brudermörder m; **~dio** [~'θiðio] m Brudermord m.

fraude ['fraŭde] m, **fraudulencia** [fraŭðu'lenθia] f Betrug m; ~ fiscal Steuerhinterziehung f.   [gerisch.]

fraudulento [fraŭðu'lento] betrü-]

fray [fraĭ] m Bruder m (Abk. v. fraile; vor Vornamen von Geistlichen bestimmter Orden).

frazada [fra'θaða] f wollene Bettdecke f.

frecuen|cia [fre'kŭenθia] f Häufigkeit f; ∉ Frequenz f; alta ~ Hochfrequenz f; con ~ häufig; **~tación** [~kŭenta'θiɔn] f häufiger Besuch m; Verkehr m; **~tador** m, -a f [~kŭenta'dɔr, ~kŭenta'dora] häufige(r) Besucher m, häufige Besucherin f; **~tar** [~kŭen'tar] (1a) häufig besuchen; Schule besuchen; Weg begehen; **~te** [~'kŭente] häufig.

frega|dero [frega'dero] m Spülstein m, -becken n; **~do** [~'gaᵈo] **1.** m Scheuern n; Abwaschen n; **2.** adj. Am. reg. aufdringlich; ärgerlich; **~dor** [~ga'dɔr] m Scheuerlappen m; **~r** [~'gar] (1h u. 1k) scheuern; abwaschen; spülen; Am. belästigen; **~triz** [~ga'triθ], **frego-na** [~'gona] f Scheuerfrau f, Putzfrau f.

frei|dora [freĭ'dora] f Fritiertopf m; **~dura** [~'dura] f Braten n; Fritieren n; **~duría** [~du'ria] f (Fisch-) Braterei f.

freír [fre'ir] (3m; part. frito) braten; in der Pfanne backen.

fréjol ['frexɔl] m Bohne f.

fren|ar [fre'nar] (1a) bremsen; **~azo** [~'naθo] m plötzliche(s) Bremsen n.

fren|esí [frene'si] m Wahnsinn m; Irrsinn m; **~ético** [~'netiko] rasend; irrsinnig.

freno ['freno] m Bremse f; Zaum m (a. fig.); ~ de aire comprimido, ~ neumático Luftdruckbremse f; ~ hidráulico Flüssigkeitsbremse f; ~ de alarma Notbremse f; ~ de contrapedal Rücktrittbremse f; ~ de disco Scheibenbremse f; ~ de mano Handbremse f; morder el ~ s-n Zorn verbeißen; soltar los ~s die Zügel schießen lassen.

frente ['frente] **1. a)** f Stirn f; Antlitz n; Vorderseite f; **b)** m ✕ Front f; ~ frío Kalt(luft)front f; estar al ~ an der Spitze stehen; hacer ~ a Widerstand leisten, die Stirn bieten; de ~ von vorn; en ~ gegenüber; ~ por ~ direkt gegenüber; **2.** prp. ~ a gegenüber (dat.).

fresa ['fresa] f **a)** Erdbeere f; **b)** Fräser m, Fräse f; Bohrer m (Zahnarzt); **~dora** [fresa'dora] f Fräsmaschine f; **~r** [fre'sar] (1a) fräsen.

fres|ca ['freska] f Morgen-, Abendkühle f; soltar cuatro ~s a alg. j-m gehörig die Meinung sagen; ~-**cachón** F [freska'tʃɔn] von frischem, gesundem Aussehen; F drall; ~**cales** P [~'kales] *m* Frechdachs *m*.

fresco ['fresko] **1.** *adj.* frisch; kühl; neu; blühend (*Aussehen*); lebhaft; gleichmütig, gelassen; frech; F *estar* ~ (*od. quedarse*) ~ sich verrechnet haben, P reingefallen sein; **2.** *m* Frische *f*, Kühle *f*; F Frechdachs *m*; *Mal.* Freske *f*; *Am. reg.* Erfrischungsgetränk *n*; *tomar el* ~ frische Luft schöpfen.

fres|cor [fres'kɔr] *m* Kühle *f*; ~**cura** [~'kura] *f* Kühle *f*; *fig.* Frechheit *f*; Kaltblütigkeit *f*.

fresno ♃ ['frezno] *m* Esche *f*.

fresón [fre'sɔn] *m* Gartenerdbeere *f*.

fresque|ra [fres'kera] *f* Fliegenschrank *m*; Kühlkasten *m*; ~**ría** *Am. Mer. reg.* [~ke'ria] *f* Erfrischungshalle *f*; ~**ro** *m*, -a *f* [~'kero, ~'kera] Frischfischhändler(in *f*) *m*.

freza ['freθa] *f* Laich *m der Fische*; Laichzeit *f*; ~**r** [fre'θar] (1f) laichen.

friable [fri'able] bröck(e)lig.

frialdad [frial'da⁽ᵈ⁾] *f* Kälte *f*; Gleichgültigkeit *f*.

fricasé [frika'se] *m* Frikassee *n*.

fricativo [frika'tiβo] Reibe...

fricción [frig'θiɔn] *f* Reibung *f*; Frottieren *n*; Abreibung *f*; Einreibung *f*; Massage *f*.

friccionar [frigθio'nar] (1a) abreiben; *Körper* frottieren.

friega ['frieɣa] *f* Ab-, Einreiben *n*; *Am. reg.* Belästigung *f*; Tracht *f* Prügel.

frigidez [frixi'deθ] *f* Kälte *f* (*a. fig.*); ♂ Frigidität *f*.

frigorífico [friɣo'rifiko] **1.** *adj.* kälteerzeugend; *cámara f -a* Kühlraum *m*; **2.** *m* Kühlschrank *m*; *Am.* Gefrierfleischfabrik *f*.

frío ['frio] **1.** *adj.* kalt; *fig.* frostig; geist-, seelenlos; *quedarse* ~ sprachlos sein; **2.** *m* Kälte *f*; Frost *m*; *coger* ~ sich erkälten; *tengo* ~ mich friert (*od.* ich friere).

friolento [frio'lento] = *friolero*.

friole|ra [frio'lera] *f* Kleinigkeit *f*; ~**ro** [~'lero] verfroren.

frisa ['frisa] *f* Flausch *m*.

frisar [fri'sar] (1a) *Tuch* (auf)rauhen; abreiben; *v/i.* ~ *en los setenta* nahe an die Siebzig(er) sein.

friso △ ['friso] *m* Fries *m*.

frisón [fri'sɔn] **1.** *adj.* friesisch; **2.** *m* Friese *m*.

frita|da [fri'taða] *f* Gebackene(s) *n*; ~**r** *Am. reg.* [~'tar] (1a) braten; *in der Pfanne* backen.

frito ['frito] **1.** *adj.* gebacken; F *traer* (*od. tener*) ~ *a alg.* j-m auf die Nerven fallen; F *estar* ~ die Nase voll haben; **2.** *m* Gebackene(s) *n*.

frivolidad [friβoli'da⁽ᵈ⁾] *f* Nichtigkeit *f*; Leichtfertigkeit *f*.

frívolo ['friβolo] nichtig; leichtfertig, frivol.

fronda ['frɔnda] *f* Laub *n*; Blatt *n*; Laubwerk *n*; ~**osidad** [frɔndosi-'da⁽ᵈ⁾] *f* dichte Belaubung *f*; ~**oso** [~'doso] dichtbelaubt.

frontal [frɔn'tal] **1.** *adj.* Stirn...; **2.** *m* Stirnband *n*; Altarschmuck *m*.

fronte|ra [frɔn'tera] *f* Grenze *f*; ~**rizo** [~te'riθo] angrenzend, Grenz-...; ~**ro** [~'tero] gegenüberliegend.

frontis ['frɔntis] *m* Giebelseite *f*; Fassade *f*; ~**picio** [frɔntis'piθiɔ] *m* Vorderseite *f*; Titelblatt *n*.

frontón [frɔn'tɔn] *m* **a)** Giebel *m*; Aufsatz *m*; Giebeldach *n*; **b)** baskische(r) Ballspielplatz *m*.

frota|ción [frota'θiɔn] *f*, ~**miento** [~'miento] *m* Reibung *f*; ~**r** [~'tar] (1a) reiben, scheuern, frottieren.

frote ['frote] *m* Reiben *n*.

fructífero [fruk'tifero] fruchtbringend, Frucht...; *fig.* fruchtbar.

fructifica|ción [fruktifika'θiɔn] *f* Fruchtbildung *f*; ~**r** [~'kar] (1g) Frucht bringen; Nutzen bringen.

fructuoso [fruk'tuoso] nützlich; einträglich.

frugal [fru'ɣal] einfach, mäßig; genügsam; bescheiden; ~**idad** [~gali'da⁽ᵈ⁾] *f* Einfachheit *f*.

frui|ción [frui'θiɔn] *f* Genuß *m*; Vergnügen *n*; ~**r** [fru'ir] (3g) genießen.

frunci|miento [frunθi'miento] *m* Runzeln *n*; ~**r** [~'θir] (3b) runzeln; ~ *las cejas* die Stirn runzeln.

fruslería [fruzle'ria] *f* Lappalie *f*.

frustrar [frus'trar] (1a) Hoffnung täuschen, vereiteln; zum Scheitern bringen; ~**se** scheitern.

fru|ta ['fruta] *f* Obst *n*; Frucht *f* (*a. fig.*); ~ *del tiempo* frische(s) Obst *n*; ~**tal** [fru'tal] **1.** *adj.* Obst...; **2.** *m* Obstbaum *m*; ~**tería** [~te'ria] *f* Obsthandlung *f*; ~**tero** [~'tero] **a)** *m* Obstschale *f*; **b)** *m*, -a *f* [~'tera] Obsthändler(in *f*) *m*; **c)** *adj.*

Obst...; **~tícola** [~'tikola] Obst...;
~ticultor [~tikul'tɔr] *m* Obstbauer
m; **~ticultura** [~'tura] *f* Obstbau *m*.

frutilla *Am. Mer.* [fru'tiʎa] *f* Erdbeere *f*; **~r** *Am. Mer.* [~ti'ʎar] *m*
Erdbeerpflanzung *f*.

fruto ['fruto] *m* Frucht *f* (*a. fig.*);
Nutzen *m*; Ertrag *m*.

fu [fu] *m* Fauchen *n der Katze*; F
hacer ~ Reißaus nehmen; F *ni* ~ *ni
fa* weder Fisch noch Fleisch.

fucilazo [fuθi'laθo] *m* Wetterleuchten *n*.

fucsia ['fugsja] *f* Fuchsie *f*.

fuego ['fṹego] *m* Feuer *n* (*a. fig. u.*
⚒); Brand *m*; Herd *m*; *fig.* Hitze *f*,
Leidenschaft *f*; ~ *de Santelmo* Elms-
feuer *n*; ~ *fatuo* Irrlicht *n*; *hacer* ~
⚒ feuern; *poner* (*od. prender*) ~ *a
a/c.* et. in Brand stecken; *romper el*
~ ⚒ das Feuer eröffnen; ~*s pl. artificiales* Feuerwerk *n*; *¡fuego!* ⚒
Feuer!

fueguino [fṹe'gino] aus Feuerland.

fuelle ['fṹeʎe] *m* Blasebalg *m*;
Kleiderfalte *f*; faltbares Wagen-
verdeck *n*; *Phot.* Balg *m*.

fuente ['fṹente] *f* Quelle *f* (*a. fig.*);
Springbrunnen *m*; Ursprung *m*;
Schüssel *f*. [Ehrenmann.]

fuer [fṹer]: *a* ~ *de hombre de bien* als)

fuera ['fṹera] **1.** *adv.* außen; auswärts; heraus; *por* ~ von außen;
2. *prp.*: ~ *de* außer(halb); ~ *de eso*
außerdem; ~ *de lugar* unange-
bracht; ~ *de servicio* außer Betrieb;
~ *de sí* außer sich; ~ *de tiempo* unzeitgemäß, zur Unzeit; **3.** *int.* *¡~!*
hinaus!, fort!

fueraborda [fṹera'bɔrda] *m*: (*motor m*) ~ Außenbordmotor *m*.

fuero ['fṹero] *m* Rechtsprechung *f*;
Gerichtsstand *m*; Vorrecht *n*; Son-
derrecht *n*; *en el* ~ *interno fig.* im
Innern.

fuerte ['fṹerte] **1.** *adj.* stark; kräftig;
hart; *hacerse* ~ sich verschanzen; **2.**
adv. laut, kräftig; **3.** *m* starke Seite
f; ⚒ Fort *n*; Festung *f*; Schanze *f*.

fuerza ['fṹerθa] *f* Kraft *f*; Gewalt *f*;
Wirksamkeit *f*; Macht *f*; Stärke *f*;
⚡ Kraftstrom *m*; ⚒ ~ *explosiva*
Sprengkraft *f*; ~ *de gravedad*
Schwerkraft *f*; ~ *mayor* höhere Gewalt *f*; ~ *motriz* Antriebskraft *f*; ~
pública Polizei *f*; ~*s armadas* Streitkräfte *f/pl.*; *a la* (*od. por*) ~ mit Gewalt; notgedrungen; *a* ~ *de inf.*

durch vieles (*od.* übermäßiges) *inf.*,
z.B. a ~ *de trabajar* durch vieles (*od.*
übermäßiges) Arbeiten; *a* ~ *de a/c.*
mit viel (*dat.*), *z.B. a* ~ *de dinero* mit
viel Geld; *a* ~ *de voluntad* mit
äußerster Willensanspannung; *a* ~
de armas mit Waffengewalt; *hacer*
~ sich anstrengen.

fuete *Am.* ['fṹete] *m* Peitsche *f*.

fuga ['fuga] *f* Flucht *f*; ♪ Fuge *f*; ⊕
undichte Stelle *f*; ~ *de capitales*
Kapitalflucht *f*; *darse a la* ~ die
Flucht ergreifen; *poner a alg. en* ~
j-n in die Flucht schlagen; **~cidad**
[fuga'θi'da⁽ᵈ⁾] *f* Flüchtigkeit *f*; **~rse**
[fu'garse] (1h) fliehen.

fugaz [fu'gaθ] flüchtig.

fugitivo [fuxi'tibo] **1.** *adj.* flüchtig;
vergänglich; **2.** *m* Flüchtling *m*.

fula|na F [fu'lana] *f* P Nutte *f*; **~no**
[~'lano] *m* Herr Soundso.

fulero [fu'lero] stümperhaft; falsch,
schlecht.

fulgente [ful'xente], **fúlgido** ['ful-
xido] glänzend; leuchtend.

fulgor [ful'gɔr] *m* Schimmer *m*;
Glanz *m*.

fulgur|ante [fulgu'rante] blitzend;
⚡ stechend (*Schmerz*); **~oso** [~-
'roso] strahlend.

fulmin|ante [fulmi'nante] **1.** *adj.*
blitzartig; drohend; Knall...;
Spreng...; Zünd...; **2.** *m* Zündhütchen *n*, -blättchen *n*; **~ar** [~'nar]
(1a) *Blitze* schleudern; durch Blitz-
schlag töten; *fig.* niederschmettern;
Strafe verhängen.

fulle|ría [fuʎe'ria] *f* Mogelei *f beim
Spiel*; **~ro** [~'ʎero] *m* Falschspieler
m; Gauner *m*.

fuma|da [fu'maða] *f* Zug *m beim
Rauchen*; **~dero** [fuma'dero] *m*
Rauchzimmer *n*; **~dor** *m*, **-a** *f*
[~'dɔr, ~'dora] Raucher(in *f*) *m*; *no*
~ Nichtraucher *m*; **~r** [fu'mar] (1a)
Tabak rauchen; ~ *en pipa* Pfeife
rauchen; **~rse** schwänzen; ~ *la
clase* die Schule schwänzen.

fumarada [fuma'raða] *f* Rauch-
wolke *f*.

fumiga|ción [fumiga'θjɔn] *f* Aus-
räuchern *n*; **~r** [~'gar] (1h) ausräuchern; **~torio** [~ga'torjo] Räu-
cher...

fumista [fu'mista] *m* Ofensetzer *m*.

fumívoro [fu'mibsro] rauchver-
zehrend. [tänzer *m.*]

funámbulo [fu'nambulo] *m* Seil-⌐

funci|ón [fun'θiɔn] f Funktion f; Amt n; Festlichkeit f; Theatervorstellung f; en *funciones* amtierend; **~onal** [~θio'nal]: *muebles* m/pl. *~es* Anbaumöbel n/pl.; **~onamiento** [~θiona'miento] m Gang m e-r *Maschine*; Amtsverrichtung f; Betrieb m; Tätigkeit f; **~onar** [~θio-'nar] (1a) gehen, funktionieren (*Maschine*); arbeiten, in Betrieb sein; sein Amt ausüben; *no funciona* außer Betrieb; **~onariado** [~na-'riaᵈo] m Beamtentum n; *ingresar en el ~* in das Beamtenverhältnis übernommen werden; **~onario** [~θio'nario] m (Staats-)Beamte(r) m.

funda ['funda] f Überzug m; Futteral n; Bezug m; Hülle f; ✠ Zahnkrone f.

funda|ción [funda'θiɔn] f Gründung f; Stiftung f; **~dor** m, *-a* f [~'dɔr, ~'dora] Gründer(in f) m, Stifter(in f) m; **~mental** [~men'tal] grundlegend; Grund...; Haupt...; **~mentalmente** [~mental'mente] von Grund aus; **~mentar** [~men-'tar] (1a) gründen; begründen; stützen; **~mento** [~'mento] m Grund m; Grundlage f; Fundament n; *carecer de ~* unbegründet sein; **~r** [~'dar] (1a) gründen; stiften; *Behauptung* stützen.

fun|dente [fun'dente] m Schmelzmittel n; **~dería** [~de'ria] f Gießerei f; **~dible** [~'diβle] schmelzbar; **~dición** [~di'θiɔn] f Gießen n; Gießerei f; Guß m; Gußeisen n; **~didor** [~di'dɔr] m Gießer m; **~dillo** [~'diʎo] m *Cu., Méj.* Gesäß n, F Hintern m; *~s pl. Am.* Hosenboden m; **~dir** [~'dir] (3a) schmelzen; gießen; verschmelzen; **~dirse** schmelzen; *fig.* verschmelzen; *Am.* sich ruinieren; **~do** ['fundo] m Grundstück n.

fúnebre ['funebre] Leichen...; Grab...; Trauer...; traurig; düster.

funera|l [fune'ral] **1.** *adj.* Begräbnis...; **2.** m Begräbnis n; *~es pl.* Trauergottesdienst m; **~ria** [~'raria] f Beerdigungsinstitut n; **~rio** [~'rario] Begräbnis...; Grab...

funesto [fu'nesto] unheilvoll; verhängnisvoll.

fungi|ble ⚖ [fun'xiβle] vertretbar; **~r** *Am. Cent., Méj.* [~'xir] (3c) fungieren (als [*nom.*] de). [bahn f.]

funicular [funiku'lar] m Drahtseil-⟩

furcia P ['furθia] f P Nutte f.

furgón [fur'gɔn] m größerer Lieferwagen m; 🚃 Gepäckwagen m; *~ fúnebre* Leichenwagen m.

furgoneta [furgo'neta] f kleiner Lieferwagen m.

furi|a ['furia] f Wut f, Raserei f; Furie f; *estar hecho una ~* fuchsteufelswild sein; **~bundo** [furi-'bundo] wütend, zornig; **~oso** [fu-'rioso] rasend; heftig; tobend.

furor [fu'rɔr] m Raserei f; Wut f; Begeisterung f; *hacer ~* Furore machen. [macher m; Furier m.⟩

furriel ⚔ [fu'rriel] m Quartier-⟩

furtivo [fur'tiβo] heimlich, verstohlen; *cazador m ~* Wilddieb m, Wilderer m.

furúnculo [fu'ruŋkulo] m Furunkel m.

fusa ♪ ['fusa] f Zweiunddreißigstelnote f.

fuselaje ✈ [fuse'laxe] m Rumpf m.

fusible [fu'siβle] **1.** *adj.* schmelzbar; **2.** m ⚡ Sicherung f. [mig.⟩

fusiforme [fusi'fɔrme] spindelför-⟩

fusil [fu'sil] m Gewehr n; **~amiento** [fusila'miento] m Erschießung f; **~ar** [~'lar] (1a) erschießen; **~azo** [~'laθo] m Gewehrschuß m; **~ero** [~'lero] m Füsilier m.

fusión [fu'siɔn] f Schmelzen n; Guß m; *fig.* Verschmelzung f, Zusammenschluß m; Fusion f.

fusta ['fusta] f Reisig n; Peitsche f.

fuste ['fuste] m Schaft m; Deichselstange f; *fig.* Gehalt m, Kern m; *de ~* wichtig; wertvoll.

fustigar [fusti'gar] (1h) peitschen; *fig.* geißeln.

fútbol ['futbɔl] m Fußballspiel n; Fußball m; *~ sala* Hallenfußball m.

futbolín [futbo'lin] m Tischfußball m. [spieler m.⟩

futbolista [futbo'lista] m Fußball-⟩

futesa [fu'tesa] f Lappalie f.

fútil ['futil] nichtig; belanglos; nichtssagend.

futilidad [futili'da⁽ᵈ⁾] f Nichtigkeit f.

futre *Am. Mer. reg.* ['futre] m Geck m, Stutzer m.

futu|ra [fu'tura] f Anwartschaft f; F Braut f; **~rismo** [~tu'rizmo] m Futurismus m; **~ro** [~'turo] **1.** *adj.* künftig; **2.** m Zukunft f; F Bräutigam m; *Gram.* Futur(um) n; *en el* (*od. lo*) *~* in Zukunft, künftig; **~rología** [~turolɔ'xia] f Futurologie f.

G

(Im absoluten Anlaut lautet das spanische g vor a, o, u wie das deutsche g)

G, g [xe] f G, g n.
gabacho F [gaˈbatʃo] m desp. Franzmann m. [Mantel m.]
gabán [gaˈban] m Überzieher m,]
gabardina [gabarˈdina] f Gabardine m (Stoff); Regenmantel m.
gabarra ⚓ [gaˈbarra] f Last-, Frachtkahn m; Leichter m.
gabarro [gaˈbarro] m Pips m (Geflügelkrankheit); Materialfehler m; Rechenfehler m; lästige Verpflichtung f.
gabinete [gabiˈnete] m Kabinett n (a. Pol.); Arbeitszimmer n.
gacela [gaˈθela] f Gazelle f.
gace|ta [gaˈθeta] f Zeitung f; **~tero** [gaθeˈtero] m Zeitungsschreiber m; **~tilla** [~ˈtiʎa] f Vermischtes n, Kurznachrichten f/pl. in Zeitungen; F Klatschmaul n.
gacilla Am. Cent. [gaˈθiʎa] f Sicherheitsnadel f.
gacha [ˈgatʃa] f Brei m; **~s** f/pl. (Mehl-, Milch-)Brei m.
gacho [ˈgatʃo] nach unten gesenkt; (herab)hängend; sombrero m **~** Schlapphut m.
gachupín Am. Cent., Méj. desp. [gatʃuˈpin] m Spanier m.
gaditano [gadiˈtano] aus Cádiz.
gafa [ˈgafa] f Klammer f, Krampe f; **~s** pl. Brille f/sg.; **~s** pl. de concha Hornbrille f/sg.; **~s** pl. de sol Sonnenbrille f/sg.
gafe F [ˈgafe] m Unglücksbringer m.
gafo [ˈgafo] mit (gichtisch) verkrümmten Fingern.
gaita ♪ [ˈgaita] f Dudelsack m; Hirtenflöte f; Schalmei f; F templar **~s** Frieden stiften.
gaitero F [gaiˈtero] **1.** adj. bunt; kindisch, läppisch; **2.** m Dudelsackpfeifer m.
gaje [ˈgaxe] m Lohn m; **~s** pl. del oficio iron. Freuden f/pl. des Berufs.
gajo [ˈgaxo] m Büschel n; Zweig m; Scheibe f e-r Apfelsine usw.; Ausläufer m e-s Gebirges; Zinke f e-r Gabel usw.

gala [ˈgala] f Festkleid n; Anmut f, Zierde f; de **~** in Gala; Gala..., Fest...; hacer **~** de renommieren od. prahlen mit (dat.); **~s** pl. Putz m, (Fest-)Schmuck m.
galán [gaˈlan] m Galan m; Liebhaber m; Thea. jugendlicher Liebhaber m.
galan|o [gaˈlano] geschmackvoll, elegant; gefällig; **~te** [gaˈlante] galant; **~tear** [galanteˈar] (1a) v/t. umwerben; den Hof machen (dat.); **~teo** [~ˈteo] m Liebeswerben n; **~tería** [~teˈria] f Höflichkeit f; Artigkeit f; Kompliment n; **~ura** [~ˈnura] f Schmuck m; Eleganz f.
galápago [gaˈlapago] m (Wasser-) Schildkröte f; Ziegelform f.
galar|dón [galarˈdɔn] m Auszeichnung f, Preis m; **~donar** [~ðoˈnar] (1a) belohnen; auszeichnen.
galaxia [gaˈlagsia] f Milchstraße f.
galba|na F [gaˈlbana] f Faulheit f; **~noso** [~ˈbanoso] faul, träge.
galena [gaˈlena] f Bleiglanz m.
galeno [gaˈleno] **1.** adj. sanft, mild; leicht (Brise); **2.** m F Arzt m.
gal|era [gaˈlera] f Galeere f; bedeckter Last- od. Reisewagen m; Frauengefängnis n; Schuppen m; **~erada** Typ. [gale'raða] f Korrekturfahne f; Bürstenabzug m.
galería [galeˈria] f (bedeckt.r) Gang m; Galerie f (a. Thea.); Bildergalerie f; ⚒ u. ⚔ Stollen m.
galerna [gaˈlerna] f steifer Nordwestwind m (an der span. Nordküste).
gal|ga [ˈgalga] f Windhündin f; ⊕ Lehre f, Kaliber n; **~go** [~ˈgo] m Windhund m; **~guear** Am. Cent., Méj., Rpl. [galge'ar] (1a) Hunger haben.
galicismo [galiˈθizmo] m Gallizismus m (französische Spracheigentümlichkeit).
galimatías [galimaˈtias] m Kauderwelsch n.

galo ['galo] **1.** *adj.* gallisch; französisch; **2.** *m* Gallier *m*.

galocha [ga'lotʃa] *f* Überschuh *m*; Holzschuh *m*.

galón [ga'lɔn] *m* Tresse *f*; Litze *f*.

galo|par [galo'par] (1a) galoppieren; **~pe** [ga'lope] *m* Galopp *m*; *a* ~ eilig; **~pín** [galo'pin] *m* Gassenjunge *m*; Schlingel *m*.

galpón [gal'pɔn] *m großer* Schuppen *m*.

galucha *Am. reg.* [ga'lutʃa] *f* Galopp *m*.

galva|nizar [galbani'θar] (1f) galvanisieren; **~noplastia** [‿noˈplastia] *f* Galvanoplastik *f*.

galladura [gaʎa'dura] *f* Hahnentritt *m*.

gallar|dear [gaʎarde'ar] (1a) mannhaft auftreten; F Schneid zeigen; **~dete** [‿'dete] *m* Wimpel *m*; **~día** [‿'dia] *f* Stattlichkeit *f*; Kühnheit *f*; Mut *m*; F Schneid *m*; **~do** [ga'ʎardo] schmuck; stattlich; kühn; F schneidig.

gallear [gaʎe'ar] (1a) treten (*Hahn*); F losbrüllen; sich aufspielen; F angeben.

gallego [ga'ʎego] **1.** *adj.* galicisch; **2.** *m* Galicier *m* (*nördl. Spanien*).

gallera [ga'ʎera] *f* Hahnenkampfplatz *m*.

galleta [ga'ʎeta] *f* Keks *m*; Zwieback *m*; F Ohrfeige *f*.

galli|na [ga'ʎina] **a)** *f* Huhn *n*, Henne *f*; ~ *ciega* Blindekuh *f* (*Spiel*); **b)** *m* F Memme *f*, Feigling *m*; **~naza** [gaʎi'naθa] *f* Hühnermist *m*; **~nero** [‿'nero] *m* Hühnerstall *m*; *Thea.* Olymp *m*; **~to** [ga'ʎito] *m iron.* Held *m* des Tages; Musterknabe *m*.

gallo ['gaʎo] *m* Hahn *m*; Rotzunge *f* (*Fisch*); falscher Ton *m beim Singen*; *Méj.* Ständchen *n*; F *Méj.* Kleidung *f* aus zweiter Hand; *Col., C.R., Méj.* starker, mutiger Mann *m*; P *Chi.* F Kerl *m*, Typ *m*; *hay* ~ *tapado Ant., Col., Méj.* da steckt et. dahinter; *soltar un* ~ umkippen (*Stimme*), kicksen; F *alzar* (*od. levantar*) *el* ~ sich aufspielen; *en menos que canta un* ~ im Nu.

gama ['gama] *f Zo.* Damtier *n*; ♪ Tonleiter *f*; Skala *f*; *Radio:* ~ *de ondas* Wellenbereich *m*.

gamba ['gamba] *f* Krabbe *f*, Garnele *f*.

gambe|rrada [gambe'rraða] *f* Halbstarkenstreich *m*; **~rro** [‿'berro] *m* Halbstarke(r) *m*.

gambeta [gam'beta] *f* Kreuzsprung *m* (*Tanz*).

gamo ['gamo] *m* Damhirsch *m*.

gamonal *Am. reg.* [gamo'nal] *m* Bonze *m*.

gamuza [ga'muθa] *f* Gemse *f*; Wildleder *n*; Fensterleder *n*.

gana ['gana] *f* Verlangen *n*, Wunsch *m*; Lust *f*; Appetit *m*; *de buena* ~ gern; *de mala* ~ ungern; *hacer lo que le da la* ~ *tun*, was e-m Spaß macht; *no me da la* ~ ich habe keine Lust; ich will nicht; *tener* ~*s de inf.* Lust haben zu *inf.*

gana|dería [ganade'ria] *f* Viehzucht *f*; Stierzüchterei *f*; **~dero** [‿'dero] *m* Vieh-, Stierzüchter *m*; **~do** [ga'naᵈo] *m* Vieh *n*; ~ *mayor* Großvieh *n*; ~ *menor* Kleinvieh *n*; **~dor** [gana'dɔr] **1.** *adj.* siegreich; **2.** *m* Gewinner *m*.

ganancia [ga'nanθia] *f* Gewinn *m*; Ertrag *m*; Erwerb *m*; **~al** [ganan-'θial] Gewinn...; *bienes m/pl.* ~*es* in der Ehe erworbene Güter *n/pl.*; *sociedad f de* ~*es Zugewinngemeinschaft *f*; **~oso** [‿'θioso] gewinnbringend; einträglich; erfolgreich.

ganapán [gana'pan] *m* Gelegenheitsarbeiter *m*; Grobian *m*.

ganar [ga'nar] (1a) gewinnen; *Geld* verdienen; ~ *a alg. en a/c.* j-n übertreffen an (*dat.*).

ganchillo [gan'tʃiʎo] *m* Häkelnadel *f*; Häkelarbeit *f*; *hacer* ~ häkeln.

gancho ['gantʃo] *m* Haken *m*; Häkelnadel *f*; F *fig.* Lockvogel *m*; *Am.* Haarnadel *f*; *Arg., Ur.* Hilfe *f*, Schutz *m*; *hacer* ~ *Arg., Ur.* helfen.

gandul [gan'dul] *m* Faulenzer *m*; **~a** [‿'dula] *f* Liegestuhl *m*; **~ear** [‿dule'ar] (1a) bummeln, faulenzen; **~ería** [‿dule'ria] *f* Bummelei *f*, Faulenzerei *f*.

ganga ['ganga] *f* taubes Gestein *n*; Gelegenheitskauf *m*; gutes Geschäft *n*; *Méj.* Spott *m*.

ganglio ['ganglio] *m* Nervenknoten *m*.

gangoso [gaŋ'goso] näselnd.

gangre|na [gaŋ'grena] *f* ⚕ Brand *m*; *fig.* Krebsschaden *m*; **~narse** ⚕ [‿gre'narse] (1a) brandig werden; **~noso** ⚕ [‿gre'noso] brandig.

gán(g)ster *engl.* ['gaŋster] *m* Gangster *m*.

gan(g)sterismo *engl.* [gaŋste'rizmo] *m* Gangstertum *n*.

gangue|ar [gaŋge'ar] (1a) näseln; **~o** [~'geo] *m* Näseln *n*.

gánguil ['gaŋgil] *m* Baggerprahm *m*.

ganoso [ga'noso] begierig.

gan|sada F [gan'saða] *f* Albernheit *f*; **~so** *m*, **-a** *f* ['ganso, ~sa] Gänserich *m*; Gans *f*; F *fig.* dummer Mensch *m*; Tölpel *m*.

ganzúa [gan'θua] *f* Dietrich *m*, Nachschlüssel *m*.

gañán [ga'ɲan] *m* Knecht *m*.

gañi|do [ga'niðo] *m* Geheul *n*, Gewinsel *n*; **~les** [~les] *m/pl.* Kehle *f* *der Tiere*; **~r** [ga'ɲir] (3h) heulen, winseln, jaulen. [Kehle *f*.]

gañote F [ga'ɲote] *m* Gurgel *f*.]

garaba|tear [garabate'ar] (1a) kritzeln; **~teo** [~'teo] *m* Gekritzel *n*; **~to** [~'bato] *m* Haken *m*; F Liebreiz *m*; *Chi.* Schimpfwort *n*; **~s** *pl.* Kritzeleien *f/pl.*

garaje [ga'raxe] *m* Garage *f*; **~ subterráneo** Tiefgarage *f*.

garambaina [garam'baina] *f* Flitterkram *f*; F Kitsch *m*; **~s** *pl.* Grimassen *f/pl.*; F Gekritzel *n*.

garan|te [ga'rante] *m* Bürge *m*; **salir ~** Bürgschaft leisten; **~tía** [garan'tia] *f* Garantie *f*; Sicherheit *f*; Bürgschaft *f*; **sin ~** ohne Gewähr; **~tizar** [~ti'θar] (1f) gewährleisten, verbürgen; garantieren.

garañón [gara'ɲon] *m* Eselhengst *m*; *Am.* Hengst *m*.

garapi|ña [gara'piɲa] *f* Gerinnsel *n*; Eisgerinnsel *n*; Glasur *f*; *Cu., Méj., P.R.* Ananasgetränk *n*; **~ñar** [~pi-'ɲar] (1a) gefrieren lassen; überzukkern; **~ñera** [~'ɲera] *f* Eiskübel *m*.

garatusa F [gara'tusa] *f* Schmeichelei *f*.

garbanzo [gar'banθo] *m* Kichererbse *f*.

garbeo [gar'beo] *m* Spaziergang *m*; **darse un ~** spazierengehen; F e-n Bummel machen.

garbera [gar'bera] *f* Getreideschober *m*.

garbill|ar [garbi'ʎar] (1a) sieben; **~o** [~'biʎo] *m* Sieb *n*; Spreu *f*.

garbo ['garbo] *m* Anmut *f*; Grazie *f*; Eleganz *f*.

garboso [gar'boso] anmutig; graziös; elegant.

garduña [gar'duɲa] *f* Haus-, Steinmarder *m*.

garete ⚓ [ga'rete]: *irse al ~* (ab-) treiben; *fig.* die Richtung verlieren.

garfa ['garfa] *f* Kralle *f*, Klaue *f*.

garfio ['garfio] *m* Haken *m*; Steigeisen *n*.

garga|jear [gargaxe'ar] (1a) ausspucken; **~jiento**, *a.* **~jo-so** [~'xoso] verschleimt; **~jo** [~'ga-xo] *m* zäher Schleim *m*, Auswurf *m*.

gargan|ta [gar'ganta] *f* Kehle *f*; Hals *m*; Fußrist *m*; Engpaß *m*, Schlucht *f*; **~teo** ♪ [~gan'teo] *m* Koloratur *f*; Trillern *n*; **~tilla** [~gan'tiʎa] *f* Halsband *n*.

gárgara ['gargara] *f* Gurgeln *n*; *hacer ~s* gurgeln; F *mandar a alg. a hacer ~s* j-n zum Teufel schicken.

gargari|smo [garga'rizmo] *m* Gurgeln *n*; Gurgelwasser *n*; **~zar** [~ri'θar] (1f) gurgeln.

gárgola ['gargola] *f* Ablaufrinne *f* (*am Dach*); Wasserspeier *m*.

garguero [gar'gero] *m* Kehle *f*; Luftröhre *f*; Gurgel *f*.

gari|ta [ga'rita] *f* Schilderhaus *n*; 🚄 Bahnwärterhaus *n*; Bremserhäuschen *n*; Pförtnerloge *f*; F Abort *m*; **~to** [~to] *m* Spielhölle *f*.

garlito [gar'lito] *m* (Fisch-)Reuse *f*; Falle *f*; *caer en el ~* in die Falle gehen; *coger a alg. en el ~* j-n ertappen.

garlopa [gar'lopa] *f* Schlichthobel *m*.

garra ['garra] *f* Klaue *f*, Kralle *f*; Fang *m*; ⊕ Klemme *f*; *Méj.* Kraft *f*, Stärke *f*; **~s** *pl. Am.* Lumpen *m/pl.*, Fetzen *m/pl.*; *echar la ~ a alg.* j-n beim Schlafittchen packen.

garrafa [ga'rrafa] *f* Karaffe *f*.

garra|fal [garra'fal] ungeheuerlich; *guinda f ~* Herzkirsche *f*; **~fón** [~'fon] *m* Glasballon *m*.

garrapata [garra'pata] *f* Zecke *f*; Holzbock *m*.

garrapa|tear [garrapate'ar] (1a) kritzeln; **~to** [~'pato] *m* Gekritzel *n*.

garrido [ga'rriðo] fesch, schick.

garrocha [ga'rrotʃa] *f* Spieß *m* *mit Widerhaken*; Pike *f*; *Stk.* Lanze *f* *der Picadores*; Sprungstab *m*.

garro|tazo [garro'taθo] *m* Schlag *m* mit e-m Knüppel; **~te** [ga'rrote] *m* Knüppel *m*, Stock *m*; Knebel *m*; Würgeisen *n*.

garrotillo ✗ [garro'tiʎo] *m* Hals-, Rachenbräune *f*.

garrucha [ga'rrutʃa] *f* Blockrolle *f* (*des Flaschenzugs*); Flaschenzug *m*.

garrulidad [garruli'ða⁽ᵈ⁾] *f* Geschwätzigkeit *f*.

gárrulo ['garrulo] zwitschernd; *fig.* geschwätzig; murmelnd (*Bach*); flüsternd (*Wind*).

gar|úa *Am.* [ga'rua] *f* Sprühregen *m*; **~uar** *Am.* [ω'rŭar] (1e) nieseln; **~uga** *Arg., Chi.* [ω'ruga] *f* Sprühregen *m*.

garulla [ga'ruʎa] *f* entkernte Traube *f*; F Menschenauflauf *m*.

garza ['garθa] *f* Reiher *m*.

garzo ['garθo] bläulich; graublau.

gas [gas] *m* Gas *n*; ~ *de escape* Auspuffgas *n*; ~ *hilarante* Lachgas *n*; ~ *lacrimógeno* Tränengas *n*; ~ *natural* Erdgas *n*; ~*es pl. asfixiantes* Giftgase *n/pl.*; ~*es pl. residuales* Abgase *n/pl.*; *a todo* ~ F *fig.* mit Volldampf.

gasa ['gasa] *f* Gaze *f*; (Trauer-)Flor *m*; Verbandsmull *m*.

gase|iforme [gasei'forme] gasförmig; **~osa** [gase'osa] *f* Sprudel *m*, Brause(limonade) *f*; **~oso** [ω'oso] gashaltig, gasförmig.

gasfitero *Am.* [gasfi'tero] *m* Klempner *m*; Installateur *m*.

gasista [ga'sista] *m* Gasinstallateur *m*.

gasoducto [gaso'dukto] *m* Erdgasleitung *f*.

gasoil [ga'soil] *m*, **gasóleo** [ga'soleo] *m* Dieselöl *n*.

gasoli|na [gaso'lina] *f* (Auto-)Benzin *n*; **~nera** [ω.li'nera] *f* Motorboot *n*; Tankstelle *f*.

gasómetro [ga'sometro] *m* Gasuhr *f*; Gasbehälter *m*; Gasometer *m*.

gasta|do [gas'taðo] abgenutzt, verbraucht; abgegriffen; F abgedroschen; **~dor** [ω'taˈðɔr] **1.** *adj.* verschwenderisch; **2. a)** *m* Verschwender *m*; **b)** ✂ *m* Pionier *m*; **c)** ♊ *m* Zuchthäusler *m*.

gastar [gas'tar] (1a) ausgeben; aufwenden (für [*ac.*] en); vergeuden, verschwenden; verbrauchen; abnutzen; *Kleider, Brille usw.* tragen; ~ *bromas* Späße machen.

gasto ['gasto] *m* Ausgabe *f*; Kosten *pl.*; Unkosten *pl.*; Verbrauch *m*; Abnutzung *f*; Verschleiß *m*; ~*s pl.* Auslagen *f/pl.*; Spesen *f/pl.*; *libre de* ~*s* spesenfrei; *meterse en* ~*s* sich in Unkosten stürzen; **~so** [gas'toso] verschwenderisch.

gastralgia [gas'tralxia] *f* Magenkrampf *m*.

gástrico ['gastriko] gastrisch; Magen...

gastritis [gas'tritis] *f* Magenschleimhautentzündung *f*.

gas|tronomía [gastrono'mia] *f* Gastronomie *f*, Kochkunst *f*; **~trónomo** [ω'tronomo] *m* Gastronom *m*, Restaurateur *m*; Feinschmecker *m*.

gata ['gata] *f* Katze *f*; F Madriderin *f*; *Méj.* Dienstmädchen *n*; *Chi.* Wagenheber *m*; ~*s pl.: a* ~*s* auf allen vieren; *fig.* mit großer Mühe.

gatada F [ga'tada] *f* Schurkenstreich *m*; *dar* ~*s* Haken schlagen (*Hase*).

gate|ado [gate'aðo] katzenfarben; **~ar** [ω'ar] (1a) schleichen; klettern; *v/t.* (zer)kratzen; F mausen.

gatillo [ga'tiʎo] *m* Zahnzange *f*; Abzugshahn *m am Gewehr*; ⊕ Klinke *f*.

gato ['gato] *m* Katze *f*; Kater *m*; Hebe-, Schraubenwinde *f*; *Kfz.* Wagenheber *m*; F Madrider *m*; *argentinischer Tanz*; *Bol., Ec., Pe.* Markt(platz) *m*; *Méj.* Abzug *m am Gewehr*; Trinkgeld *n*; Diener *m*; ~ *montés* Wildkatze *f*; *hay* ~ *encerrado* da steckt et. dahinter; *dar* ~ *por liebre* F anschmieren, übers Ohr hauen; *lavarse a lo* ~ *fig.* Katzenwäsche machen; *cuatro* ~*s* nur ein paar Mann; **~pardo** *Zo.* [ω'pardo] *m* Gepard *m*.

gatuno [ga'tuno] katzenartig.

gatuperio [gatu'perio] *m* F Mischmasch *m*; F Intrige *f*.

gaucho ['gaŭtʃo] **1.** *m* Gaucho *m*; **2.** *adj.* gauchomäßig; Gaucho...

gaveta [ga'beta] *f* Schublade *f*.

gavia ['gabia] *f* Entwässerungsgraben *m*; ♻ Marssegel *n*; Mastkorb *m*.

gavilán [gabi'lan] *m* Sperber *m*; Schnörkel *m*; ♀ Distelblüte *f*.

gavilla [ga'biʎa] *f* ♪ Garbe *f*; *fig.* Gesindel *n*, Bande *f*.

gaviota [ga'biota] *f* Möwe *f*.

gayo ['gajo] fröhlich, heiter.

gayola [ga'jola] *f* Käfig *m*; *fig.* F Kittchen *n*.

gaza|pa F [ga'θapa] *f* Schwindel *m*, Lüge *f*; **~pera** [ω.θa'pera] *f* Kaninchenbau *m*; *fig.* Schlupfwinkel *m*; **~po** [ga'θapo] *m* junges Kaninchen *n*; *echar un* ~ e-n Schnitzer machen.

gazmo|ñada, ~ñería [gaðmo'ɲada,

~ɲe'ria] *f* Scheinheiligkeit *f*; Heuchelei *f*; **~ño** [~'moɲo] **1.** *adj.* scheinheilig; heuchlerisch; **2.** *m*, **-a** *f* [~'moɲa] Heuchler(in *f*) *m*.

gaznate [gað'nate] *m* Kehle *f*.

gazpacho [gaθ'patʃo] *m* kalte Suppe *aus Brot, Öl, Essig, Knoblauch, Zwiebeln, Gurkenscheiben usw.*

gazuza *f* [ga'θuθa] *F* Heißhunger *m*.

gelatin|a [xela'tina] *f* Gelatine *f*; Gallert *n*; Sülze *f*; **~oso** [~ti'noso] gallertartig; schleimig.

gema ['xema] *f* Gemme *f*; Edelstein *m*; Knospe *f*.

gemelo [xe'melo] **1.** *adj.* Zwillings-...; *hermano m* ~ Zwillingsbruder *m*; **2.** *~s m/pl.* Zwillinge *m/pl.*; Opernglas *n*; Manschettenknöpfe *m/pl.*

gemido [xe'mido] *m* Wimmern *n*, Ächzen *n*.

Géminis *Astr.* ['xeminis] *m* Zwillinge *pl.*

gemir [xe'mir] (3l) ächzen, wimmern; stöhnen.

genciana ♀ [xen'θiana] *f* Enzian *m*.

gendar|me [xen'darme] *m* Gendarm *m*; **~mería** [~darme'ria] *f* Gendarmerie *f*.

genea|logía [xenealoˈxia] *f* Genealogie *f*, Stammeskunde *f*; Stammregister *n*; **~lógico** [~'loxiko]: *árbol m* ~ Stammbaum *m*.

genera|ción [xenera'θion] *f* Zeugung *f*; Geschlecht *n*; Generation *f*; **~dor** [~'ðor] **1.** *adj.* erzeugend; **2.** *m* Erzeuger *m*; ⚡ Generator *m*, Stromerzeuger *m*.

general [xene'ral] **1.** *adj.* allgemein; General...; *en (od. por lo)* ~ im allgemeinen; überhaupt; **2. a)** ✠ General *m*; Ordensgeneral *m*; ~ *en jefe* kommandierender General *m*; **b)** ~*es f/pl. de la ley* ♊ allgemeine Fragen *f/pl.* an die Zeugen; **~ato** [~ra'lato] *m* Generalsrang *m*; Generalität *f*; **~idad** [~rali'ða⁽ᵈ⁾] *f* Allgemeinheit *f*; Unbestimmtheit *f* im Ausdruck; ~*es f/pl.* allgemeine Redensarten *f/pl.*; Allgemeine(s) *n*; **~izar** [~rali'θar] (1f) verallgemeinern; **~izarse** allgemein werden, zum Gemeingut werden.

genera|r [xene'rar] (1a) *fig.* erzeugen; **~tivo** [~ra'tiβo] Zeugungs...

genérico [xe'neriko] **1.** *adj.* allgemein; Gattungs...; **2.** *m*: ~*s pl. Film*: Vorspann *m*.

género ['xenero] *m* Gattung *f*;

Gram. Geschlecht *n*; Art (und Weise) *f*; Genre *n*; Ware *f*; Handelsartikel *m*; Stoff *m*.

genero|sidad [xenerosi'ða⁽ᵈ⁾] *f* Großmut *f*; Großzügigkeit *f*; Freigebigkeit *f*; **~so** [~'roso] edelmütig; edel; großzügig; freigebig (gegenüber [*dat.*] *con od. para con*); *vino m* ~ Dessertwein *m*.

gené|sico [xe'nesiko] *adj.* Geschlechts...; *instinto m* ~ Geschlechtstrieb *m*; **~tica** [~tika] *f* Erblehre *f*, Genetik *f*; **~tico** [~tiko] genetisch.

geni|al [xe'nial] eigentümlich; genial; **~alidad** [xeniali'ða⁽ᵈ⁾] *f* Eigentümlichkeit *f*; Genialität *f*; **~o** ['xenio] *m* Geistes-, Gemütsart *f*; Temperament *n*; Wesen *n*; Genius *m*; Geist *m*; Genie *n*; *de buen* ~ gutmütig; *de mal* ~ jähzornig; *tener mal* ~ e-n schlechten Charakter haben.

geni|tal [xeni'tal] Zeugungs...; Geschlechts...; **~tales** [~'tales] *m/pl.* Genitalien *pl.*; Geschlechtsteile *pl.*; **~tivo** *Gram.* [~'tiβo] *m* Genitiv *m*.

genocidio [xeno'θiðio] *m* Völkermord *m*.

gen|te ['xente] *f* Leute *pl.*; Volk *n*; *la* ~ *bien* die oberen Zehntausend; ~ *de bien od. buena* ~ rechtschaffene Leute *pl.*; ~ *de medio pelo* Mittelstand *m*; ~ *menuda* Kinder *n/pl.*; *¡ de paz!* gut Freund!; **~tecilla** [xente'θiʎa] *f* Gesindel *n*; **~til** [xen'til] hübsch; artig; heidnisch; **~tileza** [xenti'leθa] *f* Anmut *f*; Liebenswürdigkeit *f*; Schick *m*; **~tilhombre** [~'lɔmbre] *m* Edelmann *m*; **~tilicio** [~'liθio]: *nombre m* ~ Geschlechts- *od.* Volksname *m*; **~tílico** [~'tiliko] heidnisch; **~tío** [~'tio] *m* Menschenmenge *f*; Gedränge *n*; **~tualla** [~'tuaʎa], **~tuza** [~'tuθa] *f* Gesindel *n*, Pack *n*.

genuflexión [xenufleg'sion] *f* Kniefall *m*.

genuino [xe'nŭino] echt, unverfälscht.

geo|desia [xeo'desia] *f* Geodäsie *f*; Erd-, Feldvermessung *f*; **~desta** [~'desta] *m* Geodät *m*, Landmesser *m*; **~grafía** [~gra'fia] *f* Erdkunde *f*, Geographie *f*.

geógrafo [xe'ografo] *m* Geograph *m*.

ge|ología [xeolo'xia] *f* Erdgeschichte

f, Geologie *f*; **~ólogo** [xe'ɔlogo] *m* Geologe *m*.

geo|metría [xeome'tria] *f* Geometrie *f*; **~métrico** [ʌ'metriko] geometrisch.

geranio ♀ [xe'ranio] *m* Geranie *f*.

geren|cia [xe'renθia] *f* Geschäftsführung *f*; **~te** [xe'rente] *m* Geschäftsführer; Prokurist *m*.

germ|anesco [xerma'nesko]: *lenguaje m* ~ Rotwelsch *n*; **~anía** [ʌ'nia] *f* Rotwelsch *n*; Gaunersprache *f*; **~anismo** [ʌ'nizmo] *m* Germanismus *m*; **~anística** [ʌ'nistika] *f* Germanistik *f*; **~ano** [ʌ'mano] **1.** *adj.* germanisch, deutsch; **2.** *m* Germane *m*; **~anofederal** [ʌfede'ral] bundesdeutsch; **~anófilo** [ʌma'nofilo] deutschfreundlich; **~anófobo** [ʌma'nofobo] deutschfeindlich; **~anoparlante** [ʌpar'lante] deutschsprachig.

ger|men ['xermen] *m* Keim *m*; Ursprung *m*; **~micida** [xermi'θiða] keimtötend; **~minal** [ʌ'nal] Keim...; **~minar** [ʌ'nar] (1a) keimen; sich entwickeln; **~minativo** [ʌma'tibo] Keim... [rundium *n.*)

gerundio *Gram.* [xe'rundio] *m* Ge-

gesta ['xesta] *f* Heldentat *f*; *cantar m de* ~ Heldenepos *n*.

gesta|ción [xesta'θiɔn] *f* Tragezeit *f der Tiere*; Schwangerschaft *f*; *en* ~ im Werden; **~torio** [ʌ'torio]: *silla f -a* Tragsessel *m.*

gesticula|ción [xestikula'θiɔn] *f* Gebärdenspiel *n*; **~r** [ʌ'lar] (1a) Gebärden machen; gestikulieren.

gesti|ón [xes'tiɔn] *f* Betreibung *f e-r Sache*; (Geschäfts-)Führung *f*; *hacer gestiones* Schritte unternehmen; **~onar** [ʌtio'nar] (1a) betreiben; fördern.

gesto ['xesto] *m* Gesichtsausdruck *m*; Geste *f*, Gebärde *f*; Miene *f*; *estar de buen (mal)* ~ gut (übel) gelaunt sein; *hacer* ~*s* Fratzen schneiden.

gestor [xes'tɔr] *m* Geschäftsführer *m*; **~ía** [xesto'ria] *f Span.* Agentur *f* zur Erledigung amtlicher Formalitäten.

giba ['xiba] *f* Höcker *m*, Buckel *m*.

giboso [xi'boso] buck(e)lig.

gigan|te [xi'gante] *m* Riese *m*; **~tesco** [xigan'tesko] riesenhaft; **~tón** [ʌ'tɔn] *m* Riesenfigur *f* (*bei kirchlichen Festen*).

gilipollas P [xili'poʎas] *m* F Blödmann *m*, F Flasche *f*.

gim|nasia [xim'nasia] *f* Turnen *n*, Gymnastik *f*; ~ *sueca* Freiübungen *f/pl.*; *hacer* ~ turnen; **~nasio** [ʌ'nasio] *m* Turnhalle *f*; **~nasta** [ʌ'nasta] *m* Turner *m*, Gymnastiker *m*; **~nástico** [ʌ'nastiko] Turn..., gymnastisch.

gimo|tear F [ximote'ar] (1a) winseln; wimmern; **~teo** F [ʌ'teo] *m* Gewimmer *n*; Gewinsel *n*.

ginebra [xi'nebra] *f* Wacholderbranntwein *m*, Gin *m*.

gine|cología [xinekolo'xia] *f* Gynäkologie *f*, Frauenheilkunde *f*; **~cólogo** [ʌ'kologo] *m* Frauenarzt *m*.

gira ['xira] *f* (gemeinsamer) Ausflug *m*; Rundreise *f*; *Thea.* Tournee *f*.

girado ✝ [xi'raðo] *m* Bezogene(r) *m*, Trassat *m*; **~r** [xira'dɔr] *m* Aussteller *m*, Trassant *m*.

giralda [xi'ralda] *f* Wetterfahne *f* (*in Tier- od. Menschengestalt*).

girar [xi'rar] (1a) *v/i.* sich (um-)drehen, umlaufen, kreisen; *v/t.* in Umlauf bringen, drehen; *Geld* überweisen; *Wechsel* ausstellen; ~ *contra alg.* auf j-n ziehen.

girasol [xira'sɔl] *m* Sonnenblume *f*.

giratorio [xira'torio] kreisend, Kreis...; Dreh...

giro ['xiro] *m* Kreislauf *m*; Drehung *f*, Wendung *f*; Redewendung *f*; (Geld-)Überweisung *f*; ✝ gezogener Wechsel *m*, Tratte *f*; ~ *en blanco* Blankotratte *f*; ~ *de letras* Wechselumlauf *m*; ~ *postal* Postanweisung *f*; *tomar otro* ~ e-e andere Wendung nehmen.

gita|nería [xitane'ria] *f* Zigeunerbande *f*; Schelmenstreich *m*; **~nesco** [ʌ'nesko] zigeunerhaft; schlau; **~no** [xi'tano] **1.** *adj.* zigeunerhaft; schlau; **2.** *m* Zigeuner *m*; schlauer Mensch *m.*

glacial [gla'θial] eiskalt, eisig; *época f* ~ Eiszeit *f.*

glaciar [gla'θiar] *m* Gletscher *m*.

gladiolo [gla'diolo] *m* Schwertlilie *f*; Gladiole *f*.

glándula *Anat.* ['glandula] *f* Drüse *f.*

glandular [glandu'lar] Drüsen...

glasear [glase'ar] (1a) glasieren; *Papier* satinieren.

glauco [glaɯko] hellgrün; **~ma** ✿ [glaɯ'koma] *m* grüner Star *m.*

gleba ['gleβa] f Erdscholle f.

glicerina [gliθe'rina] f Glyzerin n.

global [glo'βal] Pauschal..., Gesamt..., global.

globo ['gloβo] m Kugel f; Erdball m; Globus m; Luftballon m; ✂ ~ aerostático Ballon m; ~ cautivo Fesselballon m; ~ del ojo Augapfel m; ~-sonda Versuchsballon m (a. fig.); en ~ im ganzen; in Bausch und Bogen.

globular [gloβu'lar] kugelförmig.

glóbulo ['gloβulo] m Kügelchen n; ☢ ~ sanguíneo Blutkörperchen n.

glori|a [ˈgloria] f Ruhm m; Himmelreich n; Seligkeit f; Wonne f; estar en sus ~s in s-m Element sein; ~ado Am. [glo'riaðo] m Art Glühwein; ~arse [~ˈriarse] (1c) sich rühmen; ~eta [~ˈrieta] f Gartenlaube f; kleiner Platz m (in e-r Stadt); ~ficación [~rifika'θion] f Verherrlichung f; ~ficador [~rifika'ðor] 1. adj. verherrlichend; 2. m Verherrlicher m; ~ficar [~rifi'kar] (1g) verherrlichen; rühmen; ~oso [~'rioso] glorreich, ruhmreich.

glosa ['glosa] f Bemerkung f, Vermerk m; Glosse f; ~ marginal Randbemerkung f; ~dor [~'ðor] m Kommentator m; ~r [~'sar] (1a) auslegen; erläutern; bekritteln; ~rio [~'sario] m Glossar n.

glosopeda [gloso'peða] f Maul- und Klauenseuche f.

glotis Anat. ['glotis] f Glottis f, Stimmritze f.

glo|tón [glo'ton] m F Vielfraß m (a. Zo.), P Freßsack m; ~tonería [~tone'ria] f Gefräßigkeit f; Fresserei f.

glucosa [glu'kosa] f Traubenzucker m.　　　　　　　　[Kleber m.]

gluten ['gluten] m Klebstoff m; ☙]

glúteo Anat. ['gluteo] Gesäß...

glutinoso [gluti'noso] klebrig.

gnomo ['gnomo] m Kobold m.

goberna|ción [goβerna'θion] f Regierung f; Statthalterschaft f; ~dor [~na'ðor] m Statthalter m, Gouverneur m; ~ civil Zivilgouverneur m; ~lle ☙ [~'naʎe] m Steuer n; ~r [~'nar] (1k) regieren; leiten; ☙ steuern.

gobierno [go'βierno] m Regierung f; Regierungsbezirk m; ⚔ Kommando n; Verwaltung f; Haushaltung f; ☙ Steuerung f; para ~ als Richtschnur.

goce ['goθe] m Genuß m; Vergnügen n.

gocho ['gotʃo] m P Schwein n.

godo ['goðo] 1. adj. gotisch; 2. m Gote m; Am. desp. Spanier m.

gol [gol] m Sport: Tor n, Treffer m; marcar un ~ ein Tor schießen.

gola ['gola] f Kehle f; Halskrause f; Hafeneinfahrt f; ⚔ Karnies n.

gole|ador [golea'ðor] m Sport: Torschütze m; ~ar [~'ar] (1a) ein Tor schießen.

goleta ⚓ [go'leta] f Schoner m.

golf [golf] m Golf(spiel) n.

gol|fería [golfe'ria] f Straßenjugend f; ~fo ['golfo] m Golf m, Meerbusen m; F Straßenjunge m; Strolch m; F Ganove m.

golondri|na [golon'drina] f Schwalbe f; ~no [~no] m Landstreicher m; Fahnenflüchtige(r) m.

golosi|na [golo'sina] f Näscherei f, Naschsucht f; Leckerbissen m; ~near [~sine'ar] (1a) naschen.

goloso [go'loso] naschhaft.

golpe ['golpe] m Schlag m; Stoß m; Hieb m; Streich m; Andrang m; Schwall m; fig. Eindruck m; Aufsehen n; Pointe f; Geniestreich m; ~ de agua Platzregen m; ~ de arco ♪ Bogenstrich m; ~ bajo Boxen: Tiefschlag m; ~ de Estado Staatsstreich m; ~ franco Sport: Freistoß m; ~ de fuerza Gewaltstreich m; ~ de gente Gedränge n; ~ de gracia Gnadenstoß m; ~ de mar Sturzsee f; ~ de vista Blick m; a ~s stoßweise; de ~ (y porrazo) plötzlich, kurzerhand; de un ~ auf einmal; dar ~ Aufsehen erregen; dar un ~ P ein Ding drehen; no dar ~ faulenzen.

golpe|ar [golpe'ar] (1a) schlagen; klopfen; ~o [~'peo] m Schlagen n; Klopfen n; ~teo [~pe'teo] m wiederholtes Schlagen n.

golpis|mo [gol'pizmo] m Putschismus m; ~ta [~'pista] m Putschist m.

gollería [goʎe'ria] f Leckerbissen m; F ~s pl. zuviel des Guten.

gollete [go'ʎete] m Kehle f; Flaschenhals m; estar hasta el ~ P die Nase voll haben.

gom|a ['goma] f Gummi n od. m; Kautschuk m; Am. Cent. Kater m (fig.); ~ (de borrar) Radiergummi m; ~ espuma Schaumgummi m; ~oso [go'moso] 1. adj. gummiartig; Gummi...; 2. F m Geck m.

góndola ⚓ ['gɔndola] *f* Gondel *f*.
gondolero ⚓ [gɔndo'lero] *m* Gondoliere *m*.
gong [gɔŋ] *m* Gong *m*.
gongori|no [gɔŋgo'rino] *Stil:* schwülstig; **~smo** [~'rizmo] *m* schwülstiger Stil *m* (*nach dem span. Dichter Góngora*).
goniómetro [go'niometro] *m* Winkelmesser *m*; ⚒ Richtkreis *m*; ⚒ Peilkompaß *m*.
gonorrea ⚕ [gɔno'rrea] *f* Gonorrhöe *f*, Tripper *m*.
gor|di(n)flón [gɔrdi(m)'flɔn] dick u. fett; F pummelig, mollig, **~do** ['gɔrdo] **1.** *adj.* dick, beleibt; fett; *se va a armar la ~a* dies wird e-n Mordskrach geben; **2.** *m* Fett *n*; große(s) Los *n*, Haupttreffer *m* (*Lotterie*); *algo ~* F et. ganz Tolles; **~dura** [gɔr'dura] *f* Fett *n*; Korpulenz *f*; *Arg.*, *P.R.* Sahne *f*.
gorgojo [gɔr'gɔxo] *m* Kornwurm *m*; F Knirps *m*.
gorgori|tear F [gɔrgorite'ar] (1a) trillern; **~to** [~'rito] *m* Triller *m*.
gorgoteo [gɔrgo'teo] *m* Brodeln *n*.
gorguera [gɔr'gera] *f* Halskrause *f*.
gorila [go'rila] *m* Gorilla *m* (*Affe*).
gorja [gɔrxa] *f* Kehle *f*; F *estar de ~* vergnügt sein; **~l** [gɔr'xal] *m* Priesterkragen *m*.
gorje|ar [gɔrxe'ar] (1a) trillern; zwitschern (*Vögel*); **~o** [~'xeo] *m* Triller *m*; Zwitschern *n*.
gorra ['gɔrra] *f* Mütze *f*; Kappe *f*; F *de ~* auf Kosten anderer; F *andar de ~* herumschmarotzen. [rotzen.\]
gorrear F [gɔrre'ar] (1a) schma-\]
gorri|nería [gɔrrine'ria] *f* *fig.* Schweinerei *f*; **~no** [go'rrino] *m* Spanferkel *n*; *fig.* Schwein *n*; **~ón** [gɔ'rriɔn] *m* Sperling *m*, Spatz *m*; **~sta** [gɔ'rrista] *m* F Schmarotzer *m*.
gorro ['gɔrro] *m* runde Kappe *f*; Kinder-, Zipfelmütze *f*; *apretarse el ~ Am. Mer.* sich davonmachen; *llenársele el ~ a alg.* die Geduld verlieren.
gorrón [gɔ'rrɔn] *m* ⊕ Zapfen *m*; *fig.* Schmarotzer *m*, F Nassauer *m*.
gorron|a [gɔ'rrɔna] *f* (Straßen-) Dirne *f*, P Nutte *f*; **~ear** [gɔrrone'ar] (1a) nassauern, F schlauchen; **~ería** [~ne'ria] *f* F Nassauern *n*.
gota ['gota] *f* Tropfen *m*; ⚕ Gicht *f*; *~ a ~* tropfenweise; *una ~ de* ein bißchen; *no ver (ni) ~* nichts sehen.

gote|ado [gote'aᵈo] getüpfelt; gesprenkelt; **~ar** [~'ar] (1a) tröpfeln; **~ra** [go'tera] *f* Dachrinne *f*; undichte Stelle *f*; *fig.* Gebrechen *n*; **~ro** *Am.* [~'tero] *m* Tropfenzähler *m*; **~rón** [gote'rɔn] *m* große(r) Tropfen *m*; Dachrinne *f*.
gótico ['gotiko] gotisch; *estilo m ~* Gotik *f*.
gotoso 🜨 [go'toso] gichtisch.
gozar [go'θar] (1f) *ac. od. de* genießen; **~se** s-e Freude haben, sich erfreuen (*an* [*dat.*] en).
gozne ['goθne] *m* (Tür-)Angel *f*; Scharnier *n*.
gozo ['goθo] *m* Freude *f*; Vergnügen *n*; **~s** *pl.* Loblied *n* auf die Jungfrau Maria; F *el ~ en el pozo* es ist alles aus (F Essig); **~so** [go'θoso] fröhlich.
graba|ción [graba'θiɔn] *f* (Ton-) Aufnahme *f*; Aufzeichnung *f* (*Fernsehen*); *~ discográfica, ~ de discos* Schallplattenaufnahme *f*; **~do** [gra-'baᵈo] *m* Gravierkunst *f*; Illustration *f*, Abbildung *f*, Bild *n*; *~ en acero* Stahlstich *m*; *~ al agua fuerte* Radierung *f*; *~ en cobre* Kupferstich *m*; *~ en madera* Holzschnitt *m*; **~dor** [~ba'dɔr] *m* Bild-, Kupferstecher *m*; Graveur *m*; *~ de cinta Am.* Tonbandgerät *n*; **~dora** [~'dora] *f* Aufnahmegerät *n*; **~r** [~'bar] (1a) gravieren; *ins Gedächtnis* einprägen; *Platte, Band* bespielen; *~ en cinta magnetofónica* auf (Ton-) Band aufnehmen; *~ en discos* auf Platten aufnehmen.
gracejo [gra'θexo] *m* Anmut *f*; Witz *m*; Schlagfertigkeit *f*.
gracia [gra'θia] *f* Gnade *f*; Grazie *f* (*a. Myth.*); Liebenswürdigkeit *f*; Anmut *f*; Witz *m*; Begnadigung *f*; *caer en ~* gefallen; *dar en la ~ de inf.* in die Gewohnheit verfallen zu; *de ~* umsonst; *en ~ de zuliebe* (*dat.*), *um* (*gen.*) *willen*; F *¡tiene ~!* die Sache ist gut!, das Ding ist richtig!; *¡qué ~!* welche Zumutung!; eine nette Bescherung!; *¡así! dank!*; *~s a prp. dank* (*gen.*); *¡y ~s!* und man kann zufrieden sein!; *dar las ~s a alg.* sich bei j-m bedanken; *¡~s a Dios!* Gott sei Dank!
graci|osidad [graθiosi'da⁽ᵈ⁾] *f* Liebreiz *m*; Anmut *f*; **~osamente** [~sa-'mente] *adv.* unentgeltlich; **~oso** [~'θioso] **1.** *adj.* graziös; anmutig;

witzig; unentgeltlich; **2.** *m* Spaßmacher *m*, Witzbold *m*.

grada ['graða] *f* Stufe *f*; Treppenstufe *f*; *Thea.* Rangreihe *f*; *Stk.*
Sitzreihe *f*; ⚡ Egge *f*; **~s** *pl.* Freitreppe *f*; **~ción** [graða'θjon] *f* Abstufung *f*; Steigerung *f*; **~r** ⚡
[gra'ðar] (1a) eggen.

gradería [graðe'ria] *f* Stufenreihe *f*;
Treppe *f*.

grado ['graðo] *m* Grad *m*; Rang *m*;
Wert *m*; akademischer Grad *m*;
(Schul-)Klasse *f*; *de ~ o por fuerza*
im guten oder im bösen; *de buen ~*
gutwillig; *de mal ~* ungern, widerwillig; *en alto ~* in hohem Maße.

gradua|ción [graðua'θjon] *f* Grad-
einteilung *f*; Abstufung *f*; ⊕ Einstellung *f*; ✗ Rangordnung *f*; **~do**
[~'ðuaðo] abgestuft; graduiert;
Grad..., Meß...; **~dor** [~ðua'ðor] *m*
Gradmesser *m*; **~l** [~'ðual] **1.** *adj.*
abgestuft; allmählich; **2.** *m Rel.*
Graduale *n*; **~r** [~'ðuar] (1e) ab-
stufen; abmessen; *j-m* e-e akade-
mische Würde verleihen; **~rse** e-n
akademischen Titel erwerben.

grafía [gra'fia] *f* Schreibweise *f*.

gráfi|ca ['grafika] *f* graphische Dar-
stellung *f*; Kurve *f*; **~co** [~ko] **1.** *adj.*
graphisch; illustriert; anschaulich;
signo m ~ Schriftzeichen *n*; **2.** *m*
Bild *n*; graphische Darstellung *f*.

grafito [gra'fito] *m* Graphit *m*.

gra|fología [grafolo'xia] *f* Grapho-
logie *f*; **~fólogo** [~'fologo] *m* Graphologe *m*.

gragea [gra'xea] *f* Dragée *n*.

grajo ['graxo] *m* Saatkrähe *f*.

gramáti|ca [gra'matika] *f* Gram-
matik *f*; Sprachlehre *f*; **~ parda**
Mutterwitz *m*; **~co** [~ko] **1.** *adj.*
grammatisch; **2.** *m* Grammatiker *m*.

gramíneas [gra'mineas] *f/pl.*
Gräser *n/pl.*

gramo ['gramo] *m* Gramm *n*.

gramófono [gra'mofono] *m* Gram-
mophon *n*.

gran [gran] *Kurzform für* grande.

grana ['grana] *f* ⚡ Same(n) *m*;
Schildlaus *f*; Scharlachfarbe *f*.

grana|da [gra'naða] *f* ✗ Granat-
apfel *m*; ✗ Granate *f*; **~dero** [~na-
'ðero] *m* Grenadier *m*.

granadino [gra'ðino] **1.** *adj.* aus
Granada; **2.** *m* Granatblüte *f*.

granado [gra'naðo] **1.** *adj.* körnig;
fig. reif, erfahren; *lo más ~ fig.* die

Creme der Gesellschaft; **2.** *m* Gra-
natbaum *m*.

granar [gra'nar] (1a) Körner ansetzen; *v/t.* körnen.

granate [gra'nate] *m* Granat *m*,
Granatstein *m*.

granazón [grana'θon] *f* Körner-,
Samenbildung *f*.

grande ['grande] **1.** *adj.* groß; erwachsen; bedeutend; *en ~* im großen und ganzen; *pasarlo en ~* sich
großartig amüsieren; **2.** *m*: ♀ *de
España* spanische(r) Grande *m*;
~mente [grande'mente] außerordentlich; **~za** [gran'deθa] *f* Größe
f; Pracht *f*; Wichtigkeit *f*; Würde *f*
e-s Granden.

grandi|locuencia [grandilo'kŭen-
θja] *f* geschwollene Ausdrucksweise
f; **~locuente** [~'kŭente] *Stil:* geschwollen, hochtrabend; **~osidad**
[~ðiosi'ða⁽ᵈ⁾] *f* Großartigkeit *f*; **~o-
so** [~'ðioso] großartig; herrlich.

grandullón [grandu'ʎon] *m* hoch-
aufgeschossener junger Mann *m*.

grane|ar [grane'ar] (1a) körnen;
säen; **~l** [~'nel]: *a ~* haufenweise;
♰ unverpackt, lose; *fig.* in Bausch
und Bogen; **~ro** [~'nero] *m* Korn-
kammer *f*; Getreidespeicher *m*.

granítico [gra'nitiko] *f* Granit...

granito [gra'nito] *m* Granit *m*.

grani|zada [grani'θaða] *f* Hagel-
schauer *m*; **~zado** [~'θaðo] *m* Eis-
getränk *n*; **~zar** [~'θar] (1f) hageln;
~zo [~'niθo] *m* Hagel *m*.

granja ['granxa] *f* Farm *f*, Bauernhof *m*; Milchbar *f*; **~ experimental**
Versuchsgut *n*.

granjear [granxe'ar] (1a) sich et.
erarbeiten; erwerben; für sich gewinnen; **~se** *la voluntad (la amistad)
de alg.* sich *j-s* Sympathien
(Freundschaft) erwerben.

granje|ría [granxe'ria] *f* Ertrag *m*
aus landwirtschaftlichem Betrieb; **~ro**
[~'xero] *m* Farmer *m*, Landwirt *m*.

grano ['grano] *m* Korn *n*; Samen-
korn *n*; (Kaffee-)Bohne *f*; ✗ Pickel
m, Mitesser *m*; *¡al ~!* zur Sache!; *ir
al ~* zur Sache kommen; **~s** *pl.* Getreide *n*.

granu|ja [gra'nuxa] **a)** *f* entkernte
Traube *f*; **b)** *m* F Gauner; Lump
m; **~jiento** [~nu'xjento] pickelig;
~lado [~nu'laðo] körnig; **~lar** [~nu-
'lar] **1.** *v/t.* (1a) körnen; **2.** *adj.* körnig.

granzas ['granθas] *f/pl.* Spreu *f.*

grapa ['grapa] *f* Klammer *f*; Krampe *f*; Klemme *f*; **~dora** [~'dora] *f* Heftmaschine *f.*

gra|sa ['grasa] *f* Fett *n*, Schmalz *n*; (Wagen-)Schmiere *f*; **~siento** [gra-'sịento] fettig; schmierig; **~so** ['graso] fett; **~soso** *Chi., Guat., P.R.* [gra'soso] fettig.

gratifica|ción [gratifika'θịon] *f* Gratifikation *f*; Sondervergütung *f*; **~r** [~'kar] (1g) belohnen; vergüten; erfreuen.

gratis ['gratis] unentgeltlich, gratis.

gratitud [grati'tu⁽ᵈ⁾] *f* Dankbarkeit *f.*

grato ['grato] angenehm.

gratui|dad [gratụi'da⁽ᵈ⁾] *f* Kostenlosigkeit *f*; Gebührenfreiheit *f*; **~** de enseñanza Schulgeldfreiheit *f*; **~to** [~'tụito] unentgeltlich, kostenlos, grundlos (*Behauptung*).

gratula|ción [gratula'θịon] *f* Glückwunsch *m*; **~r** [~'lar] (1a) beglückwünschen; **~torio** [~la'torio] Glückwunsch...

grava ['graba] *f* Kies *m*; Schotter *m*; **~ción** [graba'θịon] *f* finanzielle Belastung *f*; **~men** [gra'bamen] *m* Last *f*; Belastung *f*; **~r** [~'bar] (1a) belasten; bedrücken; besteuern; **~rse** *Am. Cent., Col., Méj., Ven.* schlimmer werden.

grave ['grabe] schwer; ernst; wichtig; feierlich; gefährlich; tief (*Ton*); estar **~** schwer krank sein; **~dad** [grabe'da⁽ᵈ⁾] *f* Schwere *f*; Ernst *m*; Wichtigkeit *f*; Gefährlichkeit *f*; Schwerkraft *f*; herido de **~** schwerverletzt.

gravidez [grabi'deθ] *f* Schwangerschaft *f.*

gravita|ción [grabita'θịon] *f* Massenanziehung *f*; Schwerkraft *f*; **~r** [~'tar] (1a) *Phys.* gravitieren, beschweren; ruhen, lasten (auf [*dat.*] sobre).

gravoso [gra'boso] beschwerlich; *fig.* drückend (*Last, Pflicht*).

graz|nar [graθ'nar] (1a) krächzen; schnattern; **~nido** [~'nido] *m* Krächzen *n*; Schnattern *n.*

greco|latino [grekola'tino] griechisch-lateinisch; **~rromano** [~korro'mano] griechisch-römisch.

gre|da ['greda] *f* Kreide *f*, Schlämmkreide *f*; **~doso** [gre'doso] kreidig.

grega|rio [gre'gario] gewöhnlich;

Herden...; **~rismo** [~ga'rizmo] *m* Herdentrieb *m.*

greguería [grege'ria] *f* geistreiche(r) Ausspruch *m.*

gremial [gre'mịal] Innungs...

gremio ['gremịo] *m* Genossenschaft *f*; Zunft *f*, Innung *f*; Körperschaft *f.*

greña ['greɲa] *f* ungekämmtes od. zerzaustes Haar *n*; andar a la **~** sich balgen, raufen. [gut *n.*\

gres [gres] *m* Töpferton *m*; Stein-\

gresca ['greska] *f* Lärm *m*; Tumult *m*; Streit *m*; armar (la) **~** Krach schlagen.

grey [greï] *f* Herde *f* (*a. fig.*).

grial [grịal] *m* Gral *m.*

griego ['grịego] **1.** *adj.* griechisch; **2.** *m*, **-a** *f* Grieche *m*, Griechin *f.*

grieta ['grịeta] *f* Spalte *f*; Riß *m*; Hautriß *m*; **~rse** [grịe'tarse] (1a) rissig werden.

grifa ['grifa] *f* Marihuana *n.*

grifo ['grifo] **1.** *adj. Méj.* rauschgiftsüchtig; betrunken; **2.** *m* Wasserhahn *m*; *Fabeltier:* Greif *m.*

grill|ete [gri'ʎete] *m* Fußeisen *n*; **~o** ['griʎo] **a)** *m Zo.* Grille *f*, Heimchen *n*; andar a **~s** die Zeit vertrödeln; **b)** **~s** *m/pl.* Fußfesseln *f/pl.*

grima ['grima] *f* Grausen *n*, Schauder *m*; dar **~** schauderhaft sein, ekelhaft sein; auf die Nerven gehen.

grímpola ['grimpola] *f* Wimpel *m.*

gringo *Am.* ['gringo] *m desp.* Ausländer *m*, *bsd.* Yankee *m.*

gri|pe ₰ ['gripe] *f* Grippe *f*; **~poso** [gri'poso] grippekrank.

gris [gris] **1.** *adj.* grau; **2.** *m* F Kälte *f*; **~áceo** [~'saθeo] gräulich.

grisú [gri'su] *m* Grubengas *n*; explosión *f* de **~** schlagende Wetter *n/pl.*

gri|tar [gri'tar] (1a) schreien; an-, aus-, zurufen; **~tería** [~te'ria] *f*, **~terío** [~'rio] *m* Geschrei *n*; **~to** ['grito] *m* Schrei *m*; Ruf *m*; a **~** pelado, a voz en **~** mit lautem Geschrei; el último **~** der letzte Schrei (*Mode usw.*); F poner el **~** en el cielo e-n Mordskrach machen, sich künstlich aufregen; dar **~s** schreien.

gritón [gri'ton] *m* Schreihals *m.*

grosella [gro'seʎa] *f* Johannisbeere *f*; **~** espinosa Stachelbeere *f.*

gro|sería [grose'ria] *f* Grobheit *f*; Flegelei *f*; Plumpheit *f*; **~sero** [~'sero] grob; flegelhaft; ungebildet; plump; **~sor** [~'sor] *m* Dicke *f*; **~sura** [~'sura] *f* Fett *n.*

grotesco [gro'tesko] grotesk, seltsam.

grúa ['grua] f Kran m; Abschleppwagen m.

gruesa ['grŭesa] f Gros n (*zwölf Dutzend*); préstamo m a la ~ ⚓ Bodmerei f.

grueso ['grŭeso] **1.** adj. dick; groß; mar f -a schwere See f; **2.** m Dicke f; ✕ Gros n; Grundstrich m.

grulla ['gruʎa] f Kranich m.

grumete [gru'mete] m Schiffsjunge m.

grumo ['grumo] m Klumpen m; **~so** [gru'moso] klumpig.

gru|ñido [gru'niðo] m Grunzen n (*Schwein*); Brummen n (*Bär*); Knurren n (*Hund*); **~ñir** [ʌ'nir] (3h) grunzen; brummen; knurren; fig. murren; **~ñón** F [ʌ'nɔn] m Brummbär m.

grupa ['grupa] f Kruppe f, Kreuz n des Pferdes; volver ~s umkehren.

grupera [gru'pera] f Schwanzriemen m; Sattelkissen n.

grupo ['grupo] m Gruppe f; Zirkel m; ~ electrógeno ⚡ Stromaggregat n; ~ parlamentario Pol. Fraktion f; ~ de presión Pol. Interessengruppe f; Lobby f; ~ sanguíneo ⚕ Blutgruppe f; en ~s gruppenweise.

gruta ['gruta] f Grotte f; Höhle f.

guacamol(e) Am. Cent., Cu., Méj. [gŭaka'mol(e)] m Avocadosalat m.

guachapear [gŭatʃape'ar] (1a) v/t mit den Füßen im Wasser plätschern; v/i. klappern; F fig. hudeln.

guacho Am. Mer. ['gŭatʃo] verwaist; hilflos, verlassen (*Kind, junges Tier*).

guada|ña [gŭa'daɲa] f Sense f; **~ñadora** [ʌɖaɲa'ðora] f Mähmaschine f; **~ñar** [ʌɖa'ɲar] (1a) mähen; **~ñero** [ʌɖa'ɲero] m Mäher m; Schnitter m; **~ño** Cu., Méj. [ʌ'daɲo] m kleines Boot n.

guagua ['gŭagŭa] f Cu., P.R. (Auto-)Bus m; Am. Mer. Baby n; de ~ Cu., Méj. umsonst.

gualdo ['gŭaldo] goldgelb.

gualdrapa [gŭal'drapa] f Schabracke f.

guanaco [gŭa'nako] **1.** adj. Am. dumm, einfältig; **2.** m Guanako m (*Wildform des Lamas*).

guano ['gŭano] m Guano m.

guanta|da [gŭan'taða] f, **~zo** [ʌ-'taθo] m Ohrfeige f.

guan|te ['gŭante] m Handschuh m; ~ de cabritilla Glacéhandschuh m; echar el ~ a alg. j-n verhaften; recoger el ~ die Herausforderung annehmen; **~tera** [gŭan'tera] f Kfz. Handschuhfach n; **~tería** [ʌte'ria] f Handschuhgeschäft n; **~tón** Am. [ʌ'tɔn] m Ohrfeige f.

gua|pear F [gŭape'ar] (1a) keck auftreten; **~petón** F [ʌpe'tɔn] sehr hübsch, schneidig; **~peza** [ʌ'peθa] f Tapferkeit f; F Schneid m; Angeberei f; **~po** ['gŭapo] **1.** adj. hübsch; schick; Am. reg. tapfer; **2.** m Raufbold m; Angeber m.

guaraní [gŭara'ni] m **a)** Guaraní n (*Sprache der Indianer Paraguays und NO-Argentiniens*); **b)** Guaraníindianer m; **c)** Guaraní m (*Währungseinheit*).

guarapo Am. [gŭa'rapo] m Zuckerrohrsaft m; -schnaps m.

guarda ['gŭarða] **a)** m Wächter m, Aufseher m; ~ forestal Förster m; ~ jurado amtlich bestellter Wächter m; **b)** f Wache f; Aufsicht f; Schutz m; **~barrera** [ʌ,ðaba'rrera] m Schrankenwärter m; **~barros** [ʌða-'barros] m Kfz. Kotflügel m; **~bosque** [ʌða'bɔske] m Waldhüter m; Förster m; **~brisa** [ʌða'brisa] f Kfz. Windschutzscheibe f; **~cantón** [ʌ-dakan'tɔn] m Prellstein m; **~cadena** [ʌðaka'ðena] m Kettenschutz m (am Fahrrad); **~costas** [ʌða'kostas] m Küstenwachschiff n; **~dor** [ʌða-'ðor] knauserig; peinlich genau; **~espaldas** [ʌðaes'paldas] m Leibwächter m; **~fango** Am. [ʌða'faŋgo] m Kfz. Kotflügel m; Schutzblech n; **~frenos** [ʌða'frenos] m Bremser m; **~gujas** 🚂 [ʌða'guxas] m Weichensteller m; **~mano** [ʌða'mano] m Säbelkorb m; **~meta** [ʌða'meta] m Torwart m; **~muebles** [ʌða'mŭebles] m Möbellager n; **~polvo** [ʌða-'pɔlbo] m Staubmantel m; (Möbel-)Überzug m.

guardar [gŭar'dar] (1a) (auf)bewahren, verwahren; behalten; beschützen; hüten; (er)sparen; Wort halten; ~ cama das Bett hüten; ~ silencio schweigen; **~se** sich hüten; sich in acht nehmen; F guardársela die passende Gelegenheit zur Rache abwarten.

guarda|rropa [gŭarda'rrɔpa] m Kleiderkammer f; Kleiderschrank *m*; Garderobe *f*; **rropía** *Thea.* [rro'pia] *f* Kleider- und Requisitenkammer *f*; **vía** 🔔 [ʌ'bia] *m* Streckenwärter *m*.

guardería [gŭarde'ria] *f* Wächteramt *n*; ~ **infantil** Kinderhort *m*.

guardia ['gŭardia] **a)** *f* Wache *f*; Posten *m*; Obhut *f*; Wachlokal *n*; *Fechtk.* Auslage *f*; ~ **civil** *Span.* Landpolizei *f*; **de** ~ diensttuend, vom Dienst; *estar de* ~ Wache stehen; *estar en* ~ auf der Hut sein; *ponerse en* ~: **a)** Vorsichtsmaßnahmen treffen; **b)** *Fechtk.* auslegen; **b)** *m* Posten *m*; Schutzmann *m*, Polizist *m*; ~ **civil** *Span.* Gendarm *m*; ~ **marina** Seekadett *m*.

guardián [gŭar'dian] **a)** *m* Obere(r) *m* der Franziskaner; **b)** Wächter *m*; Aufseher *m*.

guardilla [gŭar'diʎa] *f* Dachstube *f*.

guardoso [gŭar'doso] sparsam; knauserig.

guarecer [gŭare'θer] (2d) aufbewahren; schützen (vor [*dat.*] de); *j-m* Obdach gewähren; **se** Schutz suchen (vor [*dat.*] de).

guaricha *Col., Ec., Pan., Ven.* [gŭa-'ritʃa] *f* Flittchen *n*.

guarida [gŭa'riða] *f* Höhle *f*; Bau *m* *e-s Tieres*; Schlupfwinkel *m*.

guarismo [gŭa'rizmo] *m* Ziffer *f*.

guar|necer [gŭarne'θer] (2d) *Kleid* besetzen; schmücken; garnieren; **necido** [ʌne'θiðo] *m* Bewurf *m*; **nición** [ʌni'θion] *f* Besatz *m*; Pferdegeschirr *n*; Garnison *f*; Besatzung *f*; Zubehör *n*; *Kchk.* Beilage *f*; **nicionero** [ʌniθio'nero] *m* Sattler *m*.

guaro *Am. Cent.* ['gŭaro] *m* Zuckerrohrschnaps *m*.

gua|rra ['gŭarra] *f* Sau *f* (*a. fig.*); **rro** [ʌrro] *m* Schwein *n* (*a. fig.*).

guasa F ['gŭasa] *f* Scherz *m*; *de* ~ im Scherz; F *tener mucha* ~ ein Spaßvogel sein; **da** *Rpl.* [gŭa'saða] *f* Grobheit *f*.

guasca *Am. Mer., Ant.* ['gŭaska] *f* Peitsche *f*; *dar* ~ verprügeln.

guaso ['gŭaso] **1.** *adj. Am. Mer., Cu.* grob, bäurisch; ungebildet; **2.** *m Chi.* Bauer *m*.

guata [gŭata] *f* Watte *f*; *Arg., Chi., Pe.* Bauch *m*.

guatemalteco [gŭatemal'teko] **1.** *adj.* guatemaltekisch; **2.** *m*, **-a** *f* Gualtemalteke *m*, Guatemaltekin *f*.

guateque F [gŭa'teke] *m* (Tanz-)Party *f*.

guatuso *Am. Cent.* [gŭa'tuso] blond.

guaya|ba [gŭa'jaba] *f* Guavenbirne *f*; *Am. reg.* Lüge *f*, Schwindel *m*; **bear** *Am. reg.* [ʌjabe'ar] (1a) lügen; **bera** *Cu., Méj.* [ʌja'bera] *f* Buschhemd *n*; **bo** [ʌ'jabo] *m* Guavenbaum *m*.

guayaco [gŭa'jako] *m* Guajakbaum *m*; Guajakholz *n*.

güero *Guat., Méj.* ['gŭero] blond.

guberna|mental [gubernamen'tal], **tivo** [ʌ'tiβo] Regierungs...

gubia [gu'βia] *f* Hohlmeißel *m*.

guedeja [ge'ðexa] *f* Haarsträhne *f*; (Löwen-)Mähne *f*.

güero *Guat., Méj.* ['gŭero] blond.

guerr|a ['gerra] *f* Krieg *m*; ~ **aérea** Luftkrieg *m*; ~ **civil** Bürgerkrieg *m*; ~ **fría** kalte(r) Krieg *m*; ~ **mundial** Weltkrieg *m*; ~ **naval** Seekrieg *m*; ~ **relámpago** Blitzkrieg *m*; ~ **terrestre** Landkrieg *m*; *dar* ~ *a* j-n belästigen, ärgern; *j-m das Leben schwerma*chen; **ear** [gerre'ar] (1a) Krieg führen; kämpfen; **era** [ge'rrera] *f* Waffenrock *m*; **ero** [ge'rrero] **1.** *adj.* kriegerisch; **2.** *m* Krieger *m*; **illa** [ge'rriʎa] *f* Partisanengruppe *f*; -krieg *m*; Guerilla *f*; ~ **urbana** Stadtguerilla *f*; **illero** [gerri'ʎero] *m* Freischärler *m*; Partisan *m*.

guía ['gia] **a)** *m* (Fremden-)Führer *m*; Wegweiser *m*; Lehrmeister *m*; ~ **escolar** (*de tráfico*) Schülerlotse *m*; ~ **turístico** Fremdenführer *m*; **b)** *f* Richtschnur *f*; Leitfaden *m*; Reiseführer *m* (*Buch*); Lenkstange *f* (*Fahrrad*); ~ **comercial** Firmenadreßbuch *n*; Werbefunk *m*; ~ **de ferrocarriles** Kursbuch *n*, Fahrplan *m*; ~ **telefónica** Telefonbuch *n*.

guiar [gi'ar] (1c) führen; leiten; *Pferde* lenken; *Wagen* fahren; **se** sich leiten lassen; sich richten (nach [*dat.*] por). [Kieselstein *m*.\]

guija ['gixa] *f*, **rro** [gi'xarro] *m*\] **guijo** ['gixo] *m* Kies *m*; Schotter *m*; **so** [gi'xoso] Kiesel...

güila *Méj.* ['gŭila] *f* Dirne *f*.

guillotina [giʎo'tina] *f* Guillotine *f*, Fallbeil *n*; Papierschneidemaschine *f*; **r** [ʌti'nar] (1a) köpfen.

guinche, **güinche** *Am.* ['gintʃe, 'gŭintʃe] *m* Kran *m*.

guinda ['ginda] *f* Sauerkirsche *f*.

guindar [gin'dar] (1a) aufwinden; F angeln, ergattern, aufgabeln.

guindilla [gin'diʎa] *f* scharfer Pfeffer *m*.

guindo ['gindo] *m* Sauerkirschenbaum *m*.

guindola [gin'dola] *f* Rettungsring *m*.

guiña|da [gi'naða] *f* Zublinzeln *n*; ⚓ Gieren *n*; **~po** [ʌ'napo] *m* Lumpen *m*, Fetzen *m*; *estar hecho un ~ heruntergekommen sein*; **~r** [ʌ'nar] (1a) blinzeln; ⚓ gieren; ~ *los ojos mit den Augen zwinkern*; j-m *verständnisvoll zublinzeln*.

guiño ['gino] *m* Zwinkern *n*, Blinzeln *n*.

guiñol [gi'nol] *m* Kasperletheater *n*.

guión [gi'ɔn] *m* Standarte *f*; Kirchenfahne *f*; Bindestrich *m*; *Film*: Drehbuch *n*; ~ *radiofónico* Hörspiel *n*.

guionista [gio'nista] *m* Drehbuchautor *m*.

guirigay F [giri'gaï] *m* Kauderwelsch *n*.

guirnalda [gir'nalda] *f* Girlande *f*.

guisa ['gisa] *f*: *a ~ de* als; *de esta ~ auf diese Weise*; *de tal ~ derart*.

guisado [gi'saðo] *m* Schmorfleisch *n*.

guisante [gi'sante] *m* Erbse *f*.

gui|sar [gi'sar] (1a) anrichten; kochen; schmoren; zurechtmachen; **~so** [ʌ'giso] *m* Gericht *n*; **~sote** [gi'sote] *m* schlechte(s) Essen *n*; F Fraß *m*.

guita ['gita] *f* Faden *m*, Schnur *f*; F Geld *n*, P Zaster *m*.

guitarr|a ♪ [gi'tarra] *f* Gitarre *f*; **~ero** [gita'rrero] *m* Gitarrenmacher

m; **~ista** [ʌ'rrista] *m* Gitarrenspieler *m*, Gitarrist *m*.

gula ['gula] *f* Völlerei *f*; Gefräßigkeit *f*.

gulusmear [gulusme'ar] (1a) naschen.

gurrumino F [gurru'mino] **1.** *adj.* erbärmlich; **2.** *m* Pantoffelheld *m*.

gusano [gu'sano] *m* Wurm *m*; ~ *de luz* Johanniswürmchen *n*, Leuchtkäfer *m*; ~ *de seda* Seidenraupe *f*.

gus|tación [gusta'θion] *f* Kosten *n*, Schmecken *n*; **~tar** [ʌ'tar] (1a) **1.** *v/t.* kosten, schmecken; gern haben; **2.** *v/i.* gefallen; belieben; ~ *de hacer a/c.* et. gern tun; *si Vd. gusta wenn es Ihnen recht ist*; *¿ Vd. gusta?* darf ich Ihnen anbieten?; **~tazo** [ʌ'taθo] *m* Schadenfreude *f*; **~tillo** [ʌ'tiʎo] *m* Nach-, Beigeschmack *m*.

gusto ['gusto] *m* Geschmack *m*; Vergnügen *n*; Gefallen *n* an (*dat.*); Vorliebe *f* für (*ac.*); *a ~* gern; *con mucho ~* sehr gern; *por ~* aus Spaß; *dar ~ a alg.* j-m gefallen; *desparcharse a su ~* nach Belieben schalten u. walten; *fig.* frei von der Leber weg reden; *hablar al ~* nach dem Munde reden; *mucho* (*od. tanto*) *~* sehr erfreut (*beim Vorstellen*); *tomar el ~ a* Gefallen finden an (*dat.*); *da ~ es macht Spaß*; **~so** [gus'toso] schmackhaft; bereitwillig.

gutapercha [guta'pertʃa] *f* Guttapercha *f*.

gutural [gutu'ral] **1.** *adj.* Kehl...; **2.** *f Gram.* Kehllaut *m*.

H

H, h ['atʃe] *f* H, h *n*.

ha [a] *s.* haber.

¡ha! [a] he!; ach!; ei!

haba ['aba] *f* dicke Bohne *f*; Acker-, Sau-, Pferdebohne *f*; *son ~s contadas* das ist ein ganz klarer Fall; *en todas partes se cuecen ~s* überall wird mit Wasser gekocht.

haba|nera [aba'nera] *f* Habanera *f* (*Tanz*); **~no** [a'bano] *m* Havanna *f* (*Zigarre*).

haber [a'bɛr] **1.** (2k) haben, sein (*Hilfszeitwort*); *~las con alg.* es mit j-m zu tun haben; *~ de inf.* müssen, sollen *inf.*; *no ~ de inf.* nicht sollen *inf.*; nicht dürfen *inf.*; *ha cinco días* vor fünf Tagen; *poco tiempo ha* vor kurzem; *mucho ha que* es ist schon lange her, daß; *que Dios haya en su Gloria* Gott hab' ihn (sie) selig; *hay* es gibt; es ist *od.* es sind (da); es findet *od.* es finden statt; *no hay lugar* es ist unstatthaft; *hay que inf.* man muß *inf.*; *no hay que inf.* man darf nicht *inf.*; man braucht nicht zu *inf.*; *no hay de qué* keine Ursache!; *no hay más que inf.* man braucht nur zu *inf.*; *no hay para qué decirlo* selbstverständlich; *no hay como* es geht nichts über (*ac.*); *no hay tal* dem ist nicht so, es ist nicht wahr; *2. m* Haben *n*; Guthaben *n*; *~es pl.* Einkünfte *f/pl.*; Vermögen *n*.

habichuela [abi'tʃuela] *f* Bohne *f*.

habiente [a'biente] : *derecho m ~* Berechtigte(r) *m*.

hábil ['abil] geschickt, fähig; berechtigt (zu [*dat.*] *para*); *día m ~* Wochen-, Werktag *m*.

habili|dad [abili'da⁽ᵈ⁾] *f* Geschicklichkeit *f*, Fähigkeit *f*; **~doso** [~'doso] befähigt, geschickt; **~tación** [~ta'θjon] *f* Befähigung *f*; Berechtigung *f*; Bevollmächtigung *f*; **~tado** [~'taᵈo] **1.** *adj.* berechtigt; befähigt; **2.** *m* Bevollmächtigte(r) *m*; **~tar** [~'tar] (1a) befähigen; bevollmächtigen; versorgen (mit [*dat.*] de); herrichten; ausrüsten.

habita|ble [abi'table] bewohnbar; **~ción** [~ta'θjon] *f* Zimmer *n*; **~nte**

[~'tante] *m* Bewohner *m*; **~r** [~'tar] (1a) bewohnen; *v/i.* wohnen.

hábito ['abito] *m* **a)** Gewohnheit *f*; **b)** Ordenskleid *n*; *tomar el ~* Geistlicher werden; ins Kloster gehen; *colgar (od. ahorcar) los ~s* das Ordenskleid ablegen; *fig.* den Beruf an den Nagel hängen; *el ~ hace al monje* Kleider machen Leute.

habitu|ación [abitwa'θjon] *f* Gewöhnung *f*; **~al** [~'tual] gewöhnlich; gewohnt; Gewohnheits...; (*cliente m*) *~* Stammgast *m*; **~ar** [~'tuar] (1e) gewöhnen (an [*ac.*] *a*); **~arse** sich gewöhnen (an [*ac.*] *a*).

habla ['abla] *f* Sprache *f*; Sprechweise *f*; Rede *f*; Mundart *f*; *¡al ~!* *Fernspr.* (selbst) am Apparat!; *estar od. quedar al ~ con alg.* mit j-m in Verbindung stehen; *ponerse al ~ con alg.* sich mit j-m in Verbindung setzen; **~da** *Am.* [a'blaða] *f* Sprechen *n*; Gerede *n*; *~s pl.* Aufschneiderei *f*; **~dor** [abla'dor] **1.** *adj. Méj.* prahlerisch; *Méj., R.D.* lügnerisch; **2.** *m,* **-a** *f* [~'dora] Schwätzer(in *f*); **~duría** [~du'ria] *f* Geschwätz *n*; *~s pl.* Klatsch *m*.

hablar [a'blar] (1a) sprechen, reden; *~ al aire* in den Tag hineinreden; *~ alto, bajo* laut, leise sprechen; *~ claro* deutlich sprechen; *~ por ~* P quatschen; *¡ni ~!* kommt nicht in Frage!; **~se** Umgang haben mit (*dat.*); verkehren mit (*dat.*).

hablilla [a'bliʎa] *f* Gerede *n*; Gerücht *n*; leeres Geschwätz *n*.

habón [a'bon] *m* Quaddel *f*.

hacedero [aθe'dero] tunlich, möglich.

hacedor [aθe'dor] *m fig.* Schöpfer *m*.

hacendado [aθen'daᵈo] **1.** *adj.* begütert; **2.** *m,* **-a** *f* [~'dada] Gutsbesitzer(in *f*) *m*; Großfarmer(in *f*) *m*.

hacen|dero [aθen'dero] *m Am.* Farmer *m*; **~doso** [~'doso] arbeitsam; haushälterisch.

hacer [a'θer] (2s) **1.** machen, tun; verursachen; veranlassen; *~ bien* es recht machen, gut daran tun; *~ mal* es falsch machen; *~ caso de a/c.* auf

et. Wert legen; et. berücksichtigen;
F ~ *una de las suyas* e-n s-r Streiche
machen; *tener que* ~ zu tun haben;
~ *un papel* *Thea.* e-e Rolle spielen;
~ *a todo* aufs Ganze gehen; ~ *de
arbeitar* *od.* fungieren als; ~ *como
que* (*ind.*) so tun, als ob (*subj.*); ~
para, ~ *por inf.* sein möglichstes
tun, um zu *inf.*; *hace calor* (*frío*)
es ist warm (kalt); *hace buen* (*mal*)
tiempo es ist schönes (schlechtes)
Wetter; *hace tres días* vor drei
Tagen; *desde hace tiempo* seit
langem; *eso no le hace* das tut nichts
zur Sache, das spielt keine Rolle; F
buena la has hecho iron. das hast du
fein gemacht!; *¡qué le vamos a ~!*
was will man da machen!; **2.** **~se**
werden; ~ *viejo usw.* alt *usw.* werden;
~ *de noche* Nacht werden; ~ *el sordo*
(*tonto*) sich taub (dumm) stellen; ~
a a/c. sich an et. (*ac.*) gewöhnen; ~ *a
la mar,* ~ *a la vela* in See stechen; ~
a un lado beiseite treten; ~ *con a/c.*
sich et. verschaffen.

hacia [ˈaθia] gegen; nach; ~ *aquí
hierher*; ~ *atrás* rückwärts; ~ *las
cuatro* gegen vier Uhr.

hacienda [aˈθienda] *f Am.* Landgut
n; Farm *f*; Vermögen *n*; ♀ *pública*
Finanzwesen *n*, Finanzverwal-
tung *f*.

hacina ✍ [aˈθina] *f* Hocke *f*, Puppe
f; **~miento** [aθinaˈmiento] *m* An-,
Aufhäufung *f* (*a. fig.*); **~r** [~ˈnar]
(1a) aufschichten; aufhäufen.

hacha [ˈatʃa] *f* Fackel *f*; Axt *f*; Beil
n; F *fig.* *ser un* ~ ein Genie sein; **~zo**
[aˈtʃaθo] *m* Axthieb *m*.

hache [ˈatʃe] *f* Name des Buchstabens
H; F *llámele Vd.* ~ das kommt auf
dasselbe heraus; F *por* ~ *o por be* aus
dem e-n oder andern Grund.

hache|ar [atʃeˈar] (1a) *mit der Axt*
bearbeiten; **~ro** [aˈtʃero] *m* Holzfäller *m*.

hachís [aˈtʃis] *m* Haschisch *n*.

hachón [aˈtʃon] *m* Pechfackel *f*.

hada [ˈada] *f* Zauberin *f*; Fee *f*.

hado [ˈaᵈo] *m* Schicksal *n*; Verhängnis *n*.

haiga [ˈaiga] *m* F Straßenkreuzer *m*.

¡hala! [ˈala] heda!, los!

hala|gar [alaˈgar] (1h) *v/t.* j-m
schmeicheln; liebkosen; **~go** [aˈla-
go] *m* Schmeichelei *f*; Liebkosung
f; **~güeño** [alaˈgweɲo] schmeichel-
haft; einschmeichelnd.

halar ♿ [aˈlar] (1a) einholen,
treideln.

halcón [alˈkɔn] *m* Falke *m*.

halda [ˈalda] *f* Sackleinwand *f*.

hálito [ˈalito] *m* Hauch *m*; Atem *m*.

halo [ˈalo] *m* Hof *m* um den Mond
usw.; *Phys.* Lichthof *m*.

halterofi|lia [alteroˈfilia] *f Sport:*
Gewichtheben *n*; **~lista** [~fiˈlista]
m Gewichtheber *m*.

hall [xɔl] *m* Empfangshalle *f*, Diele *f*.

hallar [aˈʎar] (1a) finden; (an-)
treffen; **~se** sich (be)finden; sich
einfinden.

hallazgo [aˈʎaðgo] *m* Fund *m*.

hama|ca [aˈmaka] *f* Hängematte *f*;
Am. Schaukel *f*; **~car** *Am. reg.*
[amaˈkar] (1g) schaukeln, wiegen;
~quear [~keˈar] (1a) *Am. reg.*
schaukeln, wiegen; *fig.* hinhalten;
Cu., P.R., Ven. schütteln.

ham|bre [ˈambre] *f* Hunger *m*; *fig.*
heftiges Verlangen *n*; ~ *canina*
Heißhunger *m*; *matar el* ~ den
Hunger stillen; *tener* (*od. pasar*) ~
hungern; **~briento** [amˈbriento]
hungrig; begierig; **~bruna** *Am.
Mer.* [amˈbruna] *f* Heißhunger *m*.

hamburguesa [amburˈgesa] *f Kchk.*
Frikadelle *f*.

hampa [ˈampa] *f* Unterwelt *f*; (*gente
f del*) ~ Gesindel *n*.

hampón [amˈpɔn] *m* Großmaul *n*;
Strolch *m*.

hangar [aŋˈgar] *m* (Flugzeug-)
Halle *f*.

hara|gán [araˈgan] *m* Faulenzer *m*,
Tagedieb *m*; **~ganear** [~ganeˈar]
(1a) faulenzen; **~ganería** [~gane-
ˈria] *f* Faulheit *f*; Müßiggang *m*;
~piento [~ˈpiento], **~poso** [~ˈposo]
zerlumpt; **~po** [aˈrapo] *m* Lumpen
m, Fetzen *m*.

harén [aˈren] *m* Harem *m*.

hari|na [aˈrina] *f* Mehl *n*; Pulver *n*;
eso es ~ *de otro costal* das ist et. ganz
anderes; **~nero** [~ˈnero] **1.** *adj.*
Mehl...; **2.** ~ Mehlhändler *m*; **~no-
so** [~ˈnoso] mehlig.

harnero [arˈnero] *m* Sieb *n*.

harpillera [arpiˈʎera] *f* Sackleinen *n*.

har|tar [arˈtar] (1a) sättigen; be-
friedigen; überhäufen (mit [*dat.*]
de); anekeln; **~tarse** sich satt essen,
sich den Magen überladen; *fig.* e-r
Sache überdrüssig werden; **~tazgo**
[arˈtaðgo] *m* Übersättigung *f*; *darse
un* ~ sich den Magen überladen; **~to**

['arto] **1.** adj. (über)satt; überdrüssig; hinreichend; estar ~ de a/c. et. satt haben, et. leid sein; **2.** adv. genug; ziemlich; sattsam; **~tón** Am. reg. [ar'tɔn] gefräßig; **~tura** [ar'tura] f Übersättigung f; Übermaß n; con ~ (über)reichlich.

hasta ['asta] **1.** prp. bis; ~ ahora bisher, bis jetzt; ¿~ cuándo? wie lange?; ¡~ luego! bis nachher!; ~ que bis daß; **2.** adv. sogar, selbst.

hastiar [asti'ar] (1c) langweilen; anekeln; ~se überdrüssig werden.

hastío [as'tio] m Ekel m; Überdruß m. F Haufen m.)

hatajo [a'taxo] m kleine Herde f;

hato ['ato] m Viehherde f; Am. reg. Viehzuchtbetrieb m; Kleiderbündel n; liar el ~ sein Bündel schnüren.

hay [ai] s. haber.

haya ['aja] f Buche f; **~uco** [a'juko] m Bucheckern f.

haz [aθ] **a)** m Garbe f; Bund n; (Reisig-, Holz- usw.) Bündel n; **b)** f Antlitz n; fig. Vorderseite f; ~ de la tierra Erdenrund n; de dos haces doppelzüngig.

hazaña [a'θaɲa] f Großtat f; Heldentat f; **~oso** [aθa'ɲoso] heldenhaft.

hazmerreír F [aðmɛrrɛ'ir] m komische Figur f; Hanswurst m.

¡he! [e] sieh da!; he!; ¡~ aquí! ei!; sieh da!; ¡heme, héteme aquí! da bin ich (ja)!; ¡~lo (~la, ~los, ~las, ~nos) aquí! da ist er (ist sie, sind sie; sind wir)!

hebdomadario [ɛbdoma'darjo] **1.** adj. wöchentlich; **2.** m Wochenschrift f.

hebilla [e'biʎa] f Schnalle f; Spange f; Schließe f.

hebra ['ebra] f Faden m; Faser f; pegar la ~ F ein Gespräch anknüpfen.

hebr|aico [e'braiko] hebräisch; **~eo** [e'breo] **1.** adj. hebräisch; **2.** m Hebräer m.

hebroso [e'broso] faserig.

hecatombe [eka'tombe] f Hekatombe f; fig. Gemetzel n.

hectárea [ek'tarea] f Hektar n od. m.

hectolitro [ɛkto'litro] m Hektoliter m od. n.

hechi|cera [etʃi'θera] f Hexe f, Zauberin f; **~cería** [~θe'ria] f Zauberei f; **~cero** [~'θero] **1.** adj. bezaubernd; **2.** m Hexenmeister m, Zauberer m;

~zar [~'θar] (1f) bezaubern.

hechizo [e'tʃiθo] **1.** adj. künstlich; falsch; blind (Fenster, Tür); Am. reg. handgefertigt; im Land hergestellt; **2.** m Zauber m, Bann m.

hecho ['etʃo] **1.** part. v. hacer; geworden (zu et.); ¡bien ~! recht so!; estar ~ ... aussehen wie ...; ~ para geschaffen für (ac.); **2.** adj. vollendet, fertig; un hombre ~ y derecho ein aufrechter Mann; ein ganzer Kerl; **3.** m Tat f; Tatsache f; **~s** pl. Tatbestand m; a ~ unmittelbar; sogleich; de ~ tatsächlich; de facto; de ~ y de derecho von Rechts wegen.

hechura [e'tʃura] f Anfertigung f; Schnitt m; Machart f; Macherlohn m; fig. Geschöpf n; Kreatur f.

heder [e'ðɛr] (2g) stinken; fig. verhaßt sein; v/t. anekeln. (haft.)

hediondo [e'ðjondo] stinkig; ekel-)

hedor [e'ðɔr] m Gestank m.

hegemonía [exemo'nia] f Vorherrschaft f, Hegemonie f.

hégira, héjira ['exira] f Hedschra f.

hela|da [e'laða] f Reif m; Frost m; **~dera** [ela'ðera] f Rpl. Kühlschrank m; **~dería** [~ðe'ria] f Eisdiele f; **~do** [e'laðo] **1.** adj. gefroren; eiskalt; fig. starr; **2.** m Speiseeis n; **~dora** [ela-'ðora] f Eismaschine f; **~r** [e'lar] (1k) gefrieren lassen; fig. erstarren lassen; v/i. frieren; **~rse** er-, gefrieren; zufrieren (Gewässer).

helecho ♧ [e'letʃo] m Farn m.

he|lénico [e'leniko] hellenisch; **~lenístico** [ele'nistiko] hellenistisch.

hélice ['eliθe] f (Schiffs-)Schraube f; Propeller m.

helicoidal ⊕ [elikɔi'ðal] Schnecken...; Schrauben...; schraubenförmig.

heli|cóptero [eli'kɔptero] m Hubschrauber m; **~puerto** [~'pŭerto] m Hubschrauberlandeplatz m.

hematoma ✿ [ema'toma] m Bluterguß m.

hembr|a ['embra] f Zo. Weibchen n; Weib n, Frau f; Öse f; **~illa** ⊕ [em'briʎa] f Ösenschraube f.

hemi|ciclo [emi'θiklo] m Halbkreis m; Halbrund n; **~plejía** ✿ [~ple-'xia] f halbseitige Lähmung f; **~sferio** [emis'ferjo] m Halbkugel f.

hemof|ilia [emo'filja] f Bluterkrankheit f; **~ílico** [~'filiko] m Bluter m.

hemoglobina [emoglo'ƀina] *f* Hämoglobin *n*, Blutfarbstoff *m*.
hemorr|agia ⚕ [ɛmɔ'rraxĭa] *f* Blutung *f*; Bluterguß *m*; **~oide** ⚕ [~'rrɔĭđe] *f* Hämorrhoide *f*.
hemostático [emɔs'tatiko] blutstillend.
henal [e'nal] *m* = *henil*.
henchir [en'tʃir] (3l *u.* 3h; *perf. hinchó, hincheron*; *ger. hinchendo*) an-, auffüllen; ausstopfen; aufblasen.
hend|edura [ende'đura], **~idura** [endi'đura] *f* Spalt *m*, Riß *m*; Einschnitt *m*; **~er** [en'dɛr] (2g) spalten; zerteilen.
henil [e'nil] *m* Heuboden *m*.
heno ['eno] *m* Heu *n*.
heñir [e'ɲir] (3l *u.* 3h) kneten.
hep|ático [e'patiko] Leber...; **~atitis** ⚕ [epa'titis] *f* Leberentzündung *f*.
heptágono [ɛp'tagono] *m* Siebeneck *n*.
her|áldica [e'raldika] *f* Wappenkunde *f*; **~aldo** [~do] *m* Herold *m*.
herba|je [ɛr'ƀaxe] *m* Futtergräser *n/pl.*; **~j(e)ar** [ɛrƀaxe'ar, ~'xar] (1a) grasen, weiden; **~rio** [ɛr'ƀarĭo] *m* Herbarium *n*; **~zal** [ɛrƀa'θal] *m* Grasplatz *m*; Grünland *n*.
herbicida [ɛrƀi'θiđa] **1.** *adj.* pflanzentötend; **2.** *m* Unkrautvernichtungsmittel *n*, Herbizid *n*.
herbívoro [ɛr'ƀiƀoro] pflanzenfressend.
herbo|lario [ɛrƀo'larĭo] *m* Kräutersammler *m*; **~ristería** [~riste'ria] *f* Kräuterladen *m*; **~rizar** [~ri'θar] (1f) Kräuter sammeln; botanisieren; **~so** [ɛr'ƀoso] grasreich.
hercúleo [ɛr'kuleo] herkulisch, riesenstark.
here|dad [ere'đa⁽ᵈ⁾] *f* Grundstück *n*; **~dado** [~'đaᵈo] begütert; ver-, ererbt; **~dar** [~'đar] (1a) erben (von [*dat.*] de); *~ a alg.* j-n beerben; vererben; **~dero** [~'đero] **1.** *adj.* erbberechtigt; **2.** *m*, **-a** *f* [~'đera] Erbe *m*, Erbin *f*; *~ ab intestato* gesetzliche(r) Erbe *m*; **~ditario** [~đi'tarĭo] erblich; Erb...
here|je [e'rɛxe] *m* Ketzer *m*; **~jía** [erɛ'xia] *f* Ketzerei *f*; Irrlehre *f*.
herencia [e'renθĭa] *f* Erbschaft *f*; Erbe *n*; Nachlaß *m*; ⚕ Vererbung *f*.
herético [e'retiko] ketzerisch.
heri|da [e'riđa] *f* Wunde *f*; Verletzung *f*; *fig.* Kränkung *f*; **~do** [e'riđo] *m* Verwundete(r) *m*; Verletzte(r) *m*; *~ grave* Schwerverletzte(r) *m*; **~r** [e'rir] (3i) verwunden; verletzen; beleidigen; *~ de muerte* tödlich verwunden.
hermafrodita [ɛrmafro'đita] **1.** *adj.* doppelgeschlechtig; **2.** *m* Zwitter *m*.
herman|a [ɛr'mana] *f* Schwester *f*; Ordensschwester *f*; **~amiento** [~mana'mĭento] *m*: *~ de ciudades* Städtepatenschaft *f*; **~ar** [ɛrma'nar] (1a) verbrüdern; vereinen; **~arse** sich vereinigen; *fig.* zuea. passen; **~astro** *m*, **-a** *f* [~'nastro, ~'nastra] Stiefbruder *m*, -schwester *f*; **~dad** [ɛrman'da⁽ᵈ⁾] *f* Bruderschaft *f*; Brüderlichkeit *f*.
hermano [ɛr'mano] *m* Bruder *m*; *~ carnal* leibliche(r) Bruder *m*; *~ político* Schwager *m*; *~s pl.* Geschwister *pl.*; † Gebrüder *pl.*
hermético [ɛr'metiko] luftdicht; *fig.* undurchdringlich; verschlossen.
hermo|sear [ɛrmose'ar] (1a) verschönern, schön machen; **~so** [ɛr'moso] schön; **~sura** [ɛrmo'sura] *f* Schönheit *f*.
hernia ⚕ ['ɛrnĭa] *f* Bruch *m*.
herniario [ɛr'nĭarĭo] Bruch...
héroe ['eroe] *m* Held *m*.
hero|icidad [erɔĭθi'đa⁽ᵈ⁾] *f*, **~ísmo** [ero'izmo] *m* Heldentum *n*; Heldenmut *m*; **~ico** [ɛ'rɔĭko] heldenmütig; **~ína** [ero'ina] *f* **a)** Heldin *f*; **b)** ⚗ Heroin *n*.
herpe ⚕ ['ɛrpe] *m*, *f* Flechte *f*.
herrada [ɛ'rrađa] *f* Bütte *f*; Bottich *m*, Kübel *m*.
herra|dor [ɛrra'đɔr] *m* Hufschmied *m*; **~dura** [~'đura] *f* Hufeisen *n*; *curva f en ~* Haarnadelkurve *f*; *camino m de ~* Reitweg *m*; Saumpfad *m*.
herra|je [ɛ'rraxe] *m* Eisenbeschlag *m*; **~mienta** [ɛrra'mĭenta] *f* Werkzeug *n*; **~r** [ɛ'rrar] (1k) *Pferde usw.* beschlagen; *Vieh* brandmarken.
herre|ría [ɛrrɛ'ria] *f* Schmiede *f*; **~ro** [ɛ'rrɛro] *m* Schmied *m*.
herrumbre [ɛ'rrumbre] *f* Eisenrost *m*.
her|videro [ɛrƀi'đero] *m* Sieden *n*; Sprudel *m*; *fig.* Gewimmel *n*; **~vido** [~'ƀiđo] *m prov. Gericht aus grünen Bohnen*; *Am. Mer.* Eintopf *m*; **~vidor** [~ƀi'đɔr] *m* Kocher *m*; **~vir** [ɛr'ƀir] (3i) sieden, kochen; wallen;

fig. wimmeln; **∼vor** [ɛrˈbɔr] *m* Sieden *n*; Hitze *f*; *fig.* Feuer *n*.

hetero|doxo [eteroˈdɔɡso] andersgläubig; **∼géneo** [∼rɔˈxeneo] ungleichartig.

hexágono [ɛgˈsaɡono] *m* Sechseck *n*.

hez [eθ] *f* Hefe *f (a. fig.)*; Bodensatz *m*; *fig.* Abschaum *m*.

hiber|nación [iβernaˈθiɔn] *f* Winterschlaf *m*; **∼nal** [∼ˈnal] winterlich, Winter...

híbrido [ˈiβrido] **1.** *adj.* Bastard...; **2.** *m* Bastard *m*, Hybride *f*.

hidal|go [iˈdalɡo] **1.** *adj.* ad(e)lig; edel; **2.** *m* Edelmann *m*; Junker *m*; **∼guía** [idalˈɡia] *f* Adel *m*; Edelmut *m*.

hidratar 🜊 [idraˈtar] (1a) mit Wasser verbinden, hydrieren.

hidráuli|ca [iˈdraŭlika] *f* Hydraulik *f*; **∼co** [∼ko] hydraulisch; Wasser...

hidr|oavión [idroaˈβiɔn] *m* Wasserflugzeug *n*; **∼ocarburos** [∼karˈburos] *m/pl.* Kohlenwasserstoffe *m/pl.*; **∼ocefalía** [∼θefaˈlia] *f* Wasserkopf *m*; **∼ofobia** [∼ˈfoβia] *f* Wasserscheu *f*; Tollwut *f*; **∼ófobo** [iˈdrofoβo] wasserscheu; tollwütig; **∼ógeno** 🜊 [iˈdrɔxeno] *m* Wasserstoff *m*; **∼opesia** 🜟 [idropeˈsia] *f* Wassersucht *f*; **∼oplano** [∼ˈplano] *m* Wasserflugzeug *n*; **∼oterapia** [∼teˈrapia] *f* Wasserheilkunde *f*.

hie... [je...] *s. auch* **ye**...

hiedra [ˈjedra] *f* Efeu *m*.

hiel [jel] *f* Galle *f*; *fig.* Bitterkeit *f*; Groll *m*.

hielo [ˈjelo] *m* Eis *n*; Frost *m*; *fig.* Kälte *f*; **∼s** *pl.* *flotantes* Treibeis *n*; *romper el* **∼** *fig.* das Eis brechen.

hiena [ˈjena] *f* Hyäne *f*.

hierático [jeˈratiko] priesterlich; *fig.* steif, förmlich.

hierba [ˈjerba] *f* Gras *n*; Kraut *n*; *mala* **∼** Unkraut *n*; **∼buena** 🜪 [jerbaˈβŭena] *f* Minze *f*.

hierro [ˈjerrɔ] *m* Eisen *n*; Brandmal *n*; *fig.* Waffe *f*; Schwert *n*; *Am. reg.* Brandzeichen *n des Viehs*; **∼** *forjado* Schmiedeeisen *n*; **∼** *fundido* Gußeisen *n*; *quitar* **∼** *a a/c.* e-r Sache die Spitze nehmen; **∼s** *pl.* Fessel *f*.

hígado [ˈiɡaᵈo] *m* Leber *f*; P Mut *m*; F *echar los* **∼s** sich abrackern; *ser un* **∼** *Am. Cent., Méj.* lästig, aufdringlich sein.

higiene [iˈxiene] *f* Gesundheitslehre *f*, -pflege *f*, Hygiene *f*.

higiénico [iˈxieniko] hygienisch.

higo [ˈiɡo] *m* Feige *f*.

hi|grómetro [iˈɡrometro] *m* Hygrometer *n*, Feuchtigkeitsmesser *m*; **∼groscópico** [iɡrɔsˈkopiko] hygroskopisch, wasserziehend.

higuera [iˈɡera] *f* Feigenbaum *m*.

hij|a [ˈixa] *f* Tochter *f*; **∼astro** *m*, **-a** *f* [iˈxastro, ∼tra] Stiefsohn *m*, -tochter *f*; **∼o** [ˈixo] *m* Sohn *m*; Kind *n*; **∼** *político* Schwiegersohn *m*; **∼** *predilecto* Ehrenbürger *m*.

hijuela [iˈxŭela] *f* Erbschaftsverzeichnis *n*; Stichkanal *m*.

hila [ˈila] *f* Reihe *f*; **∼s** *pl.* Scharpie *f*.

hilach|a *f*, **∼o** *m* [iˈlatʃa, ∼tʃo] Faser *f*, Fussel *f*; **∼ento** *Am.* [ila'tʃento] zerlumpt; **∼os** *Méj.* [iˈlatʃos] *m/pl.* Lumpen *m/pl.*

hilada [iˈlada] *f* Schicht *f*, Lage *f*.

hila|do [iˈlaᵈo] *m* Gespinst *n*; Spinnen *n*; Garn *n*; **∼s** *m/pl.* Spinnstoffwaren *f/pl.*; **∼ndería** [ilandeˈria] *f* Spinnerei *f*; **∼ndero** [∼ˈdero] *m* Spinner *m*; **∼r** [iˈlar] (1a) spinnen; **∼** *delgado* (*od. fino*) es sehr genau nehmen.

hilaridad [ilariˈda⁽ᵈ⁾] *f* Heiterkeit *f*.

hilaza [iˈlaθa] *f* grobe(r) Twist *m*, grobe Faser *f*; *descubrir la* **∼** F die Maske fallen lassen.

hilera [iˈlera] *f* Reihe *f*; 🜪 Glied *n*.

hilo [ˈilo] *m* Faden *m*; Garn *n*; Schnur *f*; Draht *m*; **∼** *conductor* Leitungsdraht *m*; **∼** *torcido* Zwirn *m*; **∼** *de coser* Nähgarn *n*; *a* **∼** ununterbrochen; *tiene la vida en un* **∼** sein Leben hängt an e-m seidenen Faden; *tomar el* **∼** den Faden wiederaufnehmen.

hilván [ilˈban] *m* Heftnaht *f*.

hilvanar [ilbaˈnar] (1a) heften.

himen [ˈimen] *m* Hymen *n*; **∼eo** *poet.* [imeˈneo] *m* Hochzeit *f*.

himno [ˈimno] *m* Hymne *f*.

hincapié [iŋkaˈpie]: *hacer* **∼** Nachdruck legen (*auf [ac.] en*).

hincar [iŋˈkar] (1g) *Nagel* einschlagen; aufstemmen; F **∼** *el diente* einhauen (*beim Essen*); herangehen an (*ac.*); **∼se** *de rodillas* niederknien.

hincha [ˈintʃa] **a)** *f* Abneigung *f*; F *tener* **∼** *a alg.* j-n nicht riechen können; **b)** *m* (Jazz-, Fußball-)Fan *m*; **∼do** [inˈtʃaᵈo] geschwollen; stolz; aufgeblasen; **∼r** [inˈtʃar] (1a) aufblasen, -pumpen; *fig.* übertreiben; **∼** *el perro Nachricht usw.* aufbauschen; ~rse (an)schwellen; *fig.* sich aufblähen; ~zón [intʃa'θɔn] *f* Schwellung *f*; Quellen *n*; *fig.* Aufgeblasenheit *f*; Schwulst *m* (*Stil*).

hindú [in'du] 1. *adj.* hindustanisch; 2. *m* Hindu *m*; Inder *m*.

hinojo ♀ [i'nɔxo] *m* Fenchel *m*.

hipar [i'par] (1a) den Schlucken haben; japsen (*Hund*).

hipérbol|a *Math.* [i'pɛrbola] *f* Hyperbel *f*; ~e [~e] *f* Übertreibung *f*.

hiper|función ✄ [iperfun'θiɔn] *f* Überfunktion *f*; ~sensible [~sen-'sible] überempfindlich; ~tensión ✄ [~ten'siɔn] *f* Bluthochdruck *m*; ~trofia [~'trofia] *f* Hypertrophie *f*.

hípi|ca ['ipika] *f* Reitsport *m*; ~co ['ipiko] Pferde...; Reit...

hipismo [i'pizmo] *m* Pferdesport *m*.

hipno|sis [ib'nosis] *f* Hypnose *f*; ~tizar [ibnoti'θar] (1f) hypnotisieren.

hipo ['ipo] *m* Schlucken *m*, Schluckauf *m*; heftiges Verlangen *n* (nach [*dat.*] *por*); F *eso le quitó el ~ es* verschlug ihm die Sprache; ~campo [ipo'kampo] *m* Seepferdchen *n*; ~condría [~kɔn'dria] *f* Schwermut *f*; ✄ Hypochondrie *f*; ~cóndrico [~'kɔndriko] schwermütig.

hipocresía [ipokre'sia] *f* Heuchelei *f*; Scheinheiligkeit *f*.

hipócrita [i'pokrita] 1. *adj.* heuchlerisch; 2. *su.* Heuchler(in *f*) *m*.

hipodérmico ✄ [ipo'dɛrmiko] subkutan, unter der Haut.

hipódromo [i'podromo] *m* (Pferde-)Rennbahn *f*.

hipófisis [i'pofisis] *f* Hirnanhangdrüse *f*, Hypophyse *f*.

hipofunción ✄ [ipofun'θiɔn] *f* Unterfunktion *f*.

hipopótamo [ipo'potamo] *m* Fluß-, Nilpferd *n*.

hipoteca [ipo'teka] *f* Hypothek *f*; ~r [~te'kar] (1g) mit e-r Hypothek belasten; ~rio [~te'kario] hypothekarisch.

hipotenusa [ipote'nusa] *f* Hypotenuse *f*.

hipótesis [i'potesis] *f* Hypothese *f*, Annahme *f*.

hipotético [ipo'tetiko] hypothetisch, mutmaßlich.

hirsuto [ir'suto] struppig, borstig.

hirviente [ir'biente] siedend; kochend.

hiso|pear [isope'ar] (1a) mit Weih-

wasser besprengen; ~po [i'sopo] *m* Weihwedel *m*; *Am. reg.* Pinsel *m*.

his|palense [ispa'lense] aus Sevilla; ~pánico [is'paniko] hispanisch; ~panidad [ispani'da⁽ᵈ⁾] *f* Spaniertum *n*; spanisches Wesen *n*; Hispanität *f*; ~panismo [~'nizmo] *m* spanische Spracheigentümlichkeit *f*; ~panista [~'nista] *m* Hispanist *m*.

hispa|no [is'pano] spanisch; ~nófilo [ispa'nofilo] spanienfreundlich; ~nohablante [~a'blante] spanischsprachig.

híspido ['ispido] borstig.

his|térico [is'teriko] 1. *adj.* hysterisch; 2. *m* Hysteriker *m*; ~terismo [iste'rizmo] *m* Hysterie *f*.

histología ✄ [istolo'xia] *f* Gewebelehre *f*, Histologie *f*.

historia [is'toria] *f* Geschichte *f*, Erzählung *f*; ~ *natural* Naturgeschichte *f*; ~ *sagrada* Religionsgeschichte *f*; ~ *universal* Weltgeschichte *f*; ~s *pl.* Klatsch *m*; F *déjate de ~s* mach doch keine Geschichten!; *pasar a la ~* in die Geschichte eingehen; ~dor [istoria-'dɔr] *m* Historiker *m*; ~l [~'rial] *m* geschichtliche(r) Rückblick *m*; Personalakte *f*; Werdegang *m*; ~r [~'riar] (1b) erzählen, darstellen.

histórico [is'toriko] geschichtlich.

histori|eta [isto'rieta] *f* Kurzgeschichte *f*; ~ógrafo [~'riɔgrafo] *m* Geschichtsschreiber *m*.

histrión [is'triɔn] *m* Schauspieler *m*; Gaukler *m*.

hito ['ito] *m* Grenz-, Markstein *m*; Ziel *n*; ~ *kilométrico* Kilometerstein *m*; *dar en el ~* den Nagel auf den Kopf treffen; *mirar de ~ en ~* scharf ansehen.

hocico [o'θiko] *m* Schnauze *f*; Rüssel *m*; *estar de ~* F maulen; P *~s pl.* Maul *n*, Klappe *f*.

hockey *engl.* ['xɔke] *m* Hockey *n*; ~ *sobre hielo* Eishockey *n*.

hogaño [o'gaɲo] F in diesem Jahr, heuer.

hogar [o'gar] *m* Herd *m*; Feuerstelle *f*; Heim *n*; ~ *familiar* Heimstätte *f*; ~eño [o'gareɲo] häuslich.

hogaza [o'gaθa] *f* Laib *m* Brot.

hoguera [o'gera] *f* Scheiterhaufen *m*; Lagerfeuer *n*.

hoja [o'xa] *f* Blatt *n* (*a.* ♀); Bogen *m*; Metallplatte *f*; Klinge *f*; Flügel *m* (*Fenster, Tür*); ~ *de afeitar* Rasier-

klinge *f*; ~ de lata Blech *n*; ~ de pedidos Bestellschein *m*; ~ de servicios
Personalakte *f*; ~ de tocino Speckseite *f*; ~ volante Flugblatt *n*; doblar
la ~ von et. anderem reden.

hojala|ta [ɔxa'lata] *f* Blech *n*; **~tería**
[ˌlate'ria] *f* Klempnerei *f*; **~tero**
[ˌla'tero] *m* Klempner *m*.

hojal|d(r)a *Am.* [ɔ'xald(r)a] *f*, **~dre**
[ˌdre] *m* Blätterteig *m*.

hojarasca [ɔxa'raska] *f* dürres Laub
n; *fig.* leeres Geschwätz *n*.

hojear [ɔxe'ar] (1a) durchblättern;
v/i. Am. reg. Blätter treiben.

hojoso [ɔ'xoso] belaubt.

hojuela [ɔ'xuela] *f* Blättchen *n*; F
miel sobre ~s das ist des Guten fast
zuviel.

¡hola! ['ola] hallo!; F Servus!

holan|dés [olan'des] **1.** *adj.* hollän-
disch; **2.** *m*, **~desa** [ˌ'desa] *f* Hol-
länder(in *f*) *m*.

holandilla [olan'diʎa] *f* Futterlein-
wand *f*.

holga|do [ɔl'gaᵈo] weit, bequem
(*Kleidung*); müßig; sorgenfrei, behaglich; **~nza** [ɔl'ganθa] *f* Müßiggang *m*; Muße *f*; **~r** [ɔl'gar] (1h *u.*
1m) müßig sein; feiern; unnötig
sein; sich erübrigen; **~zán** [ɔlga-
'θan] *m* Faulenzer *m*; **~zanear**
[ˌθane'ar] (1a) faulenzen; **~zanería**
[ˌθane'ria] *f* Faulenzerei *f*.

hol|gorio F [ɔl'gorio] *m* lärmendes
Vergnügen *n*; F Rummel *m*; **~gura**
[ɔl'gura] *f* Weite *f*; freie Bewegung
f; Behaglichkeit *f*; vivir con ~ sein
gutes Auskommen haben.

holocausto [olo'kaŭsto] *m* (Brand-)
Opfer *n*; Sühne *f*.

hollar [o'ʎar] (1m) betreten; nieder-
treten; *fig.* mit Füßen treten.

hollejo [o'ʎexo] *m* Haut *f*, Schale *f*
(*Obst, Gemüse*).

hollín [o'ʎin] *m* Ruß *m*.

hombra|chón [ɔmbra'tʃɔn] *m*
dicker, starker Mann *m*; **~da** [ɔm-
'brada] *f* (mutige) Mannestat *f*.

hombre ['ɔmbre] *m* Mann *m*;
Mensch *m*; ~ de bien rechtschaffener Mann *m*; ~ de ciencia Wissenschaftler *m*; ~ de Estado Staatsmann
m; ~ de letras Literat *m*; buen ~
gutmütiger Kerl *m*; pobre ~ armer
Kerl *m*; ser muy ~ sehr mannhaft
sein; ¡~ al agua! Mann über Bord!;
¡~! um Gottes willen!; Mensch!;
mein Lieber!; **~ra** [ɔm'brera] *f*

Achselstück *n*; Schulterpolster *n*;
~rana ['ɔmbre'rrana] *m* Frosch-
mann *m*.

hombría [ɔm'bria] *f* Mannhaftigkeit *f*; ~ de bien Rechtschaffenheit *f*.

hombro ['ɔmbro] *m* Schulter *f*; encogerse de ~s die Achseln zucken.

hombruno [ɔm'bruno] männlich
(*Frau*); mujer *f* -a Mannweib *f*.

homenaje [ome'naxe] *m* Huldigung
f; Ehrerbietung *f*; Ehrung *f*; en ~
de alg. j-m zu Ehren; rendir ~ a alg.
j-n ehren; **~ado** [ˌnaxe'aᵈo] *m*
Jubilar *m*; Gefeierte(r) *m*; **~ar** [ˌ-
naxe'ar] (1a) ehren.

homeopatía [omeopa'tia] *f* Homöo-
pathie *f*.

homici|da [omi'θiða] **1.** *adj.* Tot-
schlag...; **2.** *m* Totschläger *m*; **~dio**
[ˌ'θiðio] *m* Totschlag *m*, Tötung *f*.

homo|geneidad [omɔxenei'ðaᵈ] *f*
Gleichartigkeit *f*; **~géneo** [ˌ'xeneo]
gleichartig.

homónimo [o'monimo] *m* Homo-
nym *n*; Namensvetter *m*.

homosexual [omoseg'sŭal] **1.** *adj.*
homosexuell; **2.** *m* Homosexuelle(r)
m; **~idad** [ˌsŭali'ða⁽ᵈ⁾] *f* Homo-
sexualität *f*.

hon|da ['ɔnda] *f* Schleuder *f*; **~dear**
[ɔnde'ar] (1a) loten; **~dero** [ɔn-
'dero] *m* Schleuderer *m*; **~do** ['ɔn-
do] **1.** *adj.* tief; **2.** *m* Tiefe *f*; **~do-
nada** [ɔndo'nada] *f* Niederung *f*;
Mulde *f*; Schlucht *f*; **~dura** [ɔn-
'dura] *f* Tiefe *f*; F meterse en ~s den
Neunmalklugen spielen.

hondureño [ɔndu'reɲo] **1.** *adj.* hon-
duranisch; **2.** *m*, **-a** *f* Honduraner
(-in *f*) *m*.

hones|tidad [onesti'ða⁽ᵈ⁾] *f* Sittsam-
keit *f*; Ehrbarkeit *f*; **~to** [o'nesto]
ehrbar; anständig.

hongo ['ɔŋgo] *m* Schwamm *m*; Pilz
m; steifer Hut *m*, F Melone *f*.

honor [o'nɔr] *m* Ehre *f*; hacer ~ a
Ehre antun; ~es *pl.* Ehrung *f*; ✕
Ehrenbezeigung *f*; Ehrentitel *m*;
hacer los ~es de la casa die Gäste begrüßen; F die Honneurs machen;
~able [ono'rable] ehrenwert; rühm-
lich; **~ario** [ˌ'rario] Ehren...;
Honorar...; **~arios** [ˌ'rarios] *m*/*pl.*
Honorar *n*; Vergütung *f*; **~ífico**
[ˌ'rifiko] ehrenvoll; Ehren...

honra ['ɔnrra] *f* Ehre *f*; Ehrgefühl
n; Ehrerbietung *f*; Ansehen *n*;
Ehrbarkeit *f*; ¡a mucha ~! aller-

dings (und ich bin stolz darauf)!;
~s (*fúnebres*) *pl.* Trauerfeier *f*;
Seelenmesse *f*; **~dez** [ɔnrra'deθ] *f*
Ehrbarkeit *f*; Rechtschaffenheit *f*;
Anständigkeit *f*; **~do** [ɔn'rraᵈo] ehrenhaft; ehrlich; rechtschaffen; anständig; **~r** [ɔn'rrar] (1a) ehren; beehren; † *Wechsel* einlösen, honorieren; **~rse:** ~ de a/c. sich aus et.
(*dat.*) e-e Ehre machen.

honrilla [ɔn'rriʎa] *f*: *por la negra* ~
aus falschem Ehrgefühl.

honroso [ɔn'rroso] ehrenvoll.

hopa ['opa] *f* Armesünderhemd *n*.

hopo ['opo] *m* buschiger Schweif *m*;
Rute *f*.

hora ['ora] *f* Stunde *f*; Zeit *f*; ~ de
cierre Polizeistunde *f*; ~ *local* Ortszeit *f*; *ya es* ~ de es ist Zeit zu;
a la ~ pünktlich; *a última* ~ im
letzten Augenblick; *dar* ~ einen
Termin geben (*für e-n Besuch usw.*);
dar la ~ schlagen (*Uhr*); F prima
sein; *¿qué* ~ *es?* wieviel Uhr (*od.*
wie spät) ist es?; ~s *pl.* Gebetbuch
n; *a altas* ~s *de la noche* spät in der
Nacht; ~s de despacho *od. oficina*
Geschäftsstunden *f/pl.*; ~s extraordinarias Überstunden *f/pl.*; ~s
(de) punta *od.* de afluencia Stoßverkehr *m*.

horadar [ora'dar] (1a) durchbohren; lochen.

horario [o'rarĭo] **1.** *adj.* stündlich;
2. *m* Stundenzeiger *m*; Stundenplan *m*; Fahrplan *m*; ~ de emisión
Sendezeit *f*; ~ de trabajo Arbeitszeit *f*.

horca ['ɔrka] *f* Galgen *m*; Heugabel
f, Mistgabel *f*; **~dura** [ɔrka'dura] *f*
Abzweigung *f*, Gabelung *f*; **~jadas**
[~'xadas]: *a* ~ rittlings.

horcha|ta [ɔr'tʃata] *f* Mandelmilch
f; **~tería** [ortʃate'ria] *f* Erfrischungshalle *f*.

horda ['ɔrda] *f* Horde *f*, Schar *f*.

horero F *Am.* [o'rero] *m* Stundenzeiger *m*.

horizon|tal [oriθon'tal] **1.** *adj.* horizontal, waagerecht; **2.** *f* Horizontale *f*; **~te** [~'θonte] *m* Gesichtskreis *m*; Horizont *m*.

horma ['ɔrma] *f* Form *f*; Schuhspanner *m*; Leisten *m*.

hormiga [ɔr'miga] *f* Ameise *f*; ~
blanca Termite *f*.

hormi|gón [ɔrmi'gɔn] *m* Beton *m*;
~ armado Stahl-, Eisenbeton *m*; ~

pretensado Spannbeton *m*; **~gonera**
[~go'nera] *f* Betonmischmaschine *f*.

hormigu|ear [ɔrmige'ar] (1a) kribbeln; jucken; wimmeln; **~eo** [~'geo]
m Kribbeln *n*; Jucken *n*; Gewimmel *n*; **~ero** [~'gero] **1.** *adj.* Ameisen...; **2.** *m* Ameisenhaufen *m*; **~illo**
[~'giʎo] *m* Hautjucken *n*; Hufkrankheit *f*; F tener ~ nervös sein,
F kribbelig sein.

hormona [ɔr'mona] *f* Hormon *n*.

hornablenda [ɔrna'blenda] *f* Hornblende *f*.

hor|nacina [ɔrna'θina] *f* Mauernische *f*; **~nacho** [ɔr'natʃo] *m*
Grube *f*; **~nada** [ɔr'nada] *f* Backofenvoll *m*, Schub *m*; **~nazo** [ɔr
'naθo] *m* Osterkuchen *m*; **~nero**
[ɔr'nero] *m* Bäcker *m*; **~nilla** [ɔr
'niʎa] *f* Herd-, Ofenloch *n*; **~nillo**
[ɔr'niʎo] *m* Kocher *m*; Kochplatte
f; ✕ Sprengkammer *f*; **~no** ['ɔrno]
m (Back-, Brat-)Ofen *m*; *no está el*
~ *para bollos* jetzt ist da nichts zu
machen.   [*n*.\

horóscopo [o'rɔskopo] *m* Horoskop *f*

hor|queta [ɔr'keta] *f* spitzwinklige(r) Einschnitt *m*; Gabelstütze *f*
(*für Obstbäume*); *Am. reg.* Gabelung *f* (*e-s Weges*); **~quilla** [~'kiʎa]
f gabelförmige Stütze *f*; ♂, ⊕
Gabel *f*; Haarnadel *f*.

horrar *Am.* [ɔ'rrar] (1a) sparen.

horrendo [ɔ'rrendo] grausig.

hórreo ['ɔrreo] *m* Kornboden *m*.

horri|ble [ɔ'rrible] schrecklich;
grauenvoll; **~pilante** [ɔrripi'lante]
haarsträubend.

horror [ɔ'rrɔr] *m* Schrecken *m*;
Schauder *m*; Abscheu *m* (vor [*dat.*]
a); tener ~ *a* verabscheuen (*ac.*); **~es**
pl. Schandtaten *f/pl.*; F *me gusta*
~es F das finde ich prima; **~izar**
[ɔrrori'θar] (1f) mit Entsetzen erfüllen; **~izarse** sich entsetzen; **~oso**
[~'roso] erschreckend; entsetzlich.

hortaliza [ɔrta'liθa] *f* Gemüse *n*.

hortelano, **-a** *f* [ɔrte'lano, ~na]
Gemüsegärtner(in *f*) *m*.

hortense [ɔr'tense] Garten...

hortera [ɔr'tera] *f* hölzerner Suppennapf *m*.

hortícola [ɔr'tikola] Gartenbau...

horticul|tor *m*, **-a** *f* [ɔrtikul'tɔr,
~'tora] (Handels-)Gärtner(in *f*) *m*;
~tura [~'tura] *f* Gartenbau *m*.

hosco ['ɔsko] schwärzlich; finster,
mürrisch.

hospeda|je [ɔspe'ðaxe] *m* Beherbergung *f*; Herberge *f*; Wohnung *f* mit Verpflegung; **~r** [~'ðar] (1a) beherbergen; **~rse** Wohnung nehmen; logieren; absteigen (*in e-m Hotel*).

hospede|ría [ɔspeðe'ria] *f* Gastzimmer *n in Klöstern*; Herberge *f*; **~ro** *m*, **-a** *f* [~'ðero, ~'ðera] Wirt (-in *f*) *m*.

hospi|cio [ɔs'piθio] *m* Armenhaus *n*; Altersheim *n*; Hospiz *n*; **~tal** [ɔspi-'tal] *m* Hospital *n*, Krankenhaus *n*; ~ *militar* Lazarett *n*; ~ *de sangre* Feldlazarett *n*; **~talario** [~ta'lario] gastfrei; gastlich; **~talidad** [~tali-'ða⁽ᵈ⁾] *f* Gastfreundschaft *f*; **~talización** [~taliθa'θiɔn] *f* Einweisung *f* in ein Krankenhaus; **~talizar** [~tali'θar] (1f) in ein Krankenhaus einweisen.

hostal [ɔs'tal] *m* feines Eßlokal *n*; Hotel *n*.

hoste|lería [ɔstele'ria] *f* Hotel- u. Gaststättengewerbe *n*; **~lero** [~'lero] 1. *adj.* Gaststätten...; 2. *m* Gastwirt *m*; **~ría** [~'ria] *f* Gasthaus *n*.

hostia ['ɔstia] *f* Hostie *f*; Oblate *f*.

hostigar [ɔsti'gar] (1h) züchtigen; belästigen; quälen; reizen, necken.

hostil [ɔs'til] feindlich; **~idad** [ɔsti-li'ða⁽ᵈ⁾] *f* Feindseligkeit *f*; **~izar** [~li'θar] (1f) befeinden; Schaden zufügen (*dat.*).

hotel [ɔ'tel] *m* Gasthof *m*, Hotel *n*; **~ero** [ote'lero] *m* Hotelbesitzer *m*, Hotelier *m*; **~ito** [~'lito] *m* Villa *f*, Einfamilienhaus *n*.

hoy [ɔi] heute; jetzt; de ~ heutig; de ~ *en adelante* von heute an; de ~ *a mañana* von heute auf morgen; *por* ~ vorläufig; ~ (*en*) *día* heutzutage; ~ *mismo* noch heute.

hoy|a ['oja] *f* Grube *f*; *Am. Mer., Pan., P.R.* (Fluß-)Becken *n*; **~ada** [o'jaða] *f* Niederung *f*; Bodensenkung *f*; **~o** [o'jo] *m* Grube *f*; Grab *n*; **~uelo** [o'jꞷelo] *m* Grübchen *n* (*in der Wange*).

hoz [ɔθ] *f* Sichel *f*; Talenge *f*; Engpaß *m*; Klamm *f*.

hozar [o'θar] (1f) 1. *v/i. in der Erde* wühlen; 2. *v/t.* aufwühlen.

hucha ['utʃa] *f* Sparbüchse *f*.

hueco ['ꞷeko] 1. *adj.* locker; hohl; schwülstig (*Stil*); eitel; 2. *m* Zwischenraum *m*; Lücke *f*; Hohlraum *m*; (Fahrstuhl-)Schacht *m*; (Fen-

ster-)Nische *f*; **~grabado** [ꞷekogra'ba⁽ᵈ⁾o] *m* Tiefdruck *m*.

huelga ['ꞷelga] *f* Streik *m*; Ausstand *m*; ~ *de advertencia* Warnstreik *m*; ~ *de brazos caídos* Sitzstreik *m*; ~ *de celo* Bummelstreik *m*; ~ *general* Generalstreik *m*; ~ *de hambre* Hungerstreik *m*; *declararse en* ~ (*od. ir a la* ~) in den Streik treten; *estar en* ~ streiken.

huel|guista [ꞷel'gista] *m* Streikende(r) *m*; **~guístico** [~'gistiko] Streik...

huella ['ꞷeʎa] *f* Spur *f*; Fährte *f*; Fuß(s)tapfe *f*; **~s** *pl. digitales* (*od. dactilares*) Fingerabdrücke *m/pl.*

huérfano ['ꞷerfano] 1. *adj.* verwaist; 2. *m*, **-a** *f* [~na] Waise *f*.

huer|o ['ꞷero] unbefruchtet (*Ei*); *fig.* leer; *Am. reg.* faul (*bsd. Ei*); **~ta** ['ꞷerta] *f* Obst- u. Gemüseplantage *f*, -land *n*; *Span.* bewässertes Gartenland *n*.

huertano [ꞷer'tano] *m* Gemüsebauer *m*; Besitzer *m* e-r „huerta".

huerto ['ꞷerto] *m* kleiner Obst- u. Gemüsegarten *m*.

hue|sear *Am. Cent.* [ꞷese'ar] (1a) betteln; **~sillo** *Am. Mer.* [~'siʎo] *m* Dörrpfirsich *m*.

hueso ['ꞷeso] *m* Knochen *m*; Kern *m* (*Steinobst*); *fig.* schwere Arbeit *f od.* Aufgabe *f*; ~ *duro* *fig.* harte Nuß *f*; *no dejar* ~ *sano a alg.* kein gutes Haar an j-m lassen; F *soltar la sin* ~ drauflosschwatzen; F *estar od. quedarse en los* ~s nur Haut u. Knochen sein; **~so** [ꞷe'soso] knochig.

huésped ['ꞷespe⁽ᵈ⁾] *m* Gast *m*; *casa f de* ~es (Familien-)Pension *f*.

huesudo [ꞷe'suðo] (stark)knochig.

hue|va ['ꞷeba] *f* Fischei *n*; **~s** *pl.* Fischrogen *m*; **~vera** [ꞷe'bera] *f* Eierbecher *m*; **~vero** [~ro] *m* Eierhändler *m*; **~vo** ['ꞷebo] *m* Ei *n*; P Hoden *m*; ~ *duro* hartgekochtes, ~ *pasado por agua* weichgekochtes Ei *n*; **~s** *pl. estrellados*, **~s** *fritos*, **~s** *al plato* Spiegel-, Setzeier *pl.*; **~s** *revueltos* Rühreier *pl.*; P *costar un* ~ sündhaft teuer sein.

huida [u'iða] *f* Flucht *f*; ~ *del conductor* Fahrerflucht *f*.

huidizo [ui'ðiθo] flüchtig; scheu.

huir [u'ir] (3g) (ver)meiden; aus dem Wege gehen (*dat.*); *v/i.* fliehen; enteilen (*Zeit*).

hu|lado *Am. Cent., Méj.* [u'la⁽ᵈ⁾o] *m*

Wachstuch *n*; **~le** ['ule] *m* Wachstuch *n*; *Am. Cent., Méj.* Kautschuk *m*; F habrá ~ es wird Krach geben.

hulla ['uʎa] *f* Steinkohle *f*; ~ blanca weiße Kohle *f* (*Elektrizität*).

hullero [u'ʎero] Steinkohlen...

huma|narse [uma'narse] (1a) menschlich werden, Mensch werden; **~nidad** [~ni'da⁽ᵈ⁾] *f* Menschlichkeit *f*; Menschheit *f*; ~es *pl.* alte Sprachen *f/pl.*; humanistische Bildung *f*; **~nista** [~'nista] *m* Humanist *m*; **~nitario** [~ni'tarjo] menschenfreundlich; **~nización** [~niθaˈθjɔn] *f* Vermenschlichung *f*; **~nizar** [~ni'θar] (1f) gesittet machen, zivilisieren; **~nizarse** Bildung annehmen; **~no** [u'mano] menschlich; barmherzig; derechos *m/pl.* ~s Menschenrechte *n/pl.*

huma|rasca *Am. Cent.* [uma'raska] *f*, **~reda** [~'reda] *f* Rauchwolke *f*; **~zo** [u'maθo] *m* Qualm *m*.

humear [ume'ar] (1a) rauchen; dampfen.

hume|ctar [umek'tar] (1a) befeuchten, benetzen; **~dad** [ume'da⁽ᵈ⁾] *f* Feuchtigkeit *f*; **~decer** [~de'θer] (2d) anfeuchten.

húmedo ['umedo] feucht.

humera F [u'mera] *f* Rausch *m*, Schwips *m*.

humeral [ume'ral] **1.** *adj.* Schulter...; **2.** *m* Schultertuch *n* (*des Priesters*).

humero [u'mero] *m* Rauchfang *m*.

húmero ['umero] *m* Oberarmknochen *m*.

humil|dad [umil'da⁽ᵈ⁾] *f* Demut *f*; Niedrigkeit *f*; **~de** [u'milde] demütig; bescheiden, gering, niedrig.

humilla|ción [umiʎa'θjɔn] *f* Demütigung *f*; Erniedrigung *f*; **~dero** [~'dero] *m* Kreuz *od.* Heiligenbild an der Straße; **~nte** [~'ʎante] demütigend; kränkend; **~r** [~'ʎar] (1a) demütigen; beugen; erniedrigen.

humita *Arg., Bol., Chi., Pe.* [u'mita] *f ein Maisgericht.*

humo ['umo] *m* Rauch *m*; *fig.* Eitelkeit *f*; echar ~ dampfen; qualmen; F bajarle los ~s *a alg.* j-n demütigen, F ducken; tener muchos ~s eingebildet sein.

humor [u'mɔr] *m* (Körper-)Flüssig-

keit *f*; Laune *f*; Humor *m*; buen (*mal*) ~ gute (schlechte *od.* üble) Laune *f*; estar de mal ~ schlechter Laune sein; **~ada** [umo'rada] *f* witziger Einfall *m*; **~ado** [~'raᵈo]: bien (*mal*) ~ gut (schlecht) gelaunt; **~ismo** [~'rizmo] *m* Humor *m*; **~ista** [~'rista] *m* Humorist *m*; **~ístico** [~'ristiko] humoristisch.

humoso [u'moso] rauchig.

humus ['umus] *m* Humus *m*.

hundi|do [un'dido] eingefallen; tiefliegend (*Augen*); **~miento** [undi'mjento] *m* Versenkung *f*; Einsturz *m*; ~ de tierra Erdrutsch *m*.

hundir [un'dir] (3a) versenken; zerstören; vernichten; **~se** versinken; untergehen; zusammenbrechen; einfallen (*Haus*).

húngaro ['uŋgaro] **1.** *adj.* ungarisch; **2.** *m*, **-a** [~ra] Ungar(in *f*) *m*.

huracán [ura'kan] *m* Orkan *m*.

huraño [u'raɲo] mürrisch; menschenscheu.

hur|gar [ur'gar] (1h) umrühren; schüren; herumbohren in (*dat.*); *fig.* aufstacheln; **~gón** [ur'gɔn] *m* Schüreisen *n*; **~gonear** [urgone'ar] (1a) *das Feuer* schüren.

hur|ón [u'rɔn] *m* Frettchen *n*; *fig.* Schnüffler *m*; **~onear** [urone'ar] (1a) *fig.* herumschnüffeln; **~onera** [~'nera] *f* Frettchenbau *m*; *fig.* Schlupfwinkel *m*.

hurta|dillas [urta'diʎas]: a ~ verstohlen; **~r** [ur'tar] (1a) *v/t.* stehlen; ~ el cuerpo durch e-e rasche Wendung e-m Stoß ausweichen; *v/i.* betrügen; **~rse** sich drücken; F kneifen; ~ a sich entziehen (*dat.*).

hurto ['urto] *m* Diebstahl *m*; Diebesgut *n*; a ~ heimlich, ve·stohlen; ~ famélico Mundraub *m*.

húsar ✗ ['usar] *m* Husar *m*.

husillo [u'siʎo] *m* Preßschraube *f*.

hus|ma ['uzma] *f Jgdw.* Witterung *f*; andar a la ~ de a/c. e-r Sache nachgehen; **~mear** [uzme'ar] (1a) wittern; F herumschnüffeln; übel riechen; **~meo** [uz'meo] *m* Wittern *n*; *fig.* Schnüffelei *f*; **~mo** ['uzmo] *m* Geruch *m* verdorbenen Fleisches; estar al ~ F auf der Lauer liegen.

huso ['uso] *m* Spindel *f*.

¡huy! [ũi] au!; pfui!

I

I, i [i] f I, i n.

ibérico [i'beriko] iberisch.

ibero m, -a f [i'bero, ~ra] Iberer (-in f) m; **~americano** [ibero-ameri'kano] iberoamerikanisch.

iceberg [i'θe'ber] m Eisberg m.

icono [i'kono] m Ikone f.

ictericia ❧ [ikte'riθia] f Gelbsucht f.

ictio... [ik'tio] Fisch...

ida ['ida] f Gehen n; Gang m; Hinweg m; Hinfahrt f; plötzliche Anwandlung f; **~s y venidas** pl. Hin- und Herlaufen n; billete m de ~ y vuelta Rückfahrkarte f.

idea [i'dea] f Idee f; Gedanke m; Vorstellung f; Begriff m; Einfall m; no tener (ni) ~ keine Ahnung haben; **~l** [ide'al] 1. adj. ideal, vorbildlich; ideell; 2. m Ideal n; **~lismo** [idea-'lizmo] m Idealismus m; **~lista** [~'lista] 1. adj. idealistisch; 2. m Idealist m; **~lizar** [~li'θar] (1f) idealisieren.

idear [ide'ar] (1a) ersinnen; ausdenken; **~io** [~'ario] m Gedankenwelt f, Gedankengut n.

ideático Am. reg. [ide'atiko] verschroben, sonderbar, extravagant.

ídem ['iden] desgleichen, ebenso.

idéntico [i'dentiko] identisch; wesensgleich.

identi|dad [identi'da⁽ᵈ⁾] f Identität f; Übereinstimmung f; Personalien pl.; **~ficación** [~fika'θion] f Identifizierung f; **~ficar** [~fi'kar] (1g) identifizieren; die Personalien feststellen; **~ficarse** ganz aufgehen in [dat.] con).

ideología [ideolo'xia] f Ideologie f; Gedankenwelt f; Weltanschauung f.

ideólogo [ide'ologo] m Ideologe m.

ideoso Am. reg. [ide'oso] verschroben, sonderbar, extravagant.

idilio [i'dilio] m Idyll n.

idio|ma [i'ðioma] m Sprache f; Idiom m; **~mático** [idio'matiko] idiomatisch.

idiosincrasia [idiosiŋ'krasia] f Wesensart f; Eigentümlichkeit f.

idio|ta [i'ðiota] 1. adj. blödsinnig;

idiotisch; 2. su. Idiot m; **~tez** [idio-'teθ] f Dummheit f; Blödsinn m; Idiotie f; **~tismo** [~'tizmo] m Spracheigentümlichkeit f.

ido ['ido] Am. zerstreut; Am. reg. betrunken.

idólatra [i'ðolatra] 1. adj. abgöttisch; Götzen...; 2. m Götzendiener m; Anbeter m.

idola|trar [idola'trar] (1a) abgöttisch verehren; vergöttern; **~tría** [~'tria] f Götzendienst m; Vergötterung f. [m; Idol n.]

ídolo ['iðolo] m Götze m; Abgott)

idoneidad [iðonei'da⁽ᵈ⁾] f Tauglichkeit f; Eignung f; Fähigkeit f.

idóneo [i'ðoneo] tauglich; geeignet; fähig.

iglesia [i'glesia] f Kirche f; christliche Gemeinde f; ~ parroquial Pfarrkirche f; casarse por la ~ sich kirchlich trauen lassen.

ignición [igni'θion] f Glühen n; Verbrennung f; Zündung f (Motor).

ignífugo [ig'nifugo] feuerfest.

ignomini|a [igno'minia] f Schmach f, Schande f; **~oso** [~mi'nioso] schmachvoll, schändlich.

ignora|ncia [igno'ranθia] f Unwissenheit f; Unkenntnis f; ~ no quita pecado Unkenntnis schützt vor Strafe nicht; **~nte** [~'rante] unwissend; **~r** [~'rar] (1a) nicht wissen od. kennen; no ~ sehr wohl wissen.

ignoto [ig'noto] unbekannt.

igual [i'ɣual] gleich; gleichbleibend, -förmig; -mäßig; gleichgültig; eben (Boden); al ~ (de) ebenso (wie); sin ~ unvergleichlich; no tener ~ nicht seinesgleichen haben; **~ación** [iɣua-la'θion] f Gleichsetzung f; Anpassung f; Ausgleich m; **~ar** [~'lar] (1a) gleichmachen; ausgleichen; gleichstellen; Weg ebnen; v/i. gleichen; **~dad** [iɣual'da⁽ᵈ⁾] f Gleichheit f; Gleichmäßigkeit f; Ebenheit f; ~ de derechos Gleichberechtigung f; ~ de oportunidades Chancengleichheit f; **~mente** [~'mente] gleichfalls, ebenfalls.

iguana *Zo.* [i'g̃uana] *f* Leguan *m.*

ijada *Anat.* [i'xaða] *f,* **ijar** *Anat.* [i'xar] *m* Weiche *f.*

ilación [ila'θiɔn] *f* (Schluß-)Folgerung *f;* (Gedanken-)Verbindung *f.*

ilegal [ile'gal] ungesetzlich, gesetzwidrig, illegal; **~idad** [ˎgali'da⁽ᵈ⁾] *f* Illegalität *f,* Gesetzwidrigkeit *f.*

ilegible [ile'xible] unleserlich.

ilegítimo [ile'xitimo] ungesetzlich; unehelich; unecht.

íleo ♂ [i'leo] *m* Darmverschluß *m.*

ileso [i'leso] unverletzt.

iletrado [ile'traᵈo] ungelehrt, ungebildet.

ilícito [i'liθito] unerlaubt, nicht statthaft.

ilimitado [ilimi'taᵈo] unbeschränkt.

ilógico [i'lɔxiko] unlogisch.

ilote *Am. Cent.* [i'lote] *m* Maiskolben *m.*

ilumina|ción [ilumina'θiɔn] *f* Beleuchtung *f (a. Thea., Film);* Erleuchtung *f; fig.* Aufklärung *f;* Ausmalung *f;* ♣ *u.* ✕ Befeuerung *f;* **~do** [ˎ'naᵈo] *fig.* aufgeklärt; **~dor** [ˎna'ðor] *m Thea., Film* Beleuchter *m;* **~r** [ˎ'nar] (1a) beleuchten; *fig.* aufklären; *Buch* kolorieren; erleuchten.

ilu|sión [ilu'siɔn] *f* Täuschung *f;* Blendwerk *n;* Illusion *f,* Wahn *m;* **~sionarse** [ˎsio'narse] (1a) sich Illusionen machen; **~so** [i'luso] **1.** *adj.* getäuscht; betrogen; **2.** *m* Schwärmer *m;* **~sorio** [ilu'sorio] trügerisch; illusorisch.

ilus|tración [ilustra'θiɔn] *f* Berühmtheit *f;* Aufklärung *f;* Bildung *f;* Auszeichnung *f;* Abbildung *f;* Illustration *f;* ♀ *Phil.* Aufklärung *f;* **~trado** [ˎ'traᵈo] gebildet; illustriert; **~trador** [ˎtra'ðor] *m* Illustrator *m;* **~trar** [ˎ'trar] (1a) erläutern; bilden; berühmt machen; illustrieren; bebildern; **~tre** [i'lustre] berühmt; erlaucht; **~trísimo** [ilus'trisimo] Hochwürdigster (*Anrede*).

imagen [i'maxen] *f* Bild *n,* Bildnis *n;* Heiligenbild *n,* -statue *f;* Ebenbild *n.*

imagina|ble [imaxi'nable] denkbar, vorstellbar; **~ción** [ˎna'θiɔn] *f* Einbildungskraft *f;* Phantasie *f;* (no) *pasar por la* ~ (nicht) in den Sinn kommen; **~r** [ˎ'nar] (1a) ausdenken; ersinnen; verfallen auf (*ac.*);

~rse sich vorstellen; **~rio** [ˎ'nario] eingebildet; ⅄ imaginär; **~tiva** [ˎna'tiba] *f* Einbildungskraft *f;* **~tivo** [ˎna'tibo] sinnreich; erfinderisch.

imán [i'man] *m* Magnet *m.*

iman(t)ar [ima'nar, iman'tar] (1a) magnetisieren; magnetisch machen.

imbatido *gal.* [imba'tiðo] ungeschlagen, unbesiegt.

imbécil [im'beθil] **1.** *adj.* blödsinnig; **2.** *m* Dummkopf *m,* F Blödmann *m.*

imbecilidad [imbeθili'da⁽ᵈ⁾] *f* Blödsinn *m;* Geistesschwäche *f.*

imberbe [im'berbe] bartlos.

imbíbito *Guat., Méj.* [im'biβito] einschließlich, (e)inbegriffen.

imborrable [imbɔ'rrable] unauslöschlich; untilgbar.

imbuir [imbu'ir] (3g): ~ *a alg. de algo* en *a/c.* j-m et. einflößen.

imita|ble [imi'table] nachahmbar; **~ción** [ˎta'θiɔn] *f* Nachahmung *f;* Nachbildung *f;* **~r** [ˎ'tar] (1a) nachahmen; nachmachen; imitieren.

impacien|cia [impa'θienθia] *f* Ungeduld *f;* **~tar** [ˎθien'tar] (1a) ungeduldig machen; **~tarse** die Geduld verlieren, ungeduldig werden; **~te** [ˎ'θiente] ungeduldig.

impacto [im'pakto] *m* Einschlag *m;* Einschuß *m;* Treffer *m; fig.* Wirkung *f;* ~ *completo* Volltreffer *m.*

impar [im'par] ungleich; *Arith.* ungerade; **~cial** [impar'θial] unparteiisch; **~cialidad** [ˎθiali'da⁽ᵈ⁾] *f* Unparteilichkeit *f.*

impartir [impar'tir] (3a) gewähren; *Unterricht* erteilen.

impasi|bilidad [impasiβili'da⁽ᵈ⁾] *f* Unempfindlichkeit *f;* Gleichmut *m;* **~ble** [ˎ'sible] gefühllos; unempfindlich; gleichmütig.

impavidez [impaβi'deθ] *f* Unerschrockenheit *f; Am. reg.* Frechheit *f.* [ken; *Am. reg.* frech.)

impávido [im'paβiðo] unerschrok-⟩

impeca|bilidad [impekaβili'da⁽ᵈ⁾] *f* Fehlerlosigkeit *f;* **~ble** [ˎ'kable] tadellos; einwandfrei.

impedi|do [impe'diðo] gelähmt; **~menta** ✕ [ˎdi'menta] *f* Troß *m;* **~mento** [ˎdi'mento] *m* Hindernis *n;* Hemmung *f;* **~r** [ˎdi'ðir] (3l) (ver)hindern; hemmen; ~ *el tráfico* den Verkehr behindern; **~tivo** [ˎdi'tiβo] hinderlich.

impeler 294

impeler [impeˈlɛr] (2a) (an)treiben.
impenetrable [impeneˈtrable] undurchdringlich; *fig.* unerforschlich;
⊕ undurchlässig.
impensado [impenˈsaᵈo] unerwartet, unvermutet.
impera|r [impeˈrar] (1a) herrschen;
~tivo [~raˈtibo] **1.** *adj.* gebieterisch; zwingend; **2.** *m Gram.*
Imperativ *m.*
imperceptible [imperθepˈtible] un-
merklich; nicht wahrnehmbar.
imperdible [imperˈdible] **1.** *adj.*
unverlierbar; **2.** *m* Sicherheitsnadel *f.*
imperdonable [imperdoˈnable] un-
verzeihlich.
imperecedero [impereθeˈdero] un-
vergänglich.
imperfec|ción [imperfegˈθjon] *f*
Unvollkommenheit *f;* **~to** [~ˈfekto]
1. *adj.* unvollkommen; **2.** *m Gram.*
Imperfekt *n.*
imperial [impeˈrjal] kaiserlich;
~ismo [~rjaˈlizmo] *m* Imperialis-
mus *m;* **~ista** [~rjaˈlista] **1.** *adj.* im-
perialistisch; **2.** *m* Imperialist *m.*
impericia [impeˈriθja] *f* Unerfah-
renheit *f.*
imperio [imˈperjo] *m* Kaiserreich *n,*
-tum *n;* Herrschaft *f;* Reich *n;* **~so**
[impeˈrjoso] gebieterisch; dringend.
impermea|bilidad [impermeabili-
ˈdaᵈ] *f* Undurchlässigkeit *f;* **~bili-
zar** [~biliˈθar] (1f) imprägnieren.
impermeable [impermeˈable] **1.**
adj. undurchdringlich; dicht; **2.** *m*
Gummi-, Regenmantel *m.*
impersonal [impersoˈnal] unper-
sönlich.
impertérrito [imperˈterrito] unerschrocken.
impertinen|cia [impertiˈnenθja] *f*
Ungehörigkeit *f;* Frechheit *f;* **~te**
[~ˈnente] **1.** *adj.* nicht dazugehörig;
nicht zutreffend; belanglos; unannehmbar; ungehörig; unpassend;
frech; **2.** **~tes** [~ˈnentes] *m/pl.*
Lorgnette *f.*
imperturbable [imperturˈbable]
unerschütterlich.
impetrar [impeˈtrar] (1a) erbitten;
erlangen.
ímpetu [ˈimpetu] *m* Heftigkeit *f;*
Ungestüm *n;* Schwung *m.*
impetuo|sidad [impetˈuosiˈdaᵈ] *f*
Ungestüm *n;* **~so** [~ˈtŭoso] heftig;
ungestüm.

impiedad [impjeˈdaᵈ] *f* Gottlosigkeit *f;* Herzlosigkeit *f.*
impío [imˈpio] gottlos; herzlos.
implacable [implaˈkable] unversöhnlich, unerbittlich.
implantar [implanˈtar] (1a) einpflanzen; *Neues* einführen.
implementos *Am.* [impleˈmentos]
m/pl. Instrumentarium *n;* Werkzeug *n.*
impli|cación [implikaˈθjon] *f* Ver-
wicklung *f;* **~cancia** *Chi., Rpl.*
[~ˈkanθja] *f* Verwicklung *f;* **~car**
[~ˈkar] (1g) verwickeln; mit sich
bringen; enthalten; *eso no implica
que* damit ist nicht gesagt, daß.
implícito [imˈpliθito] mit einbe-
griffen; stillschweigend.
implorar [imploˈrar] (1a) anflehen.
impoluto [impoˈluto] makellos,
rein.
imponderable [impondeˈrable] unwägbar; unsäglich.
imponente [impoˈnente] **1.** *adj.*
Ehrfurcht gebietend; gewaltig; imposant; eindrucksvoll; **2.** *m* ✝ Absender *m;* Einzahler *m.*
impon|er [impoˈner] (2r) auferle-
gen; aufdrängen, -zwingen; *Hände*
auflegen; *Geld* einlegen; *Ehrfurcht*
einflößen, F imponieren; beeindrucken; **~erse** sich aufdrängen;
sich durchsetzen; unvermeidlich
sein; ~ *de a/c.* Einsicht nehmen in
(*ac.*); ~ sich vertraut machen mit
(*dat.*); **~ible** [~ˈnible] besteuerbar.
impopular [impopuˈlar] unbeliebt.
importa|ción [importaˈθjon] *f* Ein-
fuhr *f;* Import *m;* **~dor** [~taˈdor]
m Importeur *m;* **~ncia** [~ˈtanθja] *f*
Wichtigkeit *f,* Bedeutung *f; dar ~
a* Wert legen auf (*ac.*); *darse ~* sich
wichtig machen; **~nte** [~ˈtante]
wichtig, bedeutend.
importar [imporˈtar] (1a) **1.** *v/i.*
wichtig sein; betragen (*Geld*); *importa que* es ist wichtig, daß; *no importa* das ist einerlei, das spielt
keine Rolle; *¿qué importa?* was ist
daran gelegen?; **2.** *v/t.* Waren einführen, importieren.
importe [imˈporte] *m* Betrag *m;* ~
líquido od. neto Nettobetrag *m.*
importu|nar [importuˈnar] (1a) be-
lästigen; **~nidad** [~niˈdaᵈ] *f* Zudringlichkeit *f,* Belästigung *f;* **~no**
[~ˈtuno] lästig; ungelegen.
imposi|bilidad [imposibiliˈdaᵈ] *f*

Unmöglichkeit *f*; **∼bilitar** [∼bili-'tar] (1a) unmöglich (*od.* unfähig, untüchtig) machen; **∼ble** [∼'sible] unmöglich; *hacer lo ∼* alle Hebel in Bewegung setzen.

imposi|ción [imposi'θión] *f* Auferlegung *f*; Besteuerung *f*; † Einlage *f*; **∼tivo** [∼'tibo] Steuer...

impos|tor [impos'tor] *m* Betrüger *m*; Verleumder *m*; **∼tura** [∼'tura] *f* Betrug *m*; Verleumdung *f*.

impoten|cia [impo'tenθia] *f* Unvermögen *n*; Ohnmacht *f*; 🐎 Impotenz *f*; **∼te** [∼'tente] unvermögend; zeugungsunfähig, impotent.

impracticable [imprakti'kable] unausführbar; unbefahrbar (*Weg*).

impreca|ción [impreka'θión] *f* Verwünschung *f*; **∼r** [∼'kar] (1g) verwünschen, verfluchen.

impreciso [impre'θiso] ungenau.

impregna|ción [impregna'θión] *f* Imprägnierung *f*; **∼r** [∼'nar] (1a) imprägnieren; durchtränken.

impremeditación [impremedita-'θión] *f* Unüberlegtheit *f*.

imprenta [im'prenta] *f* (Buch-)Druckerei *f*; Druck *m*; *listo para la ∼* druckfertig, -reif.

imprescindible [impresθin'dible] unentbehrlich; unumgänglich.

impre|sión [impre'sión] *f* Typ. Druck *m*; Abdruck *m*; *Phot.* Belichtung *f*; *fig.* Eindruck *m*; **∼sionable** [∼sio'nable] leicht erregbar, leicht zu beeindrucken; **∼sionar** [∼sio-'nar] (1a) beeindrucken; Eindruck machen auf (*ac.*); *Phot.* belichten. **∼sionismo** [∼sio'nizmo] *m* Impressionismus *m*; **∼so** [im'preso] *m* Drucksache *f*; Formular *n*; **∼sor** [impre'sor] *m* (Buch-)Drucker *m*.

imprevis|ión [imprebi'sión] *f* Mangel *m* an Voraussicht; Unvorsichtigkeit *f*; **∼to** [∼'bisto] 1. *adj.* unvorhergesehen; 2. *∼s m/pl.* Unwägbarkeiten *f/pl.*, Imponderabilien *pl.*

impri|mar [impri'mar] (1a) *Mal.* grundieren; **∼mir** [∼'mir] (3a; *part. impreso*) (ab)drucken; *Bewegung* übertragen; *fig.* einprägen.

improbable [impro'bable] unwahrscheinlich.   [mühselig (*Arbeit*).\

ímprobo ['improbo] unredlich;\

improceden|cia [improθe'denθia] *f* Unzulässigkeit *f*; Ungehörigkeit *f*; **∼te** [∼'dente] unzulässig; unangebracht, unpassend, ungehörig.

improductivo [improduk'tibo] unfruchtbar; unproduktiv.

impronta [im'pronta] *f* Abdruck *m*; Abguß *m*; *fig.* Gepräge *n*.

impro|perio [impro'perio] *m* Schmähung *f*; **∼piedad** [∼pie'da⁽ᵈ⁾] *f* Unschicklichkeit *f*; *das Unpassende n*; **∼pio** [im'propio] uneigentlich; ungeeignet; unschicklich, unpassend.

improvisa|ción [improbisa'θión] *f* Improvisation *f*; **∼do** [∼'saᵈo] improvisiert, behelfsmäßig; **∼dor** [∼sa'dor] *m* Improvisator *m*; **∼r** [∼'sar] (1a) improvisieren.

improviso [impro'biso] unvorhergesehen; *al* (*od.* de) *∼* unvermutet.

impruden|cia [impru'denθia] *f* Unklugheit *f*; Unvorsichtigkeit *f*; ⚖ *∼* (*temeraria*) (grobe) Fahrlässigkeit *f*; **∼te** [∼'dente] unklug; unvorsichtig; ⚖ fahrlässig.

impu|dencia [impu'denθia] *f* Schamlosigkeit *f*; **∼dente** [∼'dente] schamlos; **∼dic(ic)ia** [∼'diθia, ∼di-'θiθia] *f* Unzucht *f*; Unkeuschheit *f*.

impúdico [im'pudiko] unzüchtig, unkeusch; schamlos.

impuesto [im'pŭesto] 1. *part. v. imponer*; 2. *m* Steuer *f*; Abgabe *f*; *∼ eclesiástico* Kirchensteuer *f*; *∼ de lujo* Luxussteuer *f*; *∼ del timbre* Stempelsteuer *f*; *∼ sobre la renta* Einkommensteuer *f*; *∼ sobre la renta del capital* Kapitalertragssteuer *f*; *∼ sobre el tráfico de empresas* Umsatzsteuer *f*; *∼ sobre el valor añadido* Mehrwertsteuer *f*.

impugna|ble [impug'nable] anfechtbar; widerlegbar; **∼ción** [∼na-'θión] *f* Anfechtung *f*; Bestreitung *f*; **∼r** [∼'nar] (1a) anfechten; bestreiten.

impul|sar [impul'sar] (1a) antreiben; in Bewegung setzen; **∼sión** [∼'sión] *f* Antrieb *m*, Anstoß *m*; **∼sivo** [∼'sibo] treibend; Treib...; impulsiv; triebhaft; **∼so** [im'pulso] *m* Stoß *m*; Antrieb *m*; Trieb *m*; Anregung *f*; Bewegung *f*; Impuls *m*.

impu|ne [im'pune] straflos; unbestraft; **∼nidad** [impuni'da⁽ᵈ⁾] *f* Straflosigkeit *f*.

impu|reza [impu'reθa] *f* Unreinheit *f*; Verschmutzung *f*; **∼ro** [im'puro] unrein; verschmutzt.

imputa|bilidad [imputabili'da⁽ᵈ⁾] *f* Anrechnungsfähigkeit *f*; Strafbar-

imputación

296

keit *f*; **~ción** [ˌta'θi̯ɔn] *f* Anrechnung *f*; Beschuldigung *f*; **~r** [ˌ'tar] (1a) *Schuld* zuschreiben, beimessen; ✝ anrechnen.

inacaba|ble [inaka'baβle] endlos; **~do** [ˌ'βaᵈo] unvollendet.

inaccesi|bilidad [inagθesibili'da⁽ᵈ⁾] *f* Unzugänglichkeit *f*; **~ble** [ˌ'sible] unzugänglich; unerreichbar.

inacción [inag'θi̯ɔn] *f* Untätigkeit *f*.

inaceptable [inaθɛp'table] unannehmbar.

inacti|vidad [inaktiβi'da⁽ᵈ⁾] *f* Untätigkeit *f*; **~vo** [ˌ'tiβo] untätig.

inadecuado [inaðe'ku̯aᵈo] unangemessen; ungeeignet.

inadmisible [inaðmi'sible] unzulässig.

inadver|tencia [inaðβer'tenθi̯a] *f* Unachtsamkeit *f*; **~tido** [ˌ'tiðo] unachtsam; unbemerkt; *pasar ~* übersehen (*od.* nicht bemerkt) werden.

inagotable [inago'table] unerschöpflich

inaguantable [inaɣu̯an'table] unerträglich.

inalienable [inali̯e'nable] unveräußerlich.

inalterable [inalte'rable] unveränderlich; unabänderlich.

inamistoso *Am.* [inamis'toso] unfreundlich.

inamovible [inamo'bible] unabsetzbar.

ina|ne [i'nane] leer, gehaltlos; **~nición** ✧ [inani'θi̯ɔn] *f* Entkräftung *f*; Erschöpfung *f*; **~nimado** [ˌ'maᵈo] leblos.

inape|able [inape'able] unbelehrbar; ⚮ eigensinnig; **~lable** [ˌ'lable] endgültig; unwiderruflich.

inapeten|cia [inape'tenθi̯a] *f* Appetitlosigkeit *f*; **~te** [ˌ'tente] appetitlos.

inaplazable [inapla'θable] unaufschiebbar.

inaplicable [inapli'kable] nicht anwendbar.

inapreciable [inapre'θi̯able] unschätzbar.

inarrugable [inarru'ɣable] knitterfrei.

inarticulado [inartiku'laᵈo] unartikuliert.

inasequible [inase'kible] unerreichbar; zu teuer, unerschwinglich.

inastillable [inasti'ʎable] splitterfrei (*Glas*).

inatacable [inata'kable] unangreifbar.

inaudi|ble [inau̯'dible] unhörbar; **~to** [ˌ'dito] unerhört; noch nicht dagewesen.

inaugura|ción [inau̯ɣura'θi̯ɔn] *f* Einweihung *f*; Eröffnung *f*; **~l** [ˌ'ral] Einweihungs...; Eröffnungs...; Antritts...; **~r** [ˌ'rar] (1a) einweihen; eröffnen.

inca ['iŋka] *m* Inka *m*; *Perú:* Münze (= *20 soles*).

incalculable [iŋkalku'lable] unzählbar, unberechenbar; unermeßlich.

incalificable [iŋkalifi'kable] unqualifizierbar; schmählich.

incandescen|cia [iŋkandes'θenθi̯a] *f* Weißglut *f*; **~te** [ˌ'θente] weißglühend; *luz f ~* Glühlicht *n*.

incansable [iŋkan'sable] unermüdlich.

incapa|cidad [iŋkapaθi'da⁽ᵈ⁾] *f* Unfähigkeit *f*; Beschränktheit *f*; *~ (para el trabajo)* Erwerbsunfähigkeit *f*; **~citar** [ˌθi'tar] (1a) unfähig machen; **~z** [ˌ'paθ] unfähig; unbrauchbar.

incauta|ción ⚖ [iŋkau̯ta'θi̯ɔn] *f* Sicherstellung *f*; Beschlagnahme *f*; **~rse** [ˌ'tarse] (1a): *~ de a/c.* et. beschlagnahmen.

incauto [iŋ'kau̯to] unbedacht; unvorsichtig.

incen|diar [inθen'di̯ar] (1b) anzünden; in Brand stecken; **~diario** [ˌ'di̯ari̯o] **1.** *adj.* Brand...; Hetz...; **2.** *m* Brandstifter *m*; **~dio** [in'θendi̯o] *m* Feuer(sbrunst *f*) *n*; Brand *m*; *~ provocado* Brandstiftung *f*; **~sar** [inθen'sar] (1k) *fig.* beweihräuchern; **~sario** [ˌ'sari̯o] *m* Weihrauchkessel *m*.

incentivo [inθen'tiβo] *m* Reizmittel *n*; Lockung *f*; Anreiz *m*, Ansporn *m*.

incertidumbre [inθerti'dumbre] *f* Ungewißheit *f*, Zweifel *m*.

incesante [inθe'sante] unablässig.

inces|to [in'θesto] *m* Blutschande *f*, Inzest *m*; **~tuoso** [inθes'tu̯oso] blutschänderisch.

inciden|cia [inθi'denθi̯a] *f* Auswirkung *f*; Zwischenfall *m*; Vorkommen *n*, Auftreten *n*; ⚛, *Phys.* Einfall *m*; *por ~* beiläufig; **~tal** [ˌden'tal] nebensächlich, beiläufig; **~te** [ˌ'dente] **1.** *adj. Phys.* einfallend (*Strahl*); ⚖ Zwischen..., Neben...;

2. *m* Zwischenfall *m*; Nebenumstand *m*; 🏛 Inzidenz-, Zwischenstreit *m*; ～ *fronterizo* Grenzzwischenfall *m*.

incidir [inθi'dir] (3a): ～ *en una falta* in e-n Fehler verfallen; ⚔ e-n Einschnitt machen, einschneiden.

incienso [in'θienso] *m* Weihrauch *m*; *fig.* Lobhudelei *f*, Beweihräucherung *f*.

incierto [in'θierto] ungewiß; unsicher.

incinera|ción [inθinera'θion] *f* Einäscherung *f*; ～ *de basuras* Müllverbrennung *f*; ～r [～'rar] (1a) einäschern. [angehend.)

incipiente [inθi'piente] beginnend;)

inci|sión [inθi'sion] *f* Einschnitt *m*; ～**sivo** [～'siβo] einschneidend; bissig (*a. fig.*); (*diente m*) ～ Schneidezahn *m*; ～**so** [in'θiso] **1.** *adj.* knapp (*Stil*); *herida f -a* Schnittwunde *f*; **2.** *m* Abschnitt *m* (*Schrift, Buch*).

incita|ción [inθita'θion] *f* Anstiftung *f*; Aufreizung *f*; Antrieb *m*; ～**dor** *m*, **-a** *f* [～'dor, ～'dora] Anstifter(in *f*) *m*; ～**r** [～'tar] (1a) anreizen, antreiben; aufhetzen; ～**tivo** [～ta'tiβo] **1.** *adj.* anreizend; **2.** *m* Anreiz *m*.

incivil [inθi'βil] unhöflich.

inclemen|cia [inkle'menθia] *f* Unfreundlichkeit *f*; Unbilden *pl.* (*Witterung*); ～**te** [～'mente] unfreundlich; unbarmherzig; rauh (*Wetter*).

inclina|ción [inklina'θion] *f* Verneigung *f*, Verbeugung *f*; Neigung *f*; ⚓ Schlagseite *f*; Ausschlag *m* (*Waage*); *fig.* Zuneigung *f*; ～**r** [～'nar] (1a) neigen, beugen; (um-)stimmen; ～**rse** sich (ver)beugen; ～ *a inf.* neigen zu *inf.*

ínclito ['inklito] berühmt.

inclu|ir [inklu'ir] (3g) einschließen; beilegen, beifügen; ～**sa** [in'klusa] *f* Findelhaus *n*; ～**sero** [inklu'sero] *m* Findelkind *n*; ～**sión** [～'sion] *f* Einschluß *m*; *fig.* Einbeziehung *f*; ～**sivamente** [～siβa'mente], ～**sive** [～'siβe] einschließlich; ～**so** [～'kluso] beiliegend; *adv.* sogar.

incoa|r [inkoa'r] (1a) 🏛 *Verfahren* einleiten; *Prozeß* anstrengen; ～**tivo** *Gram.* [～'tiβo] inchoativ.

incógni|ta [in'kognita] *f* Å *u. fig.* Unbekannte *f*; ～**to** [in'kognito] unbekannt; *de* ～ inkognito.

incoheren|cia [inkoe'renθia] *f* Zs.-hanglosigkeit *f*; ～**te** [～'rente] unzs.-hängend; locker, lose.

incoloro [inko'loro] farblos.

incólume [in'kolume] unversehrt, heil.

incombustible [inkombus'tible] unverbrennbar.

incomible [inko'mible] nicht eßbar, ungenießbar.

incomo|dar [inkomo'dar] (1a) belästigen; unangenehm berühren; ～**darse** sich ärgern (über [*ac.*] por); ～**didad** [～di'da(d)] *f* Unbequemlichkeit *f*; Verdruß *m*; Unbehagen *n*.

incómodo [in'komodo] unbequem; unbehaglich; lästig; *Am. Cent.*, *Bol.* verstimmt, böse.

incomparable [inkompa'rable] unvergleichlich.

incomparecencia 🏛 [inkompare-'θenθia] *f* Nichterscheinen *n*.

incompatible [inkompa'tible] unverträglich, unvereinbar.

incompeten|cia [inkompe'tenθia] *f* Unzuständigkeit *f*; Rechtsunfähigkeit *f*; ～**te** [～'tente] unzuständig; unmaßgeblich.

incompleto [inkom'pleto] unvollständig; lückenhaft; unfertig.

incompren|sible [inkompren'sible] unverständlich, unbegreiflich; ～**sión** [～'sion] *f* Verständnislosigkeit *f*.

incomunica|ble [inkomuni'kable] unübertragbar; ～**ción** [～ka'θion] *f* Unterbrechung *f e-r Verbindung*; Einzelhaft *f*; ～**do** [～'ka⁰o] *v. der Außenwelt* abgeschnitten; ～**r** [～'kar] (1g) *Verbindung* unterbrechen, abschneiden.

inconcebible [inkonθe'bible] unfaßlich, unbegreiflich.

inconciliable [inkonθi'liable] unversöhnlich; unvereinbar.

incondicional [inkondiθio'nal] bedingungslos, unbedingt.

inconducente [inkondu'θente] unzweckmäßig.

inconexo [inko'negso] unzusammenhängend.

inconfeso 🏛 [inkom'feso] nicht geständig.

inconformi|dad *neol.* [inkomformi'da(d)] *f* Nichtübereinstimmung *f*; ～**sta** [～'mista] *m* Nonkonformist *m*.

inconfundible [iŋkɔmfun'dible] un-
verwechselbar.

incongruen|cia [iŋkɔŋ'grüenθia] f
Unstimmigkeit f; Mißverhältnis n;
Ungehörigkeit f; **~te** [~'grüente]
unpassend; ungehörig.

incon|mensurable [iŋkɔnmensu-
'rable] unermeßlich; unvergleich-
bar; **~movible** [~mo'bible] unerschütterlich; **~quistable** [iŋkɔŋkis-
'table] uneinnehmbar; fig. unerbittlich; **~sciencia** [iŋkɔns'θienθia]
f Unzurechnungsfähigkeit f; Bewußtlosigkeit f; **~sciente** [~'θiente]
unbewußt; bewußtlos.

inconsecuen|cia [iŋkɔnse'kŭenθia]
f Folgewidrigkeit f; Inkonsequenz
f; **~te** [~'kŭente] folgewidrig; in-
konsequent.

inconsidera|ción [iŋkɔnsidera'θiɔn]
f Unbedachtsamkeit f; Rücksichts-
losigkeit f; **~do** [~'raᵈo] unbedacht;
rücksichtslos.

inconsisten|cia [iŋkɔnsis'tenθia] f
Unbeständigkeit f; Haltlosigkeit f;
~te [~'tente] unbeständig; haltlos.

inconsolable [iŋkɔnso'lable] untröstlich.

inconstan|cia [iŋkɔns'tanθia] f Un-
beständigkeit f; Wankelmut m; **~te**
[~'tante] unbeständig; wankelmütig.

inconsútil [iŋkɔn'sutil] nahtlos.

incontable [iŋkɔn'table] unzählbar.

incontenible [iŋkɔnte'nible] unbe-
zähmbar; unaufhaltsam.

incontestable [iŋkɔntes'table] un-
streitig, unbestreitbar; unumstößlich.

incontinen|cia [iŋkɔnti'nenθia] f
Hemmungslosigkeit f; Unkeusch-
heit f; ✘ Harnfluß m; **~te** [~'nente]
hemmungslos.

incontrastable [iŋkɔntras'table] unüberwindlich; unumstößlich; unabwendbar.

incontrolable [iŋkɔntro'lable] un-
kontrollierbar.

inconvenien|cia [iŋkɔmbe'nienθia]
f Unschicklichkeit f; Unannehmlichkeit f; **~te** [~'niente] 1. adj. unschicklich; unangebracht; 2. m
Hindernis n; Mißstand m; Schwierigkeit f; F Haken m; no tengo ~ (en
esto) ich habe nichts dagegen.

incordiar F [iŋkɔr'diar] (1b) belästigen, ärgern.

incorpora|ción [iŋkɔrpora'θiɔn] f

Einverleibung f; Aufnahme f in e-e
Gemeinschaft; Eingliederung f; **~r**
[~'rar] (1a) einverleiben; einfügen;
in e-e Gemeinschaft aufnehmen;
einstellen; **~rse** sich aufrichten;
sich anschließen.

incorrec|ción [iŋkɔrreg'θiɔn] f Un-
richtigkeit f; Unhöflichkeit f; Ver-
stoß m; **~to** [~'rrekto] unrichtig;
fehlerhaft; unhöflich.

incorregible [iŋkɔrre'xible] unver-
besserlich.   [rosionsfest.)

incorrosible [iŋkɔrro'sible] kor-⟩

incorrup|tible [iŋkɔrrup'tible] un-
verderblich; unzerstörbar; unbestechlich; **~to** [~'rrupto] unverdor-
ben; unversehrt; unbescholten.

incredulidad [iŋkreduli'da⁽ᵈ⁾] f Un-
gläubigkeit f.

incrédulo [iŋ'kredulo] ungläubig.

increíble [iŋkre'ible] unglaublich.

incremento [iŋkre'mento] m Zuwachs m; Vergrößerung f.

increpar [iŋkre'par] (1a) schelten;
rügen; zurechtweisen.

incrimina|ción [iŋkrimina'θiɔn] f
Beschuldigung f; **~r** [~'nar] (1a)
beschuldigen.

incruento [iŋ'krŭento] unblutig.

incrusta|ción [iŋkrusta'θiɔn] f ein-
gelegte Arbeit f; Geol. Ablagerung
f; ⊕ Kesselstein m; Verkrustung f;
~r [~'tar] (1a) einlegen (z.B. Metall
in Holz); einbetten; **~rse** verkru-
sten; ~ en la memoria sich tief ins
Gedächtnis einprägen.

incuba|ción [iŋkuba'θiɔn] f Aus-
brütung f; Brut(zeit) f; ✘ (período
m de) ~ Inkubationszeit f; **~dora**
[~'dora] f Brutapparat m; **~r** [~'bar]
(1a) (aus)brüten.

incuestionable [iŋkŭestio'nable]
unbestreitbar; fraglos.

inculcar [iŋkul'kar] (1g) beibringen, einschärfen; F einhämmern,
eintrichtern.

inculpa|ble [iŋkul'pable] schuldlos;
~ción [~pa'θiɔn] f Beschuldigung f;
~do [~'paᵈo] m Beschuldigte(r) m;
~r [~'par] (1a) beschuldigen.

incul|to [iŋ'kulto] unbebaut; un-
gepflegt; unkultiviert; ungebildet;
~tura [iŋkul'tura] f Unkultur f;
Unbildung f.

incum|bencia [iŋkum'benθia] f
Obliegenheit f; no es (asunto) de mi
~ damit habe ich nichts zu tun;
~bir [~'bir] (3a) obliegen.

incumplimiento[iŋkumpli'mĭento] *m* Nichterfüllung *f*.

incurable [iŋku'rable] unheilbar.

incuria [iŋ'kurĭa] *f* Sorglosigkeit *f*; Nachlässigkeit *f*.

incur|rir [iŋku'rrir] (3a) verfallen (in [*ac.*] en); geraten (in [*ac.*] en); **~sión** ✕ [iŋkur'sĭon] *f* Einfall *m*; Einflug *m*; Streifzug *m*.

indaga|ción [indaga'θĭon] *f* Nachforschung *f*; **~r** [~'gar] (1h) nachforschen; untersuchen; ermitteln; **~toria** ⚖ [~ga'torĭa] *f* Aussage *f des Beschuldigten*.

indebido [inde'biđo] ungebührlich.

indecen|cia [inde'θenθĭa] *f* Unanständigkeit *f*; Gemeinheit *f*; **~te** [~'θente] unanständig; gemein; *F* miserabel.

indecible [inde'θible] unsagbar, unaussprechlich.

indeci|sión [indeθi'sĭon] *f* Unentschlossenheit *f*; **~so** [~'θiso] unentschlossen, unschlüssig; unentschieden; unbestimmt.

indeclinable [indekli'nable] unumgänglich; *Gram.* nicht deklinierbar.

indecoroso [indeko'roso] unanständig; unpassend.

indefectible [indefek'tible] unausbleiblich; unfehlbar.

indefendible [indefen'dible] unhaltbar.

indefenso [inde'fenso] wehrlos.

indefini|ble [indefi'nible] unbestimmbar; unerklärlich; **~damente** [~nida'mente] auf unbestimmte Zeit; **~do** [~'niđo] unbestimmt.

indeleble [inde'leble] unauslöschlich; unzerstörbar.

indeliberado [indelibe'rađo] unüberlegt.

indem|ne [in'demne] schadlos; heil; **~nidad** [indemni'da⁽ᵈ⁾] *f* Indemnität *f*; **~nización** [~θa'θĭon] *f* Entschädigung *f*; Schadenersatz *m*; Abfindung *f*; **~nizar** [~'θar] (1f) entschädigen (für [*ac.*] de); ersetzen.

indepen|dencia [indepen'denθĭa] *f* Unabhängigkeit *f*; Selbständigkeit *f*; Freiheit *f*; **~diente** [~'dĭente] unabhängig; selbständig; **~dizarse** [~di'θarse] (1f) sich unabhängig (*od.* selbständig) machen.

indes|cifrable [indesθi'frable] nicht zu entziffern, unleserlich; **~criptible** [~krip'tible] unbeschreiblich.

indeseable [indese'able] unerwünscht.

indestructible [indestruk'tible] unzerstörbar.

indetermina|ble [indetermi'nable] unbestimmbar; **~ción** [~na'θĭon] *f* Unschlüssigkeit *f*; **~do** [~'naᵈo] unbestimmt.

india|da *Am.* [in'dĭađa] *f* Indianer (-gruppe *f*) *m*/*pl.*; **~no** [~'đĭano] *m in Amerika reich gewordener Spanier*.

indica|ción [indika'θĭon] *f* Anweisung *f*; Anzeige *f*; Fingerzeig *m*; Hinweis *m*; **~do** [~'kaᵈo] zweckmäßig; **~dor** [~ka'đor] *m* Anzeiger *m*; Zeiger *m*; Verzeichnis *n*; **~** (de camino) Wegweiser *m*; **~** de dirección *Kfz.* Winker *m*; **~r** [~'kar] (1g) anzeigen; angeben; sanft machen; **~tivo** [~ka'tiβo] *m Gram.* Indikativ *m*; *Radio*: Pausenzeichen *n*; *Fernsehen*: Erkennungszeichen *n*.

índice ['indiθe] *m* Anzeichen *n*; Inhaltsverzeichnis *n*; Register *n*; ✝ *u. Rel.* Index *m*; Zeigefinger *m*; (Uhr-)Zeiger *m*.

indicio [in'diθĭo] *m* Anzeichen *n*; ⚖ Indiz *n*.

indiferen|cia [indife'renθĭa] *f* Gleichgültigkeit *f*; **~te** [~'rente] gleichgültig; belanglos.

indígena [in'dixena] **1.** *adj.* eingeboren; einheimisch; **2.** *su.* Eingeborene(r) *m*, Eingeborene *f*.

indigen|cia [indi'xenθĭa] *f* Armut *f*, Dürftigkeit *f*; **~te** [~'xente] arm, bedürftig.

indiges|tarse [indixes'tarse] (1a) schwer im Magen liegen (a. *fig.*); **~tión** [~'tĭon] *f* verdorbene(r) Magen *m*; Verdauungsstörung *f*; **~to** [~'xesto] unverdaulich.

indi|gnación [indigna'θĭon] *f* Entrüstung *f*; Empörung *f*; **~gnar** [~'nar] (1a) erzürnen; **~gnarse** sich entrüsten; **~gnidad** [~ni'đa⁽ᵈ⁾] *f* Unwürdigkeit *f*; Schändlichkeit *f*; **~gno** [in'digno] unwürdig; schändlich.

indino *Am. Cent.*, *Cu.* [in'dino] unverschämt, dreist.

indio ['indĭo] **1.** *adj.* indisch; indianisch; **2.** *m* Inder *m*; Indianer *m*; *F* hacer el **~** sich albern benehmen.

indirec|ta [indi'rekta] *f* Anspielung *f*; Wink *m*; Seitenhieb *m*; **~to** [~to] indirekt, mittelbar.

indisciplina [indisθi'plina] f Zuchtlosigkeit f; ~do [ˌpli'naᵈo] zuchtlos, undiszipliniert.

indiscre|ción [indiskre'θjɔn] f Indiskretion f; Unklugheit f; Taktlosigkeit f; ~to [ˌ'kreto] unklug; unvorsichtig; taktlos, indiskret; unbescheiden.

indiscutible [indisku'tible] indiskutabel; unbestreitbar.

indisoluble [indiso'luble] unauflöslich.

indispensable [indispen'sable] unerläßlich; unentbehrlich; unbedingt nötig.

indisponer [indispo'ner] (2r) unfähig machen; mitnehmen; das Wohlbefinden beeinträchtigen; mißstimmen; verärgern; ~se krank werden; ~ con alg. sich mit j-m entzweien.

indisposición [indisposi'θjɔn] f Unwohlsein n; Unfähigkeit f.

indispuesto [indis'pŭesto] unwohl; unpäßlich; [streitbar.)

indisputable [indispu'table] unbe-)

indistint|amente [indistinta'mente] ohne Unterschied; ~o [ˌ'tinto] undeutlich.

individu|al [indibi'dŭal] individuell; eigentümlich; einzeln; persönlich; Col., Ven. identisch; ~alidad [ˌdŭali'da⁽ᵈ⁾] f Eigenart f; Persönlichkeit f; ~alista [ˌdŭa'lista] 1. adj. individualistisch; 2. m Individualist m; ~o [ˌ'bidŭo] 1. adj. unteilbar; 2. m Individuum n (a. desp.); Einzelwesen n; Person f; Mitglied n.

indivi|sible [indibi'sible] unteilbar; ~so [ˌ'biso] ungeteilt.

indocilidad [indoθili'da⁽ᵈ⁾] f Ungelehrigkeit f; Starrsinn m.

indocto [in'dɔkto] ungelehrt.

indocumentado [indokumen'taᵈo] ohne Ausweispapiere.

índole ['indole] f Beschaffenheit f; Naturell n; Charakter m; Art f; de esta ~ derartig.

indolencia [indo'lenθia] f Lässigkeit f; Unempfindlichkeit f; Trägheit f; Gleichgültigkeit f.

indolente [indo'lente] lässig; teilnahmslos, gleichgültig.

indomable [indo'mable] unbezwinglich; unbeugsam.

indómito [in'domito] unbändig; widerspenstig.

indonesio [indo'nesio] 1. adj. indonesisch; 2. m, -a f Indonesier (-in f) m.

inducción [indug'θjɔn] f Anstiftung f; Verleitung f; Folgerung f; Schlußfolgerung f; ⚡ Induktion f.

induci|do ⚡ [indu'θiᵈo] m Anker m; Rotor m, Läufer m; ~r [ˌ'θir] (3o) verleiten (zu [dat.] a); folgern (aus [dat.] de); ⚡ induzieren; ~ en error irreführen.

induc|tivo [induk'tibo] folgernd; ⚡ induktiv; ~tor ⚡ [ˌ'tɔr] m Induktor m.

indudable [indu'dable] unzweifelhaft.

indulgen|cia [indul'xenθia] f Nachsicht f; Milde f; Rel. Ablaß m; ~te [ˌ'xente] nachsichtig; milde.

indul|tar [indul'tar] (1a) begnadigen; befreien (von [dat.] de); ~to [in'dulto] m Begnadigung f; Straferlaß m.

indumen|taria [indumen'taria] f Kleidung f; Tracht f; ~to [ˌ'mento] m Kleidung f; Kleid n.

industri|a [in'dustria] f Gewerbe n; Industrie f; Betriebsamkeit f; Geschicklichkeit f; Fleiß m; ~ agrícola Agrarindustrie f; ~ básica Grundstoffindustrie f; ~ de alimentos y estimulantes Nahrungs- und Genußmittelindustrie f; ~ de transformación verarbeitende Industrie f; ~ metalúrgica metallverarbeitende Industrie f; ~ pesada Schwerindustrie f; ~al [indus'trial] 1. adj. industriell, Industrie...; Gewerbe...; 2. m Gewerbetreibende(r) m; Industrielle(r) m; ~alización [ˌtrialiθa'θjɔn] f Industrialisierung f; ~alizar [ˌtriali'θar] (1f) industrialisieren; ~oso [ˌ'trioso] fleißig; betriebsam; geschickt.

inédito [i'neðito] (noch) unveröffentlicht.

ineducado [inedu'kaᵈo] unerzogen.

inefable [ine'fable] unaussprechlich, unsäglich.

inefica|cia [inefi'kaθia] f Unwirksamkeit f; ~z [ˌ'kaθ] unwirksam.

ineludible [inelu'dible] unumgänglich.

inenarrable [inena'rrable] unaussprechlich; unbeschreiblich.

inencogible [inenko'xible] nicht einlaufend (Gewebe).

inep|cia Am. reg. [i'nεbθia] f Albernheit *f*; **~titud** [inɛptiˈtu⁽ᵈ⁾] *f* Ungeschicklichkeit *f*; Unfähigkeit *f*; **~to** [iˈnɛpto] untüchtig; albern.

inequívoco [ineˈkiβoko] unzweideutig, eindeutig.

inercia [iˈnɛrθia] *f* Trägheit *f* (*a. Phys.*); Untätigkeit *f*.

inerme [iˈnɛrme] unbewaffnet; wehrlos.

inerte [iˈnɛrte] schlaff; schwach; träge (*a. fig.*).

inescrutable [ineskruˈtable] unerforschlich, unergründlich.

inesperado [inespeˈraᵈo] unerwartet; unverhofft.

inestable [inesˈtable] unbeständig; unstet; labil.

inestimable [inestiˈmable] unschätzbar.

inevitable [ineβiˈtable] unvermeidlich, unausbleiblich.

inexac|titud [inegsaktiˈtu⁽ᵈ⁾] *f* Ungenauigkeit *f*, Unrichtigkeit *f*; **~to** [~ˈsakto] ungenau, unrichtig.

inexcusable [ineskuˈsable] unentschuldbar.

inexistente [inegsisˈtente] nicht bestehend.

inexorable [inegsoˈrable] unerbittlich.

inexper|iencia [inespeˈrienθia] *f* Unerfahrenheit *f*; **~to** [~ˈperto] unerfahren, ungeübt.

inexpl|icable [inespliˈkable] unerklärlich, unbegreiflich; **~orado** [~ploˈraᵈo] unerforscht.

inexpresivo [inespreˈsiβo] ausdruckslos.

inexpugnable [inespugˈnable] uneinnehmbar.

inextinguible [inestiŋˈgible] unauslöschlich.

inextricable [inestriˈkable] unentwirrbar.

infali|bilidad [imfaliβiliˈda⁽ᵈ⁾] *f* Unfehlbarkeit *f*; **~ble** [~ˈlible] unfehlbar (*a. Rel.*); untrüglich.

infa|mación [imfamaˈθiɔn] *f* Verleumdung *f*; Entehrung *f*; **~mante** [~ˈmante] entehrend; **~mar** [~ˈmar] (1a) entehren; verleumden; schänden; **~matorio** [~maˈtorio] entehrend; **~me** [imˈfame] ehrlos; schmählich, schändlich; gemein; **~mia** [~mia] *f* Ehrlosigkeit *f*; Schändlichkeit *f*; Schmach *f*.

infan|cia [imˈfanθia] *f* Kindheit *f*; **~ta** [~ta] *f* Infantin *f* (*span. Prin-*

zessin); **~te** [~te] *m* Infant *m* (*ehm. Titel span. u. port. Prinzen*); Kind *n*; ✗ Infanterist *m*; **~tería** ✗ [imfanteˈria] *f* Infanterie *f*; **~ticida** [~tiˈθiða] *su.* Kindesmörder(in *f*) *m*; **~ticidio** [~tiˈθiðio] *m* Kindesmord *m*; **~til** [~ˈtil] kindlich; Kinder...; Jugend...

infarto 🩺 [imˈfarto] *m* Infarkt *m*; ~ *del miocardio* Herzinfarkt *m*.

infatigable [imfatiˈgable] unermüdlich.

infatua|do [imfaˈtuaᵈo] eingebildet; **~rse** [~ˈtuarse] (1e) sich et. einbilden (auf [*ac.*] con).

infausto [imˈfausto] unglücklich.

infec|ción 🩺 [imfegˈθiɔn] *f* Infektion *f*; Ansteckung *f*; **~cioso** [~ˈθioso] ansteckend; **~tar** [imfekˈtar] (1a) anstecken, infizieren.

infecun|didad [imfekundiˈda⁽ᵈ⁾] *f* Unfruchtbarkeit *f*; **~do** [~ˈkundo] unfruchtbar.   [glück *n.*)

infelicidad [imfeliθiˈda⁽ᵈ⁾] *f* Un-}

infeliz [imfeˈliθ] 1. *adj.* unglücklich; arm; 2. *m* F armer Tropf *m*.

inferior [imfeˈriɔr] 1. *adj.* untere(r, -s) niedere(r, -s); unterlegen; untergeordnet; minderwertig; Unter-...; Nieder...; *comp.* niedriger; geringer (als *a*); 2. *m* Untergeordnete (-r) *m*; Untergebene(r) *m*; **~idad** [~riɔriˈda⁽ᵈ⁾] *f* Unterlegenheit *f*; Minderwertigkeit *f*.

inferir [imfeˈrir] (3i) folgern, schließen; *Beleidigung usw.* zufügen.

infernal [imfɛrˈnal] höllisch; Höllen...; *piedra f* ~ Höllenstein *m*.

infestar [imfesˈtar] (1a) verheeren, heimsuchen; 🩺 anstecken; befallen.

inficionar [imfiθioˈnar] (1a) anstecken; verderben.

infidelidad [imfiðeliˈda⁽ᵈ⁾] *f* Untreue *f*.

infiel [imˈfiel] 1. *adj.* untreu; Rel. ungläubig; 2. *m* Ungläubige(r) *m*.

infiernillo [imfiɛrˈniʎo] *m* Spirituskocher *m*.

infierno [imˈfiɛrno] *m* Hölle *f*; *fig.* Qual *f*; *vivir en los quintos* ~*s* ganz weit draußen wohnen.

infiltración [imfiltraˈθiɔn] *f* Einsickern *n*; *Pol.* Einschleusung *f*; Unterwanderung *f*.

infiltrar [imfilˈtrar] (1a) infiltrieren; einflößen; **~se** einsickern; allmählich eindringen; ~ *en Pol.* unterwandern.

ínfimo ['imfimo] unterst, niedrigst.

infini|dad [imfini'ða⁽ᵈ⁾] f Unendlichkeit f; fig. Unmenge f; **~tesimal** [~tesi'mal] unendlich klein; cálculo m ~ Infinitesimalrechnung f; **~tivo** [~'tiβo] m Infinitiv m; **~to** [~'nito] unendlich, endlos; grenzenlos; zahllos; **~tud** [~ni'tu⁽ᵈ⁾] f Unendlichkeit f.

inflación [imfla'θiɔn] f Aufblähung f; fig. Aufgeblasenheit f, Dünkel m; Geldentwertung f, Inflation f.

inflama|ble [imfla'maβle] leicht entzündbar; feuergefährlich; **~ción** [~ma'θiɔn] f Entzündung f (a. 🐾); **~r** [~'mar] (1a) entzünden; entflammen.

inflar [im'flar] (1a) aufblasen; füllen; aufpumpen; **~se** hochmütig werden, F sich aufspielen.

inflexi|ble [imfleg'siβle] unbiegsam; unbeugsam; unerbittlich; **~ón** [~'siɔn] f Biegung f; Tonfall m; Gram. Flexion f, Beugung f; Phys. Ablenkung f; Brechung f.

infligir [imfli'xir] (3c) auferlegen; Niederlage bereiten; Kosten verursachen.

influencia [imflu'enθia] f Einfluß m; Phys. Influenz f; tener ~s gute Beziehungen haben; **~r** neol. [~en-'θiar] (1b) beeinflussen.

influir [imflu'ir] (3g) beeinflussen; v/i. Einfluß haben (auf [ac.] en).

influ|jo [im'fluxo] m Einfluß m; **~yente** [imflu'jente] einflußreich.

informa|ción [imfɔrma'θiɔn] f Erkundigung f; Auskunft f; Nachricht f; Untersuchung f; 🔳 abrir la ~ das Verfahren einleiten; **~dor** [~'ðɔr] m Informant m; Reporter m; ~ gráfico Bildberichterstatter m; **~l** [~'mal] unzuverlässig; **~lidad** [~mali'ða⁽ᵈ⁾] f Unzuverlässigkeit f; **~r** [~'mar] (1a) unterrichten (über [ac.] de od. sobre); v/i. Bericht erstatten; 🔳 plädieren; **~rse** sich erkundigen (nach [dat.] de), sich informieren.

informática [imfɔr'matika] f Informatik f.

informe¹ [im'fɔrme] formlos; unförmig; ungestalt.

informe² [im'fɔrme] m Bericht m; Auskunft f; Erkundigung f; 🔳 Plädoyer n.

infortu|nado [imfɔrtu'na⁽ᵈ⁾o] unglücklich; **~nio** [~'tunio] m Unglück n.

infrac|ción 🔳 [imfrag'θiɔn] f strafbare Handlung f; Verstoß m; **~tor** [imfrak'tɔr] m Rechtsbrecher m.

infraestructura [imfraestruk'tura] f ⊕ Unterbau m; Infrastruktur f.

in fraganti 🔳 [imfra'ganti] auf frischer Tat, in flagranti.

infrarrojo [imfra'rrɔxo] infrarot.

infrascrito [imfras'krito] m Unterzeichnete(r) m.

infringir 🔳 [imfriŋ'xir] (3c) verstoßen gegen (ac.); übertreten.

infruc|tífero [imfruk'tifero] unfruchtbar; fig. zwecklos; **~tuosidad** [~tùosi'ða⁽ᵈ⁾] f Nutzlosigkeit f; **~tuoso** [~'tùoso] unnütz, nutzlos.

infundado [imfun'da⁽ᵈ⁾o] unbegründet.

infundir [imfun'dir] (3a) einflößen; ~ sospechas Verdacht erregen.

infusión [imfu'siɔn] f Aufguß m; Infusion f; (Kräuter-)Tee m.

ingeni|ar [iŋxe'niar] (1b) ersinnen; **~arse** auf Mittel sinnen; **~ería** [~nie'ria] f Ingenieurwissenschaft f; **~ero** [~'niero] m Ingenieur m; ~ agrónomo Diplomlandwirt m; **~o** [iŋ'xenio] m Geist m; Genie n; geistreicher Mensch m; Kunstgriff m; ⊕ Anlage f, Apparatur f; Vorrichtung f; Am. Zuckerfabrik f; **~osidad** [iŋxeniosi'ða⁽ᵈ⁾] f Scharfsinn m; **~oso** [~'nioso] sinnreich; erfinderisch; F findig; geistreich.

ingente [iŋ'xente] ungeheuer groß.

ingenu|idad [iŋxenùi'ða⁽ᵈ⁾] f Treuherzigkeit f; Naivität f; **~o** [iŋ-'xenùo] treuherzig; naiv.

inge|rir [iŋxe'rir] (3i) (hinunter-) schlucken; zu sich nehmen; 🐾 einnehmen; **~stión** [~xes'tiɔn] f (Nahrungs-)Aufnahme f; Einnahme f.

ingle Anat. ['iŋgle] f Leiste f.

in|glés [iŋ'gles] 1. adj. englisch; 2. m, **~glesa** [iŋ'glesa] f Engländer (-in f) m.

ingra|titud [iŋgrati'tu⁽ᵈ⁾] f Undankbarkeit f; **~to** [iŋ'grato] undankbar; unangenehm.

ingravidez [iŋgraβi'deθ] f Schwerelosigkeit f.

ingrávido [iŋ'graβido] gewichtlos, leicht; schwerelos.

ingre|diente [iŋgre'ðiente] m Bestandteil m; Zutat f; **~sar** [~'sar] (1a) v/i. eintreten; ⊕ eingeliefert werden; ✝ ~ en caja eingehen; v/t. Geld einzahlen; **~so** [iŋ'greso] m

Eintritt *m*; Einlieferung *f*; Aufnahme *f*; ✝ Eingang *m*; Einnahme *f*; (*examen m de*) ~ Aufnahmeprüfung *f*; ~s *m*/*pl*. Einkommen *n*.

íngrimo *Am*. ['iŋgrimo] einsam, verlassen.   [Leistenbruch *m*.]

inguinal 🞄 [iŋgi'nal]: *hernia f* ~ ⏟

inhábil [i'naβil] unfähig; untauglich; ungeschickt; *día m* ~ Feiertag *m*.

inhabili|dad [inabili'ða⁽ᵈ⁾] *f* Unfähigkeit *f*; Ungeschick *n*; Untauglichkeit *f*; **~tación** [~ta'θjon] *f* Aberkennung *f* der Amtsbefugnisse; 🞄 Aberkennung *f* der bürgerlichen Ehrenrechte; **~tar** [~'tar] (1a) unfähig machen; für unfähig erklären.

inhabita|ble [inabi'taβle] unbewohnbar; **~do** [~'taðo] unbewohnt.

inhala|ción 🞄 [inala'θjon] *f* Inhalation *f*, Einatmung *f*; **~dor** [~'ðor] *m* Inhalationsapparat *m*; **~r** [~'lar] (1a) inhalieren, einatmen.

inheren|cia [ine'renθja] *f* Zugehörigkeit *f*; innere Verbundenheit *f*; **~te** [~'rente] *e-r Sache* anhaftend; (eng) verknüpft mit (*dat.*).

inhibi|ción [inibi'θjon] *f* Verbot *n*; 🞄 Ablehnung *f wegen Befangenheit*; 🞄 Hemmung *f*; **~r** [~'βir] (3a) verbieten; untersagen; hemmen; **~rse** *de sich fernhalten von* (*dat.*); **~torio** [~bi'torjo] verbietend; hemmend.

inhospitalario [inospita'larjo] ungastlich; unwirtlich.

inhuma|ción [inuma'θjon] *f* Beerdigung *f*; **~nidad** [~ni'ða⁽ᵈ⁾] *f* Unmenschlichkeit *f*; **~no** [~'mano] unmenschlich; **~r** [~'mar] (1a) beerdigen, bestatten.

inicia|ción [iniθja'θjon] *f* Einweihung *f*; Einführung *f*; Beginn *m*; **~dor** [~'ðor] *m* Bahnbrecher *m*; **~l** [~'θjal] **1.** *adj.* anfänglich, Anfangs...; **2.** *f* Anfangsbuchstabe *m*.

inici|ar [ini'θjar] (1b) beginnen; einleiten; einweihen, einführen; anbahnen; **~tiva** [~θja'tiβa] *f* Initiative *f*; Anregung *f*, Anstoß *m*; Unternehmungsgeist *m*; *tomar la* ~ *de a*|*c.* die Initiative ergreifen; *tener mucha* ~ unternehmungslustig sein.

inicuo [i'nikwo] ungerecht.

inigua|ble [iniɣwa'laβle] unvergleichlich; **~do** [~'l'aðo] unerreicht.

inimaginable [inimaxi'naβle] unvorstellbar.

inimitable [inimi'taβle] unnachahmlich.

inimputabilidad 🞄 [inimputabili'ða⁽ᵈ⁾] *f* Nichtanrechnungsfähigkeit *f*.

ininteligible [ininteli'xiβle] unverständlich.

ininterrumpido [ininterrum'pido] ununterbrochen.

iniquidad [iniki'ða⁽ᵈ⁾] *f* Unbilligkeit *f*; Ungerechtigkeit *f*; Bosheit *f*.

inje|rencia [inxe'renθja] *f* Einmischung *f*; **~rirse** [~'rirse] (3i) sich einmischen (*in* [*ac.*] *en*).

injer|tar [inxer'tar] (1a) 🖉 pfropfen; okulieren; 🞄 verpflanzen; **~to** [in'xerto] *m* Pfropfreis *n*; gepfropfter Baum *m*; Pfropfen *n*; Okulieren *n*; 🞄 Verpflanzung *f*.

inju|ria [in'xurja] *f* Beleidigung *f*; Schimpfwort *n*; **~riar** [inxu'rjar] (1b) beleidigen; beschimpfen; **~rioso** [~'rjoso] beleidigend.

injus|ticia [inxus'tiθja] *f* Ungerechtigkeit *f*; Unrecht *n*; **~tificable** [~tifi'kaβle] nicht zu rechtfertigen(d); **~tificado** [~tifi'kaðo] ungerechtfertigt, unberechtigt; **~to** [in'xusto] ungerecht.

inmaculado [inmaku'laðo] unbefleckt; makellos.

inmanente [inma'nente] innewohnend, immanent.

inmarcesible [inmarθe'siβle] unverwelklich.

inmaterial [inmate'rjal] unstofflich, geistig.

inmedia|ción [inmedja'θjon] *f* Nachbarschaft *f*, Nähe *f*; *inmediaciones f*/*pl.* nächste Umgebung *f*; **~to** [~'ðjato] unmittelbar; nächstgelegen; unverzüglich; sofortig.

inmejorable [inmexo'raβle] unübertrefflich, vorzüglich.

inmemorial [inmemo'rjal] uralt, unvordenklich.

inmen|sidad [inmensi'ða⁽ᵈ⁾] *f* Unermeßlichkeit *f*; *fig.* ungeheure Menge *f*; **~so** [in'menso] unermeßlich; überaus groß; **~surable** [inmensu'raβle] unmeßbar.

inmerecido [inmere'θido] unverdient.

inmer|gir [inmer'xir] (3c) eintauchen; **~sión** [~'sjon] *f* Eintauchen *n*.

inmigra|ción [inmigra'θjon] *f* Einwanderung *f*; **~nte** [~'ɣrante] *m*

Einwanderer *m*; ~**r** [~'grar] (1a) einwandern.

inminen|cia [inmi'nenθĭa] *f* nahes Bevorstehen *n*; drohende Nähe *f*; ~**te** [~'nente] nahe bevorstehend; drohend.

inmiscuir [inmisku'ir] (3g) mischen; ~**se** sich einmischen.

inmobiliario [inmobi'lĭarĭo] Grundstücks..., Immobilien...

inmoderado [inmode'ra⁴o] unmäßig; maßlos.

inmodes|tia [inmo'destĭa] *f* Unbescheidenheit *f*; ~**to** [~'desto] unbescheiden.

inmola|ción [inmola'θĭon] *f* Opferung *f*; ~**r** [~'lar] (1a) opfern.

inmoral [inmo'ral] unsittlich; ~**idad** [~rali'da⁽ᵈ⁾] *f* Unsittlichkeit *f*.

inmortal [inmor'tal] unsterblich; ~**idad** [~tali'da⁽ᵈ⁾] *f* Unsterblichkeit *f*; ~**izar** [~tali'θar] (1f) unsterblich machen; verewigen.

inmotivado [inmoti'ba⁴o] grundlos, unmotiviert.

inmovi|ble [inmo'bible], **inmóvil** [in'mobil] unbeweglich; fest; beständig; ~**lidad** [inmobili'da⁽ᵈ⁾] *f* Unbeweglichkeit *f*; Unerschütterlichkeit *f*.

inmueble [in'mŭeble] **1.** *adj.* unbeweglich (*Besitz*); **2.** *m* Grundstück *n*; Anwesen *n*; Gebäude *n*; ~**s** *pl.* Grundstücke *n/pl.*, Immobilien *pl.*

inmun|dicia [inmun'diθĭa] *f* Schmutz *m*; Unrat *m*; ~**do** [in'mundo] schmutzig; unrein.

inmu|ne [in'mune] immun (🜨 *u. Pol.*); ~**nidad** [inmuni'da⁽ᵈ⁾] *f* Immunität *f*; ~**nizar** [~'θar] (1f) immunisieren.

inmuta|ble [inmu'table] unveränderlich; ~**ción** [~ta'θĭon] *f* Veränderung *f*; Umwandlung *f*; ~**r** [~'tar] (1a) verändern; umwandeln; ~**rse** verstört werden.

innato [in'nato] angeboren.

innatural [innatu'ral] unnatürlich.

innavegable [innabe'gable] nicht schiffbar.

innecesario [inneθe'sarĭo] unnötig.

innegable [inne'gable] unleugbar.

innoble *fig.* [in'noble] niedrig, gemein.

innocuo [in'nokŭo] unschädlich.

innova|ción [innoba'θĭon] *f* Neuerung *f*; Neuheit *f*; ~**dor** [~'dor] *m*

Neuerer *m*; ~**r** [~'bar] (1m) *Neuerungen* einführen.

innumerable [innume'rable] unzählig, zahllos.

inobedien|cia [inobe'dĭenθĭa] *f* Ungehorsam *m*; ~**te** [~'dĭente] ungehorsam.

inobservancia [inobser'banθĭa] *f* Nichtbefolgung *f*, -einhaltung *f*.

inocen|cia [ino'θenθĭa] *f* Unschuld *f*; Harmlosigkeit *f*; ~**tada** [~θen'tada] *f* harmloser Scherz *m* (*am 28. Dezember, dem Aprilscherz entsprechend*); ~**te** [~'θente] unschuldig; harmlos; ~**tón** F [~θen'ton] dämlich, P bekloppt.

inocu|idad [inokŭi'da⁽ᵈ⁾] *f* Unschädlichkeit *f*; ~**o** [i'nokŭo] = innocuo.

inocula|ción [inokula'θĭon] *f* Impfung *f*; ~**r** [~'lar] (1a) impfen; *fig. j-m et.* einimpfen.

inodoro [ino'doro] **1.** *adj.* geruchlos; **2.** *m* WC *n*.

inofensivo [inofen'sibo] harmlos; unschädlich.

inoficioso *Am.* [inofi'θĭoso] unwirksam, nutzlos.

inolvidable [inolbi'dable] unvergeßlich.

inoperante [inope'rante] wirkungslos.

inopia [i'nopĭa] *f* Dürftigkeit *f*; F estar en *la* ~ zerstreut sein; F hinterm Mond leben.

inopinado [inopi'na⁴o] unerwartet.

inoportu|nidad [inoportuni'da⁽ᵈ⁾] *f* Ungelegenheit *f*; ungelegene Zeit *f*; ~**no** [~'tuno] ungelegen; unpassend; unangebracht.

inorgánico [inor'ganiko] unorganisch, anorganisch.

inoxidable [inoksi'dable] rostfrei, nichtrostend.

inquebrantable [inkebran'table] unzerbrechlich; felsenfest.

inquie|tador [inkĭeta'dor] beunruhigend; ~**tar** [~'tar] (1a) beunruhigen; ~**to** [in'kĭeto] unruhig; ~**tud** [inkĭe'tu⁽ᵈ⁾] *f* Unruhe F; Beunruhigung *f*.

inquilino [inki'lino] *m* Mieter *m*.

inquina [in'kina] *f* Abneigung *f*; tener ~ a *alg.* j-n nicht leiden können.

inquirir [inki'rir] (3i) untersuchen; nachforschen.

inquisi|ción [inkisi'θĭon] *f* Nach-

forschung f; Untersuchung f; ♀ Inquisition f; **~dor** [~'dɔr] **1.** adj. forschend; **2.** m Inquisitor m; **~tivo** [~'tibo], **~torio** [~'torio] forschend.
insacia|bilidad [insaθiabili'da⁽ᵈ⁾] f Unersättlichkeit f; **~ble** [~'θiable] unersättlich.
insalivar [insali'bar] (1a) einspeicheln.
insalu|bre [insa'lubre] ungesund; **~bridad** [~lubri'da⁽ᵈ⁾] f Ungesundheit f.
insan|able [insa'nable] unheilbar; **~ia** [in'sania] f Wahnsinn m; **~o** [in'sano] wahnsinnig.
insatis|facción [insatisfag'θiɔn] f Unzufriedenheit f; **~factorio** Am. [~fak'torio] unzureichend, nicht zufriedenstellend; **~fecho** [~'fetʃo] unzufrieden.
inscri|bir [inskri'bir] (3a; part. inscri[p]to) einschreiben, eintragen; **~birse** sich anmelden; **~pción** [~krib'θiɔn] f Inschrift f; Eintragung f; Anmeldung f.
insec|ticida [insekti'θida] m Insektenpulver n, Insektizid n; **~to** [in-'sekto] m Insekt n.
insegu|ridad [inseguri'da⁽ᵈ⁾] f Unsicherheit f; **~ro** [~'guro] unsicher.
inseminación [insemina'θiɔn] f: ~ (artificial) (künstliche) Befruchtung f.
insensa|tez [insensa'teθ] f Sinnlosigkeit f; Unsinn m; **~to** [~'sato] sinnlos; unsinnig.
insensible [insen'sible] unempfindlich, gefühllos (gegen [ac.] a).
inseparable [insepa'rable] untrennbar; unzertrennlich.
inser|ción [inser'θiɔn] f Einschaltung f; Inserieren n; Inserat n; **~tar** [~'tar] (1a) einschalten; einfügen; Anzeige aufgeben.
inservible [inser'bible] unbrauchbar.
insidi|ar [insi'diar] v/t. (1b) j-m hinterlistig nachstellen; **~oso** [~-'dioso] hinterlistig.
insign|e [in'signe] berühmt; vorzüglich; **~ia** [~'nia] f Abzeichen n; Standarte f, Banner n; **~s** pl. Insignien f/pl.
insignifican|cia [insignifi'kanθia] f Geringfügigkeit f; **~te** [~'kante] geringfügig, unbedeutend.
insinua|ción [insinua'θiɔn] f Einschmeichelung f; Anspielung f,

Andeutung f; Unterstellung f; **~nte** [~nu'ante] einschmeichelnd; **~r** [~nu'ar] (1e) andeuten, nahelegen; zuschieben; unterstellen; **~rse** sich einschmeicheln.
insipidez [insipi'deθ] f Geschmacklosigkeit f (a. fig.).
insípido [in'sipido] fade, schal; geschmacklos (a. fig.).
insisten|cia [insis'tenθia] f Drängen n; Beharrlichkeit f; Nachdruck m; **~te** [~'tente] beharrlich; nachdrücklich.
insistir [insis'tir] (3a) auf et. dringen; beharren od. bestehen (auf [dat.] en).
insobornable [insobor'nable] unbestechlich.
insociable [inso'θiable] ungesellig.
insola|ción [insola'θiɔn] f Sonnenstich m; **~rse** [~'larse] (1a) e-n Sonnenstich bekommen.
insolen|cia [inso'lenθia] f Unverschämtheit f; **~tarse** [~len'tarse] (1a) unverschämt werden; **~te** [~-'lente] unverschämt, frech.
insólito [in'solito] ungewöhnlich.
insoluble [inso'luble] unlöslich (a. 🜛); unlösbar.
insolven|cia [insɔl'benθia] f Zahlungsunfähigkeit f; **~te** [~'bente] zahlungsunfähig.
insom|ne [in'somne] schlaflos; **~nio** [~nio] m Schlaflosigkeit f.
insondable [insɔn'dable] unergründlich.
insono|rización [insonoriθa'θiɔn] f Schalldämmung f; **~rizar** [~'θar] (1f) schalldicht machen; **~ro** [~'noro] schalldicht.
insoportable [insopor'table] unerträglich; unausstehlich.
insospechado [insospe'tʃaᵈo] unvermutet.
insostenible [insoste'nible] unhaltbar.
inspec|ción [inspeg'θiɔn] f Besichtigung f; Beaufsichtigung f; Aufsicht f; Untersuchung f; Inspektion f; ✕ Musterung f; ~ aduanera Zollbeschau f; ⚖ ocular Augenschein m; Lokaltermin m; **~cionar** [~θio'nar] (1a) besichtigen; beaufsichtigen; ✕ mustern; **~tor** [~pek-'tor] m Aufseher m; Inspektor m; ~ tributario Steuerprüfer m.
inspira|ción [inspira'θiɔn] f Einatmung f; Inspiration f; Ein-

gebung f; **~r** [~'rar] (1a) einatmen; *fig.* einflößen, eingeben; begeistern.

instala|ción [instala'θjon] f Einrichtung f; Installation f; ⊕ Anlage f; Einführung f *in ein Amt*; **~r** [~'lar] (1a) einrichten, aufstellen, installieren; einbauen; *in ein Amt* einführen; **~rse** sich niederlassen.

instan|cia [ins'tanθja] f Inständigkeit f; inständige Bitte f; Gesuch n; Eingabe f; *tↄ* Instanz f; Verfahren n; **~tánea** *Phot.* [~tan'tanea] f Momentaufnahme f; F Schnappschuß m; **~táneo** [~tan'taneo] augenblicklich, Moment...; **~te** [~'tante] m Augenblick m; Moment m; *al* **~** sofort; *en un* **~** im Nu; *por* **~s** unaufhörlich.

instar [ins'tar] (1a) dringend bitten, drängen; *v/i.* dringend sein.

instaura|ción [instaura'θjon] f Wiederherstellung f; Errichtung f; **~r** [~'rar] (1a) wiederherstellen; errichten, begründen.

instiga|ción [instiga'θjon] f Anstiftung f; **~dor** m, -a f [~'dor, ~'dora] Anstifter(in f) m; **~r** [~'gar] (1h) anstiften (zu [*dat.*] *a*).

instilar [insti'lar] (1a) einträufeln.

instin|tivo [instin'tibo] triebhaft, instinktiv, unwillkürlich; **~to** [~'tinto] m Trieb m, Instinkt m.

institu|ción [institu'θjon] f Einrichtung f; Stiftung f; Anstalt f; Gründung f; Einsetzung f; **~ir** [~'ir] (3g) ein-, errichten; gründen; einsetzen; **~to** [~'tuto] m Institut n; Anstalt f; **~** *de crédito* Kreditanstalt f; ♀ (*de Enseñanza Media*) Höhere Lehranstalt f; Gymnasium n; Oberschule f; ♀ *Español de Moneda Extranjera in Spanien:* Devisenbewirtschaftungsstelle f; **~triz** [~tu'triθ] f Lehrerin f; Erzieherin f.

instru|cción [instruɡ'θjon] f Unterricht m; Unterweisung f; Anweisung f; Vorschrift f; Kenntnisse f/pl., Bildung f; *tↄ* Untersuchung f; **~ctivo** [~truk'tibo] belehrend; lehrreich; **~ctor** [~truk'tor] 1. *adj.*: *juez* m **~** Untersuchungsrichter m; 2. m ⚔ Instrukteur m, Ausbilder m; **~ido** [~tru'ido] gebildet; **~ir** [~tru'ir] (3g) unterrichten; anweisen; belehren; ausbilden; *Prozeß* einleiten.

instrumen|tación ♪ [instrumenta-'θjon] f Instrumentierung f; **~tal** [~'tal] 1. *adj.* Instrumental...; 2. m

Instrumente n/pl. (*a.* ⚒); **~tar** [~-'tar] (1a) instrumentieren; **~tista** ♪ [~'tista] m Instrumentalist m; **~to** [~'mento] m Instrument n; Werkzeug n; *tↄ* Urkunde f; ♪ **~** *de arco* (*de cuerda, de percusión, de viento*) Streich- (Saiten-, Schlag-, Blas-) instrument n.

insubordina|ción [insuboɾdina-'θjon] f Widersetzlichkeit f, Unbotmäßigkeit f; **~do** [~'naᵈo] widersetzlich, unbotmäßig; **~rse** [~'narse] (1a) den Gehorsam verweigern.

insubstancial [insubstan'θjal] gehaltlos; unbedeutend.

insuficien|cia [insufi'θjenθja] f Unzulänglichkeit f; Schwäche f; **~te** [~'θjente] unzulänglich; ungenügend.

insufrible [insu'frible] unerträglich.

insular [insu'lar] Insel...

insulina [insu'lina] f Insulin n.

insul|sez [insul'seθ] f Geschmacklosigkeit f, Fadheit f; **~so** [in'sulso] geschmacklos, fade; abgeschmackt.

insulta|da *Am.* [insul'tada] f Beleidigung f; **~nte** [~'tante] beleidigend; **~r** [~'tar] (1a) beleidigen.

insulto [in'sulto] m Beleidigung f.

insuperable [insupe'rable] unüberwindlich; *fig.* unübertrefflich.

insurgente [insur'xente] aufständisch.

insurrec|ción [insurreɡ'θjon] f Aufstand m; Erhebung f; Empörung f; **~cionarse** [~θjo'narse] (1a) sich erheben; **~to** [~'rrekto] m Aufrührer m, Aufständische(r) m.

insustituible [insustitu'ible] unersetzlich.

intacto [in'takto] unberührt; unversehrt; intakt; heil.

intachable [inta't∫able] tadellos; einwandfrei.

intangible [intaŋ'xible] unantastbar.

integración [integra'θjon] f Integration f (Å *u. Pol.*).

integra|l [inte'gral] vollständig; *cálculo* m **~** Integralrechnung f; *pan* m **~** *e-e Art* Vollkornbrot n; **~nte** [~'grante] wesentlich; **~r** [~'grar] (1a) ausmachen, bilden; erstatten; Å, *Pol.* integrieren; *Col., Méj.* (ein-) zahlen.

integridad [integri'da⁽ᵈ⁾] f Vollständigkeit f; Unversehrtheit f; Redlichkeit f; Unbescholtenheit f.

íntegro ['integro] vollständig; rechtschaffen; unbescholten.

intelec|to [inte'lekto] *m* Intellekt *m*; **~tual** [~lek'tŭal] **1.** *adj.* geistig; intellektuell, Verstandes...; **2.** *m* Intellektuelle(r) *m*.

inteligen|cia [inteli'xenθĭa] *f* Intelligenz *f*; Einsicht *f*; Verstand *m*; Sinn *m*; Bedeutung *f*; Scharfsinn *m*; Einverständnis *n*; Verständigung *f*; Einvernehmen *n*; **~te** [~'xente] intelligent; einsichtig; klug; verständnisvoll; bewandert (in [*dat.*] en)...   [lich.)

inteligible [inteli'xible] verständ-)

intemperante [intempe'rante] unmäßig; maßlos.

intempe|rie [intem'perĭe] *f* Unbilden *pl.* der Witterung; *a la ~* bei Wind und Wetter; unter freiem Himmel; **~stivo** [~pes'tĭbo] unzeitgemäß; ungelegen.

intenci|ón [inten'θĭon] *f* Absicht *f*; Vorsatz *m*; Zweck *m*; *de primera ~* vorläufig; *segunda ~* Hintergedanke *m*; **~onado** [~θĭo'naᵈo] vorsätzlich; *bien ~* guten Willens, ehrlich; *mal ~* böswillig; **~onal** [~θĭo'nal] absichtlich.

intenden|cia [inten'denθĭa] *f* Verwaltung *f*; ✕ Intendantur *f*; **~te** [~'dente] *m* Verwalter *m*; ✕ Intendant *m*; *Am. reg.* Bürgermeister *m*.

intensi|dad [intensi'da⁽ᵈ⁾] *f* Nachdruck *m*; ⊕ Kraft *f*; Stärke *f*; Intensität *f*; **~ del sonido** Lautstärke *f*; **~ficación** [~sifika'θĭon] *f* Verstärkung *f*; Intensivierung *f*; **~ficar** [~sifi'kar] (1g) verstärken; intensivieren.

intenso [in'tenso] nachdrücklich; intensiv; heftig.

intentar [inten'tar] (1a) unternehmen; vorhaben, beabsichtigen; versuchen; *Prozeß* anstrengen.

intento [in'tento] *m* Absicht *f*; Vorsatz *m*; Versuch *m*; *de ~* absichtlich; **~na** [inten'tona] *f* gewagtes Unternehmen *n*; *Pol.* Putsch(versuch) *m*.

interacción [interag'θĭon] *f* Wechselwirkung *f*.

intercala|ción [interkala'θĭon] *f* Einschaltung *f*; **~r** [~'lar] (1a) einschalten, einschieben.

intercam|biable [interkam'bĭable] austauschbar; **~bio** [~'kambĭo] *m* Austausch *m*.

interceder [interθe'der] (2a) sich

ins Mittel legen, sich verwenden (für [*ac.*] por).

intercepta|ción [interθepta'θĭon] *f* Abfangen *n*; Unterschlagung *f*; **~r** [~'tar] (1a) unterbrechen; abstoppen; *Briefe* abfangen.

interce|sión [interθe'sĭon] *f* Vermittlung *f*; Fürsprache *f*; **~sor** *m*, **-a** *f* [~'sor, ~'sora] Fürsprecher(in *f*) *m*, Vermittler(in *f*).

interdic|ción [interdig'θĭon] *f* Verbot *n*; **~to** [~'dikto] *m* Verbot *n*; *kath.* Interdikt *n*.

interés [inte'res] *m* Anteilnahme *f*; Interesse *n*; Belang *m*; Nutzen *m*; Eigennutz *m*; **~ compuesto** Zinseszins *m*; *a ~* verzinslich; *sin ~* unverzinslich; *tipo m de ~* Zinsfuß *m*; *intereses pl.* Zinsen *m*/*pl.*; *intereses pl. creados* Interessenverknüpfung *f*, -verflechtung *f*.

interesa|do [intere'saᵈo] **1.** *adj.* beteiligt; gewinnsüchtig; selbstsüchtig; interessiert (an [*dat.*] en); **2.** *m*, **-a** *f* [~'sada] Interessent(in *f*) *m*; Teilhaber(in *f*) *m* (an [*dat.*] en); Beteiligte(r) *m*, Beteiligte *f*; **~nte** [~'sante] interessant, anziehend; spannend, fesselnd; *hacerse el ~* sich wichtig machen.

interesar [intere'sar] (1a) teilnehmen lassen (an [*dat.*] en); anziehen, interessieren, fesseln; einnehmen, gewinnen (für [*ac.*] para); in Mitleidenschaft ziehen; **~se por** sich interessieren für (*ac.*); Teilnahme zeigen für (*ac.*).

interferencia [interfe'renθĭa] *f* Dazwischentreten *n*, Einmischung *f*; ∱ Interferenz *f*, Überlagerung *f*.

interfono [inter'fono] *m* Sprechanlage *f*.

ínterin ['interin] *m* Zwischenzeit *f*.

interino [inte'rino] einstweilig; stellvertretend; Interims...

interior [inte'rĭor] **1.** *adj.* innere(r, -s) Innen...; Binnen...; **2.** *m das* Innere *n*; Inland *n*; **~ izquierda** Halblinke(r) *m* (*Sport*); **~es** *m*/*pl.* Innenaufnahmen *f*/*pl.* (*Film*); **~idades** [~rĭori'daᵈes] *f*/*pl.* Familienheimnisse *n*/*pl.*; private Angelegenheiten *f*/*pl.*; Intimsphäre *f*.

interjección [interxeg'θĭon] *f* Interjektion *f*, Empfindungswort *n*.

interlinea|ción [interlinea'θĭon] *f* Zeilenabstand *m*; *Typ.* Durchschuß *m*; **~dor** [~'dor] *m* Zeileneinsteller m (*Schreibmaschine*); **~l** [~'al] zwischen den Zeilen; **~r** [~'ar] (1a) *Typ.* durchschießen.

interlocutor [interloku'tor] m, **-a** [~'tora] f Gesprächspartner(in f) m; **~io** ⚇ [~'torio] m Zwischenurteil n.

interme|diario [interme'diario] **1.** *adj.* Zwischen..., Mittel...; **2.** m, **-a** f [~'ria] Vermittler(in f) m; Zwischenhändler(in f) m; **~dio** [~'medio] **1.** *adj.* dazwischenliegend; Zwischen...; **2.** m Zwischenzeit f; *Thea.* Zwischenspiel n; ♪ Einlage f.

intermi|nable [intermi'nable] endlos; **~tencia** [~'tenθia] f Aussetzen n (a. ✲); **~tente** [~'tente] **1.** *adj.* zeitweilig aufhörend; ✲ aussetzend; *fiebre* f ~ Wechselfieber f; **2.** m *Kfz.* Blinker m.

internacional [internaθio'nal] international, zwischenstaatlich.

internado [inter'naᵈo] m Internat n; Internierte(r) m.

inter|nar [inter'nar] (1a) internieren; ✲ *in ein Krankenhaus* einweisen; **~narse** *in ein Gebiet* eindringen; **~nista** ✲ [~'nista] m Internist m.

interno [in'terno] **1.** *adj.* innere(r, -s); innerlich; **2.** m Internatsschüler m; Assistenzarzt m.

interpela|ción [interpela'θion] f Aufforderung f; *Parl.* (große) Anfrage f, Interpellation f; **~nte** [~'lante] m Interpellant m; Fragesteller m; **~r** [~'lar] (1a) auffordern; anfragen; interpellieren.

interplanetario [interplane'tario] Weltraum...

interpolar [interpo'lar] (1a) interpolieren; einschalten, einfügen.

interpo|ner [interpo'ner] (2r) einschieben; dazwischenstellen; ⚇ ~ *apelación* Berufung einlegen; **~sición** [~si'θion] f Einschiebung f.

interpreta|ción [interpreta'θion] f Auslegung f; Deutung f; Dolmetschen n; ♪ Wiedergabe f; *Thea.* Spiel n; **~dor** m, **-a** f [~'dor, ~'dora] Ausleger(in f) m; Deuter(in f) m; **~r** [~'tar] (1a) auslegen; dolmetschen; *Thea.* darstellen, spielen; ♪ wiedergeben.

intérprete [in'terprete] *su.* Ausleger(in f) m; Dolmetscher(in f) m; Interpret(in f) m (a. ♪); *Thea.* Darsteller(in f) m.

interroga|ción [interrɔga'θion] f Frage f; (*signo* m *de*) ~ Frage-

zeichen n; **~nte** [~'gante] **1.** *adj.* fragend; **2.** m u. f (offene) Frage f, Fragezeichen n; **~r** [~'gar] (1h) aus-, befragen; ⚇ verhören; **~tivo** [~ga'tiβo] fragend; **~torio** ⚇ [~ga'torio] m Verhör n.

interrum|pir [interrum'pir] (3a) unterbrechen; ⚡ ausschalten; **~p-ción** [~rrup'θion] f Unterbrechung f; Störung f; *sin* ~ ununterbrochen; **~ptor** [~rrup'tor] m Unterbrecher m; ⚡ Schalter m.

intersección 𝐀 [interseg'θion] f Schnitt(punkt) m.

intersticio [inters'tiθio] m Zwischenraum m; Spalte f.

interurbano [interur'bano] Fern... (*Telefon*).

intervalo [inter'balo] m Zwischenzeit f; Zwischenraum m; Abstand m; ♪ Intervall n.

interven|ción [interben'θion] f Eingreifen n; Dazwischentreten f; Vermittlung f; Beschlagnahme f; *Pol.* Intervention f; ✲ Eingriff m; **~ir** [~be'nir] (3s) vermitteln; teilnehmen (an [dat.] en); eingreifen; einschreiten; beschlagnahmen; v/t. *Rechnung* prüfen; ✲ operieren; **~tor** [~ben'tor] m Kontrolleur m; Inspektor m.

intestado [intes'taᵈo] ohne Testament verstorben.

intesti|nal [intesti'nal] Eingeweide..., Darm...; **~no** [~'tino] **1.** *adj.* innerlich; häuslich; **2.** m Darm m; ~ *delgado* Dünndarm m; ~ *grueso* Dickdarm m; **~s** pl. Eingeweide n/pl.

intima|ción [intima'θion] f Ankündigung f; Mahnung f; ⚇ Vorladung f; **~r** [~'mar] (1a) ankündigen; auffordern; v/i. (enge) Freundschaft schließen (mit [dat.] con).

intimi|dación [intimida'θion] f Einschüchterung f; **~dad** [~'daᵈ⁽ᵈ⁾] f Intimität f; enge Freundschaft f; Gemütlichkeit f; *en la* ~ im engsten Kreis; **~dar** [~'dar] (1a) einschüchtern.

íntimo [in'timo] innerst; intim; vertraut; gemütlich; *somos* ~s (*amigos*) wir sind die besten Freunde.

intitular [intitu'lar] (1a) betiteln.

intolera|ble [intole'raβle] unerträglich, unausstehlich; **~ncia** [~'ranθia] f Unduldsamkeit f; **~nte** [~'rante] unduldsam, intolerant.

intoxica|ción [intɔgsika'θiɔn] *f*
Vergiftung *f*; **~r** [~'kar] (1g) vergiften.

intraducible [intradu'θiβle] un-
übersetzbar.

intranqui|lidad [intraŋkili'da⁽ᵈ⁾] *f*
Unruhe *f*; **~lo** [~'kilo] unruhig;
ängstlich.

intransferible [intransfe'riβle]
nicht übertragbar.

intransi|gencia [intransi'xenθia] *f*
Unnachgiebigkeit *f*; Unversöhn-
lichkeit *f*; Unduldsamkeit *f*; **~gente**
[~'xente] unnachgiebig; unversöhnlich; unduldsam; **~table** [~'ta-
ble] unwegsam; nicht befahrbar;
~tivo *Gram.* [~'tiβo] intransitiv.

intransmisible [intransmi'siβle]
nicht übertragbar.

intrascendente [intrasθen'dente]
unwichtig, unwesentlich.

intratable [intra'taβle] unzugäng-
lich; abweisend.

intravenoso ✱ [intraβe'noso] intra-
venös.

intr|epidez [intrepi'deθ] *f* Uner-
schrockenheit *f*; Verwegenheit *f*;
~épido [in'trepido] unerschrocken,
verwegen.

intriga [in'triga] *f* Intrige *f*, Um-
trieb *m*; Verwicklung *f*; **~nte** [intri-
'gante] **1.** *adj.* ränkevoll; **2.** *m* In-
trigant *m*, Ränkeschmied *m*; **~r**
[intri'gar] (1h) Ränke schmieden;
beunruhigen, keine Ruhe lassen;
j-s Interesse *od.* Neugier wecken.

intrincado [intriŋ'kaᵈo] verwickelt;
verworren.

intríngulis F [in'triŋgulis] *m* geheime Absicht *f*; F des Pudels Kern
m.

intrínseco [in'trinseko] inner(lich),
wesentlich, eigentlich.

introdu|cción [introduɡ'θiɔn] *f*
Einführung *f*; Einleitung *f*, Vorwort *n*; ♪ Vorspiel *n*; ♣♠ Klage-
erhebung *f*; **~cir** [~ðu'θir] (3o) einführen; **~cirse** eindringen; *fig.* sich
aufdrängen; **~ctor** [~ðuk'tɔr] **1.** *adj.*
einführend; **2.** *m* Einführer *m*;
Neuerer *m*; **~** *de embajadores* Chef
m des Protokolls.

introito [in'trɔito] *m kath.* Introitus
m.

intromisión [intromi'siɔn] *f* Einmischung *f*.

intru|sión [intru'siɔn] *f* unberech-
tigtes Eindringen *n*; unbefugter
Eingriff *m*; **~so** [in'truso] *m* Eindringling *m*; Störenfried *m*.

intui|ción [intui'θiɔn] *f* Intuition *f*;
unmittelbare Anschauung *f*; Ein-
fühlungsvermögen *n*; **~r** [intu'ir]
(3g) intuitiv erkennen, intuitiv erfassen; **~tivo** [intui'tiβo] intuitiv;
anschaulich; Anschauungs...

inunda|ción [inunda'θiɔn] *f* Über-
schwemmung *f*; Hochwasser *n*; **~**
dizo *Am.* [~'ðiθo] Überschwemmungen ausgesetzt; **~r** [~'dar] (1a)
überschwemmen, überfluten (*a.
fig.*).

inusitado [inusi'taᵈo] ungebräuch-
lich, ungewöhnlich.

inútil [i'nutil] **1.** *adj.* unnütz;
zwecklos; unbrauchbar; wertlos;
vergeblich; **2.** *m* Taugenichts *m*.

inutilidad [inutili'da⁽ᵈ⁾] *f* Nutz-,
Zwecklosigkeit *f*; Unbrauchbar-
keit *f*.

inutilizar [inutili'θar] (1f) unbrauchbar *od.* wertlos machen;
Wertzeichen entwerten.

invadir [imba'dir] (3a) überfallen;
einfallen in (*ac.*); überfluten (*Wasser*); heimsuchen (*Epidemie*); befallen (*Schädlinge usw.*).

invali|dar [imbali'dar] (1a) ungül-
tig machen; entkräften; **~dez** [~
'deθ] *f* Ungültigkeit *f*; Invalidität *f*;
Arbeitsunfähigkeit *f*.

inválido [im'baliðo] **1.** *adj.* dienst-
untauglich; arbeitsunfähig; ungül-
tig; **2.** *m* Invalide *m*; **~** *de guerra*
Kriegsbeschädigte(r) *m*.

invariable [imba'riaβle] unveränderlich.

inva|sión [imba'siɔn] *f* Invasion *f*;
⚔ Einfall *m*; Eindringen *n*; **~sor**
[~'sɔr] *m* Eindringling *m*; Angreifer
m.

invectiva [imbek'tiβa] *f* Schmähung *f*.

invencible [imben'θiβle] unbesieg-
bar; unüberwindlich.

invención [imben'θiɔn] *f* Erfindung *f*.

invendible [imben'diβle] unver-
käuflich.

inven|tar [imben'tar] (1a) erfinden,
ersinnen, erdichten; **~tariar** [~ta-
'riar] (1b) von *et.* (*dat.*) den Bestand
aufnehmen; **~tario** [~'tario] *m* Inventur *f*, Bestandsaufnahme *f*;
Nachlaßverzeichnis *n*; Inventar *n*;
~tiva [~'tiβa] *f* Erfindungsgabe *f*;

~tivo [~'tiβo] erfinderisch; **~to** [im'bento] *m* Erfindung *f*; **~tor** [imben'tɔr] **1.** *adj.* Erfinder...; **2.** *m* Erfinder *m*.

invernáculo [imber'nakulo] *m* Treibhaus *n*, Gewächshaus *n*.

inverna|da [imber'naða] *f* Winter(s)zeit *f*; *Am.* Überwintern *n*; *Rpl.* Winterweide *f*; **~dero** [~na-'ðero] *m* Treibhaus *n*; **~l** [~'nal] winterlich; **~r** [~'nar] (1k) überwintern. [wahrscheinlich.)

inverosímil [imbero'simil] un-)

inver|sión [imber'sjon] *f* Umkehrung *f*; Umstellung *f*; (Geld-)Anlage *f*, Investition *f*; **~so** [im'berso] umgekehrt; entgegengesetzt; *a la -a* im Gegenteil; **~sor** [imber'sɔr] *m* ≠ Umschalter *m*; ✝ Anleger *m*, Investor *m*; **~tebrado** *Zo.* [~te'βraðo] wirbellos.

inverti|do [imber'tiðo] **1.** *adj.* entgegengesetzt, umgekehrt; homosexuell; **2.** *m* Homosexuelle(r) *m*; **~r** [~'tir] (3i) umkehren, umdrehen; *Geld* anlegen, investieren; *Zeit* brauchen (zu [*dat.*] en).

investidura [imbesti'ðura] *f* Belehnung *f*; *Rel.*, *Pol.* Investitur *f*.

investiga|ción [imbestiga'θjon] *f* Forschung *f*; Erforschung *f*; Untersuchung *f*; **~dor** [~ga'ðor] **1.** *adj.* forschend; Forschungs...; **2.** *m* Forscher *m*; **~r** [~'ɣar] (1h) (er-)forschen; untersuchen.

investir [imbes'tir] (3l) belehnen (mit [*dat.*] de); *Würde usw.* verleihen.

inveterado [imbete'raðo] eingewurzelt; eingefleischt.

invicto [im'bikto] unbesiegt.

invidente [imbi'ðente] blind.

invierno [im'bjerno] *m* Winter *m*; *Am. Cent.*, *Col.*, *Ec.*, *Ven.* Regenzeit *f*; Regenguß *m*.

inviolab|ilidad [imbiolabili'ða⁽ᵈ⁾] *f* Unverletzlichkeit *f*; **~le** [~'laβle] unverletzlich.

invisible [imbi'siβle] unsichtbar.

invita|ción [imbita'θjon] *f* Einladung *f*; Aufforderung *f*; **~do** [~-'taðo] *m* Gast *m*; **~r** [~'tar] (1a) einladen; auffordern (zu *a*).

invoca|ción [imboka'θjon] *f* Anrufung *f*; **~r** [~'kar] (1g) anrufen; ⚖ vorbringen, geltend machen.

involuntario [imbolun'tarjo] unfreiwillig; unabsichtlich.

invulnerable [imbulne'raβle] unverwundbar.

inyec|ción [injeg'θjon] *f* Injektion *f*; Einspritzung *f*; **~table** ⚕ [injek-'table] *m* Ampulle *f*; **~tar** [~'tar] (1a) einspritzen; **~tor** [~'tɔr] *m* Einspritzdüse *f*.

ion, ión [ion] *m* Ion *n*; **~izar** [ioni-'θar] (1f) ionisieren.

ir [ir] (3t) **1.** gehen; sich *an e-n Ort* begeben; fahren, reiten *usw.*; reisen; führen (*Weg*); sich befinden (*gesundheitlich*); stehen, passen (*Kleidung*); ~ *a inf.* sich anschicken zu *inf.*; im Begriff sein zu *inf.*; gleich et. tun; ~ *a buscar* (ab)holen; ~ *a caballo* reiten; ~ *a una* einig sein; ~ *de mal en peor* immer schlechter werden *od.* gehen; ~ *en coche* (*im Wagen*) fahren; ~ *en avión* fliegen; ~ *para viejo* alt werden; ~ *por* (F *a por*) a/c. et. holen; ~ *sobre* a/c. (*alg.*) hinter et. (j-m) her sein; ~ *ger.* allmählich, nach und nach, immer mehr et. tun *od.* werden, z.B. (*ya*) *voy comprendiendo* ich komme allmählich dahinter; *ya va anocheciendo* es wird allmählich dunkel; ~ *part.* (bereits) sein, z.B. *la mercancía va vendida* die Ware ist (bereits) verkauft; *va mucho en eso* es hängt viel davon ab; *nada te va en esto* das geht dich nichts an; *va mucho de uno a otro* es ist ein großer Unterschied zwischen den beiden; *¿cuánto va?* was gilt die Wette?; *¡qué va!* ach was!; Unsinn!; *¿quién va?* wer da?; *de 8 a 12 van 4* 8 von 12 bleiben 4; *van 3 duros a que isch wette* 3 Duros, daß; *¡vamos!* gehen wir!, auf!, vorwärts!, nanu!; *¡vaya!* gut denn!, also los!; recht so! (*a. iron.*); ach was!; na so was!; weiß Gott!; *¡vaya si ...!* und ob ...!; *¡vaya una sorpresa!* (*iron.*) e-e schöne (*od.* nette) Überraschung!; *¡vaya una pregunta!* was für e-e Frage!; **2.** **~se** weggehen; entgleiten; auslaufen (*Flüssigkeit*); verdunsten, verfliegen; ~ *abajo* abstürzen; *fig.* zunichte werden; ~ *para allá* e-n Bummel machen.

ira ['ira] *f* Zorn *m*; Wut *f*; **~cundia** [ira'kundja] *f* Jähzorn *m*; **~cundo** [~'kundo] jähzornig.

iraní [ira'ni] **1.** *adj.* iranisch; **2.** *m* Iraner *m*.

iris ['iris] *m Anat.* Iris *f*, Regenbogenhaut *f*; *arco m* ~ Regenbogen *m*.

irlan|dés [irlan'des] **1.** *adj.* irisch; **2.** *m*, **~desa** [~'desa] *f* Ire *m*, Irin *f*.

ironía [iro'nia] *f* Ironie *f*.

irónico [i'roniko] ironisch, spöttisch.

irracional [irraθio'nal] unvernünftig; *Å u. Phil.* irrational.

irradia|ción [irradia'θion] *f* Aus-, Bestrahlung *f*; **~r** [~'diar] (1b) ausstrahlen; bestrahlen.

irreal [irre'al] unwirklich; **~izable** [~ali'θable] unausführbar.

irrebatible [irreba'tible] unwiderleglich.

irre|conciliable [irrekonθi'liable] unversöhnlich; **~cuperable** [~kupe'rable] unwiederbringlich; **~cusable** [~ku'sable] unabweislich; **~flexivo** [~fleg'sibo] unüberlegt; **~frenable** [~fre'nable] zügellos; **~futable** [~fu'table] unwiderleglich; unumstößlich.

irregular [irregu'lar] unregelmäßig; ungeregelt; **~idad** [~lari'da(d)] *f* Unregelmäßigkeit *f*; Unstimmigkeit *f*.

irrelevante *bsd. Am.* [irrele'bante] irrelevant, unerheblich.

irreligioso [irreli'xioso] ungläubig; religionswidrig.

irre|mediable [irreme'diable] unabänderlich; *fig.* unheilbar; **~misible** [~mi'sible] unverzeihlich; unumgänglich; **~parable** [~pa'rable] nicht wiedergutzumachen(d); unersetzlich; **~prensible** [~pren'sible], **~prochable** [~pro'tfable] untadelig; **~sistible** [~sis'tible] unwiderstehlich; **~solución** [~solu'θion] *f* Unentschlossenheit *f*; **~soluto** [~so'luto] unentschlossen; **~spetuoso** [irrespe'tuoso] unehrerbietig; **~sponsable** [~pon'sable] unverantwortlich; verantwortungslos.

irreveren|cia [irrebe'renθia] *f* Unehrerbietigkeit *f*; **~te** [~'rente] unehrerbietig.

irrevocable [irrebo'kable] unwiderruflich; unkündbar (*Vertrag*).

irri|gación [irriga'θion] *f* Bewässerung *f*; Spülung *f*; **~gador** *♂*

~dor] *m* Irrigator *m*, Klistierspritze *f*; **~gar** [~'gar] (1h) (be-) spülen; *Am.* bewässern.

irri|sible [irri'sible] lächerlich; **~sión** [~'sion] *f* Hohnlachen *n*; Spott *m*; **~sorio** [~'sorio] lächerlich, lachhaft; *precio m* ~ Spottpreis *m*.

irrita|bilidad [irritabili'da(d)] *f* Reizbarkeit *f*; **~ble** [~'table] reizbar; **~ción** [~ta'θion] *f* Reizung *f* (*a. ♂*); Gereiztheit *f*; **~nte** [~'tante] erregend; erbitternd; Reiz...; **~r** [~'tar] (1a) reizen (*a. ♂*); erbittern; erregen; entzünden; **~rse** in Zorn geraten; böse werden.

irrompible [irrom'pible] unzerbrechlich.

irrumpir [irrum'pir] (3a) einbrechen, einfallen.

irrupción [irrup'θion] *f* feindlicher Einfall *m*; Einbruch *m*; *hacer* ~ eindringen (*in* [*ac.*] *en*).

isla ['izla] *f* Insel *f* (*a. fig.*); ~ *de peatones* Fußgängerzone *f*.

islam [iz'lam], **~ismo** [izla'mizmo] *m* Islam *m*.

islan|dés [izlan'des] **1.** *adj.* isländisch; **2.** *m*, **~desa** [~'desa] *f* Isländer(in *f*) *m*.

isleño [iz'leno] **1.** *adj.* Insel...; **2.** *m* Inselbewohner *m*.

islote [iz'lote] *m* (Felsen-)Eiland *n*.

isótopo [i'sotopo] *m* Isotop *n*.

israelí [izrrae'li] **1.** *adj.* israelisch; **2.** *m* Israeli *m*.

israelita [izrrae'lita] *m* Israelit *m*.

istmo ['istmo] *m* Landenge *f*.

italiano [ita'liano] **1.** *adj.* italienisch; **2.** *m*, **-a** [~na] *f* Italiener(in *f*) *m*.

itálico [i'taliko] *hist.* italisch; *Typ.* *letra f* -*a* Kursivschrift *f*.

itinerario [itine'rario] **1.** *adj.* Weg...; **2.** *m* Reiseplan *m*; Reisebeschreibung *f*; Reiseführer *m* (*Buch*); (Weg-)Strecke *f*; Route *f*.

izar [i'θar] (1f) *Flagge* hissen; *Segel* setzen.

izquier|da [iθ'kierda] *f* linke Hand *f*; *Pol.* die Linke *f*; *a la* (*od. por la*) ~ links; *extremo m* ~ Linksaußen *m* (*Sport*); *Pol. ser de* ~ links stehen; **~dista** [iθkier'dista] *Pol.* linksgerichtet; **~do** [iθ'kierdo] linke(r, -s).

J

J, j ['xota] *f* J, j *n*.

jabalí [xaba'li] *m* Wildschwein *n*; Keiler *m*.

jabalina [xaba'lina] *f* a) Wildsau *f*, Bache *f*; b) (Wurf-)Speer *m*.

jabato [xa'bato] *m* Frischling *n*; F Draufgänger *m*.

jábega ['xaβeɣa] *f* großes Schleppnetz *n*.

jabón [xa'βɔn] *m* Seife *f*; *Arg., Méj., P.R.* F Schrecken *m*, Angst *f*; ~ de afeitar Rasierseife *f*; ~ blando (*od.* verde) Schmierseife *f*; ~ de sastre Schneiderkreide *f*; ~ de tocador Toilettenseife *f*; dar ~ einseifen; dar ~ a alg. j-m schmeicheln, F j-m Honig ums Maul schmieren; *pastilla f de* ~ Stück *n* Seife.

jabon|ado *m*, **~adura** *f* [xaβo'naᵈo, ~a'dura] Einseifen *n*; Seifenschaum *m*; **~ar** [~'nar] (1a) (ein)seifen; **~era** [~'nera] *f* Seifenschale *f*; **~ería** [~ne'ria] *f* Seifensiederei *f*; **~ero** [~'nero] *m* Seifensieder *m*.

jaca ['xaka] *f* Kleinpferd *n*.

jacarandá [xakaran'da] *m* Jakarandabaum *m*; Palisanderholz *n*.

jacarero F [xaka'rero] *m* Bruder *m* Lustig.

jacinto [xa'θinto] *m* ♀ Hyazinthe *f*; Hyazinth *m* (*Edelstein*).

jaco ['xako] *m* Klepper *m*.

jactancia [xak'tanθia] *f* Prahlerei *f*, Großsprecherei *f*; **~ncioso** [~tan-'θïoso] prahlerisch, großsprecherisch; **~rse** [~'tarse] (1a) prahlen (mit [*dat.*] de).

jaculatoria [xakula'toria] *f* Stoßgebet *n*.

jade Min. ['xaðe] *m* Jade *m*.

jade|ar [xaðe'ar] (1a) keuchen; **~o** [xa'ðeo] *m* Keuchen *n*.

jaez [xa'eθ] *m* Pferdegeschirr *n*; Eigenart *f*; *del mismo* ~ vom gleichen Schlage.

jaguar [xa'ɣŭar] *m* Jaguar *m*.

jalarse *Am.* [xa'larse] (1a) sich beschwipsen.

jalbe|gar [xalβe'ɣar] (1h) tünchen, weißen; **~gue** [~'βeɣe] *m* Kalktünche *f*.

jalea [xa'lea] *f* Gelee *n*.

jale|ar [xale'ar] (1a) aufmuntern, anfeuern (*durch Händeklatschen u. Zurufe*); Hunde hetzen; **~o** [xa'leo] *m* Aufmuntern *n*; Krach *m*; F Rummel *m*; Lärm *m*; Durcheinander *n*; armar ~ F Radau machen.

jalón [xa'lɔn] *m* Landmarke *f*; Richtpfahl *m*; Meßstange *f*; *Am.* Ruck *m*; *Am. reg.* Strecke *f*; Tagesreise *f*; *Am. Cent.* Verehrer *m*; *Guat., Méj.* Schluck *m* Schnaps.

jalonar [xalo'nar] (1a) *Weg* abstecken.

jamás [xa'mas] niemals; je(mals); *nunca* ~ nie und nimmer; *por siempre* ~ auf ewig.

jamba ['xamba] *f* Tür-, Fensterpfosten *m*; **~ge** [xam'baxe] *m* Tür-, Fensterrahmen *m*.   [mähre *f*.]

jamelgo [xa'mɛlɡo] *m* Schind-]

jamón [xa'mɔn] *m* Schinken *m*; ~ dulce (*od.* York) gekochter Schinken *m*; ~ serrano roher Schinken *m*; F *¡y un* ~! kommt nicht in Frage!; F denkste!

jamona F [xa'mona] *f* rundliche Frau *f* mittleren Alters.

jangada *Am. Mer.* [xaŋ'ɡaða] *f* Floß *n*.

japon|és [xapo'nes] **1.** *adj.* japanisch; **2.** *m*, **~esa** [~'nesa] *f* Japaner (-in *f*) *m*.

jaque ['xake] *m* Schach *n* (*beim Schachspiel*); ~ mate schachmatt; dar ~ Schach bieten; *fig.* tener en ~ in Schach halten; **~ar** [xake'ar] (1a) j-m Schach bieten.

jaqueca [xa'keka] *f* Kopfweh *n*, Migräne *f*; dar ~ a alg. j-n belästigen.

jáquima ['xakima] *f* Halfter *m od. n*; *Am. Cent., Méj.* Rausch *m*.

jarabe [xa'rabe] *m* Sirup *m*; *Méj.* ein Volkstanz; ~ de pico Geschwätz *n*.

jaran|a F [xa'rana] *f* lärmende Fröhlichkeit *f*, Rummel *m*, Krach *m*, Radau *m*; **~ear** F [xarane'ar] (1a) Krach *od.* Radau machen; P ein Faß aufmachen; **~ero** [~'nero] immer lustig, stets fidel.

jarcia ['xarθia] *f* ⚓ Takelwerk *n*.
jardín [xar'din] *m* (Zier-)Garten *m*;
~ *de infancia* Kindergarten *m*.
jardine|ra [xarđi'nera] *f* Gärtnerin
f; Blumenkasten *m*; offener Anhänger *m der Straßenbahn*; **~ría**
[~ne'ria] *f* Gärtnerei *f*; Garten-
arbeit *f*; **~ro** [~'nero] *m* Gärtner *m*.
jarifo [xa'rifo] stattlich; prächtig.
jarr|a ['xarra] *f* Tonkrug *m*; Wasser-
krug *m*; *en ~s* die Arme in die Seiten gestemmt; **~ete** [xa'rrete] *m*
Kniekehle *f*; **~etera** [xarre'tera] *f*
Strumpfband *n*; *Orden m de la* ♀
Hosenbandorden *m*; **~o** ['xarro] *m*
einhenkliger Krug *m*, Kanne *f*;
echarle a alg. un ~ de agua (fría)
j-m e-n Dämpfer geben; **~ón** [xa-
'rron] *m* große Blumenvase *f*.
jaspe *Min.* ['xaspe] *m* Jaspis *m*; **~ar**
[xaspe'ar] (1a) marmorieren.
jauja ['xauxa] *f* Schlaraffenland *n*.
jau|la ['xaula] *f* Käfig *m*; Vogel-
bauer *n*; Fahrstuhlkorb *m*; Förder-
korb *m*; Lattenkiste *f*; 🚋 Vieh-
wagen *m*; **~ría** [xau'ria] *f* Meute *f*;
Koppel *f*.
jayán [xa'jan] *m* grober Kerl *m*, P
Rabauke *m*.
jazmín [xaθ'min] *m* Jasmin *m*.
jefa ['xefa] *f* Chefin *f*; **~tura** [xefa-
'tura] *f* Behörde *f*; ~ *de policía* Poli-
zeipräsidium *f*; **~zo** F [xe'faθo] *m*
F Boß *m*.
jefe ['xefe] *m* Chef *m*; Haupt *n*;
Leiter *m*, Führer *m*; ~ *de taller*
Werkmeister *m*; ~ *de tren* 🚋 Zug-
führer *m*; ~ *de tribu* Häuptling *m*.
jeme ['xeme] *m* Spanne *f* (*Hand*).
jengibre [xeŋ'xibre] *m* Ingwer *m*.
jeque ['xeke] *m* Scheich *m*.
jerar|ca [xe'rarka] *m desp.* Bonze *m*;
~quía [xerar'kia] *f* Hierarchie (*fría*)
Rangordnung *f*.
jeremiquear *Am.* [xeremike'ar] (1a)
jammern, klagen.
jerez [xe're θ] *m* Jerez(wein) *m*,
Sherry *m*.
jerga ['xerga] *f* grobes Tuch *n*; *fig.*
Jargon *m*; Kauderwelsch *n*; ~ *del
hampa* Gaunersprache *f*.
jergón [xer'gon] *m* Strohsack *m*.
jerife [xe'rife] *m* Scherif *m*.
jerigonza [xeri'gonθa] *f* Kauderwelsch *n*; Gaunersprache *f*.
jerin|ga [xe'riŋga] *f* 🔧 Spritze *f*;
Klistierspritze *f*; *Am. reg.* Belästigung *f*; **~gar** [xeriŋ'gar] (1h) an-,

einspritzen; *fig.* F belästigen; **~gar-
se** sich langweilen.
jeroglífico [xero'glifiko] *m* Hieroglyphe *f*; Bilderrätsel *n*.
jersey [xer'se] *m* Pullover *m*.
Jesu|cristo [xesu'kristo] *m* Jesus
Christus *m*; **♀ita** [xesu'ita] *m* Jesuit
m; **♀ítico** [xesu'itiko] jesuitisch.
Jesús [xe'sus] *m* Jesus *m*; *en un
(decir)* ~ im Nu; *¡~!* Gesundheit!
(*beim Niesen*).
jeta F ['xeta] *f* dicke Lippe *f*;
Schnauze *f*, Fratze *f*; *poner* ~ den
Mund verziehen.
jibia ['xiβia] *f* Tintenfisch *m*.
jíca|ra ['xikara] *f* kleine Tasse *f*;
Isolator *m an Telegrafenstangen*;
Am. Trinkgefäß *n* aus der Frucht
des Kürbisbaums; *Méj.* Glatzkopf
m; **~ro** *Am.* [~ro] *m* Kürbisbaum *m*.
jifero [xi'fero] **1.** *adj.* Schlachter...;
2. *m* Schlachter *m*; Schlacht-
messer *n*.   [Distelfink *m*.}
jilguero [xil'gero] *m* Stieglitz *m*,}
jilote *Am. Cent.*, *Méj.* [xi'lote] *m*
grüner Maiskolben *m*.
jinete [xi'nete] *m* Reiter *m*.
jipijapa [xipi'xapa] *f* Panamahut *m*.
jira ['xira] *f* Landpartie *f*; Picknick
n; **~fa** [xi'rafa] *f* Giraffe *f*.
jirón [xi'rɔn] *m* Fetzen *m*.
joco|serio [xoko'serio] halb im
Spaß, halb im Ernst; **~sidad** [~si-
'da(d)] *f* Spaß *m*; Schäkerei *f*; **~so**
[xo'koso] spaßig; lustig.
jod|er V [xo'der] (2a) *v/i.* koitieren,
V ficken; *v/t.* j-n ärgern; P j-n zur
Sau machen; *¡~!* verdammt noch
mal!; *¡no me jodas!* das gibt's doch
nicht!; *¡que se joda!* zum Teufel
mit ihm!; **~ienda** V [~'đienda] *f*
Koitus *m*; *fig.* Schinderei *f*; P
Sauerei *f*.
jofaina [xo'faina] *f* Waschbecken *n*.
jolgorio [xol'gorio] *m* F Rummel *m*.
¡jolín! [xo'lin], **¡jolines!** [~'lines] F
verflixt noch mal!
jordano [xor'đano] jordanisch; **2.**
m, **-a** *f* Jordanier(in *f*) *m*.
jorna|da [xor'nađa] *f* Tag(esablauf)
m; Tagung *f*; Tagereise *f*; Tage-
werk *n*; Arbeitstag *m*; Arbeitszeit *f*;
Thea. Akt *m*; ~ *flexible* gleitende
Arbeitszeit *f*; ~ *intensiva* durch-
gehende Arbeitszeit *f*; ~ *reducida*
Kurzarbeit *f*.
jornal [xor'nal] *m* Tagelohn *m*;
~ero [~na'lero] *m* Tagelöhner *m*.

joroba [xo'roba] f Buckel m; fig. Zudringlichkeit f; Belästigung f; F ¡~! na so was!; **~do** [xoro'baðo] buck(e)lig.

jorobar F [xoro'bar] (1a) belästigen.

jorongo Méj. [xɔ'rɔŋgo] m Art Poncho m.

jota ['xota] f Name des Buchstabens j; no saber (ni) ~ keine Ahnung haben; Jota f (span. Volkstanz).

joven ['xoben] 1. adj. jung; 2. su. Jüngling m, junger Mann m; junges Mädchen n; los jóvenes die jungen Leute pl.

jovial [xo'bial] heiter; jovial; **~idad** [xobiali'da⁽ᵈ⁾] f Heiterkeit f; Jovialität f.

joya ['xoja] f Juwel n, Kleinod n; fig. Perle f; **~s** pl. Schmucksachen pl.

joye|l [xo'jel] m kleiner Schmuck m, **~ría** [xoje'ria] f Juwelierladen m; **~ro** [xo'jero] m Juwelier m; Schmuckkasten m.

Juan [xŭan] m Johann, Hans; ~ Español der Durchschnittsspanier; ~ Lanas Schwächling m; F Waschlappen m; ~ Palomo Taugenichts m.

juanete [xŭa'nete] m vorstehender Backenknochen m; Überbein n; ⚓ Bram-, Toppsegel n.

jubila|ción [xubila'θiɔn] f Versetzung f in den Ruhestand; Pensionierung f; Pension f, Ruhegehalt n; **~do** [~'laðo] 1. adj. im Ruhestand; pensioniert; 2. m Pensionär m; Ruheständler m; **~r** [~'lar] (1a) in den Ruhestand versetzen; pensionieren; v/i. jubeln, jubilieren; **~rse** sich zur Ruhe setzen; Am. Cent. schwänzen (Schule).

jubileo [xubi'leo] m kath. Jubeljahr n; Jubiläum n.

júbilo ['xubilo] m Jubel m; Freude f.

jubón [xu'bɔn] m Wams n; Leibchen n, Unterjacke f.

juda|ico [xu'daiko] jüdisch; **~ismo** [xuda'izmo] m Judentum n.

judería [xude'ria] f Judenviertel n.

judía [xu'dia] f a) Jüdin f; b) ♀ Bohne f.

judi|catura [xudika'tura] f Richteramt n; Gerichtsbarkeit f; **~cial** [~'θial] richterlich; gerichtlich; por vía ~ auf dem Rechtswege.

judío [xu'dio] 1. adj. jüdisch; 2. m Jude m.

judo ['xudo] m Judo n.

juego ['xŭego] m Spiel m; Satz m,

Garnitur f; ⊕ Spielraum m; ~ de aguas Wasserkunst f; ⊕ ~ de bolas Kugellager n; ~ de cama Garnitur f Bettwäsche; ~ de manos Taschenspielertrick m; ~ de mesa Tafelgeschirr n, Service n; ~ de niños fig. Kinderspiel n; entrar en ~ in Aktion treten; estar en ~ auf dem Spiel stehen; fuera de ~ abseits (Sport); hacer ~ zs.-passen; passen (zu [dat.] con); no dejar entrar en ~ fig. F nicht zum Zuge kommen lassen; poner en ~ einsetzen, aufbieten; **~s** pl. malabares Kunststücke n/pl.

juerga ['xŭerga] f feuchtfröhliches Vergnügen n; Rummel m; ir de ~ (od. correrse una ~) sich e-n vergnügten Tag machen; sich toll amüsieren.

juerguista F [xŭer'gista] m Rumtreiber m; F Nachtschwärmer m.

jueves ['xŭebes] m Donnerstag m; 2 Santo Gründonnerstag m; no es cosa del otro ~ das ist nichts Welterschütterndes.

juez ['xŭeθ] m Richter m; Sport: ~ de línea Linienrichter m.

juga|da [xu'gaða] f Spiel: Zug m; böser Streich m; hacer su ~ ein gutes Geschäft machen; hacerle una mala ~ a alg. j-m übel mitspielen; **~dor**, **-a** f [xuga'dɔr, ~'dora] Spieler(in f) m.

jugar [xu'gar] (1o) 1. v/t. Karte ausspielen; verspielen; aufs Spiel setzen; ~ un papel e-e Rolle spielen; 2. v/i. spielen; scherzen; spekulieren; 3. **~se** aufs Spiel setzen; ~ el todo por el todo alles auf e-e Karte setzen; ~ la vida sein Leben riskieren.

jugarreta [xuga'rreta] f Schelmenstreich m; Schabernack m.

juglar [xu'glar] m Gaukler m; Spaßmacher m; hist. Spielmann m.

jugo ['xugo] m Saft m; Brühe f; fig. Kern m; sacar ~ a a/c. et. ausnützen.

jugoso [xu'goso] saftig; fig. gehaltvoll.

jugue|te [xu'gete] m Spielzeug n; **~tear** [xugete'ar] (1a) schäkern; tändeln; **~tería** [~'ria] f Spielwarenhandlung f; **~tón** [~'tɔn] spielerisch; verspielt (Kind).

juicio ['xŭiθio] m Urteilskraft f; Urteil n; Meinung f; Prozeß m; Gericht n; el ~ final das Jüngste

Gericht; *formar* ~ urteilen; *estar en su* ~ bei Verstand sein; *perder el* ~ den Verstand verlieren; ~**so** [xŭi'θioso] vernünftig; klug.

julepe F [xu'lepe] *m* (Karten-) Glücksspiel *n*; *Am.* Angst *f*.

julio ['xulio] *m* Juli *m*.

jumento [xu'mento] *m* Esel *m*.

juncal [xuŋ'kal] **1.** *adj.* Binsen...; **2.** *m* Binsengebüsch *n*.

junco ['xuŋko] *m* ♀ Binse *f*; ⚓ Dschunke *f*.

jungla ['xuŋgla] *f* Dschungel *m*.

junio ['xunio] *m* Juni *m*.

junta ['xunta] *f* Versammlung *f*; Kommission *f*; Rat *m*; Sitzung *f*; ⊕ Fuge *f*, Dichtung *f*; ~ *directiva* Vorstand *m*; ~ *militar* Militärjunta *f*; ~**mente** [xunta'mente] zusammen; ~**r** [~'tar] (1a) versammeln; verbinden; zusammenfügen; *Hände* falten; *Geld* aufbringen; *Tür* anlehnen; ~**rse** sich anschließen; sich zusammentun.

junto ['xunto] verbunden; gefaltet (*Hände*); versammelt; nahe; ~*s* zusammen; *en* ~ insgesamt; *por* ~ im ganzen; ~ *a* bei (*dat.*).

juntura [xun'tura] *f* Gelenk *n*; Scharnier *n*; Fuge *f*.

jupa *Am. Cent.* ['xupa] *f* Kürbis *m*; Kopf *m*.

jura ['xura] *f* Amtseid *m*; ~ *de la bandera* Fahneneid *m*; ~**do** [xu-'raᵈo] **1.** *adj.* geschworen; beeidigt; **2.** *m* Geschworene(r) *m*; Jury *f*; Preisgericht *n*; *tribunal m de* ~*s* Schwurgericht *n*; ~**mentar** [xuramen'tar] (1a) vereidigen; ~**mento** [~'mento] *m* Eid *m*; Schwur *m*; Fluch *m*; ~ *falso* Meineid *m*; *bajo* ~ eidlich.

jurar [xu'rar] (1a) **1.** *v/t.* schwören; beschwören; ~ *el cargo* den Amtseid

leisten; **2.** *v/i.* fluchen; ~ *en falso* e-n Meineid schwören; *jurárselas a alg.* j-m Rache schwören.

jurídico [xu'riðiko] juristisch, rechtlich, Rechts...

juris|consulto [xuriskɔn'sulto] *m* Rechtsgelehrte(r) *m*; ~**dicción** [xurizdig'θiɔn] *f* Gerichtsbarkeit *f*; Gerichtsbezirk *m*; Rechtsprechung *f*; ~**prudencia** [xurispru'ðenθia] *f* Rechtswissenschaft *f*; ~**ta** [xu'rista] *m* Jurist *m*.

juro ['xuro] *m* Eigentumsrecht *n*; *por* ~ sicherlich.

justa ['xusta] *f* Turnier *n*; *fig.* Wettstreit *m*.

justamente [xusta'mente] *adv.* genau; gerade, eben.

justi|cia [xus'tiθia] *f* Gerechtigkeit *f*; Rechtspflege *f*, Justiz *f*; *hacer* ~ Gerechtigkeit widerfahren lassen; *de* ~ von Rechts wegen; ~**ciero** [~ti'θiero] streng rechtlich; gerechtigkeitsliebend; ~**ficante** [~fi-'kante] *m* Beleg *m*; ~**ficar** [~tifi-'kar] (1g) rechtfertigen; (dokumentarisch) belegen; *Typ.* justieren; ~**ficativo** [~tifika'tiβo] rechtfertigend; Beweis...; Beleg...

justillo [xus'tiʎo] *m* Leibchen *n*; Mieder *n*.

justipre|ciar [xustipre'θiar] (1b) abschätzen; ~**cio** [~'preθio] *m* Abschätzung *f*.

justo ['xusto] gerecht; richtig; genau; eng; knapp; *lo* ~ das unbedingt Notwendige; *¡*~*!* so ist's!; stimmt!

juven|il [xube'nil] jugendlich; ~**tud** [xuben'tu⁽ᵈ⁾] *f* Jugend *f*.

juzga|do [xuð'gaᵈo] *m* (unteres) Gericht *n*; ~ *municipal in Spanien*: Amtsgericht *n*; ~**r** [~'gar] (1h) *v/t.* richten; beurteilen; halten für; *v/i.* urteilen; glauben, meinen.

K

K, k [ka] *f* K, k *n*.

kaki ['kaki] *m s. caqui.*

karate [ka'rate] *m Sport*: Karate *n*; ~**ca** [kara'teka] *m* Karatekämpfer *m*.

kermes ['kɛrmes] *f* Kirmes *f*; ~ *benéfica* Wohltätigkeitsfest *n*.

kero|sén [kero'sen], ~**seno** [~'seno] *m* Kerosin *n*.

kilo ['kilo] *m*, **kilogramo** [kilo-'gramo] *m* Kilo(gramm) *n*.

kilociclo ϟ [kilo'θiklo] *m* Kilohertz *n*.

kilometraje [kilome'traxe] *m* Kilometerstand *m*; -leistung *f*; -geld *n*.

kilométrico [kilo'metriko] *Span.* *billete m* ~ Kilometerheft *n*.

kilómetro [ki'lometro] *m* Kilometer *m*.

kilovatio [kilo'βatio] *m* Kilowatt *n*.

kiosco ['kiɔsko] *m* Kiosk *m*.

L

L, l ['ele] *f* L, l *n*.

la [la] *f* die; ♪ A *n*.

labe|ríntico [labeˈrintiko] labyrinthisch; *fig.* verworren; **∼rinto** [∼ˈrinto] *m* Labyrinth *n*; Irrgarten *m*; *fig.* Wirrwarr *m*.

labia ['labia] *f* Zungenfertigkeit *f*; *tener mucha* ∼ ein gutes Mundwerk haben; **∼das** ♀ [laˈbĭaðas] *f/pl.* Lippenblütler *m/pl.*; **∼l** [laˈbĭal] Lippen..., labial. [Rand *m.*]

labio [ˈlabĭo] *m* Lippe *f*; (Wund-)]

labor [laˈbɔr] *f* Arbeit *f*; (weibliche) Handarbeit *f*; Feldarbeit *f*; *hacer* ∼ handarbeiten; **∼able** [laboˈrable] bestellbar (*Land*); *día m* ∼ Werktag *m*; **∼al** [∼ˈral] Arbeits...; **∼ar** [∼ˈrar] (1a) = *labrar*; **∼atorio** [∼raˈtorĭo] *m* Laboratorium *n*; ∼ *de idiomas* Sprachlabor *n*; **∼eo** [∼ˈreo] *m* Feldbestellung *f*; **∼iosidad** [∼rĭosiˈða⁽ᵈ⁾] *f* Fleiß *m*, Arbeitsamkeit *f*; **∼ioso** [∼ˈrĭoso] arbeitsam, fleißig; **∼ista** [∼ˈrista] *m* Mitglied *n* der Labourpartei (*England*).

labra [ˈlabra] *f* ⊕ Bearbeitung *f*; **∼do** [laˈbraðo] 1. *adj.* gemustert (*Stoff*); ⊕ bearbeitet; 2. *m* Ackerland *n*; **∼dor** [labraˈðɔr] *m* Landmann *m*, Bauer *m*; *Méj.* Holzfäller *m*; **∼dora** [∼ˈðora] *f* Bäuerin *f*; **∼ntío** [labranˈtio] 1. *adj.* angebaut; 2. *m* Ackerland *n*; **∼nza** [laˈbranθa] *f* Ackerbau *m*; Feldarbeit *f*; *casa f de* ∼ Bauernhof *m*; **∼r** [laˈbrar] (1a) bearbeiten; *Acker* bestellen; ackern, pflügen; *Steine* behauen; *fig.* hinarbeiten auf (*ac.*); herbeiführen, bewirken.

labrie|ga [laˈbrĭega] *f* Bäuerin *f*; **∼go** [∼go] *m* Bauer *m*.

laca [ˈlaka] *f* Lack *m*; Haarspray *m*; ∼ *para uñas* Nagellack *m*.

lacayo [laˈkajo] *m* Lakai *m*.

lacear [laθeˈar] (1a) mit der Schlinge fangen; *Rpl.* mit dem Lasso schlagen.

lacerar [laθeˈrar] (1a) schädigen; verletzen; quetschen; zerreißen.

lacero [laˈθero] *m* Lassowerfer *m*; Schlingenleger *m*.

lacio [ˈlaθĭo] welk; schlaff.

lacónico [laˈkoniko] lakonisch; gedrängt (*Stil*).

lacra [ˈlakra] *f* Gebrechen *n*; Defekt *m*; *Am. reg.* Geschwür *n*; *Arg.*, *Pe.*, *P.R.* Wundschorf *m*; *Méj.* Narbe *f*.

lacrar [laˈkrar] (1a) versiegeln.

lacre [ˈlakre] *m* Siegellack *m*.

lacri|mal [lakriˈmal] Tränen...; **∼mógeno** [∼ˈmɔxeno]: *gas* *m* ∼ Tränengas *n*; **∼moso** [∼ˈmoso] tränend; zu Tränen rührend.

lacta|ncia [lakˈtanθĭa] *f* Säugezeit *f*; Stillperiode *f*; **∼nte** [∼ˈtante] *m* Säugling *m*; **∼r** [∼ˈtar] (1a) stillen; nähren.

lácteo [ˈlakteo] milchig; Milch...; *vía f* ∼ *-a* Milchstraße *f*.

lacticinio [laktiˈθinĭo] *m* Milchspeise *f*.

lactosa [lakˈtosa] *f* Milchzucker *m*.

lacustre [laˈkustre] See...; *construcciones f/pl.* ∼s Pfahlbauten *m/pl.*

lade|ar [laðeˈar] (1a) zur Seite neigen; **∼arse** sich zur Seite neigen; F ∼ *con alg.* sich auf j-s Seite stellen.

ladera [laˈðera] *f* Bergabhang *m*.

ladilla [laˈðiʎa] *f* Filzlaus *f*.

ladino [laˈðino] 1. *adj.* schlau; verschmitzt; 2. *m* *Am. Cent.*, *Méj.* Mestize *m*.

lado [ˈlaðo] *m* Seite *f*; *hacer* ∼ *Platz* machen; *hacerse a un* ∼ zur Seite treten; *al* ∼ nebenan, daneben; *al* ∼ *de* neben; *al otro* ∼ *de* jenseits; *de* ∼ seitlich, von der Seite; *por otro* ∼ andererseits; *dejar a un* ∼ beiseite lassen; *¡bromas a un* ∼*!* Scherz beiseite!; *tener buenos* ∼s gut beraten sein.

ladrar [laˈðrar] (1a) bellen.

ladrido [laˈðriðo] *m* Gebell *n*.

ladri|llado [laðriˈʎaðo] *m* Ziegelpflaster *n*; **∼llar** [∼ˈʎar] *m* Ziegelei *f*; *Ziegel* pflastern; **∼llero** [∼ˈʎero] *m* Ziegelbrenner *m*; **∼llo** [laˈðriʎo] *m* Ziegelstein *m*, Backstein *m*.

ladrón [laˈðrɔn] *m* Dieb *m*; Räuber *m*; Gauner *m*; ∼ *callejero* Straßenräuber *m*.

lagar [laˈgar] *m* Weinkelter *f*.

lagar|ta [la'garta] *f* Eidechse *f*
(*Weibchen*); F Luder *n*; **~tija**
[lagar'tixa] *f* Mauereidechse *f*; **~to**
[la'garto] *m* Eidechse *f*; *fig.* Schlauberger *m*, F Filou *m*; *Méj.* Geck *m*,
Stutzer *m*.

lago ['lago] *m* See *m*.

lágrima ['lagrima] *f* Träne *f*; *llorar
a ~ viva* heiße Tränen vergießen.

lagri|mear 🐟 [lagrime'ar] (1a)
tränen; **~meo** [~'meo] *m* Tränen *n*;
~moso [~'moso] tränend; verweint; weinerlich.

laguna [la'guna] *f* Lagune *f*; *fig.*
Lücke *f*.

lai|cal [lai'kal] weltlich; **~co** ['laiko]
1. *adj.* laienhaft; weltlich; **2.** *m*
Laie *m*.

laja ['laxa] *f* glatter Stein *m*.

lama ['lama] **a)** *f* Schlamm *m*;
b) *m Rel.* Lama *m*.

lamen|table [lamen'table] kläglich;
bedauerlich; **~tación** [~ta'θjon] *f*
Gejammer *n*; **~tar** [~'tar] (1a) beklagen, bejammern; bedauern; **~to**
[la'mento] *m* Wehklagen *n*; **~toso**
[lamen'toso] kläglich, jämmerlich.

lamer [la'mer] (2a) (ab)lecken.

lámina ['lamina] *f* Metallplatte *f*;
Blech *n*; Blatt *n*; Folie *f*; 💰 Lamelle *f*; Tafel *f in Büchern*.

lamina|do [lami'naᵈo] **1.** *adj.* mit
Platten belegt; gewalzt; **2.** *m* Walzen *n*; **~dora** [~na'dora] *f* Walz-
werk *n*; **~r** [~'nar] (1a) *v/t.* walzen.

lamiscar F [lamis'kar] (1g) eifrig
lecken, schlecken.

lámpara ['lampara] *f* Lampe *f*;
Leuchte *f*; 💰 Röhre *f*; F Ölfleck *m*
im Kleid; **~ colgante** Hängelampe *f*;
~ de mineros ⚒ Grubenlampe *f*; *~
de pie* Stehlampe *f*.

lampa|rero [lampa'rero] *m* Later-
nenanzünder *m*; **~rilla** [~'riʎa] *f*
Lämpchen *n*; Nachtlicht *n*; **~rón**
[~'rɔn] *m* großer Fettfleck *m im
Kleid*; *lamparones pl.* 🐟 Skrofeln
f/pl.

lampiño [lam'piɲo] bartlos; ⚓ kahl.

lampis [la'm'pista] *m* Installateur
m; **~tería** [~piste'ria] *f* Installa-
tionsgeschäft *n*.

lamprea [lam'prea] *f* Neunauge *n*
(*Fisch*).

lana ['lana] **a)** *f* Wolle *f*; P *Méj.* Geld
n; *~ en bruto* Rohwolle *f*; **b)** *m Am.
Cent.* Mann *m* aus dem Volk;
Schwindler *m*; **~r** [la'nar] Woll...

lance ['lanθe] *m* Werfen *n*; Auswerfen *n des Netzes*; (Schach-)Zug
m; Vorfall *m*; gefährliche *od.* kri-
tische Situation *f*; Streit *m*; *~ de
honor* Duell *n*; *comprar de ~ aus
zweiter Hand* (*od.* gebraucht) kaufen; **~ro** [lan'θero] *m* Lanzenreiter
m; **~ta** [~'θeta] *f* 🐟 Lanzette *f*; *Chi.,
Guat., Méj., Pe.* Stachel *m*.

lancha ['lantʃa] *f* Boot *n*; Schaluppe
f; Barkasse *f*; *~ rápida* ⚓ Schnell-
boot *n*.

lane|ría [lane'ria] *f* Wollwaren-
geschäft *n*; **~ro** [la'nero] **1.** *adj.*
Woll...; **2.** *m* Wollwarenhändler *m*.

langos|ta [lan'gosta] *f* Hummer *m*,
Languste *f*; (Wander-)Heuschrecke
f; **~tino** [~gɔs'tino] *m* Kaisergranat
m.

languide|cer [langiðe'θer] (2d) hin-
welken; schmachten; dahinsiechen;
~z [~'deθ] *f* Schlaffheit *f*, Hinfällig-
keit *f*; ✝ Flaute *f*.

lánguido [la'ngiðo] schlaff; lässig;
schmachtend; müde.

lanilla [la'niʎa] *f* feiner Wollstoff *m*.

lanoso [la'noso] wollig, flaumig.

lanudo [la'nuðo] wollig.

lan|za [la'nθa] *f* Lanze *f*; Deichsel *f*;
~ de incendio Strahlrohr *n*; *romper
una ~ por alg.* für j-n e-e Lanze brechen; **~zacohetes** [lanθako'etes] *m*
Raketenwerfer *m*; **~zadera** ⊕
[~'dera] *f* Weberschiffchen *n*; *servicio m de ~* Pendelverkehr *m*; **~za-
granadas** [~gra'naðas] *m* Granat-
werfer *m*; **~zallamas** [~'ʎamas] *m*
Flammenwerfer *m*; **~zamiento**
[~'mjento] *m* Werfen *n*; Abschuß *m*,
-wurf *m*; (Raketen-)Start *m*; *~ de
peso* Kugelstoßen *n*; *~ de bombas* Bombenabwurf *m*; **~zaminas**
[~'minas] *m* Minenwerfer *m*.

lanzar [lan'θar] (1f) werfen, schleudern; vertreiben; *Schiff* vom Stapel
lassen; erbrechen; *Nachricht* in
Umlauf setzen, lancieren; *Rakete*
starten; *Ware* auf den Markt bringen; **~se** sich stürzen (auf *od.* in
[*ac.*] en); *~ en paracaídas* mit dem
Fallschirm abspringen.

lanzatorpedos [lanθator'peðos] *m*:
(*tubo m*) ~ Torpedoausstoßrohr *n*.

lapice|ra *Chi., Rpl.* [lapi'θera] *f* Fe-
derhalter *m*; *~ fuente Am.* Füllhalter *m*; **~ro** [~'θero] *m* Bleistifthalter
m; *Arg., Pe.* Füllhalter *m*.

lápida ['lapiða] *f* Steintafel *f*; ~

conmemorativa Gedenkstein *m*; ~ *(funeraria)* Grabstein *m*.

lapidar [lapi'dar] (1a) steinigen; **~io** [~'ðarĭo] lapidar.

lápiz ['lapiθ] *m* Bleistift *m*; ~ *de labios* Lippenstift *m*; ~ *tinta* Kopierstift *m*.

lapón [la'pɔn] **1.** *adj.* lappländisch; **2.** *m* Lappe *m*.

lapso ['labso] *m* Zeitraum *m*.

lar [lar] *m* Herd *m*; *~es pl.* Haus u. Hof; Heim *n*; Heimstätte *f*.

larga ['larga] *f* langer Billardstock *m*; *dar ~s a a/c.* et. hinausziehen, auf die lange Bank schieben; **~r** [lar'gar] (1h) losmachen; nachlassen; **~rse** P abhauen.

largo ['largo] **1.** *adj.* lang; weit; *fig.* freigebig; reichlich; *ir (od. vestir) de ~* lange Kleider tragen; *pasar de ~* vorbeigehen, -fahren; *fig.* unbeachtet lassen; ~ *y tendido* reichlich; lang und breit; *a la larga* auf die Dauer; *a lo ~* der Länge nach; *a lo ~ de entlang*; im Laufe von; *¡~! fort von hier!*; **2.** *m* Länge *f*.

largometraje [largome'traxe] *m* Spielfilm *m*.

largucho *Am.* [lar'gutʃo] lang und dünn.

larguero [lar'gero] *m* Holm *m*; Längsträger *m*.

largueza [lar'geθa] *f* Freigebigkeit *f*.

lar|guirucho F [largi'rutʃo] lang u. dünn; **~gura** [~'gura] *f* Länge *f*.

laringe *Anat.* [la'rinxe] *f* Kehlkopf *m*.

laríngeo [la'rinxeo] Kehlkopf...

laringitis [larin'xitis] *f* Kehlkopfentzündung *f*.

larva ['larba] *f* Larve *f*.

lasca ['laska] *f* Steinsplitter *m*; *Am.* Vorteil *m*, Nutzen *m*.

lasci|via [las'θibĭa] *f* Unzüchtigkeit *f*, Geilheit *f*; **~vo** [~'θibo] unzüchtig, geil; schlüpfrig.

láser ['laser] *m*: *rayo m ~* Laserstrahl *m*.

lasitud [lasi'tu⁽ᵈ⁾] *f* Ermattung *f*; Schlaffheit *f*.

laso ['laso] matt, schlaff.

lástima ['lastima] *f* Mitleid *n*; Bedauern *n*; *dar ~ leid tun*; *es ~ es* ist schade; *¡qué ~!* wie schade!

lasti|mar [lasti'mar] (1a) verletzen; **~marse** sich verletzen; wehklagen; **~mero** [~'mero] klagend, kläglich; **~moso** [~'moso] bedauernswert.

lastre ['lastre] *m* Ballast *m*; Schotter *m*.

lata ['lata] *f* Blechbüchse *f*; Konservendose *f*; *fig.* F Blech *n*, Quatsch *m*; *dar (la) ~ langweilen*, F anöden, F auf den Wecker fallen; *es una ~ das ist stinklangweilig*.

latente [la'tente] latent; schleichend.

lateral [late'ral] seitlich; Seiten...

late|ría *Am.* [late'ria] *f* Klempnerei *f*, Spenglerei *f*; **~ro** *Am.* [~'tero] *m* Klempner *m*, Spengler *m*; Langweiler *m*.

latido [la'tiðo] *m* Klopfen *n*, Schlagen *n des Herzens*.

latifundio [lati'fundĭo] *m* Großgrundbesitz *m*.

latigazo [lati'gaθo] *m* Peitschenhieb *m*; *fig.* Anschnauzer *m*.

látigo [la'tigo] *m* Peitsche *f*.

latín [la'tin] *m* Latein *n*; *bajo ~* Spätlatein *n*; *saber (mucho) ~ gerissen sein*.

lati|najo F [lati'naxo] *m* Küchenlatein *n*; **~s** *pl.* lateinische Brocken *m/pl.*; **~nidad** [~ni'ða⁽ᵈ⁾] *f* Latinität *f*; **~no** [la'tino] lateinisch.

latir [la'tir] (3a) klopfen, pochen *(Herz)*.

latitud [lati'tu⁽ᵈ⁾] *f* Breite *f* (*a. Erdk.*); Breitengrad

lato ['lato] breit; weit; *en sentido ~* im weiteren Sinne.

latón [la'tɔn] *m* Messing *n*.

latoso F [la'toso] unausstehlich; lästig; langweilig.

latrocinio [latro'θinĭo] *m* Diebstahl *m*; Raub *m*.

laucha *Chi.*, *Rpl.* ['lautʃa] *f* Maus *f*.

laúd [la'u⁽ᵈ⁾] *m* ♩ Laute *f*; ⚓ Feluke *f* (*zweimastiges Küstenfahrzeug*).

lauda|ble [lau'ðable] lobenswert; **~torio** [~ða'torĭo] Lob...

laudo ['lauðo] *m* Schiedsspruch *m*.

laureado [laure'a⁴o] preisgekrönt.

laurel [lau'rel] *m* Lorbeer *m*; Lorbeerbaum *m*; Siegerkranz *m*; Ehrenpreis *m*; *dormirse en (od. sobre) sus ~es auf s-n Lorbeeren ausruhen*.

lava ['laba] *f* Lava *f*; ⚒ Erzwäsche *f*.

lava|ble [la'bable] waschbar, -echt; **~bo** [la'babo] *m* Waschtisch *m*; Waschraum *m*; Toilette *f*; **~da** *Am.* [~ða] *f* Waschen *n*; **~dero** [laba'ðero] *m* Waschplatz *m*; Waschküche *f*; **~do** [la'ba⁴o] *m* Waschen *n*; ~ *de cerebro* Gehirnwäsche *f*; ~ *en seco* Trockenreinigung *f*.

lava|dora [laba'dora] f Waschmaschine f; **~dura** [~'dura] f Wäsche f, Wäschewaschen n; **~s** pl. Spülwasser n; **~gallos** Col., Ven. [~'gaʎos] m Fusel m; **~je** [la'baxe] m Wollwäsche f; Am. Waschen n; Klistier n, Einlauf m; **~manos** [laba'manos] m Waschbecken n; Am. a. Waschschüssel f.

lavanda ♀ [la'banda] f Lavendel m.

lavandería [labande'ria] f Wäscherei f.

lava|ndero m, -a f [laban'dero, ~'dera] Wäscher(in f) m; **~platos** [~'platos] m a) Tellerwäscher m; b) = lavavajillas; c) Am. Spülbecken n; **~r** [la'bar] (1a) (ab-)waschen; reinigen; spülen; **~se** las manos fig. s-e Hände in Unschuld waschen; **~rropas** Am. reg. [laba-'rropas] m Waschmaschine f; **~tiva** [~'tiba] f Klistier n; fig. Unbequemlichkeit f; **~torio** [~'torio] m Fußwaschung f; Am. Waschbecken n; **~vajillas** [~ba'xiʎas] m Geschirrspülmaschine f; **~za** Am. reg. [la-'baθa] f Seifenwasser n.

lavoteo F [labo'teo] m Katzenwäsche f.

laxa|nte ✿ [lag'sante] 1. adj. abführend; 2. m Abführmittel n; **~r** [~'sar] (1a) lockern; ✿ abführen; **~tivo** [~sa'tibo] abführend.

laxo ['lagso] schlaff; locker (Sitten).

laya ['laja] f a) Gattung f, Art f, Beschaffenheit f; b) Spaten m.

laza|da [la'θaða] f Schleife f; **~r** [la'θar] (1f) mit der Schlinge fangen.

lazareto [laθa'reto] m Quarantänestation f. [führer m.)

lazarillo [laθa'riʎo] m Blinden-)

lazo ['laθo] m Schleife f; Lasso n, Fangleine f; Schlinge f; Fliege f (Krawatte); tender un ~ a alg. j-m e-e Falle stellen.

le [le] 1. (dat.) ihm; ihr; Ihnen; 2. (ac.) ihn; Sie.

leal [le'al] treu; ehrlich; **~tad** [leal'ta⁽ᵈ⁾] f Treue f; Ehrlichkeit f.

lebrel [le'brel] m Windhund m.

lección [leg'θion] f Lesen n; Vorlesung f; Lektion f; (Unterrichts-) Stunde f; Lehre f; dar una ~ e-e Lektion erteilen; F die Leviten lesen; esto le servirá de ~ das wird ihm e-e Lehre sein.

lectivo [lek'tibo]: día m ~ Vorlesungstag m (an Universitäten).

lector m, **~a** f [lek'tor, ~'tora] Leser (-in f) m; Lektor(in f) m.

lectura [lek'tura] f Lesen n; Vorlesen n; Lesestoff m, Lektüre f; Belesenheit f; dar ~ a a/c. et. vor-, verlesen.

lecha ['letʃa] f Laich(beutel) m; **~s** pl. (Fisch-)Milch f.

lechada [le'tʃaða] f Kalkmilch f.

lecha|l [le'tʃal] saugend (Tier); **~r** Am. reg. [le'tʃar] (1a) melken.

leche ['letʃe] f a) Milch f; ~ condensada Kondensmilch f; ~ descremada (od. desnatada) Magermilch f; ~ en polvo Trockenmilch f; b) ✿ Sperma n; V estar de mala ~ e-e Saulaune haben; tener mala ~ ein Saukerl sein; **~cillas** [letʃe'θiʎas] f/pl. Kalbsmilch f; **~ra** [le'tʃera] f Milchfrau f; Milchkanne f; **~ría** [letʃe'ria] f Milchgeschäft n; Molkerei f; **~ro** [le'tʃero] 1. adj. Milch...; Col., Méj. knauserig; 2. m Milchmann m; Am. Glückspilz m.

lechigada [letʃi'gaða] f Wurf m Hunde; fig. Gaunerbande f.

lecho ['letʃo] m Bett n; Flußbett n; Lager n (a. ⊕); Lage f, Schicht f.

lechón [le'tʃon] m Spanferkel n.

lechoso [le'tʃoso] milchhaltig; milchig.

lechu|ga ♀ [le'tʃuga] f Kopfsalat m; F ser más fresco que una ~ ein Frechdachs sein; **~guino** [letʃu'gino] m Salatsetzling m; Geck m; F Laffe m, Fatzke m.

lechuza [le'tʃuθa] f (Schleier-)Eule f; Cu., Méj. Dirne f.

leer [le'er] (2e) lesen; vorlesen.

lega ['lega] f Laienschwester f.

lega|ción [lega'θion] f Gesandtschaft f; Gesandtschaftsgebäude n; **~do** [le'ga⁴o] m a) päpstlicher Legat m; b) Legat n; Vermächtnis n.

lega|jar Am. [lega'xar] (1a) Akten bündeln; **~jo** [le'gaxo] m Aktenbündel n.

legal [le'gal] gesetzmäßig; gesetzlich; **~idad** [legali'da⁽ᵈ⁾] f Gesetzmäßigkeit f; Rechtlichkeit f; **~ización** [~θa'θion] f Beglaubigung f; **~izar** [~'θar] (1f) beglaubigen.

légamo [le'gamo] m Schlamm m.

legamoso [lega'moso] schlammig.

lega|ña [le'gaɲa] f Augenbutter f; **~oso** [lega'ɲoso] triefäugig.

legar [le'gar] (1h) abordnen; ⚖ testamentarisch vermachen.

legatario [lega'tario] *m* Vermächtnisnehmer *m*.

legendario [lexen'dario] sagenhaft, legendär.

legible [le'xible] leserlich.

legión [le'xion] *f* Legion *f*; *fig.* Unzahl *f*; ♀ *Extranjera* Fremdenlegion *f*.

legisla|ción [lexisla'θion] *f* Gesetzgebung *f*; **~dor** [.'dor] **1.** *adj.* gesetzgeberisch; **2.** *m* Gesetzgeber *m*; **~r** [.'lar] (1a) Gesetze erlassen; **~tivo** [.la'tibo] gesetzgebend; *poder m* ~ gesetzgebende Gewalt *f*, Legislative *f*; **~tura** [.la'tura] *f* Legislaturperiode *f*.

legista [le'xista] *m* Rechtsgelehrte(r) *m*.

legítima g̃ [le'xitima] *f* Pflichtteil *m od. n.*

legiti|mación [lexitima'θion] *f* Rechtmäßigkeitserklärung *f*; Legitimierung *f*; Legitimation *f*; **~mar** [.'mar] (1a) für rechtmäßig erklären; **~marse** sich ausweisen; **~midad** [.mi'da⁽ᵈ⁾] *f* Gesetzmäßigkeit *f*; Rechtmäßigkeit *f*; eheliche Geburt *f*.

legítimo [le'xitimo] rechtmäßig; berechtigt; ehelich; echt.

lego ['lego] **1.** *adj.* weltlich; ungeschult; **2.** *m* Laienbruder *m*; Laie *m*.

legón [le'gɔn] *m* Hacke *f*.

legua ['legŭa] *f span.* Meile *f* (5,57 km); *a la* ~ von weitem; **~je** *Am. reg.* [le'gŭaxe] *m* Entfernung *f* in Meilen.

leguleyo [legu'lejo] *m* Winkeladvokat *m*.

legum|bre ♀ [le'gumbre] *f* Hülsenfrucht *f*; **~inosas** ♀ [legumi'nosas] *f/pl.* Hülsenfrüchte *f/pl.*

leí|da *Am.* [le'ida] *f* Lesen *n*; **~do** [le'ido] belesen; unterrichtet.

leja|nía [lexa'nia] *f* Entfernung *f*; Ferne *f*; **~no** [le'xano] entfernt, fern.

lejía [le'xia] *f* (Bleich-)Lauge *f*.

lejos ['lexos] **1.** *adv.* fern; weit weg; *estar (muy)* ~ *de inf.* weit davon entfernt sein zu *inf.*; *ir* ~ es weit bringen; **2.** *m* Ferne *f*; *Mal.* Hintergrund *m*; *a lo* ~ in der Ferne; *de(s-de)* ~ von weitem; *tener buen* ~ von weitem gut aussehen.

le|le *Am. Cent.* ['lele], **~lo** ['lelo] albern, kindisch.

lema ['lema] *m* ♉ Lehrsatz *m*; Sinnspruch *m*; Motto *n*; Kennwort *n*.

lencería [lenθe'ria] *f* Leinen-, Weißwaren *f/pl.*; Wäschegeschäft *n*.

lengua ['lengŭa] *f* Zunge *f*; Sprache *f*; ~ *materna* Muttersprache *f*; ~ *de tierra* Landzunge *f*; *con la* ~ *fuera* mit hängender Zunge; *se le va la* ~ die Zunge geht (mit) ihm durch, F er verplappert sich; *andar en* ~*s* in aller Munde sein; *hacerse* ~*s de a/c.* sich zum Lobredner e-r Sache machen; *lo tengo en (la punta de) la* ~ es liegt mir auf der Zunge; **~do** [len'gŭaᵈo] *m* Seezunge *f* (*Fisch*); **~je** [.'gŭaxe] *m* Sprache *f*; Sprechweise *f*.

lenguaz [len'gŭaθ] geschwätzig.

lengüe|ta [len'gŭeta] **1.** *f* Zunge *f* (*Waage*); *Anat.* Kehldeckel *m*; ♪ Zunge *f*, Metallblättchen *n*; **2.** *adj. Am. Mer.* schwatzhaft; **~tear** *Am.* [.gŭete'ar] (1a) (ab)lecken.

lenidad [leni'da⁽ᵈ⁾] *f* Milde *f*.

lenitivo [leni'tibo] *m* Linderungsmittel *n*.

lenocinio [leno'θinio] *m* Kuppelei *f*; *casa f de* ~ Bordell *n*.

lente ['lente] *m* Linse *f*; Augenglas *n*; ~ *de aumento* Vergrößerungsglas *n*, Lupe *f*; ~*s pl.* Brille *f*; ~*s de contacto* Kontaktlinsen *f/pl.*, Haftschalen *f/pl.*; **~ja** ♀ [len'texa] *f* Linse *f*.

lentillas [len'tiʎas] *f/pl.* Kontaktlinsen *f/pl.* [keit *f*.]

lentitud [lenti'tu⁽ᵈ⁾] *f* Langsam-]

lento ['lento] langsam.

leñ|a ['leɲa] *f* Brennholz *n*; *echar* ~ *al fuego* Öl ins Feuer gießen; **~ador** [leɲa'dɔr] *m* Holzfäller *m*; **~e!** ['leɲe] P verfluchter Mist!; **~era** [le'ɲera] *f* Holzschuppen *m*; **~ero** [.ro] *m* Holzhändler *m*; **~o** ['leɲo] *m* Holzscheit *n*; (Holz-)Kloben *m*; *fig.* Dummkopf *m*; **~oso** [le'ɲoso] holzig.

Leo *Astr.* ['leo] *m* Löwe *m*.

león [le'ɔn] *m* Löwe *m*; *Am.* Silberlöwe *m*, Puma *m*.

leo|na [le'ona] *f* Löwin *f*; **~nado** [leo'naᵈo] falb; **~nera** [.'nera] *f* Löwenzwinger *m*; *fig.* Rumpelkammer *f*; F Spielhölle *f*; *Arg., Ec., P.R.* Arrestlokal *n*; **~pardo** [.'pardo] *m* Leopard *m*; **~tardos** [.'tardos] *m/pl.* Strumpfhose *f*.

Lepe ['lepe]: F *saber más que* ~ (*Lepijo y su hijo*) sehr beschlagen sein.

lépero *Am. Cent.*, *Méj.* ['lepero] unanständig, ordinär.

lepidópteros [lepi'dɔpteros] *m/pl.* Schmetterlinge *m/pl.*

leporino [lepo'rino] Hasen...; *labio m* ~ Hasenscharte *f*.

lepra ✞ ['lepra] *f* Aussatz *m*, Lepra *f*.

leproso [le'proso] aussätzig.

ler|dera *Am. Cent.* [ler'dera] *f* Faulheit *f*, Trägheit *f*; **~do** ['lerdo], **~dón** *Am. reg.* [ler'dɔn] schwerfällig; plump.

les [les] (*dat.*) ihnen; (*ac.*) sie.

lesi|ón [le'sjɔn] *f* Verletzung *f*; **~o-nar** [lesjo'nar] (1a) verletzen; **~vo** [le'sibo] verletzend.

leso ['leso] verletzt; *delito m de lesa majestad* Majestätsbeleidigung *f*.

letal [le'tal] tödlich.

letanía [leta'nia] *f* Litanei *f*.

letárgico ✞ [le'tarxiko] schlafsüchtig; lethargisch (*a. fig.*).

letargo ✞ [le'targo] *m* Schlafsucht *f*; Lethargie *f*.

letra ['letra] *f* Buchstabe *m*; Handschrift *f*; *Typ.* Letter *f*; ♪ Text *m*; ✝ Wechsel *m*; ~ *aceptada* Wechselakzept *n*; ~ *a la vista* Sichtwechsel *m*; ~ *al propio cargo* Solawechsel *m*; ~ *de cambio* Wechsel *m*; ~ *domiciliada* Domizilwechsel *m*; ~ *ficticia* Scheinwechsel *m*; *a*(*l pie de la*) ~ buchstäblich, wörtlich; ~*s pl.* Geisteswissenschaften *f/pl.*; *bellas* ~*s pl.* schöngeistige Literatur *f*; *primeras* ~*s pl.* Grundkenntnisse *f/pl.*; F *poner cuatro* ~*s* ein paar Zeilen schreiben; F *tener* ~*s* gebildet sein.

letrado [le'traᵈo] **1.** *adj.* gelehrt; **2.** *m* Gelehrte(r) *m*; Rechtsgelehrte(r) *m*; Rechtsanwalt *m*.

letrero [le'trero] *m* Aufschrift *f*; Schild *n*; Etikett *n*.

letrina [le'trina] *f* Latrine *f*.

letrista *♫* [le'trista] *m* Textdichter *m*.

leva ['leba] *f* ✠ Ausfahrt *f*; ✕ Aushebung *f*; ⊕ Nocken *m*; *Am. Cent.*, *Col.* Trick *m*, Schwindel *m*; **~dura** [leba'dura] *f* Sauerteig *m*; Hefe *f*; ~ *en polvo* Backpulver *n*.

levantamiento [lebanta'mjento] *m* Erhebung *f*; Erhöhung *f*; Aushebung *f*; Meuterei *f*, Aufruhr *m*; ⚖ Vermessung *f*.

levantar [leban'tar] (1a) (er)heben, aufrichten; errichten, (auf)bauen; veranlassen, verursachen; *Belagerung*, *Strafe usw.* aufheben; *Trup-*

pen ausheben; *Staub* aufwirbeln; ~ *cabeza* sich erholen; *sin* ~ *cabeza* ohne aufzublicken; ~ *acta de a/c. et.* zu Protokoll nehmen; ~ *el vuelo* davonfliegen; ~ *la mesa* (den Tisch) abdecken; ~ *los ojos* aufblicken; ~ *falso testimonio* falsches Zeugnis ablegen; ~ *la voz* die Stimme erheben; **~se** sich erheben, aufstehen; aufklaren (*Wetter*); aufgehen (*Sonne*); aufkommen (*Wind*); ~ *con a/c.* mit et. (*dat.*) auf u. davon gehen.

levan|te [le'bante] *m* Sonnenaufgang *m*; Osten *m*; Ostwind *m*; *Am. Cent.*, *P.R.* Verleumdung *f*; **~tino** [leban'tino] morgenländisch; von der *span.* Ostküste.

levantisco [leban'tisko] aufsässig.

levar [le'bar] (1a): ~ *anclas* die Anker lichten.

leve ['lebe] leicht; gering(fügig); verzeihlich (*Sünde*).

levita [le'bita] **a)** *f* Gehrock *m*; Überrock *m*; **b)** *m* Levit *m*.

léxico ['legsiko] *m* Wörterbuch *n*, Lexikon *n*; Wortschatz *m*.

ley [lei] *f* Gesetz *n*; Feingehalt *m*; ~ *del embudo* einseitige Anwendung *f* bzw. Auslegung *f* des Gesetzes; ~ *del encaje* willkürliche Richterspruch *m*; ~ *marcial* Standrecht *n*; *a* ~ *de caballero* auf Ehrenwort; *a toda* ~ nach allen Regeln der Kunst; *oro m de* ~ Feingold *n*.

leyenda [le'jenda] *f* Legende *f*; Sage *f*; Beschriftung *f*; Zeichenerklärung *f*.

lezna ['leθna] *f* (Schuster-)Ahle *f*.

liar [li'ar] (1c) binden; einwickeln; *Zigarette* drehen; **~se** sich einlassen (mit [*dat.*] *con*).

liba|ción [liba'θjɔn] *f* Trankopfer *n*; **~r** [li'bar] (1a) schlürfen, nippen an (*dat.*).

libelo [li'belo] *m* Schmähschrift *f*, Pamphlet *n*.

libélula [li'belula] *f* Libelle *f*.

libera|ción [libera'θjɔn] *f* Befreiung *f*; Freilassung *f*; ✝ Einzahlung *f* (*Kapital*); **~l** [~'ral] freigebig; frei (*Künste*, *Beruf*); *Pol.* liberal; **~lidad** [~rali'daᵈ] *f* Freigebigkeit *f*; **~lismo** [~ra'lismo] *m* Liberalismus *m*; **~lización** [~raliθa'θjɔn] *f* Liberalisierung *f*; **~lizar** [~rali'θar] (1f) liberalisieren; *Preise* freigeben.

liberar [libe'rar] (1a) befreien.

liber|tad [liber'taᵈ] *f* Freiheit *f*;

Befreiung f; ░░ ~ condicional Entlassung f auf Bewährung; **~tador** [ˌtaˈdɔr] m Befreier m; **~tar** [ˌˈtar] (1a) befreien; **~tinaje** [ˌtiˈnaxe] m Zügellosigkeit f; Liederlichkeit f; Freigeisterei f; **~tino** [ˌˈtino] **1.** adj. liederlich; ausschweifend; freigeistig; **2.** ~ Wüstling m; **~to** [liˈberto] m hist. Freigelassene(r) m.

libidinoso [libidiˈnoso] lüstern, wollüstig.

libra [ˈlibra] f Pfund n (460 Gramm); ~ esterlina Pfund n Sterling; Astr. ♀ Waage f.

libraco [liˈbrako] m desp. Schmöker m.

libra|do ✝ [liˈbraᵈo] m Bezogene(r) m, Trassat m; **~dor** [libraˈdɔr] m Aussteller m e-s Wechsels, Trassant m; **~nza** ✝ [liˈbranθa] f Zahlungsanweisung f; Ausstellung f (Wechsel).

librar [liˈbrar] (1a) befreien; retten; Urteil ausfertigen; Geld anweisen; Wechsel ziehen od. ausstellen; F de buena nos hemos librado diesmal haben wir noch Glück gehabt.

libre [ˈlibre] frei; ungebunden; ledig; freimütig.

librea [liˈbrea] f Livree f.

librecambio [libreˈkambio] m Freihandel m.

librepensador [librepensaˈdɔr] m Freidenker m.

libre|ría [libreˈria] f Buchhandel m; Buchhandlung f; Bücherregal n; ~ de lance (od. de ocasión) Antiquariat n; **~ro** [liˈbrero] m Buchhändler m; Am. Bücherregal n.

libre|ta [liˈbreta] f Notizbuch n; Schreibheft n; Kontobuch n; ~ de ahorros Sparbuch n; **~to** [ˌto] m Libretto n, Textbuch n.

libro [ˈlibro] m Buch n; ~ de caja Kassenbuch n; ~ de cocina Kochbuch n; ~ de cuentos Märchenbuch n; ~ mayor Hauptbuch n; ~ de pedidos Bestellbuch n; ~ de reclamaciones Beschwerdebuch n; ~ de texto Lehr-, Schulbuch n.

licencia [liˈθenθia] f Erlaubnis f, Genehmigung f; Lizenz f; ✗ Urlaub m; ~ de armas Waffenschein m; ~ de caza Jagdschein m; tomar demasiada ~ sich zuviel herausnehmen; **~do** [liθenˈθiaᵈo] m Lizentiat m; ✗ Urlauber m; **~r** [ˌˈθiar] (1b) verabschieden; beurlauben; **~rse**

sein Staatsexamen ablegen; **~tura** [ˌθiaˈtura] f Staatsexamen n.

licencioso [liθenˈθioso] ausschweifend; liederlich.

liceo [liˈθeo] m Lyzeum n; Am. reg. (staatliche) Schule f; Gymnasium n.

licitar [liθiˈtar] (1a) bieten (Auktion); ausschreiben; Am. versteigern.

lícito [ˈliθito] erlaubt, zulässig.

licor [liˈkor] m Likör m; **~era** [likoˈrera] f Likörständer m; -karaffe f.

licua|ción [likuaˈθiɔn] f Verflüssigung f; **~dora** [ˌˈdora] f Entsafter m; **~r** [ˌˈkuar] (1d) verflüssigen.

licuefacción [likuefagˈθiɔn] f Verflüssigung f.

lid Lit. [lid] f Kampf m, Streit m.

líder engl. [ˈlider] m Pol. Führer m; Sport: Tabellenführer m.

lidera|to, ~zgo [lideˈrato, ˌˈraðgo] m Pol., Sport Führung f; Führungsrolle f.

lidia [ˈliðia] f Kampf m; Stierkampf m; **~dor** [lidiaˈdɔr] m Kämpfer m; Stierkämpfer m; **~r** [liˈdiar] (1b) kämpfen; ~ un toro mit e-m Stier kämpfen.

liebre [ˈliebre] f Hase m; levantar la ~ fig. den Stein ins Rollen bringen.

lienzo [ˈlienθo] m Leinwand f, Leinen n; (Öl-)Gemälde n.

liga [ˈliga] f Bund m; Strumpfband n; Sockenhalter m; Legierung f; Bündnis n; Liga f (a. Sport); **~dura** [ligaˈdura] f Verbinden n; ♪ Verband m; **~mento** [ˌˈmento] m Muskelband n; **~r** [liˈgar] (1h) (ver)binden; ~ con alg. F mit j-m anbändeln; **~zón** [ligaˈθɔn] f Verbindung f.

lige|reza [lixeˈreθa] f Leichtigkeit f; Leichtsinn m; **~ro** [liˈxero] **1.** adj. leicht (an Gewicht); leichtsinnig; flink; ~ de ropa leichtbekleidet; a la -a obenhin; eilig; **2.** adv. Am. schnell, rasch.

lignito [ligˈnito] m Braunkohle f.

lija [ˈlixa] f Zo. Katzenhai m; papel m de ~ Schmirgelpapier n.

lila [ˈlila] **1.** adj. lila; **2. a)** ♀ Flieder m; **b)** m Trottel m, F Depp m.

lima [ˈlima] f ♀ Süßzitrone f; Feile f; comer como una ~ viel essen; **~dura** [limaˈdura] f Feilen n; ~s pl. Feilspäne pl.; **~r** [liˈmar] (1a) feilen; ausfeilen.

limbo [ˈlimbo] m Rand m; Rel. Lim-

liquidar

bus *m*, Vorhölle *f*; F *estar en el ~* geistesabwesend sein.

limeño [li'meɲo] (Einwohner) von Lima.

limero [li'mero] *m* Feilenhauer *m*; ♀ Süßzitronenbaum *m*.

limita|ción [limita'θi̯ɔn] *f* Begrenzung *f*; Beschränkung *f*; **~do** [~'tað o] beschränkt; knapp; **~r** [~'tar] (1a) begrenzen; be-, einschränken.

límite ['limite] *m* Grenze *f*; ✝ Limit *n*; *fig.* Schranke *f*.

limítrofe [li'mitrofe] angrenzend; Grenz...

limo ['limo] *m* Schlamm *m*.

limón [li'mɔn] *m* Zitrone *f*.

limo|nada [limo'naða] *f* Zitronenlimonade *f*; **~nero** [~'nero] *m* Zitronenbaum *m*.

limos|na [li'mɔzna] *f* Almosen *n*; **~nero** [limɔz'nero] *m* Almosenverteiler *m*; *Am.* Bettler *m*.

limpia ['limpi̯a] *f* Reinigung *f*.

limpia|barros [limpi̯a'barrɔs] *m* Schuhabstreifer *m*; **~botas** [~'botas] *m* Schuhputzer *m*; *Am.* Schmeichler *m*; **~botellas** [~bo-'teʎas] *m* Flaschenbürste *f*; **~cristales** [~kris'tales] *m* Fensterputzmittel *n*; **~chimeneas** [~t͡ʃime-'neas] *m* Schornsteinfeger *m*, Kaminkehrer *m*; **~da** *Am.* [~'pi̯aða] *f* Reinigen *n*, Putzen *n*; **~dura** [~pi̯a'ðura] *f* Reinigen *n*, Putzen *n*; **~manos** *Am. reg.* [~'manos] *m* Handtuch *n*; **~parabrisas** [~para-'brisas] *m* Scheibenwischer *m*; **~r** [~'pi̯ar] (1b) reinigen, säubern, putzen; P klauen; **~uñas** [~pi̯a'u-ɲas] *m* Nagelreiniger *m*.

límpido ['limpiðo] *poet.* lauter; hell, klar (*Himmel*).

lim|pieza [lim'pi̯eθa] *f* Reinheit *f*; Reinlichkeit *f*, Sauberkeit *f*; Putzen *n*, Reinigen *n*; ~ *pública* Straßenreinigung *f*; *hacer la* ~ saubermachen; **~pio** ['limpi̯o] rein; sauber; F gehörig; *en* ~ rein, netto; *quedar(se)* ~ kein Geld mehr haben, P blank sein; *sacar en* ~ klug werden aus (*dat.*); *poner en* ~ ins reine schreiben.

lina|je [li'naxe] *m* Abstammung *f*; Geschlecht *n*; Gattung *f*; **~judo** [lina'xuðo] ahnenstolz; altadelig.

lina|r [li'nar] *m* Flachsfeld *n*; **~za** [li'naθa] *f* Leinsamen *m*.

lince ['linθe] *m* Luchs *m* (*a. fig.*);

ojos *m/pl.* (*od. vista f*) de ~ Luchsaugen *n/pl.*

linchar [lin't͡ʃar] (1a) lynchen.

lin|dante [lin'dante] angrenzend; **~dar** [~'dar] (1a) angrenzen (an [*ac.*] con); **~de** ['linde] *m* Grenze *f*; Saum *m*; **~dero** [lin'dero] **1.** *adj.* Grenz...; **2.** *m* Grenzweg *m*.

lindeza [lin'deθa] *f* Zierlichkeit *f*; **~s** F *pl.* Grobheiten *f/pl.*

lindo ['lindo] **1.** *adj.* hübsch; zierlich; *Am.* sehr gut, hervorragend; *de lo* ~ gründlich, gehörig, tüchtig; **2.** *m* F Don ♀ Geck *m*; Fatzke *m*.

línea ['linea] *f* Linie *f*; Reihe *f*; Zeile *f*; *Fernspr.* Leitung *f*; ~ *aérea* Fluglinie *f*; ~ *directa* Luftlinie *f*; ~ *férrea* Bahnlinie *f*; ~ *marítima* Schiffahrtslinie *f*; ~ *de meta* Ziellinie *f*; Torlinie *f* (*Sport*).

linea|l [line'al] linear; **~m(i)ento** [~a'm(i̯)ento] *m* Umriß *m*.

linear [line'ar] (1a) lin(i)ieren; skizzieren.

linfa ['limfa] *f* Lymphe *f*.

lingote [liŋ'gote] *m* (Metall-)Barren *m*; ~ *de oro* Goldbarren *m*.

lingual [liŋ'gu̯al] Zungen...

lingü|ista [liŋ'gu̯ista] *m* Sprachforscher *m*; **~ística** [~'gu̯istika] *f* Sprachwissenschaft *f*; **~ístico** [~'gu̯istiko] sprachlich; linguistisch.

linimento [lini'mento] *m* Einreibemittel *n*.

lino ['lino] *m* Flachs *m*; Lein *m*; Leinen *n*; **~tipia** [lino'tipi̯a] *f* Typ. Zeilengießmaschine *f*; **~tipista** [~ti'pista] *m* Typ. Maschinensetzer *m*.

linterna [lin'terna] *f* Laterne *f*; ~ *de bolsillo* Taschenlampe *f*; ~ *mágica* Laterna magica *f*; ~ *sorda* Blendlaterne *f*.

lío ['li̯o] *m* Bündel *n*; *fig.* Durcheinander *n*; ~ *amoroso* Liebesverhältnis *n*; *armar un* ~ ein Durchea. anrichten; *hacerse un* ~ durcheinanderkommen; *meterse en* ~*s* in Schwierigkeiten geraten.

liofilización [liofiliθa'θi̯ɔn] *f* Gefriertrocknung *f*.

lipoma [li'poma] *m* Fettgeschwulst *f*.

liquen ♀ ['liken] *m* Flechte *f*.

liqui|dación [likiða'θi̯ɔn] *f* Flüssigmachen *n*; ✝ Abrechnung *f*; Liquidation *f*; Ausverkauf *m*; ~ *de negocio* Geschäftsaufgabe *f*; ~ *por fin de temporada* Saisonausverkauf *m*; ~ *total* Räumungsverkauf *m*; **~dar**

[~' đar] (1a) flüssig machen; abrechnen; *Rechnung* begleichen; ausgleichen; liquidieren; *Am.* zerstören; ruinieren; **~dez** [~'deθ] *f* Flüssigkeit *f*; ✝ Liquidität *f*.

líquido ['likiđo] **1.** *adj.* flüssig; rein; ✝ Netto...; *Am.* genau; *producto m* ~ Reinertrag *m*; **2.** *m* Flüssigkeit *f*.

lira ['lira] *f* ♪ Leier *f*; Lira *f (Münze)*.

lírica ['lirika] *f* Lyrik *f*.

lírico ['liriko] lyrisch; *Am.* utopisch.

lirio ['lirĭo] *m* Schwertlilie *f*; ~ *de los valles* Maiglöckchen *n*.

lirismo [li'rizmo] *m* dichterische Sprache *f*; übertriebene Gefühlsbetonung *f*; Gefühlsduselei *f*; *Am.* Hirngespinst *n*, Utopie *f*.

lirón [li'rɔn] *m* Siebenschläfer *m*; *dormir como un* ~ wie ein Murmeltier schlafen.

lisia|do [li'sĭađo] **1.** *adj.* gebrechlich; **2.** *m* Krüppel *m*; **~r** [li'sĭar] (1b) verletzen.

liso ['liso] eben, glatt; schlicht; einfarbig; *F es ~ y llano* es liegt auf der Hand.

lison|ja [li'sɔnxa] *f* Schmeichelei *f*; **~jear** [lisɔnxe'ar] (1a) j-m schmeicheln; **~jero** [~'xero] einschmeichelnd; schmeichelhaft.

lista ['lista] *f* Streifen *m*; Verzeichnis *n*, Liste *f*; *por orden de* ~ nach der Liste; ~ *de correos* postlagernd; ~ *de cotizaciones* Kurszettel *m (Börse)*; ~ *electoral* Wahlliste *f*; ~ *de platos* Speisekarte *f*; ~ *de precios* Preisliste *f*; *pasar* ~ aufrufen; **~do** [lis'tađo] gestreift.

listeza [lis'teθa] *f* Lebhaftigkeit *f*; Gewandtheit *f*; Scharfsinn *m*.

listín [lis'tin] *m* Telefonbuch *n*.

listo ['listo] fertig, bereit; klug, scharfsinnig.

listón [lis'tɔn] *m* Leiste *f*.

lisura [li'sura] *f* Glätte *f*; *fig.* Naivität *f*, Arglosigkeit *f*; *Am. reg.* Frechheit *f*, Unverschämtheit *f*.

litera [li'tera] *f* Sänfte *f*; ⚓ Koje *f*; Etagenbett *n*; 🚃 Liegewagen *m*.

literal [lite'ral] buchstäblich, wörtlich.

litera|rio [lite'rarĭo] literarisch; **~to** [~'rato] *m* Schriftsteller *m*; **~tura** [~ra'tura] *f* Literatur *f*, Schrifttum *n*; Schriftstellerei *f*.

liti|gante [liti'gante] **1.** *adj.* ⚖ streitend; **2.** *m* Prozeßpartei *f*; **~gar** [~

~gar] (1h) prozessieren; **~gio** [li'tixĭo] *m* Rechtsstreit *m*, Prozeß *m*; **~gioso** [liti'xĭoso] strittig.

litogra|fía [litogra'fia] *f* Steindruck *m*, Steindruckkunst *f*; **~fiar** [~fi'ar] (1c) auf Stein drucken.

litógrafo [li'tografo] *m* Steindrucker *m*.

litoral [lito'ral] **1.** *adj.* Küsten...; **2.** *m* Küstengebiet *n*, -strich *m*.

litro ['litro] *m* Liter *m od. n*.

lituano [li'tŭano] **1.** *adj.* litauisch; **2.** *m*, *-a f* [~na] Litauer(in *f*) *m*.

liturgia [li'turxĭa] *f* Liturgie *f*.

liviandad [libĭan'da⁽ᵈ⁾] *f* Leichtfertigkeit *f*; Lüsternheit *f*.

liviano [li'bĭano] leicht; leichtfertig; lüstern.

lividez [libi'đeθ] *f* Totenblässe *f*.

lívido ['libido] dunkelviolett, schwarzblau; (toten)bleich.

living *engl.* ['libiŋ] *m* Wohnzimmer *n*.

liza ['liθa] *f* Kampf-, Turnierplatz *m*; *entrar en* ~ *fig.* in die Schranken treten. [*dort!*]

ll: *besonderer Buchstabe nach L, s.*

lo [lo] **1.** *art.* das; ~ *bueno* das Gute; **2.** *pron.* es; ihn; ~ *que* (das) was.

loa ['loa] *f* Lob *n*; kurzes Festspiel *n*; **~ble** [lo'able] löblich; **~r** [lo'ar] (1a) loben.

lob|a ['loba] *f* Wölfin *f*; **~ato** *m*, **~ezno** *m* [lo'bato, lo'beđno] junger Wolf *m*; **~o** ['lobo] *m* Wolf *m*; *Am.* Fuchs *m*; ~ *marino* Seehund *m*; ~ *de mar fig.* alter Seebär *m*.

lóbrego ['lobrego] düster, finster; traurig, elend.

lobreguez [lobre'geθ] *f* Dunkelheit *f*, Finsternis *f*.

lobulado [lobu'lađo] lappig.

lóbulo 🌸, ♀ ['lobulo] *m* Lappen *m*; ~ *de la oreja* Ohrläppchen *n*.

loca|ción [loka'θĭɔn] *f* Verpachtung *f*, Vermietung *f*; **~dor** *Am. Mer. reg.* [~'đɔr] *m* Vermieter *m*.

local [lo'kal] **1.** *adj.* örtlich, Orts...; **2.** *m* Lokal *n*; Raum *m*; **~idad** [lokali'đa⁽ᵈ⁾] *f* Örtlichkeit *f*; *Thea.* Eintrittskarte *f*; **~ización** [~θa'θĭɔn] *f* Lokalisierung *f*; Ortung *f*; Auffinden *n*; **~izar** [~'θar] (1f) lokalisieren, räumlich einschränken; finden.

locatario [loka'tarĭo] *m* Mieter *m*.

loción [lo'θĭɔn] *f* Abwaschung *f*; ~ *capilar* Haarwasser *n*; ~ *facial* Gesichtswasser *n*.

loco ['loko] **1.** *adj.* närrisch; irr-sinnig, wahnsinnig; toll; verrückt; *a lo ~* überstürzt; F *es para volverse ~* es ist zum Verrücktwerden; **2.** *m* Narr *m*; Irre(r) *m*; Wahnsinnige(r) *m*.

loco|moción [lokomo'θión] *f* Orts-veränderung *f*; Fortbewegung *f*; *medio m de ~* Beförderungsmittel *n*; **~motora** [~'tora] *f* Lokomotive *f*.

locro *Am. Mer.* ['lokro] *m regional verschiedenes Maisgericht.*

locu|acidad [lokŭaθi'da⁽ᵈ⁾] *f* Ge-schwätzigkeit *f*; **~az** [lo'kŭaθ] ge-schwätzig; **~ción** [loku'θión] *f* Redewendung *f*, Redensart *f*; **~ra** [lo-'kura] *f* Narrheit *f*, Torheit *f*; Wahnsinn *m*; **~tor** [loku'tɔr] *m* Ansager *m*, Sprecher *m* (*Radio*); **~torio** [~'torĭo] *m* Sprechzimmer *n*; Sprechzelle *f*.

lodazal [loda'θal] *m* Schlammloch *n*; Morast *m*.

lodo ['lodo] *m* Schlamm *m*; Schmutz *m*; **~so** [lo'doso] schlammig.

logaritmo [loga'ritmo] *m* Logarith-mus *m*.

logia ['lɔxĭa] *f* Freimaurerloge *f*.

lógi|ca ['lɔxĭka] *f* Logik *f*; **~co** [~ko] logisch.

logísti|ca ✕ [lo'xistika] *f* Logistik *f*, Nachschubwesen *n*; **~co** [~ko] lo-gistisch; *apoyo m ~* Nachschub-hilfe *f*.

lograr [lo'grar] (1a) erreichen, er-langen; (*yo*) *logro inf.* es gelingt mir zu (*inf.*).

logrero [lo'grero] *m* Wucherer *m*; F Schieber *m*; *Am. reg.* Schmarot-zer *m*.

logro ['logro] *m* Gewinn *m*; Gelin-gen *n*, Erfolg *m*.

loma ['loma] *f* Hügel(kette *f*) *m*; **~da** *Pe., Rpl.* [lo'maða] *f* Hügel *m*.

lombarda [lɔm'barða] *f* Rotkohl *m*.

lombriz [lɔm'briθ] *f* Wurm *m*; Regenwurm *m*.

lomo ['lomo] *m* Lende *f* (*a. Kchk.*); Rücken *m der Tiere*; Buchrücken *m*; Messerrücken *m*; F *agachar el ~* sich abrackern.   [plane *f.*⟩

lona ['lona] *f* Segeltuch *n*; Zelt-⟨

lonche *Am. reg.* ['lɔntʃe] *m* (leichtes) Mittagessen *n*; **~ría** *Am. Cent., Col., Méj., P.R.* [lɔntʃe'ria] *f* Snack-bar *f.*

longanimidad [lɔŋganimi'da⁽ᵈ⁾] *f* Langmut *f.*

longaniza [lɔŋga'niθa] *f* Schlack-wurst *f.*

longe|vidad [lɔŋxebi'da⁽ᵈ⁾] *f* Lang-lebigkeit *f*; **~vo** [~'xebo] langlebig.

longitud [lɔŋxi'tu⁽ᵈ⁾] *f* Länge *f*; **~inal** [~tudi'nal] Längen...

lonja ['lɔŋxa] *f* Schnitte *f*, Scheibe *f*; Streifen *m*; † (Waren-)Börse *f.*

lontananza [lɔnta'nanθa] *f* Fern-sicht *f*; Ferne *f.*

loor [lo'ɔr] *m Lit., Rel.* Lob *n.*

López ['lopeθ] *m*: *ésos son otros ~* das ist et. ganz anderes.

loqu|ear [loke'ar] (1a) herumtoben, -tollen; Unsinn treiben, P Quatsch machen; **~ra** *Am.* [~'kera] *f* Wahn-sinn *m.*

loro ['loro] *m* Papagei *m.*

los [los] *pl.* **1.** *art.* die; **2.** *pron. ac.* sie.

losa ['losa] *f* Steinplatte *f*, Fliese *f.*

lote ['lote] *m* Anteil *m*; † Posten *m*, Partie *f*; *Am. reg.* Parzelle *f.*; **~ar** *Am. reg.* [lote'ar] (1a) parzellieren.

lote|ría [lote'ria] *f* Lotterie *f*; Lotto *n*; *le ha caído la ~* er hat in der Lotterie gewonnen; *fig.* F er hat Schwein gehabt; **~ro** [lo'tero] *m* Lotterieeinnehmer *m.*

loto ♀ ['loto] *m* Lotus *m.*

loza ['loθa] *f* Steingut *n*; Tonware (-n) *f*(*pl.*); *de ~* irden.

loza|near [loθane'ar] (1a) wuchern (*Pflanzen*); **~nía** [~'nia] *f* Vollsaf-tigkeit *f*; Wuchern *n*; Üppigkeit *f*; **~no** [lo'θano] üppig, kraftstrotzend.

lubina *Zo.* [lu'bina] *f* Seebarsch *m.*

lúbrico ['lubriko] schlüpfrig; geil.

lubri(fi)|cación [lubri(fi)ka'θión] *f* Einölen *n*; Abschmieren *n*; **~cante** [~'kante] **1.** *adj.* Schmier...; **2.** *m* Schmieröl *n*; **~car** [~'kar] (1g) ein-ölen, schmieren.

lucero [lu'θero] *m* (Abend-, Mor-gen-)Stern *m.*

lucidez [luθi'deθ] *f* Klarheit *f*; Deutlichkeit *f.*

lúcido ['luθiðo] licht, klar.

lucido [lu'θiðo] prächtig; glänzend; freigebig, großartig; *quedarse ~ iron.* sich blamieren.

luciente [lu'θiente] strahlend.

luciérnaga [lu'θiernaga] *f* Glüh-, Johanniswürmchen *n*, Leuchtkäfer *m.*

lucífero [lu'θifero] *m* Morgenstern *m*; *Am.* Streichholz *n.*

lucimiento [luθi'miento] *m* Pracht *f*; Freigebigkeit *f*; Großartigkeit *f.*

lucio ['luθio] **1.** *adj.* glänzend; glatt; **2.** *m* Hecht *m*.

lución [lu'θiɔn] *m* Blindschleiche *f*.

lucir [lu'θir] (3f) **1.** *v/i.* leuchten; nutzen, einbringen; **2.** *v/t.* leuchten lassen, zur Schau stellen; *Festkleidung* tragen; **~se** sich hervortun, glänzend abschneiden; *iron.* sich blamieren.

lucr|arse [lu'krarse] (1a) Nutzen ziehen (aus [*dat.*] de); **~ativo** [lukra'tiβo] einträglich; ✝ gewinnbringend; **~o** ['lukro] *m* Gewinn *m*; Nutzen *m*.

lucha ['lutʃa] *f* Ringkampf *m*; Kampf *m*; *fig.* Bekämpfung *f*; **~ libre** Freistilringen *n*; **~dor** [lutʃa-'dɔr] *m* Ringer *m*; Kämpfer *m*; **~r** [lu'tʃar] (1a) ringen; kämpfen.

luego ['lŭeɣo] sogleich; nachher; demnach, also; *Col.*, *Méj.*, *Pe.*, *P.R.* ab und zu; *hasta* ~ bis nachher; *desde* ~ selbstverständlich; ~ *que* sobald als.

lugar [lu'ɣar] *m* Ort *m*, Platz *m*, Stelle *f*; Ortschaft *f*; ~ *de autos*, ~ *de los hechos* 𝔱 Tatort *m*; ~ *de destinación* Bestimmungsort *m*; ~ *de reunión* Tagungsort *m*; *dar* ~ *a* Anlaß geben zu; *no hay* ~ es ist kein Anlaß; *estar en su* ~ angebracht sein; *estar fuera de* ~ unangebracht *od.* fehl am Platz sein; *tener* ~ stattfinden; *en* ~ *de* statt; *en primer* ~ erstens; ~*es pl. comunes* Gemeinplätze *m/pl.*

lugareño [luɣa'reɲo] Dorf...; kleinstädtisch.

lugarteniente [luɣarte'niente] *m* Stellvertreter *m*.

luge *gal.* ['luxe] *f* (Rodel-)Schlitten *m*.

lúgubre ['luɣubre] traurig; Trauer-...; düster; melancholisch.

lujo ['luxo] *m* Luxus *m*; Pracht *f*; **~so** [lu'xoso] prachtliebend; kostspielig, luxuriös.

lujuri|a [lu'xuria] *f* Unzucht *f*, Geilheit *f*; Üppigkeit *f*; **~ante** [luxu'riante] üppig wuchernd; **~oso** [ˌ'rioso] unzüchtig, geil.

lumba|go [lum'baɣo] *m* Hexenschuß *m*; **~r** [ˌ'bar] Lenden...

lumbre ['lumbre] *f* (Holz-, Kohlen-)Feuer *m*; Licht *n*; *fig.* Glanz *m*; ~ *del agua* Wasserspiegel *m*; *pedir* ~ um Feuer bitten (*Raucher*); **~ra**

[lum'brera] *f* leuchtender Körper *m*; Oberlicht *n*; *fig.* Leuchte *f*.

luminaria [lumi'naria] *f Rel.* ewige Lampe *f*, Altarlicht *n*; Illumination *f*, Festbeleuchtung *f*.

lumino|so [lumi'noso] lichtvoll; glänzend; Licht...; **~tecnia** ⊕ [ˌno'teɣnia] *f* Beleuchtungstechnik *f*.

luna ['luna] *f* Mond *m*; Spiegelglas *n*; Schrankspiegel *m*; ~ *de miel* Flitterwochen *f/pl.*; ~ *nueva* Neumond *m*; ~ *creciente* zunehmender Mond *m*; ~ *media* ~ Halbmond *m*; ~ *llena* Vollmond *m*; ~ *menguante* abnehmender Mond *m*; *estar de buena* (*mala*) ~ guter (schlechter) Laune sein; *estar en la* ~ nicht bei der Sache sein.

lunar [lu'nar] **1.** *adj.* Mond...; **2.** *m* Muttermal *n*; Schönheitsfehler *m*, -pflaster *n*; Tupfen *m* (*Kleidung*).

lunático [lu'natiko] grillenhaft.

lunes ['lunes] *m* Montag *m*; *hacer* ~ blauen Montag machen.

lunfardo *Arg.* [lum'farðo] *m* (argentinische) Gaunersprache *f*; Gauner *m*.

lupa ['lupa] *f* Lupe *f*; *mirar a/c. con* ~ *et.* unter die Lupe nehmen.

lupanar [lupa'nar] *m* Bordell *n*.

lúpulo ♀ ['lupulo] *m* Hopfen *m*.

luso ['luso] **1.** *adj.* portugiesisch; **2.** *m* Portugiese *m*.

lus|trabotas *Arg.*, *Chi.*, *Méj.*, *Par.* [lustra'botas] *m* Schuhputzer *m*; **~trada** *Chi.*, *Méj.*, *Rpl.* [ˌ'traða] *f* Schuhputzen *n*; **~trador** *Ec.*, *Pe.* [ˌtra'ðɔr] *m* Schuhputzer *m*; **~trar** [ˌ'trar] (1a) blank putzen; polieren; *Stiefel* wichsen; **~tre** ['lustre] *m* Glanz *m*; Politur *f*; *fig.* Ansehen *n*; **~tro** [ˌtro] *m* Lustrum *n*, Jahrfünft *n*; **~troso** [lus'troso] glänzend.

luto ['luto] *m* Trauer *f*; Trauerkleidung *f*; ~ *riguroso* tiefe Trauer *f*; *estar de* ~ *por alg.* um j-n trauern.

luxa|ción [luɣsa'θiɔn] *f* Verrenkung *f*; **~r** [ˌ'sar] (1a) ver-, ausrenken.

luxembur|gués [luɣsembur'ges] **1.** *adj.* luxemburgisch; **2.** *m*, **~guesa** [ˌ'gesa] *f* Luxemburger(in *f*) *m*.

luz [luθ] *f* Licht *n*; Beleuchtung *f*; △ lichte Weite *f*; ~ *de carretera Kfz.* Fernlicht *n*; ~ *de cruce Kfz.* Abblendlicht *n*; ~ *de parada Kfz.* Stopplicht *n*; *dar la* ~ Licht machen; *dar a* ~: **a)** gebären, zur Welt bringen; **b)** *ein Buch* herausgeben; *sacar a* ~ ans Licht bringen; *salir a* ~ erscheinen (*Buch*); *luces pl. de emergencia* Notbeleuchtung *f*; *luces pl. de tráfico* Verkehrsampel *f*; *siglo m de las luces* Aufklärungszeitalter *n*; *a todas luces* in jeder Hinsicht; *entre dos luces* in der Dämmerung; *hombre m de pocas luces* geistig beschränkter Mensch *m*.

Ll

Ll, ll ['eʎe] *f das span.* Doppel-L.

llaga ['ʎaga] *f* (offene) Wunde *f*; Geschwür *n*; *poner el dedo en la* ~ den wunden Punkt berühren.

llama ['ʎama] *f* Flamme *f*; *Zo.* Lama *n*.

llama|da [ʎa'mada] *f* Anruf *m* (*a. Teléfono*); Aufruf *m*; Zuruf *m*; ✗ Appell *m*; *Méj.* Feigheit *f*; **~do** *Am.* [ʎ'maᵈo] *m* = llamada; **~dor** [ʎama'dɔr] *m* Türklopfer *m*; Klingelknopf *m*; **~miento** [ʎ'mĭento] *m* Aufruf *m*; Vorladung *f*; Berufung *f*; Ruf *m*; ~ *a filas* ✗ Einberufung *f*; ~ *al orden Parl.* Ordnungsruf *m*.

llamar [ʎa'mar] (1a) **1.** *v/t.* (an-) rufen; (er)nennen; *Aufmerksamkeit* auf sich lenken; **2.** *v/i.* klingeln, läuten; klopfen; **3.** **~se** heißen.

llama|rada [ʎama'rada] *f* Flackerfeuer *n*; Zorn-, Schamröte *f*; F Strohfeuer *n*; **~tivo** [ʎ'tibo] auffällig; grell (*Farbe*); durstzreizend.

llamear [ʎame'ar] (1a) flammen.

llamón *Méj.* [ʎa'mɔn] feige.

llanero [ʎa'nero] *m* Bewohner *m* des Tieflandes.

llaneza [ʎa'neθa] *f* Aufrichtigkeit *f*; Einfachheit *f*, Schlichtheit *f*.

llano ['ʎano] **1.** *adj.* eben; einfach, schlicht; deutlich; **2.** *m* Ebene *f*, Flachland *n*.

llanta ['ʎanta] *f* Radkranz *m*; Felge *f*; *Am.* Reifen *m*.

llantén ♀ [ʎan'ten] *m* Wegerich *m*.

llanto ['ʎanto] *m* Weinen *n*.

llanura [ʎa'nura] *f* Ebene *f*.

llave ['ʎaβe] *f* Schlüssel *m*; Schraubenschlüssel *m*; ♪ Klappe *f*; (Wasser-, Gas-)Hahn *m*; ⚡ Lichtschalter *m*; ✂ Zahnzange *f*; ~ *inglesa* Franzose *m* (*Schraubenschlüssel*); ~ *maestra* Hauptschlüssel *m*; ~ *en mano* schlüsselfertig (*Wohnung*); ~ *falsa* Nachschlüssel *m*; *debajo de* ~ unter Verschluß; *echar la* ~ zuschließen.

llavero [ʎa'βero] *m* Schlüsselbrett *n*, Schlüsselring *m*; Beschließer *m*.

llegada [ʎe'gada] *f* Ankunft *f*.

llegar [ʎe'gar] (1h) **1.** *v/i.* ankommen; anlangen; gelangen; eintreffen, geschehen; (heran)nahen; reichen bis (zu [*dat.*] *a od. hasta*); heranreichen (an [*ac.*] *a*); sich belaufen (auf [*ac.*] *a*); ~ *al alma* zu Herzen gehen; ~ *a viejo* alt werden; ~ *a comprender* dahinterkommen; ~ *a saber* durch Zufall erfahren; ~ *a ser* werden; *llegar a inf.* es erreichen, et. zu tun; **2.** *v/t.* heranbringen, -schaffen; **3.** **~se** aufea. zukommen; sich nähern.

llenar [ʎe'nar] (1a) füllen; *Formular* ausfüllen; überhäufen (mit [*dat.*] de).

lleno ['ʎeno] **1.** *adj.* voll; *de* ~ völlig; **2.** *m* Überfülle *f*; Vollmond *m*; *Thea.* volles Haus *n*.

llevadero [ʎeβa'dero] erträglich.

llevar [ʎe'βar] (1a) tragen; bringen; führen; mitnehmen; mitbringen; davontragen, fortschaffen; *Kleider* tragen, anhaben; *Geld bei sich haben*; *Bücher* führen; ertragen, dulden; ~ *part.* et. schon *getan* haben; ~ *algún tiempo ger.* seit einiger Zeit *et. tun*; ~ *adelante* vorantreiben; ~ *a cabo* durchführen, ausführen; ~ *la casa* den Haushalt führen; ~ *consigo* bei sich haben; ~ *la corriente a alg.* nach j-s Pfeife tanzen; ~ *las de peor* nichts zu erhoffen haben; den kürzeren ziehen; ~ *lo peor* den kürzeren ziehen; ~ *por delante* mitreißen; ~ *a la práctica* in die Tat umsetzen; ~ *a/c. bien sabida* et. gut gelernt haben; *ya llevo ocho días aquí* ich bin schon seit acht Tagen hier; *me lleva dos años* (*diez centímetros*) er ist zwei Jahre älter (zehn Zentimeter größer) als ich; **~se** mitnehmen; ~ *bien* (*mal*) sich gut (schlecht) vertragen.

llorar [ʎo'rar] (1a) v/i. weinen; v/t. beklagen; beweinen.

llorera F [ʎo'rera] f Geheule n, F Geflenne n; le entró una ~ sie (er) heulte wie ein Schloßhund.

llor|iquear [ʎorike'ar] (1a) wimmern; ~o ['ʎoro] m Weinen n; ~ón [ʎo'ron] **1.** adj. weinerlich; **2.** m F Heulsuse f; Helmbusch m; ~oso [ʎo'roso] weinend; verweint.

llovede|ra Am. reg. [ʎobe'dera] f, ~ro Am. reg. [~ro] m Dauerregen m.

llov|edizo [ʎobe'diθo] Regen...; ~er [ʎo'ber] (2h) regnen; ~izna [ʎo-'biðna] f Sprühregen m; ~iznar [ʎo-bið'nar] (1a) nieseln, fein regnen.

lluvi|a ['ʎubia] f Regen m; fig. Unmenge f; Am. Mer. reg. Dusche f; ~oso [ʎu'bioso] regnerisch.

M

M, m ['eme] *f* M, m *n*.

maca ['maka] *f* Druckfleck *m am Obst*; Fehler *m*; *fig.* Kniff *m*.

macabro [ma'kaβro] schaurig; *danza f -a* Totentanz *m*.

macaco [ma'kako] **1.** *m Zo.* Makak *m*; *Arg., Par. Spottname für (farbigen) Brasilianer m*; *Méj.* Teufel *m*; **2.** *adj. Am.* häßlich.

maca|na [ma'kana] *f Am.* Indianerkeule *f*; F Unsinn *m*, Humbug *m*; **~near** [makane'ar] (1a) *Bol., Chi., Rpl.* Unfug treiben; *Col., Hond.* fleißig arbeiten; *v/t. Col., Ven. et.* gut managen; **~nero** [~'nero] *m* Aufschneider *m*, Angeber *m*; **~nudo** *Am.* F [~'nuðo] prima, toll.

macarr|ones [maka'rrɔnes] *m/pl.* Makkaroni *pl.*; **~ónico** [~'rrɔniko]: *latín m ~* Küchenlatein *n*.

macear [maθe'ar] (1a) klopfen; hämmern; lästig fallen.

macedonia [maθe'ðonia] *f*: *~ (de frutas)* Obstsalat *m*.

macerar [maθe'rar] (1a) ein-, aufweichen; *fig.* kasteien.

macet|a [ma'θeta] *f* Blumentopf *m*; **~ero** [maθe'tero] *m* Blumenständer *m*; *Arg., Chi., Pe., P.R.* Blumentopf *m*.

macilento [maθi'lento] abgezehrt, bleich; verhärmt.

maci|zar [maθi'θar] (1f) ausfüllen; zuschütten; **~zo** [ma'θiθo] **1.** *adj.* massiv; voll; *fig.* gewichtig; **2.** *m* festes Mauerwerk *n*; Gruppe *f* v. Bäumen, Ziersträuchern *usw.*; Massiv *n*.

mácula ['makula] *f* Flecken *m*; Makel *m*.

macuto [ma'kuto] P Affe *m (Tornister)*.

macha|car [matʃa'kar] (1g) zerstoßen; zerkleinern; *fig.* F eintrichtern; *v/i.* aufdringlich sein; **~cón** [~'kɔn] *m* lästiger Mensch *m*; **~da** [ma'tʃaða] *f* F Dummheit *f*, Unsinn *m*; **~quear** *Am.* [matʃake'ar] = *machacar*; **~queo** [~'keo] *m*; **~quería** [~ke'ria] *f* Einpauken *n*; Belästigung *f*; Aufdringlichkeit *f*;

~zo *Am. Mer.* [ma'tʃaθo] sehr männlich.

machete [ma'tʃete] *m* Seitengewehr *n*; Weidmesser *n*; Buschmesser *n*; Hackmesser *n*.

machismo [ma'tʃizmo] *m* (übertriebener) Männlichkeitskult *m*.

macho ['matʃo] **1.** *m* männliches Tier *n*, Männchen *n*; Maultier *n*; Schraube *f*; Haken *m*; Schmiedehammer *m*; *~ de aterrajar* Gewindebohrer *m*; **2.** *adj.* kräftig; F tapfer; männlich; *bsd. Am.* grob.

machón ⊿ [ma'tʃɔn] *m* Widerlager *n*.

machote F [ma'tʃote] **1.** *adj.* sehr männlich; **2.** *m* echter Mann *m*, ganzer Kerl *m*. [ständig; alt.]

machucho [ma'tʃutʃo] gesetzt, verⱼ

madeja [ma'ðexa] *f* Strähne *f*, Strang *m*; *~ sin cuenta fig.* Wirrkopf *m*; verworrene Sache *f*.

made|ra [ma'ðera] *f* Holz *n*; Nutzholz *n*; *~ terciada* Sperrholz *n*; *tener ~* de das Zeug haben zu; **~rada** [maðe'raða] *f* Flößholz *n*; **~raje** [~'raxe] *m* Balkenwerk *n*; **~rería** [~re'ria] *f* Holzlager *n*; **~rero** [~'rero] *m* Holzhändler *m*; **~ro** [ma'ðero] *m (Stück)* Holz *n*, Langholz *n*; *fig.* Klotz *m*.

madra|stra [ma'ðrastra] *f* Stiefmutter *f*; **~za** [~'ðraθa] *f* (allzu) nachsichtige Mutter *f*.

madre ['maðre] *f* Mutter *f*; *~ política* Schwiegermutter *f*; *salirse de ~* über die Ufer treten *(Fluß)*; *fig.* über die Stränge schlagen; *ésa es la ~ del cordero* da liegt der Hase im Pfeffer; **~perla** [maðre'perla] *f* Perlmutter *f*; **~selva** ⚘ [~'selβa] *f* Geißblatt *n*.

madriguera [maðri'γera] *f* (Kaninchen-)Bau *m*; *fig.* Räuberhöhle *f*.

madrileño [maðri'leɲo] **1.** *adj.* aus Madrid; **2.** *m*, *-a f* [~'leɲa] Madrider(in *f*) *m*.

madrina [ma'ðrina] *f* Taufpatin *f*; Trauzeugin *f*; Beschützerin *f*.

madroño [ma'ðroɲo] *m* Erdbeerbaum *m*; Troddel *f*.

madru|gada [maðru'gaða] *f* Morgenfrühe *f*; *de ~* sehr früh; **~gador** [~ga'ðɔr] *m* Frühaufsteher *m*; **~gar** [~'gar] (1h) früh aufstehen.

madu|rar [maðu'rar] (1a) reif machen, zur Reife bringen; reiflich überlegen; *v/i.* reifen; **~rez** [~'reθ] *f* Reife *f* (*a. fig.*); **~ro** [ma'ðuro] reif; reiflich.

maestra [ma'estra] *f* Lehrerin *f*; Meisterin *f*; △ Richtscheit *n*; *~ de párvulos* Kindergärtnerin *f*.

maestre [ma'estre] *m* Großmeister *m*; Ordensmeister *m*.

maes|tría [maes'tria] *f* Meisterwürde *f*; Meisterschaft *f*; **~tro** [ma'estro] **1.** *adj.* meisterhaft; Meister..., Haupt...; **2.** *m* Meister *m*; Handwerksmeister *m*; Komponist *m*; Volksschullehrer *m*; *~ de obras* Bauleiter *m*.

magalla *Am. Cent.* [ma'gaʎa] *f* Zigarrenstummel *m*.

magdalena [magda'lena] *f* Span. (= *kleines Biskuitgebäck*).

magia ['maxia] *f* Zauberei *f*; Magie *f*.

mágico ['maxiko] **1.** *adj.* zauberhaft; Zauber...; **2.** *m* Zauberer *m*.

magín *f* [ma'xin] *m* Phantasie *f*, F Köpfchen *n*, Grips *m*.

magisterio [maxis'terio] *m* Lehramt *n*; Lehrerschaft *f*.

magistra|do [maxis'traðo] *m* höherer Justizbeamte(r) *m*, Richter *m*; **~l** [~'tral] meisterhaft; Meister...; Präzisions...; **~tura** [~tra'tura] *f* Richteramt *n*; Richterstand *m*.

magn|animidad [magnanimi'ðaðᵈ] *f* Edelmut *m*; Seelengröße *f*; **~ánimo** [~'nanimo] großmütig; **~ate** [~'nate] *m* Magnat *m*.

magnético [mag'netiko] magnetisch.

magneti|smo [magne'tizmo] *m* Magnetismus *m*; **~zar** [~ti'θar] (1f) magnetisieren.

magne|tofón [magneto'fɔn], **~tófono** [~'tofono] *m* Tonbandgerät *n*; *~ de cassettes* Kassettenrecorder *m*.

magn|ificencia [magnifi'θenθia] *f* Pracht *f*; Pomp *m*; Freigebigkeit *f*; **~ífico** [~'nifiko] prächtig; freigebig; ausgezeichnet.

magnitud [magni'tuðᵈ] *f* Größe *f*; Erhabenheit *f*.

magno ['magno] groß (*nur fig.*).

mago ['mago] *m* Magier *m*; Zauberer *m*; *los Reyes Magos* die Heiligen Drei Könige.

magro ['magro] **1.** *adj.* mager; **2.** *m* mageres Schweinefleisch *n*.

maguey [ma'gei] *m* mexikanische Agave *f*.

magu|lladura [maguʎa'ðura] *f* Quetschung *f*; **~llar** [~'ʎar] (1a) quetschen; **~llón** *Am.* [~'ʎɔn] *m* Quetschung *f*.

mahom|etano [maome'tano] mohammedanisch; **~etismo** [~'tizmo] *m* Islam *m*.

mahonesa [mao'nesa] *f* Mayonnaise *f*.

maitines [mai'tines] *m/pl.* Frühmette *f*.

maíz [ma'iθ] *m* Mais *m*; *comer ~ Cu., P.R.* sich bestechen lassen; *echarle ~ a la pava Am. Cent.* prahlen.

maizal [mai'θal] *m* Maisfeld *n*.

majada [ma'xaða] *f* Schafhürde *f*; Schafherde *f*.

majade|rear *Am.* [maxaðere'ar] (1a) belästigen; **~ría** [~'ria] *f* Albernheit *f*; dummes Geschwätz *n*; **~ro** [~'ðero] **1.** *adj.* albern; dumm; **2.** *m* Stößel *m*; F Trottel *m*, Depp *m*.

majareta F [maxa'reta] verrückt, blöd, dumm.

majarete *Ant., Col., Ven.* [maxa'rete] *m e-e* Süßspeise.

majes|tad [maxes'taᵈ] *f* Majestät *f*; **~tuoso** [~'tŭoso] majestätisch; würdevoll.

majo ['maxo] **1.** *adj.* schmuck, hübsch, fesch; **2.** *m* schmucker Bursche *m*; Geck *m*.

majuelo [ma'xŭelo] *m* junge Weinrebe *f*; Art Weißdorn *m*.

mal [mal] **1.** *adj.* (*Kurzform für malo vor männl. Substantiven*) schlecht, böse; **2.** *adv.* übel, schlecht, unrecht; *~ que bien* so so; recht und schlecht; *¡menos ~!* Gott sei Dank!; *echar (od. tomar) a ~ a/c.* et. übelnehmen; **3.** *m* Übel *n*; Schaden *m*; Leiden *n*; Krankheit *f*; *el ~ Am. reg.* Epilepsie *f*, epileptischer Anfall *m*; *~ de(l) mar* Seekrankheit *f*; *~ de ojo* böser Blick *m*; *el ~ menor* das kleinere Übel.

malabarista [malaba'rista] *m* Jongleur *m*.

malaco|nsejado [malakɔnse'xaᵈo] schlecht beraten; **~stumbrado** [~kɔstum'braᵈo] verwöhnt.

mala|crianza *Am.* [mala'krĭanθa] *f*
Ungezogenheit *f*, Unhöflichkeit *f*;
~gradecido *Am.* [‿grade'θiđo] un-
dankbar.

malagueño [mala'geɲo] aus Málaga.

malandan|te [malan'dante] un-
glücklich; **~za** [‿'danθa] *f* Unglück *n*.

malandrín [malan'drin] *m* Bösewicht *m*.

malaventura [malaβen'tura] *f* Unglück *n*; **~do** [‿tu'raᵈo] unglücklich.

malayo [ma'lajo] **1.** *adj.* malaiisch;
2. *m* Malaie *m*.

malbaratar [malbara'tar] (1a) verschwenden; verschleudern.

malcasado [malka'saᵈo] unglücklich verheiratet.

malcomido [malko'miđo] dürftig
ernährt.

malcontento [malkɔn'tento] unzufrieden.

malcria|dez *Am.* [malkrĭa'đeθ] *f*
Ungezogenheit *f*, Unhöflichkeit *f*;
~do [‿'krĭaᵈo] ungezogen, unartig.

maldad [mal'da⁽ᵈ⁾] *f* Bosheit *f*;
Schlechtigkeit *f*.

maldecir [malde'θir] (3p; *part.*
aktivisch: maldecido, *passivisch:*
maldito; *fut., conditional u. imperativo nach* 3a) lästern, fluchen;
verfluchen.

maldi|ciente [maldi'θĭente] **1.** *adj.*
lästerhaft; **2.** *m* Lästerer *m*; **~ción**
[‿'θĭɔn] *f* Fluch *m*.

maldispuesto [maldis'pŭesto]
schlechtgelaunt, unlustig; unwohl.

maldito [mal'dito] verflucht, verdammt; F *¡~ sea!* zum Teufel mit
ihm!

malea|ble [male'aβle] geschmeidig;
hämmerbar, schmiedbar; **~nte** F
[‿'ante] **1.** *adj.* boshaft, hämisch;
2. *m* Bösewicht *m*, Übeltäter *m*; **~r**
[‿'ar] (1a) verderben; schaden
(*dat.*).

malecón [male'kɔn] *m* Damm *m*,
Deich *m*; Kai *m*; Mole *f*.

maledicencia [maleđi'θenθĭa] *f*
Verleumdung *f*.

malefi|cencia [malefi'θenθĭa] *f* bos-
hafte Gesinnung *f*; **~ciar** [‿'θĭar]
(1b) verderben; schaden; verwün-
schen; **~cio** [‿'fiθĭo] *m* Verwün-
schung *f*.

maléfico [ma'lefiko] schädlich; unheilvoll, verderblich.

malentendido *gal.* [malenten'diđo]
m Mißverständnis *n*.

malestar [males'tar] *m* Unwohlsein
n, Unbehagen *n*.

male|ta [ma'leta] **1. a)** *f* Koffer *m*;
Kfz. Kofferraum *m*; *Col., Ec.*
Kleiderbündel *n*; *Col., Cu., P.R.*
Bucke l *m*; *hacer la ~* die Koffer
packen, F sein Bündel schnüren; **b)**
m F Tölpel *m*; schlechter *od.* an-
gehender Stierkämpfer *m*; *Rpl.*
schlechter Reiter *m*; Trottel *m*; **2.**
adj. Am. Cent., P.R. verschlagen;
Méj. faul; **~tero** [male'tero] *m* Gepäckträger *m*; *Kfz.* Kofferraum *m*;
~tín [‿'tin] *m* Handkoffer *m*; Reisetasche *f*; *~ ejecutivo Am.* Akten-
koffer *m*.

malevolencia [maleβo'lenθĭa] *f*
Böswilligkeit *f*.

malévolo [ma'leβolo] böswillig.

maleza [ma'leθa] *f* Unkraut *n*; Gestrüpp *n*.

malgache [mal'gatʃe] aus Mada-
gaskar, madagassisch.

malgastar [malgas'tar] (1a) verschwenden.

malgenio *Am. Cent., Col., Ec.*
[mal'xenĭo], **~so** *Méj.* [‿xe'nĭoso]
jähzornig.

mal|hablado [mala'blaᵈo] frech,
unverschämt; unflätig redend; **~**
hadado [‿'đaᵈo] unglücklich; **~**
hecho [ma'letʃo] mißgestaltet; **~**
hechor [male'tʃor] *m* Übeltäter *m*.

malherir [male'rir] (3i) schwer verwunden.

malhumorado [malumo'raᵈo]
schlechtgelaunt.

malici|a [ma'liθĭa] *f* Bosheit *f*;
Bösartigkeit *f*; Verschmitztheit *f*;
Argwohn *m*; Arglist *f*; F *tener*
mucha ~ es faustdick hinter den
Ohren haben; **~ar** [mali'θĭar] (1b)
argwöhnen; verderben; **~arse**
Schlechtes denken; verderben
(*v/i.*); **~oso** [‿'θĭoso] boshaft; verschmitzt; argwöhnisch.

malign|idad [maligni'da⁽ᵈ⁾] *f* Bös-
artigkeit *f*; **~o** [ma'ligno] böse; bösartig (*a. 🅰*).

malintencionado [malintenθĭo-
'naᵈo] übelgesinnt; heimtückisch.

malmirado [malmi'raᵈo] unbeliebt.

malo ['malo] schlecht; schlimm;
böse; krank; schlau, F gerissen; unartig (*Kind*); *¡~!* schlimm genug!; *~*
de entender schwer zu verstehen; *a*

la -a *Cu.*, *Pe.*, *P.R.* mit Gewalt; *Chi.*, *Méj.* unaufrichtig, böswillig; *por las* -as mit Gewalt; *estar de* -as Pech haben; *ponerse* ~ krank werden; *venir de* -as böse Absichten haben; ungelegen kommen; *andar (od. estar) a* -as *con alg.* mit j-m auf gespanntem Fuß stehen; *por* -as *o por buenas* wohl oder übel.

malo|grado [malo'gra⁴o] zu früh verstorben; unglücklich; mißlungen; **~grar** [√'grar] (1a) versäumen; verfehlen; verpfuschen; **~grarse** mißlingen; scheitern, fehlschlagen; zu früh sterben; **~gro** [ma'logro] *m* Mißerfolg *m*.

maloja *Cu.*, *Méj.*, *P.R.* [ma'loxa] *f* Futtermais *m*.

maloliente [malo'liente] übelriechend, stinkend.

malpar|ado [malpa'ra⁴o]: *quedar (od. salir)* ~ schlecht wegkommen; **~ar** [√'rar] (1a) übel zurichten.

malpensado [malpen'sa⁴o]: *ser* ~ immer gleich das Schlechtere annehmen *od.* denken.

mal|querencia [malke'renθia] *f* Übelwollen *n*; Abneigung *f*; **~querer** [√'rer] (2u) *j-m* übelwollen.

malquis|tarse [malkis'tarse] (1a) sich verfeinden; **~to** [√'kisto] verfeindet; verhaßt.

malsano [mal'sano] ungesund; krankhaft.

malsonante [malso'nante] anstößig.

malsufrido [malsu'fri⁴o] ungebärdig; unleidlich.

mal|ta [ˈmalta] *f* Malz *n*; Malzkaffee *m*; **~tosa** [mal'tosa] *f* Malzzucker *m*.

maltra|tamiento [maltrata'miento] *m* Mißhandlung *f*; **~tar** [√'tar] (1a) mißhandeln; *Tiere* quälen; ruinieren; ~ *de obra* tätlich mißhandeln; **~to** [√'trato] *m* Mißhandlung *f*.

maltrecho [mal'tretʃo] übel zugerichtet.

malucho F [ma'lutʃo] unpäßlich; kränklich.

malva ♀ [ˈmalba] *f* Malve *f*; *ser (como) una* ~ herzensgut sein.

malvado [mal'ba⁴o] *m* Bösewicht *m*.

malvavisco ♀ [malba'bisko] *m* Eibisch *m*.

malvender [malben'der] (2a) verschleudern.

malver|sación [malbersa'θion] *f*: ~ *(de fondos)* Veruntreuung *f*; **~sa-**

dor [√sa'dor] *m* Betrüger *m*; **~sar** [√'sar] (1a) veruntreuen.

malla [ˈmaʎa] *f* Masche *f*; Trikot *n*; *Am. reg.* Badeanzug *m*.

mallorquín [maʎor'kin] **1.** *adj.* mallorkinisch; **2.** *m* Mallorkiner *m*.

mamá [ma'ma] *f* Mama *f*, Mutti *f*.

mama [ˈmama] *f* weibliche Brust *f*; **~da** *Am.* [ma'mada] *f* vorteilhaftes, leichtes Geschäft *n*; **~dera** [mama-'dera] *f* Milchpumpe *f*; *Am.* Saugfläschchen *n*; **~r** [ma'mar] (1a) saugen; *dar de* ~ *Kind* nähren, stillen; **~rse** *Rpl.* sich betrinken; **~rio** [ma'mario] Brust...; Milch...

mamarra|chista F [mamarra'tʃista] *m* schlechter Maler *m*; Schmierfink *m*; Stümper *m*; **~cho** [√'rratʃo] *m* Sudelei *f*; F Schmarren *m*; Kitsch *m*; F Flasche *f* *(Person)*.

mameluco [mame'luko] *m* Mameluck *m*; *Am.* Overall *m*.

mamíferos [ma'miferos] *m/pl.* Säugetiere *n/pl.*

mamila [ma'mila] *f* Brustwarze *f*; *Méj.* Babyflasche *f*.

mamón [ma'mon] **1.** *adj.* saugend; *Am. reg.* jung *(Tier)*; **2.** *m* Säugling *m*.

mamotreto F [mamo'treto] *m* F Schinken *m* *(Buch)*, Wälzer *m*; *Am.* ungefüges Möbel *n*.

mampar|a [mam'para] *f* Wandschirm *m*; spanische Wand *f*; **~o** ⚓ [√'paro] *m* Schott *n*.

mamporro [mam'porro] *m* F Puff *m*, Knuff *m*.

mampostería [mampʊste'ria] *f* Mauerwerk *n* *aus Bruchstein*.

mana *Am. Cent.*, *Col.* [ˈmana] *f* Quelle *f*.

maná ♀ [ma'na] *m* Manna *n*.

mana|da [ma'nada] *f* Herde *f* *(Vieh)*; Rudel *n* *(Wild)*; *a* ~*s* haufenweise.

mana|ntial [manan'tial] **1.** *adj.* Quell...; **2.** *m* Quelle *f*; **~r** [ma'nar] (1a) quellen; *fig.* herrühren.

manatí [mana'ti] *m* Seekuh *f*.

manaza [ma'naθa] *f* große Hand *f*, F Pranke *f*; *ser un* ~*s* ungeschickt sein. [meln.)

mancar [maŋ'kar] (1g) verstüm-)

mancarrón [maŋka'rrɔn] **1.** *m* *Rpl.* Klepper *m*; **2.** *adj.* *Am.* arbeitsunfähig.

mance|ba [man'θeba] *f* Konkubine *f*; **~bía** [√θe'bia] *f* Bordell *n*.

mancebo [man'θeƀo] *m* Jüngling *m*; Handlungsgehilfe *m*.

mancera [man'θera] *f* Pflugsterz *m*.

mancilla [man'θiʎa] *f* Fleck *m*, Makel *m*; **~r** [~θi'ʎar] (1a) beflecken.

manco ['maŋko] einarmig; einhändig; *no ser* ~ nicht ungeschickt sein, et. können.

manco|mún [maŋko'mun]: *de* ~ gemeinschaftlich; **~munidad** [~muni'ƌa⁽ᵈ⁾] *f* Gemeinschaft *f*; Zweckverband *m*.

man|corna *Am. reg.* [maŋ'korna] *f*, **~cuernillas** *Am. Cent.* [~kŭer'niʎas] *f/pl.* Manschettenknöpfe *m/pl.*

mancha ['mantʃa] *f* **a)** Fleck *m* (*a. fig.*); **b)** *la* ♀ die Mancha (*span. Landschaft*); **~r** [man'tʃar] (1a) beflecken (*a. fig.*); beschmutzen; *Mal.* schattieren.

manda ['manda] *f* Vermächtnis *n*.

manda|dero [manda'ƌero] *m* Laufbursche *m*, Botengänger *m*; **~do** [~'da⁽ᵈ⁾o] *m* Auftrag *m*; Befehl *m*; **~más** F [~'ƌa'mas] *m* Chef *m*, F Boß *m*; **~miento** [~ƌa'mĭento] *m* Befehl *m*; Gebot *n* (*a. Rel.*); **~nte** [~'dante] *m* Auftraggeber *m*.

mandar [man'dar] (1a) **1.** *v/t.* befehlen; senden, (zu)schicken; *Am.* geben; *Schlag* versetzen; ~ *a distancia* fernsteuern; ~ *hacer* machen lassen; **2.** *v/i.* befehlen, gebieten; *¿mande?* wie bitte?; **~se** (a) *mudar Am. Mer.* sich davonmachen.

mandarín *Am.* [manda'rin] herrisch.

mandarina [manda'rina] *f* Mandarine *f*.

manda|tario [manda'tarĭo] *m* Beauftragte(r) *m*; Bevollmächtigte(r) *m*; **~to** [~'dato] *m* Befehl *m*; Auftrag *m*; *Pol.* Mandat *n*.

mandíbula [man'diƀula] *f* Kinnlade *f*; ~ *inferior* Unterkiefer *m*; *Boxkampf:* gancho *m* a la ~ Kinnhaken *m*.

mandil [man'dil] *m* Schürze *f*, Schurz *m*.

mandilón F [mandi'lɔn] *m* Angsthase *m*.

mandioca ♀ [man'dĭoka] *f* Maniokbaum *m*, -mehl *n*.

mando ['mando] *m* Herrschaft *f*, Macht *f*; Befehl *m*; ⊕ Steuerung *f*; Schaltung *f*; Antrieb *m*; ✗ Kommando *n*; ~ *a distancia* Fernsteue-

rung *f*; *Alto* ♀ Oberkommando *n*; *cuadro m de* ~ *Kfz.* Armaturenbrett *n*.

mandolina [mando'lina] *f* Mandoline *f*. [risch, herrisch.\
mandón [man'dɔn] befehlshabe-⟩
mandrágora ♀ [man'dragora] *f* Alraun *m*, Alraune *f*.

mandril [man'dril] *m* **a)** Mandrill *m* (*Affe*); **b)** ⊕ Dorn *m*, Richtdorn *m*; Futter *n*; **~ar** [mandri'lar] (1a) ausbohren.

manducar F [mandu'kar] (1g) essen.

manecilla [mane'θiʎa] *f* Uhrzeiger *m*; kleiner Griff *m od.* Hebel *m*.

mane|jable [mane'xable] handlich; geschmeidig; wendig; **~jar** [~'xar] (1a) handhaben; *sachkundig* behandeln, bedienen; führen, leiten; umzugehen wissen mit (*dat.*); *Am. Auto* fahren; F manejárselas sich zu helfen wissen; **~jo** [ma'nexo] *m* Handhabung *f*; Behandlung *f*, Bedienung *f*; **~s** *pl.* Ränke *pl.*

manera [ma'nera] *f* Art *f*, Weise *f*; Benehmen *n*; Manier *f*; *a* ~ *de* als; wie; *de* ~ *que* so daß; *de ninguna* ~ keineswegs; *no hay* ~ *de inf.* es ist nicht möglich zu *inf.*; *hacer de* ~ *que* es so einrichten, daß; *de mala* ~ gemein; übel; *en gran* ~ in hohem Maße, außerordentlich; *sobre* ~ über die Maßen; *de todas* ~s jedenfalls, immerhin; **~s** *pl.* Manieren *f/pl.*

manga ['maŋga] *f* Ärmel *m*; Filtriertuch *n*; Schlauch *m*; Fischreuse *f*; (Schiffs-)Breite *f*; *Spiel, Sport:* Runde *f*, Durchgang *m*; ~ *de agua* Wasserhose *f*; ~ *de riego* (Garten-)Schlauch *m*; ~ *de viento* Windhose *f*; *allí anda* ~ *por hombro* dort geht alles drunter u. drüber; *estar* (*od. ir*) *de* ~ unter e-r Decke stecken; *tener* (*od. ser de*) ~ *ancha* allzu weitherzig sein; *traer a/c. en la* ~ et. aus dem Ärmel schütteln; *en* ~s *de camisa* in Hemdsärmeln; *hacer* ~*s y capirotes* die Dinge übers Knie brechen; **~neso** [maŋga'neso] *m* Mangan *n*; **~nte** P [~'gante] *m* Gauner *m*.

mangle ♀ ['maŋgle] *m* Mangrove *f*.

mango ['maŋgo] *m* **a)** Stiel *m*; Griff *m*; (Messer-)Heft *n*; **b)** Mangobaum *m*, -frucht *f*; **~near** [maŋgone'ar] (1a) sich in fremde Dinge mischen, sich einmischen.

mangote [maŋ'gote] *m* Ärmelschoner *m*.

mangue|ra [maŋ'gera] *f* (Wasser-)
Schlauch *m*; **~ro** [~'gero] *m* Ärmelbrett *n*.

manguito [maŋ'gito] *m* Muff *m*;
Ärmelschoner *m*; ⊕ Muffe *f*, Manschette *f*; ~ *incandescente* Glühstrumpf *m*.

maní [ma'ni] *m bsd. Am.* Erdnuß *f*.

manía [ma'nia] *f* Wahn *m*; Sucht *f*;
Manie *f*; ~ *persecutoria* Verfol-
gungswahn *m*; *tener* ~ *a alg.* j-n
nicht leiden können; *tener* ~ *por
a/c.* in et. vernarrt sein.

maniatar [manĭa'tar] (1a) *j-m* die
Hände binden.

mani|ático [ma'nĭatiko] manisch;
verrückt, wahnsinnig; **~comio**
[mani'komĭo] *m* Irrenhaus *n*.

manicorto [mani'kɔrto] knauserig.

manicura [mani'kura] *f* Maniküre
f (*a. Person*), Handpflege *f*.

manida [ma'niða] *f* Lagerstätte *f*;
Unterschlupf *m*, Bleibe *f*.

manido [ma'niðo] abgehangen
(*Fleisch*); *fig.* abgegriffen.

manifesta|ción [manifesta'θĭɔn] *f*
Erklärung *f*; Äußerung *f*; Kundgebung *f*; Demonstration *f*; **~nte**
[~'tante] *m* Demonstrant *m*, Teilnehmer *m an e-r Kundgebung*; **~r**
[~'tar] (1k) zu erkennen geben; bekunden; zeigen; äußern.

manifiesto [mani'fĭesto] **1.** *adj.*
offenbar; deutlich; *poner de* ~
kundgeben, bekunden; **2.** *m* Manifest *n*.

manija [ma'nixa] *f* Griff *m*, Heft *n*.

manilla [ma'niʎa] *f* Armband *n*; **~r**
[~ni'ʎar] *m* Lenkstange *f* (*Fahrrad*).

manio|bra [ma'nĭoβra] *f* Hand-
habung *f*; Kunstgriff *m*; ✗ Ma-
növer *n*; **~s** *pl.* Ränke *pl.*, Schliche
m/pl.; *hacer* ~s 👹 rangieren; **~brar**
[manĭo'βrar] (1a) manövrieren; ⊕
steuern; 👹 rangieren; *fig.* Ränke
schmieden.

maniota [ma'nĭota] *f* Fessel *f*.

manipu|lación [manipula'θĭɔn] *f*
Handhabung *f*; Behandlung *f*; Verfahren *n*; **~lador** [~la'ðɔr] *m* Mani-
pulator *m*, Gehilfe *m*; 🔔 (Morse-)
Taster *m*; **~lar** [~'lar] (1a) handhaben; sich zu schaffen machen an
(*dat.*), F herumhantieren an (*dat.*).

maniquí [mani'ki] *m* Modell-,
Schneiderpuppe *f*; Mannequin *n*.

manir [ma'nir] (3a) abhängen
lassen (*Fleisch*).

manirroto [mani'rrɔto] verschwenderisch.

manisero *Am. Mer.* [mani'sero] *m*
Erdnußverkäufer *m*.

mani|ta [ma'nita] *f* Händchen *n*;
hacer ~s Händchen halten; **~to**
[~to] **a)** *f Am.* Händchen *n*; *echar
(od. dar) una* ~ helfen; **b)** *m Méj.*
Freund *m*, Brüderchen *n*.

manivela [mani'βela] *f* Kurbel *f*.

manjar [maŋ'xar] *m* Speise *f*.

mano ['mano] **a)** *f* Hand *f*; Handvoll *f*; Vorderfuß *m*, -pfote *f*;
Handfertigkeit *f*, Geschicklichkeit
f; Vorhand *f* (*im Spiel*); ~ *de obra*
Arbeitskräfte *f/pl.*; ~ *de pintura*
Anstrich *m*; ~ *de santo* Wunder-
mittel *n*; ~ *a* ~ Hand in Hand; ~
sobre ~ untätig, müßig; *a* ~ *armada*
mit Waffengewalt; *si a* ~ *viene* vielleicht; *bajo* ~ unterderhand, heimlich; *de* ~ *a* ~ von Hand zu Hand;
de (od. en) propia ~ eigenhändig;
de segunda ~ aus zweiter Hand, gebraucht; *con larga* ~ freigebig; *por
su* ~ mit eigener Hand; *dar de* ~ *a
a/c.* et. aufgeben; *echar* ~ *a* greifen
nach (*dat.*); *echar una* ~ *a alg.* j-m
helfen; *estar en la* ~ *fig.* auf der
Hand liegen; *estar a* ~(*s*) *Am. reg.*
quitt sein; *ir a la* ~ *a alg.* j-n in
Schranken halten, F kurzhalten;
meter ~ *a a/c.* in Angriff nehmen;
meter la ~ *en a/c.* ein gutes Geschäft machen bei (*dat.*); *pedir la* ~
de alg. um j-s Hand anhalten;
poner ~ *en a/c.* et. in Angriff
nehmen; *sentar la* ~ *a alg.* handgreiflich werden gegen j-n; *j-m e-n
Denkzettel geben; *tener a* ~ zur
Hand haben; *zügeln, zähmen;
tener ~ *con alg.* auf j-n Einfluß
haben; *tener buena (mala)* ~ e-e
glückliche (unglückliche) Hand
haben; *tener a alg. en su* ~ auf j-n
rechnen können; **b)** **~s** *pl.*: *♪ a
cuatro* ~ vierhändig; *de* ~ *a boca*
unversehens; *dar en* ~ *de alg.* j-m
in die Hände fallen; *llegar (od.
venir) a las* ~ handgemein werden;
traer entre ~ *et.* vorhaben, planen.

manojo [ma'nɔxo] *m* Handvoll *f*,
Bündel *n*, Bund *m*; ~ *de llaves*
Schlüsselbund *m od. n*.

manopla [ma'nopla] *f* Fausthand-
schuh *m*.

máquina

mano|seado [manose'aᵈo] abgegriffen; **~sear** [~se'ar] (1a) betasten; F befummeln; **~tada** [~'taða] f Schlag m mit der Hand; **~tazo** [~'taθo] m harter Schlag m mit der Hand; **~tear** [~te'ar] (1a) mit den Händen fuchteln; *Arg.*, *Méj.* stehlen, stibitzen.

manquedad [maŋke'ða⁽ᵈ⁾] f Einarmigkeit f; Einhändigkeit f.

mansalva [man'salßa]: *a* ~ ohne Risiko, ohne eigene Gefahr.

mansarda *Arg.*, *Chi.*, *Méj.* [man-'sarða] f Mansarde f.

mansedumbre [manse'ðumbre] f Sanftmut f.

mansión [man'sjon] f Aufenthalt m; Wohnsitz m.

manso ['manso] **1.** *adj.* sanft; mild; zahm (*Tier*); still (*Wasser*); **2.** m Leithammel m.

manta ['manta] f Decke f; Überwurf m; F Tracht f Prügel; *a* ~ im Überfluß, in Hülle und Fülle; F *ser un* ~ e-e Null sein.

mante|ca [man'teka] f *Rpl.* Butter f; ~ *de cerdo* Schweineschmalz n; **~cado** [~te'kaᵈo] m Vanilleeis x; *Art* Schmalzgebäck n; **~coso** [~te-'koso] fett(haltig); butterartig.

mantel [man'tel] m Tischtuch n; **~ería** [~tele'rja] f Tischzeug n.

mante|nción *Am. reg.* [manten-'θjon] f Erhaltung f; Aufrechterhaltung f; Wartung f; **~ner** [~'ner] (2l) halten; er-, unter-, behalten; aufrechterhalten; **~nerse** sich halten; sich behaupten; leben (von [*dat.*] de); **~nimiento** [~ni'mjento] m Erhaltung f; Aufrechterhaltung f; Unterhalt m; ⊕ Pflege f, Wartung f.

manteo [man'teo] m Priester-, Studentenmantel m.

manteque|ra [mante'kera] f Butterdose f; Butterfaß n; Butterhändlerin f; **~ro** [~'kero] m Butterhändler m.

mantequi|lla [mante'kiʎa] f (Tafel-)Butter f; **~llera** *Am.* [~ki'ʎera] f Butterdose f.

mantill|a [man'tiʎa] f Mantille f; Satteldecke f; Einschlagtuch n (*für Säuglinge*); *estar en* ~s noch in den Kinderschuhen stecken; **~o** [~'tiʎo] m Humuserde f.

manto ['manto] m Mantel m, Umhang m; *fig.* Deckmantel m.

mantón [man'ton] m Schultertuch n; ~ *de Manila* großer Schal m mit langen Fransen.

manu|able [ma'nuaßle] handlich; **~al** [ma'nual] **1.** *adj.* handlich; Hand...; **2.** m Handbuch n; Lehrbuch n; **~brio** [ma'nußrjo] m Kurbel f; Drehorgel f; *Am. reg. Kfz.* Lenkrad n.

manufactu|ra [manufak'tura] f Manufaktur f; **~rar** [~tu'rar] (1a) fabrizieren, (ver)fertigen; **~rero** [~tu'rero] Manufaktur...

manuscrito [manus'krito] **1.** *adj.* handschriftlich; **2.** m Handschrift f, Manuskript n.

manutención [manuten'θjon] f Unterhalt m; Verpflegung f.

manza|na [man'θana] f Apfel m; Häuserblock m; ~ *de la discordia* Zankapfel m; *Am.* ~ (*de Adán*) Adamsapfel m; **~nar** [~θa'nar] m Apfelbaumpflanzung f; **~nilla** [~-'niʎa] f Kamille f; Kamillentee m; Manzanillawein m; **~no** [~'θano] m Apfelbaum m.

maña ['maɲa] f Geschicklichkeit f; Schlauheit f; List f; *Am.* schlechte Angewohnheit f; *darse* ~ sich geschickt anstellen.

maña|na [ma'ɲana] **1.** f Morgen m; Vormittag m; *por la* ~ am Morgen; *muy de* ~ sehr früh; *por la* ~ morgen früh; *de la* ~ *a la noche* von früh bis spät; **2.** *adv.* morgen; *pasado* ~ übermorgen; **~nero** [maɲa'nero] **1.** *adj.* frühaufstehend; Morgen...; **2.** m Frühaufsteher m.

mañ|ero [ma'ɲero] listig; *Am.* störrisch (*Tier*); *Rpl.* geschickt; **~o** F ['maɲo] m Aragonier m; **~oso** [ma'ɲoso] geschickt; *Am. reg.* trotzig, schmollend.

mapa ['mapa] m Landkarte f; **~mundi** [~'mundi] m Weltkarte f.

maqueta [ma'keta] f (verkleinertes) Modell n (*e-s Denkmals, Gebäudes*).

maquilla|dor m, ~dora f [maki'ʎa-'dor, ~'ʎadora] Maskenbildner(in f) m; **~je** [~'ʎaxe] m Schminken n; Make-up n; **~r** [~'ʎar] (1a) schminken.

máquina ['makina] f Maschine f; Lokomotive f; ~ *de afeitar* Rasierapparat m; ~ *de coser* Nähmaschine f; ~ *de escribir* (*portátil*) (Reise-) Schreibmaschine f; ~ *fotográfica* Fotoapparat m; ~ *de lavar* Waschmaschine *f*; ~ de *vapor* Dampfmaschine *f*; *a* ~ maschinell; *a toda* ~ mit Volldampf; **~-herramienta** [⸝ɛrra'mĭenta] *f* Werkzeugmaschine *f*.

maquina|ción [makina'θĭɔn] *f* geheimer Anschlag *m*; *-ciones pl.* Machenschaften *f/pl.*; **~dor** [⸝'dɔr] *m* Ränkeschmied *m*; **~l** [⸝'nal] unwillkürlich; **~r** [⸝'nar] (1a) ersinnen, aushecken; *v/i.* Ränke schmieden.

maqui|naria [maki'narĭa] *f* Maschinenpark *m*; Maschinerie *f*; **~nilla** [⸝'niʎa] *f* Rasierapparat *m*; ~ *eléctrica* Trockenrasierer *m*; **~nista** [⸝'nista] *m* Mechaniker *m*; Maschinenführer *m*; Lokomotivführer *m*.

mar [mar] **a)** *Erdk. m* Meer *n*, See *f*; **b)** ⚓ *f*: ~ de *fondo* Dünung *f*; *en alta* ~ auf hoher See; *hacerse a la* ~ in See stechen; *fig.* F e-e Unmenge *f*; *a* ~es in Strömen, reichlich.

maraca *Am.* [ma'raka] *f* Rumbakugel *f*.

mara|ña [ma'raɲa] *f* Gestrüpp *n*, Dickicht *n*; Verwicklung *f*; Wirrwarr *m*; **~ñero** [mara'ɲero] *m* Ränkeschmied *m*, Unruhestifter *m*.

marat(h)ón [mara'tɔn] *m* Marathonlauf *m*.

maravi|lla [mara'biʎa] *f* Wunder *n*; Erstaunen *n*; *a* ~ wunderbar; *a las mil* ~s herrlich; **~llar** [⸝bi'ʎar] (1a) wundern; **~lloso** [⸝bi'ʎoso] wunderbar.

marbete [mar'bete] *m* Aufklebezettel *m*.

marca ['marka] *f* Merkzeichen *n*; Warenzeichen *n*; Marke *f*; Grenzmark *f*; *Sport:* Rekord *m*; ~ *registrada* eingetragene Schutzmarke *f*; *de* ~ *mayor* ganz besonders groß; *batir una* ~ e-n Rekord brechen; **~do** [mar'kaᵈo] deutlich; ausgeprägt; **~dor** [⸝ka'dɔr] *m* Abstempler *m*; *Sport:* Ergebnistafel *f*; **~je** [⸝'kaxe] *m Sport:* Deckung *f* (*bsd.* Fußball); **~pasos** ⚡ [⸝ka'pasos] *m* Herzschrittmacher *m*; **~r** [⸝'kar] (1g) kennzeichnen; bezeichnen; markieren; *Haare* einlegen; *Takt* schlagen; ⚓ anpeilen; *Fernspr.* wählen.

marcia|l [mar'θĭal] martialisch, kriegerisch; **~no** [⸝'θĭano] *m* Marsmensch *m*.

marco ['marko] *m* Rahmen *m* (*a. fig.*); Einfassung *f*; Gestell *n*; Mark *f* (*Münze*).

marcha ['martʃa] *f* Marsch *m*; Abreise *f*; Gang *m* (*a. Kfz.*); Verlauf *m*; ~ *fúnebre* Trauermarsch *m*; ~ *militar* Militärmarsch *m*; *sobre la* ~ sofort; *poner en* ~ in Gang setzen.

marchamo [mar'tʃamo] *m* Zollplombe *f*.

marchan|taje *Am. reg.* [martʃan'taxe] *m* Kundschaft *f*; **~te** *Am. reg.* [⸝'tʃante] *m* Kunde *m*; Geliebte(r) *m*; **~tería** [⸝tʃante'ria], **~tía** [⸝'tia] *f Am. reg.* Kundschaft *f*.

marchar [mar'tʃar] (1a) marschieren; gehen; fortschreiten, vorwärtsgehen; *los negocios marchan mal* das Geschäft geht schlecht; **~se** (fort-, weg-)gehen; abreisen.

marchi|tar [martʃi'tar] (1a) welk machen; **~tarse** welk werden; **~to** [⸝'tʃito] welk.

marea [ma'rea] *f* Ebbe und Flut *f*; Gezeiten *pl.*; ~ *alta* Flut *f*; ~ *baja* Ebbe *f*; ~ *viva* Springflut *f*.

mare|ar [mare'ar] (1a) seekrank machen; F auf die Nerven gehen; **~arse** seekrank *od.* schwind(e)lig werden; **~jada** [⸝'xada] *f* hoher Seegang *m*; **~jadilla** [⸝xa'diʎa] *f* leichter Seegang *m*; **~moto** [⸝'moto] *m* Seebeben *n*; **~o** [ma'reo] *m* Seekrankheit *f*; Schwindel *m*; Übelkeit *f*.

marfil [mar'fil] *m* Elfenbein *n*.

marga ['marga] *f* Mergel *m*.

margarina [marga'rina] *f* Margarine *f*.

margarita [marga'rita] *f* Gänseblümchen *n*; *fig.* Perle *f*; *echar* ~s *a los puercos* Perlen vor die Säue werfen.

margen ['marxen] *m* Rand *m*; Spielraum *m*; Ufer *n*; Ackerrain *m*; ~ *comercial* Handelsspanne *f*; *dar* ~ *para a/c.* Anlaß zu et. (*dat.*) geben.

margina|do [marxi'naᵈo] *m*: ~s *pl.* (*sociales*) (soziale) Randgruppen *f/pl.*; **~dor** [⸝na'dɔr] *m* Randsteller *m* (*Schreibmaschine*); **~l** [⸝'nal] Rand...

mariachi *Méj.* [ma'rĭatʃi] *m* Volksmusik *f*; Musikgruppe *f*.

mariano [ma'rĭano] Marien...

mari|ca P [ma'rika] *m* weibischer Kerl *m*; P warmer Bruder *m*, Homosexuelle(r) *m*; ♀**castaña** F [marikas'taɲa]: *en tiempos de ~ zu Olims Zeiten*; **~cón** P [~'kɔn] *m = marica*; **~conada** P [~ko'naða] *f* P Hundsgemeinheit *f*; **~do** [ma'riðo] *m* Ehemann *m*, Gatte *m*; **~huana** [mari'xuana] *f* Marihuana *n*; **~macho** [~'matʃo] *m* Mannweib *n*; **~mba** [ma'rimba] *f* *Am. reg.* ♪ Marimba *f*; *Rpl.* Tracht *f* Prügel; **~morena** F [marimo'rena] *f*: *armar la ~* Krawall machen.

mari|na [ma'rina] *f* Marine *f*; Seeküste *f*; Seeleute *pl.*; *Mal.* Seestück *n*; *~ mercante* Handelsmarine *f*; **~nar** [mari'nar] (1a) *Kchk.* marinieren; **~nera** [~'nera] *f* Matrosenbluse *f*; *a la ~* marinieri; **~nería** [~ne'ria] *f* Seeleute *pl.*; Schiffsvolk *n*; **~nero** [~'nero] **1.** *adj.* seetüchtig; **2.** *m* Matrose *m*, Seemann *m*; **~no** [ma'rino] **1.** *adj.* See..., Schiffer...; Meeres...; **2.** *m* Seemann *m*.

maripo|sa [mari'posa] *f* Schmetterling *m*; **~sear** [~pose'ar] (1a) (herum)flattern; *fig.* flatterhaft sein.

mariquita [mari'kita] **a)** *f* Marienkäfer *m*; *Am.* Kletterpapagei *m*; **b)** *m* F weibliches Mann *m*.

marisabidilla F [marisabi'ðiʎa] *f* Blaustrumpf *m*.

mariscal [maris'kal] *m* Marschall *m*; *~ de campo* (General-)Feldmarschall *m*.

maris|co [ma'risko] *m jede Art eßbares Schalentier n* (*bsd. Muschel*); **~ma** [~'risma] *f* Marschland *n*, *sumpfiges Küstenland n*.

marital [mari'tal] ehelich.

maritates *Méj.* [mari'tates] *m/pl.* Plunder *m*, Kram *m*.

marítimo [ma'ritimo] Meer..., See...

marmi|ta [mar'mita] *f* Kochkessel *m*, -topf *m*; **~tón** [~mi'tɔn] *m* Küchenjunge *m*.

mármol ['marmɔl] *m* Marmor *m*.

marmolería [marmole'ria] *f* Marmorarbeit *f*; Bildhauerwerkstatt *f*.

marmóreo [mar'moreo] marmorn.

marmota [mar'mota] *f* Murmeltier *n*.

maro|ma [ma'roma] *f* Seil *n*; Trosse *f*; dicker Hanfstrick *m*; *Am. mst. ~s pl. fig.* Opportunismus *m*; *hacer ~s Am.* wetterwendisch sein; **~mear** *Am.* [marome'ar] ein Opportunist sein; **~mero** *Am.* [~'mero] *m* Opportunist *m*.

marqués [mar'kes] *m* Marquis *m*; Markgraf *m*.

marquesa [mar'kesa] *f* Marquise *f*; Markgräfin *f*; *Chi.* Bett(gestell) *n*.

marquesina [marke'sina] *f* Regen-, Glasdach *n*; Markise *f*.

marquetería [markete'ria] *f* eingelegte (Holz-)Arbeit *f*; Intarsie *f*.

marra|na [ma'rrana] *f* Sau *f*; **~nada** *f* [marra'naða] *f* Schweinerei *f*; **~no** [ma'rrano] **1.** *adj.* schweinisch; schmutzig; **2.** *m* Schwein *n* (*a. fig.*).

marrar F [ma'rrar] (1a) verfehlen, fehlgehen.

marras F ['marras] *el día de ~* der bewußte Tag.

marrón [ma'rrɔn] braun.

marro|quí [marro'ki] **1.** *adj.* marokkanisch; **2.** *m* Marokkaner *m*; **~quinería** *gal.* [~kine'ria] *f* Lederwaren(geschäft *n*) *f/pl.*

marrulle|ría [marruʎe'ria] *f* Schlauheit *f*, Gerissenheit *f*; **~ro** [~'ʎero] **1.** *adj.* schlau, gerissen; **2.** *m* Schlaumeier *m*.

marsopa [mar'sopa] *f* Tümmler *m* (*Fisch*).

marta ['marta] *f* Marder *m*.

Marte *Astr. u. Myth.* ['marte] *m* Mars *m*.

martes ['martes] *m* Dienstag *m*.

marti|llar [marti'ʎar] (1a) hämmern; **~lleo** [~'ʎeo] *m* Gehämmer *n*; **~llero** *Am. Mer.* [~'ʎero] *m* Versteigerer *m*; **~llo** [~'tiʎo] *m* Hammer *m*; *~ neumático* Preßlufthammer *m*; *a macha ~* felsenfest.

martín pescador [mar'tin peska'ðɔr] *m* Eisvogel *m*.

martinete [marti'nete] *m* grauer Reiher *m*; Schmiedehammer *m*; Ramme *f*. [Trick *m*.]

martingala F [martin'gala] *f*] **mártir** ['martir] *su.* Märtyrer(in *f*) *m*; Dulder(in *f*) *m*.

martiri|o [mar'tirio] *m* Märtyrertod *m*; Martyrium *n* (*a. fig.*); **~zar** [~tiri'θar] (1f) martern, quälen.

marzo [mar'θo] *m* März *m*.

mas [mas] *cj.* aber, jedoch; sondern.

más [mas] **1.** *adv.* mehr; weiter(hin); ferner; noch; besser; lieber; überdies; *Arith.* plus; *~ allá* jenseits; *~ bien* vielmehr; *a ~* außerdem; *a lo* höchstens; *a cual ~* um die Wette; *a ~ y mejor* reichlich, tüchtig, gehörig, F anständig; *de ~ a ~* noch dazu; ¡razón de ~! ein Grund mehr!; como el que ~ wie jeder andere; Am. no ~ (Flickwort) doch, mal; poco ~ o menos ungefähr; por ~ que wie sehr auch; a ~ tardar spätestens; ni ~ ni menos genau so; sin ~ ni ~ mir nichts, dir nichts; tanto ~ cuanto que um so mehr als; estar de ~ überflüssig sein; 2. a) comp.: ~ adj., ~ adv., z.B. ~ grande größer; ~ lejos weiter (entfernt); b) sup.: el (la, lo) ~ adj., lo ~ adv., z.B. el (la, lo) ~ grande der (die, das) größte; lo ~ pronto posible so bald wie möglich.

masa ['masa] f Teig m; Masse f; Mörtel m; coger a alg. con las manos en la ~ j-n auf frischer Tat ertappen.

masa|crar bsd. Am. [masa'krar] (1a) töten, ermorden; **~cre** gal. [ma'sakre] m Massaker n.

masaje [ma'saxe] m Massage f; dar ~ massieren.

masajista [masa'xista] su. Masseur m, Masseuse f.

masato Am. [ma'sato] m gegorenes Getränk.

masca|da [mas'kaða] f Am. Portion f Kautabak; Am. reg. Nutzen m, Gewinn m; Méj. Seidentuch n; **~r** [~'kar] (1g) kauen; Am. Tabak kauen.

máscara ['maskara] f Maske f, Larve f; fig. Vorwand m; quitarse la ~ fig. die Maske fallen lassen.

masca|rada [maska'raða] f Maskerade f; **~rilla** [~'riʎa] f Totenmaske f; **~rón** [~'rɔn] m Fratze f; ~ de proa ⚓ Galionsfigur f.

mascota [mas'kota] f Talisman m, Maskottchen n.

masculino [masku'lino] männlich.

masificación [masifika'θjon] f Vermassung f.

masilla [ma'siʎa] f Glaserkitt m.

masita Bol., Rpl. [ma'sita] f Teegebäck n.

masivo [ma'siβo] massiv, Massen...

maslo ['mazlo] m Schwanzstumpf m.

masón [ma'sɔn] m Freimaurer m.

masonería [masone'ria] f Freimaurerei f.

masónico [ma'soniko] Freimaurer...

mastelero ⚓ [maste'lero] m Toppmast m.

masticar [masti'kar] (1g) kauen.

mástil ['mastil] m ⚓ Mast m; ♪ Griffbrett n.

mastín [mas'tin] m großer Hausod. Schäferhund m.

mastuerzo [mas'tuɛrθo] m (Brunnen-)Kresse f; fig. Dummkopf m.

masturba|ción [masturba'θjon] f Masturbation f; **~rse** [~'barse] (1a) masturbieren, onanieren.

mata ['mata] f Strauch m, Busch m; Stock m, Staude f; ~ de pelo Haarbüschel n.

mata|burro Am. Cent., Col., Ec. [mata'burro] m starker Schnaps m; **~chín** [~'tʃin] m Raufbold m; **~dero** [~'dero] m Schlachthof m; fig. f Schinderei f; **~dor** [~'dɔr] 1. adj. tödlich; 2. m Stk. Matador m.

mata|lón [mata'lɔn] m Schindmähre f, Klepper m; **~moscas** [~'mɔskas] m Fliegenklappe f; papel m ~ Fliegenfänger m.

matan|cero Am. reg. [matan'θero] m Metzger m, Fleischer m; **~za** [ma'tanθa] f Töten n; Schlachten n; Gemetzel n; Schlachtung f; Am. Cent. Metzgerei f, Fleischerei f.

matar [ma'tar] (1a) töten; umbringen; Vieh schlachten; Wild erlegen; Zeit totschlagen; Durst, Feuer löschen; Hunger stillen; ~ a tiros erschießen; estar a ~ con alg. mit j-m spinnefeind sein; a mata caballo übereilt; **~se** ums Leben kommen; fig. sich umbringen (für [ac.] por); ~ trabajando sich abrackern, sich zu Tode arbeiten.

mata|rife [mata'rife] m Schlächter m; **~rratas** [~'rratas] m Rattengift n.

matasanos iron., F [mata'sanos] m Arzt m.

matasellos [mata'seʎos] m Poststempel m auf Marken; ~ especial Sonderstempel m.

mate ['mate] 1. adj. matt, glanzlos; 2. m a) Schach: Matt n; b) Mate (-tee) m; Am. Matetopf m; Am. Mer. F Kopf m; **~ar** Am. Mer. [mate'ar] (1a) Mate trinken.

matemáti|cas [mate'matikas] f/pl. Mathematik f; **~co** [~ko] 1. adj. mathematisch; 2. m Mathematiker m.

materia [ma'terja] f Materie f, Stoff m; Gegenstand m; ~ plástica Kunststoff m; ~ prima Rohstoff m; en ~ de auf dem Gebiet; entrar en ~ zur Sache kommen; **~l** [mate'rjal] 1. adj. materiell; stofflich; sachlich; sentido m ~ eigentlicher Sinn m;

2. *m* Material *n*; Stoff *m*; Werkstoff *m*; Gerät *n*; ~ de construcción Baustoff *m*; ~ rodante 🚃 rollendes Material *n*; **~lista** [materia'lista] *m* Materialist *m*; *Méj.* Lkw-Fahrer *m*; **~lizar** [∟i'θar] (1f) materialisieren; verwirklichen.

mater|nal [mater'nal], **~no** [ma'terno] mütterlich; Mutter...; **~nidad** [materni'da⁽ᵈ⁾] *f* Mutterschaft *f*; *(casa f de)* ~ Entbindungsanstalt *f*.

matero *Am.* [ma'tero] *m* Matetrinker *m*.

matinal [mati'nal] morgendlich.

matiz [ma'tiθ] *m* Färbung *f*; Schattierung *f*; Farbton *m*; *fig.* Nuance *f*; **~ar** [mati'θar] (1f) schattieren, abtönen; *fig.* nuancieren.

matón [ma'ton] **1.** *m* Raufbold *m*; F Schläger *m*; **2.** *adj. Méj.* roh, brutal.

matorral [mato'rral] *m* Gebüsch *n*; Gestrüpp *n*.

matraca [ma'traka] *f* Knarre *f*, Klapper *f*; Stichelei *f*; *dar* ~ a alg. j-n ärgern; aufziehen.

matraz [ma'traθ] *m* Glaskolben *m*; Phiole *f*; Retorte *f*.

matrici|da [matri'θiða] *su.* Muttermörder(in *f*) *m*; **~dio** [∟'θiðio] *m* Muttermord *m*.

matrícula [ma'trikula] *f* Matrikel *f*; Register *n*; Steuerrolle *f*; Seerolle *f*; *Kfz.* polizeiliches Kennzeichen *n*; Einschreibung *f*; Immatrikulation *f*.

matricular [matriku'lar] (1a) immatrikulieren, einschreiben.

matrimo|nial [matrimo'nial] ehelich; Ehe...; **~niarse** *Am. reg.* F [∟'niarse] (1b) heiraten; **~nio** [∟'monio] *m* Heirat *f*; Ehe *f*; Ehepaar *n*; ~ por poderes Ferntrauung *f*.

matritense [matri'tense] aus Madrid.

matriz [ma'triθ] **1.** *adj.* Stamm...; **2.** *f Anat.* Gebärmutter *f*; *Typ.* Matrize *f*, Mater *f*.

matrona [ma'trona] *f* Matrone *f*.

matutino [matu'tino] Morgen...; früh; *(periódico m)* ~ Morgenzeitung *f*.

maullar [maŭ'ʎar] (1a) miauen.

mausoleo [maŭso'leo] *m* Mausoleum *n*.

maxilar *Anat.* [magsi'lar] **1.** *adj.* Kiefer...; **2.** *m* Kinnbacken *m*.

máxi|ma [ma'gsima] *f* Grundsatz *m*, Maxime *f*; **~me** [∟me] hauptsächlich; vor allem; **~mo** [∟mo]

1. *adj.* sehr groß; größt; Maximal..., Höchst...; *como* ~ höchstens; **2.** *m* = máximum; **~mum** [∟mun] *m* Maximum *n*; das Äußerste *n*, das Höchste *n*.

mayar [ma'jar] (1a) miauen.

mayo ['majo] *m* Mai *m*.

mayonesa [majo'nesa] *f* Mayonnaise *f*.

mayor [ma'jɔr] **1.** *comp.* größer; älter; erwachsen; Haupt...; Ober...; Hoch...; Höchst...; ~ de edad großjährig; *tono m* ~ Dur-Tonart *f*; *al por* ~ 🕇 en gros; **2.** *sup. el* ~ der größte; der älteste; *la* ~ *parte* die meisten; das meiste; **3.** *m* Erwachsene(r) *m*; ✕ Major *m*; **4.** **~es** ['jores] *m/pl.* Vorfahren *pl.*; *levantarse a* ~ überheblich werden.

mayor|al [majo'ral] *m* ⚓ Vorarbeiter *m*; **~azgo** [∟'raðgo] *m* Majorat *n*; **~domía** [majorðo'mia] *f* Gutsverwaltung *f*; **~domo** [∟'domo] *m* Haushofmeister *m*; Verwalter *m*; Gutsverwalter *m*; Butler *m*; **~eo** *Méj.* [majo'reo] *m* Großhandel *m*; **~ía** [∟'ria] *f* Mehrheit *f*; Majorität *f*; ~ de edad Groß-, Volljährigkeit *f*; ~ de votos Stimmenmehrheit *f*; *en la* ~ *de los casos* meistens; **~ista** [∟'rista] *m* Großhändler *m*; **~mente** [major'mente] besonders; eigentlich, zumal.

mayúscul|a *Typ.* [ma'juskula] *f* Großbuchstabe *m*; **~o** [∟lo] riesig, enorm.

maza [ma'θa] *f* Keule *f*; Klotz *m*; Zeremonienstab *m*; **~da** [ma'θaða] *f* Keulenschlag *m*; **~morra** [maθa-'morra] *f* Schiffszwieback *m*; *Am.* Maisbrei *m*; *Am. fig.* Pfuscherei *f*; Durcheinander *n*, Verwirrung *f*.

mazapán [maθa'pan] *m* Marzipan *n*.

mazmorra [maθ'morra] *f* unterirdischer Kerker *m*, Verlies *n*.

mazo ['maθo] *m* Rammklotz *m*; Klöpfel *m*; Schlegel *m*; Strauß *m* *(Blumen).* [*m*.〕

mazorca [ma'θorka] *f* Maiskolben〕

me [me] mir; mich.

mea|da P [me'aða] *f* P Pissen *n*; *echar una* ~ P pinkeln; **~dero** P [mea'ðero] *m* P Pissoir *n*; **~dos** P [me'aðos] *m/pl.* Harn *m*, P Pisse *f*.

mear P [me'ar] (1a) P pissen, pinkeln; **~se** P in die Hose pinkeln.

¡mecachis! F [me'katʃis] Donnerwetter!; na so was!

mecáni|ca [me'kanika] *f* Mechanik *f*; Mechanismus *m*; ~ de precisión Feinmechanik *f*; **~co** [~ko] **1.** *adj.* mechanisch; maschinell; **2.** *m* Mechaniker *m*; ~ dentista Zahntechniker *m*.

mecanismo [meka'nizmo] *m* Mechanismus *m*; Vorrichtung *f*.

mecan|ización [mekaniθa'θjon] *f* Mechanisierung *f*; **~izar** [~'θar] (1f) mechanisieren.

meca|nógrafa [meka'nografa] *f* Schreibkraft *f*; Maschinenschreiberin *f*; **~nografía** [~nogra'fia] *f* Maschineschreiben *n*; **~nografiar** [~nografi'ar] (1c) mit der Maschine schreiben.

mece|dor [meθe'ðɔr] *m* Schaukel *f*; *Col., Ven.* Schaukelstuhl *m*; **~dora** [~'ðora] *f* Schaukelstuhl *m*.

mecenas [me'θenas] *m* Mäzen *m*.

mecer [me'θɛr] (2b) wiegen; schaukeln.

mecha ['metʃa] *f* Docht *m*; Lunte *f*; Zündschnur *f*; Haarsträhne *f*; *Col., Ec., Ven.* Spaß *m*, Scherz *m*; *Méj.* Angst *f*.

mechar [me'tʃar] (1a) spicken.

mechera [me'tʃera] *f* Spicknadel *f*; *F* Ladendiebin *f*.

mechero [me'tʃero] *m* Brenner *m*; Feuerzeug *n*.

mechón [me'tʃɔn] *m* Haarbüschel *n*.

meda|lla [me'ðaʎa] *f* Medaille *f*; **~llón** [meða'ʎon] *m* Medaillon *n*.

médano ['meðano], **medaño** [me'ðaɲo] *m* Düne *f*.

media ['meðia] *f* Strumpf *m*; Durchschnitt *m*; ~ corta Kniestrumpf *m*; está dando la ~ es schlägt gerade halb (*Uhr*); **~ción** [meðia'θjon] *f* Vermittlung *f*; Schlichtung *f*; **~do** [me'ðiaðo] halb (-voll); a ~s de junio Mitte Juni; **~dor** [~'ðor] **1.** *adj.* vermittelnd; **2.** *m, -a f* [~'ðora] Vermittler(in *f*) *m*; **~nería** [~ne'ria] *f* Brandmauer *f*; **~nero** [~'nero] **1.** *adj.* dazwischenliegend; Zwischen...; **2.** *m, -a f* [~'nera] Vermittler(in *f*) *m*; **~nía** [~'nia] *f* Mittelmaß *n*; Mittelmäßigkeit *f*; **~no** [me'ðiano] mittelmäßig; **~noche** [meðia'notʃe] *f* Mitternacht *f*; **~nte** [me'ðiante] *prp.* mittels (*gen.*); *Dios* ~ so Gott will; **~r** [me'ðiar] (1b) sich ins Mittel legen, vermitteln; in der Mitte liegen; halb verflossen sein (*Zeit*); sich in-zwischen ereignen; **~to** [me'ðiato] mittelbar; angrenzend.

medica|mento [medika'mento] *m* Arznei *f*, Medikament *n*; **~stro** [~'kastro] *m* Quacksalber *m*.

medicina [meði'θina] *f* Medizin *f*; Arznei *f*; ~ general Allgemeinmedizin *f*; ~ legal Gerichtsmedizin *f*; **~l** [~θi'nal] Medizinal..., Heil...

medición [meði'θjon] *f* Messung *f*, Vermessung *f*.

médico [me'ðiko] **1.** *adj.* ärztlich; **2.** *m* Arzt *m*; ~ de cámara Leibarzt *m*; ~ de medicina general praktischer Arzt *m*; ~ forense Gerichtsarzt *m*; ~ jefe Chefarzt *m*.

medi|da [me'ðiða] *f* Maß *n*; Maßregel *f*, Maßnahme *f*; a ~ de gemäß; a ~ que je nachdem; in dem Maße wie; tomar la ~ Maß nehmen; tomar ~s Maßnahmen ergreifen; **~dor** [meði'ðɔr] *m* Messer *m*, Meßgerät *n*; *Am. Mer.* (Gas-, Wasser-, Strom-)Zähler *m*.

medie|val [meðie'βal] mittelalterlich; **~vo** [me'ðieβo] *m* Mittelalter *n*.

medio ['meðio] **1.** *adj.* halb; Mittel-...; mittelmäßig; durchschnittlich; **2.** *m* Mitte *f*; Umwelt *f*, Milieu *n*; (Hilfs-)Mittel *n*; Durchschnitt *m*; Läufer *m* (*Fußball*); por ~ de mittels (*gen.*); ~s *pl.* Vermögensverhältnisse *n/pl.*; Geldmittel *n/pl.*; ~s de comunicación (*od. transporte*) Verkehrsmittel *n/pl.*; ~s de comunicación social (*od. de masas*) Massenmedien *n/pl.*; **3.** *adv.* halb; a ~ hacer halbfertig; en ~ de inmitten (*gen.*); ir a -as halbpart machen; quitar de en ~ aus dem Weg räumen, wegschaffen; beseitigen; día *m* por ~ *Am.* jeden zweiten Tag.

mediocridad [meðiokri'ða⁽ð⁾] *f* Mittelmäßigkeit *f*.

mediodía [meðio'ðia] *m* Mittag *m*; Süden *m*; a ~ mittags.

medir [me'ðir] (3l) messen; ~ sus palabras seine Worte auf die Goldwaage legen; **~se** sich mäßigen.

medita|bundo [medita'βundo] nachdenklich; **~ción** [~'θjon] *f* Nachsinnen *n*; Betrachtung *f*; Meditation *f*; **~r** [~'tar] (1a) betrachten; nachdenken über (*ac.*); meditieren; **~tivo** [~ta'tiβo] besinnlich.

mediterráneo [meðite'rraneo] mittelländisch; Mittelmeer...

médium ['meðium] *su.* Medium *n*.

medr|a ['meðra] f Gedeihen n, Wachsen n; **~ar** [me'ðrar] (1a) wachsen; empor-, vorwärtskommen; gedeihen; **~o** ['meðro] m = *medra*.

medroso [me'ðroso] furchtsam; fürchterlich.

médula ['meðula], **medula** [me'ðula] f Mark n; *fig.* Kern m; *~ espinal* Rückenmark n; *~ ósea* Knochenmark n.

medular [medu'lar] Rückenmarks...

megáfono [me'gafono] m Sprachrohr n, Megaphon n.

megalomanía [megaloma'nia] f Größenwahn m.

mejicano [mexi'kano] **1.** *adj.* mexikanisch; **2.** *m, -a* f Mexikaner(in f) m.

mejilla [me'xiʎa] f Wange f, Backe f.

mejillón [mexi'ʎon] m Miesmuschel f.

mejor [me'xor] *comp.* **1.** *adj.* besser; *lo ~* das Beste; *el ~ día* e-s schönen Tages; *a lo ~* womöglich; **2.** *adv.* besser; mehr; lieber; *tanto ~, ~ que ~* um so besser; *lo ~ posible* aufs beste; **~a** [me'xora] f Verbesserung f; Zuwendung f; **~amiento** [mexora'miento] m Verbesserung f.

mejorana ♀ [mexo'rana] f Majoran m.

mejo|rar [mexo'rar] (1a) **1.** *v/t.* bessern; steigern; **2.** *v/i.* sich bessern; *¡que se mejore!* gute Besserung!; **~ría** [~'ria] f Besserung f.

mejunje [me'xunxe] m *desp.* Gebräu n.

melado [me'laðo] honigfarben.

melan|colía [melaŋko'lia] f Melancholie f; Schwermut f; Trübsinn m; **~cólico** [~'koliko] schwermütig; trübsinnig; melancholisch.

melarchía *Am. Cent.* [melar'tʃia] f Traurigkeit f.

melaza [me'laθa] f Melasse f.

melena [me'lena] f Mähne f; *media ~* halblang (*Haar*).

melenudo [mele'nuðo] **1.** *adj.* langhaarig; **2.** m Gammler m.

melifluo [me'lifluo] honigsüß.

melin|dre [me'lindre] m Ziererei f, Zimperlichkeit f; *andar con ~s* sich zieren, F sich anstellen; **~drear** [melindre'ar] (1a) sich zieren; **~droso** [~'droso] zimperlich; geziert.

meloco|tón [meloko'ton] m Pfirsich

m; **~tonero** [~to'nero] m Pfirsichbaum m.

melodía [melo'ðia] f Melodie f.

melódico [me'loðiko] melodisch.

melodioso [melo'ðioso] melodiös.

melómano [me'lomano] m Musikliebhaber m.

melón [me'lon] m Melone f.

melo|sidad [melosi'ða⁽ᵈ⁾] f Süßigkeit f; Lieblichkeit f; **~so** [me'loso] honigsüß; F schmalzig.

mella [me'ʎa] f Zahnlücke f; Scharte f; *hacer ~* Eindruck machen (auf [*ac.*] *en*); **~do** [me'ʎaᵈo] schartig; **~r** [~'ʎar] (1a) schartig machen; *fig. Ansehen usw.* mindern.

mellizo [me'ʎiθo] **1.** *adj.* Zwillings-...; **2.** m Zwilling m.

membrana [mem'brana] f Häutchen n; Membran(e) f.

membrete [mem'brete] m Aufzeichnung f, Notiz f; Briefkopf m.

membrillo ♀ [mem'briʎo] m Quitte f; Quittenbaum m.

membrudo [mem'bruðo] stämmig.

memela *Méj.* [me'mela] f dicker Maisfladen m.

memo ['memo] dumm; albern.

memo|rable [memo'raβle] denkwürdig; **~rándum** [~'randun] m Memorandum n; Denkschrift f; **~ria** [me'moria] f Gedächtnis n; Erinnerung f; Andenken n; Denkschrift f; Jahresbericht m; Sitzungsbericht m; Verzeichnis n; *de ~* auswendig, aus dem Kopf; *hacer ~ de a/c.* sich erinnern an (*ac.*), sich besinnen auf (*ac.*); **~s** *pl.* Memoiren *pl.*; **~rial** [memo'rial] m Bittschrift f; Eingabe f; **~rión** [~'rion] m sehr gutes Gedächtnis n.

menaje [me'naxe] m Hausrat m.

menci|ón [men'θion] f Erwähnung f; **~onar** [~θio'nar] (1a) erwähnen.

mendaz [men'daθ] lügenhaft, verlogen.

mendi|cante [mendi'kante] **1.** *adj.* Bettel...; **2.** m Bettler m; Bettelmönch m; **~cidad** [~θi'ða⁽ᵈ⁾] f Bettelei f; Bettelunwesen n; **~gar** [~'gar] (1h) (er)betteln; erflehen; **~go** m, **-a** f [~'digo, ~'diga] Bettler (-in f) m.

mendrugo [men'druɣo] m Stück n trockenes Brot.

menear [mene'ar] (1a) schwenken; schütteln; zurechtkommen mit (*dat.*); *~ la cabeza* den Kopf schütteln; ~ la cola mit dem Schwanz wedeln; ~se sehr rührig sein; sich sputen; wackeln.

meneo [me'neo] *m* Schwenken *n*; Schütteln *n*; *fig.* Betrieb *m*; F Tracht *f* Prügel.

menester [menes'ter] *m* Notwendigkeit *f*; ser ~ nötig sein; ~es *pl.* Obliegenheiten *f/pl.*; Gerät *n*, Handwerkszeug *n*.

menesteroso [meneste'roso] bedürftig; notleidend.

menestra [me'nestra] *f* Gemüseeintopf *m*; ~s *pl.* Trockengemüse *n*.

menestral [menes'tral] *m* Handwerker *m*.

mengano [men'gano]: *fulano,* ~ *y zutano* Herr X, Herr Y u. Herr Z.

mengua [men'gŭa] *f* Schaden *m*; Mangel *m*; Nichtachtung *f*; Einbuße *f*; *en* ~ *de* zum Schaden von (*gen.*); **~do** [men'gŭaᵈo] mangelhaft; dürftig; schäbig; **~nte** [~'gŭante] **1.** *adj.* abnehmend (*a. Mond*); **2.** *f* Rückgang *m*; Ebbe *f*; **~r** [~'gŭar] (1i) abnehmen; zurückgehen; *fig.* schmälern.

meningitis [menin'xitis] *f* Hirnhautentzündung *f*.

menor [me'nɔr] **1.** *comp.* kleiner, geringer; minder; jünger; *tono m* ~ Moll-Tonart *f*; ~ *de edad* minderjährig; *sup.* el ~ der geringste, der kleinste; der jüngste; *al por* ~ *en détail*; *venta f al por* ~ Einzelverkauf *m*; **2.** *su.* Minderjährige(r) *m*, Minderjährige *f*.

menos ['menos] *adv.* weniger; minder; außer; abzüglich; ♑ minus; *ni mucho* ~ ganz u. gar nicht; *a* ~ *que* falls nicht; *al* ~, *por lo* ~ wenigstens; *ir a* ~ weniger werden, zurückgehen; *eso es lo de* ~ das ist das allerwenigste; *darauf kommt es nicht an;* *no es para* ~ das ist wohl nicht mehr als recht u. billig; **~cabar** [menoska'bar] (1a) vermindern; in Mißkredit bringen; (be)schädigen; **~cabo** [~'kaβo] *m* Verminderung *f*; Schaden *m*; **~preciar** [~pre'θĭar] (1b) geringschätzen; verachten; **~precio** [~'preθĭo] *m* Geringschätzung *f*; Verachtung *f*.

mensaje [men'saxe] *m* Botschaft *f*; ~ *radio* Funkspruch *m*; **~ro** [~sa'xero] *m* Bote *m*.

menstruación ⚕ [menstrŭa'θĭɔn] *f* Menstruation *f*, Regel *f*.

mensual [men'sŭal] monatlich; **~idad** [~sŭali'da⁽ᵈ⁾] *f* Monatsgeld *n*, -lohn *m*, -gehalt *n*, -rate *f*.

ménsula △ ['mensula] *f* Kragstein *m*, Konsole *f*.

mensurable [mensu'raβle] meßbar.

menta ♀ ['menta] *f* Pfefferminze *f*.

men|tal [men'tal] geistig; Geistes...; **~talidad** [~tali'da⁽ᵈ⁾] *f* Denkweise *f*; Mentalität *f*; **~tar** [~'tar] (1k) erwähnen; **~te** ['mente] *f* Geist *m*; Sinn *m*.

mentecato [mente'kato] **1.** *adj.* blöde, dumm; **2.** *m* Schwachkopf *m*; F Blödmann *m*.

menti|dero F [menti'dero] *m* Klatschecke *f*; Klatschspalte *f* (*Zeitung*); **~r** [~'tir] (3i) lügen; **~ra** [~'tira] *f* Lüge *f*; *¡parece* ~*!* unglaublich!; **~rijillas** [~tiri'xiʎas]: *de* ~ zum Scherz; **~roso** [~ti'roso] **1.** *adj.* lügenhaft; verlogen; **2.** *m* Lügner *m*.

mentís [men'tis] *m* Dementi *n*; *dar un* ~ *a alg.* j-n Lügen strafen.

mentón [men'tɔn] *m* Kinn *n*.

mentor [men'tɔr] *m* Berater *m*, Erzieher *m*, Mentor *m*.

menú [me'nu] *m* Menü *n*; Speisekarte *f*.

menude|ar [menude'ar] (1a) oft wiederholen; *v/i.* sich häufig ereignen, oft vorkommen; F nur so hageln; *Am. reg.* en détail verkaufen; **~ncia** [~'denθĭa] *f* Kleinigkeit *f*; Kleinlichkeit *f*; ~s *pl.* Kleinkram *m*; *Méj.* ~s *pl.* Geflügelinnereien *f/pl.*; **~o** [~'deo] *m* Einzelverkauf *m*; häufige Wiederholung *f*.

menu|dillos [menu'diʎos] *m/pl.* Innereien *f/pl.* (*v. Geflügel*); **~do** [me'nudo] **1.** *adj.* klein; geringfügig; kleinlich; fein (*Regen*); Klein...; F *iron.* schön, toll; *a* ~ oft; *por* ~ haarklein; **2.** *m Am. reg.* Kleingeld *n*; ~s *m/pl.* Geflügelklein *n*.

meñique [me'ɲike] *m* kleiner Finger *m*.

meollo [me'oʎo] *m* Mark *n*; *fig.* Kern *m*; Gehalt *m*; Verstand *m*.

meón F [me'ɔn] *m* Bettnässer *m*.

meramente [mera'mente] bloß; nur.

merca|chifle [merka'tʃifle] *m* Hausierer *m*; Krämerseele *f*; **~dear** [~de'ar] (1a) handeln; **~der** [~'der] *m* Händler *m*; **~dería** [~de'ria] *f* *Am.* Ware *f*; **~do** [~'kaᵈo] *m* Markt *m*; Marktplatz *m*; Absatzgebiet *n*; ♀ *Común* Gemeinsamer Markt *m*; ~ *negro* Schwarzhandel *m*; **~ncía** [ˌkanˈθia] *f* Ware *f*; ~ *s pl.* Güter *n/pl.*; **~nte** [ˌˈkante] Handels...; **~ntil** [ˌkanˈtil] kaufmännisch; Handels...

merced [merˈθe⁽ᵈ⁾] *f* Gnade *f*; Gunstbezeigung *f*; Willkür *f*; *Vuestra* ♀ Euer Gnaden; *a* ~ auf Gnade u. Ungnade; *estar a* ~ *de alg.* j-m preisgegeben sein; ~ *a* dank (*dat.*).

mercenario [merθeˈnarⁱo] *m* Söldner *m*.

me·|cería [merθeˈria] *f* Kurzwaren *f/pl.*; Kurzwarengeschäft *n*; **~cología** [ˌkoloˈxia] *f* Warenkunde *f*.

mercuri|al [merkuˈrⁱal] quecksilberhaltig; Quecksilber...; **~o** [ˌˈkurⁱo] *m* Quecksilber *n*.

mere|cedor [mereθeˈdɔr] verdienstlich; würdig; *hacerse* ~ *de a/c.* fig. et. verdienen; **~cer** [ˌˈθer] (2d) 1. *v/t.* verdienen; lohnen; *no* ~ *la pena* sich nicht lohnen; 2. *v/i.* sich verdient machen (um [*ac.*] de); **~cido** [ˌˈθiðo] 1. *adj.* verdient; *bien* ~ *lo tiene* das geschieht ihm ganz recht; 2. *m* verdiente Strafe *f*; **~cimiento** [ˌθiˈmⁱento] *m* Verdienst *n*.

meren|dar [merenˈdar] (1k) vespern; ~ *el juego* heimlich in den Karten gucken; F **~se** *a/c.* sich et. aneignen; **~dero** [ˌˈdero] *m* Ausflugs-, Gartenlokal *n*.

merengue [meˈreŋge] *m* Baiser *n*.

meretriz [mereˈtriθ] *f* Straßenmädchen *n*, Dirne *f*.

meridi|ana [meriˈðiana] *f* Diwan *m*, Chaiselongue *f*; **~ano** [ˌˈðiano] 1. *adj.* Mittags...; 2. *m* Meridian *m*; Mittagskreis *m*; **~onal** [ˌðioˈnal] 1. *adj.* mittäglich; südlich; 2. *su.* Südländer(in *f*) *m*.

merienda [meˈrⁱenda] *f* Vesperbrot *n*; Picknick *n*.

mérito [ˈmerito] *m* Verdienst *n*; *innerer Wert m*; *de* ~ verdienstvoll.

meritorio [meriˈtorⁱo] 1. *adj.* verdienstvoll; 2. *m* Volontär *m*; Praktikant *m*.

merluza [merˈluθa] *f* Seehecht *m*; F Schwips *m*.

merma [ˈmɛrma] *f* Verkürzung *f*; Verlust *m*; Abzug *m*; Schwund *m*; **~r** [merˈmar] (1a) *v/i.* abnehmen; *v/t.* (ver)kürzen; herabsetzen.

mermelada [mɛrmeˈlada] *f* Marmelade *f*.

mero [ˈmero] 1. *adj.* rein; bloß; 2. *m* Zackenbarsch *m*.

merodea|dor [merodeaˈdɔr] *m* Plünderer *m*; **~r** [ˌˈar] (1a) plündern; sich herumtreiben.

mes [mes] *m* Monat *m*.

mesa [ˈmesa] *f* Tisch *m*; Tafel *f*; Kost *f*, Verpflegung *f*; Vorstandstisch *m*, Präsidium *n*; *Erdk.* Tafelland *n*, Hochebene *f*; ~ *de despacho* Schreibtisch *m*; ~ *extensible* Ausziehtisch *m*; ~ *redonda* runder Tisch (*a. fig.*); *a* ~ *puesta* mühelos; *poner la* ~ den Tisch decken; *alzar* (*od. levantar, Am. quitar) la* ~ die Tafel aufheben; *sentarse a la* ~ sich zu Tisch setzen.

mesar [meˈsar] (1a): ~ *los cabellos* sich die Haare raufen.

mescolanza [meskoˈlanθa] *f* Mischmasch *m*.

meseguero [meseˈgero] *m* Feld-, Flurhüter *m*.

mesenterio *Anat.* [mesenˈterⁱo] *m* Gekröse *n*.

mesero *m*, **-a** *f* [meˈsero, ˌra] *Méj.* Kellner(in *f*) *m*.

meseta [meˈseta] *f* Treppenabsatz *m*; Hochebene *f*.

mesita [meˈsita] *f* Tischchen *n*; ~ *de noche* Nachttisch *m*; ~ *de ruedas* Teewagen *m*.

mesón [meˈson] *m* Raststätte *f*; *Chi.* Ladentisch *m*, Theke *f*.

mesonero *m*, **-a** *f* [mesoˈnero, ˌra] Gastwirt(in *f*) *m*.

mesti|zar [mestiˈθar] (1f) *Rassen* kreuzen; **~zo** [ˌˈtiθo] *m* Mestize *m*, Mischling *m*.

mesura [meˈsura] *f* Ernst *m*; Wohlerzogenheit *f*; Mäßigung *f*; Maß *n*; **~do** [mesuˈraᵈo] gemäßigt; gemessen; gesetzt; wohlerzogen; **~r** [ˌˈrar] (1a) mäßigen.

meta [ˈmeta] *f* Ziel *n*; Tor *n* (*Sport*); **~bolismo** [metaboˈlizmo] *m* Stoffwechsel *m*; **~física** [ˌˈfisika] *f* Metaphysik *f*.

metáfora [meˈtafora] *f* Metapher *f*.

metal [meˈtal] *m* Metall *n*; Erz *n*; ♪ Blech *n*; ~ *precioso* Edelmetall *n*; **~ero** *Bol.*, *Chi.*, *Pe.* [ˌtaˈlero] metallhaltig; Metall...

metálico [meˈtaliko] 1. *adj.* metallisch; 2. *m* Hartgeld *n*; *en* ~ bar.

metal|ífero [metaˈlifero] metallhal-

metaloide 344

tig; erzhaltig; **~oide** [~'bɪde] *m* Metalloid *n*, Halbmetall *n*; **~urgia** [~'lurxia] *f* Hüttenkunde *f*; **~úrgico** [~'lurxiko] Metall...; Hütten...
metamorfosis [metamor'fosis] *f* Umwandlung *f*, Metamorphose *f*.
metano [me'tano] *m* Methan *n*.
metedura [mete'dura] *f*: F ~ de pata Blamage *f*.
meteo|rito [meteo'rito] *m* Meteorit *m*; **~ro** [mete'oro] *m* Meteor *m*; Himmelserscheinung *f*; **~rología** [~orolo'xia] *f* Meteorologie *f*, Wetterkunde *f*; **~rológico** [~'lɔxiko] Wetter...
meter [me'ter] (2a) (hinein)bringen, (-)legen, (-)stecken, (-)tun; *Ware* einschmuggeln; *Gesuch* einreichen; hervorrufen, machen; *zahlreiche Sonderbedeutungen in Verbindung mit Substantiven: s. dort*; a todo ~ in aller Eile; mit voller Kraft; ¿quién le mete en eso? was geht Sie das an?; **~se** sich *wohin* begeben; (hinein)geraten; sich (hin)eindrängen; sich einmischen; sich einlassen (auf [*ac.*] en); sich stürzen (in [*ac.*] en); ~ a hacer a/c. sich anschicken, et. zu tun; ~ a finolis F den feinen Herrn spielen; ~ con alg. mit j-m Streit anfangen.
meticulo|sidad [metikulosi'da⁽ᵈ⁾] *f* Ängstlichkeit *f*; Pedanterie *f*; **~so** [~'loso] ängstlich; kleinlich; pedantisch.
metido [me'tido] **1.** *adj.* gedrängt; voll; *Am.* zudringlich; ~ en sí in sich gekehrt; estar muy ~ con alg. eng befreundet sein mit j-m; estar muy ~ en a/c. sehr in e-r Sache drinstecken; ~ en carnes wohlbeleibt; ~ en años hochbetagt; **2.** *m* Puff *m*, Stoß *m*; F Abfuhr *f*.
metódico [me'todiko] methodisch, planmäßig.
método ['metodo] *m* Methode *f*; Lehrbuch *n*.
metralla [me'traʎa] *f* Schrapnell *n*.
metralleta [metra'ʎeta] *f* Maschinenpistole *f*.
métrica ['metrika] *f* Metrik *f*.
métrico ['metriko] metrisch.
metro ['metro] *m* **a)** Meter *m od. n*; ~ (plegable) Zollstock *m*; **b)** Versmaß *n*; **c)** Untergrundbahn *f*.
metrónomo ♪ [me'tronomo] *m* Taktmesser *m*, Metronom *n*.
metrópoli [me'tropoli] *f* Haupt-

stadt *f*; Mutterland *n*; erzbischöflicher Sitz *m*.
metropolitano [metropoli'tano] **1.** *adj.* hauptstädtisch; erzbischöflich; **2.** *m* **a)** Metropolit *m*; **b)** = metro c).
mexcal [mes'kal] *od.* **mezcal** [meθ-'kal] *Méj. m* Agavenschnaps *m*.
mez|cla ['meθkla] *f* Mischung *f*; Mörtel *m*; **~clar** [meθ'klar] (1a) (ver)mischen; einmischen; *Wein* verschneiden; **~colanza** F [~ko-'lanθa] *f* Mischmasch *m*.
mezqui|nar *Am.* [meθki'nar] (1a) knausern; **~ndad** [~kin'da⁽ᵈ⁾] *f* Dürftigkeit *f*; Knauserei *f*; Kargheit *f*; **~no** [~'kino] armselig; dürftig; knauserig; winzig; engherzig.
mezquita [meθ'kita] *f* Moschee *f*.
mi ♪ [mi] *m* E n.
mi, mis [mi, mis] mein(e).
mí [mi] (*nach prp.*) mir; mich.
miaja ['miaxa] *f* Krümchen *n*; F una ~ (*od.* miajita) ein (ganz) klein wenig.
mica ['mika] *f* Min. Glimmer *m*.
micción [mig'θiɔn] *f* Harnen *n*.
mico ['miko] *m* (langschwänziger) Affe *m*; F dar ~ a alg. j-n sitzenlassen; F hacer el ~ sich blöd benehmen.
micro Chi. ['mikro] *m od. f* Bus *m*.
microbio [mi'krobio] *m* Mikrobe *f*.
microbús [mikro'bus] *m* Kleinbus *m*. [Mikrofilm *m*.]
microfilm(e) [mikro'film(e)] *mʃ*
micrófono [mi'krofono] *m* Mikrophon *n*.
micros|cópico [mikrɔs'kopiko] mikroskopisch; **~copio** [~'kopio] *m* Mikroskop *n*; ~ electrónico Elektronenmikroskop *n*.
microsurco [mikro'surko] *m* Langspielplatte *f*.
miedo ['miedo] *m* Furcht *f* (vor [*dat.*] a); dar ~ Furcht erregen *od.* einflößen; F de ~ toll, prima; **~so** [mie'doso] furchtsam.
miel [miel] *f* Honig *m*; quedarse a media ~ nur den halben Genuß haben von (*dat.*).
mielga ['mielga] *f* **a)** ♀ Luzerne *f*; **b)** ♪ Worfel *f*.
miembro ['miembro] *m* Glied *n*; Mitglied *n*; ~ (viril) Penis *m*.
mientes ['mientes] *f/pl.* Gedanken *m/pl.*; parar ~ en a/c. achtgeben auf (*ac.*).

mientras ['miɛntras] während (*zeitl.*); ~ *que* während (*Gegensatz*); ~ *tanto* unterdessen, inzwischen; ~ *más ...*, *más* je mehr ..., desto mehr.

miércoles ['miɛrkoles] *m* Mittwoch *m*; ~ *de ceniza* Aschermittwoch *m*.

mier|da V ['miɛrda] **a**) *f* Scheiße *f*; Dreck *m*; **b**) *m* Scheißkerl *m*; ~**doso** V [~'ðoso] beschissen; Scheiß ...

mies [miɛs] *f* reifes Getreide *n* auf dem Halm; Saat *f*; Ernte(zeit) *f*.

miga ['miga] *f* Brotkrume *f*; *fig.* Gehalt *m*; *de mucha* ~ bedeutend; *hacer buenas (malas)* ~s gut (schlecht) miteinander. auskommen; ~**ja** [mi'gaxa] *f* Brotkrümel *m*; ~s *pl.* Brotreste *m/pl.*; Brosamen *f/pl.*; ~**r** [~'gar] (1h) zerkrümeln; *Brot* einbrocken in (*ac.*).

migra|ción [migra'θiɔn] *f* (Völker-) Wanderung *f*; Vogelzug *m*; ~**ña** [mi'graɲa] *f* Migräne *f*; ~**torio** [migra'torio] Wander...; *ave f -a* Zugvogel *m*.

mijo ♀ ['mixo] *m* Hirse *f*.

mil [mil] tausend.

mila|gro [mi'lagro] *m* Wunder *n*; *de* ~ wie durch ein Wunder; ~**groso** [mila'groso] wunderbar; wundertätig.

milano *Zo.* [mi'lano] *m* Milan *m*.

milenario [mile'nario] **1.** *adj.* tausendjährig; **2.** *m* Jahrtausendfeier *f*.

milenio [mi'lenio] *m* Jahrtausend *n*.

milenrama ♀ [milen'rrama] *f* Schafgarbe *f*.

milésimo [mi'lesimo] tausendste (-r, -s).

milicia [mi'liθia] *f* Bürgerwehr *f*, Miliz *f*; F Wehrdienst *m*; ~**no** [mili'θiano] **1.** *adj.* Miliz...; **2.** *m* Milizsoldat *m*.

milico *Bol.*, *Chi.*, *Rpl.* [mi'liko] *m desp.* Soldat *m*.

milímetro [mi'limetro] *m* Millimeter *m od.* *n*.

milita|nte [mili'tante] **1.** *adj.* kämpfend; **2.** *m* Vorkämpfer *m*; ~**r** [~'tar] **1.** *adj.* militärisch; Militär..., Kriegs...; **2.** *m* Soldat *m*; **3.** *v/i.* (1a) sich einsetzen (für [*ac.*] *por*); *fig.* sprechen (für [*ac.*] *en pro de*).

militarista [milita'rista] **1.** *adj.* militaristisch; **2.** *m* Militarist *m*.

milpa *Am. Cent.*, *Méj.* ['milpa] *f* Maisfeld *n*.

milla ['miʎa] *f* (See-)Meile *f* (*1852 m*).

millar [mi'ʎar] *m* Tausend *n*; ~**ada** [miʎa'raða] *f* etwa tausend.

millón [mi'ʎɔn] *m* Million *f*.

millonario [miʎo'nario] *m* Millionär *m*.

mimar [mi'mar] (1a) verwöhnen; verhätscheln.

mimbre ♀ ['mimbre] *m* Korbweide *f*; Weidenrute *f*; *sillón m de* ~ Korbsessel *m*; ~**ra** [~'brera] *f* Weidengebüsch *n*; Korbweide *f*.

mimeógrafo *Am.* [mime'ografo] *m* Vervielfältigungsapparat *m*.

mimetismo [mime'tizmo] *m* Mimikry *f*; Tarnung *f*.

mími|ca [mi'mika] *f* Gebärdenspiel *n*; Mimik *f*; ~**co** [~ko] mimisch.

mimo ['mimo] *m* Liebkosung *f*; Verhätschelung *f*; *Thea.* Mime *m*; *hacer* ~*s a alg.* schöntun mit j-m; ~**so** [mi'moso] zärtlich; verhätschelt.

mina ['mina] *f* ⚒ Bergwerk *n*; ⚒ Stollen *m*; Mine *f*; *fig.* Fundgrube *f*; V *Am. Mer.* Geliebte *f*; Dirne *f*; ~**dor** [mina'dɔr] *m* Minenleger *m*.

minar [mi'nar] (1a) verminen; unterminieren; *fig.* untergraben.

mineral [mine'ral] **1.** *adj.* Mineral...; **2.** *m* Mineral *n*, Erz *n*; ~**ogía** [~ralɔ'xia] *f* Mineralogie *f*, Gesteinskunde *f*.

mine|ría ⚒ [mine'ria] *f* Bergbau *m*; ~**ro** [mi'nero] **1.** *adj.* bergmännisch; **2.** *m* Bergmann *m*; Knappe *m*; F Kumpel *m*.

miniatu|ra [minia'tura] *f* Miniatur *f*; ~**rista** [~tu'rista] *su.* Miniaturmaler(in *f*) *m*.

minifalda [mini'falda] *f* Minirock *m*.

míni|ma ♪ ['minima] *f* halbe Note *f*; ~**mo** [~mo] **1.** *adj.* kleinste(r, -s); *como* ~ mindestens; **2.** *m* = *mínimum*; ~**mum** [~mun] *m* Minimum *n*.

minio ['minio] *m* Mennige *f*.

ministe|rial [ministe'rial] ministeriell; Ministerial...; ~**rio** [~'terio] *m* Ministerium *n*; *Lit. u. Rel.* Amt *n*; Aufgabe *f*; ~ *de Asuntos Exteriores*, *Am. de Relaciones Exteriores* Außenministerium *n*; ~ *de Educación y Ciencia* Unterrichtsministerium *n*; ~ *de Hacienda* Finanzministerium *n*; ~ *del Interior* Innenministerium *n*; ~ *de Justicia* Justizministerium *n*; ~ *del Trabajo* Arbeitsministerium *n*.

ministro [mi'nistro] *m* Minister *m*; ~ *plenipotenciario* Gesandte(r) *m*;

primer ~ Ministerpräsident *m*; Premierminister *m*; ~ *sin cartera* Minister *m* ohne Geschäftsbereich.

mino|rar [mino'rar] (1a) vermindern; **~ría** [~'ria] *f* Minderheit *f*; Minorität *f* (*bsd. Pol.*); ~ *de edad* Minderjährigkeit *f*; **~ridad** [~ri'da⁽ᵈ⁾] *f* Minderjährigkeit *f*; **~rista** [~'rista] *m* Einzelhändler *m*; **~rita- rio** [~ri'tarĭo] Minderheits...

minuci|a [mi'nuθĭa] *f* Kleinigkeit *f*; **~osidad** [minuθĭosi'da⁽ᵈ⁾] *f* Kleinlichkeit *f*; peinliche Genauigkeit *f*; **~oso** [~'θĭoso] eingehend, peinlich genau.

minué ♪ [minu'e] *m* Menuett *n*.

minúscul|a [mi'nuskula] *f* kleiner Buchstabe *m*; **~o** [~lo] winzig.

minus|valía [minuzba'lia] *f* (Körper-)Behinderung *f*; **~válido** [~'balido] **1.** *adj.* (körper)behindert; **2.** *m*: ~ (*físico*) (Körper-)Behinderte(r) *m*.

minu|ta [mi'nuta] *f* Entwurf *m*; Gebührenrechnung *f*; Schlußzettel *m* (*Börse*); Speisekarte *f*; Liste *f*; **~tero** [minu'tero] *m* Minutenzeiger *m*; **~to** [~'nuto] *m* Minute *f*.

mío, mía ['mio, 'mia] mein, meine; *de* ~ aus eigener Kraft; von Natur aus; F *ésta es la mía* das ist (ganz) mein Fall.

mio|pe ['mĭope] kurzsichtig; **~pía** [mĭo'pia] *f* Kurzsichtigkeit *f*.

miosota ♀ [mĭo'sota] *f* Vergißmeinnicht *n*.

mira ['mira] *f* Korn *n* (*am Gewehr*); Visier *n*; Zweck *m*; Absicht *f*; *con* ~ *a* im Hinblick auf; *estar a la* ~ aufpassen, auf der Hut sein.

mira|da [mi'rada] *f* Blick *m*; *echar una* ~ e-n Blick werfen (auf [*ac.*] *a, sobre*); **~dero** [mira'dero] *m* Aussichtspunkt *m*; Gesprächsthema *n*; **~do** [mi'ra⁴o] klug; überlegt; umsichtig; *bien* ~ gern gesehen, gut aufgenommen; genaugenommen; **~dor** △ [mira'dor] *m* Erker *m*; Ausguck *m*; **~miento** [~'mĭento] *m* Umsicht *f*; Rücksicht(nahme) *f*; *sin* ~s rücksichtslos.

mirar [mi'rar] (1a) **1.** *v/t.* ansehen, anschauen, anblicken; beobachten; betrachten; bedenken; zu schätzen wissen, achten; ~ *bien* (*mal*) *a alg.* j-n gern haben (nicht leiden können); **2.** *v/i.* hin-, nach-, zusehen; schauen; sich umblicken, -sehen;

~ *a a/c.* auf et. (*ac.*) abzielen; ~ *por a/c.* für et. (*ac.*) sorgen; ~ *al norte* nach Norden liegen (*Haus, Fenster*); ~ *como* betrachten als (*ac.*); ~ *por encima del hombro* über die Achsel ansehen; ~ *por la ventana* zum Fenster hinaussehen; ~ *por sí* auf s-n Vorteil bedacht sein; *¡mira!* sieh mal!; **3.** **~se** sich ansehen; sich in acht nehmen; ~ *en alg.* j-n wie s-n Augapfel lieben.

mirasol ♀ [mira'sol] *m* Sonnenblume *f*. [*Türen.*]

mirilla [mi'riʎa] *f* Guckloch *n* (*in*) /

miriñaque [miri'nake] *m* Reifrock *m*, Krinoline *f*; *fig.* F Nippes *pl.*

mirlo ['mirlo] *m* Amsel *f.*

mirón F [mi'ron] **1.** *adj.* gaffend; neugierig; **2.** *m* Gaffer *m*; Zaungast *m*; Kiebitz *m*; Voyeur *m.*

mirra ♀ ['mirra] *f* Myrrhe *f.*

mirto ♀ ['mirto] *m* Myrte *f.*

misa ['misa] *f* *kath.* Messe *f*; ~ *mayor* Hochamt *n*; ~ *rezada* stille Messe *f*; ~ *del alba* Frühmesse *f*; ~ *de difuntos* Seelenmesse *f*; ~ *del gallo* Christmette *f*; *ayudar a* ~ ministrieren; *no saber de la* ~ *la media* gar nichts wissen.

misal [mi'sal] *m* Meßbuch *n.*

misántropo [mi'santropo] *m* Menschenfeind *m*, Misanthrop *m.*

miscelánea [misθe'lanea] *f* Vermischte(s) *n*; Miszellen *pl.*

miser|able [mise'rable] elend; verächtlich; knauserig; **~ere** [~'rere] *m* Miserere *n*; *cólico m* ~ ❧ Koterbrechen *n*; **~ia** [mi'serĭa] *f* Elend *n*; Knauserei *f*; *fig.* Kleinigkeit *f.*

misericordi|a [miseri'kordĭa] *f* Barmherzigkeit *f*; Erbarmen *n*; **~oso** [~kor'dĭoso] barmherzig.

mísero ['misero] elend; unglücklich; erbärmlich.

misil [mi'sil] *m* Lenkwaffe *f*; Flugkörper *m.*

misi|ón [mi'sĭon] *f* Mission *f*; Bußpredigt *f*; *fig.* Sendung *f*, Auftrag *m*; **~onero** [misĭo'nero] *m* Missionar *m*; **~va** [mi'siba] *f* Sendschreiben *n*; *fig.* Brief *m.*

mism|o, ~a ['mizmo, ~ma] selbst; eigen; *adverbiell:* gerade, eben; noch; *el* ~ derselbe; *lo* ~ *que* ebenso wie; *por lo* ~ eben deswegen; *da lo* ~ das ist einerlei.

misógino [mi'soxino] *m* Weiberfeind *m.*

misterio [mis'terio] m Geheimnis n; Mysterium n; **~so** [~te'rioso] geheimnisvoll.

místi|ca ['mistika] f Mystik f; **~co** [~ko] mystisch; schwärmerisch; *Col.*, *Cu.*, *Ec.*, *P.R.* geziert, affektiert.

mistificación [mistifika'θiɔn] f Irreführung f; Täuschung f.

mitad [mi'ta^(d)] f Hälfte f; Mitte f; *a ~* zur Hälfte; *~ y ~* zu gleichen Teilen, halbpart.

mítico ['mitiko] mythisch.

mitigar [miti'gar] (1h) mildern; lindern; beschwichtigen.

mitin ['mitin], **mitín** [mi'tin] m (politische) Versammlung f.

mito ['mito] m Mythus m; **~logía** [mitɔlɔ'xia] f Mythologie f.

mitón [mi'tɔn] m Pulswärmer m.

mitra ['mitra] f Mitra f; Bischofsmütze f.

mixto ['misto] **1.** adj. gemischt; **2.** m F Zündholz n; 🚂 gemischter Zug m.

mixtura [mis'tura] f Mixtur f; Mischung f.

mobiliario [mobi'liario] **1.** adj. Mobiliar...; **2.** m Mobiliar n.

moce|dad [moθe'da^(d)] f Jugendzeit f; **~tón** [~'tɔn] m strammer Bursche m.

moción [mo'θiɔn] f Bewegung f; innere Regung f; *Parl.* Antrag m; *~ de censura* Mißtrauensantrag m.

moco ['moko] m Nasenschleim m; P Rotz m; F *no es ~ de pavo* F das ist nicht von Pappe.

mocoso [mo'koso] **1.** adj. rotzig; **2.** m Rotznase f, Grünschnabel m.

mochila [mo'tʃila] f Tornister m; Rucksack m.

mocho ['motʃo] stumpf; ungehörnt (*Tier*); gestutzt (*Baum*); *Am.* verstümmelt; *Méj.* reaktionär.

mochuelo [mo'tʃuelo] m (Stein-) Kauz m; fig. schwierige Arbeit f; F *cargar el ~ a alg.* j-m die Schuld in die Schuhe schieben.

moda ['moda] f Mode f; *de ~* modern; *estar fuera* (*od. pasado*) *de ~* aus der Mode sein.

modal [mo'dal] **1.** adj. modal; **2.** *~es* m/pl. Manieren f/pl.; Benehmen n; **~idad** [modali'da^(d)] f Modalität f.

mode|lar [mode'lar] (1a) formen; modeln; modellieren; **~lo** [mo'delo] **a)** m Modell n; Vorbild n;

Muster n; **b)** f (weibliches Photo-, Maler-)Modell n; Mannequin n.

modera|ción [modera'θiɔn] f Mäßigung f; **~do** [~'ra^do] gemäßigt; mäßig; ruhig; **~r** [~'rar] (1a) mäßigen; herabsetzen; **~tivo** [~ra'tibo] mäßigend.

moder|nizar [moderni'θar] (1f) modernisieren; **~no** [mo'dɛrno] neuzeitlich; modern; zeitgemäß; *a la ~a* nach der letzten Mode; *lenguas f/pl. -as* neuere Sprachen f/pl.

modes|tia [mo'destia] f Bescheidenheit f; Sittsamkeit f; **~to** [~to] bescheiden; sittsam.

modicidad [modiθi'da^(d)] f Mäßigkeit f.

módico ['modiko] mäßig, gering.

modifica|ción [modifika'θiɔn] f (Ab-)Änderung f; **~r** [~'kar] (1g) ab-, verändern.

modismo [mo'dizmo] m Spracheigentümlichkeit f; Redewendung f.

modista [mo'dista] f Putzmacherin f; Modistin f; Damenschneiderin f.

modisto [mo'disto] m Damenschneider m; Modeschöpfer m.

modo ['modo] m Art f, Weise f; Verfahren n; Modus m; ♪ Tonart f; *a ~ de* in der Art wie; *a mi ~ de ver* nach m-r Auffassung; *de ~ que* so daß; also; *de otro ~* sonst; *de ningún ~* keineswegs; *de tal ~* derart, so; *en cierto ~* gewissermaßen; **~s** pl. Manieren f/pl.; *de todos ~s* unter allen Umständen, auf alle Fälle.

modorr|a [mo'dɔrra] f Schlaftrunkenheit f; bleierne Müdigkeit f; F schwerer Kopf m, F Kater m; Drehkrankheit f *der Schafe*; **~o** [~rro] schlaftrunken, schläfrig.

modoso [mo'doso] gesittet, artig.

modular [modu'lar] (1a) modulieren (*a. ♪*).

módulo ['modulo] m A, ⊕, ⚙ Modul m; *~ lunar* Mondfähre f.

mofa ['mofa] f Spott m; *hacer ~ de* verspotten; **~dor** [mofa'dɔr] spöttisch; **~rse** [mo'farse] (1a): *~ de* sich lustig machen über (*ac.*).

mofeta [mo'feta] f Grubengas n, schlagendes Wetter n; *Zo.* Stinktier n.

mofle|tes [mo'fletes] m/pl. Pausbacken f/pl.; **~tudo** [mofle'tudo] pausbackig.

mogollón [mogo'ʎɔn] *m* Schmarotzer *m*; de ~ umsonst, gratis.

moharra [mo'arra] *f* Lanzenspitze *f*.

mohín [mo'in] *f* Gebärde *f*; Grimasse *f*; *hacer mohines* schmollen.

mohí|na [mo'ina] *f* Verdrießlichkeit *f*; Verdruß *m*; **~no** [~no] verdrossen; mißmutig; traurig.

moho ['moo] *m* Hausschwamm *m*; Schimmel *m*; Rost *m*; Moder *m*; *criar* ~ rosten; schimmeln; **~searse** *Am.* [moose'arse] (1a) verschimmeln; **~so** [mo'oso] schimm(e)lig; rostig.

moja|da [mɔ'xaða] *f* Anfeuchten *n*, Benetzen *n*; **~do** [~'xaºo] naß; feucht; **~dor** [mɔxa'dɔr] *m* (Finger-, Marken-)Anfeuchter *m*.

mojama [mɔ'xama] *f* getrockneter Thunfisch *m*.

mojar [mɔ'xar] (1a) anfeuchten, naßmachen; eintauchen; *v/i.* F teilhaben (an [*dat.*] en); F mitmischen.

moje F ['mɔxe], **~te** [mɔ'xete] *m* Soße *f*; F *hacer* ~ eintunken.

mojiganga [mɔxi'ganga] *f* Mummenschanz *m*; Posse *f* (*a. fig.*).

mojiga|tería [mɔxigate'ria] *f* Heuchelei *f*; Frömmelei *f*; **~to** [~'gato] **1.** *adj.* scheinheilig, bigott; **2.** *m*, **-a** *f* [~'gata] Frömmler(in *f*) *m*.

mojón [mɔ'xɔn] *m* Grenzstein *m*; Wegweiser *m*.

molar [mo'lar] Mühl...; (*diente m*) ~ Backenzahn *m*.

molde ['mɔlde] *m* Gußform *f*; Kuchenform *f*; Modell *n*; de ~ gedruckt; wie gerufen; **~ar** [mɔlde'ar] (1a) formen; abgießen; modellieren.

moldura △ [mɔl'dura] *f* Gesims *n*.

mole ['mole] **a)** *f Phys.* Masse *f*; **b)** *m Méj. ein Fleischgericht*.

molécula [mo'lekula] *f* Molekül *n*.

mole|dor [mole'dɔr] **1.** *adj.* langweilig; lästig; **b)** *m* Mühlwalze *f*; **~r** [mo'ler] (2h) mahlen; zerreiben; *fig.* zermürben, rädern; belästigen; ~ *a palos* verprügeln.

moles|tar [moles'tar] (1a) belästigen; lästig fallen; stören; drücken (*Schuh*); ärgern; **~tarse** sich bemühen; F eingeschnappt sein; **~tia** [mo'lestia] *f* Belästigung *f*; Mühe *f*; Unbequemlichkeit *f*; **~to** [~to] lästig; unbequem; verdrießlich; ärgerlich; **~toso** *Am.* [moles'toso] lästig.

molicie [mo'liθie] *f* Weichheit *f*; Verweichlichung *f*.

molido [mo'lido] gemahlen; *fig.* F gerädert.

molienda [mo'lienda] *f* Mahlen *n*; Vermahlung *f*; Mahlquantum *n*; F Plackerei *f*.

moliente [mo'liente]: *corriente y* ~ gang und gäbe.

molificar [molifi'kar] (1g) erweichen; geschmeidig machen.

molimiento [moli'miento] *m* Mahlen *n*; *fig.* Strapaze *f*.

moli|nero [moli'nero] *m* Müller *m*; **~nete** [~'nete] *m* Ventilator *m*; Windmühle *f* (*Spielzeug*); *Tanz, Stk.* Pirouette *f*; Drehkreuz *n*; **~nillo** [~'niʎo] *m* Handmühle *f*; Pfeffer-, Kaffee- *usw.* Mühle *f*; **~no** [mo'lino] *m* Mühle *f*; ~ *de viento* Windmühle *f*.

molusco [mo'lusko] *m* Weichtier *n*.

mollar [mo'ʎar] weich (*Obst*); mürbe (*Fleisch*); *fig.* ergiebig, einträglich.

molleja [mo'ʎexa] *f* Geflügelmagen *m*.

mollera [mo'ʎera] *f* Schädeldach *n*; P Kopf *m*; F Grips *m*; *cerrado de* ~ schwer von Begriff; *duro de* ~ starrköpfig, stur.

molle|ta [mo'ʎeta] *f* Milchbrot *n*; **~te** [~te] *m* kleines Weißbrot *n*.

momen|táneo [momen'taneo] augenblicklich; **~to** [mo'mento] *m* Augenblick *m*; Moment *m*; (*a*) *cada* ~ ständig; *al* ~ sogleich; *por el* ~, *de* ~ zur Zeit.

momería [mome'ria] *f* Mummenschanz *m*.

mom|ia ['momia] *f* Mumie *f*; **~ificar** [momifi'kar] (1g) mumifizieren.

mona ['mona] *f* Äffin *f*; F Rausch *m*; ~ *de Pascua* Osterkuchen *m*; *dormir la* ~ s-n Rausch ausschlafen.

monaca|l [mona'kal] mönchisch, Mönchs...; **~to** [~'kato] *m* Mönchstum *n*.

mona|da [mo'naða] *f* Kinderei *f*; Drolligkeit *f*; F hübsche(s) Mädchen *f*; *¡qué* ~! wie niedlich!; **~guillo** [~na'giʎo] *m* Ministrant *m*, Meßdiener *m*.

monar|ca [mo'narka] *m* Monarch *m*; **~quía** [monar'kia] *f* Monarchie *f*.

mon|asterio [monas'terio] *m* Kloster *n*; **~ástico** [mo'nastiko] *m* Mönchs...

monda ['mɔnda] *f* Schälen *n*; Putzen *n*; Schneiden *n* (*Bäume*); ¡*es la ~!* das ist das Letzte!; **~dientes** [mɔnda'ðjentes] *m* Zahnstocher *m*; **~dura** [.'dura] *f* Säubern *n*; **~s** *pl*. Abfälle *m/pl.*; Obst-, Kartoffel- *usw*. Schalen *f/pl*.

mondar [mɔn'dar] (1a) schälen; putzen; reinigen; *Bäume* schneiden; *Ant., Col., Méj*. verprügeln; F **~se** (*de risa*) sich totlachen.

mondo ['mɔndo] sauber; rein; **~ y lirondo** *fig*. ungeschminkt.

mone|da [mo'neda] *f* Münze *f*; Geld *n*; Währung *f*; **~ extranjera** Devisen *f/pl.*; **~ falsa** Falschgeld *n*; papel *m* **~** Papiergeld *n*; pagar con (*od. en*) la misma **~** mit gleicher Münze heimzahlen; **~dero** [mone-'dero] *m* Portemonnaie *n*, Geldbeutel *m*.

monería [mone'ria] *f* lustiger (Kinder-)Streich *m*; Kinderei *f*; Spielerei *f*.

monetario [mone'tarjo] **1.** *adj*. Münz...; Geld...; Währungs...; **2.** *m* Münzsammlung *f*.

monición ⚜ [moni'θjon] *f* Mahnung *f*.

monigote F [moni'gote] *m* Witz-, Spottfigur *f*; *fig*. Pfuscherei *f*.

monises F [mo'nises] *m/pl*. Geld *n*, F Moneten *pl*.

monitorio [moni'torjo] erinnernd; Mahn...

mon|ja ['mɔnxa] *f* Nonne *f*; *Méj*. (*Art*) süßes Brot *n*; **~je** [.xe] *m* Mönch *m*.

monjil [mɔn'xil] **1.** *adj*. Nonnen...; **2.** *m* Nonnentracht *f*.

mono[1] ['mono] *m* **a)** Affe *m*; estar de **~s** schmollen; mandar a freír **~s** *Am. reg*. zum Teufel schicken; **b)** Arbeitsanzug *m*; Latzhose *f*; Overall *m*.

mono[2] ['mono] hübsch; niedlich; nett.

mono... [mono] *in Zssgn* allein..., ein..., Einzel...

monóculo [mo'nokulo] *m* Monokel *n*.

monogamia [mono'gamja] *f* Einehe *f*.

monólogo [mo'nologo] *m* Monolog *m*.

mono|motor [monomo'tɔr] ein-

motorig; **~plano** ✈ [.'plano] *m* Eindecker *m*.

monopoli|o [mono'poljo] *m* Monopol *n*; **~zar** [.poli'θar] (1f) monopolisieren.

mono|sabio [mono'saβjo] *m Stk*. Gehilfe *m* des Pikadors; **~sílabo** [.'silaβo] einsilbig.

mono|teísmo [monote'izmo] *m* Monotheismus *m*; **~tonía** [.to'nia] *f* Eintönigkeit *f*, Monotonie *f*.

monótono [mo'notono] eintönig.

monseñor [mɔnse'ɲɔr] *m* Monsignore *m*.

monserga F [mɔn'serga] *f* Kauderwelsch *n*, Gewäsch *n*.

monstruo ['mɔnstrŭo] *m* Ungeheuer *n*; Monstrum *n*; *fig*. Scheusal *n*; **~sidad** [mɔnstrŭosi-'da⁽ᵈ⁾] *f* Ungeheuerlichkeit *f*; Mißgestalt *f*; **~so** [.'trŭoso] ungeheuer; scheußlich; mißgestaltet.

monta ['mɔnta] *f* Wichtigkeit *f*; de poca **~** unbedeutend; **~barcos** [mɔnta'barkos] *m* Schiffshebewerk *n*; **~cargas** [.'kargas] *m* Lastenaufzug *m*; **~da** *Am. Cent., Méj*. [.'taða] *f* berittene Polizei *f*; **~do** [.'taðo] beritten; **~dor** [.ta'ðɔr] *m* Monteur *m*.

montaje [mɔn'taxe] *m* Aufstellung *f*; Einbau *m*; Montage *f*; Schnitt *m* (*Film*); ⚔ Lafette *f*.

montane|ra [mɔnta'nera] *f* Eichelmast *f*; **~ro** [.ro] *m* Waldhüter *m*.

montante [mɔn'tante] *m* Pfosten *m*; Türfenster *n*; *gal*. (Geld-)Betrag *m*.

monta|ña [mɔn'taɲa] *f* Gebirge *n*; Berg *m*; **~ rusa** Achterbahn *f*; **~ñés** [.ta'ɲes] **1.** *adj*. Gebirgs...; aus Santander; **2.** *m* Gebirgsbewohner *m*; **~ñismo** [.'ɲizmo] *m* Bergsteigen *n*, Bergsport *m*; **~ñoso** [.ta'ɲoso] bergig; gebirgig.

montaplatos [mɔnta'platos] *m* Speisenaufzug *m*.

montar [mɔn'tar] (1a) **1.** *v/i*. steigen; sich belaufen (auf [*ac*.] *a*); **~ a caballo** aufsitzen, reiten; **2.** *v/t*. ⊕ aufstellen, montieren; zusammensetzen; **~ la guardia** Posten stehen; auf Wache stehen; tanto monta es kommt auf dasselbe hinaus.

monte ['mɔnte] *m* Berg *m*; Wald *m*; *Am. reg*. Land *n* (im Gegensatz zur Stadt); **~ alto** Hochwald *m*; **~ bajo** Buschwald *m*; **⚥ de Piedad** Leih-,

Pfandhaus *n*; Versatzamt *n*; **~pío**
[ˌ'pio] *m* Span. berufsgenossen-
schaftliche Kasse *f*; *Am.* Leihamt
n; **~ra** [mɔn'tera] *f* Tuchmütze *f*;
Stierkampfermütze *f*; Glasdach *n*;
~ría [ˌteˈria] *f* Hochjagd *f*; *Bol.*,
Ec. kleines Boot *n*; *Guat.*, *Méj.*
Sägewerk *n*; **~ro** [ˌ'tero] *m* Jäger *m*.
montés [mɔn'tes] wild (*Tier*).
montículo [mɔn'tikulo] *m* Hügel *m*.
montón [mɔn'tɔn] *m* Haufen *m*;
große Menge *f*; *a* ~ in Bausch u.
Bogen; *a* montones haufenweise;
ser del ~ nichts Besonderes sein,
zum großen Haufen gehören.
montone|ra *Am. reg.* [mɔntoˈnera]
f Haufen *m*; **~ro** *Am.* [ˌro] *m*
Guerillero *m*.
montuoso [mɔn'tuoso] bergig.
montura [mɔn'tura] *f* Reittier *n*;
Reitzeug *n*; Montur *f*; Fassung *f*
(*Brille*).
monumen|tal [monumen'tal] mo-
numental; gewaltig; großartig; **~to**
[ˌ'mento] *m* Denkmal *n*.
monzón [mɔn'θɔn] *m* Monsun *m*.
moña ['moɲa] *f* Zierschleife *f*.
moño ['moɲo] *m* Haarknoten *m*;
Nackenzopf *m*; Haube *f* *einiger*
Vögel; F ponerse ~s sich aufspielen.
moqueta [mo'keta] *f* Teppichboden *m*.
moqui|llento *Am.* [mokiˈʎento]
verschnupft; **~llo** *vet.* [mo'kiʎo] *m*
Hundestaupe *f*; Pips *m*.
mora ['mora] *f* **a)** Maulbeere *f*;
Brombeere *f*; **b)** Maurin *f*; **c)** Verzug *m*, Verzögerung *f*.
morada [mo'raða] *f* Wohnung *f*;
Aufenthalt *m*.
morado [mo'raðo] dunkelviolett; F
las pasé -as es ist mir übel ergangen.
morador *m*, **-a** *f* [moraˈðɔr, ˌ'ðora]
Bewohner(in) *m*.
moral [mo'ral] **1.** *adj.* moralisch;
sittlich; **2. a)** *f* Sittenlehre *f*, Moral
f; *fig.* Geistesverfassung *f*; Stimmung *f*; **b)** *m* Maulbeerbaum *m*;
~eja [moraˈlexa] *f* Nutzanwendung
f; Moral *f e-r Fabel*; **~idad** [ˌliˈðaᵈ]
f Sittlichkeit *f*; Moral *f*; **~ista** [ˌ-
'lista] *m* Sittenlehrer *m*; **~izar** [ˌli-
ˈθar] (1f) *sittlich* heben; den Sitten-
prediger spielen.
morar [mo'rar] (1a) wohnen.
morato|ria [moraˈtoria] *f* Frist *f*;
Aufschub *m*; Verzug *m*; Stundung
f; **~rio** [ˌ'torio] Verzugs...

mórbido ['mɔrbiðo] krankhaft;
kränklich.
morboso [mɔr'boso] krankhaft.
morcilla [mɔrˈθiʎa] *f* Blutwurst *f*.
mor|dacidad [mɔrðaθiˈ ðaᵈ] *f* Bis-
sigkeit *f*; beißende Schärfe *f*; **~daz**
[ˌ'daθ] beißend; **~daza** [ˌ'daθa] *f*
Knebel *m*; ⊕ ~ *de freno* Brems-
backe *f*; **~dedura** [ˌdeˈdura] *f* Biß
m; **~der** [ˌ'ðer] (2h) beißen; ätzen;
zerfressen; *Ant.*, *Méj.*, *Ven.* betrügen; ~ *el polvo* ins Gras beißen;
~dida [ˌ'ðiða] *f Am.* Biß *m*; *Méj.*
Schmiergeld *n*; **~diente** [ˌ'ðiente]
m Ätzmittel *n*; Beize *f*; **~discar**
[ˌðisˈkar] (1g) knabbern; **~disco**
[ˌ'ðisko] *m* Biß *m*; Bissen *m*,
Happen *m*.
more|na [mo'rena] *f* **a)** *Geol.* Mo-
räne *f*; **b)** Muräne *f* (*Fisch*); **~no**
[ˌno] dunkelbraun; dunkelhaarig,
-häutig.
morera [mo'rera] *f* (weißer) Maulbeerbaum *m*.
morería [moreˈria] *f* Maurenviertel
n; Maurenland *n*.
morfin|a [mɔr'fina] *f* Morphium *n*;
~ómano [ˌfi'nomano] *m* Morphi-
nist *m*.
morfología [mɔrfoloˈxia] *f* For-
menlehre *f*.
moribundo [moriˈbundo] sterbend.
morigerado [morixeˈraðo] wohlerzogen; sittsam.
morir [mo'rir] (3k; *part. muerto*)
sterben; umkommen; verlöschen;
~(*se*) *de hambre* verhungern; **~se**
sterben; absterben; ~ *por alg.* sich
vor Sehnsucht nach j-m verzehren.
moris|co [mo'risko] **1.** *adj.* mau-
risch; **2.** *m* Moriske *m* (*zum christ-*
lichen Glauben bekehrter Maure);
~ma [mo'risma] *f* Maurenherr-
schaft *f*; Maurenvolk *n*.
moro ['moro] **1.** *adj.* maurisch; **2.** *m*
Maure *m*; *hay ~s en la costa* es ist
Gefahr im Verzug, F es liegt was
in der Luft. [häutig.)
morocho *Am.* [mo'rotʃo] dunkel-)
morondanga F [morɔn'danga] *f*
Krimskrams *m*.
moron|do [mo'rɔndo] kahl; **~ga**
Am. Cent., *Méj.* [ˌ'rɔnga] *f* Wurst *f*.
moro|sidad [morosiˈ ðaᵈ] *f* Saum-
seligkeit *f*, Langsamkeit *f*; **~so**
[mo'roso] saumselig, säumig.
morrada [mo'rraða] *f* Zusammen-
prall *m* mit den Köpfen; Ohrfeige *f*.

morral [mɔˈrral] *m* Futterbeutel *m*; Jagdtasche *f*; Rucksack *m*; Brotbeutel *m*; *fig.* F Flegel *m*.

morralla [mɔˈrraʎa] *f* Gesindel *n*; Plunder *m*; *Méj.* Kleingeld *n*.

morrena [mɔˈrrena] *f* = morena a).

morriña [mɔˈrriɲa] *f* Heimweh *n*; Trübsinn *m*; Schwermut *f*.

morrión [mɔˈrriɔn] *m* Sturmhaube *f*.

morro [ˈmɔrrɔ] *m* Schnauze *f*, Maul *n* (*a. fig.*); *andar al ~* sich herumprügeln; *estar de ~(s)* schmollen.

morrocotudo F [mɔrrɔkɔˈtudɔ] prima, ganz groß; *Col., Ven.* wohlhabend.

morrongo *Méj.* [mɔˈrrɔŋgɔ] *m* Diener *m*.

morsa *Zo.* [ˈmɔrsa] *f* Walroß *n*.

morta|ja [mɔrˈtaxa] *f* Leichentuch *n*; Sterbekleid *n*; *Am.* Zigarettenpapier *n*; **∼l** [∼ˈtal] sterblich; tödlich; *Tod...*; *fig.* todsicher, untrüglich; **∼lidad** [∼taliˈðað] *f* Sterblichkeit *f*; **∼ndad** [∼tanˈðað] *f* Massensterben *n*.

mortecino [mɔrteˈθinɔ] halbtot; erlöschend; blaß (*Farbe*); fahl (*Licht*).

mortero [mɔrˈterɔ] *m* Mörser *m* (*a.* ⚔); Mörtel *m*.

mortífero [mɔrˈtiferɔ] todbringend.

mortifi|cación [mɔrtifikaˈθiɔn] *f* Abtötung *f*; Kasteiung *f*; Demütigung *f*; **∼cante** [∼ˈkante] kränkend; **∼car** [∼ˈkar] (1g) abtöten; kasteien; demütigen; kränken; ärgern; quälen; **∼carse** *Méj.* sich schämen.

mortu|al *Am. Cent., Méj.* [mɔrˈtůal] *m* Erbschaft *f*; **∼orio** [∼ˈtůorio] Leichen..., Sterbe...; Toten...

morueco [mɔˈrůekɔ] *m* Widder *m*.

moruno [mɔˈrunɔ] maurisch.

mosaico [mɔˈsaikɔ] **1.** *adj.* Mosaik...; mosaisch; **2.** *m* Mosaik *n*.

mosca [ˈmɔska] **a)** *f* Fliege *f*; F Geld *n*, Moneten *pl.*; *~ muerta* Duckmäuser *m*, Schleicher *m*; F *soltar (od. aflojar) la ~* Geld herausrücken; F *cazar ∼s* sich mit unnützen Dingen beschäftigen; F *por sí las ∼s* für alle Fälle; **b)** *m Méj.* Schwarzfahrer *m*; Nassauer *m*.

moscada [mɔsˈkaða]: *nuez f ~* Muskatnuß *f*.

moscarda [mɔsˈkarða] *f* Schmeißfliege *f*.

moscardón [mɔskarˈdɔn] *m*, **moscón** [∼ˈkɔn] *m* große Schmeißfliege *f*; *fig.* zudringlicher Mensch *m*.

moscatel [mɔskaˈtɛl] *m* Muskateller (-wein) *m*; Muskatellertraube *f*.

mosquea|do [mɔskeˈaðɔ] getüpfelt; **∼r** [∼ˈar] (1a) *Fliegen* verscheuchen; **∼rse** sich verletzt fühlen, F einschnappen.

mosque|tero [mɔskeˈterɔ] *m* Musketier *m*; *Am. Mer. reg.* Zaungast *m*; **∼tón** [∼ˈtɔn] *m* Karabinerhaken *m*.

mosqui|tero [mɔskiˈterɔ] *m* Moskitonetz *n*; **∼to** [∼ˈkitɔ] *m* Stechmücke *f*.

mosta|cera [mɔstaˈθera] *f*, **∼cero** [∼ˈθerɔ] *m* Senftopf *m*.

mostacilla [mɔstaˈθiʎa] *f* Vogelschrot *m od. n*.

mostacho F [mɔsˈtatʃo] *m* Schnurrbart *m*.

mos|taza [mɔsˈtaθa] *f* Senf *m*; Mostrich *m*; **∼to** [ˈmɔstɔ] *m* (Wein-)Most *m*; *~ (de uva)* Traubenmost *m*.

mostrador [mɔstraˈðɔr] *m* Ladentisch *m*; Schanktisch *m*.

mostrar [mɔsˈtrar] (1m) zeigen.

mostrenco [mɔsˈtreŋkɔ] herrenlos, heimatlos; *fig.* schwerfällig.

mota [ˈmota] *f* Knötchen *n*; Fäserchen *n*; F Fusselchen *n*; *Am.* krauses Haar *n*; (Woll-)Knäuel *m od. n*.

mote [ˈmote] *m* Wahlspruch *m*, Motto *n*; Spitzname *m*; *Am. Mer.* gekochter Mais *m*; *poner ~ a alg.* j-m e-n Spitznamen geben.

motear [moteˈar] (1a) tüpfeln.

motejar [moteˈxar] (1a): *~ de desp.* bezeichnen als.

motel *neol.* [moˈtɛl] *m* Motel *n*.

moti|lar [motiˈlar] *v/t.* (1a) j-m den Kopf scheren; **∼lón** [∼ˈlɔn] **1.** *adj.* kahlgeschoren, -köpfig; **2.** *m* F Laienbruder *m*.

motín [moˈtin] *m* Aufstand *m*, Meuterei *f*.

moti|var [motiˈbar] (1a) verursachen, herbeiführen; motivieren, begründen; **∼vo** [∼ˈtiβo] *m* Grund *m*; Anlaß *m*; Antrieb *m*; Motiv *n*; *con ~ de* aus Anlaß, anläßlich (*gen.*); *con este ~* bei dieser Gelegenheit.

moto [ˈmoto] *f* = **∼cicleta** [motoθiˈkleta] *f* Motorrad *n*; **∼ciclismo** [∼ˈklizmo] *m* Motorradsport *m*; **∼ciclista** [∼ˈklista] *m* Motorradfahrer *m*; **∼lancha** [∼ˈlantʃa] *f* Motorboot *n*; **∼nave** [∼ˈnaβe] *f* Motorschiff *n*.

motor [moˈtɔr] **1.** *adj.* bewegend; **2.** *m* Motor *m*; *~ de dos tiempos*

Zweitaktmotor *m*; ~ *de cuatro tiempos* Viertaktmotor *m*; ~ *eléctrico* Elektromotor *m*; ~ *marino* Schiffsmotor *m*; **~a** [~'tora] *f* Motorboot *n*; **~ismo** [moto'rizmo] *m* Motorsport *m*; **~ista** [~'rista] *m* Motorradfahrer *m*; **~ización** [~riθa'θiɔn] *f* Motorisierung *f*; **~izar** [~ri'θar] (1f) motorisieren.

motriz [mo'triθ]: *fuerza f ~* Triebkraft *f*.

move|dizo [mobe'diθo] bewegbar, -lich; veränderlich; flatterhaft; **~r** [mo'bɛr] (2h) bewegen, antreiben; anregen; ~ *a lágrimas* zu Tränen rühren; **~rse** sich rühren, sich regen.

movible [mo'bible] beweglich; wankelmütig.

móvil [mo'bil] **1.** *adj.* beweglich; **2.** *m fig.* Triebfeder *f*; Beweggrund *m*; Ursache *f*.

movili|dad [mobili'da⁽ᵈ⁾] *f* Beweglichkeit *f*; **~zación** [~θa'θiɔn] *f* Mobilmachung *f*; Einsatz *m*; Flüssigmachung *f* (*Gelder*); **~zar** [~'θar] (1f) mobil machen, mobilisieren.

movimiento [mobi'miento] *m* Bewegung *f*; Regung *f*; Verkehr *m*; Betrieb *m*; ✝ Umsatz *m*; Umschlag *m*; ♪ Tempo *n*; ♪ Satz *m*.

moyuelo [mo'ǰuelo] *m* feinste Kleie *f*.

moza ['moθa] *f* Mädchen *n*; Magd *f*; F *buena ~* strammes Mädchen *n*.

mozalbete [moθal'bete] *m* junger Bursche *m*.

mozárabe [mo'θarabe] **1.** *adj.* mozarabisch; **2.** *m* Mozaraber *m* (*unter Mauren lebender Christ*).

mozo ['moθo] **1.** *adj.* jung; unverheiratet, ledig; **2.** *m* junger Mensch *m*; Bursche *m*; Junggeselle *m*; Kellner *m*; Diener *m*; Gepäckträger *m*; ✗ erfaßter Wehrpflichtige(r) *m*; ~ *de cuerda* Dienstmann *m*; *buen ~* hübscher, stattlicher Bursche *m*.

muca|ma *Chi.* [mu'kama] *f* Zimmermädchen *n*; **~mo** *Am. reg.* [~mo] *m* Diener *m*.

muceta [mu'θeta] *f* Robe *f der Rechtsanwälte, Professoren usw.*

muco|sa [mu'kosa] *f* Schleimhaut *f*; **~sidad** [mukosi'da⁽ᵈ⁾] *f* Schleim *m*; **~so** [mu'koso] schleimig, Schleim...

muchach|a [mu'tʃatʃa] *f* Mädchen *n*; Dienstmädchen *n*; **~ada** [mu-tʃa'tʃada] *f* Kinderei *f*; Kinderschar *f*; *Arg.* die jungen Leute *pl.*; **~ería** [~tʃe'ria] *f* Kinderei *f*; **~o** [mu'tʃa-

tʃo] *m* Knabe *m*, Bursche *m*; Junge *m*.

muchedumbre [mutʃe'dumbre] *f* (Volks-)Menge *f*.

mucho ['mutʃo] **1.** *adj.* viel; **2.** *adv.* sehr, viel; lange; oft; (*ni*) *con ~* bei weitem (nicht); *tener en ~* hochschätzen; ~ *que sí* freilich; *por ~ que subj.* so sehr auch; *ni ~ menos* durchaus nicht, auf keinen Fall.

muda ['muda] *f* Wechseln *n*; Wechsel *m*; Wäsche *f* zum Wechseln, Garnitur *f*; Mauser *f* (*Vögel*); Stimmbruch *m*; **~ble** [mu'dable] veränderlich; **~nza** [mu'danθa] *f* Veränderung *f*; Wandel *m*; Unbeständigkeit *f*; Umzug *m*, Wohnungswechsel *m*; *estar de ~* umziehen; **~r** [mu'dar] (1a) ändern; wechseln; sich mausern (*Vögel*); ~ *de parecer s-e* Meinung ändern; **~rse** sich umziehen; ~ (*de casa*) umziehen; ~ *de ropa* die Wäsche wechseln.

mudéjar [mu'dɛxar] *m unter Christen lebender* Maure *m*; *estilo m ~* Mudejarstil *m* (*span. Kunststil, 12.—16. Jh.*).

mudez [mu'deθ] *f* Stummheit *f*.

mudo ['mudo] stumm.

muebl|aje [mue'blaxe] *m* Einrichtung *f*, Möbel *n/pl.*; **~e** ['mueble] **1.** *adj.* beweglich; **2.** *m* Möbel *n*; ~ *bar* Hausbar *f*; ~ *radio* Musiktruhe *f*; **~s** *pl. funcionales* (*od. por elementos*) Anbaumöbel *n/pl.*

mueca ['mueka] *f* Grimasse *f*.

muela ['muela] *f* Mühlstein *m*; Schleifstein *m*; Backenzahn *m*; ~ *del juicio* Weisheitszahn *m*.

mue|llaje [mue'ʎaxe] *m* Kaigebühren *f/pl.*; **~lle** ['mueʎe] **1.** *adj.* weich; weichlich; behaglich; **2.** *m* Sprungfeder *f*; Mole *f*; Hafendamm *m*; Kai *m*; Rampe *f*.

muérdago ⚤ ['muerdago] *m* Mistel *f*.

muermo *vet.* ['muermo] *m* Rotz *m der Pferde.*

muerte ['muerte] *f* Tod *m*; Tötung *f*; Sterben *n*; Vernichtung *f*; *a ~* auf Leben u. Tod; *de ~* tödlich; *de mala ~* elend, erbärmlich; *dar ~ a alg.* j-n töten.

muerto ['muerto] **1.** *adj.* tot; gestorben; *fig.* F hundemüde; **2.** *m, -a f* [~ta] Tote(r) *m*, Tote *f*; Verstorbene(r) *m*, Verstorbene *f*.

muesca ['mueska] *f* Kerbe *f*.

muestra ['mŭestra] f Warenprobe f;
Muster n; Probe f; Vorlegeblatt n;
Anzeichen n; fig. Beweis m; ✝ ~ sin
valor Muster n ohne Wert; **~rio**
[mŭes'trario] m Musterbuch f;
Musterkollektion f.

muestreo [mŭes'treo] m Probe-
entnahme f.

mugi|do [mu'xiðo] m Gebrüll f
(Rind); **~r** [~'xir] (3c) brüllen (Rind).

mugr|e ['mugre] f Fettfleck m;
Schmutz m; **~iento** [mu'griento]
schmierig.

mugrón ✔ [mu'grɔn] m Absenker
m, Ableger m (bsd. Reben).

muguete [mu'gete] m Maiglöckchen n.

mujer [mu'xer] f Frau f; Weib n;
Gattin f; ~ de faenas Putzfrau f;
~iego [muxe'riego]: hombre m ~
Weiberheld m; montar a -as im
Damensitz reiten; **~il** [~'ril] weib-
lich; Frauen...; **~ona** [~'rona] f
Mannweib n; **~zuela** [~xer'θuela]
f F Flittchen n.

mula ['mula] f Mauleselin f; Maultier n; Méj. Ladenhüter m; Rpl.
Betrug m; **~dar** [mula'dar] m Mist-
haufen m; **~r** [mu'lar] Maultier...

mulato [mu'lato] m Mulatte m.

mule|ro [mu'lero] m Maultiertrei-
ber m; **~ta** [~ta] f Krücke f; Stk.
Muleta f (Stab mit rotem Tuch, um
den Stier zu reizen); **~tero** [mule-
'tero] m Maultiertreiber m; **~tilla**
[~'tiʎa] f Stk. Muleta f; fig. Lieb-
lingsredensart f.

mulillas Stk. [mu'liʎas] f/pl. Maul-
tiergespann n.

mulo ['mulo] m Maulesel m; -tier n.

multa ['multa] f Geldstrafe f; **~r**
[mul'tar] (1a) mit e-r Geldstrafe belegen.

multi|color [multiko'lɔr] vielfarbig;
~copista [~ko'pista] f Vervielfältigungsapparat m; **~forme** [~'forme]
vielgestaltig; **~lateral** [~late'ral]
mehrseitig.

múltiple ['multiple] vielfältig; de ~
uso Vielzweck...

multipli|cación [multiplika'θiɔn] f
Vervielfältigung f; Multiplikation f;
⊕ Übersetzung f; **~cador** [~ka'ðor]
1. adj. vervielfältigend; **2.** m Multi-
plikator m; **~car** [~'kar] (1g) ver-
vielfältigen; multiplizieren; **~carse**
sich (ver)mehren; **~cidad** [~θi-
'ða(d)] f Vielfalt f.

multitud [multi'tu(d)] f Menge f;
Volksmasse f; **~inario** [~tudi'nario]
Massen...

mulli|do [mu'ʎiðo] weich, locker;
~r [mu'ʎir] (3h) auflockern.

mundanal [munda'nal], **mundano**
[~'dano] weltlich, Welt...

mundial [mun'dial] Welt...

mundillo [mun'diʎo] m Klöppel-
kissen n.

mundo ['mundo] m Welt f; Mensch-
heit f; el otro ~ das Jenseits; nada
del otro ~ nichts Besonderes; todo
el ~ jedermann; tener (mucho) ~
welterfahren sein.

munici|ón [muni'θiɔn] f Munition
f; Vorrat m; **~onar** [~θio'nar] (1a)
verproviantieren.

municipal [muniθi'pal] städtisch;
Stadt..., Gemeinde...; **~idad** [~pa-
li'ða(d)] f Gemeinde-, Stadtverwal-
tung f; Rathaus n.

municipio [muni'θipio] m Gemeinde f.

munificencia [munifi'θenθia] f
Freigebigkeit f; Großzügigkeit f.

munifico [mu'nifiko] freigebig.

muñe|ca [mu'ɲeka] f Handgelenk
n; Handwurzel f; (Kinder-, Schnei-
der-)Puppe f; **~co** [~ko] m Gliederpuppe f; fig. Fatzke m; ~ de nieve
Schneemann m.

muñón [mu'ɲɔn] m Stumpf m; ⊕
Zapfen m.

mur|al [mu'ral] Mauer...; Wand...;
~alla [mu'raʎa] f Stadtmauer f;
Am. reg. Wand f, Mauer f.

murar [mu'rar] (1a) (ver-, um-,
zu-)mauern.

murciélago [mur'θielago] m Fle-
dermaus f.

murena [mu'rena] f Muräne f
(Fisch).

murga F ['murga] f Plage f; dar
(la) ~ belästigen.

murmu|llo [mur'muʎo] m Gemur-
mel n; Rauschen n; **~ración** [~mu-
ra'θiɔn] f Klatscherei f; **~rador** m,
-a f [~mura'ðor, ~'ðora] Lästerzunge f, F Klatschmaul m; **~rar**
[~mu'rar] (1a) murmeln; murren;
rauschen; säuseln; lästern, F klatschen.

muro ['muro] m Mauer f; Wand f;
~ del sonido Schallmauer f.

mu|rria F ['murria] f Trübsinn m;
Niedergeschlagenheit f; **~rrio** F
['murrio] niedergeschlagen.

musa ['musa] *f* Muse *f* (*a. fig.*).
musaraña [musa'raɲa] *f* Spitzmaus *f*; kleines Viehzeug *n*; ∽*s pl.* Augenflimmern *n*; *Am. reg.* ∽*s pl.* Grimassen *f/pl.*; *mirar a las* ∽*s* mit offenen Augen träumen, F dösen; geistesabwesend sein.
muscula|ción *Am. reg.* [muskula-'θjon] *f* Muskulatur *f*; ∽**r** [∼'lar] Muskel...; ∽**tura** [∼la'tura] *f* Muskulatur *f*.
músculo ['muskulo] *m* Muskel *m*.
musculoso [musku'loso] muskulös.
muselina [muse'lina] *f* Musselin *m*.
museo [mu'seo] *m* Museum *n*.
muserola [muse'rola] *f* Nasenriemen *m*.
musgaño [muz'gaɲo] *m* Spitzmaus *f*.
musgo ⚘ ['muzgo] *m* Moos *n*; ∽**so** [muz'goso] moosig.
música ['musika] *f* Musik *f*; Noten *f/pl.*; Musikkapelle *f*; ∽ *celestial* Sphärenmusik *f*; *iron.* leere Versprechungen *f/pl.*; ∽ *de fondo* Untermalungsmusik *f*; ∽ *ligera* Unterhaltungsmusik *f*; *poner en* ∽ vertonen.
musical [musi'kal] **1.** *adj.* musikalisch, Musik...; **2.** *m* Musical *n*.
músico ['musiko] **1.** *adj.* musikalisch; **2.** *m* Musiker *m*.

musitar [musi'tar] (1a) murmeln, F brummeln.
muslime [muz'lime] *m* Moslem *m*.
muslo ['muzlo] *m* Oberschenkel *m*; Keule *f* (*der Tiere*).
mustio ['mustjo] mißmutig; traurig; welk; *Méj.* scheinheilig.
musulmán [musul'man] **1.** *adj.* mohammedanisch; **2.** *m* Mohammedaner *m*.
muta|bilidad [mutabili'da⁽ᵈ⁾] *f* Veränderlichkeit *f*; ∽**ción** [∼'θjon] *f* Veränderung *f*; Wechsel *m*; *Zo.* Mutation *f*.
muti|lación [muti'laθjon] *f* Verstümmelung *f*; ∽**lado** [∼'laᵈo] *m* Krüppel *m*; ∽ *de guerra* Schwerkriegsbeschädigte(r) *m*; ∽**lar** [∼'lar] (1a) verstümmeln.
mutis ['mutis] *m* *Thea.* Abgang *m*; *hacer* ∽ abgehen; *fig.* verschwinden.
mutismo [mu'tizmo] *m* Stummheit *f*; Schweigsamkeit *f*; Schweigen *n*.
mutualidad [mutɥali'da⁽ᵈ⁾] *f* Gegenseitigkeit *f*; Versicherung *f* auf Gegenseitigkeit.
mutuo ['mutɥo] gegenseitig.
muy [mui] sehr; zuviel; ∽ *señor mío Anrede im Brief*: sehr geehrter Herr.

N

N, n ['ene] *f* N, n *n*.

nab|a ['naba] *f* Kohlrübe *f*; **~ina** [na'bina] *f* Rübsamen *m*; **~iza** [na-'biθa] *f* zartes Rübenblatt *n*; Rübchen *n*. [Raps *m*.]

nabo ['nabo] *m* weiße Rübe *f*; *Arg.*}

nácar ['nakar] *m* Perlmutt(er *f*) *n*.

nacarado [naka'raᵈo] perlmutterfarbig.

nacatamal *Am. Cent., Méj.* [naka-ta'mal] *m* gefüllte Maispastete *f*.

nacer [na'θer] (2d) geboren werden; anbrechen (*Tag*); aufgehen (*Gestirn*); sprießen (*Pflanze*); entspringen (*Fluß u. fig.*); entstehen, hervorgehen; *F haber nacido de pie*(*s*) ein Glückskind sein.

naci|do [na'θiᵈo] (an)geboren; gebürtig; *bien* (*mal*) ~ von guter (schlechter) Herkunft; **~ente** [na-'θiente] **1.** *adj.* entstehend; aufgehend (*Gestirn*); werdend; **2.** *f Arg., Par.* (*mst.* ~*s pl.*) Quelle *f*; **~miento** [naθi'miento] *m* Geburt *f*; Herkunft *f*; Anfang *m*; Ansatz *m*, Wurzel *f*; Weihnachtskrippe *f*.

nación [na'θiɔn] *f* Nation *f*; Volk *n*.

nacional [naθio'nal] national; inländisch; einheimisch; National...; Volks...; Landes...; **~idad** [~nali-'ᵈa⁽ᵈ⁾] *f* Nationalität *f*; Staatsangehörigkeit *f*; **~ismo** [~na'lizmo] *m* Nationalismus *m*; **~ista** [~na'lista] nationalistisch; **~ización** [~naliθa-'θiɔn] *f* Verstaatlichung *f*; **~izar** [~nali'θar] (1f) verstaatlichen.

naco *Bol., Rpl.* ['nako] *m* (*Art*) Kautabak *m*.

nada ['naða] **1.** *f* Nichts *n*; **2.** *adv.* nichts; durchaus nicht, keineswegs; ~ *de eso* keineswegs; ~ *más* weiter nichts; *como si* ~ als ob nichts (dabei) wäre; *¡de* ~*!, Arg., Ur. por* ~ bitte sehr!, keine Ursache! (*Antwort auf ¡gracias!*); *más que* ~ vor allem; *por* ~ *für* (*od.* um) nichts und wieder nichts; *por* ~ *del mundo* um nichts in der Welt; *¡pues* ~*!* also gut!, kurz und gut; *no es* ~ das ist nicht schlimm.

nada|dera [naða'ðera] *f* Schwimm-

gürtel *m*; **~dor** *m*, **-a** *f* [~'ðɔr, ~'ðora] Schwimmer(in *f*) *m*.

nadar [na'ðar] (1a) schwimmen.

nadería F [naðe'ria] *f* Nichtigkeit *f*.

nadie ['naðie] niemand; *in negativem Zusammenhang:* jemand; *un Don* ♀ F eine Niete.

nado [na'ᵈo] *m*: *a* ~ schwimmend; *pasar a* ~ durchschwimmen.

nafta ['nafta] *f* Naphtha *n*; *Arg.* Benzin *n*, Treibstoff *m*; **~lina** [nafta'lina] *f* Naphthalin *n*.

naipe ['naipe] *m* Spielkarte *f*; Kartenblatt *n*; *no le da al* ~ *por eso* F das liegt ihm nicht.

naja ['naxa] *f*: F *salir*(*se*) *de* ~ F abhauen, verduften.

nalga ['nalga] *f* Hinterbacke *f*; ~*s pl.* Gesäß *n*, F Hintern *m*.

nana ['nana] *f* Wiegenlied *n*; *Am. reg.* Kindermädchen *n*; Amme *f*; *Chi., Rpl.* F Wehweh *n*.

naran|ja [na'ranxa] *f* Apfelsine *f*, Orange *f*; F *media* ~ Ehehälfte *f*, F bessere Hälfte *f*; **~jada** [naran-'xaða] *f* Orangeade *f*; **~jado** [~'xaᵈo] orange(nfarben); **~jal** [~'xal] *m* Apfelsinenpflanzung *f*, Orangenhain *m*; **~jero** [~ xero] *m* Apfelsinenhändler *m*; **~jo** [na'ranxo] *m* Orangenbaum *m*.

narciso [nar'θiso] *m* ♀ Narzisse *f*; *fig.* Geck *m*.

narcótico [nar'kotiko] **1.** *adj.* betäubend; **2.** *m* Betäubungsmittel *n*.

narco|tizar [narkoti'θar] (1.) betäuben; **~traficante** [~trafi'kante] *m* Rauschgifthändler *m* (*bsd. Am.*).

nardo ♀ ['narðo] *m* Narde *f*.

narigudo [nari'guðo] mit großer Nase.

nariz [na'riθ] *f* Nase *f*; *dar* (*od. caer*) *de narices* auf die Nase fallen; *hacer un palmo de narices a alg.* j-m e-e lange Nase machen; *meter las narices en a/c. s-e* Nase in *et.* stecken; F *pronto se le hinchan las narices* er geht leicht hoch, er ist schnell auf der Palme; *no ver más allá de sus narices* e-n engen Horizont haben; *¡narices!* hat sich was!, von wegen!

narra|ción [narra'θjɔn] f Erzählung f; **∼dor** m, **-a** f [∼'dɔr, ∼'dora] Erzähler(in f) m; **∼r** [na'rrar] (1a) erzählen; **∼tiva** [narra'tiba] f Erzählung f; Erzählkunst f; **∼tivo** [∼'tibo] erzählend.

nasa ['nasa] f Fischreuse f; Fischkorb m.

nasal [na'sal] Nasen...; nasal.

nata ['nata] f Rahm m, Sahne f; fig. Auslese f; **∼ batida** (od. montada) Schlagsahne f.

natación [nata'θjɔn] f Schwimmen n.

natal [na'tal] heimatlich; Geburts...; **∼icio** [nata'liθjo] Geburtstags...; **∼idad** [∼li'da⁽ᵈ⁾] f Geburtenziffer f; control m de **∼** Geburtenregelung f.

natatorio [nata'torjo] Schwimm...

natillas [na'tiʎas] f/pl. Cremespeise f.

Nati|vidad [natibi'da⁽ᵈ⁾] f Weihnacht(en n) f; **2vo** [na'tibo] gebürtig (aus [dat.] de); angeboren; natürlich; Heimat...; gediegen (Metall).

nato ['nato] geboren; herkömmlich.

natural [natu'ral] **1.** adj. natürlich; Natur...; schlicht; hijo m **∼** uneheliches Kind n; **2.** m Naturell n; Neigung f; Einwohner m; Eingeborene (-r) m; al **∼** nach der Natur; ser **∼** de stammen aus; **∼eza** [∼ra'leθa] f Natur f; Wesen n; Mal.: **∼** muerta Stilleben n; **∼idad** [∼rali'da⁽ᵈ⁾] f Natürlichkeit f; Schlichtheit f; **∼ismo** [∼ra'lizmo] m Naturalismus m; **∼ista** [∼ra'lista] m Naturalist m; Naturforscher m; **∼izar** [∼rali'θar] (1f) naturalisieren, einbürgern; einführen; [dismo.]

naturismo [natu'rizmo] m = nu-

naufra|gar [naufra'gar] (1h) Schiffbruch erleiden; fig. scheitern; **∼gio** [∼'fraxjo] m Schiffbruch m.

náufrago ['naufrago] **1.** adj. schiffbrüchig; **2.** m, **-a** f [∼ga] Schiffbrüchige(r) m, Schiffbrüchige f.

nauseabundo [nausea'bundo] Übelkeit erregend, ekelerregend.

náuseas ['nauseas] f/pl. Übelkeit f; Ekel m.

náuti|ca ['nautika] f Nautik f; Wassersport m; **∼co** [∼ko] nautisch; Schiffahrts...; club m **∼** Jachtklub m.

navaja [na'baxa] f Taschenmesser n; Hauer m des Ebers; **∼ de afeitar** Rasiermesser n; **∼da** [naba'xada] f, **∼zo** [∼'xaθo] m Messerstich m.

naval [na'bal] See..., Schiffs...

nave ['nabe] f Schiff n (a. ⚛); **∼** (industrial) Fabrik-, Werkhalle f; quemar las **∼s** alle Brücken hinter sich abbrechen; **∼gable** [nabe'gable] schiffbar; **∼gación** [∼ga'θjɔn] f Schiffahrt f; Schiffahrtskunde f; **∼ interplanetaria** (od. espacial) (Welt-) Raumfahrt f; **∼ de altura** Hochseeschiffahrt f; **∼ por aguas interiores** Binnenschiffahrt f; **∼gante** [∼'gante] m Seefahrer m; **∼gar** [∼'gar] (1h) zur See fahren; segeln; Méj. dulden, leiden.

naveta [na'beta] f kath. Räucherfaß n.

Navi|dad [nabi'da⁽ᵈ⁾] f Weihnacht(en n) f; **2deño** [∼'deɲo] weihnachtlich.

naviero [na'bjero] **1.** adj. Schiffahrts...; **2.** m Reeder m; Schiffsausrüster m.

navío [na'bio] m großes Schiff n.

neblina [ne'blina] f Bodennebel m.

nebulo|sa [nebu'losa] f Nebelfleck m; **∼sidad** [∼losi'da⁽ᵈ⁾] f Nebelhaftigkeit f; Verschwommenheit f; **∼so** [∼'loso] neb(e)lig; fig. nebelhaft.

necedad [neθe'da⁽ᵈ⁾] f Albernheit f, Dummheit f.

nece|sario [neθe'sarjo] notwendig; nötig; erforderlich; **∼ser** [∼'ser] m Necessaire f; **∼sidad** [∼si'da⁽ᵈ⁾] f Notwendigkeit f; Not f; Bedarf m, Bedürfnis n; de primera **∼** lebensnotwendig; por **∼** notgedrungen; **∼sitado** [∼si'taᵈo] (hilfs)bedürftig; notleidend; **∼sitar** [∼si'tar] (1a) müssen; benötigen; bedürfen (gen.), brauchen.

necio [ne'θjo] dumm, albern.

necrología [nekrolo'xia] f Nachruf m.

necrópolis [ne'kropolis] f Totenstadt f; Zentralfriedhof m.

neerlan|dés [neerlan'des] **1.** adj. niederländisch; **2.** m, **-desa** [∼'desa] f Niederländer(in f) m.

nefando [ne'fando] schändlich.

nefario [ne'fario] ruchlos.

nefasto [ne'fasto] unheilbringend.

nefr|ítico [ne'fritiko] Nieren...; **∼itis** [ne'fritis] f Nierenentzündung f.

nega|ción [nega'θjɔn] f Verneinung f; Gram. Verneinungswort n; Verweigerung f, Ablehnung f; **∼do** [ne'gaᵈo] unfähig; unbrauchbar;

~r [ne'gar] (1h u. 1k) verneinen; leugnen; verleugnen; abschlagen; verbieten; **~rse** a inf. sich weigern, et. zu tun; **~tiva** [nega'tiba] f Verneinung f, Weigerung f, abschlägige Antwort f, Absage f; **~tivo** [~'tiβo] 1. adj. verneinend; negativ; 2. m Phot. Negativ n.

negligen|cia [negli'xenθia] f Nachlässigkeit f; Fahrlässigkeit f; **~te** [~'xente] nachlässig.

negocia|ble [nego'θiable] umsetzbar; verkäuflich; übertragbar; begebbar (Wechsel); **~ción** [~θia'θion] f Verhandlung f; Begebung f e-s Wechsels; **~do** [~'θiaᵈo] m Amt n; Geschäftsstelle f (Verwaltungs-) Abteilung f; **~dor** [~θia'ðor] m Unterhändler m; **~nte** [~'θiante] m Geschäftsmann m; Großhändler m; **~r** [~'θiar] (1b) handeln, Handel treiben; verhandeln über (ac.); unterhandeln; Wechsel begeben.

negocio [ne'goθio] m Geschäft n; Handel m; Laden m; encargado m de ~s Geschäftsträger m.

negra ['negra] f a) Negerin f; Am. Liebling m (Kosewort); b) ♪ Viertelnote f.

negrero [ne'grero] 1. adj. Neger...; 2. m Sklavenhändler m.

negro ['negro] 1. adj. schwarz; fig. düster, trübe; F pasarlas negras Pech haben; F poner ~ a alg. F j-n auf die Palme bringen; verse ~ im Druck sein; 2. m Neger m; fig. Ghostwriter m; Am. Liebling m (Kosewort); el ~ das Schwarz.

negrura [ne'grura] f Schwärze f.

negruzco [ne'gruθko] schwärzlich.

ne|na ['nena] f kleines Mädchen n; **~ne** ['nene] m F kleines Kind n.

nenúfar [ne'nufar] m Seerose f.

neo... [neo] in Zssgn Neu...; Neo...

neófito [ne'ofito] m Neubekehrte(r) m; fig. Neuling m.

neolatino [neola'tino] neulateinisch; romanisch; **~logismo** [~lo-'xizmo] m sprachliche Neubildung f.

neón [ne'on] m Neon n.

neozelan|dés [neoθelan'des] 1. adj. neuseeländisch; 2. m, **~desa** [~'desa] f Neuseeländer(in f) m.

nepotismo [nepo'tizmo] m Vetternwirtschaft f.

ner|vio [ner'bio] m Nerv m; Sehne f; ♀, Δ Rippe f; **~viosismo** [nerbio'sizmo] m Nervosität f; **~vioso** [~'bioso] Nerven...; nervig; nervös; ponerse ~ nervös werden; **~vudo** [~'buðo] sehnig.

neto ['neto] sauber, rein; precio m ~ Nettopreis m.

neum|ático [neu'matiko] 1. adj. pneumatisch; Luft...; 2. m Kfz. Reifen m; ~ sin cámara schlauchloser Reifen m; **~onía** [~mo'nia] f Lungenentzündung f.

neu|ralgia [neu'ralxia] f Nervenschmerz m, Neuralgie f; **~rálgico** [~'ralxiko] neuralgisch; **~rólogo** [~'rologo] m Nervenarzt m; Neurologe m; **~rosis** [~'rosis] f Neurose f; **~rótico** [~'rotiko] neurotisch.

neutral [neu'tral] unparteiisch; neutral; **~idad** [~trali'ða⁽ᵈ⁾] f Unparteilichkeit f; Neutralität f; **~ismo** [~tra'lizmo] m Neutralismus m; **~izar** [~trali'θar] (1f) neutralisieren.

neutr|o ['neutro] neutral; Gram. sächlich; **~ón** [neu'tron] m Neutron n.

neva|da [ne'baða] f Schneefall m; **~r** [ne'bar] (1k) schneien; **~sca** [ne'baska] f Schneegestöber n; **~tilla** Zo. [neba'tiʎa] f Bachstelze f; **~zón** Arg., Chi., Ec. [~'θon] f Schneesturm m.

neve|ra [ne'bera] f Eiskeller m (a. fig.); Eisschrank m; ~ portátil Kühltasche f; **~ría** Méj. [nebe'ria] f Eisdiele f.

neviscar [nebis'kar] (1g) leicht schneien.

nevoso [ne'boso] Schnee...

nexo ['negso] m Verknüpfung f; Zusammenhang m; ~ causal Kausalzusammenhang m.

ni [ni] auch nicht; oder (auch nur), oder gar; ~ ... ~ weder ... noch; ~ aun, ~ siquiera nicht einmal.

nicaragüense [nikara'güense] 1. adj. nicaraguanisch; 2. su. Nicaraguaner(in f) m.

nicotina [niko'tina] f Nikotin n.

nicho ['nitʃo] m Nische f.

nida|da [ni'ðaða] f Gelege n; Brut f; **~l** [~'ðal] m Legenest n; Nestei n.

nidificar [niðifi'kar] (1g) nisten.

nido ['niðo] m Nest n (a. fig.).

niebla ['nieβla] f Nebel m.

nieto m, **-a** f ['nieto, ~ta] Enkel(in f) m; ~s pl. Enkelkinder n/pl.

nieve ['nieβe] f Schnee m; Méj. (Speise-)Eis n.

nigroman|cía [nigroman'θia], **~cia**

358

[~'manθia] f Schwarze Kunst f; ~te [~'mante] m Schwarzkünstler m.
nigua ['nigŭa] f Sandfloh m.
nihilis|mo [nii'lizmo] m Nihilismus m; ~ta [~'lista] 1. adj. nihilistisch; 2. su. Nihilist(in f) m.
nilón [ni'lɔn] m Nylon n.
nimbo ['nimbo] m Heiligenschein m; Nimbus m.
nimi|edad [nimie'da⁽ᵈ⁾] f Umständlichkeit f; Überängstlichkeit f; Kleinigkeit f; ~o ['nimio] umständlich; überängstlich; unbedeutend.
ninfa ['ninfa] f Nymphe f; Zo. Puppe f.
ninfo F ['ninfo] m Geck m.
ningún [nin'gun], ninguno [~'guno] kein; niemand.
niñ|a ['niɲa] f Kind n, Mädchen n; in Andalusien u. Am. „gnädiges Fräulein"; F ~ bien höhere Tochter f; ~ del ojo Anat. Pupille f; fig. Augapfel m; ~ada [ni'ɲada] f Kinderei f; ~ear [niɲe'ar] (1a) Kindereien treiben; ~era [ni'ɲera] f Kindermädchen n; ~ería [niɲe'ria] f Kinderei f; Kinderspiel n; ~ero [ni'ɲero] kinderlieb; ~ez [ni'ɲeθ] f Kindheit f; niñeces pl. Kinderstreiche m/pl.; ~o ['niɲo] 1. adj. kindlich; 2. m Kind n; Am. „gnädiger Herr", „junger Herr"; ~ de pecho Säugling m; ~s envueltos Am. Fleischrouladen f/pl.
nip|ón [ni'pon] 1. adj. japanisch; 2. m, ~ona f [ni'pona] Japaner(in f) m.
níquel ['nikel] m Nickel n.
niquelar [nike'lar] (1a) vernickeln.
níspero ♀ ['nispero] m Mispel f.
nítido ['nitido] glänzend; rein; Phot. scharf.
nitrato [ni'trato] m salpetersaures Salz n, Nitrat n; ~ de Chile Chilesalpeter m; ~ de plata Silbernitrat n, Höllenstein m.
nítrico ['nitriko] salpetersauer.
nitro ['nitro] m Salpeter m.
nitrógeno [ni'trɔxeno] m Stickstoff m.
nitro|glicerina [nitrogliθe'rina] f Nitroglyzerin n; ~so [ni'troso] salpetrig.
nivel [ni'bel] m Wasserwaage f; Niveau n; waagrechte Fläche f; gleiche Höhe f; Wasserspiegel m; fig. Ebene f; a ~ waagerecht; ~ de vida Lebensstandard m; ~ación [nibela'θiɔn] f Nivellierung f; ~a-

dor [~'dɔr] nivellierend; gleichmacherisch; ~adora [~'dora] f Planierraupe f; Bulldozer m; ~ar [~'lar] (1a) waagerecht machen; ausgleichen, ebnen; fig. nivellieren.
no [no] nicht; nein; ~ bien kaum, sobald als; ~ del todo nicht ganz; ~ ya nicht nur; ya ~ nicht mehr; ~ más Am. nur; ~ más que nur (noch); ~ por eso nichtsdestoweniger; ~ por cierto gewiß nicht; ~ ... sino nur; erst; ~ tal nichts dergleichen; así ~ más Am. soso, mittelmäßig; ¿a que ~? wetten, daß nicht!; como ~ bsd. Am. natürlich, ja doch; de ~ Arg., Chi., Par. andernfalls, sonst; ¿pues ~? etwa nicht?; un ~ sé qué ein gewisses Etwas.
nobiliario [nobi'liario] 1. adj. ad(e)lig; Adels...; 2. m Adelsbuch n.
noble ['noble] 1. adj. ad(e)lig; edel (-mütig); 2. m Ad(e)lige(r) m; ~za [no'bleθa] f Adel m, Adelsstand m; Vornehmheit f; Edelmut m.
noción [no'θiɔn] f Begriff m; Idee f.
noci|vidad [noθibi'da⁽ᵈ⁾] f Schädlichkeit f; ~vo [no'θibo] schädlich.
noctámbulo [nɔk'tambulo] m Nachtwandler m; F Nachtschwärmer m.
nocturno [nɔk'turno] 1. adj. nächtlich; 2. m ♪ Notturno n.
noche ['notʃe] f Nacht f; Abend m; Dunkelheit f; de ~ nachts; de la ~ a la mañana v. heute auf morgen; hacer ~ übernachten (in [dat.] en); hacerse de ~ Abend werden; ~ toledana (od. blanca) schlaflose Nacht f; muy de ~, muy entrada la ~ tief in der Nacht; ¡buenas ~s! guten Abend!; gute Nacht!; Ɛbuena [notʃe'bŭena] f Weihnacht(en n) f; ~cita Am. [~'θita] f Abenddämmerung f; ~ro Am. [no'tʃero] m Nachtwandler m; Ɛvieja [~'biexa] f Silvesterabend m.
nodriza [no'driθa] f Amme f.
nódulo ⚓ ['nodulo] m Knötchen n.
nogal [no'gal] m, noguera [no'gera] f Nußbaum m.
nómada ['nomada] 1. adj. umherziehend; 2. su. Nomade m, Nomadin f.
nombra|día [nɔmbra'dia] f Ruf m; ~do [~'braᵈo] berühmt.
nombra|miento [nɔmbra'miento]

m Ernennung *f*; Bestallung *f*; **~r** [~'brar] (1a) (er)nennen.

nombre ['nombre] *m* Name *m*; Vorname *m*; Ruf *m*, Ruhm *m*; *Gram.* Nomen *n*; de ~ dem Namen nach; no tener ~ unerhört sein; ~ de pila Taufname *m*; ~ propio Eigenname *m*; por ~ N namens N.

nomencla|dor [nomeŋkla'dor] *m* Namenverzeichnis *n*; **~tura** [~'tura] *f* Nomenklatur *f*.

nomeolvides [nomeol'biðes] *f* Vergißmeinnicht *n*.

nómina ['nomina] *f* Liste *f*; Namenverzeichnis *n*; Gehaltsliste *f*; Gehalt *n*.

nomina|l [nomi'nal] namentlich; valor *m* ~ Nennwert *m*; **~tivo** [~na-'tibo] 1. *adj.* namentlich; Namen...; 2. *m Gram.* Nominativ *m*.

non [non] *m* ungerade Zahl *f*; estar de ~ allein übrigbleiben; überzählig sein; F decir que ~ es nein sagen.

nona ['nona] *f* None *f*; **~da** [no'na-ða] *f* Nichtigkeit *f*; F rein gar nichts; **~genario** [nonaxe'narjo] neunzigjährig; **~gésimo** [~'xesimo] neunzigste(r, -s).

noningentésimo [noniŋxen'tesimo] neunhundertste(r, -s).

nono ['nono] neunte(r, -s).

noquear [noke'ar] (1a) *Boxen:* k.o. schlagen.   [m.]

nor(d)este [nor'(d)este] *m* Nordost]

nórdico ['norðiko] nordisch.

noria ['norja] *f* Schöpfrad *n*; *fig.* Tretmühle *f*.

norma ['norma] *f* Regel *f*; Norm *f*; Richtschnur *f*; Winkelmaß *n*; **~l** [nor'mal] regelrecht; normal.

normalizar [normali'θar] (1f) normalisieren; normen.

nornordeste [nornor'deste] *m* Nordnordost *m*.

nornoroeste [nornoro'este] *m* Nordnordwest *m*.

noroeste [noro'este] *m* Nordwest *m*.

norte ['norte] *m* Norden *m*; Nordwind *m*; *fig.* Wegweiser *m*.

norteamericano [norteameri'kano] 1. *adj.* nordamerikanisch; 2. *m*, -a *f* (Nord-)Amerikaner(in *f*) *m*.

norteño [nor'teɲo] *m* Nordländer *m*.

nortino *Chi.*, *Pe.* [nor'tino] aus dem Norden des Landes.

noruego [no'rŭego] 1. *adj.* norwegisch; 2. *m*, -a *f* [~ga] Norweger(in *f*) *m*.

nos [nos] uns; „Wir, ...“; **~otros** [no'sotros] wir; uns (nach prp.).

nost|algia [nos'talxĭa] *f* Heimweh *n*; Sehnsucht *f*; **~álgico** [~'talxiko] sehnsüchtig; wehmütig.

nota ['nota] *f* Aufzeichnung *f*; Notiz *f*; Anmerkung *f*; Rechnung *f*; Zensur *f*; Fußnote *f*; ♪ Note *f*; ~ de cambio Kurszettel *m*; ~ de entrega Lieferschein *m*; ~ de pedido Bestellschein *m*; ~ marginal Randbemerkung *f*; tomar (buena) ~ de a/c. et. zur Kenntnis nehmen; et. vormerken; de ~ berühmt, von Ruf.

nota|bilidad [notabili'ða⁽ᵈ⁾] *f* Ansehen *n*; wichtige Persönlichkeit *f*; Berühmtheit *f*; **~ble** [no'table] ausgezeichnet; bemerkenswert; beträchtlich; **~s** *m/pl.* Honoratioren *pl.*, Prominenz *f*; **~ción** [nota-'θĭon] *f* Bezeichnungsweise *f*; Notenschrift *f*; Notierung *f*.

notar [no'tar] (1a) bezeichnen; aufzeichnen; anmerken; bemerken; gewahren; tadeln; hacer ~ a/c. auf et. (ac.) hinweisen.

notar|ía [nota'ria] *f* Notariat(sbüro) *n*; **~iado** [~'rĭaðo] *m* Notariat *n*; **~ial** [~'rĭal] notariell; **~io** [no'tarĭo] *m* Notar *m*.

noti|cia [no'tiθia] *f* Nachricht *f*; Notiz *f*; Kenntnis *f*; **~ciar** [noti-'θĭar] (1b) zur Kenntnis geben; **~ciario** [~'θĭarĭo] *m Radio:* Nachrichten *f/pl.*; *Film:* Wochenschau *f*; **~ciero** [~'θĭero] *m* Zeitungsberichterstatter *m*; Tageblatt *n*.

notifica|ción [notifika'θĭon] *f* amtliche Benachrichtigung *f*; Zustellung *f*; **~r** [~'kar] (1g) zustellen.

notori|edad [notorie'ða⁽ᵈ⁾] *f* Offenkundigkeit *f*; Berühmtheit *f*; **~o** [no'torĭo] öffentlich bekannt, offenkundig.

nova|ción [noba'θĭon] *f* Neuerung *f*; **~dor** [~'dor] neuerungssüchtig; **~to** [no'bato] *m* Neuling *m*.

novecientos [nobe'θĭentos] neunhundert.

novedad [nobe'ða⁽ᵈ⁾] *f* Neuheit *f*; Neuigkeit *f*; neue Sache *f*; sin ~ wohlbehalten; nichts Neues; **~es** *pl.* Modewaren *f/pl.*

novel [no'bel] neu, angehend.

novela [no'bela] *f* Roman *m*; Erdichtung *f*; ~ corta Novelle *f*; ~ policíaca Kriminalroman *m*; ~ por *entregas* Fortsetzungsroman *m*; ~ *rosa* Kitschroman *m*; **~r** [nobe'lar] (1a) e-n Roman schreiben; Geschichten erzählen.

nove|lería [nobele'ria] *f* Neuigkeitssucht *f*; (Roman-)Lesewut *f*; **~lero** [~'lero] **1.** *adj.* neuigkeitssüchtig; (roman)lesewütig; **2.** *m* Neuigkeitskrämer *m*; Phantast *m*; **~lesco** [~'lesko] romanhaft; phantastisch; romantisch; **~lista** [~'lista] *m* Romanschriftsteller *m*; **~lón** [~'lɔn] *m* Schauer-, Schundroman *m*.

nove|na [no'bena] *f kath.* neuntägige Andacht *f*; **~nario** [nobe'nario] *m kath.* neuntägige Trauer *f*; **~no** [no'beno] neunte(r, -s); **~nta** [no'benta] neunzig.

novia ['nobĭa] *f* Braut *f*; Verlobte *f*; F Freundin *f*; F *echarse ~ sich e-e* Freundin zulegen; *estar de ~ Arg., Chi., Par.* verlobt sein; **~zgo** [no-'bĭaðɣo] *m* Brautstand *m*; Brautzeit *f*.

novici|ado [nobi'θĭaðo] *m* Noviziat *n*; Lehrzeit *f*; **~o** [no'bĭθĭo] **1.** *adj.* unerfahren; **2.** *m* Novize *m*; Neuling *m*.

noviembre [no'bĭembre] *m* November *m*.

novilunio [nobi'lunĭo] *m* Neumond *m*.

novill|a [no'biʎa] *f* Färse *f*; **~ada** [nobi'ʎaða] *f* Stierkampf *m* mit Jungstieren; **~ero** [~'ʎero] *m* Stierkämpfer *m* bei e-r *novillada*; **~o** [~'biʎo] *m* Jungstier *m*; F *Méj., P.R.* Bräutigam *m*, Verlobte(r) *m*; *hacer ~s* die Schule schwänzen.

novio ['nobĭo] *m* Bräutigam *m*; F Freund *m*; *los ~s* das junge Paar; Brautpaar *n*.

novísimo [no'bisimo] **1.** *adj.* ganz neu; **2.** *~s m/pl. Rel.* die vier letzten Dinge *n/pl.*

nuba|da [nu'baða], **~rrada** [nuba-'rraða] *f* Platzregen *m*; *fig.* Schwarm *m*; **~rrón** [nuba'rrɔn] *m* große dunkle Wolke *f*.

nube ['nube] *f* Wolke *f*; F Unmenge *f*; *estar por las ~s* unerschwinglich sein; *poner en las ~s fig.* in den Himmel erheben.

núbil ['nubil] heiratsfähig.

nubilidad [nubili'ða⁽ᵈ⁾] *f* Heiratsfähigkeit *f*, -alter *n*.

nubla|do [nu'blaðo] *m* Gewölk *n*;

fig. drohende Gefahr *f*; **~rse** [nu-'blarse] (1a) sich bewölken.

nubo|sidad [nubosi'ða⁽ᵈ⁾] *f* Bewölkung *f*; **~so** [~'boso] wolkig; düster.

nuca ['nuka] *f* Nacken *m*.

nuclear [nukle'ar] Kern...

núcleo ['nukleo] *m* Kern *m*; *fig.* Zentrum *n*.

nudillo [nu'diʎo] *m* (Finger-) Knöchel *m*.

nudis|mo [nu'ðizmo] *m* Freikörper-, Nacktkultur *f*, Nudismus *m*; **~ta** [~'dista] *m* Nudist *m*.

nudo ['nudo] *m* Knoten *m* (*a.* ♈); Schlinge *f*, Schleife *f*; Knorren *m im Holz*; (Verkehrs-)Knotenpunkt *m*; *fig.* (festes) Band *n*; **~so** [nu-'doso] knotig; knorrig.

nuera ['nŭera] *f* Schwiegertochter *f*.

nuestro ['nŭestro] unser.

nueva ['nŭeba] *f* Neuigkeit *f*; Nachricht *f*; *hacerse de ~s* sich unwissend stellen; **~mente** [nŭeba-'mente] von neuem, nochmals.

nueve ['nŭebe] neun.

nuevo ['nŭebo] neu; frisch; modern; *de ~* von neuem, nochmals.

nuez ['nŭeθ] *f* Walnuß *f*; *Anat.* ~ *(de Adán)* Adamsapfel *m*.

nulidad [nuli'ða⁽ᵈ⁾] *f* Nichtigkeit *f*; Unfähigkeit *f*; ♃ Ungültigkeit *f*; *fig.* Null *f*, Niete *f*.

nulo ['nulo] nichtig; gleich null; ungültig.

numera|ble [nume'rable] zählbar; **~ción** [~ra'θĭon] *f* Zählen *n*; Bezifferung *f*; **~dor** [~ra'ðɔr] *m Arith.* Zähler *m*; **~l** [~'ral] Zahl...; **~r** [~'rar] (1a) zählen, numerieren; beziffern; **~rio** [~'rario] **1.** *adj.* Zähl..., Zahl...; *miembro m ~* ordentliches Mitglied *n*; **2.** *m* Bargeld *n*.

numérico [nu'meriko] numerisch, zahlenmäßig, der Zahl nach; Zahlen...

número ['numero] *m* Zahl *f*; Ziffer *f*; Nummer *f*; *de ~* ordentlich, etatmäßig; *hacer ~* durchrechnen; *sin ~* unzählig.

numeroso [nume'roso] zahlreich.

numismátic|a [numiz'matika] *f* Münzkunde *f*; **~o** [~ko] *m* Münzensammler *m*.

nunca ['nunka] nie, niemals; ~ *jamás* nimmermehr, nie und nimmer; *más que ~* mehr denn je.

nuncio ['nunθĭo] *m* Nuntius *m*; *fig.* Vorbote *m*.

nupcia|1 [nuɓ'θial] Hochzeits...; Braut...; **~s** ['nubθias] f/pl. Hochzeit f; en segundas ~ in zweiter Ehe.

nutria ['nutria] f Fischotter m.

nutri|ción [nutri'θicn] f Ernährung f; **~do** [nu'trido] fig. zahlreich; **~mento** [nutri'mento] m Nahrung f; **~r** [nu'trir] (3a) (er)nähren; **~tivo** [nutri'tibo] nahrhaft.

Ñ

Ñ, ñ ['eɲe] f das spanische ñ.

ñame ♀ ['ɲame] m Jamswurzel f.

ñan|dú [ɲan'du] m Nandu m (amerik. Strauß); **~dutí** Rpl. [~du'ti] m feines Spitzengewebe n.

ñañ|a Am. reg. ['ɲaɲa] f große Schwester f; Amme f; Kindermädchen n; **~o** Am. reg. ['ɲaɲo] m Bruder m; guter Freund m.

ñapa Am. reg. ['ɲapa] f Zugabe f.

ñaque ['ɲake] m Gerümpel n.

ñat|a Am. ['ɲata] f mst. pl. **~s** Nase f; **~o** Am. ['ɲato] stumpfnasig.

ñeque Am. ['ɲeke] m Kraft f; Mut m; ser de ~, tener mucho ~ Am. reg. mutig sein; stark sein.

ñiquiñaque F [ɲiki'ɲake] m Schnickschnack m.

ñoñ|ería [ɲoɲe'ria], **~ez** [ɲo'ɲeθ] f Albernheit f; Gefasel n; **~o** ['ɲoɲo] 1. adj. fade; kindisch, albern; 2. m F Depp m. [Rpl. zwecklos.)

ñudo ['ɲudo] m Knoten m; al ~ ⟩

O, o [o] *f* O, o *n.*

o [o] oder; ~ ... ~ entweder ... oder; ~ *sea* das heißt.

oasis [o'asis] *m* Oase *f (a. fig.).*

obce|cación [ɔbθeka'θiɔn] *f* Verblendung *f*; **~cado** [~'kaᵈo] verblendet.

obducción [ɔbdug'θiɔn] *f* Leichenöffnung *f*, Obduktion *f.*

obe|decedor [ɔbeðeθe'ðɔr] gehorsam; **~decer** [~'θɛr] (2d) gehorchen; nachgeben; ~ *a* herrühren v. (*dat.*), zuzuschreiben sein (*dat.*); *hacerse* ~ sich Gehorsam verschaffen; **~diencia** [~'ðienθia] *f* Gehorsam *m*; Folgsamkeit *f*; **~diente** [~'ðiente] gehorsam; nachgiebig.

obelisco [obe'lisko] *m* Obelisk *m.*

obertura [ober'tura] *f* Ouvertüre *f.*

obe|sidad [obesi'ða⁽ᵈ⁾] *f* Fettleibigkeit *f*; **~so** [o'beso] fettleibig.

óbice ['obiθe] *m* Hindernis *n.*

obis|pado [obis'paᵈo] *m* Bistum *n*; **~po** [o'bispo] *m* Bischof *m*; ~ *auxiliar* Weihbischof *m.*

óbito ['obito] *m* Tod *m*, Hingang *m.*

obje|ción [ɔbxe'θiɔn] *f* Einwand *m*; 🔧 Einsprache *f*; ~ *de conciencia* Wehrdienstverweigerung *f*; **~tar** [~'tar] (1a) einwenden; **~tividad** [~tibi'ða⁽ᵈ⁾] *f* Sachlichkeit *f*; **~tivo** [~'tibo] **1.** *adj.* objektiv, sachlich; **2.** *m* Ziel *n*; *Optik*: Objektiv *n*; **~to** [ɔb'xeto] *m* Objekt *n*; Ding *n*; Gegenstand *m*; Zweck *m*; ~ *hallado* Fundgegenstand *m*, -sache *f*; *con* ~ *de* um zu; **~tor** [ɔbxe'tɔr] *m*: ~ *de conciencia* Wehrdienstverweigerer *m.*

oblación [ɔbla'θiɔn] *f* Opferung *f.*

oblea [o'blea] *f* Oblate *f.*

oblicu|idad [oblikui'ða⁽ᵈ⁾] *f* Schrägheit *f*; Schiefe *f*; **~o** [o'blikuo] schräg.

obliga|ción [obliga'θiɔn] *f* Pflicht *f*; Verpflichtung *f*; Schuld *f*; Schuldverschreibung *f*, Obligation *f*; Verbindlichkeit *f*; ~ *convertible* Wandelschuldverschreibung *f*; **~cionista** [~θio'nista] *m* Inhaber *m* v. Schuldverschreibungen; **~do** [~-'gaᵈo] zu Dank verpflichtet; notwendig; **~r** [~'gar] (1h) zwingen; verpflichten; *Arg., Bol., Chi.* zum Trinken einladen; **~rse** sich verpflichten; **~torio** [~ga'torio] verbindlich, bindend; Zwangs...; Pflicht...; *enseñanza f* ~*a* Schulpflicht *f*; *servicio m militar* ~ Wehrpflicht *f.*

obligo *Arg., Bol., Chi.* [o'bligo] *m* Einladung *f* zum Trinken.

oblongo [o'blɔngo] länglich.

oboe ♩ [o'boe] *m* Oboe *f.*

óbolo ['obolo] *m* Obolus *m*, Scherflein *n.*

obra ['obra] *f* Werk *n*; Arbeit *f*; Bauvorhaben *n*; Bau *m*; Tat *f*; ~ *de consulta* Nachschlagewerk *n*; ~ *maestra* Meisterwerk *n*; ~ *muerta* ⚓ Freibord *m*; ~ *pía* wohltätige Stiftung *f*; ~ *de romanos* Riesenarbeit *f*; *poner por*, *Am. reg. en* ~ in die Tat umsetzen, ausführen; *¡manos a la* ~*!* an die Arbeit!; *de* ~ tatkräftig; tätlich; **~s** *pl.* Bauten *m/pl.*; Bauarbeiten *f/pl.*; ~*s completas* gesammelte Werke *n/pl.*; ~*s públicas* öffentliche Arbeiten *f/pl.*; ~*s póstumas* nachgelassene Werke *n/pl.*; **~dor** [obra'dɔr] *m* Werkstatt *f*; **~je** [o'braxe] *m* Verarbeitung *f*, Verfertigung *f*; *Méj.* Schweinemetzgerei *f*; **~r** [o'brar] (1a) **1.** *v/t.* bearbeiten; bauen; tun, verrichten; **2.** *v/i.* wirken; handeln; F seine Notdurft verrichten, austreten; 🔧 *su carta obra en mi poder* ich erhielt Ihr Schreiben.

obrep|ción [obreb'θiɔn] *f* Erschleichung *f*; **~ticio** [obrep'tiθio] erschlichen.

obrero [o'brero] **1.** *adj.* Arbeits...; Arbeiter...; **2.** *m* Arbeiter *m*; ~ *especializado* Facharbeiter *m.*

obsce|nidad [ɔbs'θeni'ða⁽ᵈ⁾] *f* Unzüchtigkeit *f*; Zote *f*; **~no** [~'θeno] unzüchtig; unanständig; obszön.

obsequi|ador [ɔbsekia'ðɔr] dienstbeflissen; gefällig; **~ar** [~'kiar] (1b) gastlich aufnehmen; bewirten; beschenken; ehren; sich j-m gefällig erweisen; ~ *a alg. con un banquete* j-m zu Ehren ein Festessen geben; **~o** [ɔb'sekĭo] *m* Gefälligkeit *f*; Entgegenkommen *n*; Liebenswürdigkeit *f*; Geschenk *n*; *en ~ de alg.* j-m zu Ehren; **~oso** [ɔbse'kĭoso] gefällig; freigebig.

observa|ción [ɔbserba'θĭɔn] *f* Beobachtung *f*; Bemerkung *f*; **~dor** [~'dɔr] **1.** *adj.* beobachtend; forschend; **2.** *m* Beobachter *m*; **~ncia** [~'banθĭa] *f* Befolgung *f*; Einhaltung *f*; Ordensregel *f*; **~r** [~'bar] (1a) beobachten; befolgen; *Frist* einhalten; *hacer ~* darauf aufmerksam machen, darauf hinweisen; **~torio** [~ba'torĭo] *m* Sternwarte *f*, Observatorium *n*; *~ meteorológico* Wetterwarte *f*.   [*f*; fixe Idee *f*.\

obsesión [ɔbse'sĭɔn] *f* Besessenheit\

obsoleto [ɔbso'leto] veraltet.

obst|aculizar [ɔbstakuli'θar] (1f) behindern; **~áculo** [ɔbs'takulo] *m* Hindernis *n*; *carrera f de ~s* Hindernisrennen *n*.

obstante [ɔbs'tante]: *no ~* dessenungeachtet; trotz.

obstar [ɔbs'tar] (1a) *fig.* hinderlich sein, entgegenstehen.

obstetricia [ɔbste'triθĭa] *f* Geburtshilfe *f*.

obstina|ción [ɔbstina'θĭɔn] *f* Hartnäckigkeit *f*; Eigensinn *m*; **~do** [~'naᵈo] hartnäckig; eigensinnig; **~rse** [~'narse] (1a) sich versteifen (auf [*ac.*] en); *~ en hacer a/c.* hartnäckig darauf bestehen, et. zu tun.

obstru|cción [ɔbstruɡ'θĭɔn] *f* Verstopfung *f*; Hemmnis *n*; *Parl.* Obstruktion *f*; **~ccionar** *Am.* [~θĭo'nar] (1a) behindern; **~ir** [~tru'ir] (3g) verstopfen; versperren.

obten|ción [ɔbten'θĭɔn] *f* Erlangung *f*; 🚜 Gewinnung *f*; **~er** [ɔbte'ner] (2l) erlangen; erreichen; bekommen; 🚜 gewinnen.

obtura|ción [ɔbtura'θĭɔn] *f* Verstopfung *f*; (Ab-)Dichtung *f*; **~dor** [~'dɔr] **1.** *adj.* (ab)schließend; **2.** *m* *Phot.* Verschluß *m*; *~ de cortinilla* Schlitzverschluß *m*; **~r** [~'rar] (1a) verstopfen; (ab)dichten.

obtusángulo [ɔbtu'saŋɡulo] stumpfwinklig.

obtuso [ɔb'tuso] *Geom.* stumpf; F schwer von Begriff.

obús ✕ [o'bus] *m* Granate *f*; Haubitze *f*.

obvenciones [ɔbben'θĭones] *f/pl.* Nebenverdienst *m*.

obviar [ɔbbi'ar] (1c) abwenden; beseitigen; vorbeugen.

obvio ['ɔbbĭo] einleuchtend; augenfällig; *es ~* es liegt auf der Hand.

oca ['oka] *f* Gans *f*.

ocasión [oka'sĭon] *f* Gelegenheit *f*; Anlaß *m*; Gelegenheitskauf *m*; *de ~* Gelegenheits...; aus zweiter Hand; antiquarisch; *coche m de ~* Gebrauchtwagen *m*; *con ~ de* anläßlich (*gen.*); *en ocasiones* gelegentlich.

ocasiona|l [okasĭo'nal] gelegentlich; **~r** [~'nar] (1a) veranlassen; verursachen.

ocaso [o'kaso] *m* Untergang *m* (*Astr. u. fig.*); *~ de los dioses* Götterdämmerung *f*.

occiden|tal [ɔɡθi'dental] abendländisch; westlich; West...; **~te** [~'dente] *m* Abendland *n*; Westen *m*.

occip|ital [ɔɡθipi'tal] Hinterhaupts-...; **~ucio** [~'puθĭo] *m* Hinterhaupt *n*.

oceánico [oθe'aniko] ozeanisch.

océano [o'θeano] *m* Weltmeer *n*; Ozean *m*.

ocio ['oθĭo] *m* Muße *f*; Müßiggang *m*; (*tiempo m de*) ~ Freizeit *f*; *~s pl.* Mußestunden *f/pl.*; **~sear** *Am. Mer.* [oθĭose'ar] (1a) faulenzen; **~sidad** [~si'daᵈ] *f* Müßiggang *m*; **~so** [o'θĭoso] müßig; unnütz.

oclu|ir [oklu'ir] (3g) verstopfen; **~sión** 🅇 [~'sĭon] *f* Verstopfung *f*; *~ intestinal* Darmverschluß *m*; **~sivo** [~'sibo]: *consonante f -a* Verschlußlaut *m*.

ocre ['okre] *m* Ocker *m*.

octanaje ⊕ [ɔkta'naxe] *m* Oktanzahl *f*.

octa|va [ɔk'taba] *f* ♩ Oktave *f*; achtzeilige Strophe *f*, Stanze *f*; **~villa** [~ta'biʎa] *f* Handzettel *m*, Flugblatt *n*.

octavo [ɔk'tabo] **1.** *adj.* achte(r, -s); **2.** *m* Achtel *n*; Oktav(format) *n*.

octeto ♩ [ɔk'teto] *m* Oktett *n*.

octingentésimo [ɔktiŋxen'tesimo] achthundertste(r, -s).

octo|genario [ɔktɔxe'narĭo] achtzigjährig; **~gésimo** [~'xesimo] achtzigste(r, -s); **~sílabo** [ɔkto'silabo] *m* achtsilbiger Vers *m*.

octogonal [ɔktogo'nal] achteckig.

octógono [ɔk'togono] *m* Achteck *n*.

octubre [ɔk'tubre] *m* Oktober *m*.

ocu|lar [oku'lar] **1.** *adj.* Augen...;
2. *m* Okular *n*; **⁓lista** [⌐'lista] *su.*
Augenarzt *m*, -ärztin *f*.

ocul|tación [okulta'θiɔn] *f* Verbergung *f*; Verheimlichung *f*;
(Steuer-)Hinterziehung *f*; **⁓tar** [⌐-
'tar] (1a) verbergen; verheimlichen;
verhehlen; *Steuern* hinterziehen; **⁓-
tismo** [⌐'tizmo] *m* Okkultismus *m*;
⁓to [o'kulto] geheim; verborgen.

ocupa|ción [okupa'θiɔn] *f* Besetzung *f*; Besitznahme *f*; Beschäftigung *f*; ✕ Besatzung *f*; **⁓nte** [⌐-
'pante] *m* Insasse *m*, Fahrgast *m*; **⁓r**
[⌐'par] (1a) beschäftigen; *Raum*
einnehmen, anfüllen; *Amt* bekleiden; *Haus* bewohnen; ✕ besetzen;
⁓rse en *od.* **de** a/c. sich beschäftigen
mit (*dat.*), sich befassen mit (*dat.*).

ocurr|encia [oku'rrenθia] *f* Vorfall
m; Einfall *m*; **⁓ente** [⌐'rrente] witzig; **⁓ir** [⌐'rrir] (3a) sich ereignen,
vorkommen; eintreten; **⁓irse: se
me ocurrió** ich kam auf den Gedanken.

ochava [o'tʃaβa] *f* Achtel *n*.

ochen|ta [o'tʃenta] achtzig; **⁓tón** F
[otʃen'tɔn] achtzigjährig.

ocho ['otʃo] acht; **⁓cientos** [otʃo-
'θientos] achthundert.

oda ['oða] *f* Ode *f*.

odiar [o'ðiar] (1b) hassen.

odio ['oðio] *m* Haß *m*; **⁓sidad**
[oðiosi'ða⁽ᵈ⁾] *f* Gehässigkeit *f*; Verhaßtsein *n*; *Arg., Pe., R.D.* Belästigung *f*; **⁓so** [o'ðioso] gehässig;
verhaßt; *Arg., Chi., Pe.* lästig, aufdringlich. [Irrfahrt *f*.]

odisea [odi'sea] *f* Odyssee *f* (*a. fig.*).)

odont|ología [odontolo'xia] *f* Zahnmedizin *f*; **⁓ólogo** [⌐'tologo] *m*
Zahnarzt *m*.

odorante [oðo'rante] wohlriechend,
duftend.

odre ['oðre] *m* Weinschlauch *m*; F
Trunkenbold *m*, Säufer *m*.

oeste [o'este] *m* Westen *m*.

ofen|der [ofen'der] (2a) beleidigen,
verletzen; kränken; *v/i.* widerlich
sein (*Gerüche*); **⁓derse** sich beleidigt (*od.* gekränkt) fühlen; **⁓sa**
[o'fensa] *f* Beleidigung *f*; Kränkung
f; **⁓siva** [⌐'siβa] *f* Offensive *f*;
Angriff *m*; **tomar la ⁓** zum Angriff
übergehen; **⁓sivo** [⌐'siβo] angriffslustig; Angriffs..., Offensiv...; beleidigend; **⁓sor** [⌐'sɔr] *m* Beleidiger
m.

oferta [o'ferta] *f* Angebot *n*; **⁓ en
firme** Festangebot *n*.

oficia|l [ofi'θial] **1.** *adj.* offiziell,
amtlich; **2.** *m* Offizier *m*; Geselle *m*;
⁓la [⌐'θiala] *f* Arbeiterin *f*; Gehilfin
f; **⁓lada** *Am. reg. desp.* [⌐θia'laða] *f*
Offizierskorps *n*; **⁓lidad** [⌐θiali-
'ða⁽ᵈ⁾] *f* Offizierskorps *n*; **⁓lista**
Am. reg. [⌐θia'lista] regierungstreu;
⁓nte [⌐'θiante] *m kath.* Zelebrant *m*;
⁓r [⌐'θiar] (1b) amtieren, fungieren
(als [*nom.*] de); *v/t. kath.* zelebrieren.

oficina [ofi'θina] *f* Amts-, Geschäftszimmer *n*; Büro *n*; Kontor
n; **⁓ de empleo** Arbeitsamt *n*; **⁓ de
objetos perdidos** Fundbüro *n*; **⁓l**
[⌐θi'nal] Arznei..., Heil...

ofici|nesco [ofiθi'nesko] *desp.* bürokratisch; **⁓nista** [⌐'nista] *m* Büroangestellte(r) *m*.

oficio [o'fiθio] *m* Beruf *m*; Amt *n*;
Dienstschreiben *n*; Beschäftigung
f; Handwerk *n*; Gewerbe *n*; **⁓ de
difuntos** Seelenmesse *f*; **⁓** (*divino*)
Gottesdienst *m*; *Santo* ♀ Inquisition
f; **de ⁓** amtlich, von Amts wegen;
⁓sidad [ofiθiosi'ða⁽ᵈ⁾] *f* Dienstfertigkeit *f*; Beflissenheit *f*; **⁓so**
[⌐'θioso] dienstfertig; geschäftig;
halbamtlich, offiziös.

ofidios [o'fiðios] *m/pl.* Schlangen
f/pl.

ofre|cer [ofre'θer] (2d) anbieten;
Sicherheit usw. bieten; gestatten;
⁓cerse sich anbieten; in den Sinn
kommen; vorkommen; **¿qué se le
ofrece?** Sie wünschen?; **⁓cimiento**
[⌐θi'miento] *m* Anerbieten *n*; Angebot *n*.

ofren|da [o'frenda] *f* Opfergabe *f*;
Spende *f*; **⁓dar** [ofren'dar] (1a)
opfern; spenden.

oftal|mía [ɔftal'mia] *f* Augenentzündung *f*; **⁓mología** [⌐molo'xia] *f*
Augenheilkunde *f*; **⁓mólogo** [⌐-
'mologo] *m* Augenarzt *m*.

ofusca|ción [ofuska'θiɔn] *f* Verdunkelung *f*; *fig.* Geistesverwirrung *f*;
⁓r [⌐'kar] (1g) verdunkeln; *fig.*
(ver)blenden.

ogro ['ogro] *m* Menschenfresser *m*;
F Scheusal *n*.

ohmio ⚡ ['omio] *m* Ohm *n*.

oí|ble [o'iβle] hörbar; **⁓da** [o'iða] *f*
Hören *n*; **de** *od.* **por ⁓s** vom Hörensagen.

oído [o'iðo] *m* Gehör *n*, Gehörsinn

m; Ohr *n*; *de* ~ ♪ nach dem Gehör; *aguzar los* ~s die Ohren spitzen; *dar* ~s Gehör schenken; *hacer* ~s *de mercader* (*od.* *sordos*) sich taub stellen; *llegar a* ~s zu Ohren kommen; *regalar el* ~ angenehme Dinge sagen, schmeicheln; *pegarse al* ~ ♪ ins Ohr gehen; *ser todo* ~s ganz Ohr sein.

oír [o'ir] (3q) hören; zuhören, anhören; vernehmen; *hacerse* ~ sich Gehör verschaffen; *¡oiga!* hören Sie mal!; hallo! (*Telefon*); *¡oye!* na hör mal!; *¡ahora lo oigo!* das ist mir neu!; *como quien oye llover* als ginge ihn das (alles) gar nichts an.

ojal [o'xal] *m* Knopfloch *n*.

ojalá [oxa'la] **1.** *int.* *¡...!* wenn nur ...!; hoffentlich!; *¡~ tuvieras razón!* ach, hättest du doch recht!; **2.** *cj.* *Arg., Bol.* obwohl.

ojeada [oxe'aða] *f* (schneller, flüchtiger) Blick *m*; *echar una* ~ e-n Blick werfen (auf [*ac.*] *a, sobre*).

oje|ador [oxea'ðɔr] *m* *Jgdw.* Treiber *m*; *~ar* [~'ar] (1a) treiben; aufstöbern; *~o* [o'xeo] *m* Treibjagd *f*.

ojer|as [o'xeras] *f/pl.* Ringe *m/pl.* um die Augen; *~iza* [oxe'riθa] *f*: *tener* ~ *a alg.* j-n nicht leiden können; *~oso* [~'roso] mit Ringen um die Augen.

ojete [o'xete] *m* Schnürloch *n*; F After *m*.

oji|negro [oxi'neɣro] schwarzäugig; *~tos* [o'xitos] *m/pl.*: *hacer* ~ *a alg.* j-m schöne Augen machen; *~va* [o'xiβa] *f* ⚔ Spitzbogen *m*; ⚔ Sprengkopf *m* (*Rakete*); *~val* [oxi'βal]: *estilo m* ~ gotischer Stil *m*.

ojo ['oxo] *m* Auge *n*; Öhr *n*; Loch *n*; (Brücken-)Bogen *m*; ~ *de buey* ⚓ Bullauge *n*; F ~ *del culo* After *m*, P Arschloch *n*; *a* ~ nach Augenmaß; *nach Gutdünken*; *a* ~s *vistas* öffentlich; augenscheinlich; zusehends; ~s *rasgados* Schlitzaugen *n/pl.*; F *costar un* ~ *de la cara* ein Heidengeld kosten; *poner los* ~s *en blanco* die Augen verdrehen; *tener* ~ *clínico* ein guter Beobachter sein; *¡~!* Achtung!, Vorsicht!

ojota *Am. Mer.* [o'xota] *f* Bauernsandale *f*.

ola ['ola] *f* Woge *f*, Welle *f* (*a. fig.*). **¡olé!** [o'le] bravo!, recht so!

oleada [ole'aða] *f* Sturzsee *f*; *fig.* Menschenmasse *f*; *fig.* Welle *f*.

oleaginoso [oleaxi'noso] ölig, Öl...

oleaje [ole'axe] *m* Wellengang *m*, -schlag *m*; Brandung *f*.

olear [ole'ar] *v/t.* (1a) j-m die letzte Ölung geben.

óleo ['oleo] *m* Öl *n*; (*cuadro m al*) ~ Ölgemälde *n*; *al* ~ in Öl gemalt; *los santos* ~s *kath.* die letzte Ölung *f*.

oleo|ducto [oleo'ðukto] *m* Ölleitung *f*, Pipeline *f*; *~grafía* [~ɣra'fia] *f* Öldruck *m*.

oler [o'ler] (2i) riechen (nach [*dat.*] *a*); *v/t.* wittern, riechen.

olfa|tear [olfate'ar] (1a) beriechen; *fig.* wittern; *~to* [ol'fato] *m* Geruchssinn *m*; *fig.* Gespür *n*; *~torio* [olfa'torio] Geruchs...

oliente [o'liente]: *mal* ~ übelriechend.

oligarquía [oliɣar'kia] *f* Oligarchie *f*.

olimpíada [olim'piaða] *f* Olympiade *f*; ~ *blanca* Winterolympiade *f*.

olímpico [o'limpiko] olympisch.

olimpo [o'limpo] *m* Olymp *m* (*a. Thea.*).

olis|car [olis'kar] (1g) beschnüffeln, beschnuppern; *~co* *Am. reg.* [o'lisko] übelriechend.

oliva [o'liβa] *f* Olive *f*; *~r* [oli'βar] *m* Olivenhain *m*.

olivo [o'liβo] *m* Ölbaum *m*; *tomar el* ~ F abhauen, verduften.

olmo ['olmo] *m* Ulme *f*, Rüster *f*; *pedir peras al* ~ Unmögliches verlangen.

ológrafo [o'loɣrafo]: *testamento m* ~ eigenhändig geschriebenes Testament *n*.

olor [o'lɔr] *m* Geruch *m*; *~oso* [olo'roso] wohlriechend.

olvi|dadizo [olβiða'ðiθo] vergeßlich; *~dado* [~'ðaðo] vergessen; *de su deber* pflichtvergessen; *~dar* [~'ðar] (1a) vergessen; verlernen; *~darse de a/c. et.* vergessen; *~do* [ol'βiðo] *m* Vergessenheit *f*; Vergeßlichkeit *f*; *caer en (el)* ~ in Vergessenheit geraten.

olla ['oʎa] *f* Topf *m*, Kochtopf *m*; ~ *podrida span.* Eintopfgericht *n*; ~ *a presión* Schnellkochtopf *m*.

ollares [o'ʎares] *m/pl.* Nüstern *f/pl.* des Pferdes.

olle|ría [oʎe'ria] *f* Töpferei *f*; *~ro* [o'ʎero] *m* Töpfer *m*.

ombligo *Anat.* [ɔm'bliɣo] *m* Nabel *m*.

ominoso [omi'noso] verhängnisvoll.

omi|sión [omi'siɔn] *f* Unterlassung

f; Auslassung *f*; **~so** [o'miso]: *hacer caso ~ de a/c.* et. nicht beachten, et. übergehen; **~tir** [omi'tir] (3a) unterlassen; übergehen; auslassen.

omni|potencia [ɔmnipo'tenθia] *f* Allmacht *f*; **~potente** [~'tente] allmächtig; **~sciencia** [ɔmnis'θienθia] *f* Allwissenheit *f*; **~sciente** [~'θiente], **~scio** [ɔm'nisθio] allwissend.

omnívoro [ɔm'niboro] **1.** *adj.* allesfressend; **2.** *m* Allesfresser *m*.

omóplato *Anat.* [o'moplato] *m* Schulterblatt *n*.

once ['onθe] **1.** *Zahlwort:* elf; **2.** *m Sport:* Elf *f*.

ond|a ['onda] *f* Woge *f*; Welle *f* (*a. Haar*); *¿ ~ corta (larga)* Kurz-(Lang-)welle *f*; *~ sonora* Schallwelle *f*; *~ ultracorta* Ultrakurzwelle *f*; **~ear** [onde'ar] (1a) wogen; flattern, wehen (*Fahne*).

ondula|ción [ondula'θion] *f* Wellenbewegung *f*; Windung *f*; Ondulierung *f* (*Haar*); **~do** [~'laᵈo] onduliert (*Haar*); sanft gewellt; **~r** [~'lar] (1a) wogen; flattern; *v/t. Haar* ondulieren; **~torio** [~la'torio] Wellen...

oneroso [one'roso] beschwerlich; kostspielig; 🏛 entgeltlich.

onomástico [ono'mastiko] **1.** *adj.* Namens...; **2.** *m* Namenstag *m*.

onomato|peya [onomato'peja] *f* Klang-, Lautmalerei *f*; **~péyico** [~'pejiko] lautmalerisch.

onza ['onθa] *f* **a)** Unze *f* (*Gewicht*); **b)** Jaguar *m*, Unze *f* (*Raubkatze*).

opa|cidad [opaθi'daᵈ] *f* Undurchsichtigkeit *f*; **~co** [o'pako] undurchsichtig; düster; belegt (*Stimme*).

ópalo *Min.* ['opalo] *m* Opal *m*.

opción [ɔb'θiɔn] *f* Wahl *f*; Anrecht *n*; *Pol.* Option *f*.

ópera ['opera] *f* Oper *f*; Opernhaus *n*; *~ bufa, ~ cómica* komische Oper *f*.

opera|ble [ope'raβle] operierbar; **~ción** [~a'θion] *f* Tätigkeit *f*; Operation *f* (*a.* ⚔ *u.* ⚕); Arbeitsgang *m*, Vorgang *m*; ✝ Geschäft *n*; *-ciones pl.* Bank-, Geschäftsverkehr *m*; 🏦 *las cuatro -ciones* die vier Grundrechnungsarten *f*|*pl.*; **~dor** [~a-'dɔr] *m* ⚔ Operateur *m*; *Film:* Kameramann *m*; *Kino:* Vorführer *m*; *~ de radio* Funker *m*; **~dora** [~'dora] *f* Telefonistin *f*; **~r** [~'rar] (1a) operieren (*a.* ⚔ *u.* ⚕); **~rio**

[~'rario] *m* Arbeiter *m*; **~tivo** [~ra'tiβo] **1.** *adj.* wirksam; tätig; **2.** *m Am. Pol.,* ⚔ Operation *f*; (Polizei-)Einsatz *m*.

opereta ♪ [ope'reta] *f* Operette *f*.

operoso [ope'roso] mühsam.

opimo *Lit.* [o'pimo] ergiebig.

opin|ar [opi'nar] (1a) meinen, glauben; **~ión** [~'ion] *f* Meinung *f*; *la ~ pública* die öffentliche Meinung.

opio ['opio] *m* Opium *n*.

opíparo [o'piparo] üppig (*Mahl*).

oponer [opo'ner] (2r) entgegensetzen, -stellen; *Hindernisse* in den Weg legen; *Widerstand* leisten; **~se** sich widersetzen.

oportu|nidad [oportuni'daᵈ] *f* passende Gelegenheit *f*; Zweckmäßigkeit *f*; **~nista** [~'nista] **1.** *adj.* opportunistisch; **2.** *m* Opportunist *m*; **~no** [~'tuno] gelegen; angebracht; zweckmäßig; günstig.

oposición [oposi'θion] *f* Widerspruch *m*; Widerstand *m*; Gegensatz *m*; Gegenüberstellung *f*; *Parl.* Opposition *f*, Gegenpartei *f*; *estar en ~ a* im Widerspruch stehen zu (*dat.*); *oposiciones pl. Span.* Auswahlprüfung *f für Staatsstellen.*

opre|sión [opre'sion] *f* Unterdrückung *f*; Angst *f*; Beklemmung *f*; **~sivo** [~'sibo] bedrückend; **~sor** [~'sor] **1.** *adj.* drückend; **2.** *m* Unterdrücker *m*.

oprimir [opri'mir] (3a) (be-, unter-) drücken.

oprobio [o'probio] *m* Schande *f*; Schimpf *m*; **~so** [opro'bioso] schmachvoll.

opta|r [ɔp'tar] (1a) wählen; sich entscheiden (für [*ac.*] *por*); **~tivo** [ɔpta'tibo] **1.** *adj.* wahlfrei; **2.** *m Gram.* Optativ *m.*

ópti|ca ['optika] *f* Optik *f*; **~co** [~ko] **1.** *adj.* optisch; **2.** *m* Optiker *m*.

opti|mismo [opti'mizmo] *m* Optimismus *m*; **~mista** [~'mista] **1.** *adj.* optimistisch; **2.** *m* Optimist *m*.

óptimo ['optimo] vortrefflich.

opuesto [o'puesto] entgegengesetzt; gegenüber befindlich.

opugnar [opug'nar] (1a) bekämpfen; *Festung usw.* bestürmen.

opulen|cia [opu'lenθia] *f* großer Reichtum *m*; Üppigkeit *f*; **~to** [~'lento] sehr reich; üppig.

opúsculo [o'puskulo] *m* Bändchen *n*; Broschüre *f*.

oquedad [oke'da⁽ᵈ⁾] *f* Höhlung *f*; *fig.* Hohlheit *f*.

ora ['ora]: ~ ... ~ bald ... bald.

oración [ora'θiɔn] *f* Gebet *n*; Rede *f*; *Gram.* Satz *m*.

oráculo [o'rakulo] *m* Orakel *n*.

orador [ora'dɔr] *m* Redner *m*.

oral [o'ral] mündlich.

orangután [oraŋgu'tan] *m* Orang-Utan *m*.

orar [o'rar] (1a) beten.

orate [o'rate] *m* Narr *m*; P Spinner *m*.

orato|ria [ora'toria] *f* Redekunst *f*; **~rio** [~'toriо] **1.** *adj.* rednerisch; **2.** *m* Bethaus *n*; Hauskapelle *f*; ♪ Oratorium *n*.

orbe ['orbe] *m* Kreis *m*; Welt *f*.

órbita ['ɔrbita] *f* Planetenbahn *f*; Umlaufbahn *f*; Geschoßbahn *f*; Augenhöhle *f*; *colocar* (*od. poner*) *en* ~ *in* die Umlaufbahn bringen (*Satellit usw.*).

orbi|tal [ɔrbi'tal] Kreisbahn...; *estación f* ~ Weltraumstation *f*; **~tar** [~'tar] (1a) umkreisen.

orco ['ɔrko] *m* Orkus *m*, Unterwelt *f*.

orden ['ɔrden] **a)** *m* Ordnung *f*; Reihenfolge *f*; Regel *f*; Baustil *m*; ~ *del día* Tagesordnung *f*; *poner en* ~ in Ordnung bringen; **b)** *f* Befehl *m*; Auftrag *m*; ✝ Bestellung *f*, Order *f*; (*Mönchs-, Ritter-*)Orden *m*; ~ *de pago* Zahlungsanweisung *f*; *Rel. órdenes f/pl. mayores* (*menores*) höhere (niedere) Weihen *f/pl.*; ✝ *a la* ~ an die Order (*Wechsel*); ✕ *¡a la ~!* zu Befehl!; *llamar a la* ~ zur Ordnung rufen; *por* ~ *de* im Auftrag von; *a sus órdenes* zu ihren Diensten; **~ación** [ɔrdena'θiɔn] *f* Anordnung *f*; Priesterweihe *f*; ~ *territorial* Raumplanung *f*; **~ada** [~'nada] *f* Ordinate *f*; **~ador** [~na'dɔr] *m*: ~ (*electrónico*) Elektronenrechner *m*, Computer *m*; **~amiento** [~na'miento] *n* Ordnung *f*; Anordnung *f*; **~anza** [~'nanθa] **a)** *f* Anordnung *f*; Verordnung *f*; *de* ~ vorschriftsmäßig; **b)** *m* ✕ Ordonnanz *f*; (*Offiziers-*)Bursche *m*; Amtsbote *m*; **~ar** [~'nar] (1a) ordnen; anordnen; befehlen; verfügen; *Priester* weihen.

ordeña|dero [ɔrdeɲa'dero] *m* Melkeimer *m*; **~dor** [~'dɔr] *m* Melker *m*; **~dora** [~'dora] *f* Melkmaschine *f*; **~r** [~'ɲar] (1a) melken.

ordinal [ɔrdi'nal] Ordnungs...

ordina|riez [ɔrdina'rieθ] *f* Ungeschliffenheit *f*; Grobheit *f*; Gemeinheit *f*; **~rio** [~'nariо] gewöhnlich, ordinär; grob, gemein; alltäglich; *de* ~ gewöhnlich.

orear [ore'ar] (1a) (aus)lüften; **~se** an die frische Luft gehen.

orégano ♀ [o'regano] *m* Wintermajoran *m*.

orej|a [o'rexa] *f* (äußeres) Ohr *n*; *enseñar* (*od. descubrir*) *la* ~ sich von s-r wahren Seite zeigen; F *tirar de la* ~ an den Ohren ziehen; *aguzar* (*od. alargar*) *las* ~*s, Am. parar la* ~ die Ohren spitzen; *bajar las* ~*s* nachgeben, klein beigeben; **~era** [ore'xera] *f* Ohrenklappe *f*; **~ero** *Am. reg.* [~'xero] mißtrauisch; **~udo** [~'xudo] langohrig.

oreo [o'reo] *m* sanftes Lüftchen *n*.

orfan|ato [ɔrfa'nato] *m* Waisenhaus *n*; **~dad** [ɔrfan'da⁽ᵈ⁾] *f* Verwaisung *f*; Waisenrente *f*.

orfebre [ɔr'febre] *m* Goldschmied *m*; **~ría** [ɔrfebre'ria] *f* Goldschmiedearbeit *f*; -kunst *f*.

orfelinato *Am.* [ɔrfeli'nato] *m* Waisenhaus *n*.

orfeón [ɔrfe'ɔn] *m* Gesangverein *m*.

organero [ɔrga'nero] *m* Orgelbauer *m*.

orgánico [ɔr'ganiko] organisch.

orga|nillero [ɔrgani'ʎero] *m* Drehorgelspieler *m*, F Leierkastenmann *m*; **~nillo** [~'niʎо] *m* Drehorgel *f*; Leierkasten *m*.

organismo [ɔrga'nizmo] *m* Organismus *m* (*a. Pol.*).

organista [ɔrga'nista] *m* Orgelspieler *m*; Organist *m*.

organiza|ción [ɔrganiθa'θiɔn] *f* Organisation *f*; Einrichtung *f*; Veranstaltung *f*; Aufbau *m*; Gliederung *f*; Verfassung *f*; **~dor** [~'dɔr] **1.** *adj.* Organisations...; **2.** *m* Organisator *m*; Veranstalter *m*; **~r** [~'θar] (1f) organisieren; aufbauen; gliedern; veranstalten.

órgano ['ɔrgano] *m* ♪ Orgel *f*; *Anat.* Organ *n*; Mitteilungsblatt *n*; ~ *de manubrio* Drehorgel *f*.

orgía [ɔr'xia], **orgia** ['ɔrxia] *f* Ausschweifung *f*, Orgie *f*.

orgullo [ɔr'guʎo] *m* Stolz *m*; Hochmut *m*; **~so** [ɔrgu'ʎoso] stolz (auf [*ac.*] *de*); hochmütig.

orien|tación [ɔrienta'θiɔn] *f* Orientierung *f*; Ortsbestimmung *f*; Un terrichtung *f*; Beratung *f*; **⊾tal** [⊾'tal] orientalisch; östlich, Ost...; **⊾tar** [⊾'tar] (1a) orientieren; beraten; **⊾tarse** sich orientieren; sich zurechtfinden; **⊾te** [o'riente] *m* Osten *m*; Orient *m*.

orificio [ori'fiθio] *m* Öffnung *f*, Loch *n*.

origen [o'rixen] *m* Ursprung *m*; Abstammung *f*, Herkunft *f*; Ursache *f*.

original [orixi'nal] **1.** *adj.* ursprünglich; urschriftlich; Ur...; Original-...; sonderbar, originell; **2.** *m* Urtext *m*; Urbild *n*; Original *n*; *fig.* Sonderling *m*; **⊾idad** [⊾nali'da⁽ᵈ⁾] *f* Ursprünglichkeit *f*; Originalität *f*.

origina|r [orixi'nar] (1a) veranlassen; verursachen; **⊾rio** [⊾'nario] ursprünglich, angeboren; gebürtig; **⊾rse** entstehen, entspringen.

orilla [o'riʎa] *f* Rand *m*; Saum *m*; Ufer *n*; **⊾s** *pl.* Arg., Méj. Stadtrand *m*; Vorstadt *f*; *a la* ⊾ nahebei; (*situado*) *a* ⊾s *del* Ebro am Ebro (gelegen); **⊾r** [ori'ʎar] (1a) *Stoff* säumen; *Geschäft* erledigen; *Schwierigkeiten* überwinden.

orillero Am. reg. [ori'ʎero] vorstädtisch; vulgär, ordinär.

orín [o'rin] *m* Rost *m*.

orina [o'rina] *f* Urin *m*; **⊾l** [ori'nal] *m* Nachttopf *m*; **⊾r** [⊾'nar] (1a) urinieren, harnen; P pissen.

oriundo [o'riundo] stammend, gebürtig (aus [*dat.*] de).

orla ['orla] *f* Saum *m*, Borte *f*; Randverzierung *f*; ⊾ *negra* Trauerrand *m*; **⊾r** [or'lar] (1a) (ein)fassen; säumen.

ornamen|tar [ornamen'tar] (1a) verzieren; **⊾to** [⊾'mento] *m* Verzierung *f*, Schmuck *m*; Ornament *n*; **⊾s** *pl.* Priestergewänder *n/pl.*; Ornat *m*; Kirchenschmuck *m*.

orna|r [or'nar] (1a) (ver)zieren; schmücken; **⊾to** [or'nato] *m* Schmuck *m*; Zierat *m*; *fig.* Aufmachung *f*.

orni|tología [ornitolo'xia] *f* Vogelkunde *f*; **⊾tólogo** [⊾'tologo] *m* Ornithologe *m*.

oro [o'ro] *m* Gold *n*; F *como un* ⊾ blitzsauber; *prometer el* ⊾ *y el moro* das Blaue vom Himmel versprechen; **⊾s** *pl. Kartenspiel*: Schellen *f/pl.*

oro|grafía [orogra'fia] *f* Gebirgs-

beschreibung *f*; **⊾gráfico** [⊾'grafiko] orographisch, Gebirgs...

orondo [o'rondo] dickbauchig (*Flasche*); *fig.* aufgeblasen; eingebildet.

oropel [oro'pel] *m* Flittergold *n*; Tand *m*.

oropéndola [oro'pendola] *f* Goldamsel *f*, Pirol *m*.

oroya Bol., Pe. [o'roja] *f* Hängekorb *m* zum Überqueren von Flüssen.

orquesta [or'kesta] *f* Orchester *n*; **⊾ción** [orkesta'θion] *f* Orchestrierung *f*; **⊾l** [⊾'tal] Orchester...; **⊾r** [⊾'tar] (1a) orchestrieren.

orquídea ♀ [or'kidea] *f* Orchidee *f*.

ortiga ♀ [or'tiga] *f* Brennessel *f*.

orto|cromático [ortokro'matiko] orthochromatisch, farbenempfindlich (*Phot.*); **⊾doxia** [⊾'doxia] *f* Rechtgläubigkeit *f*; **⊾doxo** [⊾'dogso] rechtgläubig; **⊾grafía** [⊾gra'fia] *f* Rechtschreibung *f*; **⊾gráfico** [⊾'grafiko] orthographisch; **⊾pedia** [⊾'pedia] *f* Orthopädie *f*; **⊾pédico** [⊾'pediko] **1.** *adj.* orthopädisch; **2.** *m* Orthopäde *m*.

oruga [o'ruga] *f* Raupe *f*; *Kfz.* Raupenkette *f*.

orujo [o'ruxo] *m* Wein-, Oliventrester *pl.*

orza ['orθa] *f* Einmachtopf *m*; Steintopf *m*; ♣ *a* ⊾ gegen den Wind.

orzar ♣ [or'θar] (1f) luven.

orzuelo ❀ [or'θuelo] *m* Gerstenkorn *n*.

os [os] euch.

osa ['osa] *f* Bärin *f*; *la* ♀ *Mayor* der Große Bär (*Sternbild*).

osa|día [osa'dia] *f* Kühnheit *f*; Verwegenheit *f*, Dreistigkeit *f*; **⊾do** [o'saᵈo] kühn; verwegen.

osamenta [osa'menta] *f* Gebeine *n/pl.*; Skelett *n*.

osar [o'sar] (1a) wagen; sich erdreisten.

osario [o'sario] *m* Beinhaus *n*; Begräbnisplatz *m*.

osci|lación [osθila'θion] *f* Schwingung *f*; Schwankung *f*; **⊾r** [⊾'lar] (1a) schwingen; schwanken; **⊾torio** [⊾la'torio] schwingend.

ósculo poet. ['oskulo] *m* Kuß *m*.

oscu|rana Am. reg. [osku'rana] *f* Dunkelheit *f*, Finsternis *f*; **⊾rantista** [⊾ran'tista] *m* Dunkelmann *m*; **⊾recer** [⊾re'θer] (2d) verdunkeln; *fig.* verschleiern; *v/i.* dunkel wer-

den; *al* ~ in der Abenddämmerung;
~recimiento [~reθi'miento] *m*
Verfinsterung *f*; **~ridad** [~ri'da⁽ᵈ⁾] *f*
Dunkelheit *f*, Finsternis *f*; Unklarheit *f*; *fig.* Dunkel *n*; **~ro** [ɔs'kuro]
dunkel (*a. fig.*); *a -as* im Finstern.

óseo ['oseo] knochig; Knochen...

osificarse [osifi'karse] (1g) verknöchern.

oso ['oso] *m* Bär *m*; ~ *blanco* Eisbär
m; ~ *hormiguero* Ameisenbär *m*; F
hacer el ~ sich zum Gespött der
Leute machen.

¡oste! ['ɔste] fort von hier!; F *sin
decir* ~ *ni moste* ohne ein Wort zu
sagen, F ohne sich zu mucksen.

ostensi|ble [ɔsten'sible] offensichtlich; deutlich; **~vo** [~'sibo] auffallend; prahlerisch.

ostenta|ción [ɔstenta'θion] *f* Schaustellung *f*; Prahlerei *f*; *hacer* ~ *de
a/c.* sich mit et. (*dat.*) brüsten; **~r**
[~'tar] (1a) zur Schau stellen; aufweisen; *Amt* bekleiden; **~tivo** [~ta-'tibo] prahlerisch, auffallend, herausfordernd.

ostentoso [ɔsten'toso] prunkhaft, F
protzig.

osteo... [ɔsteo] Knochen...

ostra ['ɔstra] *f* Auster *f*; **~cismo**
[ɔstra'θizmo] *m hist.* Scherbengericht *n*; Landesverweisung *f*.

ostrero [ɔs'trero] 1. *adj.* Austern...;
2. *m* Austernhändler *m*.

ostricultura [ɔstrikul'tura] *f*
Austernzucht *f*.

ostrogodo [ɔstro'godo] 1. *adj.* ostgotisch; 2. *m* Ostgote *m*.

otear [ote'ar] (1a) von e-r Höhe aus
beobachten; absuchen; ausspähen.

otero [o'tero] *m* Anhöhe *f*; Hügel *m*.

otitis ✗ [o'titis] *f* Ohrenentzündung
f; ~ *media* Mittelohrentzündung *f*.

otólogo [o'tologo] *m* Ohrenarzt *m*.

otomía *Am. reg.* [oto'mia] *f* Grausamkeit *f*.

otoñ|ada [oto'ɲada] *f* Herbstzeit *f*;
~al [~'ɲal] herbstlich; **~ar** [~'ɲar]
(1a) im Herbst keimen; den Herbst
verbringen; **~o** [o'toɲo] *m* Herbst *m*.

otorga|miento [otɔrga'miento] *m*

Ausfertigung *f*; Bewilligung *f*; Erteilung *f*; Gewährung *f*; **~nte** [~-
'gante] *m* Aussteller *m e-s Dokuments*; **~r** [~'gar] (1h) bewilligen;
ausfertigen; erteilen; gewähren.

otorrinolaringólogo ✗ [otɔrrinolarin'gologo] *m* Hals-, Nasen-,
Ohrenarzt *m*.

otro ['otro] ein anderer; ein zweiter;
noch ein; *el* ~ *día* neulich; *al* ~ *día*
am nächsten Tag; ~ *tal* dasselbe; ~
tanto ebensoviel; *-a vez* ein anderes Mal, noch einmal; *en -a parte*
anderswo; *por -a parte* andererseits; *ser muy* ~ ganz anders sein;
ésa es -a iron. das wird ja immer
besser!; *¡hasta -a!* auf bald!

otrosí [otro'si] außerdem; ferner;
überdies.

ova|ción [oba'θion] *f* Beifallssturm
m, Ovation *f*; **~cionar** [~θio'nar]
(1a) *j-m* zujubeln, *j-n* feiern.

ova|l [o'bal], **~lado** [oba'laᵈo] eiförmig, oval; **~rio** [o'barío] *m* ♀
Fruchtknoten *m*; *Anat.* Eierstock
m.

ove|ja [o'bexa] *f* Schaf *n*; **~jero**
[obe'xero] 1. *adj.* Schäfer...; 2. *m*
Schäfer *m*; **~juno** [~'xuno] Schaf...

overa [o'bera] *f* Eierstock *m* (*der
Vögel*).

overo [o'bero] falb(*es Pferd*).

overol *Am.* [obe'rol] *m* Overall *m*.

ovillar [obi'ʎar] (1a) *zu e-m Knäuel*
wickeln; **~se** sich zs.-rollen.

ovillo [o'biʎo] *m* Knäuel *n*; *hacerse
un* ~ sich ducken; sich krümmen;
fig. sich verhaspeln.

ovino [o'bino] Schaf...

ovíparo [o'biparo] Eier legend.

óvulo ['obulo] *m* Eizelle *f*.

oxidar [ɔgsi'dar] (1a) oxydieren;
~se rosten.

óxido ['ɔgsiðo] *m* Oxyd *n*.

oxigenar [ɔgsixe'nar] (1a) mit
Sauerstoff sättigen.

oxígeno [ɔg'sixeno] *m* Sauerstoff *m*.

oyente [o'jente] *su.* Hörer(in *f*) *m*;
Gasthörer(in *f*) *m*; ~ *clandestino*
Schwarzhörer(in *f*) *m*.

ozono [o'θono] *m* Ozon *n*.

P

P, p [pe] *f* P, *n* P, *n*.

pabellón [pabe'ʎɔn] *m* Rundzelt *n*; Bett-, Thronhimmel *m*; ✕ Gewehrpyramide *f*; ♱ Flagge *f*; Pavillon *m*; Gartenhaus *n*; Messehalle *f*; *Anat*. Ohrmuschel *f*.

pábilo, pabilo ['pabilo, pa'bilo] *m* Docht *m*.

pábulo ['pabulo] *m* Nahrung *f*; *fig.* (Gesprächs-)Stoff *m*.

paca ['paka] *f* Ballen *m*; Bündel *n*.

pacato [pa'kato] friedfertig; still; allzu bescheiden.

pacedero [paθe'dero] Weide...

pacer [pa'θer] (2d) weiden; *v/t.* abweiden.

pacien|cia [pa'θienθia] *f* Geduld *f*; Langmut *f*; ~s *pl. Col., Guat. e-e Süßspeise; armarse de ~* sich mit Geduld wappnen; **~te** [~te] **1.** *adj.* geduldig; **2.** *su.* Patient(in *f*) *m*; **~zudo** [paθien'θudo] ungemein geduldig.

pacifica|ción [paθifika'θiɔn] *f* Befriedung *f*; **~dor** [~'dɔr] *m* Friedensstifter *m*; **~r** [~'kar] (1g) befrieden; besänftigen; **~rse** sich beruhigen.

pa|cífico [pa'θifiko] **1.** *adj.* friedfertig; ruhig; **2.** ♀ *m* Stiller Ozean *m*, Pazifik *m*; **~cifista** [~θi'fista] **1.** *adj.* pazifistisch; **2.** *m* Pazifist *m*.

pacoti|lla [pako'tiʎa] *f* Schund *m*; ♱ Freigut *n*; *de ~* minderwertig; **~llero** *Am. reg.* [~ti'ʎero] *m* Hausierer *m*.

pac|tar [pak'tar] (1a) vereinbaren; *v/i.* paktieren; **~to** ['pakto] *m* Vertrag *m*; Pakt *m*.

pachá [pa'tʃa] *m* Pascha *m* (*a. fig.*).

pachocha *Am.* [pa'tʃotʃa] *f* Trägheit *f*.

pachón [pa'tʃɔn] *m* Dachshund *m*; F Tolpatsch *m*.

pacho|rra [pa'tʃɔrra] *f* Trägheit *f*; F Pomadigkeit *f*; **~tada** *Am.* [~tʃo'tada] *f* Albernheit *f*.

pachulí *Am.* [patʃu'li] *m* billiges Parfum *n*.

pade|cer [pade'θer] (2d) **1.** *v/t.* erleiden, erdulden; leiden an (*dat.*);

2. *v/i.* leiden; **~cimiento** [~θi'miento] *m* Leiden *n*.

padra|stro [pa'drastro] *m* Stiefvater *m*; Rabenvater *m*; **~zo** F [~'draθo] *m* herzensguter Vater *m*.

padre ['padre] *m* Vater *m*; Pater *m*; *~ espiritual* Beichtvater *m*; *~ nuestro* Vaterunser *n*; *~ de familia* Hausvater *m*; ♀ *Santo der* Heilige Vater, Papst *m*; F *de ~* (*y muy señor mío*) gehörig, ordentlich; *los ~s pl.* die Eltern *pl.*

padrillo *Rpl.* [pa'driʎo] *m* Zuchthengst *m*.

padri|nazgo [padri'naθgo] *m* Patenschaft *f*; **~no** [pa'drino] *m* Taufpate *m*; Brautführer *m*; Gönner *m*; Beschützer *m*; *tener buenos ~s* gute Beziehungen haben.

padrón [pa'drɔn] *m* Einwohnerverzeichnis *n*; Formular *n*; Modell *n*, Vorbild *n*; *Am. Mer. reg.* Zuchthengst *m*; *~ de ignominia* Lit. Schandmal *n*.

pae|lla [pa'eʎa] *f* Paella *f* (*valencianisches Reisgericht*); **~llera** [pae'ʎera] *f* Paellapfanne *f*.

paga ['paga] *f* Zahlung *f*; Löhnung *f*; Lohn *m*; ✕ Sold *m*; *fig.* Vergeltung *f*; *como ~ y señal* als Anzahlung; **~dero** [paga'dero] zahlbar; **~do** [pa'gado] bezahlt; verzollt; franko; *de sí mismo* selbstgefällig; **~dor** [paga'dɔr] *m* Zahler *m*; **~duría** [~du'ria] *f* Zahlstelle *f*.

paga|na [pa'gana] *f* Heidin *f*; **~nismo** [paga'nizmo] *m* Heidentum *n*; **~no** [pa'gano] **1.** *adj.* heidnisch; **2.** *m* Heide *m*; *ser el ~* die Zeche zahlen.

pagar [pa'gar] (1h) zahlen; be-, auszahlen; *fig.* abbüßen; vergelten, heimzahlen; *¡me las ~ds!* das sollst du mir büßen!; *~ a plazos* in Raten zahlen, abzahlen; *~se de* Wert legen auf (*ac.*); eingenommen sein für (*ac.*); *~ de a/c. mit et.* (*dat.*) angeben.

pagaré [paga're] *m* Schuldschein *m*.

página ['paxina] *f* Seite *f*.

paginar [paxi'nar] (1a) paginieren.

pago ['pago] *m* (Be-, Aus-)Zahlung

f; *fig.* Vergeltung f; ~ al contado Barzahlung f; ~ anticipado Vorauszahlung f; ~ suplementario Nachzahlung f; ~ a plazos Teilzahlung f, Abschlagszahlung f, Ratenzahlung f; mal ~ Undank m; suspensión f de ~s Zahlungseinstellung f; en ~ de zum Lohn für.

pagoda [pa'goda] f Pagode f.

paila ['paila] f Metallbecken n; *Am.* Bratpfanne f.

país [pa'is] m Land n; Heimat f; del ~ einheimisch; ~es en (vías de) desarrollo Entwicklungsländer n/pl.

paisa|je [pai'saxe] m Landschaft f (a. Mal.); ~jista [~sa'xista] m Landschaftsmaler m; ~no [~'sano] m Zivilist m; Landsmann m; de ~ in Zivil.

paja ['paxa] f Stroh n; Strohhalm m; Spreu f; en un quítame allá esas ~s im Handumdrehen; hombre m de ~ *fig.* Strohmann m.

pajar [pa'xar] m Scheune f; Schober m.

pajare|ar [paxare'ar] (1a) *Vögel* fangen; *fig.* herumlungern; ~ra [~'rera] f Vogelhaus n; ~ro [~'rero] 1. adj. F lustig, munter; 2. m Vogelzüchter m; Vogelhändler m.

pajarita [paxa'rita] f Papierfigur f; Fliege f (*Krawatte*).

pájaro ['paxaro] m Vogel m; *fig.* Schlaukopf m; ~ bobo Pinguin m; ~ carpintero Specht m; ~ mosca Kolibri m; F ~ de cuenta Gauner m; F ~ gordo hohes Tier n.

pajarota F [paxa'rota] f Schwindel m; Lüge f, F Ente f.

pajarraco [paxa'rrako] m häßlicher Vogel m; *fig.* Schlaumeier m.

paje ['paxe] m Edelknabe m, Page m.

pajizo [pa'xiθo] strohfarben; Stroh...

pajuela *Am. reg.* [pa'xwela] f Zahnstocher m.

pakistaní [pakista'ni] 1. adj. pakistanisch; 2. m Pakistaner m.

pala ['pala] f Schaufel f; Ballschläger m; Ruderblatt n; ⊕ Schraubenflügel m; *fig.* F Fixigkeit f; Geschicklichkeit f; Kniff m.

palabr|a [pa'labra] f Wort n; *fig.* Versprechen n, Zusage f; ~ de honor Ehrenwort n; ~ de matrimonio Eheversprechen n; bajo ~ auf Ehrenwort; de ~ mündlich; coger a alg. la ~ j-n beim Wort nehmen; dejar a alg. con la ~ en la boca j-n stehenlassen; tomar la ~ das Wort ergreifen; ~s pl. mayores Schmähworte n/pl.; et. Wichtiges; **~ería** [palabre'ria] f, **~erío** *Am.* [~'rio] m Wortschwall m; leeres Gerede n; **~ero** [~'brero] schwatzhaft; **~ota** [~'brota] f derber Ausdruck m; **~udo** *Am.* [~'brudo] geschwätzig.

pala|cete [pala'θete] m Schlößchen n; **~ciego** [~'θiego] höfisch; **~cio** [pa'laθio] m Palast m; Hof m, Residenz f; ♀ de Justicia Justizpalast m.

palada [pa'lada] f Schaufelvoll f; Ruderschlag m.

pala|dar [pala'dar] m Gaumen m; **~dear** [~de'ar] (1a) schmecken, kosten; **~dial** [~'dial] Gaumen...

paladín [pala'din] m Kämpe m; Vorkämpfer m.   (öffentlich.|

paladino [pala'dino] offenkundig;|

pala|frén *poet.* [pala'fren] m Zelter m; **~frenero** [~fre'nero] m Reitknecht m.

palanca [pa'lanka] f Hebel m; Hebebaum m; Brechstange f.

palanga|na [palan'gana] **a)** f Waschbecken n; **b)** m od. f *Am. Cent., Col.* Schüssel f; *Am. reg.* Angeber m; **~near** *Am.* [~gane'ar] (1a) angeben, großtun; **~nero** [~ga'nero] m Waschständer m.

palanqueta [palan'keta] f Brecheisen n, -stange f.

palanquín [palan'kin] m Tragsessel m; Lastträger m.

palastro [pa'lastro] m Blechplatte f.

palatino [pala'tino] Gaumen...; Palast..., Hof...; Pfalz...

palco ['palko] m *Thea.* Loge f; ~ de platea Parterreloge f.

palenque [pa'lenke] m Einzäunung f; Turnierplatz m; *Bol., Rpl.* Pfahl m, Pfosten m.

palestra [pa'lestra] f Kampfplatz m; traer a la ~ *fig.* ins Feld führen.

paleta [pa'leta] **a)** f *Mal.* Palette f; Radschaufel f; (Maurer-)Kelle f; **b)** m F Maurer m; **~da** [pale'tada] f Kellevoll f.

paletilla [pale'tiλa] f Schulterblatt n.

paleto [pa'leto] m Damhirsch m; F Grobian m; Tölpel m.

paletón [pale'ton] m Schlüsselbart m.

paliar [pa'liar] (1b) bemänteln, vertuschen; lindern; *Mängel* beheben.

paliativo [palia'tibo] 1. adj. lindernd; 2. m Linderungsmittel n.

palide|cer [paliðe'θɛr] (2d) erbleichen, erblassen; **~z** [~'deθ] *f* Blässe *f*.

pálido ['paliðo] bleich, blaß.

pali|llero [pali'ʎero] *m* Federhalter *m*; Zahnstocherbehälter *m*; **~llo** [~'liʎo] *m* Stöckchen *m*; Spitzenklöppel *m*; Zahnstocher *m*; Trommelstock *m*. [lium *n.*]

palio ['paljo] *m* Baldachin *m*; Pal-]

palique F [pa'like] *m* Plauderei *f*; *estar de* ~ plaudern.

paliza [pa'liθa] *f* Tracht *f* Prügel; *fig.* harte Arbeit *f*.

palizada [pali'θaða] *f* Pfahlwerk *n*.

palma ['palma] *f* Palmenzweig *m*; Siegespalme *f*; Handteller *m*; *llevarse la* ~ den Sieg erringen; **~s** *pl.* Händeklatschen *n*; **~da** [pal'maða] *f* Schlag *m* mit der flachen Hand; *dar* **~s** in die Hände klatschen; **~dita** [~ma'ðita] *f* Klaps *m*; **~r** [~'mar] **1.** *adj.* Palm(en)...; Hand...; **2.** *m* Palmenwald *m*; **~rés** *gal.* [~ma'res] *m* Siegerliste *f*; **~rio** [~'marjo] handgreiflich; offenkundig; **~toria** [~ma'torja] *f* Handleuchter *m*.

palme|ado [palme'aðo] palmenförmig; **~ar** [~'ar] (1a) (Beifall) klatschen; **~ra** [~'mera] *f* Palme *f*.

palmeta [pal'meta] *f* Klatsche *f*, (Zucht-)Rute *f*; **~zo** [~me'taθo] *m* Schlag *m* mit der Klatsche; F Anschnauzer *m*, Rüffel *m*.

palmilla [pal'miʎa] *f* Brandsohle *f* (*Schuh*).

palmípedas [pal'mipeðas] *f/pl.* Schwimmvögel *m/pl.*

palmito [pal'mito] *m* Zwergpalme *f*; *Am.* (eßbares) Palmenherz *n*; *buen* ~ hübsches Gesichtchen *n*.

palmo ['palmo] *m* Spanne *f*, Handbreit *f*; ~ *a* ~ schrittweise, langsam; *a* ~*s zusehends*; **~tear** [palmote'ar] (1a) Beifall klatschen.

palo ['palo] *m* Stock *m*; Stab *m*; Holz *n*; ⚓ Mast *m*; Stockschlag *m*; *Kartenspiel*: Farbe *f*; *P.R., R.D., Ven.* Schluck *m* Schnaps; ~ *dulce* Süßholz *n*; ~ *mayor* ⚓ Großmast *m*; *a medio* ~ *Am. Cent., Col., Ven.* halbfertig; *a* ~ *seco* ⚓ mit gerefften Segeln; *fig.* ohne Umstände; *andar a* ~*s* sich herumprügeln; *dar* ~*s de ciego* blindlings um sich schlagen; *dar de* ~*s a alg.* j-n verprügeln; *ser un* ~ *Am. reg.* hervorragend (*od.* erstklassig) sein.

palo|ma [pa'loma] *f* Taube *f*; ~ *mensajera* Brieftaube *f*; **~mar** [palo'mar] *m* Taubenhaus *n*, -schlag *m*; **~milla** [~'miʎa] **a)** *f* (Korn-)Motte *f*; *Am. Cent., Méj.* Gesindel *n*; **b)** *m* *Chi., Pe.* Gassenjunge *m*; **~mina** [~'mina] *f* Taubenmist *m*; **~mino** [~'mino] *m* junge Taube *f*; **~mitas** [~'mitas] *f/pl.*: ~ (*de maíz*) Puffmais *m*; **~mo** [pa'lomo] *m* Täuberich *m*.

palosanto ⚘ [palo'santo] *m* Kakifrucht *f*.

palotada [palo'taða] *f*: *no dar ni* ~ keinen Handschlag tun; F stets danebenhauen.

palote [pa'lote] *m* kurzer Stock *m*; **~s** *m/pl.* F Gekritzel *n*.

palpa|ble [pal'paβle] greifbar; fühlbar; deutlich; **~r** [~'par] (1a) betasten, befühlen; *fig.* mit Händen greifen; sich vorwärts tasten.

palpita|ción ♣ [palpita'θjon] *f* Herzklopfen *n*; Zuckung *f*; **~nte** [~'tante]: *cuestión f* ~ brennende Frage *f*; **~r** [~'tar] (1a) klopfen (*Herz*); zucken; zappeln.

palpo ['palpo] *m* Taster *m*; Fühler *m*.

pal|ta *Am. Mer.* ['palta] *f* Avocado (-birne) *f*; **~to** *Am. Mer.* [~to] *m* Avocadobaum *m*.

palúdico [pa'luðiko] Sumpf...

paludismo [palu'ðizmo] *m* Malaria *f*.

palurdo [pa'lurðo] **1.** *adj.* tölpelhaft; plump; **2.** *m* Tölpel *m*.

palustre [pa'lustre] Sumpf...

pamela [pa'mela] *f* Art Florentiner Hut *m*.

pamema [pa'mema] *f* F Unsinn *m*; Läpperei *f*; F *¡déjate de* ~*s!* hab dich nicht so!, stell dich nicht so an!

pampa ['pampa] **a)** *f* Pampa *f* (*baumlose Grasebene*); *a la* ~ *Am. reg.* unter freiem Himmel; **b)** *m* Pampaindianer *m*.

pámpano ['pampano] *m* grüne Weinranke *f*.

pampe|ar *Am. Mer.* [pampe'ar] (1a) die Pampa durchstreifen; **~ro** [~'pero] **1.** *adj.* Pampas...; **2.** *m kalter* Pampawind *m*.

pamplina [pam'plina] *f* ⚘ Vogelmiere *f*; *fig.* Unsinn *m*; Albernheit *f*; **~s** *pl.* Flausen *f/pl.*; Geschwätz *n*; *¡no me vengas con* ~*s!* F das ist doch alles Quatsch!

pan [pan] *m* Brot *n*; ~ *de azúcar* Zuckerhut *m*; ~ *de especias* Leb-

kuchen *m*; ~ de munición Kommiß-
brot *n*; ~ de oro Goldplättchen *n*;
~ francés *Am.* Brötchen *n*; ~ integral Vollkornbrot *n*; ~ rallado Pa-
niermehl *n*; con su ~ se lo coma *m* er
soll die Suppe, die er sich einge-
brockt hat, auch selber auslöffeln;
er soll sehen, wie er damit fertig
wird; ser ~ comido kinderleicht sein.
pana ['pana] *f* Kord(samt) *m*.
panacea [pana'θea] *f* Allheilmittel *n*.
panade|ría [panade'ria] *f* Bäckerei
f; Bäckerladen *m*; **~ro** [~'dero] *m*
Bäcker *m*.
panadizo ✠ [pana'diθo] *m* Nagel-
bettentzündung *f*.
panal [pa'nal] *m* (Honig-)Wabe *f*.
panameño [pana'meɲo] **1.** *adj.*
panamaisch; **2.** *m* Panamaer *m*.
pancarta [paŋ'karta] *f* Plakat *n*;
Transparent *n*, Spruchband *n*.
páncreas ['paŋkreas] *m* Bauch-
speicheldrüse *f*.
pande|reta [pande'reta] *f*, **~ro** [~-
'dero] *m* Tamburin *n*.
pandilla F [pan'diʎa] *f* Bande *f*,
Klüngel *m*, Clique *f*.
pando ['pando] krumm, gebogen;
fig. gelassen; träge.
panecillo [pane'θiʎo] *m* Brötchen *n*.
panegírico [pane'xiriko] **1.** *adj.* lob-
rednerisch; **2.** *m* Lobrede *f*.
panel [pa'nel] *m* Paneel *n*; (Tür-)
Füllung *f*; Schild *n*, Plakat *n*; **~a**
Am. reg. [~'nela] *f* Rohzucker *m*.
panera [pa'nera] *f* Getreidespeicher
m; Brotkorb *m*, -kasten *m*.
pánfilo ['pamfilo] schwerfällig;
träge.
panfleto [pam'fleto] *m* Pamphlet *n*.
paniaguado [pania'ǥǔaᵈo] *m* Günstling *m*, F Protektionskind *n*.
pánico ['paniko] **1.** *adj.* panisch;
2. *m* Panik *f*; sembrar el ~ Panik
verbreiten.
pani|ego F [pa'nieǥo]: ser ~ viel
Brot essen; **~ficar** [panifi'kar] (1g)
Brot backen.
panizo ✦ [pa'niθo] *m* Kolbenhirse *f*;
prov. Mais *m*.
pano|cha [pa'notʃa] *f*, **~ja** [pa'noxa]
f Maiskolben *m*.
panoplia [pa'noplia] *f* Waffen-
sammlung *f*; (volle) Ritterrüstung *f*.
pano|rama [pano'rama] *m* Pan-
orama *n*; Rundblick *m*; **~rámico**
[~'ramiko] Panorama...; vista *f* -a
Überblick *m*; Gesamtschau *f*.

panqueque *Am.* [paŋ'keke] *m* Pfannkuchen *m*.
pantalón [panta'lɔn] *m* Hose *f*;
llevar los pantalones *fig.* F die Hosen
anhaben (*Ehefrau*).
pantalla [pan'taʎa] *f* Lampen-,
Lichtschirm *m*; Kamin-, Ofen-
schirm *m*; Leinwand *f* (*Film*); ~
acústica Lautsprecherbox *f*; ~
panorámica Breitwand *f*; pequeña ~
Bildschirm *m* (*Fernsehen*); llevar a
la ~ verfilmen.
panta|nal [panta'nal] *m* Sumpfland
n; **~no** [~'tano] *m* Morast *m*;
Sumpf *m*; Talsperre *f*; Stausee *m*;
~noso [~ta'noso] sumpfig.
panteón [pante'ɔn] *m* Pantheon *n*;
Ruhmeshalle *f*.
pantera [pan'tera] *f* Panther *m*.
panto|mima [panto'mima] *f* Pan-
tomime *f*; **~mímico** [~'mimiko]
pantomimisch.
pantorrilla [panto'rriʎa] *f* Wade *f*;
Ec., Pe. Frechheit *f*.
pantufl|a [pan'tufla] *f*, **~o** [~flo] *m*
Pantoffel *m*.
panty *engl.* ['panti] *m* (Damen-)
Strumpfhose *f*.
panza ['panθa] *f* Bauch *m*, Wanst *m*;
Pansen *m*; **~da** F [pan'θaða] *f*: darse
una ~ sich den Wanst vollschlagen.
panzón F [pan'θɔn], **panzudo** [~-
'θuðo] dickbäuchig.
pañal [pa'ɲal] *m* Windel *f*; *fig. estar*
aún en ~es noch in den Kinder-
schuhen stecken.
pañero [pa'ɲero] *m* Tuchhändler *m*.
paño ['paɲo] *m* Tuch *n*; Beschlag *m*
an Gläsern, Spiegeln usw.; ~ higiénico Damenbinde *f*; ~ de lágrimas
hilfreiche Seele *f*; ~ (de tierra) Cu.,
Méj. Stück *n* Ackerland; conocer
el ~ Bescheid wissen, F den Rummel kennen; F ser del ~ vom Bau
sein; ~s pl. calientes, Am. ~s tibios
Beschwichtigungsversuche *m/pl.*;
en ~s menores in der Unterhose, im
Negligé.
pañuelo [pa'ɲŭelo] *m* Taschen-,
Kopftuch *n*; ~ (de cuello) Halstuch
n; el mundo es un ~ die Welt ist ein
Dorf.
papa ['papa] **a)** *m* Papst *m*; **b)** *f*
Am. Kartoffel *f*; ~s *pl.* Brei *m*; las
~s queman *Am. Mer.* es wird gefährlich.
papá [pa'pa] *m* Papa *m*; F ~s *pl.* Eltern *pl.*

papa|da [pa'paða] f Wamme f; ~
dilla [papa'ðiʎa] f Doppelkinn n.
papado [pa'paðo] m Papsttum n.
papagayo [papa'gajo] m Papagei m.
papal [pa'pal] 1. adj. päpstlich; 2. m
Am. Kartoffelfeld n.
papa|lina [papa'lina] f Ohrenmütze
f; P Rausch m, Schwips m; ~mos-
cas [~'mɔskas] m Fliegenschnäpper
m (Vogel); fig. Trottel m; ~natas F
[~'natas] m Schafskopf m, Trottel m.
paparrucha F [papa'rrutʃa] f, ~da
Am. reg. [~rru'tʃaða] f falsche Meldung f, F Ente f; wertloses Zeug n,
dummes Gerede n.
papel [pa'pel] m Papier n; Zettel m;
Schriftstück n; Thea. Rolle f; F
Blatt n, Zeitung f; ~ carbón Kohlepapier n; ~ de calco, ~ de copia, ~
cebolla Durchschlagpapier n, Paus-
papier n; ~ de estaño Stanniol n; ~
de fumar Zigarettenpapier n; ~
higiénico Toilettenpapier n; ~ ministro Kanzleipapier n; ~ moneda Pa-
piergeld n; ~ de música (od. pauta-
do) Notenpapier n; ~ pintado Tapete f; ~ secante Löschpapier n; ~
sellado Stempelpapier n; hacer buen
(mal) ~ e-e gute (schlechte) Figur
machen; ser ~ mojado nichts wert
sein; ~ada Am. [pape'laða] f Farce f;
~ear [~le'ar] (1a) Papiere durchsehen; F wichtig tun, sich aufspielen, angeben; ~eo [~'leo] m Papierkram m, -krieg m; ~era [~'lera] f
Papierkorb m; ~ería [~le'ria] f
Schreibwarenhandlung f; ~erío
Am. [~le'rio] m Papierkram m; ~ero
[~'lero] 1. adj. Papier...; 2. m Méj.
Zeitungsverkäufer m; ~eta [~'leta]
f Zettel m; fig. schwierige Aufgabe
f; ~ista [~'lista] m Papierfabrikant
m, -händler m; ~ón [~'lɔn] m Ge-
schreibsel n, Wisch m; fig. Prahlhans m, Großsprecher m; Am. Mer.
Rohzuckerhut m; ~ote [~'lote] m,
~ucho [~'lutʃo] m Wisch m.
papera ℁ [pa'pera] f Kropf m; ~s
pl. Mumps m, Ziegenpeter m.
papero Am. [pa'pero] 1. adj. Kartoffel...; 2. m Kartoffelbauer m bzw.
-händler m.
papilla [pa'piʎa] f Brei m; F hacer
~ a alg. F j-n fertigmachen.
papiro [pa'piro] m Papyrus m.
papista [pa'pista] m papistisch.
papo ['papo] m Kropf m der Vögel;
Wamme f der Rinder.

paquebote [pake'bote] m Passagierdampfer m.
paquete [pa'kete] m Bündel n; Paket
n; ⊕ pequeño ~ Päckchen n.
par¹ [par] gerade (Zahl); gleich; a
la ~ gleichzeitig; ✝ al pari; a la ~ que
zugleich; de ~ en ~ sperrangelweit
offen; sin ~ unvergleichlich.
par² [par] m Paar n; a ~es paarweise.
para ['para] 1. örtlich: nach, z.B.
salir ~ abreisen nach; 2. zeitlich:
zu, z.B. ~ Pascua zu Ostern; 3.
Zweck, Bestimmung: für, um, zu,
z.B. capaz ~ fähig zu; ~ eso dafür,
dazu; ¿~ qué? wozu?; 4. Verhältnis:
(im Verhältnis) zu; ~ con gegen,
zu; ~ conmigo zu mir; ~ sí für sich,
5. Gegensatz: gegenüber; angesichts; 6. ~ inf. um zu inf.; 7. cj.
~ que subj. damit.
parabién [para'bjen] m Glückwunsch m.
parábola [pa'rabola] f Gleichnis n,
Parabel f; Geom. Parabel f.
para|brisas [para'brisas] m Wind-
schutzscheibe f; ~caídas [~ka'iðas]
m Fallschirm m; ~caidista [~kai-
'ðista] m Fallschirmspringer m; ✕
Fallschirmjäger m; ~choques [~-
'tʃokes] m Kfz. Stoßstange f; 🚂
Prellbock m.
parada [pa'raða] f Stillstand m;
Aufenthalt m; Haltestelle f; ~ de
taxis Taxistand m.
paradero [para'ðero] m Verbleib m;
Aufenthaltsort m; fig. Ende n; Am.
reg. Haltestelle f.
paradisíaco [paraði'siako] paradie-
sisch.
parado [pa'raðo] 1. adj. stillstehend;
untätig; arbeitslos; Am. aufrecht;
mal ~ übel zugerichtet; quedar bien
(mal) ~ Am. Glück (Pech) haben;
quedarse ~ stehenbleiben; fig. F
platt sein; 2. m Arbeitslose(r) m.
para|doja [para'ðɔxa] f Paradoxon
n, Widersinnigkeit f; ~dójico
[~'ðɔxiko] widersinnig, paradox.
parador [para'ðɔr] m Span.: ~
(nacional de turismo) staatliches
Hotel n.
parafina [para'fina] f Paraffin n.
parafrasear [parafrase'ar] (1a) um-
schreiben.
parágrafo [pa'ragrafo] m Paragraph m.
para|guas [para'gŭas] m Regen-
schirm m; ~güera Am. Mer., P.R.

[para'güera] *f* Schirmständer *m*;
~güero [para'güero] *m* Schirm-
händler *m*; -ständer *m*.

paraguayo [para'ǧuajo] **1.** *adj.*
paraguayisch; **2.** *m*, **-a** *f* Para-
guayer(in *f*) *m*.

paraíso [para'iso] *m* Paradies *n*;
Thea. Galerie *f*, F Olymp *m*.

paraje [pa'raxe] *m* Ort *m*, Platz *m*;
Gegend *f*.

parale|la [para'lela] *f* Parallele *f*;
~s *pl.* Barren *m* (*Turngerät*); **~lis-
mo** [ˌe'lizmo] *m* Parallelismus *m*.

paralelo [para'lelo] **1.** *adj.* parallel;
2. *m* Vergleich *m*; *Erdk.* Breitengrad *m*, -kreis *m*; **~gramo** [parale-
lo'gramo] *m* Parallelogramm *m*.

parálisis [pa'ralisis] *f* Lähmung *f*.

paralítico [para'litiko] **1.** *adj.* gelähmt; **2.** *m* Gelähmte(r) *m*.

paralización [paraliθa'θjon] *f* Lähmung *f* (*a. fig.*); Stockung *f*.

paralizar [parali'θar] (1f) lähmen,
hemmen, **~se** stehenbleiben; stok-
ken (*Verkehr, Geschäft*).

paramentos [para'mentos] *m/pl.*
Altarschmuck *m*; **~** *sacerdotales*
Priestergewänder *n/pl.*

paramera [para'mera] *f* Ödland *n*.

páramo ['paramo] *m* Ödland *n*.

paran|gón [paran'gon] *m* Vergleich
m; *sin* **~** ohnegleichen; **~gonar**
[ˌgo'nar] (1a) vergleichen.

paraninfo [para'nimfo] *m* Aula *f*
(*Universität*).

parape|tarse [parape'tarse] (1a)
sich verschanzen; sich schützen;
~to [ˌ'peto] *m* Brustwehr *f*; Geländer *n*; Brüstung *f*.

parar [pa'rar] (1a) **1.** *v/t.* anhalten,
stoppen; *Arbeit* einstellen; *Maschine* abstellen, abschalten; *Wild*
stellen; *Schlag* abwehren, parieren;
Am. Haus errichten; **~** *la atención
en a/c.* s-e Aufmerksamkeit auf et.
(*ac.*) richten; **2.** *v/i.* halten (*Wagen*);
absteigen, wohnen (*im Hotel*); **~**
bien gut glauben; **~** *en (mal* übel
ausgehen; *ir a* **~** *a* auf et. (*ac.*) abzielen, auf et. (*ac.*) hinauswollen; F
irgendwo landen; *no* **~** de nicht aufhören zu; *sin* **~** unaufhörlich; **3. ~se**
stehenbleiben; stocken; *Am.* aufstehen (*a. aus dem Bett*); **~** en sich
aufhalten mit (*dat.*).

pararrayos [para'rrajos] *m* Blitz-
ableiter *m*.

parásito [pa'rasito] **1.** *adj.* schma-

rotzerisch; **2.** *m* Schmarotzer *m*,
Parasit *m*; **~s** *pl.* Radio: Stör-
geräusche *n/pl.*

parasol [para'sɔl] *m* Sonnenschirm
m; *Kfz., Phot.* Sonnenblende *f*.

parca ['parka] *f* Parze *f*; *poet.* Tod *m*.

parcela [par'θela] *f* Parzelle *f*;
Stück *n* Land; **~r** [ˌθe'lar] (1a)
parzellieren; **~rio** [ˌθe'larjo] Par-
zellen...

parcial [par'θial] teilweise; Teil...;
parteiisch; **~idad** [ˌθiali'da^(d)] *f*
Parteilichkeit *f*.   [karg.

parco ['parko] sparsam; mäßig;

parcómetro [par'kometro] *m* Parkuhr *f*.

parchar [par't∫ar] (1a) flicken.

parche ['part∫e] *m* ♪ Pflaster *n*; ♪
Trommelfell *n*; Flicken *m*.

¡pardiez! [par'dieθ] Donnerwetter!

pardillo [par'diʎo] *m* Hänfling *m*.

par|do ['pardo] **1.** *adj.* braun; be-
legt (*Stimme*); *Am.* dunkelhäutig;
2. *m Am.* Mulatte *m*; **~dusco** [par-
'dusko] bräunlich.

parear [pare'ar] (1a) paaren; *Stier*
mit Banderillas reizen.

parecer [pare'θer] (2d) **1.** scheinen;
aussehen wie; dünken; **~** *bien* gefallen; *si a usted le parece* wenn es
Ihnen recht ist; *¿qué te parece?*
was meinst du dazu?; **2. ~se** *a alg.*
j-m ähnlich sein; *esto se le parece*
das sieht ihm ähnlich; **3.** *m* Meinung *f*; Aussehen *n*; Ansicht *f*; *al* **~**
dem Anschein nach; *por el bien* **~**
anstandshalber; *dar su* **~** seine
Meinung sagen.

parecido [pare'θido] **1.** *adj.* ähnlich;
bien **~** hübsch; **2.** *m* Ähnlichkeit *f*.

pared [pa're^(d)] *f* Wand *f*; Mauer *f*;
las **~***es oyen* die Wände haben Oh-
ren; **~ón** [ˌre'don] *m* dicke Mauer *f*;
Mauerrest *m*.

pareja [pa'rexa] *f* Paar *n*; (Tanz-)
Partner *m*; Doppelstreife *f* der
guardia civil; *fig. correr* **~***s con*
Hand in Hand gehen mit (*dat.*);
hacer buena **~** gut zs. passen.

parejo [pa'rexo] gleich(mäßig).

parente|la [paren'tela] *f* Verwandt-
schaft *f*, Verwandte(n) *pl.*; **~sco**
[ˌ'tesko] *m* Verwandtschaft *f*, ver-
wandtschaftliche(s) Verhältnis *n*.

paréntesis [pa'rentesis] *m* Klammern *f/pl.*; *fig.* Unterbrechung *f*,
Pause *f*; *entre* **~** in Klammern; *fig.*
nebenbei bemerkt.

paria ['parĭa] m Paria m.

paridad [pari'da⁽ᵈ⁾] f Gleichheit f; Parität f.

pariente [pa'rĭente] **1.** adj. verwandt; **2.** m Verwandte(r) m.

parihuela [pari'ŭela] f Trage f; Tragbahre f.

parir [pa'rir] (3a) gebären; werfen (Tiere).

parisiense [pari'sĭense] **1.** adj. aus Paris; **2.** su. Pariser(in f) m.

paritario [pari'tarĭo] paritätisch.

parking engl. ['parkiŋ] m Parkplatz m.

parla F ['parla] f Geschwätzigkeit f; ~**dor** [parla'dɔr] geschwätzig.

parlamen|tar [parlamen'tar] (1a) unterhandeln; ~**tario** [~'tarĭo] **1.** adj. parlamentarisch; **2.** m Parlamentarier m; Unterhändler m; ~**tarismo** [~ta'rizmo] m Parlamentarismus m; ~**to** [~'mento] m Parlament n; Parlamentsgebäude n.

parlan|chín [parlan'tʃin] m Schwätzer m; ~**te** [par'lante] **1.** adj. sprechend; **2.** m Am. Lautsprecher m.

par|lar [par'lar] (1a) (aus)plappern; schwatzen; ~**lero** [~'lero] schwatzhaft.

parlotear [parlote'ar] (1a) plappern.

parné [par'ne] m P Zaster m, Kies m (Geld).

paro ['paro] m **a)** Meise f (Vogel); **b)** Stillstand m; Stehenbleiben n; Arbeitseinstellung f; neol. Streik m; ~ (forzoso) Arbeitslosigkeit f; en ~ arbeitslos.

parodia [pa'rodĭa] f Parodie f; ~**r** [paro'dĭar] (1b) parodieren.

parola [pa'rola] f Wortschwall m; F Gequatsche n.

paroxismo [parɔg'sizmo] m heftiger Anfall m (⚕ u. fig.).

parpade|ar [parpade'ar] (1a) blinzeln; ~**o** [~'deo] m Blinzeln n.

párpado ['parpaᵈo] m Augenlid n.

parque ['parke] m Park m; ~ infantil Kinderspielplatz m; ~ móvil Kraftfahrzeugpark m; Fahrbereitschaft f.

parqué, parquet [par'ke, ~'ket] m Parkett n.

parque|ar [parke'ar] (1a) parken; ~**dad** [~'da⁽ᵈ⁾] f Sparsamkeit f, Genügsamkeit f.

parquímetro [par'kimetro] m Parkuhr f.

parra ['parra] f Weinranke f; Weinlaube f; hoja f de ~ fig. Feigenblatt

n; F subirse a la ~ an den Wänden hochgehen.

párrafo ['parrafo] m Paragraph m; Abschnitt m; Typ. Absatz m; echar un ~ plaudern, F ein Schwätzchen machen; F ~ aparte um von et. anderem zu reden.

parral [pa'rral] m Weinlaube f.

parranda F [pa'rranda] f: andar de ~ bummeln gehen.

parrici|da [parri'θida] m Vatermörder m; ~**dio** [~'θidĭo] m Vatermord m.

parrilla [pa'rriʎa] f (Feuer-)Rost m; Grill m; a la ~ gegrillt.

párroco ['parrɔko] m Pfarrer m.

parroquia [pa'rrɔkĭa] f Pfarrkirche f; Pfarrei f; Kirchspiel n; ✝ Kundschaft f; ~**l** [parrɔ'kĭal] Pfarr...; ~**no** [~'kĭano] m Kunde m; Pfarrkind n.

parsimonia [parsi'monĭa] f Sparsamkeit f; Umsicht f.

parte ['parte] **a)** m Nachricht f; Bericht m; ~ meteorológico Wetterbericht m; dar ~ a alg. j-n benachrichtigen; **b)** f Teil m; Anteil m; Seite f; ⟂ Partei f; Teilnehmer m; ♪ Stimme f; ~ del león Löwenanteil m; ~ del mundo Erdteil m; ~ contratante Vertragspartner m; ~ integrante Bestandteil m; echar a mala ~ mißdeuten; übelnehmen; estar de ~ de alg. auf j-s Seite stehen; hacer de su ~ tun, was man kann; llevar la mejor (peor) ~ am besten (schlechtesten) abschneiden; ponerse de ~ de alg. sich auf j-s Seite stellen, für j-n Partei ergreifen; tener ~ en a/c. an et. beteiligt sein; tomar ~ en teilnehmen an (dat.); a alguna ~ irgendwohin; a otra ~ anderswo(hin); de ~ a ~ durch u. durch; beidergseits; de ~ de alg. von seiten j-s; im Namen od. im Auftrag j-s; de (od. por) mi ~ meinerseits, was mich betrifft; en ~ zum Teil, teilweise; en ninguna ~ nirgends; en otra ~ anderswo; la mayor ~ de die meisten; por la mayor ~ größtenteils; por otra ~ andererseits; por una ~ ... por otra einerseits ... andererseits; hacer las ~s (aus)teilen; en todas ~s überall; por ~s Punkt für Punkt, der Reihe nach.

partera [par'tera] f Hebamme f.

parti|ble [par'tible] teilbar; ~**ción** [~ti'θiɔn] f Teilung f.

pasar

participa|ción [partiθipa'θion] *f* Teilnahme *f*; Beteiligung *f*; Mitteilung *f*; Anzeige *f*; ✝ Anteil *m*; **~nte** [~'pante] *m* Teilnehmer *m*; **~r** [~'par] (1a) **1.** *v/t.* mitteilen; **2.** *v/i.* teilnehmen (an [*dat.*] en).

partícipe [par'tiθipe] beteiligt.

participio *Gram.* [parti'θipio] *m* Mittelwort *n*, Partizip *n*.

partícula [par'tikula] *f* Teilchen *n*, Partikel *f*.

particular [partiku'lar] **1.** *adj.* besonders; eigentümlich; persönlich; Privat...; *en* ~ im besonderen; **2.** *m* Privatperson *f*; Angelegenheit *f*; *sin otro* ~ nichts weiter; *sobre el* ~ darüber, danach; hierzu; **~idad** [~lari'da⁽ᵈ⁾] *f* Besonderheit *f*; Eigentümlichkeit *f*; Eigenheit *f*; **~izar** [~lari'θar] (1f) in allen Einzelheiten erzählen; **~izarse** sich auszeichnen; *fig.* s-e eigenen Wege gehen.

parti|da [par'tida] *f* Abreise *f*; Aufbruch *m*, Abmarsch *m*; Partie *f* (*Spiel*); ✝ Posten *m*; ~ *de bautismo* (*nacimiento*) Tauf- (Geburts-) schein *m*; ~ *de defunción* Totenschein *m*; ~ *de matrimonio* Trauschein *m*; *tener ganada la* ~ gewonnenes Spiel haben; **~dario** [~ti'dario] **1.** *adj.* parteiisch; **2.** *m*, *-a f* [~'daria] Parteigänger(in *f*) *m*; Anhänger(in *f*) *m*; **3.** *m* *Cu.*, *Ec.*, *Pe.* Teilpächter *m*; **~do** [~'tido] *m* *Pol.* Partei *f*; Partie *f* (*Heirat*, *Spiel*); Spiel *n* (*Sport*); *Am. Mer.* Teilpacht *f*; ~ *judicial* (Amts-)Bezirk *m*; *darse a* ~ einlenken, nachgeben; *sacar* ~ Nutzen ziehen; *tomar* ~ e-n Entschluß fassen; Partei ergreifen.

partir [par'tir] (3a) **1.** *v/t.* teilen; spalten; zerbrechen; zerschmettern; *Brot* schneiden; dividieren; ~ *en dos* halbieren; **2.** *v/i.* abreisen; aufbrechen; ~ *de fig.* ausgehen von (*dat.*); *a* ~ *de hoy* von heute an.

partitivo [parti'tibo] teilbar; Teilungs...

partitura ♪ [parti'tura] *f* Partitur *f*.

parto ['parto] *m* Geburt *f*, Niederkunft *f*; ~ *sin dolor* schmerzlose Entbindung *f*.

parturienta [partu'rienta] *f* Wöchnerin *f*.

parva ['parba] *f* Lage *f* ungedroschenes Getreide.

parvada *Am.* [par'bada] *f* Kinderschar *f*.

parvedad [parbe'da⁽ᵈ⁾] *f* Winzigkeit *f*; Fastenfrühstück *n*.

parvulario [parbu'lario] *m* Kindergarten *m*; Vorschule *f*.

párvulo ['parbulo] **1.** *adj.* klein; **2.** *m* Kleinkind *n*.

pasa ['pasa] *f* Rosine *f*; ~ *de Corinto* Korinthe *f*.

pasable *Am.* [pa'sable] erträglich.

pasacalle ♪ [pasa'kaλe] *m* *volkstümlicher* Marsch *m*; Umzug *m* mit Musik.

pasada [pa'sada] *f* Durchgang *m*; Heftstich *m*; *de* ~ beiläufig; *mala* ~ übler Streich *m*.

pasa|dera [pasa'dera] *f* Trittstein *m* *im Fluß*; Steg *m*; **~dero** [~'dero] erträglich; vorübergehend.

pasadizo [pasa'diθo] *m* enger Gang *m*; Steg *m*.

pasado [pa'sa⁽ᵈ⁾o] **1.** *adj.* vergangen; ehemalig; verdorben (*Eßwaren*); ~ *de moda* überholt, veraltet; *el jueves* ~ am vergangenen Donnerstag; **2.** *m* Vergangenheit *f*.

pasador [pasa'dor] *m* Riegel *m*; Ordensschnalle *f*; Haarspange *f*; *Kchk.* Seiher *m*, Durchschlag *m*; Schmuggler *m*; **~es** *pl.* (Kragen-) Knöpfe *m/pl.* (*zum Durchstecken*).

pasaje [pa'saxe] *m* Durchgang *m*; Durchmarsch *m*; Überfahrt *f*; Stelle *f* *e-s Buches*; ⚓ Passagiere *m/pl.*; ~ *marítimo* Schiffspassage *f*; **~ro** [pasa'xero] **1.** *adj.* vorübergehend; vergänglich; **2.** *m* Reisende(r) *m*; Fahrgast *m*, Passagier *m*; *Kfz.* Mitfahrer *m*; *Am.* Hotelgast *m*.

pasamane|ría [pasamane'ria] *f* Posamentierarbeit *f*; **~ro** [~'nero] *m* Posamentierer *m*.

pasamano [pasa'mano] *m* Geländer *n*; Treppengeländer *n*; Borte *f*.

pasamontañas [pasamon'taɲas] *m* Kopfschützer *m*; Klappmütze *f*.

pasante [pa'sante] *m* Praktikant *m*; Assistent *m*; Repetitor *m*; Bürovorsteher *m* (*eines Anwaltsbüros*).

pasaporte [pasa'porte] *m* Reisepaß *m*; *dar* ~ *a alg.* j-m den Laufpaß geben; *fig.* j-n umbringen.

pasar [pa'sar] (1a) **1.** *v/t.* über-, durchschreiten; über-, durchqueren; übersetzen (*Fähre*); *Kfz.* überholen; übergeben, abgeben an (*ac.*); weitergeben, reichen; durchseihen, sieben; filtern; (durch-)

schmuggeln; durchbohren, -ste-
chen; hinunterschlucken; *Geschäft*
übertragen; *Waren* absetzen, an den
Mann bringen; *Nachricht* zukommen lassen; *Fehler* durchgehen lassen; *Leiden* erdulden, durchmachen; *Faden* einfädeln; *Schriftstück*
durchlesen, -sehen, -gehen; *Zeit*
verbringen, zubringen; *Prüfung* ablegen; ~ *la mano por* mit der Hand
fahren über (*ac.*); ~ *a máquina* abtippen; ~ *los ojos por* e-n flüchtigen
Blick werfen auf (*ac.*); *¡que lo pase
usted bien!, ¡a pasarlo bien!* lassen
Sie sich's gutgehen!, amüsieren
Sie sich gut!; **2.** *v/i.* vorbei- (*od.*
vorüber)gehen, -fahren, -ziehen;
eintreten, nähertreten; vergehen
(*Zeit*); aufrücken, weiterkommen;
gelten (*Geld*); passen (*im Spiel*);
an-, hingehen, erträglich sein; sich
ereignen, vorgehen, F los sein; ~ *a*
übergehen zu (*dat.*); befördert
werden zu (*dat.*); ~ *adelante* weitergehen; fortfahren; ~ *de* hinausgehen über (*ac.*), *et.* übersteigen; ~
de moda aus der Mode kommen,
veralten; ~ *de los 60 años* über 60
Jahre alt sein; *los gastos pasan de* ...
die Ausgaben betragen mehr als ...;
~ *por gehen* (*od.* kommen) durch
(*ac.*); ~ *por Madrid* über M. reisen
(*od.* fahren); ~ *por a/c. et.* erdulden,
et. hinnehmen; ~ *por todo* sich alles
gefallen lassen; ~ *por tonto* für
dumm gelten; *poder* ~ *sin a/c. et.*
entbehren können, auskommen
ohne (*ac.*); *puede* ~ das geht (gerade
noch); *esta tarde pasaré por su casa*
heute abend werde ich bei Ihnen
vorbeikommen; *¡pase usted!* her-
ein!; *¿qué pasa?* was ist los?; **3.** ~**se**
übergehen; überlaufen; *fig.* zu
weit gehen; vergehen, zergehen;
zerkochen (*Gericht*); überreif werden (*Früchte*); verderben, schlecht
werden (*Eßwaren*); ~ *de listo* überschlau sein (wollen).
pasarela [pasa'rela] *f* Lauf-, Lan-
dungssteg *m.*
pasatiempo [pasa'tiempo] *m* Zeitvertreib *m.*
Pas|cua ['paskŭa] *f* Passahfest *n*;
Ostern *n od. pl.*; ~ *de Navidad*
Weihnachten *n od. pl.*; ~ *de*
Resurrección, ~ florida Ostern *n od. pl.*;
~*s pl.* Zeit *f* zwischen Weihnachten
u. Epiphanias; *dar las* ~*s* zum

(Oster- *usw.*) Fest Glück wünschen;
estar como unas ~*s* vor Glück strahlen; *¡felices* ~*s!* fröhliche Weihnachten!; *¡santas* ~*s!* F damit
basta!; ♀*cual* [pas'kŭal] österlich,
Oster...
pase ['pase] *m* Passierschein *m*;
Freikarte *f*; Freifahrschein *m*; Finte
f (*Fechten*); *Stk.* Vorbeischießen-
lassen *n* (*Stier*); Fußball *usw.*:
Zuspiel(en) *n.*
pase|ante [pase'ante] *m* Spazier-
gänger *m*; ~**ar** [~'ar] (1a) spazierenführen; herumreichen, -zeigen; *v/i.*
od. ~**arse** spazierengehen; ~**o** [pa-
'seo] *m* Spaziergang *m*, -fahrt *f*, -ritt
m; *Stk.* Einzug *m der Stierkämpfer*;
Promenade *f*; *dar un* ~ e-n Spaziergang machen; *mandar a* ~ vor die
Tür setzen; schroff abweisen.
pasillo [pa'siʎo] *m* Korridor *m*, Flur
m, Gang *m*; ~ *aéreo* Luftkorridor *m*,
Flugschneise *f.*
pasión [pa'sion] *f* Leiden *n*; Leidenschaft *f*; ♀ *Rel.* Passion *f* Christi.
pasio|nal [pasio'nal] leidenschaft-
lich, aus Leidenschaft; ~**naria**
[~'naria] *f* Passionsblume *f.*
pasito [pa'sito] *adv.* sachte, leise.
pasi|vidad [pasiβi'ða▵] *f* Passivität
f; Untätigkeit *f*; ~**vo** [pa'siβo] **1.**
adj. untätig; passiv; Ruhestands...;
Gram. *voz* ~ *pasiva* Leideform *f*,
Passiv *n*; **2.** *m* ✝ Passiva *pl.*
pasmar [paz'mar] (1a) lähmen; verblüffen; ~**se** erstarren; starr sein
vor Staunen; (er)staunen.
pasmo ['pazmo] *n* Krampf *m*; Ver-
wunderung *f*, Erstaunen *n*; ~**so**
[paz'moso] staunenswert, erstaunlich.
paso[1] ['paso] getrocknet, Dörr...
(*Obst*).
paso[2] ['paso] *m* Schritt *m*; (Fuß-)
Spur *f*; Gangart *f*, Gang *m*; Durchgang *m*; Durchmarsch *m*, -reise *f*,
-zug *m*; Vorbei-, Umzug *m*; Über-,
Zugang *m*; (Berg-)Paß *m*; Meerenge *f*; Strich *m der Vögel*; Heiligenbild *n od.* Gruppen *f/pl. aus der*
Passionsgeschichte (*im Prozessions-*
zug der Karwoche); Stelle *f im Buch*;
kurzes Theaterstück *n*; Einakter *m*;
Am. Furt *f*; ~ *acompasado* Gleich-
schritt *m*; ~ *a nivel* schienengleicher
Bahnübergang *m*; ~ *de contador*
Fernspr. Zeittakt *m*; ~ *elevado*
Überführung *f*; ~ *sin guarda* unbe-

patín

wachter Bahnübergang m; ~ *ligero* Laufschritt m; ~ *subterráneo* Unterführung f; ~ *en falso* Fehltritt m; *mal* ~ Fehltritt m; Verlegenheit f; *a cada* ~ auf Schritt u. Tritt; *a este* ~ auf diese Weise; *al* ~ *que* in dem Maße wie; *a* ~ Schritt für Schritt; *de* ~ beiläufig, nebenbei; *¡*~*!* Platz (da)!; *coger al* ~ abfangen; *dar un* ~ e-n Schritt tun; *dar un* ~ *en falso* mit dem Fuß umknicken; *fig.* e-n Fehltritt tun; *estar de* ~ auf der Durchreise sein; *llevar el* ~ Schritt halten; *marcar el* ~ auf der Stelle treten; *salir al* ~ *a alg.* j-m entgegengehen; *fig.* j-m entgegentreten; F *salir del* ~ sich aus der Affäre ziehen; ~*s pl.: a dos* ~*s* ganz in der Nähe.

pasodoble ♪ [paso'doble] m Pasodoble m.

paso-nivel *Am. reg.* [pasoni'bɛl] m schienengleicher Bahnübergang m.

pasquín [pas'kin] m Schmähschrift f; Wandzeitung f.

pasta ['pasta] f Teig m; Masse f; Paste f; *Kchk.* Plätzchen n; P Zaster m, Kohlen f/pl. (Geld); *Am. reg.* Gleichgültigkeit f, Trägheit f; Geschicklichkeit f; P *soltar la* ~ den Zaster rausrücken; *media* ~ Halbfranzband m; *hombre de buena* ~ gutmütiger Mensch m; ~*s pl.* Teigwaren f/pl.; ~*s de té* Teegebäck n.

pastar [pas'tar] (1a) weiden.

pastel [pas'tɛl] m Kuchen m; Pastete f; Buntstift m; Pastellmalerei f; F *descubrir el* ~ e-e Sache auffliegen lassen.

pastel|ería [pastele'ria] f Konditorei f; ~**ero** [~'lero] m Konditor m; ~**ista** [~'lista] m Pastellmaler m.

paste(u)rizar [paste(ŭ)ri'θar] (1f) pasteurisieren, keimfrei machen.

pastilla [pas'tiʎa] f Pastille f; Tafel f (Schokolade); Stück n (Seife); Tablette f.

pastinaca ♀ [pasti'naka] f Pastinake f.

pastizal [pasti'θal] m Weide f.

pasto ['pasto] m (Vieh-)Weide f; Futter n; *a* ~ im Überfluß; *a todo* ~ ausschließlich; nach Herzenslust; *ser* ~ *de las llamas* ein Raub der Flammen werden; ~**r** [pas'tor] m Hirt m; Seelsorger m, Pastor m; ~**ral** [~to'ral] **1.** *adj.* Hirten...; **2.** f Hirtengedicht n; Hirtenbrief m; ~

rear [~tore'ar] (1a) auf die Weide führen; seelsorgerisch betreuen; ~**rela** [~to'rela] f Hirtenlied n; ~**reo** [~to'reo] m Weidegang m, Weiden n; ~**ril** [~to'ril] Hirten...

pastoso [pas'toso] teigig; volltönend (Stimme).

pata ['pata] f **1.** Pfote f, Tatze f, Pranke f; Klaue f; F Bein n; ~ *de gallo* Krähenfüßchen n im Augenwinkel; *a la* ~ (la) llana schlicht, ungezwungen; ohne Umstände; F *estirar la* ~ sterben, F abkratzen; F *meter la* ~ sich blamieren; F *tener mala* ~ Pech haben; ~*s pl.: a cuatro* ~*s* auf allen vieren; ~*s arriba* alles durcheinander, drunter und drüber; **2.** Ente f.

patada [pa'tada] f Fußstapfe f; Fußtritt m; *a* ~*s* in Hülle u. Fülle.

patalear [patale'ar] (1a) strampeln; trampeln.

patán [pa'tan] m F Bauer m; Grobian m.

patarata [pata'rata] f Albernheit f; Getue n.

patata [pa'tata] f Kartoffel f; ~*s pl. fritas* Bratkartoffeln f/pl.; ~**l** [pata-'tal], ~**r** [~'tar] m Kartoffelfeld n.

patatús F [pata'tus] m leichte Ohnmacht f; leichter Schwindelanfall m.

patear F [pate'ar] (1a) mit Füßen treten; v/i. trampeln; *Am.* ausschlagen (Pferd).

patena [pa'tena] f Hostienteller m.

paten|tar [paten'tar] (1a) patentieren; ~**te** [pa'tente] **1.** *adj.* offen; klar; **2.** f Patent n; *Chi., Rpl.* polizeiliches Kennzeichen n; ~ *de sanidad* Gesundheitspaß m; ~**tizar** [patenti'θar] (1f) offen darlegen; beweisen, bekunden.

pater|nal [pater'nal] väterlich; Vater...; ~**nidad** [~ni'da⁽ᵈ⁾] f Vaterschaft f; *fig.* Urheberschaft f; ~**no** [pa'terno] väterlich; Vater...

pat|ético [pa'tetiko] pathetisch; ~**e-tismo** [pate'tizmo] m Pathos n.

patiabierto [patia'bierto] mit gespreizten Beinen; breitbeinig.

patidifuso F [patidi'fuso] verblüfft.

patiestevado [patieste'ba⁽ᵈ⁾o] krummbeinig.

patilla [pa'tiʎa] f Klappe f an der Rocktasche; ~*s f/pl.* Backenbart m.

patín [pa'tin] m Schlittschuh m;

Gleitschuh *m*; Kufe *f*; Tretboot *n*; ~ *de ruedas* Rollschuh *m*.

pátina ['patina] *f* Patina *f*.

patina|da *Am.* [pati'naða] *f Kfz.* Rutschen *n*, Schleudern *n*; **~dero** [ˌna'ðero] *m* Eisbahn *f*; Rollschuhbahn *f*; **~dor** *m*, **-a** *f* [ˌ'ðɔr, ˌ'ðora] Schlittschuh- *od.* Rollschuhläufer (-in *f*) *m*; **~je** [ˌ'naxe] *m* Schlittschuh- *od.* Rollschuhlaufen *n*; ~ *artístico* Eiskunstlauf *m*; **~r** [ˌ'nar] (1a) Schlittschuh laufen; rutschen; *Kfz.* schleudern; ⊕ gleiten; **~zo** [ˌ'naθo] *m* Rutschen *n*, Schleudern *n*.

patinete [pati'nete] *m* (Kinder-) Roller *m*.

patio ['patio] *m* (Innen-)Hof *m*; Schulhof *m*; ~ (*de butacas*) *Thea.* Parterre *n*.

pati|ta [pa'tita] *f* Füßchen *n*; F *poner de ~s en la calle* hinauswerfen; F vor die Tür setzen; **~tieso** [pati'tieso] verblüfft; *fig.* sprachlos; **~tuerto** [ˌ'tŭerto] krummbeinig; O-beinig; **~zambo** [ˌ'θambo] X-beinig.

pato ['pato] **1.** *m* Ente *f*; *Am. reg.* Nachttopf *m*; F *pagar el ~* et. ausbaden müssen; *estar hecho un ~* F pitschnaß sein; **2.** *adj.* Arg., Chi. blank, ohne Geld.

patochada [pato'tʃaða] *f* Albernheit *f*.

patojo *Am. Cent.* [pa'tɔxo] *m* Gassenjunge *m*.

pato|logía [patolɔ'xia] *f* Pathologie *f*; **~lógico** [ˌ'lɔxiko] krankhaft; pathologisch.

patoso F [pa'toso] albern.

patraña [pa'traɲa] *f* grobe Lüge *f*, Schwindel *m*.

patria ['patria] *f* Vaterland *n*; Heimat *f*; F ~ *chica* (engere) Heimat *f*.

patriarca [pa'triarka] *m* Patriarch *m*; **~l** [patriar'kal] patriarchalisch (*a. fig.*).

patricio [pa'triθio] **1.** *adj.* patrizisch; **2.** *m* Patrizier *m*.

patrimo|nial [patrimo'nial] Erb..., Patrimonial...; Vermögens...; **~nio** [ˌ'monio] *m* väterliches Erbe *n*; Vermögen *n*; ~ *artístico* Kunstschätze *m/pl. e-s Landes*.

patrio ['patrio] vaterländisch; Heimat...; **~ta** [pa'triota] *su.* Patriot (-in *f*) *m*; **~tería** [patriote'ria] *f*

Hurrapatriotismus *m*; Chauvinismus *m*; **~tero** [ˌ'tero] *m* Hurrapatriot *m*; Chauvinist *m*.

patriótico [pa'triotiko] patriotisch; vaterländisch gesinnt.

patriotismo [patrio'tizmo] *m* Patriotismus *m*, Vaterlandsliebe *f*.

patrocinar [patroθi'nar] (1a) begünstigen; fördern.

patrocinio [patro'θinio] *m* Schutz *m*; Beistand *m*; Protektorat *n*, Schirmherrschaft *f*.

patrón [pa'trɔn] *m* Beschützer *m*; Schutzheilige(r) *m*; Patron *m*; *Am.* Arbeitgeber *m*; Hauswirt *m*; Vorlage *f*; (Schnitt-)Muster *n*; ♪ Pfropfunterlage *f*; ~ *oro* Goldstandard *m*.

patrona [pa'trona] *f* Beschützerin *f*; Schutzheilige *f*; Hauswirtin *f*; Zimmervermieterin *f*; Arbeitgeberin *f*; **~l** [patro'nal] **1.** *adj.* Arbeitgeber...; Schutz...; **2.** *f* Arbeitgeberverband *m*.

patro|nato [patro'nato] *m* Patronat *n*; Patronatsrecht *n*; **~no** [pa'trono] *m* Schützer *m*; Patronatsherr *m*; Schutzheilige(r) *m*; Herr *m*, Gebieter *m*; Arbeitgeber *m*.

patrull|a [pa'truʎa] *f* Patrouille *f*; Streife *f*; **~ar** [patru'ʎar] (1a) durchstreifen; **~ero** ⚓ [ˌ'ʎero] *m* Streifenboot *n*.

paulatino [paŭla'tino] bedächtig; allmählich.

paulina [paŭ'lina] *f* päpstlicher Bannbrief *m*; anonymer Schmähbrief *m*; F Rüffel *m*.

pauperismo [paŭpe'rizmo] *m* Verarmung *f*; Massenelend *n*.

paupérrimo [paŭ'perrimo] sehr arm (*unregelm. sup. von* pobre).

pausa ['paŭsa] *f* Pause *f* (*a. ♪*); Ruhe *f*; Langsamkeit *f*; **~do** [paŭ'saⁿo] ruhig; langsam; abgemessen.

pauta ['paŭta] *f* Lineal *n*; Regel *f*, Norm *f*; Vorbild *n*; **~r** [paŭ'tar] (1a) lin(i)ieren.

pava ['paba] *f* Truthenne *f*; P dumme Gans *f*; *Bol., Pe., Rpl.* Wasserkessel *m*; *Col., Ec., P.R., Ven.* Strohhut *m*; F *pelar la ~* fensterln, sich mit e-m Mädchen durch das Fenstergitter unterhalten.

pavesa [pa'besa] *f* Fünkchen *n*; F *estar hecho una ~* *fig.* nur noch ein Schatten sein; F *ser una ~* ganz klein und bescheiden sein.

pavimen|tar [pabimen'tar] (1a) pflastern; **~to** [~'mento] *m* Bodenbelag *m*; Straßenpflaster *n*.

pavi|pollo [pabi'poʎo] *m* junger Puter *m*; **~tonto** [~'tɔnto] P saudumm.

pavo ['pabo] **1.** *m* Truthahn *m*, Puter *m*; Dummkopf *m*; ~ *real* Pfau *m*; **2.** *adj. Am.* dumm, albern.

pavón [pa'bon] *m* Stahlblau *n*; Pfauenauge *n* (*Schmetterling*).

pavonar [pabo'nar] (1a) brünieren.

pavonearse [pabone'arse] (1a) einherstolzieren; sich brüsten.

pavor [pa'bɔr] *m* Schreck *m*, Entsetzen *n*; **~oso** [pabo'roso] schrecklich, entsetzlich.

paya|da *Rpl.* [pa'jaða] *f* Gauchogesang *m*; *dor Rpl.* [~ja'ðɔr] *m* Gauchosänger *m*; **~r** *Rpl.* [~'jar] (1a) singen u. dichten (*Gaucholieder*).

paya|sada [paja'saða] *f* Clownerie *f*; **~so** [pa'jaso] *m* Clown *m*, Hanswurst *m*.

payés [pa'jes] *m* Bauer *m* aus Katalonien od. v. den Balearen.

payo ['pajo] bäu(e)risch; tölpelhaft.

paz [paθ] *f* Friede(n) *m*; Friedensschluß *m*; Ruhe *f*; *dejar en* ~ in Ruhe lassen; *quedar en* ~ gleichstehen (*Spiel*); quitt sein; F *¡y en* ~! und damit Schluß!, und damit basta!; *¡~!* Ruhe!; *hacer las paces con alg.* sich mit j-m versöhnen.

pazguato [paθ'ġuato] einfältig.

pe [pe] das P; *de* ~ *a pa* von A bis Z.

peaje [pe'axe] *m* Brücken-, Wegegeld *n*; Autobahngebühr *f*.

peana [pe'ana] *f* Fußgestell *n*.

peatón [pea'tɔn] *m* Fußgänger *m*.

pebete [pe'bete] *m* Räucherkerzchen *n*; *Rpl.* Junge *m*; **~ro** [pebe'tero] *m* Räucherpfanne *f*.

peca ['peka] *f* Sommersprosse *f*.

peca|ble [pe'kable] sündhaft; **~do** [pe'kaðo] *m* Sünde *f*; ~ *mortal* Todsünde *f*; ~ *original* Erbsünde *f*; **~dor** [peka'ðɔr] **1.** *adj.* sündig; **2.** *m*, *-a f* [~'ðora] Sünder(in *f*) *m*; **~minoso** [~mi'noso] sündhaft; **~r** [pe-'kar] (1g) sündigen; fehlen; ~ *de a/c.* et. in übertriebener Weise tun *od.* sein; ~ *por severo* übermäßig streng sein; *no* ~ *de hermoso* alles andere als schön sein.

pecera [pe'θera] *f* Goldfischglas *n*.

pecina [pe'θina] *f* Schlamm *m*.

pecinal [peθi'nal] *m* Schlammloch *n*, Sumpf *m*.

pecíolo [pe'θiolo] *m* Blattstiel *m*.

pecoso [pe'koso] sommersprossig.

pectoral [pekto'ral] **1.** *adj.* Brust...; **2.** *m kath.* Brustkreuz *n*.

pecuario [pe'kŭario] Vieh...

peculiar [peku'liar] eigen(tümlich); **~idad** [~liari'ða(d)] *f* Eigentümlichkeit *f*; Besonderheit *f*.

peculio [pe'kulio] *m* Taschengeld *n*; Spargeld *n*.

pecunia F [pe'kunia] *f* Geld *n*; **~rio** [peku'niario] Geld...

pec(h)blenda [pex'blenda] *f* Uranpecherz *n*, Pechblende *f*.

peche [pa pe'tʃera] *f* Hemdbrust *f*; Vorhemd *n*; Brustlatz *m*; (Blusen-) Einsatz *m*; **~ro** [~ro] *m hist.* Vasall *m*.

pecho ['petʃo] *m* Busen *m*; Brust *f*; *fig.* Mut *m*; *a* ~ *descubierto* waffen-, wehrlos; *descubrir su* ~ sein Herz ausschütten; *no le cabe en el* ~ er kann es nicht für sich behalten; *echarse a* ~*s a/c.* sich mit allen Kräften für et. (*ac.*) einsetzen; *tomar a* ~(*s*) ernst nehmen; sich zu Herzen nehmen.

pechuga [pe'tʃuga] *f* Brustfleisch *n* des Geflügels; F Brust *f*; *Am. Cent., Ant., Col.* Mut *m*; Unverschämtheit *f*.

peda|gogía [peðaɡɔ'xia] *f* Pädagogik *f*; Erziehung *f*; **~gógico** [~'ɡoxiko] pädagogisch; **~gogo** [~'ɡogo] *m* Pädagoge *m*.

pedal [pe'ðal] *m* Pedal *n*; *Kfz.* ~ *de freno* Bremspedal *n*; ~ *del acelerador* Gaspedal *n*; **~ear** [peðale'ar] (1a) radeln; **~eo** [~'leo] *m* Radeln *n*.

pedáneo [pe'ðaneo] Dorf...

pedante [pe'ðante] **1.** *adj.* pedantisch; **2.** *m* Pedant *m*; **~ría** [peðante'ria] *f* Pedanterie *f*; **~sco** [~'tesko] pedantisch.

pedazo [pe'ðaθo] *m* Stück *n*; ~ *de bruto* P Rindvieh *n*, saublöder Kerl *m*; *hacer* ~*s* F kaputtmachen; *hecho* ~*s* entzwei, F kaputt; *a* ~*s* stückweise.

pedernal [peðer'nal] *m* Kiesel *m*; Feuerstein *m*.

pedestal [peðes'tal] *m* Fußgestell *n*; Sockel *m*.

pedestre [pe'ðestre] zu Fuß gehend; Fuß...

pedia|tra [pe'ðiatra] *m* Kinderarzt

m; **~tría** [peðia'tria] *f* Kinderheil-
kunde *f*.

pedicu|ra [peði'kura] *f* Fußpflege *f*;
Fußpflegerin *f*; **~ro** [~'kuro] *m*
Fußpfleger *m*.

pedido [pe'ðiðo] *m* Auftrag *m*, Bestellung *f*; *según* ~ auftragsgemäß.

pedigüeño [peði'güeɲo] **1.** *adj.*
bettelnd; **2.** *m* Bettler *m*.

pediluvio [peði'luβio] *m* Fußbad *n*.

pedir [pe'ðir] (3l) fordern; verlangen; bestellen; ~ *a/c. a alg.* j-n um
et. (*ac.*) bitten; ~ *auxilio* um Hilfe
rufen; ~ *limosna* betteln; *a* ~ *de
boca* nach Herzenslust.

pedo V ['peðo] *m* Furz *m*; *Am. reg.*
Rausch *m*; *echar* (*od. soltar*) *un* ~
furzen; *al* ~ *Rpl.* umsonst.

pedr|ada [pe'ðraða] *f* Steinwurf *m*;
~ea [pe'ðrea] *f* Steinigung *f*; Hagel-
schlag *m*; **~egal** [peðre'gal] *m* stei-
niger Ort *m*; Steinwüste *f*; **~egoso**
[~'goso] steinig.

pedre|ra [pe'ðrera] *f* Steinbruch *m*;
~ría [peðre'ria] *f* Edelsteine *m/pl.*;
~ro [pe'ðrero] *m* Steinmetz *m*.

pedrisco [pe'ðrisko] *m* Steinhagel
m; Hagel *m*.

Pedro ['peðro]: *como* ~ *por su casa*
ganz ungeniert.

pedrusco [pe'ðrusko] *m* unbe-
hauener Stein *m*; Felsblock *m*.

pedúnculo [pe'ðuŋkulo] *m* Blüten-
stiel *m*.

pega ['pega] *f* Verpichen *n*; Pech-
überzug *m*; Possen *m*; Tracht *f*
Prügel; *Cu.*, *Chi.* Arbeit *f*, Job *m*;
F *de* ~ falsch, Pseudo...; *poner* ~*s
et.* auszusetzen haben; *tener una* ~
e-n Haken haben; **~dizo** [pega'ði-
θo] ansteckend; aufdringlich; ♪
leicht ins Ohr gehend; **~do** [pe-
'gaðo]: *estar* ~ *a* kleben an (*dat.*); ~
a ganz dicht an (*dat.*); **~joso** [pega-
'xoso] klebrig; ansteckend; *fig.* aufdringlich; **~lotodo** [~lo'toðo] *m*
Alleskleber *m*; **~mento** [~'mento]
m Klebstoff *m*; **~pega** *Am.* [~'pega]
f Leim *m*.

pegar [pe'gar] (1h) **1.** *v/t.* (an-)
kleben; anheften; festmachen; annähen; *Schlag* versetzen; verprügeln; *Schrei* ausstoßen; ~ *una enfermedad a alg.* e-e Krankheit auf j-n
übertragen; ~ *fuego a* Feuer anlegen
an (*ac.*); ~ *un salto* e-n Sprung
machen; ~ *un tiro a alg.* e-n Schuß
abgeben auf j-n; **~la con alg.** mit

j-m in Streit geraten; *no* ~ (*el*) *ojo*
kein Auge zutun; **2.** *v/i.* haften,
kleben; passen; **3.** **~se** festkleben,
hängenbleiben, haften; ~ *un tiro*
sich e-e Kugel durch den Kopf
schießen; F *pegársela a alg.* j-n
betrügen, hereinlegen.

pegatina *neol.* [pega'tina] *f* Auf-
kleber *m*.

pegote [pe'gote] *m* Pechpflaster *n*;
aufdringliche Person *f*; Schmarotzer *m*; *fig.* überflüssiger Zusatz *m*;
~ar F [pegote'ar] (1a) schmarotzen;
nassauern.

pegujal [pegu'xal] *m* kleine Bauern-
wirtschaft *f*; **~ero** [~xa'lero] *m*
Kleinbauer *m*.

pegujón [pegu'xɔn] *m* Knäuel *n*
od. m.

peina ['peina] *f* Einsteckkamm *m*;
~da [pei'naða] *f* Kämmen *n*; *darse
una* ~ sich mit dem Kamm durch
die Haare fahren; **~do** [~'naᵈo]
1. *adj.* gelecht, geschniegelt; **2.** *m*
Haartracht *f*; Frisur *f*; **~dor** [~na-
'ðor] *m* Frisiermantel *m*; *Am.* Toi-
lettentisch *m*; **~dura** [~na'ðura] *f*
Kämmen *n*; **~s** *pl.* ausgekämmtes
Haar *n*.

peinar [pei'nar] (1a) kämmen; ~
canas bejahrt sein.

peine [pei'ne] *m* Kamm *m*; ✕ Lade-
streifen *m*; *a sobre* ~ oberflächlich,
obenhin; **~ta** [pei'neta] *f* Einsteckkamm *m*.

pejiguera F [pexi'gera] *f* lästige
Sache *f*, Unannehmlichkeit *f*.

pela F ['pela] *f* Pesete *f*; *Am. reg.*
Tracht *f* Prügel; **~dero** *Am.* [pela-
'dero] *m* Ödland *n*; **~dilla** [~'ðiʎa] *f*
Zuckermandel *f*; Kiesel *m*; **~do**
[pe'laᵈo] kahl; geschoren; P mittellos, blank; **~dura** [pela'ðura] *f*
Schälen *n*; **~s** *pl.* (Obst-)Schalen
f/pl.

pela|fustán F [pelafus'tan] *m* Tau-
genichts *m*; **~gallos** F [~'gaʎos] *m*
Tagedieb *m*; **~gatos** F [~'gatos] *f*
fig. armer Teufel *m*.

pelaje [pe'laxe] *m* Fell *n* (*Tiere*); *fig.*
Herkunft *f*; Art *f*; *de pobre* ~ von
ärmlichem Aussehen.

pelambre [pe'lambre] *m* Behaarung
f; Gerberwolle *f*; **~ra** [pelam'brera]
f dichter Haarwuchs *m*, F Wuschel-
kopf *m*.

pelar [pe'lar] (1a) enthaaren; (ab-)
schälen; *fig.* rupfen; *Am.* verleum-

den; **~se** die Haare verlieren; *Am. reg.* hereinfallen; *Méj.* fliehen; sterben; F *pelárselas por a/c.* hinter et. *(dat.)* her sein.

pelazón *Am. Cent.* [pela'θɔn] *f* Armut *f*, Elend *n.*

peldaño [pel'daɲo] *m* Stufe *f*, Treppenstufe *f*; (Leiter-)Sprosse *f.*

pelea [pe'lea] *f* Kampf *m*; Streit *m*; Handgemenge *n.*

pelear [pele'ar] (1a) kämpfen, ringen; **~se** herumbalgen; sich zanken.

pelechar [pele'tʃar] (1a) Haare (*od.* Federn) bekommen; *fig.* auf e-n grünen Zweig kommen.

pelele [pe'lele] *m* Strohpuppe *f*; F Trottel *m*; Strampelhose *f.*

pelete F [pe'lete] *m fig.* armer Teufel *m*; en *~* splitternackt; **~ría** [pelete-'ria] *f* Pelzhandel *m*; Pelz-, Rauchwaren *f/pl.*; **~ro** [~'tero] *m* Kürschner *m*; Pelzhändler *m.*

peliagudo [pelia'guðo] *fig.* heikel, schwierig.

pelícano [peli'kano] grauhaarig.

pelícano [pe'likano] *m* Pelikan *m.*

pelicorto [peli'korto] kurzhaarig.

película [pe'likula] *f* Häutchen *n*; Film *m*; *~ de corto metraje* Kurzfilm *m*; *~ de largo metraje* Spielfilm *m*; *~ del Oeste* Wildwestfilm *m*; *~ didáctica* Lehrfilm *m*; *~ en color* Farbfilm *m*; *~ policíaca* Kriminalfilm *m*; *~ publicitaria* Werbefilm *m*; *~ en relieve* 3-D-Film *m*; F *de ~* traumhaft.

peligr|ar [peli'grar] (1a) in Gefahr sein; **~o** [pe'ligro] *m* Gefahr *f*; *correr ~* Gefahr laufen; *poner en ~* gefährden, in Gefahr bringen; **~oso** [peli'groso] gefährlich.

pelillo [pe'liʎo] *m* Härchen *n*; *fig.* kleines Ärgernis *n*; F *echar ~s a la mar* sich wieder vertragen; *pararse en ~s* sich mit Kleinigkeiten aufhalten.

peli|negro [peli'negro] schwarzhaarig; **~rrojo** [~'rroxo] rothaarig; **~rrubio** [~'rruβio] blond.

pelmazo F [pel'maθo] *m* dickfelliger *od.* aufdringlicher Mensch *m.*

pelo ['pelo] **a)** *m* Haar *n*; Kopfhaar *n*; *~ a ~* zu gleichen Teilen; *contra ~* gegen den Strich; *fig.* F ungelegen; *al ~* mit dem Strich; *fig.* F gelegen; ausgezeichnet; wie gerufen; de

medio ~ halbseiden, nicht ganz echt; *hombre m de ~* en *pecho* Draufgänger *m*; en *~* ohne Sattel; *buscar ~s al huevo* Streit suchen; immer et. zu meckern haben; *cortar un ~* en *el aire* F überschlau sein; *no tener ~ de tonto fig.* F nicht auf den Kopf gefallen sein; *no tener ~s en la lengua fig.* F nicht auf den Mund gefallen sein; *por un ~* um ein Haar; *tomar el ~ a alg.* j-n zum besten haben; j-n hereinlegen; *no se le ve el ~* man bekommt ihn nirgends zu sehen; **b)** *~s pl.*: F *estar hasta los ~s* et. satt sein; *los ~s se le ponen de punta fig.* die Haare stehen ihm zu Berge; *fig. con ~s y señales* mit allem Drum und Dran; *haargenau; por los ~s* beinahe; gerade noch.

pelón [pe'lɔn] **1.** *adj.* kahl; **2.** *m* Kahlkopf *m*; armer Schlucker *m.*

pelo|na [pe'lona] *f*: F *la ~* der Tod; **~so** [pe'loso] haarig, behaart.

pelota [pe'lota] *f* Ball *m*; Pelota *f* (*baskisches Ballspiel*); Knäuel *m od. n*; en *~(s)* splitternackt.

pelotari [pelo'tari] *m* Pelotaspieler *m.*

pelo|tera [pelo'tera] *f* Streit *m*; **~tero** [~'tero] *m* Balljunge *m*; **~tilla** F [~'tiʎa] *f*: *hacer la ~ a alg.* j-m um den Bart gehen; **~tillero** F [~,ti-'ʎero] *m* Streber *m*; Schmeichler *m*; **~tón** ✕ [~'tɔn] *m* Zug *m*; Trupp *m*; Haufen *m*; *~ de ejecución* Erschießungskommando *n.*

peluca [pe'luka] *f* Perücke *f*; F *echar una ~ a alg.* j-m die Leviten lesen.

peluche [pe'lutʃe] *m* Plüsch *m.*

peludo [pe'luðo] stark behaart.

peluqu|earse *Am.* [peluke'arse] (1a) sich die Haare schneiden lassen; **~era** [~'kera] *f* Friseuse *f*; **~ería** [~ke'ria] *f* Friseurladen *m*; **~ero** [~'kero] *m* Friseur *m*; **~ín** [~'kin] *m* Haarteil *n*; Toupet *n.*

pelusa [pe'lusa] *f* Flaum *m*; Fasern *f/pl.*; F Neid *m* (*unter Kindern*).

pelvis *Anat.* ['pelβis] *f* Becken *n.*

pella ['peʎa] *f* Klumpen *m*; Kügelchen *n.*

pelle|ja [pe'ʎexa] *f* Fell *n*; Tierhaut *f*; **~jería** [peʎexe'ria] *f* Gerberei *f*; Fellwaren *f/pl.*; **~jero** [~'xero] *m* Fellhändler *m*; Gerber *m*; **~jo** [pe-'ʎexo] *m* Fell *n*; Haut *f*; Weinschlauch *m*; *fig.* Trunkenbold *m*; *salvar el ~* mit heiler Haut davonkommen.

pellizcar

pellizcar [peʎiθ'kar] (1g) kneifen, zwicken; zupfen.

pellizco [pe'ʎiθko] *m* Kneifen *n*; Bissen *m*; F Happen *m*.

pena[1] ['pena] *f* Strafe *f*; Kummer *m*, Leid *n*; Mühe *f*; ~ *capital* (*od. de muerte*) Todesstrafe *f*; ~ *contractual* Vertragsstrafe *f*; ~ *correccional* Zuchthausstrafe *f*; ~ *privativa de libertad* Freiheitsstrafe *f*; *vale* (*od. merece*) *la* ~ es lohnt sich; *da* ~ es tut e-m leid *od.* weh; *so* ~ bei Strafe; *¡qué* ~*!* wie schade!; *a duras* ~*s* mit knapper Not.

pena[2] ['pena] *f* Schwungfeder *f* (*der Vögel*).

penacho [pe'natʃo] *m* Feder-, Helmbusch *m*; (Rauch-)Wolke *f*; F Hochmut *m*, Dünkel *m*.

penado [pe'naðo] **1.** *adj.* bestraft; **2.** *m* Sträfling *m*.

pena|l [pe'nal] **1.** *adj.* Straf...; **2.** *m* Strafanstalt *f*; ~**lidad** [penali'ða⁽ᵈ⁾] *f* Strafbarkeit *f*; ~*es pl.* Strafbestimmungen *f/pl.*; ~**lista** [~'lista] *m* Strafrechtler *m*; ~**lización** [~liθa-'θjon] *f* Bestrafung *f*; *Sport*: Strafpunkt *m*; ~**lizar** [~'θar] (1f) bestrafen.

penalty *engl.* [pe'nalti] *m* Sport: Strafstoß *m*; Elfmeter *m*.

penar [pe'nar] (1a) (be)strafen; *v/i.* leiden.

pen|ca ['penka] *f* fleischiges Blatt *n*; *Am. fig.* Schwips *m*, Rausch *m*; ~**co** ['penko] *m* Schindmähre *f*.

pendenci|a [pen'denθja] *f* Zank *m*; Streitigkeit *f*; ~**ero** [~den'θjero] streitsüchtig.

pen|der [pen'der] (2a) (herab)hängen; abhängen; schweben; ~**diente** [~'djente] **1.** *adj.* hängend; unerledigt; ♂₹ schwebend, anhängig; ~ *de solución* ungelöst; **2. a)** *m* Ohrring *m*; **b)** *f* Abhang *m*; Steigung *f*; Gefälle *n*.

péndola ['pendola] *f* Pendel *n* (*e-r Uhr*); (*reloj m de*) ~ Penduluhr *f*.

pendón [pen'don] *m* Standarte *f*; Kirchenfahne *f*.

péndulo ['pendulo] *m* Pendel *n*; *Am.* Uhrpendel *n*.

pene *Anat.* ['pene] *m* Penis *m*.

penetra|ble [pene'traβle] durchdringbar; leicht zu durchschauen; ~**ción** [~tra'θjon] *f* Durchdringung *f*; *fig.* Scharfsinn *m*; ~**dor** [~tra-'ðor] scharfsinnig; ~**nte** [~'trante]

durchdringend; tief; *voz f* ~ schrille Stimme *f*; ~**r** [~'trar] (1a) durch-, eindringen in (*ac.*); begreifen; ergründen; durchschauen; *v/i.* eindringen (in [*ac.*] en).

penicilina [peniθi'lina] *f* Penicillin *n*.

pen|ínsula [pe'ninsula] *f* Halbinsel *f*; ~**insular** [peninsu'lar] Halbinsel...

penique [pe'nike] *m* *englischer* Penny *m*; F *ni un* ~ keinen Heller.

penitencia [peni'tenθja] *f* Buße *f*; ~**do** [~ten'θjaðo] *m Am.* Strafgefangene(r) *m*; ~**l** [~ten'θjal] Buß...; ~**ría** [~tenθja'ria] *f* Zuchthaus *n*; ~**rio** [~ten'θjario] **1.** *adj.* Straf...; **2.** *m* Besserungsanstalt *f*.

penitente [peni'tente] **1.** *adj.* reuig; **2.** *m* Büßer *m*; Beichtkind *n*.

penoso [pe'noso] schmerzlich; beschwerlich; leidvoll.

pensa|do [pen'saðo]: *de* ~ absichtlich; *mal* ~ *s. malpensado*; ~**dor** [~sa'ðor] *m* Denker *m*; ~**miento** [~sa-'mjento] *m* Gedanke *m*; Denken *n*; Vorhaben *n*; ♀ Stiefmütterchen *n*; ~**r** [~'sar] (1k) denken, ausdenken; gedenken *et. zu tun*; *v/i.* denken (an [*ac.*] en); meinen; *¡ni* ~ *lo!* kein Gedanke!; *sin* ~ gedankenlos; unvermutet; ~**tivo** [~sa'tiβo] nachdenklich.

pensil [pen'sil] **1.** *adj.* hängend; **2.** *m* Lustgarten *m*.

pensi|ón [pen'sjon] *f* (Sozial-)Rente *f*; Pension *f*; Fremdenheim *n*; *Am. reg.* Traurigkeit *f*; ~ *completa* Vollpension *f*; ~**onado** [~sjo-'naðo] *m* Pensionär *m*; ~**onar** [~sjo'nar] (1a) ein Stipendium gewähren; ~**onista** [~sjo'nista] *m* Internatsschüler *m*; *neol.* Rentner *m*, Rentenempfänger *m*; *Am.* Gast *m* in e-r Pension.

pen|tágono [pen'tagono] *m* Fünfeck *n*; ~**tagrama** [~ta'grama] *m* Notenlinie *f*; Pentagramm *n*.

Pentecostés [penteko'tes] *m* Pfingsten *n*.

penúltimo [pe'nultimo] vorletzte (-r, -s).

penumbra [pe'numbra] *f* Halbschatten *m*; Halbdunkel *n*.

penuria [pe'nuria] *f* Mangel *m*, Not *f* (*an* [*dat.*] de).

peña ['peɲa] *f* Fels *m*; Freundeskreis *m*; Stammtisch(runde *f*) *m*; ~**scal** [peɲas'kal] *m* Felsgebirge *n*;

perecer

~sco [pe'ɲasko] *m* großer Fels *m*; Purpurschnecke *f*; ~scoso [peɲas-'koso] felsig.

peñón [pe'ɲɔn] *m* Felskuppe *f*.

peón [pe'ɔn] *m* ungelernter Arbeiter *m*; Hilfsarbeiter *m*; Handlanger *m*; Brummkreisel *m*; Bauer *m* (*Schach*); *Stk.* Gehilfe *m* des Stierkämpfers; *Am.* Arbeiter *m*; Knecht *m*; ~ caminero Straßenwärter *m*.

peonía ♀ [peo'nia] *f* Päonie *f*, Pfingstrose *f*.

peonza [pe'ɔnθa] *f* Kreisel *m* (*Spielzeug*).

peor [pe'ɔr] *comp.* schlechter; schlimmer; übler; *de mal en* ~ immer schlimmer; ~ *que* ~, *tanto* ~ desto (*od.* um so) schlimmer.

pepa *Am.* [pepa] *f* (Obst-)Kern *m*, *aflojar* (*od.* largar *od.* soltar) la ~ herausrücken (*Geld, mit e-r Neuigkeit*).

pepi|nar [pepi'nar] *m* Gurkenbeet *n*; ~nillos [~'niʎos] *m/pl.* Essiggurken *f/pl.*; ~no [pe'pino] *m* Gurke *f*; *F me importa un* ~ *F* das ist mir schnuppe.

pepita [pe'pita] *f* Obstkern *m*; Goldkorn *n*; *vet.* Pips *m*.

pepitoria [pepi'toria] *f* Geflügelfrikassee *n*; *fig.* Mischmasch *m*.

pepsina [pe'psina] *f* Pepsin *n*.

peque *F* ['peke] *m* Kind *n*, Kleine(r) *m*; ~ñez [peke'ɲeθ] *f* Kleinheit *f*; Kleinlichkeit *f*; Geringheit *f*; Lappalie *f*; ~ño [pe'keɲo] klein; gering; *desde* ~ von klein auf; *en* ~ im kleinen.

pera ['pera] *f* Birne *f*; *partir* ~*s con alg.* mit j-m sehr intim sein.

perada [pe'rada] *f* Birnenmus *n*; Birnenmost *m*.

peral [pe'ral] *m* Birnbaum *m*.

peraltar △ [peral'tar] (1a) überhöhen.

perca ['perka] *f* Barsch *m* (*Fisch*).

percal [per'kal] *m* Perkal *m*.

percance [per'kanθe] *m* Zwischenfall *m*; Mißgeschick *n*.

percatar [perka'tar] (1a), ~se *de a/c.* et. gewahr werden.

percep|ción [perθeb'θiɔn] *f* Wahrnehmung *f*; Erhebung *f* der Steuern; Bezug *m* e-r Summe; ~tible [~θeb'tible] wahrnehmbar; vernehmlich; ~tivo [~'tibo] Wahrnehmungs...; ~tor [~'tɔr] Empfangs...

percibir [perθi'bir] (3a) wahrneh-

men; bemerken; hören; auffassen; *Geld* einnehmen; *Gehalt* beziehen; *Steuern* erheben.

percu|sión [perku'siɔn] *f* Stoß *m*; ✗ Beklopfen *n*, Perkussion *f*; ~sor [~'sɔr] *m*, ~tor [~'tɔr] *m* Schlagbolzen *m*; ~tir ✗ [~'tir] (3a) beklopfen, perkutieren.

perch|a ['pertʃa] *f* Kleiderbügel *m*; Garderobenhalter *m*, -ständer *m*; Stange *f*; ~ero [per'tʃero] *m* Garderobenschrank *m*.

perdedor [perde'dɔr] *m* Verlierer *m*.

perder [per'der] (2g) verlieren; vergeuden; versäumen; verpassen; zugrunde richten; verderben; *echar a* ~ ruinieren; zunichte machen; *echarse a* ~ verderben (*Lebensmittel*); ~ *de vista* aus den Augen verlieren; ~se verlorengehen; zugrunde gehen; verderben; umkommen; sich ins Verderben stürzen; sich verirren; ~ *a/c.* sich et. entgehen lassen, et. verpassen.

perdición [perdi'θiɔn] *f* Verderben *n*; Verderbnis *f*.

pérdida ['perdida] *f* Verlust *m*; Schaden *m*.

perdido [per'dido] **1.** *adj.* verloren; verdorben; verirrt; liederlich; sterblich verliebt (in [*ac.*] por); *estar* ~ *F* geliefert sein; **2.** *m* Taugenichts *m*.

perdi|gón [perdi'gɔn] *m* junges Rebhuhn *m*; *perdigones pl.* Schrot *m od. n*; ~gonada [~go'nada] *f* Schrotschuß *m*; ~guero [~'gero]: (*perro m*) ~ Hühnerhund *m*.

perdiz [per'diθ] *f* Rebhuhn *n*.

perdón [per'dɔn] *m* Begnadigung *f*; Gnade *f*; Verzeihung *f*; Vergebung *f*; *con* ~ mit Erlaubnis.

perdona|ble [perdo'nable] verzeihlich; ~dor [~na'dɔr] verzeihend; ~r [~'nar] (1a) begnadigen; vergeben; verzeihen; (ver)schonen; (er)sparen; auslassen; *no* ~ *ocasión* keine Gelegenheit versäumen; *no* ~ *medio de inf.* kein Mittel (*od.* nichts) unversucht lassen, um zu *inf.*; ~vidas *F* [~na'bidas] *m* Maulheld *m*.

perdu|lario [perdu'lario] *m* unverbesserlicher Taugenichts *m*; ~rable [~'rable] dauerhaft; ewig; ~rar [~'rar] (1a) dauern, bestehenbleiben.

pere|cedero [pereθe'dero] vergänglich; (leicht) verderblich (*Lebensmittel*); ~cer [~'θer] (2d) vergehen;

umkommen, sterben; ~ *ahogado* ertrinken; ersticken; **~cerse**: ~ *por alg.* (*od. a*/*c.*) für j-n (*od. et.*) schwärmen; ~ *por hacer a*/*c.* für sein Leben gern et. tun.

peregri|nación [peregrina'θiɔn] *f* Wallfahrt *f*, Pilgerfahrt *f*; **~nar** [~'nar] (1a) pilgern; **~no** [~'grino] **1.** *adj.* fremd; Wander...; seltsam; wunderbar; **2.** *m* Pilger *m*.

perejil ♀ [pere'xil] *m* Petersilie *f*.

perendengue [peren'deŋge] *m* Tand *m*. [Soundso.]

perengano [peren'gano] *m* Herr

perenn|e [pe'renne] fortdauernd; ewig; ♀ immergrün; **~idad** [perenni'da⁽ᵈ⁾] *f* Fortdauer *f*.

perentori|edad [perentorie'da⁽ᵈ⁾] *f* Dringlichkeit *f*; Endgültigkeit *f*; **~o** [~'torio] dringlich; endgültig.

pere|za [pe'reθa] *f* Faulheit *f*, Trägheit *f*; **~zoso** [pere'θoso] **1.** *adj.* faul; schwerfällig; **2.** *m* Faulenzer *m*, *f* Faulpelz *m*; *Zo.* Faultier *n*.

perfec|ción [perfeg'θiɔn] *f* Vollendung *f*; Vollkommenheit *f*; *a la* ~ vollkommen; **~cionamiento** [~θiona'miento] *m* Vervollkommnung *f*; **~cionar** [~θio'nar] (1a) vervollkommnen; bessern; **¡~tamente!** [~fekta'mente] ausgezeichnet!; **~tible** [~fek'tible] vervollkommnungsfähig; **~to** [~'fekto] **1.** *adj.* vollkommen; vorzüglich; **2.** *m Gram.* Perfekt *n*.

perfidia [per'fiðia] *f* Treulosigkeit *f*; Niedertracht *f*; Tücke *f*.

pérfido ['perfiðo] treulos; falsch; niederträchtig.

perfil [per'fil] *m* Profil *n* (*a.* ⊕); Umriß *m*; *de* ~ im Profil; **~ado** [~fi'laðo] profiliert; scharf geschnitten (*Gesicht*).

perfilar [perfi'lar] (1a) umreißen; skizzieren; **~se** sich abzeichnen.

perfora|ción [perfora'θiɔn] *f* Bohren *n*; Bohrloch *n*; **~dor** [~'dɔr] *m* Locher *m*; Lochzange *f*; **~dora** [~'dora] Bohrmaschine *f*; **~r** [~'rar] (1a) (durch)bohren; lochen.

perfum|ador [perfuma'dɔr] *m* (Duft-)Zerstäuber *m*; **~ar** [~'mar] (1a) parfümieren; durchduften; **~e** [~'fume] *m* Duft *m*; Parfüm *n*; **~ería** [~fume'ria] *f* Parfümeriewaren *f*/*pl.*; Parfümerie *f*.

pergamino [perga'mino] *m* Pergament *n*.

pergenio *Am.* [per'xenio] *m* Bengel *m*, Lausbub *m*.

perge|ñar F [perxe'nar] (1a) zustande bringen; **~ño** F [~'xeno] *m* Aufmachung *f*; Aussehen *n*.

pérgola ['pergola] *f* Laubengang *m*.

pericia [pe'riθia] *f* Erfahrung *f*; (Sach-)Kenntnis *f*; **~l** [peri'θial] fachkundig, sachverständig.

perico [pe'riko] *m* kleiner Papagei *m*; *Am. reg.* Schwätzer *m*; *Am. Cent.* Kompliment *n*; **~te** *Am. Mer.* [~ri'kote] *m* Feldratte *f*.

periferia [peri'feria] *f* Peripherie *f*; Umkreis *m*; Stadtrand *m*.

perifollo ♀ [peri'foλo] *m* Kerbel *m*; **~s** *pl.* Putz *m*, Schmuck *m*.

perífrasis [pe'rifrasis] *f* Umschreibung *f*.

perigallo [peri'gaλo] *m* Doppelkinn *n*; F *fig.* lange Latte *f*.

perilla [pe'riλa] *f* Spitzbart *m*; ~ (*de la oreja*) Ohrläppchen *n*; F *de* ~(*s*) höchst erwünscht; gerade recht.

perillán [peri'λan] *m* gerissener Gauner *m*.

perímetro [pe'rimetro] *m* Umfang *m*.

perínclito [pe'riŋklito] hochberühmt.

periodicidad [perioðiθi'da⁽ᵈ⁾] *f* periodische Wiederkehr *f*.

periódico [pe'riɔðiko] **1.** *adj.* periodisch; **2.** *m* Zeitung *f*.

perio|dismo [perio'ðizmo] *m* Zeitungswesen *n*; Journalismus *m*; **~dista** [~'ðista] *m* Journalist *m*; **~dístico** [~'ðistiko] journalistisch; Zeitungs...

período [pe'riɔðo] *m* Periode *f* (*a.* ♀); Zeitraum *m*.

peripecia [peri'peθia] *f* Wechselfall *m*; Schicksalswendung *f*; Zwischenfall *m*.

peripuesto F [peri'p̌uesto] geschniegelt u. gebügelt.

peri|quete F [peri'kete]: *en un* ~ im Nu; **~quito** [~'kito] *m* Wellensittich *m*.

periscopio [peris'kopio] *m* Sehrohr *n*, Periskop *n*.

peristilo △ [peris'tilo] *m* Säulengang *m*.

peritaje [peri'taxe] *m* Gutachten *n*.

perito [pe'rito] **1.** *adj.* erfahren; **2.** *m* Sachverständige(r) *m*; Fachmann *m*; Gutachter *m*.

perito|neo [perito'neo] *m* Bauchfell *n*; **∼nitis** [∼'nitis] *f* Bauchfell-entzündung *f*.

perju|dicar [perxudi'kar] (1g) schaden, schädigen; beschädigen; **∼dicial** [∼'θial] schädlich; **∼icio** [∼'xŭiθio] *m* Schaden *m*; Nachteil *m*; *sin ∼ de* unbeschadet (*gen.*), vorbehaltlich (*gen.*).

perju|rar [perxu'rar] (1a) e-n Meineid schwören; **∼rio** [∼'xurio] *m* Meineid *m*; **∼ro** [∼'xuro] meineidig.

perla ['perla] *f* Perle *f (a. fig.)*; *de ∼s* ausgezeichnet; wie gerufen.

perlon ['perlon] *m* Perlon *n*.

permane|cer [permane'θer] (2d) (ver)bleiben; verharren; fortdauern; **∼ncia** [∼'nenθia] *f* Fortdauer *f*; Verweilen *n*; Aufenthalt *m*; **∼nte** [∼'nente] **1.** *adj.* bleibend; dauernd; Dauer...; **2.** *f* Dauerwelle *f*.

permea|bilidad [permeabili'da^(d)] *f* Durchlässigkeit *f*; **∼ble** [∼'able] durchlässig.

permi|sible [permi'sible] zulässig, statthaft; **∼so** [∼'miso] *m* Erlaubnis *f*; Genehmigung *f*; Bewilligung *f*; Urlaub *m*; Zulassung *f*; *∼ de conducir* Führerschein *m*; *∼ sin sueldo* unbezahlter Urlaub *m*; *con ∼* mit Verlaub; *estar con (od. de) ∼* auf Urlaub sein; **∼tir** [∼mi'tir] (3a) erlauben, gestatten; zulassen.

permuta [per'muta] *f* Tausch *m*; **∼ble** [∼mu'table] vertauschbar; **∼ción** [∼muta'θion] *f* Tausch *m*; Auswechslung *f*; *Arith.* Permutation *f*; **∼dor** ✍ [∼muta'dor] *m* Umschalter *m*; **∼r** [∼'tar] (1a) vertauschen; umsetzen.

perne|ar F [perne'ar] sich die Beine ablaufen, herumrennen; **∼ra** [∼'nera] *f* Hosenbein *n*.

perniabierto [pernia'bierto] mit gespreizten Beinen.

pernicioso [perni'θioso] verderblich; ✍ bösartig.

pernil [per'nil] *m* Kchk. Keule *f*, Schlegel *m*; Hosenbein *n*.

pernio ['pernio] *m* (Fenster-, Tür-) Angel *f*.

perno ['perno] *m* Bolzen *m*, Zapfen *m*.   [nachten.⌐

pernoctar [pernɔk'tar] (1a) über-⌐

pero ['pero] *cj.* aber; jedoch; sondern; *no tiene ∼* es ist nichts daran auszusetzen.

perogrullada F [perogru'ʎada] *f* Binsenwahrheit *f*.

perol [pe'rɔl] *m* Schmortopf *m*.

peroné [pero'ne] *m* Wadenbein *n*.

peroración [perora'θion] *f* Rede *f*; Schlußwort *n*.

perora|r [pero'rar] (1a) e-e Rede halten; inständig bitten; F salbadern; **∼ta** [∼'rata] *f* langweilige Rede *f*.

perpendicular [perpendiku'lar] **1.** *adj.* lot-, senkrecht; **2.** *f* Lot-, Senkrechte *f*.

perpetra|ción [perpetra'θion] *f* Verübung *f e-s Verbrechens*; **∼r** [∼'trar] (1a) *ein Verbrechen* begehen.

perpetua ♀ [per'petŭa] *f* Strohblume *f*.

perpetu|ación [perpetŭa'θion] *f* Fortdauer *f*; Verlängerung *f*; *∼ de la especie* Arterhaltung *f*; **∼ar** [∼'tŭar] (1e) verewigen; **∼idad** [∼tŭi'da^(d)] *f* Fortdauer *f*; *a ∼* lebenslänglich; **∼o** [∼'petŭo] fortdauernd; lebenslänglich, auf Lebenszeit; ewig.

perple|jidad [perplexi'da^(d)] *f* Verlegenheit *f*; Bestürzung *f*; **∼jo** [∼'plexo] verlegen; verwirrt; betreten, bestürzt.

pe|rra ['perra] *f* Hündin *f*; F Schwips *m*; *∼ chica (∼ gorda)* span. Kupfermünze *f* zu 5 (10) *céntimos*; *∼s pl.* F Geld *n*; **∼rrada** [pe'rrada] *f* niederträchtiger Streich *m*; Meute *f*; **∼rramente** F [perra'mente] hundsgemein; **∼rrera** [pe'rrera] *f* Hundeabteil *n*; Hundehütte *f*, -zwinger *m*; **∼rrería** [perre'ria] *f* Gemeinheit *f*; **∼rrero** [pe'rrero] *m* Hundewärter *m*; Hundefänger *m*; **∼rrillo** [pe'rriʎo] *m* Schoßhündchen *n*; **∼rro** ['perro] *m* Hund *m*; *∼ de aguas, ∼ de lanas* Pudel *m*; *∼ de caza* Jagdhund *m*; *∼ lobo* Wolfshund *m*; *∼ de muestra* Vorstehhund *m*; *∼ pastor* Schäferhund *m*; *∼ de Terranova* Neufundländer *m*; F *dar ∼ a alg.* j-n warten lassen; *darse a ∼s* außer sich geraten; **∼rruno** [pe'rruno] hündisch; Hunde...

persa ['persa] **1.** *adj.* persisch; **2.** *su.* Perser(in *f*) *m*.

perse|cución [perseku'θion] *f* Verfolgung *f*; **∼guidor** [∼gi'dor] *m* Verfolger *m*; **∼guir** [∼'gir] (3l *u.* 3d) verfolgen.

perseve|rancia [persebe'ranθia] *f* Beharrlichkeit *f*; Ausdauer *f*; **∼rante** [∼'rante] beharrlich; **∼rar**

[ˌ'rar] (1a) beharren (auf [*dat.*] en).

persiana [pɛr'sĩana] *f* Fensterladen *m*; Jalousie *f*; ~ (*enrollable*) Rolladen *m*.

persignarse [pɛrsig'narse] (1a) sich bekreuzigen.

persis|tencia [pɛrsis'tenθĩa] *f* Ausdauer *f*; Fortbestand *m*; ~tente [ˌ'tente] andauernd; ~tir [ˌ'tir] (3a) andauern, anhalten.

persona [pɛr'sona] *f* Person *f*; en ~ persönlich; ~ *jurídica* juristische Person *f*; ~je [ˌ'so'naxe] *m* hohe Persönlichkeit *f*; *Thea.* Person *f*; ~l [ˌso'nal] **1.** *adj.* persönlich; **2.** *m* Personal *n*; P Leute *pl.*; ~ *de tierra* Bodenpersonal *n*; ~lidad [ˌsonali-'da⁽ᵈ⁾] *f* Persönlichkeit *f*; ~lismo [ˌsona'lizmo] *m* Selbstsucht *f*; Personenkult *m*; ~lizar [ˌsonali'θar] (1f) personifizieren; *v/i.* persönlich werden; ~rse [ˌso'narse] (1a) *persönlich* erscheinen; vorstellig werden.

personería *Rpl.* [pɛrsone'ria] *f* (*bsd.* Rechts-)Persönlichkeit *f*.

personificar [pɛrsonifi'kar] (1g) personifizieren, verkörpern.

perspectiva [pɛrspek'tiβa] *f* Perspektive *f*; *fig.* Aussicht *f*.

perspi|cacia [pɛrspi'kaθĩa] *f* Scharfblick *m*, -sinn *m*; ~caz [ˌ'kaθ] scharfsinnig; ~cuo [ˌ'pikŭo] klar, deutlich.

persua|dir [pɛrsŭa'dir] (3a) überreden; überzeugen, ~sible [ˌ'sible] glaubhaft; ~sión [ˌ'sĩon] *f* Überredung *f*; Überzeugung *f*; ~siva [ˌ'siβa] *f* Überredungsgabe *f*; ~sivo [ˌ'siβo] überzeugend.

pertene|cer [pɛrtene'θer] (2d) (an-) gehören; dazugehören; ~ciente [ˌ'θiente] zugehörig (zu [*dat.*] a); ~ncia [ˌ'nenθĩa] *f* Zugehörigkeit *f*; Eigentum *n*; Zubehör *n*.

pérti|ga ['pertiga] *f* Stange *f*; ~go [ˌgo] *m* Deichsel *f*.

pertina|cia [pɛrti'naθĩa] *f* Hartnäckigkeit *f*; ~z [ˌ'naθ] hartnäckig.

pertinente [pɛrti'nente] zur Sache gehörig; treffend, sachgemäß; zulässig; einschlägig.

pertre|char [pɛrtre'tʃar] (1a) ausrüsten; herrichten; ~chos [ˌ'tretʃos] *m/pl.* Geräte *n/pl.*

pertur|bación [pɛrturba'θĩon] *f* Störung *f*; Unruhe *f*; ~ *mental*

Geistesgestörtheit *f*; ~bador [ˌba-'dɔr] **1.** *adj.* verwirrend; **2.** *m* Ruhestörer *m*; ~bar [ˌ'bar] (1a) stören; beunruhigen.

peruano [peru'ano] **1.** *adj.* peruanisch; **2.** *m*, -a *f* Peruaner(in *f*) *m*.

perver|sidad [pɛrbersi'da⁽ᵈ⁾] *f* Verderbtheit *f*; ~sión [ˌ'sĩon] *f* Verderbnis *f*; Entartung *f*; ~ *sexual* Perversion *f*; ~so [ˌ'berso] verderbt, entartet; widernatürlich, pervers.

perverti|miento [pɛrberti'mĩento] *m* Verführung *f*; Verderbtheit *f*; ~r [ˌ'tir] (3i) verderben; verführen; *Wahrheit* verdrehen; ~rse sittlich verkommen.

pesa ['pesa] *f* Gewicht(stück) *n*; *Sport:* Hantel *f*; *Am. Cent., Col., Ven.* Metzgerei *f*, Fleischerei *f*; ~cartas [pesa'kartas] *m* Briefwaage *f*; ~dez [ˌ'deθ] *f* Schwere *f*; Schwerfälligkeit *f*; Plumpheit *f*; Beschwerlichkeit *f*; Schwüle *f*.

pesa|dilla [pesa'diλa] *f* Alpdruck *m*; ~do [pe'saᵈo] schwer; lästig; aufdringlich; langweilig; schwül (*Wetter*); ~dumbre [pesa'dumbre] *f* Schwerfälligkeit *f*; Kummer *m*.

pésame ['pesame] *m* Beileid *n*; *dar el* ~ sein Beileid aussprechen.

pesar [pe'sar] (1a) **1.** *v/t.* (ab-) wägen; **2.** *v/i.* wiegen; leid (tun) reuen; *mal que le pese ob er will oder nicht; mal que me pese so leid es mir tut;* **3.** *m* Leid *n*; Kummer *m*; Betrübnis *f*; *a* ~ *de trotz* (*gen od. dat.*); *a* ~ *de inf.* obwohl; *a* ~ *mío* zu m-m Bedauern.

pesaroso [pesa'roso] reuig; betrübt.

pesca ['peska] *f* Fischfang *m*; Fischerei *f*; *gefangene Fische m/pl.* ~ *de altura* Hochseefischerei *f*; ~ *de bajura* Küstenfischerei *f*; ~ *submarina* Unterwasserjagd *f*; ~dería [peskade'ria] *f* Fischgeschäft *n*; ~dero *m*, -a *f* [ˌ'dero, ˌ'dera] Fischhändler(in *f*) *m*; ~dilla [ˌ'diλa] *f* Weißling *m* (*Fisch*); ~do [ˌ'kaᵈo] *m* Kchk. Fisch *m*; ~dor [ˌka'dɔr] *m* Fischer *m*; *Chi., Rpl.* Fischhändler *m*; ~ *de caña* Angler *m*; ~nte [ˌ'kante] *m* Kutschbock *m*; ~r [ˌ'kar] (1g) fischen; F erwischen; aufschnappen; ~ *con caña* angeln; ~ *en río revuelto* im trüben fischen; F *no sabe lo que se pesca* er weiß nicht, um was es geht.

pescozón [pesko'θɔn] *m* Schlag *m* ins Genick.

pescuezo [pes'k̆ŭeθo] *m* Genick *n*; Nacken *m*; Hals *m*.

pese a ['pese a] trotz.

pesebre [pe'sebre] *m* Krippe *f*.

pesero [pe'sero] *m Am. Cent., Col., Ven.* Metzger *m*, Fleischer *m*; *Méj.* Sammeltaxi *n*.

peseta [pe'seta] *f* Pesete *f*; F *cambiar la ~* sich übergeben.

pesillo [pe'siʎo] *m* Goldwaage *f*.

pesimis|mo [pesi'mizmo] *m* Pessimismus *m*; **~ta** [~'mista] **1.** *adj.* pessimistisch; **2.** *m* Pessimist *m*, Schwarzseher *m*.

pésimo ['pesimo] sehr schlecht.

peso ['peso] *m* Gewicht *n* (*a. fig.*); Schwere *f*; Last *f*; Waage *f*; Peso *m* (*Währungseinheit*); ~ *atómico* Atomgewicht *n*; ~ *bruto* Bruttogewicht *n*; ~ *específico* spezifisches Gewicht *n*; ~ *neto* Nettogewicht *n*; ~ *pesado* Boxen: Schwergewicht *n*; ~ *pluma* Federgewicht *n*; *al* ~ nach Gewicht; *de* ~ (ge)wichtig; *caer(se) de su ~* selbstverständlich sein.

pespun|te(a)r [pespun'tar, ~te'ar] (1a) steppen; **~te** [~'punte] *m* Steppen *n*; Stepparbeit *f*.

pesque|ra [pes'kera] *f* Wehr *n*; **~ría** [~ke'ria] *f* Fischerei *f*; **~ro** [~'kero] **1.** *adj.* Fischer...; **2.** *m* Fischdampfer *m*.

pesqui|sa [pes'kisa] *f* Untersuchung *f*; Nachforschung *f*; Fahndung *f*; **~sar** [~ki'sar] (1a) untersuchen; nachforschen.

pesta|ña [pes'taɲa] *f* Augenwimper *f*; ⊕ Spurkranz *m*, Radkranz *m*; **~ñada** *Am.* [~ta'ɲada] *f* Blinzeln *n*; **~ñar** *Am.* [~ta'ɲar] (1a), **~ñear** [~taɲe'ar] (1a) blinzeln; *sin* ~ ohne mit der Wimper zu zucken; **~ñeo** [~ta'ɲeo] *m* Blinzeln *n*.

peste ['peste] *f* Pest *f*; *fig.* Gestank *m*; ~ *bubónica* Beulenpest *f*; *echar ~s* wüst schimpfen.

pestífero [pes'tifero] verpestend.

pestilen|cia [pesti'lenθia] *f* Pestilenz *f*; **~te** [~'lente] verpestend, abscheulich stinkend.

pestillo [pes'tiʎo] *m* Riegel *m* (*Tür u. Fenster*).

petaca [pe'taka] **1.** *f* Zigarrentasche *f*; Tabaksbeutel *m*; *Am.* Reisekoffer *m*, -korb *m*; *Am. Cent.* Buckel *m*; **2.** *adj. Am.* träge, schwerfällig.

pétalo ['petalo] *m* Blütenblatt *n*.

petar|dero [petar'dero] *m* Feuerwerker *m*; **~dista** [~'dista] *m* Betrüger *m*.

petardo [pe'tardo] *m* Spreng-, Feuerwerkskörper *m*; Betrug *m*.

petate [pe'tate] *m* Bettsack *m*; F Gepäck *n*; *bsd. Am.* Taugenichts *m*; F *liar el* ~ *fig.* sein Bündel schnüren; sterben, F abkratzen.

petici|ón [peti'θiɔn] *f* Bitte *f*; Gesuch *n*; Bittschrift *f*; Anliegen *n*; *a* ~ *de* auf Ersuchen (*od.* Wunsch) von; *hacer la* ~ *de mano* um die Hand e-s Mädchens anhalten; **~onario** [~θio'nario] *m* Bittsteller *m*.

petimetre [peti'metre] *m* Geck *m*, Fatzke *m*.

petirrojo [peti'rroxo] *m* Rotkehlchen *n*.

petiso *Am.* [pe'tiso] *m* kleines Pferd *n*, Pony *n*.

petitorio [peti'torio] Bitt...

peto ['peto] *m* Brustpanzer *m*; Arbeitsanzug *m*; *Zo.* Bauchpanzer *m*.

pétreo ['petreo] Stein..., steinern.

petrificarse [petrifi'karse] (1g) versteinern (*a. fig.*).

petróleo [pe'troleo] *m* Erdöl *n*; Petroleum *n*.

petro|lero [petro'lero] **1.** *adj.* Erdöl...; Petroleum...; **2.** *m* 🛦 Tanker *m*; **~lífero** [~'lifero] erdölhaltig, Erdöl...

petulan|cia [petu'lanθia] *f* Anmaßung *f*; Eitelkeit *f*; **~te** [~'lante] eitel; anmaßend; dreist.

peyorativo [pejora'tiβo] verschlechternd; *Gram.* abschätzig, pejorativ.

pez¹ [peθ] *m* Fisch *m*; ~ *espada* Schwertfisch *m*; F *un* ~ *gordo* F ein hohes Tier; *estar* ~ F keine Ahnung haben.

pez² [peθ] *f* Pech *n*.

pezón [pe'θɔn] *m* Brustwarze *f*; Zitze *f*; ⚘ Stiel *m*.

pezuña [pe'θuɲa] *f* Klaue *f*.

piadoso [pia'doso] mild(tätig); fromm; mitleidig.

piafar [pia'far] (1a) tänzeln (*Pferd*).

pia|nista [pia'nista] *m* Pianist *m*; **~no** ['piano] *m* Klavier *n*; Piano *n*; ~ *de cola* Flügel *m*; ~ *de media cola* Stutzflügel *m*; F *tocar* (*el*) ~ *Am. reg.* stehlen, F klauen.

piar [pi'ar] (1c) piepen; *fig.* ~ *por a/c.* nach et. (*dat.*) lechzen.

piara ['piara] *f* Schweineherde *f*.

pibe 390

pibe *Bol., Rpl.* ['pibe] *m* Kleine(r) *m*, Bubi *m*.

pica ['pika] *f* Pike *f*; Spieß *m*; Spitzhacke *f*, Pickel *m*; *fig.* poner una ~ en *Flandes* ein schweres Stück Arbeit verrichten; *fig.* poder pasar por las ~s de *Flandes* über alle Kritik erhaben sein.

picacho [pi'katʃo] *m* Bergspitze *f*.

picada [pi'kaða] *f* Insektenstich *m*; Schnabelhieb *m*; *Am.* Waldschneise *f*.

picadero [pika'ðero] *m* Reitbahn *f*; Reitschule *f*; Tattersall *m*; F sturmfreie Bude *f*.

picadillo [pika'ðiʎo] *m Kchk.* Haschee *n*; Wurstfülle *f*.

picado [pi'kaðo] **1.** *adj.* angefault; wurmstichig (*Obst*); bewegt (*Meer*); *Méj.* angeheitert; *Am. reg.* pikiert, verärgert; **2.** *m* ♪ Stakkato *n*; ✈ ~ (vertical) Sturzflug ✈.

picador [pika'ðor] *m* Zureiter *m*; *Stk.* Picador *m* (berittener Stierkämpfer mit Lanze).

pica|dora [pika'ðora] *f* Fleischwolf *m*; **~dura** [~'ðura] *f* Insektenstich *m*.

picaflor [pika'flor] *m* Kolibri *m*; *fig. Am.* Don Juan *m*.

pica|jón [pika'xon], **~joso** [~'xoso] reizbar, empfindlich.

picante [pi'kante] **1.** *adj.* scharf, pikant; prickelnd; *fig.* anzüglich; **2.** *m Arg., Bol., Pe.* ein scharf gewürztes Gericht; **~ría** *Bol., Pe.* [~kante'ria] *f* Garküche *f*.

pica|pedrero [pikape'ðrero] *m* Steinklopfer *m*; **~pleitos** F [~'pleitos] *m* Winkeladvokat *m*; **~porte** [~'porte] *m* Türklinke *f*, -klopfer *m*; Drücker *m*.

picar [pi'kar] (1g) **1.** *v/t.* stechen; beißen; picken; *Pferd* (an)spornen; kleinhacken; *den Stier* mit der Pike stechen; *Stein* behauen; (an)klopfen; *fig.* ärgern, reizen; **2.** *v/i.* brennen; jucken; stechen (*Sonne*); anbeißen (*Fisch*); ✈ im Sturzflug niedergehen; ~ muy alto hoch hinauswollen; ~ en a/c. et. fast od. beinahe sein; **3.** **~se** e-n Stich bekommen (*Wein*); anfangen zu faulen; sich kräuseln (*Wasser*); *Am. reg.* F sich einen ansäuseln; ~ de a/c. sich durch et. (acc.) verletzt fühlen; sich als et. aufspielen; **~día** [pikar'ðia] *f* Schurkenstreich *m*; **~esco** [pika-'resko] spitzbübisch; Schelmen...

pícaro ['pikaro] **1.** *adj.* schurkisch; spitzbübisch; durchtrieben; schlau; **2.** *m* Schurke *m*; Gauner *m*; Schelm *m*, Schlingel *m*, F Lausbub *m*.

picarón *Chi., Méj., Pe.* [pika'ron] *m* Art Krapfen *m*.

picatoste [pika'toste] *m* geröstete Brotschnitte *f*.

picaza [pi'kaθa] *f* Elster *f*.

picazo [pi'kaθo] *m* Pikenstich *m*; Stichnarbe *f*; Schecke *m* (*Pferd*).

picazón [pika'θon] *f* Jucken *n*; *fig.* Ärger *m*.

Picio F ['piθjo]: *más feo que* ~ häßlich wie die Nacht.

pico ['piko] *m* Schnabel *m*; Tülle *f*; Spitze *f*; Zipfel *m*; Spitzhacke *f*; Berggipfel *m*; Specht *m*; F de ~ nur mit dem Mund; *diez pesetas y* ~ et. über 10 Peseten; a las tres y ~ kurz nach 3 Uhr; cerrar el ~ F den Schnabel halten; tener buen ~ F eine große Klappe haben.

picor [pi'kor] *m* Jucken *n*; Brennen *n*.

picota [pi'kota] *f* Schandpfahl *m*; Pranger *m*; Spitze *f* (*Berg, Turm*).

picota|da [piko'taða] *f*, **~zo** [~'taθo] *m* Schnabelhieb *m*.

picot|ear [pikote'ar] (1a) picken; F schwatzen; **~earse** F sich zanken, keifen; **~ería** F [~te'ria] *f* Geschwätzigkeit *f*; **~ero** [~'tero] **1.** *adj.* schwatzhaft; **2.** *m* Schwätzer *m*.

pictórico [pik'toriko] malerisch; Mal...

picudo [pi'kuðo] spitz; geschwätzig.

picha V ['pitʃa] *f* Penis *m*, V Schwanz *m*.

pichicato *Am. reg.* [pitʃi'kato] *m* Knauser *m*.

pichincha *Am.* [pi'tʃintʃa] *f* Glückskauf *m*.

pichón [pi'tʃon] *m* junge Taube *f*; *Am.* junger Vogel *m*; *fig.* F Schätzchen *n*, Täubchen *n*.

pie [pje] *m* Fuß *m*; Pfote *f*; Untersatz *m*, Ständer *m*, Gestell *n*; ♀ Strunk *m*; *Chi.* Anzahlung *f*; ~ plano Platt-, Senkfuß *m*; ~ valgo Knickfuß *m*; ~ de imprenta Typ. Impressum *n*; a ~ (✗ de a) zu Fuß; a ~s juntillas mit beiden Füßen zugleich; felsenfest; al ~ am Ende, am Schluß; unten; al ~ de la letra buchstäblich, wörtlich; de ~ stehend; en ~ de guerra auf Kriegsfuß; de ~s a cabeza von Kopf bis Fuß; caer de ~s auf die Füße fallen (*a. fig.*); *dar ~ para a/c.* Anlaß geben zu (*dat.*); *echar ~ a tierra* ab-, aussteigen; *estar de ~* stehen; *estar en ~* fortbestehen, fortdauern; *hacer ~* Fuß fassen; *perder ~* den Boden unter den Füßen verlieren; *fig.* den Faden verlieren; *no tener ni ~s ni cabeza* weder Hand noch Fuß haben; *ponerse de ~* aufstehen; F *poner ~s en polvorosa* sich aus dem Staub machen; *volver ~s atrás* zurückweichen.

piedad [pǐe'da⁽ᵈ⁾] *f* Frömmigkeit *f*; Mitleid *n*; Erbarmen *n*.

piedra ['pǐedra] *f* Stein *m*; Hagel *m*; *~ angular* Eckstein *m*; *~ arenisca* Sandstein *m*; *~ de escándalo* Stein *m* des Anstoßes; *~ preciosa* Edelstein *m*; *~ de toque* Prüfstein *m*; *colocar la primera ~* den Grundstein legen; F *quedarse de ~* erstarren (*vor Schreck usw.*).

piel [pǐel] *f* Haut *f*; Leder *n*; Fell *n*; Pelz *m*; *~ de Rusia* Juchtenleder *n*; *~ roja* Rothaut *f* (*Indianer*).

piélago ['pǐelago] *m poet.* Meer *n*.

pienso¹ ['pǐenso] *s. pensar*; *ni por ~* nicht im Traum.

pienso² ['pǐenso] *m* trockenes Viehfutter *n*.

pierna ['pǐerna] *f* Bein *n*; *Kchk.* Keule *f*; *a ~ suelta* sorglos; F *echar ~s* renommieren; P angeben.

pieza [pǐe'θa] *f* Stück *n* (*a. Thea., ♩*); Zimmer *n*; Münze *f*; Schachfigur *f*; Geschütz *n*; *ironisch: buena ~ feiner Kunde m*; ⚑ *~ de convicción* Beweisstück *n*; *~ de repuesto* (*od. de recambio*) Ersatzteil *n od. m*; *quedarse de una ~* verblüfft sein.

pífano ♩ ['pifano] *m* Querpfeife *f*.

pifia ['pifia] *f Billardspiel:* Fehlstoß *m*; Schnitzer *m*; *Chi., Pe., Rpl.* Spott *m*.

pigmeo [pig'meo] **1.** *adj.* zwerghaft; **2.** *m* Pygmäe *m*, Zwerg *m*.

pigno|ración [pignora'θǐon] *f* Verpfändung *f*; **~rar** [~'rar] (1a) verpfänden.

pijama [pi'xama] *m* Pyjama *m*, Schlafanzug *m*.   [lumpig.⟩

pijotero F [pixo'tero] knickerig,⟩

pi|la ['pila] *f* Wassertrog *m*; (Spül-) Becken *n*; Haufen *m*; Stoß *m*; Stapel *m*; Brückenpfeiler *m*; ⚡ Element *n*; ⚡ Batterie *f*; *~ atómica* Atommeiler *m*; *~ bautismal* Taufbecken *n*; **~lar** [pi'lar] *m* Pfeiler *m*;

einzelnstehende Säule *f*; Wegweiser *m*; *fig.* Stütze *f*.

pilastra [pi'lastra] *f* Wandpfeiler *m*.

píldora ['pildora] *f* Pille *f* (*a. fig.*); *dorar la ~ fig.* die Pille versüßen.

pileta [pi'leta] *f* kleines Becken *n*; *Am. reg.* Schwimmbassin *n*.

pilón [pi'lɔn] *m* Wasch-, Brunnentrog *m*; Zuckerhut *m*; Laufgewicht *n* (*Waage*); Mörser *m*; ⚑ Pylon *m*; *Méj., Ven.* Trinkgeld *n*; *de ~ Méj.* obendrein.

pilongo [pi'lɔŋgo] hager; *castaña f ~a* getrocknete Kastanie *f*.

pilo|taje [pilo'taxe] *m* Lotsengeld *n*; Pfahlrost *m*, Pfahlwerk *n*; **~tar** [~'tar] (1a) ⚓ lotsen; *Flugzeug, Auto* lenken; **~te** [pi'lote] *m* Rammpfahl *m*; **~to** [~'to] *m* Lotse *m*; Pilot *m*, Flugzeugführer *m*; Rennfahrer *m*; *~ de pruebas* Testpilot *m*.

piltrafa [pil'trafa] *f* mageres, schlechtes Fleisch *n*; **~s** *pl.* (Fleisch-)Abfall *m*.

pilla|da [pi'ʎada] *f* Schurkenstreich *m*; **~je** [~xe] *m* Kriegsbeute *f*; Raub *m*; Plünderung *f*; **~r** [pi'ʎar] (1a) plündern; rauben; F erwischen.

pillastre F [pi'ʎastre] *m* Schurke *m*.

pill|ería [piʎe'ria] *f* Gesindel *n*; Schurkenstreich *m*; **~ín** F [pi'ʎin] *m* Schlingel *m*.

pill|o [pi'ʎo] **1.** *adj.* schlau; listig; durchtrieben; **2.** *m* Schurke *m*; Spitzbube *m*; **~uelo** [pi'ʎuelo] *m* Schlingel *m*; F Lausbub *m*.

pimentero [pimen'tero] *m* ♀ Pfefferstrauch *m*; Pfefferbüchse *f*.

pimentón [pimen'tɔn] *m* (gemahlener) Paprika *m*.

pimien|ta [pi'mǐenta] *f* Pfeffer *m*; **~to** [~to] *m* Paprikaschote *f*; spanischer Pfeffer *m*.

pim|pante F [pim'pante] stramm; forsch; schick (angezogen); **~pollo** [~'poʎo] *m* Schößling *m*; Knospe *f*; *fig.* hübscher Junge *m*.

pina ['pina] *f* Felge *f am Rad*.

pinabete [pina'bete] *m* Tanne *f*.

pinacoteca [pinako'teka] *f* Gemäldegalerie *f*, Pinakothek *f*.

pináculo [pi'nakulo] *m* Giebel *m*; Zinne *f*; *fig.* Gipfel *m*.

pinar [pi'nar] *m* Kiefernwald *m*.

pinaza ⚓ [pi'naθa] *f* Pinasse *f*.

pincel [pin'θel] *m* Pinsel *m*; **~ada** [~θe'lada] *f*, **~azo** *Am.* [~'laθo] *m* Pinselstrich *m*.

pinchar

pincha|r [pin'tʃar] (1a) stechen; *Kfz.* e-e Panne haben; *fig.* reizen; **~zo** [~'tʃaθo] *m* Stichwunde *f*; *Kfz.* Reifenpanne *f*; *fig.* Stichelei *f*.

pinche ['pintʃe] *m* Küchenjunge *m*.

pincho F ['pintʃo] *m* Stachel *m*.

pindonga F [pin'doŋga] *f* Herumtreiberin *f*.

pin|gajo [piŋ'gaxo], **~go** F ['piŋgo] *m* Fetzen *m*.

pingüe ['piŋgu̯e] fettig; *fig.* ergiebig, einträglich.

pingüino [piŋ'gu̯ino] *m* Pinguin *m*.

pinitos [pi'nitos] *m/pl.* die ersten Schritte *m/pl.* e-s Kindes; *fig.* erste Versuche *m/pl.*

pino[1] ['pino] steil; **en ~** aufrecht.

pino[2] ['pino] *m* Pinie *f*; Kiefer *f*; Pinien-, Kiefernholz *n*.

pinocha [pi'notʃa] *f* Fichten-, Kiefernnadel *f*; *Rpl.* Maiskolben *m*.

pinol(e) *Am. Cent., Méj.* [pi'nol(e)] *m* geröstetes Maismehl *n*; *ein* Getränk.

pinta ['pinta] *f* Narbe *f*; Flecken *m*, Tupfen *m*; Aussehen *n*; **~da** [pin'tada] *f* Perlhuhn *n*; *neol.* Wandschmiererei *f*; **~dillo** [~ta'diʎo] *m* Stieglitz *m*; **~do** [~'tado] vielfarbig, bunt; *como* **~** wie gerufen; F *ni* **~** ausgezeichnet; **~monas** F [~ta'monas] *m* schlechter Maler *m*, Kleckser *m*.

pintar [pin'tar] (1a) *v/t.* malen; (an)streichen; schildern; ausschmücken; F *no* **~** *nada* nichts zu sagen (F zu melden) haben; *v/i.* sich färben; reifen (*Früchte*); **~se** sich schminken.

pintarra|j(e)ar [pintarraxe'ar, ~'xar] (1a) sudeln, klecksen; **~jo** [~'rraxo] *m* Sudelei *f*, Kleckserei *f*.

pintipa|rado [pintipa'raᵈo] ganz ähnlich; sehr gelegen *od.* passend; **~rar** F [~'rar] (1a) vergleichen.

pintor [pin'tor] **1.** *m* Maler *m*; **~** *de brocha gorda* Anstreicher *m*; **2.** *adj. Am. Mer.* prahlerisch; **~esco** [~to'resko] malerisch.

pintu|ra [pin'tura] *f* Malerei *f*; Gemälde *n*, Bild *n*; Anstrich *m*; (Mal-)Farbe *f*; Beschreibung *f*; **~rería** *Rpl.* [~ture'ria] *f* Farbengeschäft *n*.

pinturero F [pintu'rero] *m* Geck *m*.

pinza [pin'θa] *f* (Wäsche-)Klammer *f*; Klemme *f*; **~s** *pl.* Zange *f*; Pinzette *f*; (Krebs-)Scheren *f/pl.*

pinzón [pin'θon] *m* Fink *m* (*Vogel*).

piña ['piɲa] *f* Tannen-, Kiefern-, Pinienzapfen *m*; **~** (*de América*) Ananas *f*.

piñón [pi'ɲon] *m* Pinienkern *m*; kleines Zahnrad *n*, Ritzel *n*; F *estar a partir un* **~** *con alg.* mit j-m eng (F dick) befreundet sein.

pío[1] ['pio] **1.** *adj.* fromm; gutherzig; **2.** *m* Piepen *n*, Gepiep(s)e *n*; *no decir ni* **~** keinen Piep sagen.

pío[2] ['pio] **1.** *adj.* scheckig; **2.** *m*: (*caballo m*) **~** Schecke *m*.

pio|jería [pioxe'ria] *f* Verlausung *f*; F Elend *n*; **~jillo** [~'xiʎo] *m* Geflügellaus *f*; **~jo** [~'pioxo] *m* Laus *f*; **~joso** [pio'xoso] lausig; verlaust; filzig, knickerig.

pio|la *Am.* ['pi̯ola] *f* Strick *m*, Schnur *f*; **~lín** *Arg.* [pio'lin] *m* Bindfaden *m*, Schnur *f*; **~nono** *Am. reg.* [~'nono] *m* Art Süßgebäck.

pipa ['pipa] *f* Weinpipe *f*, Faß *n*; Tabakspfeife *f*; ♀ Kern *m*; F *Am. Mer.*, *P.R.* Bauch *m*.

pipar [pi'par] (1a) Pfeife rauchen.

pipeta [pi'peta] *f* Pipette *f*, Stechheber *m*.

pipí F [pi'pi] *m* F Pipi *n*; *hacer* **~** pinkeln, F Pipi machen.

pipiolo F [pi'pi̯olo] *m* Anfänger *m*; Neuling *m*; *Am. Cent., Méj.* Kind *n*; **~s** *pl. Am. Cent.* (Klein-)Geld *n*.

pipiri|gallo ♀ [pipiri'gaʎo] *m* Esparsette *f*; **~pao** F [~'pao] *m* Gelage *n*.

pique ['pike] *m* Groll *m*; ⊕ *echar a* **~** versenken; *fig.* zugrunde richten; *irse a* **~** untergehen.

piqué [pi'ke] *m* Pikee *m* (*Stoff*).

piquera [pi'kera] *f* Spundloch *n*; Abstich *m* (*Gießerei*); *Méj.* Spelunke *f*. [Pickel *m*.]

piqueta [pi'keta] *f* Spitzhacke *f*.]

piquete [pi'kete] *m* (Absteck-)Pfahl *m*; (Zelt-)Hering *m*; ✕ Einsatzkommando *n*; Streikposten *m*.

pira ['pira] *f* Scheiterhaufen *m*.

pira|gua ⊕ [pi'ragu̯a] *f* Kanu *n*; Paddelboot *n*; **~güero** [pira'gu̯ero] *m* Paddler *m*; **~güismo** [~'gu̯izmo] *m* Kanusport *m*.

piramidal [pirami'ðal] pyramidenförmig; F kolossal.

pirámide [pi'ramiðe] *f* Pyramide *f*.

pira|ta [pi'rata] *m* Seeräuber *m*, Pirat *m*; **~** *aéreo* Luftpirat *m*, Flugzeugentführer *m*; **~tería** [pirate'ria] *f* Seeräuberei *f*, Piraterie *f*.

pirenaico [pire'naĭko] pyrenäisch,
Pyrenäen...
pirita [pi'rita] f Schwefelkies m.
pirómano [pi'romano] m Pyromane
m.
piro|pear F [pirope'ar] (1a) e-r
Frau Komplimente machen; **~po**
[pi'ropo] m Granat m; Rubin m; fig.
Schmeichelei f, Kompliment n.
pirosis ♂ [pi'rosis] f Sodbrennen n.
piro|tecnia [piro'teɣnĭa] f Feuer-
werkerei f; **~técnico** [~'teɣniko] m
Feuerwerker m.
pirrarse [pi'rrarse] (1a): F ~ por
schmachten nach (dat.); hinter et.
(dat.) her sein.
pirueta [pi'rŭeta] f Pirouette f.
pis F ['pis] m: hacer ~ pinkeln, F Pipi
machen.
pisa ['pisa] f Treten n; **~da** [pi'saða]
f Fußspur f; Fußstapfe f; (Fuß-)
Tritt m; **~dera** [pisa'ðera] f Pe.
Läufer m (Teppich); Chi. Trittbrett
n; **~papeles** [~pa'peles] m Brief-
beschwerer m; **~r** [pi'sar] (1a) treten; betreten; feststampfen; keltern.
pisaverde F [pisa'βerðe] m Geck m,
Fatzke m.
pisci|cultura [pisθikul'tura] f
Fischzucht f; **~na** [~'θina] f
Schwimmbecken n, -bad n; Bade-
anstalt f; ~ cubierta Hallenbad n;
♀s Astr. ['pisθis] m Fische m/pl.
pisco Chi., Pe. ['pisko] m Art
Branntwein m; **~labis** F [pisko'la-
bis] m Imbiß m; Am. Aperitif m.
piso ['piso] m (Fuß-)Boden m;
Stockwerk m, Stock m; Geschoß n;
Wohnung f; (Straßen-)Decke f;
Belag m; ~ bajo Erdgeschoß n; ~
franco konspirative Wohnung f; ~
principal erster Stock m.
pisón [pi'son] m Handramme f.
piso|tear [pisote'ar] (1a) zertreten;
fig. mit Füßen treten; **~tón** [~'ton]
m Tritt m auf den Fuß.
pista ['pista] f Spur f, Fährte f;
Fahr-, Reit-, Rennbahn f; ✖ Rollfeld n; ~ cubierta Hallenbahn f; ~
de baile Tanzfläche f; ~ de despegue
✖ Startbahn f; ~ de tenis Tennis-
platz m; seguir la ~ a alg. j-m nachspüren.
pistero [pis'tero] m Schnabeltasse f.
pistilo ♀ [pis'tilo] m Stempel m.
pisto [pi'sto] m Gericht aus Eiern,
Paprikaschoten u. Tomaten; F
Mischmasch m; Am. Cent., Méj.

Geld n; Méj. Schluck m Schnaps;
darse ~ sich wichtig machen.
pisto|la [pis'tola] f Pistole f; ~
ametralladora Maschinenpistole f;
~ detonadora Schreckschußpistole f;
~lera [~to'lera] f Pistolentasche f;
~lero [~to'lero] m Pistolenschütze
m; Bandit m; **~letazo** [~tole'taθo] m
Pistolenschuß m.
pistón [pis'ton] m Kolben m; Zündhütchen n; ♩ Klappe f.
pita ['pita] f a) ♀ Agave f; Pitahanf
m; Am. Schnur f, Faden m; b)
Glaskugel f, Murmel f; c) Auspfeifen n.
pitada F [pi'taða] f Pfiff m; Flegelei
f; Am. Mer. Zug m (beim Rauchen);
F dar una ~ aus der Rolle fallen.
pitanza [pi'tanθa] f Armenspeisung
f; F Alltagskost f; F Entgelt n od. m.
pita|r [pi'tar] (1a) pfeifen; F funk-
tionieren, F klappen; Am. rauchen;
salir pitando F abhauen, verduften;
~zo Am. [~'taθo] m Pfiff m.
pitear Am. [pite'ar] (1a) pfeifen.
pitido [pi'tiðo] m Pfiff m.
piti|llera [piti'ʎera] f Zigarettenetui
n; **~llo** [pi'tiʎo] m Zigarette f.
pito ['pito] m (Signal-, Triller-)
Pfeife f; P Penis m; Chi., Rpl.
(Tabaks-)Pfeife f; no valer un ~ keinen Pfifferling wert sein; F me importa un ~ F das ist mir schnuppe.
pitón [pi'ton] m a) Geweihknospe f
(Hirsch); Horn n; Tülle f; b) Pythonschlange f.
pitorrearse P [pitorre'arse] (1a): ~
de alg. F j-n verkohlen, j-n auf den
Arm nehmen.
pitorro [pi'torro] m Tülle f.
pituita [pi'tŭita] f Schleim m.
pivote ⊕ [pi'βote] m Zapfen m; fig.
Dreh-, Angelpunkt m.
piyama Am. reg. [pi'jama] m Pyjama m.
pizarr|a [pi'θarra] f Schiefer m;
Schiefertafel f; Wandtafel f; **~al**
[piθa'rral] m Schieferbruch m; **~ero**
[~'rrero] m Schieferdecker m; **~ín**
[~'rrin] m Griffel m; **~oso** [~'rroso]
schieferig; schieferfarben.
pizca ['piθka] f Bißchen n; Méj.
Maisernte f; ni ~ de F keine Spur
von.
pizcar [piθ'kar] (1g) kneifen;
zwicken.
pizpereta [piθpe'reta] f, a. **pizpire-
ta** [~pi'reta] f lebhafte, kluge Frau f.

placa ['plaka] *f* Platte *f*; (Firmen-, Nummern-)Schild *n*; ~ *calefactora* Wärmeplatte *f*; ~ *conmemorativa* Gedenktafel *f*; ~ *esmerilada* *Phot.* Mattscheibe *f*; ~ *giratoria* 🚂 Drehscheibe *f*; ~ *de identidad* ✗ Erkennungsmarke *f*.

pláceme ['plaθeme] *m* Glückwunsch *m*.

placen|ta 𝒮 [pla'θenta] *f* Plazenta *f*, Mutterkuchen *m*; ~**tero** [~θen'tero] behaglich, gemütlich.

placer[1] [pla'θer] **1.** *v/i.* (2x) gefallen; **2.** *m* Lust *f*; Vergnügen *n*; Freude *f*; Wille *m*; *Am.* Perlenfischerei *f*; *a* ~ nach Belieben; bequem, behaglich.

placer[2] [pla'θer] *m* Sandbank *f*; Gold(sand)feld *n*.

placero, **-a** *f* [pla'θero, ~ra] Marktverkäufer(in *f*) *m*.

placible [pla'θible] gefällig.

plácido ['plaθido] sanft; ruhig; anmutig.

pla|ga ['plaga] *f* Plage *f*; Landplage *f*; *f* Überfluß *m*, Unmenge *f*; ~**gado** [pla'gaᵈo] verseucht; ~ *de* wimmelnd von (*dat.*); ~**gar** [~'gar] (1h) verseuchen; verseuchen; ~**garse** sich anfüllen (mit [*dat.*] de).

plagi|ar [pla'xjar] (1b) plagiieren, abschreiben; *Am.* entführen, kidnappen; ~**ario** [~'xjarjo] *m* Plagiator *m*; ~**o** [pla'xjo] *m* Plagiat *n*.

plaguicida [plagi'θida] *m* Pflanzenschutzmittel *n*.

plan [plan] *m* Plan *m*, Entwurf *m*; Grundriß *m*; *Am. reg.* flaches Gelände *n*; *en* ~ *de* als; *f tener un* ~ ein Liebesverhältnis haben.

plana ['plana] *f* Blattseite *f*; Fläche *f*; Ebene *f*; ~ *mayor* Stab *m* (*fig. u.* ✗); *primera* ~ Titelseite *f*; *enmendar la* ~ *a alg.* j-n korrigieren.

plancha ['plantʃa] *f* Platte *f*; Blech *n*; Bügeleisen *n*; *f* Reinfall *m*, Blamage *f*; *f tirarse una* ~ sich blamieren; *no precisa* ~ bügelfrei; ~**do** [plan'tʃaᵈo] *m* Bügeln *n*; ~**dora** [~tʃa'dora] *f* Büglerin *f*; ~ *eléctrica* Heimbügler *m*; ~**mangas** [~'mangas] *m* Ärmelbrett *n*.

planchar [plan'tʃar] (1a) bügeln, plätten; *Méj.* j-n versetzen; *Pe., P.R., Ur.* j-m schmeicheln; *Am. reg.* sich blamieren.

plancheta [plan'tʃeta] *f* Meßtisch *m*.

plane|ador [planea'dor] *m* Segelflieger *m*, -flugzeug *n*; ~**ar** [~'ar] (1a) planen; ✗ gleiten, im Gleitflug niedergehen; ~**o** [pla'neo] *m* Gleitflug *m*.

planeta [pla'neta] *m* Planet *m*; ~**rio** [~ne'tarjo] **1.** *adj.* Planeten...; **2.** *m* Planetarium *n*.

plani|cie [pla'niθje] *f* Ebene *f*; ~**ficación** [~nifika'θjon] *f* Planung *f*; ~ *familiar* Familienplanung *f*; ~**metría** [~nime'tria] *f* Flächenmessung *f*, Planimetrie *f*.

plano ['plano] **1.** *adj.* eben; platt; flach; *de* ~ *geradeheraus*; **2.** *m* Fläche *f*; Ebene *f*; Grundriß *m*; (Stadt-)Plan *m*; ~ *inclinado* schiefe Ebene *f*; *primer* ~ Vordergrund *m*; *Phot.* Nahaufnahme *f*; *segundo* ~ Hintergrund *m* (*a. fig.*); ✗ ~ *sustentador* Tragfläche *f*.

planta ['planta] *f* Pflanze *f*; Fußsohle *f*; Grundriß *m*; Entwurf *m*; *Geom.* Fußpunkt *m*; ⊕ Anlage *f*; ⚒ Sohle *f*; ~ *baja* Erdgeschoß *n*; *de* ~ v. Grund auf; *de buena* ~ v. gutem Aussehen; ~**ción** [planta'θjon] *f* Pflanzung *f*; Plantage *f*; ~**dor** [~'dor] *m* Pflanzer *m*; ✗ Pflanzholz *n*.

plantar [plan'tar] (1a) (be)pflanzen, aufpflanzen, aufschlagen; aufstellen; *Pfahl* einschlagen; *Schlag* versetzen; ~ *en la calle* auf die Straße setzen; *f* abblitzen lassen; *f* versetzen; ~**se** sich aufpflanzen; sich widersetzen; nicht von der Stelle wollen; *f en dos horas me planto allí* in 2 Stunden bin ich (schon) dort.

plante|amiento [plantea'mjento] *m* (Frage-, Problem-)Stellung *f*; ~**ar** [~'ar] (1a) entwerfen; aufstellen; *Frage, Problem* aufwerfen, stellen.

plantel [plan'tel] *m* Baum-, Pflanzschule *f*; Bildungsanstalt *f*; *fig.* Gruppe *f*, Schar *f*; *Am. Mer.* Zuchtvieh *n*.

plantilla [plan'tiʎa] *f* Brandsohle *f*; Einlegesohle *f*; Schablone *f*; Stellenplan *m*; Belegschaft *f*; *de* ~ planmäßig; Plan(stellen)...

plan|tío [plan'tio] *m* Pflanzung *f*; ~**tón** [~'ton] *m* 🌱 Setzling *m*; *dar un* ~ *a alg.* j-n versetzen; j-m e-n Korb geben.

plañi|dero [plaɲi'dero] weinerlich; kläglich; ~**r** [~'ɲir] (3h) wehklagen.

plasma ['plazma] *m* Plasma *n*; ~**r** [plaz'mar] (1a) formen, gestalten.

plaste ['plaste] *m* Gipsmasse *f*; **~cer** [plaste'θer] (2d) vergipsen.

plástica ['plastika] *f* Plastik *f*.

plasticidad [plastiθi'da⁽ᵈ⁾] *f* Bildsamkeit *f*; Bildhaftigkeit *f*; Plastizität *f*.

plástico ['plastiko] **1.** *adj.* bildsam, plastisch; bildend (*Künste*); **2.** *m* Kunststoff *m*.

plata ['plata] *f* Silber *n*; *Am.* Geld *n*; **en ~** ohne Umschweife, kurz u. bündig; F *como una ~* blitzsauber.

plataforma [plata'fɔrma] *f* Plattform *f*; 🔁 Drehscheibe *f*; ⊕ Bühne *f*; *Am. reg.* Parteiprogramm *n*.

platal *Am.* [pla'tal] *m* Heidengeld *n*.

plátano ♀ ['platano] *m* Platane *f*; Bananenbaum *m*; Banane *f*.

platea *Thea.* [pla'tea] *f* Parterre *n*; Parkett *n*.

platea|do [plate'aᵈo] silberfarben; versilbert; *Méj.* wohlhabend; **~r** [~'ar] (1a) versilbern.

plate|resco [plate'resko] *m* estilo *m* ~ span. Frührenaissancestil *m* (*16. Jahrhundert*); **~ría** [~'ria] *f* Silberschmiede *f*; Juweliergeschäft *n*; **~ro** [~'tero] *m* Silberschmied *m*; Juwelier *m*.

plática ['platika] *f* Unterhaltung *f*; *religiöse* Ansprache *f*.

platicar [plati'kar] (1g) besprechen; *v/i.* plaudern.

platillo [pla'tiʎo] *m* Untertasse *f*; Waagschale *f*; (kleiner) Teller *m*; **~ volante**, *Am. volador* fliegende Untertasse *f*; **♪ ~s** *pl.* Becken *m/pl.*

platin|a [pla'tina] *f* Objekttisch *m* (*Mikroskop*); **~o** [~'tino] *m* Platin *n*.

plato ['plato] *m* Teller *m*; Waagschale *f*; *Kchk.* Gericht *n*, Gang *m*; Gesprächsstoff *m*; **~ fuerte** Hauptgericht *n*; *fig.* Hauptsache *f*; **~ llano** flacher Teller *m*; **~ sopero** (*od. hondo*) Suppenteller *m*; F *nada entre dos ~s* nichts von Belang; *ser ~ de segunda mesa fig.* zur zweiten Garnitur gehören; *¡qué ~! Arg., Chi.* wie komisch!, wie ulkig!

plató [pla'to] *m* Filmkulisse *f*; **~n** [pla'ton] *m Am. reg.* großer Teller *m*; *Arg., Col., Guat.* Waschbecken *n*.

platónico [pla'toniko] platonisch.

platudo *Am.* [pla'tuᵈo] reich.

plausible [plaü'sible] löblich; annehmbar; einleuchtend; stichhaltig.

playa ['plaja] *f* Strand *m*; Seebad *n*;

~ de estacionamiento *Am. reg.* Parkplatz *m*.

playe|ra [pla'jera] *f* Strandbluse *f*, -hemd *n*; **~s** *pl.* Strandschuhe *m/pl.*; **~ro** [~'jero] Strand...

playo *Rpl.* ['plajo] flach.

plaza ['plaθa] *f* Platz *m*; Marktplatz *m*; Raum *m*; Stelle *f*; Ort *m*; ✕ Festung *f*; **~ comercial** Handelsplatz *m*; **~ de armas** ✕ Exerzierplatz *m*; *Am. reg.* Hauptplatz *m* (*e-r Stadt*); **~ de toros** Stierkampfarena *f*.

plazo ['plaθo] *m* Frist *f*; Rate *f*; *a corto* (*largo, medio*) **~** kurz- (lang-, mittel-)fristig; *a ~s* auf Abzahlung, in Raten; **~ de entrega** Lieferfrist *f*; **~ de vencimiento** Laufzeit *f*; *conceder un ~* stunden.

plazoleta [plaθo'leta] *f*, **plazuela** [~'θüela] *f* kleiner Platz *m*.

pleamar [plea'mar] *f* Flut *f* (*Meer*).

ple|be ['plebe] *f* Plebs *m*; **~beyo** [ple'bejo] plebejisch; gemein.

plebiscito [plebis'θito] *m* Volksabstimmung *f*, -entscheid *m*.

plega|ble [ple'gable] biegsam; Klapp...; **~dera** [~ga'dera] *f* Falzbein *n*; **~do** [~'gaᵈo] *m* Falzen *n*; Falte *f*; **~dor** [~ga'dor] *m* Falzer *m*; Falzbein *n*; **~dora** ⊕ [~ga'dora] *f* Falzmaschine *f*; **~dura** [~ga'dura] *f* Falte *n*; Falte *f*; **~r** [~'ar] (1h *u.* 1k) falzen; (zs.-)falten; aufwickeln; **~rse** nachgeben, sich fügen.

plegaria [ple'garia] *f* (Bitt-)Gebet *n*.

plei|tear [pleite'ar] (1a) prozessieren; *e-n* Prozeß führen; **~tista** [~'tista] *su.* Querulant(in *f*) *m*; **~to** ['pleito] *m* Prozeß *m*, Rechtsstreit *m*; Zank *m*, Streit *m*; *poner ~ e-n* Prozeß anstrengen.

plenario [ple'nario] **1.** *adj.* Plenar..., Voll...; **2.** *m Am. reg.* Plenum *n*, Vollversammlung *f*.

pleni|lunio [pleni'lunio] *m* Vollmond *m*; **~potencia** [~po'tenθia] *f* Vollmacht *f*; **~potenciario** [~poten'θiario] **1.** *adj.* bevollmächtigt; **2.** *m* Bevollmächtigte(r) *m*.

plenitud [pleni'tu⁽ᵈ⁾] *f* Fülle *f*; Vollkraft *f*.

pleno ['pleno] **1.** *adj.* voll; **~ empleo** *m* Vollbeschäftigung *f*; **~s poderes** *m/pl.* Vollmachten *f/pl.*; **en ~ día** am hellichten Tag; **2.** *m* Vollversammlung *f*; Plenum *n*.

pleonasmo [pleo'nazmo] *m* Pleonasmus *m*.

plétora ['pletora] f Vollblütigkeit f; Überfülle f.

pletórico [ple'toriko] strotzend (von [dat.] de).

pleu|ra Anat. ['pleura] f Brustfell n; **~resía** [pleŭre'sia] f Brustfellentzündung f.

plexo ⚕ ['plɛkso] m Geflecht n.

pliego ['pljeɣo] m Bogen m (Papier); Brief-, Postsendung f; ✝ en este ~ beiliegend.

pliegue ['pljeɣe] m Falte f.

plom|ada [plo'maða] f Lot n; Senkblei n; **~ar** [~'mar] (1a) plombieren, mit e-m Bleisiegel verschließen; **~ería** Am. reg. [~me'ria] f Klempnerei f; **~ero** [~'mero] m Bleiarbeiter m; Bleiwarenhändler m; Am. reg. Klempner m; **~izo** [~'miθo] bleifarbig; bleiern.

plomo ['plomo] m Blei n; Bleigewicht n; Bleikugel f; Plombe f; ⚡ Sicherung f; a ~ senkrecht.

pluma ['pluma] f Feder f; Schreibfeder f; Col., P.R. Wasserhahn m; a vuela ~ schnell od. flüssig (schreiben); hacer a ~ y a pelo in allen Sätteln gerecht sein, zu allem zu gebrauchen sein; **~da** [plu'maða] f Federstrich m; **~je** [~'maxe] m Gefieder n; Federbusch m; **~zo** [~'maθo] m Federkissen n; Federbett n; de un ~ mit e-m Federstrich (a. fig.).

plúmbeo ['plumbeo] bleiern.

plumear [plume'ar] (1a) schraffieren.

plumero [plu'mero] m Federwisch m; Staubwedel m; Federbusch m; Federkasten m; Col., P.R., Ven. Federhalter m.

plumón [plu'mɔn] m Flaumfeder f; Federbett n.

plural [plu'ral] **1.** adj. in der Mehrzahl; **2.** m Gram. Mehrzahl f, Plural m; **~idad** [~rali'ða⁽ᵈ⁾] f Mehrheit f; ~ de votos Stimmenmehrheit f.

pluriempleo [pluriem'pleo] m gleichzeitige Ausübung f mehrerer Berufe.

plus [plus] m Zulage f; Zuschlag f; ~ de carestía (de la vida) Teuerungszulage f; **~marca** [pluz'marka] f Sport: Rekord m; **~marquista** [~mar'kista] m Rekordhalter m, -inhaber m.

plusvalía [pluzßa'lia] f Mehrwert m; Wertzuwachs m; Kursgewinn m.

plu|vial [plu'ßial] Regen...; **~viómetro** [~'ßiometro] m Regenmesser m; **~viosidad** [~ßiosi'ða⁽ᵈ⁾] f Niederschlagsmenge f; **~vioso** [~'ßioso] regnerisch.

pobla|ción [poßla'θiɔn] f Bevölkerung f; Ortschaft f; Stadt f; **~cho** [po'blatʃo] m elendes Nest n, P Kaff n; **~do** [po'blaðo] **1.** adj. sich dicht bewohnt; dicht; buschig; ~ de árboles bewaldet; **2.** m Ortschaft f; **~dor** [poßla'ðor] m Ansiedler m; Bewohner m; **~r** [po'blar] (1m) bevölkern; besiedeln; bepflanzen; ~ (un monte) aufforsten; **~rse** sich belauben; dicht(er) werden; sich füllen.

pobre ['poßre] **1.** adj. arm; ärmlich; armselig; ~ hombre armer Teufel m; ¡~ de mí! ich Unglücklicher!; **2.** m Arme(r) m; Bettler m; **~río** Am. Mer. [poßre'rio] m die Armen pl.; **~te** [po'ßrete] **1.** adj. ärmlich; armselig; **2.** m armer Schlucker m; **~tón** [poßre'tɔn] **1.** adj. sehr arm; **2.** m armer Schlucker m.

pobreza [po'ßreθa] f Armut f.

pocero [po'θero] m Brunnenbauer m.

pocilga [po'θilɣa] f Schweinestall m (a. fig.).

pocillo [po'θiʎo] m in die Erde eingelassenes Kühlgefäß n; kleine Tasse f.

pócima ['poθima] f Arzneitrank m.

poco ['poko] **1.** adj. wenig; gering; **2.** adv. wenig; ~ a ~ allmählich, nach und nach; ~ a ~ kurz darauf; dentro de ~ in Kürze; hace ~ vor kurzem; por ~ beinahe, fast; por si fuera ~ und obendrein; ~ más o menos ungefähr.

poda ['poða] f Beschneiden n (der Bäume); **~dera** 🗡 [poða'ðera] f Hippe f; Garten-, Rebmesser m.

podagra ❦ [po'ðaɣra] f Fußgicht f; F Zipperlein n.

podar 🗡 [po'ðar] (1a) beschneiden.

podenco [po'ðeŋko] m span. Jagdhundrasse.

poder [po'ðer] **1.** (2t) können; vermögen; dürfen; mögen; ~ a alg. j-m überlegen sein; no ~ con alg. (od. a/c.) mit j-m (od. et.) nicht fertig werden; j-n (od. et.) nicht ausstehen können; no ~ más nicht mehr (weiter)können; no ~ menos de inf. nicht umhinkönnen zu inf.; a más no ~ aus Leibeskräften, F was das Zeug hält; *puede ser* vielleicht; *¿se puede?* darf man eintreten?; **2.** *m* Macht *f*; Gewalt *f*; Kraft *f*; Können *n*; Fähigkeit *f*; Vollmacht *f*; Befugnis *f*; ~ *adquisitivo* Kaufkraft *f*; ~ *judicial* richterliche Gewalt *f*; *a* ~ *de* kraft (*gen.*), durch viel(es) ... (*ac.*); ⚓ *por* ~ per Prokura; (*plenos*) ~*es pl.* Vollmacht *f*.

poder|dante [poðɛr'dante] *m* Vollmachtgeber *m*; **~habiente** [poðɛra-'þiente] *m* Bevollmächtigte(r) *m*.

pode|río [poðe'rio] *m* Macht *f*; Reichtum *m*; **~roso** [~'roso] mächtig.

podio ['poðĭo] *m* Podium *n*.

podómetro [po'ðometro] *m* Schrittzähler *m*.   [Fäulnis *f*.)

podredumbre [poðre'dumbre] *f*)

podrido [po'ðriðo] faul(ig); mod(e)rig; verfault; *fig.* verkommen.

podrir [po'ðrir] = *pudrir*.

poe|ma [po'ema] *m* Dichtung *f*; Gedicht *n*; Heldengedicht *n*, Heldenepos *n*; **~sía** [poe'sia] *f* Gedicht *n*; Dichtkunst *f*; Poesie *f*.

poeta [po'eta] *m* Dichter *m*.

poetastro [poe'tastro] *m* *desp.* Reimschmied *m*, Dichterling *m*.

poéti|ca [po'etika] *f* Dichtkunst *f*; Poetik *f*; **~co** [~ko] poetisch, dichterisch.

poeti|sa [poe'tisa] *f* Dichterin *f*; **~zar** [~ti'θar] (1f) dichterisch verklären; idealisieren.

polaco [po'lako] **1.** *adj.* polnisch; **2.** *m*, **-a** [~ka] *f* Pole *m*, Polin *f*.

polaina [po'laĭna] *f* Gamasche *f*.

polar [po'lar] Polar...; Pol...; **~idad** [polari'ða⁽ᵈ⁾] *f* Polarität *f*; **~izar** [polari'θar] (1f) polarisieren.

polea ⊕ [po'lea] *f* Rolle *f*; Riemenscheibe *f*; Laufrad *n*.

polémi|ca [po'lemika] *f* Polemik *f*; **~co** [~'lemiko] polemisch.

polemista [pole'mista] *m* Polemiker *m*.

polen ♀ ['polen] *m* Blütenstaub *m*.

polera *Am. reg.* [po'lera] *f* Rollkragenpullover *m*; T-Shirt *n*.

poli|cía [poli'θia] **a)** *f* Polizei *f*; **b)** *m* Polizist *m*; **~cíaco** [~'θiako] Polizei...; Detektiv...; **~cial** [~'θial] Polizei...

poli|clínica [poli'klinika] *f* Poliklinik *f*; **~cromía** [~kro'mia] *f* Mehrfarbigkeit *f*; **~cromo** [~'kromo] mehrfarbig, bunt.

polichinela [politʃi'nela] *m* Possenreißer *m*; Hampelmann *m*.

poli|edro [po'lieðro] *m* Vielflächner *m*, Polyeder *n*; **~facético** [polifa-'θetiko] vielseitig; **~fásico** [~'fasiko]: *corriente f -a ≠* Mehrphasenstrom *m*; **~fónico** [~'foniko] mehrstimmig.

poligamia [poli'gamĭa] *f* Vielweiberei *f*, Polygamie *f*.

polígamo [po'ligamo] polygam.

poligloto [poli'gloto] vielsprachig, polyglott.

polígono [po'ligono] *m* Geom. Vieleck *n*; ~ *residencial* Wohnsiedlung *f*, -block *m*.

polilla [po'liʎa] *f* Motte *f*.

pólipo ['polipo] *m* Polyp *m* (⚗ *u. Zo.*).

polisílabo [poli'silaβo] mehrsilbig.

polispasto [polis'pasto] *m* Flaschenzug *m*.

polista [po'lista] *m* Polospieler *m*.

politécnico [poli'tɛgniko] polytechnisch.

politeísmo [polite'izmo] *m* Vielgötterei *f*.

políti|ca [po'litika] *f* Politik *f*; *Am. reg.* Speiserest *m auf dem Teller*; **~co** [~ko] **1.** *adj.* politisch; Schwieger...; *padre m* ~ Schwiegervater *m*; *ciencias f|pl. -as* Staatswissenschaften *f|pl.*; **2.** *m* Politiker *m*.

politi|cón [politi'kɔn] übertrieben höflich; **~quear** F [~ke'ar] (1a), **~zar** [~'θar] (1f) politisieren.

polivalente [poliβa'lente] ⚗ mehrwertig; *fig.* vielseitig.

póliza ['poliθa] *f* Steuermarke *f*; Police *f*; ~ *de fletamento* Seefrachtbrief *m*; ~ *de segurrs* Versicherungspolice *f*.

polizón [poli'θɔn] *m* blinder Passagier *m*; Schwarzfahrer *m*.

polizonte [poli'θɔnte] *m* F Polyp *m* (*Polizist*).

polo ['polo] *m* Pol *m*; Polospiel *n*; Eis *n* am Stiel; *camisa f* ~ Polohemd *n*.

polonesa [polo'nesa] *f* Polonaise *f*.

pol|trón [pol'trɔn] faul; arbeitsscheu; **~trona** [~'trɔna] *f* Lehnstuhl *m*; **~tronería** [~troneˈria] *f* Trägheit *f*, Faulheit *f*.

polución [polu'θĭɔn] *f* Pollution *f*, Samenerguß *m*; Verschmutzung *f* (*Luft, Umwelt usw.*).

polvareda [polβa'reða] *f* Staubwolke *f; levantar (una)* ~ Staub aufwirbeln (*a. fig.*).

polvera [pɔl'bera] *f* Puderdose *f*.

polvo ['pɔlbo] *m* Staub *m;* Pulver *n;* F *estar hecho* ~ F total fertig sein; *hacer* ~ *a alg.* F j-n fertigmachen; *sacudir el* ~ *a alg.* j-n verprügeln, P j-m die Jacke vollhauen; ~*s pl.* Puder *m;* ~ *de picapica* Juckpulver *n; ponerse* ~*s* sich pudern.

pólvora ['pɔlbora] *f* Schießpulver *n; no ha inventado la* ~ er hat das Pulver nicht erfunden.

polvo|rear [pɔlbore'ar] (1a) bestäuben; bepudern; ~**riento** [~'rjento] staubig; ~**rín** [~'rin] *m* Pulvermagazin *n;* ~**roso** [~'roso] staubig; ~**so** *Am. reg.* [~'boso] staubig.

polla ['pɔʎa] *f* junge Henne *f;* F junges Mädchen *n;* P Penis *m;* ~**da** [po'ʎada] *f* Brut *f junger Vögel.*

pollastro [po'ʎastro] *m* Schlaumeier *m.*

polle|ra [po'ʎera] *f* Hühnerhof *m; Am. Mer.* (Frauen-)Rock *m;* ~**ría** [poʎe'ria] *f* Geflügelhandlung *f;* ~**ro** [po'ʎero] *m* Geflügelhändler *m.*

pollino [po'ʎino] *m* (junger) Esel *m;* F Dummkopf *m.*

pollo ['pɔʎo] *m* junges Huhn *m, Kchk.* Huhn *n,* Hähnchen *n;* (Vogel-)Junge(s) *n;* F junger Mann *m.*

polluelo [po'ʎwelo] *m* Küken *n.*

pomada [po'mada] *f* Pomade *f,* Salbe *f.*

pomar [po'mar] *m,* ~**ada** [poma-'rada] *f* Apfel-, Obstgarten *m.*

pomelo [po'melo] *m* Grapefruit *f.*

pómez ['pomeθ]: *piedra f* ~ Bimsstein *m.*

pomo ['pomo] *m* Degenknauf *m;* Türknauf *m;* Riechfläschchen *n.*

pomp|a ['pompa] *f* Pracht *f;* Gepränge *n;* Prunk *m;* Rad *n des Pfaus;* Wasserblase *f;* ~ *de jabón* Seifenblase *f;* ~*s pl. fúnebres* Beerdigungsinstitut *m;* ~**is** F ['pompis] *m* F Po(po) *m;* ~**oso** [pom'poso] pomphaft; prächtig; prunkhaft.

pómulo ['pomulo] *m* Backenknochen *m.*

ponche ['pontʃe] *m* Punsch *m;* ~**ra** [pon'tʃera] *f* Bowlenschale *f.*

poncho *Am.* ['pontʃo] *m* Poncho *m (Überwurf ohne Ärmel der Gauchos); pisarse el* ~ *Am. Mer.* sich blamieren.

pondera|ble [ponde'rable] wägbar;

~**ción** [~ra'θjon] *f* Abwägen *n;* Anpreisung *f;* Lobeserhebung *f;* ~**do** [~'rado] überlegt; ~**r** [~'rar] (1a) abwägen; ausgleichen; rühmen; (an)preisen; übertreiben; ~**tivo** [~ra'tibo] lobend, Lobes...; übertreibend.

pone|dero [pone'dero] *m* Brut-, Legenest *n;* Brutkorb *m;* ~**dora** [~'dora]: (*gallina f*) ~ Leghenne *f.*

po|nencia [po'nenθja] *f* Berichterstattung *f;* Referat *n;* Ausschuß *m;* ~**nente** [~te] *m* Berichterstatter *m;* Referent *m;* Sachbearbeiter *m.*

poner [po'ner] (2r) setzen; stellen; legen; aufkleben; (auf-, nieder)schreiben; *Eier legen; Namen* beilegen, geben; *Miene aufsetzen; Gesicht machen; Tisch decken; Gedeck auflegen; Kleidungsstück* anziehen; aufsetzen; *Steuern* auferlegen; *Antrag einbringen (od.* stellen); *zahlreiche Sonderbedeutungen in Verbindung mit substantivischen Objekten, s. die betr. Substantive;* ~ + *adj.* machen, z.B. ~ *furioso* wütend machen; ~ *a secar zum* Trocknen aufhängen; ~ *al día* auf den letzten Stand bringen; F ~ *de oro y azul* heruntermachen, P grün und blau schlagen; ~ *en marcha* ⊕ anlassen; *fig.* in Gang bringen; ~ *en práctica* in die Tat umsetzen; ~**se** untergehen (*Gestirne*); ~ + *adj.* werden, z.B. ~ *pálido* blaß werden; ~ *a inf.* sich anschicken zu *inf.*, beginnen zu *inf.;* ~ *de luto* Trauerkleidung anlegen; ~ *de verano* sich sommerlich kleiden; ~ *en lugar de alg.* an j-s Stelle treten; ~ *en lo peor* sich auf das Schlimmste gefaßt machen.

poney ['poni] *m* Pony *n.*

poniente [po'njente] *m* Westen *m;* Westwind *m.*

ponta|je [pon'taxe], ~**zgo** [~'taðgo] *m* Brückenzoll *m.*

pontifi|cado [pontifi'kaðo] *m* päpstliche Würde *f;* Pontifikat *n;* ~**cal** [~'kal] päpstlich; bischöflich.

pontífice [pon'tifiθe] *m* Bischof *m,* Erzbischof *m; Sumo* ♀ Papst *m.*

pontificio [ponti'fiθjo] päpstlich.

pontón [pon'ton] *m* Brückenkahn *m,* Ponton *m;* Steg *m.*

ponzo|ña [pon'θoɲa] *f* Gift *n;* ~**ñoso** [~θo'ɲoso] giftig.

popa ⚓ ['popa] *f* Heck *n,* Achterschiff *n*; de ~ a proa *fig.* ganz und gar; *viento* m en ~ vor dem Wind; *fig.* tener el viento en ~ vorwärtskommen, Glück haben.

popelina [pope'lina] *f* Popelin *m*.

popula|chería [populatʃe'ria] *f* Beliebtheit *f* beim Pöbel; Gunst *f* der Straße; **~chero** [~'tʃero] Pöbel..., Straßen...; **~cho** [~'latʃo] *m* Pöbel *m*; **~r** [~'lar] volkstümlich; beliebt; Volks...; **~ridad** [~lari'da⁽ᵈ⁾] *f* Volkstümlichkeit *f*; Beliebtheit *f*; **~rizar** [~lari'θar] (1f) volkstümlich machen; allgemein verbreiten; **~rizarse** volkstümlich werden; beliebt werden; Gemeingut werden.

populoso [popu'loso] volkreich.

po|quedad [poke'da⁽ᵈ⁾] *f* Wenigkeit *f*; Knappheit *f*; Zaghaftigkeit *f*; **~quito** [po'kito]: un ~ ein bißchen.

por [por] *Grund*: durch (*ac.*); wegen (*gen.*); ~ *consiguiente* infolgedessen; ~ *lo cual* weswegen; ~ *donde* weswegen; ~ *eso*, ~ *lo tanto* deshalb; ~ *mí* meinetwegen; *beim Passiv*: durch (*ac.*), von (*dat.*); *Preis*: für (*ac.*); *Vertretung*: an Stelle (*gen.*), statt (*gen.*); *Richtung*: ~ *Toledo* über (✝ via) Toledo; *Art u. Weise*: ~ *escrito* schriftlich; ~ *fin* endlich; *Eigenschaft*: tener ~ halten für; estar ~ *pagar* noch zu bezahlen sein; ~ *cabeza* pro Kopf; ~ *la mañana* morgens; ~ (*inf.*) um zu (*inf.*); tomar ~ *esposa* zur Frau nehmen; ~ *difícil que sea* so schwierig es auch sein mag; ~ *más que* so sehr auch; *Arith.* dos ~ dos zwei mal zwei; ¿~ qué? weshalb?, warum?

porcelana [porθe'lana] *f* Porzellan *n*.

porcentaje [porθen'taxe] *m* Prozentsatz *m*.

porcino [por'θino] Schweine...

porción [por'θion] *f* Teil *m*; Portion *f*; Anzahl *f*; Menge *f*.

porche ['portʃe] *f* Laubengang *m*; Vorhalle *f*.

pordiose|ar [pordiose'ar] (1a) betteln; **~ro** m, -a *f* [~'sero, ~'sera] Bettler(in *f*) *m*.

porfía [por'fia] *f* Hartnäckigkeit *f*; Eifer *m*; Wettstreit *m*; a ~ um die Wette.

porfia|do [porfi'a⁽ᵈ⁾o] hartnäckig; rechthaberisch; trotzig; **~dor** [~a-'dor] streitsüchtig; **~r** [~'ar] (1c)

beharren; trotzen; streiten; ~ *en inf.* darauf bestehen zu *inf.*

pórfido ['porfido] *m* Porphyr *m*.

pormenor [porme'nor] *m* Einzelheit *f*; **~izar** [~nori'θar] (1f) genau beschreiben, genau aufzählen.

porno|grafía [pornogra'fia] *f* Pornographie *f*; **~gráfico** [~'grafiko] pornographisch.

poro ['poro] *m* Pore *f*; **~sidad** [porosi'da⁽ᵈ⁾] *f* Porosität *f*.

poroso [po'roso] porös.

poroto *Am. Mer.* [po'roto] *m* Bohne *f*.

porque ['porke] weil; damit; ~ *sí* nur so, ohne besonderen Grund.

porqué [por'ke] *m* Ursache *f*, Grund *m*.

porque|ría [porke'ria] *f* Schweinerei *f*; **~riza** [~'riθa] *f* Schweinestall *m*; **~rizo** [~'riθo], **~ro** [~'kero] *m* Schweinehirt *m*.

porra ['porra] *f* Keule *f*; (Gummi-)Knüppel *m*; *fig.* großer Schmiedehammer *m*; *fig.* lästiger Mensch *m*; F ¡vete a la ~! scher dich zum Teufel!; **~da** [po'rraða] *f*, **~zo** [po'rraθo] *m* Keulenschlag *m*; Schlag *m* mit e-m Knüppel; Stoß *m*.

porreta [po'rreta] *f* Porreeblatt *n*; en ~ splitternackt.

porrillo F [po'rriʎo]: a ~ in Hülle und Fülle.

porro F ['porro] *m* Tölpel *m*.

porrón [po'rron] **1.** F *adj.* lästig, starrköpfig, schwerfällig; **2.** *m* Trinkkrug *m* mit *langer Tülle*; F Tolpatsch *m*.

porta|aviones [portaa'biones] *s.* portaviones; **~bandera** [~ban'dera] *f* Fahnenschuh *m*.

porta|da [por'taða] *f* Portal *n*; *Typ.* Titelblatt *n*; **~do** [~'ta⁽ᵈ⁾o]: bien (mal) ~ von guten (schlechten) Umgangsformen; gut (schlecht) gekleidet; **~dor** [~ta'dor] *m* Inhaber *m*; Überbringer *m*; Träger *m* (a. ⚙).

porta|equipajes [portaeki'paxes] *m Kfz.* Gepäckhalter *m*; 🚂 Gepäcknetz *n*; **~estandarte** [~estan'darte] *m* Fahnenträger *m*; **~fotos** [~'fotos] *m* Fotorahmen *m*; **~fusil** [~fu'sil] *m* Gewehrriemen *m*.

portal [por'tal] *m* Portal *n*, Vorhalle *f*; Torweg *m*.

porta|lámparas [porta'lamparas] *m* Fassung *f für Glühbirnen*; **~lápiz** [~'lapiθ] *m* Bleistifthalter *m*; **~ligas**

Arg., Chi. [␣'ligas] *m* Strumpfhalter *m*.

portalón [pᴐrta'lᴐn] *m* großes Tor *n*; ⚓ Fallreeptür *f*.

porta|minas [pᴐrta'minas] *m* Drehbleistift *m*; **␣monedas** [␣mo'neðas] *m* Geldbörse *f*, Portemonnaie *n*; **␣objeto(s)** [␣ᴐb'xeto(s)] *m* Objektträger *m* (*Mikroskop*); **␣papeles** [␣pa'peles] *m* Papierhalter *m*; **␣plumas** [␣'plumas] *m* Federhalter *m*; **␣revistas** [␣re'bistas] *m* Zeitungsständer *m*; **␣rollos** [␣'rᴐʎos] *m* Kleberolle *f*.

por|tarse [pᴐr'tarse] (1a): ␣ *bien* (*mal*) sich gut (schlecht) betragen *od.* benehmen; **␣tátil** [␣ta'til] tragbar; Reise..., Hand...

portaviones [pᴐrta'bione s] *m* Flugzeugträger *m*.

portavoz [pᴐrta'boθ] *m* Sprachrohr *n* (*a. fig.*); Sprecher *m*.

portazo [pᴐr'taθo] *m* Zuschlagen *n* e-r Tür; *dar un* ␣ die Tür heftig zuschlagen.

porte ['pᴐrte] *m* ⚓ Porto *n*; Fracht *f*; Fuhrlohn *m*; Betragen *n*; Haltung *f*; *carta f de* ␣ Frachtbrief *m*; *a* ␣ *debido* unfrei; **␣ar** [pᴐrte'ar] (1a) fortbringen; tragen, schleppen; *v/i.* Türen zuschlagen.

portento [pᴐr'tento] *m* Wunder *n*; **␣so** [␣ten'toso] wunderbar.

porteño [pᴐr'teɲo] aus Buenos Aires.

porte|ría [pᴐrte'ria] *f* Pförtnerloge *f*; *Sport:* Tor *n*; **␣ro** [␣'tero] *m* Pförtner *m*; Hausmeister *m*; *Sport:* Torwart *m*; ␣ *electrónico* automatischer Türöffner *m*.

portezuela [pᴐrte'θuela] *f* Tür *f an* e-m Fahrzeug.

pórtico ['pᴐrtiko] *m* Säulengang *m*.

portill|a ⚓ [pᴐr'tiʎa] *f* Bullauge *n*; **␣o** [␣'tiʎo] *m* Maueröffnung *f*; kleine Tür *f in* e-m Torflügel; Engpaß *m*; ausgebrochene Ecke *f* (*am Geschirr*).

portón [pᴐr'tᴐn] *m* Hoftor *n*.

portorriqueño [pᴐrtᴐrri'keɲo] aus Puerto Rico.

portuario [pᴐr'tu̯ario] Hafen...

portu|gués [pᴐrtu'ges] **1.** *adj.* portugiesisch; **2.** *m*, **␣guesa** [␣'gesa] *f* Portugiese *m*, Portugiesin *f*.

porvenir [pᴐrbe'nir] *m* Zukunft *f*; *en lo* ␣ künftig.

pos [pᴐs]: *en* ␣ *de alg.* hinter j-m her.

posa ['posa] *f* Sterbegeläut *n*.

posa|da [po'saða] *f* Gasthaus *n*, Wirtshaus *n*; *Am. Cent., Méj.* (vorweihnachtliches) Volksfest *n*; **␣deras** [posa'ðeras] *f/pl.* Gesäß *n*; **␣dero** *m*, **-a** *f* [␣'ðero, ␣'ðera] Gastwirt(in *f*) *m*.

posar [po'sar] (1a) Modell stehen, posieren; **␣se** sich setzen (*Flüssigkeit, Vögel*); 𝄢 aufsetzen.

posdata [pᴐz'ðata] *f* Nachschrift *f*.

pose ['pose] *f* Pose *f*; Affektiertheit *f*.

posee|dor [posee'ðᴐr] *m* Besitzer *m*, Inhaber *m*; **␣r** [pose'er] (2e) besitzen; *Sprache* beherrschen; **␣rse** sich beherrschen.

poseído [pose'iðo] besessen; *fig.* wütend; ␣ *de* von *et.* (*dat.*) erfüllt.

posesi|ón [pose'sion] *f* Besitz *m*; Eigentum *n*; *tomar* ␣ *de* Besitz ergreifen von (*dat.*); *Amt* antreten; **␣onarse** [␣sio'narse] (1a) Besitz ergreifen (*von* [*dat.*] de); **␣vo** *Gram.* [␣'sibo] **1.** *adj.* besitzanzeigend; **2.** *m* Possessivum *n*.

pose|so [po'seso] **1.** *adj.* besessen; **2.** *m* Besessene(r) *m*; **␣sor** [␣'sᴐr] *m* Besitzer *m*; **␣sorio** [␣'sorio] Besitz...

posguerra [pᴐz'gerra] *f* Nachkriegszeit *f*.

posibili|dad [posibili'ða⁽ᵈ⁾] *f* Möglichkeit *f*; **␣tar** [␣'tar] (1a) ermöglichen.

posible [po'sible] **1.** *adj.* möglich; *en lo* ␣ soweit wie möglich; *hacer* (*todo*) *lo* ␣ sein möglichstes tun; **2.** ␣s *m/pl.* (Geld-)Mittel *n/pl.*

posición [posi'θiᴐn] *f* Stellung *f*; Lage *f*; Haltung *f*; *tomar* ␣ Stellung nehmen (⚔ beziehen); *Sport:* sich aufstellen.

positivo [posi'tibo] **1.** *adj.* positiv; zuverlässig; sicher; **2.** *m Phot.* Positiv *n*.

posma F ['pozma] **a)** *f* Phlegma *n*; **b)** *m* F *fig.* Schlafmütze *f*.

poso ['poso] *m* Bodensatz *m*.

posponer [pospo'ner] (2r) hintansetzen, nachstellen.

posta ['pᴐsta] *f hist.* Post *f*; F *a* ␣ absichtlich; F *por la* ␣ in größter Eile.

postal [pᴐs'tal] Post...; (*tarjeta f*) ␣ Postkarte *f*.

poste ['pᴐste] *m* Pfosten *m*; Pfeiler *m*; ␣ *kilométrico* Kilometerstein *m*; ␣ *telegráfico* Telegrafenmast *m*; *fig. dar* ␣ *a alg.* j-n ungebührlich lange warten lassen; *oler el* ~ Lunte riechen.

poste|rgar [poster'gar] (1a) zurücksetzen; übergehen; **~ridad** [~teri'da^(d)] *f* Nachkommenschaft *f*; Nachwelt *f*; *pasar a la* ~ in die Nachwelt eingehen; **~rior** [~te'rĭor] nachherig; spätere(r, -s); hintere(r, -s); Hinter...; **~rioridad** [~teriori'da^(d)] *f* spätere Zeit *f*; *con* ~ nachträglich.

postguerra [poz'gerra] *s.* posguerra.

postigo [pos'tiɣo] *m* Hintertür *f*; Pförtchen *n*; Fensterladen *m*.

postilla [pos'tiʎa] *f* Schorf *m* (*Wunde*).

postín [pos'tin] *m* Wichtigtuerei *f*; *de* ~ großspurig; P prima; piekfein; *darse (mucho)* ~ sich aufspielen, P angeben.

postizo [pos'tiθo] 1. *adj.* falsch; nachgemacht; künstlich; 2. *m* falsches Haar *n*; Haareinlage *f*.

postor [pos'tor] *m* Bieter *m*; *mayor (od. mejor)* ~ Meistbietende(r) *m*; *al mejor* ~ meistbietend.

postra|ción [postra'θĭon] *f* Kniefall *m*; Niedergeschlagenheit *f*; **~r** [~'trar] (1a) zu Boden werfen; demütigen; **~rse** niederknien; die Kräfte verlieren, zs.-brechen; sich demütigen.

postre ['postre] *m* Nachtisch *m*; *a la* ~ hinterdrein; zu guter Letzt; *llegar a los* ~s zu spät kommen.

postremo [pos'tremo], **postrer(o)** [~'trer, ~'trero] letzte(r, -s).

postrimerías [postrime'rias] *f/pl.* die letzten Lebensjahre *n/pl.*; *kath.* die vier letzten Dinge *n/pl.*

postula|do [postu'laðo] *m* Postulat *n*; Forderung *f*; **~nte** [~'lante] *m* Bewerber *m*; **~r** [~'lar] (1a) *Spenden* sammeln; nachsuchen um (*ac.*).

póstumo ['postumo] nachgeboren; post(h)um; nachgelassen (*Werk*).

postura [pos'tura] *f* Stellung *f*; Haltung *f*; Lage *f*; *fig.* Stellungnahme *f*.

pota|bilizadora [potabiliθa'ðora] *f*: (*planta* ~) ~ *de agua* Trinkwasseraufbereitungsanlage *f*; **~ble** [~'table] trinkbar.

potaje [po'taxe] *m* Gemüseeintopf *m*, -suppe *f*; *fig.* Mischmasch *m*.

potasa [po'tasa] *f* Pottasche *f*; Kali *n*.

potasio [po'tasĭo] *m* Kalium *n*.

pote ['pote] *m* Topf *m*; *a* ~ F in Hülle und Fülle.

potencia [po'tenθĭa] *f* Macht *f*; Kraft *f*; Leistung *f*; Potenz *f*; *gran* ~ Großmacht *f*; ~ *máxima* Höchstleistung *f*; **~l** [poten'θĭal] 1. *adj.* möglich; potentiell; 2. *m* Potential *n*; **~lidad** [potenθĭali'da^(d)] *f* Leistungsfähigkeit *f*.

potentado [poten'taðo] *m* Potentat *m*.

potente [po'tente] gewaltig; stark; zeugungsfähig.

potestad [potes'ta^(d)] *f* Gewalt *f*; Befugnis *f*; *patria* ~ elterliche Gewalt *f*.

potingue [po'tiŋge] *m* P Gesöff *n*; F Schönheitsmittel *n*.

Potosí [poto'si] *m*: *valer un* ~ unbezahlbar sein.

potra ['potra] *f* Stutenfohlen *n*; *tener* ~ P Schwein haben; **~da** [po'traða] *f* Fohlenherde *f*.

potr|anca [po'traŋka] *f* Stutenfohlen *n*; **~ero** [po'trero] *m* Fohlenweide *f*; *Am.* umzäunte Viehweide *f*; **~illo** [po'triʎo] *m* junges Fohlen *n*.

potro ['potro] *m* Fohlen *n*; Bock *m* (*Turngerät*); Folterbank *f*.

poyo ['pojo] *m* Steinbank *f*.

poza ['poθa] *f* Pfütze *f*.

pozal [po'θal] *m* Schöpfeimer *m*.

pozo ['poθo] *m* Brunnen *m*; 🛠 Schacht *m*; Bohrloch *n*; *Rpl.* Schlagloch *n*; ~ *negro* Abortgrube *f*.

pozol(e) [po'θol(e)] *m* *Méj.* ein Fleischgericht; *Am. Cent.* ein Maisgetränk.

práctica ['praktika] *f* Übung *f*; Gebrauch *m*; Praxis *f*; *llevar a la* ~ in die Tat umsetzen; **~s** *pl.* Praktikum *n*.

practi|cable [prakti'kable] ausführbar; gangbar; befahrbar; **~cante** [~'kante] *m* Praktikant *m*; Volontär *m*; **~car** [~'kar] (1g) ausüben, betreiben; ausführen; praktisch anwenden; *Sport* treiben; *v/i.* praktizieren.

práctico ['praktiko] 1. *adj.* praktisch; ausübend; 2. *m* Praktiker *m*; Lotse *m*.

prade|ra [pra'ðera] *f* Wiese *f*; **~ría** [~ðe'ria] *f* Wiesengrund *m*.

prado ['praðo] *m* Wiese *f*; Anger *m*.

pragmatista [pragma'tista] *m* Pragmatiker *m*.

pra|tense [pra'tense] Wiesen...; **~ticultura** [~tikul'tura] f Wiesenbau m.

preámbulo [pre'ambulo] m Vorrede f, Einleitung f; sin **~s** ohne Umschweife.

prebenda [pre'benda] f Pfründe f; **~do** [~ben'daᵈo] m Pfründner m.

preboste [pre'bɔste] m Propst m.

precario [pre'karĭo] unsicher; prekär; heikel, mißlich.

precaución [prekaŭ'θĭɔn] f Vorsicht f; por **~** vorsorglich; tomar precauciones Vorsichtsmaßnahmen treffen.

precaver [preka'ber] (2a) vorbeugen (dat.); verhüten; **~se** sich schützen (gegen [ac.] de).

prece|ncia [preθe'denθĭa] f Vorhergehen n; Vorrang m; Vortritt m; **~nte** [~'dente] 1. adj. vorhergehend; 2. m Präzedenzfall m; **~r** [~'der] (2a) vorhergehen (dat.); den Vorrang haben vor (dat.); vorangehen.

precep|tista [preθep'tista] m Lehrmeister m; **~to** [~'θepto] m Vorschrift f; Gebot n; kath. de ~ geboten (Feiertag); **~tor** [~θep'tɔr] m Hauslehrer m; Erzieher m; **~tuar** [~θeptu'ar] v/t. (1e) vorschreiben.

preces ['preθes] f/pl. Kirchengebet n.

preciar [pre'θĭar] (1b) schätzen; **~se** sich brüsten (mit [dat.] de).

precin|ta [pre'θinta] f (Steuer-)Banderole f; **~tar** [~θin'tar] (1a) versiegeln; plombieren; **~to** [~'θinto] m Verschluß m; (Zoll-)Plombe f.

precio ['preθĭo] m Preis m; Wert m; **~ al consumidor** Verbraucherpreis m; **~ de compra** Einkaufspreis m; **~ de coste** Selbstkostenpreis m; **~ de lanzamiento** Einführungspreis m; **~ de orientación** Richtpreis m; **~ de venta** Verkaufspreis m; **~ de venta al público** Ladenpreis m; a poco ~ billig; al ~ de auf Kosten (gen.); für (ac.); tener en (mucho) ~ hochschätzen; no tener ~ unbezahlbar sein.

precio|sidad [preθĭosi'daᵈ] f Kostbarkeit f; **~so** [~'θĭoso] kostbar; wertvoll; reizend, nett; **~sura** Am. [~θĭo'sura] f Schönheit f; F hübsches Mädchen n.

precipi|cio [preθi'piθĭo] m Abgrund m; **~tación** [~pita'θĭɔn] f Übereilung f; precipitaciones Niederschläge m/pl.; **~tado** [~pi'taᵈo] 1. adj. übereilt, hastig; 2. m **🜍** Nieder-

schlag m; **~tar** [~pi'tar] (1a) hinabstürzen; hinunterwerfen; übereilen; **🜍** ausfällen; **~tarse** sich überstürzen; sich stürzen in (ac.).

preci|samente [preθisa'mente] genau; gerade; eigentlich; **~sar** [~'sar] (1a) brauchen; genau angeben; **~sarse** nötig sein; **~sión** [~'sĭɔn] f Genauigkeit f; Präzision f; de ~ Präzisions...; **~so** [~'θiso] nötig, notwendig; genau; pünktlich; deutlich; bestimmt; präzis(e).

precitado [preθi'taᵈo] obenerwähnt.

preclaro Lit. [pre'klaro] berühmt.

precocidad [prekoθi'daᵈ] f Frühreife f; Vorzeitigkeit f.

preconcebido [prekɔnθe'biᵈo] vorbedacht; idea f -a vorgefaßte Meinung f.

preconizar [prekoni'θar] (1f) lobpreisen; fig. befürworten.

precontrato [prekɔn'trato] m Vorvertrag m.

precordillera Am. Mer. [prekɔrđi'ʎera] f Voranden pl.

precoz [pre'kɔθ] frühreif; Früh...

precursor [prekur'sɔr] m Vorläufer m, Vorbote m.

predatorio [pređa'torĭo] räuberisch; Raub...

prede|cesor [pređeθe'sɔr] m Vorgänger m; **~cir** [~'θir] (3p) voraussagen.

predestina|ción [predestina'θĭɔn] f Vorherbestimmung f; Rel. Prädestination f; **~r** [~'nar] (1a) vorherbestimmen.

prédica F ['predika] f Predigt f.

predica|ción [prediका'θĭɔn] f Predigen n; Predigt f; **~do** Gram. [~'kaᵈo] m Prädikat n; **~dor** [~ka-'dɔr] m Prediger m; **~mento** [~ka-'mento] m Ansehen n; muy en ~ allgemein anerkannt; **~r** [~'kar] (1g) predigen; F ausposaunen; **~ en (el) desierto** tauben Ohren predigen; **~ con el ejemplo** mit gutem Beispiel vorangehen. sage f.

predicción [predik'θĭɔn] f Vorher-

predilec|ción [predileg'θĭɔn] f Vorliebe f; **~to** [~'lekto] Lieblings-; bevorzugt.

predio ['pređĭo] m Grundstück n.

predispo|ner [predispo'ner] (2r) vorbereiten; empfänglich machen für e-e Krankheit usw.; **~sición** [~si'θĭɔn] f Anlage f; Empfänglichkeit f.

predomina|ción [predomina'θion] *f* Vorherrschaft *f*; **~nte** [~'nante] vorherrschend; **~r** [~'nar] (1a) vorherrschen; überwiegen.

predominio [predo'minio] *m* Vorherrschaft *f*; Überlegenheit *f*.

preeminen|cia [preemi'nenθia] *f* Vorzug *m*; Überlegenheit *f*; **~te** [~'nente] vorzüglich; hervorragend.

preexis|tencia [preegsis'tenθia] *f* Präexistenz *f*, Vorherdasein *n*; **~tente** [~'tente] vorher bestehend; **~tir** [~'tir] (3a) vorher dasein.

prefabricado [prefabri'kaᵈo] vorgefertigt; *casa f* -a Fertighaus *n*.

prefacio [pre'faθio] *m* Vorrede *f*, Vorwort *n*.

prefec|to [pre'fekto] *m* Präfekt *m*; **~tura** [~fek'tura] *f* Präfektur *f*.

prefe|rencia [prefe'renθia] *f* Vorzug *m*; Vorliebe *f*; *Thea.* Sperrsitz *m*; **~** de paso Vorfahrtsrecht *n*; **~rente** [~'rente] bevorrechtigt; Vorzugs...; **~rible** [~'rible] vorzuziehen; **~rido** [~'rido] Lieblings...; **~rir** [~'rir] (3i) vorziehen.

prefijar [prefi'xar] (1a) vorherbestimmen.

prefijo [pre'fixo] **1.** *adj.* anberaumt, festgesetzt; **2.** *m Gram.* Vorsilbe *f*; *Fernspr.* Vorwählnummer *f*.

pre|gón [pre'gon] *m* öffentliches Ausrufen *n*; Fest-, Eröffnungsrede *f*; **~gonar** [~go'nar] (1a) öffentlich ausrufen; *fig.* ausposaunen; **~gonero** [~go'nero] *m* öffentlicher Ausrufer *m*.

pregun|ta [pre'gunta] *f* Frage *f*; F andar a la cuarta **~** kein Geld haben, F blank sein; **~tar** [~gun'tar] (1a) fragen (nach [*dat.*] por); **~tón** [~gun'ton] *m* lästige(r) Frager *m*.

prehistórico [preis'toriko] vorgeschichtlich.

pre|juicio [pre'xũiθio] *m* Vorurteil *n*; sin **~** de unbeschadet (*gen.*); **~juzgar** [~xuð'gar] (1h) vorschnell urteilen über (*ac.*).

prela|ción [prela'θion] *f* Vorzug *m*, Vorrang *m*; **~do** [~'laᵈo] *m* Prälat *m*; **~vado** [~la'baᵈo] *m* Vorwäsche *f*.

preliminar [prelimi'nar] **1.** *adj.* vorläufig; einleitend; Vor...; **2.** **~es** *m/pl.* Vorverhandlungen *f/pl.*; Präliminarien *pl.*

prelu|diar [prelu'ðiar] (1b) ♪ präludieren; *fig.* einleiten; **~dio** [~'lu-**

dio] *m* ♪ Vorspiel *n*, Präludium *n*; *fig.* Einleitung *f*.

prematuro [prema'turo] frühreif; verfrüht; vorzeitig.

premedita|ción [premeðita'θion] *f* Vorbedacht *m*; con **~** vorsätzlich; **~r** [~'tar] (1a) vorher überlegen.

pre|miar [pre'miar] (1b) belohnen; mit e-m Preis auszeichnen; **~mio** [pre'mio] *m* Belohnung *f*; Prämie *f*, Preis *m*; Lotteriegewinn *m*, Treffer *m*; **~** gordo Hauptgewinn *m*.

premioso [pre'mioso] beengt, eng; *fig.* gehemmt; unbeholfen; steif.

premisa [pre'misa] *f* Prämisse *f*; Vorbedingung *f*.

premonición [premoni'θion] *f* Vorgefühl *n*; Warnzeichen *n*.

premura [pre'mura] *f* Dringlichkeit *f*; Eile *f*; Bedrängnis *f*; **~** de tiempo Zeitdruck *m*.

prenda ['prenda] *f* Pfand *n*; Kleidungsstück *n*; *fig.* Liebes-, Unterpfand *n*; F Schatz *m*, Liebchen *n*; no soltar **~** sehr verschwiegen sein; soltar **~** mit et. herausrücken; **~s** *pl.* Geistesgaben *f/pl.*, Anlagen *f/pl.*; **~s** deportivas Sportkleidung *f*; **~s** interiores Unterwäsche *f*.

prendar [pren'dar] (1a) pfänden; für sich gewinnen; **~se** sich verlieben (in [*ac.*] de).

pren|dedero [prende'ðero] *m* Spange *f*; Haarband *n*; **~dedor** [~'dor] *m* Brosche *f*.

prender [pren'der] (2a; *part. a.* preso) *v/t.* anpacken; verhaften; ergreifen; befestigen, anstecken; *v/i.* Wurzel fassen; Feuer fangen, (an)brennen; **~se** sich putzen, sich schmücken.

pren|dería [prende'ria] *f* Trödelladen *m*; *Am. reg.* Leihhaus *n*; **~dero** [~'dero] *m* Trödler *m*, Krämer *m*.

prendimiento [prendi'miento] *m* Verhaftung *f*; Festnahme *f*.

prenombrado *Am.* [prenom'braᵈo] obenerwähnt.

pren|sa ['prensa] *f* Presse *f*; Buchdruckerpresse *f*; F **~** amarilla F Regenbogenpresse *f*; **~** diaria Tagespresse *f*; en **~** im Druck; dar a la **~** in Druck geben; **~sado** [pren'saᵈo] *m* Pressen *n*; Keltern *n*; **~sar** [~'sar] (1a) pressen; keltern.

preñado [pre'ɲaᵈo] schwanger (*Frau*); trächtig (*Tier*); *fig.* voll.

preñez [pre'ɲeθ] f Schwangerschaft f; Trächtigkeit f.

preocupa|ción [preokupa'θiɔn] f Besorgnis f, Sorge f; **~do** [~'paᵈo] besorgt, sorgenvoll; **~r** [~'par] (1a) stark beschäftigen; besorgt machen; **~rse** sich kümmern (um [ac.] de); besorgt sein (um [ac.] por); ¡no se preocupe usted! seien Sie unbesorgt!

preopinante [preopi'nante] m Vorredner m.

prepara|ción [prepara'θiɔn] f Vorbereitung f; Zubereitung f; **~do** [~'raᵈo] m Präparat m; **~r** [~'rar] (1a) vorbereiten; zubereiten; präparieren; Erze aufbereiten; **~tivo** [~ra'tibo] m mst **~s** pl. Vorbereitung f; **~torio** [~ra'torio] vorbereitend; Vor...

prepondera|ncia [preponde'ran-θia] f Übergewicht n; Vorherrschen n; **~nte** [~'rante] vorwiegend; entscheidend; **~r** [~'rar] (1a) überwiegen; vorherrschen.

preposición Gram. [preposi'θiɔn] f Präposition f.

prepoten|cia [prepo'tenθia] f Vorherrschen n; Übermacht f; **~te** [~'tente] vorherrschend; übermächtig; Am. anmaßend.

prepucio Anat. [pre'puθio] m Vorhaut f. [recht n.]

prerrogativa [prerroga'tiba] f Vor-⌡

presa ['presa] f Beute f; Fang m; Stauwehr n; Talsperre f; ⚓ Prise f; Am. reg. Stück n Fleisch; hacer ~ fangen, greifen.

presagiar [presa'xiar] (1b) vorhersagen; voraussagen.

presagio [pre'saxio] m Vorbedeutung f; Vorzeichen n; Ahnung f.

presbicia [prez'biθia] f Weitsichtigkeit f.

présbita ['prezbita] weitsichtig.

pres|biterio [prezbi'terio] m Altarraum m; **~bítero** [~'bitero] m Priester m.

prescin|dible [presθin'dible] entbehrlich; **~dir** [~'dir] (3a): ~ de von et. (dat.) absehen; auf et. (ac.) verzichten.

prescri|bir [preskri'bir] (3a; part. prescrito) vorschreiben; v/i. sich verjähren; **~pción** [~krib'θiɔn] f Vorschrift f; ⚖ Verjährung f; ~ médica ärztliche Verordnung f; **~ptible** ⚖ [~krip'tible] verjährbar; **~to** [~'krito] vorgeschrieben.

presencia [pre'senθia] f Gegenwart f; Anwesenheit f; Aussehen n; Figur f; ~ de ánimo Geistesgegenwart f; de buena ~ gutaussehend; **~r** [~sen'θiar] v/t. (1b) beiwohnen; dabeisein; Augenzeuge sein von.

presen|table [presen'table] annehmbar; ser ~ sich sehen lassen können; **~tación** [~ta'θiɔn] f Vorstellung f; Vorlegung f, -zeigung f; Am. Eingabe f, Gesuch n; Aufmachung f e-r Ware; **~tador** [~'dor] m Moderator m (Fernsehen usw.); **~tar** [~'tar] (1a) vorstellen; vorschlagen; vorzeigen; auf-, vorweisen; Gesuch einreichen; bieten; ✗ ~ armas präsentieren; **~tarse** sich vorstellen; sich anbieten; erscheinen.

presente [pre'sente] **1.** adj. gegenwärtig, anwesend; jetzig; hacer ~ vergegenwärtigen; zu erkennen geben; vor Augen halten; mejorando lo ~ Anwesende ausgenommen; tener ~ daran denken; im Auge behalten; al ~ jetzt; ¡~! hier! (beim Namensaufruf); **2.** a) m Gegenwart f; b) m Gram. Präsens n; c) m Geschenk n; d) f ✝ por la ~ hiermit.

presen|timiento [presenti'miento] m Vorgefühl n, Ahnung f; **~tir** [~'tir] (3i) ahnen; vorherempfinden.

preserva|ción [preserba'θiɔn] f Bewahrung f; Schutz m; **~r** [~'bar] (1a) bewahren, (be)schützen (vor [dat.] de); **~tivo** [~ba'tibo] **1.** adj. schützend; **2.** m Schutzmittel n.

presiden|cia [presi'denθia] f Präsidentschaft f; Vorsitz m; **~te** [~'dente] m Vorsitzende(r) m; Präsident m.

presi|diario [presi'diario] m Sträfling m, Zuchthäusler m; **~dio** [~'sidio] m Zuchthaus n; Zuchthausstrafe f.

presidir [presi'dir] (3a) den Vorsitz führen bei (dat.); vorstehen (dat.).

presilla [pre'siʎa] f Paspelschnur f; Schlaufe f.

presión [pre'siɔn] f Druck m; ~ sanguínea Blutdruck m.

presionar [presio'nar] (1a) drücken; Druck ausüben (auf [ac.] sobre).

preso ['preso] **1.** part. v. prender; **2.** m, -a f [~sa] Gefangene(r) m, Gefangene f; Verhaftete(r) m, Verhaftete f.

prestación [presta'θiɔn] f Leistung f; ~ social Sozialleistung f.

presta|do [pres'taᵈo] geliehen; *dar ~ a/c. a alg.* j-m et. leihen; *pedir ~ a/c. a alg. et. v.* j-m borgen; *de ~ leihweise;* **~dor** [~ta'dɔr] *m* Verleiher *m;* **~mista** [~ta'mista] *m* Geldleiher *m;* Darlehensgeber *m.*

préstamo ['prestamo] *m* Darlehen *n; ~ a la gruesa* Bodmerei *f.*

prestar [pres'tar] (1a) **1.** *v/t.* leihen; *Am. reg.* entlehnen, ausborgen; *~ atención* Aufmerksamkeit schenken; *~ ayuda* Hilfe leisten; *~ juramento* e-n Eid leisten; *~ oídos* Gehör schenken; **2.** *v/i.* sich dehnen (*Stoff*); **3.** *~se* sich hergeben (zu [*dat.*] *a*); sich eignen (für [*ac.*] *a*).

prestatario [presta'tarĭo] *m* Darlehensnehmer *m.*

presteza [pres'teθa] *f* Schnelligkeit *f.*

prestidigitador [prestidixita'dɔr] *m* Zauberer *m,* Taschenspieler *m.*

prestigio [pres'tixĭo] *m* Einfluß *m;* Ansehen *n,* Prestige *n.*

prestigioso [presti'xĭoso] gewichtig; angesehen; einflußreich.

presto ['presto] geschwind, schnell; bereit; *adv.* sogleich.

presumi|ble [presu'mible] vermutlich; mutmaßlich; **~do** [~'mido] eingebildet; **~r** [~'mir] (3a) **1.** *v/t.* mutmaßen; annehmen; **2.** *v/i.* sich et. einbilden (auf [*ac.*] *de*); angeben (mit [*dat.*] *de*).

presun|ción [presun'θĭon] *f* Vermutung *f,* Mutmaßung *f;* Dünkel *m,* Einbildung *f;* **~to** [~'sunto] vermeintlich; mutmaßlich; **~tuosidad** [~suntŭosi'da⁽ᵈ⁾] *f* Einbildung *f;* **~tuoso** [~sun'tŭoso] eingebildet.

presu|poner [presupo'ner] (2r) voraussetzen; veranschlagen; **~puesto** [~'pŭesto] *m Logik:* Vordersatz *m;* Voraussetzung *f;* Kostenanschlag *m;* Voranschlag *m;* Haushalt *m,* Budget *n.*

presur|a [pre'sura] *f* Eile *f;* Eifer *m;* **~oso** [~su'roso] eilig.

pretal [pre'tal] *m* Brustriemen *m.*

preten|der [preten'der] (2a) fordern, beanspruchen; streben nach (*dat.*); werben um *e-e* Frau; sich um *ein Amt* bewerben; *v/i.* vorgeben; behaupten; **~diente** [~'dĭente] *m* Bewerber *m;* Freier *m;* Prätendent *m;* **~sión** [~'sĭon] *f* Anspruch *m;* Bewerbung *f;* Bitte *f; Am.* Dünkel *m,* Einbildung *f; con* (*sin*) pre-

tensiones anspruchsvoll (-los); **~sio-so** *Am.* [~'sĭoso] dünkelhaft, eingebildet.

pre|terición [preteri'θĭon] *f* Übergehung *f;* Nichtbeachtung *f;* **~terir** [~te'rir] (3i; *ohne prs.*) übergehen; **~térito** [~'terito] **1.** *adj.* vergangen; **2.** *m Gram.* Präteritum *n,* Vergangenheit *f.*

pretex|tar [pretes'tar] (1a) vorgeben; vorschützen; **~to** [~'testo] *m* Vorwand *m;* Ausrede *f.*

pretil [pre'til] *m* Geländer *n;* Brüstung *f.*

pretina [pre'tina] *f* Gurt *m;* Hosenbund *m.*

preva|lecer [prebale'θer] (2d) überwiegen; den Ausschlag geben; durchdringen; *~ sobre* siegen über (*ac.*); **~lerse** [~'lerse] (2q): *~ de* benutzen; sich bedienen.

prevarica|ción [prebarika'θĭon] *f* Amts-, Pflichtverletzung *f;* Rechtsbeugung *f;* **~dor** [~'dɔr] *m* pflichtvergessene(r) Beamte(r) *m.*

prevaricar [prebari'kar] (1g) s-e Amtspflicht verletzen; pflichtwidrig handeln.

preve|nción [preben'θĭon] *f* Vorkehrung *f,* Vorbeugung *f;* Warnung *f;* Verhütung *f;* Voreingenommenheit *f;* Untersuchungshaft *f;* **~nido** [~be'nido] vorsichtig; vorbereitet; **~nir** [~be'nir] (3s) vorbereiten; verhüten; vorbeugen (*dat.*); warnen; aufmerksam machen; *~ en favor de* (*contra*) *alg.* für (gegen) j-n einnehmen; **~nirse** sich anschicken; sich vorbereiten; sich vorsehen.

preventivo [preben'tibo] **1.** *adj.* vorbeugend; vorgreifend; Schutz-...; **2.** *m* Vorbeugungsmittel *n.*

prever [pre'ber] (2v) voraussehen.

previo ['prebĭo] vorhergehend; *~ aviso* nach vorheriger Mitteilung; **~sión** [prebi'sĭon] *f* Voraussicht *f;* Fürsorge *f.*

previsor [prebi'sɔr] vorsichtig.

previsto [pre'bisto] vor(aus)gesehen; *tener ~* vorsehen, -haben.

prieto ['prĭeto] eng; knapp; knauserig; fast schwarz.

prima ['prima] *f* Base *f,* Kusine *f;* ✝ Prämie *f.*

prima|cía [prima'θĭa] *f* Vorrang *m;* Primat *m od. n;* **~da** F [~'mada] *f* Dummheit *f;* **~do** [~'maᵈo] *m* Primas *m.*

primar *Am.* [pri'mar] (1a) vorherrschen, überwiegen.

prima|rio [pri'mario] erste(r, -s); primär; *enseñanza f -a* Volksschulunterricht *m*; **~vera** [~ma'bera] *f* Frühling *m*; ♀ Primel *f*, Schlüsselblume *f*; **~veral** [~mabe'ral] Frühlings...

prime|ra † [pri'mera] *f*: **~** *de cambio* Primawechsel *m*; **~rizo** [~me-'riθo] 1. *adj.* Erstlings...; 2. *m* Neuling *m*; Anfänger *m*; **~ro** [~'mero] 1. *adj.* erste(r, -s); *de -a* erstklassig; *a ~s de enero* Anfang Januar; 2. *adv.* zuerst; **~** *que* lieber als.

primi|cia [pri'miθia] *f* Erstlingsfrucht *f*; **~s** *pl.* Anfänge *m/pl.*; **~tivismo** [~ti'bizmo] *m* Primitivität *f*; **~tivo** [~'tibo] ursprünglich; primitiv; Ur...; Grund...

primo [primo] *m* Vetter *m*; **~génito** [primo'xenito] erstgeboren; **~genitura** [~xeni'tura] *f* Erstgeburtsrecht *n*.

primor [pri'mor] *m* Geschicklichkeit *f*; Vollkommenheit *f*; *es un ~ es ist ein Meisterstück; que es un ~ daß es e-e wahre Freude ist.*

primo|rdial [primor'δial] ursprünglich; grundlegend; **~roso** [~mo'roso] vorzüglich; vortrefflich.

prin|cesa [prin'θesa] *f* Fürstin *f*; Prinzessin *f*; **~cipado** [~θi'paδo] *m* Fürstentum *n*.

principal [prinθi'pal] 1. *adj.* Haupt-...; ausgezeichnet; hauptsächlich; 2. *m* erster Stock *m*; *lo ~* die Hauptsache *f*.

príncipe ['prinθipe] *m* Fürst *m*; Prinz *m*; *~ azul fig.* Märchenprinz *m*; *~ heredero* Erb-, Kronprinz *m*.

princi|piante [prinθi'piante] *m* Anfänger *m*; **~piar** [~'piar] (1b) anfangen; beginnen; **~pio** [~'θipio] *m* Anfang *m*; Grundsatz *m*, Prinzip *n*; (Grund-)Bestandteil *m*; *~ activo* Wirkstoff *m*; *en ~* grundsätzlich; *en un ~* anfänglich; *~s pl.* Grundregeln *f/pl.*; *a ~s del mes* (am) Anfang des Monats.

prin|gar [prin'gar] (1h) in Fett tauchen; einfetten, mit Fett beschmieren; F blutig schlagen; F anschwärzen; F **~garse** in unerlaubten Vorteil aus *et.* ziehen; **~gón** [~'gon] 1. *adj.* schmutzig; 2. *m* Fettfleck *m*; **~goso** [~'goso] fettig;

~gue ['pringe] *su.* (Braten-)Fett *n*; F Schmutz *m*.

prior [prior] *m* Prior *m*; **~idad** [priori'δaᵈ] *f* Vorrang *m*; Priorität *f*.

prisa ['prisa] *f* Eile *f*; *a toda ~* in aller Eile; *darse ~* sich beeilen; *de ~* eilig; *correr ~* dringend sein; *meter ~ a alg.* j-n zur Eile drängen; *tener ~* es eilig haben.

prisi|ón [pri'sion] *f* Verhaftung *f*; Haft *f*; Gefängnis *n*; *~ incomunicado* Einzelhaft *f*; *~ preventiva* Untersuchungshaft *f*; *prisiones pl.* Fesseln *f/pl.*; **~onero** [~sio'nero] *m* Gefangene(r) *m*; *~ de guerra* Kriegsgefangene(r) *m*; *caer ~* in Gefangenschaft geraten.

pris|ma *Geom.* ['prizma] *m* Prisma *n*; **~máticos** [priz'matikos] *m/pl.* Feldstecher *m*; Fernglas *n*.

prístino ['pristino] ursprünglich; alt.

priva|ción [priba'θion] *f* Beraubung *f*; Entziehung *f*; Entzug *m*; Vorenthaltung *f*; *privaciones pl.* Entbehrung(en) *f(pl.)*; **~do** [~'baᵈo] 1. *adj.* privat; vertraulich; persönlich; 2. *m* Günstling *m*; Vertraute(r) *m*; **~nza** [~'banθa] *f* Gunst *f*; vertraulicher Umgang *m*; **~r** [~'bar] (1a) 1. *v/t.* berauben; 2. *v/i.* in Gunst stehen (bei *dat.*) *con*); allgemeinen Beifall finden; *~ en alg.* j-n auszeichnen (*Eigenschaft*); 3. **~rse** *de algo* sich et. versagen, verzichten auf; **~tivo** [~ba'tibo] entziehend; eigentümlich; kennzeichnend (für [*ac.*] de).

privile|giar [pribile'xiar] (1b) bevorzugen; bevorrechten; **~gio** [~-'lexio] *m* Vorrecht *n*; Sonderrecht *n*; Vorzug *m*; Privileg *n*; *~ fiscal* Steuervergünstigung *f*.

pro [pro] *m* Gewinn *m*, Vorteil *m*; *en ~* de zum Nutzen von; *hombre m de ~* rechtschaffener Mann *m*; *el ~ y el contra* das Für u. Wider.

proa ⚓ ['proa] *f* Bug *m*, Vorschiff *n*.

proba|bilidad [probabili'δaᵈ] *f* Wahrscheinlichkeit *f*; **~ble** [~'baβle] wahrscheinlich.

pro|bado [pro'baδo] erprobt; bewährt; **~bador** [~ba'δor] *m* Anproberaum *m*; **~banza** ⚖ [~'banθa] *f* Beweis *m*; Beweismaterial *n*; **~bar** [~'bar] (1m) erproben; prüfen; *Speisen* kosten, abschmecken; *Kleid* anprobieren; beweisen; testen; *no ~*

bocado keinen Bissen zu sich nehmen; *v/i.* ~ *inf.* versuchen zu *inf.*; ~ *bien* (*mal*) gut (schlecht) bekommen; **~batorio** [~ba'torĭo] Probe...; Beweis...

probeta [pro'beta] *f* Reagenzglas *n*; *Phot.* Entwicklerschale *f*.

probidad [probi'da⁽ᵈ⁾] *f* Rechtschaffenheit *f*; Redlichkeit *f*.

proble|ma [pro'blema] *m* Aufgabe *f* (*a. Ⓐ*); Problem *n*; **~mática** [~ble'matika] *f* Problematik *f*; **~mático** [~'matiko] fraglich, fragwürdig; problematisch.

probo ['probo] rechtschaffen.

pro|cacidad [prokaθi'da⁽ᵈ⁾] *f* Unverschämtheit *f*; Frechheit *f*; **~caz** [~'kaθ] unverschämt; frech.

proce|dencia [proθe'denθĭa] *f* Herkunft *f*; Ursprung *m*; **~dente** [~'dente] herstammend, kommend (aus [*dat.*] de); berechtigt; **~der** [~'dɛr] 1. (2a) (her)kommen, stammen (aus [*dat.*] de); herrühren (von [*dat.*] de); vorgehen (gegen [*ac.*] *contra*); verfahren, handeln; ~ *a inf.* dazu übergehen (*od.* schreiten) zu *inf.*, ⚓ sich daranmachen zu *inf.*; *procede* es gehört sich; es erscheint geboten; 2. *m* Verhalten *n*; Benehmen *n*; Verfahren *n*.

procedimiento [proθeði'mĭento] *m* Verfahren *n* (⚙ᴢ *u.* ⊕); Rechtsgang *m*; Prozeßordnung *f*.

prócer ['proθer] *m* hochgestellte Persönlichkeit *f*; Magnat *m*.

proce|sado [proθe'sa⁽ᵈ⁾o] *m* Angeklagte(r) *m*; **~sal** [~'sal] Prozeß...; **~samiento** [~sa'mĭento] *m* Gerichtsverfahren *n*; gerichtliche Verfolgung *f*; **~sar** [~'sar] (1a) gerichtlich verfolgen.

procesión [proθe'sĭon] *f* Umzug *m*; Prozession *f*.

proceso [pro'θeso] *m* Prozeß *m* (*a.* ⚓ᴢ *u.* ⚡); Rechtsstreit *m*; Gerichtsverfahren *n*.

proclama [pro'klama] *f* Aufruf *m*; öffentliche Bekanntmachung *f*; Aufgebot *n der Brautleute*; **~ción** [~klama'θĭon] *f* Proklamation *f*, Ausrufung *f*; Verkündigung *f*; **~r** [~'mar] (1a) ausrufen; verkündigen, proklamieren.

procre|ación [prokrea'θĭon] *f* Fortpflanzung *f*; **~ar** [~'ar] (1a) erzeugen, fortpflanzen.

procura [pro'kura] *f*, **~ción** [~kura-

'θĭon] *f* Prokura *f*; **~dor** [~kura'dor] *m* Bevollmächtigte(r) *m*; Anwalt *m*; **~r** [~ku'rar] (1a) besorgen; betreiben; verursachen; bereiten; ~ *inf.* versuchen zu *inf.*

prodi|galidad [prodigali'da⁽ᵈ⁾] *f* Verschwendung *f*; Überfluß *m*; **~gar** [~'gar] (1h) verschwenden; ~ *a/c. a alg.* j-n mit et. (*dat.*) überschütten.

prodigio [pro'dixĭo] *m* Wunder *n*; *niño m* ~ Wunderkind *n*; **~so** [~di-'xĭoso] wunderbar.

pródigo ['prodigo] 1. *adj.* verschwenderisch; *el hijo* ~ der verlorene Sohn; 2. *m* Verschwender *m*.

produ|cción [produ'θĭon] *f* Erzeugung *f*, Produktion *f* (*a. Film*); Erzeugnis *n*, Produkt *n*; Leistung *f*; ~ *de energía nuclear* Atomenergiegewinnung *f*; ~ *en serie* Serienherstellung *f*; **~cente** [~ðu'θente] erzeugend; **~cir** [~ðu'θir] (3o) erzeugen, herstellen; produzieren; hervorrufen; *Beweise* vorbringen; *Früchte* tragen; *Gewinn* bringen; **~cirse** sich ereignen; vorkommen, eintreten (*Ereignis*); **~ctividad** [~ðuktibi'da⁽ᵈ⁾] *f* Leistung *f*; Produktivität *f*; **~ctivo** [~ðuk'tibo] ergiebig, einträglich; **~cto** [~'ðukto] *m* Produkt *n*; Erzeugnis *n*; Ertrag *m*; ~ *acabado* Fertigfabrikat *n*; ~ *semiacabado* Halbfertigfabrikat *n*; **~s de belleza** Kosmetikartikel *m/pl.*; **~s químicos** Chemikalien *f/pl.*; **~ctor** [~ðuk'tor] 1. *adj.* erzeugend; 2. *m* Erzeuger *m*; Hersteller *m*; Produzent *m* (*a. Film*).

proemio [pro'emĭo] *m* Vorrede *f*.

proeza [pro'eθa] *f* Heldentat *f*; große Leistung *f*.

profa|nación [profana'θĭon] *f* Entweihung *f*; Schändung *f*; **~nar** [~-'nar] (1a) entweihen; herabwürdigen; schänden; **~no** [~'fano] 1. *adj.* profan; weltlich; uneingeweiht; 2. *m* Uneingeweihte(r) *m*; Laie *m*.

profe|cía [profe'θĭa] *f* Prophezeiung *f*; **~rir** [~'rir] (3i) aussprechen; äußern; *Verwünschungen* ausstoßen; **~sar** [~'sar] (1a) *Beruf* ausüben; betreiben; lehren; bekunden; ~ *amistad a alg.* j-m in Freundschaft zugetan sein; ~ *una doctrina* sich zu e-r Lehre bekennen; *v/i.* das Ordensgelübde ablegen; **~sión** [~-'sĭon] *f* Beruf *m*; Glaubensbekennt-

nis *n*; Gelübde *n*; **~sional** [~'sĭo'nal]
1. *adj.* berufsmäßig; Berufs...;
Fach...; **2.** *m* Fachmann *m*; *Sport*:
Berufsspieler *m*; F Profi *m*; **~so** [~
'feso] j., der das Ordensgelübde ab-
gelegt hat; **~sor** *m*, **-a** *f* [~fe'sor,
~fe'sora] Lehrer(in *f*) *m*; ♪ *Or-
chestermusiker m*; **~** *universitario*
(Universitäts-)Dozent *m*; **~sorado**
[~feso'raᵈo] *m* Lehramt *n*; Lehrerschaft *f*; Lehrkörper *m*; **~ta** [~'feta]
m, **~tisa** [~fe'tisa] *f* Prophet(in *f*) *m*;
~tizar [~feti'θar] (1f) prophezeien,
weissagen.

profético [pro'fetiko] prophetisch.
profi|láctico ✱ [profi'laktiko] vor-
beugend, prophylaktisch; **~laxis**
[~'laġsis] *f* Vorbeugung *f*.
prófugo ['profuġo] **1.** *adj.* flüchtig;
2. *m* ✕ Fahnenflüchtige(r) *m*.
profun|didad [profundi'da⁽ᵈ⁾] *f*
Tiefe *f*; **~dizar** [~'θar] (1f) vertiefen; *fig.* ergründen; *e-r Sache auf
den Grund gehen*; **~do** [~'fundo]
tief.
profu|sión [profu'sĭon] *f* Ver-
schwendung *f*; Übermaß *n*; Überfluß *m*; **~so** [~'fuso] verschwenderisch; reichlich; übermäßig.
progeni|e [pro'xenĭe] *f* Geschlecht
n; Sippe *f*; **~tor** [~xeni'tor] *m* Vorfahr *m*; Vater *m*; Erzeuger *m*; **~es**
pl. Eltern *pl.*; **~tura** [~xeni'tura] *f*
Erstgeburtsrecht *n*.
programa [pro'grama] *m* Programm
n; Spiel-, Sendeplan *m*; Vorle-
sungsverzeichnis *n*; **~** *de estudios*
Lehrplan *m*; **~ción** [~grama'θĭon] *f*
Programmierung *f*; **~dor** [~'dor] *m*
Programmierer *m*; **~r** [~'mar] (1a)
programmieren.
progre|sar [progre'sar] (1a) Fort-
schritte machen; fortschreiten; **~**
sión [~'sĭon] *f* Fortschreiten *n*; ⅄
Reihe *f*; **~sista** [~'sista] *su.* Fort-
schrittler(in *f*) *m*; **~sivo** [~'sibo]
fortschreitend; **~so** [~'greso] *m*
Fortschritt *m*.
prohi|bición [proibi'θĭon] *f* Verbot
n; **~bir** [~'bir] (3a) verbieten; **~**
bitivo [~bi'tibo] verbietend; *derecho m ~* Prohibitivzoll *m*.
prohijar [proi'xar] (1a) an Kindes
Statt annehmen.
prohombre [pro'ombre] *m* Obmann *m*; Prominente(r) *m*.
prójimo ['proximo] *m* Nächste(r) *m*,
Mitmensch *m*.

prole ['prole] *f* Nachkommenschaft
f; **~tariado** [proleta'rĭaᵈo] *m* Prole-
tariat *n*; **~tario** [~'tarĭo] **1.** *adj.*
proletarisch; **2.** *m* Proletarier *m*.
proliferación [prolifera'θĭon] *f* Ver-
mehrung *f* (*durch Zellteilung*) (*a.
fig.*); ✱ Wucherung *f*.
prolífico [pro'lifiko] fruchtbar.
proli|jidad [prolixi'da⁽ᵈ⁾] *f* Weit-
schweifigkeit *f*; **~jo** [~'lixo] weit-
schweifig; umständlich; schwerfällig.
prólogo ['prologo] *m* Vorrede *f*;
Vorwort *n*; Prolog *m*; *Thea.* Vorspiel *n*.
prolon|gación [proloŋga'θĭon] *f*
Verlängerung *f*; ✱ Verlängerungs-
schnur *f*; **~gado** [~'gaᵈo] ausgedehnt, lang(e dauernd); **~gar** [~
gar] (1h) verlängern (*a. zeitlich*);
in die Länge ziehen; **~garse** lange
dauern.
prome|diar [prome'dĭar] (1b) hal-
bieren; *v/i.* sich ins Mittel legen;
~dio [~'meðĭo] *m* Durchschnitt *m*;
en ~ durchschnittlich.
prome|sa [pro'mesa] *f* Versprechen
n; *Rel.* Gelübde *n*; **~tedor** [~mete-
'ðor] vielversprechend; verhei-
ßungsvoll; **~ter** [~me'ter] (2a) versprechen; *Rel.* geloben; **~terse** sich
verloben; **~tida** [~me'tida] *f* Verlobte *f*; Braut *f*; **~tido** [~me'tiðo] *m*
Verlobte(r) *m*; Bräutigam *m*.
promi|nencia [promi'nenθĭa] *f*
(Boden-)Erhebung *f*; ✱ Auswuchs
m; **~te** [~'nente] hervorragend; hervorstehend.
promis|cuar [promis'kŭar] (1d)
(durcheinander)mischen; **~cuo** [~
'miskŭo] (durcheinander)gemischt;
zweideutig.
promisión [promi'sĭon] *f* Verhei-
ßung *f*.
promoción [promo'θĭon] *f* Beförderung *f*; Versetzung *f*; *abgehender
Jahrgang m* (*an Universitäten usw.*);
fig. Förderung *f*.
promontorio [promon'torĭo] *m*
Vorgebirge *n*.
promo|tor [promo'tor], **~vedor** [~
be'ðor] **1.** *adj.* antreibend; **2.** *m*
Förderer *m*; Anstifter *m*; **~ver** [~
'ber] (2h) fördern; befördern; verursachen.
promulgar [promul'gar] (1h) *feierlich* verkünden; *Gesetz* erlassen; *fig.*
verbreiten.

prosaico

pronombre *Gram.* [pro'nɔmbre] *m* Fürwort *n*.

pro|nosticar [pronɔsti'kar] (1g) vorhersagen; **~nóstico** [˪'nɔstiko] *m* Vorhersage *f*; Prognose *f*; *herida f de ~ reservado* schwere Verletzung *f*; *~ del tiempo* Wettervorhersage *f*.

pron|titud [prɔnti'tu⁽ᵈ⁾] *f* Schnelligkeit *f*; Lebhaftigkeit *f*; **~to** [*ˈ*prɔnto] **1.** *adj.* schnell; fertig; lebhaft; *al ~* im ersten Augenblick; *de ~* plötzlich; *por lo ~* einstweilen; **2.** *adv.* bald; *¡hasta ~!* bis bald!; **3.** *m* plötzliche Anwandlung *f*; F *le dio un ~,* es kam plötzlich über ihn.

prontuario [prɔn'tŭarĭo] *m* Hand-, Nachschlagebuch *n*.

pronuncia|ción [pronunθĭa'θĭɔn] *f* Aussprache *f*; *ɮↄ* Urteilsverkündung *f*; *~ figurada* Aussprachebezeichnung *f*; **~do** [˪'θĭaᵈo] offenkundig, deutlich, betont; **~miento** [˪θĭa'mĭento] *m* Militärrevolte *f*; Putsch *m*; **~r** [˪'θĭar] (1b) aussprechen; *Rede* halten; *Urteil* fällen; **~rse** sich erheben, sich auflehnen; *Am.* sich äußern; *Partei* ergreifen.

propaga|ción [propaga'θĭɔn] *f* Verbreitung *f*; Fortpflanzung *f*; **~dor** [˪ga'dɔr] *m* Verbreiter *m*; **~nda** [˪'ganda] *f* Propaganda *f*; Werbung *f*, Reklame *f*; **~ndista** [˪gan'dista] *m* Propagandist *m*; Werber *m*; Werbefachmann *m*; **~r** [˪'gar] (1h) fortpflanzen; verbreiten.

propalar [propa'lar] (1a) ans Licht bringen; F ausposaunen.

propano [pro'pano] *m* Propan(gas) *n*. [weit gehen.)

propasarse [propa'sarse] (1a) zu

propen|der [propen'der] (2a) geneigt sein; neigen (zu [*dat.*] *a*); **~sión** [˪'sĭɔn] *f* Neigung *f*; Hinneigung *f*, Hang *m*; **~so** [˪'penso] (hin)neigend, zugetan; *ser ~ a* neigen zu; *𝔰̶* anfällig sein für (*ac.*).

propiamente [propĭa'mente] eigentlich; *~ dicho* genau gesagt; eigentlich.

propi|ciar [propĭ'θĭar] (1b) besänftigen; *Am.* begünstigen; **~ciatorio** [˪θĭa'torĭo] versöhnend; Sühne...; **~cio** [˪'piθĭo] gnädig; günstig; geneigt.

propie|dad [propĭe'da⁽ᵈ⁾] *f* Eigentum *n*; (Grund-, Land-)Besitz *m*; Eigenheit *f*, Eigenschaft *f*; Eigen-

tümlichkeit *f*; *~ industrial* Patentwesen *n*; *~ intelectual* geistiges Eigentum *n*; Urheberrecht *n*; *~ pública* Gemeingut *n*; **~tario** *m*, **-a** *f* [˪'tarĭo, ˪'tarĭa] Eigentümer(in *f*) *m*; Haus-, Grundbesitzer(in *f*) *m*.

propina [pro'pina] *f* Trinkgeld *n*; F *de ~* noch obendrein.

propinar [propi'nar] (1a) zu trinken geben; F *~ una paliza* verprügeln, F verhauen.

propincuo [pro'piŋkŭo] nahe.

propio ['propĭo] eigen; selbst; naturgetreu; echt; Eigen...; *~ para* geeignet zu (*dat.*); *lo ~ (que)* dasselbe (wie).

proponer [propo'ner] (2r) vorschlagen; vorbringen; *Aufgabe* stellen; **~se** vornehmen, vorhaben; beabsichtigen.

propor|ción [propɔr'θĭɔn] *f* Verhältnis *n*; Proportion *f*; *en ~ a* im Verhältnis zu (*dat.*); **~cionado** [˪θĭo'naᵈo] angemessen; *bien* (*mal*) *~* gut (schlecht) gebaut (*Körper*); **~cional** [˪θĭo'nal] verhältnismäßig; proportional, anteilig; **~cionar** [˪θĭo'nar] (1a) anpassen; verschaffen, besorgen.

proposición [proposi'θĭɔn] *f* Vorschlag *m*; Antrag *m*; *Gram.* Satz *m*.

propósito [pro'posito] *m* Absicht *f*; Zweck *m*; Vorsatz *m*; *a ~* gelegen, erwünscht; beiläufig gesagt; *de ~* vorsätzlich; *fuera de ~* zur Unzeit.

propuesta [pro'pŭesta] *f* Vorschlag *m*, Antrag *m*.

propugnar [propug'nar] (1a) verteidigen, verfechten.

propuls|ión 𝔵̶ *u.* 𝔰̶ [propul'sĭɔn] *f* Antrieb *m*; *~ a chorro* (*od. por reacción*) Düsenantrieb *m*; **~or** [˪'sɔr] *m* Triebwerk *n*; 𝔰̶ Schiffsschraube *f*, 𝔵̶ Propeller *m*.

prorra|ta [prɔ'rrata] *f* Anteil *m*; *a ~* anteilmäßig; **~tear** [˪rrate'ar] (1a) anteilmäßig verteilen.

prórroga ['prɔrrɔɡa] *f* zeitliche Verlängerung *f*; Aufschub *m*, Stundung *f*; Vertagung *f*.

prorrogar [prɔrrɔ'ɡar] (1h) zeitlich verlängern; aufschieben; stunden; vertagen.

prorrumpir [prɔrrum'pir] (3a) hervorbrechen; *in Tränen* ausbrechen.

prosa ['prosa] *f* Prosa *f*.

prosaico [pro'saĭko] prosaisch; *fig.* alltäglich; banal.

prosapia [pro'sapĭa] f Herkunft f; Stamm m.

proscenio *Thea.* [prɔs'θenĭo] m Proszenium n.

proscribir [prɔskri'bir] (3a; *part. proscrito*) ächten; verbannen.

proscripción [prɔskrib'θĭɔn] f Achtung f; Verbannung f.

prose|cución [proseku'θĭɔn] f Verfolgung f *e-r Absicht*; **~guir** [~'gir] (3d u. 3l) *Absicht* verfolgen; v/i. fortfahren.

proselitismo [proseli'tizmo] m Bekehrungseifer m.

prosélito [pro'selito] m Bekehrte(r) m, Jünger m.

prosista [pro'sista] su. Prosaschriftsteller(in f) m.

prosopopeya F [prosopo'peja] f hohles Pathos n.

prospección ⚒ [prɔspeg'θĭɔn] f Schürfen n.

prospecto [prɔs'pekto] m Prospekt m.

prospe|rar [prospe'rar] (1a) gedeihen; (guten) Erfolg haben; **~ridad** [~ri'da⁽ᵈ⁾] f Gedeihen n; Glück n; Wohlstand m; *fig.* Blüte f.

próspero ['prɔspero] gedeihlich; blühend; glücklich.

próstata *Anat.* ['prɔstata] f Prostata f, Vorsteherdrüse f.

prosternarse [prɔster'narse] (1a) = *postrarse.*

prostíbulo [prɔs'tibulo] m Bordell n.

prostitu|ción [prɔstitu'θĭɔn] f Prostitution f; Schändung f; **~ir** [~'ir] (3g) entehren; *fig.* schänden; **~irse** gewerbsmäßige Unzucht treiben; *fig.* sich wegwerfen; **~ta** [~'tuta] f Prostituierte f.

protagoni|sta [protago'nista] m Held m; Vorkämpfer m; Hauptdarsteller m, -person f; *papel m* **~** Hauptrolle f; **~zar** [~ni'θar] (1f) die Hauptrolle spielen.

protecci|ón [proteg'θĭɔn] f Schutz m; Gönnerschaft f; **~ de menores** Jugendschutz m; **~onismo** [~θĭo'nizmo] m Schutzzollsystem n.

protector [protek'tor] 1. *adj.* schützend; Schutz...; 2. m Schützer m, Gönner m; Schirmherr m; **~ado** [~to'ra⁽ᵈ⁾o] m Schirmherrschaft f; Protektorat n.

prote|ger [prote'xer] (2c) (be-)schützen; begünstigen; **~gido** [~'xido] m Schützling m; Günstling m.

proteína [prote'ina] f Protein n.

prótesis ⚕ ['protesis] f Prothese f.

protesta [pro'testa] f Protest m; Einspruch m, Verwahrung f; Beteuerung f; **~ción** [~testa'θĭɔn] f Verwahrung f; **~ de la fe** Glaubensbekenntnis n; **~nte** [~tes'tante] 1. *adj.* protestantisch; 2. *su.* Protestant(in f) m; **~ntismo** [~testan'tizmo] m Protestantismus m; **~r** [~tes'tar] (1a) sich verwahren gegen, protestieren; *Glauben* öffentlich bekennen; **~ de su inocencia** s-e Unschuld beteuern; **~ una letra** e-n Wechsel zu Protest gehen lassen.

protesto [pro'testo] m ✝ Wechselprotest m; *levantar* **~** Verwahrung einlegen.

proto|colar [protoko'lar] (1a), **~lizar** [~li'θar] (1f) zu Protokoll nehmen; **~lario** [~'larĭo] Protokoll..., protokollarisch; **~lo** [~'kolo] m Protokoll n; Verhandlungsbericht m.

protón [pro'tɔn] m Proton n.

prototipo [proto'tipo] m Urbild n, Prototyp m; Muster n.

protuberancia [protube'ranθĭa] f ⚕ Auswuchs m; Vorsprung m; Wulst m; *Astr.* Protuberanz f.

provecho [pro'betʃo] m Vorteil m, Nutzen m; Fortschritt m; *de* **~** brauchbar; ordentlich (*Mensch*); *nada de* **~** nichts Vernünftiges; *¡buen* **~!** guten Appetit!; *sacar* **~ de** Nutzen ziehen aus (*dat.*).

provechoso [probe'tʃoso] nützlich; einträglich.

provee|dor [probee'dɔr] m Lieferant m; **~duría** [~du'ria] f Proviantamt n.

proveer [probe'er] (2e; *part. provisto*) versehen (mit [*dat.*] de); sorgen (für [*ac.*] a); *Amt* besetzen; ⚖ vorläufig anordnen; **~se** sich versehen (mit [*dat.*] de).

provenir [probe'nir] (3s) herkommen, stammen, rühren (von, aus [*dat.*] de).

provenzal [proben'θal] 1. *adj.* provenzalisch; 2. m Provenzale m.

prover|bial [prober'bĭal] sprichwörtlich; **~bio** [~'berbĭo] m Sprichwort n.

providen|cia [probi'denθĭa] f (göttliche) Vorsehung f; Vorschrift f; Vorsorge f; ⚖ vorläufiger Bescheid m; Entschluß m; **~cial** [~den'θĭal] vorsorglich; von der Vorsehung bestimmt; ~ciar [~ðen'θiar] (1b) (vorläufig) entscheiden; ~te [~'dente] vor-, umsichtig.

provincia [pro'binθia] f Provinz f; ~l [~bin'θial] **1.** adj. provinziell; Provinzial...; **2.** m Rel. Provinzial m; ~lismo [~binθia'lizmo] m mundartlicher Ausdruck m; ~no [~bin'θiano] **1.** adj. Provinz...; **2.** m Provinzler m.

provi|sión [probi'sion] f Vorrat m; Besetzung f e-s Amtes; ✝ ~ de fondos Deckung f; provisiones pl. Proviant m; ~sional [~sio'nal], ~sorio Am. [~'sorio] vorläufig, provisorisch.

provisto [pro'bisto] s. proveer.

provo|cación [proboka'θion] f Herausforderung f, Provokation f; Aufreizung f; ~car [~'kar] (1g) herausfordern, provozieren; aufreizen; Wirkungen hervorrufen; bewirken; F tengo ganas de ~ mir ist (spei)übel; ~cativo [~ka'tibo] herausfordernd, provozierend.

proxene|ta [prɔɣse'neta] su. Kuppler(in f) m; Zuhälter m; ~tismo [~ne'tizmo] m Kuppelei f.

próximamente [prɔɣsima'mente] nächstens; ungefähr.

proximidad [prɔɣsimi'ða^(d)] f Nähe f.

próximo ['prɔɣsimo] nahe; nächste(r, -s); nahe bevorstehend; estar ~ a inf. drauf und dran sein zu inf.; ~ pasado letztvergangen.

proyec|ción [projeɣ'θion] f Projektion f; Lichtbild n; (Film-)Vorführung f; ~tar [~jeɣ'tar] (1a) schleudern; projizieren; Film vorführen; Schatten werfen; projektieren, planen; entwerfen; vorsehen; ~til [~jeɣ'til] m Geschoß n; ~ perforante panzerbrechendes Geschoß n; ~ teledirigido ferngelenktes Geschoß n; ~tista [~jeɣ'tista] m Plänemacher m; Entwurfskonstrukteur m; ~to [~'jekto] m Entwurf m; Projekt n; Plan m; en ~ geplant; ~tor [~jeɣ'tor] m Scheinwerfer m; Bildwerfer m; Film: Projektor m, Vorführapparat m.

prudencia [pru'denθia] f Klugheit f; Vorsicht f; ~l [~ðen'θial] klug, vernünftig; angemessen.

prudente [pru'dente] klug, vernünftig; vorsichtig.

prueba ['prueba] f Beweis m; Nachweis m; Probe f; Versuch m; Prüfung f; Phot. Kopie f, Abzug m; Typ. Korrekturfahne f; Anprobe f (Kleid); ~ documental 🏛 Urkundsbeweis m; ~ indiciaria 🏛 Indizienbeweis m; ~ testifical 🏛 Zeugenbeweis m; a ~ stichhaltig; a (título de) ~ auf Probe, probeweise; a de agua (de aire) wasser-(luft-)dicht; a ~ de bala (de bomba) kugel-(bomben-)sicher; a ~ de fuego feuerfest; a toda ~ erprobt, bewährt; estar a ~ de geschützt sein gegen (ac.); poner a ~ auf die Probe stellen; ~s pl. Adelsurkunden f/pl.; Sport: ~s eliminatorias Ausscheidungskämpfe m/pl.; dar ~s de Beweise liefern für (ac.).

prurito [pru'rito] m Hautjucken n; Juckreiz m; fig. Kitzel m, Gelüst n.

prusiano [pru'siano] **1.** adj. preußisch; **2.** m Preuße m.

(p)sico|análisis [psikoa'nalisis] f Psychoanalyse f; ~délico [~'deliko] psychodelisch; ~logía [~lo'xia] f Psychologie f; ~lógico [~'loxiko] psychologisch; ~patía [~pa'tia] f Psychopathie f; ~sis [~'kosis] f Psychose f; ~terapia [~kote'rapia] f Psychotherapie f.

(p)si|quiatra 🏛 [psi'kiatra] m Psychiater m; ~quiatría [~kia'tria] f Psychiatrie f.

(p)síquico ['psikiko] psychisch, seelisch.

psitacosis [psita'kosis] f Papageienkrankheit f.

púa ['pua] f Stachel m; ⊕ Dorn m; Zahn m des Kammes; ♪ Plektron n.

púber ['puber] mannbar.

pubertad [puber'ta^(d)] f Mannbarkeit f, Pubertät f.

publi|cación [publika'θion] f Bekanntmachung f; Veröffentlichung f; Herausgabe f; Verlagswerk n; ~car [~'kar] (1g) bekanntmachen; Buch veröffentlichen, herausgeben; ~cidad [~θi'ða^(d)] f Öffentlichkeit f; Werbung f; ~cista [~'θista] m Publizist m; ~citario [~θi'tario] Werbe..., Werbungs...

público ['publiko] **1.** adj. öffentlich; Staats...; allgemein bekannt; en ~ vor aller Welt, öffentlich; hacer ~ bekanntmachen, -geben; **2.** m Publikum n; Zuhörer m/pl., Zuschauer m/pl.; die Leute pl.

puchero 412

puchero [pu'tʃero] *m* Kochtopf *m*; Eintopf *m*; F Alltagskost *f*; *hacer* ~*s* das Gesicht zum Weinen verziehen.

pucho *Am. Mer.* ['putʃo] *m* Zigarrenstummel *m*; Rest *m*, Abfall *m*; P Zigarette *f*; *no valer un* ~ keinen Pfennig wert sein.

pude ['pude] *s. poder.*

pudelar ⊕ [pude'lar] (1a) puddeln, frischen.

pudendo [pu'dendo] schamerregend; *partes f/pl. -as* Schamteile *pl.*

pudibundo [pudi'bundo] (übertrieben) schamhaft.

pudicicia [pudi'θiθia] *f* Schamhaftigkeit *f.*

púdico ['pudiko] schamhaft; sittsam; keusch.

pudiente [pu'diente] wohlhabend, reich, vermögend.

pudín [pu'din] *m* Pudding *m.*

pudor [pu'dɔr] *m* Scham *f*, Schamhaftigkeit *f*; Züchtigkeit *f*; ⚤ *atentado m al* ~ unzüchtige Handlung *f*; ~**oso** [pudo'roso] schamhaft.

pudri|dero [pudri'dero] *m* Mistgrube *f*; ~**miento** [~'miento] *m* Faulen *n*; ~**r** [pu'drir] (3a) in Fäulnis versetzen; ~**rse** (ver)faulen; *fig.* vergehen *od.* sterben (vor [*dat.*] de).

pue|blerino [pueble'rino] Dorf..., dörflich; ~**blero** *Am.* [pue'blero] *m* (Klein-)Städter *m*; ~**blo** ['pueblo] *m* Volk *n*; Ortschaft *f*; Dorf *n*; *de* ~ *desp.* bäurisch.

puente ['puente] *m* Brücke *f*; ⚓ Deck *n*; ♪ Steg *m* (*Geige*); ~ *aéreo* Luftbrücke *f*; ~ *levadizo* Zugbrücke *f*; ~ *de mando* Kommandobrücke *f*; ~ *de paseo* Promenadendeck *n*; *hacer* ~ *a e-m* Werktag zwischen zwei Feiertagen nicht arbeiten.

puerco ['puerko] **1.** *adj.* schweinisch; schmutzig; **2.** *m* Schwein *n* (*a. fig.*); ~ *espín* Stachelschwein *n.*

pue|ricia [pue'riθia] *f* Knabenalter *n*; ~**ricultora** [~rikul'tora] *f* Säuglingspflegerin *f*; ~**ricultura** [~'tura] *f* Säuglings-, Kinderpflege *f*; ~**ril** [~'ril] Kindes...; kindisch; ~**rilidad** [~rili'da⁽ᵈ⁾] *f* Kinderei *f.*

puerperio [puer'perio] *m* Wochenbett *n.*

puerro ♀ ['puerrɔ] *m* Lauch *m*, Porree *m.*

puerta ['puerta] *f* Pforte *f*; Tür *f*; Tor *n*; ~ *excusada*, ~ *falsa* Hinter-

tür *f*; geheime Tür *f*; ~ *giratoria* Drehtür *f*; ~ *de servicio* Hintertür *f*; *a* ~ *cerrada* unter Ausschluß der Öffentlichkeit; *tomar la* ~ hinaus-, fortgehen.

puerto ['puerto] *m* Hafen *m*; Bergpaß *m*; *fig.* Zufluchtsort *m*; ~ *fluvial* Binnenhafen *m*; ~ *franco* Freihafen *m*; *tomar* ~ e-n Hafen anlaufen.

pues [pues] *cj.* da; denn; also; folglich; nun; zwar; *¡*~ *bien!* nun denn!; *¿*~ *cómo?* wieso?; *¿ahora* ~ nun wohl; ~ *sí* freilich, doch; *¡*~ *qué!* na also!

puesta ['puesta] *f* Einsatz *m* (*Spiel*); *Astr.* Untergang *m*; ~ *en marcha* ⊕ Inbetriebnahme *f*, Ingangsetzung *f*; ~ *en práctica* Durchführung *f*; Verwirklichung *f.*

puestero *Am.* ['puestero] *m* Inhaber *m* e-s Verkaufsstandes.

puesto ['puesto] **1.** *adj.*: *bien* (*mal*) ~ gut (schlecht) gekleidet; ✝ frei; ~ *sobre vagón* frei Waggon; *quedarse con el sombrero* ~ den Hut aufbehalten; **2.** *m* Verkaufsstand *m*; (Arbeits-)Platz *m*; Stelle *f*; Amt *n*; *J gdw.* Anstand *m*; ⚔ Posten *m*; ~ *de policía* Polizeiwache *f*; ~ *de socorro* Unfallstation *f*; **3.** *cj.* ~ *que* weil, da ja.

puf *neol.* [puf] *m* (großes) Sitzkissen *n*; (Wäsche-)Puff *m.*

púgil ['puxil] *m* Boxer *m.*

pugilato [puxi'lato] *m* Boxkampf *m.*

pugna ['pugna] *f fig.* Kampf *m*, Widerstreit *m*; *estar en* ~ *con* im Widerspruch stehen zu (*dat.*); widerstreiten (*dat.*); ~**r** [pug'nar] (1a) streiten; kämpfen; ~ *por* ringen um (*ac.*); sich heftig bemühen, um zu (*inf.*).

puja ['puxa] *f* Gewaltanstrengung *f*; höheres Gebot *n* (*Versteigerung*); *sacar a alg. de la* ~ j-m überlegen sein, j-n übertreffen; ~**nte** [pu-'xante] gewaltig, mächtig; ~**nza** [pu'xanθa] *f* Gewalt *f*, Wucht *f*; ~**r** [pu'xar] (1a) überbieten; steigern; *v/i.* krampfhafte Anstrengungen machen; sich gehemmt fühlen.

pul|critud [pulkri'tu⁽ᵈ⁾] *f* Sauberkeit *f*; Sorgfalt *f*; ~**cro** ['pulkro] sauber; sorgfältig.

pulga ['pulga] *f* Floh *m*; *tener malas* ~*s* sehr empfindlich sein, keinen Spaß verstehen; *no sufrir* ~*s* sich nichts gefallen lassen.

pulgada [pul'gada] *f* Zoll *m* (*Maß*).

pulgar [pul'gar] *m* Daumen *m*.

pulgón [pul'gɔn] *m* Blattlaus *f*.

puli|do [pu'liðo] poliert, blank, glatt; nett, fein; hübsch; **~dor** [puli'ðɔr] *m* Schleifer *m*; Polierer *m*; **~mentar** [~men'tar] (1a) polieren, glätten; **~mento** [~'mento] *m* Glätte *f*; Politur *f*; **~r** [pu'lir] (3a) glätten; abschleifen; polieren; *Sitten* verfeinern; *Stil* ausfeilen.

pul|món [pul'mɔn] *m* Lunge *f*; **~monar** [~mo'nar] Lungen...; **~monía** [~mo'nia] *f* Lungenentzündung *f*.

pul|pa ['pulpa] *f* Fruchtfleisch *n*; Pflanzenmark *n*; **~pejo** [pul'pexo] *m* Handballen *m*; Fingerkuppe *f*; Ohrläppchen *n*; **~pería** *Am. Mer.* [~pe'ria] *f* Lebensmittel-, Kramladen *m* auf dem Land; **~pero** *Am. Mer.* [~'pero] *m* Inhaber *m* e-r „*pulpería*".

púlpito ['pulpito] *m* Kanzel *f*.

pulpo ['pulpo] *m* Polyp *m*.

pulposo [pul'poso] fleischig.

pulque *Méj.* ['pulke] *m* Agavenbranntwein *m*.

pul|sación [pulsa'θjɔn] *f* Pulsschlag *m*; Anschlag *m* (*Klavier, Schreibmaschine*); **~sar** [~'sar] (1a) **1.** *v/t.* *Knopf usw.* drücken; ♪ *Saiten* schlagen; *fig.* sondieren; **2.** *v/i.* pulsieren; schlagen (*Herz*); **~sera** [~'sera] *f* Armband *n*; **~so** [~'pulso] *m* Puls(schlag) *m*; *fig.* Handfestigkeit *f*; Behutsamkeit *f*; *a ~* freihändig; *sacar a ~ a/c.* F et. durch Ausdauer erreichen, durchsetzen; ✗ *tomar el ~* den Puls fühlen.

pulular [pulu'lar] (1a) wimmeln.

pulve|rizador [pulberiθa'ðɔr] *m* Zerstäuber *m*; **~rizar** [~'θar] (1f) zerstäuben; pulverisieren; **~rulento** [~ru'lento] staubig.

pulla ['puʎa] *f* Zote *f*; Anzüglichkeit *f*; Stichelei *f*; *echar ~s* sticheln.

puna *Am.* ['puna] *f* Puna *f* (*Hochebene in den Anden*); Bergkrankheit *f*.

punción [pun'θjɔn] *f* Einstich *m*; ✗ Punktion *f*.

pundonor [pundo'nɔr] *m* Ehrensache *f*; Ehrgefühl *n*; **~oso** [~no'roso] ehrliebend; voll Ehrgefühl.

pun|ible [pu'nible] strafbar; **~ición** [puni'θjɔn] *f* Bestrafung *f*; **~itivo** [~'tiβo] Straf...

punta ['punta] *f* Spitze *f*; Landzunge *f*; (Draht-)Stift *m*; *Am.* An-

zahl *f*; *a ~ de Am. reg.* durch (*ac.*), mittels (*gen.*); *a ~ de pistola* mit vorgehaltener Pistole; *de ~ en blanco* piekfein, F tipptopp; *sacar ~ a a/c. Stift* anspitzen; *fig.* e-r Sache e-e besondere Pointe geben.

puntada [pun'taða] *f* Nadelstich *m*.

puntal [pun'tal] *m* Stützbalken *m*; Träger *m*; *fig.* Stütze *f*; *Am. reg.* Imbiß *m*.

puntapié [punta'pje] *m* Fußtritt *m*.

pun|teado [punte'aðo] **1.** *m* Punktierung *f*; ♪ Zupfen *n*; **2.** *adj. Am. Mer.* beschwipst; **~tear** [~'ar] (1a) punktieren, tüpfeln; *Gitarre* zupfen.

punte|ra [pun'tera] *f* Schuhkappe *f*; **~ría** [~te'ria] *f* Richten *n*, Zielen *n*; *tener buena (mala) ~* ein guter (schlechter) Schütze sein; **~ro** [~'tero] *m* Stichel *m*; Locher *m*; Zeigestock *m*; *Chi., Méj.* Uhrzeiger *m*; *Am. Mer. reg.* Leittier *m*; Führer *m*, Leiter *m* e-r Gruppe.   [spitz.⟩

puntiagudo [puntia'guðo] scharf,⟩

punti|lla [pun'tiʎa] *f* Spitzenborte *f*; *Stk.* Genickstoß *m*; *de ~s* auf Zehenspitzen; **~llero** [~ti'ʎero] *m* Stierkämpfer *m*, *der dem Stier den Gnadenstoß gibt*; **~llo** [~'tiʎo] *m* Ehrgefühl *n*; F wunde(r) Punkt *m*; Empfindlichkeit *f*; **~lloso** [~ti'ʎoso] überempfindlich.

punto ['punto] *m* Punkt *m*; Zeitpunkt *m*; Stich *m* (*Nähen*); Masche *f* (*Strumpf*); Korn *n am Gewehr*; *~ de contacto* Berührungspunkt *m*; *~ de costado* ✗ Seitenstechen *n*; *~ final* Schlußpunkt *m*; *~ de intersección* Schnittpunkt *m*; *~ de partida* (*od. salida*) Ausgangspunkt *m*; *~ de vista* Gesichts-, Standpunkt *m*; *~ muerto Kfz.* Leerlauf *m*; *~ y coma* Semikolon *n*; *a ~* bereit; *a ~ fijo* genau; *a ~ de nieve* steifgeschlagen (*Eiweiß*); *al ~* sogleich; *de todo ~* vollständig, ganz u. gar; *en ~* pünktlich; *dar* (*od. hacer*) *~ a a/c.* Schluß machen mit et. (*dat.*); *estar a ~ de inf.* im Begriff sein, et. zu tun; *estar a ~ gar* sein; fertig sein; *hacer ~* stricken; *hasta cierto ~* bis zu e-m gewissen Grade; *poner a/c. en su ~* et. klären; *a las tres en ~* Punkt drei Uhr; *¡~ redondo!* Schluß damit! *; géneros m/pl. de ~* Strick-, Wirkwaren *f/pl.*; *dos ~s* Doppelpunkt *m*; F *¡vamos por ~s!* gehen wir der Reihe nach!

puntua|ción [puntŭa'θiɔn] f Zeichensetzung f; Sport: Punktwertung f; **~l** [~'tŭal] pünktlich; richtig; **~lidad** [~tŭali'da⁽ᵈ⁾] f Pünktlichkeit f; **~lizar** [~tŭali'θar] (1f) genau einprägen; im einzelnen darlegen; klarstellen.

puntuar [pun'tŭar] (1e) interpunktieren.

puntura [pun'tura] f Stich m.

pun|zada [pun'θaða] f Stich m; stechender Schmerz m; **~zante** [~'θante] stechend; herida f ~ Stichwunde f; **~zar** [~'θar] (1f) stechen; zwicken.

punzón [pun'θɔn] m Pfriem m; Stichel m; Stempel m.

puña|da [pu'ɲaða] f Faustschlag m; **~do** [pu'ɲaᵈo] m Handvoll f (a. fig.); kleine Menge f.

puñal [pu'ɲal] m Dolch m; **~ada** [puɲa'laða] f Dolchstich m, -stoß m.

puñeta P [pu'ɲeta] f: hacer la ~ a alg. j-n schikanieren; F j-m auf den Wecker fallen; ¡vete a la ~! scher dich zum Teufel!; **~zo** [~ɲe'taθo] m Faustschlag m.

puño ['puɲo] m Faust f; Manschette f; Griff m; Handvoll f; como un ~ faustgroß, -dick; meter en un ~ ins Bockshorn jagen; de su ~ y letra eigenhändig.

pupa ['pupa] f ✿ Pustel f; Kdspr. Wehweh m.

pupi|la [pu'pila] f Pupille f; Mündel n; **~laje** [pupi'laxe] m Kosthaus n; Kostgeld n; Kfz. ✿ (laufende) Wartung f; **~lar** [~'lar] minderjährig; Mündel...; **~lo** [pu'pilo] m Mündel n; Zögling m; Kostgänger m.

pupitre [pu'pitre] m Pult n.

puramente [pura'mente] nur, bloß.

puré [pu're] m Püree n, Brei m.

purera [pu'rera] f Zigarrenetui n.

pureza [pu'reθa] f Reinheit f (a. fig.).

purga ['purga] f Abführmittel n; Pol. Säuberung f; **~ción** ✿ [~ga-

'θiɔn] f Abführung f; **~nte** [~'gante] m Abführmittel n; **~r** [~'gar] (1h) ✿ abführen; reinigen; Schuld abbüßen; **~rse** con a/c. et. zum Abführen einnehmen; **~tivo** [~ga-'tiβo] abführend.

purgatorio Rel. [purga'toriɔ] m Fegefeuer n.

puridad [puri'da⁽ᵈ⁾] f Reinheit f; Lauterkeit f.

purifica|ción [purifika'θiɔn] f Reinigung f; Läuterung f; ♉ kath. Lichtmeß f; **~dor** [~'dɔr] **1.** adj. reinigend; **2.** m kath. Kelchtuch n; **~r** [~'kar] (1g) reinigen; läutern.

Purísima [pu'risima]: la ~ die Unbefleckte, die Jungfrau María.

puris|mo [pu'rizmo] m Purismus m; **~ta** [~'rista] m Sprachreiniger m, Purist m.

puritano [puri'tano] **1.** adj. puritanisch; **2.** m Puritaner m.

puro ['puro] **1.** adj. rein; keusch; bloß; ausschließlich; de ~ gozo vor lauter Freude; **2.** m Zigarre f.

púrpura ['purpura] f Purpur m.

purpurado [purpu'raᵈo] m Kardinal m.

purpurino [purpu'rino], **purpúreo** [~'pureo] purpurfarbig.

purriela F [pu'rriela] f Schund m, P Mist m.

purulento [puru'lento] eiternd.

pus [pus] m Eiter m.

pusi|lánime [pusi'lanime] kleinmütig; verzagt; **~lanimidad** [~lanimi'da⁽ᵈ⁾] f Kleinmut m.

pústula ✿ ['pustula] f Pustel f.

pustuloso [pustu'loso] voller Pusteln.

puta V ['puta] f Hure f.

putativo [puta'tiβo] vermeintlich.

putre|facción [putrefag'θiɔn] f Fäulnis f; Verwesung f; **~facto** [~'fakto] verfault, verwest; **~scente** [putres'θente] faulend.

pútrido ['putrido] verfault; faulig.

puya Stk. ['puja] Lanzenspitze f des Pikadors; **~zo** [pu'jaθo] m Lanzenstich m.

Q

Q, q [ku] *f* Q, q *n*.

que [ke] **1.** *pron. rel.* welche(r, -s);
der, die, das; el ~, la ~ lo ~ der-
(die-, das-)jenige, welcher (welche,
welches); ~ *inf.* zu *inf.*, z.B. no
tengo nada ~ hacer ich habe nichts
zu tun; **2.** *cj.* daß; damit; weil;
denn; *nach e-m Komparativ* als;
~ no *subj.* ohne daß; *in Wunsch-
sätzen*: ¡~ no se repita! daß (mir)
das nicht wieder vorkommt!; ¡~
entre! er soll (*od.* möge) eintreten!;
¡~ usted descanse! schlafen Sie
wohl!; ~ quiera ~ no quiera er mag
wollen *od.* nicht, ob er nun will *od.*
nicht; *als Füllwort*: ¿~ no tiene
razón? hat er etwa nicht recht?;
~ sí bestimmt; ja doch!; ~ no bestimmt nicht; nein doch!; eso sí ~
no das bestimmt nicht; siempre ~
wofern; más ~ nunca mehr denn je;
Sonderbedeutungen: yo ~ tú ich an
deiner Stelle; uno ~ otro dieser und
jener; alguno ~ otro mancher; F ¡a~
no! wetten, daß nicht!

qué [ke] *pron. interr.* ¿~? welche(r,
-s)?; was?; ¡~! welch!, was für
ein!; *mit adj.* wie!, z.B. ¡~ guapo!
wie hübsch!; ¡~ de flores! wie viele
Blumen!; ¿~ tal? wie geht's?; ¡~
va! ach was!; ¡y ~! na und wenn
schon!; ¿a mí ~? was geht mich das
an?; ¿por ~? warum?; un no sé ~
ein gewisses Etwas; el ~ dirán das
Gerede (der Leute).

quebrada [ke'braða] *f* Bergschlucht
f; Klamm *f*; *Am.* Bach *m*.

quebra|dero F [kebra'ðero] *m*: ~(s)
de cabeza Sorge *f*; Kopfzerbrechen
n; **~dizo** [~'ðiθo] zerbrechlich; **~do**
[ke'braðo] **1.** *adj.* holp(e)rig; bankrott; *color m* ~ blasse Gesichtsfarbe
f; **2.** *m Arith.* Bruch *m*; **~dura** [ke-
bra'ðura] *f* Bruch *m* (*a.* ✂); Riß *m*;
~ja [ke'braxa] *f* Spalte *f*.

quebranta|huesos [kebranta'ŭesos]
m Bart-, Lämmergeier *m*; **~miento**
[~'mjento] *m* Zerbrechen *n*; *fig.*
Übertretung *f*; ✞ Ermattung *f*.

quebrantar [kebran'tar] (1a) (zer-)
brechen, zerschlagen; zerschmet-

tern, zermalmen; *Gesetz* übertreten; zermürben; entkräften.

quebra|nto [ke'branto] *m* Zerbre-
chen *n*; Zerrüttung *f*; Zs.-bruch *m*;
Niedergeschlagenheit *f*; **~r** [ke-
'brar] (1k) (zer)brechen; (zur Seite)
biegen; *v/i.* brechen; Bankrott
machen.

queda *Lit.* ['keða] *f* Abendläuten *n*;
Abendstille *f*.

quedar [ke'ðar] (1a) bleiben; verbleiben; übrigbleiben; noch vorhanden sein; ~ *part. od. adj.* werden; sein; *häufig* = estar; *zahlreiche Sonderbedeutungen in Verbindung mit Substantiven, Adjektiven u.
Adverbien*: s. dort; (no) ~ a deber
(nada) (nichts) schuldig bleiben; ~
bien (mal) gut (schlecht) abschneiden *od.* ausfallen; ~ en a/c. et. verabreden; ~ por hacer noch zu tun
sein; ~ por sich verbürgen für; por
mí que no quede an mir soll's nicht
liegen; queda mucho es fehlt noch
viel; ¿en qué quedamos? wie wollen
wir nun verbleiben?; **~se** bleiben;
sein; werden; ~ con a/c. et. behalten; F et. nehmen; ~ sin comer
nichts zu essen bekommen.

quedo ['keðo] ruhig; still; leise.

quehacer [kea'θer] *m* Arbeit *f*;
Aufgabe *f*; **~es** *pl.* Obliegenheiten
f/pl.; Beschäftigung *f*.

queja ['kexa] *f* Klage *f*; Beschwerde
f; **~rse** [ke'xarse] (1a) sich beklagen
od. beschweren (bei [*dat.*] a; über
[*ac.*] de); jammern (über [*ac.*] de).

quejido [ke'xiðo] *m* Jammern *n*.

queji|gal [kexi'gal] *m* Bergeichen-
wald *m*; **~go** [ke'xigo] *m* Berg-
eiche *f*.

quejoso [ke'xoso] unzufrieden (mit
[*dat.*] de).

quejumbroso [kexum'broso] jämmerlich; verdrießlich; wehleidig.

quema ['kema] *f* Verbrennung *f*;
Brand *m*; *Am. reg.* Rodung *f*; **~do**
[ke'maðo]: oler a ~ angebrannt
riechen; **~dor** ⊕ [kema'ðor] *m* Brenner *m*; **~dura** ✞ [~'ðura] *f* Brand-
wunde *f*; Verbrennung *f*; **~r** [ke-

'mar] (1a) **1.** v/t. (ver)brennen; versengen; *fig.* ärgern; verschleudern; *Am. Cent., Méj.* verraten, anzeigen; *Cu., P.R.* betrügen; **2.** v/i. brennen; brennend heiß sein; **~rropa** [kema'rropa]: *a* ~ aus nächster Nähe (*Schuß*); **~zón** [~'θon] *f* Brennen *n*; *fig.* Anzüglichkeit *f*; Beschämung *f*.

quena *Am. Mer.* ['kena] *f* indianische Flöte *f*.

quepis ['kepis] *m* Käppi *n*.

quepo ['kepo] *usw. s. caber.*

queque *Am.* ['keke] *m* Kuchen *m*.

querella [ke'reʎa] *f* Klage *f*; Strafantrag *m*; Streit *m*; **~nte** [kere-'ʎante] *su.* Kläger(in *f*) *m*; **~rse** [~'ʎarse] (1a) sich beklagen; *tǐ* klagen; Beschwerde führen.

querencia [ke'renθia] *f* Anhänglichkeit *f*; Zuneigung *f*; Heimattrieb *m*; Stalltrieb *m* (*e-s Tieres*).

querer [ke'rer] **1.** v/t. (2u) wollen; mögen; wünschen; lieben; liebhaben; *hacerse* ~ sich beliebt machen (*bei* [*dat.*] de); *quiere decir* das heißt; *sin* ~ unabsichtlich; *como quien no quiere la cosa* so nebenbei; *quiere llover es wird gleich regnen; ¡que si quieres! iron.* das möchtest du wohl!; *so einfach ist das nicht!; sea como quiera wie dem auch sei; como quiera que da,* weil; **2.** *m* Wollen *n*; Lieben *n*.

querido [ke'riðo] **1.** *adj.* geliebt; **2.** *m*, **-a** *f* [~ða] Geliebte(r) *m*, Geliebte *f*.

queroseno 🜨 [kero'seno] *m* Kerosin *n*.

querubín [keru'bin] *m* Cherub *m*.

quesadilla *Am. Cent., Ec., Méj.* [kesa'ðiʎa] *f* gefüllter Maisfladen *m*.

quese|ra [ke'sera] *f* Käseglocke *f*; **~ría** [kese'ria] *f* Käserei *f*; **~ro** [ke'sero] *m* Käsehändler *m*.

queso ['keso] *m* Käse *m*; ~ *de bola* Edamer Käse *m*; ~ *para extender* Streichkäse *m*; P *darla con* ~ *j-n* anschmieren.

quevedos [ke'beðos] *m/pl.* Kneifer *m* (*Brille*).

¡quiá! P [kia] keineswegs!; i wo!

quicio ['kiθio] *m* Tür-, Fensterangel *f*; *sacar a alg. de* ~ *j-n* verrückt machen, F *j-n* aus den Häuschen bringen.

quid F [kið] *m* Wesen *n e-r Sache,* des Pudels Kern *m*.

quídam ['kiðan] ein gewisser Jemand.

quiebra ['kiebra] *f* Riß *m*; Erdspalte *f*; 🕆 Bankrott *m*, Konkurs *m*.

quiebro ['kiebro] *m* Krümmung *f*; Ausbiegen *n*; ausweichende Bewegung *f*; ♪ Triller *m*; *dar el* ~ F *j-n* abwimmeln.

quien [kien] *pron. rel.* wer; welche(r, -s); der, die, das; *hay* ~ manch einer; einige.

¿quién? [kien] *pron. interr.* wer?

quienquiera [kien'kiera] irgendwer; wer auch immer.

quiero ['kiero] *usw. s. querer.*

quie|to ['kieto] ruhig; **~tud** [kie-'tu(ᵈ)] *f* Ruhe *f*.

quijada [ki'xaða] *f Anat.* Kiefer *m*; Kinnbacken *m*, -lade *f*.

quijo|tada [kixo'taða] *f* Verstiegenheit *f*; F tolles Stück *n*; **~te** F [ki'xote] *m* Phantast *m*; **~tería** [kixote'ria] *f* Phantasterei *f*; **~tesco** [~'tesko] phantastisch; abenteuerlich; **~tismo** [~'tizmo] *m* Donquichotterie *f*; Torheit *f*, die weltfremdem Idealismus entspringt.

quilate [ki'late] *m* Karat *n*; Feingehalt *m*.

quilo ⚕ ['kilo] *m* Chylus *m*; *sudar el* ~ F sich abrackern.

quilla ['kiʎa] *f* ♆ Kiel *m*; Brustbein *n der Vögel.*

quimba *Col., Ven.* ['kimba] *f* Art Sandale *f*.

quimera [ki'mera] *f* Hirngespinst *n*.

quimérico [ki'meriko] wunderlich, phantastisch.

quími|ca ['kimika] *f* Chemie *f*; **~co** [~ko] **1.** *adj.* chemisch; **2.** *m* Chemiker *m*.

quina ['kina] *f* Chinarinde *f*; *tragar* ~ F s-n Ärger herunterschlucken.

quincallería [kiŋkaʎe'ria] *f* Eisen-, Blechwaren *f/pl.*

quince ['kinθe] fünfzehn; *dentro de* ~ *días* in vierzehn Tagen; **~na** [kin-'θena] *f* vierzehn Tage *m/pl.*; **~nal** [~θe'nal] vierzehntägig.

quincuagésimo [kiŋkŭa'xesimo] fünfzigste(r, -s).

quingentésimo [kiŋxen'tesimo] fünfhundertste(r, -s).

quinie|la [ki'niela] *f* Totoschein *m*; **~s** *pl.* Fußballtoto *m od. n*; **~lista** [kinie'lista] *m* Totospieler *m*.

quinientos [ki'nientos] fünfhundert.

quinina [ki'nina] *f* Chinin *n*.

quinqué [kiŋ'ke] *m* Öl-, Petroleumlampe *f*; *tener mucho* ~ P durchtrieben sein.

quinque|nal [kiŋke'nal] fünfjährig; Fünfjahres...; **~nio** [~'kenĭo] *m* Zeitraum *m* von fünf Jahren.

quinqui F ['kiŋki] *m* Strolch *m*; F Penner *m*.

quinta ['kinta] *f* Landhaus *n*; Villa *f*; ✕ Erfassung *f*; ✕ Jahrgang *m*; ♪ Quinte *f*.

quintaesencia [kintae'senθĭa] *f* Quintessenz *f*.

quintal [kin'tal] *m*: ~ *métrico* Doppelzentner *m*.   [*m*.]

quintero [kin'tero] *m* Gutspächter

quinteto ♪ [kin'teto] *m* Quintett *n*.

quintillizos [kintiˈʎiθos] *m/pl.* Fünflinge *m/pl.*

quinto ['kinto] **1.** *adj.* fünfte(r, -s); **2.** *m* Rekrut *m*.

quintuplicar [kintupliˈkar] (1g) verfünffachen.

quíntuplo ['kintuplo] fünffach.

quios|co ['kĭosko] *m* Kiosk *m*; Zeitungs-, Blumenstand *m*; **~quero** [kĭos'kero] *m* Kioskbesitzer *m*; Kioskverkäufer *m*.

quirófano [kiˈrofano] *m* Operationssaal *m*.

quiromancía [kiromanˈθia] *f* Chiromantie *f*, Handlesekunst *f*.

quirúrgico [kiˈrurxiko] chirurgisch.

quise ['kise] *usw. s.* querer.

quisicosa F [kisiˈkosa] *f* Rätsel *n*.

quisqui|lla [kisˈkiʎa] *f* Kleinigkeit *f*; Lappalie *f*; Garnele *f*; **~lloso** [~kiˈʎoso] empfindlich; kleinlich.

quiste ⚕ ['kiste] *m* Zyste *f*.

quitaesmalte [kitaezˈmalte] *m* Nagellackentferner *m*.

quita|manchas [kitaˈmantʃas] *m* Fleckenwasser *n*; **~nieves** [~'nĭebes] *m* Schneepflug *m*.

quitar [kiˈtar] (1a) nehmen, wegnehmen; entfernen; *Verdienst* absprechen; *Tisch* abdecken; ~ *el polvo* Staub wischen; *no* ~ *ojo de* kein Auge wenden von (*dat.*); F *¡quita!* nicht doch!; *¡quita allá!* hör bloß auf!; **~se** *Kleidungsstücke* ausziehen; *Hut* abnehmen; sich zurückziehen; aus dem Wege gehen; ~ *de encima* a alg. F sich j-n vom Halse schaffen; *se me quitó un peso de encima* mir fiel ein Stein vom Herzen; *¡quítate de ahí (od. de en medio)!* mach, daß du fortkommst!, P hau ab!

quitasol [kitaˈsɔl] *m* Sonnenschirm *m*.

quite ['kite] *m Fechtk.* Parade *f*; *Stk.* Ablenkung *f*; *estar al* ~ (einsatz)bereit sein.

quizá(s) [kiˈθa(s)] vielleicht.

quórum [ˈkorun] *m* Quorum *n*, Mindeststimmenzahl *f*; *alcanzar el* ~ beschlußfähig sein.

R

R, r ['ere] f R, r n.
rabadán [rraba'ðan] m Oberschäfer m.
rabadilla [rraba'ðiʎa] f Steißbein n; Sterz m (der Vögel).
raba|nillo [rraba'niʎo] m, **~nito** [.'nito] m Radieschen n.
rábano ♀ ['rrabano] m Rettich m; ~ picante Meerrettich m.
rabear [rrabe'ar] (1a) mit dem Schwanz wedeln.
rabia ['rraβia] f Wut f; Tollwut f; Zorn m; dar ~ wütend machen; tener ~ a alg. auf j-n wütend sein; j-n nicht leiden können; **~r** [rra-'βiar] (1b) wüten; toben; ~ por a/c. auf et. (ac.) erpicht sein; ~ por inf. vor Begierde brennen, zu inf.
rabieta [rra'βieta] f Wutanfall m.
rabillo [rra'biʎo] m ♀ Stiel m, Stengel m; mirar con el ~ del ojo von der Seite (od. mißtrauisch) ansehen.
rabino [rra'βino] m Rabbiner m.
rabioso [rra'βioso] wütend; tollwütig; toll; Am. übermäßig, maßlos.
rabo ['rraβo] m Schwanz m, Schweif m; ♀ Stiel m, Stengel m; ~ del ojo Augenwinkel m; ir (od. salir) ~ entre piernas F beschämt abziehen.
rabón [rra'βɔn] schwanzlos; Am. zu kurz.
rabona [rra'βona] f: hacer ~ F (die Schule) schwänzen.
rabotada [rraβo'taða] f Frechheit f.
racial [rra'θial] Rassen...
racimo [rra'θimo] m Traube f; Büschel n.
racioci|nar [rraθioθi'nar] (1a) vernunftgemäß denken; **~nio** [.'θinio] m Urteilsfähigkeit f; Überlegung f, Gedankengang m.
ración [rra'θiɔn] f Ration f; Portion f.
raciona|l [rraθio'nal] vernünftig; vernunftgemäß; **~lidad** [.nali'ða⁽ᵈ⁾] f Vernünftigkeit f; **~lista** [.na'lista] 1. adj. rationalistisch; 2. m Rationalist m; **~lización** [.naliθa'θiɔn] f Rationalisierung f; **~miento** [.na-'miento] m Bewirtschaftung f, Ra-

tionierung f; **~r** [.'nar] (1a) rationieren.
racha ['rratʃa] f Windstoß m; Bö f; Serie f; buena (mala) ~ F Glücks-(Pech)strähne f.
rada ['rraða] f Reede f; **~r** [rra'ðar] m Funkmeßgerät n, Radar m od. n; pantalla f de ~ Radarschirm m.
radia|ción [rraðia'θiɔn] f (Aus-)Strahlung f; **~ctividad** [.ðiaktibi-'ða⁽ᵈ⁾] f Radioaktivität f; **~ctivo** [.ðiak'tiβo] radioaktiv; **~do** [.'ðiaᵈo] 1. adj. strahlenförmig; Strahlen...; Funk...; 2. m: ~s pl. Strahlentiere n/pl.; **~dor** [.ðia'ðɔr] m Heizkörper m; Kfz. Kühler m; **~nte** [.'ðiante] strahlend (a. fig.); Strahlungs...; **~r** [.'ðiar] (1b) ausstrahlen; glänzen; ≠ funken; senden (Rundfunk).
radica|l [rraði'kal] 1. adj. gründlich; radikal; Wurzel...; 2. m Gram. Stamm m; ♀ Wurzelzeichen n; **~lismo** [.ka'lizmo] m Radikalismus m; **~r** [.'kar] (1g) wurzeln; beruhen (auf [dat.] en); bestehen (in [dat.] en); s-n Stammsitz haben.
radio ['rraðio] 1. m Radius m; ⊕, Anat. Speiche f; F Funker m; ☢ Radium n; fig. Umkreis m; ~ de acción Aktionsradius m; 2. f Radio n; Rundfunk m; ~ portátil Kofferradio n; **~aficionado** [rraðioafiθio-'naᵈo] m Funkamateur m; **~difundir** [.ðifun'dir] (3a) im Rundfunk übertragen; **~difusión** [.ðifu'siɔn] f Rundfunkübertragung f, -sendung f; Rundfunk m; **~escucha** [.es'kutʃa] m Rundfunkhörer m; **~faro** ⚓ [.'faro] m Funkfeuer n; **~fónico** [.'foniko] Rundfunk...; **~goniometría** [.goniome'tria] f Funkpeilung f; **~grafía** [.gra'fia] f Röntgenbild n; **~grafiar** [.gra'fiar] (1b) röntgen, durchleuchten; **~grama** [.'grama] m Funkspruch m; **~logía** ≠ [.lo-'xia] f Röntgenologie f; **~mensaje** [.men'saxe] m Funkspruch m; **~patrulla** [.pa'truʎa] f Funkstreife f; **~scopia** [.ðiɔs'kopia] f

Röntgenuntersuchung *f*; **~telé-fono** [~te'lefono] *m* Funksprech-gerät *n*; Sprechfunk *m*; **~telegra-fista** [~telegra'fista] *m* Funker *m*; **~terapia** [~te'rapia] *f* Röntgen-therapie *f*; **~yente** [~'jente] *m* Rundfunkhörer *m*; ~ *clandestino* Schwarzhörer *m*.

raedera [rrae'dera] *f* Schabeisen *n*.

raer [rra'ɛr] (2z) (ab)schaben; *fig.* tilgen; ausrotten.

ráfaga ['rrafaga] *f* Windstoß *m*; (Geschoß-)Garbe *f*; ~ *de luz* Licht-blitz *m*.

rafia ['rrafia] *f* Bast *m*.

raído [rra'ido] abgeschabt; abgetra-gen; *fig.* schamlos.

raigambre [rrai'gambre] *m* Wur-zelwerk *n*; *fig.* Verwurzelung *f*.

rail [rrail], **raíl** [rra'il] *m* Eisenbahn-schiene *f*.

raíz [rra'iθ] *f* Wurzel *f*; *fig.* Ur-sprung *m*; ~ *cuadrada* Quadrat-wurzel *f*; *a* ~ *de* nahe bei (*dat.*), dicht an (*dat.*), dicht über (*dat.*); unmittelbar nach (*dat.*); auf Grund von; *de* ~ von Grund aus; mit Stumpf und Stiel; *echar raíces* Wurzeln schlagen (*a. fig.*).

raja ['rraxa] *f* Splitter *m*; Riß *m*; Scheibe *f* (*Wurst usw.*); F *sacar* ~ s-n Schnitt machen; **~dura** [rraxa-'dura] *f* Spalte *f*; Riß *m*.

raja|r [rra'xar] (1a) spalten; zer-legen; *v/i.* F prahlen; schwatzen; **~tabla** [rraxa'tabla]: *a* ~ um jeden Preis.

ralea [rra'lea] *f* Art *f*, Sorte *f*; *desp.* Sippschaft *f*, Sippe *f*.

ralentí *gal.* [rralen'ti] *m* Zeitlupe *f*; *al* ~ in Zeitlupe.

ralo ['rralo] spärlich; dünn (*Stoff*); licht (*Wald*); schütter (*Haar*).

rallador [rraʎa'dor] *m* Reibeisen *n*, Reibe *f*.

rallar [rra'ʎar] (1a) (zer)reiben; *fig.* belästigen.

rally(e) *engl.* ['rrali] *m* Rallye *f*, Sternfahrt *f*.

rama ['rrama] *f* Ast *m*; Zweig *m*; Linie *f* (*Stammbaum*); *fig.* Fach *n*; *en* ~ roh; Roh...; *in losen Bogen* (*Buch*); *andarse por las* ~ sich ver-zetteln; **~da** *Am.* [rra'mada] *f* Laubhütte *f*; **~je** [~'maxe] *m* Ast-werk *n*; Geäst *n*; **~l** [~'mal] *m* ⊕ Abzweigstück *n*, Stutzen *m*; ⊕ Zweigstrecke *f*, Abzweigung *f*.

ramalazo [rrama'laθo] *m* Hieb *m*, Schlag *m* (*mit e-m Strick*); Striemen *m*; Stich *m* (*Schmerz*).

ramazón [rrama'θon] *f* abgehauene Äste *m/pl.*, Reisig *n*.

rambla ['rrambla] *f* natürliche Ab-flußrinne *f des Hochwassers*; breite Promenade *f*.

ramera [rra'mera] *f* Hure *f*, Dirne *f*.

ramifi|cación [rramifika'θion] *f* Verzweigung *f*; **~carse** [~'karse] (1g) sich verzweigen.

ramillete [rrami'ʎete] *m* Blumen-strauß *m*.

ramo ['rramo] *m* Zweig *m* (*a. fig.*); (Blumen-)Strauß *m*; Fach *n*, Bran-che *f*.

ramojo [rra'moxo] *m* Reisig *n*.

rampa ['rrampa] *f* Auffahrt *f*; Ram-pe *f*.

ramplón [rram'plon] klotzig, grob; schäbig; F ungehobelt.

rana ['rrana] *f* Frosch *m*; *salir* ~ sich als Niete erweisen; F *e-e* Pleite sein.

rancio ['rranθio] ranzig; alt; *vino m* ~ alter Wein *m*.

ran|chería [rrantʃe'ria] *f* Hütten-siedlung *f*; **~chero** [~'tʃero] *m* (Militär-)Koch *m*; Hüttenbewoh-ner *m*; *Am.* Ansiedler *m*; **~cho** ['rrantʃo] *m* ⚓ Back *f*; ✗ Mann-schaftsessen *n*; *Am.* Viehfarm *f*, Ranch *f*; Hütte *f*, Schuppen *m*; ✗ *hacer el* ~ abkochen; *hacer* ~ *aparte* sich absondern.

rango ['rrango] *m* Rang *m*; *Am.* hoher gesellschaftlicher Rang *m*; Prunk *m*, Pracht *f*.

ranura [rra'nura] *f* Nute *f*, Fuge *f*; Schlitz *m*; Rille *f*.

rapa|cidad [rrapaθi'da⁽ᵈ⁾] *f* Raub-gier *f*; **~polvo** [~'polbo] *m* Rüffel *m*, Anschnauzer *m*.

rapar [rra'par] (1a) rasieren; ganz kurz schneiden.

rapaz[1] [rra'paθ] raubgierig; (*ave f*) ~ Raubvogel *m*.

rapaz[2] [rra'paθ] *m* Junge *m*; Bengel *m*.

rape ['rrape] *m* Seeteufel *m* (*Fisch*); *al* ~ kurzgeschnitten (*Haar*).

rapé [rra'pe] *m* Schnupftabak *m*.

rapidez [rrapi'deθ] *f* Schnelligkeit *f*.

rápido ['rrapido] **1.** *adj.* schnell; **2.** *m* Eilzug *m*; Stromschnelle *f*.

rapiña [rra'piɲa] *f* Raub *m*; **~r** F [~pi'ɲar] (1a) rauben.

raposa [rra'posa] f Fuchs m.

rapsodia [rrab'soðia] f Rhapsodie f.

rap|tar [rrap'tar] (1a) entführen; **~to** ['rrapto] m Entführung f; Raub m; ✗ Anfall m; Verzückung f; **~tor** [rrap'tor] m Entführer m.

raque ['rrake] m Strandraub m; **~ro** [rra'kero] m Strandräuber m.

raqueta [rra'keta] **a)** f Tennisschläger m; **b)** m Tennisspieler m.

raquítico [rra'kitiko] rachitisch; fig. verkümmert.

raquitis [rra'kitis] f, **~mo** [~ki'tizmo] m Rachitis f, englische Krankheit f.

rarefacción [rrarefag'θiɔn] f Verdünnung f.

rareza [rra'reθa] f Seltsamkeit f, Eigenheit f; Seltenheit f.

rarificar [rrarifi'kar] (1g) verdünnen.

raro ['rraro] selten; seltsam, sonderbar; außergewöhnlich; merkwürdig; eigentümlich; dünn (Luft).

ras [rras] m ebene Fläche f; a ~ de dicht über (dat.); a ~ de suelo zu ebener Erde; ~ con ~ in gleicher Höhe.

rasa ['rrasa] f dünne Stelle f im Tuch; kahle Hochfläche f; Lichtung f; **~nte** [rra'sante] **1.** adj. rasant, flach (Flugbahn); **2.** f Neigung f (e-r Straße).

rasar [rra'sar] (1a) abstreichen; streifen.

rasca Am. reg. ['rraska] f Rausch m; **~cielos** [rraska'θielos] m Wolkenkratzer m; **~do** Am. reg. [~'kaðo] betrunken; **~dor** [~ka'dɔr] m Schabeisen n; **~dura** [~'dura] f Kratzen n; Kratzwunde f; F Kratzer m.

rascar [rras'kar] (1g) kratzen; schaben; **~se** Am. reg. sich beschwipsen.

rasero [rra'sero] m Abstreichholz n; medir por el mismo ~ über e-n Kamm scheren.

ras|gado [rraz'gaᵈo] weit offen; geschlitzt; mandelförmig (Auge); breit (Mund); **~gar** [~'gar] (1h) zerreißen; schlitzen.

rasgo ['rrazgo] m Strich m; Federstrich m; Wesenszug m, Charakterzug m; **~s** pl. Gesichtszüge m/pl.; a grandes **~s** in großen Zügen.

rasgón [rraz'gɔn] m Riß m im Kleid.

rasguear [rrazge'ar] (1a) e-n Federstrich machen; in die Saiten e-s Instruments greifen.

rasguñar [rrazgu'ɲar] (1a) kratzen; schrammen; Mal. skizzieren.

rasguño [rraz'guɲo] m Kratzwunde f, F Kratzer m; Schramme f; Mal. Skizze f.

raso ['rraso] **1.** adj. flach; glatt; wolkenlos; soldado m ~ Gemeine(r) m; **2.** m freies Feld n; Atlas m (Stoff); al ~ im Freien.

raspa ['rraspa] f Granne f; Gräte f; Am. Mer. Rüffel m; Ant., Méj. brauner Zucker m; Am. Cent., Méj. übler Scherz m; **~dor** [rraspa'dɔr] m Radiermesser n; **~dura** [~'dura] f Ausradieren n, Abkratzen n; Am. brauner Zucker m; **~r** [~'par] (1a) abkratzen; radieren; Am. F anschnauzen; v/i. kratzen (im Hals).

rastra ['rrastra] f Egge f; Spur f; a **~s** kriechend; schleppend; fig. widerwillig.

rastre|ar [rrastre'ar] (1a) eggen; nachspüren, nachforschen; schleppen; Gelände durchkämmen; **~ro** [~'trero] schleppend; kriechend; fig. niederträchtig; perro m ~ Spürhund m.

rastri|llar [rrastri'ʎar] (1a) harken; eggen; Hanf hecheln; **~llo** [~'triʎo] m Rechen m; Harke f.

rastro ['rrastro] m Rechen m; Harke f; Spur f; el ♀ Trödelmarkt m bsd. in Madrid; Flohmarkt m; sin dejar ~ spurlos.

rastro|jera [rrastrɔ'xera] f Stoppelfeld n; **~jo** [~'troxo] m Stoppeln f/pl.; Stoppelfeld n.

rasurar [rrasu'rar] (1a) rasieren.

rata ['rrata] **a)** f Ratte f; **b)** m F Dieb m.

ratear [rrate'ar] (1a) F klauen.

rate|ría [rrate'ria] f Diebstahl m; F schäbige Gesinnung f; **~ro** [~'tero] **1.** adj. niederträchtig; **2.** m Taschendieb m.

raticida [rrati'θiða] m Rattengift n.

rati|ficación [rratifika'θiɔn] f Ratifizierung f; **~ficar** [~fi'kar] (1g) ratifizieren.

rato ['rrato] m Weile f; Augenblick m; hay para ~ das kann noch (länger) dauern; pasar el ~ sich die Zeit vertreiben; pasar un buen (mal) ~ gut (schlecht) ergehen; ¡hasta otro ~!, Am. reg. ¡hasta cada ~! auf

bald!; ~*s libres* Freizeit *f*; *a* ~*s* dann und wann.

ratón [rra'tɔn] *m* Maus *f*.

rato|nera [rrato'nera] *f* Mausefalle *f*; Mauseloch *n*; *Am. Mer.* Schweinestall *m* (*fig.*); **~nero** [~'nero] *m* Mause...; *música f -a* Katzenmusik *f*.

raud|al [rrau'ðal] *m* Strom *m*; Flut (-welle) *f*; *fig.* Überfülle *f*; Schwall *m*; **~o** ['rraúðo] schnell, jäh.

raya ['rraja] *f* Strich *m*, Linie *f*; Streifen *m*; Grenze *f*; Scheitel *m*; Gedankenstrich *m*; *Zo.* Rochen *m*; ~ (*del pantalón*) Bügelfalte *f*; *poner a* ~ in die Schranken weisen; *tener a* ~ in Schranken halten; *pasar de* (*la*) ~ zu weit gehen.

ra|yado [rra'jaðo] **1.** *adj.* gestreift; gezogen (*Gewehrlauf*); *papel m* ~ Linienpapier *n*; **2.** *m* Schraffierung *f*; **~yano** [~'jano] (an)grenzend (an [*ac.*] *en*); **~yar** [~'jar] (1a) (aus-) streichen; schraffieren; lin(i)ieren; verkratzen; grenzen (an [*ac.*] *en*); *al* ~ *el alba* im Morgengrauen.

rayo ['rrajo] *m* Strahl *m*; Blitz (-strahl) *m*; Speiche *f*; *fig.* (Schicksals-)Schlag *m*.

rayón [rra'jɔn] *m* Kunstseide *f*.

raza ['rraθa] Rasse *f*; Geschlecht *n*.

razón [rra'θɔn] *f* Vernunft *f*; Verstand *m*; Grund *m*; Recht *n*; Berechtigung *f*; Verhältnis *n*; Äußerung *f*; Auskunft *f*; Nachricht *f*; ~ *social* Firma *f*; ~ *de más* ein Grund mehr; *a* ~ *de* zum Preis von; *con* (*mucha*) ~ mit (vollem) Recht; *en* ~ *de* hinsichtlich; *por* ~ *de* wegen; *por razones de* (*edad*) aus (Alters-)Gründen; *dar* ~ *de* Nachricht geben von (*dat.*), *et.* berichten; *dar la* ~ recht geben; *entrar en* ~ zur Vernunft kommen; *meter* (*od. poner*) *en* ~ zur Vernunft bringen; *perder la* ~ den Verstand verlieren; (*no*) *tener* ~ (un)recht haben.

razona|ble [rraθo'nable] vernünftig; angemessen; **~do** [~'naᵈo] wohldurchdacht; **~miento** [~na-'mjento] *m* Gedankengang *m*; Überlegung *f*.

razonar [rraθo'nar] (1a) vernünftig urteilen; *v/t.* begründen.

re ♩ [rre] *m* D *n*.

reabastecer [rreabaste'θer] (2d)

auftanken; ✕ mit Nachschub versorgen.

reacci|ón [rreag'θjɔn] *f* Gegen-, Rückwirkung *f*; Reaktion *f*; *Radio:* Rückkopplung *f*; ⊕ Rückstoß *m*; ~ *en cadena* Kettenreaktion *f*; **~o-nar** [~θjo'nar] (1a) reagieren (auf [*ac.*] *a*); **~onario** [~θjo'narjo] rückschrittlich; reaktionär.

reacio [rre'aθjo] widerspenstig.

reac|tivar [rreakti'bar] (1a) reaktivieren; *bsd.* ✝ wiederbeleben; ankurbeln; **~tivo** [~'tibo] *m* Reagens *n*; **~tor** [~'tɔr] *m* Düsenflugzeug *n*; ~ *atómico* Atomreaktor *m*.

reagrupar [rreagru'par] (1a) umgruppieren; umgestalten.

reaju|star [rreaxus'tar] (1a) angleichen; **~ste** [~'xuste] *m* Angleichung *f*; ⊕ Nachstellung *f*; ~ *ministerial Pol.* Kabinettsumbildung *f*.

real [rre'al] **1.** *adj.* **a)** wirklich; tatsächlich; **b)** königlich; prächtig; **2.** *m* **a)** ✕ Feldlager *n*; *sentar los* ~*es* sich niederlassen; **b)** Real *m* (*alte Münze* = 25 *céntimos*).

realce [rre'alθe] *m* Ansehen *n*, Glanz *m*.

realeza [rrea'leθa] *f* königliche Würde *f*; Prunk *m*.

reali|dad [rreali'ðaᵈ] *f* Wirklichkeit *f*; *en* ~ in Wirklichkeit; eigentlich; **~smo** [~'lizmo] *m* Realismus *m*; **~sta** [~'lista] **1.** *adj.* realistisch; **2.** *m* Realist *m*; **~zable** [~li'θable] ausführbar; erreichbar; ✝ verkäuflich; **~zación** [~liθa'θjɔn] *f* Verwirklichung *f*; Durchführung *f*; ✝ Absatz *m*; **~zador** [~liθa'ðor] *m* Regisseur *m*; **~zar** [~li'θar] (1f) verwirklichen, ausführen; *Am.* ausverkaufen; *Gelder* flüssigmachen.

realmente [rreal'mente] wirklich; tatsächlich.

realquilar [rrealki'lar] (1a) untervermieten.

realzar [rreal'θar] (1f) hervorheben; rühmen; verschönern.

reanimar [rreani'mar] (1a) wiederbeleben; neuen Mut einflößen.

reanudar [rreanu'ðar] (1a) wieder aufnehmen.

reaparecer [rreapare'θer] (2d) wieder erscheinen.

reapertura [rreaper'tura] *f* Wiedereröffnung *f*; Wiederbeginn *m*; 🏛 ~ *del procedimiento* Wiederaufnahme *f* des Verfahrens.

rearme [rre'arme] *m* Wiederaufrüstung *f*; Wiederbewaffnung *f*.

reasegu|rar [rreasegu'rar] (1a) rückversichern; **~ro** [~'guro] *m* Rückversicherung *f*.

reasumir [rreasu'mir] (3a) wieder aufnehmen; übernehmen.

reata [rre'ata] *f* Koppel *f*; Zug *m* (*Saumtiere*); de ~ koppelweise angespannt; *ir de* ~ *auf dem Fuße folgen.

rebaja [rre'baxa] *f* Rabatt *m*; Abzug *m*; Preisnachlaß *m*; Ermäßigung *f*; ~s de verano Sommerschlußverkauf *m*.

rebajar [rreba'xar] (1a) glätten; abhobeln; abschleifen; *Preis, Wert* herabsetzen; demütigen, erniedrigen; *fig.* schmälern; dämpfen; **~se** sich herabwürdigen, sich demütigen.

rebajo [rre'baxo] *m* Falz *m*; Einschnitt *m*.

rebalsa [rre'balsa] *f* Stauwasser *n*; Stauung *f*.

rebalsar [rrebal'sar] (1a) stauen.

rebana|da [rreba'naða] *f* Brotschnitte *f*; **~r** [~'nar] (1a) (auf-, durch)schneiden.

rebaño [rre'baɲo] *m* Herde *f* (*a. fig.*).

rebasar [rreba'sar] (1a) *fig.* überschreiten.

rebatible [rreba'tible] widerlegbar.

rebatir [rreba'tir] (3a) zurückschlagen; ab-, zurückweisen; *Gründe* widerlegen.

rebato [rre'bato] *m* Sturmläuten *n*; Aufregung *f*; *tocar a* ~ Sturm läuten; de ~ plötzlich; unvermutet.

rebeca [rre'beka] *f* Strickjacke *f*.

rebeco [rre'beko] *m* Gemse *f*.

rebel|arse [rrebe'larse] (1a) sich empören; **~de** [~'belde] **1.** *adj.* aufrührerisch; störrisch; verstockt; hartnäckig; **2.** *m* Aufführer *m*; Rebell *m*; **~día** [~bel'dia] *f* Widerspenstigkeit *f*; Rebellion *f*; 🔧 Nichterscheinen *n des Angeklagten*; en ~ 🔧 in Abwesenheit.

rebelión [rrebe'ljon] *f* Empörung *f*; Aufruhr *m*; Rebellion *f*.

reblande|cer [rreblande'θer] (2d) erweichen; **~cimiento** [~θi'mjento] *m* Erweichung *f* (*a. 🧠*).

rebobinar [rrebobi'nar] (1a) rück-, umspulen; aufwickeln.

rebombar [rrebom'bar] (1a) dröhnen.

reborde [rre'borðe] *m* vorspringender Rand *m*.

rebosar [rrebo'sar] (1a) überlaufen; ~ de salud vor Gesundheit strotzen.

rebotar [rrebo'tar] (1a) zurückschlagen; *v/i.* auf-, abprallen.

rebote [rre'bote] *m* Rückprall *m*; de ~ als Folge.

rebo|zar [rrebo'θar] (1f) *Kchk.* panieren; *Gesicht* verhüllen; **~zo** [~'boθo] *m* Verhüllung *f des Gesichts*; Umschlagtuch *n*; *fig.* Verstellung *f*; de ~ versteckt, heimlich; sin ~ aufrichtig, offen.

rebu|jarse [rrebu'xarse] (1a) = arrebujarse; **~jo** [~'buxo] *m* Verhüllung *f*; *unordentliches* Bündel *n*.

rebulli|cio [rrebu'ʎiθjo] *m* Lärm *m*; Getöse *n*, F Radau *m*; **~r** [~'ʎir] (3h) sich rühren; unruhig werden.

rebusca [rre'buska] *f* Nachlese *f*; Ausschuß *m*, Abfall *m*; Nachforschung *f*; **~do** [~bus'kaðo] gesucht, gekünstelt (*Ausdruck*); **~r** [~bus'kar] (1g) Nachlese halten; nachspüren (*dat.*).

rebuznar [rrebuθ'nar] (1a) schreien, iahen (*Esel*).

recabar [rreka'bar] (1a) erreichen (et. bei j-m *a/c. de alg.*).

reca|dero [rreka'dero] *m* Bote(ngänger) *m*; *Span.* privater Transportunternehmer *m*; **~do** [~'kaðo] *m* Botschaft *f*; Bestellung *f*; Nachricht *f*; Besorgung *f*; *Am.* Reitsattel *m*; dejar un ~ e-e Nachricht hinterlassen.

recaer [rreka'er] (2o) fallen (auf [*ac.*] en) (*Schuld, Verdacht usw.*); fallen an [*ac.*] en) (*Erbschaft*); 🔧 e-n Rückfall erleiden; 🔧 rückfällig werden.

recaída [rreka'iða] *f* Rückfall *m* (*a. 🔧*).

recalar [rreka'lar] (1a) **1.** *v/t.* durchtränken; **2.** *v/i. fig.* F aufkreuzen; ⚓ ~ en ansteuern (*ac.*).

recal|car [rrekal'kar] (1g) zusammenpressen, vollstopfen; (stark) betonen; **~citrante** [~θi'trante] störrisch, verstockt; **~citrar** [~θi'trar] (1a) zurückweichen; sich widersetzen; F bocken.

recalentar [rrekalen'tar] (1k) aufwärmen; überhitzen.

recalzar [rrekal'θar] (1f) *Erde* häufeln; 🏛 untermauern; stützen.

recama|do [rreka'maðo] *m* Reliefstickerei *f*; **~r** [~'mar] (1a) erhaben sticken.

recam|biar [rrekam'biar] (1b) wieder umtauschen; austauschen; **~bio** [~'kambio] *m* Umtausch *m*; Ersatz *m*; de ~ zum Auswechseln, Ersatz...; (*pieza f de*) ~ Ersatzteil *n*.

recantón [rrekan'ton] *m* Prellstein *m*.

recapacitar [rrekapaθi'tar] (1a) ins Gedächtnis zurückrufen; genau überlegen.

recapitular [rrekapitu'lar] (1a) kurz wiederholen, zs.-fassen.

recar|gar [rrekar'gar] (1h) überladen, überlasten; *Strafmaß, Steuern* heraufsetzen; *auf den Preis* aufschlagen; **~garse** sich verschlimmern; **~go** [~'kargo] *m* Überladung *f*; Belastung *f*; Zuschlag *m* (*Steuer*); Aufschlag *m* (*Preis*); ~ de pena Strafverschärfung *f*.

recata|do [rreka'taᵈo] vorsichtig; zurückhaltend; ehrbar, sittsam; **~r** [~'tar] (1a) verheimlichen; **~rse** vorsichtig sein; sich zurückhalten.

recato [rre'kato] *m* Vorsicht *f*; Zurückhaltung *f*; Sittsamkeit *f*.

recauchu|tado [rrekaützu'taᵈo] *m* Vulkanisieren *n* (*Reifen*); **~tar** [~'tar] (1a) *Reifen* vulkanisieren.

recau|dación [rrekaüᵈa'θion] *f* Erhebung *f* (*Steuern*); Einnahme *f*; **~dador** [~'dor] *m* Steuereinnehmer *m*; **~dar** [~'dar] (1a) *Steuern* erheben; *Geldbeträge* einziehen; *Geld* sammeln; in Sicherheit bringen.

recaudo [rre'kaüᵈo] *m* Vorsicht *f*; Sicherheit *f*; *a buen* ~ wohlverwahrt.   [*m.*]

recebo [rre'θebo] *m feiner* Schotter.

rece|lar [rreθe'lar] (1a) argwöhnen; **~larse** befürchten (et. de *a/c.*); **~lo** [~'θelo] *m* Argwohn *m*; Besorgnis *f*; **~loso** [~θe'loso] argwöhnisch; besorgt.

recentísimo [rreθen'tisimo] (*sup. von reciente*) allerneueste(r, -s).

recep|ción [rreθeb'θion] *f* Empfang *m*; Aufnahme *f*; **~cionista** [~θio-'nista] *f* Empfangsdame *f*; **~tación** ⚖ [~θepta'θion] *f* Hehlerei *f*; **~táculo** [~θep'takulo] *m* Behälter *m*; **~tador** ⚖ [~ta'dor] *m* Hehler *m*; **~tar** [~θep'tar] (1a) verbergen, verhehlen; **~tivo** [~θep'tibo] empfänglich.

receptor [rreθep'tor] *m* **a)** *Radio*: Empfänger *m*, Empfangsgerät *n*; **b)** Empfänger *m* e-r *Ware*.

recesión [rreθe'sion] *f* Konjunkturrückgang *m*, Rezession *f*.

receta [rre'θeta] *f* Rezept *n*; **~r** [~θe'tar] (1a) *Medikament* verschreiben; **~rio** [~θe'tario] *m* Arzneibuch *n*; *Kchk.* Rezeptsammlung *f*.

recibida *Am.* [rreθi'biᵈa] *f* Empfang *m*, Aufnahme *f*.

recibi|dor [rreθibi'dor] *m* Empfangszimmer *n*; Diele *f*; **~miento** [~'miento] *m* Empfang *m*.

recibir [rreθi'bir] (3a) empfangen; erhalten, bekommen; aufnehmen; ~ daño Schaden erleiden.

recibo [rre'θibo] *m* Empfang *m*; Empfangsbescheinigung *f*; Quittung *f*; ser de ~ in vorschriftsmäßigem Zustand (*od.* in Ordnung) sein.

recicla|do, **~je** *neol.* [rreθi'klaᵈo, ~'klaxe] *m* Recycling *n*.

recidiva ⚕ [rreθi'diba] *f* Rückfall *m*.

reciedumbre [rreθie'ᵈumbre] *f* Heftigkeit *f*, Wucht *f*.

recién [rre'θien] *adv.* jüngst, neu, frisch; *Am.* soeben; kürzlich; ~ nacido neugeboren; ~ pintado frisch gestrichen.

reciente [rre'θiente] jüngst geschehen; neuerlich; de ~ *publicación* soeben erschienen (*Buch*).

recinto [rre'θinto] *m* umgrenzter Platz *m*; Umkreis *m*.

recio ['rreθio] stark; hart; rauh; derb.

recipiente [rreθi'piente] *m* Gefäß *n*; Behälter *m*.

reciprocidad [rreθiproθi'da⁽ᵈ⁾] *f* Gegenseitigkeit *f*.

recíproco [rre'θiproko] gegenseitig; Gegen...; Wechsel...

reci|tación [rreθita'θion] *f* Vortrag *m*; **~tado** [~'taᵈo] *m* Rezitativ *n*, Sprechgesang *m*; **~tal** [~'tal] *m* Solokonzert *n*; Dichterlesung *f*; **~tar** [~'tar] (1a) hersagen; vortragen, rezitieren.

reclamación [rreklama'θion] *f* Einspruch *m*; Beschwerde *f*; Reklamation *f*; Zurückforderung *f*; Anspruch *m*; ~ de daños y perjuicios Schadenersatzforderung *f*.

reclamar [rrekla'mar] (1a) zurückfordern; reklamieren; beanstanden; *v/i.* Einspruch erheben; sich beschweren.

réclame *Am.* [ˈrrɛklame] *m od. f* Werbung *f.*

reclamo [rreˈklamo] *m* Lockvogel *m*; Lockruf *m*; Lockpfeife *f*; *Am.* Beschwerde *f.*

reclina|r [rrekliˈnar] (1a) an-, zurücklehnen; **~rse** sich aufstützen; **~torio** [~naˈtorĵo] *m* Betschemel *m.*

reclu|ir [rrekluˈir] (3g) einschließen; **~sión** [~ˈsĵɔn] *f* Einschließung *f*; Haft *f*; Zurückgezogenheit *f*; ~ *perpetua* lebenslängliches Zuchthaus *n*; **~so** [~ˈkluso] **1.** *adj.* eingeschlossen; **2.** *m* Häftling *m*; Sträfling *m.*

recluta ✕ [rreˈkluta] **a)** *f* Aushebung *f*; **b)** *m* Rekrut *m*; **~miento** [~klutaˈmĵento] *m* ✕ Aushebung *f*, Musterung *f*; Rekrutenjahrgang *m*; Anwerbung *f* (*v. Arbeitskräften*); **~r** [~kluˈtar] (1a) ✕ rekrutieren, ausheben; *Arbeitskräfte* anwerben.

recobrar [rrekoˈbrar] (1a) wiederbekommen, -erlangen; einbringen; wieder einholen; **~se** sich schadlos halten (für [*ac.*] de); sich erholen (von [*dat.*] de).

recocer [rrekoˈθer] (2b *u.* 2h) lange kochen; *fig.* **~se** sich abquälen.

recocido [rrekoˈθido] bewandert.

recodo [rreˈkodo] *m* Krümmung *f*; Wegbiegung *f*; Knie *n*; Bucht *f.*

recoge|dor [rrekoxeˈdor] *m* Kehrschaufel *f*; **~pelotas** [~peˈlotas] *m* Balljunge *m.*

recoger [rrekoˈxer] (2c) ergreifen; aufheben; (ein)sammeln; *Auskünfte* einholen; ernten; aufbewahren; *Gäste* aufnehmen; *Atem* anhalten; (*ir a*) ~ abholen; **~se** sich zurückziehen; sich zur Ruhe begeben.

recogi|da [rrekoˈxida] *f* Sammeln *n*; Leerung *f des Briefkastens*; ~ *de basuras* Müllabfuhr *f*; **~miento** [~xiˈmĵento] *m* Zurückgezogenheit *f*; innere Sammlung *f*, Andacht *f.*

recolec|ción [rrekoleɣˈθĵɔn] *f* Sammlung *f*; Ernte *f*; Beitreibung *f*; **~tar** [~lekˈtar] (1a) ernten.

recomen|dable [rrekomenˈdable] empfehlenswert; **~dación** [~daˈθĵɔn] *f* Empfehlung *f*; **~dar** [~ˈdar] (1k) empfehlen.

recomenzar [rrekomenˈθar] (1f *u.* 1k) erneut anfangen.

recompen|sa [rrekomˈpensa] *f* Belohnung *f*; *en* ~ *de* zum Lohn für; **~sar** [~penˈsar] (1a) belohnen; vergelten.

recompo|ner [rrekompoˈner] (2r) wiederherstellen; reparieren; **~sición** [~siˈθĵɔn] *f* Wiederherstellung *f*; **~stura** *Am.* [~posˈtura] *f* Reparatur *f.*

reconcentrar [rrekonθenˈtrar] (1a) auf e-n Punkt zs.-drängen; konzentrieren; *Trust* rückverflechten; **~se** sich *innerlich* sammeln.

reconcilia|ción [rrekonθilĵaˈθĵɔn] *f* Versöhnung *f*; **~r** [~ˈljar] (1b) versöhnen.

recóndito [rreˈkondito] geheim.

reconfortar [rrekomforˈtar] (1a) neue Kraft geben.

recono|cer [rrekonoˈθer] (2d) (wieder)erkennen; an [*dat.*] *por*); ✕ untersuchen; *Gegend* erkunden; anerkennen (als *por*); bekennen; dankbar anerkennen; **~cerse** sich bekennen (*mit adj.*); **~cido** [~ˈθido] dankbar (für *por*); **~cimiento** [~θiˈmĵento] *m* Wiedererkennen *n*; ✕ Untersuchung *f*; Anerkennung *f*; Dankbarkeit *f*; ✕ Aufklärung *f*; ~ *de deudas* Schuldanerkenntnis *n*; ~ *de reclutas* Musterung *f.*

reconquista [rrekonˈkista] *f* a) Wiedereroberung *f*; **b)** ♀ Vertreibung *f der Mauren* (*718-1492*); **~r** [~kisˈtar] (1a) zurückerobern.

reconstitu|ción [rrekonstituˈθĵɔn] *f* Wiederherstellung *f*; **~ir** [~ˈir] (3g) wiederherstellen; **~yente** [~ˈjente] *m* Kräftigungsmittel *n.*

recons|trucción [rrekonstruɣˈθĵɔn] *f* Wiederaufbau *m*; **~truir** [~truˈir] (3g) wiederaufbauen; *fig.* wiederherstellen.

recontar [rrekonˈtar] (1m) nachzählen; nacherzählen.

reconven|ción [rrekombenˈθĵɔn] *f* Verweis *m*; Rüge *f*; ♣♣ Gegenklage *f*; **~nir** [~beˈnir] (3s) rügen, j-m Vorwürfe machen (wegen [*gen.*] de *od. por*); Gegenklage erheben.

recopi|lación [rrekopilaˈθĵɔn] *f* Zs.-stellung *f*; **~lar** [~ˈlar] (1a) zs.-stellen; sammeln.

récord *engl.* [ˈrrɛkor] *m* Rekord *m* (*a. fig.*); *batir un* ~ e-n Rekord brechen.

recorda|ble [rrekorˈdable] denkwürdig; **~ción** [~daˈθĵɔn] *f*: *de feliz* ~ seligen Angedenkens; **~r** [~ˈdar] (1m) **1.** *v/t.* in Erinnerung bringen; *Arg., Méj.* aufwecken; ~ a/c. a alg. j-n an et. (ac.) erinnern; ~ a/c. sich an et. (ac.) erinnern; **2.** v/i. fig. aufwachen; zu sich kommen; **~tivo** [~ⁿda'tiβo] m, **~torio** [~ⁿda'torio] m Mahnung f; Gedächtnishilfe f; Andenken n.

recorr|er [rreko'rrer] (2a) durchlaufen, -eilen, -wandern; bereisen; *Schriftstück* durchlesen; überfliegen; *Strecke* zurücklegen; **~ido** [~'rriðo] m Strecke f; F Rüffel m; Tracht f Prügel; *dar un buen* ~ *a alg.* F j-m gehörig den Kopf waschen.

recor|tar [rrekor'tar] (1a) beschneiden; abschneiden; ausschneiden; **~tarse** sich abzeichnen; **~te** [~'korte] m Ausschnitt m; Abschneiden n; Papierschnitzel n od. m; ~ *de periódico* Zeitungsausschnitt m.

recoser [rreko'ser] (2a) flicken; *Wäsche* ausbessern.

recostar [rrekos'tar] (1m) zurücklehnen.

recova [rre'koβa] f Geflügelhandel m; *Am. Mer. reg.* (Lebensmittel-)Markt m.

recoveco [rreko'βeko] m Straßenbiegung f; Flußwindung f; fig. Intrige f.

recrea|ción [rrekrea'θion] f Ergötzung f; Belustigung f; Spiel-, Unterrichtspause f; **~r** [~'ar] (1a) ergötzen, erquicken; **~rse** sich erholen (bei [dat.] con); **~tivo** [~a'tiβo] unterhaltend, amüsant; Vergnügungs...

recrecer [rrekre'θer] (2d) zunehmen; anwachsen.

recreo [rre'kreo] m Erholung f; (Schul-)Pause f; *viaje* m *de* ~ Vergnügungsreise f.

recrimina|ción [rrekrimina'θion] f Anschuldigung f; Gegenbeschuldigung f; **~r** [~'nar] (1a) j-m Vorwürfe machen; widerbeschuldigen.

recrude|cer [rrekrude'θer] (2d) sich wieder verschlimmern; sich verschärfen; **~cimiento** [~θi'miento] m Verschlimmerung f; Verschärfung f.

recta [rrekta] f gerade Linie f, Gerade f; ~ *final* Sport: Zielgerade f.

rec|tangular [rrektaŋgu'lar] rechteckig; **~tángulo** [~'taŋgulo] m Rechteck n.

recti|ficación [rrektifika'θion] f Berichtigung f; Verbesserung f; Begradigung f (Fluß); **~ficador** [~'ðor] m Radio: Gleichrichter m; **~ficar** [~fi'kar] (1g) berichtigen; verbessern; entzerren; ⚡ rektifizieren.

rectilíneo [rrekti'lineo] geradlinig; fig. rechtschaffen, aufrichtig.

rectitud [rrekti'tu⁽ᵈ⁾] f Geradlinigkeit f; Richtigkeit f; Rechtschaffenheit f.

recto ['rrekto] **1.** adj. gerade; recht; redlich; **2.** m Mastdarm m.

recto|r [rrek'tor] m Rektor m; **~rado** [~to'raðo] m Rektorat n; **~ral** [~to'ral] Rektorats...; **~ría** [~to'ria] f Rektorwürde f.

recua ['rrekŭa] f Reihe f, Zug m von Saumtieren; fig. Reihe f, Menge f; **~dro** [rre'kŭaðro] m Kasten m um e-n Text.

recubrir [rreku'βrir] (3a; part. recubierto) überziehen, verkleiden (mit [dat.] de).

recuento [rre'kŭento] m (Nach-)Zählung f; hacer el ~ de a/c. et. (nach)zählen.

recuerdo [rre'kŭerðo] m Erinnerung f; Andenken n; Gruß m; en ~ de zur Erinnerung an (ac.).

recuesto [rre'kŭesto] m Abhang m, abschüssiges Gelände n.

recu|lar [rreku'lar] (1a) zurückweichen, -prallen, -schrecken (vor [dat.] ante); **~lón** Am. reg. [~'lon] m Zurückweichen n.

recuperación [rrekupera'θion] f Wiedererlangung f; Zurückgewinnung f; fig. u. ✝ Erholung f.

recuperar [rrekupe'rar] (1a) wiedererlangen, -gewinnen, -bekommen; *Zeit* wieder einholen.

recurrente [rreku'rrente] rückläufig (bsd. Anat.).

recurrir [rreku'rrir] (3a) sich wenden (an [ac.] a); s-e Zuflucht zu et. (dat.) nehmen; greifen (zu [dat.] a); et. in Anspruch nehmen.

recurso [rre'kurso] m Zuflucht f; ✝ Regreß m; Eingabe f (Verwaltung); ⚖ Rechtsmittel n; fig. Ausweg m; ~ *de apelación* ⚖ Berufung f; **~s** pl. Geldmittel n/pl.; Hilfsquellen f/pl.; ~ *acuáticos* Wasservorräte m/pl.

recusar [rreku'sar] (1a) verwerfen; ⚖ als befangen ablehnen.

rechazar

recha|zar [rretʃa'θar] (1f) ab-, zurückweisen; zurückstoßen, -werfen; ablehnen; widersprechen (dat.); bekämpfen; **~zo** [~'tʃaθo] m Rückprall m, Rückstoß m; Ab-, Zurückweisung f; de ~ gelegentlich.

rechiflar [rretʃi'flar] (1a) auspfeifen; **~se** de alg. j-n verhöhnen.

rechina|miento [rretʃina'mjento] m Knarren n; Knirschen n; Quietschen n; **~r** [~'nar] (1a) knarren; knirschen; quietschen; Méj. wüten.

rechistar F [rretʃis'tar] (1a) mucksen; sin ~ ohne Widerspruch.

rechoncho F [rre'tʃontʃo] pummelig; rundlich; untersetzt.

rechupete F [rretʃu'pete]: de ~ köstlich; F prima.

red [rre⁽ᵈ⁾] f Netz n; fig. Schlinge f; Fallstrick m; ~ ferroviaria Eisenbahnnetz n; ~ telefónica Fernsprechnetz n; ~ del alumbrado Lichtnetz n; ~ de carreteras (od. viaria) Straßennetz n; ~ de corriente Stromnetz n; ~ de espionaje Spionagenetz m; caer en la ~ ins Garn gehen; echar la ~ das Netz auswerfen.

redac|ción [rredag'θjon] f Abfassung f; Schriftleitung f; Redaktion f; Aufsatz m; **~tar** [~dak'tar] (1a) abfassen, aufsetzen; **~tor** [~dak'tor] m Verfasser m; Schriftleiter m; Redakteur m.

redada [rre'dada] f Fischzug m; Razzia f; coger una buena ~ F e-n guten Fang machen.

redargüir [rredar'ǥuir] (3g) zurückweisen; F den Spieß umdrehen.

redecilla [rrede'θiʎa] f Haarnetz n; Netzmagen m der Wiederkäuer.

rededor [rrede'dor] m Umkreis m; al (od. en) ~ ringsherum.

reden|ción [rreden'θjon] f Loskauf m; Ablösung f; Ausweg m; Rel. Erlösung f; **~tor** [~'tor] m Erlöser m; Retter m.

redero [rre'dero] m Netzknüpfer m.

redescuento ✝ [rredes'kuento] m Rediskont m.

redicho F [rre'ditʃo] gekünstelt im Sprechen, affektiert.

redil [rre'dil] m Pferch m; Hürde f.

redi|mible [rredi'mible] ablösbar, einlösbar; **~mir** [~'mir] (3a) ablösen; los-, zurückkaufen; Rel. erlösen.

rédito ['rredito] m Kapitalertrag m;

Verzinsung f; dar ~ Zinsen bringen.

redituar [rreditu'ar] (1e) Zinsen, Gewinn einbringen, abwerfen.

redobla|do [rredo'blaᵈo] (ver-)doppelt; fig. untersetzt; **~nte** [~'blante] m Trommler m; Trommel f; **~r** [~'blar] (1a) verdoppeln; v/i. ♪ Trommelwirbel schlagen.

redoble [rre'doble] m Trommelwirbel m; Verdoppelung f.

redolor [rredo'lor] m Nachschmerz m; dumpfer Schmerz m.

redoma [rre'doma] f Phiole f; Glasfläschchen n; **~do** [~do'maᵈo] gerissen; F ausgemacht (Gauner).

redon|da [rre'donda] f Umkreis m; ♪ ganze Note f; a la ~ rundherum; **~dear** [~donde'ar] (1a) (ab)runden; **~dearse** sich finanziell sanieren; **~del** [~don'del] m Kreis m; Stk. Arena f; **~dez** [~don'deθ] f Runde f; Rundung f; ~ de la tierra Erdenrund n; **~do** [~'dondo] rund; fig. vollkommen; negocio m ~ glattes Geschäft n; caer ~ der Länge nach hinfallen; en ~ in der Runde, rundherum.

redopelo [rredo'pelo] m Gegenstrich m; al ~ gegen den Strich; verkehrt; gewaltsam; traer al ~ j-m übel mitspielen; j-n schinden.

redro F ['rredro] rückwärts, zurück.

redrojo [rre'droxo] m Spätfrucht f; Spätling m.

redu|cción [rredug'θjon] f Abbau m; Verminderung f; Herabsetzung f; Ermäßigung f; Kürzung f; Verkleinerung f; Umwandlung f; Chir. Einrichtung f (e-s Bruches); **~cible** [~du'θible] zurückführbar; **~cido** [~du'θido] klein; gering; verkleinert; **~cir** [~du'θir] (3o) zurückführen; vermindern; herabsetzen; einschränken; ermäßigen; ver-, zerkleinern; Aufständische niederwerfen; Preise, Personal abbauen; um-, verwandeln (in [ac.] a); umrechnen (in [ac.] a); ⅍ kürzen; Brüche auf e-n gemeinsamen Nenner bringen; ↗ reduzieren; Chir. einrenken, einrichten; **~cirse** sich einschränken; sich beschränken (auf [ac.] a).

redun|dancia [rredun'danθja] f Überfluß m; Wortschwall m; **~dante** [~'dante] weitschweifig; überflüssig; **~dar** [~'dar] (1a) sich auswirken, gereichen (zu dat. en).

reduplica|ción [rreðuplika'θiɔn] *f* Verdoppelung *f*; **~r** [~'kar] (1g) verdoppeln.

reedificar [rreeðifi'kar] (1g) wieder aufbauen.

reeditar [rreeði'tar] (1a) neu herausgeben.

reeduca|ción [rreeðuka'θiɔn] *f* Umschulung *f*; **~r** [~'kar] (1g) umschulen, umerziehen.

reelección [rreeleg'θiɔn] *f* Wiederwahl *f*.

reelegir [rreele'xir] (3c *u.* 3l) wiederwählen.

reembolsar [rreembɔl'sar] *s.* rembolsar.

reemplazar [rreempla'θar] *s.* remplazar.

reenviar [rreembi'ar] (1c) weiterbefördern.

reestre|nar [rreestre'nar] (1a) *Thea., Film* wiederaufführen; **~no** [~'treno] *m* Wiederaufführung *f*.

reestructuración [rreestruktura-'θiɔn] *f* Umstrukturierung *f*; Neugestaltung *f*.

reexpe|dición [rreespeði'θiɔn] *f* Weiterbeförderung *f*; **~dir** [~'dir] (3l) weiterbefördern; nachsenden.

reexpor|tación [rreespɔrta'θiɔn] *f* Wiederausfuhr *f*; **~tar** [~'tar] (1a) wieder ausführen.

refección [rrefeg'θiɔn] *f* Ausbesserung *f*, Reparatur *f*; Imbiß *m*.

refectorio [rrefek'tɔriɔ] *m* Speisesaal *m*, Refektorium *n*.

referencia [rrefe'renθia] *f* Bericht *m*; Bezug *m*; ✝ Referenz *f*; con ~ a mit Bezug auf.

referéndum [rrefe'rendun] *m* Volksabstimmung *f*, Referendum *n*.

referente [rrefe'rente] bezüglich (auf [*ac.*] *a*); mit Bezug auf.

referir [rrefe'rir] (3i) erzählen, berichten; **~se** sich beziehen (auf [*ac.*] *a*).

refilón [rrefi'lɔn] *m*: de ~ *adv.* schräg; *fig.* beiläufig.

refina|ción [rrefina'θiɔn] *f* Verfeinerung *f*; Läuterung *f*, Veredelung *f*; **~do** [~'naðo] raffiniert (*Zucker*; *a. fig.*); hochvornehm; **~miento** [~na'miento] *m* Verfeinerung *f*; Feinheit *f*; F Raffinement *n*.

refinar [rrefi'nar] (1a) verfeinern; läutern; veredeln; ⊕ raffinieren.

refi|nería ⊕ [rrefine'ria] *f* Raffinerie *f*; **~no** [~'fino] hochfein.

reflector [rreflek'tɔr] *m* Reflektor *m*; Scheinwerfer *m*.

refle|jar [rrefle'xar] (1a) zurückstrahlen; spiegeln; widerspiegeln; **~jo** [~'flexo] **1.** *adj.* überlegt, überdacht; Reflex...; **2.** *m* Abglanz *m*, Widerschein *m*; Reflex *m*; **~xión** [rrefleg'siɔn] *f* Zurückstrahlung *f*; Spiegelung *f*; *fig.* Überlegung *f*; Nachdenken *n*; **~xionar** [~sio'nar] (1a) überlegen; nachdenken; **~xivo** [~'sibo] nachdenklich; überlegt; *Gram.* reflexiv.

reflotar ⚓ [rreflo'tar] (1a) wieder flottmachen.

reflu|ir [rreflu'ir] (3g) zurückfließen; **~jo** [~'fluxo] *m* Rückfluß *m*, -strom *m*; Ebbe *f*.

refocilar [rrefoθi'lar] (1a) erquicken, ergötzen; **~se** sich gütlich tun (an [*dat.*] con).

reforesta|ción *Am.* [rreforesta'θiɔn] *f* Wiederaufforstung *f*; **~r** [~'tar] (1a) wiederaufforsten.

reforma [rre'fɔrma] *f* Reform *f*; Umgestaltung *f*; Umarbeitung *f*; ⚭ *Rel.* Reformation *f*; ~ monetaria Währungsreform *f*; **~ción** [~fɔrma-'θiɔn] *f* Umgestaltung *f*; Verbesserung *f*; **~dor** [~fɔrma'ðɔr] *m* Reformator *m*.

reforma|r [rrefɔr'mar] (1a) umgestalten; umarbeiten; reformieren; **~rse** sich bessern; in sich gehen; **~torio** [~'matɔriɔ] **1.** *adj.* reformatorisch; **2.** *m* Besserungsanstalt *f*.

reforzar [rrefɔr'θar] (1f *u.* 1m) verstärken.

refrac|ción *Phys.* [rrefrag'θiɔn] *f* Brechung *f*; **~tario** [~frak'tariɔ] widerspenstig, -strebend; feuerfest, feuerbeständig.

refrán [rre'fran] *m* Sprichwort *n*.

refranero [rrefra'nero] *m* Sprichwörtersammlung *f*.

refre|gar [rrefre'gar] (1h *u.* 1k) reiben; F ~ (*por las narices*) unter die Nase reiben; **~gón** [~'gɔn] *m* (Ab-)Reibung *f*; F Rüffel *m*.

refrena|miento [rrefrena'miento] *m* Bändigung *f*; Zügeln *n* (*a. fig.*); **~r** [~'nar] (1a) zügeln; *fig.* zähmen.

refren|dación [rrefrenda'θiɔn] *f*, **~do** [~'frendo] *m* Gegenzeichnung *f*; **~dar** [~'fren'dar] (1a) gegenzeichnen; *Paß* visieren; **~dario** [~fren-'dariɔ] *m* Gegenzeichner *m*.

refres|cante [rrefres'kante] erfrischend; ~**car** [~'kar] (1g) erfrischen; abkühlen; auffrischen; v/i. kühl werden (*Wetter*); ~**co** [~'fresko] *m* Erfrischung *f*, erfrischendes Getränk *n*.

refriega [rre'frjega] *f* ✗ Treffen *n*; Geplänkel *n*; F Streit *m*.

refrige|ración [rrefrixera'θjɔn] *f* (Ab-)Kühlung *f*; ~**rador** [~'dɔr] *m* Kühlanlage *f*; Kühlschrank *m*; ~**rante** [~'rante] **1.** *adj.* kühlend; Kühl...; **2.** *m* Kühlmittel *n*; ~**rar** [~'rar] (1a) (ab)kühlen; erfrischen; ~**rio** [~'xerjo] *m* Erfrischung *f*; Linderung *f*; Imbiß *m*.

refuerzo [rre'fŭɛrθo] *m* Verstärkung *f* (*a*. ⊕); Nachschub *m*; Hilfe *f*.

refu|giado [rrefu'xiaᵈo] *m* Flüchtling *m*; ~**giarse** [~'xiarse] (1b) sich flüchten; ~**gio** [~'fuxio] *m* Zuflucht *f*; Schutzhütte *f*; Verkehrsinsel *f*; ~ *antiaéreo* Luftschutzraum *m*; *puerto m de* ~ Nothafen *m*.

refulgen|cia [rrefulˈxenθia] *f* Glanz *m*; Schimmer *m*; ~**te** [~'xente] glänzend.

refun|dición [rrefundi'θjɔn] *f* Umschmelzen *n*, Einschmelzen *n*; Neubearbeitung *f* (*Buch*); ~**dir** [~'dir] (3a) umschmelzen, einschmelzen; neu bearbeiten; umarbeiten.

refunfu|ñar [rrefumfuˈɲar] (1a) brummen; vor sich hin murmeln; ~**ño** [~'fuɲo] *m* Brummen *n*; Gemurmel *m*.

refu|tación [rrefuta'θjɔn] *f* Widerlegung *f*; ~**tar** [~'tar] (1a) widerlegen.

rega|dera [rrega'dera] *f* Gießkanne *f*; ~**dío** [~'dio] *m* Bewässerungsland *n*; ~**dor** ✗ [~'dɔr] *m* Regner *m*.

rega|lado [rrega'laᵈo] köstlich; behaglich; F geschenkt (*a. fig.*); ~**lar** [~'lar] (1a) schenken; beschenken; bewirten; ergötzen; schmeicheln (*dat.*); ~**larse** sich gütlich tun.

regalía [rrega'lia] *f* hist. königliches Hoheitsrecht *n*; F Nebeneinnahme *f*.

regaliz [rrega'liθ] *m* Süßholz *n*; Lakritze *f*.

regalo [rre'galo] *m* Geschenk *n*; Wohlleben *n*; Behaglichkeit *f*; Festessen *n*; es un ~ es ist herrlich (*od.* e-e wahre Freude).

regalón [rrega'lɔn] verhätschelt.

rega|ñadientes [rregaɲa'djentes]: *a* ~ zähneknirschend, widerwillig; ~**ñar** [~'ɲar] (1a) knurren u. (zugleich) die Zähne fletschen; zanken; v/t. ausschelten; ~**ño** [~'gaɲo] *m* Verweis *m*; ~**ñón** F [~ga'ɲɔn] **1.** *adj.* mürrisch; **2.** *m* Griesgram *m*.

regar [rre'gar] (1h *u.* 1k) (be)wässern; (be)gießen; *Straße* sprengen.

regata [rre'gata] *f* Regatta *f*.

regate [rre'gate] *m* rasches Ausweichen *n*.

regatear [rregate'ar] (1a) um *et.* (*ac.*) feilschen; *Sport*: dribbeln; ~ *a/c.* mit et. (*dat.*) geizen; *no* ~ *esfuerzos* keine Mühe scheuen.

regateo [rrega'teo] *m* Feilschen *n*; *Sport*: Dribbeln *n*.

regazo [rreˈgaθo] *m* Schoß *m* (*a.fig.*).

regencia [rre'xenθia] *f* Regentschaft *f*.

regene|ración [rrexenera'θjɔn] *f* Regeneration *f*; Erneuerung *f*; Wiederherstellung *f*; Wiedergeburt *f*; ~**rar** [~'rar] (1a) regenerieren; erneuern; auffrischen; wiederherstellen.

regen|tar [rrexen'tar] (1a) *Amt* verwalten; *Lehrstuhl* innehaben; ~**te** [~'xente] *m* Regent *m*.

regicida [rrexi'θiða] *m* Königsmörder *m*.

regidor [rrexi'dɔr] *m hist.* Ratsherr *m*, Vogt *m*; Schöffe *m*; *Film*: Inspizient *m*.

régimen ['rreximen] *m* Regierungsform *f*; Regime *n*; ⚕ Diät *f*; *Gram.* Rektion *f*; *oft* ...wesen, *z.B.* ~ *escolar* Schulwesen *n*; *estar a* ~ Diät halten.

regimiento ✗ [rrexi'miento] *m* Regiment *n*.

regio ['rrexio] königlich; *fig.* prächtig, herrlich.

región [rre'xiɔn] *f* Region *f*, Gegend *f*, Landstrich *m*; Gebiet *n*.

regional [rrexio'nal] landschaftlich, Landes..., Volks...; regional.

regionalis|mo [rrexiona'lizmo] *m* Regionalismus *m*; *Lit.* Heimatkunst *f*; ~**ta** [~'lista] *m* Regionalist *m*; Heimatschriftsteller *m*.

regir [rre'xir] (3l *u.* 3c) regieren (*a. Gram.*); leiten; v/i. in Kraft sein, gelten (*Gesetz*); ~**se** *por* sich richten nach (*dat.*).

registrador [rrexistra'dɔr] *m* Registrierapparat *m*; Schreiber *m* (*Gerät*).

registrar [rrexis'trar] (1a) verzeichnen; registrieren; eintragen; durchsuchen.

registro [rre'xistro] m Verzeichnis n; Register n (a. ♩); Eintragung f; Lesezeichen n; ⊕ Klappe f; Schieber m; ~ civil Standesamt n; ~ domiciliario Haussuchung f; ~ mercantil Handelsregister n; ~ de la propiedad Grundbuch n; ~ de la propiedad industrial Patentregister n; Patentamt n; ~ de viajeros Fremdenbuch n; tocar todos los ~s alle Register ziehen, alle Hebel in Bewegung setzen.

regla ['rregla] f Regel f; Richtschnur f; Ordnung f; Lineal n; ~ de cálculo Rechenschieber m; ~ jurídica Rechtsnorm f; ~ de tres Regeldetri f, Dreisatz m; en ~ in Ordnung; regelrecht; por ~ general im allgemeinen; ~ ✠ Regel f; ~je ⊕ [rre'glaxe] m Einstellung f.

reglamen|tación [rreglamenta-'θjon] f Regelung f; Ordnung f; ~tar [~'tar] (1a) regeln; ordnen; ~tario [~'tarjo] vorschriftsmäßig; ~to [~'mento] m gesetzliche Vorschrift f; Dienstanweisung f; (Haus-, Betriebs-)Ordnung f.

reglar [rre'glar] (1a) gesetzlich regeln; ordnen.

regoci|jar [rregoθi'xar] (1a) belustigen, erfreuen; ~ **jo** [~'θixo] m Jubel m; Freude f; Vergnügen n, Lustbarkeit f.

rego|dearse F [rregoðe'arse] (1a) sich gütlich tun (an [dat.] con); lustig u. guter Dinge sein; ~deo F [~'deo] m Vergnügen n; Behagen n.

regoldar P [rregol'dar] (1m) rülpsen.

regordete F [rregor'dete] rundlich, untersetzt.

regre|sar [rregre'sar] (1a) zurückkehren; Am. zurückkehren; ~sivo [~'sibo] rückläufig; Rück...; ~so [~'greso] m Rückkehr f.

regüeldo P [rre'gŭeldo] m Rülpser m.

regue|ra [rre'gera] f Bewässerungsgraben m; ~ro [~'gero] m Spur f; Rinne f; Rinnsal n; fig. ~ de pólvora Lauffeuer n.

regula|ble [rregu'laβle] einstellbar, regulierbar; ~ción [~la'θjon] f Regulierung f, Einstellung f; Regelung f; ~dor ⊕ [~la'ðor] m Regler m; ~r [~'lar] **1.** adj. regelmäßig; geordnet; gewöhnlich; (mittel)mäßig;

regulär; kath. Ordens...; por lo ~ gewöhnlich; **2.** v/t. (1a) regeln, ordnen; einstellen, regulieren; ~ri **dad** [~lari'ða⁽ᵈ⁾] f Regelmäßigkeit f; ~rización [~lariθa'θjon] f Regelung f, Ordnung f; ~rizar [~lari-'θar] (1f) regeln, ordnen.

régulo ['rregulo] m Duodezfürst m.

rehabili|tación [rreabilita'θjon] f Wiedereinsetzung f in frühere Rechte; Ehrenrettung f; Rehabilitation f (a. ✠); ~tar [~'tar] (1a) wiedereinsetzen; rehabilitieren.

rehacer [rrea'θer] (2s) noch einmal machen; umarbeiten; wiederherstellen; ~se sich erholen.

rehén [rre'en] m Geisel f od. m; toma f de rehenes Geiselnahme f.

rehenchir [rreen'tʃir] (3h u. 3l) ausstopfen; aufpolstern.

rehogar Kchk. [rreo'gar] (1h) schmoren, dünsten.

rehuir [rreu'ir] (3g) verschmähen; ablehnen; vermeiden; aus dem Wege gehen (dat.).

rehusar [rreu'sar] (1a) Bitte abschlagen; verweigern; ablehnen.

reimpresión [rreimpre'sjon] f Neudruck m; Nachdruck m.

reimprimir [rreimpri'mir] (3a) neu drucken; nachdrucken.

reina ['rreina] f Königin f (a. Bienen); Schach: Dame f; ~ **do** [rreı'na⁽ᵈ⁾o] m Regierung f; Regierungszeit f; ~nte [~'nante] regierend; herrschend; ~r [~'nar] (1a) regieren; fig. herrschen.

reinci|dencia ✠ [rreinθi'denθja] f Rückfall m; ~dente [~'dente] rückfällig; ~dir [~'dir] (3a) rückfällig werden.

rein|corporar [rreinkorpo'rar] (1a) wiedereinverleiben; wiedereingliedern; ~se al trabajo die Arbeit wiederaufnehmen; ~gresar [~gre'sar] (1a) wiedereintreten.

reino ['rreino] m Königreich n; Reich n.

reinte|grar [rreinte'grar] (1a) wiedereinsetzen; Verlust ersetzen; zurückerstatten; rückvergüten; ~ **grarse:** ~ a in ein Amt usw. zurückkehren; ~ de a/c. et. zurückerhalten, wiederbekommen; ~gro [~'tegro] m Ersatz m; Wiedereinsetzung f; Rückzahlung f.

reír [rre'ir] (3m) **1.** v/i. lachen; **2.** v/t. belachen; **3.** ~se: ~ de alg. j-n auslachen, j-n nicht ernst nehmen; ~ de a/c. über et. (ac.) lachen, sich über et. (ac.) lustig machen.

reiter|ación [rreitera'θiɔn] f Wiederholung f; ⚒ Rückfall m; **~ar** [~'rar] (1a) wiederholen.

reivindi|cación [rreiβindika'θiɔn] f Forderung f; **~car** [~'kar] (1g) (zurück)fordern; beanspruchen.

reja ['rrexa] f Gitter n; Fenstergitter n; Pflugschar f.

rejilla [rre'xiʎa] f ⚡ Gitter n; (Ofen-)Rost m; Kohlenbecken n; geflochtener Stuhlsitz m; 🚆 Gepäcknetz n.

rejo ['rrexo] m Stachel m; fig. Stärke f; ♀ Wurzelkeim m.

rejón Stk. [rre'xɔn] m Spieß m.

rejonea|dor [rrexonea'dɔr] m berittener Stierkämpfer m; **~r** Stk. [~'ar] (1a) zu Pferde kämpfen.

rejuvene|cer [rrexuβene'θer] (2d) verjüngen; **~cimiento** [~θi'miento] m Verjüngung f.

relaci|ón [rrela'θiɔn] f Bericht m; Beschreibung f; Beziehung f; Verhältnis n; Verbindung f; Liste f, Aufstellung f, Verzeichnis n; **~onado** [~θio'naðo]: bien ~ mit guten Beziehungen; **~onar** [~θio'nar] (1a) in Verbindung bringen (mit [dat.] con).

relaja|ción [rrelaxa'θiɔn] f, **~miento** [~'miento] m Erschlaffung f; Sittenlosigkeit f; Entspannung f; **~r** [~'xar] (1a) schlaff machen; lockern; **~rse** erschlaffen; nachlassen; locker werden; sich entspannen.

relamerse [rrela'merse] (2a) sich die Lippen lecken (nach [dat.] de).

relámpago [rre'lampaɣo] m Blitz m.

relampaguear [rrelampage'ar] (1a) (auf)blitzen; wetterleuchten.

relanzar [rrelan'θar] (1f) zurückstoßen; ✝ wiederbeleben.

relatar [rrela'tar] (1a) erzählen; berichten.

relati|vidad [rrelatiβi'da(d)] f Relativität f; **~vo** [~'tiβo] bezüglich; entsprechend; relativ; pronombre m ~ Gram. Relativpronomen n.

rela|to [rre'lato] m Erzählung f; Bericht m; **~tor** [~la'tɔr] m Referent m; Schriftführer m.

releer [rrele'er] (2e) wieder lesen.

relegar [rrele'ɣar] (1h) verweisen, verbannen; beseitigen; übergehen.

relente [rre'lente] m feuchtkühle Nachtluft f; fig. Kälte f; Tücke f.

releva|ción [rreleβa'θiɔn] f Erleichterung f; Entlastung f; Entlassung f; ⚙ Ablösung f; **~dor** ⚡ [~'ðɔr] m Relais n; **~ncia** [~'banθia] f Bedeutung f; **~nte** [~'bante] hervorragend; erheblich; wichtig; **~r** [~'bar] (1a) hervortreten lassen; e-r Mühe entheben; erleichtern; Strafe erlassen; ⚙ ablösen.

relevo [rre'leβo] m ⚙ Ablösung f; Vorspann m; Sport: Staffel f; carrera f de ~s Staffellauf m.

relicario [rreli'kario] m Reliquienschrein m.

relicto [rre'likto]: bienes m/pl. ~s Hinterlassenschaft f.

relieve [rre'lieβe] m erhabene Arbeit f, Relief n; fig. Bedeutung f; poner de ~ hervorheben; alto ~ Hochrelief n; bajo ~ Flachrelief n.

reli|gión [rreli'xiɔn] f Religion f; entrar en ~ ins Kloster gehen; **~giosa** [~'xiosa] f Nonne f; **~giosidad** [~xiosi'da(d)] f Frömmigkeit f; **~gioso** [~'xioso] **1.** adj. religiös; fromm; Ordens...; **2.** m Mönch m.

relimpio F [rre'limpio] blitzsauber; schmuck.

relinchar [rrelin'tʃar] (1a) wiehern.

reliquia [rre'likia] f Reliquie f.

reloj [rre'lo] m Uhr f; ~ de arena Sanduhr f; ~ de bolsillo Taschenuhr f; ~ de pared Wanduhr f; ~ de pulsera Armbanduhr f; ~ de sobremesa Standuhr f; ~ de sol Sonnenuhr f; **~ería** [~loxe'ria] f Uhrengeschäft n; **~ero** [~lɔ'xero] m Uhrmacher m.

reluciente [rrelu'θiente] glänzend.

relucir [rrelu'θir] (3f) glänzen, strahlen; sacar (od. salir) a ~ F herausrücken mit (dat.).

relum|brar [rrelum'brar] (1a) hell leuchten; stark glänzen; **~brón** [~'brɔn] m Aufleuchten n; de ~ blendend; kitschig.

rellano [rre'ʎano] m (Berg-)Terrasse f; Treppenabsatz m.

relle|nar [rreʎe'nar] (1a) füllen (a. Kchk.); Formular ausfüllen; polstern; **~no** [~'ʎeno] **1.** adj. voll; gefüllt; **2.** m Füllung f (a. Kchk.); Füllsel n (a. fig.).

rema|char [rrema'tʃar] (1a) plattschlagen; nieten; fig. Nachdruck verleihen (*dat.*); F herumreiten auf (*dat.*); **~che** [~'matʃe] *m* Niete *f*.

remanente [rrema'nente] *m* Überrest *m*; Restbetrag *m*.

reman|sarse [rreman'sarse] (1a) sich stauen; **~so** [~'manso] *m* Stauwasser *n*; ruhige Stelle *f* (*Fluß*).

remar [rre'mar] (1a) rudern; *fig.* F schuften.

rematado [rrema'taᵈo]: *loco m ~* ausgemachter Narr *m*.

rema|tador [rremata'dɔr] *m* Versteigerer *m*; **~tante** [~'tante] *m* Höchstbietende(r) *m*; **~tar** [~'tar] (1a) 1. *v/t.* zuschlagen (*Versteigerung*); abschließen, vollenden; F den Rest *od.* Gnadenstoß geben; *Am.* versteigern; 2. *v/i.* enden; *Fußball*: aufs Tor schießen.

remate [rre'mate] *m* Zuschlag *m* (*Versteigerung*); Abschluß *m*, Krönung *f*; Ende *n*; *Fußball*: Schuß *m* aufs Tor; *Am.* Versteigerung *f*; *de ~* völlig, vollkommen; *por ~* zu guter Letzt.

rembolsar [rrembɔl'sar] (1a) zurückzahlen; einlösen; erstatten.

rembolso [rrem'bɔlso] *m* Rückzahlung *f*; *contra ~* gegen Nachnahme.

remecer [rreme'θer] (2b) schütteln, rütteln.

remedar [rreme'dar] (1a) nachahmen; nachmachen; nachäffen.

reme|diar [rreme'diar] (1b) abhelfen; (*ver*)hindern; **~dio** [~'meðio] *m* Abhilfe *f*; Heilmittel *n*; *sin ~* rettungslos; *no hay ~* daran ist nichts zu ändern; *no hay más ~ que es bleibt nichts anderes übrig als.*

remedo [rre'meðo] *m* Nachahmung *f*; Nachäffung *f*.

rememora|r [rrememo'rar] (1a) ins Gedächtnis zurückrufen; gedenken (*gen.*); **~tivo** [~ra'tiβo] Erinnerungs..., Gedenk...

remen|dar [rremen'dar] (1k) flikken; aus-, verbessern; **~dón** [~-'dɔn] *m* Flickschuster *m*; Flickschneider *m*.

remera *Zo.* [rre'mera] *f* Schwungfeder *f*.

remero [rre'mero] *m* Ruderer *m*.

remesa [rre'mesa] *f* Sendung *f*; † *bsd. Am.* Rimesse *f*.

remezón *Am.* [rreme'θɔn] *m leichtes* Erdbeben *n*.

remiendo [rre'miendo] *m* Flicken *n*; Fleck *m*, Flicken *m*.

remil|gado [rremil'gaᵈo] zimperlich; geziert; **~garse** [~'garse] (1h) sich zieren; **~go** [~'milgo] *m* Ziererei *f*; *~s pl.* Getue *n*.

reminiscencia [rreminis'θenθia] *f* Erinnerung *f*; Anklang *m*.

remira|do [rremi'raᵈo] bedächtig; umsichtig; **~rse** [~'rarse] (1a) umsichtig vorgehen; sich liebevoll versenken (in [*ac.*] en).

remi|sible [rremi'sible] verzeihlich; erläßlich; **~sión** [~'siɔn] *f* Erlaß *m e-r Strafe*; Übersendung *f*; Hinweis *m*, Verweis *m*.

remiso [rre'miso] nachlässig; schlapp.

remi|tente [rremi'tente] 1. *adj.* nachlassend; 2. *m* Absender *m*; **~tir** [~'tir] (3a) übersenden; überweisen; *Strafe* erlassen; verweisen (auf [*ac.*] a); *v/i.* nachlassen; **~tirse** sich berufen (auf [*ac.*] a).

remo ['rremo] *m* Ruder *m*.

remoción [rremo'θiɔn] *f* Entfernung *f aus dem Amt*; Absetzung *f*.

remodela|ción *neol.* [rremoðela-'θiɔn] *f* Umgestaltung *f*, -bildung *f*; **~r** [~'lar] (1a) umgestalten, -bilden.

remo|jar [rremo'xar] (1a) einweichen; wässern; F *freudiges Ereignis* begießen; *Am.* belohnen; *et.* zum erstenmal benutzen; **~jo** [~'moxo] *m* Einweichen *n*; Wässern *n*; *poner a ~* einweichen.

remolacha [rremo'latʃa] *f* Rübe *f*; *~ azucarera* Zuckerrübe *f*; *~ forrajera* Futterrübe *f*.

remol|cador ⚓ [rremolka'dɔr] *m* Schlepper *m*; **~car** [~'kar] (1g) ⚓ schleppen; *Kfz.* abschleppen.

remoli|nar [rremoli'nar] (1a) umherwirbeln; **~no** [~'lino] *m* Wirbel *m* (*a. fig.*); Strudel *m*; *fig.* Menschenauflauf *m*.

remolón F [rremo'lɔn] 1. *adj.* schlaff; träge; 2. *m* Faulpelz *m*; F Drückeberger *m*.

remolque [rre'mɔlke] *m* ⚓ Schleppen *n*; *Kfz.* Anhänger *m*; *a ~ im* Schlepp(tau); *fig. llevar a ~ fig.* mitschleppen.

remon|tar [rremon'tar] (1a) *Fluß* hinauffahren; **~tarse** sich emporschwingen; zurückgehen (auf [*ac.*] a); **~te** *neol.* [~'monte] *m*: *~ mecánico* Schilift *m*.

remoquete [rremo'kete] *m* Faustschlag *m* ins Gesicht; *fig.* Stichelei *f*; F *dar ~ a alg.* j-n aufziehen; ärgern.

rémora ['rremora] *f* Schiffshalter *m* (*Fisch*); *fig.* Hemmnis *n*, Hemmschuh *m*; Zeitverlust *m*.

remor|der [rremor'der] (2h) (innerlich) beunruhigen, quälen; **~dimiento** [~di'mjento] *m* Gewissensbiß *m*.

remoto [rre'moto] entlegen; (weit) entfernt; *control m ~* Fernsteuerung *f*.

remover [rremo'ber] (2h) umrühren; entfernen; *fig.* aufwühlen, aufrütteln; *Hindernis* wegräumen, beseitigen; *aus dem Amt* entfernen.

remozar [rremo'θar] (1f) verjüngen.

remplaz|ar [rrempla'θar] (1f) ersetzen; an *j-s* Stelle treten; *j-n* vertreten; **~o** [~'plaθo] *m* Ersetzung *f*; Ersatz *m*.

rempujo [rrem'puxo] *m* Stoß *m*, F Schubs *m*.

remunera|ción [rremunera'θjon] *f* Belohnung *f*; Vergütung *f*; Entgelt *n*; **~dor** [~'dor] lohnend, einträglich; **~r** [~'rar] (1a) belohnen; entlohnen; vergüten; **~tivo** [~ra'tibo] lohnend, einträglich.

rena|cer [rrena'θer] (2d) wiedergeboren werden; zu neuem Leben erwachen; **~cimiento** [~θi'mjento] *m* Wiedergeburt *f*; ♀ Renaissance *f*.

renacuajo [rrena'kµaxo] *m* Kaulquappe *f*; *fig. desp.* Knirps *m*.

renal 𝕄 [rre'nal] Nieren...

renano [rre'nano] **1.** *adj.* rheinländisch; **2.** *m* Rheinländer *m*.

renci|lla [rren'θiʎa] *f* Streiterei *f*; **~lloso** [~θi'ʎoso] streitsüchtig.

rencor [rren'kor] *m* Groll *m*; *guardar ~ a alg. por a/c.* j-m grollen wegen (*gen.*), j-m et. nachtragen; **~oso** [~ko'roso] grollend; nachtragend.

ren|dición [rrendi'θjon] *f* Bezwingung *f*; Übergabe *f*; Kapitulation *f*; *~ de cuentas* Rechnungslegung *f*; Abrechnung *f*; **~dido** [~'dido] erschöpft; willfährig; ergeben; **~dija** [~'dixa] *f* Spalt *m*; **~dimiento** [~di'mjento] *m* Ertrag *m*; Wirkungsgrad *m*; (Arbeits-, Nutz-) Leistung *f*; Leistung(sfähigkeit) *f*; Unterwürfigkeit *f*; Ergebenheit *f*; Hingabe *f*.

rendir [rren'dir] (3l) **1.** *v/t.* bezwin-

gen; ermüden; ⚒ übergeben; zurückerstatten; *Dank* abstatten; *Gefälligkeiten* erweisen; *Bedeutung* beimessen; *Ertrag* abwerfen; einbringen; ⊕ leisten; *~ el alma* den Geist aufgeben; *~ las armas* die Waffen strecken; *~ cuenta(s)* Rechnung legen; *~ honores a alg.* j-m Ehre erweisen; **2.** *v/i.* sich bezahlt machen, sich rentieren; leistungsfähig sein; **3. ~se** sich ergeben; sich unterwerfen; ermatten, P schlappmachen; *~ a la evidencia* sich vom Augenschein überzeugen lassen; *~ de fatiga* sich überanstrengen; *~ de tanto trabajar* sich überarbeiten.

rene|gado [rrene'gaᵈo] **1.** *adj.* abtrünnig; **2.** *m* Renegat *m*; **~gar** [~'gar] (1h *u.* 1k) verabscheuen; *v/i.* fluchen (über [*ac.*] de); abfallen (von [*dat.*] de); F schimpfen, fluchen. [lisch.)

renegrido [rrene'griᵈo] schwärz-)

renglón [rren'glon] *m* Zeile *f*; Reihe *f*; ✝ Posten *m*; *Am.* (Waren-) Gattung *f*; *a ~ seguido* gleich hinterher.

rengo ['rrengo] hinkend, lahm.

reniego [rre'niego] *m* Gotteslästerung *f*; Fluch *m*; Verleugnung *f*.

reniten|cia [rreni'tenθja] *f* Widersetzlichkeit *f*; **~te** [~'tente] widersetzlich, widerspenstig.

reno ['rreno] *m* Ren(tier) *n*.

renom|brado [rrenom'braᵈo] berühmt; **~bre** [~'nombre] *m* Ruhm *m*, Ruf *m*; Berühmtheit *f*.

renova|ción [rrenoba'θjon] *f* Erneuerung *f*; **~dor** [~'dor] erneuernd; **~l** [~'bal] *m* *Forstwesen:* Schonung *f*.

renovar [rreno'bar] (1m) erneuern; renovieren; auffrischen (*a. fig.*).

renquear [rrenke'ar] (1a) hinken.

ren|ta ['rrenta] *f* Rente *f* (*Kapitalertrag*); Einkommen *n*; Ertrag *m*; Zins *m*; *de ~ fija* festverzinslich; *~s pl. públicas* Staatseinkünfte *pl.*; *~ nacional* Volkseinkommen *n*; **~tabilidad** [rrentabili'daᵈ] *f* Rentabilität *f*; **~table** [~'table] rentabel; lohnend; **~tar** [~'tar] (1a) eintragen; *Am. reg.* mieten; *v/i.* Ertrag bringen, sich rentieren; **~tista** [~'tista] *su.* Rentner(in *f*) *m*; **~tístico** [~'tistiko] Renten...

renuevo ♀ [rre'nµebo] *m* Schößling *m*, Trieb *m*.

renun|cia [rre'nunθia] f Verzicht m, Entsagung f; **~ciar** [~nun'θiar] (1b) verzichten (auf [ac.] a); zurückweisen; ~ su cargo sein Amt niederlegen; **~cio** F [~'nunθio] m: coger en un ~ bei e-r Lüge ertappen.

reñi|dero [rreɲi'dero] m: ~ de gallos Hahnenkampfplatz m; **~do** [~'ɲido] verfeindet; erbittert; unvereinbar; estar ~ con alg. F mit j-m verkracht sein.

reñir [rre'ɲir] (3h u. 3l) **1.** v/i. sich zanken; sich entzweien; **2.** v/t. ausschelten, -schimpfen.

reo ['rreo] m Beschuldigte(r) m; Angeklagte(r) m.

reojo [rre'ɔxo]: mirar de ~ verstohlen ansehen.

reorganización [rreɔrɡaniθa'θiɔn]f Neuordnung f, Reorganisation f.

reorganizar [rreɔrɡani'θar] (1f) neu gestalten; neu ordnen; umorganisieren.

reorientación [rreɔrienta'θiɔn] f Umstellung f; Neuorientierung f.

reóstato ƒ [rre'ɔstato] m (Heiz-) Widerstand m, Rheostat m.

repan|chigarse [rrepantʃi'ɡarse], **~tigarse** [~ti'ɡarse] (1h) sich bequem zurücklehnen; sich rekeln; F sich hinlümmeln.

repara|ble [rrepa'rable] ersetzbar; wiedergutzumachen(d); beachtenswert; **~ción** [~ra'θiɔn] f Ausbesserung f, Reparatur f; Genugtuung f; Pol. Wiedergutmachung f.

reparador [rrepara'dɔr] **1.** adj. kräftigend; Ersatz...; Entschuldigungs...; **2.** m Wiederhersteller m.

reparar [rrepa'rar] (1a) ausbessern, reparieren, ersetzen; (wieder)gutmachen; e-r Gefahr begegnen; Schlag parieren; kräftigen; ~ en a/c. et. bemerken; Anstand nehmen an (dat.); **~se** sich beherrschen, sich zs.-nehmen.

reparo [rre'paro] m Bedenken n, Einwand m; Zweifel m; Einwendung f; poner ~s a Einwände erheben gegen (ac.).

reparón F [rrepa'rɔn] m Nörgler m, F Meckerer m.

repar|tición [rreparti'θiɔn] f Verteilung f; Am. Mer. Amt n, Behörde f; **~tida** Am. [~'tida] f Verteilung f; Ausgabe f; **~tidor** [~ti-'dɔr] m Verteiler m; Lieferant m, Ausfahrer m; **~timiento** [~'miento]

m Aus-, Einteilung f; **~tir** [~'tir] (3a) verteilen, austeilen; Briefe zustellen, austragen; Ware liefern; Gewinn ausschütten; **~to** [~'parto] m Verteilung f; (Brief-) Zustellung f; (Gewinn-)Ausschüttung f; Thea. Besetzung f.

repa|sar [rrepa'sar] (1a) nochmals durchgehen, durchsehen; wiederholen; überprüfen; ausbessern, flicken; **~so** [rre'paso] m Durchlesen n.

repatria|ción [rrepatria'θiɔn] f Rückführung f, Repatriierung f; **~r** [~'triar] (1b) in den Heimatstaat zurückschicken, repatriieren; **~rse** in den Heimatstaat zurückkehren.

repecho [rre'petʃo] m Böschung f.

repe|lar [rrepe'lar] (1a) v/t. j-n an den Haaren ziehen; **~lente** [~'lente] widerlich; abstoßend; Am. frech, aufdringlich; **~ler** [~'ler] (2a) zurücktreiben; abweisen; **~lo** [~'pelo] m Gegenstrich m; fig. Widerwille m; **~lón** [~pe'lɔn] m Haarzupfer m; de ~ flüchtig; a repelones mit Mühe u. Not, F mit Hängen u. Würgen; **~llo** Am. [~'peʎo] m Verputz m.

repensar [rrepen'sar] (1k) nochmals überlegen; durchdenken.

repen|te [rre'pente] m plötzliche Bewegung f, Aufwallung f; de ~ plötzlich; **~tino** [~pen'tino] plötzlich; unerwartet; **~tista** [~pen-'tista] m Improvisator m; **~tizar** ♪ [~penti'θar] (1f) vom Blatt spielen od. singen.

repercu|sión [rreperku'siɔn] f Rückstoß m, -prall m; Widerhall m; Rückwirkung f; **~tir** [~'tir] (3a) zurückprallen; widerhallen; fig. Widerhall finden; Rückwirkungen haben, sich auswirken (auf [ac.] en).

repertorio [rreper'torio] m Sachregister n; Verzeichnis n; Thea. Spielplan m, Repertoire n.

repe|sar [rrepe'sar] (1a) nachwiegen; **~so** [~'peso] m Nachwiegen n.

repesca [rre'peska] f Wiederholungsprüfung f; **~r** [~pes'kar] (1g) e-e Prüfung wiederholen.

repe|tición [rrepeti'θiɔn] f Wiederholung f; Schlagwerk n (Uhr); **~tir** [~'tir] (3l) wiederholen; nochmals zulangen (bei Tisch).

repicar [rrepi'kar] (1g) Glocken anschlagen, läuten; Kastagnetten schlagen; **~se** sich aufspielen.

repintar [rrepin'tar] (1a) übermalen; ~se sich stark schminken.

repique [rre'pike] m Glockenläuten n; fig. Zänkerei f; ~te [~pi'kete] m (Glocken-)Bimmeln n; ~tear [~pike'tar] (1a) läuten; Kastagnetten schlagen; ~tearse sich zanken.

repisa [rre'pisa] f Krage f; Konsole f.

replana Pe. [rre'plana] f Gaunersprache f.

replantar [rreplan'tar] (1a) wieder bepflanzen; umpflanzen.

replegar [rreple'gar] (1h u. 1k) nochmals falten; ~se ⚔ sich in voller Ordnung zurückziehen.

repleto [rre'pleto] von Speisen überladen; bis oben hin voll.

réplica ['rreplika] f Erwiderung f; Gegenrede f; Einwendung f; Widerrede f; Nachbildung f.

repli|car [rrepli'kar] (1g) erwidern; widersprechen; ~cón F [~'kɔn] m Widerspruchsgeist m.

repliegue [rre'pliege] m Falte f; Knick m; ⚔ geordneter Rückzug m.

repobla|ción [rrepobla'θiɔn] f Wiederbevölkerung f; ~ forestal Wiederaufforstung f; ~r [~'blar] (1m) wieder bevölkern; wieder aufforsten.

repollo [rre'poʎo] m (Weiß-)Kohl m; ~ morado Am. Rot-, Blaukraut n, Rotkohl m.

reponer [rrepo'ner] (2r) wieder hinstellen; ersetzen; antworten; ~se sich (wieder) erholen.

reporta|je [rrepor'taxe] m Berichterstattung f, Reportage f; ~ gráfico Bildbericht m; ~miento [~ta'miento] m Zurückhaltung f; ~r [~'tar] (1a) zurückhalten, zügeln; Nutzen, Gewinn bringen; ~rse sich mäßigen; sich beherrschen.

reportero [rrepor'tero] m (gráfico) (Bild-)Berichterstatter m, (Bild-)Reporter m.

repo|sacabezas Kfz. [rreposaka-'beθas] m Kopfstütze f; ~sado [~'sa⁴o] ruhig, gelassen; abgelagert (Wein); ~sar [~'sar] (1a) ruhen; schlafen; begraben liegen; ablagern (Wein); ~sarse sich setzen (Flüssigkeit); ~sera Am. reg. [~'sera] f Liege f.

repo|sición [rreposi'θiɔn] f Wiedereinsetzung f; Rückerstattung f; Erholung f (Börse); Thea. Neuinszenierung f; ~so [~'poso] m Ruhe f; Gelassenheit f.

repostar [rrepɔs'tar] (1a) (neue Vorräte) aufnehmen; bsd. ✈ auftanken.

reposte|ría [rrepɔste'ria] f Konditorei f; Konditorwaren f/pl.; ~ro [~'tero] m Konditor m.

repren|der [rrepren'der] (2a) tadeln; vorhalten, vorwerfen; ~sible [~'sible] tadelnswert; ~sión [~'siɔn] f Tadel m; Verweis m; Rüge f.

represa [rre'presa] f Stauung f; Am. Staudamm m.

represalia [rrepre'salia] f Vergeltung(smaßnahme) f, Repressalie f.

represar [rrepre'sar] (1a) stauen; fig. aufhalten.

representa|ble Thea. [rrepresen-'table] aufführbar; ~ción [~ta'θiɔn] f Vorstellung f; Darstellung f; Eingabe f; Gesuch n; Thea. Aufführung f; Vertretung f; Repräsentation f; ~ exclusiva Alleinvertretung f; ~nte [~'tante] m Vertreter m; Thea. Darsteller m; ~r [~'tar] (1a) vorstellen, darstellen; verkörpern; Thea. aufführen; j-n vertreten; schildern; ~ menos años que jünger aussehen als ...; ~tivo [~ta'tibo] kennzeichnend; markant; repräsentativ.

represi|ón [rrepre'siɔn] f Abwehr f; Bekämpfung f; Unterdrückung f; ~vo [~'sibo] beschränkend; Abwehr...

repri|menda [rrepri'menda] f scharfer Verweis m; ~mir [~'mir] (3a) unterdrücken; bekämpfen; verdrängen.

repro|bable [rrepro'bable] tadelnswert; verwerflich; ~bación [~ba-'θiɔn] f Verwerfung f; Mißbilligung f; ~bar [~'bar] (1m) tadeln, mißbilligen.

réprobo ['rreprobo] verworfen; verdammt.

repro|chable [rrepro'tʃable] tadelnswert; ~char [~'tʃar] (1a) vorwerfen; ~che [~'protʃe] m Vorwurf m; Tadel m; sin ~ tadellos.

reprodu|cción [rreprodu'θiɔn] f Wiedererzeugung f; Fortpflanzung f; Nachbildung f; Wiedergabe f; Vervielfältigung f; ~cir [~du'θir] (3o) wiedererzeugen; nachbilden; wiedergeben; ~cirse sich fortpflanzen; ~ctor [~duk'tor] Fortpflanzungs...; *animal* m ~ Zuchttier n.

reptil [rrep'til] m Reptil n, Kriechtier n.

república [rre'publika] f Republik f; ~ *federal* Bundesrepublik f.

republicano [rrepubli'kano] **1.** *adj.* republikanisch; **2.** m Republikaner m.

repu|diar [rrepu'ðiar] (1b) verstoßen; *Erbschaft* ausschlagen; **~dio** [~'puðio] m Verstoßung f; Ablehnung f; **~drirse** [~pu'ðirse] (3a) sich grämen.

repuesto [rre'pŭesto] **1.** *adj.* zurückgezogen; **2.** m Vorrat m; de ~ Ersatz..., Reserve...

repugna|ncia [rrepug'nanθia] f Widerwille m, Ekel m; **~nte** [~'nante] abstoßend, widerlich; **~r** [~'nar] (1a) abstoßen, zuwider sein, anekeln.

repuja|do ⊕ [rrepu'xaðo] m getriebene Arbeit f; **~r** ⊕ [~'xar] (1a) *Metall* treiben; punzen.

repul|gado [rrepul'gaðo] F geziert; übergenau; übergänstlich; **~gar** [~'gar] (1h) den Rand umschlagen, umsäumen; **~go** [~'pŭlgo] m Saum m; F ~s *pl.* de *empanada* Lappalien f/pl.; übertriebene Bedenken n/pl.

repulido [rrepu'liðo] geziert; F geleckt.

repulir [rrepu'lir] (3a) neu polieren; **~se** sich herausputzen.

repulsa [rre'pulsa] f Weigerung f, Absage f; F Abfuhr f; **~r** [~pul'sar] (1a) zurückweisen; abweisen.

repulsi|ón [rrepul'sion] f Rückstoß m; Widerwille m, Ekel m; **~vo** [~'sibo] zurückstoßend; abstoßend.

repunta [rre'punta] f Landspitze f, Kap n; *fig.* Anzeichen n; F Zwistigkeit f; **~rse** [~pun'tarse] (1a) säuerlich werden (*Wein*).

repunte [rre'punte] m Einsetzen n von Ebbe u. Flut.

repu|tación [rreputa'θion] f Ruf m; Leumund m; Name m; **~tar** [~'tar] (1a) schätzen, erachten (als *por*).

requebrar [rreke'brar] (1k) *v/t.* den Hof machen, Komplimente machen.

requema|do [rreke'maðo] schwärzlich; stark verbrannt; **~r** [~'mar] (1a) anbrennen lassen; versengen; **~rse** anbrennen; verdorren; ~ de vergehen vor (*dat.*).

reque|rimiento [rrekeri'miento] m Ersuchen n; Aufforderung f, Mahnung f; Antrag m; **~rir** [~'rir] (3i) anordnen; bekanntgeben; prüfen; er-, an-, auffordern.

requesón [rreke'son] m Quark m.

requete... [rrekete...] sehr, außerordentlich (*Vorsilbe*); **~bién** F [~'bien] ausgezeichnet.

requiebro [rre'kiebro] m Kompliment n, Schmeichelei f.

réquiem ['rrekien] m Requiem n; *misa f* de ~ Seelenmesse f.

requilorios F [rreki'lorios] m/pl. Umschweife pl., Umstände m/pl.

requisa [rre'kisa] f Inspektion f; ✕ Requisition f; **~r** [~ki'sar] (1a) beschlagnahmen; ⊕ requirieren; *Arg., Chi.* durchsuchen.

requisi|ción [rrekisi'θion] f Forderung f; **~to** [~'sito] m Erfordernis n; Formalität f; **~toria** [~si'toria] f Ersuchen n; **~torio** ⚖ [~si'torio] m Anklagerede f des *Staatsanwalts*.

res [rres] f Stück n Vieh; *Am.* Rind n.

resabi|arse [rresa'ßiarse] (1b) verdrießlich *od.* wütend werden; **~do** [~'ßiðo] F neunmalklug; **~o** [~'saßio] m übler Nachgeschmack m; schlechte Angewohnheit f; **~oso** *Am.* [~sa'ßioso] mit schlechten Angewohnheiten.

resaca [rre'saka] f Brandung f; Dünung f; *Am. Cent., Méj.* bester Branntwein m; ✝ (*letra f* de) ~ Rückwechsel m.

resalado F [rresa'laðo] geistvoll; allerliebst; charmant.

resal|tar △ [rresal'tar] (1a) vorspringen; abspringen; *fig.* in die Augen springen; **~te** △ [~'salte] m, **~to** △ [~'salto] m Vorsprung m.

resarci|ble [rresar'θible] ersetzbar; **~miento** [~θi'miento] m Entschädigung f; Ersatz m; **~r** [~'θir] (3b) entschädigen; ersetzen.

resba|ladero [rrezbala'ðero] m rutschige Stelle f; **~ladizo** [~'ðiθo] schlüpfrig, rutschig; **~lar** [~'lar] (1a) ausgleiten, -rutschen; *Kfz.* schleudern; **~lón** [~'lon] m Ausgleiten n; *fig.* Fehltritt m; F Entgleisung f.

resca|tar [rreska'tar] (1a) loskaufen; befreien; einlösen; retten, bergen; *Méj.* wiederverkaufen; **~te** [~'kate] m Loskauf m; Lösegeld n; Einlösung *f*; Rückkauf *m*; *equipo m de* ~ Rettungsmannschaft *f*.

resci|ndir [rresθin'dir] (3a) *Vertrag* aufheben, lösen, kündigen; **~sión** [~θi'sjɔn] *f* Aufhebung *f*, Kündigung *f e-s Vertrages*.

rescoldo [rres'kɔldo] *m* glühende Asche *f*; *fig.* Besorgnis *f*; Kummer *m*.

rescontrar † [rreskɔn'trar] (1m) stornieren.

rescuentro † [rres'kŭentro] *m* Storno *m od. n*.

resecar [rrese'kar] (1g) austrocknen.

resección ✄ [rreseg'θjɔn] *f* operative Entfernung *f*, Resektion *f*.

reseco [rre'seko] völlig trocken.

resentimiento [rresenti'mjento] *m* Unwille *m*; Empfindlichkeit *f*; Groll *m*; Ressentiment *n*.

resentirse [rresen'tirse] (3i): ~ de *a/c. et.* (unangenehm) zu spüren bekommen; *et.* noch spüren; ~ con (*od. contra*) *alg.* j-m grollen; F j-m böse sein; ~ por *a/c.* ungehalten sein über *et.* (*ac.*).

rese|ña [rre'seɲa] *f* ✗ Besichtigung *f*; Personenbeschreibung *f*; *Lit.* Besprechung *f*, Rezension *f*; **~ñador** [~seɲa'dɔr] *m* Rezensent *m*; **~ñar** [~se'ɲar] (1a) ✗ besichtigen; *Person* beschreiben; *Lit.* besprechen, rezensieren.

reserva [rre'serβa] *f* Reserve *f* (*a.* ✗); Buchung *f* (*Platz*); Zurückhaltung *f*; Vorbehalt *m*; † Rücklage *f*; ~ (*de asiento*) Platzreservierung *f*, -karte *f*; ~ *biológica* Naturschutzgebiet *n*; ~ *hereditaria* Pflichtteil *m*; ~ *mental* stillschweigender Vorbehalt *m*; *a* (*od. con la*) ~ *de* vorbehaltlich (*gen.*); *sin* ~ unverhohlen; vorbehaltlos; **~do** [~ser-'baðo] **1.** *adj.* zurückhaltend; vertraulich; behutsam; reserviert; **2.** *m* Reservat *n*; Nebenzimmer *n*; **~r** [~ser'βar] (1a) zurückbehalten; vorbehalten; reservieren; aufsparen; vor(aus)bestellen; *Platz* belegen, buchen; *Geld* zurücklegen; verheimlichen; **~rse** sich vorsehen; sich bis auf weiteres zurückhalten; s-e Kräfte schonen; **~tivo** [~serβa-'tiβo] vorbehaltlich.

reservista ✗ [rreser'bista] *m* Reservist *m*.

resfria|do [rresfri'aðo] *m* Erkältung *f*; Schnupfen *m*; **~r** [~fri'ar] (1c)

abkühlen; **~rse** sich erkälten; *fig.* sich abkühlen (*Gefühl*).

resfrío *Am. reg.* [rres'frio] *m* Erkältung *f*.

resguar|dar [rrezgŭar'dar] (1a) bewahren; verwahren; schützen; **~darse** sich hüten; **~do** [~'gŭardo] *m* Schutz *m*; Obdach *n*; Sicherstellung *f*; Schein *m* (*als Beleg*).

resi|dencia [rresi'denθja] *f* Aufenthaltsort *m*; Wohnsitz *m*; Residenz *f*; ~ *de ancianos* Altersheim *n*; ~ *de estudiantes* Studentenheim *n*; **~dencial** [~den'θjal] **1.** *adj.* Wohn...; **2.** *f Arg., Chi.* Gästehaus *n*; **~dente** [~'dente] **1.** *adj.* wohnhaft; **2.** *m* Deviseninländer *m*; **~dir** [~'dir] (3a) wohnen; residieren; ~ *en alg.* j-m innewohnen (*Kräfte, Fähigkeiten*); **~duo** [rre'siðŭo] *m* Rest *m*; Rückstand *m*; Abfall *m*; Bodensatz *m*; **~s radiactivos** Atommüll *m*.

resigna|ción [rresigna'θjɔn] *f* Verzicht *m*; Ergebung *f*, Resignation *f*; **~r** [~sig'nar] (1a) abtreten; *ein Amt* niederlegen; **~rse** sich fügen (in [*ac.*] *a*); sich abfinden (mit [*dat.*] *con*); resignieren.

resi|na [rre'sina] *f* Harz *n*; **~nero** [~si'nero] Harz...; **~noso** [~si'noso] harzig.

resis|tencia [rresis'tenθja] *f* Widerstand *m* (*a.* ✄); Widerstandskraft *f*; Ausdauer *f*; Haltbarkeit *f*; ~ *a la tracción* Zugfestigkeit *f*; **~tente** [~'tente] widerstehend; ausdauernd; dauerhaft; haltbar; beständig; *gegen* [*ac.*] *a*); ~ *al fuego* feuerfest; ~ *al rayado* kratzfest; **~tible** [~'tible] erträglich; **~tir** [~'tir] (3a) widerstehen (*dat.*); widerstreben (*dat.*); *v/t.* ertragen, aushalten; **~tirse** sich sträuben (gegen [*ac.*] *a*).

resma ['rrezma] *f* Ries *n* Papier.

resobado [rreso'baðo] abgedroschen; abgegriffen.

resobrino *m*, **-a** *f* [rreso'brino, ~'brina] Großneffe *m*, -nichte *f*.

resolu|ble [rreso'luble] auflösbar; **~ción** [~lu'θjɔn] *f* Auflösung *f*; Entschließung *f*, Entschluß *m*; Entscheidung *f*, Beschluß *m*; Entschlossenheit *f*; Lösung *f*; **~tivo** [~lu'tiβo] auflösend; zerteilend; **~to** [~'luto] entschlossen; tatkräftig.

resolver [rresol'βer] (2h; *part. resuelto*) auflösen; beschließen (*inf.*);

Problem lösen; **se** sich entschließen (zu *inf. a*).

resollar [rreso'ʎar] (1m) schnaufen.

reso|nador [rresona'dɔr] *m* Resonator *m*; Klopfer *m*; **nancia** [ʌ'nanθia] *f* Nach-, Widerhall *m*; Resonanz *f*; *fig.* Anklang *m*, Echo *n*; **nante** [ʌ'nante] nachhallend; nachhaltig; **nar** [ʌ'nar] (1m) widerhallen (*a. fig.*); ertönen, erklingen, erschallen.

reso|plar [rreso'plar] (1a) schnauben; **plido** [ʌ'pliðo] *m* Schnauben *n*.

resor|ber ⚡ [rresɔr'ber] (2a) resorbieren, wieder aufsaugen; **ción** ⚡ [ʌ'θion] *f* Resorption *f*.

resorte [rre'sɔrte] *m* Sprungfeder *f*; *fig.* Triebfeder *f*; Mittel *n* (*zu e-m Zweck*); *Am. reg.* Obliegenheit *f*; Zuständigkeit *f*.

respal|dar [rrespal'dar] (1a) *j-n* schützen, *fig.* (den Rücken) decken; unterstützen; **darse** sich an-, zurücklehnen; **do** [ʌ'paldo] *m* Rückenlehne *f*; *fig.* (Rücken-)Deckung *f*; Unterstützung *f*.

respec|tar [rrespek'tar] (1a) angehen, betreffen; *por lo que respecta a ... was ... betrifft;* **tivo** [ʌ'tiβo] betreffend; entsprechend; jeweilig; **to** [ʌ'pekto] *m* Beziehung *f*; *al* ~ de im Verhältnis zu; (*con*) ~ *a* hinsichtlich (*gen.*); *con* ~ *a* eso was das betrifft, diesbezüglich; *a este* ~ in dieser Hinsicht.

respe|tabilidad [rrespetaβili'ðaᵈ] *f* Achtbarkeit *f*; **table** [ʌ'table] achtbar; ansehnlich; **tar** [ʌ'tar] (1a) ehren, verehren; achten; Rücksicht nehmen auf (*ac.*); (ver-)schonen.

respe|to [rres'peto] *m* Achtung *f*; Ehrerbietung *f*; Ehrfurcht *f*; Rücksicht *f*; Respekt *m*; de ~ achtunggebietend; *fig.* bedeutend; ~s *pl.:* ¡*mis* ~*s a su señora!* empfehlen Sie mich Ihrer Frau Gemahlin!; *ofrecer sus* ~s s-e Aufwartung machen; **tuoso** [ʌpe'tuoso] respektvoll; ehrfurchtsvoll, ehrerbietig.

respin|gado [rrespin'gaᵈo]: *nariz f -a* Stupsnase *f*; **gar** [ʌ'gar] (1h) sich sträuben, bocken; **go** [ʌ'pinɡo] *m* Gebärde *f* des Widerstrebens; Ruck *m*; **gón** [ʌpin'gɔn]: *nariz f respingona* Himmelfahrtsnase *f*.

respi|rable [rrespi'rable] atembar; **ración** [ʌra'θiɔn] *f* Atmen *n*, Atmung *f*; **radero** [ʌra'ðero] *m* Luftloch *n*; *fig.* Atempause *f*; **rar** [ʌ'rar] (1a) **1.** *v/i.* atmen; aufatmen; *fig.* ausruhen; sich erholen, verschnaufen; **2.** *v/t.* einatmen; *sin* ~ unablässig; **ratorio** [ʌra'torio] Atmungs...; Atem...; *aparato m* ~ Atmungsorgane *n/pl.*

respiro [rres'piro] *m* Atmen *n*; (Ruhe-)Pause *f*; Zahlungsfrist *f*.

resplande|cer [rresplande'θer] (2d) (er)glänzen, strahlen; **ciente** [ʌ'θiente] glänzend.

resplandor [rresplan'dɔr] *m* Glanz *m*; Schimmer *m*.

respon|der [rrespon'der] (2a) **1.** *v/t.* antworten, erwidern; **2.** *v/i.* den Erwartungen entsprechen; widersprechen; ~ *a a/c.* auf et. (*ac.*) antworten; entsprechen (*dat.*); ~ de *a/c.* für et. (*ac.*) verantwortlich sein; für et. haften; ~ *con a/c.* bürgen (*od.* haften) mit (*dat.*); ~ *por alg.* für j-n bürgen; ~ *por el nombre de ... auf den Namen ... hören;* **dón** F [ʌ'ðɔn] **1.** *adj.* rechthaberisch; F schnippisch; **2.** *m* Widerspruchsgeist *m*.

responsa|bilidad [rresponsaβili-'ðaᵈ] *f* Verantwortlichkeit *f*; Verantwortung *f*; Haftung *f*; ~ *civil* Haftpflicht *f*; *de* ~ *limitada* mit beschränkter Haftung; **bilizarse** [ʌ'θarse] (1f) die Verantwortung übernehmen (für [*ac.*] de); **ble** [ʌ'sable] verantwortlich; haftbar.

responso [rres'ponso] *m kath.* Gebet *n* für die Verstorbenen; **rio** [ʌpɔn'sorio] *m kath.* Responsorium *n.*

respuesta [rres'puesta] *f* Antwort *f*; Erwiderung *f*; *en* ~ *a* in Beantwortung (*gen.*).

resque|bra(ja)dura [rreskebra(xa)-'dura] *f* Spalt *m*; Ritze *f*; Sprung *m*; **brajar** [ʌ'xar] (1a) aufspringen; Risse bekommen; **brar** [ʌ'brar] (1k) (zer)springen.

resque|mar [rreske'mar] (1a) prickeln; brennen; **mo(r)** [ʌ'kemo, ʌke'mɔr] *m* Prickeln *n*; Brennen *n*; Jucken *n*; *Am.* Groll *m.*

resquicio [rres'kiθio] *m* Ritze *f*; *fig.* gute Gelegenheit *f*; *Am. reg. fig.* Spur *f.*

resta ['rresta] *f* Subtrahieren *n*; Rest

m; **~blecer** [rrestable'θɛr] (2d) wiederherstellen; **~blecerse** sich erholen, genesen; **~blecimiento** [~θi'miento] *m* Wiederherstellung *f*; Genesung *f*.

restallar [rresta'ʎar] (1a) knallen; krachen.

restante [rres'tante] **1.** *adj.* restlich, übrigbleibend, Rest...; **2.** *m* Überrest *m*.

restañar [rresta'ɲar] (1a) *Blut* stillen.

restar [rres'tar] (1a) **1.** *v/t.* subtrahieren, abziehen; ~ *fama a alg.* j-s Ansehen schmälern; **2.** *v/i.* übrigbleiben.

restaura|ción [rrestauɾa'θion] *f* Wiederherstellung *f*; *Pol.* Restauration *f*; **~dor** [~'dor] *m* Wiederhersteller *m*; Restaurator *m*; **~nte** [~'rante] *m* Gaststätte *f*, Restaurant *n*; **~r** [~'rar] (1a) wiederherstellen; kräftigen; *Kunstwerke* restaurieren.

restitu|ción [rrestitu'θion] *f* Rückerstattung *f*; Herausgabe *f*; Wiederherstellung *f*; **~ir** [~tu'ir] (3g) zurückerstatten; herausgeben; wiederherstellen.

resto [ˈrresto] *m* Rest *m*; Überrest *m*; *los* ~*s mortales* die sterbliche Hülle *f*; *alles hat* ~ alles daransetzen.

restre|gar [rrestre'gar] (1h *u.* 1k) (stark) reiben; **~gón** [~'gon] *m*: *dar un* ~ *kräftig* (ab)reiben.

restric|ción [rrestrig'θion] *f* Einschränkung *f*; ~ *mental* stiller Vorbehalt *m*; ~ *de créditos* Kreditverknappung *f*; **~tivo** [~trik'tiβo] einschränkend.

restringir [rrestriŋ'xir] (3c) ein-, beschränken.

resucitar [rresuθi'tar] (1a) vom Tode erwecken; zu neuem Leben erwecken; *v/i.* (wieder) auferstehen.

resudar [rresu'dar] (1a) leicht schwitzen.

resuelto [rre'sŭelto] **1.** *part. v. resolver*; **2.** *adj.* entschlossen; beherzt.

resuello [rre'sŭeʎo] *m* Keuchen *n*; Schnaufen *n*.

resulta [rre'sulta] *f* Ergebnis *n*; Erfolg *m*; *de* ~*s de* infolge (*gen.*); **~do** [~sul'taðo] *m* Erfolg *m*; Ergebnis *n*, Resultat *n*; *dar buen* ~ sich bewähren; *sin* ~ ergebnislos, erfolglos.

resultar [rresul'tar] (1a) sich ergeben; sich herausstellen als; entspringen; gelingen; einschlagen; ~

muerto ums Leben kommen (*bsd. durch Unfall*); *resulta que demnach*, folglich; F *esto no me resulta das gefällt mir nicht.*

resu|men [rre'sumen] *m* Zs.-fassung *f*; Übersicht *f*; Auszug *m*; *en* ~ kurz u. gut; alles in allem; **~midero** *Am.* [~sumi'deɾo] *m* Abzugsgraben *m*; **~mir** [~su'mir] (3a) kurz zs.-fassen.

resu|rgir [rresur'xir] (3c) wiedererscheinen; wieder-, auferstehen; **~rrección** [~surreg'θion] *f* Auferstehung *f*.

retablo [rre'taβlo] *m* Altaraufsatz *m*; Altarbild *n*. [rer *m*.\
retador [rreta'dor] *m* Herausforde-\
retaguardia ⚔ [rreta'gŭarðia] *f* Nachhut *f*; Etappe *f*.

retahíla [rreta'ila] *f* lange Reihe *f*; F e-e ganze Menge *f*.

retales [rre'tales] *m/pl.* Stoffreste *m/pl.*

retallo 🌿 [rre'taʎo] *m* neuer Trieb *m*.

retama [rre'tama] *f* Ginster *m*.

retar [rre'tar] (1a) herausfordern; F ausschimpfen.

retar|dador [rretarda'dor] *m* Zeitlupe *f* (*Film*); **~dar** [~'dar] (1a) verzögern; aufschieben; *Uhr* nachstellen; **~darse** sich verspäten; **~do** [rre'tarðo] *m* Aufschub *m*; Verzögerung *f*.

retazo [rre'taθo] *m* Stoffrest *m*; Tuchabfall *m*; Bruchstück *n*.

retemblar [rretem'blar] (1k) erzittern, erbeben.

retén [rre'ten] *m* Vorrat *m*; ⚔ Ersatztruppen *f/pl.*; Brandwache *f*; *Am.* Polizeiposten *m*.

rete|nción [rreten'θion] *f* Zurückbehaltung *f*; Einbehaltung *f*; 🩸 Verhaltung *f*; **~ner** [~te'nɛr] (2l) zurück-, einbehalten; *Atem* anhalten; *im Gedächtnis* behalten; *Schule:* nachsitzen lassen.

retentiva [rreten'tiβa] *f* Gedächtnis *n*; Erinnerungsvermögen *n*.

reteñir [rrete'ɲir] (3h *u.* 3l) auffärben.

reticen|cia [rreti'θenθia] *f* Verschweigung *f*; *hablar con* ~*s* sich in versteckten (*od.* dunklen) Andeutungen ergehen; **~te** [~'θente] versteckt; zurückhaltend.

reticular [rretiku'lar] Netz...

retículo [rre'tikulo] *m* Fadenkreuz *n*; *Phot.* Raster *m*.

retina [rre'tina] *f* Netzhaut *f des Auges*.

retintín [rretin'tin] *m* Klingen *n*; F ironischer Unterton *m*.

retinto [rre'tinto] schwarzbraun.

retira|da [rreti'raᵈa] *f* Rückzug *m*; Entzug *m*; Zurückziehung *f*; (Geld-)Entnahme *f*; ✕ Zapfenstreich *m*; **~do** [.'raᵈo] zurückgezogen; abgelegen; außer Dienst.

retirar [rreti'rar] (1a) zurückziehen; entziehen; wegnehmen; entfernen; in Empfang nehmen; ♉ abholen; *Geld* abheben; **~se** sich zurückziehen; zu Bett gehen; ✕ seinen Abschied nehmen.

retiro [rre'tiro] *m* Zurückgezogenheit *f*; Einsamkeit *f*; Ruhesitz *m*; Ruhestand *m*; Ruhegeld *n*; ✕ Abschied *m*.

reto ['rreto] *m* Herausforderung *f*; Drohung *f*; *Bol., Chi., Rpl.* Beschimpfung *f*.

retobado *Am.* [rreto'baᵈo] starrköpfig; tückisch.

reto|cado [rreto'kaᵈo] *m* Ausbesserung *f*, Retusche *f*; **~car** [.'kar] (1g) überarbeiten; ausbessern; *Phot.* retuschieren.

reto|ñar [rreto'ɲar] (1a) 🌿 wieder treiben; *fig.* wieder zum Vorschein kommen; **~ño** [.'toɲo] *m* 🌿 Schößling *m*; *fig.* Sprößling *m*.

retoque [rre'toke] *m* Retusche *f*; Überarbeitung *f*.

retorcer [rretor'θer] (2b *u.* 2h) verdrehen (*a. fig.*); umdrehen; winden; krümmen; **~se** sich krümmen, sich winden.

retóri|ca [rre'torika] *f* Rhetorik *f*, Redekunst *f*; *desp.* Pathos *n*; **~s** *pl.* Wortklauberei *f*; **~co** [.ko] rhetorisch; rednerisch.

retor|nar [rretor'nar] (1a) umwenden, -drehen, erwidern; zurückgeben; *v/i.* zurückkehren; **~no** [.'torno] *m* Rückkehr *f*; Rücksendung *f*; Rückgabe *f*.

retor|sión [rretor'sion] *f* Verdrehung *f*; Krümmung *f*; Vergeltung *f*; **~ta** [.'torta] *f* Retorte *f*; **~tero** [.tor'tero] *m*: *andar al ~* ruhelos hin u. her laufen; *traer a uno a alg.* j-n herumhetzen; j-n an der Nase herumführen; **~tijón** [.torti'xon] *m* Hinundherwinden *f*; *~ (de vientre)* Bauchgrimmen *n*.

reto|zar [rreto'θar] (1f) hüpfen;

schäkern; Unfug treiben; F Allotria treiben; **~zo** [.'toθo] *m* Schäkern *n*; Mutwille *m*; F Allotria *pl.*; **~zón** [.to'θon] mutwillig.

retracción [rretrag'θion] *f* Zurückziehen *n*; 🦀 Schrumpfung *f*; *~ del consumo* Konsumrückgang *m*.

retrac|tación [rretrakta'θion] *f* Widerruf *m*; **~tar** [.'tar] (1a) widerrufen; **~tarse** sein Wort zurücknehmen.

retracto [rre'trakto] *m* Rückkaufsrecht *n*.

retra|er [rretra'er] (2p) zurückziehen; wiederbringen; (wieder) einlösen; *v. et.* abbringen; **~erse** sich zurückziehen; sich flüchten; **~ído** [.'iᵈo] schüchtern; zurückhaltend; die Einsamkeit liebend; **~imiento** [.trai'miento] *m* Zurückhaltung *f*; Zurückgezogenheit *f*.

retransmisión [rretranzmi'sion] *f* *Radio, Fernsehen:* Übertragung *f*; *~ en diferido* Aufzeichnung *f*; *~ en directo* Direktübertragung *f*, Live-Sendung *f*.

retra|sado [rretra'saᵈo] (geistig) zurückgeblieben; im Rückstand; **~sar** [.'sar] (1a) verzögern; aufschieben; *v/i.* zurückgehen; **~sarse** sich verzögern; nachgehen (*Uhr*); 🚂 sich verspäten; **~so** [.'traso] *m* Verzögerung *f*; 🚂 Verspätung *f*; ♱ Verzug *m*.

retra|tar [rretra'tar] (1a) porträtieren; schildern; *Phot.* aufnehmen; **~tista** [.'tista] *su.* Porträtmaler(inf) *m*; **~to** [.'trato] *m* Porträt *n*, Bildnis *n*; Abbild *n*; Schilderung *f*; **~robot** Phantombild *n*.

retre|ta [rre'treta] *f* ✕ Zapfenstreich *m*; *Bol., Ec., Pe-., P.R.* Reihe *f*, Anzahl *f*; **~te** [.te] *m* Abort *m*, Klosett *n*.

retribu|ción [rretribu'θion] *f* Vergütung *f*; Entgelt *n*; **~ir** [.'ir] (3g) vergüten; belohnen; bezahlen.

retro|activo [rretroak'tiβo] rückwirkend; **~ceder** [.θe'der] (2a) zurückweichen; *v/t.* ♱ wieder abtreten; **~cesión** [.θe'sion] *f* ♱ Wiederabtretung *f*; **~ceso** [.'θeso] *m* Zurückweichen *n*; Rückschritt *m*; Rücklauf *m*, -stoß *m*; Rückschlag *m*.

retrógrado [rre'troɣraᵈo] rückschreitend; rückläufig; rückschrittlich.

retro|nar [rretro'nar] (1m) widerhallen; ~spectiva [~trɔspɛk'tiba] *f* Rückschau *f*; ~spectivo [~'tibo] rückblickend, -schauend; ~vender [rretroben'der] (2a) rückverkaufen; ~venta [~'benta] *f* Rückverkauf *m*; ~visor *Kfz.* [~bi'sɔr] *m* Rückspiegel *m*.

retruécano [rrɛ'trŭekano] *m* Wortspiel *n*.

retum|bante [rretum'bante] dröhnend; *fig.* hochtönend (*Rede*); ~bar [~'bar] (1a) widerhallen; dröhnen; ~bo [~'tumbo] *m* Widerhall *m*; Dröhnen *n*.

reu|ma ♂ ['rrɛŭma] *m* Rheuma *m*; ~ articular Gelenkrheumatismus *m*; ~mático [rrɛŭ'matiko] rheumatisch; ~matismo [~ma'tizmo] *m* Rheumatismus *m*.

reuni|ficación [rreŭnifika'θiɔn] *f* *Pol.* Wiedervereinigung *f*; ~ficar [~'kar] (1g) wiedervereinigen.

reuni|ón [rreŭ'niɔn] *f* Vereinigung *f*; Versammlung *f*; Gesellschaft *f*; Sitzung *f*; ~r [~'nir] (3a) sammeln; versammeln; vereinigen; verbinden; ~rse sich versammeln; sich treffen; zs.-kommen; tagen.

revacunación [rrebakuna'θiɔn] *f* Nachimpfung *f*.

reválida [rrɛ'balida] *f* Abschlußprüfung *f*.

revali|dación ᵗ⁴ [rrebalida'θiɔn] *f* Anerkennung *f*; ~dar [~'dar] (1a) anerkennen; bestätigen.

revaloriza|ción [rrebaloriθa'θiɔn] *f* Aufwertung *f*; ~r [~'θar] (1f) aufwerten.

revalua|ción [rrebalŭa'θiɔn] *f* Aufwertung *f*; ~r [~'lŭar] (1e) aufwerten.

revancha *gal.* [rrɛ'bantʃa] *f* Revanche *f*.

reve|jecer [rrebexe'θer] (2d) früh altern; ~jido [~'xido] früh gealtert.

revela|ción [rrebela'θiɔn] *f* Enthüllung *f*; Offenbarung *f*; ~do *Phot.* [~'laᵈo] *m* Entwickeln *n*; ~dor [~la'dor] 1. *adj.* aufschlußreich; 2. *m Phot.* Entwickler *m*; ~r [~'lar] (1a) enthüllen; entdecken; offenbaren; *Phot.* entwickeln.

revellín ⚔ [rrebe'ʎin] *m* Außenwerk *n* (*e-r Festung*).

revende|dor *m*, -a *f* [rrebende'dɔr, ~'dora] Wiederverkäufer(in *f*) *m*; ~r [~'der] (2a) wiederverkaufen, weiterverkaufen.

revenirse [rrebe'nirse] (3s) einschrumpfen; *fig.* F klein beigeben.

reventa [rre'benta] *f* Wiederverkauf *m*, Weiterverkauf *m*.

reven|tadero F [rrebenta'dero] *m* schweres Stück *n* Arbeit, F Schufterei *f*; ~tado F [~'taᵈo] kaputt; erledigt.

reventar [rreben'tar] (1k) 1. *v/i.* platzen, bersten; explodieren; krepieren; ~ *de risa* vor Lachen platzen; 2. *v/t.* zu Tode hetzen; ruinieren; kaputtmachen; F belästigen; 3. ~se sich zu Tode arbeiten, F kaputtgehen.

reventón [rreben'tɔn] *m* Aufplatzen *n*; *Kfz.* Reifenpanne *f*; *fig.* äußerst schwierige Lage *f*; *dar un ~ a* das Letzte herausholen aus (*dat.*).

rever [rre'ber] (2v) wiedersehen; ᵗ⁴ revidieren; ~beración [~berbera-'θiɔn] *f* Rückstrahlung *f*; ~berar [~be'rar] (1a) zurückstrahlen.

reverbero [rreber'bero] *m* Lichtspiegel *m*; Straßenlaterne *f*; *Am.* Kocher *m*.

reverdecer [rreberde'θer] (2d) wieder grünen.

reveren|cia [rrebe'renθia] *f* Ehrfurcht *f*; Verbeugung *f*; ~ciar [~ren'θiar] (1b) verehren; ~dísimo [~ren'disimo] hoch-, ehrwürdig (*Anrede*); ~do [~'rendo] ehrwürdig (*Anrede*); ~te [~'rente] ehrerbietig.

rever|sible [rreber'sible] *Phys. u.* ⌘ umkehrbar; beidseitig tragbar (*Kleidung*); ~sión [~'siɔn] *f* Rückfall *m*; Umkehrung *f*; ~so [~'berso] *m* Rückseite *f*; Kehrseite *f* (*a. fig.*); ~ter [~ber'ter] (2g) überfließen.

revés [rre'bes] *m* Rück-, Kehrseite *f*; Rückschlag *m*; Mißgeschick *n*; Schlag *m* mit dem Handrücken; Rückhand(schlag *m*) *f* (*Tennis*); *al ~* umgekehrt; verkehrt.

revesado [rrebe'saᵈo] verwickelt, F verzwickt; starrköpfig; ungezogen (*Kind*).

revesti|miento [rrebesti'miento] *m* Verkleidung *f*; Belag *m*, Überzug *m*; ~r [~'tir] (3l) ver-, bekleiden; überziehen; versehen (mit [*dat.*] de); ~ *importancia* von Belang sein; ~rse: ~ *de paciencia* sich mit Geduld wappnen.

reviejo [rre'biexo] uralt.

revi|sación *Arg., Chi., Ur.* [rrebisa-'θiɔn] *f*, ~sada *Am. Cent., Chi.*,

Méj. [~'saða] *f* Überprüfung *f*;
~sar [~'sar] (1a) nach-, durchsehen; nachprüfen; ⊕ überholen;
~sión [~'sjon] *f* Überprüfung *f*;
Revision *f*; ⊕ Überholung *f*; **~sor**
[~'sɔr] *m* Nachprüfer *m*, Revisor *m*;
⛨ Schaffner *m*; **~sta** [~'bista] *f*
Truppenbesichtigung *f*; Inspektion
f; *Thea.* Revue *f*; Zeitschrift *f*;
pasar ~ a ✂ besichtigen; *Front* abschreiten; *fig.* überprüfen.

revis|tar ✂ [rrebis'tar] (1a) besich-
tigen; **~tero** [~'tero] *m* Zeitungs-
ständer *m*.

revivir [rrebi'bir] (3a) ins Leben
zurückkehren; wieder aufleben.

revo|cable [rrebo'kable] widerruf-
lich; **~cación** [~ka'θjon] *f* Widerruf
m; Aufhebung *f*; Abberufung *f*; **~-**
car [~'kar] (1g) widerrufen, aufheben; absagen; abberufen; *Wand*
tünchen, kalken; verputzen; **~ca-**
toria *Am.* [~ka'toria] *f* Widerruf *m*;
Aufhebung *f*; **~catorio** [~ka'torjo]
Widerrufs..., Abberufungs...

revoco [rre'boko] *m* Tünchen *n*;
(Kalk-)Bewurf *m*; Verputz *m*.

revol|cadero [rrebolka'ðero] *m*
Suhle *f*; **~car** [~'kar] (1g *u.* 1m) zu
Fall bringen; P *j-n* fertigmachen;
~carse sich (herum)wälzen; *fig.*
herumreiten (auf [*ac.*] *en*).

revolear [rrebole'ar] (1a) kreisen
(*Vogel*).

revolo|tear [rrebolote'ar] (1a) um-
herflattern; **~teo** [~'teo] *m* Flattern
n.

revol|tillo [rrebol'tiʎo] *m* wirrer
Haufen *m*; Wirrwarr *m*; **~toso**
[~'toso] **1.** *adj.* aufsässig; ränkevoll;
unruhig; unartig (*Kind*); **2.** *m* Aufrührer *m*.

revolu|ción [rrebolu'θjon] *f* Um-
wälzung *f*, Revolution *f*; *Astr.* Um-
laufzeit *f*; ⊕ Tour *f*, Umdrehung *f*,
Umlauf *m*; **~cionar** [~θio'nar] (1a)
revolutionieren; aufwiegeln; von
Grund auf umgestalten; **~cionario**
[~θio'narjo] **1.** *adj.* aufrührerisch;
Umsturz...; **2.** *m* Aufrührer *m*,
Revolutionär *m*.

revólver [rre'bɔlβer] *m* Revolver *m*.

revolver [rrebol'ber] (2h; *part. re-*
vuelto) hin und her schütteln; umrühren; umwühlen; in Unordnung
bringen; *fig.* aufwühlen; **~se** sich
rühren; sich hin und her bewegen
(*od.* wälzen); umschlagen (*Wetter*).

revoque [rre'boke] = *revoco.*

revue|lco [rre'bŭelko] *m* Suhlen *n*,
Umherwälzen *n*; **~lo** [~'bŭelo] *m*
Rückflug *m*; Durcheinander *n*;
Aufruhr *m*; *de ~ fig.* im Fluge.

revuelta [rre'bŭelta] *f* Aufruhr *m*,
Revolte *f*; Aufregung *f*; Meinungs-
änderung *f*; Umfall *m*; Umschwung
m; Richtungsänderung *f*; Krümmung *f*.

revuelto [rre'bŭelto] **1.** *part. v.*
revolver; **2.** *adj.* unruhig; aufgeregt;
verworren; drunter und drüber.

rey [rrei] *m* König *m* (*a. Schach*); *los*
Reyes Magos die Heiligen Drei
Könige.

reyerta [rre'jerta] *f* Streit *m*, Zank *m*.

reyezuelo [rreje'θŭelo] *m* Zaunkönig *m* (*Vogel*).

rezaga|do [rreθa'gaðo] *m* Nach-
zügler *m*; **~r** [~'gar] (1h) hinter sich
lassen; aufschieben; **~rse** zurückbleiben.

rezago [rre'θago] *m* Rückstand *m*.

rezar [rre'θar] (1f) beten (zu [*dat.*]
a); *Messe* lesen; lauten (*Schrift-*
stück); *~ con alg. auf j-n zutreffen.*

rezno *Zo.* ['rreðno] *m* Zecke *f*.

rezo ['rreθo] *m* Beten *n*; Gebet *n*.

rezón [rre'θon] *m* Bootsanker *m*.

rezon|gar [rreθoŋ'gar] (1h) murren;
brummen; knurren; **~gón** F [~-
'gɔn] brummig; mißvergnügt.

rezumarse [rreθu'marse] (1a)
durchsickern (*a. fig.*).

ría ['rria] *f Span.* Ria *f* (*Trichter-*
mündung bsd. galicischer Flüsse).

riachuelo [rria'tʃŭelo] *m* Flüßchen
n; Bach *m*.

riada [rri'aða] *f* Überschwemmung
f; Hochwasser *n*; *fig.* Schwall *m*.

ribazo [rri'baθo] *m* Anhöhe *f*.

ribera [rri'bera] *f* Ufer *n*; Strand *m*.

ribe|rano *Am.* [rribe'rano], **~reño**
[~'reɲo] **1.** *adj.* Ufer...; Strand ...;
2. *m* Uferbewohner *m*.

ribe|te [rri'bete] *m* Saum *m*; Besatz
m; Verzierung *f*; *fig.* Anzeichen *n*;
Anflug *m*; **~tear** [~bete'ar] (1a)
einfassen; umranden.

rica|cho [rri'katʃo], **~chón** [~ka-
'tʃon] P *m* reicher Protz *m*.

ricamente [rrika'mente] reichlich;
vortrefflich; behaglich; gemütlich.

ricino ⚕ [rri'θino] *m* Rizinus *m*.

rico ['rriko] **1.** *adj.* reich; reichlich;
reichhaltig; herrlich; prächtig;
köstlich; schmackhaft, F lecker;

niedlich; **2.** *m* Reiche(r) *m*; F *Kose-wort*: Schatz *m*, Herzchen *n*; *nuevo* ~ Neureiche(r) *m*.

ridicu|lez [rridiku'leθ] *f* Lächer-lichkeit *f*; **~lizar** [~li'θar] (1f) lächerlich machen.

ridículo [rri'dikulo] **1.** *adj.* lächer-lich; *hacer el* ~ sich lächerlich (F blöde) benehmen; **2.** *m* Lächer-lichkeit *f*; *ponerse en* ~ sich lächerlich machen, sich blamieren.

riego ['rrĭego] *m* Bewässerung *f*; ~ *sanguíneo* Durchblutung *f*.

riel [rrĭel] *m* 🚊 Schiene *f*; Gardinen-stange *f*.

rienda ['rrĭenda] *f* Zügel *m* (*a. fig.*); *a* ~ *suelta* mit verhängtem Zügel; *fig.* zügellos; *dar* ~ *suelta* freien Lauf lassen; *soltar la(s)* ~*(s)* die Zügel schießen lassen.

riesgo ['rrĭezgo] *m* Gefahr *f*; Wag-nis *n*; Risiko *n*; *a* ~ *de* auf die Ge-fahr hin, zu; *correr (el)* ~ Gefahr laufen; *a propio* ~ auf eigene Ge-fahr; **~so** *Am.* [rriez'goso] riskant.

rifa ['rrifa] *f* Verlosung *f*, Tombola *f*; Zank *m*; **~r** [rri'far] (1a) verlosen; *v/i.* sich zanken.

rifle ['rrifle] *m* Büchse *f* (*Gewehr*).

rigidez [rrixi'deθ] *f* Starrheit *f*; Härte *f*, Strenge *f*.

rígido ['rrixiðo] starr; unbeugsam; streng.

rigor [rri'gɔr] *m* Strenge *f*, Härte *f*; *en* ~ strenggenommen; *ser de* ~ unerläßlich *od.* Vorschrift sein.

riguro|sidad [rrigurosi'da⁽ᵈ⁾] *f* Strenge *f*; **~so** [~'roso] streng; hart; unerbittlich.

rija ['rrixa] *f* **a)** 🩺 Tränenfistel *f*; **b)** Streit *m*.

rijoso [rri'xoso] streitsüchtig; geil.

rima ['rrima] *f* Reim *m*; ~*s* *f/pl.* Verse *m/pl.*; **~dor** [rrima'ðɔr] *m* Reimschmied *m*.

rimar [rri'mar] (1a) reimen; sich reimen (auf [*ac.*] *con*).

rimbom|bante [rrimbom'bante] hochtönend; *fig.* prunkvoll; **~bar** [~'bar] (1a) widerhallen.

rímel ['rrimel] *m* Wimperntusche *f*.

rin|cón [rriŋ'kɔn] *m* Winkel *m*, Ecke *f*; *fig.* stilles Plätzchen *n*; **~conada** [~ko'naða] *f* Winkel *m* (*den zwei Straßen od. Häuser bilden*).

rinconera [rriŋko'nera] *f* Ecktisch *m*, Eckschrank *m*.

ring *engl.* [rriŋ] *m* (Box-)Ring *m*.

ringla ['rriŋgla] *f*, **ringlera** [rriŋ-'glera] *f* Reihe *f*.

ringlero [rriŋ'glero] *m* Schreib-linie *f*.

ringorrango F [rriŋgo'rraŋgo] *m* großer Schnörkel *m beim Schreiben*; *fig.* Firlefanz *m*. [horn *n*.\

rinoceronte [rrinoθe'rɔnte] *m* Nas-\

riña ['rriɲa] *f* Zank *m*, Streit *m*; ~ *de gallos* Hahnenkampf *m*.

riñón [rri'ɲɔn] *m* Anat. Niere *f*; *costar un* ~ ein Heidengeld kosten; *tener riñones* Mut haben.

río ['rrio] *m* Fluß *m*, Strom *m*.

rioplatense [rriopla'tense] den Rio de la Plata betreffend.

ripia ['rripĭa] *f* (Zaun-)Latte *f*.

ripio ['rripĭo] *m* Abfall *m*; Bau-schutt *m*; *fig.* Flickwort *n*, Füllsel *n*; *meter* ~ Plattheiten sagen, P quat-schen; *no perder* ~ keine Gelegen-heit ungenutzt lassen; sich kein Wort entgehen lassen.

riqueza [rri'keθa] *f* Reichtum *m*; ~*s del subsuelo* Bodenschätze *m/pl.*

risa ['rrisa] *f* Lachen *n*, Gelächter *n*; *dar* ~ zum Lachen sein; *ser una verdadera* ~ urkomisch sein; *tomar a* ~ scherzhaft auffassen, nicht ernst nehmen; *¡qué* ~*!* da muß man wirklich lachen!; *morirse de* ~ sich totlachen.

risco ['rrisko] *m* Felsen *m*; Klippe *f*; Grat *m*; **~so** [rris'koso] felsig.

risible [rri'sible] lächerlich.

risotada [rriso'taða] *f* schallendes Gelächter *n*.

ristra ['rristra] *f* Schnur *f mit Zwie-beln usw.*; *fig.* Reihe *f*.

ristre ['rristre] *m* Lanzenschuh *m*; *lanza en* ~ mit eingelegter Lanze.

risueño [rri'sŭeɲo] lachend; lä-chelnd; heiter; vergnügt, lustig; *fig.* günstig.

rítmico ['rriðmiko] rhythmisch.

ritmo ['rriðmo] *m* Rhythmus *f*; Tempo *n*.

rito ['rrito] *m* Ritus *m*.

ritual [rri'tŭal] **1.** *adj.* rituell; **2.** *m* Gottesdienstordnung *f*; Ritual *n*.

rival [rri'bal] *m* Nebenbuhler *m*, Ri-vale *m*; **~idad** [~bali'da⁽ᵈ⁾] *f* Rivali-tät *f*; Wetteifer *m*; Feindschaft *f*; **~izar** [~bali'θar] (1f) wetteifern.

rizador [rriθa'ðɔr] *m* Brennschere *f*.

rizar [rri'θar] (1f) kräuseln; *el rizo fig.* den Kreis schließen, zu Ende bringen.

443   **romance**

rizo ['rriθo] **1.** *adj.* kraus; **2.** *m* Haarlocke *f*; Falte *f*; ⚓ Reff *n*; *hacer* el ~ ⚓ e-n Looping fliegen; **~so** [rri'θoso] gekräuselt, kraus (*Haar*).

robar [rro'bar] (1a) rauben; stehlen; berauben; bestellen; *Kartenspiel*: *Karte* nehmen.

roblar [rro'blar] (1a) nieten.

roble ⚓ ['rrɔble] *m* Eiche *f*; **~dal** [rrɔble'dal], **~do** [~'bleðo] *m* Eichenwald *m*.

roblón ⊕ [rro'blɔn] *m* Niet *m*.

robo ['rrɔbo] *m* Raub *m*; Diebstahl *m*; ~ *con escala* Einsteigediebstahl *m*; ~ *con homicidio* Raubmord *m*.

robot ['rrɔbɔt] *m* Roboter *m*.

robustecer [rrɔbuste'θer] (2d) stärken; **~se** Kraft erlangen, erstarken.

robustez [rrɔbus'teθ] *f* Kraft *f*; Stärke *f*; Rüstigkeit *f*; **~to** [~'busto] stark; rüstig; robust.

roca ['rroka] *f* Fels *m*; Gestein *n*.

rocalla [rro'kaʎa] *f* Steingeröll *n*; Steinsplitter *m*; △ Muschelstil *m*.

roce ['rroθe] *m* Streifen *n*; Reibung *f*; *fig.* Umgang *m*; *tener* ~ *con* in Berührung kommen mit (*dat.*); verkehren mit (*dat.*).

rociada [rro'θiaða] *f* Besprengen *n*; Tau *m*; *fig.* Flut *f*; *F echar una* ~ *a alg.* j-m den Kopf waschen; **~dor** [~'θia'ðɔr] *m* Wäschesprenger *m*; **~r** [~'θiar] (1c) tauen; nieseln; *v/t.* besprengen; begießen.

rocín [rro'θin] *m* Schindmähre *f*, Gaul *m*; F Tölpel *m*.

rocinante [rroθi'nante] *m* Schindmähre *f*.

rocío [rro'θio] *m* Tau *m*.

rococó [rroko'ko] *m* Rokoko *n*.

roda ⚓ ['rrɔða] *f* (Vorder-)Steven *m*.

rodaballo [rroða'baʎo] *m* Steinbutt *m* (*Fisch*); *fig.* Schlaumeier *m*.

rodada [rro'ðaða] *f* Radspur *f*, Wagenspur *f*.

rodado [rro'ðaðo] gescheckt (*Pferd*); glatt, geschliffen (*a. Stil*); *tráfico m* ~ Fahrverkehr *m*.

rodaja [rro'ðaxa] *f* Scheibe *f*; Rädchen *n*; Rolle *f*; **~je** [~'ðaxe] *m* Räderwerk *n*; Drehen *n*, Dreharbeiten *f/pl.* (*Film*); *Kfz.* Einfahren *n*; *en* ~ wird eingefahren.

rodamiento ⊕ [rroða'miento] *m* Lager *n*; ~ *de bolas* Kugellager *n*.

rodante [rro'ðante] rollend.

rodapié △ [rroða'pie] *m* Fußkranz *m*; Fußleiste *f*.

rodar [rro'ðar] (1m) **1.** *v/i.* rollen, herunterrollen; sich drehen; F sich herumtreiben; *Am. reg.* stürzen (*Pferd, Reiter*); **2.** *v/t.* Film drehen; *Kfz.* einfahren.

rodear [rroðe'ar] (1a) *v/i.* e-n Umweg machen; *fig.* Umschweife machen; *v/t.* umgeben; umringen; **~arse** sich tummeln; **~o** [~'ðeo] *m* Umweg *m*; Ausflucht *f*; *Am.* Rodeo *m od. n*; Zusammentreiben *n* des Viehs; *andar con* ~s wie die Katze um den heißen Brei gehen; *sin* ~s ohne Umschweife.

rodera [rro'ðera] *f* Radspur *f*.

rodete [rro'ðete] *m* Haarkranz *m*; Tragpolster *n für Kopflasten*; ⊕ Riemenscheibe *f*.

rodilla [rro'ðiʎa] *f* Knie *n*; *de* ~s kniend; kniefällig; *hincarse* (od. *ponerse*) *de* ~s niederknien; **~llazo** [~ði'ʎaθo] *m* Stoß *m* mit dem Knie; **~llera** [~ði'ʎera] *f* Knieschützer *m*; Knieleder *n*; **~llo** [~'ðiʎo] *m* Rolle *f*; Walze *f*; Nudelholz *n*.

rodrigón [rroðri'gɔn] *m* Rebpfahl *m*; Hopfen-, Bohnenstange *f*.

Rodríguez F [rro'ðrigeθ] **1.** *adj.*: *estar de* ~ Strohwitwer sein.

roedor [rroe'ðɔr] **1.** *adj.* nagend; **2.** *m* Nagetier *n*; **~dura** [~'ðura] *f* Nagen *n*; **~r** [~'er] (2za) (be-, ab-)nagen; anfressen; nagen an (*dat.*) (*a. fig.*).

rogar [rro'gar] (1h *u.* 1m) bitten; *v/i.* beten; *hacerse* ~ sich bitten lassen; **~tiva** [~ga'tiba] *f* Bittgebet *n.*

rojear [rroxe'ar] (1a) rötlich schimmern; **~jete** [~'xete] *m* rote Schminke *f*, Rouge *n*; **~jez** [~'xeθ] *f* Röte *f*; **~jizo** [~'xiθo] rötlich; **~jo** ['rrɔxɔ] rot.

rol [rrɔl] *m* Rolle *f*; Verzeichnis *n*.

rolar [rro'lar] (1a) drehen (*bsd. Wind*).

roldana [rrɔl'dana] *f* Seil-, Laufrolle *f*.

rollizo [rro'ʎiθo] walzenförmig; rundlich; stramm.

rollo ['rrɔʎo] *m* Rolle *f*; Walze *f*; Rundholz *n*; *Phot.* Rollfilm *m*; *fig.* F Gequatsche *n*; F Schinken *m* (*Film, Buch*); F *soltar el* ~ F die alte Platte auflegen.

romana [rro'mana] *f* Laufgewichts-, Schnellwaage *f*.

romance [rro'manθe] **1.** *adj.* roma

nisch (*bsd. Sprache*); **2.** *m* Romanze *f* (*a. fig.*); ~ de *ciego* Bänkelsängerlied *n*; *en buen* ~ auf gut spanisch: deutlich; **~ro** [~man'θero] *m* Romanzendichter *m*; Romanzensammlung *f*.

románico [rrɔ'maniko] romanisch.

romanista [rrɔma'nista] *m* Romanist *m*; Kenner *m* des römischen Rechts.

romano [rrɔ'mano] **1.** *adj.* römisch; **2.** *m*, -**a** [~na] *f* Römer(in *f*) *m*.

romanticismo [rrɔmanti'θizmo] *m* Romantik *f*.

romántico [rrɔ'mantiko] **1.** *adj.* romantisch; **2.** *m* Romantiker *m*.

romanza ♪ [rrɔ'manθa] *f* Romanze *f*.

rombo ['rrɔmbo] *m* Rhombus *m*, Raute *f*.

romería [rrɔme'ria] *f* Wallfahrt *f*; Pilgerfahrt *f*.

romero [rrɔ'mero] *m* **a)** Pilger *m*; **b)** ♀ Rosmarin *m*.

romo ['rrɔmo] stumpf; stumpfnasig.

rompe|cabezas [rrɔmpeka'beθas] *m* Totschläger *m* (*Waffe*); *schwieriges* Rätsel *n*; Geduldspiel *n*; Puzzle *n*; **~dero** [~'dero] zerbrechlich; **~hielos** [~'jelos] *m* Eisbrecher *m*; **~huelgas** *Am.* [~'ŭelɣas] *m* Streikbrecher *m*; **~olas** [~'olas] *m* Wellenbrecher *m*.

romper [rrɔm'per] (2a; *part.* roto) **1.** *v/t.* zerbrechen; zerreißen; durchbrechen; abbrechen (*a. fig.*); unterbrechen; ~ *las hostilidades* (*el fuego*) die Feindseligkeiten (das Feuer) eröffnen; ~ *filas* ✕ wegtreten; **2.** *v/i.* anbrechen (*Tag*); aufbrechen (*Knospe*); ~ *a* anfangen zu; F loslegen; ~ *con alg.* mit j-m brechen; *hombre m de rompe y rasga* Draufgänger *m*; **3.** **~se** zerbrechen; zerreißen; entzweigehen.

rompimiento [rrɔmpi'miento] *m* Brechen *n*; Aufbrechen *n*; Sprung *m*, Riß *m*; *fig.* Bruch *m*.

rompo|pe, ~po *Am. Cent., Méj.* [rrɔm'pope, ~po] *m* alkoholisches Getränk.

ron [rrɔn] *m* Rum *m*.

ronca ['rrɔŋka] *f* Röhren *n* des *Hirsches*; F prahlerische Drohung *f*.

roncar [rrɔŋ'kar] (1g) schnarchen; röhren (*Hirsch*); brausen (*Sturm*).

ronce|ar [rrɔnθe'ar] (1a) widerwillig an *et.* herangehen; **~ría**

[~'ria] *f* Bummelei *f*; Unlust *f*; **~ro** [~'θero] bumm(e)lig; unlustig.

ronco ['rrɔŋko] heiser, rauh.

roncha ['rrɔntʃa] *f* ✻ Schwellung *f*, Beule *f*; **2.** Schnitte *f*.

ronda ['rrɔnda] *f* Runde *f*; Streife *f*; Rundgang *m*; Rundgesang *m*; ~ de *conversaciones* Gesprächsrunde *f*; ~ *negociadora* Verhandlungsrunde *f*; **~dor** [rrɔnda'dɔr] *m* Nachtschwärmer *m*; **~r** [~'dar] (1a) die Runde machen; ~ *las mil pesetas* etwa tausend Peseten betragen; F ~ *por los treinta* um die Dreißig sein; *v/t.* umkreisen.

rondón [rrɔn'dɔn] *m*: *entrar de* ~ mit der Tür ins Haus fallen.

ron|quera [rrɔn'kera] *f* Heiserkeit *f*; **~quido** [~'kido] *m* Schnarchen *n*; Brausen *n* (*Sturm*).

ronronear [rrɔnrrɔne'ar] (1a) schnurren (*Katze*).

ronzal [rrɔn'θal] *m* Halfterstrick *m*.

ronzar [rrɔn'θar] (1f) knuspern.

roña ['rrɔɲa] *f* Räude *f*; Schmutzkruste *f*; Unflat *m*; Geiz *m*.

roñería [rrɔɲe'ria] *f* Knauserei *f*.

roñoso [rrɔ'ɲoso] räudig; unflätig; knauserig; schäbig.

ropa ['rrɔpa] *f* Kleidung *f*; Leibwäsche *f*; ~ *blanca* Wäsche *f*; ~ de *cama* Bettwäsche *f*; ~ *interior* Unterwäsche *f*; *a quema* ~ *s. a* quemarropa.

ropaje [rrɔ'paxe] *m* Kleidung *f*; Robe *f*; Amtstracht *f*.

ropavejero [rrɔpabe'xero] *m* Trödler *m*.

rope|ría [rrɔpe'ria] *f* Kleiderhandel *m*; Kleiderkammer *f*; **~ro** [~'pero] *m* Kleiderschrank *m*.

roque ['rrɔke] *m* *Schach*: Turm *m*; **~dal** [rrɔke'dal] *m* felsige Gegend *f*; **~ño** [~'keɲo] felsig; **~ro** [~'kero] Felsen...

roquete [rrɔ'kete] *m* Chorhemd *n*.

rorro F ['rrɔrrɔ] *m* Wickelkind *n*.

ros ✕ [rrɔs] *m* Käppi *n*.

rosa ['rrɔsa] **1.** *adj.* rosa(farben); **2.** *f* Rose *f*; Rosette *f*; Hautröte *f*; ~ de *los vientos*, ~ *náutica* Windrose *f*; *ver a/c. de color de* ~ et. in rosigem Licht sehen.

rosáce|as [rrɔ'saθeas] *f/pl.* Rosengewächse *n/pl.*; **~o** [~o] rosenfarbig.

rosado [rrɔ'saᵈo] **1.** *adj.* rosenrot; Rosen...; **2.** *m* Rosé(wein) *m*.

rosal [rrɔ'sal] *m* Rosenstrauch *m*; **~eda** [~sa'leða] *f* Rosengarten *m*.

rosario [rrɔ'sarĭo] *m kath.* Rosenkranz *m*; ⊕ Schöpfwerk *n*.

rosbif [rrɔz'bif] *m* Roastbeef *n*; Rostbraten *m*.

rosca ['rrɔska] *f* ⊕ Gewinde *n*; *Kchk.* Schnecke *f*; F *hacer la ~* sich hinhauen (*um zu schlafen*); sich aufs Ohr legen; *hacer la ~ a alg.* j-m um den Bart gehen; *pasarse de ~* sich ausleiern (*Schraube*); *fig.* über die Stränge schlagen.

rose|ta [rrɔ'seta] *f* Röschen *n*; Rosette *f*; (Gießkannen-)Brause *f*; **~tón** △ [~se'tɔn] *m* Rosette *f*.

roso ['rrɔso] kahl; *a ~ y velloso* wie Kraut und Rüben durcheinander; ganz und gar.

rosquilla [rrɔs'kiʎa] *f* Brezel *f*.

rostrituerto [rrɔstri'tŭerto] mürrisch.

rostro ['rrɔstro] *m* Gesicht *n*; Antlitz *n*, Angesicht *n*; *dar en ~ a alg. con a/c.* j-m et. ins Gesicht sagen; *hacer ~ al enemigo* dem Feind die Stirn bieten.

rota ['rrɔta] *f* höchster geistlicher Gerichtshof *m*, Rota *f*.

rota|ción [rrɔta'θĭɔn] *f* Drehung *f*; Umdrehung *f*; *~ de cultivos* ✶ Fruchtwechsel *m*; **~rio** [~'tarĭo] *m* Mitglied *n* des Rotary Club; **~tiva** *Typ.* [~ta'tiβa] *f* Rotationsmaschine *f*; **~tivo** [~ta'tiβo] *m* Zeitung *f*; **~torio** [~ta'torĭo] rotierend.

rotisería *Am.* [rrɔtise'rĭa] *f* Fleischbraterei *f*; Feinkostgeschäft *n*.

roto ['rrɔto] **1.** *adj.* entzwei, F kaputt; zerrissen; liederlich; **2.** *m Arg., Pe. desp.* Chilene *m*; *Chi.* Proletarier *m*.

rotonda [rrɔ'tɔnda] *f* Rundbau *m*; Rotunde *f*.

rotoso *Am.* [rrɔ'toso] zerlumpt.

rótula ['rrɔtula] *f* Kniescheibe *f*; ⊕ Kugelgelenk *n*.

rotu|lación [rrɔtula'θĭɔn] *f* Beschriftung *f*; **~lador** [~'dɔr] *m* Filzstift *m*; **~lar** [~'lar] (1a) betiteln; beschriften.

rótulo ['rrɔtulo] *m* Aufschrift *f*; Anschlag *m*; Schild *n*; Untertitel *m* (*Film*).

rotun|damente [rrɔtunda'mente] rundweg, -heraus; **~dez** [~'deθ] *f*, **~didad** [~di'ða⁽ᵈ⁾] *f* Rundung *f*; **~do** [~'tundo] ganz, völlig.

rotura [rrɔ'tura] *f* Brechen *n*; Bruch *m*; ✶ Riß *m*; **~ción** ✶ [~tura'θĭɔn] *f* Urbarmachung *f*.

roturar [rrɔtu'rar] (1a) umbrechen; urbar machen.

roya ✿ ['rrɔja] *f* Rost *m*.

roza ✶ ['rrɔθa] *f* Rodung *f*; Rodacker *m*.

roza|dura [rrɔθa'ðura] *f* Anstreifen *n*; Schramme *f*, Kratzer *m*; **~gante** [~'gante] eingebildet, hochnäsig; **~miento** [~'mĭento] *m* Reibung *f*; (leichte) Berührung *f*, Streifen *n*; Rascheln *n*.

rozar [rrɔ'θar] (1f) roden; abschaben; abrupfen; *Stoff* durchscheuern; leicht berühren; schrammen; *v/i.* streifen; **~se con alg.** mit j-m vertrauten Umgang haben.

roz|nar [rrɔð'nar] (1a) knabbern; knuspern; **~nido** [~'niðo] *m* Knabbern *n*; Knuspern *n*.

rubéola ✶ [rru'βeola] *f* Röteln *pl.*

rubí [rru'βi] *m* Rubin *m*; Stein *m* (*Uhr*).

rubia ['rrubĭa] *f* Krapp *m*; *Kfz.* Kombiwagen *m*; F Pesete *f*.

rubi|cundo [rrubi'kundo] rotblond (*Haar*); von blühender Gesichtsfarbe; **~o** [~'rrubĭo] blond; goldgelb.

rublo ['rrublo] *m* Rubel *m*.

rubor [rru'βɔr] *m* Röte *f*; Scham (-gefühl *n*) *f*; **~izarse** [~bori'θarse] (1f) (scham)rot werden, erröten; **~oso** [~βo'roso] schamrot.

rúbrica ['rrubrika] *f* Schnörkel *m am Namenszug;* Überschrift *f*; *kath.* Rubrik *f*; *ser de ~* üblich sein.

rubri|cación [rrubrika'θĭɔn] *f* Paraphierung *f*; **~car** [~'kar] (1g) mit dem (Namens-)Schnörkel versehen; paraphieren; ✝ abzeichnen.

rubro ['rrubro] *m Am.* Überschrift *f*; *Chi., Rpl.* Posten *m*; Branche *f*.

rucio ['rruθĭo] **1.** *adj.* grau; **2.** *m* Grauschimmel *m*; F Esel *m*.

ruda ✿ ['rruða] *f* Raute *f*.

rudeza [rru'deθa] *f* Rauheit *f*; Derbheit *f*; Härte *f*.

rudimen|tal [rrudimen'tal] Elementar...; **~tario** [~'tarĭo] rudimentär; unentwickelt; verkümmert; **~to** [~'mento] *m* Anfang *m*; Ansatz *m*; **~s** *pl.* Grundbegriffe *m/pl.*

rudo ['rrudo] roh; rauh; hart; plump; schwerfällig; ungebildet.

rueca ['rrŭeka] *f* Spinnrocken *m*.

rue|da ['rrŭeða] *f* Rad *n*; **~ libre**

Freilauf *m am Fahrrad*; ~ *de prensa* Pressekonferenz *f*; ~ *de recambio* Ersatzrad *n*; en ~ in der Runde; *hacer* (*la*) ~ (im Kreis) herumstehen; **~do** [~do] *m* Umkreis *m*; Saum *m*; *Stk.* Arena *f*.

ruego ['rru̯ego] *m* Bitte *f*.

rufi|án [rru'fi̯an] *m* Zuhälter *m*; Gauner *m*; **~anería** [rrufi̯ane'ri̯a] *f* Kuppelei *f*; Zuhälterei *f*.

rufo ['rrufo] krausköpfig; rothaarig.

rugido [rru'xido] *m* Brüllen *n*; Krachen *n*.

rugir [rru'xir] (3c) brüllen; tosen.

rugo|sidad [rrugosi'da⁽ᵈ⁾] *f* Runzligkeit *f*; Runzel *f*; **~so** [~'goso] runz(e)lig.   [ber *m*.⟩

ruibarbo ♃ [rru̯i'barbo] *m* Rhabar-⟩

ruido ['rru̯ido] *m* Lärm *m*; Geräusch *n*; ~ *de fondo* Geräuschkulisse *f*; *meter* (*od. hacer*) ~ Lärm machen; Aufsehen erregen; **~so** [rru̯i'doso] lärmend, geräuschvoll; aufsehenerregend.

ruin [rru̯in] knauserig; niederträchtig; erbärmlich; gemein.

ruin|a ['rru̯ina] *f* Einsturz *m*; Ruine *f*; Ruin *m*; *amenazar* ~ einzustürzen drohen; **~dad** [rru̯in'da⁽ᵈ⁾] *f* Knauserei *f*; Niedertracht *f*; **~oso** [rru̯i-'noso] baufällig; verderblich; ♰ ruinös, Verlust...

ruiseñor [rru̯ise'ɲɔr] *m* Nachtigall*f*.

ruleta [rru'leta] *f* Roulett *n* (*Spiel*).

ruletero *Méj.* [rrule'tero] *m* Taxifahrer *m*.

rulo ['rrulo] *m* Walze *f*; Nudelholz *n*; Lockenwickler *m*; *Arg., Bol., Chi.* Locke *f*.

rumano [rru'mano] **1.** *adj.* rumänisch; **2.** *m*, *-a f* [~'mana] Rumäne *m*, Rumänin *f*.

rum|beador *Rpl.* [rrumbea'dɔr] *m* Pfadfinder *m*; Führer *m*; **~bear** *Am. reg.* [~'ar] (1a) sich orientieren;

~bo ['rrumbo] *m* Windrichtung *f*; Fahrtrichtung *f*, Kurs *m*; *fig.* Weg *m*; Prunk *m*, Pracht *f*; Freigebigkeit *f*; *Am. Cent.* lärmendes Vergnügen *n*; ♃ *hacer* ~ *a* Kurs nehmen auf (*ac.*); *perder el* ~ ♃ vom Kurs abkommen; ⚓ sich verfliegen.

rum|bón [rrum'bɔn] großzügig; **~boso** [~'boso] freigebig; prächtig; prunkhaft.

rumia [rru'mi̯a] *f* Wiederkäuen *n*; **~nte** [rru'mi̯ante] **1.** *adj.* wiederkäuend; **2.** *m* Wiederkäuer *m*; **~r** [~'mi̯ar] (1b) wiederkäuen; *fig.* sich et. reiflich überlegen.

rumor [rru'mɔr] *m* Stimmengewirr *n*; Brausen *n*; Gerücht *n*; **~ear** [~more'ar] (1a) munkeln; **~eo** [~mo-'reo] *m* Rauschen *n*, Flüstern *n* (*des Waldes*); **~oso** [~mo'roso] geräuschvoll; lärmend; brausend.

runa ['rruna] *f* Rune *f*.

runrún F [rrun'rrun] *m* Gemurmel *n*; Gerücht *n*.

ruptura [rrup'tura] *f* Bruch *m*; Abbruch *m von Beziehungen*.

rural [rru'ral] **1.** *adj.* ländlich; Land...; **2.** **~es** *m/pl. Méj.* berittene Landpolizei *f*.

ruso ['rruso] **1.** *adj.* russisch; **2.** *m*, *-a f* [~'sa] Russe *m*, Russin *f*.

rusticidad [rrustiθi'da⁽ᵈ⁾] *f* bäurisches Wesen *n*; *fig.* Einfachheit *f*.

rústico ['rrustiko] **1.** *adj.* ländlich; Land...; grob; ungebildet; *en rústica* broschiert (*Buch*); **2.** *m* Landmann *m*.

ruta ['rruta] *f* Weg *m*; Route *f*.

rutilante [rruti'lante] glänzend, schimmernd.

ruti|na [rru'tina] *f* Routine *f*; **~nario** [~ti'nari̯o] gewohnheitsmäßig; routiniert; **~nero** [~ti'nero] *m* Gewohnheitsmensch *m*.

S

S, s ['ese] *f* S, s *n*.

sábado ['saba^d^o] *m* Sonnabend *m*, Samstag *m*; ♀ de *Gloria* Karsamstag *m*.

sábana ['sabana] *f* Bettuch *n*; F se le *pegan las* ~s er findet nicht aus den Federn (*od.* aus dem Bett).

sabana [sa'bana] *f* Savanne *f*.

sabandija [saban'dixa] *f* Gewürm *n*.

sabane|ar *Am.* [sabane'ar] (1a) *hacer* ~ Savanne durchstreifen; **~ro** [~'nero] 1. *adj. Am.* Savannen...; 2. *m Am.* Savannenbewohner *m*; *Am. Cent.* Raufbold *m*.

sabanilla [saba'niʎa] *f* Tüchlein *n*; Altartuch *n*.

sabañón [saba'ɲon] *m* Frostbeule *f*.

sabedor [sabe'dor] unterrichtet.

saber [sa'ber] (2n) 1. *v/t.* wissen; können, verstehen; erfahren; *hacer* ~ mitteilen; *no* ~ de nichts wissen (*od.* hören) von (*dat.*); *¡vete a* ~! das soll e-r wissen!; wer weiß!; *por* ~ *si* es fragt sich, ob; *¡qué sé yo!* keine Ahnung!; *por lo que sé* m-s Wissens; *no que yo sepa* nicht daß ich wüßte; *a* ~ nämlich; 2. *v/i.* schmecken (nach [*dat.*] *a*); *me sabe mal* es ist mir unangenehm; 3. *m* Wissen *n*; Kenntnis *f*; Adjektiven: s. *dort*; ~ *adelante* vorantreiben; weiterhelfen; ~ *una copia* abschreiben, e-e Abschrift anfertigen; ~ *un premio* (*la puesta*) mit e-m Gewinn (dem Einsatz) herauskommen; ~ *dinero a alg.* j-m Geld aus der Tasche ziehen; ~ *a bailar* zum Tanz auffordern; ~ *de sí a alg.* j-n aus dem Häuschen bringen; ~ *en claro* klarstellen; ~ *de paseo* spazierenführen; ~se *Méj.* sich aus dem Staub machen.

sabi|do [sa'bido] bekannt, offenbar; **~duría** [sabiðu'ria] *f* Weisheit *f*; Wissen *n*; **~endas** [sa'biendas]: *a* ~ wissentlich; **~hondo** F [sabi'ondo] *m* Besserwisser *m*.

sabio [sa'bio] 1. *adj.* weise; gelehrt; 2. *m* Weise(r) *m*, Gelehrte(r) *m*.

sab|lazo [sa'blaθo] *m* Säbelhieb *m*; F Anpumpen *n*; F *dar un* ~ *a alg.* F j-n anpumpen; **~le** ['sable] *m* Säbel *m*; **~leada, ~leadura** *Am.* [sable'ada, ~a'dura] *f* Anpumpen *n*; **~lista** F [sa'blista] *m* Pumpgenie *n*, Schnorrer *m*.

sabor [sa'bor] *m* Geschmack *m*; **~ear** [sabore'ar] (1a) schmackhaft machen; genießen.

sabot|aje [sabo'taxe] *m* Sabotage *f*; **~eador** [~tea'dor] *m* Saboteur *m*; **~ear** [~te'ar] (1a) sabotieren.

sabro|so [sa'broso] schmackhaft, köstlich; **~sura** *Am. reg.* [~bro'sura] *f* Wohlgeschmack *m*.

sabuco ♀ [sa'buko] *m* Holunder *m*.

sabueso [sa'bŭeso] *m* Spürhund *m*; Schweißhund *m*; *fig.* Schnüffler *m*.

saca ['saka] *f* a) großer Sack *m*; Post-, Geldsack *m*; b) Entnahme *f*; **~bocados** [sakabo'kados] *m* Locheisen *n*; Lochzange *f*; **~botas** [~'botas] *m* Stiefelknecht *m*; **~corchos** [~'kortʃos] *m* Korkenzieher *m*; **~manchas** [~'mantʃas] *m* Fleckenentferner *m*; **~mantas** F [~'mantas] *m* Steuereintreiber *m*; **~muelas** [~'mŭelas] *m* P Zahnklempner *m*; **~puntas** [~'puntas] *m* Bleistiftanspitzer *m*.

sacar [sa'kar] (1g) herausziehen, herausholen, hervorholen; herausnehmen, entnehmen (*a. fig.*); *Kopf, Zunge* herausstrecken; *Zahn* ziehen; *Auge* ausschlagen; *Folgerung* ziehen; *Fleck* entfernen; *fig. Geld* aus der Tasche ziehen; *Waren* ausführen; *Fahrkarte* lösen; *Foto* machen; *Mode, Neuheit* herausbringen; *Wasser* schöpfen; *Los* ziehen; *Sport:* anspielen, geben; *zahlreiche Sonderbedeutungen in Verbindung mit Substantiven u. Adjektiven:* s. *dort*.

sacarina [saka'rina] *f* Sa(c)charin *n*, Süßstoff *m*.

sacerdo|cio [saθer'doθio] *m* Priesteramt *n*, -stand *m*; **~tal** [~do'tal] priesterlich; **~te** [~'dote] *m* Priester *m*; **~tisa** [~do'tisa] *f* Priesterin *f*.

saciar [sa'θiar] (1b) sättigen; befriedigen.

saciedad [saθie'ða^(d)^] *f* Sättigung *f*;

Übersättigung *f*; Überdruß *m*; *hasta la ~* bis zum Überdruß.

saco ['sako] *m* Sack *m*; *Am.* Sakko *m*; Plünderung *f*; *~ de dormir* Schlafsack *m*; *~ (de manos)* Reisetasche *f*; *entrar a ~* plündern; *no echar a/c. en ~ roto* sich et. zu Herzen nehmen; et. nicht auf die leichte Schulter nehmen.

sacramen|tal [sakramen'tal] sakramental; feierlich; herkömmlich, üblich; **~tar** [~'tar] *v/t.* (1a) *dem Kranken* die Sterbesakramente reichen; **~to** [~'mento] *m* Sakrament *n*; *últimos ~s* Sterbesakramente *n/pl.*

sacrifica|dero [sakrifika'ðero] *m* Opferstätte *f*; **~r** [~'kar] (1g) opfern; *Vieh* schlachten; **~rse** sich aufopfern (für [*ac.*] *por*).

sacri|ficio [sakri'fiθio] *m* Opfer *n*; **~legio** [~'lexio] *m* Kirchenschändung *f*; Entweihung *f*; Frevel *m*; Ruchlosigkeit *f*.

sacrílego [sa'krilego] gotteslästerlich; frevelhaft; ruchlos.

sacris|tán [sakris'tan] *m* Küster *m*; **~tía** [~'tia] *f* Sakristei *f*.

sacro ['sakro] heilig; **~santo** [sakro'santo] hochheilig; unantastbar.

sacudi|da [saku'ðiða] *f* Erschütterung *f*; Stoß *m*; **~do** [~'ðiðo] unlenksam; dreist, keck; **~dor** [~di'ðor] *m* Teppichklopfer *m*; **~miento** [~ði'miento] *m* Erschütterung *f*; Erdstoß *m*.

sacudir [saku'ðir] (3a) schütteln, abschütteln; erschüttern; rütteln; (aus)klopfen; **~se de** a/c. (*od. de alg.*) et. (*od.* j-n) von sich abschütteln. [**2.** *m* Sadist *m*.]

sádico ['saðiko] **1.** *adj.* sadistisch;]

sadismo [sa'ðizmo] *m* Sadismus *m*.

saeta [sa'eta] *f* Pfeil *m*; Uhrzeiger *m*.

sagacidad [sagaθi'ða⁽ᵈ⁾] *f* Scharfsinn *m*; Spürsinn *m*.

sagaz [sa'gaθ] schlau; scharfsichtig.

Sagitario *Astr.* [saxi'tario] *m* Schütze *m*.

sagra|do [sa'graðo] **1.** *adj.* heilig; ehrwürdig; **2.** *m* Weihestätte *f*; **~rio** [~'grario] *m* Tabernakel *n*.

sagú [sa'gu] *m* Sago *m*.

sahu|mador [sauma'ðor] *m* Räucherfaß *n*; **~madura** [~'ðura] *f* Räuchern *n*; Räucherwerk *n*; **~mar** [~'mar] (1a) räuchern; parfümieren; **~merio** [~'merio] *m* Ausräuchern *n*; Räucherpulver *n*.

sainar [sai'nar] (1c) nudeln, stopfen (*bsd. Gänse*).

sainete [sai'nete] *m* kurzes Lustspiel *n*, Schwank *m*; Wohlgeschmack *m*; *fig.* Würze *f*.

sainetero [saine'tero] *m* Lustspiel-, Schwankdichter *m*.

sajar [sa'xar] (1a) schneiden; schröpfen.

sajón [sa'xon] **1.** *adj.* sächsisch; **2.** *m* Sachse *m*.

sal [sal] **a)** *f* Salz *n*; *fig.* Mutterwitz *m*; Schlagfertigkeit *f*; Anmut *f*; *~ común* Kochsalz *n*; *~ gema* Steinsalz *n*; **b)** *m Am. Cent., Ant., Méj.* Pech *n*, Unglück *n*.

sala ['sala] *f* Saal *m*; Raum *m*; Empfangszimmer *n*; ⚖ Kammer *f*; *~ de audiencia* Gerichtssaal *m*; *~ de lo civil* (*~ de lo criminal*) Zivil-(Straf)kammer *f*; *~ de espera* Wartesaal *m*; *~ de estar* Wohnzimmer *n*; *~ de fiestas* Vergnügungslokal *n*.

salacidad [salaθi'ða⁽ᵈ⁾] *f* Geilheit *f*.

sala|dero *Am.* [sala'ðero] *m* Salzfleischfabrik *f*; **~dillo** [~'ðiʎo]: *tocino ~* gesalzener Speck *m*; **~do** [sa'laðo] salzig; Salz...; *fig.* witzig; geistreich, schlagfertig; anmutig; drollig (*Kind*); *Am. Cent., Ant.* unglücklich; *Chi., Rpl.* teuer, kostspielig; **~dura** [sala'ðura] *f* Einsalzen *n*.

salaman|dra [sala'mandra] *f* Salamander *m*; **~quesa** [~maŋ'kesa] *f* (Mauer-)Gecko *m*.

salar [sa'lar] **1.** (1a) (ein)salzen; versalzen; pökeln; **2.** *m Arg., Bol., Chi.* Salzwüste *f*, -lagune *f*.

sala|rial [sala'rial] Lohn...; **~rio** [~'lario] *m* Lohn *m*; *~ base* Grundlohn *m*; *~ mínimo* Mindestlohn *m*.

salaz [sa'laθ] geil, lüstern.

salazón [sala'θon] *f* Einsalzen *n*, Pökeln *n*; *salazones pl.* Salzfleisch *n*, -fische *m/pl.*

salchi|cha [sal'tʃitʃa] *f* Würstchen *n*; **~chería** [~tʃitʃe'ria] *f* Wurstgeschäft *n*; **~chero** [~tʃi'tʃero] *m* Wurstmacher *m*; Wurstverkäufer *m*; **~chón** [~tʃi'tʃon] *m* Dauer-, Hartwurst *f*.

saldar ✝ [sal'dar] (1a) saldieren; begleichen; ausverkaufen.

saldo ✝ ['saldo] *m* Saldo *m*; Ausverkauf *m*; *~ acreedor* Habensaldo *m*; *~ deudor* Sollsaldo *m*.

salero [sa'lero] *m* Salzfaß *n*,

-streuer *m*; Salzlager *n*; Mutterwitz *m*; Anmut *f*; **.so** F [sale'roso]
witzig; anmutig; charmant.

salida [sa'liða] *f* Ausgang *m*; Ausfahrt *f*; Abfahrt *f*; Abreise *f*; Ausreise *f*; ✗ Ausfall *m*; Austritt *m*;
✝ Absatz *m*; Ausfuhr *f*; Ausrede *f*,
Ausflucht *f*; witziger Einfall *m*;
Fußball: Anstoß *m*; ~ *del sol* Son-
nenaufgang *m*; ~ *de emergencia*
Notausgang *m*; ~ *de pie de banco*
unpassende Bemerkung *f*; Unsinn
m; ~ *de tono* ungehörige Bemerkung
f.

salidizo △ [sali'ðiθo] *m* vorspringender Gebäudeteil *m*, Erker *m*.

salido [sa'liðo] △ vorspringend;
Zo. läufig.

saliente [sa'liente] **1.** *adj.* vorspringend; hervorstehend; *Pol.* aus-
scheidend; **2.** *m* Osten *m*; Vorsprung *m*.

sali|na [sa'lina] *f* Salzbergwerk *n*,
Saline *f*; **.nidad** [₋lini'ða⁽ᵈ⁾] *f* Salz-
gehalt *m*; **.no** [₋'lino] salzig.

salir [sa'lir] (3r) ausgehen; fort-,
weggehen; aufbrechen (nach *dat.*
para); abreisen; abfahren; ⏚ auslaufen; ~ starten; aufgehen (*Gestirn*, *Saat*); herauskommen (*Buch*,
Los); aufgehen (*Rechnung*); herausgehen (*Fleck*); *Thea.* auftreten;
sich herausstellen als, hervorgehen
als (*z.B. Sieger*); ~ *bien* (*mal*) gut
(schlecht) ablaufen; gelingen (fehlschlagen); ~ *caro* teuer zu stehen
kommen; ~ *ileso* unverletzt bleiben,
mit heiler Haut davonkommen; ~ *a*
hinauslaufen auf (*ac.*); ~ *a alg.* j-m
ähneln, j-m nachschlagen; ~ *a 100
pesetas* auf 100 Peseten zu stehen
kommen; ~ *con a/c.* F mit et. herausrücken; ~ *con alg.* F mit j-m
gehen; ~ *de a/c.* hervorgehen aus
(*dat.*), herrühren von (*dat.*); ~ *de
apuros* aus der Verlegenheit herauskommen; ~ *de dudas* sich Gewißheit verschaffen; ~ *perdiendo*
den kürzeren ziehen; ~ *por alg.* für
j-n einstehen, -treten; *a lo que salga*
auf gut Glück; **.se** auslaufen
(*Flüssigkeit*); ~ *de a/c.* abweichen
von (*dat.*); sich nicht halten an
(*ac.*); ~ *con la suya* F recht behalten;
s-n Dickkopf durchsetzen.

salitr|e [sa'litre] *m* Salpeter *m*; **.oso**
[sali'troso] salpeterhaltig.

saliva [sa'liβa] *f* Speichel *m*; *tragar*

~ s-n Ärger herunterschlucken;
.ción ✗ [saliβa'θjɔn] *f* Speichelfluß
m; **.dera** [₋'ðera] *f* Spucknapf *m*;
.l [₋'βal] Speichel...; **.r** [₋'βar] (1a)
spucken; **.zo** [₋'βaθo] *m* Spucke
f.

salmista [sal'mista] *m* Psalmist *m*.

salmo ['salmo] *m* Psalm *m*; **.dia**
[sal'moðia] *f* Psalmengesang *m*; F
Geleier *n*; **.diar** [₋mo'ðiar] (1b)
Psalmen singen; *fig.* herunterleiern.

salmón [sal'mɔn] *m* Lachs *m*.

salmuera [sal'mŭera] *f* Salz-, Pö-
kelbrühe *f*.

salobre [sa'loβre] salzig, Salz...;
agua f ~ Brackwasser *n*.

salón [sa'lɔn] *m* Saal *m*; ~ *de actos*
Festsaal *m*; Aula *f*; ~ *del automóvil*
Automobilausstellung *f*; ~ *de
sesiones* Sitzungssaal *m*.

salpi|cadero *Kfz.* [salpika'ðero] *m*
Instrumentenbrett *n*; **.cadura** [₋-
'ðura] *f* Bespritzen *n*; Spritzfleck *m*,
F Spritzer *m*; **.car** [₋'kar] (1g) bespritzen; *fig.* durchsetzen, besäen
(mit [*dat.*] *con*).

salpicón [salpi'kɔn] *m* Fleischsalat
m; *Am. reg.* Fruchtsalat *m*.

salpi|mentar [salpimen'tar] (1k)
mit Salz u. Pfeffer anrichten; würzen (*a. fig.*); **.mienta** [₋'mienta] *f*
Mischung *f* aus Salz u. Pfeffer.

salpresar [salpre'sar] (1a) einsalzen,
-pökeln.

sal|sa ['salsa] *f* Tunke *f*, Brühe *f*,
Soße *f*; *fig.* Würze *f*; **.sera** [sal-
'sera] *f* Soßenschüssel *f*.

salsifí 𝄋 [salsi'fi] *m*: ~ *negro*
Schwarzwurzel *f*.

salta|banco(s) [salta'baŋko(s)] *m*
Taschenspieler *m*, Gaukler *m*; **.-
bardales** [₋bar'dales] *m*, **.barran-
cos** [₋ba'rraŋkos] *m* Springinsfeld
m; Draufgänger *m*; **.montes**
[₋'montes] *m* Heuschrecke *f*, -pferd
n, Grashüpfer *m*.

saltar [sal'tar] (1a) *v/i.* springen;
hüpfen; abspringen; zerspringen;
fig. dazwischenfahren; *v/t.* überspringen; *Zahn*, *Auge* ausschlagen;
Zo. bespringen; (*hacer*) ~ (in die
Luft) sprengen; ~ *a la vista fig.* ins
Auge springen.

saltarín [salta'rin] *m* Tänzer *m*; F
Luftikus *m*, Windhund *m*.

saltea|dor [saltea'ðɔr] *m* Straßen-
räuber *m*; **.r** [₋'ar] (1a) anfallen;
herfallen über (*ac.*); rösten, braten.

salterio [sal'terĭo] *m* Psalter *m*.

saltimbanqui [saltim'baŋki] *m* Gaukler *m*.

salto ['salto] *m* Sprung *m*; Absturz *m*; Auslassung *f*; ~ *de agua* Wasserfall *m*; ~ *de altura* Hochsprung *m*; ~ *de longitud* Weitsprung *m*; ~ *de pértiga* Stabhochsprung *m*; ~ *triple* Dreisprung *m*.

saltón [sal'ton] **1.** *adj.* hervorstehend; *ojos m/pl. saltones* Glotzaugen *n/pl.*; **2.** *m* Heuschrecke *f*.

salu|bre [sa'lubre] gesund, zuträglich; **~bridad** [salubri'da⁽ᵈ⁾] *f* Zuträglichkeit *f*; *Am.* Gesundheitspflege *f*; **~d** [sa'lu⁽ᵈ⁾] *f* Gesundheit *f*; ~ *del alma* Seelenheil *n*; *en sana* ~ kerngesund; *¡a su...! auf Ihr Wohl!*, prosit!; **~dable** [salu'daβle] heilsam; gesund; **~dador** [~da'ðɔr] *m* Quacksalber *m*, Gesundbeter *m*; **~dar** [~'ðar] (1a) (be)grüßen; **~do** [sa'luðo] *m* Gruß *m*; Begrüßung *f*; **~tación** [saluta'θĭon] *f* Begrüßung *f*; Gruß *m*; *Rel.* ~ *angélica* Englische(r) Gruß *m*.

salutista [salu'tista] *m* Mitglied *n* der Heilsarmee.

salva ⚔ ['salβa] *f* Salve *f*; ~*s de ordenanza* Salutschüsse *m/pl.*

salva|ción [salβa'θĭon] *f* Rettung *f*; Seelenheil *n*; *ejército de* ~ *Heilsarmee f*; **~do** [~'βaðo] *m* Kleie *f*; **~dor** [~βa'ðɔr] **1.** *adj.* rettend, erlösend; **2.** *m* Retter *m*; Erlöser *m*; Heiland *m*; **~guardia** [~βa'ǧuardĭa] *f* Schutzwache *f*; sicheres Geleit *n*; Geleitbrief *m*; Schutz *m*.

salva|jada [salβa'xada] *f* Roheit *f*; **~je** [~'βaxe] **1.** *adj.* wild; scheu; **2.** *m* Wilde(r) *m*; Rohling *m*; **~jina** [~βa'xina] *f* Wild *n*; Wildbret *n*; **~jino** [~βa'xino] Wild...; **~jismo** [~βa'xizmo] *m* Unmenschlichkeit *f*; Wildheit *f*.

salva|manteles [salβaman'teles] *m* Untersetzer *m*, -satz *m*; **~mento** [~'mento] *m* Rettung *f*; ⚓ Bergung *f*; *de* ~ Rettungs...

salvar [sal'βar] (1a) retten; vermeiden; *Hindernis* überspringen; *Schwelle* überschreiten; *Strecke* zurücklegen; **~se** sich retten; selig werden.

salvavidas [salβa'βidas] **1.** *adj.* Rettungs...; **2.** *m* Rettungsring *m*; Schwimmweste *f*; Fangvorrichtung *f* (*der Straßenbahn*).

salve *kath.* ['salbe] *f* Salve *n*; **~dad** [salbe'da⁽ᵈ⁾] *f* Vorbehalt *m*.

salvia ♀ ['salβĭa] *f* Salbei *m od. f*.

salvo ['salβo] **1.** *adj.* unbeschädigt, heil; unverletzt; in Sicherheit; **2.** *adv.*, *prp.* außer; vorbehaltlich; ~ *buen fin* unter dem üblichen Vorbehalt; ~ *error u omisión* Irrtum oder Auslassung vorbehalten; *a* ~ ungefährdet; unbeschadet; *dejar a* ~ ausnehmen; vorbehalten; *poner a* ~ in Sicherheit bringen; *salir a* ~ (noch) glücklich ausgehen.

salvoconducto [salβokɔn'dukto] *m* Geleitbrief *m*; Passierschein *m*.

samaritano [samari'tano] *m* Samariter *m*.

sambenito [sambe'nito] *m* Büßerhemd *n*; *fig.* Schandfleck *m*; *echarle el* ~ *a alg.* j-m den Schwarzen Peter zuschieben.

sambumbia *Am. reg.* [sam'bumbĭa] *f ein Erfrischungsgetränk.*

San [san] *vor Namen*: heilig.

sanable [sa'naβle] heilbar.

sa|nalotodo [sanalo'toðo] *m* F Allheilmittel *n*; **~nar** [sa'nar] (1a) heilen; *v/i.* zuheilen; gesund werden; **~natorio** [sana'torĭo] *m* Sanatorium *n*, Heilstätte *f*.

sanción [san'θĭon] *f* ⚖ Bestätigung *f*; Genehmigung *f*; Strafe *f*, Sanktion *f*; Strafbestimmung *f*; Vergeltungsmaßnahme *f*.

sancionar [sanθĭo'nar] (1a) bestätigen; gutheißen; bestrafen.

sanco|char [sanko'tʃar] (1a) halbgar kochen, ankochen; **~cho** *Am.* [~'kotʃo] *m ein Fleischgericht*.

sandalia [san'dalĭa] *f* Sandale *f*.

san|dez [san'deθ] *f* Einfältigkeit *f*; Dummheit *f*; *sandeces pl.* Unsinn *m*; **~día** ♀ [~'dia] *f* Wassermelone *f*; **~dio** ['sandĭo] einfältig; dumm.

sandun|ga F [san'duŋga] *f* Witz *m*; Anmut *f*; **~guero** F [~dun'gero] witzig; anmutig.

saneado † [sane'aðo] saniert, lastenfrei.

sane|amiento [sanea'mĭento] *m* Sanierung *f*; Gesundung *f*; Schadloshaltung *f*; **~ar** [~'ar] (1a) schadlos halten für; (wieder) gesund machen; sanieren.

san|gradera [saŋgra'ðera] *f* Schröpfkopf *m*; **~gradura** [~'ðura] *f* Aderlaß *m*; **~grar** [~'grar] (1a) zur Ader lassen; Wasser entziehen;

Typ. einrücken; *fig.* schröpfen; *v/i.* bluten; **~gre** ['saŋgre] *f* Blut *n*; *fig.* Geblüt *n*; *a ~ fría* kaltblütig; *~ de horchata fig.* Fischblut *n*; *a ~ y fuego* mit Feuer u. Schwert; *echar ~* bluten; *hacerse ~* sich verletzen; *pura ~* Vollblut *n*; *no llegará la ~ al río* es wird nicht so schlimm werden; **~gría** [saŋ'gria] *f* Schröpfen *n*; Aderlaß *m*; Anzapfung *f*; Abstich *m*; Rotweinbowle *f*; **~griento** [~'grįento] blutig; blutgierig; **~gigordo** *Ant.*, *Méj.* [~gri'gorðo] unsympathisch; **~griligero** *Am.* [~li'xero] nett; **~gripesado** *Am.* [~pe-'sa⁽ᵈ⁾o] unsympathisch; **~guijuela** [~gi'xŭela] *f* Blutegel *m*; *fig.* Erpresser *m*; **~guina** *Mal.* [~'gina] *f* Rötelstift *m*, -zeichnung *f*; **~guinario** [~gi'narįo] blutdürstig, rachsüchtig; **~guíneo** [~'gineo] vollblütig; sanguinisch (*Temperament*); blutfarben; Blut…; **~guinolento** [~gino'lento] blutbefleckt; blutig.

san|idad [sani'ða⁽ᵈ⁾] *f* Gesundheit *f*; Gesundheitswesen *n*; **~itario** [~-'tarįo] **1.** *adj.* gesundheitlich, Gesundheits…; sanitär; **2.** *m* ✕ Sanitäter *m*.

sano ['sano] gesund; heil; ganz, unbeschädigt; *~ y salvo* wohlbehalten; *cortar por lo ~* energische Maßnahmen ergreifen.

santa ['santa] *f* Heilige *f*.

sánscrito ['sanskrito] *m* Sanskrit *n*.

santiamén F [santįa'men] *m: en un ~* im Nu.

santidad [santi'ða⁽ᵈ⁾] *f* Heiligkeit *f*; *Su ♀ Seine* Heiligkeit (*Titel*).

santifi|cación [santifika'θįon] *f* Heiligung *f*; Heilighaltung *f*; **~car** [~'kar] (1g) heiligen; *Festtag* heilighalten; weihen.

santiguar [santi'ɣŭar] (1i) das Zeichen des Kreuzes machen; segnen; F verprügeln; **~se** sich bekreuz(ig)en.

santísimo [san'tisimo] **1.** *adj. sup.* heiligster; **2.** *m das* Allerheiligste *n*.

santo ['santo] **1.** *adj.* heilig; fromm; F einfältig; *todo el ~ día* den lieben langen Tag; **2.** *m* Heilige(r) *m*; Namenstag *m*; F Bild *n*, Illustration *f*; *~ y seña* Losungswort *n*; F *¿a ~ de qué?, ¿a qué ~?* mit welcher Begründung?; *tener el ~ de espaldas* F Pech haben; *Todos los ♀s* Allerheiligen *n*.

san|tón [san'ton] *m* mohammedanische(r) Heilige(r) *m*; Scheinheilige(r) *m*; **~toral** [~to'ral] *m* Heiligenlegende *f*, -kalender *m*; **~tuario** [~'tŭarįo] *m* Heiligtum *n*; **~turrón** [~tu'rron] **1.** *adj.* frömmelnd; **2.** *m* Frömmler *m*; Scheinheilige(r) *m*.

saña ['saɲa] *f* (blinde) Wut *f*; Grausamkeit *f*; Erbitterung *f*.

sapo ['sapo] *m* Kröte *f*; *echar ~s y culebras fig.* Gift und Galle spucken.

saque ['sake] *m Sport:* Anstoß *m*; Aufschlag *m* (*Tennis*); *~ de esquina* Eckstoß *m*; *~ libre* Frei-, Strafstoß *m*; *tener buen ~* tüchtig essen *od.* trinken; **~ador** [sakea'ðor] *m* Plünderer *m*; **~ar** [~'ar] (1a) plündern; **~o** [sa'keo] *m* Plünderung *f*.

sarampión ☞ [saram'pįon] *m* Masern *pl.*

sarao [sa'rao] *m* Abendgesellschaft *f*; Party *f*.

sar|casmo [sar'kazmo] *m* Sarkasmus *m*; schneidender Hohn *m*; **~cástico** [~'kastiko] sarkastisch.

sarcófago [sar'kofaɣo] *m* Prunksarg *m*, Sarkophag *m*.

sarcoma ☞ [sar'koma] *m* Sarkom *n*.

sardana [sar'ðana] *f katalanischer Tanz.*

sardi|na [sar'ðina] *f* Sardine *f*; *como ~ en banasta* wie die Heringe (zs.-gepfercht); **~nero** [~ði'nero] *m* Sardinenhändler *m*; **~neta** ✕ [~ði-'neta] *f* Rangabzeichen *n auf dem Uniformärmel.*

sardónico [sar'ðoniko] sardonisch.

sarga ['sarga] *f* Serge *f* (*Stoff*).

sargen|tear [sarxente'ar] (1a) F herumkommandieren; (herum-) schnauzen; **~to** [~'xento] *m* Unteroffizier *m*; Sergeant *m*; **~tona** [~xen'tona] *f* Mannweib *n*; F Küchendragoner *m*.

sarmiento [sar'mįento] *m* Weinrebe *f*; Rebholz *n*.

sarna ☞ ['sarna] *f* Krätze *f*; Räude *f*; *más viejo que la ~* steinalt.

sarnoso ☞ [sar'noso] krätzig; räudig.

sarraceno [sarra'θeno] sarazenisch.

sarracina [sarra'θina] *f* Schlägerei *f*.

sarro ['sarro] *m* Zahnstein *m*; Zungenbelag *m*; **~so** [sa'rroso]: *lengua f ~a* belegte Zunge *f*.

sarta ['sarta] *f* (Perlen-)Schnur *f*; Reihe *f*.

sartén   452

sar|tén [sar'ten] f Pfanne f; F *saltar de la ~ y dar en las brasas* vom Regen in die Traufe kommen; F *tener la ~ por el mango* das Heft in Händen haben; **~tenada** [~te'naða] f Pfannevoll f.

sastre ['sastre] m Schneider m; **~ría** [sastre'ria] f Schneiderei f.

satán, satanás [sa'tan, sata'nas] m Teufel m, Satan m.

satánico [sa'taniko] teuflisch.

satélite [sa'telite] m Trabant m; Satellit m (a. *Pol. u. fig.*); ~ *de comunicaciones* Nachrichtensatellit m; ~ *meteorológico* Wettersatellit m.

satén [sa'ten] m Satin m.

satinado [sati'naðo] satiniert; *papel m* ~ Glanzpapier n.

sátira ['satira] f Spottschrift f; Satire f.

satírico [sa'tiriko] satirisch.

satirizar [satiri'θar] (1f) verspotten.

sátiro *Myth.* ['satiro] m Satyr m.

satis|facción [satisfag'θiɔn] f Genugtuung f; Freude f; Abfindung f; Befriedigung f, Zufriedenheit f; ~ *de sí mismo* Selbstgefälligkeit f; *dar* ~ Genugtuung geben; *tomar* ~ sich Genugtuung verschaffen; *a* ~ zur Zufriedenheit; **~facer** [~fa'θer] (2s) genugtun, Genüge leisten; (be)zahlen; zufriedenstellen; *Durst, Hunger* stillen; *Zweifel* zerstreuen; *Leidenschaft* befriedigen; **~facerse** sich Genugtuung verschaffen; **~factorio** [~fak'torio] befriedigend, zufriedenstellend; **~fecho** [~'fetʃo] zufrieden; befriedigt; satt; *darse por* ~ sich zufriedengeben (mit *dat.*/*con*).

satura|ción [satura'θiɔn] f Sättigung f; **~r** [~'rar] (1a) sättigen.

satur|nino [satur'nino] Blei...; *fig.* mürrisch, finster; **~nismo** [~'nizmo] m Bleivergiftung f.

sauce ♀ ['sauθe] m Weide f; ~ *llorón* Trauerweide f; **~dal** [sauθe'dal] m Weidengebüsch n.

saúco [sa'uko] m Holunder m.

savia [sa'βia] f Pflanzensaft m; *fig.* Kraft f, Mark m.

saxofón [sagso'fɔn] m, **saxófono** [sag'sofono] m Saxophon n.

saya ['saja] f Kleiderrock m.

sayal [sa'jal] m grobes, wollenes Tuch n; Loden m.

sayo ['sajo] m Kittel m.

sazón [sa'θɔn] f Zeitpunkt m; Reife f; *a la* ~ damals; *en* ~ zur rechten Zeit; *estar en* ~ reif sein.

sazonado [saθo'naðo] schmackhaft; witzig; reif.

sazonar [saθo'nar] (1a) *Speise* zurichten; würzen (*a. fig.*).

scooter ['skuter] m Motorroller m.

se [se] *pron.* sich; man.

sebo ['seβo] m Talg m; ⊕ Schmiere f; *hacer* ~ *Arg.*, *Ur.* faulenzen; **~so** [se'βoso] talgig.

seca|dero [seka'ðero] m Trockenplatz m; Trockenanlage f; **~dor** [~'ðor] m *Phot.* Trockengestell n; ⊕ Trockner m; Trockenhaube f (*Friseur*); ~ *de pelo* (*od. de mano*) Fön m; **~dora** [~'ðora] f Trockenmaschine f; **~no** [se'kano] m unbewässertes Land n; **~nte** [se'kante] a) m Trockenfarbe f, Trockenmittel n; Löschpapier n; b) f Sekante f, Schnittlinie f; **~pelos** [seka'pelos] m Fön m, Haartrockner m.

secar [se'kar] (1g) trocknen; *Obst* dörren; **~se** vertrocknen, austrocknen; abmagern; versiegen (*Quelle*).

secci|ón [seg'θiɔn] f Einschnitt m; Abschnitt m; Querschnitt m; Abteilung f; ✂ Zug m; **~onar** [~θio-'nar] (1a) in Abschnitte einteilen.

secesión [seθe'siɔn] f Trennung f; *Pol.* Spaltung f.

seco ['seko] trocken; getrocknet; gedörrt (*Obst*); herb (*Wein*); abgemagert; rauh; hart; *fig.* ungeschminkt, bloß; einsilbig; frostig; *a -as* schlechtweg; *en* ~ plötzlich; *dejar* ~ F umlegen, töten; verblüffen.

secre|ción [sekre'θiɔn] f Sekretion f; Absonderung f; Sekret n; **~tar** 🜨 [~'tar] (1a) absondern.

secreta|ria [sekre'taria] f Sekretärin f; ~ *de dirección* Chefsekretärin f; **~ría** [~ta'ria] f Sekretariat n; **~riado** [~'riaðo] m Sekretariat n; **~rio** [~'tario] m Sekretär m.

secre|tear F [sekre'tar] (1a) tuscheln; **~to** [se'kreto] **1.** *adj.* geheim, heimlich; Geheim...; **2.** m Geheimnis n; Verschwiegenheit f; ~ *postal* Briefgeheimnis n; ~ *profesional* Berufsgeheimnis n; ~ *a voces* offenes Geheimnis n; *en* ~ insgeheim.

secta ['sekta] f Sekte f; **~rio** [sek'tario] m Sektierer m.

seguro

sector [sɛk'tɔr] *m* Kreisausschnitt *m*; Sektor *m*; *fig.* Gebiet *n*; Sparte *f*.

secuaz [se'kŭaθ] *m* Anhänger *m*; Mitläufer *m*.

secuela [se'kŭela] *f* Nachspiel *n*; Folge *f*; Folgeerscheinung *f*.

secuencia [se'kŭenθia] *f* Sequenz *f*; *Film:* Bildfolge *f*.

secues|trador [sekŭestra'dɔr] *m* Entführer *m*; **~trar** [~'trar] (1a) beschlagnahmen; entführen; **~tro** [se'kŭestro] *m* Beschlagnahme *f*; Freiheitsberaubung *f*; Menschenraub *m*; Entführung *f*; ~ *aéreo* Flugzeugentführung *f*.

secular [seku'lar] hundertjährig; weltlich, Welt...; **~izar** [~lari'θar] (1f) verweltlichen, säkularisieren; *Kirchengüter* einziehen.

secun|dar [sekun'dar] (1a) unterstützen; begünstigen; **~dario** [~'dario] nebensächlich; zweitrangig; Neben...; **~dinas** 🌞 [~'dinas] *f/pl.* Nachgeburt *f*.

sed [se⁽ᵈ⁾] *f* Durst *m*; *fig.* Gier *f*.

seda ['seda] *f* Seide *f*; ~ *artificial* Kunstseide *f*; *como una* ~ F schmiegsam; seidenweich; wie am Schnürchen.

sedal [se'dal] *m* Angelschnur *f*; *Chir.* Haarschnur *f*.

sedante [se'dante] **1.** *adj.* beruhigend; beschwichtigend; **2.** *m* Beruhigungsmittel *n*.

sedativo [seda'tiβo] schmerzstillend, beruhigend.

sede ['sede] *f* Sitz *m*; ~ *episcopal* Bischofssitz *m*; *la Santa* ♀ der Heilige Stuhl. [häuslich.)

sedentario [seden'tario] seßhaft;)

sedería [sede'ria] *f* Seidenwaren *f/pl.*; Seidenhandel *m*, -geschäft *n*.

sedici|ón [sedi'θiɔn] *f* Aufruhr *m*, Aufstand *m*; **~oso** [~'θioso] aufrührerisch.

sediento [se'diento] durstig.

sedimento [sedi'mento] *m* Bodensatz *m*; Niederschlag *m*.

sedoso [se'doso] seidenartig; seidig.

seducción [sedug'θiɔn] *f* Verführung *f*; Versuchung *f*.

seduc|ir [sedu'θir] (3o) verführen; bestechen; bezaubern; **~tivo** [seduk'tiβo] verführerisch; bezaubernd; **~tor** [~'tɔr] **1.** *adj.* verführerisch; **2.** *m* Verführer *m*.

sefardí [sefar'di] *m* Sephardit *m* (*Jude span. Herkunft*).

sega|ble ⚮ [se'gaβle] schnittreif; **~dor** [~ga'dɔr] *m* Schnitter *m*; **~dora** [~'dora] *f* Schnitterin *f*; Mähmaschine *f*; **~dora-atadora** [~'dora ata'dora] *f* Mähbinder *m*; **~dora-trilladora** [~'dora triʎa'dora] *f* Mähdrescher *m*.

segar [se'gar] (1h *u.* 1k) mähen; *fig.* abschneiden; zerstören.

seglar [se'glar] **1.** *adj.* weltlich; **2.** *m* Laie *m*.

segmento [seg'mento] *m* Kreisabschnitt *m*, Segment *n*.

segre|gación [segrega'θiɔn] *f* Absonderung *f*; Trennung *f*; ~ *racial* Rassentrennung *f*; **~gar** [~'gar] (1h) absondern; trennen.

segui|da [se'gida] *de* ~ ununterbrochen; *en* ~ sofort; **~dilla** [segi'diʎa] *f* Seguidilla *f* (*span. Volkslied*); **~do** [se'gido] ununterbrochen; auf-ea.-folgend; hinternacheinander; *todo* ~ in e-m fort; immer geradeaus; **~dor** [segi'dɔr] *m* Verfolger *m*; Anhänger *m*, Gefolgsmann *m*.

seguimiento [segi'miento] *m* Nachfolge *f*; Verfolgung *f*; Gefolge *n*.

seguir [se'gir] (3l *u.* 3d) **1.** *v/t.* folgen; befolgen; *Weg* verfolgen; fortsetzen; *Beruf* ausüben; *Geschäft* betreiben; *Laufbahn* einschlagen; *Mode* mitmachen; **2.** *v/i.* fortfahren; weitergehen, -fahren, -reisen; andauern; verbleiben; ~ *con* a/c. weiterhin tun; ~ *ger.* fortfahren zu *inf.*; ~ *escribiendo usw.* weiterschreiben *usw.*; **3.** **~se** folgen (aus [*dat.*] de); die Folge sein (von [*dat.*] de); aufeinanderfolgen.

según [se'gun] **1.** *prp.* nach, gemäß (*dat.*); laut (*gen.*); **2.** *adv.* je nachdem; ~ *él* nach s-r Meinung; ~ *eso* demnach; ~ *y como*, ~ *y conforme* je nachdem; genauso wie.

segun|da [se'gunda] *f* 🚗 zweite Klasse *f*; *fig.* Hintergedanke *m*; ♱ ~ *de cambio* Sekundawechsel *m*; **~dero** [segun'dero] *m* Sekundenzeiger *m*; **~do** [se'gundo] **1.** *adj.* zweite(r); **2.** *m* Sekunde *f*.

segur [se'gur] *f* Beil *n*; Sichel *f*.

segu|ridad [seguri'da⁽ᵈ⁾] *f* Sicherheit *f*; Überzeugung *f*; Bürgschaft *f*, Gewähr *f*; ♀ *Social Span.* Sozialversicherung *f*; **~ro** [se'guro] **1.** *adj.* sicher; gewiß; fest; **2.** *m* Sicherheit *f*; *Feuer- usw.* Versicherung *f*;

Sicherung f an Schußwaffen; a buen ~ sicher(lich); ir sobre ~ kein Risiko eingehen, ganz sicher gehen.

seis [seis] sechs; **~avo** [sei'sabo] m Sechstel n; **~cientos** [seis'θientos] sechshundert.

seísmo [se'izmo] m Erdbeben n.

selec|ción [seleg'θion] f Auswahl f; Auslese f; Sport: ~ nacional Nationalmannschaft f; **~tividad** [se-lektibi'ða⁽ᵈ⁾] f Radio: Trennschärfe f; **~tivo** [~'tibo] trennscharf; **~to** [se'lekto] auserwählt, ausgewählt.

selenio ♈ [se'lenio] m Selen n.

sel|va ['selba] f Wald m; ♀ Negra Schwarzwald m; ~ virgen Urwald m; **~vático** [sel'batiko] waldig; wild; rauh; **~voso** [~'boso] bewaldet; waldreich.

selladura [seʎa'dura] f Siegelung f.

sellar [se'ʎar] (1a) (ver)siegeln; stempeln; fig. besiegeln.

sello ['seʎo] m Siegel n; Petschaft n; Stempel m; Stempelmarke f; Briefmarke f; fig. Gepräge n; ~ oficial Dienstsiegel n.

semáforo [se'maforo] m Signalmast m; Verkehrsampel f.

semana [se'mana] f Woche f; ~ inglesa Fünftagewoche f; ♀ Santa Karwoche f; entre ~ wochentags; **~l** [sema'nal] wöchentlich; **~rio** [~'nario] m Wochenschrift f.

semántica [se'mantika] f Wortbedeutungslehre f, Semantik f.

semblante [sem'blante] m Gesicht n; Gesichtsausdruck m; Aussehen n.

semblanza [sem'blanθa] f Lebensbild n.

sembra|do [sem'braðo] m Saatfeld n; **~dor** [~bra'dɔr] m Sämann m; **~dora** [~bra'dora] f Drill-, Sämaschine f; **~dura** [~bra'dura] f Säen n.

sembrar [sem'brar] (1k) (aus)säen; bestreuen; ausstreuen; verbreiten.

semeja|nte [seme'xante] 1. adj. ähnlich; solch, so ein; 2. su. Nächste(r) m, Nächste f; mis ~s meinesgleichen; **~nza** [~'xanθa] f Ähnlichkeit f; **~r** [~'xar] (1a) ähnlich sein; scheinen.

semen ['semen] m tierischer Samen m; **~tal** [semen'tal] m Zuchttier n; Hengst m; **~tera** [~'tera] f Saat f, Saatzeit f.

semes|tral [semes'tral] halbjähr-

lich; **~tre** [~'mestre] m Semester n, Halbjahr n.

semi... [semi] in Zssgn Halb...

semi|circular [semiθirku'lar] halbkreisförmig; **~círculo** [~'θirkulo] m Halbkreis m; **~conductor** ∮ [~kondukˈtɔr] m Halbleiter m; **~corchea** ♪ [~kɔr'tʃea] f Sechzehntelnote f; **~elaborados** [~elabo'raðos] m/pl. Halbfabrikate n/pl.; **~final** [~fi'nal] f Sport: Vorschlußrunde f, Halbfinale n.

semi|lla [se'miʎa] f Samen m; Samenkorn n; **~llero** [semi'ʎero] m Baumschule f; Pflanzschule f; fig. Brutstätte f; **~nal** [~'nal] Samen...

seminari|o [semi'nario] m Seminar n; **~sta** [~na'rista] m Seminarist m.

semirremolque [semirre'molke] m Sattelschlepper m.

semita [se'mita] m Semit m.

semítico [se'mitiko] semitisch.

sémola ['semola] f Grieß m.

semovientes [semo'bientes]: bienes ~ m/pl. ~ bewegliche Güter n/pl.

sempiterno [sempi'terno] immerwährend; ewig.

sena|do [se'naðo] m Senat m; **~dor** [sena'dɔr] m Senator m; **~duría** [~ðu'ria] f Senatorenwürde f; **~torial** [~to'rial] Senats...

senci|llez [senθi'ʎeθ] f Einfachheit f; Schlichtheit f; **~llo** [~'θiʎo] 1. adj. einfach; schlicht; aufrichtig; einfältig; 2. m Chi. Kleingeld n.

senda ['senda] f, **sendero** [sen'dero] m Fußweg m, Pfad m.

sendos ['sendos], **sendas** [~das] je ein; jede(r) einzelne.

senectud [senek'tu⁽ᵈ⁾] f Greisenalter n.

senil [se'nil] greisenhaft.

seno ['seno] m Busen m; Meerbusen m; ♉ Sinus m; fig. Schoß m; Anat. ~ frontal Stirnhöhle f.

sensa|ción [sensa'θion] f Sinneseindruck m; Empfindung f; Gefühl n; Sensation f; hacer ~ Aufsehen erregen; **~cional** [~θio'nal] aufsehenerregend.

sensa|tez [sensa'teθ] f Besonnenheit f; **~to** [~'sato] besonnen, vernünftig.

sensi|bilidad [sensibili'ða⁽ᵈ⁾] f Empfindlichkeit f; Empfindsamkeit f; **~bilizar** [~bili'θar] (1f) sensibilisieren; Phot. lichtempfindlich machen; **~ble** [~'sible] empfindlich;

gefühlvoll; fühlbar; schmerzlich; **~blería** [~sible'ria] f Rührseligkeit f; Gefühlsduselei f; **~tiva ♀** [~si-'tiba] f Mimose f; **~tivo** [~si'tibo] Sinnes...; empfindungsfähig; empfindsam.   [rio) Sinnes...)

senso|rial [senso'rial], **~rio** [~'so-] sensual [sen'sūal] sinnlich; **~idad** [~sūali'da⁽ᵈ⁾] f Sinnlichkeit f.

senta|da [sen'tada] f neol. Sit-in n; de una ~ F in einem Zug; **~do** [~'ta⁽ᵈ⁾o] sitzend; fig. gesetzt; ruhig; estar ~ sitzen; **~r** [~'tar] (1k) setzen; Lager aufschlagen; aufschreiben, buchen; v/i. ~ bien gut bekommen (Speise); guttun; gut stehen (Kleidung); ~ bases Grundlagen schaffen.

senten|cia [sen'ten⁰ia] f Urteil n; Ausspruch m; **~ar** [~ten'⁰iar] (1b) verurteilen; entscheiden; **~oso** [~ten'⁰ioso] sentenziös; lehrhaft.

senti|do [sen'tido] **1.** adj. empfindlich; schmerzhaft; tiefempfunden; wehmütig; **2.** m Sinn m; Bedeutung f; Verstand m; Richtung f; Seite f; ~ común gesunde(r) Menschenverstand m; falto de ~ sinnlos; perder el ~ das Bewußtsein verlieren; en todos los ~s in jeder Hinsicht; **~mental** [sentimen'tal] gefühlvoll, empfindsam; **~mentalismo** [~ta-'lizmo] m Sentimentalität f; Gefühlsduselei f; **~miento** [~'miento] m Gefühl n, Empfindung f; Bedauern n; le acompaño en el ~ „herzliches Beileid".

sentina ⚓ [sen'tina] f Kielboden m.

sentir [sen'tir] **1.** (3i) v/t. fühlen; empfinden; verspüren, merken; bedauern; dafürhalten; lo siento es tut mir leid; **2. ~se** sich fühlen; Am. sich beleidigt fühlen; **3.** m Fühlen n, Gefühl n; Meinung f.

seña [seña] f Zeichen n, Anzeichen n; Erkennungszeichen n; Gebärde f; Wink m; **~s** pl. Anschrift f, Adresse f; **~s** personales Personenbeschreibung f; hacer ~s winken; por más ~s um das Bild zu vervollständigen; **~l** [se'ñal] f Merkmal n; Signal n; Zeichen n; Kennzeichen n; Lesezeichen n; Anzahlung f; Narbe f, Wundmal n; ~ horaria Radio: Zeitzeichen n; ~ de tráfico Verkehrszeichen n; en ~ de zum Zeichen von; **~ladamente** [señala-da'mente] besonders; **~lado** [~-'la⁽ᵈ⁾o] ausgezeichnet; bedeutsam;

~lamiento [~la'miento] m Kennzeichnung f; Anberaumung f; **~lar** [~'lar] (1a) kennzeichnen; (aus-) zeichnen; zeigen auf (ac.); anzeigen; hinweisen auf (ac.); anberaumen; markieren; Gehalt anweisen; **~larse** sich hervortun.

señalización [señali⁰a'⁰iɔn] f Signalisierung f.

señor [se'ɲɔr] **1.** m Herr m; Besitzer m; ~ feudal Lehnsherr m; **2.** adj. F gehörig, tüchtig; **~a** [se-'ɲora] f Herrin f; Frau f; Gebieterin f; Dame f; gnädige Frau (Anrede); Nuestra ♀ Jungfrau Maria; **~ear** [seɲore'ar] (1a) beherrschen; überragen; **~earse** sich bemächtigen (gen.); **~ía** [~'ria] f Herrschaft f; Su ♀ Euer Hochwohlgeboren; Euer Gnaden; **~ial** [~'rial] herrschaftlich; **~ío** [~'rio] m Herrschaft f; Beherrschung f; **~ita** [~'rita] f Fräulein n; junge Dame f; **~ito** [~'rito] m junger Herr m; F Geck m.

señuelo [se'ɲuelo] m Lockvogel m.

seo ['seo] f Dom m, Münster m.

separa|ble [sepa'rable] (ab)trennbar; **~ción** [~ra'⁰iɔn] f Trennung f; Absonderung f; Entlassung f aus dem Dienst; ~ de bienes Gütertrennung f; ~ de cuerpos Trennung f v. Tisch u. Bett; ~ de poderes Pol. Gewaltenteilung f; **~do** [~'ra⁽ᵈ⁾o]: por ~ besonders; Extra...; mit getrennter Post; **~r** [~'rar] (1a) trennen; absondern; scheiden; aus dem Dienst entlassen; **~rse** sich zurückziehen; austreten (aus [dar.] de); **~ta** [~'rata] f Sonderdruck m; **~tista** [~ra'tista] **1.** adj. separatistisch; **2.** m Separatist m.

sepelio [se'pelio] m Begräbnis n.

sepia ['sepia] f Tintenfisch m, Sepia f.

septen|ario [septe'nario] m Zeitraum m v. sieben Tagen; **~trión** [~ten'triɔn] m Norden m; **~trional** [~tentrio'nal] nördlich, Nord...

se(p)tiembre [se'tiembre] m September m.

sépti|ma ♪ ['septima] f Septime f; **~mo** ['setimo, 'septimo] siebente(r, -s).

septingentésimo [septiŋxen'tesimo] siebenhundertste(r, -s).

septua|genario [septūaxe'nario] siebzigjährig; **~gésimo** [~'xesimo] siebzigste(r, -s).

sepul|cral [sepul'kral] Toten...,
Grabes...; **~cro** [se'pulkro] *m*
Grabstätte *f*; Grab *n*; **~tar** [sepul-
'tar] (1a) begraben (*a. fig.*); **~tura**
[~'tura] *f* Bestattung *f*; Grab *n*; *dar
~ a alg.* j-n begraben, beisetzen; **~**
turero [~tu'rero] *m* Totengräber *m*.

sequedad [seke'da⁽ᵈ⁾] *f* Trockenheit *f*; Dürre *f*; *fig.* Unfreundlich-
keit *f*.

sequía [se'kia] *f* Dürre *f*; Trocken-
periode *f*.   [leit *n*.)

séquito ['sekito] *m* Gefolge *n*; Ge-)

ser [ser] **1.** (2w) sein (*zur Bezeichnung v. wesentlichen, dauernden
Eigenschaften, Herkunft, Beruf, Alter, Zeitangaben; in unpersönlichen
Ausdrücken*); werden (*passivisch*); **~**
de gehören zu (*dat.*); sich gehören
für (*ac.*); bestehen aus (*dat.*); stammen aus (*dat.*); **~** *para* geeignet sein
(*od.* sich eignen) für (*ac.*); taugen
zu (*dat.*); *de no ~ así* andernfalls;
a no ~ que wofern nicht; *esto es das
heißt; ¡eso es! (das) stimmt!*; *gut
so!*; *¿cómo es?* was kostet es?;
¡cómo es eso! was soll das heißen!;
¿qué es de ti? was ist mit dir los?;
un sí es no es ein klein wenig; *sea ...
sea ... sei es ... sei es ...; sea lo que
sea* wie dem auch sei; **2.** *m* Sein *n*;
Wesen *n*.

sera ['sera] *f* Kiepe *f*.

seráfico [se'rafiko] engelhaft.

serafín [sera'fin] *m* Seraph *m*;
Engel *m*.

serba ['serba] *f* Vogelbeere *f*; **~l**
[ser'bal] *m* Vogelbeerbaum *m*,
Eberesche *f*.

serenar [sere'nar] (1a) aufheitern;
beruhigen; **~se** sich beruhigen (*a.
Wetter*); sich besänftigen.

serenata ♩ [sere'nata] *f* Serenade *f*;
Ständchen *n*.

serenidad [sereni'da⁽ᵈ⁾] *f* Heiterkeit *f*; Gemütsruhe *f*; Gelassenheit *f*.

sereno¹ [se'reno] *m* Nachtwächter
m; *al ~* (nachts) im Freien.

sereno² [se'reno] heiter; ruhig; gelassen; geistesgegenwärtig.

serial [se'rial] *m Radio:* Hörfolge *f*;
Fernsehen: Sendereihe *f*.

sericicultura [seriθikul'tura] *f* Sei-
denraupenzucht *f*.

serie ['serie] *f* Reihe *f*; Folge *f*;
Serie *f*; *fabricación f en ~* Serien-
herstellung *f*.

seriedad [serie'da⁽ᵈ⁾] *f* Ernst *m*;
Zuverlässigkeit *f*; Redlichkeit *f*.

serio ['serio] ernst, ernsthaft; †
reell; zuverlässig; aufrichtig; *tomar
a/c. en ~ et.* ernst nehmen.

serm|ón [ser'mɔn] *m* Predigt *f*;
F Standpauke *f*; **~onear** F [~mo-
ne'ar] (1a) die Leviten lesen.

seroja [se'rɔxa] *f* dürres Laub *n*;
Reisig *n*.

serón [se'rɔn] *m* großer Korb *m*;
Tragkorb *m für Saumtiere.*

serpen|tear [serpente'ar] (1a) sich
schlängeln; **~tín** ⊕ [~'tin] *m*
Schlangenrohr *n*, (Kühl-)Schlange
f; **~tina** [~'tina] *f* Schlangenlinie *f*;
Serpentine *f*; Luft-, Papierschlange
f.

serpiente [ser'piente] *f* Schlange *f*.

serrallo [se'rraʎo] *m* Serail *n*,
Harem *m*.

serra|nía [serra'nia] *f* Gebirgsland
n; **~no** [se'rrano] **1.** *adj.* Berg...;
2. *m* Gebirgsbewohner *m*.

serr|ar [se'rrar] (1k) sägen; **~ín**
[se'rrin] *m* Sägemehl *n*; **~ucho**
[se'rrutʃo] *m* Fuchsschwanz *m*
(*Säge*).

servi|ble [ser'bible] brauchbar; **~**
cial [~βi'θial] dienstwillig, gefällig;
~cio [~'βiθio] *m* Dienst *m*; Dienst-
leistung *f*; Bedienung *f*; Betrieb *m*;
Dienst-, Verwaltungsstelle *f*; Gedeck *n*; (Kaffee-, Tisch-)Geschirr
n; (Licht-, Wasser-)Anschluß *m*;
Toilette *f*, WC *n*; **~** *automático
Fernspr.* Selbstwählbetrieb *m*; **~**
militar obligatorio Wehrpflicht *f*;
~ *pos(t)venta* Kundendienst *m*; **~**
sustitutivo (Wehr-)Ersatzdienst *m*;
prestar un ~ e-n Dienst erweisen;
~dor [~βi'dɔr] *m* Diener *m*; **~dum-**
bre [~βi'dumbre] *f* Dienstbarkeit *f*;
Knechtschaft *f*; Hörigkeit *f*; Die-
nerschaft *f*; Gesinde *n*; **~l** [~'βil]
knechtisch; sklavisch; unterwürfig;
~lismo [~βi'lizmo] *m* knechtische
Gesinnung *f*; Unterwürfigkeit *f*;
~lleta [~βi'ʎeta] *f* Serviette *f*; **~lle-**
tero [~βiʎe'tero] *m* Servietenring
m.

servio ['serβio] serbisch.

servir [ser'βir] (3l) **1.** *v/t.* dienen;
bedienen; *Speisen* auftragen, ser-
vieren; *Getränke* einschenken; *Amt*
versehen; **2.** *v/i.* dienen (*a.* ✕); **~** *de*
dienen als; **~** *para* taugen zu (*dat.*);
no ~ para nada zu nichts taugen;

¡para ~le! zu Ihren Diensten!; 3. ~se sich bedienen; zugreifen (bei Tisch); sírvase tomar asiento bitte, nehmen Sie Platz!

sésamo ♀ ['sesamo] m Sesam m.

sesear [sese'ar] (1a) lispeln; das z wie s aussprechen.

sesen|ta [se'senta] sechzig; **~tón** [sesen'tɔn] sechzigjährig.

seseo [se'seo] m Lispeln n.

sesera [se'sera] f Hirnschale f; F Gehirn n.

ses|gadura [sezga'dura] f schräger Schnitt m; **~gar** [~'gar] (1h) schräg schneiden; zur Seite neigen; **~go** ['sezgo] 1. adj. schräg; schief; 2. m Schräge f; ⊕ Gehre f; fig. Mittelweg m; Wendung f; al ~ schief; quer.

se|sión [se'sjɔn] f Sitzung f; Tagung f; Beratung f; Vorstellung f (Kino); **~sionar** Am. [~sjo'nar] (1a) e-e Sitzung abhalten, tagen.

seso ['seso] m Gehirn n; fig. Verstand m; perder el ~ den Kopf verlieren; ~s pl. Kchk. Hirn n.

sestear [seste'ar] (1a) Mittagsruhe halten.

sesudo [se'sudo] besonnen; vernünftig.

seta ♀ ['seta] f Pilz m.

setecientos [sete'θjentos] siebenhundert.

seten|ta [se'tenta] siebzig; **~tón** [seten'tɔn] siebzigjährig.

setiembre [se'tjembre] m September m.

seto ['seto] m Zaun m; ~ vivo Hecke f.

seudo... [seudo] Pseudo...

seudónimo [seu'donimo] 1. adj. pseudonym; 2. m Deckname m, Pseudonym n.

seve|ridad [seberi'da⁽ᵈ⁾] f Strenge f; **~ro** [se'bero] streng; genau.

seviche Ec., Pe. [se'bitʃe] m ein Fischgericht.

sevillanas [sebi'ʎanas] f/pl. Sevillana f (Tanz).

sexa|genario [seɡsaxe'narjo] sechzigjährig; **~gésimo** [~'xesimo] sechzigste(r, -s).

sexo ['seɡso] m Geschlecht n; **~logía** [seɡsolɔ'xia] f Sexualkunde f.

sextante ♁ [ses'tante] m Sextant m.

sexto ['sesto] 1. adj. sechste(r, -s); 2. m Sechstel n.

séxtuplo ['sestuplo] sechsfach.

sexual [seɡ'sŭal] geschlechtlich,

sexuell; **~idad** [~sŭali'da⁽ᵈ⁾] f Sexualität f.

si¹ [si] pron. sich; de ~ von selbst; von sich aus; de por ~ an und für sich.

si² [si] 1. adv. ja; jawohl; gewiß; ~ tal ja doch; por ~ o por no auf alle Fälle; 2. m Ja(wort) n.

si [si] 1. cj. wenn; ob; ~ no falls nicht; sonst; como ~ als ob; 2. m ♪ H n; ~ bemol B n.

sibarita [siba'rita] m Schlemmer m.

sicario [si'karjo] m gedungener Meuchelmörder m.

sico... s. psico...

sicómoro ♀ [si'komoro] m Sykomore f.

sideral [side'ral] Stern(en)...

siderurgia [side'rurxia] f Eisenhüttenkunde f.

siderúrgico [side'rurxiko] Eisenhütten...; eisenverarbeitend.

sidra ['sidra] f Apfelwein m.

siega ['sieɡa] f Mähen n; (Getreide-)Ernte f; Erntezeit f.

siembra ['siembra] f Säen n; Saatzeit f; Saat f.

siempre ['siempre] immer, stets; ~ jamás immerwährend; de ~ von jeher; lo de ~ immer wieder dasselbe, F immer die alte Geschichte; ~ que sofern; **~viva** ♀ f [siempre-'biba] f Immortelle f.

sien [sien] f Schläfe f.

sierpe poet. ['sierpe] f Schlange f.

sierra ['sierra] f Säge f; Bergkette f; Gebirge n; ~ circular Kreissäge f.

siervo ['sierbo] m Diener m, Sklave m; Leibeigene(r) m.

siesta ['siesta] f Mittagsruhe f; dormir la ~ Mittagsruhe halten.

siete ['siete] 1. sieben; 2. m F Dreieck n (Riß im Kleid); V Am. reg. After m, V Arschloch n; **~mesino** [sieteme'sino] 1. adj. siebenmonatlich; 2. m Siebenmonatskind n.

sífilis ['sifilis] f Syphilis f.

sifón [si'fɔn] m Heber m; Siphon m.

sigilo [si'xilo] m Geheimnis n; Verschwiegenheit f; hist. Siegel n; ~ profesional Amtsgeheimnis n; ~ sacramental Beichtgeheimnis n; **~so** [sixi'loso] verschwiegen, geheim.

sigla ['siɡla] f Sigel n, Abkürzung f.

siglo ['siɡlo] m Jahrhundert n; fig.

Ewigkeit f; Welt f (Ggs. Kirche); el ♀ de Oro das Goldene Zeitalter; por los ~s de los ~s in alle Ewigkeit.

signa|r [sig'nar] (1a) unterzeichnen; **~rse** sich bekreuzigen; **~tario** [~na'tarjo] m Unterzeichner; **~tura** [~na'tura] f Bezeichnung f; Signatur f (Buch).

significa|ción [signifika'θjon] f, **~do** [~'kaðo] m Bedeutung f; Sinn m; **~r** [~'kar] (1g) bedeuten; **~tivo** [~ka'tiβo] bezeichnend; bedeutsam.

signo ['signo] m Zeichen n; Anzeichen n; Sinnbild n.

siguiente [si'ɣjente] folgend; ¡el ~! der nächste, bitte!

silaba ['silaβa] f Silbe f.

sila|bario [sila'βarjo] m Abc-Buch n, Fibel f; **~bear** [~βe'ar] (1a) Silbe für Silbe sprechen.

silba ['silba] f Auszischen n.

silba|r [sil'βar] (1a) pfeifen; v/t. auszischen; **~to** [~'βato] m Pfeife f.

silbido [sil'βiðo] m Pfeifen n; Pfiff m.

silbo ['silbo] m Pfiff m; Zischen n.

silencia|dor [silenθja'ðor] m Schalldämpfer m; Kfz. Auspufftopf m; **~r** [~'θjar] (1b) verschweigen; (stillschweigend) übergehen.

silencio [si'lenθjo] m Stillschweigen n; Ruhe f, Stille f; en ~ stillschweigend; **~so** [silen'θjoso] still, schweigsam; geräuschlos.

sílfide ['silfiðe] f Elfe f.

silfo ['silfo] m Elf m.

sílice ['siliθe] f Kiesel m.

silo ['silo] m Getreidespeicher m, Silo m.

silueta [si'lweta] f Schattenriß m,

siluro [si'luro] m Wels m (Fisch).

silvestre [sil'βestre] wild(wachsend).

silvicultura [silbikul'tura] f Forstwirtschaft f.

silla|r ['siʎa] f Stuhl m; Sitz m; ~ (de montar) Sattel m; ~ de manos Sänfte f; ~ plegable Klappstuhl m; de ~ a ~ F unter vier Augen.

sillar [si'ʎar] m Quaderstein m.

sillería [siʎe'ria] f Gestühl n; Chorgestühl n; Stuhlmacherei f; Sattlerei f; Quaderbau m; Quadersteine m/pl.

sillero [si'ʎero] m Stuhlmacher m; Sattler m.

silleta [si'ʎeta] f Stühlchen n; Stechbecken n für Kranke; Am. Mer. Stuhl m.

sillín [si'ʎin] m Fahrradsattel m.

sillón [si'ʎon] m Lehnstuhl m, Armsessel m; ~ de mimbres Korbsessel m; ~ de playa Strandkorb m; ~ de ruedas Rollstuhl m.

sima ['sima] f Erdloch n; Abgrund m.

simbólico [sim'boliko] sinnbildlich.

simboli|smo [simbo'lizmo] m Symbolismus m; Symbolik f; **~zar** [~li'θar] (1f) versinnbildlichen.

símbolo ['simbolo] m Sinnbild n, Symbol n; Wahrzeichen n.

simetría [sime'tria] f Ebenmaß n, Symmetrie f.

simétrico [si'metriko] ebenmäßig, symmetrisch.

simiente [si'mjente] f Samen m; Saatkorn n; ~s pl. Saatgut n.

símil ['simil] **1.** adj. ähnlich; **2.** m Vergleich m; Gleichnis n.

similar [simi'lar] gleichartig.

similitud [simili'tu(d)] f Ähnlichkeit f.

simio Zo. ['simjo] m Affe m.

simón [si'mon] m (Pferde-)Droschke f.

simonía [simo'nia] f Simonie f.

sim|patía [simpa'tia] f Sympathie f; Zuneigung f; **~pático** [~'patiko] sympathisch; **~patizante** Pol. [~pati'θante] m Sympathisant m; **~patizar** [~'θar] (1f) sympathisieren.

sim|ple ['simple] **1.** adj. einfach; bloß; schlicht; einfältig; albern; **2.** m einfältiger Mensch m; **~pleza** [sim'pleθa] f Einfalt f; Dummheit f; **~plicidad** [~pliθi'ða(d)] f Einfachheit f; **~plificar** [~plifi'kar] (1g) vereinfachen; **~plón** [~'plon] m Einfaltspinsel m; P Dussel m.

simpo|sio, ~sium [sim'posjo, ~po'sjun] m Symposium n.

simula|ción [simula'θjon] f Verstellung f; Vortäuschung f; **~cro** [~'lakro] m Trugbild n.

simular [simu'lar] (1a) heucheln, vortäuschen; vorspiegeln.

simul|tanear [simultane'ar] (1a) gleichzeitig betreiben; **~taneidad** [~nei'ða(d)] f Gleichzeitigkeit f; **~táneo** [~'taneo] gleichzeitig; interpretación f ~a Simultandolmetschen n.

sin [sin] prp. ohne; ~ más ohne weiteres; ~ que ohne daß.

sinagoga [sina'goga] f Synagoge f.

since|rar [sinθe'rar] (1a) rechtfertigen; entschuldigen; **~rarse** sich aussprechen; **~ridad** [~ri'da^(d)] f Aufrichtigkeit f; **~ro** [~'θero] aufrichtig; ehrlich.

sinco|pa *Gram.*, ♪ ['siŋkopa] f Synkope f; **~pe** ♪ ['siŋkope] m Ohnmacht f; Herzschlag m.

sincroni|smo [siŋkro'nizmo] m Gleichzeitigkeit f; **~zar** [~kroni-'θar] (1f) gleichschalten; synchronisieren.

sindica|l [sindi'kal] Gewerkschafts-...; **~lismo** [~ka'lizmo] m Syndikalismus m, Gewerkschaftsbewegung f; **~lista** [~ka'lista] m Gewerkschaft(l)er m; **~r** [~'kar] (1g) anschuldigen, verdächtigen; zu e-r Gewerkschaft zs.-schließen; **~to** [~'kato] m Syndikat n; Gewerkschaft f.

síndico ['sindiko] m Syndikus m; **~ de la quiebra** Konkursverwalter m.

sinecura [sine'kura] f Pfründe f.

sinfín [sim'fin] m Unmenge f.

sinfonía ♪ [simfo'nia] f Symphonie f.

sinfónico [sim'foniko] symphonisch.

singla|dura ⚓ [siŋgla'dura] f Tagesreise f; **~r** ⚓ [~'glar] (1a) fahren.

singular [siŋgu'lar] **1.** *adj.* einzeln; einzig(artig); außergewöhnlich; seltsam; **2.** m *Gram.* Einzahl f; **~idad** [~lari'da^(d)] f Sonderbarkeit f; Eigenart f; **~izar** [~lari'θar] (1f) auszeichnen; herausheben; **~izarse** sich auszeichnen; sich absondern.

sinies|trado [sinies'tra^do] verunglückt; be-, geschädigt; **~tro** [~'niestro] **1.** *adj.* linke(r, -s); unheilvoll; verwünscht; **2.** m Unheil n; Unglücksfall m; Schaden(sfall) m.

sinnúmero [sin'numero] m Unzahl f.

sino¹ ['sino] m Schicksal n.

sino² ['sino] **1.** *prp.* außer; **2.** *cj.* sondern; sonst; *no sólo ... ~ también* nicht nur ... sondern auch.

sínodo ['sinodo] m Synode f.

sinónimo [si'nonimo] **1.** *adj.* sinnverwandt; gleichbedeutend; **2.** m Synonym n.

sinopsis [si'nɔbsis] f Übersicht f, Auszug m.

sinóptico [si'nɔptiko] übersichtlich; *cuadro m ~* Übersichtstabelle f.

sinrazón [sinrra'θɔn] f Unrecht n; Unsinn m.

sinsabor [sinsa'bɔr] m Ärger m; Unannehmlichkeit f.

sintaxis [sin'tagsis] f Syntax f.

síntesis ['sintesis] f Zs.-stellung f, Synthese f; Inbegriff m.

sintético [sin'tetiko] synthetisch; künstlich.

síntoma ['sintoma] m Anzeichen n; Symptom n.

sintomático [sinto'matiko] symptomatisch; bezeichnend.

sinto|nía [sinto'nia] f Syntonie f; *Radio:* Abstimmung f; **~nización** [~niθa'θiɔn] f *Radio:* Feineinstellung f; **~nizar** [~ni'θar] (1f) *Radio:* abstimmen; *Sender* einstellen.

sinuo|sidad [sinu̯osi'da^(d)] f Krümmung f; Windung f; Einbuchtung f; **~so** [si'nu̯oso] gekrümmt; gewunden.

sinvergüenza [simber'ḡu̯enθa] m unverschämter Kerl m.

sionismo [sio'nizmo] m Zionismus m.

siquiera [si'kiera] *cj.* wenigstens; wenn auch; *ni ~* nicht einmal.

sirena [si'rena] f *Myth. u.* ⊕ Sirene f; *~ antiaérea* Luftschutzsirene f.

sirga ⚓ ['sirga] f Schlepptau n; *camino m de ~* Treidelpfad m; **~r** ⚓ [sir'gar] (1h) treideln.

sirio ['sirio] **1.** *adj.* syrisch; **2.** m, -a f Syr(i)er(in f) m.

sirle ['sirle] m Schaf- u. Ziegenmist m.

siroco [si'roko] m Schirokko m.

sirvien|ta [sir'bienta] f Magd f; Dienstmädchen n; **~te** [~'biente] m Diener m.

sisa ['sisa] f Schmu m; (Ärmel-) Ausschnitt m; **~r** [si'sar] (1a) F Schmu machen; *Kleid* ausschneiden.

sisear [sise'ar] (1a) auszischen.

sisique *Méj.* [si'sike] m Alkohol m aus Agavensaft.

sísmico ['sizmiko] Erdbeben...

sism|ógrafo [siz'moḡrafo] m Seismograph m, Erdbebenmesser m; **~ología** [~molɔ'xia] f Erdbebenkunde f.

siste|ma [sis'tema] m System n; **~mático** [~te'matiko] systematisch; planmäßig; **~matizar** [~temati'θar] (1f) systematisch ordnen.

sitial [si'tial] m Chorstuhl m; Ehrensitz m.

sitiar [si'tiar] (1b) belagern.

sitio ['sitĭo] *m* Lage *f*; Platz *m*; Ort *m*; Stelle *f*; Gegend *f*; Sitz *m*; Belagerung *f*; *Arg., Chi., Guat.* Grundstück *n*, Baugelände *n*; *Cu., Méj.* kleines Landgut *n*.

sito ['sito] gelegen, befindlich.

situa|ción [sitŭa'θĭɔn] *f* Lage *f*; Stand *m*; Zustand *m*; **~do** [si'tŭaᵈo] liegend, gelegen; *bien* ~ gutsituiert; *estar* ~ liegen.

situar [si'tŭar] (1e) legen; stellen; *Summe* ausweisen; **~se** stattfinden, sich abspielen (*Handlung*); *Sport*: sich plazieren.

smoking ['smokiŋ] *m s.* esmoquin.

snobismo [sno'bizmo] *m s.* esnobismo.

so¹ [so] *prp.* unter; *so capa* unter dem Vorwand; *so pena* bei Strafe.

so² F [so] (*zur Verstärkung von Schimpfwörtern*): ¡~ burro! Sie (*od.* du) Trottel!

soba ['soba] *f* Kneten *n*; F *dar una* ~ verprügeln.

sobaco [so'bako] *m* Achselhöhle *f*.

sobado [so'baᵈo] abgegriffen; abgedroschen.

sobajar [soba'xar] (1a) F plump betatschen; zerknüllen.

soba|quera [soba'kera] *f* Schweiß-, Schutzblatt *n*; Achselunterlage *f*; **~quina** [~'kina] *f* Achselschweißgeruch *m*.

sobar [so'bar] (1a) (durch)kneten; F betatschen; F befummeln; *fig.* prügeln; F plump-vertraulich behandeln; *Am. Knochen* einrenken.

sobarbada [sobar'baᵈa] *f* Ruck *m* am Zügel; *fig.* Anschnauzer *m*.

sober|anamente [soberana'mente] höchst; äußerst; **~anía** [~'nia] *f* Oberherrschaft *f*; Oberhoheit *f*; Hoheitsrecht *n*; Souveränität *f*; **~ano** [~'rano] **1.** *adj.* erhaben; höchst; souverän; **2.** *m* Souverän *m*, Herrscher *m*.

sober|bia [so'berβĭa] *f* Stolz *m*, Hochmut *m*; **~bio** [~βĭo] stolz, hochmütig; prächtig.

sobón [so'βɔn] aufdringlich, plumpvertraulich; arbeitsscheu.

sobor|nar [soβor'nar] (1a) bestechen, F schmieren; **~no** [so'βorno] *m* Bestechung *f*.

sobra ['sobra] *f* Übermaß *n*; Überfluß *m*; *de* ~ im Überfluß, überflüssig; F nur allzu gut; **~s** *pl.* Speisereste *m/pl.*, Überbleibsel *n/pl.*;

~dillo [sobra'diλo] *m* Schutzdach *n*; **~do** [so'braᵈo] **1.** *adj.* übermäßig, überreichlich; *estar* ~ *de recursos* über beträchtliche Mittel verfügen; **2.** *m* Dachboden *m*.

sobra|nte [so'brante] **1.** *adj.* übrig (-bleibend); überflüssig; **2.** *m* Überrest *m*; Restbetrag *m*; Überschuß *m*; **~r** [so'brar] (1a) übrigbleiben; überflüssig, lästig sein.

sobre¹ ['sobre] *m* Briefumschlag *m*; Aufschrift *f*.

sobre² ['sobre] *prp.* auf; über; außer; an; gegen, ungefähr; ~ *eso* außerdem; ~ *esto* hierauf; ~ *sí* wachsam; selbstsicher; ~ *todo* vor allem; ~ *inf.*: ~ *ser tonto*, es perezoso er ist nicht nur dumm, sondern auch noch faul.

sobre|abundancia [sobreabun'danθĭa] *f* Überfülle *f*; **~alimentación** [~alimenta'θĭɔn] *f* Überernährung *f*; **~calentar** [~kalen'tar] (1k) überhitzen; **~carga** [~'karga] *f* Überladung *f*; Überlast *f*; **~cargar** [~kar'gar] (1h) überladen; **~coger** [~kɔ'xer] (2c) überraschen; **~cogerse** zs.-fahren, erschrecken; **~cubierta** [~ku'bĭerta] *f* Schutzumschlag *m*; *Buch:* ~ *f* Überdosis *f*; **~entender** *s.* sobrentender; **~estimar** [~esti'mar] (1a) überschätzen; **~excitar** [~esθi'tar] (1a) überreizen; **~exponer** [~espo'ner] (2r) *Phot.* überbelichten; **~faz** [~'faθ] *f* Oberfläche *f*; **~humano** [~u'mano] übermenschlich; **~llevar** [~λe'βar] *v/t.* (1a) *j-m* e-e Last tragen helfen; geduldig ertragen; **~manera** [~ma'nera] außerordentlich; **~mesa** [~'mesa] *f*: *de* ~ nach Tisch; Tisch...; **~modo** [~'moᵈo] äußerst; **~natural** [~natu'ral] übernatürlich; **~nombre** [~'nɔmbre] *m* Beiname *m*.

sobrentender [sobrenten'der] (2g) *stillschweigend* mit einbegreifen; **~se** sich von selbst verstehen.

sobre|paga [sobre'paga] *f* Zulage *f*; **~parto** ✞ [~'parto] *m* Wochenbett *n*; **~pasar** [~pa'sar] (1a) übertreffen; übersteigen; **~pesca** [~'peska] *f* Überfischen *n*; **~peso** [~'peso] *m* Übergewicht *n*; **~poner** [~po'ner] (2r) darüberlegen; hinzufügen; **~ponerse**: ~ *a* sich hinwegsetzen über (*ac.*); **~precio** [~'preθĭo] *m* Preisaufschlag *m*, Aufpreis *m*; **~**

producción [ˌprodugˈθiɔn] *f* Überproduktion *f*; **⁓puesto** [ˌ-ˈpu̯esto] **1.** *adj.* aufgesetzt, aufgelegt; **2.** *m* Aufsatz *m*; **⁓pujar** [ˌ-puˈxar] (1a) übertreffen; ✝ überbieten.

sobre|saliente [sobresaˈli̯ente] **1.** *adj.* hervorragend; *Note:* sehr gut; **2.** *m* *Stk.*, *Thea.* Ersatzmann *m*; **⁓salir** [ˌ-saˈlir] (3r) hervorragen; **⁓saltar** [ˌ-salˈtar] (1a) plötzlich erschrecken; **⁓salto** [ˌ-ˈsalto] *m* jäher Schrecken *m*; Überstürzung *f*; de ⁓ plötzlich, jählings; **⁓scrito** [sobresˈkrito] *m* Aufschrift *f*; **⁓seer** ɨ̃ɨ̃ [sobreseˈer] (2e) das Verfahren einstellen; **⁓seimiento** ɨ̃ɨ̃ [ˌsei̯ˈmi̯ento] *m* Einstellung *f* des Verfahrens; **⁓stadía** ⚓ [sobrestaˈdia] *f* Überliegezeit *f*; Liegegeld *n*; **⁓todo** [ˌ-ˈtodo] *m* Überzieher *m*; **⁓stante** [ˌ-ˈtante] *m* Aufseher *m*; **⁓tasa** [sobreˈtasa] *f* Aufschlag *m*; Nachgebühr *f*; **⁓venir** [ˌ-beˈnir] (3s) dazukommen; unvermutet eintreten *od.* erfolgen; **⁓vivir** [ˌ-biˈbir] (3a) überleben; *v/i.* am Leben bleiben; **⁓volar** [ˌ-boˈlar] (1m) überfliegen.

sobriedad [sobri̯eˈda⁽ᵈ⁾] *f* Genügsamkeit *f*; Nüchternheit *f*.

sobri|na [soˈbrina] *f* Nichte *f*; **⁓no** [ˌ-ˈbrino] *m* Neffe *m*.

sobrio [ˈsobri̯o] mäßig; nüchtern; sparsam, karg.

socaire ⚓ [soˈkai̯re] *m* Leeseite *f*; al ⁓ de im Schutz von.

socali|ña [sokaˈlina] *f* Prellerei *f*; Schwindel *m*; **⁓ñar** [ˌ-liˈnar] (1a) prellen; abgaunern; **⁓ñero** [ˌ-liˈnero] *m* Gauner *m*.

socapa [soˈkapa] *f* Vorwand *m*; a ⁓ heimlich, verstohlen.

socarr|ón [sokaˈrrɔn] schlau; verschmitzt; **⁓onería** [ˌ-rroneˈria] *f* Schlauheit *f*; Schelmerei *f*.

soca|va [soˈkaba] *f* Unterhöhlung *f*; **⁓var** [sokaˈbar] (1a) unterhöhlen; untergraben; **⁓vón** [ˌ-ˈbɔn] *m* unterirdischer Gang *m*; Erdeinsturz *m*.

socia|bilidad [soθi̯abiliˈda⁽ᵈ⁾] *f* Geselligkeit *f*; **⁓ble** [ˌ-ˈθi̯able] gesellig; umgänglich.

socia|l [soˈθi̯al] gesellschaftlich; sozial; **⁓lismo** [soθi̯aˈlizmo] *m* Sozialismus *m*; **⁓lista** [ˌ-ˈlista] **1.** *adj.* sozialistisch; **2.** *m* Sozialist *m*; **⁓lizar** [ˌ-liˈθar] (1f) vergesellschaften; sozialisieren.

sociedad [soθi̯eˈda⁽ᵈ⁾] *f* Gesellschaft *f*; Verein *m*; ⁓ anónima, ⁓ por acciones Aktiengesellschaft *f*; ⁓ comanditaria (*od.* en comandita) Kommanditgesellschaft *f*; ⁓ colectiva offene Handelsgesellschaft *f*; ⁓ de consumo Konsumgesellschaft *f*; ⁓ fiduciaria Treuhandgesellschaft *f*; ⁓ mercantil Handelsgesellschaft *f*; ⁓ opulenta Wohlstandsgesellschaft *f*; ⁓ de responsabilidad limitada Gesellschaft *f* mit beschränkter Haftung.

socio *m*, -a *f* [ˈsoθi̯o, ˈsoθi̯a] Genosse *m*, Genossin *f*; Teilhaber(in *f*) *m*; Gesellschafter(in *f*) *m*; Mitglied *n*; ⁓ comanditario Kommanditist *m*; ⁓ tácito stiller Teilhaber *m*; ⁓ de honor *od.* honorario Ehrenmitglied *n*; ⁓ de número ordentliches Mitglied *n*.

soci|ología [soθi̯oloˈxia] *f* Gesellschaftslehre *f*, Soziologie *f*; **⁓ólogo** [soˈθi̯ologo] *m* Soziologe *m*.

socorr|er [sokoˈrrer] (2a) unterstützen; *j-m* helfen; **⁓ismo** [ˌ-ˈrrizmo] *m* Erste Hilfe *f*.

socorro [soˈkɔrro] *m* Hilfe *f*; Unterstützung *f*; Beistand *m*; ✕ Entsatz *m*; ¡⁓! Hilfe!

socucho *Am.* [soˈkutʃo] *m* kleine Bude *f*, kleines Zimmer *n*.

soda [ˈsoda] *f* Soda *f od.* *n*; Sodawasser *n*.

sodio [ˈsodi̯o] *m* Natrium *n*.

soez [soˈeθ] gemein; niederträchtig.

sofá [soˈfa] *m* Sofa *n*; **⁓-cama** Bett-, Schlafcouch *f*.

sofis|ma [soˈfizma] *m* Sophisterei *f*; Spitzfindigkeit *f*; **⁓ta** [soˈfista] **1.** *adj.* sophistisch; **2.** *m* Sophist *m*; **⁓ticado** [sofistiˈkaᵈo] affektiert; spitzfindig; raffiniert; **⁓ticar** [ˌ-ˈkar] (1g) verfälschen; Spitzfindigkeiten vorbringen.

sofístico [soˈfistiko] spitzfindig; Schein...

sofo|cación [sofokaˈθi̯ɔn] *f* Erstickung *f*; **⁓cante** [ˌ-ˈkante] erstickend; **⁓car** [ˌ-ˈkar] (1g) ersticken; unterdrücken; Einhalt gebieten (*dat.*); beschämen; **⁓carse** sich schämen; sich aufregen; **⁓co** [soˈfoko] *m* Erstickungsanfall *m*; schwerer Verdruß *m*.

sofreír [sofreˈir] (3m) leicht rösten.

sofre|nada [sofreˈnada] *f* Ruck *m* mit dem Zügel; *fig.* F Anschnauzer *m*; **~nar** [~'nar] (1a) zügeln; F anschnauzen.

soga ['soga] *f* Seil *n*; Strick *m*; *echar la ~ tras el caldero* F die Flinte ins Korn werfen; *tiene la ~ al cuello* das Wasser steht ihm bis zum Hals.

soguero [so'gero] *m* Seiler *m*.

soja ['sɔxa] *f* Soja(bohne) *f*.

sojuzgar [sɔxuð'gar] (1h) unterjochen.

sol [sɔl] *m* a) Sonne *f*; *Stk.* Sonnenseite *f*; *al caer el ~* bei Sonnenuntergang; *de ~ a ~* den ganzen Tag; *tomar el ~* sich sonnen; b) ♪ G *n*.

solado [so'laðo] *m* Fußbodenbelag *m*; Estrich *m*.

solamente [sola'mente] *adv.* nur, bloß; erst.

sola|na [so'lana] *f* sonniger Platz *m*; **~no** [so'lano] *m* heißer Ostwind *m*.

solapa [so'lapa] *f* Klappe *f*, Revers *n od. m* (*am Anzug*); *fig.* Vorwand *m*; **~do** [sola'paðo] arglistig; hinterhältig.

solapar [sola'par] (1a) mit Klappen versehen; *fig.* hinterm Berg halten mit (*dat.*).

solar[1] [so'lar] *m* Baugelände *n*, Bauplatz *m*; *Am. reg. ein Flächenmaß*; *Am. Cent., Ven.* Hinterhof *m*.

solar[2] [so'lar] *adj.* Sonnen...

solar[3] [so'lar] (1m) den Fußboden *mit Fliesen usw.* belegen.

solariego [sola'riego] altadlig; *casa f -a* Stammhaus *n*.

solari|o, **~um** [so'lario, ~'lariun] *m* Sonnenterrasse *f*.

solaz [so'laθ] *m* Erquickung *f*; Labsal *n*; **~ar** [sola'θar] (1f) ergötzen; laben.

solazo F [so'laθo] *m* Gluthitze *f*.

solda|da [sɔl'daða] *f* Lohn *m*; ✗ Wehrsold *m*; **~desca** [~da'deska] *f* Soldateska *f*; **~desco** [~da'desko] Soldaten...; **~do** [~'daðo] *m* Soldat *m*.

solda|dor [sɔlda'dor] *m* Lötkolben *m*; Schweißer *m*; **~dura** [~'dura] *f* Löten *n*; Schweißen *n*; **~r** [~'dar] (1m) schweißen; löten; wiedergutmachen.

solea|do [sole'aðo] sonnig; **~r** [~'ar] (1a) sonnen.

soledad [sole'ðað] *f* Einsamkeit *f*; Einöde *f*.

solem|ne [so'lemne] feierlich; festlich, Fest...; F riesig; **~nidad** [solemni'ðað] *f* Feierlichkeit *f*; Förm-

lichkeit *f*; F *de ~* ausgemacht, notorisch; **~nizar** [~'θar] (1f) feiern.

soler [so'ler] (2h) *v/i. def.* pflegen.

solera [so'lera] *f* Unterlage *f*; Träger *m*; ⊕ Sohle *f*; Weinhefe *f*; Mühlstein *m*; *fig.* Tradition *f*.

soleta [so'leta] *f* Strumpfsohle *f*; F *tomar ~* sich auf die Socken machen, abhauen, verduften.

solevantar [soleban'tar] (1a) anheben; *fig.* reizen.

sol|fa ['sɔlfa] *f* Gesangsübungen *f/pl.*; *fig.* Musik *f*; en ~ kunstgerecht; *poner en ~* ins Lächerliche ziehen; F *tocar la ~ a alg.* j-n verprügeln; **~fear** [sɔlfe'ar] (1a) Tonleitern üben; F verprügeln; **~feo** [~'feo] *m* Gesangsübungen *f/pl.*; F Tracht *f* Prügel.

solici|tación [soliθita'θiɔn] *f* ½ Betreibung *f*; Ansuchen *n*; Bewerbung *f*; ⊕ Beanspruchung *f*; **~tador** [~'dor] *m* Bewerber *m*; **~tante** [~'tante] *m* Antragsteller *m*; **~tar** [~'tar] (1a) sich bemühen (*od.* bewerben) um; nachsuchen um; beantragen; erbitten; *Angelegenheit* betreiben; umwerben; *Phys.* anziehen; *estar solicitado* begehrt sein.

solícito [so'liθito] emsig, eifrig; hilfsbereit; besorgt.

solicitud [soliθi'tu(ð)] *f* Sorgfalt *f*; Eifer *m*; Eingabe *f*, Gesuch *n*; Antrag *m*; Bewerbungsschreiben *n*.

solidar [soli'dar] (1a) verdichten; verstärken; **~idad** [~dari'ða(ð)] *f* Gesamthaftung *f*; Solidarität *f*; Gemeinschaftsgeist *m*; **~io** [~'dario] mitverantwortlich; solidarisch; ½ gemeinsam; **~izarse** [~dari'θarse] (1f) sich solidarisch erklären (mit [*dat.*] *con*).

solideo [soli'deo] *m* Priesterkäppchen *n*.

solidez [soli'ðeθ] *f* Festigkeit *f*; Zuverlässigkeit *f*; Gediegenheit *f*; Gründlichkeit *f*.

solidificar [soliðifi'kar] (1g) verdichten; festigen.

sólido ['soliðo] **1.** *adj.* dicht; fest; gediegen; stichhaltig; echt (*Farbe*); **2.** *m Phys.* fester Körper *m*.

soliloquio [soli'lokio] *m* Selbstgespräch *n*.

solio ['solio] *m* Thron *m*.

solípedo [so'lipeðo] *m* Einhufer *m*.

solista ♪ [so'lista] *su.* Solist(in *f*) *m*.

solita|ria [soli'taria] *f* Bandwurm

sonarse

m; **~rio** [~'tarĩo] **1.** *adj.* einsam; einsiedlerisch; **2.** *m* Einsiedler *m*; Solitär *m* (*Edelstein*); *hacer ~s* Patiencen legen.

sólito ['solito] gewohnt; üblich.

soli|viantar [solißĩan'tar] (1a) aufreizen; empören; **2.** *m* Filet *n*, **~viar** [~'ßĩar] (1b) anheben, aufheben; lupfen.

solo ['solo] **1.** *adj.* allein; einzig; einzeln; alleinstehend; verlassen; *a solas* ganz allein; **2.** *m* ♩ Solo *n*.

sólo ['solo] *adv.* nur, bloß; erst.

solomillo [solo'miʎo] *m* Filet *n*, Lendenstück *n*.

solsticio [sols'tiθĩo] *m* Sonnenwende *f*.

soltar [sol'tar] (1m) losmachen; loslassen; losbinden; freilassen; lockern; fallen lassen; fahren lassen; F vom Stapel lassen, von sich geben; *Fluch* ausstoßen; ausbrechen in *Gelächter, Tränen usw.*; **~se** sich lösen; aufgehen (*Knoten*); aus sich herausgehen; *~ a andar* (*hablar*) zu gehen (sprechen) anfangen (*Kind*); *~ en escribir* (*leer*) e-e gewisse Fertigkeit im Schreiben (Lesen) erlangen; F schon recht nett schreiben (lesen) können.

solte|ra [sol'tera] *f* lediges Mädchen *n*; **~ro** [~'tero] **1.** *adj.* ledig, unverheiratet; **2.** *m* Junggeselle *m*; **~rón** [~te'rɔn] *m* alter Junggeselle *m*, F Hagestolz *m*; **~rona** [~te'rona] *f* alte Jungfer *f*.

soltura [sol'tura] *f* Gewandtheit *f*, Behendigkeit *f*; Ungezwungenheit *f*; Dreistigkeit *f*.

solu|bilidad [soluβili'da⁽ᵈ⁾] *f* Löslichkeit *f*; **~ble** [so'luβle] löslich.

solu|ción [solu'θĩɔn] *f* ♩ *u.* *fig.* Lösung *f*; Auflösung *f*; **~cionar** [~θĩo'nar] (1a) lösen (*a. fig.*).

solven|cia [sol'βenθĩa] *f* Zahlungsfähigkeit *f*; **~tar** [~ßen'tar] (1a) in Ordnung bringen, erledigen; *Rechnung* begleichen; **~te** [~'ßente] **1.** *adj.* zahlungsfähig, solvent; **2.** *m* Lösungsmittel *n*.

sollastre [so'ʎastre] *m* Küchenjunge *m*; F Schelm *m*.

sollo|zar [soʎo'θar] (1f) schluchzen; **~zo** [so'ʎoθo] *m* Schluchzen *n*.

somanta F [so'manta] *f* Tracht *f* Prügel.

somático [so'matiko] somatisch, körperlich.

sombra ['sɔmbra] *f* Schatten *m*;

Dunkelheit *f*; *Mal.* Schattierung *f*; *fig.* Mangel *m*; Gespenst *n*; Spur *f*, Anflug *m*; Schutz *m*; *~ de ojos* Lidschatten *m*; F *estar a la ~* im Kittchen sitzen; *hacer ~* in den Schatten stellen; F *tener buena ~* sympathisch sein; Glück haben; F *tener mala ~* unsympathisch sein; Pech haben; *ni por ~* keine Spur.

sombrear [sɔmbre'ar] (1a) schattieren.

sombre|rera [sɔmbre'rera] *f* Hutschachtel *f*; **~rería** [~re'rĩa] *f* Hutgeschäft *n*; **~rero** [~'rero] *m* Hutmacher *m*; **~ro** [~'brero] *m* Hut *m*; *~ de copa* Zylinderhut *m*; *~ flexible* weicher Hut *m*, Schlapphut *m*; *~ hongo* steifer Hut *m*, F Melone *f*; *~ de paja* Strohhut *m*; *~ de tres picos* Dreispitz *m*.

som|brilla [sɔm'briʎa] *f* Sonnenschirm *m*; **~brío** [~'brio] schattig; *fig.* düster.

somero [so'mero] oberflächlich, flüchtig.

some|ter [some'ter] (2a) unterwerfen; vorlegen, unterbreiten; anheimstellen; **~timiento** [~ti'mĩento] *m* Unterwerfung *f*.

somier [so'mĩer] *m* Sprungfedermatratze *f*.

som|námbulo [sɔm'nambulo] *s.* sonámbulo; **~nífero** [~'nifero] **1.** *adj.* schlafbringend; **2.** *m* Schlafmittel *n*; **~nílocuo** [~'nilokŭo] im Schlaf redend; **~nolencia** [~no'lenθĩa] *f* Schläfrigkeit *f*.

son [sɔn] *m* Klang *m*, Laut *m*; Gerücht *n*; Vorwand *m*; Sinn *m*; *a ~ de piano* mit Klavierbegleitung; *en ~ de* auf die Art wie, als; *en ~ de broma* im Scherz; *¿al ~ de qué?* mit welcher Begründung?, weshalb?

sona|do [so'naᵈo] aufsehenerregend; vernehmlich; F *hacer una que sea ~a* unliebsames Aufsehen erregen; **~ja** [so'naxa] *f* (Tamburin-)Schelle *f*; **~jero** [sona'xero] *m* Kinderklapper *f*.

sonámbulo [so'nambulo] **1.** *adj.* mondsüchtig; **2.** *m* Schlaf-, Nachtwandler *m*.

sonante [so'nante] klingend.

sonar [so'nar] (1m) (er)klingen; (er)tönen; schellen, läuten; *~ a* anklingen an (*ac.*); hindeuten auf (*ac.*); *~ a hueco* hohl klingen; *me suena* es kommt mir bekannt vor; **~se** sich die Nase putzen, sich schneuzen.

sonata ♪ [so'nata] f Sonate f.

sonda ['sonda] f ♣ Sonde f; ♣ Senkblei n; ~ *acústica* Echolot n.

sondaje Am. [son'daxe] m Sondierung f.

sond(e)ar [son'dar, ~de'ar] (1a) sondieren; ♣ loten; nach Erdöl usw. bohren; fig. ausforschen.

sondeo [son'deo] m Lotung f, Sondierung f; (Probe-)Bohrung f; neol. ~ (de opinión) Umfrage f.

soneto [so'neto] m Sonett n.

sonido [so'niðo] m Ton m, Laut m; Klang m; Schall m; ~ estereofónico Raumton m; ~ silencioso Ultraschall m.

sono|ridad [sonori'ða⁽ᵈ⁾] f Klangfülle f; Wohlklang m; ~ro [so'noro] klangvoll; wohlklingend; stimmhaft (Laut); mit guter Akustik (Raum).

son|reír [sonrre'ir] (3m) lächeln; **~riente** [~'rriente] lächelnd; strahlend; **~risa** [~'rrisa] f Lächeln n.

sonro|jar [sonrro'xar] (1a) erröten machen; **~jarse** erröten; **~jo** [~'rroxo] m Schamröte f; Schande f.

sonrosado [sonrro'saðo] rosenrot.

sonsacar [sonsa'kar] (1g) entwenden, entlocken; F wegschnappen; abspenstig machen; fig. j-n ausholen; ausfragen.

sonso Am. ['sonso] dumm.

sonsonete [sonso'nete] m Getrommel n; spöttischer Unterton m.

soña|dor [soɲa'ðor] **1.** adj. träumerisch; **2.** m Träumer m; **~r** [so'ɲar] (1m) träumen; ~ con alg. (a/c.) von j-m (et.) träumen; ¡ni ~lo! nicht im Traum!; kein Gedanke!

soño|lencia [soɲo'lenθia] f = somnolencia; **~liento** [~'liento] schläfrig; einschläfernd.

sopa ['sopa] f Suppe f; ~ boba Wassersuppe f; ~ borracha Weinkaltschale f; estar hecho una ~ bis auf die Haut durchnäßt sein; comer la ~ boba umsonst mitessen.

sopa|pear F [sopape'ar] (1a) ohrfeigen; **~po** F [so'papo] m Ohrfeige f.

sope|ra [so'pera] f Suppenschüssel f; **~ro** [~'ro] Suppen...; **~sar** [sope'sar] (1a) in der Hand abwiegen; fig. abwägen.

sopetón [sope'ton] m (heftiger) Schlag m; de ~ unversehens; plötzlich.

sopla|do [so'plaðo] fig. aufgeblasen; **~dor** [sopla'ðor] m Gebläse n; ~ de chorro de arena Sandstrahlgebläse n; **~dura** [~'ðura] f Blasen n; **~mocos** F [~'mokos] m Nasenstüber m.

soplar [so'plar] (1a) **1.** v/i. blasen, F pusten; wehen (Wind); **2.** v/t. aufblasen; wegblasen; denunzieren, P verpfeifen; j-m vorsagen; F wegschnappen, P klauen; **3.** **~se** F hinunterkippen (Glas).

soplete [so'plete] m Gebläse n; (Schweiß-)Brenner m.

soplo ['soplo] m Hauch m; Wehen n; fig. Hinweis m, Wink m; en un ~ im Nu.

soplón [so'plon] m Denunziant m; Spitzel m; F Petzer m.

sopor [so'por] m Schlafsucht f; Benommenheit f; **~ífero** [sopo'rifero] **1.** adj. einschläfernd; **2.** m Schlafmittel n.

sopor|table [sopor'taβle] erträglich; **~tal** [~'tal] m Säulenvorbau m; gedeckte Auffahrt f; **~es** pl. Kolonnaden f/pl.; **~tar** [~'tar] (1a) stützen; tragen; ertragen; dulden.

soporte [so'porte] m Stütze f, Unterlage f; ⊕ Träger m; Lager n; Ständer m.

soprano ♪ [so'prano] **a)** m Sopran m; **b)** f Sopranistin f.

sor Rel. [sor] f Schwester f (Anrede).

sorbe|r [sor'ber] (2a) schlürfen; einsaugen; verschlingen; **~te** [~'bete] m Sorbett n od. m; Fruchteis n; **~tón** [~be'ton] m tüchtiger Schluck m.

sorbo ['sorbo] m Schlürfen n; Schluck m; a ~s schluckweise.

sordera [sor'ðera] f Taubheit f.

sordidez [sorði'ðeθ] f Schmutz m; fig. Schäbigkeit f.

sórdido [sor'ðiðo] schmutzig; geizig.

sordina [sor'ðina] f (Ton-, Schall-) Dämpfer m.

sordo ['sorðo] taub; schwerhörig; klanglos; geräuschlos; dumpf; hacerse el ~ sich taub stellen; **~mudo** [~'muðo] m Taubstumme(r) m.

sorna ['sorna] f Langsamkeit f; hämische Art f; hämischer Tonfall m; Ironie f; con ~ hämisch.

soro|charse Am. [soro'tfarse] (1a) die Höhenkrankheit bekommen; **~che** Am. Mer. [so'rotfe] m Höhenkrankheit f.

sorpre|ndente [sɔrpren'dente] überraschend; erstaunlich; **~nder** [~'der] (2a) überraschen; in Erstaunen (ver)setzen; **~sa** [~'presa] *f* Überraschung *f*; Erstaunen *n*; *coger* (F *pillar*) *de* (*od. por*) ~ überraschen, F überrumpeln; **~sivo** *Am.* [~pre'siβo] überraschend.

sortear [sorte'ar] (1a) auslosen, verlosen; den Stier zu Fuß bekämpfen; *fig. Schwierigkeiten* ausweichen, aus dem Wege gehen; sich drücken.

sorteo [sɔr'teo] *m* Verlosung *f*, Auslosung *f*; Ziehung *f* (*Lotterie*).

sortija [sɔr'tixa] *f* (Finger-)Ring *m*; Haarlocke *f*.

sortilegio [sɔrti'lexio] *m* Wahrsagerei *f*; Zauberei *f*, Hexerei *f*.

sosa ['sosa] *f* Soda *f od. n*; Natron *n*.

sose|gado [sose'gaᵈo] ruhig; gelassen; **~gar** [~'gar] (1h *u.* 1k) beruhigen; *v/i.* ruhen; schlafen.

sosería [sose'ria] *f* F Geschmacklosigkeit *f*, Fadheit *f*.

sosiego [so'siego] *m* Ruhe *f*; Gelassenheit *f*.

sosla|yar [sozla'jar] (1a) quer (*od.* schräg) stellen; beiseite schieben; sich hinwegsetzen über (*ac.*); **~yo** [~'lajo]: *de* ~ schräg, schief; quer.

soso ['soso] fade (*a. fig.*); geschmacklos; *fig.* langweilig.

sospe|cha [sɔs'petʃa] *f* Verdacht *m*; Argwohn *m*; **~char** [~pe'tʃar] (1a) vermuten; argwöhnen; ~ *de alg.* j-m mißtrauen; j-n verdächtigen; **~choso** [~pe'tʃoso] argwöhnisch; verdächtig.

sostén [sɔs'ten] *m* Stütze *f* (*a. fig.*); △ Träger *m*; Büstenhalter *m*.

soste|ner [soste'ner] (2l) (unter-) stützen; unterhalten; *Gespräch* führen; *Kampf* bestehen; verteidigen; behaupten; **~nerse** sich halten; **~nido** [~'niᵈo] **1.** *adj.* erhöht; *fa* ~ Fis *n*; **2.** *m* Erhöhungszeichen *n*, Kreuz *n*; **~nimiento** [~ni'miento] *m* Stützung *f*, Unterstützung *f*; Unterhalt *m*; Erhaltung *f*; Behauptung *f*.

sota ['sota] *f Kartenspiel:* Bube *m*.

sotana [so'tana] *f* Soutane *f*.

sótano ['sotano] *m* Keller *m*; Kellerwohnung *f*.   [seite *f*.]

sotavento ⚓ [sota'βento] *m* Lee-J

sotechado [sote'tʃaᵈo] *m* offener Schuppen *m*; überdeckter Raum *m*.

soterrar [sote'rrar] (1k) vergraben,

verscharren; verschütten; △ einrammen.

soto ['soto] *m* Gehölz *n*, Wäldchen *n*.

sotreta *Arg.* [so'treta] *f* Schindmähre *f*.

soviético [so'βietiko] sowjetisch.

soya *Am.* ['soja] *f* Sojabohne *f*.

stand [stand] *m* Stand *m* (*Ausstellung, Messe*).

standard ['standar] *m s. estándar.*

stock [stɔk] *m* Lagerbestand *m*; tener en* ~ auf Lager haben.

su, sus [su, sus] sein(e); ihr(e); Ihr(e).

sua|ve ['suaβe] weich; geschmeidig; sanft; mild, lind; **~vidad** [suaβi'da⁽ᵈ⁾] *f* Sanftheit *f*; Milde *f*; **~vizador** [~βiθa'ðɔr] *m* Streichriemen *m*; **~vizar** [~βi'θar] (1f) geschmeidig machen; *Rasiermesser* abziehen; *fig.* mildern.

subalterno [subal'terno] **1.** *adj.* untergeordnet; **2.** *m* Untergebene(r) *m*.

subarren|dar [subarren'dar] (1k) unterverpachten; **~datario** [~da'tario] *m* Unterpächter *m*.

subarriendo [suba'rriendo] *m* Untervermietung *f*, Unterpacht *f*.

subas|ta [su'basta] *f* Versteigerung *f*, Auktion *f*; Ausschreibung *f*; ~ *forzosa* Zwangsversteigerung *f*; *sacar a pública* ~ öffentlich versteigern; **~tar** [subas'tar] (1a) versteigern.

subcampeón [subkampe'ɔn] *m Sport:* Vizemeister *m*.

subcomisión [subkomi'siɔn] *f* Unterausschuß *m*.

sub|consciencia [subkɔns'θienθia] *f* Unterbewußtsein *n*; **~cutáneo** 𝔰 [~ku'taneo] subkutan.

subdesarro|llado [subdesarro'λaᵈo] unterentwickelt; **~llo** [~'rroλo] *m* Unterentwicklung *f*.

súbdito ['subdito] *m* Untergebene(r) *m*; Untertan *m*; Staatsangehörige(r) *m*.

subdivisión [subdiβi'siɔn] *f* Unterabteilung *f*; Unterteilung *f*.

subes|pecie [subes'peθie] *f* Unterart *f*; **~timar** [~esti'mar] (1a) unterschätzen.

subida [su'βiᵈa] *f* Steigen *n*; Aufstieg *m*; Auffahrt *f*; Anhöhe *f*; ~ *de precios* Preissteigerung *f*.

subido [su'βido] hoch (*Preis*); kräftig, intensiv (*Farbe*); scharf (*Geruch*).

subinquilino *m*, **-a** *f* [subiŋki'lino, ~'lina] Untermieter(in *f*) *m*.

subir [su'bir] (3a) **1.** *v/t.* hinauftragen, hinaufbringen, hinaufheben; *Mantelkragen* hochschlagen; *Preise* steigern; erhöhen; **2.** *v/i.* steigen; hinaufgehen, -fahren; hinaufsteigen; einsteigen; sich verstärken (*Farbe, Ton*); sich belaufen (auf [*ac.*] *a*); aufrücken (*Dienstgrad*); **3.** **~se** hinaufklettern; *~ a la cabeza* zu Kopf steigen.

súbito ['subito] plötzlich.

subjetivo [subxe'tiβo] subjektiv.

subjuntivo *Gram.* [subxun'tiβo] *m* Konjunktiv *m*.

subleva|ción [subleβa'θion] *f*, *a.* **~miento** [~'miento] *m* Aufstand *m*; **~r** [~'βar] (1a) aufwiegeln; empören; **~se** sich erheben.

sublima|ción [sublima'θion] *f* Sublimierung *f*; *fig.* Erhebung *f*; **~do** [~'maᵈo] *m* Sublimat *n*; **~r** [~'mar] (1a) *fig.* erheben; ⁀ sublimieren.

subli|me [su'blime] erhaben, hoch; prächtig; *F* ganz groß; **~midad** [sublimi'daᵈ] *f* Erhabenheit *f*.

submari|nismo [submari'nizmo] *m* Sporttauchen *n*; **~nista** [~'nista] *m* Sporttaucher *m*; **~no** [~'rino] **1.** *adj.* unterseeisch, Untersee...; **2.** *m* Unterseeboot *n*.

subnormal [subnor'mal] (geistig) zurückgeblieben.

suboficial [subofi'θial] *m* Unteroffizier *m*.

subordi|nación [suborðina'θion] *f* Unterordnung *f*; Gehorsam *m*; **~nar** [~'nar] (1a) unterordnen.

subproducto [subpro'ðukto] *m* Nebenprodukt *n*.

subrayar [subrra'jar] (1a) unterstreichen; *fig.* hervorheben.

subrep|ción [subrreb'θion] *f* Erschleichung *f*; **~ticio** [~rrep'tiθio] erschlichen; heimlich.

subrog|ación [subrroga'θion] *f* Einsetzung *f* in fremde Rechte; **~ar** [~'gar] (1h) an e-s anderen Stelle setzen.

subsanar [subsa'nar] (1a) wiedergutmachen; beheben.

subscr... [suskr...] *s.* suscr...

subsecretario [subsekre'tario] *m* Untersekretär *m*; Staatssekretär *m*.

sub|seguir [subse'gir] (3d *u.* 3l) unmittelbar folgen; **~sidiario** [~si-'ðiario] untergeordnet; Hilfs...; Unterstützungs...; **~sidio** [~'siðio] *m* Beihilfe *f*; Zuschuß *m*; *~ familiar* Familienzulage *f*; *~ de paro* Arbeitslosenunterstützung *f*; **~siguiente** [~si'giente] nachfolgend; **~sistencia** [~sis'tenθia] *f* Fortbestand *m*; Lebensunterhalt *m*; *~s pl.* Verpflegung *f*; **~sistente** [~sis'tente] (noch) bestehend; **~sistir** [~sis'tir] (3a) (fort)bestehen; sein Leben fristen.

sub|stan..., **~sti...**, **~stra...** [sustan...,susti...,sustra...] = *sustan... usw.*

sub|suelo [sub'swelo] *m* Untergrund *m*; **~te** *Arg.* ['subte] *m Abk.* U-Bahn *f*; **~teniente** [subte'niente] *m* Unterleutnant *m*; **~terfugio** [~ter'fuxio] *m* Ausflucht *f*; Vorwand *m*; **~terráneo** [~te'rraneo] **1.** *adj.* unterirdisch; **2.** *m* Kellergeschoß *n*; *Am.* Untergrundbahn *f*; **~título** [~'titulo] *m* Untertitel *m* (*a. Film*); **~urbano** [subur'bano] vorstädtisch; Vorort...; **~urbio** [su'burβio] *m* Vorstadt *f*; **~vención** [subben-'θion] *f* Subvention *f*; Zuschuß *m*; **~vencionar** [~θio'nar] (1a) subventionieren; **~venir** [~be'nir] (3s) unterstützen; *~ a los gastos de a/c.* die Kosten von et. (*dat.*) bestreiten; **~versión** [~βer'sion] *f* Umsturz *m*; **~versivo** [~βer'siβo] Umsturz...; **~vertir** [~βer'tir] (3i) umstürzen; zerrütten; **~yacente** [~ja'θente] darunterliegend; **~yugar** [~ju'gar] (1h) unterjochen; bezwingen.

succión [sug'θion] *f* (An-, Aus-) Saugen *n*.

sucedáneo [suθe'daneo] *m* Ersatz *m*, Ersatzmittel *n*, Surrogat *n*.

suce|der [suθe'der] (2a) folgen (auf [*ac.*] *a*); beerben; geschehen; zustoßen; *¿qué sucede?* was ist los?; **~dido** *F* [~'ðido]: *lo ~* Vorfall *m*; **~sión** [~'sion] *f* Folge *f*; Erbfolge *f*; Thronfolge *f*; Erbschaft *f*; Nachlaß *m*; Nachkommenschaft *f*; *~ ab intestato* gesetzliche Erbfolge *f*; *~ testamentaria* testamentarische Erbfolge *f*; **~sivo** [~'siβo] folgend; *en lo ~* von nun an, künftig; **~so** [su'θeso] *m* Ereignis *n*; Vorfall *m*, Begebenheit *f*; **~sor** [suθe'sor] *m* Nachfolger *m*; **~sorio** [~'sorio] Nachlaß..., Erb...

suciedad [suθie'daᵈ] *f* Schmutz *m*.

sucinto [su'θinto] gedrängt, kurz.

sucio ['suθĩo] schmutzig; dreckig; unsauber; unfair (*Spiel*); unflätig; *en* ~ im unreinen; Roh...

suculento [suku'lento] saftig; nahrhaft.

sucumbir [sukum'bir] (3a) unterliegen; erliegen; sterben.

sucursal [sukur'sal] *f* Zweiggeschäft *n*, Filiale *f*.

sud [su⁽ᵈ⁾] *in Zssgn* = sur.

suda|fricano [sudafri'kano] südafrikanisch; **~mericano** [~meri'kano] südamerikanisch; **~nés** [~'nes] **1.** *adj.* sudanesisch; **2.** *m* Sudanese *m*; **~r** [su'dar] (1a) schwitzen; *v/t.* ausschwitzen; **~rio** [su'daɾĩo] *m* Schweißtuch *n*; Leichentuch *n*.

sud|este [su'deste] *m* Südosten *m*; **~oeste** [sudo'este] *m* Südwesten *m*.

sudor [su'dɔr] *m* Schweiß *m*; Schwitzen *n*; **~iento** [sudo'ɾiento] schweißtriefend; **~ífico** [~'rifiko] **1.** *adj.* schweißtreibend; **2.** *m* schweißtreibendes Mittel *n*; **~oso** [~'roso] schweißbedeckt.

sue|ca ['sueka] *f* Schwedin *f*; **~co** [~ko] **1.** *adj.* schwedisch; **2.** *m* Schwede *m*; F *hacerse el* ~ sich dumm stellen.

sueg|ra ['suegra] *f* Schwiegermutter *f*; **~ro** ['suegro] *m* Schwiegervater *m*; **~s** *pl.* Schwiegereltern *pl.*

suela ['suela] *f* (Schuh-)Sohle *f*; F *de siete* ~*s* Erz...; *poner media* ~ besohlen.

sueldo ['sueldo] *m* Gehalt *n*; *a* ~ gedungen (*Mörder*).

suelo ['suelo] *m* Boden *m*; Grund u. Boden *m*; Erdboden *m*; Fußboden *m*; *echarse por los* ~*s* sich wegwerfen; *estar por los* ~*s* spottbillig sein; zu nichts (mehr) zu gebrauchen sein.

suel|ta ['suelta] *f* Loslassung *f*; *dar* ~ *e-e* kurze Erholung gönnen; **~to** [~to] **1.** *adj.* losgelöst, lose; gewandt; ausgelassen; flüssig; fließend; einzeln (*Handschuh usw.*); **2.** *m* (kurzer) Zeitungsartikel *m*; Kleingeld *n*.

sueño ['sueɲo] *m* Schlaf *m*; Traum *m*; *caerse de* ~ todmüde sein; *tener* ~ schläfrig; müde sein; *ni por* ~*s* *fig.* nicht im Traum.

suero ['suero] *m* 🐑 Serum *n*; ~ *de la leche* Molke *f*.

suerte ['suerte] *f* Schicksal *n*; Los *n*; Zufall *m*; Glück *n*; Lotterielos *n*;

Stk. Phase *f*, Gang *m*; Art *f*; *buena* ~ Glück *n*; *mala* ~ Unglück *n*, Pech *n*; *de* ~ *que* so daß; *por* ~ zum Glück; *echar* ~*s* das Los entscheiden lassen, losen; *la* ~ *está echada* die Würfel sind gefallen; **~ro** *Am.* [sŭer'tero] *m* Glückspilz *m*.

suéter ['sŭeter] *m* Pullover *m*.

suficien|cia [sufi'θienθia] *f* Eignung *f*, Brauchbarkeit *f*; *aire m de* ~ anmaßendes Wesen *n*; **~te** [~'θiente] geeignet; genügend.

sufijo *Gram.* [su'fixo] *m* Suffix *n*.

sufra|gar [sufra'gar] (1h) Kosten bestreiten; *Am. Mer.* wählen, abstimmen; **~gio** [su'fraxio] *m* Wahlstimme *f*; Wahlrecht *n*; *Rel.* Fürbitte *f* für die Verstorbenen; *en* ~ *de alg.* für j-s Seelenheil (*Messe*).

sufri|do [su'friðo] geduldig; nachsichtig; **~miento** [sufri'miento] *m* Leiden *n*; Geduld *f*; Nachsicht *f*.

sufrir [su'frir] (3a) leiden, erleiden; dulden; ertragen.

suge|rencia [suxe'renθia] *f* Anregung *f*; Vorschlag *m*; **~rir** [~'rir] (3i) anregen, vorschlagen; *auf e-n Gedanken* bringen; *j-m et.* nahelegen; **~stión** [suxes'tion] *f* Eingebung *f*; Einwirkung *f*; Suggestion *f*; **~stionar** [~tio'nar] (1a) einflüstern; suggerieren; **~stivo** [~'tibo] anregend; fesselnd; eindrucksvoll; suggestiv.

suici|da [sŭi'θiða] *su.* Selbstmörder (-in *f*) *m*; **~darse** [~θi'ðarse] (1a) Selbstmord begehen; **~dio** [~'θiðio] *m* Selbstmord *m*.

suizo ['sŭiθo] **1.** *adj.* schweizerisch; **2.** *m*, **-a** *f* [~θa] Schweizer(in *f*) *m*.

sujeción [suxe'θion] *f* Unterwerfung *f*; Abhängigkeit *f*.

sujeta|dor [suxeta'dor] *m* Büstenhalter *m*; **~papeles** [~pa'peles] *m* Büroklammer *f*.

sujetar [suxe'tar] (1a) unterwerfen; bändigen; befestigen; festhalten.

sujeto [su'xeto] **1.** *adj.* unterworfen; befestigt; ~ *a aduana* zollpflichtig; ~ *a contribución* steuerpflichtig; **2.** *m* Stoff *m*, Gegenstand *m*; Person *f*; *Gram.* Subjekt *n*.

sulfamida [sulfa'miða] *f* Sulfonamid *n*.

sulfatar [sulfa'tar] (1a) schwefeln.

sulfurar [sulfu'rar] (1a) 🜍 mit Schwefel verbinden; *fig.* reizen; **~se** *fig.* F giftig werden.

sulfúrico 468

sul|fúrico [sul'furiko]: *ácido m* ~
Schwefelsäure *f*; **~furoso** [~fu-
'roso] schwefelhaltig.
sultán [sul'tan] *m* Sultan *m*.
suma ['suma] *f* Summe *f*; Addition
f; Hauptinhalt *m*; Abriß *m*; **en** ~
kurz (und gut); ✝ ~ *y sigue* Über-
trag *m*; **~dora** [suma'dora] *f* Rechenmaschine *f*; **~ndo** [su'mando]
m Summand *m*; **~r** [su'mar] (1a)
zs.-zählen, addieren; zs.-fassen;
sich belaufen auf (*ac.*), betragen;
~rse sich *j-m* anschließen; **~ria**
ΣΙ [su'maria] *f* Voruntersuchung *f*;
Protokoll *n*; **~rio** [~'rio] **1.** *adj.* zs.-
gefaßt; summarisch; **2.** *m* Inhaltsverzeichnis *n*, -angabe *f*; ΣΙ Voruntersuchung *f*; **~rísimo** [suma-
'risimo]: *juicio m* ~ Schnellgerichtsverfahren *n*.
sumer|gible [sumer'xible] *m* Unterseeboot *n*; **~gir** [~'xir] (3c) untertauchen; **~girse** versinken; **~sión**
[~'sion] *f* Untertauchen *n*, Untersinken *n*.
sumidero [sumi'dero] *m* Abzugsgraben *m*, Abzugsloch *n*; Gully *m*.
suministrador [suministra'dor] *m*
Lieferant *m*.
suminis|trar [suminis'trar] (1a) liefern; **~tro** [~'nistro] *m* Lieferung *f*.
sumir [su'mir] (3a) versenken;
(ein)tauchen; **~se** versinken; einfallen (*Wangen*).
sumi|sión [sumi'sion] *f* Unterwerfung *f*; Ergebenheit *f*; **~so** [su-
'miso] unterwürfig; ergeben; gehorsam.
sumo ['sumo] höchste(r, -s); größte
(-r, -s); *a lo* ~ höchstens.
suntu|ario [sun'tuario] Luxus...;
~osidad [~tuosi'da] *f* Pracht *f*;
Luxus *m*; **~oso** [~'tuoso] prächtig;
prunkvoll; luxuriös.
supe|ditar [supedi'tar] (1a) unterwerfen, -jochen; abhängig machen
(von [*dat.*] *a*); **~rable** [~'rable] *f*
überwindbar.
superabun|dancia [superabun-
'dancia] *f* Überfülle *f*; **~dante** [~
'dante] überreich(lich).
superar [supe'rar] (1a) übertreffen;
überwinden. [schuß *m*.]
superávit [supe'rabit] *m* Über-ʃ
superchería [supertʃe'ria] *f* Hinterlist *f*; Betrug *m*.
superestructura [superestruk'tura]
f Oberbau *m*; Überbau *m*.

superfi|cial [superfi'θial] oberflächlich (*a. fig.*); **~cialidad** [~θia-
li'da] *f* Oberflächlichkeit *f*; **~cie**
[~'fiθie] *f* Oberfläche *f*; Fläche *f*.
super|fluidad [superflui'da] *f*
Überfluß *m*; **~fluo** [su'perfluo]
überflüssig; unnütz; **~hombre**
[supe'rombre] *m* Übermensch *m*.
superior [supe'rior] **1.** *adj.* höher;
fig. überlegen; vortrefflich; Ober...;
ser ~ *a* übertreffen (*ac.*); **2.** *m*, -a *f*
[~'riora] Obere(r) *m*, Oberin *f*; Vorgesetzte(r) *m*; **~idad** [~riori'da] *f*
Überlegenheit *f*; Vortrefflichkeit *f*;
✗ Übermacht *f*.
super|lativo [superla'tibo] **1.** *adj.*
Superlativ...; vorzüglich; **2.** *m*
Gram. Superlativ *m*; **~mercado**
[~mer'kado] *m* Supermarkt *m*; **~numerario** [~nume'rario] **1.** *adj.*
überzählig; **2.** *m* außerplanmäßige
(-r) Beamte(r) *m*; **~poner** [~po'ner]
(2r) darüberlegen; überlegen;
~producción [~produg'θion] *f*
Überproduktion *f*; Monumentalfilm *m*; **~sónico** [~'soniko] Überschall...
supersti|ción [supersti'θion] *f* Aberglaube *m*; **~cioso** [~'θioso] abergläubisch.
supervisar [superbi'sar] (1a) überwachen.
supervivencia [superbi'benθia] *f*
Überleben *n*.
superviviente [superbi'biente] **1.**
adj. überlebend; **2.** *m* Hinterbliebene(r) *m*; Überlebende(r) *m*.
supino [su'pino] auf dem Rücken
liegend; *ignorancia f -a* grobe Unwissenheit *f*.
suplantar [suplan'tar] (1a) *aus dem
Amt* verdrängen; F ausstechen;
Urkunde fälschen.
suplefaltas F [suple'faltas] *m*
Lückenbüßer *m*; Sündenbock *m*.
suplemen|tario [suplemen'tario]
zusätzlich; Ergänzungs...; Zuschlags...; Extra...; **~to** [~'mento] *m*
Ergänzung *f*; Ergänzungsband *m*;
Zeitungsbeilage *f*; Zuschlag *m*.
suplen|cia [su'plenθia] *f* Stellvertretung *f*; **~te** [~te] *m* Stellvertreter
m.
supletorio [suple'torio] ergänzend;
(*teléfono m*) ~ Nebenapparat *m*.
súplica ['suplika] *f* Gesuch *n*; inständige Bitte *f*.
suplica|ción [suplika'θion] *f* Bitte *f*;

~nte [~'kante] *m* Bittsteller *m*; **~r** [~'kar] (1g) *inständig* bitten, flehen; ersuchen.

suplicio [su'pliθio] *m* Strafe *f*; Folter *f*; *fig.* Qual *f*; *último* ~ Todesstrafe *f*.

suplir [su'plir] (3a) ergänzen; vertreten; ~ *a Verlust* wettmachen.

supo|ner [supo'ner] (2r) voraussetzen; annehmen; **~sición** [~si'θion] *f* Voraussetzung *f*; Vermutung *f*; Unterschiebung *f*; **~sitorio** ⚕ [~si-'torio] *m* Zäpfchen *n*.

supre|macía [suprema'θia] *f* Überlegenheit *f*; Oberhoheit *f*; **~mo** [su'premo] oberst; letzt; höchst.

supresión [supre'sion] *f* Unterdrückung *f*; Aufhebung *f*; Auslassung *f*; Abbau *m*; Streichung *f*.

suprimir [supri'mir] (3a) unterdrücken; aufheben; verbieten; streichen; abschaffen; einstellen.

supuesto [su'puesto] **1.** *adj.* vermeintlich; vermutlich; angeblich; ~ *que* vorausgesetzt, daß; **2.** *m* Voraussetzung *f*; *por* ~ selbstverständlich.

supur|ación [supura'θion] *f* Eiterung *f*; **~ar** [~'rar] (1a) eitern.

suputa|ción [suputa'θion] *f* Berechnung *f*, Überschlag *m*; **~r** [~'tar] (1a) berechnen, überschlagen.

sur [sur] *m* Süden *m*; Südwind *m*.

surcar [sur'kar] (1g) (durch)furchen; durchschneiden, durchqueren.

surco ['surko] *m* Furche *f*; Rille *f* (*Schallplatte*); F *echarse en el* ~ die Flinte ins Korn werfen.

sure|ño *Chi., R.D.* [su'reno], **~ro** *Arg., Bol.* [~'rero] aus dem Süden.

surgir [sur'xir] (3c) ankern; hervorsprudeln (*Wasser*); *fig.* auftauchen, erscheinen.

surrealismo [surrea'lizmo] *m* Surrealismus *m*.

surtido [sur'tiðo] **1.** *adj.* 🕂 sortiert; gemischt (*Ware*); *bien* ~ reichhaltig, **2.** *m* Sortiment *n*; Auswahl *f*.

surtidor [surti'ðor] *m* Wasserstrahl *m*; Springbrunnen *m*; ~ (*de gasolina*) (*Am.* ~ *de nafta*) Tankstelle *f*.

surtir [sur'tir] (3a) versorgen, beliefern; ~ *efecto* s-e Wirkung tun; *v/i.* hervorsprudeln; ankern; **~se** de sich eindecken mit (*dat.*).

surto ['surto] ankernd; *estar* ~ vor Anker liegen.

¡sus! [sus] wohlan!

suscepti|bilidad [susθeptibili'ða⁽ᵈ⁾] *f* Empfindlichkeit *f*; **~ble** [~'tible] empfindlich; fähig (zu [*dat.*] de); ~ *de mejora* verbesserungsfähig.

suscitar [susθi'tar] (1a) hervorrufen; anstiften.

suscribir [suskri'bir] (3a; *part. suscrito*) unterschreiben; abonnieren; *Anleihe* zeichnen; *el que suscribe* der Unterzeichnete; **~se** a *a/c.* et. abonnieren.

suscrip|ción [suskrib'θion] *f* Unterzeichnung *f*; Abonnement *n*; Zeichnung *f* (*Anleihe*); **~tor** [~krip'tor] *m* Unterzeichner *m*; Zeichner *m v. Anleihen*; Bezieher *m* e-r *Zeitung*; Abonnent *m*.

susodicho [suso'ðitʃo] obengenannt.

suspen|der [suspen'der] (2a) aufhängen; aufschieben; vorläufig einstellen; *des Amtes* vorläufig entheben; *Prüfling* durchfallen lassen; *Sitzung* aufheben; *Zeitung* vorübergehend verbieten; ~ *el ánimo* in Erstaunen setzen; **~se** *engl.* [~'pense] *m* Spannung *f* (*bsd. Film*); **~sión** [~pen'sion] *f* Aufhängen *n*; Stillstand *m*; Einstellung *f*; Verbot *n*; Unterbrechung *f*; ⊕ Federung *f*; ~ *de pagos* Zahlungseinstellung *f*; **~sivo** [~'sibo] aufschiebend; *Typ. puntos m/pl.* ~**s** Auslassungspunkte *m/pl.*; **~so** [~'penso] unschlüssig; durchgefallen (*Prüfling*); erstaunt; *en* ~ in Ungewißheit; unentschieden; *tener en* ~ hinhalten; *auf die Folter spannen*; **~sores** *Am. reg.* [~pen'sores] *m/pl.* Hosenträger *m/pl.*; **~sorio** ⚕ [~'sorio] *m* Suspensorium *n*.

suspi|cacia [suspi'kaθia] *f* argwöhnisches Wesen *n*; Mißtrauen *n*; **~caz** [~'kaθ] argwöhnisch.

suspirado [suspi'raðo] ersehnt, erträumt.

suspi|rar [suspi'rar] (1a) seufzen; ~ *por* et. ersehnen; **~ro** [~'piro] *m* Seufzer *m*.

sustanci|a [sus'tanθia] *f* Substanz *f*; Stoff *m*; Wesen *n*; Gehalt *m*; *en* ~ im wesentlichen; **~al** [~tan'θial] wesentlich; gehaltvoll; **~ar** [~tan-'θiar] (1b) spruchreif machen; **~oso** [~tan'θioso] nahrhaft; gehaltvoll.

sustantivo [sustan'tibo] *m* Hauptwort *n*, Substantiv *m*.

susten|tamiento [sustenta'miento]

m Nahrung *f*; Unterstützung *f*; **~tar** [~'tar] (1a) stützen; beköstigen, unterhalten; ⚖ vertreten; **~to** [~'tento] *m* Nahrung *f*; Lebensunterhalt *m*.
susti|tución [sustitu'θiɔn] *f* Stellvertretung *f*; Ersetzung *f*; Ersatz *m*; **~tuir** [~tu'ir] (3g) ersetzen; einsetzen (für [*ac.*] *por*); vertreten; **~tutivo** [~tu'tiβo] *m* Ersatz(stoff) *m*; **~tuto** [~'tuto] *m* Stellvertreter *m*, Vertreter *m*.
susto ['susto] *m* Schreck(en) *m*; *dar* (*od. pegar*) *un ~ e-n* Schrecken einjagen; *llevarse un ~* erschrecken.
sustra|cción [sustrag'θiɔn] *f* Entziehung *f*; Entwendung *f*; Unterschlagung *f*; Abziehen *n*, Subtraktion *f*; **~endo** [~tra'endo] *m* Subtrahend *m*; **~er** [~tra'er] (2p) entziehen; unterschlagen; abziehen,

subtrahieren; **~erse** sich zurückziehen; sich entziehen.
susurr|ar [susu'rrar] (1a) murmeln, säuseln; rauschen; munkeln; flüstern; **~o** [su'surrɔ] *m* Säuseln *n*, Murmeln *n*; Rauschen *n*.
sutil [su'til] dünn, fein; scharfsinnig; **~eza** [~ti'leθa] *f* Feinheit *f*; Scharfsinn *m*; Spitzfindigkeit *f*.
sutilizar [sutili'θar] (1f) verfeinern; fein ausarbeiten; austüfteln.
sutura ⚕ [su'tura] *f* Naht *f*.
suyo, suya ['sujo, 'suja] sein(e); ihr(e); Ihr(e); *de suyo* von selbst; von Natur aus; *hacer suyo* (*suya*) sich zu eigen machen; *ir a lo suyo* auf s-n Vorteil bedacht sein; *salirse con la suya* s-n Willen (*od.* Dickkopf) durchsetzen.
svástica ['zbastika] *f* Hakenkreuz *n*.

T

T, t [te] *f* T, t *n*.
taba [ˈtaƀa] *f Anat.* Sprungbein *n*; Tabaspiel *n*.
taba|cal [taƀaˈkal] *m* Tabakpflanzung *f*; **2calera** [~kaˈlera] *f Span.* Tabakregie *f*; **~calero** [~kaˈlero] **1.** *adj.* Tabak(s)...; **2.** *m* Tabakpflanzer *m*; Tabakhändler *m*; **~co** [taˈƀako] *m* Tabak *m*.
taba|lada [taƀaˈlađa] *f* F Plumps *m*; **~lear** [~leˈar] (1a) hin- u. herschaukeln; pendeln lassen; *v/i. mit den Fingern* trommeln.
tábano *Zo.* [ˈtaƀano] *m* Bremse *f*.
tabanque [taˈƀaŋke] *m* Tretrad *n* der Töpferscheibe.
tabaque|ra [taƀaˈkera] *f* Pfeifenkopf *m*; Tabaksdose *f*; *Am.* Tabaksbeutel *m*; **~ría** [~keˈria] *f* Tabakladen *m*; **~ro** [~ˈkero] *m* Tabakhändler *m*.
taberna [taˈƀɛrna] *f* Schenke *f*, Wirtshaus *n*.
tabernáculo [taƀɛrˈnakulo] *m* Tabernakel *n*, Sakramentshäuschen *n*.
taber|nario [taƀɛrˈnarĭo] Wirtshaus...; *fig.* gemein; **~nero** [~ˈnero] *m* Schankwirt *m*.
tabicar [taƀiˈkar] (1g) zumauern.
tabique [taˈƀike] *m* Zwischenwand *f*, Trennwand *f*; ⚕ Scheidewand *f*.
tabla [ˈtaƀla] *f* Brett *n*; ⚓ Planke *f*; Platte *f*; Tafel *f*; Fleischbank *f*; Tabelle *f*; Gartenbeet *n*; ~ *de dibujo* Reißbrett *n*; ~ *de multiplicar* Einmaleins *n*; ~ *de planchar* Bügelbrett *n*; ~ *salarial* Lohntabelle *f*; ~ *de salvación fig.* letzte Zuflucht *f*; *hacer* ~ *rasa* reinen Tisch machen; ~*s pl.* Bühne *f*, *fig.* Bretter *n/pl.*; Remis *n* (*Schach*); *llevar a las* ~*s* zur Aufführung bringen; *salir a las* ~*s Thea.* auftreten.
tabla|do [taˈƀla^d^o] *m* Gerüst *n*; Gestell *n*; Bühne *f*; Schafott *n*; **~je** [taˈƀlaxe] *m* Bretterwerk *n*; **~zo** [taˈƀlaθo] *m* flaches Gewässer *n*; **~zón** ⚓ [taƀlaˈθɔn] *m* Plankenwerk *n*.
table|ar [taƀleˈar] (1a) in Beete abteilen; **~ro** [taˈƀlero] *m* Tafel *f*; Platte *f*; Tischplatte *f*; Spielbrett *n*; Schneidertisch *m*; ~ *de mando* Instrumentenbrett *n*; Steuerpult *n*; **~ta** [taˈƀleta] *f* Brettchen *n*; Täfelchen *n*; Tafel *f* (*Schokolade*); ⚕ Tablette *f*.
tabletear [taƀleteˈar] (1a) klappern; knattern.
tablón [taˈƀlɔn] *m* Bohle *f*; großes Brett *n*; *Am.* Beet *n*; ~ *de anuncios* Schwarze(s) Brett *n*, Anschlagbrett *n*.
tabú [taˈƀu] *m* Tabu *n*.
tabulador [taƀulaˈđɔr] *m* Tabulator *m* (*Schreibmaschine*).
taburete [taƀuˈrete] *m* Schemel *m*, Hocker *m*.
taca|ñear [takaɲeˈar] (1a) knausern, knickern; **~ñería** [~ɲeˈria] *f* Knauserei *f*; **~ño** [taˈkaɲo] knauserig.
tácito ⚖ [ˈtaθito] stillschweigend.
tacitur|nidad [taθiturniˈđa^(d)] *f* Schweigsamkeit *f*; **~no** [~ˈturno] schweigsam; trübsinnig.
taco [ˈtako] *m kurzes* Holzrohr *n*; Pflock *m*; Stock *m* (*Billard*); Kalenderblock *m*; Würfel *m* (*Käse usw.*); Stollen *m* (*Fußballschuh*); *Am. reg.* (Schuh-)Absatz *m*; *Chi.*, *Méj.* (Verkehrs-)Stauung *f*; *Méj. Art* Maisfladen *m*; F *soltar un* ~ e-n derben Ausdruck gebrauchen.
tacón [taˈkɔn] *m* Absatz *m* (*Schuh*).
taco|near [takoneˈar] (1a) *mit dem Absatz* aufstampfen; **~neo** [~ˈneo] *m* Aufstampfen *n*.
táctic|a [ˈtaktika] *f* Taktik *f*; **~o** [~ko] taktisch.
tacto [ˈtakto] *m* Gefühl *n*; Takt *m*, Anstandsgefühl *n*; Tastsinn *m*.
tacha [ˈtatʃa] *f* Fehler *m*; Makel *m*; Tadel *m*; *poner* ~ *a* et. auszusetzen haben an (*dat.*); **~r** [taˈtʃar] (1a) ausstreichen; tadeln; beanstanden.
tacho *Am.* [ˈtatʃo] *m* Kessel *m*; Metallgefäß *n*.
tachón [taˈtʃɔn] *m* Strich *m durch Geschriebenes*; Tresse *f*; Borte *f*; Zier-, Polsternagel *m*.
tachonar [tatʃoˈnar] (1a) mit Ziernägeln beschlagen.

tachoso [ta'tʃoso] fehlerhaft.
tachuela [ta'tʃŭela] *f* kleiner Nagel *m*, Stift *m*; Zwecke *f*.
tafetán [tafe'tan] *m* Taft *m*.
tafia *Am. reg.* ['tafĭa] *f* Zuckerrohrschnaps *m*.
tafilete [tafi'lete] *m* Saffian *m*; Schweißleder *n* (*Hut*).
tahalí [taa'li] *m* Wehrgehänge *n*; Schulterriemen *m*.
taho|na [ta'ona] *f* Mühle *f* (*Pferdeantrieb*); Bäckerei *f*; **~nero** [tao'nero] *m* Bäcker *m*.
tahúr [ta'ur] *m* (Gewohnheits-) Spieler *m*; Falschspieler *m*.
taifa ['taĭfa] *f* F Pack *n*, Gesindel *n*.
taimado [taĭma^{d}o] schlau, verschmitzt; verschlagen, F gerieben.
taita ['taĭta] *m Kdspr.* Papa *m*; F *Am. reg.* Familienoberhaupt *n*.
taja ['taxa] *f* Schnitt *m*.
tajada [ta'xađa] *f* Schnitte *f*, Scheibe *f*; *llevarse la mejor (peor) ~* am besten (schlechtesten) wegkommen; F *sacar ~* s-n Schnitt machen.
taja|do [ta'xa^{d}o] steil abfallend; **~mar** *Am.* [~xa'mar] *m* Damm *m*; **~nte** [~'xante] *fig.* scharf, schneidend; kategorisch.
tajar [ta'xar] (1a) *Fleisch* schneiden.
tajo ['taxo] *m* Schnitt *m*; Schneide *f*; Hauklotz *m*; Hackbrett *n*; Steilhang *m*; Schmiß *m*, Schmarre *f*.
tal [tal] **1.** *pron.* solche(r, -s); derartige(r, -s); *el ~* besagter; *un ~* ein gewisser; *~ hay* es gibt manchen; *no hay ~* dem ist nicht so; *sí ~* allerdings; *no ~* durchaus nicht; *y ~* und so fort; **2.** *adv.* so, derart; *~ como* genauso wie; *~ vez* vielleicht; *¿qué ~?* wie geht's?; *~ cual* so wie; **3.** *cj. con ~ que* vorausgesetzt, daß.
tala ['tala] *f* Holzschlag *m*; Verwüstung *f*.
talabarte [tala'ƀarte] *m* Wehrgehänge *n*.
taladradora [talađra'đora] *f* Bohrmaschine *f*.
tala|drar [tala'đrar] (1a) (durch-) bohren; lochen; *fig. Absicht* durchschauen; **~dro** [ta'lađro] *m* Bohrer *m*; Bohrloch *n*; Locher *m*.
tálamo ['talamo] *m* Brautbett *n*.
talanquera [talaŋ'kera] *f* Bretterwand *f*; *fig.* Zufluchtsort *m*.
talante [ta'lante] *m* Art *f*, Weise *f*; Aussehen *n*; *estar de mal ~* schlechter Laune sein.
talar¹ [ta'lar] (1a) *Baum* fällen, schlagen; dem Erdboden gleichmachen; verwüsten.
talar² [ta'lar] schleppend (*Kleid*); *traje m ~* Talar *m*.
talco ['talko] *m* Talk *m*.
tale|ga [ta'lega] *f* Beutel *m*, Tasche *f*; **~go** [ta'lego] *m* Sack *m*; *tener ~* Geld haben; **~guilla** [tale'giʎa] *f* Beutelchen *n*; *Stk.* Hose *f der Stierkämpfer.*
talen|to [ta'lento] *m* Talent *n*; Begabung *f*; **~toso** [talen'toso] talentiert; begabt.
talismán [taliz'man] *m* Talisman *m*.
talmente [tal'mente] sozusagen; geradezu.
talón [ta'lɔn] *m* Ferse *f*; ✝ Abschnitt *m*; Schein *m*; F Scheck *m*; *~ de embarque* Schiffszettel *m*; *~ de entrega* Lieferschein *m*; *pisar los talones a alg.* j-m auf den Fersen sein.
talonario [talo'narĭo] *m*: *~ de cheques* Scheckheft *n*; *~ de recibos* Quittungsblock *m*.
talud [ta'lu$^{(d)}$] *m* Böschung *f*.
talla ['taʎa] *f* Wuchs *m*; Gestalt *f*; Bildhauerarbeit *f*; Schnitzerei *f*; Meßlatte *f*; *Am. Cent.* Lüge *f*, Schwindel *m*; *Arg., Chi.* Scherz *m*; *tener ~ para* das Zeug haben zu (*dat.*); **~do** [ta'ʎa^{d}o] **1.** *adj.* geschnitzt; gewachsen; **2.** *m* Schnitzarbeit *f*; **~dor** [taʎa'đɔr] *m* Graveur *m*; Schnitzer *m*.
tallar [ta'ʎar] (1a) schnitzen; in Stein schneiden; in Kupfer stechen, radieren; *Edelsteine* schleifen; *Körperlänge* messen; abschätzen.
tallarín [taʎa'rin] *m* Bandnudel *f*.
taller [ta'ʎɛr] *m* Werkstatt *f*; Atelier *n*.
tallista [ta'ʎista] *m* Schnitzer *m*; Graveur *m*.
tallo ⚘ ['taʎo] *m* Stengel *m*; Stiel *m*; Keim *m*, Trieb *m*; *echar ~s* keimen (*Kartoffel*).
talludo [ta'ʎuđo] ⚘ langstielig; *fig.* hochgeschossen; verblüht (*Mensch*).
tamal *Am. reg.* [ta'mal] *m* (gefüllte) Maistasche *f*; Maispastete *f*.
tamaño [ta'maɲo] **1.** *adj.* so (sehr) groß; derartig; **2.** *m* Größe *f*; Format *n*.
tamari|ndo [tama'rindo] *m* Tamarinde *f*; **~sco** [~'risko] *m* Tamariske *f*.
tambalearse [tambale'arse] (1a)

hin u. her schwanken, baumeln; taumeln.

tambarria *Am.* [tam'barria] *f* lärmendes Vergnügen *n*.

también [tam'bien] auch.

tambo *Am. Mer. reg.* ['tambo] *m* Gasthaus *n*.

tambor [tam'bɔr] *m* Trommel *f* (*a.* ⊕); Trommler *m*; Stickrahmen *m*; *a* (*od.* con) ~ **batiente** ⚔ mit klingendem Spiel; **~a** [⸝'bora] *f* große Trommel *f*; **~il** [⸝bo'ril] *m* Handtrommel *f*; **~ilazo** [⸝bori'laθo] *m* Plumps *m*; **~ilear** [⸝borile'ar] (1a) *fig.* trommeln (*Regen; mit den Fingern*); *v/t. j-n* sehr rühmen; **~ilero** [⸝bori'lero] *m* Handtrommelschläger *m*.

tamiz [ta'miθ] *m* feines Sieb *n*, Haarsieb *n*; **~ar** [tami'θar] (1f) fein sieben.

tamo ['tamo] *m* Spreu *f*.

tampoco [tam'poko] auch nicht.

tampón [tam'pɔn] *m* Wattebausch *m*, Tampon *m*; Stempelkissen *n*.

tan [tan] so, so sehr; ebenso; ~ **siquiera** wenigstens.

tanda ['tanda] *f* Reihe *f*; Schicht *f*; (Arbeits-)Pensum *n*; Trupp *m* Leute; *Am.* (Serien-)Vorstellung *f*.

tanganillas [taŋga'niɲas]: **en** ~ wankend; wack(e)lig.

tang|ente *Geom.* [taŋ'xente] *f* Tangente *f*; **salir** (*od.* **irse**) **por la** ~ *f* sich drücken, kneifen; **~ible** [⸝'xible] berührbar; *fig.* greifbar.

tango ['taŋgo] *m* Tango *m* (*Tanz*).

tanino [ta'nino] *m* Gerbsäure *f*, Tannin *n*.

tanque ['taŋke] *m* Tank *m*; Behälter *m*; ⚔ Panzer *m*, Tank *m*.

tanteador [tantea'dɔr] *m* (Punkte-) Zähler *m*; *Sport:* Anzeigetafel *f*.

tante|ar [tante'ar] (1a) abtasten; ab-, ausmessen; abschätzen, überschlagen; prüfen; ausprobieren; *fig.* sondieren, *j-m* auf den Zahn fühlen; *Skizze* anlegen; *Spiel: Punkte* aufschreiben; **~o** [tan'teo] *m* Überschlag *m*; *Sport:* Punkt-, Torzahl *f*; **al** ~ schätzungsweise, F über den Daumen gepeilt.

tanto ['tanto] **1.** *pron.* so viel; so groß; so manche(r); **un** ~ etwas, ein wenig; **~s** *pl.* einige, etliche; *a* **~s del mes** den soundsovielten des Monats; *a las* **-as** *de la noche* zu vorgerückter Stunde, spät in der Nacht; **2.** *adv.* so, so sehr; ebenso (-viel,-sehr); derart; so lange; **~ más** (*menos*) um so mehr (weniger); ~ **mejor** um so besser; *no es* (*od. hay*) *para* ~ es ist nicht so schlimm; *a* *no llega* so weit reicht es nicht; *estar al* ~ auf dem laufenden sein; *por lo* ~ deswegen; *¡y* ~*!* und ob!; **3.** *cj.* en ~ *que* während; ~ ... *como* ... sowohl ... als auch ...; ~ **más** (**menos**) **que** um so mehr (weniger) als; **4.** *m* (feststehende) Menge *f od.* Summe *f*; *Sport:* Punkt *m*; Tor *n*; ~ **por ciento** Prozentsatz *m*; *otro* ~ noch einmal soviel; **marcar un** ~ *Sport:* ein Tor schießen.

tañer ♩ [ta'ɲer] (2f) spielen; läuten.

tañido ♩ [ta'ɲido] *m* Spielen *n*; Klingen *n*; Läuten *n*; Geläut *n*.

tapa ['tapa] *f* Deckel *m*; Einband *m* (*Buch*); ~ **de los sesos** Hirnschale *f*; **~s** *pl.* Appetithappen *m/pl.*

tapa|bocas [tapa'bokas] *m* Schal *m*, Halstuch *n*; **~dera** [⸝'dera] *f* Topfdeckel *m*; *fig.* Hehler(in *f*) *m*; Vorwand *m*; Deckmantel *m*; **~dillo** [⸝'diʎo] *m* Verschleierung *f*; *de* ~ heimlich(erweise); **~do** [ta'paðo] **1.** *adj.* be-, verdeckt; **2.** *m Arg., Chi.* (Sommer-)Mantel *m*; **~dura** [tapa'dura] *f* Zudecken *n*; **~r** [ta'par] (1a) zudecken; verstopfen; zustopfen; verhüllen; verdecken; **~rrabo** [tapa'rrabo] *m* Lendenschurz *m*; F Badehose *f*.

tapete [ta'pete] *m* Tischdecke *f*; ~ **verde** Spieltisch *m*; *poner sobre el* ~ zur Sprache (*od.* aufs Tapet) bringen.

tapia ['tapia] *f* Lehmwand *f*; (Umfassungs-)Mauer *f*.

tapiar [ta'piar] (1b) ummauern; *Tür* zumauern.

tapice|ría [tapiθe'ria] *f* Wandbehang *m*; Tapeten *f/pl.*; Draperie *f*; Tapeziergeschäft *n*; **~ro** [⸝'θero] *m* Tapetenmacher *m*; Tapezierer *m*.

tapioca [ta'pioka] *f* Tapioka *f*.

tapir *Zo.* [ta'pir] *m* Tapir *m*.

tapiz [ta'piθ] *m* (Wand-)Teppich *m*.

tapizar [tapi'θar] (1f) tapezieren; beziehen; polstern.

tapón [ta'pɔn] *m* Korken *m*, Stöpsel *m*; *fig.* kleine, dicke Person *f*; ~ **de** *tráfico* Verkehrsstauung *f*.

tapo|nar [tapo'nar] (1a) verkorken; *Loch* stopfen; ♨ tamponieren; **~nazo** [⸝'naθo] *m* Pfropfenknall *m*.

tapujarse   474

tapu|jarse F [tapu'xarse] (1a) sich
vermummen; ~jo [ta'puxo] m Ver-
mummung f; Verheimlichung f.

taque ['take] m Türklappen n; Anklopfen n (an die Tür).

taquera [ta'kera] f Ständer m für
Billardstöcke.

taqui|grafía [takigra'fia] f Steno-
graphie f; ~gráfico [~'grafiko]
stenographisch.

taquígrafo [ta'kigrafo] m Steno-
graph m.

taqui|lla [ta'kiʎa] f Fahrkarten-
schalter m; Thea. Kartenverkauf m,
Kasse f; Am. Cent. Schenke f; ~lle-
ro [taki'ʎero] 1. adj. Erfolgs...;
película f -a Kassenschlager m; 2.
m Schalterbeamte(r) m; Kartenver-
käufer m; ~mecanógrafa [taki-
meka'nografa] f Stenotypistin f.

taquímetro Kfz. [ta'kimetro] m Tachometer m.

tara ['tara] f ✝ Tara f; Leergewicht
n; ⚕ erbliche Belastung f; Mangel
m, Fehler m.

tarabilla [tara'biʎa] f Mühlklapper
f; fig. Geklapper n.

taracea [tara'θea] f Einlegearbeit f.

tarado [ta'raᵈo] erbkrank; fehlerhaft.

tarambana F [taram'bana] f ver-
rückte Person f.

tarántula Zo. [ta'rantula] f Tarantel f.

tarar|ear [tarare'ar] (1a) trällern;
~eo [~'reo] m Geträller n.

tarasca [ta'raska] f Drachenbild n;
fig. Drachen m; ~da [taras'kaᵈa] f
Biß m; fig. freche Antwort f.

tarascón Am. Mer. [taras'kɔn] m
Biß m.   [Scheibe f.)

tarazón [tara'θɔn] m Schnitte f,)

tardanza [tar'ᵈanθa] f Verzögerung
f; Verspätung f; Saumseligkeit f.

tardar [tar'ᵈar] (1a) zögern; lange
ausbleiben; auf sich warten lassen;
(lange) dauern; a más ~ spätestens;
sin ~ unverzüglich; ¿cuánto tarda-
remos en llegar? wie lange dauert es
noch, bis wir ankommen?; no tardó
en volver er kam bald zurück.

tarde ['tarᵈe] 1. adv. spät, zu spät;
de ~ en ~ von Zeit zu Zeit; 2. f Nachmittag m; früher Abend m; ¡buenas
~s! guten Tag! (am Nachmittag);
guten Abend!; ~cer [tarᵈe'θer] (2d)
Abend werden; ~cita [~'θita] f
Spätnachmittag m.

tardío [tar'ᵈio] spät; Spät...; ver-
spätet; säumig; langsam.

tardo ['tarᵈo] langsam; schwerfällig;
nachträglich; ~ de oído schwerhörig.

tardón F [tar'ᵈɔn] saumselig; bum-
melig; begriffsstutzig.

tarea [ta'rea] f Arbeit f; Aufgabe f;
Haus-, Schulaufgabe f; Pensum n.

tarifa [ta'rifa] f Tarif m; Gebühr f;
Fahrpreis m; Preisliste f; ~r [tari-
'far] (1a) Preis festsetzen.

tarima [ta'rima] f Podium n; (Fen-
ster-)Tritt m; Fußbank f; Pritsche
f.

tarjeta [tar'xeta] f Karte f; ~ de crédito Kreditkarte f; ~ de embarque ✈
Bordkarte f; ~ perforada Lochkarte f;
~ postal Postkarte f; ~ de visita Vi-
sitenkarte f.

tarro ['tarro] m Einmachtopf m,
-glas n; Topf m, Tiegel m.

tarso Anat. ['tarso] m Fußwurzel f.

tarta ['tarta] f Torte f.

tarta|joso [tarta'xoso] stotternd; ~
lear [~le'ar] (1a) wackeln, schwanken; ~mudear [~muᵈe'ar] (1a)
stottern; ~mudez [~mu'ᵈeθ] f
Stottern n; ~mudo [~'muᵈo] m
Stotterer m.

tartana [tar'tana] f zweirädriger
Planwagen m.

tártaro 🜍 ['tartaro] m Weinstein m.

tartera [tar'tera] f Tortenform f;
Eßgeschirr n; Kochtopf m.

tarugo [ta'rugo] m Pflock m, Dübel
m, Zapfen m; Holzklotz m.

tarumba F [ta'rumba] f: volver a
alg. ~ j-n ganz verrückt machen.

tasa ['tasa] f Gebühr f, Taxe f;
Taxpreis m; Rate f; ~ de inflación
Inflationsrate f; sin ~ maßlos; ~ble
[ta'sable] abschätzbar; ~ción [tasa-
'θiɔn] f Schätzung f; Veranlagung f
(Steuer); ~dor [~'ᵈɔr] m Schätzer
m, Taxator m; ~r [ta'sar] (1a) schätzen, taxieren; veranlagen (Steuer).

tas|ca F [ta'ska] f Kneipe f; ~car
[tas'kar] (1g) Flachs brechen; ~ el
freno fig. sich widerwillig fügen.

tata ['tata] a) m Am. Papa m; b) f
Kdspr. Kindermädchen n.

tatara|buelo m, -a f [tatara'bŭelo,
~'bŭela] Ururgroßvater m, -mutter
f; ~nieto [~'nieto] m Ururenkel m.

¡tate! ['tate] ei!; sieh da!; sachte!

tatua|je [ta'tŭaxe] m Tätowierung f;
~r [~'tŭar] (1d) tätowieren.

taumaturgo [tau̯ma'turgo] *m* Wundertäter *m*.

taurino [tau̯'rino] Stierkampf...

Tauro *Astr.* ['tau̯ro] *m* Stier *m*; **♀maquia** [tau̯ro'makia] *f* Stierkämpferkunst *f*; **♀máquico** [~'makiko] Stierkampf...

taxativo [taɡsa'tibo] beschränkend.

taxi ['taɡsi] *m* Taxi *n*.

taxímetro [taɡ'simetro] *m* Fahrpreisanzeiger *m*.

taxista [taɡ'sista] *m* Taxifahrer *m*.

taza ['taθa] *f* Tasse *f*; Schale *f*; Becken *n*; Klosettbecken *n*.

tazón [ta'θɔn] *m* große Tasse *f* ohne Henkel; Napf *m*.

te [te] dir, dich.

té [te] *m* Tee *m*.

tea ['tea] *f* Fackel *f*; Kienspan *m*.

teatral [tea'tral] theatralisch; Theater...

teatro [te'atro] *m* Theater *n*; *fig.* Schauplatz *m*; ~ al aire libre Freilichtbühne *f*; ~ ambulante Wanderbühne *f*.

teca ['teka] *f* Teakholz *n*.

tecla ['tekla] *f* Taste *f*; *fig.* kitzlige Sache *f*; ~ de retroceso Rücktaste *f*; P dar en la ~ den Nagel auf den Kopf treffen; **~do** [te'klaᵈo] *m* Tastatur *f*; ♪ Klaviatur *f*.

teclear [tekle'ar] (1a) die Tasten anschlagen; F *auf e-m Instrument* herumklimpern; *v/t. fig.* F *Sache* managen, deichseln.

tecleo [te'kleo] *m* Geklimper *m*.

técnica ['teɡnika] *f* Technik *f*.

tecnicismo [teɡni'θizmo] *m* Fachausdruck *m*; Fachsprache *f*.

técnico [teɡniko] 1. *adj.* technisch; Fach...; 2. *m* Techniker *m*; Fachmann *m*.

tecnología [teɡnolo'xia] *f* Technologie *f*.

te|chado [te'tʃaᵈo] *m* Dach *n*; **~char** [te'tʃar] (1a) bedachen; **~cho** ['tetʃo] *m* Dach *n*; Zimmerdecke *f*; Ӿ Steighöhe *f*; ~ solar *Kfz.* Sonnendach *n*; **~chumbre** [te'tʃumbre] *f* Dachwerk *f*; Dächer *n/pl.* (*e-r Stadt*).

tedio ['teðio] *m* Langeweile *f*; Überdruß *m*; Ekel *m*.

teja ['texa] *f* Dachziegel *m*; *a toca* ~ gegen Barzahlung; *de* ~*s abajo* nach dem natürlichen Lauf der Dinge; hier auf Erden; *de* ~*s arriba* nach Gottes Willen; **~dillo** [texa'diʎo]

Wetterdach *n*; Wagendach *n*; **~do** [te'xaᵈo] *m* (Ziegel-)Dach *n*; ~ *de vidrio* Glasdach *n*; **~dor** [texa'dɔr] *m* Dachdecker *m*; **~no** [te'xano] 1. *adj.* aus Texas; (*pantalón m*) ~ Texashose *f*, Blue jeans *pl.*; 2. *m* Texaner *m*.

tejar [te'xar] 1. (1a) *mit Ziegeln* decken; 2. *m* Ziegelei *f*.

teje|dor *m*, -a *f* [texe'dɔr, ~'dora] Weber(in *f*) *m*; **~dura** [~'dura] *f* Weben *n*; Gewebe *n*; **~duría** [~du'ria] *f* Weberei *f*; **~maneje** F [~ma'nexe] *m* Fixigkeit *f*; Intrigenspiel *n*; **~r** [te'xer] (2a) weben; flechten; *fig.* Ränke schmieden.

teje|ría [texe'ria] *f* Ziegelei *f*; **~ro** [te'xero] *m* Ziegelbrenner *m*.

tejido [te'xido] *m* Gewebe *n* (*a. Anat.*); **~s** *pl.* Textilien *pl.*

tejo ['texo] *m* a) ♀ Taxus *m*, Eibe *f*; b) Holz-, Metallscheibe *f*.

tejón *Zo.* [te'xɔn] *m* Dachs *m*.

tejuel|a [te'xu̯ela] *f* Dachziegel *m*; **~o** [~lo] *m* Rückentitel *m* (*Buch*); ⊕ Spurlager *n*, Zapfenlager *n*.

tela ['tela] *f* Gewebe *n*; Zeug *n*, Stoff *m*; Leinwand *f*; P Geld *n*; ~ *de araña* Spinn(en)gewebe *n*; ~ *metálica* Drahtgeflecht *n*; *estar en* ~ *de juicio* noch ungewiß (*od.* unentschieden) sein; *poner en* ~ *de juicio* in Abrede stellen; anzweifeln; eingehend prüfen; *hay* ~ *para rato* das ist ein ergiebiger Gesprächsstoff.

telar [te'lar] *m* Webstuhl *m*; *Thea.* Schnürboden *m*.

telaraña [tela'raɲa] *f* Spinn(en)gewebe *n*.

tele|arrastre [telea'rrastre] *m* Schlepplift *m*; **~cabina** [~ka'bina] *f* Kabinenlift *m*; **~comunicación** [~komunika'θiɔn] *f* Fernmeldewesen *n*; **~diario** [~'diario] *m* Tagesschau *f* (*Fernsehen*); **~dirigido** [~diri'xido] ferngelenkt, ferngesteuert; **~férico** [~'feriko] *m* Drahtseilbahn *f*; **~film(e)** [~'film(e)] *m* Fernsehfilm *m*.

tele|fonear [telefone'ar] (1a) telefonieren; **~fonema** Am. [~fo'nema] *m* Telefongespräch *n*; **~fonía** [~fo'nia] *f* Telefonie *f*, Fernsprechwesen *n*; **~fónico** [~'foniko] telefonisch, fernmündlich; **~fonista** [~fo'nista] *su.* Telefonist(in *f*) *m*.

teléfono [te'lefono] *m* Fernsprecher

m, Telefon *n*; ~ *automático* Selbstwählanschluß *m*; ~ *público* Münzfernsprecher *m*.

telefotografía [telefotoɡraˈfia] *f* Bildfunk *m*.

telegra|fía [teleɡraˈfia] *f* (*sin hilos*) (drahtlose) Telegrafie *f*; **~fiar** [~ˈfiar] (1c) telegrafieren, drahten.

telegráfico [teleˈɡrafiko] telegrafisch.

telegrafista [teleɡraˈfista] *su.* Telegrafist(in *f*) *m*; ⚓, ✈ Funker *m*.

telégrafo [teˈleɡrafo] *m* Telegraf *m*.

telegrama [teleˈɡrama] *m* Telegramm *n*.

tele|impresor [teleimpreˈsɔr] *m* Fernschreiber *m*; **~mando** [~ˈmando] *m* Fernsteuerung *f*, -bedienung *f*; **~objetivo** [~ɔbxeˈtibo] *m* Teleobjektiv *n*; **~patía** [~paˈtia] *f* Telepathie *f*, Gedankenübertragung *f*.

telera [teˈlera] *f* Lenkscheit *n* (*am Pflug*).

teles|cópico [telesˈkopiko] ausziehbar; **~copio** [~ˈkopio] *m* Teleskop *n*.

tele|silla [teleˈsiʎa] *f* Sessellift *m*; **~spectador** [~spektaˈdɔr] *m* Fernsehteilnehmer *m*; **~squí** [~sˈki] *m* Schilift *m*; **~tipo** [~ˈtipo] *m* Fernschreiber *m*; **~trineo** [~triˈneo] *m* Schlittenlift *m*; **~vidente** [~biˈdente] *m* Fernseher *m* (*Person*).

tele|visar [telebiˈsar] (1a) im Fernsehen senden; **~visión** [~ˈsjɔn] *f* Fernsehen *n*; ~ *en color* Farbfernsehen *n*; **~visivo** [~ˈsibo] Fernseh...; **~visor** [~ˈsɔr] *m* Fernsehgerät *n*; ~ *en color* Farbfernseher *m*.

telón [teˈlɔn] *m Thea.* Vorhang *m*; ~ *de acero Pol.* Eiserne(r) Vorhang *m*; ~ *de fondo fig.* Hintergrund *m*; ~ *metálico Thea.* eiserne(r) Vorhang *m*.

tema [ˈtema] *m* Thema *n*; Aufgabe *f*; **~rio** [teˈmario] *m* Themenkreis *m*, -liste *f*.

temática [teˈmatika] *f* Thematik *f*.

tembladera [temblaˈdera] *f Zo.* Zitterrochen *m*; ♀ Zittergras *n*; *Am.* Zittern *n*.

temblar [temˈblar] (1k) zittern; beben; sich fürchten.

tembleque [temˈbleke] *m* Zittern *n*; **~ar** [~bleke ˈar] (1a) am ganzen Leibe zittern; F bibbern.

tembl|ón [temˈblɔn] zitternd; *ála-*

mo *m* ~ Zitterpappel *f*; **~or** [~ˈblɔr] *m* Zittern *n*; ~ *de tierra* Erdbeben *n*; **~oroso** [~bloˈroso] zitt(e)rig.

temer [teˈmer] (2a) fürchten; **~ario** [temeˈrario] verwegen, tollkühn; gewagt; **~idad** [~riˈda⁽ᵈ⁾] *f* Verwegenheit *f*, Tollkühnheit *f*; **~oso** [~ˈroso] furchtsam, ängstlich.

temible [teˈmible] furchtbar.

temor [teˈmɔr] *m* Furcht *f*, Angst *f*.

tempera|mento [temperaˈmento] *m* Temperament *n*; **~ncia** [~ˈranθja] *f* Mäßigung *f*; **~nte** [~ˈrante] mäßigend; *Am.* enthaltsam; **~tura** [~raˈtura] *f* Temperatur *f*.

temperie [temˈperje] *f* Witterung *f*.

tempes|tad [tempesˈta⁽ᵈ⁾] *f* Sturm *m*; Unwetter *n*; **~tivo** [~ˈtibo] passend, gelegen; **~tuoso** [~ˈtuoso] stürmisch.

templa|do [temˈpla⁽ᵈ⁾] maßvoll, gemäßigt; lauwarm, lau; F tapfer; **~nza** [~ˈplanθa] *f* Mäßigkeit *f*; milde(s) Klima *n*.

templar [temˈplar] (1a) mäßigen; temperieren; ⊕ abschrecken; stählen; ♪ stimmen; *fig.* besänftigen.

temple [ˈtemple] *m* Witterung *f*; Temperatur *f*; Charakteranlage *f*; ♪ Stimmung *f*; ⊕ Härtung *f*; *hist.* Templerorden *m*; *pintura f al* ~ Temperamalerei *f*.

templo [ˈtemplo] *m* Tempel *m*; Kirche *f*.

tempo|rada [tempoˈrada] *f* Zeitraum *m*; Jahreszeit *f*; Saison *f*; *Thea.* Spielzeit *f*; ~ *alta* Hochsaison *f*; **~ral** [~ˈral] **1.** *adj.* zeitlich; weltlich; **2.** *m* Sturm *m*; Unwetter *n*; **~ralidad** [~raliˈda⁽ᵈ⁾] *f* Zeitlichkeit *f*; Weltlichkeit *f*; **~ralizar** [~raliˈθar] (1f) verweltlichen; **~ralmente** [~ralˈmente] vorübergehend.

temporero [tempoˈrero]: (*trabajador m*) ~ Saison-, Gelegenheitsarbeiter *m*.

tempra|near *Am.*[tempraneˈar](1a) früh aufstehen; **~nero** [~ˈnero] Früh...; **~no** [~ˈprano] frühzeitig; Früh...; *adv.* (zu) früh.

tenaci|dad [tenaθiˈda⁽ᵈ⁾] *f* Zähigkeit *f*; Starrsinn *m*; **~llas** [~ˈθiʎas] *f/pl.* kleine Zange *f*.

tenaz [teˈnaθ] zäh; hartnäckig.

tenaza [teˈnaθa] *f* (*mst* ~*s pl.*) Zange *f*.

tenca *Zo.* [ˈtenka] *f* Schleie *f*.

tercero

tendedero [tende'dero] m (Wäsche-) Trockenplatz m; Wäscheständer m.

tenden|cia [ten'denθia] f Neigung f; Richtung f; Tendenz f; **~cioso** [~den'θioso] tendenziös.

ténder 🔧 ['tender] m Tender m.

tender [ten'der] (2g) (aus)spannen; ausbreiten; ausstrecken; umherstreuen; *Wäsche* aufhängen; ~ *a* abzielen auf; neigen zu; **~se** sich hinlegen, sich ausstrecken.

tende|rete [tende'rete] m Verkaufsstand m (*im Freien*); **~ro** [~'dero] m Ladeninhaber m; Kleinhändler m; Krämer m.

tendido [ten'diðo] m *Stk.* Sperrsitz m; ✄ Verlegung f v. *Leitungen*; Leitung f.

tendón *Anat.* [ten'don] m Sehne f.

tenducho [ten'dutʃo] m *desp.* Kramladen m.

tenebro|sidad [tenebrosi'da⁽ᵈ⁾] f Finsternis f; **~so** [~'broso] finster; dunkel (*a. fig.*).

tene|dor [tene'dor] m Gabel f; Besitzer m, Inhaber m; ~ *de libros* Buchhalter m; **~duría** [~ðu'ria] f Buchhaltung f.

tenencia [te'nenθia] f Besitz m; ~ (*ilícita*) *de armas* (unerlaubter) Waffenbesitz m.

tener [te'ner] (2l) haben, besitzen; halten, festhalten; anhalten; zurückhalten; fassen; ~ *puesto Kleid, Schuhe usw.* anhaben; ~ *10 años* 10 Jahre alt sein; ~ *a bien* belieben, geruhen; ~ *a menos* verschmähen; ~ *a gran honra* es sich zur hohen Ehre anrechnen; ~ *en más* mehr achten; ~ *en menos* geringschätzen; ~ *en mucho* hochschätzen; ~ *para sí* der Meinung sein; ~ *en* (*od. por*) halten für; ~ *sobre sí a alg.* für j-n zu sorgen haben, F j-n auf dem Halse haben; ~ *que inf.* müssen *inf.*; no ~ *que inf.* nicht brauchen zu *inf.*; no ~ *nada que hacer* nichts zu tun haben; no ~ *que ver con* nichts zu tun haben mit (*dat.*); eso *me tiene nervioso* das macht mich nervös; eso *me tiene tranquilo* das läßt mich kalt; **~se** sich festhalten; standhalten; sich halten (für [*ac.*] *por*).

tenería [tene'ria] f Gerberei f.

tenia ['tenia] f Bandwurm m.

teniente [te'niente] **1.** *adj.* innehabend; **2.** m Stellvertreter m; Oberleutnant m; ~ *coronel* Oberst-

leutnant m; ~ *general* Generalleutnant m; ~ *de navío* Kapitänleutnant m.

tenis ['tenis] m Tennis(spiel) n; ~ *de mesa* Tischtennis n; **~ta** [te'nista] su. Tennisspieler(in f) m.

tenor [te'nor] m **a)** ♩ Tenor m; **b)** Wortlaut m, Inhalt m, Tenor m; *a* ~ *de nach Maßgabe* (*gen.*).

tenorio [te'norio] m Don Juan m, Schürzenjäger m.

ten|sión [ten'sion] f Spannung f (⊕, ⚡); *alta* ~ Hochspannung f; **~so** ['tenso] gespannt; **~sor** ⊕ [ten'sor] m (Riemen-)Spanner m; Spannvorrichtung f.

tentación [tenta'θion] f Versuchung f.

tentáculo [ten'takulo] m Fühler m (*Insekten*); Fangarm m (*Mollusken*).

tenta|dor [tenta'dor] **1.** *adj.* verführerisch, verlockend; **2.** m, **-a** [~'ðora] f Versucher(in f) m; **~r** [~'tar] (1k) betasten; versuchen; untersuchen, prüfen; **~tiva** [~ta'tiβa] f Versuch m; Probe f.

tentem|ozo [tentem'moθo] m Stütze f; **~pié** F [~tem'pie] m Imbiß m.

tenue ['tenue] dünn; schwach.

tenuidad [tenui'da⁽ᵈ⁾] f Dünne f; Schwäche f.

teñir [te'ɲir] (3h u. 3l) färben; tönen.

teo|cracia [teo'kraθia] f Theokratie f; **~crático** [~'kratiko] theokratisch.

teodolito [teoðo'lito] m Theodolit m, Winkelmeßinstrument n.

teologal [teolo'gal] theologisch.

teología [teolo'xia] f Theologie f.

teológico [teo'loxiko] theologisch.

teólogo [te'ologo] m Theologe m.

teorema [teo'rema] m Lehrsatz m.

teoría [teo'ria] f Theorie f.

teórico [te'oriko] theoretisch.

teo|rizar [teori'θar] (1f) Theorien aufstellen; **~sofía** [~so'fia] f Theosophie f.

tepache *Méj.* [te'patʃe] m gegorenes Getränk.

tequila *Méj.* [te'kila] m Agavenschnaps m.

terapéutica [tera'peutika], **terapia** [te'rapia] f Heilverfahren n, Therapie f.

tercera ♩ [ter'θera] f Terz f.

tercero [ter'θero] **1.** *adj.* dritte(r, -s); **2.** m Mittelsmann m; Vermittler m.

tercerola [terθe'rola] *f* Terzerol *n*.

ter|ceto ♩ [ter'θeto] *m* Terzett *n*; Trio *n*; **~ciado** [~'θiaᵈo] braun (*Zucker*); *madera f* -a Sperrholz *n*; **~ciana** [~'θiana] *f* dreitägiges Wechselfieber *n*; **~ciar** [~'θiar] (1b) **1.** *v/t.* dritteln; *Hecke, Strauch* stutzen; *Hut* schief aufsetzen; **2.** *v/i.* vermitteln; eingreifen; **~ciario** [~-'θiario] **1.** *adj.* Tertiär...; **2.** *m Geol.* Tertiär *n*; **~cio** ['terθio] *m* Drittel *n*; ♀ *spanische* Fremdenlegion *f*.

terciopelo [terθio'pelo] *m* Samt *m*.

terco ['terko] starrköpfig, zäh, hart.

terebrante [tere'brante] bohrend (*Schmerz*).

tergiversa|ción [terxiβersa'θiɔn] *f* Wortverdrehung *f*; Winkelzug *m*; **~r** [~'sar] (1a) *Tatsachen, Worte* verdrehen, verkehren; *v/i.* Winkelzüge machen.

ter|mal [ter'mal] Bäder...; Thermal...; **~mas** [~'termas] *f/pl.* Thermalquellen *f/pl.*

térmico ['termiko] thermisch, Wärme...

termina|ción [termina'θiɔn] *f* Beendigung *f*; *Gram.* Endung *f*; **~l** [~'nal] **1.** *adj.* End..., Schluß...; **2.** *f* ☃ Abfertigungsgebäude *n*; **~nte** [~'nante] entscheidend; aus-, nachdrücklich.

terminar [termi'nar] (1a) beenden; abschließen; *v/i.* zu Ende gehen, enden; **~se** hinauslaufen auf.

término ['termino] *m* Ende *n*, Schluß *m*; Grenze *f*; Endpunkt *m*; Frist *f*; Termin *m*; *medio* Durchschnittszahl *f*, Mittel *n*; *por ~ medio* im Durchschnitt, durchschnittlich; *~ municipal* Gemeindegebiet *n*; *~ técnico* Fachausdruck *m*; *operación f a ~* Termingeschäft *n*; *primer ~* Vordergrund *m*; *en último ~* zuletzt; *lateztes Endes*; *en ~s generales* im allgemeinen.

terminología [terminolɔ'xia] *f* Terminologie *f*.

termo ['termo] *m* Thermosflasche *f*; **~dinámica** [~di'namika] *f* Thermodynamik *f*.

termómetro [ter'mometro] *m* Thermometer *n*; *~ clínico* Fieberthermometer *n*.

termo|sifón [termosi'fɔn] *m* Boiler *m*; **~stato** [~mɔs'tato] *m* Thermostat *m*.

terna ['terna] *f* Vorschlag *m* von

drei Personen *für ein Amt*; *fig.* Dreigespann *n*, Triumvirat *n*.

terne|ra [ter'nera] *f* Kalbfleisch *n*; Kuhkalb *n*; **~ro** [~'nero] *m* (Stier-) Kalb *n*.

terneza [ter'neθa] *f* Zartheit *f*; Sanftheit *f*; **~s** *pl.* Zärtlichkeiten *f/pl.*

ternilla [ter'niʎa] *f* Knorpel *m*.

ternilloso [terni'ʎoso] knorpelig.

terno ['terno] *m* Dreizahl *f*; Terne *f* (*Lotterie*); dreiteiliger (Herren-) Anzug *m*; *soltar ~s* fluchen.

ternura [ter'nura] *f* Zartheit *f*; Zärtlichkeit *f*.

terquedad [terke'ða⁽ᵈ⁾] *f* Hartnäckigkeit *f*; Eigensinn *m*.

terra|cota [terra'kota] *f* Terrakotta (-figur) *f*; **~do** [te'rraᵈo] *m* flaches Dach *n*; (Dach-)Terrasse *f*.

terraja [te'rraxa] *f* Gewindeschneider *m*.

terra|plén [terra'plen] *m* Aufschüttung *f*; (Bahn-, Straßen-)Damm *m*; **~plenar** [~ple'nar] (1a) auffüllen; aufschütten.

terráqueo [te'rrakeo] Erd...; *globo m ~* Weltkugel *f*.

terrateniente [terrate'niente] *m* (Groß-)Grundbesitzer *m*.

terraza [te'rraθa] *f* Gartenbeet *n*; Terrasse *f*.

terremoto [terre'moto] *m* Erdbeben *n*.

terre|nal [terre'nal] irdisch; **~no** [te'rreno] **1.** *adj.* irdisch; **2.** *m* Boden *m*; Grund *m*; Gelände *n*; *fig.* Bereich *m*, Gebiet *n*; *~ de juego Sport:* Spielfeld *n*; *ganar ~* vorwärtskommen.

térreo [te'rreo] erdig.

terre|ro [te'rrero] **1.** *adj.* irdisch; *fig.* niedrig; **2.** *m* Erdhaufen *m*; Schwemmland *n*; **~stre** [te'rrestre] Erd...; Land...; irdisch.

terr|ible [te'rriβle] schrecklich; *F* gewaltig, enorm; **~ífico** [te'rrifiko] schreckenerregend.

territo|rial [territo'rial] Gebiets...; Bezirks...; Grund...; *reserva f ~* Landsturm *m*; **~rio** [~'torio] *m* Gebiet *n*.

terrón [te'rrɔn] *m* Erdklumpen *m*; (Erd-)Scholle *f*; Stück *n* Zucker.

terror [te'rrɔr] *m* Schrecken *m*; Entsetzen *n*; Terror *m*; **~ífico** [terrɔ'rifiko] schreckenerregend; **~ismo** [~'rizmo] *m* Terrorismus *m*,

Schreckensherrschaft f; **∼ista** [∼'rista] m Terrorist m.

terr|oso [te'rɔso] erdig; erdfarbig; **∼uño** [te'rruɲo] m Erdreich n; Scholle f; fig. Heimaterde f.

ter|so ['terso] glatt; sauber; flüssig (Stil); **∼sura** [ter'sura] f Glätte f.

tertulia [ter'tulia] f Gesellschaft f; (Familien-)Kränzchen n; Stammtisch m; **∼no** [∼'ljano] m Teilnehmer m an e-r Gesellschaft; Stammtischbruder m; **∼r** Am. [∼'ljar] (1b) plaudern.

tesar ⚓ [te'sar] (1k) straffen.

tesina [te'sina] f Diplomarbeit f.

tesis ['tesis] f These f; **∼ doctoral** Doktorarbeit f, Dissertation f.

tesitura [tesi'tura] f ♪ Stimmlage f; fig. (Gemüts-)Stimmung f, Gemütsverfassung f.

tesón [te'sɔn] m Beharrlichkeit f; Unbeugsamkeit f; Zähigkeit f.

teso|rería [tesore'ria] f Schatzamt n; Schatzkammer f; **∼rero** [∼'rero] m Schatzmeister m; Kassenwart m; **∼ro** [te'soro] m Schatz m; Sammelwerk n; ⚘ (público) Fiskus m, Staatskasse f.

test engl. [test] m Test m.

testa ['testa] f Kopf m; F Grips m.

testador [testa'dɔr] m Erblasser m.

testaferro [testa'fɛrrɔ] m fig. Strohmann m.

testamen|taría [testamenta'ria] f Testamentsvollstreckung f; **∼tario** [∼'tarjo] letztwillig; Testaments...; **∼to** [∼'mento] m Testament n, letztwillige Verfügung f; Antiguo ⚘, Nuevo ⚘ Altes, Neues Testament n.

testar [tes'tar] (1a) v/i. ein Testament errichten, testieren.

testa|rada [testa'rada] f Stoß m mit dem Kopf; Eigensinn m; **∼razo** [∼'raθo] m Kopfstoß m; **∼rudez** [∼ru'deθ] f Starrköpfigkeit f; **∼rudo** [∼'rudo] starrköpfig.

testera [tes'tera] f Vorderseite f; Kopfende n.

testículo [tes'tikulo] m Hode m od. f, Hoden m.

testi|ficación [testifika'θjɔn] f Bezeugung f; Bescheinigung f; **∼ficar** [∼'kar] (1g) bezeugen, bekunden; **∼go** [∼'tigo] su. Zeuge m, Zeugin f; **∼ de cargo** Belastungszeuge m; **∼ de descargo** Entlastungszeuge m; **∼ ocular** (od. presencial) Augenzeuge m; **∼**

monial [∼timo'njal] Zeugen...; **∼moniar** [∼timo'njar] (1b) bezeugen; **∼monio** [∼ti'monjo] m Zeugnis n; Zeugenaussage f; notarielle Beglaubigung f.

testuz [tes'tuθ] m Stirn f; Nacken m e-s Tieres.

teta ['teta] f Zitze f; P (weibliche) Brust f; niño m de **∼** Säugling m.

tétanos ☤ ['tetanos] m Wundstarrkrampf m, Tetanus m.

tetera [te'tera] f Teekanne f.

tetilla [te'tiʎa] f männliche Brustwarze f.   [unheimlich.\

tétrico ['tetriko] trübselig; finster;\

teutón(ico) [teu'tɔn, teu'toniko] teutonisch; Lit. deutsch.

textil [tes'til] **1.** adj. Textil...; **2.** **∼es** m/pl. Textilien pl.

tex|to ['testo] m Text m; Zitat n; Wortlaut m; **∼tual** [tes'tual] textgetreu; wörtlich.

textura [tes'tura] f Gewebe n; Struktur f; ⊕ Textur f.

tez [teθ] f Gesichtsfarbe f, Teint m.

ti [ti] dir, dich (nach prp.).

tía ['tia] f Tante f; F Weib n; ¡(no hay) tu **∼**! kein Gedanke!, nichts zu machen!

tiangue Am. Cent., Méj. ['tjaŋge] m kleiner Markt m; Marktbude f.

tibia Anat. ['tibja] f Schienbein n.

tibieza [ti'bjeθa] f Lauheit f; Lässigkeit f; Behaglichkeit f.

tibio ['tibjo] lauwarm; wohlig; behaglich; fig. lau.

tiburón [tibu'rɔn] m Hai(fisch) m.

tic [tik] m Tick m; hacer **∼** tac ticken.

tiempo ['tjempo] m Zeit f; Wetter n; (Zeit-)Dauer f; Gram. Tempus n; ♪ Satz m; Motor: Takt m; medio **∼** Sport: Halbzeit f; a **∼** rechtzeitig; a un **∼**, al mismo **∼** gleichzeitig; antes de **∼** vorzeitig; con **∼** früh genug, rechtzeitig; desde hace mucho **∼** seit langem; hace buen (mal) **∼** es ist gutes (schlechtes) Wetter; hace mucho **∼** vor langer Zeit; dar **∼** al **∼** abwarten; sich Zeit lassen; F cada poco **∼** alle Augenblicke.

tienda ['tjenda] f Laden m, Geschäft n; Am. reg. Textilwarengeschäft n; **∼ de campaña** Zelt n; ir de **∼s** e-n Einkaufsbummel machen.

tienta ['tjenta] f Chir. Sonde f; Stk. Stierprüfung f (auf der Weide); a **∼s** aufs Geratewohl; andar a **∼s** (im dunkeln) tappen.

tiento ['tiento] *m* Befühlen *n*; Balancierstange *f*; *fig.* Behutsamkeit *f*, Vorsicht *f*; F Schluck *m*; *a ~* tappend, tastend; *dar un ~ a a/c.* et. probieren; *dar un ~ a alg.* F j-m auf den Zahn fühlen.

tierno ['tierno] zart, mürbe, weich; zärtlich.

tierra ['tierra] *f* Erde *f*; Land *n*; Ackerland *n*; Grund u. Boden *m*; Heimat *f*; *~ firme* Festland *n*; *de la ~* inländisch, einheimisch; *dar en ~ con a/c.*, *echar por ~* et. zunichte machen, et. vernichten; *echar ~ a a/c.* Gras über et. wachsen lassen; *poner ~ en medio* sich aus dem Staub machen; *tomar ~ ✈ ⚓* landen.

tieso ['tieso] steif, starr; straff, stramm; unbeugsam; fest.

tiesto ['tiesto] *m* Scherbe *f*; Blumentopf *m*; F *mear fuera del ~* an der Sache vorbeireden.

tiesura [tie'sura] *f* Straffheit *f*; Steifheit *f* (*a. fig.*).

tifoideo [tifoi'deo]: *fiebre f -a* Typhus *m*.

tifón [ti'fon] *m* Taifun *m*.

tifus 🐛 ['tifus] *m* Typhus *m*.

tigre ['tigre] *m* Tiger *m*; *Am.* Jaguar *m*.

tije|ra [ti'xera] *f* (*mst pl. ~s*) Schere *f*; Sägebock *m*; **~reta** [tixe'reta] *f* Ohrwurm *m*; **~retada** [~re'tada] *f*, **~retazo** [~'taθo] *m* Schnitt *m* mit der Schere; **~retear** [~rete'ar] (1a) mit der Schere zerschneiden, schnippeln.

tila ['tila] *f* Lindenblütentee *m*.

tildar [til'dar] (1a) durchstreichen; bezeichnen (als *de*).

tilde ['tilde] **a)** *m od. f Gram.* Tilde *f*; **b)** *f fig.* Bagatelle *f*.

tilín [ti'lin] *m* Geklingel *n*; F *hacer ~* gefallen; Anklang finden.

tilo 🌳 ['tilo] *m* Linde *f*.

timador [tima'dor] *m* Schwindler *m*, Gauner *m*.

timar [ti'mar] (1a) prellen, F übers Ohr hauen; abgaunern; **~se** sich zublinzeln.

timba F ['timba] *f* Spielhölle *f*; *Am. Cent., Méj., Ven.* dicker Bauch *m*.

timbal [tim'bal] *m* ♪ Kesselpauke *f*; Pastete *f*; **~ero** [~ba'lero] *m* Paukenschläger *m*.

timbrar [tim'brar] (1a) stempeln.

timbre ['timbre] *m* Stempel *m*; Stempelmarke *f*; *Am.* Briefmarke *f*;

Klingel *f*; Klangfarbe *f*; *fig.* Ruhmestat *f*; *tocar el ~* klingeln, läuten.

timidez [timi'deθ] *f* Furchtsamkeit *f*; Schüchternheit *f*.

tímido ['timido] furchtsam; schüchtern, scheu.

timo ['timo] *m* Schwindel *m*; Betrug *m*; Gaunerei *f*; *dar un ~* betrügen, F hereinlegen.

timón [ti'mon] *m* ⚓ Steuer *n*, Ruder *n*; Deichsel *f*; *fig.* Leitung *f*.

timo|nel ⚓ [timo'nel] *m* Steuermann *m*; **~nera** [~'nera] *f* Schwanz-, Steuerfeder *f der Vögel*.

timorato [timo'rato] gottesfürchtig; furchtsam.

tímpano ['timpano] *m* △ Giebelfeld *n*; ♪ Hackbrett *n*; *Anat.* Trommelfell *n*. [Trog *m*; Wanne *f*.]

tina ['tina] *f* Bütte *f*, Bottich *m*; ∫

tina|ja [ti'naxa] *f großer* Tonkrug *m*; irdener Weinbehälter *m*; **~jero** [tina'xero] *m* Böttcher *m*.

tinglado [tiŋ'glaðo] *m* Bretterschuppen *m*; Brettergestell *n*; *fig.* Bude *f*; Klüngel *m*.

tinieblas [ti'nieblas] *f/pl.* Finsternis *f*, Dunkel *n*; *kath.* Rumpelmette *f* in der Karwoche.

tino ['tino] *m* Takt *m*; Feingefühl *n*; F Fingerspitzengefühl *n*; Treffsicherheit *f*; *perder el ~* aus der Fassung geraten; *sacar de ~ a* aus der Fassung (F aus dem Häuschen) bringen; *sin ~* ohne Maß und Ziel.

tin|ta ['tinta] *f* Tinte *f*; Farbe *f*; *Mal.* Farbton *m*; **~ china** Tusche *f*; **~ de imprenta** Druckerschwärze *f*; *saber de buena ~* aus sicherer Quelle wissen; *medias ~s fig.* Halbheiten *f/pl.*; **~te** [~te] *m* Färben *n*; Farbstoff *m*; Färberei *f*; F chemische Reinigung *f*; *fig.* Anstrich *m*; **~terillo** *Am.* [tinte'riλo] *m* Winkeladvokat *m*; **~tero** [tin'tero] *m* Tintenfaß *n*; F *dejar en el ~* ganz (und gar) vergessen.

tin|tín [tin'tin] *m* Geklingel *n*, Geklirr *n*; **~tin(e)ar** [~ti'nar, ~tine'ar] (1a) klirren; bimmeln, läuten.

tinto ['tinto] gefärbt; *(vino m) ~* Rotwein *m*; **~rería** [tintore'ria] *f* Färberei *f*; chemische Reinigung *f*; **~rero** [~'rero] *m* Färber *m*.

tintura [tin'tura] *f* Färben *n*; Färbemittel *n*; Tinktur *f*; Schminke *f*.

tiña ['tiɲa] *f* Grind *m*; Krätze *f*; *fig.* Knauserei *f*.

tiñoso [ti'ɲoso] grindig; *fig.* knauserig, schäbig.

tío ['tio] *m* Onkel *m*; F Kerl *m*, Type *f*; ~ *abuelo* Großonkel *m*.

tiovivo [tio'βiβo] *m* Karussell *n*.

típico ['tipiko] typisch.

tiple ♪ ['tiple] **a)** *m* Diskant *m*; **b)** *f* Sopranistin *f*.

tipo ['tipo] *m* Urbild *n*, Vorbild *n*; Typ(us) *m*; *Typ.* Type *f*; F Original *n*; ~ *de cambio* Wechselkurs *m*; ~ *de descuento* Diskontsatz *m*; ~ *de fletes* Frachtsatz *m*; ~ *de interés* Zinsfuß *m*; *jugarse el* ~ sein Leben riskieren; F *no es mi* ~ er (*od.* sie) ist nicht mein Geschmack; *tener buen* ~ e-e gute Figur haben; **~grafía** [tipogra'fia] *f* Buchdruckerkunst *f*.

tipógrafo [ti'poɣrafo] *m* Buchdrucker *m*.

tíquet, tiquete *Am.* ['tiket, ti'kete] *m* Ticket *n*.

tiquismiquis [tikiz'mikis] *m/pl.* lächerliche Bedenken *n/pl.*; schwülstige Komplimente *n/pl.*

tira ['tira] **a)** *f* Streifen *m*; **b)** *m:* ~ *y afloja fig.* Tauziehen *n*.

tira|botas [tira'botas] *m* Stiefelknecht *m*; **~buzón** [~βu'θon] *m* Korkenzieher *m*; **~chinas** F [~'tʃinas] *m* (Stein-)Schleuder *f*.

tirada [ti'raða] *f* Wurf *m*; *Typ.* Abzug *m*; Auflage *f*; Wegstrecke *f*; Zeitraum *m*; Zwischenzeit *f*; ~ *aparte* Sonderdruck *m*; *de una* ~ in e-m Zug.

tiradero *Jgdw.* [tira'ðero] *m* Anstand *m*.

tirado [ti'raðo] **1.** *adj.* gestreckt; spottbillig; **2.** *m* ⊕ Drahtziehen *n*.

tirador [tira'ðor] *m* Griff *m* an e-r *Schublade*; Schütze *m*; Schleuder *f*; Reißfeder *f*; Türknopf *m*; Klingelzug *m*; *Arg.* breiter Schmuckgürtel *m* der *Gauchos*.

tira|fondo [tira'fondo] *m* große Holzschraube *f*; **~je** *Am.* [ti'raxe] *m* *Typ.* Abzug *m*; Auflage *f*; **~líneas** [tira'lineas] *m* Reißfeder *f*.

tiranía [tira'nia] *f* Tyrannei *f*.

tiránico [ti'raniko] tyrannisch.

tira|nizar [tirani'θar] (1f) tyrannisieren; **~no** [ti'rano] **1.** *adj.* tyrannisch; **2.** *m* Tyrann *m*.

tirante [ti'rante] **1.** *adj.* gespannt (*a. fig.*); straff; **2.** *m* Zugriemen *m*; Tragriemen *m*; Träger *m* (*am Kleid usw.*); **~s** *pl.* Hosenträger *m/pl.*

tirantez [tiran'teθ] *f* Spannung *f*; Straffheit *f*; *fig.* Gespanntheit *f*.

tirapié [tira'pie] *m* Knieriemen *m* der *Schuhmacher*.

tirar [ti'rar] (1a) **1.** *v/t.* werfen; hinaus-, weg-, abwerfen; zu Boden werfen; schießen; *Schuß* abgeben, abfeuern; *Linie* ziehen; *Geld* verschleudern; *Typ.* abziehen; ~ *una foto* fotografieren, F knipsen; **2.** *v/i.* ziehen (*a. Ofen, Zigarre*); schießen; ~ *el blanco* nach der Scheibe schießen; ~ *a la derecha* rechts einbiegen; ~ *a verde* ins Grünliche spielen; ~ *a* neigen zu (*dat.*); ~ *de a/c.* an et. ziehen; ~ *por una calle* e-e Straße einschlagen; *a todo* ~ höchstens; *ir tirando* sich hinschleppen; sich schlecht und recht durchschlagen; **3.** ~*se* sich stürzen (auf [*ac.*] *sobre*); ⚡ abspringen; ~ *de los pelos* sich die Haare raufen.

tirilla [ti'riʎa] *f* Hemdbund *m*.

tiritaña F [tiri'taɲa] *f* Geringfügigkeit *f*.

tiritar [tiri'tar] (1a) frösteln, zittern.

tiritón [tiri'ton] *m* Frostschauer *m*.

tiro ['tiro] *m* Wurf *m*; Schuß *m*; Zug *m*; Wurfweite *f*; Zugleine *f*; Gespann *n*; Strang *m*; Stoffbreite *f*; Schrittweite *f der Hose*; *fig.* Streich *m*; ~ *con arco* Bogenschießen *n*; ~ *al blanco* Scheibenschießen *n*; ~ *al plato* Tontaubenschießen *n*; ~ *de pichón* Taubenschießen *n*; *a* ~ auf Schußweite; *fig.* in Reichweite, erreichbar; *al* ~ *Am. reg.* sofort; F *le salió el* ~ *por la culata* die Sache ging schief; da hat er sich verrechnet; *de* ~*s largos* F piekfein.

tiroides [ti'roiðes] *m* Schilddrüse *f*.

tirón [ti'ron] *m* Zug *m*, Ruck *m*; Zerren *n*; *de un* ~ auf einmal; in e-m Zug.

tiro|tear ✕ [tirote'ar] (1a) plänkeln; **~teo** ✕ [~'teo] *m* Geplänkel *n*; Schießerei *f*.

tirria F ['tirria] *f* Widerwille *m*; Groll *m*; *tener* ~ *a alg.* F e-n Pik auf j-n haben.

tisana [ti'sana] *f* Heiltee *m*.

tísico [ti'siko] schwindsüchtig.

tisis ⚕ ['tisis] *f* Schwindsucht *f*.

tisú [ti'su] *m* Gold-, Silberstoff *m*; Brokat *m*.

titán [ti'tan] *m* Titan *m*; **~ico** [ti'taniko] titanisch, riesenhaft.

títere ['titere] *m* Gliederpuppe *f*; Hampelmann *m*; Marionette *f*; F Trottel *m*; (*teatro m de*) ~s *pl.* Kasperletheater *n*; *no dejar* ~ *con cabeza* alles kurz u. klein schlagen.

titilar [titi'lar] (1a) zittern; flimmern.

titiritero [titiri'tero] *m* Puppenspieler *m*; F Akrobat *m*.

titu|bear [titube'ar] (1a) wanken; schwanken; unschlüssig sein; **~beo** [~'beo] *m* Schwanken *n* (*a. fig.*).

titulado [titu'laᵈo] *m* Inhaber *m* e-s (akademischen) Titels.

titular¹ [titu'lar] *adj.* betitelt; Titular...

titular² [titu'lar] **1.** (1a) betiteln; benennen; **2.** *m* Träger *m*, Inhaber *m*; Überschrift *f*, Schlagzeile *f* (*Zeitung*).

título ['titulo] *m* Titel *m*; hoher Titelträger *m*; Rechtsanspruch *m*; Wertpapier *n*; Diplom *n*; ~ *legal* Feingehalt *m* (*Münze*); ~ *a la orden* Orderpapier *n*; ~ *al portador* Inhaberpapier *n*; ~ *público* Staatspapier *n*; ~ *ejecutivo* Vollstreckungstitel *m*; *a* ~ *de* unter dem Vorwand von, als; ¿*a* ~ *de qué?* mit welchem Recht?, aus welchem Anlaß?; *a* ~ *gratuito* unentgeltlich; ~*s pl.* de crédito Wertpapiere *m* (*Film*).

tiza ['tiθa] *f* Kreide *f*.

tizna ['tiθna] *f* Schwärze *f*; **~dura** [tiθna'dura] *f* Berußen *n*; Schwärze *f*; **~r** [~'nar] (1a) schwärzen; *fig.* anschwärzen.

tiz|ne ['tiθne] *m* Ruß *m*; **~nón** [tiθ'non] *m* Rußfleck *m*; **~o** ['tiθo] *m* Rauchkohle *f*; **~ón** [ti'θon] *m* halbverbranntes Holzscheit *n*; ✍ (Getreide-)Brand *m*; *fig.* Schandfleck *m*; **~onear** [tiθone'ar] (1a) das Feuer schüren.

tlaparería *Méj.* [tlapare'ria] *f* Farbengeschäft *n*; Eisenwarenhandlung *f*.

toalla [to'aʎa] *f* Handtuch *n*; ~-*esponja* Frottiertuch *n*.

toallero [toa'ʎero] *m* Handtuchhalter *m*. [stein *n*.]

toba ['toba] *f* Tuffstein *m*; ✿ Zahn-)

tobera [to'bera] *f* Düse *f*.

tobillo [to'biʎo] *m* Fußknöchel *m*.

tobogán [tobo'gan] *m* Rodelschlitten *m*; Rutschbahn *f*.

toca ['toka] *f* Haube *f*; **~discos** [toka'diskos] *m* Plattenspieler *m*.

tocado [to'kaᵈo] **1.** *estar* ~ *de la cabeza* nicht ganz richtig im Kopf sein; **2.** *m* Frisur *f*; Kopfputz *m*.

tocador [toka'ᵈor] *m* Spieler *m* e-s *Instruments*; Toiletten-, Frisiertisch *m*; Toilettenzimmer *n*.

tocante [to'kante] (*en lo*) ~ *a* was anbetrifft.

tocar¹ [to'kar] (1g) **1.** *v/t.* berühren; rühren an (*dat.*); betasten, anfühlen; *Instrument* spielen, blasen, schlagen; *Glocke* läuten; ⚓ anlaufen; **2.** *v/i.* gebühren, zukommen; zufallen (*Los*); an der Reihe (F dran) sein; betreffen; ~ *a misa* zur Messe läuten; ~ *a muerto* die Totenglocke läuten; ~ *de cerca* besonders angehen *od.* betreffen; ~ *en suerte* zuteil werden.

tocar² [to'kar] (1g) *Haar, Frisur* zurechtmachen; **~se** *Hut usw.* aufsetzen.

tocateja [toka'texa]: *a* ~ in bar.

tocayo *m*, **-a** *f* [to'kajo, ~'ja] Namensbruder *m*, -schwester *f*.

tocino [to'θino] *m* Speck *m*.

to|cología ✚ [tokolo'xia] *f* Geburtshilfe *f*; **~cólogo** [~'kologo] *m* Geburtshelfer *m*.

tocón [to'kon] *m* Baumstumpf *m*.

tocuyo *Am. Mer.* [to'kujo] *m* derber Baumwollstoff *m*.

todavía [toda'bia] noch (immer).

todo ['todo] **1.** *adj.* ganz; jeder; alles; ~ *cuanto* alles was; ~ *el mundo* jedermann; **2.** *adv.* ganz, völlig; *ante* ~, *sobre* ~ vor allem; *con* ~ jedoch, trotzdem; *del* ~ ganz u. gar; *no del* ~ nicht ganz; **3.** *m* Ganze(s) *n*.

todopoderoso [todopode'roso] allmächtig; *Rel. el* ♀ *der* Allmächtige.

toga ['toga] *f* Toga *f*; Talar *m*; Robe *f*; **~do** [to'gaᵈo] *m* Amtsperson *f*; Richter *m*.

toldo ['toldo] *m* Sonnendach *n*; Markise *f*; Plane *f*; Tanzzelt *n*; *Am.* Indianerzelt *n*, Wigwam *m*.

tole ['tole] *m* Geschrei *n*; *levantar el* ~ Sturm laufen; *tomar el* ~ F ausreißen, davonlaufen.

tolera|ble [tole'raβle] erträglich; **~ncia** [~'ranθia] *f* Duldsamkeit *f*; Toleranz *f*; **~nte** [~'rante] duldsam; **~r** [~'rar] (1a) dulden, zulassen.

tolva ['tolba] *f* Mühl-, Fülltrichter *m*; **~nera** [~'nera] *f* Staubwirbel *m*, Staubwolke *f*.

tollina F [to'ʎina] f Tracht f Prügel.
tollo *Jgdw.* ['toʎo] m versteckter Anstand m.
toma ['toma] f Nehmen n; ✕ Einnahme f, Eroberung f; (Arznei-) Gabe f; ~ de aguas Hydrant m; ~ de consciencia Bewußtwerdung f; Bewußtseinsbildung f; ~ de corriente ⚡ Steckdose f; ~ de declaración Verhör n; ~ de hábito Einkleidung f (Kloster); ~ de juramento Vereidigung f; ~ del poder Machtergreifung f; ~ de posesión Besitznahme f, Übernahme f; Amtsantritt m; ~ de posición Stellungnahme f; ~ de tierra ⚡ Erdung f; Erdleitung f; ✈ Landung f.
tomado [to'maᵈo] benommen; belegt (Stimme); **~r** [toma'dɔr] m Wechselnehmer m, Remittent m; Am. Trinker m.
tomadura [toma'dura] f Nehmen n; F ~ de pelo Neckerei f, Fopperei f.
tomar [to'mar] (1a) nehmen; annehmen; einnehmen; hinnehmen; übernehmen; wegnehmen; Kaffee, Tee trinken; Kraft, Atem schöpfen; Weg einschlagen; Entschluß fassen; ~ en broma nicht ernst nehmen; ~ cariño a alg. j-n liebgewinnen; ~ a la ligera auf die leichte Schulter nehmen; ~ prestado leihen, borgen; ~la con alg. sich mit j-m anlegen; ~ por halten für; ~ sobre sí auf sich nehmen; ¡toma! sieh mal an!; **~se**: ~ de polvo staubig werden; ~ con alg. mit j-m anbinden; ~ la libertad de (inf.) sich die Freiheit nehmen zu (inf.); F ¡tómate esa! da hast du's!; das hat gesessen!
tomate [to'mate] m Tomate f; ponerse como un ~ puterrot werden.
tomavistas [toma'bistas] m Filmkamera f.
tomillo ♀ [to'miʎo] m Thymian m.
tomo ['tomo] m Band m; de ~ y lomo gewichtig; umfangreich; bedeutend.

ton [tɔn] m: sin ~ ni son ohne Grund.
tona|da [to'nada] f Lied n, Weise f; **~dilla** [tona'diʎa] f Lied n im Volkston; **~lidad** [tonali'ᵈaᵈ] f ♪ Tonfarbe f; ♪ Tonart f; Mal. Tönung f.
tonel [to'nɛl] m Tonne f; Faß n; **~ada** [tone'lada] f Tonne f (Gewicht); ~ de registro Registertonne f; **~aje** ⚓ [~'laxe] m Tonnage f; Ladegewicht n; **~ería** [~le'ria] f

Böttcherei f; **~ero** [~'lero] m Böttcher m.
tongo ['tɔŋgo] m Sport: Schiebung f, Schwindel m.
tónica ♪ ['tonika] f Grundton m, Tonika f; fig. Grundcharakter m.
tónico ['toniko] 1. adj. Ton...; 2. m ⚕ Stärkungsmittel n.
tonificar ⚕ [tonifi'kar] (1g) stärken.
tono ['tono] m Ton m; Tonart f; Redeweise f; Spannkraft f; ~ mayor (menor) Dur- (Moll-)tonart f; de gran ~ vornehm, fein; de buen (mal) ~ schicklich (unschicklich, unfein); darse ~ sich wichtig machen, F angeben; ponerse a ~ sich anpassen, mitmachen; subirse de ~ auftrumpfen.
tonsura [tɔn'sura] f Tonsur f.
tontada [tɔn'tada] f Albernheit f.
tontaina F [tɔn'taina] m dumme Person f.
tontería [tɔnte'ria] f Dummheit f, Albernheit f; Kleinigkeit f, Lappalie f.
tonto ['tɔnto] 1. adj. albern, töricht; dumm; 2. m Dummkopf m; a -as y a locas ohne Sinn u. Verstand; hacer el ~ sich albern benehmen; hacerse el ~ sich dumm stellen.
topacio Min. [to'paθio] m Topas m.
topar [to'par] (1a) zs.-stoßen mit; zufällig begegnen; stoßen auf (ac.); ~ en bestehen in (dat.).
tope ['tope] m Spitze f; ⚓ Topp m; 🔩 Puffer m; Prellbock m; ⊕ Anschlag(stift) m; Stoß m; Schwierigkeit f; Vorderkappe f (Schuh); ~ marginal Randauslöse~ m (Schreibmaschine); estar hasta los ~s vollgefüllt sein; F die Nase voll haben.
topera [to'pera] f Maulwu rfsloch n, -hügel m.
topeta|da [tope'tada] f, **~zo** [~'taθo] m Stoß m mit den Hörnern od. dem Kopf.
topetar [tope'tar] (1a) stoßen.
topetón [tope'tɔn] m Zs.-stoß m.
tópico ['topiko] m Heilmittel n für den äußerlichen Gebrauch; Gemeinplatz m.
topo ['topo] m Maulwurf m.
topo|grafía [topogra'fia] f Ortsbeschreibung f, Topographie f; **~gráfico** [~'grafiko] topographisch.
topó|grafo [to'pografo] m Topograph m; **~n** Am. [~'pɔn] m Zu-

sammenstoß *m*; **~nimo** [~'ponimo] *m* Ortsname *m*.

toque ['toke] *m* Berührung *f*; Geläut *n*; Tusch *m*; (Horn-)Signal *n*; Trommelschlag *m*; ⊕ Prüfstein *m*; Prüfung *f*; Pinselstrich *m*; ~ de *atención* Warnsignal *n*; ~ de *queda* Sperrstunde *f*; *dar un* ~ *auf die* Probe stellen, F auf den Zahn fühlen; *dar el último* ~ *a* den letzten Schliff geben (*dat.*).

toquilla [to'kiʎa] *f* kleines Hals- *od.* Schultertuch *n*.   [Brust..\]

torácico [to'raθiko] Brustkorb...;\}

torada [to'raða] *f* Stierherde *f*.

tórax ['toraɣs] *m* Brustkorb *m*.

torbellino [torbe'ʎino] *m* Wirbel *m*; Strudel *m*; Wirbelwind *m* (*a. fig.*).

torce|cuello [torθe'kweʎo] *m* Wendehals *m* (*Vogel*); **~dura** [~'ðura] *f* Drehung *f*; Krümmung *f*; ☞ Verrenkung *f*, Zerrung *f*.

torcer [tor'θer] (2b *u.* 2h) drehen; krümmen; verbiegen; ☞ verrenken, zerren, verstauchen; *Hände* ringen; *Wäsche* wringen; *Weg- od. Flugrichtung* ändern; *Worte usw.* verdrehen; *das Recht* beugen; ~ *a la derecha* rechts abbiegen; ~ *la nariz fig.* die Nase rümpfen; **~se** sich verrenken, sich verstauchen; *fig.* auf Abwege geraten; F schiefgehen.

torcido [tor'θiðo] krumm; schief; *fig.* unaufrichtig, falsch.

tordillo [tor'ðiʎo] *m* = *tordo¹*.

tordo¹ ['torðo]: (*caballo m*) ~ Apfelschimmel *m*.

tordo² ['torðo] *m* Drossel *f*.

tore|ador [torea'ðor] *m* Stierkämpfer *m*; **~ar** [~'ar] (1a) mit Stieren kämpfen; *v/i. fig.* hänseln; *zum besten haben*; F triezen; **~o** [to'reo] *m* Stierkampf *m*; Stierfechtkunst *f*; **~ro** [to'rero] *m* Stierkämpfer *m*.

toril [to'ril] *m* Stierzwinger *m*.

tormen|ta [tor'menta] *f* Sturm *m*; Gewitter *n*; **~to** [~'mento] *m* Folter *f*; Qual *f*; Pein *f*; **~toso** [~men'toso] stürmisch.

torna ['torna] *f* Rückgabe *f*; *volver las* ~s mit gleicher Münze heimzahlen; *se han vuelto las* ~s das Blatt hat sich gewendet; **~boda** [torna'ßoða] *f* Tag *m* nach der Hochzeit; **~dera** [~na'ðera] *f* Heu-, Wendegabel *f*; **~dizo** [~na'ðiθo] wetterwendisch; **~do** [~'naðo] *m* Wirbelsturm *m*, Tornado *m*.

tornar [tor'nar] (1a) *v/t.* zurückgeben; *v/i.* zurückkehren; ~ *a hacer a/c.* et. wieder tun; **~se** sich verwandeln; werden.

torna|sol [torna'sɔl] *m* ♀ Sonnenblume *f*; Schillern *n*; ♑ Lackmus *n od. m*; **~solado** [~sol'laðo] schillernd; **~solar** [~so'lar] (1a) schillern.

tor|near [torne'ar] (1a) *Holz* drechseln; *Metall* drehen; **~neo** [~'neo] *m* Turnier *n*; Wettkampf *m*.

tornera [tor'nera] *f* Klosterpförtnerin *f*.

tor|nería [torne'ria] *f* Drechslerei *f*; **~nero** [~'nero] *m* Drechsler *m*; Dreher *m*.

tornillo [tor'niʎo] *m* Schraube *f*; ~ *sin fin* ⊕ Schnecke *f*; F *le falta un* ~ bei ihm ist e-e Schraube locker.

torniquete [torni'kete] *m* Drehkreuz *n*; *Chir.* Aderpresse *f*.

torno ⊕ ['torno] *m* Welle *f*; Haspel *f*; Drehbank *f*; Töpferscheibe *f*; Drehfenster *n*; Spinnrad *n*; Tretrad *n*; Seilerrad *n*; Schraubstock *m*; *en* ~ *ringsherum*; *dagegen*; *en* ~ *a* über; um ... herum.

toro ['toro] *m* Stier *m*, Bulle *m*; ~ de *lidia* Kampfstier *m*; F *¡otro* ~! sprechen wir von et. anderem!; ~s *pl.* Stierkampf *m*; *¡ciertos son los* ~s! so mußte es kommen!

toronja [to'ronxa] *f* Pomeranze *f*, Bitterorange *f*.

torpe ['torpe] ungeschickt; schwerfällig; plump; stumpfsinnig.

torpe|dear [torpeðe'ar] (1a) torpedieren (*a. fig.*); **~dero** ⚓ [~'ðero] *m* Torpedoboot *n*; **~do** [~'peðo] *m* Zo. Zitterrochen *m*; ⚓ Torpedo *m*.

torpeza [tor'peθa] *f* Ungeschicklichkeit *f*; Schwerfälligkeit *f*; Stumpfsinn *m*.

torrar [to'rrar] (1a) sengen; rösten.

torre ['torre] *f* Turm *m*; *prov.* Landhaus *n*; Villa *f*; ~ de *control* ✈ Kontrollturm *m*; ~ de *televisión* Fernsehturm *m*.   [sten *n*.\}

torrefacción [torrefag'θjon] *f* Rö-\}

torren|cial [torren'θjal]: *lluvia f* ~ Platzregen *m*; **~te** [to'rrente] *m* Sturz-, Gießbach *m*; *fig.* Flut *f*, Strom *m*, Schwall *m*; **~tera** [torren'tera] *f* Schlucht *f*, Klamm *f*.

torre|ón [torre'ɔn] *m* Festungsturm *m*; **~ro** [to'rrero] *m* Turmwächter *m*; Leuchtturmwärter *m*.

torrezno [tɔ'rreðno] *m* geröstete Speckscheibe *f*.

tórrido ['tɔrrido] sehr heiß.

torsión [tɔr'sjon] *f* Verdrehung *f*, Verwindung *f*; Drall *m*.

torta ['tɔrta] *f* Torte *f*; Fladen *m*; P Ohrfeige *f*; F es ~s *y* pan pintado das ist nur halb so schlimm; F le pegó una ~ F er haute ihm e-e runter; F no saber ni ~ keine Ahnung haben; **~zo** F [tɔr'taθo] *m* Ohrfeige *f*.

tortícolis ❀ [tɔr'tikolis] *m* steifer Hals *m*.

tortilla [tɔr'tiʎa] *f* Eierkuchen *m*, Omelett *n*; *Am.* Maisfladen *m*; se vuelve la ~ das Blatt wendet sich.

tórtola ['tɔrtola] *f* Turteltaube *f*.

tortuga [tɔr'tuga] *f* Schildkröte *f*; a paso de ~ im Schneckentempo.

tortuo|sidad [tɔrtuosi'da⁽ᵈ⁾] *f* Krümmung *f*; **~so** [ˌ~'tɰoso] geschlängelt; gewunden; krumm.

tortura [tɔr'tura] *f* Folter *f*; *fig.* Pein *f*, Qual *f*; **~dor** [ˌtura'dɔr] *m* Folterknecht *m*; **~r** [ˌ~'rar] (1a) foltern, quälen, peinigen (*a. fig.*).

torvo ['tɔrbo] wild, schrecklich.

torzal [tɔr'θal] *m* Kordonettseide *f*, Nähseide *f*.

tos [tɔs] *f* Husten *m*; ~ ferina Keuchhusten *m*.

tosco ['tɔsko] unbearbeitet; roh; grob, F ungehobelt.

toser [to'ser] (2a) husten; F a mí nadie me tose ich lasse mir nichts gefallen.

tosquedad [tɔske'da⁽ᵈ⁾] *f* Grobheit *f*, Ungeschliffenheit *f*.

tosta|da [tɔs'tada] *f* geröstete Brotschnitte *f*, Toast *m*; **~dero** [ˌta-'dero] *m* (Kaffee-)Rösterei *f*; **~do** [ˌ~'taðo] geröstet; sonnenverbrannt; **~dor** [ˌta'dɔr] *m* Röster *m*; Kaffeebrenner *m*; ~ de pan Toaster *m*, Brotröster *m*; **~dura** [ˌta'dura] *f* Rösten *n*.

tostar [tɔs'tar] (1m) rösten; bräunen; **~se** braun werden; F ~ (al sol) ein Sonnenbad nehmen.

tostón [tɔs'tɔn] *m* geröstete Erbse *f*; geröstete(r) Brotwürfel *m*; gebratene(s) Spanferkel *n*; Schmöker *m*, Schinken *m* (*Buch*).

total [to'tal] **1.** *adj.* ganz, völlig; Gesamt...; en ~ insgesamt; **2.** *adv.* alles in allem; **3.** *m* Gesamtsumme *f*; **~idad** [totali'da⁽ᵈ⁾] *f* Gesamtheit *f*;

~itario [ˌ~'tarjo] totalitär; **~izar** [ˌ~'θar] (1f) zs.-zählen; insgesamt betragen.

toxicidad [tɔgsiθi'da⁽ᵈ⁾] *f* Giftigkeit *f*.

tóxico ['tɔgsiko] **1.** *adj.* giftig; **2.** *m* Gift *n*.

toxi|cómano [tɔgsi'komano] **1.** *adj.* süchtig; **2.** *m* Süchtige(r) *m*; **~na** [ˌ'sina] *f* Toxin *n*, Giftstoff *m*.

tozudo [to'θuðo] halsstarrig.

traba ['traba] *f* Band *n*, Fessel *f*; *fig.* Hindernis *n*, Hemmnis *n*.

trabado [tra'baðo] gedrungen, stämmig.

traba|jado [traba'xaðo] abgearbeitet; **~jador** [ˌxa'dɔr] **1.** *adj.* arbeitsam, fleißig; **2.** *m* Arbeiter *m*; ~ eventual Gelegenheitsarbeiter *m*; ~ extranjero Gast-, Fremdarbeiter *m*; **~jar** [ˌ'xar] (1a) arbeiten; *v/t.* bearbeiten, verarbeiten; *j-m* zu schaffen machen; *Pferd* zureiten; **~jo** [ˌ'baxo] *m* Arbeit *f*; Mühe *f*; Schwierigkeit *f*; ~ a destajo Akkordarbeit *f*; ~ a domicilio Heimarbeit *f*; **~s** *pl.* forzados Zwangsarbeit *f*; **~joso** [ˌba'xoso] mühsam, mühselig; kümmerlich.

traba|lenguas [traba'leŋgwas] *m* Zungenbrecher *m*; **~miento** [ˌ~'mjento] *m* Verbindung *f*.

trabar [tra'bar] (1a) verbinden, verkoppeln; fesseln; ~ batalla e-e Schlacht liefern; ~ (una) conversación ein Gespräch anknüpfen; **~se** sich verheddern; se le traba la lengua er bricht sich dabei die Zunge ab.

trabazón [traba'θɔn] *f* Verbindung *f*; *fig.* Zusammenhalt *m*; Einheitlichkeit *f*.

trabilla [tra'biʎa] *f* (Hosen-)Steg *m*; Laufmasche *f* beim Stricken.

trabucar [trabu'kar] (1g) umstülpen, auf den Kopf stellen; durcheinanderbringen; *fig.* verwechseln; **~se** sich versprechen, F sich verheddern.

trabuco [tra'buko] *m* Stutzen *m* (*Gewehr*).

tracción [trag'θjon] *f* Ziehen *n*, Zug *m*; ⊕ Zugkraft *f*; Antrieb *m*; ~ animal (*od.* de sangre) Betrieb *m* durch Zugtiere; ~ delantera Vorderradantrieb *m*; ~ de vapor Dampfbetrieb *m*; resistencia *f* a la ~ Zugfestigkeit *f*.

tracoma ✄ [tra'koma] *m* Trachom *n*, ägyptische Augenkrankheit *f*.

tractor [trak'tɔr] *m* Traktor *m*, Trecker *m*, Schlepper *m*; **~ista** [~to'rista] *m* Traktorfahrer *m*. **~oruga** [~tɔro'ruɣa] *m* Raupenschlepper *m*.

tradi|ción [tradi'θiɔn] *f* Tradition *f*, Überlieferung *f*; Auslieferung *f*, Übergabe *f*; **~cional** [.θio'nal] überliefert; herkömmlich; traditionell; **~cionalista** [~θiona'lista] konservativ; traditionsgebunden.

tradu|cción [traduɣ'θiɔn] *f* Übersetzung *f*; Deutung *f*, Auslegung *f*; **~cible** [~ðu'θible] übersetzbar; **~cir** [~ðu'θir] (3o) übersetzen; *Gefühle* ausdrücken; **~ctor** [~ðuk'tɔr] *m* Übersetzer *m*.

traer [tra'er] (2p) bringen; her-, mit-, überbringen; *fig.* mit sich bringen; herbeiführen; heranziehen; handhaben, behandeln; bei sich haben; *Kleid* anhaben, tragen; *Verspätung* haben; **~ *mit adj.* machen, z. B. ~ *inquieto* unruhig machen, beunruhigen; **~ *mit part. et. erledigt* haben; **~ *a mal* mißhandeln; **~ *entre manos* vorhaben; **~se** vorhaben, im Schilde führen; **~ *bien* auf sich halten; **~ *mal* sich gehenlassen; *este asunto se las trae* F das hat es in sich.

tráfago ['trafaɣo] *m* Arbeit(slast) *f*; F Rummel *m*, Betrieb *m*.

trafi|cante [trafi'kante] *m* (*mst desp.*) Händler *m*; Schwarzhändler *m*, Schieber *m*; **~ *de drogas* Drogen-, Rauschgifthändler *m*; **~car** [~'kar] (1g) Handel treiben, handeln (mit [*dat.*] en).

tráfico ['trafiko] *m* Handel *m*; Schwarzhandel *m*; Verkehr *m*; **~ *aéreo* Flugverkehr *m*; **~ *ferroviario* Eisenbahnverkehr *m*; **~ *fronterizo* kleine(r) Grenzverkehr *m*; **~ *ilícito* Schleichhandel *m*; **~ *pesado* Schwerverkehr *m*; **~ *rodado* Fahrverkehr *m*; **~ *de tránsito* Durchgangsverkehr *m*.

tragacanto ♀ [traɣa'kanto] *m* Tragant *m*.

tragade|ras F [traɣa'ðeras] *f/pl.* Schlund *m*; *tener buenas ~* F ein Vielfraß sein; leichtgläubig sein; **~ro** [~'ðero] *m* Schlund *m*.

tragaldabas F [traɣal'ðaβas] *m* Vielfraß *m*; P Freßsack *m*.

tragaleguas F [traɣa'leɣuas] *m* Kilometerfresser *m*.

tragaluz [traɣa'luθ] *m* Dachfenster *n*; Luke *f*; Oberlicht *n*.

tragantona [traɣan'tona] *f* Fresserei *f*, Schlemmerei *f*.

tragaperras F [traɣa'perras] *m* Spielautomat *m*.

tragar [tra'ɣar] (1h) schlucken; verschlucken, verschlingen; viel essen, fressen; *fig.* einstecken, herunterschlucken; leichtfertig glauben; *no poder ~ a alg.* j-n nicht ausstehen können; *haberse (od. tenerse) tragado a/c. et. Unangenehmes* kommen sehen *od.* voraussehen.

tragedia [tra'xeðia] *f* Trauerspiel *n*, Tragödie *f* (*a. fig.*).

trágico ['traxiko] **1.** *adj.* tragisch; **2.** *m* Tragödiendichter *m*.

tragicomedia [traxiko'meðia] *f* Tragikomödie *f*.

trago ['traɣo] *m* Schluck *m*; *de un ~* mit einem Schluck; *fig.* auf einmal.

tragón [tra'ɣon] gefräßig.

trai|ción [trai'θiɔn] *f* Verrat *m*; *alta ~* Hochverrat *m*; *a ~* verräterischerweise; **~cionar** [~θio'nar] (1a) verraten; **~cionero** [~θio'nero] verräterisch.

traída [tra'iða] *f* Überbringung *f*; **~ *de aguas* Wasserzufuhr *f*.

traído [tra'iðo] abgetragen (*Kleid*).

traidor [trai'ðɔr] **1.** *adj.* verräterisch; treulos; tückisch; **2.** *m* Verräter *m*; Treulose(r) *m*.

tráilla [tra'iʎa] *f* Koppelriemen *m*; Peitschenschnur *f*; Meute *f*; ✄ Planiergerät *n*.

trainera [trai'nera] *f* Fischerboot *n* mit *Schleppnetz*.

traje ['traxe] *m* Tracht *f*; Anzug *m*; Kleid *n*; **~ *de baño* Badeanzug *m*; **~ (*de*) *chaqueta* Jackenkleid *n*; **~ *de etiqueta* Gesellschaftsanzug *m*; **~ *de luces* Tracht *f* des Stierkämpfers; **~ *de noche* Abendkleid *n*; **~*pantalón* Hosenanzug *m*; **~ *sastre* Kostüm *n*; **~ar** [traxe'ar] (1a) (ein)kleiden.

trajín [tra'xin] *m* Verkehr *m*; Geschäftigkeit *f*; F Lauferei *f*, Plackerei *f*.

traji|nante [traxi'nante] *m* Fuhrmann *m*; **~nar** [~'nar] (1a) befördern; fortschaffen; *v/i.* sehr beschäftigt sein; herumwirtschaften; **~nería** [~ne'ria] *f* Fuhrwesen *n*; **~nero** [~'nero] *m* Fuhrmann *m*.

tralla ['traʎa] *f* Peitsche(nschnur) *f*; **~zo** [tra'ʎaθo] *m* Peitschenhieb *m*, -knall *m*.

trama ['trama] *f* Weberei: Schuß *m*, Einschlag *m*; *fig.* Komplott *n*; Plan *m*, Anlage *f*; Knoten *m* (*Drama*); **~r** [tra'mar] (1a) Weberei: einschlagen; *fig.* anzetteln.

tramita|ción [tramita'θjɔn] *f* Instanzenweg *m*; en ~ in Bearbeitung; **~r** [~'tar] (1a) Verwaltung: weitergeben, -leiten; bearbeiten.

trámite ['tramite] *m* Dienstweg *m*; Instanz *f*; Geschäftsgang *m*; Formalität *f*.

tramo ['tramo] *m* Treppenstück *n*; Stück *n* Land; Strecke *f*; Abschnitt *m*.

tramon|tana [tramɔn'tana] *f* Nordwind *m*; *fig.* Eitelkeit *f*; perder la ~ F den Kopf verlieren; **~tano** [~'tano] jenseits der Berge; **~tar** [~'tar] (1a) *v/i.* das Gebirge überschreiten; hinter den Bergen untergehen (*Sonne*).

tramo|ya [tra'moja] *f* Bühnenmaschinerie *f*; *fig.* armar una ~ e-e Falle stellen; **~yista** [~mo'jista] *m* Thea. Maschinist *m*; Kulissenschieber *m*; *fig.* F Intrigant *m*.

trampa ['trampa] *f* Falle *f* (*a. fig.*); Falltür *f*; Ladentischklappe *f*; *fig.* F Mogelei *f*; Schwindel *m*; F hacer ~s mogeln.

trampear [trampe'ar] (1a) überlisten, F bemogeln; *v/i.* betrügen; *ir trampeando* F sich durchschwindeln. [klappe *f*; Ofenklappe *f*.]

trampilla [tram'piʎa] *f* Boden-

trampista [tram'pista] *m* Schwindler *m*; Pumpgenie *n*.

trampolín [trampo'lin] *m* Sprungbrett *n*; Sprungschanze *f*.

tramposo [tram'poso] **1.** adj. betrügerisch; **2.** *m* Betrüger *m*, Schwindler *m*; Falschspieler *m*.

tranca ['traŋka] *f* Knüppel *m*; Sperrbalken *m*; P Rausch *m*; a ~s y barrancas mit Ach u. Krach; **~da** [traŋ'kada] *f* Stelzschritt *m*; F Hopser *m*; **~r** [~'kar] = atrancar.

trancazo [traŋ'kaθo] *m* Schlag *m* mit e-m Knüppel; F ⚕ Grippe *f*.

trance ['tranθe] *m* kritischer Augenblick *m*; ~ mortal Todesstunde *f*; a todo ~ auf jeden Fall, unbedingt; en ~ de im Begriff zu; kurz vor.

tranco ['traŋko] *m* langer Schritt *m*.

tranquera [traŋ'kera] *f* Pfahlzaun *m*; Bretterwand *f*.

tranqui|lidad [traŋkili'da⁽ᵈ⁾] *f* Ruhe *f*; Stille *f*; Gelassenheit *f*; **~lizante** [~'θante] *m* Beruhigungsmittel *n*; **~lizar** [~'θar] (1f) beruhigen; **~lo** [~'kilo] ruhig; still; gelassen.

tranquilla [traŋ'kiʎa] *f* *fig.* Fallstrick *m*.

trans... [trans] in Zssgn. jenseitig; über... hinaus; s. a. tras...; **~acción** [transag'θjɔn] *f* Vergleich *m*, Übereinkunft *f*; Vertrag *m*; ✝ Geschäft *n*; **~atlántico** [~sat'lantiko] **1.** adj. überseeisch; **2.** *m* Überseedampfer *m*; **~bordador** [tranzborda'dɔr] *m* (Auto-, Eisenbahn-)Fähre *f*; **~bordar** [~'dar] (1a) umladen; Güter umschlagen; *v/i.* umsteigen; **~bordo** [~'bordo] *m* Umladung *f*; Umsteigen *n*; (Güter-)Umschlag *m*.

trans|cribir [transkri'bir] (3a; part. transcrito) abschreiben; umschreiben; ♪ bearbeiten; **~cripción** [~krib'θjɔn] *f* Ab-, Umschrift *f*; ♪ Bearbeitung *f*; ~ fonética Lautschrift *f*; **~currir** [~ku'rrir] (3a) verstreichen, vergehen; **~curso** [~'kurso] *m* Verlauf *m*; **~eúnte** [transe'unte] *m* Passant *m*; Durchreisende(r) *m*; **~ferencia** [transfe-'renθja] *f* Übertragung *f*; ✝ Überweisung *f*; **~ferible** [~fe'rible] übertragbar; **~ferir** [~fe'rir] (3i) übertragen; übereignen; überweisen; **~figuración** [~figura'θjɔn] *f* Verwandlung *f*; ♀ Verklärung *f* Christi; **~figurarse** [~figu'rarse] (1a) sich verwandeln; Rel. sich verklären; **~fixión** [~fig'θjɔn] *f* Durchbohrung *f*; **~formación** [~forma'θjɔn] *f* Umbildung *f*; Verwandlung *f*; Verarbeitung *f*; **~formador** ⚡ [~forma-'dɔr] *m* Transformator *m*; **~formar** [~for'mar] (1a) umbilden; umformen; verwandeln; verarbeiten.

tránsfuga ['transfuga] *m* Überläufer *m*.

trans|fusión [transfu'sjɔn] *f* Umfüllung *f*; ~ de sangre ⚕ Blutübertragung *f*; **~gredir** [tranzgre'dir] (def.) übertreten; **~gresión** [~'sjɔn] *f* Übertretung *f*; **~gresor** [~'sɔr] *m* Übertreter *m*.

transición [transi'θjɔn] *f* Übergang *m*; de ~ Übergangs...

transido [tran'sido] erstarrt (bsd. vor Kälte); erschöpft.

transi|gente [transi'xente] nach-
giebig; versöhnlich; **~gir** [~'xir]
(3c) nachgeben; sich vergleichen.
transi|stor [transis'tɔr] m Tran-
sistor m (a. *Radio*); **~table** [transi-
'table] gangbar, befahrbar; **~tar**
[~'tar] (1a) durchgehen, -reisen;
verkehren; **~tivo** [~'tiβo] *Gram.*
transitiv.
tránsito ['transito] m Verkehr m;
Übergang m; Durchfuhr f, -gang m,
Transit m; de ~ auf der Durchreise,
-fahrt; *hacer* ~ unterwegs Station
machen. [gehend; Übergangs...)
transitorio [transi'torjo] vorüber-)
trans|lúcido [tranz'luθiðo] durch-
scheinend; **~marino** [~ma'rino]
überseeisch; **~migración** [~migra-
'θjɔn] f Übersie(d)lung f; Abwan-
derung f; ~ de las almas Seelenwan-
derung f; **~misible** [~mi'sible]
übertragbar; **~misión** [~mi'sjɔn] f
Übertragung f (a. *Radio, Fernsehen*);
⊕ Getriebe n; **~misor** [~mi'sɔr]
1. adj. Sende...; **2.** m Absender m;
Radio: Sender m; **~mitir** [~mi'tir]
(3a) übertragen; übergeben; *Radio*:
senden; **~mutable** [~mu'table] ver-
wandelbar; **~mutación** [~muta-
'θjɔn] f Verwandlung f; **~mutar**
[~mu'tar] (1a) verwandeln; **~pa-
rencia** [transpa'renθja] f Durchsichtigkeit f; **~parente** [~'rente]
1. adj. durchsichtig; **2.** m Leucht-
bild n; Transparent n; Ölpapier n;
~piración [~pira'θjɔn] f Ausdünstung f, Schweiß m; Schwitzen n;
~pirar [~pi'rar] (1a) ausdünsten;
schwitzen; fig. durchsickern; **~pi-
renaico** [~pire'naiko] jenseits der
Pyrenäen gelegen; **~poner** [~po-
'ner] (2r) versetzen; übersteigen;
~ponerse verschwinden; fig. einnicken; **~portador** [~pɔrta'dɔr] m
Winkelmesser m; ⊕ Förderer m,
Fördergerät n; **~portar** [~pɔr'tar]
(1a) fortschaffen; befördern, trans-
portieren; ♪ transponieren; **~por-
tarse** außer sich geraten; **~porte**
[~'pɔrte] m Fortschaffung f; Beförderung f, Transport m; ✝ Übertrag
m; fig. Verzückung f; ~ colectivo
Sammeltransport m; ~ interurbano
Fernverkehr m; ~ urbano Stadtverkehr m; **~portes** [~'pɔrtes] m/pl.
Verkehrswesen n; **~posición** [~po-
si'θjɔn] f Versetzung f; (Wort-)
Umstellung f.

transubstanciación *Theol.* [tran-
sustanθja'θjɔn] f Transsubstantia-
tion f.
transver|sal [tranzβer'sal] quer;
seitlich; **~so** [~'βerso] quer.
tranvía [tram'bia] m Straßenbahn f;
(tren m) ~ Nahverkehrszug m.
trapa ['trapa] f Trappistenorden m;
~cear [trapaθe'ar] (1a) betrügen;
~cería [~θe'ria] f Betrügerei f; **~
cero** [~'θero] m Betrüger m.
trapajoso [trapa'xoso] zerlumpt.
trápala ['trapala] **1. a)** su. Schwind-
ler(in f) m; Schwätzer(in f) m; **b)** f
Schwatzhaftigkeit f; Geschwätz n;
2. f Getrappel n; Lärm m, Radau m.
trapa|lear [trapale'ar] (1a) schwat-
zen; schwindeln; trampeln; **~lón**
[~'lɔn] **1.** adj. schwatzhaft; lügnerisch; **2.** m Schwindler m; **~tiesta**
[~'tjesta] f Lärm m, Krach m.
trape|cio [tra'peθjo] m Trapez n;
~cista [~pe'θista] m Trapezkünstler
m.
trapense [tra'pense] m Trappist m.
trape|ría [trape'ria] f Lumpenkram
m, -handel m; **~ro** [~'pero] m Lum-
pensammler m; Trödler m.
trapichear [trapitʃe'ar] (1a) schachern.
trapison|da [trapi'sonda] f Ränke
pl.; Radau m, Krach m; ☇ Stunk m;
~dear F [~sonde'ar] (1a) Ränke
schmieden; F krakeelen; **~dista**
[~sɔn'dista] m Ränkeschmied m; F
Stänker m, F Krakeeler m.
trapo ['trapo] m Lumpen m; Lappen m; Staub-, Wischtuch n; *Stk.*
rotes Tuch n; F *poner a alg. como
un* ~ j-n herunterputzen; *soltar el* ~
in Lachen od. Weinen ausbrechen;
a todo ~ mit vollen Segeln; mit
allem Nachdruck; **~s** pl. F Kleider
n/pl., Zeug n.
trapujear *Am. Cent.* [trapuxe'ar]
(1a) schmuggeln.
traque ['trake] m Knall m; Geknatter n; Lauffeuer n.
tráquea *Anat.* ['trakea] f Luftröhre f.
traquear [trake'ar] (1a) knattern;
knallen; v/t. rütteln; schütteln.
traqueo [tra'keo] m Geknatter n;
Rütteln n; Schütteln n.
traqueotomía *Chir.* [trakeoto'mia]
f Luftröhrenschnitt m.
traquete|ar [trakete'ar] (1a) =
traquear; **~o** [~'teo] m = *traqueo*.

traquido [tra'kiđo] *m* Knall *m e-r Feuerwaffe.*

tras [tras] **1.** *prp.* nach; hinter; *uno ~ otro* hintereinander; **2.** *cj. ~ de* (*inf.*) außer daß; nicht genug, daß …

tras... [tras] *s. a.* trans...; **~cendencia** [.θen'denθia] *f* Transzendenz *f*; Übersinnlichkeit *f*; Wichtigkeit *f*, Bedeutung *f*; **~cendental** [.θenden'tal] übersinnlich; bedeutend; weitreichend; *iron.* welterschütternd; **~cender** [.θen'der] (2g) erkennen lassen, verraten; *v/i.* stark riechen nach (*dat.*); offenkundig werden; **~colar** [.ko'lar] (1m) durchseihen; **~cordarse** [.kor'darse] (1m) sich nicht mehr genau erinnern; **~coro** [.'koro] *m* Raum *m* hinter dem Chor; **~corral** [.ko'rral] *m* Hinterhof *m*.

trasegar [trase'gar] (1h *u.* 1k) umkehren; umstürzen; *Wein usw.* umfüllen.

trase|ra [tra'sera] *f* Rückseite *f*; **~ro** [.'sero] **1.** *adj.* hintere(r, -s); Hinter...; zurückbleibend; *asiento m ~* Rücksitz *m*; **2.** *m* F Hintern *m*.

trasfondo [tras'fondo] *m* fig. Hintergrund *m*.

tras|go [tra'zgo] *m* Poltergeist *m*, Kobold *m*; **~guear** [trazge'ar] (1a) spuken.   [dern (*Herde*).]

trashumar [trasu'mar] (1a) wan-]

trasiego [tra'sïego] *m* Umfüllen *n*.

trasijado [trasi'xađo] mit eingefallenen Flanken (*Tier*); *fig.* mager, dürr.

trasla|ción [trazla'θïon] *f* Überführung *f*; Versetzung *f*; Übertragung *f*; Übersetzung *f*; *Phys.* Fortbewegung *f*; **~dar** [.'dar] (1a) versetzen; *Termin* verlegen; übertragen; **~darse** sich begeben (nach [*dat.*] *a*); **~do** [.'lađo] *m* Versetzung *f*; Verschiebung *f*; Verlegung *f*; Wohnungswechsel *m*, Umzug *m*.

traslucirse [trazlu'θïrse] (3f) durchscheinen; *fig.* durchblicken.

traslumbrar [trazlum'brar] (1a) blenden.

trasluz [traz'luθ] *m* durchscheinendes Licht *n*; Widerschein *m*; *al ~* gegen das Licht.

trasno|chado [trazno'tʃađo] *fig.* veraltet, überholt; **~chador** [.tʃa-'đor] *m* Nachtschwärmer *m*; **~char** [.'tʃar] (1a) sich die Nacht um die Ohren schlagen; übernachten.

trasoír [traso'ir] (3q) falsch hören, sich verhören.

trasojado [traso'xađo] hohläugig.

traspapelar [traspape'lar] (1a) verkramen; **~se** abhanden kommen.

traspasar [traspa'sar] (1a) durchbohren; überschreiten; übertragen; *Gesetz* übertreten; † ablösen; **~se** zu weit gehen.

traspaso [tras'paso] *m* Durchbohrung *f*; Überschreitung *f*; Übertragung *f*; Übertretung *f*; Abtretung *f*; Abstand *m*, Abstandssumme *f*; Ablösung *f*.

traspié [tras'pïe] *m* Stolpern *n*; Bein *n* (*das man j-m stellt*); *dar un ~ e-n* Fehltritt tun; *dar ~s* umhertaumeln.

trasplan|tar ✗, [trasplan'tar] (1a) verpflanzen; **~te** [.'plante] *m* Verpflanzung *f*; Transplantation *f*.

traspunte *Thea.* [tras'punte] *m* Inspizient *m*.

trasqui|lar [traski'lar] (1a) scheren; **~lón** [.'lon] *m* Schur *f*; F ergaunertes Geld *n*.

trasta|da [tras'tađa] *f* übler Streich *m*; **~zo** [.'taθo] *m* starker Hieb *m*.

traste ['traste] *m* ♪ Griffbrettleiste *f*, Bund *m* (*der Gitarre*); *Chi., Rpl.* Hintern *m*; F *dar al ~ con a/c.* et. kaputtmachen, vernichten; F zerschmeißen; *ir al ~* zugrunde gehen.

trastear [traste'ar] (1a) **1.** *v/t. Möbel* hin u. her rücken; *et.* geschickt anfangen; P befummeln; **2.** *v/i.* herumhantieren; hin u. her laufen; launig plaudern.

traste|ría [traste'ria] *f* Trödelladen *m*; **~ro** [.'tero]: (*cuarto m*) ~ Rumpelkammer *f*; Abstellraum *m*.

trastienda [tas'tïenda] *f* Raum *m* hinter dem Laden; *fig.* F tener *mucha ~* wohlüberlegt zu Werke gehen.

trasto ['trasto] *m* Hausgerät *n*; *fig.* Nichtsnutz *m*; *~ viejo* altes Gerümpel *n*; **~s** *pl.* Handwerkszeug *n*; F Siebensachen *pl.*; *Stk.* Geräte *n/pl.* des Stierkämpfers.

trastor|nar [trastor'nar] (1a) umstürzen; umwerfen; verdrehen; bestürzen; verwirren; **~narse** betäubt *od.* verrückt werden; **~no** [.'torno] *m* Umkehrung *f*; Umsturz *m*; Verwirrung *f*; Störung *f* (*a.* ♨); *~ mental* Bewußtseinsstörung *f*.

trastrocar [trastro'kar] (1g *u.* 1m)

vertauschen; *fig.* auf den Kopf stellen.

tras|trueco, ~trueque [tras'trueko, ~'trueke] *m* Vertauschung *f*.

trasudar [trasu'dar] (1a) leicht schwitzen.

trasunto [tra'sunto] *m* Abschrift *f*; Abbild *n*.

trasvase [traz'base] *m* Umfüllen *n*; *fig.* Übertragung *f*.

trata ['trata] *f* Sklavenhandel *m*; ~ de blancas Mädchenhandel *m*.

tratable [tra'table] umgänglich.

trata|dista [trata'dista] *m* Verfasser *m* v. *Abhandlungen*; ~**do** [~'taðo] *m* Abhandlung *f*; Vertrag *m*; ~ de paz Friedensvertrag *m*; ~**miento** [~ta'miento] *m* Behandlung *f* (a. *⚕*); Anrede *f*, Titel *m*; ~ de datos Datenverarbeitung *f*.

tratante [tra'tante] *m* (Vieh-) Händler *m*.

tratar [tra'tar] (1a) **1.** *v/t.* behandeln (a. *⚕*); ~ de loco j-n e-n Narren nennen; ~ de tú (de usted) duzen (siezen); **2.** *v/i.* ~ con alg. mit j-m verkehren; ~ de a/c. sprechen über (ac.); handeln von (dat.); ~ de (inf.) versuchen zu (inf.); ~ en handeln mit (dat.); **3.** ~**se** mit-ea. verkehren; ¿de qué se trata? worum handelt es sich?, wovon ist die Rede?

trato ['trato] *m* Behandlung *f*; Umgang *m*; ~ social gesellschaftlicher Verkehr *m*; estar en ~s con alg. mit j-m in Verhandlungen stehen; ¡~ hecho! abgemacht!

trauma *⚕* ['trauma] *m* Trauma *n*; *seelischer* Schock *m*; ~**tismo** *⚕* [trauma'tizmo] *m* Trauma *n*; ~**tología** [~tolo'xia] *f* Unfallheilkunde *f*.

través [tra'bes] *m* Schrägheit *f*; Dachbalken *m*; *fig.* Mißgeschick *n*; a ~ de durch; de ~ schräg; scheel.

travesaño [trabe'saɲo] *m* Querbalken *m*; Keilkissen *n*; *langes* Kopfkissen *n*.

travesero [trabe'sero] *m* Keilkissen *n*.

travesía [trabe'sia] *f* Querstraße *f*; Überfahrt *f*, Seereise *f*.

travesti [tra'besti] *m* Transvestit *m*.

travesura [trabe'sura] *f* Mutwille *m*; Streich *m*.

traviesa *🚆* [tra'biesa] *f* Schwelle *f*.

travieso [tra'bieso] quer; verkehrt; mutwillig, ausgelassen, unartig (*Kind*).

trayecto [tra'jekto] *m* Strecke *f*; Weg *m*; ~**ria** [trajek'toria] *f* Flug-, Geschoßbahn *f*; *fig.* Weg *m*, Bahn *f*.

traza ['traθa] *f* Plan *m*; Trasse *f*; *fig.* Aussehen *n*; darse ~s sich zu helfen wissen; llevar buena ~ F in Ordnung gehen; tener (od. llevar) ~s de (inf.) so aussehen, als ob (subj.); por las ~s dem Anschein (od. Aussehen) nach; ~**do** [tra'θaðo] **1.** adj. bien (mal) ~ wohlgestaltet (mißgestaltet); **2.** *m* Entwurf *m*; Aufriß *m*; Fluchtlinie *f*; Verlauf *m*.

trazar [tra'θar] (1f) entwerfen; anlegen; *Mittel* ersinnen; *Linie* ziehen; *Weg*, *Bahn* abstecken.

trazo ['traθo] *m* Schriftzug *m*; Strich *m*; Umriß *m*.

trébedes ['trebeðes] *f/pl.* Dreifuß *m*.

trébol *♣* ['treβol] *m* Klee *m*.

trece ['treθe] dreizehn; F mantenerse en sus ~ hartnäckig bei s-r Meinung bleiben.

trecho ['tretʃo] *m* Strecke *f*; de ~ en ~ dann u. wann; in gewissen Abständen; a ~s streckenweise; zeitweise.

tregua ['treɣua] *f* Waffenruhe *f*; *fig.* Erholung *f*; Pause *f*; no dar ~ keine Ruhe lassen; sin ~ unablässig.

treinta ['treinta] dreißig.

treintena [trein'tena] *f* Dreißigstel *n*; dreißig Stück *pl.*

tremebundo [treme'bundo] schrecklich.

tremendo [tre'mendo] fürchterlich; gewaltig; furchtbar; F riesig, toll.

trementina [tremen'tina] *f* Terpentin *n*.

tremo|lar [tremo'lar] (1a) schwingen; *v/i.* flattern; ~**lina** [~'lina] *f* Brausen *n*; Lärm *m*, Krach *m*.

trémulo ['tremulo] zitternd.

tren [tren] *m* 🚂 Zug *m*; ~ de aterrizaje *✈* Fahrgestell *n*; ~ especial Sonderzug *m*; ~ de laminación Walzstraße *f*; ~ de mercancías Güterzug *m*; ~ ómnibus Bummelzug *m*; ~ de pasajeros Personenzug *m*; ~ de vida Lebensweise *f*.

trenca ['treŋka] *f* Dufflecoat *m*.

trenza ['trenθa] *f* Flechte *f*; Zopf *m*; Tresse *f*; ~**do** [tren'θaðo] *m* Zopf *m*; Haarflechte *f*; Geflecht *n*.

trenzar [tren'θar] (1f) flechten; *v/i.* tänzeln (*Pferd*).

trepa ['trepa] *f* Klettern *n*; Purzelbaum *m*; Borte *f*; Maserung *f* (*Holz*); F Tracht *f* Prügel; F Gerissenheit *f*; **∼do** [tre'pa⁴o] *m* Besatz *m*; Perforierung *f* (*an Briefmarken usw.*); **∼dor** [∼pa'ðɔr] **1.** *adj.* kletternd, Kletter...; **2.** *m* Kletterer *m*; Steigeisen *n*.

trepanar *Chir.* [trepa'nar] (1a) trepanieren.

trepar [tre'par] (1a) (er)klettern; durchbohren.

trepe [*'trepe*] *m* F Rüffel *m*.

trepidar [trepi'ðar] (1a) beben, zittern.

tres [tres] drei; **∼cientos** [tres'θientos] dreihundert.

tresillo [tre'siʎo] *m* Tresillo *n* (*Kartenspiel*); Couchgarnitur *f*; ♩ Triole *f*.

trestanto [tres'tanto] dreimal soviel.

treta ['treta] *f* List *f*; Kniff *m*; Finte *f*.

triangular [triaŋgu'lar] dreieckig.

triángulo ['triaŋgulo] *m* Dreieck *n*; ♩ Triangel *m*.

tribal [tri'bal] Stammes...

tribu ['tribu] *f* Stamm *m*.

tribulación [tribula'θion] *f* Drangsal *f*; Widerwärtigkeit *f*; Leid *n*.

tribuna [tri'buna] *f* Tribüne *f*; Empore *f* (*Kirche*).

tribunal [tribu'nal] *m* Gericht *n*, Gerichtshof *m*; Prüfungsausschuß *m*; ∼ de apelación Berufungsgericht *n*; ∼ de arbitraje (*od. arbitral*) Schiedsgericht *n*; ∼ de cuentas Rechnungshof *m*; ∼ de jurados Schwurgericht *n*; ∼ de menores Jugendgericht *n*; ∼ marítimo Seeamt *n*; ♀ Supremo Oberster Gerichtshof *m*.

tribu|tar [tribu'tar] (1a) *Steuer* zahlen; *fig. Lob* zollen; **∼tario** [∼'tario] **1.** *adj.* Steuer...; steuerpflichtig; **2.** *m* Nebenfluß *m*; **∼to** [tri'buto] *m* Tribut *m* (*a. fig.*); Steuer *f*.

tri|ciclo [tri'θiklo] *m* Dreirad *n*; **∼color** [∼ko'lɔr] dreifarbig; **∼cornio** [∼'kornio] *m* Dreispitz *m*; **∼cotar** *gal.* [∼ko'tar] (1a) stricken; **∼cotosa** [∼ko'tosa] *f* Strickmaschine *f*; **∼cromía** [∼kro'mia] *f* Dreifarbendruck *m*; **∼dente** [∼'dente] *m* Dreizack *m*.

tri|duo ['triðuo] *m* dreitägige Andacht *f*; **∼enal** [trie'nal] dreijährig; **∼enio** [∼'enio] *m* Zeitraum *m* von drei Jahren.

trifásico ⚡ [tri'fasiko] dreiphasig.

trifulca [tri'fulka] *f* Wirrwarr *m*; Prügelei *f*.

triga ['triga] *f* Dreigespann *n*.

trigal [tri'gal] *m* Weizenfeld *n*.

trigésimo [tri'xesimo] dreißigste(r, -s).

trigo ['trigo] *m* Weizen *m*; ∼ otoñal (*marzal*) Winter- (Sommer-)weizen *m*; ∼ sarraceno Buchweizen *m*.

trigonometría [trigonome'tria] *f* Trigonometrie *f*.

trigueño [tri'geɲo] bräunlich; dunkelblond, brünett.

triguero [tri'gero] **1.** *adj.* Getreide-...; Weizen...; **2.** *m* Getreidesieb *n*.

trilingüe [tri'liŋgüe] dreisprachig.

trilla ✗ ['triʎa] *f* Dreschen *n*, Drusch *m*; **∼do** [tri'ʎa⁴o] ausgedroschen; *fig.* abgedroschen; **∼dor** [∼ʎa'ðɔr] *m* Drescher *m*; **∼dora** [∼ʎa'ðora] *f* Dreschmaschine *f*.

trillar ✗ [tri'ʎar] (1a) (aus-)dreschen; *fig.* durchackern.

trillizos [tri'ʎiθos] *m/pl.* Drillinge *m/pl.*

trillo ['triʎo] *m* Dreschbrett *n*.

trillón [tri'ʎɔn] *m* Trillion *f*.

trimes|tral [trimes'tral] vierteljährlich; **∼tre** [∼'mestre] *m* Vierteljahr *n*, Quartal *n*.

trimotor [trimo'tɔr] dreimotorig.

trinar [tri'nar] (1a) trillern; F está que trina er tobt (vor Wut).

trinca ['triŋka] *f* Dreiergruppe *f*; F Kleeblatt *n*, Dreigestirn *n*.

trincar [triŋ'kar] (1g) zerteilen, zerstückeln; ♱ festmachen; umklammern; F zechen.

trin|cha ['trintʃa] *f* (Hosen-) Schnalle *f*; **∼char** [trin'tʃar] (1a) tranchieren, vorschneiden.

trinchera [trin'tʃera] *f* Schützengraben *m*; Trenchcoat *m*.

trinchero [trin'tʃero] *m* Anrichte *f*; Serviertisch *m*.

trineo [tri'neo] *m* Schlitten *m*; ir en ∼ Schlitten fahren; rodeln.

trinidad [trini'da⁽ᵈ⁾] *f* Dreieinigkeit *f*; Dreifaltigkeit *f*.

trino ['trino] **1.** *adj.* dreifach; **2.** *m* Triller *m*.

trinquete [triŋ'kete] *m* ♱ Fockmast *m*, -rahe *f*, -segel *n*; ⊕ Sperrklinke *f*; (Hallen-)Ballspiel *n*.

trío ['trio] *m* Trio *n*.

tripa ['tripa] *f* Darm *m*; F Bauch *m*; Einlage *f* (*Zigarre*); ∼s *pl.* Eingeweide *n*; *fig.* Innere(s) *n*; *hacer*

tripartir [tripar'tir] (3a) dreiteilen.

triple ['triple] **1.** *adj.* dreifach; **2.** *m das* Dreifache *n*.

triplica|do [tripli'kaᵈo]: *por* ~ in dreifacher Ausfertigung; **~r** [~'kar] (1g) verdreifachen. [Stativ *n*.)

trípode ['tripode] *m* Dreifuß *f*(

tríptico ['triptiko] *m* Triptychon *n*, dreiteiliges Altarbild *n*; *Kfz.* Triptyk *n* (*Grenzübertrittsschein*).

tripudo F [tri'puðo] dickbäuchig.

tripu|lación [tripula'θion] *f* Besatzung *f* (⚓, ✈); **~lante** [~'lante] *m* Mitglied *n* der Besatzung; **~lar** [~'lar] (1a) bemannen.

triqui|na [tri'kina] *f* Trichine *f*; **~nosis** 𝔊 [~ki'nosis] *f* Trichinose *f*.

triquiñuela F [triki'ɲuela] *f* Ausflucht *f*; List *f*.

triquitraque [triki'trake] *m* Klirren *n*, Knattern *n*, Rattern *n*; Knallfrosch *m*.

tris [tris] *m* Knacks *m*; *en un* ~ im Nu; *estuvo en un* ~ *es* fehlte nicht viel; **~ca** ['triska] *f* Knacken *n*; Radau *m*; **~cador** [triska'dor] *m* Schränkeisen *n*.

triscar [tris'kar] (1g) vermischen, durchsetzen; *Säge* schränken; *v/i.* herumspringen; trippeln.

triste ['triste] traurig; finster; **~za** [tris'teθa] *f* Traurigkeit *f*; Trauer *f*.

triturar [tritu'rar] (1a) zermalmen, zerquetschen; zerkleinern, zermahlen; *fig.* zerpflücken.

triun|fador [triumfa'dor] **1.** *adj.* triumphierend; **2.** *m* Sieger *m*; **~fal** [~'fal] Triumph...; **~fante** [~'fante] triumphierend; **~far** [~'far] (1a) triumphieren; siegen; *Kartenspiel:* e-n Trumpf ausspielen; **~fo** ['triumfo] *m* Triumph *m*; Sieg *m*; *Kartenspiel:* Trumpf *m*.

trivial [tri'βial] platt; alltäglich; abgedroschen; **~idad** [~βiali'ða⁽ᵈ⁾] *f* Plattheit *f*; Gemeinplatz *m*.

triza ['triθa] *f* Stück *n*; Fetzen *m*; *hacer* ~*s* zerstückeln, zerfetzen; *hecho* ~*s* F kaputt.

trocar [tro'kar] (1g *u.* 1m) (ein-)tauschen; (ein)wechseln; verwandeln; **~se** sich ändern; sich verwandeln.

trocha ['trotʃa] *f* Pfad *m*; *Am.* 🚃 Spurweite *f*.

trochemoche [trotʃe'motʃe]: *a* ~ aufs Geratewohl, auf gut Glück.

trofeo [tro'feo] *m* Trophäe *f*; *fig.* Sieg *m*.

troglodita [troglo'ðita] *m* Höhlenbewohner *m*.

troj(e) ['trox(e)] *f* Korn-, Olivenkammer *f*; *Arg.* Maisschober *m*.

trole ⚡ ['trole] *m* Kontaktstange *f*, Stromabnehmer *m*; **~bús** [trole'bus] *m* Obus *m*.

tromba ['tromba] *f* Wasserhose *f*.

trombón [trom'bon] *m* **a)** Posaune *f*; **b)** Posaunenbläser *m*.

trombosis 𝔊 [trom'bosis] *f* Thrombose *f*.

trompa ['trompa] *f* Waldhorn *n*; Rüssel *m*; Brummkreisel *m*; F Rausch *m*; **~da** [trom'pada] *f*, **~zo** [~'paθo] *m* Zusammenstoß *m*; Faustschlag *m*.

trompero [trom'pero] trügerisch.

trompe|ta [trom'peta] **a)** *f* Trompete *f*; **b)** *m* Trompeter *m*; **~tazo** [~pe'taθo] *m* Trompetenstoß *m*; **~tear** F [~pete'ar] (1a) trompeten; **~tilla** [~pe'tiʎa] *f* Hörrohr *m*.

trompi|car [trompi'kar] (1g) zum Straucheln bringen; *v/i.* straucheln; **~cón** [~'kon] *m* Straucheln *n*.

trompis F ['trompis] *m* Faustschlag *m*.

trompo ['trompo] *m* Kreisel *m*.

trompón [trom'pon]: *de* ~ unordentlich, liederlich.

tronada [tro'nada] *f* Gewitter *n*.

tronado F [tro'naᵈo] heruntergekommen; F verkracht.

tronar [tro'nar] (1m) *v/i.* donnern; *fig.* wettern; ~ *con alg.* mit j-m Krach bekommen.

tronco ['tronko] *m* Baumstamm *m*; Rumpf *m*; 🎋 Stumpf *m*; *fig.* Klotz *m*; *dormir como un* ~ wie ein Murmeltier schlafen.

troncha *Am. Mer.* ['trontʃa] *f* (Fleisch-)Schnitte *f*.

tronchar [tron'tʃar] (1a) abreißen; (um)knicken; **~se** zerbrechen; ~ *de risa* sich vor Lachen biegen.

troncho ['trontʃo] *m* Strunk *m*.

tronera [tro'nera] **a)** *f* Schießscharte *f*; **b)** *m* F Luftikus *m*.

tronido [tro'nido] *m* Donner *m*.

trono ['trono] *m* Thron *m*.

tronzar [tron'θar] (1f) zerbrechen; *fig.* zermürben.

tropa ['tropa] *f* Haufen *m*; Trupp *m*;

tumulto

✗ Truppe *f*; Mannschaft *f*; ~s *aeroportadas* Luftlandetruppen *f/pl.*

trope|l [tro'pel] *m* Getrappel *n*; Übereilung *f*; Menschenmenge *f*, Haufen *m*; *de* ~, *en* ~ haufenweise; in wilder Hast; **~lía** [~pe'lia] *f* Übersturzung *f*; Überrumpelung *f*; Gewalttat *f*.

trope|zar [trope'θar] (1f *u.* 1k) stolpern; straucheln (*a. fig.*); stoßen (auf [*ac.*] con); ~ *con alg.* j-n unvermutet treffen; **~zón** [~'θon] *m* Stolpern *n*; *dar un* ~ stolpern; *a tropezones* stockend; stotternd.

tropical [tropi'kal] tropisch, Tropen...

trópico *Erdk.* ['tropiko] *m* Wendekreis *m*; **~s** *pl.* die Tropen *pl.*

tropiezo [tro'pieθo] *m* Anstoß *m*; Hindernis *f*; Schwierigkeit *f*; *fig.* Fehltritt *m*; F Entgleisung *f*.

tropilla *Am.* [tro'piʎa] *f* Trupp *m* Pferde.

troquel [tro'kɛl] *m* Münzstempel *m*; Prägestempel *m*; **~ar** [~ke'lar] (1a) prägen (*a. fig.*).

trota|mundos [trota'mundos] *m* Weltenbummler *m*, F Globetrotter *m*; **~r** [~'tar] (1a) traben, trotten (*a. fig.*); *fig.* umherlaufen.

trote ['trote] *m* Trab *m*; *ir al* ~ Trab reiten; *para todo* ~ F für den alltäglichen Gebrauch.

trotón [tro'ton] *m* Traber *m* (*Pferd*).

trozo ['troθo] *m* Stück *n*; *a* ~*s* stückweise.

truco ['truko] *m* Trick *m*; *cogerle el* ~ *a alg.* j-m auf die Schliche kommen.

truculen|cia [truku'lenθia] *f* Schauergeschichte *f*; F Moritat *f*; **~to** [~'lento] schaurig; blutrünstig.

trucha ['trutʃa] *f* Forelle *f*; ~ *asalmonada* Lachsforelle *f*.

trueco ['trueko] *m* s. *trueque*.

trueno ['trueno] *m* Donner *m*; Knall *m*; *fig.* F Krach *m*; ~ *gordo* Knalleffekt *m*.

trueque ['trueke] *m* Tausch *m*; Tauschhandel *m*.

trufa ['trufa] *f* Trüffel *f* (*Pilz*); F Lüge *f*, Ente *f*.

trufar [tru'far] (1a) mit Trüffeln füllen; F schwindeln.

truhán [tru'an] *m* Gauner *m*, Spitzbube *m*.

truhanesco [trua'nesko] spitzbübisch.

truncar [truŋ'kar] (1g) abschneiden; verstümmeln.

trust [trust] *m* Trust *m*.

tú [tu] du; *tratar de* ~ duzen.

tu, tus [tu, tus] dein(e).

tubérculo [tu'berkulo] *m* ♀ Knolle(nfrucht) *f*; ♿ Knötchen *n*, Tuberkel *m*.

tubérculo|sis ♿ [tuberku'losis] *f* Tuberkulose *f*; **~so** [~'loso] tuberkulös.

tu|bería [tube'ria] *f* Rohrleitung *f*; ~ *de gas* Gasleitung *f*; **~bo** ['tubo] *m* Röhre *f*, Rohr *n*; Lampenzylinder *m*; Tube *f*; Stahlflasche *f*; Schlauch *m*; ~ *acústico* Hör-, Sprachrohr *n*; ~ *de ensayo* Reagenzglas *n*; ~ *de escape* *Kfz.* Auspuffrohr *n*; ~ *fluorescente* Leuchtstoffröhre *f*; **~bular** [tubu'lar] röhrenförmig.

tuerca ⊕ ['tuerka] *f* Schraubenmutter *f*; ~ *mariposa* Flügelmutter *f*.

tuerto ['tuerto] **1.** *adj.* krumm; einäugig; **2.** *adv. a* ~*as* verkehrt.

tuétano [tu'etano] *m* (Knochen-) Mark *n*.

tufo¹ ['tufo] *m* Ausdünstung *f*; scharfer Geruch *m*; F Mief *m*; ~ *de carbón* Kohlengase *n/pl.*; ~*s* *pl.* Dünkel *m*; *tener muchos* ~*s* sich wer weiß was einbilden.

tufo² ['tufo] *m* Schläfenlocke *f*.

tufo³ ['tufo] *m* Tuffstein *m*.

tugurio [tu'gurio] *m* Schäferhütte *f*; F ärmliche Behausung *f*; Loch *n*.

tul [tul] *m* Tüll *m*.

tulipán ♀ [tuli'pan] *m* Tulpe *f*.

tulli|do [tu'ʎido] *m* Gelähmte(r) *m*; Krüppel *m*; **~rse** [~'ʎirse] (3h) lahm werden.

tumba ['tumba] *f* Grab *n*; Grabstätte *f*; Grabmal *n*.

tumbacuartillos F [tumbakŭar'tiʎos] *m* Zechbruder *m*.

tum|bar [tum'bar] (1a) umwerfen; zu Boden werfen; *v/i.* hinpurzeln; **~barse** sich fallen lassen; F sich langlegen; **~bo** ['tumbo] *m* Fall *m*; Taumeln *n*; *dar un* ~ taumeln; hinfallen; **~bón** [tum'bon] hinterhältig; faul; **~bona** [~'bona] *f* Liege *f*; Liegestuhl *m*.

tumefacción ♿ [tumefag'θion] *f* Schwellung *f*.

tumor ♿ [tu'mor] *m* Geschwulst *f*, Tumor *m*.

túmulo ['tumulo] *m* Grabhügel *m*.

tumulto [tu'multo] *m* Aufruhr *m*,

Tumult *m*; Krawall *m*; Getümmel *n*.

tumultu|ario [tumul'tŭario], **~oso** [~'tŭoso] aufrührerisch; stürmisch; lärmend.

tuna ['tuna] *f* Faulenzerleben *n*; ♀ Feigenkaktus *m*; Studentenkapelle *f*; *correr la* ~ ein Lotterleben führen; **~ntada** [tunan'tađa] *f* Gaunerei *f*; **~nte** [tu'nante] **1.** *adj.* spitzbübisch; **2.** *m* Spitzbube *m*; **~ntear** [tunante'ar] (1a) herumlungern.

tunda ['tunda] *f* Tracht *f* Prügel.

tundi|dor [tundi'đɔr] *m* Tuchscherer *m*; **~dora** [~'đora] *f* Tuchschermaschine *f*; Rasenmäher *m*; **~r** [~'đir] (3a) *Tuch* scheren; *Rasen* schneiden; F verprügeln.

tunecino [tune'θino] **1.** *adj.* tunesisch; **2.** *m* Tunesier *m*.

túnel ['tunel] *m* Tunnel *m*; ~ *aerodinámico* Windkanal *m*.

tungsteno [tuŋgs'teno] *m* Wolfram *n*.

túnica ['tunika] *f* Tunika *f*.

tuno ['tuno] **1.** *adj.* spitzbübisch; **2.** *m* Spitzbube *m*.

tuntún [tun'tun]: *al* ~, *al buen* ~ aufs Geratewohl.

tupé [tu'pe] *m* Stirnlocke *f*; Schopf *m*; F Frechheit *f*.

tupido [tu'piđo] dicht (*Haar*).

tupir [tu'pir] (3a) zs.-pressen; **~se** F sich vollaufen lassen.

turba ['turba] *f* Torf *m*; Haufen *m*, Menge *f*; Schwarm *m*.

turba|ción [turba'θion] *f* Störung *f*; Aufregung *f*; Bestürzung *f*; **~dor** [~'đɔr] **1.** *adj.* aufregend; **2.** *m* Störenfried *m*.

turbal [tur'bal] *m* Torfmoor *n*.

turbante [tur'bante] *m* Turban *m*.

turbar [tur'bar] (1a) stören; *Wasser* trüben; in Aufregung versetzen; **~se** bestürzt werden.

turbera [tur'bera] *f* Torfmoor *n*.

turbina [tur'bina] *f* Turbine *f*.

turbio [tur'bio] trübe; *fig.* unklar; unsauber.

turbión [tur'bion] *m* Regenguß *m*; Staubwirbel *m*; *fig.* Hagel *m*.

turbonada [turbo'nađa] *f* Regenbö *f*.

turborreactor [turbɔrreak'tɔr] *m* Turbostrahltriebwerk *n*.

turbulen|cia [turbu'lenθia] *f* Aufregung *f*; Verwirrung *f*; Ungestüm *n*; **~to** [~'lento] ungestüm, wild, turbulent; ausgelassen.

turco [tur'ko] **1.** *adj.* türkisch; **2.** *m*, **-a** [~ka] *f* Türke *m*, Türkin *f*.

turgen|cia [tur'xenθia] *f* (An-) Schwellung *f*; Wölbung *f*; **~te** [~'xente] (hoch)gewölbt; schwellend; geschwollen.

túrgido ['turxiđo] geschwollen; schwülstig.

turis|mo [tu'rizmo] *m* Fremdenverkehr *m*; Touristik *f*; *Kfz.* Personenwagen *m*; **~ta** [tu'rista] *m* Tourist *m*.

turnar [tur'nar] (1a) abwechseln; **~se** sich ablösen.

turno ['turno] *m* Reihenfolge *f*; Ordnung *f*; Ablösung *f im Dienst*; Schicht *f*; ~ *de noche* Nachtschicht *f*; *estar de* ~ Dienst haben; *por* ~ der Reihe nach; *es mi* ~ *od. me toca el* ~ ich bin an der Reihe.

turón [tu'rɔn] *m* Iltis *m*.

turquesa [tur'kesa] *f* Türkis *m*; ⊕ Form *f*.

turquí [tur'ki] türkisblau.

turrón [tu'rrɔn] *m Art* Marzipan *n* (*span. Weihnachtsgebäck*).

turulato F [turu'lato] verblüfft, baff; dumm.

¡tus! [tus] hierher! (*zum Hund*); *sin decir* ~ *ni mus* F ohne einen Mucks zu sagen.

tute ['tute] *m Art* Kartenspiel *n*; F *darse un* ~ sich abrackern.

tutear [tute'ar] (1a) duzen.

tute|la [tu'tela] *f* Vormundschaft *f*; *fig.* Schutz *m*; *poner bajo* ~ entmündigen; **~lar** [tute'lar] Vormundschafts...; Schutz...

tuteo [tu'teo] *m* Duzen *n*.

tutiplén F [tuti'plen]: *a* ~ vollauf.

tutor [tu'tɔr] *m* Vormund *m*; Pfleger *m*; Stützpfahl *m für Pflanzen*.

tutoría [tuto'ria] *f* Vormundschaft *f*.

tuya ['tuja] *f* Lebensbaum *m*, Thuja *f*.

tuyo, tuya ['tujo, 'tuja] dein(e).

U

U, u [u] *f* U, u *n*.

u [u] (*vor e-m mit o od. ho beginnen-*
den Wort = o) oder.

ubérrimo [u'berrimo] sehr fruchtbar; überreich.

ubi|cación [ubika'θi͏ɔn] *f* Anwesen-
heit *f*; *Am.* Unterbringung *f*; *bsd.*
Am. Lage *f*; *oficina f de* ∼ Woh-
nungsamt *n*; **∼cado** [∼'ka͏ᵈo]: *estar*
∼ liegen, gelegen sein; **∼car** *Am.*
[∼'kar] (1g) unterbringen; ausfindig machen; parken; **∼carse** *Am.*
sich (auf)stellen; sich befinden;
∼cuidad [∼kŭi'da͏⁽ᵈ⁾] *f* Allgegen-
wart *f*; **∼cuo** [u'bikŭo] allgegen-
wärtig.

ubre ['ubre] *f* Euter *n*.

ufanarse [ufa'narse] (1a) sich
brüsten, sich rühmen.

ufa|nía [ufa'nia] *f* Aufgeblasenheit
f; **∼no** [u'fano] aufgeblasen; selbstgefällig; hochmütig; vergnügt.

ujier [u'xi͏ɛr] *m* Saaldiener *m*;
Amts-, Gerichtsdiener *m*.

úlcera [ul'θera] *f* Geschwür *n*.

ulcera|ción [ulθera'θi͏ɔn] *f* Schwä-
ren *n*; **∼rse** [∼'rarse] (1a) schwären.

ulceroso [ul͏θe'roso] schwärend.

ulterior [ulte'ri͏ɔr] jenseitig; Hinter...; weitergehend, weiter, ferner;
später.

ultimar [ulti'mar] (1a) beenden,
vollenden, abschließen; *Am.* töten.

ultimátum [ulti'matun] *m* Ultima-
tum *n*.

último ['ultimo] letzte(r, -s); äußer-
ste(r, -s) unterste(r, -s); *por* ∼ zuletzt; endlich.

ultra... [ultra] *in Zssgn* ultra...,
(Ultra...); äußerst; jenseits.

ultra|jador [ultraxa'dɔr] *m* Be-
leidiger *m*; **∼jante** [∼'xante] beleidigend; **∼jar** [∼'xar] (1a) beschimpfen; **∼je** [ul'traxe] *m* Schimpf *m*,
Schmach *f*.

ultramar [ultra'mar] *m* Übersee;
de ∼ überseeisch.

ultramarino [ultrama'rino] **1.** *adj.*
überseeisch; **2.** ∼*s m/pl.* Kolonial-
waren *f/pl.*   [hochmodern.⎫

ultramoderno [ultramo'derno]⎭

ultramontano [ultramɔn'tano] jenseits der Berge wohnend; ultra-
montan.

ultranza [ul'tranθa]: *a* ∼ auf Leben
und Tod; *fig.* aufs äußerste.

ultra|rrojo [ultra'rrɔxo] ultrarot;
∼sonido [∼so'nido] *m* Ultraschall
m; **∼tumba** [∼'tumba] jenseits des
Grabes.

ulu|lar [ulu'lar] (1a) heulen, johlen;
∼lato [∼'lato] *m* Geheul *n*; Gejohle *n*; Geschrei *n*.

umbela ⚕ [um'bela] *f* Dolde *f*.

umbilical [umbili'kal] Nabel...

umbral [um'bral] *m* Türschwelle *f*;
fig. Schwelle *f*.

umbrío [um'brio] schattig; dunkel.

un, una [un, 'una] ein(e).

unánime [u'nanime] einmütig; einstimmig.

unanimidad [unanimi'da͏⁽ᵈ⁾] *f* Ein-
mütigkeit *f*, Einstimmigkeit *f*; *por* ∼
einstimmig.

unción [un'θi͏ɔn] *f* Salbung *f*; Inbrunst *f*.

uncir [un'θir] (3b) ins Joch spannen.

undécimo [un'deθimo] elfte(r, -s).

ungir [uŋ'xir] (3c) salben.

ungüento [uŋ'güento] *m* Salbe *f*.

ungulados [uŋgu'lados] *m/pl.* Huftiere *n/pl.*

uni... [uni] *in Zssgn* ein..., Ein...

único ['uniko] einzig(artig), ein-
malig; Einheits...

unicornio [uni'kɔrni͏o] *m* Einhorn *n*.

uni|dad [uni'da͏⁽ᵈ⁾] *f* Einheit *f* (*a.*
⊗); *Arith.* Einer *m*; ✶ ∼ *de cuidados*
intensivos Intensivstation *f*; ∼ *mone-*
taria Währungseinheit *f*; **∼do** [u'ni-
do] vereinigt; einig; verbunden.

unifi|cación [unifika'θi͏ɔn] *f* Ver-
einheitlichung *f*; Vereinigung *f*;
Zusammenschluß *m*; **∼car** [∼'kar]
(1g) vereinen; vereinheitlichen.

unifor|mar [unifɔr'mar] (1a) ein-
heitlich gestalten; vereinheitlichen;
∼me [∼'forme] **1.** *adj.* einförmig,
gleichförmig; gleichmäßig; einheitlich; **2.** *m* Uniform *f*; **∼midad** [∼fɔr-
mi'da͏⁽ᵈ⁾] *f* Ein-, Gleichförmigkeit *f*;
Gleichmäßigkeit *f*.

unigénito [uniˈxenito] einzig (*Kind*); *Rel.* eingeboren.

unilateral [unilateˈral] einseitig.

unión [uˈni̯ɔn] *f* Vereinigung *f*; Einigkeit *f*; Verbindung *f*; Verein *m*, Bund *m*; ~ aduanera Zollunion *f*; ⚥ Postal Universal Weltpostverein *m*.

unipersonal [unipersoˈnal] aus e-r Person bestehend; Einzel...

unir [uˈnir] (3a) vereinigen; verbinden; zs.-fügen; ~se a alg. sich j-m anschließen.

unísono [uˈnisono] gleichstimmig; al ~ einstimmig (*a. fig.*).

unitario [uniˈtari̯o] einheitlich; Einheits...

univer|sal [unibɛrˈsal] allgemein; (all)umfassend; vielseitig; Welt...; Universal...; **~salidad** [⁓saliˈda⁽ᵈ⁾] *f* Allgemeinheit *f*; Vielseitigkeit *f*; ~ a distancia Fernuniversität *f*; **~sitario** [⁓siˈtari̯o] **1.** *adj.* Universitäts...; **2.** *m* Akademiker *m*; **~so** [⁓ˈbɛrso] *m* Weltall *n*.

uno [ˈuno] **1.** *pron.* eine(r, -s); jemand, man; ~ a ~ eine nach dem andern; ~ por ~ einzeln; ~ que otro der eine oder andere; a una gemeinsam; gleichzeitig; una y no más einmal und nicht wieder; ~s pl. einige; **2.** *m* Eins *f*.

untar [unˈtar] (1a) salben; (be-)schmieren; *fig.* ~ la mano (*od. el carro*) bestechen, F schmieren.

unto [ˈunto] *m* Schmiere *f*; Fett *n*; *fig.* Schmiergeld *m*.

untu|osidad [untu̯osiˈda⁽ᵈ⁾] *f* Schmierigkeit *f*; **~oso** [unˈtu̯oso] schmierig; **~ra** [unˈtura] *f* Einschmieren *n*; Salbe *f*.

uña [ˈuɲa] *f* Nagel *m*; Huf *m*; Klaue *f*; Kralle *f*; ⊕ Dorn *m*; Kerbe *f*; enseñar las ~s die Zähne zeigen; estar de ~s auf gespanntem Fuß stehen; ser ~ y carne ein Herz u. e-e Seele sein; largo m de ~s F Langfinger *m*.

uñe|ro [uˈɲero] *m* eingewachsener Nagel *m*; Nagelentzündung *f*; **~tas** *Am. reg.* [⁓ˈtas] *m* Langfinger *m*.

uranio [uˈrani̯o] *m* Uran *n*.

urba|nidad [urbaniˈda⁽ᵈ⁾] *f* Höflichkeit *f*; **~nización** [⁓niθaˈθi̯ɔn] *f* Verfeinerung *f* der Sitten; städtebauliche Erschließung *f*; Städteplanung *f*; Villenkolonie *f*; plan *m* de ~ Bebauungsplan *m*; **~nizar** [⁓ni-

ˈθar] (1f) bilden; F Schliff beibringen; *Gelände* erschließen, bebauen; **~no** [urˈbano] städtisch; höflich; Stadt..., Orts...

urbe [ˈurbe] *f* Groß-, Weltstadt *f*.

urdidor [urdiˈdɔr] *m* Anstifter *m*.

urdimbre [urˈdimbre] *f* Weberei: Kette *f*, Aufzug *m*.

urdir [urˈdir] (3a) zetteln; *fig.* anzetteln; *Komplott* schmieden.

urea [uˈrea] *f* Harnstoff *m*.

uremia [uˈremi̯a] *f* Urämie *f*, Harnvergiftung *f*.

uretra *Anat.* [uˈretra] *f* Harnröhre *f*.

urgen|cia [urˈxenθi̯a] *f* Dringlichkeit *f*; de ~ Not...; Eil...; **~te** [⁓te] dringend; eilig.

urgir [urˈxir] (3c) dringend sein.

urinario [uriˈnari̯o] **1.** *adj.* Harn...; **2.** *m* Bedürfnisanstalt *f*; Pissoir *n*.

urna [ˈurna] *f* Urne *f*; Glaskasten *m*; ~ electoral Wahlurne *f*.

urogallo [uroˈɡaʎo] *m* Auerhahn *m*.

urraca [uˈrraka] *f* Elster *f*.

urticaria ⚕ [urtiˈkari̯a] *f* Nesselfieber *n*.

uruguayo [uruˈɡu̯ajo] **1.** *adj.* uruguayisch; **2.** *m*, -a *f* Uruguayer (in *f*) *m*.

usado [uˈsa⁽ᵈ⁾o] gebraucht; abgenutzt.

usagre ⚕ [uˈsaɡre] *m* Milchschorf *m*.

usanza [uˈsanθa] *f* Brauch *m*, Sitte *f*.

usar [uˈsar] (1a) gebrauchen, benutzen; *Kleidung* tragen; anwenden; *v/i.* pflegen; ~ de a/c. Gebrauch machen von et. (*dat.*); **~se** gebräuchlich sein.

uso [ˈuso] *m* Gebrauch *m*, Benutzung *f*; Brauch *m*, Sitte *f*; Mode *f*; Gewohnheit *f*; Zustand *m*; hacer ~ de la palabra das Wort ergreifen.

usted [usˈte⁽ᵈ⁾] Sie.

usual [uˈsu̯al] gebräuchlich, üblich.

usu|ario [uˈsu̯ari̯o] *m* Benutzer *m*; Verkehrsteilnehmer *m*; ⚖ Nutzungsberechtigte(r) *m*; **~capión** ⚖ [usukaˈpi̯ɔn] *f* Ersitzung *f*.

usufructo [usuˈfrukto] *m* Nießbrauch *m*, Nutznießung *f*.

usufructuario [usufrukˈtu̯ari̯o] *m* Nutznießer *m*.

usura [uˈsura] *f* Wucher *m*; **~rio** [usuˈrari̯o] wucherisch.

usure|ar [usureˈar] (1a) wuchern; **~ro** [⁓ˈrero] *m* Wucherer *m*; F Halsabschneider *m*.

usur|pación [usurpaˈθi̯ɔn] *f* widerrechtliche Aneignung *f*, Usurpation *f*; Anmaßung *f*; **~pador** [~pa-'dɔr] *m* Usurpator *m*; Thronräuber *m*; **~par** [~'par] (1a) sich anmaßen; an sich reißen; usurpieren.

utensilio [uten'silio] *m* Gerät *n*; ~s *pl.* Handwerkszeug *n*; Utensilien *pl.*

uterino *Anat.* [ute'rino] Gebärmutter...; *Geschwister* mütterlicherseits.

útero *Anat.* ['utero] *m* Gebärmutter *f*.

útil ['util] **1.** *adj.* nützlich, dienlich; tauglich; **2.** ~es *m/pl.* Gerät *n*, Werkzeug *n*; Zeug *n*.

utili|dad [utili'da⁽ᵈ⁾] *f* Nutzen *m*; Vorteil *m*; Dienlichkeit *f*; **~dades** [~'dades] *f/pl.* Einkommen *n*; **~tario** [~'tario] Nützlichkeits...; **~tarismo** [~ta'rizmo] *m* Nützlichkeitsprinzip *n*.

utili|zable [utili'θable] benutzbar, verwendbar; *área f* ~ Nutzfläche *f*; **~zación** [~θa'θiɔn] *f* Benutzung *f*; Verwendung *f*; Verwertung *f*; **~zar** [~'θar] (1f) benutzen; ver-, anwenden; verwerten.

utillaje [uti'ʎaxe] *m* Geräte *n/pl.*; Ausrüstung *f*.

utopía [uto'pia] *f* Utopie *f*.

utópico [u'topiko] utopisch.

utopista [uto'pista] *m* Schwärmer *m*; Utopist *m*.

uva ['uba] *f* Traube *f*; ~ *crespa*, ~ *espina* Stachelbeere *f*; ~ *moscatel* Muskatellertraube *f*; F *estar hecho una* ~ sternhagelvoll sein; F *estar de mala* ~ schlecht gelaunt sein.

úvula *Anat.* ['ubula] *f* Zäpfchen *n*.

uxorici|da [ugsori'θida] *m* Gattenmörder *m*; **~dio** [~'θidio] *m* Mord *m* an der Ehefrau, Gattenmord *m*.

V

(Im absoluten Anlaut klingt das spanische v wie das deutsche b.)

V, v [be od. 'ube] f V, v n.
va [ba] usw. s. ir.
vaca ['baka] f Kuh f; Rindfleisch n; ~ de San Antón Marienkäfer m; ~ lechera Milchkuh f; ~ marina Seekuh f; F ser la ~ de la boda die Kosten tragen; las ~s flacas (gordas) die mageren (fetten) Jahre n/pl.; **~da** [ba'kaða] f Rinderherde f.
vaca|ciones [baka'θiones] f/pl. Ferien pl.; Urlaub m; **~nte** [ba'kante] 1. adj. unbesetzt, erledigt, frei; 2. f offene Stelle f; cubrir una ~ e-e Stelle besetzen.
vacar [ba'kar] (1g) unbesetzt sein (Amt); (vorübergehend) nicht arbeiten; ~ a sich widmen (dat.).
vacia|dero [baθia'ðero] m Gosse f; Ausguß m; **~do** [ba'θiaðo] m Abguß m; Gipsabguß m; Entleerung f; **~dor** [baθia'ðɔr] m Gießer m; Schleifer m; Schärfer m.
vaciar [ba'θiar] (1b) 1. v/t. (aus-) leeren; ausgießen; aushöhlen; Messer abziehen, schleifen; 2. v/i. sich ergießen; 3. F fig. **~se** auspacken, alles sagen.
vaciedad [baθie'ðað] f Leere f; Albernheit f, Plattheit f.
vacilación [baθila'θiɔn] f Schwanken n; Unentschlossenheit f.
vacilante [baθi'lante] schwankend.
vacilar [baθi'lar] (1a) schwanken; zaudern; zögern; unschlüssig sein.
vacío [ba'θio] 1. adj. leer; unbewohnt; inhaltlos; albern; 2. m Leere f; Lücke f; Anat. Weiche f, Seite f; Phys. Vakuum n; dejar un ~ fig. e-e Lücke reißen.
vacuna [ba'kuna] f Impfstoff m; **~ción** [bakuna'θiɔn] f Impfung f; ~ preventiva Schutzimpfung f; **~r** [~'nar] (1a) impfen.
vacuno [ba'kuno] 1. adj. Rind...; 2. m Rind n.
vacuo [ba'kũo] leer.
vade ['baðe] m Schulmappe f.
vadear [baðe'ar] Fluß durchwaten; fig. überwinden; sondieren.

vademécum [baðe'mekun] m Notizbuch n; Taschenbuch n; Leitfaden m.
vado ['baðo] m Furt f; fig. Ausweg m; ~ permanente Halteverbot n vor Ausfahrten.
vagabun|dear [bagabunde'ar] (1a) umherstreichen, sich herumtreiben; **~do** [~'bundo] 1. adj. umherstreichend; streunend (Hund); 2. m Landstreicher m, Vagabund m.
vagancia [ba'ganθia] f Müßiggang m; Landstreicherleben n.
vagar [ba'gar] (1h) umherstreichen, -irren, -schweifen; müßig gehen; Muße haben; **~oso** poet. [baga'roso] unstet.
vagido [ba'xiðo] m Schreien n, Quäken n (Säugling).
vagina Anat. [ba'xina] f Scheide f.
vago ['bago] 1. adj. faul, vagabundierend; fig. unbestimmt, verschwommen, vage; 2. m Landstreicher m; Faulpelz m; Stromer m; hacer el ~ faulenzen.
vagón [ba'gɔn] n Eisenbahnwagen m; Waggon m; ~ cisterna Tankwagen m; ~ frigorífico Kühlwagen m.
vagoneta [bago'neta] f Kippwagen m, Lore f; ✗ Hund m.
vaguear [bage'ar] (1a) umherstrolchen, sich herumtreiben.
vaguedad [bage'ðað] f Verschwommenheit f; Unbestimmtheit f. [dampfen.)
vaharada [baa'raða] f Dunstwolke f, Schwaden m.
vahear [bae'ar] (1a) ausdünsten,)
vahido ✗ [ba'iðo] m Schwindel m.
vaho ['bao] m Dampf m, Dunst m.
vaina ['baina] f (Degen-, Messer-) Scheide f; Futteral n; Hülse f; ⚜ Schote f; Am. reg. Problem n; **~zas** V [bai'naθas] m Schlappschwanz m.
vainica [bai'nika] f Hohlsaum m.
vainilla [bai'niʎa] f Vanille f.
vaivén [bai'ben] m Hin und Her n; Auf und Ab n; 🚋 Pendelverkehr m.

vajilla [ba'xiʎa] f Geschirr n.

vale ['bale] m Gutschein m; Freikarte f; **~dero** [bale'dero] gültig.

valedor [bale'dɔr] m Beschützer m; Bürge m.

valen|cia ⚗ [ba'lenθia] f Valenz f, Wertigkeit f; **~tía** [balen'tia] f Mut m, Tapferkeit f; **~tón** [~'ton] 1. adj. großsprecherisch; 2. m Prahlhans m; **~tonada** [~to'nada] f Prahlerei f.

valer [ba'ler] (2q) 1. v/t. nützen; einbringen; 2. v/i. gelten; wert sein; kosten; taugen; hacer ~ geltend machen; más vale ... es ist besser ...; ¡válgame Dios! Gott steh' mir bei! na so was!; ¡vale! in Ordnung!; 3. **~se** de a/c. sich bedienen (gen.); greifen zu (dat.); ~ de alg. s-e Zuflucht nehmen zu (dat.); zurückgreifen auf (ac.); 4. m Wert m; Verdienst n; Ansehen n.

valeriana ♀ [bale'riana] f Baldrian m.   [sam.]

valeroso [bale'roso] tapfer; wirk-

valía [ba'lia] f Wert m; Gunst f.

vali|dación [balida'θiɔn] f Gültigmachung f; **~dar** [~'dar] (1a) für gültig machen, für gültig erklären; **~dez** [~'deθ] f Gültigkeit f.

válido ['balido] gültig.

valido [ba'lido] m Günstling m.

valiente [ba'liente] tapfer, mutig; tüchtig; gehörig; iron. nett, sauber.

valija [ba'lixa] f Handkoffer m; Postbeutel m; Reisetasche f; ~ diplomática Diplomatengepäck n.

valimiento [bali'miento] m Ansehen n, Gunst f; Rückhalt m.

valioso [ba'lioso] wertvoll.

valor [ba'lɔr] m Wert m; Mut m; ~ cívico Zivilcourage f; ~ nominal Nennwert m; ~ real Sachwert m; ~es pl. Wertpapiere n/pl., Effekten pl.; ~es declarados Wertbrief m, -sendung f.

valo|ración [balora'θiɔn] f Wertbestimmung f; Bewertung f; Schätzung f; **~rar** [~'rar] (1a) schätzen; bewerten; **~rizar** [~ri'θar] (1f) aufwerten.

vals [bals] m Walzer m.

valuación [balŭa'θiɔn] f Schätzung f; Bewertung f.

valuar [ba'lŭar] (1e) schätzen.

valva ['balba] f ♀ Fruchtklappe f; Zo. Schalenklappe f.

válvula ['balbula] f Klappe f; Ventil

n; Radio: Röhre f; ~ de seguridad Sicherheitsventil n.

valla ['baʎa] f Zaun m; Umzäunung f; Hindernis n; Hürde f; carrera f de ~s Hürdenlauf m; **~do** [ba'ʎaᵈo] m Zaun m; Einzäunung f.

vallar [ba'ʎar] (1a) einzäunen.

valle ['baʎe] m Tal n; ~ de lágrimas fig. Jammertal n.

vampiro [bam'piro] m Vampir m; fig. Blutsauger m.

vanagloria [bana'gloria] f Ruhmsucht f; Eitelkeit f; **~arse** [~glo-'riarse] (1b) prahlen (mit [dat.] de); **~oso** [~glo'rioso] dünkelhaft, eitel.

vandálico [ban'daliko] wandalisch.

vandalismo [banda'lizmo] m Zerstörungswut f, Wandalismus m.

vanguardia ✗ [baŋ'gŭardia] f Vorhut f; fig. Avantgarde f.

vani|dad [bani'da⁽ᵈ⁾] f Eitelkeit f; Nichtigkeit f; **~doso** [~'doso] eitel.

vanilocuencia [banilo'kŭenθia] f Geschwätzigkeit f.

vano ['bano] 1. adj. eitel; leer; hohl; grundlos; en ~ vergebens; 2. m △ Öffnung f; Nische f.

vapor [ba'pɔr] m Dampf m; Dunst m; ♣ Dampfer m; ~ de escape Abdampf m; a todo ~ mit Volldampf; **~es** pl. Schwaden m/pl.; **~ización** [baporiθa'θiɔn] f Verdunstung f; Verdampfung f; **~izador** [~θa'dɔr] m Zerstäuber m; **~izar** [~'θar] (1f) verdampfen; zerstäuben.

vaporoso [bapo'roso] dampfend; fig. leicht; luftig (Kleid).

vapu|lear F [bapule'ar] (1a) durchprügeln; F fertigmachen; **~leo** [~-'leo] m Tracht f Prügel.

vaquería [bake'ria] f Kuhstall m; Milchgeschäft n.

vaqueri|za [bake'riθa] f Kuhstall m; **~zo** [~'riθo] m Rinderhirt m.

vaquero [ba'kero] m Rinderhirt m; Am. Cowboy m; (pantalón m) ~ Blue jeans pl.

vaqueta [ba'keta] f Rindsleder n.

vara ['bara] f Stab m; Stange f; Rute f, Gerte f; Stk. Stoßlanze f, Pike f; spanische Elle f; ~ de alcalde Amtsstab m; P picar de ~ larga auf Nummer Sicher gehen.

varada ♣ [ba'rada] f Strandung f.

varadero ♣ [bara'dero] m Stapelplatz m.

varal [ba'ral] m lange Stange f; F fig. Hopfenstange f.

varapalo [bara'palo] *m* lange Stange *f*; Schlag *m* mit e-r Stange; *fig*. Verdruß *m*.

varar [ba'rar] (1a) *Schiff* auf Strand setzen; an Land ziehen; *v/i* auflaufen; stranden; *fig*. steckenbleiben.

varazo [ba'raθo] *m* Rutenhieb *m*.

vare|ar [bare'ar] (1a) *Früchte* vom Baum abschlagen; *Stk*. mit der Pike stechen; mit der Elle messen; *Arg. Pferd* zureiten; **~o** [ba'reo] *m* Abschlagen *n der Früchte*.

vareta [ba'reta] *f* Leimrute *f*.

varia|ble [ba'riable] veränderlich; unbeständig; wechselvoll; wankelmütig; **~ción** [baria'θion] *f* Veränderung *f*, Wechsel *m*; Abwechslung *f*; ♪ Variation *f*; **~do** [ba'riaᵈo] mannigfach; buntfarbig; abwechselnd; reichhaltig; **~nte** [ba'riante] *f* Variante *f*.

variar [ba'riar] (1c) (ab-, ver-) ändern; *v/i*. wechseln; verschieden sein; abweichen, variieren.

varice ✱ [ba'riθe] *f* Krampfader *f*.

varicela ✱ [bari'θela] *f* Windpocken *f/pl*.

variedad [barie'daᵈ] *f* Mannigfaltigkeit *f*; Vielfältigkeit *f*; Verschiedenheit *f*; *Zo*. Abart *f*; **~es** *pl*. Varieté *n*.

varilla [ba'riʎa] *f* Gerte *f*, dünne Stange *f od*. Latte *f*; **~je** [bari'ʎaxe] *m* ⊕ Gestänge *n*.

vario [ba'rio] verschieden; veränderlich; **~s** *pl*. einige, mehrere; **~pinto** F [~'pinto] bunt.

varita [ba'rita] *f* kleiner Stab *m*; **~ mágica** Zauberstab *m*; Wünschelrute *f*.

va|rón [ba'ron] *m* männliche(s) Wesen *n*, Mann *m*; F *santo ~* herzensguter, aber et. einfältiger Mensch *m*; **~ronil** [baro'nil] männlich; mannhaft.

vasa|llaje [basa'ʎaxe] *m* Lehnspflicht *f*; *fig*. Abhängigkeit *f*; Hörigkeit *f*; **~llo** [ba'saʎo] *m* Vasall *m*, Lehnsmann *m*.

vasar [ba'sar] *m* Küchenbord *n*.

vasco [ba'sko], **vascongado** [baskon'gaᵈo] **1.** *adj*. baskisch; **2.** *m* Baske *m*.

vascuence [bas'kuenθe] **1.** *m* baskische Sprache *f*; **2.** *adj*. baskisch.

vascular *Anat*. [basku'lar] Gefäß...

vasija [ba'sixa] *f* Gefäß *n*.

vaso ['baso] *m* Gefäß *n* (*a*. ✱); (Trink-)Glas *n*; **~s comunicantes** *Phys*. kommunizierende Röhren *f/pl*.

vástago ['bastago] *m* ♀ Schößling *m*; Sprößling *m* (*a. fig*.); ⊕ Schaft *m*; **~ de émbolo** Kolbenstange *f*.

vasto ['basto] weit; ausgedehnt; umfassend. [Seher *m*.⟩

vate *Lit*. ['bate] *m* Dichter *m*;⟩

vatici|nador [batiθina'dor] **1.** *adj*. wahrsagend; **2.** *m* Wahrsager *m*; **~nar** [~'nar] (1a) wahrsagen, prophezeien; **~nio** [~'θinio] *m* Wahrsagung *f*; Voraussage *f*.

vatio ⚡ ['batio] *m* Watt *n*.

vaya¹ ['baja] *usw. s. ir*.

vaya² ['baja] *f* Spott *m*; Spaß *m*; *dar ~* aufziehen, necken.

vecin|al [beθi'nal] nachbarlich; **~dad** [beθin'da⁽ᵈ⁾] *f* Nachbarschaft *f*; Einwohnerschaft *f*; **~dario** [~'dario] *m* Einwohnerschaft *f*.

vecino [be'θino] **1.** *adj*. benachbart; ansässig (in [*dat*.] de); **2.** *m* Nachbar *m*; Einwohner *m*.

veda *Jgdw*. ['beda] *f* Schonzeit *f*; **~do** *Jgdw*. [be'daᵈo] *m* Gehege *n*; Schonung *f*; Privatjagd *f*.

vedar [be'dar] (1a) verbieten; hindern.

vedija [be'dixa] *f* Wollflocke *f*.

vega ['bega] *f* Aue *f*; fruchtbare Ebene *f*.

vege|tación [bexeta'θion] *f* Pflanzenwuchs *m*, Vegetation *f*; **~tal** [~'tal] **1.** *adj*. pflanzlich; Pflanzen...; **2.** *m* Pflanze *f*; **~tar** [~'tar] (1a) wachsen; *fig*. vegetieren; **~tariano** [~ta'riano] **1.** *adj*. vegetarisch; **2.** *m* Vegetarier *m*; **~tativo** [~ta'tibo] wachsend; vegetativ; Pflanzen...; Fortpflanzungs...

vehemen|cia [bee'menθia] *f* Heftigkeit *f*; Ungestüm *n*; **~te** [~'mente] heftig; ungestüm.

vehículo [be'ikulo] *m* Fahrzeug *n*; *fig*. Träger *m*; **~ todo terreno** Geländefahrzeug *n*.

veinte ['beinte] zwanzig; **~na** [bein'tena] *f* zwanzig Stück *pl*.

vejación [bexa'θion] *f* Belästigung *f*; Plage *f*.

vejancón [bexaŋ'kon], **vejarrón** [bexa'rron] **1.** *adj*. steinalt; **2.** *m* F Tattergreis *m*.

vejar [be'xar] (1a) belästigen; quälen, F drangsalieren.

veje|storio [bexes'torĭo] *m* alter Plunder *m*; F alter Knacker *m*; F alte Schachtel *f*; **~te** [be'xete] *m* altes komisches Männchen *n*.

vejez [bɛ'xeθ] *f* (Greisen-)Alter *n*.

vejiga *Anat.* [bɛ'xiga] *f* Blase *f*.

vela ['bela] *f* Kerze *f*; Wachen *n*: Nachtwache *f*; Segel *n*; *a toda* ~ mit vollen Segeln (*a. fig.*); *hacerse a la* ~ absegeln; *pasar la noche en* ~ die Nacht durchwachen; F *no le dan* ~ *en este entierro* er hat hier nichts zu suchen; *estar a dos* ~s völlig mittellos dastehen, F blank sein.

velada [be'laða] *f* Abendveranstaltung *f*; Abendgesellschaft *f*.

velador [bela'ðɔr] *m* Nachttischlampe *f*; *rundes* Tischchen *n*; *Am. reg.* Nachttisch *m*.

velamen ⚓ [be'lamen] *m* Segelwerk *n*.

velar [be'lar] **1.** (1a) *v/i.* wachen (über [*ac.*] *por*); besorgt sein (um [*ac.*] *por*); nachts arbeiten; aufbleiben; *v/t.* bewachen; wachen bei (*dat.*); verschleiern; *fig.* verhüllen; ~ *las armas fig.* sich vorbereiten; **2.** *adj.* Hintergaumen...; velar.

velatorio [bela'torĭo] *m* Totenwache *f*.

veleidad [beleɪ'ða⁽ᵈ⁾] *f* Anwandlung *f*; Laune *f*; Gelüst *n*.

veleidoso [beleɪ'ðoso] wetterwendisch, launisch.

velero [be'lero] *m* Segelschiff *n*.

veleta [be'leta] *f* Wetterfahne *f*; *fig.* wetterwendischer Mensch *m*.

velillo [be'liʎo] *m* feiner Flor *m*.

velo ['belo] *m* Schleier *m*; Hülle *f*; Deckmantel *m*; ~ *del paladar* Gaumensegel *n*.

velocidad [beloθi'ða⁽ᵈ⁾] *f* Geschwindigkeit *f*; ~ *de crucero* ⚓, ✈ Reisegeschwindigkeit *f*; ✝ *por gran (pequeña)* ~ als Eilgut (Frachtgut).

velo|címetro ⊕ [beloθi'metro] *m* Geschwindigkeitsmesser *m*; **~cista** [~'θista] *m* *Sport:* Sprinter *m*.

velódromo [be'loðromo] *m* Radrennbahn *f*.

velomotor [belomo'tɔr] *m* Mofa *n* (= *Motorfahrrad*).

veloz [be'loθ] schnell.

vello ['beʎo] *m* Flaum *m*; Körperhaar *n*.

vellocino [beʎo'θino], **vellón** [be'ʎon] *m* Schaffell *n*; Vlies *n*.

vellosidad [beʎosi'ða⁽ᵈ⁾] *f dichte* Behaarung *f*.

velloso [be'ʎoso], **velludo** [be'ʎuðo] haarig; wollig; zottig.

vena ['bena] *f* Ader *f* (*a. fig.*); Wasserader *f*; *darle la* ~ *a alg.* auf e-n verrückten Einfall kommen; *estar en* ~ im Zuge (*od.* gut aufgelegt) sein.

venablo [be'nablo] *m* Jagdspieß *m*; *echar* ~s wüten, toben.

venado [be'na⁴o] *m* Hirsch *m*; Rotwild *n*.

venal [be'nal] käuflich; *fig.* bestechlich; *Anat.* Ader..., Venen...; **~idad** [benali'ða⁽ᵈ⁾] *f* Bestechlichkeit *f*.

venático [be'natiko] F übergeschnappt.

vencedero [benθe'ðero] fällig.

vencedor [benθe'ðɔr] **1.** *adj.* siegreich; **2.** *m* Sieger *m*.

vencejo [ben'θexo] *m* **a)** (Garben-)Band *n*; Strick *m*; **b)** *Zo.* Mauersegler *m*.

vencer [ben'θer] (2b) besiegen; überwältigen; überwinden; *v/i.* siegen; fällig sein; verfallen (*Wechsel*); **~se** sich beherrschen.

venci|ble [ben'θible] besiegbar; **~da** [~'θiða] *f: ir de* ~ zu Ende werden; ablaufen (*Frist*); *a la tercera va la* ~ einmal muß es doch klappen; **~do** [~'θiðo] besiegt; fällig; *darse por* ~ sich geschlagen geben; **~miento** [~θi'mĭento] *m* Besiegung *f*; Verfall(stag) *m*; Fälligkeit *f*.

venda ['benda] *f* Binde *f*; **~je** [ben-'daxe] *m* Verband *m*.

vendar [ben'dar] (1a) verbinden.

vendaval [benda'bal] *m* starker Seewind *m*; Sturm *m*.

ven|dedor *m*, **-a** *f* [bende'dɔr, ~'ðora] Verkäufer(in *f*) *m*; **~der** [~'ðer] (2a) verkaufen; *fig.* verraten; **~derse** sich verkaufen; ~ *por* sich ausgeben für (*ac.*).

vendi|ble [ben'dible] verkäuflich; **~do** [~'ðiðo] verkauft; *estar* ~ *fig.* verraten und verkauft sein.

vendimia [ben'dimĭa] *f* Weinlese *f*; **~dor** *m*, **-a** *f* [~dimĭa'dɔr, ~dimĭa-'ðora] Weinleser(in *f*) *m*, Winzer (-in *f*) *m*; **~r** [~di'mĭar] (1b) *Wein* lesen.

venencia [be'nenθĭa] *f* Stechheber *m* *für Wein*.

veneno [be'neno] *m* Gift *n* (*a. fig.*); **~so** [bene'noso] giftig.

venerable [bene'rable] ehrwürdig.

vene|ración [benera'θĭɔn] *f* Verehrung *f*; **~rar** [~'rar] (1a) verehren.

venéreo ✧ [be'nereo] venerisch; Geschlechts...

venero [be'nero] *m* Erzader *f*; Quell *m*; *fig.* Urquell *m*.

venezolano [beneθo'lano] **1.** *adj.* venezolanisch; **2.** *m*, **-a** *f* Venezolaner(in *f*) *m*.

ven|gador [benga'dɔr] *m* Rächer *m*; **~ganza** [~'ganθa] *f* Rache *f*; **~gar** [~'gar] (1h) rächen; **~garse** sich rächen (an [*dat.*] de; für [*ac.*] por); **~gativo** [~ga'tiβo] rachsüchtig.

vengo ['bengo] *usw. s. venir.*

venia ['benĭa] *f* Erlaubnis *f*; leichte Verneigung *f*; ✗ Gruß *m*.

venial [be'nĭal] verzeihlich; läßlich (*Sünde*).

venida [be'niða] *f* Ankunft *f*; *fig.* Ungestüm *n*.

venidero [beni'ðero] **1.** *adj.* kommend, (zu)künftig; **2.** *los* **~s** *m/pl.* die Nachkommen *pl.*

venir [be'nir] (3s) kommen; erscheinen; sich einstellen; herrühren, abstammen; stehen (*in der Zeitung*); **~ bien** (*mal*) gut (schlecht) stehen; (nicht) passen; **~ a** (*inf.*) dahin gelangen zu (*inf.*); **~ a hacer** *a/c.* schließlich et. tun; et. erreichen; **~ a menos** abnehmen; *fig.* herunterkommen; verarmen; **~ a ser werden**; **~ a ver** besuchen; *viene a ser lo mismo* das läuft auf dasselbe hinaus; *vengo por* (F *a por*) el *libro* ich möchte das Buch abholen; *¡venga! los!*; *¡venga pan!* Brot her!; *¿a qué viene eso?* was soll das?; **~se abajo** *od. a tierra* einstürzen.

venoso [be'noso] geädert; Venen...

venta ['benta] *f* Verkauf *m*; Absatz *m*; Wirtshaus *n am Wege*; **~ anticipada** Vorverkauf *m*; **~ al contado** Barverkauf *m*; **~ por correspondencia** Versandhandel *m*; **~ exclusiva** Alleinverkauf *m*; *en* **~** zu verkaufen; *estar a la* **~** verkäuflich sein; *poner a la* **~** zum Verkauf anbieten; **~ja** [ben'taxa] *f* Vorteil *m*, Vorzug *m*; Überlegenheit *f*; *Spiel:* Vorgabe *f*; *llevar* **~** *a alg.* e-n Vorsprung vor j-m haben; **~jero** [~ta'xero] *m* Streber *m*; **~joso** [~ta'xoso] vorteilhaft.

ventana [ben'tana] *f* Fenster *n*; **~l** [~ta'nal] *m großes Fenster n.*

ventanear [bentane'ar] (1a) oft am Fenster stehen; F im Fenster liegen.

ventanill|a [benta'niʎa] *f* Fensterchen *n*; *Fahrzeug:* Fenster *n*; Schalter *m*, Schalterfenster *n*; Nasenloch *n*; **~o** [~'niʎo] *m* Guckloch *n*.

ventar [ben'tar] (1k) lüften; *v/i.* wehen (*Wind*); wittern (*Tiere*); *fig.* herumschnüffeln.

ventarrón [benta'rrɔn] *m* Windstoß *m*.

ventear [bente'ar] (1a) = *ventar*.

ventero [ben'tero] *m* Schankwirt *m*.

venti|lación [bentila'θĭɔn] *f* Lüftung *f*; **~lador** [~la'ðɔr] *m* Ventilator *m*; Lüftungsvorrichtung *f*; Gebläse *n*; **~lar** [~'lar] (1a) aus-, entlüften; *fig.* erörtern.

ventis|ca [ben'tiska] *f* Schneesturm *m*; **~car** [~tis'kar] (1g) stürmen u. schneien; **~quero** [~tis'kero] *m* Schneegestöber *n*; Schneegrube *f*; Gletscher *m*.

ventolera [bento'lera] *f* starker Windstoß *m*; F verrückter Einfall *m*.

ventor [ben'tɔr] *m* Spürhund *m*.

ven|torrillo [bento'rriʎo], **~torro** [~'torro] *m* F Spelunke *f*.

vento|sa [ben'tosa] *f* Chir. Schröpfkopf *m*; Luftloch *n*; *Zo.* Saugnapf *m*; **~sear** [~tose'ar] (1a) Winde streichen lassen; **~sidad** [~tosi'ða⁽ᵈ⁾] *f* Blähung *f*; **~so** [~'toso] windig; blähend.

ventral *Anat.* [ben'tral] Bauch...

ventrículo *Anat.* [ben'trikulo] *m* Höhle *f*, Ventrikel *m*; **~ del corazón** Herzkammer *f*.

ventrílocuo [ben'trilokŭo] *m* Bauchredner *m*.

ventu|ra [ben'tura] *f* Glück *n*; *a la* **~** aufs Geratewohl; *por* **~** vielleicht; **~roso** [~tu'roso] glücklich.

ver [bɛr] (2v) *v/t.* sehen; sehen nach (*dat.*); nachsehen, durchsehen; auf-, besuchen; erleben; ᵗ⁄ᵗ verhandeln; *hacer* **~** deutlich machen; *ir* (*od. venir*) *a* **~** besuchen; *no poder* **~** *a alg.* j-n nicht riechen können; *ser de* **~** sehenswert sein; *(no) tener (nada) que* **~** *con* (nichts) zu tun haben mit (*dat.*); *volver a* **~** wiedersehen; *vamos a* **~** (wir wollen) mal sehen; *¡a* **~**! mal sehen!; F herzeigen!; hergeben!; her damit!; *¡hay que* **~**! unglaublich!, so et.!;

ya veremos wir werden (schon) sehen (was sich tun läßt); **~se** zu sehen sein; sich befinden; sich gegenseitig besuchen; ~ *con alg.* mit j-m zs.-kommen; F *¡habráse visto!* (das ist ja) unerhört!; *véase abajo* siehe unten; *vérselas con alg.* mit j-m zu tun haben (*od.* bekommen).

vera ['bera] *f* Rand *m*, Saum *m*; Seite *f*.

veracidad [beraθi'da⁽ᵈ⁾] *f* Wahrhaftigkeit *f*.

vera|neante [berane'ante] *m* Sommerfrischler *m*; **~near** [~ne'ar] (1a) den Sommer(urlaub) verbringen; **~neo** [~'neo] *m* Sommerfrische *f*; **~niego** [~'niego] sommerlich, Sommer...; **~nillo** [~'niʎo] *m* Nachsommer *m*; ~ *de San Martín* Altweibersommer *m*; **~no** [be'rano] *m* Sommer *m*.

veras ['beras] *f/pl.* Wahrheit *f*; *de* ~ im Ernst; ernsthaft; aufrichtig.

veraz [be'raθ] wahrheitsliebend; wahrhaft.

verbal [ber'bal] mündlich; *Gram.* verbal, Verb...

verbena [ber'bena] *f* **a)** ♀ Eisenkraut *n*; **b)** *Span.* Sommernachtsfest *n*.

verbigracia [berbi'graθia] zum Beispiel.

verbo ['berbo] *m* Zeitwort *n*, Verb *n*; *poet.* Wort *n*; **~sidad** [berbosi'da⁽ᵈ⁾] *f* Wortschwall *m*; **~so** [~'boso] wortreich.

verdad [ber'da⁽ᵈ⁾] *f* Wahrheit *f*; *a la* ~ in der Tat; *a decir* ~ eigentlich; offen gesagt; *de* ~ im Ernst; *¿~? nicht wahr?; es* ~ das stimmt; *faltar a la* ~ die Unwahrheit sagen, **~es** *pl.* bittere Wahrheiten *f/pl.*; *decir cuatro* **~es** *a alg.* j-m gehörig die Meinung sagen.

verdadero [berda'dero] wahr; wahrhaftig; wirklich.

verde ['berde] **1.** *adj.* grün; unreif; jung; F schlüpfrig, pikant; F *viejo m* ~ alter Lustgreis *m*; *viuda f* ~ lustige Witwe *f*; *poner* ~ *a alg.* F j-n abkanzeln; **2.** *m* Grün *n*; **~ar** [berde'ar] (1a) ins Grüne spielen; grün werden; **~cer** [~'θer] (2d) grünen; **~rón** *Zo.* [~'rɔn] *m* Grünfink *m*; **~te** [~'dete] *m* Grünspan *m*.

verdín [ber'din] *m* Baummoos *n*; Schimmel *m*; Grünspan *m*.

verdo|laga ♀ [berðo'laga] *f* Portulak *m*; **~r** [~'dɔr] *m* frisches Grün *n*; *fig.* Jugendkraft *f*; **~so** [~'ðoso] grünlich.

verdugo [ber'dugo] *m* Gerte *f*; Strieme *f*; Henker *m*.

verdulero *m*, **-a** *f* [berðu'lero, ~'lera] Gemüsehändler(in *f*) *m*.

verdura [ber'dura] *f* Grün *n*; Gemüse *n*.

verdusco [ber'dusko] schwärzlichgrün.

vereda [be'reða] *f* Fußweg *m*; *Am. Mer., Cu.* Bürgersteig *m*; *meter en* ~ auf den rechten Weg bringen.

veredicto ⅜ [bere'ðikto] *m* Spruch *m der Geschworenen.*

verga ['berga] *f männliches Glied n*, Rute *f*; ⚓ Segelstange *f*, Rahe *f*.

vergajo [ber'gaxo] *m* Ochsenziemer *m*.

vergel [ber'xel] *m* Obstgarten *m*; Ziergarten *m*.

vergon|zante [bergɔn'θante] schamhaft, verschämt; **~zoso** [~'θoso] schamhaft; schändlich; schüchtern, verlegen; *partes f/pl.* *-as* Schamteile *pl.*

vergüenza [ber'güenθa] *f* Scham *f*; Schande *f*; *me da* ~ ich schäme mich; F *una* ~ es ist e-e Schande, P es ist e-e Affenschande; *sacar a la* ~ an den Pranger stellen, anprangern; *tener* ~ sich schämen.

vericueto [beri'kᵘeto] *m* Bergpfad *m*; unwirtliche Gegend *f*.

verídico [be'riðiko] wahr; wahrheitsgetreu.

verifica|ción [berifika'θiɔn] *f* (Nach-)Prüfung *f*, Kontrolle *f*; Nachweis *m*; **~r** [~'kar] (1g) bewahrheiten; beglaubigen; nach-, überprüfen; ausführen; **~rse** sich bewahrheiten.

verja ['berxa] *f* Gitter *n*; Gittertür *f*; Fenstergitter *n*.

vermicular [bermiku'lar] wurmförmig.

vermífugo [ber'mifugo] *m* Wurmmittel *n*.

vermut [ber'mut] *m* Wermut *m*.

vernáculo [ber'nakulo] einheimisch; *lengua f -a* Heimat-, Landessprache *f*.

vernal [ber'nal] Frühlings...

verónica [be'ronika] *f* ♀ Ehrenpreis *m*; *Stk.* Veronika *f* (*Figur beim Stierkampf*).

vero|símil [bero'simil] wahrscheinlich; glaubhaft; **~similitud** [~simili'tu⁽ᵈ⁾] f Wahrscheinlichkeit f.

verraco [bɛ'rrako] m Eber m; Keiler m.

verraque|ar [bɛrrake'ar] (1a) grunzen; heulen, brüllen (*Kind*).

verriondo [bɛ'rriɔndo] brünstig.

verruga [bɛ'rruga] f Warze f.

verrugo F [bɛ'rrugo] m Knicker m, Knauser m.

verrugoso [bɛrru'goso] warzig.

versado [bɛr'saᵈo] bewandert, beschlagen; geschickt.

versal [bɛr'sal]: *letra* f ~ Großbuchstabe m; **~itas** *Typ*. [~sa'litas] f/pl. Kapitälchen n/pl.

versar [bɛr'sar] (1a) sich drehen; ~ *sobre* handeln von (*dat*.); **~se** sich üben.

versátil [bɛr'satil] drehbar; *fig*. wetterwendisch; wankelmütig; wandlungsfähig (*Künstler*).

versatilidad [bɛrsatili'da⁽ᵈ⁾] f Wankelmut m.

versículo [bɛr'sikulo] m Bibelvers m.

versificar [bɛrsifi'kar] (1g) in Verse bringen; *v/i*. Verse machen, reimen.

versión [bɛr'siɔn] f Übersetzung f; Darstellungsweise f, Lesart f; Version f; Fassung f.

verso [bɛrso] m Vers m; ~ *blanco* Blankvers m; *hacer* ~s dichten.

vértebra *Anat*. ['bɛrtebra] f Wirbel m.

vertebr|ado [bɛrte'braᵈo]: ~s m/pl. Wirbeltiere n/pl.; **~al** [~'bral] Wirbel...

verte|dera [bɛrte'dera] f Streichblech n *am Pflug*; **~dero** [~'dero] m Talsperre: Überfall m, Abfluß m; ~ *de basuras* Müllablageplatz m, -kippe f; (-)Deponie f; **~dor** [~'dɔr] m Abzugsrinne f.

verter [bɛr'ter] (2g) 1. *v/t*. ein-, aus-, vergießen; verschütten; auskippen; *Sprache* übersetzen; ~ *sus aguas* sich ergießen (*Fluß*); 2. *v/i*. herabfließen.   [recht.}

vertical [bɛrti'kal] senkrecht, lot-}

vértice ['bɛrtiθe] m Scheitelpunkt m, Scheitel m.

vertiente [bɛr'tiente] f Abdachung f; Abhang m; Gefälle n; *fig*. Seite f, Aspekt m; *Am. reg*. Quelle f.

vertiginoso [bɛrtixi'noso] schwindelnd; schwindelerregend (*a. fig*.); *fig*. atemberaubend.

vértigo ♣ ['bɛrtigo] m Schwindel m; *fig*. Rausch m.

vesícula [be'sikula] f Bläschen n; ~ *biliar* Gallenblase f.

vespertino [bɛspɛr'tino] abendlich, Abend...; (*periódico m*) ~ Abendzeitung f.

vestíbulo [bes'tibulo] m Vorhalle f; Diele f; *Thea*. Foyer n; ♣ Vorhof m (*des Ohres*).

vesti|do [bes'tiᵈo] m Kleid n; Kleidung f; *Am*. Anzug m; **~dura** [~'tiᵈura] f Kleidung f; Gewand n; *rasgarse las* ~s *fig*. sich entrüsten.

vestigio [bes'tixiɔ] m Spur f.

ves|timenta [besti'menta] f Gewandung f; **~tir** [~'tir] (3l) (be-)kleiden; *Kleid* anhaben, tragen; *v/i*. sich kleiden; (gut) stehen; ~ *de paisano* Zivil tragen; ~ *de uniforme* Uniform tragen; **~tirse** sich ankleiden, -ziehen; *fig*. sich bedecken (mit [*dat*.] de).

vestuario [bes'tu̯ariɔ] m Kleidervorrat m, -kammer f; Umkleideraum m; *Thea*. Kostüme n/pl.; (Künstler-)Garderobe f.

veta ['beta] f Maser f (*Holz*); ✗ Gang m, Ader f.

veteado [bete'aᵈo] gemasert; geädert; marmoriert.

veterano [bete'rano] 1. *adj*. altgedient; 2. m Veteran m; Kriegsteilnehmer m.

veterina|ria [beteri'naria] f Tierheilkunde f; **~rio** [~'nariɔ] m Tierarzt m.

veto ['beto] m Einspruch m, Veto n.

vetus|tez [betus'teθ] f hohe(s) Alter n; **~to** [be'tusto] sehr alt; uralt.

vez [beθ] f 1. Mal n; Reihe(nfolge) f; *alguna que otra* ~ bisweilen, hin u. wieder; *a la* ~ gleichzeitig; *a su* ~ seinerseits; *cada* ~ *que* jedesmal wenn; *de una* ~ mit e-m Mal, auf einmal; *en* ~ *de* statt, anstelle von; *érase una* ~ es war einmal; *otra* ~ ein andermal; nochmal; *por* ~ der Reihe nach; *rara* ~ selten; *tal* ~ vielleicht; *una* ~ *que* (*ind*.) da einmal; *una* ~ *que* (*subj*.) sobald (als); *es mi* ~ jetzt bin ich an der Reihe; 2. *veces pl*.: *a veces* zuweilen; *muchas veces* oft; *tantas veces* so oft; *las más veces* meist(ens); *hacer las veces de alg*. j-s Stelle vertreten.

vía ['bia] f Weg m; Bahn f; Straße f; ⛟ Strecke f; Geleise n, Gleis n;

Spur(weite) *f*; ~ *de agua* ⚓ Leck *n*; ~ *ancha* 🚂 Normalspur *f*; ~ *estrecha* 🚂 Schmalspur *f*; ~ *lenta* Kriechspur *f*; ~ *marítima* Seeweg *m*; *por* ~ *de mittels, durch*; *por* ~ *aérea* mit Luftpost; auf dem Luftweg(e); *por* ~ *de ensayo* probeweise; *en* ~*s de fig.* auf dem Weg(e) zu.

via|bilidad [biabili'da⁽ᵈ⁾] *f* Lebensfähigkeit *f*; Durchführbarkeit *f*; **~ble** ['biable] lebensfähig; gangbar; durchführbar.

viaducto [bia'dukto] *m* Überführung *f*, Viadukt *m*.

viajante [bia'xante] *m* (Geschäfts-) Reisende(r) *m*.

viajar [bia'xar] (1a) reisen.

viaje [bi'axe] *m* Reise *f*; Gang *m*; Fahrt *f*; *Am. Cent.* Verweis *m*; ~ *colectivo* Gesellschaftsreise *f*; ~ *de ida y vuelta* Hin- u. Rückfahrt *f*; ~ *interplanetario* Raumfahrt *f*; *estar de* ~ verreist sein; *irse* (*od. salir*) *de* ~ verreisen; **~ro** [bia'xero] *m* Reisende(r) *m*; Fahrgast *m*.

vial [bi'al] Straßen...

vianda ['bianda] *f* Speise *f*; ~*s pl.* Lebensmittel *pl.*

viandante [bian'dante] *m* Reisende(r) *m*; Wanderer *m*; Fußgänger *m*.

viario ['biario] Straßen...

viático [bi'atiko] *m* Reisekosten *pl.*; Wegzehrung *f*; *el* 2 *die Sterbesakramente n/pl.*

víbora ['bibora] *f Zo.* Viper *f*; Kreuzotter *f*; *Am.* Schlange *f*.

vibra|ción [bibra'θjɔn] *f* Schwingung *f*; Vibration *f*; **~dor** [~'dor] *m* ⚡ Summer *m*; Vibrator *m*.

vibrante [bi'brante] schwingend; *fig.* schwungvoll.

vibra|r [bi'brar] (1a) *v/t.*, *v/i.* schwingen; vibrieren; **~torio** [~bra'torio] schwingend.

viburno 🌿 [bi'burno] *m* Schneeball *m*.

vica|ría [bika'ria] *f* Pfarrverwesersstelle *f*; Pfarramt *n*; **~riato** [~'riato] *m* Vikariat *n*; **~rio** [bi'kario] *m* Vikar *m*; 2 *de Jesucristo* Statthalter *m* Christi (*Papst*).

vice|almirante ⚓ [biθealmi'rante] *m* Vizeadmiral *m*; **~canciller** [~kanθi'ʎer] *m* Vizekanzler *m*; **~cónsul** [~'konsul] *m* Vizekonsul *m*; **~gerente** [biθexe'rente] *m* stellvertretender Geschäftsführer *m*; **~presidente** [biθepresi'dente] *m* Vize-

präsident *m*; **~rrector** [biθerrek-'tor] *m* Prorektor *m*.

viceversa [biθe'bersa] umgekehrt.

vici|ado [bi'θia⁽ᵈ⁾o] fehlerhaft; **~ar** [bi'θiar] (1b) verderben; verfälschen; ⚖ ungültig machen; **~arse** dem Laster verfallen; sittlich verkommen.

vicio [bi'θio] *m* Laster *n*; Fehler *m*; ✝ Mangel *m*; schlechte Angewohnheit *f*; *de* ~ aus bloßer Gewohnheit.

vicioso [bi'θioso] fehlerhaft; lasterhaft; schlecht erzogen.

vicisitud [biθisi'tu⁽ᵈ⁾] *f* Wechselfall *m*.

víctima ['biktima] *f* Opfer *n*; Geschädigte(r) *m*.

victoria [bik'toria] *f* Sieg *m*; *fig. cantar* ~ Siegeshymnen anstimmen.

victorioso [bikto'rioso] siegreich.

vicuña *Zo.* [bi'kuɲa] *f* Vikunja *n*.

vid [bi⁽ᵈ⁾] *f* Weinstock *m*, Rebe *f*.

vida ['bida] *f* Leben *n*; Lebensart *f*; Lebensbeschreibung *f*; Lebensunterhalt *m*; F *la* ~ *y milagros* Tun und Treiben *n*; *de por* ~ auf Lebenszeit; *en* ~ bei Lebzeiten; *en mi* ~ noch nie in m-m Leben; *dejar con* ~ am Leben lassen; *ganarse la* ~ s-n Lebensunterhalt (*od.* sein Brot) verdienen; *hacer* ~ *con alg.* mit j-m zs.-leben; P *hacer por la* ~ essen; *salir con* ~ mit dem Leben davonkommen; ~ *mía* mein Liebling.

vidente [bi'dente] *m* Seher *m*.

vidri|ado [bi'dria⁽ᵈ⁾o] **1.** *adj.* glasiert; **2.** *m* glasiertes Geschirr *n*; **~ar** [bi'driar] (1b) glasieren; **~era** [bi'driera] *f* Glasfenster *n*; *Am.* Schaufenster *n*; **~ería** [bidrie'ria] *f* Glaserei *f*; **~ero** [bi'driero] *m* Glaser *m*.

vidrio [bi'drio] *m* Glas *n*; Glas-, Fensterscheibe *f*; ~*s pl.* Glaswaren *f/pl.*; **~so** [bi'drioso] glasig; zerbrechlich; glatt, F rutschig; *fig.* empfindlich.

viejo [bi'exo] **1.** *adj.* alt; abgenutzt; **2.** *m*, *-a f* ['biexa] Alte(r) *m*, Alte *f*.

vie|nés [bie'nes] **1.** *adj.* wienerisch; **2.** *m* Wiener *m*.

viento ['biento] *m* Wind *m*; *Jgdw.* Witterung *f*; ~ *ascendente* 🌬 Aufwind *m*; ~ *en popa* vor dem Wind; *fig.* großartig; *contra* ~ *y marea* allen Widerständen zum Trotz; ~*s pl. alisios* Passatwinde *m/pl.*; *proclamar a los cuatro* ~*s fig.* ausposaunen.

vientre ['bientre] *m* Bauch *m*; Leib

m; *bajo* ~ Unterleib *m*; *hacer de* ~ Stuhlgang haben; F *sacar el* ~ *de mal año* sich einmal ordentlich satt essen. [*Santo Karfreitag m.*]

viernes ['bĭernes] *m* Freitag *m*; ♋

viga ['biga] *f* Balken *m*; Träger *m*.

vigen|cia [bi'xenθĭa] *f* Rechtskraft *f*; Gültigkeit *f*; ~**te** [~te] gültig; rechtskräftig.

vigésimo [bi'xesimo] zwanzigste(r, -s).

vigía [bi'xia] **a)** *f* Wache *f*; Warte *f*; ⚓ Klippe *f*; **b)** *m* Wächter *m*; Wachhabende(r) *m*.

vigi|lancia [bixi'lanθĭa] *f* Wachsamkeit *f*; Be-, Überwachung *f*; *bajo* ~ *de la policía* unter Polizeiaufsicht; ~**lante** [~'lante] **1.** *adj.* wachsam; **2.** *m* Wächter *m*; *Am.* Polizist *m*; ~ *nocturno* Nachtwächter *m*; ~**lar** [~'lar] (1a) (be)wachen; überwachen; ~**lia** [bi'xilĭa] *f* Nachtwache *f*; Vorabend *m* (*e-s Festes*); *comer de* ~ fasten.

vigor [bi'gor] *m* Kraft *f*; Nachdruck *m*; ✝✝ Gültigkeit *f*; *entrar en* ~ in Kraft treten; ~**izar** [bigori'θar] (1f) kräftigen; ~**oso** [~'roso] kräftig, stark, rüstig; nachdrücklich.

vigue|ría [bige'ria] *f* Gebälk *n*; ~**ta** [~'geta] *f* Träger *m*.

vihuela ♪ [bi'uela] *f Art* Gitarre *f*.

vil [bil] niedrig; niederträchtig; gemein; elend; ~**eza** [bi'leθa] *f* Gemeinheit *f*.

vilipen|diar [bilipen'dĭar] (1b) geringschätzen; verächtlich behandeln; verleumden; ~**dio** [~'pendĭo] *m* Geringschätzung *f*; Verleumdung *f*; ~**dioso** [~pen'dĭoso] verächtlich.

vilo ['bilo]: *en* ~ in der Schwebe; *levantar en* ~ hochheben; *llevar en* ~ auf den Armen tragen; *fig.* F *estar en* ~ in Ungewißheit schweben; wie auf Kohlen sitzen; *fig. tener a alg. en* ~ j-n auf die Folter spannen.

villa ['biʎa] *f* Kleinstadt *f*; Villa *f*; *la* ♀ *y Corte* Madrid *n*.

villanaje [biʎa'naxe] *m* Bauernschaft *f* (*im Ggs. zum Adel*).

villancico [biʎan'θiko] *m* span. Weihnachtslied *n*.

villanía [biʎa'nia] *f* Niederträchtigkeit *f*, Gemeinheit *f*.

villano [bi'ʎano] **1.** *adj.* bäurisch; grob; gemein, niedrig; **2.** *m hist.* Nichtadlige(r) *m*.

villorrio [bi'ʎorrĭo] *m* elendes Nest *n*, Kaff *n*.

vinagre [bi'nagre] *m* Essig *m*; F Griesgram *m*.

vinagre|ra [bina'grera] *f* Essigflasche *f*; *Am. Mer.* Sodbrennen *n*; ~**s** *pl.* Essig- und Ölgestell *n*; ~**ro** [~'grero] *m* Essighändler *m*; ~**ta** [~'greta] *f* Essigsoße *f*.

vina|jera [bina'xera] *f* Meßkännchen *m*; ~**tería** [~te'ria] *f* Weinhandel *m*, -handlung *f*.

vinatero [bina'tero] **1.** *adj.* Wein...; **2.** *m* Weinhändler *m*.

vina|za [bi'naθa] *f* Tresterwein *m*; ~**zo** [~θo] *m* schwerer Wein *m*.

vincu|lación [biŋkula'θĭɔn] *f* Verknüpfung *f*; Bindung *f*; ~**lar** [~'lar] (1a) (ver)binden; (ver)knüpfen.

vínculo ['biŋkulo] *m* Verbindung *f*; *fig.* Band *n*.

vindica|ción [bindika'θĭɔn] *f* Rache *f*; Sühne *f*; Verteidigung *f*; ~**r** [~'kar] (1g) rächen; verteidigen; ~**tivo** [~ka'tibo] rachsüchtig; ~**torio** [~ka'torĭo] Rache...; Sühne...

vindicta [bin'dikta] *f* Rache *f*; Sühne *f*.

vínico ['biniko] Wein...

vinícola [bi'nikola] Weinbau...

vinificación [binifika'θĭɔn] *f* Weinbereitung *f*.

vino ['bino] *m* Wein *m*; ~ *blanco* Weißwein *m*; ~ *espumoso* Schaumwein *m*; ~ *de mesa* Tischwein *m*; ~ *de postre* Dessertwein *m*; ~ *tinto* Rotwein *m*; ~**so** [bi'noso] weinartig; weinrot.

viña ['biɲa] *f* Weinberg *m*; *fig.* Goldgrube *f*; ~**dor** [biɲa'dɔr] *m* Winzer *m*; ~**tero** *Am. Mer.* [~'tero] *m* Winzer *m*.

viñedo [bi'ɲedo] *m* Weinberg *m*, Weingarten *m*.

viñeta *Typ.* [bi'ɲeta] *f* Vignette *f*; Zierleiste *f*.

viola ♪ [bi'ola] *f* Bratsche *f*, Viola *f*.

viol|áceo [biɔ'laθeo] veilchenblau, violett; ~**ación** [~la'θĭɔn] *f* Verletzung *f*; Schändung *f*; Notzucht *f*, Vergewaltigung *f*; ~**ado** [~'laðo] violett.

viola|dor [biɔla'dɔr] *m* Übertreter *m*; Schänder *m*; ~**r** [~'lar] (1a) verletzen; schänden; entweihen; vergewaltigen.

violen|cia [biɔ'lenθĭa] *f* Gewalt *f*; Zwang *m*; Heftigkeit *f*; *hacer* ~

Gewalt antun; **~tar** [‿len'tar] (1a) Gewalt antun; *Worte* verdrehen; *Tür* aufbrechen; **~to** [‿'lento] gewaltig; heftig; aufbrausend; jähzornig; gewalttätig; *estar* ~ sich gehemmt fühlen.

violeta ♀ [bio'leta] *f* Veilchen *n*.

vio|lín [bio'lin] *m* Geige *f*; Geiger *m*; **~linista** [‿li'nista] *m* Geiger *m*; **~lón** [‿'lɔn] *m* Kontrabaß *m*; Baßgeiger *m*; F *tocar el* ~ faulenzen; Quatsch machen.

violon|celista [biolonθe'lista] *m* Cellist *m*; **~celo** [‿'θelo], **~chelo** [‿'tʃelo] *m* Cello *n*.

viperino [bipe'rino] Viper...; F *lengua f -a* Lästerzunge *f*.

vira ['bira] *f* Brandsohle *f*.

vira|da [bi'raða] *f* Drehung *f*, Wendung *f*; **~je** [‿'raxe] *m* Kurve *f*, Kehre *f*; Wendung *f*; **~r** [‿'rar] (1a) drehen, wenden; e-e Kurve nehmen; ⚓ *u.* ✈ abdrehen.

virgen ['birxen] **1.** *adj.* jungfräulich, unberührt; rein; **2.** *f* Jungfrau *f*; *la* ♀ die Jungfrau Maria.

virgi|nal [birxi'nal] jungfräulich; rein; **~nidad** [‿xini'da⁽ᵈ⁾] *f* Jungfräulichkeit *f*.

Virgo *Astr.* ['birgo] *m* Jungfrau *f*.

vírgula ['birgula] *f* Stäbchen *n*.

virgulilla [birgu'liʎa] *f* kleiner Strich *m*.

viril [bi'ril] **1.** *adj.* männlich, mannhaft; **2.** *m* Glasglocke *f*; *kath.* Lunula *f*; **~idad** [birili'da⁽ᵈ⁾] *f* Mannbarkeit *f*; *fig.* Mannhaftigkeit *f*.

virofijador *Phot.* [birofixa'dɔr] *m* Tonfixierbad *n*.

virola [bi'rola] *f* Zwinge *f*.

virolento [biro'lento] pockennarbig.

viro|te [bi'rote] *m* Armbrustbolzen *m*; **~tillo** [biro'tiʎo] *m* Stehbolzen *m*.

virreinato [birreï'nato] *m* Vizekönigreich *n*.

virrey [bi'rreï] *m* Vizekönig *m*.

virtual [bir'tŭal] wirkungsfähig; *fig.* schlummernd; verborgen.

virtud [bir'tu⁽ᵈ⁾] *f* Fähigkeit *f*; (Heil-)Kraft *f*; Tugend *f*; *en* ~ *de* vermöge, kraft; auf Grund von.

virtuo|sismo [birtŭo'sizmo] *m* Virtuosität *f*; **~so** [‿'tŭoso] **1.** *adj.* tugendhaft; virtuos; **2.** *m* Virtuose *m*.

viruela ⚕ [bi'rŭela] *f* Blattern *pl.*, Pocken *pl.*; **~s** *pl. locas* Windpocken *pl.*

virulen|cia [biru'lenθia] *f* Giftigkeit *f*; Virulenz *f*; *fig.* Boshaftigkeit *f*; **~to** [‿'lento] giftig; bösartig; *fig.* boshaft.

virus ⚕ ['birus] *m* Virus *m* (⚕ *n*).

viruta [bi'ruta] *f* Hobelspan *m*.

vis [bis] *f*: ~ *cómica* Komik *f*.

visa *Am.* ['bisa] *f* Visum *n*, Sichtvermerk *m*; **~do** [bi'sa⁽ᵈ⁾o] *m* Visum *n*.

visaje [bi'saxe] *m* Fratze *f*; Grimasse *f*.

visar [bi'sar] (1a) *Urkunde* visieren, beglaubigen; zielen auf.

víscera ['bisθera] *f* Eingeweide *n*, Weichteile *pl.*

visceral [bisθe'ral] Eingeweide...

visco|sidad [biskosi'da⁽ᵈ⁾] *f* Klebrigkeit *f*; Zähflüssigkeit *f*; Viskosität *f*; **~so** [‿'koso] klebrig; zähflüssig.

visera [bi'sera] *f* Mützenschirm *m*; Visier *n*.

visibilidad [bisibili'da⁽ᵈ⁾] *f* Sichtbarkeit *f*; Sicht *f*.

visible [bi'sible] sichtbar; offenkundig.

visi|godo [bisi'goðo] *m* Westgote *m*; **~gótico** [‿'gotiko] westgotisch.

visillo [bi'siʎo] *m* Scheibengardine *f*.

visión [bi'sɔn] *f* Sehen *n*; Traumbild *n*, Vision *f*; Erscheinung *f*; *ver visiones* Gespenster sehen.

visionario [bisio'nario] **1.** *adj.* phantastisch; **2.** *m* Geisterseher *m*; Träumer *m*.

visita [bi'sita] *f* Besuch *m*; Besichtigung *f*; Untersuchung *f*; ~ *de cumplido* Anstandsbesuch *m*; ~ *a domicilio* Hausbesuch *m*; ~ *domiciliaria* 🕮 Haussuchung *f*; **~ción** [bisita'θiɔn] *f* Mariä Heimsuchung *f*; **~dor** [‿'dɔr] *m* Besucher *m*; Inspektor *m*; Untersuchungsbeamte(r) *m*; **~dora** *Am. reg.* [‿'dora] *f* Klistier *n*; **~nte** [‿'tante] *m* Besucher *m*.

visitar [bisi'tar] (1a) besuchen; besichtigen; (zoll)amtlich durchsuchen; 🕮 e-n Krankenbesuch machen; untersuchen.

visiteo [bisi'teo] *m* häufiges Besuchen *n*.

vislum|brar [bizlum'brar] (1a) *undeutlich* sehen; *fig.* mutmaßen; ahnen; **~bre** [‿'lumbre] *f* schwacher Schimmer *m*; *fig.* Mutmaßung *f*; Ahnung *f*.

viso ['biso] *m* Schillern *n*; durchschimmernder Futterstoff *m*; *de* ~ angesehen; *hacer* ~*s* schillern; *tener* ~*s* de den Anschein haben.

visón [bi'sɔn] *m* Nerz *m*.

visor *Phot.* [bi'sɔr] *m* Sucher *m*; **~io** [bi'sorio] Seh..., Gesichts...

víspera ['bispera] *f* Vorabend *m*; Vortag *m*; ~*s pl.* Vesper *f*; *en* ~*s de* am Vorabend von, kurz vor.

vista ['bista] **a)** *f* Gesicht *n*, Sehen *n*; Sehvermögen *n*; Blick *m*, Anblick *m*; Ansicht *f*; Aussicht *f*; ✝ Sicht *f* (*Wechsel*); ⚖ Gerichtsverhandlung *f*; *Phot.* Aufnahme *f*; *a la* ~ sogleich; ✝ bei Sicht; *a* ~ *de* angesichts* (gen.)*; *a* ~ *de pájaro* aus der Vogelschau; *a primera* ~ auf den ersten Blick; *a simple* ~ mit bloßem Auge; *con* ~*s a im* Hinblick auf; *de* ~ von Ansehen; *en* ~ de in Anbetracht* (gen.)*; *en* ~ *de ello* daraufhin; *estar a la* ~ *de* bei der Hand liegen; *hasta la* ~ auf Wiedersehen; *hacer la* ~ *gorda* F *fig.* ein Auge zudrükken; **b)** *m* Zollbeamte(r) *m*; **c)** ~*s f/pl.* Zusammenkunft *f*; Brautgeschenke *n/pl.*; Aussicht *f*.

vistazo [bis'taθo] *m*: *echar un* ~ *a* e-n flüchtigen Blick werfen auf* (ac.)*.

visto ['bisto] **1.** *adj.* gesehen; *está* ~ *que* es ist offensichtlich, daß; ~ *que* in Anbetracht, daß; *bien (mal)* ~ (un)beliebt; *por lo* ~ offenbar, augenscheinlich; **2.** *m:* ~ *bueno* Sichtvermerk *m*, Genehmigungsvermerk *m*; *dar el* ~ *bueno* genehmigen, gutheißen.

vistoso [bis'toso] ansehnlich; auffällig; prächtig.

visual [bi'sŭal] **1.** *adj.* Gesichts...; Seh...; **2.** *f* Sehlinie *f*; **~idad** [bisŭali'da⁽ᵈ⁾] *f* eindrucksvoller Anblick *m*.

vital [bi'tal] Lebens...; lebenswichtig; **~icio** [bita'liθĭo] lebenslänglich; *renta f -a* Leibrente *f*; **~idad** [~li'ða⁽ᵈ⁾] *f* Lebensfähigkeit *f*; Lebenskraft *f*, Vitalität *f*.

vitamina [bita'mina] *f* Vitamin *n*.

vitando [bi'tando] verabscheuungswürdig.

vitela [bi'tela] *f* Kalb(s)leder *n*.

vitícola [bi'tikola] Weinbau...

viticul|tor [bitikul'tɔr] *m* Winzer *m*; **~tura** [~'tura] *f* Weinbau *m*.

vítor ['bitɔr] *m* Hochruf *m*.

vitorear [bitore'ar] (1a) hochleben lassen; hurra *(od.* hoch) rufen.

vítreo ['bitreo] gläsern, Glas...

vitri|ficar [bitrifi'kar] (1g) verglasen; **~na** [bi'trina] *f* Glaskasten *m*; Glasschrank *m*; Vitrine *f*.

vitriolo [bi'triolo] *m* Vitriol *n*.

vituallas [bi'tŭaʎas] *f/pl.* Lebensmittel *n/pl.*; Proviant *m*.

vitupe|rable [bitupe'rable] tadelnswert; verwerflich; **~rar** [~'rar] (1a) tadeln; schmähen; **~rio** [~'perĭo] *m* Tadel *m*; Schmähung *f*.

viu|da ['bĭuda] *f* Witwe *f*; **~dez** [bĭu'deθ] *f* Witwen-, Witwerstand *m*; **~do** [bi'ŭdo] **1.** *adj.* verwitwet; **2.** *m* Witwer *m*.

viva ['biba] **1.** *¡*~*!* hurra!, hoch!; **2.** *m* Hoch *n*, Hochruf *m*.

vivacidad [bibaθi'da⁽ᵈ⁾] *f* Lebhaftigkeit *f*; Lebendigkeit *f*.

vivaque ⚔ [bi'bake] *m* Biwak *n*; **~ar** ⚔ [~bake'ar] (1a) biwakieren.

vivar [bi'bar] *m* Kaninchenbau *m*; Fischteich *m*.

vivaracho [biba'ratʃo] sehr lebhaft; lebenslustig; übermütig.

vivaz [bi'baθ] lebhaft; widerstandsfähig; 🌿 ausdauernd.

vivencia [bi'benθĭa] *f* Erlebnis *n*.

víveres ['biberes] *m/pl.* Lebensmittel *pl.*, Proviant *m*.

vivero [bi'bero] *m* Baumschule *f*; Fischteich *m*; *fig.* Brutstätte *f*.

viveza [bi'beθa] *f* Lebhaftigkeit *f*; Heftigkeit *f*; Scharfsinn *m*; Gerissenheit *f*.

vivi|dero [bibi'dero] bewohnbar; **~do** [bi'bido] erlebt; **~dor** [bibi'dɔr] **1.** *adj.* regsam; fleißig; langlebig; **2.** *m* Lebemann *m*.

vivienda [bi'bĭenda] *f* Wohnung *f*.

viviente [bi'bĭente] **1.** *adj.* lebend, lebendig; **2.** *m (ser m)* ~ Lebewesen *n*.

vivificador [bibifika'dɔr], **vivificante** [~'kante] belebend.

vivifica|r [bibifi'kar] (1g) beleben; kräftigen; **~tivo** [~ka'tibo] belebend; kräftigend.

vivíparo *Zo.* [bi'biparo] lebendgebärend.

vivir [bi'bir] **1.** (3a) *v/t.* erleben; verleben; *v/i.* leben; wohnen; dauern; ~ *al día* in den Tag hinein leben; *tener con qué* ~ sein Auskommen haben; *¿quién vive?* wer da?; **2.** *m* Lebensweise *f*; Lebenswandel *m*; Auskommen *n*; *de mal* ~ verrufen.

vivisección [bibiseg'θiɔn] f Vivi-sektion f.

vivito F [bi'bito]: ~ y coleando quicklebendig.

vivo ['bibo] lebendig, lebhaft; klug; flink; F gerissen; dar (od. herir) en lo ~ den wunden Punkt berühren.

vizcaíno [biθka'ino] biskayisch.

voca|blo [bo'kablo] m Wort n; Vokabel f; **~bulario** [bokabu'larĭo] m Wörterverzeichnis n, Vokabular n; Wortschatz m.

vocación [boka'θiɔn] f Berufung f.

vocal [bo'kal] 1. adj. Stimm..., Gesang..., Vokal...; mündlich; 2. a) m stimmberechtigtes Mitglied n; Beisitzer m; b) f Vokal m; **~ización** f [bokaliθa'θiɔn] f Stimmübung f; **~izar** ♪ [~'θar] (1f) Stimmübungen machen.

voceador m, -a f [boθea'dɔr, ~'dora] Ausrufer(in f) m; Schreier(in f) m.

vocear [boθe'ar] (1a) schreien; v/t. laut verkünden; F ausposaunen; Waren ausrufen.

voce|río [boθe'riɔ] m Geschrei n; **~ro** Am. [~'θero] m Sprecher m.

vociferar [boθife'rar] (1a) schreien, zetern.

vocinglería [boθingle'ria] f Geschrei n, Gekreisch n.

vocinglero [boθiŋ'glero] 1. adj. schreiend, kreischend; geschwätzig; 2. m Schreihals m; Schwätzer m.

voladizo △ [bola'diθo] 1. adj. ausladend; 2. m Vorsprung m, Auskragung f.

volado Typ. [bo'laᵈo] hochgestellt.

vola|dor [bola'dɔr] 1. adj. fliegend; 2. m fliegender Fisch m; **~dura** [~'dura] f Sprengung f.

volandas [bo'landas]: en ~ fliegend; fig. wie im Fluge.

volan|dero [bolan'dero] flügge; flatternd; fig. unstet; **~do** [~'lando] eiligst; pasar ~ (wie) im Fluge vergehen.

volante [bo'lante] 1. adj. fliegend; umherirrend; 2. m Schwungrad n; Lenkrad n (Auto); Unruh f (Uhr); Federball m; Zettel m; Volant m am Kleid.

volantón [bolan'tɔn] flügge.

volapié [bola'pĭe] m dem stehenden Stier versetzter Degenstoß m.

volar [bo'lar] (1m) 1. v/i. fliegen; fig. eilen; verfliegen; fig. Am. ver-

schwinden; 2. v/t. (in die Luft) sprengen.

volatería [bolate'ria] f Federvieh n, Geflügel n; Falknerei f.

volátil [bo'latil] 1. adj. ⁀ flüchtig; fig. flatterhaft; 2. m Geflügel n.

volatilizar [bolatili'θar] (1f) verflüchtigen.

vola|tín [bola'tin] m, **~tinero** [~ti'nero] m Seiltänzer m.

volcán [bɔl'kan] m Vulkan m.

volcánico [bɔl'kaniko] vulkanisch.

volcar [bɔl'kar] (1g u. 1m) umwerfen; Gefäß umstülpen; fig. umstimmen; v/i. umstürzen.

volear [bole'ar] (1a) den Ball im Flug schlagen.

voleibol [bolei'bɔl] m Volleyball m.

voleo [bo'leo] m Schlag m (Ballspiel); ✗ a ~ breitwürfig (säen); de un ~ im Nu.

volframio [bɔl'framĭo] m Wolfram n.

voli|ción [boli'θiɔn] f Willensakt m; Wollen n; **~tivo** [~'tibo] Willens...

volquete [bɔl'kete] m Kippwagen m; Kipplore f; Kfz. Kipper m.

voltaje ⚡ [bɔl'taxe] m Spannung f.

volteador [bɔltea'dɔr] m Luftakrobat m.

vol|tear [bɔlte'ar] (1a) herumdrehen; umkehren; umstürzen; Glocken läuten; Am. umwerfen; v/i. sich herumdrehen; sich überschlagen; **~teo** [~'teo] m Umdrehen n; Läuten n der Glocken; Luftsprung m; **~tereta** [~te'reta] f Purzelbaum m; Luftsprung m.

voltímetro ⚡ [bɔl'timetro] m Voltmeter n.

voltio ⚡ ['bɔltĭo] m Volt n.

volubilidad [bolubili'daᵈ] f Unbeständigkeit f.

voluble [bo'luble] veränderlich; unbeständig, wetterwendisch.

volu|men [bo'lumen] m Umfang m; Rauminhalt m, Volumen n; Typ. Band m; Radio: Tonstärke f; ~ de negocios ✝ Umsatz m; **~minoso** [bolumi'noso] umfangreich.

volunta|d [bolun'taᵈ] f Wille m; Belieben n; Zuneigung f; Lust f; a ~ nach Belieben; buena (mala) ~ Wohl-(Übel-)willen n; última ~ Testament n, letzte(r) Wille m; **~riedad** [~tarĭe'daᵈ] f Freiwilligkeit f; Willkür f; **~rio** [~'tarĭo] 1.

adj. freiwillig; **2.** *m* Freiwillige(r) *m*; **~rioso** [~ta'rioso] eigenwillig.

voluptuosidad [boluptŭosi'da⁽ᵈ⁾] *f* Wollust *f*.

voluptuoso [bolup'tŭoso] wollüstig.

voluta △ [bo'luta] *f* Schnecke *f*.

volver [bɔl'ber] (2h; *part. vuelto*) **1.** *v/t.* drehen, (um)wenden, umkehren; zurückgeben, zurückschikken; verwandeln (in [*ac.*] en); machen zu (*ac.*); ~ *loco j-n* verrückt machen; **2.** *v/i.* umkehren; zurückkommen, -kehren; ~ *a hacer a/c.* et. wieder (*od.* nochmals) tun; ~ *en sí* wieder zu sich kommen; ~ *por sí* s-e Ehre verteidigen; ~ *sobre a/c.* auf et. zurückkommen; ~ *sobre sí* in sich gehen, sich besinnen; **3.** ~**se** umdrehen; sauer werden (*Milch*); (*mit Adjektiv*) werden, *z.B.* ~ *pálido* blaß werden; ~ *contra alg.* auf j-n losgehen; sich gegen j-n wenden.

vomi|tado F [bomi'ta⁽ᵈ⁾o] sterbenskrank, hundeelend; **~tar** 🜍 [~'tar] (1a) brechen; *fig.* ausspeien; *ganas f/pl. de* ~ Brechreiz *m*; **~tivo** [~'tibo] *m* Brechmittel *n*; **~tona** F [~'tona] *f* heftiges Erbrechen *n*.

vómito 🜍 ['bomito] *m* Brechen *n*.

voracidad [boraθi'da⁽ᵈ⁾] *f* Gefräßigkeit *f*; *fig.* Gier *f*.

vorágine [bo'raxine] *f* Wirbel *m*, Strudel *m*.   [heftig (*Feuer*).]

voraz [bo'raθ] gefräßig; *fig.* gierig;|

vos [bos] *als Anrede e-r einzelnen Person:* Ihr; *Rpl.* du; **~ear** [bose'ar] (1a) *Rpl.* duzen.

vos|otros *m/pl.*, **~otras** *f/pl.* [bo'sotros, ~tras] ihr.

votación [bota'θiɔn] *f* Abstimmung *f*; *papeleta f de* ~ Wahlzettel *m*.

votante [bo'tante] *m* Abstimmende(r) *m*; Stimmberechtigte(r) *m*.

votar [bo'tar] (1a) abstimmen; geloben; *¡voto a Dios!* bei Gott!

votivo [bo'tibo] angelobt; Votiv...

voto ['boto] *m* Gelübde *n*; *Parl.* Stimme *f*; Votum *n*; ~ *de censura* Mißtrauensvotum *n*; ~ *de confianza* Vertrauensvotum *n*; ~*s pl.* Ordensgelübde *n/pl.*; *hacer* ~*s para que* innigst wünschen, daß.

voy [bɔi] *usw. s. ir.*

voz [bɔθ] *f* **1.** Stimme *f*; Laut *m*, Ton *m*, Schrei *m*; *Gram.* Wort *n*, Vokabel *f*; Gerücht *n*; ~ *activa* (*pasiva*) Aktiv *n* (Passiv *n*); 🜍 ~ *de mando* Kommando *n*, Befehl *m*; ~

empañada belegte Stimme *f*; *a una* ~ einstimmig; *a* ~ *en cuello* (*od. en grito*) aus vollem Halse; *de viva* ~ mündlich; *a media* ~ halblaut; *en* ~ *alta* (*baja*) laut (leise); *corre la* ~ es geht das Gerücht; *estar en* ~ bei Stimme sein; *llevar la* ~ *cantante* *fig.* den Ton angeben, die erste Geige spielen; *tomar* ~ Erkundigungen einziehen; *poner mala* ~ *a alg.* j-n in Mißkredit bringen; **2.** *voces pl.* Geschrei *n*; *dar voces* (*de socorro*) laut (um Hilfe) rufen.

vozarrón [boθa'rrɔn] *m* rauhe, laute Stimme *f*.

vuecencia [bŭe'θenθia] *f* Eure Exzellenz (*Anrede*).

vuelco ['bŭelko] *m* Umwerfen *n*; Fall *m*; *dar un* ~ umstürzen, sich überschlagen (*Wagen*); F *me da un* ~ *el corazón* das Herz hüpft mir vor Freude.

vuelo ['bŭelo] *m* Flug *m*; Weite *f* (*Kleid*); Ärmelaufschlag *m*; △ Ausladung *f*; Schwinge *f*, Flügel *m*; *fig.* Aufschwung *m*; ~ *acrobático* Kunstflug *m*; ~ *chárter* Charterflug *m*; ~ *interplanetario* (*od. espacial*) Raumflug *m*; ~ *planeado* Gleitflug *m*; ~ *sin escala* Nonstopflug *m*; ~ *sin motor od. a vela* Segelflug *m*; ~ *en picado* Sturzflug *m*; *al* ~ *im* Fluge; *so nebenbei*; F *cogerlas al* ~ alles gleich aufschnappen *od.* mitbekommen; *tomar* ~ gut vorankommen.

vuelta ['bŭelta] *f* (Um-)Drehung *f*; Heimkehr *f*, Rückkehr *f*; Runde *f*; Rundreise *f*; Wendung *f*; *herausgegebenes* Wechselgeld *n*; Rückgabe *f*; Kehrseite *f*; Aufschlag *m* (*Kleid*); *Sport:* Tour *f*; ~ *de campana* Luftsprung *m*; ~ *de carnero Am.* Purzelbaum *m*; ~ *electoral* Wahlgang *m*; ~ *al mundo* Weltreise *f*; *a la* ~ umstehend; *a la* ~ *de la esquina* gleich um die Ecke; *a la* ~ *de pocos años* wenige Jahre später; *a* ~ *de correo* postwendend; *dar* ~ umkehren; *Schlüssel usw.* herumdrehen; *dar media* ~ kehrtmachen; *dar de* ~ *Wechselgeld* herausgeben; *dar una* ~-*en* kleinen Spaziergang machen; *estar de* ~ (*von der Reise*) zurück sein; F (*schon*) Bescheid wissen; F *buscar las* ~*s a alg.* es auf j-n abgesehen haben; F *coger las* ~*s a alg.* j-n zu nehmen wissen; *dar* ~*s hin und her überlegen; dar* ~*s de cam-*

vulnerar

pana Kfz. sich überschlagen; F *dar cien ~s a alg.* j-m weit überlegen sein; *poner a alg. de ~ y media* j-m gehörig s-e Meinung sagen; *¡vuelta!* schon wieder!

vuelto ['bŭelto] **1.** *part. v. volver;* **2.** *m Am.* Wechselgeld *n.*

vuestro *m,* -a *f* ['bŭestro, ~tra] euer.

vulcanizar [bulkani'θar] (1f) vulkanisieren.

vulgar [bul'gar] gemein, alltäglich; niedrig; Volks...; **~idad** [~gari'da⁽ᵈ⁾] *f* Gemeinheit *f;* Gemeinplatz *m;* **~ismo** [~ga'rizmo] *m* vulgärer Ausdruck *m;* **~izar** [~gari'θar] (1f) gemeinverständlich darstellen; *Kenntnisse* verbreiten; zum Gemeingut machen; **~mente** [~gar'mente] gemeinhin.

vulgo ['bulgo] *m* gemeines Volk *n,* Pöbel *m.*

vulne|rable [bulne'rable] verwundbar; **~rar** [~'rar] (1a) verletzen, verwunden (*a. fig.*).

W, X, Y

W, w [ˈdoble̥e od. doble̥ˈube] f W, w n.

water [ˈbater] m Klosett n, WC n.

western engl. [ˈbestern] m Wildwestfilm m.

wolframio [bɔlˈframio] m Wolfram n.

X, x [ˈekis] f X, x n; rayos m/pl. ~ Röntgenstrahlen m/pl.

xenofobia [ksenoˈfobia] f Fremdenhaß m.

xenófobo [kseˈnofobo] fremdenfeindlich.

xilófono ♪ [ksiˈlofono] m Xylophon n.

xilografía [ksilograˈfia] f Holzschneidekunst f; Holzschnitt m.

xilógrafo [ksiˈlografo] m Holzschneider m, Xylograph m.

Y, y [iˈgri̥ega] f Y, y n.

y [i] und; und zwar.

ya [ja] schon; jetzt; gleich, sofort; ~ lo creo das will ich meinen!; ~ no nicht mehr; ~ que da ja; ¡~! ach so!; F ¡pues ~! iron. natürlich!, freilich!; ~ ... ~ ... bald ... bald ..., entweder ... oder ...

yacaré Am. [jakaˈre] m Alligator m.

yacente [jaˈθente] liegend.

yacer [jaˈθer] (2y) liegen; begraben sein; aquí yace hier ruht.

yacija [jaˈθixa] f Lager n, Lagerstätte f.

yacimiento ⚒ [jaθiˈmiento] m Fundort m, Lager n; Vorkommen n.

yambo [ˈjambo] m Jambus m.

yanqui [ˈjaŋki] **1.** adj. nordamerikanisch; **2.** m Yankee m.

yapa Am. [ˈjapa] f Zugabe f.

yarda [ˈjarda] f Yard n (englisches Längenmaß).

yate [ˈjate] m Jacht f.

yedra ♀ [ˈjeđra] f Efeu m.

yegua [ˈjeğua] f Stute f; Am. Zigarrenstummel m; ~da [jeˈğuađa] f Pferdeherde f.

yegüerizo [jeğüeˈriθo] m, **yegüero** [jeˈğüero] m Pferdehirt m.

yelmo hist. [ˈjɛlmo] m Helm m.

---

yema [ˈjema] f ♀ Auge n, Knospe f; Eidotter m od. n, Eigelb n; ~ del dedo Fingerkuppe f.

yerba [ˈjerba] f Gras n; Kraut n; Am. ~ mate Matestrauch m; Matetee m.

yerba|l [jerˈbal] m Matepflanzung f; ~tero Am. reg. [ˌbḁˈtero] m Heilkundige(r) m; Kräuterhändler m.

yer|mar [jerˈmar] (1a) brachliegen lassen; ~mo [ˈjermo] **1.** adj. unbewohnt; öde, wüst; **2.** m Ödland n.

yerno [ˈjerno] m Schwiegersohn m.

yerro [ˈjerrɔ] m Irrtum m; Mißgriff m; Fehltritt m.

yerto [ˈjerto] starr, steif.

yesar [jeˈsar] m Gipsgrube f.

yesca [ˈjeska] f Zunder m; fig. Anreiz m.

yesería [jeseˈria] f Gipsbrennerei f.

yeso [ˈjeso] m Gips m; Gipsabguß m; Tafelkreide f.

yo [jo] ich.

yo|dado [joˈdaᵈo], **~dífero** [ˌ~ˈdifero] jodhaltig; **~dismo** [ˌ~ˈdizmo] m Jodvergiftung f; Jodform m; ~**formo** [jođoˈformo] m Jodoform n.

yodo [ˈjođo] m Jod m; ~**formo** [jođoˈformo] m Jodoform n.

yogur(t) [joˈgur] m Joghurt m od. n.

yola ⚓ [ˈjola] f Jolle f.

yuca ♀ [ˈjuka] f Yucca f; Maniok m; ~**teco** [ˌ~ˈteko] aus Yukatan.

yugada [juˈgada] f Gespann n Ochsen; Tag(e)werk n (Feldmaß).

yugo [ˈjugo] m Joch n (a. fig.); Glockenstuhl m; fig. Trauschleier m.

yugoslavo [jugosˈlabo] **1.** adj. jugoslawisch; **2.** m Jugoslawe m.

yugular [juguˈlar] Kehl...; vena f ~ Halsader f.

yunque [ˈjuŋke] m Amboß m; fig. Arbeitspferd n.

yunta [ˈjunta] f Gespann n Ochsen od. Maultiere.

yute [ˈjute] m Jute f.

yuxta|poner [justapoˈner] (2r) nebenea.-stellen; ~**posición** [ˌ~posiˈθiɔn] f Nebenea.-stellung f.

yuyo Am. [ˈjujo] m Unkraut n.

Z

Z, z ['θeða *od.* 'θeta] *f* Z, z *n.*

zabordar ⚓ [θaborˈdar] (1a) stranden.

zaca|tal *Am. Cent., Méj.* [θakaˈtal] *m* Weide *f*; **~te** *Am. Cent., Méj.* [~ˈkate] *m* Gras *n*, Heu *n.*

zafado [θaˈfaᵈo] *m* Lästermaul *n.*

zafar [θaˈfar] (1a) *Schiff* klarmachen; *Waffe* entsichern; **~se** freikommen (*Schiff*); entfliehen; sich verbergen; sich drücken; *Am.* sich verrenken.

zafarrancho ⚓ [θafaˈrrantʃo] *m* Klarmachen *n*, Klarschiff *n*; *fig.* Streit *m*, F Krach *m*; ¡**~** de combate! klar zum Gefecht!

zafio ['θafio] grob; derb; ungebildet.

zafiro [θaˈfiro] *m* Saphir *m.*

zafo ['θafo] ⚓ klar (zum Gefecht); F salir **~** mit heiler Haut davonkommen.

zafra ['θafra] *f* Zucker(rohr)ernte *f*; ⚒ Abraum *m*; Ölbehälter *m.*

zaga ['θaga] *f* Hinterteil *m*; *Sport:* Verteidigung *f*; a la **~** hintenan; ir a la **~** zurückbleiben; no quedarse en **~** a alg. j-m nicht nachstehen.

zagal [θaˈgal] *m* Schäferknecht *m*; Hirtenjunge *m*; Bursche *m.*

zagala [θaˈgala] *f* Hirtenmädchen *n*; junges Mädchen *n.*

zagual [θaˈgŭal] *m* Paddel *n.*

zaguán [θaˈgŭan] *m* Diele *f*, Flur *m.*

zaguero [θaˈgero] *m* Nachzügler *m*; *Ballspiel:* Hintermann *m*; *Fußball:* Verteidiger *m.*

zahareño [θaaˈreɲo] störrisch.

zaherir [θaeˈrir] (3i) F herunterputzen, abkanzeln.

zahorí [θaoˈri] *m* Wahrsager *m*; Hexenmeister *m*; Wünschelrutengänger *m*; *fig.* Schlaumeier *m.*

zahúrda [θaˈurða] *f* Schweinestall *m* (*a. fig.*).

zaino ['θaino] falsch, hinterhältig; kastanienbraun (*Pferd*).

zalame|ría [θalameˈria] *f* Schmeichelei *f*, Schöntuerei *f*; **~ro** [~ˈmero] schmeichlerisch, aufdringlich.

zalea [θaˈlea] *f* Schafpelz *m.*

zalema F [θaˈlema] *f* Diener *m*, Bückling *m.*

zamarra [θaˈmarra] *f* Pelzjacke *f* (*ohne Ärmel*).

zamarrear [θamarreˈar] (1a) hin u. her schütteln, herumzerren.

zamarro [θaˈmarro] *m* Pelzjacke *f*; *fig.* Tölpel *m.*

zamba *Am. Mer.* ['θamba] *f ein Volkstanz.*

zambo ['θambo] **1.** *adj.* krummbeinig, X-beinig; **2.** *m* Zambo *m* (*Mischling von Neger und Indianerrin*).

zambom|ba [θamˈbomba] *f* Schnarrtrommel *f*; **~bo** [~ˈbombo] *m* Tölpel *m.*

zambra ['θambra] *f* Volksfest *n* der Mauren u. Zigeuner; Trubel *m*; F Rummel *m.*

zambucar F [θambuˈkar] (1g) rasch verschwinden lassen.

zambu|llida [θambuˈʎiða] *f* Untertauchen *n*; Kopfsprung *m*; **~llir** [~ˈʎir] (3h) untertauchen; ins Wasser werfen; **~llirse** (unter)tauchen.

zampa ['θampa] *f* (Ramm-)Pfahl *m.*

zam|pabollos F [θampaˈboʎos] *m* Vielfraß *m*; **~par** [~ˈpar] (1a) fressen, (hinunter)schlingen; rasch verschwinden lassen; *Am. Mer. Schlag* versetzen; **~parse** hineinschlüpfen; F hereinplatzen.

zampeado [θampeˈaᵈo] *m* Pfahlrost *m.*

zampoña [θamˈpoɲa] *f* Hirtenflöte *f*; F Albernheit *f.*

zampuzar [θampuˈθar] (1f) untertauchen; F rasch verschwinden lassen.

zanahoria [θanaˈɔria] *f* Mohrrübe *f.*

zanca ['θaŋka] *f* Bein *n des Vogels*; dünnes Bein *n*, F Stelze *f.*

zanca|da [θaŋˈkaða] *f* langer Schritt *m*; **~dilla** [~kaˈðiʎa] *f* Beinstellen *n*; *fig.* F echar la **~** a alg. j-m ein Bein (*od.* e-e Falle) stellen; **~jear** [~kaxeˈar] (1a) herumrennen; **~jo** [~ˈkaxo] *m* Fersenbein *n*; Hacken *m*, Absatz *m.*

zancarrón [θaŋkaˈrron] *m* F großer

abgenagter Knochen *m*; F Jammergestalt *f*.

zanco ['θaŋko] *m* Stelze *f*.

zancud|as [θaŋ'kudas] *f/pl.* Stelzvögel *m/pl.*; **∼o** [∼'kuðo] **1.** *adj.* stelzbeinig; **2.** *m Am. e-e Stechmücke*.

zanga|manga [θ'aŋga'maŋga] *f* Kniff *m*, Schlich *m*; **∼nada** F [∼'naða] *f* Frechheit *f*.

zanganear [θaŋgane'ar] (1a) herumlungern.

zángano [θ'aŋgano] *m* Drohne *f*; *fig.* Faulenzer *m*, F Schnorrer *m*, Schmarotzer *m*.

zangarullón [θaŋgaru'ʎɔn] *m* fauler Bengel *m*.

zangolo|tear [θaŋgolote'ar] (1a) schlenkern; schütteln; **∼teo** [∼'teo] *m* Geschlenker *n*.

zangón F [θaŋ'gɔn] *m* Lümmel *m*, Flegel *m*; F (langer) Schlaks *m*.

zanguan|ga [θaŋ'gŭaŋga] *f: hacer la ∼ sich krank stellen*; **∼go** F [∼go] *m fig.* Faultier *n*.

zanj|a [θ'aŋxa] *f* Graben *m*; Baugrube *f*; *abrir las ∼s e-n* Anfang machen, den Grund legen; **∼ar** [θaŋ'xar] (1a) *Graben* ausheben; *Schwierigkeit* aus dem Weg(e) räumen; *Streitfrage* bereinigen; **∼ón** [∼'xɔn] *m tiefer Flußgraben *m*.

zan|quear [θaŋke'ar] (1a) die Beine spreizen; hin u. her rennen; **∼quilargo** F [∼ki'largo] stelzbeinig.

zapa [θ'apa] *f* Spaten *m*; ✕ Sappe *f*, Laufgraben *m*; *trabajo m de ∼ fig.* Wühlarbeit *f*; **∼dor** ✕ [θapa'dɔr] *m* Pionier *m*; **∼llo** [θa'paʎo] *m Am. Art* Kürbis *m*; *Arg., Chi.* F Zufallstreffer *m*, F *fig.* Schwein *n*; **∼pico** [θapa'piko] *m* Picke *f*.

zapar ✕ [θa'par] (1a) schanzen.

zaparrazo [θapa'rraθo] *m* Kratzer *m*, Kratzwunde *f*.

zapa|ta [θa'pata] *f* Hemmschuh *m*; **∼tazo** [θapa'taθo] *m* Schlag *m* (*od.* Tritt *m*) mit e-m Schuh; **∼teado** [∼te'aⁿo] *m andalus.* Tanz *m*; **∼tear** [∼te'ar] *j-m e-n* Fußtritt versetzen; stampfen, trampeln; *fig.* mißhandeln; **∼tería** [∼te'ria] *f* Schuhmacherhandwerk *n*, -werkstatt *f*; Schuhgeschäft *n*; **∼tero** [∼'tero] *m* Schuhmacher *m*; *quedarse ∼ Kartenspiel*: schwarz werden, keinen Stich machen; **∼teta** [∼'teta] *f: dar una ∼ e-n* Freudensprung

machen; **∼tilla** [∼'tiʎa] *f* Haus-, Turnschuh *m*; Pantoffel *m*.

zapato [θa'pato] *m* Schuh *m*.

zapote [θa'pote] *m* Breiapfel *m*.

zaque ['θake] *m* kleiner Weinschlauch *m*; F *fig. estar hecho un ∼* vollkommen blau sein.

zaquizamí [θakiθa'mi] *m* Dachkammer *f*; *fig.* Loch *n*.

zar [θar] *m* Zar *m*.

zarabanda [θara'banda] *f* Sarabande *f* (*Tanz*).

zaraga|ta [θara'gata] *f* Lärm *m*; Rauferei *f*; **∼tero** [∼ga'tero] streitsüchtig.

zaran|da [θa'randa] *f* Sieb *n*; **∼dajas** [θaran'daxas] *f/pl.* Nebensachen *f/pl.*, Lappalien *f/pl.*; **∼dear** [∼de'ar] (1a) sieben; *fig.* schütteln, zausen; **∼dillo** F [∼'diʎo] *m* fixer Junge *m*; F *traer como un ∼* herumhetzen.

zarcillo [θar'θiʎo] *m* Ohrring *m*; ♂ Jäthacke *f*; ♀ Ranke *f*.

zarco ['θarko] hellblau (*Auge*).

zarigüeya *Am.* [θari'gŭeja] *f* Beutelratte *f*.

zarina [θa'rina] *f* Zarin *f*.

zarpa ['θarpa] *f* Tatze *f*, Pranke *f*; F *echar la ∼* zupacken.

zarpada [θar'paða] *f* Tatzenhieb *m*.

zar|par ⚓ [θar'par] (1a) die Anker lichten; auslaufen (nach [*dat.*] *para*); **∼pazo** [∼'paθo] *m* Prankenhieb *m*.

zarramplín F [θarram'plin] *m* Pfuscher *m*.

zarrapas|trón [θarrapas'trɔn], **∼troso** [∼'troso] zerlumpt.

zarza ['θarθa] *f* Dornbusch *m*; **∼l** [θar'θal] *m* Dorngestrüpp *n*; **∼mora** ♀ [∼θa'mora] *f* Brombeere *f*; **∼rrosa** [∼θa'rrɔsa] *f* wilde Rose *f*, Heckenrose *f*.

zarzo ['θarθo] *m* Weidengeflecht *n*.

zarzue|la [θar'θŭela] *f* spanisches Singspiel *n*; **∼lista** [∼θŭe'lista] *m* Komponist *m* e-s span. Singspiels.

zedilla [θe'ðiʎa] *f* Cedille *f*.

zigzag [θig'θag] *m* Zickzack *m*; **∼uear** [∼θage'ar] (1a) im Zickzack gehen (*od.* fahren).

zinc [θiŋk] *m* Zink *n*.

zipizape F [θipi'θape] *m* Schlägerei *f*.

zócalo ['θokalo] *m* Sockel *m*; Unterbau *m*.

zo|diacal [θoðia'kal] Tierkreis...;

~díaco Astr. [θo'điako] m Tierkreis m.

zolocho F [θo'lotʃo] einfältig.

zona ['θona] f Zone f; Gebiet n; ✳ Gürtelrose f; ~ de libre cambio Freihandelszone f; ~ peatonal Fußgängerzone f; ~ de recreo Erholungsgebiet n; ~ residencial Wohnviertel n, -gebiet n; ~ de venta Absatzgebiet n.

zoncería Am. [θonθe'ria] f Albernheit f; Abgeschmacktheit f.

zonzo Am. ['θonθo] geschmacklos; reizlos; tölpelhaft, dumm.

zoo... [θoo] Tier...; **~logía** [~lo'xia] f Zoologie f; **~lógico** [~'loxiko] zoologisch; jardín m ~ zoologischer Garten m, Zoo m.

zoólogo [θo'oloɣo] m Zoologe m.

zopenco [θo'peŋko] m Trottel m; F fig. Trampeltier n.

zopo ['θopo] verkrüppelt (an Händen u. Füßen); fig. plump, ungeschickt.

zoquete [θo'kete] m Holzklötzchen n; Kanten m Brot; F fig. Schafskopf m; Am. Söckchen n.

zorcico [θor'θiko] m baskischer Tanz, baskisches Tanzlied.

zorr|a ['θorra] f Füchsin f; P Dirne f; F pillar una ~ sich e-n Rausch antrinken; **~era** [θo'rrera] f a) Fuchsbau m; b) F schwerer Kopf m, Brummschädel m; **~ería** [θorre'ria] f Schlauheit f; List f; **~ero** [θo'rrero] arglistig; schwerfällig, langsam.

zorro ['θorro] 1. adj. listig, verschlagen; 2. m Fuchs m; hacerse el ~ sich dumm stellen; **~cloco** [θorro'kloko] m Schlaumeier m, ausgekochter Bursche m.

zote ['θote] m Dummkopf m.

zozobra [θo'θobra] f Scheitern n; Kentern n; fig. Aufregung f; Kummer m; Angst f; **~r** [θoθo'brar] (1a) scheitern; kentern; fig. sich ängstigen.

zueco ['θueko] m Holzschuh m; Schuh m mit Kork- od. Holzsohle.

zullarse V [θuʎarse] (1a) scheißen; furzen.

zumba ['θumba] f Viehglocke f; fig. Stichelei f; Neckerei f; Am. Tracht f Prügel; Méj. Rausch m; **~r** [θum'bar] (1a) summen; schwirren; brummen; in den Ohren sausen; v/t. Ohrfeige herunterhauen; Am. Mer., P.R. hinauswerfen; **~rse de** alg. j-n verspotten.

zumbido [θum'bido] m Summen n; Ohrensausen n.

zumbón [θum'bon] 1. adj. neckisch, spöttisch; 2. m Spötter m; Spaßvogel m.

zumo ['θumo] m Saft m.

zuncho ['θuntʃo] m Metallring m.

zupia ['θupia] f trüber Wein m; F Gesöff n.

zurci|do [θur'θido] m Stopfen n; Flicken n; **~dora** [~θi'dora] f (Kunst-)Stopferin f; Flickerin f; **~dura** [~θi'dura] f Stopf-, Flickstelle f.

zurcir [θur'θir] (3b) flicken; stopfen; fig. zs.-stoppeln.

zurdo ['θurđo] 1. adj. linkshändig; 2. m Linkshänder m.

zurito [θu'rito]: paloma f ~a Holz-, Wildtaube f.

zurra ['θurra] f Gerben n; Prügel pl.; Prügelei f; **~dor** [θurra'đor] m Gerber m.

zurrapa [θu'rrapa] f Bodensatz m; F Ausschuß m, Schund m.

zurraposo F [θurra'poso] trübe; fig. liederlich.

zurrar [θu'rrar] (1a) gerben; F prügeln; F anschnauzen, heruntermachen; **~se** V vor Angst in die Hosen machen.

zurria|ga [θu'rriaɣa] f Peitsche f, Knute f; **~gazo** [θurria'ɣaθo] m Peitschenhieb m; fig. Nackenschlag m; **~go** [θu'rriaɣo] m Peitsche f.

zurribanda F [θurri'banda] f gehörige Tracht f Prügel; Prügelei f.

zurrir [θu'rrir] (3a) surren, brummen.

zurrón [θu'rron] m Hirtentasche f.

zutano [θu'tano] m ein gewisser Herr X; fulano y ~ Herr X und Herr Y.

Spanische Eigennamen

Nombres propios españoles

A

Abisinia [abi'sinĭa] f Abessinien n.
Abrahán [abra'an] m Abraham.
Adán [a'dan] m Adam.
Adelaida [ade'laĭda] f Adele, Adelheid.
Adolfo [a'dɔlfo] m Adolf.
Afganistán [afganis'tan] m Afghanistan n.
África ['afrika] f Afrika n.
Ágata ['aɣata] f Agathe.
Agustín [aɣus'tin] m Augustin(us).
Alarcón [alar'kɔn] span. Dramatiker (1580—1639).
Albaicín [albai'θin] m Zigeunerviertel in Granada.
Albania [al'banĭa] f Albanien n.
Albéniz [al'beniθ] span. Komponist (1860—1909).
Alejandría [alexan'dria] f Alexandria n.
Alejandro [ale'xandro] m Alex(-ander).
Alemania [ale'manĭa] f Deutschland n.
Al(f)onso [a'lɔnso, al'fɔnso] m Alfons.
Alfredo [al'fredo] m Alfred.
Alhambra [a'lambra] f Schloß der maurischen Könige in Granada.
Alpes ['alpes] m/pl. Alpen f/pl.
Alsacia [al'saθĭa] f Elsaß n.
Amazonas [ama'θonas] m Amazonenstrom m, Amazonas m.
Amberes [am'beres] f Antwerpen n.
América [a'merika] f Amerika n; ~ Central Mittelamerika n; ~ del Norte Nordamerika n; ~ del Sur Südamerika n.
Ana ['ana] f Anna.
Andalucía [andalu'θia] f Andalusien n.
Andes ['andes] m/pl. Anden pl.
Andrés [an'dres] m Andreas.
Antillas [an'tiʎas] f/pl. die Antillen pl.; ~ Mayores die Großen Antillen; ~ Menores die Kleinen Antillen.
Antonio [an'tonĭo] m Anton.

Apeninos [ape'ninos] m/pl. Apennin m.
Aquisgrán [akiz'gran] m Aachen n.
Arabia Saudita od. **Saudí** [a'rabĭa saŭ'di(ta)] f Saudi-Arabien n.
Aragón [ara'gɔn] m Aragonien n.
Argel [ar'xel] m Algier n.
Argelia [ar'xelĭa] f Algerien n.
Argentina [arxen'tina] f Argentinien n.
Arturo [ar'turo] m Art(h)ur.
Asia ['asĭa] f Asien n; ~ Menor Kleinasien n.
Asturias [as'turĭas] f/pl. Asturien n.
Asunción [asun'θĭɔn] Hauptstadt von Paraguay.
Atenas [a'tenas] f Athen n.
Atlántico [at'lantiko] m: (Océano m) ~ Atlantik m, Atlantischer Ozean m.
Augusto [aŭ'gusto] m August.
Australia [aŭs'tralĭa] f Australien n.
Austria ['aŭstrĭa] f Österreich n.
Azores [a'θores] m/pl. Azoren pl.
Azorín [aθo'rin] span. Essayist u. Erzähler (1873—1967).

B

Balcanes [bal'kanes] m/pl. Balkan m.
Baleares [bale'ares] f/pl. die Balearen pl.
Báltico ['baltiko] m Ostsee f.
Baroja [ba'rɔxa] span. Romanschriftsteller (1872—1956).
Basilea [basi'lea] f Basel n.
Baviera [ba'bĭera] f Bayern n; Alta ~ Oberbayern n; Baja ~ Niederbayern n.
Belén [be'len] m Bethlehem n.
Bélgica ['bɛlxika] f Belgien n.
Belgrado [bɛl'graᵈo] m Belgrad n.
Benavente [bena'bente] span. Dramatiker (1866—1954).
Benito [be'nito] m Benedikt.
Berlín [bɛr'lin] m Berlin n.
Berna ['bɛrna] f Bern n.
Bernardo [bɛr'nardo] m Bernhard.
Bizancio [bi'θanθĭo] m Byzanz n.

Blasco Ibáñez ['blasko i'baɲeθ] span. *Romanschriftsteller (1867 bis 1928).*

Bogotá [bogo'ta] *Hauptstadt von Kolumbien.*

Bohemia [bo'emia] *f* Böhmen *n.*

Bolívar [bo'libar] *Befreier Südamerikas von der span. Herrschaft.*

Bolivia [bo'libia] *f* Bolivien *n.*

Borgoña [bɔr'goɲa] *f* Burgund *n.*

Bósforo ['bɔsforo] *m* Bosporus *m.*

Brasil [bra'sil] *m* Brasilien *n.*

Brema ['brema] *f* Bremen *n.*

Brígida ['brixida] *f* Brigitte.

Brisgovia [briz'goβia] *f* Breisgau *m.*

Brujas ['bruxas] *m* Brügge *n.*

Brunswick [brunz'bik] *f* Braunschweig *n.*

Bruselas [bru'selas] *f* Brüssel *n.*

Buenos Aires ['bŭenos 'aĭres] *Hauptstadt von Argentinien.*

Bulgaria [bul'garia] *f* Bulgarien *n.*

Burdeos [bur'deɔs] *f* Bordeaux *n.*

C

Cabo, El ['kabo] Kapstadt *n.*

Cabo *m* **de Buena Esperanza** ['kabo de 'bŭena espe'ranθa] Kap *n* der Guten Hoffnung.

Cairo (El) ['kaĭro] Kairo *n.*

Calderón de la Barca [kalde'rɔn de la 'barka] span. *Dramatiker (1600 bis 1681).*

Camboya [kam'boja] *f* Kambodscha *n.*

Canadá [kana'da] *m* Kanada *n.*

Canal *m* **de la Mancha** [ka'nal de la 'mantʃa] Ärmelkanal *m.*

Canarias [ka'narias] *f/pl.* Kanarische Inseln *f/pl.*

Cantábrico [kan'tabriko] *m*: *(Mar m)* ∼ Golf *m* von Biskaya.

Caracas [ka'rakas] *Hauptstadt von Venezuela.*

Carintia [ka'rintia] *f* Kärnten *n.*

Carlos ['karlɔs] *m* Karl.

Carlota [kar'lota] *f* Charlotte.

Cárpatos ['karpatos] *m/pl.* Karpaten *pl.*

Caspio ['kaspio] *m*: *(Mar m)* ∼ Kaspisches Meer *n.*

Castilla la Nueva [kas'tiʎa la 'nŭeba] *f* Neukastilien *n.*

Castilla la Vieja [kas'tiʎa la 'bĭexa] *f* Altkastilien *n.*

Catalina [kata'lina] *f* Katharina, Käthe.

Cataluña [kata'luɲa] *f* Katalonien *n.*

Cáucaso ['kaŭkaso] *m* Kaukasus *m.*

Ceilán [θeĭ'lan] *m* Ceylon *n.*

Cerdeña [θer'deɲa] *f* Sardinien *n.*

Cervantes Saavedra [θer'bantes saa'beðra] *berühmtester span. Dichter, Verfasser d. „Don Quijote de la Mancha" (1547—1616).*

César ['θesar] *m* Cäsar.

Cid Campeador [θiᵈ kampea'dɔr] span. *Nationalheld.*

Coblenza [ko'blenθa] *f* Koblenz *n.*

Colombia [ko'lɔmbia] *f* Kolumbien *n.*

Colón [ko'lɔn] *m* Kolumbus.

Colonia [ko'lonia] *f* Köln *n.*

Conrado [kɔn'rraᵈo] *m* Konrad, Kurt.

Constanza [kɔns'tanθa] *f* a) Konstanz *n*; *Lago m de* ∼ Bodensee *m*; b) Konstanze *f.*

Copenhague [kope'nage] *f* Kopenhagen *n.*

Córcega ['kɔrθega] *f* Korsika *n.*

Corea [ko'rea] *f* Korea *n.*

Cortés [kɔr'tes] span. *Eroberer Mexikos.* [d'Azur *f.)*

Costa Azul ['kɔsta a'θul] *f* Côte⟩

Costa de Marfil ['kɔsta de mar'fil] *f* Elfenbeinküste *f.*

Costa Rica ['kɔsta 'rika] *f* Kostarika *n.*

Crimea [kri'mea] *f* Krim *f.*

Cristo ['kristo] *m* Christus.

Cristóbal [kris'tobal] *m* Christoph.

Cuba ['kuba] *f* Kuba *n.*

Ch

Chad ['tʃad] *m* Tschad *m.*

Checoslovaquia [tʃekoslo'bakĭa] *f* Tschechoslowakei *f.*

Chile ['tʃile] *m* Chile *n.*

China ['tʃina] *f* China *n.*

Chipre ['tʃipre] *m* Zypern *n.*

D

Damasco [da'masko] *m* Damaskus *n.*

Danubio [da'nubĭo] *m* Donau *f.*

Dardanelos [darða'nelos] *m/pl.* Dardanellen *pl.*

Diego ['dĭego] *m* Jakob.

Dinamarca [dina'marka] *f* Dänemark *n.*

Don Juan [dɔn xŭan] span. *Sagengestalt; Sinnbild ungestillter sinnlicher Leidenschaft.*

Don Quijote [dɔŋ ki'xote] *Meisterwerk des Cervantes; Sinnbild des die Wirklichkeit verkennenden, in eine phantastische Eigenwelt verstrickten Schwärmers und Idealisten.*

Dorotea [doro'tea] *f* Dorothea.

Dunquerque [duŋ'kerke] *m* Dünkirchen *n.*

Durero [du'rero] Dürer.

Finlandia [fin'landia] *f* Finnland *n.*

Flandes ['flandes] *m* Flandern *n.*

Florencia [flo'renθia] *f* Florenz *n.*

Francfort-del-Meno [fraŋk'fort del 'meno] *m* Frankfurt am Main *n.*

Francia ['franθia] *f* Frankreich *n.*

Francisco [fran'θisko] *m* Franz.

Frisia ['frisia] *f* Friesland *n.*

E

Ecuador [ekŭa'dɔr] *m* Ekuador *n.*

Echegaray [etʃega'raĭ] *span. Dramatiker (1832—1916).*

Edimburgo [edim'burgo] *m* Edinburg *n.*

Edmundo [ed'mundo] *m* Edmund.

Eduardo [e'duardo] *m* Eduard.

Egeo [ɛ'xeo] *m* Ägäisches Meer *n.*

Egipto [ɛ'xipto] *m* Ägypten *n.*

Elba ['ɛlba] *m* Elbe *f.*

Elena [e'lena] *f* Helene *f.*

Emilio [e'miljo] *m* Emil.

Enrique [en'rrike] *m* Heinrich.

Ernesto [er'nesto] *m* Ernst.

Escafusa [eska'fusa] *f* Schaffhausen *n.*

Escalda [es'kalda] *m* Schelde *f.*

Escandinavia [eskandi'nabia] *f* Skandinavien *n.*

Escocia [es'koθia] *f* Schottland *n.*

Eslovaquia [ezlo'bakia] *f* Slowakei *f.*

España [es'paɲa] *f* Spanien *n.*

Espira [es'pira] *f* Speyer *n.*

Estados Unidos de América [es'tados u'niðoz de a'merika] *m/pl.* Vereinigte Staaten von Amerika *m/pl.*

Esteban [es'teban] *m* Stephan.

Estiria [es'tiria] *f* Steiermark *f.*

Estocolmo [esto'kɔlmo] *m* Stockholm *n.*

Estonia [es'tonia] *f* Estland *n.*

Estrasburgo [estraz'burgo] *m* Straßburg *n.*

Etiopía [etĭo'pia] *f* Äthiopien *n.*

Eugenio [eŭ'xenio] *m* Eugen.

Europa [eŭ'ropa] *f* Europa *n.*

G

Gabón [ga'bɔn] *m* Gabun *n.*

Gales ['gales] *m* Wales *n.*

Galicia [ga'liθia] *f* Galicien *n (span. Region).*

Gante ['gante] *m* Gent *n.*

García Lorca [gar'θia 'lɔrka] *span. Dramatiker (1898—1936).*

Garona [ga'rona] *m* Garonne *f.*

Génova ['xenoba] *f* Genua *n.*

Gerardo [xe'rardo] *m* Gerhard.

Gibraltar [xi'bral'tar] *m* Gibraltar *n.*

Gil [xil] *m* Ägidius.

Ginebra [xi'nebra] *f* Genf *n.*

Góngora y Argote ['gɔŋgora jar'gote] *span. Lyriker, Vertreter des Schwulststils (1561—1627).*

Gotinga [go'tiŋga] *f* Göttingen *n.*

Goya y Lucientes ['gojaĭ lu'θientes] *span. Maler (1746—1828).*

Gran Bretaña [gram bre'taɲa] *f* Großbritannien *n.*

Grecia ['greθia] *f* Griechenland *n.*

Greco, El ['greko] *span. Maler (1541—1625).*

Grisones [gri'sones] *m/pl.* Graubünden *n.*

Groenlandia [groen'landia] *f* Grönland *n.*

Gualter(i)o [gŭal'ter(I)o] *m* Walt(h)er.

Guatemala [gŭate'mala] *f* Guatemala *n.*

Guido ['giðo] *m* Veit.

Guillermo [gi'ʎermo] *m* Wilhelm.

Gustavo [gus'tabo] *m* Gustav.

F

Falla ['faʎa] *span. Komponist (1876 bis 1946).*

Federico [feðe'riko] *m* Friedrich.

Felipe [fe'lipe] *m* Philipp.

Fernando [fer'nando] *m* Ferdinand.

Filipinas [fili'pinas] *f/pl.* Philippinen *pl.*

H

Habana, La [a'bana] Havanna *n.*

Hamburgo [am'burgo] *m* Hamburg *n.*

Haya, La ['aja] *f* Den Haag.

Holanda [o'landa] *f* Holland *n.*

Honduras [ɔn'duras] *f* Honduras *n.*

Hungría [uŋ'gria] *f* Ungarn *n.*

I

Ignacio [ig'naθĭo] m Ignaz.
India ['indĭa] f Indien n.
Indonesia [indo'nesĭa] f Indonesien n.
Inés [i'nes] f Agnes.
Inglaterra [iŋgla'terra] f England n.
Irán [i'ran] m Iran m.
Irlanda [ir'landa] f Irland n.
Isabel [isa'bɛl] f Isabella; Elisabeth.
Islandia [iz'landĭa] f Island n.
Italia [i'talĭa] f Italien n.

J

Jaime ['xaĭme] m Jakob.
Japón [xa'pon] m Japan n.
Jerónimo [xe'ronimo] m Hieronymus.
Jerusalén [xerusa'len] f Jerusalem n.
Jesús [xe'sus] m Jesus.
Jiménez [xi'meneθ] span. Lyriker (1881—1958).
Joaquín [xoa'kin] m Joachim.
Jordania [xor'danĭa] f Jordanien n.
Jorge ['xorxe] m Georg.
José [xo'se] m Joseph.
Juan [xŭan] m Johann(es), Hans.
Julio ['xulĭo] m Julius.

K

Kremlín [krem'lin] m der Kreml m.

L

Lago m **de los Cuatro Cantones** ['lago de los kŭatro kan'tones] Vierwaldstätter See m.
Lago m **Leman** ['lago le'man] Genfer See m.
La Paz [la paθ] Hauptstadt von Bolivien.
Laponia [la'ponĭa] f Lappland n.
Latvia ['latbĭa] f Lettland n.
Lausana [laŭ'sana] f Lausanne n.
León [le'ɔn] m Leo.
Leonardo [leo'nardo] m Leonhard.
Leonor [leo'nɔr] f Eleonore, Leonore.
Letonia [le'tonĭa] f Lettland n.
Líbano ['libano] m Libanon n.
Liberia [li'berĭa] f Liberien n.
Libia ['libĭa] f Libyen n.
Lieja ['lĭexa] f Lüttich n.
Lima ['lima] Hauptstadt von Perú.
Lisboa [liz'boa] f Lissabon n.
Lituania [li'tŭanĭa] f Litauen n.

Lombardía [lombar'dia] f Lombardei f.
Lope de Vega ['lope de 'bega] span. Dramatiker (1562—1635).
Londres ['londres] m London n.
Lorena [lo'rena] f Lothringen n.
Lucerna [lu'θerna] f Luzern n.
Luis [lŭis] m Ludwig.
Luxemburgo [lugsem'burgo] m Luxemburg n.

M

Maguncia [ma'gunθĭa] f Mainz n.
Malasia [ma'lasĭa] f Malaysia n.
Mallorca [ma'ʎorka] f Mallorca n.
Managua [ma'nagŭa] f Hauptstadt von Nikaragua.
Manuel [ma'nŭel] m Emanuel, Immanuel.
Mar m **Adriático** [mar a'drĭatiko] Adriatisches Meer n, Adria f.
Mar m **Báltico** [mar 'baltiko] Ostsee f.
Mar m **Caribe** [mar ka'ribe] Karibisches Meer n.
Mar m **Glacial** [mar gla'θĭal] Eismeer n.
Mar m **Muerto** [mar 'mŭerto] Totes Meer n.
Mar m **Negro** [mar 'negro] Schwarzes Meer n.
Mar m **del Norte** [mar del 'nɔrte] Nordsee f.
Mar m **Rojo** [mar 'rrɔxo] Rotes Meer n.
Margarita [marga'rita] f Margarete, Grete.
María [ma'ria] f Maria.
Marruecos [ma'rrŭekos] m/pl. Marokko n.
Marsella [mar'seʎa] f Marseille n.
Mateo [ma'teo] m Matthäus.
Matías [ma'tias] m Matthias.
Mauricio [maŭ'riθĭo] m Moritz.
Mauritania [maŭri'tanĭa] f Mauretanien n.
Mediterráneo [medite'rraneo] m: (Mar m) ~ Mittelmeer n.
Méjico ['mɛxiko] m Mexiko n.
Menéndez Pidal [me'nendeθ pi'dal] span. Literarhistoriker („Das Spanien des Cid").
Menéndez y Pelayo [me'nendeθ i pe'lajo] span. Literarhistoriker, Kritiker und Übersetzer.
Meno ['meno] m Main m.
México ['mɛxiko] m Mexiko m.

Miguel [mi'gɛl] *m* Michael.
Milán [mi'lan] *m* Mailand *n*.
Moisés [mɔi'ses] *m* Moses.
Moldáu [mɔl'daũ] *m* Moldau *f*.
Mongolia [mɔŋ'gɔlia] *f* Mongolei *f*.
Montevideo [montebi'deo] *Hauptstadt von Uruguay*.
Moravia [mo'rabia] *f* Mähren *n*.
Mosa ['mosa] *m* Maas *f*.
Moscú [mɔs'ku] *m* Moskau *n*.
Mosela [mo'sela] *m* Mosel *f*.
Mulhacén [mula'θen] *m* höchster Berg der Pyrenäenhalbinsel.
Munich [mu'nik] *f* München *n*.
Murillo [mu'riʎo] *span. Maler (1618—1682)*.

N

Nápoles ['napoles] *m* Neapel *n*.
Nicaragua [nika'ragua] *f* Nikaragua *n*.
Nicolás [niko'las] *m* Nikolaus.
Nilo ['nilo] *m* Nil *m*.
Niza ['niθa] *f* Nizza *n*.
Noé [no'e] *m* Noah.
Noruega [no'rũega] *f* Norwegen *n*.
Nueva Guinea ['nũeba gi'nea] *f* Neuguinea *n*.
Nueva York ['nũeba 'jɔrk] New York *n*.
Nueva Zelanda ['nũeba θe'landa] *f* Neuseeland *n*.
Nuremberg ['nuremberg] *f* Nürnberg *n*.

O

Oceanía [oθea'nia] *f* Ozeanien *n*.
Océano Glacial [o'θeano gla'θial] *m* Eismeer *n*.
Oriente [o'riente] *m*: Extremo ~ Ferner Osten *m*; ~ Medio Mittlerer Osten *m*; Próximo ~ Naher Osten *m*.
Orlando [ɔr'lando] *m* Roland.
Ortega y Gasset [ɔr'tega i ga'sɛt] *span. Philosoph (1883—1955)*.
Otón [o'tɔn] *m* Otto.

P

Pablo ['pablo] *m* Paul.
Pacífico [pa'θifiko] *m*: (Océano *m*) ~ Stiller Ozean *m*, Pazifik *m*.
Países Bajos [pa'ises 'baxos] *m/pl.* die Niederlande *n/pl.*
Pakistán [pakis'tan] *m* Pakistan *n*.
Palacio Valdés [pa'laθio bal'des] *span. Erzähler (1853—1938)*.

Palatinado [palati'naᵈo] *m* Pfalz *f*.
Palestina [pales'tina] *f* Palästina *n*.
Panamá [pana'ma] *m* Panama *n*.
Paraguay [para'gũai] *m* Paraguay *n*.
París [pa'ris] *f* Paris *n*.
Pedro ['peᵈro] *m* Peter.
Pekín [pe'kin] *m* Peking *n*.
Peloponeso [pelopo'neso] *m* Peloponnes *m*.
Pérez Galdós ['pereθ gal'dɔs] *span. Romanschriftsteller (1845—1920)*.
Perú [pe'ru] *m* Peru *n*.
Pirineos [piri'neos] *m/pl.* Pyrenäen *pl.*
Pizarro [pi'θarrɔ] *span. Eroberer Perus*.
Polonia [po'lonia] *f* Polen *n*.
Portugal [pɔrtu'gal] *m* Portugal *n*.
Praga ['praga] *f* Prag *n*.

Q

Quevedo y Villegas [ke'beᵈoĩ bi'ʎegas] *span. Philosoph und Schriftsteller (1580—1645)*.
Quintana [kin'tana] *span. Dichter und Streiter gegen Napoleons Fremdherrschaft (1772—1857)*.
Quito ['kito] *Hauptstadt von Ekuador*.

R

Rafael [rrafa'ɛl] *m* Raphael.
Ramón [rra'mɔn] *m* Raimund.
Ratisbona [rratiz'bona] *f* Regensburg *n*.
Reino Unido de Gran Bretaña e Irlanda del Norte ['rreĩno u'niᵈo de gram bre'taɲa e ir'landa del 'nɔrte] Vereinigtes Königreich von Großbritannien und Nordirland.
Renania [rre'nania] *f* Rheinland *n*.
R(h)odesia [rrɔ'desia] *f* Rhodesien *n*.
Ribera [rri'bera] *span. Maler (1590 bis 1652)*.
Ricardo [rri'karᵈo] *m* Richard.
Rin [rrin] *m* Rhein *m*.
Roberto [rrɔ'berto] *m* Robert.
Ródano ['rrɔᵈano] *m* Rhone *f*.
Rodolfo [rrɔ'ᵈɔlfo] *m* Rudolf.
Rodrigo [rrɔ'ᵈrigo] *m* Roderich.
Roma ['rrɔma] *f* Rom *n*.
Rumania [rru'mania] *f* Rumänien *n*.
Ruperto [rru'perto] *m* Ruprecht.
Rusia ['rrusia] *f* Rußland *n*.

S

Saboya [sa'boja] *f* Savoyen *n*.
Sajonia [sa'xonia] *f* Sachsen *n*; *Baja*
~ Niedersachsen *n*.
Salvador (El) [el salβa'ðɔr] El
Salvador *n*.
San Gotardo [saŋ go'tarðo] *m*
Sankt Gotthard *m*.
San José [saŋ xo'se] *Hauptstadt von*
Kostarika.
Santiago [san'tiago] *Hauptstadt von*
Chile.
Santiago [san'tiago] *m* der Heilige
Jakobus.
Sarre ['sarre] *m* Saar *f*.
Sena ['sena] *m* Seine *f*.
Servia ['serβia] *f* Serbien *n*.
Siberia [si'βeria] *f* Sibirien *n*.
Sicilia [si'θilia] *f* Sizilien *n*.
Siria ['siria] *f* Syrien *n*.
Sofía [so'fia] *f* Sophie.
Suabia ['suaβia] *f* Schwaben *n*.
Sudán [su'ðan] *m* Sudan *m*.
Suecia ['sueθia] *f* Schweden *n*.
Suiza ['suiθa] *f* Schweiz *f*.

T

Tailandia [tai'landia] *f* Thailand *n*.
Támesis ['tamesis] *m* Themse *f*.
Tánger ['taŋxer] *m* Tanger *n*.
Tejas ['texas] *m* Texas *n*.
Tenerife [tene'rife] *f* Teneriffa *n*.
Teodorico [teodo'riko] *m* Dietrich.
Teodoro [teo'ðoro] *m* Theodor.
Teresa [te'resa] *f* Therese.
Terranova [terra'noβa] *f* Neufund-
land *n*.
Tirso de Molina ['tirso ðe mo'lina]
span. Dramatiker (1571—1648).
Tolón [to'lɔn] *m* Toulon *n*.
Tolosa [to'losa] *f* Toulouse *n*.
Tomás [to'mas] *m* Thomas.
Trento ['trento] *m* Trient *n*.
Tréveris ['treberis] *m* Trier *n*.
Túnez ['tuneθ] *m* Tunis *n*; Tune-
sien *n*.
Turingia [tu'riŋxia] *f* Thüringen *n*.
Turquía [tur'kia] *f* Türkei *f*.

U

Ulises [u'lises] *m* Odysseus.
Unamuno [una'muno] *span. Philo-
soph (1864—1936).*
Unión *f* **de Repúblicas Socialistas**
Soviéticas [u'niɔn de rre'publikas
soθia'listas so'βietikas] Union der
Sozialistischen Sowjetrepubliken.
Unión *f* **Sudafricana** [u'niɔn suð-
afri'kana] Südafrikanische Union.
Uruguay [uru'guai] *m* Uruguay *n*.

V

Valera [ba'lera] *span. Schriftsteller
(1824—1905).*
Valle Inclán ['baʎe iŋ'klan] *span.
Lyriker und Erzähler (1870—1936).*
Varsovia [bar'soβia] *f* Warschau *n*.
Vascongadas [baskoŋ'gaðas] *f/pl.*
Baskische Provinzen *f/pl.*
Vaticano [bati'kano] *m* Vatikan *m*.
Velázquez [be'laθkeθ] *span. Maler
(1599—1660).*
Venecia [be'neθia] *f* Venedig *n*.
Venezuela [bene'θuela] *f* Venezuela
n.
Versalles [ber'saʎes] *f* Versailles *n*.
Vesubio [be'suβio] *m* Vesuv *m*.
Vicente [bi'θente] *m* Vinzenz.
Viena ['biena] *f* Wien *n*.
Vístula ['bistula] *m* Weichsel *f*.
Vizcaya [biθ'kaja] *f* Biscaya *f*.
Vosgos ['bɔzgɔs] *m/pl.* Vogesen *pl.*

W

Westfalia [best'falia] *f* Westfalen *n*.

Y

Yugoslavia [jugos'laβia] *f* Jugo-
slawien *n*.

Z

Zaragoza [θara'goθa] *f* Saragossa *n*.
Zorrilla y Moral [θɔ'rriʎai mo'ral]
*span. Lyriker und Dramatiker (1817
bis 1893).*
Zurbarán [θurba'ran] *span. Maler
(1598—1662).*

Spanische Abkürzungen
Abreviaturas españolas

A

a área *Ar (Flächenmaß).*
(a) alias *alias, anders, sonst.*
a/c a cargo *zu Lasten;* a cuenta *auf Rechnung.*
a.c. año corriente *laufendes Jahr.*
a.C. antes de Cristo *vor Christus.*
acr. acreedor *Gläubiger.*
adj. adjunto *anliegend.*
a/f. a favor *zu Gunsten.*
afmo. afectísimo *sehr ergeben.*
afto. afecto *ergeben.*
AIA Asociación Internacional del Automóvil *Internationaler Automobilclub.*
a.J. o **a. de J.C.** antes de Jesucristo *vor Jesus Christus.*
a la v/ a la vista *Sicht...*
ANI Agencia Internacional de Información *Internationales Nachrichtenbüro.*
ap. aparte *beiseite.*
art. o **art.o** artículo *Artikel.*
atmo., atm.o atentísimo *ergebenst.*
A.T.S. Ayudante Técnico-Sanitaria *etwa: medizinisch-technische Assistentin (MTA).*
atta. atenta *geehrt (Schreiben).*
atte. atentamente *hochachtungsvoll.*
attos. atentos *ergebene.*
a/v. a vista *auf Sicht.*
av.a avería *Havarie.*
Av(da). Avenida *Avenue.*

B

BARNA Barcelona.
Bco. Banco *Bank.*
B.L.M. o **b.l.m.** besa la mano *küßt die Hand.*
B.mo P.e Beatísimo Padre *Heiliger Vater (Papst).*
B.O.E. Boletín Oficial del Estado *Staatliches Amts-, Gesetzblatt.*
bto. bulto *Gepäckstück.*
B.U.P. Bachillerato Unificado Polivalente *Span.: die letzten drei Oberschuljahre.*

C

c. capítulo *Kapitel.*
c/ cargo *zu Lasten;* calle *Straße.*
c.a. corriente alterna *Wechselstrom.*
c/a cuenta abierta *offenes Konto.*
C.a compañía *Gesellschaft.*
cap. o **cap.o** capítulo *Kapitel.*
c/c cuenta corriente *laufende Rechnung;* laufendes Konto.*
c.c. corriente continua *Gleichstrom;* centímetro(s) cúbico(s) *Kubikzentimeter.*
CC. Código Civil *Bürgerliches Gesetzbuch.*
CC. OO. Comisiones Obreras *Arbeiterkommissionen.*
c/d con descuento *mit Skonto.*
C. de J. Compañía de Jesús *Jesuitenorden.*
C. de S. Consejo de Seguridad *Sicherheitsrat.*
c.do contado *bar.*
CEDE Compañía Española de Electricidad *Spanische Elektrizitätsgesellschaft.*
C.E.E. Comunidad Económica Europea *Europäische Wirtschaftsgemeinschaft.*
cents. centavos *Centavos.*
cénts. céntimos *Céntimos.*
CEOE Confederación Española de Organizaciones Empresariales *Spanischer Bund der Unternehmerverbände.*
cg centigramo, -s *Zentigramm.*
Cía. Compañía *Gesellschaft.*
CIMA Comisión Interministerial del Medio Ambiente *Interministerielle Umweltkommission.*
cl centilitro, -s *Zentiliter.*
cm centímetro, -s *Zentimeter.*
CM. Código Mercantil *Handelsgesetzbuch.*
C.N.T. Confederación Nacional de Trabajadores *(span. Gewerkschaft).*
Col. colección *Sammlung.*
col. o **col.a** columna *Spalte.*
Const. Constitución *Verfassung.*

corr.^{te} corriente *laufend*.

C.O.U. Curso de Orientación Universitaria *Span.*: *Voruniversitätsjahr*.

CP. Código Penal *Strafgesetzbuch*; contestación pagada *Antwort bezahlt*.

cs. céntimos *Céntimos*; centavos *Centavos*.

CSIC Consejo Superior de Investigaciones Científicas *Forschungsrat (Span.)*.

c.^{ta} cuenta *Rechnung*.

c.^{ta} c.^{te} cuenta corriente *laufende Rechnung*.

c.^{to} cuarto *vierter*.

cts. céntimos *Céntimos*; centavos *Centavos*.

CV caballo de vapor *Pferdestärke (PS)*.

D

D Debe *Soll*.

D. Don *Herr (vor dem Vornamen)*.

d/ días *Tage*.

D.ª Doña *Frau, Fräulein (vor dem Vornamen)*.

D.C. Derecho Civil *Bürgerliches Recht*.

d.C. después de Cristo *nach Christus*.

dep. departamento *Abteilung, Departement*.

D.F. Distrito Federal *Bundesdistrikt*.

Dg decagramo, -s *Dekagramm*.

dg decigramo, -s *Dezigramm*.

DGT Dirección General de Turismo *Generaldirektion für Fremdenverkehr*.

Dir. Dirección *Direktion*.

Dl decalitro, -s *Dekaliter*.

dl decilitro, -s *Deziliter*.

D.M. Derecho Mercantil *Handelsrecht*.

D.m. Dios mediante *so Gott will*.

Dm decámetro, -s *Dekameter*.

dm decímetro, -s *Dezimeter*.

Dn. Don *Herr (vor dem Vornamen)*.

D.N.I. Documento Nacional de Identidad *Span.: Kennkarte*.

Doct. Doctor *Doktor*.

d/p días plazo *Tage Frist*.

dpdo. duplicado *Duplikat*.

Dr. o **dr.** doctor *Doktor*.

dra., dro. derecha, derecho *rechte, rechter*.

dras., dros. derechas, derechos *rechte*.

dto. descuento *Abzug, Rabatt*; depósito *Depot, Lager*.

dupdo. duplicado *Doppel*.

d./v. días vista *Tage Sicht*.

E

E este *Osten*.

EA Ejército del Aire *Luftstreitkräfte*.

e/c en cuenta *in Rechnung*.

Ed. Edición *Ausgabe, Auflage*.

Edit. Editorial *Verlag*.

EE.UU. Estados Unidos *Vereinigte Staaten*.

E.G.B. Enseñanza General Básica *span. Grundschulwesen*.

E.M. Estado Mayor *Generalstab*.

Em.^a Eminencia *Eminenz*.

Em.^{mo} o **Emmo.** Eminentísimo *Eminenz*.

ENE estenordeste *Ostnordost*.

entlo. entresuelo *Hochparterre*.

E.P.D. en paz descanse *ruhe in Frieden*.

E.P.M. en propia mano *persönlich zu übergeben*.

escrit.^a escritura *Urkunde*.

ESE estesudeste *Ostsüdost*.

ET Ejército Tierra *Landstreitkräfte*.

etc. etcétera *usw*.

Exc.^a Excelencia *Exzellenz*.

Exc.^{ma} o **Excma.** Excelentísima;
Exc.^{mo} o **Excmo.** Excelentísimo *Exzellenz*.

F

F fulano *ein gewisser*.

fact. factura *Rechnung*.

Fasc. fascículo *Heft*.

f/c. ferrocarril *Eisenbahn*.

fcha. fecha *Datum*.

FF.AA. Fuerzas Armadas *Bewaffnete Streitkräfte*.

FF.CC. Ferrocarriles *Eisenbahnen*.

FMI Fondo Monetario Internacional *Internationaler Währungsfonds*.

FN Fuerzas Navales *Seestreitkräfte*.

f.^o o **fol.** folio *Seite*.

FSM Federación Sindical Mundial *Weltgewerkschaftsbund*.

G

G/ giro *Giro*.

g gramo *Gramm*.

G.B. Gran Bretaña *Großbritannien*.

Genl general *General*.

gral. general *allgemein*.

g/v gran velocidad *Eilgut*.

524

H

h hora *Stunde.*
H Haber *Haben.*
ha, hect. hectárea, -s *Hektar.*
Hg. hectogramo, -s *Hektogramm.*
hip. hipoteca *Hypothek.*
Hl. hectolitro, -s *Hektoliter.*
Hm. hectómetro, -s *Hektometer.*
Hno., Hnos. hermano, -s *Bruder, Brüder, Gebrüder.*

I

ib. ibídem *ebendort.*
ICONA Instituto para la Conservación de la Naturaleza *Naturschutzinstitut.*
íd. ídem *dasselbe.*
i.e. id est (esto es) *das heißt (d. h.)*
I.E.M.E. Instituto Español de Moneda Extranjera *Spanisches Deviseninstitut.*
Il.e Ilustre *Hochwürden.*
Il.ma, Il.mo, Ilma., Ilmo. ilustrísima, ilustrísimo *Hochwürdigste(r).*
I.N.E. Instituto Nacional de Estadística *Staatliches Institut für Statistik.*
I.N.I. Instituto Nacional de Industria *Staatliches Institut für Industrie.*
I.N.P. Instituto Nacional de Previsión *Staatliches Fürsorgeinstitut.*
ít. ítem *ebenso.*
IVA Impuesto sobre el Valor Añadido *Mehrwertsteuer.*
izq.a, izq.o izquierda, izquierdo *linke, linker.*

J

J.C. Jesucristo *Jesus Christus.*
JOC Juventud Obrera Católica *Katholische Arbeiterjugend.*

K

Kg. kilogramo, -s *Kilogramm.*
Kl. kilolitro, -s *Kiloliter.*
Km. kilómetro, -s *Kilometer.*
km/h kilómetros por hora *Stundenkilometer.*
kWh kilovatio-hora *Kilowattstunde.*

L

L., L.do licenciado *Lizentiat.*
l ley *Gesetz;* libro *Buch;* litro *Liter.*
L/ letra de cambio *Wechsel.*

lb. libra *Pfund (Gewicht).*
L.S. locus sigilli (lugar del sello) *Platz für das Siegel.*

M

M. Madre *Titel einer Äbtissin.*
M. Majestad *Majestät.*
m metro, -s *Meter.*
m minuto, -s *Minute.*
m² metro cuadrado *Quadratmeter.*
m³ metro cúbico *Kubikmeter.*
m/ mi, mis *mein, meine.*
M.a María *Marie.*
m/c mi cuenta *meine Rechnung;* mi cargo *zu meinen Lasten.*
m/c.c. mi cuenta corriente *mein laufendes Konto.*
M.C.E. menos de carro entero *Stückgut.*
m/f mi favor *zu meinen Gunsten.*
m/fact. mi factura *meine Rechnung.*
mg miligramo, -s *Milligramm.*
m/l mi letra *mein Wechsel.*
ml. mililitro *Milliliter.*
mm milímetro, -s *Millimeter.*
m/o mi orden *meine Order.*
Mons. Monseñor *Monsignore.*
m/p mi pagaré *mein eigener Wechsel.*
M.S. manuscrito *Manuskript.*
M.SS. manuscritos *Manuskripte.*
mts. metros *Meter.*
m/v. meses vista *Monate Sicht.*

N

N norte *Norden.*
n noche *Nacht.*
n/ nuestra, -s *unsere;* nuestro, -s *unser, unsere.*
N.a S.a Nuestra Señora *Jungfrau Maria.*
N.B. nota bene *übrigens.*
n/c nuestra cuenta *unser Konto.*
n/c.c. nuestra cuenta corriente *unser laufendes Konto.*
n/cgo. nuestro cargo *zu unseren Lasten.*
NE nordeste *Nordosten.*
n/l nuestra letra *unser Wechsel.*
NNE nornordeste *Nordnordost.*
NNO nornoroeste *Nordnordwest.*
NN.UU. Naciones Unidas *Vereinte Nationen.*
NO noroeste *Nordwesten.*
n/o nuestra orden *unsere Order.*
no, N.o número *Nummer (Nr.).*
n/p nuestro pagaré *unser Eigenwechsel.*

n/p nuestro pago *unsere Zahlung.*

nra., nras. nuestra, nuestras *unsere.*

nro., nros. nuestro, nuestros *unser, unsere.*

N.S. Nuestro Señor *Unser Herr (Jesus Christus).*

N.S.J.C. Nuestro Señor Jesucristo *Unser Herr Jesus Christus.*

N.T. Nuevo Testamento *Neues Testament.*

ntra., ntras. nuestra, nuestras *unsere.*

ntro., ntros. nuestro, nuestros *unser, unsere.*

núm. o **núm.º** número *Nummer.*

núms. o **núm.ˢ** números *Nummern.*

O

O oeste *Westen.*

o orden *Order.*

OECE Organización Europea de Cooperación Económica *Organisation für europäische wirtschaftliche Zusammenarbeit.*

OIT Organización Internacional del Trabajo *Internationale Arbeitsorganisation.*

ONO oesnoroeste *Westnordwest.*

O.N.U. Organización de las Naciones Unidas *UNO.*

O.P. Obras Públicas *Öffentliche Arbeiten.*

O.P.E.P. Organización de Países Exportadores de Petróleo *Organisation erdölausführender Länder.*

OSO oessudoeste *Westsüdwest.*

O.T.A.N. Organización del Tratado de Atlántico Norte *NATO.*

O.V.N.I. Objeto Volante No Identificado *Unbekanntes Flugobjekt (UFO).*

P

P. Papa, Padre *Papst, Pater.*

P. o **p.** pagaré *eigener Wechsel.*

p. por *für.*

P.A. por ausencia *in Abwesenheit;* por autorización *im Auftrag (i. A.).*

pág., págs. página, -s *Seite, Seiten.*

párr. párrafo *Abschnitt, Absatz.*

p/c por cuenta *auf Rechnung.*

P.C.E. Partido Comunista Español *Spanische Kommunistische Partei.*

P.D. posdata *Nachtrag.*

pdo. pasado *vergangen.*

Pe Padre *Pater.*

p.ej. por ejemplo *zum Beispiel.*

p.m/c por mi cuenta *auf meine Rechnung.*

PMM Parque Móvil Ministerial *Ministerielle Fahrbereitschaft.*

pmo. próximo *nächster.*

p.n/c por nuestra cuenta *auf unsere Rechnung.*

P.O., p.o. por orden *im Auftrag.*

p% por ciento *Prozent.*

P.P. por poder *in Vollmacht;* porte pagado *frachtfrei.*

ppdo. próximo pasado *letztvergangen.*

pral. principal *hauptsächlich; erster Stock.*

prof. profesor *Professor.*

pról. prólogo *Vorwort, Prolog.*

prov.ª provincia *Provinz.*

P.S. post scriptum *Nachschrift, Nachtrag.*

ps. pesos *Pesos.*

p.s/c por su cuenta *auf seine (Ihre) Rechnung.*

p.s/o por su orden *in seinem (Ihrem) Auftrag.*

P.S.O.E. Partido Socialista Obrero Español *Spanische Sozialistische Arbeiterpartei.*

pta. peseta *Peseta.*

ptas., pts. pesetas *Pesetas.*

p.v. pequeña velocidad *Frachtgut.*

P.V.P. precio de venta al público *Ladenpreis.*

pzs. piezas *Stücke.*

Q

q.e.p.d. que en paz descanse *ruhe in Frieden.*

q.e.s.m. que estrecha su mano *der Ihre Hand drückt.*

q.m. quintal métrico *Doppelzentner.*

qⁿ quien *welcher.*

R

R. Reverendo *Ehrwürden.*

R.A.E. Real Academia Española *Königliche Spanische Akademie.*

R.A.U. República Árabe Unida *Vereinte Arabische Republik.*

Rda.M. Reverenda Madre *ehrwürdige Mutter.*

Rdo.P. Reverendo Padre *ehrwürdiger Vater.*

RENFE Red Nacional de Ferrocarriles Españoles *Staatliches Netz der spanischen Eisenbahnen.*

526

R.F.A. República Federal de Alemania *Deutsche Bundesrepublik.*

R.I.P. requiescat in pace *ruhe in Frieden.*

R.M. Reverenda Madre *ehrwürdige Mutter*; Registro Mercantil *Handelsregister.*

RNE Radio Nacional de España *Spanischer staatlicher Rundfunk.*

R.P. Reverendo Padre *ehrwürdiger Vater.*

r.p.m. revoluciones por minuto *Umdrehungen pro Minute.*

R.T.V.E. Radiotelevisión Española *Spanischer Rundfunk und Fernsehen.*

rúst. rústica *broschiert.*

Sra., Sras. Señora, Señoras *Frau, Frauen.*

Sres. o **S.res** Señores *Herren.*

Sría. Secretaría *Sekretariat.*

S.R.L. Sociedad de Responsabilidad limitada *Gesellschaft mit beschränkter Haftung.*

Sr.ta o **Srta.** Señorita *Fräulein.*

S.S. Su Santidad *Seine Heiligkeit.*

SSE sudsudeste *Südsüdost.*

SS.MM. Sus Majestades *Ihre Majestäten.*

SSO sudsudoeste *Südsüdwest.*

S.S.S. su seguro servidor *Ihr sehr ergebener.*

Sta. Santa *Heilige.*

Sto. Santo *Heiliger.*

S

S Sur *Süden.*

S. San, Santo *heilig.*

s/ su, sus *sein, ihr, seine, ihre.*

s.a. sin año *ohne Jahr.*

Sa. señora *Frau.*

S.A. Su Alteza *Seine Hoheit.*

S.A. Sociedad Anónima *Aktiengesellschaft.*

S.A.R. Su Alteza Real *Seine (Ihre) Königliche Hoheit.*

s/c su cuenta *seine (Ihre) Rechnung.*

S.C. Sociedad Colectiva *Offene Handelsgesellschaft.*

s/c.c. su cuenta corriente *sein (Ihr) laufendes Konto.*

S.E. Su Excelencia *Seine Exzellenz.*

SE sudeste *Südost.*

SEAT Sociedad Española de Automóviles Turismo *Spanische FIAT-Werke.*

S. en C. Sociedad en Comandita *Kommanditgesellschaft.*

s.e.u.o. salvo error u omisión *Irrtum vorbehalten.*

s/f su favor *zu seinen Gunsten.*

s/fact. su factura *Ihre Rechnung.*

sig.te siguiente *folgende(r).*

s/l su letra *sein Wechsel.*

S.M. Su Majestad *Seine Majestät.*

s/n sin número *ohne Hausnummer.*

S.n San *Heiliger.*

SO sudoeste *Südwesten.*

s/o su orden *seine (Ihre) Order.*

s/p su pago *seine (Ihre) Zahlung.*

s/P. su pagaré *sein (Ihr) Eigenwechsel.*

s/r su remesa *seine (Ihre) Sendung.*

Sr. Señor *Herr.*

T

T. tomo *Band.*

t tonelada *Tonne (Gewicht).*

t. tarde *nachmittags.*

TALGO Tren Articulado Ligero Goicoechea Oriol *spanischer Gliederzug aus Leichtmetall.*

Tel. teléfono *Telefon.*

tít. o **tít.o** título *Titel.*

t.o o **tom.** tomo *Band.*

trad. traducción *Übersetzung.*

T.V. Televisión *Fernsehen.*

T.V.E. Televisión Española *Spanisches Fernsehen.*

U

U o **Ud.** Usted *Sie (sg.).*

U.C.D. Unión de Centro Democrático *Union des demokratischen Zentrums.*

Uds. Ustedes *Sie (pl.).*

U.G.T. Unión General de Trabajadores *Allgemeine Arbeiterunion.*

URSS Unión de Repúblicas Socialistas Soviéticas *Union der Sozialistischen Sowjetrepubliken.*

U.S.O. Unión Sindical Obrera *Gewerkschaftliche Arbeiterunion.*

V

V Usted *Sie (sg.).*

V véase *siehe*; voltio *Volt.*

v vale *Gutschein.*

vd. velocidad *Geschwindigkeit.*

Vda viuda *Witwe.*

Vd(s). Usted(es) *Sie (sg. [pl.]).*

V.E. Vuestra Excelencia *Euer Exzellenz.*

v.g. o **v.gr.** verbigracia *zum Beispiel.*

V.o B.o visto bueno *gesehen und genehmigt.*

vol. volumen *Band.*

vols. volúmenes *Bände.*

v/r valor recibido *Wert erhalten.*

vra., vro., vras., vros. vuestra, vuestro, vuestras, vuestros *eure, euer, eure.*

V.S. Vueseñoría o Usía *Anrede an hochgestellte Persönlichkeiten.*

v.ta, v.to vuelta, vuelto *umseitig.*

X

Xpo. Cristo *Christus.*

Y

yds. yardas *Yards.*

Konjugation der spanischen Verben

In den folgenden Konjugationsmustern sind die Stämme mit gewöhnlicher, die Endungen mit *kursiver* Schrift gedruckt. Unregelmäßigkeiten sind durch **fette** Schrift kenntlich gemacht.

Anweisung für die Bildung der Zeiten

Aus den nachstehenden Stammformen lassen
sich folgende Ableitungen* bilden:

Stammformen	Ableitungen
I. Aus dem **Presente de indicativo**, und zwar der 3. Pers. *sg.* (manda, vende, recibe)	**1.** der **Imperativo** 2. Pers. *sg.* (¡manda! ¡vende! ¡recibe!)
II. Aus dem **Presente de subjuntivo**, und zwar der 2. und 3. Pers. *sg.* und dem ganzen *pl.* (mand*es*, mand*e*, mand*emos*, mand*éis*, mand*en* — vend*as*, vend*a*, vend*amos*, vend*áis*, vend*an* — recib*as*, recib*a*, recib*amos*, recib*áis*, recib*an*)	**2.** der **Imperativo** 1. Person *pl.*, 3. Person *sg.* und *pl.*, sowie die verneinte 2. Person *sg.* u. *pl.* (no mand*es*, mand*e* Vd., mand*emos*, no mand*éis*, mand*en* Vds. — no vend*as*, vend*a* Vd., vend*amos*, no vend*áis*, vend*an* Vds. — no recib*as* usw.)
III. Aus dem **Pretérito indefinido**, und zwar der 3. Person *pl.* (mand*aron*, vend*ieron*, recib*ieron*)	**3.** der **Imperf. de subj. I** durch Verwandlung von ...*ron* in ...*ra* (mand*ara*, vend*iera*, recib*iera*)
	4. der **Imperf. de subj. II** durch Verwandlung von ...*ron* in ...*se* (mand*ase*, vend*iese*, recib*iese*)
	5. der **Futuro de subj.** durch Verwandlung von ...*ron* in ..*re* (mand*are*, vend*iere*, recib*iere*)

---

* Diese Ableitungen entsprechen nur teilweise den sprachgeschichtlichen Zusammenhängen; sie sind als praktische Hinweise für die Bildung der Zeiten zu verstehen.

IV. Aus dem **Infinitivo**
(mandar, vender, recibir)

6. der **Imperativo** 2. Person *pl.*
durch Verwandlung von ...r in
...d
(mandad, vended, recibid)

7. der **Gerundio** durch Verwandlung von ...ar in ...ando, von ...er und ...ir in ...iendo (zuweilen ...yendo)

8. der **Futuro** durch Anhängung der Endung des *Pres.* von haber (mandaré, venderé, recibiré)

9. der **Condicional** durch Anhängung der Endungen des *Imperf.* von haber (mandaría, vendería, recibiría)

V. Aus dem **Participio**
(mandado, vendido, recibido)

10. alle **zusammengesetzten Zeiten** durch Vorsetzung einer Form von haber oder ser.

Erste Konjugation

1a mandar. Der Stamm bleibt in Schrift und Aussprache unverändert.

Einfache Zeiten

Indicativo

	Presente		Imperfecto		Pretérito indefinido
sg.	mando	sg.	mandaba	sg.	mandé
	mandas		mandabas		mandaste
	manda		mandaba		mandó
pl.	mandamos	pl.	mandábamos	pl.	mandamos
	mandáis		mandabais		mandasteis
	mandan		mandaban		mandaron

	Futuro		Condicional
sg.	mandaré	sg.	mandaría
	mandarás		mandarías
	mandará		mandaría
pl.	mandaremos	pl.	mandaríamos
	mandaréis		mandaríais
	mandarán		mandarían

Subjuntivo

	Presente		Imperfecto I		Imperfecto II
sg.	mande	sg.	mandara	sg.	mandase
	mandes		mandaras		mandases
	mande		mandara		mandase
pl.	mandemos	pl.	mandáramos	pl.	mandásemos
	mandéis		mandarais		mandaseis
	manden		mandaran		mandasen

	Futuro	**Imperativo**
sg.	mand*are*	*sg.* —
	mand*ares*	manda (no mand*es*)
	mand*are*	mande Vd.
pl.	mand*áremos*	*pl.* mand*emos*
	mand*aréis*	mand*ad* (no mand*éis*)
	mand*aren*	mand*en* Vds.

Infinitivo: mand*ar*   **Gerundio:** mand*ando*   **Participio:** mand*ado*

Zusammengesetzte Zeiten

1. Im Aktiv
(Durch Vorsetzung von haber vor unveränderliches *Part*.)

Infinitivo
perfecto: haber mandado

Gerundio
perfecto: habiendo mandado

Indicativo
pretérito perf.: he mandado

pluscuamp.: había mandado
pret. anterior: hube mandado
futuro perf.: habré mandado
cond. perf.: habría mandado

Subjuntivo
pretérito perf.: haya mandado
pluscuamp.: {hubiera mandado / hubiese mandado}
fut. perf.: hubiere mandado

2. Im Passiv
(Durch Vorsetzen von ser [und haber] vor veränderliches *Part*.)

Infinitivo
presente: ser mandado usw.
perfecto: haber sido mandado

Gerundio
presente: siendo mandado
perf.: habiendo sido mandado

Indicativo
presente: soy mandado
imperf.: era mandado
pret. indef.: fui mandado
pret. perf.: he sido mandado

pluscp.: había sido mandado
pret. ant.: hube sido mandado
futuro: seré mandado
fut. perf.: habré sido mandado
condicional: sería mandado
cond. pf.: habría sido mandado

Subjuntivo
presente: sea mandado
imperfecto: {fuera mandado / fuese mandado}
pret. perf.: haya sido mandado
pluscp.: {hubiera sido mandado / hubiese sido mandado}
futuro: fuere mandado
fut. perf.: hubiere sido mandado

Infinitivo	Presente de ind.	Presente de subj.	Pretérito indefinido
1b cambiar. Ebenso alle Verben auf *...iar*, soweit sie nicht wie *variar* (1c) gehen	cambio	cambie	cambié
	cambias	cambies	cambiaste
	cambia	cambie	cambió
	cambiamos	cambiemos	cambiamos
	cambiáis	cambiéis	cambiasteis
	cambian	cambien	cambiaron
1c variar. Das *i* wird in den stammbetonten Formen mit dem Akzent versehen	varío	varíe	varié
	varías	varíes	variaste
	varía	varíe	varió
	variamos	variemos	variamos
	variáis	variéis	variasteis
	varían	varíen	variaron

Infinitivo	Presente de ind.	de subj.	Pretérito indefinido
1d evacuar. Ebenso alle Verben auf ...*uar*, soweit sie nicht wie *acentuar* (1e) gehen	evacuo evacuas evacua evacuamos evacuáis evacuan	evacue evacues evacue evacuemos evacuéis evacuen	evacué evacuaste evacuó evacuamos evacuasteis evacuaron
1e acentuar. Das *u* wird in den stammbetonten Formen mit dem Akzent versehen	acentúo acentúas acentúa acentuamos acentuáis acentúan	acentúe acentúes acentúe acentuemos acentuéis acentúen	acentué acentuaste acentuó acentuamos acentuasteis acentuaron
1f cruzar. Der Stammauslaut *z* wird *c* vor *e*. Ebenso alle Verben auf ...*zar*	cruzo cruzas cruza cruzamos cruzáis cruzan	cruce cruces cruce crucemos crucéis crucen	crucé cruzaste cruzó cruzamos cruzasteis cruzaron
1g tocar. Der Stammauslaut *c* wird *qu* vor *e*. Ebenso alle Verben auf ...*car*	toco tocas toca tocamos tocáis tocan	toque toques toque toquemos toquéis toquen	toqué tocaste tocó tocamos tocasteis tocaron
1h pagar. Der Stammauslaut *g* wird *gu* (*u* stumm!) vor *e*. Ebenso alle Verben auf ...*gar*	pago pagas paga pagamos pagáis pagan	pague pagues pague paguemos paguéis paguen	pagué pagaste pagó pagamos pagasteis pagaron
1i fraguar. Der Stammauslaut *gu* wird *gü* (*u* mit Trema lautend) vor *e*. Ebenso alle Verben auf ...*guar*	fraguo fraguas fragua fraguamos fraguáis fraguan	fragüe fragües fragüe fragüemos fragüéis fragüen	fragüé fraguaste fraguó fraguamos fraguasteis fraguaron
1k pensar. Betontes Stamm-*e* wird *ie*	pienso piensas piensa pensamos pensáis piensan	piense pienses piense pensemos penséis piensen	pensé pensaste pensó pensamos pensasteis pensaron
1l errar. Betontes Stamm-*e* wird (weil es am Anfang des Wortes steht) *ye*	yerro yerras yerra erramos erráis yerran	yerre yerres yerre erremos erréis yerren	erré erraste erró erramos errasteis erraron

Infinitivo	Presente de ind.	de subj.	Pretérito indefinido
1m contar. Betontes Stamm-*o* wird *ue* (*u* lautend!)	cuento cuentas cuenta contamos contáis cuentan	cuente cuentes cuente contemos contéis cuenten	conté contaste contó contamos contasteis contaron
1n agorar. Betontes Stamm-*o* wird zu *üe* (*u* mit Trema lautend)	agüero agüeras agüera agoramos agoráis agüeran	agüere agüeres agüere agoremos agoréis agüeren	agoré agoraste agoró agoramos agorasteis agoraron
1o jugar. Betontes Stamm-*u* wird *ue*; Stammauslaut *g* wird vor *e* zu *gu*: *s.* (1h); *conjugar, enjugar* und *enjugarse* sind regelmäßig	juego juegas juega jugamos jugáis juegan	juegue juegues juegue juguemos juguéis jueguen	jugué jugaste jugó jugamos jugasteis jugaron
1p estar. *Pres. de ind.* 1. Pers. *sg.* auf ...*oy*, sonst regelm., aber mit betontem *a*; der *Pres. de subj.* hat durchweg betontes Endungs-*e*; *Pret. indef.* usw. wie (2l). Sonst regelmäßig	estoy estás está estamos estáis están	esté estés esté estemos estéis estén	estuve estuviste estuvo estuvimos estuvisteis estuvieron
1q andar. *Pret. indef.* und Ableitungen in Angleichung an *estar* wie (2l); sonst regelmäßig	ando andas anda andamos andáis andan	ande andes ande andemos andéis anden	anduve anduviste anduvo anduvimos anduvisteis anduvieron
1r dar. *Pres. de ind.* 1. Pers. *sg.* auf ...*oy*, sonst regelm. *Pres. de subj.* 1. u. 3. Pers. *sg.* mit Akzent. *Pret. indef.* usw. nach der zweiten regelm. Konjugation. Sonst regelmäßig	doy das da damos dais dan	dé des dé demos deis den	di diste dio dimos disteis dieron

Zweite Konjugation

2a vender. Der Stamm bleibt in Schrift und Aussprache unverändert

Einfache Zeiten
Indicativo

	Presente		Imperfecto		Pretérito indefinido
sg.	vendo	sg.	vendía	sg.	vendí
	vendes		vendías		vendiste
	vende		vendía		vendió
pl.	vendemos	pl.	vendíamos	pl.	vendimos
	vendéis		vendíais		vendisteis
	venden		vendían		vendieron

	Futuro		Condicional
sg.	venderé	sg.	vendería
	venderás		venderías
	venderá		vendería
pl.	venderemos	pl.	venderíamos
	venderéis		venderíais
	venderán		venderían

Subjuntivo

	Presente		Imperfecto I		Imperfecto II
sg.	venda	sg.	vendiera	sg.	vendiese
	vendas		vendieras		vendieses
	venda		vendiera		vendiese
pl.	vendamos	pl.	vendiéramos	pl.	vendiésemos
	vendáis		vendierais		vendieseis
	vendan		vendieran		vendiesen

	Futuro		Imperativo
sg.	vendiere	sg.	—
	vendieres		vende (no ...as)
	vendiere		venda Vd.
pl.	vendiéremos	pl.	vendamos
	vendiereis		vended (no ...áis)
	vendieren		vendan Vds.

Infinitivo: vender   **Gerundio:** vendiendo   **Participio:** vendido
Zusammenges. Zeiten: Vom *Participio* mit Hilfe von *haber* und *ser*; s. (1a)

Infinitivo	Presente		Pretérito indefinido
	de ind.	de subj.	
2b vencer. Der Stammauslaut *c* wird *z* vor *a* und *o*. Ebenso alle Verben auf *...cer* mit vorhergehendem Konsonant	venzo	venza	vencí
	vences	venzas	venciste
	vence	venza	venció
	vencemos	venzamos	vencimos
	vencéis	venzáis	vencisteis
	vencen	venzan	vencieron
2c coger. Der Stammauslaut *g* wird *j* vor *a* und *o*. Ebenso alle Verben auf *...ger*	cojo	coja	cogí
	coges	cojas	cogiste
	coge	coja	cogió
	cogemos	cojamos	cogimos
	cogéis	cojáis	cogisteis
	cogen	cojan	cogieron

Infinitivo	Presente de ind.	de subj.	Pretérito indefinido
2d merecer. Der Stammaus-laut *c* wird *zc* vor *a* und *o*	merezco mereces merece merecemos merecéis merecen	merezca merezcas merezca merezcamos merezcáis merezcan	merecí mereciste mereció merecimos merecisteis merecieron
2e creer. Unbetontes *i* zwi-schen zwei Vokalen wird *y* Participio: *creído* Gerundio: *creyendo*	creo crees cree creemos creéis creen	crea creas crea creamos creáis crean	creí creíste creyó creímos creísteis creyeron
2f tañer. Unbetontes *i* nach *ñ* und *ll* fällt aus; vgl. (3h) Gerundio: *tañendo*	taño tañes tañe tañemos tañéis tañen	taña tañas taña tañamos tañáis tañan	tañí tañiste tañó tañimos tañisteis tañeron
2g perder. Betontes Stamm-*e* wird *ie*; ebenso viele Verben	pierdo pierdes pierde perdemos perdéis pierden	pierda pierdas pierda perdamos perdáis pierdan	perdí perdiste perdió perdimos perdisteis perdieron
2h mover. Betontes Stamm-*o* wird *ue*. Die Verben auf *...olver* haben im *Participio* *...uelto*	muevo mueves mueve movemos movéis mueven	mueva muevas mueva movamos mováis muevan	moví moviste movió movimos movisteis movieron
2i oler. Betontes Stamm-*o* wird (wenn es am Anfang des Wortes steht) *hue...*	huelo hueles huele olemos oléis huelen	huela huelas huela olamos oláis huelan	olí oliste olió olimos olisteis olieron
2k haber. Unregelmäßig in vie-len Formen. Im *Fut.* u. *Cond.* fällt *e* hinter dem Stamm *hab...* aus Futuro: *habré* Imperativo: 2. Pers. sg. *he*	he has ha hemos habéis han	haya hayas haya hayamos hayáis hayan	hube hubiste hubo hubimos hubisteis hubieron
2l tener. Unregelmäßig in den meisten Formen. Im *Futuro* und *Cond.* Ausfall des dem Stamm folgenden *e* und Einfügung von *d* Futuro: *tendré* Imperativo: 2. Pers. sg. *ten*	tengo tienes tiene tenemos tenéis tienen	tenga tengas tenga tengamos tengáis tengan	tuve tuviste tuvo tuvimos tuvisteis tuvieron

Infinitivo	Presente de ind.	de subj.	Pretérito indefinido
2m caber. Unregelmäßig in vielen Formen. Im *Fut.* u. *Cond.* fällt das dem Stamm folgende *e* aus Futuro: *cabré*	quepo cabes cabe cabemos cabéis caben	quepa quepas quepa quepamos quepáis quepan	cupe cupiste cupo cupimos cupisteis cupieron
2n saber. Unregelmäßig in vielen Formen. Im *Fut.* u. *Cond.* fällt das dem Stamm folgende *e* aus Futuro: *sabré*	sé sabes sabe sabemos sabéis saben	sepa sepas sepa sepamos sepáis sepan	supe supiste supo supimos supisteis supieron
2o caer. Im *Pres.* Einschiebung von ...*ig* hinter dem Stamm. Unbetontes *i* zwischen Vokalen geht wie bei (2e) in *y* über Participio: *caído* Gerundio: *cayendo*	caigo caes cae caemos caéis caen	caiga caigas caiga caigamos caigáis caigan	caí caíste cayó caímos caísteis cayeron
2p traer. Im *Pres.* Einschiebung von ...*ig*... hinter dem Stamm. Endung des *Pret. indef.* ...*je*. Im *Gerundio* Übergang von *i* in *y* Participio: *traído* Gerundio: *trayendo*	traigo traes trae traemos traéis traen	traiga traigas traiga traigamos traigáis traigan	traje trajiste trajo trajimos trajisteis trajeron
2q valer. Im *Pres.* Einschiebung von ...*g*... hinter dem Stamm. Im *Futuro* u. *Cond.* Ausfall des dem Stamm folgenden *e* und Einfügung von ...*d*... Futuro: *valdré*	valgo vales vale valemos valéis valen	valga valgas valga valgamos valgáis valgan	valí valiste valió valimos valisteis valieron
2r poner. Im *Pres.* Einfügung von ...*g*... Unregelm. im *Pret. indef.* u. *Part.* Im *Futuro* u. *Cond.* Ausfall des dem Stamm folgenden ...*e*... und Einfügung von ...*d*... Futuro: *pondré* Participio: *puesto* Imperativo: *2. Pers. sg. pon*	pongo pones pone ponemos ponéis ponen	ponga pongas ponga pongamos pongáis pongan	puse pusiste puso pusimos pusisteis pusieron
2s hacer. In der 1. Person des *Ind.* und im *Subj.* g für *c.* Unregelmäßig im *Pret. indef.* u. *Part.* Im *Fut.* u. *Cond.* Ausfall von *ce.* Im *Imperativo sg.* reiner Stamm unter Verwandlung von ...*c* in ...*z* Futuro: *haré* Imperativo: *2. Pers. sg. haz* Participio: *hecho*	hago haces hace hacemos hacéis hacen	haga hagas haga hagamos hagáis hagan	hice hiciste hizo hicimos hicisteis hicieron

Infinitivo	Presente de ind.	de subj.	Pretérito indefinido
2t poder. Betontes Stamm-*o* geht (im *Pres.* u. im *Imper.*) in ...*ue*... über. Unregelm. im *Pret. indef.* u. *Gerundio.* Im *Fut.* u. *Cond.* Ausfall des dem Stamm folgenden *e* Futuro: *podré* Gerundio: *pudiendo*	pued*o* pued*es* pued*e* pod*emos* pod*éis* pued*en*	pued*a* pued*as* pued*a* pod*amos* pod*áis* pued*an*	pude pud*iste* pudo pud*imos* pud*isteis* pud*ieron*
2u querer. Betontes Stamm-*e* geht (im *Pres.* u. *Imper.*) in *ie* über. Unregelmäßig im *Pret. indef.* Im *Futuro* und *Cond.* Ausfall des dem Stamm folgenden *e* Futuro: *querré*	quier*o* quier*es* quier*e* quer*emos* quer*éis* quier*en*	quier*a* quier*as* quier*a* quer*amos* quer*áis* quier*an*	quise quis*iste* quiso quis*imos* quis*isteis* quis*ieron*
2v ver. *Pres. de ind.* 1. Pers. *sg.*, *Pres. de subj.* und *Impf.* vom Stamm *ve*..., sonst regelm. vom verkürzten Stamm *v*... Unregelmäßig im *Participio* Participio: *visto*	ve*o* ve*s* ve ve*mos* ve*is* ve*n*	ve*a* ve*as* ve*a* ve*amos* ve*áis* ve*an*	vi viste v*io* v*imos* v*isteis* v*ieron*

Infinitivo	Presente de ind.	de subj.	Imperf. de ind.	Pretérito indefinido
2w ser. Ganz unregelmäßig, da verschiedene Stämme miteinander abwechseln Participio: *sido* Gerundio: *siendo* Imperativo: 2. Pers. *sg.* sé 2. Pers. *pl.* sed	so*y* ere*s* es so*mos* so*is* so*n*	se*a* se*as* se*a* se*amos* se*áis* se*an*	er*a* er*as* er*a* ér*amos* er*ais* er*an*	fu*i* fu*iste* fue fu*imos* fu*isteis* fu*eron*

2x placer. Fast nur in der 3. Person *sg.* gebräuchlich. Unregelmäßige Formen: *Pres. de subj.* pl*e*ga und pl*e*gue neben pl*a*zca; *Pret. indef.* pl*u*go (oder pl*a*ció), pl*u*guieron (oder pl*a*cieron); *Imperf. de subj.* pl*u*guiera (oder pl*a*ciera, pl*a*ciese); *Futuro de subj.* pl*u*guiere (oder pl*a*ciere).

2y yacer. Namentlich auf Grabschriften, daher vornehmlich in der 3. Person gebräuchlich. Im *Presente de ind.* 1. Person *sg.* und im *Pres. de subj.* drei Nebenformen. *Imper.* regelmäßig; daneben reiner Stamm mit Verwandlung von *c* in *z*. *Pres. de ind.*: ya*zc*o, ya*zg*o, ya*g*o; ya*c*es usw.; *Pres. de subj.*: ya*zc*a, ya*zg*a, ya*g*a usw.; *Imperativo* ya*c*e und ya*z*.

2z raer. *Pres. de ind.* 1. Person *sg.* und *Pres. de subj.* zeigen neben den weniger gebräuchlichen regelmäßigen Formen solche mit Einschiebungen von ...*ig*... wie (2o): ra*ig*o, ra*ig*a; daneben ra*y*o, ra*y*a (weniger gebräuchlich). Sonst regelmäßig.

2za roer. *Pres. de ind.* 1. Person *sg.* und *Pres. de subj.* zeigen neben den regelmäßigen Formen weniger gebräuchliche: ro*ig*o, ro*ig*a; ro*y*o, ro*y*a.

Dritte Konjugation

3a recibir. Der Stamm bleibt in Schrift und Aussprache unverändert

Einfache Zeiten

Indicativo

Presente	*Imperfecto*	*Pretérito indefinido*
sg. recibo	sg. recibía	sg. recibí
recibes	recibías	recibiste
recibe	recibía	recibió
pl. recibimos	pl. recibíamos	pl. recibimos
recibís	recibíais	recibisteis
reciben	recibían	recibieron

Futuro	*Condicional*
sg. recibiré	sg. recibiría
recibirás	recibirías
recibirá	recibiría
pl. recibiremos	pl. recibiríamos
recibiréis	recibiríais
recibirán	recibirían

Subjuntivo

Presente	*Imperfecto I*	*Imperfecto II*
sg. reciba	sg. recibiera	sg. recibiese
recibas	recibieras	recibieses
reciba	recibiera	recibiese
pl. recibamos	pl. recibiéramos	pl. recibiésemos
recibáis	recibierais	recibieseis
reciban	recibieran	recibiesen

Futuro	**Imperativo**
sg. recibiere	sg.
recibieres	recibe (no ...as)
recibiere	reciba Vd.
pl. recibiéremos	pl. recibamos
recibiereis	recibid (no ...áis)
recibieren	reciban Vds.

Infinitivo: recibir **Gerundio:** recibiendo **Participio:** recibido
Zusammengesetzte Zeiten: Vom *Participio* mit Hilfe von *haber* und *ser*; s. (1a)

Infinitivo	Presente		Pretérito
	de ind.	de subj.	indefinido
3b esparcir. Der Stammaus- laut *c* wird *z* vor *a* und *o*	esparzo	esparza	esparcí
	esparces	esparzas	esparciste
	esparce	esparza	esparció
	esparcimos	esparzamos	esparcimos
	esparcís	esparzáis	esparcisteis
	esparcen	esparzan	esparcieron

Infinitivo	Presente de ind.	Presente de subj.	Pretérito indefinido
3c dirigir. Der Stammauslaut *g* wird *j* vor *a* und *o*	dirijo diriges dirige dirigimos dirigís dirigen	dirija dirijas dirija dirijamos dirijáis dirijan	dirigí dirigiste dirigió dirigimos dirigisteis dirigieron
3d distinguir. Der Stammauslaut *gu* wird *g* vor *a* und *o*	distingo distingues distingue distin- guimos distinguís distinguen	distinga distingas distinga distin- gamos distingáis distingan	distinguí distinguiste distinguió distin- guimos distin- guisteis distin- guieron
3e delinquir. Der Stammauslaut *qu* wird *c* vor *a* und *o*	delinco delinques delinque delinquimos delinquís delinquen	delinca delincas delinca delincamos delincáis delincan	delinquí delinquiste delinquió delinquimos delin- quisteis delin- quieron
3f lucir. Der Stammauslaut *c* wird *zc* vor *a* und *o*	luzco luces luce lucimos lucís lucen	luzca luzcas luzca luzcamos luzcáis luzcan	lucí luciste lució lucimos lucisteis lucieron
3g concluir. Schiebt in allen Formen, deren Endung nicht mit einem silbenbildenden *i* beginnt, ein *y* hinter dem Stamm ein Participio: *concluido* Gerundio: *concluyendo*	concluyo concluyes concluye concluimos concluís concluyen	concluya concluyas concluya concluya- mos concluyáis concluyan	concluí concluiste concluyó concluimos concluisteis concluyeron
3h gruñir. Unbetontes *i* nach *ñ*, *ll* und *ch* fällt aus. Dementsprechend von *mullir*: *mulló*, *mulleron*, *mullendo*, von *henchir*: *hinchó*, *hincheron*, *hinchendo* Gerundio: *gruñendo*	gruño gruñes gruñe gruñimos gruñís gruñen	gruña gruñas gruña gruñamos gruñáis gruñan	gruñí gruñiste gruñó gruñimos gruñisteis gruñeron

Infinitivo	Presente de ind.	Presente de subj.	Pretérito indefinido
3i **sentir.** Betontes Stamm-*e* wird *ie*; unbetontes *e* bleibt vor silbenbild. *i* der Endung, sonst geht es in ...*i*... über; dementspr. *adquirir*: betontes Stamm-*i* wird *ie*; unbetontes *i* bleibt überall erhalten Gerundio: *sintiendo*	siento sientes siente sentimos sentís sienten	sienta sientas sienta sintamos sintáis sientan	sentí sentiste sintió sentimos sentisteis sintieron
3k **dormir.** Betontes Stamm-*o* wird *ue*; unbetontes *o* bleibt, wenn die Endung silbenbildendes *i* hat; sonst geht es in ...*u*... über Gerundio: *durmiendo*	duermo duermes duerme dormimos dormís duermen	duerma duermas duerma durmamos durmáis duerman	dormí dormiste durmió dormimos dormisteis durmieron
3l **medir.** Das Stamm-*e* bleibt, wenn in der Endung ein silbenbildendes ...*i*... steht, sonst wird es, gleichviel ob betont oder nicht, zu ...*i*... Gerundio: *midiendo*	mido mides mide medimos medís miden	mida midas mida midamos midáis midan	medí mediste midió medimos medisteis midieron
3m **reír.** Geht wie *medir* (3l); folgt unmittelbar auf das aus *e* entstandene *i* ein zweites *i* (der Endung), so fällt letzteres aus Participio: *reído* Gerundio: *riendo*	río ríes ríe reímos reís ríen	ría rías ría riamos riáis rían	reí reíste rió reímos reísteis rieron
3n **erguir.** Geht wie *medir*; im *Pres. de ind.* und *subj.* und *Imper.* Nebenformen nach *sentir* mit Übergang von anlautendem *ie...* in *ye...* Gerundio: *irguiendo* Imperativo: *irgue* *yergue*	irgo, yergo irgues, yergues irgue, yergue erguimos erguís irguen, yerguen	irga, yerga irgas, yergas irga, yerga irgamos, yergamos irgáis, yergáis irgan, yergan	erguí erguiste irguió erguimos erguisteis irguieron
3o **conducir.** Der Stammauslaut *c* wird wie bei *lucir* (3f) vor *a* und *o* zu *zc*. *Pretérito indef.* auf ...*je* unregelmäßig	conduzco conduces conduce conducimos conducís conducen	conduzca conduzcas conduzca conduzcamos conduzcáis conduzcan	conduje condujiste condujo condujimos condujisteis condujeron

Infinitivo	Presente de ind.	de subj.	Pretérito indefinido
3p decir. Im *Pres.* und *Imper.* Wechsel von *e* und *i* wie bei *medir*; im *Pres. de ind.* 1. Pers. sg. u. im *Pres. de subj.* wird *c* zu *g*. Unregelm. *Fut.* u. *Cond.* vom verkürzten *Inf. dir*; *Pret. indef.* auf *je* Futuro: *diré* Participio: *dicho* Gerundio: *diciendo* Imperf. 2. Pers. sg.: *di*	di*go* di*ces* di*ce* de*cimos* de*cís* di*cen*	di*ga* di*gas* di*ga* di*gamos* di*gáis* di*gan*	di*je* di*jiste* di*jo* di*jimos* di*jisteis* di*jeron*
3q oír. Im *Pres. de ind.* 1. Pers. sg. und im *Pres. de subj.* wird hinter dem Stamm *o...* die Verbindung *...ig...* eingeschoben. Unbetontes *...i...* geht zwischen zwei Vokalen in *...y...* über Participio: *oído* Gerundio: *oyendo*	o*igo* o*yes* o*ye* o*ímos* o*ís* o*yen*	o*iga* o*igas* o*iga* o*igamos* o*igáis* o*igan*	o*í* o*íste* o*yó* o*ímos* o*ísteis* o*yeron*
3r salir. Im *Pres. de ind.* 1. Pers. sg. und im *Pres. de subj.* wird *...g...* hinter dem Stamm eingeschoben. Im *Fut.* und *Cond.* wird *i* durch *d* ersetzt Futuro: *saldré* Imp. 2. Pers. sg.: *sal*	sal*go* sal*es* sal*e* sal*imos* sal*ís* sal*en*	sal*ga* sal*gas* sal*ga* sal*gamos* sal*gáis* sal*gan*	sal*í* sal*iste* sal*ió* sal*imos* sal*isteis* sal*ieron*

Infinitivo	Presente de ind.	de subj.	Imperf. de ind.	Pretérito indefinido
3s venir. Im *Pres.* wird entweder *...g...* hinter dem Stamm eingeschoben, oder es zeigt denselben Wechsel von *e* und *ie* und *i* wie *sentir*. Im *Fut.* und *Cond.* fällt *i* aus und wird durch *d* ersetzt Futuro: *vendré* Gerundio: *viniendo* Imp. 2. Pers. sg.: *ven*	ven*go* vi*enes* vi*ene* ven*imos* ven*ís* vi*enen*	ven*ga* ven*gas* ven*ga* ven*gamos* ven*gáis* ven*gan*	ven*ía* ven*ías* ven*ía* ven*íamos* ven*íais* ven*ían*	vi*ne* vi*niste* vi*no* vi*nimos* vi*nisteis* vi*nieron*
3t ir. Ganz unregelmäßig, da verschiedene Stämme miteinander abwechseln Gerundio: *yendo*	v*oy* v*as* v*a* v*amos* v*ais* v*an*	v*aya* v*ayas* v*aya* v*ayamos* v*ayáis* v*ayan*	*iba* *ibas* *iba* *íbamos* *ibais* *iban*	fu*i* fu*iste* fu*e* fu*imos* fu*isteis* fu*eron*
Imperativo: **ve** (no v*ayas*), v*aya* Vd., v*amos*, id (no v*ayáis*), v*ayan* Vds.				

Zahlwörter
Numerales

Die Ordnungszahlen sowie die Grundzahlen *uno* und die Hunderte von *doscientos* ab haben auch eine besondere Form für das weibliche Geschlecht; diese wird wie bei den Adjektiven durch Verwandlung des auslautenden *...o* in *...a* (Mehrzahl *...as*) gebildet.

Wir geben im folgenden nur die männliche Form ohne Artikel.

Die Ordnungszahlen 13te bis 19te werden mit Hilfe von *décimo* und der Ordnungszahl des betreffenden Einers gebildet. Von 20ste ab haben alle Ordnungszahlen die Endung *...ésimo*.

Grundzahlen Números cardinales	Ordnungszahlen Números ordinales
0 cero [ˈθero]	
1 uno, una [ˈuno, ˈuna]	1.° primero [priˈmero]
2 dos [dɔs]	2.° segundo [seˈgundo]
3 tres [tres]	3.° tercero [terˈθero]
4 cuatro [ˈkŭatro]	4.° cuarto [ˈkŭarto]
5 cinco [ˈθiŋko]	5.° quinto [ˈkinto]
6 seis [seɪs]	6.° sexto [ˈsesto, ˈsegsto]
7 siete [ˈsɪete]	7.° sé(p)timo [ˈsetimo, ˈseptimo]
8 ocho [ˈotʃo]	8.° octavo [ɔkˈtabo]
9 nueve [ˈnŭebe]	9.° {noveno [noˈbeno] nono [ˈnono]
10 diez [ˈdɪeθ]	10.° décimo [ˈdeθimo]
11 once [ˈɔnθe]	11.° undécimo [unˈdeθimo]
12 doce [ˈdoθe]	12.° duodécimo [duoˈdeθimo]
13 trece [ˈtreθe]	13.° {décimotercero [ˈdeθimoterˈθero] décimotercio [ˈdeθimoˈterθɪo]
14 catorce [kaˈtɔrθe]	14.° décimocuarto [ˈdeθimoˈkŭarto]
15 quince [ˈkinθe]	15.° décimoquinto [ˈdeθimoˈkinto]
16 dieciséis [dɪeθiˈseɪs]	16.° décimosexto [ˈdeθimoˈsesto]
17 diecisiete [dɪeθiˈsɪete]	17.° décimoséptimo [ˈdeθimoˈseptimo]
18 dieciocho [dɪeˈθɪɔtʃo]	18.° décimoctavo [ˈdeθimɔkˈtabo]
19 diecinueve [dɪeθiˈnŭebe]	19.° décimonoveno, décimonono [ˈdeθimonoˈbeno, ～ˈnono]
20 veinte [ˈbeɪnte]	20.° vigésimo [biˈxesimo]
21 veintiuno [beɪnˈtɪŭno]	21.° {vigésimo primero [biˈxesimo priˈmero] vigésimo primo [biˈxesimo ˈprimo]
22 veintidós [beɪntiˈdɔs]	22.° vigésimo segundo [biˈxesimo seˈgundo]

30	treinta ['treɪnta]	30.°	trigésimo [tri'xesimo]
31	treinta y uno ['treɪnta 'juno]	31.°	trigésimo prim(er)o [tri'xesimo 'primo, pri'mero]
40	cuarenta [kŭa'renta]	40.°	cuadragésimo [kŭadra'xesimo]
50	cincuenta [θiŋ'kŭenta]	50.°	quincuagésimo [kiŋkŭa'xesimo]
60	sesenta [se'senta]	60.°	sexagésimo [sɛgsa'xesimo]
70	setenta [se'tenta]	70.°	septuagésimo [septŭa'xesimo]
80	ochenta [o'tʃenta]	80.°	octogésimo [ɔktɔ'xesimo]
90	noventa [no'benta]	90.°	nonagésimo [nona'xesimo]
100	ciento ['θĭento], cien ['θĭen]	100.°	centésimo [θen'tesimo]
101	ciento uno ['θĭento 'uno]	101.°	centésimo primero [θen'tesimo pri'mero]
200	doscientos [dɔs'θĭentos]	200.°	ducentésimo [duθen'tesimo]
300	trescientos [tres'θĭentos]	300.°	tricentésimo [triθen'tesimo]
400	cuatrocientos [kŭatro'θĭentos]	400.°	cuadringentésimo [kŭadriŋxen'tesimo]
500	quinientos [ki'nĭentos]	500.°	quingentésimo[kiŋxen'tesimo]
600	seiscientos [seɪs'θĭentos]	600.°	sexcentésimo [sesθen'tesimo]
700	setecientos [sete'θĭentos]	700.°	septingentésimo [septiŋxen'tesimo]
800	ochocientos [otʃo'θĭentos]	800.°	octingentésimo [ɔktiŋxen'tesimo]
900	novecientos [nobe'θĭentos]	900.°	noningentésimo [noniŋxen'tesimo]
1000	mil [mil]	1000.°	milésimo [mi'lesimo]
1875	mil ochocientos setenta y cinco [mil otʃo'θĭentos se'tentaɪ 'θiŋko]	1875.°	milésimo octingentésimo septuagésimo quinto [mi'lesimo ɔktiŋxen'tesimo septŭa'xesimo 'kinto]
3000	tres mil [tres mil]	3000.°	tres milésimo [tres mi'lesimo]
100000	cien mil [θĭen mil]	100000.°	cien milésimo [θĭen mi'lesimo]
500000	quinientos mil [ki'nĭentos mil]	500000.°	quinientos milésimo [ki'nĭentos mi'lesimo]
1000000	un millón (de) [un mi'ʎón (de)]	1000000.°	millonésimo [miʎo'nesimo]
2000000	dos millones (de) [dɔz mi'ʎones (de)]	2000000.°	dos millonésimo [dɔz miʎo'nesimo]

Bruchzahlen — Números quebrados

$1/_2$ medio, media ['medĭo]; $1^1/_2$ uno y medio ['unoɪ 'medĭo]; $1/_2$ *Meile* media legua ['medĭa 'legŭa]; $1^1/_2$ *Meile* legua y media ['legŭaɪ 'medĭa].

$1/_3$ un tercio [un 'terθĭo]; $2/_3$ dos tercios [dɔs 'terθĭos].

$1/_4$ un cuarto [uŋ 'kŭarto]; $3/_4$ tres cuartos [tres 'kŭartos] *od.* las tres cuartas partes [las tres 'kŭartas 'partes]; $1/_4$ *Stunde* un cuarto de hora [uŋ 'kŭarto de 'ora]; $1^1/_4$ *Stunde* una hora y un cuarto ['una 'oraɪ uŋ 'kŭarto].

$1/_5$ un quinto [uŋ 'kinto]; $3^4/_5$ tres y cuatro quintos [tres i 'kŭatro 'kintos].

$1/_{11}$ un onzavo [un on'θabo]; $5/_{12}$ cinco dozavos ['θiŋko ɗo'θabos]; $7/_{13}$ siete trezavos ['sĭete tre'θabos] *usw.*

544

Vervielfältigungszahlen — Números proporcionales

Einfach simple ['simple], **zweifach** doble ['doble], duplo ['duplo], **dreifach** triple ['triple], **vierfach** cuádruplo ['kŭadruplo], **fünffach** quíntuplo ['kintuplo] *usw.*

Einmal una vez ['una 'beθ]; **zwei-, drei-, viermal** *usw.* dos, tres, cuatro veces [dɔz, trez, 'kŭatro 'beθes]; *zweimal soviel* dos veces más [dɔz 'beθez mas]; *noch einmal* otra vez ['otra 'beθ].

Erstens, zweitens, drittens *usw.* primero, segundo, tercero (1.°, 2.°, 3.°); en primer lugar [em pri'mɛr lu'gar], en segundo lugar *usw.*; primeramente [primera'mente].

$7 + 8 = 15 =$ siete y ocho son quince ['sĭeteĭ 'otʃo sɔŋ 'kinθe].

$10 - 3 = 7 = \begin{cases} \text{diez menos tres son siete [dĭeð 'menos tres sɔn 'sĭete].} \\ \text{de tres a diez van siete [de tres a 'dĭeð ban 'sĭete].} \end{cases}$

$2 \times 3 = 6 =$ dos por tres son seis [dɔs pɔr tres sɔn seĭs].

$20 : 4 = 5 = \begin{cases} \text{veinte dividido por cuatro es cinco ['beĭnte dibi'diðo} \\ \text{pɔr 'kŭatro es 'θiŋko].} \\ \text{veinte entre cuatro son cinco ['beĭnte 'entre 'kŭatro sɔn} \\ \text{'θiŋko].} \end{cases}$

Spanische Maße und Gewichte
Medidas y pesos españoles

a) Längenmaße

1 metro ['metro] = 10 decímetros [de'θimetros] = 100 centímetros [θen'timetros].
1 kilómetro [ki'lometro] = 1000 metros.
1 vara ['bara] *Elle* = 0,835 metros.
1 pulgada [pul'gaða] *Zoll* = 23 mm.

b) Hohlmaße

1 litro ['litro] *Liter.*
1 hektolitro [ɛkto'litro] *Hektoliter.*

c) Flächenmaße

1 metro cuadrado ['metro kŭa'draðo] *Quadratmeter.*
1 área ['area] = 100 m².
1 hectárea [ɛk'tarea] = 100 áreas.

d) Kubikmaße

1 centímetro cúbico [θen'timetro 'kubiko] *Kubikzentimeter.*
1 metro cúbico ['metro 'kubiko] *Kubikmeter.*

e) Gewichte

1 gramo ['gramo] *Gramm.*
1 kilogramo [kilo'gramo] *Kilogramm.*
1 quintal [kin'tal] *Zentner.*
1 tonelada [tone'laða] = 1000 kg.

**LANGENSCHEIDTS
TASCHENWÖRTERBÜCHER**

LANGENSCHEIDT
DICCIONARIO DE BOLSILLO
DE LAS LENGUAS ESPAÑOLA Y ALEMANA

Parte segunda

Alemán-Español

por

DR. FR. WISKE y T. NOELI

Refundición 1987

por

GISELA HABERKAMP DE ANTÓN

LANGENSCHEIDT

BERLÍN · MUNICH · VIENA · ZURICH · NUEVA YORK

LANGENSCHEIDTS
TASCHENWÖRTERBUCH
DER SPANISCHEN UND DEUTSCHEN SPRACHE

Zweiter Teil

Deutsch-Spanisch

von

DR. FR. WISKE und T. NOELI

Neubearbeitung 1987

von

GISELA HABERKAMP DE ANTÓN

LANGENSCHEIDT
BERLIN · MÜNCHEN · WIEN · ZÜRICH · NEW YORK

Inhaltsverzeichnis

Índice

Auflage	9.	8.	7.	6.	5.		*Letzte Zahlen*
Jahr:	1994	93	92	91	90		*maßgeblich*

Copyright 1903, 1927, 1940, © 1956, 1972, 1987 Langenscheidt KG,
Berlin und München

Druck: Graph. Betriebe Langenscheidt, Berchtesgaden/Obb.

Printed in Germany · ISBN 3-468-10346-8

Vorwort

Langenscheidts Taschenwörterbücher gehören zu den profiliertesten Werken des Langenscheidt Verlags. Seit ihrem erstmaligen Erscheinen vor mehr als 100 Jahren sind sie immer wieder aktualisiert worden. Auch das vorliegende deutsch-spanische Taschenwörterbuch wurde in den vergangenen Jahrzehnten allein sechsmal neu bearbeitet, d. h. von A bis Z neu gesetzt und erweitert.

Wie schon der spanisch-deutsche Teil des Taschenwörterbuches bietet auch dieser Teil dem Benutzer den modernen Wortschatz der achtziger Jahre. Er enthält Tausende von Neuwörtern aus allen Lebensbereichen, die uns im sprachlichen Alltag – sei es bei der Lektüre aktueller Texte oder im Gespräch – immer wieder begegnen, wie die folgenden Beispiele zeigen: *Decoder* (decodificador), *gärtnern* (jardinear), *Hochgeschwindigkeitszug* (tren de alta velocidad), *Naturlehrpfad* (itinerario pedagógico *od.* didáctico), *Rendezvousmanöver* (maniobra de encuentro), *Rüstungswettlauf* (carrera de armamentos), *Strichcode* (código de barras), *Wettersatellit* (satélite meteorológico) usw.

Neben diesen einzelnen Neuwörtern galt bei der Erarbeitung dieses Wörterbuches der Terminologie bestimmter neuer Fachgebiete das besondere Augenmerk, und hier vor allem dem Umfeld der Elektronik und den neuen Medien. So findet der Benutzer in diesem Wörterbuch *computerisieren* (computerizar), *Computerspiel* (juego electrónico), *Informatiker* (informático), *Kabelfernsehen* (televisión por cable), *Tastentelefon* (teléfono de teclado) oder zu *Video-* die gängigsten Wortbildungen. Daß aber auch die familiäre bzw. Argotebene in diesem Wörterbuch nicht zu kurz kommt, belegen Aufnahmen wie *Fixer* (yonqui).

Darüber hinaus gelten für dieses Wörterbuch bewährte Grundsätze auch für den Bereich der Idiomatik und Phraseologie; allein bei dem Stichwort *gehen* finden sich neben der Grundübersetzung 24 Wendungen und Anwendungsbeispiele. Dabei werden sowohl die Einzelstichwörter wie auch ganze Wendungen durch Kennzeichnung der Sprachgebrauchsebenen und andere erläuternde Zusätze ergänzt. Durch die Ausspracheangaben bei den deutschen Stichwörtern wird der Informationswert des Wörterbuches insbesondere für den hispanophonen Benutzer weiter erhöht.

Schließlich sei auch noch auf die sieben Anhänge hingewiesen. Die Teile „Eigennamen" und „Abkürzungen" befinden sich auf dem neuesten Stand. Wie die Ausspracheangaben werden dem spanischsprachigen Benutzer auch die Tabellen zur deutschen Deklination und Konjugation und die ausführliche Liste der unregelmäßigen Verben mit Sicherheit eine große Hilfe sein.

Prólogo

Los diccionarios de bolsillo Langenscheidt figuran entre las obras más características de la Editorial Langenscheidt. Desde que aparecieron por primera vez hace más de 100 años, han sido continuamente puestos al día. Vale esto también para el diccionario de bolsillo alemán-español que aquí se presenta, el cual ha sido revisado y actualizado nada menos que seis veces en los últimos decenios, es decir, impreso de nuevo y considerablemente ampliado de la A a la Z.

Lo mismo que tratándose de la parte español-alemán del diccionario de bolsillo, también ésta ofrece al usuario el vocabulario más moderno de los años ochenta. Contiene miles de neologismos procedentes de todos los ámbitos de la vida con los que nos encontramos en el habla cotidiana – ya en la lectura de textos actuales, ya en conversaciones –, como demuestran los ejemplos siguientes: *Decoder* (decodificador), *gärtnern* (jardinear), *Hochgeschwindigkeitszug* (tren de alta velocidad),

Naturlehrpfad (itinerario pedagógico *od.* didáctico), *Rendezvousmanöver* (maniobra de encuentro), *Rüstungswettlauf* (carrera de armamentos), *Strichcode* (código de barras), *Wettersatellit* (satélite meteorológico), etc.

Aparte de estos neologismos, en la revisión del diccionario se prestó especial atención a la terminología de determinados sectores de actualidad, sobre todo al amplio campo de la electrónica y los nuevos medios de comunicación. Así, el usuario encuentra en este diccionario *computerisieren* (computerizar), *Computerspiel* (juego electrónico), *Informatiker* (informático), *Kabelfernsehen* (televisión por cable), *Tastentelefon* (teléfono de teclado), o bien, en relación con *Video-* los compuestos más usuales. Ahora bien, el que expresiones familiares o bien del nivel de la jerga tampoco queden cortas en este diccionario, lo demuestran ejemplos como *Fixer* (yonqui).

Además, siguen vigentes para este diccionario normas acreditadas también con respecto a los ámbitos de la idiomática y fraseología; sólo en la voz guía *gehen*, se hallan, junto con la traducción básica, 24 giros y ejemplos de uso. Tanto los distintos vocablos como expresiones enteras, van caracterizados según el nivel lingüístico de uso y completados con otras explicaciones. Merced a las transcripciones fonéticas en las voces guía alemanas, el diccionario adquiere un valor informativo adicional, ante todo para los usuarios hispanohablantes.

Finalmente, no queremos dejar de aludir a los siete apéndices. Las secciones «Eigennamen» (nombres propios) y «Abkürzungen» (abreviaturas) han sido puestas al día. Al igual que las transcripciones fonéticas, también las tablas de la declinación y conjugación alemanas y la detallada lista de los verbos irregulares constituirán indudablemente una gran ayuda para los usuarios de lengua española.

Durch sorgfältige Beachtung des Inhalts der Seiten 552–555
gewinnt das Buch erst den richtigen Wert.

El estudio detenido y atento de las páginas 552–555 es
indispensable para conseguir el máximo de utilidad en el
empleo de este diccionario.

Bemerkungen über die Einrichtung
des Wörterbuches

Advertencias referentes a la organización
del diccionario

1. Die alphabetische Reihenfolge ist überall streng eingehalten. Die Umlaute ä, ö, ü wurden hierbei den Buchstaben a, o, u gleichgestellt. An alphabetischer Stelle sind auch angegeben:
a) die wichtigsten unregelmäßigen Formen der Verben sowie den Komparativs und Superlativs;
b) die wichtigsten Formen der Fürwörter.

2. Rechtschreibung. Für die Schreibung der deutschen Wörter dienten als Norm die amtlichen Regeln für die deutsche Rechtschreibung (Duden), für die spanischen Wörter die Regeln der Academia de la Lengua Española.

3. Die Betonung der deutschen Wörter wird durch das Tonzeichen (') vor der betonten Silbe angegeben, jedoch nur, wenn von der phonetischen Umschrift nicht Gebrauch gemacht wird. Bei Gruppenartikeln ist der Tonwechsel zu beachten, z. B. **über...:** '≈blick; ~'blicken.

4. Der Bindestrich (-) ersetzt einen leicht zu ergänzenden Teil des vorhergehendes Wortes.

5. Tilde und Strich. Abgeleitete und zusammengesetzte Wörter sind

1. El orden alfabético queda rigurosamente establecido. Las metafonías ä, ö, ü fueron tratadas como las vocales simples a, o, u. Ocupan también:
a) las formas irregulares más importantes de los verbos, del comparativo y del superlativo;
b) las diferentes formas de los pronombres.

2. Ortografía. Para las voces alemanas han servido de norma las reglas oficiales que rigen para la ortografía alemana (Duden); para las españolas las reglas establecidas por la Academia de la Lengua Española.

3. Acentuación. La sílaba en que carga la pronunciación de las palabras alemanas va marcada con un acento (') delante de la sílaba tónica, pero sólo cuando se prescinde de la transcripción fonética. Si varias palabras van reunidas en párrafo bajo una «vozguía» (vocablo común), hay que tener en cuenta el cambio de acento, v.gr. **über...:** '≈blick; ~'blicken.

4. El guión (-) sustituye una parte de la palabra precedente, sobrentendiéndose el resto.

5. Tilde y Raya. Para reservar todo el espacio disponible a las

zwecks Raumersparnis oft zu Gruppen vereinigt. Der senkrechte Strich (|) im ersten Stichwort einer solchen Gruppe trennt den Teil ab, der allen folgenden Wörtern dieser Gruppe gemeinsam ist. Die fette Tilde (~) vertritt entweder das ganze erste Stichwort einer Gruppe oder den vor dem senkrechten Strich (|) stehenden Teil dieses Stichworts. Die einfache Tilde (~) vertritt das ganze, unmittelbar vorhergehende Stichwort, das selbst schon mit Hilfe der Tilde gebildet sein kann. Wenn sich der Anfangsbuchstabe ändert (groß in klein und umgekehrt), steht statt der Tilde die Tilde mit Kreis (♀, ♀).

Beispiele: **Schuh,** **~geschäft** = Schuhgeschäft; **Schul|ung, ~unter-richt** = Schulunterricht; **Steig, ♀en** (= steigen), *zu Kopf* ~ = zu Kopf steigen; **sterblich, ♀keit** = Sterblichkeit.

6. Zusammensetzungen. Oft entsprechen den deutschen zusammengesetzten Substantiven im Spanischen Umschreibungen mit de, z. B. Rehbraten = asado de corzo; solche sind in der Regel nicht aufgenommen. Auch andere Zusammensetzungen wurden aus Raummangel oft weggelassen, wenn sie seltener sind und ihr Sinn sich aus der Bedeutung der einzelnen Bestandteile leicht ergibt. Manchmal ist es auch möglich, nur eine Übersetzung des Bestimmungswortes zu geben, die dann für den größten Teil der Gruppe paßt, z. B. **Jahres...:** *in Zssgn oft* anual; es brauchen dann in der Gruppe nur solche Zusammensetzungen angeführt zu werden, die anders zu übersetzen sind, z. B. **~tag** aniversario.

7. Das Geschlecht der Substantive beider Sprachen ist stets angegeben (*m, f, n*).

8. Flexion (Beugung). Bei jedem einfachen flektierbaren Wort steht in runden Klammern eine Ziffer als Hinweis auf den entsprechenden Absatz der Deklinations- und Konjugationstabellen (S. 1033).

voces-guía, las palabras derivadas y compuestas se han reunido casi siempre en grupos. La raya (|) separa de la voz-guía la parte común de todas las demás voces del grupo. La tilde gruesa (~) sustituye la primera voz-guía entera de un grupo o bien la parte de la voz-guía que precede a la raya (|). La tilde normal (~) sustituye la voz-guía entera que precede inmediatamente y puede ser formada ella misma por medio de la tilde. La transformación de mayúscula en minúscula o viceversa se indica por los signos ♀, ♀.

Ejemplos: **Schuh,** **~geschäft** = Schuhgeschäft; **Schul|ung, ~unter-richt** = Schulunterricht; **Steig, ♀en** (= steigen), *zu Kopf* ~ = zu Kopf steigen; **sterblich, ♀keit** = Sterblichkeit.

6. Palabras compuestas. Los sustantivos compuestos de la lengua alemana se traducen al español uniendo las dos voces componentes por medio de la preposición «de», v.gr. Rehbraten = «asado de corzo»; por lo general estas palabras compuestas no están en el diccionario. Por falta de espacio se omiten también otras voces compuestas, si son poco frecuentes y si su sentido se puede deducir de los elementos componentes. En muchos casos es posible limitarse a traducir la voz-guía, aplicándose esta traducción a la mayor parte de las voces del párrafo, v.gr. **Jahres...:** *in Zssgn oft* (= en palabras compuestas se traduce generalmente por) «anual»; basta entonces añadir las voces compuestas que deben traducirse de manera distinta, v.gr. **~tag** «aniversario».

7. El género de los sustantivos de ambos idiomas se indica siempre (por *m, f, n*).

8. Flexión. Cada voz simple que se puede declinar o conjugar va acompañada por una cifra entre paréntesis, la cual se refiere a la respectiva tabla de declinación o conjugación impresa al fin del libro (pág. 1033).

Die Ziffern sind in folgenden Fällen weggelassen:

a) bei Adjektiven und Partizipien und davon abgeleiteten Substantiven wie Reisende(r *m*) *m*, *f* bzw. Gesandte(r) *m*, die nach (18) gehen;

b) bei Substantiven mit den Endungen ...'ei, ...heit, ...i'on, ...keit, ...schaft, ...'tät, ...ung: alle *f* (16); ...in: *f* (16¹);

c) bei den substantivierten Infinitiven (z. B. Gehen): alle *n* (6, ohne Plural); vgl. S. 1034;

d) bei den Verben auf ...'ieren ist (25) fortgelassen.

v/i. (sn) bedeutet, daß das betr. intransitive Verb das Perfekt usw. mit „sein" bildet. Die übrigen Verben werden mit „haben" konjugiert.

Von den einfachen Verben werden die starken und unregelmäßigen Formen an der alphabetischen Stelle aufgeführt, z. B. **gefunden** *s.* finden, **ging, gegangen** *s.* gehen; von zusammengesetzten Verben nur dann, wenn das entsprechende einfache Verb nicht vorkommt oder die Zusammensetzung abweichend konjugiert wird. Sonst werden **Partizipien** nur dann besonders aufgeführt, wenn sie eine eigene adjektivische Bedeutung haben.

9. Steigerungs- und Adverbformen. Die regelmäßigen Formen der Komparative und Superlative auf ...**er** und ...**(e)st** und der Adverbien auf ...mente werden nicht aufgeführt. Auf den Umlaut wird durch (18²) hinter dem Adjektiv hingewiesen.

10. Die Verkleinerungsformen auf ...**chen** und ...**lein** [oft mit Umlaut; spanisch meist -ito (-a), -illo (-a)] werden aus Raummangel nur dann gebracht, wenn sie eine Sonderbedeutung haben.

11. Die Rektion der Verben ist angegeben, wenn sie in beiden Sprachen verschieden ist.

Estas cifras se omiten en los casos siguientes:

a) tras los adjetivos y los participios sustantivados como Reisende(r *m*) *m*, *f* o bien Gesandte(r) *m*, los cuales se declinan todos conforme a la tabla (18);

b) tras los sustantivos que terminan en los sufijos ...'ei, ...heit, ...i'on, ...keit, ...schaft, ...'tät, ...ung: todos *f* (16); ...in: *f* (16¹);

c) tras los infinitivos sustantivados (v.gr. Gehen): todos *n* (6, sin plural); compárese pág. 1034;

d) tras los verbos en ...'ieren se suprime la cifra (25).

v/i. (sn) significa que el respectivo verbo neutro o intransitivo forma el pretérito compuesto etc. por medio del auxiliar «sein». Los demás verbos se conjugan con el auxiliar «haben».

Las formas irregulares de los verbos simples se citan por orden alfabético, v.gr. **gefunden** *s.* (véase) finden, **ging, gegangen** *s.* (véase) gehen. Las formas irregulares de verbos compuestos sólo se incorporan al diccionario, si el respectivo verbo simple no existe o si la conjugación del compuesto difiere de la del simple. De los demás **participios** sólo los que se usan como adjetivos con sentido propio van citados separadamente.

9. Grados de comparación y formación de los adverbios. Se omiten las formas regulares del comparativo y superlativo en ...**er** y ...**(e)st** y los adverbios en ...mente. La modificación de la vocal radical se indica por la cifra (18²).

10. Se omiten además, por falta de espacio, **los diminutivos** en ...**chen** y ...**lein** [generalmente con modificación de la vocal radical; en español los sufijos más frecuentes son: ...ito (-a), ...illo (-a)]. Sólo se citan los que tienen significación especial.

11. El régimen de los verbos se indica, si hay diferencia en este punto entre los dos idiomas.

12. Reflexive Verben. Das reflexive **sich** ohne Bezeichnung ist Akkusativ; ist es Dativ, so wird (*dat.*) hinzugefügt. Wo der reflexive Gebrauch des Verbs im Deutschen und Spanischen übereinstimmt, wird er nicht besonders erwähnt.

13. Übersetzung und Bedeutung. Die Bedeutungsunterschiede sind gekennzeichnet:

a) durch Synonyme in runden Klammern;

b) durch vorgesetzte deutsche Ergänzungen oder Erklärungen;

c) durch vorgesetzte bildliche Zeichen oder Abkürzungen.

Das Semikolon trennt eine gegebene Bedeutung von einer neuen, wesentlich verschiedenen.

12. Verbos reflexivos. El pronombre **sich** sin indicación alguna se sobrentiende como acusativo. Si es dativo, se añade la abreviatura (*dat.*). Si el empleo de un verbo como reflexivo es el mismo en español que en alemán, prescindimos de mencionarlo expresamente.

13. Traducción y significación de las palabras. Las diferencias de significación se indican:

a) anteponiendo a la traducción un sinónimo entre paréntesis;

b) por medio de complementos o explicaciones antepuestos a la traducción;

c) por signos o abreviaturas convencionales.

El punto y coma separa una traducción de otra esencialmente distinta.

Erklärung der im Wörterbuch angewendeten Zeichen und Abkürzungen

Explicación de los signos y abreviaturas empleados en el diccionario

1. Zeichen – Signos

F   familiär, *familiar*.
P   populär, *popular*.
V   vulgär, unanständig, *vulgar, indecente*.
✝   Handel, *comercio*.
⚓   Schiffahrt, *navegación*.
⚔   Militär, *milicia*.
⊕   Technik, *tecnología*.
⚒   Bergbau, *minería*.
🚂   Eisenbahn, *ferrocarril*.
✈   Flugwesen, *aviación*.
✉   Post, *correo*.
♪   Musik, *música*.
🌿   Landwirtschaft, Gartenbau, *agricultura, horticultura*.

♀   Pflanzenkunde, *botánica*.
⌂   Baukunst, *arquitectura*.
△   Mathematik, *matemáticas*.
🜍   Chemie, *química*.
⚡   Elektrotechnik, *electrotecnia*.
⚕   Medizin, *medicina*.
⚖   Rechtswissenschaft, *jurisprudencia*.
🕮   wissenschaftlich, *científico*.
🛡   Wappenkunde, *blasón*.
=   gleich, *igual a*.
>   verwandelt sich in, *se convierte en*.
-, ~, ², |, ' *s. S.* 552 ff.

2. Abkürzungen – Abreviaturas

a.   auch, *también*.
Abk.   Abkürzung, *abreviatura*.
abstr.   abstrakt, *abstracto*.
a/c.   alguna cosa, algo = etwas.
ac.   Akkusativ, *acusativo*.
adj.   Adjektiv, *adjetivo*.
adv.   Adverb, *adverbio*.
alg.   alguien, alguno = jemand.
Am.   Amerika(nismus), *América, americanismo*.
Anat.   Anatomie, *anatomía*.
Arg.   Argentinien, Argentinismus, *Argentina, argentinismo*.
Arith.   Arithmetik, *aritmética*.
art.   Artikel, *artículo*.
Astr.   Astronomie, *astronomía*.
atr.   attributiv, *atributivo*.

Biol.   Biologie, *biología*.
bsd.   besonders, *especialmente*.
bzw.   beziehungsweise, *o bien*.

Chir.   Chirurgie, *cirugía*.
cj.   Konjunktion, *conjunción*.
comp.   Komparativ, *comparativo*.
concr.   konkret, *concreto*.

dat.   Dativ, *dativo*.
desp.   verächtlich, *despectivo*.
d. h.   das heißt, *es decir*.
dim.   Diminutiv, *diminutivo*.
d-s   dies, dieses, *esto*.

ea.   einander, *uno(s) a otro(s)*.
e-e   eine, una.
ehm.   ehemals, *antiguamente*.
e-m, e-n   einem, einen, *a uno, uno*.
engl.   englisch, *inglés*.
e-r, e-s   einer, eines, *de una, de uno*.
Erdk.   Erdkunde, *geografía*.
et.   etwas, algo, alguna cosa.
etc.   et cetera, und so weiter, *etcétera*.

f	Femininum, *femenino*.
Fechtk.	Fechtkunst, *esgrima*.
Fernspr.	Fernsprecher, *teléfono*.
fig.	figürlich, *en sentido figurado*.
f/pl.	Femininum im Plural, *femenino al plural*.
fr.	französisch, *francés*.
gal.	Gallizismus, *galicismo*.
gen.	Genitiv, *genitivo*.
Geol.	Geologie, *geología*.
Geom.	Geometrie, *geometría*.
ger.	Gerundium, *gerundio*.
Ggs.	Gegensatz, *contrario*.
Gram.	Grammatik, *gramática*.
h.	haben, *haber, tener*.
hist.	historisch, *histórico*.
imp.	Imperativ, *modo imperativo*.
impf.	Imperfekt, *pretérito imperfecto*.
ind.	Indikativ, *indicativo*.
indekl.	indeklinabel, undeklinierbar, *indeclinable*.
inf.	Infinitiv, *infinitivo*.
inf. pt.	Infinitiv des Perfekts, *infinitivo compuesto o de pretérito*.
int.	Interjektion, *interjección*.
interr.	Interrogativum, *interrogativo*.
iron.	ironisch, *irónico*.
ital.	italienisch, *italiano*.
j.	jemand, *alguien*.
Jgdw.	Jagdwesen, *montería*.
j-m	jemandem, *a alguien (dat.)*.
j-n	jemanden, *(a) alguien (ac.)*.
j-s	jemandes, *de alguien (gen.)*.
kath.	katholisch, *católico*.
Kchk.	Kochkunst, *arte de cocinar*.
Kdspr.	Kindersprache, *lenguaje infantil*.
Kfz.	Kraftfahrzeug, *vehículo automóvil*.
Lit.	Literatur, *literatura*.
lt.	lateinisch, *latín*.
m	Maskulinum, *masculino*.
Mal.	Malerei, *pintura*.
m-e	meine, *mi, mis*.
m/f	Maskulinum u. Femininum, *masculino y femenino*.
Min.	Mineralogie, *mineralogía*.
m-m	meinem, *a mi (dat.)*.
m-n	meinen, *(a) mi (ac.)*.

m/pl.	Maskulinum im Plural, *masculino al plural*.
m-r	meiner, *de mi; de (od. a) mi*.
m-s	meines, *de mi*.
mst	meistens, *por lo común*.
Myth.	Mythologie, *mitología*.
n	Neutrum, *neutro*.
nd.	norddeutsch, *provincialismo de la Alemania del Norte*.
neol.	Neologismus, *neologismo*.
nom.	Nominativ, *nominativo*.
n/pl.	Neutrum im Plural, *neutro al plural*.
o.	ohne, *sin*.
od.	oder, *o*.
Opt.	Optik, *óptica*.
örtl.	örtlich, *relativo al lugar*.
öst.	österreichisch, *austriaco*.
Parl.	Parlament, *parlamento*.
part.	Partizip, *participio*.
part.pt.	Partizip des Perfekts, *participio pasivo o de pretérito*.
pas.	Passiv, *voz pasiva*.
pers.	Person, *persona*.
Phil.	Philosophie, *filosofía*.
Phot.	Photographie, *fotografía*.
Phys.	Physik, *física*.
Physiol.	Physiologie, *fisiología*.
pl.	Plural, *plural*.
poet.	poetisch, *poético*.
Pol.	Politik, *política*.
pred.	prädikativ, *empleado como predicado nominal*.
pron.	Pronomen, *pronombre*.
prot.	protestantisch, *protestante*.
prov.	provinziell, *provincialismo*.
prp.	Präposition, *preposición*.
prs.	Präsens, *presente*.
Psych.	Psychologie, *(p)sicología*.
pt.	Präteritum, *pretérito perfecto*.
refl.	reflexiv, *reflexivo*.
Rel.	Religion, *religión*.
rel.	relativ, *relativo*.
s.	siehe, *véase*.
S.	Seite, *página*.
sdd.	süddeutsch, *provincialismo de la Alemania del Sur*.
s-e	seine sg. f u. pl., *su(s)*.
sg.	Singular, *singular*.
s-m	seinem, *a su (dat.)*.
sn	sein, *ser, estar*.
s-n	seinen, *(a) su (ac.)*.

Span.	spanisch, Spanien, *español, España.*	*v.*	von, vom, *de.*
s-r, s-s	seiner, seines, *de su.*	*vb.*	Verb, *verbo.*
Stk.	Stierkampf, *tauromaquia.*	*vet.*	Tierheilkunde, *veterinaria.*
su.	Substantiv (*m u. f*), *sustantivo* (*m y f*).	*vgl.*	vergleiche, *compárese.*
		v.gr.	zum Beispiel, *verbigracia.*
subj.	Konjunktiv, *subjuntivo.*	*v/i.*	intransitives Verb, *verbo intransitivo.*
sup.	Superlativ, *superlativo.*		
		Vkw.	Verkehrswesen, *tráfico.*
		v/refl.	reflexives Verb, *verbo reflexivo.*
Tel.	Telegraphie, *telegrafía.*		
Thea.	Theater, *teatro.*	*v/t.*	transitives Verb, *verbo transitivo.*
Theol.	Theologie, *teología.*		
TV	Fernsehen, *televisión.*		
Typ.	Buchdruck, *tipografía.*	*Zahnhlk.*	Zahnheilkunde, *odontología.*
		z. B.	zum Beispiel, *v. gr., p. ej. = por ejemplo.*
u.	und, *y.*	*zeitl.*	zeitlich, *relativo al tiempo.*
unprs.	unpersönlich, *impersonal.*	*Zo.*	Zoologie, *zoología.*
untr.	untrennbar, *inseparable.*	*zs.*	zusammen, *juntos.*
usw.	und so weiter, *etcétera.*	*Zssg(n)*	Zusammensetzung(en), *palabra(s) compuesta(s).*
uv.	unveränderlich, *invariable.*		

Pronunciación de las palabras alemanas★

según el sistema de la «Asociación Fonética Internacional»

a) Vocales:

(Las vocales seguidas de dos puntos son largas [ɑː], las demás breves [a]).

ɑː como la **â** francesa en **â**me; más larga que la **a** en m**a**dre.

a más breve que la **a** en b**a**rco.

eː más cerrada y larga que la **e** en José.

e cerrada y breve como la **e** en debido.

ɛː abierta y larga como la **è** francesa en m**è**re.

ɛ abierta y breve como la **e** en perro.

ə (sólo en sílabas átonas); más breve y relajada que la **e** en baile; suena como la **e** francesa en sabre.

iː más larga que la **i** en salida.

i más breve y abierta qua la **i** en circo.

o cerrada y breve como la **o** en póliza.

oː más cerrada y larga que la **o** en cola; suena como la **ô** francesa en côte.

ɔ abierta y breve como la **o** en gorra.

ø más cerrada y larga que la **eu** francesa en queue.

œ abierta y breve como la **eu** francesa en meurtre o la **u** inglesa en hurt.

uː más larga que la **u** en nube.

u breve como la **u** en suspiro.

yː larga como la **û** francesa en sûr.

y breve como la **u** francesa en sur.

ã, ɛ̃, ɔ̃, œ̃: vocales de sonido nasal como en las palabras francesas plan, fin, bon, brun; no se encuentran sino en extranjerismos de origen francés.

ˀ significa que la vocal que sigue se pronuncia con una ligera aspiración, v.gr. Beamte(r) [bəˀˀamtə(r)].

Cuando prescindimos de la transcripción fonética, indicamos la aspiración por un guión muy corto, v.gr. ˈAn-erbieten [pronunciado: ˈanˀɛrbiːtən].

b) Diptongos:

aɪ como **ai** en baile.

aʊ como **au** en aula.

ɔy como **oi** en boina.

c) Consonantes:

k, p, t: como en kilo, padre, tío; al principio de una sílaba tónica se pronuncian con una ligera aspiración.

b, d, g: como en embargo, soldar, ¡gracias!

f, v: como en falta, uva.

s como la **s** sorda en santo.

z como la **s** sonora en Lisboa, pero pronunciada con más fuerza.

ts como **ts** en tse-tsé (mosca africana) o la **z** italiana en ragazzo.

x como la **j** en bajo.

ç sonido palatal que no existe en el idioma español; es el sonido sordo que corresponde al sonido sonoro de la letra **y** en yerro.

j como la **y** en ayuda o la **i** en pierna.

ʃ como **sh** en la voz inglesa ship o como **ch** en la palabra francesa chanson.

ʒ como la **g** francesa en gêne; no se encuentra sino en extranjerismos de origen francés.

m, n, l: como en madre, noche, lago.

ŋ sonido nasal como el de la **n** en blanco.

r se pronuncia en algunas regiones como la **r** española en mirto; pero en la mayor parte de Alemania tiene un sonido uvular o gutural como la **r** francesa.

★ véase también pág. 1046 y sig.

h aspiración al principio de una palabra o sílaba, más fuerte que la **h** francesa en **h**âte; su sonido tiene cierta semejanza con el de la **j** española.

d) Acentuación:

El acento prosódico va colocado delante de la sílaba, en la cual debe cargar, v.gr. fordern ['fɔrdərn], Forelle [fo'rɛlə].

Dos acentos indican acentuación ambigua, v.gr. grundverschieden ['gruntfɛr'ʃiːdən].

e) Advertencias:

Un guión sustituye una sílaba ya transcrita en las transcripciones precedentes, v.gr. Witz [vits]; ⌣bold ['-bɔlt]. – vorweg [foːr'vɛk]; ⌣nahme [-'-naːmə].

Por falta de espacio prescindimos de la transcripción fonética de *palabras compuestas* como *Briefkasten, Absicht,* visto que la pronunciación de cada uno de sus elementos se indica en el respectivo lugar alfabético: *Brief, Kasten, ab, Sicht.*

Lista de los sufijos y desinencias

más usuales, cuya transcripción, por falta de espacio, no se incluye en el texto del diccionario:

-bar(keit) [-bɑːr(kaɪt)]
-ei [-'aɪ]
-el, -eln(d) [-əl, -əln(t)]
-en, -ens... [-ən(s...)]
-end, -ende(r) [-ənt, -əndə(r)]
-er(in), -erisch [-ər(in), -əriʃ]
-ern [-ərn]
-et [-ət]
-haft(s...), -haftigkeit [-haft(s...), -haftiçkaɪt]
-heit(s...) [-haɪt(s...)]
-ieren [-'iːrən]
-ig [-iç], **-igen** [-igən], **-ige(r)** [-igə(r)], **-igkeit** [-içkaɪt], **-igt** [-içt], **-igung** [-iguŋ]

-isch [-iʃ]
-istisch [-'istiʃ]
-keit(s...) [-kaɪt(s...)]
-lich(keit) [-liç(kaɪt)]
-los, -losigkeit [-loːs, -loːziçkaɪt]
-nis [-nis]
-sal [-zaːl]
-sam(keit) [-zaːm(kaɪt)]
-schaft(s...) [-ʃaft(s...)]
-ste(l), -stens [-stə(l), -stəns]
-te(l), -tens [-tə(l), -təns]
-tum [-tuːm]
-ung(s...) [-uŋ(s...)]

El Alfabeto alemán

A a	B b	C c	D d	E e	F f	G g	H h	I i	J j	K k
ɑ:	be:	tse:	de:	e:	ɛf	ge:	hɑ:	i:	jɔt	kɑ:

L l	M m	N n	O o	P p	Q q	R r	S s (ß)		T t	U u
ɛl	ɛm	ɛn	o:	pe:	ku:	ɛr	ɛs	(ɛs-'tsɛt)	te:	u:

V v	W w	X x	Y y	Z z
fau	ve:	iks	'ypsilɔn	tsɛt

A

A, a [ɑː] *n* A, a *f*; ♪ la *m*; *A-Dur* la mayor; *a-Moll* la menor; *wer A sagt, muß auch B sagen* una obligación trae la otra; *das A und O* el alfa y omega; *von A bis Z* de pe a pa, de cabo a rabo.

Aal [ɑːl] *m* (3) anguila *f*; ¹**⸚en** (25): *sich ⸚ deseperezarse*; ²**glatt** escurridizo (*a. fig.*).

Aar [ɑːr] *m* (3) *poet.* águila *f*.

Aas [ɑːs] *n* (4, *pl. a.* Äser ['ɛːzər] 1²) carroña *f*; P *fig.* mal bicho *m*; **⸚en** F ['-zən] (27) malgastar, despilfarrar (*mit et.* a/c.); '**⸚geier** *m* alimoche *m*; *fig.* buitre *m*.

ab [ap] **1.** *zeitl.* a partir de; desde; *⸚ und zu* de vez en cuando; **2.** *örtl.* desde, de; *⸚ Werk* puesto en fábrica.

abänder|n ['-'ʔɛndərn] modificar; cambiar; **⸚ung** *f* modificación *f*; cambio *m*; **⸚ungs-antrag** *Parl. m* enmienda *f*.

'**ab-arbeiten** *Schuld*: pagar con trabajo; *sich ⸚* matarse trabajando.

'**Ab-art** *f* variedad *f*; **⸚ig** anormal; perverso.

abästen ['-'ʔɛstən] (26) desramar.

'**Abbau** *m* ⚒ explotación *f*; ⊕ desmontaje *m*; *Preise, Personal*: reducción *f*; **⸚en** ⚒ explotar; ⊕ desmontar; *Preise, Personal*: reducir.

abbeeren ['-be:rən] (25) desgranar.

'**abbeißen** arrancar con los dientes; mordisquear; *ein Stück ⸚ von* dar un mordisco a.

'**abbekommen** recibir; (*losbekommen*) lograr desprender *od.* quitar.

'**abberuf|en** llamar, retirar; destituir; **⸚ung** *f* llamada *f*; destitución *f*.

'**abbestell|en** anular; *Zeitung*: dar de baja; **⸚ung** *f* anulación *f*; baja *f*.

'**abbezahlen** pagar a plazos; *völlig*: liquidar.

'**abbiegen** (sn) doblar; *nach links ⸚* girar *od.* torcer a la izquierda.

'**Abbild** *n* imagen *f*; copia *f*; trasunto *m*; **⸚en** representar; copiar; retratar; **⸚ung** *f* grabado *m*; ilustración *f*; lámina *f*; *mit ⸚en versehen* ilustrar.

'**abbinden** desatar; ✂ ligar.

'**Abbitte** *f* excusas *f/pl.*; *⸚ tun* pedir perdón (*j-m* a alg.).

'**abblasen** soplar; *Dampf usw.*: hacer escapar; *fig.* anular, desconvocar.

'**abblättern** (sn) deshojarse; ⚠ desconcharse.

'**abblend|en** *Phot.* diafragmar; *Kfz.* bajar las luces; ²**licht** *n* luz *f* corta *od.* de cruce.

'**abblitzen**: F *j-n ⸚ lassen* dar calabazas a alg.; mandar a paseo a alg.

'**abbrausen 1.** *v/t.* (*a. sich*) duchar (-se); **2.** F *v/i.* (sn) embalarse.

'**abbrechen 1.** *v/t.* romper (*a. fig. Beziehungen usw.*); *Gebäude*: derribar, demoler; *Lager, Belagerung, Zelt*: levantar; (*unterbrechen*) interrumpir; **2.** *v/i.* (sn) romperse; (*aufhören*) interrumpirse.

'**abbremsen** (*scharf*) *⸚* frenar (en seco).

'**abbrennen 1.** *v/t.* quemar; **2.** *v/i.* quemarse.

'**abbringen** *vom Weg*: apartar; desviar (*a. fig.*); *vom Vorhaben*: disuadir; *sich nicht ⸚ lassen* seguir en sus trece.

'**abbröckeln** (sn) *Kalk*: desconcharse; *Mauer*: desmoronarse; ✝ *Kurse*: debilitarse.

'**Abbruch** *m* derribo *m*, demolición *f*; *der Beziehungen*: ruptura *f*; (*Unterbrechung*) interrupción *f*; *⸚ tun* (*dat.*) causar perjuicio a, perjudicar.

'**abbrühen** *Kchk.* escaldar.

'**abbuchen** ✝ cargar en cuenta.

'**abbürsten** *Kleidung*: cepillar; *Staub*: quitar.

'**abbüßen** expiar; *Strafe*: cumplir.

Abc [abeːˈtseː] *n uv.* abecé *m*, abecedario *m*, alfabeto *m*; **⸚-Buch** *n* cartilla *f*, abecedario *m*; **⸚-Schütze** *m* (alumno *m*) principiante *m*.

'**abdachen** ['apdaxən] (25) construir en declive; *sich ⸚* ir en declive.

'**abdämmen** ['-dɛmən] (25) contener; poner diques a; represar.

'**Abdampf** ⊕ *m* vapor *m* de escape; **⸚en** (sn) evaporarse; F *fig.* marcharse.

'**abdank|en** dimitir; abdicar; **⸚ung** *f* dimisión *f*; abdicación *f*.

'**abdeck|en** descubrir; destapar; *Dach*: destejar; *Tier*: desollar; (*be-*

decken) cubrir, tapar; 2**er** *m* (7) desollador *m*; 2**e'rei** *f* desolladero *m*.

¹**abdicht|en** (26) tapar; impermeabilizar; ♣ calafatear; 2**ung** *f* impermeabilización *f*; ♣ calafateado *m*.

¹**abdienen:** s-e Zeit ~ cumplir el servicio militar.

¹**abdrehen 1.** *v/t.* destornillar; *Gas, Wasser:* cerrar; ⚡ apagar; *Film:* (terminar de) rodar; **2.** *v/i.* ♣, ✈ cambiar de rumbo.

¹**Abdruck** *m* impresión *f*; reproducción *f*; *e-s Siegels:* impronta *f*; (*Finger*2) huella *f*; 2**en** imprimir; reproducir.

¹**abdrücken** *Waffe:* disparar.

abebben ['-ˀɛbən] (25) disminuir; calmarse.

Abend ['aːbənt] *m* (3¹) (*früher*) tarde *f*; (*später*) noche *f*; (*Veranstaltung*) velada *f*; *am* ~ por la noche *bzw.* tarde; *heute* 2 esta tarde *bzw.* noche; *gestern* 2 anoche; *zu* ~ *essen* cenar; ~**..:** *in Zssgn oft* de (la) tarde *od.* noche; ~**anzug** *m* traje *m* de etiqueta; ~**brot**, ~**essen** *n* cena *f*; ~**dämmerung** *f* crepúsculo *m* (vespertino); anochecer *m*; 2**füllend:** ~*er Film* largometraje *m*; ~**gesellschaft** *f* velada *f*; *gal.* soirée *f*; sarao *m*; ~**kasse** *f* taquilla *f*; ~**kleid** *n* traje *m* de noche; ~**kurs** *m* curso *m* de noche; clases *f/pl.* nocturnas; ~**land** *n* Occidente *m*; 2**ländisch** ['--lɛndiʃ] occidental; 2**lich** vespertino, de la tarde; ~**mahl** *n* Rel. comunión *f*; *Bibel:* Cena *f*; *das* ~ *empfangen* comulgar; ~**rot** *n*, ~**röte** *f* arrebol *m* crepuscular; 2**s** ['-bənts] por la tarde *bzw.* noche; ~**sonne** *f* sol *m* poniente; ~**stern** *m* lucero *m* de la tarde; ~**veranstaltung** *f* velada *f*; ~**zeitung** *f* (periódico *m*) vespertino *m*.

Abenteu|er ['aːbəntɔʏər] *n* (7) aventura *f*; 2**erlich** aventurero (-a) *m* (*f*); ~**rer(in** *f*) *m* aventurero (-a) *m* (*f*).

aber ['aːbər] **1.** *cj.* pero, mas; ~ *sicher!* ¡claro que sí!, ¡desde luego!, *bsd. Am.* ¡cómo no!; **2.** 2 *n* pero *m*; *da gibt es kein* ~ no hay pero que valga.

¹**Aber|glaube** *m* superstición *f*; 2**gläubisch** ['--glɔʏbiʃ] supersticioso.

aberkenn|en ['apˀɛrkɛnən]: *j-m et.* ~ privar *od.* desposeer a alg. de a/c.; 2**ung** *f* privación *f*.

aber|malig ['aːbərmaːliç] repetido, reiterado; ~**mals** ['--maːls] de nuevo, otra vez.

abernten ['apˀɛrntən]: *die Felder* ~ recoger la cosecha.

¹**abfahren 1.** *v/t.* *Lasten:* acarrear, transportar; *Glied:* cortar; *Strecke:* recorrer; (*abnutzen*) gastar; **2.** *v/i.* (sn) salir, partir (*nach* para); ♣ zarpar (*nach* para); *Schi:* descender.

¹**Abfahrt** *f* salida *f*, partida *f* (*nach* para); *Schi:* descenso *m*, bajada *f*; 2**bereit** listo para salir; ~**slauf** *m* Schi: (carrera *f* de) descenso *m*; ~**szeit** *f* hora *f* de salida.

¹**Abfall** *m* desechos *m/pl.*, desperdicios *m/pl.*; residuos *m/pl.*; *fig.* defección *f*; *Rel.* apostasía *f*; ~**eimer** *m* cubo *m* de la basura; 2**en** (sn) caer; *Gelände:* ir en declive, descender; (*übrigbleiben*) sobrar; *von j-m* ~ abandonar a alg.; ~ *gegen* resultar inferior a; *es wird et. für dich* ~ te tocará algo; 2**end** *Gelände:* en declive; *steil* ~ escarpado.

¹**abfällig** desfavorable; despectivo.

¹**Abfallprodukt** *n* producto *m* de desecho; subproducto *m*.

¹**abfangen** *Brief usw.:* interceptar; ♣ apuntalar; ✈ enderezar; 2**jäger** ✈ *m* (avión *m*) interceptor *m*.

¹**abfärben** desteñir; ~ *auf* (*ac.*) manchar (*ac.*); *fig.* trascender a.

¹**abfass|en** redactar; *Akte:* extender; *j-n:* atrapar; 2**ung** *f* redacción *f*.

¹**abfeilen** limar.

¹**abfertig|en** despachar; *Gepäck:* facturar; *fig. j-n kurz* ~ despedir bruscamente a alg.; 2**ung** *f* despacho *m*; facturación *f*.

¹**abfeuern** disparar, descargar.

¹**abfind|en** pagar, satisfacer; compensar; indemnizar; *sich mit et.* ~ conformarse con a/c.; 2**ung** *f* indemnización *f*.

abflachen ['-flaxən] (25) aplanar; allanar.

abflauen ['-flauən] (25) *Wind:* amainar; *fig.* aflojar, disminuir.

¹**abfliegen** (sn) ✈ despegar; *j.:* partir en avión.

¹**abfließen** (sn) salir(se).

¹**Abflug** ✈ *m* despegue *m*; *j-s:* salida *f* (en avión).

¹**Abfluß** *m* salida *f*; desagüe *m*; ~**rohr** *n* tubo *m* de desagüe *bzw.* descarga.

¹**abfordern** pedir, exigir.

¹**abformen** moldear; *in Gips:* vaciar.

¹**abfragen** preguntar; interrogar; *Schüler:* tomar la lección a.

Abfuhr ['-fuːr] *f* (16) recogida *f*;

acarreo m, transporte m; fig. desaire m, desplante m.

'**abführ|en** llevar(se); Gelder: pagar; ✗ purgar; Verbrecher: llevar detenido; **~end** purgante, laxante; ♀**mittel** n laxante m, purgante m.

'**abfüll|en** envasar; trasegar; auf Flaschen: embotellar; ♀**ung** f envase m; trasiego m, embotellado m.

'**Abgabe** f entrega f; (Steuer) impuesto m; gabela f; Fußball: pase m; ♀**nfrei** exento de impuestos; ♀**npflichtig** sujeto a impuestos.

'**Abgang** m salida f; Thea. mutis m; (Verlust) merma f, pérdida f; ✝ venta f; ✗ flujo m; aborto m; **~szeugnis** n certificado m od. diploma m de fin de estudios.

'**Abgas** n gas m de escape.

'**abgeben** entregar; (abtreten) ceder (an ac. a); Gepäck: consignar; Schuß: disparar; Stimme: emitir; Meinung: dar; Fußball: pasar; er würde e-n guten Arzt **~** sería un buen médico; sich **~** mit ocuparse en od. de; (Umgang haben) tener trato con.

'**abge|brannt** ['-gəbrant] abrasado, destruido por el fuego; F fig. **~ sn** estar sin blanca; **~brüht** ['--bry:t] fig. corrido, curado de espanto; **~droschen** ['--drɔʃən] fig. trillado; **~feimt** ['--faimt] consumado; taimado; astuto; **~griffen** ['--grifən] gastado, usado, manoseado; fig. manido; **~hackt** ['--hakt] fig. entrecortado; **~härtet** ['--hɛrtət] endurecido; aguerrido.

'**abgehen** (sn) salir; marcharse; partir; ♣ zarpar; Thea. hacer mutis; (sich lösen) despegarse; desprenderse; Knopf: caerse; (fehlen) faltar; Ware: venderse; fig. **~ von** desistir de; sich (dat.) nichts **~ lassen** no privarse de nada.

'**abge|kämpft** ['-gəkɛmpft] agotado, rendido; **~kartet** ['--kartət] **~e Sache** golpe m tramado; **~klärt** ['--klɛ:rt] fig. maduro, asentado; **~lagert** ['--la:gərt] reposado; **~legen** apartado, aislado.

'**abgelten** pagar; indemnizar.

'**abge|macht** convenido; **~!** ¡de acuerdo!; ¡trato hecho!; **~neigt** poco inclinado (dat. a); nicht **~ sn zu** (inf.) no tener inconveniente en.

'**Abgeordnet|e(r)** ['-gə°ɔrdnətə(r)] m diputado m; **~enhaus** n cámara f de diputados.

'**abgerissen** desharrapado; fig. incoherente.

'**Abgesandte(r)** m enviado m, delegado m.

'**abgeschieden** ['-gəʃi:dən] solitario, aislado; ♀**heit** f soledad f, aislamiento m.

'**abgeschlossen** ['--ʃlɔsən] fig. concluido; Bildung: completo; (zurückgezogen) aislado, retirado.

'**abgeschmackt** ['--ʃmakt] insulso; de mal gusto; ♀**heit** f insulsez f; mal gusto m.

'**abgesehen** ['--ze:ən]: **~ von** prescindiendo de, abstracción hecha de; davon **~** aparte de eso.

'**abgespannt** cansado, fatigado; ♀**heit** f cansancio m, fatiga f.

'**abge|standen** ['--ʃtandən] desabrido; rancio; **~stumpft** ['--ʃtumpft] Kegel: truncado; fig. apático (gegen para); indiferente (a); insensible (a); **~tragen** gastado; raído; muy llevado; **~winnen** ganar; Geschmack **~** (dat.) tomar gusto a; **~wöhnen** desacostumbrar, deshabituar (j-m et. a alg. de a/c.); sich (dat.) das Rauchen **~** dejar de fumar; **~zehrt** ['--tse:rt] macilento, demacrado.

'**abgießen** verter; ⊕ vaciar.

'**Abglanz** m reflejo m (a. fig.).

'**abgleiten** (sn) resbalar; deslizarse.

'**Ab|gott** m ídolo m; **~götterei** [-gœtə-'rai] f idolatría f; ♀**göttisch** idólatra; **~ verehren** od. lieben idolatrar.

'**abgraben** fig.: j-m das Wasser **~** minar el terreno a alg.

'**abgrasen** pacer; fig. trillar.

'**abgrenz|en** delimitar; deslindar; ♀**ung** f delimitación f; deslinde m.

'**Abgrund** m abismo m (a. fig.), precipicio m; ♀**tief** abismal (a. fig.).

'**abgucken** F copiar (von de); imitar.

'**Abguß** m vaciado m.

'**abhaben**: et. **~ wollen** reclamar su parte.

'**abhacken** cortar (a hachazos).

'**abhaken** (25) ir señalando; puntear.

'**abhalt|en** retener; (hindern) impedir; estorbar; Sitzung: celebrar; tener; Kind: hacer orinar; ♀**ung** f estorbo m; impedimento m; celebración f.

'**abhandeln** Thema: tratar; vom Preis **~** regatear el precio.

abhanden [-'handən]: **~ kommen** perderse, extraviarse.

'**Abhandlung** f tratado m; diserta-
ción f.

'**Abhang** m cuesta f, pendiente f;
declive m.

'**abhäng|en 1.** v/t. descolgar (a. fig.
Verfolger); desenganchar; fig. dejar
atrás; **2.** v/i. depender (von de); **~ig**
dependiente (von de); **≈igkeit** f dependencia f.

'**abhärmen:** sich ~ consumirse de
pena; abgehärmt consumido.

'**abhärt|en** endurecer; curtir; **≈ung** f
endurecimiento m.

'**abhaspeln** devanar.

'**abhauen 1.** v/t. cortar; Baum: a.
talar; **2.** v/i. F (sn) largarse.

'**abhäuten** desollar.

'**abheben 1.** v/t. levantar; Karten:
cortar; Geld: retirar, sacar; Fernspr.
descolgar; Geld ~ destacarse (von
de); **2.** v/i. ⚡ despegar.

'**abheften** archivar.

'**abheilen** (sn) cicatrizarse.

'**abhelfen** (dat.) remediar (ac.), poner
remedio a; dem ist nicht abzuhelfen no
tiene remedio.

'**abhetzen:** sich ~ ajetrearse.

'**Abhilfe** f remedio m; ~ schaffen poner remedio (für ac. a).

'**abhobeln** (a)cepillar.

'**abhold** (dat.) opuesto a.

'**abhol|en** (ir a) buscar; recoger; ~
lassen enviar por; **≈ung** f recogida f.

'**abholz|en** (27) talar; desforestar;
≈ung f tala f; desforestación f.

'**abhorchen** interceptar; ⚡ auscultar.

'**abhör|en** escuchar; Schüler: tomar
la lección; Telefon usw.: intervenir;
interceptar; **≈gerät** n micro-espía m.

'**ab-irren** (sn): vom Weg ~ extraviarse, descaminarse.

Abitur [abi'tu:r] n (3) bachillerato m;
~ient [---'jεnt] m (12) bachiller m.

abjagen ['apja:gǝn]: j-m et. ~ arrebatar od. hacer soltar a/c. a alg.

abkanzeln ['-kantsǝln] F (29) sermonear.

abkapseln ['-kapsǝln] (29): sich ~
encapsularse; fig. aislarse.

abkarten ['-kartǝn] (26) tramar.

'**abkaufen** comprar (j-m et. a/c. a
alg.); F fig. creer.

Abkehr ['-ke:r] f (14, o. pl.) renuncia f
(von a); abandono m (de); **≈en** (fegen)
barrer; sich ~ apartarse.

'**abklappern** F recorrer; patear.

'**abklären** clarificar; 🕳 decantar.

'**Abklatsch** m Typ. clisé m; fig.

calco m; schwacher ~ pálido retrato m.

'**abklingen** (sn) Ton: ir extinguiéndose; Schmerz: ir disminuyendo.

'**abklopfen** golpear; Staub: sacudir;
⚡ percutir.

'**abknabbern** roer, mordisquear.

'**abknallen** F matar de un tiro.

'**abknicken** doblar; romper doblan-
do.

'**abknöpfen** desabrochar, desabotonar; F j-m Geld ~ hacer aflojar la
mosca a alg.

'**abknutschen** F besuquear.

'**abkochen 1.** v/t. hervir; **2.** v/i. hacer
la comida (al aire libre).

'**abkommandieren** destacar.

Abkomme ['-kɔmǝ] m (13) descendiente m; **≈n** (sn) vom Thema: apartarse de; vom Weg: perderse, extraviarse; von e-r Absicht: abandonar;
Sport: arrancar; ~ können estar libre;
~n n convenio m, arreglo m.

abkömm|lich ['-kœmlіç]: er ist nicht
~ está ocupado; **≈ling** ['--liŋ] m (3)
descendiente m.

'**abkratzen 1.** v/t. raspar, rascar; **2.**
v/i. P fig. diñarla, palmarla.

'**abkriegen** F s. abbekommen.

'**abkühl|en** enfriar; refrigerar; refres-
car; fig. sich ~ enfriarse, entibiarse;
≈ung f enfriamiento m; refrigeración f.

Abkunft ['-kunft] f (14, o. pl.) origen
m, descendencia f.

'**abkuppeln** 🚗 desenganchar.

'**abkürz|en** acortar (a. Weg); Wort:
abreviar; **≈ung** f acortamiento m;
abreviatura f; (Weg) atajo m.

'**abküssen** besuquear.

'**ablade|n** descargar; **≈n** n descarga f;
≈platz m descargadero m.

'**Ablage** f (15) depósito m; v. Akten:
archivo m.

'**ablager|n 1.** v/t. depositar; **2.** v/i. (h.,
sn) Wein: reposarse; **≈ung** f depósito
m; Geol. sedimento m.

Ablaß ['-las] m (4²) (Abfluß) salida f;
desagüe m; Rel. indulgencia f;
(Preis≈) rebaja f.

'**ablassen 1.** v/t. Wasser: vaciar;
Dampf: dejar escapar; vom Preis:
rebajar; **2.** v/i. desistir (von de); renunciar (a).

'**Ablauf** m salida f; desagüe m; Frist,
Vertrag: expiración f; Wechsel: vencimiento m; (Verlauf) desarrollo m;
nach ~ e-s Jahres al cabo de un año;

vor ~ (*gen.*) antes de terminarse (*nom.*); ♀en **1.** *v/i.* (sn) correr, salir; *Sport:* arrancar; *Uhr:* pararse; *Zeit:* transcurrir; *Frist, Vertrag:* caducar; expirar; *Wechsel:* vencer; *Handlung:* desarrollarse; *gut* ~ salir bien; *schlecht* ~ acabar mal; **2.** *v/t. Schuhe:* gastar; *Straße usw.:* recorrer; F patear; F *sich (dat.) die Beine nach et.* ~ desvivirse por a/c.

¹**Ablaut** *Gram. m* apofonía *f*.

¹**Ableben** *n* fallecimiento *m*, óbito *m*.

¹**ablecken** lamer; chupar(se).

¹**ableg|en** deponer, depositar; *Kleider:* quitarse; *Briefe:* archivar; *Gewohnheit:* dejar de; *Fehler:* corregir; *Gelübde:* pronunciar; *Eid:* prestar; *Prüfung:* hacer, pasar; *Zeugnis* ~ *von* dar testimonio de; ♀er ♀ ['¹-le:gər] *m* (7) vástago *m*; mugrón *m*.

¹**ablehn|en** rechazar; rehusar; *Einladung:* declinar; *Gesuch:* desestimar; *Zeugen:* recusar; ~**end** negativo; ♀**ung** *f* negativa *f*; rechazo *m*; desestimación *f*; recusación *f*.

¹**ableisten** *a.* ✗ cumplir, hacer.

¹**ableit|en** desviar (*a. Fluß*); ♀, *Gram.* derivar; *Phil.* deducir; ♀**ung** *f* desvío *m*; derivación *f*; deducción *f*.

¹**ablenk|en** apartar, desviar; *Aufmerksamkeit:* distraer; ♀**ung** *f* desvío *m*; diversión *f*; distracción *f*; ♀**ungsmanöver** *n* maniobra *f* de diversión.

¹**ablesen** leer (*aus, von* en); *Beeren:* (re)coger; *Zähler usw.:* efectuar la lectura (de); *fig. v. den Augen* ~ leer en los ojos.

¹**ableugnen** negar.

¹**abliefer|n** entregar; ♀**ung** *f* entrega *f*.

¹**abliegen:** *weit* ~ estar lejos (*von* de).

¹**ablöschen** extinguir; *Tinte:* secar; *v. der Tafel:* borrar.

¹**ablös|en** desprender; despegar; ✗ relevar; *sich* ~ turnarse; ♀**ung** *f* desprendimiento *m*; ✗ relevo *m*.

¹**abmach|en** (*losmachen*) quitar; desprender; (*vereinbaren*) convenir; acordar; concertar; *im Vertrag:* estipular; ♀**ung** *f* acuerdo *m*, convenio *m*.

abmager|n ['¹-ma:gərn] (29, sn) adelgazar; enflaquecer; ♀**ung** *f* adelgazamiento *m*; enflaquecimiento *m*; ♀**ungskur** *f* cura *f* de adelgazamiento.

¹**abmähen** segar, cortar.

¹**abmalen** pintar.

¹**Abmarsch** *m* marcha *f*, partida *f*;

♀**bereit** dispuesto para la marcha *od.* para salir; ♀**ieren** (sn) ponerse en marcha.

¹**abmeld|en:** (*sich*) ~ dar(se) de baja; ♀**ung** *f* baja *f*.

¹**abmess|en** medir; tomar las medidas; *fig.* ponderar; ♀**ung** *f* medición *f*; ~**en** *pl.* dimensiones *f/pl.*, medidas *f/pl.*

¹**abmontieren** desmontar.

¹**abmühen:** *sich* ~ afanarse; ajetrearse; bregar (*mit* con).

abmurksen F ['¹-murksən] (27): *j-n* ~ cargarse a alg.

¹**abmustern** ⚓ licenciar.

¹**abnagen** roer.

¹**Abnäher** *m am Kleid:* pinza *f*.

Abnahme ['¹-na:mə] *f* (15) ✝ compra *f*; ✂ amputación *f*; (*Verminderung*) disminución *f*; merma *f*; ⊕ recepción *f*.

abnehm|bar ['¹-ne:mba:r] desmontable; amovible; de quita y pon; ~**en 1.** *v/t.* quitar; *Hut:* quitarse; *Fernspr.* descolgar; ✂ amputar; *Ware:* comprar; ⊕ comprobar; *j-m e-n Eid* ~ tomar juramento a alg.; *Sport: die Zeit* ~ cronometrar; **2.** *v/i.* disminuir; decrecer; *Mond:* menguar; *an Gewicht:* perder peso, adelgazar; *an Kräften:* debilitarse; *Tage:* acortarse; ~**end** decreciente; *Mond:* menguante; ♀**er(in** *f*) ['¹-ne:mər(in)] *m* comprador(a) *m* (*f*).

¹**Abneigung** *f* antipatía *f*, aversión *f* (*gegen* a).

abnorm ['-nɔrm] anormal; ♀**ität** [--i'tɛ:t] *f* anomalía *f*.

¹**abnötigen:** *Achtung* ~ infundir respeto.

¹**abnutz|en** (des)gastar; ♀**ung** *f* desgaste *m*.

Abonn|ement [abɔnə'mã] *n* (11) abono *m*; suscripción *f*; ~**ent(in** *f*) [--'nɛnt(in)] *m* abonado (-a) *m* (*f*); suscriptor(a) *m* (*f*); ♀**ieren** [--'ni:rən] (h., sn) abonarse; suscribirse (*auf ac.* a).

abordn|en ['ap'ɔrdnən] delegar, diputar; ♀**ung** *f* delegación *f*, diputación *f*.

Abort [a'bɔrt] *m* (3) **a)** retrete *m*, excusado *m*; **b)** ✱ aborto *m*.

abpacken ['¹appakən] empaquetar, envasar.

¹**abpassen** *j-n, Gelegenheit:* esperar, espiar.

¹**abpellen** pelar.

'**abpfeifen** *Spiel*: dar la pitada final.
'**abpflücken** (re)coger.
'**abplacken, abplagen:** *sich* ~ atarearse; bregar.
'**abplatten** ['-platən] (26) aplanar.
'**abplatzen** saltar, desprenderse.
'**Abprall** *m* (3, *o. pl.*) rebote *m*; 2en (sn) rebotar.
'**abputzen** limpiar; *Wand:* revocar.
'**abquälen:** *sich* ~ bregar; luchar.
abrackern ['-rakərn] F (29): *sich* ~ ajetrearse; bregar.
abrahmen ['-rɑ:mən] desnatar, descremar.
'**abrasieren** afeitar; rapar.
'**abraten:** *j-m* (*v.*) et. ~ desaconsejar a/c. a alg.; disuadir a alg. de a/c.
'**abräumen** quitar (*den Tisch* la mesa); despejar; desembarazar.
'**abreagieren:** *sich* ~ desahogarse; descargarse.
'**abrechn|en 1.** *v/t.* (*abziehen*) deducir, descontar; **2.** *v/i.* pasar cuentas; *a. fig. mit j-m* ~ ajustar las cuentas con alg.; 2ung f deducción f, descuento *m*; (*Konto*2) liquidación f; *fig.* ajuste *m* de cuentas.
'**Abrede** f acuerdo *m*, convenio *m*; *in* ~ *stellen* negar, desmentir.
'**abregen** F: *sich* ~ calmarse.
'**abreib|en** restregar, frotar, refregar; 🎿 friccionar; 2ung f 🎿 fricción f; *fig.* paliza f.
'**Abreise** f salida f, partida f, marcha f; 2n (sn) salir, partir, marchar (*nach* para).
Abreiß|block ['-raɪsblɔk] *m* taco *m*; 2en **1.** *v/t.* arrancar; 🔨 derribar, demoler; **2.** *v/i.* (sn) romperse; *fig.* interrumpirse; ~**kalender** *m* (calendario *m* de) taco *m*.
'**abrichten** *Tier:* amaestrar, adiestrar; ⊕ ajustar.
abriegeln ['-ri:gəln] (29) echar el cerrojo a; *fig.* bloquear; *durch Polizei:* acordonar.
'**abringen:** *j-m* et. ~ arrancar a/c. a alg.
'**Abriß** *m v. Gebäuden:* derribo *m*, demolición f; (*Entwurf*) bosquejo *m*; (*Buch*) compendio *m*; (*Übersicht*) resumen *m*.
'**abrollen 1.** *v/t.* desenrollar; **2.** *v/i.* (sn) desarrollarse.
'**abrücken 1.** *v/t.* retirar; **2.** *v/i.* (sn) marcharse; *fig. von j-m* ~ retirarse, distanciarse de alg.
'**Abruf** *m* llamamiento *m*; *auf* ~ a demanda; 2en llamar; retirar.

'**abrunden** redondear (*a. fig.*).
abrupt ['-rʊpt] abrupto.
'**abrüst|en** desarmar; 2ung f desarme *m*.
'**abrutschen** (sn) deslizarse, resbalar.
absacken ['-zakən] (25, sn) hundirse; ♣ *a.* irse a pique; 🌾 caer en un bache.
Absage ['-zɑ:gə] f negativa f; 2n *Einladung:* rehusar, declinar; *Veranstaltung:* suspender, desconvocar.
'**absägen** (a)serrar; F *fig. j-n:* eliminar; echar.
absahnen ['-zɑ:nən] *s. abrahmen;* F *fig.* hacer su agosto.
'**absatteln** desensillar.
'**Absatz** *m* (*Schuh*) tacón *m*, *Am.* taco *m*; *Typ.* aparte *m*, párrafo *m*; ✝ venta f, salida f; ~ *finden* tener salida, venderse; (*neuer*) ~! ¡punto y aparte!; 2fähig vendible; ~**gebiet** *n* mercado *m*, zona f de venta.
'**absaugen** ⊕ aspirar; limpiar con el aspirador.
'**abschaben** raspar, raer, rascar.
'**abschaff|en** (25) suprimir; abolir; *Gesetz:* derogar; 2ung f supresión f; abolición f; derogación f.
'**abschälen** pelar, mondar.
'**abschalten 1.** *v/t.* 🔌 desconectar; *Maschine:* parar; **2.** *v/i.* F *fig.* relajarse.
'**abschätz|en** apreciar, estimar; tasar; *Wert:* (e)valuar; ~**ig** despectivo; peyorativo; 2ung f tasación f, (e)valuación f.
'**Abschaum** *m* espuma f; *fig.* hez f, escoria f.
'**abscheiden** 🔥 separar; 🎿 segregar.
'**Abscheu** *m* (3[1]) horror *m* (*vor dat.* de); aversión f (*por*); asco *m* (de).
'**abscheuern** fregar; (*abnutzen*) gastar.
abscheulich ['-ʃɔʏlɪç] abominable, horrible; atroz; 2keit f atrocidad f.
'**abschicken** enviar; mandar; expedir, remitir.
'**abschieb|en 1.** *v/t.* apartar; *Ausländer:* expulsar; **2.** F *v/i.* (sn) largarse; 2ung f expulsión f.
Abschied ['-ʃi:t] *m* (3) despedida f; ✗ retiro *m*; ~ *nehmen* despedirse (*von* de); *s-n* ~ *nehmen* retirarse (*a.* ✗); ~**s...** *in Zssgn oft:* de despedida; ~**sgesuch** *n:* *sein* ~ *einreichen* presentar su dimisión.
'**abschießen** disparar; *Rakete, Pfeil:* lanzar; *Flugzeug, Panzer:* derribar.

'**abschinden** s. abrackern.
'**Abschirm|dienst** ⚔ m servicio m de contraespionaje; ⚙en proteger; ↯ blindar.
'**abschlachten** matar.
'**Abschlag** m descuento m, rebaja f; auf ~ a plazos; ⚙en cortar; Angriff: rechazar; Bitte: rehusar, (de)negar.
abschlägig [l-ʃlɛːgiç]: ~e Antwort negativa f.
'**Abschlagszahlung** f pago m a cuenta bzw. a plazos.
'**abschleifen** pulir; rebajar; sich ~ desgastarse; fig. desbastarse.
'**Abschlepp|dienst** m servicio m de remolque od. de grúa; ⚙en remolcar; sich ~ mit ir cargado de; ~wagen m grúa f.
'**abschließen 1.** v/t. (beenden) concluir, acabar, terminar; Tür: cerrar con llave; ☨ Konto: saldar; Bücher: cerrar; Vertrag: concluir; **2.** v/i. terminarse; ☨ saldarse; sich ~ aislarse; ~d definitivo; final; adv. en conclusión.
'**Abschluß** m fin m; ☨ transacción f; Rechnung: cierre m; Vertrag: conclusión f; zum ~ bringen llevar a término; ~prüfung f examen m final.
'**abschmecken** degustar, probar.
'**abschmieren** Kfz. engrasar, lubri(fi)car.
'**abschminken:** (sich) ~ desmaquillar(se).
'**abschnallen** desabrochar; Degen: desceñir.
'**abschneiden** cortar (a. fig.); gut ~ salir bien od. airoso, lucirse.
'**Abschnitt** m sección f; ⚔ segmento m; ⚔ sector m; Typ. párrafo m; pasaje m; ☨ cupón m; (Kontroll⚙) talón m; (Strecke) tramo m; (Zeit) período m.
'**abschnüren** estrangular; ⚔ ligar.
'**abschöpfen** quitar; den Schaum ~ von espumar.
'**abschrägen** [l-ʃrɛːgən] (25) achaflanar.
'**abschrauben** destornillar.
'**abschreck|en** intimidar, escarmentar; Pol. disuadir; Kchk. pasar por agua fría; sich ~ lassen durch arredrarse ante; ~end espantoso; Strafe: ejemplar; ~es Beispiel escarmiento m; ⚙ung Pol. f disuasión f.
'**abschreib|en** copiar (von de); betrügerisch: plagiar; ☨ amortizar; (absa-

gen) disculparse por escrito; fig. et. od. j-n ~ ya no contar con a/c. od. alg.; ⚙ung ☨ f amortización f.
'**abschreiten** medir a pasos; die Front ~ pasar revista a las tropas.
'**Abschrift** f copia f; (Doppel) duplicado m, doble m; ⚙lich adv. en copia.
'**abschuften:** sich ~ s. abrackern.
'**abschuppen:** (sich) ~ descamar(se).
'**abschürf|en** Haut: (a. sich ~) excoriar(se); ⚙ung f excoriación f.
'**Abschuß** m descarga f, disparo m; ⚔ derribo m; Rakete: lanzamiento m; ~basis f base f de lanzamiento.
abschüssig [l-ʃysiç] en declive; escarpado.
'**Abschußrampe** f rampa f od. plataforma f de lanzamiento.
'**abschütteln** sacudir.
'**abschwäch|en** debilitar; Stoß, Schall: amortiguar; fig. atenuar, suavizar; ⚙ung f debilitación f; amortiguamiento m; atenuación f.
'**abschweif|en** (sn) apartarse (von de); divagar; F andarse por las ramas; ⚙ung f digresión f; divagación f.
'**abschwellen** deshincharse; fig. decrecer, disminuir.
'**abschwenken** v/i. (sn): ~ nach torcer a; ⚔ hacer una conversión a.
'**abschwören** abjurar.
abseh|bar [l-zeːbɑːr] previsible; nicht ~ imprevisible; in ~er Zeit dentro de poco, en breve; ⚙en prever, ver; (bei) j-m et. ~ copiar a alg.; es ist kein Ende abzusehen no se ve el fin; es abgesehen haben auf poner la vista en; von et. ~ prescindir de a/c.
abseifen [l-zaɪfən] (25) lavar con jabón.
abseilen [l-zaɪlən] (25) descolgar.
abseits [l-zaɪts] aparte; apartado; Sport: fuera de juego; fig. ins ⚙ drängen marginar, arrinconar.
'**absend|en** mandar, enviar; remitir; ⚙er m remitente m; expedidor m; ☿ an ~ zurück devuelto al remitente; ⚙ung f envío m; despacho m.
'**absengen** chamuscar, sollamar.
absetz|bar [l-zɛtsbɑːr] amovible; Ware: vendible; von der Steuer: deducible; leicht ~ de fácil salida; ~en **1.** v/t. poner en el suelo; depositar; j-n: dejar (in, bei en); Hut: quitarse; Beamten: destituir; separar od. remover del cargo; Herrscher: destronar; ☨ Waren: dar salida a, colocar; Betrag: deducir; Typ. componer;

Absetzung

Säugling: destetar; *vom Spielplan usw.*: retirar; **2.** *v/i.* interrumpirse; detenerse; **3.** *v/refl. sich ~* ♀ depositarse; **2ung** *f* destitución *f*; separación *f* (del cargo).

'**absichern** asegurar; proteger.

'**Absicht** *f* intención *f*, propósito *m*; **2lich** intencionado; *adv.* adrede, de propósito.

'**absinken** (sn) bajar, disminuir.

Absinth [-'zint] *m* (3) ajenjo *m*.

'**absitzen**: e-e *Strafe ~* cumplir (una) condena.

absolut [-zo'lu:t] absoluto; *~ nicht* (no) ... en absoluto; *~ nichts* absolutamente nada, nada de nada; **2ion** [--lu'tsjo:n] *f* absolución *f*.

absolvieren [-zɔl'vi:rən] terminar, acabar; *Studien*: cursar.

absonder|lich [-'zɔndərlɪç] raro, extraño; '**~n** separar, apartar; aislar; *Physiol.* segregar, secretar; *Gefangene*: incomunicar; '**2ung** *f* separación *f*; ✻ secreción *f*.

absor|bieren [-zɔr'bi:rən] absorber; **2ption** [--p'tsjo:n] *f* absorción *f*.

'**abspalten** desprender, separar; ♀ disociar.

'**abspann|en** aflojar; *Pferd*: desenganchar; '**2ung** *f fig.* cansancio *m*.

'**absparen**: *sich et. vom Munde ~* quitarse a/c. de la boca.

'**abspeisen**: *mit leeren Worten ~* despachar con buenas palabras.

abspenstig [-'ʃpenstɪç]: *~ machen* quitar; sonsacar.

'**absperr|en** cerrar (con llave); *Wasser, Gas, ⚡*: cortar; *Straße*: cerrar; *durch Polizei*: acordonar; '**2ung** *f* cierre *m*; corte *m*; cordón *m* (de policía), acordonamiento *m*.

'**abspielen** ♪ tocar; *Ball*: pasar; *abgespielt Platte usw.* gastado; *sich ~* suceder, ocurrir.

'**absplittern** (sn) desprenderse.

'**Absprache** *f* acuerdo *m*, convenio *m*.

'**absprechen** *Recht, Verdienst usw.*: negar; *(verabreden)* concertar; apalabrar.

'**abspringen** (sn) saltar; *Knopf usw.*: desprenderse; *fig.* retirarse; *mit dem Fallschirm ~* lanzarse en paracaídas.

'**Absprung** *m* salto *m*.

'**abspulen** devanar.

'**abspülen** lavar; enjuagar.

'**abstamm|en** descender (*von* de); **2ung** *f* descendencia *f*; origen *m*; **2ungslehre** *f* teoría *f* de la evolución.

'**Abstand** *m a. fig.* distancia *f* (*halten* guardar); intervalo *m*; *~ nehmen von* prescindir de, desistir de; *fig. mit ~* con mucho; **~summe** *f* traspaso *m*; indemnización *f*.

abstatten [-'ʃtatən] *Besuch*: hacer; *s-n Dank ~ für* dar las gracias por.

'**abstauben** quitar el polvo; desempolvar; F *fig.* birlar.

'**abstech|en 1.** *v/t.* cortar; *Hochofen*: sangrar; *Schwein*: matar; **2.** *v/i.*: *~ von* contrastar con; **2er** *m* (7): e-n *~ machen nach* hacer una escapada a.

'**abstecken** jalonar; trazar.

'**abstehen** distar (*von* de); *fig.* desistir (de), renunciar (a); **~d** *Ohr*: separado.

'**absteifen** △ apuntalar; reforzar.

'**absteige|n** (sn) bajar, descender; *v. Pferd, Fahrzeug*: apearse; *im Hotel*: hospedarse, alojarse; **2quartier** *n* apeadero *m*; **2r** *m Sport*: equipo *m* descendido.

'**abstell|en** dejar, poner, depositar; *Radio, TV*: apagar; *Maschine*: parar; *Wasser, Gas*: cerrar; cortar; *Mißstand*: suprimir; subsanar; **2gleis** *n* apartadero *m*; **2raum** *m* trastero *m*.

'**abstempeln** timbrar; estampillar; *Marken*: matasellar, inutilizar; *fig. ~ als* tildar de.

'**absterben** (sn) morir; ✻ necrosarse; *Glied*: entumecerse; ♀ secarse.

Abstieg ['-ʃti:k] *m* (3) bajada *f*; descenso *m* (*a. Sport*); *fig.* decadencia *f*.

'**abstimm|en 1.** *v/t.* ♪, *fig.* afinar, acordar; *Radio*: sintonizar; (*aufeinander*) armonizar; **2.** *v/i.* ~ *über* (*ac.*) votar (*ac.*); **2knopf** *m* botón *m* sintonizador; **2ung** *f* votación *f*; *Radio*: sintonización *f*; *fig.* armonización *f*.

abstinen|t [-sti'nɛnt] abstinente; **2z** [--'nɛnts] *f* (16, *o. pl.*) abstinencia *f*; **2zler(in** *f*) [--'-lər(ɪn)] *m* (7) abstemio (-a) *m* (*f*).

'**abstoppen** parar; *Sport*: cronometrar.

'**Abstoß** *m Sport*: saque *m* de puerta; **2en** repeler; *fig. a.* repugnar; *Ware*: deshacerse de; *Porzellan*: desportillar; **2end** repulsivo, repugnante.

'**abstottern** F pagar a plazos.

abstra|hieren [-stra'hi:rən] abstraer; **~kt** [-'strakt] abstracto.

'**abstreifen** quitar; *Kleider*: quitarse; *Schuhe*: restregar; *fig.* dejar.

'**abstreiten** desmentir; negar.

'Abstrich m 🔨 frotis m; (*Abzug*) deducción f, reducción f.

abstuf|en ['-ʃtuːfən] (25) graduar; matizar; **Qung** f graduación f; matización f.

abstumpf|en ['-ʃtumpfən] (25) embotar; *fig.* a. insensibilizar; **Qung** f embotamiento m (a. *fig.*); insensibilización f.

'Absturz m caída f.

'abstürzen caer(se); 🦌 a. estrellarse; *im Gebirge*: despeñarse.

'abstützen apuntalar, apoyar.

'absuchen registrar; *Gelände*: batir.

Absud ['-zuːt] m (3) decocción f.

absurd [-'zurt] absurdo; **Qität** [--di'tɛːt] f absurdo m, absurdidad f.

Abszeß [aps'tsɛs] m (4) absceso m.

Abt [apt] m (3³) abad m.

'abtakeln ⚓ desaparejar.

'abtasten palpar; ⚡ explorar.

'abtauen descongelar.

Abtei [-'taɪ] f abadía f.

Abteil [-'taɪl] n compartim(i)ento m; **¹Qen** separar; dividir; **'~ung** f a) separación f; división f; b) [-'taɪluŋ] sección f; departamento m; 🗡 destacamento m; **~ungsleiter** m jefe m de sección.

'abtippen F pasar a máquina.

Äbtissin [ɛp'tisin] f (16¹) abadesa f.

'abtöten matar; *Rel.* mortificar.

'abtragen *Speisen*: quitar; *Gebäude*: demoler, derribar; *Terrain*: nivelar, aplanar; *Schulden*: liquidar; *Kleidung*: gastar.

abträglich ['-trɛːklɪç] perjudicial.

'Abtransport m acarreo m; transporte m; **Qieren** transportar; evacuar.

'abtreib|en 1. v/t. arrastrar; 🔨 abortar; **2.** v/i. (sn) ⚓, 🦌 desviarse, ir a la deriva; **Qung** f aborto m (provocado).

'abtrenn|en separar; *Genähtes*: descoser; **Qung** f separación f.

abtret|en ['-trɛːtəːr] cesible; *en* **1.** v/t. ceder; *Schuhsohlen*: gastar; *Füße*: limpiarse; **2.** v/i. (sn) retirarse; salir; *Thea.* hacer mutis; **Qer** m (7) felpudo m; **Qung** f cesión f.

'Abtrift ⚓, 🦌 f (14, o. pl.) deriva f.

'Abtritt m (3) salida f; *Thea.* mutis m; (*Abort*) retrete m.

'abtrocknen 1. v/t. enjugar, secar; **2.** v/i. (sn) secarse.

'abtropfen (sn) escurrir(se).

'abtrudeln 🦌 (sn) entrar en barrena.

abtrünnig ['-trynɪç], **Qe(r)** ['---gə(r)] m renegado (m); *Pol.* disidente (m); *Rel.* apóstata (m); *~ werden* renegar, apostatar (*von* de).

'abtun *fig.* rechazar; descartar.

'abtupfen tamponar.

'ab-urteilen juzgar.

'abverlangen exigir, reclamar.

'abwägen pesar; ponderar; *Worte*: medir.

'abwälzen *fig.* cargar (*auf* sobre); *Schuld usw.*: librarse de.

'abwandeln modificar.

'abwander|n emigrar; **Qung** f emigración f; v. *Kapital*: evasión f, fuga f.

'abwarten esperar, aguardar; F ~ u. *Tee trinken!* ¡paciencia y barajar!; *sich ~d verhalten* mantenerse a la expectativa.

abwärts ['-vɛrts] (hacia *od.* cuesta) abajo; bajando.

'abwaschbar lavable; **~en** lavar; *Geschirr*: fregar.

'Abwasser n (7¹) (*mst pl.*) aguas f/pl. residuales.

'abwechs|eln variar; cambiar; *regelmäßig*: alternar; *sich ~* turnarse, alternarse; **~elnd** variado; alternativo, alterno; *adv.* por turno; **Qlung** f variedad f; cambio m; alternación f; *zur ~* para variar *od.* cambiar; **~lungsreich** variado.

'Abweg m *fig.*: *auf ~e führen* (*geraten*) descaminar(se); **Qig** [-giç] fuera de lugar; desacertado; descabellado.

'Abwehr f defensa f (a. *Sport*); resistencia f; 🗡 contraespionaje m; **~...:** *in Zssgn* defensivo; **Qen** rechazar; *Schlag*: parar; **~stoff** 🔨 m anticuerpo m.

'abweich|en apartarse, desviarse; (*anders sein*) diferir; **~end** diferente; discrepante; **Qung** f desvío m; desviación f; divergencia f; discrepancia f.

'abweiden pacer, pastar.

'abweis|en rechazar (a. ⚖); *j-n*: no recibir; *Bitte*: denegar; *Gesuch*: desestimar; **~end** negativo; reservado; **Qung** f rechazo m; denegación f.

'abwend|en apartar; *fig.* evitar, prevenir; **Qung** f evitación f, prevención f.

'abwerfen *Bomben*: arrojar, lanzar; *Reiter*: derribar; *Gewinn*: producir, arrojar; *Zinsen*: devengar.

'abwert|en devaluar, desvalorizar (a.

Währung); ⒉**ung** f devaluación f, desvalorización f.

abwesen|d ['-veːzənt] ausente; ⒉**heit** f ausencia f; F *fig. durch* ~ **glänzen** brillar por su ausencia.

'**abwick|eln** F devanar; *fig.* llevar a cabo; realizar; liquidar; *fig. sich* ~ desarrollarse; ⒉**lung** f desarrollo m; liquidación f.

'**abwiegen** pesar.

'**abwimmeln** F deshacerse de.

'**abwinken** negar por señas.

'**abwirtschaften** arruinar.

'**abwischen** limpiar; *Nasses*: enjugar, secar.

abwracken ⚓ ['-vrakən] (25) desguazar.

'**Abwurf** m lanzamiento m.

'**abwürgen** estrangular (*a. Motor*).

'**abzahlen** pagar a plazos; *Schuld*: saldar, liquidar.

'**abzählen** contar; ✕ ~! ¡numerarse!

'**Abzahlung** f pago m a plazos; *auf* ~ a plazos.

'**abzapfen** sacar; *Blut*: extraer.

'**abzäunen** ['-tsɔynən] vallar; cercar.

'**Abzeichen** n insignia f; distintivo m; emblema m.

'**abzeichnen** copiar, dibujar; *Schriftstück*: rubricar; *fig. sich* ~ perfilarse; vislumbrarse; *sich* ~ *gegen* contrastar con; destacarse de.

Abzieh|bild ['-tsiːbilt] n calcomanía f; ⒉**en** 1. *v/t.* quitar (*das Bett* las sábanas); *Typ.* tirar; (*vervielfältigen*) sacar copias, multicopiar; ⚔ restar, sustraer; ♱ deducir; *vom Lohn*: retener; *das Fell* ~ desollar; 2. *v/i.* irse, marcharse; F largarse; *Rauch*: salir.

'**abzielen**: ~ *auf* (*ac.*) tender a; *mit Worten*: aludir a, referirse a.

abzirkeln ['-tsirkəln] (29) medir con compás.

'**Abzug** m salida f, marcha f; ✕ retirada f; *Phot.* copia f; *Typ.* prueba f; *am Gewehr*: gatillo m; ♱ deducción f; *v. Preis*: descuento m; *v. Lohn*: retención f; *in* ~ *bringen* deducir.

abzüglich ['-tsyːkliç] menos, deduciendo.

'**abzugsfähig** deducible.

abzweig|en ['-tsvaigən] (25) 1. *v/t.* separar; ✔ derivar; 2. *v/i.* (sn) *Weg*: ramificarse; bifurcarse; ⒉**ung** f bifurcación f.

ach! [ax] ¡ah!; ~ *so!* ¡(ah,) ya!; ~ *was!*

¡qué va!; *mit* ⒉ *und Krach* a trancas y barrancas.

Achat [a'xaːt] m (3) ágata f.

Achilles|ferse [a'xilɛsfɛrzə] *fig.* f talón m de Aquiles; ~**sehne** *Anat.* f tendón m de Aquiles.

Achse ['aksə] f (15) eje m; (*Welle*) árbol m.

Achsel ['-səl] f (15) hombro m; *j-n über die* ~ *ansehen* mirar a alg. por encima del hombro; *mit den* ~*n zucken* encogerse de hombros; ~**höhle** f sobaco m, axila f; ~**zucken** n encogimiento m de hombros.

acht [axt] 1. ocho; *in* ~ *Tagen* dentro de ocho días; 2. ⒉ f (16) ocho m.

Acht [axt] f (16) **a)** (*Bann*) proscripción f; *in die* ~ *erklären* proscribir; **b)** (*Obacht*): *sich in* ⒉ *nehmen* tener cuidado; *et. außer* ⒉ *lassen* descuidar a/c.

'**achtbar** respetable, honorable; ⒉**keit** f respetabilidad f, honorabilidad f.

'**achte(r)** octavo; *am* (*od.* den) ~*n März* el ocho de marzo.

'**Acht-eck** n (3) octágono m; ⒉**ig** octagonal.

Achtel ['axtəl] n (7) octavo m; ~**finale** n *Sport*: octavos m/*pl.* de final; ~**note** ♩ f corchea f.

achten ['-tən] (26) 1. *v/t.* estimar, apreciar; respetar; *Gebot*: acatar; 2. *v/i.* ~ *auf* (*ac.*) fijarse en.

ächten ['ɛçtən] (26) proscribir; *fig.* boicotear.

achtens ['axtəns] en octavo lugar.

Achter ['-tər] ⚓ m (7) bote m de a ocho; ~**bahn** f montaña f rusa; ~**deck** n cubierta f de popa.

acht|fach ['axtfax] óctuplo; ~**geben** tener cuidado; ~ *auf* (*ac.*) cuidar de; ~**hundert** ochocientos; ~**los** descuidado; ⒉**losigkeit** f descuido m; ~**sam** atento, cuidadoso; ⒉**samkeit** f atención f, cuidado m; ⒉**stundentag** m jornada f de ocho horas; ~**tägig** ['-tɛːgiç] de ocho días; ~**tausend** ocho mil.

Achtung ['axtun] f estima(ción) f; ~ *vor* (*dat.*) respeto m a; *j-m* ~ *erweisen* respetar a alg.; *sich* (*dat.*) ~ *verschaffen* hacerse respetar; imponerse; ~! ¡cuidado!, F ¡ojo!; *a.* ✕ ¡atención!; *alle* ~! F ¡chapó!

Ächtung ['ɛçtun] f proscripción f.

achtung|gebietend ['axtun gebiːtənt] imponente; respetable; ⒉**s-erfolg**

m éxito *m* de estima; **~svoll** respetuoso.

acht|zehn ['axtse:n] dieciocho; **~zehnte(r)** décimooctavo.

achtzig ['-siç] ochenta; *in den ~er Jahren* en los años ochenta; **2er** ['-gər] *m*, **~jährig** ['--çjɛːriç] octogenario (*m*); **~ste(r)** octogésimo.

ächzen ['ɛçtsən] **1.** (27) gemir; **2.** 2 *n* gemido *m*.

Acker ['akər] *m* (7[1]) campo *m*; **~bau** *m* (3, *o. pl.*) agricultura *f*; **2bautreibend** agrícola; **~boden** *m* tierra *f* de labor *od.* laborable *od.* de cultivo; **~gerät** *n* aperos *m/pl.* de labranza; **~land** *n* s. **~boden**; **2n** (29) labrar; F *fig.* afanarse; trabajar duramente; **~ung** *n* labranza *f*.

ad acta [at 'akta] *fig.*: *~ legen* dar carpetazo a.

Adams|apfel ['ɑːdamsʔapfəl] *m* nuez *f* (de Adán); **~kostüm** F *n*: *im ~* en pelotas.

addier|en ['a'diːrən] sumar, adicionar; **2maschine** *f* (máquina *f*) sumadora *f*.

Addition [adi'tsjoːn] *f* suma *f*, adición *f*.

Adel ['ɑːdəl] *m* (7, *o. pl.*) nobleza *f* (*a. fig.*); **2ig** ['-liç], **~ige(r m)** ['--liːgə(r)] *su.* noble (*su.*); **2n** (29) ennoblecer (*a. fig.*); **~sstand** *m* nobleza *f*; *in den ~ erheben* ennoblecer; **~s-titel** *m* título *m* nobiliario; **~ung** *f* ennoblecimiento *m*.

Ader ['ɑːdər] *f* (15) vena *f* (*a. fig.*); arteria *f*; ✕ filón *m*, vena *f*; *im Holz, Marmor:* veta *f*; *zur ~ lassen* sangrar; **~haut** *Anat.* *f* coroides *f*; **~laß** ['--las] *m* (4[2]) sangría *f* (*a. fig.*).

Adjektiv ['atjektiːf] *n* (3[1]) adjetivo *m*; **2isch** ['--'viʃ] adjetivo, adjetival.

Adjutant [-ju'tant] *m* (12) ayudante *m*.

Adler ['ɑːdlər] *m* (7) águila *f*; **~horst** *m* nido *m* de águilas; **~nase** *f* nariz *f* aguileña.

adlig ['ɑːdliç] s. **adelig**.

Admiral [atmi'rɑːl] *m* (3[1]) almirante *m*; **~ität** [--rali'tɛːt] *f* almirantazgo *m*; **~sschiff** *n* buque *m* insignia; **~stab** *m* Estado *m* Mayor de la Armada.

adopt|ieren [adɔp'tiːrən] adoptar; **2ion** [--'tsjoːn] *f* adopción *f*.

Adoptiv-... [--'tiːf]: *in Zssgn* adoptivo.

Adressat(in *f*) [adrɛ'saːt(in)] *m* (12) destinatario (-a) *m* (*f*).

Adreßbuch [a'drɛsbuːx] *n* anuario *m* (mercantil), *Am.* directorio *m*.

Adress|e [a'drɛsə] *f* (15) dirección *f*, señas *f/pl.*; *per ~ ...* al cuidado de, en casa de; **2ieren** dirigir (*an ac.* a); poner las señas; **~iermaschine** *f* máquina *f* para imprimir direcciones.

adrett [a'drɛt] pulcro; aseado.

Advent [at'vɛnt] *m* (3), **~szeit** *f* Adviento *m*.

Adverb [-'vɛrp] *n* (8[2]) adverbio *m*.

Affäre [a'fɛːrə] *f* (15) asunto *m*; (*Liebes2*) lío *m*; *sich aus der ~ ziehen* salir del apuro.

Affe ['afə] *m* (13) mono *m*; ✕ mochila *f*; F (*Rausch*) mona *f*; F (*eitler ~*) petimetre *m*.

Affekt [a'fɛkt] *m* (3) emoción *f*; pasión *f*; **~handlung** *f* acto *m* pasional; **2iert** [--'tiːrt] afectado; **~iertheit** *f* afectación *f*.

affen|artig ['afənʔaːrtiç] simiesco; F *fig. mit ~er Geschwindigkeit* a una velocidad vertiginosa; **~hitze** F *f* calor *m* sofocante; **2schande** F *f* vergüenza *f*; **2theater** F *n* farsa *f* ridícula.

affig F ['afiç] afectado, amanerado.

Afrika|ner(in *f*) *m* (7), **2nisch** [afri-'kɑːnər(in)] africano (-a) *m* (*f*).

After ['aftər] *m* ano *m*.

Agave ⚕ [a'gɑːvə] *f* (15) agave *m/f*, pita *f*.

Agent|(in *f*) [a'gɛnt(in)] *m* (12) agente *su.*; representante *su.*; **~ur** [--'tuːr] *f* (16) agencia *f*.

Aggregat [agre'gɑːt] *n* (3) grupo *m*; **~zustand** *m* estado *m* de agregación.

aggressiv [agrɛ'siːf] agresivo; **2ität** [--sivi'tɛːt] *f* agresividad *f*.

agil [a'giːl] ágil.

Agio ['ɑːʒjo] *n* (11) agio *m*.

Agitat|ion [agita'tsjoːn] *f* agitación *f*; **~or** [--'tɑːtɔr] *m* (8[1]), **2orisch** [--ta-'toːriʃ] agitador *m*.

Agrar... [a'grɑːr]: *in Zssgn* mst agrícola; agrario; **~reform** *f* reforma *f* agraria; **~staat** *m* Estado *m* agrícola.

Ägypt|er(in *f*) *m* (3[1]) (*E*), **2isch** [ɛ'gyptər(in)] egipcio (-a) *m* (*f*).

Ahle ['ɑːlə] *f* (15) lezna *f*.

Ahn ['aːn] *m* (5 *u.* 12) abuelo *m*; **~en** *pl.* antepasados *m/pl.*, mayores *m/pl.*

ahnden ['-dən] (26) castigar, sancionar; (*rächen*) vengar.

ähneln ['ɛːnəln] (26) parecerse a, (a)semejarse a.

ahnen ['a:nən] (25) vislumbrar, sospechar; (*Vorgefühl haben*) presentir, barruntar; *du ahnst nicht … no tienes idea …*; ℒ**forschung** *f* genealogía *f*; ℒ**tafel** *f* cuadro *m* genealógico.

ähnlich ['ɛ:nlɪç] parecido, semejante; *j-m ~ sehen* parecerse a alg.; *iron. das sieht ihm ~!* es una de las suyas; ℒ**keit** *f* parecido *m*, semejanza *f*, similitud *f*.

Ahnung ['a:nuŋ] *f* presentimiento *m*; corazonada *f*; (*Vorstellung*) idea *f*; *F keine ~!* no tengo idea; ℒ**slos** desprevenido; sin sospechar nada.

Ahorn 🌳 ['a:hɔrn] *m* (3) arce *m*.

Ähre ['ɛ:rə] *f* (15) espiga *f*; *~n lesen* espigar; **~nlese** *f* espigueo *m*.

Airbus ['ɛ:rbʊs] *m* aerobús *m*.

Akadem|**ie** [akade'mi:] *f* (15) academia *f*; **~iemitglied** *n* académico *m*; **~iker** [-'de:mikər] *m* (7) universitario *m*; hombre *m* de carrera; ℒ**isch** [--'mɪʃ] académico; universitario.

Akazie [a'ka:tsjə] *f* (15) acacia *f*.

akklimatisier|**en** [aklimati'zi:rən] *a. fig.* aclimatar; ℒ**ung** *f* aclimatación *f*.

Akkord [a'kɔrt] *m* (3) ♪ acorde *m*; *im ~ arbeiten* trabajar a destajo; **~arbeit** *f* trabajo *m* a destajo; **~arbeiter** *m* destajero *m*.

Akkordeon [-'-deɔn] *n* (11) acordeón *m*.

Akkordlohn [-'-tlo:n] *m* salario *m* a destajo.

akkredit|**ieren** [akredi'ti:rən] acreditar; ℒ**iv** [---'ti:f] *n* (3¹) carta *f* de crédito.

Akku F ['aku] *m* (11), **~mulator** [--mu'la:tɔr] *m* (8¹) acumulador *m*.

akkurat [--'ra:t] cuidadoso; escrupuloso.

Akkusativ ['--zati:f] *m* (3¹) acusativo *m*; **~objekt** *n* complemento *m* directo.

Akne ['aknə] *f* (15) acné *m*.

Akontozahlung [a'kɔntotsa:lʊŋ] *f* pago *m* a cuenta.

Akribie [akri'bi:] *f* (15, *o. pl.*) rigor *m* científico.

Akrobat|**(in** *f*) *m* [akro'ba:t(in)] (12) acróbata *su.*; **~ik** *f* acrobacia *f*; ℒ**isch** acrobático.

Akt [akt] *m* (3) acto *m* (*a. Thea.*); *Mal.* desnudo *m*; '**~e** *f* (15) expediente *m*, documento *m*; acta *f*; *🕮 pl.* autos *m*/*pl.*; *zu den ~n legen* archivar (*a. fig.*).

'**Akten**|**-auszug** 🕮 *m* apuntamiento

m; **~deckel** *m* carpeta *f*; **~koffer** *m* portafolios *m*; ℒ**kundig:** *~ sn* constar en los autos; **~mappe**, **~tasche** *f* cartera *f*; **~schrank** *m* archivador *m*; clasificador *m*; **~zeichen** *n* referencia *f*.

Aktie ['aktsjə] *f* (15) acción *f*; **~ngesellschaft** *f* sociedad *f* anónima; **~nkapital** *n* capital *m* social; **~nmarkt** *m* mercado *m* de acciones.

Aktion [ak'tsjo:n] *f* acción *f*; ⚔ operación *f*; **~är(in** *f*) [-jo'nɛ:r(in)] *m* (3¹) accionista *su.*; **~sradius** *m* radio *m* de acción.

aktiv [ak'ti:f] activo.

Aktiv ['akti:f] *Gram. n* (3¹) voz *f* activa; **~a** [-'-va] 🕀 *pl.* (*uv.*) activo *m*; ℒ**ieren** [-ti'vi:rən] activar; **~ität** [--vi'tɛ:t] *f* actividad *f*; **~saldo** *m* saldo *m* activo.

Akt|**photo** *n*, **~studie** *f* desnudo *m*.

aktu|**alisieren** [aktuali'zi:rən] actualizar; ℒ**alität** *f* actualidad *f*; **~ell** [--'ɛl] actual, de actualidad.

Akupunktur [a:kupuŋk'tu:r] *f* (16) acupuntura *f*.

Akusti|**k** [a'kustik] *f* (16, *o. pl.*) acústica *f*; ℒ**sch** acústico.

akut [a'ku:t] agudo (*a. 𝕏*).

Akzent [ak'tsɛnt] *m* (3) acento *m*; ℒ**uieren** [--tu'i:rən] acentuar (*a. fig.*).

Akzept 🕀 [-'tsɛpt] *n* (3) aceptación *f*; letra *f* aceptada; ℒ**abel** [--'ta:bəl] aceptable; **~ant** [--'tant] 🕀 *m* (12) aceptante *m*; ℒ**ieren** [--'ti:rən] aceptar.

Alabaster [ala'bastər] *m* (7) alabastro *m*.

Alarm [a'larm] *m* (3¹) alarma *f*; alerta *f*; *blinder ~* falsa alarma *f*; *a. fig. ~ schlagen* dar la (voz de) alarma; **~anlage** *f* sistema *m od.* dispositivo *m* de alarma; ℒ**bereit**, *in* ℒ**bereitschaft** en estado de alerta; ℒ**ieren** alarmar (*a. fig.*); ℒ**ierend** alarmante; **~sirene** *f* sirena *f* de alarma; **~zustand** *m* estado *m* de alarma; alerta.

Alaun [a'laʊn] *m* (3¹) alumbre *m*.

albern ['albərn] necio, tonto, estúpido; *Am.* zonzo; ℒ**heit** *f* necedad *f*, tontería *f*, estupidez *f*; *Am.* pavada *f*.

Albino [-'bi:no] *m* (11) albino *m*.

Album ['-bʊm] *n* (9 *u.* 11) álbum *m*.

Alchim|**ie** [-çi'mi:] *f* (15) alquimia *f*; **~ist** [--'mist] *m* (12) alquimista *m*.

Alge ['-gə] *f* (15) alga *f*.

Algebra [ˈɡebrɑ:] f (16) álgebra f;
2**isch** [--ˈbraːiʃ] algebraico.

Algeri|er [-ˈɡeːrjər] m (7), 2**sch** arge-
lino (m).

Alibi [ˈɑːlibi] n (11) coartada f.

Aliment|e [aliˈmɛntə] pl. (3) alimen-
tos m/pl.; pensión f alimenticia.

Alkali [alˈkaːli] n (8) álcali m; 2**sch**
alcalino.

Alkohol [ˈkoho:l] m (3¹) alcohol m;
2**frei** sin alcohol; ~**gehalt** m graduación f alcohólica; im Blut: alcoholemia f; 2**haltig**, ~**iker(in)** f m, 2**isch**
[ˈ---haltiç, --ˈhoːlikər(in), --ˈhoːliʃ]
alcohólico (-a) m (f); ~**spiegel** m
alcoholemia f; ~**test** m prueba f de
alcoholemia; ~**verbot** n prohibición
f; ~**vergiftung** f intoxicación f alcohólica.

all [al] **1.** (21) todo (-a); ~e pl. todos
(-as); todo el mundo; ~e Länder todos
los países; vor ~em sobre od. ante
todo; ~e drei Jahre cada tres años; ~es
todo; ~es, was (todo) cuanto; todo lo
que; ~es in ~em en total; en resumidas cuentas; trotz ~em a pesar de
todo; **2.** 2 n (11) universo m;
~ˈ**abendlich** todas las noches, cada
noche; 'ˌ**bekannt** de todos conocido; notorio.

ˈ**alle** F acabado; agotado; ~ werden
acabarse; es ist ~ no hay más; ~ˈ**dem**:
trotz ~a a pesar de todo; bei ~ con todo.

Allee [aˈleː] f (15) avenida f, paseo m.

Allegor|ie [aleɡoˈriː] f (15) alegoría f;
2**isch** [--ˈɡoːriʃ] alegórico.

allein [aˈlain] **1.** adj. solo; ~ der Gedanke la sola idea; **2.** adv. sólo, solamente; **3.** cj. pero, no obstante; 2**besitz** m posesión f exclusiva; 2**erbe** m
heredero m universal od. único; 2**-
gang** m: im ~ a solas, en solitario;
2**herrschaft** f autocracia f; 2**herrscher** m autócrata m; ~**ig** único;
exclusivo; ~**stehend** solitario, solo;
(ledig) soltero, célibe; 2**verkauf** m
venta f exclusiva; monopolio m (de
venta); 2**vertreter** m representante
m exclusivo; 2**vertrieb** m exclusiva f.

allemal [ˈaləˈmaːl] todas las veces;
siempre; ein für ~ una vez para
siempre.

allenfalls [ˈalənˈfals] acaso; si es preciso; (höchstens) a lo más.

aller... [ˈalər...]: in Zssgn mit sup. el
más ... (de todos); 'ˌ**beste** el mejor
de todos; ~**dings** [ˈ---diŋs] en efecto;
(einschränkend) pero, sin embargo;

~! ¡ya lo creo!; ¡por supuesto!; bsd.
Am. ¿cómo no?; 'ˌ**erste** el primero
de todos.

Allerg|ie [alɛrˈɡiː] f (15) alergia f;
2**isch** [-ˈɡiʃ] alérgico (gegen a).

aller|hand [ˈalərˈhant] toda clase de;
das ist ~! ¡esto es el colmo!; 2**heiligen** [--ˈhailiɡən] n (6) Todos los
Santos; 2**heiligste** n (18): das ~ el
Santísimo Sacramento; ~ˈ**höchst** fig.
altísimo; supremo; 'ˌ**höchstens** a lo
sumo; 'ˌ**lei** toda clase de; 'ˌ**letzte** el
último de todos; 'ˌ**liebst** [ˈ--ˈliːpst]
encantador, adorable; 'ˌ**meist**: die
~en la gran mayoría de; 'ˌ**neu(e)st**:
das ~e la última novedad; 2'**seelen** n
(6) día m de los (Fieles) Difuntos;
~**seits** [ˈ--ˈzaits] por todas partes;
2**weltskerl** F m factótum m; ~**we-
nigst** [--ˈveːniçst]: das ~e, am ~en lo
menos (de todo).

alles s. all.

alle|samt [ˈaləˈzamt] todos juntos;
2**skleber** m pegamento m universal,
F pegalotodo m; 'ˌ**zeit** siempre.

All|gegen|wart f omnipresencia f,
ubicuidad f; 2**wärtig** omnipresente,
ubicuo.

allge|mein general; im ~en por lo (od.
en) general; 2**befinden** n estado m
general; 2**bildung** f cultura f general; ~**gültig** universal; 2**heit** f gene-
ralidad f; público m (en general);
2**medizin** f medicina f general; ~
verständlich comprensible para todos.

All|heilmittel n remedio m univer-
sal, panacea f.

Alli|anz [aliˈants] f (16) alianza f;
~**ierte(r)** [--ˈiːrtə(r)] m aliado m.

all|jährlich anual; adv. todos los
años; 2**macht** f omnipotencia f;
~ˈ**mächtig** todopoderoso, omnipo-
tente; ~**mählich** [-ˈmɛːliç] paulatino; gradual; poco a poco.

Allotria [aˈloːtria] n: ~ treiben hacer
travesuras.

all|seitig [ˈalzaitiç] universal; 2**-
stromgerät** n radio f para corriente
universal; 2**tag** m día m laborable;
fig. vida f cotidiana; ~ˈ**täglich** diario,
cotidiano; de todos los días; fig.
corriente, trivial; 2**tagskleidung** f:
in ~ vestido de diario; 'ˌ**um'fassend** universal; ~**wissend** omnis-
ciente; 2**wissenheit** f omnisciencia
f; ~**zu**, ~**zusehr**, ~**zuviel** demasiado;
2**zweck...** universal.

Alm [alm] f (16) pasto m alpino.
Almanach ['almanax] m (3¹) almanaque m.
Almosen ['-mo:zən] n (6) limosna f.
Aloe ['ɑ:loe:] f (15) áloe m.
Alp [alp] f (16) s. Alm.
¹Alpdruck m pesadilla f.
Alpen... ['-pən...]: in Zssgn de los Alpes, alpestre, alpino; **~glühen** n rosicler m de los Alpes; **~veilchen** & n ciclamen m.
als [als] zeitl. cuando; nach comp.: que; vor Zahlen: de; nichts ~ nada más que; ~ ob od. wenn como si; ~ Ausländer como extranjero; schon ~ Kind ya de niño.
also ['alzo] cj. por tanto, por consiguiente; ~ gut!; pues bien!; ~ los! ¡vámonos pues!; du kommst ~ nicht? ¿entonces (od. de modo que) no vienes?
alt [alt] 1. adj. viejo, anciano; (antik, ehemalig) antiguo; (gebraucht) usado; ~ werden envejecer; wie ~ bist du? ¿qué edad od. cuántos años tienes?; ich bin 20 Jahre ~ tengo 20 años (de edad); gleich ~ sn tener la misma edad; er ist immer der ~e es el (mismo) de siempre; alles beim ~en lassen dejarlo todo según estaba; 2. ♀ ♪ m (3) contralto m.
Altar [al'tɑ:r] m (3¹ u. ³) altar m; **~bild** n retablo m.
alt|backen [altbakən] (envuelt) sentado; reposado; **~bekannt** archiconocido; **~eisen** n chatarra f.
Alten|heim ['altənhaim] n residencia f de ancianos od. para la tercera edad; **~pfleger** m neol. gerocultor m.
Alte(r m) ['-tə(r)] m/f viejo (-a f) m, anciano (-a f) m.
Alter n (7) edad f; (Greisen♀) vejez f, ancianidad f; (Dienst♀) antigüedad f; im ~ von a la edad de; in meinem ~ a mi edad; von ♀s her desde siempre.
älter ['ɛltər] (comp. v. alt) más viejo; Person: mayor; ein ~er Herr un señor de (cierta) edad; ~ sn als tener más años que; ich bin 2 Jahre ~ als er le llevo 2 años.
altern ['altərn] (29, sn) envejecer; hacerse viejo.
Alternative [-tɛrna'ti:və] f (15) alternativa f; disyuntiva f; opción f.
Alters|erscheinung ['-tərs?ɛr∫ainuŋ] f síntoma m de vejez; **~genosse** m coetáneo m; **~grenze** f límite m de edad; edad f de jubilación; **~heil-**
kunde f geriatría f; **~heim** n asilo m od. residencia f de ancianos; **~rente** f pensión f de vejez; **♀schwach** decrépito; **~schwäche** f decrepitud f; **~sichtigkeit** ♣ f presbicia f; **~versicherung** f seguro m de vejez.
Alter|tum ['--tu:m] n (1²) antigüedad f; **~tümer** ['--ty:mər] n/pl. (1²) antigüedades f/pl.; **♀tümlich** antiguo, arcaico; **~tumsforscher** m arqueólogo m; **~tumskunde** f arqueología f.
ältest ['ɛltəst] (sup. v. alt) el más viejo; Person: el mayor.
althergebracht [alt'he:rgəbraxt] tradicional.
Altistin [al'tistin] f contralto f.
alt|jüngferlich [alt'jyŋfərliç] de solterona; **~klug** precoz.
ältlich ['ɛltliç] algo viejo.
Alt|material ['altmatərjɑ:l] n trastos m/pl. viejos; **♀modisch** pasado de moda; anticuado; **~papier** n papel m viejo; **~philologe** m filólogo m clásico; **~stadt** f casco m antiguo; **~warenhändler** m chamarilero m; **~'weibersommer** m veranillo m de San Martín.
Aluminium [alu'mi:njum] n (9, o. pl.) aluminio m.
am [am] = an dem.
Amalgam [amal'gɑ:m] n (3¹) amalgama f.
Amateur [ama'tø:r] m (3¹) aficionado m; bsd. Sport: amateur m.
Amazone [--'tso:nə] f (15) amazona f (a. fig.).
Amboß ['ambɔs] m (4) yunque m.
ambulan|t [-bu'lant] ♣ ambulatorio; ✝ ambulante; **♀z** [--'lants] f (16) (Klinik) ambulatorio m, dispensario m; (Wagen) ambulancia f.
Ameise ['ɑ:maizə] f (15) hormiga f; **~nbär** m oso m hormiguero; **~nhaufen** m hormiguero m; **~nsäure** f ácido m fórmico.
Amen ['ɑ:mɛn] adv. u. n (6) amén (m).
Amerika|ner(in f) m, **♀nisch** [ameri'kɑ:nər(in)] americano (-a) m (f).
Amme ['amə] f (15) ama f de cría, nodriza f; **~nmärchen** n cuento m de viejas.
Ammoniak [amon'jak] n (3¹, o. pl.) amoníaco m; **♀haltig** [--'-haltiç] amoniacal.
Amnestie [amnɛs'ti:] f (15) amnistía f; **♀ren** amnistiar.

Amöbe [aˈmøːbə] *f* (15) amiba *f*.
Amortis|ation [amɔrtizaˈtsjoːn] *f* amortización *f*; **2ˈieren** amortizar.
Ampel [ˈampəl] *f* (15) lámpara *f* colgante; (*Verkehrs2*) semáforo *m*, disco *m*.
Ampere [-ˈpɛːr] *n* (11[1]) amperio *m*; **~ˈmeter** *n* amperímetro *m*.
Ampfer ⚘ [ˈ-pfər] *m* (7) acedera *f*.
Amphib|ie [-ˈfiːbjə] *f* (15), **~ien...**, **2isch** anfibio (*m*).
Amphitheater [-ˈ-teɑːtər] *n* anfiteatro *m*.
Ampulle [-ˈpulə] *f* (15) ampolla *f*.
Ampu|tation [-putaˈtsjoːn] *f* amputación *f*; **2ˈtieren** amputar.
Amsel [ˈ-zəl] *f* (15) mirlo *m*.
Amt [amt] *n* (1^2) oficina *f*; (*Posten*) cargo *m*, puesto *m*; (*Tätigkeit*) función *f*; (*Aufgabe*) misión *f*; (*Behörde*) administración *f*; servicio *m*; negociado *m*; *Rel.* oficio *m*; *v. ~s wegen* de oficio; **2ˈieren** actuar (*als* de); **2ˈierend** en funciones; **ˈ2lich** oficial.
Amts|antritt [ˈamtsˀantrit] *m* toma *f* de posesión; **~-arzt** *m* médico *m* oficial; **~befugnis** *f* competencia *f*; **~bezirk** *m* jurisdicción *f*; **~blatt** *n* boletín *m* oficial; **~diener** *m* alguacil *m*; ujier *m*; **~-eid** *m* jura *f* del cargo; **~-enthebung** *f* separación *f* del cargo, destitución *f*; **~führung** *f* gestión *f*; **~geheimnis** *n* secreto *m* oficial; **~gericht** *n* juzgado *m* de primera instancia; **~geschäfte** *n/pl.* funciones *f/pl.*; **~gewalt** *f* autoridad *f*; **~handlung** *f* acto *m* oficial; **~miene** *f* aire *m* oficial; **~mißbrauch** *m* abuso *m* de autoridad; **~niederlegung** *f* dimisión *f*, renuncia *f*; **~richter** *m* juez *m* de primera instancia; **~-schimmel** F *m* rutina *f* burocrática; **~sprache** *f* lengua *f* oficial; **~stunden** *f/pl.* horas *f/pl.* de oficina *od.* de despacho; **~tracht** *f* toga *f*; **~vorsteher** *m* jefe *m* de negociado; **~weg** *m* vía *f* oficial; **~zeit** *f* duración *f* del cargo.
Amulett [amuˈlɛt] *n* (3) amuleto *m*.
amüs|ant [amyˈzant] divertido; **~ˈieren:** (*sich*) ~ divertir(se).
an [an] **1.** *prp.* **a)** *örtl.* ~ *Bord* a bordo; *am Tisch* a la mesa; ~ *der Wand* en la pared; ~ *der Straße* junto a la carretera; *am Tajo* a orillas del *od.* sobre el Tajo; ~ *e-m Ort* en un sitio; *bis* ~ hasta; **b)** *zeitl.* *am Tage* de día; *am Abend* por la noche; *am nächsten Montag* el lunes que viene; *am 5. April* el cinco de abril; *am folgenden Tag* al día siguiente; **c)** (*ungefähr*) ~ *die 500 Mark* unos quinientos marcos; **2.** *adv. von ...* ~ a partir de.
anachronistisch [anakroˈnistiʃ] anacrónico.
analog [--ˈloːk] análogo; **2ie** [--loˈgiː] *f* (15) analogía *f*.
Analphabet [anˀalfaˈbeːt] *m* (12) analfabeto *m*.
Analy|se [anaˈlyːzə] *f* (15) análisis *m*; **2tisch** analítico.
Anämie [anɛˈmiː] *f* (15) anemia *f*.
Ananas [ˈananas] *f* (*uv. od.* 14^2) piña *f* (de América); *Am.* ananá(s) *m*.
Anarch|ie [anarˈçiː] *f* (15) anarquía *f*; **~ist** *m* (12), **2istisch** anarquista (*m*), ácrata (*m*).
Anästhe|sie [anɛsteˈziː] *f* (15) anestesia *f*; **2ˈsieren** anestesiar; **~ˈsist** *m* (12) anestesista *m*.
Anatom [anaˈtoːm] *m* (12) anatomista *m*; **~ie** [--toˈmiː] *f* (15) anatomía *f*.
anbahnen [ˈanbɑːnən]: (*sich*) ~ iniciar(se).
anbändeln [ˈ-bɛndəln] (29): *mit j-m* ~ F ligar con alg.
ˈAnbau *m* ⸸ cultivo *m*; ⩓ anexo *m*; **2en** ⸸ cultivar; ⩓ añadir; ampliar; **2fähig** cultivable; **~fläche** *f* superficie *f* cultivada *od.* de cultivo; **~möbel** *n/pl.* muebles *m/pl.* modulares *od.* por elementos.
ˈAnbeginn *m* principio *m*; origen *m*; *von* ~ desde un principio.
ˈanbehalten *Kleid usw.*: dejar puesto.
anˈbei adjunto.
ˈanbeißen **1.** *v/t.* morder (en); **2.** *v/i.* picar en el anzuelo (*a. fig.*).
ˈanbelangen: *was mich anbelangt* en cuanto a mí, por lo que a mí se refiere.
ˈanbellen ladrar a.
anberaumen [ˈ-bəraUmən] (25) *Termin*: fijar; *Versammlung*: convocar.
ˈanbet|en adorar; **2er** *m* adorador *m*.
ˈAnbetracht: *in* ~ (*gen.*) en consideración a; teniendo en cuenta; *in* ~ *dessen, daß* visto que.
ˈanbetreffen *s. anbelangen*.
Anbetung [ˈ-beːtuŋ] *f* adoración *f*.
anbiedern [ˈ-biːdərn] (29): *sich* ~ *bei* congraciarse con.
ˈanbieten ofrecer; ✝ *a.* ofertar.

¹**anbinden** atar (*an* a); *kurz angebunden* seco, brusco.

¹**Anblick** *m* vista *f*; (*Aussehen*) aspecto *m*; ℒ**en** mirar.

¹**anblinzeln** hacer guiños a.

¹**anbraten** dorar.

¹**anbrechen 1.** *v/t.* empezar; abrir; **2.** *v/i.* (sn) empezar; *Tag*: despuntar; *Nacht*: entrar.

¹**anbrennen 1.** *v/t.* encender; **2.** *v/i.* (sn) encenderse; *Speisen*: quemarse; pegarse; ~ *lassen* achicharrar; *angebrannt riechen* oler a quemado.

¹**anbringen** traer; (*befestigen*) fijar; colocar; ⊕ instalar.

¹**Anbruch** *m* comienzo *m*; *bei ~ des Tages* al amanecer; *bei ~ der Nacht* al anochecer.

¹**anbrüllen** chillar, gritar a.

An|dacht ['-daxt] *f* (16) recogimiento *m*; devoción *f*; (*Gottesdienst*) oficio *m* divino; ℒ**dächtig** ['-dɛçtiç] devoto; recogido; *fig.* atento.

Andalus|ier(in *f*) [-dɑ'luːzjər(in)] *m* (7), ℒ**isch** andaluz(a) *m* (*f*).

¹**andauern** continuar, seguir, persistir, durar; ~**d** continuo, permanente; prolongado.

¹**Andenken** *n* (6) memoria *f*; recuerdo *m*; *zum* ~ *an* en recuerdo de.

ander ['-dər] (18) otro; ~**e** otros; *et.* ~**es** otra cosa; *et. ganz* ~**es** algo muy distinto; *am* ~**n** *Tage* al día siguiente; *e-n Tag um den* ~**n** un día sí y otro no; *e-r nach dem* ~**n** uno tras otro; *nichts* ~**es** *als* nada más que; *alles* ~**e** todo lo demás; *alles* ~**e** *als* todo menos que; *unter* ~**em** entre otras cosas; *und vieles* ~**e** *mehr* y un largo etcétera; ~**erseits** por otra parte; ~**mal:** *ein* ~ otro día; otra vez será.

ändern ['ɛndərn] (29) cambiar; modificar; *s-e Meinung* ~ cambiar de parecer; *ich kann's nicht* ~ no puedo remediarlo; *es ist nicht zu* ~ no hay remedio; *sich* ~ cambiar.

andern|falls ['andərnfals] de lo contrario; ~**teils** por otra parte.

anders ['-dərs] de otro modo, de otra manera; *jemand* ~ otro, otra persona; *niemand* ~ ningún otro; *nirgendwo* ~ en ninguna otra parte; *nicht* ~ *können als* no poder menos de; *es geht nicht* ~ no hay más remedio; ~**artig** distinto; de otro tipo; ~**denkend** de diferente parecer; ~**gläubig** heterodoxo; ~**herum** a la inversa; ~**wie** de otro modo; ~**wo** en otra parte;

~**woher** de otra parte; ~**wohin** a otra parte.

anderthalb ['-dərthalp] uno y medio; ~ *Meter* un metro y medio.

Änderung ['ɛndəruŋ] *f* cambio *m*; modificación *f*.

ander|wärts ['andərvɛrts] en otra parte; ~**weitig** ['-vaitiç] otro; *adv.* de otro modo.

¹**andeut|en** indicar; dar a entender, insinuar; ℒ**ung** *f* indicación *f*; insinuación *f*; alusión *f*.

¹**andichten** atribuir (falsamente); imputar (*j-m et.* a/c. a alg.).

¹**Andrang** *m* afluencia *f*; concurrencia *f*; aglomeración *f*.

¹**andrehen** *Heizung*: abrir; *das Licht* ~ dar la luz; *fig. j-m et.* ~ F endosar a/c. a alg.

¹**androh|en:** *j-m et.* ~ amenazar a alg. con a/c.; ℒ**ung** *f* amenaza *f*.

anecken ['-ʔɛkən] (25) F *fig.* chocar (*bei j-m* a alg.).

¹**aneignen** ['-ʔaignən] (26): *sich* (*dat.*) ~ apropiarse; *Kenntnisse*: adquirir.

an-ei'nander uno a *bzw.* con otro; ~**fügen** juntar; ~**geraten** tener un altercado (*mit con*); ~**grenzen** lindar; confinar; ~**reihen** enfilar; ~**stoßen** tocarse; chocar uno con otro.

Anekdot|e [anɛk'doːtə] *f* (15) anécdota *f*; ℒ**isch** anecdótico.

¹**an-ekeln** dar asco, repugnar.

Anemone ⚘ [anə'moːnə] *f* (15) anemona *f*, anemone *f*.

¹**An-erbieten** *n* (6) ofrecimiento *m*.

an-erkannt ['--kant] reconocido; *fig.* renombrado; ~**ermaßen** ['---tər'maːsən] notoriamente.

¹**an-erkenn|en** reconocer; admitir; (*loben*) elogiar; ~**end** elogioso; ~**enswert** laudable; ℒ**ung** *f* reconocimiento *m*; (*Lob*) elogio *m*.

anfachen ['-faxən] (25) atizar (*a. fig.*).

¹**anfahr|en 1.** *v/t. Ware*: acarrear; *Fußgänger*: atropellar; *fig.* increpar; **2.** *v/i.* (sn) *Kfz.* arrancar; ℒ**t** *f* acarreo *m*; (*Weg*) acceso *m*.

¹**Anfall** ♨ *m* acceso *m*, ataque *m*; ℒ**en 1.** *v/t.* atacar, agredir, acometer; **2.** *v/i.* presentarse.

¹**anfällig** achacoso; ♨ predispuesto, propenso (*für* a).

¹**Anfang** *m* principio *m*, comienzo *m*, inicio *m*; ~ *Januar* a principios de enero; *von* ~ *an* desde un principio; ℒ**en** empezar, comenzar, principiar (*zu inf.* a); (*einleiten*) iniciar; (*plötz-*

lich| ~ *zu laufen* echar a correr; *ich weiß nicht, was ich* ~ *soll* no sé qué hacer; *damit ist nichts anzufangen* esto no sirve para nada.

Anfäng|er ['-fɛŋər] *m* principiante *m*; **ℓlich** inicial; *adv.* al principio.

anfangs ['-faŋs] al principio; **ℓbuchstabe** *m* inicial *f*; **ℓgeschwindigkeit** *f* velocidad *f* inicial; **ℓgründe** ['--gryndə] *m/pl.* elementos *m/pl.*, nociones *f/pl.* (elementales); **ℓstadium** *n* comienzos *m/pl.*; fase *f* inicial.

anfassen coger, *Arg.* agarrar; (*berühren*) tocar; *mit* ~ echar una mano.

anfecht|bar ['-fɛçtbaːr] discutible; ♣♣ impugnable; **ℓen** *Meinung:* combatir; ♣♣ impugnar; **ℓung** *f* ♣♣ impugnación *f*; (*Versuchung*) tentación *f*.

anfeind|en ['-faɪndən] (26) hostilizar, perseguir; *stark angefeindet werden* tener muchos enemigos; **ℓung** *f* hostilidad *f*; persecución *f*.

anfertig|en hacer, fabricar, elaborar; *Kleidung:* confeccionar; *Kopie:* sacar; **ℓung** *f* fabricación *f*; confección *f*.

anfeuchten ['-fɔʏçtən] (26) humedecer, mojar.

anfeuern encender; *fig.* alentar, animar, estimular.

anflehen suplicar; *j-n um et.* ~ implorar a/c. de alg.

anfliegen ✈ hacer escala en.

Anflug *m* ✈ vuelo *m* de aproximación; *fig.* asomo *m*; deje *m*.

anforder|n pedir (*von j-m* a); exigir; **ℓung** *f* demanda *f*; exigencia *f*; *hohe* ~*en stellen ser* muy exigente.

Anfrage *f* pregunta *f*; consulta *f*; *Pol.* interpelación *f*; **ℓn** preguntar (*bei* a); pedir informes *f*.

anfressen roer; ⊕ corroer.

anfreunden ['-frɔʏndən] (26): *sich* ~ *mit* trabar amistad con, hacerse amigo de.

anfügen juntar, añadir.

anfühlen tocar; *sich hart* ~ ser duro al tacto.

Anfuhr ['-fuːr] *f* (16) acarreo *m*.

anführ|en dirigir; encabezar; ✗ mandar; *Pol.* acaudillar; (*erwähnen*) mencionar; *Beweise:* aducir; *Gründe:* alegar; *Zitat:* citar; (*täuschen*) engañar; F tomar el pelo a; **ℓer** *m* jefe *m*; *Pol.* caudillo *m*; *e-r Bande:* cabecilla *m*; **ℓungszeichen** *n/pl.* comillas *f/pl.*

anfüllen: ~ *mit* llenar de.

Angabe *f* indicación *f*; información *f*; declaración *f*; (*Anweisung*) instrucción *f*; F (*Prahlerei*) fanfarronada *f*; ~*n pl.* datos *m/pl.*

angaffen mirar boquiabierto.

angängig ['-gɛnɪç] factible; admisible.

angeb|en **1.** *v/t.* indicar; (*aussagen*) declarar; *Namen, Ton:* dar; (*denunzieren*) delatar; **2.** *v/i.* F (*prahlen*) presumir; fanfarronear, F fardar; **ℓer** *m* delator *m*, denunciante *m*; F fanfarrón *m*, farolero *m*; **ℓe|rei** *f* fanfarronería *f*; **~erisch** fanfarrón; jactancioso; **~lich** ['-ge:plɪç] supuesto, presunto; *adv.* según dicen.

angeboren innato; ♂ congénito.

Angebot *n* ofrecimiento *m*; ✝ oferta *f*.

ange|bracht ['-gəbraxt] oportuno, conveniente; **~deihen:** *j-m et.* ~ lassen dar, otorgar; **~gossen** ['--gɔsən]: *wie* ~ *sitzen* estar como pintado; **~graut** ['--graʊt] entrecano; **~gegriffen** ['--grifən] cansado; *Gesundheit:* quebrantado; ~ *aussehen* tener mala cara; **~heiratet** ['--haɪraːtət] pariente político; **~heitert** ['--haɪtərt] achispado, F piripi.

angehen **1.** *v/t.* pedir (*j-n um et.* a/c. a alg.); (*betreffen*) referirse a; *was* ... *angeht* en cuanto a; *das geht mich nichts an eso no es cosa mía; was geht ihn das an?* ¿qué le importa a él?; **2.** *v/i.* (sn) comenzar, empezar; *Feuer:* prender; ~ *gegen* luchar contra; *es geht (noch) an* puede pasar; *das geht nicht an* no puede ser; **~d** incipiente; futuro; en ciernes.

angehör|en (*dat.*) pertenecer a, ser de; *Verein:* ser socio de; *Partei:* estar afiliado a; **~end**, **~ig** perteneciente a; **ℓige(r)** ['---rigə(r)] *m* miembro *m*, socio *m*; *m-e* ~ los míos, mi familia.

Angeklagte(r *m*) ['-gəklaːktə(r)] *m/f* acusado (-a *f*) *m*.

Angel ['aŋəl] *f* (15) caña *f* (de pescar); (*Tür* ℓ) gozne *m*, quicio *m*; *fig. aus den* ~ *n heben* sacar de quicio.

angelegen ['angələgən]: *sich* (*dat.*) *et.* ~ *sein lassen* cuidar de a/c., tomar a/c. a pecho; **ℓheit** *f* asunto *m*; **~tlich** solícito; *adv.* encarecidamente.

Angel|haken ['aŋəlhaːkən] *m* anzuelo *m*; **ℓn** (29) pescar (con caña); **~n** *n* pesca *f* con caña; **~punkt** *m* *fig.* eje *m*; **~rute** *f* caña *f* de pescar; **~sachse**

m (~**sächsin** *f*), ⒉**sächsisch** anglosajón (-ona) *m* (*f*); ~**schnur** *f* sedal *m*; ~**sport** *m* pesca *f* con caña.

ange|messen ['aŋǝmεsǝn] adecuado; conveniente; *Preis*: razonable; ~**nehm** agradable, grato; *j.*: simpático; ~**nommen** ['--nɔmǝn] hipotético; ficticio; *Kind*: adoptivo; ~, *daß* supuesto *od.* suponiendo que (*subj.*).

Anger ['aŋǝr] *m* (7) prado *m*.

Angeschuldigte(r) ['aŋǝʃuldiçtǝ(r)] *m* inculpado *m*.

'angesehen considerado; respetado; † acreditado.

'Angesicht *n poet.* rostro *m*, faz *f*; *vor* ~ *zu* ~ cara a cara; ⒉*s* (*gen.*) en vista de, delante de.

'ange|spannt *Lage*: tenso, tirante; ~**stammt** ['--ʃtamt] hereditario.

Angestellte(r *m*) *m/f* ⒉*f*: empleado (-a *f*) *m*; † *a.* dependiente (-a *f*) *m*.

ange|tan ['--taːn]: *danach* ~, *zu* (*inf.*) propio para; ~ *mit* vestido de; *fig.* ~ *von* impresionado por; ~**trunken** ['--truŋkǝn] medio borracho; ~**wandt** ['--vant] *Kunst usw.*: aplicado; ~**wiesen** ['--viːzǝn]: ~ *sn auf* no poder prescindir de; depender de; ~**wöhnen** acostumbrar (*j-m et. a alg.* a a/c.); *sich et.* ~ acostumbrarse *od.* habituarse a a/c.; ⒉**wohnheit** *f* costumbre *f*, hábito *m*; *schlechte* ~ vicio *m*; ~**wurzelt** ['--vurtsǝlt]: *wie* ~ como clavado en el suelo; ~**zeigt** ['--tsaıkt]: *für* ~ *halten* creer oportuno *od.* conveniente.

Angina [aŋ'giːna] *f* (16²) angina(s) *f*(*pl.*); ~ *pectoris* angina *f* de pecho.

'angleich|en adaptar, ajustar; ⒉**ung** *f* adaptación *f*, ajuste *m*.

Angler(in *f*) *m* ['aŋlǝr(in)] (7) pescador(a) *m* (*f*) de caña.

'angliedern afiliar; *Gebiet*: anexionar; ⒉**ung** *f* anexión *f*.

'anglotzen F mirar con ojos desorbitados.

'angreifen atacar (*a. fig.*); asaltar; *Aufgabe*: abordar; *Vorräte*: empezar (a consumir), tocar; *Geld*: gastar; *Gesundheit*: perjudicar a; *Organe*: afectar; (*schwächen*) debilitar, agotar; ~**end** ✗ ofensivo; (*ermüdend*) fatigoso; ⒉**er(in** *f*) *m* agresor(a) *m* (*f*), atacante *su.*

'angrenzen: ~ *an* (*ac.*) lindar con; ~**d** colindante (a con); adyacente (a);

Land: limítrofe (a); *Zimmer*: contiguo (a).

'Angriff *m* ataque *m* (*a. fig.*); ✗ *a.* carga *f*; agresión *f*; *zum* ~ *übergehen* pasar a la ofensiva; *in* ~ *nehmen* acometer, abordar, empezar; ~*s... in Zssgn*: ✗ ofensivo; ~**slust** *f* agresividad *f*; ⒉**slustig** agresivo.

'angrinsen mirar irónicamente.

Angst [aŋst] *f* (14¹) miedo *m* (*vor* a); angustia *f*, congoja *f*; *mir ist* ⒉ *und bange* tengo miedo; *j-m* ⒉ *machen* dar miedo a alg.; *es mit der* ~ *bekommen* coger miedo; '~**hase** F *m* gallina *m*.

ängst|igen ['εŋstigǝn] (25) dar miedo; (*beunruhigen*) inquietar, alarmar; *sich* ~ inquietarse; ~**lich** ['-liç] miedoso, medroso; (*beunruhigt*) inquieto; (*scheu*) tímido; ⒉**lichkeit** *f* inquietud *f*; timidez *f*.

Angst|schweiß ['aŋstʃvaıs] *m* sudor *m* frío; ~**traum** *m* pesadilla *f*; ⒉**voll** angustiado; ~**zustand** *m* estado *m* de ansiedad.

angucken ['anguːkǝn] mirar.

'anhaben *Kleidung*: llevar (puesto); *er kann mir nichts* ~ no me puede hacer nada.

'anhaften adherir(se) a.

'anhaken enganchar; *Liste*: marcar.

'Anhalt *m* (*Stütze*) apoyo *m*; (*Anzeichen*) indicio *m*; ⒉**en 1.** *v/t.* parar; detener; *Atem*: contener; (*ermahnen*) exhortar; **2.** *v/i.* detenerse, parar (-se); (*dauern*) continuar, (per)durar; persistir; *um ein Mädchen* ~ pedir la mano de (*bei j-m a* alg.); ⒉**end** continuo, incesante; *adv.* sin cesar; ~**er** *m* autostopista *m*; *per* ~ *fahren* viajar por *od.* hacer autostop; ~**spunkt** *m* punto *m* de referencia.

an'hand: ~ *von* mediante, por medio de.

'Anhang *m* apéndice *m*; *fig.* partidarios *m/pl.*; *ohne* ~ sin familia.

'anhäng|en 1. *v/t.* colgar (*an ac.* de, en); *Wagen*: enganchar; (*hinzufügen*) añadir; *fig. j-m et.* ~ colgarle a/c. a alg.; **2.** *v/i.* ser adicto a; ⒉**er** *m* (7) *Pol.* partidario *m*, secuaz *m*; *Sport*: F hincha *m*; (*Wagen*) remolque *m*; (*Schmuck*) colgante *m*, dije *m*; *am Koffer usw.*: etiqueta *f* (colgante); ~**ig** 🔧: ~ *sn* estar pendiente; ~**lich** fiel; afecto (a); ⒉**lichkeit** *f* fidelidad *f*, apego *f*; ⒉**sel** ['-hεŋzǝl] *n* (7) apéndice *m*; dije *m*.

'Anhauch *m fig.* toque *m*; matiz *m*;

ℒ**en** soplar contra; *poetisch ange-haucht sein* tener vena poética.

'anhäuf|en acumular; acopiar; amontonar; ℒ**ung** *f* acumulación *f*; acopio *m*; amontonamiento *m*.

'anheben levantar.

'anheften fijar, pegar (*an* en); sujetar (a).

anheimeln ['-haimln] (29): *es hei-melt mich an* me hace recordar mi hogar; **~d** acogedor.

anheim|fallen [-'haimfalən] (sn) re-caer en; *der Vergessenheit* ~ caer en el olvido; ~**stellen:** *j-m* ~ dejar al buen criterio de alg.

'anheizen hacer fuego, encender; *fig.* avivar.

'anherrschen increpar.

'anheuern ℒ enrolar.

'Anhieb *m*: *auf* ~ de golpe.

'anhimmeln ['-himln] F (29) ado-rar; idolatrar.

'Anhöhe *f* eminencia *f*, elevación *f*, altura *f*; colina *f*; cerro *m*.

'anhören escuchar; *sich gut* ~ sonar bien; *man hört ihm den Ausländer an* se le nota el acento extranjero.

Anilin [ani'li:n] *n* (3, *o. pl.*) anilina *f*.

animier|en [--'mi:rən] animar, esti-mular; ℒ**mädchen** *n* animadora *f*; chica *f* de alterne.

Anis [a'ni:s] *m* (4) anís *m*.

'ankämpfen ~ *gegen* luchar con.

'Ankauf *m* compra *f*, adquisición *f*; ℒ**en** comprar, adquirir; *sich* ~ com-prar una finca, afincarse.

Anker ['aŋkər] *m* (7) ℒ, ⊕ ancla *f*; *Uhr*: áncora *f*; ⚡ inducido *m*; *vor* ~ *gehen*, ~ *werfen* echar anclas; *vor* ~ *liegen* estar anclado *od.* surto; ℒ**n** (29) anclar, fondear; ~**platz** *m* fondea-dero *m*; ~**tau** *n* amarra *f*; ~**winde** *f* cabrestante *m*.

anketten ['ankɛtən] encadenar (*an* a).

'Anklage *f* acusación *f*; ~**bank** *f* ban-quillo *m* de los acusados; ℒ**n** acusar, inculpar (*wegen* de); ~**punkte** *m/pl.* cargos *m/pl.*

'Ankläger *m* acusador *m*; ⚖ fiscal *m*.

'Anklage|rede *f* informe *m* del fiscal; ~**schrift** *f* escrito *m* de calificación.

'anklammern sujetar *od.* fijar con grapas; *sich* ~ *an* (*ac.*) agarrarse a; *a. fig.* aferrarse a.

'Anklang *m* reminiscencia *f*; ~ *finden* hallar buena acogida; ser bien aco-gido.

'ankleben pegar; fijar.

'ankleiden: (*sich*) ~ vestir(se).

'anklingen hacer recordar (*an et.* a/c.); ~ *lassen* evocar.

'anklopfen llamar (a la puerta).

'anknipsen: *das Licht* ~ encender *od.* dar la luz.

'anknöpfen abotonar.

'anknüpf|en 1. *v/t.* anudar, unir; *Ge-spräch:* trabar, entablar; *Beziehungen* ~ entrar en relaciones (*zu j-m* con alg.); **2.** *v/i.* ~ *an* (*ac.*) partir de, fundarse en; ℒ**ungs-punkt** *m fig.* punto *m* de partida *od.* de contacto.

'ankommen (sn) llegar (*in dat.* a); *fig. gut* (*schlecht*) ~ ser bien (mal) recibido *od.* acogido; *das kommt dar-auf an* depende; *darauf kommt es nicht an* eso es lo de menos; *es kommt darauf an, daß* más importa que; *es darauf* ~ *lassen* arriesgar a/c.; (*nicht*) *gegen j-n* ~ (no) poder a alg.

Ankömmling ['-kœmliŋ] *m* (3^1) re-cién llegado *m od.* venido *m*.

'ankönnen F: *nicht gegen j-n* ~ no poder a alg.

'ankoppeln acoplar.

ankreiden ['-kraidən] (26) F *fig.*: *das werde ich dir* ~! ¡me lo pagarás!

'ankreuzen marcar con una cruz.

'ankündig|en anunciar, avisar; ℒ**ung** *f* anuncio *m*, aviso *m*.

Ankunft ['-kunft] *f* (14^1) llegada *f*; ℒ *a.* arribo *m*.

'ankurbeln poner en marcha; *Wirt-schaft:* relanzar, reactivar.

'anlächeln sonreír a.

'anlachen mirar riendo; F *fig. sich j-n* ~ ligar con alg.

'Anlage *f* (*Anordnung*) disposición *f*; (*Geld*) inversión *f*, colocación *f*; ⊕ instalación *f*; planta *f*; equipo *m*; △ construcción *f*; (*Park*) jardín *m* pú-blico; (*Talent*) disposición *f*; talento *m*; ✣ predisposición *f*; (*Beilage*) anexo *m*: *in* ~ adjunto; ~**berater** † *m* asesor *m* de inversión; ~**kapital** *n* capital *m* invertido *bzw.* fijo.

Anlaß ['-las] *m* (4^2) motivo *m*; (*Gele-genheit*) ocasión *f*; *aus* ~ (*gen.*) con motivo de; *aus diesem* ~ con tal motivo; ~ *geben zu* dar lugar para.

'anlass|en *Kleider:* dejar puesto; *Ma-schine:* poner en marcha; *Licht:* no apagar; *sich gut* ~ presentarse bien; ℒ**er** *m* (7) arranque *m*.

anläßlich ['-lɛsliç] (*gen.*) con motivo *od.* ocasión de.

'Anlauf *m* arranque *m*; *Sport:* (*e-n*) ~

anlaufen

nehmen tomar impulso; **2en 1.** *v/t.* ⚓ hacer escala en; **2.** *v/i.* (sn) arrancar; *Maschine*: ponerse en marcha (*a. fig.*); *Glas*: empañarse; *Metall*: deslustrarse; *rot* ~ ruborizarse; *blau* ~ amoratarse; *angelaufen kommen* venir corriendo; **~zeit** *f* período *m* inicial.

'Anlaut *Gram. m* sonido *m* inicial; **2en**: ~ *mit* comenzar con.

'anlege|n 1. *v/t.* poner, colocar (*an* contra); *Gewehr*: apuntar, encarar; *Feuer*: poner, pegar; *Kleid*, *Schmuck*: poner; *Kapital*: invertir, colocar; *Säugling*: dar el pecho; (*gründen*) fundar, establecer; *installar*; ⚓ construir; (*planen*) disponer; ✒ plantar; ✒ aplicar; *es* ~ *auf* proponerse (a/c.); **2.** *v/i.* ✖ apuntar; ⚓ atracar; hacer escala; **2platz** *m*, **2stelle** *f* ⚓ embarcadero *m*; **2r** ✝ *m* inversor *m*.

'anlehnen adosar (*an* a), arrimar (a), apoyar (contra); *Tür*: entornar; *sich* ~ *an* (*ac.*) apoyarse contra; *fig.* imitar.

Anleihe ['-laɪ] *f* (15) empréstito *m*; *e-e* ~ *bei j-m machen* pedir un préstamo a alg.

'anleimen pegar, encolar.

'anleit|en guiar, instruir; **2ung** *f* instrucciones *f/pl.*; directivas *f/pl.*

'anlernen instruir, iniciar.

'anlieg|en 1. *v/i.* confinar con; **2.** 2 *n* deseo *m*, ruego *m*; petición *f*; **~end** contiguo, vecino; *Kleid*: ceñido, ajustado; *Brief*: adjunto, anexo; **2er** *m* vecino *m*; *am Fluß od. Meer*: ribereño *m*.

'anlocken atraer, seducir.

'anlöten soldar.

'anlügen: *j-n* ~ mentir a alg.

'anmachen fijar; *Feuer*: encender; *Salat*: aliñar, aderezar.

'anmalen pintar; *F sich* ~ pintarse.

'Anmarsch *m* llegada *f*; marcha *f*; *im* ~ *sein* aproximarse.

anma|ßen ['-maːsən] (27): *sich* (*dat.*) *et.* ~ atribuirse; arrogarse; usurpar; *sich* ~ *zu* permitirse a; atreverse a; **~end** presuntuoso, petulante, arrogante; **2ung** *f* presunción *f*, petulancia *f*, arrogancia *f*.

Anmelde... ['-mɛldə...]: *in Zssgn mst* de inscripción; **~frist** *f* plazo *m* de inscripción.

'anmeld|en avisar, anunciar; *Kfz.* matricular; *sich* ~ *polizeilich*: darse de alta; *zu Besuch*: anunciar su visi-

ta; *Schüler*: matricularse, inscribirse; *beim Arzt*: pedir hora; **2ung** *f* aviso *m*, anuncio *m*; inscripción *f*; alta *f*; *beim Arzt*: petición *f* de hora.

'anmerk|en apuntar, (a)notar, tomar nota de; *man merkt es ihm an se le* nota; *sich* (*dat.*) *nichts* ~ *lassen* disimular; **2ung** *f* nota *f*, anotación *f*.

'anmessen: *j-m et.* ~ tomar medidas a alg. para a/c.

'anmustern ⚓ enrolar.

'Anmut *f* (16, *o. pl.*) gracia *f*, donaire *m*; **2en** (26) parecer; **2ig** gracioso, encantador; *Gegend*: ameno.

'annageln clavar.

'annähen coser.

'annäher|n acercar; aproximar; **~nd** *adv.* aproximadamente; cerca de; **2ung** *f* acercamiento *m*; aproximación *f*; **2ungsversuch** *m*: ~*e machen* insinuarse.

Annahme ['anaːmə] *f* (15) aceptación *f*; recepción *f*; (*Zulassung*) admisión *f*; *Kind, Antrag usw.*: adopción *f*; (*Vermutung*) suposición *f*; *in der* ~, *daß* suponiendo que (*subj.*).

Annalen [a'naːlən] *f/pl.* (15) anales *m/pl.*

annehm|bar ['ane:mbaːr] aceptable; admisible; *Preis*: razonable; *Grund*: plausible; (*leidlich*) pasable; **~en** aceptar; recibir; (*zulassen*) admitir; *Kind, Meinung*: adoptar; *Farbe, Geschmack*: tomar; (*vermuten*) suponer; *sich j-s* ~ cuidar de alg.; *sich e-r Sache* ~ encargarse de a/c.; **2lichkeit** *f* comodidad *f*; ventaja *f*; amenidad *f*.

annektier|en [anɛk'tiːrən] anexionar; **2ung** *f* anexión *f*.

Annon|ce [a'nõːsə] *f* (15) anuncio *m*; *Am.* aviso *m*; **2cieren** anunciar.

annullier|en [anu'liːrən] anular; **2ung** *f* anulación *f*.

Anode [a'noːdə] *f* (15) ánodo *m*; **~n...** *in Zssgn* anódico.

anöden F ['an'øːdən] (26) fastidiar; aburrir; F dar la lata a.

'anomal ['anomaːl] anormal; anómalo; **2ie** [--ma'liː] *f* (15) anormalidad *f*; anomalía *f*.

anonym [--'nyːm] anónimo; **2ität** [--nymi'tɛːt] *f* anónimo *m*, anonimato *m*.

Anorak [--'-rak] *m* (11) anorak *m*.

anordn|en ['-'ɔrdnən] disponer; (*befehlen*) ordenar; **2ung** *f* disposición *f* (*treffen tomar*); (*Befehl*) orden *f*; *auf* ~ (*gen.*) por orden de.

an-organisch inorgánico.

anpacken empuñar; coger, asir, agarrar; *Arbeit usw.*: abordar.

anpass|en ajustar, amoldar; acomodar, adaptar; *sich ~* adaptarse (*an* a); **2ung** *f* acomodación *f*, adaptación *f*; **~ungsfähig** adaptable; **2ungsfähigkeit** *f* adaptabilidad *f*.

anpeilen ⚓ arrumbar; ✂ relevar.

anpfeifen *Sport*: dar la pitada inicial; F *fig.* j-n *~* echar una bronca a alg.

Anpfiff *m Sport*: pitada *f* inicial; F *fig.* bronca *f*.

anpflanz|en plantar; cultivar; **2ung** *f* plantación *f*; plantío *m*.

anpinseln pintar.

Anprall *m* (3¹ *o. pl.*) choque *m*; colisión *f*; **2en** chocar, dar (*an ac.* contra).

anprangern ['-praŋərn] (29) denunciar públicamente, poner en la picota.

anpreisen elogiar, alabar.

Anprob|e *f* prueba *f*, ensayo *m*; **~eraum** *m* probador *m*; **2ieren** probar.

anpumpen F dar un sablazo a.

anraten aconsejar, recomendar; *auf* ♀ (*gen.*) siguiendo el consejo de.

anrechn|en cargar en cuenta; computar; *fig.* imputar; *hoch ~* agradecer mucho; *es sich (dat.) zur Ehre ~* tener a honra; **2ung** *f* imputación *f*.

Anrecht *n* derecho *m*; título *m* (*auf ac.* a).

Anrede *f* tratamiento *m*; **2n** dirigir la palabra a; *mit Sie ~* tratar de usted; *mit du ~* tutear.

anreg|en animar; incitar; *a.* 🔬 estimular; (*vorschlagen*) sugerir; *Appetit*: abrir; **~end** excitante; *a.* 🔬 estimulante; sugestivo; **2ung** *f* estímulo *m*; incitación *f*; sugerencia *f*; *auf ~ von* por iniciativa de.

anreicher|n ['-raiçərn] (29) enriquecer; **2ung** *f* enriquecimiento *m*.

Anreiz *m* estímulo *m*; incentivo *m*; aliciente *m*; **2en** estimular, incitar.

anrempeln ['-rɛmpəln] (29) empujar; atropellar.

anrennen (*sn*) chocar (*gegen* contra); *fig.* arremeter (contra); *angerannt kommen* venir corriendo.

Anrichte ['-riçtə] *f* (15) aparador *m*; trinchero *m*; **2n** *Speisen*: servir; aderezar; *Schaden usw.*: ocasionar, causar.

anrollen *v/t. Güter*: acarrear.

anrüchig ['-ryçiç] de mala reputación; sospechoso.

anrücken acercarse.

Anruf *m* llamada *f*; **~beantworter** *m* contestador *m* automático (de llamadas); **2en** llamar; *Fernspr. a.* telefonear; *Gott usw.*: invocar; *Gericht*: acudir a; **~ung** *f Rel.* invocación *f*.

anrühren tocar; *Farbe usw.*: mezclar; *Teig*: amasar.

Ansage ['-za:gə] *f* (15) aviso *m*; anuncio *m*; *TV usw.*: presentación *f*; **2n** avisar; anunciar; *Kartenspiel*: cantar; **~r(in** *f*) *m* (7) *Radio*: locutor(a) *m* (*f*); *Am.* anunciante *su.*; *TV* presentador(a) *m* (*f*); *Kabarett usw.*: animador(a) *m* (*f*).

ansamm|eln acumular; acopiar; amasar; **2ung** *f* reunión *f*; aglomeración *f* (*a. v. Menschen*); acumulación *f*.

ansässig ['-zɛsiç] domiciliado; residente (*in* en).

Ansatz *m* ⊕ pieza *f* adicional; *Anat.* inserción *f*; ♪ entonación *f*; (*Anfang*) principio *m* (*zu* de); ✝ *in ~ bringen* asentar en cuenta; **~punkt** *m* punto *m* de partida.

ansaugen aspirar.

anschaff|en adquirir; comprar; **2ung** *f* adquisición *f*; compra *f*.

anschalten *Licht*: encender; conectar.

anschau|en mirar; contemplar; **~lich** claro, evidente; expresivo; **2lichkeit** *f* claridad *f*, evidencia *f*; **2ung** *f* contemplación *f*; (*Meinung*) parecer *m*, opinión *f*; modo *m* de ver; **2ungs-unterricht** *m* enseñanza *f* práctica.

Anschein *m* apariencia *f*; semblante *m*; *sich (dat.) den ~ geben, den ~ erwecken* aparentar (*ac.*); *es hat den ~, daß* parece que; **2end** aparente; *adv.* por lo visto, al parecer.

anschicken: *sich ~ zu* disponerse a, prepararse a.

anschirren ['-ʃirən] (25) aparejar.

Anschlag *m* (*Stoß*) choque *m*, golpe *m*; ⊕ tope *m*; ♪ *u. Schreibmaschine*: pulsación *f*; (*Plakat*) letrero *m*, cartel *m*; (*Kosten2*) presupuesto *m*; (*Mord2*) atentado *m* (*auf ac.* a); (*Verschwörung*) conspiración *f*; *in ~ bringen* tener en cuenta; **~brett** *n* tablón *m* de anuncios; cartelera *f*; **2en 1.** *v/t.* fijar (*a. Plakat*); ♪ tocar; pulsar; *fig.* e-n anderen Ton *~* cambiar de tono; **2.**

v/i. (h. u. sn) dar contra; *Hund* (h.): echar a ladrar; *(wirken)* surtir efecto; dar (buen) resultado; **~säule** *f* columna *f* anunciadora; **~zettel** *m* cartel *m*; anuncio *m*.

¹**anschleichen:** *sich ~, angeschlichen kommen* acercarse sigilosamente.

¹**anschließen** juntar; encadenar; unir; *≠* conectar, enchufar *(an ac.* a, con); *sich ~ an (ac.)* unirse, asociarse a; adherirse a; **~d** siguiente; *adv.* acto seguido, a continuación.

¹**Anschluß** *m* ⊕ conexión *f (a. ≠)*; unión *f*; contacto *m*; *Pol.* afiliación *f*; *Fernspr.* comunicación *f*; *Gas, Wasser:* acometida *f*; **⛁** enlace *m*, empalme *m*, correspondencia *f*, *Am.* combinación *f*; *den ~ verpassen* perder el tren *(a. fig.);* ~ *suchen (finden)* buscar (encontrar) compañía.

¹**anschmieg|en:** *sich ~ an (ac.)* estrecharse contra; **~sam** cariñoso.

¹**anschmieren** embadurnar; F *fig.* timar, F tomar el pelo a.

¹**anschnall|en** (25) sujetar, atar; *Kfz.*, *✈ sich ~* abrocharse el cinturón; **⛁gurt** *m* cinturón *m* (de seguridad).

¹**anschnauzen** F echar una bronca a.

¹**anschneiden** empezar; *fig.* abordar.

Anschovis [-'ʃoːvis] *f uv.* anchoa *f*.

¹**anschrauben** atornillar.

¹**anschreiben** anotar, apuntar; *✝* poner en cuenta; *j-n:* escribir a; *~ lassen* comprar fiado; *bei j-m gut (schlecht) angeschrieben sn* estar bien (mal) visto por alg.

¹**anschreien:** *j-n ~* gritar a alg., levantar la voz a alg.

Anschrift *f* dirección *f*, señas *f/pl.*

¹**anschwärmen** *fig.* estar loco por.

¹**anschweißen** soldar.

¹**anschwell|en** (sn) *☀* hincharse; *Fluß:* crecer; **⛁ung** *f* hinchazón *f*; crecida *f*.

¹**anschwemmen** arrojar *od.* arrastrar a tierra; *Sand:* depositar.

¹**ansehen** *v/t.* mirar; *prüfend:* examinar; *~ für od. als (ac.)* considerar como; *et. mit ~* presenciar a/c.; *man sieht es ihm an* se le ve en la cara; *man sieht ihm sein Alter nicht an* no aparenta la edad que tiene; **2.** ⚄ *n* aspecto *m*; *fig.* consideración *f*; autoridad *f*; prestigio *m*; *von ~ kennen* conocer de vista; *in hohem ~ stehen* gozar de gran *(od.* mucho) prestigio; *ohne ~ der Person* sin acepción de personas.

ansehnlich [¹-zəːnlıç] de buena presencia, vistoso; considerable.

¹**anseilen** [¹-zaılən] (25): *sich ~* encordarse.

¹**ansengen** chamuscar.

¹**ansetzen 1.** *v/t.* poner; aplicar; juntar, unir; *Bowle:* preparar; *Summe:* asignar; *Termin:* señalar, fijar; *Glas:* llevar a los labios; *Instrument:* embocar; *☀* brotar; *Fett ~* echar carnes; *sich ~* pegarse; depositarse; **2.** *v/i.:* ~ *zu* disponerse a.

¹**Ansicht** *f* vista *f*; *(Meinung)* parecer *m*, opinión *f*; *✝ zur ~* a prueba; **~skarte** *f* postal *f* (ilustrada); **~ssache** *f* cuestión *f* de pareceres.

¹**ansied|eln** asentar; *sich ~* asentarse, establecerse; **2ler** *m* (7) colono *m*; **2lung** *f* colonia *f*; establecimiento *m*; asentamiento *m*.

¹**Ansinnen** *n* exigencia *f*, pretensión *f* (exagerada).

¹**anspann|en** tensar, poner tenso; *Pferd:* enganchar; *s-e Kräfte ~* hacer un esfuerzo; **2ung** *f* tensión *f*; esfuerzo *m*.

¹**anspiel|en** *Karten:* ser mano; *Sport:* hacer el saque; *fig. ~ auf (ac.)* aludir a; **2ung** *f* alusión *f*; indirecta *f*.

¹**anspinnen** *fig.* tramar.

¹**anspitz|en** aguzar, apuntar; sacar punta a; **2er** *m* sacapuntas *m*.

¹**Ansporn** *m* aguijón *m*, acicate *m*, estímulo *m*; **2en** estimular, incitar.

¹**Ansprache** *f* alocución *f*, arenga *f*; *Rel.* plática *f*.

¹**ansprechen** dirigir la palabra a; *(gefallen)* agradar, gustar; *~ auf (ac.)* reaccionar *od.* responder a; **~d** simpático, agradable.

¹**anspringen 1.** *v/t.* embestir; **2.** *v/i.* (sn) *Motor:* arrancar; **3.** ⚄ *n* arranque *m*.

¹**Anspruch** *m (Recht)* derecho *m (auf* a); pretensión *f* (a); *bsd. Pol.* reivindicación *f*; ~ *erheben auf (ac.)* reclamar (a/c.); reivindicar; *in ~ nehmen* recurrir a; *ganz in ~ nehmen* absorber; *hohe Ansprüche stellen* ser muy exigente; **2slos** modesto; sin pretensiones; **~slosigkeit** *f* modestia *f*; **2svoll** exigente; pretencioso.

¹**anspucken** escupir a.

anstacheln [¹-ʃtaxəln] (29) estimular, incitar.

Anstalt [¹-ʃtalt] *f* (16) establecimiento *m*; institución *f*; instituto *m*; *~en machen zu* disponerse a.

'Anstand *m* (3³, *o. pl.*) decencia *f*, decoro *m*; *Jgdw.* acecho *m*, espera *f*.

'anständig decente, decoroso; F respetable, enorme.

'Anstands|besuch *m* visita *f* de cumplido; **~gefühl** *n* delicadeza *f*; **2halber** ['--halbər] para guardar el decoro; **2los** sin reparo; sin dificultad; **~wauwau** F ['--vauvau] *m* (11) carabina *f*.

'anstarren mirar fijamente *od.* de hito en hito.

anstatt [-'ʃtat] (*gen., zu inf.*) en lugar de, en vez de.

'anstaunen mirar boquiabierto.

'anstechen pinchar; *Faß*: picar.

'ansteck|en 1. *v/t.* prender (con un alfiler); *Ring*: ponerse; *Zigarre*: encender; *⚕* contaminar; **2.** *v/i.* ser contagioso; **~end** contagioso; **2ung** *⚕ f* contagio *m*, infección *f*; **2ungsherd** *m* foco *m* infeccioso.

'anstehen (*h. u. sn*) (*Schlange stehen*) hacer cola; *nicht* ~ zu no tener reparo en; ~ *lassen Zahlung*: diferir, aplazar.

'ansteigen subir; *fig. a.* aumentar, incrementarse.

an'stelle (*gen.*) en lugar de, en vez de.

'anstell|en *Radio usw.*: poner; ⊕ poner en marcha; *Vergleich*: hacer; *Personal*: emplear; contratar; *fig. sich* ~ andar con melindres; *sich* (*hinten*) ~ hacer cola; *sich* ~, *als ob* aparentar; *sich* (*un*)*geschickt* ~ darse buena (mala) maña; **~ig** hábil; **2ung** *f* empleo *m*, colocación *f*, puesto *m*.

'ansteuern hacer rumbo a.

'Anstieg ['-ʃtiːk] *m* (3) subida *f* (*a. fig.*).

'anstieren mirar de hito en hito.

'anstift|en causar, provocar; *j-n*: instigar; **2er(in** *f*) *m* instigador(a) *m* (*f*), promotor(a) *m* (*f*); **2ung** *f* instigación *f*.

'anstimmen *Lied*: entonar.

'Anstoß *m* (*Antrieb*) impulso *m*; *Sport*: saque *m* inicial; *den* ~ *geben* poner en marcha; ~ *erregen* causar escándalo; ~ *nehmen* escandalizarse (*an dat.* de, con); **2en 1.** *v/t.* empujar; **2.** *v/i.* tropezar (*an con*); chocar (contra); (*angrenzen*) lindar (*an con*); *mit der Zunge* ~ cecear; *auf j-n* ~ brindar por alg.; **2end** contiguo, adyacente.

anstößig ['-ʃtøːsiç] chocante, escandaloso; escabroso.

'anstrahlen iluminar; *j-n*: mirar radiante.

'anstreben aspirar a, pretender.

'anstreich|en pintar; *Stelle*: marcar; **2er** *m* (7) pintor *m* (de brocha gorda).

anstreng|en ['-ʃtrɛŋən] (25) cansar, fatigar; *e-n Prozeß* ~ *gegen* poner pleito a; *sich* ~ esforzarse; **~end** fatigoso; penoso (*ac.*); **2ung** *f* fatiga *f*; esfuerzo *m*.

'Anstrich *m* (capa *f* de) pintura *f*; *fig.* apariencia *f*; toque *m*.

'Ansturm *m* asalto *m*; *der Wellen*: embate *m*; *fig.* afluencia *f*.

'anstürmen (*sn*): ~ *gegen* acometer, asaltar (*ac.*); lanzarse contra.

'Ansuchen *n* solicitud *f*; petición *f*.

'antasten tocar (*a. fig.*).

'Anteil *m* parte *f*; porción *f*; *fig.* interés *m*; ~ *haben an* participar en; ~ *nehmen an* interesarse por; **2mäßig** ✝ a prorrata; a escote; **~nahme** ['--naːmə] *f* (15, *o. pl.*) interés *m*; simpatía *f*; compasión *f*.

'antelefonieren llamar (por teléfono).

Antenne [-'tɛnə] *f* (15) antena *f*.

Anthrazit [-tra'tsiːt] *m* (3) antracita *f*.

Anti... ['anti...]: *in Zssgn* anti...; **~alko'holiker** *m* antialcohólico *m*; **2-autori'tär** antiautoritario; **~'babypille** *f* píldora *f* (anticonceptiva); **~biotikum** [--bi'oːtikum] *n* (9²) antibiótico *m*; **~fa'schismus** *m* antifascismo *m*.

antik [-'tiːk] antiguo; **2e** *f* (15) edad *f* antigua, antigüedad *f*.

Anti|körper ['-tikœrpər] *m* anticuerpo *m*; **~lope** [--'loːpə] *f* (15) antílope *m*; **~pathie** [--pa'tiː] *f* (15) antipatía *f*; **~pode** [--'poːdə] *m* (13) antípoda *m*.

'antippen tocar ligeramente; *fig.* mencionar de paso.

Antiqua *Typ.* [-'tiːkva] *f uv.* letra *f* romana.

Antiquar [-ti'kvaːr] *m* (3¹) anticuario *m*; (*Buchhändler*) librero *m* de viejo *od.* de lance; **~iat** [--kvar'jaːt] *n* (3) librería *f* de lance *od.* de viejo *od.* de ocasión; **2isch** [--'kvaːriʃ] de lance *od.* de ocasión.

Antiquitäten [--kvi'tɛːtən] *f/pl.* (16) antigüedades *f/pl.*; **~händler** *m* anticuario *m*.

Antisemit [--ze'miːt] *m* (12), **2isch** antisemita (*m*); **~ismus** [---mi'tismus] *m* (16, *o. pl.*) antisemitismo *m*.

antiseptisch [--'zɛptiʃ] antiséptico.

Antlitz 584

Antlitz ['antlits] n (3²) *poet.* faz f, rostro m.

Antrag ['-trɑːk] m (3³) propuesta f; *Pol.* moción f; (*Gesuch*) solicitud f; instancia f; **2en** ofrecer, proponer; **~steller** m solicitante; autor m de una moción.

'antreffen encontrar.

'antreiben ⊕ accionar, impeler; ♣, ✗ propulsar; *fig.* estimular, incitar.

'antreten 1. *v/t. Reise*: emprender; *Arbeit*: empezar; *Beweis*: presentar; *Amt, Erbe*: tomar posesión de; *Strafe*: (empezar a) cumplir; **2.** *v/i.* (sn) ✗ formar; *Sport*: enfrentarse (*gegen* con).

'Antrieb m ⊕ accionamiento m; impulso m (a. *fig.*); ✗, ♣ propulsión f; *fig.* estímulo m; *aus eigenem* ~ de motu propio, espontáneamente; **~s...:** in *Zssgn oft* motriz, de propulsión; **~skraft** f fuerza f motriz.

'antrinken: *sich* (*dat.*) *e-n* (*Rausch*) ~ F coger una mona.

'Antritt m toma f de posesión; *vor* ~ *der Reise* antes de emprender el viaje; **~sbesuch** m visita f de presentación; **~srede** f discurso m inaugural; **~svorlesung** f lección f inaugural.

'antun *Gewalt, Ehre*: hacer; *sich* (*dat.*) *et.* ~ atentar contra la propia vida; *tu mir das nicht an!* ¡no me hagas eso!

Antwort ['antvɔrt] f (16) contestación f, respuesta f; réplica f; *um* ~ *wird gebeten* se suplica la respuesta; *keine* ~ *schuldig bleiben* tener respuesta para todo; **2en** (26) contestar, responder; (*erwidern*) replicar; **~(post)karte** f tarjeta f postal-respuesta.

'anvertrauen confiar; encomendar; *sich j-m* ~ confiarse a alg.

'anwachsen 1. (sn) ✔ arraigar; *fig.* crecer, aumentar, incrementarse; **2.** **2** n crecimiento m, aumento m.

Anwalt ['-valt] m (3³) abogado m; **~sbüro** n despacho m de abogado, bufete m; **~schaft** f abogacía f; **~skammer** f Colegio m de Abogados.

'anwandeln asaltar; **2lung** f arranque m, impulso m; arrebato m.

'anwärmen calentar.

'Anwärter m aspirante m, candidato m (*auf* a).

Anwartschaft ['-vartʃaft] f candidatura f; expectativa f; (*Recht*) derecho m (*auf* a).

'anweisen ordenar; (*anleiten*) instruir; (*beauftragen*) encargar; *Geld*: consignar, girar; *Platz*: indicar; **2ung** f indicación f; instrucciones f/pl.; (*Geld*) consignación f, giro m.

anwendbar ['-vɛntbɑːr] aplicable (*auf ac.* a); **~en** ['--dən] emplear, utilizar; aplicar; **2ung** f empleo m; aplicación f; **2ungsbereich** m campo m de aplicación.

'anwerben ✗ enganchar; *Arbeiter*: reclutar, contratar.

'anwerfen *Motor*: poner en marcha.

'Anwesen n propiedad f, mansión f; **2d** presente; ~ *sein bei* asistir a; *Anwesende ausgenommen* F mejorando lo presente; **~heit** f presencia f; asistencia f.

anwidern ['-viːdərn] (29) repugnar.

Anwohner ['-voːnər] m (7) vecino m; *e-s Flusses*: ribereño m.

'anwurzeln arraigar.

'Anzahl f número m, cantidad f; **2en** pagar a cuenta; **~ung** f pago m a cuenta; señal f; *bsd. Wohnung*: entrada f.

'anzapfen *Faß*: picar; *Telephonleitung*: F pinchar; F *fig. j-n*: dar un sablazo a.

'Anzeichen n señal f, indicio m; (*Vorzeichen*) presagio m; *bsd.* ♣ síntoma m.

Anzeige ['-tsaigə] f (15) noticia f; ✝ aviso m; (*Zeitungs*2) anuncio m; ♜♜ denuncia f; **2n** indicar; (*ankündigen*) anunciar, participar, comunicar; avisar; ♜♜ denunciar; **~r** m indicador m; **~tafel** f *Sport*: marcador m.

anzetteln ['-tsɛtəln] (29) urdir, tramar.

'anziehen 1. *v/t.* atraer (a. *fig.*); (*spannen*) tensar, estirar; *Kleidung*: ponerse; *Schraube, Bremse*: apretar; *fig.* cautivar; *sich* ~ vestirse; **2.** *v/i.* arrancar; *Preise*: subir; **~end** atrayente, atractivo; **2ung** f atracción f (a. *fig.*); **2ungskraft** f *Phys.* fuerza f atractiva; *fig.* atractivo m.

'Anzug m traje m; conjunto m; *im* ~ *sn* acercarse; estar a punto de llegar; *Gewitter*: amenazar.

anzüglich ['-tsyːkliç] alusivo; picante; **2keit** f indirecta f; pulla f.

'anzünden encender; *Haus*: incendiar; **2er** m (7) encendedor m.

'anzweifeln poner en duda.

Aorta [aˈɔrta] f (16²) aorta f.

apart [aˈpart] particular; original.

Apath|ie [apaˈtiː] f (15) apatía f; **2isch** [-ˈpɑːtiʃ] apático.

Aperitif [apɛriˈtiːf] m (11) aperitivo m.

Apfel [ˈapfəl] m (7¹) manzana f; *in den sauren* ~ *beißen* hacer de tripas corazón; **~baum** m manzano m; **~mus** n puré m de manzana; **~saft** m zumo m de manzana; **~schimmel** m (caballo m) tordo m; **~sine** [--ˈziːnə] f (15) naranja f; **~sinenbaum** m naranjo m; **~wein** m sidra f.

Apostel [aˈpɔstəl] m (7) apóstol m; **~geschichte** f Actos m/pl. de los Apóstoles.

Apostroph [apoˈstroːf] m (3¹) apóstrofo m.

Apotheke [apoˈteːkə] f (15) farmacia f, F botica f; **~r** m (7) farmacéutico m, F boticario m.

Apparat [apaˈrɑːt] m (3) aparato m; *Phot.* máquina f; *Fernspr.* teléfono m; *wer ist am* ~? ¿con quién hablo?; *bleiben Sie am* ~!; ¡no cuelgue!

Appartement [apart(ə)ˈmɑ̃ː] n (11) apartamento m; estudio m.

Appell [aˈpɛl] m (3¹) ✗ llamada f; revista f; *fig.* llamamiento m; **2ieren** apelar, hacer un llamamiento (*an* a).

Appetit [apeˈtiːt] m (3) apetito m; ~ *machen* abrir el apetito; *guten* ~! ¡que aproveche!; **2lich** apetitoso; **~losigkeit** f falta f de apetito, inapetencia f; **~zügler** ✗ [--ˈtsyːglər] m (7) inhibidor m od. reductor m del apetito.

applau|dieren [aplaʊˈdiːrən] aplaudir; **2s** [aˈplaʊs] m (4) aplauso m.

appret|ieren [apreˈtiːrən] aprestar, aderezar; **2ur** [--ˈtuːr] f (16) apresto m, aderezo m.

Aprikose [apriˈkoːzə] f (15) albaricoque m, *Am.* damasco m; **~nbaum** m albaricoquero m, *Am.* damasco m.

April [aˈpril] m (3¹) abril m; *j-n in den* ~ *schicken* dar una inocentada a alg.; **~scherz** m inocentada f.

Apsis [ˈapsis] f (16, *pl.* -siden [-ˈziːdən]) ábside m.

Aquädukt [akvɛˈdukt] m (3) acueducto m.

Aquamarin [akvamaˈriːn] m (3) aguamarina f.

Aquarell [--ˈrɛl] n (3¹) acuarela f; **~maler(in** f) m acuarelista su.

Aquarium [aˈkvaːrjum] n (9) acuario m.

Äquator [ɛˈkvaːtɔr] m (8, *o. pl.*) ecuador m.

Äquivalent [ɛkvivaˈlɛnt] n (3) equivalente m.

Är [ɑːr] n (3¹, *nach Zahlen uv.*) área f.

Ära [ˈɛːra] f (16²) era f.

Arab|er [ˈarabər] m (7), **~erin** f, **2isch** [aˈrɑːbiʃ] árabe (*su.*).

Arbeit [ˈarbaɪt] f (16) trabajo m; labor f; *körperliche:* faena f; *häusliche:* quehaceres m/pl.; (*Werk*) obra f; (*Beschäftigung*) ocupación f; (*Aufgabe*) tarea f; (*Schul2*) examen m; *an die* ~ *gehen* poner manos a la obra; (*viel*) ~ *machen* costar (mucho) trabajo; **2en** (26) trabajar; *Maschine:* funcionar, marchar.

Arbeiter|(in f) m trabajador(a) m (f); obrero (-a) m (f); operario (-a) m (f); **~...** *in Zssgn mst* obrero; **~klasse** f clase f obrera; **~partei** f partido m obrero; **~schaft** f obreros m/pl.; **~viertel** n barrio m obrero.

Arbeit|geber m (7) patrono m, empleador m, *Am.* patrón m; **~geberanteil** m cuota f patronal; **~geberverband** m (asociación f) patronal f; **~nehmer** [--ˈneːmər] m (7) empleado m; productor m; **~nehmer-anteil** m cuota f del empleado; **2sam** [--ˈzɑːm] laborioso, trabajador.

Arbeits|-amt n oficina f de empleo; **~anzug** m traje m de faena; mono m (de trabajo); **~beschaffung** f creación f de empleo; **~buch** n libreta f de trabajo; **~eifer** m afán m de trabajar; **~einstellung** f s. ~*niederlegung*; **~erlaubnis** f permiso m de trabajo; **~essen** n almuerzo m de trabajo; **2fähig** capaz de trabajar; **~gebiet** n campo m de actividades; **~gemeinschaft** f círculo m de estudios; grupo m de trabajo; **~gericht** n tribunal m laboral; **~klima** n ambiente m od. clima m laboral; **~kräfte** [--ˈkrɛftə] f/pl. mano f de obra; **~leistung** f ⊕ rendimiento m; **~lohn** m salario m; **2los** sin trabajo, parado, en paro; **~losenrate** f índice m de paro, tasa f de desempleo; **~losen-unterstützung** f subsidio m de paro od. de desempleo; **~losenversicherung** f seguro m contra el paro; **~lose(r)** m parado m; **~losigkeit** f paro m (forzoso), desempleo m; **~markt** m mercado m de trabajo; **~niederlegung** f suspensión f del trabajo; **~pferd** n caballo m de tiro; *fig.* yunque m; **~platz** m puesto m de trabajo; (*Stelle*) empleo m; (*Ort*) lugar m de trabajo; ~recht n derecho m laboral; 2-scheu vago, holgazán; ~tag m jornada f laboral; ~teilung f división f del trabajo; 2-unfähig incapaz para el trabajo; inválido; ~unfähigkeit f incapacidad f laboral; invalidez f; ~unfall m accidente m de trabajo; ~vermittlung f oficina f de colocación; bolsa f de trabajo; ~zeit f horas f/pl. de trabajo; jornada f laboral; ~zimmer n despacho m; estudio m.

Archäolog|e [arçɛo'lo:gə] m (13) arqueólogo m; ~ie [---lo'gi:] f (15, o. pl.) arqueología f; 2isch [---'lo:giʃ] arqueológico.

Arche ['---ça] f (15) arca f.

Archipel [-çi'pe:l] m (3¹) archipiélago m.

Architekt [--'tɛkt] m (12) arquitecto m; ~ur [---'tu:r] f (16) arquitectura f.

Archiv [-'çi:f] n (3¹) archivo m; ~ar [-çi'va:r] m (3¹) archivero m.

Arena [a're:na] f (16²) arena f; Stk. a. ruedo m.

arg [ark] (18²) malo; fuerte; grave; (sehr) muy; im argen liegen ir de mal en peor; es zu ~ treiben ir demasiado lejos.

Argentin|ier(in f) [argɛn'ti:njər(in)] m (7), 2isch argentino (-a) m (f).

Ärger ['ɛrgər] m (7, o. pl.) disgusto m; enfado m, enojo m; 2lich et.: enojoso; j.: enfadado (über por); 2n (29) enfadar, molestar, disgustar; irritar; sich ~ enfadarse, enojarse; ~nis n (4¹) escándalo m; ~ erregen causar escándalo.

Arg|list ['arklist] f malicia f; astucia m; 2listig malicioso; 2los ingenuo; ~losigkeit f ingenuidad f; candidez f.

Argot [ar'go:] m (11) jerga f, argot m.

Argument [argu'mɛnt] n (3) argumento m; 2'tieren argüir, argumentar.

Arg|wohn ['arkvo:n] m (3, o. pl.) sospecha f; recelo m; 2wöhnen ['-vø:nən] (25, untr.) sospechar, recelar; 2wöhnisch receloso, suspicaz; ~ machen escamar.

Arie ['a:rjə] f (15) aria f.

Aristokrat(in f) m [aristo'kra:t(in)] (12) aristócrata su.; ~ie [---kra'ti:] f (15) aristocracia f; 2isch [---'kra:tiʃ] aristocrático.

Arithmetik [arit'me:tik] f (16) aritmética f.

arktisch ['arktiʃ] ártico.

arm [arm] (18²) pobre (an dat. en); ~ machen (werden) empobrecer(se).

Arm [arm] m (3) brazo m; ~ in ~ gehen ir del brazo od. del bracete; fig. j-m unter die ~e greifen tender una mano a alg.; in die ~e schließen abrazar; F fig. j-n auf den ~ nehmen tomar el pelo a.

Armaturenbrett [arma'tu:rənbrɛt] n tablero m de instrumentos, salpicadero m; cuadro m de mandos.

Arm|band ['armbant] n pulsera f; ~banduhr f reloj m de pulsera; ~binde f brazalete m; ✗ cabestrillo m; ~brust f ballesta f.

Armee [ar'me:] f (15) ejército m; ~korps n cuerpo m de ejército.

Ärmel ['ɛrməl] m (7) manga f; fig. aus dem ~ schütteln improvisar.

Armen|haus ['armənhaus] n asilo m, casa f de caridad; ~pflege f asistencia f pública; ~recht n beneficio m de pobreza.

Arm|lehne ['armle:nə] f brazo m de sillón; ~leuchter m candelabro m; P fig. idiota m, P gilipollas m.

ärmlich ['ɛrmliç] s. armselig.

Arm|reif ['armraif] m brazalete m; 2selig pobre, miserable, mísero; ~sessel m butaca f.

Armut ['armu:t] f (16, o. pl.) pobreza f; stärker: indigencia f; ~szeugnis n: fig. sich ein ~ ausstellen probar su incapacidad.

Aroma [a'ro:ma] n (11²) aroma m; 2tisch [aro'ma:tiʃ] aromático.

Arrak ['arak] m arac m.

Arrangement [arãʒə'mã] n (11) arreglo m (a. ♪); 2'ieren arreglar (a. ♪); organizar.

Arrest [a'rɛst] m (3²) arresto m.

arrogant [aro'gant] arrogante; 2z [--'gants] f (16, o. pl.) arrogancia f.

Arsch [arʃ] V m (3² u. ³) culo m; ~loch V fig. n P mierda m.

Arsen [ar'ze:n] n (3¹, o. pl.) arsénico m.

Arsenal [arzə'na:l] n (3¹) arsenal m.

Art [a:rt] f (16) (Weise) manera f, modo m; (Gattung) clase f, categoría f; tipo m; a. Biol. especie f; (Eigen2) índole f; aus der ~ schlagen degenerar; '2en (26, sn): ~ nach salir a.

Arterie [ar'te:rjə] f (15) arteria f; ~nverkalkung f arteriosclerosis f.

artesisch [-'te:ziʃ]: ~er Brunnen pozo m artesiano.

Arthr|itis ✗ [-'tri:tis] f (16, pl. ~itiden

[-tri'ti:dən]) artritis *f*; **~ose** ♐ [-'tro:-zə] *f* (15) artrosis *f*.

artig ['a:rtiç] *Kind*: formal, bueno; (*höflich*) atento (*gegen* con); **2keit** *f* formalidad *f*; atención *f*; F *pl*. piropos *m/pl*.

Artikel [ar'ti:kəl] *m* (7) artículo *m*.

Artillerie [-tilə'ri:] *f* (15) artillería *f* (*schwere pesada*); **~ist** [---'rist] *m* (12) artillero *m*.

Artischocke ♀ [-ti'ʃɔkə] *f* (15) alcachofa *f*.

Artist|(in *f*) *m* [-'tist(in)] (12) artista *su*. de circo, acróbata *su*.; **2isch** acrobático.

Arznei [arts'naɪ] *f* (16) medicina *f*, medicamento *m*; **~kunde** *f* farmacología *f*; **~mittel** *n* medicamento *m*, fármaco *m*.

Arzt [artst] *m* (3² u. ³) médico *m*, facultativo *m*; doctor *m*; F galeno *m*.

Ärzte|kammer ['ɛrtstəkamər] *f* Colegio *m* de Médicos; **~schaft** *f* cuerpo *m* médico *od*. facultativo.

Arzthelferin ['artsthɛlfərin] *f* auxiliar *f* de médico.

Ärzt|in ['ɛrtstin] *f* (16¹) médica *f*, doctora *f*; **2lich** médico, facultativo.

As [as] *n* (4¹) *Karten u. fig.* as *m*; ♪ la *m* bemol.

Asbest [-'bɛst] *m* (3²) amianto *m*, asbesto *m*.

Asche ['aʃə] *f* (15) ceniza *f*; **~nbahn** *f* pista *f* de ceniza; **~nbecher** *m* cenicero *m*; **~nbrödel, ~nputtel** ['--brø:dəl, '--putəl] *n* (7) Cenicienta *f* (*a. fig.*).

Aschermittwoch [aʃər'mitvɔx] *m* miércoles *m* de ceniza.

asch|fahl ['aʃ'fa:l], **~farben** cenicien-to; **~grau** gris ceniza.

äsen ['ɛ:zən] (27) *Wild*: pacer.

Asiat|(in *f*) [az'ja:t(in)] *m* (12), **2isch** asiático (-a) *m* (*f*).

Aske|se [as'ke:zə] *f* (15, *o. pl.*) ascetismo *m*, ascética *f*; **~t** [-'ke:t] *m* (12) asceta *m*; **2tisch** ascético.

asozial ['azotsja:l] antisocial.

Aspekt [as'pɛkt] *m* (3) aspecto *m*.

Asphalt [-'falt] *m* (3) asfalto *m*; **2tieren** asfaltar.

Aspirant [-pi'rant] *m* (12) aspirante *m*.

aß [a:s] *s. essen*.

Assisten|t(in *f*) [asis'tɛnt(in)] *m* (12) asistente *su*., ayudante *su*.; **~z-arzt** [--'-s³artst] *m* médico *m* ayudante.

Ast [ast] *m* (3² u. ³) rama *f*; *im Holz*:

nudo *m*; *fig. auf dem absteigenden* ~ *sn* ir de capa caída.

Aster ♀ ['astər] *f* (15) aster *m*.

Ästhet|ik [ɛs'te:tik] *f* (16) estética *f*; **2isch** estético.

Asthma ['astma] *n* (11, *o. pl.*) asma *f*; **2tisch** [-'ma:tiʃ] asmático.

'astrein *fig.: das ist nicht (ganz)* ~ no está muy católico.

Astro|loge [astro'lo:gə] *m* (13) astrólogo *m*; **2logie** [--lo'gi:] *f* (15, *o. pl.*) astrología *f*; **~naut** [--'naʊt] *m* (12) astronauta *m*; **~nom** [--'no:m] *m* (12) astrónomo *m*; **~nomie** [--no-'mi:] *f* (15, *o. pl.*) astronomía *f*.

Asyl [a'zy:l] *n* (3¹) asilo *m* (*a. Heim*); **~recht** *n* derecho *m* de asilo.

Atelier [atə'lje:] *n* (11) taller *m*; *Mal., Film*: estudio *m*.

Atem ['a:təm] *m* (6, *o. pl.*) aliento *m*; respiración *f*; in e-m ~ de un aliento; *außer* ~ sin aliento; **2beraubend** *fig.* vertiginoso; **~beschwerden** *f/pl*. molestias *f/pl*. respiratorias; **~gymnastik** *f* gimnasia *f* respiratoria; **~holen** *n* respiración *f*; **2los** sin aliento; **~not** ♐ disnea *f*; **~pause** *f fig.* respiro *m*; **~übung** *f* ejercicio *m* respiratorio; **~zug** *m* inspiración *f*; in e-m ~ ~ de un aliento.

Atheist|(in *f*) *m* [ate'ist(in)] (12), **2isch** ateo (-a) *m* (*f*).

Äther ['ɛ:tər] *m* (7, *o. pl.*) éter *m*; **2isch** [-'te:riʃ] etéreo (*a. fig.*).

Athlet|(in *f*) [at'le:t(in)] *m* (12) atleta *su*.; **~ik** [-'-tik] *f* (16) atletismo *m*; **2isch** [-'-tiʃ] atlético.

Atlas ['-las] *m* (4¹, *sg. a. uv.*): **a)** (*Landkarte*) [*pl. a.* At'lanten] atlas *m*; **b)** (*Stoff*) raso *m*; satén *m*.

atmen ['a:tmən] (26) respirar.

Atmosphäre [atmɔs'fɛ:rə] *f* (15) atmósfera *f*; *fig.* ambiente *m*.

Atmung ['a:tmuŋ] *f* respiración *f*; **~s...:** *in Zssgn* respiratorio; **~s-organe** *n/pl*. aparato *m* respiratorio.

Atom [a'to:m] *n* (3¹) átomo *m*; **~antrieb** *m* propulsión *f* atómica; **~bombe** *f* bomba *f* atómica; **~bunker** *m* refugio *m* (anti)atómico; **~energie** *f* energía *f* atómica; **~forscher** *m* científico *m* atómico; **~gewicht** *n* peso *m* atómico; **~kern** *m* núcleo *m* atómico; **~kraftwerk** *n* central *f* atómica *od*. nuclear; **~macht** *f* potencia *f* nuclear; **~meiler** *m* pila *f* atómica; **~müll** *m* residuos *m/pl*. radiactivos; **~physik** *f* física *f* atómica; **~physiker** *m* físico *m* atómico; **~sperrvertrag** *m* tratado *m* de no proliferación de armas atómicas; **~sprengkopf** *m* cabeza *f od.* ojiva *f* nuclear; **~waffe** *f* arma *f* atómica; ⚓**waffenfrei:** **~e** Zone zona *f* desnuclearizada; **~zerfall** *m* desintegración *f* atómica.

Attaché [ata'ʃeː] *m* (11) agregado *m*.

Atten|tat [a'tɛntaːt] *n* (3) atentado *m*; **~täter** *m* autor *m* de un atentado.

Attest [a'tɛst] *n* (3²) certificado *m*; ⚓**ieren** certificar.

Attrak|tion [atrak'tsjoːn] *f* atracción *f*; ⚓**tiv** [--'tiːf] atractivo.

Attrappe [a'trapə] *f* (15) objeto *m* simulado *od.* F de pega.

Attribut [atri'buːt] *n* (3¹) atributo *m*.

ätz|en ['ɛtsən] (27) corroer; *Platte:* grabar al agua fuerte; 🗡 cauterizar; **~end,** ⚓**mittel** *n* corrosivo (*m*); 🗡 cáustico (*m*) (*adj. a. fig.*); ⚓**ung** *f* corrosión *f*; 🗡 cauterización *f*; (*Platte*) grabado *m* al agua fuerte.

au! [au] *int.* ¡ay!

Aubergine [obɛr'ʒiːnə] *f* (15) berenjena *f*.

auch [aux] también; **~** *nicht* tampoco; **~** *das noch!* no faltaba más que eso; *oder* **~** o sea; *sowohl* ... *als* **~** tanto ... como; **~** *wenn* aun cuando; *wer* **~** *immer* quienquiera que (*subj.*); *wie* **~** *immer* como quiera que (*subj.*).

Audienz [au'djɛnts] *f* (16) audiencia *f*.

audiovisuell [audjovizu'ɛl] audiovisual.

Auditorium [audi'toːrjum] *n* (9) auditorio *m* (*a. Saal*).

Aue ['auə] *f* (15) pradera *f*; vega *f*.

Auer|hahn ['-ərhaːn] *m* urogallo *m*, gallo *m* silvestre; **~ochse** *m* uro *m*.

auf [auf] **1.** *prp.* sobre; en, encima de; **~** *dem Tisch* sobre la mesa; **~** *dem Boden* en el suelo; **~** *dem Land* en el campo; **~** *der Straße* en la calle; **~** *dieser Seite* por *od.* de este lado; **~** *Besuch* de visita; **~** *deutsch* en alemán; **2.** *adv.* (*offen*) abierto; (*aufgestanden*) levantado; **~** *u. ab* arriba y abajo; **~** *u. ab gehen* ir de un lado para otro; ir y venir; **~** *u. davon sn* haberse escapado; **3.** *int.* **~!** ¡arriba!; (*los*) ¡vamos!

'auf-arbeiten (*beenden*) terminar; (*erneuern*) renovar.

'auf-atmen respirar (*a. fig.*).

aufbahren ['-baːrən] (25) amortajar; *aufgebahrt* de cuerpo presente.

'Aufbau *m* construcción *f*; ⊕ montaje

m; (*Gliederung*) estructura *f*; organización *f*; *Kfz.* carrocería *f*; ⚓ *pl.* **~ten** superestructura *f*; ⚓**en** construir; ⊕ montar; *fig.* organizar; ⚓**end** constructivo.

'aufbäumen: sich ~ encabritarse; *fig.* rebelarse.

'aufbauschen hinchar (*a. fig.*).

'aufbegehren protestar, rebelarse (*gegen contra*).

'aufbehalten *Hut:* dejar puesto.

'aufbekommen *Tür:* lograr abrir; *Aufgabe:* tener que hacer.

'aufbereiten 🗡 *Erze:* preparar.

'aufbessern *Gehalt:* aumentar.

'aufbewahr|en guardar, conservar; *für später:* reservar; ⚓**ung** *f* conservación *f*; (*Gepäck*) consigna *f*; ⚓**ungs-ort** *m* depósito *m*.

'aufbieten *Brautpaar:* amonestar; ⚔ levantar; *a. fig.* movilizar; *Mittel:* poner en juego; *alle Kräfte* **~** emplearse a fondo.

'aufbinden (*losbinden*) desatar.

'aufblähen hinchar; *sich* **~** hincharse (*a. fig.*).

'aufblas|bar hinchable; **~en** inflar, hinchar.

'aufbleiben (*sn*) quedar abierto; *nachts:* no acostarse, velar.

'aufblenden *Kfz.* poner las luces de carretera.

'aufblicken alzar la vista.

'aufblitzen (*sn u. h.*) relampaguear.

'aufblühen (*sn*) abrirse; *fig.* florecer; prosperar; *j.:* rejuvenecer.

'aufbrauchen apurar; agotar.

'aufbrausen (*sn*) hervir; *fig.* encolerizarse; **~d** colérico.

'aufbrechen 1. *v/t.* abrir, romper; *gewaltsam:* forzar; **2.** *v/i.* (*sn*) abrirse; (*fortgehen*) marcharse; salir, partir (*nach para*).

'aufbringen *Geld:* reunir; *Kosten:* cubrir; *Truppen:* levantar; *Schiff:* apresar; *Gerücht:* inventar; *Mode usw.:* lanzar; *fig.* irritar, enojar.

'Aufbruch *m* salida *f*, marcha *f*.

'aufbrühen hervir; *Tee:* hacer.

'aufbügeln planchar.

aufbürden ['-byrdən] (26): *j-m et.* **~** cargar a/c. a alg.

'aufdecken abrir; destapar; *fig.* descubrir, desvelar.

'aufdrängen obligar a aceptar; *Meinung:* imponer; *sich j-m* **~** importunar a alg.

'aufdrehen *Hahn:* abrir.

aufdringlich importuno, cargante, pesado.

Aufdruck m impresión f; 2**en** imprimir.

aufdrücken abrir empujando; *Siegel*: poner; *a. fig.* imprimir.

aufeinander [-ʔaɪnˈʔandər] uno(s) sobre otro(s); *zeitl.* uno tras otro; 2**folge** f sucesión f; **~folgen** seguirse, sucederse; **~folgend** sucesivo, consecutivo; **~häufen**, **~türmen** apilar, amontonar; **~legen** poner uno encima de otro; **~prallen**, **~stoßen** entrechocarse; chocar (*a. fig.*).

Aufenthalt [ˈaʊfənthalt] m (3) estancia f; permanencia f; 🚋 parada f; **~sgenehmigung** f permiso m de residencia; **~s-ort** m paradero m.

auf-erlegen imponer (*a. Steuern*).

auf-erstehen (sn) resucitar; 2**ung** f resurrección f.

auf-essen *alles* ~ comérselo todo.

auffädeln [ˈfɛːdəln] (29) enfilar.

auffahr|en 1. *v/t.* ✗ poner en posición; F *Speisen*: traer; 2. *v/i.* (sn) chocar (*auf ac.* con); embestir (*ac.*); ⚓ encallar; *vor Schreck*: sobresaltarse; *aus dem Schlaf* ~ despertarse sobresaltado; 2**t** f (16) subida f; (*Rampe*) rampa f; (*Autobahn*) acceso m; 2**-unfall** m accidente m por alcance.

auffallen caer (*auf ac.* en); *fig.* llamar la atención; **~d**, **auffällig** vistoso, llamativo.

auffang|en coger (al vuelo); *Hieb*: parar; *Stoß*: amortiguar; *Funkspruch*: captar; *im Gefäß*: recoger; *fig.* absorber; 2**lager** n campo m de recepción.

auffärben reteñir.

auffassen concebir; comprender; interpretar; ~ *als* considerar como.

Auffassung f concepción f; interpretación f; parecer m; modo m de ver; **~sgabe** f entendimiento m; inteligencia f; *leichte* ~ facilidad f de comprensión.

auffinden hallar, encontrar; localizar.

auffischen pescar (*a. fig.*).

aufflackern *Licht*: avivarse; *fig.* rebrotar.

aufflammen echar llamas, llamear.

auffliegen echar a volar; *Tür*: abrirse de golpe; F *fig.* fracasar; ~ *lassen* torpedear; *Bande*: desarticular.

aufforder|n invitar (zu a); (*ermah-*

nen) exhortar; *amtlich*: requerir; *zum Tanz* ~ sacar a bailar; 2**ung** f invitación f; exhortación f; requerimiento m; intimación f.

aufforst|en [ˈfɔrstən] repoblar; 2**ung** f repoblación f forestal.

auffressen devorar; F comerse.

auffrischen [ˈfrɪʃən] (25) refrescar (*a. fig.*); renovar; *Wind*: arreciar.

aufführ|en (*nennen*) citar, mencionar; *Thea.* representar; ♪ ejecutar; *sich* ~ conducirse, portarse; *aufgeführt sn in e-r Liste*: figurar; 2**ung** f representación f; ♪ ejecución f; conducta f.

auffüllen rellenar; 🔱 *Bestände*: reponer.

Aufgabe f tarea f, función f, misión f; *Gepäck*: facturación f; 🕭 envío m; (*Schul*2) lección f, deber m; 🔑 problema m; (*Verzicht*) abandono m, renuncia f; *e-s Geschäfts*: liquidación f, cese m.

aufgabeln F *fig.* pescar.

Aufgang m subida f; (*Treppe*) escalera f; *Astr.* salida f.

aufgeben *Brief*: echar al correo; *Telegramm*, *Annonce*: poner; *Gepäck*: facturar; *Rätsel*: (pro)poner; *Schulaufgabe*: dar; 🞋 *Kranke*: desahuciar; (*verzichten*) renunciar a; *Plan*: abandonar (*a. v/i. Sport*); *Geschäft*: liquidar, cesar; *den Geist* ~ rendir el alma; *die Hoffnung* ~ desesperar.

aufgeblasen [ˈgəblaːzən] *fig.* arrogante, presuntuoso.

Aufgebot n (*Ehe*~) proclamas f/pl. matrimoniales, amonestaciones f/pl.; ✗ llamamiento m a filas; *mit großem* ~ *an* con gran despliegue de.

aufge|bracht [ˈgəbraxt] irritado (*über* por); **~donnert** [ˈ--dɔnərt] F emperejilado; peripuesto; **~dreht** [ˈ--dreːt] *fig.* muy alegre; **~dunsen** [ˈ--dunzən] hinchado; *Gesicht*, *Leib*: abota(r)gado.

aufgehen abrirse; *Astr.* salir; *Vorhang*: levantarse; *Knoten*: deshacerse; *Naht*: descoserse; *Teig*: (comenzar a) subir; *Saat*: brotar; *Rechnung*: salir bien; *fig.* ~ *in* (*dat.*) quedar absorbido por.

aufge|klärt [ˈgəklɛːrt] *hist.* ilustrado; (*vorurteilsfrei*) libre de prejuicios; **~kratzt** F [ˈ--kratst] muy alegre *od.* animado; **~legt** [ˈ--leːkt] ~ *sn zu* estar de humor para; *gut* (*schlecht*) ~ *de* buen (mal) humor;

~räumt [´--rɔymt] *fig.* de buen humor.

aufgeregt [´--re:kt] agitado; excitado; nervioso; **2heit** *f* agitación *f*; excitación *f*; nerviosismo *m.*

aufge|schlossen [´--ʃlɔsən] *fig.* abierto (für a); **~schmissen** F [´--ʃmisən]: **~ sn** estar perdido *od.* F apañado; **~weckt** [´--vɛkt] *fig.* despierto; (d)espabilado; **~worfen** [´--vɔrfən] *Lippen*: abultado.

'aufgießen *Tee*: hacer, preparar.

'aufgliedern desglosar (*nach por*); **2ung** *f* desglose *m.*

'aufgreifen *Dieb*: prender; *Gedanken*: aprovechar, hacer suyo.

auf'grund s. Grund.

'Aufguß *m* infusión *f*; **~beutel** *m* bolsita *f* de té.

'aufhaben *Hut*: tener puesto; *Geschäft*: tener abierto; *Aufgaben*: tener que hacer *od.* estudiar.

'aufhaken desabrochar.

'aufhalsen [´-halzən] (27) F endosar.

'aufhalten dejar *od.* tener abierto; *Hand*: tender, alargar; (*stoppen*) parar, detener; (*verzögern*) retardar; *sich ~* permanecer; *sich ~ mit* perder el tiempo en; entretenerse con; *sich ~ über* (*ac.*) criticar (*ac.*).

'aufhängen colgar (*an dat.* de *od.* en); suspender (de); *Wäsche*: tender; ♋ ahorcar, colgar; **2er** *m* (7) cordón *m*; tira *f*; **2ung** *f* ⊕ suspensión *f.*

'aufhäufen acumular, amontonar.

'aufheb|en levantar (*a. fig. Tafel, Sitzung, Belagerung*); *vom Boden*: recoger; (*abschaffen*) abolir; anular; suprimir; *Gesetz*: abrogar; (*aufbewahren*) guardar, conservar; *gut aufgehoben sn* estar en buenas manos; *sich* (*gegenseitig*) *~* compensarse; *viel* **2s machen von** hacer mucho ruido por; **2ung** *f* levantamiento *m*; abolición *f*; supresión *f*; anulación *f.*

aufheiter|n [´-haitərn] (29) animar; *sich ~* despejarse; **2ung** *f Wetter*: **~en** apertura *f* de claros.

aufhellen [´-hɛlən] (25): *sich ~* aclararse; *Himmel*: despejarse.

'aufhetzen soliviantar; incitar, instigar (*zu* a).

'aufheulen dar aullidos; *Motor*: rugir.

'aufholen ganar terreno; *Zeit*: recuperar.

'aufhorchen aguzar los oídos.

'aufhören terminar, acabar; *~ zu* cesar de, dejar de; *da hört* (*sich*) *doch alles auf!* ¡es el colmo!; *ohne* **2** sin cesar.

'aufjauchzen lanzar gritos de alegría.

'Aufkauf *m* compra *f*; acaparamiento *m*; **2en** acaparar.

'Aufkäufer *m* comprador *m*; acaparador *m.*

aufklapp|bar [´-klapbɑ:r] plegable; **~en** abrir; levantar.

'aufklaren *Wetter*: despejarse; escampar.

'aufklär|en aclarar; esclarecer; *j-n*: abrir los ojos (a); (*bilden*) ilustrar; ✗ reconocer, explorar; **2er** *m* (7) ✗ explorador *m*; **2ung** *f* aclaración *f*; esclarecimiento *m*; ✗ reconocimiento *m*; *hist.* ilustración *f*; *sexuelle ~* iniciación *f* sexual; **2ungsflugzeug** *n* avión *m* de reconocimiento; **2ungssatellit** *m* satélite *m* espía.

'aufklebe|n pegar (en); **2r** *m* pegatina *f*, adhesivo *m.*

'aufknacken *Nüsse*: cascar; *Geldschrank*: forzar.

'aufknöpfen desabotonar, desabrochar.

'aufknüpfen *j-n*: ahorcar; colgar; *et.*: deshacer, desatar.

'aufkochen hervir.

'aufkommen (sn) levantarse (*a. Wind usw.*); *Mode, Brauch*: introducirse, surgir; *~ für* responder de; *gegen j-n ~* poder con alg.; *~ lassen* tolerar.

'aufkratzen raspar; *Haut*: arañar.

aufkrempeln [´-krɛmpəln] (29): *sich die Ärmel ~* arremangarse.

'aufkreuzen F descolgarse *od.* dejarse caer por.

'aufkriegen F s. aufbekommen.

'auflachen soltar una carcajada.

'aufladen cargar (*a. ⚡*).

'Auflage *f Typ.* edición *f*; (*Pflicht*) obligación *f*; **~nhöhe** *f* tirada *f.*

'auflass|en *Tür*: dejar abierto; *Hut*: dejar puesto; ♋ ceder; **2ung** ♋ *f* cesión *f.*

'auflauern acechar.

'Auflauf *m* agolpamiento *m*; alboroto *m*, tumulto *m*; *Kchk. fr.* soufflé *m*; **2en** (sn) ♐ encallar; ✝ *Beträge*: acumularse.

'aufleben (sn) renacer; reanimarse.

'auflecken lamer.

'auflegen poner, colocar; ⚕ aplicar; *Telefonhörer*: colgar; *Steuern*: imponer; *Anleihe*: emitir; *Buch*: editar; *neu* ~ reeditar.

'**auflehn|en**: *sich* ~ rebelarse, sublevarse (*gegen* contra); 2**ung** *f* rebelión *f*, sublevación *f*.

'**auflesen** recoger.

'**aufleuchten** resplandecer, iluminarse.

'**aufliegen** △ descansar (*auf* en).

'**auflockern** mullir; *fig.* amenizar.

'**auflodern** inflamarse; llamear.

'**auflös|bar** (di)soluble; ~**en** deshacer; desatar; *Rätsel, Problem*: resolver; *Versammlung, Ehe,* ♚: disolver; *in Wasser*: desleír, diluir; *Geschäft*: liquidar; *sich* ~ descomponerse; ✕ desbandarse; *aufgelöstes Haar* pelo suelto; 2**ung** *f* solución *f*; disolución *f*; liquidación *f*; descomposición *f*; 2**ungszeichen** ♩ *n* becuadro *m*.

'**aufmach|en** abrir; *Knoten*: deshacer; *sich* ~ *nach* ponerse en camino hacia; 2**ung** *f* presentación *f*; *in großer* ~ de tiros largos; *Zeitung*: con grandes títulos.

'**Aufmarsch** ✕ *m* desfile *m*; despliegue *m*; 2**ieren** desfilar; desplegarse.

'**aufmerk|en** estar atento (*auf* a); ~**sam** atento (*auf* a); *j-n auf et.* ~ *machen* llamar la atención de alg. sobre a/c.; 2**samkeit** *f* atención *f*; *kleine* ~ (*Geschenk*) obsequio *m*.

aufmucken F ['-mukən] (25) rechistar; rebelarse (*gegen* contra).

aufmuntern ['-muntərn] (29) animar, estimular.

aufmüpfig F ['-mypfiç] rebelde, respondón.

Aufnahme ['-naːmə] *f* (15) acogida *f*; (*Eintritt*) ingreso *m*; (*Zulassung*) admisión *f*; *feierliche*: recepción *f*; *Phot.* foto *f*, vista *f*; (*Ton*2) grabación *f*; *Achtung,* ~! ¡silencio, se rueda!; 2**fähig** receptivo; capaz de absorber; ~**fähigkeit** *f* capacidad *f* de absorción; receptividad *f*; ~**prüfung** *f* examen *m* de ingreso; ~**wagen** *m* TV unidad *f* móvil.

'**aufnehm|en** (*aufheben*) recoger; *als Gast*: acoger, recibir; (*zulassen*) admitir; *in Listen, Wörterbücher*: incluir; *Phot.* fotografiar; *Ton*: grabar; (*filmen*) filmar; *Gelder*: tomar prestado; *Masche*: coger; *Protokoll*: levantar; *Verbindung*: establecer; *in ein Krankenhaus* ~ hospitalizar; *übel* ~ tomar a mal; *es mit j-m* ~ (*poder*) competir con alg.; 2**er** *m* (7) bayeta *f*.

'**aufnötigen**: *j-m et.* ~ imponer a/c. a alg.

'**auf-opfer|n** (*sich*) sacrificar(se); ~**nd** abnegado; sacrificado; 2**ung** *f* sacrificio *m*; abnegación *f*.

'**aufpass|en** prestar atención (*auf* a); tener cuidado (con); *auf j-n* ~ cuidar de alg.; *paß auf!* ¡cuidado!; *paß (mal) auf!* ¡escucha!; 2**er** *m* (12) vigilante *m*; desp. espía *m*.

'**aufpeitschen** excitar; estimular.

'**aufpflanzen** *Fahne*: enarbolar; *Seitengewehr*: armar; *sich* ~ plantarse.

'**aufpfropfen** injertar (en).

'**aufplatzen** reventar, estallar; *Naht*: descoserse.

aufplustern ['-pluːstərn] (29): *sich* ~ ahuecar las plumas; *fig.* pavonearse.

'**aufpolieren** dar *od.* sacar brillo a.

'**aufprägen** imprimir (*a. fig.*).

Aufprall ['-pral] *m* (3¹, *o. pl.*) choque *m*; impacto *m*; 2**en** (sn) chocar (*auf ac.* contra).

'**Aufpreis** *m* suplemento *m*; recargo *m*.

aufpulvern F ['-pulfərn] (29) animar; estimular.

'**aufpumpen** inflar.

'**aufputsch|en** amotinar; *sich* ~ tomar estimulantes; 2**mittel** *n* estimulante *m*; excitante *m*.

'**Aufputz** *m* atavío *m*; 2**en** ataviar.

'**aufquellen** esponjarse; hincharse.

'**aufraffen** recoger; *fig. sich* ~ animarse; hacer un esfuerzo.

'**aufräum|en** ordenar; arreglar; *Schutt*: des(es)combrar; *fig.* ~ *mit* acabar con; 2**ungs-arbeiten** *f/pl.* trabajos *m/pl.* de descombro.

'**aufrechn|en** contar; ~ *gegen* compensar con; 2**ung** *f* compensación *f*.

'**aufrecht** derecho, erguido; *a. fig.* recto; (*stehend*) en pie; ~**erhalten** sostener, mantener; 2**erhaltung** *f* sostenimiento *m*, mantenimiento *m*.

'**aufreg|en** agitar, excitar; *sich* ~ irritarse, enfadarse (*über ac.* por); ~**end** excitante; emocionante; 2**ung** *f* agitación *f*, excitación *f*.

'**aufreiben** excoriar; *fig.* agotar; *sich* ~ consumirse; ~**d** agotador.

'**aufreihen** ensartar.

'**aufreißen 1.** *v/t. Tür*: abrir bruscamente; *Pflaster, Straße*: levantar; *die Augen* ~ abrir los ojos como platos; **2.** *v/i.* (sn) *Naht*: descoserse.

'**aufreizen** excitar; provocar; irritar; ~**d** provocativo, provocador.

ˈaufrichten poner derecho; enderezar; levantar; (*trösten*) alentar; *sich* ~
ponerse en pie; incorporarse.

ˈaufrichtig sincero, franco; **ˈ2keit** *f*
sinceridad *f*, franqueza *f*.

aufriegeln [ˈ-riːɡəln] (29) descorrer
el cerrojo de.

ˈAufriß △ *m* alzado *m*.

ˈaufrollen enrollar; arrollar (*a.* ⚔);
(*entfalten*) desenrollar; *Frage usw.*:
abordar.

ˈaufrücken (sn) ⚔ cerrar las filas; *fig.*
ascender *od.* ser ascendido (zu a).

ˈAufruf *m* proclamación *f*; llamamiento *m*; **2en** llamar; *die Namen* ~
pasar lista; *zum Streik* ~ convocar una
huelga.

ˈAufruhr *m* (3) alboroto *m*, tumulto
m; revuelta *f*; rebelión *f*; *in* ~ *versetzen* agitar; alarmar.

ˈaufrühr|en remover (*a. fig.*); *fig.*
alborotar; *Streit usw.*: atizar; **2er** *m*
(7), **˷erisch** revoltoso (*m*), rebelde
(*m*).

ˈaufrunden redondear.

ˈaufrüst|en rearmar; **2ung** *f* rearme
m.

ˈaufrütteln sacudir; *fig.* animar.

ˈaufsagen recitar.

ˈaufsammeln recoger.

ˈaufsässig [ˈ-zɛsɪç] rebelde, levantisco; **2keit** *f* espíritu *m* de rebeldía.

ˈAufsatz *m* (*Schul2*) composición *f*;
redacción *f*; (*Zeitungs2*) artículo *m*;
Lit. ensayo *m*.

ˈaufsaugen absorber (*a. fig.*); aspirar.

ˈaufschauen alzar la vista.

ˈaufscheuchen espantar, ahuyentar.

ˈaufscheuern *Haut*: excoriar.

ˈaufschichten apilar.

ˈaufschieben *fig.* aplazar.

ˈaufschießen (sn) levantarse bruscamente; (*schnell wachsen*) dar un estirón.

ˈAufschlag *m Ball*: choque *m*; impacto *m*;
Ball: rebote *m*; *Tennis*: saque *m*,
servicio *m*; *am Rock*: solapa *f*; *am
Ärmel*: bocamanga *f*; (*Zuschlag*) ~
recargo *m*, suplemento *m*; **2en 1.** *v/t.*
(*öffnen*) abrir; *Zelt, Bett*: armar;
Wohnsitz: fijar, establecer; **2.** *v/i.*
(sn) chocar (*auf* contra); caer (en);
hacer impacto; *Tennis*: sacar, servir;
Ball: rebotar; *Preis*: subir.

ˈaufschließen 1. *v/t.* abrir (con llave);
2. *v/i.* ⚔ cerrar las filas.

ˈaufschlitzen hender; *Bauch*: abrir.

ˈaufschluchzen romper en sollozos.

ˈAufschluß *m* explicación *f*; ~ *geben
über* informar sobre.

aufschlüssel|n [ˈ-ˈlʏsəln] (29) des-
glosar; **2ung** *f* desglose *m*.

ˈaufschlußreich instructivo.

ˈaufschnappen *a. fig.* coger al vuelo;
F pescar.

ˈaufschneid|en 1. *v/t.* cortar; *Kchk.*
cortar en lonjas *od.* rodajas; *Braten*:
trinchar; **2.** *v/i.* fanfarronear; *fig. m*
(7) fanfarrón *m*; **2eˈrei** *f* fanfarronada *f*.

ˈAufschnitt *m*: (*kalter*) ~ fiambres
m/pl.

ˈaufschnüren desatar; deshacer.

ˈaufschrauben atornillar; (*losschrau-
ben*) destornillar; desenroscar.

ˈaufschrecken 1. *v/t.* asustar; **2.** *v/i.*
sobresaltarse.

ˈAufschrei *m* grito *m*.

ˈaufschreiben apuntar, anotar.

ˈaufschreien lanzar un grito.

ˈAufschrift *f* inscripción *f*; etiqueta *f*;
letrero *m*; ☺ señas *f/pl.*

ˈAufschub *m* aplazamiento *m*; ✝ demora *f*; prórroga *f*.

ˈaufschürfen *Haut*: excoriar.

ˈaufschütteln sacudir; *Polster*: mullir.

ˈaufschütt|en echar; amontonar;
2ung *f* terraplén *m*.

ˈaufschwatzen *F* endosar.

ˈaufschwemmen esponjar; hinchar.

ˈaufschwingen: *fig. sich* ~ zu decidirse a.

ˈAufschwung *m Turnen*: elevación *f*;
fig. auge *m*, incremento *m*.

ˈaufseh|en levantar los ojos; **2en** *n*: ~
erregen hacer sensación; causar escándalo; **˷en-erregend** sensacional;
espectacular; **2er** *m* (7) vigilante *m*;
inspector *m*; *Museum*: celador *m*.

ˈaufsein (sn) estar abierto; *j.*: estar
levantado.

ˈaufsetzen 1. *v/t.* poner (*a. Miene*);
Hut usw.: ponerse; *Essen*: poner al
fuego; *Text*:redactar; *sich* ~ incorporarse; **2.** *v/i.* ✈ tomar tierra, posarse.

ˈAufsicht *f* vigilancia *f*; inspección *f*;
˷srat *m* consejo *m* de administración.

ˈaufsitzen (h.) *nachts*: pasar una
noche en blanco; *Reiter*: (sn) montar
(a caballo); *F fig. j-n* ~ *lassen* dejar
plantado a alg.

ˈaufspannen tender; *Segel*: desplegar; *Schirm*: abrir.

ˈaufsparen ahorrar; reservar.

aufspeichern almacenar; *fig.* acumular.

aufsperren abrir (*weit de par en par*).

aufspielen ♪ tocar; *sich* ~ F darse tono; *sich* ~ *als* echárselas de.

aufspießen espetar; (*durchbohren*) atravesar con; *Stk.* coger, empitonar.

aufsprengen hacer saltar; volar; *Tür*: forzar.

aufspringen (sn) *j.*: levantarse de pronto; *Tür*: abrirse de golpe; *Haut*: agrietarse.

aufspulen devanar, bobinar.

aufspüren dar con la pista de; (*finden*) descubrir, localizar.

aufstacheln ['-ʃtaxəln] (29) aguijonear, instigar, incitar.

aufstampfen patalear.

Aufstand *m* sublevación *f*, insurrección *f*, rebelión *f*.

aufständisch ['-ʃtɛndiʃ] sedicioso, rebelde; *die* Len los insurrectos.

aufstapeln apilar.

aufstauen estancar.

aufstechen pinchar.

aufstecken fijar (con alfileres); F (*aufgeben*) abandonar, dejar.

aufstehen (sn) levantarse; alzarse (*a. fig.*); *Tür*: estar abierto.

aufsteige|n *a. fig.* subir; *a. Sport u. fig.* ascender; ⚡ tomar altura; *Reiter usw.*: montar; **~nd** ascendente (*a. Astr.*); Lr *m Sport*: equipo *m* ascendido; *fig.* trepador *m*.

aufstell|en colocar, poner; ⊕ montar, instalar; ✗ formar; *Posten*: apostar; *Mannschaft*: alinear; formar; *Denkmal*: erigir; *Heer*: poner en pie; *Grundsatz*: sentar; *Liste*, *Rechnung*: hacer; *Rekord*: establecer; *Kandidaten*: designar; *die Behauptung* ~ afirmar; *sich* ~ colocarse; ponerse; formar; *Am.* ubicarse; Lung *f* colocación *f*; disposición *f*; ⊕ montaje *m*; instalación *f*; *v. Raketen*: *a.* despliegue *m*; *Sport*: alineación *f*; ✗ formación *f*; (*Liste*) lista *f*; relación *f*.

Aufstieg ['-ʃtiːk] *m* (3) subida *f*; ascensión *f*; *fig.* progreso *m*; auge *m*; *beruflich*: ascenso *m* (*a. Sport*), promoción *f*.

aufstöbern ♫*gdw.* levantar; *fig.* localizar.

aufstocken *Haus*: añadir un piso; ✝ aumentar, ampliar.

aufstören espantar.

aufstoßen 1. *v/t.* abrir (de un empujón); **2.** *v/i.* (h.) (*rülpsen*) eructar; (sn) ~ *auf* chocar contra.

aufstreben elevarse; *fig.* aspirar (*zu dat.* a); **~d** floreciente.

aufstreichen extender.

aufstreifen *Ärmel*: recoger.

aufstreuen espolvorear.

aufstülpen ['-ʃtylpən] (25): *sich den Hut* ~ calarse el sombrero.

aufstützen (*sich*) apoyar(se) (*auf ac.* en); *die Ellenbogen* ~ acodarse.

aufsuchen buscar; *j-n*: ir a ver, visitar.

auftakeln ⚓ aparejar; F *fig. sich* ~ emperifollarse, emperejilarse.

Auftakt *m* ♪ anacrusa *f*; *fig.* preludio *m*.

auftanken echar *od.* repostar gasolina.

auftauchen (sn) emerger; *fig.* surgir.

auftauen 1. *v/t.* derretir; *Tiefkühlkost*: descongelar; **2.** *v/i.* (sn) derretirse; *Flüsse*: deshelarse; *fig.* perder la timidez.

aufteil|en repartir; *anteilig*: prorratear; *Land*: parcelar; Lung *f* repartición *f*; prorrateo *m*; parcelación *f*.

auftischen ['-tiʃən] (27) poner sobre la mesa, servir; *fig.* contar.

Auftrag ['-traːk] *m* (3³) encargo *m*; ✝ *a.* orden *f*, pedido *m*; (*Aufgabe*) cometido *m*; misión *f*; *im* ~ (*Abk. i. A.*) por poder (p. p.), por orden (de); *im* ~ *von de parte de*; Len *Speisen*: servir; *Farbe*: aplicar; *Kleidung*: gastar; *Grüße*: mandar; *j-m et.* ~ encargar *a/c.* a alg.; *fig. dick* ~ exagerar; F (re)cargar las tintas; **~geber** *m* ⚡ mandante *m*; ✝ cliente *m*, comitente *m*; **~bestand** *m* cartera *f* de pedidos; Lsgemäß conforme a su pedido.

auftreiben (*blähen*) hinchar; (*beschaffen*) conseguir.

auftrennen deshacer; *Naht*: descoser.

auftret|en 1. *v/i.* sentar el pie; (*erscheinen*) presentarse; *Thea.* entrar en escena; (*spielen*) actuar; (*vorkommen*) producirse; (*sich benehmen*) (com)portarse; ~ *als* hacer de; **2.** Ln aparición *f*; ✗ *a.* incidencia *f*; Lnehmen) comportamiento *m*, conducta *f*; *Thea.* entrada *f* en escena; *erstes* ~ debut *m*.

Auftrieb *m Phys.* fuerza *f* ascensional; *fig.* impulso *m*.

Auftritt 594

'**Auftritt** *m Thea. u. fig.* escena *f; des Schauspielers*: entrada *f* (en escena).
'**auftrumpfen** ['-trumpfǝn] (25) *fig.* cantarlas claras.
'**auftun**: *sich ~* abrirse.
'**auftürmen** amontonar, acumular.
'**aufwachen** (sn) despertarse.
'**aufwachsen** (sn) criarse.
'**aufwall|en** (sn) hervir, bullir (*a. fig.*); &ung *f* ebullición *f; fig.* arrebato *m.*
'**Aufwand** *m* (3) *an Geld*: dispendio *m; (Prunk)* boato *m*, lujo *m; mit großem ~ an* con gran despliegue de; *~s-entschädigung f* indemnización *f* por gastos de representación.
'**aufwärmen** recalentar; *fig.* desenterrar; *sich ~* calentarse.
'**Aufwarte|frau** *f* asistenta *f;* &n (*dat.*) servir; *~ mit* ofrecer.
'**aufwärts** ['-vɛrts] (hacia) arriba; &-**bewegung** *f* subida *f*, alza *f.*
'**aufwaschen** fregar; lavar.
'**aufwecken** despertar.
'**aufweichen 1.** *v/t.* reblandecer; **2.** *v/i.* reblandecerse, ponerse blando.
'**aufweisen** mostrar; acusar.
'**aufwend|en** emplear; *Geld*: *a.* gastar; *~ig* costoso; lujoso; &ung *f* gasto *m*, dispendio *m.*
'**aufwerfen** *Damm*: levantar; *Frage*: plantear; *sich ~ zu* erigirse en.
'**aufwert|en** revalorizar; revaluar; &ung *f* revalorización *f.*
'**aufwickeln** arrollar, enrollar; *Garn*: devanar; *(auswickeln)* desenrollar; *Haar*: poner los rulos.
'**aufwiegeln** ['-vi:gǝln] (29) sublevar, amotinar.
'**aufwiegen** *a. fig.* contrapesar; compensar; *mit Gold ~* tasar en oro.
'**Aufwiegler** ['-vi:glǝr] *m* (7), &**isch** agitador (*m*), alborotador (*m*).
'**Aufwind** *m* viento *m* ascendente.
'**aufwirbeln** *Staub*: levantar; *fig. viel Staub ~* levantar una gran polvareda.
'**aufwischen** fregar; limpiar.
'**aufwühlen** revolver; *fig. a.* emocionar; *~d* emocionante.
'**aufzähl|en** enumerar; *im einzelnen*: detallar; *Geld*: contar; &ung *f* enumeración *f;* relación *f.*
'**aufzäumen** embridar; *fig. das Pferd beim Schwanz ~* empezar la casa por el tejado.
'**aufzehren** consumir (*a. fig.*).
'**aufzeichn|en** dibujar; *(notieren)* apuntar; &ung *f* apunte *m*, nota *f;*

TV usw.: grabación *f; in e-r ~ en* diferido; *~en machen* tomar apuntes.
'**aufzeigen** mostrar; acusar.
'**aufzieh|en 1.** *v/t.* subir, levantar; *Vorhang*: descorrer; *Schublade*: abrir; *Segel, Flagge*: izar; *Uhr*: dar cuerda a; *Kinder*: criar; *fig.* organizar; F *(foppen)* tomar el pelo a; **2.** *v/i.* (sn) *Gewitter*: amenazar; ⚔ desfilar; *Wache*: relevarse; &**en** *n der Wache*: relevo *m.*
'**Aufzucht** *f* (re)cría *f*, crianza *f.*
'**Aufzug** *m* (*Fahrstuhl*) ascensor *m; Thea.* acto *m; (Aufmarsch)* desfile *m; Kleidung*: atavío *m*, atuendo *m.*
'**aufzwingen** imponer.
'**Augapfel** ['auk'apfǝl] *m* globo *m* del ojo; *fig. wie s-n ~ hüten* guardar como la niña de sus ojos.
'**Auge** ['augǝ] *n* (10) ojo *m;* ⚄ yema *f; (Würfel)* punto *m; (Sehkraft)* vista *f; kein ~ zutun* no pegar (el) ojo; *nicht aus den ~n lassen* no quitar los ojos de; *ins ~ fassen* proponerse; *mit bloßem ~ a* simple vista; *im ~ behalten* no perder de vista; *aus den ~n verlieren* perder de vista; *große ~n machen* abrir tanto ojo; *sich (dat.) vor ~n halten* tener presente; *ins ~ sehen* e-r *Gefahr usw.*: afrontar, arrostrar; *j-m die ~n öffnen* abrir los ojos a alg.; *s-e ~n überall haben* estar en todo; *ins ~ fallen* saltar a la vista; *mit e-m blauen ~ davonkommen* salir bien librado; *~ in ~* cara a cara.
'**Augen|-arzt** *m* oculista *m*, oftalmólogo *m; ~blick* *m* momento *m*, instante *m; im ~ de* momento; *jeden ~ de* un momento a otro; &**blicklich** momentáneo, instantáneo; *adv.* en seguida; *(vorläufig)* de momento; *~braue* *f* ceja *f; ~brauenstift* *m* lápiz *m* de cejas; &**fällig** evidente, manifiesto; *~heilkunde* *f* oftalmología *f; ~höhle* *f* cuenca *f* del ojo, órbita *f; ~klappe* *f* parche *m; ~klinik* *f* clínica *f* oftalmológica; *~licht* *n* vista *f; ~lid* *n* párpado *m; ~maß* *n: nach ~ a* ojo (de buen cubero); *~merk* ['--mɛrk] *n: sein ~ richten auf* (*ac.*) fijar la atención en; *~schein* *m* 🔎 inspección *f* ocular; *in ~ nehmen* examinar; *~spiegel* *m* oftalmoscopio *m; ~stern* *m fig.* niña *f* del ojo; *~täuschung* *f* ilusión *f* óptica; *~weide* *f* deleite *m od.* regalo *m* para la vista; *~wimper* *f* pestaña *f; ~winkel* *m: aus den ~n ansehen* mirar con el rabillo del ojo;

~zeuge *m* testigo *m* presencial *od.* ocular; ~zwinkern *n* guiño *m*; guiñada *f*.

August [-'gust] *m* (3) agosto *m*.

Auktion [auk'tsjo:n] *f* (16) subasta *f*, *Am.* remate *m*; ~ator [-jo'na:tɔr] *m* (8¹) subastador *m*, *Am.* rematador *m*; ~slokal *n* sala *f* de subastas.

Aula ['au̯la] *f* (16² *u.* 11¹) salón *m* de actos; *Universität:* paraninfo *m*.

aus [aus] **1.** *prp.* (*dat.*) **a)** *örtl., zeitl., Stoff:* de; ~ Berlin de Berlín; ~ Gold de oro; ~ dem Fenster por la ventana; ~ e-m Glas trinken beber en un vaso; **b)** *Ursache:* por; ~ Furcht por miedo; ~ diesem Grunde por esta razón; **2.** *adv.* acabado, terminado; *Licht:* apagado; alles ist ~ todo se acabó; es ist ~ mit ihm está perdido.

aus-arbeit|en elaborar; *schriftlich:* redactar; ~ung *f* elaboración *f*; redacción *f*.

aus-arten (sn) degenerar.

aus-atmen espirar.

ausbaden: et. ~ müssen pagar el pato *od.* los platos rotos.

ausbaggern dragar.

ausbalancieren equilibrar.

Ausbau *m* ampliación *f* (*a. fig.*); ~en ensanchar; ampliar; *fig.* desarrollar; intensificar; ⊕ desmontar.

ausbedingen: sich (*dat.*) ~ poner por condición.

ausbesser|n reparar; arreglar; *Kleidung:* remendar; ~ung *f* reparación *f*; arreglo *m*; remiendo *m*.

ausbeulen ['-bɔylən] (25) desabollar; ausgebeult Hose: con rodilleras.

Ausbeut|e *f* rendimiento *m*; provecho *m*; ~en (26) explotar (*a. j-n*); ~er *m* explotador *m*; ~ung *f* explotación *f*.

ausbezahlen pagar.

ausbiegen (sn) apartarse; j-m ~ ceder el paso a alg.

ausbild|en formar; instruir; ~ung *f* formación *f*; instrucción *f*.

ausbitten: sich (*dat.*) ~ pedir.

ausblasen soplar, apagar.

ausbleiben 1. *v/i.* (sn) no venir; faltar; lange ~ tardar mucho; das konnte nicht ~ era inevitable; **2.** ⊆ *n* falta *f*, ausencia *f*.

Ausblick *m* vista *f*; *fig.* perspectiva *f*.

ausbohren taladrar, perforar.

ausbooten ['-bo:tən] (26) desembarcar en botes; *fig.* desbancar.

ausborgen s. ausleihen.

ausbrechen 1. *v/t.* arrancar; *Zahn:* romper; *Speise:* vomitar; **2.** *v/i.* (sn) evadirse; *Krieg:* estallar; *Brand, Krankheit:* declararse; *Vulkan:* entrar en erupción; *in Gelächter* ~ soltar una carcajada; *in Tränen* ~ romper a llorar.

ausbreit|en ['-braitən] (26) extender; *fig.* difundir, propagar; *Arme, Flügel:* abrir; ~ung *f* extensión *f*; difusión *f*, propagación *f*.

ausbrennen 1. *v/t.* 🌶 cauterizar; **2.** *v/i.* (sn) extinguirse; *Haus:* quedar destruido por el fuego.

Ausbruch *m* erupción *f*; 🔒 evasión *f*; 🌶 aparición *f*; (*Anfang*) comienzo *m*; *fig.* arranque *m*; zum ~ kommen estallar; declararse.

ausbrüten incubar; empollar; *fig.* urdir.

Ausbuchtung ['-buxtuŋ] *f* sinuosidad *f*; convexidad *f*.

ausbügeln planchar; *fig.* arreglar.

ausbuhen abuchear.

Ausbund *m* modelo *m*; dechado *m* (*an de*).

ausbürgern ['-byrgərn] (29) desnaturalizar.

ausbürsten cepillar.

Ausdauer *f* perseverancia *f*, constancia *f*; ⊆nd perseverante; constante; 🌿 perenne.

ausdehn|bar extensible; dilatable; expansible; ~en extender; (*weiten*) ensanchar; *zeitl.* alargar; dilatar; ~ung *f* extensión *f*; dimensión *f*; dilatación *f*; expansión *f* (*a. Pol.*).

ausdenken idear; sich (*dat.*) ~ imaginarse, figurarse; nicht auszudenken inconcebible.

ausdörren secar.

ausdrehen *Licht:* apagar.

ausdreschen *Getreide:* trillar.

Ausdruck *m* expresión *f*; (*Wort*) término *m*; (*Redensart*) locución *f*; zum ~ bringen expresar.

ausdrück|en exprimir; *Zigarette:* apagar; *fig.* expresar; ~lich expreso, explícito; *adv.* expresamente.

Ausdrucks|kraft *f* expresividad *f*; ⊆los inexpresivo; ⊆voll expresivo; ~weise *f* modo *m* de expresión; manera *f* de expresarse.

ausdünst|en 1. *v/t.* exhalar; **2.** *v/i.* transpirar; ~ung *f* exhalación *f*; transpiración *f*.

aus-ei'nander separado; ~bringen separar; ~fallen (sn) caer en pedazos; *a. fig.* desmoronarse; **~falten** desplegar; **~gehen** (sn) separarse; *Menge:* dispersarse; *Meinungen:* discrepar; **~d** divergente; **~halten** *fig.* distinguir; **~laufen** (sn) dispersarse; **~leben:** *sich* ~ distanciarse; **~nehmen** deshacer; desmontar; **~rollen** desenrollar; **~rücken** apartar; **~setzen** *fig.* explicar, exponer; *sich* ~ *mit* enfrentarse con; **2setzung** *f* explicación *f*; (*Streit*) disputa *f*; discusión *f*; **†** arreglo *m*; **~treiben** dispersar.

auser|koren ['-'?ɛrkoːrən] elegido; escogido; **~lesen** selecto, exquisito; **~sehen** escoger; ~ *zu* destinar a; **~wählen** elegir.

'**ausfahr|en 1.** *v/t.* pasear en coche; **2.** *v/i.* (sn) pasearse *od.* salir en coche; **2t** *f* salida *f*; paseo *m* en coche; (*Tor*) puerta *f* cochera.

'**Ausfall** *m* (*Haar2*) caída *f*; (*Verlust*) pérdida *f*, baja *f*; (*Ergebnis*) resultado *m*; ✗ salida *f*; (*Beleidigung*) invectiva *f*; **2en** *Haar:* caerse; *Ergebnis:* resultar, salir; (*wegfallen*) no tener lugar; suspenderse; *der Unterricht fällt aus* no hay clase; **2end** agresivo; **~straße** *f* carretera *f* de salida.

'**ausfasern** deshilacharse.

'**ausfechten** disputar; *fig.* dirimir.

'**ausfegen** barrer.

'**ausfeilen** limar; *fig.* perfeccionar, pulir.

'**ausfertig|en** extender, redactar; **2ung** *f* extensión *f*, redacción *f*; *in doppelter* ~ por duplicado.

'**ausfindig:** ~ *machen* descubrir; localizar; dar con.

'**ausfliegen** (sn) dejar el nido; (*wegfliegen*) volar; *fig.* salir.

'**ausfließen** (sn) salir, derramarse.

'**Ausflucht** *f* subterfugio *m*; pretexto *m*.

'**Ausflug** *m* excursión *f*.

Ausflügler ['-flyːɡlər] *m* (7) excursionista *m*.

'**Ausfluß** *m* salida *f*; ✿ flujo *m*.

'**ausforschen** escudriñar, explorar; *a. j-n:* sondear.

'**ausfragen** interrogar; sonsacar.

'**ausfransen** ['-franzən] (27) deshilacharse.

'**ausfressen** F *fig.:* *et.* ~ hacer algo malo; hacer una de las suyas.

Ausfuhr *f* ['-fuːr] *f* (16) exportación *f*; **~...** *in Zssgn mst* de exportación.

ausführ|bar ['-fyːrbaːr] factible, realizable; **†** exportable; **~en** ejecutar;

realizar, llevar a cabo; *Auftrag:* cumplir; **†** exportar; (*darlegen*) exponer, explicar; **2ende(r)** *m* ♪ ejecutante *m*, intérprete *m*; **~lich** ['-fyːrlɪç] circunstanciado, detallado; *adv.* con todo detalle; **2ung** *f* ejecución *f*; realización *f*; ⊕ acabado *m*; (*Typ*) versión *f*; **~en** *pl.* declaraciones *f/pl.*

'**ausfüllen** llenar (*a. fig.*); *Formular:* rellenar.

'**ausfüttern** *Kleidung:* forrar.

'**Ausgabe** *f* distribución *f*, reparto *m*; (*Geld*) gasto *m*; (*Aktien*) emisión *f*; (*Buch*) edición *f*; **~stelle** *f* despacho *m*.

'**Ausgang** *m* salida *f*; (*Ergebnis*) resultado *m*; *fig.* desenlace *m*; **~s-punkt** *m* punto *m* de partida; origen *m*.

'**ausgeben** distribuir; *Geld:* gastar; *Aktien:* emitir; *Fahrkarten:* expender; *sich* ~ *für* hacerse pasar por.

ausge|bucht ['-ɡəbuːxt] completo; **~bufft** F ['--bʊft] avezado; ducho; astuto.

'**Ausgeburt** *f* engendro *m*; ~ *der Phantasie* quimera *f*; ~ *der Hölle* engendro *m* del diablo.

ausge|dehnt ['-ɡədeːnt] extenso; ~ **dient** viejo; ✗ veterano; **~fallen** raro, excéntrico; **~glichen** ['--ɡliçən] equilibrado (*a. fig.*).

'**ausgehen** (sn) salir; *Ware:* agotarse; *Feuer, Licht:* apagarse; *Haare:* caerse; *Geld, Geduld:* acabarse; *gut* (*schlecht*) ~ acabar bien (mal); *leer* ~ quedarse con las ganas; ~ *auf* (*ac.*) terminar en; (*anstreben*) aspirar a; buscar (*a/c.*); ~ *von* partir de.

ausge|hungert ['-ɡəhuŋərt] famélico, hambriento; **~kocht** ['--kɔxt] F *fig.* taimado; zorro.

'**ausgelassen** travieso; alegre; retozón; **2heit** *f* alborozo *m*; desenfreno *m*.

ausge|lastet ['--lastət] *nicht* ~ infrautilizado; **~laugt** ['--laʊkt] F *fig.* hecho polvo; **~leiert** ['--laɪərt] gastado; *Gewinde:* pasado de rosca; **~macht** ['--maxt] convenido; *Gauner usw.:* redomado; **~e** *Sache* cosa *f* decidida; **~er** *Dummkopf* tonto *m* de remate; **~mergelt** ['--mɛrɡəlt] esmirriado; **~nommen** ['--nɔmən] **1.** *prp.* (*ac.*) excepto, a excepción de; menos; salvo; **2.** *cj.* ~, *daß* excepto que; **~prägt** ['--prɛːkt] marcado, pronunciado; **~rechnet** ['--'rɛçnət] *adv.* justamente, precisamente; **~schlossen** excluido;

~**!** ¡imposible!; **~schnitten** ['--ʃni-tən] *Kleid*: (tief) ~ (muy) escotado; **~sprochen** pronunciado; típico; *adv*. francamente; **~sucht** selecto; exquisito; **~treten** ['--tre:tən] *Schuhe*: (des)gastado; *Weg*: batido, *a. fig.* trillado; **~wachsen** ['--vaksən] adulto; desarrollado; **~wogen** ponderado; equilibrado; **~zeichnet** ['--'tsaiçnət] excelente; F estupendo; ~**!** ¡perfecto!; *adv*. (ganz) ~ F divinamente; a las mil maravillas.

ausgiebig ['-gi:biç] abundante; *adv*. ampliamente.

'ausgießen verter; (*leeren*) vaciar.

'Ausgleich *m* (3) compensación *f*; equilibrio *m*; ✝ zum ~ *Ihres Kontos* para saldar su cuenta; **2en** compensar; equilibrar; *Streit*: arreglar; ✝ *Konto*: saldar, liquidar; **~sgymnastik** *f* gimnasia *f* correctiva; **~s-tor** *n* *Sport*: gol *m* de empate.

'ausgleiten resbalar.

'ausgrab|en desenterrar (*a. fig.*); excavar; *Leiche*: exhumar; **2ung** *f* excavación *f*.

Ausguck ['-guk] *m* (3) vigía *f*; (*Turm*) atalaya *f*.

'Ausguß *m* *Küche*: pila *f*.

'aushalten 1. *v/t*. resistir; (*ertragen*) aguantar, soportar; (*erleiden*) sufrir; *j-n*: mantener; ♪ sostener; 2. *v/i*. perseverar.

aushändig|en ['-hɛndigən] (25) entregar; **2ung** *f* entrega *f*.

'Aushang *m* (3³) cartel *m*.

'aushänge|n *Tür*: desquiciar; *Plakat*: fijar; **2schild** *n* letrero *m*; *fig.* figura *f* decorativa.

'ausharren perseverar.

'ausheb|en *Tür*: desquiciar; *Graben*: abrir; *Erde*: sacar; ✕ levantar; *Bande*: desarticular; **2ung** ✕ *f* reclutamiento *m*, leva *f*.

'aushecken F tramar, maquinar.

'ausheilen *v/t*. (*v/i*. [sn]) curar(se).

'aushelfen (*dat.*) ayudar; sacar de apuros.

'Aushilf|e (f a) ayuda *f*; **b)** = **~skraft** *f* auxiliar *su.*; sustituto *m*; **2sweise** provisionalmente; de sustituto.

aushöhlen ['-hø:lən] (25) ahuecar; excavar.

'ausholen: zum *Schlag* ~ levantar el brazo; *fig. weit* ~ divagar.

'aushorchen sondear; F tirar de la lengua.

'aushungern ✕ rendir por el hambre.

'aushusten expectorar.

'ausjäten: *Unkraut* ~ escardar.

'auskämmen peinar.

auskehl|en ⊕ ['-ke:lən] (25) acanalar; **2ung** *f* acanaladura *f*.

'auskehren barrer.

'auskennen: *sich* ~ *in* (*dat.*) estar familiarizado con, conocer (a/c.) (a fondo).

auskernen ['-kɛrnən] (25) deshuesar.

'ausklammern *fig.* dejar a un lado.

'Ausklang *m* final *m* (*a. fig.*).

'auskleiden (*sich*) desnudar(se); ⊕ ~ *mit* forrar de, revestir de.

'ausklingen (sn) irse extinguiendo; *fig.* ~ *in*, *mit* terminar en, con.

'ausklinken desenganchar.

'ausklopf|en sacudir; **2er** *m* (7) sacudidor *m*.

'ausklügeln elucubrar.

'auskneifen F (sn) largarse.

'ausknipsen *Licht*: apagar.

'ausknobeln F jugar (a/c.) a los dados; *fig.* desentrañar; *s. a. ausklügeln*.

'auskochen extraer por cocción; ✿ esterilizar; *Wäsche*: hervir.

'auskommen 1. *v/i*. (sn): *mit j-m* ~ entenderse con alg.; *gut mit j-m* ~ llevarse bien con alg.; *mit et.* ~ tener bastante de a/c.; defenderse con a/c.; ~ *ohne* pasarse sin; 2. 2 *n*: *sein* ~ *haben* tener (lo suficiente) para vivir.

auskömmlich ['-kœmliç] suficiente.

'auskosten saborear.

'auskramen sacar; *fig.* sacar a relucir.

'auskratz|en 1. *v/t*. raspar; *Augen*: sacar; 2. *v/i*. (sn) F *fig.* largarse; **2ung** ✿ *f* raspado *m*.

'auskriechen (sn) salir del huevo.

'auskugeln ✿ dislocar.

auskundschaften ['-kuntʃaftən] (26) explorar; ✕ reconocer; *fig.* espiar.

Auskunft ['-kunft] *f* (14¹) informe *m* (*erteilen* dar); información *f*; **~ei** [-'-taɪ] *f*, **~sbüro** *n* agencia *f* de informes.

'auskuppeln 1. *v/t. u. v/i.* ⊕ desembragar; 2. 2 *n* desembrague *m*.

'auskurieren curar por completo.

'auslachen reírse de.

'ausladen 1. *v/t*. descargar; ♣ desembarcar; *Gast*: anular la invitación; 2. 2 *n* descarga *f*; ♣ desembarque *m*.

'Auslage *f* (*Waren*2) escaparate *m*; vitrina *f*; *pl.* ~**en** (*Geld*) gastos *m/pl.*; desembolso *m*.

'**Ausland** n extranjero m.
'**Ausland|er(in** f) ['-lɛndər(in)] m (7) extranjero (-a) m (f); **~erfeindlich** xenófobo; **~isch** extranjero.
'**Auslands|-aufenthalt** m estancia f en el extranjero; **~gespräch** n Fernspr. conferencia f internacional; **~porto** n tarifa f internacional.
'**auslass|en** omitir; Fett: derretir; Kleid: alargar; fig. Ärger usw.: descargar od. desfogar (an dat. en, sobre); sich **~** über pronunciarse sobre; weitläufig: explayarse sobre; **2ung** f omisión f.
'**Auslauf** m desagüe m; a. ⚓ salida f; **2en** (sn) Flüssigkeit: derramarse; ⚓ salir, zarpar; (enden) acabar (in ac. en); Vertrag usw.: expirar.
'**Ausläufer** m e-s Gebirges: estribación f; ♀ vástago m, estolón m.
'**Auslaut** m sonido m final; **2en: ~** auf (ac.) terminar en.
'**ausleben:** sich **~** disfrutar de la vida.
'**auslecken** vaciar a lengüetadas.
'**ausleeren** vaciar; Glas: apurar.
'**ausleg|en** revestir, cubrir (mit de); Geld: adelantar; Waren: exponer; (deuten) interpretar; **2eware** f moqueta f; **2ung** f interpretación f.
'**ausleihen** prestar; sich (dat.) **~** tomar prestado.
'**auslernen** terminar el aprendizaje; man lernt nie aus siempre se aprende algo nuevo.
'**Auslese** f selección f; fig. crema f; élite f; **2n** escoger, seleccionar; (zu Ende lesen) terminar (de leer); leer hasta el fin.
'**ausliefer|n** entregar; ⚖ neol. extraditar; ✝ distribuir; **2ung** f entrega f; ⚖ extradición f; ✝ distribución f.
'**ausliegen** estar expuesto.
'**auslöschen** extinguir; Licht: apagar; Schrift: borrar.
'**auslosen** sortear.
'**auslös|en** Gefangene: rescatar; fig. desencadenar; provocar; **2er** m (7) Phot. disparador m.
'**Auslosung** f sorteo m.
'**Auslösung** f rescate m; fig. provocación f; desencadenamiento m.
'**auslüften** ventilar; airear.
'**ausmachen** Licht, Radio, TV: apagar; (vereinbaren) convenir; fijar; (betragen) hacer; ascender a; (bedeuten) importar; (erkennen) distinguir, divisar; das macht nichts aus esto no importa.

'**ausmalen** pintar; sich et. **~** imaginarse a/c.
'**Ausmarsch** m salida f.
'**Ausmaß** n dimensión f; proporción f; in großem **~** en gran escala.
'**ausmergeln** ['-mɛrgəln] (29) extenuar.
'**ausmerzen** ['-mɛrtsən] (27) eliminar; erradicar.
'**ausmessen** medir.
'**ausmisten** ['-mistən] (26) sacar el estiércol; fig. limpiar; ordenar.
'**ausmustern** eliminar; ⚔ declarar inútil; (entlassen) licenciar.
'**Ausnahme** ['-nɑːmə] f (15) excepción f; mit **~** von a excepción de, excepto; **....:** in Zssgn mst excepcional; **~fall** m caso m excepcional; **~zustand** m estado m de excepción.
'**ausnahms|los** ['-nɑːmslɔːs] sin excepción; **~weise** por excepción, excepcionalmente.
'**ausnehmen** Tier: destripar; Nest: sacar los huevos de; (ausschließen) exceptuar, excluir; sich gut (schlecht) **~** hacer buen (mal) efecto; **~d** adv. excepcionalmente; muy.
'**ausnutz|en** aprovechar, aprovecharse de; (mißbrauchen) explotar; **2ung** f aprovechamiento m; explotación f.
'**auspacken** desembalar; Koffer: deshacer; F fig. desembuchar.
'**auspeitschen** azotar, fustigar.
'**auspfeifen** silbar, abuchear, pitar.
'**ausplaudern** revelar, divulgar.
'**ausplündern** desvalijar.
'**auspolstern** acolchar.
'**ausposaunen** pregonar.
'**auspowern** ['-poːvərn] (29) depauperar.
'**ausprägen** fig.: sich **~** expresarse, traducirse (in en).
'**auspressen** exprimir; a. fig. estrujar.
'**ausprobieren** probar, ensayar.
'**Auspuff** Kfz. m (3) escape m; **~gas** n gas m de escape; **~rohr** n tubo m de escape; **~topf** m silenciador m.
'**auspumpen** achicar; ✚ Magen: lavar.
'**auspunkten** Sport: vencer por puntos.
'**auspusten** apagar de un soplo.
'**ausputzen** adornar (mit con, de); (reinigen) limpiar.
'**ausquartieren** ['-kvartiːrən] desalojar.
'**ausquetschen** exprimir; estrujar; fig. acosar a preguntas.

'ausradieren borrar; *fig.* arrasar.
'ausrangieren desechar.
'ausrauben robar, desvalijar.
'ausräuchern fumigar.
'ausraufen: arrancar; *sich* (*dat.*) *die Haare* ~ mesarse los cabellos.
'ausräumen vaciar, evacuar; *Zimmer:* desamueblar.
'ausrechnen calcular; computar.
'ausrecken estirar.
'Ausrede *f* excusa *f*, evasiva *f*; pretexto *m*; 2n *1.v/t.:j-m* et. ~ disuadir a alg. de a/c.; 2. *v/i.* acabar de hablar; ~ *lassen* dejar hablar.
'ausreichen bastar, ser suficiente; ~d suficiente.
'ausreifen (sn) madurar (*a. fig.*).
'Ausreise *f* salida *f*; 2n salir.
'ausreiß|en **1.** *v/t.* arrancar; **2.** *v/i.* desgarrarse; F *fig.* escaparse; 2er *m* (7) fugitivo *m*.
'ausreiten (sn) salir a caballo.
ausrenken ['-rɛŋkən] (25) dislocar.
'ausrichten alinear; ⊕ ajustar; (*erreichen*) conseguir; *Fest usw.:* organizar; (*bestellen*) dar un recado; e-n *Gruß* ~ dar recuerdos.
'Ausritt *m* paseo *m* a caballo.
'ausroden descuajar; *Wald:* desmontar.
'ausrollen *Teig:* extender (con el rodillo).
ausrott|en ['-rɔtən] (26) extirpar, exterminar, erradicar; 2ung *f* extirpación *f*, exterminio *m*, erradicación *f*.
'ausrück|en **1.** *v/t.* ⊕ desembragar; **2.** *v/i.* (sn) ✕ marchar, salir; F (*davonlaufen*) escaparse.
'Ausruf *m* exclamación *f*; 2en **1.** *v/i.* exclamar; **2.** *v/t.* proclamar; *öffentlich:* pregonar; *Zeitungen:* vocear; *zum Präsidenten* ~ proclamar presidente; ~er *m* (7) pregonero *m*; ~e- **wort** *n* interjección *f*; ~ung *f* proclamación *f*; ~ungszeichen *n* (signo *m* de) admiración *f*.
'ausruhen (*a. sich*) descansar.
'ausrupfen arrancar.
'ausrüst|en equipar; ✕ armar; *fig.* proveer (*mit* de); 2ung *f* equipo *m*; ✕ armamento *m*.
'ausrutsch|en resbalar; 2er *m* (7) F *fig.* patinazo *m*; metedura *f* de pata.
'Aussaat *f* siembra *f*.
'aussäen sembrar.
'Aussage ['-za:gə] *f* (15) declaración *f* (*a.* 🕮); 2n decir; afirmar; *a.* 🕮 declarar.

'Aussatz 🕮 *m* (3², *o. pl.*) lepra *f*.
aussätzig 🕮 ['-zɛtsiç] leproso.
'aussaugen chupar (*a. fig.*).
'Ausschabung 🕮 *f* raspado *m*.
ausschachten ['-ʃaxtən] (26) excavar; abrir.
'ausschalten ⚡ desconectar; *Licht, Radio:* apagar; *fig.* eliminar; excluir.
Ausschank ['-ʃaŋk] *m* (3³) despacho *m* de bebidas.
'Ausschau *f:* ~ *halten* = 2en: ~ *nach* buscar (*ac.*) con la vista; *s. a. aussehen.*
'ausscheid|en **1.** *v/t.* eliminar (*a. Sport*); *Physiol.* excretar; **2.** *v/i.* (sn) retirarse (*aus* de); darse de baja (*aus* de); *Sport:* ser eliminado; 2ung *f* eliminación *f*; *Physiol.* excreción *f*; 2ungskampf *m* eliminatoria *f*; 2ungs-organ *n* órgano *m* excretor.
'ausschelten reñir, reprender.
'ausschenken verter; despachar.
'ausschicken: *nach j-m* ~ mandar por (F *a por*) alg.
'ausschiff|en desembarcar; 2ung *f* desembarque *m*; *v. Personen:* desembarco *m*.
'ausschimpfen reñir, regañar.
'ausschlachten *fig.* explotar; aprovechar.
'ausschlafen (*a. sich*) dormir bastante *bzw.* a su gusto.
'Ausschlag *m* 🕮 erupción *f*; *Phys.* desviación *f*, oscilación *f*; *den* ~ *geben* ser decisivo; hacer inclinar la balanza; 2en **1.** *v/t. Auge, Zähne:* saltar; (*ablehnen*) rehusar, rechazar; ⊕ forrar, revestir (*mit* de). **2.** *v/i.* 🌿 brotar, retoñar; *Pferd:* cocear, dar coces; *Phys.* oscilar; 2gebend decisivo.
'ausschließ|en excluir; descartar; (*ausstoßen*) expulsar, *Sport:* descalificar; *sich* ~ *von* no tomar parte en; ~lich exclusivo; *adv.* exclusivamente; exclusive; 2lichkeit *f* exclusividad *f*; 2ung *f* exclusión *f*.
'ausschlüpfen (sn) salir del huevo.
'Ausschluß *m* exclusión *f*; expulsión *f*; *Sport:* descalificación *f*; *unter* ~ *der Öffentlichkeit* a puerta cerrada.
'ausschmieren untar; *Fugen:* rejuntar.
'ausschmück|en adornar; decorar; *Rede:* exornar; 2ung *f* adorno *m*; decoración *f*.
'ausschneiden (re)cortar; *Bäume:* podar; *Kleid:* escotar.
'Ausschnitt *m* recorte *m* (*a. Zei-*

tungⱹ); Kleid: escote *m;* Å sector *m; aus e-m Gemälde:* detalle *m.*

¹ausschöpfen sacar; vaciar; *Boot:* achicar; *fig.* agotar, apurar.

¹ausschreib|en escribir en letra(s); ✝ *(austellen)* extender; *Rechnung:* hacer; *Wettbewerb:* abrir; *Aufträge, Lieferungen:* sacar a concurso *od.* subasta; *Wahlen usw.:* convocar; *Stelle:* anunciar; **ⱹung** *f* concurso- -subasta *m.*

¹ausschreien vocear, pregonar.

¹ausschreit|en *(sn)* alargar el paso; **ⱹungen** *f/pl.* excesos *m/pl.;* disturbios *m/pl.*

¹Ausschuß *m* comité *m,* comisión *f;* **~ware** *f* artículos *m/pl.* defectuosos.

¹ausschütteln sacudir.

¹ausschütten verter; vaciar; ✝ *Dividende:* repartir; *j-m sein Herz ~* desahogarse con alg.; *sich vor Lachen ~* desternillarse *od.* mondarse de risa.

¹ausschwärmen *(sn) Bienen:* enjambrar; ✗ desplegarse.

¹ausschwatzen divulgar.

¹ausschwefeln azufrar.

ausschweif|end [¹-ʃvaɪfənt] licencioso, disoluto, libertino; *Phantasie:* exuberante; **ⱹung** *f* libertinaje *m;* exceso *m;* crápula *f.*

¹ausschweigen: *sich ~* guardar silencio.

¹ausschwitzen sudar; exudar.

¹aussehen: 1. *v/i.* tener cara *od.* aspecto *(wie de); parecerse (wie* a); *gut (schlecht) ~* tener buena (mala) cara; *es sieht nach Regen aus* parece que va a llover, amenaza lluvia; *er sieht jünger aus, als er ist* parece más joven de lo que es; *F so sieht du aus!* ¡narices!; **2.** **ⱹ** *n* aspecto *m;* físico *m;* apariencia *f;* *dem ~ nach* por las apariencias.

¹aussein F: *auf et. ~* aspirar a a/c.

außen [¹aʊsən] (a)fuera; *von ~* de *(od.* por) fuera; *nach ~* hacia fuera; **ⱹ... in** *Zssgn oft:* exterior; **ⱹ-aufnahmen** *f/pl.* exteriores *m/pl.;* **ⱹbezirke** *m/pl.* extrarradio *m,* barrios *m/pl.* periféricos; **ⱹbordmotor** *m* (motor *m*) fueraborda *m.*

¹aussenden mandar; *Phys.* emitir.

¹Außen|handel *m* comercio *m* exterior; **~ministerium** *n* Ministerio *m* de Asuntos *(Am.* Relaciones) Exteriores; **~politik** *f* política *f* exterior; **~seite** *f* exterior *m;* Δ fachada *f;* **~seiter** *m* (7) solitario *m; Sport:* outsider *m;* **~spiegel** *Kfz. m* retrovi-

sor *m* exterior; **~stände** ✝ [¹--ʃtɛndə] *m/pl.* cobros *m/pl.* pendientes; **stelle** *f* agencia *f;* **~stürmer** *m Sport:* (delantero *m*) extremo *m;* **~welt** *f* mundo *m* exterior; **~werbung** *f* publicidad *f* exterior.

außer [¹aʊsər] **1.** *prp. (dat.)* fuera de; además de; *(ausgenommen)* excepto, menos, salvo; *fig. ~ sich sn* estar fuera de sí; **2.** *cj. ~ daß* excepto que; **~ wenn** a menos que, a no ser que *(subj.);* **~amtlich, ~dienstlich** extraoficial; **~dem** además.

äußere [¹ɔʏsərə] **1.** *adj.* exterior; **2.** **ⱹ(s)** *n* exterior *m;* físico *m.*

außer|ehelich [¹aʊsər¹eːəlɪç] extraconyugal, extramatrimonial; *Kind:* ilegítimo, natural; **~gerichtlich** extrajudicial; **~gewöhnlich** extraordinario; excepcional; **~halb 1.** *prp. (gen.)* fuera de; **2.** *adv.* fuera; al exterior; **~irdisch** extraterrestre.

äußerlich [¹ɔʏsərlɪç] exterior; a. s externo; *adv.* por fuera; **ⱹkeit** *f* superficialidad *f;* **~en** *pl.* formalidades *f/pl.*

äußern [¹-sərn] (29) decir; manifestar; *Meinung:* a. emitir; *sich ~* expresarse; *sich ~ über* pronunciarse sobre.

außer|ordentlich [¹aʊsər¹ɔrdəntlɪç] extraordinario; **~er Professor** catedrático *m* supernumerario; **~parlamentarisch** extraparlamentario; **~planmäßig** extraordinario; *Zug:* especial; *Beamter:* supernumerario.

äußerst [¹ɔʏsərst] **1.** *adj.* extremo; *Preis:* último; *adv.* muy, sumamente; *im ~en Falle* en el peor de los casos; *sn* **ⱹes tun** hacer todo lo posible; *auf das* **ⱹe** *gefaßt* preparado para lo peor; *bis zum* **ⱹen** *treiben* llevar al extremo.

außerstande [aʊsər¹ʃtandə]: *~ zu* incapaz de.

Äußerung [¹ɔʏsəruŋ] *f* expresión *f;* manifestación *f;* palabras *f/pl.;* declaración *f.*

¹aussetzen 1. *v/t.* exponer *(e-r Gefahr usw.:* a); *Belohnung:* ofrecer; *Preis:* fijar, poner; *Rente:* asignar; *(unterbrechen)* suspender, interrumpir; *et. auszusetzen haben an (dat.)* poner reparos a; **2.** *v/i.* ⊕ pararse; fallar; *mit et. ~* interrumpir a/c.

¹Aussicht *f* vista *f;* panorama *m; fig.* probabilidad *f;* perspectiva *f (mst pl.) (auf ac.* de); *in ~ haben* tener en perspectiva; *in ~ stehen* ser de esperar; *in ~ stellen* prometer; *in ~*

nehmen proyectar; slos inútil; **s-losigkeit** f inutilidad f; sreich prometedor; s-turm m atalaya f; mirador m.

'**aussieben** tamizar; *fig.* seleccionar.

'**aussied|eln** evacuar; lung f evacuación f.

aussöhn|en ['-zø:nən] (25) reconciliar; lung f reconciliación f.

'**aus|sondern, ~sortieren** separar; eliminar; *(auswählen)* seleccionar.

'**ausspähen** 1. v/i.: ~ *nach* buscar (a/c.) con la vista; 2. v/t. espiar.

'**ausspann|en** 1. v/t. (ex)tender; *Pferd:* desenganchar; F *(wegnehmen)* quitar; 2. v/i. *fig.* descansar; lung f *fig.* descanso m.

'**aussparen** dejar en blanco *od.* vacío.

'**ausspeien** escupir; *fig.* vomitar.

'**aussperr|en** j-n: cerrar la puerta a; lung f cierre m patronal, lockout m.

'**ausspielen** 1. v/t. jugar (a. fig. gegenea. el uno contra el otro); 2. v/i. ser mano, salir; *fig. ausgespielt haben* estar acabado.

'**ausspionieren** espiar.

'**Aussprache** f pronunciación f; *(Gespräch)* discusión f, debate m.

'**aussprechen** 1. v/t. pronunciar; *Gedanken:* expresar; *Glückwunsch:* dar; *sich ~* desahogarse; *sich mit j-m ~* explicarse con alg.; *sich ~ für* declararse en favor de; 2. v/i. acabar de hablar.

'**ausspritzen** lanzar, arrojar.

'**Ausspruch** m dicho m; sentencia f.

'**ausspucken** escupir.

'**ausspül|en** enjuagar; *Wäsche:* a. aclarar; ✗ irrigar; ung ✗ f irrigación f.

ausstaffieren ['-ʃtafi:rən] (25) equipar, ataviar *(mit con).*

'**Ausstand** m huelga f; *in den ~ treten* declararse en huelga.

ausstatt|en ['-ʃtatən] (26) equipar *(mit de);* dotar; *a. Thea.* decorar; ung f equipo m; decoración f; decorado m; dotación f; ungsstück n *Thea.* revista f de gran espectáculo.

'**ausstechen** sacar *(a. Auge); fig. j-n:* aventajar.

'**ausstehen** 1. v/t. sufrir, soportar; *j-n nicht ~ können* no poder aguantar *od.* tragar a alg.; 2. v/i. estar pendiente; no haber llegado, faltar; **d** ✝ atrasado, pendiente; e *Forderungen* f/pl. atrasos m/pl.

'**aussteigen** (sn) bajar; apearse; ⚓ desembarcar; *fig.* retirarse.

'**ausstell|en** exponer, exhibir; *Schriftstück:* extender; ✝ *Wechsel:* librar, girar *(auf ac.* contra); er m (7) expositor m; ✝ librador m; girador m; ung f exposición f; extensión f; ✝ libranza f.

'**aussterben** (sn) a. *Zo.* extinguirse; desaparecer; *ausgestorben* extinto, extinguido; *Straße:* desierto.

'**Aussteuer** f ajuar m, dote f.

Ausstieg ['-ʃti:k] m (3) salida f.

'**ausstopfen** rellenar *(mit* de); *Tier:* disecar.

'**Ausstoß** m ✝ volumen m de producción; ⊕ expulsión f; en *Schrei:* lanzar, dar; *Verwünschungen:* proferir; ⊕ expeler; j-n: expulsar, excluir; rohr ⚓ n tubo m lanzatorpedos; ung f expulsión f; exclusión f.

'**ausstrahl|en** irradiar *(a. fig.);* emitir; ung f irradiación f; emisión f.

'**ausstrecken** extender, estirar.

'**ausstreichen** tachar, borrar; *Fugen:* llenar; *mit Fett:* untar.

'**ausstreuen** diseminar; esparcir; *Gerücht:* propagar, divulgar.

'**ausströmen** 1. v/t. *Duft:* despedir, exhalar; 2. v/i. (sn) salir, derramarse; *Gas:* escaparse.

'**aussuchen** escoger.

'**Austausch** m intercambio m; *Pol.* canje m; ⊕ recambio m; bar (inter)cambiable; en (inter)cambiar; *Pol.* canjear; ⊕ recambiar; student m estudiante m de intercambio.

'**austeil|en** distribuir; repartir; ung f distribución f; reparto m.

Auster ['auster] f (15) ostra f; n-bank f banco m de ostras, ostral m; nzucht f ostricultura f.

'**austilgen** exterminar, extirpar.

'**austoben:** *sich ~* desfogarse.

Austrag ['-traːk] m (3³) decisión f; *zum ~ bringen* resolver, solventar; en ['-traːgən] repartir; *Post:* distribuir; *Streit:* dirimir; *Sport:* disputar; ung f reparto m; *Sport:* disputa f.

Australi|er(in f) ['-traːljər(in)] m (7), isch australiano (-a) m (f).

'**austreib|en** expulsar; *Vieh:* llevar al pasto; *j-m et. ~* quitar a/c. a alg.; ung f expulsión f.

'**austreten** 1. v/t. *Feuer:* extinguir con el pie; *Schuhe:* desgastar (con el uso); 2. v/i. (sn) *Wasser:* desbordarse; *Gas usw.*: escaparse, salir; *j.*: darse de baja; retirarse (*aus* de); (*Toilette*) ir al lavabo.

'austrinken beberlo todo; *Glas*: apurar.

'Austritt *m* salida *f*; escape *m*; retirada *f*, baja *f*.

'austrocknen 1. *v/t.* (de)secar; **2.** *v/i.* (sn) (de)secarse.

aus'tüfteln elucubrar.

'aus-üb|en ejercer; *Amt*: desempeñar; *Beruf*: practicar; ~de Gewalt *f* (poder *m*) ejecutivo *m*; **2ung** *f* ejercicio *m*, práctica *f*; desempeño *m*.

ausufern ['-ʔuːfərn] (29, sn) desbordarse (*a. fig.*).

'Ausverkauf *m* venta *f* total, liquidación *f*; **2t** agotado.

'auswachsen (sn): *fig. sich* ~ zu degenerar en; *F es ist zum 2 es* para volverse loco.

'Auswahl *f* selección *f*; elección *f* (*treffen* hacer); ✝ surtido *m*.

'auswählen escoger; seleccionar.

'Auswahl|mannschaft *f Sport*: selección *f*; **~sendung** ✝ *f* envío *m* de muestras.

'Auswander|er *m* (7) emigrante *m*; **2n** (sn) emigrar, expatriarse; **~ung** *f* emigración *f*.

auswärt|ig ['-vɛrtiç] de fuera; extranjero; forastero; **2es Amt** = *Außenministerium*; **~s** ['-vɛrts] fuera; **2sspiel** *n* partido *m* fuera de casa *od.* en campo ajeno.

'auswaschen lavar; *Ufer*: derrubiar.

auswechs|elbar ['-vɛksəlbaːr] (inter)cambiable; de recambio; **~eln** cambiar; ⊕ recambiar; **2lung** *f* cambio *m*; ⊕ recambio *m*.

'Ausweg *m* salida *f* (*a. fig.*); **2los** sin salida.

'ausweich|en (*dat.*) (sn) apartarse, hacerse a un lado; *fig.* eludir (*ac.*); **~end** evasivo; **2gleis** *n*, **2stelle** *f* apartadero *m*.

'ausweiden destripar.

'ausweinen: *sich* ~ desahogarse llorando; *sich* (*dat.*) *die Augen* ~ desahacerse en llanto.

Ausweis ['-vaɪs] *m* (4) carnet *m od.* carné *m* (acreditativo); (*Personal2*) documento *m od.* carnet *m* de identidad; **2en** expulsar; *sich* ~ identificarse; **~kontrolle** *f* control *m* de identidad; **~papiere** *n/pl.* documentos *m/pl.* de identidad, documentación *f*; **~ung** *f* expulsión *f*.

'ausweiten ensanchar; dilatar.

'auswendig de memoria.

'auswerfen arrojar; *Angel*: lanzar; *Anker*: echar; *Graben*: abrir; *Summe*: asignar, fijar.

'auswert|en aprovechar; explotar; utilizar; *Daten*: evaluar; analizar; **2ung** *f* aprovechamiento *m*; utilización *f*; evaluación *f*.

'auswickeln desenvolver.

'auswirk|en: *sich* ~ repercutir (*auf* en); **2ung** *f* repercusión *f*, efecto *m*.

'auswischen limpiar; *Schrift*: borrar; *j-m eins* ~ F jugarle a alg. una mala pasada.

'auswringen torcer.

'Auswuchs *m* (4²) excrecencia *f*; protuberancia *f*; *fig.* abuso *m*.

'auswuchten ⊕ equilibrar, *Am.* balancear.

'Auswurf *m* 💩 esputo *m*, expectoración *f*; *fig.* heces *f/pl.*, escoria *f*.

'auszahl|bar pagadero; **~en** pagar.

'auszählen contar; *Stimmen*: escrutar.

'Auszahlung *f* pago *m*.

'auszanken reñir; regañar.

'auszehr|en extenuar; consumir; **2ung** *f* consunción *f*.

'auszeichn|en marcar; ✝ *Waren*: etiquetar; *j-n*: condecorar; *sich* ~ distinguirse; **2ung** *f* distinción *f*; condecoración *f*.

auszieh|bar ['-tsiːbaːr] extensible; telescópico; **~en 1.** *v/t.* quitar; sacar; *Kind*: desnudar; *Kleid*: quitarse; (*verlängern*) alargar, extender; *sich* ~ desnudarse; **2.** *v/i.* (sn) mudarse (de casa); marchar(se); **2tisch** *m* mesa *f* extensible.

'auszischen abuchear.

Auszubildende(r) ['-tsubildəndə(r)] *m* (18) aprendiz *m*.

'Auszug *m* extracto *m*, resumen *m*; (*Wohnung*) mudanza *f* (de casa); (*Ausmarsch*) salida *f*, partida *f*; *Bibel u. fig.*: éxodo *m*; **2sweise** en extracto, en resumen.

'auszupfen *Fäden*: deshilachar.

autark [au'tark] autárquico; **2ie** [--'kiː] *f* (15) autarquía *f*.

authentisch [-'tɛntiç] auténtico.

Auto ['auto] *n* (11) auto(móvil) *m*; F coche *m*; **~bahn** *f* autopista *f*; **~bahngebühr** *f* peaje *m*; **~biographie** *f* autobiografía *f*; **~bus** *m* autobús *m*; (*Reisebus*) autocar *m*; **~didakt** [--di'dakt] *m* (12) autodidacta *m*;

~fähre f transbordador m; **~fahrer(in** f) m automovilista su.; **~friedhof** m cementerio m de coches; **~gramm** n autógrafo m; **~grammjäger** m caza-autógrafos m; **~karte** f mapa m de carreteras; **~kino** n autocine m; **~mat** [--'mɑːt] m (12) autómata m; máquina f automática; *für Waren:* expendedora f automática; **~'matenrestaurant** n restaurante m automático; **~matik** [--'mɑːtik] f (16) automatismo m; **☲'matisch** automático; **~mati'sierung** f automatización f; **☲nom** [--'noːm] autónomo; **~nomie** [--no'miː] f (15) autonomía f; **~pilot** ✈ m piloto m automático.

Autor ['-tɔr] m (8¹) (**~in** [-'toːrin] f) autor(a) m (f).

'Auto|radio n autorradio f; **~reisezug** m autotrén m, autoexpreso m; **~rennen** n carrera f de automóviles.

autorisieren [-tori'ziːrən] autorizar (zu para).

autoritä|r [--ri'tɛːr] autoritario; **☲t** [---'tɛːt] f autoridad f.

'Auto|schalter m *Bank:* autobanco m; **~schlange** f caravana f de coches; **~schlosser** m mecánico m de automóviles; **~skooter** ['--skuːtər] m (7) auto m choque; **~sport** m automovilismo m; **~stopp** m autostop m; **~stopper** m autostopista m; **~suggestion** f autosugestión f; **~verkehr** m tráfico m de automóviles; **~verleih** m alquiler m de coches; **~waschanlage** f tren m od. túnel m de lavado.

Avantgard|e [avã'gardə] f vanguardia f; **☲istisch** [---'distiʃ] vanguardista, de vanguardia.

Avoca|do, ~to [avo'kaːdo, --'-to] f (11¹) aguacate m.

Axt [akst] f (14¹) hacha f; **~hieb** m hachazo m.

Azalie [a'tsaːljə] f (15) azalea f.

azurblau [a'tsuːrblaʊ] (azul) celeste.

B

B, b [be:] n B, b f; ♪ si m bemol; *B-Dur* si m bemol mayor; *b-Moll* si m bemol menor.

Baby ['be:bi] n (11) nene m, bebé m; **~ausstattung** f canastilla f; **~sitter** ['--sitər] m (7) F canguro *su.*; **~waage** f pesabebés m.

Bach [bax] m (3³) arroyo m, riachuelo m; **~e** Zo. f (15) jabalina f; **~stelze** Zo. ['-ʃtɛltsə] f (15) aguzanieves f.

Back|blech ['bakblɛç] n bandeja f (de horno); **~bord** ♨ n babor m.

Backe ['bakə] f (15) mejilla f, carrillo m; *mit vollen ~n kauen* comer a dos carrillos.

backen ['-kən] (30) cocer; *in der Pfanne:* freír; *Kuchen:* hacer.

Backen|bart m patillas f/pl.; **~knochen** m pómulo m; **~tasche** Zo. f abazón m; **~zahn** m muela f.

Bäcker ['bɛkər] m (7) panadero m; **~ei** [--'raɪ] f, **~laden** m panadería f; **~meister** m maestro m panadero.

Back|fisch ['bakfiʃ] m F *fig.* pollita f; **~form** f molde m; **~obst** n fruta f pasa; **~ofen** m horno m; **~pfeife** f bofetada f, F torta f; **~pflaume** f ciruela f pasa; **~pulver** n levadura f en polvo; **~stein** m ladrillo m; **~stube** f amasadero m; **~trog** m artesa f; **~waren** f/pl. pastelería f, bollería f; **~werk** n pasteles m/pl.

Bad [ba:t] n (1²) baño m (*a. Phot.*); (*Ort*) balneario m; estación f termal.

Bade... ['ba:də...]: *in Zssgn oft* de baño; **~anstalt** f baños m/pl. públicos; piscina f; **~anzug** m traje m de baño, bañador m; **~arzt** m médico m de balneario; **~gast** m bañista m; **~gel** ['--ge:l] n (3¹) gel m de baño; **~hose** f bañador m; **~kappe** f gorro m de baño; **~kur** f cura f termal *od.* balnearia; **~mantel** m albornoz m; **~meister** m bañero m; **2n** (26) v/t. bañar; v/i. bañarse; **~ofen** m calentador m de baño; **~ort** m balneario m; **~strand** m playa f; **~tuch** n toalla f de baño; **~wanne** f bañera f; **~zimmer** n (cuarto m de) baño m.

baff F [baf]: *~ sn* quedarse con la boca abierta.

Bagatell|e [baga'tɛlə] f (15) bagatela f; **2isieren** minimizar, quitar importancia a.

Bagger ['bagər] m (17) excavadora f; (*Naß2*) draga f; **2n** (29) excavar; dragar.

Bahn [ba:n] f (16) camino m, vía f; *Astr.* órbita f; *Geschoß:* trayectoria f; *Sport:* pista f; 🚂 ferrocarril m; *mit der ~ en tren*; *fig. sich ~ brechen* abrirse paso; **~beamte(r)** m ferroviario m; **2brechend**, **~brecher** m pionero (m); **~damm** m terraplén m; **2en** (25) (*ebnen*) allanar, aplanar; *sich e-n Weg ~ abrirse paso*; **~hof** m estación f; **~hofsvorsteher** m jefe m de estación; **~hofswirtschaft** f cantina f de la estación; **~linie** f línea f férrea; **~post** f oficina f ambulante; **~steig** m andén m; **~übergang** m paso m a nivel (*beschrankt con barrera*; *unbeschrankt sin barrera*); **~wärter(häuschen** n) ['-vɛrtər(hɔʏsçən)] m (garita f de) guardavía m.

Bahre ['ba:rə] f (15) féretro m; 🏥 camilla f; *für Lasten:* angarillas f/pl.

Bai [baɪ] f (16) bahía f.

Baiser [bɛ'ze:] n (11) merengue m.

Baisse ['bɛ:s(ə)] f (15) baja f; **~spekulant** m, **Baissier** [bɛ:s'je:] m (11) bajista m; **~spekulation** f especulación f a la baja.

Bajonett [bajo'nɛt] n (3) bayoneta f.

Bake ♨ ['ba:kə] f (15) boya f, baliza f.

Bakteri|e [bak'te:rjə] f (15) bacteria f; microbio m; **~ologie** [-terjolo'gi:] f (15, *o. pl.*) bacteriología f.

Balanc|e [ba'lãsə] f (15) equilibrio m; **2ieren** balancear; **~ierstange** f balancín m.

bald [balt] pronto, dentro de poco; en breve; F (*beinahe*) casi; *~ ... ~ ora ... ora, ya ... ya*; *darauf* poco después; *so ~ wie möglich* cuanto antes; lo más pronto posible.

Baldachin ['-daxi:n] m (3¹) baldaquín m, dosel m; *Rel.* palio m.

bald|ig ['-diç] próximo, pronto, cercano; **~igst** ['-diçst], **~möglichst** cuanto antes; lo antes posible.

Baldrian ['-dria:n] m (3¹) valeriana f.

Balg [balk] **a)** *m* (3³) piel *f*, pellejo *m*; *Phot.*, *Orgel*: fuelle *m*; **b)** ⊢ *m*, *n* (1²) diablillo *m*; **≈en** [ˈ-gən] (25): *sich ~ pelearse*; **≈eˈrei** *f* pelea *f*.

Balken [ˈ-kən] *m* (6) viga *f*, madero *m*.

Balkon [-ˈkɔŋ, -ˈkoːn] *m* (11; 3¹) balcón *m*.

Ball [bal] *m* (3³) **a)** pelota *f*; (*Fuß≈*) balón *m*; **~ spielen** jugar a la pelota; **b)** (*Tanz*) baile *m*.

Ballade [-ˈlaːdə] *f* (15) balada *f*.

Ballast [ˈ-last] *m* (3²) lastre *m*; *fig.* carga *f*.

Ballen [ˈ-lən] **1.** *m* (6) bala *f*; *Anat.* tenar *m*; ⚕ *am Fuß*: juanete *m*; **2.** ≈ *v/t.* (25) cerrar, apretar; *sich ~* aglomerarse.

ballern ⊢ [ˈ-lərn] (29) tirotear.

Ballett [-ˈlɛt] *n* (3) ballet *m*; **~meister** *m* maestro *m* de baile; **~(t)änzer(in** *f*) *m* bailarín (-ina) *m* (*f*).

ˈ**Ball|junge** *m* recogepelotas *m*; **~kleid** *n* vestido *m* de baile.

Ballon [baˈlõ] *m* (11; 3¹) globo *m*; **~flasche** *f* bombona *f*.

Ballungs|gebiet [ˈbaluŋsgəbiːt] *n*, **~raum** *m* aglomeración *f* urbana.

Balsam [ˈbalzaːm] *m* (3¹) bálsamo *m*.

Balt|e [ˈ-tə] *m* (13), **≈isch** báltico (*m*).

Balustrade [balusˈtraːdə] *f* (15) balaustrada *f*.

Balz [balts] *f* (16, *o. pl.*) época *f* del celo; **²≈en** (27) estar en celo.

Bambus [ˈbambus] *m* (*uv. od.* 4¹) bambú *m*.

banal [baˈnaːl] trivial, banal; **≈ität** [-naliˈtɛːt] *f* trivialidad *f*, banalidad *f*.

Banane [-ˈnaːnə] *f* (15) plátano *m*, *Am.* banana *f*; **~nstaude** *f* platanero *m*, *Am.* banano *m*; **~nstecker** ⚡ *m* enchufe *m* de banana.

Banause [-ˈnauzə] *m* (13) hombre *m* inculto.

Band [bant] **1. a)** *m* (3³) tomo *m*, volumen *m*; **b)** *n* (1²) cinta *f*; (*Schnür≈*) cordón *m*; *Anat.* ligamento *m*; *fig. am laufenden ~* continuamente; *auf ~ aufnehmen* grabar en cinta; **c)** *n* (3) *fig.* vínculo *m*, lazo *m*; **d)** ♪ [bɛnt] *f* (11¹) conjunto *m*; **2.** ≈ *s. binden*.

Bandage [-ˈdaːʒə] *f* (15) vendaje *m*; **≈ieren** vendar.

Bande [ˈ-də] *f* (15) *a. desp.* banda *f*, pandilla *f*, cuadrilla *f*.

Banderole [--ˈroːlə] *f* (15) precinto *m*.

Bänderriß ⚕ [ˈbɛndərris] *m* rotura *f* de ligamento(s).

bändig|en [ˈ-digən] (25) domar; *fig.* refrenar; **≈er** *m* (7) domador *m*; **≈ung** *f* doma *f*.

Bandit [banˈdiːt] *m* (12) bandido *m*, bandolero *m*.

Band|maß [ˈbantmaːs] *n* cinta *f* métrica; **~nudeln** *f/pl.* tallarines *m/pl.*; **~säge** *f* sierra *f* de cinta; **~scheibe** *Anat. f* disco *m* intervertebral; **~scheibenvorfall** ⚕ *m* hernia *f* discal; **~wurm** *m* tenia *f*, solitaria *f*.

bang|(e) [ˈbaŋ(ə)] inquieto; *mir ist ~* tengo miedo (*vor dat.* a); **~ machen** asustar; **≈emacher** *m* alarmista *m*; **~en** (25): (*sich*) *~ um* inquietarse por; **≈igkeit** [ˈ-içkait] *f* (16, *o. pl.*) inquietud *f*; miedo *m*.

Bank [baŋk] *f* **a)** (14¹) banco *m*; *ohne Lehne*: banqueta *f*; *durch die ~* indistintamente; *auf die lange ~ schieben* dar largas a; **b)** (16) ⚕ banco *m*; (*Spiel*) banca *f*; **~....** *in Zssgn* ⚕ bancario, de banco; ˈ**~automat** *m* cajero *m* automático; ˈ**~be-amte(r)** *m* empleado *m* de banco.

Bankett [-ˈkɛt] *n* (3) banquete *m*, festín *m*.

ˈ**bank|fähig** negociable (en banco); **≈geheimnis** *n* secreto *m* bancario; **≈geschäft** *n* operación *f* bancaria; **≈halter** *m* banquero *m*; **≈haus** *n* banca *f*; **≈ier** [-ˈjeː] *m* (11) banquero *m*; **≈konto** *n* cuenta *f* bancaria; **≈leitzahl** *f* clave *f* bancaria; **≈note** *f* billete *m* de banco; **≈raub** *m* atraco *m* bancario; **~rott** [ˈ-rɔt] en quiebra; **²~rott** *m* (3) bancarrota *f*; quiebra *f*; **~ machen** quebrar; **≈welt** *f*, **≈wesen** *n* banca *f*.

Bann [ban] *m* (3) proscripción *f*, destierro *m*; *Rel.* excomunión *f*; (*Zauber*) fascinación *f*; *in den ~ tun* proscribir; *Rel.* excomulgar; *fig.* fascinar; *den ~ brechen* romper el hechizo; ²**≈en** (25) *Geister, Gefahr*: conjurar; *Teufel*: exorcizar; *fig.* fascinar, cautivar; ˈ**~er** *n* (7) bandera *f*, estandarte *m*; ˈ**~fluch**, ˈ**~strahl** *m* anatema *m*; ˈ**~meile** *f* término *m* municipal.

bar [baːr]: **a)** **~es Geld** dinero *m* contante; *gegen ~*, *in ~* al contado; en efectivo, en metálico; **b)** (*gen.*) (*ohne*) falto de, desprovisto de.

Bar *f* (11¹) bar *m* (americano); (*Theke*) barra *f*.

Bär [bɛːr] *m* (12) oso *m*; *Astr. der Große* (*Kleine*) *~* la Osa Mayor (Menor); *j-m e-n Bären aufbinden*

F tomar el pelo a alg.
Baracke [ba'rakə] *f* (15) barraca *f*.
Barbar [bar'baːr] *m* (12), **ʒisch** bárbaro (*m*); **ei** [-ba'raɪ] *f* barbaridad *f*; (*Zustand*) barbarie *f*.
Barbe *Zo.* [ˈ-bə] *f* (15) barbo *m*.
bärbeißig [ˈbɛːrbaɪsiç] gruñón.
Barbestand [ˈbaːrbəʃtant] *m* existencia *f* en efectivo *od.* en caja.
'Bardame *f* camarera *f* de bar.
Bären|dienst [ˈbɛːrəndiːnst] *m:* j-m e-n ~ *erweisen* prestar un flaco servicio a alg.; **hunger** *m* hambre *f* canina; **klau** ♥ [ˈ--klau] *m,f* (3¹, 16, *o. pl.*) acanto *m*.
Barett [ba'rɛt] *n* (3) birrete *m*.
bar|fuß [ˈbaːrfuːs] descalzo; **ʒgeld** *n* metálico *m*, efectivo *m*, dinero *m* contante *bzw.* al contado; **geldlos** por cheque; **häuptig** [ˈ-hɔyptiç] descubierto.
Bärin [ˈbɛːrin] *f* (16¹) osa *f*.
Bariton ♪ [ˈbaːritɔn] *m* (3¹) barítono *m*.
Barkasse ♣ [barˈkasə] *f* (15) lancha *f*.
Barkauf [ˈbaːrkauf] *m* compra *f* al contado.
Barke [ˈbarkə] *f* (15) barca *f*.
Bar|keeper [ˈbaːrkiːpər] *m* (7), **~mann** *m* barman *m*.
barmherzig [barmˈhɛrtsiç] misericordioso, caritativo; **ʒkeit** *f* misericordia *f*.
Barmittel [ˈbaːrmitəl] *n/pl.* fondos *m/pl.* líquidos.
Barmixer [ˈ-miksər] *m* (7) barman *m*.
barock [baˈrɔk], **ʒ** *n, m* (11, *o. pl.*) barroco (*m*).
Barometer [-roˈmeːtər] *n* barómetro *m*.
Baron [-ˈroːn] *m* (3¹) barón *m*; **in** *f* baronesa *f*.
Barren [ˈ-rən] *m* (6) (*Gold*ʒ) barra *f*, lingote *f*; (*Turn*ʒ) (barras) paralelas *f/pl.*
Barriere [-rˈjeːrə] *f* (15) barrera *f*.
Barrikade [-riˈkaːdə] *f* (15) barricada *f*.
Barsch [barʃ] *Zo. m* (3²) perca *f*.
barsch brusco, seco.
Bar|schaft [ˈbaːrʃaft] *f* dinero *m* contante *od.* efectivo; **scheck** *m* cheque *m* no cruzado.
Bart [baːrt] *m* (3³) barba *f*; (*Schlüssel*ʒ) paletón *m*; j-m um den ~ gehen dar coba a alg.; in den ~ murmeln hablar entre dientes.

bärtig [ˈbɛːrtiç] barbudo.
bartlos [ˈbaːrtloːs] sin barba; (*jung*) imberbe.
Barzahlung [ˈbaːrtsaːluŋ] *f* pago *m* al contado *od.* en metálico.
Basalt [baˈzalt] *m* (3) basalto.
Basar [-ˈzaːr] *m* (3¹) bazar *m*.
Base [ˈbaːzə] *f* (15) † prima *f*; **⚗** base *f*.
Baseball [ˈbeːsbɔːl] *m* (11) béisbol *m*.
basieren [baˈziːrən] basarse (auf en).
Basilika [-ˈziːlikaː] *f* (16²) basílica *f*.
Basis [ˈbaːzis] *f* (16²) base *f* (a. fig.).
Bask|e [ˈbaskə] *m* (13) vasco *m*; **enmütze** *f* boina *f*; **ʒisch** vasco; *Provinzen*: vascongado; *das* ʒe el vascuence, el euskera.
Basrelief [ˈbaːrəljɛf] *n* (11) bajorrelieve *m*.
Baß ♪ [bas] *m* (4²) bajo *m*; **geige** *f* contrabajo *m*.
Bassin [baˈsɛ̃] *n* (11) depósito *m*; (*Schwimm*ʒ) piscina *f*; *Arg.* pileta *f*.
Bassist ♪ [-ˈsist] *m* (12) (*Sänger*) bajo *m*; (*Spieler*) contrabajo *m*.
'Baßschlüssel ♪ *m* clave *f* de fa.
Bast [bast] *m* (3²) ♥ líber *m*; rafia *f*.
basta! [ˈbasta:] ¡basta!; *und damit* ~! ¡y sanseacabó!
Bastard [ˈ-tart] *m* (3) bastardo *m*; *Zo.*, ♥ híbrido *m*.
Bastei [-ˈtaɪ] *f* (16) bastión *f*, baluarte *m*.
bast|eln [ˈ-təln] (29) dedicarse al bricolaje; **ʒeln** *n neol.* bricolaje *m*; **ʒler** *m* (7) *neol.* bricolador *m*.
bat, bäte [baːt, ˈbɛːtə] *s. bitten.*
Bataillon [batalˈjoːn] *m* (3¹) batallón *m*.
Batate [baˈtaːtə] *f* (15) batata *f*, boniato *m*; *Am. a.* camote *m*.
Batist [-ˈtist] *m* (3²) batista *f*.
Batterie [-təˈriː] *f* (15) ✕, ⚡ batería *f*; ⚡ pila *f*.
Bau [bau] *m* (3; *pl. a. -ten*) construcción *f*, edificación *f*; (*Gebäude*) edificio *m*; (*Bauarbeiten*) obras *f/pl.*; ♥ cultivo *m*; (*Auf*ʒ) estructura *f*; (*Tier*ʒ) madriguera *f*; **'~arbeiter** *m* obrero *m* de la construcción; **'~art** *f* estilo *m*; ⊕ tipo *m*.
Bauch [baux] *m* (3³) vientre *m*; F tripa *f*, barriga *f*, panza *f*; ♣ bodega *f*; e-n ~ *bekommen* echar barriga; **'~binde** *f* faja *f*; *Zigarre:* vitola *f*; **'~fell** *n* peritoneo *m*; **'~fell-entzündung** *f* peritonitis *f*; **'~gurt** *m* cincha *f*; **'~höhle** *f* cavidad *f* abdominal; **'ʒig** panzudo;

fig. abombado; '**~redner** *m* ventrílocuo *m*; '**~schmerzen** *m/pl.* dolor *m* de vientre; '**~speicheldrüse** *f* páncreas *m*; '**~tanz** *m* danza *f* de vientre.

bauen ['baʊən] (25) **1.** *v/t.* construir; △ edificar; ✓ cultivar; **2.** *v/i.*: *fig.* ~ *auf (ac.)* confiar en.

Bauer ['-ər]: **a)** *m* (13, *a.* 10) campesino *m*; labrador *m*; *Schach:* peón *m*; **b)** *n*, *m* (7) *(Käfig)* jaula *f*.

Bäuer|in ['bɔʏrɪn] *f* (16¹) campesina *f*; labradora *f*; **2lich** campesino, rústico.

Bauern|bursche ['baʊərnburʃə] *m* joven campesino *m*; mozo *m*; **~fänger** *f* (7) engañabobos *m*; **~fänge'rei** *f* timo *m*; tomadura *f* de pelo; **~haus** *n* casa *f* de campo; **~hof** *m* finca *f* (rústica); granja *f*; **~mädchen** *n* joven campesina *f*; **~möbel** *n/pl.* muebles *m/pl.* rústicos; **2schlau** socarrón; **~stand** *m* clase *f* campesina.

'**Baufach** *n* ramo *m* de la construcción; **2fällig** ruinoso; ~ *sn* amenazar ruina; **~firma** *f* empresa *f* constructora; **~führer** *m* maestro *m* de obras; **~gelände** *n* terreno *m* edificable; solar *m*; **~genehmigung** *f* permiso *m* de construcción; **~genossenschaft** *f* cooperativa *f* de construcción; **~gerüst** *n* andamio *m*, andamiaje *m*; **~gewerbe** *n* (ramo *m* de la) construcción *f*; **~herr** *m* propietario *m*; **~kasten** *m* caja *f* de construcción; **~klotz** *m* cubo *m*; **~kostenzuschuß** *m* contribución *f* a los gastos de construcción; **~kunst** *f* arquitectura *f*; **~leitung** *f* dirección *f* de obras; **2lich** arquitectónico.

Baum [baʊm] *m* (3³) árbol *m*; '**~bestand** *m* arbolado *m*.

Baumeister ['-maɪstər] *m* aparejador *m*, arquitecto *m*.

baumeln ['-məln] (29) bambolear(se).

bäumen ['bɔʏmən] (25): *sich* ~ encabritarse.

Baum|grenze ['baʊmgrɛntsə] *f* límite *m* del arbolado; **~krone** *f* copa *f*; **2lang:** ~*er Kerl m* varal *m*; **2los** sin arbolado; **~pfahl** *m* rodrigón *m*; **~rinde** *f* corteza *f*; **~schere** *f* podadera *f*; **~schule** *f* vivero *m*; **~stamm** *m* tronco *m* (de árbol); **2stark** fuerte como un roble; **~stumpf** *m* tocón *m*.

Baumwoll... ['-vɔl...]: *in Zssgn mst* algodonero; **~e** *f* algodón *m*;

2en de algodón; **~strauch** *m* algodonero *m*.

'**Baumzucht** *f* arboricultura *f*.

Bau|platz ['baʊplats] *m* solar *m*; **~polizei** *f* inspección *f* de edificaciones.

Bausch [baʊʃ] *m* (3² [*u.* ³]) *Watte:* tampón *m*; *in* ~ *und Bogen* en bloque; a bulto; **2en** (27) hinchar; *sich* ~ abolsarse; **2ig** hinchado; ahuecado.

'**Bau|schutt** *m* escombros *m/pl.*; cascotes *m/pl.*; **~sparkasse** *f* caja *f* de ahorros para la construcción; **~sparvertrag** *m* contrato *m* de ahorro-vivienda; **~stein** *m* ladrillo *m*; **~stelle** *f* obra *f*; **~stil** *m* estilo *m* (arquitectónico); **~stoff** *m* material *m* de construcción; **~ten** *m/pl. Thea., Film:* decorados *m/pl.*; **~unternehmer** *m* contratista *m* (de obras); **~werk** *n* edificio *m*; construcción *f*; **~wesen** *n* construcción *f*.

bauz! [baʊts] ¡paf!, ¡cataplún!

Bayer|(in *f* ['baɪər(ɪn)] *m* (13), **2risch** bávaro (-a) *m* (*f*).

Bazillus [ba'tsilus] *m* (16²) bacilo *m*.

beabsichtig|en [bə'¹⁹apçtɪgən] (25) proyectar; proponerse; tener la intención (*zu* de); **~t** intencionado, intencional.

be-'acht|en fijarse en; *(berücksichtigen)* tener en cuenta; *(befolgen)* observar; *nicht* ~ no hacer caso de; **~enswert** digno de atención; notable; **2ung** *f* atención *f*; consideración *f*; observancia *f*.

Beamte|(r) [-¹⁹amtə(r)] *m* (18) funcionario *m*; **~nbeleidigung** *f* desacato *m* (a la autoridad); **~nschaft** *f neol.* funcionariado *m*.

beängstigend [-¹⁹ɛŋstɪgənt] alarmante; inquietante.

beanspruch|en [-¹⁹anʃpruxən] (25) pretender, reclamar; exigir; *Zeit:* requerir; ⊕ desgastar; **~t** *j.*: atareado; ocupado; **2ung** ⊕ *f* carga *f*; desgaste *m*.

beanstand|en [-¹⁹anʃtandən] (26) protestar, reclamar (*et.* contra a/c.); poner reparos a; **2ung** *f* objeción *f*; reclamación *f*.

beantragen [-¹⁹antra·gən] (25) proponer; solicitar; pedir.

be-'antwort|en contestar (a), responder a; **2ung** *f*: *in* ~ (*gen.*) en contestación a.

be-'arbeit|en ⊕ trabajar; labrar; ✓ cultivar; *Buch:* refundir; *Thema:*

tratar; *Thea., Film usw.*: adaptar; ♪ arreglar; *fig.* j-n ~ tratar de persuadir a alg.; 2ung *f* ⊕ labra *f*, labrado *m*; ✔ cultivo *m*; *Buch*: refundición *f*; *Thea. usw.*: adaptación *f*; ♪ arreglo *m*.

Be-'atmung *f*: (*künstliche*) ~ respiración *f* artificial.

beaufsichtigen [-¹ʔaufziçtigən] (25) vigilar; inspeccionar; supervisar.

beauftragen [-¹ʔauftraːgən]: j-n mit et. ~ encargar a/c. a alg.; 2te(r) [-¹-traːktə(r)] *m* encargado *m*; ⚥ mandatario *m*.

be'bauen △ edificar; (*erschließen*) urbanizar; ✔ cultivar; 2ungsplan *m* plan *m* de urbanización.

beben [¹beːbən] 1. *v/i.* (25) temblar; vibrar; 2. 2 *n* temblor *m*.

bebildern [bə¹bildərn] (29) ilustrar, adornar con grabados.

Béchamelsoße [beʃa¹mɛlzoːsə] *f* (salsa *f*) bechamel *f*.

Becher [¹bɛçər] *m* (7) vaso *m*; (*Würfel*2) cubilete *m*; 2n F (29) empinar el codo.

Becken [¹bɛkən] *n* (6) pila *f*; (*Wasch*2) palangana *f*; lavabo *m*; *Erdk.* cuenca *f*; *Anat.* pelvis *f*; (*Schwimm*2) piscina *f*; ♪ *pl.* platillos *m/pl.*

bedacht [bə¹daxt] 1. *adj.*: ~ sn auf (*ac.*) pensar en; cuidar de; 2. 2 *m* (3, *o. pl.*): mit ~ con cuidado.

bedächtig [-¹dɛçtiç] mirado, circunspecto; (*langsam*) lento.

Bedachung [-¹daxuŋ] *f* techumbre *f*, tejado *m*.

be'danken: *sich bei j-m für et.* ~ dar las gracias a alg. por a/c.

Bedarf [-¹darf] *m* (3) necesidad *f/pl.* (*an dat.* de); *bei* ~ si es necesario; ~ *haben an* (*dat.*) necesitar (*ac.*); es *besteht großer* ~ *an* (*dat.*) hay mucha falta de; ~**s-artikel** *m* artículo *m* de primera necesidad *od.* de consumo; ~**shaltestelle** *f* parada *f* discrecional.

bedauer|lich [-¹daʊərliç] deplorable; lamentable; *es ist* ~ es una lástima; ~**n** (29) sentir; lamentar; *j-n:* compadecer; 2n *n* sentimiento *m*; *zu* m-m (*großen*) ~ (muy) a pesar mío; ~**nswert** *j.*: digno de lástima *od.* de compasión; *et.*: lamentable.

be'deck|en cubrir (*mit* de, con); tapar; *sich* ~ *Himmel:* encapotarse, nublarse; ~**t** *a. Himmel:* cubierto (*mit* de); 2ung ✗ *f* escolta *f*.

be'denk|en considerar, pensar en;

tener presente *od.* en cuenta; *vorher* ~ premeditar; *j-n mit et.* ~ agraciar a alg. con a/c.; *j-t* legar a/c. a alg.; *sich* ~ reflexionar; 2en *n* duda *f*; escrúpulo *m*; *ohne* ~ sin vacilación; *keine* ~ *haben zu inf.* no vacilar en, no ver inconveniente en; ~**enlos** sin escrúpulos; sin vacilar; ~**lich** dudoso; grave, crítico; (*gewagt*) arriesgado; (*heikel*) delicado; 2**zeit** *f* plazo *m* para reflexionar.

bedeppert F [-¹dɛpərt] cabizbajo.

be'deut|en significar, querer decir; *j-m et.* ~ dar a entender a/c. a alg.; *das hat nichts zu* ~ no tiene importancia; ~**end** importante, considerable; *j.*: eminente; ~**sam** significativo; 2ung *f* (*Sinn*) significación *f*; sentido *m*, significado *m*; *Gram. a.* acepción *f*; (*Wichtigkeit*) importancia *f*; ~**ungslos** insignificante; ~**ungsvoll** significativo.

be'dien|en servir; ✝ atender, despachar; ⊕ manejar; *sich* ~ (*gen.*) servirse (de) (*a. bei Tisch*); *fig.* valerse de; 2**stete(r)** *m* (18) empleado *m*; 2ung *f* servicio *m*; ⊕ manejo *m*; (*Kellnerin*) camarera *f*.

beding|en [-¹diŋən] condicionar; motivar; (*erfordern*) requerir; ~**t** condicional, limitado; *adv.* con reservas; con restricciones; ~ *sn durch* depender de; 2ung *f* condición *f* (*stellen* poner); *unter der* ~, *daß* a condición de que (*subj.*); ~**ungslos** incondicional; *adv.* sin reservas.

be'dräng|en acosar, asediar; (*bedrükken*) atormentar; 2nis *f* (14²) apuro *m*; ~**t** apurado.

be'droh|en amenazar (*mit* con); ~**lich** amenazador; crítico; 2ung *f* amenaza *f*.

be'drucken imprimir; *Tuch:* estampar.

be'drück|en oprimir, agobiar; atormentar; ~**end** opresivo, vejatorio; deprimente; ~**t** deprimido; 2ung *f* opresión *f*, agobio *m*.

Beduine [bedu¹iːnə] *m* (13) beduino *m*.

be'dürfen [bə¹dyrfən] necesitar (*e-r Sache* a/c.), hacer falta (a/c. a alg.).

Be'dürfnis *n* (4¹) necesidad *f*; ~**anstalt** *f* urinario *m*; 2los sobrio; frugal; poco exigente.

be'dürftig necesitado, menesteroso; 2keit *f* necesidad *f*, indigencia *f*.

Beefsteak ['bi:fste:k] *n* (11) bistec *m*, bisté *m*; *Arg.* bife *m*.

be-'ehren honrar, favorecer; *sich ~ zu* tener el honor de.

beeid|(ig)en [-'?aɪd(ig)ən] (26 [25]) afirmar bajo juramento; *j-n:* tomar juramento a; **~igt** jurado.

be-'eilen: *sich ~* darse prisa; apresurarse (*zu* a); *Am.* apurarse.

beeindrucken [-'?aɪndrʊkən] (25) impresionar.

beeinfluss|en [-'-flʊsən] (28) influir (en); influenciar; **2ung** *f* influencia *f* (en, sobre).

beeinträchtig|en [-'-trɛçtɪgən] (25) perjudicar; mermar; **2ung** *f* perjuicio *m*; merma *f*.

be-'end|en acabar, terminar; concluir; ultimar; **2igung** *f* terminación *f*; conclusión *f*.

beeng|en [-'?ɛŋən] (25) estrechar; (*beklemmen*) oprimir; *fig.* cohibir; **2theit** *f* estrechez *f*.

be-'erben: *j-n ~* heredar los bienes de alg.; ser heredero de alg.

beerdig|en [-'?e:rdɪgən] (25) enterrar, sepultar; **2ung** *f* entierro *m*, sepultura *f*; **2ungs-institut** *n* funeraria *f*.

Beere ['be:rə] *f* (15) baya *f*; (*Wein2*) grano *m*.

Beet [be:t] *n* (3) bancal *m*; (*Blumen2*) cuadro *m*, macizo *m*.

befähig|en [bə'fɛ:ɪgən] (25) habilitar, capacitar (*zu para*); **~t** [-'-ɪçt] habilitado, capaz (*zu, für para*); (*begabt*) de talento, talentoso; **2ung** *f* habilitación *f*; capacidad *f*; calificación *f*; **2ungsnachweis** *m* certificado *m* de aptitud.

befahl(st) [-'fɑ:l(st)] *s. befehlen.*

befahr|bar [-'fɑ:rbɑ:r] transitable, practicable; ⚓ navegable; **~en** circular por; ⚓ navegar por; *stark ~* muy transitado.

be-'fallen (30) acometer (*a. Schlaf*); 🌾 afectar, atacar; *unvermutet:* sobrecoger; ☘ infestar.

be-'fangen (*scheu*) tímido; (*voreingenommen*) parcial; **2heit** *f* timidez *f*; parcialidad *f*.

be-'fassen: *sich ~ mit* ocuparse de.

befehden [-'fe:dən] (26) hacer la guerra a.

Befehl [-'fe:l] *m* (3) orden *f*; (*~sgewalt*) mando *m* (*führen* tener, *über ac.* de); *zu ~!* ¡a la orden!; **2en** (30) mandar, ordenar; **2end, 2erisch** imperioso, mandón; **2igen** [-'-ligən] (25) mandar; **~sform** *f Gram.* imperativo *m*; **~sgewalt** *f* mando *m*; **~shaber** [-'-hɑ:bər] *m* (7) jefe *m*; comandante *m*; **2shaberisch** mandón.

be'festig|en fijar, sujetar; asegurar; ✗ fortificar; **2ung** *f* ✗ fortificación *f*; ⊕ fijación *f*, sujeción *f*.

befeuchten [-'fɔʏçtən] (26) humedecer, mojar.

Be'feuerung ⚓ *u.* ✈ *f* balizamiento *m* luminoso.

befiehl(st) [-'fi:l(st)] *s. befehlen.*

be'find|en 1. *v/t.* encontrar; *für ~* aprobar; **2.** *v/refl.:* *sich ~* hallarse, encontrarse; (*sich fühlen*) sentirse, estar; **2en** *n* (estado *m* de) salud *f*; (*Ansicht*) parecer *m*; **~lich** existente; situado.

be'flaggen embanderar; ⚓ empavesar.

be'flecken (25) manchar (*a. fig.*).

befleißigen [-'flaɪsɪgən] (25): *sich ~* (*gen.*) aplicarse a, dedicarse a.

beflissen [-'flɪsən] aplicado, diligente; **2heit** *f* aplicación *f*, diligencia *f*.

beflügeln [-'fly:gəln] (29) acelerar; *fig.* inspirar; **~t** alado (*a. fig.*).

be'folg|en seguir; *Befehl, Gesetz:* cumplir; *Vorschrift:* observar; **2ung** *f* cumplimiento *m*; observancia *f*.

be'förder|n (29) promover, ascender; 🚂 transportar; **2ung** *f* promoción *f*, ascenso *m*; transporte *m*; **2ungsmittel** *n* medio *m* de transporte.

befracht|en 🚂 [-'fraxtən] (26) fletar; **2er** *m* (7) fletador *f*; **2ung** *f* fletamento *m*.

befrackt [-'frakt] (vestido) de frac.

be'fragen interrogar; preguntar (*wegen por*); consultar; **2ung** *f* consulta *f*; interrogatorio *m*; (*Umfrage*) encuesta *f*.

befrei|en [-'fraɪən] (25) liberar; (*freilassen*) poner en libertad, libertar; *v. Pflichten usw.:* dispensar; eximir; *sich ~* deshacerse (*von* de); **2er** *m* libertador *m*; **~t** exento (*von* de); **2ung** *f* liberación *f*; exención *f*.

befremd|en [-'frɛmdən] (26) extrañar, sorprender; **2en** *n* extrañeza *f*, sorpresa *f*; **~end, ~lich** extraño, raro.

befreunden [-'frɔʏndən] (26): *sich ~ mit* trabar amistad con; hacerse amigo de; familiarizarse con; *befreundet sn mit* ser amigo de.

befried|en [-'fri:dən] (26) pacificar; 2ung f pacificación f.

befriedig|en [-'-digən] (25) satisfacer, contentar; ~end satisfactorio; ~t [-'-diçt] satisfecho, contento; 2ung f satisfacción f.

be'frist|en limitar, fijar un plazo para; ~et a plazo fijo; limitado.

be'frucht|en fecundar (a. fig.); 2ung f fecundación f.

Befug|nis [-'fu:knis] f (14²) competencia f; atribución f; autorización f; 2t autorizado, facultado (zu para); competente.

be'fühlen palpar, tocar.

be'fummeln F manosear.

Be'fund m (3) estado m; resultado m; $\mathcal{F}$ diagnóstico m.

be'fürcht|en recelar, temer; 2ung f recelo m, temor m.

befürwort|en [-'fy:rvɔrtən] (26) recomendar, apoyar; abogar por; 2ung f recomendación f, apoyo m.

begab|t [-'ga:pt] inteligente; de talento, talentoso; ~ für dotado para; 2ung [-'-bun] f talento m, aptitud f, dotes f/pl. (für para).

begann [-'gan] s. beginnen.

begatt|en [-'gatən] (26): sich ~ copularse; aparearse; 2ung f cópula f; apareamiento m.

begaunern [-'gaunərn] (29) F estafar, timar.

be'geb|en ✝ Wechsel: negociar; sich ~ ir, dirigirse (nach a); desplazarse (a); (sich ereignen) suceder, ocurrir; sich in Gefahr ~ exponerse a un peligro; 2heit f suceso m, acontecimiento m.

begegn|en [-'ge:gnən] (26, sn) encontrar (j-m a alg.); (zustoßen) suceder; (behandeln) tratar; (vorbeugen) prevenir; 2ung f encuentro m.

be'gehen (30) recorrer; Fest: celebrar; Fehler: cometer; Verbrechen: a. perpetrar; Feld: inspeccionar.

Begehr|en [-'ge:rən] n deseo m; afán m (nach de); 2en (25) desear; apetecer, codiciar; (verlangen) pretender; heftig ~ anhelar; sehr begehrt muy solicitado; 2enswert deseable; apetecible; 2lich codicioso; ávido; ~lichkeit f codicia f; avidez f.

begeister|n [-'gaistərn] (29): (sich) ~ entusiasmar(se), apasionar(se) (für por); ~t entusiasmado (von con); 2ung f entusiasmo m.

Begier (16), ~de [-'gi:r(də)] f (15) avidez f, concupiscencia f; anhelo m, ansia f; 2ig ávido, ansioso (nach de).

be'gießen ✔ regar; F (feiern) remojar.

Beginn [-'gin] m (3, o. pl.) comienzo m; principio m, inicio m; bei ~ al comienzo; 2en (30) empezar, comenzar (mit con; zu a).

beglaubig|en [-'glaubigən] (25) certificar; atestar; 2½ Unterschrift, Urkunde: legalizar; 2ung f legalización f; 2ungsschreiben n (cartas f/pl.) credenciales f/pl.

be'gleich|en arreglar; pagar; satisfacer; 2ung f arreglo m; pago m.

be'gleit|en (26) acompañar (a. ♪); 2er m acompañante m (a. ♪); (Gefährte) compañero m; 2-erscheinung f síntoma m concomitante; 2mannschaft ✕ f escolta f; 2papiere ✝ n/pl. documentación f/sg.; 2schein ✝ m guía f; 2schiff n buque-escolta m; 2schreiben n carta f (de) aviso m de envío; 2ung f acompañamiento m (a. ♪); compañía f; ✕ escolta f; in ~ von en compañía de, acompañado de.

be'glücken hacer feliz; j-n mit et. ~ agraciar a alg. con a/c.

beglückwünsch|en [-'glykvynʃən] (27) felicitar, dar la enhorabuena (zu, wegen por); 2ung f congratulación f, felicitación f.

begnadet [-'gna:dət] genial; inspirado.

begnadig|en [-'-digən] (25) perdonar, indultar; Pol. amnistiar; 2ung f perdón m, indulto m; amnistía f; 2ungsrecht n derecho m de gracia od. de indulto.

begnügen [-'gny:gən] (25): sich ~ mit contentarse con.

begonnen [-'gɔnən] s. beginnen.

be'graben enterrar (a. fig.); inhumar.

Begräbnis [-'grɛ:pnis] n (4¹) entierro m; ~feier(lichkeiten f/pl.) f funeral m; exequias f/pl.

begradigen [-'gra:digən] (25) Fluß usw.: rectificar.

be'greif|en comprender, entender; concebir; (umfassen) abarcar; in sich ~ encerrar, incluir; ~lich comprensible; ~ machen hacer comprender; ~licherweise por supuesto, lógicamente.

be'grenz|en limitar; reducir, restringir (auf ac. a); 2ung f limitación f; restricción f.

Be'griff m (3) concepto m, noción f;

idea f; im ~ sn (od. stehen) zu estar a punto de, estar para; schwer von ~ corto de entendederas; **2lich** abstracto; conceptual; **~sbestimmung** f definición f; **2sstutzig** duro de mollera; **~sverwirrung** f confusión f de ideas.

be'gründ|en fundar; constituir, establecer; fig. motivar (mit por); **2ung** f fundación f; argumentación f; motivación f.

be'grüß|en saludar; fig. celebrar; **2ung** f salutación f; (Willkommen) bienvenida f; **2ungs-ansprache** f discurso m de bienvenida.

be'gucken F mirar.

begünstig|en [-'gynstigən] (25) favorecer; fomentar; ⚹ encubrir; **2ung** f protección f; fomento m; ⚹ encubrimiento m.

be'gut-achten (26) dictaminar sobre; (prüfen) examinar.

begütert [-'gy:tərt] acaudalado, pudiente.

behaar|t [-'ha:rt] peludo; Körper: velludo; **2ung** f pelo m; vello m.

behäbig [-'hɛ:biç] cómodo; flemático, F cachazudo.

behaftet [-'haftət]: ~ mit afectado de.

behag|en [-'ha:gən] (25) gustar, agradar; **2en** n placer m, gusto m, deleite m; **~lich** [-'ha:kliç] cómodo, confortable; agradable; Leben: placentero, desahogado; sich ~ fühlen sentirse a sus anchas; **2lichkeit** f comodidad f, confort m.

be'halten guardar, conservar; quedarse con; im Gedächtnis: retener.

Behälter [-'hɛltər] m (7) recipiente m; depósito m; contenedor m.

be'hand|eln tratar (a. ✿); (handhaben) manejar; **2ung** f tratamiento m (a. ✿); manejo m.

Be'hang m (3³) colgadura f; cortinaje m; Jgdw. orejas f/pl.

be'hängen cubrir, adornar.

be'harr|en perseverar, persistir (auf dat. en); **~lich** perseverante, tenaz; **2lichkeit** f perseverancia f, persistencia f; tesón m, tenacidad f; **2ungsvermögen** Phys. n inercia f.

be'hauen labrar, tallar.

behaupt|en [-'hauptən] (26) afirmar; declarar; fälschlich: pretender; sich ~ mantenerse; defenderse; **2ung** f afirmación f; declaración f.

Behausung [-'hauzuŋ] f vivienda f, morada f; ärmliche: casucha f.

be'heben remediar; Schwierigkeiten: allanar, zanjar.

beheimatet [-'haima:tət]: ~ in (dat.) natural od. oriundo de.

Behelf [-'hɛlf] m (3) recurso m, expediente m; **2en**: sich ~ arreglarse; **2smäßig** provisional, improvisado.

behelligen [-'hɛligən] (25) importunar, molestar.

behend|(e) [-'hɛnt, -'-də] ágil, ligero; **2igkeit** f agilidad f, presteza f.

beherberg|en [-'hɛrbɛrgən] (25) hospedar, alojar, albergar; **2ung** f hospedaje m, alojamiento m.

be'herrsch|en dominar (a. fig.); sich ~ dominarse; contenerse; **2ung** f dominación f; fig. dominio m; die ~ verlieren perder los estribos.

beherzigen [-'hɛrtsigən] (25) tomar a pecho; no echar en saco roto; **~swert** digno de consideración.

beherzt [-'hɛrtst] valiente, arrojado; **2heit** f valor m, arrojo m.

be'hexen hechizar, embrujar.

behilflich [-'hilfliç]: j-m bei et. ~ sn ayudar a alg. en a/c.

be'hinder|n impedir; estorbar; obstaculizar; **2te(r)** m minusválido m, disminuido m; **2ung** f impedimento m; estorbo m; ✿ minusvalía f, disminución f.

Behörd|e [-'hø:rdə] f (15) autoridad f; administración f; **2lich** [-'hø:rtliç] oficial; administrativo.

be'hüten guardar; proteger; preservar, resguardar (vor dat. de); Gott behüte! ¡Dios me libre!

behutsam [-'hu:tza:m] cauteloso; cuidadoso; adv. con precaución, con cuidado; **2keit** f cautela f; cuidado m.

bei [bai] (dat.): **a)** örtl. junto a; cerca de; ~ j-m en casa de; ~ Berlin cerca de Berlín; ~m Bäcker en la panadería; ~ der Hand haben tener a mano; ~ Calderón lesen leer en Calderón; **b)** zeitl. durante; ~m Essen durante la comida; ~m Lesen al leer, leyendo; ~ s-r Abreise al salir, a su salida; **c)** (Umstände) ~ der Arbeit sn estar trabajando; ~ offenem Fenster con la ventana abierta; ~ diesem Wetter con este tiempo; ~ seinem Charakter con el carácter que tiene; ~ Gefahr en caso de peligro; ~ Gott! ¡por Dios!

'beibehalten conservar, guardar.

'Beiblatt n suplemento m.

'beibringen traer; Wunde: inferir,

Beichte

producir; *Unterlagen*: presentar; *Niederlage, Verluste*: infligir; (*lehren*) enseñar.

Beichte [ˈbaɪçtə] f (15) confesión f; *zur ~ gehen* ir a confesarse; **2en** (26) **1.** v/t. confesar; **2.** v/i. confesarse; **~geheimnis** n secreto m de confesión; **~kind** n penitente m; **~stuhl** m confes(i)onario m; **~vater** m confesor m.

beide [ˈbaɪ-də] (18) pl. ambos, los dos, uno y otro; *~s* las dos od. ambas cosas; *die ~n* (*anderen*) los (otros) dos; *e-r von ~n* uno de los dos; *keiner von ~n* ni uno ni otro; *wir ~* nosotros dos; *alle ~* ambos, los dos; *~mal* las dos veces.

beider|lei [ˈbaɪdərlaɪ] de ambos, de los dos; **~seitig** [ˈ--zaɪtiç] de ambas partes; mutuo; **~seits** [ˈ--zaɪts] a ambos lados de; de una y otra parte, recíprocamente.

beidrehen ⚓ fachear, ponerse a la capa.

bei-ei'nander juntos (-as).

Beifahrer m copiloto m; *Motorrad*: paquete m.

Beifall m (3, o. pl.) aplauso m; (*Billigung*) asentimiento m, aprobación f; *j-m ~ spenden* aplaudir a alg.; *~ finden* ser aplaudido; tener gran aceptación (*bei* entre).

beifällig aprobatorio.

Beifalls|klatschen n palmas f/pl.; **~ruf** m bravo m; vítor m; **~sturm** m salva f de aplausos.

Beifilm m corto(metraje) m.

beifüg|en añadir; *e-m Schreiben*: acompañar, incluir, adjuntar; **2ung** f adición f; *Gram.* atributo m; *unter ~* (*gen.*) incluyendo (*ac.*).

Beifuß ♉ m (3²) artemisa f.

Beigabe f añadidura f.

beigeben añadir; *fig. klein ~* deshincharse; arriar velas.

Beigeordnete(r) [ˈbaɪ-gə^ʔɔrdnətə(r)] m vocal m.

Beigeschmack m gustillo m, saborcillo m; *fig.* deje m.

beigesellen agregar, asociar.

Beihilfe f ayuda f, subsidio m; subvención f; ⚖ complicidad f.

beikommen (sn): *j-m nicht ~ können* no poder (coger) a alg.

Beil [baɪl] n (3) hacha f.

Beilage f suplemento m; *zum Brief*: anexo m; *Kchk.* guarnición f.

beiläufig incidental; *adv.* de paso.

beilegen añadir; *e-m Brief*: acompañar, adjuntar; *Streit*: dirimir; zanjar.

beileibe [-ˈlaɪbə]: *~ nicht* de ninguna manera.

Beileid n (3, o. pl.) condolencia f; pésame m; *sein ~ aussprechen* dar el pésame.

beiliegen ir adjunto od. incluido; **~d** adjunto, acompañado.

beim [baɪm] = *bei dem*.

beimengen mezclar (*dat.* con).

beimessen atribuir; *Wert ~* dar importancia.

beimischen mezclar (*dat.* con).

Bein [baɪn] n (3) pierna f; (*Tier* ☿) pata f; (*Knochen*) hueso m; (*Tisch* ☿) pata f, pie m; *j-m ein ~ stellen* poner la zancadilla a alg.; *fig. auf die ~e stellen* organizar, montar; *wieder auf die ~e kommen* restablecerse; *j-m ~e machen* dar prisa a alg.; *sich auf die ~e machen* ponerse en camino; *die ~e in die Hand nehmen* salir pitando; *sich die ~e in den Leib stehen* F estar de plantón.

beinah(e) casi; *bei vb.*: por poco.

Beiname m sobrenombre m; (*Spitzname*) apodo m.

Bein-|arbeit f *Sport*: juego m de piernas; **~bruch** m fractura f de (la) pierna.

beinhalten [baɪ^ʔinhalten] contener.

bei-ordnen agregar, asociar.

beipflichten [ˈ-pfliçtən] (26) aprobar; *j-m ~* adherirse a la opinión de alg.

Beirat m comité m consultivo; (*Person*) vocal m, asesor m.

beirren [bə^ʔirən] desconcertar.

beisammen [baɪˈzamən] juntos, reunidos; **2sein** n (6, o. pl.) reunión f; *geselliges*: tertulia f.

Beisatz m *Gram.* aposición f.

Beischlaf m cohabitación f, coito m.

Beisein n: *im ~ von* en presencia de.

bei'seite aparte; *~ bringen* od. *schaffen* hacer desaparecer; quitar de en medio; *~ gehen, ~ treten* apartarse; hacerse a un lado; *~ lassen* dejar a un lado; *~ legen* poner a un lado; *Geld*: ahorrar.

beisetz|en sepultar, dar sepultura a; **2ung** f sepelio m.

Beisitzer ⚖ [ˈ-sɪtsər] m (7) (juez m) asesor m.

Beispiel n ejemplo m (*zum* por); *mit gutem ~ vorangehen* dar ejemplo; **2haft** ejemplar; **2los** sin ejemplo, sin par, inaudito; **2sweise** por ejemplo.

¹beispringen (sn): *j-m* ~ ayudar, socorrer a alg.

beißen [¹-sən] (30) morder; *Insekten, Rauch*: picar; **~d** mordaz, acre, picante; *Stil*: cáustico.

¹Bei|stand *m* asistencia *f*, auxilio *m*; ~ *leisten* prestar ayuda; **²stehen:** *j-m* ~ ayudar, asistir, socorrer a alg.

¹beisteuern contribuir, aportar (*zu* a).

¹beistimmen aprobar.

¹Beistrich *m Gram.* coma *f*.

Beitrag [¹-tra:k] *m* (3³) contribución *f*; (*Mitglieds²*) cuota *f*; (*Kapital²*) aportación *f* (*a. fig.*); *Zeitung*: artículo *m*; ~ *zahlen* cotizar; **²en** contribuir (*zu* a).

¹beitreib|en cobrar; recaudar; **²ung** *f* cobro *m*, cobranza *f*; recaudación *f*.

¹bei|treten *e-m Verein*: ingresar en, entrar en; *Pol.* afiliarse a; *e-m Vertrag*: adherirse a; **²tritt** *m* afiliación *f* (*zu* a); entrada *f*; ingreso *m*.

¹Beiwagen *m Motorrad*: sidecar *m*; *Straßenbahn*: remolque *m*.

¹Beiwerk *n* accesorios *m/pl.*

¹beiwohnen (*dat.*) presenciar (*ac.*), asistir a.

¹Beiwort *n* epíteto *m*.

Beize [¹-tsə] *f* (15) *Jagd*: cetrería *f*; **⁂** corrosivo *m*, mordiente *m*; cáustico *m*; *Kchk.* adobo *m*.

beizeiten [-¹tsaɪtən] a tiempo; (*zeitig*) temprano.

beizen [¹-tsən] (27) corroer; *Kchk.* adobar; **⚒** cauterizar.

bejahen [bə¹jɑ:ən] (25) afirmar; *Frage*: responder afirmativamente a; *fig.* aprobar; **~d** afirmativo; **~denfalls** en caso afirmativo.

bejahrt [-¹jɑ:rt] entrado en años.

be¹jammer|n lamentar, deplorar; **~s-wert** lamentable, deplorable.

be¹kämpfen luchar contra; combatir.

bekannt [-¹kant] conocido (*bei* de); sabido (*de*); *allgemein* ~ público, notorio; ~ *sn mit* conocer (*ac.*); *j-n mit et.* ~ *machen* familiarizar a alg. con a/c.; *mit j-m* ~ *machen* presentar a alg.; *das kommt mir* ~ *vor* me suena (de algo); **²enkreis** *m* (círculo *m* de) amistades *f/pl.*; **²e(r)** *m* conocido *m*; *guter* ~*r* amigo *m*; **²gabe, ²machung** [-¹-maxuɲ] *f* publicación *f*; proclamación *f*; (*Mitteilung*) advertencia *f*, aviso *m*; *amtlich*: bando *m*; **~geben, ~machen** dar a conocer, publicar;

~lich como es sabido; **²schaft** *f* conocimiento *m*; *j-s* ~ *machen* conocer a alg.

be¹kehr|en convertir (*zu* a); **²ung** *f* conversión *f*.

be¹kennen confesar; *sich schuldig* ~ reconocerse culpable; *sich* ~ *zu* declararse partidario de, adherirse a; *Rel.* profesar (una religión).

Be¹kenntnis *n* (4¹) confesión *f*; *des Glaubens*: profesión *f*; **~schule** *f* escuela *f* confesional.

be¹klag|en deplorar, lamentar; *sich* ~ quejarse (*über ac.* de, *bei j-m* a); **~enswert** deplorable; **²te(r)** [-¹klɑ:ktə(r)] *m* ⚖ demandado *m*.

be¹klatschen aplaudir.

be¹kleben: *mit et.* ~ pegar a/c. en.

be¹klecker|n, be¹klecksen manchar; embadurnar.

be¹kleid|en vestir; ⊕ revestir (*mit* de); forrar (*mit* de); *Amt*: desempeñar; **²ung** *f* vestidos *m/pl.*; **²ungs-industrie** *f* confección *f*.

be¹klemm|en oprimir, acongojar; **~end** sofocante; angustioso; **²ung** *f* opresión *f*, congoja *f*.

beklommen [-¹klɔmən] acongojado, angustiado; **²heit** *f* angustia *f*.

bekloppt F [-¹klɔpt] chiflado.

be¹kommen 1. *v/t.* recibir; (*erlangen*) obtener, conseguir; *Zähne, Haare, Blätter*: echar; *Krankheit*: contraer, coger; *Kräfte, Mut*: cobrar; *Schreck*: llevarse; *wieviel* ~ *Sie?* ¿cuánto le debo?; *was* ~ *Sie?* ¿qué desea?; ~ *Sie schon?* ¿ya le atienden?; **2.** *v/i.* (sn): *gut* (*schlecht*) ~ *probar od.* sentar bien (mal); *wohl bekomm's!* ¡que aproveche!

bekömmlich [-¹kœmliç] sano, bueno (para la salud); *schwer* ~ indigesto.

be¹köstig|en [-¹kœstigən] (25) dar comida a; alimentar; **²ung** *f* comida *f*.

be¹kräftigen corroborar, confirmar.

be¹kränzen [-¹krɛntsən] coronar.

be¹kreuzigen: *sich* ~ persignarse, santiguarse.

be¹kriegen hacer guerra a.

be¹kritteln censurar, criticar.

be¹kritzeln emborronar.

be¹kümmer|n afligir; *sich* ~ *um* preocuparse por; **~t** afligido, apenado.

bekunden [-¹kundən] (26) declarar, manifestar; (*aufweisen*) mostrar, denotar.

be¹lächeln sonreír(se) de.

be¹lachen reírse de.

be'laden: ~ mit cargar de.

Belag [-'lɑːk] m (3³) cubierta f; revestimiento m; ⚕ (Zungen⚑) saburra f; (Zahn⚑) sarro m; (Brot⚑) fiambre m.

Belager|er [-'lɑːgərər] m (7) sitiador m; ⚑n sitiar; fig. asediar; **~ung** f sitio m, cerco m; asedio m; **~ungszustand** m estado m de sitio.

Belang [-'laŋ] m (3) importancia f; **~e** pl. intereses m/pl.; ⚑en 🏛 demandar (wegen por); **⚑los** insignificante, irrelevante; **~losigkeit** f insignificancia f.

be'lassen dejar.

be'lasten cargar (mit de); mit Abgaben: gravar (con); fig. abrumar; j-s Konto mit et. ~ cargar a/c. en cuenta a alg.

belästig|en [-'lɛstigən] (25) importunar, molestar; vejar; ⚑ung f molestia f; vejación f.

Belastung [-'lastuŋ] f carga f (a. ⊕ u. fig.); 🏛 gravamen m; erbliche ~ vicio m hereditario; **~s-probe** f prueba f de carga; **~s-zeuge** m testigo m de cargo.

belaub|en [-'laubən] (25): sich ~ echar hojas; **~t** cubierto de hojas; dicht ~ frondoso.

be'lauern acechar, espiar.

be'laufen: sich ~ auf (ac.) ascender a, elevarse a, importar (ac.), ser de.

be'lauschen espiar; escuchar.

be'leb|en vivificar; (re)animar; ✝ (re)activar; **~t** [-'leːpt] animado; Ort: concurrido, muy frecuentado; ⚑theit f animación f.

be'lecken lamer.

Beleg [-'leːk] m (3) justificante m; comprobante m; ⚑en [-'leːgən] cubrir (mit con, de); Sitz: reservar; mit Abgaben: gravar con; Vorlesung: matricularse para; (beweisen) probar; documentar, justificar; **~schaft** [-'leːkʃaft] f personal m; plantilla f; ⚑t [-'leːkt] Platz: ocupado; Zunge: sucio; Stimme: empañado; ~es Brot bocadillo m; emparedado m; sandwich m.

be'lehr|en instruir (über ac. sobre); sich ~ lassen dejarse aconsejar; j-n e-s Besseren ~ abrir los ojos a alg.; **~end** instructivo; didáctico; ⚑ung f instrucción f; consejo m.

beleibt [-'laipt] obeso; ⚑heit f obesidad f.

beleidig|en [-'laidigən] (25) ofender, injuriar; insultar; **~end** ofensivo, injurioso; insultante; ⚑er m (7) ofensor m; ⚑ung f ofensa f, injuria f; insulto m.

be'leihen prestar dinero sobre.

be'lesen leído; ⚑heit f erudición f.

be'leucht|en alumbrar; iluminar; fig. ilustrar; ⚑er m Thea. usw.: iluminador m; luminotécnico m; ⚑ung f alumbrado m; iluminación f; ⚑ungs-körper m aparato m de alumbrado; ⚑ungs-technik f luminotecnia f.

'**Belg|ier(in)** f ['bɛlgjər(in)] m (7), ⚑isch belga (su.).

belicht|en [bə'liçtən] Phot. exponer, impresionar; ⚑ung f exposición f, impresión f; ⚑ungsmesser m fotómetro m; ⚑ungszeit f tiempo m de exposición.

be'lieb|en tener a bien; gustar; ⚑en n: nach ~ a voluntad; a (su) gusto; a discreción; **~ig** cualquiera; adv. a discreción; a voluntad; **~t** [-'liːpt] j.: popular; et.: en boga; sich ~ machen bei congraciarse con; ⚑theit f popularidad f.

be'liefer|n proveer, abastecer (mit de); ⚑ung f suministro m, abastecimiento m.

bellen ['bɛlən] 1. v/i.(25) ladrar; 2. ⚑n ladrido m.

Belletristik [bɛlə'tristik] f (16, o. pl.) bellas letras f/pl.

be'lohn|en recompensar; ⚑ung f recompensa f.

be'lügen mentir (j-n a alg.).

belustig|en [-'lustigən] (25): (sich) ~ divertir(se), regocijar(se); **~end** divertido; ⚑ung f diversión f.

bemächtigen [-'mɛçtigən] (25): sich e-r Sache (gen.) ~ apoderarse, adueñarse de a/c.

be'mäkeln poner reparos a.

be'malen pintar (blau de azul).

bemängeln [-'mɛŋəln] (29) criticar, censurar.

bemann|en [-'manən] (25) tripular; ⚑ung f tripulación f, dotación f.

be'mänteln [-'mɛntəln] (29) cohonestar, paliar.

be'merk|bar perceptible; sich ~ machen hacerse sentir; manifestarse; **~en** percibir; notar, darse cuenta de; (sagen) observar, decir; **~ens-wert** notable; ⚑ung f observación f, nota f.

be'messen: (kurz) ~ limitado.

bemitleiden [-'mitlaidən] (26) compadecerse de; ich bemitleide ihn me

da lástima *od.* pena; **~swert** digno de compasión.
bemittelt [-ˈmitəlt] acomodado, adinerado.
beˈmogeln F timar, engañar.
beˈmüh|en incomodar, molestar; *sich* ~ esforzarse (*um* por), procurar (*inf.*); *sich um e-e Stellung* ~ solicitar un empleo; ~ *Sie sich nicht!* ¡no se moleste!; **2ung** *f* esfuerzo *m* (*um* por); **~en** *pl.* gestiones *f/pl.*
bemüßigt [-ˈmy:siçt]: *sich* ~ *fühlen zu* sentirse obligado a.
beˈmustern † acompañar de muestras.
bemuttern [-ˈmutərn] (29) cuidar como una madre.
benachbart [-ˈnaxbɑ:rt] vecino.
benachrichtig|en [-ˈnɑ:xriçtigən] (25) avisar, informar, enterar; *im voraus*: prevenir, advertir; **2ung** *f* información *f*; notificación *f*; aviso *m.*
benachteilig|en [-ˈ-taɪligən] (25) perjudicar; discriminar; **2ung** *f* perjuicio *m*; discriminación *f.*
benebel|n [-ˈne:bəln] (29) *fig.* nublar; ofuscar; **~t** F achispado.
Benediktiner [benedikˈti:nər] *m* (7) benedictino *m* (*a. Likör*).
benehmen [bəˈne:mən] **1.** *v/t.* quitar; privar de; *sich* ~ conducirse, (comportarse; **2.** 2 *n* conducta *f*, comportamiento *m*; *gutes* ~ buenos modales *m/pl.*
beˈneiden: *j-n um et.* ~ envidiar a/c. a alg. *od.* a alg. por a/c.; **~swert** envidiable.
beˈnenn|en poner nombre a; denominar, nombrar; **2ung** *f* denominación *f*; nombre *m.*
beˈnetzen mojar; humedecer.
Bengel [ˈbɛŋəl] *m* (7) rapaz *m*, pilluelo *m*; golfillo *m.*
benommen [bəˈnɔmən] aturdido, atontado; **2heit** *f* sopor *m*, aturdimiento *m.*
benoten [-ˈno:tən] (26) calificar, dar notas a.
beˈnötigen necesitar; *benötigt werden* hacer falta.
beˈnutz|bar utilizable; **~en** usar, servirse de; utilizar, *a. Gelegenheit*: aprovechar; **2er** *m* usuario *m*; **2ung** *f* empleo *m*, uso *m.*
Benzin [bɛnˈtsi:n] *n* (3¹) ⚗ bencina *f*; *Kfz.* gasolina *f*; **~kanister** *m* bidón *m od.* lata *f* de gasolina; **~tank** *m* depósito *m* de gasolina; **~-uhr** *f* indicador *m* de gasolina.
Benzol [-ˈtso:l] *n* (3¹) benzol *m*; ⚗ benceno *m.*
beobacht|en [bəˈˀo:baxtən] (26) observar; **2er** *m* observador *m*; **2ung** *f* observación *f*; **2ungsstation** *f* observatorio *m.*
beordern [-ˈˀɔrdərn] (29): ~ *nach* destinar a; *zu sich* ~ llamar.
beˈpacken cargar (*mit* de, con).
beˈpflanzen plantar (*mit* de).
bequem [-ˈkve:m] cómodo, confortable; *j.*: perezoso; *es sich* ~ *machen* ponerse cómodo; **~en** (25): *sich* ~ *zu* prestarse *od.* avenirse a; **2lichkeit** *f* comodidad *f*; *gal.* confort *m*; (*Trägheit*) pereza *f.*
beˈrat|en 1. *v/t.* aconsejar, *fachlich*: asesorar; **2.** *v/i.* deliberar; **~end** consultivo; **2er** *m* consejero *m*; asesor *m*; **~schlagen** (25, *untr.*) deliberar (*über* sobre); **2ung** *f* deliberación *f*; *a.* ⚕ consulta *f*; **2ungsstelle** *f* asesoría *f*; *a.* ⚕ consultorio *m.*
beˈrauben robar (*j-n e-r Sache* a/c. a alg.); despojar (de); *fig.* privar (de).
beˈrausch|en embriagar (*a. fig.*); **~end** embriagador; **~t** ebrio (*a. fig.*).
Berber [ˈbɛrbər] *m* (7), **2isch** beréber (*m*), berebere (*m*).
beˈrechn|en calcular; computar; † cargar (en cuenta); **~end** *fig.* calculador, interesado; **2ung** *f* cálculo *m*; cómputo *m*; *fig.* egoísmo *m.*
berechtig|en [-ˈrɛçtigən] (25) autorizar, habilitar, facultar (*zu* para); **~t** autorizado, habilitado; (*Sache*) fundado; **2ung** *f* autorización *f*; habilitación *f.*
beˈred|en discutir (sobre); *j-n*: inducir, persuadir (*zu* a); **2samkeit** [-ˈre:tzɑ:mkaɪt] *f* elocuencia *f*; **~t** [-ˈre:t] elocuente.
Beˈreich *m* (3) ámbito *m*, recinto *m*; zona *f*; *fig.* esfera *f*; (*Reichweite*) alcance *m*; (*Befugnis*) competencia *f.*
bereich|ern [-ˈraɪçərn] (29): (*sich*) ~ enriquecer(se) (*an* con); **2erung** *f* enriquecimiento *m.*
beˈreif|en poner neumáticos a; **2ung** *f* neumáticos *m/pl.*
beˈreinigen liquidar; arreglar.
beˈreisen viajar por, recorrer.
bereit [-ˈraɪt] dispuesto (*zu* a); (*fertig*) listo; *sich* ~ *machen* prepararse, disponerse (*zu* a); **~en** (26) preparar; hacer; *Freude, Schmerz, usw.*: cau-

sar, dar; **~halten** tener preparado; **~s**
ya; **2schaft** f disposición f (zu a); ✕
retén m; **2schaftsdienst** m guardia f;
2schaftspolizei f policía f móvil;
~stehen estar preparado; **~stellen**
preparar; poner a disposición; **2ung**
f preparación f; **~willig** gustoso; solícito; **2willigkeit** f buena voluntad
f.

be**'reuen** arrepentirse de.

Berg [bɛrk] m (3) montaña f; (Gipfel)
pico m; bsd. vor Eigennamen: monte
m; über alle ~ sn haber desaparecido;
über den ~ sn haber pasado lo peor;
hinter dem ~e halten mit ocultar a/c.;
goldene ~e versprechen prometer el
oro y el moro; **2!-ab** cuesta abajo;
'~akademie f escuela f de minas;
'~arbeiter m minero m; **2!-auf**
cuesta arriba; **'~bahn** f ferrocarril m
de montaña; **'~bau** m minería f;
industria f minera; **'~bewohner** m
montañés m.

bergen [ˈbɛrgən] (30) salvar, resca-
tar; in sich ~ encerrar.

Berg|führer [ˈbɛrkfyːrər] m guía m
(de montaña); **~hütte** f refugio m (de
montaña); **2ig** [ˈ-gɪç] montañoso; **~**
kette f sierra f; **~kristall** m cristal m
de roca; **~land** n país m montañoso;
~mann m (pl. ~leute) minero m;
~predigt f Sermón m de la Montaña;
~recht n derecho m minero; **~rük-**
ken m loma f; **~rutsch** m corrimiento m od. desprendimiento m de
tierras; **~spitze** f pico m; **~sport** m,
~steigen n alpinismo m, montañis-
mo m; **~steiger** m alpinista m, mon-
tañero m; **~stock** m bastón m de
alpinista; **~sturz** m s. ~rutsch.

Bergung [ˈ-gun] f salvamento m, rescate m; **~smannschaft** f equipo m de
rescate.

Berg|wacht [ˈbɛrkvaçt] f servicio m
de salvamento en la montaña; **~**
werk n mina f; **~werks...** in Zssgn
minero.

Bericht [bəˈrɪçt] m (3) relación f,
informe m; (Zeitungs2 usw.) reportaje m; Pol. ponencia f; (Erzählung)
relato m; ~ erstatten über presentar
un informe sobre; **2en** relatar; referir; informar (über de, sobre); **~er-**
statter [ˈ-ˈʔɛrˌtatər] m (7) reportero
m; auswärtiger: corresponsal m;
~erstattung f información f; reportaje m; **2igen** [ˈ-tɪgən] (25) rectificar; corregir; **~igung** f rectificación

f; corrección f; **~sjahr** n año m de
referencia.

be**'riechen** olfatear.

be**'rieseln** regar; irrigar.

beritten [-ˈrɪtən] montado (a caballo).

Berliner [bɛrˈliːnər] m (7) berlinés m;
~in f berlinesa f; **2isch** berlinés.

Bernhardiner [bɛrnharˈdiːnər] m
(7) (Hund) (perro m de) San Bernardo m.

Bernstein [ˈbɛrnʃtaɪn] m ámbar m.

bersten [ˈbɛrstən] (30, sn) reventar;
estallar.

berüchtigt [bəˈryçtɪçt] de mala fama.

berückend [-ˈrykənt] encantador.

berücksichtig|en [-ˈ-zɪçtɪgən] (25)
considerar, tener od. tomar en cuenta; **2ung** f consideración f; unter ~
(gen.) teniendo en cuenta (ac.).

Beruf [-ˈruːf] m (3) profesión f; oficio
m; von ~ de profesión; de oficio; **2en**
1. v/t. nombrar od. designar (zu para); sich ~ auf (ac.) referirse a; invocar a/c.; **2.** adj. ~ zu llamado a; ~ sn zu
tener vocación para; **2lich** profesional; **~s...** in Zssgn mst profesional;
~s-ausbildung f formación f profesional; **~s-aussichten** f/pl. salida f
profesional; **~sberatung** f orientación f profesional; **2smäßig** profesional; **~sschule** f escuela f (de formación) profesional; **~sschullehrer**
m profesor m de formación profesional; **~sspieler** m profesional m; **2s-**
tätig que ejerce una profesión; que
trabaja; activo; **~ung** f llamamiento
m; innere: vocación f; (Ernennung)
nombramiento m (zu para); ✞✞ apelación f; ~ einlegen interponer (recurso de) apelación, apelar (gegen
de).

be**'ruhen**: ~ auf (dat.) basarse en; ser
debido a; et. auf sich ~ lassen dejar las
cosas como están.

beruhig|en [-ˈruːɪgən] (25): (sich) ~
calmar(se), tranquilizar(se); **~end**
tranquilizar; ✞ sedante, calman-
te; **2ung** f calma f; zu Ihrer ~ para su
tranquilidad; **2ungsmittel** ✞ n
tranquilizante m; calmante m; sedante m.

berühmt [-ˈryːmt] afamado, famoso,
célebre; renombrado; **2heit** f fama f;
(Person) celebridad f.

be**'rühr|en** tocar (a. fig.); Gemüt:
afectar; **2ung** f tacto m; roce m; a. fig.
contacto m; in ~ kommen mit entrar

en contacto con; ꝛungs...: *in Zssgn* de contacto.

be'säen sembrar (*mit de*).

be'sag|en (*querer*) decir; significar; ꝛt dicho, referido, mencionado.

Besamung [-'za:muŋ] *f* inseminación *f* (*künstliche* artificial).

besänftig|en [-'zɛnftigən] (25) apaciguar; calmar; ꝛung *f* apaciguamiento *m*.

Be'satz *m* guarnición *f*; ribete *m*; ꝛung *f* ⨯ guarnición *f*; ocupación *f*; ⚓, ⚔ tripulación *f*; ꝛungsmacht *f* potencia *f* de ocupación; ꝛungstruppen *f*/*pl.* tropas *f*/*pl.* de ocupación.

be'saufen P: *sich* ꝛ emborracharse; F coger una trompa.

be'schädig|en deteriorar (*a.* ✝); estropear; ⚓, ⚔ averiar; ꝛt: ꝛ *werden* sufrir desperfectos; ꝛung *f* deterioro *m*, desperfecto *m*; avería *f*.

be'schaff|en 1. *v*/*t.* proporcionar, procurar; facilitar; 2. *adj.* hecho; *gut* (*schlecht*) ꝛ bien (mal) acondicionado; so ꝛ hecho así, tal; ꝛenheit *f* condición *f*, estado *m*; índole *f*; ꝛung *f* adquisición *f*; suministro *m*.

beschäftig|en [-'ʃɛftigən] (25) ocupar; dar trabajo a; *fig.* preocupar; *sich* ꝛ ocuparse (*mit de, en*); ꝛt: ꝛ *bei* empleado en; ꝛung *f* ocupación *f*; empleo *m*; ꝛungslos sin empleo.

be'schäm|en avergonzar; confundir; ꝛend vergonzoso; humillante; ꝛ *sn* dar vergüenza; ꝛung *f* vergüenza *f*, confusión *f*.

beschatten [-'ʃatən] (26) dar sombra a; *fig.* seguir los pasos a.

be'schau|en contemplar; (*prüfen*) examinar; ꝛer *m* espectador *m*; ꝛlich contemplativo; ꝛlichkeit *f* contemplación *f*.

Bescheid [-'ʃaɪt] *m* (3) respuesta *f*; (*Entscheidung*) decisión *f*; *j-m* ꝛ *geben* informar a alg.; ꝛ *wissen über* estar enterado *od.* al corriente de; *j-m deutlich* ꝛ *sagen* cantarle las cuarenta a alg.

be'scheiden 1. *v*/*refl.*: *sich* ꝛ resignarse; conformarse; 2. *adj.* modesto; ꝛheit *f* modestia *f*.

be'scheinen iluminar, alumbrar.

bescheinig|en [-'ʃaɪnigən] (25) certificar; *den Empfang* ꝛ acusar recibo; ꝛung *f* certificado *m*.

be'schenken obsequiar.

be'scher|en regalar; *fig.* deparar;

ꝛung *f* reparto *m* de regalos; e-e *schöne* ꝛ! ¡estamos listos!; ¡lo que faltaba!

be'schicken enviar delegados a; *Ausstellung*: exponer en; *Hochofen*: cargar.

be'schieß|en hacer fuego *od.* tirar sobre; ꝛung *f* cañoneo *m*.

be'schilder|n señalizar; rotular; ꝛung *f* señalización *f*; rotulación *f*.

be'schimpf|en insultar, injuriar, ultrajar; ꝛung *f* insulto *m*, injuria *f*, ultraje *m*.

beschirmen [-'ʃirmən] (25) proteger, amparar.

be'schlafen consultar con la almohada.

Be'schlag *m* guarniciones *f*/*pl.*; (*Eisen*ꝛ) herraje *m*; *in* ꝛ *nehmen*, *mit* ꝛ *belegen* incautarse de; ♯♯ embargar, secuestrar; *fig.* acaparar (*a. j-n*); ꝛen 1. *v*/*t.* reforzar, guarnecer; *Pferd*: herrar; 2. *v*/*i.* *Glas*: empañarse; 3. *adj.* entendido, versado.

Beschlagnahme [-'-kna:mə] *f* (15, *o. pl.*) incautación *f*, embargo *m*, secuestro *m*; confiscación *f*; ꝛn (25) confiscar, embargar.

be'schleichen *fig.* sobrecoger.

beschleunig|en [-'ʃlɔynigən] (25) acelerar; *fig. a.* agilizar, activar; ꝛung *f* aceleración *f*; activación *f*.

be'schließen concluir, terminar; (*entscheiden*) resolver, decidir.

Be'schluß *m* (4²) resolución *f*, decisión *f*; acuerdo *m* (*fassen* tomar); ꝛfähig: *Pol.* ꝛ *sn* alcanzar el quórum; ꝛfähigkeit *f* quórum *m*.

be'schmieren untar; (*besudeln*) embadurnar; *mit Fett*: pringar.

be'schmutzen ensuciar; manchar.

be'schneid|en recortar (*a. fig.*); ✂ podar; ♯ circuncidar; ꝛung *f* recorte *m*; ✂ poda *f*; ♯ circuncisión *f*.

be'schneit [-'ʃnaɪt] cubierto de nieve.

be'schnüffeln, be'schnuppern husmear.

beschönig|en [-'ʃø:nigən] (25) cohonestar, colorear; paliar; ꝛung *f* cohonestación *f*; disimulo *m*.

beschottern [-'ʃɔtərn] (29) cubrir de grava.

beschränk|en [-'ʃrɛŋkən] (25) limitar (*auf* a); restringir; reducir; *sich* ꝛ *auf* limitarse a; ꝛt limitado; (*eng*) estrecho; (*gering*) escaso; *j.*: de pocos alcances; ꝛtheit *f* estrechez *f*; escasez *f*; *j-s*: corto entendimiento *m*;

≈ung f limitación f, restricción f.
be'schreib|en describir; ≈ung f descripción f.
beschrift|en [-'ʃriftən] (26) poner una inscripción en; rotular; ≈ung f inscripción f; rótulo m; e-r Münze: leyenda f.
beschuldig|en [-'ʃuldigən] (25) culpar (gen. de); inculpar; ≈te(r) m inculpado m; ≈ung f inculpación f; incriminación f.
beschummeln F timar; pegársela (j-n a alg.).
be'schütz|en proteger (vor dat. de, contra), amparar (de); ≈er m protector m; defensor m.
Beschwer|de [-'ve:rdə] f (15): a) (Mühe, Last) pena f; fatiga f; ⚔ ~n pl. molestias f/pl.; achaques m/pl.; b) ✝ queja f, reclamación f; ~deführer m reclamante m; ≈en (25) cargar (mit de); sich ~ über quejarse de (bei j-m a); ≈lich molesto; fatigoso; ≈lichkeit f incomodidad f; molestia f.
beschwichtigen [-'ʃviçtigən] (25) calmar, tranquilizar; apaciguar.
be'schwindeln engañar; mentir.
beschwingt [-'ʃviŋkt] animado; ligero; Musik: ameno.
beschwipst [-'ʃvipst] achispado.
be'schwör|en afirmar bajo juramento, jurar; Geister: conjurar; (anflehen) a. suplicar; ≈ung f conjuro m; súplica f.
beseelen [-'ze:lən] (25) animar.
be'sehen mirar; contemplar; (prüfen) examinar.
beseitig|en [-'zaitigən] (25) apartar; eliminar (a. j-n); Hindernis: allanar; ≈ung f eliminación f.
Besen ['be:zən] m (6) escoba f; ~binder m [--bindər] m (7) escobero m.
besessen [bə'zɛsən] poseído (von de); obsesionado (con); poseso; ≈heit f obsesión f.
be'setz|en ⊕ guarnecer (mit de); Stelle: cubrir; ⚔, Platz: ocupar; Thea. repartir; ⚔ ocupado; Bus usw.: completo; Fernspr. ~ sn estar comunicando; ≈zeichen n Fernspr. señal f de ocupado; ≈ung f ocupación f; Thea. reparto m.
besichtig|en [-'ziçtigən] (25) visitar; examinar; inspeccionar; ⚔ pasar revista a; ≈ung f visita f; inspección f; revista f.

be'sied|eln poblar, colonizar; ≈lung f colonización f.
be'siegeln sellar (a. fig.).
be'siegen vencer.
be'singen cantar.
besinn|en [-'zinən]: sich ~ reflexionar; acordarse (auf de); sich anders od. e-s Besseren ~ cambiar de parecer; ≈lich pensativo; ≈ung f conocimiento m, sentido m; wieder zur ~ kommen recobrar el sentido, volver en sí; ≈ungslos sin conocimiento od. sentido.
Besitz [-'zits] m (3²) posesión f; tenencia f; ~ ergreifen von tomar posesión de; ≈-anzeigend Gram. posesivo; ≈en poseer; ~er(in f) m (7) poseedor(a) m (f); dueño (-a) m (f); (Eigentümer) propietario (-a) m (f); ~ergreifung, ~nahme [-'-na:mə] f toma f de posesión; ~tum n (1²), ~ung f posesión f; propiedad f.
besoffen [-'zɔfən] P borracho.
besohlen [-'zo:lən] (25) poner medias suelas (a).
besold|en [-'zɔldən] (26) pagar; remunerar; ≈ung f sueldo m.
besonder [-'zɔndər] particular, peculiar; especial; singular; nichts ≈es nada del otro mundo; ≈heit f particularidad f; peculiaridad f; singularidad f; ~s en particular, especialmente; sobre todo; nicht ~ als Antwort: regular.
besonnen [-'zɔnən] circunspecto, prudente; ≈heit f circunspección f, prudencia f.
be'sorg|en (verschaffen) procurar, proporcionar, facilitar; (kaufen) comprar; (erledigen) hacer, atender a; ≈nis [-'zɔrknis] f (14²) preocupación f; ~nis-erregend preocupante, inquietante, alarmante; ~t inquieto, preocupado (um por); ≈ung f recado m; ~en machen ir de compras; hacer recados.
be'spann|en ♪ poner cuerdas a; ⊕ revestir de; ≈ung f revestimiento m.
be'spielen Schallplatte, Tonband: impresionar, grabar.
bespitzeln [-'ʃpitsəln] (29) espiar.
be'spötteln hacer mofa od. burlarse de.
be'sprech|en hablar de od. sobre; discutir; Lit. reseñar; (beschwören) conjurar; Tonband: grabar; sich mit j-m ~ entrevistarse, conferenciar con alg. (über ac. sobre); ≈ung f entre-

vista *f*; discusión *f*; conferencia *f*; *Lit.* reseña *f*.

be'sprengen rociar, regar; *Rel.* asperjar.

be'springen *Zo.* cubrir, montar.

be'spritzen rociar; *mit Schmutz*: salpicar.

besser ['bɛsər] (*comp. v. gut*) mejor; um so ~ tanto mejor; ~ werden mejorar; es wäre ~ mas valdría (*inf.*); ~ ist ~! más vale prevenir; ~n (29) *et.*: mejorar; *j-n*: enmendar; *fig.* corregir, reformar; sich ~ mejorar(se); ℒung *f* mejora *f*; ✻ mejoría *f*; gute ~! ¡que se mejore *od.* alivie!; ℒungs-anstalt *f* reformatorio *m*; ℒwisser ['--visər] *m* (7) sabelotodo *m*.

best [bɛst] (*sup. v. gut*) mejor; am ~en; das ℒe lo mejor; ~ens, aufs ~e lo mejor posible; der erste ~e el primero que llegue; zum ~en geben contar; *Lied*: cantar; *j-n* zum ~en haben tomar el pelo a alg.; sein ℒes geben dar lo mejor de sí; emplearse a fondo; zum ℒen (*gen.*) a beneficio de; zu Ihrem ℒen para su bien.

bestall|en [bə'ʃtalən] (25) nombrar; ℒung *f* nombramiento *m*.

Be'stand *m* (3³) (*Bestehen*) existencia *f*; (*Dauer*) duración *f*, estabilidad *f*; ✕ efectivo *m*; ✝ existencias *f/pl.*; stock *m*; von ~ durable.

be'ständig estable (*a. Wetter*); constante; duradero; permanente; (*andauernd*) continuo; ⊕ resistente (*gegen* a); ℒkeit *f* estabilidad *f*; constancia *f*.

Be'stand|s-aufnahme *f* inventario *m*; ~teil *m* componente *m*, parte *f* integrante; ingrediente *m*; elemento *m*.

be'stärken corroborar, confirmar.

bestätig|en [-'ʃtɛːtigən] (25) confirmar; ℒung *f* confirmación *f*.

bestatt|en [-'ʃtatən] (26) sepultar, dar sepultura a, inhumar; ℒung *f* sepelio *m*, inhumación *f*; ℒungs-institut *n* funeraria *f*, pompas *f/pl.* fúnebres.

be'stäub|en espolvorear; ♀ polinizar; ℒung *f* ♀ polinización *f*.

be'stech|en sobornar, corromper; *fig.* seducir; ~end *fig.* seductor, tentador; ~lich corruptible; ℒlichkeit *f* corruptibilidad *f*; corrupción *f*; ℒung *f* soborno *m*; corrupción *f*.

Besteck [-'ʃtɛk] *n* (3) ✻ estuche *m*, instrumental *m*; (*Eßℒ*) cubierto *m*.

be'stehen 1. *v/t.* *Kampf*: sostener;

Probe: salir airoso de; *Examen*: aprobar; *nicht* ~ F catear; 2. *v/i.* existir; (*fort*~) durar; subsistir; ~ auf (*dat.*) insistir en; ~ in (*dat.*) consistir en; ~ aus constar de, componerse de; 3. ℒ *n* existencia *f*; ~d existente; integrado (*aus* por), compuesto (de).

be'stehlen robar.

be'steig|en subir a; *Berg*: *a.* escalar, ascender a; *Pferd*: montar a; ℒung *f* subida *f*; ascensión *f*; escalada *f*.

be'stell|en ✍ cultivar; ✝ encargar, pedir (*bei j-m* a alg.); *Zeitung*: suscribirse a; *Zimmer*: reservar; (*ernennen*) nombrar (*zu ac.*); *Briefe*: entregar; *Grüße*: dar; mandar; *j-n* ~ hacer venir, citar a alg.; *j-m* et. ~ dar un recado a alg.; es ist schlecht um ihn bestellt va mal; ℒer *m* comprador *m*, cliente *m*; ℒschein, ℒzettel *m* boletín *m* de suscripción; nota *f od.* hoja *f* de pedido; ℒung *f* ✍ cultivo *m*; ✝ encargo *m*, pedido *m*; (*Botschaft*) recado *m*.

bestenfalls ['bɛstənfals] en el mejor de los casos.

be'steuer|bar imponible; ~n gravar con impuestos; ℒung *f* imposición *f*; ℒungsgrundlage *f* base *f* imponible.

Bestform ['bɛstfɔrm] *f* *Sport*: mejor condición *f od.* forma *f*.

bestialisch [-'ja:liʃ] bestial.

be'sticken [bə'ʃtikən] bordar; recamar.

Bestie ['bɛstjə] *f* (15) fiera *f*, bestia *f*.

bestimm|bar [bə'ʃtimbaːr] determinable; ~en determinar; (*entscheiden*) decidir; *Begriff*: definir; ✇ clasificar; (*festsetzen*) fijar, señalar; *vertraglich*: estipular; (*ausersehen*) destinar, designar; (*anordnen*) disponer; mandar; ~t determinado; (*sicher*) cierto, seguro; (*energisch*) categórico, terminante; ~ wissen saber de seguro; ℒtheit *f*: mit ~ con certeza; ℒung *f* destino *m*; (*Vorschrift*) prescripción *f*; determinación *f*; disposición *f*; ✇ clasificación *f*.

Bestleistung ['bɛstlaɪstuŋ] *f* récord *m*, mejor marca *f*.

bestraf|en [bə'ʃtraːfən] castigar; ℒung *f* castigo *m*; pena *f*.

be'strahl|en iluminar; ✻ irradiar; tratar con rayos X; ℒung *f* ✻ irradiación *f*; radioterapia *f*.

bestreb|en: sich ~ *od.* bestrebt sn zu esforzarse por; ℒungen *f/pl.* esfuerzos *m/pl.*

be'streichen untar; pintar; ✗ batir.
be'streiten negar; (*anfechten*) impugnar; *Kosten*: cubrir, pagar.
be'streuen espolvorear (*mit de*); *mit Blumen* ~ sembrar de flores.
be'stricken *fig.* cautivar, embelesar; **~d** encantador; cautivador.
Bestseller ['bɛstsɛlər] *m* (7) bestseller *m*.
bestück|en [bə'ʃtykən] (25) equipar; ✗ armar; **2ung** ✗ *f* armamento *m*.
be'stürmen asaltar; *fig.* asediar.
bestürz|t [-'ʃtʏrtst] consternado, perplejo, atónito; **2ung** *f* consternación *f*; perplejidad *f*.
Bestzeit ['bɛst-tsaɪt] *f Sport*: mejor tiempo *m*, mejor marca *f*.
Besuch [bə'zu:x] *m* (3) visita *f*; *zu* ~ *de* visita; *j-n* visitar; *j-n*: a. ir a ver; *Schule*: ir a; *Versammlung*: asistir a; *häufig* ~ frecuentar; *gut* (*schwach*) *besucht* muy (poco) concurrido; **~er** *m* visitante *m*; visita *f*; *Thea.* espectador *m*; *pl.* público *m*, concurrencia *f*; **~szeit** *f* horas *f/pl.* de visita.
be'sudeln embadurnar; ensuciar; manchar (*a. fig.*).
betagt [-'ta:kt] entrado en años.
be'tasten tocar, palpar; manosear.
be'tätig|en ⊕ accionar; *sich* ~ actuar (*als de*); obrar; dedicarse (a); **2ung** *f* actividad *f*; actuación *f*; **2ungsfeld** *n* campo *m* de actividades.
betäub|en [-'tɔʏbən] (25) ✎ anestesiar, narcotizar; *fig.* aturdir; **~end** *Lärm*: ensordecedor; **2ung** *f* aturdimiento *m*; ✎ narcosis *f*, anestesia *f*; **2ungsmittel** *n* narcótico *m*, anestésico *m*.
Betbruder ['be:tbru:dər] *m desp.* beato *m*, santurrón *m*.
Bete ♀ ['be:tə] *f* (15): *rote* ~ remolacha *f* roja.
beteilig|en [bə'taɪlɪgən] (25) interesar, hacer participar (*an dat.*en); *sich* ~, *beteiligt sn an* tomar parte en, participar en; **2te(r)** [-'lɪçtə(r)] *m* interesado *m*; **2ung** *f* participación *f*.
beten ['be:tən] (26) orar; rezar (*a. v/t.*).
beteuer|n [bə'tɔʏərn] (29) aseverar; **2ung** *f* aseveración *f*; protesta *f*.
betiteln [-'ti:təln] (29) (in)titular; *j-n*: tratar, calificar (*als de*).
Beton [be'tõ] *m* (11) hormigón *m*.
betonen [bə'to:nən] (25) acentuar; *fig. a.* poner de relieve; subrayar.
beton|ieren [beto'ni:rən] hormigonar; **2mischmaschine** [-'tõmɪʃmaʃi:nə] *f* hormigonera *f*.
Betonung [bə'to:nuŋ] *f* acento *m* (*a. fig.*); acentuación *f*; *fig.* énfasis *m*.
betören [-'tø:rən] (25) seducir.
Betracht [-'traxt] *m* (3, *o. pl.*): *in* ~ *ziehen* tomar en consideración; tener en cuenta; *außer* ~ *lassen* dejar de (*od.* a un) lado; *in* ~ *kommen* entrar en cuenta, venir al caso; *für j-n*: convenir a; **2en** contemplar; *fig.* considerar (*als como*).
beträchtlich [-'trɛçtlɪç] considerable.
Betrachtung [-'traxtuŋ] *f* contemplación *f*; consideración *f*.
Betrag [-'tra:k] *m* (3³) importe *m*, cantidad *f*; ✝ *erhalten* recibí; **2en** [-'-gən] ascender a, elevarse a; *sich* ~ (com)portarse.
Be'tragen *n* comportamiento *m*, conducta *f*.
be'trau|en: *j-n mit et.* ~ confiar a/c. a alg.; **~ern** llorar.
Betreff [-'trɛf] *m im Brief*: asunto *m*, objeto *m*; *in* ♀, **2s** (*gen.*) respecto a, en cuanto a, referente a; **2en** concernir, afectar; *was mich betrifft* en cuanto a mí; *betroffen werden von* ser víctima de; **2end** respectivo; en cuestión; **2s** *s. Betreff*.
be'treiben (*ausüben*) practicar; ejercer; *Studien usw.*: dedicarse a; *amtlich*: gestionar; tramitar; (*fördern*) activar; *auf* ♀ *von* a iniciativa de.
be'treten 1. *v/t.* pisar; *Raum*: entrar en; **2.** *adj.* confuso; turbado.
be'treu|en [-'trɔʏən] (25) atender a; cuidar (a, de); **2er** *m* (7) *a. Sport*: cuidador *m*; **2ung** *f* cuidado *m*.
Betrieb [-'tri:p] *m* (3) ✝ empresa *f*; ⊕ funcionamiento *m*, marcha *f*; servicio *m*; *fig.* animación *f*, F jaleo *m*; *in* ~ *sn* funcionar; *außer* ~ fuera de servicio; *in* ~ *setzen* poner en marcha; **2sam** activo; **~samkejt** *f* actividad *f*.
Be'triebs·anleitung *f* instrucciones *f/pl.* de servicio; **~berater** *m* asesor *m* de empresas; **2fertig** listo para el servicio; **~kapital** *n* capital *m* de explotación; **~leiter** *m* director *m* técnico; **~leitung** *f* dirección *f* (de la empresa); **~rat** *m* comité *m* de empresa; **~wirtschaft** *f* economía *f* de la empresa; **~wissenschaft** *f* ciencias *f/pl.* empresariales.
be'trinken: *sich* ~ emborracharse, embriagarse.

bewältigen

betroffen [-'trɔfən] *fig.* confuso; consternado; **2heit** *f* consternación *f.*

be'trüb|en afligir, entristecer; **.lich** [-'try:plɪç] triste; **2nis** *f* (14²) aflicción *f*, tristeza *f*; **.t** afligido, apenado, triste.

Betrug [-'tru:k] *m* (3) 🚲 fraude *m*; estafa *f*; engaño *m*; F timo *m*; *beim Spiel:* trampa *f.*

be'trüg|en engañar; *j-n um et.* ~ estafar a/c. a alg.; *im Spiel:* hacer trampas; **2er(in** *f)* estafador(a) *m (f);* tramposo (-a) *m (f);* impostor(a) *m (f);* **2e'rei** *f* estafa *f*, **.erisch** fraudulento.

be'trunken, **2e(r)** *m* borracho *m*; beodo *(m);* **2heit** *f* embriaguez *f.*

Bett [bɛt] *n* (5) cama *f*; Lit. lecho *m*; *(Fluß2)* cauce *m*; zu ~ gehen irse a la cama; *das* ~ *hüten* guardar cama; *zu* ~ *bringen (gehen)* acostar(se); '**.couch** *f* sofá-cama *m*; '**.decke** *f* manta *f*; *(Überdecke)* colcha *f.*

bettel|arm [¹-əl-'?arm] pobre como una rata; **2ei** [--'laɪ] *f* mendicidad *f*; **2mönch** *m* (fraile) mendicante *m*; **~n** (29) pedir limosna, mendigar, pordiosear; ~ *um* pedir *(ac.);* **2stab** *m:* *an den* ~ *bringen* reducir a la miseria.

bett|en [¹-ən] (26) acostar; **2gestell** *n* armadura *f* de cama; **.lägerig** [¹-lɛ:gəriç]: ~ *sn* guardar cama; **2laken** *n* sábana *f*; **2lektüre** *f* libro *m* de cabecera.

Bettler(in *f)* [¹-lər(in)] *m* (7) mendigo (-a) *m (f);* pordiosero (-a) *m (f);* *Am.* limosnero (-a) *m (f).*

'**Bett|nässen** *n* 🐾 incontinencia *f* nocturna; **.ruhe** *f* reposo *m* en cama; **.(t)uch** *n* sábana *f*; **.-überzug** *m* funda *f*, **.vorleger** *m* alfombrilla *f*; pie *m* de cama; **.wäsche** *f*, **.zeug** *n* ropa *f* de cama.

betucht [bə'tu:xt] F forrado de dinero.

be'tupfen tocar ligeramente.

Beug|e [¹bɔygə] *f* (15) flexión *f*; **2en** (25) doblar; *bsd. Turnen:* flexionar; *fig.* doblegar; *Recht:* violar; *sich* ~ inclinarse; *fig.* rendirse; **.ung** *f* flexión *f (a. Gram.).*

Beule [¹-lə] *f* (15) bollo *m*, abolladura *f*; 🐛 chichón *m*; **.npest** *f* peste *f* bubónica.

beunruhig|en [bə¹⁹unru:igən] (25) alarmar; inquietar, intranquilizar, preocupar; 🗡 hostigar; **.end** alarmante; inquietante; preocupante; **2ung** *f* inquietud *f*; preocupación *f.*

beurkund|en [-¹⁹u:rkundən] (26) documentar; legalizar; autentificar; **2ung** *f* legalización *f*; documentación *f.*

beurlaub|en [-¹⁹u:rlaubən] (25) dar permiso a; *vom Amt:* suspender; **.t** [-¹--pt] con permiso.

be-'urteil|en juzgar (de); **2ung** *f* juicio *m*, dictamen *m.*

Beute [¹bɔytə] *f* (15) botín *m*; presa *f (a. fig.);* ~ *der Flammen* pasto *m* de las llamas.

Beutel [¹-təl] *m* (7) bolsa *f*; **.tier** *n* marsupial *m.*

bevölker|n [bə'fœlkərn] (29) poblar; **2ung** *f* población *f*; **2ungs...** *in Zssgn oft* demográfico; **2ungsdichte** *f* densidad *f* demográfica *od.* de población; **2ungs-explosion** *f* explosión *f* demográfica.

bevollmächtig|en [-¹fɔlmɛçtigən] (25) apoderar, autorizar; **2te(r)** [-¹--tiçtə(r)] *m* apoderado *m*; **2t** mandatario *m*; *Pol.* plenipotenciario *m*; **2ung** *f* autorización *f.*

be'vor antes (de) que *(subj.);* antes de *(inf.);* **.munden** [-¹fo:rmundən] (26) tener bajo tutela; **2mundung** *f* tutela *f*; **.recht(ig)en** [-¹-rɛçt(ig)ən] (26 [25]) privilegiar; **.stehen** estar próximo; ser inminente; **.zugen** [-¹-tsu:gən] (25) preferir *(vor dat. a);* *(begünstigen)* favorecer; **2zugung** *f* preferencia *f.*

be'wachen vigilar, guardar, custodiar.

be'wachsen: ~ *mit* cubierto de.

Be'wachung *f* vigilancia *f*; guardia *f*, custodia *f.*

be'waffn|en armar; **2ung** *f* armamento *m.*

be'wahren guardar; *(erhalten)* conservar; ~ *vor (dat.)* preservar de.

be'währen: *sich* ~ dar buen resultado; *j.:* acreditarse.

bewahrheiten [-¹va:rhaɪtən] (26): *sich* ~ confirmarse.

bewähr|t [-¹vɛ:rt] probado; acreditado; **2ung** *f*: 🚲 *mit* ~ condicional; **2ungsfrist** *f* plazo *m* de prueba; **2ungs-probe** *f* prueba *f.*

bewaldet [-¹valdət] poblado de bosques.

bewältigen [-¹vɛltigən] (25) dominar; superar; *Arbeit:* llevar a cabo;

nicht ~ no dar abasto a.

bewandert [-'vandərt] versado, entendido (*in dat.* en).

Bewandtnis [-'vantnis] *f* (14²): *damit hat es e-e besondere (folgende)* ~ es un caso particular (el caso es el siguiente).

be'wässer|n [-'vɛsərn] (29) regar; 2ung *f* riego *m*; 2ungs-anlage *f* instalación *f* de riego; 2ungsgraben *m* acequia *f*; 2ungsland *n* (tierras *f/pl.* de) regadío *m*.

beweg|en [-'ve:gən] **a)** (25) mover; (*hin u. her*) agitar; *Gemüt:* conmover; **b)** (30) (*veranlassen*) inducir, determinar; 2grund [-'ve:kgrunt] *m* motivo *m*, móvil *m*; ~lich [-'ve:kliç] móvil; *Fest:* movible; *fig.* ágil; ~e Habe bienes *m/pl.* muebles; 2lichkeit *f* movilidad *f*; *fig.* agilidad *f*; ~t See: agitado; *Leben:* movido; (*gerührt*) emocionado; 2ung [-'-gʊŋ] *f* movimiento *m* (*a. Pol.*); *fig.* emoción *f*; *sich* ~ *machen* hacer ejercicio; 2ungsfreiheit *f* *fig.* libertad *f* de acción; ~ungslos inmóvil; 2ungstherapie *f* cinesiterapia *f*.

be'weinen llorar (*j-n* a alg.; et. por a/c.).

Beweis [-'vais] *m* (4) prueba *f* (*für* de); Ậ *a.* demostración *f*; ~aufnahme *f* ⚖ práctica *f* de pruebas; 2bar demostrable; 2en [-'-zən] probar; *a.* Ậ demostrar; (*feststellen*) comprobar; ~führung *f* demostración *f*; argumentación *f*; ~grund *m* argumento *m*; ~kraft *f* fuerza *f* probatoria; 2kräftig probatorio, concluyente; ~mittel *n* prueba *f*; ~stück *n* prueba *f*; ⚖ cuerpo *m* del delito.

be'wenden: *es dabei* ~ *lassen* darse por satisfecho, no tocar más; *damit hat es sn* 2 todo queda ahí.

be'werb|en: *sich* ~ *um* solicitar (*ac.*); 2er *m* (7) candidato *m*; solicitante *m*, aspirante *m*; (*Freier*) pretendiente *m*; 2ung *f* solicitud *f* (*um* de); 2ungsschreiben *n* solicitud *f* (de empleo).

be'werfen arrojar (*j-n mit* et. a/c. a alg.); ▲ revocar.

bewerkstelligen [-'vɛrkʃtɛligən] (25) realizar, arreglar, conseguir.

be'wert|en valorar; evaluar; 2ung *f* valoración *f*; evaluación *f*.

bewillig|en [-'viligən] (25) conceder, otorgar; 2ung *f* concesión *f*.

be'wirken causar, originar, provocar; (*erreichen*) conseguir.

bewirten [-'virtən] (25) obsequiar.

be'wirtschaft|en explotar; administrar; *Waren:* racionar; contingentar; 2ung *f* explotación *f*; administración *f*; racionamiento *m*; contingentación *f*.

Be'wirtung *f* agasajo *m*; (*im Gasthaus*) servicio *m*.

bewohn|bar [-'vo:nba:r] habitable; ~en habitar; 2er(in *f*) *m* (7) habitante *su.*; *e-s Hauses:* vecino (-a) *m* (*f*).

bewölk|en [-'vœlkən] (25): *sich* ~ nublarse; encapotarse; ~t nublado, nuboso; 2ung *f* nubosidad *f*.

Bewunder|er [-'vundərər] *m* (7) admirador *m*; 2n admirar; 2nswert, 2nswürdig admirable; ~ung *f* admiración *f*.

Be'wurf ▲ *m* (3³) revoque *m*, revoco *m*.

bewußt [-'vust] consciente; (*bekannt*) consabido, en cuestión; *sich e-r Sache* ~ *sn* estar consciente *od.* darse cuenta de a/c.; ~los inconsciente, sin conocimiento; ~ *werden* desmayarse; 2losigkeit *f* inconsciencia *f*; desmayo *m*; 2sein *n* conciencia *f*; ♯ conocimiento *m*.

be'zahl|en pagar; (*vergüten*) retribuir, remunerar; *sich bezahlt machen* valer la pena; 2ung *f* pago *m*; remuneración *f*.

be'zähmen domar; *sich* ~ dominarse.

be'zaubern encantar, hechizar; embelesar; ~d encantador, hechicero.

be'zeichn|en marcar, señalar; (*bestimmen*) designar; (*bedeuten*) denotar, significar; ~ *als* calificar de; ~end significativo; ~ *für j-n:* típico de, característico de; 2ung *f* denominación *f*; nombre *m*.

be'zeugen atestiguar; dar fe de.

bezichtigen [-'tsiçtigən] (25) (*gen.*) inculpar de.

be'zieh|en 1. *v/t. Wohnung:* instalarse en; ocupar; *Wache:* montar; *Gehalt:* cobrar, percibir; *Zeitung:* estar suscrito a; *Waren:* comprar (*aus* en, *von* a); *Möbel:* tapizar; *Bett:* poner ropa; cambiar la ropa; *zu* ~ *durch* de venta en; *auf sich* ~ darse por aludido; ~ *mit* revestir con *od.* de; **2.** *v/refl. Himmel:* nublarse; encapotarse; *sich* ~ *auf* (*ac.*) referirse a; 2er(in *f*) *m* (7) comprador(a) *m* (*f*); suscriptor(a) *m* (*f*); 2ung *f* relación *f*; (*Hinsicht*) respecto *m*; *gute*

~en F enchufe *m*; *in jeder* ~ por todos conceptos; a todas luces; *in* ~ *stehen zu* estar relacionado con; *in* ~ *treten mit* entrar en relaciones *od.* relacionarse con; **~ungsweise** o sea; o bien.

beziffern [-'tsifərn] (29) numerar; *sich* ~ *auf (ac.)* ascender a.

Bezirk [-'tsirk] *m* (3) distrito *m*.

bezirzen [-'tsirtsən] (25) F engatusar; hechizar.

Bezogene(r) † [-'tso:gənə(r)] *m* librado *m*, girado *m*.

Bezug [-'tsu:k] *m* (3³) *(Überzug)* funda *f*; *(Waren2)* compra *f*; *e-r Zeitung*: suscripción *f* a; *fig.* referencia *f*; *Bezüge pl. (Gehalt)* emolumentos *m/pl.*; remuneración *f*; *in 2 (od. mit* ~) *auf (ac.)* respecto a *od.* de; ~ *nehmen auf (ac.)* referirse a.

bezüglich [-'tsy:kliç] *(gen.)* referente a, relativo a.

Bezugnahme [-'tsu:kna:mə] *f* (15): *unter* ~ *auf (ac.)* con referencia a.

Bezugs... [-'tsu:ks...]: *in Zssgn* † de compra; **2fertig** *Haus*: habitable *od.* ocupable en el acto; **~quelle** *f* fuente *f* de compra.

bezwecken [-'tsvɛkən] (25) proponerse; tener por objeto.

be'zweifeln poner en duda (et. a/c.), dudar (de a/c.).

be'zwing|en vencer; *fig. sich* ~ dominarse; **2er** *m* vencedor *m*.

Bibel [ˈbiːbəl] *f* (15) Biblia *f*; **2fest** versado en la Biblia; **~spruch** *m* versículo *m*; **~stelle** *f* pasaje *m* bíblico.

Biber [ˈbiːbər] *m* (7) castor *m*.

Biblio|graphie [-bliograˈfiː] *f* (15) bibliografía *f*; **~thek** [--ˈteːk] *f* (16) biblioteca *f*; **~thekar(in** *f*) [--teˈkaːr(in)] *m* (3¹) bibliotecario (-a) *m* (*f*).

biblisch [ˈbiːbliʃ] bíblico; **2e** *Geschichte f* Historia *f* Sagrada.

bieder [ˈbiːdər] honrado; leal; **2keit** *f* lealtad *f*; honradez *f*; **2mann** *m* (1²) hombre *m* de bien.

bieg|en [ˈbiːgən] (30) **1.** *v/t.* torcer; doblar; *(krümmen)* encorvar; *sich vor Lachen* ~ troncharse (de risa); *auf 2 oder Brechen* a todo trance; **2.** *v/i.* (sn): *um die Ecke* ~ doblar la esquina; **~sam** [ˈbiːkzaːm] flexible; **2ung** [ˈ-guŋ] *f* recodo *m*, revuelta *f*.

Biene [ˈbiːnə] *f* (15) abeja *f*; **~nkönigin** *f* abeja *f* reina; **~nkorb, ~nstock** *m*

colmena *f*; **~nzucht** *f* apicultura *f*; **~nzüchter** *m* apicultor *m*.

Bier [biːr] *n* (3) cerveza *f* *(helles* rubia; *dunkles* negra; *vom Faß* de barril); **'~brauer** *m* cervecero *m*; **'~brauerei** *f*, **'~lokal** *n* cervecería *f*; **'~deckel** *m* posavasos *m*.

Biese [ˈbiːzə] *f* (15) pestaña *f*; vivo *m*.

Biest [biːst] F *n* (1¹) mal bicho *m*.

bieten [ˈbiːtən] (30) ofrecer; *Hand*: tender; *Versteigerung*: licitar, *(höher* ~) pujar; *Spiel*: enviar; *sich* ~ brindarse, presentarse; *sich (dat.) nicht* ~ *lassen* no tolerar.

Bigamie [bigaˈmiː] *f* (15) bigamia *f*.

bigott [-ˈgɔt] santurrón; mojigato.

Bikini [-ˈkiːni] *m* (11) bikini *m*.

Bilanz [-ˈlants] *f* (16) balance *m*; balanza *f*.

Bild [bilt] *n* (1) imagen *f*; *(Gemälde)* cuadro *m*, pintura *f*; retrato *m*; *Buch*: ilustración *f*; *fig.* idea *f*; *im* ~*e sn* estar enterado *od.* al corriente; *sich ein* ~ *machen von* hacerse una idea de; **'~bericht** *m* reportaje *m* gráfico; **'~bericht-erstatter** *m* reportero *m* gráfico; **2en** [ˈ-dən] (26) formar; *geistig*: instruir; **'2end** instructivo; *Kunst*: plástico, gráfico.

Bilder|bogen [ˈ-dɔːrboːgən] *m* pliego *m* de aleluyas; **~buch** *n* libro *m* de estampas; **~galerie** *f* galería *f* od. museo *m* de pintura; **~rätsel** *n* jeroglífico *m*; **~schrift** *f* escritura *f* jeroglífica; **~stürmer** *m* iconoclasta *m*.

Bild|fläche [ˈbiltflɛça] *f*: *auf der* ~ *erscheinen* aparecer; *von der* ~ *verschwinden* desaparecer; **~funk** *m* telefotografía *f*; **2haft** gráfico, plástico; **~hauer(in** *f*) *m* escultor(a) *m* (*f*); **~hauerei** *f* escultura *f*; **2hübsch** guapísimo; **2lich** plástico; *Sinn*: figurado; **~nis** *n* (4¹) retrato *m*; efigie *f*; **~platte** *f* videodisco *m*; **~plattenspieler** *m* videotocadiscos *m*; **~reportage** *f* reportaje *m* gráfico; **~röhre** *f* TV tubo *m* de imagen; **~schärfe** *f* nitidez *f* de imagen; **~schirm** *m* pantalla *f*; **~schirmtext** *m* videotex *m*; **2schön** hermosísimo; **~seite** *f* cara *f*, anverso *m*; **~ung** [ˈ-duŋ] *f* formación *f*; *geistige*: cultura *f*; instrucción *f*; educación *f*; **~ungsgang** *m* curso *m* de estudios; **~ungsgrad** *m* nivel *m* cultural.

Billard [ˈbiljart] *n* (3¹ *u.* 11) billar *m*; **~stock** *m* taco *m*.

Billett [-ˈjɛt] *n* (3) billete *m*, ticket *m*, Am. boleto *m*.

billig ['biliç] barato, económico; *fig.* justo; *Ausrede usw.*: gratuito; **~en** ['--gən] (25) aprobar; **2keit** f baratura f; *fig.* equidad f; **2ung** f aprobación f.

Billion [-'ljoːn] f (16) billón m.

bimmeln ['biməln] F (29) repiquetear; tintinear.

Bimsstein ['bimsʃtaɪn] m piedra f pómez.

bin [bin] s. sein.

Binde ['-də] f (15) (*Band*) cinta f; banda f; ✻ venda f; F *fig.* e-n hinter die ~ gießen F echarse un vaso al coleto; **~gewebe** n tejido m conjuntivo; **~glied** n eslabón m; vínculo m; **~haut** f conjuntiva f; **~hautentzündung** f conjuntivitis f; **~mittel** n ⚗ aglutinante m; *Kchk.* espesante m; **2n** (30) atar (*a. fig. die Hände* las manos); ligar (*a. ♪*); *Buch:* encuadernar; *Krawatte usw.:* anudar; *Kchk.* espesar; *fig. sich ~* comprometerse; **2nd** *fig.* obligatorio; **~strich** m guión m; **~wort** n *Gram.* conjunción f.

Bindfaden ['bintfaːdən] m bramante m, cordel m.

Bindung ['-duŋ] f atadura f; unión f; ♪ ligado m; (*Ski*) fijación f; *fig.* obligación f; compromiso m (*eingehen* contraer).

binnen ['-ən] (*dat., a. gen.*) dentro de; ~ *kurzem* dentro de poco; **2...:** *in Zssgn* interior; **2fischerei** f pesca f de agua dulce; **2gewässer** n/pl. aguas f/pl. interiores; **2hafen** m puerto m interior *bzw.* fluvial; **2land** n interior m (del país); **2markt** m mercado m interior *od.* nacional; **2schiffahrt** f navegación f interior *od.* fluvial.

Binse ['-zə] f (15) junco m; *fig. in die ~n gehen* venirse abajo; fracasar; **~nwahrheit** f F perogrullada f.

Bio|chemie [bioçe'miː] f bioquímica f; **~graphie** [--graˈfiː] f (15) biografía f; **~loge** [-'loːgə] m (12) biólogo m; **~logie** [--lo'giː] f (15) biología f; **2logisch** [--'loːgiʃ] biológico; **~phy'sik** f biofísica f; **~psie** ✻ [-əp'siː] f (15) biopsia f.

birgst, birgt [birk(s)t] s. bergen.

Birke ['birkə] f (15) abedul m; **~hahn** m gallo m lira.

Birn|baum ['birnbaʊm] m peral m; **~e** f (15) pera f; ⚡ bombilla f.

birst [birst] s. bersten.

bis [bis] 1. *prp.* ~ (*zu, nach*) hasta; von ... ~ de ... a, desde ... hasta; *zwei* ~ *drei Tage* dos o tres días; ~ *auf* (*ac.*) (*außer*) excepto, menos, salvo; 2. *cj.* hasta que.

Bischof ['biʃɔf] m (3¹ u. ³) obispo m.

bischöflich ['-ʃøːfliç] episcopal.

Bischofs... ['-ʃɔfs...] episcopal; **~amt** n s. ~würde; **~hut** m mitra f; **~stab** m báculo m pastoral; **~würde** f episcopado m.

bisher [bis'heːr] hasta ahora, hasta la fecha; **~ig** que hubo hasta ahora; anterior.

Biskuit [-'kvit] n, m (11) bizcocho m.

Bison ['biːzɔn] m (11) bisonte m.

Biß [bis] 1. m (4) mordedura f (*a. ✻*); mordisco m; 2. 2 s. beißen; **2chen** ['-çən] *ein* ~ un poco, un poquito.

Biss|en ['bisən] m (6) bocado m; **2ig** mordedor; *fig.* mordaz; **~igkeit** f *fig.* mordacidad f.

'Bißwunde f mordedura f.

bist [bist] s. sein.

Bistum ['bistuːm] n (1²) obispado m.

bisweilen [-'vaɪlən] a veces, de vez en cuando.

Bitte ['bitə] 1. f (15) ruego m, súplica f; (*Ersuchen*) petición f; *ich habe e-e ~ an Sie* quisiera pedirle un favor; 2. 2 *adv.* por favor; *nach Dank:* de nada, no hay de qué; *wie?* ¿cómo dice(s)?; *aber ~!* ¡no faltaría más!; ¡cómo no!; **2n** (30) pedir (*j-n um et.* a/c. a alg.); ~ *zu* (*inf.*) *od.* daß rogar *od.* suplicar (que) *subj.*; *aber ich bitte Sie!* ¡pero, por Dios!; *ich lasse ~!* que pase; *sich* (*lange*) ~ *lassen* hacerse (de) rogar; *darf ich Sie ~ zu* (*inf.*) me haría el favor de (*inf.*); tendría la bondad de (*inf.*).

bitter ['bitər] amargo; agrio (*beide a. fig.*); *Kälte:* intenso; *es ist mir ~ ernst* estoy hablando muy en serio; **~'böse** furioso; **~'kalt** excesivamente frío; **2keit** f amargor m; *fig.* amargura f; **~lich** *adv.* amargamente.

Bitt|gang ['bitgaŋ] m procesión f rogativa; **~gesuch** n, **~schrift** f solicitud f, súplica f; memorial m; **~steller(in** f) ['-ʃtɛlər(in)] m (7) peticionario (-a) m (f), solicitante su.

Biwak ['biːvak] n (3¹) vivaque m; **2ieren** vivaquear.

bizarr [bi'tsar] estrafalario; extravagante.

blähen ['blɛːən] (25) hinchar; ✻ causar flatos; *fig. sich ~* esponjarse; **~end**

ℱ flatulento; ℒ**ung** ℱ *f* flato *m*, flatulencia *f*, ventosidad *f*.

Blam|age [blaˈmaːʒə] *f* (15) vergüenza *f*; F plancha *f*; ℒ**ieren** poner en ridículo; *sich* ~ F tirarse una plancha, meter la pata.

blank [blaŋk] reluciente; brillante; *Waffe*: blanco; F *fig.* ~ *sn* estar sin blanca.

blanko † [ˈl-ko] en blanco; ℒ**scheck** *m* cheque *m* en blanco; ℒ**vollmacht** *f* carta *f* blanca (*a. fig.*).

Bläschen ℱ, *Anat.* [ˈblɛːsçən] *n* (6) vesícula *f*.

Blase [ˈblaːzə] *f* (15) (*Wasser*ℒ, *Luft*ℒ) burbuja *f*; (*Harn*ℒ) vejiga *f*; (*Haut*ℒ) ampolla *f*; ~**balg** *m* fuelle *m*; ℒ**n** (30) soplar; ♪ tocar; ~**n-entzündung** *f* cistitis *f*; ~**nstein** *m* cálculo *m* vesical.

Bläser ♪ [ˈblɛːzər] *m/pl.* (7) vientos *m/pl.*

blasiert [blaˈziːrt] afectado; ℒ**heit** *f* afectación *f*; esnobismo *m*.

Blas|instrument [ˈblaːsʔɪnstruˌmɛnt] *n* instrumento *m* de viento; ~**musik** *f* música *f* para instrumentos de viento.

Blasphemie [blasfeˈmiː] *f* (15) blasfemia *f*.

Blasrohr [ˈblaːsroːr] *n* cerbatana *f*.

blaß [blas] pálido; ~ *werden* palidecer; *keine blasse Ahnung haben* no tener ni la más remota idea.

Blässe [ˈblɛsə] *f* (15) palidez *f*.

bläßlich [ˈblɛslɪç] paliducho.

bläst [blɛst] *s.* blasen.

Blatt [blat] *n* (1², *als Maß im pl. uv.*) hoja *f*; (*Zeitung*) diario *m*, periódico *m*; ♪ vom ~ *spielen* tocar a primera vista; *fig. kein* ~ *vor den Mund nehmen* no tener pelos en la lengua; *das steht auf e-m andern* ~ eso es harina de otro costal; *das* ~ *wendet sich* se vuelve la tortilla.

blätter|n [ˈblɛtərn] (29) hojear (*in dat.* a/c.); ℒ**teig** *m* hojaldre *m*.

Blatt|grün [ˈblatgryːn] *n* clorofila *f*; ~**laus** *f* pulgón *m*; ~**pflanze** *f* planta *f* de hoja; ~**stiel** *m* pecíolo *m*.

blau [blau] **1.** *adj.* azul (*a. Blut*); F (*betrunken*) borracho; ~*er Fleck* cardenal *m*; *mit e-m* ~*en Auge davonkommen* salir bien librado; **2.** ℒ *n* (3¹, *o. pl.*) azul *m*; *Fahrt ins* ~ viaje *m* sorpresa; *ins* ~*e hinein reden* hablar a tontas y a locas; *das* ~*e vom Himmel herunter lügen* ser un cuentista; ~**äugig** [ˈl-ʔɔʏɡɪç] de ojos azules; ℒ-

beere ⚘ *f* arándano *m*, mirtillo *m*; ~**gefroren** amoratado de frío; ~**grau** gris azulado.

bläulich [ˈblɔʏlɪç] azulado.

blau|machen F [ˈblaumaxən] hacer fiesta; ℒ**papier** *n* papel *m* carbón; ℒ**säure** ⚗ *f* ácido *m* prúsico *od.* cianhídrico; ℒ**stift** *m* lápiz *m* azul; ℒ**strumpf** *fig. m* sabihonda *f*; ℒ**wal** *m* ballena *f* azul.

Blech [blɛç] *n* (3) chapa *f*; lámina *f*; (*Weiß*ℒ) hojalata *f*; F *fig.* disparates *m/pl.*; F chorradas *f/pl.*; ~**büchse**, ~**dose** *f* lata *f*; ℒ**en** F (25) pagar; F aflojar la mosca; ℒ**ern** [ˈl-çərn] de hojalata; ~**instrument** ♪ *n* instrumento *m* de metal; ~**musik** ♪ *f* música *f* para instrumentos de metal; charanga *f*; ~**schaden** *m* daños *m/pl.* en la carrocería; ~**schere** *f* cizalla *f*.

blecken [ˈblɛkən] (25): *die Zähne* ~ enseñar los dientes.

Blei [blai] *n* (3) plomo *m*.

Bleibe [ˈl-bə] F *f* (15) alojamiento *m*, paradero *m*; ℒ**n** (30, sn) quedar(se); (*sich aufhalten*) permanecer; (*weiterhin* ~) seguir, continuar; (*aus*~) tardar (*lange mucho*); (*beharren*) insistir (*bei* en); *bei der Wahrheit* ~ atenerse a la verdad; *es bleibt dabei* quedamos en lo convenido; *wo* ~ *Sie denn?* ¿por qué no viene Vd.?; ℒ**nd** permanente, duradero; ℒ**nlassen** dejar; guardarse de (*inf.*).

bleich [blaiç] pálido; ~ *werden* palidecer; ℒ**en** (25) **1.** *v/t.* blanquear; **2.** *v/i.* (sn) desteñirse; ℒ**sucht** *f* clorosis *f*; ~**süchtig** clorótico.

blei|ern [ˈblaiərn] de plomo; *fig.* plomizo; ~**frei** sin plomo; ℒ**glanz** *m* galena *f*; ~**haltig** [ˈl-haltiç] plomífero; ~**schwer** *a. fig.* plúmbeo; ℒ**soldat** *m* soldadito *m* de plomo; ℒ**stift** *m* lápiz *m*; ℒ**stiftspitzer** *m* sacapuntas *m*; ℒ**vergiftung** *f* saturnismo *m*; ℒ**weiß** *n* albayalde *m*, cerusa *f*.

Blend|e [ˈblɛndə] *f* (15) ⚒ blenda *f*; *Phot.* diafragma *m*; ℒ**en** (26) cegar; *fig.* deslumbrar; ℒ**end** deslumbrante; *fig. a.* brillante; ~**er** *fig. m* (7) efectista *m*; ~**schutz** *m* antideslumbrante *m*; ~**werk** *n* fantasmagoría *f*; efectismo *m*.

Blick [blik] *m* (3) mirada *f*; *flüchtiger*: ojeada *f*, vistazo *m*; (*Aussicht*) vista *f*; panorama *m*; *auf den ersten* ~ a primera vista; *Liebe auf den ersten* ~

flechazo *m*; e-n ~ werfen *auf* echar una mirada a; ¹²en (25) mirar (*auf ac.* a); sich ~ lassen dejarse ver; das läßt tief ~ eso da que pensar; ¹.**feld** *n* campo *m* visual; ¹.**punkt** *fig. m* centro *m* del interés.

blieb [bli:p] *s.* bleiben.

blies [bli:s] *s.* blasen.

blind [blint] ciego (*a. fig.*), invidente; *Glas:* opaco; △ falso; auf e-m Auge ~ tuerto; ~er Passagier polizón *m*; ¹²**darm** *m* intestino *m* ciego; ¹²**darmentzündung** *f* apendicitis *f*; ²**ekuh** [¹-dəku:] *f:* ~ spielen jugar a la gallina ciega.

Blinden|anstalt [¹-dən²anʃtalt] *f*, ~**heim** *n* asilo *m* de ciegos; ~**hund** *m* perro *m* lazarillo, perro-guía *m*; ~**schrift** *f* escritura *f* para ciegos; braille *m*.

Blind(r) [¹-də(r)] *m* ciego *m*.

Blind|flug [¹blintflu:k] *m* vuelo *m* sin visibilidad; ~**gänger** ✕ [¹-gɛŋər] *m* (7) granada *f od.* bomba *f* no estallada; ²**geboren** [¹-gəbɔːrən] ciego de nacimiento; ~**heit** *f* ceguedad *f* (*a. fig.*); ceguera *f*; ²**lings** [¹-liŋs] a ciegas; ~**schleiche** [¹-ʃlaiçə] *f* (15) lución *m*; ²**schreiben** Schreibmaschine: escribir al tacto.

blink|en [¹bliŋkən] (25) relucir; brillar; hacer señales luminosas; ²er Kfz. *m* intermitente *m*; ²**feuer** *n*, ²**licht** *n* luz *f* intermitente; ²**zeichen** *n* señal *f* luminosa.

blinzeln [¹blintsəln] (29) parpadear, pestañear; guiñar.

Blitz [blits] *m* (3²) relámpago *m*; einschlagender: rayo *m*; ~**ableiter** [¹-²aplaitər] *m* (7) pararrayos *m*; ²**blank** limpio como una patena; ²**en** (27) relampaguear; *fig.* brillar; ¹.**gespräch** *n* conversación *f* relámpago; ¹.**krieg** *m* guerra *f* relámpago; ¹.**licht** Phot. *n* flash *m*; ¹.**reise** *f* viaje *m* relámpago; ¹.**schlag**, ¹.**strahl** *m* rayo *m*; ²¹**schnell** como un rayo.

Block [blɔk] *m* (3³) bloque *m* (*a. Pol.*); (Klotz) tajo *m*; (Häuser²) manzana *f*, Am. cuadra *f*; (Schreib²) bloc *m*; ~**de** [¹-ka:də] *f* (15) bloqueo *m*; ¹.**flöte** flauta *f* dulce; ²**frei** Pol. no alineado; ¹.**haus** *n* blocao *m*; ²**ieren** bloquear; ¹.**ierung** *f* bloqueo *m*; ¹.**schrift** *f* caracteres *m/pl.* de imprenta.

blöd(e) [¹blø:t, (¹-də) estúpido; tonto, bobo; idiota; ²**heit** [¹-thait] *f* imbecilidad *f*; idiotez *f*; ²**mann** ⊦ *m*

idiota *m*; P gilipollas *m*; ²**sinn** *m* tontería *f*, P chorrada *f*; ~**sinnig** imbécil, idiota.

blöken [¹blø:kən] 1. *v/i.* (25) Schaf: balar; Kalb: berrear; 2. ² *n* balido *m*; berrido *m*.

blond [¹blɔnt] rubio; ~**ieren** [-¹di:rən] teñir de rubio; ²**ine** [-¹di:nə] *f* (15) rubia *f*.

bloß [blo:s] 1. *adj.* desnudo; (nichts als) mero, solo; mit ~en Füßen descalzo; mit ~em Kopf descubierto; mit ~em Auge a simple vista; 2. *adv.* meramente; tan sólo; solamente.

Blöße [¹blø:sə] *f* (15) desnudez *f*; *fig.* punto *m* flaco; sich e-e ~ geben descubrir su punto flaco.

bloß|legen [¹blo:sle:gən] poner al desnudo; revelar; ~**stellen** *fig.* comprometer; poner en evidencia.

Blouson [blu²zɔ̃] *n* (11) cazadora *f*.

Bluff [bluf, blœf] *m* (11) bluff *m*; Kartenspiel: farol *m*; ²**en** (25) echarse un farol; Kartenspiel: hacer un farol.

blühen [¹bly:ən] 1. *v/i.* (25) florecer (*a. fig.*); 2. ² *n* florecimiento *m*, floración *f*; ~**d** floreciente; Phantasie: exuberante.

Blume [¹blu:mə] *f* (15) flor *f*; Wein: buqué *m*; Bier: espuma *f*; *fig.* durch die ~ por indirectas.

¹Blumen|beet *n* cuadro *m* de flores; arriate *m*, macizo *m*; ~**erde** *f* mantillo *m*; ²**geschäft** *n* floristería *f*; ~**händler(in** *f)* florista su.; ~**kasten** *m* jardinera *f*; macetero *m*; ~**kohl** *m* coliflor *f*; ~**korso** *m* batalla *f* de flores; ~**ständer** *m s.* ~kasten; ~**strauß** *m* ramillete *m*, ramo *m* de flores; ~**stück** *n Mal.* florero *m*; ~**topf** *m* maceta *f*; tiesto *m*; ~**vase** *f* florero *m*; ~**zucht** *f* floricultura *f*; ~**züchter(in** *f)* *m* floricultor(a) *m* (*f*); ~**zwiebel** *f* bulbo *m*.

blumig [¹-miç] florido (*a. fig.*); Wein: aromático.

Bluse [¹-zə] *f* (15) blusa *f*.

Blut [blu:t] *n* (3, *o. pl.*) sangre *f*; es liegt ihm im ~ lo lleva en la sangre; böses ~ machen quemar la sangre, excitar el odio; ¹.**alkohol** *m* alcoholemia *f*; ~**andrang** *m* congestión *f*; ²-**arm** anémico; ²**armut** *f* anemia *f*; ¹.**bad** *n* matanza *f*, carnicería *f* (anrichten hacer); ²**befleckt**, ²**bespritzt** ensangrentado; ¹.**bild** *n* cuadro *m* hemático, hemograma *m*; ¹.~

druck m presión f sanguínea; tensión f arterial; **den ~ messen** tomar la tensión.

Blüte ['bly:tə] f (15) flor f (a. fig.); (Zeit) floración f; fig. prosperidad f; **in ~ stehen** estar en flor.

Blut|egel ['blu:t'?e:gəl] m sanguijuela f; **2en** (26) echar sangre, a. fig. sangrar.

Blüten... ['bly:tən...]: **~blatt** n pétalo m; **~kelch** m cáliz m; **~knospe** f botón m, capullo m; **~stand** m inflorescencia f; **~staub** m polen m.

Blut|er ♂ ['blu:tər] m (7) hemofílico m; **~erguß** m hematoma m, **~erkrankheit** f hemofilia f.

Blütezeit ['bly:tətsait] f floración f, florescencia f; fig. apogeo m.

Blut|gefäß ['blu:tgəfɛ:s] n vaso m sanguíneo; **~gerinnsel** n coágulo m; **~gruppe** f grupo m sanguíneo; **~hochdruck** m hipertensión f; **~hund** m (perro) braco m; fig. hombre m sanguinario; **~husten** m hemoptisis f; **2ig** sangriento (a. fig.); ensangrentado; **2jung** muy joven; **~körperchen** ['-kœrpərçən] n (6) glóbulo m sanguíneo; **~kreislauf** m circulación f sanguínea; **~lache** f charco m de sangre; **2leer** exangüe; **~leere** f anemia f (local); **~orange** f naranja f sanguina; **~probe** f análisis m de sangre; **~rache** f venganza f de la sangre; **2rot** rojo sanguíneo; **2rünstig** ['-rynstiç] fig. sanguinario; **~sauger** fig. m vampiro m; **~schande** f incesto m; **2schänderisch** ['-ʃɛndəriʃ] incestuoso; **~senkung** f sedimentación f sanguínea od. globular; **~spende** f donación f de sangre; **~spender** m donante m de sangre; **2stillend** ['-ʃtilənt] hemostático; **~sturz** m hemorragia f violenta; **2sverwandt** (**~sverwandte**[r m] su.) consanguíneo (-a) m (f); **~sverwandtschaft** f consanguinidad f; **~tat** f hecho m sangriento; **2-überströmt** bañado en sangre; **~übertragung** f transfusión f de sangre; **~ung** f hemorragia f; **2-unterlaufen** inyectado de sangre; **~vergießen** n derramamiento m de sangre; **~vergiftung** f septicemia f; **~verlust** m pérdida f de sangre; **~wäsche** f hemodiálisis f; **~wurst** f morcilla f; **~zucker** m glucemia f.

Bö [bø:] f (16) ráfaga f, racha f.

Boa ['bo:a] f (11¹) boa f.

Bob [bɔp] m (11) bob(sleigh) m.

Bock [bɔk] m (3³) macho m; (Ziegen2) macho m cabrío; ⊕ caballete m; (Säge2) burro m; (Turngerät) potro m; F fig. e-n ~ schießen meter una plancha od. la pata; **2beinig** obstinado, cabezudo; **2en** (25) fig. ponerse reacio, respingar; **2ig** terco, obstinado; cabezón; **~shorn** n: sich ins ~ jagen lassen amedrentarse; **~springen** n Spiel: saltacabrillas m; **~sprung** m cabriola f; Turnen: salto m de potro; **~wurst** f salchicha f.

Boden ['bo:dən] m (6¹) suelo m; tierra f; terreno m; e-s Gefäßes: fondo m; (Dach2) desván m; zu ~ werfen (gehen) derribar (ser derribado); **~verlieren (gewinnen)** perder (ganar) terreno; **~be-arbeitung ✔** f cultivo m del suelo; **~erhebung** f elevación f del suelo; **~ertrag** m rendimiento m del suelo; **~haftung** Kfz. f adherencia f al suelo; **~kammer** f buhardilla f; **~kredit** m crédito m territorial; **2los** sin fondo; fig. increíble, inaudito; **~-Luft-Rakete** f misil m tierra-aire; **~nebel** m neblina f; **~personal** ✈ n personal m de tierra; **~reform** f reforma f agraria; **~satz** m poso m, sedimento m; **~schätze** m/pl. riquezas f/pl. del subsuelo; **~spekulation** f especulación f en terrenos; **2ständig** autóctono; típico; castizo; **~station** f estación f de tierra; **~turnen** n ejercicios m/pl. en el suelo.

Bodmerei ♟ [bo:dmə'rai] f (16) préstamo m a la gruesa.

Bodybuilding ['bɔdibildiŋ] angl. n (7, o. pl.) culturismo m.

bog, böge [bo:k, 'bø:gə] s. biegen.

Bogen ['bo:gən] m (6 u. 6¹) arco m; (Biegung) curva f; (Papier2) hoja f, pliego m; **~fenster** n ventana f arqueada; **2förmig** ['--fœrmiç] arqueado, en arco; **~gang** m arcada f; Anat. conducto m semicircular; **~lampe** f lámpara f de arco (voltaico); **~schießen** n tiro m con arco; **~schütze** m arquero m.

Bohle ['bo:lə] f (16) tablón m.

Böhm|e m (13), **~in** f ['bø:mə, '-min], **2isch** bohemio (-a) m (f); fig. das sind böhmische Dörfer für mich esto es chino para mí.

Bohne ['bo:nə] f (15) judía f, alubia f; Arg. poroto m; grüne ~n judías f/pl. verdes; dicke ~ haba f; **~nkaffee** m café *m* (auténtico); **nkraut** ♀ *n* ajedrea *f*; **nstange** *f* rodrigón *m*; F *fig.* espingarda *f*.

Bohner ['-nər] *m* (7) enceradora *f*; **2n** (29) encerar; **wachs** *n* cera *f* (para pisos); encáustico *m*.

bohr|en ['-rən] (25) taladrar, horadar; *Brunnen, Schacht*: perforar; *nach Öl usw.*: hacer sondeos; *fig.* insistir; **2er** *m* (7) taladro *m*; barrena *f*; **2-insel** *f* plataforma *f* petrolera *od.* de sondeo; **2loch** *n* taladro *m*; barreno *m*; **2maschine** *f* taladradora *f*; perforadora *f*; **2turm** *m* torre *f od.* castillete *m* de sondeo; **2ung** *f* perforación *f*; sondeo *m*.

böig ['boːiç] rafagoso, racheado.

Boiler ['bɔylər] *m* (7) termo(sifón) *m*, calentador *m* de agua.

Boje ['boːjə] *f* (15) boya *f*, baliza *f*.

Bolivian|er(in *f*) [boliviˈɑːnər(in)] *m* (7) boliviano *m* (-a *f*); **2isch** *adj.* boliviano.

Böller ['bœlər] *m* (7) morterete *m*.

Bollwerk ['bɔlvɛrk] *n* baluarte *m*, bastión *m* (*a. fig.*).

Bolschewis|mus [bɔlʃəˈvismus] *m* (16, *o. pl.*) bolchevismo *m*; **t(in** *f*) [--ˈvist(in)] *m* (12), **2tisch** bolchevista (*su.*).

Bolzen ⊕ ['-tsən] *m* (6) perno *m*.

Bombard|ement [bombardəˈmã] *n* (11) bombardeo *m*; **2ieren** [--ˈdiːrən] bombardear (*a. fig.*).

bombastisch [-ˈbastiʃ] ampuloso; rimbombante.

Bombe ['-bə] *f* (15) bomba *f*; *fig.* wie e-e ~ *einschlagen* caer como una bomba; **n-abwurf** *m* lanzamiento *m* de bombas; **n-anschlag** *m* atentado *m* con bomba; **n-erfolg** F *m* éxito *m* ruidoso; F exitazo *m*; **nflugzeug** *m* bombardero *m*; **2nsicher** a prueba de bomba (*a. fig.*); **r** *m* (7) bombardero *m*.

Bon [bɔ̃] *m* (11) vale *m*, bono *m*; (*Kassenzettel*) ticket *m*.

Bonbon [-ˈbɔ̃] *m u. n* (11) caramelo *m*.

Bonze ['bɔntsə] *m* (13) bonzo *m*; *fig.* cacique *m*.

Boot [boːt] *n* (3) bote *m*; barca *f*; lancha *f*; *fig.* im *gleichen* ~ *sitzen* estar en el mismo bote; **'-s-anhänger** *Kfz. m* remolque *m* náutico *od.* para barcos; **'-shaus** *n* casa *f* guardabotes; **'-srennen** *n* carrera *f* motonáutica.

Bor [boːr] *n* (3) boro *m*.

Bord [bɔrt]: **a)** *m* (3) ⚓ bordo *m* (*an* a); *an* ~ *gehen* subir a bordo, embarcarse; *Mann über* ~! ¡hombre al agua!; *über* ~ *werfen* echar por la borda (*a. fig.*); **b)** *n* (3) anaquel *m*; estante *m*; '**computer** *m Kfz.* ordenador *m* de a bordo *od.* de viaje.

Bordell [-ˈdɛl] *n* (3¹) burdel *m*.

Bord|funker ['bɔrtfuŋkər] *m* radiotelegrafista *m* de a bordo; **karte** ✈ *f* tarjeta *f* de embarque; **mechaniker** *m* mecánico *m* de a bordo; **schwelle** *f*, **stein** *m* bordillo *m*, encintado *m*; **wand** *f* costado *m*.

Borg [bɔrk] *m*: *auf* ~ a crédito; **2en** ['-gən] (25) (*ausleihen*) prestar; (*entleihen*) tomar prestado.

Borke ['-kə] *f* (15) corteza *f*.

borniert [-ˈniːrt] de pocos alcances, duro de mollera; **2heit** *f* estrechez *f* de miras.

Borretsch ♀ ['bɔrɛtʃ] *m* (3) borraja *f*.

Bor|salbe ['boːrzalbə] *f* (**säure** *f*) ungüento *m* (ácido *m*) bórico.

Börse ['bœrzə] *f* (15) bolsa *f*; (*Geld2*) monedero *m*; (*Waren2*) lonja *f*. **'Börsen...:** *in Zssgn oft* bursátil; **bericht** *m* información *f* bursátil; **2fähig** cotizable en bolsa; **geschäft** *n* operación *f* bursátil; **kurs** *m* cotización *f* en bolsa; **makler** *m* corredor *m* de bolsa; **spekulant** *m* agiotista *m*; bolsista *m*.

Borst|e ['bɔrstə] *f* (15) cerda *f*; **2ig** cerdoso; *fig.* arisco.

Borte ['-tə] *f* (15) pasamano *m*, ribete *m*; (*Tresse*) galón *m*.

bösartig ['bøːsˈɑːrtiç] maligno (*a.* 🌶); **2keit** *f* malignidad *f*.

Böschung ['bœʃuŋ] *f* declive *m*, repecho *m*; *steile*: talud *m*, escarpa *f*.

böse ['bøːzə] malo; (*ärgerlich*) disgustado, enfadado (*auf ac.* con); ~ *werden* enfadarse; *ich habe es nicht* ~ *gemeint* no tenía mala intención; **2wicht** *m* malvado *m*.

bos|haft ['bɔːshaft] malicioso; **2haftigkeit** *f*, **2heit** *f* maldad *f*, malicia *f*.

Boß [bɔs] *m* (4) jefe *m*; F mandamás *m*.

böswillig ['bøːsviliç] malévolo; malintencionado; *adv.* de mala fe; **2keit** *f* mala intención *f*.

bot [boːt] *s.* bieten.

Botan|ik [boˈtaːnik] *f* (16) botánica *f*; **iker** *m* (7), **2isch** botánico (*m*).

Bote ['boːtə] *m* (13) mensajero *m*; *für Gänge*: recadero *m*; *Hotel*: botones

m; **nfrau** *f* recadera *f*; **ngang** *m* recado *m*; **nlohn** *m* propina *f*.
Botschaft ['-ʃaft] *f* mensaje *m*; *Pol.* embajada *f*; **er** *m* (7) embajador *m*; **s...:** *in Zssgn* de embajada.
Böttcher ['bœtçər] *m* (7) tonelero *m*; **ei** *f* tonelería *f*.
Bottich ['bɔtiç] *m* (3) tina *f*, cuba *f*.
Bouillon [bul'jɔ̃] *f* (11¹) caldo *m*, consomé *m*; **würfel** *m* cubito *m* de caldo.
Boutique [bu'ti:k] *f* (16) boutique *f*.
Bowle [bo:lə] *f* (15) ponche *m*; (*Gefäß*) ponchera *f*.
Box [bɔks] *f* (16) box *m*; ²**en** (27) boxear; **en** *n* boxeo *m*; **er** *m* (7) boxeador *m*, púgil *m*; **handschuh** *m* guante *m* de boxeo; **kampf** *m* boxeo *m*, pugilato *m*.
Boy [bɔy] *m* (11) *Hotel*: botones *m*.
Boykott [-'kɔt] *m* (3) boicot(eo) *m*; ²**ieren** boicotear.
brach [bra:x] **1.** *s.* brechen; **2.** *adj.* 🜊 baldío; *zeitweilig*: de barbecho; ²**e** *f* (15), ²**feld** *n* barbecho *m*; ²**land** *n* erial *m*; **liegen** estar de barbecho; *fig.* quedar improductivo.
brachte, brächte ['braxtə, 'brɛçtə] *s.* bringen.
Bracke ['brakə] *f* (13) (perro *m*) braco *m*.
brackig ['-kiç] salobre; ²**wasser** *n* agua *f* salobre.
Branche ['brɑ̃ʃə] *f* (15) ramo *m*; **nkenntnis** *f* conocimientos *m/pl.* del ramo; **nverzeichnis** *n* índice *m* comercial.
Brand [brant] *m* (3², ³) incendio *m*; 🜊 gangrena *f*; 🜿 tizón *m*; *in* ~ *geraten* inflamarse, incendiarse; *in* ~ *stecken* pegar fuego a; incendiar; **blase** *f* ampolla *f*; **bombe** *f* bomba *f* incendiaria; ²**en** ['-dən] (26) *Wellen*: romperse; **gefahr** *f* peligro *m* de incendio; **geruch** *m* olor *m* a quemado; **herd** *m* foco *m* del incendio; ²**ig** ['-diç] 🜿 gangrenoso; 🜊 atizonado; **mal** *n* marca *f* de fuego; *fig.* estigma *m*; ²**marken** ['-markən] (25, *untr.*) marcar; *fig.* estigmatizar; **mauer** *f* muro *m* cortafuegos; ²**neu** F flamante; **salbe** *f* pomada *f* para quemaduras; **schaden** *m* daño *m* causado por un incendio; ²**schatzen** ['-ʃatsən] (27, *untr.*) quemar; (*plündern*) saquear; **sohle** *f* plantilla *f*; **stätte** *f* lugar *m* del incendio; **stifter(in** *f*) *m* incen-

diario (-a) *m* (*f*); **stiftung** *f* incendio *m* provocado; **ung** [-duŋ] *f* resaca *f*; **wache** *f* retén *m* de bomberos; **wunde** *f* quemadura *f*.
brannte ['brantə] *s.* brennen.
Branntwein ['-vain] *m* aguardiente *m*; **brennerei** *f* destilería *f*.
Brasilian|er(in *f*) [brazil'jɑ:nər(in)] *m* (7), ²**isch** brasileño (-a) *m* (*f*).
brät, brätst [brɛ:t(st)] *s.* braten.
Brat|apfel ['bra:t'ʔapfəl] *m* manzana *f* asada; ²**en** (30) asar; *in der Pfanne*: freír; **en** *n* asado *m*; **fisch** *m* pescado *m* frito; **huhn** *n* pollo *m* asado *m*; **kartoffeln** *f/pl.* patatas *f/pl.* doradas; **ofen** *m* horno *m*; **pfanne** *f* sartén *f*; **rost** *m* parrilla *f*.
Bratsch|e ['-f-ʃə] *f* (15) viola *f*; **er** *m* (7), **ist** [-'tʃist] *m* (12) violista *m*.
'**Brat|spieß** *m* asador *m*; **wurst** *f* salchicha *f* (frita).
Brauch [braux] *m* (3³) costumbre *f*, uso *m*, usanza *f*; ²**bar** et.: utilizable, útil; *j.:* apto, útil (zu, für para); **barkeit** *f* utilidad *f*; aptitud *f*; ²**en** (25) necesitar; *Zeit*: tardar; *man braucht nur zu* (*inf.*) basta (*inf.*), no hay más que (*inf.*); **tum** *n* (1²) costumbres *f/pl.*
Braue ['brauə] *f* (15) ceja *f*.
brau|en ['-ən] (25) hacer, fabricar (cerveza); ²**er** *m* (7) cervecero *m*; ²**e'rei** *f*, ²**haus** *n* cervecería *f*.
braun [braun] marrón, pardo; *Haut*: moreno; *Haar*: castaño.
Bräune ['brɔynə] *f* (15) tez *f* morena; (*Sonnen*²) bronceado *m*; ²**n** (25) *Kchk.* dorar; tostar; *Haut*: broncear.
braun|gebrannt ['braungəbrant] bronceado; ²**kohle** *f* lignito *m*.
bräunlich ['brɔynliç] pardusco.
Brause ['brauzə] *f* (15) ducha *f*; (*Gießkannen*²) roseta *f*, boca *f* de regadera; **limonade)** *f* gaseosa *f*; ²**n** (27) *Wind*: soplar; *Sturm, Meer*: bramar; *Ohren*: zumbar; *sich* ~ *ducharse*; **n** *n* bramido *m*; zumbido *m*; **pulver** *n* polvos *m/pl.* efervescentes.
Braut [braut] *f* (14¹) novia *f*; (*Neuvermählte*) desposada *f*; **ausstattung** *f* equipo *m* de novia; **bett** *n* lecho *m* nupcial; *poet.* tálamo *m*; **führer** *m* padrino *m* de boda.
Bräutigam ['brɔytigam] *m* (3¹) novio *m*; desposado *m*.
Braut|jungfer ['brautjuŋfər] *f* doncella *f* de honor; **kleid** *n* vestido *m*

de novia, traje *m* de boda; **~kranz** *m* corona *f* nupcial; **~leute** *pl.*, **~paar** *n* novios *m/pl.*; desposados *m/pl.*; **~ schau** *f*: *auf* ~ *gehen* buscar novia; **~schleier** *m* velo *m* nupcial; **~stand** *m* noviazgo *m*; **~werber** *m* (7) casamentero *m*; **~werbung** *f* petición *f* de mano; **~zeit** *f* noviazgo *m*.

brav [bra:f] (*ehrenhaft*) honrado; (*artig*) bueno, formal.

bravo! ['-vo:] ¡bravo!, ¡olé!; **2ruf** *m* bravo *m*.

Bravour [bra'vu:r] *f* (14, *o. pl.*) bravura *f*; *mit* ~ con brillantez; **~stück** *n* proeza *f*.

Brech|bohne ['brεçbo:nə] *f* judía *f* verde; *Arg.* chaucha *f*; **~durchfall** *m* colerina *f*; **~eisen** *n* palanqueta *f*; **2en** (30) **1.** *v/t.* romper (*a. fig. Schweigen, Blockade*); quebrar; fracturar; *Flachs:* agramar; (*pflükken*) coger; *Phys.* refractar; *Widerstand:* vencer; *Wort, Vertrag:* faltar a; *Gesetz, Frieden:* violar; *die Ehe* ~ cometer adulterio; **2.** *v/i.* (sn) romperse; quebrarse; *Stimme:* entrecortarse; (h.) (*er~*) vomitar; *mit j-m* ~ romper con alg.; **2end:** *~ voll* lleno a rebosar *od.* hasta los topes; **~er ♨** *m* (7) golpe *m* de mar; **~mittel** *n* vomitivo *m*; **~reiz** *m* náuseas *f/pl.*; **~ stange** *f* palanca *f*; **~ung** *f Phys.* refracción *f*.

Brei [brai] *m* (3) pasta *f*; (*Kinder2*) papilla *f*; *v. Erbsen, Kartoffeln:* puré *m*; **2ig** pastoso.

breit [brait] ancho; amplio; *fig.* prolijo; *drei Meter* ~ tres metros de ancho; **~beinig** ['-bainiç] abierto de piernas, esparrancado; **2e** *f* (15) anchura *f*, ancho *m*; *Erdk.* latitud *f*; **2engrad** *m* grado *m* de latitud; **2enkreis** *m* paralelo *m*; **~machen:** *sich* ~ ocupar mucho sitio; **~schlagen** F *fig.* persuadir; **~schultrig** ['-ʃultriç] ancho de hombros; **2seite** ♨ *f* costado *m*; (*Salve*) andanada *f*; **~spurig** ⚙ ['-ʃpu:riç] de vía (*Am.* trocha) ancha; **~treten** aplastar; *fig.* tratar prolijamente; **2wand** *f* pantalla *f* panorámica.

Brems|backe ['brεmsbakə] *f* mordaza *f* de freno; **~belag** *m* forro *m* de(l) freno; **~e** ['-zə] *f* (15) freno *m*; *Zo.* tábano *m*; **2en** (27) frenar (*a. fig.*); **~er** *m* (7) guardafrenos *m*; **~klotz** ['-sklɔts] *m* zapata *f*; **~licht** *n* luz *f* de frenado; **~pedal** *n* pedal *m* de freno; **~spur** *f* huella *f* de frenado; **~weg** *m* distancia *f* de frenado.

brenn|bar ['brεnba:r] combustible, inflamable; **~en** (30) **1.** *v/t.* quemar; *Branntwein:* destilar; *Kalk:* calcinar; *Ziegel:* cocer; *Kaffee:* tostar; **2.** *v/i.* arder, quemar; *Ofen:* funcionar; *Licht:* estar encendido; *Sonne:* abrasar, picar; *j-n* ~ escocer; *darauf* ~ *zu* (*inf.*) anhelar el momento de; *es brennt!* ¡fuego!; **~end** ardiente; *fig. a.* palpitante; **2er** *m* (7) destilador *m*; ⊕ mechero *m*; quemador *m*; **2e'rei** *f* destilería *f*; **2holz** *n* leña *f*; **2(n)essel** *f* ortiga *f*; **2punkt** *m* foco *m*; *fig. a.* centro *m*; **2spiritus** *m* alcohol *m* de quemar; **2stab** *m* *Reaktor:* barra *f* combustible; **2stoff** *m* combustible *m*; *Kfz.* carburante *m*; **2weite** *f* distancia *f* focal.

brenzlig ['brεntsliç] que huele a chamusquina; *fig.* crítico.

Bresche ['brεʃə] *f* (15) brecha *f* (*schlagen abrir*).

Brett [brεt] *n* (1) tabla *f*; *dickes:* tablón *m*; (*Spiel2*) tablero *m*; (*Tablett*) bandeja *f*; (*Schrank2, Wand2*) anaquel *m*; (*Regal*) estante *m*; *Schwarzes* ~ tablón *m* de anuncios; **~er** *pl.* (*Skier*) esquís *m/pl.*; *Thea.* tablas *f/pl.*; **~erbude** *f* tinglado *m*; **~erwand** *f* tabique *m*; **~spiel** *n* juego *m* de tablero.

Brevier [bre'vi:r] *n* (3[1]) breviario *m*.

Brezel ['bre:tsəl] *f* (15) rosquilla *f*.

brich, ~st, ~t [briç(st)] *s. brechen.*

Bridge [bridʒ] *n* *uv.* bridge *m*.

Brief [bri:f] *m* (3) carta *f*; (*Epistel*) epístola *f*; **~beschwerer** *m* (7) pisapapeles *m*; **~block** *m* bloc *m* de cartas; **~bogen** *m* pliego *m*; hoja *f*; **~bombe** *f* carta-bomba *f*; **~geheimnis** *n* secreto *m* postal; **~kasten** *m* buzón *m*; **~kopf** *m* membrete *m*; (*Anrede*) encabezamiento *m*; **2lich** por escrito *od.* carta; **~mappe** *f* carpeta *f*; **~marke** *f* sello *m* (postal), *Am.* estampilla *f*; **~marken-anfeuchter** *m* (7) mojasellos *m*; **~marken-automat** *m* distribuidor *m* automático de sellos; **~markensammler** *m* filatelista *m*; **~öffner** ['-ʔœfnər] *m* (7) abrecartas *m*, cortapapeles *m*; **~papier** *n* papel *m* de cartas; **~porto** *n* franqueo *m*; **~post** *f* correo *m*; **~schaften** ['-ʃaftən] *f/pl.* correspondencia *f*, papeles *m/pl.*; **~ schreiber(in** *f*) *m* autor(a) *m* (*f*) de una carta; **'~tasche** f cartera f; billetero m; **'~taube** f paloma f mensajera; **'~telegramm** n telegrama-carta m; **'~träger** m cartero m; **'~umschlag** m sobre m; **'~verkehr,** '~wechsel m correspondencia f; in ~ stehen estar en correspondencia; **'~waage** f pesacartas m; **'~wahl** f voto m por correo.

briet [bri:t] s. braten.

Brigade [bri'ga:də] f (15) brigada f.

Brigg [brik] f (11¹) bergantín m.

Brikett [bri'kɛt] n (3 od. 11) briqueta f.

Brillant [bril'jant] m (12), ♀ adj. brillante (m).

Brille [brilə] f (15) gafas f/pl., lentes f/pl., anteojos m/pl.; **~nfassung** f, **~ngestell** n montura f; **~nschlange** f serpiente f de anteojos; **~nträger** m portador m de gafas.

bringen ['brinən] (30) (her~) traer; (fort~) llevar; (begleiten) acompañar; (ein~) rendir, producir; Opfer: hacer; Glück, Unglück: traer; et. an sich ~ apropiarse (de) a/c., apoderarse de a/c.; j-n auf et. ~ sugerir a/c. a alg.; es auf 70 Jahre ~ alcanzar (od. llegar a) la edad de setenta años; fig. mit sich ~ llevar consigo, acarrear, implicar; es über sich ~ resolverse (a); j-n um et. ~ hacer perder a/c. a alg.; von der Stelle ~ (re)mover; es zu et. ~ abrirse camino; hacer carrera; es zu nichts ~ fracasar (en la vida); j-n zu et. ~ determinar a alg. a a/c.; zum Lachen (Schweigen, Sprechen) ~ hacer reír (callar, hablar); et. hinter sich ~ acabar, llevar a cabo a/c.; in Gefahr ~ poner en peligro; unter die Leute ~ poner en circulación.

Brisanz [bri'zants] f (16) fuerza f explosiva.

Brise ['bri:zə] f (15) brisa f.

Brit|e ['bri:tə] m (13), **~in** f ['brita, -'tin], **♀isch** británico (-a) m (f).

bröck(e)lig ['brœk(ə)liç] quebradizo; friable; **~eln** (29, sn) desmigajarse; desmoronarse.

Brocken ['brɔkən] m (6) pedazo m, trozo m.

brodeln ['bro:dəln] (29) burbujear; borbot(e)ar; hervir a borbotones.

Brokat [bro'ka:t] m (3) brocado m.

Brom ⚗ [bro:m] n (3¹) bromo m.

Brombeer|e ⚘ ['brɔmbe:rə] f (zarza)mora f; **~strauch** m zarza f.

Bronch|ialkatarrh [brɔnçi'a:lkatar]

m, **~itis** [-'çi:tis] f (16, pl. ~itiden [-çi'ti:dən]) bronquitis f; **~ien** ['~çiən] f/pl. (15) bronquios m/pl.

Bronz|e ['brɔsə] f (15) bronce m; **♀ieren** [-'si:rən] broncear.

Brosame ['bro:za:mə] f (15) (mst pl.) miga(ja) f.

Brosch|e ['brɔʃə] f (15) broche m; **♀iert** [-'ʃiːrt] Typ. en rústica; **~üre** [-'ʃyːrə] f (15) folleto m.

Brot [bro:t] n (3) pan m; **'~beutel** m morral m.

Brötchen ['brøːtçən] n (6) panecillo m; **~geber** F m patrono m.

Brot|erwerb ['bro:t'ɛrverp] m sostén m, sustento m; um des ~s willen para ganarse la vida; **~fabrik** f panificadora f; **~getreide** n cereales m/pl. panificables; **~herr** m dueño m; **~korb** m panera f; **♀los** fig. sin empleo; Kunst: improductivo; **~neid** m envidia f profesional; **~röster** m tostador m de pan; **~schneidemaschine** f máquina f de cortar pan; **~schnitte** f rebanada f (de pan); **~zeit** sdd. f tiempo m del bocadillo; merienda f.

Bruch [brux] **a)** m (3³) rotura f; fig. ruptura f; rompimiento m; ✂ fractura f; (Nabel♀ usw.) hernia f; ♉ quebrado m, fracción f; fig. in die Brüche gehen fracasar; **b)** m, n (3³) (Sumpf) pantano m; **'~band** n braguero m; **'~bude** F f chabola f; cuchitril m.

brüchig ['bryçiç] quebradizo.

Bruch|rechnung ['brux-rɛçnuŋ] f cálculo m de fracciones; **~stück** n fragmento m; **~teil** m fracción f; **~zahl** f número m quebrado.

Brücke ['brykə] f (15) puente m (a. Zahn♀); fig. alle ~n hinter sich abbrechen quemar las naves; **~nkopf** m cabeza f de puente; **~nwaage** f báscula f.

Bruder ['bru:dər] m (7¹) hermano m (a. Rel.); **~krieg** m guerra f fratricida.

brüderlich ['bry:dərliç] fraternal; **♀keit** f fraternidad f.

Bruder|mord ['bru:dərmɔrt] m fratricidio m; **~mörder(in** f) m, **♀mörderisch** fratricida (su.); **~schaft** Rel. f hermandad f, cofradía f.

Brüderschaft ['bry:dərʃaft] f (con-) fraternidad f; ~ trinken ofrecer el tú.

Brudervolk ['bru:dərfɔlk] n pueblo m hermano.

Brüh|e ['bry:ə] f (15) caldo m; ℒen (25) escaldar; hervir; ℒ'**warm:** ~e *Neuigkeit* noticia f fresca; ~**würfel** m cubito m de caldo.

brüllen ['brylən] **1.** v/i. (25) bramar (*a. Stier*); *Rind*: mugir; *Löwe*: rugir; *j.*: vociferar; **2.** ℒn rugido m; mugido m.

Brumm|bär ['brumbɛːr] m *fig.* gruñón; ℒ**eln** ['-məln] (29) barbot(e)ar; refunfuñar; ℒ**en** (25) gruñir, rezongar; (*summen*) zumbar; F (*im Gefängnis sn*) estar a la sombra; *in den Bart* ~ hablar entre dientes; barbot(e)ar; ~**en** n gruñido m; zumbido m; ~**er** m (7) *Zo.* moscardón m; ℒ**ig** gruñón, regañón, rezongón.

brünett [bry'nɛt] moreno; castaño.

Brunft [brunft] f (14¹), '~**zeit** f brama f; ℒ**en** (26) estar en celo.

Brunnen ['brunən] m (6) pozo m; (*Quelle*) fuente f; ℐ aguas f/pl. minerales; ~**bauer** m (7) pocero m; ~**kresse** ✿ f berro m; ~**kur** f cura f de aguas; ~**rand** m brocal m.

Brunst [brunst] f (14¹) celo m.

brünstig ['brynstiç] en celo.

brüsk [brysk] brusco; ~**ieren** desairar; ℒ'**ierung** f desaire m.

Brust [brust] f (14¹) pecho m; F teta f; (*Geflügel*ℒ) pechuga f; *die* ~ *geben* dar de mamar od. el pecho; *fig. sich in die* ~ *werfen* pavonearse; '~**bein** n esternón m; '~**bild** n retrato m de medio cuerpo; '~**drüse** f glándula f mamaria.

brüsten ['brystən] (26): *sich* ~ pavonearse, jactarse (*mit* de).

Brust|fell ['brustfɛl] n pleura f; ~**fell-entzündung** f pleuresía f, pleuritis f; ~**höhle** f cavidad f torácica; ~**kasten** m, ~**korb** m tórax m; ~**krebs** m cáncer m de mama; ~**riemen** *Pferd*: pretal m; ~**schwimmen** n braza f; ~**stück** n *Kchk.* pechuga f; ~**tasche** f bolsillo m interior; ~**umfang** m s. ~**weite**.

Brüstung ['brystuŋ] f parapeto m, baranda f.

Brust|warze ['brustvartsə] f pezón m; *männliche*: tetilla f; ~**wehr** f parapeto m; ~**weite** f perímetro m torácico.

Brut [bru:t] f (16) cría f; *Vögel*: *a.* nidada f; (*Brüten*) incubación f; *fig. desp.* engendro m; chusma f.

brutal [bru'tɑːl] brutal; ℒ**ität** [-tali-'tɛːt] f brutalidad f.

brüten ['bry:tən] **1.** v/t. u. v/i. (26)

empollar, incubar; *fig.* meditar; **2.** ℒ n incubación f.

Brut|henne ['bru:thɛnə] f clueca f; ~**hitze** f *fig.* calor m infernal; ~**kasten** m incubadora f; ~**stätte** f *fig.* semillero m; ℨ foco m.

brutto ['bruto] bruto (*a.* ℒ*... in Zssgn*); ℒ-**inlands-produkt** n producto m interior bruto; ℒ**register-tonne** ⚓ f tonelada f de registro (*od.* de arqueo) bruto; ℒ**sozialprodukt** n producto m nacional bruto.

Bube ['bu:bə] m (13) muchacho m, chico m; (*Karte*) sota f; ~**nstreich** m chiquillada f; ~**nstück** n canallada f.

Bubikopf ['-bikɔpf] m peinado m a lo chico.

Buch [bu:x] n (1³) libro m; ~ *führen* apuntar (*über ac.*); † llevar la contabilidad; '~**binder** m encuadernador m; '~**binde'rei** f (taller m de) encuadernación f; '~**deckel** m tapa f; '~**druck** m imprenta f; tipografía f; '~**drucker** m impresor m, tipógrafo m; '~**drucke'rei** f (taller m de) imprenta f.

Buch|e ['bu:xə] f (15) haya f; ~**ecker** ['-ʔɛkər] f (15) hayuco m.

'**buchen** (25) † (a)sentar; contabilizar; *Flug, Hotel usw.*: reservar.

Bücher|brett ['by:çərbrɛt] n estantería f; ~**ei** [--'rai] f biblioteca f; ~**freund** m bibliófilo m; ~**narr** m bibliómano m; ~**regal** n estantería f; librería f; ~**revisor** m revisor m de cuentas; *Am.* contador m público; ~**schrank** m armario m para libros; ~**wand** f librería f (mural); ~**wurm** m *fig.* ratón m de biblioteca.

Buch|fink ['bu:xfiŋk] *Zo.* m pinzón m; ~**führung** f teneduría f de libros; *einfache* (*doppelte*) ~ contabilidad f por partida simple (doble); ~**gemeinschaft** f club m del libro; ~**halter** m contable m; ~**haltung** f contabilidad f; ~**handel** m comercio m de libros; ~**händler(in)** f m librero (-a) m (f); ~**handlung** f librería f; ~**hülle** f forro m; guardalibros m; ~**macher** m *Sport*: corredor m de apuestas; ~**messe** f feria f del libro; ~**prüfer** m revisor m de cuentas, *Am.* contador m público; ~**rücken** m lomo m.

Buchs|baum ✿ ['buksbaum] m (3³) boj m; ℒ ⊕ ['-sə] f (15) casquillo m.

Büchse ['byksə] f (15) caja f; bote m; (*Blech*ℒ) lata f; (*Gewehr*) fusil m;

rifle *m*; ~**nfleisch** *n* carne *f* en conserva; ~**nmacher** *m* armero *m*; ~**nmilch** *f* leche *f* condensada; ~**nöffner** ['--'œfnǝr] *m* (7) abrelatas *m*.

Buch|stabe ['buːx[taːbǝ] *m* (13¹) letra *f*, carácter *m*; *großer* ~ mayúscula *f*; *kleiner* ~ minúscula *f*; 2**stabieren** [-ʃtaˈbiːrǝn] deletrear; 2**stäblich** ['-ʃtɛːplɪç] literal; *adv.* literalmente; *al pie de la letra*; ~**stütze** *f* soporte *m* de libros; soportalibros *m*.

Bucht [buxt] *f* (16) bahía *f*, ensenada *f*; *kleine*: abra *f*, cala *f*.

Buch|ung ['buːxuŋ] *f* ✝ asiento *m*; *Reise usw.*: reserva *f*; ~**weizen** ♀ *m* alforfón *m*, trigo *m* sarraceno.

Buck|el ['bukǝl] *m* (7) joroba *f*; giba *f*, corcova *f*; F *rutsch mir den* ~ *runter* ¡vete al cuerno!; 2**(e)lig**, ~**(e)lige(r** *m*) *su.* jorobado (-a) *m* (*f*), giboso (-a) *m* (*f*).

bück|en ['bykǝn] (25): *sich* ~ bajarse, agacharse; inclinarse; *unter e-r Last*: encorvarse; 2**ling** ['-lɪŋ] *m* (3¹): **a)** reverencia *f*; **b)** *Kchk.* arenque *m* ahumado.

buddeln ['budǝln] F (29) cavar; *Kinder*: jugar en la arena.

Bude ['buːdǝ] *f* (15) puesto *m*, caseta *f*; F (*Zimmer*) cuarto *m*; *desp.* cuartucho *m*.

Budget [by'dʒeː] *n* (11) presupuesto *m*.

Büfett [by'fɛː] *n* (3) (*Möbel*) aparador *m*; (*Schanktisch*) mostrador *m*; *kaltes* ~ bu(f)fet *m* frío.

Büff|el ['byfǝl] *m* (7) *Zo.* búfalo *m*; 2**eln** F (29) empollar; ~**ler** F ['-lǝr] *m* (7) empollón *m*.

Bug ♣ [buːk] *m* (3³) proa *f*.

Bügel ['byːgǝl] *m* (7) (*Kleider*2) colgador *m*, percha *f*; (*Brillen*2) patilla *f*, varilla *f*; (*Gewehr*2) guardamonte *m*; (*Griff*) asa *f*; ~**brett** *n* tabla *f* de planchar; ~**eisen** *n* plancha *f*; ~**falte** *f* raya *f* (*del pantalón*); 2**frei** no necesita plancha; ~**maschine** *f* planchadora *f*; 2**n** (29) planchar; ~**n** *n* planchado *m*.

buh|en F ['buːǝn] (25) abuchear; 2~**mann** F *m* bu *m*, coco *m*.

Buhne ♣ ['-nǝ] *f* (15) escollera *f*; espigón *m*.

Bühne ['byːnǝ] *f* (15) *Thea.* escenario *m*, escena *f*; *fig.* teatro *m*; ⊕ plataforma *f*; *auf die* ~ *bringen* poner en escena; *über die* ~ *gehen* representarse.

Bühnen|anweisung *f* nota *f* escénica; ~**arbeiter** *m* tramoyista *m*; ~**bearbeitung** *f* adaptación *f* escénica; ~**bild** *n* escenografía *f*; decorado *m*; ~**bildner** ['--biltnǝr] *m* (7) escenógrafo *m*; decorador *m*; ~**dichter** *m* autor *m* dramático.

Buhrufe ['buːruːfe] *m*/*pl.* abucheo *m*.

Bukett [buˈkɛt] *n* (3) ramillete *m*; *Wein*: *gal.* buqué *m*.

Bulette [buˈlɛtǝ] *f* (15) albóndiga *f*.

Bulgar|e *m* (13), ~**in** *f* [bulˈgaːrǝ, -ˈrin], 2**isch** búlgaro (-a) *m* (*f*).

Bull|auge ♣ ['bulˀaugǝ] *n* portilla *f*; ojo *m* de buey; ~**dogge** *f* (15) bulldog *m*; ~**e** ['-lǝ]: **a)** *m* (13) *Zo.* toro *m*; F *desp.* polizonte *m*; P bofia *m*; **b)** *f* (15) *Rel.* bula *f*.

Bummel F ['bumǝl] *m* (7) paseíto *m*; e-n ~ *machen* dar un garbeo; ~**ei** [--ˈlaɪ] *f* gandulería *f*; (*Nachlässigkeit*) negligencia *f*, descuido *m*; 2**ig** negligente; perezoso; 2**n** (29) gandulear; (*trödeln*) remolonear; ser lento; ~ *gehen* irse de juerga, echar una cana al aire; *durch die Straßen* ~ callejear; ~**streik** *m* huelga *f* de celo; ~**zug** 🚂 *m* tren *m* botijo.

Bummler ['-lǝr] *m* (17) vago *m*, gandul *m*; callejero *m*.

bumsen V ['-zǝn] (27) joder.

Bund [bunt]: **a)** *m* (3³) unión *f*; asociación *f*; alianza *f*; liga *f*; (con-)federación *f*; (*Hosen*2) pretina *f*; **b)** *n* (3; *nach Zahlen im pl. uv.*) haz *m*; (*Schlüssel*) manojo *m*.

Bündchen ['byntçǝn] *n* (6) *am Ärmel*: puño *m*.

Bündel ['-dǝl] *n* (7) lío *m*; (*Paket*) envoltorio *m*; (*Kleider*2) hato *m*; (*Banknoten*) fajo *m*; (*Stroh usw.*) haz *m*; (*Ballen*) fardo *m*; *fig. sein* ~ *schnüren* liar el hato *od.* el petate; 2**n** (29) hacer paquetes de; atar en líos *usw.*

Bundes... ['bundǝs...]: *in Zssgn oft* federal; 2**deutsch** germanofederal; ~**ebene** *f*: *auf* ~ a nivel federal; ~**genosse** *m* aliado *m*; ~**kanzler** *m* canciller *m* federal; ~**lade** *f* *Rel.* Arca *f* de la Alianza; ~**liga** *f* *Sport*: primera división *f*; ~**präsident** *m* Presidente *m* de la República Federal; ~**rat** *m* Consejo *m* Federal; *in Deutschland*: Bundesrat *m*; ~**republik** *f* República *f* Federal; ~**staat** *m* Estado *m* federal; ~**tag** *m* Parlamento *m* Federal, Bundestag *m*; ~**wehr** *f* fuerzas *f*/*pl.* armadas de la República Federal.

bündig 634

bündig ['byndiç] terminante, concluyente; (*knapp*) conciso.
Bündnis ['-tnis] n (4¹) alianza f.
Bungalow ['bungalo:] m (11) bungalow m; chalet m.
Bunker ['buŋkər] m (7) ♣ carbonera f; ✕ bunker m (*a. Golf*); (*Luftschutz*♄) refugio m (antiaéreo); **2n** ♣ (29) tomar carbón.
bunt [bunt] en *od.* de colores; multicolor, policromo; *fig.* variopinto; abigarrado; **~er** Abend velada f artística; **~** *durcheinander* sin orden ni concierto; *das wird mir zu* **~** eso pasa de castaño oscuro; **'2metall** n metal m no férreo; **'2sandstein** m arenisca f de color; **'~scheckig** abigarrado; **'2stift** m lápiz m de color.
Bürde ['byrdə] f (15) carga f, peso m.
Burg [burk] f (16) castillo m.
Bürge ['byrgə] m (13) fiador m, garante m; **2n** (25) responder (*für j-n* por; *für et.* de); garantizar (*ac.*).
Bürger|(in f) ['byrgər(in)] m (7) (*Staats*♄) ciudadano (-a) m (f); (*Einwohner*) vecino (-a) m (f); habitante su.; *Pol.* burgués (-esa) m (f); **~krieg** m guerra f civil; **~kunde** f instrucción f cívica; **2lich** civil (*a.* ♄); cívico; *Pol.* burgués; **~e** Küche cocina f casera; **~meister** m alcalde m, *Am.* intendente m; **~pflicht** f deber m cívico; **~recht** n (derecho m de) ciudadanía f; **~schaft** f vecindario m; **~sinn** m civismo m; **~steig** m acera f, *Am.* vereda f; **~tum** n (1²) burguesía f; **~wehr** f milicia f.
Bürgschaft ['byrkʃaft] f (16) fianza f, caución f (*leisten* dar, prestar); garantía f.
Burgunder [bur'gundər] m (7) (*Wein*) borgoña m.
burlesk [-'lɛsk] burlesco; **2e** f (15) *Thea.* sainete m.
Burnus ['-nus] m (14²) albornoz m, chilaba f.
Büro [by'ro:] n (11) oficina f; despacho m; **~angestellte(r)** m oficinista m; **~artikel** m/pl. artículos m/pl. de escritorio; **~klammer** f sujetapapeles m, clip m.
Bürokrat [-ro'kra:t] m (12) burócrata m; **~ie** [--kra'ti:] f (15) burocra-

cia f; **2isch** [--'kra:tiʃ] burocrático.
Bursche ['burʃə] m (13) mozo m; ✕ ordenanza m, asistente m; F tío m; *sauberer* **~** *iron.* buena pieza f; **~schaft** f corporación f de estudiantes.
burschikos [-ʃi'ko:s] campechano; desenvuelto.
Bürste ['byrstə] f (15) cepillo m; ♂ escobilla f; **2n** (26) cepillar.
Bürzel ['-tsəl] m (7) rabadilla f; *Geflügel:* obispillo m.
Bus [bus] m (4¹) autobús m; (*Reise*♄) autocar m; (*Überland*♄) coche m de línea.
Busch [buʃ] m (3² u. ³) mata f, arbusto m; (*Urwald*) selva f; (*Haar*♄) mechón m; *fig. auf den* **~** *klopfen* tantear el terreno.
Büschel ['byʃəl] n (7) mechón m; *Gras usw.:* manojo m.
Busch|hemd ['buʃhemt] n guayabera f; sahariana f; **2ig** espeso, tupido; *Schwanz usw.:* poblado; *Gelände:* matoso; **~messer** n machete m; **~werk** n matorral m.
Busen ['bu:zən] m (6) pecho m; *fig. u. poët.* seno m; **~freund** m amigo m íntimo.
Bussard ['busart] m (3) ratonero m.
Buße ['bu:sə] f (15) penitencia f; (*Geld*♄) multa f.
büßen ['by:sən] (27) expiar (*für et.* a/c.); *Rel.* hacer penitencia; *fig.* pagar; **2er(in** f) m (7) penitente su.
buß|fertig ['bu:sfɛrtiç] penitente; **2geld** n multa f; **2(-)u. Bet)tag** m día m de (oración y) penitencia.
Büste ['bystə] f (15) busto m; **~nhalter** m sostén m, sujetador m.
Butt Zo. [but] m (3) rodaballo m.
Bütte ['bytə] f (15) tina f, cuba f; **~papier** n papel m de tina od. de mano.
Butter ['butər] f (15, o. pl.) mantequilla f, *Am.* manteca f; **~blume** f botón m de oro; **~brot** n pan m con mantequilla; bocadillo m, F bocata m; **~brotpapier** n papel m parafinado; **~dose** f mantequera f; **~faß** n mantequera f; **~milch** f suero m de manteca; **2n** (29) mazar.
Butzenscheibe ['butsənʃaibə] f (15) cristal m abombado y emplomado.

C

C, c [tse:] n C, c f; ♪ do m; *C-Dur* do m mayor; *c-Moll* do m menor.

Café [ka'fe:] n (11) café m.

camp|en ['kɛmpən] (25) acampar; hacer camping; **~er** m (7) campista m; **~ing** ['-piŋ] n (11, o. pl.) camping m; **~ingplatz** m (terreno m de) camping m.

Cape [ke:p] n (11) capa f.

Cell|ist [tʃɛ'list] m (12) violonc(h)elista m; **~o** ['-lo] n (11, pl. a. -li) violonc(h)elo m.

Cellophan [tsɛlo'fa:n] n (8, o. pl.) celofán m.

Celsius ['tsɛlzjus]: *Grad ~* grado(s) m(pl.) centígrado(s).

Cembalo ['tʃɛmbalo] n (11) clave m, clavicémbalo m.

Ces ♪ [tsɛs] n uv. do m bemol.

Chagrin [ʃa'grɛ̃] n (11), **~leder** n chagrín m, piel f de zapa.

Chamäleon [ka'mɛ:leon] n (11) camaleón m.

Champagner [ʃam'panjər] m (7) champaña m, champán m.

Champignon ['-pinjõ] m (11) champiñón m.

Chance ['ʃãsə] f (15) posibilidad f, oportunidad f; **~ngleichheit** f igualdad f de oportunidades.

Chanson(n)ette [-so'nɛt(ə)] f (15) cupletista f.

Chao|s ['ka:ɔs] n uv. caos m; **2tisch** [ka'ɔ:tiʃ] caótico m.

Charakter [ka'raktər] m (3¹; pl. -tere [--'te:rə]) carácter m; **~bild** n retrato m moral; **2fest** entero, de carácter firme; **~festigkeit** f entereza f; **2isieren** caracterizar; **2istisch** característico (*für* de); **2los** falto de carácter; **~zug** m rasgo m.

charm|ant [ʃar'mant] encantador; **2e** [ʃarm] m (11, o. pl.) encanto m; atractivo m.

Charta ['karta] f (11¹) carta f.

Charter|flug [tʃartər'flu:k] m vuelo m chárter; **2n** (29) fletar.

Chauffeur [ʃo'fø:r] m (3¹) conductor m; chófer m.

Chaussee [-'se:] f (15) carretera f; **~graben** m cuneta f.

Chauvin|ismus [-vi'nismus] m (16) patriotería f, gal. chauvinismo m; **~ist** [--'nist] m (12), **2istisch** patriotero (m), gal. chauvinista (m).

Chef [ʃɛf] m (11) jefe m; **~arzt** m médico m jefe; **~in** f jefa f; **~ingenieur** m ingeniero-jefe m; **~redakteur** m redactor m jefe; **~sekretärin** f secretaria f de dirección.

Chem|ie [çe'mi:] f (15) química f; **~iefaser** f fibra f sintética; **~ikalien** [-mi'ka:ljən] f/pl. (15) productos m/pl. químicos; **~iker** ['çe:mikər] m (7), **2isch** químico (m).

Chicorée ['ʃikore:] f (15, o. pl.) achicoria f de Bruselas, endibia f.

Chiffr|e ['ʃifər, 'ʃifrə] f (15) cifra f; **~e...:** *in Zssgn* en cifra, cifrado; **2ieren** [-'fri:rən] cifrar.

Chilen|e [tʃi'le:nə] m (13), **~in** [-'-nin] f, **2isch** chileno (-a) m (f).

Chines|e [çi'ne:zə] m (13), **~in** [-'-zin] f, **2isch** chino (-a) m (f).

Chinin 🜊 [-'ni:n] n (11, o. pl.) quinina f.

Chirurg [-'rurk] m (12) cirujano m; **~ie** [--'gi:] f (15) cirugía f; **2isch** [-'-giʃ] quirúrgico f.

Chlor 🜊 [klo:r] n (3¹) cloro m; **~oform** [kloro'fɔrm] n (11) cloroformo m; **2oform'ieren** cloroformizar; **~ophyll** [---gra'fi:] f n (11, o. pl.) clorofila f.

Chole|ra 🜊 ['ko:lara] f uv. cólera f; **2risch** [-'le:riʃ] colérico m.

Cholesterin 🜊 [-lɛste'ri:n] n (3¹, o. pl.) colesterol m.

Chor [ko:r] m (3³) coro m; **~al** [ko-'ra:l] m (3¹ u. ³) cántico m, coral m; **~eograph** [-reo'gra:f] m (12) coreógrafo m; **2eographie** [---gra'fi:] f (15) coreografía f; **~gestühl** n sillería f; **~hemd** n sobrepelliz m; **~ist(in** f) [ko'rist(in)] m (12), **~sänger(in** f) m corista su.; **~knabe** m niño m de coro.

Christ [krist] m (12) cristiano m; **~baum** m árbol m de Navidad; **~enheit** f cristiandad f; **~entum** n cristianismo m; **~fest** n (fiesta f de) Navidad f; **2iani'sieren** cristia-

nizar; '**in** f cristiana f; '**kind** n
Niño m Jesús; !²**lich** cristiano; '**mette** f misa f del gallo; '**us** ['-tus]
m (uv.; gen. a. -sti, dat. -sto, ac. -stum)
Cristo m, Jesucristo m.
Chrom 🜨 [kro:m] n (3¹) cromo m.
chromatisch [kro'ma:tiʃ] cromático.
Chromosom [-mo'zo:m] n (5¹) cromosoma m.
Chron|ik ['kro:nik] f (16) crónica f;
²**isch** crónico; **ist** [kro'nist] m (12)
cronista m; **ologie** [-nolo'gi:] f cronología f; ²**ologisch** [--'lo:giʃ] cronológico; **o'meter** n cronómetro m.
Chrysantheme [kryzan'te:mə] f (15)
crisantemo m.
circa ['tsirka] s. zirka.
Cis ♪ [tsis] n uv. do m sostenido.
Claque [klak] f (15) alabarderos
m/pl., claque f.
Clip [klip] m (11) clip m.
Clique ['klikə] f (15) pandilla f; camarilla f; **nwirtschaft** f pandillaje
m, nepotismo m.
Clou [klu:] m (11) atracción f principal; F plato m fuerte.
Clown [klaun] m (11) payaso m.
Cockpit ['kɔkpit] n (11) cabina f del
piloto, carlinga f.
Cocktail ['-te:l] m (11) cóctel m, combinado m.

Code [ko:d] m (11) código m; clave
f.
Comic ['kɔmik] m (11) cómic m.
Computer [-'pju:tər] m (7)
computadora f, ordenador m (electrónico); ²i'**sieren** neol. computerizar; **spiel** n juego m electrónico.
Conférencier [kõfe:rã'sje:] m (11)
presentador m; animador m.
Container [kɔn'te:nər] m (7) contenedor m.
Cord [kɔrt] m pana f.
Couch [kautʃ] f (14, pl. es) cama f
turca; sofá m; diván m; '**garnitur**
f tresillo m; '**tisch** m mesa f de
centro.
Coupé [ku'pe:] n (11) Kfz. cupé m.
Couplet [-'ple:] n (11) cuplé m; **sängerin** f cupletista f.
Coupon [-'põ] m (11) cupón m.
Courage [-'ra:ʒə] f uv. coraje m.
Cousin [ku'zɛ̃] m (11) primo m; **e**
[-'zi:nə] f (15) prima f.
Cowboy ['kaubɔy] m (11) vaquero m.
Creme [krɛ:m] f (11¹) crema f; fig. die
~ la flor y nata; ²**farben** de color
crema.
Croupier [kru'pje:] m (11) cr(o)upier
m.
Cut(away) ['kat(əve:)] m (11) chaqué
m.

D

D, d [de:] *n* D, d *f*; ♪ re *m*; *D-Dur* re *m* mayor; *d-Moll* re *m* menor.

da [dɑ:] **1.** *adv.* **a)** *örtl.* (*dort*) ahí, allí, allá; (*hier*) aquí; *wer* ∼? ¿quién vive?; ∼ *bin ich* aquí estoy; *sieh* ∼! ¡vaya!; *nichts* ∼! ¡nada de eso!; **b)** *zeitl.* entonces; *von* ∼ *an* desde entonces; **2.** *cj.* (*als*) cuando; (*weil*) porque; ∼ (*ja*) como, puesto que, ya que; '∼**behalten** retener; quedarse con.

dabei [da'baɪ] (*nahe*) cerca, junto; (*außerdem*) además; (*doch*) sin embargo; con todo eso; ∼ *sn zu* (*inf.*) estar a punto de; estar (*ger.*); *was ist schon* ∼? ¿qué importa?; ¿y qué?; *es bleibt* ∼ de acuerdo; *er bleibt* ∼ insiste en ello; ∼**bleiben** seguir con; ∼**sein** asistir (*bei* a), estar presente (en); participar (en); *ich bin dabei!* ¡me apunto!

dableiben ['dɑ:blaɪbən] quedarse.

Dach [dax] *n* (1²) tejado *m*; techo *m*; *unter* ∼ *und Fach* a cubierto; *fig.* concluido; F *fig. j-m aufs* ∼ *steigen* decir cuatro verdades a alg.; '∼**boden** *m* desván *m*; ∼**decker** ['-dɛkər] *m* (7) tejador *m*; '∼**fenster** *n* tragaluz *m*; '∼**first** *m* caballete *m*; '∼**garten** *m* azotea *f* jardín; '∼**gepäckträger** *m Kfz.* baca *f*; '∼**geschoß** *n* ático *m*; '∼**kammer** *f* buhardilla *f*; '∼**pappe** *f* cartón *m* piedra; '∼**rinne** *f* canalón *m*.

Dachs *Zo.* [daks] *m* (4) tejón *m*; '∼**bau** *m* tejonera *f.*

Dach|schaden *m*: F *fig. e-n* ∼ *haben* estar mal de la cabeza; ∼**sparren** *m* cabrio *m*; ∼**stuhl** *m* armadura *f.*

dachte, dächte ['daxtə, 'dɛçtə] *s.* denken.

Dachtraufe ['daxtraʊfə] *f* canalón *m*; ∼**ziegel** *m* teja *f.*

Dackel ['dakəl] *m* (7) (perro *m*) pachón *m*, *gal.* basset *m.*

dadurch [da'durç, 'dɑ:durç] así, de es(t)e modo; ∼, *daß* debido a que.

dafür [da'fy:r, 'dɑ:fyr] por es(t)o; (*Tausch*) en cambio; (*Belohnung*) en recompensa; (*Zweck*) para eso; *einräumend*: teniendo en cuenta que; ∼ *sn* estar a *od.* en favor de;

ich kann nichts ∼ no es culpa mía.

dagegen [da'ge:gən] **1.** *adv.* contra eso; (*Vergleich*) comparado con eso; ∼ *sn* estar en contra; *nichts* ∼ *haben* no tener inconveniente; **2.** *cj.* en cambio, al contrario; ∼**halten** cotejar, comparar (con).

daheim [-'haɪm] **1.** *adv.* en casa; **2.** ♀ *n* (3¹) casa *f*, hogar *m.*

daher ['dɑ:he:r, da'he:r] **1.** *adv.* de allí; de ahí; **2.** *cj.* por eso, por lo tanto.

dahin ['dɑ:hin, da'hin] **1.** (hacia) allí; *bis* ∼ hasta allí; *zeitl.* hasta entonces; **2.** (*hin*) (*verloren*) perdido; (*vergangen*) pasado; ∼**eilen** (*sn*) pasar corriendo; *Zeit:* huir; ∼**gestellt** [-'-gə?tɛlt]: ∼ *sn lassen* dejar en suspenso; ∼**leben** vegetar; ∼**raffen** llevar a la tumba; segar (la vida); ∼**schwinden** (*sn*) desvanecerse; ∼**siechen** [-'-zi:çən] (25, *sn*) languidecer; ∼**stehen** quedar por ver.

Dahlie ['dɑ:ljə] *f* (15) dalia *f.*

dalassen ['dɑ:lasən] dejar; ∼**liegen** estar tendido.

damalig ['dɑ:mɑ:lıç] de entonces; ∼**s** (en aquel) entonces; a la sazón.

Damast [da'mast] *m* (3²) damasco *m.*

Dame ['dɑ:mə] *f* (15) señora *f*; dama *f*; *beim Tanz:* pareja *f*; (*Schach*) reina *f*; (*Brettspiel*) dama *f*; (*Spielkarte*) caballo *m*; *junge* ∼ señorita *f*; ∼ *spielen* jugar a las damas.

'Damen|binde *f* compresa *f*; ∼**doppel** (∼**einzel**) *n Tennis:* doble *m* (individual *m*) femenino; ∼**friseur** *m* peluquero *m* para señoras; ∼**mode** *f* moda *f* femenina; ∼**schneider(in** *f*) *m* modisto (-a) *m* (*f*).

'Dame|spiel *n* (juego *m* de) damas *f/pl.*; ∼**stein** *m* ficha *f.*

Damhirsch ['damhirʃ] *m* (3²) gamo *m.*

damit [da'mit] **1.** *adv.* (*a.* 'dɑ:mit) con eso, con ello; **2.** *cj.* para que, a fin de que (*subj.*).

dämlich F ['dɛ:mliç] imbécil; tonto.
Damm [dam] *m* (3³) dique *m*; (*Hafen* 2) muelle *m*; (*Erd* 2) terraplén *m*; *Anat.* perineo *m*; *fig. auf dem ~ sn* sentirse bien; '**~bruch** *m* rotura *f* de dique.

dämmer|ig ['dɛmǝriç] crepuscular; **2licht** *n* penumbra *f*; media luz *f*; **~n** (29) *morgens:* alborear, amanecer; *abends:* atardecer; *fig. es ~t mir* empiezo a ver claro; **2stunde** *f* hora *f* crepuscular; **2ung** *f* crepúsculo *m*; *in der ~ entre dos luces*; **2zustand** *m* estado *m* crepuscular.

Damoklesschwert ['da:moklǝs-ˌveːrt] *n* espada *f* de Damocles.

Dämon ['dɛːmɔn] *m* (8¹) demonio *m*; **2isch** [dɛ'moːniʃ] demoníaco.

Dampf [dampf] *m* (3³) vapor *m*; (*Rauch*) humo *m*; (*Dunst*) vaho *m*; **~...:** *in Zssgn* de vapor; '**~druck** *m* presión *f* del vapor; **2en** (25) humear, echar humo.

dämpfen ['dɛmpfǝn] (25) *Stimme:* bajar; ⊕ amortiguar (*a. Stoß, Schall usw.*); *Kchk.* estofar; rehogar; *fig.* reprimir; *mit gedämpfter Stimme* a media voz.

Dampfer ['dampfǝr] *m* (7) vapor *m*.
Dämpfer ['dɛmpfǝr] *m* (7) ⊕ amortiguador *m*; ♪ sordina *f*; *Klavier:* apagador *m*; *fig. j-m e-n ~ aufsetzen* bajar los humos a alg.
Dampf|kessel ['dampfkɛsǝl] *m* caldera *f*; generador *m* de vapor; **~kochtopf** *m* olla *f* exprés *od.* de vapor; **~kraft** *f* fuerza *f* de(l) vapor; **~maschine** *f* máquina *f* de vapor; **~schiff** *n* vapor *m*; **~schiffahrt** *f* navegación *f* a vapor.
Dämpfung ['dɛmpfuŋ] *f* amortiguación *f*; *a. fig.* amortiguamiento *m*.
Dampfwalze ['dampfvaltsǝ] *f* apisonadora *f*.

danach [da'naːx, 'daːnaːx] *zeitl.* después (de esto), luego; (*demnach*) según ello; *iron. ~ sieht er aus!* ¡tiene cara de eso!

Däne ['dɛːnǝ] *m* (13) danés *m*.

daneben [da'neːbǝn] junto, cerca, al lado; (*außerdem*) además; **~gehen** (sn) F fracasar, fallar; **~hauen** errar el golpe; *fig.* desacertar.

Dän|in ['dɛːnin] *f* danesa *f*; **2isch** danés.

Dank [daŋk] **1.** *m* (3) gracias *f/pl.*; agradecimiento *m*; *~ sagen für* dar las gracias por; *zum ~ für* en agradeci-

miento por; *vielen ~! ¡muchas gracias!*; **2.** ⩾ *prp.* (*dat. od. gen.*) gracias a, merced a; '**2bar** agradecido; *ich wäre Ihnen ~, wenn ... le agradecería que* (*subj.*); '**~barkeit** *f* gratitud *f*, agradecimiento *m*; **2en** (25) **1.** *v/i.: j-m für et. ~ dar las gracias a alg. por a/c., agradecer a/c. a alg.; danke (sehr)! ¡(muchas) gracias!* **2.** *v/t.* (*ver~*) deber; '**2enswert** digno de agradecimiento; '**~gottesdienst** *m* acción *f* de gracias; **~sagung** *f* acción *f* de gracias; '**~schreiben** *n* carta *f* de gracias.

dann [dan] luego, después; (*daraufhin*) entonces; (*außerdem*) además; *~ und wann* de cuando (*od.* vez) en cuando.

daran [da'ran, 'daːran] *zeitl.:* muy cerca; *nahe ~ sn, zu* (*inf.*) estar a punto de (*inf.*); *ich bin dran* es mi turno, me toca a mí; *gut* (*übel*) *~ sn* estar en una buena (mala) situación; *es ist et. ~ hay algo en ello*; **~gehen** (sn), *sich ~machen* ponerse a; poner manos a la obra; **~kommen** ser atendido; *ich komme dran* me toca a mí; **~setzen** arriesgar; *alles ~ hacer* todo lo posible.

darauf [da'rauf, 'daːrauf] **1.** *zeitl.* después (de esto), luego; *ein Jahr ~* un año después; *am Tage ~* al día siguiente; **2.** *örtl.* encima, en ello, sobre ello; **~hin** [--'hin] a lo cual, en vista de ello; entonces.

daraus [da'raus, 'daːraus] de ahí, de eso; *ich mache mir nichts ~* no me importa *bzw.* interesa.

darben ['darbǝn] (25) sufrir privaciones *bzw.* hambre.

darbiet|en ['daːrbiːtǝn] ofrecer, brindar, presentar; **2ungen** *f/pl.* programa *m*.

'**darbringen** ofrecer.

darein [da'rain] en eso, en ello; **~finden, ~fügen:** *sich ~ resignarse; **~reden** meterse en la conversación; *j-m:* interrumpir.

darf(st) [darf(st)] *s.* dürfen.

darin [da'rin, 'daːrin] en eso, en ello; *fig.* en este punto.

darleg|en ['daːrleːgǝn] exponer, explicar; **2ung** *f* explicación *f*, exposición *f*.

Darlehen ['-leːǝn] *n* (6) préstamo *m*; **~geber** *m* prestamista *m*; **~skasse** *f* caja *f* de préstamos; **~snehmer** *m* prestatario *m*.

Darm [darm] *m* (3³) intestino *m*, tripa *f*; **~...:** *in Zssgn* intestinal; '**~katarrh** *m* enteritis *f*; '**~saite** ♪ *f* cuerda *f* de tripa; '**~verschlingung** ♣ *f* vólvulo *m*; '**~verschluß** ♣ *m* oclusión *f* intestinal, íleo *m*.

Darre ['darə] *f* (15) secadero *m*.

darreichen ['dɑːrˀraɪçən] presentar, ofrecer.

darstell|en ['-ʃtɛlən] representar; *Thea. a.* interpretar; *(beschreiben)* describir; **~er(in** *f*) *m Thea.* actor *m* (actriz *f*), intérprete *su.*; **~ung** *f* representación *f*; *Thea. a.* interpretación *f*; *(Beschreibung)* descripción *f*.

dartun ['-tuːn] poner en evidencia, demostrar.

darüber [daˈryːbər, ˈdɑːryːbər] sobre eso; *örtl.* encima; *zeitl.* con eso, mientras tanto; *(deswegen)* con eso, und et. **~** y algo más, F y pico; **~** *hinaus* más allá; *fig.* además.

darum [daˈrum, ˈdɑːrum] *cj.* *(Grund)* por es(t)o.

darunter [daˈruntər] *(por)* debajo; *(weiter unten)* más abajo; *(dazwischen)* entre ellos; und **~** y menos.

das [das] es(t)o, ello, aquello; **~** *alles* todo es(t)o; **~, was** lo que.

dasein ['dɑːzaɪn] **1.** *v/i.* (sn) estar presente, haber venido; *(vorhanden sn)* existir; noch nie dagewesen nunca visto; **2.** ♀ *n* existencia *f*, ser *m*; *Kampf ums* **~** lucha *f* por la vida; **2berechtigung** *f* razón *f* de ser.

dasitzen ['-zɪtsən] estar sentado.

dasjenige ['dasjeːnɪgə] *s.* derjenige.

daß [das] que; *so* **~** de modo que.

dasselbe ['-zɛlbə] *s.* derselbe.

dastehen ['dɑːʃteːən] estar (allí); *fig.* *gut* **~** quedar bien.

Datei ['-taɪ] *f* archivo *m*.

Daten ['-tən] *pl.* datos *m/pl.*; **~bank** *f* banco *m* de datos; **~schutz** *m* protección *f* de datos; **~verarbeitung** *f* proceso *m* *(od.* tratamiento *m)* de datos *(elektronische Datenverarbeitung)*.

datieren [daˈtiːrən] fechar; datar *(von de)*.

Dativ ['dɑːtiːf] *m* (3¹) dativo *m*; **~objekt** *n* complemento *m* indirecto.

Dattel ['datəl] *f* (15) dátil *m*; **~palme** *f* palmera *f* datilera.

Datum ['dɑːtum] *n* (9²) fecha *f*; **~(s)stempel** *m* fechador *m*.

Daube ['daʊbə] *f* (15) duela *f*.

Dauer ['-ər] *f* (15) duración *f*; *(Fort♀)* continuidad *f*; *von langer (kurzer)* **~** *sn*

durar mucho (poco); *auf die* **~** a la larga; **~...:** *in Zssgn* estable, *(ständig)* permanente; **2haft** duradero; *Stoff*: resistente; **~haftigkeit** *f* estabilidad *f*; resistencia *f*; **~karte** *f* abono *m*; pase *m*; **~lauf** *m* carrera *f* gimnástica; **2n** (29): **a)** durar; *lange* **~** tardar mucho; **b)** *(leid tun)* dar pena *od.* lástima a; **2nd** continuo, permanente; **~welle** *f* permanente *f*; **~wurst** *f* salchichón *m* ahumado; **~zustand** *m* estado *m* permanente.

Daumen ['-mən] *m* (6) pulgar *m*; *fig.* *j-m den* **~** *halten* desear suerte a alg.; hacer votos por alg.; *über den* **~** *gepeilt* a ojo (de buen cubero).

Däumling ['dɔymlɪŋ] *m* (3¹) dedil *m*; *(Märchen)* Pulgarcito *m*.

Daune ['daʊnə] *f* (15) plumón *m*; **~nbett** *n*, **~ndecke** *f* edredón *m*.

davon [daˈfɔn] de ello, de esto; *was habe ich* **~**? ¿de qué me sirve eso?; **~eilen** (sn) irse a toda prisa; **~fliegen** (sn) echar a volar; **~kommen** (sn) escapar; *mit dem Leben* **~** salir con vida; *wir sind noch einmal davongekommen* de buena nos hemos librado; **~laufen** (sn) echar a correr, huir; **~machen:** F *sich* **~** largarse; **~schleichen:** *sich* **~** escurrirse; **~tragen** llevarse; *(erlangen)* ganar; *den Sieg* **~** salir vencedor.

davor [-ˈfoːr] delante (de); *fig.* de ello, de eso.

dazu [-ˈtsuː] a es(t)o; *(Zweck)* para esto, con este fin; *(noch)* **~** además; *nicht* **~** *kommen* no tener tiempo (para ello); **~gehören** formar parte de; **~gehörig** correspondiente, respectivo; **~kommen** (sn) llegar (en el momento); *et.:* sobrevenir; *(noch)* **~** añadirse; **~tun** añadir.

dazwischen [-ˈtsvɪʃən] entre *(od.* en medio de) ellos *bzw.* esto; de por medio; **~kommen** (sn) intervenir; *et.:* sobrevenir; **~liegend** intermedio; **~reden** *j-m:* interrumpir; **~treten 1.** *v/i.* (sn) interponerse; intervenir; **2.** ♀ *n* intervención *f*.

Debatt|e [deˈbatə] *f* (15) debate *m*, discusión *f*; *zur* **~** *stellen* plantear; **2ieren** [--ˈtiːrən] debatir, discutir.

Debet † ['deːbɛt] *n* (11) debe *m*; **~saldo** *m* saldo *m* deudor.

Debüt [deˈbyː] *n* (11) debut *m*; **~ant (-in** *f*) [-byˈtant(in)] *m* (12) debutante *su.*; **2ieren** [--ˈtiːrən] debutar.

dechiffrieren [-ʃiˈfriːrən] descifrar.

Deck ⚓ [dɛk] n (11) cubierta f (*auf* en *od.* sobre); **'~adresse** f dirección f fingida; **'~bett** n edredón m; (*Decke*) colcha f; **'~blatt** n (*Zigarren*) capa f.

Decke ['dɛkə] f (15) cubierta f; *wollene:* manta f; (*Bett*⚓) colcha f; (*Tisch*⚓) mantel m; (*Zimmer*⚓) techo m; (*Schicht*) capa f; *fig. unter e-r ~* stecken hacer causa común.

Deckel ['dɛkəl] m (7) tapa f, tapadera f; F *fig. j-m eins auf den ~ geben* echar una bronca a alg.

decken ['dɛkən] (25) cubrir (*a.* ✝, ✗, Zo.); *Sport:* marcar; *sich ~* corresponderse, coincidir; Ⱥ ser congruente.

'Deckenlampe f lámpara f de techo, *gal.* plafón m.

'Deck|farbe f pintura f opaca; **~glas** n cubreobjetos m; **~mantel** m *fig.* pretexto m; tapadera f; *unter dem ~* (*gen.*) so (*od.* bajo) capa de; **~name** m nombre m de guerra; seudónimo m; **~ung** f ✝ cobertura f; provisión f de fondos; *Sport:* marcaje m; (*Schutz*) abrigo m; ✗ *~ nehmen, in ~ gehen* ponerse a cubierto (*vor dat.* de).

Decoder [di'koudər] m (7) *TV* decodificador m.

defekt [de'fɛkt] **1.** *adj.* defectuoso; (*beschädigt*) deteriorado; **2.** ⚓ m (3) defecto m; desperfecto m.

defensiv [-fɛn'ziːf] defensivo; **⚓e** [--'ziːvə] f (15) defensiva f.

defin|ieren [-fi'niːrən] definir; **⚓ition** [--ni'tsjoːn] f definición f; **~itiv** [---'tiːf] definitivo.

Defizit ['deːfitsit] n (3) déficit m.

Deflation [defla'tsjoːn] f deflación f.

Degen ['deːgən] m (6) espada f; **~stoß** m estocada f.

degradier|en [degra'diːrən] degradar; **⚓ung** f degradación f.

dehn|bar [de:nbaːr] dilatable, extensible; elástico; *fig.* flexible; **~en** (25) dilatar, extender; *a.* ♪ alargar; **⚓ung** f dilatación f, extensión f.

Deich [daɪç] m (3) dique m.

Deichsel ['daɪksəl] f (15) pértigo m, lanza f; **⚓n** F (29) arreglar.

dein [daɪn] (20) tu; **~erseits** ['-nər-zaɪts] por tu parte; **~esgleichen** ['-nəs'glaɪçən] tu(s) igual(es); **~et-halben** ['-nəthalbən], **~etwegen**, (*um*) **~etwillen** por ti; (*negativ*) por tu culpa; **~ige** ['-igə] (18b): *der ~* (el) tuyo.

Dekade [de'kaːdə] f (15) década f.

dekaden|t [-ka'dɛnt] decadente; **⚓z** [--'dɛnts] f (16) decadencia f.

Dekan [-'kaːn] m (3¹) decano m.

deklamieren [-kla'miːrən] declamar; recitar.

Dekli|nation [-klina'tsjoːn] f declinación f; **⚓nieren** declinar.

Dekolle|té [-kɔl'teː] n (11) escote m; **⚓tiert** [--'tiːrt] escotado.

Dekor|ateur [-kora'tøːr] m (3¹) decorador m; **~ation** [---'tsjoːn] f decoración f; *Thea.* decorado m; **~ti-onsmaler** m pintor m decorador; **~ationsstoff** m tapicería f; **⚓ativ** [---'tiːf] decorativo; **⚓ieren** decorar.

Dekret [-'kreːt] n (3) decreto m.

Dele|gation [-lega'tsjoːn] f delegación f; **⚓gieren** delegar; **~gierte(r)** m delegado m.

delikat [-li'kaːt] delicado (*a. fig.*); *Speise:* exquisito; rico; **⚓esse** [--ka'tɛsə] f (15) delicadeza f; (*Speise*) manjar m *od.* plato m exquisito; **⚓es-sengeschäft** n tienda f de comestibles finos.

Delikt [-'likt] n (3) delito m.

Delinquent [-liŋ'kvɛnt] m (12) delincuente m.

Delphin [dɛl'fiːn] m (3¹) delfín m.

Delta ['-ta] n (11[¹]) delta m.

dem [deːm] s. *der*.

Demagog|e [dema'goːgə] m (13) demagogo m; **⚓isch** demagógico.

demaskieren [-mas'kiːrən] desenmascarar; quitar la máscara a (*a. fig.*).

Demen|ti [-'mɛnti] n (11) mentís m; **⚓tieren** desmentir.

dem|entsprechend ['deːm'ɛnt'ʃprɛ-çənt], **'~gemäß** conforme a eso; en consecuencia; **'~nach** según eso; por consiguiente; **~'nächst** dentro de poco; próximamente.

demobilisier|en [demobili'ziːrən] desmovilizar; **⚓ung** f desmovilización f.

Demokrat [--'kraːt] m (12) demócrata m; **~ie** [--kra'tiː] f (15) democracia f; **⚓isch** [--'kraːtiʃ] democrático; (*Person*) demócrata m; **⚓isieren** [--krati'ziːrən] democratizar.

demolier|en [--'liːrən] demoler; **⚓ung** f demolición f.

Demonstr|ant [-mɔn'ʃtrant] m (12) manifestante m; **~ation** [--stra-'tsjoːn] f demostración f; *Pol.* manifestación f; **⚓ativ** [---'tiːf] demonstrativo (a. Gram.); 2'**ieren** demostrar; Pol. manifestarse.

Demont|age [--'ta:ʒə] f (15) desmontaje m; 2'**ieren** desmontar.

demoralisieren [-morali'zi:rən] desmoralizar.

Demut ['de:mu:t] f (16) humildad f.

demütig ['-my:tiç] humilde; ~**en** ['---gən] (25) humillar; 2**ung** f humillación f.

demzufolge ['de:mtsu'fɔlgə] según eso, por consiguiente.

den, denen ['de:n(ən)] s. der.

denaturieren [denatu'ri:rən] desnaturalizar.

Denk|art ['dɛŋk'ʔa:rt] f modo m de pensar, mentalidad f; 2**en** (30) pensar (an ac. en); (sich erinnern) acordarse (an ac. de); sich et. ~ figurarse, imaginarse; ich denke nicht daran! ¡ni pensarlo!; ~ Sie nur! ¡imagínese!; F das hast du dir gedacht! F ¡narices!; ¡tu padre!; ~**er** m (7) pensador m; ~**mal** n (1^2 u. 3) monumento m; ~**schrift** f memoria f; ~**spruch** m sentencia f; ~**weise** f modo m de pensar; 2**würdig** memorable; ~**würdigkeit** f hecho m memorable; ~**zettel** m fig. lección f.

denn [dɛn] pues, porque; nach comp.: que; es sei ~, daß a no ser que (subj.); mehr ~ je más que nunca.

dennoch ['-nɔx] sin embargo, no obstante, a pesar de todo.

Denunz|iant [denun'tsjant] m (12) delator m, denunciante m; 2'**ieren** delatar, denunciar.

Deodorant [-odo'rant] n (3^1 od. 11) desodorante m.

Depesch|e [-'pɛʃə] f (15) telegrama m; diplomatische: despacho m; 2'**ieren** telegrafiar.

deplaziert [-pla'tsi:rt] desplazado; fuera de lugar.

deponieren † [-po'ni:rən] depositar.

deportieren [-pɔr'ti:rən] deportar.

Deposit|en † [-po'zi:tən] pl. (9) depósitos m/pl.; ~**bank** f banco m de depósitos.

Depot [-'po:] n (11) depósito m.

Depress|ion [-prɛ'sjo:n] f depresión f (a. †); 2**iv** [--'si:f] depresivo.

deprimieren [-pri'mi:rən] deprimir; ~**d** deprimente.

Deput|at [-pu'ta:t] n (3) remuneración f en especie; ~**ation** [--ta'tsjo:n] f diputación f; ~**ierte(r)** [--'ti:rtə(r)] m diputado m.

---

der, die, das [de:r, di:, das] 1. (22) art. el, la, lo; 2. (23[¹]) pron. rel. que, quien; el (la) que, el (la) cual.

derart ['de:r'ʔa:rt] de tal modo od. manera; s. a. dermaßen; ~**ig** tal, semejante.

derb [dɛrp] (kräftig) fuerte; sólido; Stoff: resistente; (grob) rudo, grosero; 2**heit** f solidez f; rudeza f, grosería f.

dereinst [de:r'ʔaınst] un día.

deren ['-rən] cuyo (-a); del cual, de la cual.

derent|halben ['--thalbən], ~**wegen,** (um) ~**willen** por ellos; por los (la, las) que.

'**dergestalt** de tal modo.

der'gleichen tal, semejante; und ~ mehr y otras cosas por el estilo.

der-, die-, dasjenige ['de:r-, 'di:-, 'dasje:nigə] (22¹) el, la, lo que.

dermaßen ['-ma:sən] tanto; vor adj. u. adv.: tan.

der-, die-, dasselbe [de:r-, di:-, das-'zɛlbə] (22¹) el mismo, la misma, lo mismo (wie que).

derzeitig ['de:rtsartiç] actual.

Des ♪ [dɛs] n uv. re m bemol.

Desert|eur [dezɛr'tø:r] m (3¹) desertor m; 2'**ieren** desertar.

des|gleichen [dɛs'glaıçən] igualmente, asimismo; '~**halb** por eso.

Design [di'zaın] n (11) diseño m; ~**er** m (7) diseñador m.

Desinfektion [dɛs'ʔinfɛk'tsjo:n] f desinfección f; ~**smittel** n desinfectante m.

desinfizieren [-'ʔinfi'tsi:rən] desinfectar.

Despot [-'po:t] m (12) déspota m; 2**isch** despótico; ~**ismus** [-po'tismus] m (16, o. pl.) despotismo m.

dessen ['dɛsən] s. deren; ~'**ungeachtet** no obstante.

Dessert [dɛ'se:r] n (11) postre m; ~**...:** in Zssgn de postre.

Destill|ation [dɛstila'tsjo:n] f destilación f; 2**ieren** [--'li:rən] destilar; ~'**ierkolben** m alambique m.

desto ['-to] tanto; ~ besser! ¡(tanto) mejor!; je ..., ~ ... cuanto ... tanto ...

deswegen ['-ve:gən] por eso.

Detail [de'taj] n (11) detalle m, pormenor m; ins ~ gehen entrar en detalles; ~**handel** m comercio m al por menor; 2**liert** [--'ji:rt] detallado.

Detek|tei [-tɛk'taı] f agencia f de

detectives; **~tiv** [--'ti:f] *m* (3¹) detective *m*.

Detektor [-'-tɔr] *m* (8¹) detector *m*.

Deto|nation [-tona'tsjo:n] *f* detonación *f*; **~nationswelle** *f* onda *f* expansiva; 2**nieren** detonar.

deut|eln ['dɔʏtəln] (29) sutilizar (*an dat.* sobre); **~en** (26) 1. *v/t.* interpretar; 2. *v/i.*: ~ *auf* (*ac.*) indicar, señalar (con el dedo); **~lich** distinto, claro; 2**lichkeit** *f* claridad *f*.

deutsch [dɔʏtʃ] alemán (*auf* en); *fig.* ~ *mit j-m reden* hablar a alg. sin rodeos; 2**e** *f* alemana *f*; 2**e(r)** *m* alemán *m*; **~feindlich** antialemán, germanófobo; **~freundlich** germanófilo; **~spanisch** hispano-alemán; 2**tum** *n* nacionalidad *f* alemana; carácter *m* alemán.

Deutung ['-tuŋ] *f* interpretación *f*.

Devisen [de'vi:zən] *pl.* (15) divisas *f/pl.*; **~bewirtschaftung** *f* control *m* de divisas; **~schiebung** *f* tráfico *m* (ilegal) de divisas.

devot [-'vo:t] sumiso.

Dezember [-'tsɛmbər] *m* (7) diciembre *m*.

dezent [-'tsɛnt] decente; discreto.

dezentralisieren [--trali'zi:rən] descentralizar.

Dezernat [-tsɛr'nɑ:t] *n* (3) negociado *m*; departamento *m*.

Dezi|mal... [-tsi'mɑ:l]: *in Zssgn* decimal; **~'meter** *m, n* decímetro *m*; 2**'mieren** diezmar.

Diabet|es ♂ [dia'be:tɛs] *m* diabetes *f*; **~iker** [--'-tikər] *m* (7) diabético *m*.

Diadem [--'de:m] *n* (3¹) diadema *f*.

Diagnose [--'gno:sə] *f* (15) diagnóstico *m*.

diagonal, 2**e** *f* [--go'nɑ:l(ə)] (15) diagonal (*f*).

Diagramm [--'gram] *n* (3) diagrama *m*.

Diakon [--'ko:n] *m* (3¹ *u.* 12) diácono *m*; **~issin** [--ko'nisin] *f* diaconisa *f*.

Dialekt [--'lɛkt] *m* (3) dialecto *m*.

Dialog [--'lo:k] *m* (3) diálogo *m*.

Dialyse ♂ [--'ly:zə] *f* (15) diálisis *f*.

Diamant [--'mant] *m* (12) diamante *m*; 2**en** diamantino.

Diapositiv [--pozi'ti:f] *n* (3¹) diapositiva *f*.

Diät [di'ɛ:t] *f* (16) dieta *f*, régimen *m* (*halten* observar); 2 *adv.*: ~ *leben* estar a dieta; **~en** *pl.* dietas *f/pl.*

dich [diç] te, a ti.

dicht [diçt] denso; compacto, apretado; *Gebüsch, Haar, Gewebe*: tupido, espeso; (*undurchlässig*) impermeable; hermético; ~ *bei*, ~ *an* (muy) cerca de; 2**e** *f* (15) densidad *f*; espesor *m*; **~en** (26) **a)** componer; *v/i.* hacer versos; **b)** ⊕ impermeabilizar; 2**er** *m* (7) poeta *m*; 2**erin** *f* poetisa *f*; **~erisch** poético; 2**erlesung** *f* recital *m* de poemas; 2**erling** ['--lin] *m* (3) poetastro *m*; **~halten** F callarse; guardar un secreto; 2**kunst** *f* poesía *f*; 2**ung** *f* poesía *f*; ⊕ junta *f*.

dick [dik] grueso; (*beleibt*) *a.* gordo, obeso; (*geschwollen*) hinchado; *Flüssigkeit*: espeso; *Milch*: cuajado; ~ *werden* cuajarse; (*Person*) engordar; ~*e Freunde* íntimos amigos *m/pl.*; F et. ~ *haben* estar harto de a/c.; **~bäuchig** ['-bɔʏçiç] ventrudo, panzudo; 2**~darm** *m* intestino *m* grueso; 2**e** *f* (15) grueso *m*, espesor *m*; (*Person*) gordura *f*, obesidad *f*; **~fellig** ['-fɛliç] remolón; F cachazudo; **~flüssig** espeso; viscoso; 2**häuter** ['-hɔʏtər] *m* (7) paquidermo *m*; 2**icht** ['-içt] *n* (3) espesura *f*, matorral *m*; 2**kopf** *m*, **~köpfig** ['-kœpfiç] cabezudo (*m*), cabezón (*m*), testarudo (*m*); **~leibig** ['-laɪbiç] obeso; 2**leibigkeit** *f* obesidad *f*; 2**wanst** F *m* barrigón *m*.

die [di:] *s. der.*

Dieb [di:p] *m* (3) ladrón *m*; **~esbande** ['-bəsbandə] *f* cuadrilla *f* de ladrones; **~in** ['-bin] *f* ladrona *f*; 2**isch** ladrón; *fig.* e-e ~*e Freude haben* frotarse las manos; **~stahl** ['di:pʃta:l] *m* (3³) robo *m*, hurto *m*; 2**~stahlschutz** *m* (protección *f*) antirrobo *m*; **~stahlversicherung** *f* seguro *m* contra el robo.

diejenige ['di:je:nigə] *s. derjenige.*

Diel|e ['-lə] *f* (15) (*Brett*) tabla *f*; (*Vorraum*) vestíbulo *m*, zaguán *m*; 2**en** (25) entarimar.

dien|en ['-nən] (25) servir (*als* de; *zu* para); *womit kann ich* ~? ¿en qué puedo servirle?, ¿qué se le ofrece?; 2**er** *m* (7) criado *m*; sirviente *m*; *a. fig.* servidor *m*; (*Verbeugung*) reverencia *f*; 2**erin** *f* criada *f*, sirvienta *f*; 2**erschaft** *f* servidumbre *f*; **~lich** útil, provechoso (*dat.* casa).

Dienst [di:nst] *m* (3²) servicio *m*; *außer* ~ (*Abk. a.D.*) jubilado, retirado; ~ *haben* estar de servicio *od.* de guardia; *j-m e-n* (*schlechten*) ~ *erweisen* hacer un favor (un flaco servicio) a alg.; *j-m zu ~en stehen* estar a la disposición de alg.

Dienstag ['–ta:k] *m* (3) martes *m*.

Dienst|alter ['di:nst?altər] *n* antigüedad *f*; 2-**ältest** más antiguo; ~**antritt** *m* entrada *f* en funciones; toma *f* de posesión; ~**anweisung** *f* reglamento *m*; 2**bar** servicial; 2**beflissen** asiduo; 2**bereit** solícito; *(Apotheke)* de guardia; ~**bote** *m* criado *m*; *pl. a.* servidumbre *f*, servicio *m*; ~**eifer** *m* oficiosidad *f*; 2-**eifrig** oficioso, solícito; 2**frei** libre (de servicio); ~**grad** 🗙 *m* grado *m*; 2**habend** de servicio, de guardia; ~**leistung** *f* (prestación *f* de) servicio *m*; 2**lich** oficial, de oficio; ~**mädchen** *n* criada *f*, *Arg.* mucama *f*; ~**mann** *m* mozo *m* de cuerda; ~**ordnung** *f* reglamento *m*; ~**personal** *n* servicio *m*; ~**reise** *f* viaje *m* oficial; ~**sache** *f* asunto *m* oficial; ~**stelle** *f* delegación *f*, negociado *m*, departamento *m*; ~**stunden** *f/pl.* horas *f/pl.* de servicio; 2**tauglich** apto para el servicio; 2**tuend** ['–tu:ənt] de servicio, de guardia; 2-**unfähig**, 2-**untauglich** inútil para el servicio; ~**vorschrift** *f* reglamento *m* (de servicio); ~**wagen** *m* coche *m* oficial; ~**waffe** *f* arma *f* reglamentaria; ~**weg** *m* vía *f* od. trámite *m* oficial; 2**willig** servicial; ~**wohnung** *f* domicilio *m* de servicio; ~**zeit** *f* horas *f/pl.* de oficina; 🗙 años *m/pl.* de servicio.

dies [di:s] *s. dieser*; '~**bezüglich** correspondiente; pertinente; *adv.* (con) respecto a es(t)o.

Diesel|motor ['di:zəlmo:tər] *m* (motor *m*) diesel *m*; ~**öl** *n* gasoil *m*, gasóleo *m*.

dieser, diese, die(se)s ['di:zər, '–zə, '–(zə)s] (21) este, -a, -o; *su.* éste, -a; ese, -a, -o; *su.* ése, -a.

diesig ['di:zɪç] calinoso; brumoso.

dies|jährig ['di:sjɛ:rɪç] de este año; ~**mal(ig)** ['–ma:l(ɪç)] (de) esta vez; ~**seitig** ['–zaɪtɪç], ~**seits** ['--ts] de este lado.

Dietrich ['di:trɪç] *m* (3) ganzúa *f*.

Differential... [difərɛn'tsja:l]: *in Zssgn* diferencial; ~**(getriebe)** *n* diferencial *m*.

Differenz [--'rɛnts] *f* (16) diferencia *f* (*a. Streit*); 2**ieren** [---'tsi:rən] diferenciar.

differieren [--'ri:rən] diferir.

Digital... [–gi'ta:l]: *in Zssgn* digital.

Diktat [dik'ta:t] *n* (3) dictado *m* (*nach*

al); ~**or** [-'–tɔr] *m* (8¹) dictador *m*; 2**orisch** [-ta'to:rɪʃ] dictatorial; ~**ur** [--'tu:r] *f* (16) dictadura *f*.

diktier|en [-'ti:rən] dictar; 2**gerät** *n* dictáfono *m*.

Dilemma [di'lɛma] *n* (11²) dilema *m*.

Dilettant|(in *f)* [--'tant(in)] *m* (12) aficionado (-a) *m* (*f*); diletante *su.*; 2**isch** de aficionado.

Dill 🌿 [dil] *m* (3) eneldo *m*.

Dimension [dimɛn'zjo:n] *f* dimensión *f*.

Ding [dɪŋ] *n* (3) cosa *f*; objeto *m*; F chisme *m*; *guter ~e* de buen humor; *vor allen ~en* ante todo; *das geht nicht mit rechten ~en zu* aquí hay gato encerrado; *ein ~ der Unmöglichkeit* de todo punto imposible; *aller guten ~e sind drei* a la tercera va la vencida; F *ein ~ drehen* dar un golpe; F *fig. niedliches ~* monada *f*; ~**en** (30) contratar; '2**fest:** ~ *machen* arrestar; '2**lich** 🏛 real; '~**sda** *m* (11) fulano *m*.

Diözese [diø'tse:zə] *f* (15) diócesis *f*.

Diphtherie [diftə'ri:] *f* (15, *o. pl.*) difteria *f*.

Diphthong [-'tɔŋ] *m* (3¹ *u.* 12) diptongo *m*.

Diplom [di'plo:m] *n* (3¹) diploma *m*; ~**...:** *in Zssgn oft* diplomado.

Diplomat [-plo'ma:t] *m* (12), 2**isch** diplomático (*m*); ~**ie** [--ma'ti:] *f* diplomacia *f*.

diplomiert [--'mi:rt] diplomado, titulado.

Diplomlandwirt [-'plo:mlantvirt] *m* ingeniero *m* agrónomo.

dir [di:r] te; a ti; *mit ~* contigo.

direkt [di'rɛkt] directo; 2**ion** [--'tsjo:n] *f* dirección *f*, 🕈 *c* gerencia *f*; 2**or(in** *f)* [-'–tɔr, --'to:r.n] *m* (8¹) director(a) *m* (*f*); 🕈 gerente *su.*; 2**orium** [--'to:rjum] *n* (9) junta *f* directiva; *hist.* Directorio *m*; 2**rice** [--'tri:sə] *f* (15) directriz *f*; 2-**übertragung** [-'-'y:bərtra:guŋ] *f Radio, TV:* (re)transmisión *f* en directo.

Dirig|ent [-ri'gɛnt] *m* (12) director *m* de orquesta; ~**entenstab** *m* batuta *f*; 2**ieren** dirigir.

Dirndlkleid ['dirndəlklaɪt] *n* vestido *m* tirolés.

Dirne ['dirnə] *f* (15) prostituta *f*, ramera *f*; V puta *f*.

Dis ♪ [dis] *n uv.* re *m* sostenido.

Disharmon|ie [-harmo'ni:] *f* (15) disonancia f (a. fig.); 2**isch** [--'mo:niʃ] disonante.

Diskant ♪ [-'kant] m (3) tiple m.

Diskjockey angl. ['diskdʒɔki] m (11) disc-jockey m, F pinchadiscos m.

Diskont [-'kɔnt] m (3) descuento m; 2**ieren** descontar; ~**satz** m tipo m de descuento.

Diskothek [-ko'te:k] f (16) discoteca f.

diskret [-'kre:t] discreto; 2**ion** [--'tsjo:n] f discreción f.

diskriminier|en [-krimi'ni:rən] discriminar; ~**end** discriminatorio; 2**ung** f discriminación f.

Diskus [-'kus] m (14²) disco m.

Diskussion [--'sjo:n] f discusión f.

'**Diskuswerf|en** n lanzamiento m de disco; ~**er** m (7) lanzador m de disco, discóbolo m.

diskutieren [-ku'ti:rən] discutir.

Dispens [-'pɛns] m (4) dispensa f; 2**ieren** [--'zi:rən] dispensar (von de).

dispo|nieren [-po'ni:rən] disponer; 2**sition** [--zi'tsjo:n] f disposición f.

Disput [-'pu:t] m (3) disputa f.

Disqualifi|kation [-kvalifika'tsjo:n] f descalificación f; 2**zieren** [----'tsi:-rən] descalificar.

Dissertation [-sɛrta'tsjo:n] f tesis f doctoral.

Dissident [-si'dɛnt] m (12) disidente m.

Distanz [-'tants] f (16) distancia f; 2**ieren** [--'tsi:rən]: sich ~ von distanciarse de.

Distel [-'təl] f (15) cardo m; ~**fink** m jilguero m.

distinguiert [-tiŋ'gi:rt] distinguido.

Distrikt [-'trikt] m (3) distrito m.

Disziplin [-tsi'pli:n] f (16) disciplina f; ~**ar...**, 2**arisch** [--pli'nɑ:r(iʃ)] disciplinario; 2**iert** [---'ni:rt] disciplinado.

Diva ['di:va] f (11¹) estrella f, diva f.

Dividend ♣ [divi'dɛnt] m (12), ~**e** ✝ [--'dɛndə] f (15) dividendo m.

divi|dieren [--'di:rən] dividir (durch por); 2**sion** [--'zjo:n] f división f; 2**sor** [--'vi:zɔr] m (8¹) divisor m.

Diwan ['di:van] m (3¹) diván m.

doch [dɔx] pues; (aber) pero; (indessen) sin embargo; (bejahend) si; ja ~ que si; nicht ~ que no; Sie wissen ~, daß Vd. sabe muy bien que; wenn er ~ käme! ¡ojalá viniera!

Docht [dɔxt] m (3) mecha f; (Kerzen2) pabilo m.

Dock ⚓ [dɔk] n (3¹ u. 11) dársena f; dique m.

Dogge ['dɔgə] f (15) dogo m.

Dogma ['dɔgma] n (9¹) dogma m.

Dohle Zo. ['do:lə] f (15) grajilla f.

Doktor ['dɔktɔr] m (8¹) doctor m; s-n ~ machen doctorarse; ~**arbeit** f tesis f doctoral; ~**würde** f doctorado m.

Dokument [doku'mɛnt] n (3) documento m; ~**arfilm** m [--'ta:rfilm] m documental m; 2**arisch** [---'ta:riʃ] documental; 2**ieren** [---'ti:rən] documentar.

Dolch [dɔlç] m (3) puñal m; '~**stich**, '~**stoß** m puñalada f.

Dolde ♀ [-'də] f (15) umbela f.

Dollar ['-lar] m (11) dólar m.

dolmetsch|en ['-mɛtʃən] (27) interpretar; 2**er(in** f) m (7) intérprete su.

Dom [do:m] m (3) catedral f.

Domäne [do'mɛ:nə] f (15) finca f pública; fig. dominio m.

dominieren [-mi'ni:rən] (pre)dominar.

Domino ['do:mino] n (11) dominó m; ~**stein** m ficha f de dominó.

'**Dompfaff** Zo. m (8 od. 12) camachuelo m común.

Donner ['dɔnər] m (7) trueno m; 2**n** (29) tronar; ~**schlag** m tronido m; ~**s-tag** m jueves m; ~**wetter**! ¡caramba!

doof F [do:f] tonto, imbécil.

dop|en ['doupən, 'do:pən] (25) dopar; 2**ing** ['-piŋ] n (11) doping m.

Doppel ['dɔpəl] n (6) doble m (a. Sport); duplicado m; in Zssgn mst doble; ~**besteuerung** f doble imposición f; ~**bett** n cama f de matrimonio; ~**decker** ✈ m biplano m; ~**ehe** f bigamia f; ~**gänger** ['-gɛŋər] m doble m, sosia(s) m; ~**kinn** n papadilla f; ~**punkt** m dos puntos m/pl.; 2**seitig** ['-zaitiç] doble; bilateral; adv. por ambos lados; ~**sinn** m doble sentido m; ambigüedad f; 2**sinnig** equívoco, ambiguo; ~**spiel** n Sport: doble m; fig. doble juego m; ~**stecker** ≠ m enchufe m doble; 2**t** doble; por duplicado; das 2e el doble; ~**zentner** m quintal m métrico; ~**zimmer** n habitación f doble. de dos camas; 2**züngig** ['--tsyŋiç] falso, doble.

Dorf [dɔrf] n (1²) pueblo m; aldea f; '~**bewohner(in** f) m aldeano (-a) m (f), lugareño (-a) m (f); '**~gemeinde** f comunidad f rural.

Dorn [dɔrn] m (5, ⊕ a. 3) espina f; ⊕ espiga f; (Werkzeug) punzón m; j-m ein ~ im Auge sn no poder ver a alg. ni en pintura; '**~busch** m zarza f; '**~envoll,** '**2ig** espinoso (a. fig.); **~röschen** [-'røːsçən] n (Märchen) La Bella Durmiente (del Bosque).

dörr|en ['dœrən] (25) secar; **2gemüse** n hortaliza f seca; **2-obst** n fruta f pasa od. seca.

Dorsch [dɔrʃ] m (3) bacalao m.

dort [dɔrt] allí, allá; ahí; '**~her** de allí; '**~hin** (hacia) allí, allá; '**~ig** de allí, ✝ de bzw. en esa.

Dose ['doːzə] f (15) caja f; bote m; (Blech2) lata f.

dösen F ['døːzən] (27) dormitar.

Dosenöffner ['doːzən⁰œfnər] m (7) abrelatas m.

dos|ieren [do'ziːrən] dosificar; **2is** ['doːzis] f (16²) dosis f, toma f.

Dotter ['dɔtər] m u. n (7) yema f (de huevo); **~blume** f calta f.

Double ['duːbl] n (11) Film: doble m.

Dozent(in f) [do'tsɛnt(in)] m (12) profesor(a) m (f).

dozieren [-'tsiːrən] enseñar.

Drache [draxə] m (13) dragón m; **~n** m (6) (Papier2) cometa f; **~nfliegen** n vuelo m en ala-delta.

Dragée [dra'ʒeː] n (11) gragea f.

✚ **Draht** [draːt] m (3³) alambre m; dünner: hilo m; fig. auf ~ sein ser despabilado; tener empuje; '**~anschrift** f dirección f telegráfica; '**~bürste** f cepillo m metálico; '**2en &** (26) telegrafiar; '**~fenster** n alambrera f; '**~geflecht,** '**~gitter** n alambrado m; '**~glas** n vidrio m alambrado; '**2ig** fig. nervudo; '**2los** sin hilos; '**~schere** f cizalla f; '**~seilbahn** f funicular m; teleférico m; '**~verhau** m alambrada f; '**~zange** f alicates m/pl.; '**~zaun** m alambrado m; **~zieher** ['-tsiːər] m (7) fig. instigador m oculto; maquinador m.

drakonisch [dra'koːniʃ] draconiano.

Drall [dral] m (3) torsión f; (Feuerwaffe) (paso m del) rayado m.

Drama ['draːma] n (9⁴) drama m (a. fig.); **~tik** ['-'maːtik] f (16, o. pl.) dramatismo m (a. fig.); **~tiker** m (7) autor m dramático, dramaturgo m; **2tisch** dramático; **2tisieren** [-mati'ziːrən] dramatizar (a. fig.); **~turg** [-'turk] m (12) director m artístico.

dran F [dran] s. daran.

Drang¹ [draŋ] m (3³) apremio m; (Trieb) afán m, sed f (nach de); Physiol. pujo m.

drang², dränge [draŋ, 'drɛŋə] s. dringen.

dräng|eln F ['drɛŋəln] (29) apretujar; **~en** (25) 1. v/t. empujar; fig. atosigar; zur Eile: meter prisa; es drängt mich zu (inf.) me siento impulsado a (inf.); sich ~ agolparse, apiñarse; sich ~ durch abrirse paso por entre; 2. v/i. Zeit: apremiar; et.: correr prisa; urgir; auf (ac.) ~ insistir en; **2en** n fig.: auf ~ von a instancias de.

Drangsal ['draŋzaːl] f (14) vejación f; tribulaciones f/pl.; **2ieren** [-za'liːrən] vejar.

dränieren [drɛ'niːrən] desaguar, drenar.

drapieren [dra'piːrən] drapear; adornar (mit de).

drastisch ['drastiʃ] drástico (a. &).

drauf F ['drauf] s. darauf; **2gänger** ['-gɛŋər] m (7) hombre m de rompe y rasga od. de pelo en pecho; '**~gehen** F (sn) gastarse; (umkommen) perecer.

draußen ['drausən] (a)fuera; (im Freien) al aire libre.

Drechsel|bank ['drɛksəlbaŋk] f torno m; **2n** (29) tornear.

Drechsler ['-lər] m (7) tornero m; **~ei** [--'rai] f tornería f.

Dreck F [drɛk] m (3) (Schlamm) barro m; (Schmutz) suciedad f; fig. porquería f; '**2ig** sucio.

Dreh... ['dreː]: in Zssgn oft giratorio; **~arbeiten** f/pl. Film: rodaje m; **~bank** f torno m; **2bar** giratorio; **~bleistift** m portaminas m; **~buch** n Film: guión m; **~buchautor** m guionista m; **~bühne** f escenario m giratorio; **2en** (25) volver; dar vueltas a; (drechseln) tornear; Zigarette: liar; Film: rodar; im Kreis: hacer girar, voltear; sich ~ girar (um sobre); fig. a. tratarse de; Unterhaltung: versar sobre; **~er** m (7) tornero m; **~kreuz** n torniquete m; **~orgel** f organillo m; **~punkt** m centro m de rotación; fig. pivote m; **~scheibe** f ⚙ placa f giratoria; Töpferei: torno m; **~strom** ⚡ m corriente f trifásica; **~tür** f puerta f giratoria; **~ung** f vuelta f; giro m; rotación f; **~zahl** ⊕ f número m de revoluciones.

drei [drai] 1. tres; 2. **2** f (16) tres m; **2akter** ['-⁰aktər] m (7) pieza f en tres actos; ~eck ['-ʔɛk] n (3) triángulo m; ~eckig triangular; ⒉**'einigkeit** f Trinidad f; ~erlei ['-ərlaɪ] de tres clases; ~fach ['-fax] triple; das ⒉e el triple; ⒉**'farbendruck** m tricromía f; ~farbig tricolor; ⒉**'felderwirtschaft** ✔ f rotación f trienal; ⒉**fuß** m trípode m; ⒉**gespann** n fig. trío m; ~hundert trescientos; ⒉**hundert'jahrfeier** f tricentenario m; ~'hundertste(r) tricentésimo; ~jährig ['-jɛːrɪç] de tres años, trienal; ⒉**klang** m acorde m (perfecto); ⒉**'königstag** m (fiesta f de los) Reyes m/pl.; ~mal(ig) ['-maːl(ɪç)] tres veces; ⒉**master** ♎ ['-mastər] m (7) velero m de tres palos; ~**monatlich** trimestral; adv. cada tres meses; ~**motorig** ['-motoːrɪç] trimotor.

drein F [draɪn] s. darein.

'Drei|rad n triciclo m; ~satz ℀ m regla f de tres; ⒉**seitig** ['-zaɪtɪç] trilateral; ⒉**sitzig** ['-zɪtsɪç] de tres asientos; ⒉**sprachig** ['-ʃpraːxɪç] trilingüe; ~**sprung** m triple salto m.

dreißig ['-sɪç] treinta; ⒉**er(in** f) ['-sɪgər(ɪn)] m (7) hombre m (mujer f) de treinta años; ⒉**stel** ['-sɪçstəl] n (7) treintavo m; ~**ste(r)** trigésimo.

dreist [draɪst] atrevido; F fresco.

dreistellig ['-ʃtɛlɪç] de tres cifras od. dígitos.

Dreistigkeit ['-stɪçkaɪt] f atrevimiento m; F frescura f.

drei|stimmig ['-ʃtɪmɪç] a tres voces; ~**stöckig** ['-ʃtœkɪç] de tres pisos; ~**tägig** ['-tɛːgɪç] de tres días; ~**tausend** tres mil; ~**teilig** de tres partes; ⒉**teilung** f división f en tres partes; ~**'viertel** tres cuartos; ⒉**'vierteltakt** ♩ m compás m de tres por cuatro; ⒉**zack** ['-tsak] m (3) tridente m; ~**zehn** trece; ⒉**zehntel** n trezavo m; ~**zehnte(r)** décimo tercero.

Dresch|e F ['drɛʃə] f (15, o. pl.) paliza f; ⒉**en** (30) trillar; ~**en** n trilla f; ~**er** m (7) trillador m; ~**maschine** f trilladora f.

dress|ieren [drɛ'siːrən] amaestrar, adiestrar; ⒉**man** ['drɛsmɛn] m (6, pl. -men) modelo m (masculino); ⒉**ur** [-'suːr] f (16) amaestramiento m, adiestramiento m.

dribbeln ['drɪbəln] (29) Sport: regatear, driblar.

Drill [drɪl] m (3) ejercicio m; ✗ instrucción f; ~**bohrer** ⊕ m berbiquí

m; ⒉**en** (25) ejercitar; ✔ sembrar en líneas; ~**ich** ['-lɪç] m (3) dril m; ~**ing** ['-lɪŋ] m (3¹) trillizo m; (Gewehr) escopeta f de tres cañones; ~**ings...:** in Zssgn triple.

drin F [drɪn] s. darin, drinnen.

dringen ['drɪŋən] (30) **a)** (sn): ~ aus salir de; ~ durch (in) penetrar por (en); ~ bis llegar hasta; **b)** (h.) ~ auf (ac.) insistir en; fig. in j-n~ instar a alg.; ~**d** urgente; Gefahr: inminente; Verdacht: fundado; ~ bitten rogar encarecidamente; ~e Bitte instancia f.

dringlich ['-lɪç] urgente; ⒉**keit** f urgencia f; ⒉**keitsstufe** f prioridad f.

drinnen ['drɪnən] (por) dentro.

dritt [drɪt]: zu ~ entre los tres; zu ~ sn ser tres; ⒉**el** n (7) tercio m; ~**ens** tercero, en tercer lugar; ~**e(r)** tercero; ~ Welt tercer mundo m.

droben ['droːbən] (allá) arriba.

Drog|e ['-gə] f (15) droga f (weiche blanda; harte dura); ⒉**en-abhängig**, ⒉**ensüchtig** drogadicto; ~**en-abhängigkeit** f, ~**ensucht** f drogadicción f, drogodependencia f; ~**enhändler** m traficante m de drogas; ~**ensüchtige(r)** m drogadicto m, drogodependiente m; ~**erie** [drogə-'riː] f (15) droguería f; ~**ist** [-'gɪst] m (12) droguero m, droguista m.

Droh|brief ['droː briːf] m carta f conminatoria; ⒉**en** (25) amenazar; ~**end** amenazador; Gefahr: inminente.

Drohne ['droːnə] f (15) zángano m (a. fig.).

dröhnen ['drøːnən] (25) retumbar, resonar.

Drohung ['droːuŋ] f amenaza f.

drollig ['drɔlɪç] gracioso; chusco.

Dromedar ['drɔmedaːr] n (3¹) dromedario m.

drosch [drɔʃ] s. dreschen.

Droschke ['-kə] f (15) coche m de punto; taxi m.

Drossel Zo. ['drɔsəl] f (15) tordo m; ⒉**n** (29) estrangular (a. ⊕); fig. frenar; reducir; ~**ung** f estrangulación f; fig. reducción f.

drüben ['dryːbən] al otro lado.

drüber F ['-bər] s. darüber.

Druck [druk] m **a)** (3³) presión f (a. fig.); (Last) peso m; (Bedrückung) opresión f; ⊕ compresión f; fig. im ~ sn estar en apuros; tener prisa; ~ ausüben auf presionar sobre; **b)** Typ. (3) impresión f; imprenta f; (Bild) estampa f; im ~ en prensa; ~**bogen** m pliego *m*; '**~buchstabe** *m* tipo *m* de imprenta.

Drückeberger ['drykəbɛrgər] *m* (7) vago *m*, holgazán *m*.

drucken ['drukən] (25) imprimir.

drücken ['drykən] (25) apretar (*a. Schuh usw.*); *Knopf*, *Taste*: a. pulsar, oprimir; *Hand*: estrechar; (*schieben*) empujar; *Preise*: hacer bajar; *fig.* deprimir; agobiar; ~ *auf* (*ac.*) pesar sobre; *sich* ~ zafarse (*vor de*); escurrir el bulto; **~d** abrumador (*a. fig.*); *Hitze*: sofocante.

Drucker ['drukər] *m* (7) impresor *m*; tipógrafo *m*; (*Computer*) impresora *f*.

Drücker ['drykər] *m* (7) botón *m*, pulsador *m*; (*Tür* ⚤) picaporte *m*; *am Gewehr*: gatillo *m*.

Druck|erei [drukə'raɪ] *f* imprenta *f*; '**~erpresse** *f* prensa *f* tipográfica; **~erschwärze** *f* tinta *f* de imprenta; **~fehler** *m* errata *f*; **~fehlerverzeichnis** *n* fe *f* de erratas; **2fertig** listo para la imprenta; **2festigkeit** *f* resistencia *f* a la (com)presión; **~knopf** *m* botón *m* automático; ⊕ botón *m*, pulsador *m*; **~luft** *f* aire *m* comprimido; **~luftbremse** *f* freno *m* de aire comprimido; **~messer** ⊕ *m* manómetro *m*; **~mittel** *fig.* *n* medio *m* de presión; **~posten** F *m* sinecura *f*; **~pumpe** *f* bomba *f* impelente; **~sache** ✆ *f* impreso *m*; **~schrift** *f* folleto *m*; *in* ~ en letra de molde; **~stelle** *f Obst*: maca *f*; **~welle** *f* onda *f* expansiva.

drum F [drum] *s. darum; das* ⚤ *und Dran* los accesorios; *mit allem* ⚤ *und Dran* F con todos sus requisitos.

drunt|en ['druntən] (allá) abajo; **~er** *s. darunter; es geht alles* ~ *und drüber* todo está patas arriba.

Drüse ['dry:zə] *f* (15) glándula *f*.

Dschungel ['dʒuŋəl] *m* jungla *f*.

Dschunke ['d-kə] *f* (15) junco *m*.

du [du:] (19) tú; *auf* ~ *und* ~ *stehen* tutearse.

Dübel ['dy:bəl] *m* tarugo *m*; taco *m*.

Dublee [du'ble:] *n* (11) chapado *m* (en oro, *etc.*).

Dublette [-'blɛtə] *f* (15) duplicado *m*; segundo ejemplar *m*.

duck|en ['dukən] (25) inclinar, bajar; *fig. j-n* ~ bajar los humos a alg.; *sich* ~ acurrucarse, agazaparse; *fig.* doblegarse; **~mäuser** F ['-mɔyzər] *m* (7) mosca *f* muerta, mojigato *m*.

Dudelsack ['du:dəlzak] *m* gaita *f*,

cornamusa *f*; **~pfeifer** *m* gaitero *m*.

Duell [du'ɛl] *n* (3[1]) duelo *m*; **~ant** [--'lant] *m* (12) duelista; **2ieren:** *sich* ~ batirse en duelo.

Duett ♪ [du'[19]ɛt] *n* (3) dúo *m*.

Duft [duft] *m* (3[3]) olor *m*; (*Wohlgeruch*) perfume *m*, aroma *m*, fragancia *f*; **2en** (26) oler bien; ~ *nach* oler a; **2end** oloroso, fragante, aromático; **2ig** vaporoso (*a. Kleid*).

duld|en ['duldən] (26) sufrir; (*ertragen*) aguantar, soportar; (*gestatten*) tolerar; **~sam** ['dultza:m] tolerante; **2samkeit**, **2ung** *f* tolerancia *f*.

dumm [dum] tonto, bobo, necio, estúpido; *Am.* zonzo; *fig.* **~e Sache** asunto *m* desagradable; **~er Streich** travesura *f*; *der* **2e** *sn* hacer el primo; '**~dreist** impertinente; '**2heit** *f* necedad *f*, tontería *f*, estupidez *f*; (*Handlung*) burrada *f*, bobada *f*; '**2kopf** *m* imbécil *m*.

dumpf [dumpf] *Stimme*, *Schmerz*: sordo; *Luft*: pesado; enrarecido; *Ahnung usw.*: vago; '**~ig** húmedo; *Geruch*: a cerrado.

Dumping ✝ ['dampiŋ] *n* (11) dumping *m*.

Düne ['dy:nə] *f* (15) duna *f*.

Dung [duŋ] *m* (3, *o.pl.*) estiércol *m*.

Dünge|mittel ['dyŋəmital] *n s. Dünger*; **2n** (25) abonar, fertilizar; estercolar; **~r** *m* (7) abono *m*, fertilizante *m*; (*Mist*) estiércol *m*.

dunkel ['duŋkəl] **1.** *adj.* oscuro (*a. fig. u. in Zssgn mit Farben*); *Teint*: moreno; (*finster*) tenebroso; (*geheim*) oculto; (*unklar*) vago; ~ *werden* oscurecer; *im* **2n** a oscuras; **2.** ⚤ *n* (7) oscuridad *f*.

Dünkel ['dyŋkəl] *m* (7) presunción *f*, petulancia *f*; **2haft** presuntuoso, presumido, petulante.

dunkel|häutig ['duŋkəlhɔytiç] moreno; **2heit** *f* oscuridad *f*; *bei einbrechender* ~ al anochecer; **2kammer** *f* cámara *f* oscura; **~n** (29) oscurecer; anochecer.

dünken ['dyŋkən] (30): *mich dünkt* me parece; *sich* ~ creerse.

dünn [dyn] delgado; *Kaffee*: flojo; *Luft*: enrarecido; (*fein*) fino, débil; *Kleidung*: ligero; ~ *werden* adelgazar; *Haar*: clarear; '**2darm** *m* intestino *m* delgado; '**2druckpapier** *n* papel *m* biblia; '**~flüssig** fluido; '**2heit** *f* delgadez *f*.

Dunst [dunst] *m* (3[2] *u.* [3]) vapor *m*;

vaho *m*; *fig. j-m blauen* ~ *vormachen* hacer a alg. comulgar con ruedas de molino; '~**abzug** *m Küche*: campana *f* extractora de humos.

dünsten ['dynstən] (26) estofar.

Dunst|glocke ['dunstglɔkə] *f* cúpula *f* de gases y humos; '2ig brumoso; ~**kreis** *fig. m* ambiente *m*.

Dünung ⚓ ['dy:nuŋ] *f* mar *m* de fondo, resaca *f*.

Duo ♩ ['du:o] *n* (11) dúo *m*.

Duplikat [dupli'ka:t] *n* (3) duplicado *m*; copia *f*.

Dur ♩ [du:r] *n uv.* modo *m* mayor.

durch [durç] **1.** *prp.* (*ac.*) por; (*quer*~) a través de; (*mittels*) por (medio de), mediante; ~ *vieles* + *inf.* a fuerza de; **2.** *adv.* ~ *und* ~ de parte a parte; a fondo; *die ganze Nacht* ~ (durante) toda la noche; *es ist sechs (Uhr)* ~ son más de las seis; '~**arbeiten 1.** *v/t.* estudiar (a fondo); *Körper*: entrenar; **2.** *v/i.* trabajar sin descanso; '~**aus** del todo; absolutamente; a todo trance; ~ *nicht* de ningún modo, en absoluto; ~ *nicht leicht* nada fácil; '~**beißen** partir con los dientes; *fig. sich* ~ abrirse paso; '~**blättern** hojear; '2**blick** *m* vista *f*, perspectiva *f*; '~**blicken** mirar por; *fig.* ~ *lassen* hacer entrever, dar a entender; 2~**blutung** *f* riego *m* sanguíneo; '~**bohren** traspasar, atravesar; ⊕ perforar; '~**braten** asar bien; *gut durchgebraten* bien hecho; '~**brechen 1.** *v/t.* romper; **2.** *v/i.* (sn) romperse; *Sonne*: salir; ⚔ abrirse paso; '~**brechen** romper; atravesar; *fig.* infringir; '~**brennen** (sn) *Sicherung*: fundirse; *fig.* fugarse, escaparse; *mit der Kasse* ~ alzarse con los fondos; '~**bringen** *Geld*: malgastar, despilfarrar; *sich* ~ defenderse; '2**bruch** *m* ruptura *f*; ⊕, ⚒ perforación *f*; △ abertura *f*; brecha *f*; *zum* ~ *kommen* manifestarse; '~**denken** examinar a fondo; '~**drängen**: *sich* ~ abrirse paso a codazos; '~**drehen 1.** *v/t. Fleisch*: picar; **2.** *v/i.* F *fig.* perder los nervios; '~**dringen** (sn) penetrar (*durch* por); abrirse paso; *fig.* imponerse; ~**dringen** penetrar; '~**dringend** penetrante; 2'**dringung** *f* penetración *f*; '~**drücken** *fig.* lograr; ~'**eilen** recorrer (a toda prisa).

durch-ei'nander 1. *adv.* mezclado(s), revuelto(s); *fig.* confuso; **2.** 2 *n* (6) confusión *f*; jaleo *m*; F follón *m*;

caos *m*; (*Lärm*) bullicio *m*, barullo *m*; ~**bringen** desordenar; *fig.* confundir; ~**werfen** confundir.

durch'**fahren** atravesar, recorrer; '~**fahren** (sn) pasar por; (*nicht halten*) no parar; '2**fahrt** *f* paso *m*; travesía *f*; (*Tor*) puerta *f* cochera; '2**fall** *m* ⚕ diarrea *f*; *fig.* fracaso *m*; '~**fallen** fracasar; *Examen*: *ich bin durchgefallen* me han suspendido *od.* F cateado; *he cateado*; ~ *lassen* suspender, F catear; '~**fechten**: *et.* ~ conseguir a/c. con grandes esfuerzos; '~**finden**: (*sich*) ~ orientarse; ~**fliegen** atravesar volando; ~**fliegen** *s.* ~*fallen*; ~**fließen** atravesar; ~**fließen** (sn) pasar por; ~**forschen** investigar; *Land*: explorar; 2**forschung** *f* exploración *f*; ~**fragen**: *sich* ~ preguntar por el camino; 2~**fuhr** ✝ ['~fu:r] *f* (16) tránsito *m*; ~**führbar** ['~fy:rba:r] realizable, ejecutable, factible; '~**führen** *fig.* llevar a cabo, ejecutar, realizar; '2**führung** *f* ejecución *f*, realización *f*; '2**führungsbestimmungen** *f/pl.* decreto *m* de aplicación; '~**furchen** surcar; '~**füttern** F mantener; '~**gang** *m* paso *m*; pasaje *m*; ✝ tránsito *m*; *Sport*: vuelta *f*; manga *f*; ~ *verboten!* se prohibe el paso; '~**gängig** general; *adv.* sin excepción; '~**gangs...**: *in Zssgn* ✝ de tránsito; '~**geben** *Nachricht*: transmitir; anunciar; '~**gehen 1.** *v/i.* (sn) pasar; atravesar; *Pferd*: desbocarse; *Antrag usw.*: quedar aprobado; *fig. et.* ~ *lassen* F hacer la vista gorda; **2.** *v/t.* (h. *u.* sn) recorrer; repasar; '~**gehend** continuo; ⚚ directo; ~*e Arbeitszeit* jornada *f* intensiva; '~**greifen** *fig.* tomar medidas eficaces; '~**greifend** *fig.* radical; enérgico; '~**halten** resistir; no cejar, mantenerse firme; '2**haltevermögen** *n* resistencia *f*; '~**hauen** cortar, hender; (*verprügeln*) dar una paliza a; '~**hecheln** *fig.* censurar, criticar; F desollar; '~**helfen** ayudar a salir del apuro; *sich* ~ arreglárselas; '~**kämmen** peinar; *fig. a.* rastrillar; '~**kämpfen**: *sich* ~ abrirse paso luchando; '~**kauen** masticar bien; *fig.* machacar; '~**kneten** amasar bien; '~**kommen** (sn) (lograr) pasar; *fig.* salir airoso (de); ⚔ curarse; *Examen*: aprobar; (*auskommen*) defenderse; arreglárselas; '~**können** poder pasar; ~**kreuzen** cruzar; *fig.* desbaratar, contrariar; **~kriechen** pasar arrastrándose; 2**laß** ['-las] *m* (4²) abertura *f*, pasaje *m*; **~lassen** dejar pasar; **~lässig** permeable, poroso; **~laufen 1.** *v/i.* (sn) *Wasser*: pasar; **2.** *v/t.* (h.) *Sohlen*: gastar; **~laufen** (h.) recorrer; 2**lauf-erhitzer** *m* calentador *m* continuo; **~leben** *Zeit*: pasar, vivir; **~lesen** recorrer; leer; **~leuchten** *&* examinar con rayos X; 2**leuchtung** *&* *f* radioscopia *f*; **~liegen**: *sich ~* *&* decentarse; **~löchern** [-'lœçɔrn] (29) agujerear; *mit Kugeln*: acribillar; **~lüften** ventilar, airear; **~machen** pasar por; (*dulden*) aguantar, sufrir; 2**marsch** *m* paso *m*; F diarrea *f*; **~marschieren** pasar; **~messen** recorrer, atravesar; 2**messer** *m* (7) diámetro *m*; **~nässen** empapar, calar; **~nehmen** explicar; tratar; **~pausen** calcar; **~prügeln** dar una paliza a; **~queren** [-'kve:rən] (25) atravesar; **~rasseln** F catear; **~rechnen** calcular; *noch einmal ~* repasar; **~regnen**: *es regnet durch* hay goteras; 2**reiche** *f* (15) pasaplatos *m*; 2**reise** *f*: *auf der ~ de paso*, de tránsito; **~reisen** (sn) pasar; **~reisen** recorrer; 2**reisende(r)** *m* transeúnte *m*; 2**reisevisum** *n* visado *m* de tránsito; **~reißen 1.** *v/t.* rasgar, romper; **2.** *v/i.* rasgarse, romperse; **~rühren** revolver (bien); 2**sage** *f* (15) mensaje *m* personal; **~sagen** anunciar; **~sägen** cortar con la sierra, serrar; **~schauen** mirar a través de; **~schauen** fig. calar (las intenciones); **~schauern** hacer estremecer; **~scheinen** traslucir (-se); **~scheinend** traslúcido; transparente; **~schießen** atravesar (de un balazo, *etc.*); *Typ.* espaciar; **~schimmern** entrelucir; **~schlafen** dormir de un tirón; 2**schlag** *m* (*Sieb*) colador *m*, pasador *m*; *&* copia *f*; **~schlagen 1.** *v/t.* cortar, partir; *Kchk.* pasar por el colador; *sich ~* abrirse paso; *fig.* defenderse; ir tirando; **2.** *v/i.* (*wirken*) ser eficaz; **~schlagen** perforar; **~schlagend** eficaz; *Erfolg*: completo; rotundo; 2**schlagpapier** *n* papel *m* de copia; 2**schlagskraft** *f* fuerza *f* de penetración; *fig.* eficacia *f*; **~schlängeln**: *sich ~* deslizarse; colarse; **~schleusen** [-'flɔyzən] (27) *fig.* hacer pasar por; **~schlüpfen** (sn) deslizarse; **~schmuggeln** pasar de contraban-

do; **~schneiden** cortar, partir en dos.

Durchschnitt *m* (3) promedio *m*; término *m* medio (*im por*); 2**lich** medio; (*mittelmäßig*) regular, mediocre; *adv.* por término medio; **~s...**: *in Zssgn* mst medio; **~sbürger** *m* ciudadano *m* de a pie.

durch'schnüffeln *fig.* F husmear; curiosear en; 2**schreibeblock** *m* bloc *m* para calcar; **~schreiten** atravesar; 2**schrift** *f* copia *f*; 2**schuß** *m* ⊕ trama *f*; *Typ.* interlínea *f*; *&* perforación *f* (de bala); **~schwimmen** pasar a nado; **~schwitzen** empapar de sudor; **~sehen 1.** *v/i.* mirar (*durch por*); **2.** *v/t.* examinar; repasar; revisar; **~seihen** colar; **~setzen** conseguir, obtener; *Meinung*: hacer prevalecer; *Willen*: imponer; *sich ~* afirmarse; imponerse; **~setzen** entremezclar (*mit con*); 2**sicht** *f fig.* revisión *f*, examen *m*, repaso *m*; *bei ~* (*gen.*) al revisar (*ac.*); **~sichtig** transparente, diáfano, traslúcido; 2**sichtigkeit** *f* transparencia *f*; **~sickern** *a. fig.* filtrarse, rezumar; **~sieben** cribar, tamizar; **~sprechen** discutir punto por punto; **~stechen** perforar; *Damm*: *a.* cortar; **~stecken** pasar; **~stehen** *s.* **~halten**; 2**stich** *m* perforación *f*; **~stöbern** revolver; *Raum*: registrar; **~stoßen** perforar, abrir; **~streichen** tachar, borrar; **~streifen** vagar por; recorrer; **~strömen** atravesar; **~suchen** registrar; *j-n*: cachear; 2**suchung** *f* registro *m*; cacheo *m*; **~tränken** impregnar, empapar (*mit de*); **~trennen** *&* seccionar, partir; **~trieben** [-'tri:bən] taimado; **~wachen**: *die Nacht ~* pasar la noche en vela, trasnochar; **~wachsen** *Speck*: entreverado; **~wählen** *Fernspr.* marcar directamente; **~wandern** recorrer a pie; **~wärmen** calentar bien; **~waten** vadear; **~weg** ['-vɛk] sin excepción; generalmente; **~weichen** empapar; **~winden**: *sich ~* abrirse paso; **~wühlen** revolver; **~wursteln** F ['-vurstəln] (29): *sich ~* arreglárselas; **~zählen** recontar; **~zechen**: (*die Nacht*) *~* pasar (la noche) bebiendo; **~zeichnen** calcar; 1**ziehen 1.** *v/t.* hacer pasar (*durch por*); **2.** *v/i.* (sn) pasar (*durch por*); **~ziehen** atravesar; **~zucken** sacudir; 1**zug** *m* paso *m*; (*Luft*) corriente *f* de aire; **'_zwängen:** *sich* ~ abrirse paso.

dürfen ['dYrfən] (30) poder; tener permiso para; *darf ich?* ¿puedo?, ¿me permite?; *nicht* ~ no deber; *es dürfte leicht sein* será fácil.

dürftig ['-tiç] escaso; (*ärmlich*) pobre; mezquino; 2**keit** *f* escasez *f*; insuficiencia *f*; estrechez *f*.

dürr [dYr] árido; *Holz*: seco; *j.*: enjuto (de carnes); flaco; '2**e** *f* (15) aridez *f*; sequía *f*.

Durst [durst] *m* (3^2) sed *f* (*nach* de).

dürsten ['dYrstən] (26): *mich dürstet* tengo sed; *fig.* ~ *nach* estar sediento de.

durstig ['durstiç] sediento (*nach* de).

Dusche ['du:ʃə, 'du[ə] *f* (15) ducha *f*; 2**n** (27) ducharse, tomar una ducha.

Düse ⊕ ['dy:zə] *f* (15) tobera *f*.

Dusel ['du:zəl] F *m* (7) (*Glück*) suerte *f* loca, F churra *f*; 2**ig** somnoliento.

Düsen|antrieb ['dy:zən'antri:p] *m* propulsión *f* a reacción *od.* a chorro; ~**flugzeug** *n* avión *m* a reacción, reactor *m*.

Dussel F ['dusəl] *m* (7) idiota *m*.

düster ['dy:stər] tenebroso; *fig.* sombrío; tétrico.

Dutzend ['dutsənt] *n* (3^1) docena *f*; ~**mensch** *m* persona *f* adocenada; 2**weise** por docenas.

duzen ['du:tsən] (27) tutear.

Dyna|mik [dy'na:mik] *f* (16, *o. pl.*) dinámica *f*; *fig.* dinamismo *m*; 2**misch** dinámico; ~**mit** [-na'mi:t] *n* (3, *o. pl.*) dinamita *f*; ~**mo** [-'na:mo] *m* (11) dínamo *f*; ~**stie** [-nas'ti:] *f* (16) dinastía *f*.

D-Zug ['de:tsu:k] *m* (3^3) expreso *m*; tren *m* directo; rápido *m*.

E

E, e [e:] *n* E, e *f*; ♪ mi *m*; *E-Dur* mi *m* mayor; *e-Moll* mi *m* menor.

Ebbe ['ɛbə] *f* (15) reflujo *m*; marea *f* baja.

eben ['e:bən] **1.** *adj.* plano; *bsd. Boden*: llano; *zu ~er Erde* en el piso bajo; **2.** *adv.* precisamente, justamente; *er ist ~ angekommen* acaba de llegar; **2bild** *n* vivo *od.* fiel retrato *m*; **~bürtig** ['--byrtiç] (de) igual (valor); **~da** allí mismo; ⚹ ibídem; **~der-selbe** *el* ~; **~deshalb** por eso mismo; **2e** *f* (15) llanura *f*; & plano *m*; *fig.* nivel *m*; **~falls** asimismo, igualmente, también; **2holz** *n* ébano *m*; **2maß** *n* simetría *f*; **~mäßig** simétrico; bien proporcionado; **~so** lo mismo, del mismo modo; *~ groß wie* tan grande como; **~sosehr**, **~soviel** tanto (*wie* como); **~sowenig** tan poco (*wie* como); *ich ~* yo tampoco.

Eber ['e:bər] *m* (7) verraco *m*; **~esche** ♀ *f* serbal *m*.

ebnen ['e:bnən] (26) allanar (*a. fig.*), aplanar; nivelar.

Echo ['ɛço] *n* (11) eco *m* (*a. fig.*); **~lot** *n* sonda *f* acústica.

echt [ɛçt] auténtico; legítimo; verdadero; *Haar*: natural; **'2heit** *f* autenticidad *f*; legitimidad *f*.

Eck|ball ['ɛkbal] *m Sport*: córner *m*; saque *m* de esquina; **~e** *f* (15) *innen*: rincón *m*; *außen*: esquina *f*; *gleich um die ~* a la vuelta de la esquina; *an allen ~n und Enden* en todas partes; F *fig. um die ~ bringen* (*töten*) despachar, liquidar; **~haus** *n* casa *f* de (la) esquina; **2ig** angular; anguloso; *fig.* torpe; **~schrank** *m*, **~tisch** *m* rinconera *f*; **~stein** *m* piedra *f* angular; **~zahn** *m* colmillo *m*.

Ecuadorian|er [e:kvadorˈjɑ:nər] *m* (7), **2isch** ecuatoriano (*m*).

edel ['e:dəl] noble; *fig. a.* generoso; *Metall*: precioso; **2gas** *n* gas *m* noble; **2holz** *n* madera *f* noble; **~mann** *m* (*pl. ~leute*) gentilhombre *m*, noble *m*; hidalgo *m*; **2metall** *n* metal *m* precioso; **2mut** *m* generosidad *f*, nobleza *f*; **~mütig** ['--my:tiç] generoso, noble; **2stahl** *m* acero *m*

inoxidable; **2stein** *m* piedra *f* preciosa; **2tanne** *f* abeto *m* blanco; **2weiß** ♀ *n* (3²) edelweis *m*.

Edikt [eˈdikt] *n* (3) edicto *m*.

Efeu ['e:fɔy] *m* (11) yedra *f*, hiedra *f*.

Effeff [ɛfˈʔɛf] *n*: F *et. aus dem ~ können* saber a/c. al dedillo.

Effekt [ɛˈfɛkt] *m* (3) efecto *m*; **~en** ✝ *pl.* valores *m/pl.*; **~enbörse** *f* bolsa *f* de valores; **~enhandel** *m* negociación *f* de valores; **~hascherei** [--haʃəˈraɪ] *f* efectismo *m*; **2iv** [--ˈti:f] efectivo; **2voll** de mucho efecto; efectista.

egal [eˈgɑ:l] igual; *das ist mir ~* me da igual *od.* lo mismo.

Egel *Zo.* ['e:gəl] *m* (7) sanguijuela *f*.

Egge ['ɛgə] *f* (15) rastra *f*, grada *f*; **2n** (25) rastrillar, gradar.

Ego|ismus [egoˈʔismus] *m* (16, *o. pl.*) egoísmo *m*; **~ist(in** *f*) *m* (12), **2istisch** egoísta (*su.*); **2zentrisch** [--ˈtsɛntriʃ] egocéntrico.

ehe ['e:ə] antes de (*inf.*), antes de que (*subj.*).

Ehe ['e:ə] *f* (15) matrimonio *m*; *wilde ~* concubinato *m*; *zweite ~* segundas nupcias *f/pl.*; **~...:** *in Zssgn oft* matrimonial; conyugal; **~anbahnungs-institut** *n* agencia *f* matrimonial; **~bett** *n* cama *f* de matrimonio; lecho *m* conyugal; **~brecher(in** *f*) *m*, **2-brecherisch** adúltero (-a) *m* (*f*); **~bruch** *m* adulterio *m*; **~bund** *m* unión *f* conyugal; **2dem** antiguamente; antaño; **~frau** *f*, **~gattin** *f* esposa *f*, mujer *f*; ⚤ cónyuge *f*; **~gatte** *m* marido *m*, esposo *m*; ⚤ cónyuge *m*; **~leute** *pl.* esposos *m/pl.*; ⚤ cónyuges *m/pl.*; *junge ~* recién casados *m/pl.*; **2lich** conyugal; matrimonial; *Kind*: legítimo; **2lichen** ['--liçən] (25) casarse con; **2los** soltero; célibe; **~losigkeit** *f* soltería *f*; *Rel.* celibato *m*.

ehemal|ig ['--mɑ:liç] antiguo; **~s** antiguamente, en tiempos pasados.

'Ehe|mann *m* marido *m*, esposo *m*; **~paar** *n* matrimonio *m*; **~partner** *m* cónyuge *m*.

eher ['e:ər] antes (*als* que); más temprano; (*lieber*) más bien; je ~, *desto besser* cuanto antes mejor.

'Ehe|recht *n* derecho *m* matrimonial; **~ring** *m* anillo *m* de boda, alianza *f*.

ehern ['eːɐrn] de bronce; *fig.* férreo.

'Ehe|scheidung *f* divorcio *m*; **~ schließung** *f* casamiento *m*.

ehesten ['eːǝstǝn]: *am* ~ lo más fácilmente; lo más pronto.

ehrbar ['eːɐrbaːr] honrado; honesto; ♀**keit** *f* honradez *f*; honestidad *f*.

Ehre ['eːrǝ] *f* (15) honor *m*; honra *f*; (*Ruf*) reputación *f*; *zu* ~*n von* en honor de; ~ *einlegen* lucirse; *in* ~*n halten* honrar; *j-m* ~ *machen* hacer honor a alg.; *die letzte* ~ *erweisen* tributar los últimos honores; ♀**n** (25) honrar; respetar; (*feiern*) homenajear; *sehr geehrter Herr!* muy señor mío: ...

'Ehren...: *in Zssgn oft* de honor; **~amt** *n* cargo *m* honorífico; ♀**-amtlich** a título honorífico; **~bezeigung** ✕ ['--betsaɪɡʊŋ] *f* saludo *m* militar; **~bürger** *m* ciudadano *m* de honor; **~dame** *f* dama *f* de honor; **~doktor** *m* doctor *m* honoris causa; **~erklärung** *f* satisfacción *f*; **~gast** *m* huésped *m od.* invitado *m* de honor; ♀**haft** honorable, decoroso; ♀**halber** ['--halbǝr] por honor; **~handel** *m* lance *m* de honor; **~kränkung** *f* ofensa *f* al honor; agravio *m*; **~mal** *n* monumento *m* conmemorativo; **~ mann** *m* hombre *m* honrado *od.* de bien; **~mitglied** *n* miembro *m* honorario; **~preis** *m* premio *m* de honor *od.* honorífico; ♀ verónica *f*; **~rechte** *n/pl.*: *bürgerliche* ~*e* derechos *m/pl.* civiles *od.* cívicos; **~rettung** *f* rehabilitación *f*; ♀**rührig** infamante, difamatorio; **~runde** *f* vuelta *f* de honor; **~sache** *f* cuestión *f* de honor; **~tag** *m* aniversario *m*; día *m* memorable *od.* solemne; ♀**voll** honroso, honorífico, decoroso; ♀**wert** honorable; **~wort** *n* palabra *f* de honor (*auf bajo*); **~zeichen** *n* distintivo *m* honorífico; insignia *f*.

ehr|erbietig ['eːr'ʔɛrbiːtiç] respetuoso, reverente; ♀**-erbietung** *f* respeto *m*; ♀**furcht** *f* respeto *m*, veneración *f*; **~furchtgebietend** imponente; ~ **fürchtig** ['-fʏrçtiç], **~furchtsvoll** respetuoso; ♀**gefühl** *n* pundonor *m*; ♀**geiz** *m* ambición *f*; ♀**geizig** ambicioso; **~lich** honrado; honesto; probo; sincero; ~ *gesagt* a decir verdad;

♀**lichkeit** *f* honradez *f*; **~liebend** pundonoroso; **~los** deshonrado; infame; ♀**losigkeit** *f* deshonor *m*; infamia *f*; ♀**ung** *f* homenaje *m*; **~vergessen** sin honra; vil; ♀**verlust** *m* desprestigio *m*; **~würdig** venerable; respetable; *Geistlicher*: reverendo.

Ei [aɪ] *n* (1) huevo *m* (*weiches* pasado *por agua*; *hartes* duro); F *wie aus dem* ~ *gepellt* de punta en blanco.

Eibe ♀ ['-bǝ] *f* (15) tejo *m*.

Eich|amt ['aɪç?amt] *n* oficina *f* de contraste; **~e** *f* (15) roble *m*; (*Stein*♀) encina *f*; **~el** *f* (15) ♀ bellota *f*; *Anat.* glande *m*; **~elhäher** *m* arrendajo *m*; ♀**en** 1. *adj.* de roble; 2. *v/t.* (25) contrastar; tarar; **~enwald** *m* robledo *m*, robledal *m*; encinar *m*; **~hörnchen** *n* ardilla *f*; **~maß** *n* medida *f* de contraste; **~meister** *m* inspector *m* de pesas y medidas; **~ung** *f* contraste *m*; tarado *m*.

Eid [aɪt] *m* (3) juramento *m*; *unter* ~ *aussagen* declarar bajo juramento; *e-n* ~ *leisten* prestar juramento; ♀**brüchig** perjuro.

Eidechse ['-dɛksǝ] *f* (15) lagarto *m*; *kleine:* lagartija *f*.

Eiderdaune ['-dǝrdaʊnǝ] *f* edredón *m*.

Eides|formel ['-dǝsfɔrmǝl] *f* fórmula *f* de juramento; **~leistung** *f* prestación *f* de juramento; ♀**stattlich:** ~*e Erklärung* *f* declaración *f* jurada.

Eid|genosse ['aɪtɡǝnɔsǝ] *m* confederado *m*; **~genossenschaft** *f* Confederación *f* (*Schweizerische* Helvética); ♀**lich** jurado.

Eidotter ['aɪdɔtǝr] *m* yema *f*.

Eier|becher ['-ǝrbɛçǝr] *m* huevera *f*; **~frucht** *f* berenjena *f*; **~händler** *m* huevero *m*; **~kuchen** *m* tortilla *f*; **~likör** *m* licor *m* de huevos; **~nudeln** *f/pl.* pasta *f* al huevo; **~schale** *f* cáscara *f* (de huevo); **~stock** *m* *Anat.* ovario *m*.

Eifer ['-fǝr] *m* (7, *o. pl.*) celo *m*; empeño *m*; ardor *m*; (*Nachdruck*) ahínco *m*; (*Streben*) afán *m*; *in* ~ *geraten* acalorarse; **~er** *m* (7) fanático *m*; ♀**n** (29) polemizar (*gegen* contra); **~sucht** *f* celos *m/pl.*; **~süchtelein** [--zɣçt'laɪǝn] *f/pl.* rivalidades *f/pl.*; ♀**süchtig** celoso (*auf* de); ~ *machen* dar celos, encelar.

eiförmig ['-fœrmiç] oviforme; oval(ado).

eifrig [ˈ-friç] solícito; celoso; aplicado; *adv.* con empeño *od.* ahínco.

Eigelb [ˈ-gɛlp] *n* (3) yema *f*.

eigen [ˈ-gən] propio; *(eigentümlich)* particular, peculiar; *(genau)* escrupuloso; *(wählerisch)* exigente; *(persönlich)* personal, individual; *sein* ~*er Herr sn* ser independiente; *auf* ~ *Rechnung* ✝ por cuenta propia; *sich (dat.) zu* ~ *machen* hacer suyo; 2~**art** *f* particularidad *f*; singularidad *f*; ~**artig** particular; singular; 2~**bedarf** *m* necesidades *f/pl.* personales; 2~**brötler** [ˈ--brøːtlər] *m* (7) hombre *m* singular; solitario *m*; 2~**finanzierung** *f* autofinanciación *f*; ~**händig** [ˈ--hɛndiç]: ~ *(geschrieben)* (escrito) de mi *usw.* puño y letra; ~ *zustellen* entregar en propia mano; 2~**heim** *n* casa *f* propia; 2~**heit** *f* particularidad *f*; singularidad *f*; 2~**liebe** *f* amor *m* de sí mismo; 2~**lob** *n* alabanza *f* propia; F autobombo *m*; ~**mächtig** arbitrario; 2~**name** *m* nombre *m* propio; 2~**nutz** [ˈ--nuts] *m* (3², *o. pl.*) interés *m* propio, egoísmo *m*; ~**nützig** [ˈ--nytsiç] interesado, egoísta; ~**s** expresamente; especialmente; 2~**schaft** *f* propiedad *f*; *j~s*: cualidad *f*; *in s-r* ~ *als* en su calidad de; 2~**schaftswort** *n* adjetivo *m*; 2~**sinn** *m* obstinación *f*, terquedad *f*; ~**sinnig** obstinado, terco; ~**tlich** [ˈ--tliç] **1.** *adj.* verdadero; propio; **2.** *adv.* en realidad; en el fondo, a decir verdad; 2~**tor** *n Sport:* autogol *m*; *ein* ~ *schießen* marcar en la propia meta; 2~**tum** *n* (1²) propiedad *f*; 2~**tümer(in** *f) m* (7) propietario (-a) *m (f)*; dueño (-a) *m (f)*; ~**tümlich** [ˈ--tyːmliç] propio, peculiar, característico (für de); *(seltsam)* raro; singular; 2~**tümlichkeit** *f* peculiaridad *f*; singularidad *f*; 2~**tumsdelikt** *n* delito *m* contra la propiedad; 2~**tumswohnung** *f* piso *m* de propiedad; 2~**wechsel** ✝ *m* letra *f* al propio cargo; 2~**wille** *m* obstinación *f*; ~**willig** voluntarioso; peculiar.

eign|en [ˈaɪgnən] (29): *sich* ~ *zu od. für* ser apropiado *od.* adecuado *od.* apto para; 2~**ung** *f* aptitud *f*; calificación *f*; 2~**ungs-prüfung** *f* examen *m od.* prueba *f* de aptitud.

Eil|bote [ˈaɪlboːtə] *m*: ✶ *durch* ~*n* por expreso; ~**brief** *m* carta *f* urgente; ~**e** *f* (15) prisa *f (oft pl.)*; *Am.* apuro *m*; *in aller* ~ *a* toda prisa; *es hat keine* ~ no corre prisa; *ich bin in* ~ tengo prisa.

Eileiter [ˈaɪlaɪtər] *Anat. m* trompa *f* (de Falopio); *bei Tieren:* oviducto *m*.

eil|en [ˈ-lən] (25) correr; *Sache:* urgir, correr prisa; *sich* ~ darse prisa; *eilt!* ¡urgente!; ~**ends** [ˈ-lənts] muy de prisa; ~**fertig** apresurado; precipitado; 2~**fertigkeit** *f* apresuramiento *m*; precipitación *f*; 2~**fracht** *f*, 2~**gut** *n*: *als* ~ por gran velocidad; ~**ig** apresurado; presuroso; *(dringlich)* urgente; *es* ~ *haben* tener prisa; 2~**marsch** *m* marcha *f* forzada; 2~**zug** 🚆 *m* rápido *m*.

Eimer [ˈ-mər] *m* (7) cubo *m*, balde *m*; F *fig. es ist alles im* ~ todo el gozo en el pozo.

ein [aɪn] (20) un(o), -a; *es ist* ~ *Uhr* es la una; *der* ~*e oder andere* uno que otro; ~ *und derselbe* el mismo; *mein* ~ *und alles* mi único bien; *adv. nicht* ~ *noch aus wissen* no saber qué hacer; *bei j-m* ~ *u. aus gehen* frecuentar la casa de alg.

Einakter [ˈ-ʔaktər] *m* (7) pieza *f* en un (solo) acto.

einander [aɪˈnandər] uno(s) a otro(s); recíprocamente, mutuamente.

ˈein-arbeiten (26): *sich* ~ *in* iniciarse en, familiarizarse con.

einarmig [ˈ-ʔarmiç] manco.

einäschern [ˈ-ʔɛʃərn] (29) reducir a cenizas; *Leiche:* incinerar; 2~**ung** *f* incineración *f*, cremación *f*.

ˈein-atmen inspirar, aspirar; ✶ inhalar.

einäugig [ˈ-ʔɔygiç] tuerto.

ˈEinbahnstraße *f* calle *f* de dirección única.

einbalsamieren [ˈ-balzami:rən] embalsamar.

ˈEinband *m* (3³) encuadernación *f*; ~**decke** *f* tapa *f*.

einbändig [ˈ-bɛndiç] de (*od.* en) un tomo.

ˈEinbau *m* montaje *m*; instalación *f*; 2~**en** montar; instalar; *in die Wand:* empotrar; ~**küche** *f* cocina *f* funcional; ~**schrank** *m* armario *m* empotrado.

ˈeinbegriffen incluido.

ˈeinbehalten retener.

ˈeinberuf|en convocar; ✗ llamar a filas; 2~**ung** *f* convocación *f*; ✗ llamamiento *m* a filas.

ˈeinbetten colocar; empotrar.

einbeulen [ˈ-bɔylən] (25) abollar.

ˈeinbeziehen incluir.

ˈeinbiegen 1. *v/t.* encorvar; doblar;

2. *v/i.* (sn) torcer, girar, doblar (*nach* a).

'**einbild|en:** *sich (dat.)* ∼ imaginarse, figurarse; *sich et.* ∼ *auf* presumir de; preciarse de; 2**ung** *f* imaginación *f*; ilusión *f*; (*Dünkel*) presunción *f*; 2**ungskraft** *f* (fuerza *f*) imaginativa *f*, fantasía *f*, imaginación *f*.

'**einbinden** *Buch:* encuadernar.

einbleuen ['-blɔyən] (25) *fig.* inculcar.

'**Einblick** *m* conocimiento *m*; idea *f*; *in Akten usw.:* acceso *m* a; ∼ *gewinnen* in formarse una idea de.

'**einbrech|en 1.** *v/t.* romper; *Tür:* derribar, echar abajo; **2.** *v/i.* (sn) romperse; (*einstürzen*) venirse abajo; *gewaltsam:* hacer irrupción (en en); *in ein Land:* invadir (*ac.*); *Dieb:* escalar (*ac.*), cometer un robo con fractura; *Nacht:* caer; *bei* ∼*der Nacht* al anochecer; 2**er** *m* (7) ladrón *m*, desvalijador *m* de pisos; P topero *m*.

'**einbrennen** marcar a fuego.

'**einbringen** *Ernte:* acarrear; recoger; *Nutzen:* rendir, producir; *Kapital:* aportar; *Antrag:* presentar; *Zeit:* recuperar.

einbrocken ['-brɔkən] (25) mojar; *fig. j-m et.* ∼ hacer una mala jugada a alg.; *sich et.* (*Schönes*) ∼ meterse en un lío.

'**Einbruch** *m* irrupción *f*; invasión *f* (*in* de); (*Nacht*) caída *f*; *2/2* (*a.* ∼**s-diebstahl** *m*) robo *m* con fractura; 2**(s)sicher** antirrobo; ∼**sversicherung** *f* seguro *m* contra robos.

einbucht|en F ['-bʊxtən] (26) F meter en chirona; 2**ung** *f* (*Bucht*) ensenada *f*.

einbürger|n ['-byrgərn] (29) naturalizar; *sich* ∼ *fig.* tomar carta de naturaleza, generalizarse; 2**ung** *f* naturalización *f*.

'**Einbuße** *f* pérdida *f*, menoscabo *m*, mengua *f* (*Schaden*) daño *m*.

'**einbüßen** perder.

eindämm|en ['-dɛmən] (25) poner un dique a; contener (*a. fig.*); *Fluß:* encauzar; *fig.* poner coto a; 2**ung** *f* contención *f*.

'**eindeck|en:** *sich* ∼ *mit* abastecerse de, aprovisionarse de; 2**er** ['-dɛkər] *m* (7) monoplano *m*.

eindeichen ['-daɪçən] (25) poner un dique a.

eindeutig ['-dɔytiç] inequívoco; claro.

eindeutschen ['-dɔytʃən] (27) germanizar.

eindicken ['-dikən] (25) espesar.

'**eindring|en** (sn) penetrar (*in* en, *a. fig.*); internarse (en); invadir (*ac.*); *auf j-n* ∼ presionar sobre alg.; ∼**lich** insistente; enérgico; *adv.* encarecidamente; 2**ling** ['-drɪŋlɪŋ] *m* (3¹) intruso *m*.

'**Eindruck** *m* (3²) impresión *f*; ∼ *machen auf* impresionar a; hacer efecto sobre; *tiefen* ∼ *machen* calar hondo (*auf* en).

'**eindrücken** romper; forzar.

eindrucksvoll ['-drʊksfɔl] impresionante.

'**ein-ebnen** (25) allanar, aplanar.

eineiig ['-ʔaiiç] *Zwillinge:* univitelino.

einen ['aɪnən] (25) unir, unificar.

einengen ['-ʔɛŋən] (25) estrechar; *fig.* coartar; limitar.

einer ['aɪnər] **1.** uno, alguno; **2.** 2 *m* (7) A unidad *f*; bote *m* de (a) uno, esquife *m*; ∼**lei** ['-'-'laɪ] de la misma clase; *das ist* ∼ es lo mismo; es igual; 2**lei** *n* (6, *o. pl.*) monotonía *f*, uniformidad *f*; ∼**seits, einesteils** ['-'-'zaɪts, '-nəs'taɪls] por un lado, por una parte.

einfach ['-fax] sencillo, simple; fácil; *fig.* modesto; ∼*e Fahrt f* ida *f*; 2**heit** *f* sencillez *f*, simplicidad *f*.

einfädeln ['-fɛːdəln] (29) enhebrar, enhilar; *fig.* tramar, urdir.

'**einfahr|en 1.** *v/t. Ernte:* acarrear; *Kfz.* rodar (*a. fig.*); **2.** *v/i.* (sn): ∼ *in* (*ac.*) entrar en; bajar a; 2**t** *f* entrada *f*; bajada *f*; (*Tor*) puerta *f* cochera.

'**Einfall** *m* invasión *f*; *Phys.* incidencia *f*; *fig.* idea *f*; ocurrencia *f*; *witziger:* salida *f*; *er kam auf den* ∼ *zu* se le ocurrió (*inf.*); 2**en** (sn) (*einstürzen*) venirse abajo; derrumbarse; invadir (*in ac.*); ♪ entrar; *es fällt mir ein* se me ocurre; *was fällt Ihnen ein!* ¡cómo se atreve!; 2**slos** sin imaginación; 2**(s)reich** imaginativo; ∼**(s)reichtum** *m* riqueza *f* imaginativa; ∼**(s)winkel** *Phys. m* ángulo *m* de incidencia.

Einfalt ['-falt] *f* (16, *o. pl.*) candidez *f*; ingenuidad *f*; simpleza *f*; 2**fältig** ['-fɛltiç] cándido; ingenuo; simple; ∼**falts-pinsel** F *m* simple *m*; bobo *m*; F pazguato *m*.

'**Einfamilienhaus** n casa f unifamiliar.

'**einfangen** coger; capturar.

'**einfarbig** unicolor; *Kleidung*: liso.

'**einfass|en** guarnecer; bordar; *Schneiderei*: ribetear; *Edelstein*: engastar, engarzar; 2**ung** f engaste m; (*Rand*) borde m.

'**einfetten** engrasar, untar.

'**einfinden**: *sich* ~ acudir, personarse.

'**einflechten** entretejer (*a. fig.*); entrelazar (*in* en); *fig.* insertar.

'**einfließen** correr *od.* fluir en; ~ *lassen fig.* mencionar de paso.

'**einflößen** *Arznei*: administrar; *fig.* inspirar; imbuir; *Furcht*: infundir.

'**Einfluß** m influencia f, influjo m (*auf* en, sobre); ~ *haben auf* influir en; 2**reich** influyente.

'**einflüster|n** *fig.* insinuar; sugerir; 2**ung** f insinuación f; sugerencia f.

'**einfordern** reclamar; exigir.

'**einförmig** [¹-fœrmiç] uniforme; monótono; 2**keit** f uniformidad f; monotonía f.

'**einfried(ig)|en** [¹-fri:d(ig)ən] (26 [25]) cercar; 2**ung** f cerca f, cercado m, vallado m.

'**einfrieren** 1. v/t. congelar (*a. fig.*); 2. v/i. congelarse; helarse; *Schiff*: quedar preso en el hielo.

'**einfüg|en** insertar; intercalar; incorporar; *sich* ~ *in* (ac.) adaptarse a; 2**ung** f inserción f.

'**einfühl|en**: *sich* ~ *in* (ac.) tratar de comprender; identificarse con; 2**ungsvermögen** n intuición f; facultad f de adaptación.

Einfuhr [¹-fu:r] f (16) importación f; *Zoll*: a. entrada f; ~...: *in Zssgn oft de* importación.

'**einführ|en** introducir; † importar; *Sitte*: implantar; *Mode, neue Artikel*: lanzar; *j-n*: presentar (*bei* a); (*einweihen*) iniciar (*in ac.* en); *in ein Amt*: instalar; 2**ung** f introducción f; implantación f; presentación f; iniciación f; instalación f; † lanzamiento m; 2**ungs-preis** m precio m de lanzamiento.

'**Einfuhr|verbot** n prohibición f de importar; ~**zoll** m derecho m de entrada.

'**einfüllen** envasar; *in Flaschen*: embotellar.

'**Eingabe** f memorial m, solicitud f; *Computer*: entrada f.

'**Eingang** m entrada f (*a. v. Waren*); v.

Geld: ingreso m; 2**s** al principio; ~**sbestätigung** f acuse m de recibo; ~**sbuch** † n libro m de entradas.

'**eingeben** *Arznei*: dar, administrar; *fig.* inspirar; sugerir.

'**eingebildet** imaginario; *j.*: presumido, engreído.

'**eingeboren, 2e(r** m) su. indígena (su.), aborigen (su.).

Eingebung [¹-ge:buŋ] f inspiración f; sugestión f.

eingedenk [¹-gədɛnk] (*gen.*) teniendo presente.

eingefallen [¹--falən] 🌹 hundido, F chupado.

eingefleischt [¹--flaiʃt] *fig.* empedernido.

eingefuchst F [¹--fukst] experto; avezado.

'**eingehen** 1. v/t. (h., sn) *Ehe, Verpflichtung*: contraer; *Wette*: hacer; 2. v/i. (sn) entrar (*a. fig. j-m*); *Briefe*: llegar, recibirse; *Gelder*: ingresar (*en caja*); (*aufhören*) dejar de existir; *Zeitung*: dejar de aparecer; 🐾, *Tier*: morirse; *Stoff*: encogerse; ~ *auf* (*ac.*) consentir en; aceptar (*ac.*); *auf ein Thema* ~ tratar un asunto; ~ *lassen* suprimir; ~**d** *fig.* detenido; detallado; *adv.* a fondo.

Eingemachte(s) [¹--maxtə(s)] n conservas f/pl.

eingemeinden [¹--maindən] (26) incorporar (*in* en).

eingenommen [¹--nomən] prevenido, predispuesto (*für* a favor de); *von sich* ~ presumido, engreído.

'**eingeschrieben** ⊗ certificado, *Am.* registrado.

eingesessen [¹--zɛsən] avecindado; autóctono; afincado.

'**Eingeständnis** n confesión f.

'**eingestehen** confesar.

Eingeweide [¹--vaidə] n (7) vísceras f/pl.; entrañas f/pl.; tripas f/pl.

'**eingeweiht** [¹--vait] iniciado (*in* en); ~ *sn* estar en el secreto.

'**eingewöhnen**: *sich* ~ aclimatarse, acostumbrarse.

eingewurzelt [¹--vurtsəlt] arraigado, inveterado.

'**eingießen** echar, verter.

'**eingipsen** enyesar; 🌹 a. escayolar.

eingleisig 🚋 [¹-glaiziç] de vía única.

'**eingliedern** incorporar (*in* a), integrar (en); 2**ung** f incorporación f, integración f.

'eingraben enterrar; ⊕ grabar (*a. fig.*); *sich ~* ✕ atrincherarse.
'eingravieren grabar.
'eingreifen 1. *v/i.* ⊕ engranar; *fig.* intervenir (*in* en); mezclarse (en); **2.** ♀ *n* intervención *f.*
'Eingriff *m* ⊕ engranaje *m*; *fig.* intervención *f*; ♟ *a.* operación *f.*
'einhaken (25) enganchar; *eingehakt gehen* ir del brazo.
'Einhalt *m*: ~ *gebieten* (*dat.*) poner término *od.* coto a, contrarrestar (*ac.*); ♀*en 1.* *v/t.* (*beachten*) cumplir (con); observar, respetar; **2.** *v/i.* detenerse, parar; cesar.
'einhämmern *fig.* encasquetar; machacar.
'einhandeln: ~ *gegen* trocar por.
einhändig ['-hɛndiç] manco.
'einhängen colgar (*a. Telefon*); *Tür:* enquiciar.
'einhauen 1. *v/t. Nagel:* clavar; *Tür:* forzar; **2.** *v/i.*: *auf j-n ~* dar de palos a alg.; F *fig. tüchtig ~* comer a dos carrillos; tener buen saque.
'einheimisch del país; nacional; *Zo.*, ♀ indígena; ♀*e(r)* *m* indígena *m*, nativo *m*, aborigen *m.*
einheimsen ['-haimzən] (27) *fig. Erfolg:* cosechar; *Geld:* embolsar.
'einheiraten: ~ *in* (*ac.*) emparentar con una familia por casamiento.
Einheit ['-hait] *f* unidad *f*; (*Ganzes*) conjunto *m*; ♀*lich* uniforme; **~lich-keit** *f* uniformidad *f*; **~s...:** *in Zssgn* unitario, único, unificado; **~s-preis** *m* precio *m* único; **~staat** *m* Estado *m* unitario.
'einheizen calentar; *fig. j-m ~* hacer sudar a alg.
einhellig ['-hɛliç] unánime; *adv.* de común acuerdo; ♀*keit* *f* unanimidad *f.*
einher|gehen [-'heːrgeːən] *fig.* ir acompañado (*mit* de); **~stolzieren** (sn) pavonearse, ufanarse.
'einholen *v/t.* ⚓ halar; *Segel, Flagge:* arriar; (*erreichen*) alcanzar; *Zeit:* recuperar; *Auskünfte:* tomar; *Erlaubnis:* pedir; **2.** *v/i.*: ~ (*gehen*) ir de compras.
'Einhorn *n* unicornio *m.*
Einhuf|er ['-huːfər] *m* (7), ♀*ig* solípedo (*m*).
'einhüllen envolver.
einig ['ainiç] acorde, conforme; (*geeint*) unido; *sich ~ sn* (*werden*) estar (ponerse) de acuerdo; **~e** *pl.* algunos,

unos; **~en** ['--gən] (25) unir; *sich ~* ponerse de acuerdo (*über* sobre); **~ermaßen** [--gər'maːsən] en cierto modo; (*ziemlich*) bastante; (*leidlich*) F regular; **~es** algo; ♀*keit* *f* unión *f*; conformidad *f*; (*Eintracht*) concordia *f*; ♀*ung* ['--gun] *f* acuerdo *m.*
'ein-impfen inocular; *fig. a.* inculcar.
einjährig ['-jɛːriç] de un año; ♀ anual.
'einkalkulieren tener en cuenta; contar con.
einkapseln ['-kapsəln] (29): *sich ~* ♟ enquistarse; *fig.* encerrarse.
'einkassier|en cobrar; recaudar; ♀*ung* *f* cobro *m*; recaudación *f.*
'Einkauf *m* compra *f*; *Einkäufe machen* hacer compras; ♀*en* comprar; ~ *gehen* ir de compras.
'Einkäufer *m* comprador *m.*
Einkaufs... ['-kaufs...]: *in Zssgn* oft de compra; **~bummel** F *m*: *e-n ~ machen* ir de tiendas; **~wagen** *m* carrito *m* de compras; **~zentrum** *n* centro *m* comercial.
Einkehr ['-keːr] *f* (16) parada *f*; *fig.* recogimiento *m*; ♀*en* (25, sn) entrar (en un restaurante, *etc.*); hospedarse.
einkellern ['-kɛlərn] (29) embodegar.
'einkerben hacer una muesca en.
einkerkern ['-kɛrkərn] (29) encarcelar.
einkesseln ['-kɛsəln] (29) cercar; ✕ copar.
'einklagen reclamar judicialmente.
'einklammern poner entre paréntesis.
'Einklang *m* ♪ unisonancia *f*; acorde *m*; *a. fig.* consonancia *f*, armonía *f*; *in ~ bringen* concertar, armonizar, poner de acuerdo.
'einkleben pegar (*in ac.* en).
'einkleid|en vestir; ♀*ung* *f* *Rel.* toma *f* de hábito.
'einklemmen apretar, coger, aprisionar (*in ac.* entre); ⊕ sujetar; ♟ *eingeklemmter Bruch* hernia *f* estrangulada.
'einknicken 1. *v/t.* doblar; **2.** *v/i.* (sn) doblarse.
'einkochen 1. *v/i.* reducirse; **2.** *v/t.* confitar.
'einkommen 1. *v/i.* (sn) *Geld:* entrar, ingresar; **2.** ♀ *n* ingresos *m/pl.*, renta *f*; ♀*steuer* *f* impuesto *m* sobre la renta.
'einkreis|en cercar; ✕ *a.* envolver; *Pol.* aislar; ♀*ung* *f* cerco *m.*

Einkünfte ['-kynftə] *pl.* (14¹) ingresos *m/pl.*

'einlad|en *et.*: cargar; ♣ embarcar; *j-n*: invitar (zu a); *zum Essen*: a. convidar; **ᴄend** *Speise*: apetitoso; atractivo; **ᴈung** *f* invitación *f.*

'Einlage *f im Brief*: anexo *m*; (*Kapital*) aportación *f*; (*Bank2*) imposición *f*; *Schneiderei*: entretela *f*; (*Schuh2*) plantilla *f* ortopédica; ♪, *Thea.* intermedio *m.*

'einlagern almacenar.

Einlaß ['-las] *m* (4²) entrada *f*; admisión *f.*

'einlassen dejar entrar, admitir; ▲ empotrar; *sich ~ auf* (*ac.*) meterse en, aventurarse en; embarcarse en; *sich mit j-m ~* trabar relaciones con alg.; *desp.* ligar con alg.

'Einlauf *m* entrada *f*; llegada *f*; 𝟈 lavativa *f*, enema *m*; **ᴈen** (sn) entrar; llegar; *Stoff*: encogerse.

'einläuten tocar a.

'einleben: *sich ~* aclimatarse.

'Einlege|-arbeit *f* taracea *f*; incrustación *f*; **ᴈn** poner, meter (en); *Geld*: imponer; (*beifügen*) incluir; adjuntar; *Pause*: hacer; *Haare*: marcar; *in Holz usw.*: incrustar; *Zug*: añadir; (*in Essig*) ᴄ poner en vinagre; adobar; *ein gutes Wort ᴄ für* interceder en favor de; **ᴄsohle** *f* plantilla *f.*

'einleit|en iniciar; *Verhandlungen*: a. entablar; *Prozeß*: incoar, instruir; *Scheidung*: solicitar; **ᴄend** preliminar; introductor; **ᴈung** *f* inicio *m*; introducción *f*; prefacio *m*; prólogo *m.*

'einlenken *fig.* transigir, ceder.

'einleuchten parecer evidente; **ᴄd** obvio, evidente.

'einliefer|n hacer ingresar; entregar; ♣ hospitalizar, ingresar (en el hospital); **ᴈung** *f* ingreso *m*; entrega *f*; ♣ hospitalización *f*; **ᴈungsschein** *m* resguardo *m*, recibo *m.*

einliegend ['-li:gənt] incluso, adjunto.

'einlochen F meter en chirona.

'einlös|en *Wechsel*: aceptar; *Scheck*: cobrar; *Pfand*: rescatar; *Gutschein*: canjear; *Versprechen*: cumplir.

'einmach|en confitar; **ᴈglas** *n* tarro *m.*

'einmal una vez; (*künftig*) un día; *auf ~* de una vez; a la vez; (*plötzlich*) de repente; *es war ~* érase una vez; *noch ~* otra vez; *nicht ~* ni siquiera; *gib mir*

doch ~ ... a ver si me das ...; **ᴈ·'eins** *n* *uv.* tabla *f* de multiplicar; **ᴈig** único (*a. fig.*).

Ein'mannbus *m* autobús *m* con agente único.

'Einmarsch *m* entrada *f*; **ᴈieren** (sn) entrar.

'einmauern emparedar.

'einmeißeln cincelar, grabar.

'einmengen s. einmischen.

'einmieten ♪ ensilar; *sich ~* alquilar una habitación.

'einmisch|en: *sich ~* mezclarse (*in ac.* en); intervenir (en); injerirse (en); **ᴈung** *f* intervención *f*; injerencia *f.*

einmotorig ['-mo:toriç] monomotor.

einmumme(l)n F ['-mumə(l)n] (25 [29]): *sich ~* abrigarse bien; arroparse.

'einmünden desembocar (*a. Straße*); desaguar.

einmütig ['-my:tiç] unánime; **ᴈkeit** *f* unanimidad *f.*

Einnahme ['-nɑ:mə] *f* (15) ⚔ toma *f*; ♣ ingreso *m*, entrada *f*; *a. v. Steuern*: recaudación *f.*

'einnehmen tomar (a. ⚔ *u.* ♣); *Stelle, Platz*: ocupar; *Geld*: recibir, cobrar; *a. Steuern*: recaudar; *fig.* prevenir (für a favor de); **ᴄd** *fig.* simpático, agradable.

'einnicken (sn) dormitarse, dar cabezadas.

'einnisten: *sich ~* anidarse (*a. fig.*).

'Ein-öde *f* desierto *m*; soledad *f.*

'ein-ölen lubri(fi)car, engrasar.

'ein-ordnen clasificar; *Kfz. sich rechts ~* tomar la fila de la derecha.

'einpacken empaquetar, embalar.

'einpassen ⊕ ajustar.

'einpauken F inculcar; machacar.

'einpendeln: *sich ~ fig.* equilibrarse; encarrilarse.

'einpferchen apriscar; *fig.* hacinar.

'einpflanzen plantar; *fig.* implantar.

einphasig ⚡ ['-fɑ:siç] monofásico.

'einplanen incluir en el plan; tener en cuenta.

'einpökeln salar, poner en salmuera.

einpolig ⚡ ['-po:liç] unipolar.

'einpräg|en estampar; grabar (*a. fig.*); *fig.* inculcar; *sich* (*dat.*) et. ᴄ grabarse a/c. en la memoria; **ᴄsam** ['-prɛ:kzɑ:m] fácil de retener; ♪ F pegadizo.

einquartier|en ['-kvarti:rən] alojar; ⚔ *a.* acantonar; **ᴈung** *f* alojamiento *m*; ⚔ *a.* acantonamiento *m.*

ˈ**einrahmen** (25) encuadrar (*a. fig.*), enmarcar; poner un marco a.
ˈ**einrammen** hincar.
ˈ**einräumen** colocar (en su sitio); *Wohnung*: amueblar; *Recht*: reconocer; (*abtreten*) ceder; (*zugestehen*) conceder; (*zugeben*) admitir.
ˈ**einrechnen** incluir; tener en cuenta.
ˈ**Einrede** *f* objeción *f*; ⚖ excepción *f*; **2n** hacer creer (*j-m et.* a/c. a alg.); *auf j-n* ~ hablar a alg. con insistencia.
ˈ**einreib|en** friccionar; frotar; **2ung** *f* fricción *f*.
ˈ**einreichen** presentar.
ˈ**einreih|en** incorporar (*in ac.* a); **~ig** [ˈ-raɪıç] de una (sola) fila.
ˈ**Einreise** *f* entrada *f*; **2n** (sn) entrar.
ˈ**einreißen** **1.** *v/t.* rasgar; *Mauer*: derribar; **2.** *v/i.* (sn) rasgarse; *fig.* extenderse, arraigarse.
einrenken [ˈ-rɛŋkən] (25) ⚕ reducir; *fig.* arreglar.
ˈ**einrennen** *Tür*: echar abajo.
ˈ**einricht|en** arreglar; organizar; disponer; (*errichten*) establecer; *Wohnung*: amueblar; (*ausstatten*) equipar; *Thea.* adaptar; ⚕ reducir; *sich* ~ instalarse; *sich* ~ *auf* (*ac.*) prepararse para; **2ung** *f* organización *f*; instalación *f*; institución *f*; (*Wohnungs2*) mobiliario *m*; ⊕ dispositivo *m*.
ˈ**einritzen** grabar.
ˈ**einrollen** enrollar.
ˈ**einrosten** (sn) oxidarse (*a. fig.*).
ˈ**einrücken** **1.** *v/t. Typ.* sangrar; *Inserat*: poner; ⊕ embragar; **2.** *v/i.* (sn) ⚔ entrar en filas.
eins [aɪns] **1.** uno; *um* ~ a la una; *das ist mir* ~ me da igual; **2.** 2 *f* (16) uno *m*; (*Note*) sobresaliente *m*.
einsacken [ˈ-zakən] (25) ensacar; *Geld*: embolsar.
ˈ**einsalben** untar, ungir.
ˈ**einsalzen** salar.
einsam [ˈ-zaːm] solitario; solo; aislado; **2keit** *f* soledad *f*; aislamiento *m*.
ˈ**einsammeln** recoger; *Geld*: recaudar.
ˈ**Einsatz** *m Spiel*: puesta *f*; (*Verwendung*) empleo *m*; (*Pfand*) depósito *m*; (*Spitzen2*) entredós *m*; ♪ entrada *f*; ⚔ ataque *m*; entrada *f* en acción; (*Auftrag*) misión *f*; *unter* ~ *des Lebens* arriesgando la vida; **2bereit** dispuesto a funcionar; **~gruppe** ⚔ *f* grupo *m* especial de operaciones.
ˈ**einsaugen** aspirar; chupar; absorber.
ˈ**einsäumen** orlar; ribetear.
ˈ**einschalt|en** insertar; *j-n*: acudir a; ⚡ conectar; *Licht*: dar; *Radio*: poner; ⊕ poner en marcha; *Kfz. den ersten Gang* ~ poner la primera; *sich* ~ *fig.* intervenir; **2quote** *f TV* índice *m* de audiencia; **2ung** *f* inserción *f*; *fig.* intervención *f*.
ˈ**einschärfen** inculcar.
ˈ**einscharren** soterrar.
ˈ**einschätz|en** tasar (*a. Steuer*); evaluar; apreciar, estimar; **2ung** *f* tasación *f*; evaluación *f*; apreciación *f*, estimación *f*.
ˈ**einschenken** echar (de beber).
ˈ**einschicken** enviar.
ˈ**einschieben** interponer; intercalar; insertar.
ˈ**Einschienenbahn** *f* monocarril *m*.
ˈ**einschießen** ⊕ tramar; *Geld*: aportar; *sich* ~ ⚔ corregir el tiro.
ˈ**einschiff|en:** (*sich*) ~ embarcar(se) (*nach* para); **2ung** *f* embarque *m*; *j-s*: embarco *m*.
ˈ**einschlafen** (sn) adormecerse, conciliar el sueño; *a. Glied*: dormirse.
ˈ**einschläfern** (29) adormecer; **~d** soporífero (*a. fig.*).
ˈ**Einschlag** *m Blitz*: caída *f*; *Kugel*: impacto *m*; *Weberei*: trama *f*; *fig.* deje *m*, matiz *m*; **2en** **1.** *v/t.* romper; *Tür*: derribar; *Nagel*: clavar; *Paket*: envolver; *Laufbahn, Weg*: seguir; **2.** *v/i.* aceptar (con un apretón de manos); *Blitz*: caer; *Geschoß*: hacer impacto; *auf j-n* ~ golpear a alg.; *fig.* (sn) (*gut*) ~ dar buen resultado, tener éxito.
einschlägig [ˈ-ʃlɛːgɪç] pertinente; correspondiente; *Geschäft*: del ramo.
ˈ**einschleichen:** *sich* ~ introducirse (furtivamente); *Fehler*: deslizarse.
ˈ**einschleppen** ⚕ introducir.
einschleusen [ˈ-ʃlɔʏzən] (27) *fig.* hacer entrar clandestinamente; *Pol.* infiltrar.
ˈ**einschließ|en** encerrar; ⚔ cercar; *fig.* comprender, abarcar; **~lich** (*gen.*) incluso, inclusive, incluido.
ˈ**einschlummern** adormecerse, adormitarse.
ˈ**Einschluß** *m* inclusión *f*.
ˈ**einschmeicheln:** *sich* ~ insinuarse; congraciarse (*bei* con); F hacer la pelotilla (a); **~d** insinuante.
ˈ**einschmelzen** (re)fundir.
ˈ**einschmieren** untar, engrasar.

'einschmuggeln introducir de contrabando; *sich ~* colarse.
'einschnappen (sn) cerrarse de golpe; *fig.* picarse, amoscarse.
'einschneiden cortar, entallar; grabar; *~d fig.* radical; trascendental.
'einschneien (sn) cubrirse de nieve; quedar enterrado bajo *bzw.* bloqueado por la nieve.
'Einschnitt *m* incisión *f* (*a.* 🞲); corte *m*; *fig.* momento *m* crucial; (*Zäsur*) cesura *f*.
'einschnüren encordelar; (*drücken*) apretar.
einschränk|en ['-ʃrɛŋkən] (25) reducir, limitar; restringir; *sich ~* reducir los gastos; **~end** restrictivo; **2ung** *f* reducción *f*, limitación *f*; restricción *f*.
'einschrauben atornillar.
'Einschreib|ebrief *m* carta *f* certificada; **2en** inscribir (*in ac.* en); **&** certificar, *Am.* registrar; *sich ~* inscribirse; *Universität, Kurs*: matricularse; **~ung** *f* inscripción *f*; matrícula *f*.
'einschreiten 1. *v/i.* (sn) intervenir; 2. ♀ *n* intervención *f*.
'einschrumpfen (sn) arrugarse, encogerse.
'einschüchter|n (29) intimidar, amedrentar; **2ung** *f* intimidación *f*.
'einschul|en escolarizar; **2ung** *f* escolarización *f*.
'Einschuß *m* orificio *m* de entrada; impacto *m*; ⊕ trama *f*.
'einsegn|en bendecir; (*konfirmieren*) confirmar; **2ung** *f* bendición *f*; confirmación *f*.
'einsehen 1. *v/t.* examinar; (*begreifen*) comprender; *Irrtum*: reconocer; 2. ♀ *n* comprensión *f*; *ein ~ haben* ponerse en razón.
einseifen ['-zaifən] (25) enjabonar; F *fig.* embaucar; engatusar.
einseitig ['-zaitiç] unilateral; (*parteiisch*) parcial; ⊕ en una cara; **2**: exclusivista; **2keit** *f* estrechez *f* de miras; parcialidad *f*.
'einsend|en remitir; enviar; **2er** *m* remitente *m*; **2schluß** *m* cierre *m* de admisión; **2ung** *f* envío *m*.
'einsenk|en hundir; hincar; **2ung** *f* hundimiento *m*; depresión *f*, hondonada *f*.
'einsetz|en 1. *v/t.* poner, colocar; *beim Spiel*: poner en juego (*a. fig.*); 🞲 plantar; *Leben*: arriesgar; *Anzeige*: insertar; (*errichten*) establecer; *j-n*:

nombrar, *in ein Amt*: instalar; ✗ hacer entrar en acción; (*anwenden*) emplear; *zum Erben ~* instituir heredero; *sich ~ für* abogar por; interceder a favor de; 2. *v/i.* empezar; ♪ entrar; **2ung** *f* colocación *f*; institución *f*; instalación *f*; nombramiento *m*; *s. a. Einsatz*.
'Einsicht *f* (16) (*Kenntnis*) conocimiento *m*; (*Prüfung*) examen *m*; (*Verständnis*) comprensión *f*; *~ nehmen in* (*ac.*) examinar (*ac.*); *zur ~ kommen* entrar en razón; **2ig** razonable; comprensivo.
'einsickern infiltrarse.
Einsied|elei [-zi:dəˈlai] *f* ermita *f*; **~ler** ['--lər] *m* ermitaño *m*; *fig.* solitario *m*; **2lerisch** solitario *m*; **~lerkrebs** *m Zo.* ermitaño *m*.
einsilbig ['-zilbiç] monosílabo; *fig.* taciturno.
'einsinken hundirse.
Einsitz|er ['-zitsər] *m* (7), **2ig** monoplaza (*m*).
'einspannen tender (*in ac.* entre); *Pferde*: enganchar; ⊕ sujetar, fijar; *j-n*: hacer trabajar.
'einspar|en economizar, ahorrar; **2ung** *f* economía *f*, ahorro *m* (*an de*).
'einsperren encerrar; *in ein Gefängnis*: encarcelar.
'einspiel|en ♪ (*aufnehmen*) grabar; *Film*: dar en taquilla; *sich ~* adquirir práctica; ⊕ rodarse; *fig.* encarrilarse; *gut aufea. eingespielt sn* formar un buen equipo.
'einsprengen rociar.
'einspringen (sn): *für j-n ~* sustituir a alg.
'einspritz|en 🞲 inyectar; **2motor** *m* motor *m* de inyección; **2ung** *f* inyección *f*.
'Einspruch *m* reclamación *f*; protesta *f*; *Pol.* veto *m*; *~ erheben* protestar, reclamar.
einspurig ['-ʃpuːriç] 🚋 de vía única; *Tonband*: de una pista.
einst [ainst] (*zukünftig*) un día, algún día; (*früher*) antiguamente, en otros tiempos, antaño.
'einstampfen *Auflage*: destruir.
'Einstand *m* entrada *f* en funciones; *Tennis*: empate *m*.
'einstechen picar, pinchar.
'einstecken meter, poner; *Geld*: embolsar, quedarse con; *Brief*: echar; *Beleidigung*: tragar; *Hieb usw.*: encajar.

'**einstehen** responder (*für* de).

'**einsteigen** (sn) subir (*in* a); *durch das Fenster* ~ entrar por la ventana; ~! ¡viajeros, al tren!

'**einstell|bar** regulable, ajustable; **~en** poner, meter; *Arbeiter*: contratar; (*aufhören*) parar, cesar; suspender (*a. Zahlung usw.*); 🖈 *Verfahren*: sobreseer; ⊕ regular, ajustar; graduar; *Phot.* enfocar; *Richtung*: orientar; *Sender*: sintonizar; *sich* ~ aparecer, presentarse; *sich* ~ *auf* (*ac.*) prepararse para, adaptarse a; *eingestellt gegen* opuesto a; **~ig** ~[ʃtɛliç] de una cifra; ~*e Zahl* dígito m; **~ung** f ⊕ reglaje m, ajuste m, regulación f; *Richtung*: orientación f; *Phot.* enfoque m; *Film*: plano m; *Sender*: sintonización f; (*Ende*) paro m; suspensión f; *fig.* opinión f; actitud f; punto m de vista.

'**Einstich** m (señal f de) pinchazo m; punción f.

Einstieg ['-ʃtiːk] m (3) entrada f.

einstig ['-stiç] antiguo.

'**einstimm|en** unir su voz a; *fig.* juntarse a; **~ig** ♪ de una sola voz; *fig.* unánime; *adv.* por unanimidad; **~igkeit** f unanimidad f.

einstöckig ['-ʃtœkiç] de un piso.

'**einstoßen** romper, derribar.

'**einstreichen** *Geld*: embolsar.

'**einstreuen** *fig.* insertar.

'**einströmen** entrar, (a)fluir.

'**einstudieren** estudiar; *Thea.* ensayar.

'**einstuf|en** clasificar; **~ung** f clasificación f.

'**einstündig** ['-ʃtyndiç] de una hora.

'**einstürmen** (aba)lanzarse (*auf ac.* sobre); *fig. Gedanken*: agolparse.

'**Einsturz** m hundimiento m.

'**einstürzen** hundirse, derrumbarse.

'**Einsturzgefahr** f amenaza f de ruina.

einstweil|en ['ainst'vailən] por de pronto; (*unterdessen*) entretanto, mientras tanto; **~ig** interino, provisional.

eintägig ['ainteːgiç] de un día.

'**Eintagsfliege** f cachipolla f, efímera f.

'**eintauchen** mojar; sumergir.

'**eintauschen** trocar, cambiar, canjear (*gegen* por).

'**einteil|en** dividir (*in ac.* en); clasificar; organizar; *Zeit*: disponer; **~ung** f división f; clasificación f; organización f; disposición f.

eintönig ['-tøːniç] monótono; **~keit** f monotonía f.

Eintopf(gericht n) m plato m único; puchero m.

'**Eintracht** f (16. *o. pl.*) concordia f, armonía f.

'**einträchtig** concorde, armonioso; *adv.* en armonía.

Ein|trag ['-traːk] m (3³) s. Eintragung; **~tragen** ['--gən] inscribir, registrar, † asentar; *fig.* ocasionar; *Nutzen*: rendir, producir; *sich* ~ inscribirse; **~träglich** ['-trɛːkliç] lucrativo, remunerador; **~tragung** ['-traːguŋ] f inscripción f; † asiento m.

'**einträufeln** instilar.

'**eintreffen 1.** *v/i.* (sn) llegar; (*geschehen*) realizarse, cumplirse; **2.** 2 n llegada f.

'**eintreiben** *Geld*: cobrar; *a. Steuern*: recaudar.

'**eintreten 1.** *v/t.* romper de una patada; **2.** *v/i.* (sn) entrar; *fig.* ingresar (*in* en); (*geschehen*) suceder, ocurrir; *unvermutet*: sobrevenir; ~ *für* abogar por.

eintrichtern F ['-triçtərn] (29) inculcar.

'**Eintritt** m entrada f (*a. fig.*); (*Zulassung*) admisión f; *in Verein usw.*: ingreso m; **~sgeld** n precio m de entrada; **~skarte** f entrada f, localidad f, *Am.* boleto m.

'**eintrocknen** secarse; (*schrumpfen*) avellanarse.

eintunken ['-tuŋkən] (25) mojar (en).

'**ein-üben** estudiar; *Thea.* ensayar.

einverleib|en ['-fɛrlaibən] (25) incorporar a *od.* en; anexionar; **~ung** f anexión f; incorporación f.

'**Einver|nehmen** n (6) acuerdo m; *im* ~ *mit* de acuerdo con; **~standen** conforme, de acuerdo (*mit* con); **~ständnis** n conformidad f, acuerdo m; consentimiento m.

'**einwachsen 1.** *v/t.* encerar; **2.** *v/i.* (sn) encarnarse; *eingewachsener Nagel* uñero m.

'**Einwand** m (3³) objeción f; *Einwände machen* poner reparos.

'**Einwander|er** m inmigrante m; **2n** (sn) inmigrar; **~ung** f inmigración f.

einwandfrei ['-vantfrai] intachable, impecable.

einwärts ['-vɛrts] hacia adentro.

'**einwechseln** cambiar; canjear.

'**Einwegflasche** f botella f sin retorno *od.* no recuperable.

'**einweichen** poner en remojo (*a. Wäsche*).

'**einweih|en** inaugurar; *j-n*: iniciar (*in en*); poner al corriente (de); F *Kleid usw.*: estrenar; **2ung** *f* inauguración *f*; iniciación *f*; estreno *m*.

'**einweisen** instalar; *Krankenhaus*: ingresar, internar; (*anleiten*) iniciar (en).

'**einwend|en** objetar; **2ung** *f* objeción *f*.

'**einwerfen** romper; *Brief*: echar; *fig. Bemerkung*: deslizar.

'**einwickeln** envolver; F *fig.* camelar, engatusar.

einwillig|en ['-viligən] (25) consentir (*in ac.* en); **2ung** *f* consentimiento *m*; aprobación *f*.

'**einwirk|en** obrar, actuar, influir (*auf ac.* en, sobre); **2ung** *f* influencia *f*, influjo *m*; acción *f*.

Einwohner ['-vo:nər] *m* (7) habitante *m*; *e-r Ortschaft*: vecino *m*; **~'meldeamt** *n* oficina *f* de empadronamiento; **~schaft** *f* habitantes *m/pl.*; vecindario *m*.

'**Einwurf** 🌑 (boca *f* del) buzón *m*; *für Münzen*: ranura *f*; *Sport*: saque *m* de banda; *fig.* objeción *f*.

'**einwurzeln**: *sich* ~ arraigarse (*a. fig.*).

'**Einzahl** *f Gram.* singular *m*; **2en** pagar, ingresar; **~ung** *f* pago *m*, ingreso *m*; *auf ein Konto*: imposición *f*, depósito *m*.

einzäun|en ['-tsɔynən] (25) cercar, vallar; **2ung** *f* cerca *f*, vallado *m*.

Einzel ['-tsəl] *n* (7) *s.* **~spiel**; **~fall** *m* caso *m* individual *od.* aislado; **~gänger** ['--gɛŋər] *m* (7) solitario *m*; **~haft** *f* aislamiento *m* celular; **~handel** *m* comercio *m* al por menor *od.* al detall; **~händler** *m* detallista *m*, *Am.* menorista *m*, **~heit** *f* detalle *m*, pormenor *m*; *mit allen* ~*en* con todo lujo de detalles; **~kind** *n* hijo *m* único; **2n** singular; (*besonder*) particular; (*lose*) suelto; (*abseits*) aislado; *adv.* individualmente; *im* ~*en* en detalle; *ins* ~*e gehen* entrar en detalles; *jeder* ~*e* cada uno; **~person** *f* individuo *m*; **~rad-aufhängung** *f Kfz.* suspensión *f* independiente; **~spiel** *n* individual *m*; **~stück** *n* pieza *f* única; **~teil** *n* componente *m*; pieza *f* suelta; **~verkauf** *m* venta *f* al por menor; **~wesen** *n* individuo *m*; **~zimmer** *n* habitación *f* individual.

'**einzieh|bar** ['-tsi:ba:r] *Zo.* retráctil; 🜨 *Fahrgestell*: replegable; **~en 1.** *v/t. Segel, Flagge*: arriar; *Luft*: aspirar; *Steuern*: recaudar; *Geld*: cobrar; (*außer Kurs setzen*) retirar de la circulación; 🜨 confiscar; 🔱 llamar a filas; 🜨 *Fahrgestell*: replegar; **2.** *v/i.* (*sn*) entrar; *Wohnung*: instalarse; **2ung** *f* recaudación *f*; cobro *m*; 🜨 confiscación *f*; 🔱 llamamiento *m* a filas.

'**einzig** ['-tsiç] solo, único; ~ *u. allein* (única y) exclusivamente; **~artig** singular; único.

'**Einzug** *m* entrada *f* (*in ac.* en); *Wohnung*: instalación *f* (en).

Eis [aɪs] *n* (4) hielo *m*; (*Speise2*) helado *m*; ~ *am Stiel* polo *m*; *fig. auf* ~ *legen* aparcar; *das* ~ *brechen* romper el hielo; '**~bahn** *f* pista *f* de hielo; '**~bär** *m* oso *m* blanco; '**~becher** *m* copa *f* de helado; '**~bein** *n* pata *f* de cerdo; '**~berg** *m* iceberg *m*; '**~brecher** ⚓ *m* rompehielos *m*; '**~decke** *f* capa *f* de hielo; '**~diele** *f* heladería *f*.

Eisen ['aɪzən] *n* (6) hierro *m*.

'**Eisenbahn** *f* ferrocarril *m*; **~....: in** *Zssgn* ferroviario, **~beamte(r)**, **~er** *m* (7) ferroviario *m*; **~fähre** *f* transbordador *m*; **~fahrt** *f* viaje *m* en tren; **~knotenpunkt** *m* nudo *m* ferroviario; **~linie** *f* vía *f* férrea; **~netz** *n* red *f* de ferrocarriles; **~schiene** *f* carril *m*, riel *m*, rail *m*; **~unglück** *n* accidente *m* ferroviario; **~verbindung** *f* comunicación *f* ferroviaria; **~wagen** *m* coche *m*, vagón *m*.

'**Eisen|band** *n* fleje *m*; **~beschlag** *m* herraje *m*; **~beton** *m* hormigón *m* armado; **~blech** *n* chapa *f* de hierro); **~erz** *n* mineral *m* de hierro; **~gießerei** *f* fundición *f* de hierro; **2haltig** ['--haltiç] ferruginoso; **~hut** 🌿 *m* acónito *m*; **~hütte** *f* planta *f* siderúrgica; **~industrie** *f* industria *f* del hierro *od.* siderúrgica; **~kraut** 🌿 *n* verbena *f*; **2schaffend**: ~*e Industrie* siderurgia *f*; **2verarbeitend** transformador del hierro; **~waren** *f/pl.* ferretería *f*; **~warenhandlung** *f* ferretería *f*.

eisern ['-zərn] de hierro; metálico; férreo (*a. fig.*); ~*er Bestand* últimas reservas *f/pl.*; ~*e Lunge* 🞲 pulmón *m* de acero; ~*er Vorhang Thea.* telón *m* metálico; *Pol.* telón *m* de acero.

eis|frei ['aɪsfraɪ] libre de hielo; **2gang** *m* deshielo *m*; **~gekühlt** ['-gəky:lt] helado; 2**hockey** n hockey m sobre hielo; **~ig** ['aɪzɪç] glacial (a. fig.); 2**kaffee** m café m helado; **~kalt** helado; glacial (a. fig.); 2**keller** m fig. nevera f; 2**(kunst)lauf** m patinaje m (artístico) sobre hielo; **~laufen** (sn) patinar sobre hielo; 2**läufer(in** f) m patinador(a) m (f); 2**maschine** f heladora f; 2**pickel** m piolet m; 2**revue** f revista f sobre hielo; 2**schnellauf** m patinaje m de velocidad (sobre hielo); 2**scholle** f témpano m; 2**schrank** m nevera f; 2**stadion** n pista f de hielo; 2**tanz** m danza f sobre hielo; 2**torte** f tarta f helada; 2**vogel** m martín m pescador, alción m; 2**würfel** m cubito m de hielo; 2**zapfen** m carámbano m; 2**zeit** f período m glacial.

eitel ['aɪtəl] vanidoso, fatuo; (nichtig) vano; (rein) puro; 2**keit** f vanidad f.

Eiter ['l-tər] m (7) pus m; **~erbeule** f absceso m; **~erbläs-chen** n pústula f; 2**(e)rig** purulento; 2**ern** (29) supurar; **~erung** f supuración f.

Eiweiß ['l-vaɪs] n (3²) clara f (del huevo); **⁂** albúmina f; proteína f; 2**haltig** ['l--haltɪç] albuminoso.

Ekel ['eːkəl] **1.** m (7) asco m; náuseas f/pl.; (Überdruß) hastío m; (Widerwille) repugnancia f (vor dat. a, de); **2.** F n tío m asqueroso; 2**-erregend**, 2**haft**, 2**ig** asqueroso; nauseabundo; repugnante; 2**n** (29) dar asco a; repugnar; sich **~** vor tener asco de.

Ekstase [ɛk'staːzə] f (15) éxtasis m; in **~** geraten extasiarse.

Ekzem 🎯 [-'tseːm] n (3¹) eczema m.

elasti|sch [e'lastɪʃ] elástico; 2**zität** [---tsiˈtɛːt] f elasticidad f.

Elch Zo. [ɛlç] m (3) alce m.

Elefant [ele'fant] m (12) elefante m.

elegan|t [--'gant] elegante; 2**z** [--'-ts] f (16, o. pl.) elegancia f.

Eleg|ie [--'giː] f (15) elegía f; 2**isch** [-'leːgiʃ] elegiaco.

elektri|fizieren [elɛktrifi'tsiːrən] electrificar; 2**fi'zierung** f electrificación f; 2**ker** [-'--kər] m (7) electricista m; **~sch** [-'trɪʃ] eléctrico; **~sieren** [--tri'ziːrən] electrizar (a. fig.); 2**zität** [--tsiˈtɛːt] f electricidad f; 2**zi'tätswerk** n central f eléctrica.

Elektrode [--'troːdə] f (15) electrodo m.

E'lektro|gerät n (aparato m) electrodoméstico m; **~herd** m cocina f eléctrica; **~kardiogramm** [---kardio-

'gram] n (3) electrocardiograma m; **~lyse** [---'lyːzə] f (15) electrólisis f; **~magnet** m electroimán m; **~motor** m electromotor m.

Elektron [--'troːn] n (8¹) electrón m; **~enblitz(gerät** n) m Phot. flash m electrónico; **~en(ge)hirn** n cerebro m electrónico; **~enmikroskop** n microscopio m electrónico; **~enrechner** m ordenador m, calculadora f electrónica; **~ik** [--'-nik] f (16, o. pl.) electrónica f; 2**isch** electrónico.

Elektrotechni|k [--tro'tɛçnik] f electrotecnia f; 2**sch** electrotécnico.

Element [ele'mɛnt] n (3) elemento m; fig. in s-m **~** sn estar en su elemento; 2**ar** [---'taːr] elemental.

Elend ['eːlɛnt] **1.** n (3. o. pl.) miseria f; (Unglück) desgracia f; **2.** 2 adj. mísero, miserable; desgraciado, **~** aussehen tener mala cara.

elf [ɛlf], 2 f (16) once (m) (a. Sport); ¹2**e** f (15) silfide f; ¹2**enbein** n marfil m; 2**meter** m Sport: penalty m; ¹**~te(r)** undécimo.

Elite [e'liːtə] f (15) lo más selecto, crema f, gal. élite f.

Ell|e ['ɛlə] f (15) Anat. cúbito m; **~(en)bogen** m codo m.

Ellip|se [e'lipsə] f (15) elipse f; 2**tisch** [-'-tiʃ] elíptico.

Elsäss|er(in f) ['ɛlzɛsər(in)] m (7), 2**isch** alsaciano (-a) m (f).

Elster ['l-stər] f (15) urraca f, picaza f.

elterlich [-'l-tərlɪç] de los padres, paterno; **~e** Gewalt patria potestad f.

Eltern [-'--n] pl. nur. uv. padres m/pl.; **~haus** n casa f paterna; **~liebe** f amor m paternal; 2**los** huérfano.

Email [e'maːj] n (11), **~le** [-'maljə] f (15) esmalte m; 2**lieren** [--'jiːrən] esmaltar.

Emanzi|pation [emantsipa'tsjoːn] f emancipación f; 2**'pieren:** sich **~** emanciparse.

Embolie [embo'liː] f (15) embolia f.

Embryo ['l-bryo] m (11 od. 8¹) embrión m.

Emigrant(in f) [emi'grant(in)] m (12) emigrado (-a) m (f), emigrante su.

Emission [--'sjoːn] f emisión f; **~skurs** m tipo m de emisión.

emotion|al, **~ell** [emotsjo'nɑːl, ---'nɛl] emocional; emotivo.

empfahl [ɛm'pfaːl] s. empfehlen.

empfand [-'pfant] s. empfinden.

Empfang [-'pfaŋ] m (3³) recepción f;

✝ recibo *m*; (*Aufnahme*) acogida *f*; *in* ~ *nehmen* recibir; *den* ~ *bestätigen* acusar recibo; Ջen (30) recibir; acoger; *Kind*: concebir.

Empfäng|er [-'pfɛŋər] *m* (7) ✞ destinatario *m*; *Radio*: receptor *m*; Ջ**lich** susceptible, sensible (*für* a); ♂ predispuesto (a); **~nis** *f* (14²) concepción *f*; Ջ**nisverhütend,** ~es *Mittel* anticonceptivo (*m*), contraceptivo (*m*); **~nisverhütung** *f* anticoncepción *f*, contracepción *f*.

Empfangs|bestätigung [-'pfaŋs-bəʃtɛ:tigun] *f* acuse *m* de recibo; **~chef** *m* jefe *m* de recepción, recepcionista *m*; **~dame** *f* recepcionista *f*; **~station** *f* *Radio*: estación *f* receptora; **~zimmer** *n* recibidor *m*.

empfehl|en [-'pfe:lən] (30) recomendar; (*anvertrauen*) encomendar; *sich* ~ (*sich verabschieden*) despedirse; **~enswert** recomendable; Ջ**ung** *f* recomendación *f*; *pl.* (*Grüße*) saludos *m*/*pl.*, recuerdos *m*/*pl.*; (*Referenzen*) referencias *f*/*pl.*

empfind|en [-'pfɪndən] (30) sentir, experimentar; Ջ**lich** [-'pfɪntlɪç] sensible (*gegen* a); (*heikel*) delicado; (*leicht gekränkt*) susceptible; *Kälte*: intenso; Ջ**lichkeit** *f* sensibilidad *f*; delicadeza *f*; susceptibilidad *f*; **~sam** sensible; sentimental; Ջ**samkeit** *f* sensibilidad *f*; sentimentalismo *m*; Ջ**ung** *f* (*Sinne*) sensación *f*; (*Gemüt*) sentimiento *m*; **~ungslos** insensible; Ջ**ungsvermögen** *n* sensibilidad *f*.

empfing [-'pfɪŋ] *s.* empfangen.

empfohlen [-'pfo:lən] *s.* empfehlen.

empfunden [-'pfundən] *s.* empfinden.

empor [-'po:r] (hacia) arriba; **~arbeiten**: *sich* ~ hacer carrera.

Empore [-'po:rə] *f* (15) tribuna *f*; galería *f* (*Kirche*) coro *m*.

empör|en [-'pø:rən] (25): (*sich*) ~ rebelar(se), sublevar(se); *fig.* indignar (-se); **~end** indignante; escandaloso; Ջ**er** *m* (7) rebelde *m*.

empor|kommen [-'po:rkɔmən] (sn) *fig.* prosperar, medrar; Ջ**kömmling** [-'kœmlɪŋ] *m* (3¹) advenedizo *m*, arribista *m*; **~ragen** elevarse; ~ *über* dominar (*ac.*); **~schwingen**: *sich* ~ encumbrarse, elevarse; **~steigen** (sn) subir, ascender.

Empörung [-'pø:run] *f* rebelión

f, sublevación *f*; *fig.* indignación *f*.

emsig [-'zɪç] asiduo; aplicado; Ջ**keit** *f* asiduidad *f*; aplicación *f*.

End... [-'ɛnt...]: *in Zssgn oft* final; **~e** [-'ɛndə] *n* (10) örtl. extremo *m*, final *m*; *zeitl.* fin *m*, final *m*, término *m*; *am* ~ al final; por fin; *am* ~ *des Monats* a fines del mes; *letzten* ~s al fin y al cabo; *zu* ~ *gehen* tocar a su fin; *ein* ~ *machen mit* acabar con; poner fin a; *zu* ~ *bringen* terminar, concluir; *ein schlimmes* ~ *nehmen* acabar mal; *von e-m* ~ *zum anderen* de un extremo a otro; Ջ**en** (26) acabar, terminar (-se); *Frist*: expirar; Ջ**gültig** [-'ɛntgyltiç] definitivo.

Endivie 🌢 [-'di:vjə] *f* (15) escarola *f*.

End|kampf [-'ɛntkampf] *m* *Sport*: final *f*; Ջ**lich** *adv.* finalmente, en fin, por fin; Ջ**los** infinito; interminable; **~punkt** *m* término *m*; **~spiel** *n* final *f*; **~spurt** [-'ʃpurt] *m* (11) sprint *m* final; **~station** *f* (estación *f*) terminal *f* od. final *f*; **~summe** *f* total *m*; **~ung** [-'dun] *f* desinencia *f*, terminación *f*; **~ziel** *n*, **~zweck** *m* objetivo *m* final.

Energie [enɛr'gi:] *f* (15) energía *f* (a. fig.); **~krise** *f* crisis *f* energética; Ջ**los** sin energía; **~quelle** *f* fuente *f* de energía; **~versorgung** *f* abastecimiento *m* energético; **~wirtschaft** *f* economía *f* energética.

energisch [-'-giʃ] enérgico.

eng [ɛŋ] estrecho; angosto; *Freundschaft*: íntimo; *enger machen* estrechar; *im* ~*sten Kreis* en la intimidad; *im* ~*eren Sinne* en sentido estricto.

Engag|ement [ãgaʒə'mã] *n* (11) contrato *m*; Ջ**ieren** contratar.

enganliegend [ɛŋ'ʔanli:gənt] estrecho, ajustado, ceñido.

Enge [ɛŋə] *f* (15) estrechez *f*; angostura *f*; *in die* ~ *treiben* poner entre la espada y la pared.

Engel [-'əl] *m* (7) ángel *m*; Ջ**haft,** ~**s...** *in Zssgn* angelical; angélico.

Engerling [-'ərlɪŋ] *m* (3¹) gusano *m* blanco.

engherzig [-'hɛrtsiç] mezquino.

Engländer [-'lɛndər] *m* (7) inglés *m*; ⊕ llave *f* inglesa; **~in** *f* inglesa *f*.

englisch [-'liʃ] inglés; *m*; ~*e Krankheit* raquitismo *m*; Ջ**horn** ♪ *n* corno *m* inglés.

eng|maschig [-'maʃiç] de mallas finas; Ջ**paß** *m* desfiladero *m*; *fig.* cuello *m* de botella.

en gros, Engros... [ã'gro:...] al por mayor.

engstirnig ['ɛŋʃtirniç] estrecho de miras.

Enkel(in *f*) ['ɛŋkəl(in)] *m* (7) nieto (-a) *m* (*f*).

enorm [e'nɔrm] enorme.

Ensemble [ã'sãblə] *n* (11) conjunto *m* (*a. ♪ u. Mode*); *Thea.* compañia *f*; elenco *m*.

entart|en [ɛnt'ʔaːrtən] (26, sn) degenerar; **2ung** *f* degeneración *f*.

ent-'äußern: sich ~ (*gen.*) deshacerse de, desposeerse de.

entbehr|en [-'be:rən] (25) (*nicht haben*) carecer de; (*vermissen*) echar de menos; *~ können* poder prescindir de *od.* pasarse sin; **~lich** superfluo; **2ung** *f* privación *f*.

ent'bind|en 1. *v/t.* dispensar (*von* de); *♀* asistir en el parto; **2.** *v/i.* *♀* dar a luz; **2ung** *f* dispensa *f*; *♀* alumbramiento *m*, parto *m*; **2ungs-anstalt** *f* casa *f* de maternidad.

ent'blättern deshojar.

entblößen [-'blø:sən] (27) desnudar, descubrir; *fig.* despojar.

ent'brennen (sn) inflamarse, encenderse (*a. fig.*).

ent'deck|en descubrir; (*enthüllen*) revelar; **2er** *m* (7) descubridor *m*; **2ung** *f* descubrimiento *m*; *fig.* revelación *f*; **2ungsreise** *f* viaje *m* de exploración.

Ente ['ɛntə] *f* (15) pato *m*, ánade *m*; *fig.* bulo *m*.

entehr|en [ɛnt'ʔe:rən] deshonrar; **~end** infamante; **2ung** *f* deshonra *f*; infamación *f*.

ent-'eign|en (25) expropiar; **2ung** *f* expropiación *f*.

ent-'eilen (sn) huir.

ent-'erben desheredar.

Enterich ['ɛntəriç] *m* (3) pato *m* (macho).

entern ⚓ ['-tərn] (29) abordar.

entfachen [ɛnt'faxən] (25) inflamar, atizar (*a. fig.*).

ent'fahren (sn) escaparse.

ent'fallen (sn) caer; *Name:* olvidarse; (*wegfallen*) quedar suprimido; *Anteil:* tocar (*auf ac.* a).

ent'falt|en desplegar (*a. fig.*); desarrollar; (*zeigen*) ostentar; *fig. sich ~* desarrollarse; **2ung** *f* despliegue *m*; desarrollo *m*; ostentación *f*.

ent'färben desteñir.

entfern|en [-'fɛrnən] (25) alejar, apartar; (*beseitigen*) quitar; *a. fig.*

eliminar; **~t** alejado, apartado; *a. Verwandte:* lejano; *10 km ~ von* a diez kilómetros de; *nicht im ~esten* ni por asomo; **2ung** *f* distancia *f*; alejamiento *m*; *fig.* eliminación *f*; **2ungsmesser** *m* telémetro *m*.

ent'fesseln desencadenar.

entfett|en [-'fɛtən] (26) desengrasar; **2ungskur** *f* cura *f* de adelgazamiento.

ent'flammen inflamar, encender (*a. fig.*).

ent'flecht|en ✝ desconcentrar; **2ung** *f* ✝ desconcentración *f*.

ent'fliehen huir, fugarse; escapar.

entfremd|en [-'frɛmdən] (26) enajenar; distanciar; *sich ~* distanciarse; **2ung** *f* distanciamiento *m*.

ent'führ|en secuestrar; *Mädchen:* raptar; **2er** *m* (7) secuestrador *m*; raptor *m*; **2ung** *f* secuestro *m*; rapto *m*.

ent'gegen (*dat.*) al encuentro de, hacia; *fig.* en contra de, contrario a; **~arbeiten** (*dat.*) contrariar (*ac.*); **~bringen** *fig.* manifestar; **~gehen** (sn) (*dat.*) ir al encuentro de; *Gefahr usw.:* afrontar; *s-r Vollendung ~* estar a punto de terminarse; **~gesetzt** opuesto, contrario (*a*); **~halten** oponer, objetar; **~handeln** (*dat.*) contravenir a, infringir; **~kommen 1.** *v/i.* (sn) (*dat.*) salir al encuentro de; *fig.* complacer (*ac.*); **2.** **2** *n* complacencia *f*; **~nehmen** recibir, aceptar; **~sehen** (*dat.*) esperar, aguardar (*ac.*); **~setzen, ~stellen** oponer; **~stehen** (h.) oponerse; *dem steht nichts entgegen* no hay inconveniente; **~strecken** extender (*dat.* hacia); **~treten** (sn) (*dat.*) *fig.* hacer frente a; oponerse a; **~wirken** (*dat.*) contrarrestar (*ac.*).

entgegn|en [-'ge:gnən] (26) responder, replicar; **2ung** *f* respuesta *f*, réplica *f*.

ent'gehen (sn) (*dat.*) escapar de; *sich et. (nicht) ~ lassen* (no) perderse *a/c.*

entgeistert [-'gaistərt] atónito, boquiabierto.

Entgelt [-'gɛlt] *n* (3) remuneración *f*; retribución *f*; compensación *f*; **2en** pagar (*a. fig.*).

entgiften [-'giftən] (26) desintoxicar; descontaminar.

entgleis|en [-'glaizən] (27, sn) descarrilar; **2ung** *f* descarrilamiento *m*; *fig.* desliz *m*, plancha *f*.

ent'gleiten (sn) escurrirse (de las manos); *fig.* escaparse.

entgräten [-'grɛːtən] (26) quitar las espinas a.

enthaar|en [-'haːrən] (25) depilar; ℒung *f* depilación *f*; ℒungsmittel *n* depilatorio *m*.

ent'halt|en contener; encerrar; *fig.* comprender; *sich* ~ (*gen.*) abstenerse de; ~sam abstemio; *geschlechtlich:* continente; (*mäßig*) sobrio; ℒsamkeit *f* abstinencia *f*; continencia *f*; ℒung *f* Pol. abstención *f*.

ent'härten *Wasser:* ablandar.

enthaupt|en [-'hauptən] (26) decapitar; ℒung *f* decapitación *f*.

ent'heben dispensar (*gen.* de); *des Amtes:* relevar (de).

ent'heiligen profanar.

ent'hemm|en desinhibir; ℒung *f* desinhibición *f*.

ent'hüll|en descubrir; *fig.* revelar, desvelar; ℒung *f* revelación *f*.

enthülsen [-'hylzən] (27) desvainar.

Enthusia|smus [ɛntu'zjasmus] *m* (16, *o. pl.*) entusiasmo *m*; ~st *m* (12), ℒstisch entusiasta (*m*).

entjungfern [ɛnt'juɲfərn] (29) desflorar.

ent'kalken descalcificar.

ent'keimen esterilizar.

entkern|en [-'kɛrnən] (25) deshuesar; ℒer *m* deshuesador *m*.

ent'kleiden desnudar; *fig.* despojar.

entkoloni'sieren descolonizar.

ent'kommen (sn) escaparse.

entkorken [-'kɔrkən] (25) descorchar, destapar.

entkräft|en [-'krɛftən] (26) debilitar, extenuar; enervar; *ﬨ* infirmar; ℒung *f* debilitación *f*; extenuación *f*.

ent'lad|en descargar (*a. ⚡*); ℒung *f* descarga *f*.

ent'lang a lo largo de.

entlarven [-'larfən] (25) desenmascarar.

ent'lass|en despedir; ✕ licenciar; *Beamte:* separar (del cargo), destituir; *⚕* dar de alta; *aus dem Gefängnis* ~ poner en libertad; excarcelar; ℒung *f* despido *m*; ✕ licenciamiento *m*; *Beamte:* separación *f*; *⚕* alta *f*.

ent'last|en descargar; *Verkehr:* descongestionar; ℒung *f* descarga *f*; descongestión *f*; *ﬨ* descargo *m*; ℒungszeuge *m* testigo *m* de descargo.

entlauben [-'laubən] (25) deshojar; defoliar.

ent'laufen (sn) evadirse, escaparse.

entlausen [-'lauzən] (27) despiojar.

entledigen [-'leːdigən] (25): *sich* ~ deshacerse, desembarazarse (*gen.* de); *e-s Auftrags:* cumplir.

ent'leer|en vaciar; *⚕* evacuar; ℒung *f* vaciado *m*; *⚕* evacuación *f*.

ent'legen remoto, alejado, apartado.

ent'lehnen *fig.* tomar.

ent'leihen tomar prestado.

ent'locken sonsacar; arrancar.

ent'lohnen remunerar.

ent'lüft|en ventilar; ℒung *f* ventilación *f*.

entmann|en [-'manən] (25) castrar; ℒung *f* castración *f*.

entmenscht [-'mɛnʃt] desalmado, deshumanizado.

entmilitarisier|en [-militari'ziːrən] desmilitarizar; ℒung *f* desmilitarización *f*.

entmündig|en [-'myndigən] (25) poner bajo tutela; incapacitar; ℒung *f* interdicción *f* civil.

entmutig|en [-'muːtigən] (25) desalentar, desanimar; ℒung *f* desaliento *m*, desánimo *m*.

Entnahme [-'naːmə] *f* (15) toma *f*; *v. Geld:* retirada *f*.

ent'nehmen tomar, sacar; *Geld:* retirar; *fig.* concluir (*aus* de).

entnerven [-'nɛrfən] (25) enervar.

entpuppen [-'pupən] (25): *sich* ~ *als* resultar ser, revelarse como.

entrahmen [-'raːmən] (25) desnatar, descremar.

enträtseln [-'rɛːtsəln] (29) descifrar.

ent'rechten privar de sus derechos.

ent'reißen arrebatar, arrancar.

ent'richten satisfacer, pagar.

ent'rinnen (sn) escaparse (*dat.* de).

ent'rollen desarrollar.

ent'rücken alejar (de); *fig.* extasiar.

entrümpeln [-'rympəln] (29) sacar los trastos de.

ent'rüst|en: *sich* ~ indignarse; ℒung *f* indignación *f*.

Entsafter [-'zaftər] *m* (7) licuadora *f*.

ent'sag|en (*dat.*) renunciar a, desistir de; ℒung *f* renuncia *f*.

ent'salz|en desalinizar; ℒungs-anlage *f* planta *f* desalinizadora.

Ent'satz ✕ *m* (3², *o. pl.*) socorro *m*.

ent'schädig|en indemnizar; compensar; ℒung *f* indemnización *f*; compensación *f*.

ent'schärfen *Bombe usw.*: desactivar; *fig.* quitar hierro a.

Entscheid [-'ʃaɪt] *m* (3) decisión *f*; **Sen** [-'-dən] decidir (*über de, sobre*); *sich ~ für* decidirse por; **Send** decisivo; **~ung** *f* decisión *f* (*treffen* tomar).

entschieden [-'ʃiːdən] decidido; enérgico; firme; **Sheit** *f* decisión *f*; firmeza *f*.

ent'schlafen (sn) dormirse; *fig.* expirar, fallecer.

entschleiern [-'ʃlaɪərn] (29) quitar el velo a; *a. fig.* desvelar.

ent'schließ|en: *sich ~* decidirse, resolverse (*zu* a); **Sung** *f Pol.* resolución *f*.

entschlossen [-'ʃlɔsən] resuelto, decidido; **Sheit** *f* resolución *f*, firmeza *f*, determinación *f*.

ent'schlüpfen (sn) escurrirse; escaparse.

Ent'schluß *m* resolución *f*, decisión *f*, determinación *f* (*fassen* tomar); **~kraft** *f* poder *m* decisorio; **losigkeit** *f* indecisión *f*.

entschuld|bar [-'ʃʊltbɑːr] disculpable, perdonable; **~igen** [-'-dɪgən] (25) disculpar, excusar; dispensar; perdonar; *sich ~* disculparse, excusarse; *~ Sie!* ¡perdone!, ¡dispense!; **Sigung** *f* disculpa *f*, excusa *f*; *~!* ¡perdón!; *j-n um ~ bitten* pedir perdón a alg.

ent'schwinden (sn) desaparecer.

entseelt [-'zeːlt] exánime, muerto.

ent'senden mandar; delegar.

ent'setz|en *des Amtes*: separar de; *sich ~* horrorizarse, espantarse (*über ac., vor dat.* de); **Sen** *n* horror *m*, espanto *m*; **~lich** horrible; espantoso; *a.* F *fig.* terrible.

entseuch|en [-'zɔʏçən] (25) desinfectar; descontaminar; **Sung** *f* descontaminación *f*.

ent'sichern *Waffe*: amartillar; quitar el seguro.

ent'siegeln romper el sello.

ent'sinnen: *sich ~* (*gen.*) acordarse de.

Entsorgung [-'zɔrgʊŋ] *f* eliminación *f* de desechos.

ent'spann|en aflojar; *fig. sich ~* descansar; relajarse; **Sung** *f* descanso *m*; relajación *f*; *Pol.* distensión *f*.

ent'spinnen: *sich ~* trabarse, iniciarse.

ent'sprech|en (*dat.*) corresponder a; *e-r Erwartung*: responder a; *e-m Wunsch*: satisfacer; **~end** correspondiente; análogo; pertinente; **Sung** *f* correspondencia *f*; equivalente *m*.

ent'springen (sn) (*entfliehen*) evadirse (*aus* de); *Fluß*: nacer; *fig.* proceder (*aus* de).

ent'stammen (sn) proceder, descender, provenir (*dat.* de).

ent'steh|en (sn) nacer, originarse, surgir; **Sung** *f* nacimiento *m*; origen *m*.

entsteinen [-'ʃtaɪnən] (25) deshuesar.

ent'stell|en desfigurar; **Sung** *f* desfiguración *f*.

ent'stör|en ⚡ desparasitar; **Sung** ⚡ *f* eliminación *f* de perturbaciones *od.* parásitos.

ent'tarnen desenmascarar.

ent'täusch|en desengañar, desilusionar; decepcionar; **Sung** *f* desengaño *m*, desilusión *f*; decepción *f*.

ent'thronen destronar.

entvölker|n [-'fœlkərn] (29) despoblar; **Sung** *f* despoblación *f*.

ent'wachsen (sn) *fig.* emanciparse de.

ent'waffn|en desarmar (*a. fig.*); **Sung** *f* desarme *m*.

Ent'warnung *f* fin *m* de alarma.

ent'wässer|n desaguar, drenar; **Sung** *f* drenaje *m*.

'entweder: *~ ... oder* o ... o ...; *sea ... o sea ...*

ent'weichen 1. *v/i.* (sn) evadirse; escapar(se); 2. **S** *n* escape *m*; *v. Gas usw.*: *a.* fuga *f*.

ent'weih|en profanar; **Sung** *f* profanación *f*.

ent'wenden (26) hurtar, robar.

ent'werfen bosquejar, esbozar; diseñar; *Plan*: elaborar; trazar.

ent'wert|en depreciar; *Briefmarken*: matasellar, inutilizar; **Sung** *f* depreciación *f*; inutilización *f*.

ent'wick|eln desarrollar (*a. fig.*); *Phot.* revelar; *sich ~* desarrollarse; evolucionar; **Sler** *m* (7) *Phot.* revelador *m*; **Slung** *f* desarrollo *m*; evolución *f*; **Slungshelfer** *m* cooperante *m*; **Slungshilfe** *f* ayuda *f* al desarrollo; **Slungsland** *n* país *m* en vías de desarrollo.

ent'winden arrancar (de las manos).

entwirr|en [-'vɪrən] (25) desenredar, desenmarañar; **Sung** *f* desenredo *m*; desenlace *m*.

ent'wischen F (sn) escaparse.

entwöhnen [-'vø:nən] (25) desacostumbrar, deshabituar; *Kind*: destetar; *Süchtige*: desintoxicar.

ent'würdig|en degradar, envilecer; **~end** degradante; humillante; **2ung** *f* degradación *f*.

Ént'wurf *m* bosquejo *m*; esbozo *m*; (*Konzept*) borrador *m*; (*Plan*) plan *m*, proyecto *m*.

ent'wurzeln desarraigar.

ent'zaubern desencantar.

ent'zieh|en retirar; *j-m* et. ~ privar a alg. de a/c.; *sich* ~ sustraerse a; **2ung** *f* retirada *f*; privación *f*; **2ungs-erscheinungen** *f/pl.* síndrome *m* de abstinencia, F mono *m*; **2ungskur** *f* cura *f* de desintoxicación.

entziffer|n [-'tsifərn] (29) descifrar; **2ung** *f* desciframiento *m*.

ent'zücken 1. *v/t.* encantar; 2. 2 *n* encanto *m*; **~d** encantador.

Ent'zug *m* s. *Entziehung*.

entzünd|bar [-'tsyntbar] inflamable; **~en** [-'-dən] encender; inflamar (*a. $ u. fig.*); **2ung** *$ f* inflamación *f*.

entzwei [-'tsvaɪ] roto; **~brechen** *v/t.* (*v/i.* [sn]) romper(se); **~en** (25) desunir, enemistar; **~gehen** (sn) romperse; **~schlagen** romper; **2ung** *f* desavenencia *f*, desunión *f*.

Enzian *$* ['ɛntsja:n] *m* (3) genciana *f*.

Enzyklopädie [-tsyklopɛ'di:] *f* (15) enciclopedia *f*.

Enzym [-'tsy:m] *n* (3) enzima *su*.

Epide|mie [epide'mi:] *f* (15) epidemia *f*; **2misch** [--'de:miʃ] epidémico.

Epik ['e:pik] *f* (16) épica *f*; **~er** *m* (7) (poeta *m*) épico *m*.

Epilep|sie [epilɛp'si:] *f* (15) epilepsia *f*; **~tiker** [--'-tikər] *m* (7), **2tisch** epiléptico (*m*).

Epilog [--'lo:k] *m* (3) epílogo *m*.

episch ['e:piʃ] épico.

Episode [epi'zo:də] *f* (15) episodio *m*.

Epistel [e'pistəl] *f* (15) epístola *f*.

Epoche [e'pɔxə] *f* (15) época *f*; **2-machend** que hace época.

Epos ['e:pɔs] *n* (16²) epopeya *f*; poema *m* épico.

er [e:r] (19) él.

erachten [ɛr'ʔaxtən] juzgar, estimar; *m-s* 2s a mi parecer.

er-'arbeiten conseguir trabajando.

Erb... ['ɛrp...]: *in Zssgn oft* hereditario; **'~anspruch** *m* pretensión *f*

sobre una herencia; **'~anteil** *m* parte *f* de la herencia.

erbarmen [ɛr'barmən] 1. *v/t.* (25) dar lástima *od.* pena a; *sich* ~ (*gen.*) compadecerse de, tener compasión de; 2. 2 *n* lástima *f*, compasión *f*; **~swert** digno de lástima.

erbärmlich [-'bɛrmliç] lastimoso, deplorable; miserable; (*armselig*) mezquino.

erbarmungslos [-'barmuŋslo:s] despiadado; *adv.* sin piedad.

er'bau|en construir, levantar, erigir; *fig.* (*sich*) ~ edificar(se) (*an dat.* con); **2er** *m* (7) constructor *m*; **~lich** edificante; **2ung** *f* construcción *f*; edificación *f* (*a. fig.*).

erb|bedingt ['ɛrpbədiŋt] hereditario; **~berechtigt** sucesible.

Erbe ['ɛrbə] **a)** *m* (13) heredero *m*; **b)** *n* (10, *o. pl.*) herencia *f*.

er'beben (sn) temblar; estremecerse.

erben ['ɛrbən] (25) heredar.

er'betteln mendigar.

erbeuten [-'bɔytən] (26) apresar, capturar.

erb|fähig ['ɛrpfɛ:iç] hábil para suceder; **2fall** *m* muerte *f* del causante; **2folge** *f* sucesión *f*; **2gut** *n* patrimonio *m*.

erbieten [ɛr'bi:tən]: *sich* ~ *zu* ofrecerse a.

Erbin ['-bin] *f* (16¹) heredera *f*.

er'bitten pedir, solicitar.

erbitter|n [-'bitərn] (29) irritar, exasperar, enconar; **~t** irritado, exasperado; *Kampf:* encarnizado; **2ung** *f* exasperación *f*, irritación *f*.

Erbkrankheit ['ɛrpkraŋkhaɪt] *f* enfermedad *f* hereditaria.

erblassen [ɛr'blasən] (28, sn) palidecer, ponerse pálido.

Erblasser(in *f*) ['ɛrplasər(in)] *m* (7) testador(a) *m* (*f*).

erbleichen [ɛr'blaɪçən] (30, sn) *s. erblassen*.

erblich ['ɛrpliç] hereditario; ~ *belastet sn* tener una tara (hereditaria); **2keit** *f* carácter *m* hereditario.

er'blicken ver, divisar.

erblind|en [-'blindən] (26, sn) perder la vista, quedar(se) ciego; **2ung** *f* pérdida *f* de la vista; ceguera *f*.

er'blühen (sn) *s. aufblühen*.

erbosen [-'bo:zən] (27) enojar, irritar, exasperar.

erbötig [-'bø:tiç]: ~ *zu* dispuesto a.

Erb|pacht [ˈɛrppaxt] f enfiteusis f; **~prinz** m príncipe m heredero.

erbrechen [ɛrˈbrɛçən] **1.** v/t. Brief: abrir; Tür: forzar; 💊 (a. sich ~) vomitar; **2.** ♀ n 💊 vómito m.

Erbrecht [ˈɛrprɛçt] n derecho m sucesorio.

erbringen [ɛrˈbriŋən] producir.

Erbschaft [ˈɛrpʃaft] f herencia f; **~steuer** f impuesto m sobre sucesiones.

'Erbschleich|er m captador m de herencias; **~e'rei** f captación f de herencias.

Erbse [ˈ-sə] f (15) guisante m; Am. arveja f.

'Erb|stück n herencia f, objeto m heredado; **~sünde** f pecado m original; **~teil** n cuota f hereditaria; **~teilung** f partición f de la herencia; **~vertrag** m pacto m sucesorio.

Erd|achse [ˈɛːrtˀaksə] f eje m terrestre; **~anschluß** ⚡ m toma f de tierra; **~arbeiten** f/pl. movimiento m de tierras; **~bahn** f órbita f de la tierra; **~ball** m globo m terráqueo; **~beben** n terremoto m, temblor m de tierra; seísmo m; **~bebenwarte** f observatorio m sísmico od. sismográfico; **~beere** f fresa f; (Garten♀) fresón m; Am. frutilla f; **~boden** m suelo m; terreno m; tierra f; dem ~ gleichmachen arrasar.

Erde [ˈɛːrdə] f (15) tierra f; (Boden) suelo m; ⚡n (26) ⚡ poner od. conectar a tierra.

erdenk|en [ɛrˈdɛŋkən] imaginar; **~lich** imaginable.

Erd|gas [ˈɛːrtgaːs] n gas m natural; **~gasleitung** f gasoducto m; **~geist** m gnomo m; **~geschoß** n piso m bajo, planta f baja; **~hälfte** f hemisferio m.

erdicht|en [ɛrˈdiçtən] imaginar, fingir, inventar; **~et** ficticio, fingido.

erdig [ˈɛːrdiç] terroso, térreo; Geschmack: a tierra.

Erd|kabel [ˈɛːrtkaːbəl] n cable m subterráneo; **~karte** f mapamundi m; **~kreis** m orbe m; **~kugel** f globo m; **~kunde** f geografía f; **~leitung** f toma f de tierra; **~mandel** ♀ f chufa f; **~nuß** f cacahuete m, Am. maní m; **~öl** n petróleo m.

erdolchen [ɛrˈdɔlçən] (25) apuñalar.

Erdöl|gesellschaft [ˈɛːrtˀøːlgəzɛl-]ʃaft] f compañía f petrolera; ♀**haltig** [ˈ-haltiç] petrolífero; **~leitung** f

oleoducto m; **~vorkommen** n yacimiento m petrolífero.

'Erd|pech n betún m; **~reich** n tierra f, suelo m.

erdreisten [ɛrˈdraɪstən] (26): sich ~ zu atreverse a.

Erdrinde [ˈɛːrtrində] f corteza f terrestre.

erdröhnen [ɛrˈdrøːnən] retumbar.

er'drosseln estrangular.

er'drücken aplastar (a. fig.); **~d** aplastante (a. Mehrheit); Beweis: contundente.

Erd|rutsch [ˈɛːrtrutʃ] n corrimiento m od. desprendimiento m de tierras; **~scholle** f gleba f; **~stoß** m sacudida f sísmica; **~strich** m región f; zona f; **~teil** m continente m.

erdulden [ɛrˈduldən] sufrir; soportar.

Erd|ung ⚡ [ˈɛːrduŋ] f toma f de tierra; **~zeitalter** [ˈ-tsaɪtˀaltər] n época f geológica.

ereifern [ɛrˈaɪfɐrn]: sich ~ acalorarse, apasionarse (über ac. por).

er-'eig|nen: sich ~ suceder, acontecer, ocurrir; pasar; ♀nis n (4¹) suceso m, acontecimiento m; **~nisreich** rico en acontecimientos; accidentado.

er-'eilen alcanzar; Tod: sorprender.

Eremit [ereˈmiːt] m (12) ermitaño m.

ererbt [ɛrˈˀɛrpt] hereditario.

er'fahr|en 1. v/t. saber; enterarse de; (erleben) experimentar; et. ~ haben estar enterado de, tener noticia de; **2.** adj. experimentado, versado, experto; ♀**ung** f experiencia f (aus por); in ~ bringen saber; enterarse de; averiguar; **~ungsgemäß** según muestra la experiencia.

er'fassen coger; Arg. agarrar; ⚔ poner en caja; Daten usw.: fichar; registrar; fig. comprender.

er'find|en inventar; imaginar; ♀**er** m inventor m; **~erisch** inventivo; ingenioso; ♀**ung** f invento m; invención f; (Erdichtung) a. ficción f; ♀**ungsgabe** f inventiva f; **~ungsreich** s. erfinderisch.

er'flehen implorar.

Erfolg [-ˈfɔlk] m (3) éxito m; resultado m; ♀**en** [-ˈ-gən] (sn) suceder, tener lugar; efectuarse, verificarse; ♀**los** sin éxito; infructuoso, ineficaz, sin resultado; ♀**reich** exitoso; eficaz; feliz; adv. con éxito; ♀**versprechend** prometedor.

erforder|lich [-ˈfɔrdɐrliç] preciso,

necesario; requerido; ~ **sn** necesitarse; **~lichenfalls** en caso de necesidad; **~n** requerir, exigir; necesitar; **2nis** *n* (4¹) necesidad *f*; requisito *m*.

er'forsch|en explorar; (*untersuchen*) investigar, indagar; escudriñar; **2er** *m* (7) explorador *m*; investigador *m*; **2ung** *f* exploración *f*; investigación *f*.

er'fragen preguntar por; informarse de; *zu ~ bei* ... razón ..., dirigirse a ...

er'freu|en alegrar, regocijar; *sich ~* (*gen.*) *bzw. sich ~ an* (*dat.*) gozar, disfrutar de; **~lich** agradable, grato; **~t** satisfecho; encantado.

er'frier|en helarse; morir de frío; **2ung** *f* heladura *f*; congelación *f*.

erfrisch|en [-'friʃən] (27): (*sich*) ~ refrescar(se); **~end** refrescante; **2ung** *f* refresco *m*; **2ungsraum** *m* bar *m*; cantina *f*.

er'füll|en llenar (*mit de*; *a. fig.*); *Pflicht usw.*: cumplir (con); *Bitte usw.*: corresponder a; satisfacer; *sich ~* cumplirse; realizarse; **2ung** *f* cumplimiento *m* realización *f*; *in ~ gehen* cumplirse.

ergänz|en [-'gɛntsən] (27) completar; **~end** complementario; suplementario; **2ung** *f* complemento *m*; suplemento *m*.

ergattern [-'gatərn] F (29) pescar, atrapar.

er'geb|en 1. *v/t.* producir; *A* dar (por resultado); *Summe:* arrojar; *sich* ~ resultar (*aus* de); (*beweisen*) demostrar, probar; *✕* rendirse, capitular; (*widmen*) consagrarse a; *e-m Laster*: darse *od.* entregarse a; (*sich fügen*) resignarse (*in ac.* a); **2. adj.** adicto; devoto; leal; *Ihr ~ener Brief*: suyo afmo.; **2enheit** *f* devoción *f*; lealtad *f*; **2nis** [-'ge:pnis] *n* (4¹) resultado *m*; *fig.* fruto *m*; **~nislos** sin resultado; infructuoso; **2ung** [-'ge:buŋ] *f* sumisión *f*; resignación *f*; ✕ rendición *f*.

er'gehen 1. *v/i.* (sn) *Gesetz usw.*: publicarse; ~ *lassen* publicar, dar; *über sich ~ lassen* soportar (con paciencia); *wie wird es mir ~?* ¿qué será de mí?; *wie ist es Ihnen ergangen?* ¿cómo le ha ido?; *sich ~* pasearse; *fig.* extenderse (*über* sobre); **2.** *2 n* (estado *m* de) salud *f*.

ergiebig [-'gi:biç] productivo, lucrativo; ~ **sn** dar de sí; **2keit** *f* productividad *f*; fecundidad *f*.

er'gießen: *sich ~* derramarse; *Fluß*: desembocar (*in ac.* en).

er'glänzen (sn) resplandecer, brillar.

er'glühen (sn) *fig.* enardecerse, encenderse.

ergötz|en [-'gœtsən] (27) deleitar; *sich ~* divertirse (*an dat.* con); **~lich** divertido; gracioso.

er'grauen (sn) encanecer.

er'greifen coger; *Arg.* agarrar; *Maßnahmen*: tomar; (*festnehmen*) capturar; *Beruf*: abrazar, seguir; *Gelegenheit*: aprovechar; *Gemüt*: conmover, emocionar; *das Wort ~* tomar la palabra; *die Flucht ~* darse a la fuga; **~d** conmovedor, emocionante.

ergriffen [-'grifən] *fig.* emocionado, conmovido; **2heit** *f* emoción *f*.

er'gründen sondear; ahondar (en); (*ermitteln*) averiguar, indagar.

Er'guß *m ⚥* derrame *m*; (*Gefühls2*) efusión *f*.

er'haben elevado; en relieve; *fig.* sublime; ~ *über* (*ac.*) superior a; (*por*) encima de; **2heit** *f* elevación *f*; sublimidad *f*.

Er'halt *m* recibo *m*, recepción *f*; **2en** (*bewahren*) conservar; mantener; (*ernähren*) sustentar; (*bekommen*) recibir; obtener; *gut ~* en buen estado; **2ung** *f* conservación *f*; mantenimiento *m*.

er'hängen: (sich) ~ ahorcar(se).

er'härten *fig.* corroborar.

er'haschen atrapar; coger (al vuelo).

er'heb|en levantar (*a. Stimme*), alzar; subir; *fig.* elevar; *Gebühren*: cobrar; *Steuern*: *a.* recaudar; (*preisen*) realzar, ensalzar; *sich ~* levantarse; *Pol.* rebelarse, sublevarse; *Frage, Problem*: plantearse; surgir; **~end** sublime; emocionante; **~lich** [-'he:pliç] considerable; **2ung** *f* [-'-buŋ] *f* elevación *f*; *v. Steuern*: recaudación *f*; (*Aufstand*) sublevación *f*; insurrección *f*; (*Umfrage*) encuesta *f*.

erheiter|n [-'haitərn] (29) divertir; **2ung** *f* diversión *f*.

erhellen [-'hɛlən] (25) iluminar, alumbrar; *fig.* aclarar, esclarecer.

erhitzen [-'hitsən] (27) calentar; *fig. a.* caldear; *sich ~ fig.* acalorarse, apasionarse.

er'hoffen esperar.

erhöh|en [-'hø:ən] (25) subir, alzar;

elevar; (*steigern*) *a.* aumentar (*um en*); ℒ*ung f* elevación *f*; aumento *m*, subida *f*; ℒ*ungszeichen ♪ n* sostenido *m*.

er'holen: sich ~ reposar, descansar; *♂*, *♀* recuperarse.

Erholung [-'ho:luŋ] *f* reposo *m*, descanso *m*; *♂*, *♀* recuperación *f*; ℒ*sbedürftig* necesitado de reposo; ℒ*sgebiet n* zona *f* recreativa; ℒ*sheim n* casa *f* de reposo; ℒ*s-pause f* descanso *m*; ℒ*s-urlaub m* vacaciones *f/pl.* de reposo.

er'hören *Bitte*: atender; corresponder a.

Erika ♀ ['e:rika] *f* (16²) brezo *m*, erica *f*.

erinner|lich [ɛr'¹)inərliç]: es ist mir ~ lo recuerdo; ℒn (29): *j-n an et.* (*ac.*) ~ recordar a/c. a alg.; *sich ~ an* (*ac.*) acordarse de, recordar (*ac.*); ℒ*ung f* recuerdo *m*; (*Gedächtnis*) memoria *f*; *zur ~ an* en recuerdo *od.* memoria de; ℒ*ungsvermögen n* memoria *f*.

erkalten [-'kaltən] (26, sn) enfriarse (*a. fig.*).

erkält|en [-'kɛltən] (26): *sich ~* resfriarse, constiparse; ℒ*ung f* resfriado *m*, constipado *m*.

er'kämpfen conseguir (luchando).

erkenn|bar [-'kɛnba:r] reconocible; perceptible; ℒ*en* reconocer (*an dat., als por*); *♂* diagnosticar; detectar; ℒ*t ~ auf* (*ac.*) condenar a; ~ *lassen*, *zu ~ geben* manifestar; *sich zu ~ geben* darse a conocer; ℒ*tlich* [-'kɛntliç] reconocible; *fig.* agradecido, reconocido (*für por*); ℒ*tlichkeit f* gratitud *f*; ℒ*tnis f* (14²) entendimiento *m*; conocimiento *m*; *zur ~ kommen* reconocer su error; ℒ*ung f* reconocimiento *m*; ℒ*ungsdienst m* (ℒ*ungsmarke f*) servicio *m* (placa *f*) de identificación; ℒ*ungsmelodie f Radio*: sintonía *f*; ℒ*ungszeichen n* (signo *m*) distintivo *m*.

Erker ['ɛrkər] *m* (7) mirador *m*; salidizo *m*.

erklär|bar [-'klɛ:rba:r] explicable; ℒ*en* explicar; (*äußern*) declarar; *sich ~ declararse* (*für* a favor de; *gegen* en contra de); ℒ*end* explicativo; ℒ*lich* explicable; ℒ*ung f* explicación *f*; declaración *f* (*abgeben* hacer).

erklecklich [-'klɛkliç] considerable.

er'klettern, er'klimmen escalar; trepar a, subir a.

er'klingen (sn) (re)sonar.

er'krank|en (sn) caer enfermo; enfermar; ℒ*ung f* enfermedad *f*.

erkühnen [-'ky:nən] (25): *sich ~ zu* atreverse a.

erkunden [-'kundən] (26) explorar; *⚔* reconocer.

erkundig|en [-'kundigən] (25): *sich ~ informarse* (*nach, über ac.* de, sobre); *enterarse* (*über* de); ℒ*ung f* información *f*; informe *m* (*einziehen* tomar).

Er'kundung *f* exploración *f*; reconocimiento *m*.

er'lahmen (sn) *fig.* disminuir, desfallecer.

erlangen [-'laŋən] (25) obtener; conseguir, lograr.

Erlaß [-'las] *m* (4) decreto *m*; *Schuld*, *Strafe*: remisión *f*; *Steuer*: exención *f*.

er'lassen *Strafe*: indultar de; *Schuld*: cancelar; *Befehl*: dar, emitir; *Gesetz*: promulgar; *j-m et. ~* dispensar a alg. de a/c.

erlaub|en [-'laubən] (25) permitir; ℒ*nis* [-'laupnis] *f* (14²) permiso *m*.

erlaucht [-'lauxt] ilustre.

er'läuter|n aclarar, explicar, comentar; ℒ*ung f* aclaración *f*, explicación *f*; comentario *m*.

Erle ♀ ['ɛrlə] *f* (15) aliso *m*.

er'leb|en ver; presenciar; (*erfahren*) experimentar; ℒ*nis* [-'le:pnis] *n* (4¹) acontecimiento *m*; aventura *f*; experiencia *f*; vivencia *f*.

erledig|en [-'le:digən] (25) terminar, liquidar; arreglar; *Arbeit*: despachar; *Auftrag*: ejecutar; ℒ*t* terminado; arreglado; *F fig.* arruinado; (*erschöpft*) F hecho polvo; ℒ*ung f* liquidación *f*; arreglo *m*; ejecución *f*.

er'legen *Wild*: matar.

erleichter|n [-'laiçtərn] (29) aligerar; aliviar; (*vereinfachen*) facilitar; ℒ*ung f* aligeramiento *m*; alivio *m*; ℒ*en pl.* facilidades *f/pl.*

er'leiden sufrir, experimentar.

er'lernen aprender.

er'lesen *adj.* selecto.

er'leucht|en alumbrar; *a. fig.* iluminar; ℒ*ung f* iluminación *f*; *fig.* inspiración *f*.

er'liegen (sn) sucumbir.

erlogen [-'lo:gən] falso, inventado.

Erlös [-'lø:s] *m* (4) producto *m*; ingresos *m/pl.*; beneficio *m*.

er'löschen (30, sn) apagarse; *♫* expirar, caducar, extinguirse.

er'lös|en salvar; *Rel. a.* redimir; (*befreien*) liberar; **2er** *m* (7) *Rel.* Redentor *m*, Salvador *m*; **2ung** *f* liberación *f*; *Rel.* redención *f*, salvación *f*.

ermächtig|en [-'mɛçtigən] (25) autorizar, dar poder (zu para); **2ung** *f* autorización *f*, poder *m*.

er'mahn|en exhortar, amonestar; **2ung** *f* exhortación *f*, amonestación *f*.

er'mangel|n (*gen.*) carecer de, faltar de; **2ung** *f*: *in* ∼ (*gen.*) a falta de.

ermannen [-'manən] (25): *sich* ∼ animarse, cobrar aliento.

er'mäßig|en reducir, rebajar; **2ung** *f* reducción *f*, rebaja *f*.

ermatt|en [-'matən] (26) **1.** *v/t.* cansar; **2.** *v/i.* (sn) cansarse, fatigarse; **2ung** *f* cansancio *m*, fatiga *f*.

er'messen 1. *v/t.* juzgar y apreciar; considerar; **2.** **2** *n* juicio *m*, criterio *m*; *nach freiem* ∼ a discreción.

ermitt|eln [-'mitəln] (29) averiguar, indagar; **2ung** *f* indagación *f*; pesquisa *f* (*anstellen* hacer); **2lungsverfahren** ⚖ *n* sumario *m*.

ermöglichen [-'møːkliçən] (25) posibilitar, hacer posible; facilitar.

er'mord|en asesinar; **2ung** *f* asesinato *m*.

ermüd|en [-'myːdən] (26) *v/t.* (*v/i.* [sn]) cansar(se), fatigar(se); ∼**end** fatigoso, cansado; **2ung** *f* cansancio *m*, fatiga *f*.

ermuntern [-'muntərn] (29) animar.

ermutig|en [-'muːtigən] (25) alentar; animar; ∼**end** alentador, estimulante; **2ung** *f* animación *f*.

er'nähr|en nutrir; alimentar; (*erhalten*) sustentar; **2er** *m* (7) sostén *m* de la familia; **2ung** *f* nutrición *f*; alimentación *f*; sustento *m*; **2ungsweise** *f* régimen *m* alimenticio.

er'nenn|en nombrar (*zum General* general); **2ung** *f* nombramiento *m*.

erneu|en (25), ∼**ern** (29) [-'nɔʏə(r)n] renovar, restaurar; reiterar; **2erung** *f* renovación *f*; ∼**t** de nuevo.

erniedrig|en [-'niːdrigən] (25) rebajar; *fig.* envilecer; humillar; **2ung** *f* envilecimiento *m*; humillación *f*; **2ungszeichen** ♪ *n* bemol *m*.

Ernst [ɛrnst] **1.** *m* (3², *o. pl.*) seriedad *f*; gravedad *f*; *im* ∼ en serio, de veras; *das ist mein* ∼ hablo en serio; *allen* ∼es seriamente; ∼ *machen mit* hacer en serio (*ac.*); **2.** **2** *adj.* serio; grave; ∼ *nehmen* tomar en serio; '∼**fall** *m*: *im* ∼

en caso de peligro; '**2haft**, '**2lich** serio; grave.

Ernte ['ɛrntə] *f* (15) cosecha *f*; recolección *f*, ∼**arbeiter** *m* bracero *m*; peón *m*; ∼**dankfest** *n* acción *f* de gracias por la cosecha; **2n** (26) cosechar (*a. fig.*); recolectar, recoger.

ernüchter|n [ɛr'nʏçtərn] (29) desembriagar, desemborrachar; *fig.* desilusionar; **2ung** *f fig.* desilusión *f*, desencanto *m*.

Erober|er [-'oːbərər] *m* (7) conquistador *m*; **2n** (29) conquistar (*a. fig.*); ∼**ung** *f* conquista *f*.

er-'öffn|en abrir; *feierlich*: inaugurar; *fig.* hacer saber, comunicar; **2ung** *f* apertura *f*; inauguración *f*; comunicación *f*, declaración *f*.

erörter|n [-'ɔertərn] (29) discutir, debatir; **2ung** *f* discusión *f*, debate *m*.

Erot|ik [e'roːtik] *f* (16) erotismo *m*; **2isch** erótico.

Erpel ['ɛrpəl] *m* (7) pato *m* (macho).

erpicht [-'piçt]: ∼ *auf* (*ac.*) ávido de.

er'press|en hacer chantaje (a), chantajear, extorsionar; **2er** *m* (7) chantajista *m*; **2ung** *f* chantaje *m*; extorsión *f*.

er'prob|en probar, ensayar; **2ung** *f* prueba *f*, ensayo *m*.

erquick|en [-'kvikən] (25) refrescar; *fig.* recrear; ∼**end** refrescante; *Schlaf*: reparador; **2ung** *f* refresco *m*; recreo *m*.

er'raten adivinar, acertar.

er'rechnen calcular; computar.

erreg|bar [-'reːkbaːr] excitable; irritable; **2barkeit** *f* excitabilidad *f*; irritabilidad *f*; ∼**en** [-'-gən] excitar; irritar; *Gemüt*: conmover, emocionar; (*aufregen*) agitar; (*verursachen*) causar, provocar; **2er** [-'-gər] ⚕ *m* (7) agente *m* patógeno; ∼**t** [-'-kt] excitado; agitado; *Debatte*: acalorado; **2theit** *f*, **2ung** *f* [-'-kthait, -'-gun] excitación *f*; irritación *f*; agitación *f*.

erreich|bar [-'raːçbaːr] asequible; al alcance (*für* de); ∼**en** alcanzar; *fig.* conseguir, lograr; *Ort*: llegar a.

er'retten salvar.

er'richt|en erigir, levantar; (*gründen*) establecer, fundar; **2ung** *f* erección *f*; establecimiento *m*.

er'ringen conseguir; ganar.

er'röten 1. *v/i.* (sn) ruborizarse, ponerse colorado; **2.** **2** *n* rubor *m*.

Errungenschaft [-'ruŋənʃaft] *f* adquisición f; fig. progreso m, avance m.

Er'satz m (3², o. pl.) sustitución f (als ... für en ... de); re(e)mplazo m; (Entschädigung) compensación f; indemnización f; (Produkt) sucedáneo m; ✗ reserva f; ~: in Zssgn oft de repuesto, de recambio; **~anspruch** m reclamación f de daños y perjuicios; **~dienst** ✗ m s. Wehrersatzdienst; **~mann** m sustituto m, suplente m; Sport: reserva m; **~pflicht** f obligación f de indemnizar; **~teil** n (pieza f de) recambio m.

er'saufen P (sn) ahogarse.

ersäufen P [-'zɔyfən] (25) ahogar.

er'schaff|en crear; **2ung** f creación f.

er'schallen (re)sonar.

er'schein|en (sn) parecer; aparecer; presentarse; hacer acto de presencia; ⚖ comparecer; Buch: publicarse, salir; soeben erschienen acaba de publicarse; **2en** n aparición f; publicación f, salida f; **2ung** f aparición f (a. Geist); fenómeno m; (Vision) visión f; (Aussehen) aspecto m; físico m.

er'schieß|en fusilar; **2ung** f fusilamiento m.

erschlaff|en [-'ʃlafən] (25) relajarse; aflojar(se); **2ung** f relajación f; aflojamiento m.

er'schlagen matar (a golpes).

er'schleich|en captar; **2ung** f captación f.

er'schließ|en abrir; Gelände: urbanizar; 🕇 desarrollar; **2ung** f urbanización f; desarrollo m.

er'schöpf|en agotar (a. fig.); extenuar; **~end** agotador; fig. exhaustivo; **~t** agotado; exhausto; extenuado; **2ung** f agotamiento m; extenuación f.

er'schrecken 1. v/t. (25) asustar, dar miedo a, espantar; **2.** v/i. (30, sn) asustarse (über dat. de), llevarse un susto; espantarse.

erschrocken [-'ʃrɔkən] **1.** s. erschrecken 2; **2.** adj. asustado.

erschütter|n [-'ʃytərn] (29) sacudir; fig. estremecer; conmover; **~nd** conmovedor; **2ung** f sacudida f; conmoción f (a. fig.).

erschweren [-'ʃveːrən] (25) dificultar; (verschlimmern) agravar; **~d** ⚖ agravante.

er'schwindeln estafar.

erschwinglich [-'ʃvɪŋlɪç] al alcance

de todos los bolsillos; Preis: razonable.

er'sehen ver (aus de).

er'sehnen ansiar, anhelar; suspirar por.

ersetz|bar [-'zɛtsbaːr] re(e)mplazable, sustituible; **~en** re(e)mplazar, sustituir; Schaden: reparar.

er'sichtlich evidente, manifiesto; ~ sn aus desprenderse de.

er'sinnen imaginar, idear; inventar.

er'spähen divisar.

er'spar|en ahorrar (a. fig.); economizar; **2nis** f (14²) ahorro m, economía f (an de).

ersprießlich [-'ʃpriːslɪç] provechoso; útil.

erst [eːrst] **1.** adj. (18) primer(o); am ~en Mai el primero de mayo; fürs ~e de momento; **2.** adv. (zuerst) primero; (vorher) antes; (nur) (tan) sólo, solamente; ~ morgen sólo mañana; eben ~ ahora mismo.

erstarken [ɛr'ʃtarkən] (25, sn) fortalecerse, robustecerse.

er'starr|en (sn) ponerse rígido; 🏥 entumecerse; Flüssigkeit: solidificarse; zu Eis ~ helarse; zu Stein ~ petrificarse (a. fig.); **~t** fig. estupefacto; bsd. vor Kälte: transido; **2ung** f entumecimiento m; solidificación f; fig. estupefacción f.

erstatt|en [-'ʃtatən] (26) restituir, devolver; Kosten: re(e)mbolsar; Anzeige ~ presentar una denuncia; **2ung** f restitución f, devolución f; re(e)mbolso m.

Erstaufführung ['eːrstʔʔʊffyːruŋ] f estreno m.

erstaun|en [ɛr'ʃtaunən] v/t. [v/i. (sn)] asombrar(se), admirar(se) (über ac. de); **2en** n asombro m; sorpresa f; in ~ setzen asombrar; zu unserem großen ~ con gran sorpresa nuestra; **~lich** asombroso; sorprendente.

er'stechen acuchillar; apuñalar.

er'stehen 1. v/i. (sn) surgir; nacer; **2.** v/t. adquirir, comprar.

er'steigen escalar; subir a.

er'steigern adquirir en una subasta.

erst|ens ['eːrstəns] primero, primeramente, en primer lugar; **~ere** [-'ərə]: der ~, ~ el primero; **~geboren** [-'gəboːrən] primogénito; **2geburtsrecht** n derecho m de primogenitura; **~genannt** ['--nant] citado en primer lugar.

ersticken [ɛr'ʃtikən] v/t. (v/i. [sn])

ahogar(se); asfixiar(se); *fig.* sofocar (-se) (*an dat.* de); **~end** asfixiante; *fig.* sofocante; **2ung** *f* ahogo *m*; asfixia *f*, sofocación *f*; **2ungs-tod** *m* muerte *f* por asfixia.

erst|klassig [ˈɛːrstklasiç] de primera categoría *od.* calidad, F de primera; **~malig** [ˈ-maːliç] primero; *adv.* = **~mals** [ˈ-maːls] por primera vez.

erstreben [ɛrˈʃtreːbən] aspirar a, pretender; *stärker:* ambicionar; **~swert** deseable.

er'strecken: *sich* ~ extenderse (*auf, über ac.* por, sobre).

er'stürmen tomar al asalto.

er'suchen 1. *v/t.* solicitar (*j-n um et.* a/c. de alg.); ~ *zu inf.* rogar que *subj.*; **2.** **2** *n* ruego *m*, petición *f*; *auf* ~ *von* a petición de.

er'tappen coger, sorprender.

er'teilen dar; conceder; *Unterricht:* impartir.

er'tönen (re)sonar.

Ertrag [ˈ-traːk] *m* (3³) rendimiento *m*; producto *m*; (*Geld*) renta *f*; (*Gewinn*) beneficio *m*; **2en** [ˈ-gən] soportar, sufrir, aguantar; **2fähig** productivo; rentable; **~fähigkeit** *f* productividad *f*.

erträglich [ˈ-trɛːkliç] soportable.

er'tränken: (*sich*) ~ ahogar(se).

er'träumen soñar con.

er'trinken (sn) ahogarse.

ertüchtig|en [ˈ-tyçtigən] (25) educar; entrenar; **2ung** *f* entrenamiento *m*; *körperliche* ~ educación *f* física.

erübrigen [ˈ-ˀyːbrigən] (25) ahorrar; *sich* ~ no ser necesario; *es erübrigt sich zu sagen* huelga decir.

er'wachen 1. *v/i.* (sn) despertar(se); **2.** **2** *n* despertar *m*.

er'wachsen 1. *v/i.* (sn): ~ *aus fig.* resultar de; **2.** *adj.* adulto, mayor; **2e(r)** *m* adulto *m*; *die* ~*n* los mayores.

er'wäg|en considerar; **2ung** *f* consideración *f*; *in* ~ *ziehen* tomar en consideración.

er'wählen escoger, elegir.

er'wähn|en mencionar; **~enswert** digno de mención; **2ung** *f* mención *f*.

er'wärm|en calentar; *fig. sich* ~ *für* entusiasmarse por; **2ung** *f* calentamiento *m*.

er'wart|en aguardar; esperar; contar con; *wider* **2** contra toda previsión; **2ung** *f* espera *f*, expectación *f*; espe-

ranza *f*; **~ungsvoll** impaciente, ansioso.

er'wecken despertar (*a. fig.*); *vom Tode:* resucitar; *fig.* provocar, suscitar.

er'wehren: *sich* ~ (*gen.*) defenderse de.

er'weichen (25) ablandar; (*rühren*) conmover; *sich* ~ *lassen fig.* ablandarse.

er'weisen probar; *Ehre:* rendir; *Gefälligkeit:* hacer; *sich* ~ *als* mostrarse; resultar.

erweiter|n [ˈ-vaɪtərn] (29) ensanchar; ampliar; agrandar; **&** dilatar; *fig.* extender; **2ung** *f* ensanche *m*; **&** dilatación *f*; extensión *f*.

Erwerb [ˈ-vɛrp] *m* (3) adquisición *f*; (*Gewinn*) ganancia *f*, lucro *m*; **2en** [ˈ-ˀ-bən] adquirir; *a. fig.* ganar.

erwerbs|los [ˈ-vɛrpsloːs] parado; **2-losigkeit** *f* paro *m* (forzoso); **2quelle** *f* fuente *f* de ingresos; **~tätig** asalariado; **~e** *Bevölkerung* población *f* activa; **~unfähig** incapacitado para el trabajo; **2zweig** *m* ramo *m* industrial.

Erwerbung [ˈ-ˀ-buŋ] *f* adquisición *f*.

erwider|n [ˈ-viːdərn] (29) replicar (*auf ac.* a); *Besuch:* devolver; **2ung** *f* réplica *f*.

er'wirken obtener.

er'wischen atrapar, coger; F pescar.

erwünscht [ˈ-vynʃt] deseado; oportuno.

er'würgen estrangular.

Erz [ɛrts] *n* (3²) mineral *m*.

erzähl|en [ɛrˈtsɛːlən] contar; narrar; relatar; **~end** narrativo; **2er** *m* narrador *m*; *Lit.* cuentista *m*; **2ung** *f* narración *f*; *Lit.* cuento *m*; (*Bericht*) relato *m*, relación *f*.

Erz|bischof [ˈɛrtsbiʃɔf] *m* arzobispo *m*; **2bischöflich** arzobispal; **~bistum** *n* arzobispado *m*; **~engel** *m* arcángel *m*.

er'zeug|en engendrar, procrear; (*herstellen*) producir; (*hervorrufen*) provocar; **2er** *m* (7) progenitor *m*; **↑** productor *m*; **2nis** [ˈ-tsɔyknis] *n* producto *m*; **2ung** [ˈ-guŋ] **↑** *f* producción *f*.

Erz|feind [ˈɛrtsfaɪnt] *m* enemigo *m* mortal; **~gang** *m* filón *m*; **~gauner** *m* pícaro *m* redomado; **2haltig** [ˈ-haltiç] metalífero; **~herzog(in** *f*) *m* archiduque (-quesa) *m* (*f*).

erzieh|en [ɛrˈtsiːən] educar; **2er** *m* (7)

pedagogo *m*; educador *m*; ♀**erin** *f* pedagoga *f*; educadora *f*; institutriz *f*.

Er'ziehung *f* educación *f*; ∼**s...**: *in Zssgn* pedagógico, educativo; ∼**s-anstalt** *f* reformatorio *m*; ∼**swesen** *n* instrucción *f* pública; educación *f*; ∼**swissenschaft** *f* ciencia *f* de la educación, pedagogía *f*.

er'zielen obtener; conseguir.

er'zittern (sn) estremecerse; temblar.

'Erzpriester ['ɛrtspri:stər] *m* arcipreste *m*.

erzürnen [ɛr'tsyrnən] irritar, enojar.

er'zwingen forzar; obtener por la fuerza.

es [ɛs] (19) le, la, lo; *betont*: e(s)to; ello; *oft unübersetzt*: ∼ *scheint* parece; ∼ *schneit* está nevando; *so ist* ∼ así es; *ich bin* ∼ soy yo.

Es ♪ *n uv.* mi *m* bemol.

Esche ♀ ['ɛʃə] *f* (15) fresno *m*.

Esel ['e:zəl] *m* (7) asno *m*, burro *m*, borrico *m* (*alle a. fig.*); ∼**ei** [--'laɪ] *f* burrada *f*; ∼**in** *f* asna *f*, burra *f*, borrica *f*; ∼**s-ohr** *n fig.* doblez *f*.

Eskalation [ɛskala'tsjo:n] *f Pol.*, ✗ escalada *f*.

Eskimo ['-kimo] *m* (11) esquimal *m*.

Eskort|e ['-kɔrtə] *f* (15) escolta *f*; ♀**ieren** escoltar.

Espe ♀ ['-pə] *f* (15) álamo *m* temblón; ∼**nlaub** *n*: *fig. wie* ∼ *zittern* temblar como una hoja.

Essay ['ɛse:] *m* (11) ensayo *m*; ∼**ist** [ɛse'ist] *m* (12) ensayista *m*.

eß|bar ['ɛsba:r] comestible; ♀**besteck** *n* cubierto *m*.

Esse ['ɛsə] *f* (15) (*Schmiede*) fragua *f*; (*Schornstein*) chimenea *f*.

essen ['ɛsən] **1.** *v/t.*, *v/i.* (30) comer; *zu Mittag* ∼ comer, almorzar; *zu Abend* ∼ cenar; **2.** ♀ *n* comida *f*; ♀**szeit** *f* hora *f* de comer.

Essenz [ɛ'sɛnts] *f* (16) esencia *f*.

Esser ['ɛsər] *m* (7): *ein starker* ∼ *sn* tener buen saque.

'Eßgeschirr *n* vajilla *f*.

Essig ['ɛsiç] *m* (3¹) vinagre *m*; ∼**flasche** *f* vinagrera *f*; ∼**gurke** *f* pepinillo *m* en vinagre; ∼**säure** *f* ácido *m* acético.

Eß|löffel ['ɛslœfəl] *m* cuchara *f*; ♀**löffelvoll** *m uv.* cucharada *f*; ∼**lust** *f* ganas *f/pl.* de comer; apetito *m*; ∼**tisch** *m* mesa *f* de comedor; ∼**waren** *f/pl.* comes-

tibles *m/pl.*; ∼**zimmer** *n* comedor *m*.

Est|e ['ɛstə] *m* (13), ∼**in** *f* estonio (-a) *m* (*f*); ♀**nisch** ['-niʃ] estoniano.

Estragon ♀ ['ɛstragɔn] *m* (11, *o. pl.*) estragón *m*.

Etage [e'ta:ʒə] *f* (15) piso *m*; ∼**nbett** *n* litera *f*; ∼**nheizung** *f* calefacción *f* individual; ∼**nwohnung** *f* piso *m*.

Etappe [-'tapə] *f* (15) etapa *f*; ✗ retaguardia *f*.

Etat [-'ta:] *m* (11) presupuesto *m*; ♀**mäßig** presupuestario.

Eth|ik ['e:tik] *f* (16) ética *f*; ♀**isch** ético.

Etikett [eti'kɛt] *n* (11) rótulo *m*; etiqueta *f*; ∼**e** *f* (15) etiqueta *f*; ♀**ieren** [---'ti:rən] poner etiqueta(s), *neol.* etiquetar.

etliche ['ɛtliçə] *pl.* algunos; unos.

Etüde ♪ [e'ty:də] *f* (15) estudio *m*.

Etui [e'tvi:] *n* (11) estuche *m*.

etwa ['ɛtva] aproximadamente; (*vielleicht*) acaso, quizás; ∼ *dreißig* unos treinta; ∼**ig** eventual.

etwas ['-vas] algo; un poco de; *ein gewisses* ♀ un no sé qué.

Etymologie [etymolo'gi:] *f* (15) etimología *f*.

euch [ɔyç] (19) vosotros (-as); *unbetont*: os.

euer ['ɔyər] (20) vuestro (-a).

Eukalyptus ♀ [-ka'lyptus] *m* (16² *od. uv.*) eucalipto *m*.

Eule ['-lə] *f* (15) (*Schleier* ♀) lechuza *f*; (*Waldohr* ♀) mochuelo *m*.

Eunuch [-'nu:x] *m* (12) eunuco *m*.

Euphori|e [-fo'ri:] *f* (15, *o. pl.*) euforia *f*; ♀**sch** ['-fo:riʃ] eufórico.

eu|rerseits ['-rərzaɪts] de vuestra parte; ∼**retwegen** por vosotros.

Europä|er(in *f*) [-ro'pɛ:ər(in)] *m* (7), ♀**isch** europeo (-a) *m* (*f*).

Euter ['-tər] *n* (7) ubre *f*.

Euthanasie [-tana'zi:] *f* (15, *o. pl.*) eutanasia *f*.

evakuier|en [evaku'i:rən] evacuar; ♀**ung** *f* evacuación *f*.

evangel|isch [evaŋ'ge:liʃ] evangélico; protestante; ♀**ium** [--'ge:ljum] *n* (9) evangelio *m*.

eventuell [evɛntu'ɛl] eventual.

ewig ['e:viç] eterno, perpetuo; ♀**keit** *f* eternidad *f*; ∼**lich** eternamente.

exakt [ɛ'ksakt] exacto; ♀**heit** *f* exactitud *f*.

Examen [ɛ'ksa:mən] *n* (6; *pl. a. -ina*)

examen *m*; ein ~ *ablegen* pasar un examen; examinarse.

Exekut|ion [ɛksekuˈtsjoːn] *f* ejecución *f*; **~ive** [---ˈtiːvə] *f* (15) (poder *m*) ejecutivo *m*.

Exempel [ɛˈksɛmpəl] *n* (7) ejemplo *m*; ein ~ *statuieren* hacer un escarmiento (*an j-m* de alg.).

Exemplar [--ˈplaːr] *n* (3), **2isch** ejemplar (*m*).

exerzier|en [ɛksɛrˈtsiːrən] **1.** *v/t.* ejercitar; **2.** *v/i.* hacer ejercicios; **2platz** *m* campo *m* de maniobras.

Exil [ɛˈksiːl] *n* (3¹) destierro *m*, exilio *m*; ins ~ *gehen* exiliarse.

Existenz [ɛksisˈtɛnts] *f* (16) existencia *f*; sich (*dat.*) e-e ~ *gründen* crearse una posición; **~minimum** *n* mínimo *m* vital.

existieren [--ˈtiːrən] existir.

exklusiv [ɛkskluˈziːf] selecto, distinguido.

Exkommuni|kation [-kɔmunikaˈtsjoːn] *f* excomunión *f*; **2zieren** excomulgar.

exotisch [ɛˈkso:tiʃ] exótico.

Expansion [ɛkspanˈzjoːn] *f* expansión *f*; **~s-politik** *f* política *f* expansionista.

Expedition [-pediˈtsjoːn] *f* expedición *f*.

Experiment [--riˈmɛnt] *n* (3) experi-

mento *m*; **2ell** [----ˈtɛl] experimental; **2ieren** [----ˈtiːrən] experimentar.

Experte [-ˈpɛrtə] *m* (13) perito *m*, experto *m*.

explo|dieren [-ploˈdiːrən] (sn) hacer explosión, estallar, *neol.* explosionar; **2sion** [--ˈzjoːn] *f* explosión *f*; **~siv** [--ˈziːf] explosivo; **2sivstoff** *m* explosivo *m*.

Export [-ˈpɔrt] *m* (3) exportación *f*; **~eur** [--ˈtøːr] *m* (3¹) exportador *m*; **2ieren** [--ˈtiːrən] exportar.

Expreßgut [-ˈprɛsguːt] *n* envío *m* por expreso.

Expressionis|mus [--joˈnismus] *m uv.* expresionismo *m*; **~t** *m* (12), **2tisch** expresionista (*m*).

extra [ˈ-trɑ] extra; por separado, aparte; (*absichtlich*) expresamente; **2blatt** *n* edición *f* especial.

Extrakt [-ˈtrakt] *m* extracto *m*.

extravagan|t [-travaˈgant] extravagante; **2z** [---ˈgants] *f* (16) extravagancia *f*.

extrem [-ˈtreːm], **2** *n* (3¹) extremo (*m*); **2ist** [-treˈmist] *m* (12) extremista *m*.

Exzellenz [-tsɛˈlɛnts] *f* (16) Excelencia *f*.

exzentrisch [-ˈtsɛntriʃ] excéntrico.

Exzeß [-ˈtsɛs] *m* (4¹) exceso *m*.

F

F, f [ɛf] *n* F, f *f*; ♪ fa *m*; *F-Dur* fa *m* mayor; *f-Moll* fa *m* menor.

Fabel [ˈfɑːbəl] *f* (15) fábula *f*; **≈haft** fabuloso; F estupendo.

Fabrik [faˈbriːk] *f* (16) fábrica *f*; factoría *f*; **~ant** [-briˈkant] *m* (12) fabricante *m*; **~-arbeiter(in** *f*) *m* trabajador *m* fabril *od.* de fábrica; **~at** [--ˈkɑːt] *n* (3) producto *m*; **~ation** [--kaˈtsjoːn] *f* fabricación *f*; **~besitzer** *m* fabricante *m*; **~marke** *f* marca *f* de fábrica; **~stadt** *f* ciudad *f* industrial.

fabrizieren [-briˈtsiːrən] fabricar, manufacturar, producir.

Fach [fax] *n* (1^2) compartim(i)ento *m*; (*Schub≈*) cajón *m*; *im Schrank*: casilla *f*; *im Regal*: anaquel *m*; (*Lehr≈*) asignatura *f*, disciplina *f*; (*Branche*) ramo *m*; **ˈ~...:** *in Zssgn oft* especial(izado); **ˈ~-arbeiter** *m* obrero *m* especializado; **ˈ~-arzt** *m* especialista *m*; **ˈ~-ausdruck** *m* término *m* técnico.

fächeln [ˈfɛçəln] (29) abanicar.

Fächer [ˈ-çər] *m* (7) abanico *m*; **≈förmig** en abanico.

Fach|gebiet [ˈfaxgəbiːt] *n* especialidad *f*; **~gelehrte(r)** *m* especialista *m*; **~geschäft** *n* establecimiento *m* especializado *od.* del ramo; **~kenntnisse** *f/pl.* conocimientos *m/pl.* del ramo *od.* especiales; **~kräfte** *f/pl.* personal *m* cualificado; **≈kundig** perito, competente; **~mann** *m* (*pl. a.* *~leute*) experto *m*, especialista *m*; **≈männisch** [ˈ-mɛniʃ] competente; **~schule** *f* escuela *f* profesional *bzw.* técnica; **≈simpeln** [ˈ-zimpəln] (29) hablar de cosas profesionales; **~werk** ⚠ *n* entramado *m*; **~wörterbuch** *n* diccionario *m* especializado; **~zeitschrift** *f* revista *f* técnica.

Fackel [ˈfakəl] *f* (15) antorcha *f*; **~zug** *m* desfile *m* de antorchas.

fad(e) [fɑːt, ˈ-də] soso, insípido, insulso (*alle a. fig.*).

Faden [ˈ-dən] *m* (6^1) hilo *m* (*a. fig.*); (*Näh≈*) *a.* hebra *f*; **~kreuz** *n Opt.* retículo *m*; **~nudeln** *f/pl.* fideos *m/pl.*; **≈scheinig** [ˈ--ʃaɪniç] raído; gastado; *fig.* gratuito.

Fagott [faˈgɔt] *n* (3) fagot *m*.

fähig [ˈfɛːiç] capaz (*zu* de); apto (*zu* para); **≈keit** *f* capacidad *f*; aptitud *f*.

fahl [fɑːl] descolorido; *Licht*: mortecino; *j.*: lívido.

fahnd|en [ˈfɑːndən] (26): *nach j-m ~* buscar a alg.; **≈ung** *f* pesquisa *f*; investigaciones *f/pl.*; búsqueda *f*.

Fahne [ˈfɑːnə] *f* (15) bandera *f*; *Typ.* prueba *f*; galerada *f*.

ˈFahnen|-eid *m* jura *f* de la bandera; **~flucht** *f* deserción *f*; **≈flüchtig** desertor; **~stange** *f* asta *f* de la bandera; **~träger** *m* abanderado *m*; portaestandarte *m*.

Fähnrich [ˈfɛːnriç] *m* (3) alférez *m*; *~ zur See* guardia *m* marina.

Fahr|bahn [ˈfɑːrbɑːn] *f* calzada *f*; **≈bar** móvil; **≈bereit** listo para salir; **~bereitschaft** *f* parque *m* móvil; **~damm** *m* calzada *f*; **~dienstleiter** *m* jefe *m* de servicio.

Fähre [ˈfɛːrə] *f* (15) transbordador *m*, ferry(-boat) *m*.

fahr|en [ˈfɑːrən] (30) **1.** *v/t. Kfz.* conducir, guiar; *Last*: acarrear; transportar; *j-n*: llevar; **2.** *v/i.* (sn) ir (*mit* en); viajar (en); *rechts ~* circular por la derecha; (*hinein*)*~ in* (*ac.*) entrar en; *~ durch* atravesar (*ac.*), pasar por; *gut ~ bei* salir bien con; **~end** *Ritter*: andante; *Händler*: ambulante; *~es Volk* vagabundos *m/pl.*; **~enlassen** *fig.* abandonar; **≈er** *m* (7) conductor *m*, chófer *m*; **≈erflucht** *f* fuga *f* del conductor (después de un accidente); **≈-erlaubnis** *f* permiso *m* de conducir; **≈gast** *m* viajero *m*; pasajero *m*; *Taxi*: cliente *m*; **≈geld** *n* precio *m* del viaje; **≈gelegenheit** *f* ocasión *f* de ir en coche, *etc.*; **≈geschwindigkeit** *f* velocidad *f* (de marcha); **≈gestell** *n* chasis *m*; ✈ tren *m* de aterrizaje; **~ig** nervioso, distraído.

ˈFahrkarte *f* billete *m*, *Am.* boleto *m*; **~n-automat** *m* máquina *f* expendedora de billetes; **~nschalter** *m* despacho *m* de billetes, taquilla *f*; *Am.* boletería *f*.

ˈfahrlässig negligente; imprudente;

2⁄3 por imprudencia; 2keit f negligencia f; imprudencia f (*grobe* grave).

'Fahrlehrer m profesor m de autoescuela.

Fährmann ['fɛːrman] m (1², *pl. a.* ~*leute*) barquero m; balsero m.

Fahr|plan ['faːrplaːn] m horario m; 2**planmäßig** regular; ~**preis** m precio m del viaje; ~**preis-anzeiger** m *Kfz.* taxímetro m; ~**prüfung** f examen m de conducción; ~**rad** n bicicleta f, F bici f; ~**rinne** ⚓ f canal m; ~**schein** m billete m, *Am.* boleto m; ~**schule** f autoescuela f; ~**spur** f carril m; ~**strecke** f trayecto m, recorrido m; ~**stuhl** m ascensor m; ~**stuhlführer** m ascensorista m.

Fahrt [faːrt] f (16) viaje m; recorrido m; (*Ausflug*) excursión f; *auf der* ~ *nach* camino de; *in voller* ~ a toda velocidad; ~**ausweis** m billete m.

Fährte ['fɛːrtə] f (15) rastro m, huella f, pista f.

Fahrtrichtung [faːrtrɪçtuŋ] f dirección f; ~**s-anzeiger** m indicador m de dirección.

'Fahr|verbot n circulación f prohibida; ~**wasser** n ⚓ agua f navegable; (~*rinne*) canal m; *fig.* elemento m; ~**werk** ✈ n tren m de aterrizaje; ~**zeit** f duración f del trayecto; (horas f/pl. de) recorrido m; ~**zeug** n vehículo m; ~**zeughalter** m titular m del vehículo; ~**zeugpark** m parque m móvil.

fair [fɛːr] leal, correcto; *Sport:* limpio.

Fäkalien [fɛ'kaːljən] *pl.* (8²) materias f/pl. fecales.

Fakir ['faːkir] m (3¹) faquir m.

fakt|isch ['faktiʃ] real, efectivo; *adv.* de hecho; 2**or** ['-tɔr] m (8¹) factor m; 2**otum** [-'toːtum] n (11) factótum m; 2**um** [-'tum] n (9²) hecho m.

Fakultät [fakul'tɛːt] f facultad f.

fakultativ [--ta'tiːf] facultativo.

Falk|e ['falkə] m (13) halcón m (*a. fig.*); ~**enbeize** f (15) cetrería f; ~**ner** ['-nər] m (7) halconero m.

Fall [fal] m (3³) caída f (*a. fig.*); 2⁄3 causa f; (*Ereignis*) suceso m; (*Angelegenheit*) caso m (*a.* ⚔ *u. Gram.*), asunto m; (*Verfall*) decadencia f; *auf jeden* ~ en todo caso; *auf keinen* ~ de ningún modo; *für alle Fälle* por si acaso, F por si las moscas; *im* ~*e, daß* en el caso de que; *zu* ~ *kommen* caerse; *zu* ~ *bringen* hacer caer, derribar; *fig.* arruinar; hacer fracasar; *von* ~ *zu* ~ según el caso; '~**beil** n guillotina f.

Falle ['falə] f (15) trampa f (*a. fig.*); *in die* ~ *gehen* caer en la trampa; *j-m e-e* ~ *stellen* tender un lazo a alg.

fallen ['falən] 1. *v/i.* (30, sn) caer; (*stürzen*) caerse; (*sinken*) bajar; *Aktien:* estar en baja; *Schuß:* oírse; ✗ caer, morir; *j-m ins Wort* ~ interrumpir a alg.; 2. 2 n caída f; (*Sinken*) baja f.

fällen ['fɛlən] (25) *Baum:* cortar, talar; *Bajonett:* calar; ⚔ *Lot:* abatir; *Urteil:* dictar.

fallenlassen ['falənlasən] *fig.* dejar, abandonar; renunciar a; *Bemerkung:* deslizar.

fällig ['fɛliç] vencedero, pagadero; ~ *werden* vencer; 2keit f vencimiento m.

Fall|obst ['fal'oːpst] n fruta f caída; ~**reep** ⚓ n escalerilla f, escala f.

falls [fals] (en) caso (de) que (*subj.*); caso de (*inf.*); si.

'Fall|schirm(absprung) m (lanzamiento m en) paracaídas m; ~**schirmspringer** m paracaidista m; ~**schirmtruppen** f/pl. tropas f/pl. paracaidistas; ~**strick** m *fig.* trampa f; ~**sucht** f epilepsia f; ~**tür** f trampa f.

falsch [falʃ] falso (*a. fig.*); *Haar, Zähne:* postizo; (*künstlich*) artificial; (*unehrlich*) pérfido, alevoso; *adv.* mal; ~ *gehen Uhr:* andar mal; ~ *rechnen usw.* equivocarse; ♪ ~ *spielen, singen* desafinar; *ohne* ~ sincero; sin doblez.

fälsch|en ['fɛlʃən] (27) falsear; falsificar; 2er m (7) falsificador m.

Falsch|geld ['falʃgɛlt] n moneda f falsa; ~**heit** f falsedad f; doblez f.

fälschlich(erweise) ['fɛlʃliç(ərvaizə)] *adv.* por equivocación, por error, erróneamente.

Falsch|meldung ['falʃmɛlduŋ] f noticia f falsa; bulo m; ~**münzer** m (7) falsificador m de moneda; 2**spielen** hacer trampas; ~**spieler** m fullero m, tramposo m.

Fälschung ['fɛlʃuŋ] f falsificación f; imitación f.

Faltboot ['faltboːt] n bote m plegable.

Falte ['faltə] f (15) pliegue m (*werfen* hacer); (*Runzel*) arruga f; *die Stirn in* ~*n legen* arrugar la frente.

falten ['-tən] (26) plegar, doblar;

Hände: juntar; ♀**rock** *m* falda *f* plisada; ♀**wurf** *m* pliegues *m/pl.*

Falter ['-tər] *m* (7) *Zo.* mariposa *f*.

faltig ['-tiç] plisado; *Haut*: arrugado.

Falz [falts] *m* (3²) ⊕ encaje *m*; pliegue *m*; (*Rille*) ranura *f*; **2bein** *n* plegadera *f*; **2en** (27) plegar, doblar.

familiär [famil'jɛːr] familiar.

Familie [-'miːljə] *f* (15) familia *f*.

Familien... [-'-jən...]: *in Zssgn oft* familiar; **kreis** *m*: *im* ~ en familia; **mitglied** *n* miembro *m* de la familia; familiar *m*; **name** *m* apellido *m*; **oberhaupt** *n* cabeza *m* de familia; **planung** *f* planificación *f* familiar; **stand** *m* estado *m* civil; **zusammenführung** *f* reagrupación *f* familiar.

famos [-'moːs] magnífico, estupendo; F de órdago.

Fan [fɛn] *m* (11) fan *m*; *bsd. Sport*: hincha *m*, forofo *m*.

Fanatiker [fa'naːtikər] *m* (7), **2isch** fanático (*m*); **ismus** [-na'tismus] *m* (16, *o. pl.*) fanatismo *m*.

fand, fände [fant, 'fɛndə] *s.* finden.

Fanfare(nstoß *m*) *f* [fan'faːra(n-ʃtoːs)] (15) (toque *m* de) clarín *m*.

Fang [faŋ] *m* (3³) (*Fangen*) captura *f*; (*Gefangenes*) presa *f*; (*Fisch2*) pesca *f*; *im Netz*: redada *f*; *Zo.* (*Kralle*) garra *f*; (*Zahn*) colmillo *m*; **arm** *m* tentáculo *m*; **eisen** *n* cepo *m*; **2en** (30) coger; *Arg.* agarrar; *Dieb*: capturar, prender; **frage** *f* pregunta *f* capciosa; **schuß** *m* tiro *m* de remate; **zahn** *m* colmillo *m*.

Farbband ['farpbant] *n* cinta *f*; **e** ['-bə] *f* (15) color *m*; (*Anstrich2*) pintura *f*; (*Färbung*) colorido *m*; *zum Färben*: tinte *m*; *Kartenspiel*: palo *m*; *fig.* ~ bekennen poner las cartas boca arriba; **2echt** ['farpˀeçt] de color sólido.

Farbemittel ['fɛrbəmitəl] *n* colorante *m*; **2n** (25) teñir (*blau usw.* de azul, *etc.*); colorar, colorear.

farbenblind ['farbənblint] daltoniano; **2blindheit** *f* daltonismo *m*; **freudig**, **froh** vistoso; variopinto; **2pracht** *f* riqueza *f* de colorido; **2skala** *f* gama *f* de colores; **2spiel** *n* juego *m* de colores; irisación *f*.

Färber ['fɛrbər] *m* (7) tintorero *m*; **ei** [--'raɪ] *f* tintorería *f* tinte *m*.

Farbfernsehen ['farpfɛrnzeːən] *n* televisión *f* en color; **fernseher** *m* televisor *m* en color; **film** *m* película *f* en color; **2ig** de color; coloreado; **kasten** *m* caja *f* de pinturas; **kissen** *n* tampón *m*, almohadilla *f* de entintar; **2los** incoloro; *fig. a.* insípido; **photographie** *f* foto(grafía) *f* en color; **stift** *m* lápiz *m* de color; **stoff** *m* colorante *m*; **ton** *m* matiz *m*.

Färbung ['fɛrbuŋ] *f* coloración *f*, tinte *m*; colorido *m*; *fig.* tendencia *f*.

Farce ['farsə] *f* (15) farsa *f*; *Kchk.* relleno *m*.

Farm [farm] *f* (16) granja *f*; *Am.* hacienda *f*; **er** *m* (7) granjero *m*.

Farn [farn] *m* (3), **kraut** *n* helecho *m*.

Fasan [fa'zaːn] *m* (3 *u.* 8) faisán *m*.

Fasching ['-ʃiŋ] *m* (3¹) carnaval *m*.

Faschismus [-'ʃismus] *m* (16, *o. pl.*) fascismo *m*; **t** *m* (12), **2tisch** fascista (*m*), F facha (*m*).

Faselei [faːzə'laɪ] *f* desatino *m*, disparates *m/pl.*; **2n** (29) desatinar.

Faser ['-zər] *f* (15) fibra *f*; filamento *m*; hilacha *f*; **2ig** fibroso, filamentoso; **2n** (29) deshilacharse.

Faß [fas] *n* (2¹) tonel *m*; barril *m*; cuba *f*; *fig. ein* ~ *ohne Boden* un pozo sin fondo.

Fassade [fa'saːdə] *f* (15) fachada *f*; **nkletterer** *m* escalador *m*.

faßbar ['fasbaːr] *fig.* concebible; comprensible.

Faßbier *n* cerveza *f* de barril.

fassen ['fasən] (28) coger (*an dat.* de, por); asir; *bsd. Arg.* agarrar; *Dieb*: capturar; *Edelstein*: engastar, engarzar; *Plan*: concebir; *fig.* (*verstehen*) comprender; *in Worte* ~ formular; *es ist nicht zu* ~ es increíble ad. inconcebible; *der Saal faßt 300 Personen* en la sala caben 300 personas; *sich* ~ serenarse; *sich in Geduld* ~ armarse de paciencia; *sich kurz* ~ ser breve.

faßlich ['faslɪç] *s.* faßbar.

faßt [fast] *s.* fassen.

Fassung ['fasuŋ] *f* portalámpara *m*; ⊕ montura *f* (*a. Brille*) *Juwel*: engarce *m*, engaste *m*; (*Ab2*) redacción *f*, (*Wortlaut*) texto *m*; versión *f*; *seelische*: serenidad *f*; *aus der* ~ *bringen* (*geraten*) desconcertar(se); **skraft** *f* comprensión *f*; capacidad *f* mental; **2slos** desconcertado; (*untröstlich*) desconsolado; **svermögen** *n* capacidad *f*, cabida *f*; *fig.* comprensión *f*.

fast [fast] casi; aproximadamente; cerca de.

fasten ['-tən] 1. v/i. (26) ayunar; 2. ♀ n ayuno m; ♀zeit f cuaresma f.
'**Fast**|**nacht** f (martes m de) carnaval m; ~**tag** m día m de ayuno.
faszinieren [fastsi'ni:rən] fascinar; ~d fascinante, fascinador.
fatal [fa'tɑ:l] fatal; ♀ismus [-ta'lismus] m (16, o. pl.) fatalismo m.
Fata Morgana [fɑ:tamɔr'gɑ:na] f espejismo m.
Fatzke ['fatskə] F m (13) petimetre m.
fauchen ['fauxən] (25) bufar; ⊕ echar vapor.
faul [faul] (verfault) podrido; pútrido; (träge) perezoso, vago, gandul; holgazán; fig. dudoso; Witz: malo; Ausrede: barato.
Fäule ['fɔylə] f (15, o. pl.) s. Fäulnis.
faulen ['faulən] (25, sn u. h.) pudrirse, corromperse.
faulenzen ['-lɛntsən] (27) holgazanear, gandulear; ♀er m (7) holgazán m, gandul m; ♀e'rei f holgazanería f, gandulería f.
Faulheit ['-hait] f pereza f.
'**faulig** podrido.
Fäulnis ['fɔylnis] f (14², o. pl.) putrefacción f; podredumbre f.
Faul|**pelz** F ['faulpɛlts] m perezoso m, holgazán m, gandul m; ~**tier** n Zo. perezoso m (a. fig.).
Faun [faun] m (3) fauno m.
'**Fauna** [f (9¹) fauna f.
Faust [faust] f (14¹) puño m; auf eigene ~ por su (propia) cuenta.
Fäustchen ['fɔystçən] n (6): sich ins ~ lachen reírse por lo bajo.
faust|**dick** ['faustdik]: es ~ hinter den Ohren haben tener mucha trastienda; ♀**handschuh** m manopla f; ♀**kampf** m pugilato m; ♀**pfand** n prenda f (mobiliaria); ♀**recht** n ley f del más fuerte; ♀**schlag** m puñetazo m.
Favorit(in f) [favo'ri:t(in)] m (12) favorito (-a) m (f).
Faxen F ['faksən] f/pl. uv. bromas f/pl.; payasadas f/pl.; mach keine ~! ¡déjate de bromas!
Fayence [fa'jɑ̃s] f (15) loza f fina.
Fazit ['fa:tsit] n (3¹ u. 11) resultado m.
Februar ['fe:bruar] m (3¹) febrero m.
Fecht... ['fɛçt...]: in Zssgn oft de esgrima; ~**boden** m sala f de armas; ♀en (30) esgrimir; ~**en** n esgrima f; ~**er** m (7) esgrimidor m; ~**kunst** f esgrima f; ~**meister** m maestro m de esgrima.
Feder ['fe:dər] f (15) pluma f; ⊕ resorte m, muelle m; ~**ball** m volante

m; ~**besen** m plumero m; ~**bett** n edredón m; ~**busch** m penacho m; ~**fuchser** F ['--fuksər] m (7) chupatintas m; ~**gewicht** n Sport: peso m pluma; ~**halter** m portaplumas m; ~**kasten** m plumero m, fr. plumier m; ~**kissen** m plumón m; ~**kleid** n plumaje m; ~**kraft** f elasticidad f; ~**krieg** m polémica f; ♀**leicht** muy ligero; ~**lesen** n: nicht viel ~s machen no gastar cumplidos; ~**messer** n cortaplumas m; ♀n (29) ⊕ ser elástico; Turnen: rebotar; ♀nd ⊕ elástico; ~**strich** m plumada f; mit e-m ~ de un plumazo; ~**ung** ⊕ f suspensión f; ~**vieh** n aves f/pl. de corral; ~**wolke** f cirro m; ~**zeichnung** f dibujo m a la pluma; ~**zug** m rasgo m de pluma.
Fee [fe:] f (15) hada f; ♀**nhaft** mágico.
Fege|**feuer** ['fe:gəfɔyər] n purgatorio m; ♀n (25) barrer; Schornstein: deshollinar.
Fehde ['-də] f (15) hostilidad f; ~**handschuh** m: den ~ hinwerfen (aufnehmen) arrojar (recoger) el guante.
fehl [fe:l] 1. adv.: ~ am Platz sn estar fuera de lugar; no venir al caso; 2. ♀ m: ohne ~ sin tacha; '♀-**anzeige** f respuesta f negativa; ~! no existe; ¡narices!; '♀-**betrag** m déficit m; '♀-**diagnose** ♂ f diagnóstico m erróneo.
fehlen ['-lən] 1. v/i. (25) faltar, hacer falta; (abwesend sein) estar ausente; was fehlt Ihnen? ¿qué le pasa?; es fehlt uns an (dat.) nos (hace) falta a/c.; an mir soll es nicht ~ por mí no quedará; das fehlte (gerade) noch! ¡sólo faltaba eso!; du fehlst mir sehr te echo mucho de menos; es fehlte nicht viel, und ... faltó poco para que (subj.); es an nichts ~ lassen hacer todo lo posible; weit gefehlt! está Vd. muy equivocado; 2. ♀ n falta f; ausencia f.
Fehler ['-lər] m (7) falta f, error m; defecto m; moralischer: vicio m; ♀**frei**, ♀**los** sin defecto; sin falta; correcto; ♀**haft** defectuoso; incorrecto; ♀**quelle** f fuente f de errores.
'**Fehl**|**geburt** f aborto m (espontáneo); ♀**gehen** extraviarse; fig. equivocarse; ~**gewicht** n falta f de peso; ♀**greifen** fig. desacertar; ~**griff** m desacierto m; F plancha f; ~**schlag** m fallo m, fracaso m; ♀**schlagen** (sn) fallar, fracasar; frustrarse; ~**tritt** m paso m en falso; fig. desliz m; e-n ~ tun dar un traspié; ~**urteil** n senten-

cia f equivocada; **~zündung** ⊕ f encendido m defectuoso.

Feier ['faɪər] f (15) celebración f; (Fest) fiesta f; festividad f; ceremonia f; **~abend** m fin m del trabajo; ~ machen terminar el trabajo; **2lich** solemne; **~lichkeit** f solemnidad f; festividad f; acto m; **2n** (29) 1. v/t. celebrar; festejar; j-n: agasajar, homenajear; 2. v/i. hacer fiesta; **~schicht** f jornada f sin trabajar; **~stunde** f acto m solemne; **~tag** m día m festivo, (día m de) fiesta f.

feig(e) [faɪk, '-gə] cobarde.

Feige ⚘ ['-gə] f (15) higo m; **~nbaum** m higuera f; **~nblatt** n fig. hoja f de parra; **~nkaktus** m chumbera f, higuera f chumba.

Feig|heit ['faɪkhaɪt] f cobardía f; **~ling** [-lin] m (3¹) cobarde m.

feil [faɪl] de venta; fig. venal; **~bieten** poner en venta.

Feile ['-lə] f (15) lima f; **2n** (25) limar (a. fig.).

feilschen ['-ʃən] 1. v/i. (27) regatear (um et. a/c.); 2. 2 n regateo m.

'Feilspäne m/pl. limaduras f/pl.

fein [faɪn] fino (a. fig.); (dünn) delgado; sutil; (zart) delicado; (erlesen) exquisito; (vornehm) distinguido; **2-bäcker** m pastelero m; **2bäckerei** f pastelería f.

Feind [faɪnt] m (3) enemigo m; **2lich** enemigo; hostil; **~schaft** f enemistad f; hostilidad f; **2selig** hostil; **~seligkeit** f hostilidad f.

Fein|einstellung ⊕ ['faɪn°aɪn[telun] f ajuste m de precisión; **2fühlig** ['-fy:liç] sensible, delicado; **~gebäck** n pasteles m/pl.; **~gefühl** n delicadeza f; **~gehalt** m quilate m; v. Münzen: título m legal; **~gold** n oro m de ley; **~heit** f fineza f; sutileza f; delicadeza f, finura f; **~kosthandlung** f tienda f de comestibles finos, Am. fiambrería f; **~mechanik(er** m) f mecánica f (mecánico m) de precisión; **~schmecker(in** f) ['-[mɛkər(in)] m (7) gastrónomo (-a) m (f); sibarita su.; **2sinnig** sutil; de gusto refinado; **~waschmittel** n detergente m para ropa delicada.

feist [faɪst] gordo; obeso.

feixen F ['faɪksən] (27) (son)reír irónicamente.

Feld [fɛlt] n (1) campo m (a. fig.); Schach: casilla f; Sport: pelotón m; fig. dominio m; fig. ins ~ führen

alegar; das ~ räumen abandonar el terreno; **~arbeit** f faenas f/pl. del campo; **~bett** n catre m; **~flasche** f cantimplora f; **~frucht** f fruto m del campo; **~geistliche(r)** m capellán m castrense; **2grau** ⚔ gris de campaña; **~herr** m general m; estratega m; **~hüter** m guarda m rural; **~küche** f cocina f ambulante od. de campaña; **~lager** n campamento m; **~lazarett** n hospital m de sangre; **~mark** f término m; **~marschall** m mariscal m de campo; **2marsch-mäßig** con equipo de campaña; **~maus** f ratón m del campo; **~messer** m (7) agrimensor m; **~mütze** ⚔ f gorra f de cuartel; **~post** f correo m militar; **~schlacht** f batalla f campal; **~spat** m feldespato m; **~stecher** ['-[tɛçər] m (7) gemelos m/pl. (de campaña); prismáticos m/pl.; **~stuhl** m silla f de tijera; **~webel** ['-ve:bəl] m (7) sargento m primero; **~weg** m camino m vecinal; **~zeichen** ⚔ n insignia f; **~zug** m campaña f.

Felge ['fɛlgə] f (15) llanta f; Turnen: molino m.

Fell [fɛl] n (3) piel f; pellejo m; fig. ein dickes ~ haben tener buenas espaldas; j-m das ~ über die Ohren ziehen desollar a alg. vivo.

Fels [fɛls] m (12) roca f; peña f; peñasco m; **~block** m peñasco m.

Felsen ['fɛlzən] m (6) s. Fels; **2fest** inquebrantable; ~ glauben creer a pies juntillas; **~klippe** f escollo m; **~küste** f acantilado m; **~riff** n arrecife m.

felsig ['-ziç] rocoso.

'Fels|malerei f pintura f rupestre; **~massiv** n macizo m rocoso; **~wand** f pared f rocosa.

Femin|inum [femi'ni:num] n (9²) femenino m; **~ismus** [--'nismus] m (16, o. pl.) feminismo m; **~istin** f, **2istisch** feminista (f).

Fenchel ⚘ ['fɛnçəl] m (7) hinojo m.

Fenster ['fɛnstər] n (7) ventana f; bsd. buntes: vidriera f; e-s Wagens: ventanilla f; zum ~ hinauswerfen tirar por la ventana (a. fig.); **~bank** f, **~brett** n alféizar m; **~flügel** m batiente m; **~glas** n vidrio m (común); **~kreuz** n cruz f; **~laden** m contraventana f; postigo m; **~leder** n gamuza f; **~nische** f hueco m (de la ventana); **~platz** m asiento m de ventanilla;

~putzer *m* limpiaventanas *m*; ~putzmittel *n* limpiacristales *m*; ~rahmen *m* bastidor *m* (de la ventana); ~scheibe *f* cristal *m*, vidrio *m*.
Ferien ['fe:rjən] *f/pl. uv.* vacaciones *f/pl.*; ~...: *in Zssgn mst* de vacaciones.
Ferkel ['fɛrkəl] *n* (7) cochinillo, lechón *m*.
Fermate ♪ [-'maːtə] *f* (15) calderón *m*.
Ferment [-'mɛnt] *n* (3¹) fermento *m*.
fern [fɛrn] lejano, distante; remoto; *adv.* lejos; *der* ~e *Osten* el Extremo Oriente.
'**Fern|amt** ✆ *n* central *f* interurbana; ~bedienung *f* mando *m* a distancia; 2bleiben *dat.* no asistir a; ~blick *m* panorama *m*; ~e *f* (15) lejanía *f*; distancia *f*; *aus der* ~ de lejos; *in der* ~ a lo lejos.
ferner ['fɛrnər] además; = ~hin en lo sucesivo.
'**Fern|fahrer** *m* camionero *m* de grandes rutas; ~flug *m* vuelo *m* a gran distancia; ~gelenkt teledirigido, teleguiado; ~gespräch ✆ *n* conferencia *f* interurbana; ~glas *n* gemelos *m/pl.*, prismáticos *m/pl.*; 2halten mantener alejado; ~heizung *f* calefacción *f* a distancia; ~kurs *m* curso *m* por correspondencia *od.* a distancia; ~lastwagen *m* camión *m* de largo recorrido; ~licht *Kfz. n* luz *f* de carretera; 2liegen estar lejos de; ~meldetechnik *f* técnica *f* de telecomunicaciones; 2mündlich telefónico; *adv.* por teléfono; ~rohr *n* telescopio *m*; ~schreiben *n* télex *m*; ~schreiber *m* teletipo *m*.
Fernseh... [-'ze:...]: *in Zssgn oft* televisivo; ~en *n* televisión *f*, F tele *f*; *im* ~ *übertragen* televisar; 2en mirar *od.* ver la televisión; ~er *m* televisor *m*; ~film *m* telefilm *m*; ~gerät *n* televisor *m*; ~spiel *n* telenovela *f*; ~teilnehmer *m*, ~zuschauer *m* telespectador *m*, televidente *m*.
'**Fernsicht** *f* vista *f* (panorámica).
Fernsprech... ['-'ʃprɛç...]: *in Zssgn oft* telefónico; *s. a. Telephon...*; ~amt *n* central *f* telefónica; ~anschluß *m* abono *m* al teléfono; ~auftragsdienst *m* servicio *m* de encargos; ~automat *m* teléfono *m* público automático; ~er *m* (7) teléfono *m*; ~gebühr *f* tarifa *f* telefónica; ~teilnehmer *m* abonado *m* (al teléfono); ~zelle *f* cabina *f* tele-

fónica; *öffentliche* ~ teléfono *m* público.
'**fern|stehen** (*dat.*) ser extraño *od.* ajeno a; 2steuerung *f* mando *m* a distancia, telemando *m*; control *m* remoto, telemando *m*; 2studium *n* estudio *m* por correspondencia *od.* a distancia; 2verkehr *m* transporte *m* a gran distancia; 2verkehrsstraße *f* vía *f* interurbana; 2zug *m* tren *m* de largo recorrido.
Ferse ['fɛrzə] *f* (15) talón *m*; *fig.* j-m *auf den* ~n *sn* pisar los talones a alg.; ~ngeld *n*: ~ *geben* poner pies en polvorosa.
fertig ['-tiç] acabado, hecho; (*bereit*) dispuesto, listo; F (*erschöpft*) hecho polvo; ~! ¡ya está!; *mit et.* ~ *sn* haber terminado a/c.; *mit et.* ~ *werden* acabar a/c.; ~bekommen, ~bringen lograr (hacer), conseguir; ~en ['-gən] (25) fabricar; 2gericht *n* plato *m* preparado *od.* precocinado; 2-haus *n* casa *f* prefabricada; 2keit *f* destreza *f*, habilidad *f*; ~machen terminar, acabar; F *fig.* echar una bronca a; *sich* ~ prepararse, disponerse; 2ung *f* ['--guŋ] *f* fabricación *f*; 2ware *f* producto *m* elaborado.
fesch [fɛʃ] elegante; pimpante.
Fessel ['fɛsəl] *f* (15) traba *f* (*a. fig.*); ~ballon *m* globo *m* cautivo; 2n (29) atar, encadenar; *fig.* cautivar, fascinar; 2nd cautivador, fascinante.
fest [fɛst] firme (*a. fig.*); sólido; fijo (*a. Preis*); compacto; *Schlaf*: profundo.
Fest *n* (3²) fiesta *f*; *frohes* ~! ¡felices Pascuas!; '~akt *m* acto *m* (solemne); ceremonia *f*; '~angebot ✝ *n* oferta *f* en firme; '~beleuchtung *f* iluminación *f*; '2binden atar; '2bleiben (sn) quedar firme, no ceder; '~essen *n* banquete *m*; festín *m*; '2fahren: *sich* ~ atascarse (*a. fig.*); '2halten 1. *v/t.* sujetar; agarrar; retener; *sich* ~ *an* (*dat.*) agarrarse a; 2. *v/i.* perseverar (*an dat. en*).
festig|en ['-igən] (25) consolidar; fortalecer; *fig.* estabilizar; 2keit *f* ['-içkait] *f* solidez *f*; estabilidad *f*; *fig.* firmeza *f*; 2ung *f* ['-iguŋ] *f* consolidación *f*; fortalecimiento *m*; estabilización *f*.
'**fest|kleben** 1. *v/t.* pegar; 2. *v/i.* (sn) quedar pegado (*an dat.* a); 2-land *n* tierra *f* firme; continente *m*; ~legen fijar; determinar; *Geld*: in-

movilizar; *sich* ~ comprometerse (*auf ac.* a).

festlich ['-liç] de fiesta; solemne; **2~ keit** *f* fiesta *f*, festividad *f*.

fest|liegen ['festli:gən] estar inmovilizado (*Termin*: fijado); **~machen** sujetar; ⚓ amarrar; *fig.* concretar; **2mahl** *n* banquete *m*; **2meter** *m* metro *m* cúbico; **~nageln** clavar; **2nahme** ['-na:mə] *f* detención *f*; **~nehmen** detener; **2preis** ✝ *m* precio *m* fijo; **2saal** *m* salón *m* de fiestas; **~setzen** fijar; *vertraglich*: estipular; *sich* ~ establecerse; *Schmutz usw.*: incrustarse; **2setzung** *f* fijación *f*; **~sitzen** no poder avanzar; **2spiele** *n/pl.* festival *m*; **2stampfen** apisonar; **~stehen** *fig.* ser seguro; constar; **~stellen** sujetar; *fig.* averiguar, comprobar; constatar; **2stellung** *f* averiguación *f*, comprobación *f*; constatación *f*; **2tag** *m* (día *m* de) fiesta *f*.

Festung ['festuŋ] *f* fortaleza *f*; **~s~ werke** *n/pl.* fortificaciones *f/pl.*

'fest|verzinslich de renta fija; **2vorstellung** *f* función *f* de gala; **2zug** *m* desfile *m*; cabalgata *f*.

Fetisch ['fe:tiʃ] *m* (3) fetiche *m*.

fett [fɛt] **1.** *adj.* graso; *j.*: gordo; *Typ.* en negrita *od.* negrilla; *Gewinn*: pingüe; ~ *werden* engordar; **2.** 2 *n* (3) grasa *f*; **'~arm** pobre en grasa(s); **2druck** *m* impresión *f* en negrilla; **'~en** engrasar; **2fleck** *m* mancha *f* de grasa; **'~haltig** adiposo; graso; **'~ig** grasiento; **~leibig** ['-laibiç] obeso; **2leibigkeit** *f* obesidad *f*; **'~löslich** liposoluble; **2näpfchen** *n*: *F fig.* ins ~ *treten* meter la pata; **'2sucht** ♋ *f* adiposis *f*; **2wanst** *F m* barrigudo *m*.

Fetzen ['fɛtsən] *m* (6) jirón *m*; (*Lumpen*) harapo *m*.

feucht [fɔyçt] húmedo; **'2igkeit** *f* humedad *f*; **'2igkeitsmesser** *m* higrómetro *m*.

feudal [fɔy'da:l] feudal; *F fig.* suntuoso, lujoso.

Feuer ['fɔyər] *n* (7) fuego *m* (*a.* ⚔ *u. fig.*); (*Brand*) incendio *m*; *fig.* ardor *m*, fogosidad *f*, brío *m*; ~ *fangen* inflamarse; *fig.* entusiasmarse; *mit* ~ *und Schwert* a sangre y fuego; **~alarm** *m* alarma *f* de incendio; **~bereich** ✗ *m* zona *f* de fuego; **2beständig** *s.* 2fest; **2bestattung** *f* cremación *f*, incineración *f*; **~eifer** *m* fervor *m*; **~einstellung** ✗ *f* alto *m* el fuego; **2fest** a prueba de fuego, re-

fractario; **~gefahr** *f* peligro *m* de incendio; **2gefährlich** inflamable; **~haken** *m* hurgón *m*, atizador *m*; **~leiter** *f* escalera *f* de incendios; **~löscher** *m* extintor *m* (de incendios); **~melder** *m* avisador *m* de incendios; **2n** (29) hacer fuego (*a.* ✗); **~probe** *f* prueba *f* del fuego; **2rot** (rojo) encendido; ~ *werden* ponerse como un tomate; **~sbrunst** *f* incendio *m*; **~schiff** *n* buque *m* faro, faro *m* flotante; **2speiend** ['--[paiənt]: *~er Berg* volcán *m*; **~spritze** *f* bomba *f od.* manga *f* de incendios; **~stein** *m* piedra *f* (para encendedor); **~stelle** *f* hogar *m*; **~taufe** *f* bautismo *m* de fuego; **~ung** *f* (*Heizung*) calefacción *f*; (*Material*) combustible *m*; **~versicherung** *f* seguro *m* contra incendios; **~wache** *f* puesto *m* de bomberos; **~waffe** *f* arma *f* de fuego; **~wehr** *f* (cuerpo *m* de) bomberos *m/pl.*; **~wehrmann** *m* bombero *m*; **~werk** *n* fuegos *m/pl.* artificiales; **~werker** ['--verkər] *m* (7) pirotécnico *m*; ✗ artificiero *m*; **~zeug** *n* encendedor *m*, mechero *m*.

Feuilleton [fœjə'tõ] *n* (11) folletín *m*.

feurig ['fɔyriç] ardiente; *fig.* fogoso, impetuoso; *Wein*: generoso.

Fiasko [fi'asko] *n* (11) fiasco *m*, fracaso *m*.

Fibel ['fi:bəl] *f* (15) cartilla *f*.

Fiber ['-bər] *f* (15) fibra *f*.

Fichte ['fiçtə] *f* (15) abeto *m* rojo, picea *f*; **~nnadel** *f* pinocha *f*.

fidel [fi'de:l] alegre.

Fieber ['fi:bər] *n* (7) fiebre *f*; **2haft**, **2ig** febril (*a. fig.*); **2krank** calenturiento; **~kurve** *f* gráfica *f* de temperatura; **~mittel** *n* febrífugo *m*; **2n** (29) tener fiebre; *fig.* ~ *nach* ansiar (*ac.*); **~thermometer** *n* termómetro *m* clínico; **~wahn** ♋ *m* delirio *m*.

Fiedel ['fi:dəl] *f* (15) violín *m*; **2n** (29) tocar el violín.

fiel [fi:l] *s. fallen.*

fies *F* [fi:s] asqueroso; *j.*: antipático.

Figur [fi'gu:r] *f* (16) figura *f*; *Schach*: pieza *f*; *e-e gute* ~ *haben* tener buen tipo.

figürlich ['-gy:rliç] figurado.

Filet [-'le:] *n* (11) filete *m*; (*Lende*) solomillo *m*.

Filiale [fil'ja:lə] *f* (15) sucursal *f*.

Film [film] *m* (3¹) película *f*; film(e) *m*; *Phot.* carrete *m*; **'~archiv** *n* filmoteca *f*; **'~atelier** *n* estudio *m* cinematográfico; ˈ**~-aufnahme** *f* toma *f* (de vistas); rodaje *m*; ˈ**~bearbeitung** *f* adaptación *f* cinematográfica; ˈ**2en** (25) rodar; filmar; ˈ**~en** *n* filmación *f*; ˈ**~festspiele** *n/pl.* festival *m* cinematográfico *od.* de cine; ˈ**~-industrie** *f* industria *f* cinematográfica; ˈ**~kamera** *f* tomavistas *m*, filmadora *f*; ˈ**~regisseur** *m* director *m* de cine, realizador *m*; ˈ**~schaffende(r)** *m* cineasta *m*; ˈ**~schauspieler(in *f*)** *m* actor *m* (actriz *f*) cinematográfico (-a) *od.* de cine; ˈ**~star** *m* estrella *f* de cine; ˈ**~streifen** *m* cinta *f*; ˈ**~verleih** *m* distribución *f* de películas; (*Firma*) (casa *f*) distribuidora; ˈ**~vorführer** *m* operador *m*; ˈ**~vorführung** *f* proyección *f* de películas.

Filter [ˈfiltər] *m u. n* (7) filtro *m*; **2n** (29) filtrar; **~papier** *n* papel *m* (de) filtro; **~zigarette** *f* cigarrillo *m* de filtro.

filtrieren [-ˈtriːrən] filtrar.

Filz [filts] *m* (3²) fieltro *m*; ˈ**2en** (27) F *fig.* registrar, cachear; ˈ**~hut** *m* sombrero *m* de fieltro; ˈ**~laus** *f* ladilla *f*; ˈ**~stift** *m* rotulador *m*.

Fimmel F [ˈfiməl] *m* (7) manía *f*.

Final|e [fiˈnɑːlə] *n* (11) ♪ final *m*; *Sport*: final *f*; **~ist** [-naˈlist] *m* (12) finalista *m*.

Finanz|amt [-ˈnantsˀamt] *n* Delegación *f* de Hacienda; **~en** *f/pl.* finanzas *f/pl.*; **2iell** [--ˈtsjɛl] financiero; **2ieren** [--ˈtsiːrən] financiar; **~ierung** [--ˈtsiːruŋ] *f* financiación *f*, financiamiento *m*; **~mann** *m* (*pl.* **~leute**) financiero *m*; **~minister(ium *n*)** *m* ministro *m* (ministerio *m*) de Hacienda; **~wesen** *n* finanzas *f/pl.*; hacienda *f*.

Findel|haus [ˈfindəlhaʊs] *n* inclusa *f*; **~kind** *n* inclusero *m*, expósito *m*.

find|en [ˈ-dən] (30) hallar; encontrar; *~ Sie nicht?* ¿no le parece?; *das wird sich ~* ya veremos; *sich ~ in* (*ac.*) acomodarse a; **2erlohn** *m* gratificación *f*; **~ig** ingenioso; astuto; **2ling** [ˈfintliŋ] *m* (3¹) expósito *m*; *Geol.* roca *f* errática.

Finger [ˈfiŋər] *m* (7) dedo *m*; *kleine(r) ~* meñique *m*; *sich et. aus den ~n saugen* inventar a/c.; *j-m auf die ~ sehen* vigilar a alg.; *keinen ~ rühren* no mover ni un dedo; **~-abdruck** *m* huella *f* dactilar *od.* digital; **2fertig** hábil; **~fertigkeit** *f* habilidad *f* manual; **~glied** *n* falange *f*; **~hut** *m* dedal *m*; ⚘ digital *f*; **~ling** [ˈ--liŋ] *m* (3¹) dedil *m*; **~nagel** *m* uña *f*; **~ring** *m* anillo *m*, sortija *f*; **~satz** ♪ *m* digitación *f*; **~spitzengefühl** *n fig.* tacto *m*; tino *m*; **~zeig** [ˈ--tsaɪk] *m* (3) indicación *f*; aviso *m*.

fingier|en [fiŋˈgiːrən] fingir, simular; **~t** ficticio, fingido, simulado.

Fink [fiŋk] *m* (12) pinzón *m*.

Finne¹ [ˈfinə] *f* (15) *Zo.* cisticerco *m*.

Finn|e² *m* (13) (**~in *f***), **2isch** finlandés (-esa) *m* (*f*).

finster [ˈ-stər] oscuro; *fig.* tenebroso, sombrío; **2nis** *f* (14²) oscuridad *f*; tinieblas *f/pl.*

Finte [ˈ-tə] *f* (15) *Fechtk.* finta *f*; *fig.* ardid *m*, treta *f*.

Firlefanz [ˈfirləfants] *m* (3²) fruslerías *f/pl.*

Firma [ˈfirma] *f* (16²) casa *f*; empresa *f*.

Firmament [--ˈmɛnt] *n* (3) firmamento *m*.

firmen [ˈ-mən] (25) confirmar.

ˈ**Firmen|name** *m* razón *f* social; **~schild** *n* letrero *m*.

Firmung *Rel.* [ˈ-muŋ] *f* confirmación *f*.

Firnis [ˈ-nis] *m* (4¹) barniz *m* (*a. fig.*); **2sen** (28) barnizar.

First [first] *m* (3²) caballete *m*.

Fis ♪ [fis] *n uv.* fa *m* sostenido.

Fisch [fiʃ] *m* (3²) pez *m*; *als Speise*: pescado *m*; *Astr.* Piscis *m*; ˈ**~bein** *n* ballena *f*; ˈ**~blut** *n fig.* sangre *f* de horchata; ˈ**~brut** *f* alevín *m*; ˈ**~dampfer** *m* pesquero *m*; ˈ**2en** (27) pescar; ˈ**~en** *n* pesca *f*.

Fischer [ˈ-ʃər] *m* (7) pescador *m*; **~boot** *n* barco *m* pesquero; **~ei** *f* [--ˈraɪ] pesca *f*; pesquería *f*; **~gerät** *n* aparejos *m/pl.* *od.* artes *m/pl.* de pesca.

ˈ**Fisch|fang** *m* pesca *f*; **~gericht** *n* plato *m* de pescado; **~geschäft** *n* pescadería *f*; **~händler(in *f*)** *m* pescadero (-a) *m* (*f*); **~netz** *n* red *f* de pescar; **~-otter** *m* nutria *f*; **2reich** abundante en pesca; **~reiher** *m* garza *f* real; **~teich** *m* vivero *m*; **~vergiftung** *f* intoxicación *f* por pescado, ictismo *m*; **~zucht** *f* piscicultura *f*; **~zug** *m* pesca *f*; redada *f* (*a. fig.*).

Fiskus [ˈfiskus] *m* (16, *o. pl.*) fisco *m*.

Fistel [ˈ-təl] *f* (15) ⚕ fístula *f*; **~stimme** ♪ *f* falsete *m*.

fit [fit] en buena forma.

Fittich [ˈfitiç] *m* (3) ala *f*.

fix [fiks] ✝ fijo; F ligero, rápido, ágil; ~ *und fertig* listo; ~e *Idee* idea f fija; '~**en** F (27) inyectarse, pincharse; '2**er** F m yonqui m.

Fixier|bad [-'ksi:rbɑːt] n *Phot.* baño m fijador; 2**en** fijar (*a. Phot.*); (*scharf ansehen*) mirar fijamente.

Fix|stern ['fiks∫tɛrn] m estrella f fija; ~**um** ['-um] n (9²) cantidad f fija; (sueldo) m fijo m.

flach [flax] (*eben*) llano (*a. Teller*); plano; (*seicht*) poco profundo; *fig.* trivial, banal; *mit der* ~*en Hand* con la palma de la mano.

Fläche ['flɛçə] f (15) superficie f; área f; 🜨 plano m; (*Seite*) cara f; ~**n-inhalt** m superficie f; 🜨 área f; ~**nmaß** n medida f de superficie.

Flach|heit ['flaxhart] f fig. superficialidad f, banalidad f; ~**land** n llano m, llanura f; ~**relief** n bajorrelieve m.

Flachs ❖ [flaks] m (4, *o. pl.*) lino m.

Flachzange ['flaxtsaŋə] f alicates m/pl. (planos).

flackern ['flakərn] (29) vacilar, titilar; *Feuer*: flamear.

Fladen ['flɑːdən] m (6) torta f.

Flagge ['flagə] f (15) bandera f; pabellón m; 2**en** (25) enarbolar la bandera; ~**schiff** ['flak∫if] n buque m insignia.

flagranti [fla'granti]: *j-n in* ~ *ertappen* coger a alg. in fraganti *od.* en flagrante *od.* con las manos en la masa.

Flak [flak] f *uv.* defensa f antiaérea.

Flakon [fla'kõ] m (11) frasquito m.

flambieren [flam'biːrən] *Kchk.* flamear.

Flame ['flɑːmə] m (13) flamenco m.

Flamingo [fla'miŋgo] m (11) *Zo.* flamenco m.

flämisch ['flɛːmiʃ] flamenco.

Flamme ['flamə] f (15) llama f; *in* ~*n stehen* estar en llamas; *in* ~*n aufgehen* ser pasto de las llamas; 2**n** (25) echar llamas, llamear; 2**nd** *fig.* ardiente; ~**nwerfer** ⚔ m (7) lanzallamas m.

Flanell [fla'nɛl] m (3¹) franela f.

flanieren [fla'niːrən] callejear.

Flank|e ['flaŋkə] f (15) flanco m (*a.⚔*); *Anat.* ijada f; *Sport:* centro m; 2**en** (25) *Sport:* centrar; 2**ieren** flanquear.

Flansch ['flan∫] m (3²) brida f.

Fläschchen ['flɛʃçən] n (6) frasco m.

Flasche ['flaʃə] f (15) botella f; (*Säuglings* 2) biberón m; F *fig.* berzotas m; *auf* ~*n füllen* embotellar; ~**nbier** n

cerveza f embotellada; ~**nhals** m gollete m; ~**nkind** n niño m criado con biberón; ~**n-öffner** m abridor m; ~**nständer** m botellero m; ~**nwein** m vino m embotellado; ~**nzug** ⊕ m polea f.

flatter|haft ['flatərhaft] inconstante, voluble; 2**haftigkeit** f inconstancia f; ~**n** (29, h. *u.* sn) *Vogel*: aletear; (*umher* 2) revolotear; *Fahne*: ondear, flotar al viento; *a. Segel*: flamear.

flau [flau] flojo (*a.* ✝).

Flaum [flaum] m (3) vello m; *Vögel*: plumón m; 🜨 pelusilla f; '~**feder** f plumón m; flojel m; '2**ig** velloso; *fig.* (muy) blando.

Flausch [flauʃ] m (3²) frisa f.

Flausen ['flauzən] f/pl. (15) pamplinas f/pl.; bobadas f/pl.

Flaute ['-tə] f (15) *(Haar)* ❖ calma f (chicha); ✝ estancamiento m.

Flecht|e ['flɛçtə] f (15) *(Haar)* trenza f; 🜨 herpe(s) m; 🜨 liquen m; 2**en** (30) trenzar; ~**werk** n trenzado m.

Fleck [flɛk] m (3) mancha f; (*Stelle*) sitio m, punto m; *fig. nicht vom* ~ *kommen* no avanzar; '2**en** (25) hacer manchas, manchar; '~**en** m (6) **a)** = *Fleck*; **b)** (*Ort*) lugar m; poblado m; '~**en-entferner** m quitamanchas m; '2**enlos** sin manchas; *fig.* intachable; '~**fieber** n, '~**typhus** m tifus m exantemático; '2**ig** manchado.

Fleder|maus ['fleːdərmaus] f murciélago m; ~**wisch** m plumero m.

Flegel ['-gəl] m (7) mayal m; *fig.* bruto m, mal educado m; ~**ei** [--'laɪ] f grosería f; 2**haft** grosero; ~**jahre** n/pl. edad f del pavo.

flehen ['fleːən] (25) suplicar, implorar (*um et. ac.*); ~**tlich** ['--tlɪç] suplicante; *Bitte*: fervoroso; *adv.* con instancia, encarecidamente.

Fleisch [flaiʃ] n (3²) carne f; 🜨 pulpa f; '~**bank** f tabla f de carnicero; '~**beschau** f inspección f de carnes; '~**brühe** f caldo m, consomé m; '~**er** m (7) carnicero m; '~**erladen** m carnicería f; '2**farben** de color carne; 2**fressend** ['-frɛsənt] carnívoro; '2**ig** carnoso; 🜨 pulposo; '~**klößchen** n albondig(uill)a f; '~**konserven** f/pl. conservas f/pl. cárnicas; '2**lich** carnal; '2**los** *Kost*: vegetariano; sin carne; '~**vergiftung** f botulismo m; '~**wolf** m triturador m *od.* picadora f de carne; '~**wunde** f herida f en la carne.

Fleiß [flaɪs] *m* (3²) aplicación *f*; asiduidad *f*, diligencia *f*; **Ǝig** aplicado, trabajador; activo.

fletschen [ˈflɛtʃən] (27): *die Zähne* ~ regañar los dientes.

flick|en [ˈflikən] (25) remendar; **Ǝen** *m* remiendo *m*; *a. Reifen*: parche *m*; **Ǝschneider** *m* (**Ǝschuster** *m*) sastre *m* (zapatero *m*) remendón; **Ǝwerk** *n* chapuza *f*, chapucería *f*; **Ǝwort** *n fig.* ripio *m*; **Ǝzeug** *n* estuche *m* de reparación.

Flieder [ˈfliːdər] *m* (7) lila *f*.

Fliege [ˈ-gə] *f* (15) *Zo.* mosca *f* (*a. Bart*); (*Krawatte*) lazo *m*, pajarita *f*; *zwei* ~*n mit e-r Klappe schlagen* matar dos pájaros de un tiro.

fliegen [ˈ-gən] (30) **1.** *v/t.* (h.) ✈ pilotar; **2.** *v/i.* (sn) volar; ir en avión; *F fig.* ser despedido; *in die Luft* ~ hacer explosión; **Ǝd** volante; *Händler*: ambulante; **Ǝfänger** *m* (7) papel *m* matamoscas; **Ǝfenster** *n* alambrera *f*; **Ǝgewicht** *n Sport*: peso *m* mosca; **Ǝklatsche** *f* matamoscas *m*; **Ǝpilz** ♣ *m* oronja *f* falsa; **Ǝschnäpper** *Zo.* [ˈ-ʃnɛpər *m*] (7) papamoscas *m*; **Ǝschrank** *m* fresquera *f*.

Flieger [ˈ-gər] *m* (7) aviador *m*, piloto *m*; ....*in Zssgn* oft aéreo; ~**abwehr** *f* defensa *f* (anti)aérea; ~**alarm** *m* alarma *f* aérea; ~**angriff** *m* ataque *m* aéreo; ~**ei** [--ˈraɪ] *f* aviación *f*; ~**horst** *m* base *f* aérea; ~**in** *f* aviadora *f*; ~**schule** *f* escuela *f* de pilotos *od.* de aviación.

flieh|en [ˈfliːən] (30, sn) huir (*vor dat.* de); fugarse; ~**end** *Stirn, Kinn*: huidizo; **Ǝkraft** *f* fuerza *f* centrífuga.

Fliese [ˈ-zə] *f* (15) baldosa *f*; (*Kachel*) azulejo *m*; ~**nleger** *m* solador *m*.

Fließ|arbeit [ˈfliːsˀarbaɪt] *f* trabajo *m* en cadena; ~**band** *n* cinta *f* continua *od.* sin fin; **Ǝen** (30; sn) correr; fluir; ~ *in* (*ac.*) desembocar en; ~ *durch* pasar por; **Ǝend** *Wasser*: corriente; *Stil, Verkehr*: fluido; ~ *sprechen* hablar con soltura *od.* de corrido; **Ǝfertigung** *f* producción *f* en proceso continuo.

flimmern [ˈflɪmərn] (29) titilar, vibrar; *es* ~*t mir vor den Augen* se me va la vista.

flink [flɪŋk] ágil; vivo.

Flinte [ˈflɪntə] *f* (15) escopeta *f*; *fig. die* ~ *ins Korn werfen* echar la soga tras el caldero.

Flirt [flœrt, flirt] *m* (11) flirteo *m*; **Ǝen** (26) flirtear.

Flitter [ˈflitər] *m* (7) lentejuela *f*; ~**gold** *n* oropel *m*; ~**wochen** *f/pl.* luna *f* de miel.

Flitz|bogen [ˈflitsboːgən] *m* arco *m*; **Ǝen** F (27, sn) correr.

Flocke [ˈflɔkə] *f* (15) copo *m*; **Ǝig** coposo.

flog, flöge [floːk, ˈfløːgə] *s. fliegen.*

floh [floː] *s. fliehen.*

Floh [floː] *m* (3²) pulga *f*; *j-m e-n* ~ *ins Ohr setzen* echarle a alg. la pulga detrás de la oreja; **'~markt** *m* mercadillo *m* (de viejo).

Flor [floːr] *m* (3¹) florescencia *f*; (*Stoff*) crespón *m*.

Flora [ˈfloːra] *f* (16²) flora *f*.

Florett [floˈrɛt] *n* (3) florete *m*; ~**fechter** *m* floretista *m*.

florieren [-ˈriːrən] prosperar, florecer.

Floskel [ˈflɔskəl] *f* (15) flor *f* retórica; *pl.* floreo(s) *m*(/pl.).

floß, flösse [flɔs, ˈflœsə] *s. fließen.*

Floß [floːs] *n* (3² *u.* ³) balsa *f*.

Flosse [ˈflɔsə] *f* (15) aleta *f*; ✈ estabilizador *m*.

Flöt|e [ˈfløːtə] *f* (15) flauta *f*; **Ǝen** (26) tocar la flauta; **Ǝengehen** F (sn) perderse; ~**ist** [fløˈtist] *m* (12) flautista *m*.

flott [flɔt] ⚓ a flote; *fig.* elegante; (*schnell*) ágil; rápido; *Leben*: alegre; **Ǝe** *f* (15) flota *f*; armada *f*; **Ǝen-abkommen** *n* (**Ǝenparade** *f*, **Ǝenstützpunkt** *m*) tratado *m* (desfile *m*, base *f*) naval; **Ǝille** [-ˈtiljə] *f* (15) flotilla *f*; ~**machen** [ˈ-maxən] sacar a flote (*a. fig.*).

Flöz ⚒ [fløːts] *n* (3²) vena *f*, veta *f*, filón *m*.

Fluch [fluːx] *m* (3⁵) maldición *f*; (*Kraftwort*) palabrota *f*, taco *m*; **Ǝen** (25) jurar; maldecir; blas. emar.

Flucht [fluxt] *f* (16) huida *f*; fuga *f v. Gefangenen*: evasión *f*; ⚐ alineación *f*; *in die* ~ *schlagen* poner en fuga; *fig.* ~ *nach vorn* fuga *f* hacia adelante; **'Ǝartig** a la desbandada.

flücht|en [ˈflʏçtən] (26, sn) huir; escaparse; *sich* ~ refugiarse; ~**ig** fugitivo; 🗲 volátil; *fig.* fugaz, pasajero; (*oberflächlich*) superficial; *adv.* por encima; **ǝɪ** ~ *sn* encontrarse huido, hallarse fugado; **Ǝigkeit** *f* descuido *m*; superficialidad *f*; **Ǝigkeitsfehler** *m* descuido *m*; **Ǝling** [ˈ-lɪŋ] *m* (3¹) fugitivo *m*; *Pol.* refugiado *m*; **Ǝlingslager** *n* campo *m* de refugiados.

Flucht|linie ⌂ ['fluxtli:njə] f alineación f; **~versuch** m tentativa f od. intento m de fuga od. de evasión.

Flug [flu:k] m (3³) vuelo m; (Schwarm) bandada f; **im ~e** al vuelo; fig. a volandas; volando; **'~abwehr** ✕ f defensa f antiaérea; **~angst** f miedo m a volar; aerofobia f; **'~asche** f pavesa f, ceniza f volante; **'~bahn** f trayectoria f; **'~ball** m Tennis: volea f; **'~blatt** n octavilla f.

Flügel ['fly:gəl] m (7) ala f; (Tür2, Fenster2) hoja f, batiente m; (Windmühlen2) aspa f; (Schrauben2) aleta f; ♪ piano m de cola; **2lahm** alicaído (a. fig.); **~mann** ✕ m cabo m de fila; **~schlag** m aletazo m; **~stürmer** m Fußball: alero m; **~tür** f puerta f de dos hojas; **~weite** f envergadura f.

Fluggast ['flu:kgast] m pasajero m.

flügge ['flygə] volantón.

Flug|gesellschaft ['flu:kgəzɛlʃaft] f compañía f aérea; **~hafen** m aeropuerto m; **~kapitän** m comandante m (de a bordo); **~lehrer** m instructor m de vuelo; **~linie** f línea f aérea; **~lotse** m controlador m aéreo; **~plan** m horario m de vuelo; **~platz** m aeródromo m; ✕ campo m de aviación; **2s** [fluks] volando; **~sand** m arena f movediza; **~schein** m pasaje m, billete m de avión; **~schreiber** m caja f negra; **~schrift** f libelo m; **~schüler** m alumno m piloto; **~sicherung** f control m aéreo od. de vuelo; **~verkehr** m tráfico m aéreo; **~wesen** n aviación f; **~zeit** f duración f del vuelo.

'Flugzeug n avión m; **~entführung** f secuestro m aéreo; **~führer** m piloto m; **~halle** f hangar m; **~träger** m porta(a)viones m.

Flunder ['flundər] f (15) Zo. platija f.

flunkern F ['fluŋkərn] (29) decir mentirillas; F trufar.

Fluor ['flu:ɔr] n (7, o. pl.) flúor m; **~eszenz** [--ɛs'tsɛnts] f (16) fluorescencia f; **2es'zieren** fluorescer.

Flur [flu:r] a) f (16) campo m; campiña f; b) m (3) pasillo m; zaguán m; **'~bereinigung** f concentración f parcelaria; **'~hüter** m guarda m rural; **'~schaden** m daños m/pl. causados m en el campo.

Fluß [flus] m (4²) río m; ♒, Phys. flujo m; **in ~ kommen** fig. empezar a marchar; **2~'abwärts** (2~'aufwärts) río od. aguas abajo (arriba); **'~arm** m

brazo m de río; **'~bett** n cauce m, lecho m; **'~fisch** m pez m de río; **'~gebiet** n cuenca f (hidrográfica).

flüssig ['flysiç] líquido; fluido (a. Stil, Verkehr); ✝ disponible; **2keit** f líquido m; liquidez f (a. ✝); **~machen** ✝ realizar, movilizar.

Fluß|pferd ['fluspfe:rt] n hipopótamo m; **~schiffahrt** f navegación f fluvial; **~spat** m espato m flúor, fluorita f.

flüstern ['flystərn] (29) 1. v/i. cuchichear; susurrar; 2. 2 n cuchicheo m; susurro m.

Flut [flu:t] f (16) marea f alta, pleamar f; (Fließen) flujo m; fig. torrente m, profusión f; **2en** (26, h. u. sn) fluir, correr; fig. afluir; **~licht** n luz f artificial; **~welle** f ola f de la marea.

Fock|mast ['fɔkmast] m trinquete m; **~segel** n vela f de trinquete.

Fohlen ['fo:lən] 1. n (6) potro m; 2. 2 (25) parir (la yegua).

Föhn [fø:n] m (3) viento m cálido del sur, foehn m.

Föhre ♀ ['fø:rə] f (15) pino m (silvestre).

Folge ['fɔlgə] f (15) (Reihe) serie f; (Aufeinander2) sucesión f; (Fortsetzung) continuación f; (Ergebnis) consecuencia f; **zur ~ haben** tener por consecuencia; **~ leisten** obedecer; e-r Einladung: aceptar, corresponder a; **~n nach sich ziehen** tener od. traer consecuencias od. cola; **in der ~** en lo sucesivo; **~erscheinung** f consecuencia f; ⚥ secuela f; **2n** (25, sn) (dat.) seguir; (nachfolgen) suceder (auf a); (gehorchen) obedecer; (sich ergeben) resultar (aus de), inferirse (de); **2nd** siguiente; **2ndermaßen** ['--dərma:sən] en la forma (od. de manera) siguiente, como sigue; **2nschwer** de graves consecuencias; **2richtig** consecuente, lógico; **~richtigkeit** f consecuencia f, lógica f; **2rn** (29) concluir, deducir, inferir (aus de); **~rung** f conclusión f, deducción f; **die ~ ziehen** sacar la consecuencia f; **~satz** m Gram. proposición f consecutiva; **~zeit** f tiempo m futuro; in der ~ en lo sucesivo.

folg|lich ['fɔlkliç] por consiguiente, en consecuencia, por (lo) tanto; **~sam** obediente, dócil; **2samkeit** f obediencia f; docilidad f.

Foliant [fol'jant] m (12) tomo m en folio.

Folie ['foːljə] f (15) hoja f.

Folklore [fɔlkˈloːrə] f uv. folklore m.

Folter ['fɔltər] f (15) tortura f, tormento m (a. fig.); fig. auf die ~ spannen tener en suspenso od. en vilo; 2n (29) torturar; fig. atormentar.

Fön [føːn] m (3) secador m de mano.

Fonds ✝ [fɔ̃, pl. -s] m uv. fondo m.

fönen ['føːnən] (25) secar con secador de mano.

Fontäne [fɔnˈtɛːnə] f (15) surtidor m.

foppen ['fɔpən] (25) tomar el pelo (a).

forcieren [fɔrˈsiːrən] forzar.

Förde ['føːrdə] f (15) ría f.

Förder... [ˈfœrdər...]: in Zssgn oft de transporte; 2 de extracción; **~band** n cinta f transportadora; **~er** m ⊕ transportador m; fig. protector m, promotor m; **~korb** ⚒ m jaula f de extracción; 2**lich** provechoso, útil.

fordern ['fɔrdərn] (29) pedir (et. v. j-m a/c. a alg.); stärker: exigir; reclamar; (heraus~) desafiar, retar; Pol. reivindicar.

förder|n ['fœrdərn] (29) fomentar; promover; favorecer; ⚒ extraer; 2**schacht** ⚒ m pozo m de extracción; 2**turm** ⚒ m castillete m de extracción; 2**ung** f fomento m; promoción f; ⚒ extracción f.

Forderung ['fɔrdəruŋ] f petición f; exigencia f; reclamación f; (Heraus 2) desafío m, reto m; Pol. reivindicación f; ✝ (ausstehende) ~en créditos m/pl.

Forelle ['fɔrɛlə] f (15) trucha f.

Form [fɔrm] f (16) forma f; (Guß2, Kuchen2) molde m; (gut, schlecht) in ~ sn estar en (buena, baja) forma; in aller ~ formalmente; 2**al** [-'maːl] formal; **~alität** [-maliˈtɛːt] f formalidad f; pl. trámites m/pl.; **~at** [-'maːt] n (3) tamaño m; formato m; **~ation** [--'tsjoːn] f Geol. u. ⚔ formación f; 2**beständig** indeformable; **~blatt** n formulario m; **~el** f (15) fórmula f; 2**ell** [-'mɛl] formal; ceremonioso; 2**en** (25) formar (a. fig.); ⊕ moldear; **~enlehre** f Gram. morfología f; **~er** ⊕ m (7) moldeador m; **~fehler** ⚖ m error m formal od. de forma; **~gebung** ['-geːbuŋ] f modelado m; modelación f; 2**ieren**: sich ~ formarse; 2**ierung** f formación f.

förmlich ['fœrmliç] formal; ceremonioso; F adv. literalmente; 2**keit** f formalidad f; ceremonia f.

form|los ['fɔrmloːs] fig. poco formal; sin ceremonia od. cumplidos; 2**sache** f formalidad f; 2**tief** n baja forma f; bache m.

Formu|lar [-muˈlaːr] n (3¹) impreso m; formulario m; 2**lieren** formular; **~lierung** f formulación f.

forsch F [fɔrʃ] enérgico; arrojado.

forsch|en ['-ʃən] (27) investigar; indagar; buscar (nach j-m a alg.); 2**er** m (7) investigador m; explorador m; 2**ung** f investigación f; exploración f; 2**ungs...** in Zssgn oft de investigación; 2**ungsreise** f viaje m de exploración; 2**ungsreisende(r)** m explorador m; 2**ungssatellit** m satélite m científico; 2**ungsschiff** n buque m oceanográfico.

Forst [fɔrst] m (3²) bosque m; monte m; **~akademie** f Escuela f de Montes; **~amt** n administración f forestal; **~aufseher** m guardabosque m; **~beamte(r)** m ingeniero m de montes.

Förster ['fœrstər] m (7) guarda m forestal, guardabosque m; **~ei** [--'raɪ] f casa f del guardabosque.

Forst|frevel ['fɔrstfreːfəl] m delito m forestal, **~wirt** m ingeniero m de montes; **~wirtschaft** f silvicultura f.

Fort ⚔ [foːr] n (11) fuerte m; kleines: fortín m.

fort [fɔrt]: ~ sn j.: haberse ido od. marchado; estar ausente; et.: haberse perdido; haber desaparecido; in e-m ~ sin interrupción, continuamente; und so ~ y así sucesivamente; etcétera; ~ mit dir! ¡fuera de aquí!; **~'an** (de aquí) en adelante; **~be-geben**: sich ~ partir; marcharse; 2**-bestand** m subsistencia f; continuidad f; **~bestehen** persistir, perdurar, subsistir; **~bewegen** mover; sich ~ moverse; desplazarse; avanzar; 2**bewegung** f locomoción f; **~bil-den**: (sich) ~ perfeccionar(se); 2**bildung** f perfeccionamiento m; 2**bildungskurs** m curs(ill)o m de perfeccionamiento; **~bringen** llevar; 2**dauer** f continuación f; **~dauern** continuar; **~dauernd** continuo; **~fahren: a)** (sn) salir (nach para); **b)** (h.) continuar, seguir (mit con, zu ger.); **~fallen** (sn) ser suprimido; **~führen** continuar; 2**führung** f continuación f; 2**gang** m continuación f; avance m; j-s: salida f, partida f; **~gehen** (sn) partir; marcharse;

'**~geschritten** adelantado; avanzado; '**~gesetzt** continuo; '**~jagen** ahuyentar; echar (fuera); '**~kommen** (sn) (*wegkommen*) perderse; (*gedeihen*) avanzar; progresar; '♀**kommen** n progreso m; *sein ~ finden* ganarse la vida; '**~können** poder salir; '**~lassen** dejar salir; (*auslassen*) omitir; suprimir; '**~laufen** irse corriendo; escaparse; '**~laufend** seguido, continuo; '**~leben** seguir viviendo; '**~müssen** tener que marcharse; '**~nehmen** quitar; '**~pflanzen** (*sich*) propagar(se); *Biol.* reproducir(se); '♀**pflanzung** f propagación f; *Biol.* reproducción f; '**~räumen** quitar; '**~reißen** arrastrar (*a. fig.*); (*weg~*) arrebatar; '**~schaffen** quitar; (*befördern*) llevar; '**~schicken** enviar, mandar; '**~schreiten** (sn) adelantar, avanzar, progresar; '**~schreitend** progresivo; '♀**schritt** m progreso m; '**~schrittlich** progresista; '**~setzen** continuar, seguir; '♀**setzung** f continuación f; ~ *folgt* continuará; '♀**setzungsroman** m novela f por entregas; '**~während** continuo; perpetuo; '**~werfen** tirar; '**~wirken** seguir obrando; '**~wollen** querer marcharse *od.* salir; '**~ziehen** 1. *v/t.* arrastrar; 2. *v/i.* cambiar de domicilio.

Foto... ['fo:to...] s. Photo...

Fötus ['fø:tus] m (4³) feto m.

Foul [faul] n (11) *Sport:* falta f.

Foyer [foa'je:] n (11) *Thea.* foyer m, sala f de descanso.

Fracht (fraxt) f (16) ⚓, ⚒ flete m; 🚂 transporte m; (*Ladung*) carga f; cargamento m; (*Gebühr*) porte m; '**~brief** m carta f de porte; ⚓ conocimiento m; '**~er** m (7) carguero m, buque m de carga; '**~flugzeug** n avión m carguero *od.* de carga; '♀**frei** franco de porte *bzw.* ⚓ de flete; '**~gut** n: *als ~* en pequeña velocidad; '**~kosten** pl. gastos m/pl. de transporte; ⚓ flete m; '**~schiff** n s. *Frachter*; '**~stück** n bulto m.

Frack [frak] m (11 u. 3³) frac m.

Frage ['fra:gə] f (15) pregunta f (*stellen* hacer); *Gram.* interrogación f; (*Problem*) cuestión f, problema m; *in ~ stellen* poner en duda; *das ist (gar) keine ~* no cabe duda; *in ~ kommen* entrar en consideración; *das kommt nicht in ~!* ¡nada de eso!, ¡ni hablar!; *ohne ~* sin duda; '**~bogen** m cuestio-

nario m; '♀**n** (25) preguntar (*nach por*); (*ausfragen*) interrogar; *er fragt nichts danach* no le importa; *es fragt sich* queda por saber; '♀**nd** interrogativo; '**~r** m (7) interrogador m; *Lästiger:* preguntón m; '**~satz** m frase f interrogativa; '**~zeichen** n (signo m de) interrogación f.

frag|lich ['fra:klɪç] en cuestión; (*unsicher*) incierto, dudoso; '**~los** sin duda alguna.

Fragment [frag'mɛnt] n (3) fragmento m; ♀**arisch** [--'ta:rɪʃ] fragmentario.

fragwürdig ['fra:kvyrdɪç] dudoso.

Fraktion [frak'tsjo:n] f *Pol.* grupo m parlamentario.

Fraktur [-'tu:r] f (16) *Typ.* letra f gótica; ⚕ fractura f.

frank [fraŋk]: ~ *und frei* francamente; **~ieren** franquear; ♀**ierung** f franqueo m.

franko ['-ko] libre de porte.

Franse ['franzə] f (15) franja f; fleco m (*a. Haar*).

Franz|ose [-'tso:zə] m (13) francés m; **~ösin** f [-'tsø:zin] francesa f; ♀**ösisch** [-'tsø:zɪʃ] francés.

frappant [fra'pant] sorprendente.

Fräse ⊕ ['frɛ:zə] f (15) fresa f; ♀**en** (27) fresar; **~er** m fresador m; (*Werkzeug*) fresa f; **~maschine** ['frɛ:sma-ʃi:nə] f fresadora f.

Fraß [fra:s] 1. m (3²) F bazofia f; 2. ♀, **fräße** ['frɛ:sə] s. *fressen*.

Fratze ['fratsə] f (15) mueca f, gesto m (*schneiden* hacer); ♀**nhaft** grotesco.

Frau [frau] f (16) mujer f; señora f (*a. Anrede*); (*Ehe♀*) esposa f; ~ *des Hauses* ama f de casa.

'**Frauen|-arzt** m ginecólogo m; **~bewegung** f feminismo m; **~feind** m misógino m; **~heilkunde** f ginecología f; **~held** m hombre m mujeriego, tenorio m; **~klinik** f clínica f ginecológica; **~krankheit** f, **~leiden** n enfermedad f de la mujer; **~rechtlerin** ['--rɛçtlərin] f feminista f; **~zimmer** n desp. mujer(zuela) f.

Fräulein ['frɔylain] n (6) señorita f.

fraulich ['fraulɪç] femenino.

frech [frɛç] insolente, descarado; F fresco; ♀**dachs** m fresco m; ♀**heit** f insolencia f; desfachatez f; F frescura f.

Fregatte ⚓ [fre'gatə] f (15) fragata f.

frei [frai] libre (*von* de); exento (de); *Stelle:* vacante; *Beruf:* liberal;

Straße: expedito, despejado; (*offen*) sincero, franco; (*kostenlos*) gratuito; ✞ ~ *Haus* franco (a) domicilio; *j-m* ~*e Hand lassen* dejar mano libre a alg.; ~*er Tag* día *m* libre *od.* de asueto; *wir haben* ~ *Schule*: no hay clase; ~ *machen* despejar; *Sitz*: desocupar; ~ *lassen* dejar libre; *Seite*: dejar en blanco; ~ *werden* quedar libre; ⊕ ~ desprenderse; *im* ℒ*en* al aire libre; *auf* ~*em Feld* al raso, en campo libre; *ins* ℒ*e* al campo.

'**Frei|bad** *n* piscina *f* al aire libre; ~**ballon** *m* globo *m* libre; ~**berufler** *m* (7) profesional *m* liberal; ℒ**beruflich:** ~ *tätig* su ejercer una profesión liberal; ~**beuter** ['-bɔytər] *m* (7) corsario *m*; ℒ**bleibend** sin compromiso; ~**brief** *m fig.* carta *f* blanca; ~**denker** *m* librepensador *m*; ℒ**en** (25) pedir en matrimonio; ~**er** *m* pretendiente *m*; ~**ersfüße:** *auf* ~*n gehen* buscar esposa; ~**exemplar** *n* ejemplar *m* gratuito; ~**frau** *f* baronesa *f*; ~**gabe** *f* desembargo *m*; desbloqueo *m*; ~**gänger** 🜨 *m* recluso *m* en régimen abierto; ℒ**geben** desembargar; desbloquear; *Schule*: dar libre; *für den Verkehr* ~ abrir al tráfico; ℒ**gebig** ['-ge:biç] liberal, generoso; ℒ**gebigkeit** *f* liberalidad *f*, generosidad *f*; ~**gepäck** *n* equipaje *m* libre; franquicia *f* de equipaje; ℒ**haben** tener libre *od.* fiesta; ℒ**hafen** *m* puerto *m* franco; ℒ**halten** dejar libre; *j-n*: pagar por; *Platz*: reservar; ~**handel** *m* librecambio *m*; ℒ**händig** ['-hɛndiç] a pulso.

'**Freiheit** *f* libertad *f*; independencia *f*; ℒ**lich** liberal; ~**sberaubung** *f* privación *f* de la libertad; detención *f* ilegal; ~**skrieg** *m* guerra *f* de independencia; ~**sliebe** *f* amor *m* a la libertad; ~**sstrafe** *f* pena *f* privativa de libertad.

frei|he'raus con franqueza; sin tapujos; 'ℒ**herr** *m* barón *m*; ℒ**karte** *f* entrada *f* gratuita; pase *m*; ℒ**körperkultur** *f* (des)nudismo *m*; ~**lassen** poner en libertad, soltar; ℒ**lassung** *f* puesta *f* en libertad; ℒ**lauf** *m am Fahrrad*: rueda *f* libre; ~**legen** descubrir; despejar; ~**lich** claro; desde luego; por cierto; *bsd. Am.* ¿cómo no?; ℒ**lichtbühne** *f* teatro *m* al aire libre; ~**machen** ℅ franquear; ℒ**marke** *f* sello *m* (de correo); ℒ**maurer** *m* masón *m*; ℒ**maure'rei** *f*

masonería *f*; ℒ**mut** *m* franqueza *f*; ~**mütig** ['-my:tiç] franco; sincero; *adv.* con franqueza; ~**schaffend** independiente; ℒ**schärler** ['-ʃɛːrlər] *m* (7) guerrillero *m*; ~**sinnig** liberal; ℒ**sprechen** absolver; ℒ**spruch** *m* absolución *f*; ℒ**statt** *f* asilo *m*; refugio *m*; ~**stehen:** *es steht Ihnen frei zu* (*inf.*) queda a su discreción (*inf.*); *es* Vd. muy dueño de (*inf.*); ℒ**stelle** *f* beca *f*; ~**stellen** *j-m et.*: dejar al criterio de; *j-n v. Verpflichtungen*: dispensar de; ℒ**stellung** *f* dispensa *f*; ℒ**stil** *m Sport*: estilo *m* libre; ℒ**stilringen** *n* lucha *f* libre; ℒ**stoß** *m Sport*: golpe *m* franco; ℒ**stunde** *f* hora *f* libre; ℒ**tag** *m* viernes *m*; ℒ**tod** *m* suicidio *m*; ℒ**treppe** *f* escalinata *f*; ℒ-**übungen** *f/pl.* gimnasia *f* sueca; ℒ-**umschlag** *m* sobre *m* franqueado; ~**weg** [-'vɛk] sin tapujos; ℒ**wild** *n fig.* presa *f* fácil; ~**willig**, ℒ**willige(r)** ['-viligə(r)] *m* voluntario (*m*); ℒ**willigkeit** *f* voluntariedad *f*; ℒ**zeit** *f* tiempo *m* libre; (ratos *m/pl.* de) ocio *m*; ℒ**zügig** generoso, liberal; permisivo; ℒ**zügigkeit** *f* libre circulación *f*.

fremd [frɛmt] (*unbekannt*) desconocido; (*seltsam*) extraño; (*orts*~) forastero; (*ausländisch*) extranjero; *f* ~**artig** extraño, raro; ℒ**e** ['-də] *f* (15): *in der* ~ en el extranjero.

Fremden|buch ['frɛmdənbu:x] *n* registro *m* de viajeros; ℒ**feindlich** xenófobo; ~**führer** *m* guía *m*, cicerone *m*; ~**industrie** *f* industria *f* turística; ~**legion** *f* legión *f* extranjera; ~**legionär** *m* legionario *m*; ~**verkehr** *m* turismo *m*; ~**zimmer** *n* habitación *f*; *privat*: cuarto *m* de huéspedes.

Fremde(r) ['-də(r)] *m* (18) (*Orts*ℒ) forastero *m*; (*Ausländer*) extranjero *m*.

Fremd|herrschaft ['frɛmthɛrʃaft] *f* dominación *f* extranjera; ~**körper** *m* cuerpo *m* extraño; ℒ**ländisch** ['-lɛndiʃ] extranjero; exótico; ~**sprache** *f* idioma *m* extranjero, lengua *f* extranjera; ~**sprachensekretärin** *f* secretaria *f* con idiomas; ℒ**sprachig** ['-ʃpraːxiç] que habla un idioma extranjero; ℒ**sprachlich** en idioma extranjero; *Unterricht*: de idiomas; ~**wort** *n* extranjerismo *m*.

Frequenz [fre'kvɛnts] *f* (16) frecuencia *f*.

Fresko ['frɛsko] *n* (9¹) fresco *m*; ~**malerei** *f* pintura *f* al fresco.

Fresse V ['frɛsə] f (15) boca f; 2n (30) comer; P tragar; *Raubtier:* devorar; ⏦n n comida f; P bazofia f; ⏦r m (7) glotón m; ⏦rei F f comilona f.

Freß|gier ['frɛsgiːr] f glotonería f; voracidad f; ⏦korb F m cesta f de provisiones; ⏦napf m comedero m.

Frettchen ['frɛtçən] n (6) hurón m.

Freude ['frɔydə] f (15) alegría f (*machen* dar); placer m; regocijo m; mit ⏦n con mucho gusto; s-e ⏦ *haben an* (*dat.*) complacerse en; ⏦nbotschaft f buena noticia f; ⏦nfest n regocijo m público; ⏦nfeuer n hoguera f; ⏦nhaus n prostíbulo m; ⏦ntaumel m transporte m de alegría; 2strahlend radiante de alegría.

freudig ['frɔydɪç] feliz; alegre; contento; *adv.* de buena gana; ⏦los ['frɔytloːs] triste; sin alegría.

freuen ['frɔyən] (25): *sich* ⏦ alegrarse (*über ac.* de); *sich* ⏦ *auf* (*ac.*) esperar con ilusión; *es freut mich, daß* ... *me alegro que* ...; *das freut mich* lo celebro.

Freund [frɔynt] m (3) amigo m; (*Anhänger*) aficionado m (a); ⏦in f ['-dɪn] f amiga f; 2lich ['frɔyntlɪç] amable, afable; simpático; complaciente; *seien Sie so* ⏦ *zu* (*inf.*) tenga la bondad de ...; ⏦lichkeit f amabilidad f, afabilidad f; ⏦schaft f amistad f; 2schaftlich amistoso; ⏦schaftsspiel n *Sport:* partido m amistoso.

Frevel ['freːfəl] m (7) sacrilegio m; (*Vergehen*) crimen m; 2haft sacrílego; criminal; 2n (29) *Rel.* pecar; cometer un delito *od.* atentado (*an dat.*, *gegen* contra).

Frevler ['-lər] m sacrílego m; malhechor m, criminal m.

Friede (13¹), ⏦n m (6) ['friːdə(n)] m paz f (*a. fig.*); *im* ⏦n en tiempos de paz; ⏦n *schließen* concluir la paz; *fig.* hacer las paces.

Friedens... ['-dəns...]: *in Zssgn oft de* (la) paz; ⏦bewegung f movimiento m pacifista; ⏦bruch m violación f de la paz; ⏦richter m juez m de paz; ⏦schluß m conclusión f de la paz; ⏦stifter m pacificador m; ⏦vertrag m tratado m de paz.

fried|fertig ['friːtfɛrtɪç] pacífico; 2hof m cementerio m; camposanto m; ⏦lich pacífico, tranquilo; *Vergleich:* amigable; ⏦liebend amante de la paz.

frieren ['friːrən] (30) helar(se); *j.:*

tener *od.* pasar frío; *es friert* hiela; *mich friert* tengo frío.

Fries [friːs] m (4) △ friso m; (*Stoff*) frisa f.

Fries|e ['-zə] m (13), 2isch frisón (m).

Frika|delle [frika'dɛlə] f (15) hamburguesa f; ⏦ssee [--'seː] n (11) fricasé m.

frisch [frɪʃ] fresco (*a. fig. Wetter*); (*neu*) nuevo; (*kürzlich*) reciente, *vor part. pt.* recién; *Wäsche:* limpio; ⏦ *gestrichen!* ¡recién pintado!; ⏦ *u. munter* F vivito y coleando; 2e f (15) frescura f; fresco m; *fig.* vigor m; 2fleisch n carne f fresca; 2ling ['-lɪŋ] m (3¹) *Zo.* jabato m; 2luft f aire m fresco; ⏦weg [-'vɛk] sin vacilar; 2zellentherapie f celuloterapia f.

Friseu|r [fri'zøːr] m (3¹) peluquero m; ⏦se [-'zøːzə] f (15) peluquera f.

frisier|en [-'ziːrən] peinar; 2mantel m peinador m; 2salon m salón m de peluquería; 2tisch m tocador m.

Frist [frɪst] f (16) plazo m; (*Termin*) término m; (*Aufschub*) prórroga f; 2en (26): *sein Leben* ⏦ F ir tirando; 2gerecht dentro del plazo señalado; 2los sin (pre)aviso; ⏦verlängerung f prórroga f.

Frisur [fri'zuːr] f (16) peinado m.

Frit|euse [-'tøːzə] f (15) freidora f; 2ieren [-'tiːrən] freír.

frivol [fri'voːl] frívolo.

froh [froː] contento, satisfecho; alegre; feliz.

fröhlich ['frøːlɪç] alegre; 2keit f alegría f.

froh|locken [fro'lɔkən] triunfar; echar las campanas al vuelo; 2sinn m carácter m alegre.

fromm [frɔm] (18²) piadoso; devoto.

Frömm|elei [frœmə'laɪ] f beatería f; 2eln (29) ser beato; 2elnd beato; ⏦igkeit f piedad f; devoción f; ⏦ler(in f) m ['-lər(ɪn)] mojigato (-a) m (f), beato (-a) m (f), santurrón (-ona) m (f).

Fron [froːn] f (16), ⏦arbeit f *a. fig.* servidumbre f.

frönen ['frøːnən] (25) (*dat.*) ser esclavo de; entregarse a.

Fron'leichnam(sfest n) m (día m del) Corpus m.

Front [frɔnt] f (16) △ fachada f; ⚔ frente m (*a. Wetter*); ⏦ *machen gegen* hacer frente a; 2al [-'taːl] frontal; ⏦alzusammenstoß m colisión f *od.*

choque *m* frontal; '**~antrieb** *m* tracción *f* delantera; '**~dienst** *m* servicio *m* en el frente; '**~kämpfer** *m*: *(ehemaliger)* ~ excombatiente *m*.

fror, fröre [fro:r, 'frø:rə] *s.* frieren.

Frosch [froʃ] *m* (3² *u.* ³) rana *f*; '**~mann** *m* hombre-rana *m*; '**~schenkel** *m*/*pl.* ancas *f*/*pl.* de rana.

Frost [frɔst] *m* (3² *u.* ³) helada *f*; '**~beule** *f* sabañón *m*.

frösteln ['frœstəln] (29) temblar *od.* tiritar de frío.

frost|ig ['frɔstɪç] frío (*a. fig.*); **⃝schaden** *m* daño *m* causado por las heladas; **⃝schutzmittel** *n* anticongelante *m*.

Frottee [frɔ'te:] *n od. m* (11 *u.* 11¹) (tejido *m* de) rizo *m*.

frottier|en [-'ti:rən] frotar; friccionar; **⃝tuch** *n* toalla *f* de rizo (esponjoso).

Frucht [fruxt] *f* (14¹) fruto *m* (*a. fig.*); '**⃝bar** fértil; fecundo; *fig. a.* productivo; ~ **machen** fertilizar; fecundar; '**~barkeit** *f* fertilidad *f*; fecundidad *f*; '**⃝bringend** fructífero, fructuoso (*a. fig.*).

Früchtchen ['frʏçtçən] *n* (6): *nettes* ~ *iron.* buena pieza *f*.

Frucht|eis ['fruxt˥aɪs] *n* sorbete *m*; **⃝en** (26) *fig.* ser útil *od.* provechoso; *nichts* ~ no servir para nada; **⃝folge** *f* sucesión *f* de cultivos; **⃝ig** *Wein*: afrutado; **~knoten** ♀ *m* ovario *m*; **⃝los** *fig.* inútil, infructuoso; **⃝losigkeit** *f* inutilidad *f*; **~presse** *f* exprimidor *m* (de fruta); **~saft** *m* zumo *m* de fruta; **⃝tragend** fructífero; **~wasser** *Physiol.* *n* líquido *m* amniótico; **~wechsel** *m* rotación *f* de cultivos; **~zucker** *m* fructosa *f*.

früh [fry:] temprano; *am* **~en** *Morgen* de madrugada; *heute (morgen)* esta (mañana por la) mañana; *von* ~ *bis spät* de la mañana a la noche; ~ *aufstehen* madrugar; *zu* ~ *kommen* llegar antes de tiempo; **⃝aufsteher(in)** *f) m* ['-ʔaʊf˥ʃte:ər(in)] madrugador(a) *m* (*f*); '**⃝beet** ✔ *n* tabla *f* de mantillo; '**⃝diagnose** *f* diagnóstico *m* precoz; '**⃝e** *f* (15) madrugada *f*; *in aller* ~ muy de madrugada; '**~er** 1. *adj.* (*ehemalig*) antiguo, ex...; *(vorhergehend*) precedente, anterior; 2. *adv.* antes; ~ *oder später* tarde o temprano; '**⃝erkennung** ✔ *f* de detección *f* precoz; '**~estens** lo más pronto; ~ *morgen* no antes de mañana;

'**⃝geburt** *f* parto *m* prematuro; *(Kind)* prematuro *m*; '**⃝jahr** *n*, **⃝ling** ['-lɪŋ] *m* (3¹) primavera *f*; **⃝lings...** ['-lɪŋs...]: *in Zssgn* primaveral; ~**morgens** de madrugada; '**⃝obst** *n* fruta *f* temprana; '**~reif** precoz; '**⃝reife** *f* precocidad *f*; '**⃝schicht** *f* turno *m* de la mañana; '**⃝stadium** ✔ *n* estadio *m* precoz; '**⃝stück** *n* desayuno *m*; ~**stücken** (25) desayunar; '**⃝stücks-pause** *f* tiempo *m* del bocadillo; '**~zeitig** temprano; *(rechtzeitig*) a tiempo; '**⃝zündung** *f* ignición *f* prematura.

Frust F [frust] *m* F frustre *m*; **~ration** [-tra'tsjo:n] *f* frustración *f*; **⃝rieren** [-'tri:rən] frustrar.

Fuchs [fuks] *m* (4²) zorro *m*; *(Pferd)* alazán *m*; *fig.* *schlauer* ~ zorro *m* viejo; '**~bau** *m* zorrera *f*; **⃝en** F (27) dar rabia a.

Fuchsie ♀ ['fuksjə] *f* (15) fucsia *f*.

Füchsin ['fʏksɪn] *f* zorra *f*, raposa *f*.

Fuchs|pelz ['fukspɛlts] *m* zorro *m*; **~schwanz** *m* ⊕ serrucho *m*; ♀ amaranto *m*; cola *f* de zorra; **⃝teufelswild** F hecho una fiera.

Fuchtel ['fuxtəl] *f* (15): *unter j-s* ~ *stehen* estar bajo la férula de alg.; **⃝n** (29): ~ *mit* agitar (*ac.*).

Fug [fu:k] *m*: *mit* ~ *und Recht* con perfecto derecho.

Fuge ['fu:gə] *f* (15) ⊕ juntura *f*; unión *f*; ♪ fuga *f*; *aus den* ~*n gehen* deshacerse (*a. fig.*); **⃝n** ⊕ (25) juntar, ensamblar.

füg|en ['fy:gən] (25) juntar, (re-)unir; *(bestimmen*) disponer, arreglar; *sich* ~ someterse (*in ac.* a); **~sam** ['fy:kza:m] dócil; dúctil; **⃝samkeit** *f* docilidad *f*; **⃝ung** ['-gʊŋ] *f* providencia *f*; destino *m*.

fühl|bar ['fy:lba:r] palpable; *fig.* sensible; tangible; perceptible; *sich* ~ *machen* hacerse sentir; **~en** (25) *(tasten*) palpar; *(empfinden*) sentir; experimentar; **⃝er** Zo. *m* (7) antena *f*; *die* ~ *ausstrecken fig.* tantear el terreno; **~los** insensible; **⃝ung** *f* contacto *m*; *in* ~ *bleiben* quedar en contacto; **⃝ungnahme** ['-lʊŋna:mə] *f* (15) *fig.* contacto *m*.

fuhr, führe [fu:r, 'fy:rə] *s.* fahren.

Fuhre ['fu:rə] *f* (15) carretada *f*.

führen ['fy:rən] (25) 1. *v/t.* llevar (*a. Namen, Bücher, Leben usw.*); *(leiten*) dirigir; guiar; conducir; ✈ pilotar; ✗ *u.* ⚓ mandar; *Ware*: tener, vender; *Klage od. Beschwerde* ~ quejarse (*über ac.* de, *bei* a); *mit sich* ~ (*Fluß u. fig.*) acarrear; *sich* ~ portarse; **2.** v/i. llevar, conducir; *bsd. Sport*: estar en (*od.* ir a la) cabeza; *zu nichts* ~ no conducir a ninguna parte; ~**d** director; dirigente; eminente; *neol.* líder.

Führer ['fy:rər] *m* (7) conductor *m*; ✵ piloto *m*; (*Fremden*⚤) guía *m*, (*Buch*) guía *f*; (*Leiter*) jefe *m*; *Pol.* caudillo *m*; líder *m* (*a. Sport*); ~**schein** *m* carnet *m od.* permiso *m* de conducir; ~**stand** 🚂 *m* puesto *m* del maquinista.

Fuhr|lohn ['fu:rlo:n] *m* derechos *m/pl.* de acarreo; ~**mann** *m* (*pl. a.* ~*leute*) carr(et)ero *m*; ~**park** *m* parque *m* móvil.

Führung ['fy:ruŋ] *f* dirección *f*; (*Geschäfts*⚤) gerencia *f*; gestión *f*; *Pol. u. Sport*: liderato *m*; ⚔ *u.* ♣ mando *m*; (*Besichtigung*) visita *f* guiada; (*Benehmen*) conducta *f*; *in* ~ *liegen* (*gehen*) estar (ponerse) en cabeza; ~**szeugnis** *n* certificado *m* de buena conducta.

Fuhr|unternehmen ['fu:rʔuntərne:mən] *n* empresa *f* de transportes; ~**unternehmer** *m* transportista *m*; ~**werk** *n* carruaje *m*.

Füll|e ['fylə] *f* (15) abundancia *f*; plenitud *f*; ⚤**en** (25) llenar; *Kchk.* rellenar; *Zahn*: empastar; ~**en** *n* (6) *Zo.* potro *m*; ~**er** F *m* (7), ~**federhalter** *m* (pluma *f*) estilográfica *f*; ~**gewicht** *n* peso *m* al envasar; ~**horn** *n* cornucopia *f*; ~**ung** *f* relleno *m* (*a. Kchk.*); (*Zahn*⚤) empaste *m*; (*Tür*⚤) entrepaño *m*; ~**wort** *n* ripio *m*.

fummeln ['fuməln] (29) manosear.

Fund [funt] *m* (3) hallazgo *m*.

Fundament [-da'mɛnt] *n* (3) fundamento *m* (*a. fig.*); ⚤**al** [---'ta:l] *adj.* fundamental.

Fund|büro ['funtbyro:] *n* oficina *f* de objetos perdidos; ~**gegenstand** *m* objeto *m* hallado; ~**grube** *f fig.* mina *f*; filón *m*; ⚤**ieren** [fun'di:rən] fundamentar; fundar; 🕆 consolidar; ~**ort** ['funtʔɔrt] *m*, ~**stelle** *f* lugar *m* del hallazgo; ~**sache** *f* objeto *m* hallado.

fünf [fynf] **1.** cinco; ~ *gerade sn lassen* hacer la vista gorda; **2.** ⚤ *f* (16) cinco *m*; ⚤**eck** *n* pentágono *m*; ~**eckig** pentagonal; ~**fach** quíntuplo; *adv.* cinco veces más; ~**hundert** quinientos; ⚤**jahresplan** *m* plan *m* quinquenal; ~**jährig** [-'jɛ:riç] de cinco

años; ⚤**kampf** *m Sport*: pentatlón *m*; ~**mal** cinco veces; ⚤**tagewoche** *f* semana *f* inglesa; ~**tausend** cinco mil; ⚤**tel** *n* (7) quinto *m*; ~**tens** (en) quinto (lugar); ~**te(r)** quinto; ~**zehn** quince; ~**zig** ['-tsiç] cincuenta; ⚤**ziger(in** *f*) ['--gər(in)] *m* (7) cincuentón (-ona) *m* (*f*).

fungieren [fuŋ'gi:rən]: ~ *als* actuar de, hacer (las veces) de.

Funk [fuŋk] *m* (3¹, *o. pl.*) radio *f*; ~**-amateur** *m* radioaficionado *m*; ~**bearbeitung** *f* adaptación *f* radiofónica; ~**bild** *n* telefoto *f*.

Funke ['fuŋkə] *m* (13¹) chispa *f* (*sprühen echar*); ⚤**ln** (29) brillar; centellear; ⚤**nagelneu** flamante; ~**n** (25) radiotelegrafiar; transmitir por radio; ~**r** *m* (7) radiotelegrafista *m*; operador *m* de radio.

'**Funk|feuer** ⚓ *n* radiofaro *m*; ~**haus** *n* estación *f* emisora; ~**peilung** *f* radiogoniometría *f*; ~**sprechgerät** *n* radioteléfono *m*; ~**spruch** *m* radiograma *m*, mensaje *m* radio; ~**station** *f* estación *f* de radio; ~**streife(nwagen** *m*) *f* (coche *m*) radiopatrulla *f*; ~**taxi** *n* radiotaxi *m*.

Funktion [-'tsjo:n] *f* función *f*; ~**är** [-tsjo'nɛ:r] *m* (3¹) funcionario *m*; ⚤**ieren** [--'ni:rən] funcionar.

'**Funk|turm** *m* torre *f* portaantenas; ~**wagen** *m* coche-radio *m*.

für [fy:r] *Zweck, Bestimmung, Ziel*: para; (*um ... willen*) por; *Preis*: por; (*an Stelle von*) en lugar de, en vez de; (*zugunsten von*) a *od.* en favor de; *Wort* ~ *Wort* palabra por palabra; *Tag* ~ *Tag* día tras día; *Schritt* ~ *Schritt* paso a paso; *es hat et.* ~ *sich* no me parece mal; *das ist e-e Sache* ~ *sich* es cosa distinta; *ich* ~ *meine Person od. mein(en*) *Teil* yo por mi parte, en cuanto a mí; ~ *sich leben* vivir solo; *an u.* ~ *sich* en el fondo; *was* ~ *ein?* ¿qué (clase de)? (*a. als Ausruf*); *das* ⚤ *und Wider* el pro y el contra.

'**Fürbitte** *f* intercesión *f*; ~ *einlegen* interceder en favor de.

Furche ['furçə] *f* (15) surco *m*; (*Runzel*) arruga *f*; ⚤**n** (25) surcar; *Stirn*: arrugar.

Furcht [furçt] *f* (16, *o. pl.*) temor *m*, miedo *m* (*aus por; vor* a, de); ~ *einjagen, in* ~ *versetzen* dar miedo, atemorizar; ⚤**bar** terrible; horrible; tremendo.

fürcht|en ['fyrçtən] (26) temer; *sich* ~

tener miedo (*vor dat.* a); **~erlich** ['-tərliç] terrible; horrible.

furcht|los ['furçtloːs] sin miedo; **2losigkeit** *f* intrepidez *f*; **~sam** miedoso, medroso; (*scheu*) tímido; **2samkeit** *f* miedo *m*; timidez *f*.

füreinander [fyrʔaɪnˈandər] el uno para el otro; unos para otros.

Furie ['fuːrjə] *f* (15) furia *f*.

Furnier [furˈniːr] *n* (3¹) chapa *f* de madera; **2en** chapear, enchapar.

Furore [fuˈroːrə] *f*: ~ **machen** hacer furor, causar sensación.

Für|sorge ['fyːrzɔrgə] *f* asistencia *f*; solicitud *f*; *öffentliche*: asistencia *f* pública *bzw.* social; previsión *f* social; **~sorger(in** *f*) *m* asistente *su.* social; **2sorglich** cuidadoso; previsor; **~sprache** *f* intercesión *f*; **~sprecher(in** *f*) *m* intercesor(a) *m* (*f*).

Fürst [fyrst] *m* (12) príncipe *m*; **'~enhaus** *n* dinastía *f*; **'~entum** *n* (1²) principado *m*; **'~in** *f* princesa *f*; **'2lich** de príncipe; principesco; ~ *leben* (*bewirten*) vivir (tratar) a cuerpo de rey.

Furt [furt] *f* (16) vado *m*.

Furunkel 𝔢 [fuˈruŋkəl] *m* (7) furúnculo *m*, divieso *m*.

für|wahr [fyːrˈvaːr] en verdad; **'2wort** *n* (1²) *Gram.* pronombre *m*.

Furz ∨ [furts] *m* (3² u. ³) pedo *m*; **'2en** ∨ (27) soltar un pedo.

Fusel ['fuːzəl] *m* (7) aguardiente *m* malo.

Fusion [fuˈzjoːn] *f* fusión *f*; **2ieren** [-zjoˈniːrən] fusionar.

Fuß [fuːs] *m* (3² u. ³) pie *m* (*a. fig.*); *Tier*, *Möbel*: pata *f*; *zu* ~ a pie; *j-m auf den* ~ *treten* pisar a alg.; *fig.* ofender a alg.; *auf dem* ~ *folgen* seguir muy de cerca; pisar los talones (a alg.); *gut zu* ~ *sein* ser buen andarín; (*festen*) *Fuß fassen* tomar pie; *auf großem* ~(*e*) *leben* vivir a lo grande; *mit j-m auf gutem* ~*e stehen* estar en buenos términos con alg.; *j-m zu Füßen fallen* echarse a los pies de alg.; *mit geschlossenen Füßen* a pie(s) juntillas; *auf eigenen Füßen stehen* ser independiente; *auf schwachen od. tönernen Füßen stehen* estar sobre pies de barro; **'~abtreter** *m* limpiabarros *m*; **'~angel** *f* abrojo *m*; **'~bad** *n* baño *m* de pies.

'Fußball *m* balón *m*; (*Spiel*) fútbol *m*;

~er F *m* futbolista *m*; **~fan** *m* F hincha *m*; **~mannschaft** *f* (**~platz** *m*) equipo *m* (campo *m*) de fútbol; **~spiel** *n* (juego *m* de) fútbol *m*; *einzelnes*: partido *m* de fútbol; **~spieler** *m* futbolista *m*; **~toto** *n* quiniela(s) *f*(*pl.*).

'Fuß|bank *f* banquillo *m*; **~bekleidung** *f* calzado *m*; **~boden** *m* piso *m*, suelo *m*; **~bremse** *f* freno *m* de pie.

Fussel ['fusəl] *f* (15) pelusa *f*; hilacha *f*.

fußen ['fuːsən] (27) *fig.* basarse, fundarse (*auf dat.* en).

Fuß|ende ['fuːsʔɛndə] *n* pies *m*/*pl.* de la cama; **~gänger** ['-gɛŋər] *m* (7) peatón *m*; **~gänger-überweg** *m* paso *m* de peatones; **~gängerzone** *f* zona *f* od. isla *f* peatonal; **~hebel** *m* pedal *m*; **2hoch** de un pie de altura; **~leiste** *f* rodapié *m*; **~marsch** *m* marcha *f* a pie; **~matte** *f* estera *f*; felpudo *m*; alfombrilla *f*; **~note** *f* nota *f* (al pie de la página); **~pfad** *m* senda *f*; sendero *m*; **~pflege** *f* pedicura *f*; **~pfleger(in** *f*) *m* pedicuro (-a) *m* (*f*); callista *su.*; **~pilz** 𝔢 *m* pie *m* de atleta; **~raste** ['-rastə] *f* (15) reposapiés *m*; **~schemel** *m* escabel *m*; **~sohle** *f* planta *f* del pie; **~spitze** *f* punta *f* del pie; **~spur** *f* huella *f*, pisada *f*; **~stapfe** *f*: *in j-s* ~*n treten* seguir las huellas de alg.; **~stütze** *f* reposapiés *m*; **~tritt** *m* puntapié *m*; F patada *f*; **~weg** *m* camino *m* para peatones.

futsch [futʃ] F perdido.

Futter ['futər] *n* (7) alimento *m*; (*Grün2*) forraje *m*, pasto *m*; (*Trokken2*) pienso *m*; (*Stoff2*) forro *m*; ⊕ revestimiento *m*.

Futteral [--ˈraːl] *n* (3¹) estuche *m*.

'Futter|krippe *f* pesebre *m*; **~mittel** *n* forraje *m*; pienso *m*; **2n** F (29) comer.

füttern ['fytərn] (29) *Vieh*: echar de comer; *Kind*: dar de comer; *Kleid*: forrar; ⊕ revestir.

Futter|napf *m*, **~trog** ['futərnapf, '--troːk] *m* comedero *m*; **~pflanze** *f* planta *f* forrajera; **~rübe** *f* remolacha *f* forrajera.

Fütterung ['fytəruŋ] *f* alimentación *f*.

Futur [fuˈtuːr] *n* (3¹) *Gram.* futuro *m*; **~ologie** [-turoloˈgiː] *f* (15, *o. pl.*) futurología *f*.

G

G, g [ge:] *n* G, g *f*; ♪ sol *m*; *G-Dur* sol mayor; *g-Moll* sol menor.

gab [gɑːp] *s.* geben.

Gabardine [gabar'diːn] *m* (11) gabardina *f*.

Gabe ['gɑːbə] *f* (15) regalo *m*; donativo *m*; *fig.* don *m*, talento *m*; ✞ toma *f*; *milde* ~ limosna *f*.

Gabel ['gɑːbəl] *f* (15) ✠ horca *f*, horquilla *f* (*a. Fahrrad☉*); (*Eß☉*) tenedor *m*; **2förmig** [--fœrmiç] bifurcado; **~frühstück** *n* almuerzo *m*; **2n** (29): *sich* ~ bifurcarse; **~stapler** ['--ʃtɑːplər] *m* (7) carretilla *f* elevadora de horquilla; **~ung** *f* bifurcación *f*.

gaben ['bən] *s.* geben.

gackern ['gakərn] **1.** *v/i.* (29) cacarear; **2.** 2 *n* cacareo *m*.

gaff|en ['gafən] (25) mirar boquiabierto; **2er** *m* mirón *m*.

Gage ['gɑːʒə] *f* (15) sueldo *m*, *fr.* cachet *m*.

gähnen ['gɛːnən] **1.** *v/i.* (25) bostezar; **2.** 2 *n* bostezo *m*.

Gala ['gala] *f uv.* gala *f*; *in* ~ de gala.

Galan [-'lɑːn] *m* (3¹) galán *m*.

galant [-'lant] galante; **2erie** [--təˈriː] *f* (15) galantería *f*.

Galeere [-'leːrə] *f* (15) galera *f*; **~n-sklave**, **~nsträfling** *m* galeote *m*.

Galer|ie [-ləˈriː] *f* (15) galería *f*; *Thea.* paraíso *m*, F gallinero *m*; **~ist(in** *f*) [--ˈrist(in)] *m* (12) galerista *su.*

Galgen ['galgən] *m* (6) horca *f*, patíbulo *m*; **~frist** *f* plazo *m* de gracia; **~humor** *m* humor *m* macabro *od.* negro; **~strick**, **~vogel** *m* carne *f* de horca.

Galic|ier(in *f*) [gaˈliːtsjər(in)] *m* (7), **2isch** gallego (-a) *m* (*f*).

Galionsfigur ⚓ [-ˈljoːnsfiguːr] *f* mascarón *m* de proa.

Galle ['galə] *f* (15) bilis *f*, hiel *f*; *fig. die* ~ *läuft ihm über* se le exalta la bilis; **2(n)bitter** amargo como la hiel; **~nblase** *f* vesícula *f* biliar; **~nstein** *m* cálculo *m* biliar.

Gallert [-'lərt] *n* (3), **~e** [-'lərtə] *f* (15) gelatina *f*; jalea *f*; **2-artig** gelatinoso.

gallig ['galiç] bilioso; *fig.* atrabiliario.

Galopp [-'lɔp] *m* (3) galope *m*; *im*

gestreckten ~ a galope tendido; **2ie-ren** galopar.

Galosche [-'lɔʃə] *f* (15) chanclo *m*; galocha *f*.

galt [galt], **gälte** ['gɛltə] *s. gelten.*

galvan|isch [-'vɑːniʃ] galvánico; **~i-sieren** [-vaniˈziːrən] galvanizar; **2i-sierung** *f* galvanización *f*.

Gamasche [gaˈmaʃə] *f* (15) polaina *f*.

gamm|eln ['gaməln] (29) gandular; **2ler** ['-lər] *m* (7) melenudo *m*.

Gang [gaŋ] **1.** *m* (3³) (*Weg*) camino *m*; (*Durch☉*) paso *m*; (*Flur*) pasillo *m*; *Anat.* conducto *m*; (*Spazier☉*) paseo *m*, vuelta *f* (*machen* dar); (*Verlauf*) curso *m*; (*Gangart*) (modo *m* de) andar *m*; (*Bewegung, bsd.* ⊕) marcha *f*; *Kfz. a.* velocidad *f*; (*Besorgung*) recado *m* (*machen* hacer); (*Mahlzeit*) plato *m*; *Sport:* vuelta *f*; *Fechtk.* asalto *m*; *Stk.* suerte *f*; ⚒ filón *m*, veta *f*; *in vollem* ~*e* sn estar en plena actividad; *in* ~ *bringen, setzen* poner en marcha; *Kfz. im zweiten* ~ *fahren* ir en segunda; **2.** 2 *adj.*: ~ *und gäbe* sn ser corriente; **'~art** *f* modo *m* de andar; *andares m/pl.*; *Zo.* andadura *f*; **'2bar** transitable; practicable; *fig. a.* viable; *Münze:* de curso legal.

Gängel|band [ɡɛŋəlˈbant] *n: j-n am* ~ *führen* = **2n** (29) tener a alg. bajo tutela.

gängig ['-iç] corriente; ✞ de fácil salida.

Gangschaltung [ɡaŋˈʃaltuŋ] *f* cambio *m* de marchas.

Gangster ['gɛŋstər] *m* (7) gángster *m*.

Gangway ['-vɛi] *f* (11¹) ✈ escalerilla *f*; ⚓ pasarela *f*.

Ganove [gaˈnoːvə] *m* (13) tunante *m*; truhán *m*.

Gans [gans] *f* (14¹) ganso *m*, oca *f*; *fig. dumme* ~ boba *f*, tonta *f*.

Gänse|blümchen ['gɛnzəblyːmçən] *n* margarita *f*; **~braten** *m* ganso *m* asado; **~füßchen** ['--fyːsçən] *n/pl.* comillas *f/pl.*; **~haut** *f fig.* carne *f* de gallina; **~leberpastete** *f* pasta *f* de hígado de ganso, *fr.* foie-gras *m*; **~marsch** *m: im* ~ en fila india; **~rich** ['--riç] *m* (3) ganso *m* macho.

ganz [gants] **1.** *adj.* entero; todo; (*heil*) intacto; (*vollständig*) completo; (*völlig*) total; ♪ ⁓*e Note* redonda *f*; *den* ⁓*en Tag* todo el día; *die* ⁓*e Zeit* todo el tiempo; *e-e* ⁓*e Woche* una semana entera; *von* ⁓*em Herzen* de todo corazón; *im* ⁓*en* en conjunto, en total; **2.** *adv.* enteramente; completamente; totalmente; del todo; *vor adj. u. adv.* muy; (*ziemlich*) bastante; ⁓ *und gar* absolutamente; totalmente; ⁓ *und gar nicht* de ningún modo; en absoluto; *nicht* ⁓ no del todo; ⁓ *gut* bastante bien; '⁓**-aufnahme** *f* retrato *m* de cuerpo entero; '⁓**e(s)** *n* conjunto *m*; todo *m*; total *m*; '⁓**heitsmethode** *f* método *m* global; '⁓**leder** *n*: *in* ⁓ en piel; '⁓**leinen** *n*: *in* ⁓ en tela.

gänzlich ['gɛntsliç] *s. ganz* 2.

Ganztagsarbeit ['gantsta:ks'arbaɪt] *f* trabajo *m* de jornada entera.

gar [gɑːr] **1.** *adj.*: ⁓ *sn* estar a (*od.* en su) punto; **2.** *adv.* (*etwa*) acaso; (*sehr*) muy; ⁓ *nicht* en absoluto; de ningún modo; ⁓ *nicht einfach* nada fácil; ⁓ *nichts* absolutamente nada; ⁓ *keiner* ninguno; ⁓ *zu* (*sehr*) demasiado.

Garage [ga'ra:ʒə] *f* (15) garaje *m*; ⁓**nbesitzer** *m* garajista *m*.

Garantie [-ran'ti:] *f* (15) garantía *f*; ⁓**ren** garantizar.

Garbe ['garbə] *f* (15) gavilla *f*; *in* ⁓*n binden* agavillar.

Garde ['-də] ⚔ *f* (15) guardia *f*.

Garderobe [-də'ro:bə] *f* (15) (*Raum*) guardarropa *m*; *Thea.* vestuario *m*, camerino *m*; (*Flur*⁀) *neol.* recibidor *m* (mural); (*Kleider*) ropa *f*, vestidos *m/pl.*; ⁓**nfrau** *f* encargada *f* del guardarropa; ⁓**nmarke** *f* ficha *f* del guardarropa; ⁓**nständer** *m* percha *f*.

Gardine ['-di:nə] *f* (15) cortina *f*; *hinter schwedischen* ⁓*n* F en chirona, a la sombra; ⁓**npredigt** *f* sermón *m* conyugal; ⁓**nstange** *f* varilla *f* para cortinas.

gär|en ['gɛ:rən] (30) fermentar; *fig. a.* hervir; ⁓**mittel** *n* fermento *m*.

Garn [garn] *n* (3) hilo *m*; (*Netz*) red *f*; *fig. ins* ⁓ *gehen* caer en la red *od.* en el garlito.

Garnele *Zo.* [gar'ne:lə] *f* (15) camarón *m*; *größere*: gamba *f*.

garnier|en [-'ni:rən] guarnecer (*a. Speisen*); ⚪**ung** *f* guarnición *f*.

Garnison [-ni'zo:n] *f* (16) guarnición *f*.

Garnitur [-'tu:r] *f* (16) (*Besatz*)

guarnición *f*; (*Zs.gehöriges*) juego *m*; ⁓ *Bettwäsche* juego *m* de cama.

garstig ['-stiç] feo; repugnante.

Garten ['-tən] *m* (6[1]) jardín *m*; (*Nutz*⁀) huerto *m*; ⁓**anlage** *f* zona *f* ajardinada; ⁓**bau** *m* horticultura *f*; ⁓**bau...**: *in Zssgn* horticola; ⁓**erde** *f* mantillo *m*; ⁓**geräte** *n/pl.* útiles *m/pl.* de jardinería; ⁓**grill** *m* barbacoa *f*; ⁓**haus** *n* pabellón *m*; ⁓**land** *n* huerta *f*; ⁓**laube** *f* cenador *m*, glorieta *f*; ⁓**lokal** *n*, ⁓**wirtschaft** *f* restaurante *m* con jardín; ⁓**möbel** *n/pl.* muebles *m/pl.* de jardín; ⁓**stadt** *f* ciudad *f* jardín; ⁓**zaun** *m* vallado *m*; ⁓**zwerg** *m* enan(it)o *m* de jardín.

Gärtner|(in *f*) ['gɛrtnər(in)] *m* (7) jardinero (-a) *m* (*f*); (*Handels*⁀) horticultor(a) *m* (*f*); hortelano (-a) *m* (*f*); ⁓**ei** [--'raɪ] *f* horticultura *f*; jardinería *f*; ⚪**n** (29) *neol.* jardinear.

Gärung ['gɛ:ruŋ] *f* fermentación *f*; *fig.* efervescencia *f*.

Gas [gɑːs] *n* (4) gas *m*; *Kfz.* ⁓ *geben* acelerar; ⁓ *wegnehmen* cortar *od.* quitar el gas; '⁓**-anzünder** *m* encendedor *m* de gas; '⁓**behälter** *m* gasómetro *m*; '⁓**brenner** *m* mechero *m* de gas; '⁓**flasche** *f* bombona *f* de gas; '⁓**förmig** ['-fœrmiç] gaseiforme, gaseoso; '⁓**hahn** *m* llave *f* del gas; '⁓**hebel** *m Kfz.* acelerador *m*; '⁓**heizung** *f* calefacción *f* de gas; '⁓**herd** *m* cocina *f* de gas; '⁓**kocher** *m* hornillo *m* de gas; '⁓**leitung** *f* cañería *f* (*od.* tubería *f*) de gas; '⁓**maske** *f* careta *f od.* máscara *f* antigás; '⁓**mann** F *m* hombre *m* del gas; '⁓**-öl** *n* gasoil *m*, gasóleo *m*; ⁓**ometer** [gazo'me:tər] *m* gasómetro *m*; '⁓**pedal** *n Kfz.* acelerador *m*.

Gasse ['gasə] *f* (15) calleja *f*, callejón *m*; *e-e* ⁓ *bilden* abrir *od.* hacer calle; ⁓**nhauer** *m* canción *f* callejera *od.* de moda; ⁓**njunge** *m* golf(ill)o *m*.

Gast [gast] *m* (3² *u.* ³) huésped *m*; invitado *m*; (*Tisch*⁀) convidado *m*; (*im Restaurant, Hotel*) cliente *m*; *j-n zu* ⁓ *bitten* invitar *od.* convidar a alg.; '⁓**-arbeiter** *m* trabajador *m* extranjero; '⁓**-dirigent** ♪ *m* director *m* invitado.

Gäste|buch ['gɛstəbu:x] *n* álbum *m* de visitantes; ⁓**zimmer** *n* cuarto *m* de huéspedes.

gast|frei ['gastfraɪ], ⁓**freundlich** hospitalario; ⚪**freundschaft** *f* hospitalidad *f*; ⚪**geber** *m* anfitrión *m*;

geberin f anfitriona f; **haus** n, **hof** m fonda f; hostería f; hotel m; **hörer** m oyente m; **lich** hospitalario; **mahl** n banquete m, festín m; **recht** n derecho m de hospitalidad.

Gastritis ❀ [gas'tri:tis] f (16, pl. -'tiden) gastritis f.

Gastronom [-tro'no:m] m (12) gastrónomo m; **ie** [--no'mi:] f (15) gastronomía f.

Gast|stätte ['gast∫tɛtə] f restaurante m; **stättengewerbe** n hostelería f; **stube** f comedor m; **wirt** m fondista m; hostelero m; **wirtschaft** f restaurante m.

Gas|uhr ['ga:sˀuːr] f contador m de gas; **vergiftung** f intoxicación f por gas(es); **werk** n fábrica f de gas.

Gatte ['gatə] m (13) marido m, esposo m; **n** m/pl. matrimonio m; cónyuges m/pl.; **nmord** m uxoricidio m; **nmörder** m uxoricida m.

Gatter ['-tər] n (7) verja f, cercado m.

Gattin ['-tin] f esposa f, señora f.

Gattung ['-tuŋ] f Biol., Lit. género m; **sname** m nombre m genérico.

Gau [gau] m (3) comarca f.

Gaudi F ['-di] n (9, o. pl.) u. f (11¹, o. pl.) regocijo m; jolgorio m.

Gauk|elbild ['-kəlbilt] n fantasmagoría f; ilusión f; **e'lei** f prestidigitación f; fig. charlatanería f; **eln** (29) hacer juegos de manos; (flattern) revolotear; **ler** ['-klər] m (7) prestidigitador m; saltimbanqui m; fig. charlatán m.

Gaul [gaul] m (3³) caballo m; desp. rocín m.

Gaumen ['gaumən] m (6) paladar m; **laut** m palatal f; **segel** Anat. n velo m palatino.

Gauner ['-nər] m (7) truhán m; estafador m, timador m; (Schelm) pícaro m; **ei** [--'rai] f estafa f, timo m; **sprache** f jerga f del hampa.

Gaze ['ga:zə] f (15) gasa f.

Gazelle [ga'tsɛlə] f (15) Zo. gacela f.

Geäder [gəˀɛ:dər] n (7) vetas f/pl.; t veteado.

Geäst [-ˀɛst] n (3, o. pl.) ramaje m.

Gebäck [-'bɛk] n (3) pastelería f; pastas f/pl.; pasteles m/pl.

Gebälk [-'bɛlk] n (3) viguería f; maderamen m; (Dach) armadura f.

gebar [-'ba:r] s. gebären.

Gebärde [-'bɛ:rdə] f (15) gesto m; ademán m; **n** (26): sich portarse;

nspiel n mímica f; **nsprache** f lenguaje m mímico.

Gebaren [-'ba:rən] n (6) conducta f; † gestión f.

gebär|en [-'bɛ:rən] (30) parir; Mensch: dar a luz; **mutter** f Anat. matriz f, útero m.

Gebäude [-'bɔydə] n (7) edificio m.

Gebeine [-'bainə] n/pl. (3) osamenta f; restos m/pl. mortales.

Gebell [-'bɛl] n (3) ladrido m.

geben ['ge:bən] (30) dar; (reichen) a. pasar; (über) entregar; (gewähren) conceder; Thea. representar; Film: poner; es gibt hay; was gibt's? ¿qué hay?; ¿qué pasa?; Gott gebe es! ¡quiera Dios!; auf die Post llevar al correo; es wird Regen va a llover; viel (wenig) auf (ac.) hacer mucho (poco) caso de; von sich Worte: soltar; Speise: vomitar, arrojar; sich portarse; (aufhören) cesar; calmarse.

Geber ['-bər] m (7) dador m; donador m.

Gebet [gə'be:t] n (3) oración f, rezo m; fig. j-n ins nehmen echar un sermón a alg.; **buch** n devocionario m.

Gebiet [-'bi:t] n (3) región f; zona f; territorio m; fig. campo m, terreno m, dominio m; **en** (30) 1. v/t. mandar; Schweigen imponer silencio; 2. v/i. dominar (über ac.); **er(in** f) m (7) señor(a) m (f); amo (-a) m (f); soberano (-a) m (f); **erisch** [-'-təriʃ] imperioso; categórico; **s...**: in Zssgn oft territorial; **s-anspruch** m reivindicación f territorial.

Gebilde [-'bildə] n (7) forma(ción) f; figura f; (Erzeugnis) producto m; creación f.

ge'bildet culto, instruido.

Gebimmel [-'biməl] n (7) repiqueteo m, tintineo m.

Gebinde [-'bində] n (7) (Blumen) ramo m; (Faß) tonel m.

Gebirg|e [-'birgə] n (7) montaña f; sierra f; ig montañoso.

Gebirgs|bewohner [-'birksbəwo:nər] m montañés m; **kette** f cordillera f; **paß** m paso m, puerto m; **stock** m macizo m; **zug** m cordillera f.

Gebiß [-'bis] n (4) dentadura f; (künstliches) dentadura f postiza; am Zaum: bocado m.

gebissen [-'bisən] s. beißen.

Gebläse ⊕ [-'blɛ:zə] n (7) soplete m.

geblieben [-'bli:bən] s. bleiben.

geblümt [-'bly:mt] floreado.

Geblüt [-'bly:t] *n* (3) sangre *f*; linaje *m*; estirpe *f*.

gebogen [-'bo:gən] curvo, encorvado; acodado.

geboren [-'bo:rən] nacido; ~ *in* natural de; ~ *werden* nacer.

geborgen [-'bɔrgən] salvado, a salvo; seguro; ℒ**heit** *f* seguridad *f*.

geborsten [-'bɔrstən] *s.* bersten.

Gebot [-'bo:t] *n* (3) mandamiento *m* (*a. Rel.*); orden *f*; *Auktion*: postura *f*, *höheres*: puja *f*; j-m zu ~ *stehen* estar a la disposición de alg.; *die Zehn ~e* los diez mandamientos, el decálogo; ℒ**en 1.** *s.* bieten; **2.** *adj.* urgente; indicado; ~**sschild** *Vkw. n* señal *f* preceptiva.

gebrannt [-'brant] *s.* brennen.

Gebräu [-'brɔy] *n* (3) brebaje *m*.

Gebrauch [-'braux] *m* (3³) uso *m*; utilización *f*; empleo *m*; *in* ~ en servicio; *außer* ~ fuera de servicio; *außer* ~ *kommen* caer en desuso; ~ *machen von* servirse de; ℒ**en** usar; utilizar; emplear; servirse de; *zu* ~ *sn* servir (*zu* para).

gebräuchlich [-'brɔyçliç] usual, en uso; corriente.

Gebrauchs|anweisung [-'brauxs-'anvaizuŋ] *f* instrucciones *f/pl.* para el uso; modo *m* de empleo; ~**artikel** *m* artículo *m* de primera necesidad; ℒ**fertig** listo para el uso; ~**gegenstand** *m* objeto *m* de uso; ~**graphik** *f* dibujo *m* publicitario; *neol.* grafismo *m*; ~**graphiker** *m* dibujante *m* publicitario; *neol.* grafista *m*; ~**güter** *n/pl.* artículos *m/pl. bzw.* bienes *m/pl.* de consumo; ~**muster** *n* modelo *m* de utilidad.

gebraucht [-'brauxt] usado; de ocasión, de segunda mano; ℒ**wagen** *m* coche *m* usado *od.* de segunda mano.

Gebrech|en *n* (6) defecto *m*; achaque *m*; ℒ**lich** frágil; achacoso; decrépito; ~**lichkeit** *f* fragilidad *f*; decrepitud *f*.

gebrochen [-'brɔxən] roto, quebrado (*a. fig.*); ~ *Spanisch sprechen* chapurrear el español.

Gebrüder [-'bry:dər] *pl.* (7) hermanos *m/pl.*

Gebrüll [-'bryl] *n* (3) *Löwe*: rugido *m*; *fig.* griterío *m*, vocerío *m*.

Gebühr [-'by:r] *f* (16) derecho *m*; tarifa *f*; tasa *f*; ~ *bezahlt* porte pagado; *nach* ~ debidamente; *über* ~ más de lo debido.

ge'bühren (25) corresponder a; *sich* ~ convenir; ℒ**d** debido; conveniente; *adv.* debidamente; ℒ**frei** libre de derechos; ℒ**-ordnung** *f* tarifa *f*; ✝ arancel *m*; ℒ**pflichtig** [-'--pfliçtiç] sujeto a derechos; *Autobahn*: de peaje.

gebunden [-'bundən] *Buch*: encuadernado; *Preis*: fijo; *fig.* ligado.

Geburt [-'bu:rt] *f* (16) nacimiento *m*; (*Gebären*) parto *m*, alumbramiento *m*; *vor* (*nach*) *Christi* ~ antes (después) de Jesucristo; ~**enbeschränkung** *f* limitación *f* de nacimientos; ~**enkontrolle** *f* control *m* de natalidad; ~**enregelung** *f* regulación *f* de nacimientos; ~**enrückgang** *m* disminución *f* de la natalidad; ~**en-überschuß** *m* excedente *m* de nacimientos; ~**enziffer** *f* natalidad *f*.

gebürtig [-'byrtiç] natural (*aus* de).

Geburts|anzeige [-'bu:rts'antsaigə] *f* participación *f* de nacimiento; ~**fehler** *m* defecto *m* congénito; ~**haus** *n* casa *f* natal; ~**helfer** *m* partero *m*, tocólogo *m*; ~**hilfe** *f* asistencia *f* al parto, ✝ obstetricia *f*; ~**jahr** *n* año *m* de nacimiento; ~**ort** *m* lugar *m* de nacimiento; ~**stadt** *f* ciudad *f* natal; ~**tag** *m* cumpleaños *m*; ~ *haben* cumplir años; ~**urkunde** *f* partida *f* de nacimiento; ~**zange** *f* fórceps *m*.

Gebüsch [-'byʃ] *n* (3²) matorral *m*.

Geck [gɛk] *m* (12) pisaverde *m*.

gedacht [gə'daxt] *s.* denken.

Gedächtnis [-'dɛçtnis] *n* (4¹) memoria *f*; (*Andenken*) recuerdo *m*; *aus dem* ~ de memoria; *zum* ~ an en memoria de; *sich et. ins* ~ *zurückrufen* rememorar a/c.; ~**feier** *f* acto *m* conmemorativo; ℒ**schwund** ✝ *m* amnesia *f*.

Gedanke [-'daŋkə] *m* (13¹) pensamiento *m*; idea *f*; *in* ~*n* mentalmente; (*zerstreut*) por distracción; *in versunken* ensimismado; *kein* ~! ¡ni pensarlo!, ¡ni por pienso!; *sich* ~*n machen über* (*ac.*) preocuparse por; *ich kam auf den* ~, *zu* (*inf.*) se me ocurrió (*inf.*).

Ge'danken|-armut *f* ausencia *f* de ideas; ~**austausch** *m* intercambio *m* de ideas *od.* impresiones; ℒ**blitz** *m* idea *f* repentina; ocurrencia *f*; ℒ**freiheit** *f* libertad *f* de pensamiento; ~**gang** *m* orden *m* de las ideas; ℒ**gut** *n* ideario *m*; ideología *f*; ℒ**los** distraído; irreflexivo, inconsiderado; ℒ**losig-**

keit f distracción f; irreflexión f; **≈reich** fecundo en ideas; **∼strich** m raya f; **∼übertragung** f telepatía f; **∼verbindung** f asociación f de ideas; **≈voll** pensativo, ensimismado; **∼welt** f ideario m; ideología f.

gedanklich [-'daŋkliç] mental; ideológico.

Gedärme [-'dɛrmə] n/pl. (7) intestinos m/pl., F tripas f/pl.

Gedeck [-'dɛk] n (3) cubierto m.

gedeih|en [-'daɪən] (30, sn) prosperar, criarse bien; desarrollarse; so weit gediehen sn, daß haber llegado a tal punto que; **≈en** n prosperidad f; desarrollo m; **∼lich** próspero; provechoso.

Gedenk... [-'dɛŋk...]: in Zssgn conmemorativo; **≈en** (30) (gen.) acordarse de; recordar ac.; (erwähnen) mencionar ac.; feierlich: conmemorar ac.; (beabsichtigen) pensar (zu inf.); tener la intención de; **∼en** n memoria f, recuerdo m; **∼feier** f acto m conmemorativo; **∼stein** m (∼tafel f) lápida f (placa f) conmemorativa; **∼tag** m aniversario m.

Gedicht [-'diçt] n (3) poesía f; episches: poema m; **∼sammlung** f florilegio m de poesías, antología f.

gediegen [-'di:gən] Metall: puro; fig. sólido; formal.

gedieh(en) [-'di:(ən)] s. gedeihen.

Gedräng|e [-'drɛŋə] n (7) apretura f; agolpamiento m; (Menschen≈) gentío m, muchedumbre f; **≈t** apiñado; apretado; Stil: conciso.

gedrückt [-'drykt] fig. deprimido; abatido; **≈heit** f depresión f.

gedrungen [-'druŋən] regordete; achaparrado.

Geduld [-'dult] f (16, o. pl.) paciencia f; mir reißt die ∼ se me acaba la paciencia; die ∼ verlieren impacientarse; **≈en** [-'-dən] (26): sich ∼ tener paciencia; esperar, aguardar; **≈ig** paciente, sufrido; **∼s-probe** f prueba f de paciencia; **∼(s)spiel** n rompecabezas m.

gedungen [-'duŋən] Mörder: a sueldo.

gedunsen [-'dunzən] hinchado.

geeignet [-'ʔaɪɡnət] apropiado, adecuado, idóneo; j.: apto (für, zu para).

Gefahr [-'faːr] f (16) peligro m; (Risiko) riesgo m; ∼ laufen zu correr peligro od. el riesgo de, arriesgar (inf.); in

∼ sn estar en peligro, peligrar; auf die ∼ hin, zu a riesgo de.

gefähr|den [-'fɛːrdən] (26) poner en peligro; comprometer; **∼lich** peligroso; arriesgado; **≈lichkeit** f peligrosidad f.

gefahrlos [-'faːrloːs] seguro, sin riesgo.

Gefährt [-'fɛːrt] n (3) vehículo m; **∼e** m (13), **∼in** f compañero (-a) m (f), camarada su.

Gefälle [-'fɛlə] n (7) declive m, pendiente f; a. fig. desnivel m.

gefallen [-'falən] **1.** v/i. (30) gustar, agradar; wie gefällt es Ihnen? ¿qué le parece?; sich et. ∼ lassen aguantar, soportar a/c.; das lasse ich mir ∼! ¡así me gusta!; sich ∼ in (dat.) complacerse en; **2.** adj. ⚔ caído, muerto; **3.** ≈ n: ∼ finden an tomar gusto a; **4.** ≈ m favor m; j-m e-n ∼ tun hacer un favor a alg.; Ihnen zu ∼ para complacerle a Vd.; **≈e(r)** ⚔ m caído m (de la guerra).

gefällig [-'fɛliç] complaciente; agradable; j-m ∼ sn complacer a alg.; **≈keit** f complacencia f (aus por); (Dienst) favor m; **≈keitswechsel** ✝ m letra f de favor; **∼st** [-'liçst]: sei ∼ still! ¡a ver si te callas!

Gefall|sucht [-'falzuxt] f coquetería f; **≈süchtig** coqueto.

gefangen [-'faŋən] prisionero; cautivo; **≈e(r)** m prisionero m (a. ⚔); 🕸 detenido m, preso m; a. fig. cautivo m; **≈enlager** n campo m de prisioneros; **∼halten** retener en prisión; **≈nahme** f [-'--naːmə] f captura f (a. ⚔); detención f; **∼nehmen** detener; capturar, prender; ⚔ hacer prisionero; **≈schaft** f ⚔ cautividad f, cautiverio m; 🕸 prisión f; in ∼ geraten caer prisionero; **∼setzen** meter en prisión, encarcelar.

Gefängnis [-'fɛŋnis] n (4¹) cárcel f, prisión f; **∼strafe** f (pena f de) prisión f; **∼wärter** m carcelero m; **∼zelle** f celda f.

Gefasel [-'faːzəl] n (7) desatinos m/pl.

Gefäß [-'fɛːs] n (3²) vasija f; vaso m (a. 🌸); recipiente m.

gefaßt [-'fast] sereno; sich ∼ machen auf (ac.) prepararse para.

Gefecht [-'fɛçt] n (3) combate m; außer ∼ setzen poner fuera de combate (a. fig.); ⚓ klar zum ∼! ¡zafarrancho de combate!; **∼skopf** m Ra-

kete: cabeza *f*, ojiva *f*; **~s-stand** *m* puesto *m* de mando.

gefeit [-'faɪt]: ~ *gegen* a prueba de; inmune contra.

Gefieder [-'fi:dər] *n* (7) plumaje *m*; **2t** (em)plumado, con plumas.

Gefilde [-'fɪldə] *n* (7) campos *m/pl.*; campiña *f*.

Geflecht [-'flɛçt] *n* (3) trenzado *m*; (*Draht*2) enrejado *m*.

gefleckt [-'flɛkt] manchado, con manchas.

geflissentlich [-'flɪsəntlɪç] a propósito; con intención.

geflogen [-'flo:gən] *s. fliegen.*

geflohen [-'flo:ən] *s. fliehen.*

geflossen [-'flɔsən] *s. fließen.*

Geflügel [-'fly:gəl] *n* (7) aves *f/pl.* de corral; **~farm** *f* granja *f* avícola; **~händler(in** *f*) *m* pollero (-a) *m* (*f*); **~handlung** *f* pollería *f*; **2t** alado; **~es Wort** sentencia *f*; dicho *m*; **~zucht** *f* avicultura *f*; **~züchter** *m* avicultor *m*.

Geflüster [-'flystər] *n* (7) cuchicheo *m*.

Gefolg|e [-'fɔlgə] *n* (7) séquito *m*; *fig.* *im* ~ *haben* tener por consecuencia; llevar consigo; **~schaft** *f* [-'fɔlkʃaft] *f* seguidores *m/pl.*; *j-m* ~ *leisten* ser partidario de alg.

gefragt [-'fra:kt] † demandado, solicitado.

gefräßig [-'frɛːsɪç] voraz; glotón; comilón; **2keit** *f* glotonería *f*.

Gefreite(r) ✕ [-'fraɪtə(r)] *m* (18) cabo *m*.

Gefrier|anlage [-'friːr?anlaːgə] *f* instalación *f* frigorífica; **2en** helar(se), congelarse; **~en** *n* congelación *f*; **~fach** *n* congelador *m*; **~fleisch** *n* carne *f* congelada; **~punkt** *m* punto *m* de congelación; **~trocknung** *f* liofilización *f*; **~truhe** *f* congelador *m*.

gefroren [-'fro:rən] *s. frieren.*

Gefüg|e [-'fy:gə] *n* (7) estructura *f*; **2ig** dócil; dúctil; **~igkeit** *f* docilidad *f*; ductilidad *f*.

Gefühl [-'fy:l] *n* (3) sentimiento *m*; sensación *f*; (*Ahnung*) presentimiento *m*; (~*ssinn*) tacto *m*; (*Sinn*) sentido *m* (*für* de); **2los** insensible (*gegen* a); **~losigkeit** *f* insensibilidad *f*; **~sduselei** [--sduːzə'laɪ] *f* sensiblería *f*; sentimentalismo *m*; **~skälte** *f* frialdad *f*; **~smensch** *m* hombre *m* sentimental; **2voll** sensible; afectivo; sentimental.

gefunden [-'fundən] *s. finden.*

gegangen [-'gaŋən] *s. gehen.*

gegeben [-'ge:bən] *s. geben;* **Å** dado; *zu* ~*er Zeit* a su debido tiempo; **~enfalls** dado el caso; eventualmente; **2heit** *f* hecho *m*; realidad *f*.

gegen ['ge:gən] (*ac.*) contra; *Richtung:* hacia; *Zeit:* hacia, a eso de; *Verhalten:* con, para con; *Tausch:* en cambio de; *Vergleich:* en comparación con; (*ungefähr*) cerca de, alrededor de; ~ *Abend* hacia la noche; (*gut*) ~ ... *Mittel:* (bueno) para *od.* contra.

Gegen...: *in Zssgn oft* contra...; **~angriff** *m* contraataque *m*; **~befehl** *m* contraorden *f*; **~besuch** *m*: *j-m* *e-n* ~ *machen* devolver la visita a alg.; **~beweis** *m* contraprueba *f*.

Gegend ['ge:gənt] *f* (16) región *f*; comarca *f*; (*Landschaft*) paisaje *m*.

Gegen|dienst [-'gəndi:nst] *m*: *e-n* ~ *erweisen* devolver un favor; **~druck** *m* contrapresión *f*; reacción *f*; **2-einander** uno(s) contra otro(s); **2-einander** uno(s) contra otro(s); **~fahrbahn** *f* carril *m* contrario; **~gerade** *f* *Sport:* recta *f* contraria; **~gewicht** *n* contrapeso *m* (*a. fig.*); **~gift** *n* contraveneno *m*, antídoto *m*; **~kandidat** *m* candidato *m* de la oposición; **~klage** *t¹⁄₂* *f* reconvención *f*; **~leistung** *f* contrapartida *f*, contraprestación *f*; **~licht** *n*: *bei* ~ a contraluz; **~liebe** *f*: (*keine*) ~ *finden* (no) ser correspondido; **~maßnahme** *f* contramedida *f*; represalia *f*; **~mittel** *n* remedio *m*; antídoto *m* (*a. fig.*); **~partei** *t¹⁄₂* *f* parte *f* contraria; **~probe** *f* contraprueba *f*; **~rede** *f* réplica *f*; (*Einwand*) objeción *f*; **~reformation** *f* Contrarreforma *f*; **~revolution** *f* contrarrevolución *f*; **~satz** *m* contraste *m*; oposición *f*; *im* ~ *zu* en contraposición a; *im* ~ *stehen zu* contrastar con; **2sätzlich** ['--zɛtslɪç] opuesto, contrario; **~sätzlichkeit** *f* contraste *m*; **~schlag** *m* contragolpe *m*; ✕ contraataque *m*; **~seite** *f* lado *m* opuesto; *t¹⁄₂* parte *f* contraria; **2seitig** mutuo, recíproco; **~seitigkeit** *f* reciprocidad *f*; mutualidad *f*; *auf* ~ mutuo; **~spieler(in** *f*) *m* adversario (-a) *m* (*f*); **~spionage** *f* contraespionaje *m*; **~stand** *m* objeto *m*; (*Thema*) asunto *m*, tema *m*; **2ständlich** ['--tɛntlɪç] concreto; material; **2standslos** ['--tantsloːs] superfluo; *Kunst:* abstracto; **~stimme** *f* voto *m* en contra; **~stoß** ✕ *m* contraataque *m*; **~strömung** *f* contracorriente *f*; **~stück** *n* pareja *f*; (*Gegensatz*) contraste *m*; **~teil** *n* lo contrario; *im* ~ al contrario; **2teilig** ['--tailiç] opuesto; contrario.

gegen-'über 1. *adv.* enfrente; **2.** *prp.* (*dat.*) enfrente de, frente a; *fig.* ante; (*verglichen mit*) comparado con; (*Verhalten*) para con, con; **3.** ♀ *n* (7) persona *f* bzw. vecino *m* de enfrente; **~liegend** [--'--li:gənt] de enfrente; opuesto; **~stehen** (*dat.*) estar enfrente de; *sich* ~ estar frente a frente; **~stellen** gegenüberponer; ⚠ confrontar, carear; (*vergleichen*) comparar; **2stellung** *f* ⚠ confrontación *f*, careo *m*; (*Vergleich*) comparación *f*; **~treten** (sn) (*dat.*) *fig.* hacer frente a.

'Gegen|verkehr *m* circulación *f* en sentido contrario; **~vorschlag** *m* contrapropuesta *f*; **~wart** ['--vart] *f* (16) *j-s*: presencia *f*; (*Zeit*) actualidad *f*, época *f* actual; *Gram.* presente *m*; **2wärtig** ['--vertiç] presente; (*jetzt*) actual; *adv.* actualmente; **~wehr** *f* defensa *f*; resistencia *f*; **~wert** *m* contravalor *m*; equivalente *m*; **~wind** *m* viento *m* contrario; **~wirkung** *f* reacción *f*; **2zeichnen** refrendar; **~zeichnung** *f* refrendo *m*; **~zug** *m* *Spiel*: contrajugada *f*; 🚆 tren *m* en dirección contraria.

gegessen [gə'gɛsən] *s.* essen.

Gegner ['geːgnər] *m* (7) adversario *m*, contrario *m*, oponente *m*; antagonista *m*; **2isch** contrario, opuesto; **~schaft** *f* enemistad *f*; oposición *f*; antagonismo *m*.

gegolten [gə'gɔltən] *s.* gelten.

gegossen [-'gɔsən] *s.* gießen.

gegriffen [-'grifən] *s.* greifen.

Gehacke(s) [-'hakə(s)] *n* carne *f* picada.

Gehalt [-'halt] **1.** *m* (3) contenido *m* (*an dat.* de); ⚖ *a.* porcentaje *m*; *fig.* valor *m*; sustancia *f*; **2.** *n* (1²) sueldo *m*; **2los** sin valor; insignificante; **~ansprüche** *m/pl.* pretensiones *f/pl.* económicas; **~empfänger** *m* asalariado *m*; empleado *m*; **~szulage** *f* aumento *m* del sueldo; sobresueldo *m*; **2voll** sustancioso; sustancial.

geharnischt [-'harniʃt] *fig.* enérgico.

gehässig [-'hɛsiç] hostil; odioso; **2keit** *f* hostilidad *f*; odiosidad *f*, carácter *m* odioso.

Gehäuse [-'hɔyzə] *n* (7) caja *f* (*a.* Uhr♀); (*Etui*) estuche *m*; *Zo.* concha *f*.

Gehege [-'heːgə] *n* (7) cerca *f*; (*Weide*) dehesa *f*; *Jgdw.* vedado *m*; *fig.* *j-m ins* ~ *kommen* entrar en campo ajeno.

geheim [-'haim] secreto; (*verborgen*) oculto; (*heimlich*) clandestino; *im* ~*en* en secreto; a escondidas; **2...:** *in Zssgn* *oft* secreto; **2-agent** *m* agente *m* secreto; **2bericht** *m* informe *m* confidencial; **2dienst** *m* servicio *m* secreto; **2fach** *n* (compartimiento *m*) secreto *m*; **~halten** mantener en secreto; ocultar; **2lehre** *f* doctrina *f* esotérica.

Geheimnis [-'-nis] *n* (4¹) secreto *m* (*offenes* a voces); misterio *m*; **~krämer** *m* secretista *m*; **~kräme'rei** *f*; **~tuerei** [---tuə'rai] *f* secreteo *m*; **2voll** misterioso; ~ *tun* secretear.

Ge'heim|polizei *f* policía *f* secreta; **~rats-ecken** *F* *f/pl.* entradas *f/pl.*; **~schrift** *f* escritura *f* cifrada; **~tinte** *f* tinta *f* simpática; **2tun** secretear; **~wissenschaft** *f* ciencia *f* oculta.

Geheiß [-'hais] *n* (3²): *auf* ~ *von* por orden de.

gehen ['geːən] **1.** *v/i.* (30, sn) ir (*nach*, *zu* a; *zu j-m* a casa de, a ver a); andar; marchar; caminar; ⊕ funcionar; (*weg~*) irse, marcharse; salir, partir; *rechts* ~ tomar la derecha; *gut* ~ ↑ *Ware*: venderse bien; *es geht mir gut* estoy bien; *falsch* ~ *Uhr*: andar mal; *wie geht es Ihnen?* ¿cómo está Vd.?; *¿cómo le va?*; *wie geht's?* ¿qué tal?; so *gut es eben geht* lo mejor que se pueda; *das geht nicht* no puede ser; *es wird schon* ~ ya se arreglará; ~ *auf Fenster*: dar a; *es geht auf eins* es cerca de la una; ~ *aus* salir de; ~ *durch* pasar por; ~ *in* (*ac.*) entrar en; *ins Theater* ~ ir al teatro; *in den Saal* ~ *50 Personen* en la sala caben 50 personas; *in sich* ~ volver sobre sí; arrepentirse; ~ *über* (*ac.*) atravesar, cruzar (*ac.*); 🚆 pasar por; *über j-s Kräfte* ~ ser superior a las fuerzas de alg.; *es geht nichts über* ... (no hay) nada mejor que ...; *es geht um* ... se trata de ...; *vor sich* ~ suceder, ocurrir; tener lugar; **2.** ♀ *n* marcha *f*; *Sport*: marcha *f* atlética; *das* ~ *fällt ihm schwer* le cuesta andar; **~lassen**: *sich* ~ descuidarse.

Geher ['-ər] *m* (7) *Sport*: marchista *m*.

geheuer [gə'hɔyər]: *nicht* ~ sospechoso; *hier ist etwas nicht* ~ *F* aquí hay gato encerrado.

Geheul [-'hɔyl] *n* (3) aullido *m*; *v.* *Menschen*: alarido *m*.

Gehilf|e *m* (13) (**~in** *f*) [-'hilfə, -'-fin]

ayudante (-ta) m (f); asistente (-ta) m (f).

Gehirn [-'hɪrn] n (3) cerebro m; ⚕ encéfalo m; ～: *in Zssgn oft* cerebral; **～entzündung** f encefalitis f; **～erschütterung** f conmoción f cerebral; **～haut** f meninge f; **～haut-entzündung** f meningitis f; **～schlag** m apoplejía f; **～wäsche** f lavado m de cerebro.

gehoben [-'ho:bən] s. *heben*; *Stellung, Stil:* elevado; *in ～er Stimmung* muy animado.

Gehöft [-'hø:ft] n (3) granja f.

geholfen [-'hɔlfən] s. *helfen*.

Gehölz [-'hœlts] n (3²) bosquecillo m.

Gehör [-'hø:r] n (3) oído m; **～ schenken** dar oídos; ～ *finden* ser escuchado; *kein ～ finden* ser desoído; ～: *in Zssgn oft* auditivo.

gehorchen [-'hɔrçən] (25) (*dat.*) obedecer.

gehör|en [-'hø:rən] (25) ser de, pertenecer a; formar parte (*zu* de); (*erforderlich sn*) ser preciso; hacer falta; *das gehört mir* es mío; *das gehört nicht hierher* no es del caso; *das gehört sich nicht* eso no se hace; *wie es sich gehört* como es debido; **～gang** m conducto m auditivo; **～ig** perteneciente (*zu* a); (*passend*) conveniente; (*gebührend*) debido; *adv.* (*tüchtig*) de lo lindo.

Gehörn [-'hœrn] n (3) cornamenta f; ⚕t cornudo (*a. fig.*).

gehorsam [-'ho:rza:m] **1.** *adj.* obediente; **2.** ⚕ m (3¹, *o. pl.*) obediencia f; *den ～ verweigern* desobedecer.

Gehörsinn [-'hø:rzɪn] m (sentido m del) oído m.

Gehweg [-ge:ve:k] m acera f.

Geier ['gaɪɐr] m (7) buitre m.

Geige ['ga-] f (15) violín m; ～ *spielen* tocar el violín; *fig. die erste ～ spielen* llevar la voz cantante; ⚕n (25) tocar el violín; **～nbauer** m constructor m de violines, *fr.* luthier m; **～r(in** f) m (7) violinista su.

Geigerzähler m *Phys.* contador m Geiger.

geil [gaɪl] ♀ exuberante; *j.:* lascivo; F cachondo; ⚕**heit** f exuberancia f; lascivia f, lujuria f.

Geisel ['-zəl] f(15) rehén m; **～nahme** ['-nɑːmə] f (15) toma f de rehenes.

Geiß [gaɪs] f (16) cabra f; **'-blatt** ♀ n madreselva f; **'-bock** m macho m cabrío, cabrón m.

Geißel ['-səl] f (15) látigo m; *fig.* azote m, plaga f; ⚕n (29) azotar; *fig.* fustigar; **～ung** f flagelación f.

Geist [gaɪst] m (1¹) espíritu m; inteligencia f; mente f; (*Witz*) ingenio m; (*Gespenst*) fantasma m, espectro m; *im ～e* mentalmente; *s-n ～ aufgeben* entregar el alma a Dios; *der Heilige ～* el Espíritu Santo.

'Geister|bahn f túnel m de los sustos; **～beschwörung** f exorcismo m; nigromancia f; **～fahrer** m conductor m que circula en sentido contrario; ⚕**haft** fantástico; fantasmal; **～seher** m visionario m.

geistes|abwesend ['-stəsˀapve:zənt] distraído; ⚕**-abwesenheit** f distracción f; ⚕**-abwesender** m trabajador m intelectual; ⚕**-art** f mentalidad f; ⚕**blitz** m salida f, ocurrencia f; ⚕**gabe** f talento m; ⚕**gegenwart** f presencia f de ánimo; **～gestört** ['-gəʃtøːrt] perturbado (mental); ⚕**haltung** f mentalidad f; **～krank** enfermo mental; ⚕**krankheit** f enfermedad f mental; ⚕**schärfe** f sagacidad f; **～ schwach** deficiente mental; ⚕**schwäche** f deficiencia f mental; ⚕**verfassung** f estado m de ánimo; **～verwandt** congenial (*mit* a); ⚕**wissenschaften** f/pl. letras f/pl.; humanidades f/pl.; ⚕**zustand** m estado m mental.

geistig ['-iç] espiritual; mental; intelectual; *Getränk:* espirituoso.

geistlich ['-liç] espiritual; (*kirchlich*) eclesiástico, clerical; ♪ sagrado, sacro; ⚕**e(r)** m sacerdote m; clérigo m; cura m; *protestantischer:* pastor m; ⚕**keit** f clero m.

geist|los ['-lo:s] falto de ingenio; insípido; **～reich**, **～voll** ingenioso; agudo; **～tötend** ['-tø:tənt] aburrido, soporífero.

Geiz [gaɪts] m (3²) avaricia f; '⚕**en** (27): ～ *mit* ser avaro de; '**-hals** m, '**-kragen** m avaro m; '⚕**ig** avaro.

Gejammer [gə'jamər] n (7) lamentaciones f/pl.

Gejohle [-'jo:lə] n (7) griterío m.

gekannt [-'kant] s. *kennen*.

Gekicher [-'kiçər] n (7) risas f/pl. sofocadas.

Gekläff(e) [-'klɛf(ə)] n (3 [7]) ladridos m/pl.

Geklapper [-'klapər] n (7) tableteo m.

Geklingel [-'klɪŋəl] n (7) tintineo m.

Geklirr [-'klɪr] n (3) tintineo m; estrépito m.

geklungen [-'kluŋən] s. **klingen**.

Geknatter [-'knatər] n (7) traqueteo m; crepitación f; *Motorrad*: petardeo m.

gekniffen [-'knifən] s. **kneifen**.

Geknister [-'knistər] n (7) chisporroteo m.

gekonnt [-'kɔnt] s. **können**; *fig.* logrado, bien hecho.

Gekreisch [-'kraiʃ] n (3) chillidos m/pl.

Gekritzel [-'kritsəl] n (7) garrapatos m/pl., garabatos m/pl.

Gekröse [-'krø:zə] n (7) tripas f/pl.

gekünstelt [-'kynstəlt] artificial; afectado, amanerado.

Gelächter [-'lɛçtər] n (7) risa f; carcajada f; *in* ~ *ausbrechen* soltar una carcajada.

ge'laden F *fig.*: *auf j-n* ~ *sn* estar furioso contra alg.

Gelage [-'la:gə] n (7) banquete m; festín m; *wüstes*: orgía f.

gelähmt [-'lɛ:mt] paralizado; paralítico, tullido; impedido.

Gelände [-'lɛndə] n (7) terreno m; ~**aufnahme** f alzado m topográfico; ~**fahrzeug** n vehículo m (para) todo terreno; 2**gängig** para todo terreno; ~**lauf** m cross m, carrera f a campo traviesa *od.* de campo a través.

Geländer [-'-dər] n (7) barand(ill)a f; balaustrada f; (*Treppen*2) pasamano m.

gelang [-'laŋ] s. **gelingen**.

gelangen [-'-ən] (25, sn) llegar (*zu a*); conseguir, lograr (*zu et.* a/c.).

gelassen [-'lasən] sereno; impasible; tranquilo; 2**heit** f serenidad f; impasibilidad f; tranquilidad f.

Gelatine [ʒela'ti:nə] f (15) gelatina f.

geläufig [gə'lɔyfiç] corriente; (*vertraut*) familiar; ~ *sprechen* hablar de corrido *od.* con soltura; 2**keit** f facilidad f; soltura f.

gelaunt [-'launt]: *gut* (*schlecht*) ~ *de* buen (mal) humor.

Geläut(e) [-'lɔyt(ə)] n (3[7]) toque m de (las) campanas.

gelb [gɛlp] amarillo; 2**fieber** n fiebre f amarilla; 2**körper** *Physiol.* m cuerpo m lúteo; ~**lich** amarillento; 2**sucht** ℱ f ictericia f.

Geld [gɛlt] n (1) dinero m; *Am.* plata f; ~*er pl.* fondos m/pl.; *zu* ~ *machen* vender; liquidar; ~**anlage** f inversión f; ~**ausgabe** f gasto m; ~**automat** m cajero m automático; ~**be-**

trag m cantidad f, importe m; ~**beutel** m, ~**börse** f monedero m; ~**buße** f multa f; ~**einlage** f imposición f de dinero; depósito m; ~**einwurf** m ranura f (para echar la moneda); ~**entschädigung** f indemnización f en metálico; ~**entwertung** f depreciación f monetaria; ~**geber** m socio m capitalista; inversor m; ~**geschäft** n operación f monetaria; ~**geschenk** n regalo m en dinero; ~**gier** f codicia f; 2**gierig** codicioso; ~**heirat** f casamiento m por dinero; ~**institut** n instituto m de crédito; ~**knappheit** f escasez f de fondos; ~**markt** m mercado m monetario; ~**mittel** n/pl. fondos m/pl., recursos m/pl. pecuniarios; ~**not** f falta f de dinero; *in* ~ *sn* andar mal de dinero; ~**rolle** f cartucho m de moneda; ~**schein** m billete m de banco; ~**schrank** m caja f fuerte *od.* de caudales; ~**schrankknacker** F m reventador m de cajas fuertes; ~**strafe** f multa f; ~**stück** n moneda f; ~**tasche** f portamonedas m, monedero m; ~**umlauf** m circulación f monetaria; ~**verlegenheit** f apuro m (de dinero); ~**wechsel** m cambio m (de moneda); ~**wert** m valor m monetario; ~**wesen** n finanzas f/pl.; sistema m monetario.

Gelee [ʒə'le:] n u. m (11) jalea f.

gelegen [gə'le:gən] s. **liegen**; *örtl.* situado, *bsd. Am.* ubicado; (*passend*) oportuno, conveniente, a propósito; *das kommt mir sehr* ~ me viene de perlas; *mir ist daran* ~, *daß* me importa que.

Ge'legenheit f ocasión f; oportunidad f; *bei dieser* ~ con este motivo; ~**s-arbeit** f trabajo m ocasional *od.* eventual; ~**s-arbeiter** m trabajador m eventual; temporero m; ~**sdieb** m descuidero m; ~**sdichtung** f poesía f de circunstancias; ~**skauf** m ocasión f; F ganga f.

gelegentlich [-'---tliç] *adj.* ocasional; eventual; *adv.* en ocasiones; *prp.* (*gen.*) con motivo *od.* ocasión de.

gelehrig [-'le:riç] dócil; 2**igkeit** f docilidad f; 2**samkeit** f erudición f; ~**t**, 2**te(r)** m sabio (m); erudito (m).

Geleise [-'laizə] n (7) 🚊 vía f; *fig.* *wieder ins* ~ *kommen* volver a su cauce; arreglarse.

Geleit [-'lait] n (3) séquito m; ⚔ escolta f; *freies* ~ salvoconducto m;

⌐en acompañar; ✕ escoltar; **∼schiff** n buque m (de) escolta; **∼wort** n prefacio m; **zug ⚓** m convoy m.

Gelenk [-'lɛŋk] n (3) 🦴 articulación f; ⊕ juntura f; **∼entzündung** f artritis f; **♀ig** ágil; flexible; **∼igkeit** f agilidad f; **∼rheumatismus** m reumatismo m articular.

gelernt [-'lɛrnt] Arbeiter: cualificado.

Geliebte [-'li:ptə] f amada f; desp. amante f, querida f; **∼(r)** m amado m; desp. amante m.

geliehen [-'li:ən] s. leihen.

gelinde [-'lində] suave; ∼ gesagt por no decir más.

gelingen [-'liŋən] **1.** v/i. (30, sn) salir bien; tener éxito; es gelingt mir, zu (inf.) consigo (inf.); ihm gelingt alles todo le sale bien; **2.** ♀ n éxito m.

gellen ['gɛlən] (25) resonar; chillar; **∼d** agudo; estridente.

geloben [gə'lo:bən] (25) prometer (solemnemente); das Gelobte Land la Tierra de Promisión.

Gelöbnis [-'lø:pnis] n (4¹) promesa f (solemne).

gelogen [-'lo:gən] s. lügen.

gelten ['gɛltən] (30) valer; ser válido; Gesetz: estar en vigor; regir; ∼ lassen admitir, dejar pasar; ∼ als pasar por; es gilt zu ... se trata de; es gilt! ¡de acuerdo!; ¡conforme!; das gilt dir eso va por ti; das gilt nicht eso no vale; **♀d** vigente; ∼ machen hacer valer, alegar; **♀dmachung** f alegación f.

¹Geltung f valor m; (Gültigkeit) validez f; (Ansehen) crédito m, prestigio m, autoridad f; zur ∼ bringen hacer valer; zur ∼ kommen resaltar; sich ∼ verschaffen hacerse respetar, imponerse; **∼sbedürfnis** n afán m de protagonismo; **∼sbereich** m campo m od. ámbito m de aplicación.

Gelübde [gə'lypdə] n (7) voto m.

ge'lungen logrado; (seltsam) curioso.

Gelüst [-'lyst] n (3²) antojo m, veleidad f; **♀en** (26): es gelüstet mich zu se me antoja inf.

gemach [-'ma:x] **1.** adv. despacio; **2.** ♀ n (1²) aposento m.

gemächlich [-'mɛ:çliç] cómodo; lento; adv. despacio.

gemacht [-'maxt]: ∼! ¡hecho!, ¡de acuerdo!; ein ∼er Mann un hombre que ha triunfado.

Gemahl [-'ma:l] m (3) esposo m; **∼in** f esposa f; Ihre Frau ∼ su señora.

Gemälde [-'mɛ:ldə] n (7) cuadro m, pintura f; lienzo m; **∼ausstellung** f (**∼galerie** f) exposición f (museo m, galería f) de pinturas.

gemasert [-'ma:zərt] veteado.

gemäß [-'mɛ:s] **1.** adj. adecuado (a); **2.** prp. (dat.) según, conforme a; **∼igt** [-'-siçt] moderado; Klima: templado.

Gemäuer [-'mɔyər] n (7) muros m/pl.; altes ∼ ruinas f/pl.

gemein [-'main] común; (gewöhnlich) ordinario, vulgar; (niedrig) vil; infame; der ∼e Mann el hombre de la calle; **∼er Soldat** soldado m raso; et. ∼ haben mit tener a/c. en común con.

Gemeinde [-'-də] f (15) comunidad f; (Stadt♀) municipio m; (Pfarr♀) parroquia f; **∼:** in Zssgn oft municipal; **∼bezirk** m término m municipal; **∼haus** n ayuntamiento m; Rel. diaconía f; **∼mitglied** n vecino m; Rel. parroquiano m; **∼rat** m consejo m municipal; (Person) concejal m; **∼schwester** f diaconisa f; **∼vorsteher** m alcalde m.

ge'mein|gefährlich que constituye un peligro público; **∼gut** n bien m común; **♀heit** f bajeza f, infamia f; P cabronada f; **∼hin** por lo común, por regla general; **♀nutz** [-'-nuts] m (3², o. pl.) interés m común od. general; **∼nützig** [-'-nytsiç] de utilidad pública; **♀platz** m tópico m; lugar m común; **∼sam** común; colectivo; adv. en común; **∼e** Sache machen hacer causa común.

Ge'meinschaft f comunidad f; colectividad f; **♀lich** común; colectivo; **∼s-antenne** f antena f colectiva; **∼s-arbeit** f trabajo m en equipo; **∼s-erziehung** f coeducación f; **∼sgeist** m espíritu m de solidaridad; **∼skunde** f formación f cívico-social; **∼s-produktion** f coproducción f.

Ge'mein|schuldner m quebrado m; **∼sinn** m espíritu m cívico; **♀verständlich** al alcance de todos; **∼wesen** n comunidad f; **∼wohl** n bien m común od. público.

Gemenge [-'mɛŋə] n (7) mezcla f.

gemessen [-'mɛsən] mesurado; formal; solemne; grave.

Gemetzel [-'mɛtsəl] n (7) carnicería f, matanza f, gal. masacre f.

gemieden [-'mi:dən] s. meiden.

Gemisch [-'miʃ] n (3²) mezcla f; **♀t** mezclado, mixto.

gemolken [-'mɔlkən] s. *melken*.

Gemse ['gɛmzə] f (15) gamuza f.

Gemunkel [gə'muŋkəl] n (7) rumores m/pl.; murmuraciones f/pl.

Gemurmel [-'murməl] n (7) murmullo m; cuchicheo m.

Gemüse [-'my:zə] n (7) verdura f; hortalizas f/pl.; legumbres f/pl.; **~bau** m horticultura f; **~garten** m huerto m; **~gärtner** m hortelano m; horticultor m; **~händler(in** f) m verdulero (-a) m (f); **~handlung** f, **~laden** m verdulería f; **~konserven** f/pl. conservas f/pl. vegetales.

gemustert [-'mustərt] *Stoff*: con dibujo.

Gemüt [-'my:t] n (1) alma f, ánimo m, corazón m; F sich et. zu ~e führen (*verzehren*) regalarse con a/c.; 2**lich** *et*.: agradable; acogedor; confortable; íntimo; j.: jovial; es sich ~ machen ponerse cómodo; **~lichkeit** f comodidad f; confort m.

Ge'müts|-art f carácter m; índole f, temperamento m; **~bewegung** f emoción f; **~krankheit** f enfermedad f psíquica; **~mensch** m iron. F bruto m; **~ruhe** f serenidad f, tranquilidad f de ánimo; **~verfassung** f, **~zustand** m estado m de ánimo, disposición f anímica.

gemütvoll [-'my:tfɔl] sensible, afectuoso.

Gen *Biol.* [ge:n] n (3¹) gen(e) m.

genannt [gə'nant] s. *nennen*.

genas [-'nɑːs] s. *genesen*.

genau [-'nau] exacto, preciso; justo; (*sorgfältig*) minucioso, escrupuloso; *Bericht usw.*: detallado; ~ um 8 Uhr a las ocho en punto; ~ wie lo mismo que; igual que; et. ~ nehmen ser meticuloso od. escrupuloso; ~ angeben puntualizar, precisar; ~ kennen conocer a fondo; **~genommen** en rigor; bien mirado; 2**igkeit** f exactitud f; precisión f; **~so:** ~ ... wie tan ... como.

genehm [-'ne:m] agradable, grato; *sn* agradar; 2**igen** [-'-migən] (25) autorizar; aprobar; permitir; 2**igung** f autorización f; aprobación f; permiso m.

geneigt [-'naikt] inclinado; *fig. a.* dispuesto (*zu* a).

General [gene'rɑːl] m (3¹ u. ³) general m; **....:** *in Zssgn mst* general; **~baß** ♪ m bajo m continuo; **~probe** *Thea.* f ensayo m general; **~staats-anwalt**

m fiscal m general del Estado; **~stab** m Estado m Mayor; **~streik** m huelga f general; **~überholung** *Kfz.* f revisión f general; puesta f a punto; **~untersuchung** 𝔰 f chequeo m (médico); **~versammlung** f ⊹ junta f general; **~vollmacht** f poder m general.

Generation [--ra'tsjo:n] f generación f; **~skonflikt** m conflicto m generacional.

Generator [--'rɑːtɔr] m (8¹) generador m.

generell [--'rɛl] general.

genes|en [gə'ne:zən] (30, sn) convalecer; 2**ung** f convalecencia f; 2**ungsheim** n sanatorio m.

Geneti|k [ge'ne:tik] f (16, *o. pl.*) genética f; **~ker** m (7) geneti(ci)sta m; 2**sch** genético.

genial [gen'jɑːl] genial; 2**ität** [-jali-'tɛːt] f genialidad f.

Genick [gə'nik] n (3) nuca f, cerviz f; pescuezo m; sich das ~ brechen desnucarse.

Genie [ʒe'niː] n (11) ingenio m; genio m (*a. Person*).

genieren [-'niːrən] (25): sich ~ avergonzarse; sich ~, et. zu tun tener reparos en hacer a/c.

genieß|bar [gə'niːsbaːr] comestible; (*trinkbar*) potable; *fig.* soportable; **~en** (30) saborear; *fig.* disfrutar de, gozar de; 2**er** m (7) sibarita m; **~e-risch** gozoso; con fruición.

Genitalien [geni'tɑːljən] *pl.* genitales m/pl.

Genitiv ['ge:nitiːf] m (3¹) genitivo m.

genommen [gə'nɔmən] s. *nehmen*.

genoß [-'nɔs] s. *genießen*.

Genoss|e [-'nɔsə] m (13), **~in** f compañero (-a) m (f); camarada su. (*a. Pol.*); **~enschaft** f cooperativa f; 2**enschaftlich** cooperativo.

genug [-'nuːk] bastante, suficiente; ~! ¡basta!; ~ haben von estar harto de; nicht ~, daß no sólo que.

Genüge [-'nyːgə] f (15): zur ~ lo suficiente; ~ tun (*dat.*) satisfacer (*ac.*); 2**n** (25) bastar; ser suficiente; 2**nd** suficiente; bastante; (*Prüfungsnote*) aprobado.

genügsam [-'nyːkzaːm] contentadizo; modesto; frugal; 2**keit** f modestia f; frugalidad f.

Genugtuung [-'nuːktuːuŋ] f satisfacción f; ~ leisten dar satisfacción.

Genus ['genus] *n* (16, *pl. Genera* ['genəra]) *Gram.* género *m*.
Genuß [gə'nus] *m* (4²) goce *m*, placer *m*, gozo *m*; *a.* 🔬 disfrute *m*; **~mittel** *n* estimulante *m*; **~reich** delicioso; **~sucht** *f* sed *f* de placeres; **2süchtig** dado a los placeres.
Geograph [geo'grɑːf] *m* (12) geógrafo *m*; **~ie** [--grɑ'fiː] *f* (15) geografía *f*; **2isch** [--'grɑːfiʃ] geográfico.
Geologie [--'loːgə] *m* (13) geólogo *m*; **~ie** [--loː'giː] *f* (15) geología *f*; **2isch** [--'loːgiʃ] geológico.
Geo|metrie [--me'triː] *f* (15) geometría *f*; **2metrisch** geométrico; **~phy'sik** *f* geofísica *f*.
Gepäck [gə'pɛk] *n* (3) equipaje *m*; *bsd.* 🔬 bagaje *m*; **~abfertigung** *f* facturación *f* de equipajes; **~aufbewahrung** *f* consigna *f*; **~ausgabe** *f* entrega *f* de equipaje; **~netz** *n* rejilla *f*; **~schein** *m* talón *m* de equipaje; **~stück** *n* bulto *m*; **~träger** *m* portaequipajes *m*; (*Person*) mozo *m* (de estación); **~versicherung** *f* seguro *m* de equipajes; **~wagen** *m* furgón *m*.
gepfeffert [-'pfɛfɐt] *fig. Preis:* exorbitante; subido; *Witz:* verde.
Gepflogenheit [-'pfloːgənhaɪt] *f* costumbre *f*.
Geplänkel [-'plɛŋkəl] *n* (7) escaramuza *f* (*a. fig.*); tiroteo *m*.
Geplapper [-'plapɐ] *n* (7) palabrería *f*, parloteo *m*.
Geplärr(e) [-'plɛr(ə)] *n* (3 [7]) lloriqueo *m*.
Geplätscher [-'plɛtʃɐ] *n* (7) murmullo *m*.
Geplauder [-'plaʊdɐ] *n* (7) charla *f*.
Gepolter [-'pɔltɐ] *n* (7) estrépito *m*; alboroto *m*.
Gepräge [-'prɛːgə] *n* (7) *a. fig.* sello *m*, cuño *m*.
Gepränge [-'prɛŋə] *n* (7) pompa *f*.
Geprassel [-'prasəl] *n* (7) crepitación *f*.
gepriesen [-'priːzən] *s. preisen.*
gepunktet [-'puŋktət] *Stoff:* con lunares.
gerade [-'rɑːdə] **1.** *adj.* recto (*a. fig.*); *Haltung:* derecho (*a. fig.*); (*unmittelbar*) directo; *Zahl:* par; **2.** *adv.* (*genau*) justamente; precisamente; (*soeben*) ahora mismo; **~ dabei sn** zu *inf.* estar + *ger.*; *ich wollte* **~...** estaba a punto de ...; *er ist* **~** (*an*)gekommen acaba de llegar; **3.** ⚷ *f* ☇ *u. Sport:* recta *f*; **~'aus:** (*immer*) **~** (todo *od.*

siempre) derecho, todo seguido; **~biegen, ~richten** enderezar; **~he'raus** francamente, con franqueza; **~stehen** tenerse derecho; *fig.* responder (*für de*); **~so** lo mismo; **~wegs** [-'--veːks] derecho, directamente; **~zu** realmente, verdaderamente; (*offen*) [---'tsuː] francamente.
Geradlheit [-'rɑːthaɪt] *f fig.* rectitud *f*; **2linig** [-'liːnɪç] rectilíneo.
gerammelt [-'raməlt]: **~ voll** abarrotado, atestado (de gente), de bote en bote.
Gerangel [-'raŋəl] *n* (7) forcejeo *m*.
Geranie ♀ [-'rɑːnjə] *f* (15) geranio *m*.
gerannt [-'rant] *s. rennen.*
Gerassel [-'rasəl] *n* (7) fragor *m*; estrépito *m*.
Gerät [-'rɛːt] *n* (3) utensilio *m*; (*Apparat*) aparato *m*; *pl.* herramientas *f/pl.*; ⚷ aperos *m/pl.*
geraten [-'rɑːtən] **1.** *v/i.* (30, sn) (*gelangen*) llegar a; ir a parar a; (*gelingen*) salir bien; *außer sich ~* perder los estribos; *nach j-m ~* salir a alg.; **~ in** caer en; *in Schwierigkeiten ~* encontrar dificultades; *in Streit ~* reñir; **2.** *adj.* conveniente, indicado.
Geräteturnen [-'rɛːtəturnən] *n* gimnasia *f* con aparatos.
Geratewohl [-rɑːtə'voːl] *n: aufs ~* al azar; *a la que salga;* F al tuntún.
geraum [-'raʊm]: **~e** *Zeit* un buen rato; *vor* **~er** *Zeit* hace bastante tiempo.
geräumig [-'rɔʏmɪç] espacioso; amplio; vasto.
Geräusch [-'rɔʏʃ] *n* (3²) ruido *m*; **~kulisse** *f* ruido *m* de fondo; **2los** silencioso, sin ruido; **~pegel** *m* nivel *m* sonoro; **2voll** ruidoso.
gerb|en ['gɛrbən] (25) curtir; *j-m das Fell ~* F zurrar la badana a alg.; **2er** *m* (7) curtidor *m*; **2e'rei** *f* tenería *f*, curtiduría *f*; **2säure** ['gɛrpʣɔʏrə] *f* ácido *m* tánico; **2stoff** *m* curtiente *m*; 🌿 tanino *m*.
gerecht [gə'rɛçt] justo; *Strafe:* merecido; **~ werden** *j-m:* hacer justicia a alg.; *e-r Sache:* satisfacer (*ac.*), corresponder a; **~fertigt** [-'-fɛrtɪçt] justificado; **2igkeit** *f* justicia *f* (*widerfahren lassen* hacer).
Gerede [-'reːdə] *n* (7) habladurías *f/pl.*; chismes *m/pl.*; *das ist leeres ~* no son más que palabras; *j-n ins ~ bringen* comprometer a alg.

gereichen [-'raıçən] (25) redundar (*zu dat.* en); *zur Ehre* ~ hacer honor a; *zum Schaden* ~ perjudicar a.

gereizt [-'raıtst] irritado; **2heit** *f* irritación *f*.

Gericht [-'rıçt] *n* (3): **a)** ⚖ tribunal *m*; *niederes*: juzgado *m*; *höheres*: audienca *f*; *Am.* corte *f*; *vor* ~ en juicio; *vor* ~ *bringen* llevar a juicio; *vor* ~ *laden* citar ante el juez; *zu* ~ *sitzen über* juzgar a; **b)** (*Speise*) plato *m*; comida *f*; **2lich** ⚖ judicial.

Gerichts|akten [-'rıçts⁷aktən] *f/pl.* autos *m/pl.*; ~**arzt** *m* (médico *m*) forense *m*; ~**barkeit** *f* jurisdicción *f*; ~**beschluß** *m* decisión *f* judicial; ~**bezirk** *m* distrito *m* judicial; ~**diener** *m* ujier *m*; ~**gebäude** *n* Palacio *m* de Justicia; ~**hof** *m* tribunal *m*; *Am.* corte *f* (de justicia); ~**kosten** *pl.* costas *f/pl.* judiciales; ~**medizin** *f* medicina *f* legal *od.* forense; ~**saal** *m* sala *f* de audiencia; ~**sitzung** *f* audiencia *f*; ~**stand** *m* tribunal *m* competente; ~**verfahren** *n* procedimiento *m* judicial; ~**vollzieher** [-'-fɔltsi:ər] *m* (7) agente *m* ejecutivo; ~**wesen** *n* justicia *f*.

gerieben [-'ri:bən] *s. reiben*; *fig.* taimado, astuto.

gering [-'rıŋ] pequeño (~*fügig*) insignificante; (*wenig*) poco, escaso; *Preis*: módico; ~*er* menor; inferior (*als* a); *nicht im* ~*sten* de ninguna manera; *ni por asomo*; ~**fügig** [-'-fy:gıç] insignificante; fútil; **2fügigkeit** *f* insignificancia *f*; futilidad *f*; ~**schätzen** tener en poco, menospreciar; ~**schätzig** [-'-ʃɛtsıç] desdeñoso; *Ton*: despectivo; **2schätzung** *f* menosprecio *m*; desdén *m*.

gerinn|en [-'rınən] (30, sn) *Blut*: coagularse; *Milch*: cuajarse; **2sel** [-'-zəl] *n* (7) coágulo *m*.

Gerippe [-'rıpə] *n* (7) esqueleto *m*; ⊕ armazón *f*.

gerissen [-'rısən] *s. reißen*; *fig.* taimado, astuto, zorro.

German|e [gɛr'mɑ:nə] *m* (13) germano *m*; **2isch** germano; germánico; ~**ist** [-ma'nıst] *m* (12) germanista *m*; ~**istik** [--'nıstık] *f* (16, *o. pl.*) filología *f* germánica.

gern(e) [gɛrn(ə)] con mucho gusto, de buena gana; *ich lese* ~ me gusta leer; *j-n* ~ *haben od. mögen* querer a alg.; ~ *geschehen!* de nada; ~ *gesehen* bien visto; *das glaube ich* ~ ya lo creo;

ich möchte ~ quisiera; **2egroß** *m* (14) presumido *m*.

gerochen [gə'rɔxən] *s. riechen*.

Geröll [-'rœl] *n* (3) guijarros *m/pl.*; cantos *m/pl.* rodados.

geronnen [-'rɔnən] *s. gerinnen*.

Gerste ['gɛrstə] *f* (15) cebada *f*; ~**n-korn** ⚕ *n* orzuelo *m*.

Gerte ['-tə] *f* (15) vara *f*, varita *f*, varilla *f*.

Geruch [gə'rux] *m* (3³) olor *m*; (*Sinn*) olfato *m*; ~**los** inodoro; ~**ssinn** *m* olfato *m*.

Gerücht [-'ryçt] *n* (3) rumor *m*; *es geht das* ~ corre el rumor *od.* la voz.

geruh|en [-'ru:ən]: ~ *zu* dignarse (*inf.*); ~**sam** tranquilo; *adv.* sin prisa.

Gerümpel [-'rympəl] *n* (7) cachivaches *m/pl.*; trastos *m/pl.* viejos.

Gerundium *Gram.* [ge'rundjum] *n* (9) gerundio *m*.

gerungen [gə'ruŋən] *s. ringen*.

Gerüst [-'ryst] *n* (3²) (*Bretter*2) tablado *m*; (*Bau*2) andamio *m*, andamiaje *m*; *a. fig.* armazón *f*.

gesalzen [-'zaltsən] *fig. s. gepfeffert*.

gesamt [-'zamt] total, entero; **2...:** *in Zssgn oft* total; **2-ausgabe** *f* edición *f* completa; **2betrag** (*importe m*) total *m*; **2bild** *n*, **2-eindruck** *m* impresión *f* general; **2-ergebnis** *n* resultado *m* definitivo; **2heit** *f* totalidad *f*; conjunto *m*; **2schule** *f* escuela *f* integrada; **2summe** *f* total *m*; **2werk** *n* obra(s) *f(pl.)* completa(s).

gesandt [-'zant] *s. senden*; **2e(r)** *m* *Pol.* ministro *m* (plenipotenciario); **2schaft** *f* legación *f*.

Gesang [-'zaŋ] *m* (3³) canto *m*; ~**buch** *n* libro *m* de cánticos; ~**verein** *m* orfeón *m*, coral *f*.

Gesäß [-'zɛ:s] *n* (3²) trasero *m*, nalgas *f/pl.*; ~**muskel** *m* (músculo *m*) glúteo *m*; ~**tasche** *f* bolsillo *m* trasero.

Geschäft [-'ʃɛft] *n* (3) (*Handel*) negocio *m*; transacción *f*; operación *f*; (*Laden*) comercio *m*, tienda *f*; (*Firma*) casa *f*, establecimiento *m*; ein ~ *abschließen* cerrar un trato; F *sein* ~ *verrichten* hacer sus necesidades; **2ig** activo; solícito; **2igkeit** *f* actividad *f*; **2lich** comercial; *adv.* por asuntos de negocio.

Ge'schäfts|-abschluß *m* conclusión *f* de un negocio; ~**anteil** *m* participación *f*; ~**aufgabe** *f* liquidación *f od.* cese *m* del negocio; ~**bereich** *m* campo *m* de actividades; *Minister ohne* ~ ministro *m* sin cartera; **~bericht** *m* memoria *f*; **~brief** *m* carta *f* comercial; **2fähig** *g'z* capaz de contratar; **~freund** *m* corresponsal *m*; **2führend** gestor; *~er Direktor* director *m* gerente; **~führer** *m* gerente *m*, administrador *m*; **~führung** *f* gerencia *f*, gestión *f*; **~gang** *m* marcha *f* de los negocios; **~haus** *n* casa *f* de comercio; **~inhaber** *m* titular *m* de un negocio; dueño *m* (de una tienda); **~jahr** *n* ejercicio *m*; **~leben** *n* negocios *m/pl.*; **~leitung** *f* dirección *f*; **~mann** *m* (1, *pl.* ~*leute*) hombre *m* de negocios; comerciante *m*; **2mäßig** *fig.* rutinario; **~ordnung** *f* reglamento *m*; **~papiere** *n/pl.* papeles *m/pl.* de negocio; **~raum** *m* local *m* comercial; **~reise** *f* viaje *m* de negocios; **~reisende(r)** *m* viajante *m*; **~schluß** *m* cierre *m* de los comercios; **~stelle** *f* oficina *f*; **~stunden** *f/pl.* horas *f/pl.* de oficina *od.* de despacho; **~träger** *m* *Pol.* encargado *m* de negocios; **2tüchtig** hábil para los negocios; **~verbindung** *f* relación *f* comercial; **~viertel** *n* barrio *m* comercial; **~zeit** *f* s. ~*stunden*; **~zweig** *m* ramo *m* (de comercio).

geschah [-'ʃaː] *s. geschehen.*

geschehen [-'ʃeːən] (30, sn) suceder, acontecer, ocurrir, pasar; *es ist um ihn* ~ está perdido; ~ *lassen* dejar hacer; *was auch* ~ *mag* pase lo que pase; **2en** *n*, **2nis** *n* (4¹) suceso *m*, acontecimiento *m*.

gescheit [-'ʃart] inteligente, sensato; *du bist wohl nicht* ~? ¿estás loco?

Geschenk [-'ʃɛŋk] *n* (3) regalo *m*; obsequio *m*; **~gutschein** *m* cheque-regalo *m*; **~packung** *f* embalaje *m* para regalo.

Geschicht|e [-'ʃɪçtə] *f* (15) historia *f* (*Erzählung*) cuento *m*; *es ist die alte* ~ es lo de siempre; *iron. das ist e-e schöne* ~! ¡estamos frescos!; **2lich** histórico.

Ge'schichts|forscher *m* historiador *m*; **~forschung** *f* investigación *f* histórica; **~schreiber** *m* historiógrafo *m*; **~schreibung** *f* historiografía *f*.

Geschick [-'ʃik] *n* (3): **a)** (*Schicksal*) destino *m*, suerte *f*; **b)** = **~lichkeit** *f* habilidad *f*, destreza *f*; maña *f*; **2t** hábil, diestro, mañoso; *sich* ~ *anstellen* darse maña.

geschieht [-'ʃiːt] *s. geschehen.*

geschienen [-'ʃiːnən] *s. scheinen.*

Geschirr [-'ʃir] *n* (3) vajilla *f*; (*Kaffee2, Tee2*) juego *m*, servicio *m*; (*Pferd*) arnés *m*; **~schrank** *m* aparador *m*; **~spülmaschine** *f* lavaplatos *m*, lavavajillas *m*; **~tuch** *n* paño *m* de cocina.

Geschlecht [-'ʃlɛçt] *n* (1) sexo *m*; *Gram.* género *m*; (*Abstammung*) familia *f*, linaje *m*, raza *f*; **2lich** sexual; **~lichkeit** *f* sexualidad *f*.

Ge'schlechts...: *in Zssgn oft* sexual; **~akt** *m* acto *m* carnal, coito *m*; **~krankheit** *f* enfermedad *f* venérea; **~merkmal** *n* carácter *m* sexual; **~reife** *f* pubertad *f*; **~teile** *m/pl.* genitales *m/pl.*, partes *f/pl.*; **~trieb** *m* instinto *m* sexual; **~verkehr** *m* relaciones *f/pl.* sexuales; comercio *m* carnal; **~wort** *n Gram.* artículo *m*.

geschlichen [-'ʃliçən] *s. schleichen.*

geschliffen [-'ʃlifən] *s. schleifen.*

geschlossen [-'ʃlɔsən] *s. schließen; fig.* unido; en bloque.

geschlungen [-'ʃluŋən] *s. schlingen.*

Geschmack [-'ʃmak] *m* (3³) sabor *m*; gusto *m* (*a. fig.*); ~ *finden an* (*dat.*) tomar gusto a; **2los** insípido, soso; *fig.* cursi, de mal gusto; **~losigkeit** *f* insipidez *f*; *fig.* mal gusto *m*; falta *f* de gusto; **~(s)sache** *f* cuestión *f* de gusto; **~(s)sinn** *m* gusto *m*; **2voll** de buen gusto.

Geschmeid|e [-'ʃmaɪdə] *n* (7) joyas *f/pl.*, alhajas *f/pl.*; **2ig** flexible; ágil; **~igkeit** *f* flexibilidad *f*; agilidad *f*.

Geschmeiß [-'ʃmaɪs] *n* (3²) bichos *m/pl.*; *fig.* canalla *f*, chusma *f*.

Geschmier|(e) [-'ʃmiːr(·)] *m* (7) garabatos *m/pl.*; **2t:** *das ge'~ wie* ~ *esto va* sobre ruedas; F *esto v~ que chuta.*

geschmissen [-'ʃmisən] *s. schmeißen.*

geschmolzen [-'ʃmɔltsən] *s. schmelzen.*

Geschmuse [-'ʃmuːzə] *n* (7) arrumacos *m/pl.*

Geschnatter [-'ʃnatər] *n* (7) graznido *m*; *fig.* parloteo *m*.

geschniegelt [-'ʃniːgəlt]: ~ (*und gebügelt*) peripuesto; de punta en blanco.

geschnitten [-'ʃnitən] *s. schneiden.*

geschoben [-'ʃoːbən] *s. schieben.*

gescholten [-'ʃɔltən] *s. schelten.*

Geschöpf [-'ʃœpf] *n* (3) criatura *f*.

geschoren ['-ʃoːrən] *s. scheren.*

Geschoß [-'ʃɔs] *n* (4) proyectil *m*; △ piso *m*, planta *f*; **~bahn** *f* trayectoria *f*.

geschossen [-'ʃɔsən] *s.* schießen.

geschraubt [-'ʃraʊpt] *fig.* afectado; amanerado.

Geschrei [-'ʃraɪ] *n* (3) gritos *m/pl.*, voces *f/pl.*; alboroto *m*; ein großes ~ erheben *fig.* poner el grito en el cielo.

geschrieben [-'ʃriːbən] *s.* schreiben.

geschrie(e)n [-'ʃriː(ə)n] *s.* schreien.

geschritten [-'ʃrɪtən] *s.* schreiten.

Geschütz [-'ʃyts] *n* (3²) cañón *m*, pieza *f* de artillería; **feuer** *n* fuego *m* de artillería; **turm** *m* cúpula *f*.

Geschwader [-'ʃvaːdər] *n* (7) ⚓ escuadra *f*; ✈ escuadrón *m*.

Geschwätz [-'ʃvɛts] *n* (3²) parloteo *m*; chismes *m/pl.*; **ig** locuaz; hablador, parlanchín; **igkeit** *f* locuacidad *f*.

geschweige [-'ʃvaɪɡə]: ~ denn y mucho menos; por no hablar de.

geschwiegen [-'ʃviːɡən] *s.* schweigen.

geschwind [-'ʃvɪnt] rápido, veloz; **igkeit** [-'-dɪçkaɪt] *f* velocidad *f*; rapidez *f*; **igkeitsmesser** *m* Kfz. tacómetro *m*.

Geschwister [-'ʃvɪstər] *pl.* (7) hermanos *m/pl.*; **lich** fraternal.

geschwollen [-'ʃvɔlən] *s.* schwellen; *fig.* ampuloso.

geschwommen [-'ʃvɔmən] *s.* schwimmen.

geschworen [-'ʃvoːrən] *s.* schwören; **e(r)** *m* jurado *m*.

Geschwulst 𝔰 [-'ʃvʊlst] *f* (14¹) hinchazón *f*; tumor *m*.

geschwunden [-'ʃvʊndən] *s.* schwinden.

geschwungen [-'ʃvʊŋən] *s.* schwingen.

Geschwür 𝔰 [-'ʃvyːr] *n* (3) úlcera *f*.

Gesell|e [ɡə-'zɛlə] *m* (13) compañero *m*; (Handwerks≗) oficial *m*; **2en** (25): sich ~ zu reunirse con; **2ig** sociable; social; **igkeit** *f* sociabilidad *f*.

Gesellschaft [-'zɛlʃaft] *f* compañía *f* (a. ✝); sociedad *f* (a. ✝, mit beschränkter Haftung de responsabilidad limitada); (Vereinigung) asociación *f*; reunión *f*; (Abend≗) velada *f*, tertulia *f*; ~ leisten hacer compañía; **er** *m* (7) ✝ socio *m*, asociado *m*; **erin** *f* dama *f* de compañía; **2lich** social.

Ge'sellschafts...: in Zssgn ✝ social; **abend** *m* reunión *f*; velada *f*; **anzug** *m* traje *m* de etiqueta; **reise** *f* viaje *m* colectivo; ~ **schicht** *f* capa *f* od. estrato *m* social; **spiel** *n* juego *m* de socie-

dad; **tanz** *m* baile *m* de sociedad od. de salón.

gesessen [-'zɛsən] *s.* sitzen.

Gesetz [-'zɛts] *n* (3²) ley *f*; **buch** *n* código *m*; **entwurf** *m* proyecto *m* de ley; **eskraft** *f* fuerza *f* legal; **2gebend** legislativo; **geber** *m* legislador *m*; **gebung** *f* legislación *f*; **2lich** legal; ~ geschützt patentado; **lichkeit** *f* legalidad *f*; **2los** anárquico; **losigkeit** *f* anarquía *f*; **2mäßig** legítimo; *fig.* regular; **mäßigkeit** *f* legitimidad *f*; regularidad *f*.

gesetzt [-'zɛtst] *s.* setzen; *fig.* serio, grave; ~ (den Fall), daß supongamos od. suponiendo que (subj.); **2heit** *f* seriedad *f*, gravedad *f*.

ge'setzwidrig ilegal; **2keit** *f* ilegalidad *f*.

Gesicht [-'zɪçt] **1.** *n* (1) cara *f*; rostro *m*; zu ~ bekommen (llegar a) ver; ein langes ~ machen quedar con un palmo de narices; ein ~ ziehen torcer el gesto; ~er schneiden hacer gestos; sein wahres ~ zeigen quitarse la máscara od. careta; das ~ wahren salvar la cara; **2.** *n* (3) (Erscheinung) aparición *f*; visión *f*.

Ge'sichts...: in Zssgn oft Anat. facial; optisch: visual; **ausdruck** *m* fisonomía *f*; expresión *f* del rostro; **farbe** *f* tez *f*; **feld** *n* campo *m* visual; **kreis** *m* horizonte *m*; **punkt** *m* punto *m* de vista; aspecto *m*; **sinn** *m* (sentido *m* de la) vista *f*; **wasser** *n* loción *f* facial; **zug** *m* rasgo *m*; *pl.* facciones *f/pl.*

Gesims [-'zɪms] *n* (4) moldura *f*; cornisa *f*.

Gesinde [-'zɪndə] *n* (7) servidumbre *f*; **l** *n* (7) chusma *f*, canalla *f*.

gesinnt [-'zɪnt]: j-m freundlich ~ sn sentir simpatía hacia alg.; feindlich ~ hostil.

Gesinnung [-'zɪnʊŋ] *f* opinión *f*, convicción *f*; **sgenosse** *m a.* Pol. correligionario *m*; **2slos** sin carácter; **2s-treu** leal; **swechsel** *m* cambio *m* de opinión.

gesittet [-'zɪtət] decente; civilizado.

Gesöff [-'zœf] F *n* (3) brebaje *m*.

gesondert [-'zɔndərt] *adv.* por separado, aparte.

gesonnen [-'zɔnən] *s.* sinnen; ~ sn zu (inf.) tener intención de, estar dispuesto a.

Gespann [-'ʃpan] n (3) tiro m; fig. pareja f; tándem m.

gespannt [-'ʃpant] a. fig. tenso, tirante; ∼ sn auf estar curioso por saber; estar ansioso de; **2heit** f tensión f, tirantez f; fig. viva atención f.

Gespenst [-'ʃpɛnst] n (1¹) fantasma m; espectro m; **2isch** fantástico; fantasmal; espectral.

Gespiel|e [-'ʃpi:lə] m (13), **∼in** f compañero (-a) m (f) de juego.

Gespinst [-'ʃpinst] n (3²) hilado m.

gesponnen [-'ʃpɔnən] s. spinnen.

Gespött [-'ʃpœt] n (3) burla f; ironía f; zum ∼ werden ser objeto de burlas; zum ∼ machen poner en ridículo.

Gespräch [-'ʃprɛːç] n (3) conversación f; coloquio m; Fernsp. conferencia f; llamada f; ein ∼ führen (sos)tener una conversación; das ∼ auf et. bringen hacer caer la conversación sobre a/c.; **2ig** hablador; comunicativo; locuaz; **∼igkeit** f locuacidad f; **∼s-partner(in** f) m interlocutor(a) m (f); **∼srunde** f mesa f redonda; **∼sstoff** m tema m de la conversación; **2sweise** hablando, en la conversación.

gespreizt [-'ʃpraitst] fig. afectado.

gesprochen [-'ʃprɔxən] s. sprechen.

gesprungen [-'ʃpruŋən] s. springen.

Gespür [-'ʃpy:r] n (3¹, o. pl.) olfato m.

Gestade [-'ʃtaːdə] n (7) orilla f, costa f.

Gestalt [-'ʃtalt] f (16) forma f; figura f; estatura f; Lit. personaje m; fig. (feste) ∼ annehmen tomar cuerpo; **2en** (26) formar; crear; organizar; ⊕ diseñar; fig. sich ∼ resultar; **2los** amorfo; **∼ung** f formación f; creación f; organización f; **∼ungskraft** f fuerza f creadora; creatividad f.

Gestammel [-'ʃtaməl] n (7) balbuceo m.

gestanden [-'ʃtandən] s. stehen.

geständ|ig [-'ʃtɛndiç] confeso; ∼ sn confesar; **2nis** [-'ʃtɛntnis] n (4¹) confesión f; ein ∼ ablegen confesar.

Gestank [-'ʃtaŋk] m (3, o. pl.) hedor m, fetidez f; mal olor m.

gestatten [-'ʃtatən] (26) permitir, autorizar; ∼ Sie! con su permiso.

Geste ['ɡɛstə] f (15) gesto m, ademán m; fig. detalle m, rasgo m.

gesteh|en [ɡə'ʃteːən] confesar; **2ungskosten** pl. coste m de producción.

Gestein [-'ʃtain] n (3) roca f; **∼s-**

kunde [-'-skundə] f petrografía f; petrología f.

Gestell [-'ʃtɛl] n (3) caballete m; (Fuß2) pedestal m; (Regal) estante m, größer: estantería f; ⊕ soporte m; **∼ungsbefehl** ⚔ m llamamiento m a filas.

gestern ['ɡɛstərn] ayer; ∼ morgen ayer por la mañana; ∼ abend od. nacht anoche.

gestiefelt [ɡə'ʃtiːfəlt]: der 2e Kater el gato con botas; fig. ∼ und gespornt listo para salir.

gestiegen [-'ʃtiːɡən] s. steigen.

gestielt ⚘, Zo. [-'ʃtiːlt] pedunculado.

gestikulieren [ɡɛstiku'liːrən] gesticular, hacer gestos.

Gestirn [ɡə'ʃtirn] n (3) astro m; **2t** estrellado.

Gestöber [-'ʃtøːbər] n (7) torbellino m.

gestochen [-'ʃtɔxən] s. stechen.

gestohlen [-'ʃtoːlən] s. stehlen.

gestorben [-'ʃtɔrbən] s. sterben.

Gestotter [-'ʃtɔtər] n (7) tartamudeo m.

Gesträuch [-'ʃtrɔyç] n (3) arbustos m/pl.; matorral m.

gestreift [-'ʃtraift] rayado, a rayas, listado.

gestrichen [-'ʃtriçən] s. streichen.

gestrig ['ɡɛstriç] de ayer.

Gestrüpp [ɡə'ʃtryp] n (3) matorral m; maleza f; broza f.

Gestühl [-'ʃtyːl] n (3) sillería f.

gestunken [-'ʃtuŋkən] s. stinken.

Gestüt [-'ʃtyːt] n (3) acaballadero m.

Gesuch [-'zuːx] n (3) instancia f, solicitud f; petición f; **2t** † demandado, solicitado; (geziert) afectado; rebuscado.

gesund [-'zunt] sano; (heilsam) saludable (a. fig.); salubre; ∼ werden = **∼en** [-'-dən] (26, sn) sanar, curarse; restablecerse.

Gesundheit [-'zunthait] f salud f; sanidad f; salubridad f; ∼! beim Niesen: ¡Jesús!; bei guter ∼ bien de salud; **2lich** higiénico, sanitario; wie geht's Ihnen ∼? ¿cómo va de salud?; **∼s-amt** n delegación f de sanidad; **2shalber** [-'-halbər] por razones de salud; **∼s-pflege** f higiene f; **∼srücksichten** f/pl.: aus ∼ por razones de salud; por respeto a la higiene; **∼sschädlich** perjudicial a la salud; insalubre; **∼swesen** n sanidad f; **∼szeugnis** n certificado m de sanidad;

Gesundheitszustand

~szustand m estado m de salud.

Gesundung [-'duŋ] f restablecimiento m; convalecencia f; fig. saneamiento m.

gesungen [-'zuŋən] s. singen.

gesunken [-'zuŋkən] s. sinken.

getan [-'ta:n] s. tun.

Getändel [-'tɛndəl] n (7) flirteo m, coqueteo m.

Getöse [-'tø:zə] n (7) estrépito m, estruendo m, fragor m.

getragen [-'tra:gən] Kleidung: usado; fig. solemne; grave.

Getrampel [-'trampəl] n (7) pataleo m; zapateo m.

Getränk [-'trɛŋk] n (3) bebida f; **~e-automat** m máquina f automática de bebidas.

getrauen [-'trauən] (25): sich ~ zu atreverse a.

Getreide [-'traidə] n (7) cereales m/pl.; **~bau** m cultivo m de cereales; **~feld** n campo m de cereales; **~händler** m tratante m en granos; **~speicher** m granero m.

getrennt [-'trɛnt] separado; adv. aparte; ~ leben vivir separados.

getreu(lich) [-'trɔy(liç)] fiel, leal.

Getriebe [-'tri:bə] n (7) ⊕ engranaje m; transmisión f; Kfz. caja f de cambios; fig. agitación f; animación f; **2n s. treiben**; **~e Arbeit** repujado m.

getroffen [-'trɔfən] s. treffen.

getrunken [-'truŋkən] s. trinken.

Getto [ˈgɛtɔ] n (11) gueto m.

Getue [gəˈtu:ə] n (7) afectación f; aspavientos m/pl.

Getümmel [-'tyməl] n (7) tumulto m; barullo m; F jaleo m.

geübt [-'ˀy:pt] hábil, diestro; **2heit** f habilidad f; práctica f.

Geviert [-'fi:rt] n (3) cuadrado m.

Gewächs [-'vɛks] n (4) vegetal m; planta f; 🢨 tumor m.

gewachsen [-'vaksən]: gut ~ sn tener buen tipo; fig. j-m (e-r Sache) ~ sn estar a la altura de alg. (a/c.).

Gewächshaus [-'vɛkshaus] n invernadero m.

gewagt [-'va:kt] arriesgado; atrevido.

gewählt [-'vɛ:lt] distinguido.

gewahr [-'va:r]: ~ werden (ac. od. gen.) percatarse de; darse cuenta de.

Gewähr [-'vɛ:r] f (16) garantía f; seguridad f; ohne ~ sin garantía; sin compromiso.

gewahren [-'va:rən] (25) notar; descubrir; darse cuenta de.

gewähr|en [-'vɛ:rən] (25) conceder, otorgar; Bitte: acceder a; (bieten) ofrecer; ~ lassen dejar hacer; **~leisten** (untr.) garantizar; **2leistung** f garantía f.

Gewahrsam [-'va:rza:m] m (3) custodia f; in ~ bajo custodia.

Gewähr|smann [-'vɛ:rsman] m garante m; informante m; **~ung** f concesión f; otorgamiento m.

Gewalt [-'valt] f (16) (Macht) poder m; autoridad f; (Zwang) fuerza f; violencia f; höhere ~ fuerza f mayor; mit ~ a la fuerza; mit aller ~ fig. a todo trance od. precio; ~ anwenden valerse de la fuerza; (sich) in der ~ haben dominar(se); controlar(se); die ~ verlieren über perder el control de; **~akt** m acto m violento; **~herrschaft** f despotismo m, tiranía f; **~herrscher** m déspota m, tirano m; **2ig** poderoso; potente; fig. enorme; **~losigkeit** f no violencia f; **2sam** violento; brutal; adv. a la fuerza; **~streich** m golpe m de fuerza; **~tat** f acto m violento od. de violencia; **2tätig** violento; brutal; **~tätigkeit** f violencia f; brutalidad f; **~verzicht** m renuncia f a la violencia.

Gewand [-'vant] n (1², poet. 3) vestido m; Rel. vestidura f.

gewandt [-'vant] (flink) ágil, ligero; (geschickt) hábil, diestro; **2heit** f agilidad f; habilidad f, destreza f; soltura f.

gewann [-'van] s. gewinnen.

gewärtig [-'vɛrtiç]: e-r Sache ~ sein esperar a/c.; contar con a/c.

Gewäsch F [-'vɛʃ] n (3²) bobadas f/pl., F chorradas f/pl.

Gewässer [-'vɛsər] n (7) aguas f/pl.

Gewebe [-'ve:bə] n (7) tejido m; **~lehre** f histología f.

geweckt [-'vɛkt] fig. avispado.

Gewehr [-'ve:r] n (3) fusil m; (Jagd2) escopeta f; **~feuer** n fuego m de fusiles, fusilería f; **~riemen** m portafusil m; **~schuß** m escopetazo m.

Geweih [-'vai] n (3) cornamenta f.

Gewerbe [-'vɛrbə] n (7) industria f; (Beruf) oficio m; **~...: in Zssgn oft** industrial; **~aufsicht** f inspección f industrial; **~ordnung** f código m industrial; **~schein** m licencia f (de oficio); **~schule** f escuela f industrial; **~steuer** f impuesto m industrial; **2treibend** industrial.

gewerb|lich [-'vɛrpliç] industrial; **~s-mäßig** profesional.

Gewerkschaft [-'vɛrkʃaft] f sindicato m; ~(l)er m sindicalista m; ℒlich sindical(ista); ~sbund m confederación f de sindicatos; ~sführer m dirigente m od. líder m sindical; ~swesen n sindicalismo m.

gewesen [-'ve:zən] s. sein.

gewichen [-'viçən] s. weichen.

Gewicht [-'viçt] n (3) peso m; fig. a. importancia f; (ℒsstein) pesa f; nach ~ al peso; ins ~ fallen pesar; entrar en cuenta; ~ legen auf (ac.) dar importancia a; ~heben n Sport: levantamiento m de pesos, halterofilia f; ~heber m levantador m de pesos; ℒig pesado; fig. de (mucho) peso; importante; ~s...: in Zssgn mst de peso.

gewieft F [-'vi:ft] astuto; avispado; vivo.

gewiegt [-'vi:kt] fig. experto.

Gewieher [-'vi:ər] n (7) relincho m.

gewiesen [-'vi:zən] s. weisen.

gewillt [-'vilt]: ~ zu dispuesto a.

Gewimmel [-'viməl] n (7) hormigueo m, hervidero m.

Gewimmer [-'vimər] n (7) gimoteo m; gemido m.

Gewinde [-'vində] n (7) (Blumenℒ) guirnalda f; ⊕ rosca f, filete m; ~bohrer m terraja f.

Gewinn [-'vin] m (3) ganancia f; beneficio m; (Vorteil) provecho m, ventaja f; (Lotterieℒ) premio m; ~anteil m, ~beteiligung f participación f en los beneficios; ℒbringend provechoso; lucrativo; ℒen (30) ganar; ⊕ extraer; (erlangen) conseguir, obtener; j-n für sich ~ granjearse la voluntad de alg.; die Überzeugung ~ llegar a persuadirse od. convencerse; ℒend fig. simpático; ~er(in f) m (7) ganador(a f) m; vencedor(a f) m; bei Preisausschreiben, Toto usw.: acertante su.; ~liste f lista f de números premiados; ~los n billete m premiado; ~spanne f margen f de beneficios; ~sucht f codicia f; ℒsüchtig codicioso; interesado; ~und-Verlust-Rechnung f cuenta f de pérdidas y ganancias; ~ung f obtención f; ⚒ extracción f; ~verteilung f reparto m de beneficios; ~zahl f número m ganador bzw. premiado.

Gewinsel [-'zəl] n (7) gimoteo m.

Gewirr [-'vir] n (3) enredo m, maraña f; fig. confusión f.

gewiß [-'vis] 1. adj. cierto; seguro; ein

gewisser Martínez un tal Martínez; 2. adv. seguramente; por cierto; ganz ~ sin duda; aber ~! ¡claro que sí!, bsd. Am. ¿cómo no?

Gewissen [-'visən] n (6) conciencia f; ein gutes (schlechtes) ~ haben tener buena (mala) conciencia; j-m ins ~ reden apelar a la conciencia de alg.; ℒhaft escrupuloso; concienzudo; adv. a conciencia; ~haftigkeit f escrupulosidad f; esmero m; ℒlos sin conciencia, sin escrúpulo(s); ~losigkeit f falta f de conciencia od. de escrúpulos; ~sbisse m/pl. remordimientos m/pl.; ~sfrage f caso m de conciencia; ~sfreiheit f libertad f de conciencia; ~szwang m obligación f moral.

gewissermaßen [-visər'ma:sən] en cierto modo.

Gewißheit [-'vishait] f certeza f; seguridad f; sich (dat.) ~ verschaffen über (ac.) cerciorarse de.

Gewitter [-'vitər] n (7) tormenta f; ℒig tormentoso; ~neigung f amenaza f de tormenta; ~regen, ~schauer m aguacero m, chubasco m; ~schwüle f bochorno m; ~sturm m tempestad f; ~wolke f nubarrón m; nube f tormentosa.

gewitzigt [-'vitsiçt] escarmentado.

gewitzt [-'vitst] listo; astuto; sehr ~ sn ser más listo que el hambre.

gewogen [-'vo:gən] 1. s. wägen u. wiegen; 2. adj. (dat.) favorable (a); j-m ~ sn tener afecto a alg.; ℒheit f benevolencia f.

gewöhnen [-'vø:nən] (25): (sich) ~ an acostumbrar(se) a, habituar(se) a.

Gewohnheit [-'vo:nhait] f costumbre f; hábito m; rutina f; aus ~ por costumbre; ℒsmäßig habitual; ~smensch m rutinero m; ~srecht n derecho m consuetudinario; ~s-tier F fig. n animal m de costumbres; ~s-trinker m (~sverbrecher m) bebedor m (delincuente m) habitual.

gewöhnlich [-'vø:nliç] ordinario; corriente; (üblich) usual, habitual; normal; (gemein) grosero, vulgar; adv. de ordinario; normalmente; wie ~ como de costumbre.

gewohnt [-'vo:nt] acostumbrado a, habituado a.

Gewöhnung [-'vø:nuŋ] f habituación f; aclimatación f.

Gewölbe [-'vœlbə] n (7) bóveda f.

Gewölk [-'vœlk] n (3) nubes f/pl.

gewollt [-'vɔlt] intencionado.

gewonnen [-'vɔnən] s. gewinnen.

geworben [-'vɔrbən] s. werben.

geworden [-'vɔrdən] s. werden.

geworfen [-'vɔrfən] s. werfen.

Gewühl [-'vy:l] n (3) muchedumbre f, gentío m; barullo m; F jaleo m.

gewunden [-'vundən] s. winden; a. fig. sinuoso, tortuoso.

gewürfelt [-'vyrfəlt] a cuadros.

Gewürm [-'vyrm] n (3) sabandijas f/pl., bichos m/pl.

Gewürz [-'vyrts] n (3²) condimento m; especia f; **~gurke** f pepinillo m en vinagre; **~nelke** f clavo m.

gewußt [-'vust] s. wissen.

gezackt, **gezahnt**, **gezähnt** [-'tsakt, -'tsa:nt, -'tsɛ:nt] dent(ell)ado.

Gezänk [-'tsɛŋk] n (3) riña f, disputa f.

Gezeiten [-'tsaitən] pl. uv. marea f; **~kraftwerk** n central f mareomotriz.

Gezeter [-'tse:tər] n (7) clamoreo m.

geziemen [-'tsi:mən] (25) (a. sich) convenir; **~d** conveniente; debido.

geziert [-'tsi:rt] afectado; amanerado; **2heit** f afectación f.

gezogen [-'tso:gən] s. ziehen.

Gezweig [-'tsvaik] n (3) ramaje m.

Gezwitscher [-'tsvitʃər] n (7) gorjeo m.

gezwungen [-'tsvuŋən] s. zwingen; fig. forzado; (geziert) afectado.

gib, gib(s)t [gi:p(s)t] s. geben.

Gicht [giçt] f (16): **a)** Hochofen: cargadero m; tragante m; **b)** ♀ gota f; **2krank** gotoso.

Giebel ['gi:bəl] m (7) frontón m; **~feld** n tímpano m; **~seite** f frontispicio m.

Gier [gi:r] f (16) avidez f (nach de); codicia f; **2ig** ávido (nach de).

Gieß|bach ['gi:sbax] m torrente m; **2en** (30) verter, echar; ⊕ fundir; in Formen: vaciar; ↙ regar; es gießt (in Strömen) F llueve a cántaros; **~en** n ⊕ fundición f; ↙ riego m; **~er** m (7) fundidor m; **~e'rei** f fundición f; **~kanne** f regadera f.

Gift [gift] n (3) veneno m (a. fig.); ponzoña f (a. fig.); tóxico m; ↙ und Galle spucken F echar sapos y culebras; **2en** F (26): (sich) ~ F sulfurar

m envenenamiento m; **~müll** m desechos m/pl. tóxicos; **~pilz** m hongo m venenoso; **~schlange** f serpiente f venenosa; **~stoff** m sustancia f tóxica, toxina f; **~zahn** m diente m venenoso.

Gigant [gi'gant] m (12) gigante m; **2isch** gigantesco.

Gilde ['gildə] f (15) corporación f; hist. gremio m.

gilt(st) [gilt(st)] s. gelten.

ging [giŋ] s. gehen.

Ginster ♀ ['ginstər] m (7) retama f, hiniesta f.

Gipfel ['gipfəl] m (7) cumbre f, cima f (a. fig.); fig. das ist der ~! ¡es el colmo!; **~konferenz** f (conferencia f en la) cumbre f; **2n** (29) culminar (a. fig.); **~punkt** m punto m culminante (a. fig.).

Gips [gips] m (4) yeso m; escayola f; in ~ legen ♀ enyesar, escayolar; **~abguß** m vaciado m en yeso; **2en** (27) enyesar; **~verband** ♀ m vendaje m enyesado; escayola f.

Giraffe [gi'rafə] f (15) jirafa f.

Gir|ant ✝ [ʒi'rant] m (12) endosante m; **~at** f [-'ra:t] m (12) endosatario m; **2'ieren** endosar; transferir.

Girlande [gir'landə] f (15) guirnalda f.

Giro ['ʒi:ro] n (11) giro m; transferencia f; **~konto** n cuenta f corriente.

girren ['girən] (25) arrullar.

Gis ♪ [gis] n uv. sol m sostenido.

Gischt [giʃt] m (3²) u. f (16) espuma f.

Gitarr|e [gi'tarə] f (15) guitarra f; **~ist** [--'rist] m (12) guitarrista m.

Gitter ['gitər] n (7) reja f; verja f; **~fenster** n ventana f enrejada; **~tür** f puerta f enrejada; **~werk** n enrejado m.

Glacéhandschuh [gla'se:hant ʃu:] m guante m de cabritilla.

Gladiole ♀ [glad'jo:lə] f (15) gladíolo m.

Glanz [glants] m (3²) brillo m; esplendor m; lustre m; fulgor m.

glänzen ['glɛntsən] (27) brillar; resplandecer; lucir; j.: lucirse; **~d** resplandeciente, brillante; fig. magnífico; espléndido.

Glanz|leistung ['glantslaistuŋ] f triunfo m; **2los** sin brillo; deslucido; **~papier** n papel m cuché; **~punkt** m punto m culminante; **2voll** brillante; suntuoso; espléndido; **~zeit** f época f brillante.

Glas [glɑːs] *n* (2¹; *als Maß im pl. uv.*) vidrio *m*; cristal *m*; (*Trink♀*) vaso *m*, *mit Fuß*: copa *f*; F *fig. zu tief ins* ~ *gucken* tomar una copa de más; '~**-aal** *Zo.* m angula *f*; '~**-auge** *n* ojo *m* de cristal; '~**bläser** *m* soplador *m* de vidrio; '~**dach** *n* techo *m* de vidrio; ~**er** ['-zər] *m* (7) vidriero *m*; ~**e'rei** *f* vidriería *f*.

gläsern ['glɛːzərn] de cristal; de vidrio; vítreo.

Glas|faser ['glɑːsfaːzər] *f* fibra *f* de vidrio; ~**fenster** *n* vidriera *f*; ~**haus** *n* invernadero *m*; ~**hütte** *f* vidriería *f*; ♀**ieren** [glaˈziːrən] vitrificar; vidriar; *Kchk.* glasear; ~**ig** ['glɑːzɪç] vidrioso (*a. fig.*); ~**kasten** *m* vitrina *f*; ~**körper** *m Anat.* cuerpo *m* vítreo; ~**malerei** *f* pintura *f* sobre cristal; ~**papier** *n* papel *m* de lija *od.* de vidrio; ~**scheibe** *f* cristal *m*, vidrio *m*; ~**scherbe** *f*, ~**splitter** *m* casco *m* de vidrio; ~**schleifer** *m* (7) pulidor *m* de vidrio; ~**schneider** *m* (*Gerät*) cortavidrios *m*; ~**schrank** *m* vitrina *f*; ~**tür** *f* puerta *f* vidriera *od.* de cristal.

Glasur [glaˈzuːr] *f* (16) esmalte *m*; vidriado *m*; barniz *m*; *Kchk.* baño *m* de azúcar.

Glas|versicherung ['glɑːsfɛrzɪçəruŋ] *f* seguro *m* contra la rotura de cristales; ~**waren** *f/pl.* cristalería *f*; ~**wolle** *f* lana *f* de vidrio.

glatt [glat] **1.** *adj.* (18²) liso; pulido; (*eben*) plano; (*schlüpfrig*) resbaladizo; (*einwandfrei*) perfecto; *Betrag*: redondo; *Haut*: terso; **2.** *adv.* sin dificultad; (*völlig*) por completo; (*rundweg*) rotundamente.

Glätte ['glɛtə] *f* (15) lisura *f*; tersura *f*; (*Straßen♀*) estado *m* resbaladizo.

Glatteis ['glatˀaɪs] *n* (4) superficie *f* helada.

glätten ['glɛtən] (26) alisar; (*ebnen*) aplanar; allanar; pulir.

glatt|gehen ['glatgeːən] ir *od.* salir a pedir de boca; ~**streichen** alisar; ~**weg** ['-vɛk] rotundamente; sin más ni más.

Glatz|e ['glatsə] *f* (15) calva *f*; calvicie *f*; e-e ~ *bekommen* ponerse calvo; ~**kopf** *m*, ♀**köpfig** calvo (*m*).

Glaube (13¹), ~**n** (6) *m* ['glaʊbə(n)] fe *f* (*an ac.* en); creencia *f* (en); (*Religion*) religión *f*; ~*n schenken* dar crédito a; *in gutem* ~*n* de buena fe; 2**n** (25) creer (*an ac.* en); (*meinen*) pensar; *ich glaube, ja* (*nein*) creo que sí

(no); *es ist nicht zu* ~ parece mentira; F *daran* ~ *müssen* sufrir las consecuencias; (*sterben*) F estirar la pata.

'Glaubens|-artikel *m* artículo *m* de fe; ~**bekenntnis** *n* confesión *f*; credo *m* (*a. Pol.*); ~**freiheit** *f* libertad *f* de culto; ~**genosse** (**-ssin** *f*) *m* correligionario (-a) *m* (*f*); ~**lehre** *f*, ~**satz** *m* dogma *m*.

glaubhaft ['glaʊphaft] digno de crédito; creíble; ♀**igkeit** *f* credibilidad *f*.

gläubig ['glɔybɪç] creyente; 2**e** ['-bɪgə] *m* (18) creyente *m*; *pl. a.* fieles *m/pl.*; 2**er** ✝ *m* (7) acreedor *m*; 2**erversammlung** *f* junta *f* de acreedores; ♀**keit** *f* religiosidad *f*.

glaub|lich ['glaʊplɪç] creíble; ~**würdig** digno de crédito; fidedigno; 2**würdigkeit** *f* credibilidad *f*.

gleich [glaɪç] igual; idéntico; mismo; (*sofort*) en seguida; ahora mismo; *das* ~*e* lo mismo; *das ist mir* ~ me da igual *od.* lo mismo; ~ *heute* hoy mismo; ~ *anfangs* desde un principio; ~ *et. tun* no tardar en hacer a/c.; ~ *darauf* al poco rato; acto seguido; *ich komme* ~! ¡ya voy!; *bis* ~! ¡hasta luego!

gleich|altrig ['-ˀaltrɪç] de la misma edad; ~**artig** similar; semejante; homogéneo; ♀**artigkeit** *f* similitud *f*, semejanza *f*, homogeneidad *f*; ~**bedeutend** idéntico (*mit dat.* a); equivalente (a); ~**berechtigt** con los mismos derechos; 2**berechtigung** *f* igualdad *f* de derechos; ~**bleiben** (sn): *das bleibt sich gleich* viene a ser lo mismo; ~**bleibend** invariable; ~**en** (30) (*dat.*) parecerse a; semejar a; ~**ermaßen** ['--mɑːsən] igualmente; de la misma manera; ~**falls** ['-fals] asimismo, igualmente; *danke*, ~! ¡gracias, igualmente!; ~**förmig** ['-fœrmɪç] uniforme; monótono; 2**förmigkeit** *f* uniformidad *f*; monotonía *f*; ~**gesinnt** simpatizante; ~**gestellt** ['--ˈtɛlt] de la misma categoría; 2**gewicht** *n* equilibrio *m*; *ins* ~ *bringen* equilibrar; *aus dem* ~ *bringen* desequilibrar; *aus dem* ~ *geraten* desequilibrarse (*a. fig.*); 2**gewichtsstörung** *f* perturbación *f* del equilibrio; ~**gültig** indiferente; indolente; 2**gültigkeit** *f* indiferencia *f*; indolencia *f*; 2**heit** *f* igualdad *f*; paridad *f*; 2**heitszeichen** Å *n* signo *m* de igualdad; 2**klang** ♪ *m* consonancia *f* (*a. fig.*); ~**kommen** (sn) (*dat.*) igualar a; ~**laufend** paralelo; ~**lautend**

idéntico; *Abschrift:* conforme; ~**machen** igualar; *a. fig.* nivelar; ♀**maß** *n* justa proporción *f*; simetría *f*; ~**mäßig** proporcionado; simétrico; regular; ♀**mäßigkeit** *f* simetría *f*; regularidad *f*; ♀**mut** *m* ecuanimidad *f*; serenidad *f*; ~**mütig** ['-my:tiç] ecuánime; sereno; ~**namig** ['-na:miç] del mismo nombre *od.* apellido; ♀**nis** *n* (4¹) símil *m*; *Rel.* parábola *f*; ♀**richter** ⚡ *m* rectificador *m*; ~**sam** en cierto modo; ~**schalten** coordinar; ⊕ sincronizar; ~**schenklig** ⚠ ['-ʃɛŋkliç] isósceles; ♀**schritt** *m* paso *m* acompasado; *im* ~ a compás; ~**seitig** ⚠ ['-zaitiç] equilátero; ~**setzen**, ~**stellen** (*dat.*) equiparar a; ♀**stellung** *f* equiparación *f*; ~**strom** ⚡ *m* corriente *f* continua; ~**tun:** *es* *j-m* ~ igualar a alg.; ♀**ung** ⚠ *f* ecuación *f*; '~**viel** *adv.* no importa; ~**wertig** ['-ve:rtiç] equivalente; '~**wie** lo mismo que; (tal) como; ~**winklig** ⚠ equiángulo; '~**wohl** sin embargo, no obstante; ~**zeitig** simultáneo; *adv.* al mismo tiempo; ♀**zeitigkeit** *f* simultaneidad *f*.

Gleis 🚂 [glais] *n* (4) vía *f*.

Gleit|bahn ['glaitba:n] *f* resbaladero *m*; deslizadero *m*; ♀**en** (30, sn) resbalar; deslizarse; 🚂 planear; ~**flug** *m* vuelo *m* planeado; ~**schutz** *m* antideslizante *m*; ~**zeit** *f* horario *m* flexible.

Glencheck ['glɛntʃɛk] *m* (11) (*Stoff*) príncipe *m* de Gales.

Gletscher ['glɛtʃər] *m* (7) glaciar *m*; ~**spalte** *f* grieta *f* (de glaciar).

glich(en) ['gliç(ən)] *s. gleichen.*

Glied [gli:t] *n* (1) miembro *m*; (*Ketten*♀) eslabón *m*; ⚔ fila *f*; *Anat.* *männliches* ~ miembro *m* viril; ♀**ern** ['-dərn] (29) articular; *fig.* dividir (*in ac.* en); desglosar (en); clasificar; '~**erpuppe** *f* maniquí *m*; '~**erreißen** *n* dolores *m/pl.* reumáticos; ~**ertier** *n Zo.* articulado *m*; ~**erung** *f* división *f*; desglose *m*; clasificación *f*; '~**erzug** *m* tren *m* articulado; ~**maßen** ['gli:tma:sən] *pl. vv.* miembros *m/pl.*, extremidades *f/pl.*

glimm|en ['glimən] (30) arder sin llama; ♀**er** *m* (7) *Min.* mica *f*.

glimpflich ['glimpfliç]: ~ *davonkommen* salir bien librado.

glitsch|en ['glitʃən] F (27, sn) resbalar; ~**ig** resbaladizo; *Aal usw.:* escurridizo.

glitt(en) ['glit(ən)] *s. gleiten.*

glitzern ['glitsərn] (29) centellear, brillar; ~**d** centelleante, brillante.

global [glo'ba:l] global.

Globetrotter ['glo:ptrɔtər] *m* (7) trotamundos *m*.

Globus ['-bus] *m* (16² *u.* 4¹) globo *m* (terráqueo).

Glöckchen ['glœkçən] *n* (6) campanilla *f*.

Glocke ['glɔkə] *f* (15) campana *f*; (*Vieh*♀) esquila *f*; ⚡ timbre *m*; *et. an die große* ~ *hängen* pregonar a/c. a los cuatro vientos.

'**Glocken|blume** ⚘ *f* campánula *f*; ~**geläut(e)** *n* toque *m* *od.* repique *m* de campanas; ~**gießer** *m* fundidor *m* de campanas; ~**hell** argentino; ~**schlag** *m* campanada *f*; *auf den* ~ a la hora en punto; ~**spiel** *n* carillón *m*; ~**stuhl** *m* armazón *f* de campana; ~**turm** *m* campanario *m*.

Glöckner ['glœknər] *m* (7) campanero *m*.

Glor|ie ['glo:riə] *f* (15) gloria *f*; ~**ienschein** *m* nimbo *m*, aureola *f*; ♀**reich** glorioso.

Gloss|ar [glɔ'sa:r] *n* (3¹) glosario *m*; '~**e** *f* (15) glosa *f*; ♀**ieren** glosar.

Glotz|augen ['glɔts'augən] *n/pl.* ojos *m/pl.* saltones *od.* de besugo; ~**e** F *f* (15) caja *f* tonta; ♀**en** (27) mirar boquiabierto.

Glück [glyk] *n* (3) dicha *f*, felicidad *f*; (~*sfall*) suerte *f*, fortuna *f*; *zum* ~ por suerte, afortunadamente; *auf gut* ~ a la buena de Dios; *j-m* ~ *wünschen* felicitar a alg.; dar la enhorabuena a alg.; *viel* ~! ¡que tenga(s) suerte!; ♀**bringend** ['-briŋənt] que trae suerte.

Glucke ['glukə] *f* (15) clueca *f*; ♀**n** (25) cloquear.

glück|en ['glykən] (25, sn) salir bien; *es* ~*t mir zu* logro (*inf.*); ~**lich** feliz; dichoso; afortunado; ~**licherweise** afortunadamente; ~'**selig** muy feliz; ♀'**seligkeit** *f* felicidad *f*.

glucksen ['gluksən] (27) *Wasser:* hacer gloglȯ.

Glücks|fall ['glyksfal] *m* suerte *f*; ~**göttin** *f* Fortuna *f*; ~**kind** *n*, ~**pilz** *m* hombre *m* afortunado; *er ist ein* ~ ha nacido de pie; ~**sache** *f* cuestión *f* de suerte; ~**spiel** *n* juego *m* de azar; ~**stern** *m* buena estrella *f*; ~**strähne** *f* buena racha *f*.

'**glück|strahlend** radiante de felicidad; **~verheißend** de buen agüero; **2wunsch** m felicitación f; enhorabuena f; *herzlichen ~!* ¡enhorabuena!, ¡mis felicitaciones!

Glüh|birne ⚡ ['gly:birnə] f bombilla f; **2en** (25) **1.** v/t. ⊕ recocer; enrojecer, poner al rojo; **2.** v/i. arder (a. fig., vor dat. de); estar incandescente; **2end** incandescente, candente; fig. ardiente (a. Gesicht); ferviente; **~faden** ⚡ m filamento m; **~lampe** f bombilla f; **~wein** m vino m caliente; **~würmchen** ['-vyrmçən] n Zo. luciérnaga f.

Glut [glu:t] f (16) ardor m (a. fig.); (Kohlen2) brasa f, ascua f; (Aschen2) rescoldo m; fig. fervor m; **2hitze** f calor m abrasador od. tórrido.

Glyzerin [glitsə'ri:n] n (3) glicerina f.

Gnade ['gna:də] f (15) gracia f (a. Rel.); (Gunst) favor m; merced f; (Milde) clemencia f; um ~ bitten pedir perdón; ~ für Recht ergehen lassen ser clemente; ohne ~ sin compasión; auf ~ und Ungnade a merced.

'Gnaden|bild n imagen f milagrosa; **~brot** n pan m de caridad; **~erlaß** m amnistía f; indulto m; **~frist** f plazo m de gracia; **~gesuch** n petición f de gracia; **2los** sin piedad; **~stoß** m golpe m de gracia (a. fig.); den ~ geben a. fig. dar la puntilla a.

gnädig ['gnɛ:diç] benigno; (milde) clemente; (nachsichtig) indulgente; **~e Frau!** ¡señora!

Gneis [gnais] m (4) Min. gneis m.

Gnom [gno:m] m (12) (g)nomo m.

Gnu [gnu:] n (11) ñu m.

Gobelin [gobə'lɛ̃] m (11) tapiz m.

Gold [gɔlt] n (3) oro m; in Zssgn mst de oro, dorado; **~barren** m lingote m de oro; **~barsch** m gallineta f nórdica; **~bestand** m reservas f/pl. (en) oro; **~deckung** f cobertura f (en) oro; **~brasse** ['-brasə] f Zo. dorada f; **2en** ['-dən] de oro; dorado; **~e** Hochzeit bodas f/pl. de oro; **2er** Schnitt Å sección f áurea; **~fisch** m pez m rojo; **~fischglas** n pecera f; **~füllung** f Zahn: empaste m de oro; **~gehalt** m quilate m; **2gelb** (amarillo) dorado; **~gräber** ['-grɛ:bər] m (7) buscador m de oro; **~grube** f mina f de oro; fig. a. filón m; **2haltig** ['-haltiç] aurífero; **'~hamster** m hámster m dorado; **2ig** ['-diç] dorado; fig. mono, encantador; **~korn** n pepita f (de oro); **~krone** f Zahn:

funda f bzw. corona f de oro; **'~lack** ♀ m alhelí m amarillo; **'~medaille** f medalla f de oro; **'~plombe** f empaste m de oro; **'~regen** ♀ m codeso m, cítiso m; **'~schmied** m orfebre m; **'~schmiedearbeit** f (pieza f de) orfebrería f; **'~schmiedekunst** f orfebrería f; **'~schnitt** m corte m dorado; **'~standard** m patrón m oro; **'~waage** f pesillo m; fig. jedes Wort auf die ~ legen medir sus palabras; **'~währung** f moneda f oro; **'~wert** m valor m oro.

Golf [gɔlf] **a)** m (3) Erdk. golfo m; **b)** n (3¹, o. pl.) Sport: golf m; **'~er** m (7), **'~spieler** m golfista m; **'~platz** m campo m de golf.

Gondel ['gɔndəl] f (15) góndola f; e-s Ballons: barquilla f; **~führer** m gondolero m.

Gong [gɔŋ] m (11) gong m, batintín m.

gönn|en ['gœnən] (25) no envidiar; nicht ~ envidiar; sich et. ~ regalarse con a/c.; ich gönne es dir me alegro por ti; **2er** m (7) protector m; bienhechor m; **~erhaft** altanero; **2ermiene** f aire m protector; **2erschaft** f protección f; patronato m.

Göpel ['gø:pəl] m (7) noria f.

Gör [gø:r] n (5), **~e** f (15) desp. mocoso (-a f) m.

Gorilla [go'rila] m (11) gorila m (a. fig.).

Gosse ['gɔsə] f (15) arroyo m (a. fig.).

Got|e ['go:tə] m (13) godo m; **~ik** △ ['-tik] f (16) (estilo m) gótico m; **2isch** gótico.

Gott [gɔt] m (1¹ u. ²) Dios m; heidnisch: dios m; mein~! ¡Dios mío!; um ~es willen! ¡por (amor de) Dios!; ~ sei Dank! ¡gracias a Dios!; ~ bewahre! ¡Dios nos libre!

Götterdämmerung ['gœtərdɛmə-run] f crepúsculo m od. ocaso m de los dioses.

Gottes|acker ['gɔtəs°akər] m camposanto m; **~dienst** m culto m; oficio m od. servicio m divino; **~furcht** f temor m de Dios; devoción f; **2fürchtig** ['--fyrçtiç] devoto; **~haus** n iglesia f; templo m; **~lästerer** m blasfemo m; **~lästerung** f blasfemia f; **~urteil** n juicio m de Dios.

'gott|gefällig grato a Dios; **2heit** f divinidad f; deidad f.

Gött|in ['gœtin] f diosa f; **2lich** divino (a. fig.).

gott|lob! [gɔt'lo:p] ¡gracias a Dios!;

¹⸱los ateo; impío; **²⸱losigkeit** f ateísmo m; **'⸱verlassen** dejado de la mano de Dios; *Ort:* perdido; abandonado; **²⸱vertrauen** n confianza f en Dios; **'⸱voll** F *fig.* gracioso; delicioso.

Götze ['gœtsə] m (13), **⸺nbild** n ídolo m; **⸺ndiener** m idólatra m; **⸺ndienst** m idolatría f.

Gouvern|ante [guvɛr'nantə] f (15) institutriz f; **⸺eur** [--'nø:r] m (3¹) gobernador m.

Grab [grɑ:p] n (1²) tumba f; fosa f, sepultura f; sepulcro m; *zu ⸺e tragen* sepultar; *fig. mit e-m Bein im ⸺ stehen* estar con un pie en el hoyo; **²⸱en** ['grɑ:bən] (30) cavar; **'⸱en** m (6¹) foso m; zanja f; (*Straßen²*) cuneta f; ⚔, trinchera f; **'⸱esstille** f ('⸱esstimme f) silencio m (voz f) sepulcral; **'⸱geläute** ['grɑ:pgəlɔytə] n toque m a muerto, doble m; **'⸱gewölbe** n cripta f; **'⸱hügel** m túmulo m; **'⸱inschrift** f epitafio m; **'⸱mal** n ('⸱rede f) monumento m (oración f) fúnebre; **'⸱stätte** f sepulcro m, sepultura f; **'⸱stein** m losa f od. lápida f sepulcral; **'⸱urne** f urna f funeraria.

Grad [grɑ:t] m (3; *als Maß im pl. uv.*) grado m; 5 ~ *Wärme (Kälte)* cinco grados sobre (bajo) cero; *in gewissem* ~*e* hasta cierto punto; **'⸱einteilung** f graduación f; escala f; **'⸱messer** m *fig.* barómetro m.

Graf [grɑ:f] m (12) conde m.

Gräf|in ['grɛ:fin] f condesa f; **²lich** condal.

Grafschaft ['grɑ:fʃaft] f condado m.

Gram [grɑ:m] **1.** m (3) pena f; aflicción f; pesar m; **2.** ⚥ *adj.:* j-m ~ *sn* guardar rencor a alg.

gräm|en ['grɛ:mən] (25): *sich ~* afligirse (*über ac. de*); *sich zu Tode ~* morir de pena; **⸺lich** malhumorado; huraño.

Gramm [gram] n (3¹; *im pl. nach Zahlen uv.*) gramo m.

Grammati|k [gra'matik] f (16) gramática f; **⸺ker** m gramático m; **²sch** gramatical.

Granat [-'nɑ:t] m (3) *Min.* granate m; **'⸱apfel(baum)** m granada f (-do m); **⸺e** ⚔ f (15) granada f; **⸺splitter** m casco m de granada; **⸺trichter** m cráter m de granada; **⸺werfer** m lanzagranadas m.

grandios [gran'djo:s] grandioso.

Granit [gra'ni:t] m (3) granito m.

Granne 🌿 ['granə] f (15) raspa f, arista f; barba f.

grantig ['grantiç] gruñón; malhumorado.

Grapefruit ['gre:pfru:t] f (11¹) pomelo m.

Graph|ik ['grɑ:fik] f (16) artes f/pl. gráficas; (*Zeichnung*) gráfico m; **⸺iker** m (7) dibujante m (publicitario); *neol.* grafista m; **²isch** gráfico; **⸺e** *Darstellung* f gráfico m.

Graphit [gra'fi:t] m (3) grafito m.

Graphologe [-fo'lo:gə] m (13) grafólogo m; **⸺ie** [--lo'gi:] f (15, *o. pl.*) grafología f.

Gras [grɑ:s] n (2¹) hierba f (*a.* F *Marihuana*); *fig. das ~ wachsen hören* ver od. sentir crecer la hierba; *ins ~ beißen* morder el polvo; **²en** ['grɑ:zən] (27) pacer, pastar; **'⸱halm** m brizna f, tallo m de hierba; **'⸱land** n herbazal m; **'⸱mücke** f *Zo.* curruca f; **'⸱narbe** f capa f de césped.

grassieren [gra'si:rən] extenderse; hacer estragos.

gräßlich ['grɛsliç] horrible, atroz.

Grat [grɑ:t] m (3) cresta f; ⊕ rebaba f.

Gräte ['grɛ:tə] f (15) espina f.

Gratifikation [gratifika'tsjo:n] f gratificación f.

gratinieren [--'ni:rən] *Kchk.* gratinar.

gratis ['grɑ:tis] gratis, gratuitamente; F de balde; **²...:** *in Zssgn* gratuito.

Grätsche ['grɛ:tʃə] f (15) salto m con las piernas abiertas; **²n** (27) abrir od. separar las piernas.

Gratul|ant [gratu'lant] m (12) congratulante m, felicitante m; **⸺ation** [--la'tsjo:n] f felicitación f; **²ieren** felicitar (*j-m zu et. a alg. por a/c.*).

grau [grau] gris (*a. fig.*); *Haar:* cano; ~*e Haare canas* f/pl.; ~ *werden*, ~*e Haare bekommen* encanecer; **'⸱blau** garzo; **'²brot** n pan m moreno; **'⸱en** (25) *Tag:* apuntar; *der Morgen graut* amanece; *sich ~ vor* tener miedo de od. horror a; **'²en** n horror m; **'⸱enerregend** ('⸱enhaft, '⸱envoll horrible; horripilante; espantoso; **'⸱grün** gris verdoso; **'⸱haarig** cano(so); **⸺len** ['-lən] (25): *sich ~ vor* tener horror a.

gräulich ['grɔyliç] grisáceo.

graumeliert ['graumeli:rt] entrecano.

Graupe ['-pə] f (15) cebada f perlada; **⸺ln** f/pl. granizo m menudo; **²ln** (29) granizar.

grausam ['-zɑːm] cruel; 2**keit** f crueldad f.

graus|en ['-zən] (27): *mir graust vor* tengo horror a; *me horroriza* (*ac.*); 2**en** n horror m, espanto m; ~**ig** horrible, espantoso; espeluznante.

Graveur [gra'vøːr] m (3¹) grabador m.

Gravier|anstalt [-'viːrʔan]talt] f taller m de grabado; 2**en** grabar; 2**end** agravante; ~**nadel** f buril m; ~**ung** f grabado m.

Gravi|tation(sgesetz n [-vita-'tsjoːn(sgəzɛts)] f (ley f de la) gravitación f; 2**tätisch** [--'tɛːtiʃ] grave, solemne.

Graz|ie ['grɑːtsjə] f (15) gracia f; garbo m; 2**il** [gra'tsiːl] grácil; 2**iös** [-'tsjøːs] gracioso; garboso.

greif|bar ['graɪfbɑːr] tangible (*a. fig.*); al alcance de la mano; ✝ disponible; ~**en** (30) coger (*nicht in Arg.*); tomar; asir; agarrar; ♪ tocar; pulsar; *zu e-m Mittel* ~ recurrir a; *um sich* ~ propagarse; *zu hoch gegriffen* exagerado; 2**er** m am *Kran:* cuchara f.

Greis [graɪs] m (4) anciano m; ~**en-alter** [-zənʔaltər] n vejez f; 2**enhaft** senil; ~**in** f anciana f.

grell [grɛl] *Licht:* deslumbrante; *Farbe:* llamativo, chillón; *Ton:* penetrante, estridente.

Gremium ['greːmjum] n (9) gremio m.

Grenz... ['grɛnts...]: *in Zssgn oft* fronterizo; ~**bewohner** m habitante m fronterizo; ~**e** f (15) límite m (*a. fig.*); (*Landes*2) frontera f; 2**en** (27) lindar, confinar (*an ac.* con); ser contiguo (a); *fig.* rayar (en); 2**enlos** ilimitado; inmenso; ~**fall** m caso m límite; ~**gänger** [-'gɛŋər] m (7) trabajador m fronterizo; ~**gebiet** n región f od. zona f fronteriza; ~**land** n país m limítrofe; ~**linie** f línea f de demarcación; ~**schutz** m protección f de la frontera; ~**situation** f situación f límite; ~**sperre** f cierre m de la frontera; ~**stein** m mojón m fronterizo; ~**übergang** m paso m fronterizo; ~**verkehr** m tráfico m fronterizo; ~**verletzung** f violación f de la frontera; ~**zwischenfall** m incidente m fronterizo.

Greu|el ['grɔʏəl] m (7) horror m; abominación f; *j-m ein* ~ *sn* causar horror a alg.; ~**eltat** f atrocidad

f; 2**lich** horrible, atroz; espantoso.

Griebe ['griːbə] f (15) chicharrón m.

Griech|e ['griːçə] m (13), ~**in** f, 2**isch** griego (-a) m (f).

Gries|gram ['griːsgrɑːm] m (3) gruñón m; 2**grämig** ['-grɛːmiç] gruñón; atrabiliario; regañón.

Grieß [griːs] m (3²) sémola f; 2**~** areni-llas f/pl.

Griff [grif] 1. m (3) asidero m, agarra-dero m; empuñadura f; (*Henkel*) asa f; (*Stiel*) mango m (a. *Messer*2); (*Degen*2) puño m; *e-r Schublade:* tirador m; *fig. e-n guten* ~ *tun* tener buena mano; *et. im* ~ *haben* saber manejar a/c.; *in den* ~ *bekommen* dominar; 2. 2 *s. greifen;* 2**bereit** al alcance de la mano; '~**brett** ♪ n batidor m; '~**el** m (7) pizarrín m; ♀ estilo m; 2**ig** manejable; *Reifen:* an-tideslizante.

Grill [gril] m parrilla f; (*Garten*2) barbacoa f; ~**e** f (15) *Zo.* grillo m; *fig.* capricho m; 2**en** (25) *Kchk.* asar a la parrilla.

Grimasse [gri'masə] f (15) mueca f, visaje m; gesto m (*schneiden* hacer).

Grimm [grim] m (3) rabia f, furia f; encono m; '~**darm** m colon m; 2**ig** rabioso, furioso; feroz; *Kälte:* pene-trante.

Grind 2**~** [grint] m (3) tiña f; 2**ig** ['-diç] tiñoso.

grinsen ['-zən] 1. v/i. (27) (son)reír irónicamente; 2. 2 n risa f irónica.

Grippe 2**~** ['gripə] f (15) gripe f.

grob ['grɔp] (18²) grueso; burdo, basto; (*roh*) bruto; rudo; (*plump*) tosco, grosero; *Ton:* bronco; *Fehler:* grave *od.* ~**e** *See* mar f gruesa; ~ *werden* decir groserías (*ge-gen* a); 2**heit** f grosería f; tosquedad f; brutalidad f; 2**ian** ['grɔːbjaːn] m (3) grosero m; palurdo m; 2**körnig** ['grɔpkœrniç] de grano grueso.

gröblich ['grøːpliç] grosero; *adv.* groseramente.

grob|schlächtig ['grɔpʃlɛçtiç] tosco, grosero; 2**schmied** m herrero m de grueso.

Grog [grɔk] m (11) grog m.

grölen ['grøːlən] F (25) gritar, vocear; chillar.

Groll [grɔl] m (3) rencor m; 2**en** (25) guardar rencor; *Donner:* retumbar.

Gros [groː] n *uv.* grueso m.

Groschen ['grɔʃən] m (6) moneda f de

10 pfennigs; *bei mir ist der* ~ *gefallen* ya caigo.

groß [groːs] (18²) gran(de); *(weit)* extenso, amplio; *(hoch)* alto *(a. v. Wuchs)*; *(erwachsen)* adulto; *(bedeutend)* importante; *mein* ~*er Bruder* mi hermano mayor; *im* ~*en (und) ganzen* en general, en conjunto; ~ *werden* hacerse mayor; *größer werden* crecer, aumentar; ~ *schreiben* escribir con mayúscula; '~*angelegt* en gran escala; '~*artig* grandioso, magnífico; '2~*aufnahme* *f Film:* primer plano *m*; '2~**Berlin** *n* el Gran Berlín; '2~**betrieb** *m* gran empresa *f*; '2~**buchstabe** *m* mayúscula *f*.

Größe ['grøːsə] *f* (15) grandeza *f*; *(Ausdehnung)* extensión *f*; *(Umfang)* tamaño *m*; dimensión *f*; *(Höhe)* altura *f*; *(Körper2)* estatura *f*, talla *f (a. Kleider2)*; ♣ cantidad *f*; *fig.* importancia *f*; *(Person)* celebridad *f*.

Groß|eltern ['groːs'ʔɛltərn] *pl.* abuelos *m/pl.*; ~**enkel(in** *f*) *m* bisnieto (-a) *m (f)*.

Größenordnug ['grøːsən'ʔɔrdnuŋ] *f* orden *m* de importancia; dimensión *f*.

großenteils ['groːsəntaɪls] en gran parte.

Größen|verhältnis ['grøːsənfɛrhɛltnis] *n* proporción *f*; ~**wahn** *m* megalomanía *f*; 2~**wahnsinnig** megalómano.

Groß|grundbesitz ['groːsgruntbəzits] *m* gran propiedad *f*, latifundio *m*; ~**grundbesitzer** *m* terrateniente *m*, latifundista *m*; ~**handel** *m* comercio *m* al por mayor; ~**händler** *m* mayorista *m*; comerciante *m* al por mayor; 2**herzig** magnánimo, generoso; ~**herzigkeit** *f* magnanimidad *f*, generosidad *f*; ~**herzog(in** *f*) *m* Gran Duque(sa) *m (f)*; ~**hirn** *n* cerebro *m*; ~**industrie** *f* gran industria *f*; ~**industrielle(r)** *m* gran industrial *m*.

Grossist [grɔˈsist] *m* (12) comerciante *m* al por mayor; mayorista *m*.

groß|jährig ['groːsjɛːriç] mayor de edad; 2**kapital** *n* gran capital *m*; 2**kapitalist** *m* gran capitalista *m*; 2**kundgebung** *f* manifestación *f* masiva *od.* multitudinaria; 2**macht** *f* gran potencia *f*; 2**mama** F *f* abuelita *f*; 2**mannssucht** *f* fanfarronería *f*; 2**mast** ♣ *m* palo *m* mayor; 2**maul** *n*, ~**mäulig** ['-mɔylɪç] fanfarrón *(m)*; 2**mut** *f* generosidad *f*; ~**mütig**

['-myːtiç] generoso; 2**mutter** *f* abuela *f*; 2**neffe** *m* (2**nichte** *f*) sobrino (-a) *m (f)* nieto (-a); 2~**onkel** *m* tío *m* abuelo; 2**papa** F *m* abuelito *m*; 2**raumflugzeug** *n* avión *m* de gran capacidad; 2**reinemachen** *n* (6) limpieza *f* general; 2**schreibung** *f* empleo *m* de mayúsculas; 2**sprecher** *m*, ~**sprecherisch** ['-ʃprɛçəri∫] fanfarrón *(m)*; ~**spurig** ['-ʃpuːriç] arrogante; 2**stadt** *f* gran ciudad *f*; urbe *f*; 2**städter** *m* habitante *m* de una gran ciudad; ~**städtisch** de gran ciudad; 2**tankstelle** *f* estación *f* de servicio; 2**tante** *f* tía *f* abuela; 2**tat** *f* hazaña *f*; 2**teil** *m* gran parte *f*.

größtenteils ['grøːstəntaɪls] por la mayor parte.

Groß|tuerei [groːstuə'raɪ] *f* fanfarronería *f*; jactancia *f*; '2~**tun:** *(sich)* ~ *mit* jactarse de; '~**unternehmer** *m* gran industrial *m*; '~**vater** *m* abuelo *m*; '~**wild** *n* caza *f* mayor; '2**ziehen** criar; '2**zügig** generoso, liberal; '~**zügigkeit** *f* generosidad *f*, liberalidad *f*.

grotesk [gro'tɛsk] grotesco.

Grotte ['grɔtə] *f* (15) gruta *f*.

grub [gruːp] *s. graben.*

Grübchen ['gryːpçən] *n* (6) hoyuelo *m*.

Grube ['gruːbə] *f* (15) hoyo *m*; fosa *f*; ⚒ mina *f*, pozo *m*.

Grübel|ei [gryːbə'laɪ] *f* cavilación *f*; '2~**n** (29) cavilar.

Gruben|arbeiter ['gruːbən'ʔarbaɪtər] *m* minero *m*; ~**gas** *n* grisú *m*; ~**lampe** *f* lámpara *f* de minero; ~**unglück** *n* accidente *m* minero.

Grübler ['gryːblər] *m* (7) soñador *m*; 2**isch** pensativo, meditabundo.

Gruft [gruft] *f* (14¹) sepultura *f*, tumba *f*; cripta *f*.

grün [gryːn] **1.** *adj.* verde; *(unerfahren)* bisoño, inexperto; *(wieder)* ~ *werden* re)verdecer; *j-m nicht* ~ *sn* guardar rencor a alg.; *fig.* ~*es Licht geben* dar luz verde; *Pol.* die 2*en* los verdes; **2.** 2 *n* (3¹) verde *m*; verdura *f*, verdor *m*; *ins* ~*e* al campo; '2~**anlage** *f* zona *f* verde *od.* ajardinada.

Grund [grunt] *m* (3³) fondo *m*; *(Boden)* suelo *m*; *(Grundlage)* fundamento *m*, base *f*; *(Vernunft2)* razón *f*, argumento *m*; *(Beweg2)* motivo *m*; *(Ursache)* causa *f*; ~ *und Boden* bienes *m/pl.* raíces; *den* ~ *legen für* echar los fundamentos de; ♣ *auf* ~ *geraten* tocar fondo; *aus diesem* ~e por esta razón; *auf* ~ *von* en razón de, en virtud de; *von* ~ *auf* a fondo; radicalmente; *e-r Sache auf den* ~ *gehen* examinar a/c. a fondo; *im* ~e *genommen* en el fondo; pensándolo bien; '~**ausbildung** ⚔ *f* instrucción básica; '~**bedeutung** *f* sentido *m* primitivo; '~**bedingung** *f* ('~**begriff** *m*) condición *f* (noción *f*) fundamental; '~**besitz** *m* bienes *m/pl.* raíces; '~**besitzer(in** *f*) *m* propietario (-a) *m* (*f*) (de tierras); '~**bestandteil** *m* elemento *m* fundamental; '~**buch** *n* registro *m* de la propiedad; *fig.* muy honrado.

gründ|en ['gryndən] (26) fundar; crear; establecer; *sich* ~ *auf* (*ac.*) basarse *od.* fundarse en; 2**er(in** *f*) *m* (7) fundador (-a) *m* (*f*).

grund|falsch ['grunt'fal∫] absolutamente falso; '2**fehler** *m* error *m* fundamental; '2**fläche** *f* base *f*; '2**form** *f* forma *f* primitiva; *Gram.* infinitivo *m*; '2**gebühr** *f* tarifa *f* básica; '2**gedanke** *m* idea *f* fundamental; '2**gehalt** *n* sueldo *m* básico; '2**gesetz** *n* ley *f* fundamental; ~**ieren** [-'di:rən] dar la primera capa *od.* mano; '2**kapital** *n* capital *m* social; '2**lage** *f* base *f*, fundamento *m*; '~**legend** fundamental.

gründlich ['gryntliç] profundo; sólido; (*gewissenhaft*) minucioso, escrupuloso; *adv.* a fondo; a conciencia; 2**keit** *f* minuciosidad *f*; exactitud *f*.

Gründling ['l-liŋ] *m* (3¹) *Zo.* gobio *m*.

Grund|linie ['gruntli:njə] *f* base *f*; ~**lohn** *m* salario *m* base; 2**los** (*tief*) sin fondo; *Weg*: intransitable; *fig.* infundado, inmotivado; *adv.* sin fundamento; ~**mauer** *f* cimientos *m/pl.*

Gründonnerstag [gry:n'dɔnərsta:k] *m* Jueves *m* Santo.

Grund|pfeiler ['gruntpfaɪlər] *m* pilar *m* (*a. fig.*); ~**preis** *m* precio *m* base; ~**rechte** *n/pl.* derechos *m/pl.* fundamentales; ~**regel** *f* regla *f* fundamental; ~**rente** *f* renta *f* del suelo; ~**riß** *m* △ plano *m*, planta *f*; (*Buch*) compendio *m*; ~**satz** *m* principio *m*; máxima *f*; axioma *m*; 2**sätzlich** ['l-zɛtsliç] fundamental; *adv.* en *od.* por principio; ~**schule** *f* escuela *f* primaria; ~**stein** *m*: *den* ~ *legen* poner la primera piedra (*a. fig.*); ~**steinlegung** *f* colocación *f* de la primera piedra; ~**steuer** *f* contribución *f* te-

rritorial; ~**stock** *m* base *f*; ~**stoff** *m* materia *f* prima; ⚛ elemento *m*; ~**stoff-industrie** *f* industria *f* básica; ~**stück** *n* finca *f*; terreno *m*, solar *m*; (*bebaut*) inmueble *m*; ~**stücksmakler** *m* corredor *m* de fincas; ~**ton** ♪ *m* tónica *f*; ~**übel** *n* vicio *m* capital; ~**umsatz** *m* Physiol. metabolismo *m* basal.

Gründung ['grynduŋ] *f* fundación *f*; establecimiento *m*; creación *f*.

grund|verschieden ['gruntfɛr'∫i:dən] completamente distinto; diametralmente opuesto; '2**wasser** (-spiegel *m*) *n* (nivel *m* de) agua *f* subterránea; '2**zahl** *f* número *m* cardinal; '2**zug** *m* rasgo *m* esencial; *pl.* elementos *m/pl.*

grün|en ['gry:nən] (25) (en-, re)verdecer, verdear; 2**fink** *m* verderón *m*; 2**fläche** *f* espacio *m* verde; 2**futter** *n* forraje *m*, pasto *m* verde; 2**gürtel** *m* cinturón *m* verde; 2**kohl** *m* col *f* verde; 2**land** *n* prados *m/pl.* y pastizales; ~**lich** verdoso; 2**schnabel** F *m* mocoso *m*; 2**span** *m* cardenillo *m*, verdete *m*; 2**specht** *Zo.* *m* pico *m* verde; 2**streifen** *m* Autobahn: (franja *f*) mediana *f*.

grunzen ['gruntsən] 1. *v/i.* (27) gruñir; 2. 2 *n* gruñido *m*.

Grupp|e ['grupə] *f* (15) grupo *m*; ~**en-arbeit** *f* trabajo *m* en equipo; ~**en-aufnahme** *f*, ~**enbild** *n* (retrato *m* en) grupo *m*; 2**enweise** por grupos; 2**ieren** agrupar; ~**ierung** *f* agrupación *f*, agrupamiento *m*.

Grus ⚒ [gru:s] *m* (4, *o. pl.*) carbonilla *f*, cisco *m*.

Grusel|film ['l-zəlfilm] *m* película *f* de suspense; 2**ig** horripilante; escalofriante; 2**n** (29): *mich* (*od. mir*) *gruselt's* me da miedo.

Gruß [gru:s] *m* (3² *u.* ³) saludo *m*, salutación *f*; *viele Grüße!* muchos recuerdos; *mit herzlichen Grüßen* con un cordial saludo.

grüßen ['gry:sən] (27) saludar; *j-n* (*vielmals*) ~ *lassen* dar (muchos) recuerdos a alg.; ~ *Sie ihn von mir* salúdele de mi parte.

Grütze ['grytsə] *f* (15) sémola *f* gruesa; avena *f* mondada.

guck|en ['gukən] F (25) mirar; 2**fenster** *n* ventanillo *m*; 2**loch** *n* mirilla *f*.

Guerilla|kämpfer [ge'ril(j)akɛmpfər] *m* guerrillero *m*; ~**krieg** *m* guerrilla *f*, guerra *f* de guerrillas.

Gulasch

Gulasch ['gulaʃ] n (3 *od.* 11) estofado m a la húngara; **~kanone** ✕ F f cocina f de campaña.

Gulden ['guldən] m (6) florín m.

Gully ['guli] m (11) sumidero m.

gültig ['gyltiç] valedero; ½ válido; *Gesetz:* vigente, en vigor; *Münze:* de curso legal; **2keit** f validez f; vigencia f.

Gummi ['gumi] m u. n (11) goma f; caucho m; **~band** n cinta f elástica, elástico m; **~baum** m árbol m del caucho, ficus m.

gummieren [-'miːrən] engomar; **2ung** f engomadura f.

'**Gummi|handschuh** m guante m de goma; **~knüppel** m porra f; **~mantel** m impermeable m; **~schuh** m chanclo m; **~strumpf** m media f elástica; **~zug** m elástico m.

Gunst [gunst] f (16) favor m; zu m-n **~en** en mi favor; in **~** stehen der gozar del favor *od.* de las simpatías de.

günst|ig ['gynstiç] favorable; propicio; oportuno; j-m **~** gesinnt sn simpatizar con alg.; **2ling** ['-liŋ] m (3¹) favorito m; **2lingswirtschaft** f favoritismo m.

Gurgel ['gurgəl] f (15) garganta f; F gaznate m; **2n** (29) hacer gárgaras, gargarizar; **~n** n gárgara(s) f(/pl.); **~wasser** n gargarismo m.

Gurke ['-kə] f (15) pepino m; *saure* **~** pepinillo m en vinagre.

gurren ['gurən] (25) arrullar.

Gurt [gurt] m (3) cinturón m; a. ⊕ correa f.

Gürtel ['gyrtəl] m (7) cinturón m (a. fig.); fig. den **~** enger schnallen apretarse el cinturón; **~reifen** m neumático m radial; **~rose** ⚕ f (herpes m) zóster m, zona f; **~tier** n armadillo m.

gürten ['-tən] (26) ceñir (*mit* de).

Guß [gus] m (4²) ⊕ fundición f; (*Wasser*) chorro m; (*Regen*) aguacero m, chaparrón m; (*Zucker 2 usw.*) baño m (de azúcar, *etc.*); *aus e-m* **~** de una sola pieza; '**~eisen** n hierro m colado; '**~form** f molde m; '**~stahl** m acero m fundido *od.* colado.

gut [guːt] (*comp.* besser, *sup.* best) buen(o); *adv.* bien; *Examensnote:* notable, *sehr* **~** sobresaliente; *es ist (schon)* **~** (ya) está bien; *sei so* **~** *und* ... haz el favor de (*inf.*); **~** sn für servir para; *es* **~** *haben* pasarlo bien; **~** *leben* vivir holgadamente; **~** *zwei Monate*

dos meses y pico; *e-e* **~e** *Stunde* una hora larga; *im* **~en** por las buenas; *du hast es* **~***!* ¡qué suerte tienes!; *das ist* **~** *möglich* es muy posible; *mach's* **~***!* ¡que te vaya bien!; *so* **~** *wie sicher* casi seguro.

Gut [guːt] n (1²) bien m; propiedad f; (*Land2*) finca f, *Am.* hacienda f, *Arg.* estancia f; '**~achten** n (6) dictamen m; peritaje m; '**~achter** m (7) perito m; '2-**artig** de buen natural; ⚕ benigno; '2-**aussehend** de buen ver, de buena presencia; '**~dünken** n (6): *nach* **~** a discreción; '**~e(s)** n: *das* **~** *lo bueno*; **~s** *tun* hacer el bien; *des* **~n** *zuviel tun* exagerar, excederse; *alles* **~***!* ¡mucha suerte!

Güte ['gyːtə] f (15) bondad f; ✝ calidad f; in **~** amistosamente; *du meine* **~***!* ¡Dios mío!

Güter ['-tər] n/pl. bienes m/pl.; ✝ mercancías f/pl.; **~abfertigung** f despacho m *od.* expedición f de mercancías; **~bahnhof** m estación f de mercancías; **~gemeinschaft** f ⚖ comunidad f de bienes; **~trennung** f ⚖ separación f de bienes; **~verkehr** m transporte m de mercancías; **~wagen** (**~zug**) 🚂 m vagón m (tren m) de mercancías.

gut|gehen ['guːtgeːən]: *es wird alles* **~** todo saldrá bien; *es sich* **~** *lassen* darse buena vida; **~gehend** próspero, floreciente; **~gelaunt** ['-gəlaunt] de buen humor; **~gemeint** ['--maint] bienintencionado; **~gesinnt** ['--zint] bien dispuesto; **~gläubig** de buena fe; **2haben** n (6) haber m, saldo m activo; **~heißen** aprobar; **~herzig** de buen corazón; bondadoso.

güt|ig ['gyːtiç] bueno; bondadoso; benévolo; **~lich** amistoso, amigable; *sich* **~** *tun* regalarse (*an dat.* con).

gut|machen ['guːtmaxən] reparar; *Unrecht:* desagraviar; **~mütig** ['-myːtiç] bondadoso, bonachón; **2-mütigkeit** f bondad f; carácter m bondadoso; **~sagen** responder (*für* de); **2sbesitzer(in** f) m propietario (-a) m (f) de una finca, *Arg.* estanciero (-a) m (f); **2schein** m vale m; **~schreiben** ✝ abonar (en cuenta); **2schrift** f abono m (en cuenta); **2-schrift-anzeige** f nota f de abono; **2shof** m granja f; **~situiert** acomodado; **2sverwalter** m administrador m; **~tun** hacer *od.* sentar *od.* probar bien; **~unterrichtet** bien informado; **.willig** dócil; complaciente; voluntario; *adv.* de buen grado; 2**willigkeit** *f* buena voluntad *f*.

Gymnas|iast [gymnaˈzjast] *m* (12) estudiante *m* de bachillerato; **.ium** [-ˈnɑːzjum] *n* (9) instituto *m* de ba-

chillerato; **.tik** [-ˈnastik] *f* (16) gimnasia *f*; 2**tisch** gimnástico.

Gynäkolog|e [gynɛkoˈloːgə] *m* (13) ginecólogo *m*; **.ie** [---loˈgiː] *f* (15, *o. pl.*) ginecología *f*; 2**isch** [---ˈloːgiʃ] ginecológico.

H

H, h [hɑ:] *n uv.* H, h *f*; ♪ si *m*; *H-Dur* si mayor; *h-Moll* si menor.

Haar [hɑ:r] *n* (3) pelo *m*; (*Kopf♀*) *a.* cabello *m*; cabellera *f*; *sich die ~e schneiden lassen* cortarse el pelo; *sich in die ~e geraten* andar a la greña; *~e lassen müssen* salir perdiendo; *um kein ~ besser* ni pizca mejor; *um ein ~* por un pelo; *~e auf den Zähnen haben* ser de armas tomar; *mir stehen die ~e zu Berge* se me ponen los pelos de punta; *an den ~en herbeigezogen* traído por los pelos; *kein gutes ~ an j-m lassen* poner a alg. de vuelta y media; **'~ausfall** *m* caída *f* del pelo; *♂* alopecia *f*; **'~bürste** *f* cepillo *m* para el cabello; **'~büschel** *n* mechón *m*; **♀en** (25) perder el pelo; **'~entferner** *m* (7) depilatorio *m*; **'~ersatz** *m* pelo *m* postizo; **'~esbreite** *f*: *um ~* en un tris, por poco; **'~färbemittel** *n* tinte *m* para el cabello; **♀fein** sutilísimo; **'~festiger** *m* fijador *m*, fijapelo *m*; **♀genau** exactamente; con pelos y señales; **♀ig** peludo; *am Körper*: velloso; F *fig.* peliagudo; **'~klammer** *f* clip *m*; **♀klein** con pelos y señales; con todo lujo de detalles; **'~knoten** *m* moño *m*; **'~nadel** *f* horquilla *f*; **'~nadelkurve** *f* curva *f* en herradura; **'~netz** *n* redecilla *f*; **'~pflege** *f* cuidado *m* del cabello; **♀scharf** afiladísimo, muy cortante; *fig.* muy preciso; *~ vorbei* rozando; **'~schleife** *f* cinta *f*; **'~schneiden** *n*, **'~schnitt** *m* corte *m* de pelo; **'~schwund** *m* alopecia *f*; **'~sieb** *n* tamiz *m* fino; **'~spalterei** [-ʃpaltə'raɪ] *f* sutilezas *f/pl.*; **'~spange** *f* pasador *m*; **'~spray** *m od. n* laca *f*, spray *m*; **♀sträubend** espeluznante, horripilante; **'~teil** *n* bisoñé *m*; peluquín *m*; **'~tracht** *f* peinado *m*, tocado *m*; **'~trockner** *m* (7) secador *m*; **'~waschmittel** *n* champú *m*; **'~wasser** *n* loción *f* capilar; **'~wuchs** *m* crecimiento *m* del pelo; cabellera *f*; **'~wuchsmittel** *n* crecepelo *m*; **'~wurzel** *f* raíz *f* capilar.

Habe ['hɑ:bə] *f* (15) bienes *m/pl.*, fortuna *f*.

haben ['-bən] **1.** (30): **a)** (*Hilfsverb*) haber; **b)** *v/t.* (*besitzen*) tener; poseer; *was hast du?* ¿qué te pasa?; *wir ~ nichts davon* no nos sirve para nada; *da ~ wir's!* ¡ya lo decía yo!, ¡aquí estamos!, F *und damit hat sich's!* ¡y sanseacabó!; *~ zu inf.* (*müssen*) tener que, haber de; *nichts zu essen ~* no tener nada que comer; *~ wollen* querer, desear; *zu ~ sn* estar disponible; ♥ estar en venta; *nicht mehr zu ~ sn* estar agotado; *nichts auf sich ~* no ser nada, no tener importancia; *sich ~* (*angeben*) darse tono; (*sich zieren*) andar con melindres; **2.** ♥ ♀ *n* haber *m*; crédito *m*; activo *m*.

Hab|enichts ['-bənɪçts] *m* (14 *u.* 3²) pobretón *m*; **'~ensaldo** ♥ *m* saldo *m* acreedor; **'~gier** ['hɑ:pgi:r] *f* codicia *f*; **♀gierig** codicioso; **♀haft**: *~ werden* (*gen.*) apoderarse de; F atrapar (*ac.*).

Habicht ['hɑ:bɪçt] *m* (3) azor *m*.

Habilit|ation [habilita'tsjo:n] *f* oposición *f* a una cátedra universitaria; **♀ieren**: *sich ~* hacer oposición a una cátedra.

Hab|seligkeiten ['hɑ:pze:lɪçkaɪtən] *f/pl.* efectos *m/pl.*, trastos *m/pl.*; F bártulos *m/pl.*; **'~sucht** *f* codicia *f*; **♀süchtig** codicioso.

Hack|beil ['hakbaɪl] *n* hachuela *f*; **'~block** *m* taj(ader)o *m*; **'~braten** *m* asado *m* de carne picada; **'~brett** *n* tabla *f* para picar carne; **'~e** *f* (15) **a)** azada *f*, azadón *m*; (*Spitz♀*) pico *m*; **b)** = *~en m* (6) (*Ferse*) talón *m*; *des Schuhes*: tacón *m*; **♀en** (25) *Vogel*: picotear; *Fleisch*: picar; *Holz*: cortar; *✗* cavar; azadonar; **'~fleisch** *n* carne *f* picada; **'~messer** *n* cuchilla *f* de picar.

Häcksel ['hɛksəl] *n u. m* (7) paja *f* cortada; **'~maschine** *f* cortapajas *m*.

Hader ['hɑ:dər] *m* (7) riña *f*, disputa *f*; discordia *f*; **♀n** (29) reñir; disputar.

Hafen ['hɑ:fən] *m* (7¹) puerto *m* (*a. fig.*); **'~anlagen** *f/pl.* instalaciones *f/pl.* portuarias; **'~arbeiter** *m* trabajador *m* portuario; estibador *m*; **'~becken** *n* dársena *f*; **'~damm** *m* muelle *m*; malecón *m*; **'~gebühr** *f* derechos *m/pl.* portuarios; **~polizei** *f* policía *f* del puerto; **~sperre** *f* cierre *m* del puerto; **~stadt** *f* ciudad *f* portuaria, puerto *m*; **~viertel** *n* barrio *m* portuario.

Hafer ['l-fər] *m* (7) avena *f*; **~flocken** *f/pl.* copos *m/pl.* de avena; **~schleim** *m* crema *f* de avena.

Haff [haf] *n* (3) albufera *f*.

Haft [haft] *f* ~u. arresto *m*; detención *f*; prisión *f*; *in* ~ *nehmen* arrestar; *aus der* ~ *entlassen* poner en libertad; **²bar** responsable (*für* de); **¹~befehl** *m* orden *f* de detención *od.* de arresto; ~ *erlassen* dictar auto de prisión; **²en** (26) (*kleben*) estar pegado *a*; ~ *für* responder de; **²end** adhesivo; **¹~entlassung** *f* excarcelación *f*; *vorläufige* ~ libertad *f* provisional.

Häftling ['hɛftliŋ] *m* (3¹) detenido *m*, preso *m*, recluso *m*.

Haftpflicht ['haftpfliçt] *f* responsabilidad *f* civil; **²ig** responsable; **~versicherung** *f* seguro *m* de responsabilidad civil.

¹Haft|schalen *f/pl.* lentes *f/pl.* de contacto, lentillas *f/pl.*; **~ung** *f* responsabilidad *f*.

Hage|buche ♀ ['ha:gəbu:xə] *f* carpe *m*, ojaranzo *m*; **~butte** ['--butə] *f* (15) escaramujo *m*, agavanza *f*; **~dorn** *m* espino *m* (blanco).

Hagel ['l-gəl] *m* (7) granizo *m*; pedrisco *m*; *fig.* lluvia *f*, turbión *m*; **~korn** *n* grano *m* de granizo; ☀ chalazión *m*; **²n** (29) granizar; **~schauer** *m* granizada *f*; **~versicherung** *f* seguro *m* contra el granizo.

hager ['l-gər] enjuto (de carnes); flaco; F chupado.

Hagestolz ['l-gəʃtɔlts] *m* (3²) solterón *m*.

Häher Zo. ['hɛ:ər] *m* (7) arrendajo *m*.

Hahn [ha:n] *m* (3³) gallo *m*; (*Faß*²) espita *f*; (*Wasser*²) grifo *m*; (*Gas*²) llave *f*; (*Gewehr*²) gatillo *m*, disparador *m*; *fig.* ~ *im Korbe sn* ser el amo del cotarro; *es kräht kein* ~ *danach* nadie hace caso.

Hähnchen ['hɛ:nçən] *n* (6) pollo *m*.

Hahnen|fuß ♀ ['ha:nənfu:s] *m* ranúnculo *m*; **~kamm** *m* cresta *f* del gallo; ♀ gallocresta *f*; **~kampf** *m* riña *f* *od.* pelea *f* de gallos; **~schrei** *m* canto *m* del gallo; **~tritt** *m* galladura *f*; (*Stoffmuster*) pata *f* de gallo.

Hahnrei ['l-raɪ] *m* (3) cornudo *m*.

Hai [haɪ] (3), **¹~fisch** *m* tiburón *m*.

Hain [haɪn] *m* (3) floresta *f*; bosquecillo *m*; **¹~buche** ♀ *f* carpe *m*.

Häkel|arbeit ['hɛ:kəl'arbaɪt] *f* labor *m* de ganchillo; **²n** (29) hacer ganchillo; **~nadel** *f* ganchillo *m*.

Haken ['ha:kən] *m* (6) gancho *m* (*a. Boxen*); garfio *m*; garabato *m*; *für Kleider*: percha *f*; *für Öse*: corchete *m*; ~ *u. Öse* broche *m*; *die Sache hat e-n* ~ *la cosa tiene su intríngulis*; *fig. da steckt der* ~! ¡ahí le duele!; **~kreuz** *n* cruz *f* gamada, (*e*)svástica *f*; **~nase** *f* nariz *f* ganchuda.

halb [halp] medio; *adv.* a medias; ♪ ~*e* *Note* blanca *f*; ~ *drei* (*Uhr*) las dos y media; *e-e* ~*e Stunde* media hora; *ein* ~*es Jahr* medio año, seis meses; *zum* ~*en Preis* a mitad de precio; (*nicht*) ~ *soviel* (*ni*) la mitad; ~ *öffnen* entreabrir; ~ *angezogen* a medio vestir; *das ist* ~ *so schlimm* no es para tanto; ~ *und* ~ mitad y mitad.

¹halb...: *in Zssgn oft* medio, semi...; **~amtlich** oficioso; **~automatisch** semiautomático; **²bildung** *f* semicultura *f*; **²blut** *n* (*Pferd*) media sangre *m*; **²bruder** *m* medio hermano *m*, hermanastro *m*; **²dunkel** *n* claroscuro *m*; penumbra *f*; *im* ~ entre dos luces; **²-edelstein** *m* piedra *f* semipreciosa; **~er** ['l-bər] *nachstehende prp.* (*gen.*) a causa de, por razones de; por; **²fabrikat** *n* artículo *m* semimanufacturado; **~fertig** a medio hacer; **~fett** *Käse*: semigraso; **²finale** *n Sport*: semifinal *f*; **~gar** a medio cocer; **~gebildet** semiculto; **²gott** *m* semidiós *m*; **²heit** *f* insuficiencia *f*; imperfección *f*; **~ieren** [-'bi:rən] dividir en dos partes iguales, partir por la mitad; **²-insel** *f* península *f*; **²jahr** *n* semestre *m*; **~jährig** ['-jɛ:riç] de seis meses; **~jährlich** semestral; *adv.* cada seis meses; **²kreis** *m* semicírculo *m*; hemiciclo *m*; **²kugel** *f* hemisferio *m*; **~laut** a media voz; **²lederband** *m* encuadernación *f* de media pasta; **²leinenband** *m* encuadernación *f* de media tela; **²leiter** ∮ *m* semiconductor *m*; **²linke(r)** *m Fußball*: interior *m* izquierda (*o*); **~mast**: *auf* ~ a media asta; **²messer** *m* radio *m*; **~monatlich** quincenal, bimensual; **²mond** *m* media luna *f*; **~offen** entreabierto, a medio abrir; **~part...**: *machen* ir a medias; **²pension** *f* media pensión *f*; **²rechte(r)** *m* interior *m* derecha; 2**schatten** *m* penumbra *f*; 2**schlaf** *m* somnolencia *f*; duermevela *m*; 2**schuh** *m* zapato *m* (bajo); 2**schwergewicht** *n Boxen*: peso *m* semipesado; 2**schwester** *f* media hermana *f*, hermanastra *f*, 2**starke(r)** *m* gamberro *m*; 2**stiefel** *m* botín *m*; ~**stündig** ['-ʃtyndiç] de media hora; 2**tags-arbeit** *f* trabajo *m* de media jornada; 2**ton** ♪ *m* semitono *m*; ~**tot** medio muerto; ~**voll** a medio llenar; 2**waise** *f* huérfano *m* de padre *bzw.* de madre; ~**wegs** ['-ve:ks] a medio camino; *fig.* casi; regular; 2**welt** *f* semimundo *m*; 2**wissen** *n* semicultura *f*; ~**wüchsig** ['-vy:ksiç] adolescente; 2**zeit** *f Sport*: medio tiempo *m*; (*Pause*) descanso *m*; erste (*zweite*) ~ primer (segundo) tiempo.

Halde ['haldə] *f* (15) montón *m* de escorias; ~**nbestände** *m/pl.* existencias *f/pl.* a bocamina.

half [half] *s.* helfen.

Hälfte ['hɛlftə] *f* (25) mitad *f*; zur ~ a mitad; a medias; F *m-e bessere* ~ mi media naranja.

Halfter ['halftər] *m od. n* (7) cabestro *m*; 2**n** (29) encabestrar.

Hall [hal] *m* (3) sonido *m*; resonancia *f*.

Halle ['halə] *f* (15) sala *f*; vestíbulo *m*; (*Hotel*) hall *m*; (*Ausstellung*) pabellón *m*; ✈ hangar *m*.

Halleluja [hale'lu:ja:] *n* (11) aleluya *f*.

hallen ['halən] (25) resonar; retumbar; 2**bad** *n* piscina *f* cubierta; 2**fußball** *m* fútbol *m* sala; 2**sport** *m* deporte *m* en pista cubierta.

hallo ['halo] ~! ¡oiga!; (*Gruß*) ¡hola!; *Fernspr.* ¡diga!; 2. 2 [ha'lo:] *n* (11) barullo *m*, F jaleo *m*.

Halluzination [halutsina'tsjo:n] *f* alucinación *f*.

Halm [halm] *m* (3) tallo *m*.

Hals [hals] *m* (4²) cuello *m*; (*Kehle*) garganta *f*; *um den* ~ *fallen* (*dat.*) abrazar; *aus vollem* ~ a voz en cuello, *lachen*: a carcajadas; ~ *über Kopf* de golpe y porrazo; *j-n auf dem* ~(*e*) *haben* tener a alg. a cuestas; *sich* (*dat.*) *et. vom* ~*e schaffen* quitarse a/c. de encima; F *es hängt mir zum* ~(*e*) *heraus* F estoy hasta la coronilla; ~**abschneider** *m fig.* usurero *m*; ~**ausschnitt** *m* escote *m*; 2**band** *n* collar *m*; gargantilla *f*; 2**brecherisch** ['-brɛçəriʃ] arriesgado; ~**entzün-**

dung ⚕ *f* inflamación *f* de la garganta, angina(s) *f*(/*pl.*); ~**kette** *f* collar *m*; ~**krause** *f* golilla *f*; ~'**Nasen-'Ohren-Arzt** *m* otorrinolaringólogo *m*; ~**schlag-ader** *f* carótida *f*; ~**schmerzen** *m/pl.* dolor *m* de garganta, 2**starrig** ['-ʃtariç] tozudo, obstinado; ~**starrigkeit** *f* tozudez *f*, obstinación *f*; ~**tuch** *n* bufanda *f*; pañuelo *m* (de cuello); ~**wirbel** *Anat. m* vértebra *f* cervical.

Halt [halt] 1. *m* (3) parada *f*; alto *m*; (*Stütze*) apoyo *m*, sostén *m* (*a. fig.*); (*innerer*) fuerza *f* moral; 2. 2! ¡alto!; ¡basta!

haltbar ['-ba:r] sólido; resistente; 2**keit** *f* solidez *f*; consistencia *f*.

halten ['-tən] (30) 1. *v/t.* tener; (*zurück~*) retener; (*stützen*) sostener; sujetar; (*erhalten*) conservar, mantener, guardar; (*ein~*) observar; ✕ defender; *Rede*: pronunciar; *Zeitung*: estar suscrito a; *Versprechen, Wort*: cumplir; *nicht* ~ faltar a; ~ *für* creer, considerar como, tomar por; ~ *von* pensar de; *viel von j-m* ~ tener a alg. en gran aprecio; 2. *v/i.* (*halt-machen*) parar(se), detenerse; (*festsitzen*) estar fijo; (*haltbar sein*) mantenerse, conservarse; *auf et.* ~ dar importancia a a/c.; zu *j-m* ~ estar de parte de alg., simpatizar con alg.; 3. *v/refl.*: *sich* ~ (*frisch bleiben*) conservarse; ✕ defenderse; *a. Wetter*: mantenerse; *sich an et.* (*ac.*) ~ atenerse a; *sich rechts* ~ mantenerse a la derecha; *sich* ~ *für* tenerse *od.* darse por.

Halter ['-tər] *m* (7) (*Griff*) asidero *m*; (*Besitzer*) dueño *m*.

'Halte|signal *n* señal *f* de parada; ~**stelle** *f* parada *f*; ~**tau** ⚓ *n* amarra *f*; ~**verbot** *Kfz. n* estacionamiento *m* prohibido.

halt|los ['haltlo:s] inconsistente; inconstante; *Behauptung*: infundado; 2**losigkeit** *f* inconsistencia *f*, inconstancia *f*; ~**machen** pararse; hacer alto.

hält(st) [hɛlt(st)] *s.* halten.

Haltung ['haltuŋ] *f* posición *f*, postura *f*; (*Auftreten*) actitud *f*; (*Betragen*) comportamiento *m*, conducta *f*.

Halunke [ha'luŋkə] *m* (13) pillo *m*, bribón *m*.

hämisch ['hɛ:miʃ] malicioso.

Hammel ['haməl] *m* (7) carnero *m*; ~**braten** *m* asado *m* de carnero; ~**keule** *f* pierna *f* de carnero.

Hammer [ˈhamər] m (7¹) martillo m; *unter den ~ kommen* venderse en subasta.

hämmer|bar [ˈhɛmərbɑːr] maleable; **~n** (29) martill(e)ar.

Hammer|schlag [ˈhamərʃlaːk] m martillazo m; **~werfen** n *Sport:* lanzamiento m de martillo.

Hämorrhoiden 🡒 [hɛːmoroˈiːdən] f/pl. (15) hemorroides f/pl., almorranas f/pl.

Hampelmann [ˈhampəlman] m (1²) títere m; a. fig. fantoche m.

Hamster [ˈhstər] m (7) Zo. hámster m; **~er** m (7) acaparador m; **2n** (29) acaparar.

Hand [hant] f(14¹) mano f; *mit der ~ a* mano; *an ~ von* por medio de; *a base de; zu Händen von* a la atención de; *aus zweiter ~* de segunda mano; *j-s rechte ~* sn ser el brazo derecho de alg.; *freie ~ lassen* dar carta blanca; *alle Hände voll zu tun haben* estar agobiado de trabajo; *weder ~ noch Fuß haben* no tener ni pies ni cabeza; *an der ~ führen* llevar de la mano; *j-m an die ~ gehen* echar una mano a alg.; *an der ~ haben* tener a mano; *die letzte ~ anlegen* dar la última mano; *~ an sich legen* suicidarse; *auf der ~ liegen* ser evidente; *von der ~ in den Mund leben* vivir al día; *~ in ~* mano a mano; *in ~ gehen* ir cogidos de la mano; *fig.* correr parejas *(mit con); die Hände in den Schoß legen* cruzarse de manos; *estar mano sobre mano; unter der ~* bajo mano, bajo cuerda; *von langer ~ vorbereitet* proyectado desde hace tiempo; *es geht ihm leicht von der ~* no le cuesta trabajo; *von der ~ weisen* rechazar; *Hände hoch!* ¡manos arriba!; **'~arbeit** f trabajo m manual; *weibliche:* labor f; **'~ball** m balonmano m; **'~bedienung** f mando m manual; **'~betrieb** m accionamiento m a mano; **'~bewegung** f ademán m; **'2breit** del ancho de una mano; **'~bremse** f freno m de mano; **'~buch** n manual m.

Hände|druck [ˈhɛndədruk] m apretón m de manos; **~klatschen** n palmas f/pl.

Handel [ˈhandəl] m (7, o. pl.) comercio m; *(~sverkehr)* tráfico m *(mit* de); *(Geschäft)* negocio m; *im ~* en venta; *~ treiben* negociar, tratar *(mit et. en a/c.).*

Händel [ˈhɛndəl] m/pl. pendencia f,

querella f; *~ suchen* buscar camorra.

handeln [ˈhandəln] (29) obrar, actuar; proceder; 🕇 comerciar, tratar, negociar *(mit en); (feilschen)* regatear; *~ von* tratar de; *sich ~ um* tratarse de.

Handels... [ˈhandəls...]: *in Zssgn oft* de comercio, comercial; **~abkommen** n acuerdo m comercial; **~beziehungen** f/pl. relaciones f/pl. comerciales; **~bilanz** f balanza f comercial; **2-einig:** *~ werden* ponerse de acuerdo; **2fähig** negociable; **~flotte** f flota f mercante; **~gericht** n tribunal m comercial; **~gesellschaft** f sociedad f od. compañía f mercantil; **~gesetzbuch** n código m de comercio; **~kammer** f Cámara f de Comercio; **~klasse** f categoría f; **~korrespondenz** f correspondencia f comercial; **~marine** f marina f mercante; **~marke** f marca f de fábrica; **~minister** m Ministro m de Comercio; **~platz** m plaza f comercial; **~recht** n derecho m mercantil; **~register** n registro m mercantil; **~schiff** n buque m mercante; **~schule** f escuela f de comercio; **~spanne** f margen m comercial; **2-üblich** usual en el comercio; **~unternehmen** n empresa f mercantil od. comercial; **~verkehr** m tráfico m comercial; **~vertrag** m tratado m comercial; **~vertreter** m representante m *(de* comercio); agente m comercial; **~vertretung** f agencia f comercial; **~volumen** n volumen m de intercambio; **~zweig** m ramo m comercial.

handeltreibend [ˈ~dəltraɪbənt] comerciante, mercante.

händeringend [ˈhɛndəriŋənt] retorciendo las manos; *fig.* desesperadamente.

Hand|feger [ˈhantfeːgər] m escobilla f; **~fertigkeit** f destreza f, habilidad f manual; **~fesseln** f/pl. esposas f/pl.; **2fest** robusto; sólido; **~feuerwaffe** f arma f de fuego portátil; **~fläche** f palma f *(de la mano);* **~geld** n arras f/pl.; ⚔ prima f de enganche; **~gelenk** n muñeca f; **2gemacht** hecho a mano; **2gemein:** *~ werden* llegar a las manos; **~gemenge** n pelea f *(cuerpo a cuerpo);* **~gepäck** n equipaje m de mano; **~gepäck-aufbewahrung** f consigna f; **~granate** f

handgreiflich

granada *f* de mano; **⎓greiflich** ['-graiflɪç] evidente; ~ *werden* llegar a las manos; **~griff** *m* maniobra *f*, manejo *m*, manipulación *f*; *zum Festhalten:* asidero *m*; mango *m*; asa *f*; **~habe** *f* (15) *fig.* motivo *m*, pretexto *m*; **⎓haben** (25, *untr.*) manejar, manipular; **~habung** *f* manejo *m*, manipulación *f*; **~hebel** *m* manivela *f*.

Handicap ['hɛndikɛp] *n* (11) handicap *m*.

Hand|karre ['hantkarə] *f* carretilla *f*; **~koffer** *m* maleta *f*; **~kurbel** *f* manivela *f*; **~kuß** *m* besamanos *m*; **~langer** ['-laŋər] *m* (7) peón *m*; **~laterne** *f* linterna *f*, farol *m* manual.

Händler ['hɛndlər] *m* (7) comerciante *m*, negociante *m*; *desp.* traficante *m*.

Hand|lesekunst ['hantle:zəkunst] *f* quiromancia *f*; **~leser(in** *f*) *m* quiromántico (-a) *m* (*f*); **⎓lich** manejable.

Handlung ['handluŋ] *f* acción *f*; acto *m*; *Thea., Lit.* argumento *m*; ✝ comercio *m*, tienda *f*; **~sfreiheit** *f* libertad *f* de acción; **~sgehilfe** *m* dependiente *m* (de comercio); **~sreisende(r)** *m* viajante *m*; **~sweise** *f* procedimiento *m*; modo *m* de obrar.

Hand|pflege ['hantpfle:gə] *f* manicura *f*; **~ramme** *f* pisón *m* de mano; **~reichung** ['-raiçuŋ] *f* ayuda *f*; servicio *m*; **~rücken** *m* dorso *m* de la mano; **~schellen** *f/pl.* esposas *f/pl.*; *anlegen* esposar; **~schlag** *m* apretón *m* de manos; **~schreiben** *n* carta *f* autógrafa.

'Handschrift *f* letra *f*, escritura *f*; (*Werk*) manuscrito *m*; **~endeuter** *m* (7) grafólogo *m*; **~endeutung** *f* grafología *f*; **⎓lich** escrito a mano, manuscrito.

'Handschuh *m* guante *m*; **~fach** *n* *Kfz.* guantera *f*; **~geschäft** *n* guantería *f*; **~nummer** *f* número *m* de la mano.

'Hand|stand *m*: e-n ~ *machen* hacer la vertical; **~stickerei** *f* bordado *m* a mano; **~streich** *m* golpe *m* de mano; **~tasche** *f* bolso *m* (de mano); **~teller** *m* s. **~fläche**; **~tuch** *n* toalla *f*; **~tuchhalter** *m* toallero *m*; **~umdrehen** *n*: *im* ~ en un santiamén; **~voll** *f uw.* puñado *m* (*a. fig.*); **~waffe** *f* arma *f* portátil; **~wagen** *m* carro *m* de mano.

'Handwerk *n* oficio *m*; artesanía *f*; **~er** *m* (7) artesano *m*; **⎓lich** artesanal; **~sbetrieb** *m* empresa *f* artesanal;

~sgeselle *m* oficial *m*; **~skammer** *f* Cámara *f* oficial de Artesanía; **~smeister** *m* maestro *m* artesano; **~szeug** *n* herramientas *f/pl.*; aperos *m/pl.*; útiles *m/pl.*

'Hand|wörterbuch *n* diccionario *m* manual; **~wurzel** *f* carpo *m*; **~zeichen** *n* señal *f* con la mano; *Abstimmung durch* ~ votación *f* a mano alzada; **~zeichnung** *f* dibujo *m* a mano; **~zettel** *m* octavilla *f*.

hanebüchen ['hɑ:nəby:çən] inaudito; una barbaridad.

Hanf [hanf] *m* (3) cáñamo *m*.

Hänfling *Zo.* ['hɛnfliŋ] *m* (3¹) pardillo *m*.

Hang [haŋ] *m* (3³) pendiente *f*; declive *m*; *Turnen:* suspensión *f*; *fig.* inclinación *f* (zu a); propensión *f* (a).

Hänge|bahn ['hɛŋəba:n] *f* ferrocarril *m* colgante *od.* suspendido; **~boden** *m* secadero *m*; **~brücke** *f* puente *m* colgante; **~busen** *m* pechos *m/pl.* caídos; **~lampe** *f* lámpara *f* colgante *od.* de suspensión; **~matte** *f* hamaca *f*; ♣ coy *m*.

hängen ['-ən] **1.** *v/i.* (30) colgar, pender (*an dat.* de); estar colgado *od.* suspendido; *fig.* ~ *an* (*dat.*) tener mucho apego a; **2.** *v/t.* (25) colgar, suspender; (*an den Galgen*) ahorcar; **3.** ♀ *n*: *mit* ~ *und Würgen* a duras penas; **~bleiben** (30, sn) quedar enganchado *od.* suspendido; ✝ *fig.* quedar colgado; **~d** pendiente; suspenso; **~lassen** (*vergessen*) olvidar; *den Kopf* ~ andar cabizbajo; F *fig.* j-n ~ dejar a alg. colgado.

Hänsel|ei [hɛnzə'lai] *f* burlas *f/pl.*; **⎓n** (29) burlarse de; F tomar el pelo a.

Hansestadt ['hanzəʃtat] *f* ciudad *f* (h)anseática.

Hanswurst [hans'vurst] *m* (3²) bufón *m*, payaso *m*; *Thea.* gracioso *m*.

Hanteln ['hantəln] *f/pl.* (15) pesas *f/pl.*

hantieren ['-ti:rən] manejar, manipular (*mit et.* a/c.).

hapern ['hɑ:pərn] (29) faltar; no funcionar; *da hapert es* ahí está el intríngulis.

Happ|en ['hapən] *m* (6) bocado *m*; **⎓ig** ávido; F *fig.* fuerte; exagerado.

Harem ['hɑ:rəm] *m* (11) harén *m*.

Harfe ['harfə] *f* (15) arpa *f*; **~'nist(in** *f*) *m* (12) arpista *su.*

Harke ['-kə] f(15) rastrillo m; 2n (25) rastrillar.

Harlekin ['-ləki:n] m (3¹) arlequín m.

Harm [harm] m (3) aflicción f; cuita f; (Kränkung) ofensa f.

härmen ['hɛrmən] (25): sich ~ über (ac.) afligirse de.

harm|los ['harmlo:s] inofensivo (a. Person), in(n)ocuo; (arglos) inocente; cándido; Tier: manso; 2losigkeit f in(n)ocuidad f; inocencia f; candidez f.

Harmon|ie [harmo'ni:] f(15) armonía f (a. fig.); **~ielehre** f armonía f; 2ieren [--'ni:rən] estar en armonía, concordar; bsd. Farben: armonizar; fig. congeniar; ~ika [-'mo:nika] f(16² u. 11¹) (Mund2) armónica f; (Zieh2) acordeón m; 2isch [-'niʃ] ♪ armónico; fig. a. armonioso; ~ium [-'njum] n (9) armonio m.

Harn [harn] m (3) orina f; '~blase f vejiga f; '2en (25) orinar; '~en n micción f; '~grieß ⚙ m arenillas f/pl.

Harnisch ['-niʃ] m (3) arnés m; armadura f; fig. in ~ bringen (geraten) poner(se) furioso; exasperar(se).

'Harn|leiter m uréter m; '~röhre f uretra f; '~säure f ácido m úrico; '~stein ⚙ m cálculo m urinario; '~stoff m urea f; '2treibend diurético; '~untersuchung f análisis m de orina; '~vergiftung f uremia f; '~wege m/pl. vías f/pl. urinarias.

Harpun|e [-'pu:nə] f (15) arpón m; (dreizackige) fisga f; 2ieren [-pu'ni:rən] arponar.

harren ['harən] (25) esperar, aguardar (gen. od. auf ac.).

Harsch(schnee) ['harʃ(-ʃne:)] m (3¹) nieve f helada.

hart [hart] (18²) duro (a. fig.); (fest) firme; (streng) riguroso (a. Winter), severo; ~ werden endurecerse, solidificarse; ~ arbeiten trabajar duro; e-n ~en Stand haben estar en una situación delicada; ~ ankommen costar mucho, no ser fácil.

Härte ['hɛrtə] f(15) dureza f (a. fig.); rigor m; ~fall m caso m extremo; 2n (26) endurecer; Stahl: templar.

Hart|faserplatte ['hartfa:zərplatə] f (15) plancha f de fibra dura; 2-gekocht Ei: duro; ~geld n moneda f metálica; 2gesotten fig. empedernido; ~gummi m od. n ebonita f; 2herzig duro de corazón; ~herzigkeit f dureza f (de corazón); 2näckig

['-nɛkiç] terco, obstinado; Krankheit: persistente; ~ bestehen obstinarse (auf dat. en); ~näckigkeit f terquedad f, obstinación f; persistencia f.

Harz [harts] n (3²) resina f; '2ig resinoso.

Haschee [ha'ʃe:] n (11) Kchk. picadillo m de carne.

haschen ['-ʃən] (27) 1. v/t. coger; Arg. agarrar; fig. ~ nach ambicionar (ac.); 2. v/i. F fumar porros; emporrarse.

Häscher ['hɛʃər] m (7) esbirro m.

Haschisch ['haʃiʃ] n uv. hachís m, F chocolate m.

Hase ['ha:zə] m (13) liebre f; F fig. ein alter ~ un viejo zorro; da liegt der ~ im Pfeffer ahí esta el busilis.

Hasel|huhn ['-zəlhu:n] n Zo. ganga f; ~nuß f avellana f; ~strauch m avellano m.

Hasen|braten ['-zənbra:tən] m asado m de liebre; ~fuß m fig. cobarde m, gallina m; ~klein n menudillos m/pl. de liebre; ~panier: das ~ ergreifen tomar las de Villadiego; 2rein F: nicht ~ sn no ser trigo limpio; ~scharte ⚙ f labio m leporino.

Haspel ['haspəl] f (15) devanadera f, aspa f; 2n (29) devanar, aspar.

Haß [has] m (4) odio m (gegen a).

hassen ['hasən] (28) odiar; ~swert aborrecible; odioso.

häßlich ['hɛsliç] feo (a. fig.); 2keit f fealdad f.

Haßliebe ['haslibə] f amor-odio m.

Hast [hast] 1. f (16, o. pl.) prisa f; precipitación f; 2. 2 s. haben; '2en (26, sn) darse prisa; precipitarse; '2ig precipitado; presuroso.

Hätschel|kind ['hɛtʃəlkint] n niño m mimado (a. fig.); 2n (29) acariciar; (verzärteln) mimar.

hatte, hätte ['hatə, 'hɛtə] s. haben.

Haube ['haubə] f (15) cofia f; toca f; Kfz. capó m; unter die bringen (kommen) casar(se); ~nlerche Zo. f cogujada f.

Haubitze ⚔ ['-bitsə] f (15) obús m.

Hauch [haux] m (3) (Atem) aliento m; (Wind2) soplo m; poet. hálito m; fig. (Spur) toque m; asomo m; '2dünn delgadísimo; '2en (25) soplar; '~laut m sonido m aspirado; '2zart sutil, delgadísimo.

Haudegen ['-de:gən] fig. m viejo soldado m.

Haue ['-ə] f (15) ✎ azada f; F~ kriegen
llevarse una paliza; ⚥n (30) (schlagen)
golpear, pegar; Holz: cortar; Stein:
labrar, tallar; sich ~ pelear, reñir; ~r
m (7) Zo. colmillo m; ⚒ picador m.

häufeln ✎ ['hɔyfəln] (29) acollar;
aporcar.

Haufen ['haufən] m (6) montón m (a.
fig.); aufgeschichteter: pila f; (Leute)
tropel m, turba f; F ein ~... un montón
de ...; fig. über den ~ werfen echar
abajo od. por tierra.

häufen ['hɔyfən] (25): (sich) ~ amon-
tonar(se), apilar(se); a. fig. acumu-
lar(se); fig. sich ~ multiplicarse.

haufen|weise ['haufənvaizə] a mon-
tones; en masa; ⚥weise f cúmulo m.

häufig ['hɔyfiç] frecuente; adv. con
frecuencia; ~ besuchen frecuentar;
⚥igkeit f frecuencia f; ⚥ung f amon-
tonamiento m; acumulación f; fig.
aumento m.

Hauklotz ['hauklɔts] m tajo m.

Haupt ['haupt] n (1²) cabeza f; (Führer) jefe m, cabeza m; ~...: in Zssgn oft
principal, central, capital; ~altar m
altar m mayor; ~augenmerk n: sein
~ richten auf (ac.) fijarse principalmente en; centrar su atención en;
~bahnhof m estación f central; ~be-
standteil m elemento m principal;
~buch ✝ n libro m mayor; ~dar-
steller(in f) m protagonista su.;
~eingang m entrada f principal;
~fach n asignatura f principal; ~
gericht Kchk. n plato m principal od.
fuerte; ~geschäft n (Firma) casa f
central od. matriz; ~geschäftszeit f
horas f/pl. punta od. de afluencia;
~gewinn m primer premio m; F
gordo m; ~haar n cabello(s) m(/pl.),
cabellera f; ~hahn m grifo m principal.

Häuptling ['hɔyptliŋ] m (3¹) jefe m de
tribu; cacique m.

Haupt|mahlzeit ['hauptmaːltsait] f
comida f principal; ~mann ⚔ m (1,
pl. ~leute) capitán m; ~masse f grueso m; ~mast ⚓ m palo m mayor;
~merkmal n característica f principal; ~nenner ⚕ m denominador m
común; ~person f a. fig. personaje m
principal, protagonista m; ~post f
Central f de Correos; ~quartier n
cuartel m general; ~rolle f a. fig.
papel m principal; ~sache f lo esencial, lo principal; ⚥sächlich principal; esencial; adv. principalmente;

sobre todo; ~saison f temporada f
alta; ~satz m oración f principal;
~schlüssel m llave f maestra; ~
schule f etwa: educación f general
básica (segunda etapa); ~sendezeit f
horas f/pl. de máxima audiencia;
~stadt f capital f; ⚥städtisch metropolitano; ~straße f calle f principal
od. mayor; ~treffer m s. ~gewinn;
~verfahren ⚖ n (procedimiento m
de) plenario m; ~verhandlung ⚖ f
juicio m oral; ~verkehrsstraße f
carretera f general; arteria f (principal); ~verkehrszeit f horas f/pl.
punta; ~versammlung f junta f
general; ~wort n sustantivo m, nombre m.

Haus [haus] n (2¹) casa f; Thea. sala f;
Parl. Cámara f; (Herrscher⚥) dinastía f; nach ~e a casa; zu ~e en casa; von
~ aus de origen; außer ~ fuera de casa;
aus gutem ~e de buena familia; ins ~
liefern entregar a domicilio; das ~
hüten guardar la casa (a. fig.); '~-an-
gestellte f empleada f de hogar,
criada f; Arg. mucama f; '~apo-
theke f botiquín m; '~arbeit f labores f/pl. od. tareas f/pl. domésticas,
trabajos m/pl. caseros; (Schule) deberes m/pl.; '~arrest m arresto m
domiciliario; '~arzt m médico m de
cabecera; '~aufgaben f/pl. deberes
m/pl.; ¹²backen fig. prosaico; trivial; '~bar f mueble m bar; '~bedarf
m: für den ~ para uso doméstico;
'~besitzer(in f) m propietario (-a) m
(f); '~besuch ⚕ m visita f a domicilio; '~bewohner(in f) m inquilino
(-a) m (f); '~boot n barco m habitable.

Häuschen ['hɔysçən] n (6) casita f;
fig. aus dem ~ bringen (geraten) sacar
(salir) de sus casillas.

Haus|dame ['hausdaːmə] f ama f de
llaves; ~diener m mozo m.

hausen ['hauzən] (27) vivir; (wüten)
hacer estragos.

Häuser|block ['hɔyzərblɔk] m man-
zana f (de casas), Am. cuadra f;
~makler m agente m de la propiedad
inmobiliaria.

Haus|flur ['hausfluːr] m vestíbulo m;
zaguán m; ~frau f ama f de casa;
~freund m amigo m de la casa; e-r
Frau: amante m; ~friedensbruch m
allanamiento m de morada; ~ge-
brauch m: für den ~ para uso doméstico; ~gehilfin f s. ~angestellte;

&gemacht casero; de fabricación casera; ~halt m casa f; (Etat) presupuesto m; den ~ führen llevar la casa; &halten (sparen) economizar (mit et. a/c.); ~hälterin ['-hɛltərin] f ama f de llaves; &hälterisch económico; ~haltsgegenstand m utensilio m doméstico; ~haltsgeld n dinero m para los gastos domésticos; ~haltsjahr n año m presupuestario; ~haltsplan m presupuesto m; ~haltung f gobierno m de la casa; economía f doméstica; ~haltungsvorstand m cabeza m de familia; ~herr m amo m od. dueño m de la casa; &hoch enorme, colosal; j-m ~ überlegen sn dar cien vueltas a alg.

hausier|en [hau'zi:rən] vender por las casas; F fig. mit et. ~ gehen propalar a/c.; &er m (7) vendedor m ambulante, buhonero m.

Haus|jacke ['hausjakə] f batín m; ~kleid n vestido m casero; bata f; ~lehrer m profesor m particular; preceptor m; ~lehrerin f institutriz f.

häuslich ['hɔyslɪç] doméstico; a. Person: casero; hogareño; sich ~ niederlassen instalarse; &keit f hogar m, casa f; vida f familiar.

Haus|mädchen ['hausmɛːtçən] n criada f, Arg. mucama f; ~mannskost f comida f casera; ~meister(in f) m conserje su., portero (-a) m (f); ~mittel n remedio m casero; ~musik f música f moderna od. en casa; ~nummer f número m de (la) casa; ~ordnung f reglamento m interior (de la casa); ~putz m limpieza f general; ~rat m enseres m/pl. domésticos; menaje m; ~ratversicherung f seguro m del hogar; ~rock m batín m; ~sammlung f cuestación f a domicilio; ~schlachtung f matanza f casera od. doméstica; ~schlüssel m llave f de (la) casa; ~schuh m zapatilla f.

Hausse ✝ ['hoːs(ə)] f (15) alza f.

Haus|stand ['hausʃtant] m casa f; ~suchung ✝✝ f registro m domiciliario; ~suchungsbefehl m orden f de registro; ~telefon n teléfono m interior, interfono m; ~tier n animal m doméstico; ~tür f puerta f de la calle; ~verwalter m administrador m; ~wart ['-vart] m (3) portero m; ~wirt(in f) m casero (-a) m (f); ~wirtschaft f economía f doméstica; ~wirtschaftsschule f escuela f del

hogar; ~zelt n tienda f chalet.

Haut [haut] f (14¹) piel f (a. v. Obst); (bsd. Gesichts2) cutis m; Anat., Biol. membrana f; e-r Flüssigkeit: telilla f; fig. ehrliche ~ persona f honrada; mit heiler ~ davonkommen salir ileso; salvar el pellejo; unter die ~ gehen calar hondo; aus der ~ fahren reventar de rabia; auf der faulen ~ liegen tenderse a la bartola; nur ~ u. Knochen sn estar en los huesos; ich möchte nicht in s-r ~ stecken no quisiera estar en su pellejo; '~...: in Zssgn oft cutáneo; '~abschürfung f desolladura f; excoriación f; '~arzt m dermatólogo m; '~ausschlag m erupción f cutánea; exantema m.

Häutchen ['hɔytçən] n (6) película f; membrana f.

Hautcreme ['hautkreːm] f crema f cutánea.

häuten ['hɔytən] (26) desollar, despellejar; sich ~ mudar la piel.

haut|eng ['hautˀɛŋ] muy ceñido; pegado al cuerpo; &farbe f color m de la piel; tez f; &jucken n prurito m; &pflege f higiene f od. cuidado m de la piel.

Havarie ⚓ [hava'riː] f (15) avería f.

Hebamme ['heːbamə, 'heːpˀamə] f (15) comadrona f, partera f.

Hebe|baum ['heːbəbaum] m palanca f; ~bühne f plataforma f elevadora; ~l m (7) palanca f; alle ~ in Bewegung setzen tocar todos los registros od. resortes; &n (30) levantar; alzar; subir; ⊕ elevar; fig. favorecer; aumentar; F e-n ~ (trinken) empinar el codo; sich ~ Vorhang: levantarse; fig. Stimmung: animarse; ~r m (7) sifón m; Kfz. gato m; ~vorrichtung f, ~werk n elevador m; &zeug n cabria f.

Hebrä|er(in f) [he'brɛːər(in)] m (7), &isch hebreo (-a) m (f).

Hebung [heːbuŋ] f elevación f; fig. fomento m; aumento m; mejora f.

Hechel ['hɛçəl] f (15) rastrillo m; &n (29) 1. v/t. rastrillar; 2. v/i. Hund: jadear.

Hecht [hɛçt] m (3) lucio m; '~sprung m salto m de carpa; plancha f.

Heck [hɛk] n (3) ⚓ popa f; Kfz. parte f trasera f; ~e f (15) seto m (vivo); '~enrose f escaramujo m, rosa f silvestre; '~enschere f tijeras f/pl. de jardinero; '~enschütze m francotirador m; '~motor m motor m trasero; '~scheibe *f Kfz.* lun(et)a *f* trasera (*heizbare* térmica).

Hederich ♀ ['he:dəriç] *m* (3) mostaza *f* silvestre.

Heer [he:r] *n* (3) ejército *m; fig.* multitud *f*; nube *f*; '⁓**esbericht** *m* parte *m* de guerra; '⁓**esleitung** *f* alto mando *m* (del ejército); '⁓**(es)zug** *m* expedición *f* militar; '⁓**führer** *m* jefe *m* del ejército; '⁓**lager** *n* campamento *m*; '⁓**schau** *f* desfile *m* militar.

Hefe ['he:fə] *f* (15) levadura *f*; (*Bodensatz*) hez *f* (*a. fig.*).

Heft [hɛft] *n* (3) (*Schreib*⁒) cuaderno *m*; (*Broschüre*) folleto *m*; (*Zeitschrift*) número *m*; (*Lieferung*) fascículo *m*; (*Griff*) mango *m*; (*am Degen*) puño *m; fig. das* ⁓ *in der Hand haben* tener la sartén por el mango; '⁒**en** (26) sujetar; fijar; (*nähen*) hilvanar; *Buch:* encuadernar en rústica; '⁓**faden** *m* hilo *m* de hilvanar.

heftig ['-tiç] violento; impetuoso; vehemente; (*stark*) intenso, fuerte; ⁓ *werden* encolerizarse; ⁓*er werden Wind:* arreciar; ⁒**keit** *f* violencia *f*; vehemencia *f*; fuerza *f*.

'**Heft|klammer** *f* clip *m*, sujetapapeles *m*; grapa *f*; ⁓**maschine** *f* grapadora *f*, cosedora *f*; ⁓**naht** *f* hilván *m*; ⁓**pflaster** *n* esparadrapo *m*; ⁒**weise** *Buch:* por fascículos; ⁓**zwecke** *f* chincheta *f*.

hegen ['he:gən] (25) cuidar de; *Hoffnung:* abrigar; *Plan, Gedanken:* acariciar.

Hehl [he:l] *n* (3): *kein(en)* ⁓ *daraus machen* no disimularlo; decirlo con toda franqueza; '⁒**en** (25) encubrir; '⁓**er(in** *f*) *m* (7) encubridor(a) *n* (*f*), receptador(a) *m* (*f*); ⁓**e'rei** *f* encubrimiento *m*, receptación *f*.

hehr *poet.* [he:r] augusto, sublime.

Heide¹ ['haidə] *m* (13) pagano *m*.

'**Heide**² *f* (15) brezal *m*; landa *f*; ⁓**kraut** *n* brezo *m*.

Heidelbeere ['-dəlbe:rə] *f* arándano *m*.

Heiden|angst F ['-dən°aŋst] *f* miedo *m* cerval; ⁓**arbeit** F *f* trabajo *m* enorme; ⁓**geld** F *n* dineral *m*; *ein* ⁓ *kosten* costar un riñón *od.* un ojo de la cara; ⁓**lärm** F *m* ruido *m* infernal; ⁓**spaß** F *m*: *e-n* ⁓ *haben* F pasarlo bomba; ⁓**tum** *n* (1²) paganismo *m*.

Heideröschen ['-dərø:sçən] *n* (6) zarzarrosa *f*.

Heid|in ['-din] *f* pagana *f*; ⁒**nisch** ['-dnif] pagano.

heikel ['haikəl] delicado; espinoso; precario; *Person:* exigente, delicado.

Heil [hail] **1.** *n* (3) salud *f*; *R.el.* salvación *f*; *sein* ⁓ *versuchen* probar fortuna; **2.** ⁒ *adj.* entero; intacto; (*gesund*) sano (y salvo); (*geheilt*) curado; (*unverwundet*) ileso.

Heiland ['-lant] *m* (3) Salvador *m*.

'**Heil**|·**anstalt** *f* sanatorio *m*; ⁓**bad** *n* estación *f* termal; balneario *m*; ⁒**bar** curable; ⁓**barkeit** *f* curabilidad *f*; ⁓**butt** *m* hipogloso *m*, halibut *m*; ⁒**en** (25) **1.** *v/t.* curar; **2.** *v/i.* (sn) curarse, sanar; ⁓**gehilfe** *m* auxiliar *m* de clínica; ⁓**gymnastik** *f* gimnasia *f* terapéutica; fisioterapia *f*; ⁓**gymnastin** *f* fisioterapeuta *f*.

heilig ['hailiç] santo; sagrado; *die* ⁒**en** *Drei Könige* los Reyes Magos; *das* ⁒*e Land* la Tierra Santa; *der* ⁒*e Abend* = ⁒·**abend** *m* Nochebuena *f*; ⁒**e(r** *m*) *m/f* santo (-a) *m* (*f*); ⁓**en** ['-gən] (25) santificar; ⁒**enbild** *n* imagen *f* de santo; ⁒**enschein** *m* nimbo *m*, aureola *f*; ⁒**enschrein** *m* camarín *m*; relicario *m*; ⁒**keit** *f* [-liçkait] *f* santidad *f*; ⁓**sprechen** canonizar; ⁓**sprechung** *f* canonización *f*; ⁒**tum** *n* (1²) santuario *m*; lugar *m* *bzw.* objeto *m* sagrado.

'**Heil|kraft** *f* virtud *f* curativa; ⁒**kräftig** curativo; saludable; ⁓**kraut** *n* hierba *f* medicinal; ⁓**kunde** *f* ciencia *f* médica; terapéutica *f*; ⁒**los** desesperado; infernal; ⁓**methode** *f* método *m* curativo; ⁓**mittel** *n* remedio *m*; medicina *f*, medicamento *m*; ⁓**pflanze** *f* planta *f* medicinal; ⁓**praktiker** *m* curandero *m*; ⁓**quelle** *f* aguas *f/pl.* mineromedicinales; ⁒**sam** saludable (*a. fig.*); ⁓**s-armee** *f* Ejército *m* de Salvación; ⁓**stätte** *f* sanatorio *m*; ⁓**ung** *f* cura(ción) *f*; ⁓**verfahren** *n* tratamiento *m* (terapéutico), terapia *f*; ⁓**wirkung** *f* efecto *m* curativo.

Heim [haim] **1.** *n* (3) hogar *m*; casa *f*; (*Anstalt*) asilo *m*; residencia *f*; **2.** ⁒ *adv.* a casa; '⁓**arbeit** *f* ('⁓**arbeiter** *m*) trabajo *m* (trabajador *m*) a domicilio.

Heimat ['-mɑ:t] *f* (16) patria *f*, país *m* (natal); *engere:* patria *f* chica; ⁓**dichtung** *f* poesía *f* regional; ⁓**hafen** ⚓ *m* puerto *m* de matrícula; ⁓**kunde** *f* geografía *f* local; ⁓**land** *n* patria *f*;

2lich del país; **2liebe** f apego m al terruño; **2los** sin patria; sin domicilio; apátrida; **~ort** m lugar m de nacimiento *bzw.* de origen; **2stadt** f ciudad f natal; **2staat** m país m de origen; **2vertriebene(r)** m expulsado m.

heim... ['haim...]: *in Zssgn oft* a casa; **2begeben:** *sich ~* volver a casa; **2bringen** acompañar a casa; **2chen** *Zo.* ['-çən] n (6) grillo m; **2computer** m ordenador m doméstico; **2elig** ['-məliç] acogedor; **2fahrt** f viaje m de vuelta; **2gang** *fig.* m óbito m; **2gehen** (sn) volver a casa; *fig.* fallecer; **2isch** local; del país; *fig.* familiar; *sich ~ fühlen* sentirse como en casa; *~ werden* aclimatarse; **2kehr** ['-ke:r] f (16) vuelta f, regreso m (a casa); **2kehren**, **2kommen** (sn) volver a casa; **2kehrer** ['-ke:rər] m (7) repatriado m; **2leuchten** *fig.*: *j-m ~* mandar a paseo a alg.

heimlich ['-liç] secreto, oculto; clandestino; disimulado; *adv.* en secreto; a escondidas; **2keit** f secreto m; disimulo m; **2tun** andar con tapujos.

'Heim|reise f viaje m de vuelta; **~spiel** n *Sport*: partido m en casa; **~stätte** f hogar m; **2suchen** (*plagen*) azotar, plagar; **~suchung** f tribulación f; plaga f; *P.el.* visitación f; **~tücke** f perfidia f; **2tückisch** pérfido; **2wärts** ['-vɛrts] a casa; **~weg** ['-ve:k] m vuelta f; **~weh** n nostalgia f, añoranza f; **~werken** n *neol.* bricolaje m; **~werker** m (7) *neol.* bricolador m; **2zahlen:** *ich werde es dir ~!* ¡me lo pagarás!

Heinzelmännchen ['haintsəlmɛnçən] n duende m.

Heirat ['haira:t] f (16) casamiento m; matrimonio m; boda f; **2en** (26) casarse (*j-n* con alg.).

'Heirats|-antrag m petición f de mano; **~anzeige** f participación f de boda; **2fähig** núbil; casadero; **~kandidat** m pretendiente m; **2lustig** deseoso de casarse; **~schwindler** m timador m de matrimonio; **~urkunde** f acta f od. partida f de matrimonio; **~vermittler(in** f) m casamentero (-a) m (f); **~vermittlung** f agencia f matrimonial.

heischen ['-ʃən] (27) exigir, pedir.

heiser ['-zər] ronco; *~ werden* enronquecer; **2keit** f ronquera f.

heiß [hais] (muy) caliente; *Klima*: cálido; *Wetter*: caluroso; *fig.* ardiente; *mir ist ~* tengo calor; *es ist (sehr) ~* hace (mucho) calor; *fig. ~er Draht* línea f caliente; **~blütig** ['-bly:tiç] ardiente, fogoso.

heißen ['-sən] (30) **1.** *v/t.* (*nennen*) llamar, nombrar; (*befehlen*) mandar; **2.** *v/i.* llamarse; (*mit Familiennamen*) apellidarse; (*bedeuten*) querer decir, significar; *das heißt es decir; es heißt, daß se dice que; was soll das ~?* ¿qué quiere decir eso?

'Heiß|hunger m hambre f canina; **2laufen** ⊕ calentarse; **~luftheizung** f calefacción f por aire caliente.

heiter ['haitər] sereno; (*fröhlich*) alegre; *Landschaft*: risueño; *Himmel*: despejado; **2keit** f serenidad f; alegría f; (*Gelächter*) hilaridad f, risas f/pl.

heiz|en ['-tsən] (27) calentar; *Kessel, Ofen*: encender; **2er** m (7) fogonero m; **2gerät** n calefactor m; **2kissen** n almohadilla f eléctrica; **2körper** m radiador m; **2kraft** f poder m calorífico; **2material** n combustible m; **2-öl** n fuel(-oil) m; **2platte** f placa f calefactora; **2sonne** f radiador m eléctrico; **2ung** f calefacción f.

Hektar ['hɛk'ta:r] n (3¹, *nach Zahlen uv.*) hectárea f.

Hekt|ik ['-tik] f (16, *o. pl.*) ajetreo m; agitación f; **2isch** febril; agitado.

Hektoliter ['-to'li:tər] m hectolitro m.

Held [hɛlt] m (12) héroe m.

Helden|epos ['-dən'e:pos] n cantar m de gesta; epopeya f; **2haft, 2mütig** ['--my:tiç] heroico; **~mut** m heroísmo m; **~sage** f leyenda f heroica; **~tat** f hazaña f, proeza f; **~tenor** m tenor m dramático; **~tod** m muerte f heroica; *den ~ sterben* morir por la patria; **~tum** n (1, *o. pl.*) heroísmo m; **~vater** *Thea.* m barba m.

Heldin ['-din] f heroína f.

helfen ['-fən] (30) ayudar; (*beistehen*) socorrer, asistir, auxiliar; (*nützen*) servir, ser útil (zu para); *⚬ ~ gegen* ser bueno para *od.* contra; *nichts ~ no* valer nada; *es hilft (alles) nichts!* no hay remedio; *was hilft's?* ¡qué remedio?; *sich (dat.) zu ~ wissen* arreglárselas; defenderse; *sich (dat.) nicht zu ~ wissen* no saber qué hacer; **2er(in** f) m (7) ayudante *su.*; asistente *su.*; **2ershelfer** m cómplice m.

Helium 🜨 ['he:ljum] n (11) helio m.

hell [hɛl] claro (*a. Farbe, Stimme, Haar*); *Klang*: *a.* agudo; (*erleuchtet*) iluminado; *fig.* (*gescheit*) espabilado; vivo; ~ *werden* amanecer; *es ist schon* ~ ya es de día; *am* ~*en Tage* en pleno día; *in* ~*er Verzweiflung* desesperado; ~ *auflachen* soltar una carcajada; '~**blau** azul claro; '~**blond** rubio claro; '²**dunkel** *n* penumbra *f*; *Mal.* claroscuro *m*; '²**e** *f* (15) claridad *f*; luminosidad *f*.

Heller ['hɛlər] *m* (7) ardite *m*, penique *m*; *auf* ~ *und Pfennig* hasta el último céntimo; *keinen* ~ *wert* sn no valer un ardite.

hell|leuchtend ['hɛl-lɔyçtənt] luminoso; ~**farbig** (de color) claro; ~**haarig** de pelo claro; ~**hörig** de oído fino; *die Wohnung ist sehr* ~ se oye todo a través de las paredes; *fig.* ~ *werden* escamarse; ²**igkeit** *f* claridad *f*; luminosidad *f*; ²**sehen** *n* doble vista *f*; ²**seher(in** *f)* *m* vidente *su.*; ~**scherisch** ['²-zeːəriʃ] vidente; ~**sichtig** ['-ziçtiç] clarivridente; ²**sichtigkeit** *f* clarividencia *f*; ~**wach** desvelado.

Helm [hɛlm] *m* (3) casco *m*; *hist.* yelmo *m*; ²**busch** *m* penacho *m*.

Hemd [hɛmt] *n* (5) camisa *f*; '~**bluse** *f* blusa *f* camisera; '~**blusenkleid** *n* (vestido *m*) camisero *m*; '~**brust** *f* pechera *f*; '~**s-ärmel** *m* manga *f* de camisa; '²**s-ärmelig** en mangas de camisa; *F fig.* informal, desenvuelto.

Hemisphäre [hemi'sfɛːrə] *f* (15) hemisferio *m*.

hemm|en ['hɛmən] (25) detener, parar; contrarrestar; frenar; (*hindern*) impedir; *a.* ~ inhibir; *seelisch*: cohibir; ~**end** represivo; ✻ inhibitorio; ²**nis** *n* (4¹) obstáculo *m*; traba *f*; ²**schuh** ⊕ *m* zapata *f*; calza *f*; ²**ung** *f* detención *f*; entorpecimiento *m*; *a.* ✻ inhibición *f*; *seelische*: cohibición *f*; (*Bedenken*) escrúpulo *m*; ⊕ *Uhr*: escape *m*; ~**en haben** sentirse cohibido; ~**ungslos** desenfrenado; sin escrúpulos.

Hengst [hɛŋst] *m* (3²) caballo *m* padre, semental *m*.

Henkel ['hɛŋkəl] *m* (7) asa *f*.

henk|en ['-kən] (25) ahorcar; ²**er** *m* (7) verdugo *m*; *scher dich zum* ~! *hol dich der* ~! ¡vete al diablo! *zum* ~! ¡al demonio!; ²**ersmahlzeit** *f* última comida *f*; *F fig.* comida *f* de despedida.

Henne ['hɛnə] *f* (15) gallina *f*; *junge* ~ polla *f*.

her [heːr] aquí, acá; ~ *zu mir!* ¡(para) aquí!; ~ *damit!* ¡démelo!; *von ...* ~ desde; *wo ist er* ~? ¿dónde nació? *¿de dónde viene?*; *es ist nicht weit* ~ *damit* no vale mucho; *es ist lange* ~, *daß* hace mucho tiempo que; *es ist ein Jahr* ~, *daß* hace un año que; *hinter et.* ~ *sn* ir tras a/c.; *hinter j-m* ~ *sn* perseguir a alg.

herab [hɛ'rap] hacia abajo; *von oben* ~ de arriba (abajo); *fig.* altanero; ~**fallen** (sn) caer; ~**hängen** pender, colgar; ~**klettern** (sn) bajar (trepando); ~**lassen** bajar, descender; *sich* ~ *zu fig.* condescender a, dignarse *inf.*; ~**lassend** condescendiente; altanero; *adv.* con aire de desprecio; ²**lassung** *f* condescendencia *f*; ~**sehen** mirar hacia abajo; *fig. auf j-n* ~ mirar a alg. con desprecio; ~**setzen** reducir, bajar (*a. Preis*); *fig.* desacreditar; denigrar; ²**setzung** *f* reducción *f*; rebaja *f*; *fig.* denigración *f*; ~**sinken** (sn) caer lentamente; ~**springen** (sn) saltar abajo; ~**steigen** (sn) descender, bajar; ~**stürzen** (sn) **1.** *v/t.* precipitar; **2.** *v/i.* despeñarse; ~**würdigen** envilecer; degradar; ²**würdigung** *f* degradación *f*.

heran [hɛ'ran] por aquí; *näher* ~ más cerca; *nur* ~! ¡venga acá!; ~**bilden** formar; ~**drängen**: *sich* ~ *an* (*ac.*) empujar para llegar a; ~**gehen** (sn): ~ *an* (*ac.*) acercarse a; *fig.* abordar (*ac.*); ponerse a; ~**kommen** (sn) acercarse; *fig. an sich* ~ *lassen* aguardar (con paciencia); ~**machen**: *sich* ~ *an* (*ac.*) *fig.* abordar a/c. *od.* a alg.; ~**nahen** (sn) acercarse; aproximarse; ~**reichen** alcanzar (*an ac. od.* a); ~**reifen** (sn) ir madurando; llegar a; ~**rücken** *v/t.* (*v/i.* [sn]) acercar(se); ~**schleichen** (sn): *sich* ~ acercarse furtivamente; ~**treten** (sn) acercarse; *fig. an j-n* ~ dirigirse a alg.; ~**wachsen** (sn) ir creciendo; ~**wagen**: *sich* ~ *an* (*ac.*) *fig.* atreverse a; ~**ziehen** atraer; *fig.* recurrir a; consultar a; ~ *zu* invitar a tomar parte en; hacer contribuir a.

herauf [hɛ'rauf] hacia arriba; ~ *und herunter* subiendo y bajando; ~**beschwören** evocar; *fig.* causar; ~**bringen** subir; ~**führen** llevar arriba; ~**holen** subir; ~**kommen** subir; ~**setzen** *Preis*: aumentar, subir; ~

steigen (sn) subir; **~ziehen 1.** v/t. subir; **2.** v/i. (sn) *Gewitter*: amenazar, cernerse.

heraus [heˈraʊs] fuera; afuera; *von innen* ~ desde dentro; ~ *mit der Sprache!* ¡explíquese!; F ¡desembucha!; **~bekommen** lograr sacar; (*entdecken*) descubrir; averiguar; *Geld*: recibir la vuelta; *Rätsel*: adivinar; *Aufgabe*: solucionar, resolver; **~bringen** sacar; *Buch*: publicar; *Thea.* estrenar; *Ware*: lanzar (al mercado); *fig.* averiguar; **~fahren** salir; *fig. Wort*: escaparse; **~finden** descubrir; ♀**forderer** *m* (7) provocador *m*; retador *m*; **~fordern** provocar; retar, desafiar; **~fordernd** provocador, provocativo; ♀**forderung** *f* provocación *f*; reto *m*, desafío *m*; ♀**gabe** *f* entrega *f*; restitución *f*; *e-s Buches*: publicación *f*; **~geben** devolver; restituir; *Buch*: publicar; editar; *Geld*: dar la vuelta; *können Sie* ~? ¿tiene cambio?; ♀**geber** *m* editor *m*; **~gehen** (sn) *Fleck*: irse; *fig. aus sich* ~ soltarse; **~greifen** escoger; entresacar (*aus* de); **~haben**: F *ich hab's heraus!* ¡ya lo tengo!; **~hängen** colgar fuera; **~heben** sacar (*aus* de); **~holen** sacar (*aus* de); **~kehren**: *fig. den* ~ presumir de, echárselas de; **~kommen** (sn) salir (*a.* ♠); (*bekanntwerden*) descubrirse; salir a la luz; *Ergebnis*: resultar; *Buch*: publicarse; *dabei kommt nichts heraus* eso no conduce a nada; *auf eins od. dasselbe* ~ venir a ser lo mismo; **~können** F poder salir; **~kriechen** (sn) salir arrastrándose; **~kriegen** F *s.* ~*bekommen*; **~lassen** F dejar salir; **~laufen** (sn) salir corriendo; *Wasser*: derramarse; **~locken** sonsacar; **~machen** *Fleck*: quitar; F *fig. sich* ~ adelantar; progresar; **~nehmen** sacar; retirar; ♣ extirpar; *sich et.* (*dat.*) ~ permitirse a/c.; **~platzen** (sn): ~ *mit soltar* (*ac.*); descolgarse con; **~putzen** adornar; *sich* ~ acicalarse; **~quellen** (sn) brotar, emanar; **~ragen** sobresalir (*aus en; über* entre); **~reden**: *sich* ~ buscar pretextos; poner excusas; **~reißen** arrancar; *fig. j-n*: sacar del apuro; **~rücken 1.** v/t.: *Geld* ~ desembolsar; F aflojar la mosca; **2.** v/i. (sn): *mit et.* ~ soltar a/c.; *mit der Sprache* ~ explicarse; F desembuchar; **~rufen** llamar (*a. Thea.*); **~rutschen** (sn) *fig.* escaparse; **~**

schlagen *fig.* sacar (*aus* de); **~spritzen** (sn) salir a chorros; **~stellen** (*hervorheben*) hacer resaltar; subrayar; *sich* ~ *als* resultar; **~strecken** sacar (*a. Zunge*); *den Kopf zum Fenster* ~ asomar la cabeza a la ventana; **~streichen** poner de relieve; enaltecer; **~strömen** (sn) salir en masa; **~stürzen** (sn) salir precipitadamente; **~suchen** escoger; **~treten** (sn) salir; **~winden**: *sich* ~ *fig.* lograr salir de un apuro; **~wollen**: *nicht mit der Sprache* ~ no querer hablar; **~ziehen** sacar; extraer.

herb [hɛrp] acerbo; acre; *a. fig.* áspero; *Wein*: seco.

herbei [hɛrˈbaɪ] (por) aquí, acá; **~eilen** (sn) acudir; **~führen** *fig.* causar, producir; **~holen** ir a buscar; **~rufen** llamar; **~schaffen** traer; procurar; **~sehnen** esperar con impaciencia; **~strömen** (sn) afluir; acudir en masa.

her|bekommen [ˈhɛːrbəkɔmən] conseguir; **~bemühen** invitar a venir; *sich* ~ tomarse la molestia de venir.

Herberge [ˈhɛrbɛrgə] *f* (15) hospedaje *m*; (*Haus*) albergue *m*; posada *f*.

her|bestellen [ˈheːrbəˈʃtɛlən] hacer venir; citar; llamar; **~beten** recitar (maquinalmente).

Herbheit [ˈhɛrphaɪt] *f* acritud *f*; aspereza *f*.

her|bitten [ˈheːrbɪtən] rogar que venga(n); **~bringen** traer.

Herbst [hɛrpst] *m* (3^2) otoño *m*; *im* ~ en otoño; ♀**lich** otoñal; **~zeitlose** ♀ [ˈ~tsaɪtloːzə] *f* (15) cólquico *m*.

Herd [heːrt] *m* (3) hogar *m* (*a. fig. Heim*); (*Küchen*♀) cocina *f*; *fig. u.* ♣ foco *m*.

Herde [ˈheːrdə] *f* (15) rebaño *m*; manada *f*; *fig.* tropel *m*; **~ntrieb** *m* instinto *m* gregario.

herein [heˈraɪn] (hacia) adentro; hacia el interior; ~! ¡adelante!; **~bekommen** ♠ recibir; **~bemühen**: *sich* ~ tomarse la molestia de entrar; **~bitten** rogar que entre(n); **~brechen** (sn) *Unheil*: sobrevenir; *Nacht*: caer; **~bringen** (hacer) entrar; recoger; **~fallen** (sn) F llevarse un chasco; *darauf* ~ caer en la trampa; **~führen** hacer pasar (*in ac.* a); **~holen** *j-n*: hacer entrar; *et.*: recoger; **~kommen** (sn) entrar; pasar; **~lassen** dejar entrar; hacer pasar; **~legen** F tomar el pelo (a); timar;

~platzen F irrumpir (*in ac.* en); entrar de improviso; ~regnen: es *regnet herein* entra la lluvia, hay goteras; ~rufen llamar; ~scheinen penetrar (*in ac.* en); ~schleichen: *sich* ~ entrar furtivamente *od.* a hurtadillas; ~schneien 1. (h.): es *schneit herein* entra la nieve; 2. (sn) *fig.* llegar de sopetón; ~stürzen entrar precipitadamente.

her|fahren [ˈheːrfɑːrən] 1. *v*/*t.* traer (en coche); 2. *v*/*i.* (sn) venir en coche; 2fahrt *f* viaje *m* de ida; ~fallen (sn): ~ über (*ac.*) abalanzarse sobre; *fig.* ~ arremeter contra; ~finden encontrar el camino; ~führen traer (aquí); 2gang *m* lo ocurrido; *der* (*Verlauf*) desarrollo *m*; ~geben dar; *fig.* *sich* ~ *zu* prestarse a; ~gebracht [ˈ-gəbraxt] *fig.* tradicional, usual; ~gehen (sn): *hinter j-m* ~ seguir a alg.; *neben j-m* ~ marchar al lado de alg.; *vor j-m* ~ ir delante de alg.; preceder a alg.; *es geht hoch her* hay gran jaleo; ~gelaufen: *ein* ~*er Mensch* un cualquiera; ~haben: *wo hast du das her?* ¿de dónde has sacado esto?; ~halten: ~ *müssen* tener que sufrir las consecuencias; F tener que pagar el pato; ~holen ir a buscar; *weit hergeholt fig.* rebuscado; ~hören escuchar.

Hering [ˈheːriŋ] *m* (3¹) arenque *m*; (*Zelt2*) piquete *m*; *fig. wie die* ~*s-salat m* ensalada *f* de arenque.

her|kommen [ˈheːrkɔmən] (sn) venir; acercarse; *fig.* provenir, proceder de; resultar de; *komm her!* ¡ven acá!; ¡acércate!; ~kömmlich [ˈ-kœmlɪç] usual; tradicional; convencional; 2kunft [ˈ-kunft] *f* (14¹) origen *m*; procedencia *f*; ~laufen (sn) correr (*hinter dat.* detrás de); ~leiten *fig.* derivar, deducir de; ~machen: *sich* ~ *über* (*ac.*) precipitarse sobre.

Hermelin [hɛrməˈliːn] *n* (*Pelz m*) (3¹) armiño *m*.

hermetisch [-ˈmeːtiʃ] hermético.

hernach [-ˈnɑːx] depués; luego.

Heroin [heroˈiːn] *n* (3¹, *o. pl.*) heroína *f*; P caballo *m*; 2süchtig, ~süchtige(r) *m* heroinómano (*m*).

hero|isch [-ˈroːiʃ] heroico; 2ismus *m* heroísmo *m*.

Herold [ˈheːrɔlt] *m* (3) heraldo *m*.

Herpes ♉ [ˈhɛrpɛs] *m uv.* herpe(s) *m.*

Herr [hɛr] *m* (12²) señor *m* (*a. Anrede*); caballero *m*; (*Besitzer*) dueño *m*, amo *m*; (*Gott*) *der* ~ el Señor; *sehr geehrter* ~ X! muy señor mío:; *meine Damen und* ~*en!* ¡señoras y señores (*od.* caballeros)!; *sein eigener* ~ *sn* no depender de nadie; ~ *der Lage sn* ser dueño de la situación; *den großen* ~*n spielen* darse aires de gran señor; *aus aller* ~*en Ländern* de todo el mundo.

'Herren...: *in Zssgn oft de od.* para caballero(s); ~anzug *m* traje *m* de caballero; ~doppel (~einzel) *n* *Tennis*: doble (individual) *m* masculino; ~haus *n* casa *f* señorial; 2los sin dueño; abandonado; ~mode *f* moda *f* masculina; ~schneider *m* sastre *m* para caballeros; ~schnitt *m* corte *m* a lo chico *od.* a lo garçon; ~sitz *m* casa *f* señorial; *im* ~ *reiten* montar a horcajadas; ~zimmer *n* gabinete *m*, despacho *m.*

Herrgott [ˈ-gɔt] *m* (1¹, *o. pl.*): *unser* ~ Nuestro Señor.

herrichten [ˈheːrrɪçtən] preparar; arreglar; *sich* ~ arreglarse.

Herr|in [ˈhɛrin] *f* (16¹) ama *f*; señora *f*; dueña *f*; 2isch imperioso, autoritario; 2je(mine)! [-ˈje:(miːnɛ:)] F ¡Dios mío!; 2lich magnífico; espléndido; ~ *und in Freuden leben* darse buena vida; 2lichkeit *f* magnificencia *f*; esplendor *m*; *P.el.* gloria *f*; ~schaft *f* dominio *m*; dominación *f*; imperio *m*; reinado *m*; soberanía *f*; *die* ~*en* los señores; *die* ~ *verlieren über* perder el control de; 2schaftlich señorial.

herrsch|en [ˈhɛrʃən] (27) dominar; reinar (*a. fig.*); ~end reinante (*a. fig.*); 2er(in *f*) *m* (7) soberano (-a) *m* (*f*); 2erhaus *n* dinastía *f*; 2sucht *f* afán *m* de dominar; ~süchtig autoritario; dominador; despótico; F mandón.

her|rühren [ˈheːrryːrən] (pro)venir (*von de*); proceder (de); ~sagen recitar; ~schaffen traer; procurar; ~stammen ser oriundo *od.* natural (*von de*).

'herstell|en hacer; fabricar; producir; *Verbindung:* establecer; 2er *m* (7) fabricante *m*; productor *m*; 2ung *f* producción *f*; fabricación *f*; 2ungskosten *pl.* gastos *m/pl.* de producción.

herüber [hɛˈryːbər] hacia aquí od. acá; **~geben**, **~reichen** pasar, alcanzar.

herum [-ˈrum] alrededor de (a. zeitl.); hier (dort) ~ por aquí (allí); **~albern** hacer el tonto; **~ärgern:** sich ~ mit fastidiarse con; **~bummeln** (sn) callejear; gandulear; **~drehen** dar la vuelta a; Kopf: volver; sich ~ volverse; **~fahren:** ~ um dar la vuelta a; **~fuchteln:** ~ mit esgrimir (ac.); mit den Armen ~ bracear; **~führen** acompañar; hacer de guía; ~ in (dat.) llevar por; **~geben** pasar; hacer circular; **~gehen** (sn) j.: pasearse (por); et.: circular; Zeit: pasar; ~ um dar la vuelta a; **~kommen** (sn) correr mundo; weit ~ ver mucho mundo; nicht ~ um no poder evitar (ac.); **~kramen:** ~ in (dat.) revolver (ac.); **~kriegen** F persuadir; Zeit: pasar, matar; **~laufen** (sn) correr de un lado a otro; ~ um correr alrededor de; frei ~ andar suelto; **~liegen** estar esparcido(s); andar tirado (por ahí); **~lungern** holgazanear, gandulear; **~reichen** hacer circular, pasar; **~reisen** (sn) viajar mucho; ~ in (dat.) recorrer (ac.); **~reiten** (sn): ~ auf et. ~ insistir en a/c.; **~schlagen:** fig. sich ~ mit luchar con; **~schnüffeln** fig. fisgonear; curiosear; **~sprechen:** sich ~ divulgarse; **~stehen** rodear (um et. ac.); untätig: estar ocioso; **~stöbern** curiosear, huronear; revolver (in dat. a/c.); **~tanzen:** fig. j-m auf der Nase ~ hacer de alg. lo que se quiere; **~treiben:** sich ~ andar vagando (in dat. por); vagabundear; **2treiber** m vagabundo m; **~wälzen:** sich ~ revolcarse; im Bett: dar vueltas; **~werfen** Boot, Kfz. hacer virar; Sachen: esparcir, desparramar (por el suelo); das Steuer ~ a. fig. dar un golpe de timón; **~wirtschaften** trajinar; **~wühlen:** ~ in (dat.) revolver (ac.); **~zanken:** sich ~ reñir; **~ziehen** vagar por; ir de un sitio a otro.

herunter [-ˈruntər] (hacia) abajo; **~bringen** bajar; fig. arruinar; **~fallen** caer(se); **~gehen** bajar; fig. disminuir; **~handeln** regatear; **~hauen:** j-m e-e ~ pegarle una bofetada a alg.; **~holen** bajar; ⚡ derribar; **~klappbar** abatible; **~klappen** bajar; abatir; **~kommen** (sn) bajar; fig. venir a menos; decaer; **~lassen** (hacer) bajar; **~machen**, **~putzen** F fig. poner

como un trapo od. de vuelta y media; **~nehmen** bajar; **~reißen** arrancar; fig. desollar (vivo); **~spielen** fig. minimizar; desdramatizar.

hervor [hɛrˈfoːr] adelante; (heraus) fuera; hinter ... ~ (por) detrás de; zwischen ... ~ por entre; **~brechen** (sn) salir (con ímpetu), prorrumpir; **~bringen** producir; crear; Worte: proferir; **~gehen** (sn) nacer, proceder (aus de); (sich ergeben) resultar (aus de); als Sieger ~ salir vencedor; **~heben** fig. poner de relieve, hacer resaltar, subrayar; **~holen** sacar; **~kommen** (sn) salir; **~ragen** resaltar; a. fig. sobresalir; fig. distinguirse (aus de); descollar (aus entre); **~ragend** saliente; fig. excelente; destacado; sobresaliente; **~rufen** llamar (Thea. a escena); fig. ocasionar; provocar; causar; **~stechend** destacado; llamativo; **~stehen** salir; resaltar; **~stehend** saliente; prominente; **~treten** (sn) adelantarse; fig. destacarse; **~tun:** sich ~ distinguirse, lucirse; descollar; **~zaubern** hacer aparecer como por ensalmo; **~ziehen** sacar.

her|wagen [ˈheːrvaːgən]: sich ~ atreverse a venir; **2weg** [ˈveːk] m: auf dem ~ al venir.

Herz [hɛrts] n (12²) corazón m (a. fig. u. Kartenspiel); von ~en gern de todo corazón; am ~en liegen preocupar, interesar mucho; ans ~ legen recomendar encarecidamente; ein ~ haben für simpatizar con; zu ~en gehen llegar al alma; ein ~ und e-e Seele sn ser uña y carne; das ~ auf der Zunge haben llevar el corazón en la mano; es nicht übers ~ bringen zu no tener valor para; es bricht ihm das ~ se le parte el corazón; sich ein ~ fassen cobrar ánimo, F hacer de tripas corazón; sich et. zu ~en nehmen tomar a/c. a pecho; **'~...:** in Zssgn del corazón, 🫀 cardíaco; **'~anfall** m ataque m cardíaco od. al corazón; **'~-as** n as m de corazones; **'~beschwerden** f/pl. trastornos m/pl. cardíacos; **'~beutel** m Anat. pericardio m; **'²en** (27) acariciar.

'Herzens|-angst f angustia f, congoja f; **~brecher** m castigador m, rompecorazones m; **~güte** f bondad f del corazón; **~lust** f: nach ~ a mis (tus, sus) anchas; **~wunsch** m vivo deseo m.

'herz|-ergreifend conmovedor; **2-fehler** m lesión f cardíaca; **~förmig** ['-fœrmiç] en forma de corazón, acorazonado; **~haft** valiente, resuelto; **~er Schluck** buen trago.

herziehen ['hɛːrtsiːən]: *über j-n ~* denigrar a alg.; hablar mal de alg.

herzig ['hɛrtsiç] mono; **~es Kind** monada f.

'Herz|-infarkt m infarto m de miocardio; **~kammer** f ventrículo m (del corazón); **~kirsche** f guinda f garrafal; **~klappe** f válvula f (cardíaca); **~klappenfehler** m lesión f valvular; **~klopfen** n palpitaciones f/pl. (del corazón); **2krank, 2leidend** cardíaco; **~kranzgefäß** n vaso m coronario; **~leiden** n afección f cardíaca; cardiopatía f; **2lich** cordial; cariñoso; afectuoso; *~ gern* con mucho gusto; **~lichkeit** f cordialidad f; cariño m; afectuosidad f; **2los** sin corazón; insensible; cruel; **'~'Lungen-Maschine** f corazón-pulmón m artificial; **~muskel** m miocardio m.

Herzog|(in f) m ['hɛrtsoːk, '--gin] (3[³]) duque(sa m (f); **2lich** ducal; **~tum** n (1²) ducado m.

'Herz|schlag m latido m del corazón; (*Anfall*) apoplejía f; **~schrittmacher** m marcapasos m; **~spezialist** m cardiólogo m; **2stärkend** cordial; **~stillstand** m paro m cardíaco; **~verpflanzung** f trasplante m de corazón; **2zerreißend** desgarrador.

heterogen [hetero'geːn] heterogéneo.

Hetz|e ['hɛtsə] f (15) (*Eile*) prisas f/pl.; precipitación f; *fig.* instigación f; campaña f difamatoria; **2en 1.** v/t. *Hund:* azuzar; *Wild:* cazar; acosar; (*antreiben*) dar prisa a; **2.** v/i. (*sich beeilen*) apresurarse, darse prisa; *gegen j-n ~* difamar, denigrar a alg.; agitar los ánimos contra alg.; **~er** m (7) agitador m; instigador m; **~e'rei** f ajetreo m; **~jagd** f cacería f; **~rede** f discurso m incendiario.

Heu [hɔy] n (3) heno m; *Geld wie ~ haben* F estar forrado (de dinero); **'~boden** m henil m.

Heuch|elei [-çǝ'laɪ] f hipocresía f; **'2eln** (29) simular, fingir; **~ler(in** f) m (7) ['-çlər(in)], **'2lerisch** hipócrita (*su.*).

heuen ✓ ['-ən] (25) hacer heno, henificar.

Heuer ⚓ ['-ər] f (16) paga f; **2n** (29) enrolar; *Schiff:* fletar.

'Heu|-ernte f siega f del heno; **~gabel** f horca f (de heno); **~haufen** m montón m de heno.

heulen ['-lən] **1.** v/i. (25) aullar; *Wind:* bramar; *Sirene:* ulular; (*weinen*) llorar; **2. 2** n aullido m; bramido m; llanto m.

heurig ['-riç] *sdd.* de este año; *Wein:* nuevo.

'Heu|schnupfen 🦋 m fiebre f del heno; **~schrecke** ['-ʃrɛkə] f (15) langosta f; saltamontes m.

heut|e ['-tə] hoy; *~ morgen (abend)* esta mañana (noche); *~ vor acht Tagen* hace ocho días; *~ in acht Tagen* de hoy en ocho días; *nach ~* hoy mismo; *fig. von ~ auf morgen* de la noche a la mañana; **~ig** de hoy; actual; **~zutage** hoy (en) día.

Hexe ['hɛksə] f (15) bruja f; **2n** (27) brujear, hacer brujerías; *fig.* hacer milagros; **~njagd** f *fig.* caza f de brujas; **~nkessel** m *fig.* infierno m; **~nmeister** m brujo m; hechicero m; **~nsabbat** m aquelarre m; **~nschuß** 🦋 m lumbago m; **~rei** f brujería f.

Hieb [hiːp] m (3) golpe m; **'2- und stichfest** *fig.* a toda prueba; contundente; **'~waffe** f arma f cortante.

hielt [hiːlt] s. halten.

hier [hiːr] aquí; (*Adresse*) en ésta; ciudad; *~! bei Aufruf:* ¡presente!; *~ (nimm)!* ¡toma!; *~ bin ich aquí estoy*; *~ ist (sind)* aquí está(n); he aquí; *von ~ ab* de aquí en adelante; *von ~ aus* de(sde) aquí; *~ und da örtl.* aquí y allá; *zeitl.* a veces; de vez en cuando; **~an** ['hiːran] en esto *od.* ello.

Hierarch|ie [hierar'çiː] f (15) jerarquía f; **2isch** [--'-çi·ʃ] jerárquico.

hier|auf ['hiːrauf] *örtl.* sobre esto; *zeitl.* después de esto, luego; **~aus** de aquí, de esto; **~bei** en esto; **~bleiben** (sn) quedarse aquí; **~durch** por *od.* con esto; así; *Brief:* con la presente; **~für** para esto; **~gegen** contra esto; **~her** aquí, acá; **'~hergehören** venir al caso; **~herum** por aquí; **~hin** aquí; *~ u. dorthin* por aquí y allá; **~in** en esto *od.* ello; **~mit** con esto *od.* ello; *Brief:* con la presente; **~nach** *zeitl.* después de esto; (*folgernd*) según esto.

Hieroglyphe [hiero'glyːfə] f (16) jeroglífico m.

hier|über ['hiːry·bər] de *od.* sobre esto; **~unter** debajo de esto; entre

estos; **~von** de esto; **~zu** a esto;
~zulande ['-tsulandə] en este país.
hiesig ['hi:ziç] de aquí; local; del país;
✝ de esta plaza.
hieß [hi:s] s. **heißen.**
Hi-Fi-Anlage ['haɪfaɪʔanlaːɡə] f
equipo m de alta fidelidad.
Hilfe ['hilfə] f (15) ayuda f; asistencia
f; auxilio m; socorro m; Erste ~ primeros auxilios; (zu) ~! ¡socorro!; mit
~ von con (la) ayuda de; por medio
de; ~ leisten prestar auxilio, auxiliar,
socorrer (j-m a alg.); um ~ bitten bzw.
rufen pedir auxilio; et. zu ~ nehmen
valerse de a/c.; **2flehend** suplicante;
~leistung f prestación f de auxilio;
asistencia f; **~ruf** m grito m de socorro.
'hilf|los desamparado; desvalido; **2-losigkeit** f desamparo m; **~reich**
caritativo; servicial.
Hilfs... ['hilfs...]: in Zssgn oft auxiliar;
~arbeiter m peón m; **2bedürftig**
necesitado, menesteroso; indigente;
2bereit servicial; dispuesto a ayudar; **~bereitschaft** f complacencia f;
~kraft f auxiliar su.; ayudante su.;
~mittel n (re)medio m; **~quelle** f
recurso m; **~schule** f s. Sonderschule.
~verb n verbo m auxiliar; **~werk** n
obra f benéfica.
Himbeer|e ['himbeːrə] f (15) frambuesa f; **~strauch** m frambueso m.
Himmel ['himəl] m (7) cielo m; um ~s
willen! ¡por (el amor de) Dios!; du
lieber ~! ¡cielos!; am ~ en el cielo;
unter freiem ~ al aire libre; fig. in den ~
heben poner por las nubes; ~ und
Hölle in Bewegung setzen (re)mover
cielo y tierra; revolver Roma con
Santiago; das schreit zum ~ esto clama al cielo; **2~angst**: mir ist ~ estoy
muerto de miedo; **2blau** (azul) celeste; **~fahrt** f Ascensión f; Mariä ~
Asunción f; **~reich** n reino m de los
cielos; **2schreiend** que clama al cielo, inaudito.
'Himmels...: in Zssgn oft celeste;
~erscheinung f meteoro m; **~gewölbe** n bóveda f celeste; **~körper** m
cuerpo m celeste; **~richtung** f punto
m cardinal.
'himm|elweit fig. inmenso, enorme;
~lisch celeste; celestial; fig. magnífico; divino.
hin [hin] hacia allí od. allá; F (kaputt)
estropeado; perdido; ~ und zurück
ida y vuelta; ~ und wieder a veces, de

vez en cuando; ~ und her de un lado
para otro, de acá para allá; ~ und her
gehen ir y venir; ~ und her bewegen
agitar; das 2 und Her el vaivén.
hinab [hi'nap] hacia abajo; **~gehen,
~steigen** bajar, descender.
hinan [hi'nan] hacia arriba.
hinarbeiten ['hinʔarbaɪtən]: ~ auf
trabajar para lograr (ac.); proponerse (ac.).
hinauf [hi'nauf] hacia arriba; **~arbeiten:** sich ~ hacer carrera (a fuerza
de trabajo); **~bringen, ~fahren** (sn),
~gehen (sn) subir; **~klettern** (sn)
encaramarse (auf ac. en); trepar (a)
~setzen Preis: aumentar, subir; **~steigen** (sn) subir (auf ac. a); ascender; **~tragen** subir.
hinaus [hi'naus] (hacia) afuera; ~!
¡fuera de aquí)!; zum Fenster ~ por
la ventana; über ... ~ más allá de;
~begleiten acompañar afuera; **~fahren 1.** v/i. (sn) salir; **2.** v/t. sacar (el
coche); **~fliegen** (sn) salir volando;
fig. ser despedido; **~gehen** (sn) salir;
~ auf (ac.) Fenster: dar a; ~ über (ac.)
pasar de, rebasar (ac.); **~kommen**
(sn) (lograr) salir; **~können** poder
salir; **~laufen** (sn) salir corriendo;
fig. ~ auf (ac.) ir a parar a od. en,
acabar en; auf dasselbe od. auf eins ~
ser lo mismo; **~lehnen:** sich ~ asomarse; **~schaffen** transportar afuera; **~schauen** mirar por; **~scheren:**
sich ~ F largarse; scher dich hinaus!
¡largo (de aquí)!; **~schicken:** j-n ~
decir a alg. que salga; **~schieben** fig.
aplazar; **~schleichen** (sn), sich ~ (h.)
salir a hurtadillas; **~schmeißen** F
echar; **~sehen:** ~ aus mirar por, asomarse a; **~sein** (sn): ~ über (ac.) haber
pasado (ac.); **~sollen:** wo soll das
hinaus? ¿a qué viene eso?; **~stürzen**
salir precipitadamente; **~wagen:**
sich ~ atreverse a salir; **~werfen**
echar, tirar; j-n: echar a la calle;
~wollen querer salir; fig. worauf
willst du hinaus? ¿qué es lo que
pretendes?; hoch ~ tener grandes
ambiciones; F picar muy alto; **~ziehen** sacar; fig. dar largas a, retardar.
hin|begeben ['hinbəgeːbən]: sich ~
dirigirse a; **~bestellen** hacer venir;
citar; **2blick** m: im ~ auf (ac.) en
atención a, en vista de; **~bringen**
llevar a; die Zeit ~ pasar el tiempo od.
el rato.

hinder|lich ['.dərliç] embarazoso; molesto; contrario; ~n (29) impedir; estorbar; molestar; ~nis n (4¹) obstáculo m; impedimento m, estorbo m; ~nislauf m, ~nisrennen n carrera f de obstáculos; ~ungsgrund m impedimento m; óbice m.

hin|deuten ['.dɔytən]: ~ auf señalar a; a. fig. indicar (ac.); ~drängen 1. v/t. empujar hacia; 2. v/i. afluir a.

Hindu ['.du:] m (11[¹]) hindú m.

hindurch [-'durç] a través de; por; zeitl. durante; den ganzen Tag ~ todo el día; ~gehen (sn) pasar (zwischen por entre).

hinein [hi'naɪn] (hacia) adentro; in (ac.) ... ~ en; bis tief in die Nacht ~ hasta muy entrada la noche; ~begeben: sich ~ entrar; ~denken: sich in j-s Lage ~ ponerse en el lugar de alg.; ~drängen: sich ~ entrar empujando; ~fahren (sn) entrar; ~finden: sich ~ in (ac.) familiarizarse con; ~gehen (sn) entrar; fig. caber; ~geraten (sn) caer, ir a parar (in ac. en); ~greifen poner la mano en; ~knien: F sich ~ in (ac.) dedicarse a fondo bzw. con entusiasmo a; ~kommen (sn) entrar; ~können poder entrar; ~kriechen (sn) introducirse; ~lassen dejar entrar; ~legen meter (in ac. en); ~passen caber; ~reden meterse (in ac. en); ~schütten echar; ~stecken meter, poner (in ac. en); introducir; Kapital: invertir; ~stopfen embutir; ~tun meter; e-n Blick ~ echar una ojeada; ~wagen: sich ~ atreverse a entrar; ~werfen echar; ~ziehen fig. implicar (in ac. en); ~zwängen hacer entrar a la fuerza.

hin|fahren ['hɪnfaːrən] 1. v/t. llevar; transportar; 2. v/i. (sn) ir a; 2fahrt f viaje m de ida; ~fallen (sn) caer al suelo; caerse; ~fällig caduco, decrépito; (ungültig) caducado; nulo, sin validez; 2fälligkeit f caducidad f; decrepitud f; ~finden encontrar el camino; ~fort de aquí en adelante; ~führen llevar (nach a); fig. wo soll das ~? ¿adónde irá a parar (esto)?

hing [hɪŋ] s. hängen.

Hin|gabe ['hɪngaːbə] f abnegación f, devoción f; entrega f; 2geben dar; sich ~ dedicarse a; entregarse a, abandonarse a; ~gebung f devoción f; 2gebungsvoll devoto; abnegado; 2gegen en cambio; 2gehen (sn) ir

(a); Zeit: pasar, transcurrir; et. ~ lassen dejar pasar; 2gehören estar en su sitio; 2gelangen (sn) llegar a; 2geraten (sn) ir a parar a; 2gerissen entusiasmado, absorto; 2halten presentar; tender; fig. hacer esperar; 2haltend dilatorio; 2hören prestar atención.

hinken ['hɪŋkən] cojear (a. fig.); ~d cojo.

hin|knien ['hɪnkniːən] (sn) (a. sich) ponerse de rodillas; ~kommen (sn) llegar a; fig. wo kämen wir denn hin? ¿adónde iríamos a parar?; ~kriegen F arreglar; lograr; ich kriege es nicht hin no me sale; ~länglich suficiente; adv. bastante; ~legen poner, colocar; sich ~ echarse, tenderse, tumbarse; ~nehmen tomar; fig. tolerar; soportar; ~neigen: ~ zu tender a; sich ~ zu inclinarse hacia; ~raffen Tod: segar, arrebatar; ~reichen 1. v/t. pasar; presentar; 2. v/i. alcanzar, llegar; ser suficiente; ~reichend bastante; 2reise f viaje m de ida; ~reisen (sn) ir a; ~reißen arrebatar, entusiasmar, electrizar; sich ~ lassen von dejarse llevar por; ~reißend arrebatador, irresistible; ~richten ejecutar; 2richtung f ejecución f; ~schaffen transportar a; ~schauen mirar (hacia); 2scheiden n fallecimiento m; óbito m; ~schicken enviar, mandar; ~schlachten masacrar; ~schlagen (sn) F: lang ~ caer redondo; ~schleppen arrastrar; sich ~ arrastrarse; fig. prolongarse; ~schmieren garabatear; ~schreiben escribir; rasch: escribir a vuela pluma; ~schwinden (sn) ir disminuyendo; ~sehen mirar (hacia); fijarse (auf en); ~setzen poner, colocar; sich ~ sentarse; 2sicht f: in dieser ~ a este respecto; in jeder ~ a todas luces; in gewisser ~ en cierto modo; ~sichtlich (gen.) con respecto a, en cuanto a; ~siechen (sn) languidecer; ~sinken (sn) caer; desplomarse; 2spiel n Sport: partido m de ida; ~stellen poner, colocar; ~ als presentar como; j-n: tachar, tildar de; ~strecken tender, alargar; ~strömen (sn) afluir; ~stürzen (sn) caer; (eilen) precipitarse hacia.

hintan|setzen [hɪnt'ʔanzɛtsən], ~stellen postergar; desatender.

hinten ['hɪntən] (por) detrás, atrás; (im Hintergrund) en el fondo; von ~

por detrás; *nach* ~ hacia atrás; ~'**an a** la cola; '~**herum** por detrás; *fig.* a escondidas; ~'**über** de espaldas, hacia atrás.

hinter ['-tər] **1.** *prp.* (*wo? dat.*, *wohin? ac.*) detrás de; tras; ~ et. kommen descubrir a/c.; ~ *sich lassen* dejar atrás; adelantar; *fig.* ~ *j-m stehen* respaldar a alg.; **2.** *adj.* trasero; posterior; 2~**achse** *f* eje *m* trasero; 2~**backe** *f* nalga *f*; 2**bein** *n* pata *f* trasera; *fig. sich auf die* ~*e stellen* enseñar los dientes; 2**bliebene(n)** [--'bli:bənə(n)] *m/pl.* deudos *m/pl.*; ~'**bringen** delatar; ~'**drein** *s.* ~*her*; ~**ei'nander** uno tras otro; *drei Tage* ~ tres días seguidos; 2**gedanke** *m* segunda intención *f*; ~'**gehen** engañar, embaucar; 2**grund** *m* fondo *m*; *Thea.* foro *m*; *Phot.* segundo plano *m*; *fig.* trasfondo *m*; telón *m* de fondo; *in den* ~ *treten* pasar a segundo plano; ~**gründig** ['--gryndiç] enigmático; 2**grundmusik** *f* música *f* de fondo; 2**halt** *m* emboscada *f*; ~**hältig** ['--hɛltiç] insidioso; traicionero; 2**hand** *f Pferd*: cuarto *m* trasero; 2~**haus** *n* edificio *m* trasero; ~'**her** después, posteriormente; 2**hof** *m* patio *m* trasero; 2**kopf** *m* occipucio *m*; 2**land** *n* interior *m* (del país); hinterland *m*; ~'**lassen** dejar; *im Testament*: legar; *e-e Nachricht* ~ dejar recado; 2'**lassenschaft** *f* herencia *f*, sucesión *f*; ~'**legen** depositar; 2'**legung** *f* depósito *m*; 2**list** *f* astucia *f*; perfidia *f*; alevosía *f*; ~**listig** astuto; pérfido; alevoso; 2**mann** *m* † *Wechsel*: endosador *m*; *fig.* inspirador *m* (oculto); 2**rad** *n* rueda *f* trasera; 2**rad-antrieb** *m* tracción *f* trasera; ~**rücks** ['--ryks] por detrás; *fig.* con alevosía, a traición; 2**seite** *f* lado *m* posterior; 2**teil** *n* parte *f* posterior od. trasera; *f* trasero *m*; 2**treffen** *n*: *ins* ~ *geraten* perder terreno, ser relegado a un segundo plano; ~'**treiben** hacer fracasar; 2**treppe** *f* escalera *f* de servicio; 2**treppenroman** *m* novelón *m*; 2**tür** *f* puerta *f* trasera; *fig. sich e-e offenhalten* prepararse una salida; 2~**wäldler** ['--vɛltlər] *m* (7) provinciano *m*; ~**ziehen** defraudar; 2'**ziehung** *f* defraudación *f*, fraude *m*; 2**zimmer** *n* cuarto *m* de atrás; *e-s Ladens*: trastienda *f*.

'**hin|tragen** llevar a; ~**treten** (sn): vor

j-n ~ presentarse ante alg.; ~**tun** colocar, poner.

hinüber [hi'ny:bər] al otro lado; *fig.* estropeado; ~**bringen** llevar al otro lado; ~**fahren** (sn) pasar al otro lado; atravesar (*ac.*); ~**gehen** (sn) pasar al otro lado; (*überqueren*) atravesar; ~**reichen 1.** *v/t.* pasar; **2.** *v/i.*: ~ *bis* alcanzar hasta.

hin und her *s.* hin.

Hin- und 'Rückfahrt *f* ida *f* y vuelta.

hinunter [hi'nuntər] (hacia) abajo; ~**bringen**, ~**fahren**, ~**gehen**, ~**laufen**, ~**steigen** (sn) bajar; ~**schlingen**, ~**schlucken** tragar (*a. fig.*).

Hinweg ['hinve:k] *m* ida *f*; *auf dem* ~ a la ida.

hinweg [-'vɛk]: *über ... (ac.)* ~ por encima de; *fig. ich bin darüber* ~ ya no me duele *bzw.* preocupa; ~ (*mit ihm*)! ¡fuera (con él)!; ~**gehen**: ~ *über (ac.)* pasar por encima de od. *fig.* por alto (a/c.); ~**kommen** (sn): *über et.* ~ consolarse de a/c.; *nicht über et.* ~ no poder olvidar a/c.; ~**sehen**: *über et.* ~ hacer la vista gorda; ~**setzen**: *sich* ~ *über (ac.)* sobreponerse a; no hacer caso de; ~**täuschen**: *sich* ~ *über* llamarse a engaño sobre.

Hin|weis ['-vais] *m* (4) indicación *f*; advertencia *f*; (*Verweis*) referencia *f* (*auf* a); 2**weisen**: ~ *auf (ac.)* indicar (*ac.*); referirse a; *darauf* ~, *daß* señalar od. observar que; 2**weisend** *Gram.* demostrativo; 2**werfen** tirar (al suelo); *Skizze*: bosquejar, esbozar; *Arbeit*: abandonar; *Wort*: dejar caer.

Hinz [hints]: ~ *und Kunz* fulano y zutano.

hin|zeigen ['hintsaigən]: ~ *auf (ac.)* señalar (con el dedo); ~**ziehen** tirar; *sich* ~ extenderse; *zeitl.* prolongarse; retardarse; ~**zielen**: ~ *auf (ac.)* tender a.

hin|zu a eso; además; ~**fügen** añadir, agregar; ~**kommen** (sn) sobrevenir; añadirse; ~**rechnen**, ~**tun** añadir; ~**ziehen** consultar.

Hiob ['hi:ɔp] *m* (17) Job *m*; ~**sbotschaft** *f* mala noticia *f*.

Hirn [hirn] *n* (3) cerebro *m*; *Kchk.* sesos *m/pl.*; ~'**gespinst** *n* quimera *f*; '~**haut** *f* meninge *f*; '~**haut-entzündung** *f* meningitis *f*; '~**schale** *f* cráneo *m*; 2**verbrannt** F ['-fɛrbrant] loco; *Idee*: descabellado.

Hirsch [hirʃ] *m* (3²) ciervo *m*;

Hirschfänger

~fänger [¹-fɛŋər] *m* (7) cuchillo *m* de monte; '~**käfer** *m* ciervo *m* volante; '~**kalb** *n* cervato *m*; '~**kuh** *f* cierva *f*.

Hirse [¹hirzə] *f* (15) mijo *m*.

Hirt [hirt] *m* (12) pastor *m*.

'Hirten|brief *m* pastoral *f*; ~**dichtung** *f* poesía *f* bucólica; ~**stab** *m* cayado *m*; ~**tasche** *f* zurrón *m*; ~**volk** *n* pueblo *m* nómada *od.* de pastores.

Hirtin [¹-tin] *f* pastora *f*.

His ♪ [his] *n od.* sin sostenido.

Hispanist [-pa¹nist] *m* (12) hispanista *m*.

hissen [¹-ən] (28) izar, enarbolar.

Histori|ker [-¹to:rikər] *m* (7) historiador *m*; **~sch** histórico.

Hit [hit] *m* (11[¹]) (canción *f* de) éxito *m*; **⚡** éxito *m* de venta; '~**liste** *f* lista *f* de éxitos; '~**parade** *f* hit-parade *m*.

Hitz|e [¹-sə] *f* (15) calor *m*; *fig.* a. ardor *m*; fogosidad *f*; *in ~ geraten* acalorarse; **⚡e-beständig** resistente al calor; **⚡e-empfindlich** sensible al calor; termosensible; ~**ewelle** *f* ola *f* de calor; **⚡ig** fogoso, impetuoso; *Debatte:* acalorado; ~**kopf** *m* hombre *m* colérico; ~**schlag ⚡** *m* insolación *f*.

hob [ho:p] *s.* heben.

Hobby [¹hɔbi] *n* (11) hobby *m*.

Hobel [¹ho:bəl] *m* (7) cepillo *m* (de carpintero); ~**bank** *f* banco *m* de carpintero; ~**maschine** *f* acepilladora *f*; **⚡n** (29) (a)cepillar; ~**span** *m* viruta *f*.

hoch [ho:x] **1.** *adj.* (ch *vor* e = h: *hohe(r, -s)* [¹ho:ə(r), ¹-əs]; *s. a. höher, höchst) alto; a. Stellung, Preis:* elevado; *Ton:* agudo; *Ehre:* gran(de); *Alter:* avanzado; *adv.* (*sehr*) sumamente, altamente; muy; *wie ~ ist ...?* ¿qué altura tiene?; *wie ~ ist der Preis?* ¿qué precio tiene?; *~ oben* en lo alto; *~ über (dat.)* a gran altura sobre; *fig.* muy superior a; *drei Meter ~* tres metros de altura *od.* de alto; *drei Treppen ~* en el tercer piso; *A: drei ~ fünf* tres elevado a la quinta potencia; *(er lebe) ~!* ¡viva!; *~ und niedrig* grandes y pequeños; *wenn es ~ kommt* a lo más; *F das ist mir zu ~* no lo comprendo; *~ und heilig geloben* prometer solemnemente; **2. ⚡** *n* (11) viva *m*; brindis *m*; (*Wetter*) zona *f* de alta presión; anticiclón *m*; *ein ~ ausbringen auf (ac.)* brindar por.

'hoch|-achten tener en mucho aprecio, apreciar mucho; **⚡-achtung** *f* gran estima *f*, respeto *m*; *mit vorzüg-*

licher ~ = ~**achtungsvoll** *im Brief:* le saluda atentamente; ~**aktuell** muy actual; **⚡-altar** *m* (**⚡-amt** *n*) altar *m* (misa *f*) mayor; **⚡-antenne** *f* antena *f* aérea; **⚡bahn** *f* ferrocarril *m* elevado; **⚡bau** *m* construcción *f* sobre tierra; ~**begabt** de gran talento; superdotado; ~**berühmt** ilustre, celebérrimo; ~**betagt** de edad muy avanzada; **⚡betrieb** *m* actividad *f* intensa; ~**bringen** *fig.* dar impulso a; (*wieder* ~) sacar a flote; **⚡burg** *f* fig. baluarte *m*; centro *m*; ~**deutsch** alto alemán; **⚡druck** *m* alta presión *f*; *Typ.* impresión *f* de relieve; *mit ~ arbeiten* trabajar a toda marcha; **⚡druckgebiet** *n* zona *f* de alta presión; **⚡-ebene** *f* altiplanicie *f*; meseta *f*; ~**empfindlich** *Phot.* suprasensible; ~**erfreut** encantado; ~**fahren** *fig.* sobresaltarse; ~**fahrend** altanero; ~**fein** muy fino; fino; **⚡finanz** *f* altas finanzas *f/pl.*; ~**fliegend** *fig.* de alto vuelo; ambicioso; **⚡form** *f: in ~ sn* estar en plena forma; **⚡frequenz** *f* alta frecuencia *f*; **⚡gebirge** *n* alta montaña *f*; **⚡gehen** (sn) *Vorhang:* levantarse; *Mine:* hacer explosión; *See:* estar agitado; *fig.* ponerse furioso; ~**gelegen** elevado; alto; ~**gelehrt** muy docto; **⚡genuß** *m* delicia *f*; gozada *f*; ~**geschlossen** *Kleid:* cerrado; **⚡geschwindigkeitszug** *m* tren *m* de alta velocidad; ~**gestellt** de categoría; de alto rango; ~**gestochen** encopetado; ~**gewachsen** alto de estatura; **⚡glanz** *m* brillo *m* intenso; ~**gradig** [¹-gra:diç] intenso; *adv.* en alto grado; ~**halten** alzar; *fig.* respetar; **⚡haus** *n* edificio *m* singular; ~**heben** levantar; alzar; ~**herrschaftlich** señorial; ~**herzig** magnánimo; ~**klappen** subir, alzar; ~**kommen** (sn) *fig.: wieder ~* restablecerse; levantar cabeza; **⚡konjunktur** *f* gran prosperidad *f*; alta coyuntura *f*; **⚡land** *n* tierra *f* alta; ~**leben:** *j-n ~ lassen* brindar por alg.; **⚡leistung** *f* alto rendimiento *m*; **⚡leistungssport** *m* deporte *m* de alta competición; ~**modern** ultramoderno; **⚡mut** *m* orgullo *m*, altivez *f*, altanería *f*; ~**mütig** [¹-my:tiç] orgulloso, altivo, altanero; ~**näsig** [¹-nɛ:ziç] *F* encopetado; **⚡-ofen** ⊕ *m* alto horno *m*; **⚡parterre** *n* entresuelo *m*; **⚡relief** *n* alto relieve *m*; ~**rot** rojo vivo; **⚡rufe** *m/pl.* vivas *m/pl.*, vítores m/pl.; ℒsaison f temporada f alta; ⸺schätzen apreciar mucho; ⸺schlagen Kragen: subir(se); ℒschule f escuela f superior; universidad f; ℒschullehrer m profesor m universitario; (Ordinarius) catedrático m; ℒschulstudium n estudios m/pl. universitarios; ⸺schwanger en avanzado estado (de embarazo); ℒseefischerei f pesca f de altura; ℒsitz m puesto m en alto; ℒsommer m pleno verano m; canícula f; ℒspannung ⸺ f alta tensión f; ℒsprung m salto m de altura.

höchst [hø:çst] (sup. v. hoch) el más alto; fig. supremo; sumo; máximo; (äußerst) extremo; adv. sumamente; altamente.

hoch|stämmig ['ho:xʃtɛmiç] de tronco alto; ℒstapelei [-ʃtaːpəˈlaɪ] f estafa f; ℒstapler ['-ʃtaːplər] m (7) estafador m, caballero m de industria.

Höchst|belastung ['hø:çstbəlastuŋ] ⊕ f carga f máxima; ⸺betrag m (importe m) máximo m.

hochstehend ['ho:xʃteːənt] elevado; de alto copete.

höchst|ens ['hø:çstəns] a lo más, a lo sumo; ℒgeschwindigkeit f velocidad f máxima od. tope od. punta; ℒgrenze f tope m; techo m; ℒleistung f rendimiento m máximo; ℒmaß n máximo m (an de); '⸺persönlich en persona; ℒpreis m precio m máximo od. tope; '⸺wahr'scheinlich muy probablemente.

hoch|tönend ['ho:xtøːnənt] rimbombante; ℒtour f: auf ⸺en a toda marcha (a. fig.); ⸺trabend fig. altisonante; ⸺ver-ehrt muy estimado; ℒverrat m alta traición f; ℒverräter m reo m de alta traición; ℒwald m monte m alto; ℒwasser n inundación f, crecida f; ⸺wertig de gran valor; ℒwild n caza f mayor; ℒwürden uv. Reverendo (Padre) m.

Hochzeit ['hɔxtsaɪt] f boda f; casamiento m; nupcias f/pl.; ℒlich nupcial; ⸺sfeier f boda f; ⸺sgast m invitado m a la boda; ⸺sreise f viaje m de boda(s) od. de novios; ⸺s-tag m día m de la boda; jährlicher: aniversario m de boda.

hochziehen ['ho:xtsiːən] subir.

Hocke ['hɔkə] f (15) ⟋ gavilla f; Turnen: salto m con las piernas enco-

gidas; ℒn (25) estar en cuclillas; ⸺r m (7) taburete m.

Höcker ['hœkər] m (7) giba f (a. Kamel), corcova f; ⸺ protuberancia f; ℒig giboso, corcovado.

Hockey ['hɔkɪ, 'hɔkɪ] n (11) hockey m (sobre hierba).

Hode ['ho:də] f (15), ⸺n m (6) testículo m; ⸺nsack m escroto m.

Hof [ho:f] m (3³) patio m; (Hühner℗) corral m; (Bauern℗) granja f; (Fürsten℗) corte f; (Mond℗) halo m; j-m den ⸺ machen cortejar a alg., hacer el amor a alg.; '⸺dame f dama f de honor; '℗fähig admitido en la corte.

Hof|fart ['hofaːrt] f (16) orgullo m; altanería f; ℒfärtig ['-fɛrtiç] orgulloso; altanero.

hoffen ['hɔfən] (25) esperar (auf et. a/c.); ⸺tlich ['--tliç]: ⸺ kommt er espero que venga.

Hoffnung ['-nuŋ] f esperanza f (auf ac. en); j-m ⸺(en) machen dar esperanza(s) a alg.; in der ⸺ zu inf. en espera de (inf.); ℒslos desesperado; ⸺slosigkeit f desesperación f; ⸺strahl m rayo m de esperanza; ℒsvoll lleno de esperanza; prometedor.

Hofhund ['ho:fhunt] m mastín m.

hofieren [hoˈfiːrən]: j-n ⸺ adular, F dar coba a alg.

höf|isch ['høːfiʃ] cortesano, palaciego; ⸺lich cortés; educado; ℒlichkeit f cortesía f; ℒling ['-liŋ] m (3¹) cortesano m, palaciego m.

hohe ['ho:ə] s. hoch.

Höhe ['hø:ə] f (15) altura f (a. 🜨 u. 🜨); altitud f (a. über dem Meeresspiegel); (Erhebung) elevación f; auf der ⸺ von a la altura de; in gleicher ⸺ al mismo nivel; in die ⸺ (hacia) arriba; 🜨 in ⸺ von por el importe de; in voller ⸺ íntegramente; fig. nicht auf der ⸺ sn no sentirse bien; das ist die ⸺! ¡es el colmo!

Hoheit ['ho:haɪt] f grandeza f; nobleza f; Pol. soberanía f; Titel: Alteza f; ⸺sgebiet n territorio m (de soberanía); ⸺sgewässer n/pl. aguas f/pl. territoriales od. jurisdiccionales; ℒsvoll majestuoso; ⸺szeichen n emblema m nacional.

Hohelied [ho:əˈliːt] n Cantar m de los Cantares.

Höhen|flosse 🜨 ['høːənflɔsə] f estabilizador m; ⸺flug m vuelo m de altura; fig. altos vuelos m/pl.; ⸺krankheit f mal m de las alturas,

Höhenkurort

742

Am. puna *f*, soroche *m*; **~kur-ort** *m* estación *f* de altura; **~luft** *f* aire *m* de altura; **~messer** *m* altímetro *m*; **~rekord** *m* record *m* de altura; **~ruder** *n* timón *m* de profundidad; **~sonne** *f* lámpara *f* de rayos ultravioletas; **~unterschied** *m* diferencia *f* de nivel; **²verstellbar** regulable en altura; **~zug** *m* cadena *f* de colinas.

Hohepriester [ho:'pri:stər] *m* sumo sacerdote *m*.

Höhepunkt ['hø:əpuŋkt] *m* punto *m* culminante (*a. fig.*).

höher ['hø:ər] (*comp. v.* hoch) más alto; *fig.* superior; mayor; **~e** *Schule* instituto *m* de segunda enseñanza; **~** *schlagen Herz*: palpitar más fuerte.

hohl [ho:l] hueco, vacío; cóncavo; *Stimme*: cavernoso; *Wange*: hundido; *fig.* huero; vano; **~e** *Hand* hueco *m* de la mano; **~äugig** ['-'ɔygiç] de ojos hundidos.

Höhle ['hø:lə] *f* (15) caverna *f* (*a.* 🐾); cueva *f*; gruta *f*; *Anat.* cavidad *f*; (*Tier*²) madriguera *f*, *größere*: guarida *f* (*a.* *Räuber*²); **~nbewohner** *m* troglodita *m*; **~nforscher** *m* espeleólogo *m*; **~nforschung** *f* espeleología *f*; **~nmensch** *m* hombre *m* de las cavernas.

Hohl|heit ['ho:lhaɪt] *f* oquedad *f*; *fig.* vanidad *f*; **~maß** *n* medida *f* de capacidad; **~raum** *m* hueco *m*; **~saum** *m* vainica *f*; **~spiegel** *m* espejo *m* cóncavo.

Höhlung ['hø:luŋ] *f* hueco *m*; cavidad *f*.

Hohlweg ['ho:lve:k] *m* desfiladero *m*, cañada *f*.

Hohn [ho:n] *m* (3) escarnio *m*; mofa *f*; sarcasmo *m*; *j-m zum* **~** a despecho de alg.

höhnen ['hø:nən] (25) escarnecer (*ac.*); burlarse de.

Hohngelächter ['ho:ngəlɛçtər] *n* risa *f* sarcástica.

höhnisch ['hø:niʃ] irónico; sarcástico; burlón.

'hohn|lachen reír sarcásticamente; **~sprechen** (*dat.*) ser un insulto para.

Hokuspokus [ho:kus'po:kus] *m* *uv.* juego *m* de manos; arte *m* de birlibirloque; *fig.* charlatanismo *m*.

hold [hɔlt] favorable; (*lieblich*) gracioso; *das Glück ist ihm* **~** la suerte le sonríe; **'~selig** agraciado, encantador.

holen ['ho:lən] (25) ir a buscar; ir (a) por; traer; *Arzt*: llamar; **~** *lassen* mandar buscar, mandar (a) por; *sich* (*dat.*) *e-e Krankheit* **~** pescar una enfermedad; *dabei ist nichts zu* **~** no hay nada que ganar.

Holländ|er(in *f*) ['hɔlɛndər(in)] *m* (7), **²isch** holandés (-esa) *m* (*f*).

Hölle ['hœlə] *f* (15) infierno *m* (*a. fig.*); *da ist die* **~** los esto es el infierno; *j-m die* **~** *heiß machen* acosar a alg.; *j-m das Leben zur* **~** *machen* amargar la vida a alg.

Höllen... ['-lən]: *in Zssgn oft* infernal; **~lärm** *m* ruido *m* infernal; **~maschine** *f* máquina *f* infernal; **~qual** *f* sufrimiento *m* atroz; **~stein** *m* nitrato *m* de plata, piedra *f* infernal.

höllisch ['-liʃ] infernal; **~** *aufpassen* andar con muchísimo cuidado.

Hollywoodschaukel ['hɔlivudʃaukəl] *f* balancín *m*.

Holm [hɔlm] *m* (3) *Turnen*: barra *f*; *Leiter*: larguero *m*.

holp|(e)rig ['hɔlp(ə)riç] áspero, desigual, fragoso; escabroso; **~ern** (29, sn) dar sacudidas.

Holunder [ho'lundər] *m* (7) saúco *m*.

Holz [hɔlts] *n* (1² *u.* ²) madera *f* (*a.* ♪); (*Brenn²*) leña *f*; (*Gehölz*) bosque *m*; **'~apfel** *m* manzana *f* silvestre; **'~bein** *n* pata *f* de palo; **'~blas-instrument** *n* instrumento *m* de viento de madera; **'~bock** *m* *Zo.* garrapata *f*; **'²en** (27) cortar, talar.

hölzern ['hœltsərn] de madera; *fig.* torpe; seco.

Holz|fäller ['hɔltsfɛlər] *m* (7) leñador *m*; **~faserplatte** *f* tablero *m* de fibra de madera; **²frei** *Papier*: sin celulosa; **~hacker** ['-hakər], **~hauer** *m* (7) leñador *m*; **~hammer** *m* mazo *m*; **~handel** *m* comercio *m* de maderas; **~händler** *m* maderero *m*; **~handlung** *f* maderería *f*, almacén *m* de maderas; **²ig** leñoso; **~industrie** *f* industria *f* maderera; **~klotz** *m* tarugo *m*; tajo *m*; **~kohle** *f* carbón *m* vegetal; **~pflock** *m* estaca *f* de madera; **~scheit** *n* trozo *m* de madera; leño *m*; **~schlag** *m* tala *f*; **~schneidekunst** *f* xilografía *f*; **~schnitt** *m* grabado *m* en madera; **~schnitzer** *m* tallista *m*; **~schuh** *m* zueco *m*; **~span** *m* viruta *f*; **~splitter** *m* astilla *f*; **~stoß** *m* pila *f* de madera *od.* de leña; **~täfelung** *f* entarimado *m*; **~weg** ['-ve:k] *m*: *auf dem* **~** sn estar equivocado; **~wolle** f virutas f/pl.; **~wurm** m carcoma f.

homogen [homo'ge:n] homogéneo.
Homöopath [-mœo'pɑːt] m (12) homeópata m; **♀isch** homeopático.
Homosexu|alität [-mozɛksuali'tɛːt] f homosexualidad f; **♀ell, ~'elle(r)** m homosexual (m), invertido (m).
Honig [ho:niç] m (3¹) miel f; fig. j-m ~ um den Mund schmieren dar coba a alg.; **~kuchen** m pan m de especias; **♀süß** fig. meloso; **~wabe** f panal m de miel.
Honor|ar [hono'rɑːr] n (3¹) honorarios m/pl.; **~atioren** [--ra'tsjoːrən] pl. notables m/pl.; **♀ieren** pagar, remunerar; fig. apreciar.
Hopfen ♀ ['hɔpfən] m (6) lúpulo m; an ihm ist ~ und Malz verloren F es incorregible; **~stange** f pértiga f de lúpulo; F fig. espárrago m.
hops|en ['hɔpsən] (27, sn) brincar; **♀er** m (7) brinco m.
Hör|apparat ['hø:r'aparɑːt] m audífono m; **♀bar** oíble, audible; perceptible; **~brille** f gafas f/pl. acústicas.
horch|en ['hɔrçən] (25) escuchar (auf et. a/c.); **♀er** m (7) escucha m; espía m; **♀gerät** n aparato m de escucha; **♀posten** × m escucha m.
Horde ['-də] f (15) horda f; pandilla f, banda f.
hören ['hø:rən] (25) oír; (zu~) escuchar; Vorlesung: asistir a; (gehorchen) obedecer; (erfahren) saber, oír decir, enterarse; auf j-n ~ hacer caso a alg.; auf e-n Namen: responder por; hör mal! ¡escucha! ¡oye!; das läßt sich ~! eso es algo; von sich ~ lassen dar noticias suyas; **♀sagen** n: vom ~ de oídas.
Hörer ['hø:rər] m (7) m oyente m; escucha m; Fernspr. auricular m; **~schaft** f auditorio m.
¹Hör|fehler m error m de audición; **♂** defecto m de(l) oído; **~folge** f serial m radiofónico; **~funk** m radio f; **~gerät** n audífono m.
hörig ['hø:riç] sujeto a; esclavo de; **♀keit** f servidumbre f, sujeción f.
Horizont [hori'tsɔnt] m (3) horizonte m (a. fig.); **♀al** [---'tɑːl] horizontal.
Hormon [hɔr'moːn] n (3) hormona f; **~...:** in Zssgn hormonal.
Hörmuschel ['hø:rmuʃəl] f Fernspr. auricular m.
Horn [hɔrn] n (1²) cuerno m; asta f; ♪ trompa f; fig. j-m Hörner aufsetzen

poner cuernos a alg.; **¹~brille** f gafas f/pl. de concha.
Hörnchen ['hœrnçən] n (6) (Gebäck) croissant m.
Hörnerv ['hø:rnɛrf] m nervio m auditivo.
Hornhaut ['hɔrnhaut] f callosidad f; Auge: córnea f.
Hornisse [hɔr'nisə] f (15) avispón m.
Hornist [-'nist] m (12) trompa m; × corneta m.
¹Horn|signal n toque m de corneta; **~vieh** n animales m/pl. cornudos od. de asta.
Hörorgan ['hø:r'ɔrgɑːn] n órgano m auditivo.
Horoskop [hɔrɔ'ko:p] n (3¹) horóscopo m.
horrend [hɔ'rɛnt] horrendo; Preis: exorbitante.
Hör|rohr ['hø:rro:r] n ♂ estetoscopio m; **~saal** m aula f; großer: paraninfo m; **~schärfe** f agudeza f auditiva; **~spiel** n pieza f radiofónica.
Horst [hɔrst] m (3²) nido m.
Hort [hɔrt] m (3) tesoro m; (Schutz) amparo m; (Kinder♀) guardería f; **¹♀en** (26) atesorar.
Hortensie ♀ [-'tɛnzjə] f (15) hortensia f.
Hör|vermögen ['hø:rfɛrmø:gən] n capacidad f auditiva; **~weite** f: in (außer) ~ al (fuera del) alcance del oído.
Hose ['ho:zə] f (15) pantalón m; fig. die ~n anhaben llevar los pantalones; **~n-anzug** m traje m pantalón; **~n-bein** n pernil m; **~nboden** m fondillos m/pl.; **~nrock** m falda f pantalón; **~nschlitz** m bragueta f; **~n-träger** m/pl. tirantes m/pl.
Hospi|tal [hɔspi'tɑːl] n (1² u. 3¹) hospital m; **~tant** [--'tant] m (12) oyente m; **♀tieren** asistir como oyente.
Hospiz [-'pi:ts] n (3²) hospicio m.
Hostess ['-tɛs] f (16) azafata f de relaciones públicas.
Hostie ['-tjə] f (15) Rel. hostia f.
Hotel [ho'tɛl] n (11) hotel m; **~fach-schule** f escuela f de hostelería; **~gewerbe** n industria f hotelera.
Hotelier [-təl'je:] m (11) hotelero m.
Hub [hu:p] m (3³) ⊕ carrera f (del émbolo); **¹~raum** m cilindrada f, cubicaje m.
hübsch [hypʃ] guapo; bonito, lindo; F mono.
Hubschrauber ['hu:pʃraubər] m (7)

helicóptero *m*; ～**landeplatz** *m* helipuerto *m*.

huckepack ['hukəpak] a cuestas.

Huf [hu:f] *m* (3) uña *f*; (*Pferde*2) casco *m*; '～**beschlag** *m* herrado *m*; '～**eisen** *n* herradura *f*; '～**lattich** ♀ *m* tusílago *m*; '～**nagel** *m* clavo *m* de herradura; '～**schlag** *m* coz *f*; (*Geräusch*) ruido *m* de cascos; '～**schmied** *m* herrador *m*.

Hüft|bein ['hyftbaιm] *n* hueso *m* ilíaco *od.* coxal; ～**e** *f* (15) cadera *f*; ～**gelenk** *n* articulación *f* de la cadera; ～**halter** *m* faja *f*.

Huftier ['hu:fti:r] *n* ungulado *m*.

Hügel ['hy:gəl] *m* (7) colina *f*, loma *f*, cerro *m*; 2**ig** accidentado.

Hugenotte [hu:gə'nɔtə] *m* (13) hugonote *m*.

Huhn [hu:n] *n* (1²) gallina *f*; junges ～ pollo *m*.

Hühnchen ['hy:nçən] *n* (6) pollo *m*; mit j-m ein ～ zu rupfen haben tener una cuenta pendiente con alg.

Hühner|auge ♀ ['-nər⁹auɡə] *n* callo *m*; ～**augen-operateur** *m* callista *m*; ～**augenpflaster** *n* callicida *m*; ～**brühe** *f* caldo *m* de gallina; ～**ei** *n* huevo *m* de gallina; ～**farm** *f* granja *f* avícola; ～**hund** *m* perdiguero *m*; ～**stall** *m* gallinero *m*; ～**stange** *f* percha *f* del gallinero; ～**zucht** *f* avicultura *f*.

Huld [hult] *f* (16) favor *m*; benevolencia *f*; 2**igen** ['-digən] (25) rendir *od.* tributar homenaje a; e-r Sache: ser aficionado a; '～**igung** *f* homenaje *m*; '2**reich** ['hultraιç], '2**voll** condescendiente; benévolo.

Hülle ['hylə] *f* (15) envoltura *f*; (*Schutz*2) funda *f*; (*Umschlag*) cubierta *f*; sterbliche ～ despojos *m/pl.* mortales; in ～ und Fülle en abundancia; 2**n** (25) envolver; sich in Schweigen ～ guardar silencio.

Hülse ['hylzə] *f* (15) ♀ vaina *f*; (*Schale*) cáscara *f*; ～**nfrüchte** *f/pl.* legumbres *f/pl.* secas; ～**nfrüchtler** ♀ *m* (7) legumbre *f*, leguminosa *f*.

human [hu'maːn] humano; 2**ismus** [-ma'nismus] *m* (16, o. pl.) humanismo *m*; 2**ist** [-'nist] *m* (12) humanista *m*; ～**istisch** [-'nistiʃ] humanístico; clásico; ～**itär** [--ni'tɛːr] humanitario; 2**ität** [---'tɛːt] *f* humanidad *f*.

Humbug ['humbuk] *m* (3¹) engaño *m*; (*Unsinn*) disparate *m*.

Hummel ['-əl] *f* (15) Zo. abejorro *m*.

Hummer ['-ər] *m* (7) bogavante *m*.

Humor [hu'mo:r] *m* (3¹) humor *m*;

humorismo *m*; ～**eske** [-mo'rɛskə] *f* (15) cuento *m* humorístico; ～**ist** [--'rist] *m* (12) humorista *m*; 2**istisch** [--'ristiʃ] humorístico; 2**los** sin humor; 2**voll** humorístico; lleno de humor.

humpeln ['humpəln] (29, h. u. sn) cojear.

Humpen ['-pən] *m* (6) jarro *m*.

Humus ['hu:mus] *m* (16, o. pl.) mantillo *m*, humus *m*.

Hund [hunt] *m* (3) perro *m*; ⚒ vagoneta *f*; auf den ～ kommen ir de mal en peor; vor die ～e gehen arruinarse; acabar mal; wie ～ und Katze leben estar como perro y gato; mit allen ～en gehetzt sein ser un viejo zorro.

Hunde|ausstellung ['hundə⁹aus-ʃtɛluŋ] *f* exposición *f* canina; ～**futter** *n* alimento *m* od. comida *f* para perros; ～**hütte** *f* perrera *f*; ～**kälte** *f* frío *m* que pela; ～**leben** *n fig.* vida *f* de perros; '2**müde** cansadísimo; F hecho polvo; ～**rennen** *n* carrera *f* de galgos.

hundert ['-dərt] cien(to); zu 2**en** a centenares; ～**erlei** ['--tər'lai] F mil cosas; ～**fach**, ～**fältig** ['--feltiç] céntuplo; 2**jahrfeier** *f* centenario *m*; ～**jährig** ['--jɛːriç] centenario; a. fig. secular; ～**mal** cien veces; ～**prozentig** ['--protsɛntiç] cien por cien (a. fig.); ～**ste** centésimo; 2**stel** *n* (7) centésima parte *f*; ～**tausend** cien mil.

'**Hunde|salon** *m* peluquería *f* canina; ～**steuer** *f* impuesto *m* sobre los perros; ～**wetter** *n* tiempo *m* de perros; ～**zwinger** *m* perrera *f*.

Hünd|in ['hyndin] *f* perra *f*; 2**isch** fig. servil; rastrero.

Hunds|fott ['huntsfɔt] P *m* (1²) canalla *m*; 2**gemein** infame; abyecto; '2**mise'rabel** F pésimo; ～**tage** *m/pl.* canícula *f*.

Hüne ['hy:nə] *m* (13) gigante *m*; ～**ngestalt** *f* estatura *f* hercúlea; ～**ngrab** *n* monumento *m* megalítico.

Hunger ['huŋər] *m* (7) hambre *f* (nach de); ～ leiden pasar hambre; ～**kur** *f* dieta *f* absoluta; ～**leider** *m* (7) muerto *m* de hambre; ～**lohn** *m* sueldo *m* de hambre; für e-n ～ por una miseria; 2**n** (29) tener hambre; (fasten) ayunar; ～**snot** *f* hambre *f*; ～**streik** *m* huelga *f* de hambre; ～**tod** *m* muerte *f* por inanición; ～**tuch** *n*: am ～ nagen morirse de hambre.

hungrig ['-riç] hambriento.
Hunne ['hunə] *m* (13) huno *m*.
Hupe ['hu:pə] *f* (15) bocina *f*; claxon *m*; **2n** (25) tocar la bocina *od.* el claxon.
hüpfen ['hypfən] (25, sn) brincar, dar brincos; saltar.
Hupverbot ['hu:pfɛrbo:t] *n* prohibición *f* de señales acústicos.
Hürde ['hyrdə] *f* (15) (*Pferch*) aprisco *m*, redil *m*; *Sport*: valla *f*; *fig.* obstáculo *m*; **~nlauf** *m* carrera *f* de vallas; **~nläufer** *m* vallista *m*.
Hure ['hu:rə] P *f* (15) ramera *f*, prostituta *f*, P puta *f*; **2n** (25) fornicar.
hurra! [hu'ra:] ¡hurra!; **2ruf** *m* hurra *m*.
hurtig ['hurtiç] ligero; ágil, presto.
huschen ['huʃən] (27) pasar rápidamente.
hüsteln ['hy:stəln] **1.** *v/i.* (29) toser ligeramente; **2.** **2** *n* tosecilla *f*.
husten ['hu:stən] **1.** *v/i.* (26) toser; **2.** **2** *m* tos *f*; **2mittel** *n* pectoral *m*; **2saft** *m* jarabe *m* pectoral.
Hut[1] [hu:t] *m* (3³) sombrero *m*; *fig.* ~ *ab!* F ¡chapó!; *unter e-n* ~ *bringen* poner de acuerdo; conciliar.
Hut[2] *f* (16) guardia *f*; *auf der* ~ *sn* estar sobre aviso; *in guter* ~ *sn* estar a buen recaudo.
hüt|en ['hy:tən] (26) guardar; *sich vor et.* ~ guardarse de a/c.; F *ich werde mich* ~! ¡ni hablar!; **2er** *m* (7) guarda *m*; guardián *m*.
Hut|geschäft ['hu:tgəʃɛft] *n*, **~laden**

m sombrerería *f*; **~macher** *m* sombrerero *m*; **~schachtel** *f* sombrerera *f*; **~schnur** *f*: F *das geht über die* ~ esto pasa de castaño oscuro.
Hütte ['hytə] *f* (15) choza *f*, cabaña *f*; ⊕ planta *f* metalúrgica; **~n-industrie** *f* industria *f* metalúrgica; **~nkunde** *f* metalurgia *f*; **~nwerk** *n* planta *f* metalúrgica.
Hyäne [hy'ɛ:nə] *f* (15) hiena *f*.
Hyazinthe [-a'tsintə] *f* (15) jacinto *m*.
hybrid [-'bri:t], **2e** [-'-də] *f* (15) híbrido (*m*).
Hydrant [-'drant] *m* (12) boca *f* de riego.
Hydraul|ik [-'draʊlik] *f* (16) hidráulica *f*; **2isch** hidráulico.
Hygien|e [-'gje:nə] *f* (15) higiene *f*; **2isch** higiénico.
Hymne ['hymnə] *f* (15) himno *m*.
Hyperbel [hy'pɛrbəl] *f* (15) hipérbola *f*.
Hypno|se [hyp'no:zə] *f* (15) hipnosis *f*; **~tiseur** [--ti'zø:r] *m* (3¹) hipnotizador *m*; **2ti'sieren** hipnotizar.
Hypochond|er [hypo'xɔndər] *m* (7), **2risch** hipocondríaco (*m*); hipocóndrico (*m*).
Hypotenuse [--tə'nu:zə] Ⱥ *f* (15) hipotenusa *f*.
Hypothek [--'te:k] *f* (16) hipoteca *f*; *mit e-r* ~ *belasten* hipotecar; **2arisch** [---'kɑ:riʃ] hipotecario.
Hypothe|se [--'te:zə] *f* (15) hipótesis *f*; **2tisch** hipotético.
Hyster|ie [hyste'ri:] *f* (15) histerismo *m*; **2isch** [-'te:riʃ] histérico.

I

I, i [iː] *n uv.* I, i *f; i!* ¡qué asco!; *i wo!* ¡qué va!

iahen [iˈaːən] (25) *Esel:* rebuznar.

Iber|er [iˈbeːrər] *m* ibero *m;* 2isch ibérico; 2o-ameri'kanisch ibero-americano.

ich [iç] **1.** (19) yo; ~ *bin es* soy yo; **2.** 2 *n* yo *m;* 2form *f: in der* ~ en primera persona.

ideal [ideˈaːl], 2 *n* (3¹) ideal *(m);* ~isieren [--aliˈziːrən] idealizar; 2is-mus [---ˈlismus] *m* (16, *o. pl.*) idealismo *m;* 2ist [---ˈlist] *m* (12), ~i-stisch idealista *(m).*

Idee [iˈdeː] *f* (15) idea *f; (Einfall)* ocurrencia *f.*

ideell [ideˈɛl] ideal; imaginario.

Ideen|reichtum [iˈdeːənraiçtuːm] *m* abundancia *f* de ideas; ~verbin-dung *f* asociación *f* de ideas.

identi|fizieren [idɛntifiˈtsiːrən] identificar; 2fi'zierung *f* identificación *f;* ~sch [-ˈ-tiʃ] idéntico; 2tät [---ˈtɛːt] *f* identidad *f.*

Ideolog|ie [ideoloˈgiː] *f* (15) ideología *f;* 2isch [---ˈloːgiʃ] ideológico.

Idiom [iˈdjoːm] *n* (3¹) idioma *m;* 2atisch [-oˈmaːtiʃ] idiomático.

Idiot [iˈdjoːt] *m* (12), 2isch idiota *(m);* ~ie [-oˈtiː] *f* (15) idiotez *f.*

Idol [iˈdoːl] *n* (3¹) ídolo *m.*

Idyll [iˈdyl] *n* (3¹) idilio *m;* 2isch idílico.

Igel [ˈiːgəl] *m* (7) *Zo.* erizo *m.*

Igno|rant [ignoˈrant] *m* (12) ignorante *m;* ~ranz [--ˈrants] *f* (16) ignorancia *f;* 2'rieren no hacer caso de; fingir no conocer.

ihm [iːm] a él; *tonlos:* le.

ihn [iːn] a él; *tonlos:* le, lo.

ihnen [ˈiːnən] **1.** a ellos (-as); *tonlos:* les; **2.** 2 a usted(es); *tonlos:* le(s).

ihr [iːr] **1.** a ella; *tonlos:* le; **2.** *(nom. pl. von du)* vosotros (-as); **3.** (20) *besitz-anzeigend:* su, *pl.* sus; 2(e) su(s); *der, die, das* ~*(ig)e* el suyo, la suya, lo suyo; ~**er** *(gen. v. sie) sg.* de ella, *pl.* de ellos (-as).

ihrerseits (2) [ˈiːrərzaits] de *od.* por su parte.

ihresgleichen [ˈiːrəsˈglaiçən] su(s) igual(es).

ihret|halben [ˈiːrətˈhalbən], ~wegen por (causa de) ella, ellos, ellas; 2 por usted(es).

Ikone [iˈkoːnə] *f* (15) icono *m.*

illegal [ˈilegaːl] ilegal.

illegitim [---giˈtiːm] ilegítimo.

Illumin|ation [iluminaˈtsjoːn] *f* iluminación *f;* 2ieren iluminar.

Illus|ion [iluˈzjoːn] *f* ilusión *f;* 2o-risch [--ˈzoːriʃ] ilusorio.

Illustr|ation [ilustraˈtsjoːn] *f* ilustración *f;* 2ieren ilustrar; ~'ierte *f* (18) revista *f* (ilustrada).

Iltis *Zo.* [ˈiltis] *m* (4¹) turón *m.*

im [im] = *in dem.*

Image [ˈimidʒ] *n* (11[¹]) imagen *f* (pública).

imaginär [imagiˈnɛːr] imaginario.

Imbiß [ˈimbis] *m* (4) bocado *m*, cola-ción *f;* F piscolabis *m;* ~stube *f* cafetería *f;* (snack-)bar *m.*

Imit|ation [imitaˈtsjoːn] *f* imitación *f;* 2ieren [--ˈtiːrən] imitar.

Imker [ˈimkər] *m* (7) apicultor *m;* ~ei [--ˈrai] *f* apicultura *f.*

Immatrikul|ation [imatrikula-ˈtsjoːn] *f* matrícula *f;* 2ieren [----ˈliːrən] *sich* ~ matricularse.

immer [ˈimər] siempre; *auf od. für* ~ para siempre; ~ *besser (mehr / weni-ger)* cada vez mejor (más; menor); ~ *wenn* siempre *od.* cada vez que; ~ *noch* todavía; ~'fort continuamente; sin parar; ~'grün 9 siempreverde; ~'hin de todos modos; al menos; así y todo; ~während perpetuo; sempi-terno; '~'zu continuamente; sin pa-rar.

Immobilien [imoˈbiːljən] *pl. uv.* bie-nes *m/pl.* inmuebles.

immun [iˈmuːn] inmune, inmuni-zado *(gegen contra);* ~isieren [imu-niˈziːrən] inmunizar; 2ität [---ˈtɛːt] *f* inmunidad *f.*

Imperativ [ˈimpəratiːf] *m* (3¹) impe-rativo *m.*

Imperfekt [ˈ-pərfɛkt] *n* (3) imper-fecto *m.*

Imperia|lismus [-perjaˈlismus] *m*

(16, *o. pl.*) imperialismo *m*; ~'**list** *m* (12), 2'**listisch** imperialista (*m*).

impf|en ['-pfən] (25) vacunar (*gegen* contra); 2**ling** ['-lin] *m* (3¹) vacunado *m*; 2**paß** *m* (2**schein**) carnet *m* (certificado *m*) de vacunación; 2**stoff** *m* vacuna *f*; 2**ung** *f* vacunación *f*; 2**zwang** *m* vacunación *f* obligatoria.

imponieren [-po'ni:rən] infundir respeto, imponer; ~**d** imponente.

Import [-'pɔrt] *m* (3) importación *f*; ~**eur** [--'tø:r] *m* (3¹) importador *m*; 2'**ieren** importar.

imposant [-po'zant] imponente.

impoten|t ['--tɛnt] impotente; 2**z** ['--tɛnts] *f* (16) impotencia *f*.

imprägnieren [-prɛ:g'ni:rən] impermeabilizar.

Impressio|nismus [-prɛsjo'nismus] *m* (16, *o. pl.*) impresionismo *m*; ~'**nist** *m* (12), 2'**nistisch** impresionista (*m*).

Improvis|ation [-proviza'tsjo:n] *f* improvisación *f*; 2**ieren** [---'zi:rən] improvisar.

Impuls [-'puls] *m* (4) impulso *m*; 2**iv** [--'zi:f] impulsivo.

imstande [-'ʃtandə]: ~ *sn zu* ser capaz de; estar en condiciones de.

in [in]: **a)** *örtl.* en (*innerhalb*) dentro de; ~ *die Schule gehen* ir a la escuela; **b)** *zeitl.* en; dentro de; ~ *der Nacht* durante la noche; *im Winter* en invierno; ~ *diesen Tagen* estos días.

inaktiv ['-'?akti:f] inactivo.

Inan|griffnahme [-'?angrifna:mə] *f* (15) comienzo *m*; ~**spruchnahme** [-'?-'ʃpruxna:mə] *f* (15) utilización *f*, empleo *m*.

Inbegriff ['-bəgrif] *m* esencia *f*; sustancia *f*; 2**en** incluido, inclusive.

Inbetriebnahme [--'tri:pna:mə] *f* (15) puesta *f* en servicio.

'**Inbrunst** *f* fervor *m*; ardor *m*.

'**inbrünstig** ferviente; ardiente.

in'dem mientras; *oft durch ger.:* ~ *er dies sagte* diciendo esto.

Inder(in *f*) ['indər(in)] *m* (7) indio (-a) *m* (*f*).

in'des(sen) entretanto, mientras tanto; (*jedoch*) sin embargo, no obstante.

Index ['indɛks] *m* (3², *sg. a. uv., pl. a. Indizes* ['-ditse:s]) índice *m*.

Indian|er(in *f*) [-'dja:nər(in)] *m* (7), 2**isch** indio (*f*); indio *m* (*f*).

indigniert [-di'gni:rt] indignado.

Indigo [-'digo] *m od. n* (11) añil *m*, índigo *m*.

Indikativ ['--kati:f] *m* (3¹) indicativo.

indirekt ['--rɛkt] indirecto.

indisch ['-diʃ] indio.

indiskre|t ['-diskre:t] indiscreto; 2**ion** [--kre'tsjo:n] *f* indiscreción *f*.

Individua|lismus [-dividua'lismus] *m* (16, *o. pl.*) individualismo *m*; ~'**list** *m* individualista *m*; ~**lität** [----li'tɛ:t] *f* individualidad *f*.

indivi|duell [---du'ɛl] individual; 2**duum** [--'vi:duum] *n* (9) individuo *m*.

Indiz [-'di:ts] *n* (5¹, *pl. -ien*) indicio *m*; ~**ienbeweis** [-'-jənbəvais] *m* prueba *f* por indicios.

indo|germanisch [-dogɛr'ma:niʃ] indogermánico; ~**nesisch** [--'ne:ziʃ] indonesio.

Indoss|ament † [-dosa'mɛnt] *n* (3) endoso *m*; ~**ant** [--'sant] *m* (12) endosante *m*; ~**atar** [--sa'ta:r] *m* (3¹) endosado *m*; 2**ieren** [--'si:rən] endosar.

Induktion [-duk'tsjo:n] *f* inducción *f*.

industrialisier|en [-dustriali'zi:rən] industrializar; 2**ung** *f* industrialización *f*.

Industrie [--'tri:] *f* (15) industria *f*; ~ *und Handelskammer f* Cámara *f* de Comercio e Industria; ~**...:** *in Zssgn mst* industrial.

industriell [--stri'ɛl], 2**e(r)** *m* industrial (*m*).

in-ei'nander uno(s) en *od.* dentro de) otro(s); ~**fügen** juntar; ~**greifen** ⊕ engranar; ~**passen**, ~**schieben** encajar.

infam [in'fa:m] infame; 2**ie** [-fa'mi:] *f* (15) infamia *f*.

Infanter|ie ['-fantə'ri:] *f* (15) infantería *f*; ~**ist** [---'rist] *m* (12) soldado *m* de infantería, infante *m*.

Infarkt *ʃ* [-'farkt] *m* (3) infarto *m*.

Infekti|on [-fɛk'tsjo:n] *f* infección *f*; ~**onskrankheit** *f* enfermedad *f* infecciosa; 2**ös** [--'tsjø:s] infeccioso; contagioso.

Infinitiv ['-finiti:f] *m* (3¹) infinitivo *m*.

infizieren [--'tsi:rən] infectar; contagiar.

Inflation [-fla'tsjo:n] *f* inflación *f*; ~**srate** *f* tasa *f od.* índice *m* de inflación.

infolge [-'fɔlgə] (*gen.*) debido a, a consecuencia de; ~'**dessen** por consiguiente, por lo tanto.

Inform|atik [-fɔr'mɑːtik] f (16, o. pl.) informática f; **~atiker** [--'-tikər] m (7) neol. informático m; **~ation** [--maˈtsjoːn] f informe m, información f; **2ieren** [--'miːrən]: (sich) ~ informar(se) (über ac. de od. sobre), enterar(se) (de).

infrarot ['-fraroːt] infrarrojo; **2-strahler** m radiador m infrarrojo.

Infusorien Zo. [-fuˈzoːrjən] n/pl. infusorios m/pl.

Ingenieur [-ʒenˈjøːr] m (3¹) ingeniero m; **~büro** n oficina f técnica; **~wesen** n, **~wissenschaft** f ingeniería f.

Ingredienz [-greˈdjɛnts] f (16) (mst pl.) ingrediente m.

Ingrimm ['-grim] m (3, o. pl.) rabia f; **2ig** furioso, rabioso.

Ingwer ♀ ['-iŋvər] m (7) jengibre m.

Inhaber|(in f) ['-inhaːbər(in)] m (7) titular su.; e-s Geschäfts usw.: propietario (-a) m (f), dueño (-a) m (f); ✝ e-s Papiers: portador(a f) m; tenedor (-a f) m; **~aktie** f acción f al portador; **~papier** n título m al portador.

inhaftier|en [-hafˈtiːrən] detener; encarcelar; **2ung** f detención f.

Inhal|ation [-halaˈtsjoːn] f inhalación f; **~ations-apparat** m inhalador m; **2ieren** [--'liːrən] inhalar.

Inhalt ['-halt] m (3) contenido m; (Raum2) capacidad f; volumen m; e-s Buches usw.: argumento m; e-r Rede: tenor m; (Gesprächs2) tema m; **2lich** en cuanto al contenido; **~s-angabe** f resumen m; **2sleer**, **2slos** huero, vacío; **2sreich** sustancial; **~s-verzeichnis** n tabla f de materias, índice m.

Initiale [iniˈtsjaːlə] f (15) inicial f.

Initiative [-tsjaˈtiːvə] f (15) iniciativa f (ergreifen tomar); aus eigener ~ por propia iniciativa.

Injektion [injɛkˈtsjoːn] f inyección f.

injizieren [-jiˈtsiːrən] inyectar.

Inkasso ✝ [-ˈkaso] n (11) cobro m.

inklusive [-kluˈziːvə] inclusive, incluido.

Inkognito [-ˈkɔgnito] **1.** n (11) incógnito m; **2** adv. de incógnito.

inkonsequen|t ['-kɔnzekvɛnt] inconsecuente; **2z** f [----ts] f (16) inconsecuencia f.

inkorrekt ['-kɔrɛkt] incorrecto; **2heit** f incorrección f.

Inkraft|setzung [-ˈkraftzɛtsuŋ] f puesta f en vigor; **~treten** n entrada f en vigor.

Inland ['-lant] n (1, o. pl.) interior m (del país).

inländisch ['-lɛndiʃ] nacional, del país; interior.

Inlandsmarkt ['-lantsmarkt] m mercado m interior.

Inlett ['-lɛt] n (3¹) funda f.

inliegend ['-liːgənt] anexo, incluido, adjunto.

inmitten [-ˈmitən] (gen.) en medio de.

inne|haben ['-inəhaːbən] poseer; ostentar; Posten: ocupar; **~halten** detenerse, parar.

innen [-inən] dentro, en el interior; nach ~ adentro; **2...**: in Zssgn mst interior; **2-architekt** m decorador m de interiores; **2-aufnahme** f Film: interior m; **2-ausstattung** f decoración f interior; neol. interiorismo m; **2minister(ium** n) m Ministro m (Ministerio m) del Interior; **2politik** f política f interior; **2raum** m interior m; **2stadt** f centro m od. casco m urbano.

inner ['-inər] interior; a. 🍽 interno; Wert: intrínseco; Gefühl: íntimo; **2eien** [--'raɪən] f/pl. tripas f/pl.; Geflügel: menudillos m/pl.; **2e(s)** n interior m; **~halb** (gen.) örtl. dentro de; zeitl. en; en el plazo de; **~lich** interior, interno; Gefühl: íntimo; adv. por dentro; **2lichkeit** f intimidad f; **~st** íntimo; **2ste(s)** n lo más íntimo; fondo m.

inne|werden ['-inəveːrdən] (sn) (gen.) darse cuenta de; percatarse de; **~wohnen** (dat.) ser inherente a.

innig ['-iniç] íntimo; cariñoso; entrañable; **2keit** f cordialidad f; cariño m.

Innung ['-inuŋ] f gremio m; corporación f.

'in-offiziell no oficial; oficioso.

Inquisition [inkviziˈtsjoːn] f inquisición f.

ins [ins] = in das.

Insasse ['inzasə] m (13) ocupante m; e-s Hauses: inquilino m.

insbesondere [insbəˈzɔndərə] especialmente, particularmente, en particular.

Inschrift ['inʃrift] f inscripción f; Grab: epitafio m; Münze: leyenda f.

Insekt [-ˈzɛkt] n (5) insecto m; **2en-fressend**, **~enfresser** m insectívoro (m); **~enkunde** f entomología f;

~enpulver *n* insecticida *m*; **~enstich** *m* picadura *f* de insecto.

Insel ['-zəl] *f* (15) isla *f*; **~bewohner** *m* isleño *m*; **~gruppe** *f* archipiélago *m*; **~volk** *n* pueblo *m* insular.

Inser|at [-zə'ra:t] *n* (3) anuncio *m*; **~ent** [--'rɛnt] *m* (12) anunciante *m*; **2ieren** poner *od.* insertar un anuncio.

ins|geheim [insgə'haim] en secreto; **~ge'samt** en total, en conjunto.

insofern [-'zo:fɛrn] en eso; [-zo'fɛrn] en tanto que.

insolvent ['-zɔlvɛnt] insolvente.

Inspektion [-'spɛk'tsjo:n] *f* inspección *f*; **~or** [-'-tər] *m* (8¹) inspector *m*.

Inspir|ation [-spira'tsjo:n] *f* inspiración *f*; **2ieren** [--'ri:rən] inspirar.

Inspiz|ient [-spi'tsjɛnt] *m* (12) *Thea.* traspunte *m*; *Film:* regidor *m*; **2ie·ren** [--'tsi:rən] inspeccionar.

Install|ateur [-stala'tø:r] *m* (3¹) instalador *m*; **~ation** [---'tsjo:n] *f* instalación *f*; **~ationsgeschäft** *n* casa *f* instaladora; **2ieren** [--'li:rən] instalar.

instand [-'ʃtant]: **~ halten** mantener, entretener; **~ setzen** arreglar, reparar; **2haltung** *f* mantenimiento *m*, entretenimiento *m*.

inständig ['-ʃtɛndiç] urgente; *adv.* encarecidamente; **~ bitten** instar; **~e Bitte** ruego *m* encarecido.

Instandsetzung [-'ʃtantzɛtsuŋ] *f* reparación *f*; compostura *f*.

Instanz ʒ̃ [-'stants] *f* (16) instancia *f*; **~enweg** *m* trámite *m*; tramitación *f*; *auf dem ~* por vías de trámite.

Instinkt [-'stiŋkt] *m* (3) instinto *m*; **2iv** [--'ti:f], **2mäßig** instintivo.

Institut [-sti'tu:t] *n* (3) instituto *m*; **~ion** [--tu'tsjo:n] *f* institución *f*.

instru|ieren [-stru'i:rən] instruir; **2ktion** [--k'tsjo:n] *f* instrucción *f*.

Instrument [--'mɛnt] *n* (3) instrumento *m*; **2al, ~al...** [---'ta:l] instrumental; **~alist** ♪ [---ta'list] *m* (12) instrumentista *m*; **~enbrett** *n* tablero *m* de mando *od.* de instrumentos; **2ieren** ♪ [---'ti:rən] instrumentar.

Insulin [-zu'li:n] *n* (3¹, *o. pl.*) insulina *f*.

inszenier|en [-stse'ni:rən] poner en escena, escenificar; **2ung** *f* escenificación *f*, puesta *f* en escena.

intakt [-'takt] intacto; íntegro.

Integral ♪ [-te'gra:l] *n* (3¹) integral *f*; **~rechnung** *f* cálculo *m* integral.

Inte|gration [--gra'tsjo:n] *f* integración *f*; **2'grieren** integrar.

Intellekt [intɛ'lɛkt] *m* (3¹, *o. pl.*) intelecto *m*; **2uell** [---tu'ɛl], **~uelle(r)** *m* intelectual (*m*).

intelligen|t [--li'gɛnt] inteligente; **2z** [---'gɛnts] *f* (16) inteligencia *f*; **2z-quotient** *m* cociente *m* intelectual.

Intendant [-tɛn'dant] *m* (12) ⚥ intendente *m*; *Thea.* director *m*.

Intensi|tät [--zi'tɛ:t] *f* intensidad *f*; **2v** [--'zi:f] intenso; ✔ intensivo; **2-vieren** [---'vi:rən] intensificar; activar; **~vkurs** *m* curso *m* intensivo; **~vstation** *f* unidad *f* de vigilancia intensiva *od.* de cuidados intensivos.

interess|ant [-t(ə)rɛ'sant] interesante; **2e** [-t(ə)'rɛsə] *n* (10) interés *m* (*für* por); **2elosigkeit** *f* desinterés *m*; **2engebiet** *n* esfera *f* de intereses; **2engruppe** *f* grupo *m* de presión; **2ent** [---'sɛnt] *m* (12) interesado *m*; **~ieren** [---'si:rən]: (*sich*) *~* interesar(se) (*für* por).

Interims... ['-tərims...] interino, provisional.

Inter|jektion [--jɛk'tsjo:n] *f* interjección *f*; **2kontinen'tal** intercontinental; **~mezzo** [--'mɛtso] *n* (11) intermedio *m*; *fig.* incidente *m*.

intern [-'tɛrn] interno; **2at** [--'na:t] *n* (3) colegio *m* de internos, internado *m*.

international [-tərnatsjo'na:l] internacional.

internier|en [--'ni:rən] internar; **2ung** *f* internación *f*; **2ungslager** *n* campo *m* de internación.

Internist ✚ [--'nist] *m* (.2) (médico *m*) internista *m*.

Interpret [--'pre:t] *m* (12) intérprete *m*; **~ation** [--preta'tsjo:n] *f* interpretación *f*; **2ieren** [---'ti:rən] interpretar.

Interpunktion [--puŋk'tsjo:n] *f* puntuación *f*.

Intervall [--'val] *n* (3) intervalo *m*.

interven|ieren [--ve'ni:rən] intervenir; **2tion** [--vɛn'tsjo:n] *f* intervención *f*.

Interview ['-vju:] *n* (11) entrevista *f*, interviú *f*; **2en** (25) entrevistar.

intim [-'ti:m] íntimo; **2ität** [-timi-'tɛ:t] *f* intimidad *f*.

intoleran|t ['-tolərant] intolerante; **2z** ['---rants] *f* (16) intolerancia *f*.

Intonation [-tona'tsjo:n] *f* entonación *f*.

intransitiv 750

intransitiv [ˈ-tranziti:f] *Gram.* intransitivo.

Intrig|ant(in f) [-triˈgant(in)] *m* (12) intrigante *su.*; **~e** [-ˈtri:gə] f (15) intriga f; **2ieren** [-triˈgi:rən] intrigar.

introvertiert [-troverˈti:rt] introvertido.

Intuit|ion [-tuiˈtsjo:n] f intuición f; **2iv** [--ˈti:f] intuitivo.

Invalid|e [-vaˈli:də] *m* (13) inválido *m*; **~enrente** f pensión f de invalidez; **~ität** [-lidiˈtɛ:t] f invalidez f.

Invasion [-vaˈzjo:n] f invasión f.

Inventar [-vɛnˈta:r] *n* (3¹) inventario *m*; **2isieren** [--tariˈzi:rən] inventariar, hacer el inventario.

Inventur [--ˈtu:r] f (16) inventario *m*; **~ machen** hacer el inventario.

investier|en [-vɛsˈti:rən] invertir; **2ung** f inversión f.

Investition [--tiˈtsjo:n] f inversión f; **~sgüter** n/pl. bienes m/pl. de equipo.

inwendig [ˈ-vɛndiç] interior; *adv.* por dentro.

inwiefern, **~weit** hasta qué punto; en qué medida.

Inzest [-ˈtsɛst] *m* (3) incesto *m*.

Inzucht f cruzamiento *m* consanguíneo.

inzwischen entretanto, mientras tanto.

Ion [iˈo:n] *n* (8) *Phys.* ion *m*; **2isieren** [ioniˈzi:rən] ionizar.

I-Punkt [ˈi:puŋkt] *m* (3) punto *m* sobre la i.

ird|en [ˈirdən] de loza; **~es Geschirr** loza f; **~isch** terrestre; terrenal.

Ire [ˈi:rə] *m* (13) irlandés *m*.

irgend [ˈirgənt]: **~ etwas** algo; **~ jemand** alguien; **~-ein** algún; **~-einer** alguno; alguien; **~-einmal** alguna vez; **↓wann** algún día; **↓welche** algunos; **↓wie** de cualquier modo *od.* manera; **ˈ↓wo** en alguna parte; **ˈ↓woˈher** de donde sea.

Ir|in [ˈi:rin] f irlandesa f; **2isch** irlandés.

Iron|ie [iroˈni:] f (15) ironía f; **2isch** [iˈro:niʃ] irónico.

irr(e) [ˈir(ə)] 🡥 enajenado, demente, *a. fig.* loco; **~ werden** 🡥 volverse loco; *fig.* desconcertarse; **~ werden an** (dat.) perder confianza en; **2e** f: *in die ~ führen (gehen)* desorientar(se) (*a.*

fig.); **2e(r** m) *m* (f) loco (-a) *m* (f).

ˈirre|führen *fig.* engañar; desorientar; **2führung** f engaño *m*; **~machen** *fig.* desconcertar; desorientar.

irren [ˈirən] (25) errar (*a. herum~*), estar equivocado; *sich ~* equivocarse; **2-anstalt** f, **2haus** *n* manicomio *m*; **2-arzt** *m* alienista *m*.

ˈirrereden desvariar; delirar.

ˈIrr|fahrt f odisea f; **~garten** *m* laberinto *m*, dédalo *m*; **~glaube** *m* herejía f.

irrig [ˈiriç] equivocado, erróneo.

irritieren [iriˈti:rən] irritar; *(verwirren)* desconcertar, confundir.

Irr|lehre [ˈirle:rə] f doctrina f herética, herejía f; **~licht** *n* fuego *m* fatuo; **~sinn** *m* demencia f, locura f; **2sinnig** demente, loco; **~tum** *m* (1²) error *m*, equivocación f; *im ~ sn* estar equivocado; **~ vorbehalten** salvo error u omisión; **2tümlich** [ˈ-ty:mliç] erróneo, equivocado; *adv.* por equivocación; **~weg** *m* mal camino *m* (*a. fig.*); *fig. auf ~e geraten* extraviarse, ir por mal camino.

Ischias 🡥 [ˈisçias, ˈiʃias] f, F *a. m od. n uv.* ciática f; **~nerv** *m* nervio *m* ciático.

Islam [ˈislam, -ˈla:m] *m* (11, *o. pl.*) islam(ismo) *m*.

Isländ|er(in f) [ˈi:slɛndər(in)] *m* (7), **2isch** islandés (-esa) *m* (f).

Isolation [izolaˈtsjo:n] f aislamiento *m*.

Isolier... [--ˈli:r]: *in Zssgn oft* aislante; **~band** *n* cinta f aislante; **2en** aislar; *Gefangene: a.* incomunicar; **~haft** f incomunicación f; **~ung** f aislamiento *m*.

Iso|therme [--ˈtɛrmə] f (15) línea f isoterma; **~top** [--ˈto:p] *n* (3¹) isótopo *m*.

Israeli [israˈe:li] *m* (11), **2sch** israelí (-a) *m* (f).

iß, ißt [is, ist] *s.* essen.

ist [ist] *s.* sein.

Ist-Bestand [ˈistbəʃtant] *m* efectivo *m* real.

Isthmus [ˈ-mus] *m* (16²) istmo *m*.

Italien|er(in f) [italˈje:nər(in)] *m* (7), **2isch** italiano (-a) *m* (f).

I-Tüpfelchen *n* punto *m* sobre la i (*a. fig.*).

J

J, j [jɔt] *n* J, j *f.*

ja [jɑ:] **1.** *adv.* sí; ~ *doch* (claro) que sí; ~ *sagen* decir que sí; consentir (*zu* en); ~ *sogar* incluso; *wenn* ~ si es así; *da ist er* ~! ¡ahí viene!; **2.** ♀ *n uv.* sí *m.*

Jacht [jaxt] *f* (16) yate *m*; **'~klub** *m* club *m* náutico.

Jacke ['jakə] *f* (15) chaqueta *f*; *Am.* saco *m*; **~nkleid** *n* traje *m* de chaqueta.

Jackett [ʒa'kɛt] *n* (11) chaqueta *f*, americana *f*; *Am.* saco *m.*

Jagd [jɑ:kt] *f* (16) caza *f*; *auf die* ~ *gehen* ir de caza; ~ *machen auf* (*ac.*) dar caza a; **'~beute** *f* caza *f*; **'~bomber** *m* cazabombardero *m*; **'~flugzeug** *n* (avión *m* de) caza *m*; **'~frevel** *m* delito *m* de caza; **'~geschwader** *n* escuadrón *m* de caza; **'~gewehr** *n* escopeta *f*; **'~horn** *n* trompa *f* de caza; **'~hund** *m* perro *m* de caza; **'~revier** *n* coto *m*; **'~schein** *m* licencia *f* de caza; **'~tasche** *f* morral *m*; **'~zeit** *f* época *f* de caza; temporada *f* cinegética.

jagen ['jɑ:gən] (25) **1.** *v/t.* cazar; (*verfolgen*) *a.* dar caza a; **2.** *v/i.* cazar; *fig.* (sn) andar a la caza (*nach* de); (*eilen*) correr a toda velocidad.

Jäger ['jɛ:gər] *m* (7) cazador *m* (*a.* ✗); ✗ caza *m*; **'~latein** *n* fanfarronadas *f/pl.* de cazador.

Jaguar ['jɑ:gua:r] *m* (3¹) jaguar *m.*

jäh [jɛ:] (*steil*) escarpado, abrupto, empinado; (*plötzlich*) repentino, súbito; (*hastig*) brusco; **'~lings** ['~liŋs] de repente; bruscamente.

Jahr [jɑ:r] *n* (3) año *m*; *voriges od. letztes* ~ el año pasado; *nächstes* ~ el año que viene; *nach* ~*en* después de muchos años; *vor zwei* ~*en* hace dos años; *von* ~ *zu* ~ de año en año; *seit* ~ *und Tag* desde hace mucho tiempo; *in den besten* ~*en* en la flor de la vida; ♀**'~aus:** ~, *jahrein* todos los años; año tras año; **'~buch** *n* anuario *m*; **'♀~lang** durante muchos años.

jähren ['jɛ:rən] (25): *heute jährt sich der Tag*, *daß* hoy hace un año que.

Jahres... ['jɑ:rəs]: *in Zssgn oft* anual; **~abschluß** ♀ *m* balance *m* anual; **~bericht** *m* informe *m* anual; **~einkommen** *n* renta *f* anual; **~frist** *f*: *binnen* ~ dentro de un año; **~rate** *f* anualidad *f*; **~ring** ♀ *m* anillo *m* anual; **~tag** *m* aniversario *m*; **~wechsel** *m*, **~wende** *f* año *m* nuevo; **~zahl** *f* año *m*; **~zeit** *f* estación *f* (del año); **♀~zeitlich:** ~ (*bedingt*) estacional.

'Jahr|gang *m* año *m*; ✗ quinta *f*; *Universität*: promoción *f*; **'~hundert** *n* siglo *m*; **♀'~hunderte-alt** secular; **'~hundertfeier** *f* centenario *m.*

...jährig [...jɛ:riç] *in Zssgn* de *...* años, *z. B. drei* ~ de tres años.

jährlich ['jɛ:rliç] anual; *adv.* al año.

Jahr|markt ['jɑ:rmarkt] *m* feria *f*; **~tausend** *n* milenario *m*; **~zehnt** [-'tse:nt] *n* (3¹) década *f*; decenio *m.*

Jähzorn ['jɛ:tsɔrn] *m* arrebato *m* de cólera; (*Eigenschaft*) irascibilidad *f*, iracundia *f*; **♀~ig** irascible, iracundo; colérico.

Jalousie [ʒalu'zi:] *f* (15) celosía *f*; persiana *f.*

Jammer ['jamər] *m* (7) (*Klage*) lamento *m*; (*Elend*) miseria *f*; (*Kummer*) desolación *f*; *es ist ein* ~ es una lástima.

jämmerlich ['jɛmərliç] lastimoso, lamentable; *Geschrei*: lastimero; (*elend*) miserable.

jammer|n ['jamərn] (29) **1.** *v/t.* dar lástima a ; **2.** *v/i.* quejarse, lamentarse (*über* de); **'~schade:** ~ *sn* ser una verdadera lástima; **♀~tal** *n Rel.* valle *m* de lágrimas.

Januar ['janua:r] *m* (3¹) enero *m.*

Japan|er(in *f*) [-'pɑ:nər(in)] *m* (7), **♀~isch** japonés (-esa) *m* (*f*).

japsen ['japsən] F (27) jadear.

Jargon [ʒar'gõ] *m* (11) jerga *f.*

Jasmin ♀ [jas'mi:n] *m* (3¹) jazmín *m.*

Jaspis ['jaspis] *m* (4¹) *Min.* jaspe *m.*

Jastimme [jɑ:'timə] *f* voto *m* positivo *od.* en favor.

jät|en ['jɛ:tən] (26) escardar; desherbar; **♀~hacke** *f* escardillo *m.*

Jauche ['jauxə] *f* (15) abono *m* líquido.

jauchzen ['-tsən] (27) dar *od.* lanzar gritos de alegría *od.* de júbilo.

jaulen

jaulen ['jaʊlən] (25) aullar; gañir.

jawohl [ja'voːl] sí, por cierto, ciertamente.

Jawort ['jaːvɔrt] n (3) sí m; consentimiento m; das ~ geben dar el sí.

Jazz [dʒɛs] m *uv.* jazz m; '**~band** f conjunto m de jazz; '**~musik(er** m) f música f (músico m) de jazz.

je [jeː] (jemals) nunca, jamás; (pro) cada uno; ~ zwei de dos en dos; (von jedem) dos de cada uno; ~ Person por persona; ~ ... desto ... cuanto más ... (tanto) más ...; ~ nach según; ~ nachdem, ob según que.

Jeans [dʒiːns] pl. tejanos m/pl., (pantalones m/pl.) vaqueros m/pl.

jede|**nfalls** ['jeːdən'fals] en todo caso, de todas maneras; '**~r,** '~, '**~s** (21) adj. cada; cada uno; todo; (irgendein) cualquier(a); '**~rmann** (gen. ~s, sonst uv.) todo el mundo; '**~rzeit** en todo momento; siempre; a cualquier hora; '**~smal** cada vez (wenn que).

je|**doch** sin embargo, no obstante.

Jeep [dʒiːp] m (11) jeep m.

jeher ['jeː'heːr]: von ~ (desde) siempre.

jemals ['-maːls] nunca, jamás.

jemand ['-mant] (24) alguien, alguno; verneint: nadie, ninguno.

jene|**r** ['-nər], **~,** **~s** (21) aquél, aquélla, aquello; adj. ohne Akzent.

jenseit|**ig** ['jɛnzaitiç] del otro lado, opuesto; **~s** (gen.) al otro lado de; más allá de; **2s** n uv. Rel. el más allá, el otro mundo.

Jesuit [jezu'iːt] m (12) jesuita m; **~en-orden** m Compañía f de Jesús.

Jesus ['jeːzus] m (uv., gen. u. dat. a. Jesu, ac. Jesum) Jesús m; ~ Christus m Jesucristo m.

jetzig ['jɛtsiç] actual; presente; de hoy, de ahora.

jetzt [jɛtst] ahora, actualmente; bis ~ hasta la fecha; eben ~ ahora mismo; von ~ an (de ahora) en adelante; '**2zeit** f actualidad f, tiempo m actual.

jeweil|**ig** ['jeːvaːliç] respectivo, correspondiente; **~s** respectivamente.

Job [dʒɔb] m (11) trabajo m; empleo m (provisional); ocupación f.

Joch [jɔx] n (3) yugo m (a. fig.); (Flächenmaß) yugada f; (Berg♀) paso m; '**~bein** n Anat. hueso m cigomático, pómulo m.

Jockei [dʒɔki] m (11) jockey m.

Jod [joːt] n (3) yodo m.

jodeln ['-dəln] (29) cantar a la tirolesa.

Joga ['-ga] m (11['], o. pl.) yoga m.

Joghurt ['-gurt] m od. n (3¹) yogur(t) m.

Johannis|**beere** ♀ [jo'hanisbeːrə] f grosella f; **~beerstrauch** m grosellero m; **~brot** n algarroba f; **~brotbaum** m algarrobo m; **~käfer** m luciérnaga f; **~nacht** f noche f de San Juan.

johlen ['joːlən] (25) dar voces, gritar, chillar.

Joint [dʒɔɪnt] m (11) porro m.

Joker ['joːkər] m (7) Kartenspiel: comodín m.

Jolle ♣ ['jɔlə] f (15) yola f.

Jongl|**eur** [ʒõ'gløːr] m (3¹) malabarista m; **2ieren** hacer juegos malabares bzw. de equilibrio.

Joppe ['jɔpə] f (15) chaqueta f; cazadora f; (Haus♀) batín m.

Journal ✝ [ʒur'naːl] n (3¹) diario m; **~ismus** [-na'lismus] m (16, o. pl.) periodismo m; **~ist(in** f) [--'list(in)] m (12) periodista su.; **2istisch** [--'listiʃ] periodístico.

Jubel ['juːbəl] m (7) (gritos m/pl. de) alegría f; júbilo m; regocijo m; **2n** (29) dar gritos de alegría; **2nd** jubiloso.

Jubil|**ar(in** f) [jubi'laːr(in)] m (3¹) homenajeado (-a) m (f); **~äum** [--'lɛːum] n (9) aniversario m.

Juchten ['juxtən] m od. n (6), **~leder** n piel f de Rusia.

juck|**en** ['jukən] (25) picar; escocer; sich ~ rascarse; **2en** n, **2reiz** m picor m, comezón f; prurito m; escozor m.

Jude ['juːdə] m (13) judío m; der Ewige ~ el Judío Errante; **~ntum** ['-dəntum] n (1, o. pl.) judaísmo m.

Jüd|**in** ['jyːdin] f judía f; **2isch** judío; Religion: judaico.

Jugend ['juːgənt] f (16) juventud f; (Jünglingsalter) adolescencia f; mocedad f; von ~ auf desde joven; **~alter** n edad f juvenil; **~arbeitslosigkeit** f paro m juvenil; **~erinnerung** f recuerdo m de (la) infancia; **2frei** Film: apto para menores; **~freund(in** f) m amigo (-a) m (f) de (la) infancia; **~fürsorge** f protección f de menores; **~gericht** n tribunal m de menores; **~herberge** f albergue m juvenil; **~jahre** n/pl. años m/pl. juveniles od. mozos; **~kriminalität** f delincuencia f juvenil; **2lich** juvenil; **~liche(r** m) m/f menor su.; **~liebe** f primer(os) amor(es) m(pl.);

Jux

~richter m juez m de menores; ~schutz m protección f de menores; ~zeit f juventud f; ~zentrum n centro m juvenil.

Jugoslaw|e [jugo'slaːvə] m (13), ~in f, 2isch yugoslavo (-a) m (f).

Juli ['juːli] m (11) julio m.

jung [juŋ] (18²) joven; Aktie, Wein: nuevo; ~er Mann (~es Mädchen) joven m (f); ~ verheiratet recién casado; '2brunnen m fuente f de juventud.

Junge ['juŋə]: a) m (13) muchacho m, chico m; (Bursche) mozo m; kleiner ~ chiquillo m; chaval m; F grüner ~ mocoso m; F schwerer ~ criminal m de cuidado; b) ~(s) n (18) cría f; Hund, Raubtiere: cachorro m; Junge werfen od. bekommen = 2n (25) parir; 2nhaft pueril; amuchachado.

Jünger ['jyŋər] 1. m (7) discípulo m; 2. 2 comp. v. jung más joven; Bruder usw.: menor.

Jungfer ['juŋfər] f (15) doncella f; alte ~ solterona f; ~nfahrt f primer viaje m, viaje m inaugural; ~nhäutchen n Anat. himen m; ~nschaft f virginidad f.

'Jung|frau f virgen f; doncella f; Astr. Virgo m; 2fräulich ['-frɔyliç] virginal; ~fräulichkeit f virginidad f; ~geselle m soltero m; alter ~ solterón m; ~gesellin f soltera f.

Jüngling ['jyŋliŋ] m (3¹) adolescente m; joven m; mozo m; ~s-alter n adolescencia f.

jüngst [jyŋst] 1. adj. (sup. v. jung) el (la) más joven; Bruder usw.: menor; zeitl. reciente, último; das 2e Gericht el juicio final; 2. adv. recientemente, hace poco.

Juni ['juːni] m (11) junio m.

junior ['juːnjɔr] hijo, a. Sport: junior; 2enmannschaft [jun'jɔːrənmanʃaft] f Sport: equipo m de juveniles.

Junker ['juŋkər] m (7) hidalgo m.

Jura ['juːra] a) ǯ pl.: ~ studieren estudiar derecho; b) Geol. m jurásico m.

Jurist [ju'rist] m (12) jurista m; 2isch jurídico.

Jury ['ʒyːri] f (11¹) jurado m.

justier|en ⊕ [jus'tiːrən] ajustar; 2ung f ajuste m.

Justiz [-'tiːts] f (16) justicia f; ~-irrtum m error m judicial; ~minister(ium) n) m Ministro m (Ministerio m) de Justicia.

Jute ['juːtə] f (15) yute m.

Juwel [ju've:l] n (5²) joya f, alhaja f (a. fig.); ~ier [-və'liːr] m (3¹) joyero m; ~iergeschäft n joyería f.

Jux F [juks] m (3²) broma f; aus ~ de (en, por) broma; P de cachondeo.

K

K, k [ka:] *n* K, k *f.*

Kabarett [kaba'rɛt] *n* (3¹) cabaret *m.*

Kabel ['ka:bəl] *n* (7) cable *m;* **~be-richt** *m* cablegrama *m;* **~fernsehen** *n* televisión *f* por cable.

Kabeljau ['--jaʊ] *m* (3¹ *u.* 11) bacalao *m* (fresco).

kabeln ['ka:bəln] (29) cablegrafiar.

Kabine [ka'bi:nə] *f* (15) cabina *f;* ⚓ camarote *m.*

Kabinett [-bi'nɛt] *n* (3¹) gabinete *m* (*a. Pol.*); **~s-umbildung** *f Pol.* reajuste *m* ministerial.

Kabriolett [-brio'lɛt] *n* (11) descapotable *m.*

Kachel ['-xəl] *f* (15) azulejo *m;* baldosa *f;* **~ofen** *m* estufa *f* de azulejos.

Kadaver [-'da:vər] *m* (7) cadáver *m;* **~gehorsam** *m* obediencia *f* ciega.

Kadenz ♪ [-'dɛnts] *f* (16) cadencia *f.*

Kader ['ka:dər] *m* (7) cuadro *m.*

Kadett [ka'dɛt] *m* (12) cadete *m;* **~en-anstalt** *f* colegio *m* de cadetes.

Käfer ['kɛ:fər] *m* (7) escarabajo *m,* ▯ coleóptero *m;* F *fig.* netter ~ chica *f* bonita.

Kaff F [kaf] *n* (11) pueblo *m* de mala muerte.

Kaffee ['kafe:, ka'fe:] *m* (11) café *m;* schwarzer ~ café *m* solo; ~ mit Milch cortado *m;* **~baum** *m* cafeto *m;* **~bohne** *f* grano *m* de café; **~Ersatz** *m* sucedáneo *m* de café; **~geschirr** *n* servicio *m od.* juego *m* de café; **~haus** *n* café *m;* **~kanne** *f* cafetera *f;* **~klatsch** *m,* **~kränzchen** *n* reunión *f od.* tertulia *f* de señoras; **~löffel** *m* cucharilla *f* (de café); **~maschine** *f* cafetera *f* eléctrica; **~mühle** *f* molinillo *m* de café; **~pflanzung** *f* cafetal *m,* plantación *f* de café; **~röster** *m* tostadero *m* de café; **~satz** *m* poso *m* (de café); **~tasse** *f* taza *f* de café; **~wärmer** *m* cubrecafetera *m.*

Käfig ['kɛ:fiç] *m* (3) jaula *f;* in e-n ~ sperren enjaular.

kahl [ka:l] calvo; (*geschoren*) pelado; ♀ deshojado; *Wand usw.:* desnudo; **~heit** *f* calvicie *f; fig.* desnudez *f;* **²kopf** *m* calva *f;* (*Person*) calvo *m;* **~köpfig** [-'kœpfiç] calvo; F pelón; **²schlag** *m* desmonte *m* completo.

Kahn [ka:n] *m* (3³) bote *m;* barca *f;* ~ fahren ir en barca *od.* bote; **~fahrt** *f* paseo *m* en barca *od.* bote.

Kai [kaɪ] *m* (11) muelle *m;* **~gebühr** *f,* **~geld** *n* muellaje *m.*

Kaiser ['-zər] *m* (7) emperador *m;* **~in** *f* emperatriz *f;* **²lich** imperial; **~reich** *n,* **~tum** *n* (1²) imperio *m;* **~schnitt** ✂ *m* (operación *f*) cesárea *f.*

Kajüte [ka'jy:tə] *f* (15) camarote *m.*

Kakadu *Zo.* ['-kadu:] *m* (11) cacatúa *f.*

Kakao [-'ka:o] *m* (11), **~baum** *m* cacao *m;* **~bohne** *f* almendra *f* de cacao; **~pulver** *n* cacao *m* en polvo.

Kakerlak ['ka:kərlak] *m* (12 *od.* 5²) cucaracha *f.*

Kakipflaume ['-kipflaʊmə] *f* caqui *m.*

Kaktus ['kaktus] *m* (14², *pl. a.* Kakteen [-'te:ən]) cacto *m,* cactus *m;* **~feige** *f* higo *m* chumbo.

Kalb [kalp] *n* (1²) ternero *m,* becerro *m;* **²en** [-'bən] parir; **~fleisch** *n* ternera *f;* **~leder** *n* becerro *m;* **~s-braten** *m* ternera *f* asada, asado *m* de ternera; **~smilch** *f* lechecillas *f/pl.* de ternera; **~snierenbraten** *m* riñonada *f* de ternera.

Kaldaunen [kal'daʊnən] *f/pl.* (15) *Kchk.* tripas *f/pl.;* callos *m/pl.*

Kaleidoskop [kalaɪdɔ'kɔ:p] *n* (3¹) calidoscopio *m.*

Kalender [-'lɛndər] *m* (7) calendario *m;* (*als Buch*) almanaque *m;* (*Termin²*) agenda *f;* **~block** *m* taco *m;* **~jahr** *n* año *m* civil.

kalfatern ⚓ [kal'fa:tərn] **1.** *v/t.* (29) calafatear; **2.** ♀ *n* calafateo *m.*

Kali ['ka:li] *n* (11) potasa *f.*

Kaliber [ka'li:bər] *n* (7) calibre *m* (*a. fig.*).

Kalif [ka'li:f] *m* (12) califa *m.*

Kalium ['ka:ljum] *n* (9, *o. pl.*) potasio *m.*

Kalk [kalk] *m* (3) cal *f* ([*un*]gelöschter [viva] apagada); **~be-wurf** *m* revoque *m;* **~brennerei** *f* calería *f;* **²en** (25) encalar (*a. ✿*); enjalbegar, blanquear; **²haltig** calcáreo, calizo; **~milch** *f* leche *f* de cal; **~ofen** *m* horno *m* de cal; calera *f*; **¹⸺stein** *m* (piedra *f*) caliza *f*.

Kalkul|ation [-kula'tsjo:n] *f* cálculo *m*; **⸻ieren** [--'li:rən] calcular.

Kalorie [kalo'ri:] *f* (15) caloría *f*; **⸺narm** [--'-ən'arm] bajo en calorías.

kalt [kalt] (18²) frío (*a. fig.*); *es ist ⸺* hace frío; *mir ist ⸺* tengo frío; *⸺ werden* enfriarse; *fig. das läßt mich ⸺* me deja frío; *⸺e Küche* platos *m/pl.* fríos; *⸺e Platte* fiambres *m/pl.*; **⸺blütig** [¹-bly:tiç] *Zo.* de sangre fría; *fig.* insensible; impasible; *adv.* a sangre fría; **⸻blütigkeit** *f* sangre *f* fría.

Kälte [¹kɛltə] *f* (15) frío *m*; *fig.* frialdad *f*; *zehn Grad ⸺* diez grados bajo cero; **⸻beständig** resistente al frío; **⸺grad** *m* grado *m* bajo cero; **⸻technik** *f* técnica *f* del frío; **⸻welle** *f* ola *f* de frío.

Kalt|front [¹kaltfrɔnt] *f* frente *m* frío; **⸻herzig** frío, insensible; **⸻machen** F *fig.* despachar, dejar seco; **⸻schnäuzig** [¹-ʃnɔytsiç] insensible, frío; **⸻stellen** *fig.* eliminar.

Kalzium [¹kaltsjum] *n* (9, *o. pl.*) calcio *m*.

kam, käme [ka:m, ¹kɛ:mə] *s.* kommen.

Kamel [ka¹me:l] *n* (3) camello *m*; F *fig.* burro *m*; **⸺haar** *n* pelo *m* de camello; **⸺ie** ♀ [-¹-jə] *f* (15) camelia *f*; **⸻treiber** *m* camellero *m*.

Kamera [¹-mərə] *f* (11¹) cámara *f*.

Kamerad|(in *f*) [--¹ra:t, --¹-din] *m* (12) camarada *su.*, compañero (-a) *m* (*f*); **⸺schaft** *f* compañerismo *m*; **⸻schaftlich** de camarada; **⸻schaftsgeist** *m* espíritu *m* de compañerismo.

Kameramann [¹--raman] *m* operador *m*, cameraman *m*, cámara *m*, *bsd. Am.* camerógrafo *m*.

Kamille ♀ [-¹milə] *f* (15) manzanilla *f*; **⸺ntee** *m* (infusión *f* de) manzanilla *f*.

Kamin [-¹mi:n] *m* (3¹) chimenea *f*; **⸺feger** *m* deshollinador *m*.

Kamm [kam] *m* (3³) peine *m* (*Zier*⸻) peineta *f*; ⊕ carda *f*; (*Zo.*, *Gebirgs*⸻, *Wellen*⸻) cresta *f*; *fig. alles über e-n ⸺ scheren* medirlo todo por el mismo rasero; *ihm schwillt der ⸺* alza la cresta.

kämmen [¹kɛmən] (25) peinar; ⊕ *a.* cardar.

Kammer [¹kamər] *f* (15) cuarto *m*; (*Schlaf*⸻) alcoba *f*; *Pol.*, ⊕ cámara *f*; ⚛ *a.* sala *f*; **⸻diener** *m* ayuda *m* de cámara.

Kämmer|ei [kɛmə¹raɪ] *f* tesorería *f*; **⸺er** [¹--rər] *m* (7) tesorero *m*.

Kammer|frau [¹kamərfrau] *f* camarera *f*; **⸻jäger** *m* experto *m* en desinsectación; **⸺musik** *f* (*⸺sänger* *m*) música *f* (cantante *m*) de cámara; **⸺ton** ♪ *m* diapasón *m* normal; **⸺zofe** *f* doncella *f*.

Kammgarn [¹-garn] *n* estambre *m*.

Kampagne [-¹panjə] *f* (15) campaña *f*.

Kampf [kampf] *m* (3³) lucha *f* (*a. fig.*); combate *m*; contienda *f*; (*Stier*⸻) lidia *f*; (*Nah*⸻) pelea *f*; **⸺bahn** *f* estadio *m*, pista *f*; arena *f*; **²⸺bereit** listo para el combate; **¹⸺einheit** ✕ *f* unidad *f* táctica.

kämpfen [¹kɛmpfən] (25) *a. fig.* luchar (*um* por); combatir; pelear.

Kampfer [¹kampfər] *m* (7) alcanfor *m*.

Kämpfer [¹kɛmpfər] *m* (7) combatiente *m*; *a. fig.* luchador *m*; **⸻isch** combativo.

Kampf... [¹kampf...]: *in Zssgn oft* de combate; **⸻fähig** en condiciones *od.* capaz de combatir; **⸻genosse** *m* compañero *m* de armas; **⸻hahn** *m* gallo *m* de pelea; **⸻handlung** *f* operación *f* militar; **⸻kraft** *f*, **⸺lust** *f* combatividad *f*; **⸻lustig** belicoso; **⸺platz** *m* campo *m* de batalla; (*Turnier*) liza *f*; **⸺richter** *m* árbitro *m*; **⸺stier** *m* toro *m* de lidia; **²⸻unfähig** fuera de combate; **⸺wagen** *m* carro *m* de combate.

kampieren [kam¹pi:rən] acampar.

Kanad|ier(in *f*) [ka¹na:djər(in)] *m* (7), **²⸻isch** canadiense (*su.*).

Kanal [-¹na:l] *m* (3³) canal *m*; (*Bewässerungs*⸻) acequia *f*; (*Abfluß*⸻) alcantarilla *f*; (*Rinne*) conducto *m*; **⸺isation** [-naliza'tsjo:n] *f* canalización *f*; **²⸻isieren** canalizar.

Kanarien|vogel [-¹na:rjənfo:gəl] *m* canario *m*; **⸺zucht** *f* canaricultura *f*.

Kandare [kan¹da:rə] *f* (15) bocado *m*; *fig. j-n an die ⸺ nehmen* atar corto a alg.

Kandelaber [-də¹la:bər] *m* (7) candelabro *m*.

Kandid|at [-di¹da:t] *m* (12) candidato *m*; **⸺atur** [--da'tu:r] *f* (16) candidatura *f*; **²⸻ieren** [--'di:rən] presentar su candidatura (*für a, para*).

kandieren [-¹di:rən] escarchar, garapiñar.

Kandis [¹-dis] *m uv.*, **⸺zucker** *m* azúcar *m* cande.

Känguruh [ˈkɛŋguruː] n (11) canguro m.

Kaninchen [kaˈniːnçən] n (6) conejo m; ~bau m, ~stall m conejera f; ~zucht f cunicultura f; ~züchter m cunicultor m.

Kanister [-ˈnɪstər] m (7) lata f, bidón m.

kann [kan] s. können.

Kanne [ˈkanə] f (15) jarro m; jarra f.

Kannibal|e [kaniˈbaːlə] m (13), 2isch caníbal (m).

kannst [kanst] s. können.

kannte [ˈ-tə] s. kennen.

Kanon [ˈkaːnɔn] m (11) canon m.

Kanonade [kanoˈnaːdə] f (15) cañoneo m.

Kanone [-ˈnoːnə] f (15) cañón m; F fig. as m; unter aller ~ sein F no poder ser peor; ~nboot n cañonero m; ~ndonner m cañonazos m/pl.; ~nfutter n fig. carne f de cañón; ~nkugel f bala f de cañón; ~nrohr n cañón m; ~nschuß m cañonazo m.

Kanonier [-noˈniːr] m (3[1]) artillero m.

Kanon|ikus [-ˈnoːnikus] m (14, pl. -ker) canónigo m; 2isch canónico.

Kantate ♩ [kanˈtaːtə] f (15) cantata f.

Kant|e [ˈ-tə] f (15) canto m; (Rand) borde m; 2 arista f; fig. auf die hohe ~ legen ahorrar; ~en m (6) (Brot) cantero m; 2en (26) poner de canto; Kiste: volcar; 2ig anguloso (a. Gesicht); esquinado.

Kantine [-ˈtiːnə] f (15) cantina f.

Kanton [-ˈtoːn] m (3[1]) cantón m; ~ist [-ˈtoˈnist] m (12): fig. er ist ein unsicherer ~ no se puede contar con él.

Kantor [ˈ-tɔr] m (8[1]) chantre m.

Kanu [ˈkaːnu, kaˈnuː] n (11) canoa f, piragua f; ~fahrer m piragüista m; ~sport m piragüismo m.

Kanüle ✱ [kaˈnyːlə] f (15) cánula f.

Kanzel [ˈkantsəl] f (15) púlpito m; ✈ carlinga f; cabina f de mando.

Kanz|lei [kants'laɪ] f cancillería f; ✝ despacho m; bufete m; ~ler [ˈ-lər] m (7) canciller m.

Kap [kap] n (11) cabo m; promontorio m.

Kapaun [kaˈpaʊn] m (3[1]) capón m.

Kapazität [-patsiˈtɛːt] f capacidad f; fig. autoridad f.

Kapell|e [-ˈpɛlə] f (15) capilla f; ♩ banda f (de música); conjunto m (musical); ~meister m director m de orquesta.

Kaper ✿ [ˈkaːpər] f (15) alcaparra f.

kapern [ˈ-pərn] (29) apresar, capturar.

kapieren F [kaˈpiːrən] F caer.

Kapillargefäß [-piˈla:rgəfɛːs] n (vaso m) capilar m.

Kapital [-ˈtaːl] n (3[1] u. 8[2]) capital m; fondos m/pl.; ~anlage f inversión f de capital; ~erhöhung f ampliación f de capital; ~ertrag(s)steuer f impuesto m sobre la renta del capital; ~flucht f evasión f od. fuga f de capitales; ~ismus [--taˈlismus] m (16, o. pl.) capitalismo m; ~ist [---ˈlist] m (12), 2istisch capitalista (m); 2kräftig: ~ sin disponer de mucho capital; ~markt m mercado m de capitales; ~verbrechen g♩ n crimen m capital.

Kapitän [--ˈtɛːn] m (3[1]) capitán m (a. Sport); ✈ comandante m; ~leutnant m teniente m de navío.

Kapitel [-ˈtəl] n (7) capítulo m; (Dom2) cabildo m/fig. das ist ein ~ für sich eso es otro cantar.

Kapitell 🏛 [--ˈtɛl] n (3[1]) capitel m.

Kapitul|ation [--tulaˈtsjoːn] f capitulación f; 2ieren capitular.

Kaplan [-ˈplaːn] m (3[1] u. [3]) capellán m; coadjutor m.

Kapodaster ♩ [-poˈdastər] m (7) cejilla f.

Kappe [ˈkapə] f (15) gorra f; (Strick2, Bade2) gorro m; (Schuh2) puntera f; fig. et. auf s-e ~ nehmen asumir la responsabilidad de a/c.; das geht auf m-e ~ eso corre por mi cuenta; 2n (25) cortar; Baum: desmochar; Hahn: capar.

Käppi [ˈkɛpi] n (11) quepis m.

Kapri|ole [kapriˈoːlə] f (15) cabriola f; 2ziös [--ˈtsjøːs] caprichoso.

Kapsel [ˈkapsəl] f (15) cápsula f.

kaputt F [kaˈput] roto; (müde) rendido, hecho polvo; fig. arruinado; ~gehen romperse; ~lachen F: sich ~ desternillarse de risa; ~machen romper; hacer pedazos.

Kapuze [-ˈpuːtsə] f (15) capucha f; der Mönche: a. capilla f.

Kapuziner [-puˈtsiːnər] m (7) capuchino m; ~kresse ✿ f capuchina f.

Karabiner [-raˈbiːnər] m (7) carabina f; ~haken m enganche m.

Karacho F [-ˈ-xo] n: mit ~ a toda velocidad, F a toda pastilla.

Karaffe [-ˈ-fə] f (15) garrafa f.

Karambolage [-ramboˈlaːʒə] f (15) fig. choque m, colisión f.

Karamel [-raˈmɛl] *m* (15) caramelo *m*.

Karat [-ˈrɑːt] *n* (3, *als Maß im pl. uv.*) quilate *m*; **~e** [-ˈ-tə] *n uv.* karate *m*.

Karawane [-raˈvɑːnə] *f* (15) caravana *f* (*a. fig.*).

Karbid [karˈbiːt] *n* (3¹) carburo *m* (de calcio); **~lampe** *f* lámpara *f* de acetileno.

Karbol [-ˈboːl] *n* (7) carbol *m*; **~säure** *f* ácido *m* carbólico.

Karbunkel ✠ [-ˈbuŋkəl] *m* (7) carbunclo *m*.

Kardan|gelenk [-ˈdɑːŋgəlɛŋk] *n* (junta *f*) cardán *m*; **~welle** *f* árbol *m* cardán.

Kardinal [-diˈnɑːl] *m* (3¹ *u.* ³) cardenal *m*; **~shut** *m* capelo *m*; **~zahl** *f* número *m* cardinal.

Karfreitag [kɑːrˈfraɪtɑːk] *m* (3) Viernes *m* Santo.

karg [kark] (18[²]) escaso, pobre; *Mahl:* frugal; **~en** [ˈ-gən] (25): ~ mit escatimar (*ac.*); **²heit** *f* escasez *f*; frugalidad *f*.

kärglich [ˈkɛrkliç] escaso; exiguo.

kariert [kaˈriːrt] cuadriculado; *Stoff:* a od. de cuadros.

Karies [ˈkɑːriɛs] *f* (16, *o. pl.*) caries *f*.

Karik|atur [karikaˈtuːr] *f* (16) caricatura *f*; **~aturist** [---tuˈrist] *m* (12) caricaturista *m*; **²ieren** [--ˈkiːrən] caricaturizar.

kariös ✠ [--ˈøːs] cariado.

Karmesin [karmeˈziːn] *n* (3¹), **²rot** carmesí (*m*).

Karmin [-ˈmiːn] *n* (3¹), **²rot** carmín (*m*).

Karneval [ˈ-nəval] *m* (3¹ *u.* 11) carnaval *m*.

Karnickel F [-ˈnikəl] *n* (7) conejo *m*.

Karo [ˈkɑːro] *n* (11) cuadro *m*; cuadrado *m*; *Kartenspiel:* oros *m/pl.*

Karosse [kaˈrɔsə] *f* (15) carroza *f*; **~rie** [---ˈriː] *f* (15) carrocería *f*.

Karotte [-ˈrɔtə] *f* (15) zanahoria *f*.

Karpfen [ˈkarpfən] *m* (6) carpa *f*.

Karre [ˈkarə] *f* (15), **~n** *m* (6) carro *m*; carreta *f*; (*Schub*) carretilla *f*; **2n** (25) acarrear, carretear.

Karriere [karˈjɛːrə] *f* (15) carrera *f* (*machen* hacer); **~macher** *m* arribista *m*; F trepador *m*.

Karsamstag [kɑːrˈzamstɑːk] *m* Sábado *m* de Gloria.

Karst [karst] *m* (3²) ✎ azada *f*, azadón *m*; *Erdk.* karst *m*.

Kartäuser [-ˈtɔyzər] *m* (7) *m* cartujo *m*; **~kloster** *n* cartuja *f*.

Karte [ˈl-tə] *f* (15) (*Besuchs*², *Post*²) tarjeta *f*; (*Spiel*², *Speise*²) carta *f*; *Erdk.* mapa *m*; (*Eintritts*²) entrada *f*; *nach der* ~ *essen* comer a la carta; ~*n spielen* jugar a las cartas; *die* ~*n legen* echar las cartas; *fig. alles auf e-e* ~ *setzen* jugarse el todo por el todo; *mit offenen* ~*n spielen* poner las cartas boca arriba.

Kartei [-ˈtaɪ] *f* fichero *m*; **~karte** *f* ficha *f*.

Kartell ✝ [-ˈtɛl] *n* (3¹) cártel *m*.

Karten|haus [ˈl-tənhaUs] *n fig.*: *wie ein* ~ *zusammenstürzen* derrumbarse como un castillo de naipes; **~kunststück** *n* truco *m* de cartas; **~legen** *n* cartomancia *f*; **~legerin** *f* echadora *f* de cartas; **~spiel** *n* juego *m* de naipes *od.* de cartas; (*Karten*) baraja *f*; **~verkauf** *m* venta *f* de localidades; **~zeichner** *m* cartógrafo *m*.

Kartoffel [-ˈtɔfəl] *f* (15) patata *f*, *Am.* papa *f*; **~brei** *m* puré *m* de patatas; **~feld** *n* patatar *m*, patatal *m*; **~käfer** *m* escarabajo *m* de la patata, dorífora *m*; **~mehl** *n* fécula *f* de patatas; **~püree** *n s.* ~*brei*; **~salat** *m* ensalada *f* de patatas; **~schalen** *f/pl.* mondaduras *f/pl.* de patatas.

Kartograph [-toˈgrɑːf] *m* (12) cartógrafo *m*; **~ie** [--graˈfiː] *f* (15) cartografía *f*.

Karton [-ˈtɔ̃] *m* (11) cartón *m*; (*Schachtel*) caja *f* de cartón; **²ieren** [-toˈniːrən] encartonar.

Kartothek [-toˈteːk] *f* (16) fichero *m*.

Karussell [karuˈsɛl] *n* (3¹) tiovivo *m*, caballitos *m/pl.*

Karwoche [ˈkɑːrvɔxə] *f* Semana *f* Santa.

Karzer [ˈkartsər] *m* (7) calabozo *m*.

Karzinom ✝ [-tsiˈnoːm] *n* (3¹) carcinoma *m*.

Kaschemme [kaˈʃɛmə] *f* (15) tabernucho *m*.

Kaschmir [ˈkaʃmir] *m* (3¹) (*Stoff*) cachemira *f*.

Käse [ˈkɛːzə] *m* (7) queso *m*; **~glocke** *f* quesera *f*; **~handlung** *f* quesería *f*; **~kuchen** *m* tarta *f* de queso.

Kasern|e [kaˈzɛrnə] *f* (15) cuartel *m*; **²ieren** [--ˈniːrən] acuartelar.

käsig [ˈkɛːziç] caseoso; *fig.* pálido.

Kasino [kaˈziːno] *n* (11) casino *m*.

Kaskade [kasˈkɑːdə] *f* (15) cascada *f*.

Kasperle [ˈkaspərlə] *n u. m* (7) polichinela *m*; **~theater** *n* (teatro *m* de) guiñol *m*.

Kasse [ˈkasə] f (15) caja f; *Thea. usw.*: taquilla f; *(nicht) bei* ~ *sn* andar bien (mal) de dinero.

'**Kassen**|**-abschluß** m cierre m de caja; **~arzt** m médico m del seguro; **~bestand** m dinero m en caja; **~erfolg** m *Thea.* éxito m en caja; **~schlager** m *(Film)* película f taquillera; **~stunden** f/pl. horas f/pl. de despacho; **~sturz** m arqueo m; **~wart** [ˈ--vart] m (3) cajero m; tesorero m; **~zettel** m ticket m.

Kasserolle [--ˈrɔlə] f (15) cacerola f.

Kassette [kaˈsɛtə] f (15) cofrecillo m; *Phot.* chasis m; ♪, *TV* cassette su., casete su.; **~nrecorder** m (magnetófono m a) cassette m.

kassier|en [-ˈsiːrən] ✝ cobrar; 🔧 anular, casar; **2er(in** f) m (7) cajero (-a) m (f).

Kastagnette [kastanˈjɛtə] f (15) castañuela f.

Kastanie [-ˈtaːnjə] f (15) castaña f; **~nbaum** m castaño m; **2nbraun** castaño.

Kästchen [ˈkɛstçən] n (6) cajita f; cofrecillo m; estuche m; *auf Formularen usw.*: casilla f.

Kaste [ˈkastə] f (15) casta f.

kastei|en [-ˈtaɪən] (25) mortificar; **2ung** f mortificación f.

Kasten [ˈ-tən] m (6) caja f; **~brot** f pan m de molde; **~geist** m espíritu m de casta; **~wagen** m furgón m.

Kastili|er(in f) [-ˈtiːljər(in)] m (7), **2isch** castellano (-a) m (f).

Kastr|at [-ˈtraːt] m castrado m; **~ation** [-traˈtsjoːn] f castración f; **2ieren** [-ˈtriːrən] castrar; capar.

Kata|falk [kataˈfalk] m (3¹) catafalco m; **~komben** [--ˈkɔmbən] f/pl. (15) catacumbas f/pl.

Katalan|e [--ˈlaːnə] m (13), **2isch** catalán (m).

Katalog [--ˈloːk] m (3¹) catálogo m; **2isieren** [--logiˈziːrən] catalogar.

Katapult [--ˈpult] n, a. m (3) catapulta f; **2ieren** [---ˈtiːrən] catapultar.

Katarrh [-ˈtar] m (3¹) catarro m.

Kataster [-ˈtastər] m (7) catastro m.

katastroph|al [--stroˈfaːl] catastrófico; **2e** [--ˈstroːfə] f (15) catástrofe f; **2engebiet** n zona f catastrófica od. siniestrada.

Katechismus [-teˈçismus] m (16²) catecismo m.

Kategor|ie [--goˈriː] f (15) categoría f; **2isch** [--ˈgoːriʃ] categórico.

Kater [ˈkaːtər] m (7) gato m; F *fig.* e-n ~ *haben* tener resaca.

Katheder [kaˈteːdər] n, a. m (7) cátedra f.

Kathedrale [-teˈdraːlə] f (15) catedral f.

Kathete ⚓ [-ˈteːtə] f (15) cateto m.

Katheter 🩺 [-ˈ-tər] m (7) catéter m.

Kathode [-ˈtoːdə] f (15) cátodo m; **~n...:** *in Zssgn* catódico.

Kathol|ik(in f) [-toˈliːk(in)] m (12), **2isch** [-ˈtoːliʃ] católico (-a) m (f); **~izismus** [--liˈtsismus] m (16, o. pl.) catolicismo m.

Kattun [-ˈtuːn] m (3¹) calicó m; *bedruckter:* indiana f.

katzbuckeln [ˈkatsbukəln] (29) dar coba (*vor j-m* a alg.).

Kätzchen [ˈkɛtsçən] n (6) gatito m, minino m; ♀ amento m.

Katze [ˈkatsə] f (15) gato m; gata f.

'**Katzen**|**-auge** ⊕ n catafoto m, ojo m de gato; **2haft** felino; **~jammer** m resaca f; modorra f; **~musik** f música f ratonera; **~sprung** m *fig.* es ist nur ein ~ *(von hier)* está a dos pasos de aquí.

Kauderwelsch [ˈkaʊdərvɛlʃ] n (3²) galimatías m.

kauen [ˈ-ən] 1. v/t. u. v/i. (25) mascar, masticar; 2. ♀ n masticación f.

kauern [ˈ-ərn] (29): (*a. sich* ~) acurrucarse.

Kauf [kaʊf] m (3³) compra f; adquisición f; *fig. in* ~ *nehmen* conformarse con; '**2en** (25) comprar.

Käufer(in f) [ˈkɔyfər(in)] m (7) comprador(a) m (f).

Kauf|haus [ˈkaʊfhaʊs] n grandes almacenes m/pl.; **~kraft** f poder m adquisitivo.

käuflich [ˈkɔyfliç] de od. en venta; *(bestechlich)* venal; ~ *erwerben* adquirir; **2keit** f venalidad f.

Kauf|mann [ˈkaʊfman] m (pl. ~leute) comerciante m, negociante m; **2männisch** [ˈ-mɛniʃ] comercial, mercantil; **~preis** m precio m de compra; **~vertrag** m contrato m de compraventa; **~zwang** m obligación f de comprar; *kein* ~ entrada libre.

Kaugummi [ˈkaʊgumi] m od. n goma f od. n de mascar, chicle m.

Kaul|barsch *Zo.* [ˈkaʊlbarʃ] m acerina f; **~quappe** [ˈ-kvapə] f (15) renacuajo m.

kaum [kaʊm] apenas; *wohl* ~! no lo creo.

Kautabak ['kaʊtɑːbak] *m* tabaco *m* de mascar.

Kaution [-'tsjoːn] *f* fianza *f*, caución *f*.

Kautschuk ['kaʊtʃuk] *m* (3¹) caucho *m*.

Kauz [kaʊts] *m* (3² *u.* ³) *Zo.* lechuza *f*; *fig. komischer* ~ tipo *m* raro.

Kavalier [kava'liːr] *m* (3¹) caballero *m*.

Kaval|kade [-val'kɑːdə] *f* (15) cabalgata *f*; **~lerie** [--lə'riː] *f* (15) caballería *f*; **~le'rist** *m* (12) soldado *m* de caballería.

Kaviar ['kɑːviar] *m* (3¹) caviar *m*.

keck [kɛk] desenvuelto; F fresco; '**2-heit** *f* desenvoltura *f*; frescura *f*.

Kegel ['keːgəl] *m* (7) ⟂ cono *m*; *Spiel:* bolo *m*; **~bahn** *f* bolera *f*; **2förmig** ['--fœrmiç] cónico; **~kugel** *f* bola *f*; **2n** (29) jugar a los bolos; **~schnitt** ⟂ *m* sección *f* cónica; **~spiel** *n* juego *m* de bolos; **~stumpf** ⟂ *m* cono *m* truncado.

Kehl|e ['keːlə] *f* (15) garganta *f*; *aus voller* ~ a voz en cuello; **~kopf** *m* laringe *f*; **~kopf-entzündung** *f* laringitis *f*; **~kopfspiegel** ♂ *m* laringoscopio *m*; **~laut** *m* gutural *f*.

Kehr|e ['-rə] *f* (15) vuelta *f*; curva *f*, viraje *m*; **2en** (25) *(fegen)* barrer; *Kamin:* deshollinar; *(wenden)* volver; *j-m den Rücken* ~ volver la espalda a alg. *(a. fig.)*; *sich nicht* ~ *an (ac.)* no hacer caso de; *in sich gekehrt* ensimismado; **~icht** ['-riçt] *m u. n* (3²) barreduras *f/pl.*; basura *f*; **~reim** *m* estribillo *m*; **~seite** *f* revés *m*; *fig. die* ~ *der Medaille* el reverso de la medalla.

kehrt|machen ['keːrtmaxən] volver atrás; volver sobre sus pasos; ✗ dar media vuelta; **2wendung** *f* media vuelta *f*.

keifen ['kaɪfən] (25) regañar, chillar.

Keil [kaɪl] *m* (3) cuña *f*; *im Stoff:* cuchillo *m*; ⊕ chaveta *f*; '**~absatz** *m* tacón *m* cuña; '²en (25) chavetear; F *fig.* enganchar; F *sich* ~ pelearse; '**~er** *Zo. m* (7) jabalí *m*; '**~rei** F *f* pelea *f*, camorra *f*; '²**förmig** ['-fœrmiç] cuneiforme; '**~kissen** *n* travesero *m*; '**~riemen** ⊕ *m* correa *f* trapezoidal; '**~schrift** *f* escritura *f* cuneiforme.

Keim [kaɪm] *m* (3) germen *m (a. fig.)*; '**~blatt** *n* ♀ cotiledón *m*; *Biol.* hoja *f* embrionaria; '**~drüse** *f* glándula *f* genital, gónada *f*; '²en (25, h. *u.* sn)

germinar *(a. fig.)*; *(treiben)* brotar *(aus* de); '²**fähig** germinativo; '²**frei** esterilizado; ♂ aséptico; ~ *machen* esterilizar; '**~kraft** *f* poder *m* germinativo; '²**tötend** germicida; '**~ung** *f* germinación *f*; '**~zelle** *f* célula *f* germinativa.

kein [kaɪn] (20) no + *vb.*; (no ...) ningún; *ich habe* ~*e Zeit* no tengo tiempo; *ich habe* ~ *Buch* no tengo ningún libro; '**~er** ninguno; **~erlei** ['-nərlaɪ] ningún; '**~esfalls** en ningún caso; **~eswegs** ['-nəs'veːks] de ninguna manera, de ningún modo; '**~mal** ni una sola vez, nunca.

Keks [keːks] *m od. n* (4) galleta *f*.

Kelch [kɛlç] *m* (3) cáliz *m (a. ♀ u. fig.)*; *(Trink2)* copa *f*; '**~blatt** *n* ♀ sépalo *m*.

Kelle ['kɛlə] *f* (15) cucharón *m*; ♦ paleta *f*.

Keller ['-lər] *m* (7) sótano *m*; *(Wein2)* bodega *f*; **~assel** *Zo. f* cochinilla *f* de humedad; **~ei** [--'raɪ] *f* bodega *f*; **~fenster** *n* tragaluz *m*; **~geschoß** *n* sótano *m*; **~meister** *m* bodeguero *m*; **~wechsel** † *m* letra *f* ficticia.

Kellner(in *f*) ['kɛlnər(in)] *m* (7) camarero (-a) *m (f)*.

Kelter ['-tər] *f* (15) lagar *m*; **2n** (29) pisar *od.* prensar la uva.

keltisch ['-tiʃ] celta.

kenn|en ['kɛnən] (30) conocer; *(wissen)* saber; **~enlernen** (llegar a) conocer; **2er** *m* (7) conocedor *m*; entendido *m*; experto *m*; **2karte** *f* carnet *m (Span. a.* documento *m* nacional) de identidad; **~tlich** *(re)*conocible; ~ *machen* marcar; **2tnis** ['-tnis] *f* (14²) conocimiento *m*; *zur* ~ *nehmen* tomar (buena) nota de; *j-n in* ~ *setzen von* informar *od.* enterar a alg. de a/c.; **2tnisnahme** ['--naːma] *f*: *zur* ~ para su conocimiento; **2wort** *n* (1¹) contraseña *f*; ✗ consigna *f*; **2zeichen** *n* marca *f* distintiva; distintivo *m*; característica *f*; *Kfz.* matrícula *f*; *besondere* ~ señas *f/pl.* particulares; **~zeichnen** (26, *untr.*) marcar; *j-n:* caracterizar; **~zeichnend** característico *(für* de); **2ziffer** *f* ⟂ característica *f*; *Fernspr.* código *m*; *bei Inseraten usw.:* referencia *f*.

kentern ⚓ ['kɛntərn] (29, sn) zozobrar.

Keramik [ke'rɑːmik] *f* (16) cerámica *f*; **~er** *m* (7) ceramista *m*.

Kerb|e ['kɛrbə] *f* (15) muesca *f*; entalladura *f*; **~el** ♀ ['-bəl] *m* (7) perifollo *m*; **2en** (25) entallar; hacer muescas; **~holz** [ˈkɛrphɔlts] *n*: et. auf dem ~ haben haber hecho algo malo; **~tier** *n* insecto *m*.

Kerker [ˈ-kər] *m* (7) cárcel *f*; calabozo *m*; **~meister** *m* carcelero *m*.

Kerl F [kɛrl] *m* (3; F a. 11) tío *m*; tipo *m*; *desp.* individuo *m*, sujeto *m*; armer ~ pobre diablo *m*; guter ~ buen hombre *m*; ein ganzer ~ todo un hombre.

Kern [kɛrn] *m* (3) (Kirsch2 usw.) hueso *m*; (Apfel2 usw.) pepita *f*; der Weintraube: grano *m*; (Zell2, Atom2) núcleo *m* (a. fig.); fig. esencia *f*; médula *f*; **'~...:** in Zssgn Phys. u. Biol. nuclear; **'~energie** *f* energía *f* nuclear; **'~gehäuse** *n* corazón *m*; **'2gesund** rebosando salud; **'~holz** *n* duramen *m*, madera *f* de corazón; **'2ig** fig. sólido, vigoroso; **'~kraftwerk** *n* central *f* nuclear; **'~obst** *n* fruta *f* de pepitas; **'~physik** *f* física *f* nuclear; **'~punkt** *m* punto *m* esencial; **'~re-aktor** *m* reactor *m* nuclear; **'~spaltung** *f* fisión *f* nuclear; **'~spruch** *m* sentencia *f*; **'~truppe** *f* tropa *f* escogida; **'~waffe** *f* arma *f* nuclear.

Kerosin ⚗ [keroˈziːn] *n* (3¹, o. pl.) queroseno *m*.

Kerze [ˈkɛrtsə] *f* (15) vela *f*; candela *f*; Rel. cirio *m*; (Zünd2) bujía *f*; **2ngerade** derecho como un cirio; **~halter** *m* portavelas *m*; candelero *m*.

keß F [kɛs] fresco; (flott) pimpante.

Kessel [ˈkɛsəl] *m* (7) ⊕ caldera *f*; (Koch2) olla *f*; marmita *f*; (Tal2) valle *m* cerrado; **~flicker** [ˈ-flikər] *m* (7) calderero *m*; **~haus** *n* sala *f* de calderas; **~pauke** ♪ *f* timbal *m*; **~schmied** *m* calderero *m*; **~stein** *m* incrustación *f*; ~ entfernen desincrustar; **~treiben** *n* batida *f*; **~wagen** *m* vagón *m* cisterna.

Kette [ˈkɛtə] *f* (15) cadena *f*; (Hals2) collar *m*; ⚔ cordón *m*; fig. serie *f*, sucesión *f*; **2n** (26) encadenar; **~antrieb** *m* accionamiento *m* por cadena; **~nglied** *n* eslabón *m*; **~nhund** *m* perro *m* de cadena; **~nraucher** *m* fumador *m* empedernido; **~nreaktion** *f* reacción *f* en cadena; **~nstich** *m* (punto *m* de) cadeneta *f*.

Ketzer [ˈkɛtsər] *m* (7) hereje *m*; **~ei** [--ˈraɪ] *f* herejía *f*; **2isch** herético.

keuch|en [ˈkɔʏçən] (25) jadear; **2en** *n* jadeo *m*; **2husten** 𝒔 *m* tos *f* ferina.

Keule [ˈ-lə] *f* (15) maza *f* (a. Turngerät); Kchk. pierna *f*, pernil *m*; **~nschlag** *m* porrazo *m*; mazazo *m*.

keusch [kɔʏʃ] casto; **'2heit** *f* castidad *f*.

khakifarben [ˈkɑːkifarbən] caqui.

Kicher|erbse [ˈkiçərˈɛrbsə] *f* garbanzo *m*; **2n** (29) reírse a socapa; **~n** *n* risa *f* ahogada.

Kiebitz [ˈkiːbits] *m* (3²) avefría *f*; F fig. mirón *m*.

Kiefer [ˈ-fər] **a)** *m* (7) Anat. mandíbula *f*, quijada *f*; **~...:** in Zssgn maxilar; **b)** ♀ *f* (15) pino *m*; **~höhle** Anat. *f* seno *m* maxilar; **~nadel** *f* pinocha *f*; **~nwald** *m* pinar *m*; **~orthopädie** 𝒔 *f* ortodoncia *f*.

Kieker F [ˈ-kər] *m*: j-n auf dem ~ haben F tener fichado a alg.

Kiel [kiːl] *m* (3) (Feder2) cañón *m*; ⚓ quilla *f*; auf ~ legen poner en grada; **'2holen** ⚓ carenar; **'~raum** ⚓ *m* cala *f*; **'~wasser** ⚓ *n* estela *f*.

Kieme [ˈkiːmə] *f* (15) agalla *f*, branquia *f*; **~n...:** in Zssgn branquial.

Kien [kiːn] *m* (3) leña *f* resinosa; **'~apfel** *m* piña *f*; **'~span** *m* tea *f*.

Kiepe [ˈkiːpə] *f* (15) cuévano *m*.

Kies [kiːs] *m* (4) grava *f*; gravilla *f*; F (Geld) pasta *f*.

Kiesel [ˈkiːzəl] *m* (7) s. ~stein; **~erde** *f* tierra *f* silícea; sílice *f*; **~säure** *f* ácido *m* silícico; **~stein** *m* guijarro *m*; canto *m*.

Kilo [ˈkiːlo] *n* (11, nach Zahlen uv.) kilo *m*; **~'gramm** *n* kilogramo *m*; **~'hertz** *n* kilociclo *m*; **~'meter** *m* kilómetro *m*; **~'metergeld** *n*, **~'meterleistung** *f* kilometraje *m*; **~'meterstein** *m* poste *m* od. mojón *m* kilométrico; **~'meterzähler** *m* cuentakilómetros *m*; **~'watt** *n* kilovatio *m*; **~'wattstunde** *f* kilovatiohora *m*.

Kimme [ˈkimə] *f* (15) muesca *f* de mira od. de alza.

Kind [kint] *n* (1¹) niño *m*; F crío *m*; kleines ~ nene *m*; m-e ~er mis hijos; ein ~ bekommen tener un niño; dar a luz; sich bei j-m lieb ~ machen congraciarse con alg.; F hacer la pelota a alg.; mit ~ und Kegel con toda la familia; **'~bett** *n* puerperio *m*; **'~bettfieber** *n* fiebre *f* puerperal.

Kinder|arzt [ˈ-dərˈartst] *m* pediatra *m*; **~ei** [--ˈraɪ] *f* niñería *f*, puerilidad *f*; **~garten** *m* parvulario *m*; jardín *m* de infancia; **~gärtnerin** *f* maestra *f* de párvulos; ~**geld** n plus m por hijos; ~**heilkunde** f pediatría f; ~**heim** n sanatorio m para niños; ~**hort** m guardería f infantil; ~**krankheit** f enfermedad f de la infancia; ~**lähmung** $ f paralisis f infantil; poliomielitis f; ²**leicht** facilísimo; *das ist* ~ es coser y cantar; ²**lieb:** ~ *sein* querer mucho a los niños; ²**los** sin hijos; ~**mädchen** n niñera f; ~**pflege** f puericultura f; ~**pflegerin** f puericultora f; ²**reich:** ~e Familie familia f numerosa; ~**schuh** m: fig. *noch in den ~en stecken* estar en pañales; ~**spiel** n juego m de niños (a. fig.); ~**sterblichkeit** f mortalidad f infantil; ~**stube** f: fig. e-e gute ~ haben tener buenos modales; ~**wagen** m cochecito m de niño.

Kindes|alter ['-dəs?altər] n niñez f, infancia f; ~**beine** n/pl.: von ~n an desde la más tierna infancia; ~**entführung** f rapto m de menores; ~**liebe** f amor m filial; ~**mord** m infanticidio m; ~**mörder(in** f) m infanticida su.

Kind|heit ['kinthaɪt] f niñez f, infancia f; ²**isch** ['-diʃ] infantil, pueril; im *Alter:* chocho; ²**lich** infantil, de niño; fig. ingenuo; *Gesicht:* aniñado; *Liebe:* filial; ~**s-kopf** F m niño m; tonto m.

Kinkerlitzchen ['kɪŋkərlitsçən] F pl. uv. baratijas f/pl.; bagatelas f/pl.

Kinn [kin] n (3) barbilla f, mentón m; '~**backe** f, '~**backen** m (6), '~**lade** f mandíbula f; '~**bart** m perilla f; '~**haken** m gancho m a la mandíbula.

Kino ['ki:no] n (11) cine m; ~**vorstellung** f sesión f de cine.

Kiosk [ki'ɔsk] m (3²) kiosko m, quiosco m.

Kipp|e ['kipə] f (15) F (Zigaretten²) colilla f; auf der ~ stehen estar a punto de caer; fig. estar en el alero; ²**en** (25) 1. v/t. volcar; 2. v/i. (sn) perder el equilibrio; ~**er** m, ~**wagen** m (camión m de) volquete m; ~**fenster** n (~**schalter** m) ventana f (interruptor m) basculante.

Kirche ['kirçə] f (15) iglesia f.

Kirchen|-älteste(r) m presbítero m, '~**bann** m excomunión f; in den ~ tun excomulgar; ~**buch** n registro m parroquial; ~**diener** m sacristán m; ~**fürst** m príncipe m de la Iglesia; ~**geschichte** f historia f eclesiástica.

~**jahr** n año m eclesiástico; ~**lied** n cántico m; ~**maus** f: F arm wie eine ~ más pobre que una rata; ~**musik** f música f sacra; ~**rat** m consistorio m; ~**recht** n derecho m canónico; ~**schiff** n nave f; ~**spaltung** f cisma m; ~**staat** m Estados m/pl. Pontificios; ~**steuer** f impuesto m eclesiástico; ~**vater** m Padre m de la Iglesia; ~**vorstand** m junta f parroquial.

'**Kirch|gang** m ida f a misa; ~**gänger** ['-gɛŋər] m (7) feligrés m; '~**hof** m cementerio m; ²**lich** eclesiástico; ~**spiel** n parroquia f; ~**turm** m campanario m; ~**turmpolitik** f política f de campanario; ~**weih** f fiesta f patronal.

Kirmes ['kirməs] f (16³) feria f; kermes f; verbena f.

kirre ['kirə]: ~ *machen* domesticar; doblegar.

Kirsch|gang [kirʃ] m (3) kirsch m; '~**baum** m cerezo m; '~**e** f cereza f; saure ~ guinda f; fig. mit ihm ist nicht gut ~n essen F tiene malas pulgas; '~**kern** m hueso m de cereza; ²**rot** rojo cereza; '~**wasser** n kirsch m.

Kissen ['kɪsən] n (6) almohada f; (Sofa²) cojín m; ~**bezug** m funda f (de almohada).

Kiste ['kistə] f (15) caja f.

Kitsch [kitʃ] m (3²) cursilería f; ²**ig** cursi; de mal gusto; '~**roman** m novela f rosa.

Kitt [kit] m (3) masilla f.

Kittchen F ['-çən] n (6) chirona f; ins ~ stecken meter en chirona, poner a la sombra.

Kittel ['-əl] m (7) bata f; (Arbeits²) mono m; ~**schürze** f bata f.

kitten ['-ən] (26) enmasillar; pegar; fig. arreglar.

Kitzel ['kitsəl] m (7) cosquilleo m, cosquillas f/pl.; a. fig. comezón f; ²**(e)lig** cosquilloso; fig. peliagudo, delicado; ²**eln** (29) cosquillear, hacer cosquillas.

Kladde ['kladə] f (15) borrador m.

klaffen ['klafən] (25) estar abierto; *Abgrund:* medir; ~d abierto.

kläff|en ['klɛfən] (25) dar ladridos agudos; fig. chillar; ²**er** m (7) (perro m) ladrador m.

Klafter ['klaftər] m od. n (7) braza f; *Holz:* estéreo m.

Klage ['klɑ:gə] f (15) lamentación f, (Beschwerde) queja f; ⚖ querella f, demanda f, acción f, pleito m; ~

erheben gegen j-n poner pleito a alg.;
presentar una demanda contra alg.;
~lied n canto m fúnebre; **~mauer** f
muro m de las lamentaciones; **2n**
(25) quejarse (*über ac.* de); (*weh~*)
lamentarse (*über ac.* de); **2̃** demandar, poner pleito (*gegen a, wegen*
por); **2nd** lastimero.

Kläger(in f) ['klɛːɡər(in)] m (7) **2̃**
demandante su.

Klage|ruf ['klaːɡəruːf] m grito m las-
timero; **~schrift** f (escrito m de)
demanda f; **~weib** n plañidera f.

kläglich ['klɛːkliç] lastimero; lastimoso; *Rolle usw.*: lamentable; triste.

Klamauk F [kla'mauk] m (3¹, *o. pl.*)
alboroto m; F jaleo m.

klamm [klam] **1.** *adj.* (*feucht*) mojado; *vor Kälte*: rígido; **2.** 2̃ f (16)
barranco m; garganta f.

Klammer ['-mər] f (15) grapa f;
(*Wäsche2̃*) pinza f; (*Büro2̃*) clip m;
Typ. runde: paréntesis m, *eckige*:
corchete m, *geschweifte*: abrazadera
f; *in ~n setzen* poner entre paréntesis;
2n (29) sujetar con grapas; *sich ~ an*
(*ac.*) agarrarse a, aferrarse a (*a. fig.*).

klamm'heimlich *adv.* a la chita callando.

Klamotten F [kla'mɔtən] f/pl. (15):
(*alte*) ~ trastos m/pl.; trapos m/pl.

Klang [klaŋ] m (3³) sonido m;
harmonischer: son m; (*Stimme*) timbre m; **2.** 2̃ s. *klingen*; **~farbe** f timbre
m; '**~fülle** f sonoridad f; **2̃los** afónico, sordo; '**2̃rein** nítido, puro; '**2̃-
voll** sonoro.

Klapp... ['klap...]: *in Zssgn oft* plegable; **~bett** n cama f plegable; **~e** f
(15) (*Deckel*) tapa f; ⊕ *u. Anat.*
válvula f; ♪ llave f; *Film*: claqueta f; F
(*Bett*) catre m, piltra f; P (*Mund*) pico
m; *halt die ~!* ¡cierra el pico!; **2en**
(25) **1.** *v/t.*: *in die Höhe ~* levantar;
nach hinten bzw. unten ~ abatir; **2.** *v/i.*
F *fig.* ir *od.* marchar *od.* salir bien; *das
klappt prima* esto va que chuta; **~en-
text** m *Buch*: solapa f de presentación.

Klapper ['-pər] f (15) carraca f, matraca f; (*Kinder2̃*) sonajero m; **2̃dürr**
hecho un esqueleto; **2̃ig** *et.*: desvencijado; *j.*: achacoso; **~kasten** F m
Kfz. cacharro m; **2̃n** (29) tabletear;
Hufe: chacolotear; *Storch*: castañetear; **~schlange** f serpiente f de cascabel; **~storch** F m cigüeña f.

'**Klapp|messer** n navaja f de muelle;

~sitz m asiento m plegable; **~stuhl** m
silla f plegable; **~verdeck** n capota f.

Klaps [klaps] m (4) palmadita f; ca-
chete m; *fig. e-n ~ haben* estar chiflado; '**~mühle** P f manicomio m.

klar [klaːr] claro (*a. fig.*); *Himmel*:
despejado; *Geist*: lúcido; *fig.* evidente; *sich über et. im ~en sein* darse
cuenta de a/c.

Klär|anlage ['klɛːr?anlaːɡə] f esta-
ción f *od.* planta f depuradora; **2en**
(25) clarificar; *fig.* aclarar, esclarecer.

Klarheit ['klaːrhait] f claridad f;
transparencia f; *des Geistes*: lucidez
f.

Klarinette ♪ [klari'nɛtə] f (15) clarinete m.

klar|kommen F ['klaːrkɔmən] arre-
glárselas; **~legen**, **~machen** aclarar;
explicar; **~sehen** ver claro; **2sicht-
packung** f embalaje m transparente;
~stellen poner en claro, aclarar,
puntualizar; **2stellung** f aclaración
f, puntualización f.

Klärung ['klɛːruŋ] f clarificación f;
fig. aclaración f, esclarecimiento m.

klarwerden ['klaːrveːrdən]: *sich ~
über* darse cuenta de.

Klasse ['klasə] f (15) clase f; **~n-
arbeit** f examen m; **~nbuch** n diario
m de clase; **~ngeist** m espíritu m de
clase; **~nkamerad** m compañero m
de clase; **~nkampf** m lucha f de
clases; **~nzimmer** m aula f, clase f.

klassifizier|en [-sifi'tsiːrən] clasifi-
car; **2ung** f clasificación f.

Klassi|k ['-sik] f (16) clasicismo m;
~ker m (7), **2sch** clásico (m).

Klatsch [klatʃ] m (3²) chismes m/pl.,
comadrerías f/pl.; '**~base** f chismosa
f, cotorra f; '**2en** (27): (*in die Hände*) ~
aplaudir; *Regen*: golpetear (*gegen en,
contra*); F *fig.* (*schwatzen*) chismorrear, cotillear; **~e'rei** f chismorreo
m; '**~maul** n chismoso m; '**~mohn** m
amapola f; '**2naß** F hecho una sopa.

Klaue ['klauə] f (15) uña f; *Raubtiere,
Vögel*: garra f; *Huftiere*: pezuña f; F
fig. mala letra f; **2n** P (25) ratear,
soplar, birlar, mangar.

Klaus|e ['-zə] f (15) celda f; ermi-
ta f; **~el** f (15) cláusula f; **~ner**
['-snər] m (7) ermitaño m; **~ur**
[-'zuːr] f (16) *Rel.* clausura f; *a.* ~
~ur-arbeit f examen m escrito bajo
vigilancia.

Klaviatur [klavjaˈtuːr] f (16) teclado m.

Klavier [-ˈviːr] n (3¹) piano m; ~spielen tocar el piano; ~auszug m partitura f para piano; ~konzert n (Stück) concierto m para piano; (Veranstaltung) recital m de piano; ~spieler(in f) m pianista su.; ~stimmer [-ˈʃtimər] m (7) afinador m (de pianos).

Kleb|eband [ˈkleːbəband] n cinta f (auto)adhesiva; **2en** (25) **1.** v/t. pegar; F j-m e-e ~ pegarle un tortazo a alg.; **2.** v/i. pegar, estar pegado (an dat. a); ~er ♔ m (7) gluten m; **2rig** pegajoso; ~stoff [ˈkleːpʃtɔf] m cola f, pegamento m, adhesivo m; ~streifen m cinta f adhesiva.

kleck|ern F [ˈklɛkərn] (29) hacer una mancha; manchar (auf ac.); **2s** [klɛks] m (4) mancha f; (Tinten2) borrón m; ~sen (27) hacer borrones od. manchas; Maler: pintarraj(e)ar; **2e'rei** f Mal. pintarrajo m.

Klee [kle:] m (3¹) trébol m; ~blatt n hoja f de trébol; fig. trío m.

Kleid [klaɪt] n (1) vestido m, traje m; **2en** [-dən] (26) vestir; gut ~ sentar od. ir bien.

Kleider|ablage [ˈ-dərʔaplaːgə] f guardarropa m; ~bügel m percha f, colgador m; ~bürste f cepillo m (para ropa); ~haken m colgadero m; ~schrank m ropero m, guardarropa m; ~ständer m percha f, perchero m.

kleid|sam [ˈklaɪtzaːm] que sienta bien; favorecedor; **2ung** [-duŋ] f ropa f; vestidos m/pl.; atuendo m; indumentaria f; **2ungsstück** n prenda f de vestir.

Kleie [ˈklaɪə] f (15) salvado m.

klein [klaɪn] pequeño; F chico; menudo; (unbedeutend) insignificante; Wuchs: bajo; von ~ auf desde niño; ein ~ wenig od. bißchen un poquito; bis ins ~ste hasta el más pequeño detalle; es ist mir ein 2es no es ninguna molestia; '2...: in Zssgn oft pequeño; '2-anzeigen f/pl. anuncios m/pl. por palabras; '2-arbeit f trabajo m minucioso; '2buchstabe m minúscula f; '2bürger m pequeño burgués m; '2bürgerlich pequeñoburgués f; '2bus m microbús m; '2geld n calderilla f; (dinero m) suelto m; '2handel (2handels-preis) m comercio m (precio m) al por menor; '2händler m comerciante m al por menor, detallista m, minorista m; '2heit f pequeñez f; '2hirn n cerebelo m; '2holz n leña f menuda; '2igkeit f menudencia f, bagatela f; '2igkeitskrämer F m pedante m; '2kariert a cuadritos; fig. de miras estrechas; '2kind n niño m de corta edad; '2kram m menudencias f/pl.; bagatelas f/pl.; '2krieg m guerrilla f; '2laut apocado; ~ werden apocarse; '2lich de miras estrechas; meticuloso; mezquino; '2lichkeit f estrechez f de miras; mezquindad f; '2möbel n/pl. muebles m/pl. auxiliares; '2mut m pusilanimidad f, apocamiento m; '2mütig [-ˈmyːtiç] pusilánime, apocado; '2od [-ˈʔoːt] n (3; pl. a. -ien) joya f (a. fig.), alhaja f; '2staaterei [-ʃtaːtəˈraɪ] f particularismo m; '2stadt f ciudad f pequeña; ~städtisch provinciano; '2vieh n ganado m menor.

Kleister [ˈklaɪstər] m (7) engrudo m; **2n** (29) engrudar.

Klemme [ˈklɛmə] f (15) pinza f; ∮ borne m; F fig. in der ~ sitzen estar en un apuro od. aprieto; **2n** (25) apretar; Tür usw.: encajar mal; sich den Finger ~ pillarse el dedo.

Klempner [ˈklɛmpnər] m (7) hojalatero m; (Installateur) fontanero m, lampista m; ~ei [-ˈraɪ] f hojalatería f; fontanería f, lampistería f.

Klepper [ˈklɛpər] m (7) rocín m, penco m.

kler|ikal [kleriˈkaːl] clerical; **2iker** [ˈkleːrikər] m (7) clérigo m; **2us** [ˈ-rus] m uv. clero m.

Klette ♀ [ˈklɛtə] f (15) lampazo m, bardana f.

Kletter|er [ˈ--rər] m (7) trepador m; **2n** (29, sn) trepar (auf ac. a); encaramarse (en); auf e-e Mauer: escalar (ac.); ~pflanze ♀ f planta f trepadora; ~stange f cucaña f.

Klient(in f) [kliˈɛnt(in)] m (12) cliente su.

Klima [ˈkliːma] n (11²) clima m (a. fig.); ~anlage f aire m acondicionado; mit ~ climatizado; **2tisch** [kliˈmaːtiʃ] climático.

klimm|en [ˈklimən] (30, sn) trepar; **2zug** m tracción f.

klimpern [ˈklimpərn] (29) teclear; aporrear el piano; mit dem Geld ~ hacer sonar el dinero.

Klinge [ˈkliŋə] f (15) hoja f, cuchilla f; (Schwert) espada f; über

die ~ *springen lassen* pasar a cuchillo.
Klingel [ˈ-əl] *f* (15) campanilla *f*; (*Tür*ℒ) timbre *m*; **~beutel** *m* limosnera *f*; **~knopf** *m* botón *m* del timbre; ℒn (29) tocar el timbre; *an der Tür*: llamar; *Fernspr.* sonar.
klingen [ˈ-ən] (30) sonar; **~d**: *mit* ~*er Münze* en dinero contante; *mit* ~*em Spiel* a tambor batiente.
Klin|ik [ˈkliːnik] *f* (16) clínica *f*; ℒ**isch** clínico.
Klinke [ˈkliŋkə] *f* (15) picaporte *m*; ⊕ gatillo *m*, trinquete *m*; **~r** *m* (7) ladrillo *m* holandés.
klipp [klip] 1. *adv.*: ~ *und klar* sin rodeos; sin tapujos; 2. ℒ *m* (11) clip *m*; ℒ**e** *f* (15) peña *f*, roca *f*; ⚓ escollo *m* (*a. fig.*).
klirren [ˈklirən] (25) sonar; *Gläser usw.*: tintinear; *Fenster*: vibrar.
Klischee [kliˈʃeː] *n* (11) clisé *m*, cliché *m* (*a. fig.*).
Klistier [klisˈtiːr] *n* (3[1]) lavativa *f*; enema *m*, **~spritze** *f* jeringa *f*.
Klitoris [ˈklitoris] *f uv.* clítoris *m*.
klitsch|ig [ˈklitʃiç] pastoso; **~naß** calado hasta los huesos.
Klo F [kloː] *n* (11) *s.* Klosett.
Kloake [kloˈaːkə] *f* (15) cloaca *f*.
Klob|en [ˈkloːbən] *m* (6) leño *m*; ℒ**ig** macizo; *fig.* tosco; torpe.
klon|en [ˈ-ən] (25) *Biol.* clonar; ℒ**ung** *f* clonación *f*.
klopf|en [ˈklɔpfən] (25) golpear; *Teppich*: sacudir; *Herz*: palpitar, latir; *Motor*: picar; *an die Tür*: llamar; *es klopft* llaman; **~fest** *Kfz.* antidetonante.
Klöppel [ˈklœpəl] *m* (7) (*Spitzen*ℒ) bolillo *m*; (*Glocken*ℒ) badajo *m*; ℒ**n** (29) hacer encaje de bolillos.
Klops [klɔps] *m* (4) albóndiga *f*.
Klosett [kloˈzɛt] *n* (3) wáter *m*, retrete *m*, excusado *m*; **~becken** *n* (taza *f* del) inodoro *m*; **~bürste** *f* escobilla *f* de retrete; **~deckel** *m* tapa *f* de(l) wáter; **~papier** *n* papel *m* higiénico.
Kloß [kloːs] *m* (3² *u.* ³) bola *f*; *Kchk.* albóndiga *f*.
Klößchen [ˈkløːsçən] *n* (6) *Kchk.* albondiguilla *f*.
Kloster [ˈkloːstər] *n* (7[1]) convento *m*; monasterio *m*; *ins* ~ *gehen* meterse fraile *bzw.* monja; **~bruder** *m* monje *m*; **~frau** *f* monja *f*; **~leben** *n* vida *f* monacal *od.* monástica.

klösterlich [ˈkløːstərliç] monacal, monástico, conventual.
Klotz [klɔts] *m* (3² *u.* ³) bloque *m*; (*Hack*ℒ) tajo *m*; *kleiner*: tarugo *m*, leño *m*; *fig.* zoquete *m*; ℒ**ig** macizo; F *fig.* enorme.
Klub [klup] *m* (11) club *m*; círculo *m*; **~sessel** *m* sillón *m*.
Kluft [kluft] *f* (14[1]) abertura *f*; abismo *m* (*a. fig.*); F (*Kleidung*) traje *m*; atuendo *m*.
klug [kluːk] (18²) inteligente; listo; (*vernünftig*) sensato, juicioso; (*vorsichtig*) prudente; *nicht* ~ *werden aus* et. no comprender a/c.; ℒ**heit** *f* inteligencia *f*; prudencia *f*; sensatez *f*.
Klump|en [ˈklumpən] *m* (6) (*Erde*) terrón *m*; *Kchk.* grumo *m*; ℒ**en** (25) agrumarse; **~fuß** *m* pie *m* contrahecho; ℒ**ig** grumoso.
Klüngel [ˈklyŋəl] *m* (7) pandilla *f*; camarilla *f*.
Klüver ⚓ [ˈklyːvər] *m* (7) foque *m*.
knabbern [ˈknabərn] (29) mordisquear (*an* et. a/c.); *Maus*: roer (*ac.*).
Knabe [ˈknaːbə] *m* (13) muchacho *m*; chico *m*; **~n-alter** *n* edad *f* pueril; ℒ**nhaft** aniñado.
Knäckebrot [ˈknɛkəbroːt] *n* pan *m* crujiente.
knack|en [ˈknakən] 1. *v/t.* cascar; *Geldschrank*: forzar; 2. *v/i.* crujir; ℒ**er** *m* (7): F *alter* ~ vejestorio *m*; **~ig** crujiente; *fig.* apetitoso; ℒ**mandel** *f* almendra *f* mollar; ℒ**s** *m* (4) crujido *m*; (*Sprung*) grieta *f*; *fig.* e-n ~ *haben* tener la salud quebrantada; ℒ**wurst** *f* salchicha *f*.
Knall [knal] *m* (3) estallido *m*; (*Schuß*) estampido *m*, detonación *f*; *der Peitsche*: chasquido *m*; *der Tür*: portazo *m*; *fig.* (*auf*) ~ *und Fall* de golpe y porrazo; F *fig.* e-n ~ *haben* estar chiflado; **~bonbon** *m od. n* bombón *m* fulminante; **~effekt** *m* golpe *m* de teatro; ℒ**en** (25) estallar; hacer detonación; *es knallt* se oye un disparo; **~erbse** *f* pepita *f* crepitante; **~frosch** *m* petardo *m*; **~gas** *n* gas *m* fulminante; ℒ**ig** chillón; ℒ**rot** rojo subido.
knapp [knap] (*eng*) estrecho, justo, apretado; (*dürftig*) escaso; *Stil*: conciso, sucinto; *adv.* apenas; *mit* ~*er Not* a duras penas; ~ *sein* escasear; ℒ**e** *m* (13) *hist.* escudero *m*; ℝ minero *m*; **~halten**: *j-n* ~ atar corto a alg.; ℒ**heit** *f* escasez *f*; (*Enge*) estrechez *f*;

des Stils: concisión *f*; **²schaft** ✗ *f* corporación *f* de mineros.

Knarre [ˈknarə] *f* (15) carraca *f*, matraca *f*; F (*Gewehr*) chopo *m*; **²n** (25) *Tür*, *Räder*: chirriar, rechinar; *Holz*: crujir.

Knast F [knast] *m* (3, *o. pl.*) F chirona *f*; **²er** F *m* (7) tabaco *m* malo.

knattern [ˈknatərn] (29) crepitar; *Gewehr*: tabletear; *Motorrad*: petardear.

Knäuel [ˈknɔɥəl] *n od. m* (7) ovillo *m*; *v. Menschen*: aglomeración *f*.

Knauf [knaʊf] *m* (3³) puño *m*; (*Degen*²) pomo *m*; ♁ capitel *m*.

Knauser [ˈknaʊzər] *m* (7) tacaño *m*; **~ei** [--ˈraɪ] *f* tacañería *f*; **²ig** tacaño; **²n** (29) tacañear.

knautsch|en F [ˈknaʊtʃən] (27) chafar; arrugar; **²zone** *f Kfz.* zona *f* de absorción de impactos; estructuras *f/pl.* deformables.

Knebel [ˈkneːbəl] *m* (7) (*Holz*²) tarabilla *f*; (*Mund*²) mordaza *f*; **²n** (29) amordazar.

Knecht [knɛçt] *m* (3) 🗡 mozo *m* de labranza, gañán *m*, *Am.* peón *m*; *hist.* siervo *m*; **²en** (26) avasallar; esclavizar; **²isch** servil; **'~schaft** *f* servidumbre *f*.

kneif|en [ˈknaɪfən] (30) **1.** *v/t.* pellizcar; **2.** F *v/i.* rajarse; **²er** *m* (7) quevedos *m/pl.*; **²zange** *f* alicates *m/pl.*, tenazas *f/pl.*

Kneipe [ˈ-pə] *f* (15) tasca *f*.

kneten [ˈkneːtən] (26) amasar; *Ton usw.*: modelar.

Knick [knik] *m* (3) codo *m*; (*Falte*) doblez *m*; **²en** (25) doblar; *fig.* deprimir; **'~er** F *m* (7) tacaño *m*; **²erig** tacaño, mezquino; **'~fuß** 🦵 *m* pie *m* valgo; **~s** *m* (4) reverencia *f*; **²sen** (27) hacer una reverencia.

Knie [kniː] *n* (7) rodilla *f*; ♁ codo *m*; *auf* **~n** de rodillas; *fig. übers* ~ *brechen* hacer apresuradamente; **'~beuge** [ˈ-bɔɥgə] *f* (15) flexión *f* de rodillas; **'~fall** *m* genuflexión *f*; **'²fällig** de rodillas; **'²frei** con la rodilla descubierta; **'~gelenk** *n* articulación *f* de la rodilla; **'~hose** *f* pantalón *m* de media rodilla; **'~kehle** *f* corva *f*; **²n** (25) estar de rodillas; arrodillarse; **'~scheibe** *f* rótula *f*; **'~schützer** *m* (7) rodillera *f*; **'~strumpf** *m* media *f* corta *od.* de sport; **'²tief** hasta las rodillas.

kniff [knif] **1.** *s. kneifen*; **2.** ♀ *m* (3) (*Falte*) pliegue *m*; doblez *m*; *fig.*

truco *m*, treta *f*; **'~(e)lig** delicado; espinoso; **'~en** (25) plegar, doblar.

knipsen [ˈknipsən] (27) picar, perforar; *Phot.* hacer *od.* sacar una foto.

Knirps [knirps] *m* (4) hombrecillo *m*; F enano *m*; (*Kind*) chiquillo *m*.

knirschen [ˈknirʃən] (27) crujir; *mit den Zähnen* ~ rechinar los dientes.

knistern [ˈknistərn] (29) crujir; *Feuer*: crepitar; **2.** ♀ *n* crujido *m*; crepitación *f*.

knitter|frei [ˈ-tərfraɪ] inarrugable; **~n** (29) arrugarse.

knobeln [ˈknoːbəln] (29) jugar a los dados; (*losen*) echar a suertes; *fig.* devanarse los sesos.

Knoblauch [ˈknoːplaʊx, ˈknɔplaʊx] *m* (3) ajo *m*; **~zehe** *f* diente *m* de ajo.

Knöchel [ˈknœçəl] *m* (7) (*Finger*²) nudillo *m*; (*Fuß*²) tobillo *m*.

Knochen [ˈknɔxən] *m* (6) hueso *m*; **~bruch** *m* fractura *f*; **~gerüst** *n* osamenta *f*, esqueleto *m*; **~haut** *f* periostio *m*; **~mark** *n* médula *f*, tuétano *m*; **~splitter** *m* esquirla *f*.

knöchern [ˈknœçərn] óseo.

knochig [ˈknɔxiç] huesudo.

Knödel [ˈknøːdəl] *m* (7) albóndiga *f*.

Knoll|e [ˈknɔlə] *f* (15) tubérculo *m*; (*Zwiebel*) bulbo *m*; **~engewächs** *n* planta *f* tuberosa; **²ig** tuberoso, bulboso.

Knopf [knɔpf] *m* (3³) botón *m*; ⊕ *a.* pulsador *m*.

'knöpfen (25) abotonar; abrochar.

Knopfloch [ˈknɔpflɔx] *n* ojal *m*.

Knorpel [ˈknɔrpəl] *m* (7) cartílago *m*; **²ig** cartilaginoso.

Knorr|en [ˈknɔrən] *m* (6) nudo *m*; **²ig** nudoso; *fig.* basto, rudo.

Knospe [ˈknɔspə] *f* (15) (*Blatt*²) yema *f*; (*Blüten*²) botón *m*, capullo *m*; **²n** (26) brotar.

knot|en [ˈknoːtən] (26) anudar; **²en** *m* nudo *m* (*a.* ♣ *u. fig.*); **²enpunkt** 🚂 *m* empalme *m*; nudo *m* (ferroviario); **²ig** nudoso.

Knuff [knuf] *m* (3³) empujón *m*; codazo *m*; **'²en** (25) dar empujones *bzw.* codazos.

knüll|en [ˈknɥlən] (25) arrugar; **²er** F *m* (7) exitazo *m*.

knüpfen [ˈknɥpfən] (25) anudar; (*binden*) atar; *Knoten*: hacer.

Knüppel [ˈknɥpəl] *m* (7) garrote *m*, palo *m*; (*Gummi*²) porra *f*.

knurr|en [ˈknʊrən] (25) gruñir; refunfuñar; **~ig** gruñón.

knusprig [ˈknuspriç] crujiente.

Knute [ˈknuːtə] f (15) látigo m; fig. unter j-s ~ bajo la férula de alg.

knutsche|n F [ˈknuːtʃən] (25) besuquear; **2rei** f besuqueo m.

k.o. [kaˈoː]: j-n ~ schlagen noquear a alg.

Koalition [koˑaliˈtsjoːn] f coalición f.

Kobalt [ˈ-balt] m (3) cobalto m; ~**bombe** f bomba f de cobalto.

Kobold [ˈ-bɔlt] m (3) duende m.

Kobra Zo. [ˈ-bra] f (11¹) cobra f.

Koch [kɔx] m (3³) cocinero m; '~**buch** n libro m de cocina; '2en (25) 1. v/t. cocer; cocinar; guisar; Tee usw.: preparar, hacer; 2. v/i. Wasser usw.: hervir, cocer; abstr. cocinar, guisar; fig. rabiar; '~en n cocción f; ebullición f; '~er m (7) hornillo m (eléctrico).

Köcher [ˈkœçər] m (7) aljaba f, carcaj m.

koch|fertig [ˈkɔxfɛrtiç] listo para cocinar; ~**fest** lavable en agua hirviendo; 2**geschirr** n batería f de cocina; ✕ gamella f; 2**herd** m cocina f.

Köchin [ˈkœçin] f (16¹) cocinera f.

Koch|kunst [ˈkɔxkʊnst] f arte m culinario; ~**löffel** m cucharón m; ~**nische** f rincón m cocina; ~**rezept** n receta f culinaria; ~**salz** n sal f común; ~**topf** m olla f, marmita f; cacerola f; cazuela f.

Köder [ˈkøːdər] m (7) cebo m (a. fig.); 2n (29) echar cebo a; fig. atraer.

Kodex [ˈkoːdɛks] m (3², sg. a. uv., pl. a. Kodizes [ˈ-ditseːs]) código m.

Koffein [kɔfeˈiːn] n (3¹) cafeína f; 2**frei** descafeinado, sin cafeína.

Koffer [ˈkɔfər] m (7) maleta f; kleiner: maletín m; ~**radio** n radio f portátil; ~**raum** m Kfz. maletero m.

Kognak [ˈkɔnjak] m (11) coñac m.

Kohl [koːl] m (3) col f, berza f; fig. disparates m/pl.; F chorradas f/pl.; '~**dampf** F m gazuza f; ~ schieben pasar hambre.

Kohle [ˈ-lə] f (15) carbón m; wie auf glühenden ~n sitzen estar en ascuas; 2**haltig** [ˈ--haltiç] carbonífero.

'**Kohlen|becken** n brasero m; ✕ cuenca f hullera; ~**bergwerk** n mina f de carbón; ~**bunker** ♨ m carbonera f; ~**dioxyd** [ˈ-diːɔksyːt] n dióxido m de carbono; ~**handlung** f carbonería f; ~**hydrat** [ˈ--hydraːt] n (3) hidrato m de carbono; ~**oxyd** n óxido m de carbono; ~**säure** f ácido m carbónico; ~**schaufel** f badila f; ~**staub** m polvo m de carbón, cisco m, carbonilla f; ~**stoff** ♫ m carbono m; ~**wasserstoff** m hidrocarburo m.

'**Kohlepapier** n papel m carbón.

Köhler [ˈkøːlər] m (7) carbonero m.

Kohle|stift [ˈkoːləʃtift] m carboncillo m; ~**zeichnung** f dibujo m al carbón.

'**Kohl|kopf** m repollo m; ~**meise** f carbonero m; 2**(raben)schwarz** negro como carbón; ~**rabi** [ˈ-raːbi] m (11) colinabo m; ~**rübe** f naba f; ~**weißling** [ˈ-vaislin] m (3¹) mariposa f blanca de la col.

Koitus [ˈkoːitus] m uv. coito m.

Koje ♨ [ˈkoːjə] f (15) camarote m.

Koka ♀ [ˈ-ka] f uv. coca f.

Kokain [kokaˈiːn] n (3¹, o. pl.) cocaína f; 2**süchtig**, ~**süchtige(r)** m cocainómano (m).

Kokerei [koːkəˈrai] f coquería f.

kokett [koˈkɛt] coqueta; 2**erie** [--əˈriː] f (15, o. pl.) coquetería f; ~**ieren** [--ˈtiːrən] coquetear.

Kokon [kɔˈkɔ̃] m (11) capullo m.

Kokos... [ˈkoːkɔs...]: in Zssgn de coco; ~**nuß** f coco m; ~**palme** f cocotero m; ~**raspel** pl. coco m rallado.

Koks [koːks] m (4) coque m; P (Kokain) nieve f.

Kolben [ˈkɔlbən] m (6) (Gewehr2) culata f; ♫ alambique m; ⊕ émbolo m, pistón m; ♀ mazorca f; ~**hub** m carrera f del émbolo; ~**stange** f vástago m de émbolo.

Kolchose [-ˈço:zə] f (15) koljós m, koljóz m.

Kolibri Zo. [ˈkoːlibri] m (11) colibrí m, pájaro m mosca.

Kolik ♯ [ˈkoːlik, koˈliːk] f (16) cólico m.

Kollaps ♯ [ˈkɔlaps] m (3²) colapso m.

Kolleg [-ˈleːk] n (8² u. 11) curso m, clase f; ~**e** [-ˈgə] m (13), ~**in** f colega su.; ~**ium** [-ˈgjum] n (9) colegio m; v. Lehrern: a. claustro m, cuerpo m docente; ~**mappe** f cartera f.

Kollek|te [-ˈlɛkta] f (15) cuestación f, colecta f; 2**tiv** [--ˈtiːf] colectivo; ~**tiv** n (3¹) colectividad f, comunidad f; grupo m; ~**tiv...:** in Zssgn colectivo.

Koller [ˈ-lər] m (7) vet. vértigo m; fig. acceso m de rabia; 2n (29) Truthahn: hacer glogló; (rollen) rodar.

kolli|dieren [-liˈdiːrən] chocar; zeitl. coincidir; 2**sion** [--ˈzjoːn] f colisión f; choque m.

Kolloquium [-'lo:kvium] *n* (9) coloquio *m*.

Kölnischwasser [kœlniʃ'vasər] *n* (agua *f* de) colonia *f*.

kolonial [kolo'nja:l], ♥... colonial; ℒ**ismus** [--nja'lismʊs] *m* (16, *o. pl.*) colonialismo *m*; ℒ**reich** *n* imperio *m* colonial; ℒ**waren(geschäft** *n*) *f/pl.* (comercio *m* de) ultramarinos *m/pl.*

Kolon|ie [--'ni:] *f* (15) colonia *f*; ℒ**isieren** [--koli'zi:rən] colonizar; **¸i'sierung** *f* colonización *f*; **¸ist** [--'nist] *m* (12) colono *m*.

Kolonnade [--'na:də] *f* (15) columnata *f*; arcadas *f/pl.*

Kolonne [--'lɔnə] *f* (15) columna *f*; *(Arbeits*℘) brigada *f*.

Kolophonium [-lo'fo:njum] *n* (9) colofonia *f*.

Koloratur ♪ [--ra'tu:r] *f* (16) coloratura *f*; **¸sopran** *m* soprano *f* ligera *od.* de coloratura.

kolor|ieren [--'ri:rən] colorar; ℒ**it** [--'rit] *n* (3¹) colorido *m*.

Koloß [-'lɔs] *m* (4) coloso *m*.

kolossal [--'sa:l] colosal; *fig. a.* enorme.

Kolumbian|er(in *f*) [kolum'bja:nər (-in)] *m* (7), ℒ**isch** colombiano (-a) *m* (*f*).

Koma ♣ ['ko:ma] *n* (11[²]) coma *m*.

Kombi|nation [kombina'tsjo:n] *f* combinación *f*; *Skisport:* combinada *f*; ℒ**nieren** combinar; **'¸wagen** *m* camioneta *f*.

Kombüse ♣ [-'by:zə] *f* (15) cocina *f*.

Komet [ko'me:t] *m* (12) cometa *m*.

Komfort [kɔm'fo:r] *m* (11, *o. pl.*) comodidades *f/pl.*, confort *m*; ℒ**abel** [-fɔr'ta:bəl] confortable, cómodo.

Kom|ik ['ko:mik] *f* (16) comicidad *f*; **¸iker** *m* (7) cómico *m*; ℒ**isch** cómico; *fig.* extraño, curioso, raro; **¸e** *Oper* ópera *f* bufa.

Komitee [komi'te:] *n* (11) comité *m*.

Komma ['kɔma] *n* (11[²]) coma *f*.

Kommand|ant [kɔman'dant] *m* (12), **¸eur** [--'dø:r] *m* (3¹) comandante *m*; **¸antur** [--dan'tu:r] *f* (16) comandancia *f*; ℒ**ieren** [--'di:rən] **1.** *v/t.* (co)mandar; **2.** *v/i.* tener el mando.

Kommandit|gesellschaft [--'di:tgəzelʃaft] *f* sociedad *f* comanditaria *od.* en comandita; **¸ist** [--di'tist] *m* (12) (socio *m*) comanditario *m*.

Kommando [-'do] *n* (11) mando *m*; *(Abteilung)* comando *m*, destacamento *m*; *(Ruf)* voz *f* de mando;

¸brücke ♣ *f* puente *m* de mando.

kommen ['kɔmən] (30, sn) *zum Sprechenden hin)* venir; *(von Sprechenden weg)* ir; *(an¸)* llegar; *(zurück¸)* volver; *da kommt er!* ¡ahí viene!; *ich komme (schon)!* ¡(ya) voy!; *wie es gerade kommt* como caiga *od.* salga; *wie kommt es, daß ...?* ¿cómo es posible que ...?; **¸** *lassen* hacer venir; mandar por; *Waren:* encargar; **¸** *sehen* ver venir; **¸** *auf (ac.) Anteil:* tocar a; *(sich entsinnen)* recordar a/c.; *(kosten)* venir a costar; *wie kommst du darauf?* ¿por qué lo dices?; *nichts auf j-n* **¸** *lassen* no querer que se hable mal de alg.; **¸** *durch* pasar por; *hinter* **¸** descubrir a/c.; *um et.* **¸** quedar privado de a/c.; perder a/c.; *das kommt von ...* eso se debe a; *das kommt davon!* ahí lo ves; así aprenderás; *zu et.* **¸** *(Zeit haben)* tener tiempo para; *(wieder) zu sich* **¸** volver en sí; *wie kommst du dazu?* ¿cómo se te ocurre?; ¿cómo te atreves?; *hierzu kommt, daß* a esto hay que añadir que; *es kam zu ...* se produjo *bzw.* produjeron ...; *es mußte so* **¸** tenía que ser así; **¸d** *zeitl.* venidero, futuro; *(nächster)* que viene; próximo.

Kommen|tar [-mɛn'ta:r] *m* comentario *m*; **¸tator** [--'-tɔr] *m* (8¹) comentarista *m*; ℒ**tieren** comentar.

kommerziell [-mɛr'tsjɛl] comercial.

Kommilitone [-mili'to:nə] *m* (13) compañero *m* de estudios.

Kommiß F [kɔ'mis] *m uv.* servicio *m* militar.

Kommissar [-mi'sa:r] *m* (3¹) comisario *m*; **¸iat** [--sar'ja:t] *n* (3) comisaría *f*; ℒ**isch** [--'sa:riʃ] provisional, interino.

Kommission [--'sjo:n] *f* comisión *f*; **¸är** [--sjo'nɛ:r] *m* (3¹) comisionista *m*.

Kommode [-'mo:də] *f* (15) cómoda *f*.

Kommun|al... [-'mu'nal...]: *in Zssgn* comunal; municipal; **¸e** [-'mu:nə] *f* (15) comuna *f*.

Kommuni|on [-mun'jo:n] *f* comunión *f*; **¸qué** [-myni'ke:] *n* (11) comunicado *m*; **¸smus** [-mu'nismus] *m* (16, *o. pl.*) comunismo *m*; **¸st(in** *f*) [--'nist(in)] *m* (12), ℒ**stisch** comunista *(su.)*; ℒ**zieren** [---'tsi:rən] *kath.* comulgar.

Komö|diant(in *f*) [kømø'djant(in)] *m* (12) cómico (-a) *m* (*f*), comediante

(-a) *m* (*f*); **~die** [-ˈmøːdjə] *f* (15) comedia *f*.

Kompagnon [kɔmpaˈnjõ] *m* (11) socio *m*.

kompakt [-ˈpakt] compacto.

Kompanie [-paˈniː] *f* (15) compañía *f*.

Komparativ *Gram.* [ˈ--ratiːf] *m* (3¹) comparativo *m*.

Komparse [-ˈparzə] *m* (13) comparsa *m*, figurante *m*; *Film*: extra *m*; **~rie** [--zəˈriː] *f* (15) comparsa *f*.

Kompaß [ˈ-pas] *m* (4) brújula *f*; ⚓ compás *m*.

Kompens|ation [-pɛnzaˈtsjoːn] *f* compensación *f*; **2ieren** [--ˈziːrən] compensar.

kompeten|t [-pəˈtɛnt] competente; **2z** [--ˈtɛnts] *f* (16) competencia *f*.

komplett [-ˈplɛt] completo.

Komplex [-ˈplɛks] *m* (3²) complejo *m* (*a. Psych.*); conjunto *m*.

Kompli|kation [-plikaˈtsjoːn] *f* complicación *f*; **~ment** [--ˈmɛnt] *n* (3) cumplido *m*; *mein ~!* ¡enhorabuena!

Komplize [-ˈpliːtsə] *m* (13) cómplice *m*.

komplizieren [-pliˈtsiːrən] complicar.

Komplott [-ˈplɔt] *n* (3) conspiración *f*, complot *m*.

kompo|nieren [-poˈniːrən] componer; **2nist** [--ˈnist] *m* (12) compositor *m*; **2sition** [--ziˈtsjoːn] *f* composición *f*.

Kompost ✔ [-ˈpɔst] *m* (3²) compost *m*.

Kompott [-ˈpɔt] *n* (3) compota *f*; **~schale** *f* compotera *f*.

Kompresse ✚ [-ˈprɛsə] *f* (15) compresa *f*; **~or** ⊕ [-ˈsɔr] *m* (8¹) compresor *m*.

komprimieren [-priˈmiːrən] comprimir.

Kompromiß [-proˈmis] *m*, *selten n* (4) compromiso *m*; arreglo *m*; **2los** intransigente; sin compromiso.

kompromittieren [--miˈtiːrən] comprometer.

Kondens|ation [kɔndɛnzaˈtsjoːn] *f* condensación *f*; **~ator** [--ˈzaːtɔr] *m* (8¹) condensador *m*; **2ieren** [--ziːrən] condensar; **~milch** [-ˈdɛnsmilç] *f* leche *f* condensada; **~streifen** ✈ *m* estela *f*.

Kondition [-diˈtsjoːn] *f* condición *f*; *Sport*: *a.* forma *f* física; **~al** [--tsjoˈnaːl] *m* (3¹) condicional *m*.

Konditor [-ˈdiːtɔr] *m* (8¹) pastelero *m*; **~ei** [-ditoˈraɪ] *f* pastelería *f*.

Kondol|enz [-doˈlɛnts] *f* (16) pésame *m*, condolencia *f*; **2ieren** [--ˈliːrən] dar el pésame.

Kondom [-ˈdoːm] *n* (3¹) preservativo *m*, condón *m*.

Kondor [ˈ-dɔr] *m* (3¹) cóndor *m*.

Konfekt [-ˈfɛkt] *n* (3) bombones *m/pl.*; confites *m/pl.*

Konfektion [-ˈtsjoːn] *f* confección *f*; **~s-anzug** *m* traje *m* hecho *od.* de confección.

Konfe|renz [-fəˈrɛnts] *f* (16) conferencia *f*; **2rieren** conferenciar.

Konfession [-fɛˈsjoːn] *f* confesión *f*; religión *f*.

Konfetti [-ˈfɛti] *n* (11[¹]) confeti *m*.

Konfirm|and(in *f*) [-firˈmant, --ˈdin] *m* (12) confirma(n)do (-a) *m* (*f*); **~ation** [--maˈtsjoːn] *f* confirmación *f*; **2ieren** confirmar.

konfiszieren [-fisˈtsiːrən] confiscar.

Konfitüre [-fiˈtyːrə] *f* (15) confitura *f*.

Konflikt [-ˈflikt] *m* (3) conflicto *m*; **~situation** *f* situación *f* conflictiva.

konfrontieren [-frɔnˈtiːrən] confrontar.

konfus [-ˈfuːs] confuso.

Kongreß [-ˈgrɛs] *m* (4) congreso *m*; **~teilnehmer** *m* congresista *m*.

König [ˈkøːniç] *m* (3) rey *m* (*a. Schach u. Karte*); **~in** [ˈ--gin] *f* reina *f*; **2lich** [ˈ-nikliç] real; regio; **~reich** *n* reino *m*; **~smord** *m* regicidio *m*; **~s-paar** *n* reyes *m/pl.*; **2s-treu** monárquico; **~tum** [ˈ-niçtuːm] *n* (1²) dignidad *f* real; realeza *f*; monarquía *f*.

Konjug|ation [kɔnjugaˈtsjoːn] *f* conjugación *f*; **2gieren** conjugar.

Konjunkt|ion [-juŋkˈtsjoːn] *f* conjunción *f*; **2iv** [ˈ--tiːf] *m* (3¹) subjuntivo *m*; **~ur** [--ˈtuːr] *f* (16) coyuntura *f*; **2urell** [--tuˈrɛl] coyuntural.

konkav [kɔnˈkaːf] cóncavo.

konkret [-ˈkreːt] concreto; **~isieren** [-kretiˈziːrən] concretar.

Konkurr|ent [-kuˈrɛnt] *m* (12) competidor *m*; **~enz** [--ˈrɛnts] *f* (16) competencia *f*; **2enzfähig** capaz de competir, competitivo; **2enzlos** fuera de (*od.* sin) competencia; **2ieren** [--ˈriːrən] competir (*mit dat.* con).

Konkurs [-ˈkurs] *m* (4) quiebra *f*; *~ machen* quebrar; *~ anmelden* declararse en quiebra; **~eröffnung** *f* apertura *f* de la quiebra; **~masse** *f* masa *f* *od.* activo *m* de la quiebra;

~**verwalter** m síndico m de la quiebra.

können ['kœnən] **1.** (30) poder; (*gelernt haben*) saber; *Deutsch* ~ saber alemán; *es kann sn, daß* puede ser *od.* es posible que; *so gut ich kann* lo mejor que pueda; *er schrie so laut er konnte* gritaba a más no poder; **2.** 2 *n* capacidad *f*; habilidad *f*.

konnte ['kɔntə] *s.* können.

Konnossement ✝ [kɔnɔsə'mɛnt] *n* (3) conocimiento *m*.

konsequen|t [-ze'kvɛnt] consecuente; 2**z** [--'kvɛnts] *f* (16) consecuencia *f*.

konservat|iv ['-zɛrva'ti:f], 2**ive(r)** *m* conservador (*m*); 2**orium** [---'to:rjum] *n* (9) conservatorio *m*.

Konser|ve [-'vǝ] *f* (15) conserva *f*; ~**venbüchse** *f*, ~**vendose** *f* lata *f* (de conservas); 2**'vieren** conservar; ~**'vierung** *f* conservación *f*.

Konsistorium [-zis'to:rjum] *n* (9) consistorio *m*.

Konsol|e [-'zo:lǝ] *f* (15) consola *f*; ⌂ repisa *f*; 2**idieren** [-zoli'di:rǝn] consolidar; ~**i'dierung** *f* consolidación *f*.

Konsonant [-zo'nant] *m* (12) consonante *f*.

Konsortium [-'zɔrtsjum] *n* (9) consorcio *m*.

konspirativ [-spira'ti:f]: ~*e Wohnung* piso *m* franco.

konstant [-'stant], 2**e** *f* (15) constante (*f*).

konstatieren [-sta'ti:rǝn] hacer constar.

konsterniert [-stɛr'ni:rt] consternado.

konstitu|ieren [-stitu'i:rǝn] constituir; 2**tion** [----'tsjo:n] *f* constitución *f*; ~**tionell** [-tsjo'nɛl] constitucional.

konstru|ieren [-stru'i:rǝn] construir; 2**ktion** [-struk'tsjo:n] *f* construcción *f*; ~**ktiv** [--'ti:f] constructivo.

Konsul ['-zul] *m* (10) cónsul *m*; ~**ar...** [--'la:r], 2**arisch** [--'la:riʃ] consular; ~**at** [--'la:t] *n* (3) consulado *m*; ~**tation** [--ta'tsjo:n] *f* consulta *f*; 2**'tieren** consultar.

Konsum [-'zu:m] *m* (3) consumo *m*; ~**ent(in** *f*) [-zu'mɛnt(in)] *m* (12) consumidor(a) *m* (*f*); ~**genossenschaft** *f* cooperativa *f* de consumo; ~**gesellschaft** *f* sociedad *f* de consumo; ~**güter** *n/pl.* bienes

m/pl. de consumo; 2**ieren** consumir.

Kontakt [-'takt] *m* (3) contacto *m*; ~ *aufnehmen mit* entrar en contacto con, *neol.* contactar con; ~**glas** *n*, ~**linse** *f* lente *f* de contacto, lentilla *f*.

Konter... ['-tǝr]: *in Zssgn mst* contra...; ~**admiral** *m* contra(a)lmirante *m*; ~**bande** *f* contrabando *m*; ~**fei** ['--fai] *n* (3¹) retrato *m*; 2**n** (29) replicar.

Kontinent ['-tinɛnt] *m* (3) continente *m*; 2**al** [---'ta:l] continental.

Kontingent [-tiŋ'gɛnt] *n* (3) contingente *m*; cupo *m*; 2**ieren** contingentar; ~**'ierung** *f* contingentación *f*.

kontinuierlich [-tinu'i:rlɪç] continuo; continuado.

Konto ['-to] *n* (9¹ *u.* 11) cuenta *f*; ~**auszug** *m* extracto *m* de cuenta; ~**inhaber** *m* titular *m* de una cuenta; ~**korrent** [--kɔ'rɛnt] *n* (3) cuenta *f* corriente.

Kontor [-'to:r] *n* (3¹) oficina *f*; despacho *m*; ~**ist(in** *f*) [-to'rist(in)] *m* (12) oficinista *su.*

Kontostand ['-toʃtant] *m* estado *m* de la cuenta.

Kontra|baß ['-trabas] *m* contrabajo *m*; ~**hent** [--'hɛnt] *m* (12) parte *f* contratante; '**~punkt** ♪ *m* contrapunto *m*.

Kontrast [-'trast] *m* (3²) contraste *m*; 2**ieren** [--'ti:rǝn] contrastar.

Kontroll|abschnitt ['-trɔlʔapʃnit] *m* talón *m* de control; ~**e** *f* (15) control *m*, comprobación *f*; inspección *f*, revisión *f*; *Zoll:* registro *m*; ~**eur** [--'lø:r] *m* (3¹) inspector *m*; 🏰 revisor *m*; 2**ieren** controlar, comprobar; revisar; ~**(l)ampe** *f* piloto *m*; ~**marke** *f* contraseña *f* de control.

Kontroverse [-tro'vɛrzǝ] *f* (15) controversia *f*.

Kontur [-'tu:r] *f* (16) contorno *m*; perfil *m*.

Konvention [-vɛn'tsjo:n] *f* convención *f*; ~**alstrafe** [--tsjo'na:lʃtra:fǝ] *f* multa *f* convencional; 2**ell** [---'nɛl] convencional.

Konversation [-vɛrza'tsjo:n] *f* conversación *f*; ~**slexikon** *n* diccionario *m* enciclopédico.

konvertier|bar [--'ti:rbar] convertible; 2**barkeit** *f* convertibilidad *f*; ~**en** ✝ convertir; *Rel.* convertirse a.

konvex [-'vɛks] convexo.

Konvoi [-'vɔy] *m* (11) convoy *m*.

Konzentration [-tsɛntraˈtsjoːn] *f* concentración *f*; **~slager** *n* campo *m* de concentración.

konzentr|ieren [--ˈtriːrən] concentrar; **~isch** [-ˈ-triʃ] concéntrico.

Konzept [-ˈtsɛpt] *n* (3) borrador *m*; *aus dem ~ kommen* (*bringen*) (hacer) perder el hilo.

Konzern [-ˈtsɛrn] *m* (3¹) consorcio *m*; grupo *m*.

Konzert [-ˈtsɛrt] *n* (3) concierto *m*; (*Solistenᴏ̃*) recital *m*; **ᴏ̃ieren** dar un concierto; **~meister** *m* concertino *m*; **~saal** *m* sala *f* de conciertos; auditorio *m*; **~sänger(in** *f*) *m* concertista *su.*

Konzession [-tsɛˈsjoːn] *f* concesión *f*; licencia *f*.

Konzil [-ˈtsiːl] *n* (3¹ *u.* 8²) concilio *m*.

Koordi|nate **ᴀ́** [koɔrdiˈnaːtə] *f* (15) coordenada *f*; **ᴏ̃nieren** coordinar; **~nierung** *f* coordinación *f*.

Kopf [kɔpf] *m* (3³) cabeza *f*; *aus dem ~ de memoria; ~ hoch!* ¡ánimo!; *fig. den ~ verlieren* pérder la cabeza; *sich et. aus dem ~ schlagen* renunciar a a/c.; *j-m den ~ waschen* leer la cartilla a alg.; *s-n ~ durchsetzen* salirse con la suya; *nicht auf den ~ gefallen sein* F no tener pelo de tonto; F *nicht ganz richtig im ~ sn* estar mal de la cabeza; *auf den ~ zusagen* decir en la cara; *alles auf den ~ stellen* ponerlo todo patas arriba; *sich et. in den ~ setzen* meterse a/c. en la cabeza; *von ~ bis Fuß* de pies a cabeza; *j-n vor den ~ stoßen* ofender a alg.; *es will mir nicht in den ~ no* me cabe *od.* entra en la cabeza; *es ist mir über den ~ gewachsen* es superior a mis fuerzas; **'~arbeit** *f* trabajo *m* intelectual; **'~arbeiter** *m* trabajador *m* intelectual; **'~bahnhof** *m* estación *f* terminal; **'~ball** *m Sport:* remate *m* de cabeza; **'~bedeckung** *f* sombrero *m.*

köpfen [ˈkœpfən] (25) *j-n:* decapitar, cortar la cabeza a; *Sport:* cabecear; **ᴏ̃** descabezar.

Kopf|ende [ˈkɔpfʔɛndə] *n* cabecera *f*; **~haut** *f* cuero *m* cabelludo; **~hörer** *m* auricular *m*; **~kissen** *n* almohada *f*; **ᴏ̃los** *fig.* atolondrado; **~rechnen** *n* cálculo *m* mental; **~salat** *m* lechuga *f*; **ᴏ̃scheu** desconfiado; **~schmerzen** *m/pl.* dolor *m* de cabeza; **~schütteln** *n* movimiento *m* negativo con la cabeza; **~sprung** *m* zambullida *f* de cabeza; **~stand** *m* apoyo *m* sobre la

cabeza; **~stimme** *f* falsete *m*; **~stoß** *m Sport:* cabezazo *m*; **~stütze** *f Kfz.* reposacabezas *m*; **~tuch** *n* pañuelo *m* (de cabeza); **ᴏ̃über** de cabeza; **~wäsche** *f* lavado *m* de cabeza; **~zerbrechen** *n* quebradero *m* de cabeza.

Kopie [koˈpiː] *f* (15) copia *f*; **ᴏ̃ren** copiar (*a. fig.*); **~rgerät** *n* copiadora *f*; **~rstift** *m* lápiz *m* de tinta.

Kopilot [ˈkoːpiloːt] *m* copiloto *m*.

Koppel [ˈkɔpəl]: **a)** *f* (15) *Hunde:* trailla *f*; *Pferde:* reata *f*; (*Weide*) dehesa *f*; cercado *m*; **b)** *n* (7) cinturón *m*; **ᴏ̃n** (29) *a.* ⊕ *u.* ♪ acoplar; *Hunde:* atraillar; *Pferde:* reatar; **~ung** *f* acoplamiento *m.*

Koproduktion [ˈkoːprodʊktsjoːn] *f Film:* coproducción *f.*

Koralle [koˈralə] *f* (15) coral *m*; **~nriff** *n* arrecife *m* coralino.

Koran [koˈraːn] *m* (3¹) Corán *m.*

Korb [kɔrp] *m* (3³) (*Handᴏ̃*) cesta *f*; *hoher:* cesto *m*, canasto *m*; *flacher:* canasta *f*; *fig. e-n ~ geben* dar calabazas; **'~ball** *m* baloncesto *m*; **'~flasche** *f* bombona *f*; damajuana *f*; **'~macher** *m* (7) cestero *m*; **'~möbel** *n/pl.* (**'~sessel** *m*) muebles *m/pl.* (sillón *m*) de mimbre; **'~waren** *f/pl.* cestería *f*; **'~weide** ♀ *f* mimbre *m*, mimbrera *f.*

Kord [kɔrt] *m* (3) pana *f.*

Kordel [ˈ-dəl] *f* (15) cordón *m.*

Kordhose [ˈkɔrthoːzə] *f* pantalón *m* de pana.

Korinthe [koˈrintə] *f* (15) pasa *f* de Corinto.

Kork [kɔrk] *m* (3) corcho *m*; **'~eiche** ♀ *f* alcornoque *m*; **'~en** *m* (6) tapón *m* (de corcho), corcho *m*; **'~enzieher** *m* sacacorchos *m*, descorchador *m.*

Korn [kɔrn] **a)** *n* (1² *u.* [= ~arten] 3) grano *m*; (*Getreide*) cereales *m/pl.*; *am Gewehr:* mira *f*; *fig. aufs ~ nehmen* poner la mira en; **b)** *m* (3) (*Schnaps*) aguardiente *m* de trigo; **~blume** *f* aciano *m*; **'~boden** *m* granero *m.*

körnen [ˈkœrnən] (25) granular.

Kornfeld [ˈkɔrnfɛlt] *n* trigal *m.*

körnig [ˈkœrniç] granulado; granular.

Korn|kammer [ˈkɔrnkamər] *f* granero *m* (*a. fig.*); **~speicher** *m* granero *m*, silo *m.*

Körper [ˈkœrpər] *m* (7) cuerpo *m*; **~bau** *m* constitución *f*; complexión *f*; **ᴏ̃behindert** minusválido; impedido; **~behinderte(r)** *m* minusválido *m*, disminuido *m* físico; **~fülle** *f* corpulencia *f*; **~gewicht** *n* peso *m* corporal; **~größe** *f* estatura *f*, talla *f*; **~haltung** *f* porte *m*; **~kraft** *f* fuerza *f* física; **~lich** corporal; corpóreo; físico; **~pflege** *f* higiene *f*; aseo *m* personal; **~schaft** *f* corporación *f*; **~schwäche** *f* debilidad *f* física; **~teil** *m* parte *f* del cuerpo; **~verletzung** 🏛 *f* lesión *f* corporal.

Korporal [kɔrpo'raːl] *m* (3¹) cabo *m*.

Korps [koːr, *pl.* koːrs] *n uv.* cuerpo *m*; **~geist** *m* espíritu *m* de cuerpo.

korpulen|t [kɔrpu'lɛnt] corpulento; obeso; **2z** [--'lɛnts] *f* (16, *o. pl.*) corpulencia *f*; obesidad *f*.

korrekt [kɔ'rɛkt] correcto; **2heit** *f* corrección *f*.

Korrektur [--'tuːr] *f* (16) corrección *f*; **~** *lesen* corregir las pruebas; **~abzug, ~bogen, ~fahne** *f* prueba *f*, galerada *f*.

Korrespond|ent [-rɛspɔn'dɛnt] *m* (12) encargado *m* de la correspondencia; (*Zeitungs*2) corresponsal *m*; **~enz** [---'dɛnts] *f* (16) correspondencia *f*; **2ieren** mantener correspondencia (con), cartearse.

Korridor [¹-ridoːr] *m* (3¹) corredor *m* (*a. Pol.*), pasillo *m*.

korrigieren [--'giːrən] corregir; enmendar.

korrosions|fest [-ro'zjoːnsfɛst], **2-schutz** *m* anticorrosivo (*m*).

korrupt [-'rupt] corrupto; **2ion** [--'tsjoːn] *f* corrupción *f*.

Kors|e [¹kɔrzə] *m* (13), **~in** *f*, **2isch** corso (-a) *m* (*f*).

Korsett [-'zɛt] *n* (3) corsé *m*; **~stange** *f* ballena *f*.

Korvette ⚓ [-'vɛtə] *f* (15) corbeta *f*; **~nkapitän** *m* capitán *m* de corbeta.

Koryphäe [kory'fɛːə] *f* (15) eminencia *f*; F as *m*.

Kosak [ko'zak] *m* (12) cosaco *m*.

kose|n [¹koːzən] (27): *mit j-m ~* acariciar a alg.; **2name** *m* apelativo *m* cariñoso.

Kosinus ♈ [¹koːzinus] *m uv.* coseno *m*.

Kosmet|ik [kɔs'meːtik] *f* (16) cosmética *f*; **~ikerin** *f* esteticista *f*; **~ikum** [-'--kum] *n* (9²) cosmético *m*; **2isch** cosmético.

kosm|isch [¹-miʃ] cósmico; **2onaut** [-mo'naut] *m* (12) cosmonauta *m*; **2opolit** [-mopo'liːt] *m* (12) cosmopolita *m*; **2os** [¹-mɔs] *m* (*uv., o. pl.*) cosmos *m*.

Kost [kɔst] *f* (*uv., o. pl.*) alimentación *f*; comida *f*; dieta *f*; **~** *und Logis* comida y alojamiento; *in ~* en pensión.

kostbar [¹-baːr] precioso; costoso; **2keit** *f* preciosidad *f*.

kosten [¹kɔstən] (26) **1.** *v/i.* costar, valer; *koste es, was es wolle* cueste lo que cueste; **2.** *v/t.* gustar, probar; **3.** 2 *pl. uv.* gastos *m/pl.*; coste *m*, costas *m/pl.*; 🏛 costas *f/pl.*; *auf ~* *von* a expensas (*od.* costas) de; *das geht auf m-e ~* esto corre por mi cuenta; *auf s-e ~ kommen fig.* quedar satisfecho; **2-anschlag** *m* presupuesto *m*; **2-aufwand** *m* gasto(s) *m(pl.)*, desembolso *m*; **2frage** *f* cuestión *f* de gastos; **~los** gratuito; *adv.* gratis; **2punkt** *m* gastos *m/pl.*, precio *m*; **2rechnung** *f* nota *f* de gastos; **2vor-anschlag** *m* s. *2anschlag*.

Kost|gänger [¹-gɛŋər] *m* (7) huésped *m*; **~geld** *n* pensión *f*.

köstlich [¹kœstliç] delicioso, exquisito; *sich ~ amüsieren* F pasarlo bomba.

Kost|probe [¹kɔstproːbə] *f* degustación *f*; *fig.* prueba *f*; **2spielig** [¹-ʃpiːliç] costoso.

Kostüm [kɔs'tyːm] *n* (3¹) traje *m*; (*Damen*2) traje *m* de chaqueta; (*Masken*2) disfraz *m*; **~fest** *n* baile *f* de disfraces; **2ieren** [-ty'miːrən]: *sich ~ als* disfrazarse de.

Kot [koːt] *m* (3) barro *m*, lodo *m*, fango *m*; *Physiol.* excrementos *m/pl.*

Kotelett [kot(ə)'lɛt] *n* (11) chuleta *f*, *Am.* costeleta *f*; **~en** *f/pl.* (*Bart*) patillas *f/pl.*

Köter F [¹køːtər] *m* (7) c'nucho *m*.

Kotflügel [¹koːtflyːgəl]ⁿ *m* guardabarros *m*.

kotzen P [¹kɔtsən] (27) vomitar, arrojar.

Krabbe [¹krabə] *f* (15) camarón *m*; gamba *f*; F *fig.* chiquilla *f*; **2ln** (29) **1.** *v/i.* (*wimmeln*) hormiguear; *Kind:* andar a gatas, gatear; **2.** *v/t.* cosquillear.

Krach [krax] *m* (3) ruido *m*; estrépito *m*; (*Streit*) bronca *f*; † *crac m*; *~ schlagen* armar un escándalo; **¹2en** (25) dar estampidos; estallar; crujir; **¹~en** *n* ruido *m*; estampido *m*; crujido *m*; **¹~mandel** *f* almendra *f* mollar.

krächzen [¹krɛçtsən] (27) graznar.

Kraft [kraft] **1.** *f* (14¹) fuerza *f*, vigor *m*; potencia *f*; energía *f*; *wirkende:* virtud *f*; (*Mitarbeiter*) colaborador *m*; asistente *m*; *in* ~ *sn* (treten; setzen) estar (entrar; poner) en vigor; *außer* ~ setzen derogar; *mit aller* ~ a más no poder; **2.** ⓔ *prp.* (*gen.*) en virtud de; '~**anstrengung** *f*, '~**aufwand** *m* esfuerzo *m*; '~**ausdruck** *m* taco *m*, palabrota *f*; '~**brühe** *f* caldo *m*, consomé *m*; '~**fahrer(in** *f*) *m* automovilista *su.*; '~**fahrzeug** *n* automóvil *m*; '~**fahrzeugsteuer** *f* impuesto *m* sobre los vehículos de motor; '~**futter** ⚙ *n* pienso *m* concentrado.

kräftig ['krɛftiç] fuerte; vigoroso; robusto; (*nahrhaft*) sustancioso; *Stimme*: potente; *fig. a.* intenso; ~**en** ['--ɡən] (25) fortalecer; robustecer; vigorizar; ⓔ**ung** *f* fortalecimiento *m*; ⓔ**ungsmittel** ⚙ *n* tónico *m*.

kraft|los ['kraftlo:s] débil; flojo; ⓔ**probe** *f* prueba *f* (de fuerza); ⓔ**rad** *n* motocicleta *f*; ⓔ**stoff** *m* carburante *m*; ~**strotzend** rebosando salud; ~**voll** vigoroso; enérgico; ⓔ**wagen** *m* automóvil *m*, coche *m*; ⓔ**werk** ⚡ *n* central *f* eléctrica.

Kragen ['kra:ɡən] *m* (6) cuello *m*; *fig. es geht ihm an den* ~ le puede costar el pellejo; *F jetzt platzt mir der* ~ se me acaba la paciencia; ~**knopf** *m* botón *m* (para el cuello); ~**stäbchen** ['--ʃtɛːpçən] *n* (6) ballena *f*; ~**weite** *f* medida *f* del cuello.

Krähe ['krɛː] *f* (15) corneja *f*; ⓔ**n** (25) *Hahn*: cantar; ~**nfüße** ['--fy:sə] *m/pl.* (*Runzeln*) patas *f/pl.* de gallo.

Krake *Zo.* ['kra:kə] *m* (13) pulpo *m*.

Krakeel F [kra'ke:l] *m* (3¹) barullo *m*, camorra *f*, *Am.* bochinche *m*; ⓔ**en** (25) alborotar; armar camorra; ~**er** *m* (7) alborotador *m*; camorrista *m*.

Kralle ['kralə] *f* (15) uña *f*, garra *f*.

Kram [kra:m] *m* (3, *o. pl.*) trastos *m/pl.*; chismes *m/pl.*; *fig. nicht in den* ~ *passen* venir mal a propósito; ⓔ**en** (25): ~ *in* (*dat.*) revolver (*ac.*).

Krämer ['krɛːmər] *m* (7) tendero *m*; *desp.* mercachifle *m*; ~**seele** *f* mentalidad *f* de mercachifle.

Kramladen ['kra:mla:dən] *m* tenducho *m*.

Krampe ['krampə] *f* (15) grapa *f*.

Krampf [krampf] *m* (3³) espasmo *m*, convulsión *f*; calambre *m*; '~**ader** *f* variz *f*; ⓔ**haft** convulsivo, espasmódico; *adv. fig.* por todos los medios.

Kran [kra:n] *m* (3[³]) grúa *f*; (*Hahn*) grifo *m*.

Kranich *Zo.* ['-niç] *m* (3) grulla *f*.

krank [krank] (18²) enfermo; malo; ~ *werden* ponerse enfermo *od.* malo; enfermar; ~ *schreiben* dar de baja; *sich* ~ *melden* darse de baja (por enfermo); ⓔ**e(r)** *m* enfermo *m*.

kränkeln ['krɛŋkəln] (29) estar enfermizo *bzw.* delicado de salud.

kranken ['krankən] (25): ~ *an* (*dat.*) padecer *od.* adolecer de.

kränken ['krɛŋkən] (25) ofender; herir.

Kranken|anstalt ['krankən'anʃtalt] *f* centro *m* hospitalario; ~**bericht** *m* parte *m* facultativo; ~**geld** *n* subsidio *m* de enfermedad; ~**geschichte** *f* historial *m* clínico; ~**gymnastik** *f* fisioterapia *f*; ~**gymnastin** *f* fisioterapeuta *f*; ~**haus** *n* hospital *m*; clínica *f*; *ins* ~ *bringen* ingresar en un hospital; hospitalizar; ~**kasse** *f* caja *f* de enfermedad; ~**pflege** *f* asistencia *f* a los enfermos; ~**pfleger(in** *f*) *m* enfermero (-a) *m* (*f*); ~**schein** *m* volante *m* del seguro; ~**schwester** *f* enfermera *f*; ~**träger** *m* camillero *m*; ~**versicherung** *f* seguro *m* de enfermedad; ~**wagen** *m* ambulancia *f*; ~**wärter(in** *f*) *m* enfermero (-a) *m* (*f*).

'**krank|feiern** F estar de baja (por enfermedad); ~**haft** morboso; enfermizo; patológico.

'**Krankheit** *f* enfermedad *f*; dolencia *f*; ~**sbild** *n* cuadro *m* clínico; ~**s-erreger** *m* agente *m* patógeno; ~**s-erscheinung** *f* síntoma *m*; ⓔ**shalber** por enfermedad.

'**kranklachen**: *sich* ~ troncharse de risa.

kränklich ['krɛŋkliç] enfermizo, achacoso.

Krankmeldung ['krankmɛlduŋ] *f* baja *f* por enfermedad.

Kränkung ['krɛŋkuŋ] *f* ofensa *f*; agravio *m*.

Kranz [krants] *m* (3² *u.* ³) corona *f*.

Krapfen ['krapfən] *m* (6) buñuelo *m*.

kraß [kras] (18¹) craso.

Krater ['kra:tər] *m* (7) cráter *m*.

kratzbürstig F ['kratsbyrstiç] arisco.

Krätze ⚙ ['krɛtsə] *f* (15) sarna *f*.

kratz|en ['kratsən] (27) rascar; (*ritzen*) arañar; (*schaben*) raspar; (*jucken*) picar; ⓔ**er** *m* (7) arañazo *m*; rasguño *m*; *auf Möbeln*: raya *f*; ~**fest** resistente al rayado; ⓔ**wunde** *f* arañazo *m*.

kraulen ['kraʊlən] (25) rascar suavemente; *Schwimmen*: nadar a crawl *od.* crol.

kraus [kraʊs] (18) crespo, rizado; *die Stirn ~ ziehen* fruncir las cejas.

kräuseln ['krɔʏzəln] (29) rizar, encrespar.

Kraut [kraʊt] *n* (1²) hierba *f*; *ins ~ schießen* echar mucha hierba; *fig. wie ~ und Rüben durcheinander* patas arriba.

Kräuter|handlung ['krɔʏtərhandluŋ] *f* herboristería *f*; **~käse** *m* queso *m* de hierbas finas; **~likör** *m* licor *m* de hierbas aromáticas; **~tee** *m* infusión *f* de hierbas, tisana *f*.

Krawall [kra'val] *m* (3¹) tumulto *m*, alboroto *m*, *Am.* bochinche *m*.

Krawatte [-'vatə] *f* (15) corbata *f*; **~nnadel** *f* alfiler *m* de corbata.

kreat|iv [krea'tiːf] creativo; **~ivität** [--tivi'tɛːt] *f* creatividad *f*; **2ur** [--'tuːr] *f* (16) criatura *f*.

Krebs [kreːps] *m* (4) cangrejo *m*; *Astr.* Cáncer *m*; **2er-regend** cancerígeno; **~forschung** *f* cancerología *f*; **~geschwulst** *f* tumor *m* canceroso; **2krank**, **~kranke(r)** *m* canceroso (*m*); **~vorsorge** *f* prevención *f* del cáncer; **~zelle** *f* célula *f* cancerosa.

Kredit [kre'diːt] *m* (3) crédito *m*; *auf ~* a crédito; **~...:** *in Zssgn mst* de crédito; crediticio; **~brief** *m* carta *f* de crédito; **2fähig**, **2würdig** solvente; **~karte** *f* tarjeta *f* de crédito.

Kreide ['kraɪdə] *f* (15) tiza *f*; **2bleich** blanco como la pared; **~zeichnung** *f* dibujo *m* de tiza; **~zeit** *f* cretáceo *m*.

Kreis [kraɪs] *m* (4) círculo *m*; *fig. a.* esfera *f*; (*Bezirk*) distrito *m*; *£* circuito *m*; **~bahn** *Astr. f* órbita *f*; **~bewegung** *f* movimiento *m* circular.

kreischen ['-ʃən] (27) chillar; *Räder*: chirriar; **~d** chillón.

Kreisel ['-zəl] *m* (7) peonza *f*; **~kompaß** *m* brújula *f* giroscópica.

kreisen ['-zən] (27) girar; *Blut*, *Geld*: circular.

kreis|förmig ['kraɪsfœrmiç] circular; **2lauf(störung)** *f) m* (trastorno *m* de la) circulación *f*; **2säge** *f* sierra *f* circular; **2stadt** *f* capital *f* de distrito; **2-umfang** *m* circunferencia *f*; **2verkehr** *m* sentido *m* giratorio.

Krematorium [krema'to:rjum] *n* (9) crematorio *m*.

Krempe ['krɛmpə] *f* (15) ala *f*.

Krempel F ['-pəl] *m* (7, *o. pl.*)

trastos *m/pl.*, cachivaches *m/pl.*

Kreol|e [kre'o:lə] *m* (13), **~in** *f* criollo (-a) *m* (*f*).

krepieren [-'pi:rən] (sn) *Geschoß*: estallar; P (*sterben*) estirar la pata; P diñarla; *Tier*: reventar.

Krepp [krɛp] *m* (11) crespón *m*; **~sohle** *f* suela *f* de crepé.

Kresse ♣ ['krɛsə] *f* (15) berro *m*.

Kreuz [krɔʏts] *n* (3²) cruz *f* (*a. fig.*); *Anat.* riñones *m/pl.*; *Pferd*: grupa *f*; *♪* sostenido *m*; *Kartenspiel*: bastos *m/pl.*; *£ und quer* en todas las direcciones; *acá y allá*; *fig. zu ~e kriechen* darse por vencido; **~abnahme** *f* descendimiento *m* de la cruz; **~band** ⊗ *n*: *unter ~* bajo faja; **~bein** *n* sacro *m*; **~blütler** ♣ ['-bly:tlər] *m* (7) crucífera *f*; **2en** (27): (*sich*) ~ cruzar(se) (*a. Biol.*); **~er** *m* (7) crucero *m*; **~fahrer** *m* cruzado *m*; **~fahrt** ⊕ *f* crucero *m*; **~förmig** ['-fœrmiç] cruciforme; **~gang** *m* claustro *m*; **~gewölbe** *n* bóveda *f* de arista; **~hacke** *f* zapapico *m*; **2igen** ['-tsigən] (25) crucificar; **~igung** *f* crucifixión *f*; **2lahm** derrengado; **~otter** *f* víbora *f* (común); **~rippengewölbe** *n* bóveda *f* de crucería; **~schmerzen** *m/pl.* F dolor *m* de riñones; **~spinne** *f* araña *f* crucera; **~stich** *m* punto *m* de cruz, cruceta *f*; **~ung** *f* cruce *m* (*a. Biol.*); **~verhör** *n* interrogatorio *m* contradictorio *od.* cruzado; **~weg** *m* encrucijada *f* (*a. fig.*); *Rel.* vía crucis *m*; **2weise** en cruz; **~worträtsel** *n* crucigrama *m*; **~zug** *m* cruzada *f*.

kribbel|ig F ['kribəliç] nervioso; **~n** F (29) hormiguear; (*jucken*) picar.

kriech|en ['kri:çən] (30, sn) arrastrarse; deslizarse (*durch por*); *aus dem Ei*: salir; *Tier*: reptar; *fig.* adular (*vor j-m* a alg.); **2er** *m* (7) *fig.* hombre *m* servil; **~erisch** rastrero, servil; **2pflanze** *f* planta *f* rastrera; **2spur** *f* vía *f* para vehículos lentos; **2tier** *n* reptil *m*.

Krieg [kri:k] *m* (3) guerra *f*; *~ führen* hacer la guerra; **2en** F ['-gən] (25) obtener; recibir; atrapar; **~er** *m* (7) guerrero *m*; **2erisch** belicoso; guerrero; marcial; **~erwitwe** *f* viuda *f* de guerra; **2führend** ['kri:kfy:rənt] beligerante; **~führung** *f* modo *m* de hacer la guerra; estrategia *f*.

Kriegs... ['kri:ks...]: *in Zssgn oft* de (la) guerra; **~ausbruch** *m* comienzo *m* de la guerra; *bei* ~ al estallar la guerra; **~bericht-erstatter** *m* corresponsal *m* de guerra; **~beschädigte(r)** [ˈ-bəʃɛːdiçtə(r)] *m* mutilado *m* de guerra; **~dienst** *m* servicio *m* militar; **~erklärung** *f* declaración *f* de guerra; **~flotte** *f* flota *f* de guerra, armada *f*; **~fuß** *m*: *auf* ~ en pie de guerra; **~gefangene(r)** *m* prisionero *m* de guerra; **~gefangenschaft** *f* cautividad *f*, cautiverio *m*; *in* ~ *geraten* caer prisionero; **~gericht** *n* consejo *m* de guerra; tribunal *m* militar; **~hetzer** *m* belicista *m*; **~kamerad** *m* compañero *m* de armas; **~list** *f* estratagema *f*; **~marine** *f* marina *f* de guerra; **~müde** cansado de la guerra; **~opfer** *n* víctima *f* de la guerra; **~schauplatz** *m* teatro *m* de guerra; **~schiff** *n* buque *m* de guerra; **~schuld** *f* responsabilidad *f* de la guerra; **~teilnehmer** *m* combatiente *m*; **~verbrecher** *m* criminal *m* de guerra; **~versehr(t)er(r)** *m* mutilado *m* de guerra; **~zustand** *m* estado *m* de guerra.

Kriminal|beamte(r) [krimiˈnaːlbəamtə(r)] *m* agente *m* de la policía criminal; **~film** *m* película *f* policíaca; **~ität** [--naliˈtɛːt] *f* delincuencia *f*, criminalidad *f*; **~polizei** *f* policía *f* (de investigación) criminal; **~roman** *m* novela *f* policíaca.

kriminell [--ˈnɛl] criminal.

Kringel [ˈkriŋəl] *m* (7) rosquilla *f*; rosca *f*.

Krippe [ˈkripə] *f* (15) pesebre *m*; (*Weihnachts*⌢) *a.* nacimiento *m*, belén *m*; (*Kinder*⌢) guardería *f* infantil.

Krise [ˈkriːzə] *f* (15) crisis *f*.

Kristall [krisˈtal] *n u. Min. m* (3¹), **~glas** *n* cristal *m*; **2isieren** [--liˈziːrən] (sn) cristalizar; **2klar** cristalino *m*; **~waren** *f/pl.* cristalería *f*; **~zucker** *m* azúcar *m* cristalizado.

Kriterium [kriˈteːrjum] *n* (9) criterio *m*.

Kriti|k [kriˈtiːk] *f* (16) crítica *f*; (*Rezension*) reseña *f*; **~ker** [ˈkriːtikər] *m* (7), **2sch** crítico (*m*); **2sieren** [kritiˈziːrən] criticar; reseñar.

Kritt|elei [kritəˈlai] *f* crítica *f* rebuscada; **2eln** [ˈ-təln] (29) critiquizar; **ˈ-ler** *m* (7) criticón *m*, criticastro *m*.

Kritzel|ei [kritsəˈlai] *f* garrapatos *m/pl.*; **2n** (29) garrapatear.

Kroat|e [kroˈaːtə] *m* (13), **~in** *f*, **2isch** croata (*su.*).

kroch [krɔx] *s.* kriechen.

Krokant [kroˈkant] *m* (3¹, *o. pl.*) crocante *m*.

Krokette [-ˈkɛtə] *f* (15) *Kchk.* croqueta *f*.

Krokodil [-koˈdiːl] *n* (3¹) cocodrilo *m*.

Krokus [ˈkroːkus] *m* (14² *od. uv.*) croco *m*.

Krone [ˈ-nə] *f* (15) corona *f*; (*Baum*⌢) copa *f*; (*Blüten*⌢) corola *f*; (*Zahn*⌢) funda *f*; *F was ist dir in die* ~ *gefahren?* ¿qué mosca te ha picado?; *e-n in der* ~ *haben* estar achispado.

krönen [ˈkrøːnən] (25) coronar (*a. fig.*).

Kron|(en)korken [ˈkroːn(ən)kɔrkən] *m* tapón *m* corona; **~leuchter** *m* araña *f*; **~prinz** *m* príncipe *m* heredero.

Krönung [ˈkrøːnuŋ] *f* coronación *f* (*a. fig.*).

Kronzeuge 𝔷𝔥 [ˈkroːntsɔʏgə] *m* testigo *m* principal.

Kropf [krɔpf] *m* (3³) buche *m*, papo *m*; ⚕ bocio *m*.

Kröte [ˈkrøːtə] *f* (15) sapo *m*; *fig. freche* ~ mocosa *f*.

Krück|e [ˈkrykə] *f* (15) muleta *f*; **~stock** *m* muletilla *f*.

Krug [kruːk] *m* (3³) jarra *f*; cántaro *m*; botijo *m*; botija *f*.

Krume [ˈkruːmə] *f* (15) miga *f*; ✓ capa *f* arable.

Krümel [ˈkryːməl] *m* (7) miga(ja) *f*; **2n** (29) desmigajarse.

krumm [krum] corvo; encorvado; curvo; *Beine, Nase:* torcido; *fig.* tortuoso; **~beinig** [ˈ-bainiç] patituerto.

krümmen [ˈkrymən] (25) encorvar; doblar; torcer; *sich vor Schmerzen* ~ retorcerse de dolor; *sich vor Lachen* ~ troncharse.

krummnehmen F [ˈkrumneːmən] tomar a mal.

Krümmung [ˈkrymuŋ] *f* curvatura *f*; curva *f*; encorvadura *f*; (*Weg*⌢, *Fluß*⌢) recodo *m*.

Kruppe [ˈkrupə] *f* (15) grupa *f*.

Krüppel [ˈkrypəl] *m* (7) mutilado *m*; lisiado *m*; inválido *m*.

Kruste [ˈkrustə] *f* (15) costra *f* (*a.* ⚕); (*Brot*⌢) corteza *f*; **~ntiere** *n/pl.* crustáceos *m/pl.*

Kruzifix [krutsiˈfiks] *n* (3²) crucifijo *m*.

Krypta [ˈkrypta] *f* (16²) cripta *f*.

Kuban|er [kuˈbaːnər] *m* (7), **2isch** cubano (*m*).

Kübel ['ky:bəl] *m* (7) cubo *m*.

Kubik... [ku'bi:k...]: *in Zssgn* cúbico.

kubis|ch ['ku:biʃ] cúbico; **2mus** *Mal.* [ku'bismus] *m* (16, *o. pl.*) cubismo *m*.

Küche ['kyçə] *f* (15) cocina *f*.

Kuchen ['ku:xən] *m* (6) pastel *m*; **~blech** *n* bandeja *f* (para pasteles); **~form** *f* molde *m* (para pasteles).

Küchen... ['kyçən...]: *in Zssgn oft* de cocina; **~geschirr** *n* batería *f* de cocina; **~herd** *m* cocina *f*; **~junge** *m* mozo *m* de cocina, pinche *m*; **~kräuter** *n/pl.* hierbas *f/pl.* culinarias; **~meister** *m* cocinero *m* jefe; **~zettel** *m* lista *f* de platos, minuta *f*.

Kuckuck *Zo.* ['kukuk] *m* (3¹) cuclillo *m*, cuco *m*; zum ~! ¡caramba!; *hol' dich der* ~! ¡vete al diablo!; **~s-uhr** *f* reloj *m* de cucú.

Kufe ['ku:fə] *f* (15) cuba *f*; tina *f*; (*Schlitten2*) patín *m*; (*Schlittschuh2*) cuchilla *f*.

Küfer ['ky:fər] *m* (7) tonelero *m*; (*Kellermeister*) bodeguero *m*.

Kugel ['ku:gəl] *f* (15) bola *f*; *A* esfera *f*; (*Geschoß*) bala *f*; *Sport:* peso *m*; *sich (dat.)* e-e ~ *durch den Kopf jagen od. schießen* pegarse un tiro; **~fang** *m* parabalas *m*; **2fest** *a* prueba de balas; **~förmig** ['--fœrmiç] esférico; **~gelenk** *n* ⊕, *Anat.* articulación *f* esférica; **~lager** *n* rodamiento *m* de bolas; **2n** (29) rodar; *sich vor Lachen* ~ troncharse (de risa); **2rund** redondo como una bola; **~schreiber** *m* bolígrafo *m*; **2sicher** *s.* 2fest; **~e** *Weste* chaleco *m* antibalas; **~stoßen** *n Sport:* lanzamiento *m* de peso.

Kuh [ku:] *f* (14¹) vaca *f*; **~blume** ♀ *f* diente *m* de león; **~dorf** *n desp.* pueblo *m* de mala muerte; **~fladen** *m* boñiga *f*; **~glocke** *f* cencerro *m*; **~handel** *fig.* *m* chalaneo *m*; **~haut** *f:* *fig. das geht auf keine* ~ *F* eso pasa de castaño oscuro; **~hirt** *m* vaquero *m*.

kühl [ky:l] fresco; *fig.* frío; reservado; ~(er) *werden* refrescar; **2-anlage** *f* instalación *f* frigorífica; **2e** *f* (15) fresco *m*; *fig.* frialdad *f*; **'~en** (25) enfriar; *a.* ⊕ refrigerar; **~end** refrescante; ⊕ refrigerante; **2er** *Kfz. m* (7) radiador *m*; **2erhaube** *f* cubrerradiador *m*; capó *m*; **2haus** *n* almacén *m* frigorífico; **2kette** ⊕ *f* cadena *f* del frío; **2raum** *m* cámara *f* frigorífica; **2schiff** *n* buque *m* frigorífico; **2schrank** *m* nevera *f*, frigorífico *m*, *Am.* heladera *f*; **2tasche** *f* nevera *f*

portátil; bolsa *f* termo; **2truhe** *f* congelador *m* (horizontal); **2ung** ⊕ *f* refrigeración *f*; **2wagen** *m* vagón *m* frigorífico; **2wasser** *n Kfz.* agua *f* del radiador.

kühn [ky:n] atrevido; osado; audaz; **2heit** *f* atrevimiento *m*; osadía *f*; audacia *f*.

Kuhstall ['ku:ʃtal] *m* establo *m*.

Küken ['ky:kən] *n* (6) polluelo *m*.

kulant [ku'lant] complaciente; **2z** [-'lants] *f* (16) complacencia *f*.

Kulisse [-'lisə] *f* (15) bastidor *m*; *hinter den* ~n entre bastidores (*a. fig.*); **~nschieber** *m* tramoyista *m*.

Kult [kult] *m* (3) culto *m*; **2ivieren** [-ti'vi:rən] cultivar (*a. fig.*).

Kultur [-'tu:r] *f* (16) ✓ cultivo *m*; *fig.* cultura *f*; *e-s Volkes:* civilización *f*; **2ell** [-tu'rɛl] cultural; **~film** *m* documental *m*; **~geschichte** *f* historia *f* de la civilización; **~land** *n* país *m* civilizado; ✓ tierra *f* cultivada; **~pflanze** *f* planta *f* cultivada; **~stufe** *f* grado *m* de civilización; **~volk** *n* pueblo *m* civilizado.

Kultus ['kultus] *m* (14²) culto *m*; **~minister(ium** *n)* *m* Ministro *m* (Ministerio *m*) de Cultura.

Kümmel ['kymɛl] *m* (7) comino *m*; (*Schnaps*) kümmel *m*.

Kummer ['kumər] *m* (7, *o. pl.*) pesar *m*, aflicción *f*; pena *f*.

kümmer|lich ['kymərliç] pobre, miserable; **~n** (29) preocupar; *sich* ~ *um* ocuparse de; interesarse por.

kummervoll ['kumərfɔl] afligido.

Kumpan [-'pɑ:n] *m* (3¹) compañero *m*; *desp.* compinche *m*.

Kumpel F ['-pəl] *m* (7) ⚒ minero *m*; F compañero *m*.

kündbar ['kyntba:r] revocable; *Vertrag:* rescindible.

Kunde ['kundə] **a)** *f* (15) (*Nachricht*) noticia *f*; **b)** *m* (13) cliente *m*; **~ndienst** *m* servicio *m* pos(t)venta; asistencia *f* técnica; **~nstamm** *m* clientela *f* fija; cartera *f* de clientes.

kund|geben ['kuntge:bən] manifestar; **2gebung** *f* manifestación *f*; **~ig** ['-diç] (*gen.*) experto (en); conocedor (de).

kündig|en ['kyndigən] (25) *j-m:* despedir (*ac.*); *j.:* despedirse; *Vertrag:* rescindir; **2ung** *f* despido *m*; (*Vertrag*) rescisión *f*; denuncia *f*; **2ungsfrist** *f* plazo *m* de denuncia.

Kund|in ['kundin] *f* clienta *f*; **~schaft**

['kunt∫aft] f clientela f; 2tun ['kunt-
tu:n] manifestar.
künftig ['kynftiç] venidero, futuro;
adv. de ahora en adelante.
Kunst [kunst] f (14¹) arte m (*pl. f*);
fig. das ist keine ~ eso lo hace cual-
quiera; '**~akademie** f escuela f de
Bellas Artes; '**~ausstellung** f exposición f de arte; '**~dünger** m abono m
químico.
Künstelei [kynstə'laɪ] f afectación f,
amaneramiento m.
Kunst|faser ['kunstfa:zər] f fibra f
sintética; 2**fertig** hábil; **~fertigkeit** f
destreza f, habilidad f; **~flieger** m
(**~flug** m) piloto m (vuelo m) acrobático; **~gegenstand** m objeto m de
arte; 2**gerecht** según las reglas del
arte; **~geschichte** f historia f del
arte; **~gewerbe** n artes f/pl. indus-
triales; artesanía f; **~griff** m artificio
m; truco m; **~handel** m (**~händler**
m) comercio m (marchante m) de
objetos de arte; **~handwerk** n artesanía f; **~handwerker** m artesano m;
~hochschule f Escuela f superior de
Bellas Artes; **~kenner** m entendido
m en arte; **~kritik(er** m) f crítica f
(crítico m) de arte; **~leder** n cuero m
artificial.
Künstler|(in f) ['kynstlər(in)] m (7)
artista su.; 2**isch** artístico; **~name** m
seudónimo m, nombre m de artista.
künstlich ['-lɪç] artificial; ⊕ a. sintético; (*unecht*) falso; *Gebiß*: postizo.
Kunst|maler ['kunstmɑ:lər] m pin-
tor m (artista); **~reiter(in** f) m artista
su. ecuestre; **~sammlung** f colección f de arte; **~schätze** m/pl. tesoros
m/pl. artísticos; *e-s Landes*: patrimonio m artístico; **~seide** f seda f artificial; **~sinn** m sentido m artístico;
~springen n *Sport*: saltos m/pl. de
trampolín; **~stoff** m plástico m; 2**-
stopfen** zurcir; **~stück** n muestra f
de habilidad; *das ist kein ~* así cual-
quiera; **~tischler(ei** f) m ebanista m
(ebanistería f); **~turnen** n gimnasia f
artística; 2**verständig** entendido en
(materia de) arte; 2**voll** artístico;
ingenioso; **~werk** n obra f de arte;
~wert m valor m artístico.
kunterbunt F ['kuntərbunt] abigarrado; variopinto; ~ *durcheinander*
todo revuelto.
Kupfer ['kupfər] n (7) cobre m; 2**-
haltig** ['--haltɪç] cuprífero; 2**n** de
cobre; *Farbe:* = 2**rot** cobrizo; **~-**

schmied m calderero m; **~stecher** m
grabador m (en cobre); **~stich** m
grabado m (en cobre); **~vitriol** n
sulfato m de cobre.
Kupon [ku'põ] m (11) cupón m.
Kuppe ['kupə] f (15) cima f, cumbre
f; (*Finger*2) yema f.
Kuppel ['-pəl] f (15) cúpula f; **~ei**
[--'laɪ] f alcahuetería f; 2**z** proxenetismo m; 2**n** (29) alcahuetear; ⊕
acoplar; *Kfz.* embragar.
Kuppl|er(in f) ['-lər(in)] m (7) alca-
huete (-a) m (f), proxeneta su.; **~lung**
f ⊕ acoplamiento m; *Kfz.* embrague
m.
Kur [ku:r] f (16) tratamiento m, cura
f.
Kür [ky:r] f (16) *Sport*: ejercicios
m/pl. libres; programa m libre.
Kurat|el [kura'te:l] f (16) curatela f,
tutela f; **~or** [-'rɑ:tər] m (8¹) curador
m; **~orium** [-ra'to:rjum] n (9) consejo m de administración; patronato
m.
Kurbel ['kurbəl] f (15) manivela f; 2**n**
(29) girar la manivela; **~stange** f
biela f; **~welle** f cigüeñal m.
Kürbis ['kyrbis] m (4¹) calabaza f.
Kurfürst ['ku:rfyrst] m elector m;
~entum n electorado m; 2**lich** electoral.
'**Kur|gast** m bañista m; **~haus** m esta-
blecimiento m balneario.
Kurie ['ku:rje] f (15) curia f.
Kurier [ku'ri:r] m (7) correo m.
kurieren [-'-rən] curar.
kurios [kur'jo:s] (18) raro, extraño;
curioso; 2**ität** [-jozi'tɛ:t] f rareza f;
curiosidad f.
Kur|ort ['ku:r'ɔrt] m estación f
balnearia *bzw.* termal; **~pfuscher**
m curandero m, charlatán m;
~pfusche'rei f charlatanería f;
curanderismo m.
Kurs [kurs] m (4) ⚓, ✈ rumbo m (*a.
fig.*); (*Lehrgang*) curso m, cursillo m;
Pol. orientación f; ✝ cambio m,
cotización f; '**~bericht** m boletín m
de cotizaciones; '**~buch** 🕮 n guía f de
ferrocarriles.
Kürschner ['kyr∫nər] m (7) peletero
m; **~ei** [--'raɪ] f peletería f.
kursieren [kur'zi:rən] circular.
Kursivschrift [-'zi:f∫rɪft] f letra f
cursiva, bastardilla f.
Kurs|schwankungen ✝ ['kurs[vaŋ-
kuŋən] f/pl. fluctuaciones f/pl. en los
cambios; **~teilnehmer** m cursillista

777   **Kybernetik**

m; **~us** [ˈkurzus] *m* (14³) curso *m*, cursillo *m*; **~wagen** 🚋 *m* coche *m* od. vagón *m* directo; **~zettel** *m* lista *f* de cotizaciones.

Kurtaxe [ˈkuːrtaksə] *f* tasa *f* sobre los bañistas.

Kurve [ˈkurvə] *f* (15) curva *f*; **Ձnreich** con muchas curvas.

kurz [kurts] (18²) corto; *a. zeitl.* breve; *fig.* sucinto, conciso; **~ und bündig** en pocas palabras; **~ und gut** en suma, en fin; *binnen* **~em** en breve, dentro de poco; **~ darauf** poco después; *nach* **~er** *Zeit* al poco rato; **~ nach 7** a las siete y pico; (*bis*) *vor* **~em** (hasta) hace poco; *über* **~ oder lang** tarde o temprano; *zu* **~ kommen**, den *kürzeren ziehen* salir perdiendo; F *quedarse con las ganas;* **~ angebunden** *fig.* parco de palabras; **~ entschlossen** ni corto ni perezoso; **~ und klein schlagen** F hacer trizas; **'Ձ-arbeit** *f* jornada *f* reducida; **'~arbeiten** hacer jornada reducida; **~ärmelig** [ˈ-ˀɛrməliç] de manga corta; **~atmig** [ˈ-ˀɑːtmiç] asmático; disneico.

Kürze [ˈkyrtsə] *f* (15) brevedad *f*; *fig.* concisión *f*; *in* **~** en breve, dentro de poco; **~n** (7) *Kurzschrift*: abreviatura *f*; **Ձn** (27) acortar; (*mindern*) reducir; *Text*: abreviar.

kurz|erhand [ˈkurtsərˈhant] sin más ni más; **Ձfilm** *m* cortometraje *m*, F corto *m*; **~fristig** [ˈ-fristiç] a corto plazo; **~gefaßt** abreviado, sucinto, resumido; **Ձgeschichte** *f* relato *m* corto; narración *f* breve; **~halten**: *j-n* **~** atar corto a alg.; **~lebig** [ˈ-leːbiç] efímero.

kürzlich [ˈkyrtsliç] recientemente, hace poco; *Am.* recién.

Kurz|nachrichten [ˈkurtsnɑːˈxriçtən] *f/pl.* noticias *f/pl.* breves; **~park-zone** *f* zona *f* azul; **~schluß** ⚡ *m* cortocircuito *m*; **~schlußhandlung** *fig. f* acto *m* irreflexivo; **~schrift** *f* taquigrafía *f*; **Ձsichtig** [ˈ-ziçtiç]

miope, corto de vista; **~sichtigkeit** *f* miopía *f*; **~streckenlauf** *m Sport:* carrera *f* a corta distancia; **~ streckenläufer** *m* velocista *m*; **~ streckenrakete** *f* cohete *m* de corto alcance; **Ձ-'um** en una palabra.

Kürzung [ˈkyrtsuŋ] *f* abreviación *f*; reducción *f*.

Kurz|waren [ˈkurtsvɑːrən] *f/pl.* mercería *f*; **~warenhändler** *m* mercero *m*; **~weil** [ˈ-vaɪl] *f* (16, *o. pl.*) pasatiempo *m*; distracciones *f/pl.*, diversión *f*; **Ձweilig** divertido; **~welle(n-sender** *m*) *f* (emisora *f* de) onda *f* corta.

kuscheln [ˈkuʃəln] (29): *sich* **~** acurrucarse.

Kusine [-ˈziːnə] *f* (15) prima *f*.

Kuß [kus] *m* (4²) beso *m*; *poet.* ósculo *m*; **'Ձ-echt** indeleble, a prueba de besos.

küssen [ˈkysən] (28) besar.

Kußhand [ˈkushant] *f*: *e-e* **~** *zuwerfen* echar un beso; F *fig. mit* **~** con muchísimo gusto.

Küste [ˈkystə] *f* (15) costa *f*; (*Gebiet*) litoral *m*; **~nbewohner** *m* costeño *m*; **~nfischerei** *f* pesca *f* de bajura; **~ngewässer** *n/pl.* aguas *f/pl.* costaneras; **~nschiffahrt** *f* cabotaje *m*; **~nwachschiff** *n* guardacostas *m*.

Küster [ˈkystər] *m* (7) sacristán *m*.

Kustos [ˈkustɔs] *m* (16, *pl. Kustoden* [-ˈtoːdən]) conservador *m*; archivero *m*.

Kutsch|bock [ˈkutʃbɔk] *m* pescante *m*; **~e** *f* (15) coche *m* (de caballos); (*Staats*Ձ) carroza *f*; (*Post*Ձ) diligencia *f*; **~er** *m* (7) cochero *m*.

Kutte [ˈkutə] *f* (15) hábito *m*; **~ln** *f/pl.* callos *m/pl.*; **~r** ⚓ *m* (7) balandra *f*, cúter *m*.

Kuvert [kuˈvɛːr, -ˈvɛrt] *n* (11 *od.* 3) sobre *m*.

Kux ⚒ [kuks] *m* (3²) acción *f* minera.

Kybernetik [kybɛrˈneːtik] *f* (16, *o.pl.*) cibernética *f*.

L

L, l [ɛl] *n*, L, l *f*.

Lab [lɑːp] *n* (3) cuajo *m*.

laben ['lɑːbən] (25) refrescar; *sich ~* recrearse, deleitarse (*an dat.* con).

labil [laˈbiːl] lábil; inestable; **2iˈtät** *f* labilidad *f*; inestabilidad *f*.

Labmagen ['lɑːpmɑːɡən] *m* Zo. abomaso *m*, cuajar *m*.

Labor [laˈboːr] *n* (11 *od.* 3¹) laboratorio *m*; **~ant** [-boˈrant] *m* (12) auxiliar *m* de laboratorio; **~atorium** [--raˈtoːrjum] *n* (9) laboratorio *m*.

Lab|sal ['lɑːpzɑːl] *n* (3), **~ung** ['-buŋ] *f* refresco *m*; *fig.* solaz *m*.

Labyrinth [laby'rint] *n* (3) laberinto *m*; dédalo *m*.

Lache *f* (15): **a)** ['lɑːxə] (*Pfütze*) charco *m*; **b)** ['laxə] (*Gelächter*) risa *f*.

lächeln ['lɛçəln] 1. *v/i.*(29) sonreír; 2. ♀ *n* sonrisa *f*; **~d** sonriente.

lachen ['laxən] 1. *v/i.* (25) reír(se) (*über ac.* de); *laut ~* soltar una carcajada; *da muß ich ~* me da risa; *daß ich nicht lache!* ¡no me hagas reír!; 2. ♀ *n* risa *f*; *zum ~* ridículo; *mir ist nicht zum ~* no estoy para bromas; **~d** risueño; *Erbe:* contento.

lächerlich ['lɛçərliç] ridículo; *~ machen* poner en ridículo; ridiculizar; *sich ~ machen* hacer el *od.* quedar en ridículo.

Lach|gas ['laxɡɑːs] *n* gas *m* hilarante; **~krampf** *m* risa *f* convulsiva.

Lachs [laks] *m* (4) salmón *m*.

Lachsalve ['laxzalvə] *f* carcajada *f*, risotada *f*.

Lachsforelle ['laksforɛlə] *f* trucha *f* salmonada.

Lack [lak] *m* (3) laca *f*; barniz *m*; (*Glanz*2) charol *m*; **~affe** F *m* lechuguino *m*; **¹~farbe** *f* pintura *f* al barniz; **2¹ieren** barnizar; charolar; **¹~leder** *n* charol *m*; **~mus-papier** ['-muspapiːr] *n* papel *m* (de) tornasol; **~schuh** *m* zapato *m* de charol.

Lade|gerät ⚡ ['lɑːdəɡərɛːt] *n* cargador *m*; **~fähigkeit** *f* capacidad *f* de carga; **~hemmung** *f* encasquillamiento *m*.

laden¹ ['-dən] 1. *v/t.* (30) cargar (*a.* ⚡ *u. Waffe*); *Gast:* invitar, *zum Essen:* convidar; 🏛 citar; 2. ♀ *n* carga *f*; cargamento *m*.

¹Laden² *m* (6¹) tienda *f*; comercio *m*; (*Fenster*2) contraventana *f*, persiana *f*; **~hüter** *m* artículo *m* invendible; **~inhaber(in** *f*) *m* tendero (-a) *m* (*f*); **~preis** *m* precio *m* de venta al público; **~schluß** *m* cierre *m* de los comercios; **~tisch** *m* mostrador *m*.

¹Lade|platz *m* cargadero *m*; ⚓ embarcadero *m*; **~rampe** *f* rampa *f* (⚓ muelle *m*) de carga; **~raum** ⚓ *m* bodega *f*; **~schein** ⚓ *f* póliza *f* de cargamento.

lädier|en [lɛˈdiːrən] lesionar; **2ung** *f* lesión *f*.

Ladung ['lɑːduŋ] *f* carga *f* (*a.* ⚡); *bsd.* ⚓ cargamento *m*; 🏛 citación *f*.

Lafette [laˈfɛtə] *f* (15) cureña *f*; *ohne Räder:* afuste *m*.

Laffe ['lafə] *m* (13) fatuo *m*.

lag, läge [lɑːk, ˈlɛːɡə] *s.* liegen.

Lage ['lɑːɡə] *f* (15) situación *f*; (*Stellung*) posición *f*; (*Zustand*) estado *m*; (*Standort*) sitio *m*, emplazamiento *m*, *bsd. Am.* ubicación *f*; (*Schicht*) capa *f*; *in der ~ sn* zu estar en condiciones de; *sich in j-s ~ versetzen* ponerse en el lugar de alg.

Lager ['-ɡər] *n* (7) (*Ruhe*2) yacija *f*; cama *f*; ⊕ cojinete *m*; rodamiento *m*; ✗ campamento *m*; *a. Pol.* campo *m*; ✝ almacén *m*, depósito *m*; *Geol.* yacimiento *m*; (*Vorräte*) existencias *f/pl.*, stock *m*; *auf ~ haben* ✝ tener en almacén; **~aufseher** *m* guardaalmacén *m*; **~bestand** *m* existencias *f/pl.* en almacén; **~feuer** *n* hoguera *f*; **~gebühr** *f*, **~geld** *n* almacenaje *m*; **~halter** *m* almacenista *m*; **~haus** *n* almacén *m*; **2n** (29) 1. *v/i.* acampar; (*rasten*) descansar; ✝ estar almacenado; *Wein:* estar en bodega; 2. *v/t.* ✝ almacenar; *Wein:* embodegar; **~platz** *m* campamento *m*; **~raum** *m* depósito *m*; **~ung** *f* almacenamiento *m*, almacenaje *m*; **~verwalter** *m* jefe *m* de almacén.

Lagune [laˈɡuːnə] *f* (15) laguna *f*.

lahm [lɑːm] ♣ paralítico; (*hinkend*) cojo; *fig.* flojo, débil; '**~en** (25) cojear, ir cojo.

lähmen ['lɛːmən] (25) paralizar (*a. fig.*).

lahmlegen ['lɑːmleːgən] *fig.* paralizar.

Lähmung ['lɛːmuŋ] *f* parálisis *f*; *fig.* paralización *f*.

Laib [laɪp] *m* (3): ~ *Brot* pan *m*.

Laich [laɪç] *m* (3) freza *f*; '2**en** (25) frezar, desovar; '**~en** *n*, '**~zeit** *f* freza *f*, desove *m*.

Laie ['laɪə] *m* (13) *Rel.* laico *m*, lego *m*; *fig.* profano *m*, lego *m*; **~nbruder** *m* lego *m*; **~nbruderschaft** *f* cofradía *f*; 2**nhaft** profano (*de aficionado*); **~npriester** *m* sacerdote *m* secular; **~nspiel** *n* teatro *m* de aficionados.

Lakai [la'kaɪ] *m* (12) lacayo *m*.

Lake ['lɑːkə] *f* (15) salmuera *f*.

Laken ['-kən] *n* (6) sábana *f*.

lakonisch [la'koːniʃ] lacónico.

Lakritze [-'kritsə] *f* (15) regaliz *m*.

lallen ['lalən] (25) balbucear; balbucir.

Lama [lɑːma] (11): **a)** *n Zo.* llama *f*; **b)** *m Priester:* lama *m*.

Lamelle [la'mɛlə] *f* (15) ✂, ⊕ lámina *f*.

lamentieren [-mɛn'tiːrən] lamentarse; poner el grito en el cielo.

Lametta [-'mɛta] *n* (9, *o.pl.*) cabello *m* de ángel.

Lamm [lam] *n* (1²) cordero *m*.

Lämmergeier ['lɛmərɡaɪər] *m* quebrantahuesos *m*.

Lamm|fell ['lamfɛl] *n* piel *f* de cordero; 2**fromm** manso como un cordero.

Lampe ['lampə] *f* (15) lámpara *f*; **~nfieber** *n*: ~ *haben* tener nervios; **~nschirm** *m* pantalla *f*.

Lampion [-'pjõ] *m* (*a. n*) (11) farolillo *m*.

lancieren [lãˈsiːrən] lanzar (*a. fig.*).

Land [lant] *n* (1², *poet.* 3) tierra *f*; (*Grundstück*) terreno *m*; (*Ggs. Stadt*) campo *m*; *Pol.* país *m*; *auf dem ~e* en el campo; *außer ~es* fuera del país; *an ~ gehen* desembarcar; '**~arbeit** *f* faenas *f/pl.* del campo; '**~arbeiter** *m* trabajador *m* agrícola *od.* del campo; '**~arzt** *m* médico *m* rural; '**~besitz** *m* fincas *f/pl.* rústicas, tierras *f/pl.*; '**~bevölkerung** *f* población *f* rural; '**~bewohner(in** *f*) *m* campesino (-a) *m* (*f*).

Land|ebahn ✈ ['landəbɑːn] *f* pista *f* de aterrizaje; 2**en** (26) ⚓ arribar, tomar puerto; *j.*: desembarcar; ✈ aterrizar; tomar tierra; ℱ *fig.* ir a parar a; *auf dem Wasser* ~ amerizar, amarar; *auf dem Mond* ~ alunizar; **~enge** ['lant'ʔeŋə] *f* istmo *m*; **~eplatz** ['-dəplats] *m* desembarcadero *m*.

Länder|eien [lɛndə'raɪən] *f/pl. uv.* tierras *f/pl.*; '**~kampf** *m Sport:* encuentro *m* internacional.

Landes... ['landəs ...]: *in Zssgn oft* del país, nacional; **~farben** *f/pl.* colores *m/pl.* nacionales; **~sprache** *f* lengua *f* nacional *bzw.* vernácula; 2**-üblich** según las costumbres del país; **~verrat** *m* alta traición *f*; **~verräter** *m* traidor *m* a la patria; **~verteidigung** *f* defensa *f* nacional; **~verweisung** *f* expulsión *f*; destierro *m*.

Land|flucht ['lantfluxt] *f* éxodo *m* rural; **~friedensbruch** *m* ruptura *f* de la paz pública; **~funk** *m* emisión *f* agrícola; **~gemeinde** *f* municipio *m* rural; **~gericht** *n* audiencia *f* provincial; 2**gestützt** *Rakete:* con base terrestre *od.* en tierra; **~gut** *n* finca *f*, *Am.* hacienda *f*; **~haus** *n* casa *f* de campo; **~karte** *f* mapa *m*; **~kreis** *m* distrito *m*; 2**läufig** corriente; **~leute** *pl.* campesinos *m/pl.*

ländlich ['lɛntlɪç] rural; campesino.

Land|mann ['lantman] *m* campesino *m*; (*Bauer*) labrador *m*; **~maschine** *f* máquina *f* agrícola; **~messer** *m* topógrafo *m*; agrimensor *m*; **~partie** *f* excursión *f* al campo; jira *f* campestre; **~pfarrer** *m* párroco *m* rural; **~plage** *f* calamidad *f* pública, azote *m*; **~rat** *m* jefe *m* de distrito; **~regen** *m* lluvia *f* persistente; ℱ calabozos *m*; **~rücken** *m* loma *f*.

Landschaft ['-ʃaft] *f* paisaje *m*; 2**lich** regional; del paisaje; **~s...:** *in Zssgn oft* paisajístico; **~smaler** *m* paisajista *m*.

'**Land|schule** *f* escuela *f* rural; **~ser** ['-sər] *m* (7) ℱ soldado *m*; **~sitz** *m* residencia *f* rural; mansión *f* (rural).

Lands|knecht *hist.* ['lantsknɛçt] *m* lansquenete *m*; **~mann** *m*, **~männin** ['-mɛnin] *f* compatriota *su.*, paisano (-a) *m* (*f*).

'**Land|straße** *f* carretera *f*; **~streicher** ['-ʃtraɪçər] *m* vagabundo *m*; **~streicherei** *f* vagabundaje *m*; **~streitkräfte** *f/pl.* fuerzas *f/pl.* terrestres; **~strich** *m* comarca *f*, región f; **~tag** m dieta f; **~tier** n animal m terrestre.

Landung ['landuŋ] f ⚓ arribada f; j-s: desembarco m; ✈ aterrizaje m, toma f de tierra; **~sbrücke** f desembarcadero m; **~s-platz** m ⚓ desembarcadero m; ✈ pista f de aterrizaje; **~ssteg** m pasarela f.

Land|vermessung ['lantfɛrmɛsuŋ] f agrimensura f; **~weg** m: auf dem ~ por vía terrestre; **~wein** m vino m del país; **~wirt** m agricultor m; **~wirtschaft** f agricultura f; ⚑**wirtschaftlich** agrícola; agronómico; agrario; **~wirtschaftsministerium** n Ministerio m de Agricultura; **~zunge** f lengua f de tierra.

lang [laŋ] (18²) largo; ein Meter ~ sn tener un metro de largo; ein Jahr ~ durante un año; ~ und breit con todos los pormenores; die Zeit wird mir ~ el tiempo se me hace largo; **~ärmelig** ['-²ɛrməliç] de manga larga; **~atmig** ['-²a:tmiç] fig. prolijo; **~beinig** ['-bainiç] de piernas largas.

lange ['laŋə] adv. mucho od. largo tiempo; noch ~ nicht no tan pronto, falta mucho; (bei weitem nicht) ni con mucho; so ~ tanto tiempo; wie ~? ¿cuánto tiempo?; seit ~m desde hace mucho tiempo; ~ brauchen tardar mucho.

Länge ['lɛŋə] f (15) largo m; largura f; ℀, Phys. u. Erdk. longitud f; (Dauer) duración f; der ~ nach hinfallen caer de plano; in die ~ ziehen dar largas a; sich in die ~ ziehen prolongarse.

langen ['laŋən] (25) 1. v/i. (genügen) bastar, ser suficiente; ~ nach alargar la mano hacia; F jetzt langt's mir aber! ¡estoy harto!; 2. v/t. F j-m e-e (Ohrfeige) → F pegar una bofetada a alg.

Längen|grad ['lɛŋəngra:t] m grado m de longitud; **~kreis** m meridiano m; **~maß** n medida f de longitud.

länger ['lɛŋər] más largo; zeitl. más (tiempo); ~e Zeit algún tiempo; ~ machen (werden) alargar(se).

Langeweile ['laŋəvailə] f (15, o. pl.) aburrimiento m; ~ haben aburrirse.

'**Lang|finger** F m ratero m, F caco m; ein ~ sn ser largo de uñas; ⚑**fristig** ['-fristiç] a largo plazo; ⚑**haarig** de pelo largo; melenudo; ⚑**jährig** de muchos años; **~lauf** m carrera f de fondo; **~läufer** m corredor m de fondo, fondista m; ⚑**lebig** ['-le:biç]

longevo; **~lebigkeit** f longevidad f.

länglich ['lɛnliç] oblongo, alargado.

Lang|mut ['laŋmu:t] f longanimidad f; paciencia f; ⚑**mütig** ['-my:tiç] paciente, indulgente.

längs [lɛŋs] (gen. od. dat.) a lo largo de; '~... in Zssgn longitudinal.

lang|sam ['laŋza:m] lento; adv. despacio; ⚑**samkeit** f lentitud f; ⚑**schläfer(in** f) m dormilón (-ona) m (f); ⚑**spielplatte** f (disco m) microsurco m, neol. elepé m.

längst [lɛŋst] desde hace mucho tiempo; ~ nicht ni con mucho; '**~ens** lo más tarde.

langstielig ['laŋʃti:liç] ⚘ de tallo largo; fig. aburrido.

'**Langstrecken|lauf** m carrera f de fondo; **~läufer** m corredor m de fondo, fondista m; **~rakete** f misil m de largo alcance.

Languste [-'gustə] f (15) langosta f.

lang|weilen ['-vailən]: (sich) ~ aburrir(se); **~weilig** ['-vailiç] aburrido, pesado; F latoso; wie ~! F ¡qué lata!; ¡qué rollo!; ⚑**welle** f ℀ onda f larga; **~wierig** ['-vi:riç] largo; Krankheit: lento.

Lanze ['lantsə] f (15) lanza f; fig. e-e ~ brechen für romper una lanza por.

Lanzette ⚕ [-'tsɛtə] f (15) lanceta f.

Lappalie [la'pa:ljə] f (15) bagatela f, F friolera f.

Lappe ['lapə] m (13) lapón m.

Lappen ['-pən] m (6) trapo m; Anat. lóbulo m; fig. durch die ~ gehen escaparse; ⚑**ig** flojo; ⚘ lobulado.

läppisch ['lɛpiʃ] necio, tonto; pueril.

Lärche ⚘ ['lɛrçə] f (15) alerce m.

Lärm [lɛrm] m (3, o. pl.) ruido m; estrépito m; v. Menschen: bullicio m, alboroto m, barullo m; viel ~ um nichts mucho ruido y pocas nueces; '⚑**en** (25) hacer ruido; alborotar; '⚑**end** ruidoso, estrepitoso; bullicioso.

Larve ['larfə] f (15) careta f, máscara f; Zo. larva f.

las, lasen [la:s, 'la:zən] s. lesen.

lasch [laʃ] laxo; flojo; '⚑**e** f (15) ⊕ eclisa f; (Schuh⚑) lengüeta f; '⚑**heit** f laxitud f.

Laser(strahl) ['le:zər(ʃtra:l)] m (7) (rayo m) láser m.

lassen ['lasən] (30) dejar; (zu~) permitir; (unter~) abstenerse de; (veran~) hacer, mandar; (aufgeben) abandonar; ~ von desistir de, renunciar a; laß uns gehen! ¡vámonos!; laß *das sein!* ¡déjalo!; *laß sehen!* ¡a ver!; *das Rauchen ~* dejar de fumar; *sich ein Kleid machen ~* hacerse un vestido; *sich vor Freude nicht zu ~ wissen* no caber en sí de gozo; *niemand zu sich ~* no recibir a nadie.

lässig ['lɛsiç] dejado; indiferente; **2-keit** *f* dejadez *f*; indiferencia *f*.

Lasso ['laso:] *n* (11) lazo *m*.

Last [last] *f* (16) carga *f* (*a. fig.*); *fig.* peso *m*; gravamen *m*; *j-m zur ~ fallen* ser una carga para alg.; *j-m et. zur ~ legen* imputar a/c. a alg.; *zu ~en von a* cargo de; **2en** (26) pesar, cargar (*auf dat.* sobre); **~enaufzug** *m* montacargas *m*; **~er:a)** *n* (7) vicio *m*; **b)** F *m* (7) camión *m*.

Lästerer ['lɛstərər] *m* (7) detractor *m*, difamador *m*.

lasterhaft ['lastərhaft] vicioso; depravado; **2igkeit** *f* depravación *f*.

Läster|maul F ['lɛstərmaʊl] *n* lengua *f* viperina; **2n** (29) calumniar, difamar; hablar mal (*über de*); *Gott:* blasfemiar; **~ung** *f* calumnia *f*, difamación *f*; blasfemia *f*.

lästig ['lɛstiç] molesto; engorroso; importuno; incómodo; *~ werden od. fallen* molestar, importunar.

Last|kahn ['lastkɑːn] *m* gabarra *f*; chalana *f*; **~kraftwagen** *m* camión *m*; **~schrift** ✝ *f* adeudo *m*; cargo *m* (en cuenta); **~tier** *n* bestia *f* de carga; **~wagen** *m* camión *m*; **~wagenfahrer** *m* camionero *m*; **~zug** *m* camión *m* con remolque.

Latein [la'taɪn] *n* (3[1], *o. pl.*) latín *m*; *mit seinem ~ am Ende* sn ya no saber qué decir; **2-amerikanisch** latinoamericano; **2isch** latino.

latent [-'tɛnt] latente.

Laterne [-'tɛrnə] *f* (15) linterna *f*; (*Straßen*2) farol *m*, farola *f*; **~npfahl** *m* poste *m* de farol.

Latrine [-'triːnə] *f* (15) letrina *f*.

Latsche ⚲ ['lɑːtʃə] *f* pino *m* mugo.

Latschen [-'tʃən] **1.** *m* (6) zapato *m* viejo; (*Hausschuh*) zapatilla *f*; **2.** 2 *v/i.* (27, sn) arrastrar los pies.

Latte ['latə] *f* (15) listón *m* (*a. Hochsprung*); *Fußball:* larguero *m*; (*Zaun*2) ripia *f*; **~nkiste** *f* jaula *f*; **~nverschlag** *m* enrejado *m*; **~nzaun** *m* empalizada *f*, estacada *f*.

Latz [lats] *m* (3[2] *u.* [3]) (*Brust*2) peto *m*; (*Hosen*2) bragueta *f*.

Lätzchen ['lɛtsçən] *n* (6) babero *m*.

Latzhose ['latshoːzə] *f* pantalón *m* de peto.

lau [laʊ] tibio (*a. fig.*); templado; **2heit** *f* tibieza *f*.

Laub [laʊp] *n* (3) follaje *m*; hojas *f/pl.*; *dürres ~* hojas *f/pl.* secas; **~baum** *m* árbol *m* de hoja caduca *bzw.* de fronda; **~e** ['-bə] *f* (15) cenador *m*, glorieta *f*; **~engang** *m* pérgola *f*; arcada *f*; **~enkolonie** *f* colonia *f* de jardines obreros; **~frosch** ['laʊbfrɔʃ] *m* rana *f* verde; **~säge** *f* ('**~säge-arbeit** *f*) sierra *f* (obra *f*) de marquetería; **~wald** *m* bosque *m* de fronda; **~werk** *n* follaje *m*.

Lauch ⚲ [laʊx] *m* (3) puerro *m*.

Lauer ['laʊər] *f* (15): *auf der ~ liegen* estar al acecho; *sich auf die ~ legen* ponerse al acecho; emboscarse; **2n** (29): *~ auf* (*ac.*) acechar (*ac.*); (*warten*) aguardar (*ac.*); **2nd** receloso.

Lauf [laʊf] *m* (3[3]) carrera *f* (*a. Sport*); (*Gewehr*2) cañón *m*; (*Ver*2) curso *m* (*a. Fluß*2); *Zo.* pata *f*; ♪ escala *f*; ⊕ marcha *f*; *im ~e der Jahre* en el curso de los años; *im ~e der Zeit* con el tiempo; *s-n ~ nehmen* seguir su curso; *freien ~ lassen* dar rienda suelta (a); **~bahn** *f* carrera *f*; **~bursche** *m* mozo *m* para recados; *im Hotel:* botones *m*; **2en** (30, sn) correr (*a. Wasser*); *e-e Strecke:* recorrer; (*zu Fuß gehen*) andar (*a. Kind*), ir andando *od.* a pie; *Maschine:* marchar; *Film:* proyectarse; *die Dinge ~ lassen* dejar correr las cosas; **2end** corriente; **~e Nummer** número *m* de orden; *auf dem ~en sn* (*halten*) estar (tener) al corriente, estar (poner) al tanto; **2enlassen** *fig.* soltar.

Läufer ['lɔyfər] *m* (7) corredor *m*; *Fußball:* medio *m*; (*Teppich*) alfombra *f* de escalera *bzw.* de pasillo; *Schach:* alfil *m*.

Lauf|erei [laʊfə'raɪ] *f fig.* ajetreo *m*; molestia *f*; **~feuer** *n fig.:* *sich wie ein ~ verbreiten* difundirse como un reguero de pólvora; **~gewicht** *n* pesa *f* corrediza; **~graben** ✕ *m* trinchera *f*; zanja *f* de comunicaciones.

läufig ['lɔyfiç] *Zo.* en celo.

Lauf|junge ['laʊfjuŋə] *m* botones *m*; **~kran** ⊕ *m* grúa *f* corredera; **~kundschaft** *f* clientela *f* de paso; **~masche** *f* carrera *f*; **~n aufnehmen** coger puntos; **~paß** *m*: *j-m den ~*

geben mandar a alg. a paseo; **~schritt** *m* paso *m* de carrera; **~stall** *m für Kinder:* parque *m*; **~steg** *m* pasarela *f*; **~zeit** *f* plazo *m* de vencimiento.

Lauge ['lauɡə] *f* (15) lejía *f*; (*Wasch*♀) colada *f*.

Laun|e ['l-nə] *f* (15) humor *m*; (*Grille*) capricho *m*; *gute* (*schlechte*) ~ *haben* estar de buen (mal) humor; **♀enhaft**, **♀isch** caprichoso, veleidoso; **♀ig** gracioso; divertido.

Laus [laus] *f* (14¹) piojo *m*; **'~bub** ['l-bu:p] *m* (12) pilluelo *m*.

lausch|en ['lauʃən] (27) escuchar; *heimlich:* estar a la escucha; **♀ig** acogedor; íntimo.

laus|en ['l-zən] (27) despiojar; **~ig** piojoso, miserable; *Kälte:* que pela.

laut [laut] **1.** *adj.* alto; sonoro; (*lärmend*) ruidoso; *adv.* en voz alta; *fig.* ~ *werden* hacerse público; correr (la voz); **2.** *prp.* (*gen.*) según; en virtud de; **3.** ♀ *m* (3) sonido *m*; *keinen* ~ *von sich geben* ⊦ no decir ni pío; **'♀e** ♩ *f* (15) laúd *m*; **'~en** (26) *Text:* decir, rezar.

läuten ['lɔytən] **1.** *v/i. u. v/t.* (26) tocar; *Glocken:* repicar; (*klingeln*) llamar; **2.** ♀ *n* toque *m* de campanas.

lauter ['lautər] (*rein*) puro; limpio; nítido; *fig.* sincero; (*nichts als*) no ... más que; aus (*od. vor*) ~ *Angst* de puro miedo; **♀keit** *f* pureza *f*; sinceridad *f*.

läuter|n ['lɔytərn] (29) purificar (*a. fig.*); depurar; *Metall:* acrisolar, acendrar; **♀ung** *f* purificación *f*.

Läut(e)werk ['l-t(ə)vɛrk] *n* timbre *m*; *e-r Uhr:* sonería *f*.

laut|hals ['lauthals] a voz en cuello *od.* en grito; **♀lehre** *f* fonética *f*; **~lich** fonético; **~los** silencioso; **♀male'rei** *f* onomatopeya *f*; **♀schrift** *f* transcripción *f* fonética; **♀sprecher** *m* altavoz *m*, *Am.* altoparlante *m*; **♀sprecherbox** *f* caja *f od.* pantalla *f* acústica, bafle *m*; **~stark** potente; **♀stärke** *f* intensidad *f* (de sonido); potencia *f*; *Radio:* volumen *m*; **♀zeichen** *n* signo *m* fonético.

lauwarm ['lauvarm] tibio; templado.

Lava ['lɑːva] *f* (16²) lava *f*.

Lavendel ♧ [la'vɛndəl] *m* (7) espliego *m*, lavanda *f*.

lavieren [-'viːrən] (h., sv) ♇ bordear; barloventear; *fig.* transigir.

Lawine [-'viːnə] *f* (15) alud *m*, avalancha *f* (*beide a. fig.*).

---

lax [laks] laxo; relajado; **'♀heit** *f* laxitud *f*; relajación *f*.

Lazarett [latsa'rɛt] *n* (3) hospital *m* militar; **~schiff** *n* buque *m* hospital; **~zug** *m* tren *m* hospital.

Lebe|hoch [le:bə'hoːx] *n* (11) viva *m*; brindis *m*; **'~mann** *m* vividor *m*.

leben ['l-bən] **1.** *v/i.* (25) vivir; existir; (*genug*) zu ~ *haben* tener de qué vivir; ~ *Sie wohl!* ¡adiós!; (*hoch*)~ *lassen* brindar por; *es lebe ...!* ¡viva ...!; **2.** ♀ *n* (6) vida *f*; existencia *f*; (*Geschäftigkeit*) animación *f*, movimiento *m*; *am* ~ *sn* estar con vida; *ums* ~ *kommen* perder la vida; *am* ~ *bleiben* quedar con vida; sobrevivir; *ums* ~ *bringen* matar; *et. für sein* ~ *gern tun* gustar muchísimo a/c.; *ins* ~ *rufen* fundar, crear; *sich das* ~ *nehmen* suicidarse; *sein* ~ *lang* (durante) toda su vida; **~d** vivo; **♀dgewicht** *n* peso *m* (en) vivo.

lebendig [le'bɛndiç] viviente; vivo (*a. fig.*); (*rege*) vivaz; **♀keit** *f* viveza *f*; vivacidad *f*.

Lebens... ['le:bəns...]: *in Zssgn oft de* (la) vida; **~abend** *m* vejez *f*; **~alter** *n* edad *f*; **~angst** *f* miedo *m* existencial; **~art** *f* modales *m/pl.*; modo *m* de vivir; **~baum** ♧ *m* tuya *f*; **~beschreibung** *f* biografía *f*; **♀dauer** *f* (duración *f* de la) vida *f*; ⊕ duración *f*; **♀echt** natural; realista; **~erwartung** *f* esperanza *f od.* expectativa *f* de vida; **♀fähig** viable; **♀fähigkeit** *f* viabilidad *f*; **~frage** *f* cuestión *f* vital; **~freude** *f* alegría *f* de vivir; **~führung** *f* modo *m* de vivir; (*tren m de*) vida *f*; **~gefahr** *f* peligro *m* de muerte; *unter* ~ con riesgo de la vida; **♀gefährlich** muy peligroso; **~gefährte** *m* compañero *m* de vida; **~größe** *f* tamaño *m* natural; **~haltungs-index** *m* índice *m* del coste de la vida; **~haltungskosten** *pl.* coste *m* de la vida; **~kraft** *f* fuerza *f* vital, vitalidad *f*; **~künstler** *m*: *ein* ~ *sn* saber vivir; **♀länglich** *Strafe:* perpetuo; *Rente usw.:* vitalicio; **~lauf** *m* currículum *m* vitae; **~lust** *f* alegría *f* de vivir; **♀lustig** lleno de vida; vivaracho; **~mittel** *n/pl.* alimentos *m/pl.*; víveres *m/pl.*; comestibles *m/pl.*; **~mittelgeschäft** *n* tienda *f* de comestibles; colmado *m*; **♀müde** cansado *od.* harto de vivir; **~mut** *m* energía *f* vital; **♀nah** realista; **~nähe** *f* realismo *m*; **♀notwendig** de primera necesidad; vital; **~qualität** *f* calidad *f* de vida; **~raum** *m* espacio *m* vital; **~regel** *f* regla *f* de conducta; máxima *f*; **~retter** *m* salvador *m*; socorrista *m*; **~standard** *m* nivel *m* de vida; **~stellung** *f* empleo *m* vitalicio; **~unterhalt** *m* subsistencia *f*; sustento *m*; *(sich)* sn ~ *verdienen* ganarse la vida; **~versicherung** *f* seguro *m* de vida; **~wandel** *m* conducta *f*; vida *f*; **~weg** ['~ve:k] *m* vida *f*; carrera *f*; **~weise** *f* modo *m* de vivir; *gesunde* ~ vida *f* sana; **~weisheit** *f* filosofía *f* (práctica); **~werk** *n*: sein ~ la obra de su vida; **2wichtig** vital; **~zeichen** *n* señal *f* de vida; **~zeit** *f* vida *f*; *auf* ~ a perpetuidad, de por vida.

Leber ['le:bər] *f* (15) hígado *m*; *fig. frei od. frisch von der* ~ *weg* con toda franqueza; sin tapujos; **~entzündung** *f* hepatitis *f*; **~fleck** *m* mancha *f* hepática; lunar *m*; **2krank** enfermo del hígado, hepático; **~pastete** *f* foie-gras *m*; **~tran** *m* aceite *m* de hígado de bacalao; **~wurst** *f* embutido *m* de hígado; **~zirrhose** *𝕤 f* cirrosis *f* hepática.

¹**Lebe|wesen** *n* ser *m* vivo; **~wohl** *n* (3 *od.* 11) adiós *m*.

leb|haft ['le:phaft] vivo; vivaz; activo; *fig.* animado; *Verkehr*: intenso; **2haftigkeit** *f* viveza *f*; vivacidad *f*; animación *f*; **2kuchen** *m* pan *m* de especias; **~los** sin vida; inanimado; exánime; **2tag** *m*: *mein* ~ *nicht* en mi vida; **2zeiten** *f/pl.*: *zu od. bei* ~ en vida; *zu j-s* ~ durante la vida de alg.

lechzen ['lɛçtsən] (27) tener sed *(nach* de); *fig.* estar sediento (de); anhelar *(ac.)*.

leck [lɛk] **1.** *adj.*: ~ *sn 𝕤* hacer agua; *Gefäß*: tener agujeros; **2.** **2** *n* (3) vía *f* de agua; **~en** (25) **1.** *v/i. s. leck* sn; **2.** *v/t. u. v/i.* lamer; *fig. sich die Finger* ~ *nach* chuparse los dedos por.

lecker ['lɛ-kər] exquisito; sabroso; apetitoso; ~ *aussehen* F tener buena pinta; **2ei** [--'rai] *f* golosina *f*; **2maul** *n* goloso *m*.

Leder ['le:dər] *n* (7) cuero *m* (*a.* F *Fußball*); *weiches*: piel *f*; *vom* ~ *ziehen fig.* arremeter contra; **~(-ein)band** *m* encuadernación *f* en piel; **~handschuh** *m* guante *m* de piel; **~hose** *f* pantalón *m* de cuero; **~jacke** *f* chaqueta *f* de cuero; **2n** de cuero; de piel; *(zäh)* coriáceo; *fig.* seco;

~waren *f/pl.* artículos *m/pl.* de piel; marroquinería *f*.

ledig ['le:diç] soltero; *(frei)* libre; **2e(r** *m*) *m/f* soltero (-a) *m* (*f*); **~lich** ['--kliç] solamente; exclusivamente.

Lee *𝕤* [le:] *f* (15, o. *pl.*) sotavento *m*.

leer [le:r] vacío; *Papier*: en blanco; *Platz*: libre, desocupado; *fig.* vano; hueco; *Leben*: vacío; ~ *stehen Haus usw.*: estar desocupado; ~ *laufen ⊕* marchar en vacío; ~ *werden* vaciarse; *mit* ~*en Händen* con las manos vacías; ¹**2e** *f* (15) vacío *m*; *fig.* vanidad *f*; ¹**~en** (25) vaciar; *Glas*: *a.* apurar; *(räumen)* evacuar; *den Briefkasten* ~ recoger las cartas; ¹**2gewicht** *n* peso *m* en vacío; **↑** tara *f*; ¹**2lauf** *m* ⊕ marcha *f* en vacío; *Kfz.* punto *m* muerto; *fig.* actividad *f* inútil; ¹**~laufen** vaciarse; ¹**~stehend** desocupado; ¹**2taste** *f* *Schreibmaschine*: espaciador *m*; ¹**2ung** *f* vaciamiento *m*; evacuación *f*; **⊘** recogida *f*.

Lefze ['lɛftsə] *f* (15) befo *m*.

legal [le'ga:l] legal; **~isieren** [-gali-'zi:rən] legalizar; **2ität** [---'tɛ:t] *f* legalidad *f*.

Legasthen|ie [-gaste'ni:] *f* (15) dislexia *f*; **~iker** [--'te:nikər] *m* (7) disléxico *m*.

Legat [-'ga:t] **1.** *m* (12) legado *m*; **2.** *n* (3) legado *m*.

Legehenne ['le:gəhɛnə] *f* gallina *f* ponedora.

legen ['le:gən] (25) poner (*a. Eier*); depositar; colocar; meter; *sich* ~ echarse, tenderse; *(nachlassen)* calmarse; *Wind*: amainar; *(aufhören)* cesar; *sich* ~ *auf (ac.) fig.* dedicarse a.

legend|är [legɛn'dɛ:r] legendario; **2e** [-'--də] *f* (15) leyenda *f*.

leger [-'ʒe:r] informal; desenvuelto.

legier|en [-'gi:rən] ⊕ alear; *Suppe*: espesar; **2ung** *f* aleación *f*.

Legion [-'gjo:n] *f* legión *f* (*a. fig.*); **~är** [-gjo'nɛ:r] *m* (3¹) legionario *m*.

Legislat|ive [legisla'ti:və] *f* (15) (poder *m*) legislativo *m*; **~urperiode** [---'tu:rperjo:də] *f* legislatura *f*.

legitim [-gi'ti:m] legítimo; **2ation** [--tima'tsjo:n] *f* legitimación *f*; identificación *f*; **~ieren** [---'mi:rən] legitimar; *sich* ~ probar su identidad, identificarse.

Lehen ['le:ən] *n* (6) feudo *m*.

Lehm [le:m] *m* (3) barro *m*; ¹**2ig** barroso; ~**wand** *f* tapia *f*; ¹**~ziegel** *m* adobe *m*.

Lehn|e ['le:nə] f (15) respaldo m; (*Arm*) brazo m; **2en** (25): (*sich*) ~ *an* (*ac.*) *od.* gegen apoyar(se) contra; arrimar(se) contra; *sich* ~ *aus* asomarse a; **~sessel** m sillón m; butaca f.

Lehns|herr ['le:nshɛr] m señor m feudal; **~mann** m (1, pl. *~leute*) vasallo m; **~wesen** n feudalismo m.

Lehnwort ['le:nvɔrt] n préstamo m; extranjerismo m.

Lehr|amt ['le:rʔamt] n magisterio m; profesorado m; **~anstalt** f centro m docente; **~beauftragte(r)** m encargado m de curso; **~brief** m certificado m de aprendizaje; **~buch** n libro m de texto; (*Handbuch*) manual m; **~e** f (15) (*Unterricht*) enseñanza f; instrucción f; *Rel.*, *Phil.* doctrina f; (*Lehrzeit*) aprendizaje m; (*Warnung*) lección f; ⊕ calibrador m; *in der* ~ *sn* estar de aprendiz; *das wird mir e-e* ~ *sn* me servirá de lección; **2en** (25) enseñar (zu a); **~er(in** f) m (7) profesor(a f) m; (*Volksschule*) maestro (-a) m (f); **~erschaft** f profesorado m; cuerpo m docente; **~fach** n asignatura f; **~film** m película f didáctica; **~gang** m curso m, cursillo m; **~gangs-teilnehmer** m cursillista m; **~geld** n: *fig.* ~ *zahlen* escarmentar en cabeza propia; **~herr** m maestro m; patrón m; **~jahr** n año m de aprendizaje; **~körper** m cuerpo m docente; **~kraft** f profesor m; **~ling** ['-lin] m (3¹) aprendiz m; **~mädchen** n aprendiza f; **~meister** m maestro m; **~mittel** n/pl. material m didáctico; **~pfad** m itinerario m didáctico; **~plan** m plan m od. programa m de estudios; **2reich** instructivo; **~satz** m *Rel.* dogma m; *Phil.* tesis f; ⅋ teorema m; **~stelle** f plaza f od. puesto m de aprendiz(aje); **~stoff** m materia f (de enseñanza); **~stuhl** m cátedra f; **~tätigkeit** f enseñanza f, docencia f; **~vertrag** m contrato m de aprendizaje; **~werkstatt** f taller-escuela m; **~zeit** f aprendizaje m.

Leib [laɪp] m (1) (*Bauch*) vientre m; abdomen m; *fig. j-m auf den* ~ *rücken* arremeter contra alg.; acosar a alg.; *sich* (*dat.*) *vom* ~ *halten* tener a distancia; *bleib mir vom* ~*e*! ¡déjame en paz!; *bei lebendigem* ~*e* vivo; *am eigenen* ~ en carne propia, en sus carnes; *mit* ~ *u. Seele* con cuerpo y alma; **'-arzt** m médico m de cámara; **'-binde** f faja f; **'-chen** n (6) corpiño m, justillo m; **'-eigene(r)** m siervo m; **'-eigenschaft** f servidumbre f.

Leibes|erziehung ['-bəsʔɛrtsi:uŋ] f educación f física; **~frucht** f feto m; **~kraft** f: *aus* ~*kräften* a más no poder; **~übung** f ejercicio m físico; *~en pl. a.* gimnasia f; **~visitation** ['--vizitatsjo:n] f cacheo m.

Leib|garde ['laɪpgardə] f guardia f de corps; **~gericht** m plato m favorito; **2haftig** [-'haftiç] mismo; en persona; **2lich** físico; corporal; *Verwandter:* carnal, propio; **~rente** f renta f vitalicia; **~schmerzen** m/pl. dolor m de vientre; **~wächter** m guardaespaldas m; **~wäsche** f ropa f interior.

Leiche ['laɪçə] f (15) cadáver m.

Leichen... ['-çən...]: *in Zssgn oft* fúnebre; **~begängnis** ['--bəgɛŋnis] n (4¹) exequias f/pl., funeral(es) m(/pl.); **~bittermiene** f cara f de vinagre; **2blaß** cadavérico, lívido; **~fledderer** ['-fledərər] m (7) desvalijador m de cadáveres; **~halle** f depósito m de cadáveres; **~hemd** n mortaja f; **~öffnung** f autopsia f; **~rede** f oración f fúnebre; **~schändung** f profanación f de cadáveres; **~schau** f inspección f de cadáveres; **~schauhaus** n depósito m de cadáveres, *gal.* morgue f; **~träger** m sepulturero m; **~tuch** n sudario m; **~verbrennung** f cremación f, incineración f; **~wagen** m coche m fúnebre; **~zug** m cortejo m od. comitiva f fúnebre.

Leichnam ['laɪçna:m] m (3) cadáver m.

leicht [laɪçt] ligero (a. fig.), bsd. Am. liviano; *Fehler, Krankheit:* leve; *fig.* (*einfach*) fácil (zu inf. de), sencillo; es *ist mir ein* ~*es* no me cuesta nada; **'-bekleidet** ligero de ropa; **'2-athlet** m atleta m; **'2-athletik** f atletismo m (ligero); **'-entzündlich** fácilmente inflamable; **'2er** ⚓ m (7) gabarra f; **'-fallen** resultar fácil; **'-fertig** ligero; descuidado; frívolo; **'2fertigkeit** f ligereza f; descuido m; frivolidad f; **'2fuß** m calavera m; **'-füßig** ['-fy:siç] ágil, ligero; **'2gewicht** n Sport: peso m ligero; **'-gläubig** crédulo; **'2gläubigkeit** f credulidad f; **'-hin** a la ligera; **'2igkeit** f facilidad f; (*Behendigkeit*) ligereza f, agilidad f; **∼lebig** ['-le:biç] frívolo; **⸿metall** n metal m ligero; **'∼nehmen** tomar a la ligera; **⸿sinn** m ligereza f; frivolidad f; **'∼sinnig** ligero; frívolo; imprudente; **'∼verdaulich** ligero; fácil de digerir; **'∼verderblich** perecedero; **⸿verwundete(r)** m herido m leve.

leid [lait] **1.** adv. uv.: es tut mir ∼ lo siento, lo lamento; er tut mir ∼ me da pena; ich bin es ∼ estoy harto; **2.** ⸿ n (3, o. pl.) pena f; dolor m; aflicción f; (Schaden) mal m; j-m sein ∼ klagen confiar sus penas a alg.; **⸿form** ['laitəfɔrm] f Gram. voz f pasiva; **'∼en** (30) **1.** v/i. sufrir (an dat. de); padecer (an dat. de); a. fig. adolecer (an dat. de); **2.** v/t. (zulassen) tolerar; (erdulden) sufrir, soportar; gut ∼ können querer bien; nicht ∼ können no poder tragar od. soportar; **'⸿en** n (6) sufrimiento m; **⸿end** enfermo; achacoso.

'Leidenschaft f pasión f (für por); **⸿lich** apasionado; **⸿lichkeit** f apasionamiento m; **⸿slos** desapasionado; imparcial.

'Leidens|gefährte, ∼genosse m compañero m de infortunio; **∼geschichte** f Rel. Pasión f; **∼weg** m Rel. vía crucis m, calvario m (a. fig.).

leid|er ['-dər] desgraciadamente; por desgracia; **∼ig** enojoso; engorroso; **∼lich** ['-tliç] tolerable, regular; es geht mir ∼ voy tirando; **⸿tragende(r)** m: die ∼n la familia del difunto; fig. der ∼ sein ser la víctima; **⸿wesen** n: zu m-m ∼ muy a pesar mío.

Leier ['-ər] f (15) lira f; fig. immer die alte ∼ siempre la misma canción; **∼kasten** m organillo m; **∼kastenmann** m organillero m; **⸿n** (29) tocar el organillo; fig. salmodiar; recitar mecánicamente.

Leih|amt ['laïʔamt] n monte m de piedad; **∼bibliothek, ∼bücherei** f biblioteca f con servicio de préstamo; **⸿en** (30): j-m et. ∼ prestar a/c. a alg.; et. von j-m ∼ tomar prestado a/c. de alg.; **∼gabe** f préstamo m; **∼gebühr** f (derechos m/pl. de) alquiler m; **∼haus** n casa f de préstamos; s. a. ∼amt; **∼mutter** f madre f sustitutiva; **∼wagen** m Kfz. coche m de alquiler (sin chófer); **⸿weise** prestado.

Leim [laim] m (3) cola f; pegamento m; aus dem ∼ gehen desencolarse; deshacerse; fig. auf den ∼ gehen caer

en la trampa; **'⸿en** (25) pegar; encolar; **'∼farbe** f pintura f a la cola.

Lein ♀ [lain] m (3) lino m.

Leine ['-nə] f (15) cuerda f; cordel m; an der ∼ führen Hund: llevar atado.

lein|en ['-nən] de tela; de lino; **⸿en** n (6) lino m; tela f; **⸿enband** m encuadernación f en tela; **⸿enzeug** n ropa f blanca; **⸿-öl** n aceite m de linaza; **⸿samen** m linaza f; **⸿wand** f lienzo m (a. Mal.); tela f; Film: pantalla f.

leise ['-zə] silencioso; Stimme: bajo, adv. en voz baja; (schwach) ligero (an Schlaf); (sanft) suave; adv. sin (hacer) ruido; ∼(r) stellen Radio: bajar; **⸿treter** m (7) F mosca f muerta.

leisten ['-stən] **1.** (26) hacer; Zahlung: efectuar; ⊕ rendir; producir; Arbeit: ejecutar, cumplir; Dienst, Eid, Hilfe: prestar; Sicherheit: ofrecer; sich (dat.) et. ∼ permitirse a/c.; regalarse con a/c.; das kann ich mir nicht ∼ no puedo permitirme este lujo; **2.** ⸿ m (6) horma f; fig. alles über e-n ∼ schlagen medirlo todo por el mismo rasero.

'Leistenbruch ⚕ m hernia f inguinal.

Leistung ['-stun] f allgemein: rendimiento m (a. ⊕, ⚡ u. e-r Person); ⊕ a. potencia f; (Ausführung) ejecución f, cumplimiento m; (Arbeit) trabajo m; (Dienst) servicio m; prestación f (a. e-r Versicherung); (Großtat) hazaña f; (Erfolg) resultado m; (Verdienst) mérito m; schulische ∼ rendimiento m escolar; **⸿fähig** productivo; eficaz; j.: eficiente; ⚡ solvente; **∼-fähigkeit** f eficiencia f (capacidad f de) rendimiento m; potencia f; ⚡ solvencia f; **∼gesellschaft** f sociedad f de rendimiento; **∼-prüfung** f prueba f de rendimiento (Sport: de resistencia); **∼sschau** f exposición f; certamen m; **⸿sschwach** de bajo rendimiento; **∼ssport** m deporte m de competición; **⸿sstark** potente; de alto rendimiento; **∼szulage** f prima f de rendimiento.

Leitartik|el ['laitʔarti:kəl] m editorial m, artículo m de fondo; **∼ler** m editorialista m.

leiten ['-tən] (26) conducir (a. ⚡), guiar; fig. dirigir; **∼d** ⚡ conductor; ✝ directivo; Gedanke: dominante; **∼er** Angestellter alto empleado m.

Leiter ['-tər] **a)** *m* (7) director *m* (*a.* ♪); dirigente *m*; jefe *m*; ✝ gerente *m*; ♫ conductor *m*; **b)** *f* (15) escalera *f* (de mano); escala *f*; **⁓in** *f* directora *f*; **⁓wagen** *m* carro *m* con adrales.

'Leit|faden *m* hilo *m* conductor; (*Buch*) manual *m*, compendio *m*; **fähig** ♫ conductivo; **⁓fähigkeit** ♫ *f* conductividad *f*, conductibilidad *f*; **⁓gedanke** *m* idea *f* dominante *od.* directriz; **⁓hammel** *m* fig. guía *m*; **⁓motiv** ♪ *n* leitmotiv *m* (*a. fig.*); **⁓planke** *Vkw.* *f* banda *f* metálica de protección; **⁓satz** *m* tesis *f*; principio *m*; **⁓schiene** ⊕ *f* guía *f*; **⁓spruch** *m* lema *m*; **⁓stern** *m* fig. norte *m*.

'Leitung *f* dirección *f*; ⊕ conducción *f*; (*Rohr♀*) tubería *f*; ♫, *Fernspr.* línea *f*; **⁓sdraht** *m* alambre *m* conductor; **⁓snetz** ♫ *n* red *f* del alumbrado; **⁓srohr** *n* tubo *m*; **⁓swasser** *n* agua *f* del grifo.

Lektion [lɛk'tsjo:n] *f* lección *f* (*a. fig.*).

Lektor ['-tɔr] *m* (8¹) lector *m*; **⁓at** [-to'ra:t] *n* (3) lectorado *m*.

Lektüre ['-ty:rə] *f* (15) lectura *f*.

Lende ['lɛndə] *f* (15) lomo *m* (*a. Kchk.*); **⁓nbraten** *m*, **⁓nstück** *n* solomillo *m*; **⁓ngegend** *f* *Anat.* región *f* lumbar; **⁓nschurz** *m* taparrabo *m*.

lenk|bar ['lɛŋkba:r] dirigible; **⁓en** (25) dirigir; *Kfz.* conducir; guiar (*a. fig.*); *Staat, Schiff:* gobernar; ⚔ pilotar; *die Aufmerksamkeit ⁓ auf* (*ac.*) llamar la atención sobre; **2er** *m Fahrrad:* guía *f*, manillar *m*; fig. dirigente *m*; **2rad** *n* volante *m*; **2radschloß** *n* cerradura *f* de dirección; **⁓sam** dócil, dúctil; **2säule** *f* columna *f* de dirección; **2stange** *f* guía *f*, manillar *m*; **2ung** ⊕ dirección *f* (*a. fig.*).

Lenz [lɛnts] *poet. m* (3²) primavera *f*; fig. abril *m*; **⁓en** ⚓ (27) achicar.

Leopard [leo'part] *m* (12) leopardo *m*.

Lepra ['le:pra] *f* (16, *o. pl.*) lepra *f*; **2krank** leproso.

Lerche ['lɛrçə] *f* (15) alondra *f*.

Lern|eifer ['lɛrn?aifər] *m* aplicación *f*; **2en** (25) aprender; estudiar; *lesen usw. ⁓* aprender a leer, *etc.*; **⁓spiel** *n* juego *m* didáctico.

Les|art ['lɛs?a:rt] *f* versión *f*; variante *f*; **2bar** legible, leíble.

Lesb|ierin ['lɛsbjərin] *f* lesbiana *f*; **2isch** lesbiano.

Lese ['le:zə] *f* (15) (*Wein♀*) vendimia *f*; **⁓buch** *n* libro *m* de lectura.

lesen ['-zən] **1.** (30) leer; *Messe:* decir; *Universität:* dar *od.* impartir un curso (*über ac.* sobre); (*ernten*) recoger; *Trauben ⁓* vendimiar; *aus der Hand ⁓* leer en la mano; **2.** ♀ *n* lectura *f*; **⁓swert** digno de leerse.

'Lese|probe *f Thea.* lectura *f*; **⁓pult** *n* pupitre *m*; **⁓r(in** *f*) *m* (7) lector(a) *m* (*f*); **⁓ratte** *F f* ratón *m* de biblioteca; **⁓rkreis** *m* lectores *m/pl.*; **2rlich** legible; **⁓rzuschrift** *f* carta *f* al director; carta *f* de un lector; **⁓saal** *m* sala *f* de lectura; **⁓stoff** *m* lectura *f*; **⁓zeichen** *n* señal *f*, registro *m*; **⁓zirkel** *m* círculo *m* de lectores.

'Lesung *f* lectura *f*.

Letharg|ie [letar'gi:] *f* (15) letargo *m*; **2isch** ['-'-gi] letárgico.

Lette ['lɛtə] *m* (13) letón *m*.

Letter ['-tər] *f* (15) letra *f* (de molde), tipo *m* (de imprenta).

letzt [lɛtst] último; (*äußerst*) extremo; **⁓es Jahr** el año pasado; *in er Zeit* últimamente; *zu guter ♀* por último; *F das ist das ♀e!* ¡es lo último!; **'⁓ere(r)** (18) este último; **'⁓hin** últimamente, hace poco; **'⁓lich** al fin y al cabo; **'⁓willig** 🏛 testamentario; **⁓e Verfügung** última disposición *f*.

Leucht... ['lɔyçt...]: *in Zssgn* oft luminoso; **⁓e** *f* (15) lámpara *f*; fig. lumbrera *f*; **2en** (26) lucir; (*glänzen*) brillar, resplandecer; fig. sein Licht ⁓ lassen lucirse; **⁓en** *n* brillo *m*, resplandor *m*; **2end** luminoso (*a. fig.*); radiante; **⁓er** *m* (7) candelabro *m*; **⁓feuer** *n* fanal *m*; **⁓gas** *n* gas *m* de(l) alumbrado; **⁓käfer** *m* luciérnaga *f*; **⁓kraft** *f* luminosidad *f*; **⁓kugel** *f* bala *f* luminosa; **⁓rakete** *f* cohete *m* luminoso; **⁓reklame** *f* publicidad *f* luminosa; anuncio *m* luminoso; **⁓spurgeschoß** ✗ *n* proyectil *m* luminoso; **⁓stoffröhre** *f* tubo *m* fluorescente; **⁓turm** *m* faro *m*; **⁓turmwärter** *m* farero *m*; **⁓zifferblatt** *n* esfera *f* luminosa.

leugnen ['lɔygnən] **1.** *v/t.* (26) negar; *nicht zu ⁓* innegable; **2.** ♀ *n* negación *f*.

Leukämie [-kɛ'mi:] *f* (15) leucemia *f*.

Leukozyt [-ko'tsy:t] *m* (12) leucocito *m*.

Leumund ['-munt] *m* (3) reputación *f*, fama *f*; **⁓szeugnis** *n* certificado *m* de buena conducta.

Leute ['-tə] *pl.* (3) gente *f*; *die jungen ~* los jóvenes; *die kleinen ~* la gente humilde; *unter die ~ bringen* divulgar, *Geld:* gastar; **~schinder** *m* explotador *m*; negrero *m*.

Leutnant ['lɔytnant] *m* (3¹ *u.* 11) segundo teniente *m*; alférez *m*.

leutselig ['-ze:lıç] afable; campechano; **2keit** *f* afabilidad *f*.

Leviten [le'vi:tən] *pl.*: *j-m die ~ lesen* sermonear a alg.

Levkoje 💠 [lɛf'ko:jə] *f* (15) alhelí *m*.

Lexiko|graphie [lɛksikogra'fi:] *f* (15) lexicografía *f*; **~n** ['--kɔn] *n* (9¹ *u.* ²) diccionario *m*; *(Konversations2)* enciclopedia *f*.

Liane [li'a:nə] *f* (15) bejuco *m*, liana *f*.

Libanes|e [-ba'ne:zə] *m* (13), **2isch** libanés (*m*).

Libelle [-'bɛlə] *f* (15) libélula *f*; ⊕ nivel *m* de agua.

liberal [-be'ra:l] liberal; **~isieren** [--rali'zi:rən] liberalizar; **2ismus** [---'lısmus] *m* liberalismo *f*.

Librett|ist [-brɛ'tıst] *m* (12) libretista *m*; **~o** [-'-to] *n* (11, *pl. a.* -tti) libreto *m*, letra *f*.

Licht [lıçt] **1.** *n* (1 *u.* 3) luz *f*; *(Beleuchtung)* alumbrado *m*; *Jgdw. ~er pl.* ojos *m/pl.*; *~ machen dar* la luz; *das ~ der Welt erblicken* venir al mundo; *ans ~ bringen (kommen)* sacar (salir) a la luz; *~ in et. bringen* arrojar luz sobre a/c.; *bei ~ besehen* mirándolo bien; *gegen das ~ a contraluz*; *fig. j-n hinters ~ führen* engañar *od.* burlar a alg.; *ins rechte ~ setzen* poner de relieve; *j-m im ~ stehen* quitarle la luz a alg.; *jetzt geht mir ein ~ auf* F ahora caigo; **2.** 2 claro, luminoso; *Haar:* ralo; *~er Augenblick* intervalo *m* lúcido; *~e Weite* luz *f*; **'~bild** *n* foto(grafía) *f*; **'~bildervortrag** *m* conferencia *f* con proyecciones; **'~blick** *m* rayo *m* de esperanza; **'~bogen** ⚡ *m* arco *m* voltaico; **'~bogenschweißung** *f* soldadura *f* al arco; **'~brechung** *f* refracción *f*; **'~druck** *m* fotograbado *m*; **'2durchlässig** tra(n)slúcido; **'2-echt** resistente a la luz; **'2-empfindlich** sensible a la luz; **'2en** (26) *Wald:* aclarar; *Reihen:* diezmar; *die Anker ~* levar anclas; *sich ~* aclararse; **2erloh** [-'tɔr'lo:]: *~ brennen* arder en llamas; **'~hof** *m* patio *m* de luces; *Phot.* halo *m*; **'~hupe** *f* bocina *f* luminosa; **'~jahr** *n* año *m* luz; **'~kegel** *m* cono *m* luminoso; **'~maschine**

f dínamo *f*; **~meß** ['-mɛs] *f* Candelaria *f*; **'~netz** ⚡ *n* red *f* de alumbrado; **'~orgel** *f* órgano *m* de luces; **'~pause** *f* fotocalco *m*; **'~quelle** *f* fuente *f* luminosa; foco *m* luminoso; **'~reklame** *f* publicidad *f* luminosa; **'~satz** *Typ. m* fotocomposición *f*; **'~schacht** *m* patio *m* de luces; **'~schalter** *m* interruptor *m*; **'~schein** *m* resplandor *m*; **'2scheu** que teme la luz (*a. fig.*); **'~schimmer** *m* vislumbre *f*; **'2schwach** poco luminoso; **'~seite** *f fig.* lado *m* bueno; **'~signal** *n* señal *f* luminosa *od.* óptica; **'~spieltheater** *n* cine *m*; **'2-stark** (muy) luminoso; **'~stärke** *f* intensidad *f* luminosa; **'~strahl** *m* rayo *m* de luz; **'2-undurchlässig** opaco; **'~ung** *f* calvero *m*, claro *m*.

Lid [li:t] *n* (1) párpado *m*; **'~schatten** *m* sombra *f* de ojos.

lieb [li:p] querido; amado; caro; *(angenehm)* agradable; *(liebenswürdig)* amable, simpático; *es ist mir ~ me* conviene; *me agrada*; *es wäre mir ~, wenn ... me gustaría que (subj.)*; *den ~n langen Tag* todo el santo día; *um des ~en Friedens willen* por amor a la paz; *seien Sie so ~ und ... hágame el favor de inf.*; **'~äugeln** coquetear (*mit j-m con alg.*); *mit e-m Gedanken:* acariciar (*ac.*).

Liebe ['li:bə] *f* (15) amor *m* (*zu* a, por); cariño *m*; *aus ~ zu por amor a*; **~dienerei** [--di:nə'raı] *f* servilismo *m*; **~lei** [--'laı] *f* amorío *m*, flirteo *m*.

lieben ['-bən] (25) querer; amar; *ich liebe es nicht, daß no me gusta que (subj.)*; **2de(r** *m*) *m/f* [---də(r] amante *su.*, enamorado (-a) *m* (*f*); **~swert** encantador; **~swürdig** amable; **2swürdigkeit** *f* amabilidad *f*.

lieber ['-bər] *adv.* más bien; *~ haben, mögen, wollen* preferir.

Liebes... ['-bəs...]: *in Zssgn oft* de amor, amoroso; **~abenteuer** *n* aventura *f* galante; **~brief** *m* carta *f* de amor; **~dienst** *m* favor *m*; obra *f* caritativa; **~erklärung** *f* declaración *f* (de amor); **~gabe** *f* donativo *m*; **~heirat** *f* casamiento *m* por amor; **~kummer** *m* penas *f/pl.* de amor; **~lied** *n* canción *f* de amor; **~paar** *n* amantes *m/pl.*; pareja *f* de enamorados; **~trank** *m* filtro *m*; **~verhältnis** *n* relación *f* amorosa; lío *m* (amoroso), F ligue *m*.

'liebevoll afectuoso, cariñoso.

lieb|gewinnen ['li:pgəvinən] tomar cariño a; aficionarse a; **~haben** querer; **2haber** ['-ha:bər] m (7) amante m; (*Kunst*2 *usw.*) aficionado m; *Thea.* jugendlicher ~ galán m; **2habe'rei** f afición f; **2haberin** f amante f; aficionada f; *Thea.* jugendliche ~ dama f joven; **2haberwert** m valor m para aficionados; **~'kosen** acariciar; **2'kosung** f caricia f; **~'lich** dulce, suave; *j.*: lindo, gracioso; *Gegend*: ameno; **2lichkeit** f dulzura f; suavidad f; amenidad f; **2ling** ['-liŋ] m (3¹) favorito m; (*Kosewort*) cariño m; **2lings...**: in *Zssgn* favorito, predilecto; **~los** sin cariño; duro; **2losigkeit** f falta f de cariño; desamor m; **2reiz** m atractivo m, encanto m; **2schaft** f amores m/pl.; amorío m; F ligue m.

liebst [li:pst] (18) preferido, favorito; am ~en würde ich (*inf.*) lo que me gustaría más es (*inf.*), preferiría (*inf.*); **2e(r** m) m/f querido (-a) m (f).

Lied [li:t] n (1) canción f; canto m; (*Helden*2) cantar m; *Rel.* cántico m; (*Kunst*2) lied m; *fig.* immer das alte ~ siempre la misma canción; davon kann ich ein ~ singen me lo sé de sobra.

Lieder|abend ['li:dər'a:bənt] m recital m; **~buch** f concierto m.

liederlich ['--liç] desordenado; *Arbeit*: desaliñado, chapucero; *Leben*: licencioso; disoluto; *adv.* sin esmero, superficialmente; **2keit** f descuido m; desaliño m.

Lieder|macher ['--maxər] m (7) cantautor m; **~sänger(in** f) m cancionista su.; liederista su.

lief [li:f] s. *laufen*.

Liefer|ant [li:fə'rant] m (12) suministrador m; proveedor m; abastecedor m; **2bar** ['-fərba:r] disponible; listo para la entrega; **'~bedingungen** f/pl. condiciones f/pl. de entrega; **'~firma** f casa f proveedora; **'~frist** f plazo m de entrega; **2n** ['-fərn] (29) suministrar; entregar; proveer; F ich bin geliefert estoy apañado; **'~schein** m nota f ód. talón m de entrega; **'~ung** f suministro m; entrega f; 📚 fascículo m; **'~wagen** m camioneta f de reparto; furgoneta f; **'~zeit** f plazo m de entrega.

Liege ['li:gə] f (15) tumbona f; **~geld** ⚓ n derechos m/pl. de estadía; **~kur** 🎗 f cura f de reposo.

liegen ['-gən] (30) *Sachen*: estar (puesto); *Person*: estar echado *od.* tumbado *od.* tendido; *Lit.* yacer; (*sich befinden*) hallarse, encontrarse; *Stadt usw.*: estar situado; das *Zimmer* liegt zur *Straße* la habitación da a la calle; *10 km von* ... ~ estar a diez kilómetros de ...; die *Schwierigkeit* liegt darin, daß la dificultad reside *od.* consiste en que; woran liegt es? ¿a qué se debe?; es liegt an ihm depende de él; (*Schuld*) es culpa suya; mir liegt daran, es ist mir daran gelegen me importa; soviel an mir liegt en cuanto a mí; er liegt mir me cae bien; er liegt mir nicht no es santo de mi devoción; das liegt mir se me da bien; es lo mío; **~bleiben** (sn) quedarse acostado *od.* en (la) cama; *Arbeit*: quedar sin acabar; *Kfz.* tener una avería; **~d** situado; **~lassen** dejar; (*vergessen*) olvidar; *fig.* links ~ no hacer caso de; **2schaften** f/pl. bienes m/pl. raíces.

'Liege|platz ⚓ m atracadero m; **~sitz** m asiento m reclinable *bzw.* abatible; **~stuhl** m hamaca f; gandula f; **~wagen** 🚂 m coche m de literas; litera f; **~zeit** ⚓ f estadía f.

lieh [li:] s. *leihen*.

lies, liest [li:s, li:st] s. *lesen*.

ließ [li:s] s. *lassen*.

Lift [lift] m (3 *od.* 11) ascensor m; **'~boy** m ascensorista m.

Liga ['li:ga] f (16²) liga f (*a. Sport*).

Liguster 🌿 [li'gustər] m (7) alheña f.

Likör [li'kø:r] m (3¹) licor m.

lila *uv.*, **~farben** ['li:la(farbən)] (de color) lila.

Lilie ['li:ljə] f (15) lirio m blanco, azucena f.

Limonade [limo'na:də] f (15) limonada f.

Limousine [limu'zi:nə] f (15) limusina f, sedán m.

lind [lint] suave.

Linde ['lində] f (15) tilo m; **~n-blütentee** m tila f.

lindern ['-dərn] (29) suavizar; mitigar; aliviar; *Schmerz*: calmar, paliar; **~nd** 🎗 lenitivo; **2ung** f mitigación f; alivio m; **2ungsmittel** 🎗 n lenitivo m; paliativo m.

Lineal [line'a:l] n (3¹) regla f; **2r** [--'a:r], **~r...:** in *Zssgn* lineal.

Linguist [liŋgu'ist] m (12) lingüista m; **~ik** f (16, *o. pl.*) lingüística f.

Linie ['li:njə] f (15) línea f; *fig.* in erster ~ en primer lugar; auf die ~

achten cuidar la línea; **~nblatt** *n* falsilla *f*; **~nflugzeug** *n* avión *m* de línea; **~npapier** *n* papel *m* rayado; **~nrichter** *m Sport:* juez *m* de línea, linier *m*; **~nsystem ♪** *n* pentagrama *m*.

lin(i)ieren [lin'(j)i:rən] rayar.

link [liŋk] izquierdo; **~e** *Seite Stoff:* revés *m*; **~er Hand** a la izquierda; **!²e(r)** (18) izquierdo *f (a. Pol.)*; **!²e(r)** *m Pol.* izquierdista *m*; **!~isch** torpe.

links [liŋks] a la izquierda; **♀-~außen** *m* (6) *Sport:* extremo *m* izquierda; **♀händer** ['-hɛndər] *m* (7), **~händig** ['-diç] zurdo (*m*).

Linoleum [li'no:leum] *n* (9, *o. pl.*) linóleo *m*; **~schnitt** *m* grabado *m* en linóleo.

Linse ['linzə] *f* (15) **⚘** lenteja *f*; *Opt.* lente *f*; *Auge:* cristalino *m*; **♀förmig** ['-nfœrmiç] lenticular.

Lippe ['lipə] *f* (15) labio *m*; **~nblütler** **⚘** ['--nbly:tlər] *m/pl.* (7) labiadas *f/pl.*; **~nlaut** *m* labial *su.*; **~nstift** *m* lápiz *m* labial *od.* de labios; barra *f* de carmín.

Liquidation [likvida'tsjo:n] *f* liquidación *f; (Rechnung)* nota *f* de honorarios; **♀ieren** [--'di:rən] liquidar (*a. fig.*).

lispeln ['lispəln] **1.** *v/i.* (29) cecear; **♀** *n* ceceo *m*.

List [list] *f* (16) astucia *f*; ardid *m*; artimaña *f*; F truco *m*.

Liste ['listə] *f* (15) lista *f*, relación *f; (Gehalts♀)* nómina *f*.

listig ['listiç] astuto, artero; ladino.

Litanei [lita'naɪ] *f* letanía *f*.

Litauer(in *f)* ['litauər(in)] *m* (7), **♀isch** lituano (-a) *m (f)*.

Liter ['li:tər] *m od. n* (7) litro *m*.

literarisch [lita'ra:riʃ] literario; **♀t** [--'ra:t] *m* (12) literato *m*.

Literatur [--ra'tu:r] *f* (16) literatura *f*; **~....:** in *Zssgn od.* literario; **~angaben** *f/pl.* bibliografía *f*; **~geschichte** *f* historia *f* de la literatura.

Litfaßsäule ['litfaszɔʏlə] *f* columna *f* de anuncios.

Lithograph [lito'gra:f] *m* (12) litógrafo *m*; **~ie** [--gra'fi:] *f* (15) litografía *f*.

litt [lit] *s.* leiden.

Liturgie [litur'gi:] *f* (15) liturgia *f*; **♀isch** [-'turgiʃ] litúrgico.

Litze ['litsə] *f* (15) cordón *m; (Tresse)* galón *m*.

Live-Sendung ['laɪfzɛnduŋ] *f* (re-) transmisión *f* en directo.

Livree [li'vre:] *f* (15) librea *f*.

Lizenz [li'tsɛnts] *f* (16) licencia *f*; **~spieler** *m Sport:* jugador *m* profesional.

Lob [lo:p] *n* (3) elogio *m*; alabanza *f*.

Lobby ['lɔbi] *f* (11¹) *Pol.* grupo *m* de presión.

loben ['lo:bən] (25) alabar; elogiar; **~d** elogioso; **~swert** digno de elogio; laudable, loable.

Lobgesang ['lo:pgəzaŋ] *m* himno *m*; **~hudelei** [-hu:də'laɪ] *f* adulación *f*; **♀hudeln** (29) adular.

löblich ['lø:pliç] loable, laudable.

Loblied ['lo:pli:t] *n* himno *m; fig.* ein ~ auf j-n singen hacer grandes elogios de alg.; **♀preisen** (30, *untr.*) glorificar, exaltar; **~rede** *f* elogio *m*, panegírico *m*.

Loch [lɔx] *n* (1²) agujero *m; (Öffnung)* abertura *f*, orificio *m; (Höhlung)* hoyo *m (a. Golf);* hueco *m;* F (*Kerker*) calabozo *m;* F (*Wohnung*) tugurio *m; fig. auf dem letzten ~ pfeifen* estar en las últimas; **♀en** (25) perforar; *Fahrkarte:* picar; **!~er** *m* (7) perforador *m;* taladrador *m; (Person)* perforista *m*.

löcherig ['lœçəriç] agujereado; **~n** F (29): *j-n ~* acosar a alg. (a preguntas).

Lochkarte ['lɔxkartə] *f* ficha *f* perforada; **~streifen** *m* cinta *f* perforada; **~zange** *f* punzón *m;* sacabocados *m; für Fahrkarten:* perforador *m*.

Locke ['lɔkə] *f* (15) rizo *m*, sortija *f;* bucle *m*.

locken ['-kən] (25) **1.** *Haar:* (sich) ~ rizar(se); **2.** (*an~*) atraer; *fig. a.* seducir; tentar; **♀kopf** *m* cabeza *f* rizada; **♀wickel** *m* rulo *m*, bigudí *m*.

locker ['-kər] flojo; aflojado; (*lose*) suelto; *Boden:* mullido; *Brot usw.:* esponjoso; *fig.* laxo; **~lassen:** *fig. nicht ~* no cejar, no ceder; **~machen** F *Geld:* soltar, aflojar; **~n** (29) aflojar; *Erde:* mullir; *fig.* relajar; **♀ung** *f* aflojamiento *m;* relajamiento *m*.

lockig ['-kiç] rizado; ensortijado.

'Lockmittel *n* cebo *m; fig. a.* aliciente *m*, atractivo *m;* **~spitzel** *m* agente *m* provocador; **~ung** *f* seducción *f;* atracción *f;* **~vogel** *m* señuelo *m*, reclamo *m (a. fig.)*.

Loden ['lo:dən] *m* (6) loden *m*.

lodern ['-dərn] (29) echar llamas, llamear; *fig.* arder.

Löffel ['lœfəl] *m* (7) cuchara *f*; *größerer:* cucharón *m*; *des Hasen:* oreja *f*; F *fig.* j-n über den ~ barbieren tomar el pelo a alg.; 2n (29) comer con (la) cuchara; **~voll** *m* (3¹, *o. pl.*) cucharada *f*; 2**weise** a cucharadas.

log [lo:k] *s.* lügen.

Logarithmen|entafel [loga'ritmən:tafəl] *f* tabla *f* logarítmica; **~us** [---'-mus] *m* (16²) logaritmo *m*.

Logbuch ♉ ['lɔkbu:x] *n* cuaderno *m* de bitácora.

Loge ['lo:ʒə] *f* (15) palco *m*; (*Freimaurer*2) logia *f*; **~nbruder** *m* masón *m*; **~nschließer** *m Thea.* acomodador *m*.

logieren [lo'ʒi:rən] hospedarse, alojarse.

Logi|k ['lo:gik] *f* (16, *o. pl.*) lógica *f*; 2**sch** lógico *m*; **~stik** [lo'gistik] *f* (16, *o. pl.*) logística *f*; 2**stisch** [-'-stiʃ] logístico.

Lohe ['lo:ə] *f* (15): **a)** llamas *f/pl.*; **b)** (*Gerber*2) casca *f*; 2**en** (25) 1. *v/i.* echar llamas; 2. *v/t.* (*gerben*) curtir; **~gerber** *m* curtidor *m*; **~gerbe'rei** *f* tenería *f*, curtiduría *f*.

Lohn [lo:n] *m* (3³) salario *m*; paga *f*; sueldo *m*; *fig.* recompensa *f*, premio *m*; '**~...:** *in Zssgn oft de* salario(s), salarial; '**~arbeit** *f* trabajo *m* asalariado; '**~arbeiter** *m* trabajador *m* asalariado; '**~ausfall** *m* pérdida *f* de salario; '**~empfänger** *m* asalariado *m*; '2**en** (25) recompensar; pagar; *es lohnt sich* vale el.; merece la pena; '2**end** ventajoso; lucrativo; rentable; '**~erhöhung** *f* aumento *m* salarial *od.* de sueldo; '**~forderung** *f* reivindicación *f* salarial; '**~liste** *f* nómina *f*; '**~steuer** *f* impuesto *m* sobre los salarios; '**~stopp** *m* congelación *f* salarial; '**~tag** *m* día *m* de paga.

Löhnung ['lø:nuŋ] *f* paga *f*, salario *m*.

Loipe ['lɔʏpə] *f* (15) pista *f* de fondo.

Lokal [lo'ka:l] 1. *n* (3) local *m*; (*Gaststätte*) restaurante *m*; café *m*; 2. 2 *adj.* local; 2**isieren** [-kali'zi:rən] localizar; **~i'sierung** *f* localización *f*; **~ität** [---'tɛ:t] *f* localidad *f*; **~patriotismus** *m* patriotismo *m* de campanario; **~termin** ♺ *m* inspección *f* ocular (*in situ*).

Lokomotiv|e [-komo'ti:və] *f* (15) locomotora *f*; **~führer** [---'ti:ffy:rər] *m* maquinista *m*.

Lombard|geschäft ['lɔmbartgə]ʃɛft] *n* operación *f* de pignoración;

~kredit *m* crédito *m* pignoraticio.

Lorbeer ['lɔrbe:r] *m* (5²) laurel *m*; *fig.* **~en ernten** cosechar laureles; *sich auf s-n* **~en ausruhen** dormirse sobre (*od.* en) los laureles.

Lore ['lo:rə] *f* (15) vagoneta *f*.

Los [lo:s] *n* (4) (*Lotterie*2) billete *m* de lotería; (*Schicksal*) suerte *f*, destino *m*; *das Große* ~ ziehen sacar el gordo; *durch das* ~ *entscheiden* echar a suertes.

los [lo:s] (18) suelto; (*frei*) libre; ~! ¡vamos!; *was ist* ~? ¿qué pasa?; ¿qué ocurre?; *mit ihm ist nicht viel* ~ no sirve para gran cosa; *et.* ~ *sn* haberse librado de a/c.

lösbar ['lø:sba:r] soluble; 2**keit** *f* solubilidad *f*.

los|binden ['lo:sbindən] desatar; soltar; **~brechen** 1. *v/t.* romper, quebrar; arrancar; 2. *v/i.* quebrarse; *fig.* estallar.

Lösch|blatt ['lœʃblat] *n* (papel *m*) secante *m*; 2**en** (27) *Licht, Durst:* apagar; *Brand:* a. extinguir; *Schrift, Tonband:* borrar; ♉ descargar, alijar; *Ladung:* desembarcar; *Hypothek:* amortizar; *Schuld, Konto:* cancelar; *Tinte:* secar; **~er** *m* (7) (*Feuer*2) extintor *m*; *für Tinte:* secante *m*; **~kalk** *m* cal *f* apagada; **~kopf** *m Tonband:* cabeza *f* borradora; **~mannschaft** *f* (cuerpo *m* de) bomberos *m/pl.*; **~papier** *n* papel *m* secante; **~ung** *f* extinción *f*; ✝ amortización *f*; cancelación *f*; ♉ descarga *f*, alijo *m*.

lose ['lo:zə] suelto; flojo; (*beweglich*) movible; (*unverpackt*) a granel; *fig.* libre; frívolo; ~ *Zunge* mala lengua *f*.

Lösegeld ['lø:zəgɛlt] *n* rescate *m*.

losen ['lo:zən] (27) echar suertes.

lösen ['lø:zən] (27) soltar (*a. Bremse*); *Knoten usw.:* deshacer; (*losbinden*) desatar; ♏ disolver; *Aufgabe, Problem:* resolver, solucionar; *Rätsel:* adivinar; *Vertrag:* anular; *Fahrkarte:* sacar; *Verbindung:* romper.

los|fahren ['lo:sfa:rən] (sn) ponerse en marcha, partir; **~gehen** (sn) partir, ponerse en marcha; (*sich lösen*) desprenderse; *Schuß:* dispararse; F (*anfangen*) empezar; *auf j-n* ~ arremeter contra alg. (*a. fig.*); **~haben** F: *et.* ~ *in* (*dat.*) saber un rato de; **~kaufen** rescatar; **~kommen** (sn) lograr desprenderse (*von* de); deshacerse (de); **~lassen** soltar (a. fig.); **~laufen** echar a correr; **~legen** F empezar.

löslich ['lø:sliç] soluble; **2keit** f solubilidad f.

los|lösen ['lo:slø:zən]: (sich) ~ desprender(se); **~machen** soltar, desatar; **~reißen** arrancar; **~sagen**: sich ~ von separarse de; Rel. renegar de; **~schießen** F fig. empezar a hablar; auf j-n ~ (sn) lanzarse sobre alg.; **~schlagen 1.** v/i. ✗ iniciar las hostilidades; ~ auf golpear (ac.); **2.** v/t. Ware: deshacerse de; **~schrauben** destornillar; **~sprechen** Rel. absolver; **~stürmen**, **~stürzen** (sn) echar a correr; ~ auf precipitarse sobre; **~trennen** separar; Naht: descoser.

Losung ['lo:zuŋ] f **a)** Jgdw. excrementos m/pl.; **b)** (Parole) consigna f; ✗ santo m y seña.

Lösung ['lø:zuŋ] f solución f (a. ⚗); separación f; Thea. desenlace m; Vertrag: anulación f; **~smittel** n disolvente m.

los|werden ['lo:sve:rdən] (sn) desembarazarse de; deshacerse de; Geld: gastarse; **~ziehen** (sn) marcharse, partir; F fig. arremeter (gegen contra).

Lot [lo:t] n (3) 🜊 perpendicular f; △ plomada f; ♣ sonda f; fig. ins ~ bringen poner en orden; arreglar; **!2en** (26) echar la plomada; ♣ sond(e)ar.

löt|en ['lø:tən] (26) soldar; **2kolben** m soldador m; **2lampe** f lámpara f de soldar; soplete m.

lotrecht ['lo:treçt] perpendicular; vertical; a plomo.

Lotse ['lo:tsə] m (13) ♣ práctico m; **2n** (27) pilotar; **~ndienst** m servicio m de prácticos.

Lötstelle ['lø:t[tɛlə] f soldadura f.

Lotterie [btə'ri:] f (15) lotería f; **~-einnehmer** m lotero m.

Lotterleben ['-tərle:bən] n vida f desordenada.

Lotto ['-to:] n (11) lotería f; loto m.

Lotung ♣ ['lo:tuŋ] f sondeo m.

Löwe ['lø:və] m (13) león m; **~n-anteil** m fig. parte f del león; **~nmaul** ♀ n (boca f de) dragón m; **~nzahn** ♀ m diente m de león; **~nzwinger** m leonera f.

Löwin ['-vin] f leona f.

loyal [loa'ja:l] leal; **2ität** [-jali'tɛ:t] f lealtad f.

Luchs [luks] m (4) lince m (a. fig.); **~-augen** n/pl. ojos m/pl. de lince.

Lücke ['lykə] f (15) vacío m; hueco m; fig. a. laguna f; fig. e-e ~ reißen (füllen) dejar (llenar) un vacío; **~n-büßer** m tapagujeros m; **2nhaft** defectuoso; incompleto; **2nlos** completo.

lud [lu:t] s. laden.

Luder ['lu:dər] n (7) carroña f; P fig. bestia f; mal bicho m; armes ~ pobre diablo m; dummes ~ animal m.

Luft [luft] f (14¹) aire m; in frischer ~ aire libre; (frische) ~ schöpfen tomar el aire; airearse; (tief) ~ holen respirar (hondo); sich (dat.) od. s-m Herzen ~ machen desahogarse; fig. aus der ~ gegriffen carente de fundamento; in der ~ liegen flotar en el aire; in der ~ hängen estar en el aire; F in die ~ gehen subirse a la parra; an die ~ setzen echar a la calle; **'~abwehr** f defensa f antiaérea; **'~angriff** m ataque m aéreo; **'~aufnahme** f, **'~bild** n fotografía f aérea; **'~ballon** m globo m; **'~befeuchter** m humidificador m de aire; **'~brücke** f puente m aéreo; **'2dicht** impermeable al aire; herméticó; **'2durchlässig** permeable al aire.

lüften ['lyftən] (26) airear, ventilar; Geheimnis: revelar, desvelar; Hut: quitarse; Schleier: levantar.

Luft|fahrt ['luftfa:rt] f aeronáutica f, aviación f; **~fahrt-industrie** f industria f aeronáutica; **~feuchtigkeit** f humedad f atmosférica; **~flotte** f flota f aérea; **~fracht** f carga f aérea; **2gekühlt** ['-gəky:lt] refrigerado por aire; **~gewehr** n escopeta f de aire comprimido; **~hauch** m soplo m (de aire); **~hoheit** f soberanía f aérea; **2ig** aéreo; Zimmer: bien ventilado; Kleid: vaporoso, ligero; **~kampf** m combate m aéreo; **~kissen** n almohadilla f neumática; colchón m de aire; **~kissenfahrzeug** n aerodeslizador m; **~korridor** m corridor m od. pasillo m aéreo; **2krank** mareado; ~ werden marearse; **~krankheit** f mal m de los aviadores; **~krieg** m guerra f aérea; **~kühlung** f refrigeración f por aire; **~kur-ort** m estación f climática; **~landetruppen** f/pl. tropas f/pl. aerotransportadas; **2leer** vacío; ~er Raum m vacío m; **~linie** f línea f directa; ✈ línea f aérea; **~loch** n △ respiradero m; ✈ bache m;

~matratze f colchón m neumático; ~pirat m pirata m aéreo; ~post f correo m aéreo; mit ~ por avión; ~postleichtbrief m aerograma m; ~pumpe f bomba f neumática; Kfz. bomba f de inflar; hinchador m; ~raum m espacio m aéreo; ~reifen m neumático m; ~reklame f publicidad f aérea; ~röhre Anat. f tráquea f; ~röhrenschnitt ⚕ m traqueotomía f; ~schacht ⚒ m pozo m de ventilación; ~schiff n aeronave f; ~schiffahrt f navegación f aérea; ~schlange f serpentina f; ~schlösser ['-flœsər] n/pl.: ~ bauen hacer castillos en el aire; ~schraube f hélice f; ~schutz m defensa f (pasiva) antiaérea; ~schutzkeller m refugio m antiaéreo; ~spiegelung f espejismo m; ~sprung m voltereta f, cabriola f (machen dar); ~streitkräfte f/pl. fuerzas f/pl. aéreas; ~strömung f corriente f atmosférica; ~stützpunkt ✕ m base f aérea; ~taxi n taxi m aéreo.

Lüftung ['lyftuŋ] f ventilación f; aireación f; ~sklappe f válvula f de aire.

Luft|veränderung ['luftfɛr'ʔɛndəruŋ] f cambio m de aires; ~verkehr m tráfico m aéreo; ~verkehrslinie f línea f aérea, aerovía f; ~verschmutzung f contaminación f atmosférica; ~waffe f ejército m del aire; fuerza f aérea; ~weg ['-veːk] m vía f aérea; auf dem ~ por vía aérea; ~ pl. Anat. vías f/pl. respiratorias; ~widerstand m resistencia f del aire; ~zufuhr f admisión f od. entrada f de aire; ~zug m corriente f de aire.

Lug [luːk] m (3): ~ und Trug mentiras y engaños; patrañas f/pl.

Lüge ['lyːgə] f (15) mentira f; j-n ~n strafen desmentir a alg.

lugen ['luːgən] (25) mirar; espiar; ~ aus asomarse a.

lügen ['lyːgən] (30) mentir; 2detektor m detector m de mentiras; ~haft mentiroso, embustero.

Lügner|(in f) ['lyːgnər(in)] m (7), 2isch mentiroso (-a) m (f), embustero (-a) m (f).

Luke ['luːkə] f (15) tragaluz m; claraboya f; ⚓ escotilla f.

lukrativ [lukra'tiːf] lucrativo.

Lümmel ['lyməl] m (7), 2haft grosero (m); descarado (m); ~ei [--'laɪ] f grosería f.

Lump [lump] m (12) canalla m; sinvergüenza m; bribón m.

Lumpen ['-pən] 1. m (6) harapo m, andrajo m; 2. ⚥ (25): sich nicht ~ lassen ser rumboso; ~gesindel n chusma f, canalla f; ~handel m trapería f; ~händler m, ~sammler m trapero m.

Lump|erei [-pə'raɪ] f canallada f; infamia f; 2ig ['-pic̦] miserable; cochino.

Lunge ['luŋə] f (15) pulmón m; bofes m/pl.

'Lungen...: in Zssgn oft pulmonar; ~bläs-chen n alvéolo m pulmonar; ~entzündung f pulmonía f, neumonía f; ~flügel m lóbulo m pulmonar; ~heilstätte f sanatorio m antituberculoso; 2krank tuberculoso; ~krebs ⚕ m cáncer m de pulmón; ~tuberkulose f tuberculosis f pulmonar.

lungern F ['-ərn] (29, h. u. sn) holgazanear, gandulear.

Lunte ['luntə] f (15) mecha f; fig. ~ riechen oler(se) el poste (od. F la tostada).

Lupe ['luːpə] f (15) lupa f; fig. unter die ~ nehmen pasar por el tamiz.

Lupine ⚘ [lu'piːnə] f (15) altramuz m, lupino m.

Lurch [lurc̦] m (3) anfibio m, batracio m.

Lust [lust] f (14¹) ganas f/pl.; gusto m, deseo m; placer m; mit ~ und Liebe con verdadero placer; (keine) ~ haben zu (no) tener ganas de; hättest du ~ auszugehen? ¿te gustaría salir?; '~barkeit f diversión f; espectáculo m (público).

Lüster ['lystər] m (7) araña f.

lüstern ['-tərn] voluptuoso, lascivo; 2heit f concupiscencia f.

lustig ['lustic̦] alegre; divertido; gracioso; sich ~ machen über burlarse de; 2keit f alegría f; regocijo m.

Lüstling ['lystliŋ] m (3¹) libertino m.

lust|los ['lustloːs] desanimado; ☩ poco animado; 2losigkeit f falta f de animación; 2mord m asesinato m con estupro; 2schloß n palacio m de recreo; 2spiel n comedia f; ~wandeln untr. (sn) pasearse.

lutherisch ['lutəriʃ] luterano.

lutsch|en ['lutʃən] (27) chupar, chupetear; am Daumen ~ chuparse el dedo; 2er m piruli m.

Luv ⚓ [luːf] f (16, o. pl.) barlovento m; '2en ['-vən] (25) orzar.

luxuriös [luksur¹jø:s] (18) lujoso, suntuoso.

Luxus [¹-ksus] *m uv.* lujo *m*; suntuosidad *f*; ～: *in Zssgn mst* de lujo; ～**artikel** *m* artículo *m* de lujo; ～**steuer** *f* impuesto *m* de (*od.* sobre el) lujo.

Luzerne ♀ [lu¹tsɛrnə] *f* (15) alfalfa *f*.

Lymph|e [¹lymfə] *f* (15) linfa *f*; ～**gefäß** *n* vaso *m* linfático; ～**knoten** *m* ganglio *m* linfático.

lynch|en [¹lynçən] (27) linchar; ⅖**justiz** *f* linchamiento *m*.

Lyr|a [¹ly:ra] *f* (16²) lira *f*; ～**ik** [¹-rik] *f* (16, *o. pl.*) (poesía *f*) lírica *f*; ～**iker** *m* (7) poeta *m* lírico; ⅖**isch** lírico.

M

M, m [ɛm] n M, m f.

Maat ⚓ [maːt] m (3) cabo m (de mar).

Mach|art ['maxˈʔaːrt] f hechura f; forma f; **2bar** factible, practicable; **~e** f (15): F et. in der ~ haben estar trabajando en a/c.; das ist nur ~ es pura comedia.

machen ['-ən] (25) **1.** v/t. hacer; poner, volver (+ adj.); (verursachen) causar, provocar; producir; Appetit, Freude usw.: dar; (ernennen) nombrar, hacer (zu ac.); das macht nichts no importa; was soll man da ~? ¿qué le vamos a hacer?; was macht ...? ¿qué es de ...?; wieviel macht das? ¿cuánto es?; mach doch (schnell)! ¡date prisa!; **2.** v/refl. sich (gut) ~ et.: marchar (bien); j.: hacer progresos; hacer buen papel (als como); sich an et. ~ emprender a/c.; ponerse a hacer a/c.; ich mache mir nichts daraus no me interesa bzw. gusta; **2schaften** f/pl. enredos m/pl.; maquinaciones f/pl.

'Macherlohn m hechura f.

Macht [maxt] f (14¹) poder m; (Staat) potencia f; (Kraft) fuerza f; (Einfluß) influencia f, ascendiente m; an der ~ sn estar en el poder; **'~befugnis** f poder m; autoridad f; **'~bereich** m alcance m; esfera f de influencia; **'~ergreifung** f toma f del poder; **~haber** ['-haːbər] m (7) dirigente m; potentado m.

mächtig ['mɛçtiç] poderoso, potente; F fig. enorme; e-r Sprache ~ sn dominar un idioma; s-r nicht mehr ~ sn no ser dueño de sí mismo.

Macht|kampf ['maxtkampf] m lucha f por el poder; **2los** sin poder; impotente; **~losigkeit** f impotencia f; **~politik** f política f de (la) fuerza; **~stellung** f autoridad f; poderío m; **2voll** poderoso; **~vollkommenheit** f poder m absoluto; **~wort** n (3): ein ~ sprechen hablar con autoridad.

'Machwerk n (3) chapucería f, mamarrachada f.

Mädchen ['mɛːtçən] n (6) chica f; muchacha f; moza f; (Kind) niña f; (Dienst2) criada f, Arg. mucama f; ~

für alles chica f para todo; fig. factótum m; junges ~ joven f; **2haft** de niña; juvenil; **~handel** m trata f de blancas; **~name** m nombre m de soltera.

Made ['maːdə] f (15) cresa f; gusano m; **2ig** agusanado; F fig. ~ machen denigrar.

Madonn|a [maˈdɔna] f (16²) Virgen f; **~enbild** n madona f.

Madrider(in f) [-ˈdriːdər(in)] m (7) madrileño (-a) m (f).

Maf(f)ia ['mafja] f (11¹) mafia f.

mag [maːk] s. mögen.

Magazin [magaˈtsiːn] n (3¹) almacén m, depósito m; e-r Waffe: cargador m; (Zeitschrift) revista f ilustrada.

Magd [maːkt] f (14¹) criada f.

Magen ['maːgən] m (6¹, a. 6) estómago m; fig. das liegt mir im ~ me preocupa mucho; **~bitter** m estomacal m; **~Darm-Kanal** m tubo m digestivo; **~geschwür** n úlcera f gástrica od. del estómago; **~krebs** ⚕ m cáncer m de(l) estómago; **~leiden** n dolencia f estomacal; **~saft** m jugo m gástrico; **~säure** f ácido m gástrico; **~schmerzen** m/pl. dolor(es) m(pl.) de estómago; **~spülung** f lavado m de estómago; **~verstimmung** f indigestión f.

mager ['-gər] flaco; Fleisch: magro; Boden: pobre, árido; (dürftig) pobre; escaso; ~ werden enflaquecer; **2keit** f flaqueza f; **2milch** f leche f desnatada od. descremada.

Mag|ie [maˈgiː] f (15) magia f; **~ier** ['maːgjər] m (7) mago m; **'2isch** mágico (a. fig.).

Magistrat [magiˈstraːt] m (3) ayuntamiento m.

Magnesi|a [magˈneːzia] f (16, o. pl.) magnesia f; **~um** [-ˈzium] n (9, o. pl.) magnesio m.

Magnet [-ˈneːt] m (3 od. 12) imán m; **~band** n cinta f magnética; **~feld** n campo m magnético; **2isch** magnético; **2isieren** [-netiˈziːrən] iman-(t)ar; magnetizar; **~ismus** [--ˈtismus] m (16, o. pl.) magnetismo m; **~karte** f tarjeta f magnética; **~nadel**

f aguja *f* iman(t)ada; **~ophon** [-neto-ˈfoːn] *n* (3¹) magnetófono *m*, magnetofón *m*; **~zünder** *m Kfz.* magneto *f*.

Magnolie ♀ [-ˈnoːljə] *f* (15) magnolia *f*.

magst [maːkst] *s. mögen.*

Mahagoni [mahaˈgoːni] *n* (11), **~holz** *n* caoba *f*.

Mahd ✗ [maːt] *f* (16) siega *f*.

Mäh|drescher [ˈmɛːdrɛʃər] *m* segadora-trilladora *f*, cosechadora *f*; **2en** (25) segar; *Gras: a.* cortar; **~er** *m* (7) segador *m*.

Mahl [maːl] *n* (3 *u.* 1²) comida *f*; *(Fest2)* banquete *m*; **1en** (25; *part. pt. ge~)* moler; **1~en** *n* molienda *f*; **1~zahn** *m* molar *m*; **1~zeit** *f* comida *f*; *(gesegnete)* **~!** ¡buen provecho!, ¡que aproveche!

Mähmaschine [ˈmɛːmaʃiːnə] *f* (15) segadora *f*; *(Gras2)* guadañadora *f*.

Mahnbrief [ˈmaːnbriːf] *m* carta *f* de reclamación *od.* de aviso.

Mähne [ˈmɛːnə] *f* (15) melena *f* (a. *fig.*); *(Pferde2)* crines *f/pl.*

mahn|en [ˈmaːnən] (25) advertir; exhortar *(zu* a*)*; *j-n an* et. ~ recordar a/c. a alg.; reclamar a/c. de alg.; **2mal** *n* monumento *m* conmemorativo; **2ung** *f* advertencia *f*; aviso *m*; exhortación *f*; **✝** reclamación *f*.

Mähre [ˈmɛːrə] *f* (15) rocín *m*.

Mai [maɪ] *m* (3, *poet.* 16) mayo *m*; **1~baum** *m* árbol *m* de mayo; **1~glöckchen** *n* muguete *m*, lirio *m* de los valles; **1~käfer** *m* abejorro *m*.

Mais [maɪs] *m* (4) maíz *m*; **1~feld** *n* maizal *m*; **~kolben** *m* mazorca *f*.

Majestät [majɛsˈtɛːt] *f* majestad *f*; *S(e). (= Seine)* ~ Su Majestad; **2isch** majestuoso; **~sbeleidigung** *f* crimen *m* de lesa majestad.

Majolika [-ˈjoːlika] *f* (16²) mayólica *f*.

Major [-ˈjoːr] *m* (3¹) mayor *m*; *Span.* comandante *m*; **~an** ♀ [-joˈraːn *od.* ˈmaːjoran] *m* (3¹) mejorana *f*; **~at** [--ˈraːt] *n* (3), **~atsherr** *m* mayorazgo *m*; **~ität** [--riˈtɛːt] *f* mayoría *f*.

makaber [-ˈkaːbər] macabro.

Makel [ˈmaːkəl] *m* (7) mancha *f*, mancilla *f*, tacha *f*.

Mäkelei [mɛːkəˈlaɪ] *f* crítica *f* mezquina.

makellos [ˈmaːkəloːs] sin tacha, intachable.

mäkeln [ˈmɛːkəln] (29): ~ *an (dat.)* poner tachas a; *an allem* ~ criticarlo todo.

Make-up [meikˈ¹ʔap] *n* (11) maquillaje *m*.

Makkaroni [makaˈroːni] *pl. uv.* macarrones *m/pl.*

Makler [ˈmaːklər] *m* (7) corredor *m*; agente *m*.

Mäkler [ˈmɛːklər] *m* (7) criticastro *m*.

¹Makler|gebühr *f*, **~geschäft** *n* corretaje *m*.

Makramee [makraˈmeː] *n* (11) macramé *m*.

Makrele [maˈkreːlə] *f* (15) caballa *f*.

Makrone [-ˈkroːnə] *f* (15) macarrón *m*.

Makulatur [-kulaˈtuːr] *f* (16) maculatura *f*; papel *m* de desecho.

Mal [maːl] **1.** *n* (3) **a)** *(a.* 1²*) (Fleck)* mancha *f*; señal *f*; *(Zeichen)* marca *f*; *(Mutter2)* lunar *m*; *(Denk2)* monumento *m*; **b)** vez *f*; *zum ersten* ~ por primera vez; *2 ♀ 2* dos por dos; *mit e-m* ~ de repente; *von* ~ *zu* ~ cada vez; **2.** ♀ *adv.* F = *einmal.*

Malaie [-ˈlaɪə] *m* (13), **2isch** malayo *(m).*

Malaria [-ˈlaːrja] *f* (16) paludismo *m*, malaria *f*; **~bekämpfung** *f* lucha *f* antipalúdica; **2krank** palúdico.

Mal|buch [ˈmaːlbuːx] *n* libro *m* para colorear; **2en** (25) pintar *(a. fig.)*; *(porträtieren)* retratar; **~er** *m* (7) pintor *m*; *(Anstreicher)* pintor *m* (de brocha gorda); **~e'rei** *f* pintura *f*; **~erin** *f* pintora *f*; **2erisch** pintoresco; **~ermeister** *m* maestro *m* pintor; **~kasten** *m* caja *f* de colores *od.* de pinturas; **~kunst** *f* arte *m* pictórico.

malnehmen ♣ [ˈneːmən] multiplicar.

Malve ♀ [ˈmalvə] *f* (15) malva *f*.

Malz [malts] *n* (3²) malta *f*; **1~bier** *n* cerveza *f* de malta.

Malzeichen ♣ [ˈmaːltsaɪçən] *n* signo *m* de multiplicación.

Malz|kaffee [ˈmaltskafe] *m* (café *m* de) malta *f*; **~zucker** *m* maltosa *f*.

Mama [maˈmaː, F ˈmama] *f* (11¹) mamá *f*.

Mammut [ˈmamuːt] *n* (3¹ *u.* 11) mamut *m*; **~...:** *in Zssgn fig.* gigante; **~baum** ♀ *m* secoya *f*.

man [man] se; uno; ~ *spricht Deutsch* se habla alemán; ~ *wundert sich* uno se extraña; ~ *sagt* dicen; ~ *muß* hay que.

manag|en F [ˈmɛnidʒən] (25) arreglar; organizar; **2er** *m* (7) ejecutivo *m*; *Thea.* empresario *m*; **2erkrank-**

heit f agotamiento m nervioso (de los ejecutivos).

manch [manç] (21) alguno; más de un(o); ~e algunos; varios; ~es mucho, muchas cosas; ~es Mal algunas veces; **~erlei** [-çər'laɪ] varios; toda clase de; '**~mal** algunas veces, a veces, de vez en cuando.

Mandant(in f) ⚜ [man'dant(in)] m (12) cliente su.

Mandarine ♀ f (15) mandarina f.

Mandat [-'dɑ:t] n (3) mandato m; **~sgebiet** n territorio m bajo mandato.

Mandel ['-dəl] f (15) ♀ almendra f; (gebrannte garapiñada) f; **~baum** m almendro m; **~entzündung** f amigdalitis f; **2förmig** ['-fœrmɪç] almendrado.

Mandoline ♪ [-do'li:nə] f (15) mandolina f.

Manege [ma'ne:ʒə] f (15) pista f de circo.

Mangan [maŋ'gɑ:n] n (3¹) manganeso m.

Mangel¹ ⊕ ['maŋəl] f (15) calandria f; prensa f.

Mangel² m (7¹) (Fehler) defecto m; (Fehlen) falta f, carencia f, escasez f (an de); aus ~ an (dat.) por falta de; ~ leiden an carecer de; **~erscheinung** 𝄢 f síntoma m carencial; **2haft** defectuoso; imperfecto; insuficiente; deficiente; **~krankheit** f enfermedad f carencial od. por carencia; **2n** (29): **a)** ⊕ calandrar; prensar; **b)** (fehlen) faltar, haber falta (j-m an et. a/c. a alg.); **2s** (gen.) por falta de; **~ware** f artículo m escaso; ~ sn escasear.

Mangold ♀ ['maŋgɔlt] m (3) acelga(s) f(pl.).

Manie [ma'ni:] f (15) manía f.

Manier [-'ni:r] f (16) manera f, modo m; ~en pl. modales m/pl.; **2iert** [-ni'ri:rt] amanerado, afectado; **2lich** [-'ni:rlɪç] formal, de buenos modales.

Manifest [-ni'fɛst] n (3²) manifiesto m; **2ieren** [---'ti:rən] manifestar, evidenciar.

Maniküre [--'ky:rə] f (15) manicura f (a. Person); **2n** (25) hacer la manicura.

Manipulation [--pula'tsjo:n] f manipulación f; **2ieren** [---'li:rən] manipular.

Manko ['maŋko] n (11) defecto m; ✝ déficit m.

Mann [man] m (1², poet. 5, ⚔ u. ⚓ nach Zahlen pl. uv.) hombre m; (männliches Wesen) varón m; (Gatte) marido m; an den ~ bringen Ware: deshacerse de, vender; ⚓ mit ~ und Maus con toda la tripulación; wenn Not am ~ ist en caso de necesidad; für ~ uno por uno; ~ gegen ~ cuerpo a cuerpo; s-n ~ stehen estar a la altura de las circunstancias; ~s genug sn zu atreverse a; '2bar púber; '**~barkeit** f pubertad f.

Männchen ['mɛnçən] n (6) hombrecillo m; Zo. macho m; ~ machen Hund: hacer posturas.

Mannequin [manə'kɛ̃] n (11) maniquí su.; modelo f.

Mannes|alter ['-əs'ə
altər] n edad f adulta; im besten ~ en los mejores años; **~kraft** f fuerza f varonil; virilidad f.

mannhaft ['-haft] varonil; viril; (tapfer) valiente; **2igkeit** f virilidad f; valentía f.

mannig|fach ['-içfax], **~faltig** ['--faltiç] vario, variado, diverso; **2faltigkeit** f variedad f, diversidad f.

männlich ['mɛnlɪç] masculino (a. Gram.); Zo. macho; fig. varonil, viril; (Kind) ~en Geschlechts varón (m); **2keit** f masculinidad f; virilidad f.

Mannschaft ['manʃaft] f equipo m (a. Sport); ⚔ tropa f; ⚓, ✈ tripulación f; **~skapitän** m Sport: capitán m (del equipo).

manns|hoch ['mansho:x] de la altura de un hombre; **~toll** 𝄢 ninfómano; **2tollheit** 𝄢 f ninfomanía f.

Mannweib ['manvaɪp] n mujer f hombruna, marimacho m.

Manöv|er [ma'nø:vər] n (7) maniobra f (a. fig.); **2rieren** [-nø'vri:rən] maniobrar, hacer maniobras; **2rierfähig** maniobrable.

Mansarde [man'zardə] f (15) buhardilla f, mansarda f; **~nwohnung** f ático m.

manschen F ['-ʃən] (27) mezclar.

Manschette [-'ʃɛtə] f (15) puño m; (Blumentopf⦿) cubretiestos m; ⊕ manguito m; F ~n haben P estar acojonado; **~nknopf** m gemelo m.

Mantel ['-təl] m (7¹) abrigo m; Am. tapado m; ⚔ capote m; (Reifen⦿) cubierta f; ⊕ camisa f (a. Geschoß⦿); fig. den ~ nach dem Wind hängen irse con el viento que corre; **~tarif** m convenio m tipo.

manuell [manuˈɛl] manual.

Manufakturwaren [--fakˈtuːrvɑːrən] f/pl. artículos m/pl. manufacturados.

Manuskript [--ˈskript] n (3) manuscrito m.

Mappe [ˈmapə] f (15) (Akten2, Schul2) cartera f; (Ordner) carpeta f.

Marathon|lauf [ˈmaratonlauf] m maratón m; **~sitzung** f sesión f maratoniana.

Märchen [ˈmɛːrçən] n (6) cuento m de hadas; fig. cuento m (chino); **~buch** n libro m de cuentos; **2haft** fabuloso; **~land** n país m de las maravillas; **~prinz** m príncipe m azul (a. fig.).

Marder [ˈmardər] m (7) marta f.

Margarine [-gaˈriːnə] f (15) margarina f.

Margerite ⚘ [-gəˈriːtə] f (15) margarita f.

Marien|bild [maˈriːənbilt] n imagen f de la Virgen; madona f; **~käfer** m mariquita f; **~kult** m culto m mariano.

Marihuana [-rihuˈɑːna] n (11, o. pl.) marihuana f.

Marinade [--ˈnɑːdə] f (15) escabeche m.

Marine [-ˈriːnə] f (15) marina f; **~attaché** m agregado m naval; **2blau** azul marino; **~offizier** m oficial m de marina; **~stützpunkt** m base f naval.

marinieren [-riˈniːrən] poner en escabeche, escabechar.

Marionette [marioˈnɛtə] f (15) títere m, marioneta f (a. fig.); **~nregierung** f gobierno m títere; **~nspieler** m titiritero m; **~ntheater** n teatro m de títeres.

Mark [mark] **a)** n (3) médula f, tuétano m, meollo m (alle a. fig.); (Frucht2) pulpa f; fig. (Kraft) vigor m; durch **~** und Bein hasta los tuétanos; **b)** f(16) región f fronteriza; hist. marca f; **c)** ✝ f uv. marco m.

markant [-ˈkant] destacado, marcado; de relieve.

Marke [ˈl-kə] f (15) marca f (a. ✝), (Spiel2) ficha f; (Gebühren2) póliza f; (sello m) móvil m; (Brief2) sello m, Am. estampilla f; **~n-artikel** ✝ m artículo m de marca; **~n-schutz** ✝ m protección f de las marcas.

markerschütternd [ˈmarkˀɛrʃytərnt] Schrei: desgarrador.

Marketing [ˈl-kətiŋ] n (3¹, o. pl.) marketing m.

Markgraf [ˈl-grɑːf] m (12) margrave m; **~schaft** f margraviato m.

markier|en [-ˈkiːrən] marcar; rotular; señalar; F simular; **2ung** f marca f; marcación f; señalización f.

markig [ˈl-kiç] meduloso; fig. enérgico; vigoroso.

Markise [-ˈkiːzə] f(15) toldo m; marquesina f.

Mark|knochen [ˈmarkknɔxən] m hueso m con tuétano; **~stein** m a. fig. hito m; **~stück** n moneda f de un marco.

Markt [markt] m (3³) mercado m; Gemeinsamer **~** Mercado m Común; auf den **~** bringen lanzar al mercado; zum **~** gehen ir a la plaza; **~-analyse** f análisis m del mercado; **~-anteil** m participación f en el mercado; **~be-richt** m informe m del mercado; **~bude** f puesto m; tenderete m; **2fähig** negociable; **~flecken** m villa f; **~forschung** f estudio m del mercado; **~halle** f mercado m cubierto; **~platz** m mercado m, plaza f; **~preis** m precio m corriente od. de(l) mercado; **~schreier** m charlatán m; **~tag** m día m de mercado; **~wirt-schaft** f: (freie) **~** economía f de mercado (libre).

Marmelade [marməˈlɑːdə] f (15) mermelada f.

Marmor [ˈl-mɔr] m (3¹) mármol m; **~bild** n (estatua f de) mármol m; **~bruch** m cantera f de mármol; **2ieren** [-moˈriːrən] vetear; jaspear; **2n** de mármol; marmóreo; **~platte** f losa f de mármol.

marode F [maˈroːdə] F hecho polvo, molido.

Marokkan|er(in f) [-roˈkɑːnər(in)] m (7), **2isch** marroquí (su.).

Marone [-ˈroːnə] f (15) castaña f.

Marotte [-ˈrɔtə] f (15) capricho m; f chifladura f.

Marquis [marˈkiː] m uv. marqués m; **~e** [-ˈl-zə] f (15) marquesa f.

Mars [mars] **a)** f Astr. m uv. Marte m; **b)** ⚓ m (14) cofa f; **~bewohner** m marciano m.

Marsch [marʃ]: **a)** m (3² u. ³) marcha f (a. ♪); F fig. j-m den **~** blasen leerle la cartilla a alg.; **b)** f (16) terreno m pantanoso, marisma f.

Marschall [ˈmarʃal] m (3¹ u. ³) mariscal m; **~stab** m bastón m de mariscal.

¹Marsch|befehl *m* orden *f* de marcha; **~flugkörper** *m* misil *m* de crucero; **²ieren** [-'ʃiːrən] (25, sn) marchar; **~route** *f* itinerario *m*; **~verpflegung** *f* ración *f* de marcha.

Marssegel ['mars-zeːgəl] *n* gavia *f*.

Marstall ['marʃtal] *m* (3³) caballerizas *f/pl*. (reales).

Marter ['l-tər] *f* (15) martirio *m*; tortura *f*; **²n** (29) martirizar; torturar.

Märtyrer|(in *f*) ['mɛrtyrər(in)] *m* (7) mártir *su*.; **~tod** *m*, **~tum** *n* (1, *o. pl*.) martirio *m*.

Martyrium [mar'tyːrium] *n* (9) martirio *m* (*a. fig*.).

Marxis|mus [-'ksismus] *m* (16, *o. pl*.) marxismo *m*; **~t(in** *f*) *m* (12), **²tisch** marxista (*su*.).

März [mɛrts] *m* (3² *od*. 14) marzo *m*.

Marzipan [martsi'paːn] *n* (3¹) mazapán *m*.

Masche ['maʃə] *f* (15) malla *f*; punto *m*; F *fig*. truco *m*; **~ndraht** *m* tela *f* metálica; **²nfest** indesmallable.

Maschine [-'ʃiːnə] *f* (15) máquina *f*; *mit der ~ schreiben* escribir a máquina.

maschinell [-ʃiˈnɛl] a máquina; mecánico.

Ma'schinen...: *in Zssgn oft* de máquina(s); mecánico; **~bau** *m* construcción *f* de máquinas; ingeniería *f* mecánica; **~bau-ingenieur** *m* ingeniero *m* mecánico; **~fabrik** *f* fábrica *f* de maquinaria; **²geschrieben** escrito a máquina, mecanografiado; **~gewehr** *n* ametralladora *f*; **~kurzschrift** *f* estenotipia *f*; **~park** *m* maquinaria *f*; **~pistole** *f* metralleta *f*, pistola *f* ametralladora; **~raum** *m* sala *f* de máquinas; **~schaden** *m* avería *f* (de la máquina); **~schlosser** *m* mecánico *m*; **~schreiben** *n* mecanografía *f*; **~schreiber(in** *f*) *m* mecanógrafo (-a) *m* (*f*); **~schrift** *f*: in ~ escrito a máquina, mecanografiado; **~setzer** *Typ. m* linotipista *m*.

Maschin|erie [-ʃinə'riː] *f* (15) maquinaria *f*; *Thea.* tramoya *f*; *fig.* engranaje *m*; **~ist** [--'nist] *m* (12) mecánico *m*; maquinista *m*; *Thea.* tramoyista *m*.

Maser ['maːzər] *f* (15) veta *f*; **²ig** veteado; **~n** 🌿 *pl.* sarampión *m*; **~ung** *f* vetas *f/pl.*

Mask|e ['maskə] *f* (15) máscara *f*; careta *f*; (*Verkleidung*) disfraz *m*; *die ~ fallen lassen* desenmascararse; qui-

tarse la careta; **~enball** *m* baile *m* de disfraces; **~enbildner** *m* maquillador *m*; caracterizador *m*; **~enzug** *m* desfile *m* de disfraces; **~erade** [--'raːdə] *f* (15) mascarada *f*; **²ieren** enmascarar, disfrazar (*als* de).

Maskottchen [-'kɔtçən] *n* (6) mascota *f*.

Maskulinum *Gram.* ['l-kuˈliːnum] *n* (9²) masculino *m*.

Maß [maːs] *n* (3²) medida *f*; (*Aus²*) proporción *f*; (*Ausdehnung*) dimensión *f*; (*Grad*) grado *m*; (*Mäßigung*) moderación *f*; *nach ~* a (la) medida; *über alle ~en* sobremanera; *in vollem ~e* plenamente; *in hohem ~e* en alto grado; *in dem ~e wie* a medida que, conforme; ~ *nehmen* tomar medida.

maß [maːs] *s. messen*.

Massage [maˈsɑːʒə] *f* (15) masaje *m*.

Massak|er [-'kər] *n* (7) matanza *f*, *gal.* masacre *f*; **²rieren** [-saˈkriːrən] masacrar.

Maß|anzug ['maːsˀantsuːk] *m* traje *m* a medida; **~arbeit** *f* trabajo *m* a medida; *fig.* trabajo *m* de precisión.

Masse ['masə] *f* (15) masa *f*; *v. Menschen:* a. muchedumbre *f*; multitud *f*; (*Menge*) gran cantidad *f*.

Maßeinheit ['maːsˀaɪnhaɪt] *f* unidad *f* de medida.

Massen... ['masən]: *in Zssgn oft* en masa, masivo; **~absatz** *m* venta *f* en gran escala; **~andrang** *m* afluencia *f* masiva; **~artikel** *m* artículo *m* de gran consumo; **~entlassung** *f* despido *m* masivo; **~grab** *n* fosa *f* común; **²haft** en grandes cantidades; en masa; **~herstellung** *f* fabricación *f* en gran escala *od*. en serie; **~karambolage** *f* choque *m* *od*. colisión *f* múltiple *od*. en cadena; **~kundgebung** *f* manifestación *f* multitudinaria *od*. masiva; **~medien** *n/pl.* medios *m/pl.* de comunicación social; **~mord** *m* matanza *f*, carnicería *f*; **~psychose** *f* psicosis *f* colectiva; **~sterben** *n* mortandad *f*; **~tourismus** *m* turismo *m* de masas; **²weise** en masa.

Masseu|r [maˈsøːr] *m* (3), **~se** [-'søːzə] *f* (15) masajista *su*.

Maß|gabe ['maːsɡaːbə] *f*: *nach ~ (gen.)* conforme a, según; **²gebend**, **²geblich** ['l-geːplɪç] *a*.: competente; *et*.: decisivo; determinante; **²halten** moderarse.

massieren [ma'si:rən] ✗ dar un masaje; ✗ concentrar.

massig [!-siç] abultado; voluminoso; *adv.* F a manta.

mäßig [!mɛ:siç] moderado; *Preis*: módico; *im Essen*: frugal; *im Trinken*: sobrio; (*mittel*) mediocre, regular; **~en** [!--gən] (25): (*sich*) ~ moderar(se); contener(se); (*mildern*) suavizar; **~keit** f moderación f; templanza f; frugalidad f; sobriedad f; **2ung** f moderación f.

massiv [ma'si:f] **1.** *adj.* macizo; **2.** ♞ n (3¹) macizo m.

Maß|kleidung f (15) ropa f a medida; **~krug** m jarro m de litro; **~'liebchen** ⚥ n margarita f; **2los** desmesurado; exagerado; inmenso; **~losigkeit** f desmesura f; **~nahme** [!-nɑːmə], **~regel** f medida f; **2-regeln** reprender; **~regelung** f represión f; **~schneider** m sastre m; **~stab** m (*Lineal*) regla f graduada; *auf Karten usw.*: escala f; *fig.* in großem ~ en gran escala; e-n ~ anlegen an aplicar un criterio a; **2voll** comedido, mesurado, moderado.

Mast [mast]: **a)** f (16) engorde m, ceba f; **b)** m (3² u. 5¹) ♣ *a.* '**~baum** m) palo m, mástil m; (*Leitungs*2) poste m; '**~darm** m recto m.

mästen [!mɛstən] (26) engordar, cebar.

Mast... [!mast...]: *in Zssgn* ✗ de engorde; **~futter** n cebo m; **~korb** ♣ m cofa f; **~kur** ✗ f cura f de engorde; **~vieh** n ganado m de engorde.

Material [-ter'jɑːl] n (8²) material m; **~ismus** [--ja'lismus] m (16, *o. pl.*) materialismo m; **~ist** [---'list] m (12), **2istisch** [---'listiʃ] materialista (*m*); **~prüfung** f ensayo m de materiales; **~schaden** m daño m material.

Materie [-'te:rjə] f (15) materia f.

materiell [-ter'jɛl] material.

Mathema|tik [-təma'ti:k] f (16, *o. pl.*) matemáticas f/pl.; **~tiker** [--'ma:tikər] m (7), **2tisch** matemático (*m*).

Matinee [-ti'ne:] f (15) función f matinal.

Matratze [-'tratsə] f (15) colchón m.

Matrikel [-'tri:kəl] f (15) matrícula f.

Matrize [-'tsə] f (15) *Typ.* matriz f.

Matrone [-'tro:nə] f (15) matrona f.

Matrose [-'zə] m (13) marinero m; **~n-anzug** m traje m marinero.

Matsch [matʃ] m (3²) barro m, lodo m; **2ig** cenagoso; lleno de barro.

matt [mat] débil; flojo; fatigado; (*glanzlos*) mate (*a. Phot.*); *Stimme, Augen, Farbe*: apagado; *Glas*: opaco; *Schach*: mate; ~ setzen dar mate a; **'2e** f (15) estera f; (*Fuß*2) felpudo m; *Turnen*: colchoneta f; **'2glas** n vidrio m opaco; **'2gold** n oro m mate; **'2heit** f falta f de brillo; **'2igkeit** f lasitud f; abatimiento m; languidez f; **'2-scheibe** f cristal m esmerilado; *TV* pequeña pantalla f; F *fig.* ~ haben estar atontado.

Mauer [!mauər] f (15) muro m; (*Stadt*2) muralla f; (*Wand*) pared f; **~blümchen** [!--bly:mçən] F n: ~ sn comer pavo; **2n** (29) levantar un muro; **~schwalbe** f, **~segler** m vencejo m; **~werk** n mampostería f; albañilería f.

Maul [maul] n (1²) boca f; morro m; (*Schnauze*) hocico m; P *ein großes* ~ *haben* ser un bocazas; P *das* ~ *halten* callarse la boca; '**~affe** F m: ~n feilhalten papar moscas; '**~beerbaum** m moral m; *weißer*: morera f; '**~beere** f mora f; '2en F (25) estar con hocico; refunfuñar; '**~esel** m burdégano m; '**~held** m fanfarrón m; '**~korb** m bozal m; '**~schelle** f bofetada f, F torta f; '**~tier** n mulo m, macho m; '**~trommel** f birimbao m; '**~und 'Klauenseuche** f glosopeda f, fiebre f aftosa; '**~wurf** m topo m; '**~wurfshügel** m topera f.

Maure [!maurə] m (13) moro m.

Maurer [!-rər] m (7) albañil m; **~arbeit** f, **~handwerk** n albañilería f; **~polier** m capataz m de obras.

Maur|in [!-rin] f mora f; **2isch** moro.

Maus [maus] f (14¹) ratón m, *Arg.* laucha f.

Mäuschen [!mɔysçən] n (6) ratoncito m; '**2still** callado, quietecito.

Mause|falle [!mauzəfalə] f ratonera f (*a. fig.*); **~loch** n agujero m de ratón, ratonera f; **2n** (27) **1.** *v/i.* cazar ratones; **2.** *v/t.* F ratear, mangar; **~r** f (15) muda f; **2rn** (29): *sich* ~ estar de muda, mudar; **2tot** F muerto y bien muerto.

mausig F [!-ziç]: *sich* ~ *machen* F ponerse chulo.

maxi|mal [maksi'mɑːl] máximo; *adv.* como máximo; a lo sumo; **2me** [-'ksi:mə] f (15) máxima f; **2mum** [!-ksimum] n (9²) máximum m, máximo m.

Mayonnaise [majɔ'nɛːzə] f (15) mayonesa f, mahonesa f.

Mäzen [mɛ'tseːn] m (3¹) mecenas m.

Mechani|k [me'çaːnik] f (16) mecánica f; **~ker** m (7) mecánico m; **Ssch** mecánico; fig. a. maquinal; **Ssieren** [-çani'ziːrən] mecanizar; **~'sierung** f mecanización f; **~smus** [--'nismus] m (16²) mecanismo m.

Mecker|er F ['mɛkərər] m (7) criticón m; **Sn** (29) Ziege: balar; F fig. poner reparos a todo; quejarse.

Medaill|e [me'daljə] f (15) medalla f; **~on** [--'jõ] n (11) medallón m.

Medikament [-dika'mɛnt] n (3) medicamento m, medicina f, fármaco m.

Medit|ation [--ta'tsjoːn] f meditación f; **Sieren** [--'tiːrən] meditar.

Medium [ˈmeːdium] n (9) Phys. medio m; (Spiritismus) médium m; pl. **~ien** medios m/pl. informativos od. de comunicación.

Medizin [medi'tsiːn] f (16) medicina f; **~er** m (7) estudiante m de medicina; (Arzt) médico m; **Sisch** médico; (arzneilich) medicinal; **~mann** m curandero m.

Meer [meːr] n (3) mar su.; '**~aal** m congrio m; '**~busen** m golfo m; '**~enge** f estrecho m; '**~esboden** m fondo m del mar; '**~eskunde** f oceanografía f; '**~espiegel** m nivel m del mar; '**~esströmung** f corriente f marítima; '**Sgrün** glauco; '**~katze** f macaco m; '**~rettich** m rábano m picante; '**~salz** n sal f marina; '**~schaumpfeife** f pipa f de espuma de mar; '**~schweinchen** [-'ʃvaɪnçən] n conejillo m de Indias, cobayo (-a) m (f); '**~wasser** n agua f de mar.

Mega|hertz [mega'hɛrts] n uv. megaciclo m; '**~phon** n (3) megáfono m; **~'tonne** f megatón m.

Mehl [meːl] n (3) harina f; mit ~ bestreuen enharinar; '**~brei** m papilla f; '**~händler** m harinero m; '**Sig** harinoso; '**~sack** m costal m od. saco m de harina; '**~speise** f alimento m farináceo; (süß) dulce m; '**~tau** ♂ m mildiú m; '**~wurm** m gusano m de la harina.

mehr [meːr] **1.** (comp. v. viel) más (als que, vor Zahlen: de); nicht ~ zeitl. ya no; nichts ~ nada más; ~ oder weniger más o menos; et. nicht ~ (wieder) tun no volver a hacer a/c.; **2.** 2 n (7, o. pl.) excedente m; aumento m.

Mehr... ['meːr...]: in Zssgn oft adicional, suplementario; **~arbeit** f trabajo m adicional; **~aufwand** m, **~ausgabe** f aumento m de gastos; gasto m adicional; **~betrag** m excedente m; **Sdeutig** ['-dɔʏtiç] ambiguo; **~einnahme** f aumento m de ingresos; (Überschuß) excedente m; **Sen** (25) (a. sich ~) aumentar; **~ere** ['-rərə] varios, diversos; **Seres** ['--rəs] varias cosas; **Serlei** ['-rər'laɪ] uv. de diversas clases; **Sfach** múltiple; repetido; adv. repetidas veces; **~fach...:** in Zssgn mst múltiple; **~farbendruck** m impresión f policroma; **Sfarbig** de varios colores; policromo; **~gebot** n Auktion: puja f; **~gewicht** n exceso m de peso; **~heit** f mayoría f; **~heits...:** in Zssgn mayoritario; **~heitswahlrecht** n sistema m mayoritario; **Sjährig** de varios años; **~kosten** pl. gastos m/pl. suplementarios od. adicionales; **Smalig** ['-maːliç] repetido; **Smals** ['-maːls] varias od. repetidas veces; **~parteiensystem** n pluripartidismo m; **Sphasig** ⚡ ['-faːsiç] polifásico; **~preis** m sobreprecio m; recargo m; **Sseitig** ['-zaɪtiç] fig. multilateral; **Ssilbig** ['-zilbiç] polisílabo; **Ssprachig** ['-ʃpraːxiç] políglota; Text: multilingüe; **Sstimmig** ['-ʃtimiç] de varias voces; **~stufenrakete** f cohete m de varios escalones; **~wegflasche** f botella f recuperable; **~wert** m plusvalía f; **~wertsteuer** f impuesto m sobre el valor añadido; **~zahl** f mayoría f; Gram. plural m; **~zweck...:** in Zssgn de múltiple uso; **~zwecksport-anlage** f polideportivo m.

meiden ['maɪdən] (30) evitar, huir.

Meile ['-lə] f (15) legua f; (See⦵) milla f; **~nstein** m mojón m; a. fig. hito m; **Snweit** fig. muy lejos (de); **~r** m (7) carbonera f; (Atom⦵) pila f.

mein [maɪn] (20) mi; der mein(ig)e el mío; die Sen los míos.

Meineid ['-ʔaɪt] m (3) perjurio m; e-n ~ leisten jurar en falso, perjurar; **Sig** ['--diç] perjuro.

meinen ['-nən] (25) pensar; creer; opinar; estimar; (sagen wollen) querer decir; (sich beziehen auf) aludir a, referirse a; das will ich ~! ¡ya lo creo!; ich meine me parece; man sollte od. möchte ~ se diría; wie Sie ~ como Vd. quiera; er meint es gut tiene las mejores intenciones.

meinerseits ['-nərzaɪts] por (*od.* de) mi parte.

meinesgleichen ['-nəs'glaɪçən] mi(s) igual(es).

meinet|halben ['-nət'halbən], '-**wegen** por mí (*kann er gehen que se vaya*); '-**willen**: *um ~* por mí.

Meinung ['-nuŋ] *f* opinión *f*, parecer *m*; *e-r ~ sn* (*mit*) ser de la misma opinión (que), estar de acuerdo (con); *m-r ~ nach* en mi opinión; a mi modo de ver; *j-m* (*gehörig*) *die ~ sagen* F decir cuatro verdades a alg.; **~s-austausch** *m* intercambio *m* de opiniones; **~sforschung** *f* sondeo *m* de opinión; **~s-umfrage** *f* encuesta *f* demoscópica; **~sverschiedenheit** *f* divergencia *f* de opiniones.

Meise Zo. ['-zə] *f* (15) *f* Fig. e-e ~ *haben* estar chalado.

Meißel ['-səl] *m* (7) escoplo *m*; *des Bildhauers*: cincel *m*; **2n** (29) escoplear; cincelar.

meist [maɪst] (18, *sup. v. viel*): *das ~e* la mayor parte (de); *die ~en* la mayoría *od.* mayor parte (de); *am ~en* más; *s. a. ~ens*; **2begünstigungsklausel** *f* cláusula *f* de nación más favorecida; '-**bietend** al mejor postor; '-**ens**, '-**en'teils** la mayoría de las veces; por lo común; en general.

Meister ['-stər] *m* (7) maestro *m*; *Sport*: campeón *m*; **2haft**, **2lich** magistral; *adv.* con maestría; **2n** (29) dominar; (*überwinden*) vencer, superar; **~schaft** *f* maestría *f*; *Sport*: campeonato *m*; **~singer** ['-ziŋər] *m* (7) maestro *m* cantor; **~stück** *n* obra *f* maestra; **~titel** *m Sport*: título *m* de campeón; **~werk** *n* obra *f* maestra.

Melancholie [melaŋko'li:] *f* (15) melancolía *f*; **2isch** [-'ko:liʃ] melancólico.

Melasse [-'lasə] *f* (15) melaza *f*.

Melde ♀ ['mɛldə] *f* (15) armuelle *m*.

Melde|amt ['-ˀamt] *n* oficina *f* de registro; **~bogen** *m* hoja *f* de inscripción; **~frist** *f* plazo *m* de inscripción; **~liste** *f* lista *f* de inscripciones; **2n** (26) declarar; (*ankündigen*) anunciar; (*anzeigen*) denunciar; (*mitteilen*) comunicar; informar, dar parte (*j-m et.* a alg. de a/c.); *sich ~* presentarse (*bei* a); *Fernspr.* contestar; *polizeilich:* registrarse; (*an~*) inscribirse; *Schüler:* levantar la mano; *sich zum Wort ~* pedir la palabra; **~pflicht** *f* declaración *f* obligatoria (*a.* ⚔); **~r** *m*

(7) ✗ enlace *m*; ⊕ avisador *m*; **~schluß** *m* cierre *m* de inscripciones; **~zettel** *m* hoja *f* de inscripción *bzw.* de registro.

Meldung ['-duŋ] *f* (*Nachricht*) noticia *f*; (*Anzeige*) denuncia *f*; (*Mitteilung*) aviso *m*; parte *m*; (*Bericht*) informe *m*; (*An⚥*) inscripción *f*.

meliert [me'li:rt] *Haar:* entrecano.

Melisse ♀ [-'lisə] *f* (15) melisa *f*.

melk|en ['mɛlkən] (30) ordeñar; **2en** *n* ordeño *m*; **2er** *m* (7) ordeñador *m*; **2maschine** *f* ordeñadora *f*.

Melod|ie [melo'di:] *f* (15) melodía *f*; **2iös** [--'djø:s] melodioso; **2isch** [-'lo:diʃ] melódico.

Melone [-'lo:nə] *f* (15) melón *m*; F (*Hut*) hongo *m*, bombín *m*.

Membran(e) [mɛm'bra:n(ə)] *f* (16 [15]) membrana *f*.

Memme F ['mɛmə] *f* (15) cobarde *m*, F gallina *m*.

Memoiren [memo'a:rən] *pl. uv.* memorias *f/pl.*

Memor|andum [--'randum] *n* (9[²]) memorándum *m*; **2ieren** aprender de memoria, memorizar.

Menage [me'na:ʒə] *f* (15) *für Essig u. Öl:* vinagreras *f/pl.*; **~rie** [-naʒə'ri:] *f* (15) casa *f bzw.* colección *f* de fieras.

Menge ['mɛŋə] *f* (15) cantidad *f*; (*große Anzahl*) multitud *f*; (*Menschen⚥*) *a.* muchedumbre *f*, gentío *m*; ♎ conjunto *m*; *e-e ~ + su.* gran número de, F la mar de; **2n** (25) mezclar; **~nlehre** ♎ *f* teoría *f* de conjuntos; **2nmäßig** cuantitativo; **~nrabatt** *m* bonificación *f* por cantidad.

Meniskus [me'niskus] *m* (16²) menisco *m*.

Mennige ['mɛnigə] *f* (15, *o. pl.*) minio *m*.

Mensa ['mɛnza] *f* comedor *m* universitario.

Mensch [mɛnʃ] *m* (12) hombre *m*; persona *f*; *jeder ~* todo el mundo; *kein ~* nadie.

Menschen... ['-ʃən...]: *in Zssgn oft* humano, del (*o* los) hombre(s); **~affe** *m* antropoide *m*; **~alter** *n* generación *f*; **~feind** *m* misántropo *m*; **2feindlich** misantrópico; **~fresser** *m* antropófago *m*, caníbal *m*; *im Märchen:* ogro *m*; **~freund** *m* filántropo *m*; **2freundlich** filantrópico; humano; **~gedenken** *n*: *seit ~* desde tiempos inmemoriales; **~geschlecht**

n género *m* humano; **~handel** *m* trata *f* de esclavos *bzw.* de negros; **~haß** *m* misantropía *f*; **~kenner** *m* conocedor *m* de los hombres; **~kenntnis** *f* conocimiento *m* de los hombres; **~kunde** *f* antropología *f*; **~leben** *n* vida *f* humana; **2leer** despoblado; desierto; **~liebe** *f* filantropía *f*; **~material** *n* material *m* humano; **~menge** *f* multitud *f*, muchedumbre *f*, gentío *m*; **2möglich** humanamente posible; **~raub** *m* secuestro *m*; **~rechte** *n/pl.* derechos *m/pl.* humanos *od.* del hombre; **2scheu** huraño; **~schlag** *m* raza *f*; clase *f* de hombre; **~seele** *f*: *keine ~* ni un alma (viviente); **~kind!** F ¡hombre!; 2-**unwürdig** inhumano; **~verstand** *m*: *gesunder ~* sentido *m* común; **~würde** *f* dignidad *f* humana; 2**würdig** humano.

'**Mensch|heit** *f* humanidad *f*; género *m* humano; 2**lich** humano; **~lichkeit** *f* humanidad *f*; **~werdung** [¹-ve:rduŋ] *f* Rel. encarnación *f*.

Menstru|ation [mɛnstrua¹tsjo:n] *f* menstruación *f*; 2**ieren** menstruar.

Mensur [-¹zu:r] *f* (16) duelo *m* entre estudiantes.

Mentalität [-tali¹tɛ:t] *f* mentalidad *f*.

Menü [me¹ny:] *n* (11) lista *f* de platos, menú *m*, minuta *f*; (*Gedeck*) cubierto *m* (fijo).

Menuett [menu¹ɛt] *n* (3) minué *m*.

Mergel [¹mɛrgəl] *m* (7) marga *f*; **~boden** *m* tierra *f* margosa.

Meridian [meri¹dja:n] *m* (3¹) meridiano *m*.

merk|bar [¹mɛrkba:r] perceptible; 2**blatt** *n* hoja *f* informativa *od.* explicativa; 2**buch** *n* libreta *f*; agenda *f*; **~en** (25) notar, darse cuenta de; *sich et. ~* recordar a/c.; tomar nota de a/c.; *~ lassen* dejar traslucir; *sich (dat.) nichts ~ lassen* disimular; 2**lich** perceptible; sensible; (*beträchtlich*) considerable; 2**mal** *n* señal *f*; característica *f*; distintivo *m*; síntoma *m*; **~würdig** curioso, raro, extraño; **~würdiger'weise** curiosamente; es curioso que (*subj.*); 2**würdigkeit** *f* curiosidad *f*; cosa *f* rara; 2**zeichen** *n* señal *f*; marca *f*.

meschugge F [me¹ʃugə] F chiflado, chalado.

Mesner [¹mɛsnər] *m* (7) sacristán *m*.

Meß|amt Rel. [¹mɛs²amt] *n* oficio *m* divino; **~band** *n* cinta *f* métrica; 2**bar** mensurable; **~becher** *m* vaso *m* graduado; **~buch** Rel. *n* misal *m*; **~diener** *m* acólito *m*, monaguillo *m*.

Messe [¹mɛsə] *f* (15) Rel. misa *f* (*stille rezada*); ✝ feria *f*; ⚓, ✗ casino *m* *bzw.* comedor *m* de oficiales; **~besucher** ✝ *m* feriante *m*; **~gelände** *n* recinto *m* ferial.

messen [¹-sən] (30) medir; *sich ~ mit* competir con.

Messer [¹-sər] *n* (7) cuchillo *m*; (*Klapp²*) navaja *f*; ⊕ cuchilla *f*; Chir. bisturí *m*; **~held** *m* navajero *m*; **~rücken** lomo *m* del cuchillo; **~spitze** *f*: *e-e ~ voll* una punta de cuchillo; **~stecherei** *f* riña *f* a cuchilladas; **~stich** *m* cuchillada *f*, navajada *f*, navajazo *m*.

Meß|gerät [¹mɛsgərɛ:t] *n* instrumento *m* de medición; medidor *m*; Rel. vasos *m/pl.* sagrados; **~gewand** *n* casulla *f*; **~glas** *n* probeta *f* graduada.

Messing [¹mɛsiŋ] *n* (3¹) latón *m*.

Meß|kelch Rel. [¹mɛskɛlç] *m* cáliz *m*; **~latte** *f* mira *f*; **~tisch(blatt** *n*) *m* (plano *m* de) plancheta *f*.

Messung [¹mɛsuŋ] *f* medición *f*.

Mestize [mɛs¹ti:tsə] *m* (13) mestizo *m*.

Metall [me¹tal] *n* (3¹) metal *m*; **~arbeiter** *m* (obrero *m*) metalúrgico *m*; 2**en** de metal, metálico; **~geld** *n* moneda *f* metálica; 2**haltig** [-¹-haltiç] metalífero; **~industrie** *f* industria *f* metalúrgica; 2**isch** metálico (*a. fig.*); **~urgie** [-ur¹gi:] *f* (15) metalurgia *f*; **~waren** *f/pl.* artículos *m/pl.* de metal.

Meta|morphose [-tamɔr¹fo:zə] *f* (15) metamorfosis *f*; **~pher** [-¹-fər] *f* (15) metáfora *f*; **~phy'sik** *f* metafísica *f*; 2**physisch** metafísico; **~stase** *f* [--¹sta:zə] *f* (15) metástasis *f*.

Meteor [-te¹o:r] *m* (3¹) meteorito *m*; *fig.* meteoro *m*; **~ologe** [--oro¹lo:gə] *m* (13) meteorólogo *m*; **~ologie** [----lo¹gi:] *f* (15) meteorología *f*; 2**o'logisch** meteorológico.

Meter [¹me:tər] *m*, *a. n* (7) metro *m*; **~maß** *n* (*Band*) cinta *f* métrica; (*Zollstock*) metro *m* (plegable).

Method|e [me¹to:də] *f* (15) método *m*; 2**isch** metódico.

Methyl [-¹ty:l] *n* (3¹) metilo *m*; **....:** *in Zssgn* metílico.

Metr|ik [¹me:trik] *f* (16) métrica *f*; 2**isch** métrico.

Metro|nom [metro¹no:m] *n* (3¹) metrónomo *m*; **~pole** [--¹po:lə] *f* (15) metrópoli *f*.

Mette ['mɛtə] *f* (15) maitines *m/pl.*

Mettwurst ['mɛtvurst] *f* (especie de butifarra ahumada).

Metz|elei [mɛtsə'laɪ] *f* matanza *f*, carnicería *f*; **2eln** (29) asesinar, degollar; **~ger** ['-gər] *m* (7) carnicero *m*; **~ge'rei** *f* carnicería *f*.

Meuchel|mord ['mɔʏçəlmɔrt] *m* asesinato *m* (alevoso); **~mörder** *m* asesino *m*; **2n** (29) asesinar.

meuch|lerisch ['-ləriʃ] alevoso, traidor; **~lings** ['-lɪŋs] a traición.

Meute ['mɔʏtə] *f* (15) jauría *f*; *fig.* turba *f*; **~'rei** *f* motín *m*; **~rer** *m* (7) amotinado *m*; **2rn** (29) amotinarse; *f fig.* protestar.

Mexikan|er(in *f*) [mɛksi'kɑːnər(in)] *m* (7), **2isch** mejicano (-a) *m* (*f*).

miauen [mi'aʊən] (25) maullar.

mich [mɪç] (*s. ich*, 19) me; *betont:* a mí.

mied [miːt] *s. meiden*.

Mieder ['miːdər] *n* (7) (*Korsett*) corsé *m*, faja *f*; (*Leibchen*) corpiño *m*; **~waren** *f/pl.* corsetería *f*.

Miene ['miːnə] *f* (15) cara *f*; aire *m*; gesto *m*; **~nspiel** *n* mímica *f*; gestos *m/pl.*; expresiones *f/pl.* faciales.

mies F [miːs] malo; feo; **2macher** *m* (7) pesimista *m*; derrotista *m*; **2muschel** *f* mejillón *m*.

Miet|e ['miːtə] *f* (15): **a)** alquiler *m*; *zur* **~** *wohnen* vivir en un piso de alquiler; **b)** *f* almiar *m*; silo *m*; **2en** (26) alquilar; **~er(in** *f*) *m* (7) inquilino (-a) *m* (*f*); **~erschutz** *m* protección *f* a los inquilinos; **2frei** sin (pagar) alquiler; **~shaus** *n* casa *f* de alquiler *od.* de vecindad; **~skaserne** *f* gran bloque *m* de viviendas; **~vertrag** *m* contrato *m* de alquiler (*Wohnung:* de inquilinato); **~wagen** *m* coche *m* de alquiler; **~wohnung** *f* piso *m* de alquiler.

Migräne [mi'grɛːnə] *f* (15) jaqueca *f*.

Mikro... ['mikro...]: *in Zssgn mst* micro...; **~be** [-'kroːbə] *f* (15) microbio *m*; **~computer** *m* microordenador *m*; **~film** ['-krofilm] *m* microfilm(e) *m*; **~phon** [--'foːn] *n* (3¹) micrófono *m*; **~prozessor** [--proˈtsɛsɔr] *m* (8¹) microprocesador *m*; **~skop** [--'skoːp] *n* (3¹) microscopio *m*; **2'skopisch** microscópico; **~wellenherd** *m* horno *m* microondas.

Milbe ['milbə] *f* (15) ácaro *m*.

Milch [milç] *f* (16, *o. pl.*) leche *f*; (*Fisch2*) lecha *f*; **'~bar** *f* granja *f*;

'~bart *m* bozo *m*; *fig.* barbilampiño *m*; **'~brei** *m* papilla *f* con leche; **'~brötchen** *n* bollo *m* (de leche); **'~drüse** *f Anat.* glándula *f* mamaria; **'~erzeugnisse** *n/pl.* productos *m/pl.* lácteos; **'~geschäft** *n* lechería *f*; **'~glas** *n* cristal *m* opalino; **'~händler(in** *f*) *m* lechero (-a) *m* (*f*); **2ig** lechoso; **'~kaffee** *m* café *m* con leche; **'~kanne** *f* jarro *m* para la leche; **'~kuh** *f* vaca *f* lechera; **'~kur** *f* régimen *m* lácteo; **'~mädchenrechnung** *f fig.* cuenta *f* de la lechera; **'~mixgetränk** *n* batido *m*; **'~pulver** *n* leche *f* en polvo; **'~reis** *m* arroz *m* con leche; **'~säure** *f* ácido *m* láctico; **'~straße** *f Astr.* vía *f* láctea; **'~tüte** *f* bolsa *f* de leche; **'~wirtschaft** *f* industria *f* lechera; **'~zahn** *m* diente *m* de leche; **'~zentrifuge** *f* desnatadora *f*; **'~zucker** *m* lactosa *f*.

mild [milt], **~e** ['-də] suave; *Wetter:* bonancible, apacible; *Klima:* templado, benigno; *j.:* indulgente, clemente; *Strafe:* leve; **~e** *Gabe* limosna *f*; **2e** ['-də] *f* (15) suavidad *f*; dulzura *f*; *j-s:* indulgencia *f*, clemencia *f*; (*Klima*) benignidad *f*, templanza *f*; **'~ern** (29) templar, suavizar; atenuar; (*lindern*) mitigar, aliviar; *Umstand* circunstancia *f* atenuante; **2erung** *f* suavización *f*; mitigación *f*; atenuación *f*; **~herzig** ['milthɛrtsiç] bondadoso; **'~tätig** caritativo; **2tätigkeit** *f* caridad *f*.

Milieu [mil'jøː] *n* (11) ambiente *m*, medio *m*.

Militär [mili'tɛːr] (11): **a)** *m* militar *m*; **b)** *n* (*o. pl.*) ejército *m*; soldados *m/pl.*; *er ist beim* **~** está en filas; **~...:** *in Zssgn* militar; **~attaché** *m* agregado *m* militar; **~dienst** *m* servicio *m* militar; **~gericht** *n* tribunal *m* militar; **2isch** militar.

Militaris|mus [--taˈrɪsmus] *m* (16, *o. pl.*) militarismo *m*; **~t** *m* (12), **2tisch** militarista (*m*).

Militär|kapelle [--'tɛːrkapɛlə] *f* banda *f* militar; **~pflicht** *f* servicio *m* militar obligatorio; **2pflichtig** sujeto al servicio militar.

Miliz [-'liːts] *f* (16) milicia *f*; **~soldat** *m* miliciano *m*.

Milliarde [mil'jardə] *f* (15) mil millones *m/pl.*

Milli|gramm [mili'gram] *n* miligramo *m*; **~'meter** *m*, *a. n* milímetro *m*.

Million [mil'jo:n] *f* (16) millón *m*; **~är(in** *f*) [-jo'nɛ:r(in)] *m* (3¹) millonario (-a) *m* (*f*).

Milz [milts] *f* (16) bazo *m*; **'~brand** 🛐 *m* carbunco *m*.

Mim|e ['mi:mə] *m* (13) actor *m*; **2en** F (25) fingir; **~ik** ['-mik] *f* (16) mímica *f*; **~ikry** ['mimikri] *f uv.* mimetismo *m*; **2isch** ['mi:miʃ] mímico.

Mimose ♀ [mi'mo:zə] *f* (15) mimosa *f*, sensitiva *f*.

Minarett [mina'rɛt] *n* (3) alminar *m*, minarete *m*.

minder ['mindər] (18) menor; (*geringer*) inferior; *adv.* menos; **~bemittelt** necesitado; **2heit** *f* minoría *f*; **~jährig** menor (de edad); **2jährigkeit** *f* minoría *f* de edad; **~n** (29) reducir, disminuir; **2ung** *f* reducción *f*, disminución *f*; **~wertig** ['--ve:rtiç] (de calidad) inferior; de escaso valor; **2wertigkeit(skomplex** *m*) *f* (complejo *m* de) inferioridad *f*; **2zahl** *f* minoría *f*.

mindest ['-dəst] (18): *das* **~e** lo menos; *nicht das* **~e** ni lo más mínimo; *nicht im* **~en** de ningún modo; **2...:** *in Zssgn* mínimo; **~ens** por lo (*od.* al) menos; como mínimo; **2maß** *n* mínimum *m*, mínimo *m*.

Mine ['mi:nə] *f* (15) mina *f*; **~nfeld** *n* campo *m* minado; **~nleger** ⚓ *m* (7) minador *m*; **~nsuchboot** ⚓ *n* dragaminas *m*.

Mineral [mine'ra:l] *n* (3¹ *u.* 8²) mineral *m*; **~...:** *in Zssgn*, **2isch** mineral; **~oge** [---'o:gə] *m* (13) mineralogista *m*; **~ogie** [---lo'gi:] *f* (15) mineralogía *f*; **2ogisch** [---'lo:giʃ] mineralógico; **~öl** *n* aceite *m* mineral; **~quelle** *f* fuente *f* de aguas minerales; **~reich** *n* reino *m* mineral; **~wasser** *n* agua *f* mineral.

Miniatur [minja'tu:r] *f* (16) miniatura *f*; **~maler(in** *f*) *m* miniaturista *su.*

Mini|golf ['minigɔlf] *n* minigolf *m*; **2mal** [--'ma:l] *a. in Zssgn* mínimo; insignificante; **~mum** ['--mum] *n* (9²) mínimum *m*, mínimo *m*; **~rock** *m* minifalda *f*.

Minister [-'nistər] *m* (7), **~in** *f* ministro (-a *f*) *m*; **~ialdirektor** [---'ja:ldirɛktor] *m* director *m* general; **~ial-erlaß** *m* decreto *m* ministerial; **2iell** [---'jɛl] ministerial; **~ium** [--'te:rjum] *n* (9) ministerio *m*; **~posten**, **~sessel** *m* cartera *f*; **~präsident** *m* Presidente *m* del Consejo;

primer ministro *m*; **~rat** *m* Consejo *m* de ministros.

Ministr|ant *Rel.* [--'trant] *m* (12) acólito *m*, monaguillo *m*; **2ieren** [--'tri:rən] ayudar a misa.

Minne *poet.* ['-nə] *f* (15, *o. pl.*) amor *m*; **~sänger** *m* trovador *m*.

Minorität [-nori'tɛ:t] *f* minoría *f*.

minus ['mi:nus] **1.** *adv.* menos; *3 Grad* **~** tres grados bajo cero; **2.** 2 *n uv.* ✝ déficit *m*; **2punkt** *m* punto *m* negativo; **2zeichen** *n* (signo *m* de) menos *m*.

Minute [mi'nu:tə] *f* (15) minuto *m*; *auf die* **~** F como un clavo; **~nzeiger** *m* minutero *m*.

minuziös [-nu'tsjø:s] minucioso.

Minze ♀ ['mintsə] *f* (15) menta *f*, hierbabuena *f*.

mir [mi:r] (*s. ich*, 19) me; *betont*: a mí; *mit* **~** conmigo; *ein Freund von* **~** un amigo mío.

Mirabelle ♀ [mira'bɛlə] *f* (15) ciruela *f* amarilla *od.* mirabel.

Misch... ['miʃ...]: *in Zssgn oft* mixto; **2bar** mezclable, miscible; **~ehe** *f* matrimonio *m* mixto; **2en** (27) mezclar; *Karten:* barajar; *sich* **~** *in* (*ac.*) (entre)meterse *od.* inmiscuirse en; **~ling** ['-liŋ] *m* (3¹) mestizo *m*; **~masch** ['-maʃ] *m* (3²) mezcolanza *f*; **~pult** ⚡ *n* pupitre *m* de mezcla; **~ung** *f* mezcla *f*; mixtura *f*; **~wald** *m* bosque *m* mixto.

miserabel [mizə'ra:bəl] miserable; malísimo, pésimo.

Mispel ♀ ['mispəl] *f* (15) níspero *m*.

miß|achten [mis'²axtən] despreciar, desdeñar; faltar a; no respetar; **'2achtung** *f* desprecio *m*, desdén *m*; **'2behagen** *n* malestar *m*; desazón *f*; **'2bildung** *f* deformación *f*; deformidad *f*; **~'billigen** desaprobar; **'2billigung** *f* desaprobación *f*; **'2brauch** *m* abuso *m*; **~'brauchen** abusar de (*a. Frau*); **'~bräuchlich** ['-brɔyçliç] abusivo; **~'deuten** interpretar mal; **'2deutung** *f* falsa interpretación *f*.

missen ['misən] (28): *nicht* **~** *können* no poder prescindir *od.* pasarse de.

Miß|erfolg [mis'²ɛrfɔlk] *m* fracaso *m*; **~ernte** *f* mala cosecha *f*.

Misse|tat ['misəta:t] *f* fechoría *f*; delito *m*; **~täter(in** *f*) *m* malhechor(a) *m* (*f*).

miß|fallen [mis'falən] desagradar, disgustar; **'2fallen** *n* desagrado *m*, disgusto *m*; **'2geburt** *f* criatura *f* deforme; monstruo m; fig. engendro m; ²geschick n mala suerte f; desgracia f; adversidad f; ²gestalt f deformidad f; ~gestaltet deforme, contrahecho; ¹~gestimmt de mal humor; ~glücken (sn) fracasar, malograrse; salir mal; ~gönnen envidiar (j-m et. a/c. a alg.); ²griff m desacierto m; equivocación f; ²gunst f envidia f; ¹~günstig envidioso; ~handeln maltratar; ²handlung f malos tratos m/pl.; ²heirat f casamiento m desigual; F casorio m; ¹²helligkeit f desavenencia f; discordancia f.

Mission [mis'jo:n] f misión f; ~ar [-jo'na:r] m (3¹) misionero m.

Miß|klang ['misklaŋ] m disonancia f (a. fig.); cacofonía f; ~kredit m descrédito m; in ~ bringen desacreditar; ²lich precario; desagradable; delicado; ²liebig ['-li:biç]: sich ~ machen perder todas las simpatías; ~lingen [-'liŋən] (30, sn) fracasar; salir mal; ¹lingen n fracaso m; mal resultado m; ~mut m mal humor m; ²mutig malhumorado, de mal humor; ¹²raten (sn) salir mal, fallar; part. pt. Kind: descastado; ~stand m inconveniente m; situación f precaria; ~stimmung f mal humor m; descontento m; ~ton m ² nota f falsa; fig. a. disonancia f; ²trauen (dat.) desconfiar de; ~trauen n desconfianza f; ~trauens-antrag m moción f de censura; ~trauensvotum n voto m de censura; ²trauisch desconfiado (gegen de); escamado; receloso; ²~vergnügt descontento; ~verhältnis n desproporción f; ²verständlich equívoco; ~verständnis n equivocación f; malentendido m; ²verstehen entender od. interpretar mal; ~wirtschaft f desgobierno m; mala gestión f.

Mist [mist] m (3²) estiércol m; F fig. porquería f; (Unsinn) tonterías f/pl.; ¹~el ♀ f (15) muérdago m; ~en (26) estercolar; ¹~fink F m puerco m; ¹~gabel f horquilla f de estiércol; ~haufen m estercolero m; ²ig sucio; fig. feo; cochino; ¹~käfer m geotrupo m.

mit [mit] (dat.) con; Mittel: por; por medio de; ~ der Post por correo; ~ dem Zug en tren; ~ 20 Jahren a los veinte años; ~ blonden Haaren de cabellos rubios.

Mit|-arbeit f colaboración f, cooperación f; ²-arbeiten colaborar, cooperar (bei en); ~-arbeiter(in f) m colaborador(a) m (f), cooperador(a) m (f); ²bekommen Braut: recibir en dote; F (verstehen) comprender; ~benutzung f uso m común; ~besitzer(in f) m copropietario (-a) m (f); ~bestimmung f cogestión f; ~bewerber(in f) m competidor(a) m (f); contrincante su.; ~bewohner(in f) m coinquilino (-a) m (f); ²bringen traer; fig. aportar; ~bringsel ['-briŋzəl] n (7) pequeño regalo m; ~bürger(in f) m conciudadano (-a) m (f); ~eigentümer(in f) m copropietario (-a) m (f); ²ein-'ander uno(s) con otro(s); juntos; ²-empfinden simpatizar; ~-erbe m coheredero m; ~-esser ♂ m comedón m, espinilla f; ²fahren (sn) ir con, acompañar a; ²fühlen simpatizar; ²fühlend compasivo; ²führen llevar (consigo); Fluß: acarrear, arrastrar; ²geben dar (e-r Braut: en dote); ~gefühl n simpatía f; compasión f; (Beileid) pésame m; ²gehen (sn) ir (mit con), acompañar (a); fig. seguir atentamente; F fig. ~ lassen F limpiar, mangar; ~gift f (16) dote f; ~giftjäger m cazadotes m; ~glied n miembro m; e-s Vereins usw.: socio m; ~gliedschaft f calidad f de miembro od. socio; ~gliedskarte f carnet m de socio; ~glied(s)staat m Estado m miembro; ²haben llevar (consigo); ²halten ser de la partida; tomar parte en; ²helfen ayudar; echar una mano; ~hilfe f ayuda f; asistencia f; ²hin por lo tanto; ²hören escuchar; ~-inhaber(in f) m copropietario (-a) m (f); ²kommen (sn) ir con, acompañar a; fig. (poder) seguir; ²können fig. (poder) poder; ²kriegen fig. comprender; coger; ~läufer m fig. simpatizante m; ~laut Gram. m consonante f; ~leid n compasión f; piedad f; ~leidenschaft f: in ~ ziehen afectar; ²leidig compasivo; ²leidslos despiadado; ²machen ser de la partida; participar en; Mode usw.: seguir; (ertragen) sufrir; ich mache mit! ¡me apunto!; ~mensch m prójimo m; ²nehmen llevarse, llevar consigo; Gelegenheit: aprovechar; (erschöpfen) agotar; hart, arg ~ dejar malparado; ²nichten [-'niçtən] de ningún modo; ²rechnen 1.

v/t. incluir en la cuenta; **2.** *v/i.* contar; ⎆**reden** tomar parte en la conversación; (*ein Wort*) *mitzureden haben bei* tener voz en; **∼reisende(r)** *su.* compañero (-a) *m* (*f*) de viaje; ⎆**reißen** arrastrar; *fig.* entusiasmar; apasionar; ⎆**reißend** arrebatador; ⎆**'samt** (*dat.*) junto con; ⎆**schicken** adjuntar; ⎆**schleppen** arrastrar; **∼schnitt ♪** *m* grabación *f* directa; ⎆**schreiben** tomar apuntes; **∼schuld** *f* complicidad *f;* ⎆**schuldig** cómplice (*an dat.* en); **∼schüler(in** *f*) *m* condiscípulo (-a) *m* (*f*); ⎆**spielen** tomar parte en el juego; *Thea.* actuar (en); **♪** tocar (en); *j-m übel* ∼ jugar una mala partida a alg.; **∼spieler** *m* compañero *m* de juego (*Sport:* de equipo); **∼sprache-recht** *n* derecho *m* de intervención; ⎆**sprechen** *s.* ⎆reden; *fig.* entrar en cuenta, contar.

Mittag ['mɪtaːk] *m* (3) mediodía *m; zu* ∼ *essen* almorzar, comer; **∼essen** *n* almuerzo *m*, comida *f;* ⎆**s** a mediodía; **∼s-pause** *f* hora *f* de almorzar; **∼sruhe** *f*, **∼sschlaf** *m* siesta *f;* ∼ *halten* dormir la siesta; **∼s-tisch** *m* comedor *m;* **∼szeit** *f* (hora *f* del) mediodía.

Mittäter ⚥ ['mit-tɛːtər] *m* coautor *m;* cómplice *m;* **∼schaft** ⚥ *f* coautoría *f;* complicidad *f.*

Mitte ['mɪtə] *f* (15) medio *m;* centro *m;* ∼ *Mai* a mediados de mayo; *in* (*aus*) *unserer* ∼ entre nosotros.

mitteil|en ['mit-taɪlən] comunicar, participar; avisar, informar (de); **∼sam** comunicativo, expansivo; ⎆**ung** *f* comunicación *f*, participación *f;* notificación *f;* ⎆**ungsblatt** *n* boletín *m.*

Mittel ['mɪtəl] *n* (7) medio *m; pl.* (*Geld*⎆) *a.* recursos *m/pl.*, fondos *m/pl.;* (*Ausweg*) recurso *m;* ⚕ remedio *m; mit allen* ∼*n* por todos los medios; *sich ins* ∼ *legen* interceder, intervenir; **∼alter** *n* Edad *f* Media; ⎆**-alterlich** medieval; ⎆**-amerikanisch** centroamericano; ⎆**bar** indirecto; **∼ding** *n* cosa *f* intermedia; ⎆**-europäisch** centroeuropeo; **∼finger** *m* dedo *m* medio *od.* del corazón; ⎆**fristig** a medio plazo; **∼gewicht** *n* *Sport:* peso *m* medio; ⎆**groß** de tamaño mediano; *de* estatura mediana; ⎆**hochdeutsch** alto alemán medio; ⎆**ländisch** ['--lɛndiʃ] mediterráneo; **∼läufer** *m* *Sport:* medio *m*

centro; ⎆**los** sin medios *od.* recursos; **∼losigkeit** *f* falta *f* de medios *od.* recursos; ⎆**mäßig** mediocre; mediano, regular; **∼mäßigkeit** *f* mediocridad *f;* medianía *f;* **∼-ohr-entzündung** *f* otitis *f* media; **∼punkt** *m* centro *m* (*a. fig.*); ⎆**s** (*gen.*) por medio de, mediante; **∼scheitel** *m* raya *f* central; **∼schule** *f →* *Realschule;* **∼mann** *m* mediador *m;* intermediario *m;* **∼stand** *m* clase *f* media; **∼streckenläufer** *m* corredor *m* de medio fondo, mediofondista *m;* **∼streckenrakete** *f* cohete *m* *od.* misil *m* de alcance medio; **∼streifen** *m* *Autobahn:* (franja *f*) mediana *f;* **∼stufe** *f* grado *m* medio; **∼stürmer** *m* *Sport:* delantero *m* centro; **∼weg** *m* *fig.* compromiso *m; der goldene* ∼ el justo medio; **∼welle** *f* onda *f* media; **∼wort** *n* (1²) *Gram.* participio *m.*

mitten ['mɪtən]: ∼ *in* en medio de; ∼ *im Winter* en pleno invierno; **∼'durch** por en medio de; a través de.

Mitter|nacht ['-tərnaxt] *f* medianoche *f* (*um* a); ⎆**nächtlich** de medianoche.

mittler ['-lər] **1.** *adj.* (18) medio; central; (*durchschnittlich*) mediano; **2.** ⎆(**in** *f*) *m* (7) medianero (-a) *m* (*f*); **∼'weile** mientras tanto, entretanto.

Mittwoch ['-vɔx] *m* (3) miércoles *m.*

mit|unter [mit'¹⁹untər] de vez en cuando, a veces; ¹**∼verantwortlich** igualmente responsable (*für* de); ⎆**welt** *f: die* ∼ los contemporáneos; ¹**∼wirken** cooperar, concurrir, participar (*bei* en); *Thea.* actuar; ¹²**wirkung** *f* cooperación *f*, concurso *m*, participación *f; unter* ∼ *von* con la colaboración de; ¹**∼wisser(in** *f*) *m* confidente *su.;* ⚥ cómplice *su.*

Mix|becher ['miksbɛçər] *m* coctelera *f;* **∼er** *m* (7) barman *m;* (*Gerät*) batidora *f;* **∼getränk** *n* batido *m;* **∼tur** ⚕ ['-tuːr] *f* (16) mixtura *f.*

Mob [mɔp] *m* (11, *o. pl.*) populacho *m.*

Möbel ['møːbəl] *n* (7) mueble *m;* **∼lager** *n* guardamuebles *m;* **∼spedition** *f* casa *f* de mudanzas; **∼tischler** *m* ebanista *m;* **∼wagen** *m* camión *m* de mudanzas.

mobil [mo'biːl] (18) ágil; ⚔ ∼ *machen* movilizar; ⎆**e** ['-biːlə] *n* (11) móvil *m;* ⎆**iar** [--'jaːr] *n* (3¹) mobiliario *m*, mueblaje *m;* ⎆**ien** [-'biːljən] *pl. uv.* bienes *m/pl.* muebles; **∼isieren**

[-bili'zi:rən] movilizar (*a. fig.*); **2-machung** [-'bi:lmaxuŋ] *f* movilización *f*.

möblieren [mø'bli:rən] amueblar.

mochte, möchte ['mɔxtə, 'mœçtə] *s. mögen*.

Mode ['mo:də] *f* (15) moda *f*; *neueste* ~ última moda; (*in*) ~ *sn* estar de moda *od. fig.* en boga; *aus der* ~ *kommen* pasar de moda; ~**artikel** *m* artículo *m* de moda; *pl. a.* novedades *f/pl.*; **geschäft** *n* casa *f* de modas.

Modell [mo'dɛl] *n* (3[1]) modelo *m*; (*Person*) modelo *su.*; △ maqueta *f*; (*Schablone*) patrón *m*; ~ *stehen* posar; **flugzeug** *n* aeromodelo *m*; **flugzeugbau** *m* aeromodelismo *m*; **2ieren** [--'li:rən] modelar; **kleid** *n* modelo *m*.

Mode(n)schau ['mo:də(n)ʃau] *f* desfile *m* de modelos.

Moder ['mo:dər] *m* (7) moho *m*.

Moder|ator [modə'ra:tɔr] *m* (8[1]) *TV usw.*: moderador *m*; presentador *m*; **2ieren** [--'ri:rən] moderar; presentar.

moder|ig ['mo:dəriç] mohoso; **2n** (29) pudrirse.

modern [mo'dɛrn] moderno; **~isieren** [--ni'zi:rən] modernizar; **2i'sierung** *f* modernización *f*.

Mode|salon ['mo:dəzalɔn] *m* salón *m* de modas; **schmuck** *m* bisutería *f*; **schöpfer** *m* modisto *m*; **zeichner** *m* diseñador *m* de modas; **zeichnung** *f* figurín *m* (de modas).

modisch ['-diʃ] de moda.

Modistin [mo'distin] *f* modista *f*.

Modul|ation [-dula'tsjo:n] *f* modulación *f*; **2ieren** [--'li:rən] modular.

Modus ['mo:dus] *m* (16, *pl.* -di) modo *m* (*a. Gram.*).

Mofa ['mo:fa] *n* (11) velomotor *m*.

Mogel|ei F [mogə'lai] *f* fullería *f*, trampa *f*; **2n** ['mo:gəln] (29) hacer trampas.

mögen ['mø:gən] (30) (*können, dürfen*) poder; (*gern haben, wünschen*) querer; desear; *a. Speise*: gustar; *lieber* ~ preferir; *ich mag ihn sehr gern* le aprecio mucho; *ich möchte* (*gern*) quisiera; me gustaría; (*es*) *mag sn* puede ser; es posible; *was er auch sagen mag* diga lo que quiera; *mag er auch noch so reich sn* por rico que sea.

Mogler F ['mo:glər] *m* (7) tramposo *m*.

---

möglich ['mø:kliç] posible; *alles* ~*e* todo lo posible; *das ist gut od. leicht* ~ es muy posible; ~ *machen* hacer posible, posibilitar; ~**er'weise** posiblemente; a lo mejor; **2keit** *f* posibilidad *f*; *nach* ~ en lo posible; ~**st:** *sein* ~*es tun* hacer todo lo posible; ~ *viel* lo más posible; ~ *bald* cuanto antes, lo antes posible.

Mohair [mo'hɛːr] *m* (3[1]) mohair *m*.

Mohammedan|er(in *f*) [-hame'dɑ:-nər(in)] *m* (7), **2isch** mahometano (-a) *m* (*f*).

Mohn ♀ [mo:n] *m* (3) adormidera *f*; (*Klatsch*♀) amapola *f*.

Möhre ♀ ['mø:rə] *f* (15), **Mohrrübe** ['mo:ry:bə] *f* (15) zanahoria *f*.

Moiré [moa're:] *m, n* (11) muaré *m*.

mok|ant [mo'kant] burlón; **2ieren** [-'ki:rən]: *sich* ~ *über* (*ac.*) burlarse de.

Mokka ['mɔka] *m* (11) moca *m*; ~**tasse** *f* jícara *f*.

Molch *Zo.* [mɔlç] *m* (3) salamandra *f*.

Mole ♣ ['mo:lə] *f* (15) muelle *m*.

Mole|kül [mole'ky:l] *n* (3[1]) molécula *f*, **kular...** [--ku'lɑːr...]: *in Zssgn* molecular.

Molke ['mɔlkə] *f* (15) suero *m* de la leche; **2'rei** *f* lechería *f*; **reiprodukte** *n/pl.* productos *m/pl.* lácteos.

Moll ♪ [mɔl] *n uv.* modo *m* menor.

mollig ['-liç] (*weich*) muelle, blando; (*warm*) calentito; (*rundlich*) regordete, rollizo.

Molluske *Zo.* [-'luskə] *f* (15) molusco *m*.

Moment [mo'mɛnt] (3): **a)** *m* momento *m*; instante *m*; **b)** *n* ⊕ momento *m*; (*Umstand*) factor *m*; motivo *m*; **2an** [--'tɑ:n] momentáneo; *adv.* de momento; ~**aufnahme** *f Phot.* instantánea *f*.

Monarch [-'narç] *m* (12) monarca *m*; ~**ie** [--'çi:] *f* monarquía *f*; **2ist** [--'çist] *m* (12), **2istisch** monárquico (*m*).

Monat ['mo:nat] *m* (3) mes *m*; *am 5. dieses* ~*s* el cinco del corriente (*Abk.* cte.); **2elang** durante (muchos) meses; **2lich** mensual; *adv.* por (*od.* al) mes; *100 Mark* ~ cien marcos mensuales; ~**s...:** *in Zssgn meist* mensual; ~**skarte** *f* billete *m od.* abono *m* mensual; ~**srate** *f* mensualidad *f*; ~**sschrift** *f* revista *f* mensual.

Mönch [mœnç] *m* (3) monje *m*, religioso *m*, fraile *m*; **'2isch** monacal, monástico; **'~s-orden** *m* orden *f* monástica; '`∿(s)-tum` *n* (1, *o. pl.*) monacato *m.*

Mond [mo:nt] *m* (3) luna *f;* '`∿fähre` *f* módulo *m* lunar; '`∿finsternis` *f* eclipse *m* lunar; `|²!hell` iluminado por la luna; *es ist* ∿ hace luna clara; '`∿landung` *f* alunizaje *m* (*weiche* suave); '`∿schein` *m* claro *m* de luna; *im* ∿ a la luz de la luna; '`∿sichel` *f* creciente *m;* '`∿sonde` *f* sonda *f* lunar; '`∿stein` *m* adularia *f;* `|²!süchtig` sonámbulo; '`∿wechsel` *m* cambio *m* de luna.

Moneten [moˈneːtən] *f Pl. uv.* F pasta *f.*

Mongol|e [mɔŋˈgoːlə] *m* (13), `∿in f,` `|²!isch` mongol(a) *m* (*f*); `∿ismus` `♂` [-goˈlismus] *m* (16, *o. pl.*) mongolismo *m.*

monieren [moˈniːrən] criticar; (*mahnen*) reclamar.

Mono|gamie [-nogaˈmiː] *f* (15, *o. pl.*) monogamia *f;* `∿'gramm` *n* monograma *m.*

Monokel [-ˈnɔkəl] *n* (7) monóculo *m.*

Mono|kultur [ˈmonokultuːr] *f* monocultivo *m;* `∿log` [--ˈloːk] *m* (3¹) monólogo *m.*

Monopol [--ˈpoːl] *n* (3¹) monopolio *m;* `|²!isieren` [--poliˈziːrən] monopolizar.

monoton [--ˈtoːn] monótono; `|²!ie` [--toˈniː] *f* (15) monotonía *f.*

Monstranz [mɔnˈstrants] *f* (16) custodia *f.*

mon|strös [-ˈstrøːs] monstruoso; `|²!strum` [ˈ-strum] *n* (9[²]) monstruo *m.*

Monsun [-ˈzuːn] *m* (3¹) monzón *m;* `∿regen` *m* lluvia *f* monzónica.

Montag [ˈmoːntaːk] *m* lunes *m; blauen* ∿ *machen* no trabajar el lunes.

Mon|tage [mɔnˈtaːʒə] *f* (15) montaje *m* (*a. Film*); ensamblaje *m;* `∿'tageband` *n* cadena *f* de montaje; `∿tanindustrie` [-ˈtaːnʔindustriː] *f* industria *f* del carbón y del acero; `∿teur` [-ˈtøːr] *m* (3¹) montador *m;* mecánico *m;* `∿'teur-anzug` *m* mono *m;* `|²!tieren` montar, ensamblar; instalar.

Monument [monuˈmɛnt] *n* (3) monumento *m;* `|²!al` [---ˈtaːl] monumental.

Moor [moːr] *n* (3) pantano *m;* '`∿bad` *n* baño *m* de lodo *od.* fango; '`∿boden` *m* terreno *m* pantanoso; `|²!ig` pantanoso.

Moos `♀` [moːs] *n* (4) musgo *m;* P (*Geld*) F pasta *f;* `|²!ig` [ˈ-ziç] musgoso.

Mop [mɔp] *m* (11) mopa *f.*

Moped [ˈmoːpeːt] *n* (11) ciclomotor *m.*

Mops [mɔps] *m* (4²) doguillo *m;* `|²!en` F (27) quitar, F mangar; *sich* ∿ aburrirse.

Moral [moˈraːl] *f* (16) (*Sittenlehre*) moral *f* (*a.* `✕` *der Truppe*); *e-r Fabel:* moraleja *f;* (*Tugend*) moralidad *f;* `|²!isch` moral; `∿predigt` F *f* sermón *m* (*halten* echar).

Moräne [-ˈrɛːnə] *f* (15) mor(r)ena *f.*

Morast [-ˈrast] *m* (3² *od.* 3³) fango *m,* lodo *m;* cieno *m;* `|²!ig` fangoso.

Morchel [ˈmɔrçəl] *f* (15) colmenilla *f,* morilla *f.*

Mord [mɔrt] *m* (3) asesinato *m;* '`∿anschlag` *m* atentado *m* (a la vida); `|²!en` [ˈ-dən] (26) asesinar.

Mörder|(in *f*) [ˈmœrdər(in)] *m* (7) asesino (-a) *m* (*f*); `|²!isch` asesino; homicida; *fig.* terrible, espantoso.

Mord|gier [ˈmɔrtgiːr] *f,* `∿lust` *f* sed *f* de sangre; `|²!gierig` sanguinario; `∿kommission` *f* brigada *f* de homicidios; `∿shunger` F *m* hambre *f* canina; `∿skerl` F *m* todo un hombre *m;* `∿skrach` F *m* ruido *m* infernal; `|²!smäßig` F tremendo, enorme; `∿tat` *f* asesinato *m;* `∿versuch` *m* tentativa *f* de asesinato; `∿waffe` *f* arma *f* homicida.

Morgen [ˈmɔrgən] **1.** *m* (6) mañana *f;* (*Osten*) oriente *m,* levante *m;* (*Feldmaß*) yugada *f; guten* ∿ buenos días; *heute* `♀` esta mañana; **2.** `♀` *adv.* mañana; ∿ *in 14 Tagen* de mañana en quince días; `∿dämmerung` *f* amanecer *m;* crepúsculo *m* matutino; alba *f;* `|²!dlich` [ˈ-gəntliç] matinal; `∿frühe` *f* madrugada *f;* `∿grauen` *n: im* ∿ al amanecer; al alba; `∿land` *n* Oriente *m;* Levante *m;* `|²!ländisch` [ˈ--lɛndiʃ] oriental; levantino; `∿luft` *f* aire *m* matinal; `∿rock` *m* bata *f;* `∿rot` *n,* `∿röte` *f* aurora *f;* `|²!s` por la mañana; de mañana; `∿stern` *m* lucero *m* del alba; `∿zeitung` *f* (periódico *m*) matutino *m.*

morgig [ˈ-giç] de mañana.

Morph|in [mɔrˈfiːn] *n* (3¹, *o. pl.*) morfina *f;* `∿inist(in` *f*) [-fiˈnist(in)] *m* (12) morfinómano (-a) *m* (*f*); `∿ium` [ˈ-fium] *n* (9, *o. pl.*) morfina *f;* `∿iumsucht` *f* morfinomanía *f.*

morsch [mɔrʃ] podrido; desvencijado.

Morse|alphabet ['mɔrzəʔalfabeːt] *n* alfabeto *m* morse; **£n** (27) transmitir por señales morse.

Mörser ['mœrzər] *m* (7) mortero *m* (*a.* $\times$).

Morsezeichen ['mɔrzətsaiçən] *n* señal *f* morse.

Mörtel ['mœrtəl] *m* (7) (arga)masa *f*; mortero *m*.

Mosaik [moza'iːk] *n* (3^1 *od.* 8) mosaico *m*.

Moschee [mo'ʃeː] *f* (15) mezquita *f*.

Moschus ['-ʃus] *m* (16, *o. pl.*) almizcle *m*.

Moskito [mɔs'kiːto] *m* (11) mosquito *m*; **~netz** *n* mosquitero *m*.

Moslem ['-lɛm] *m* (11), **£isch** [-'!eːmiʃ] musulmán (*m*).

Most [mɔst] *m* (3^2) mosto *m*; (*Apfel£*) sidra *f*.

Mostrich ['-triç] *m* (3) mostaza *f*.

Motel [mo'tɛl] *n* (11) motel *m*.

Motiv [-'tiːf] *n* (3^1) motivo *m* (*a.* ♪); **~ation** [-tiva'tsjoːn] *f* motivación *f*; **£ieren** [-'viːrən] motivar.

Moto-Cross [moːto'krɔs] *n* (14) moto-cross *m*.

Motor ['-tɔr, mo'toːr] *m* (8^1) motor *m*; **~boot** *n* gasolinera *f*, (lancha *f*) motora *f*; **~fahrzeug** *n* vehículo *m* de motor; **~haube** *f* capó *m*; **£isieren** [-tori'ziːrən] motorizar; **~i'sierung** *f* motorización *f*; **~rad** *n* motocicleta *f*; *F* moto *f*; **~ fahren** ir en moto(cicleta); **~radfahrer(in** *f*) *m* motociclista *su.*; **~radsport** *m* motociclismo *m*; **~roller** *m* escúter *m*; **~säge** *f* motosierra *f*; **~schaden** *m* avería *f* del motor; **~schiff** *n* motonave *f*; **~sport** *m* motorismo *m*.

Motte ['mɔtə] *f* (15) polilla *f*; **~nfraß** *m* apolilladura *f*; **~nkugel** *f* bola *f* antipolilla.

Motto ['-to] *n* (11) lema *m*, divisa *f*; *im Buch:* epígrafe *m*.

moussieren [mu'siːrən] espumar.

Möwe ['møːvə] *f* (15) gaviota *f*.

Mücke ['mykə] *f* (15) mosquito *m*.

Mucken ['mukən] **1.** F *f/pl. uv.* caprichos *m/pl.*; **2.** £ *v/i.* (25) refunfuñar; rechistar.

Mückenstich ['mykənˌʃtiç] *m* picadura *f* de mosquito.

Mucker ['mukər] *m* (7) socarrón *m*; mojigato *m*.

Mucks F [muks] *m* (3^2): *keinen ~ von*

sich geben no moverse; no decir esta boca es mía; **!£en** (27): *ohne zu ~* sin rechistar; F sin decir oxte ni moxte.

müd|e ['myːdə] cansado, fatigado; *~ sn* tener sueño; *~ werden* cansarse, fatigarse; **£igkeit** *f* cansancio *m*, fatiga *f*.

Muff [muf] *m* (3) manguito *m*; (*Modergeruch*) olor *m* a moho; **!~e** ⊕ *f* (15) manguito *m*; **!~el** F *m* (7) gruñón *m*; **!£ig** *Luft:* viciado; F *fig.* gruñón; malhumorado; *~ riechen* oler a encerrado.

Mühe ['myːə] *f* (15) trabajo *m*; esfuerzo *m*; fatiga *f*; molestia *f*; *mit ~ und Not* a duras penas; *nicht der ~ wert sn* no valer la pena; *sich* (*dat.*) *~ geben zu* (*inf.*) esforzarse por; *sich* (*dat.*) *die ~ machen zu* (*inf.*) tomarse la molestia de; *es macht mir ~, zu ... me cuesta* (*inf.*); **£los** sin esfuerzo; **£osigkeit** *f* facilidad *f*; **£n** (25): *sich ~* afanarse.

muhen ['muːən] (25) mugir.

mühevoll ['myːəfɔl] penoso; fatigoso; difícil.

Mühl|e ['-lə] *f* (15) molino *m*; (*Spiel*) tres *m* en raya; **~en-industrie** *f* industria *f* molinera; **~rad** *n* rueda *f* de molino; **~stein** *m* muela *f*.

Müh|sal ['-zaːl] *f* (14) trabajo *m* penoso; pena *f*; agobio *m*; **£sam, £selig** penoso; trabajoso; laborioso.

Mulatt|e [mu'latə] *m* (13), (**~in** *f*) mulato (-a) *m* (*f*).

Mulde ['muldə] *f* (15) artesa *f*; (*Erd£*) depresión *f*, hondonada *f*.

Mull [mul] *m* (3) gasa *f*.

Müll [myl] *m* (3) basura(s) *f*(*pl.*); **'~abfuhr** *f* recogida *f* de basuras; **'~abladeplatz** *m* vertedero *m* de basuras; basurero *m*.

Mullbinde ['mulbində] *f* venda *f* de gasa.

Mülleimer ['mylʔaimər] *m* cubo *m* de basura.

Müller(in *f*) ['-lər(in)] *m* (7) molinero (-a) *m* (*f*).

'Müll|fahrer *m*, **~mann** F *m* basurero *m*; **~haufen** *m* montón *m* de basura; **~schlucker** *m* evacuador *m* de basuras; **~tonne** *f* cubo *m* de basura; **~verbrennungs-anlage** *f* planta *f* incineradora de basuras; **~wagen** *m* camión *m* de la basura.

mulmig ['mulmiç] F *fig.* crítico.

Multi|millionär ['-timiljonɛːr] *m* multimillonario *m*; **£national** multinacional.

Multipli|kand [--pli'kant] *m* (12) multiplicando *m*; **~kation** [---ka'tsjo:n] *f* multiplicación *f*; **~kator** [---'ka:tɔr] *m* (8¹) multiplicador *m*; **Özieren** [---'tsi:rən] multiplicar.

Mumi|e ['mu:mjə] *f* (15) momia *f*; **Öfizieren** [mumifi'tsi:rən] momificar.

Mumm [mum] F *m* (3¹, *o. pl.*) valor *m*, coraje *m*; **'~elgreis** F *m* viejo *m* chocho; **~enschanz** ['-mənʃants] *m* (3², *o. pl.*) mascarada *f*; mojiganga *f*.

Mumps 𝄢 [mumps] *m uv.* paperas *f/pl.*, parotiditis *f*.

Mund [munt] *m* (1²) boca *f*; *den ~ halten* callar la boca; *~ und Nase aufsperren* quedarse con la boca abierta; *nicht auf den ~ gefallen sn* no tener pelos en la lengua; *den ~ voll nehmen* fanfarronear; *von ~ zu ~ gehen* andar *od.* correr de boca en boca; *j-m den ~ stopfen* tapar la boca a alg.; *den ~ nicht aufmachen* no despegar los labios; *j-m nach dem ~e reden* hablar al gusto de alg.; **'~art** *f* dialecto *m*; **Ö~artlich** dialectal.

Mündel ['myndəl] *n* (7) pupilo *m*; **Ösicher** con garantía pupilar.

munden ['mundən] (26) saber bien.

münden ['myndən] (26) desembocar (*in ac.* en).

mund|faul ['muntfaul] perezoso para hablar; **Öfäule** *f* estomatitis *f* ulcerosa; **~gerecht:** *j-m ~ machen* acomodar al gusto de alg.; **Ögeruch** *m* mal aliento *m*; **Öharmonika** *f* armónica *f*; **Öhöhle** *Anat. f* cavidad *f* bucal.

mündig ['myndiç] mayor de edad; **Ökeit** *f* mayoría *f* de edad.

mündlich ['myntliç] oral; verbal.

Mund|pflege ['muntpfle:gə] *f* higiene *f* de la boca; **~raub** *m* hurto *m* famélico; **~stück** *n* boquilla *f* (*a.* ♪); **Ötot:** *j-n ~ machen* tapar la boca *od.* amordazar a alg.

Mündung ['myndun] *f* (*Fluß*Ö) desembocadura *f*; (*Gewehr*Ö) boca *f*; **~sfeuer** ✕ *n* fogonazo *m*; **~sgebiet** *n* estuario *m*.

Mund|voll ['muntfɔl] *m uv.* bocado *m*; **~vorrat** *m* provisiones *f/pl.*; **~wasser** *n* agua *f* dentífrica; **~werk** *n*: *ein gutes ~ haben* tener mucha labia; **~winkel** *m* comisura *f* de los labios; **~zu-'Mund-Be-atmung** *f* (respiración *f* de) boca a boca *m*.

Munition [muni'tsjo:n] *f* munición *f*; **~slager** *n* depósito *m* de municiones.

munkeln ['muŋkəln] (29) murmurar; *man munkelt* corre la voz.

Münster ['mynstər] *n* (7) catedral *f*.

munter ['muntər] alegre, vivo; (*wach*) despierto; **Ökeit** *f* alegría *f*, viveza *f*, vivacidad *f*.

Münz|amt ['mynts?amt] *n*, **~anstalt** *f* casa *f* de la moneda; **~automat** *m* expendedor *m* automático a moneda; **~e** *f* (15) moneda *f*; (*Gedenk*Ö) medalla *f*; *fig. für bare ~ nehmen* tomar en serio; *mit gleicher ~ heimzahlen* pagar con la misma moneda; **Öen** (27) acuñar moneda; *auf j-n gemünzt sn* ir por alg.; **~(en)sammler** *m* numismático *m*; **~(en)sammlung** *f* colección *f* numismática *od.* de monedas; **~fälscher** *m* falsificador *m* de monedas; **~fälschung** *f* falsificación *f* de monedas; **~fernsprecher** *m* teléfono *m* público de monedas; **~kunde** *f* numismática *f*; **~recht** *n* derecho *m* de acuñar moneda; **~stempel** *m* troquel *m*; cuño *m*.

Muräne *Zo.* [mu're:nə] *f* (15) morena *f*, murena *f*.

mürbe ['myrbə] (*brüchig*) frágil; desmoronadizo; (*zart*) tierno (*a. Fleisch*); (*durchgekocht*) bien cocido; *fig. j-n ~ machen* ablandar a alg.; **Öteig** *m* pastaflora *f*.

Murks F [murks] *m* (3², *o. pl.*) chapucería *f*, chapuza *f*; **Öen** (27) chapucear.

Murmel ['-məl] *f* (15) canica *f*; **Ön** (29) murmurar; **~n** *n* murmullo *m*; **~tier** *n* marmota *f*; *wie ein ~ schlafen* dormir como un lirón.

murren ['murən] **1.** *v/i.* (25) murmurar; quejarse (*über ac.* de); **2.** ♀ *n* murmuración *f*; quejas *f/pl.*

mürrisch ['myriʃ] gruñón; malhumorado; desabrido.

Mus [mu:s] *n* (4) compota *f*; (*Kartoffel*Ö) puré *m*.

Muschel ['muʃəl] *f* (15) concha *f*; *Kchk.* marisco *m*; (*Mies*Ö) mejillón *m*; almeja *f*; *Fernspr.* auricular *m*; **~schale** *f* concha *f*; *halbe:* a. valva *f*.

Muse ['mu:zə] *f* (15) musa *f*.

Museum [mu'ze:um] *n* (9) museo *m*.

Musical ['mju:zikəl] *n* (11) (comedia *f*) musical *m*.

Musik [mu'zi:k] *f* (16) música *f*; **~...:** *in Zssgn oft* musical; **~abend** *m* velada *f* musical.

Musika|lienhandlung [-zi'kɑ:ljən-handluŋ] f casa f de música; **2lisch** [--'kɑ:liʃ] musical; ~ **sn** tener talento musical; **~lität** [--kali'tɛ:t] f musicalidad f.

Musikant [--'kant] m (12) músico m.

Musik|box [-'zi:kbɔks] f máquina f tocadiscos; **~direktor** m director m de orquesta; **~er(in** f) ['mu:zikər(in)] m (7) músico (-a) m (f); **~freund(in** f) m aficionado (-a) m (f) a la música; melómano (-a) m (f); **~hochschule** f conservatorio m (de música); **~instrument** n instrumento m de música; **~kritiker** m crítico m musical; **~lehrer(in** f) m profesor(a) m (f) de música; **~stück** n pieza f de música; **~truhe** f mueble m radio; **~unterricht** m lecciones f/pl. de música; **~wissenschaft** f musicología f; **~wissenschaftler(in** f) m musicólogo (-a) m (f).

musizieren [-zi'tsi:rən] hacer música.

Muskat [musˈkɑ:t] m (3), **~nuß** f nuez f moscada.

Muskateller [-kaˈtɛlər] m (7), **~wein** m (vino m) moscatel m.

Muskel ['-kəl] m (10) músculo m; **~...:** in Zssgn oft muscular; **~kater** F m agujetas f/pl.; **~kraft** f fuerza f muscular; **~krampf** m calambre m; **~riß** ⚡ m rotura f muscular; **~schwund** ⚡ m atrofia f muscular; **~zerrung** ⚡ f distensión f muscular.

Muskul|atur [-kulaˈtu:r] f (16) musculatura f; **2ös** [--ˈlø:s] (18) musculoso.

muß [mus] **1.** s. müssen; **2.** ♀ n uv. necesidad f.

Muße ['mu:sə] f (15) ocio m; mit ~ con tranquilidad od. calma.

Musselin [musəˈli:n] m (3) muselina f.

müssen ['mysən] (30) (äußerer Zwang) tener que, estar obligado a; (innerer Zwang) deber, haber de; (Annahme) er muß zu Hause se debe de estar en casa; man muß hay que (inf.).

Muße|stunden ['mu:səʃtundən] f/pl., **~zeit** f ratos m/pl. de ocio.

müßig ['my:siç] desocupado; (nutzlos) ocioso; inútil; **2gang** m ociosidad f; **2gänger** ['--gɛŋər] m (7) ocioso m.

mußte, müßte ['mustə, 'mystə] s. müssen.

Muster ['mustər] n (7) modelo m (a. fig.); (Vorlage) patrón m; (Stoff2) dibujo m; ✝ muestra f (ohne Wert sin valor); **~beispiel** n ejemplo m (típico); **~bild** n ideal m; **~gatte** m marido m modelo; **2gültig, 2haft** ejemplar; **~gültigkeit** f ejemplaridad f; **~koffer** m muestrario m; **~kollektion** f muestrario m; **~messe** f feria f de muestras; **2n** (29) examinar; ⚔ hacer el reconocimiento a; F tallar; **~schüler** m alumno m modelo od. ejemplar; **~schutz** m protección f de los modelos; **~ung** f examen m; ⚔ revisión f médica.

Mut [mu:t] m (3, o. pl.) ánimo m, valor m, coraje m; ~ fassen od. schöpfen cobrar ánimo; j-m machen alentar a alg.; den ~ sinken lassen desanimarse; guten ~es sn estar de buen humor bzw. optimista; nur ~! ¡ánimo!

Mutation [muta'tsjo:n] f mutación f.

Mütchen ['my:tçən] n: sein ~ kühlen an (dat.) ensañarse en.

mut|ig ['mu:tiç] animoso, valiente; **~los** desanimado, desalentado; **2losigkeit** f desánimo m, desaliento m; **~maßen** ['-mɑ:sən] (27, untr.) presumir; conjeturar; **~maßlich** ['-mɑ:sliç] presunto, supuesto, probable; **2maßung** ['-mɑ:suŋ] f conjetura f, presunción f.

Mutter ['mutər] f: **a)** (14¹) madre f; **~...:** in Zssgn oft maternal; **b)** ⊕ (15) tuerca f; **~boden** m tierra f vegetal; **~gottes** f uv. Nuestra Señora f; **~gottesbild** n imagen f de la Virgen; madona f; **~haus** ✝ n casa f matriz; **~korn** 🌾 n cornezuelo m de centeno; **~kuchen** Anat. m placenta f; **~land** n madre f patria; metrópoli f; **~leib** m seno m od. claustro m materno.

mütterlich ['mytərliç] maternal; materno; **~erseits** (por el lado) materno.

Mutter|liebe ['mutərli:bə] f amor m maternal; **2los** huérfano de madre; **~mal** n lunar m; **~milch** f leche f materna; **~mord** m matricidio m; **~mörder** m matricida m; **~mund** Anat. m orificio m uterino; **~schaft** f maternidad f; **~schafts-urlaub** m vacaciones f/pl. por maternidad; **~schiff** n buque m nodriza; **~schoß** m seno m materno; **~schutz** m protección f de la maternidad; **2'seelenal'lein** más solo que la una; **~söhnchen** F ['--zø:nçən] n (6) hijo m de

mamá; **~sprache** f lengua f materna;
~stelle f: ~ vertreten bei ser una
madre a; **~tag** m día m de la Madre;
~tier n (animal m) madre f; **~witz** m
gracia f, salero m, chispa f.
Mutti F ['muti] f (11¹) mamá f,
mamaíta f.
Mut|wille ['mu:tvilə] m malicia f;
♀**willig** malicioso; travieso; (vorsätzlich) intencionado.
Mütze ['mytsə] f (15) gorra f; gorro
m; **~nschirm** m visera f.

Myom ❀ [my¹o:m] n (3¹) mioma m.
Myrrhe ♀ ['myrə] f (15) mirra f.
Myrte ♀ ['myrtə] f (15) mirto m,
arrayán m.
mysteri|ös [myster¹jø:s] misterioso;
♀**um** [-'te:rjum] n (9) misterio m.
Mysti|k ['mystik] f (16, o. pl.) mística
f; ♀**sch** místico.
myth|isch ['my:tiʃ] mítico; ♀**ologie**
[mytolo¹gi:] f (15) mitología f; **~o'logisch** mitológico; ♀**os** ['my:tɔs] m
(16²) mito m.

N

N, n [ɛn] *n* N, n *f*.

na! F [na] ¡pues!; ~ *so was!* ¡vaya!; ¡hombre!; ~ *und?* ¿y qué?; ~ *ja!* ¡bueno!

Nabe ⊕ ['na:bə] *f* (15) cubo *m*.

Nabel ['l-bəl] *m* (7) ombligo *m*; ~**bruch** *m* hernia *f* umbilical; ~**schnur** *f* cordón *m* umbilical.

nach [na:x] **1.** *prp.* (*dat.*): **a)** *räuml.* a; para; hacia; ~ *Spanien fahren* ir a España; ~ *Madrid* (*ab*)*reisen* salir para Madrid; ~ *Osten hacia* el este; **b)** *zeitl. u. Reihenfolge:* después de; ~ *drei Tagen* a los tres días; ~ *zehn Jahren* al cabo de diez años; *zehn Minuten* ~ *drei* las tres y diez; ~ *Ihnen!* ¡Vd. primero!; *einer* ~ *dem ander(e)n* uno tras otro; **c)** (*gemäß*) según, conforme a; ~ *m-r Meinung* en mi opinión; ~ *m-m Geschmack* a mi gusto; ~ *der neuesten Mode* a la última moda; **2.** *adv.:* ~ *und* ~ poco a poco; ~ *wie vor* ahora (*od.* hoy) como antes; *das ist* ~ *wie vor interessant* esto sigue siendo interesante.

nachäffen ['l-ʔɛfən] (25) remedar.

nachahm|en ['l-ʔaːmən] (25) imitar; remedar; ~**enswert** digno de imitación; ejemplar; **2er** *m* (7) imitador *m*; **2ung** *f* imitación *f*; remedo *m*; (*Fälschung*) falsificación *f*.

Nachbar|(in *f*) ['naxba:r(in)] *m* (10 *u.* 13) vecino (-a) *m* (*f*); ~**haus** *n* casa *f* vecina *od.* contigua; **2lich** vecino; ~**schaft** *f* vecindad *f*; vecinos *m/pl*.

Nach|behandlung ☞ ['na:xbəhand-lun] *f* tratamiento *m* posterior; **2be-stellen** hacer un pedido suplementario; ~**bestellung** *f* pedido *m* suplementario; **2beten** *fig.* repetir maquinalmente; **2bilden** copiar; imitar; reproducir; ~**bildung** *f* copia *f*; imitación *f*; reproducción *f*; **2-blicken** (*dat.*) seguir con los ojos; **2datieren** posfechar.

nachdem [nax'de:m] después (de) que; después de (*inf.*).

nach|denken ['na:xdɛŋkən] reflexionar (*über ac.* sobre); meditar (sobre); pensar (*ac.*); **2denken** *n* reflexión *f*; meditación *f*; ~**denklich** pensativo;

meditabundo; ensimismado; **2dich-tung** *f* adaptación *f*; ~**drängen** (sn) empujar desde atrás; **2druck** *m* ahínco *m*; énfasis *m*; insistencia *f*; *Typ.* reproducción *f*; reimpresión *f*; ~ *legen auf* poner énfasis en; insistir en; ~**drucken** reproducir; reimprimir; ~**drücklich** ['l-drykliç] enérgico; ~**dunkeln** (h. *u.* sn) ponerse oscuro (con el tiempo); ~**eifern** (*dat.*) emular; ~**eilen** (*dat.*) (sn) correr tras; ¦ ~**ei'nander** uno tras otro; ~**empfinden** *s.* ~fühlen.

Nachen ['naxən] *m* (6) bote *m*.

nach|erzählen ['na:x'ɛrtse:lən] repetir (una narración); reproducir; **2-erzählung** *f* narración *f*; reproducción *f*; ~**fahren** (sn) (*dat.*) seguir (*ac.*); ~**fassen** *beim Essen:* repetir; *fig.* insistir; **2folge** *f* sucesión *f*; ~**folgen** suceder a; ~**folgend** siguiente; consecutivo; **2folger(in** *f*) *m* (7) sucesor(a) *m* (*f*); ~**fordern** reclamar; **2forderung** *f* reclamación *f*; ~**forschen** investigar, indagar; *polizeilich:* pesquisar; **2forschung** *f* investigación *f*, indagación *f*; pesquisa *f*; ~**en anstellen** hacer pesquisas; **2-frage** ✝ *f* demanda *f* (*nach* de); ~**fragen** preguntar; ~**fühlen:** *j-m et.* ~ comprender los sentimientos de alg.; ~**füllen** rellenar; ~**geben** ceder; *Preise:* bajar; *Stoff:* dar de sí; ⊕ ser elástico; **2gebühr** *f* sobretasa *f*; **2-geburt** ♣ *f* secundinas *f/pl*.; ~**gehen** (sn) *j-m:* ir tras, seguir (*ac.*); *Uhr:* ir atrasado; *e-r Sache:* ocuparse de; *Geschäften:* dedicarse a; *Vergnügungen:* entregarse a; ~**gerade** poco a poco; ya; realmente; **2geraten:** *j-m* ~ salir a alg.; **2geschmack** *m* gustillo *m*, resabio *m*; *fig.* deje *m*; ~**gewie-senermaßen** ['l-gəvi:zənər'ma:sən] según consta; como queda comprobado; ~**giebig** ['l-gi:biç] flexible, elástico; *fig.* indulgente, transigente (*gegenüber* con); **2giebigkeit** *f fig.* indulgencia *f*, transigencia *f*; ~**grü-beln** cavilar (*über* sobre); **2hall** *m* resonancia *f*, eco *m* (*a. fig.*); ~**hallen** resonar, retumbar; ~**haltig** ['l-haltiç] duradero; persistente; *(wirksam)* eficaz; ~hängen: s-n *Gedanken* ~ estar abismado en sus pensamientos; ~helfen *(dat.)* ayudar, echar una mano (a); '~'her después; más tarde; *bis* ~! ¡hasta luego!; 2hilfe *f* ayuda *f*; 2hilfestunde *f* clase *f* particular (de repaso); ~hinken (sn) *fig.* quedar atrás; 2holbedarf *m* necesidades *f/pl.* de recuperación; ~holen recuperar; 2hut ⚒ *f* retaguardia *f*; 2-impfung *f* revacunación *f*; ~jagen (sn) *(dat.)* perseguir *(ac.)*, correr tras; 2klang *m* resonancia *f*, eco *m*; *fig.* reminiscencia *f*; ~klingen resonar.

Nachkomme ['~kɔmə] *m* (13) descendiente *m*; 2n (sn) *(dat.)* seguir *(a. fig.)*; *später:* llegar más tarde; *e-r Pflicht:* cumplir con; *e-r Bitte:* acceder a; ~nschaft *f* descendencia *f*; prole *f*.

Nach|kömmling ['nɑːxkœmlɪŋ] *m* (3[1]) descendiente *m*; ~kriegszeit *f* posguerra *f*; ~laß ['~las] *m* (4[2]) † rebaja *f*, descuento *m*; ⚰ herencia *f*; *literarischer:* obras *f/pl.* póstumas; 2lassen 1. *v/t.* *(lockern)* aflojar, relajar; *Preis:* rebajar; 2. *v/i.* disminuir; aflojarse, relajarse; atenuarse; ~lassen *n* aflojamiento *m*, relajamiento *m*; disminución *f*; atenuación *f*.

nachlässig ['~lɛsɪç] negligente, descuidado; 2keit *f* negligencia *f*, descuido *m*.

Nachlaßpfleger ⚰ ['~laspfleːgər] *m* curador *m* sucesorio.

'nach|laufen (sn) *(dat.)* correr tras; perseguir; ~legen *Feuerung:* reponer; 2lese *f* ✎ rebusca *f*; espigueo *m*; ~lesen verificar; ✎ rebuscar; espigar; ~liefern entregar más tarde; enviar lo que falta; 2lieferung *f* envío *m* suplementario; ~lösen *Fahrkarte:* tomar un suplemento; ~machen imitar; copiar; ~messen volver a medir, remedir.

'Nachmittag *m* tarde *f*; *heute* 2 esta tarde; 2s por la tarde; ~s...: *in Zssgn* de la tarde.

Nach|nahme ['~nɑːmə] *f* (15) re(e)mbolso *m* *(gegen contra)*; ~nahmesendung *f* envío *m* contra re(e)mbolso; ~name *m* apellido *m*; 2plappern repetir maquinalmente; ~porto *n* sobretasa *f*; porte *m* adicional; 2prüfen verificar; controlar; comprobar; averiguar; ~prüfung *f* veri-

ficación *f*; comprobación *f*; control *m*; 2rechnen repasar (una cuenta); ~rede *f* epílogo *m*; *üble* ~ difamación *f*; 2reifen (sn) madurar después de ser recogido; 2reisen (sn) *(dat.)* seguir *(ac.)*.

Nachricht ['~rɪçt] *f* (16) noticia *f*; información *f*; ~en *pl.* *TV, Radio:* noticias *f/pl.*; ~en-agentur *f* agencia *f* de noticias; ~endienst *m* servicio *m* de informaciones; ⚔ servicio *m* de inteligencia; ~ensatellit *m* satélite *m* de comunicaciones; ~ensendung *f* (espacio *m*) informativo *m*; ~ensperre *f* black-out *m* informativo.

'nach|rücken (sn) avanzar; *im Amt:* ascender; 2ruf *m* necrología *f*; 2ruhm *m* fama *f* póstuma; ~rühmen: *j-m et.* ~ decir a/c. en honor de alg.; 2rüstung ⚔ *f* rearme *m*; ~sagen repetir; *j-m et.* ~ atribuir a/c. a alg.; 2saison *f* temporada *f* baja; ~schicken s. ~senden; ~schlagen 1. *v/t.* buscar (en un libro); 2. *v/i.* (sn): *j-m* ~ salir a alg.; 2schlagewerk *n* obra *f* de consulta; ~schleichen (sn) *(dat.)* seguir secretamente; ~schleppen arrastrar tras sí; 2schlüssel *m* llave *f* falsa; 2schrift *f* posdata *f*; 2schub ⚔ *m* abastecimiento *m*; ~sehen 1. *v/i.: j-m* ~ seguir a alg. con la mirada; 2. *v/t.* *(prüfen)* examinar; *Aufgaben:* corregir; *in et. (dat.)* ~ consultar a/c.; ~, ob ir a ver si; *j-m et.* ~ *(verzeihen)* dejar pasar, perdonar a/c. a alg.; 2sehen *n: das* ~ *haben* quedarse con las ganas; ~senden reexpedir; hacer seguir; 2sendung *f* reexpedición *f*; ~setzen (sn) *j-m:* perseguir; 2sicht *f* indulgencia *f*; tolerancia *f*; ~ üben mit ser indulgente con; ~sichtig ['~zɪçtɪç] indulgente; 2silbe *f* sufijo *m*; ~sinnen meditar *(über ac.* sobre); ~sitzen quedar castigado; 2sommer *m* veranillo *m* (de San Martín); 2sorge ⚖ *f* atención *f* postoperatoria; 2speise *f* postre *m*; 2spiel *n Thea.* epílogo *m*; *fig.* consecuencias *f/pl.*; *ein* ~ *haben a.* traer cola; ~spionieren: *j-m* ~ espiar a alg.; ~sprechen repetir; ~spüren *(dat.)* seguir los pasos a; *fig.* indagar, investigar.

nächst [nɛːçst] (18, *sup. v. nahe) Entfernung:* el más cercano; *Reihenfolge:* próximo *(a. zeitl.)*; *Verwandte:* más cercano; *Weg:* más corto; ~e *Woche* la semana que viene *(od.* próxima);

am ~en Tag al día siguiente; in ~er Zeit próximamente; der ~e, bitte! ¡el siguiente!; '2beste m el primero que se presente; '2e m (18) (Mitmensch) prójimo m.

nach|stehen ['nɑːʃteːən] (dat.) ser inferior a; ~stehend siguiente; adv. a continuación; ~stellen 1. v/t. Uhr: retrasar; ⊕ ajustar; 2. v/i. j-m: perseguir; 2stellung f persecución f; ⊕ ajuste m.

Nächst|enliebe ['nɛːçstənliːbə] f amor m al prójimo; 2ens próximamente; en breve, dentro de poco; 2folgend subsiguiente; 2liegend el más cercano; fig. das 2e lo más indicado.

nach|streben ['nɑːʃtreːbən] j-m: emular; tomar por modelo; ~suchen rebuscar; um et. ~ solicitar a/c.

Nacht [naxt] f (14¹) noche f; bei ~ de noche; heute 2 esta noche; über ~ de la noche a la mañana; gute ~! ¡buenas noches!; ~ werden anochecer; '~...: in Zssgn oft nocturno, de noche; '~blindheit ⚕ f ceguera f nocturna, hemeralopía f; '~dienst m servicio m nocturno.

Nachteil [nɑːxtail] m desventaja f, inconveniente m; (Schaden) perjuicio m, detrimento m; zum ~ von en perjuicio de; 2ig desventajoso; perjudicial.

nächtelang ['nɛçtəlaŋ] noches enteras.

Nacht|essen ['naxt'ʔɛsən] n cena f; ~eule f F fig. trasnochador m; ~falter m mariposa f nocturna; ~frost m helada f nocturna; ~geschirr n orinal m; bsd. F andino m camisón m.

Nachtigall ['-tigal] f (16) ruiseñor m.

nächtigen ['nɛçtigən] (25) pasar la noche, pernoctar.

Nachtisch ['nɑːxtiʃ] m postre m.

nächtlich ['nɛçtliç] nocturno.

Nacht|lokal ['naxtlokaːl] n club m nocturno; boite f; ~portier m portero m de noche; ~quartier n alojamiento m (para la noche).

Nach|trag ['nɑːxtraːk] m (3³) suplemento m; 2tragen (hinzufügen) añadir; j-m et. ~ guardar rencor a alg. por a/c.; 2tragend rencoroso; 2träglich ['-trɛːkliç] ulterior, posterior; adv. posteriormente; 2trauern añorar.

Nachtruhe ['naxtruːə] f reposo m nocturno.

nachts [naxts] de noche; durante la noche.

'Nacht|schattengewächse ♀ n/pl. solanáceas f/pl.; ~schicht f turno m de noche; ~schwärmer m F fig. trasnochador m; noctámbulo m; ~schwester f enfermera f de noche; ~tarif ⚡ m tarifa f nocturna; ~tisch m mesita f de noche; ~tischlampe f lámpara f de cabecera; ~topf m orinal m.

nachtun ['nɑːxtuːn]: es j-m ~ seguir el ejemplo de alg.

Nacht|wache ['naxtvaxə] f guardia f nocturna; ✕ ronda f; ~vela f, vigilancia f nocturna; ~wächter m vigilante m nocturno, sereno m; ~wandler ['-vandlər] m (7) sonámbulo m; ~zeit f: zur ~ de noche.

Nach|untersuchung ⚕ ['nɑːx'ʔuntərzuːxuŋ] f reconocimiento m posterior; 2wachsen (sn) volver a crecer; reproducirse; 2wahl f elección f complementaria; ~wehen ⚕ n/pl. dolores m/pl. de sobreparto; fig. consecuencias f/pl. (desagradables).

Nachweis ['-vais] m (4) prueba f; den ~ erbringen probar; 2bar demostrable; 2en probar, demostrar; Arbeit: procurar; 2lich según se puede demostrar; demostrable.

'Nach|welt f posteridad f; 2wirken repercutir; ~wirkung f efecto m ulterior; consecuencia f; repercusión f; ~wort n epílogo m; ~wuchs m fig. nueva generación f; bsd. Sport: cantera f; F (Kinder) prole f; 2zahlen pagar un suplemento; 2zählen recontar; ~zahlung f pago m suplementario; 2zeichnen copiar; 2ziehen arrastrar; Linie: repasar; Augenbrauen: marcar; ⊕ apretar; ~zügler ['-tsyːglər] m (7) rezagado m; retrasado m.

Nacken ['nakən] m (6) nuca f, cerviz f, pescuezo m; ~schlag m fig. revés m; contratiempo m.

nackt [nakt] desnudo (a. fig.); F en cueros; '2badestrand m playa f nudista; '2heit f desnudez f; '2kultur f (des)nudismo m; '2schnecke f babosa f.

Nadel ['nɑːdəl] f (15) aguja f (a. ⊕); (Steck2) alfiler m; ♀ pinocha f; ~arbeit f labores m/pl. de aguja; ~baum m conífera f; ~hölzer n/pl. coníferas f/pl.; ~kissen n acerico m; ~öhr n ojo m de la aguja; ~stich m

Nadelwald

alfilerazo *m* (*a. fig.*); **~wald** *m* bosque *m* de coníferas.

Nagel ['-gəl] *m* (7¹) *Anat.* uña *f*; ⊕ clavo *m*; **den ~ auf den Kopf treffen** dar en el clavo; **an den ~ hängen** abandonar; *Beruf:* colgar los hábitos; **auf den Nägeln brennen** ser muy urgente; **~bürste** *f* cepillo *m* de uñas; **~feile** *f* lima *f* de uñas; **~lack** *m* laca *f* de uñas, esmalte *m* para uñas; **~lackentferner** *m* quitaesmalte *m*; **⊇n** (29) clavar; **'⊇neu** flamante; **~pflege** *f* manicura *f*; **~reiniger** *m* limpiauñas *m*; **~schere** *f* tijeras *f*/*pl.* para uñas; **~schuh** *m* zapato *m* claveteado; **~zange** *f* cortaúñas *m*.

nage|n ['-gən] (25) roer (*an et. dat.* a/c.); **~tier** *n* roedor *m*.

nah [naː] (18², *sup. nächst*) cercano; próximo (*a. zeitl.*); vecino de; **~ bevorstehend** inminente; **~ bei od. an** (*dat.*) cerca de, junto a; **~ daran sn zu** (*inf.*) estar a punto de (*inf.*); **j-m zu ~e treten** ofender a alg.; **von ~em de** cerca; **von ~ und fern** de todas partes; **'⊇-aufnahme** *f* primer plano *m*; **'~e** *s. nah.*

Nähe ['nɛːə] *f* (15) proximidad *f*; cercanía *f*; inmediaciones *f*/*pl.*; **aus der ~** de cerca; **aus nächster ~** de(sde) muy cerca; *Schuß:* a bocajarro; **in der ~ von** cerca de, junto a.

nahe|bei ['naː-ə'baɪ] muy cerca; **~gehen** (sn) afectar (*j-m* a alg.); **~kommen** (sn) (*dat.*) aproximarse a; **~legen** insinuar; sugerir; recomendar; **~liegen** *fig.* ser natural *od.* lógico; **~liegend** *fig.* evidente; fácil de comprender; **~n** (25, sn) aproximarse, acercarse.

nähen ['nɛːən] (25) coser; ⚕ suturar.

näher ['-ər] (18², *comp. v. nahe*) más cercano *od.* próximo; más cerca; *Weg:* más corto; **~ kennen** conocer de cerca; **~ ausführen** detallar, puntualizar; **~e Umstände bzw. Einzelheiten** pormenores *m*/*pl.*; **treten Sie ~!** ¡pase Vd.!; **⊇e(s)** *n* más detalles *m*/*pl.*

Näher|ei ['-'raɪ] *f* costura *f*; **~in** ['-rin] *f* costurera *f*.

'näher|kommen (sn) (*sich*) **~ conocerse** mejor; **~n** (25): (*sich*) **~ acercar(se), aproximar(se);** **~treten** (sn) *fig.* familiarizarse con.

nahe|stehen ['naː-əʃteːən] (*dat.*) *fig.* ser íntimo amigo de; estar vinculado a; **~stehend** *fig.* íntimo; *Pol.* allegado a; **~zu** casi.

Nahkampf ['naːkampf] *m* (lucha *f*) cuerpo a cuerpo *m*.

Näh|garn ['nɛːgarn] *n* hilo *m* (de coser); **~kasten** *m* costurero *m*; **~korb** *m* canastilla *f* (de la costura).

nahm, nähme [naːm, 'nɛːmə] *s. nehmen.*

Näh|maschine ['nɛːmaʃiːnə] *f* máquina *f* de coser; **~nadel** *f* aguja *f*.

Nähr... ['nɛːr...]: *in Zssgn oft* nutritivo; **~boden** *m* medio *m* (*fig.* caldo *m*) de cultivo; **~creme** *f* crema *f* nutritiva; **⊇en** (25) 1. *v*/*t.* alimentar; nutrir; *Säugling:* amamantar; *fig. Hoffnung:* abrigar; **sich ~ von** nutrirse de; 2. *v*/*i.* ser nutritivo.

nahrhaft ['naːrhaft] nutritivo, sustancioso.

Nährstoff ['nɛːrʃtɔf] *m* sustancia *f* nutritiva.

Nahrung ['naːruŋ] *f* alimento *m*; (*Kost*) comida *f*; dieta *f*; **~s-aufnahme** *f* ingestión *f* de alimentos; **~smangel** *m* escasez *f* de víveres; **~smittel** *n* alimento *m*; producto *m* alimenticio; *pl. a.* víveres *m*/*pl.*; **~smittelvergiftung** *f* intoxicación *f* alimenticia.

Nährwert ['nɛːrveːrt] *m* valor *m* nutritivo.

Nähseide ['nɛːzaɪdə] *f* torzal *m*.

Naht [naːt] *f* (14¹) costura *f*; ⚕ sutura *f*; ⊕ soldadura *f*; **'⊇los** sin costura; ⊕ sin soldadura; *fig.* sin fisura.

Nahverkehr ['naːfɛrkeːr] *m* tráfico *m* a corta distancia; 🚋 tráfico *m* de cercanías; **~szug** *m* tren *m* de cercanías.

Nähzeug ['nɛːtsɔyk] *n* útiles *m*/*pl. bzw.* neceser *m* de costura.

Nahziel ['naːtsiːl] *n* objetivo *m* inmediato.

naiv [na'iːf] ingenuo; candoroso, inocente; *Kunst:* naif; **⊇e** *Thea.* [-'iːvə] *f* ingenua *f*; **⊇ität** [-ivi'tɛːt] *f* ingenuidad *f*; inocencia *f*; candor *m*.

Name ['naːmə] *m* (13¹) nombre *m*; (*Familien⊇*) apellido *m*; (*Ruf*) renombre *m*, reputación *f*; **im ~n von** en nombre de; **dem ~n nach** de nombre; *fig. die Dinge od. das Kind beim ~n nennen* llamar las cosas por su nombre; **⊇nlos** sin nombre; anónimo; *fig.* indecible.

namens ['-məns] llamado, de nombre; *prp.* (*gen.*) en nombre de; **⊇-aktie** *f* acción *f* nominativa; **⊇tag** *m* onomástica *f*, (día *m* del) santo *m*;

⸰vetter m homónimo m; tocayo m; ⸰zug m firma f.

nam|entlich ['-məntliç] nominal; adv. por el nombre; (besonders) particularmente; ⸝haft renombrado; notable; ~ machen nombrar. nämlich ['nɛ:mliç] **1.** adj. mismo; **2.** adv. a saber, es decir; begründend: es que ...

nannte ['nantə] s. nennen. nanu! [na'nu:] ¡hombre!; ¡atiza!

Napf [napf] m (3³) cazuela f; (Eßⵚ) escudilla f; '⸝kuchen m pastel m de molde.

Narb|e ['narbə] f (15) cicatriz f; ⸰ estigma m; ⸰ig señalado od. lleno de cicatrices.

Narko|se 𝄞 [-'ko:zə] f (15) narcosis f, anestesia f; ⸝se-arzt m anestesista m; ⸝tikum [-'-tikum] n (9²) narcótico m; anestésico m; ⸰tisieren [-koti'zi:-rən] narcotizar; anestesiar.

Narr [nar] m (12) loco m; Thea. bufón m, gracioso m; e-n ⸝en gefressen haben an (dat.) estar loco por; j-n zum ⸝en halten = ⸰en (25) burlarse de alg., tomar el pelo a alg.

¹Narren|haus n casa f de locos (a. fig.); ⸝kappe f gorro m de bufón; ⸰sicher a toda prueba; ⸝streich m arlequinada f.

Narrheit ['narhait] f locura f.

Närr|in ['nɛrin] f loca f; ⸰isch loco.

Narzisse [nar'tsisə] f (15) narciso m.

nasal [na'za:l] ⸰...: in Zssgn nasal.

nasch|en ['naʃən] (27) ser goloso; ~ von comer de; ⸰e'rei f golosina f; ⸝haft goloso; ⸰haftigkeit f golosina f.

Nase ['na:zə] f (15) nariz f; F pro ~ por barba; die ~ rümpfen arrugar las narices; auf die ~ fallen caer de narices; die ~ hoch tragen tener mucho copete; j-n an der ~ herumführen tomar el pelo a alg.; unter die ~ reiben F refregar por las narices (F los hocicos); die Tür vor der ~ zuschlagen dar con la puerta en las narices; s-e ~ in alles stecken meter las narices en todo; die ~ voll haben F estar hasta las narices; fig. ~ se feine od. gute ~ haben tener (buen) olfato; ⸰lang F: alle ~ a cada rato od. instante.

näseln ['nɛ:zəln] (29) ganguear; ⸝d gangoso.

Nasen... ['na:zən...]: in Zssgn oft nasal; ⸝bein n hueso m nasal; ⸝bluten n: ~ haben sangrar por la nariz;

⸝flügel m ala f de la nariz; ⸝höhle f fosa f nasal; ⸝lang s. naselang; ⸝loch n ventana f de la nariz; ⸝plastik Chir. f rinoplastia f; ⸝spitze f punta f de la nariz; ⸝stüber ['--ʃty:bər] m (7) papirotazo m (en la nariz).

naseweis ['-zəvais] (18), ⸰ m (4) indiscreto (m).

nas|führen ['na:sfy:rən] (untr.) dejar con un palmo de narices, tomar el pelo a; Zhorn n rinoceronte m.

naß [nas] (18¹ [u. ²]) mojado; (feucht) húmedo; ~ machen (werden) mojar (-se); durch u. durch ~ empapado.

Nassauer F ['-sauʔər] m (7) gorrón m; ⸰n (29) gorrear.

Nässe ['nɛsə] f (15) humedad f; ⸰n (28) filtrar; ⸰ exudar.

naßkalt ['naskalt] frío y húmedo.

Nation [na'tsjo:n] f nación f.

national [-tsjo'na:l], ⸰...: in Zssgn nacional; ⸰feiertag m fiesta f nacional; ⸰flagge f bandera f nacional; ⸰hymne f himno m nacional; ⸝stisch [--na'listiʃ] nacionalista; ⸰ität [----'tɛ:t] f nacionalidad f; ⸰mannschaft f Sport: equipo m od. selección f nacional; ⸰park m parque m nacional; ⸰sozialist m (12), ⸝sozialistisch hist. nacionalsocialista (m).

Natr|ium ['na:trjum] n (9, o. pl.) sodio m; ⸝on ['-trɔn] n (11, o. pl.) sosa f; F bicarbonato m.

Natter ['natər] f (15) culebra f; giftige: áspid m.

Natur [na'tu:r] f (16) naturaleza f (a. Wesensart); (Körperbeschaffenheit) constitución f; von ~ (aus) por naturaleza; nach der ~ del natural; ...: in Zssgn oft natural; ⸝alien [-tu'ra:ljən] pl. uv. productos m/pl. del suelo; in ~ bezahlen pagar en especie; ⸰alisieren [--rali'zi:rən] naturalizar, nacionalizar; ⸝ali'sierung f naturalización f; ⸝a'lismus m naturalismo m; ⸰a'listisch naturalista; ⸝alleistung [--'ra:llaistuŋ] f pago m en especie; ⸝arzt [-'tu:rʔartst] m s. ⸝heilkundige(r); ⸝ell [-tu'rɛl] n (3¹) natural m, naturaleza f, índole f; ⸝ereignis n, ⸝erscheinung f fenómeno m natural; ⸝forscher m naturalista m; ⸝freund m amante m de la naturaleza; ⸰gemäß natural; ⸝geschichte f historia f natural; ⸝gesetz n ley f natural; ⸰getreu natural; adv. al natural; ⸝heilkunde f medicina f natur(al)ista, neol. naturopatia f;

~heilkundige(r) m médico m natur(al)ista, *neol.* naturópata m; **~katastrophe** f catástrofe f natural; cataclismo m; **~kunde** f ciencias f/pl. naturales; **~lehrpfad** m itinerario m pedagógico od. didáctico.

natürlich [-'ty:rliç] natural; (*einfach*) sencillo; ♀ físico; *adv.* naturalmente; (*aber*) ~! ¡claro que sí!, *bsd. Am.* ¿cómo no?; **2keit** f naturalidad f.

Natur|produkt [-'tu:rprodukt] n producto m natural; **~recht** n derecho m natural; **~reich** n reino m de la naturaleza; **2rein** natural; puro; **~schätze** [-'-ʃɛtsə] m/pl. riquezas f/pl. naturales; **~schutz** m protección f de la naturaleza; **2schutzgebiet** n reserva f natural od. ecológica; **~schutzpark** m parque m natural; **~trieb** m instinto m; **~wissenschaften** f/pl. ciencias f/pl. naturales; **~zustand** m estado m natural.

Naut|ik ['nautik] f (16, *o. pl.*) náutica f; **2isch** náutico.

Navigation [naviga'tsjo:n] f navegación f; **~s-offizier** m oficial m de derrota.

Nazi ['nɑ:tsi] m (11) nazi m; **~smus** [na'tsismus] m (16, *o. pl.*) nazismo m.

Nebel ['ne:bəl] m (7) niebla f; (*Dunst*) bruma f; *leichter:* neblina f; *Astr.* nebulosa f; **2haft** *a. fig.* nebuloso; **~horn** ♫ n sirena f de niebla; **2ig** nebuloso; brumoso; *es ist ~* hace niebla; **~scheinwerfer** *Kfz.* m faro m antiniebla; **~schwaden** m/pl. jirones m/pl. de niebla.

neben ['-bən] (*wo? dat., wohin? ac.*) junto a, al lado de; (*dazu*) (*dat.*) además de; **2...:** *in Zssgn oft* accesorio; adicional; secundario; **2-absicht** f segunda intención f; **~'-an** al lado; **2-anschluß** *Fernspr.* m (aparato m) supletorio m; **2bedeutung** f significado m secundario; **~'bei** de paso; (*außerdem*) además; **~beruflich** como ocupación secundaria; **2-buhler(in** f) m (f) rival su.; competidor(a) m (f); **~ei'nander** uno al lado de otro; **~ei'nanderstellen** poner uno al lado de otro; *fig.* cotejar; **2-eingang** m entrada f lateral; **2-einkünfte** pl. ingresos m/pl. adicionales; **2fach** n asignatura f secundaria; **2fluß** m afluente m; **2gebäude** n dependencia f; anexo m; **2geräusch** ⚡ n parásitos m/pl.; **2gleis** n apartadero m; **2handlung**

Thea. f episodio m; **~'her, ~'hin** al lado; *s. a. ~bei;* **2höhle** *Anat.* f seno m (paranasal); **2kläger** ⚖ m parte f civil; **2kosten** pl. gastos m/pl. accesorios; **2mann** m vecino m/pl.; **2niere** (glándula f) suprarrenal f; **2person** f persona f secundaria; **2produkt** n subproducto m; **2raum** m habitación f contigua; apartadizo m; **2rolle** f papel m secundario; **2sache** f bagatela f, cosa f de poca importancia; *das ist ~* eso es lo de menos; **~sächlich** secundario; irrelevante; **2satz** *Gram.* m oración f subordinada; **~stehend** al margen; **2stelle** f *e-r Behörde:* delegación f; (*Filiale*) sucursal f; *Fernspr.* extensión f; **2straße** f calle f lateral; **2tisch** m mesa f de al lado; **2tür** f puerta f lateral; **2-umstand** m circunstancia f accesoria; **2winkel** ♀ m ángulo m adyacente; **2wirkung** f efecto m secundario; **2zimmer** n cuarto m contiguo.

neblig ['-bliç] s. *nebelig.*

nebst [ne:pst] (*dat.*) (junto) con; incluido.

Necessaire [nesɛ'sɛ:r] n (11) neceser m.

neck|en ['nɛkən] (25) embromar; burlarse de; **2e'rei** f bromas f/pl.; F cuchufleta(s) f(pl.); **~isch** gracioso; coquetón.

Neffe ['nɛfə] m (13) sobrino m.

negativ [ne:gati:f], **2** *Phot.* n (3¹) negativo (m).

Neger(in f) ['-gər(in)] m (7) negro (-a) m (f).

nehmen ['-mən] (30) tomar; coger; *Arg. nur* agarrar; (*an~*) aceptar; (*weg~*) quitar; (*heraus~*) sacar; *Hindernis:* franquear; *an sich ~* quedarse con; *mit sich (dat.)* ~ llevarse; *auf sich* ~ tomar a su cargo; encargarse de; *zu sich (dat.)* ~ *j-n:* recoger en su casa; *et.:* tomar, comer; *wie man's nimmt* eso depende.

Neid [nait] m (3) envidia f (*erregen dar*); **2en** ['-dən] (26): *j-m et.* ~ envidiar a/c. a alg.; **'~er** m (7) envidioso m; **'2isch** envidioso (*auf de*).

Neig|e ['naigə] f (15): *zur ~ gehen* tocar a su fin; acabarse; *Tag:* declinar; *den Kelch bis zur ~ leeren* apurar el cáliz hasta las heces; **2en** (25): (*sich*) ~ inclinar(se); *fig.* tender (zu a); *sich ~ Tag:* declinar; **~ung** f inclinación f; *fig.* propensión f; tendencia f; (*Ab-*

hang) declive *m*, pendiente *f*; (*Zu♀*) afecto *m*, inclinación *f*.

nein [naɪn] no; ~ *sagen* decir que no; **'♀stimme** *f* voto *m* negativo *od.* en contra.

Nelke ['nɛlkə] *f* (15) clavel *m*; (*Gewürz♀*) clavo *m*.

nenn|en ['nɛnən] (30) nombrar; llamar; (*erwähnen*) mencionar; (*bezeichnen als*) calificar de; **~enswert** digno de mención; notable; **♀er** *♣ m* (7) denominador *m*; *gemeinsamer* ~ denominador *m* común (*a. fig.*); **♀form** *Gram.* / infinitivo *m*; **♀ung** *f* mención *f*; *Sport:* inscripción *f*; **♀wert** *♣ m* valor *m* nominal.

Neo... [neo...]: *in Zssgn* neo...; **~fa-'schismus** *m* neofascismo *m*; **~logismus** [--lo'gismus] *m* (16²) neologismo *m*.

Neon ['ne:ɔn] *n* (11, *o. pl.*) neón *m*; **~röhre** *f* tubo *m* de neón.

Nepp F [nɛp] *m* (3¹, *o. pl.*) timo *m*; **~en** (25) F clavar.

Nerv [nɛrf] *m* (8) nervio *m*; *j-m auf die* ~*en fallen* F dar la lata a alg.; *die* ~*en verlieren* perder los estribos.

Nerven... ['-fən...]: *in Zssgn oft* nervioso; **~arzt** *m* neurólogo *m*; **♀-aufreibend** enervante; **~bündel** *n fig.* manojo *m* de nervios; **~entzündung** *f* neuritis *f*; **~gas** *n* gas *m* neurotóxico; **~gift** *n* neurotoxina *f*; **~heil-anstalt** *f* clínica *f* mental *od.* psiquiátrica; **~heilkunde** *f* neurología *f*; **~kitzel** *m fig.* cosquilleo *m* nervioso; suspense *m*; **~knoten** *m* ganglio *m* nervioso; **♀krank** neurótico; **~leiden** *n* enfermedad *f* nerviosa, neurosis *f*; **~säge** F *f* pelma(zo *m*) *su.*; pesado *m*; **~schmerzen** *m/pl.* neuralgia *f*; **~schock** *m* shock *m* nervioso; **♀schwach** neurasténico; **~schwäche** *f* neurastenia *f*; **~system** *n* sistema *m* nervioso; **~zusammenbruch** *m* crisis *f* nerviosa.

nerv|ig ['-fɪç] nervudo; *fig.* nervioso (*machen* poner); **♀osität** [-vozi'tɛːt] *f* nerviosismo *m*.

Nerz [nɛrts] *m* (3²) visón *m* (*a. Pelz*).

Nessel ♀ ['nɛsəl] *f* (15) ortiga *f*; F *sich in die* ~*n setzen* meterse en un berenjenal; **~fieber** *♣ n* urticaria *f*.

Nest [nɛst] *n* (1¹) nido *m*; *fig.* (*Ort*) poblacho *m*; pueblo *m* de mala muerte; **♀eln** (29) manosear (*an dat.* a/c.); **'~häkchen** ['-hɛːkçən] *n* (6) benjamín *m*.

nett [nɛt] agradable; gentil; simpático; (*hübsch*) bonito, F mono; *das ist* ~ *von dir* eres muy amable; **'♀igkeit** *f* amabilidad *f*; gentileza *f*.

netto ['-to], **♀...:** *in Zssgn* neto; **♀-einkommen** *n* ingresos *m/pl.* netos.

Netz [nɛts] *n* (3²) red *f* (*a. fig.*); (*Haar♀*) redecilla *f*; *fig. ins* ~ *gehen* caer en la red; **'~anschluß** *♣ m* conexión *f* a la red; **'♀en** (27) mojar; **♀förmig** [-'fœrmɪç] reticular; **~haut** *Anat.* / retina *f*; **'~hemd** *n* camiseta *f* de malla; **'~karte** *Vkw.* / abono *m*; **'~magen** *Zo. m* redecilla *f*.

neu [nɔy] nuevo; (*kürzlich*) reciente; fresco; moderno; F (*unerfahren*) novel; ~*este Mode* última moda *f*; *was gibt es ♀es?* ¿qué hay de nuevo?; *das ist mir* ~ no lo sabía; *aufs* ~*e* otra vez; *von* ~*em* de nuevo; **♀...:** *in Zssgn vor part. pt.* (*seit kurzem*) recién; **'♀-ankömmling** *m* recién llegado *m*; **'♀-anschaffung** *f* nueva adquisición *f*; **'~artig** nuevo; moderno; **♀-auflage** *f* reedición *f*; **'♀bau** *m* construcción *f* nueva; **♀bauwohnung** *f* vivienda *f* de nueva construcción *od.* planta; **'♀bearbeitung** *f* refundición *f*; **♀bildung** *f sprachliche:* neologismo *m*; nueva formación *f*; **'♀druck** *m* reimpresión *f*; **~erdings** ['-ɔrdɪŋs] recientemente, últimamente; **♀erer** ['-ərər] *m* (7) innovador *m*; **'♀-erscheinung** *f* novedad *f*; **'♀erung** *f* innovación *f*; **'~geboren** recién nacido; *sich wie* ~ *fühlen* sentirse como nuevo; **'~gestalten** reorganizar; remodelar; **'♀gestaltung** *f* reorganización *f*; remodelación *f*; **♀gier(de)** ['-giːr(də)] *f uv. o. pl.* curiosidad *f*; **'~gierig** curioso (*auf ac.* por saber); **'♀gründung** *f* fundación *f* nueva; **'♀heit** *f* novedad *f*; **'♀igkeit** *f* noticia *f*; **'♀-inszenierung** *f* reposición *f*.

'Neujahr *n* año *m* nuevo; **~s-tag** *m* día *m* de año nuevo; **~swunsch** *m* felicitación *f* de año nuevo.

'Neu|land *n* tierra *f* virgen (*a. fig.*); **♀lich** el otro día; **~ling** ['-lɪŋ] *m* (3¹) principiante *m*; novato *m*, bisoño *m*; **♀modisch** de última moda; moderno; **~mond** *m* luna *f* nueva, novilunio *m*.

neun [nɔyn] **1.** nueve; **2.** ♀ *f* (16) nueve *m*; **♀-auge** *Zo.* / lamprea *f*; **'~fach** nueve veces más; **'~hundert** novecientos; **'~malklug** F sabihondo; **'~tausend** nueve mil; **♀tel** *n* (7),

'**~te(r)** noveno (m); '**~tens** en noveno lugar; '**~zehn** diecinueve; '**~zehn-te(r)** décimonoveno (m); **~zig** ['-tsiç] noventa; **~zigste(r)** nonagésimo (m).

Neur|algie 𝓈 [nɔyral'gi:] f (15) neuralgia f; **~algisch** [-'-giʃ] neurálgico; **~asthenie** [-raste'ni:] f (15) neurastenia f.

'**Neu|regelung** f reorganización f; **~reiche(r)** m nuevo rico m.

Neuro|loge [-ro'lo:gə] m (13) neurólogo m; **~se** [-'ro:zə] f (15) neurosis f; **~tisch** [-'-tiʃ] neurótico.

'**Neu|schnee** m nieve f; recién caída; **~seeländer** m (7), 2'**seeländisch** neozelandés (m); **~silber** n metal m blanco, alpaca f.

neutr|al [-'tra:l] neutro; Pol. neutral; **~alisieren** [-trali'zi:rən] neutralizar; **~alität** [---'tɛ:t] f neutralidad f; 2**on** ['-trɔn, pl. -'tro:nən] n (8[1]) neutrón m; 2**onenbombe** [-'tro:nənbɔmbə] f bomba f de neutrones; 2**um** ['-trum] n (9[2]) neutro m.

neu|vermählt ['-fɛrmɛːlt] recién casado; 2**wahl** f nueva elección f; **~wertig** como nuevo; 2**wort** n neologismo m; 2**zeit** f época f moderna; tiempos m/pl. modernos; **~zeitlich** moderno.

nicht [niçt] no; ~ wahr? ¿verdad?; auch ~ tampoco; wenn ~ si no.

'**Nicht|-achtung** f irreverencia f; 2**-amtlich** no oficial; '**-angriffs-pakt** m pacto m de no agresión; **~beachtung, ~befolgung** f inobservancia f; **~bezahlung** f falta f de pago; impago m.

Nichte ['niçtə] f (15) sobrina f.

'**Nicht|-einhaltung** f, **~-erfüllung** f incumplimiento m; **~-einmischung** f no intervención f; no injerencia f; **~erscheinen** n ausencia f; 𝓉𝓉 incomparecencia f, rebeldía f; 2**ig** vano, fútil; 𝓉𝓉 nulo; für ~ erklären declarar nulo; anular; **~igkeit** f vanidad f; bagatela f, nadería f; nulidad f; **~igkeits-erklärung** f anulación f; **~mitglied** n no socio m; 2**-öffentlich** privado; **~raucher** m no fumador m; 2**rostend** inoxidable.

nichts [niçts] **1.** (no ...) nada [für ~ und wieder ~ por nada; mir ~, dir ~ sin más ni más; ~ mehr nada más]; **2.** 2 n uv. nada f; '**-ahnend** sin sospechar nada.

Nichtschwimmer ['niçt∫vimər] m no nadador m.

nichts|destoweniger [niçtsdɛsto'venigər] sin embargo, no obstante; 2**nutz** ['-nuts] m (3[2]) inútil m; '**~sagend** insignificante; 2**tuer** [-'tu:ər] m (7) gandul m, vago m; 2**tun** n ocio m; holgazanería f; '**~würdig** indigno; infame; 2**würdigkeit** f bajeza f, infamia f.

Nicht|zahlung f s. ~bezahlung; **~zutreffende(s)** n: ~s streichen táchese lo que no proceda od. convenga.

Nickel ['nikəl] n (7, o. pl.) níquel m.

nick|en ['nikən] (25) inclinar la cabeza; zustimmend: asentir con la cabeza; 2**erchen** F [-'kərçən] n (6) siestecita f; ein ~ machen dar una cabezada.

nie [ni:] (bei vb. no ...) nunca, jamás; ~ und nimmer nunca jamás.

nieder ['-dər] **1.** adj. bajo; **2.** adv. abajo; ~ mit ...! ¡abajo...!, ¡muera...!; **~beugen:** (sich) ~ inclinar(se); **~brennen** v/t. quemar, reducir a cenizas; **~deutsch** bajo alemán; **~drücken** apretar; fig. deprimir; **~drückend** deprimente; **~fallen** (sn) caer (al suelo); vor j-m ~ echarse od. postrarse a los pies de alg.; 2**frequenz** 𝓈 f baja frecuencia f; 2**gang** m fig. decadencia f; ocaso m; **~gedrückt** fig. deprimido; **~gehen** (sn) bajar; 𝓀 aterrizar; Unwetter: abatirse (auf ac. sobre); **~geschlagen** abatido, deprimido; 2**geschlagenheit** f abatimiento m; **~holen** Flagge: arriar; **~kauern:** sich ~ acurrucarse, ponerse en cuclillas; **~knien** (sn) arrodillarse; **~kommen** (sn) alumbrar; 2**kunft** ['-kunft] f (14[1]) alumbramiento m; 2**lage** f derrota f; † almacén m; depósito m; sucursal f; 2**länder(in)** f) m ['-lɛndər(in)], **~ländisch** neerlandés (-esa) m (f); **~lassen** bajar; sich ~ instalarse; establecerse; 2**lassung** f establecimiento m; (Zweig 2) sucursal f; (Siedlung) colonia f; **~legen** poner en el suelo; a. Kranz: depositar; Arbeit: abandonar; Waffen: rendir, deponer; schriftlich: formular; sein Amt ~ dimitir de su cargo; sich ~ acostarse; **~machen, ~metzeln** matar; acuchillar; **~reißen** derribar; 🜂 a. demoler; **~schießen** matar a tiros; 2**schlag** m Boxen: derribo m; 🜂 precipitado m; (Regen) precipitaciones f/pl.; (Ablagerung) sedimento m; poso m; fig. reflejo m; s-n ~ finden in reflejarse *od.* traducirse en; ~**schlagen** *j-n*: derribar; *Augen, Kragen*: bajar; *Aufstand*: reprimir; ⚙ suspender; *sich* ~ ⚙ precipitarse; *fig. sich* ~ *in* traducirse en; ~**schmettern** aplastar; *fig.* anonadar, aniquilar; ~*d fig.* desesperante, desolador; ~**schreiben** poner por escrito; redactar; ⚙**schrift** *f* redacción *f*; ~**setzen** poner en el suelo, depositar; *sich* ~ sentarse; ~**sinken** (sn) caer (lentamente); desplomarse; ⚙**spannung** ⚡ *f* baja tensión *f*; ~**stechen** acuchillar, apuñalar; ~**stoßen** derribar; ⚙~**strecken** derribar; ⚙**tracht** *f* bajeza *f*, vileza *f*, infamia *f*; ~**trächtig** vil, infame; ~**treten** pisar; ⚙**ung** *f* terreno *m* bajo; (*Ebene*) llanura *f*; ~**werfen** derribar; *Aufstand*: reprimir; ⚙**werfung** *f* represión *f*; ⚙**wild** *n* caza *f* menor.

niedlich ['niːtlɪç] bonito, lindo; F mono.

Niednagel ✂ ['-naːgəl] *m* padrastro *m*, repelo *m*.

niedrig ['niːdrɪç] bajo; *fig. a.* vil; infame; ⚙**keit** *f* bajeza *f*; *fig. a.* infamia *f*; ⚙**wasser** *n* bajamar *f*; *bei Flüssen*: estiaje *m*.

nie|mals ['-maːls] (*bei vb.* no...) nunca, jamás; ~**mand** ['-mant] (no ...) nadie; ninguno; *es ist* ~ *da* no hay nadie; ⚙**mandsland** ⋇ *n* tierra *f* de nadie.

Niere ['-rə] *f* (15) riñón *m* (*a. Kchk.*).

'**Nieren...**: *in Zssgn oft* renal, nefrítico; ~**becken** *n* pelvis *f* renal; ~**entzündung** *f* nefritis *f*; ~**leiden** *n* enfermedad *f* de los riñones, nefropatía *f*; ~**stein** *m* cálculo *m* renal.

niesel|n ['-zəln] (29) lloviznar; ⚙**regen** *m* llovizna *f*.

niesen ['-zən] **1.** *v/i.* (27) estornudar; **2.** ⚙ *n* estornudo *m*.

Nießbrauch ['niːsbraux] *m* (3, *o. pl.*) usufructo *m*.

Niet ⊕ [niːt] *m* (3) roblón *m*, remache *m*; '~**e** *f* (15) billete *m* de lotería no premiado; F *fig.* fracasado *m*; inútil *m*; '⚙**en** (26) remachar; '~**(en)hose** *f* tejanos *m/pl.*; '⚙~ **und** '**nagelfest** bien firme.

Nihilis|mus [nihiˈlɪsmus] *m* (16, *o. pl.*) nihilismo *m*; ~**t** *m* (12), ⚙**tisch** nihilista (*m*).

Nikotin [niko'tiːn] *n* (3¹, *o. pl.*) nicotina *f*; ⚙**arm** de bajo contenido en nicotina; ⚙**frei** sin nicotina; ~**vergiftung** *f* nicotinismo *m*.

Nilpferd ['niːlpfeːrt] *n* hipopótamo *m*.

Nimbus ['nimbus] *m* (14²) nimbo *m*; *a. fig.* aureola *f*.

nimmer ['nimər] *s.* nie; ~**mehr** nunca más; ⚙**satt** *m* (3) glotón *m*; ⚙**wiedersehen** *n*: *auf* ~ para siempre.

Nippel ⊕ ['nipəl] *m* (7) boquilla *f* (roscada).

nipp|en ['nipən] (25) probar (*an dat.* a/c.); ⚙**sachen** *f/pl.* chucherías *f/pl.*; bibelots *m/pl.*

nirgend|s ['nirgənts], ~**(s)wo** (*bei vb.* no ...) en ninguna parte.

Nische ['niːʃə] *f* nicho *m*; hornacina *f*.

Nisse *Zo.* ['nisə] *f* (15) liendre *f*.

nist|en ['nistən] (26) anidar; ⚙**kasten** *m* nidal *m*.

Nitrat [ni'traːt] *n* (3) nitrato *m*.

Nitroglyzerin [niːtroglytsəˈriːn] *n* nitroglicerina *f*.

Niveau [ni'voː] *n* (11) nivel *m* (*a. fig.*).

nivellier|en [-vɛˈliːrən] nivelar; ⚙**ung** *f* nivelación *f*.

Nixe ['niksə] *f* (15) ondina *f*.

nobel ['noːbəl] noble; generoso.

Nobelpreis(träger) [no'bɛlprais-(trɛːgər)] *m* premio *m* Nobel.

noch [nɔx] todavía; aún; ~ *nicht* aún no; ~ *nie* nunca, jamás; ~ *ein(er)* otro; ~ *et.* otra cosa; ~ *et.?* ¿algo más?; ~ *heute* hoy mismo; *auch das* ~*!* ¡lo que faltaba!; ~**malig** ['-maːlɪç] reiterado, reiterado; ~**mals** ['-maːls] otra vez; una vez más.

Nocken ⊕ ['nɔkən] *m* leva *f*; ~**welle** *f* árbol *m* de levas.

Nomad|e [no'maːdə] *m* (13), ⚙**isch** nómada (*m*).

nomi|nal [-mi'naːl], ⚙**...:** *in Zssgn* nominal; ⚙**nativ** ['-nati:f] *m* (3¹) nominativo *m*; ~**nieren** nombrar.

Nonne ['nɔnə] *f* (15) monja *f*, religiosa *f*; ~**nkloster** *n* convento *m* de monjas.

Nonstopflug [nɔnˈstɔpfluːk] *m* vuelo *m* sin escala.

Nord... [nɔrt...]: *in Zssgn* septentrional, del Norte; ~**ameri'kaner(in)** *m*, ⚙**ameri'kanisch** norteamericano (-a) *m* (*f*); ~**en** ['-dən] *m* (6) norte *m*; '⚙**isch** nórdico.

nördlich ['nœrtlɪç] del Norte, septentrional; ~ *von* al norte de.

Nord|licht ['nɔrtlɪçt] *n* aurora *f* boreal; ~**'ost(en)** *m* nordeste *m*; ~**pol** *m* polo *m* norte *od.* ártico; ~**'west(en)**

m noroeste *m*; **~wind** *m* viento *m* del norte; cierzo *m*.

Nörg|elei [nœrgəˈlaɪ] *f* afán *m* de criticar; **~eln** [ˈ-gəln] (29) criticarlo todo; **~ler** [ˈ-glər] *m* (7) criticón *m*, reparón *m*.

Norm [nɔrm] *f* (16) norma *f*; regla *f*.

normal [-ˈmɑːl], **~...:** *in Zssgn* normal; **~isieren** [-maliˈziːrən] normalizar; **2i'sierung** *f* normalización *f*; **2spur** 👓 *f* ancho *m* normal; **2verbraucher** F *m* ciudadano *m* de a pie; **2zeit** *f* hora *f* oficial.

Normann|e [-ˈmanə] *m* (13), **2isch** normando (*m*).

norm|en [ˈ-mən] (25) normalizar; estandarizar; **2ung** *f* normalización *f*; estandarización *f*.

Norweg|er(in *f)* [ˈ-veːgər(ɪn)] *m* (7), **2isch** noruego (-a) *m* (*f*).

Nostalg|ie [nɔstalˈgiː] *f* (15) nostalgia *f*; **2isch** [-ˈtalgɪʃ] nostálgico.

Not [noːt] *f* (14¹) (*Mangel*) necesidad *f*; (*Bedrängnis*) apuro *m*; (*Elend*) miseria *f*; *aus ~* por necesidad; *~ leiden* estar en la miseria; *~ leiden an* (*dat.*) carecer de; *mit j-m s-e liebe ~ haben* tener sus penas con alg.; *zur~* en caso de apuro; *si no hay más remedio*; **2** *tun* ser preciso, hacer falta; *wenn ~ am Mann ist* en caso de apuro *od.* de urgencia.

Notar [noˈtaːr] *m* (3) notario *m*; **~iat** [-tarˈjaːt] *n* (3) notaría *f*; **2iell** [--ˈjɛl] notarial; *adv.* ante notario.

Not|arzt [ˈnoːtˀartst] *m* médico *m* de urgencia bzw. de guardia; **~ausgang** *m* salida *f* de emergencia; **~behelf** *m* arreglo *m* provisional; recurso *m* de urgencia; F paños *m/pl.* calientes; **~beleuchtung** *f* luces *f/pl.* de emergencia; **2bremse** 👓 *f* freno *m* de alarma; **~durft** [ˈ-durft] *f* (14, *o. pl.*): *s-e ~ verrichten* hacer sus necesidades *f/pl.*; **2dürftig** apenas suficiente; provisional.

Note [ˈnoːtə] *f* (15) nota *f* (*a.* ♪ *u. fig.*); (*Bank*2) billete *m* (de banco); ♪ *pl.* música *f*; partitura *f*.

'Noten|-ausgabe ✝ *f* emisión *f* de billetes; **~bank** *f* banco *m* emisor; **~blatt** ♪ *n* hoja *f* de música; **~heft** ♪ *n* cuaderno *m* de música; **~papier** *n* papel *m* pautado; **~pult** *n*, **~ständer** *m* atril *m*; **~system** ♪ *n* pentagrama *m*; **~wechsel** Pol. *m* canje *m od.* cambio *m* de notas.

Not|fall [ˈnoːtfal] *m* caso *m* de apuro *od.* de emergencia; **2falls** en caso de apuro; **2gedrungen** forzoso; *adv.* por fuerza; **~groschen** *m* dinero *m* de reserva; **~hafen** *m* puerto *m* de refugio; **~hilfe** *f* primeros auxilios *m/pl.*

notier|en [noˈtiːrən] apuntar, anotar; ✝ cotizar; **2ung** ✝ *f* cotización *f*.

nötig [ˈnøːtɪç] preciso, necesario; *~ haben* necesitar, precisar; **~en** [ˈ--gən] (25) obligar, forzar (*zu inf.* a); *sich ~ lassen* hacerse de rogar; **'~en|falls** si es preciso; **2ung** 👓 *f* coacción *f*.

Notiz [noˈtiːts] *f* (16) nota *f*, apunte *m*; (*Zeitungs*2) noticia *f*; *sich ~en machen* tomar apuntes; *~ nehmen von* tomar nota de; **~block** *m* bloc *m* de notas; **~buch** *n* libreta *f*; agenda *f*.

Not|lage [ˈnoːtlaːgə] *f* apuro *m*, emergencia *f*; **2landen** ✈ (sn) hacer un aterrizaje forzoso; **~landung** *f* aterrizaje *m* forzoso *od.* de emergencia; **2leidend** necesitado, indigente; ✝ *Wechsel*: pendiente de cobro; **~lösung** *f* solución *f* provisional; *s. a.* **~behelf**; **~lüge** *f* mentira *f* disculpable; **~maßnahme** *f* medida *f* de urgencia.

notorisch [noˈtoːrɪʃ] notorio.

Not|ruf [ˈnoːtruːf] *m Fernspr.* llamada *f* de socorro; **~rufsäule** *f* poste *m* de socorro; **~schlachtung** *f* sacrificio *m* de urgencia; **~signal** *n* señal *f* de alarma; **~sitz** *m* traspontín *m*; **~stand** *m Pol.* estado *m* de emergencia; **~standsgebiet** *n* zona *f* siniestrada bzw. catastrófica; **~taufe** *f* agua *f* de socorro; **~verband** *m* ✝ vendaje *m* provisional; **~ver-ordnung** *f* decreto *m* de urgencia; **~wehr** *f* legítima defensa *f* (*aus en*); **2wendig** preciso, necesario; **~wendigkeit** *f* necesidad *f*; **~zucht** *f* estupro *m*, violación *f*.

Nougat [ˈnuːgat] *m*, *n s. Nugat.*

Novelle [noˈvɛlə] *f* (15) novela *f* corta; 👓 ley *f* abrogatoria.

November [-ˈvɛmbər] *m* (7) noviembre *m*.

Novität [-viˈtɛːt] *f* (16) novedad *f*.

Noviz|e [-ˈviːtsə] *m* (13), **~in** *f* novicio (-a) *m* (*f*).

Nu [nuː] *m*: *im ~* en un abrir y cerrar de ojos, en un santiamén.

Nuanc|e [nyˈãsə] *f* (15) matiz *m*; **2ieren** matizar.

nüchtern [ˈnyçtərn] en ayunas; (*nicht betrunken*) que no está bebido; (*mä-*

βig) sobrio; (*sachlich*) objetivo; (*phantasielos*) prosaico; (*besonnen*) sensato; 2**heit** *f* sobriedad *f*; objetividad *f*; sensatez *f*; prosaísmo *m*.

Nudel ['nu:dəl] *f* (15): ∼*n pl.* pastas *f/pl.* (alimenticias); ∼**holz** *n* rodillo *m*; 2**n** (29) cebar; ∼**suppe** *f* sopa *f* de fideos.

Nudist [nu'dist] *m* (12) (des)nudista *m*.

Nugat ['nu:gat] *m od. n* (11) turrón *m* de chocolate.

nuklear [nukle'a:r], 2...: *in Zssgn* nuclear.

null [nul] **1.** cero; *für* ∼ *und nichtig erklären* declarar nulo y sin valor; **2.** 2 *f* (16) cero *m*; *fig.* nulidad *f*; cero *m* a la izquierda; 12**punkt** *m* (punto *m*) cero *m*; 12**wachstum** ✝ *n* crecimiento *m* cero.

numerier|en [numə'ri:rən] numerar; 2**ung** *f* numeración *f*.

Nummer ['-mər] *f* (15) número *m*; *Kfz.* matrícula *f*; ∼**nkonto** *n* cuenta *f* numerada *od.* cifrada; ∼**nscheibe** *f* *Fernspr.* disco *m*; ∼**nschild** *Kfz. n* placa *f* de matrícula.

nun [nu:n] (*jetzt*) ahora; *ein- bzw. überleitend:* pues (bien); *und* ∼? ¿y ahora qué?; *von* ∼ *an* de ahora en adelante; '∼**mehr** (desde) ahora.

Nuntius ['nuntsjus] *m* (16²) nuncio *m*.

nur [nu:r] sólo, solamente; ∼ *noch* tan sólo; *no* ... *más que*; *nicht* ∼, *sondern auch* no sólo, sino también; ∼ *zu!* ¡adelante!

nuscheln F ['nuʃəln] (29) farfullar; mascullar.

Nuß [nus] *f* (14¹) nuez *f*; (*Hasel*2)

avellana *f*; *fig.* e-e harte ∼ un hueso duro de roer; '∼**baum(holz** *n*) *m* nogal *m*; '∼**knacker** *m* cascanueces *m*.

Nüstern ['ny:stərn] *f/pl.* (15) ollares *m/pl.*

Nut ⊕ [nu:t] *f* (16) ranura *f*.

Nutte P ['nutə] *f* (15) P ramera *f*, fulana *f*, puta *f*.

nutz [nuts]: *zu nichts* ∼ *sn* no servir para nada; 12**-anwendung** *f* aplicación *f* práctica; *Lit.* moraleja *f*; '∼**bar** utilizable, aprovechable; ∼ *machen* utilizar, aprovechar; '∼**bringend** útil; productivo; '∼**en** (*a.* '**nützen** ['nytsən] (27) **1.** *v/i.* servir, ser útil (*zu* para); *es nützt nichts* es inútil; **2.** *v/t.* aprovechar, utilizar; 12**en** *m* utilidad *f*; provecho *m*; ✝ beneficio *m*; ∼ *ziehen aus* sacar provecho de; *zum* ∼ *von* a beneficio de; 12**fahrzeug** *n* vehículo *m* industrial; 12**garten** *m* huerto *m*; 12**holz** *n* madera *f* útil; 12**last** *f* carga *f* útil; 12**leistung** *f* rendimiento *m* (efectivo).

nützlich ['nytsliç] útil, provechoso; 2**keit** *f* utilidad *f*.

nutz|los ['nutslo:s] inútil; infructuoso; 2**losigkeit** *f* inutilidad *f*; infructuosidad *f*; 2**nießer** ['-ni:sər] *m* (7) beneficiario *m*; usufructuario *m*; 2**nießung** *f* usufructo *m*; 2**pflanze** *f* planta *f* útil; 2**ung** *f* aprovechamiento *m*; utilización *f*; *a.* ✓ explotación *f*; 2**ungsrecht** *n* derecho *m* de uso *bzw.* usufructo.

Nylon ['nailɔn] *n* (11) nilón *m*.

Nymph|e ['nymfə] *f* (15) ninfa *f*; 2**oman** [-fo'ma:n] ninfómana; ∼**o-ma'nie** *f* ninfomanía *f*.

O

O, o [oː] *n* O, o *f*.

Oase [oˈ⁹ɑːzə] *f* (15) oasis *m* (*a. fig.*).

ob [ɔp] si; *als* ~ como si (*subj.*); *so tun als* ~ fingir; *und* ~! ¡ya lo creo!; ¡y tanto!

Obacht [ˈoːpʔaxt] *f* (16, *o. pl.*) cuidado *m*; atención *f*; ~ *geben* tener cuidado; prestar atención.

Obdach [ˈɔpdax] *n* (1, *o. pl.*) abrigo *m*; refugio *m*; asilo *m*; ~**los** sin hogar; ~**lose(r)** *m* persona *f* sin hogar; ~**losen-asyl** *n* F cotarro *m*.

Obdu|ktion ⚕ [-dukˈtsjoːn] *f* autopsia *f*; ⁸**zieren** hacer la autopsia.

O-Beine [ˈoːbaɪnə] *n/pl.* piernas *f/pl.* arqueadas; **O-beinig** estevado.

Obelisk [obaˈlisk] *m* (12) obelisco *m*.

oben [ˈoːbən] arriba; *nach* ~ hacia arriba; *von* ~ *herab fig.* con altivez; *von* ~ *bis unten* de arriba abajo; ~**ˈauf** (por) encima; *fig.* ~ *sn* estar muy contento; ~**ˈdrein** además; por añadidura; ~**-erwähnt**, ~**genannt** [ˈ-gənant] arriba mencionado; susodicho; ˈ~**ˈhin** por encima; superficialmente.

ober [ˈoːbər] **1.** (18, *nur atr.*) superior; **2.** ♀ *m* (7) camarero *m*.

ˈOber...: *in Zssgn oft* superior; ~**arm** *m* brazo *m*; ~**arzt** *m* médico *m* adjunto; ~**aufsicht** *f* inspección *f* general; supervisión *f*; ~**bau** ⊕ *m* superestructura *f*; ~**befehl** *m* mando *m* supremo; ~**befehlshaber** *m* comandante *m* en jefe; ~**bett** *n* edredón *m*; ~**bürgermeister** *m* (primer) alcalde *m*; ~**deck** *n* ⚓ cubierta *f* superior; *Bus*: imperial *f*; ~**fläche** *f* superficie *f*; ⁸**flächlich** [ˈ-flɛçlɪç] superficial; somero; ligero; ~**flächlichkeit** *f* superficialidad *f*; ligereza *f*; ~**grenze** *f* tope *m*; techo *m*; ⁸**halb** (*gen.*) por encima de, más arriba de; ~**hand** *f* supremacía *f*; *die* ~ *haben* prevalecer, predominar; *die* ~ *gewinnen* sobreponerse (*über* a); ~**haupt** *n* jefe *m*; ~**haus** *n* Cámara *f* Alta; *in England*: Cámara *f* de los Lores; ~**haut** *f* epidermis *f*; ~**hemd** *n* camisa *f* (de vestir); ~**herrschaft**, ~**hoheit** *f* soberanía *f*; supremacía *f*; ~**in** *f Rel.* superiora *f*; ⁸**-irdisch** ⊕ aéreo; ~**kellner** *m* jefe *m* de comedor; *frz.* maître *m*; ~**kiefer** *m* maxilar *m* superior; ~**kommandierende(r)** *m* comandante *m* en jefe; ~**kommando** *n* alto mando *m*; mando *m* supremo; ~**körper** *m* busto *m*; ~**landesgericht** *n etwa*: audiencia *f* territorial; ~**lauf** *m* curso *m* superior; ~**leder** *n* pala *f*; ~**leitung** *f* dirección *f* general; ⚡ línea *f* aérea; catenaria *f*; ~**leutnant** *m* teniente *m*; ~**licht** *n* claraboya *f*, tragaluz *m*; ~**lippe** *f* labio *m* superior; ~**postdirektion** *f* dirección *f* general de correos; ~**schenkel** *m* muslo *m*; ~**schicht** *f* clases *f/pl.* superiores; alta sociedad *f*; ~**schule** *f* Instituto *m* de Segunda Enseñanza *od.* de bachillerato; ~**schwester** *f* jefe *f* de enfermeras; ~**seite** *f* cara *f* superior; ⁸**st** superior; supremo; ~**st** ✕ *m* (12) coronel *m*; ~**ˈstaats-anwalt** *m* primer fiscal *m*; ~**ˈstˈleutnant** *m* teniente *m* coronel; ~**stufe** *f* grado *m* superior; ~**wasser** *n*: *fig.* ~ *haben* llevar ventaja.

obgleich [ɔpˈglaɪç] aunque; bien que; aun cuando; a pesar de que.

Obhut [ˈ-huːt] *f* (16, *o. pl.*) guardia *f*; protección *f*; *j-n in s-e* ~ *nehmen* proteger a alg.

obig [ˈoːbɪç] susodicho; arriba mencionado; antes citado.

Objekt [ɔpˈjɛkt] *n* (3) objeto *m*; *Gram.* complemento *m*; *fig.* proyecto *m*; ⁸**iv** [--ˈtiːf], ~**iv** *Phot. n* (3¹) objetivo (*m*); ~**ivität** [--tiviˈtɛːt] *f* objetividad *f*; ~**träger** *m* portaobjeto(s) *m*.

Oblate [ɔˈblaːtə] *f* (15) oblea *f*; *Rel.* oblata *f*; hostia *f*.

obliegen [ˈɔpliːɡən] (*prs. u. pt. a. untr.*): *es obliegt ihm zu* (*inf.*) le incumbe (*inf.*); ⁸**heit** *f* incumbencia *f*; obligación *f*.

obligat [ɔbliˈɡaːt] obligado; de rigor; ⁸**ion** [--ɡaˈtsjoːn] *f* obligación *f*; ~**orisch** [---ˈtoːrɪʃ] obligatorio.

Obmann [ˈɔpman] *m* jefe *m*; presidente *m*; portavoz *m*.

Oboe [oˈboːə] *f* (15) oboe *m*; ~**ist** [-boˈist] *m* (12) oboe *m*, oboísta *m*.

Obrigkeit ['o:briçkaıt] *f* autoridad(es) *f(pl.)*.

obschon [ɔp'ʃo:n] = *obgleich*.

Observatorium [-zɛrva'to:rjum] *n* (9) observatorio *m*.

Obst [o:pst] *n* (3²) fruta *f*; '**.bau** *m* fruticultura *f*; '**.baum** *m* (árbol *m*) frutal *m*; '**.garten** *m* huerto *m* (frutal); '**.händler(in** *f*) *m* frutero (-a) *m* (*f*); '**.handlung** *f* frutería *f*; '**.kuchen** *m* tarta *f* de frutas; '**.messer** *n* cuchillo *m* para frutas; '**.salat** *m* macedonia *f* (de frutas); '**.schale** *f* (*Schüssel*) frutero *m*; '**.züchter** *m* fruticultor *m*.

obszön [ɔps'tsø:n] obsceno; **ität** [-tsøni'tɛ:t] *f* obscenidad *f*.

Obus ['o:bus] *m* (4¹) trolebús *m*.

obwohl [ɔp'vo:l] = *obgleich*.

Ochse ['ɔksə] *m* (13) buey *m*; *fig.* imbécil *m*; **2n** F (27) empollar; **.n-fleisch** *n* carne *f* de buey; **.n-schwanzsuppe** *f* sopa *f* de rabo de buey.

Ocker ['ɔkər] *m od. n* (7) ocre *m*.

Ode ['o:də] *f* (15) oda *f*.

öde ['ø:də] **1.** *adj.* desierto; yermo; *fig.* aburrido; **2.** ♀ *f* (15) desierto *m*; soledad *f*; *fig.* vacío *m*.

Odem ['o:dəm] *poet. m* (6) hálito *m*, aliento *m*.

Ödem ♂ [ø'de:m] *n* (3¹) edema *m*.

oder ['o:dər] o, *vor o u.* ho: u; ~ *aber* o bien.

Ödland ['ø:tlant] *n* yermo *m*, erial *m*; páramo *m*.

Odyssee [ody'se:] *f* (15) *fig.* odisea *f*.

Ofen ['o:fən] *m* (6¹) estufa *f*; (*Back♀*) horno *m*; **frisch** recién salido del horno; **.schirm** *m* pantalla *f* de estufa; **.setzer** *m* fumista *m*.

offen ['ɔfən] abierto; *Stelle:* vacante; (*freimütig*) franco; (*unentschieden*) pendiente; en suspenso; *adv.* con franqueza; *auf ~er See* en alta mar; *auf ~er Straße* en plena calle; ~ *gestanden od.* gesagt dicho con franqueza, a decir verdad.

offenbar ['--'ba:r] manifiesto; evidente; *adv.* por lo visto; ~ werden manifestarse; **.en** (25) manifestar; desvelar, *a. Rel.* revelar; **2ung** *f* revelación *f*; manifestación *f*; **2ungs-eid** *m* juramento *m* declarativo.

'**offen|bleiben** *fig.* quedar pendiente *od.* en suspenso; **.halten** dejar abierto; *fig.* reservar; **2heit** *f* franqueza *f*, sinceridad *f*; **.herzig** franco, sincero; **.kundig** manifiesto, notorio; **.lassen** dejar abierto; *fig.* dejar en suspenso; **.sichtlich** manifiesto, evidente.

Offensive [ɔfɛn'zi:və] *f* (15) ofensiva *f*.

offenstehen ['ɔfənʃte:ən] estar abierto; *Frage:* estar pendiente.

öffentlich ['œfəntliç] público; *adv.* en público; ~ *bekanntmachen* hacer público; *publicar*; **2keit** *f* público *m*; *a.* ⚡ publicidad *f*; *in aller* ~ delante de todo el mundo; *an die* ~ *bringen* hacer público; **2keits-arbeit** *f* relaciones *f/pl.* públicas; '**.rechtlich** de derecho público.

offerieren [ɔfə'ri:rən] ofrecer.

Offerte [ɔ'fɛrtə] *f* (15) oferta *f*.

Offiz|ialverteidiger ⚡ [ɔfi'tsja:lfɛrtaıdigər] *m* defensor *m* de oficio; **2iell** [--'tsjɛl] oficial.

Offizier [--'tsi:r] *m* (3¹) oficial *m*; **.skorps** *n* oficialidad *f*; **.s-patent** *n* despacho *m* de oficial.

offiziös [--'tsjø:s] (18) oficioso.

öffn|en ['œfnən] (26) abrir; **2er** *m* (7) abridor *m*; **2ung** *f* abertura *f* (*a. Loch*); *bsd. Pol. u. fig.* apertura *f*; **2ungszeit** *f* horas *f/pl.* de apertura.

Offsetdruck ['ɔfsɛtdruk] *m* offset *m*.

oft [ɔft] a menudo, con frecuencia; *nicht* ~ pocas veces; *wie* ~? ¿cuántas veces?

öfter ['œftər] con más frecuencia; más a menudo; **.s** varias *bzw.* muchas veces, (muy) a menudo.

oftmals ['ɔftma:ls] *s. oft*.

Ohm ♂ [o:m] *n* (3) ohmio *m*.

ohne ['o:nə] *prp. (ac.)* sin; ~ *zu* (*inf.*) sin (*inf.*); *cj.* ~ *daß* sin que (*subj.*); **.dies,** **.hin** de todos modos; **.gleichen** sin igual, sin par.

Ohn|macht ['o:nmaxt] *f* impotencia *f*; ♂ desmayo *m*, desvanecimiento *m*, síncope *m*; *in* ~ *fallen* desmayarse; **2mächtig** impotente; ♂ desmayado; ~ werden desmayarse.

Ohr [o:r] *n* (5) oreja *f*; (*Gehör*) oído *m*; *ganz* ~ sein todo oídos; *j-m et. ins* ~ sagen decir a alg. a/c. al oído; *ins* ~ gehen ♪ pegarse (al oído); *sich aufs* ~ legen acostarse; *bis über die* ~en *verliebt* perdidamente enamorado; *j-m in den* ~en *liegen* mit pedir a/c. con insistencia a alg.; *j-n übers* ~ hauen dar gato por liebre a alg.; *sich et. hinter die* ~en *schreiben* no olvidar

a/c.; no echar en saco roto a/c.; es
ist mir zu ~en gekommen ... he oído
decir ...
Öhr [ø:r] n (3) ojo m (de la aguja).
Ohren|arzt ['ɔːrənʔaːrtst] m otólogo
m; **~beichte** f confesión f auricular;
~betäubend ensordecedor; **~ent-
zündung** f otitis f; **~heilkunde** f
otología f; **~sausen** n zumbido m de
los oídos; **~schmalz** n cerumen m;
~schmaus m regalo m para los oídos;
~schützer m orejera f; **~zeuge** m
testigo m auricular.
Ohr|feige ['ɔːrfaɪɡə] f bofetada f, so-
papo m, F torta f; **2feigen** (25) abofetear; **~gehänge** ['-ɡəhɛŋə] n (7) pendientes m/pl., arracada f; **~läppchen**
['-lɛpçən] n (7) lóbulo m de la oreja;
~muschel f pabellón m de la oreja;
~ring m pendiente m; **~speichel-
drüse** f parótida f; **~wurm** m tijereta
f; F fig. melodía f pegadiza.
Okkultismus [ɔkul'tismus] m ocul-
tismo m.
Ökolog|e [øko'lo:ɡə] m (13) ecólogo
m; **~ie** [--lo'gi:] f (15, o. pl.) ecología
f; **2isch** [--'lo:ɡɪʃ] ecológico.
Ökonom|ie [--no'mi:] f (15) econo-
mía f; **2isch** [--'no:mɪʃ] económico.
Oktan [ɔk'taːn] n (3) octano m; **~zahl**
f neol. octanaje m.
Oktav [ɔk'taːf] n (3¹) (tamaño e m)
octavo m; **~band** m tomo m en octavo; **~e** ♪ [--'taːvə] f (15) octava f.
Oktett ♪ [--'tɛt] n (3¹) octeto m.
Oktober [--'toːbər] m (7) octubre m.
Okul|ar [ɔku'laːr] n (3¹) ocular m;
2ieren ✓ [--'liːrən] injertar.
ökumenisch [øku'meːnɪʃ] ecuménico.
Okzident ['ɔktsidɛnt] m (3¹, o. pl.)
occidente m.
Öl [ø:l] n (3) aceite m; (Erd2) petróleo
m; Rel., Mal. óleo m; fig. ~ ins Feuer
gießen echar leña al fuego; **'~baum**
m olivo m; **'~berg** Rel. m Monte m de
los Olivos; **'~druckbremse** f freno
m de aceite hidráulico.
Oldtimer engl. ['ouldtaimər] m (7)
coche m antiguo od. de época.
Oleander ♀ [ole'andər] m (7) adelfa f,
oleandro m.
öl|en ['øːlən] (25) aceitar; (salben)
ungir; ⊕ engrasar; lubri(fi)car; **2-
farbe** f pintura f al óleo; **2feld** n
campo m petrolífero; **2frucht** f fruto
m oleaginoso; **2gemälde** n (pintura f
al) óleo m; **2götze** F m: wie ein ~ como

un pasmarote; **~haltig** ⊕ petrolífero; ✓ oleaginoso; **2heizung** f calefacción f de fuel-oil; **~ig** aceitoso,
oleoso.
Oligarchie [oligar'çi:] f (15) oligarquía f.
Olive [o'liːvə] f (15) aceituna f; **~n-
baum** m olivo m; **~nhain** m olivar m;
~n-öl n aceite m de oliva.
olivgrün [o'liːfgryːn] verde oliva.
Öl|kanister ['øːlkanistər] m bidón m
de aceite; **~kanne** f aceitera f; **~lei-
tung** f oleoducto m; **~malerei** f
pintura f al óleo; **~mühle** f molino m
aceitero, almazara f; **~pest** f marea f
negra; **~pflanze** f planta f oleaginosa;
~sardine f sardina f en aceite;
~stand-anzeiger m indicador m del
nivel de aceite; **~tanker** m petrolero
m; **~ung** f lubrificación f, engrase m;
Letzte ~ extremaunción f; **~wechsel**
m Kfz. cambio m de aceite.
Olymp [o'lymp] m (3¹) Olimpio m;
Thea. paraíso m, gallinero m; **~iade**
[--'pjaːdə] f (15) Olimpiada f, Olimpíada f; **2isch** [-'lympɪʃ] olímpico; 2e
Spiele juegos m/pl. olímpicos.
Oma F ['oːma] f (11¹) abuelita f.
Ombudsmann ['ɔmbudsman] m defensor m del pueblo.
Omelett [ɔm(ə)'lɛt] n (3) tortilla f.
Om|en ['oːmən] n (6) presagio m;
agüero m, augurio m; **2inös** [omi-
'nøːs] ominoso, de mal agüero.
Omnibus ['ɔmnibus] m (4¹) autobús
m; (Reise2) autocar m; (Linien2)
coche m de línea.
Onanie [ona'ni:] f (15, o. pl.) masturbación f; **2ren** masturbarse.
ondulieren [ɔndu'liːrən] ondular.
Onkel ['ɔŋkəl] m (7) tío m.
Opa F ['oːpa] m (11) abuelito m.
Opal [o'paːl] m (3¹) ópalo m.
Oper ['oːpər] f (15) ópera f.
Operat|eur [opəra'tøːr] m (3¹) opera-
dor m; **~ion** [---'tsjoːn] f operación f;
~ionssaal m quirófano m; **~ions-
schwester** f enfermera f de quirófano; **2iv** [---'tiːf] ✻ operatorio; quirúrgico; ⚹ operacional.
Operette [--'rɛtə] f (15) opereta f.
operier|bar [--'riːrbaːr] operable;
nicht ~ inoperable; **~en** operar; sich ~
lassen operarse.
Opern|glas ['oːpərnglas] n gemelos
m/pl. de teatro; **~haus** n ópera f;
~sänger(in f) m cantante su. de ópera; **~text** m libreto m.

Opfer ['ɔpfər] *n* (7) *(das man bringt)* sacrificio *m* (*a. fig.*); *(das man wird)* víctima *f* (*a. fig.*); **bereitschaft** *f s.* **wille**; **gabe** *f* ofrenda *f*; **2n** (29) sacrificar (*a. fig.*); *(schlachten)* inmolar; *(spenden)* ofrendar; **stock** *m* cepillo *m*; **wille** *m* abnegación *f*; espíritu *m* de sacrificio; **2willig** abnegado; sacrificado.

Opium ['o:pjum] *n* (9, *o. pl.*) opio *m*; **2süchtig** opiómano.

Oppo|nent [ɔpo'nɛnt] *m* (12) oponente *m*; **2nieren** oponerse (*gegen* a).

Opportunis|mus [ɔpɔrtu'nismus] *m* (16, *o. pl.*) oportunismo *m*; **t** *m* (12) oportunista *m*.

Opposition [ɔpozi'tsjo:n] *f* oposición *f*; **sführer** *m* jefe *m od.* líder *m* de la oposición.

optieren [ɔp'ti:rən] optar (*für* por).

Optik ['-tik] *f* (16) óptica *f*; **er** *m* (7) óptico *m*.

optim|al [-ti'ma:l] óptimo; **2ismus** [-'mismus] *m* (16, *o. pl.*) optimismo *m*; **2ist** *m* (12), **istisch** optimista (*m*).

Option [-'tsjo:n] *f* opción *f*.

optisch ['-tiʃ] óptico.

Orakel [o'ra:kəl] *n* (7), **spruch** *m* oráculo *m*.

oral [o'ra:l] oral.

Orange [o'rãʒə] *f* (15) naranja *f*; **ade** [--'ʒa:də] *f* (15) naranjada *f*; **farben** anaranjado, (de color) naranja; **nbaum** *m* naranjo *m*; **nblüte** *f* azahar *m*; **nhain** *m* naranjal *m*; **nsaft** *m* zumo *m* de naranja.

Orang-Utan [o:raŋ'ʔu:tan] *m* (11) orangután *m*.

Oratorium [ora'to:rjum] *n* (9) *♪ u. Rel.* oratorio *m*.

Orchester [ɔr'kɛstər] *n* (7) orquesta *f*; **loge** *f* palco *m* de proscenio.

orchestrier|en [--'tri:rən] orquestar; **2ung** *f* orquestación *f*.

Orchidee [-çi'de:ə] *f* (15) orquídea *f*.

Orden ['-dən] *m* (6) *Rel.* orden *f*; *(Ehrenzeichen)* condecoración *f*; **sband** *n* banda *f* de condecoración; **sbruder** *m* religioso *m*, fraile *m*; *weltlich:* cofrade *m*; **sgeistlichkeit** *f* clero *m* regular; **sgelübde** *n/pl.* votos *m/pl.* (monásticos); **skleid** *n* hábito *m*; **sregel** *f* regla *f*; **sschwester** *f* religiosa *f*, monja *f*.

ordentlich ['--tliç] ordenado (*a. Person*); *(anständig)* formal, decente; **st**

ordinario; *Mitglied, Professor:* numerario; F *(tüchtig)* fuerte; bueno; *adv.* como es debido.

Order ✝ ['-dər] *f* (15) orden *f*; **papier** *n* (**scheck** *m*) documento *m* (cheque *m*) a la orden.

Ordin|alzahl [-di'na:ltsa:l] *f* número *m* ordinal; **2är** [--'nɛ:r] ordinario, vulgar; **ariat** [--nar'ja:t] *n* (3) cátedra *f* universitaria; *kath.* episcopado *m*, obispado *m*; **arius** [--'na:rjus] *m* (16²) catedrático *m* numerario; **ate** A [--'na:ta] *f* (15) ordenada *f*; **ation** *Rel.* [--na'tsjo:n] *f* ordenación *f*; **2ieren** [--'ni:rən] *Rel.* ordenar.

ordn|en ['ɔrdnən] (26) ordenar; arreglar; disponer; clasificar; **2er** *m* (7) *j.:* mantenedor *m* del orden; *(Mappe)* clasificador *m*; archivador *m*.

Ordnung ['-nuŋ] *f* orden *m* (*a. Biol.*); *in* **bringen** poner en orden; *fig.* arreglar; *in* **en** orden; *Papiere:* en regla; *zur* **rufen** llamar al orden; *in* **!** ¡conforme!; **2sgemäß** debidamente; **sliebe** *f* amor *m* al orden; **2sliebend** ordenado; **sruf** *m* llamamiento *m* al orden; **ssinn** *m* sentido *m* del orden; **sstrafe** *f* multa *f*; **2swidrig** contrario al orden, irregular; **szahl** *f* número *m* ordinal.

Ordonnanz [-dɔ'nants] *f* (16) ordenanza *m*.

Organ [-'ga:n] *n* (3¹) órgano *m* (*a. fig.*); **isation** [--iza'tsjo:n] *f* organización *f*; **i'sator** *m* organizador *m*; **2isa'torisch** de organización; organizador; **2isch** orgánico; **2i'sieren** organizar; **ismus** [--'nismus] *m* (16²) organismo *m*; **ist** *♪* [--'nist] *m* (12) organista *m*.

Orgasmus [-'gasmus] *m* (16²) orgasmo *m*.

Orgel ['-gəl] *f* (15) órgano *m*; **bauer** *m* organero *m*; **konzert** *n* recital *m* de órgano; **pfeife** *f* tubo *m* de órgano.

Orgie ['ɔrgjə] *f* (15) orgía *f*.

Orient ['o:rjɛnt] *m* (3) oriente *m*; **ale** [orjɛn'ta:lə] *m* (13), **alin** *f*, **2'alisch** oriental (*su.*); **2ieren** (*sich*) **orientar(se)** (*über ac.* sobre); **ierung** *f* orientación *f*.

origin|al [origi'na:l], **2** *n* (3¹), **... a.** *fig.* original (*m*); **2alität** [---nali'tɛ:t] *f* originalidad *f*; **ell** [---nɛl] original; raro.

Orkan [ɔr'ka:n] *m* (3¹) huracán *m*.

Ornament [-na'mɛnt] *n* (3) ornamento *m*, adorno *m*.

Ornat [-'naːt] *m* (3) ornamentos *m*/*pl.* (sacerdotales).

Ort [ɔrt] *m* (3 *u.* 1²) lugar *m*, sitio *m*; puesto *m*, punto *m*; *s. a.* ~*schaft*; *an* ~ *u. Stelle* sobre el terreno; *in situ*; ²**en** (26) determinar la posición; localizar.

orthodox [ɔrto'dɔks] ortodoxo.

Orthograph|ie [--gra'fiː] *f* (15) ortografía *f*; ²**isch** [--'graːfiʃ] ortográfico.

Orthopäd|e [--'pɛːdə] *m* (13) ortopedista *m*; ²**isch** ortopédico.

örtlich ['œrtliç] local (*a.* ✽); ²**keit** *f* localidad *f*, lugar *m*, sitio *m*.

Orts... ['ɔrts...]: *in Zssgn oft* local; ~**angabe** *f* indicación *f* del lugar; *Brief:* señas *f*/*pl.*; ²-**ansässig** domiciliado en el lugar; ~**bestimmung** *f* orientación *f*.

Ortschaft ['ɔrtʃaft] *f* población *f*; poblado *m*; lugar *m*; localidad *f*.

orts|fest ⊕ ['ɔrtsfɛst] fijo, estacionario; ~**fremd** forastero; ²**gespräch** *n* *Fernspr.* conferencia *f* urbana; ²-**kenntnis** *f* conocimiento *m* del lugar; ~**kundig** conocedor del lugar; ²**name** *m* nombre *m* de la población; ²**netz** *n* *Fernspr.* red *f* urbana; ²-**schild** *n* señal *f* indicadora de población; ²**sender** *m* *Radio:* emisora *f* local; ~**üblich** según el uso local; ²**veränderung** *f* cambio *m* de lugar; desplazamiento *m*; ²**verkehr** *m* tráfico *m* *bzw.* servicio *m* local; ²**zeit** *f* hora *f* local; ²**zulage** *f* indemnización *f* de residencia.

Ortung ['ɔrtuŋ] *f* determinación *f* de la posición; localización *f*.

Öse ['øːzə] *f* (15) ojete *m*; corcheta *f*; *Haken u.* ~ corchete *m*.

Ost [ɔst] *m* (3²) este *m*; '~**...:** *in Zssgn* oriental; '~**block** *m* bloque *m* oriental; '~**en** *m* (6) este *m*; oriente *m*; *Span. a.* Levante *m*; *der Ferne* ~ el Lejano *od.* Extremo Oriente; *der Nahe* ~ el Próximo Oriente; *der Mittlere* ~ el Oriente Medio.

ostentativ [ɔstɛnta'tiːf] ostentativo; ostensivo.

Oster|ei ['oːstərʔai] *n* huevo *m* de Pascua; ~**lamm** *n* cordero *m* pascual; ~'**montag** *m* lunes *m* de Pascua; ~**n** *n* *uv.*, *a. pl.* Pascua *f* (de Resurrección).

Österreich|er(in *f*) ['øːstəraiçər(in)] *m* (7), ²**isch** austríaco (-a) *m* (*f*).

Oster|samstag [oːstər'zamstaːk] *m* Sábado *m* Santo *od.* de Gloria; ~'**sonntag** *m* domingo *m* de resurrección *od.* de Pascua; '~**woche** *f* Semana *f* Santa.

östlich ['œstliç] oriental, del este; ~ *von* al este de.

Ostwind ['ɔstvint] *m* viento *m* del este; *Span. a.* levante *m*.

Otter ['ɔtər]: **a)** *m* (7) nutria *f*; **b)** *f* (15) (*Schlange*) víbora *f*.

Ouvertüre [uvɛr'tyːrə] *f* (15) obertura *f*.

oval [o'vaːl] oval.

Ovation [ova'tsjoːn] *f* ovación *f*.

Overall ['oːvərɔːl] *m* (11) mono *m*.

Ovulation *Physiol.* [ovula'tsjoːn] *f* ovulación *f*; ~**shemmer** *m* (7) anovulatorio *m*.

Oxyd [ɔ'ksyːt] *n* (3) óxido *m*; ²**ieren** [-sy'diːrən] *v*/*t.* (*v*/*i.* [sn]) oxidar(se).

Ozean ['oːtseaːn] *m* (3¹) océano *m*; ~**dampfer** *m* transatlántico *m*; ²**isch** [--'aːniʃ] oceánico.

Ozelot *Zo.* ['oːtsəlɔt] *m* (3¹) ocelote *m*.

Ozon [o'tsoːn] *m* (3¹, *o. pl.*) ozono *m*.

P

P, p [pe:] *n* P, p *f.*

Paar [pɑ:r] **1.** *n* (3) *et.*: par *m*; *j.*: pareja *f*; *das junge* ∼ los recién casados; **2.** ♀ *adj.*: *ein* ∼ unos cuantos, algunos, unos; **⁹en** (25) aparear; *fig. a.* juntar, unir; *sich* ∼ aparearse; **'⸱lauf** *m Sport*: patinaje *m* por parejas; **'⸱²mal**: *ein* ∼ algunas veces; **'⸱ung** *f* apareamiento *m*; **'⸱²weise** de dos en dos; a pares; por parejas.

Pacht [paxt] *f* (16) arriendo *m*, arrendamiento *m*; **⁹en** (26) arrendar.

Pächter(in *f)* ['pɛçtɐr(in)] *m* (7) arrendatario (-a) *m* (*f*).

Pacht|geld ['paxtɡɛlt] *n* arrendamiento *m*; **⸱gut** *n*, **⸱hof** *m* finca *f* arrendada; **⸱vertrag** *m* contrato *m* de arrendamiento; **⸱zins** *m* renta *f* de arrendamiento.

Pack [pak]: **a)** *m* (3 *u.* 3³) bulto *m*; fardo *m*; paquete *m*; **b)** *n* (3, *o. pl.*) gentuza *f*, chusma *f.*

Päckchen ['pɛkçən] *n* (6) ☙ pequeño paquete *m*; *Zigaretten*: paquete *m*, cajetilla *f.*

Pack|eis ['pak'aɪs] *n* banquisa *f*; **⸱en** (25) (*ein∼*) empaquetar, embalar; *Koffer*: hacer; (*fassen*) coger (*nicht in Arg.!*), agarrar; *fig.* cautivar; **⸱en** (6 *s. Pack* a); **⸱end** *fig.* impresionante; conmovedor; **⸱er** *m* (7) embalador *m*; **⸱esel** *m* burro *m* de carga (*a. fig.*); **⸱papier** *n* papel *m* de embalar *od.* de estraza; **⸱sattel** *m* albarda *f*; **⸱ung** *f* paquete *m*; 🚑 fomento *m*; **⸱wagen** *m* furgón *m.*

Pädagog|e [pɛda'ɡo:ɡə] *m* (13) pedagogo *m*; **⸱ik** *f* (16, *o. pl.*) pedagogía *f*; **⸱isch** pedagógico.

Padd|el ['padəl] *n* (7) canalete *m*; pala *f*; **⸱elboot** *n* piragua *f*, canoa *f*; **⸱eln** (29, *h. u.* sn) ir en piragua; **⸱ler** ['-lɐr] *m* (7) piragüista *m*, canoísta *m*; palista *m.*

Page ['pɑ:ʒə] *m* (13) paje *m*; (*Hotel* ♀) botones *m.*

Paillette [pa'jɛtə] *f* (15) lentejuela *f.*

Paket [pa'ke:t] *n* (3) paquete *m*; bulto *m*; **⸱karte** *f* boletín *m* de expedición; **⸱post** *f* servicio *m* de paquetes postales.

Pakt [pakt] *m* (3) pacto *m*; **⸱ieren** [-'ti:rən] pactar.

Palast [pa'last] *m* (3² *u.* 3) palacio *m.*

Palaver F [-'lɑ:vɐr] *n* (7) parloteo *m*; **⸱n** (29) parlotear.

Palette [-'lɛtə] *f* (15) paleta *f.*

Palisade [-li'zɑ:də] *f* (15) empalizada *f*, estaca *f.*

Palisanderholz [--'zandɐrhɔlts] *n* palisandro *m.*

Palm|e ['palmə] *f* (15) palmera *f*; F *fig. j-n auf die* ∼ *bringen* sacar a alg. de quicio; **⸱enhain** *m* palmeral *m*; **⸱'sonntag** *m* Domingo *m* de Ramos; **⸱zweig** *m* palma *f.*

Pampelmuse [pampəl'mu:zə] *f* (15) toronja *f*, pomelo *m.*

Pamphlet [-'fle:t] *n* (3) libelo *m*, panfleto *m.*

Paneel [pa'ne:l] *n* (3¹) panel *m.*

panier|en [-'ni:rən] (25) rebozar, empanar; **⸱mehl** *n* pan *m* rallado.

Pan|ik ['pɑ:nik] *f* (16), **⸱isch** pánico (*m*).

Panne ['panə] *f* (15) avería *f*; *fig.* contratiempo *m*; F plancha *f.*

Panorama [pano'rɑ:ma] *n* (9¹) panorama *m.*

panschen ['panʃən] (27) aguar; bautizar.

Pansen *Zo.* ['-zən] *m* (6) panza *f.*

Panther ['-tɐr] *m* (7) pantera *f.*

Pantine [-'ti:nə] *f* (15) chanclo *m.*

Pantoffel [-'tɔfəl] *m* (10, *a.* 7) zapatilla *f*; *fig. unter dem* ∼ *stehen* ser dominado por su mujer; **⸱held** F *m* bragazas *m.*

Pantomim|e [-to'mi:mə]: **a)** *f* (15) pantomima *f*; **b)** *m* (13) (panto)mimo *m*; **⸱isch** pantomímico.

Panzer ['-tsɐr] *m* (7) (*Rüstung*) coraza *f*; *Zo.* caparazón *m*; ✕ tanque *m*; **⸱...:** *in Zssgn oft* blindado, acorazado; **⸱abwehr** *f* defensa *f* antitanque; **⸱abwehr...:** *in Zssgn* antitanque, anticarro; **⸱faust** *f* bazooka *m*; **⸱hemd** *n* cota *f* de mallas; **⸱kreuzer** *m* acorazado *m*; **⸱n** (29) blindar, acorazar; **⸱platte** *f* plancha *f* de blindaje; **⸱schrank** *m* caja *f* fuerte; **⸱truppe** *f* tropas *f/pl.* blindadas;

⁓ung f blindaje m; coraza f; **⁓wagen** m carro m blindado; carro m de asalto od. de combate.

Papa [pa'pɑː, '-pa] m (11) papá m.

Papagei [-pa'gaɪ] m (12 u. 3¹) papagayo m, loro m; **⁓enkrankheit** f psitacosis f.

Papier [-'piːr] n (3¹) papel m; (Urkunde) documento m; **⁓e** pl. a. documentación f; **†** valores m/pl.; **⁓geld** n papel m moneda; **⁓geschäft** n, **⁓handlung** f papelería f; **⁓industrie** f industria f papelera; **⁓korb** m papelera f; **⁓krieg** m papeleo m; **⁓messer** n cortapapeles m; **⁓schlange** f serpentina f; **⁓taschentuch** n pañuelo m de papel.

Papp|band ['papbant] m encuadernación f en cartón; **⁓deckel** m cartón m.

Pappe ['-pə] f (15) cartón m; F fig. das ist nicht von ⁓ no es moco de pavo.

Pappel ♀ ['-pəl] f (15) álamo m, chopo m; **⁓allee** f alameda f.

Pappen|heimer F ['-pənhaɪmər] m: s-e ⁓ kennen conocer el paño; **⁓stiel** F m bagatela f.

papp|ig ['-piç] pastoso m; **2karton** m, **2schachtel** f caja f de cartón; **2maché** ['-maʃeː] n (11) cartón m piedra.

Paprika ['paprika] m (11) pimiento m; gemahlen: pimentón m; **⁓schote** f pimiento m.

Papst [pɑːpst] m (3² u. ³) papa m.

päpstlich ['pɛːpstliç] papal, pontificio; fig. ⁓er als der Papst más papista que el papa.

Papsttum ['pɑːpst-tuːm] n (1, o. pl.) papado m, pontificado m.

Parabel [pa'rɑːbəl] f (15) parábola f.

Parabol... [-ra'boːl...]: in Zssgn parabólico.

Parade [-'rɑːdə] f (15) ✗ desfile m, revista f; Fechtk. parada f, quite m; die ⁓ abnehmen pasar revista (a); **⁓marsch** m desfile m; **⁓schritt** m paso m de parada; **⁓uniform** f uniforme m de gala.

paradieren [-ra'diːrən] desfilar.

Paradies [--'diːs] n (4) paraíso m; **2isch** [--'-ziʃ] paradisíaco.

paradox [--'dɔks] paradójico.

Paraffin [--'fiːn] n (3¹) parafina f.

Paragraph [--'grɑːf] m (12) párrafo m; **§§** artículo m.

parallel [--'leːl] paralelo (zu a); **2e** f (15) paralela f; fig. paralelo m; **2o-**

gramm [--leloˈgram] n (3¹) paralelogramo m.

Paralyse [--'lyːzə] f (15) parálisis f.

paraphier|en [--'fiːrən] rubricar; **2ung** f rubricación f.

Parasit [--'ziːt] m (12) parásito m (a. fig.).

parat [-'rɑːt] preparado, listo.

Paratyphus ['-raty:fus] m paratifoidea f.

Pardon [par'dõ] m (11, o. pl.): keinen ⁓ geben no dar cuartel.

par excellence [-ɛksɛ'lãs] por excelencia.

Parforcejagd [-'fɔrsjaːkt] f montería f; caza f a caballo.

Parfüm [-'fyːm] n (3¹ u. 11) perfume m; **⁓erie** [-fymə'riː] f perfumería f; **2ieren** [--'miːrən] perfumar.

pari † ['paːri] a la par.

parieren [pa'riːrən] parar; (gehorchen) obedecer.

Parität [-ri'tɛːt] f paridad f; **2isch** paritario.

Park [park] m (11) parque m; **'2en** (25) v/t. u. v/i. aparcar; **'⁓en** n aparcamiento m, estacionamiento m.

Parkett [par'kɛt] n (3) parquet m, parqué m, entarimado m; Thea. patio m de butacas, platea f.

Park|haus ['parkhaʊs] n garaje-aparcamiento m, parking m; **⁓lücke** f hueco m (para aparcar); **⁓platz** m aparcamiento m, parking m; **⁓scheibe** f disco m de estacionamiento; **⁓uhr** f parquímetro m; **⁓verbot** n prohibición f de estacionamiento.

Parlament [parla'mɛnt] n (3) parlamento m; **⁓arier** [---'tɑːrjər] m (7), **2arisch** [---'tɑːriʃ] parlamentario (m).

Parodie [paro'diː] f (15) parodia f (auf de); **2ren** parodiar.

Parodontose ♀ [--dɔn'toːzə] f (15) parodontosis f.

Parole [-'roːlə] f (15) ✗ santo y seña m, consigna f (ausgeben dar); fig. lema m; (e)slogan m.

Partei [par'taɪ] f (16) partido m; **gⁿ** parte f; ⁓ ergreifen tomar partido (für por); **⁓führer** m jefe m de partido; **⁓gänger** [-'gɛŋər] m (7) partidario m; **2isch** parcial; **⁓lichkeit** f parcialidad f; **2los** Pol. independiente; neol. apartidista; **⁓tag** m congreso m del partido; **⁓zugehörigkeit** f afiliación f a un partido.

Parterre [-'tɛr] *n* (11) piso *m* bajo, planta *f* baja; *Thea.* platea *f*.

Partie [-'tiː] *f* (15) partida *f* (*a. Schach usw.*); ✝ lote *m*; ♪ parte *f*; (*Heirats⚥*) partido *m*; *mit von der* ~ *sn bei* participar en a/c.

partiell [-'tsjɛl] parcial.

Partikel [-'tikəl] *f* (15) partícula *f*.

Partikularismus [--kula'rismus] *m* (16, *o. pl.*) particularismo *m*.

Partisan [--'zaːn] *m* (8 *u.* 12) partisano *m*; guerrillero *m*; ~**enkrieg** *m* guerrilla *f*.

Partitur ♪ [--'tuːr] *f* (16) partitura *f*.

Partizip [--'tsiːp] *n* (8²) participio *m*.

Partner|(in *f*) ['partnər(in)] *m* (7) ✝ socio (-a) *m* (*f*); *Sport:* compañero (-a) *m* (*f*); (*Tanz⚥ usw.*) pareja *f*; ~**schaft** *f* cooperación *f*; participación *f*; ~**städte** *f/pl.* ciudades *f/pl.* gemelas.

Party ['paːrti] *f* (11¹, *pl. a.* -ties) guateque *m*; fiesta *f*.

Parzell|e [par'tsɛlə] *f* (15) parcela *f*; ⚥**ieren** [--'liːrən] parcelar.

Paspel ['paspəl] *f* (15) ribete *m*.

Paß [pas] *m* (4²) *Erdk.* puerto *m*; (*Eng⚥*) desfiladero *m*, paso *m*; (*Reise⚥*) pasaporte *m*.

passabel [pa'saːbəl] aceptable, *gal.* pasable.

Passage [-'saːʒə] *f* (15) pasaje *m*.

Passagier [-sa'ʒiːr] *m* (3¹) viajero *m*, ✈, 🚢 pasajero *m*; *pl. a.* pasaje *m*; ~**schiff** *n* buque *m* de pasajeros; paquebote *m*.

Passant(in *f*) [-'sant(in)] *m* (12) transeúnte *su.*, viandante *su.*

Passat(wind) [-'saːt(vint)] *m* (3) (viento *m*) alisio *m*.

Paßbild ['pasbilt] *n* foto(grafía) *f* de pasaporte.

passen ['pasən] (28) convenir (*für, zu* a); cuadrar (con); ir bien (con); hacer juego (con); *Kleidung:* sentar *od.* ir bien; *Spiel:* pasar; *in et.* ~ caber en; *zuea.* ~ llevarse bien; hacer buena pareja; *das paßt mir (nicht)* (no) me viene bien; ~**d** conveniente; apropiado; oportuno.

Paßgang ['pasgaŋ] *m* paso *m* de ambladura.

passier|bar [pa'siːrbaːr] transitable; practicable; ~**en 1.** *v/i* (*sn*) (*geschehen*) pasar, suceder, ocurrir; **2.** *v/t.* pasar (*a. Kchk.*), atravesar; ⚥**schein** *m* pase *m*.

Passion [-'sjoːn] *f* pasión *f*; *Rel.*

Pasión *f*; ⚥**iert** [-sjo'niːrt] apasionado; ~**sspiel** *n* Misterio *m* de la Pasión; ~**szeit** *f* cuaresma *f*.

passiv [-'siːf, -'siːf] **1.** *adj.* pasivo; **2.** ⚥ *Gram. n* (3¹) voz *f* pasiva; ⚥**a** [-'-va] *pl.* ✝ pasivo *m*; ⚥**ität** [-sivi'tɛːt] *f* pasividad *f*.

Paß|kontrolle ['paskɔntrɔlə] *f* control *m* de pasaportes; ~**stelle** *f* oficina *f* de pasaportes.

Paste ['pastə] *f* (15) pasta *f*.

Pastell [-'tɛl] *n* (3¹) pastel *m*; ~**farbe** *f* color *m* pastel; ~**malerei** *f* pintura *f* al pastel; ~**stift** *m* lápiz *m* pastel.

Pastete [-'teːtə] *f* (15) pastel *m*; paté *m*.

pasteurisieren [-tøri'ziːrən] paste(u)rizar.

Pastor ['-tɔr, -'toːr] *m* (8¹) pastor *m*.

Pate ['paːtə] *m* (13) padrino *m*; ~**nkind** *n* ahijado *m* (-a *f*); ~**nschaft** *f* padrinazgo *m*; *v. Städten:* hermanamiento *m*; *die* ~ *übernehmen* apadrinar; (*Frau*) amadrinar.

Patent [pa'tɛnt] **1.** *n* (3) patente *f*; **2.** ⚥ F *adj.* excelente; ~**amt** *n* oficina *f* de patentes; *Span.* registro *m* de la propiedad industrial; ~**anwalt** *m* agente *m* de la propiedad industrial; ⚥**fähig** patentable; ⚥**ieren** patentar; ~**inhaber** *m* tenedor *m* de la patente; ~**schutz** *m* protección *f* de la propiedad industrial.

Pater ['paːtər] *m* (7 *od. a.* -tres) padre *m*; ~**noster** [-'nɔstər] **a)** *n* (7) Padrenuestro *m*; **b)** *m* (7) (*Aufzug*) (ascensor *m* de) rosario *m*.

pathetisch [pa'teːtiʃ] patético.

Pathologie [-tolo'giː] *f* (15, *o. pl.*) patología *f*; ⚥**isch** [--'loːgiʃ] patológico.

Pathos ['paːtɔs] *n* (16, *o. pl.*) patetismo *m*; énfasis *m*.

Patience [pa'sjãs] *f* (15) solitario *m*; ~**n legen** hacer solitarios.

Patient(in *f*) [-'tsjɛnt(in)] *m* (12) paciente *su.*

Patin ['paːtin] *f* madrina *f*.

Patriarch [patri'arç] *m* (12) patriarca *m*; ⚥**alisch** [---'çaːliʃ] patriarcal.

Patriot|(in *f*) [--'oːt(in)] *m* (12) patriota *su.*; ⚥**isch** patriótico; ~**ismus** [--o'tismus] *m* (16, *o. pl.*) patriotismo *m*.

Patriz|ier(in *f*) [-'triːtsjər(in)] *m* (7), ⚥**isch** patricio (-a *m* (*f*).

Patron [-'troːn] *m* (3¹) *Rel.* patrono *m*, patrón *m*; F *fig.* tío *m*; ~**at**

[--'nɑːt] *n* (3) patronato *m*, patrocinio *m*.

Patrone [-'-nə] *f* (15) cartucho *m*; **~ngurt** *m* canana *f*; **~nhülse** *f* casquillo *m*; **~ntasche** *f* cartuchera *f*.

Patrouille [-'trɭljə] *f* (15) patrulla *f*; **~nboot** *n* patrullero *m*; **2°ieren** (h., sn) patrullar.

Patsche [k'pat∫ə] *f*(15) *fig.* apuro *m*; *in der ~ sitzen* estar en un apuro; *aus der ~ helfen* sacar del apuro; **2en** (27) *im Wasser:* chapotear; **2'naß** calado hasta los huesos.

patzig [-'tsɪç] insolente; F fresco.

Pauke ♪ [-'pɑʊkə] *f* (15) timbal *m*; bombo *m*; *fig. auf die ~ hauen* F echar una cana al aire; **2n** (25) tocar el bombo; F *fig.* empollar; **~r** *m* (7) ♪ timbalero *m*; bombo *m*; F (*Lehrer*) profe *m*.

Paus|backe [k'pɑʊsbakə] *f* moflete *m*; **2bäckig** [k'-bɛkɪç] mofletudo.

pauschal [pɑʊ'∫ɑːl], **2...:** *in Zssgn mst* global; **2e** *f*(15) suma *f* global; forfait *m*; **2reise** *f* viaje *m* (con) todo incluido *od.* a forfait.

Pause [k'-zə] *f* (15): **a)** pausa *f*; ♪ a. silencio *m*; *Konzert usw.:* descanso *m*; *Thea. a.* entreacto *m*; *Schule:* recreo *m*; **b)** (*Zeichnung*) calco *m*; **2en** (27) calcar (*ir*); **2enlos** continuamente, sin cesar; **~enzeichen** *n Radio:* indicativo *m*; sintonía *f*; **2°ieren** hacer (una) pausa; hacer un alto; **~papier** [k'pɑʊspapiːr] *n* papel *m* de calcar.

Pavian [k'pɑːvjɑːn] *m* (3¹) babuino *m*.

Pavillon [k'pavɪljõ] *m*(11) pabellón *m*; quiosco *m*.

Pazifis|mus [patsi'fɪsmʊs] *m* (16, *o. pl.*) pacifismo *m*; **~t** *m* (12), **2tisch** pacifista (*m*).

Pech [pɛç] *n* (3) pez *f*; (*Teer*) brea *f*; (*Erd2*) betún *m*; (*Schuster2*) cerote *m*; *fig.* mala suerte *f*, F mala pata *f od.* sombra *f*; **'~blende** *f* pechblenda *f*; **'~fackel** *f* antorcha *f*; **'2'schwarz** negro como el azabache; *Nacht:* como boca de lobo; **'~strähne** *f* mala racha *f*; **'~vogel** *m* F cenizo *m*; *ein ~ sn* tener mala pata.

Pedal [pe'dɑːl] *n* (3¹) pedal *m*.

Pedant [-'dant] *m* (12) pedante *m*; hombre *m* meticuloso; **~erie** [--tə-'riː] *f* (15) pedantería *f*, meticulosidad *f*; **2isch** pedante; meticuloso.

Pedell [-'dɛl] *m* (3¹) bedel *m*.

Pediküre [-di'kyːrə] *f*(15) pedicura *f* (*a. Person*).

Pegel [k'peːgəl] *m*(7) fluviómetro *m*; *a.* = **~stand** *m* nivel *m* del agua.

Peil|antenne [k'paɪl'antɛnə] *f* antena *f* radiogoniométrica; **2en** (25) sondear; ♣ *a.* marcar; *fig. die Lage ~* tantear el terreno; **~funk** *m* radiogoniometría *f*; **~station** *f* radiofaro *m*; **~ung** *f* ♣ arrumbamiento *m*; marcación *f*; ⚡ captación *f*.

Pein [paɪn] *f* (16, *o. pl.*) pena *f*; tortura *f*; **2igen** [k'-nɪgən] (25) atormentar; torturar; **~iger** *m* (7) atormentador *m*, torturador *m*; **'2lich** penoso; *Frage:* delicado; *Lage:* precario; embarazoso; (*unangenehm*) desagradable; *~ genau* meticuloso; *~ sauber* pulcro; *~ berührt* penosamente impresionado.

Peitsche [k'paɪt∫ə] *f* (15) látigo *m*; fusta *f*; **2n** (27) azotar; fustigar; **~nhieb** *m* latigazo *m*; **~nknall** *m* chasquido *m* (de látigo).

pekuniär [pekun'jɛːr] pecuniario.

Pelerine [pelə'riːnə] *f*(15) esclavina *f*.

Pelikan [k'peːlikɑːn] *m* (3¹) pelícano *m*.

Pell|e [k'pɛlə] *f* (15) piel *f*; **2en** (25) pelar; **~kartoffeln** *f/pl.* patatas *f/pl.* cocidas sin pelar.

Pelz [pɛlts] *m* (3²) piel *f*; **~...:** *in Zssgn mst* de piel; **~geschäft** *n* peletería *f*; **'~händler** *m* peletero *m*; **'~jacke** *f* chaquetón *m* de piel; **'~mantel** *m* abrigo *m* de piel(es); **'~waren** *f/pl.* peletería *f*.

Pendant [pã'dã] *n* (11): *ein ~ bilden zu* hacer juego con.

Pendel [k'pɛndəl] *n* (7) péndulo *m*; péndola *f*; **~bewegung** *f* movimiento *m* pendular; **2n** (29, h. u. sn) oscilar; *fig.* ir y venir; **~tür** *f* puerta *f* pendular; **~uhr** *f* reloj *m* de péndola; **~verkehr** *m* tráfico *m* de vaivén; servicio *m* de lanzadera.

Pendler [k'pɛndlər] *m* trabajador *m* que diariamente viaja entre su casa y su lugar de trabajo.

penetrant [pene'trant] penetrante.

penibel [-'niːbəl] minucioso; meticuloso.

Penicillin [-nitsi'liːn] *n* (3¹, *o. pl.*) penicilina *f*.

Penis [k'peːnis] *m*(14², *pl. a. -nes*) pene *m*.

Penn|äler F [pɛ'nɛːlər] *m* (7) colegial *m*; **~bruder** F [k'pɛnbruːdər] *m*, **'~er**

m (7) vagabundo *m*; '~e F *f* (15) cole *m*; '²en F (25) dormir.

Pension [pã'zjo:n] *f* pensión *f* (*a. Heim*); (*Alters~*) *a.* jubilación *f*; ✕ retiro *m*; ~är(in *f*) [-zjo'nɛːr(in)] *m* (3¹) pensionista *su.*; ~at [--'na:t] *n* (3) internado *m*; ²'ieren: (*sich*) ~ (*lassen*) jubilar(se); ²'iert jubilado; ~'ierung *f* jubilación *f*; ✕ retiro *m*; ²sberechtigt: ~ *sn* tener derecho a jubilación; ~s-preis *m* precio *m* de la pensión.

Pensum ['pɛnzʊm] *n* (9[²]) tarea *f*.

Penthaus ['pɛnthaʊs] *n* sobreático *m*.

per [pɛr] por; ~ *Adresse* en casa de.

perfekt [-'fɛkt] **1.** *adj.* perfecto; ✝ ~ *machen* concluir; **2.** ² ['--] *n* (3) pretérito *m* perfecto; ²ion [--'tsjo:n] *f* perfección *f*.

perforieren [-fo'ri:rən] perforar.

Pergament(papier) [-ga'mɛnt(papi:r)] *n* (3) (papel *m*) pergamino *m*.

Period|e [per'jo:də] *f* (15) período *m*; ♂ *a.* regla *f*, menstruación *f*; ²isch periódico.

Peripherie [perifə'ri:] *f* (15) periferia *f*, ⅄ circunferencia *f*.

Periskop [--'sko:p] *n* (3¹) periscopio *m*.

Perl|e ['pɛrlə] *f* (15) perla *f* (*a. fig. Person*); *Rosenkranz:* cuenta *f*; (*Glas*²) abalorio *m*; (*Sekt*²) burbuja *f*; *fig.* ~*n vor die Säue werfen* echar margaritas a los puercos; ²en (25) burbujear (*a. Sekt*); ~en...: *in Zssgn* de perlas; ~huhn *n* pintada *f*; ~muschel *f* concha *f* perlera; '~mutt *n* (1, *o. pl.*), ~'mutter *f* (14, *o. pl.*) madreperla *f*, nácar *m*.

permanent [-ma'nɛnt] permanente.

permissiv [-mi'si:f] permisivo.

perplex [-'plɛks] perplejo.

Persenning [-'zɛniŋ] *f* (14) lona *f* impermeable.

Pers|er(in *f*) ['-zər(in)] *m* (7) persa *su.*, iraní *su.*; ~erteppich *m* alfombra *f* persa; ~ianer [-'zjaːnər] *m* (7) astracán *m*; ²isch persa, iraní.

Person [-'zo:n] *f* (16) persona *f*; *Thea.* personaje *m*; *ich für m-e* ~ en cuanto a mí.

Personal [-zo'na:l] *n* (3¹) personal *m*; ~...: *in Zssgn oft* personal; ~abbau *m* reducción *f* del personal *od.* de la plantilla; ~abteilung *f* departamento *m* de personal; ~akte *f* hoja *f* de servicios; ~ausweis *m* Span. documento *m* nacional de identidad, *Am.* cédula *f* personal; ~bestand *m*

plantilla *f*; ~chef *m* jefe *m* de personal; ~ien [--'-jən] *pl.* datos *m*/*pl.* personales.

Personen|aufzug [-'zo:nən?aʊftsuːk] *m* ascensor *m*; ~beförderung *f* transporte *m* de viajeros; ~(kraft)-wagen *m* turismo *m*; ~kult *m* culto *m* a la persona; ~schaden *m* daño *m* personal; ~stand *m* estado *m* civil; ~verkehr *m* tráfico *m* de viajeros; ~zug *m* (tren *m*) correo *m*.

personifizier|en [-zonifi'tsi:rən] personificar; ²ung *f* personificación *f*.

persönlich [-'zø:nlıç] personal; individual; *adv.* en persona; ²keit *f* personalidad *f*, individualidad *f*; personaje *m*.

Perspektiv|e [-spɛk'ti:və] *f* (15) perspectiva *f*; ²isch perspectivo.

Peruan|er [peru'a:nər] *m* (7), ²isch peruano (*m*).

Perücke [pe'rykə] *f* (15) peluca *f*.

pervers [pɛr'vɛrs] perverso; ²ität [--zi'tɛːt] *f* perversidad *f*.

Pessim|ismus [pɛsi'mismus] *m* (16, *o. pl.*) pesimismo *m*; ~ist(in *f*) [--'mist(in)] *m* (12), ²'istisch pesimista (*su.*).

Pest ♂ [pɛst] *f* (16, *o. pl.*) peste *f* (*a. fig.*); ~beule *f* bubón *m* pestoso; ~izid [-ti'tsi:t] *n* (3¹) pesticida *m*, plaguicida *m*.

Petersilie [petər'zi:ljə] *f* (15) perejil *m*.

Petition [-ti'tsjo:n] *f* petición *f*, súplica *f*.

Petroleum [-'tro:leum] *n* (9, *o. pl.*) petróleo *m*; ~lampe *f* quinqué *m*.

petto ['pɛto]: *et. in* ~ *haben* traer a/c. en la manga.

petze|n F ['pɛtsən] (27) chivarse; ²r *m* (7) chivato *m*, soplón *m*.

Pfad [pfa:t] *m* (3) senda *f*, sendero *m*; vereda *f*; '~finder *m* explorador *m*; escultista *m*; '~finderbewegung *f* escultismo *m*.

Pfaffe *desp.* ['pfafə] *m* (13) cura *m*; '~ntum *n* (1, *o. pl.*) clericalismo *m*.

Pfahl [pfa:l] *m* (3³) estaca *f*; poste *m*; palo *m*; ⚓ pilote *m*, ✐ (*Stütz*²) rodrigón *m*; '~bauten *m*/*pl.* construcciones *f*/*pl.* lacustres; '~muschel *f* mejillón *m*; '~werk *n* estacada *f*, empalizada *f*; '~wurzel *f* raíz *f* pivotante.

Pfand [pfant] *n* (1²) prenda *f*; '~brief *m* cédula *f* hipotecaria.

pfänden ['pfɛndən] (26) embargar.

Pfand|haus ['pfanthaʊs] n, ~leihe ['-laɪə] f (15) monte m de piedad; casa f de empeños; ~leiher m (7) prestamista m; ~schein m papeleta f de empeño; ~schuld f deuda f pignoraticia.

Pfändung ['pfɛndʊŋ] f embargo m.

Pfann|e ['pfanə] f (15) sartén f; Anat. (Gelenk2) cotila f, acetábulo m; ~kuchen m crepe m; Berliner ~ buñuelo m flechado.

Pfarr|amt ['pfar°amt] n curato m; rectoría f; ~bezirk m, ~ei [-'raɪ] f parroquia f; ~er m (7) pastor m; kath. cura m, párroco m; ~haus n casa f parroquial; ~kind n feligrés m, parroquiano m; ~kirche f iglesia f parroquial; ~stelle f curato m.

Pfau [pfaʊ] m (5) pavo m real.

Pfeffer ['pfɛfər] m (7) pimienta f; ~kuchen m pan m de especias; ~minze ♀ f menta f, hierbabuena f; ~minztee m infusión f de menta; 2n (29) echar pimienta a; ~strauch m pimentero m.

Pfeif|e ['pfaɪfə] f (15) silbato m; pito m; (Tabaks2) pipa f; ~ rauchen fumar en pipa; 2en (30) silbar; pitar, tocar el pito; F fig. ich pfeife darauf me importa un pito; ~en n silbido m; ~er ♪ m (7) pífano m; ~konzert F n pitada f.

Pfeil [pfaɪl] m (3) flecha f; saeta f; (Wurf2) dardo m; '~er m (7) pilar m; puntal m; '~gift n curare m; 2'-'schnell (rápido) como una flecha; '~schuß m flechazo m.

Pfennig ['pfɛniç] m (3¹, als Maß im pl. uv.) pfennig m; ~fuchser F ['--fuksər] m (7) tacaño m.

Pferch [pfɛrç] m (3) redil m, aprisco m; 2en (25) apriscar; fig. hacinar.

Pferd [pfe:rt] n (3) caballo m (a. Schach); Turnen: potro m con aros; (Sprung2) caballo m de saltos; zu ~ e a caballo.

Pferde... ['-də...]: in Zssgn oft de caballo(s); ~apfel m cagajón m, bosta f (de caballo); ~händler m tratante m de caballos, chalán m; ~länge f largo m de caballo; ~rennbahn f hipódromo m; ~rennen n carrera f de caballos, concurso m hípico; ~schwanz m cola f de caballo (a. Frisur); ~sport m hípica f, hipismo m; ~stall m cuadra f, caballeriza f; ~stärke f (Abk. PS) caballo m de vapor; ~zucht f cría f de caballos.

Pfiff [pfif] m (3) silbido m; pitada f, pitido m; fig. truco m; '~erling ♀ ['-fərliŋ] m (3¹) cantarela f; keinen ~ wert sn no valer nada; '2ig astuto, ladino; '~igkeit f astucia f.

Pfingst... ['pfiŋst...]: in Zssgn de Pentecostés; ~en n uv. Pentecostés m; ~rose ♀ f peonía f.

Pfirsich ['pfirziç] m (3) melocotón m, Am. durazno m; ~baum m melocotonero m, duraznero m.

Pflanz|e ['pflantsə] f (15) planta f; vegetal m; ~en...: in Zssgn oft vegetal; 2en (27) plantar; 2enfressend, ~enfresser m herbívoro (m); ~enkunde f botánica f; ~enreich n reino m vegetal; ~enschädling m parásito m; plaga f vegetal; ~enschutz m protección f de las plantas; ~enschutzmittel n producto m antiparasitario; ~er m (7) colono m; plantador m; 2lich vegetal; ~schule f vivero m; semillero m; ~ung f plantación f.

Pflaster ['pflastər] n (7) pavimento m; empedrado m, adoquinado m; ♂ emplasto m, parche m; (Heft2) esparadrapo m; 2n (29) empedrar, adoquinar; ~stein m adoquín m; ~ung f pavimentación f.

Pflaume ['pflaʊmə] f (15) ciruela f; ~nbaum m ciruelo m.

Pfleg|e ['pfle:gə] f (15) cuidados m/pl.; ♂ asistencia f; ⊕ mantenimiento m; fig. cultivo m; ~e-eltern pl. padres m/pl. tutelares; ~ekind n niño m acogido; 2eleicht de fácil lavado; 2en (25) cuidar (de); atender a (a. ♂); fig. cultivar; ~ zu (inf.) soler, acostumbrar (inf.); ~epersonal ♂ n personal m sanitario; ~er(in f) m (7) cuidador(a f) m; ♂ enfermero (-a) m (f); ♂ curador(a f) m; 2lich ['pfle:kliç] cuidadoso; adv. con cuidado; ~ling m (3¹) pupilo m; ~schaft f curatela f.

Pflicht [pfliçt] f (16) deber m, obligación f; '~...: in Zssgn oft obligatorio; '2bewußt cumplidor; '~bewußtsein n sentido m del deber; '~eifer m empeño m; '2eifrig celoso (de cumplir con su deber); '~erfüllung f cumplimiento m del deber; '~fach n asignatura f obligatoria; '~gefühl n sentido m del deber; '2gemäß obr. conforme a su deber; '2schuldigst debidamente; como es debido; '~teil ♂♂ m od. n legítima f; '2vergessen descuidado; desleal; '**~verletzung** f incumplimiento m del deber; '**~versicherung** f seguro m obligatorio; '**~verteidiger** ɡᵗ m defensor m de oficio; '**Ωwidrig** contrario a su deber.

Pflock [pflɔk] m (3³) estaquilla f; taco m; (Zapfen) clavija f.

pflück|en ['pflykən] (25) (re)coger; **~reif** cogedero.

Pflug [pfluːk] m (3³) arado m.

pflüg|en ['pflyːgən] (25) arar; **Ωen** n arada f; **Ωer** m (7) arador m.

Pflugschar f ['pfluːkʃɑːr] f reja f.

Pforte ['pfɔrtə] f (15) puerta f.

Pförtner ['pfœrtnər] m (7) portero m; conserje m; Anat. píloro m; **~loge** f portería f; conserjería f.

Pfosten ['pfɔstən] m (6) poste m.

Pfote ['pfoːtə] f (15) pata f.

Pfriem [pfriːm] m (3) punzón m; lezna f.

Pfropf [pfrɔpf] m (3) tapón m; ℱ coágulo m; '**Ωen** (25) taponar; ⚕ injertar; '**~en** m (6) tapón m; corcho m; '**~reis** ⚘ n púa f, injerto m.

Pfründe ['pfryndə] f (15) prebenda f; canonjía f; fig. a. sinecura f.

Pfuhl [pfuːl] m (3) charca f.

pfui! ['pfui] ¡qué asco!

Pfund [pfunt] n (3, als Maß im pl. uv.) libra f (Sterling esterlina); **Ωig** ['-diç] F estupendo; de miedo.

pfusch|en ['pfuʃən] (27) chapucear; (mogeln) hacer trampas; '**Ωer** m (7) chapucero m; **Ωe'rei** f chapucería f, chapuza f.

Pfütze ['pfytsə] f (15) charco m.

Phänomen [fenoˈmeːn] n (3¹) fenómeno m; **Ωal** [--meˈnɑːl] fenomenal.

Phantasie [fantaˈziː] f (15) imaginación f; fantasía f; **Ωlos** sin imaginación; **Ωren** fantasear; ♪ desvariar; ♪ improvisar; **Ωvoll** lleno de imaginación.

Phantast [-ˈtast] m (12) iluso m; visionario m; **Ωisch** a. fig. fantástico, fabuloso.

Phantom [-ˈtoːm] n (3¹) fantasma m; visión f; **~bild** n retrato m robot.

Pharmakologie [farmakoloˈgiː] f (15, o. pl.) farmacología f.

Pharmazeut [--ˈtsɔyt] m (12), **Ωisch** farmacéutico m.

Pharmazie [--ˈtsiː] f (15, o. pl.) farmacia f.

Phase [ˈfɑːzə] f (15) fase f.

Philanthrop [filanˈtroːp] m (12) filántropo m.

Philatel|ie [-lateˈliː] f (15, o. pl.) filatelia f; **~ist** m (12) filatelista m, filatélico m.

Philister [-ˈlistər] m (7) filisteo m (a. fig.); **Ωhaft** estrecho de miras.

Philolog|e [-loˈloːgə] m (13) filólogo m; **~ie** [--loˈgiː] f (15) filología f; **Ωisch** [--ˈloːgiʃ] filológico.

Philosoph [--ˈzoːf] m (12) filósofo m; **~ie** [--zoˈfiː] f (15) filosofía f; **Ωieren** [----ˈfiːrən] filosofar; **Ωisch** [--ˈzoːfiʃ] filosófico.

Phlegma [ˈflɛgma] n (11, o. pl.) flema f; **~tiker** [-ˈmɑːtikər] m (7), **Ωtisch** flemático (m).

Phonet|ik [foˈneːtik] f (16, o. pl.) fonética f; **Ωisch** fonético.

Phosphor [ˈfɔsfər] m (3¹) fósforo m; **Ωeszieren** [-foresˈtsiːrən] fosforecer; **~säure** f ácido m fosfórico.

Photo [ˈfoːto] n (11) foto f; **~apparat** m máquina f fotográfica; **Ωgen** [fotoˈgeːn] fotogénico.

Photograph(in f) [fotoˈgraːf(in)] m (12) fotógrafo (-a) m (f); **~ie** [--graˈfiː] f (15) fotografía f; **Ωieren** fotografiar; hacer od. sacar fotos; **Ωisch** [--ˈgraːfiʃ] fotográfico.

Photo|kopie [--koˈpiː] f (15) fotocopia f; **Ωko'pieren** fotocopiar; **~ko'piergerät** n fotocopiadora f; '**~montage** f fotomontaje m; '**~satz** Typ. m fotocomposición f.

Phrase [ˈfraːzə] f (15) frase f; pl. a. palabrería f; **~ndrescher** m charlatán m; **Ωnhaft** hueːro; **~ologie** [fraseoloˈgiː] f (15) fraseología f.

Physik [fyˈziːk] m (16, o. pl.) física f; **Ωalisch** [-ziˈkɑːliʃ], **~er** [ˈfyːzikər] m (7) físico (m); **~um** ['-ːkum] n (9²) examen m preclínico.

Physiognomie [fyzjɔɡnoˈmiː] f (15) fisonomía f.

Physiolog|e [--ˈloːgə] m (13) fisiólogo m; **~ie** [--loˈgiː] f (15, o. pl.) fisiología f; **Ωisch** [--ˈloːgiʃ] fisiológico.

Physiotherap|eut(in f) [--teraˈpɔyt(in)] m (12) fisioterapeuta su.; **~ie** [----ˈiː] f fisioterapia f.

physisch [ˈfyːziʃ] físico.

Pian|ist(in f) [piaˈnist(in)] m (12) pianista su.; **~o** [-ˈɑːno] n (11) piano m.

picheln F [ˈpiçəln] (29) F empinar el codo.

Pick|e [ˈpikə] f (15) (zapa)pico m; **~el** m (7) pico m; ℱ grano m; espinilla f; **Ωen** (25) picotear; picar; **~nick**

['nik] *n* (11 *u.* 3¹) merienda *f* al aire libre, picnic *m*.

piek|en F ['piːkən] (25) picar; **'◡'fein** F de punta en blanco.

piep(s)en ['piːp(s)ən] (25, 27) piar; F *bei dir piept's wohl?* ¿estás loco?

Pier ⚓ [piːr] *m* (3¹) muelle *m*.

Pietät [pie'tɛːt] *f* respeto *m*; **2los** irrespetuoso; **2voll** respetuoso.

Pigment [pig'mɛnt] *n* (3) pigmento *m*.

Pik [piːk] *n* (11) *Kartenspiel:* espadas *f/pl.*; F e-n ◡ auf j-n haben tener manía *od.* tirria a alg.; **2ant** [pi'kant] picante; **◡e** ['piːkə] *f* (15) pica *f*; **2iert** [pi'kiːrt] picado, amoscado, P cabreado.

Pikkolo ['pikolo] *m* (11) botones *m*; **◡flöte** ♪ *f* flautín *m*.

Pilger|(in *f)* ['pilgər(in)] *m* (7) peregrino (-a) *m* (*f*), romero (-a) *m* (*f*); **◡fahrt** *f* peregrinación *f*, romería *f*; **2n** (29, sn) peregrinar, ir en romería; **◡stab** *m* bordón *m*.

Pille ['pilə] *f* (15) píldora *f*; *fig.* die ◡ versüßen dorar la píldora.

Pilot [pi'loːt] *m* (12) piloto *m*; **◡programm** *n* programa *m* piloto.

Pilz [pilts] *m* (3²) hongo *m*, seta *f*.

pimp(e)lig F ['pimp(ə)liç] melindroso; blando; F quejica.

pingelig F ['piŋəliç] meticuloso; pedante.

Pinguin ['piŋguiːn] *m* (3¹) pájaro *m* bobo, pingüino *m*.

Pinie ♣ ['piːnjə] *f* (15) pino *m*; **◡nwald** *m* pinar *m*.

pinkeln P ['piŋkəln] (29) P mear.

Pinscher ['pinʃər] *m* (7) grifón *m*.

Pinsel ['◡zəl] *m* (7) pincel *m*; *grober:* brocha *f*; **◡ei** [◡'lai] *f* pintarrajo *m*; **2n** (29) pintar; pincelar (*a.* 🎨); **◡strich** *m* pincelada *f*.

Pinzette [◡'tsetə] *f* (15) pinzas *f/pl*.

Pionier [pio'niːr] *m* (3¹) × zapador *m*; *fig.* pionero *m*; **◡truppe** *f* cuerpo *m* de ingenieros (*militares*).

Pipeline ['paiplain] *f* (11¹) oleoducto *m*; (*Gas*) gasoducto *m*.

Pipi F ['pipi] *n*: ◡ machen hacer pis *od.* pipí.

Pirat [pi'raːt] *m* (12) pirata *m*; **◡erie** [◡təˈriː] *f* (15) piratería *f*.

Pirol *Zo.* [◡'roːl] *m* (3¹) oropéndola *f*.

Pirouette [◡ru'ɛtə] *f* (15) pirueta *f*.

Pirsch [pirʃ] *f* (16, *o. pl.*) rececho *m*; **'2en** (27) rececho.

pissen V ['pisən] (28) P mear.

Pistazie ♣ [pis'taːtsjə] *f* (15) pistacho *m*.

Piste ['◡tə] *f* (15) pista *f*.

Pistole [◡'toːlə] *f* (15) pistola *f*; *mit vorgehaltener* ◡ a punta de pistola; **◡nschuß** *m* pistoletazo *m*; **◡ntasche** *f* pistolera *f*.

pittoresk [pito'rɛsk] pintoresco.

Pizza ['pitsa] *f* (11¹ *od.* 16²) pizza *f*.

placier|en [pla'(t)siːrən] colocar; **2ung** *f* colocación *f*.

plack|en ['plakən] (25): *sich* ◡ ajetrearse; **2e'rei** *f* ajetreo *m*.

pläd|ieren [plɛ'diːrən] 🏛 informar; *fig.* ◡ *für* abogar por; **2oyer** 🏛 [-doa-'jeː] *n* (11) informe *m*.

Plage ['plaːgə] *f* (15) molestia *f*; tormento *m*; (*Land2*) plaga *f*; calamidad *f*; azote *m*; **◡geist** *m* *fig.* pegote *m*; **2n** (25) molestar; fastidiar; atormentar; *sich* ◡ ajetrearse.

Plagiat [pla'gjaːt] *n* (3) plagio *m*; **◡or** [-'-tɔr] *m* (8¹) plagiario *m*.

Plakat [-'kaːt] *n* (3) cartel *m*; **◡ankleber** *m* cartelero *m*; **◡maler** *m* cartelista *m*; **◡säule** *f* columna *f* anunciadora; **◡träger** *m* hombre-anuncio *m*.

Plakette [-'kɛtə] *f* (15) placa *f*.

Plan [plaːn] *m* (3³) plan *m*; proyecto *m*; △ plano *m* (*a. Stadt2*); **'◡e** *f* (15) toldo *m*; lona *f*; **'2en** (25) planear; proyectar.

Planet [pla'neːt] *m* (12) planeta *m*; **2arisch** [-ne'taːriʃ], **◡arium** [-'-rjum] *n* (9) planetario (*m*).

planier|en [-'niːrən] aplanar; nivelar; **2raupe** *f* niveladora *f*; **2ung** *f* aplanamiento *m*; nivelación *f*.

Planke ['plaŋkə] *f* (15) tabla *f*, tablón *m*.

Plänkel|ei [plɛŋkə'lai] *f* × escaramuza *f* (*a. fig.*), refriega *f*; **'2n** (29) escaramuzar.

plan|los ['plaːnloːs] sin método; **2losigkeit** *f* falta *f* de método; **◡mäßig** metódico, sistemático; *Beamter:* de plantilla; *Vkw.* regular.

planschen ['planʃən] (27) chapotear; **2'rei** *f* chapoteo *m*.

Planstelle ['plaːnʃtɛlə] *f* puesto *m* de plantilla.

Plantage [plan'taːʒə] *f* (15) plantación *f*.

Plan|ung ['plaːnuŋ] *f* planificación *f*; **2voll** metódico, sistemático; **◡wirtschaft** *f* economía *f* dirigida, dirigismo *m*.

Plapper|maul F ['plapǝrmaul] n parlanchín m; 2n (29) charlar, parlotear.

plärren ['plɛrǝn] (25) berrear; lloriquear.

Plast|ik ['plastik]: **a)** f (16) (*Kunstwerk*) escultura f; (*Kunst*) artes f/pl. plásticas; **b)** n (11, o.pl.) plástico m; **2isch** plástico (*a. fig.*).

Platane [pla'tɑ:nǝ] f (15) plátano m.

Platin ['plɑ:tin] n (11, o. pl.) platino m.

platonisch [pla'to:niʃ] platónico.

plätschern ['plɛtʃǝrn] **1.** v/i. (29) chapalear; *Bach*: murmurar; **2.** 2 ~ chapaleo m; murmullo m.

platt [plat] llano, plano; aplastado; *Nase*: chato; *fig.* trivial, banal; F (*erstaunt*) perplejo; F e-n 2en haben tener un reventón *bzw.* un pinchazo.

Plättbrett ['plɛtbrɛt] n tabla f de planchar.

Plattdeutsch ['platdɔytʃ] n bajo alemán m.

Platte ['platǝ] f (15) placa f; plancha f; chapa f; lámina f; (*Stein2*) losa f; (*Holz2*) tabla f; (*Fliese*) baldosa f; (*Schall2*) disco m; (*Schüssel*) fuente f; (*Gericht*) plato m; F (*Glatze*) calva f.

Plätt|eisen ['plɛt'aizǝn] n plancha f; 2en (26) planchar.

Platten|sammlung ['platǝnzamluŋ] f, **~schrank** m discoteca f; **~spieler** m tocadiscos m; **~ständer** m portadiscos m.

Platt|form ['platfɔrm] f plataforma f (*a. fig.*); **~fuß** m pie m plano; F *Kfz.* pinchazo m; **~heit** *fig.* f trivialidad f, simpleza f, banalidad f; 2**ieren** ⊕ chapear.

Platz [plats] m (3² u. ³) plaza f; (*Sitz2*) *a.* asiento m; (*Stelle*) sitio m, lugar m; *Sport*: campo m; (*Raum*) espacio m; cabida f; ~ *finden* caber; ~ *nehmen* tomar asiento; sentarse; ~ *machen* hacer sitio; abrir paso; am ~e sn ser oportuno, estar indicado; '~**angst** f agorafobia f; '~**anweiser(in** f) m (7) acomodador(a) m (f).

Plätzchen ['plɛtsçǝn] n (6) rincón m; *Kchk.* pasta f.

Platz|deckchen ['platsdɛkçǝn] n (6) mantel m individual; 2en (27, sn) estallar (*a.* ⚡); *Reifen usw.*: reventar (*a. fig. vor Lachen, Stolz usw.*); F *fig.* (*scheitern*) frustrarse; **~karte** f reserva f de asiento; **~mangel** m falta f de espacio *od.* de sitio; **~patrone**

cartucho m sin bala *od.* de fogueo; 2**raubend** abultado; **~regen** m chaparrón m, aguacero m, chubasco m; **~verweis** m *Sport*: expulsión f; **~wechsel** m cambio m de sitio; ✝ letra f sobre la plaza.

Plauder|ei [plaudǝ'rai] f charla f; F palique m; '**~er** m (7) charlista m; '2n (29) charlar; F estar de palique; '~**stündchen** ['--ʃtyntçǝn] n (6) ratito m de charla; '~**ton** m: im ~ en tono de conversación.

plausibel [-'zi:bǝl] plausible; ~ *machen* hacer comprender.

Play|back ['ple:bɛk] n (11¹) playback m; '~**boy** m (11) play-boy m.

plazieren [pla'tsi:rǝn] *s.* placieren.

Plebej|er(in f) [ple'be:jǝr(in)] m (7), 2**isch** plebeyo (-a) m (f).

Plebiszit [-bis'tsi:t] n (3) plebiscito m.

Plebs [plɛps] m (4, o. pl.) plebe f.

Pleite ['plaitǝ] f (15) quiebra f; fig. fracaso m; ~ *machen* quebrar; 2 sn estar en quiebra; F estar sin blanca.

Plenar|saal [ple'nɑ:rzɑ:l] m sala f de plenos; **~sitzung** f sesión f plenaria.

Plenum ['ple:num] n (9, o. pl.) pleno m.

Pleuelstange ['plɔyǝlʃtaŋǝ] f biela f.

Pliss|eerock [pli'se:rɔk] m falda f plisada; 2**ieren** [-'si:rǝn] plisar.

Plombe ['plɔmbǝ] f (15) precinto m; (*Zahn2*) empaste m; 2**ieren** precintar; *Zahn*: empastar.

Plötze *Zo.* ['plœtsǝ] f (15) breca f.

plötzlich ['plœtsliç] repentino, súbito; brusco; *adv.* de repente, de pronto.

plump [plump] grosero; burdo, tosco; (*schwerfällig*) pesado; (*ungeschickt*) torpe; '2**heit** f grosería f; tosquedad f; torpeza f; '2**s** m (3²) batacazo m; **~sen** ['-sǝn] (27, sn) caer(se) pesadamente.

Plunder ['plundǝr] m (7) trastos m/pl.; cachivaches m/pl.

Plünder|er ['plyndǝrǝr] m (7) pillador m, saqueador m; 2n (29) pillar, saquear; **~ung** f pillaje m, saqueo m.

Plural ['plurɑ:l] m (3¹) plural m.

plus [plus] **1.** *adv.* más; 3 *Grad* ~ tres grados sobre cero; **2.** 2 n *uv.* superávit m, excedente m; *fig.* ventaja f.

Plüsch [plyːʃ] m (3²) felpa f.

Plus|punkt ['pluspuŋkt] m punto m a favor (*a. fig.*); **~quamperfekt** ['-kvampɛrfɛkt] n (3) pluscuamperfecto *m*; **~zeichen** *n* (signo *m* de) más *m*.

Pneumat|ik [pnɔʏ'maːtik] *m* (11), **2isch** neumático (*m*).

Po F [po:] *m* (11) *s.* Popo.

Pöbel ['pø:bəl] *m* (7, *o. pl.*) populacho *m*, chusma *f*; **2haft** plebeyo; grosero, vulgar.

pochen ['pɔxən] (25) golpear; *an die Tür:* llamar; *Herz:* latir, palpitar; *fig.* ~ *auf* insistir en; (*fordern*) reclamar (*ac.*).

Pocken ❀ ['pɔkən] *f/pl.* viruela *f*; **2narbig** picado de viruelas; ~-**(schutz)impfung** *f* vacunación *f* antivariólica.

Podest [po'dɛst] *n* (3²) tarima *f*.

Podium ['po:djum] *n* (9) podio *m*, estrado *m*; tablado *m*; **~sgespräch** *n* coloquio *m* público.

Poesie [poe'zi:] *f* (15) poesía *f*.

Poet|(in *f*) [-'e:t(in)] *m* (12) poeta *su.*; **~ik** [-'-tik] *f* (16) poética *f*; **2isch** poético.

Pointe [po'ɛ̃tə] *f* (15) agudeza *f*; *e-s Witzes:* gracia *f*.

Pokal [po'ka:l] *m* (3¹) copa *f*.

Pökel|fleisch ['pø:kəlflaɪʃ] *n* carne *f* adobada; **2n** (29) adobar.

Poker ['po:kər] *n* (7, *o. pl.*) póker *m*, póquer *m*; **2n** (29) jugar al póker.

Pol [po:l] *m* (3¹) polo *m* (a. ⚡).

Polar... [po'laːr...] *in Zssgn* polar; **~forscher** *m* explorador *m* de las regiones polares; **2isieren** [-lari'zi:rən] polarizar; **~ität** [---'tɛ:t] *f* polaridad *f*; **~kreis** *m* círculo *m* polar (*nördlicher* ártico; *südlicher* antártico).

Pole ['po:lə] *m* (13) polaco *m*.

Polemi|k [po'le:mik] *f* (16) polémica *f*; **~ker** *m* (7) polemista *m*; **2sch** polémico; **2sieren** [-lemi'zi:rən] polemizar.

Polente F [-'lɛntə] *f uv.* F poli *f*, bofia *f*.

Police [-'li:sə] *f* (15) póliza *f*.

Polier [-'li:r] *m* (3¹) capataz *m* (de albañiles); **2en** (25) pulir, pulimentar; sacar brillo a, lustrar; **~mittel** *n* producto *m* para pulir.

Poliklinik ['po:likli:nik] *f* (16) policlínica *f*.

Polin ['-lin] *f* polaca *f*.

Polit|ik [poli'ti:k] *f* (16) política *f*; **~iker** [-'li:tikər] *m* (7), **2isch** [-'-tiʃ] político (*m*); **2isieren** [--ti'zi:rən] **1.** *v/i.* politiquear; **2.** *v/t.* politizar; **~o-**

loge [--to'lo:gə] *m* (13) politólogo *m*; **~ologie** [---o'gi:] *f* (15, *o. pl.*) ciencias *f/pl.* políticas.

Politur [--'tu:r] *f* (16) pulimento *m*; lustre *m*; brillo *m*.

Polizei [--'tsaɪ] *f* (16) policía *f*; **~aufsicht** *f*: *unter* ~ bajo vigilancia de la policía; **~beamte(r)** *m* agente *m* de policía; **~hund** *m* perro *m* policía; **~kommissar** *m* comisario *m* de policía; **2lich** policíaco, de policía; **~präsident** *m* (**~präsidium** *n*) jefe *m* (jefatura *f*) de policía; **~revier** *n* comisaría *f*; **~streife** *f* patrulla *f* de policía; **~stunde** *f* hora *f* de cierre; **~wache** *f* puesto *m* de policía; comisaría *f*.

Polizist [--'tsist] *m* (12) guardia *m*; policía *m*; **~in** *f* (mujer *f*) policía *f*.

Polka ['pɔlka] *f* (11¹) polca *f*.

Pollen ❀ ['pɔlən] *m* (6) polen *m*.

polnisch ['pɔlniʃ] polaco.

Polo ['po:lo] *n* (11) polo *m*; **~hemd** *n* (camisa *f*) polo *m*.

Polonaise [polo'nɛ:zə] *f* (15) polonesa *f*.

Polster ['pɔlstər] *n* (7) acolchado *m*; relleno *m*; (*Kissen*) cojín *m*, almohada *f*; **~er** *m* tapicero *m*; **~möbel** *n/pl.* muebles *m/pl.* tapizados; **2n** (29) acolchar; tapizar; **~ung** *f* acolchado *m*; tapizado *m*.

Polter|abend ['-tər'a:bənt] *m* (fiesta *f* de) víspera *f* de (la) boda; **~geist** *m* trasgo *m*; **2n** (29) hacer ruido; caer con estrépito; (*schimpfen*) tronar.

Poly... ['poly...]: *in Zssgn mst* poli..., **~gamie** [--ga'mi:] *f* (15, *o. pl.*) poligamia *f*.

Polyp [-'ly:p] *m* (12) ❀ *u. Zo.* pólipo *m*; F (*Polizist*) polizonte *m*.

Polytechnikum [-ly'tɛçnikum] *n* (9[²]) escuela *f* politécnica.

Pomad|e [-'ma:də] *f* (15) pomada *f*; **2ig** F flemático, cachazudo.

Pomeranze [pomə'rantsə] *f* (15) naranja *f* amarga.

Pommes frites *fr.* [pɔm'frit] *pl.* patatas *f/pl.* fritas.

Pomp [pɔmp] *m* (3, *o. pl.*) pompa *f*; boato *m*; **2ös** [-'pø:s] pomposo.

Ponton [pɔ̃'tõ] *m* (11) pontón *m*; **~brücke** *f* puente *m* de pontones *od.* de barcas.

Pony ['pɔni]: **a**) *n* (11) poney *m*; **b**) *m* (11) (*Frisur*) flequillo *m*.

Popanz ['po:pants] *m* (3²) coco *m*; *fig.* muñeco *m*.

Popmusik ['pɔpmuziːk] f música f pop.

Popo F [po'poː] m (11) trasero m, pompis m.

popul|är [-pu'lɛːr] popular; **~arisieren** [--lari'ziːrən] popularizar; **2arität** [----'tɛːt] f popularidad f.

Pore ['poːrə] f (15) poro m.

Pornograph|ie [pɔrnogra'fiː] f (15, o. pl.) pornografía f; **2isch** [--'grɑːfiʃ] pornográfico.

porös [po'røːs] poroso.

Porree ♀ ['pɔre] m (11) puerro m.

Portal [pɔr'taːl] n (3¹) portal m.

Portemonnaie [pɔrtmɔ'neː] n (11) monedero m.

Portier [pɔr'tjeː] m (11) portero m, conserje m; **~sfrau** f portera f; **~(s)loge** f portería f.

Portion [-'tsjoːn] f porción f; ración f.

Porto ['-to] n (11, pl. a. -ti) porte m, franqueo m; **~ bezahlt** porte pagado (p.p.); **2frei** franco de porte; exento de franqueo; **2pflichtig** sujeto a franqueo.

Porträt [-'trɛː] n (11) retrato m; **2ieren** [-trɛ'tiːrən] retratar; **~maler(in** f) m retratista su.

Portugies|e [-tu'giːzə] m (13), **~in** f, **2isch** portugués (-esa) m (f).

Portwein ['pɔrtvaɪn] m (3) oporto m.

Porzellan [pɔrtsə'laːn] n (3¹) porcelana f.

Posaun|e ♪ [po'zaʊnə] f (15) trombón m; **2en** (25) tocar el trombón; fig. in alle Welt ~ pregonar a los cuatro vientos; **~ist** [--'nist] m (12) trombón m, trombonista m.

Pos|e ['poːzə] f (15) pose f; afectación f; **2ieren** [po'ziːrən] posar.

Position [pozi'tsjoːn] f posición f; ♣ situación f; **~slichter** n/pl. luces f/pl. de situación (Kfz. de posición).

positiv ['--tiːf] **1.** adj. positivo; **2.** 2 Phot. n (3¹) positivo m.

Positur [--'tuːr] f (16) postura f; pose f.

Posse ['pɔsə] f (15) farsa f; **2nhaft** burlesco; **~nreißer** m bufón m.

Possessivpronomen [-sɛ'siːfprono:mən] n pronombre m posesivo.

possierlich [-'siːrlɪç] gracioso.

Post [pɔst] f (16, o. pl.) correo m; (Gebäude) (oficina f de) correos m/pl.; auf die ~ bringen llevar al correo; mit der ~ por correo; mit getrennter ~ por (correo) separado; **2alisch** [-'tɑːlɪʃ] postal.

Postament [-ta'mɛnt] n (3) pedestal m.

Post... ['pɔst...]: in Zssgn oft postal; **~amt** n oficina f od. estafeta f de correos; **~anweisung** f giro m postal; **~beamte(r)** m empleado m de correos; **~bote** m cartero m; **~direktion** f administración f de correos; **~eingang** m correo m recibido; **~en** m (6) puesto m; empleo m; (Rechnung) elemento m; ✝ partida f, lote m; ✕ centinela m; ~ stehen montar la guardia; fig. nicht auf dem ~ sn no sentirse bien; **~er** ['pɔstər] m, n (7) póster m; **~fach** n apartado m de correos, Am. casilla f; **~flugzeug** n avión m correo; **~gebühren** f/pl. tarifas f/pl. postales; **~geheimnis** n secreto m postal; **~giro-amt** n s. ~scheckamt; **~hilfsstelle** f cartería f; **~karte** f (tarjeta f) postal f; **~kutsche** f diligencia f de correos; **2lagernd** lista de correos; **~leitzahl** f código m postal; **~paket** n paquete m postal; **~sack** m saca f; ✕ ~scheck m cheque m postal; **~scheck-amt** n oficina f de cheques postales; **~scheckkonto** n cuenta f de cheques postales; **~schiff** n buque m correo; **~schließfach** n s. ~fach; **~skriptum** [-'skriptum] n (9²) (Abk. PS) posdata f; **~sparbuch** n libreta f od. cartilla f de ahorro postal; **~sparkasse** f caja f postal de ahorros; **~stempel** m matasellos m; **2um** [-'tuːm] póstumo; **~wagen** m coche m correo; **2wendend** a vuelta de correo; **~wertzeichen** n sello m (de correo), Am. estampilla f; **~wurfsendung** f envío m colectivo; impresos m/pl. sin dirección; **~zug** m tren m correo.

poten|t [po'tɛnt] potente; **2tial** [--'tsjaːl] n (3¹), **~tiell** [--'tsjɛl] potencial (m); **2z** [-'tɛnts] f (16) potencia f.

Potpourri ['pɔtpuri] n (11) popurrí m (a. fig.).

Pottwal ['pɔtvaːl] Zo. m cachalote m.

Poularde [pu'lardə] f (15) pularda f.

Präambel [prɛ'ambəl] f (15) preámbulo m.

Pracht [praxt] f (16, o. pl.) magnificencia f; esplendor m; suntuosidad f.

prächtig ['prɛçtiç] magnífico; espléndido; suntuoso.

Pracht|kerl F ['praxtkɛrl] m mocetón m; **2voll** suntuoso; espléndido.

Prädikat [prɛdi'kɑ:t] n (3) *Gram.*
predicado m; (*Zensur*) nota f.
präge|n ['prɛ:gən] (25) imprimir, es-
tampar; *Münzen, Wort:* acuñar; *fig.*
marcar; grabar; **2stempel** m cuño
m, troquel m.
pragmatisch [prag'mɑ:tiʃ] pragmá-
tico.
prägnan|t [prɛg'nant] conciso; **2z**
[-'nants] f (16, *o. pl.*) concisión f.
Prägung ['prɛ:guŋ] f acuñación f; *fig.*
cuño m, marchamo m.
prahl|en ['prɑ:lən] (25) vanagloriar-
se, jactarse (*mit de*); **2er** m (7), **2hans**
['-hans] m (3² u. ³), **~erisch** fanfarrón
(m); **2erei** [-lə'raɪ] f fanfarronería f,
jactancia f.
Prakti|k ['praktik] f (16) práctica f;
~kant [--'kant] m (12) pasante m;
practicante m; **~ker** ['--kər] m (7)
práctico m; **~kum** ['--kum] n (9²)
prácticas f/pl.; **2sch** práctico; **~er**
Arzt médico m (de medicina) general; **2zieren** [--'tsi:rən] practicar;
Arzt: ejercer.
Prälat [prɛ'lɑ:t] m (12) prelado m.
Praline [pra'li:nə] f (15) bombón m.
prall [pral] (*straff*) tirante; (*voll*) repleto, relleno; *Ballon usw.:* henchi-
do; *in der Sonne* a pleno sol; **~en**
(25, sn) chocar (*auf, gegen* contra,
con).
Prämie ['prɛ:mjə] f (15) premio m; **†**
prima f.
prämi(i)er|en [prɛ'mi:rən, -mi'i:-
rən] premiar; **2ung** f adjudicación f
de premios.
prang|en ['praŋən] (25) brillar; lucir;
2er m (7) picota f; *an den* **~** *stellen*
poner en la picota (*a. fig.*).
Pranke ['praŋkə] f (15) garra f, pata f.
Präpa|rat [prɛpa'rɑ:t] n (3) prepa-
rado m; **2'rieren** preparar; *Tier:*
disecar.
Präposition [-pozi'tsjo:n] f preposición f.
Präsens *Gram.* ['prɛ:zɛns] n (16, *pl.*
-sentia) presente m.
Präsent [prɛ'zɛnt] n (3) regalo m;
2'ieren presentar.
Präsenzbibliothek [-'zɛntsbiblio-
te:k] f biblioteca f de consulta.
Präservativ [-zɛrva'ti:f] n (3¹) preservativo m.
Präsid|ent [-zi'dɛnt] m (12) presi-
dente m; **~entschaft** f presidencia f;
2'ieren presidir; **~ium** [-'zi:djum] n
(9) presidencia f.

prass|eln ['prasəln] (29) crepitar; **~en**
(28) vivir a lo loco; **2er** m (7) disipa-
do(r) m; vividor m; **2e'rei** f vida f
disipada.
Präteritum *Gram.* [prɛ'te:ritum] n
(9²) pretérito m.
Präventiv... [-vɛn'ti:f...]: *in Zssgn*
preventivo.
Praxis ['praksis] f (16²) práctica f; **†**
bufete m; **♣** consultorio m; (*Sprech-
stunde*) consulta f.
Präzedenzfall [prɛtse'dɛntsfal] m
precedente m.
präzis [-'tsi:s] preciso, exacto; **~ieren**
[-tsi'zi:rən] precisar; **2ion** [--'zjo:n] f
precisión f.
predig|en ['pre:digən] (25) predicar;
2er m (7) predicador m; **2t** ['--diçt] f
(16) sermón m (*a. fig.*).
Preis [praɪs] m (4) precio m; (*Belohnung*) premio m; galardón m; (*Lob*)
alabanza f; *um jeden* **~** *a toda costa,
cueste lo que cueste; um keinen* **~** *de
ningún modo;* '**~...:** *in Zssgn* **†** *oft:* de
(los) precios; '**~angabe** f indicación
f del precio; '**~aufgabe** f tema m de
concurso; '**~aufschlag** m recargo m,
sobreprecio m; '**~ausschreiben** n
concurso m; '**~bindung** f acuerdo m
sobre precios.
Preiselbeere ['praɪzəlbe:rə] f
arándano m encarnado.
preisen ['-zən] (30) alabar, celebrar.
Preis|erhöhung ['praɪs⁷erhø:uŋ] f
aumento m de precios; **~ermäßi-
gung** f reducción f de precios; **2-
geben** abandonar; entregar; *Geheimnis:* revelar; **2gekrönt** ['-gə-
krø:nt] premiado; **~gericht** n jurado
m; **~gestaltung** f calculación f de los
precios; **2günstig** **2wert.. ~index**
m índice m de precios; **~lage** f: *in
dieser* **~** *a este precio;* **~nachlaß** m
rebaja f, descuento m; **~richter** m
miembro m del jurado; juez m; **~
schwankung** f fluctuación f de(l)
precio; **~senkung** f disminución f
od. rebaja f de (los) precios; **~stopp**
m congelación f *od.* bloqueo m de
precios; **~sturz** m caída f brusca de
los precios; **~träger** m premiado m;
galardonado m; **~treibe'rei** f aumento m abusivo de los precios;
~verzeichnis n lista f de precios;
2wert barato; a buen precio.
prekär [pre'kɛ:r] precario.
Prell|bock **🚂** ['prɛlbɔk] m tope m;
2en (25) **♣** contusionar; *fig.* estafar

(*j-n* um et. a/c. a alg.), F timar; **~schuß** *m* tiro *m* de rebote; **~stein** *m* guardacantón *m*; **~ung ✻** *f* contusión *f*.

Premier|e [prəm'jɛ:rə] *f* (15) estreno *m*; **~minister** [-'je:ministər] *m* primer ministro *m*.

Presse ['prɛsə] *f* (15) prensa *f* (*a.* ⊕); **~...:** *in Zssgn mst* de prensa; **~büro** *n* agencia *f* de prensa; **~freiheit** *f* libertad *f* de prensa; **~konferenz** *f* conferencia *f* *od.* rueda *f* de prensa; **~n** (28) apretar; comprimir; ⊕ prensar; **~referent** *m* jefe *m* de prensa; **~stimmen** *f/pl.* comentarios *m/pl.* de prensa.

pressieren F [-'si:rən]: es pressiert es urgente; corre prisa.

Preßluft ['prɛslʊft] *f* aire *m* comprimido; **~hammer** *m* martillo *m* neumático.

Prestige [prɛs'ti:ʒə] *n* (7, *o. pl.*) prestigio *m*.

Preuß|e ['prɔysə] *m* (13), **~in** *f*, **2isch** prusiano (-a) *m* (*f*).

prickeln ['prikəln] (29) picar; *Sekt:* burbujear; *Glieder:* hormiguear; **~d** picante; excitante.

Priem [pri:m] *m* (3) tabaco *m* para mascar.

pries [pri:s] *s.* preisen.

Priester ['-tər] *m* (7) sacerdote *m*, cura *m*; **~amt** *n* sacerdocio *m*; **~in** *f* sacerdotisa *f*; **2lich** sacerdotal; **~rock** *m* sotana *f*; **~schaft** *f* clero *m*; **~seminar** *n* seminario *m*; **~tum** *n* (1, *o. pl.*) sacerdocio *m*; **~weihe** *f* ordenación *f* sacerdotal.

prima [pri:ma] ✝ de primera calidad; F estupendo, formidable; **2ballerina** [--balə'ri:na] *f* (16²) primera bailarina *f*.

primär [pri'mɛ:r], **2...** primario.

Primel ✻ ['pri:məl] *f* (15) primavera *f*.

primitiv [primi'ti:f] primitivo; **2ität** [--tivi'tɛ:t] *f* primitivismo *m*.

Primzahl ['pri:mtsa:l] *f* número *m* primo.

Prinz [prints] *m* (12) príncipe *m*; **~essin** [-'tsɛsin] *f* princesa *f*; **'~gemahl** *m* príncipe *m* consorte.

Prinzip [-'tsi:p] *n* (3¹ *u.* 8²) principio *m*; *im ~* en principio; **2iell** [-tsi'pjɛl] en *bzw.* por principio.

'Prinzregent *m* príncipe *m* regente.

Prior|(in *f*) ['pri:ɔr (pri'o:rin)] *m* (8¹

prior(a) *m* (*f*); **~ität** [priori'tɛ:t] *f* prioridad *f*.

Prise ['pri:zə] *f* (15) ⚓ presa *f*; (*Tabak*) toma *f*; (*Salz usw.*) pellizco *m*, chispa *f*.

Prism|a ['prisma] *n* (9¹) prisma *m*; **~englas** *n* prismáticos *m/pl.*

Pritsche ['pritʃə] *f* (15) catre *m*.

privat [pri'va:t], **2...** particular, privado; **2detektiv** *m* investigador *m* *od.* detective *m* privado; **2dozent** *m* *etwa:* profesor *m* no numerario; **2-interesse** *n* interés *m* privado; **2-leben** *n* vida *f* privada; **2lehrer** *m* profesor *m* particular; **2person** *f* particular *m*; **2recht** *n* derecho *m* privado; **2sache** *f* asunto *m* particular; **2stunde** *f* lección *f* particular.

Privileg [-vi'le:k] *n* (8²) privilegio *m*; **2ieren** [--le'gi:rən] privilegiar.

pro [pro:] por; **~** *Kopf* por cabeza; per cápita; F por barba; **~** *Person* por persona; **~** *Stück* por (*od.* la) pieza; **~** *Tag* al día; **~** *forma* por fórmula.

probat [pro'ba:t] probado; eficaz.

Probe ['pro:bə] *f* (15) prueba *f*; ✝ muestra *f*; ♪, *Thea.* ensayo *m*; (*Sprech2, Gesangs2*) audición *f*; *auf ~* a prueba; *auf die ~ stellen* poner *od.* someter a prueba; **~abzug** *Typ. m* prueba *f*; **~fahrt** *f* viaje *m* de prueba; **2n** (25) ensayar; **~nummer** *f* ejemplar *m* gratuito; **~sendung** *f* envío *m* de prueba; **2weise** a (título de) prueba; **~zeit** *f* período *m* de ensayo *od.* de prueba.

probieren [pro'bi:rən] probar (*a. Speise*), ensayar.

Problem [-'ble:m] *n* (3¹) problema *m*; **~atik** [-ble'ma:tik] *f* (16, *o. pl.*) problemática *f*; **2atisch** problemático.

Produkt [-'dukt] *n* (3) producto *m*; **~ion** [--'tsjo:n] *f* producción *f*; **~ions...:** *in Zssgn mst* de producción; **2iv** [--'ti:f] productivo; **~ivität** [--tivi'tɛ:t] *f* productividad *f*.

Produz|ent [-du'tsɛnt] *m* (12) productor *m* (*a. Film*); fabricante *m*; **2ieren** [--'tsi:rən] producir; fabricar; *sich ~* darse tono.

profan [-'fa:n] profano; **~ieren** [-fa-'ni:rən] profanar.

Profess|or [-'fɛsɔr] *m* (8¹) catedrático *m* (de universidad); *als Titel:* profesor *m*; **~ur** [--'su:r] *f* (16) cátedra *f*.

Profi F ['pro:fi] *m* (11) profesional *m*.

Profil [pro'fi:l] *n* (3¹) perfil *m* (*a.*

Reifen 2); 🎓 gálibo *m*; 2**ieren** [-fi'li:-rən] perfilar; 2**iert** *fig.* destacado; marcado.

Profit [-'fi:t] *m* (3) provecho *m*; beneficio *m*; 2**ieren** [-fi'ti:rən] ganar, salir ganando (*von, bei* en); aprovecharse (de).

Pro-forma-Rechnung ✝ [-'fɔrma-rεçnuŋ] *f* factura *f* pro forma.

Prognose [-'gno:zə] *f* (15) pronóstico *m* (*a.* ⚕).

Programm [-'gram] *n* (3¹) programa *m*; 2**gemäß** conforme al programa; **~gestaltung** *f* programación *f*; 2**ierbar** [--'mi:rba:r] programable; 2**ieren** programar; **~'ierer** *m* programador *m*; **~'iersprache** *f* lenguaje *m* de programación *f*; **~'ierung** *f* programación *f*; **~vorschau** *f* avance *m* de programas.

progressiv [-grε'si:f] progresivo.

Projekt [-'jεkt] *n* (3) proyecto *m*, plan *m*; 2**ieren** [--'ti:rən] proyectar; planear; **~ion** [--'tsjo:n] *f* proyección *f*; **~ions-apparat** *m*, **~or** [--'jεktɔr] *m* (8¹) proyector *m*.

projizieren [-ji'tsi:rən] proyectar.

Proklam|ation [-klama'tsjo:n] *f* proclamación *f*; 2**ieren** [--'mi:rən] proclamar.

Prokur|a [-'ku:ra] *f* (16²) poder *m*; procuración *f*; *per* 2 por poder; **~ist** [--'rist] *m* (12) apoderado *m*.

Prolet *desp.* [-'le:t] *m* (12) plebeyo *m*; zafio *m*; **~ariat** [-letar'ja:t] *n* (3) proletariado *m*; **~arier** [--'ta:rjər] *m* (7), 2**arisch** [--'ta:riʃ] proletario (*m*).

Prolog [-'lo:k] *m* (3) prólogo *m*.

Promen|ade [-mə'na:də] *f* (15) paseo *m*; **~adendeck** ⚓ *n* cubierta *f* de paseo; 2**ieren** (sn) pasear(se).

Promille [-'milə] *n uv.* tanto *m* por mil.

prominen|t [-mi'nεnt] prominente, eminente, destacado; 2**te(r)** *m* celebridad *f*; eminencia *f*; 2**z** [--'nεnts] *f* (16, *o. pl.*) notables *m/pl.*; celebridades *f/pl.*

Promo|tion [-mo'tsjo:n] *f* doctorado *m*; 2**vieren** [--'vi:rən] doctorarse.

prompt [prɔmpt] pronto; rápido; inmediato.

Pronomen [pro'no:mən] *n* (6, *pl. a. -mina*) pronombre *m*.

Propag|anda [-pa'ganda] *f* (16, *o. pl.*) propaganda *f*; **~an'dist** *m* (12) propagandista *m*; 2**ieren** propagar.

Propeller [-'pεlər] *m* (7) hélice *f*, propulsor *m*.

Prophet [-'fe:t] *m* (12) profeta *m*; **~in** *f* profetisa *f*; 2**isch** profético.

prophezei|en [-fe'tsaiən] (25) profetizar; predecir; pronosticar; 2**ung** *f* profecía *f*; vaticinio *m*.

prophylaktisch [-fy'laktiʃ] profiláctico, preventivo.

Proportion [-pɔr'tsjo:n] *f* proporción *f*; 2**al** [--tsjo'na:l] proporcional; 2**iert** [---'ni:rt] proporcionado.

Propst [pro:pst] *m* (3² *u.* ³) prepósito *m*; preboste *m*.

Prosa ['pro:za] *f* (16, *o. pl.*) prosa *f*; 2**isch** [pro'za:iʃ] prosaico (*a. fig.*).

prosit! ['pro:zit] ¡(a su) salud!; *beim Niesen:* ¡Jesús!; **~** *Neujahr!* ¡feliz año nuevo!

Prospekt [pro'spεkt] *m* (3) prospecto *m*, folleto *m*.

prost! [pro:st] *s.* prosit.

Prostata *Anat.* ['prɔstata] *f* (16, *pl. -tae*) próstata *f*.

prostitu|ieren [-stitu'i:rən] prostituir; 2**ierte** *f* (15) prostituta *f*; 2**tion** [---'tsjo:n] *f* prostitución *f*.

prote|gieren [prote'ʒi:rən] proteger, favorecer; 2**ktion** [-tεk'tsjo:n] *f* protección *f*; 2**ktor** [--'tɔr] *m* (8¹) protector *m*; 2**ktorat** [---'to'ra:t] *n* (3) protectorado *m*.

Protest [-'tεst] *m* (3²) protesta *f*; ✝ protesto *m*; **~** *erheben* protestar; **~ant(in** *f)* [--'tant(in)] *m* (12), 2**antisch** protestante (*su.*); 2**an'tismus** *m* (16, *o. pl.*) protestantismo *m*; 2**ieren** protestar.

Prothese 🦷 [-'te:zə] *f* (15) prótesis *f*.

Protokoll [-to'kɔl] *n* (3¹) acta *f*; *a. diplomatisches:* protocolo *m*; (*das*) **~** *führen* redactar el acta; *zu* **~** *nehmen* levantar acta; 2**arisch** [---'la:riʃ] protocolario; **~chef** *m* jefe *m* del protocolo; **~führer** *m* redactor *m* del acta; 🖋 actuario *m*; 2**ieren** levantar acta; protocolizar.

Proton ['pro:tɔn, *pl.* -'to:nən] *n* (8¹) protón *m*.

Prototyp ['prototy:p] *m* prototipo *m*.

Protz F [prɔts] *m* (12) presumido *m*; (*Geld* 2) ricachón *m*; **~e** ✗ *f* (15) avantrén *m*; 2**en** F (27): **~** *mit* hacer alarde *od.* ostentación de; 2**ig** jactancioso, presumido; ostentoso.

Proviant [pro'vjant] *m* (3) provisiones *f/pl.*, víveres *m/pl.*

Provinz [-'vints] *f* (16) provincia *f*;

~...: *in Zssgn* provincial, de provincia; **2iell** [--'tsjel], **~ler** [-'-lər] *m* (7) provinciano (*m*) (*a. desp.*).

Provision [-vi'zjo:n] *f* † comisión *f*; **2orisch** [--'zo:riʃ] provisional; **~orium** [--'zo:rjum] *n* (9) solución *f bzw.* estado *m* provisional.

Provokation [-voka'tsjo:n] *f* provocación *f*; **2zieren** [--'tsi:rən] provocar; **2'zierend** provocador, provocativo.

Prozedur [-tse'du:r] *f* (16) procedimiento *m*, proceso *m*.

Prozent [-'tsɛnt] *n* (3) (tanto *m*) por ciento; *zu drei* ~ al tres por ciento; **~satz** *m* porcentaje; **2ual** [--u'a:l] al tanto por ciento; porcentual.

Prozeß [-'tsɛs] *m* (4) proceso *m*; 📖 *a.* pleito *m*; e-n ~ *führen* seguir una causa; *j-m den* ~ *machen* procesar a alg.; *fig.* kurzen ~ *machen* mit F cortar por lo sano; **~akten** *f/pl.* autos *m/pl.*; **~gegner** *m* parte *f* contraria. **prozessieren** [--'si:rən] pleitear, litigar.

Prozession [--'sjo:n] *f* procesión *f*; **~sraupe** *Zo. f* procesionaria *f*.

Pro'zeßkosten *pl.* costas *f/pl.* procesales; **~ordnung** *f* ley *f* de enjuiciamiento; **~partei** *f* parte *f* litigante; **~recht** *n* derecho *m* procesal.

prüde [pry:də] mojigato; **2rie** [prydə'ri:] *f* (15) mojigatería *f*.

prüfen ['pry:fən] (25) examinar; (*nach~*) revisar; comprobar; verificar; ⊕ ensayar; (*erproben*) probar; **~end** *Blick:* escrutador; **2er** *m* (7) examinador *m*; **~ling** ['-liŋ] *m* (3¹) examinando *m*; **2stand** ⊕ *m* banco *m* de pruebas; **2stein** *m fig.* piedra *f* de toque.

Prüfung ['-fuŋ] *f* examen *m*; prueba *f* (*a. fig.*); ⊕ ensayo *m*; (*Nach2*) revisión *f*; comprobación *f*; *e-e* ~ *machen* pasar un examen; **~s-ausschuß** *m* comisión *f* examinadora; **~szeugnis** *n* diploma *m*.

Prügel ['-gəl] *m* (7) palo *m*; *pl.* (*Schläge*) paliza *f*, palos *m/pl.*; **~ei** [--'laɪ] *f* riña *f*; reyerta *f*; pelea *f*; **~knabe** *m* cabeza *f* de turco; **2n** (29) pegar, dar una paliza; *sich* ~ andar a palos; **~strafe** *f* castigo *m* corporal.

Prunk [pruŋk] *m* (3) fasto *m*; boato *m*; suntuosidad *f*; **¹2en** (25): ~ *mit* hacer alarde de; ostentar *ac.*; **¹~sucht** *f* afán *m* de ostentación; **¹2süchtig** ostentoso; **¹2voll** suntuoso, fastuoso.

Psalm [psalm] *m* (5²) salmo *m*; **~ist** [-'mist] *m* (12) salmista *m*.

Psalter ['psaltər] *m* (7) salterio *m*.

Pseudo... ['psɔydo...]: *in Zssgn* (p)seudo...; **~nym** [--'ny:m] *n* (3¹) seudónimo *m*.

Psyche ['psy:çə] *f* (15) (p)sique *f*; **~iater** [psyçi'a:tər] *m* (7) (p)siquiatra *m*; **~iatrie** [--a'tri:] *f* (15, *o. pl.*) (p)siquiatría *f*; **2isch** ['psy:çiʃ] (p)síquico.

Psycho|analyse [psyçoʔana'ly:zə] *f* (p)sicoanálisis *f*; **~loge** [--'lo:gə] *m* (13) (p)sicólogo *m*; **~logie** [--lo'gi:] *f* (15) (p)sicología *f*; **2logisch** (p)sicológico; **~path** [--'pa:t] *m* (12) (p)sicópata *m*; **~se** [-'ço:zə] *f* (15) (p)sicosis *f*; **~therapie** *f* (p)sicoterapia *f*.

Pubertät [puber'tɛ:t] *f* pubertad *f*.

publik [pu'bli:k]: ~ *machen* hacer público; **2kation** [--ka'tsjo:n] *f* publicación *f*; **2kum** ['--kum] *n* (9²) público *m*; **2zieren** [--'tsi:rən] publicar; **2zist** [--'tsist] *m* (12) publicista *m*; **2zität** [--'tɛ:t] *f* publicidad *f*.

Pudding ['pudiŋ] *m* (3¹) pudín *m*.

Pudel ['pu:dəl] *m* (7) perro *m* de aguas *od.* de lanas, caniche *m*; *fig.* des ~s *Kern* el quid; **2naß** hecho una sopa; **2wohl:** *sich* ~ *fühlen* estar como el pez en el agua.

Puder ['-dər] *m* (7) polvos *m/pl.*; **~dose** *f* polvera *f*; **2n** (29) empolvar; *sich* ~ ponerse polvos; **~zucker** *m* azúcar *m* en polvo.

Puff [puf]: **a)** *m* (3³) empujón *m*; empellón *m*; **b)** *m* (3) (*Sitzkissen*) puf *m*; **c)** ℙ *m* (11) (*Bordell*) casa *f* de putas; **d)** *n* (3, *o. pl.*) (*Spiel*) backgammon *m*; **¹~ärmel** *m* manga *f* de farol; **¹2en** (25) empujar; **¹~er** *m* (7) 🔫 tope *m*; ⊕ amortiguador *m*; **¹~staat** *m* Estado *m* tapón; **¹~mais** *m* palomitas *f/pl.* de maíz.

Pulli F ['puli] *m* (11), **~over** [-'o:vər] *m* (7) jersey *m*.

Puls [puls] *m* (4) pulso *m*; *den* ~ *fühlen* tomar el pulso (*a. fig.*); **¹~ader** *f* arteria *f*; **2en** ['-zən] (27), **2ieren** [-'zi:rən] pulsar, latir, palpitar; **~schlag** ['pulsʃla:k] *m* pulsación *f*.

Pult [pult] *n* (3) pupitre *m*; (*Ständer*) atril *m*.

Pulver ['pulfər] *n* (7) polvo *m*; ⚔ pólvora *f*; **2-artig** pulverulento; **~faß** *n fig.* polvorín *m*; **2isieren** [-vəri'zi:rən] pulverizar; **~kaffee** *m* café *m* en polvo; **~schnee** *m* nieve *f* polvo.

pummelig F ['puməliç] rollizo; regordete.

Pump F [pump] *m* (3): *auf ~ kaufen* comprar fiado; *auf ~ leben* vivir de sablazos; '~**e** *f* (15) bomba *f*; '2**en** (25) bombear; F *fig.* prestar; ~**er-nickel** ['-pərnikəl] *m* (7) pan *m* negro de Westfalia; '~**hose** *f* pantalón *m* bombacho; '~**werk** *n* estación *f* de bombeo.

Punkt [puŋkt] *m* (3) punto *m*; *im Stoff*: lunar *m*; ~ *für ~* punto por punto; *nach ~en Sport*: por puntos; ~ *drei Uhr* a las tres en punto; 2**ieren** [-'ti:rən] puntear; ✶ puncionar; ~**ion** ✶ [-'tsjo:n] *f* punción *f*.

pünktlich ['pyŋktliç] puntual; *adv.* con puntualidad; 2**keit** *f* puntualidad *f*.

Punkt|richter ['puŋktriçtər] *m Sport*: juez *m*; ~**sieg** *m* victoria *f* por puntos; ~**wertung** *f*, ~**zahl** *f* puntuación *f*.

Punsch [punʃ] *m* (3²) ponche *m*.

Pupille [pu'pilə] *f* (15) pupila *f*, F niña *f* del ojo.

Puppe ['pupə] *f* (15) muñeca *f*; *Zo.* crisálida *f*; (*Schneider* 2) maniquí *m*; *Thea.* títere *m*, marioneta *f*; ~**nspiel** *n* (teatro *m* de) guiñol *m*; ~**nspieler** *m* titiritero *m*; ~**nwagen** *m* cochecito *m* de muñeca.

pur [pu:r] puro.

Püree [py're:] *n* (11) puré *m*.

Puritan|er [puri'ta:nər] *m* (7), 2**isch** puritano (*m*).

Purpur ['purpur] *m* (7, *o. pl.*) púrpura *f*; 2**farben**, 2**n**, 2**rot** purpúreo.

Purzel|baum ['-tsəlbaʊm] *m* (3³) voltereta *f*; 2**n** (29, sn) dar volteretas.

Puste F ['pu:stə] *f* (15, *o. pl.*) aliento *m*; ~**l** ✶ ['pustəl] *f* (15) pústula *f*; 2**n** ['pu:stən] (26) soplar.

Pute ['pu:tə] *f* (15) pava *f*; ~**r** *m* (7) pavo *m*; 2**r'rot**: ~ *werden* ponerse como un tomate.

Putsch [putʃ] *m* (3²) intentona *f*; golpe *m* (de Estado); 2**en** (27) hacer una intentona; ~**ist** [-'tʃist] *m* (12) golpista *m*; ~**versuch** *m* intentona *f*, intento *m* golpista.

Putte *Mal.* ['putə] *f* (15) angelote *m*.

Putz [puts] *m* (3²) atavío *m*; adorno *m*; △ revoque *m*; 2**en** (27) limpiar; fregar; *Zähne*: lavar; *sich ~* ataviarse; *sich* (*dat.*) *die Nase ~* sonarse; '~**frau** *f* mujer *f* de limpieza *od.* de faenas; asistenta *f*; '2**ig** gracioso, mono; '~**lappen** *m* trapo *m* (de limpiar); bayeta *f*; '~**mittel** *n* producto *m* de limpieza; limpiador *m*; '2'**munter** F vivito y coleando; '~**waren** *f/pl.* artículos *m/pl.* de moda; '~**wolle** *f* algodón *m* para limpiar; '~**zeug** *n* utensilios *m/pl.* de limpieza.

Puzzle ['pazl] *n* (11) rompecabezas *m*, *neol.* puzzle *m*.

Pyjama [py'dʒa:ma, -'ja:ma] *m* (11) pijama *m*.

Pyramide [-ra'mi:də] *f* (15) pirámide *f*; (*Gewehr* 2) pabellón *m*; 2**nför-mig** piramidal.

Pyrotechnik [-ro'tɛçnik] *f* pirotecnia *f*; ~**er** *m* pirotécnico *m*.

Pythonschlange ['py:tɔnʃlaŋə] *f* pitón *m*.

Q

Q, q [ku:] n Q, q f.

quabbelig ['kvabəliç] gelatinoso, viscoso.

Quacksalber ['kvakzalbər] m (7) curandero m; charlatán m; **~ei** f charlatanería f; **2n** (29) hacer de curandero.

Quaddel ['kvadəl] f (15) habón m.

Quader(stein) ['kvɑːdər(ʃtaɪn)] m (7) sillar m.

Quadrant [kva'drant] m (12) cuadrante m.

Quadrat [-'drɑːt] n (3) cuadrado m; **~...:** in Zssgn = **2isch** cuadrado; **~ur** [-drɑ'tuːr] f (16) cuadratura f; **~wurzel** f raíz f cuadrada; **~zahl** f número m cuadrado.

quaken ['kvɑːkən] (25) croar.

quäken ['kvɛːkən] (25) Kind: berrear; **2er** Rel. m (7) cuáquero m.

Qual [kvɑːl] f (16) pena f; tormento m, tortura f; martirio m.

quälen ['kvɛːlən] (25) atormentar, torturar, molestar; **~end** penoso; angustioso; **2e'rei** f tormento m, tortura f; vejación f; **2geist** m tipo m importuno, F pegote m.

Qualifikation [kvalifika'tsjoːn] f calificación f; (Fähigkeit) capacidad f, aptitud f; **2fi'zieren** calificar; **~tät** [--'tɛːt] f † capacidad f (Eigenschaft) cualidad f; **2tativ** [--ta'tiːf] cualitativo; **~täts...:** in Zssgn † de (primera) calidad.

Qualle ['kvalə] f (15) medusa f.

Qualm [kvalm] m (3, o. pl.) humo m espeso; humareda f; **2en** (25) humear, echar humo; **2ig** lleno de humo.

qualvoll ['kvɑːlfɔl] doloroso; angustioso, congojoso; atormentador.

Quant Phys. [kvant] n (8) cuanto m; **~entheorie** f teoría f cuántica; **~ität** [-ti'tɛːt] f cantidad f; **2itativ** [--ta-'tiːf] cuantitativo; **~um** ['-tum] n (9 u. 9²) cantidad f; porción f.

Quarantäne [karan'tɛːnə] f (15) cuarentena f.

Quark [kvark] m (3¹, o. pl.) requesón m; F fig. chorradas f/pl.

Quart [kvart] f (16) ♪ u. Fechtk.

cuarta f; **~al** [-'tɑːl] n (3¹) trimestre m; **2al(s)weise** [-'-(s)vaɪzə] por trimestre, trimestral; **'~band** m tomo m en cuarto; **~ett** ♪ [-'tɛt] n (3) cuarteto m.

Quartier [-'tiːr] n (3¹) alojamiento m; habitación f; ✕ acantonamiento m, cuartel m; **~macher** m (7) aposentador m.

Quarz [kvarts] m (3²) cuarzo m; **'~lampe** f lámpara f de cuarzo; **'~uhr** f reloj m de cuarzo.

quasi ['kvɑːzi] casi; por decirlo así.

quasseln F ['kvasəln] (29) parlotear.

Quaste ['kvastə] f (15) borla f.

Quatsch F [kvatʃ] m (3², o. pl.) tonterías f/pl., pamplinas f/pl., F chorradas f/pl.; **2en** (27) decir tonterías; parlotear; **'~kopf** m idiota m.

Quecke ♀ ['kvɛkə] f (15) grama f.

Quecksilber ['-zilbər] n mercurio m, azogue m; in Zssgn ✗ mercurial, ☿ mercúrico.

Quell poet. [kvɛl] m (3), **'~e** f (15) manantial m, fuente f (a. fig.); aus sicherer ~ de fuente fidedigna, de buena tinta; **2en** (30, sn) brotar, manar; (auf~) hincharse; fig. emanar, proceder; **'~ennachweis** m bibliografía f; **'~ensteuer** f retención f fiscal en la fuente od. en origen; **'~wasser** n agua f de manantial.

Quengel|ei F [kvɛŋə'laɪ] f (16) quejas f/pl. (infundadas); **'2ig** quejica; **'2n** (29) importunar (con ruegos); quejarse.

quer [kveːr] transversal; adv. a (od. de) través; **~ über** et. (ac.) gehen atravesar, cruzar (ac.); **'2...:** in Zssgn oft transversal; **'2balken** m travesaño m; **'~durch** de un extremo a otro; **'2e** f (15): j-m in die ~ kommen fig. contrariar los planes de alg.; **'~feldein** [-fɛlt'ʔaɪn] a campo traviesa; **'2flöte** f flauta f travesera; **'~gestreift** a rayas horizontales; **'2kopf** m testarudo m, cabezudo m; **'2pfeife** f pífano m; **'2rinne** f badén m; **'2schiff** ⚓ n nave f transversal; **'2schnitt** m corte m od. sección f transversal; **'~schnitt(s)gelähmt**

parapléjico (por corte medular); '2‑**straße** f travesía f; '2**treiber** m intrigante m; 2**treibe'rei** f intrigas f/pl.
Querulant [kveru'lant] m (13) quejica m.
Quetsch|e ['kvɛtʃə] f (15) prensa f; 2**en** (27) magullar; (breit‑) aplastar; **kartoffeln** f/pl. puré m de patatas; **ung** ⚡ f contusión f; magulladura f; **wunde** f herida f contusa.
quicklebendig F ['kvikle'bɛndiç] F vivito y coleando.
quieken ['kvi:kən] (25) chillar.
quietsch|en ['-tʃən] (27) chillar; Tür: rechinar; **ver'gnügt** alegre como chiquillo con zapatos nuevos.
quill(s)t [kvil(s)t] s. quellen.
Quint [kvint] f (16), **-e** f (15) ♪ u. Fechtk. quinta f.

Quintessenz ['‑t⁹ɛsɛnts] f (16) quintaesencia f.
Quintett ♪ [‑'tɛt] n (3) quinteto m.
Quirl [kvirl] m (3) molinillo m; batidor m; '2**en** (25) batir.
quitt [kvit] igual; libre; wir sind ∼ estamos en paz; '2**e** ⚘ f (15) membrillo m; '2**enbrot** n carne f od. dulce m de membrillo; **ieren** dar recibo de; '2**ung** f recibo m; '2**ungsblock** m talonario m de recibos.
Quiz [kvis] n uw. concurso m radiofónico bzw. televisivo; **master** ['-mɑːstər] m (7) presentador m de concursos.
quoll [kvɔl] s. quellen.
Quote ['kvoːtə] f (15) cuota f; (Anteil) contingente m; cupo m.
Quotient [kvo'tsjɛnt] m (12) cociente m.

R

R, r [ɛr] *n* R, r *f*.

Rabatt ✝ [ra'bat] *m* (3) descuento *m*, rebaja *f*; **~e** 🖉 *f* (15) arriate *m*.

Rabbiner [-'bi:nər] *m* (7) rabino *m*.

Rabe ['ra:bə] *m* (13) cuervo *m*; weißer **~** *fig.* mirlo *m* blanco; **~n-eltern** *pl.* padres *m/pl.* desnaturalizados; **2n-schwarz** negro como un cuervo.

rabiat [ra'bja:t] furioso.

Rache ['raxə] *f* (15, *o. pl.*) venganza *f*; **~** *nehmen an* (*dat.*) vengarse de; **~-akt** *m* acto *m* de venganza.

Rachen ['-xən] *m* (6) faringe *f*; (*Maul*) boca *f*; *a. fig.* fauces *f/pl.*

rächen ['rɛçən] (25): (*sich*) **~** vengar (-se) (*an dat.* de; *für por*).

Rachen... ['raxən...]: *in Zssgn* 🖉 faringeo; **~höhle** *Anat. f* cavidad *f* faringea, faringe *f*; **~katarrh** *m* faringitis *f*.

Rächer ['rɛçər] *m* (7) vengador *m*.

Rachgier ['raxgi:r] *f* sed *f* de venganza; **2ig** vengativo; rencoroso.

Rachitis [ra'xi:tis] *f* (16, *o. pl.*) raquitismo *m*; **2tisch** raquítico.

Rachsucht ['raxzuxt] *f s. Rachgier.*

Racker F ['rakər] *m* (7) pilluelo *m*.

Rad [rat] *n* (1²) rueda *f*; (*Fahr* 🖉) bicicleta *f*; *ein* **~** *schlagen* hacer la rueda; *Pfau*: abrir el abanico.

Radar [ra'da:r] *m od. n* (11, *o. pl.*) radar *m*; **~gerät** *n* radar *m*; **~kontrolle** *f* control *m* por radar; **~schirm** *m* pantalla *f* de radar; **~station** *f* estación *f* de radar.

Radau F [-'dau] *m* (3¹, *o. pl.*) alboroto *m*, ruido *m*; jaleo *m*; **~bruder** *m* camorrista *m*; alborotador *m*.

Raddampfer ['ratdampfər] *m* (7) vapor *m* de ruedas.

radebrechen ['ra:dəbrɛçən] (25) chapurrear.

radeln ['-dəln] (29) ir en bicicleta; F pedalear.

Rädelsführer ['rɛ:dəlsfy:rər] *m* (7) cabecilla *m*.

rädern ['-dərn] (29) enrodar; *wie gerädert fig.* F hecho polvo; **2werk** *n* rodaje *m*; engranaje *m* (*a. fig.*).

rad|fahren ['ratfa:rən] ir en bicicleta; **2fahrer(in** *f*) *m* ciclista *su.*; **2-**

fahrsport *m* ciclismo *m*; **2fahrweg** *m* pista *f* para ciclistas, F carril-bici *m*; **2gabel** *f* horquilla *f*.

Radi 🖉 ['ra:di] *m* (11) rábano *m*.

radier|en [ra'di:rən] borrar; *mit Messer*: raspar; (*Kunst*) grabar al agua fuerte; **2gummi** *m* goma *f* de borrar; **2messer** *n* raspador *m*; **2nadel** *f* buril *m*; **2ung** *f* aguafuerte *m*.

Radieschen 🖉 [-'di:sçən] *n* (6) rabanito *m*.

radikal [-di'ka:l] radical; *Pol. a.* extremista; **2ismus** [--ka'lismus] *m* (16²) radicalismo *m*; extremismo *m*.

Radio ['ra:djo] *n* (11) radio *f*; *in Zssgn s. a. Rundfunk...*; **2-ak'tiv** radiactivo; **~-aktivi'tät** *f* radiactividad *f*; **~-apparat** *m* aparato *m* de radio; **~recorder** *m* radiocassette *m*.

Radium ['-djum] *n* (9, *o. pl.*) radio *m*.

Radius ['-djus] *m* (16²) radio *m*.

Rad|kappe ['ratkapə] *f* tapacubos *m*; **~nabe** *f* cubo *m*; **~rennbahn** *f* velódromo *m*; **~rennen** *n* carrera *f* ciclista; **~sport** *m* ciclismo *m*; **~spur** *f* rodada *f*, rodera *f*; **~stand** *m* distancia *f* entre ruedas; **~weg** *m s. Rad-fahrweg.*

raff|en ['rafən] (25) (*weg~*) arrebatar; (*zs-~*) recoger (*a. Kleid*); (*hamstern*) acaparar; **2gier** *f* rapacidad *f*, codicia *f*; **~gierig** rapaz, codicioso.

Raffi|nade [-fi'na:də] *f* (15) azúcar *m* refinado; **~nerie** [--nə'ri:] *f* (15) refinería *f*; **2nieren** refinar; **2niert** refinado; *fig. a.* astuto; *neol.* sofisticado; **~niertheit** *f* refinamiento *m*; astucia *f*.

ragen ['ra:gən] (25) elevarse.

Ragout [-'gu:] *n* (11) ragú *m*.

Rahe ⚓ ['ra:ə] *f* (15) verga *f*.

Rahm [ra:m] *m* (3, *o. pl.*) nata *f*, crema *f*.

rahmen ['-mən] **1.** *v/t.* (25) encuadrar; enmarcar, poner un marco a; **2.** 2 *m* (6) marco *m* (*a. fig.*); ⊕ armazón *f*; *am Fahrrad*: cuadro *m*; **2-antenne** *f* antena *f* de cuadro; **2gesetz** *n* ley *f* marco *od.* básica; **2vertrag** *m* acuerdo *m* marco.

Rain [rain] *m* (3) linde(ro) *m*.

Rakete [ra'ke:tə] f (15) cohete m; ✕ a. misil m; **.n-antrieb** m propulsión f por cohetes; **.nflugzeug** n avión m cohete; **.ntriebwerk** n propulsor m de cohetes; **.nwerfer** m lanzacohetes m, lanzamisiles m.

Rallye ['rali] f (11¹) od. n (11) rally(e) m.

Ramm|bär ['rambɛ:r], **.bock** ⊕ m, **.e** f (15) martinete m; **♀eln** (29) *Hase*: aparearse; *Zen* (25) (*ein.*) pisar; ♂ embestir (a. *Kfz.*), abordar; **.ler** m (7) macho m de liebre od. de conejo.

Rampe ['-pə] f (15) ♚ rampa f, muelle m (de carga); *Thea.* proscenio m; **.nlicht** n candilejas f/pl.

ramponieren F [-po'ni:rən] deteriorar, estropear.

Ramsch [ramʃ] m (3²) pacotilla f; **'-laden** m baratillo m.

ran [ran] F = heran.

Rand [rant] m (1²) borde m, orilla f; (*Buch*) margen m; (*Saum*) orla f; (*Stadt*) periferia f; (*Wald*) linde m; außer **~** und Band fuera de quicio; zu **~e** kommen mit et.poder con a/c.; **'.....:** in *Zssgn* oft marginal; **.alieren** [-da'li:rən] alborotar; **'.-auslöser** m *Schreibmaschine*: desbloquedor m de márgenes; **'.-bemerkung** f nota f marginal, anotación f; **'.-erscheinung** f fenómeno m secundario; **'.-gruppe** f marginados m/pl.; **'.-leiste** f reborde m; **'.-stein** m bordillo m; **'.-steller** ['-ʃtɛlər] m (7) *Schreibmaschine*: marginador m.

rang [raŋ] s. ringen.

Rang [raŋ] m (3³) categoría f; clase f; rango m; (*.stufe*) grado m (a. ✕); (*Stand*) condición f; *Thea.* anfiteatro m; galería f; j-m den **~** ablaufen aventajar a alg.; **'.-abzeichen** ✕ n distintivo m; **'♀-ältest** más antiguo.

Range ['raŋə] f (15) rapaz(a) m (f).

Rangier... [rɑ̃'ʒi:r...]: in *Zssgn* ♚ de maniobras; **.bahnhof** m estación f de maniobras; **♀en** ♚ maniobrar, hacer maniobras.

Rang|liste ['raŋlistə] f escalafón m; **.-ordnung** f jerarquía f; **.stufe** f escalón m.

rank [raŋk] esbelto.

Ranke ['-kə] f (15) zarcillo m; (*Wein♀*) pámpano m, sarmiento m.

Ränke ['rɛŋkə] m/pl. (3³) intrigas f/pl., maquinaciones f/pl., enredos m/pl.; **~** schmieden intrigar.

ranken ['raŋkən] (25) echar pámpanos; (*a. sich ~*) trepar.

Ränkeschmied ['rɛŋkəʃmi:t] m intrigante m, maquinador m.

rann [ran] s. rinnen; **.te** ['-tə] s. rennen.

Ranzen ['-tsən] m (6) mochila f; (*Schul♀*) cartera f.

ranzig ['-tsiç] rancio.

rapide [ra'pi:də] rápido.

Rappe ['rapə] m (13) caballo m negro; *auf Schusters* **~**n F en la mula (od. el coche) de San Francisco.

Rappel F ['-pəl] m (7) manía f; F chifladura f; e-n **~** haben estar chiflado; **♀n** (29) hacer ruido; tabletear.

Raps ♀ [raps] m (4) colza f.

Rapunzel ♀ [ra'puntsəl] f(15) rapónchigo m.

rar [rɑ:r] raro, escaso; **♀ität** [-ri'tɛ:t] f objeto m raro; curiosidad f.

rasant [ra'zant] rasante; *fig.* rapidísimo.

rasch [raʃ] veloz; rápido; *adv. a.* pronto, de prisa; **.eln** [-'ʃəln] (29) crujir; *Laub*: susurrar; **♀eln** n (6) crujido m; susurro m; **'♀heit** f prontitud f; rapidez f.

rasen ['rɑ:zən] (27) rabiar; *Sturm*: desencadenarse; (*schnell fahren*) correr a toda velocidad; **~** gegen estrellarse contra.

Rasen ['-zən] m (6) césped m. **'rasend** rabioso; *Schmerz*: atroz; *Geschwindigkeit*: vertiginoso.

Rasen|mäher ['-zənmɛər] m cortacésped(es) m; **.sprenger** ['--ʃprɛŋər] m (7) aspersor m para céspedes.

Raserei [--'rai] f rabia f; frenesí m; *Kfz.* velocidad f vertiginosa.

Rasier... [ra'zi:r...]: in *Zssgn* oft de afeitar; **.-apparat** m máquina f de afeitar; **.creme** f crema f de afeitar; **♀en** (25) afeitar; **.klinge** f (**.messer** n, **.pinsel** m) hoja f (navaja f, brocha f) de afeitar; **.seife** f jabón m de afeitar; **.wasser** n loción f (para después del afeitado); **.zeug** n utensilios m/pl. de afeitar.

Raspel ['-spəl] f (15) escofina f; **♀n** (29) raspar, escofinar; *Kchk.* rallar.

Rasse ['-sə] f (15) raza f.

Rassel ['-səl] f(15) carraca f, matraca f; (*Kinder♀*) sonajero m; **.bande** F f pandilla f de niños; **♀n** (29) matraquear; *mit et.*: hacer sonar; F *durchs Examen* **~** F catear el examen.

Rassen... ['-sən...]: in *Zssgn* oft racial; de razas; **.haß** m racismo m; **.tren-**

nung f segregación f racial; _Gegner_
der ~ integracionista m; **~unruhen**
f/pl. disturbios m/pl. raciales.

Rass|epferd ['~səpfe:rt] n caballo m
de casta; **2ig** castizo; _Tier:_ de casta;
2isch racial.

Rassis|mus [-'sismus] m (16, _o. pl._)
racismo m; **2tisch** racista.

Rast [rast] f (16) descanso m; (_Halt_)
parada f; alto m; **2en** (26) descansar;
hacer (un) alto; **'~er** m (7) _Phot._
retículo m; _Typ._ trama f; **'~haus** n s.
~stätte; **'~hof** m área f de servicio;
'2los infatigable, incansable; **'~lo-**
sigkeit f actividad f incansable;
'~platz m área f de descanso; **'~**
stätte f restaurante m de carretera.

Rasur [ra'zu:r] f (16) afeitado m.

Rat [ra:t] m (3³) (_~schlag_) consejo m
(_a. Behörde_); (_Berater_) consejero m;
(_Stadt2_) concejo m; (_Person_) concejal m; _sich_ (_dat._) ~ _holen bei, zu_ ~_e_
ziehen (_ac._) aconsejarse con; consultar a; _um_ ~ _fragen_ (_ac._) pedir consejo
a; ~ _wissen_ (_schaffen_) tener (encontrar) remedio.

Rate ['~tə] f (15) plazo m; _in_ ~_n a_
plazos.

raten ['~tən] (30) aconsejar; (_er~_) adivinar; **~weise** a plazos; **2zahlung** f
pago m a plazos.

Rat|geber ['ra:tge:bər] m consejero
m; **~haus** n ayuntamiento m.

Ratifikation [ratifika'tsjo:n] f ratificación f; **~s-urkunde** f instrumento
m de ratificación.

ratifizieren [---'tsi:rən] ratificar.

Ration [ra'tsjo:n] f ración f; porción
f; **2al** [-jo'na:l] racional; **2alisieren**
[--nali'zi:rən] racionalizar; **~ali'sie-**
rung f racionalización f; **2ell** [--'nɛl]
racional, económico; **2ieren** [--'ni:-
rən] racionar; **~ierung** [--'ni:ruŋ] f
racionamiento m.

rat|los ['ra:tlo:s] perplejo; **2losigkeit**
f perplejidad f; **~sam** aconsejable,
indicado, conveniente; **2schlag** m
consejo m; **2schluß** m resolución f;
decisión f.

Rätsel ['rɛ:tsəl] n (7) acertijo m, adi-
vinanza f; _fig._ enigma m; **2haft** enigmático.

Rats|herr ['ra:tshɛr] m concejal m;
~keller m restaurante m (en el sótano) del ayuntamiento.

rät(st) [rɛ:t(st)] s. _raten_.

Ratte ['ratə] f (15) rata f; **~n-**
bekämpfung f desratización f;

~ngift n raticida m, matarratas m.

rattern ['~tɛrn] (29) traquetear;
tabletear.

Raub [raʊp] m (3, _o. pl._) robo m;
(_Entführung_) secuestro m; rapto m;
(_Überfall_) atraco m; (_Beute_) presa f;
'~bau m explotación f abusiva; **'~**
druck _Typ._ m edición f pirata _od._
clandestina; **'2en** ['~bən] (25) robar;
fig. quitar.

Räuber ['rɔybər] m (7) ladrón m;
(_Straßen2_) salteador m de caminos;
bandido m, bandolero m; **~bande** f
pandilla f de ladrones; **~höhle** f
ladronera f; guarida f de ladrones;
2isch rapaz.

Raub|fisch ['raʊpfiʃ] m pez m depre-
dador; **~gier** f rapacidad f; **2gierig**
rapaz; **~mord** m robo m con homicidio; **~mörder** m ladrón m asesino;
~ritter m caballero m salteador;
~tier n animal m de presa; fiera f;
~überfall m atraco m a mano armada; **~vogel** m ave f de rapiña _od._
de presa; (_ave_ f) rapaz f; **~zug** m
correría f.

Rauch [raʊx] m (3, _o. pl._) humo m;
fig. in ~ _aufgehen_ irse en humo;
'~abzug m campana f extractora (de
humos); **'2en** (25) **1.** v/i. echar (_Ofen:_
hacer) humo; humear; **2.** v/t. fumar;
2 _verboten!_ prohibido fumar; **'~er** m
(7) fumador m; **'~er-abteil** m compartimiento m de fumadores.

Räucher|hering ['rɔyçərhe:riŋ] m
arenque m ahumado; **~kammer** f
ahumadero m; **~kerze** f pebete m;
~mittel n fumigante m; **2n** (29) ahu-
mar.

Rauch|fahne ['raʊxfɑ:nə] f penacho
m de humo; **~fang** m chimenea f;
~fleisch n carne f ahumada; **~gas** n
gas m fumígeno; **2ig** lleno de humo;
humoso, humeante; **2los** sin humo;
~verbot n prohibición f de fumar;
~vergiftung f intoxicación f por
humo; **~verzehrer** ['~fɛrtse:zər] m
(7) fumívoro m; **~waren** f/pl. tabacos
m/pl.; (_Pelze_) peletería f; **~wolke** f
humareda f.

Räud|e ['rɔydə] f (15) sarna f;
(_Schaf2_) roña f; **2ig** sarnoso; roñoso.

rauf F [raʊf] = _herauf, hinauf._

Rauf|bold ['~bɔlt] m (3) camorrista,
matón m; **~e** ✔ f (15) pesebre m; **2en**
(25) (_a. sich_ ~) reñir, pelearse; **~erei**
[-fə'raɪ] f riña f, pelea f; **2lustig**
pendenciero.

rauh [rau] áspero; *Klima*: rudo; *Stimme*: ronco; *fig.* rudo, duro; '2-**bein** *n* hombre *m* grosero *od.* duro; '-**beinig** áspero; rudo; '2**eit** *f* aspereza *f*; rudeza *f*; '-**en** ⊕ (25) cardar; '2**reif** *m* escarcha *f*.

Raum [raum] *m* (3³) espacio *m*; (*Platz*) sitio *m*, lugar *m*; (*Ausdehnung*) extensión *f*; (*Gebiet*) zona *f*; *abgegrenzt*: recinto *m*; (*Räumlichkeit*) local *m*; (*Zimmer*) pieza *f*, habitación *f*, cuarto *m*; '-**...**: *in Zssgn oft* espacial, interplanetario; '-**anzug** *m* traje *m* espacial; '-**einheit** *f* unidad *f* de volumen.

räumen ['rɔymən] (25) quitar; *Gebiet*: evacuar (*a.* ✕); *Saal usw.*: desalojar; *Wohnung*: desocupar; ✝ *Lager*: vaciar; (*frei machen*) despejar; *aus dem Weg* ~ quitar de en medio; *j-n*: F despachar.

Raum|fähre ['raumfɛːrə] *f* transbordador *m od.* lanzadera *f* espacial; -**fahrer** *m* astronauta *m*; -**fahrt** *f* astronáutica *f*; -**flug** *m* vuelo *m* espacial; -**gestaltung** *f neol.* interiorismo *m*; -**inhalt** *m* volumen *m*, capacidad *f*; -**lehre** *f* geometría *f*.

räumlich ['rɔymlɪç] espacial; ~ *begrenzt* localizado; 2**keit** *f* local *m*.

Raum|mangel ['raummaŋəl] *m* falta *f* de sitio; -**meter** *m od.* *n* metro *m* cúbico; -**schiff** *n* astronave *f*, nave *f* espacial; -**station** *f* estación *f* espacial *od.* orbital; -**ton** *m* sonido *m* estereofónico.

Räumung ['rɔymuŋ] *f* (16) evacuación *f*; desalojamiento *m*; despejo *m*; 2**s**-desahucio *m*; -**sklage** *f* demanda *f* de desahucio; -**sverkauf** *m* liquidación *f* de (las) existencias; liquidación *f* total.

raunen ['raunən] (25) murmurar.

Raupe ['-pə] *f* (15) oruga *f*; -**n-schlepper** ⊕ *m* tractor-oruga *m*.

raus! F [raus] ¡fuera!

Rausch [rauʃ] *m* (3² *u.* ³) borrachera *f*; *a. fig.* embriaguez *f*; *s-n* ~ *ausschlafen* F dormir la mona; '2**en** (27) murmurar; susurrar; crujir; '-**en** *n* ruido *m*; murmullo *m*; susurro *m*; crujido *m*; '-**gift** *n* estupefaciente *m*; droga *f*; '2**gifthandel** *m* tráfico *m* de drogas, *bsd. Am.* narcotráfico *m*; '-**gifthändler** *m* traficante *m* de drogas, *bsd. Am.* narcotraficante *m*; '2**giftsüchtig,** '-**giftsüchtige(r)** *m* toxicómano

(*m*), drogadicto (*m*); '-**gold** *n* oropel *m*.

räuspern ['rɔyspərn] (29): *sich* ~ carraspear.

rausschmeiß|en P ['rausʃmaisən] echar; 2**er** *m* (7) matón *m*.

Raute ['rautə] *f* (15) ♀ ruda *f*; ♉ rombo *m*; 2**nförmig** romboidal.

Razzia ['ratsja] *f* (11² *u.* 16²) batida *f*, redada *f*.

Rea|gens ♏ [re'ɑːgɛns] *n* (16²), -**genz** [-a'gɛnts] *n* (8²) reactivo *m*; -**'genz-glas** *n* probeta *f*, tubo *m* de ensayo; 2**gieren** reaccionar (*auf ac.* a).

Reaktion [-ak'tsjoːn] *f* reacción *f*; 2**är** [--tsjo'nɛːr] reaccionario.

Reaktor [-'aktɔr] *m* (8¹) reactor *m*.

real [-'aːl] real; efectivo; 2**ien** [-'-ljən] *pl. uv.* realidades *f/pl.* -**isieren** [-ali'ziːrən] realizar; 2**i'sierung** *f* realización *f*; 2**ismus** *m* realismo *m*; 2**ist(in** *f*) [-a'list(in)] *m* (12), -**i-stisch** realista (*su.*); 2**ität** [-ali'tɛːt] *f* (16) realidad *f*; 2**lohn** *m* salario *m* real *od.* efectivo; 2**politik** *f* política *f* realista; 2**schule** *f* escuela *f* secundaria con seis cursos.

Rebe ['reːbə] *f* (15) vid *f*; (*Zweig*) sarmiento *m*.

Rebell [re'bɛl] *m* (12) rebelde *m*; 2**ieren** rebelarse; sublevarse; -**ion** [--'joːn] *f* rebelión *f*, sublevación *f*; 2**isch** [-'bɛliʃ] rebelde.

Reb|huhn ['rɛphuːn] *n* perdiz *f*; *junges* ~ perdigón *m*; -**laus** ['reːplaus] *f* filoxera *f*; -**stock** *m* cepa *f*.

Rechen ♏ ['rɛçən] 1. *m* (6) rastrillo *m*; 2. *♉ v/i.* (25) rastrillar.

'**Rechen|-aufgabe** *f* (-**buch** *n*) problema *m* (libro *m*) de aritmética; -**fehler** *m* error *m* de cálculo; -**maschine** *f* (máquina *f*) calculadora *f*; -**schaft** *f* cuenta *f*; ~ *ablegen über der* cuenta de; rendir cuentas de; *zur* ~ *ziehen wegen* pedir cuenta(s) por; -**schaftsbericht** *m* informe *m*; -**schaftslegung** *f* rendición *f* de cuentas; -**schieber, -stab** *m* regla *f* de cálculo; -**zentrum** *n* centro *m* de cálculo.

Recherch|en [rə'ʃɛrʃən] *f/pl. uv.* pesquisas *f/pl.*; 2**ieren** pesquisar.

rechn|en ['rɛçnən] (26) calcular; computar; (*zählen*) contar; ~ *auf* (*ac.*), *mit* (*dat.*) contar con; ~ *zu* pertenecer a, contar entre; 2**en** *n* (6) cálculo *m*, aritmética *f*; 2**er** *m* (7) aritmético *m*; (*Gerät*) calculadora f; **~erisch** aritmético; calculatorio.

Rechnung ['-nuŋ] f cálculo m, operación f aritmética; ✝ cuenta f; (Waren⌂) factura f; auf ~ von por cuenta de; in ~ stellen poner en cuenta; ~ tragen tener en cuenta; auf s-e ~ kommen hallar su cuenta.

Rechnungs|abschluß ['-nuŋs'apſlus] m balance m; cierre m de cuentas; **~auszug** m extracto m de cuenta; **~betrag** m importe m de la factura; **~führer** m contador m; **~führung** f contabilidad f; **2hof** m Tribunal m de Cuentas; **~jahr** n ejercicio m; **~legung** f rendición f de cuentas; **~prüfer** m auditor m.

recht [rɛçt] derecho m; ✝ recto; (richtig) justo; (passend) conveniente, oportuno; (echt) verdadero, auténtico; **~er** Hand a mano derecha; zur ~en Zeit a tiempo; ganz ~ exactamente, exacto; ~ u. schlecht mal que bien; ~ haben tener razón; j-m ~ geben dar (la) razón a alg.; nun erst ~ (nicht) ahora más (menos) que nunca; das ist mir ~ me conviene; es allen ~ machen contentar a todos; man kann ihm nichts ~ machen nada es de su gusto; das geschieht ihm ~ lo tiene merecido; le está bien empleado.

Recht [rɛçt] n (3) derecho m; von ~s wegen de derecho; mit vollem ~ con mucha razón; con pleno derecho; ~ sprechen administrar justicia; ein ~ haben auf, das ~ haben zu tener derecho a; zu ~ bestehen ser legal.

Recht|e ['-tə] f (15) (a. Pol.) derecha f; **~eck** ['-ʔɛk] n (3) rectángulo m; **2-eckig** rectangular; **2en** (26): ~ um disputar sobre; **2fertigen** (25, untr.) justificar; **~fertigung** f justificación f; **2gläubig** ortodoxo; **~gläubigkeit** f ortodoxia f; **~haberei** [-ha:bə'raɪ] f ergotismo m; **2haberisch** ergotista; **2lich** ⚖ jurídico; legal; **~lichkeit** f legalidad f; **2los** sin derecho(s); **2mäßig** legítimo; legal; **~mäßigkeit** f legitimidad f; legalidad f.

rechts [rɛçts] a (od. por) la derecha.

Rechts... ['rɛçts...]: in Zssgn ⚖ oft jurídico; legal; **~abteilung** f servicio m jurídico; **~anspruch** m derecho m (auf ac. a); **~anwalt** m abogado m; **~auskunft** f información f jurídica; **~'außen** m Sport: extremo m derecha; **~beistand** m abogado m; letrado m; **~berater** m asesor m jurí-

dico; **~beugung** f prevaricación f; **~bruch** m violación f de la ley.

recht|schaffen ['rɛçtſafən] recto, honrado, íntegro; **2schaffenheit** f honradez f, integridad f; **2schreibung** f ortografía f.

Rechts|drall ['rɛçtsdral] m torsión f a la derecha; Pol. tendencia f derechista; **2fähig** ~ sn tener capacidad jurídica; **~fall** m caso m jurídico; **~frage** f cuestión f jurídica; **~gelehrte(r)** m jurisconsulto m; **2gültig** legal; válido; **~gültigkeit** f legalidad f; validez f; **~handel** m litigio m, pleito m; **~händer** ['-hɛndər] m (7), **2händig** diestro (m); **~hilfe** f asistencia f jurídica; **~'innen** m Sport: interior m derecha; **~kraft** f validez f; **2kräftig** válido; **~mittel** n recurso m (einlegen interponer); **~pflege** f administración f de (la) justicia.

Rechtsprechung ['rɛçtſprɛçuŋ] f jurisprudencia f; jurisdicción f.

rechts|radikal ['rɛçtsradikɑ:l] ultraderechista; **2sache** f asunto m judicial; **2spruch** m sentencia f, fallo m; **2staat** m Estado m de derecho; **2stellung** f situación f jurídica; **2streit** m litigio m; **2weg** ['-ve:k] m vía f judicial; den ~ beschreiten tomar medidas judiciales; **~widrig** ilegal; **2widrigkeit** f ilegalidad f.

recht|wink(e)lig ['rɛçtvɪŋk(ə)liç] rectangular; **~zeitig** oportuno; adv. a tiempo.

Reck|e [rɛk] n (3) barra f fija; **2en** (25) extender; alargar; sich ~ estirarse; desperezarse.

Redakt|eur [redak'tø:r] m (3¹) redactor m; **~ion** [--'tsjo:n] f rédacción f.

Rede ['re:də] f (15) discurso m; feierliche: oración f; alocución f; (Worte) palabras f/pl.; (Sprechfähigkeit) habla f; (Ausdrucksweise) lenguaje m; Gram. (in)direkte ~ estilo m (in)directo; die ~ sn von tratarse de; j-m ~ (u. Antwort) stehen dar cuenta a alg. (wegen de); j-n zur ~ stellen pedir explicaciones a alg.; nicht der ~ wert sn no tener importancia; davon kann keine ~ sn no hay que pensarlo; **~fluß** m verbosidad f; **~freiheit** f libertad f de palabra; **~gabe** f s. Rednergabe; **2gewandt** diserto, elocuente; **~gewandtheit** f facilidad f de palabra; **~kunst** f retórica f; **2n** (26) hablar (über ac. de); (nicht) mit sich ~ lassen ser tratable (intransigente); von sich ~

machen llamar mucho la atención; **~ns-art** f locución f; modismo m; dicho m; **~rei** [--'raɪ] f habladurías f/pl.; **~weise** f lenguaje m; modo m de hablar; **~wendung** f locución f; modismo m; giro m.

redigieren [redi'giːrən] redactar.

redlich ['reːtliç] honrado, recto, íntegro; 2**keit** f honradez f, rectitud f, integridad f.

Redner ['reːdnər] m (7) orador m; **~bühne** f tribuna f; **~gabe** f talento m oratorio; don m de la palabra; 2**isch** oratorio; retórico.

redselig [reːtzeː.liç] locuaz; 2**keit** f locuacidad f.

reduzieren [redu'tsiːrən] reducir (*auf ac.* a).

Reede ⚓ ['reːdə] f (15) rada f; **~r** m (7) armador m; **~rei** [--'raɪ] f compañía f naviera.

reell [re'ɛl] efectivo, real; *Ware*: bueno; *Geschäft*: serio, sólido; *Preis*: razonable.

Reep ⚓ [reːp] n (3) cabo m.

Refer|at [refə'raːt] n (3) informe m, ponencia f; (*Verwaltungsabteilung*) negociado m; **~endar** [--rɛn'daːr] m (3¹) pasante m; **~endum** [--'-dʊm] n (9[²]) referéndum m; **~ent** [--'rɛnt] m (12) ponente m; **~enz** [--'rɛnts] f (16) referencia f; *~ en pl. bei Bewerbung*: a. informes m/pl.; 2**ieren** [--'riːrən] über (*ac.*) hacer un informe sobre.

reffen ⚓ ['rɛfən] (25) arrizar.

reflekt|ieren [reflɛk'tiːrən] *Phys.* reflejar; *~ auf* (*ac.*) interesarse por; 2**or** [-'-tɔr] m (8¹) reflector m.

Reflex [-'flɛks] m (3²) reflejo m; **~bewegung** f movimiento m reflejo; **~ion** [--'joːn] f reflexión f; 2**iv** *Gram.* [--'ksiːf] reflexivo.

Reform [-'fɔrm] f (16) reforma f; **~ation** [--ma'tsjoːn] f Reforma f; **~ator** [--'maːtɔr] m (8¹) reformador m; **~haus** n tienda f de productos dietéticos *od.* de régimen; 2**ieren** reformar; 2**iert** reformado, calvinista.

Refrain [rə'frɛ̃] m (11) estribillo m.

Regal [re'gaːl] n (3¹) estante m; *großes*: estantería f.

Regatta ⚓ [-'gata] f (16²) regata f.

rege ['reːgə] activo; vivo; *Unterhaltung*: animado; *Geist*: despierto.

Regel ['reːgəl] f (15) regla f (*a.* ♀); norma f; *in der ~* por regla general; 2**los** desordenado; confuso; irregu-

lar; **~losigkeit** f desorden m; irregularidad f; 2**mäßig** regular; regulado; periódico; **~mäßigkeit** f regularidad f; 2**n** (29) regular (*a. Verkehr*); arreglar; *gesetzlich*: reglamentar; 2**recht** normal, correcto; **~ung** f regulación f; arreglo m; reglamentación f; 2**widrig** irregular; **~widrigkeit** f irregularidad f.

regen ['reːgən] (25): *sich ~* moverse; *Gefühl*: nacer, despertarse.

Regen [-'gən] m (6) lluvia f; **~bogen** m arco m iris; **~bogenhaut** f iris m; **~bogenpresse** f prensa f del corazón; 2**dicht** impermeable.

Regeneration [regenəra'tsjoːn] f regeneración f.

Regen|guß ['reːgəngʊs] m aguacero m, chubasco m, chaparrón m; **~haut** f impermeable m de plástico; **~mantel** m impermeable m; 2**reich** lluvioso; **~schauer** m chubasco m; **~schirm** m paraguas m.

Regent|(in f) [re'gɛnt(in)] m (12) regente *su.*; **~schaft** f regencia f.

Regen|tropfen ['reːgəntrɔpfən] m gota f de lluvia; **~wasser** n agua f pluvial; **~wetter** n tiempo m lluvioso; **~wolke** f nube f de lluvia; **~wurm** m lombriz f de tierra; **~zeit** f estación f de las lluvias.

Regie *Thea., Film* [re'ʒiː] f (15) dirección f; *~ führen* dirigir.

regier|en [-'giːrən] *v/t. u. ~ über* (*ac.*) gobernar; *Gram.* regir; (*herrschen*) reinar; 2**ung** f gobierno m; reinado m; *zur ~ gelangen* subir al poder *bzw.* al trono.

Regierungs... [-'-rʊŋs...]: *in Zssgn oft* de(l) gobierno; gubernamental; **~antritt** m advenimiento m al poder; *Herrscher*: subida f al trono; 2**bezirk** m distrito m; 2**feindlich** antigubernamental; **~form** f régimen m político; 2**freundlich** gubernamental; **~krise** f (**~partei** f) crisis f (partido m) gubernamental; **~rat** m consejero m gubernamental; **~zeit** f reinado m.

Regime [-'ʒiːm] n (11) régimen m.

Regiment [-gi'mɛnt] n: **a)** *fig.* (3) mando m; **b)** ✕ (1) regimiento m; **~skommandeur** m jefe m de(l) regimiento.

Region [-'gjoːn] f región f; 2**al** [-gjoˈnaːl] regional.

Regisseur [-ʒiˈsøːr] m (3¹) director m, *Film: a.* realizador m.

Regist|er [-'gistər] *n* (7) registro *m* (*a.* ♪); *im Buch:* tabla *f* de materias, índice *m*; *alle* ~ *ziehen* tocar todos los registros; **~ertonne ⚓** *f* tonelada *f* de registro; **~ratur** [--tra'tu:r] *f* (16) archivo *m*; **2rieren** registrar; **~rierkasse** *f* caja *f* registradora; **~'rierung** *f* registro *m*.

Reglement [-glə'mã] *n* (11) reglamento *m*.

Regler ['re:glər] *m* (7) regulador *m*.

reglos ['re:klo:s] *s. regungslos.*

regn|en ['re:gnən] (26) llover; **2er ✎** *m* (7) aspersor *m*; **~erisch** lluvioso.

Regreß ⚥ [re'grɛs] *m* (4) recurso *m*; **2pflichtig** [-'-pfliçtiç] responsable.

regsam ['re:kza:m] activo; vivo; **2-keit** *f* actividad *f*; vivacidad *f*.

regul|är [regu'lɛːr] regular; normal; **~ierbar** reglable, regulable; **~ieren** reglar, regular; ⊕ ajustar; **2ierung** *f* reglaje *m*; *a. Fluß:* regulación *f*; ajuste *m*.

Regung ['re:gun] *f* movimiento *m*; *fig.* emoción *f*; impulso *m*; arranque *m*; **2slos** inmóvil; **~slosigkeit** *f* inmovilidad *f*.

Reh [re:] *n* (3) corzo *m*.

Rehabili|tation [rehabilita'tsjo:n] *f* rehabilitación *f* (*a.* ⚥); **2tieren** [----'ti:rən] rehabilitar; **~'tierung** *f* rehabilitación *f*.

Reh|bock ['re:bɔk] *m* corzo *m*; **~kitz** ['-kits] *n* (3²) corcino *m*.

Reib|e ['raɪbə] *f* (15), **~eisen** ['raɪp'aɪ-zən] *n* rallador *m*; **~elaut** *Gram.* *m* sonido *m* fricativo; **2en** (30) frotar; *leicht:* rozar; *Kchk.* rallar; (*ab~*) restregar; **~e'reien** *f/pl. fig.* roces *m/pl.*, fricciones *f/pl.*; **~ung** *f* frotamiento *m*, frote *m*; rozamiento *m*, roce *m*; fricción *f*; **2ungslos** *fig.* sin dificultades.

reich [raɪç] **1.** *adj.* rico (*an dat.* en); ~ *werden* enriquecerse; **2. 2** *n* (3) imperio *m*; reino *m* (*a. fig.*); '~en (25) **1.** *v/t.* pasar, alargar, tender; **2.** *v/i.* llegar, extenderse; (*genügen*) ser suficiente; **~haltig** ['-haltiç] abundante; **2haltigkeit** *f* abundancia *f*; '~lich copioso; abundante; *adv.* bastante; en abundancia; ~ *vorhanden sn* abundar; '2tum *m* (1²) riqueza *f*; '2weite *f* (15) alcance *f*; *in* ~ al alcance (de la mano); *außer* ~ fuera de alcance.

reif [raɪf] maduro; ~ *werden* madurar.

Reif *m* (3): **a)** (*Ring*) aro *m*; **b)** (*Frost*) escarcha *f*; '~e *f* (15, *o. pl.*) madurez *f*; '2en (25): **a)** madurar; **b)** *es reift* hay escarcha.

'**Reifen** *m* (6) aro *m*, cerco *m*; (*Rad2*) neumático *m*; **~decke** *f* cubierta *f*; **~panne** *f* pinchazo *m*; reventón *m*.

'**Reife|prüfung** *f* examen *m* de bachillerato (superior); **~zeugnis** *n* certificado *m od.* título *m* de bachiller.

reif|lich ['-liç] maduro; *sich et.* ~ *überlegen* pensarlo bien; **2rock** *m* miriñaque *m*; crinolina *f*.

Reigen ['raɪgən] *m* (6) (*Tanz*) baile *m* en rueda; (*Kinder2*) corro *m*.

Reihe ['raɪə] *f* (15) fila *f* (*a.* ✕); *Bäume, Knöpfe usw.:* hilera *f*; (*Serie*) serie *f*; ⚥ progresión *f*; (*Linie*) línea *f*; *der* ~ *nach* por turno; *in Reih und Glied* en fila; *ich bin an der* ~ es mi turno; me toca a mí; **2n** (25) *Perlen:* ensartar; *Näherei:* hilvanar.

'**Reihen|folge** *f* sucesión *f*; orden *m*; turno *m*; **~haus** *n* chalet *m* adosado; **~schaltung ⚡** *f* conexión *f* en serie; **2weise** en filas; a hileras.

Reiher ['-ər] *m* (7) garza *f*.

reihum [-'um] por turno.

Reim [raɪm] *m* (3) rima *f*; '2en (25): (*sich*) ~ rimar (*auf ac.* con); '2los sin rima; *Vers:* suelto; '~schmied *m* rimador *m*.

rein [raɪn] limpio; puro (*a. fig.*); *ins* ~*e bringen* arreglar a/c.; *ins* ~*e kommen mit et.* resolver (*ac.*), *mit j-m:* arreglarse con; *ins* ~*e schreiben* poner *od.* sacar en limpio.

Rein|ertrag ['-'ɛrtra:k] *m* producto *m* neto; **~fall** F *m* fracaso *m*; F chasco *m*; **2fallen** llevarse un chasco; **~gewinn** *m* beneficio *m* neto; **~heit** *f* limpieza *f*; pureza *f* (*a. fig.*); nitidez *f*; **2igen** (25) limpiar; *a. fig.* purificar; *Flüssigkeit:* depurar; *chemisch* ~ limpiar *od.* lavar en seco; **~igung** *f* limpieza *f*; purificación *f*; depuración *f*; *chemische* ~ limpieza *f od.* lavado *m* en seco; (*Laden*) tintorería *f*, F tinte *m*; **~igungsmittel** *n* limpiador *m*; detergente *m*; **~kultur** *f* cultivo *m* puro; *in* ~ *fig.* puro; **2legen** *s. hereinlegen;* **2lich** limpio; *j.:* aseado; **~lichkeit** *f* limpieza *f*; **~mache-frau** *f* mujer *f* de (la) limpieza; **2rassig** de raza pura, castizo; **~schrift** *f* copia *f* en limpio; **2seiden** de seda pura.

Reis ♣ [raɪs]: **a)** *m* (4, *o. pl.*) arroz *m*; **b)** *n* (2) vástago *m*.

Reise ['raɪzə] *f* (15) viaje *m*; *auf* ~*n sn*

(*gehen*) estar de (salir de) viaje; **~apotheke** f botiquín m (de viaje); **~beschreibung** f relación f de (un) viaje; **~büro** n agencia f de viajes; **~bus** m autocar m; **2fertig** dispuesto para partir; **~fieber** n nerviosismo m ante el viaje; **~führer** m (*Buch*) guía f; (*Person*) guía m; **~gefährte** m compañero m de viaje; **~gepäck** n equipaje m; **~geschwindigkeit** f ⚓, ✈, Kfz. velocidad f de crucero; **~gesellschaft** f grupo m de turistas; **~koffer** m baúl m; (*Handkoffer*) maleta f; **~leiter** m guía m (turístico); **~lust** f (2lustig) afición f (aficionado) a viajar; **2n** (27, sn) viajar; **~** nach ir a; **~nde(r** m) m, f viajero (-a) m (f); ✝ viajante m; **~necessaire** n neceser m; **~paß** m pasaporte m; **~route** f itinerario m; ruta f; **~scheck** m cheque m de viaje; **~schreibmaschine** f máquina f de escribir portátil; **~spesen** pl. gastos m/pl. de viaje; **~tasche** f bolsa f de viaje; **~veranstalter** m agente m de viajes; operador m turístico; **~verkehr** m tráfico m de viajeros; turismo m; **~weg** m s. Reiseroute; **~zeit** f temporada f turística.

Reisfeld [¹raısfɛlt] n arrozal m.

Reisig [¹raızıç] n (3¹, o. pl.) leña f menuda; ramas f/pl. secas; **~besen** m escoba f de ramas.

Reiß... [¹raıs...]: **~¹aus:** ~ nehmen tomar las de Villadiego; **~brett** n tablero m de dibujo; **2en** (30) **1.** v/t. arrancar; an sich ~ arrebatar; fig. apoderarse de; in Stücke ~ hacer pedazos; mit sich (fort)~ arrastrar; sich ~ um (ac.) disputarse a/c.; **2.** v/i. (sn) romperse; quebrarse; ~ an (dat.) tirar de; **2end** Tier: feroz; Strom: impetuoso; Schmerz: lancinante; **~er** F m (7) exitazo m; ✝ éxito m de venta; **2erisch** chillón; **~feder** f tiralíneas m; **~nagel** m chincheta f; **~schiene** f regla f de dibujo; **~verschluß** m (cierre m de) cremallera f; **~zahn** m colmillo m; **~zeug** n caja f de compases; **~zwecke** f chincheta f.

Reit|bahn [¹raıtba:n] f picadero m; **2en** (30) **1.** v/t. montar; **2.** v/i. (sn) ir od. montar a caballo; cabalgar; **~en** n equitación f.

Reiter [¹-tər] m (7) jinete m; (Kartei) guión m de fichero; **~ei** [--¹raı] f caballería f; **~in** f amazona f; **~standbild** n estatua f ecuestre.

Reit|gerte [¹raıtgɛrtə] f fusta f; **~hose** f pantalón m de montar; **~knecht** m palafrenero m; **~kunst** f equitación f; **~lehrer** m maestro m de equitación; **~pferd** n caballo m de silla; **~peitsche** f látigo m; **~schule** f escuela f de equitación; picadero m; **~sport** m deporte m hípico, equitación f; **~stall** m caballeriza f; **~stiefel** m bota f de montar; **~tier** n montura f, caballería f; **~turnier** n concurso m hípico; **~weg** f [¹-ve:k] m camino m de herradura.

Reiz [raıts] m (3²) excitación f (a. ✍); (An2) estímulo m; (Lieb2) atractivo m, encanto m; **¹2bar** irritable; **¹~barkeit** f irritabilidad f; **¹2en** (27) estimular, excitar; (erzürnen) irritar; (locken) atraer; tentar; **¹2end** encantador, atractivo; **¹2los** sin atractivo; **¹~mittel** ✍ n estimulante m, excitante m; **¹~ung** f excitación f; irritación f (a. ✍); **¹2voll** encantador, atrayente; atractivo.

rekeln F [¹re:kəln] (29): sich ~ repantigarse, repanchigarse; (sich strecken) desperezarse.

Reklamation [reklama¹tsjo:n] f reclamación f.

Reklame [-¹kla:mə] f (15) propaganda f; publicidad f; **~...** in Zssgn s. Werbe...

reklamieren [-kla¹mi:rən] reclamar (bei j-m a).

rekonstru|ieren [-konstru¹i:rən] reconstruir; **2ktion** [---k¹tsjo:n] f reconstrucción f.

Rekonvalesz|ent [-konvales¹tsɛnt] m (12) convaleciente m; **~enz** [----¹tsɛns] f (16) convalecencia f.

Rekord [-¹kɔrt] m (3) (plus)marca f, récord m (a. in Zssgn; aufstellen establecer; brechen, schlagen batir).

Rekrut [-¹kru:t] m (12) recluta m, quinto m; **~enjahrgang** m quinta f; **2ieren** reclutar, Am. enrolar; **~ierung** f reclutamiento m, Am. enrolamiento m.

Rektor [¹rɛktɔr] m (8¹) Universität: rector m; Schule: director m; **~at** [-to¹ra:t] n (3) (Amtszeit) rectorado m; Schule: dirección f.

Relais ⚡ [rə¹lɛ:] n uv. relé m.

relativ [rela¹ti:f] relativo; **2ität** [--ti-vi¹tɛ:t] f relatividad f.

Relief [rə¹ljɛf] n (11) relieve m.

Religion [reli¹gjo:n] f religión f; **~sfreiheit** f libertad f de cultos; **~ge-**

meinschaft f comunidad f religiosa; **~s-unterricht** m enseñanza f religiosa.

religiös [--'gjø:s] religioso; *(fromm)* piadoso; *Kunst*: sacro; **~iosität** [--gjosi'tɛ:t] f religiosidad f.

Reling ⚓ ['rɛ:liŋ] f (11¹ *od.* 14) borda f.

Reliquie [-'li:kvjə] f (15) reliquia f; **~nschrein** m relicario m.

Remis [rə'mi:] n *(uv. od.* 16) *Schach*: tablas f/pl.

Remittenden [remi'tɛndən] f/pl. *(Buchhandel)* devoluciones f/pl.

rempeln ['rɛmpəln] (29) empujar; atropellar.

Ren *Zo.* [rɛn] n (11) reno m.

Renaissance [rənɛ'sãs] f (15) Renacimiento m.

Rendezvous [rãde'vu:] n *uv.* cita f; **~manöver** n *Raumfahrt:* maniobra f de encuentro.

Renn... ['rɛn...] *in Zssgn, Sport:* de (las) carreras; **~bahn** f pista f; **~boot** n bote m de carreras; **~en** (30) correr; *gegen et.* ~ dar contra a/c.; **~en** n carrera f; **~fahrer** m corredor m, piloto m de carreras; **~pferd** n caballo m de carreras; **~sport** m carreras f/pl.; **~strecke** f pista f; recorrido m; **~wagen** m coche m de carreras.

Renommee [rəno'me:] n (11) reputación f, renombre m; **2ieren** fanfarronear; **2iert** renombrado; famoso; **~ist** [--'mist] m (12) fanfarrón m.

renovieren [-no'vi:rən] renovar; **2ung** f renovación f.

rentabel [rɛn'ta:bəl] rentable; **2abilität** [-tabili'tɛ:t] f rendimiento m; rentabilidad f; **2e** f (15) *(aus Kapital)* renta f; *(soziale)* pensión f; **2en-empfänger(in** f) m beneficiario (-a) m (f) de una pensión; **~ieren:** *sich* ~ ser rentable; *fig.* valer la pena; **2ner(in** f) m (7) pensionista *su.*

Reorganisation [reorganiza'tsjo:n] f reorganización f.

Reparationen [-para'tsjo:nən] pl. reparaciones f/pl.

Reparatur [---'tu:r] f (16) reparación f; **~turwerkstatt** f taller m de reparaciones; **2ieren** reparar.

repatriieren [--tri'i:rən] repatriar; **2ierung** f repatriación f.

Repertoire [-pɛrto'a:r] n (11) repertorio m.

repetieren [-pe'ti:rən] repetir; **2itor** m (8¹) repetidor m.

Reportage [-pɔr'ta:ʒə] f (15) reportaje m; **~er** [-'pɔrtər] m (7) reportero m.

Repräsentant [-prɛzɛn'tant] m (12) representante m; **~tation** [----'tsjo:n] f representación f; **2tativ** [----'ti:f] representativo; **2tieren** representar.

Repressalien [-prɛ'sa:ljən] f/pl. (15) represalias f/pl.

Reproduktion [-produk'tsjo:n] f reproducción f; **2du²zieren** reproducir.

Reptil [rɛp'ti:l] n (8² u. 3¹) reptil m.

Republik [repu'bli:k] f (16) república f; **~aner(in** f) m (7) [--bli'ka:-nər(in)], **2'anisch** republicano (-a) m (f).

Requiem ['re:kviem] n (11) réquiem m *(a. ♩).*

requirieren [rekvi'ri:rən] requisar; **2siten** [--'zi:tən] *Thea.* n/pl. (5) accesorios m/pl.; **2sition** ✕ [--zi'tsjo:n] f requisa f.

Reservat [-zɛr'va:t] n (3) reserva f.

Reserve [-'-və] f (15) reserva f; *in Zssgn* ✕ *u.* ✝ de reserva; ⊕ de recambio, de repuesto; **~rad** n rueda f de repuesto; **~spieler** m *Sport*: reserva m, suplente m; **~tank** m depósito m de reserva; **~teil** n pieza f de recambio; **2ieren** reservar; **2iert** *a. fig.* reservado; **~ierung** f reserva f; **~ist** ✕ [--'vist] m (12) reservista m; **~oir** [--vo'a:r] n (3¹) depósito m.

Residenz [-zi'dɛnts] f (16) residencia f; **2ieren** residir.

resignieren [-zig'ni:rən] resignarse.

resolut [-zo'lu:t] resuelto; decidido.

Resonanzboden [--'nantsbo:dən] m (6¹) caja f de resonancia.

Resozialisierung [--tsjali'zi:ruŋ] f reinserción f social; rehabilitación f.

Respekt [res'pɛkt] m (3) respeto m *(vor dat.* a); **2abel** [--'ta:bəl] respetable; **2ieren** respetar; **2ive** [--'ti:və] respectivamente *(nachgestellt)*; **2los** irrespetuoso; sin respeto; **~losigkeit** f falta f de respeto; **~s-person** f persona f de respeto; **2voll** respetuoso.

Ressentiment [rɛsãti'mã] n (11) resentimiento m.

Ressort [-'so:r] n (11) negociado m, departamento m; sección f; *(Zuständigkeit)* incumbencia f.

Rest [rɛst] m (3²) resto m; **2** ⊕

residuo m; (Speise) sobras f/pl.; (Stoff) retal m; j-m den ⁓ geben acabar con alg.; '⁓-auflage f resto m de (la) edición.

Restaur|ant [rɛstoˈrɑ̃] n (11) restaurante m; **⁓ation** [-tauraˈtsjoːn] f restauración f; **⁓ator** [--ˈrɑːtɔr] m (8¹) restaurador m; 2**ieren** [--ˈriːrən] restaurar.

Rest|bestand [ˈrɛstbəʃtant] m existencias f/pl. restantes; **⁓betrag** m saldo m, remanente m; 2**lich** restante; 2**los** entero, total; **⁓posten** m restante m; **⁓schuld** f (⁓zahlung f) deuda f (pago m) restante.

Resul|tat [rezulˈtɑːt] n (3) resultado m; 2**tieren** resultar.

Resümee [-zyˈmeː] n (11) resumen m.

Retorte [-ˈtɔrtə] f (15) retorta f; alambique m; **⁓nbaby** n bebé-probeta m.

Retrospektive [retrospɛkˈtiːvə] f (15) retrospectiva f.

rett|en [ˈrɛtən] (26) salvar; 2**er(in** f) m (7) salvador(a f) m (f).

Rettich ♀ [ˈl-tiç] m (3¹) rábano m.

Rettung [ˈl-tuŋ] f salvación f, a. ⚓ salvamento m, rescate m; **⁓s-aktion** f operación f de rescate; **⁓s-anker** m fig. áncora f od. tabla f de salvación; **⁓sboot** n bote m salvavidas; 2**slos** sin remedio; **⁓sring** m salvavidas m; **⁓sstation** f puesto m de socorro; **⁓swesen** n socorrismo m.

Retusch|e [reˈtuʃə] f (15) retoque m; 2**ieren** retocar.

Reu|e [ˈrɔʏə] f (15, o. pl.) arrepentimiento m; 2**en** (25): es reut mich me arrepiento de ello; 2**evoll**, 2**ig**, 2**mütig** [ˈl-myːtiç] arrepentido; Rel. penitente.

Reuse [ˈrɔʏzə] f (15) nasa f.

Revanch|e [reˈvɑ̃ʃə] f (15) desquite m, gal. revancha f; 2**ieren**: sich ⁓ für tomar el desquite od. la revancha de; für e-e Einladung usw.: devolver; **⁓ismus** m revanchismo m.

Revers: a) [reˈvɛrs] m (4) resguardo m; garantía f; **b)** [rəˈveːr] n uv., pl. [-ˈvɛːrs] Schneiderei: solapa f.

revidieren [reviˈdiːrən] revisar.

Revier [-ˈviːr] n (3¹) Forst: coto m; ✗ distrito m; Polizei: comisaría f; ✗ enfermería f.

Revision [-viˈzjoːn] f revisión f; (Zoll) registro m; ✝ recurso m de casación (einlegen interponer).

Revisor [-ˈviːzɔr] m (8¹) revisor m.

Revolt|e [-ˈvɔltə] f (15) revuelta f,

motín m; 2**ieren** rebelarse (a. fig.), amotinarse.

Revolution [-voluˈtsjoːn] f revolución f; 2**är** (⁓**är** m [3¹]) [---]oˈnɛːr] revolucionario (m); 2**ieren** revolucionar (a. fig.).

Revolver [-ˈvɔlvər] m (7) revólver m; **⁓blatt** n periódico m sensacionalista; **⁓held** m pistolero m.

Revue [rəˈvy:] f (15) revista f; **⁓girl** [-ˈl-gœːl] n (11) corista f.

Rezens|ent [retsɛnˈzɛnt] m (12) crítico m; 2**ieren** reseñar; **⁓ion** [--ˈzjoːn] f reseña f.

Rezept [-ˈtsɛpt] n (3) receta f; 2**pflichtig** [-ˈ-pflïçtiç] con receta médica.

Rezession [-tsɛsˈjoːn] f recesión f.

reziprok [-tsiˈproːk] recíproco.

Rezit|ation [--taˈtsjoːn] f recitación f; 2**ieren** recitar.

R-Gespräch [ˈɛrgəʃprɛːç] n conferencia f de cobro revertido.

Rhabarber ♀ [raˈbarbər] m (7, o. pl.) ruibarbo m.

Rhapsodie [rapsoˈdiː] f (15) rapsodia f.

rheinisch [ˈraɪnɪʃ] renano.

Rhetor|ik [reˈtoːrik] f (16, o. pl.) retórica f; 2**isch** retórico.

rheuma|tisch [rɔʏˈmaːtiʃ] reumático; 2(**tismus**) m) n [ˈl-ma (--ˈtismus)] (11 [16²]) reuma(tismo) m.

Rhinozeros [riˈnoːtserɔs] n (4¹) rinoceronte m.

Rhombus [ˈrɔmbus] m (16²) rombo m.

rhythm|isch [ˈrytmiʃ] rítmico; **⁓us** [ˈl-mus] m (16²) ritmo m.

Richt|antenne [ˈrïçtˀantenə] f antena f direccional; **⁓block** m tajo m; 2**en** (26) dirigir (auf an ac. a); Aufmerksamkeit: fijar (auf en, sobre); Waffe: apuntar (auf sobre); ⊕ ajustar; arreglar; (gerade⁓) enderezar; (her⁓) preparar; ✝ juzgar; sentenciar; sich ⁓ nach ajustarse a; atenerse a; **⁓er** m (7) juez m; **⁓er-amt** n judicatura f; 2**erlich** judicial; **⁓erspruch** m fallo m, sentencia f; **⁓erstand** m magistratura f; **⁓erstuhl** m fig. tribunal m; 2**ig** justo; correcto; exacto; (echt) verdadero, auténtico; ⁓! ¡eso es!; ganz ⁓! ¡perfectamente!; das 2e treffen acertar; für ⁓ halten aprobar; ⁓ gehen Uhr: andar bien; ⁓ singen usw. cantar, etc. bien; **⁓igkeit** f exactitud f; corrección f; autenticidad f; s-e ⁓

haben estar en orden; **⊇igstellen** rectificar; **~igstellung** *f* rectificación *f*; **~linien** *f/pl.* directivas *f/pl.*; **~preis** *m* precio *m* indicativo *od.* de orientación; **~scheit △** *n* maestra*f*; **~schnur** *f* **△** tendel *m*; *fig.* pauta *f*; **~strahler** ['-ʃtraːlər] *m* (7) antena *f* dirigida; **~ung** *f* dirección *f*; *fig.* orientación *f*; tendencia *f*; **⊇ungweisend** orientador; normativo; **~zahl** *f* índice *m*.

Ricke ['rikə] *f* (15) corza *f*.

rieb [riːp] *s.* reiben.

riech|en ['riːçən] (30) oler (*nach* a); j-n nicht ~ können *fig.* no poder tragar a alg.; F tener hincha a alg.; **⊇er** F *m*: e-n guten ~ haben *fig.* tener buen olfato; **⊇nerv** *m* nervio *m* olfatorio; **⊇stoff** *m* sustancia *f* odorífera.

Ried [riːt] *n* (3) juncal *m*, cañaveral *m*; **~gras** *n* carrizo *m*.

rief [riːf] *s.* rufen.

Riege ['riːgə] *f* (15) *Sport*: sección *f*.

Riegel ['-gəl] *m* (7) cerrojo *m* (*vorschieben* echar); pasador *m*; pestillo *m*; *Schokolade*: barra *f*; *Seife*: pastilla *f*; e-r Sache e-n ~ vorschieben poner coto a a/c.

Riemen ['-mən] *m* (6) ⊕ correa *f*; **⊕** remo *m*; (*Gürtel*) cinturón *m*; *fig.* den ~ enger schnallen apretarse el cinturón; **~antrieb** *m* transmisión *f* por correa; **~scheibe** *f* polea *f*.

Ries [riːs] *n* (4; *als Maß nach Zahlen uv.*) resma *f*.

Riese ['riːzə] *m* (13) gigante *m*.

Riesel|feld ['-zəlfɛlt] *n* campo *m* de fecalización; **⊇n** (29, h. *u.* sn) correr; *Bach*: a. murmurar; *Quelle*: manar.

Riesen... ['-zən...]: *in Zssgn oft* gigantesco; **~erfolg** *m* éxito *m* enorme, F exitazo *m*; **⊇groß**, **⊇haft** gigantesco; *fig.* colosal; **~rad** *n* noria *f*; **~schlange** *f* boa *f*; **~schritt** *m*: mit ~en a pasos agigantados; **~slalom** *m* slalom *m* gigante.

ries|ig ['-ziç] gigantesco; *fig.* colosal, enorme; **⊇in** *f* giganta *f*.

riet [riːt] *s.* raten.

Riff [rif] *n* (3) arrecife *m*.

rigoros [rigo'roːs] riguroso.

Rille ['rilə] *f* (15) ranura *f*; *der Schallplatte*: surco *m*; **⊇n** (25) ranurar.

Rind [rint] *n* (1) bovino *m*; **~e** ['-də] *f* (15) corteza *f* (*a. Brot*⊇); **~erbraten** *m* asado *m* de vaca *bzw.* de buey; **~erpest** *f* peste *f* bovina; **~erzucht** *f* cría *f* de ganado bovino; **~fleisch** *n* carne *f* de buey *bzw.* de vaca; **~sle-**

der *n* vaqueta *f*; **~vieh** *n* ganado *m* bovino *od.* vacuno; P *fig.* animal *m*.

Ring [riŋ] *m* (3) anillo *m*; aro *m*; (*Eisen*⊇) argolla *f*; (*Schmuck*⊇) sortija *f*; (*Ehe*⊇) alianza *f*; ⊕ anilla *f*; *Boxen*: ring *m*; (*Kreis*) círculo *m*; *Sport*: ~e *pl.* anillas *f/pl.*; ~ um die Augen ojeras *f/pl.*; **~bahn** *f* ferrocarril *m* de circunvalación; **~buch** *n* cuaderno *m* de anillas; **~code** ⊕ *m* código *m* de barras.

Ringel|locke ['riŋəllɔkə] *f* sortija *f*, bucle *m*; **⊇n** (29): sich ~ enroscarse; *Haar*: ensortijarse; **~natter** *f* culebra *f* de agua; **~taube** *f* paloma *f* torcaz.

ring|en ['riŋən] (30) luchar (*a. fig.*; um por); *die Hände* ~ retorcer(se) las manos; *nach Atem* ~ respirar con dificultad; *mit dem Tode* ~ agonizar; **⊇er** *m* (7), **⊇kämpfer** *m* luchador *m*; **⊇finger** *m* anular *m*; **~förmig** ['-fœrmiç] anular; **⊇kampf** *m* lucha *f*; **⊇mauer** *f* muralla *f*; **⊇richter** *m* *Sport*: árbitro *m*.

rings [riŋs], **~herum** alrededor (de).

Ringstraße ['riŋʃtraːsə] *f* cinturón *m*; ronda *f*.

Rinn|e ['rinə] *f* (15) (*Dach*⊇) canal *m*; **⊬** acequia *f*, reguera *f*; **△** ranura *f*; **⊇en** (30) correr, fluir; gotear; **~sal** *n* (3) arroyuelo *m*; **~stein** *m* arroyo *m* (*a. fig.*).

Rippe ['ripə] *f* (15) *Anat.* costilla *f*; ♀ nervio *m*; **△** nervadura *f*.

Rippen|fell *Anat.* ['-pənfɛl] *n* pleura *f*; **~fell-entzündung** *f* pleuresía *f*; **~stoß** *m* empujón *m*; codazo *m*; **~stück** *Kchk.* *n* entrecot *m*.

Ris|iko ['riːziko] *n* (11 *u.* 9³) riesgo *m* (*eingehen* correr); **⊇kant** [ris'kant] arriesgado; **⊇¹kieren** arriesgar.

Rispe ♀ ['rispə] *f* (15) panícula *f*.

Riß [ris] *m* (4) rotura *f*; desgarro *m* (*beide a.* ⚡); *im Stoff*: roto *m*, desgarrón *m*; *Haut*, *Mauer*: grieta *f*; (*Spalt*) hendidura *f*, rendija *f*.

rissig ['-siç] agrietado; ~ werden agrietarse.

Rist [rist] *m* (3²) (*Fuß*⊇) garganta *f* del pie.

Ritt [rit] *m* (3) paseo *m* a caballo; cabalgata *f*; 2. **△** *s.* reiten.

Ritter ['ritər] *m* (7) caballero *m*; *zum* ~ *schlagen* armar caballero; **~burg** *f* castillo *m* feudal; **~gut** *n* latifundio *m*; **⊇lich** caballeresco; *Gesinnung*: a. caballeroso; **~lichkeit** *f* caballerosidad f; **~-orden** m orden f de caballería; **~roman** m novela f de caballería; **~schlag** m acolada f; espaldarazo m; **~sporn** ♀ m espuela f de caballero; **~tum** n (1, o. pl.) caballería f.

rittlings ['rɪtlɪŋs] a horcajadas.

Rit|ual [ritu'aːl] n (3¹), **Quell** [--'ɛl] ritual (m); **~us** [--] m (16²) rito m.

Ritz ['rɪts] m (3²): **a)** (Schramme) rasguño m; **b)** = **~e** ['-sə] f (15) hendidura f, rendija f; **Qen** (27) arañar, rasguñar; rajar.

Rival|e [ri'vaːlə] m (13), **~in** f rival su., competitor(a) m (f); **Qisieren** [-vali-'ziːrən] rivalizar, competir; **~ität** [---'tɛːt] f (16) rivalidad f, competencia f.

Rizinusöl ['riːtsinusʔoːl] n aceite m de ricino.

Roastbeef ['roːstbiːf] n (11) rosbif m.

Robbe ['rɔbə] f (15) foca f; **Qn** (25, sn) avanzar cuerpo a tierra.

Robe ['roːbə] f (15) toga f.

Roboter ['rɔbɔtər] m (7) robot m; **~technik** f robótica f.

robust [ro'bʊst] robusto; **Qheit** f robustez f.

roch [rɔx] s. riechen.

röcheln ['rœçəln] **1.** v/i. (29) respirar con dificultad; **2.** ♀ n estertor m.

Rochen Zo. ['rɔxən] m (6) raya f.

rochieren [-'xiːrən od. -'ʃiː-] Schach: enrocar.

Rock [rɔk] m (3³) (Sakko) chaqueta f; (Frauen♀) falda f, Arg. pollera f; **'-en** m (6) rueca f; **'-musik** f música f rock(era); **'-schoß** m faldón m.

Rodel ['roːdəl] m (7), **~schlitten** m trineo m, tobogán m; bsd. Sport: luge f; **~bahn** f pista f de trineos bzw. de luge; **Qn** (29) ir en trineo.

roden ['-dən] (26) roturar; Wald: desmontar, talar.

Rogen ['-gən] m (6) huevas f/pl.

Roggen ['rɔgən] m (6) centeno m.

roh [roː] crudo; (unbearbeitet) bruto; fig. rudo, grosero; brutal.

Roh... ['roː...]: in Zssgn oft (en) bruto; **~bau** ▲ m obra f bruta; **~baumwolle** f algodón m en rama; **~diamant** m diamante m en bruto; **~einnahme** ✝ f ingreso m bruto.

Roheit ['-haɪt] f rudeza f; brutalidad f.

Roh|kost ['-kɔst] f régimen m crudo; **~köstler** ['-kœstlər] m (7) neol. crudívoro m; **~ling** ['-lɪŋ] m (3¹)

bruto m; **~-öl** n (petróleo m) crudo m.

Rohr [roːr] n (3) ♀ caña f; ⊕ tubo m; (Geschütz) cañón m; '-blatt ♪ n lengüeta f (de caña); '-dommel Zo. ['-dɔmɛl] f (15) avetoro m.

Röhr|e ['røːrə] f (15) tubo m; caño m; ⚡ válvula f, lámpara f; (Back♀) horno m; **Qen** (25) Hirsch: bramar; **Qen-förmig** ['-rɔnfœrmiç] tubular; **~en-knochen** m hueso m largo, canilla f; **~icht** ['-rɪçt] n (3¹) cañaveral m, juncal m.

Rohr|leger ['roːrleːgər] m fontanero m; **~leitung** f cañería f, tubería f; **~post** f correo m neumático; **~post-brief** m carta f neumática; **~schelle** ⊕ f abrazadera f; **~spatz** m: F wie ein ~ schimpfen jurar como un carretero; **~stock** m caña f; **~stuhl** m silla f de rejilla; **~zucker** m azúcar m de caña.

Roh|seide ['rɔːzaɪdə] f seda f cruda; **~stoffe** m/pl. materias f/pl. primas; **~zucker** m azúcar m en bruto; **~zu-stand** m: im ~ en bruto.

Rokoko ['rɔkoko] n (11, o. pl.) rococó m.

Roll|aden ['rɔlaːdən] m persiana f (enrollable); **~bahn** ✈ f pista f de rodadura; **~e** f (15) rollo m; (Walze) rodillo m, cilindro m; (Garn♀) carrete m; (Flaschenzug) polea f; Thea. papel m (a. fig.); rol m; e-e ~ spielen desempeñar un papel; das spielt keine ~ no tiene importancia; aus der ~ fallen F desentonar; **Qen** (25) **1.** v/i. (h., bei Ortsveränderung sn) rodar; ♣ balancearse; Donner: retumbar; Geld: circular; **2.** v/t. (auf~) arrollar; (ein~) enrollar; Wäsche: calandrar; **Qend** rodante (a. ♣); **~enlager** ⊕ n rodamiento m de rodillos; **~entausch** m inversión f de papeles; **~er** m (7) (Spielzeug) patinete m; Kfz. escúter m; **~feld** ✈ n pista f; **~film** m carrete m, rollo m; **~fuhrdienst** m (servicio m de) acarreo m; **~geld** n acarreo m, camionaje m; **~kragen (-pullover** m) m (jersey m de) cuello m cisne od. alto; **~mops** m arenque m enrollado; **~schuh** m patín m de ruedas; ~ laufen patinar sobre ruedas; **~splitt** m gravilla f suelta; **~stuhl** m sillón m de ruedas; **~treppe** f escalera f mecánica.

Roman [ro'maːn] m (3¹) novela f; **Qhaft** novelesco; **~ik** [-'-nik] f (16) estilo m románico; **Qisch** ▲ románico; *Sprache*: a. romance; **~ist** [-ma'nist] m romanista m; **~istik** [-ma'nistik] f filología f románica; **~schriftsteller** m novelista m.

Roman|tik [-'mantik] f (16) romanticismo m; **2tisch** romántico (a. *fig.*).

Romanze [-'-tsə] f (15) romance m (a. F *fig.*).

Röm|er ['rø:mər] m (7): **a)** (*Glas*) copa f (para vino blanco); **b)** **~er(in** f) m, **2isch** romano (-a) m (f).

röntgen ['rœntgən] (25) radiografiar; **2-aufnahme** f, **2bild** n radiografía f; **2behandlung** f radioterapia f; **2o-loge** [--o'lo:gə] m (13) radiólogo m; **2ologie** [--olo'gi:] f (15, o. pl.) radiología f; **2strahlen** m/pl. rayos m/pl. X; **2-untersuchung** f examen m radiológico od. por rayos X.

rosa ['ro:za] uv., **~farben** rosa.

Rose ['-zə] f (15) rosa f; **♂** erisipela f; **~nkohl** m col f de Bruselas; **~nkranz** *Rel.* m rosario m; **~nmontag** m lunes m de carnaval; **~n-öl** n esencia f de rosas; **2nrot** rosado; **~nstock**, **~nstrauch** m rosal m.

Rosette △ [ro'zɛtə] f (15) rosetón m.

rosig ['ro:zɪç] rosa; *Wange*: sonrosado; *alles in ~em Licht sehen* verlo todo de color de rosa.

Rosine [ro'zi:nə] f (15) pasa f.

Rosmarin ♀ [rosma'ri:n] m (3[1], o. pl.) romero m.

Roß [rɔs] n (4) caballo m; **~haar** n crin f (de caballo); **~kastanie** ♀ f castaño m de Indias; **~kur** F f cura f de caballo.

Rost [rɔst] m (3) orín m, herrumbre f, óxido m; ♀ roya f; (*Brat~*) parrilla f, gril m; (*Gitter~*) rejilla f; **2braten** m asado m a la parrilla; **2en** (26, h. u. su.) oxidarse.

rösten ['rœstən] (26) tostar.

rost|frei ['rɔstfraɪ] inoxidable; **~ig** oxidado, tomado de orín; **2schutz-anstrich** m pintura f anticorrosiva; **2schutzmittel** n anticorrosivo m.

rot [ro:t] rojo; encarnado; *~ werden* ponerse colorado; ruborizarse; *das* 2*e Kreuz* la Cruz Roja.

Rotations|druck [rota'tsjo:nsdruk] m impresión f rotativa; **~presse** f rotativa f.

rot|backig ['ro:tbakiç] de mejillas encarnadas; **2barsch** *Zo.* m gallineta f nórdica; **~blond** rubicundo; **~braun** pardo rojizo; **2buche** f haya f (común).

Röte ['rø:tə] f (15, o. pl.) rojez f; (*Scham* 2) rubor m; **♀** m (7) almagre m; **~ln** ♀ pl. rubéola f; **2n** (26): (*sich*) ~ enrojecer(se).

rot|glühend ['ro:tgly:ənt] (puesto) al rojo; **~haarig** pelirrojo; **2haut** f piel su. roja; **~ieren** girar; **~ierend** giratorio, rotatorio; **2käppchen** ['l-kɛp-çən] n (6) Caperucita f Roja; **2kehl-chen** ['l-ke:lçən] n (6) petirrojo m; **2kohl** m (col m) lombarda f; **2[1]kreuzhelfer** m socorrista m de la Cruz Roja; **2lauf** ♂ m erisipela f.

rötlich ['rø:tlɪç] rojizo.

Rotor ['ro:tɔr] m (8[1]) rotor m; inducido m.

Rot|schwänzchen *Zo.* ['ro:tʃvɛnts-çən] n (6) colirrojo m; **~stift** m lápiz m rojo.

Rotte ['rɔtə] f (15) cuadrilla f; banda f; ✕ fila f.

rot|wangig ['ro:tvaŋiç] de mejillas encarnadas; **2wein** m vino m tinto; **2welsch** n (5 u. uv.) jerga f del hampa; **2wild** n venado m.

Rotz [rɔts] m (3[2]) *vet.* muermo m; P moco m; **~nase** P f mocoso m.

Rouge ['ru:ʒ] n (11) colorete m.

Roulade [ru'la:də] f (15) filete m relleno.

Rouleau [-'lo:] n (11) persiana f.

Roulett [-'lɛt] n (3 u. 11) ruleta f.

Route ['ru:tə] f (15) ruta f, itinerario m.

Routi|ne [ru'ti:nə] f (15) rutina f; **2nemäßig** rutinario; **2niert** [-ti-'ni:rt] experto; versado.

Rowdy ['raudi] m (11, pl. a. -dies) camorrista m; gamberro m.

Rübe ['ry:bə] f (15) remolacha f; *weiße* ~ nabo m; *gelbe* ~ zanahoria f; *rote* ~ remolacha f colorada.

Rubel ['ru:bəl] m (7) rublo m.

Rübenzucker ['ry:bəntsukər] m azúcar m de remolacha.

Rubin [-'bi:n] m (3[1]) rubí m.

Rüböl ['ry:p'ʔø:l] n aceite m de colza.

Rubrik [ru'bri:k] f (16) rúbrica f; *e-r Zeitung*: sección f; columna f.

Rübsamen ['ry:pza:mən] m nabina f.

ruch|bar ['ru:xba:r]: ~ *werden* trascender; ir cundiendo; **~los** desaforado, desalmado, infame; **2losigkeit** f infamia f.

Ruck [ruk] m (3) arranque m; (*Zug*) tirón m; (*Stoß*) empujón m; (*Er-schütterung*) sacudida f; *mit e-m* ~ de un golpe; *sich e-n ~ geben* hacer un esfuerzo.

Rück|ansicht ['rʏkˀanziçt] *f* vista *f* de atrás; **~antwort** *f* ~ *bezahlt* respuesta *f* pagada; 2**bezüglich** *Gram.* reflexivo; **~blende** *f* flash-back *m*; *fig.* retrospectiva *f*; **~blick** *m. m* (mirada *f*) retrospectiva *f*.

rücken ['rʏkən] (25) **1.** *v/t.* mover; empujar; **2.** *v/i.* (sn) moverse; (*Platz machen*) correrse; *nicht von der Stelle* ~ no moverse del sitio; *ins Feld* ~ entrar en campaña.

'Rücken *m* (6) espalda *f*; (*Buch2, Kchk.*) lomo *m*; (*Berg2*) loma *f*; *auf den ~ fallen fig.* quedar perplejo; *in den ~ fallen* atacar por la espalda; *den ~ stärken* respaldar; *auf dem ~ tragen* llevar a cuestas; **~deckung** *f fig.* respaldo *m*; **~lehne** *f* respaldo *m*; **~mark** *n* médula *f* espinal; **~schwimmen** *n* natación *f* de espalda; **~wind** *m* viento *m* por atrás *bzw.* ⚓ en popa; **~wirbel** *m* vértebra *f* dorsal.

'Rück|-erinnerung *f* recuerdo *m*; reminiscencia *f*; 2**-erstatten** devolver; restituir; **~erstattung** *f* devolución *f* (*a. v. Steuern*); restitución *f*; reintegro *m*; **~fahrkarte** *f* billete *m* de ida y vuelta; **~fahrt** *f* viaje *m* de regreso; **~fall** *m* ✚ recaída *f*, recidiva *f*; ♃ reincidencia *f*; **~fällig** reincidente; ~ *werden* reincidir; **~flug** ✈ *m* vuelo *m* de regreso; **~fluß** *m* reflujo *m*; **~forderung** *f* reclamación *f*; **~fracht** *f* cargamento *m* de retorno; **~frage** *f* demanda *f* de nuevos informes; **~führung** *Pol. f* repatriación *f*; **~gabe** *f* devolución *f*, restitución *f*; **~gang** *m* retroceso *m*; descenso *m*; baja *f*; ↓ recesión *f*; 2**gängig:** ~ *machen* anular; **~gewinnung** *f* recuperación *f*; **~grat** *n* espina *f* dorsal; *a. fig.* columna *f* vertebral; **~halt** *m* apoyo *m*, sostén *m*, respaldo *m*; 2**halt-los** sin reserva; **~hand(schlag** *m*) *f Tennis*: revés *m*; **~kauf** *m* readquisición *f*; rescate *m*; **~kehr** *f* ['-keːr] *f* (16, *o. pl.*) vuelta *f*, regreso *m*; **~kopp-lung** *f* retroacción *f*; **~lage** *f* reserva *f*; **~lauf** ⊕ *m* retroceso *m*; 2**läufig** retrógrado; inverso; **~licht** *n* luz *f* trasera; 2**lings** ['-lɪŋs] hacia atrás; de espaldas; (*von hinten*) por la espalda; **~marsch** ✗ *m* retirada *f*; **~porto** *n* porte *m* de vuelta; **~prall** *m* rebote *m*; **~reise** *f* vuelta *f*; viaje *m* de regreso.

Rucksack ['rʊkzak] *m* mochila *f*.

Rück|schau ['rʏkʃau] *f* retrospección *f*; retrospectiva *f*; **~schlag** *m fig.* revés *m*; contratiempo *m*; **~schluß** *m* conclusión *f*; deducción *f*; **~schritt** *m* retroceso *m*; 2**schrittlich** reaccionario; **~seite** *f* parte *f* posterior *od.* trasera; *e-s Blattes:* dorso *m*, vuelta *f*; *e-r Münze:* reverso *m*; **~sendung** *f* devolución *f*; **~sicht** *f* consideración *f*; ~ *nehmen auf j-n* respetar a alg.; ~ *nehmen auf et.* tomar en consideración a/c.; *mit* ~ *auf* (*ac.*) teniendo presente *od.* en cuenta; 2**sichtslos** ['-zɪçtsloːs] desconsiderado; brutal; **~sichtslosigkeit** *f* falta *f* de consideración, inconsideración *f*; 2**sichts-voll** atento; considerado; 2**sitz** *m* asiento *m* trasero; **~spiegel** *m* retrovisor *m*; **~spiel** *n Sport:* partido *m* de vuelta; **~sprache** *f* consulta *f*; ~ *nehmen mit* ponerse al habla con; **~stand** *m* resto *m*; 🧪 residuo *m*; ✚ atraso *m*; *im ~ sein* estar atrasado; *in ~ geraten* atrasarse; 2**ständig** atrasado (*a. fig.*); **~stau** *Vkw. m* retención *f*; **~stoß** *m Phys.* repulsión *f*; *Waffe:* culatazo *m*; **~strahler** ['-ʃtraːlər] *m* (7) catafoto *m*, ℱ ojo *m* de gato; **~taste** *f Schreibmaschine:* tecla *f* de retroceso; **~tritt** *m* renuncia *f*; dimisión *f*; **~trittbremse** *f am Fahrrad:* freno *m* de contrapedal; **~vergütung** *f* re(e)mbolso *m*; **~versicherung** *f* reaseguro *m*; **~wand** *f* pared *f* del fondo; **~wanderer** *m* repatriado *m*; **~wanderung** *f* repatriación *f*; 2**wärtig** ['-vɛrtiç] posterior, trasero; 2**wärts** ['-vɛrts] hacia atrás; **~wärtsgang** *Kfz. m* marcha *f* atrás; **~wechsel** ✝ *m* letra *f* de resaca; **~weg** ['-veːk] *m* vuelta *f*; *auf dem* ~ al volver.

ruckweise ['rʊkvaɪzə] a empujones, a golpes; a sacudidas.

rück|wirkend ['rʏkvɪrkənt] (de efecto) retroactivo; **~wirkung** *f* repercusión *f*; *mit* ~ con efecto retroactivo; **~zahlbar** re(e)mbolsable; 2**zahlung** *f* re(e)mbolso *m*; 2**zieher** *m F fig.:* e-n ~ *machen* echarse atrás; 2**zug** ✗ *m* retirada *f*; repliegue *m*; *zum* ~ *blasen* tocar a retirada.

Rüde ['ryːdə] **1.** *m* (13) macho *m* (de perro, lobo, *etc.*); **2.** ♀ *adj.* rudo, grosero.

Rudel ['ruːdəl] *n* (7) tropa *f*; (*Wild*) manada *f*.

Ruder ['-dər] n (7) remo m; (*Steuer*) timón m (*a. fig.*); am ~ *sein fig.* llevar el timón; *ans* ~ *kommen fig.* subir al poder; *das* ~*herumlegen* dar un golpe de timón (*a. fig.*); **~boot** n barco m *od.* bote m de remos; **~er** m (7) remero m; **2n** (29, h. *u.* sn) remar; bogar; **~n** n boga f; **~regatta** f regata f de remo; **~sport** m (deporte m del) remo m.

Ruf [ru:f] m (3) grito m; llamada f; (*Ansehen*) reputación f; im ~ *stehen* zu tener fama de; *von* ~ de fama; e-n ~ (*als Professor*) *erhalten* ser llamado a ocupar una cátedra; *in schlechten* ~ *bringen* desacreditar; **2en** (30) llamar; (*schreien*) gritar; *j-n* ~ *lassen* hacer venir a alg.; *wie gerufen fig.* de perilla.

Rüffel F ['ryfəl] m (7) reprimenda f; F bronca f, rapapolvo m; **2n** (29) F echar una bronca *od.* un rapapolvo.

Ruf|name ['ru:fnɑːmə] m nombre m de pila; **~nummer** f número m de teléfono; **~weite** f alcance m de la voz; **~zeichen** n *Fernspr.* señal f de llamada.

Rugby ['ragbi] n (11, *o. pl.*) rugby m.

Rüge ['ryːgə] f (15) represión f, reprimenda f; **2n** (25) reprender (*j-n wegen* et. a/c. a alg.).

Ruhe ['ruːə] f (15) (*Ausruhen*) descanso m, reposo m; (*Stille*) silencio m, calma f; tranquilidad f; *innere*: sosiego m; quietud f, paz f; *in aller* ~ con toda calma; *in* ~ *lassen* dejar tranquilo *od.* en paz; *sich zur* ~ *begeben* acostarse; *sich zur* ~ *setzen* retirarse; *Beamter*: jubilarse; ~! ¡silencio!; *angenehme* ~! ¡que descanse!; **2bedürftig:** ~ *sn* necesitar descanso; **~gehalt** n jubilación f; **~lage** f posición f de reposo; **2los** agitado; intranquilo; desasosegado; **2n** (25) descansar, reposar; *Verkehr usw.*: estar paralizado; ~ *lassen Arbeit:* suspender; *Blick*: fijar (*auf dat.* en); **~pause** f descanso m; **~stand** m jubilación f; retiro m; im ~ jubilado, retirado; *in den* ~ *versetzen* jubilar; **~ständler** ['--tɛntlər] m (7) jubilado m; **~stätte** f retiro m, lugar m de descanso; *letzte* ~ última morada f; **~störer** ['--ʃtøːrər] m (7) perturbador m (del orden público); alborotador m; **~störung** f perturbación f del orden público; **~tag** m día m de descanso.

ruhig ['ruːiç] tranquilo; sosegado; quieto; silencioso.

Ruhm [ruːm] m (3, *o. pl.*) gloria f.

rühm|en ['ryːmən] (25) elogiar, alabar, ensalzar; *sich* ~ (vana)gloriarse, jactarse; **~enswert**, **~lich** laudable; digno de elogio.

Ruhm(es)... ['ruːm(əs)...]: *in Zssgn* glorioso; **~eshalle** f panteón m; **2los** sin gloria; **2reich**, **2voll** glorioso; **~sucht** f sed f de gloria; **2süchtig** ávido *od.* sediento de gloria.

Ruhr [ruːr] f (16) disentería f.

Rühr|ei ['ryːrʔai] n (1) huevos m/pl. revueltos; **2en** (25) 1. v/t. mover; (*um*~) revolver, remover; *Trommel*: tocar; *fig.* conmover; **2.** v/i. tocar (*an ac.* en); **3.** v/refl.: *sich* ~ moverse; ⚓ *rührt euch!* ¡descansen!; **2end** conmovedor, emocionante; **2ig** activo; **~igkeit** f actividad f; **2selig** sentimental; **~ung** f enternecimiento m, emoción f; **~werk** n batidora f; agitador m.

Ruin [ruˈiːn] m (3¹, *o. pl.*) ruina f; **~e** f (15) ruina f (*a. fig.*); **2ieren** arruinar; F estropear; **2ös** [-iˈnøːs] ruinoso.

rülps|en F ['rylpsən] (27) eructar; **2er** m (7) eructo m.

Rum [rum] m (11) ron m.

Rumän|e [ruˈmɛːnə] m (13) (**~in** f), **2isch** rumano (-a) m (f).

Rummel F ['ruməl] m (7) F jaleo m; (*Jahrmarkt*) feria f; *ich kenne den* ~ F conozco el paño; **~platz** m parque m de atracciones.

rumoren [ruˈmoːrən] (25) hacer ruido.

Rumpel|kammer ['rumpəlkamər] f trastero m; **2n** (29, h. *u.* sn) dar sacudidas.

Rumpf [rumpf] m (3³) tronco m; ⚓ casco m; ✈ fuselaje m.

rund [runt] redondo; circular; *adv.* en cifras redondas; **2bau** m rotonda f; **2blick** m panorama m; **2bogen** m arco m de medio punto; **2e** ['-də] f (15) *Sport*: vuelta f; *Boxen*: asalto m; (*Tafelrunde*) corro m; ⚓ ronda f; **'~en** (26) redondear; **2fahrt** f vuelta f; circuito m; **'2frage** f encuesta f.

Rundfunk ['-funk] m (3, *o. pl.*) radio(difusión) f; **~gebühr** f cuota f (mensual) de radio; **~gerät** n radio f; **~hörer(in** f) m radioescucha *su.*, radioyente *su.*; **~sender** m emisora f de radio; **~sendung** f emisión f radiofónica; **~sprecher(in)** m (f) locutor(a) m (f); **~station** f (estación f) emisora f de radio; **~übertragung** f (re)transmisión f radiofónica.

'Rund|gang m vuelta f (machen dar); ronda f; **2heraus** francamente; **2herum** en redondo; **~holz** n madera f en rollo; **2lich** F regordete; rollizo; **~reise** f viaje m circular; circuito m; **~reisekarte** f billete m circular; **~schreiben** n circular f; **~ung** ['-duŋ] f redondez f; curva f; **2weg** ['-tvɛk] f rotundamente.

Rune ['ru:nə] f (15) runa f; **~n...:** in Zssgn rúnico.

Runkelrübe ['ruŋkəlry:bə] f (15) remolacha f forrajera.

Runzel ['runtsəl] f (15) arruga f; **2ig** arrugado; **~** werden arrugarse; **2n** (29) arrugar; die Stirn **~** fruncir las cejas.

Rüpel ['ry:pəl] m (7), **2haft** mal educado (m), grosero (m).

rupfen ['rupfən] (25) pelar, a. fig. desplumar.

ruppig ['rupiç] grosero.

Rüsche ['ry:ʃə] f (15) volante m.

Ruß [ru:s] m (3²) hollín m, tizne m.

Russe ['rusə] m (13) ruso m.

Rüssel ['rysəl] m (7) trompa f; Schwein: hocico m.

ruß|en ['ru:sən] (27) producir hollín; **~ig** lleno de hollín.

Russ|in ['rusin] f rusa f; **2isch** ruso.

rüst|en ['rystən] (26) preparar; ⚔ armar; **2er** ['ry:stər] ♀ f (15) olmo m; **~ig** ['rystiç] vigoroso; robusto; **2igkeit** f vigor m; robustez f; **2ung** f armamento m; (Harnisch) armadura f; **2ungs-industrie** f industria f de armamentos; **2ungswettlauf** m carrera f de armamentos od. armamentista; **2zeug** n instrumentos m/pl.; fig. bagaje m (de conocimientos).

Rute ['ru:tə] f (15) vara f; azote m; Zo. verga f; (Schwanz) cola f; **~ngänger** m zahorí m.

Rutsch|bahn ['rutʃbɑ:n] f deslizadero m; tobogán m; **~e** ⊕ f (15) plano m inclinado; **2en** (27, sn) deslizarse; resbalar; Kfz. a. patinar; **~gefahr** f Vkw. calzada f deslizante; **2ig** resbaladizo; **2sicher** antideslizante.

rütteln ['rytəln] (29) sacudir, agitar; Wagen: traquetear; ein gerütteltt Maß una medida colmada.

S

S, s [ɛs] *n uv.* S, s *f.*

Saal [zɑːl] *m* (3³) sala *f;* salón *m.*

Saat [zɑːt] *f* (16) (*Säen*) siembra *f;* (*Samen*) semillas *f/pl.*, simientes *f/pl.*; '**.feld** *n* sembrado *m;* '**.gut** *n* semillas *f/pl.*, simientes *f/pl.*; '**.kartoffeln** *f/pl.* patatas *f/pl.* de siembra; '**.krähe** *f* grajo *m;* '**.zeit** *f* siembra *f,* sementera *f;* '**.zucht** *f* selección *f* de semillas.

sabbern F ['zabərn] (29) babear.

Säbel ['zɛːbəl] *m* (7) sable *m;* **.hieb** *m* sablazo *m;* **.rasseln** *n* ruido *m* de sables (*a. fig.*).

Sabot|age [zabo'tɑːʒə] *f* (15) sabotaje *m;* **.eur** [--'tøːr] *m* (3¹) saboteador *m;* **2ieren** sabotear.

Sa(c)charin [-xa'riːn] *n* (3¹, *o. pl.*) sacarina *f.*

Sach|bearbeiter ['zaxbəˀarbaɪtər] *m* encargado *m;* **.beschädigung** *f* daño *m* material; **.buch** *n* libro *m* de divulgación científica; **2dienlich** útil; pertinente.

Sache ['zaxə] *f* (15) cosa *f;* (*Gegenstand*) objeto *m;* (*Angelegenheit*) asunto *m;* ⚖ causa *f;* (*Fall*) caso *m;* (*Begebenheit*) suceso *m; pl.* **.n** (*Habe*) efectos *m/pl.*; zur ~ kommen ir al grano; *bei der* ~ *bleiben* no divagar; *nicht bei der* ~ *sein* no prestar atención; *das gehört nicht zur* ~ esto no hace al caso; *das tut nichts zur* ~ no tiene importancia; *in* **.n** (*gen.*) en materia de, ⚖ en la causa; **2gemäß** apropiado; **.katalog** *m* catálogo *m* de materias; **.kenner** *m* perito *m,* experto *m;* **.kenntnis** *f* conocimiento *m* de causa; pericia *f;* **2kundig** experto; competente; **.lage** *f* estado *m* de cosas; circunstancias *f/pl.*; situación *f;* **.leistung** *f* prestación *f* *bzw.* pago *m* en especie; **2lich** objetivo; imparcial.

sächlich *Gram.* ['zɛçlɪç] neutro.

Sach|lichkeit ['zaxlɪçkaɪt] *f* objetividad *f;* imparcialidad *f;* **.register** *n* índice *m od.* tabla *f* de materias; **.schaden** *m* daño *m* material.

Sachse ['zaksə] *m* (13) sajón *m.*

Sächs|in ['zɛksɪn] *f* sajona *f;* **2isch** sajón.

sachte ['zaxtə] suavemente; lentamente; poco a poco.

Sach|verhalt ['-fɛrhalt] *m* (3) estado *m* de cosas; circunstancias *f/pl.*; **2-verständig, .verständige(r)** *m* experto (*m*), perito (*m*); **.walter** *m* administrador *m* de bienes; (*Anwalt*) abogado *m;* **.wert** *m* valor *m* real; **.wörterbuch** *n* enciclopedia *f.*

Sack [zak] *m* (3³) saco *m;* (*Post2, Geld2*) saca *f;* *mit* ~ *und Pack* con armas y bagajes; '**.bahnhof** *m* estación *f* terminal; '**2en** (25) (*ein*~) ensacar; (*weg*~) hundirse; '**.gasse** *f* callejón *m* sin salida (*a. fig.*); '**.hüpfen** *n;* '**.leinen** *n* tela *f* de saco; (h)arpillera *f.*

Sadis|mus [za'dɪsmus] *m* (16²) sadismo *m;* **.t** [-'dɪst] *m* (12), **2tisch** sádico (*m*).

säen ['zɛːən] 1. *v/t. u. v/i.* (25) sembrar (*a. fig.*); 2. ⚫ *n* siembra *f.*

Safari [za'fɑːri] *f* (11) safari *m.*

Safe [seːf] *m* (11) caja *f* fuerte *od.* de caudales; (*Bank2*) caja *f* de seguridad.

Saffian ['zafjan] *m* (3¹) tafilete *m.*

Safran ['-fran] *m* (3¹) azafrán *m.*

Saft [zaft] *m* (3³) jugo *m;* (*Frucht2*) zumo *m;* 💧 savia *f;* '**2ig** jugoso; suculento; F *fig.* fuerte.

Sage ['zɑːgə] *f* (15) leyenda *f.*

Säge ['zɛːgə] *f* (15) sierra *f;* **.bock** *m* burro *m,* tijera *f;* **.fisch** *m* pez *m* sierra; **.mehl** *n* serrín *m.*

sagen ['zɑːgən] (25) decir; *das hat nichts zu* ~ no tiene importancia, no importa; *was* ~ *Sie dazu?* ¿qué le parece?; *was Sie nicht* ~*!* ¡no me diga!; *wie man sagt* según dicen; *lassen Sie es sich gesagt sein* téngaselo por dicho; *sich* (*dat.*) *nichts* ~ *lassen* no hacer caso de nadie; *wenn man so* ~ *darf* por así decir.

sägen ['zɛːgən] (25) (a)serrar.

sagenhaft ['zɑːgənhaft] legendario; F *fig.* fabuloso.

Säge|späne ['zɛːgəʃpɛːnə] *m/pl.* aserraduras f/pl.; **~werk** n aserradero m, serrería f.

Sago ['zaːgo] m (11, o. pl.) sagú m.

Sahne ['-nə] f (15, o. pl.) nata f, crema f; **~torte** f tarta f de crema.

Saison [zɛˈzɔ̃] f (11¹) temporada f; (Jahreszeit) estación f; **~arbeiter** m temporero m; **~ausverkauf** m liquidación f por fin de temporada; **2bedingt** estacional.

Saite ♪ ['zaitə] f (15) cuerda f; fig. andere ~n aufziehen cambiar de tono; **~n-instrument** n instrumento m de cuerda.

Sakko ['zako] m od. n (11) chaqueta f, americana f, Am. saco m.

Sakrament [-kraˈmɛnt] n (3) sacramento m.

Sakristei [-krisˈtai] f sacristía f.

Salamander Zo. [-laˈmandər] m (7) salamandra f.

Salami [zaˈlaːmi] f (11¹) salami m.

Salat [-ˈlaːt] m (3) ensalada f; (Kopf~) lechuga f; da haben wir den ~! fig. F ¡ahora estamos frescos!; **~schüssel** f ensaladera f.

Salb|e ['zalbə] f (15) pomada f; ungüento m; **~ei** ♀ [-ˈbai] m (3¹) u. f (16) salvia f; **2en** (25) untar; Rel. ungir; **~ung** f unción f (a. fig.); **2ungsvoll** con unción.

Saldo ✝ ['-do] m (9¹ u. 11; pl. a. -di) saldo m; **~vortrag** m saldo m a cuenta nueva.

Saline [zaˈliːnə] f (15) salina f.

Salizyl [-liˈtsyːl] n (3¹) salicilo m; **~säure** f ácido m salicílico.

Salm Zo. [zalm] m (3) salmón m.

Salmiak [-ˈjak] m (11, o. pl.) sal f amoníaca; **~geist** m amoníaco m.

Salon [zaˈlɔ̃] m (11) salón m; **2fähig** presentable; **~wagen** 🚞 m coche m salón.

salopp [-ˈlɔp] descuidado; (ungezwungen) desenvuelto.

Salpeter [zalˈpeːtər] m (7, o. pl.) salitre m; nitro m; **2haltig** [-ˈ--haltiç] nitroso; **~säure** f ácido m nítrico.

Salut ⚔ [zaˈluːt] m (3) salva f; ~ schießen disparar una salva; **2ieren** saludar; **~schüsse** m/pl. salvas f/pl. de ordenanza.

Salve [zalvə] f (15) descarga f; (Ehren2) salva f (a. fig.).

Salz [zalts] n (3²) sal f; **2-arm** pobre en sal; **~bergwerk** n mina f de sal; **2en** (27) salar; **~faß** n salero m; **~gehalt** m salinidad f; contenido m

de sal; **~gurke** f pepinillo m en salmuera; **2haltig** ['-haltiç] salino; **2ig** salado; **~kartoffeln** f/pl. patatas f/pl. hervidas; **~lake** f salmuera f; **2los** sin sal; **~säure** f ácido m clorhídrico; **~streuer** ['-ʃtrɔyər] m (7) salero m; **~wasser** n agua f salada.

Sämaschine ['zɛːmaʃiːnə] f sembradora f.

Same ['zaːmə] m (13¹), **~n** m (6) ♀ semilla f; simiente f; Physiol. semen m, esperma m; **~n-erguß** m eyaculación f; **~nfaden** m espermatozoide m, espermatozoo m; **~nkapsel** ♀ f cápsula f seminal; **~nkorn** n grano m.

Säm|ereien [zɛːməˈraiən] f/pl. uw. semillas f/pl.; **2ig** espeso; cremoso.

Sämling ['-lɪŋ] m (3¹) planta f de semillero.

Sammel|anschluß ['zaməlˈanʃlus] Fernspr. m línea f colectiva; **~band** m colección f (en un volumen); **~becken** n receptáculo m (a. fig.); **~bestellung** ✝ f pedido m colectivo; **~büchse** f hucha f, alcancía f; **~ladung** f cargamento m colectivo; **~linse** Phys. f lente f convergente; **2n** (29) coleccionar; (ein~) recoger; (anhäufen) acumular; amontonar; Geld: colectar, recaudar; (vereinigen) reunir; sich ~ fig. concentrarse; **~platz**, **~punkt** m lugar m de reunión; **~surium** F [-ˈzuːrjum] n (9) mezcolanza f; **~transport** m transporte m colectivo.

Samml|er(in f) ['-lər(in)] m (7) coleccionista su.; ⚡ acumulador m; **~ung** f colección f; (Geld2) recaudación f, colecta f; cuestación f; fig. (re)concentración f.

Samstag ['-staːk] m (3) sábado m.

samt [zamt] (dat.) con; ~ und sonders sin excepción.

Samt [zamt] m (3) terciopelo m; **2-artig** aterciopelado; **~hand-schuh** m fig.: j-n mit ~en anfassen tratar a alg. con guante de seda.

sämtliche ['zɛmtliçə] pl. todos; ~ Werke obras f/pl. completas.

Sanatorium [zanaˈtoːrjum] n (9) sanatorio m.

Sand [zant] m (3) arena f; mit ~ bestreuen enarenar; fig. den Kopf in den ~ stecken esconder la cabeza bajo el ala; j-m ~ in die Augen streuen poner a alg. una venda en los ojos; *im* ~*e verlaufen* quedar en nada.

Sandale [-'dɑːlə] *f* (15) sandalia *f*.

Sand|bank ['zantbaŋk] *f* banco *m* de arena; **~boden** *m* terreno *m* arenoso; **~floh** *Zo.* m nigua *f*; **~grube** *f* arenero *m*; **~ig** arenoso; **~kasten** *m* cajón *m* de arena; **~papier** *n* papel *m* de lija; **~sack** *m a.* ✕ saco *m* terrero; **~stein** *m* (piedra*f*) arenisca *f*; gres *m*; **~strahlgebläse** ⊕ *n* soplador *m* de chorro de arena.

sandte ['zantə] *s.* senden.

Sand|torte ['zanttɔrtə] *f* bizcocho *m* de Saboya; **~uhr** *f* reloj *m* de arena.

Sandwich ['sɛntvitʃ] *n* (11 *od.* 3) sandwich *m*; emparedado *m*; **~man** ['--mɛn] *m* hombre-anuncio *m*.

sanft [zanft] suave; tierno; dulce.

Sänfte ['zɛnftə] *f* (15) litera *f*; silla *f* de manos.

Sanft|heit ['zanfthaɪt] *f* suavidad *f*; **~mut** *f* dulzura *f*; **2mütig** ['-myːtiç] dulce; manso.

Sang [zaŋ] **1.** *m* (3³) canto *m*; *mit* ~ *und Klang fig.* a bombo y platillos; 2- *und klanglos fig.* sin pena ni gloria; **2.** ♀ *s.* singen.

Sänger(in *f*) ['zɛŋər(in)] *m* (7) *Thea.* cantante *su.*; (*Volks*2) cantor(a) *m* (*f*).

sanier(in *f*) [za'niːrən] sanear; **2ung** *f* saneamiento *m*.

sani|tär [-ni'tɛːr] sanitario; **2täter** *m* (7) enfermero *m*; sanitario *m*; **2täts-wagen** *m* ambulancia *f*; **2tätswesen** *n* sanidad *f*; higiene *f* pública.

sank [zaŋk] *s.* sinken.

Sankt [zaŋkt] *vor Eigennamen:* San *od.* Santo (*m*), Santa (*f*).

Sanktion [-'tsjoːn] *f* sanción *f*; **2ie-ren** sancionar.

sann [zan] *s.* sinnen.

Saphir ['zɑːfir, za'fiːr] *m* (3¹) zafiro *m*.

Sar|delle [zar'dɛlə] *f* (15) anchoa *f*; **~dine** [-'diːnə] *f* (15) sardina *f*.

Sarg [zark] *m* (3³) ataúd *m*, féretro *m*.

Sarkas|mus [-'kasmus] *m* (16²) sarcasmo *m*; **2tisch** sarcástico.

Sarkophag [-ko'fɑːk] *m* (3¹) sarcófago *m*.

saß, säße [zaːs, 'zɛːsə] *s.* sitzen.

Satan ['zɑːtan] *m* (3¹) satanás *m*; **2isch** [za'tɑːniʃ] satánico.

Satellit [zatɛ'liːt] *m* (12) satélite *m* (*a. fig.*); **~enstadt** *f* ciudad *f* satélite.

Satin [-'tɛ̃] *m* (11) satén *m*, raso *m*.

Satire [-'tiːrə] *f* (15) sátira *f*; **~iker**

[-'-rikər] *m* (7), **2isch** satírico (*m*).

satt [zat] harto; *Farbe*: intenso; *sich* ~ *essen* (comer hasta) saciarse; ~ *ma-chen* hartar, ⊢ llenar; *et.* ~ *sn od. haben fig.* estar harto de a/c.

Sattel ['-təl] *m* (7¹) silla *f*; sillín *m*; (*Pack*2) albarda *f*; ♪ cejilla *f*; *aus dem* ~ *heben* desmontar; *fig.* desbancar (a alg.); *in allen Sätteln gerecht sein* ser hombre de todas sillas; **2fest** firme en la silla; *fig.* ~ *in* (*dat.*) versado en; **~gurt** *m* cincha *f*; **2n** (29) ensillar; **~pferd** *n* caballo *m* de silla; **~schlep-per** *m* semirremolque *m*; **~tasche** *f* alforjas *f/pl.*; **~zeug** *n* arreos *m/pl.*

sättig|en ['zɛtigən] (25) saciar, har-tar; **⌒** saturar; *send* sustancioso; nutritivo; **2ung** *f* saciedad *f*; **⌒** satu-ración *f*.

Sattler ['zatlər] *m* (7) guarnicionero *m*; **~ei** *f* guarnicionería *f*.

sattsam ['-zaːm] *adv.* harto.

Saturn [za'turn] *m* (17) Saturno *m*.

Satyr ['zaːtyr] *m* (10) sátiro *m*.

Satz [zats] *m* (3² *u.* 3) (*Sprung*) brinco *m*, salto *m*; (*Boden*2) sedimento *m*; (*zs.-gehörende Gegenstände*) juego *m*; *v. Waren*: surtido *m*; *Typ.* composi-ción *f*; *Gram.* frase *f*, oración *f*; (*Tarif*) tasa *f*, tarifa *f*; ♟ teorema *m*; ♪ movimiento *m*; *Tennis*: set *m*; **~bau** *Gram.* m construcción *f* de la frase; **~gefüge** *Gram.* n período *m*; **~lehre** *f* sintaxis *f*; **~teil** *m* parte *f* de la oración; **~ung** *f* estatuto *m*; regla-mento *m*; **2ungsgemäß** estatutario, conforme a los estatutos; **~zeichen** *n* signo *m* de puntuación.

Sau [zau] *f* (14¹, *Jgdw.* 16) cerda *f*; puerca *f*; *a. fig.* guarra *f*, marrana *f*; ⊢ *fig.* cerdo *m*, cochino *m*; (*Wild*2) jabalina *f*; ⊢ *n-zur* ~ *machen* poner a alg. de vuelta y media.

sauber ['-bər] limpio, aseado; pul-cro; (*sorgfältig*) esmerado; **2keit** *f* limpieza *f*, aseo *m*; pulcritud *f*.

säuber|lich ['zɔybərliç] pulcro; *adv.* con esmero; **~n** (29) limpiar, asear; *Pol.* depurar; **2ung** *f* limpieza *f*, aseo *m*; *Pol.* depuración *f*, purga *f*.

Sau|bohne ♀ ['zaubɔːnə] *f* (15) haba *f*; **2dumm** tonto de capirote; *Sache*: fastidioso.

sauer ['-ər] (18, *comp.* saurer, *sup.* ~st) agrio; ácido (*♠ u. Regen*); (*müh-sam*) penoso, duro; ~ *werden* agriar-se; *Milch*: cuajarse; *fig.* enfadarse; *er hat es sich* (*dat.*) ~ *werden lassen* le ha costado mucho trabajo; *ein saures Gesicht machen* poner cara de vinagre; *j-m das Leben ~ machen* amargar la vida a alg.; 2**-ampfer** ♀ *m* acedera *f*; 2**braten** *m* carne *f* adobada; 2**brunnen** *m* agua *f* acídula; 2**ei** P [--'raɪ] *f* porquería *f*; 2**kirsche** *f* guinda *f*; 2**klee** *m* acederilla *f*; 2**kraut** *n* chucrut *m*.

säuer|lich ['zɔʏərlɪç] acídulo; avinagrado; **~n** (29) acidular; ♀ acidificar; *Teig:* hacer fermentar.

Sauerstoff ['zauərˌʃtɔf] *m* oxígeno *m*; **~flasche** *f* botella *f* de oxígeno; 2**haltig** oxigenado; **~zelt** *n* tienda *f* de oxígeno.

Sauer|teig ['--taɪk] *m* levadura *f*; 2**töpfisch** ['--tœpfɪʃ] avinagrado.

saufen ['--ən] (30) *Tier:* beber; P *j.:* beber con exceso.

Säufer ['zɔʏfər] *m* (7) borracho *m*.

Sauf|erei P [zauf ə'raɪ] *f*, **~gelage** *n* borrachera *f*.

saugen ['-gən] (30) chupar; *Kind:* mamar; ⊕ aspirar, absorber; *Staub ~* pasar la aspiradora.

säugen ['zɔʏgən] (25) amamantar, lactar; *a. Tier:* criar.

Sauger ['zaugər] *m* (7) chupete *m*; *der Flasche:* tetina *f*.

Säugetier ['zɔʏgəti:r] *n* (3) mamífero *m*.

saug|fähig ['zaukfɛ:ɪç] absorbente; 2**flasche** *f* biberón *m*; 2**heber** *m* sifón *m*.

Säugling ['zɔʏklɪŋ] *m* (3¹) niño *m* de pecho, lactante *m*; **~sheim** *n* casa *f* cuna; **~s-pflege** *f* puericultura *f*; **~s-pflegerin** *f* puericultora *f*; **~s-sterblichkeit** *f* mortalidad *f* infantil; **~swaage** *f* pesabebés *m*.

Saug|napf ['zauknapf] *m* ventosa *f*; **~pumpe** *f* bomba *f* aspirante; **~rohr** *n* tubo *m* de aspiración.

säuisch ['zɔʏɪʃ] guarro; *fig.* obsceno.

Saukerl P ['zaukɛrl] *m* cerdo *m*; canalla *m*.

Säule ['zɔʏlə] *f* (15) columna *f*; (*Pfeiler*) pilar *m*; **~ngang** *m* columnata *f*; **~nhalle** *f* pórtico *m*.

Saum [zaum] *m* (3³) *am Kleid:* dobladillo *m*; (*Rand*) orla *f*, ribete *m*; (*Wald*2) linde *m*.

säum|en ['zɔʏmən] (25) 1. *v/t.* hacer un dobladillo en; orlar, ribetear; 2. *v/i.* tardar; retrasarse; **~ig** lento; (*nachlässig*) negligente, descuidado; *Zahler:* ♀ moroso.

Saum|pfad ['zaumpfɑ:t] *m* camino *m* de herradura; **~sattel** *m* albarda *f*; 2**selig** tardío, lento; **~tier** *n* bestia *f* de carga.

Sauna ['zauna] *f* (11¹) sauna *f*.

Säure ['zɔʏrə] *f* (15) acidez *f*; ♀ acidez *f*; 2**fest** resistente a los ácidos; 2**frei** sin ácido; **~gehalt** *m* acidez *f*.

Sauregurkenzeit F [zaurə'gurkəntsaɪt] *f* estación *f* muerta.

Saus [zaus] *m uv.: in ~ und Braus leben* vivir a todo tren.

säuseln ['zɔʏzəln] (29) murmurar, susurrar.

sau|sen ['zauzən] (27) *Wind:* silbar; F (*sn*) correr; 2**stall** *m a. fig.* pocilga *f*, zahúrda *f*; 2**wetter** F *n* tiempo *m* de perros.

Savanne [za'vanə] *f* (15) sabana *f*.

Saxophon [zakso'fo:n] *n* (3¹) saxofón *m*, saxófono *m*; **~ist** [--fo'nist] *m* (12) saxofonista *m*.

Schabe *Zo.* ['ʃɑ:bə] *f* (15) cucaracha *f*; **~fleisch** *n* carne *f* cruda picada; **~n** (25) raer, raspar, rascar; **~rnack** [-'bərnak] *m* (3) travesura *f*; *j-m e-n ~ spielen* gastar una broma a alg.

schäbig ['ʃɛ:bɪç] gastado, usado; *fig.* mezquino, sórdido; 2**keit** *f* mezquindad *f*, sordidez *f*.

Schablone [ʃa'blo:nə] *f* (15) patrón *m*; 2**nhaft** rutinario.

Schach [ʃax] *n* (11) ajedrez *m*; *~ bieten* dar jaque; *in ~ halten fig.* tener en jaque; **~brett** *n* tablero *m* de ajedrez; **~er** *m* (7) regateo *m*; 2**ern** (29) regatear; **~feld** *n* escaque *m*, casilla *f*; **~figur** *f* pieza *f* de ajedrez; 2**matt** jaque mate; *fig.* rendido; **~meister(schaft)** *f) m* campeón *m* (campeonato *m*) de ajedrez; **~spiel** *n* juego *m* de ajedrez; **~spieler** *m* ajedrecista *m*, jugador *m* de ajedrez.

Schacht [ʃaxt] *m* (3³) pozo *m* (*a.* ⚒); **~el** *f* (15) caja *f*; cartón *m*; *Zigaretten:* cajetilla *f*; F *fig. alte ~* (tía *f*) vieja *f*; **~elhalm** *m* ♀ cola *f* de caballo.

Schachzug ['ʃaxtsu:k] *m* jugada *f* de ajedrez; *fig. ein guter ~* una buena jugada.

schade ['ʃɑ:də] lástima; *wie ~!* ¡qué lástima!; *zu ~ für* demasiado bueno para.

Schädel ['ʃɛ:dəl] *m* (7) cráneo *m*; (*Toten*2) calavera *f*; **~.....** *in Zssgn oft* craneal, craneano; **~bruch** *m* fractura *f* del cráneo; **~decke** *f* bóveda *f* craneal.

schaden [ˈʃaːdən] **1.** *v/i.* (26) dañar, perjudicar, causar daño; *es schadet nichts* no importa; *das schadet ihm gar nichts* bien se lo merece; **2.** ⚥ *m* (6¹) daño *m*; perjuicio *m*, detrimento *m*; ⊕ avería *f*; *zu ~ kommen* hacerse daño; *durch ~ klug werden* escarmentar; **2~ersatz** *m* indemnización *f* por daños y perjuicios; **2~freude** *f* alegría *f* del mal ajeno; **~froh:** *~ sn* regocijarse del mal ajeno.

schadhaft [ˈʃaːthaft] deteriorado; defectuoso; *Zahn:* cariado; *~ werden* deteriorarse; **2~igkeit** *f* estado *m* defectuoso, defectuosidad *f*.

schäd|igen [ˈʃɛːdigən] (25) perjudicar; dañar; **2~igung** *f* perjuicio *m*; daño *m*; **~lich** [ˈ-lɪç] nocivo, perjudicial, dañino; **2~lichkeit** *f* nocividad *f*; **2~ling** [-lɪŋ] *m* (3¹) parásito *m* (animal *bzw.* vegetal), plaga *f*; **2~lingsbekämpfung** *f* lucha *f* antiparasitaria; **2~lingsbekämpfungsmittel** *m* pesticida *m*.

schad|los [ˈʃaːdloːs]: *sich ~ halten* indemnizarse *od.* resarcirse (*für de*); **2~stoff** *m* sustancia *f* nociva.

Schaf [ʃaːf] *n* (3) oveja *f*; *fig.* borrico *m*; *schwarzes ~* oveja *f* negra; **'~bock** *m* carnero *m*.

Schäf|chen [ˈʃɛːfçən] *n* (6) corderillo *m*; *sein ~ ins trockene bringen* hacer su agosto; **~chenwolken** *f/pl.* cirros *m/pl.*; **~er** *m* (7) pastor *m*; **~erhund** *m* perro *m* pastor; **~erstündchen** *n* hora *f* de amor.

schaffen [ˈʃafən] **1.** (25) (*befördern*) llevar, transportar; (*arbeiten*) trabajar; (*fertigbringen*) lograr, conseguir; *nichts zu ~ haben* mit no tener nada que ver con; *j-m zu ~ machen* dar que hacer a alg.; *sich zu ~ machen* ocuparse (*mit* en); trajinar; *aus der Welt ~* acabar con; **2.** (30) (*er~*) crear; producir; **~d** creador; productivo; de trabajar; **2~skraft** *f* fuerza *f* creadora.

Schaffner [ˈ-nər] *m* (7) cobrador *m*; 🚋 revisor *m*.

Schaffung [ˈʃafuŋ] *f* creación *f*.

Schaf|garbe ♀ [ˈʃaːfgarbə] *f* milenrama *f*; **~herde** *f* rebaño *m* de ovejas; **~hürde** *f* aprisco *m*; redil *m*; **~leder** *n* badana *f*.

Schafott [ʃaˈfɔt] *n* (3) patíbulo *m*, cadalso *m*.

Schaf|pelz [ˈʃaːfpɛlts] *m* zalea *f*; **~schur** *f* esquileo *m*, esquila

f; **~skopf** *fig. m* burro *m*; **~stall** *m* redil *m*.

Schaft [ʃaft] *m* (3³) mango *m*, cabo *m*; (*Lanzen2, Fahnen2*) asta *f*; (*Stiefel2*) caña *f*; (*Säulen2*) fuste *m* (*Gewehr2*) caja *f*; **'~stiefel** *m* bota *f* alta.

Schaf|zucht [ˈʃaːftsuxt] *f* (**~züchter** *m*) cría *f* (criador *m*) de ganado lanar.

Schah [ʃaː] *m* (11) sha *m*.

Schakal *Zo.* [ʃaˈkaːl] *m* (3¹) chacal *m*.

Schäker [ˈʃɛːkər] *m* (7) bromista *m*; **2~n** (29) bromear; flirtear.

schal [ʃaːl] soso, insípido (*a. fig.*); *Getränk:* flojo; *~ werden Bier:* aflojarse.

Schal [ʃaːl] *m* (3¹ *u.* 11) chal *m*, bufanda *f*.

Schale [ˈ-lə] *f* (15) (*Eier2, Nuß2*) cáscara *f*; *v. Früchten:* piel *f*; (*Muschel2*) concha *f*; (*Gefäß2*) bandeja *f*; (*Napf*) cuenco *m*; ⊢ *fig. sich in ~ werfen* ponerse de punta en blanco.

schälen [ˈʃɛːlən] (25) mondar, pelar.

Schalk [ʃalk] *m* (3[³]) pícaro *m*; travieso *m*; **'2~haft** pícaro; travieso; **'~haftigkeit** *f* picardía *f*.

Schall [ʃal] *m* (3[²]) sonido *m*, son *m*; **2~dämmen** [ˈ-dɛmən] insonorizante; **'~dämmung** *f* insonorización *f*; **'~dämpfer** *m* silenciador *m*; **'2~dicht** insonorizado; **'~dose** *f* fonocaptor *m*; **2~en** (25) (*re*)sonar; **2~end** sonoro; resonante; *~es Gelächter* carcajada *f*; **'~geschwindigkeit** *f* velocidad *f* del sonido; **'~isolierung** *f* aislamiento *m* acústico; insonorización *f*; **'~mauer** *f* barrera *f* del sonido; **'~messung** *f* fonometría *f*; **'~platte** *f* disco *m*; **'~platten-aufnahme** *f* grabación *f* de discos; **2~schluckend** *neol.* fonoabsorbente; **'~trichter** *m* bocina *f*; ♪ pabellón *m*; **'~welle** *f* onda *f* sonora.

Schalmei [-ˈmaɪ] *f* chirimía *f*.

schalt [ʃalt] *s. schelten*.

Schalt|anlage ⚡ [ˈ-ˀanlaːgə] *f* instalación *f* de distribución; **~brett** ⚡ *n* cuadro *m* de distribución; **2~en** (26) ⚡ conmutar; conectar; ⊕ mandar; *Kfz.* cambiar de velocidad *od.* de marcha; ⊢ *fig.* (*begreifen*) caer (en la cuenta); *~ u. walten* mandar a capricho; **~er** *m* (7) ventanilla *f*; 🚋 *usw.* taquilla *f*, despacho *m* de billetes; ⚡ conmutador *m*, interruptor *m*; **~er-be-amte(r)** *m* empleado *m* de la ventanilla; 🚋 taquillero *m*; **~erstunden** *f/pl.* horas *f/pl.* de despacho;

~hebel *Kfz. m* palanca *f* de cambio de marchas; ~jahr *n* año *m* bisiesto; ~pult *n* pupitre *m* de mando *od.* de control; ~tafel *⚡ f* cuadro *m* de distribución; ~tag *m* día *m* intercalar; ~ung *f ⚡* conmutación *f*, conexión *f*; *Kfz.* cambio *m* de velocidad.

Schaluppe ⚓ [ʃa'lupə] *f* (15) chalupa *f*.

Scham [ʃaːm] *f* (16, *o. pl.*) vergüenza *f*; pudor *m*; *Anat.* partes *f/pl.* (vergonzosas); ~bein *n* pubis *m*.

schämen ['ʃɛːmən] (25): *sich* ~ tener vergüenza (*gen. de*); avergonzarse (*de*); *ich schäme mich, zu* me da vergüenza (*inf.*).

Scham|gefühl ['ʃaːmgəfyːl] *n* pudor *m*; ~haar *n* vello *m* pubiano; 2haft pudoroso, púdico; 2haftigkeit *f* pudor *m*; 2los impúdico, indecente; (*frech*) desvergonzado, sinvergüenza; ~losigkeit *f* indecencia *f*; desvergüenza *f*.

Schamotte [ʃa'mɔtə] *f* (15) arcilla *f* refractaria.

scham|rot ['ʃaːmroːt] ruboroso; ~ *werden* ruborizarse, sonrojarse; 2~röte *f* sonrojo *m*; 2teile *pl.* partes *f/pl.* (vergonzosas).

schand|bar ['ʃantbaːr] vergonzoso; infame; 2e ['ʃandə] *f* (15, *o. pl.*) deshonra *f*; vergüenza *f*.

schänden ['ʃɛndən] (26) deshonrar; *Frau:* violar; *Rel.* profanar.

Schandfleck ['ʃantflɛk] *m* mancha *f*; mancilla *f*.

schändlich ['ʃɛntliç] vergonzoso; infame; ignominioso; 2keit *f* infamia *f*.

Schand|mal ['ʃantmaːl] *n* estigma *m*; ~maul *n* mala lengua *f*; ~pfahl *m* picota *f*; ~tat *f* infamia *f*.

Schändung ['ʃɛndʊŋ] *f* profanación *f*; *e-r Frau:* violación *f*.

Schank|bier ['ʃaŋkbiːr] *n* cerveza *f* de barril; ~tisch *m* mostrador *m*; ~wirt *m* tabernero *m*; ~wirtschaft *f* taberna *f*, F tasca *f*.

Schanze ⚒ ['ʃantsə] *f* (15) trinchera *f*; 2n ⚒ (27) zapar.

Schar [ʃaːr] *f* (16) multitud *f*; grupo *m*; (*Pflug*2) reja *f*; (*Vögel*) bandada *f*.

Scharade [ʃa'raːdə] *f* (15) charada *f*.

scharen ['ʃaːrən] (25) reunir; ~weise en tropel, en grupos.

scharf [ʃarf] cortante; afilado; agudo (*a. Blick, Verstand*); *Kritik:* mordaz; *Geruch:* acre; penetrante; *Speise:* picante; *Kurve:* cerrado; *Luft:* frío;

Wind: cortante; *Ton:* estridente; *Gehör:* fino; (*deutlich*) nítido; (*streng*) riguroso, severo; ∨ (*geil*) cachondo; ~ *ansehen* mirar de hito en hito; ~ *bewachen* vigilar de cerca; ~ *laden* cargar con balas; ~ *bremsen* frenar en seco; ~ *sn auf* (*ac.*) codiciar (*ac.*); !2blick *m* perspicacia *f*.

Schärfe ['ʃɛrfə] *f* (15) agudeza *f* (*a. fig.*); (*Schliff*) corte *m*, filo *m*; *der Kritik usw.:* mordacidad *f*; (*Klarheit*) nitidez *f*; (*Strenge*) rigor *m*; (*Scharfsinn*) perspicacia *f*; 2n (25) afilar; *a. fig.* aguzar; ~ntiefe *Phot. f* profundidad *f* de campo.

scharf|kantig ['ʃarfkantiç] cortante; ~machen *fig.* excitar; azuzar; 2~macher *m fig.* azuzador *m*; 2richter *m* ejecutor *m* (de la Justicia); 2~schütze ✗ *m* tirador *m* de precisión; ~sichtig ['-ziçtiç] de vista aguda; *fig.* perspicaz; 2sinn *m* sagacidad *f*, perspicacia *f*; ~sinnig sagaz, perspicaz.

Scharlach ['ʃarlax] *m* (3¹) (*Farbe*) escarlata *f*; ⚕ escarlatina *f*; 2farben, 2rot escarlata.

Scharlatan ['-latan] *m* (3¹) charlatán *m*.

scharmant ['-mant] encantador.

Scharmützel ✗ ['-mytsəl] *n* (7) escaramuza *f*, refriega *f*.

Scharnier ['-niːr] *n* (3¹) bisagra *f*; charnela *f*.

Schärpe ['ʃɛrpə] *f* (15) banda *f*, faja *f*.

scharren ['ʃarən] (25) rascar; *bsd. Tier:* escarbar.

Schart|e ['ʃartə] *f* (15) mella *f*; *die* ~ *auswetzen fig.* reparar una falta; 2ig mellado.

Schatten ['ʃatən] *m* (6) sombra *f*; *im* ~ a la sombra; *in den* ~ *stellen fig.* hacer sombra a; eclipsar; ~bild *n* silueta *f*; 2haft vago; ~kabinett *n* gobierno *m* fantasma *od.* en la sombra; ~riß *m* silueta *f*; ~seite *f* lado *m* de la sombra; *fig.* inconveniente *m*; ~spiel *n* sombras *f/pl.* chinescas; ~wirtschaft *f* economía *f* sumergida.

schatt|ieren ['-tiːrən] sombrear; (*abtönen*) matizar; 2ierung *f* sombreado *m*; matiz *m*; !2ig sombroso, umbroso; sombrío.

Schatulle ['-tulə] *f* (15) cofrecillo *m*.

Schatz [ʃats] *m* (3² *u.* ³) tesoro *m* (*a. fig. u. Anrede*); !~amt *n* Tesoro *m*; !~anweisung *f* bono *m* del Tesoro.

schätzen ['ʃɛtsən] (27) apreciar, estimar; evaluar, tasar; *wie alt schätzt du ihn?* ¿cuántos años le echas?; *sich glücklich* ~ congratularse (*zu* de); **~swert** apreciable, estimable.

Schatz|gräber ['ʃatsgrɛːbər] *m* buscador *m* de tesoros; **~kammer** *f* tesoro *m*; **~meister** *m* tesorero *m*.

Schätz|ung ['ʃɛtsuŋ] *f* apreciación *f*, estimación *f*; tasación *f*, evalúo *m*; (*Hoch*⌃) estima *f*; **⌃ungsweise** aproximadamente; **~wert** *m* valor *m* estimativo.

Schau [[au] *f* (16) vista *f*, aspecto *m*; visión *f*; (*Ausstellung*) exposición *f*; exhibición *f*; *Thea.* espectáculo *m*, show *m*; *zur* ~ *stellen* exhibir; *fig.* ostentar; *zur* ~ *tragen* afectar, aparentar; *f fig.* j-*m die* ~ *stehlen* robarle la escena a alg.; **'~bild** *n* diagrama *m*; **'~bude** *f* puesto *m* de feria.

Schauder ['-dər] *m* (7) escalofríos *m/pl.*; horror *m*; estremecimiento *m*; **⌃haft** horrible, espantoso; **⌃n** (29) estremecerse; *mich schaudert* siento escalofríos.

schauen ['-ən] (25) mirar; ver.

Schauer ['-ər] *m* (7) estremecimiento *m*; (*Regen*⌃) aguacero *m*, chubasco *m*; **~geschichte** *f* cuento *m* horripilante; **⌃lich** horripilante; monstruoso; lúgubre; **~mann** ⚓ *m* (1, *pl.* ~leute) cargador *m* de muelle, estibador *m*.

Schaufel ['-fəl] *f* (15) pala *f*; (*Rad*⌃, *Turbinen*⌃) álabe *m*, paleta *f*; **⌃n** (29) trabajar *bzw.* mover con la pala; *Grab(en):* abrir; *Schnee:* quitar; **~rad** *n* rueda *f* de paletas.

Schau|fenster ['-fɛnstər] *n* escaparate *m*, *Am.* vidriera *f*; **~fensterdekorateur** *m* *neol.* escaparatista *m*; **~flug** *m* vuelo *m* de exhibición; **~geschäft** *n* mundo *m* del espectáculo (*od.* de la farándula); **~kasten** *m* vitrina *f*.

Schaukel ['-kəl] *f* (15) columpio *m*, *Am.* hamaca *f*; **⌃n** (29) *v/t.* (*v/i. u. sich*) columpiar(se), balancear(se); **~n** *n* balanceo *m*; **~pferd** *n* caballo *m* de balancín; **~stuhl** *m* mecedora *f*.

Schaulust ['-lust] *f* (14, *o. pl.*) curiosidad *f*; **⌃ig** curioso.

Schaum [ʃaum] *m* (3³) espuma *f*; *zu* ~ *schlagen Eiweiß:* batir a punto de nieve.

schäumen ['ʃɔymən] (25) hacer espuma, espumar; *vor Wut:* espumajear; **~d** espumante.

Schaum|gebäck ['ʃaumgəbɛk] *n* merengue *m*; **~gummi** *m* goma *f* espuma; **⌃ig** espumoso; **~löffel** *m* espumadera *f*; **~löscher** *m* extintor *m* de espuma; **~schläger** *m* batidor *m*; *fig.* cuentista *m*, F cantamañanas *m*; **~stoff** *m* espuma *f*; **~wein** *m* vino *m* espumoso.

Schau|packung ['ʃaupakuŋ] *f* embalaje *m* ficticio; **~platz** *m* escenario *m*; teatro *m*; **⌃rig** horripilante; **~spiel** *n* espectáculo *m*; pieza *f* de teatro, drama *m*; **~spieler(in** *f*) *m* actor *m* (actriz *f*); **⌃spielern** *hacer teatro; fig.* hacer la comedia; **~spielhaus** *n* teatro *m*; **~spielkunst** *f* arte *m* dramático; **~steller** *m* feriante *m*; **~stellung** *f* exhibición *f*; **~turnen** *n* exhibición *f* gimnástica.

Scheck ✝ [ʃɛk] *m* (11, *a.* 3¹) cheque *m*; F talón *m*; **'~buch** *n* talonario *m* de cheques; **~e** ['-kə] *m* (13) caballo *m* pío; **⌃ig** manchado; *Pferd:* pío; **'~verkehr** ✝ *m* operaciones *f/pl.* de cheques.

scheel [ʃeːl] bizco; (*neidisch*) envidioso; *adv.* con ojos envidiosos.

Scheffel ['ʃefəl] *m* (7) fanega *f*; *fig. sein Licht unter den* ~ *stellen* poner la luz bajo el celemín; **⌃n** (29): *Geld* ~ apalear oro, F forrarse; **⌃weise** a montones.

Scheibe ['ʃaibə] *f* (15) disco *m*; ⊕ rodaja *f*; *Wurst:* a. tajada *f*; *Brot:* rebanada *f*; *Schinken:* lonja *f*; *Zitrone usw.:* raja *f*; (*Glas*⌃) vidrio *m*, cristal *m*; (*Schieß*⌃) blanco *m*; **~nbremse** *f* freno *m* de disco; **~ngardine** *f* visillo *m*; **~nhonig** *m* miel *f* en panales; **~nschießen** *n* tiro *m* al blanco; **~nwascher** *Kfz.* *m* lavaparabrisas *m*; **~nwischer** *Kfz.* *m* limpiaparabrisas *m*.

Scheich [ʃaiç] *m* (3¹ *od.* 11) jeque *m*.

Scheide ['ʃaidə] *f* (15) (*Degen*⌃) vaina *f*; *Anat.* vagina *f*; *Erdk.* frontera *f*; *aus der* ~ *ziehen* desenvainar; *in die* ~ *stecken* envainar; **~linie** *f* línea *f* divisoria *od.* de demarcación; **~münze** *f* moneda *f* fraccionaria; **⌃n** (30) **1.** *v/t.* separar; dividir; *Ehe:* divorciar; *sich* ~ *lassen* divorciarse (*von* de); **2.** *v/i.* (*sn*) despedirse, irse; *aus dem Amt* ~ cesar en el cargo; **~n** *n* (*Abschied*) despedida *f*; **~wand** *f* tabique *m* (*a. Anat.*); **~wasser** 🔥 *n* agua *f* fuerte; **~weg** ['--veːk] *m* encrucijada *f*; *fig. am* ~ *stehen* estar en la encrucijada.

Scheidung ['-duŋ] *f* separación *f*; $\frac{}{}$ divorcio *m*; ~**s...**: *in Zssgn* de divorcio.

Schein [ʃaɪn] *m* (3): **a)** luz *f*; claridad *f*; (*Glanz*) brillo *m*; *fig.* apariencia *f*; *den* ~ *wahren* salvar las apariencias; *der* ~ *trügt* las apariencias engañan; **b)** (*Bescheinigung*) certificado *m*; (*Beleg*) resguardo *m*; (*Geld*$\frac{}{}$) billete *m*; '~**angriff** $\times$ *m* ataque *m* simulado; $\frac{}{}$**bar** aparente; *adv.* en apariencia; $\frac{}{}$**en** (30) brillar, lucir; *fig.* parecer; *die Sonne scheint* hace sol; ~**gesellschaft** $\dagger$ *f* compañía *f* fantasma; sociedad *f* de fachada; $\frac{}{}$**heilig** mojigato; hipócrita; '~**heiligkeit** *f* mojigatería *f*; hipocresía *f*; '~**tod** *m* muerte *f* aparente; $\frac{}{}$**tot** muerto en apariencia; ~**werfer** ['-vɛrfər] *m* (7) proyector *m*; *Thea. a.* foco *m*; reflector *m*; *Kfz.* faro *m*.

Scheiß|e ∨ ['ʃaɪsə] *f* (15, *o. pl.*) mierda *f* (*a. fig.*); $\frac{}{}$**en** ∨ cagar; *fig.* ~ *auf* cagarse en; ~**kerl** ∨ *m* mierda *m*.

Scheit [ʃaɪt] *n* (3) leño *m*.

Scheitel ['-təl] *m* (7) coronilla *f*; A vértice *m*; (*Haar*$\frac{}{}$) raya *f*; $\frac{}{}$**n** (29): *das Haar* ~ hacer la raya; ~**punkt** *m* A vértice *m*; *Astr.* cenit *m*; *fig.* punto *m* culminante.

Scheiter|haufen ['-tərhaʊfən] *m* hoguera *f*; $\frac{}{}$**n** (29, sn) Φ naufragar (*a. fig.*); *fig.* fracasar; ~**n** *n* naufragio *m*; *fig.* fracaso *m*.

Schellack ['ʃɛlak] *m* (3) goma *f* laca.

Schelle ['-lə] *f* (15) cascabel *m*; (*Klingel*) campanilla *f*; $\frac{}{}$**n** (25) sonar; tocar; *es hat geschellt* han llamado; ~**nbaum** ♪ *m* chinescos *m/pl.*; ~**ngeläut** *n* cascabeleo *m*.

Schellfisch ['-fiʃ] *m* (3^2) eglefino *m*.

Schelm [ʃɛlm] *m* (3) pícaro *m*; bribón *m*; '~**enroman** *m* novela *f* picaresca; '~**enstreich** *m* picardía *f*; $\frac{}{}$**isch** pícaro.

Schelt|e ['-tə] *f* (15) reprimenda *f*; ~ *bekommen* sufrir una reprimenda; $\frac{}{}$**en** (30) reñir, reprender; ~ *auf* (*ac.*) censurar a/c.; hablar mal de; ~**wort** *n* (3) injuria *f*.

Schema ['ʃeːma] *n* (11, *pl. a. -ata*) esquema *m*; $\frac{}{}$**tisch** [-'maːtiʃ] esquemático.

Schemel ['-məl] *m* (7) taburete *m*; escabel *m*.

Schemen ['-mən] *m u. n* (6) sombra *f*; fantasma *m*; $\frac{}{}$**haft** fantasmal.

Schenke ['ʃɛŋkə] *f* (15) taberna *f*; bar *m*; F tasca *f*.

Schenkel ['-kəl] *m* (7) *Anat.* muslo *m*; A lado *m*; ~**(hals)bruch** *m* fractura *f* (del cuello) del fémur.

schenk|en ['-kən] (25) regalar; (*stiften*) donar; (*erlassen*) perdonar, dispensar; *Aufmerksamkeit*: dedicar; $\frac{}{}$**er** $\frac{}{}$ *m* donador *m*; $\frac{}{}$**ung** *f* donación *f*; $\frac{}{}$**ungs-urkunde** *f* acta *f* de donación.

Scherbe ['ʃɛrbə] *f* (15) casco *m*, pedazo *m*; *in* ~*n gehen* hacerse pedazos *od.* añicos.

Schere ['ʃeːrə] *f* (15) tijeras *f/pl.*; (*Garten*$\frac{}{}$) cizallas *f/pl.*; *Zo.* pinza *f*; $\frac{}{}$**n** (30, *a.* 25) *Tiere*: esquilar; *Haar*: cortar; *sich* ~ *um* hacer caso de; *was schert dich das?* ¿qué te importa eso?; *scher dich zum Teufel!* ¡vete al diablo!; ~**nfernrohr** *n* telescopio *m* de tijera; ~**nschleifer** *m* afilador *m*; ~**nschnitt** *m* silueta *f*; ~'**rei** *f* molestia *f*; engorro *m*.

Scherflein ['ʃɛrflaɪn] *n* (6) óbolo *m*.

Scherge ['ʃɛrgə] *m* (13) esbirro *m*.

Scherz [ʃɛrts] *m* (3^2) broma *f* (*schlechter* pesada), burla *f*; *im* ~ en broma; (*s-n*) ~ *mit j-m treiben* tomar el pelo a alg.; '~**artikel** *m/pl.* artículos *m/pl.* de pega; $\frac{}{}$**en** (27) bromear; burlarse; divertirse; $\frac{}{}$**haft** burlesco; chistoso; *adv.* en broma; '~**wort** *n* (3) palabra *f* chistosa; gracia *f*.

scheu [ʃɔʏ] **1.** *adj.* tímido; (*menschen*~) huraño; *Pferd*: desbocado; espantadizo; ~ *machen* (*werden*) espantar(se); **2.** $\frac{}{}$ *f* (16, *o. pl.*) timidez *f*; miedo *m*; $\frac{}{}$**che** ['-çə] *f* (15) espantajo *m*; '~**chen** (25) espantar, ahuyentar; '~**en** (25) **1.** *v/t.* temer; *keine Mühe* ~ no regatear *od.* escatimar esfuerzos; *keine Kosten* ~ no reparar en gastos; **2.** *v/i. Pferd*: desbocarse; espantarse; *sich* ~ *vor* (*dat.*) recelarse de.

Scheuer|bürste ['-ərbyrstə] *f* cepillo *m* de fregar; ~**lappen** *m*, ~**tuch** *n* bayeta *f*; $\frac{}{}$**n** (29) fregar; Φ baldear; (*reiben*) frotar.

Scheuklappe ['-klapə] *f* anteojera *f*.

Scheune ['-nə] *f* granero *m*; pajar *m*.

Scheusal ['-zaːl] *n* (3) monstruo *m*.

scheußlich ['ʃɔʏsliç] monstruoso; horrible, atroz; $\frac{}{}$**keit** *f* atrocidad *f*.

Schi [ʃiː] *m* (11, *pl.* ~*er*) esquí *m*; ~ *laufen* esquiar; '~**...**: *in Zssgn mst* de esquí; **'~ausrüstung** f equipo m de esquiador.

Schicht [ʃiçt] f (16) capa f; Geol. u. fig. estrato m; (Arbeits~) turno m; (Arbeiter) equipo m; **'2en** (26) apilar; **'~wechsel** m cambio m de turno; **'2weise** por turnos; **'~wolke** f estrato m.

schick [ʃik] 1. adj. elegante, chic; 2. ♀ m (3, o. pl.) elegancia f; **'~en** (25) enviar; expedir; remitir; mandar; nach j-m ~ enviar por alg.; mandar buscar a alg.; sich ~ convenir; sich ~ in (ac.) resignarse a; **'~lich** conveniente; decente; **'2lichkeit** f conveniencia f; decencia f; decoro m.

Schicksal ['-zɑːl] n (3) destino m; suerte f; fortuna f; sino m; **2haft** fatal; **~glaube** m fatalismo m; **~schlag** m revés m de la fortuna; golpe m del destino.

Schickung ['-uŋ] f caso m providencial.

Schieb|e... ['ʃiːbə...]: in Zssgn oft corredizo; **~edach** n techo m corredizo; **~efenster** n (nach oben) ventana f de guillotina; (waagerecht) ventana f corrediza; **2en** (30) **1.** v/t. mover, empujar; **2.** v/i. fig. hacer chanchullos, traficar; **~er** m (7) ⊕ distribuidor m; corredera f; fig. traficante m; F estraperlista m; **~etür** f puerta f corrediza; **~ung** f chanchullo m; Sport: tongo m.

Schieds|gericht ['ʃiːtsgəriçt] n tribunal m arbitral od. de arbitraje; **~richter** m árbitro m; **2richterlich** arbitral; **2richtern** (29) arbitrar, hacer de árbitro; **~spruch** m arbitraje m; sentencia f arbitral; laudo m.

schief [ʃiːf] oblicuo; (geneigt) inclinado; fig. torcido; adv. de soslayo, de reojo.

Schiefer ['-ər] m (7) pizarra f; Geol. esquisto m; **~bruch** m pizarrería f; **~dach** n tejado m de pizarra; **~tafel** f pizarra f.

schief|gehen ['-geːən] F fig. salir mal; fracasar; **~gewickelt** F fig.: ~ sn estar (muy) equivocado; **~lachen** F: sich ~ F desternillarse de risa.

schielen ['ʃiːlən] **1.** v/i. (25) bizcar, ser bizco; ~ nach mirar de soslayo od. de reojo; **2.** ♀ n estrabismo m; **~d** bizco, bisojo; estrábico.

schien [ʃiːn] s. scheinen.

'Schien|bein n tibia f; **~e** f (15) a. 🚗 carril m; riel m; raíl m; 🚗 tablilla f;

férula f; **2en** 🚑 (25) entablillar; **~enbus** m ferrobús m; **~enfahrzeug** n vehículo m sobre carriles; **~enstrang** m vía f; **~enweg** ['--veːk] m vía f férrea.

schier [ʃiːr] puro; adv. casi.

Schierling ♀ ['-liŋ] m (3¹) cicuta f.

Schieß... ['ʃiːs...]: in Zssgn oft de tiro; **~baumwolle** f algodón m pólvora; **~bude** f barraca f de tiro; **2en** (30) disparar, tirar; Fußball: a. chutar; Jgdw. cazar; fig. (sn) (stürzen) precipitarse; in die Höhe ~ crecer rápidamente; Kind: F dar un estirón; **~en** n tiros m/pl.; **2enlassen** F fig. abandonar; renunciar a; **~e'rei** f tiroteo m; **~platz** m campo m de tiro; **~pulver** n pólvora f; **~scharte** f aspillera f; **~scheibe** f blanco m; **~sport** m tiro m; **~stand** m (polígono m de) tiro m.

Schifahrer ['ʃiːfaːrər] m s. Schiläufer.

Schiff [ʃif] n (3) buque m, barco m; navío m; a. 🏛 nave f.

Schiffahrt ['-ɑːrt] f navegación f; **~sgesellschaft** f compañía f naviera od. de navegación.

schiff|bar ['-bɑːr] navegable; **2bau** m construcción f naval; **2bauer** m constructor m de buques; **2bau-ingenieur** m ingeniero m naval; ⊕ **~bruch** m naufragio m; ~ erleiden a. fig. naufragar; **~brüchig, 2brüchige(r)** ['-bryçigər] m náufrago (m); **2chen** n (6) ⊕ lanzadera f; **~en** (25, a. sn) navegar; P orinar, mear; **2er** m (7) navegante m; (Fluß~) batelero m, barquero m; **2er'klavier** F n acordeón m; **2erknoten** m nudo m de marinero.

Schiffs|agent ['ʃifs?agɛnt] m agente m marítimo; **~arzt** m médico m de a bordo; **~breite** f manga f; **~eigner** m armador m; **~hebewerk** n montabarcos m; **~junge** m grumete m; **~länge** f eslora f; **~makler** m consignatario m de buques; **~mannschaft** f tripulación f; **~raum** m cala f; tonelaje m; **~reise** f crucero m; viaje m marítimo; **~rumpf** m casco m; **~schraube** f hélice f; **~verkehr** m tráfico m marítimo; **~zwieback** m galleta f (de barco).

Schikan|e [ʃi'kɑːnə] f (15) vejación f; **2ieren** [-kaˈniːrən] vejar; F hacer la pascua (a alg.); **2ös** [--ˈnøːs] vejatorio.

Schi|langlauf ['ʃiːlaŋlauf] m esquí m de fondo; **~lauf** m esquí m; **~läufer** m esquiador m.

Schild [ʃilt]: **a)** m (3) escudo m; *kleiner*: broquel m; *im ∼e führen* fig. tramar, maquinar; **b)** n (1) letrero m, rótulo m; (*Tür*2) placa f; (*Plakat*) cartel m; (*Etikett*) etiqueta f; '**∼drüse** *Anat.* f (glándula f) tiroides m; **∼er-haus** [-'dərhaʊs] n garita f; **2ern** ['-dərn] (29) pintar, describir; explicar; **∼erung** ['-dərʊŋ] f descripción f; '**∼knappe** m escudero m; '**∼kröte** f tortuga f; '**∼laus** f cochinilla f; **∼patt** ['-pat] n (3, o. pl.) carey m; '**∼wache** f centinela m (*Person*: m).

Schildlehrer ['ʃiːleːrər] m profesor m *od.* monitor m de esquí.

Schilf [ʃilf] n (3): **a)** cañaveral m; juncal m; **b)** = '**∼rohr** n caña f; junco m.

Schilift ['ʃiːlift] m telesquí m.

schillern ['ʃilərn] (29) tornasolar; irisar; *Stoff*: hacer visos; **∼d** tornasolado; *Stoff*: cambiante.

Schilling ['-liŋ] m (3¹, *im pl. nach Zahlen uv.*) chelín m.

schilt(st) [ʃilt(st)] *s.* schelten.

Schimäre [ʃi'mɛːrə] f (15) quimera f.

Schimmel ['ʃiməl] m (7) ♀ moho m; *Zo.* caballo m blanco; **2ig** mohoso, enmohecido; **∼ werden = 2n** (29) enmohecer(se); **∼pilz** m moho m.

Schimmer ['-mər] m (7) vislumbre f; resplandor m; F fig. keine (blassen) *∼ haben von* no tener (la menor) idea de; **2n** (29) brillar, relucir.

Schimpanse [ʃim'panzə] m (13) chimpancé m.

Schimpf [ʃimpf] m (3) injuria f, afrenta f; ultraje m; *mit ∼ und Schande* ignominiosamente; '**2en** (25) insultar; reñir; renegar; maldecir (*über* de); **∼e'rei** f improperios m/pl., invectivas f/pl.; '**2lich** injurioso; vergonzoso; ignominioso; '**∼name** m mote m (*od.* apodo m) injurioso; '**∼wort** n palabra f injuriosa; palabrota f, taco m.

Schindel ['ʃindəl] f (15) ripia f.

schind|en ['-dən] (30) desollar; fig. vejar; *sich ∼* trabajar como un negro; **2er** m (7) desollador m; fig. negrero m; **2e'rei** fig. f trabajo m de negros; F paliza f; **2luder** ['ʃintluːdər] n: *∼ treiben* mit maltratar a; **2mähre** f rocín m, penco m.

Schinken ['ʃiŋkən] m (6) jamón m (*gekochter* (en) dulce); *Mal.* F mamarracho m; (*Buch*) F ladrillo m.

Schippe ['ʃipə] f (15) pala f.

Schirm [ʃirm] m (3) pantalla f; (*Mützen*2) visera f; (*Regen*2) paraguas m; *fig.* abrigo m; amparo m; '**∼herr** m protector m, patrocinador m; '**∼herrschaft** f patronato m, patrocinio m; '**∼mütze** f gorra f de visera; '**∼ständer** m paragüero m.

schirren ['ʃirən] (25) enjaezar.

Schi|sport ['ʃiːʃpɔrt] m (deporte m del) esquí m; **∼springen** n salto m de esquís.

Schiß V [ʃis] m (4, o. pl.) P cagueta f; *∼ haben* F estar acojonado.

schizophren [ʃitso'freːn] esquizofrénico; **2ie** [--fre'niː] f (15) esquizofrenia f.

Schlacht [ʃlaxt] f (16) batalla f; '**∼bank** f tajo m; '**2en** (26) matar, sacrificar; '**∼en** n matanza f (*a. fig.*); '**∼enbummler** m *Sport*: F hincha m; '**∼er** m carnicero m; *im Schlachthof*: matarife m; **∼e'rei** f carnicería f; '**∼feld** n campo m de batalla; '**∼gewicht** n peso m muerto; '**∼hof** m matadero m; '**∼ruf** m grito m de guerra; '**∼schiff** n acorazado m; '**∼vieh** n reses f/pl. de matadero.

Schlack|e ['ʃlakə] f (15) ⊕ escoria f; (*Eisen*2) cagafierro m; *Physiol.* residuos m/pl.; **∼enhalde** f escorial m; '**∼wurst** f salchichón m.

Schlaf [ʃlaːf] m (3, o. pl.) sueño m; F fig. et. *im ∼ können* saber a/c. al dedillo; '**∼anzug** m pijama m.

Schläfchen ['ʃlɛːfçən] n (6) siesta f; *ein ∼ machen* dormir la siesta.

Schlafcouch ['ʃlaːfkaʊtʃ] f sofá-cama m.

Schläfe ['ʃlɛːfə] f (15) sien f.

schlafen ['ʃlaːfən] (30) dormir; *∼ gehen* acostarse; *∼ Sie gut!* que (usted) descanse; **2szeit** f hora f de dormir *od.* de acostarse.

Schläfer(in f) ['ʃlɛːfər(in)] m (7) durmiente *su.*

schlaff [ʃlaf] flojo; *a. Haut*: fláccido; *a. fig.* laxo; fig. decaído, lánguido; '**2heit** f flojedad f; flaccidez f; laxitud f (*a. fig.*).

Schlaf|gelegenheit ['ʃlaːfgəleːgənhaɪt] f alojamiento m; **∼krankheit** f enfermedad f del sueño; **2los** insomne; **∼e Nacht** noche f en blanco; **∼losigkeit** f insomnio m; **∼mittel** n somnífero m; dormitivo m; **∼mütze** f gorro m de dormir; *fig.* dormilón m; **∼raum** m dormitorio m.

schläfrig ['ʃlɛːfriç] soñoliento; **2keit**

f somnolencia *f*; ganas *f|pl.* de dormir.

Schlaf|rock [ˈʃlaːfrɔk] *m* bata *f*; **~saal** *m* dormitorio *m*; **~sack** *m* saco *m* de dormir; **~stadt** *f* ciudad *f* dormitorio; **~sucht** *f* somnolencia *f*; sopor *m*; **2trunken** soñoliento; **~trunkenheit** *f* somnolencia *f*; **~wagen** 🚃 *m* coche *m* cama, *Am.* vagón *m* dormitorio; **2wandeln** (*a.* sn) caminar en sueños; **~wandeln** *n* sonambulismo *m*; **~wandler** *m* sonámbulo *m*; **~zimmer** *n* dormitorio *m*; alcoba *f*.

Schlag [ʃlaːk] *m* (3³) golpe *m*; 🔨 ataque *m* de apoplejía; (*Herz 2*) latido *m*; ⚡ descarga *f*; (*Essen*) ración *f*; *e-s Vogels*: canto *m*; (*Wagentür*) portezuela *f*; *Forst*: tala *f*; (*Art*) especie *f*; ~ *drei Uhr* a las tres en punto; *mit e-m* ~ de repente; ~ *auf* ~ sin cesar; *fig. harter* (*od. schwerer*) ~ rudo golpe *m*; F *fig. ich dachte, mich trifft der* ~ me quedé de una pieza; **'~ader** *f* arteria *f*; **'2-anfall** 🔨 *m* ataque *m* de apoplejía; **'2-artig** brusco; *adv.* de (un) golpe; **'~baum** *m* barrera *f*; **'~bohrer** ⊕ *m* taladradora *f* de percusión; **'~bolzen** *m* percutor *m*.

schlagen [ˈʃlaːɡən] (30) **1.** *v/t.* golpear; (*prügeln*) pegar; *Wald*: talar; (*besiegen*) vencer; derrotar, batir; *Schlacht*: librar; *Brücke*: echar, tender; *Münze*: acuñar; *Laute*: tocar; *Eier usw.*: batir; *Sahne*: montar; *Falten*: hacer; *Kreis*: △ describir, trazar; *in Papier usw.*: envolver; *sich* ~ reñir, pelearse; batirse; *sich auf js* *Seite* ~ ponerse del lado de alg.; **2.** *v/i.* *Herz* ~ latir, palpitar; *Vogel*: cantar; *Uhr*: dar la hora; *es schlägt drei* dan las tres; *in j-s Fach* ~ ser de la incumbencia de alg.; *e-e geschlagene Stunde* una hora entera; ~ (*arten*) nach salir a; **~d** *fig.* contundente, concluyente; 🌩 ~*e Wetter n/pl.* grisú *m*.

Schlager [ˈ-ɡər] *m* (7) ♪ canción *f* de moda; ✝ gran éxito *m*.

Schläger [ˈʃlɛːɡər] *m* (7) pala *f*; *Tennis*: raqueta *f*; *Hockey*: stick *m*; *Golf*: palo *m*; (*Person*) matón *m*; **~ei** *f* riña *f*, pelea *f*.

Schlagersänger [ˈʃlaːɡərzɛŋər] *m* intérprete *m* de la canción moderna.

schlag|fertig [ˈʃlaːkfɛrtɪç] que sabe replicar; **2fertigkeit** *f* prontitud *f* en la réplica; **2holz** *n* *Sport*: pala *f*; **2-instrument** ♪ *n* instrumento *m* de percusión; **2kraft** *f* *fig.* vigor *m*;

contundencia *f*; ✗ fuerza *f* de combate; **~kräftig** fuerte; *fig.* contundente; ✗ combativo; **2licht** *n* rayo *m* de luz; *Mal.* claro *m*; **2loch** *n* bache *m*; **2ring** *m* llave *f* americana; **2sahne** *f* nata *f* batida *od.* montada; **2seite** ⚓ *f* inclinación *f*; ~ *haben* ⚓ dar la banda; **2stock** *m* porra *f*; **2werk** *n* *Uhr*: juego *m* de campanas; **~wort** *n* (3) lema *m*; slogan *m*; **2zeile** *Typ. f* titular *m*; **2zeug** ♪ *n* batería *f*; **2zeuger** ♪ *m* (7) batería *m*, baterista *m*.

schlaksig F [ˈʃlaksiç] larguirucho; desgarbado.

Schlamassel F [ʃlaˈmasəl] *m* (7) F lío *m*, follón *m*, cacao *m*.

Schlamm [ʃlam] *m* (3) lodo *m*, barro *m*, cieno *m*; fango *m* (*a.* 🔬); **2ig** lodoso, fangoso.

Schlämmkreide [ˈʃlɛmkraɪdə] *f* blanco *m* de España.

Schlamp|e [ˈʃlampə] *f* (15) mujer *f* desaseada; F puerca *f*; **~e'rei** *f* negligencia *f*; desorden *m*; dejadez *f*; (*Arbeit*) chapuza *f*; **2ig** desaseado; desordenado, desaliñado; *Arbeit*: chapucero.

schlang [ʃlaŋ] *s. schlingen.*

Schlange [ˈʃlaŋə] *f* (15) serpiente *f*, culebra *f*; *fig.* víbora *f*; ⊕ serpentín *m*; (*Reihe*) cola *f*; ~ *stehen* hacer cola.

schlängeln [ˈʃlɛŋəln] (29): *sich* ~ serpentear; enroscarse (*um en*).

Schlangen|beschwörer [ˈʃlaŋənbəʃvøːrər] *m* encantador *m* de serpientes; **~biß** *m* picadura *f* de serpiente; **~farm** *f* serpentario *m*; **~fraß** F *m* bazofia *f*, bodrio *m*; **~linie** *f* línea *f* sinuosa; **~mensch** *m* contorsionista *m*; **~rohr** ⊕ *n* serpentín *m*.

schlank [ʃlaŋk] delgado; esbelto; ~ *werden* adelgazar; **2heit** *f* delgadez *f*; esbeltez *f*; **2heitskur** *f* cura *f* de adelgazamiento; **~weg** [ˈ-vɛk] *adv.* rotundamente.

schlapp [ʃlap] flojo; enervado; ~ *werden* aflojarse; fatigarse; **'2e** *f* (15) derrota *f*; fracaso *m*; **'2heit** *f* flojedad *f*; enervación *f*; **'2hut** *m* sombrero *m* flexible; **'~machen** F desfallecer; desmayarse; **'2schwanz** *m* *fig.* cobarde *m*; blandengue *m*.

Schlaraffenland [ʃlaˈrafənlant] *n* (país *m* de) jauja *f*.

schlau [ʃlaʊ] listo; astuto; avispado; **2berger** F [ˈ-bɛrɡər] *m* (7) cuco *m*.

Schlauch [ʃlaʊx] *m* (3³) tubo *m* (flexible); *Kfz.*, *Fahrrad*: cámara *f* (de aire); (*Garten*♀) mang(uer)a *f*; (*Wein*♀) odre *m*; '~**boot** *n* bote *m* neumático; ♀**en** F (25) fatigar, cansar.

schlauerweise ['-ər'vaɪzə] astutamente.

Schlaufe ['-fə] *f* (15) lazo *m*, nudo *m* corredizo.

Schlauheit ['-haɪt] *f* astucia *f*.

schlecht [ʃlɛçt] malo, *Kurzform u. adv.* mal; *comp.* ~er, *sup.* ~est peor; *Luft*: viciado; *Zeiten*: duro, difícil; (*verdorben*) podrido; ~ werden echarse a perder; *mir ist* ~ me siento mal; ~er werden empeorar; *immer* ~er de mal en peor; ~ *aussehen* tener mala cara; ~**erdings** ['-tər'dɪŋs] absolutamente; '~**gelaunt** de mal humor; '~'hin, ~**weg** ['-vɛk] sencillamente; por antonomasia; '♀**igkeit** *f* maldad *f*; vileza *f*; '~**machen** hablar mal de; denigrar.

schlecke|n ['ʃlɛkən] (25) (re)lamer; ♀**rei** *f* golosina *f*.

Schlegel ['ʃle:gəl] *m* (7) mazo *m*; ♪ palillo *m*, baqueta *f*; *Kchk.* pernil *m*.

Schleh|dorn ['ʃle:dɔrn] *m* endrino *m*; ~e *f* (15) endrina *f*.

schleich|en ['ʃlaɪçən] (30, sn) andar furtivamente *od.* a hurtadillas; *sich* ~ *in* (*ac.*) colarse en; ~**end** furtivo; *a.* ♂ latente; ♀**er** *m* fig. ~ *m* (7) hipócrita *m*; ♀**handel** *m* tráfico *m* ilícito; F estraperlo *m*; ♀**händler** *m* traficante *m* clandestino; F estraperlista *m*; ♀**weg** ['-ve:k] *m* camino *m* secreto (*a. fig.*); ♀**werbung** *f* publicidad *f* solapada.

Schleie [ʃlaɪə] *f* (15) (*Fisch*) tenca *f*.

Schleier ['-ər] *m* (7) velo *m* (*a. fig.*); mantilla *f*; ~**eule** *f* lechuza *f*; ♀**haft** misterioso, enigmático.

Schleife ['-fə] *f* (15) lazo *m*, nudo *m*; (*Kurve*) viraje *m*; (*Fluß*♀) meandro *m*; ~ rizo *m*.

schleif|en ['-fən] **1.** (30) afilar, amolar, aguzar; (*glätten*) alisar; *Glas*: pulir (*a. fig.*); *Diamant*: tallar; fig. j-n ~ hacer sudar a alg.; **2.** (25) arrastrar; ✗ arrasar, desmantelar; ♀**lack** *m* laca *f* para pulir; ♀**maschine** *f* afiladora *f*; ♀**mittel** *n* abrasivo *m*; ♀**scheibe** *f* muela *f*; ♀**stein** *m* piedra *f* de afilar.

Schleim [ʃlaɪm] *m* (3) mucosidad *f*, moco *m*; ♂ pituita *f*; '~**beutel** *m* bolsa *f* sinovial; '~**drüse** *f* glándula *f* mucosa; '~**haut** *f* mucosa *f*; '♀**ig** mucoso; ♂ pituitario; viscoso.

schlemm|en ['ʃlɛmən] (25) regalar-

se; ♀**er** *m* (7) sibarita *m*; glotón *m*; ♀**e'rei** *f* glotonería *f*.

schlender|n ['ʃlɛndərn] (29) andar despacio; *durch die Straßen* ~: callejear; ♀**rian** ['-driaːn] *m* (3, *o. pl.*) rutina *f*; incuria *f*.

schlenkern ['ʃlɛŋkərn] (29) bambolear (*mit ac.*).

Schlepp|dampfer ['ʃlɛpdampfər] *m* remolcador *m*; ~e *f* (15) cola *f* (de vestido); ♀**en** (25) arrastrar; ♣, *Kfz.* remolcar, llevar a remolque; *sich* ~ arrastrarse; ♀**end** arrastrado; lento; ~**er** *m* (7) tractor *m*; ♣ remolcador *m*; ~**kahn** *m* lancha *f* de remolque; ~**lift** *m* telearrastre *m*; ~**netz** *n* barredera *f*; ~**tau** *n* cable *m* de remolque; ♣ sirga *f*; *ins* ~ *nehmen a. fig.* llevar a remolque.

Schleuder ['ʃlɔydər] *f* (15) honda *f*; (*Katapult*) catapulta *f*; ⊕ centrífuga *f*; ~**gefahr** *f Vkw.* calzada *f* deslizante; ~**maschine** ⊕ *f* centrifugadora *f*; ♀**n** (29) **1.** *v/t.* arrojar, lanzar; *Wäsche*: centrifugar; **2.** *v/i. Kfz.* resbalar, patinar; ~**n** *n* patinazo *m*; ⊕ centrifugación *f*; *ins* ~ *geraten dar un patinazo*; derrapar; ~**preis** *m* precio *m* ruinoso; ~**sitz** ✈ *m* asiento *m* catapulta *od.* eyectable.

schleunig ['-niç] pronto, rápido; ~**st** *adv.* cuanto antes, lo más pronto posible.

Schleuse ['-zə] *f* (15) esclusa *f*; ~**ntor** *n* compuerta *f* (de esclusa); ~**nwärter** *m* guarda-esclusa *m*.

schlich [ʃliç] *s. schleichen*; ♀**e** *m/pl.* (3) tretas *f/pl.*; intrigas *f/pl.*; j-m *auf die* ~ *kommen* descubrir los manejos de alg.

schlicht [ʃliçt] sencillo, simple; modesto; fig. ~ *u. einfach* lisa y llanamente; '~**en** (26) alisar; *Streit*: dirimir; arreglar; ♀**er** *m* (7) mediador *m*; árbitro *m*; ♀**heit** *f* sencillez *f*; ♀**ung** *f* conciliación *f*; ♀**ungs-ausschuß** *m* comité *m* de arbitraje *bzw.* de conciliación.

Schlick [ʃlik] *m* (3) cieno *m*, barro *m*, lodo *m*.

schlief [ʃliːf] *s. schlafen*.

schließ|en ['-sən] (30) cerrar; *Veranstaltung*: clausurar; (*beenden*) terminar, acabar; *Vertrag*: concluir; *Frieden*: concertar, hacer; *Ehe*: contraer; *Freundschaft*: trabar; *Sitzung*: levantar; (*folgern*) deducir, concluir, inferir (*aus de*); *in sich* ~ fig. comprender; implicar; *in die Arme* ~ estrechar en sus brazos; 2er *m* (7) portero *m*; *im Gefängnis*: carcelero *m*; 2**fach** *n* ⚓ apartado *m* (de correos), *Am.* casilla *f*; *Bahnhof*: consigna *f* automática; *Bank*: caja *f* de seguridad; ~**lich** finalmente, al *od.* por fin; (*im Grunde*) después de todo; ~*en.* tun acabar haciendo *od.* por hacer a/c.; 2**muskel** *m* esfínter *m*; 2**ung** *f* cierre *m*.

schliff [ʃlif] **1.** *s. schleifen*; **2.** 2 *m* (3) pulimento *m*; *Messer, Klinge*: filo *m*; *Edelstein*: talla *f*; *fig.* buenos modales *m/pl.*

schlimm [ʃlim] malo; *Kurzform u. adv.* mal; (*ernst*) grave; '~er *comp.*, ~st *sup.* peor; ~er werden empeorar; agravarse; *immer* ~er werden ir de mal en peor; ~**stenfalls** ['-stən'fals] en el peor de los casos.

Schling|e ['ʃliŋə] *f* (15) lazo *m* (a. *fgdw.*); ⚓ cabestrillo *m*; *sich aus der* ~ *ziehen* salir del apuro; ~**el** *m* (7) pilluelo *m*; 2**en** (30) (*flechten*) enlazar, entrelazar; (*herunter~*) tragar; *sich* ~ *um* enroscarse en; 2**ern** ⚓ (29) balancear(se); ~**ern** *n* balanceo *m*; ~**pflanze** *f* enredadera *f*.

Schlips [ʃlips] *m* (4) corbata *f*.

Schlitten ['ʃlitən] *m* (6) trineo *m*; (*Rodel*2) tobogán *m*; *bsd. Sport*: luge *f*; ⊕ carro *m*; ~ *fahren* ir en trineo; ~**fahrt** *f* paseo *m* en trineo; ~**lift** *m* teletrineo *m*.

Schlitter|bahn ['-tərba:n] *f* resbaladero *m*; 2**n** (29) resbalar.

Schlittschuh ['-ʃu:] *m* patín *m*; ~ *laufen* patinar (sobre hielo); ~**laufen** *n* patinaje *m* (sobre hielo); ~**läufer(in** *f*) *m* patinador(a) *m* (*f*).

Schlitz [ʃlits] *m* (3²) raja *f*; rendija *f*; abertura *f*; ranura *f*; *am Kleid*: cuchillada *f*; '~**augen** *n/pl.* ojos *m/pl.* rasgados; 2**en** (27) hender; acuchillar; '~**ohr** F *fig.* n zorro *m*, vivo *m*.

Schloß [ʃlɔs] **1.** n (2¹) **a)** cerradura *f*; (*Gewehr*2) cerrojo *m*; *hinter* ~ *und Riegel* F en chirona; **b)** ⚔ palacio *m*; castillo *m*; alcázar *m*; **2.** 2 *s. schließen*.

Schlosse|r ['-ɔr] *m* (7) cerrajero *m*; ~**rei** *f* cerrajería *f*.

Schloßherr(in *f*) *m* ['-hɛr(in)] castellano (-a) *m* (*f*).

Schlot [ʃlo:t] *m* (3) chimenea *f*; F *rauchen wie ein* ~ fumar más que una chimenea.

schlott|(e)rig ['ʃlɔt(ə)riç] tembloro-

---

so; vacilante; ~**ern** (29) temblar; vacilar; *Anzug*: venir ancho.

Schlucht [ʃluxt] *f* (16) barranco *m*.

schluchzen ['-tsən] **1.** *v/i.* (27) sollozar; **2.** 2 *n* sollozos *m/pl.*

Schluck [ʃluk] *m* (3[³]) trago *m*, sorbo *m*; '~**auf** *m* (11, *o. pl.*) hipo *m*; '2**en** (25) tragar (*a. fig.*); deglutir; '~**er** *m* (7): *armer* ~ pobre diablo *m*, pobretón *m*; '~**impfung** *f* vacunación *f* oral.

schlud|ern ['ʃlu:dərn] (29) chapucear; ~**rig** chapucero.

schlug, schlüge [ʃlu:k, 'ʃly:gə] *s. schlagen*.

Schlummer ['ʃlumər] *m* (7, *o. pl.*) sueño *m* ligero; reposo *m*; 2**n** (29) dormitar; dormir.

Schlund [ʃlunt] *m* (3³) garganta *f*; fauces *f/pl.*; *fig.* abismo *m*.

schlüpf|en ['ʃlypfən] (25, sn) deslizarse; *aus dem Ei* ~ salir del huevo; 2**er** *m* (7) bragas *f/pl.*

Schlupfloch ['ʃlupflɔx] *n* escondrijo *m* (*a. fig.*); refugio *m*.

schlüpfrig ['ʃlypfriç] resbaladizo; *fig.* escabroso, lascivo.

Schlupfwinkel ['ʃlupfviŋkəl] *m* guarida *f*; escondrijo *m*.

schlürfen ['ʃlyrfən] (25) sorber, beber a sorbos.

Schluß [ʃlus] *m* (4²) fin *m*; final *m*; término *m*; (*Folgerung*) conclusión *f*; ~ *machen mit* acabar con; poner fin *od.* término a; ~ *für heute* basta por hoy; '~...: in *Zssgn* oft final; '~**ab-rechnung** *f* liquidación *f* final.

Schlüssel ['ʃlysəl] *m* (7) llave *f*; *fig.* clave *f* (a. ♪); ~**bart** *m* paletón *m*; ~**bein** *n* clavícula *f*; ~**blume** *f* primavera *f*; ~**bund** *m od.* n manojo *m* de llaves; 2**fertig** llave en mano; ~**figur** *f* figura *f* clave; ~**industrie** *f* industria *f* clave; ~**loch** *n* ojo *m* de la cerradura; ~**ring** *m*, ~**tasche** *f* llavero *m*; ~**stellung** *f* posición *f* clave; ~**wort** *n* (1²) palabra *f* clave.

Schluß|feier ['ʃlusfaɪər] *f* acto *m* de clausura; ~**folgerung** *f* conclusión *f*; consecuencia *f*.

schlüssig ['ʃlysiç] concluyente; lógico; *sich* (*dat.*) ~ *werden* tomar una resolución.

Schluß|licht ['ʃlusliçt] *n Kfz.* luz *f* trasera; *fig.* farolillo *m* rojo; ~**runde** *f Sport*: (vuelta *f*) final *f*; ~**sitzung** *f* sesión *f* de clausura; ~**stein** *m* clave *f* de bóveda; ~**strich** *m fig.*: e-n ~

ziehen *unter* poner punto final a; **∼verkauf** *m* venta *f* de fin de temporada; **∼wort** *n* (3) última palabra *f*; epílogo *m*.

Schmach [ʃmɑːx] *f* (16, *o. pl.*) ignominia *f*; oprobio *m*; afrenta *f*.

schmachten [ˈʃmaxtən] (26) languidecer (*nach dat.* por); **∼d** lánguido.

schmächtig [ˈʃmɛçtiç] delgado, enjuto, flaco, débil.

schmachvoll [ˈʃmɑːxfɔl] ignominioso; vergonzoso.

schmackhaft [ˈʃmakhaft] sabroso; **2igkeit** *f* buen sabor *m*.

schmäh|en [ˈʃmɛːən] (25) injuriar, insultar; **∼lich** ignominioso; vergonzoso; **∼rede** *f* invectiva *f*; **2schrift** *f* libelo *m*; **2sucht** *f* maledicencia *f*; **2ung** *f* insulto *m*, injuria *f*, *pl. a.* improperios *m/pl.*

schmal [ʃmɑːl] (18[²]) estrecho; *Gestalt*: delgado, esbelto; *Gesicht*: afilado; *fig.* escaso, exiguo.

schmälern [ˈʃmɛːlərn] (29) reducir, disminuir.

Schmal|film [ˈʃmɑːlfilm] *m* película *f* estrecha; **∼spur...**, **2spurig** de vía estrecha (*a. fig.*), *Am.* de trocha angosta.

Schmalz [ʃmalts] *n* (3²) manteca *f* (de cerdo); **2ig** *fig.* sentimental.

schmarotz|en [ʃmaˈrɔtsən] (27) parasitar; *fig.* vivir de gorra; **2er(in** *f***)** *m* (7) parásito (-a) *m* (*f*); *fig. a.* zángano *m*, gorrón *m*; **2erpflanze** *f* planta *f* parásita; **2ertum** *n* parasitismo *m*.

Schmarre [ˈ-rə] *f* (15) cuchillada *f*, tajo *m*; **∼n** *m* (6) *fig.* mamarracho *m*; birria *f*; disparate *m*.

Schmatz F [ʃmats] *m* (3²) beso *m*; **2en** (27) comer ruidosamente.

Schmaus [ʃmaʊs] *m* (4²) comilona *f*, festín *m*, banquete *m*; **2en** [ˈ-zən] (27) banquetear; regalarse.

schmecken [ˈʃmɛkən] (25) 1. *v/i.* saber, tener gusto *od.* sabor (*nach* a); *gut* ∼ saber bien, tener buen gusto; *es sich* ∼ *lassen* comer con buen apetito; 2. *v/t.* (de)gustar.

Schmeich|elei [ʃmaɪçəˈlaɪ] *f* lisonja *f*; halago *m*; adulación *f*, zalamería *f*; **2elhaft** lisonjero; halagüeño; **∼elkatze** *f fig.* zalamera *f*; **2eln** (29) adular, lisonjear, halagar; *Bild*: favorecer; **∼ler(in** *f***)** *m* (7) adulador (-a) *m* (*f*), lisonjeador(a) *m* (*f*); **2lerisch** adulador, lisonjero.

schmeiß|en [ˈ-sən] F (30) arrojar; lanzar; **2fliege** *f* moscarda *f*.

Schmelz [ʃmɛlts] *m* (3²) esmalte *m*; *der Stimme*: dulzura *f*; **2bar** fusible; **∼e** *f* (15) fundición *f*; (*Masse*) masa *f* fundida; **2en** (30) 1. *v/t.* fundir; 2. *v/i.* (sn) fundirse; derretirse; **2end** *fig.* dulce; lánguido; **∼hütte** *f* fundición *f*; **∼käse** *m* queso *m* fundido; **∼-ofen** *m* horno *m* de fundición; **∼punkt** *m* punto *m* de fusión; **∼tiegel** *m* crisol *m* (*a. fig.*); **∼wasser** *n* agua *f* de deshielo.

Schmerz [ʃmɛrts] *m* (5¹) dolor *m*; (*Kummer*) pena *f*, pesar *m*; **2en** (27) causar dolor; doler; *fig.* afligir, apenar; **2end** dolorido; **∼ensgeld** *n* indemnización *f* (por daño personal); **2haft** doloroso; **2lich** doloroso; penoso; **2lindernd**, **2stillend** analgésico, calmante, sedativo; **2los** indoloro; *adv.* sin dolor; **∼tablette** *f* analgésico *m*, calmante *m*.

Schmetter|ball [ˈʃmɛtərbal] *m Tennis*: smash *m*; **∼ling** [ˈ--liŋ] *m* (3¹) mariposa *f*; **∼lingsstil** *m Schwimmen*: estilo *m* mariposa; **2n** (29) 1. *v/t.* lanzar con violencia; *Lied*: cantar con brío; *zu Boden* ∼ arrojar al suelo; 2. *v/i.* ♪ resonar; **2nd** retumbante; resonante.

Schmied [ʃmiːt] *m* (3) herrero *m*; **2bar** maleable.

Schmiede [ˈ-də] *f* (15) herrería *f*; forja *f*; **∼eisen** *n* hierro *m* forjado; **∼hammer** *m* martillo *m* de forja; **2n** (26) forjar; *Pläne*: hacer; *Komplott*: tramar.

schmieg|en [ˈ-gən] (25): *sich* ∼ amoldarse, ajustarse (*an ac.* a); *sich an j-n* ∼ estrecharse contra alg.; **∼sam** [ˈ-kzaːm] flexible (*a. fig.*); *fig.* dócil, dúctil; **2samkeit** *f* flexibilidad *f*.

Schmier|e [ˈ-rə] *f* (15) grasa *f*; sebo *m*; (*Schmutz*) mugre *f*; *Thea.* teatrillo *m* de tercera; P ∼ *stehen* hacer la guardia; **2en** (25) ⊕ lubri(fi)car, engrasar; (*kritzeln*) garabatear; F *j-n* ∼ untar la mano a alg.; **∼enkomödiant** *m* comicastro *m*; **∼e'rei** *f* garabatos *m/pl.*; **∼fink** F *m* cochino *m*; **∼geld** F *n* unto *m*; **∼heft** *n* borrador *m*; **2ig** grasoso; pringoso; mugriento; **∼mittel** *n* lubri(fi)cante *m*; **∼seife** *f* jabón *m* verde; **∼ung** *f* lubri(fi)cación *f*, engrase *m*.

schmilzt [ˈʃmiltst] *s.* schmelzen.

Schminke [ˈʃmiŋkə] *f* (15) maquillaje

m; afeite *m*; 2n (25) maquillar; n *n* maquillaje *m*.

Schmirgel [ˈʃmirgəl] *m* (7) esmeril *m*; 2n (29) esmerilar; papier *n* papel *m* de lija.

Schmiß [ʃmis] 1. *m* (4) tajo *m*; *fig.* brío *m*; 2. 2 *s. schmeißen.*

schmissig F [ˈ-siç] brioso.

Schmöker F [ˈʃmøːkər] *m* (7) libraco *m*; 2n F (29) hojear; leer.

schmollen [ˈʃmɔlən] (25) F poner hocico; estar de morros.

schmolz [ʃmɔlts] *s. schmelzen.*

Schmor|braten [ˈʃmoːrbraːtən] *m* estofado *m*; 2en (25) estofar, guisar; *v/i. fig.* asarse; topf *m* cacerola *f.*

Schmu [ʃmuː] *m:* machen sisar.

schmuck [ʃmuk] 1. *adj.* bonito, guapo; 2. 2 *m* (3) adorno *m*; (*Juwelen*) joyas *f/pl.*

schmücken [ˈʃmykən] (25) adornar; aderezar; decorar.

Schmuck|kästchen [ˈʃmukkɛstçən] *n* (6) joyero *m*; 2los sencillo; sin adorno; stück *n* joya *f* (*a. fig.*), alhaja *f;* waren *f/pl.* joyería *f;* bisutería *f.*

schmudd(e)lig [ˈʃmud(ə)liç] mugriento; desaseado.

Schmugg|el [ˈʃmugəl] *m* (7) contrabando *m*; 2eln (29) 1. *v/t.* pasar *od.* introducir de contrabando; 2. *v/i.* hacer contrabando; ler *m* (7) contrabandista *m.*

schmunzeln [ˈʃmuntsəln] (29) sonreír(se) satisfecho.

Schmus F [ʃmuːs] *m* (4, *o. pl.*) zalamería *f;* 2en [ˈ-zən] (27) hacer arrumacos; besuquear.

Schmutz [ʃmuts] *m* (3²) suciedad *f;* (*Straßen*2) barro *m; fig.* in den ziehen arrastrar por el lodo; 2en (27) manchar, ensuciar(se); fink F *m* cochino *m;* fleck *m* mancha *f* (de barro); 2ig sucio; *fig.* sórdido; ig-keit *f* suciedad *f;* sordidez *f;* literatur *f* literatura *f* pornográfica; stoff *m* contaminante *m;* titel *Typ. m* anteportada *f.*

Schnabel [ˈʃnaːbəl] *m* (7¹) pico *m* (*a. e-r Kanne u. fig.*); F *halt den* ! ¡cierra el pico!

Schnack *nd.* [ʃnak] *m* (11 *od.* 3³) parloteo *m;* 2en (25) charlar.

Schnake [ˈʃnaːkə] *f* (15) mosquito *m.*

Schnalle [ˈʃnalə] *f* (15) hebilla *f;* broche *m;* 2n (25) abrochar.

schnalzen [ˈʃnaltsən] (27) chasquear, chascar (*mit der Zunge* la lengua).

schnapp|en [ˈʃnapən] (25) 1. *v/t.* atrapar, F pescar; *Dieb:* P trincar; 2. *v/i. Schloß:* cerrarse; nach intentar atrapar a/c.; *nach Luft* jadear; 2-**schloß** *n* cerradura *f* de golpe; 2-**schuß** *Phot. m* instantánea *f.*

Schnaps [ʃnaps] *m* (4²) aguardiente *m;* brennerei *f* destilería *f* de licores; idee *f* idea *f* descabellada.

schnarchen [ˈʃnarçən] 1. *v/i.* (25) roncar; 2. 2 *n* ronquido *m.*

Schnarre [ˈʃnarə] *f* (15) carraca *f;* 2n (25) rechinar; chirriar.

schnattern [ˈʃnatərn] (29) graznar; *fig.* charlar, parlotear; *vor Kälte:* tiritar.

schnauben [ˈʃnaubən] (25) resoplar; bufar (*a. vor Wut*); *sich die Nase* sonarse.

schnaufen [ˈʃnaufən] (25) resollar; (*keuchen*) jadear.

Schnauz|bart F [ˈʃnautsbaːrt] *m* mostacho *m;* 2bärtig bigotudo; e *f* (15) hocico *m* (*a.* P *fig.*); P e-e große *haben ser un bocazas; halt die* ! ¡cierra el pico!; 2en F (27) sargentear; er *m* (7) schnauzer *m.*

Schnecke [ˈʃnɛkə] *f* (15) Zo. caracol *m* (*a. Anat.*); (*Nackt*2) babosa *f,* limaza *f;* ⊕ (tornillo *m*) sinfín *m;* rosca *f* (*a. Gebäck*); △ voluta *f;* 2nförmig [ˈ-nœrmiç] espiral; ⊕ helicoidal; ngang *m,* ntempo *n: fig.* im a paso de tortuga; nhaus *n* concha *f* de caracol.

Schnee [ʃneː] *m* (3¹, *o. pl.*) nieve *f* (*a.* F *Kokain*); *zu* *schlagen Eier:* batir a punto de nieve; bal" *m* bola *f* de nieve; viburno *m;* 2bedeckt cubierto de nieve, nevado; besen *Kchk. m* batidor *m;* 2fall *n* nevada *f;* flocke *f* copo *m* de nieve; gestöber *n* ventisca *f;* nevasca *f;* glöckchen *n* campanilla *f* de las nieves; grenze *f* límite *m* de las nieves; höhe *f* espesor *m* de nieve; huhn *n* perdiz *f* blanca; kette *f* cadena *f* antideslizante; könig *m* F *fig.: sich wie ein* *freuen alegrarse como niño con zapatos nuevos;* mann *m* muñeco *m od.* monigote *m* de nieve; pflug *m* quitanieves *m; Skisport:* barrenieve *m;* regen *m* aguanieve *f;* schläger *m s.* besen; schmelze *f* deshielo *m;* sturm *m* temporal *m* de nieve; treiben *n* ventisca f; '~wehe f ventisquero m; nieve f acumulada; '2'weiß blanco como la nieve; níveo; ~wittchen [-'vitçən] n (6, o. pl.) Blancanieves f.

Schneid [ʃnaɪt] m (3, o. pl.) arrojo m; agallas f/pl.; brío m; '~brenner m soplete m cortante; ~e ['-də] f (15) corte m; filo m; '2en (30) cortar; Fleisch: tajar; Braten: trinchar; Bäume: podar; in Holz: grabar; Film: montar; fig. j-n: hacer el vacío a; fig. ins Herz ~ partir el alma; '2end cortante; Kälte, Schmerz: penetrante; fig. incisivo; tajante.

Schneider ['-dər] m (7) sastre m; (Damen2) modisto m; ~'ei f sastrería f; ~in f modista f; sastra f; 2n (29) hacer vestidos; trabajar de sastre; ~puppe f maniquí m.

Schneidezahn ['--tsa:n] m (3³) (diente m) incisivo m.

schneidig ['-diç] arrojado; gallardo.

schneien ['-ən] (25) nevar.

Schneise ['-zə] f (15) vereda f.

schnell [ʃnɛl] rápido, pronto; veloz; adv. de prisa; mach ~! ¡date prisa!; '2boot n lancha f rápida; '~en (25) (sn): in die Höhe ~ saltar; Preis: disparase; '2feuer n tiro m rápido; ~füßig ['-fy:siç] ligero de pies; '2~gaststätte f restaurante m rápido; snack(-bar) m; '2gericht n ŧ tribunal m de urgencia; Kchk. plato m rápido; '2hefter m carpeta f (flexible); '2igkeit f rapidez f; velocidad f; prontitud f; '2~imbiß m: a) refrigerio m; tentempié m; b) = 2gaststätte; '2kochtopf m olla f exprés od. a presión; '2kurs m curso m od. cursillo m acelerado od. intensivo; '2~straße f autovía f; '2verfahren ŧŧ n juicio m sumarísimo; '2waage f romana f; '2zug m (tren m) expreso m.

Schnepfe [ʃnɛpfə] f (15) chocha f, becada f.

schneuzen ['ʃnɔʏtsən] (27): sich ~ sonarse.

Schnickschnack ['ʃnik∫nak] m (3, o. pl.) sandeces f/pl.

schniegeln ['ʃni:gəln] (29): sich ~ ataviarse, acicalarse; geschniegelt und gebügelt de punta en blanco.

Schnipp|chen ['ʃnipçən] n (6): j-m ein ~ schlagen burlarse de, dar chasco a alg.; 2eln F (29) recortar; 2en (25): mit den Fingern ~ chasquear los dedos; 2isch respondón.

Schnipsel ['-səl] m u. n (7) recortadura f, recorte m.

Schnitt [ʃnit] 1. m (3) corte m (a. Schneiderei); sección f; ᵮ incisión f; (Wunde) cortadura f, corte m; Film: montaje m; ✶ siega f; (Muster) patrón m; 2. 2 s. schneiden; '~blumen f/pl. flores f/pl. cortadas; '~bohnen f/pl. judías f/pl. verdes; ~chen ['-çən] n (6) canapé m; ~e f (15) Brot: rebanada f; '~er(in f) m (7) segador(a) m (f); '~fläche f superficie f de corte; '2ig elegante; '~lauch m cebollino m; '~linie & f línea f de intersección; secante f; '~meister(in f) m Film: montador(a) m (f); '~muster n patrón m; '~punkt m (punto m de) intersección f; '~wunde f cortadura f, corte m, herida f incisa.

Schnitz|el ['ʃnitsəl] n (7): a) Kchk. escalopa f, escalope m; b) (a. m) (Papier) recorte m; ~eljagd f rallye m con papelillos; 2eln (29) recortar; 2en (27) tallar en madera; ~er m (7) tallista m; F fig. desliz m; gazapo m; pifia f; ~e'rei f talla f (en madera) (a. Werk).

schnodderig F ['ʃnɔdəriç] insolente, fresco.

schnöde ['ʃnø:də] vil; indigno; ~ behandeln tratar con desprecio.

Schnorchel ['ʃnɔrçəl] m (7) esnórquel m; (tubo m) respirador m.

Schnörkel ['ʃnœrkəl] m (7) rasgo m (ornamental); F ringorrango m; am Namenszug: rúbrica f; 2haft churrigueresco (a. fig.).

schnorr|en F ['ʃnɔrən] (25) gorrear, andar de gorra; 2er F m (7) gorrón m.

Schnösel F ['ʃnø:zəl] m (7) petimetre m; chulo m.

schnüff|eln ['ʃnʏfəln] (29) oliscar; olfatear; fig. husmear; fisg(one)ar; 2er m (7) husmeador m; fisgón m.

Schnuller ['ʃnulər] m (7) chupete m.

Schnulze F ['-tsə] f (15) canción f bzw. película f sentimental od. empalagosa.

schnupf|en ['-pfən] (25) tomar rapé; 2en m (6) constipado m, resfriado m; e-n ~ haben estar resfriado; sich (dat.) e-n ~ holen constiparse, resfriarse; 2tabak m rapé m; 2tuch n pañuelo m.

schnuppe F ['-pə]: das ist mir ~ esto me importa un pepino; ~rn (29) oliscar; olfatear.

Schnur [[nu:r] *f* (14¹) cordón *m*; cuerda *f*, cordel *m*; (*Bindfaden*) bramante *m*; ✂ flexible *m*; F *fig. über die* ~ *hauen* pasar de la raya.

Schnür|band [ˈʃnyːrbant] *n* cordón *m*; ~**boden** *Thea. m* telar *m*; ~**chen** [ˈ-çən] *n* (6): *wie am* ~ *laufen* ir sobre ruedas *od.* a las mil maravillas; **£en** (25) atar; liar.

schnurgerade [ˈʃnuːrgəˈraːdə] a cordel; en línea recta.

Schnurr|bart [ˈʃnurbaːrt] *m* bigote *m*; **£bärtig** bigotudo; ~**e** *f* (15) anécdota *f*, chascarrillo *m*; **£en** (25) *Katze*: ronronear; ~**haare** *n/pl.* vibrisas *f/pl.*

Schnür|schuh [ˈʃnyːrʃuː] *m* zapato *m* de cordones; ~**senkel** *m* cordón *m*; ~**stiefel** *m* borceguí *m*.

schnurstracks [ˈʃnuːrʃtraks] derechamente; (*sofort*) inmediatamente.

schob [ʃoːp] *s.* schieben.

Schober [ˈ-bər] *m* (7) pajar *m*; (*Heu£*) henil *m*.

Schock [ʃɔk]: **a)** ♂ *m* (11) choc *m*, choque *m*; shock *m*; **b)** *n* (3; *nach Zahlen uv.*) sesenta *f*; **£ieren** chocar; escandalizar; **£ierend** chocante; escandaloso; ~**therapie** *f* terapia *f* por shock.

schofel F [ˈʃoːfəl] mezquino.

Schöffe [ˈʃœfə] *m* (13) escabino *m*; ~**ngericht** *n* tribunal *m* de escabinos.

Schokolade [ʃokoˈlaːdə] *f* (15) chocolate *m*.

Scholastik [ʃoˈlastik] *f* (16, *o. pl.*) escolástica *f*; ~**iker** *m* (7), **£isch** escolástico (*m*).

Scholle [ˈʃɔlə] *f* (15) gleba *f* (*a. fig.*); (*Eis£*) témpano *m*; *Zo.* solla *f*.

schon [ʃoːn] ya; ~ *jetzt* ahora mismo; ~ *lange* desde hace tiempo; ~ *wieder* otra vez; ~ *der Gedanke* sólo pensarlo; *wenn* ~! ¡qué importa!

schön [ʃøːn] **1.** *adj.* hermoso; bello; (*hübsch*) guapo, bonito; lindo; *iron.* valiente; *Wetter*: bueno; e-s ~*en Tages* algún día; ~*en Dank!* ¡muchas gracias!; *die* ~*n Künste* las bellas artes; *die* ~*e Literatur* las bellas letras; *das wäre ja noch* ~*er!* ¡no faltaba más!; *das Schönste dabei ist* ... lo bueno es ...; **2.** *adv.* bien; ~! ¡está bien!

schon|en [ˈʃoːnən] (25) tratar con cuidado; *sich* ~ cuidarse; ~**end** considerado; *adv.* con cuidado; **£er** *m* (7) (*Schutzdecke*) funda *f* (protectora); ⛵ goleta *f*.

schön|färben [ˈʃøːnfɛrbən] pintarlo todo de color de rosa; **£färbe'rei** *f* idealización *f*; **£geist** *m* esteta *m*; ~**geistig** estético.

Schönheit [ˈ-hait] *f* hermosura *f*, belleza *f*; ~**s-chirurgie** *f* cirugía *f* estética; ~**sfehler** *m* lunar *m* (*a. fig.*); ~**smittel** *n* cosmético *m*; ~**s-pflege** *f* cosmética *f*; ~**ssalon** *m* salón *m* de belleza; ~**swettbewerb** *m* concurso *m* de belleza.

Schonkost [ˈʃoːnkɔst] *f* dieta *f od.* régimen *m* suave.

schön|machen [ˈʃøːnmaxən]: *sich* ~ acicalarse; **£schreiben** *n*, **£schrift** *f* caligrafía *f*; ~**tun** adular.

Schonung [ˈʃoːnuŋ] *f* cuidado *m*; (*Rücksicht*) miramientos *m/pl.*; (*Nachsicht*) indulgencia *f*; (*Wald£*) coto *m*; vedado *m*; **£ungslos** desconsiderado; sin miramiento; ~**zeit** *Jgdw. f* veda *f*.

Schopf [ʃɔpf] *m* (3³) copete *m*, tupé *m*; *der Vögel*: moño *m*; *die Gelegenheit beim* ~*e fassen* coger la ocasión por los cabellos.

Schöpf|eimer [ˈʃœpfʔaimər] *m* cubo *m*; ⊕ cangilón *m*; **£en** (25) sacar; ~**er** *m* (7) creador *m*; **£erisch** creador, creativo; ~**erkraft** *f* fuerza *f* creadora, creatividad *f*; ~**kelle** *f*, ~**löffel** *m* cucharón *m*; ~**rad** *n* rueda *f* elevadora; ~**ung** *f* creación *f*; ~**ungsgeschichte** *f* Génesis *m*; ~**werk** *n* noria *f*.

Schoppen [ˈʃɔpən] *m* (6) cuartillo *m*; (*Bier*) caña *f*.

schor [ʃoːr] *s.* scheren.

Schorf [ʃɔrf] *m* (3) costra *f*, escara *f*; **£ig** costroso.

Schornstein [ˈʃɔrnʃtain] *m* chimenea *f*; ~**feger** *m* deshollinador *m*.

schoß [ʃɔs] *s.* schießen.

Schoß [ʃoːs] *m* (3² u. ³) regazo *m*; *bsd. fig.* seno *m*; (*Rock£*) faldón *m*; *fig. die Hände in den* ~ *legen* cruzarse de brazos; *in den* ~ *fallen* caer del cielo; ~**hund** *m* perro *m* faldero; ~**kind** *n* niño *m* mimado.

Schößling ♀ [ˈʃœslin] *m* (3¹) vástago *m*, retoño *m*.

Schote ♀ [ˈʃoːtə] *f* (15) vaina *f*.

Schott ⚓ [ʃɔt] *n* (5) mamparo *m*; ~**e** *m* (13) (ˈ-in *f*), **£isch** escocés (-esa) *m* (*f*); ~**er** *m* (7) grava *f*, gravilla *f*; 🛤 balasto *m*; ~**erung** 🛤 *f* balastado *m*.

schraffieren [ʃraˈfiːrən] rayar.

schräg [ʃrɛːk] oblicuo, sesgo; diagonal; (*querlaufend*) transversal; (*geneigt*) inclinado; *adv.* de través; **℥e** ['-gə] *f* (15) oblicuidad *f*, sesgo *m*; inclinación *f*; **~en** ['-gən] (25) sesgar; **℥lage** *f* inclinación *f*.

Schramme ['ʃramə] *f* (15) arañazo *m*, rasguño *m*; *auf Möbeln usw.*: raya *f*; **℥n** (25) arañar, rasguñar; rayar.

Schrank [ʃraŋk] *m* (3³) armario *m*; **'~bett** *n* cama *f* abatible; **~e** *f* (15) barrera *f* (*a. fig.*); **℥ barra *f*; *fig. in ~n halten* tener a raya; **~n** deponer límites *od.* coto (a); **℥enlos** *fig.* desenfrenado; **'~enwärter** *m* guardabarrera *m*; **'~koffer** *m* baúl *m*; **'~wand** *f* librería *f* mural.

Schrapnell ✕ [ʃrap'nɛl] *n* (3¹ *u.* 11) shrapnel *m*.

Schraub|deckel ['ʃraupdɛkəl] *m* tapa *f* roscada; **~e** ['-bə] *f* (15) tornillo *f*; ♣, ✈ hélice *f*; *bei ihm ist e-e ~ locker* F le falta un tornillo; **℥en** (25) atornillar; *in die Höhe ~ Preis:* hacer subir; **~endampfer** *m* vapor *m* de hélice; **℥enförmig** ['--nfœrmiç] helicoidal; **~engewinde** *n* rosca *f od.* filete *m* de tornillo; **~enmutter** *f* tuerca *f*; **~enschlüssel** *m* llave *f* de tuercas; **~enzieher** ['--ntsi:ər] *m* (7) destornillador *m*; **~stock** ['ʃraupʃtɔk] *m* torno *m*; **~verschluß** *m* cierre *m* roscado.

Schrebergarten ['ʃre:bərgartən] *m* huerto *m* familiar.

Schreck [ʃrɛk] *m* (3), **~en** *m* (6) susto *m* (*einjagen* dar); sobresalto *m*; espanto *m*; e-n ~ *bekommen* asustarse, llevarse un susto; **℥en** (25) asustar; espantar; **~ensherrschaft** *f* régimen *m* de terror; **~gespenst** *n* espectro *m* (*a. fig.*); **℥haft** asustadizo; **℥lich** terrible; espantoso; **'~schuß** *m* tiro *m* al aire; **'~sekunde** *f* momento *m* del susto; segundo *m* de reacción.

Schrei [ʃrai] *m* (3) grito *m* (*ausstoßen* dar).

Schreib|bedarf ['ʃraipbədarf] *m* utensilios *m/pl.* para escribir; **~block** *m* bloc *m*; **℥en** ['-bən] (30) escribir; **~en** *n* (6) carta *f*; escrito *m*; **~er** *m* (7) *e-s Briefes:* amanuense *m*; *im Büro:* escribiente *m*; ⊕ registrador *m*; **℥faul** perezoso para escribir; **~feder** *f* pluma *f*; **~fehler** *m* falta *f* de escritura; **~heft** *n* cuaderno *m*; **~kraft** *f* mecanógrafa *f*; **~mappe** *f* carpeta *f*; **~maschine** *f* máquina *f* de escribir; *mit der ~ schreiben* mecanografiar; **~maschinenpapier** *n* papel *m* para me-

canografía; **~papier** *n* papel *m* de escribir; **~pult** *n* pupitre *m*; **~stube** ✕ *f* despacho *m*; oficina *f*; **~tisch** *m* escritorio *m*; **~tischgarnitur** *f* juego *m* de escritorio; **~ung** ['-buŋ] *f* ortografía *f*; **℥-unkundig** que no sabe escribir; **~-unterlage** *f* carpeta *f*; **~waren** *f/pl.* artículos *m/pl.* de escritorio *od.* de papelería; **~warenhandlung** *f* papelería *f*; **~weise** *f* grafía *f*; **~zeug** *n* recado *m* de escribir.

schrei|en ['ʃraiən] (30) gritar; vociferar; *um Hilfe ~* dar gritos de auxilio; **℥en** *n* gritos *m/pl.*; **~end** gritando, a voz en grito; *Farbe:* chillón; **℥er** *m* (7), **℥hals** *m* gritón *m*; vocinglero *m*.

Schrein [ʃrain] *m* (3) armario *m*; cofre *m*; (*Reliquien℥*) relicario *m*; **~er** *m* (7) carpintero *m*; (*Kunst℥*) ebanista *m*; **~e'rei** *f* carpintería *f*; ebanistería *f*.

schreiten ['ʃraitən] (30, sn) andar, caminar; *fig. ~ zu* proceder a.

schrie [ʃri:] *s.* schreien.

schrieb [ʃri:p] 1. *s.* schreiben; 2. ℥ *F m* (3) carta *f*.

Schrift [ʃrift] *f* (16) escritura *f*; (*Hand℥*) letra *f*; (*Abhandlung*) tratado *m*; (*~stück*) escrito *m*, documento *m*; *Typ.* caracteres *m/pl.*, tipo *m*, letra *f*; *die Heilige ~* la Sagrada Escritura; **'~auslegung** *Rel. f* exégesis *f*; **'~bild** *Typ. n* ojo *m*; **'~deutsch** *n* alemán *m* literario; **'~führer** *m* secretario *m*; **'~gelehrte(r)** *m Bibl.* escriba *m*; **'~kegel** *Typ. m* cuerpo *m*; **'~leiter** *m* redactor *m*; **'~leitung** *f* redacción *f*; **'℥lich** escrito; *adv.* por escrito; **'~probe** *f* prueba *f* de escritura; **'~sachverständige(r)** *m* grafólogo *m*; *fig. ~* a; **'~satz** *m* escrito *m*; *Typ.* composición *f*; ℥ alegato *m*; **'~setzer** *m* cajista *m*; **'~sprache** *f* lenguaje *m* culto; **~steller(in** *f*) ['-ʃtɛlɔr(in)] *m* (7) escritor(a) *m* (*f*); **℥stellerisch** literario; **℥stellern** (29, *untr.*) escribir (obras literarias); **'~stück** *n* escrito *m*, documento *m*; **'~tum** *n* literatura *f*; **'~wechsel** *m* correspondencia *f*; **'~zeichen** *Typ.* *n* letra *f*, *pl.* *a.* caracteres *m/pl.*; **'~zug** *m* rasgo *m*, trazo *m*.

schrill [ʃril] estridente, agudo.

Schritt [ʃrit] **1.** *m* (3; *als Maß im pl. uv.*) paso *m*; *der Hose:* entrepierna *f*; *fig.* gestión *f*; *im ~* al paso; *auf ~ und Tritt* a cada paso; *j-m auf ~ und Tritt* *folgen* seguir los pasos de alg.; ~ *halten mit* llevar el paso a; *fig.* adaptarse a; **2.** ⚥ *s. schreiten;* '~**macher** *m Sport:* guía *m; fig.* pionero *m;* ⚥ marcapasos *m;* ⚥**weise** paso a paso.

schroff [ʃrɔf] escarpado; *fig.* brusco, rudo; ⚥**heit** *f* brusquedad *f*, rudeza *f*.

schröpfen ['ʃrœpfən] (25) ⚕ sangrar; aplicar ventosa a; *fig.* desplumar.

Schrot [ʃroːt] *m u. n* (3) grano *m* triturado; *fgdw.* perdigones *m/pl.; von echtem* ~ *und Korn* de pura cepa; ⚥en (26) triturar; '~**flinte** *f* escopeta *f* de postas; '~**mehl** *n* harina *f* gruesa; '~**mühle** *f* molino *m* triturador; '~**säge** *f* sierra *f* de tronzar.

Schrott [ʃrɔt] *m* (3) chatarra *f*; '~**händler** *m* chatarrero *m;* ⚥**reif** para desguace.

schrubb|en ['ʃrubən] (25) fregar; ⚥**er** *m* (7) escobillón *m*.

Schrull|e ['ʃrulə] *f* (15) extravagancia *f*; F chifladura *f*; F *alte* ~ vieja *f* chiflada; ⚥**enhaft**, ⚥**ig** extravagante; F chiflado.

schrumpf|elig ['ʃrumpəliç] arrugado; ~**eln** (29, sn) arrugarse.

schrumpf|en ['~pfən] (25, sn) contraerse; encogerse; *fig.* disminuir, reducirse; ⚕ atrofiarse; ⚥**ung** *f* contracción *f*; encogimiento *m; fig.* disminución *f*, reducción *f*; ⚕ atrofia *f*.

Schrunde ['ʃrundə] *f* (15) grieta *f*.

Schub [ʃuːp] *m* (3³) empujón *m*, empellón *m*; ⊕ empuje *m; Brot:* hornada *f*; '~**fach** *n*, '~**kasten** *m*, '~**lade** *f* cajón *m*, gaveta *f*; '~**karren** *m* carretilla *f*; '~**lehre** ⊕ *f* pie *m* de rey.

Schubs [ʃups] F *m* (3²) empujón *m*; ⚥**en** (27) empujar.

schüchtern ['ʃyçtərn] tímido; ⚥**heit** *f* timidez *f*.

schuf [ʃuːf] *s.* schaffen.

Schuft [ʃuft] *m* (3) canalla *m*, infame *m;* ⚥**en** F (26) trabajar como un negro; bregar; ~**e'rei** *f* trabajo *m* ímprobo; ⚥**ig** bajo, vil, infame; '~**igkeit** *f* bajeza *f*, vileza *f*, infamia *f*.

Schuh [ʃuː] *m* (3) zapato *m; fig. j-m et. in die* ~ *schieben* imputarle a/c. a alg.; *wo ihn der* ~ *drückt* donde le aprieta el zapato; ~**anzieher** ['~ˀantsiːər] *m* (7) calzador *m;* '~**bürste** *f* cepillo *m* para los zapatos; '~**creme** *f* crema *f* para el calzado; betún *m;* '~**geschäft** *n* zapatería *f;* '~**größe** *f* número *m; welche* ~ *haben Sie?* ¿qué

número calza?; '~**leisten** *m* horma *f;* '~**macher** *m* zapatero *m;* '~**putzer** *m* limpiabotas *m;* '~**riemen** *m* cordón *m;* '~**sohle** *f* suela *f;* '~**spanner** *m* horma *f;* '~**werk** *n,* '~**zeug** *n* calzado *m.*

Schul... ['ʃuː...]: *in Zssgn oft* escolar; ~**arbeiten** *f/pl.* deberes *m/pl.;* ~**beginn** *m* comienzo *m* de las clases *bzw.* del curso; ~**behörde** *f* autoridad *f* escolar; ~**beispiel** *n* ejemplo *m* clásico *od.* típico; ~**besuch** *m* asistencia *f* a clase; ~**bildung** *f* formación *f* escolar; ~**buch** *n* libro *m* de texto.

Schuld [ʃult] *f* (16) culpa *f; bsd.* 🕮 culpabilidad *f;* ✝ deuda *f; in* ~*en geraten,* ~*en machen* contraer deudas, endeudarse; *j-m die* ~ *an et. geben* echar la culpa de a/c. a alg.; ⚥ *sn an* (*dat.*) tener la culpa de; '~**bekenntnis** *n* confesión *f* de una culpa; ⚥**bewußt** consciente de su culpabilidad; '~**bewußtsein** *n* sentimiento *m* de culpabilidad.

schulden ['~dən] (26) deber; ⚥**dienst** *m* servicio *m* de deudas; ~**frei** libre de deudas; ⚥**last** *f* (carga *f* de) deudas *f/pl.;* ⚥**masse** *f* masa *f* pasiva; ⚥**tilgung** *f* amortización *f* (de deudas).

Schuld|forderung ['ʃultfɔrdəruŋ] *f* crédito *m;* ~**frage** *f* cuestión *f* de la responsabilidad; ⚥**haft** culpable.

Schul|diener ['ʃuːldiːnər] *m* bedel *m,* conserje *m;* ~**dienst** *m: im* ~ *tätig sein* ejercer de profesor *bzw.* de maestro.

schuld|ig ['ʃuldiç] culpable; (*gebührend*) debido; *j-m et.* ~ *sn* deber a/c. a alg.; *die Antwort* ~ *bleiben* no contestar; ⚥**ige(r)** ['~gə(r)] *m* culpable *m;* ⚥**igkeit** ['~çkait] *f* deber *m;* obligación *f;* ⚥**komplex** ['~tkɔmplɛks] *m* complejo *m* de culpabilidad; ~**los** inocente; ⚥**losigkeit** *f* inocencia *f;* ⚥**ner(in** *f*) *m* (7) deudor(a) *m* (*f*); ⚥**schein** *m* pagaré *m;* ⚥**verschreibung** *f* obligación *f.*

Schule ['ʃuːlə] *f* (15) escuela *f; zur* ~ *gehen* ir a la escuela; *aus der* ~ *plaudern* cometer una indiscreción; irse de la lengua; ⚥**n** (25) instruir, entrenar; formar.

Schüler|(in *f*) ['ʃyːlər(in)] *m* (7) alumno (-a) *m* (*f*); discípulo (-a) *m* (*f*); ~**heim** *n* internado *m;* ~**lotse** *m* guía *m* escolar de tráfico; ~**schaft** *f* alumnado *m.*

Schul|feier ['ʃuːlfaiər] *f* acto *m* escolar; ~**ferien** *pl.* vacaciones *f/pl.* esco-

lares; **2frei:** ⁓*er Tag* día *m* no lectivo *od.* de asueto; **⁓freund** *m* compañero *m* de clase; **⁓funk** *m* emisión *f* escolar; **⁓geld** *n* matrícula *f*; **⁓geldfreiheit** *f* matrícula *f* gratuita; gratuidad *f* de enseñanza; **⁓hof** *m* patio *m* de la escuela; **2isch** escolar; **⁓jahr** *n* año *m* escolar; curso *m*; **⁓jugend** *f* juventud *f* escolar; **⁓kamerad** *m* condiscípulo *m*; **⁓kind** *n* escolar *su.*; colegial(a) *m* (*f*); **⁓leiter** *m* director *m*; **⁓mappe** *f* cartera *f*; **⁓medizin** *f* medicina *f* oficial *od.* convencional; **⁓meister** F *m* pedante *m*; **⁓pflicht** *f* escolarización *f od.* escolaridad *f* obligatoria; **⁓pflichtig** en edad escolar; **⁓rat** *m* inspector *m* de enseñanza; **⁓schiff** *n* buque *m* escuela; **⁓schluß** *m* clausura *f* del curso; salida *f* de clase; **⁓speisung** *f* almuerzo *m* escolar; **⁓stunde** *f* clase *f*, lección *f*; **⁓tasche** *f* cartera *f*. **Schulter** [ˈʃʊltər] *f* (15) hombro *m*; ⁓*an* ⁓ hombro con hombro; *et. auf die leichte* ⁓ *nehmen* tomar a/c. a la ligera; *j-m die kalte* ⁓ *zeigen* volver la espalda a alg.; **⁓blatt** *n* escápula *f*, omóplato *m*; **⁓klappe** *f* hombrera *f*; **2n** (29) echar al hombro; **⁓riemen** *m* bandolera *f*; **⁓tuch** *n* mantilla *f*; mantón *m*.
Schul|ung [ˈʃuːlʊŋ] *f* (29) instrucción *f*; formación *f*; **⁓unterricht** *m* enseñanza *f* escolar; **⁓versäumnis** *n* inasistencia *f* a clase; **⁓weg** [-ˈveːk] *m* camino *m* de la escuela; **⁓wesen** *n* enseñanza *f*; **⁓zeit** *f* años *m*/*pl.* escolares; escolaridad *f*; **⁓zeugnis** *n* boletín *m* de calificaciones; **⁓zimmer** *n* clase *f*, aula *f*.
schummeln F [ˈʃʊməln] (29) hacer trampa.
Schund [ʃʊnt] *m* (3, *o. pl.*) baratija *f*; pacotilla *f*; **¹⁓literatur** *f* literatura *f* de pacotilla; **¹⁓roman** *m* novelón *m*; **¹⁓ware** *f* pacotilla *f*.
Schupo F [ˈʃuːpo] *m* (11) poli(zonte) *m*.
Schupp|e [ˈʃʊpə] *f* (15) escama *f*; (*Kopf2*) caspa *f*; **2en** (5) escamar; *sich* ⁓ descamarse; **⁓en** *m* (6) cobertizo *m*, tinglado *m*; ⁓ hangar *m*; **⁓enflechte** ⚕ *f* psoriasis *f*; **2ig** escamoso.
Schur [ʃuːr] *m* (16) esquileo *m*.
Schür|eisen [ˈʃyːrʔaɪzən] *n* atizador *m*; hurgón *m*; **2en** (25) atizar (*a. fig.*).
schürf|en ⚒ [ˈʃʏrfən] (25) excavar; hacer prospecciones; **2ung** *f* prospección *f*; ⚕ = **2wunde** *f* excoriación *f*.
schurigeln F [ˈʃuːriːgəln] (29) vejar.
Schurk|e [ˈʃʊrkə] *m* (13) canalla *m*, infame *m*; **⁓enstreich** *m*, **⁓eˈrei** *f* canallada *f*, infamia *f*; **2isch** canalla, vil, infame.
Schurwolle [ˈʃuːrvɔlə] *f* lana *f* virgen.
Schurz [ʃʊrts] *m* (3²) mandil *m*; (*Lenden2*) taparrabo *m*.
Schürze [ˈʃʏrtsə] *f* (15) delantal *m*; **2n** (27) arremangar; **⁓njäger** *m* hombre *m* mujeriego, tenorio *m*.
Schuß [ʃʊs] *m* (4²) tiro *m*, disparo *m*; *Fußball:* a. chut *m*; *Weberei:* trama *f*; *ein* ⁓ *Rum usw.* unas gotas *od.* un chorrito de; *weit vom* ⁓ fuera de peligro; F *fig. gut in* ⁓ en perfectas condiciones; en orden; *in* ⁓ *bringen* arreglar; poner a punto; *fig. der* ⁓ *ging nach hinten los* el tiro salió por la culata; **¹2bereich** *m* alcance *m* de tiro; **¹2bereit** listo para disparar.
Schussel F [ˈʃʊsəl] *m* (7) atolondrado *m*; F cabeza *f* de chorlito.
Schüssel [ˈʃʏsəl] *f* (15) fuente *f*; plato *m* (*a. Gericht*).
Schuß|fahrt [ˈʃʊsfaːrt] *f Ski:* descenso *m* en línea recta; **⁓linie** *f* línea *f* de tiro; **⁓waffe** *f* arma *f* de fuego; **⁓weite** *f* alcance *m* de tiro; **⁓wunde** *f* herida *f* de bala *od.* por arma de fuego; balazo *m*.
Schuster [ˈʃuːstər] *m* (7) zapatero *m*; **2n** *fig.* (29) chapucear; **⁓pech** *n* pez *f* de zapatero; **⁓werkstatt** *f* zapatería *f*.
Schute ⚓ [ˈʃuːtə] *f* (15) gabarra *f*.
Schutt [ʃʊt] *m* (3, *o. pl.*) escombros *m*/*pl.*; (*Bau2*) cascotes *m*/*pl.*; *in* ⁓ *und Asche legen* reducir a cenizas; **¹⁓abladeplatz** *m* escombrera *f*, vertedero *m* de escombros.
Schüttelfrost [ˈʃʏtəlfrɔst] *m* escalofríos *m*/*pl.*; **2n** (29) sacudir; agitar; *Kopf:* menear; *Hand:* estrechar; **⁓reim** *m* rima *f* doble (con metátesis).
schütt|en [ˈʃʏtən] (26) echar; verter; *fig. es schüttet* está diluviando; **⁓er** *Haar:* ralo; **2gut** *n* carga *f* a granel.
Schutt|halde [ˈʃʊthaldə] *f* escombrera *f*; **⁓haufen** *m* montón *m* de escombros.
Schutz [ʃʊts] *m* (3², *o. pl.*) protección *f*; amparo *m*; (*Verteidigung*) defensa *f*; (*Zuflucht*) refugio *m*; abrigo *m*; *in* ⁓ *nehmen* salir en defensa de.
Schutz... [ˈʃʊts...]: *in Zssgn oft* pro-

tector; **~anstrich** m pintura f protectora; **~befohlene(r)** m (18) protegido m; **~blech** n guardabarros m; **~brief** m salvoconducto m; **~brille** f gafas f/pl. protectoras; **~bündnis** n alianza f defensiva; **~dach** n alero m; marquesina f

Schütze [ˈʃytsə] m (13) tirador m; ♋ cazador m; *Astr.* Sagitario m; ♋n (27) proteger (vor de, contra); salvaguardar; defender; preservar (de), resguardar (de); *geschützt vor (dat.)* al abrigo de; **~nfest** n fiesta f de tiro.

Schutzengel [ˈʃuts'əɳəl] m (7) ángel m custodio *od.* de la guarda.

Schützen|graben [ˈʃytsəngraːbən] m trinchera f; **~hilfe** *fig.* f: j-m ~ leisten respaldar a alg.

Schutz|farbe [ˈʃutsfarbə] f color m protector; **~frist** f plazo m de protección; **~gebiet** n zona f protegida; *Pol.* protectorado m; **~haft** f prisión f preventiva; **~heilige(r)** m patrón m; **~herr** m protector m; **~herrschaft** f protectorado m; **~hülle** f funda f; **~hütte** f refugio m; **~impfung** f vacunación f preventiva.

Schützling [ˈʃytsliŋ] m (3¹) protegido m.

schutz|los [ˈʃutsloːs] desamparado; indefenso; **♋mann** m guardia m, agente m de policía; **♋marke †** f marca f registrada; **♋maske** f careta f protectora; **♋maßnahme** f medida f preventiva; **♋mittel #** n preservativo m; **♋polizei** f policía f de seguridad; **♋raum** m refugio m; **♋umschlag** m *Buch:* sobrecubierta f; **♋zoll** m aduana f protectora.

schwabbelig [ˈʃvabəliç] fofo; blanducho.

schwach [ʃvax] (18²) débil; *bsd. fig.* flojo (*a. Getränk*); *Gesundheit:* delicado; frágil; *Gedächtnis:* flaco; *fig.* ~e *Seite* flaco m; ~ *werden* debilitarse; flaquear; *fig.* caer en la tentación.

Schwäche [ˈʃvɛçə] f (15) debilidad f (*a. fig.*; *für* por); flojedad f flaqueza f; *fig.* (punto m) flaco m; **~anfall** m desfallecimiento m; **♋n** (25) debilitar; aflojar.

Schwach|heit [ˈʃvaxhaɪt] f debilidad f; **~kopf** m **♋köpfig** [ˈ-kœpfiç] imbécil (m).

schwäch|lich [ˈʃvɛçliç] débil; delicado; **♋lichkeit** f debilidad f; **♋ling** m (3¹) hombre m débil.

schwach|sichtig [ˈʃvaxziçtiç] de vista

débil; **♋sinn** m debilidad f mental; imbecilidad f (*a. fig.*); **~sinnig** imbécil; **♋strom** ⚡ m corriente f de baja tensión.

Schwächung [ˈʃvɛçuŋ] f debilitación f; extenuación f.

Schwaden [ˈʃvaːdən] m (6) vapores m/pl.; 🜏 mofeta f; ⚘ hilera f.

Schwadron ♋ [ʃvaˈdroːn] f (16) escuadrón m, **♋ieren** fanfarronear.

schwafeln F [ˈʃvaːfəln] (29) disparatar, desbarrar.

Schwager [ˈʃvaːɡər] m (7¹) cuñado m, hermano m político.

Schwägerin [ˈʃvɛːɡərin] f cuñada f, hermana f política.

Schwalbe [ˈʃvalbə] f (15) golondrina f; **~nschwanz** m *Zo.* macaón m; ⊕ cola f de milano.

Schwall [ʃval] m (3) aluvión m (*a. v. Menschen*); *v. Worten:* cascada f, torrente m.

Schwamm [ʃvam] **1.** m (3³) esponja f; ♙ hongo m, seta f; *im Holz:* hupe f; (*Feuer*🜪) yesca f; ~ *drüber!* ¡borrón y cuenta nueva!; **2.** ♋ *s. schwimmen;* **♙ig** esponjoso; *Gesicht:* fofo.

Schwan [ʃvaːn] m (3³) cisne m.

schwand [ʃvant] *s. schwinden.*

schwanen [ˈʃvaːnən] (25): *mir schwant* tengo el presentimiento; **♋gesang** *fig.* m canto m del cisne.

Schwang [ʃvaŋ] m: *im* ♋ *sn* estar en boga.

schwanger [ˈʃvaŋər] encinta, embarazada; **♋e** f (18) embarazada f, gestante f.

schwängern [ˈʃvɛŋərn] (29) embarazar, dejar embarazada.

Schwangerschaft [ˈʃvaŋərʃaft] f embarazo m; **~s-abbruch** m interrupción f del embarazo; **~sverhütung** f contracepción f.

Schwank [ʃvaŋk] m (3³) bufonada f; chascarrillo m; *Thea.* juguete m cómico, farsa f; **♋en** (25) vacilar (*a. fig.*); oscilar; fluctuar; **♋end** vacilante (*a. fig.*); oscilante; fluctuante; **~ung** f vacilación f; oscilación f; fluctuación f.

Schwanz [ʃvants] m (3² *u.* ³) cola f; rabo m; ∨ (*Penis*) pija f, polla f.

schwänz|eln [ˈʃvɛntsəln] (29) colear; *fig. um* j-n ~ dar coba a alg.; **~en** (27) F fumarse; *die Schule* ~ hacer novillos.

Schwanzflosse [ˈʃvantsflɔsə] f aleta f caudal; ⚓ estabilizador m de cola.

Schwarm [ʃvarm] m (3³) (*Bienen*)

enjambre *m*; (*Insekten*) nube *f*; (*Vögel*) bandada *f*; (*Fische*) banco *m*, cardumen *m*; *v. Menschen*: enjambre *m*, nube *f*, tropel *m*; *fig.* ideal *m*; ídolo *m*.

schwärm|en ['ʃvɛrmən] (25, h. *u.* sn) *Bienen*: enjambrar; ⚔ desplegarse; *fig.* entusiasmarse (für por); ²**er** *m* (7) exaltado *m*; entusiasta *m*; fanático *m*; *Zo.* esfinge *f*; *Feuerwerk*: volador *m*, petardo *m*; ²**e'rei** *f* exaltación *f*; entusiasmo *m*; fanatismo *m*; ⚲**erisch** exaltado; entusiástico.

Schwarte ['ʃvartə] *f* (15) corteza *f* (de tocino); F (*Buch*) libraco *m*.

schwarz [ʃvarts] (18²) negro; ~ *auf* weiß por escrito; ~ *werden* ennegrecer; ~*er Markt* mercado *m* negro; *die Kunst* nigromancia *f*; ~*er Mann* coco *m*; *sich* ~ *ärgern* reventar de rabia; *ins* ²*e treffen* dar en el blanco; ²**-arbeit** *f* trabajo *m* clandestino; '~**arbeiten** trabajar clandestinamente; ~**äugig** ['-²ɔyɡiç] de ojos negros, ojinegro; ²**brot** *n* pan *m* negro; ²**drossel** *f* mirlo *m* (común).

Schwärze ['ʃvɛrtsə] *f* (15) negrura *f*; ²**n** (27) ennegrecer.

Schwarz|e(r) ['ʃvartsə(r)] *m* (18) negro *m*; ²**fahren** viajar sin billete; ~**fahrer** *m* viajero *m* sin billete; ²**haarig** pelinegro; ~**handel** *m* comercio *m od.* tráfico *m* clandestino; F estraperlo *m*; ~**händler** *m* traficante *m* clandestino; F estraperlista *m*; ~**hörer** *m* radioyente *m* (*Vorlesung*: oyente *m*) clandestino.

schwärzlich ['ʃvɛrtsliç] negruzco.

Schwarz|markt ['ʃvartsmarkt] *m* mercado *m* negro; ~**schlachtung** *f* sacrificio *m* clandestino; ²**sehen** ser pesimista; ~**seher** *m* pesimista *m*; ~**sender** *m* emisora *f* clandestina *od.* pirata; ~**weißfilm** *m* película *f* en blanco y negro; ~**wild** *n* jabalíes *m/pl.*; ~**wurzel** ♀ *f* escorzonera *f*, salsifí *m* negro.

Schwatz F [ʃvats] *m* (3²) charla *f*; F palique *m*; '~**base** F *f* cotorra *f*, cotilla *f*; ²**en** (27) parlotear, charlar, F estar de palique.

schwätz|en ['ʃvɛtsən] (27) = *schwatzen*; ²**er** *m* (7) charlatán *m*; F bocazas *m*.

schwatzhaft ['ʃvatshaft] parlanchín, indiscreto.

Schwebe ['ʃveːbə] *f* (15): *in der* ~ *en vilo*, en suspenso; ~**bahn** *f* ferroca-

rril *m* colgante; (*Berg*②) teleférico *m*; ~**balken** *m Turnen*: barra *f* de equilibrios; ²**n** (25) flotar (en el aire); estar suspendido, colgar; *Vögel*: cernerse; *ł²ƚ* estar pendiente; *in Gefahr* ~ estar en peligro; ²**nd** suspendido; flotante (*a.* ✝ *Schuld*); *fig.* pendiente, en trámite.

Schwed|e ['ʃveːdə] *m* (13) (~*in f*), ²**isch** sueco (-a) *m* (*f*).

Schwefel ['ʃveːfəl] *m* (7) azufre *m*; ~**blüte** *f* flor *f* de azufre; ²**haltig** ['--haltiç], ²**ig** sulfuroso; sulfúreo, azufroso; ²**n** (29) azufrar; ✓ sulfatar; ~**quelle** *f* (fuente *f* de) aguas *f/pl.* sulfurosas; ²**sauer** sulfatado; ~**säure** *f* ácido *m* sulfúrico; ~**wasserstoff** *m* sulfuro *m* de hidrógeno; ácido *m* sulfhídrico.

Schweif [ʃvaif] *m* (3) cola *f*; *Astr. a.* cabellera *f*; ²**en** (25) *v/i.* (sn) vagar, vagabundear; errar; ~ *lassen Blick*: pasear la mirada (*über ac.* por).

Schweig|egeld ['ʃvaigəgɛlt] *n* precio *m* del silencio; ~**emarsch** *m* marcha *f* silenciosa; ²**en** (30) callar(se); guardar silencio; ~*en in silencio m*; *zum* ~ *bringen* hacer callar; acallar; ²**end** callado; en silencio; ~**epflicht** *f* secreto *m* profesional; ²**sam** ['-kza:m] taciturno; ~**samkeit** *f* taciturnidad *f*; mutismo *m*.

Schwein [ʃvain] *n* (3) cerdo *m*, puerco *m*, cochino *m* (*alle a. fig. desp.*); *Am.* chancho *m*; F (*Glück*) suerte *f*, chamba *f*; P churra *f*; '~**ebraten** *m* asado *m* de cerdo; '~**efleisch** *n* (carne *f* de) cerdo *m*; '~**ehirt** *m* porquerizo *m*; '~**ehund** P *m* canalla *m*; ~**e'rei** *f* porquería *f*; '~**eschmalz** *n* manteca *f* de cerdo; '~**estall** *m* pocilga *f* (*a. fig.*); '~**ezucht** *f* cría *f* de cerdos; '~**igel** *m* puerco *m*, cochino *m*; '²**isch** cochino; '~**s...:** *in Zssgn mst* de cerdo; '~**sborste** *f* cerda *f*; '~**sleder** *n* cuero *m* de cerdo; '~**s-ohr** *n* (*Gebäck*) palmera *f*.

Schweiß [ʃvais] *m* (3²) sudor *m*, transpiración *f*; *Jgdw.* sangre *f*; *in* ~ *gebadet* bañado en sudor; '~**absonderung** *f* transpiración *f*; '~**brenner** ⊕ *m* soplete *m* para soldar; '~**drüse** *f* glándula *f* sudorípara; '²**en** ⊕ (27) soldar; '~**en** *n* soldadura *f*; ~**er** *m* (7) soldador *m*; '~**füße** *m/pl.* pies *m/pl.* sudorosos; '~**hund** *m* sabueso *m*; '²**ig** sudado; sudoriento; '~**leder** *n* (*Hut*) badana *f*; '~**naht** *f*, '~**stelle** ⊕ *f* soldadura f; '2**treibend** sudorífico; '2**triefend** empapado de sudor.

Schweizer ['ʃvaitsər] m (7) suizo m; (*Melker*) ordeñador m; ~ *Käse* gruyère m; ~**in** f suiza f; 2**isch** suizo.

schwelen ['ʃveːlən] (25) arder sin llama.

schwelg|en ['ʃvɛlgən] (25) darse la gran vida; regalarse; ~ *in* disfrutar mucho con; 2**er** m (7) vividor m; sibarita m; 2**e'rei** f crápula f; comilona f; **~erisch** *Mahl*: opíparo.

Schwell|e ['ʃvɛlə] f (15) umbral m; 🌀 traviesa f, *Am.* durmiente m; 2**en** (30, sn) hincharse, inflarse; **~ung** f hinchazón f; ⚕️ a. tumefacción f.

Schwemm|e ['ʃvɛmə] f (15) abrevadero m; *fig.* aluvión f; 2**en** (25) acarrear; (*waschen*) lavar; **~land** n aluvión m.

Schwengel ['ʃvɛŋəl] m (7) (*Glocken*2) badajo m; (*Pumpen*2) mango m.

schwenk|bar ['ʃvɛŋkbaːr] orientable; **~en** (25) 1. *v/t.* agitar; (*spülen*) enjuagar; *Kchk.* saltear; 2. *v/i.* virar; ✖ hacer una conversión; 2**ung** f virada f; ✖ conversión f.

schwer [ʃveːr] pesado; (*schwierig*) difícil; (*mühevoll*) duro, penoso; (*ernst*) grave (a. ⚓); *Wein, Tabak*: fuerte; *Zunge*: gordo; *Strafe*: severo; *See*: grueso; *3 Pfund* ~ sn pesar tres libras; ~ *arbeiten* trabajar mucho; '2**arbeit** f trabajo m duro; '2**arbeiter** m obrero m de trabajos duros; '2**athletik** f atletismo m; '2**behinderte(r)** m (18) gran inválido m; minusválido m profundo; '~**beladen** muy cargado; '2**beschädigte(r)** m gran mutilado m; '2**e** f (15) (*Gewicht*) peso m; pesadez f; *Phys.* gravedad f (a. *fig.*); *der Strafe*: severidad f; '2**elosigkeit** f ingravidez f; 2**enöter** ['-rənøːtər] m tenorio m; '~**fallen** costar (mucho); '~**fällig** pesado; torpe; '2**fälligkeit** f pesadez f; torpeza f; '2**gewicht** n *Sport*: peso m pesado; '~**halten** ser difícil; '~**hörig** duro *od.* tardo de oído, sordo; '2**hörigkeit** f sordera f; '2**industrie** f industria f pesada; '2**kraft** f gravitación f; '~**krank** gravemente enfermo; '2**kriegsbeschädigte(r)** m (18) gran mutilado m de guerra; '~**lich** difícilmente; '~**machen**: es j-m ~ ponérselo difícil a alg.; *j-m das Leben* ~ amargar la vida a alg.; '2**mut** f melancolía f; **~mütig** ['-myːtiç] me-

lancólico; '~**nehmen** tomar a pecho; '2**-öl** n aceite m pesado; '2**punkt** m centro m de gravedad; *fig. a.* punto m esencial; '~**reich** riquísimo.

Schwert [ʃveːrt] n (1) espada f; '~**fisch** m pez m espada, emperador m; '**.lilie** ⚘ f lirio m; '~**schlucker** m tragasables m; '~**streich** m golpe m de espada; *ohne* ~ *fig.* sin disparar un tiro.

schwer|tun ['ʃveːrtuːn]: *sich* ~ tener dificultades (*mit con*); *er tut sich schwer* le cuesta mucho; 2**verbrecher** m criminal m peligroso; ~**verdaulich** indigesto; 2**verletzte(r)** m (18) herido m grave; ~**verständlich** difícil de comprender; ~**verwundet** gravemente herido; ~**wiegend** *fig.* (muy) serio; de mucho peso.

Schwester ['ʃvɛstər] f (15) hermana f; ⚕️ enfermera f; *Rel.* religiosa f, *Anrede*: sor; 2**lich** de hermana; ~**schiff** n buque m gemelo.

schwieg [ʃviːk] *s.* schweigen.

Schwieger|eltern ['ʃviːgərʔɛltərn] *pl.* suegros m/pl., padres m/pl. políticos; ~**mutter** f suegra f, madre f política; ~**sohn** m yerno m, hijo m político; ~**tochter** f nuera f, hija f política; ~**vater** m suegro m, padre m político.

Schwiel|e ['ʃviːlə] f (15) callo m, callosidad f; 2**ig** calloso.

schwierig ['-riç] difícil; dificultoso; 2**keit** f dificultad f.

schwill(s)t [ʃvɪl(s)t] *s.* schwellen.

Schwimm|bad ['ʃvɪmbaːt] n piscina f; ~**becken** n piscina f; ~**blase** f vejiga f natatoria; ~**dock** n dique m flotante; 2**en** (30) nadar; *Gegenstand*: flotar; *in Geld* ~ nadar en oro; *in Tränen* ~ deshacerse en lágrimas; *es schwimmt mir vor den Augen* se me va la vista; ~**en** n natación f; 2**end** flotante; *adv.* a nado; ~**er** m (7) nadador m; ⊕, ☇ flotador m; *Angel*: veleta f; ~**erin** f nadadora f; ~**flosse** f aleta f; ~**gürtel** m flotador m; ~**haut** f membrana f natatoria; ~**lehrer** m profesor m de natación; ~**sport** m natación f; ~**vogel** m (ave f) palmípeda f; ~**weste** f chaleco m salvavidas.

Schwindel ['ʃvɪndəl] m (7) ⚕️ vértigo m, vahído m; mareo m; *fig.* patraña f; (*Betrug*) estafa f, embuste m, engaño m; timo m; ~**anfall** m vértigo m, vahído m; ~**ei** [--'lai] f patraña f; estafa f; 2**-erregend** vertiginoso (*a. fig.*); 2**frei** que no se marea; 2**haft**

fraudulento, estafador; **2ig** marea-do; *mir wird* (*od. ist*) ~ se me va la cabeza; me mareo; **2n** (29) mentir; *mir schwindelt* me da vértigo.

schwinden ['-dən] (30, sn) (*ver*~) desaparecer; (*abnehmen*) disminuir, decrecer; *mir* ~ *die Sinne* me desmayo.

Schwind|ler(in *f*) ['-dlər(in)] *m* (7) estafador(a) *m* (*f*); **~sucht** ['-tzuxt] *f* tisis *f*; **2süchtig** tísico.

Schwing|achse ['ʃviŋˀaksə] *f* eje *m* oscilante; **~e** *f* (15) ala *f*; (*Flachs*2) espadilla *f*; **2en** (30) 1. *v/t.* agitar; *Schwert:* blandir; *Korn:* aventar; *Flachs:* espadar; *sich* ~ lanzarse; elevarse; 2. *v/i.* vibrar; *Pendel:* oscilar; **~er** *m* (7) *Boxen:* swing *m*; **~ung** *f* vibración *f*; oscilación *f*; **~ungskreis** *∮ m* circuito *m* oscilante.

Schwips F [ʃvips] *m* (4) chispa *f*; *e-n* ~ *haben* estar achispado.

schwirren ['ʃvirən] (25, h. *u*. sn) silbar; *Insekt:* zumbar.

Schwitz|bad ['ʃvitsbɑːt] *n* baño *m* turco *bzw*. de vapor; **2en** (27) sudar, transpirar; **~kasten** *m* estufa *f*.

schwoll [ʃvɔl] *s. schwellen.*

schwören ['ʃvøːrən] (30) jurar (*bei* por); prestar juramento; *fig.* tener absoluta confianza (*auf ac.* en).

schwul P [ʃvuːl] homosexual.

schwül [ʃvyːl] cargado; sofocante, bochornoso; **2e** *f* (15, *o. pl.*) bochorno *m*.

Schwulst [ʃvulst] *m* (3² *u*. ³) pompa *f*; hinchazón *f*.

schwülstig ['ʃvylstiç] enfático; *Stil:* ampuloso, pomposo.

Schwund [ʃvunt] *m* (3, *o. pl.*) disminución *f*; merma *f*; *∮* atrofia; *Radio:* fading *m*.

Schwung [ʃvuŋ] *m* (3³) impulso *m*, empuje *m*, arranque *m*; *fig. a.* ímpetu *m*; brío *m*; énfasis *m*; *in* ~ *bringen fig.* dar impulso a; *in* ~ *kommen fig.* tomar vuelo; **~feder** *f* remera *f*; **~kraft** *f* fuerza *f* centrífuga; *fig.* brío *m*; **~rad** *n* volante *m*; **2voll** brioso; enfático; dinámico.

Schwur [ʃvuːr] 1. *m* (3³) juramento *m*; 2. ♀ *s. schwören*; **~gericht** *n* tribunal *m* de jurados, jurado *m*.

sechs [zɛks] 1. seis; 2. ♀ *f* (16) seis *m*; **2eck** ['-ʔɛk] *n* (3) hexágono *m*; **~eckig** hexagonal; **~fach** séxtuplo; **~hundert** seiscientos; **~jäh-**

rig de seis años; **2'tagerennen** *n Sport:* (carrera *f* de) los seis días; **~'tausend** seis mil; **'2tel** *n* (7), **~te(r)** sexto (*m*); **~tens** en sexto lugar; sexto.

sechzehn ['zɛçtseːn] dieciséis; **2tel** *n* (7) dieciseisavo *m*; **2telnote ♩** *f* semicorchea *f*.

sechzig ['-tsiç] sesenta; **2er(in** *f*) *m* (7) ['--gər(in)], **~jährig** sexagenario (-a) *m* (*f*); **2stel** *n* (7) sesentavo *m*; **~ste(r)** sexagésimo.

See [zeː] **a)** *f* (15) mar *m* (*bsd.* ♣ *f*); *auf hoher* ~ en alta mar; *in* ~ *stechen* hacerse a la mar; **b)** *m* (10) lago *m*; **'~...:** *in Zssgn oft* marítimo; ⚓ naval; *Zo.* marino; **'~bad** *n* playa *f*; **'~bär** *m Zo.* oso *m* marino; *fig.* lobo *m* de mar; **'~beben** *n* maremoto *m*; **'~fahrer** *m* navegante *m*; **'~fahrt** *f* navegación *f*; **'2fest** que no se marea; **'~fisch** *m* pez *m* marino; *Kchk.* pescado *m* de mar; **'~fischerei** *f* pesca *f* marítima; **'~fracht** *f* flete *m* marítimo; **'~frachtbrief** *m* conocimiento *m* marítimo; **'~gang** *m* oleaje *m*; *hoher* ~ marejada *f*; **'~gefecht** ⚓ *n* combate *m* naval; **'~gras** *n* crin *f* vegetal; **'~hafen** *m* puerto *m* marítimo; **'~handel** *m* comercio *m* marítimo; **'~hecht** *Zo.* merluza *f*; **'~herrschaft** *f* soberanía *f* marítima; **'~hund** *m* foca *f*; **'~igel** *m* erizo *m* de mar; **'~jungfrau** *f* sirena *f*; **'~kabel** *n* cable *m* submarino; **'~kadett** *m* guardiamarina *m*; **'~karte** *f* carta *f* marina; **'2klar** listo para zarpar; **'2krank** mareado; ~ *werden* marearse; **'~krankheit** *f* mal *m* de mar; **'~krieg** *m* guerra *f* naval; **'~lachs** *Zo. m* carbonero *m*.

Seele ['-lə] *f* (15) alma *f* (*a. fig.*); *Rel.* ánima *f*; *auf die* ~ *binden* recomendar encarecidamente; *er hat mir aus der* ~ *gesprochen* ha dicho exactamente lo que yo pensaba.

Seelen|amt ['-lənˀamt] *n* misa *f* de difuntos; **~angst** *f* angustia *f*; **~größe** *f* magnanimidad *f*; **~heil** *n* salvación *f*; **~leben** *n* vida *f* interior; **2los** sin alma; desalmado; **~messe** *f* misa *f* de difuntos; **~ruhe** *f* quietud *f*; serenidad *f*; **2ruhig** sereno; *adv.* con mucha calma; **2(s)gut** *~er Mensch* alma *f* de Dios; **2vergnügt** contentísimo; **~verwandtschaft** *f* afinidad *f* espiritual; **~wanderung** *f* metempsicosis *f*.

Seeleute ['-lɔytə] *pl.* marineros *m/pl.*; gente *f* de mar.

seelisch ['-liʃ] (p)síquico.

Seelöwe ['-lø:və] *m* león *m* marino.

Seelsorge ['ze:lzɔrgə] *f* cura *f* de almas; **~r** *m* (7) pastor *m* de almas.

See|luft ['ze:luft] *f* aire *m* de mar; **~macht** *f* potencia *f* naval *od.* marítima; **~mann** *m* (*pl.* ~leute) marinero *m*; marino *m*; **2männisch** ['-mɛniʃ] náutico, (de) marino; **~meile** *f* milla *f* marina; **~not** *f* peligro *m* marítimo; *in ~* en peligro de naufragar; **~pferdchen** ['-pfe:rtçən] *n* (6) caballito *m* de mar, hipocampo *m*; **~räuber** *m* pirata *m*; **~räuberei** *f* piratería *f*; **~recht** *n* derecho *m* marítimo; **~reise** *f* viaje *m* por mar; crucero *m*; **~rose** *f* ♀ nenúfar *m*; *Zo.* actinia *f*; **~schaden** *m* avería *f*; **~schlacht** *f* batalla *f* naval; **~stern** *Zo. m* estrella *f* de mar; **~streitkräfte** *f/pl.* fuerzas *f/pl.* navales; **~stück** *Mal. n* marina *f*; **~tang** *m* algas *f/pl.* marinas; **2tüchtig** (en perfecto) estado de navegar; marinero *m*; **~walze** *Zo. f* cohombro *m* de mar; **~warte** *f* observatorio *m* marítimo; **2wärts** ['-vɛrts] mar adentro; **~weg** ['-ve:k] *m* vía *f* marítima; *auf dem ~* por mar; por vía marítima; **~zeichen** *n* señal *f* marítima; **~zunge** *Zo. f* lenguado *m*.

Segel ['ze:gəl] *n* (7) vela *f*; *mit vollen ~n* a toda vela; **~boot** *n* barco *m* de vela; velero *m*; **~flieger** *m* aviador *m* a vela, volovelista *m*; **~flug** *m* vuelo *m* sin motor; **~flugzeug** *n* planeador *m*; avión *m* sin motor; **~klub** *m* club *m* náutico; **2n** (29, h. *u.* sn) navegar a vela; **~n** *n* navegación *f* a vela; **~regatta** *f* regata *f* a vela; **~schiff** *n* buque *m* de vela, velero *m*; **~sport** *m* (deporte *m* de la) vela *f*; **~tuch** *n* lona *f*; **~werk** *n* velamen *m*.

Segen ['-gən] *m* (7) bendición *f*; *fig.* felicidad *f*; prosperidad *f*; **2sreich** benéfico; bienhechor.

Segler ['-glər] *m* (7) deportista *m* de la vela; (*Schiff*) velero *m*.

Segment [zeg'mɛnt] *n* (3) segmento *m*.

segn|en ['ze:gnən] (26) bendecir; *gesegnet* bendito; **2ung** *f* bendición *f*.

sehen ['ze:ən] **1.** *v/t.* (30) ver; (*an~*) mirar; *gut ~* (*können*) tener buena vista; *aus dem Fenster ~* asomarse a la ventana; *er kann sich ~ lassen* no tiene por qué esconderse; *gern* (*ungern*) ~ ver con buenos (malos) ojos; *siehe ...* véase ...; **2.** 2 *n* vista *f*; visión *f*; *nur vom ~* sólo de vista; **~swert**, **~würdig** digno de verse; curioso; **2würdigkeit** *f* curiosidad *f*; monumento *m* artístico; lugar *m* de interés.

Seher(in *f*) ['-ər(in)] *m* (7) vidente *su.*

Seh|fehler ['-fe:lər] *m* defecto *m* visual; **~feld** *n* campo *m* visual; **~kraft** *f* facultad *f* visual.

Sehne ['-nə] *f* (15) *Anat.* tendón *m*; (*Bogen2*), *A* cuerda *f*; **2n** (25): *sich nach et. ~* anhelar, ansiar a/c.; *sich nach j-m ~* ansiar ver a alg.; suspirar por alg.; **~nscheiden-entzündung** ✠ *f* tendovaginitis *f*; **~nzerrung** ✠ *f* distensión *f* de un tendón.

Sehnerv ['-nɛrf] *m* nervio *m* óptico.

sehnig ['-niç] tendinoso; *Person:* nervudo.

sehn|lich ['ze:nliç] ardiente, vivo; *adv.* con ardor; **2sucht** *f* anhelo *m*, ansia *f*; nostalgia *f*; añoranza *f* (*nach de*); **~süchtig** ansioso, anheloso; nostálgico; añorante.

sehr [ze:r] mucho; *vor adj. u. adv.* muy; *so ~, daß* tanto que; *wie ~ auch* por más que; *zu ~* demasiado.

Seh|rohr ['ze:rɔ:r] *n* periscopio *m*; **~schärfe** *f* agudeza *f* visual; **~störung** *f* trastorno *m* de la vista; **~test** *m* test *m* visual; **~vermögen** *n* facultad *f* visual; **~weite** *f* alcance *m* de la vista.

sei, seid [zaɪ(t)] *s.* **sein**.

seicht [zaɪçt] poco profundo; *fig.* superficial; insípido; **2heit** *f fig.* superficialidad *f*; insipidez *f*.

Seide ['-də] *f* (15) seda *f*.

Seidel ['-dəl] *n* (7) jarro *m* (para cerveza).

seiden, 2... ['-dən] de seda; **2-industrie** *f* industria *f* sedera; **2papier** *n* papel *m* de seda; **2raupe** *f* gusano *m* de seda; **2raupenzucht** *f* sericicultura *f*; **2waren** *f/pl.* sedería *f*; **~weich** sedoso.

seidig ['-diç] sedoso; *Stoff:* sedeño.

Seife ['-fə] *f* (15) jabón *m*.

'Seifen|blase *f* pompa *f* de jabón; **~dose** *f* jabonera *f*; **2fabrik** *f* jabonería *f*; **~flocken** *f/pl.* copos *m/pl.* de jabón; **~lauge** *f* lejía *f* de jabón; **~pulver** *n* jabón *m* en polvo; **~schale** *f* jabonera *f*; **~sieder** ['--zi:dər] *m* (7) jabonero *m*.

seifig ['-fiç] jabonoso.

seih|en ['zaɪən] (25) colar, pasar; **2er** m (7) colador m, pasador m.

Seil [zaɪl] n (3) cuerda f; soga f; (Tau) cabo m, cable m; '**bahn** f teleférico m; funicular m aéreo; '**er** m (7) cordelero m; '**schaft** f cordada f; '**2springen** saltar a la comba; '**tänzer(in** f) m funámbulo (-a) m (f); '**winde** f torno m de cable.

sein¹ [zaɪn] 1. (30, sn) dauernd: ser; vorübergehend: estar; (vorhanden ~) existir; es ist schönes Wetter hace buen tiempo; es ist drei Uhr son las tres; was ist?; ¿qué hay?; was ist (mit) dir? ¿qué te pasa?; wie wäre es? ¿qué te parece?; wie dem auch sei sea como sea; es sei denn, daß ... a menos que ... (subj.); da ist (sind) hay; 2. **2** n ser m; existencia f.

sein² [zaɪn] su; die **2en** los suyos; **erseits** ['-nər'zaɪts] de su lado od. parte; '**erzeit** en su tiempo od. día; a la sazón; '**es'gleichen** su igual; sus semejantes; nicht ~ haben no tener rival; **ethalben** ['-nət'halbən], '**et'wegen** por él; por culpa suya; **etwillen** [-'nigə]: der ~ (el) suyo.

seinlassen ['-lasən] dejar; laß das sein! ¡no hagas eso!

Seismograph [zaɪsmo'grɑ:f] m (12) sismógrafo m.

seit [zaɪt] 1. prp. desde, a partir de; (Zeitraum) desde hace; ~ kurzem desde hace poco; ~ langem desde hace tiempo; ~ einer Woche ... hace una semana que ...; 2. cj. desde que; **~'dem** 1. adv. desde entonces; 2. cj. desde que.

Seite ['-tə] f (15) lado m; (Körper**2**) costado m (a. **⚓**); (Flanke) flanco m; (Blatt**2**) plana f; (Buch**2**) página f; e-r Münze, Schallplatte usw.: cara f; von der ~ ansehen mirar de soslayo; auf die (od. zur) ~ treten apartarse; hacerse a un lado; auf die ~ legen apartar; Geld: ahorrar; zur ~ stehen ayudar, secundar; von **2**n (gen.) de parte de; von allen ~n de todas partes; auf beiden ~n de ambos lados; ~ an ~ lado a lado.

Seiten... ['-tən...]: in Zssgn oft lateral; **~ansicht** f vista f lateral; **~blick** m mirada f de soslayo; **~flügel** m ala f lateral; **~gewehr** n bayoneta f; **~hieb** fig. m indirecta f, línea f colateral; **~ruder ✈** n timón m de dirección; **2s** (gen.) de parte de; **~schiff ⌂** n nave f lateral; **~sprung**

fig. m escapada f; **~stechen 🩸** n dolores m/pl. de costado; **~straße** f calle f lateral; **~wagen** Kfz. m sidecar m; **~zahl** f número m de páginas.

seit|her [zaɪt'he:r] desde entonces; '**lich** [-'lɪç] lateral; de lado; **~wärts** ['-vɛrts] de lado; al lado (de).

Sekante 📐 [ze'kantə] f (15) secante f.

Sekret [-'kre:t] n (3) secreción f.

Sekret|är [-kre'tɛ:r] m (3¹) secretario m; (Möbel) secreter m; cantarano m; **~ariat** [--tar'jɑ:t] n (3) secretaría f; **~ärin** [--'tɛ:rin] f secretaria f.

Sekt [zɛkt] m (3) champán m, neol. cava m; **~e** f (15) secta f; **~ierer** [-'ti:rər] m (7) sectario m; **~ion** [-'tsjo:n] f sección f; **♯** disección f, autopsia f; **~kühler** m neol. champañera f; **~or** ['-tɔr] m (3¹) sector m.

Sekun|dant [zekun'dant] m (12) padrino m; **2där** [--'dɛ:r] secundario; **~de** [-'də] f (15) segundo m; **♩** segunda f; **~denzeiger** m segundero m; **2dieren** secundar; Duell: apadrinar.

selb [zɛlp] mismo; zur **~en** Zeit al mismo tiempo.

selbst [zɛlpst] mismo; (sogar) hasta, aun; ich ~ yo mismo; von ~ por sí mismo; espontáneamente; ~ wenn aun cuando (subj.); incluso si; '**2-achtung** f autoestima f.

selbständig ['-ʃtɛndɪç] independiente; sich ~ machen independizarse; '**2keit** f independencia f.

Selbst... ['zɛlpst...]: in Zssgn oft auto...; **⊕, ⚡** automático; **~auf-opferung** f autosacrificio m; **~aus-löser** Phot. m autodisparador m; **~bedienung** f autoservicio m; **~bedienungsladen** m (tienda f de) autoservicio m; **~befriedigung** f masturbación f; **~beherrschung** f dominio m de sí mismo, autodominio m; **~beköstigung** f manutención f a costa propia; **~bestätigung** f autoafirmación f; **~bestimmung(srecht** n) f (derecho m de) autodeterminación f; **~betrug** m engaño m de sí mismo, autoengaño m; **~bewußt** consciente de su propio valor; (anmaßend) presumido; **~bewußtsein** n conciencia f de sí mismo; autorretrato m; **~disziplin** f autodisciplina f; autocontrol m; **~erhaltungstrieb** m instinto m de conservación; **~er-kenntnis** f conocimiento m de sí mismo; **~finanzierung** f autofinanciación f; ~gebrauch m: zum ~ para uso personal; 2gefällig pagado de sí mismo; presumido; ~gefälligkeit f presunción f; autocomplacencia f; ~gefühl n amor m propio; 2gemacht ['-gəmaxt] hecho en casa; de fabricación casera; 2gerecht infatuado; fariseo; ~gespräch n soliloquio m; monólogo m; 2herrlich autocrático; ~hilfe f defensa f propia; 2klebend autoadhesivo; ~kostenpreis m precio m de coste; ~kritik f autocrítica f; ~lader ['-laːdər] m (7) arma f automática; ~laut m vocal f; 2los desinteresado; abnegado; ~losigkeit f altruismo m; abnegación f; ~mord m suicidio m; ~mörder(in f) m, 2mörderisch suicida (su.); 2redend por supuesto; 2reinigend autolimpiante; ~reinigung f autodepuración f; ~schutz m autoprotección f; 2sicher seguro de sí mismo; ~sicherheit f seguridad f de sí mismo; ~sucht f egoísmo m; 2süchtig egoísta; 2tätig automático; ~täuschung f autoengaño m; ~überwindung f represión f de sí mismo; ~unterricht m enseñanza f autodidáctica; ~verleugnung f abnegación f; ~versorgung f autoabastecimiento m; autarquía f; 2verständlich natural, evidente; adv. por supuesto, desde luego; claro que sí, bsd. Am. ¿cómo no?; ~verständlichkeit f evidencia f; ~verstümmelung f automutilación f; ~verteidigung f autodefensa f; ~vertrauen n confianza f en sí mismo, neol. autoconfianza f; ~verwaltung f autonomía f (administrativa); ~verwirklichung f autorrealización f; ~wähldienst Fernspr. m servicio m telefónico automático; ~zucht f autodisciplina f; 2zufrieden contento de sí mismo; ~zweck m fin m absoluto; finalidad f en sí.

selig ['zeːliç] bienaventurado; fig. feliz; (verstorben) fallecido, difunto; 2keit f bienaventuranza f; felicidad f; ~sprechen beatificar; 2sprechung f beatificación f.

Sellerie ['zɛləri:] m (11) od. f (uv.) apio m.

selten ['zɛltən] raro; escaso; (außerordentlich) extraordinario; nicht ~ a menudo; 2heit f rareza f; escasez f.

Selterswasser ['-tɔrsvasər] n (7¹) agua f de Seltz; sifón m.

seltsam ['zɛltzaːm] raro, extraño; extravagante; 2keit f rareza f, extrañeza f; extravagancia f.

Semester [zeˈmɛstər] n (7) semestre m; ~ferien pl. vacaciones f/pl. semestrales.

Semikolon [-miˈkoːlɔn] n (11, pl. a. -la) punto m y coma.

Seminar [--ˈnaːr] n (3¹) Rel. u. Universität: seminario m; ~ist m (12) Rel. seminarista m.

Semit(**in** f) [-ˈmiːt(in)] m (12) semita su.; 2isch semita; semítico.

Semmel ['zɛməl] f (15) panecillo m; F fig. weggehen wie warme ~n venderse como pan salido del horno; ~brösel m/pl. pan m rallado.

Senat [zeˈnaːt] m (3) senado m; 2t sala f; ~or [-ˈtɔr] m (8¹) senador m; ~s... del senado, senatorial.

Send|**bote** ['zɛntbɔːtə] m emisario m; ~e-anlage ['-də-] f (estación f) emisora f; ~efolge f programa m de emisiones; ~eleiter m director m de la emisión; ~en (30) enviar, mandar; ✝ remitir; TV, Radio: emitir; ~er m (7) emisora f; (Gerät) emisor m; ~eraum m estudio m; ~ereihe f serie f de emisiones; serial m; ~eschluß m cierre m de las emisiones; ~ezeichen n sintonía f; ~schreiben n misiva f; epístola f; ~ung f envío m; (Auftrag) misión f; TV, Radio: emisión f.

Senf [zɛnf] m (3) mostaza f; F s-n ~ dazugeben meter baza; ~gas n gas m mostaza; ~pflaster¹ n sinapismo m.

sengen ['zɛŋən] (25) quemar; chamuscar; ~d abrasador.

senil [zeˈniːl] senil.

senior ['zeːnjor] 1. adj.: Herr X ~ el señor X padre; 2. 2 m (8¹) decano m; Sport: senior m; die ~en la tercera edad.

Senk|**blei** ['zɛŋkblaɪ] n plomada f, sonda f; ~e f (15) hondonada f; ~el m (7) cordón m; 2en (25) bajar; Preise usw.: a. reducir; sich ~ Gebäude: hundirse; ~fuß m pie m plano; ~grube f pozo m negro; 2recht, ~rechte f (18) vertical (f); bsd. ⅄ perpendicular (f); ~rechtstarter m avión m de despegue vertical; ~ung f declive m, pendiente f; ✝ baja f, reducción f; ⌂ hundimiento m; Geol. depresión f.

Senn|(**er**) ['zɛn(ər)] m (3 [7]) vaquero m (alpino); ~erin f vaquera f (alpina); ~hütte f cabaña f (alpina).

Sensation [-za'tsjo:n] f sensación f;
2ell [--jo'nɛl] sensacional; **~s-presse**
f prensa f sensacionalista od. amarilla.

Sense ['-zə] f (15) guadaña f; **~mann** m (Tod) Muerte f.

sensib|el [-'zi:bəl] sensible; **2ilität**
[-zibili'tɛ:t] f sensibilidad f.

Sentenz [-'tɛnts] f (16) sentencia f.

sentimental [-timɛn'ta:l] sentimental; **2ität** [---tali'tɛ:t] f sentimentalismo m.

separat [zepa'ra:t] separado; particular; independiente; adv. por separado; **2ismus** [--ra'tismus] m (16, o. pl.) separatismo m; **2ist** m (12), **~'istisch** separatista m.

September [zɛp'tɛmbər] m (7) se(p)tiembre m.

Sequenz [ze'kvɛnts] f (16) secuencia f.

Serb|e ['zɛrbə] m (13) (**~in** f), **2isch** servio (-a) m (f).

Serenade [zere'na:də] f (15) serenata f.

Serie ['ze:rjə] f (15) serie f; **~nherstellung** f fabricación f en serie; **2nmäßig** de serie; **2nweise** en serie.

seriös [-'jø:s] serio, formal.

Serpentine [zɛrpɛn'ti:nə] f (15) serpentina f.

Serum ['ze:rum] n (9 u. 9²) suero m.

Service: a) [zɛr'vi:s] n (7) servicio m od. juego m de mesa; **b)** ['sø:rvis] m od. n (11¹) servicio m.

servier|en [zɛr'vi:rən] servir (a la mesa); **2erin** f camarera f; **2tisch** m trinchera f.

Serviette [-'vjɛtə] f (15) servilleta f; **~nring** m servilletero m; **~ntasche** f servilletera f.

Servo|bremse ['zɛrvobrɛmzə] f servofreno m, freno m asistido; **~lenkung** f dirección f asistida.

Sesam ♀ ['ze:zam] m (11) sésamo m.

Sessel ['zɛsəl] m (7) sillón m; butaca f; **~lift** m telesilla m.

seßhaft ['zɛshaft] sedentario; (wohnhaft) domiciliado.

setz|en ['zɛtsən] (27) colocar; poner; (nieder~) (a)sentar; (wetten) apostar (auf ac. por); Denkmal: erigir, levantar; ♂ plantar; Typ. componer; Frist: fijar, señalar; in die Zeitung ~ insertar (un anuncio); sich ~ sentarse, tomar asiento; Vogel, Flüssigkeit: posarse; **2er** m (7) cajista m; (Maschinen2) linotipista m; **2e'rei** f

taller m de composición; **2kasten** m caja f (de imprenta); **2ling** ['-lin] m (3¹) ♀ plantón m; Fisch: alevino m; **2maschine** f componedora f.

Seuche ['zɔyçə] f (15) epidemia f; fig. plaga f.

seufz|en ['zɔyftsən] (27) suspirar (nach por); stärker: gemir (über de); **2er** m (7) suspiro m.

Sex [zɛks] m (3², o. pl.) sexo m; **~-Appeal** [-ə'pi:l] m (3¹, o. pl.) atractivo m sexual, sex-appeal m; **~te ♪** ['-tə] f (15) sexta f; **~tett ♪** [-'tɛt] n (3) sexteto m; **~ual...** [-u'a:l...]: in Zssgn sexual; **~u'alforschung** f sexología f; **~ualität** [-uali'tɛ:t] f sexualidad f; **2uell** [-u'ɛl] sexual; ♀ f sexy.

sezier|en ♂ [ze'tsi:rən] disecar, hacer la autopsia; **2messer** n escalpelo m.

Shampoo ['ʃam'pu:] n (11) champú m.

Sherry ['ʃɛri] m (11) jerez m.

Shorts ['ʃɔːrts] pl. pantalones m/pl. cortos.

Show [ʃou] f (11¹) espectáculo m, show m; **~master** ['-ma:stər] m (7) presentador m; animador m.

sibirisch [zi'bi:riʃ] siberiano.

sich [ziç] betont: si; unbetont: se; an (und für) ~ en sí, de por sí; bei ~ consigo; bei ~ denken pensar entre sí; nichts auf ~ haben no tener importancia; von ~ aus espontáneamente; por sí solo.

Sichel ['-çəl] f (15) hoz f; (Mond2) creciente m.

sicher ['-çər] seguro; (gewiß) cierto; (treffend) certero; (fraglos) indudable; (fest) firme; adv. con toda seguridad; ~ vor (dat.) seguro contra; al abrigo de; e-r Sache ~ sein estar seguro de a/c.; (aber) ~! ¡claro (que sí)!, bsd. Am. ¿cómo no?; **~gehen** ir sobre seguro; **2heit** f seguridad f; certidumbre f; ♥ garantía f; (Treff2) acierto m; im Auftreten: aplomo m; in ~ bringen poner a salvo; zur ~ para mayor seguridad; **2heits...**: in Zssgn de seguridad; **2heitsgurt** m cinturón m de seguridad; **~heitshalber** para mayor seguridad; **2heitsnadel** f imperdible m; **2heitspolizei** f cuerpo m de seguridad; **2heitsrat** m Consejo m de Seguridad; **2heitsschloß** m cerradura f de seguridad; **2heitsvorrichtung** f dispositivo m de seguridad; **~lich** seguramente, de seguro; cier-

tamente; sin duda; **~n** (29) **1.** v/t.
asegurar; garantizar; (*schützen*) proteger (*gegen, vor contra*); preservar (de); **2.** v/i. *Wild*: tomar el viento; **~stellen** poner en seguro; asegurar; (*beschlagnahmen*) confiscar; incautarse de; **2stellung** f confiscación f; **2ung** f protección f; *am Gewehr*: seguro m; **2** cortacircuito m, fusible m; **2ungs...:** *in Zssgn* de seguridad.

Sicht [ziçt] f (16, o. pl.) vista f; (*~barkeit*) visibilidad f; *auf kurze* (*lange*) ~ a corto (largo) plazo; ✝ *bei* ~ a la vista; *drei Monate nach* ~ (a) tres meses vista; **!2bar** visible f; *fig.* evidente, manifiesto; **'~barkeit** f visibilidad f; **!2en** (26) avistar, divisar; (*ordnen*) ordenar, clasificar; **2lich** visible; evidente; *adv.* visiblemente; **'~ung** f clasificación f; **'~vermerk** m visto m bueno, visado m; **'~wechsel** ✝ m letra f a la vista; **'~weite** f alcance m visual *od.* de la vista.

sicker|n ['zikərn] (29, sn) rezumar; filtrarse; **2wasser** n agua f de infiltración.

sie [zi:] *pron.* 3. *Pers. sg.* ella; *ac.* la; *3. Pers. pl.* ellos, -as; *ac.* los (les), las; **2** (*Anrede*) usted(es *pl.*); *j-n mit* **2** *anreden* tratar a alg. de usted.

Sieb [zi:p] n (3) colador m, cedazo m; (*feines*) tamiz m; (*grobes*) criba f; **'~druck** m serigrafía f; **2en¹** ['-bən] (25) cribar (a. *fig.*), tamizar.

sieben² ['zi:bən] **1.** siete; **2.** **2** f *uv.* siete m; **2eck** ['--ʔɛk] n (3) heptágono m; **~eckig** heptagonal; **'~fach** séptuplo; **2gestirn** n Pléyades f/pl.; **~'hundert** setecientos; **~jährig** de siete años; **~mal** siete veces; **2'meilenstiefel** m/pl. botas f/pl. de siete leguas; **2'monatskind** n sietemesino m; **2'sachen** f/pl. bártulos m/pl., trastos m/pl.; *s-e* ~ *packen fig.* liar los bártulos; **2schläfer** Zo. m lirón m; **~'tausend** siete mil.

Sieb(en)tel ['--təl, zi:ptəl] n (7), **2e(r)** sé(p)timo m; **2ens** en sé(p)timo lugar.

siebzehn ['zi:ptse:n] diecisiete; **~te(r)** décimose(p)timo.

siebzig ['-tsiç] sesenta; **2er(in** f) m (7) ['--gər(in)], **~jährig** septuagenario (-a) m (f); **2stel** n (7) setentavo m; **~ste(r)** septuagésimo.

siech [zi:ç] doliente, enfermizo; achacoso; **'2tum** n (1, o. pl.) enfermedad f larga.

Siede|hitze ['zi:dəhitsə] f calor m de ebullición; *fig.* calor m sofocante; **2ln** (29) establecerse; **2n** (30) hervir; (*kochen*) cocer; **2nd** hirviendo, hirviente; **~punkt** m punto m de ebullición.

Sied|ler ['zi:dlər] m (7) colono m; poblador m; **~lung** f colonia f; urbanización f; **~lungsgesellschaft** f sociedad f colonizadora *bzw.* urbanizadora.

Sieg [zi:k] m (3) victoria f; triunfo m (a. *fig.*).

Siegel ['zi:gəl] n (7) sello m; **~lack** m lacre m; **2n** (29) sellar; lacrar; **~ring** m anillo m de sello.

sieg|en ['-gən] (25) vencer (*über j-n* a alg.); a. *fig.* triunfar (de); **2er(in** f) m (7) vencedor(a) m (f); a. *fig.* triunfador(a) m (f); **~esgewiß** seguro del triunfo; **2eszug** m marcha f triunfal; **~haft** ['-khaft] triunfante; **~reich** victorioso; triunfador.

sieh, ~st, ~t [zi:, zi:(s)t] *s. sehen.*

Siel [zi:l] n (3) esclusa f; **'~e** f (15) tirante m; *fig. in den* ~n *sterben* morir con las botas puestas.

siezen F ['zi:tsən] (27) tratar de usted (*j-n* a alg.).

Sigel ['-gəl] n (7) sigla f.

Signal [zig'na:l] n (3¹) señal f; **~ement** [-nalə'mã] n (11) señas f/pl. personales; **~feuer** n almenara f; **~gast** ⚓ m (5) señalador m; **~horn** n cornetín m; **2isieren** [--li'zi:rən] señalar, dar señales; **~lampe** f lámpara f de señales; **~mast** m poste m de señales.

Sign|atur [-na'tu:r] f (16) signatura f (a. Typ.); signo m; **~et** [sin'je:, zig'nɛt] n (11) marca f de imprenta; **2ieren** marcar, señalar; (*unterzeichnen*) firmar.

Silbe ['zilbə] f (15) sílaba f; **~nrätsel** n charada f; **~ntrennung** f separación f de sílabas.

Silber ['-bər] n (7, o. pl.) plata f; **2farben** plateado; **~fischchen** Zo. n lepisma f; **~fuchs** m zorro m plateado; **~gehalt** m título m de plata; **~glanz** m brillo m argénteo; **2haltig** ['--haltiç] argentífero; **2hell** argentino; **~hochzeit** f bodas f/pl. de plata; **2n** de plata; plateado; **~papier** n papel m de plata; **~pappel** ⚘ f álamo m blanco; **~schmied** m platero m; **~währung** f patrón m plata; **~waren** f/pl. platería f.

silbrig [¹-briç] plateado.
Silhouette [zilu'ɛtə] f (15) silueta f.
Silizium 🜪 [-'li:tsjum] n (9. o. pl.) silicio m.
Silo ['zi:lo] m (11) silo m.
Silvester [zil'vɛstər] m od. n (7), **~abend** m nochevieja f.
simpel ['zimpəl] simple.
Sims [zims] m u. n (4) 🜨 cornisa f; (Fenster♀) moldura f; (Wandbrett) estante m, anaquel m.
Simu|lant(in f) [zimu'lant(in)] m (12) simulador(a) m (f); **~lator** ⊕ [--¹lɑːtɔr] m (8¹) simulador m; ♀**lieren** simular, fingir.
simultan [--¹tɑːn] simultáneo; ♀**dolmetschen** n interpretación f simultánea.
sind [zint] s. sein.
Sinfonie [zinfo'ni:] f (15) s. Symphonie.
sing|bar [¹'ziŋbɑːr] cantable; **~en** (30) cantar; ♀**spiel** n zarzuela f; ♀**stimme** f voz f cantante; parte f de canto; ♀**ular** [¹-gulɑːr] m (3¹) singular m; ♀**vogel** m pájaro m cantor; ave f canora.
sinken [¹-kən] **1.** v/i. (30, sn) caer; descender; Preise usw.: bajar; Sonne: ponerse; Schiff: hundirse, irse a pique; (abnehmen) disminuir; bei ~der Nacht al caer la noche, al anochecer; **2.** ♀ n caída f; descenso m; baja f; hundimiento m; disminución f.
Sinn [zin] m (3) sentido m; (Bedeutung) significación f; e-s Wortes: acepción f, significado m; (Geist) espíritu m; (Meinung) parecer m; ~ für Interés m (od. gusto m) por; ~ für Humor haben tener sentido del humor; im ~ haben tener (la) intención (de hacer a/c.); ohne ~ und Verstand a tontas y a locas; e-s ~es mit j-m sein estar de acuerdo con alg.; anderen ~es werden cambiar de opinión; (nicht) bei ~en sein (no) estar en su juicio; von ~en fuera de juicio; j-m in den ~ kommen ocurrirse a alg.; das geht mir nicht aus dem ~ no se me quita de la cabeza; sich (dat.) et. aus dem ~ schlagen quitarse a/c. de la cabeza; ¹**~bild** n símbolo m; alegoría f; ♀**bildlich** simbólico; alegórico; ~ darstellen simbolizar; ¹♀**en** (30) meditar, reflexionar; ~ auf (ac.) pensar en; tramar (ac.); ¹♀**end** pensativo; meditabundo; ¹**~enlust** f voluptuosidad f;

sensualidad f; ¹♀**-entstellend** que desfigura el sentido; ¹**~enwelt** f mundo m físico.
¹**Sinnes|-änderung** f cambio m de opinión; **~art** f mentalidad f; **~or-gan** n órgano m sensorial od. del sentido; **~täuschung** f alucinación f.
sinn|fällig [¹-fɛliç] evidente; patente; ♀**gedicht** n epigrama m; **~gemäß** conforme al sentido; **~ieren** cavilar; meditar; **~ig** sensato; ingenioso; iron. agudo; **~lich** sensual; voluptuoso; (wahrnehmbar) físico, material; ♀**lichkeit** f sensualidad f; voluptuosidad f; **~los** absurdo; insensato, desatinado; (zwecklos) inútil; ♀**lo-sigkeit** f absurdidad f; insensatez f; desatino m; **~reich** ingenioso; ♀**-spruch** m sentencia f, aforismo m; **~verwandt**(es Wort n) sinónimo (m); **~voll** ingenioso; (zweckmäßig) oportuno; razonable; **~widrig** absurdo.
Sintflut [¹zintflu:t] f diluvio m.
Sinus 🜪 [¹zi:nus] m (uv. u. 14²) seno m.
Siphon [¹zi:fɔn] m (11) sifón m.
Sipp|e [¹zipə] f (15) estirpe f, clan m; **~schaft** desp. f ralea f, chusma f.
Sirene [-¹re:nə] f (15) sirena f.
Sirup [¹zi:rup] m (3¹) jarabe m.
Sisal(hanf) [¹-zal(hanf)] m (3¹, o. pl.) sisal m.
Sitte [¹zitə] f (15) costumbre f; (Brauch) uso m; usanza f.
¹**Sitten|bild**, **~gemälde** n cuadro m de costumbres; **~lehre** f moral; ♀**lichkeit** f ética f; ♀**los** inmoral; ♀**losigkeit** f inmoralidad f; **~polizei** f brigada f contra el vicio; **~prediger** m moralizador m; **~richter** m censor m; moralista m; ♀**streng** austero; puritano; **~strenge** f austeridad f; puritanismo m; **~verderbnis** f corrupción f moral.
Sittich Zo. [¹-tiç] m (3¹) cotorra f.
sitt|lich [¹-liç] moral; ♀**lichkeit** f moralidad f; ♀**lichkeitsverbrechen** n delito m contra la honestidad; **~sam** decente; honesto; ♀**samkeit** f decencia f; honestidad f.
Situ|ation [zitua'tsjo:n] f situación f; ♀**iert** [--¹i:rt]: gut ~ en posición acomodada.
Sitz [zits] m (3²) asiento m; (Wohn♀) domicilio m, residencia f; sede f; ¹**~bad** n baño m de asiento; ¹**~blockade** f sentada f; ¹♀**en** (30, h. u.

sn) estar sentado; (*sich befinden*) hallarse, encontrarse; *e-m Maler*: posar; *Kleid*: sentar *od.* caer bien; F (*im Gefängnis sn*) F estar a la sombra *od.* en chirona; ~ bleiben quedar sentado; F e-n ~ haben F estar trompa; '2enbleiben (sn) *Schüler*: suspender un curso; *Mädchen*: quedar soltera, F quedar para vestir santos; '2end sentado; ~e Lebensweise vida *f* sedentaria; '2enlassen abandonar; F dejar plantado; *et. auf sich* ~ tragar(se) a/c.; '~fleisch *n*: F kein ~ haben F ser culo de mal asiento; '~gelegenheit *f* asiento *m*; '~kissen *n* gal. puf *m*; '~platz *m* asiento *m*; plaza *f* sentada; '~reihe *f* fila *f* (de butacas); '~streik *m* huelga *f* de brazos caídos.

Sitzung ['zɪtsʊŋ] *f* sesión *f*; junta *f*; reunión *f*; ♟ audiencia *f*; ~sbericht *m* acta *f* (de la sesión); ~sgeld *n* dietas *f/pl.* de asistencia; ~ssaal *m* sala *f* de sesiones.

Skala ['skaːla] *f* (16² u. 11¹) escala *f*; *bsd. fig.* gama *f*.

Skalp [skalp] *m* (3¹) cabellera *f*; ~ell *♣* [-'pɛl] *n* (3¹) escalpelo *m*; 2ieren arrancar la cabellera.

Skandal [skan'daːl] *m* (3¹) escándalo *m*; (*Lärm*) alboroto *m*, barullo *m*; 2ös [-da'løːs] escandaloso.

skandieren [-'diːrən] escandir.

Skandinav|**ier**(**in** *f*) [-di'naːvjər(in)] *m* (7), 2isch escandinavo (-a) *m* (*f*).

Skateboard ['skeitbɔːd] *n* (11) monopatín *m*.

Skelett [ske'lɛt] *n* (3) esqueleto *m*.

Skep|**sis** ['skɛpsɪs] *f* (16, *o. pl.*) escepticismo *m*; ~tiker ['-tikər] *m* (7), 2tisch escéptico (*m*).

Ski [ʃiː] *m* (11, *pl.* ~er) = *Schi*.

Skizz|**e** ['skɪtsə] *f* (15) bosquejo *m*; esbozo *m*, boceto *m*; croquis *m*; 2enhaft esbozado; 2ieren bosquejar, esbozar.

Sklav|**e** ['sklaːvə] *m* (13) esclavo *m*; ~enhandel *m* trata *f* de negros; ~e'rei *f* esclavitud *f*; ~in *f* esclava *f*; 2isch servil.

Sklerose *♣* [skle'roːzə] *f* (15) esclerosis *f*; *multiple* ~ esclerosis *f* múltiple *od.* en placa.

Skonto ♣ ['skɔnto] *m u. n* (11) descuento *m*.

Skorbut *♣* [skɔr'buːt] *m* (3, *o. pl.*) escorbuto *m*.

Skorpion [-p'joːn] *m* (3¹) alacrán *m*; escorpión *m*; *Astr.* Escorpión *m*.

Skript [skrɪpt] *n* (5) apuntes *m/pl.*; ~girl ['-gœːl] *n* (11) secretaria *f* de rodaje, script-girl *f*.

Skrupel ['skruːpəl] *m* (7) escrúpulo *m*; 2los sin escrúpulos; ~losigkeit *f* falta *f* de escrúpulos.

Skulptur [skulp'tuːr] *f* (16²) escultura *f*.

Slalom ['slaːlɔm] *m* (11) slalom *m*.

Slaw|**e** ['-və] *m* (13) (~in *f*), 2isch eslavo (-a) *m* (*f*).

Slip [slɪp] *m* (11) slip *m*.

Slowak|**e** [slo'vaːkə] *m* (13) (~in *f*), 2isch eslovaco (-a) *m* (*f*).

Sloven|**e** ['-veːnə] *m* (13) (~in *f*), 2isch esloveno (-a) *m* (*f*).

Smaragd [sma'rakt] *m* (3) esmeralda *f*.

Smoking ['smoːkiŋ] *m* (11) smoking *m*, esmoquin *m*.

Snob [snɔp] *m* (11) (e)snob *m*.

Snobis|**mus** [sno'bɪsmus] *m* (16²) (e)snobismo *m*; 2tisch (e)snob.

so [zoː] *asi*; *vor adj. u. adv.* tan; (*solch*) tal; ~? ¿de veras?, ¿es posible?; *ach* ~! ¡ah, bueno!; ¡ya!; ~ *sehr*, ~ *viel* tanto; ~ *ein Unglück!* ¡qué desgracia!; ~ (*et*)*was!* ¡parece mentira!; ¡qué barbaridad!; ~ *oder* ~ de todos modos; ~ *gut wie möglich* lo mejor posible; ~ *reich wie* er tan rico como él; ~*reich* er *auch ist* por rico que sea; ~ *daß* de modo que, de manera que.

sobald [-'balt] tan pronto como; en cuanto.

Socke ['zɔkə] *f* (15) calcetín *m*; F *sich auf die* ~*n machen* marcharse; ~l *m* (7) pedestal *m*, zócalo *m*; base *f*; ~nhalter *m* liga *f*.

Soda ['zoːda] *f uv. od. n* (11, *o. pl.*): **a)** ♠ sosa *f*; **b)** ~wasser *n* soda *f*.

Sodbrennen *♣* ['zoːtbrɛnən] *n* (6) ardor *m od.* acidez *f* de estómago; ♟ pirosis *f*.

soeben [zo'¹⁹eːbən] en este momento; ahora mismo; ~ *et. getan haben* acabar de hacer a/c.

Sofa ['zoːfa] *n* (11) sofá *m*, canapé *m*; diván *m*.

sofern [zo'fɛrn] en tanto que, (en) caso que (*subj.*); si es que; ~ *nicht* a no ser que (*subj.*).

soff [zɔf] *s. saufen*.

sofort [zo'fɔrt] en seguida, en el acto, al instante; 2bildkamera *f* cámara *f* para fotos al instante; ~ig inmediato; 2programm *n* programa *m* de realización inmediata.

Sog ⚓ [zo:k] *m* (3) resaca *f*.

sog [zo:k] *s. saugen*.

sogar [zo'ga:r] hasta, aun, incluso; ∼ *sein Bruder* hasta su hermano, su mismo hermano.

sogenannt ['zo:gənant] llamado, dicho; *(angeblich)* pretendido.

sogleich [zo'glaiç] ahora mismo.

Sohle ['zo:lə] *f* (15) *(Fuß2)* planta *f*; *(Schuh2)* suela *f*; *(Boden)* fondo *m (a. ⚒)*.

Sohn [zo:n] *m* (3³) hijo *m*.

Soiree [soa're:] *f* (15) velada *f*; sarao *m*.

Soja ♀ ['zo:ja] *f* (16²), **∼bohne** *f* soja *f*.

solange [zo'laŋə] mientras, en tanto que; ∼ *bis* hasta que.

Solar|ium [-'la:rjum] *n* (9) solario *m*, solárium *m*; **∼zelle** *f* célula *f* solar.

Solbad ['zo:lba:t] *n* baño *m* de agua salina.

solch [zɔlç] (21) tal; semejante; ∼ *ein ...!* ¡qué ...!; **∼erlei** ['-çər'lai] tales, semejantes.

Sold [zɔlt] *m* (3) paga *f*, soldada *f*.

Soldat [-'da:t] *m* (12) soldado *m*, militar *m*; **2isch** militar, de soldado.

Soldbuch ['zɔltbu:x] *n* libreta *f* militar.

Söldner ['zœltnər] *m* (7) mercenario *m*.

Sol|e ['zo:lə] *f* (15) agua *f* salina; **∼ei** ['-'?ai] *n* huevo *m* cocido en salmuera.

solidarisch [zoli'da:riʃ] solidario; **∼sieren** [--dari'si:rən]: *sich ∼ mit* solidarizarse con; **2tät** *f* solidaridad *f*.

solid|(e) [-'li:t, -'-də] sólido; *Person:* formal, serio; *Firma:* solvente; **2ität** [-lidi'tɛ:t] *f* solidez *f*; formalidad *f*; solvencia *f*.

Solist(in *f)* [-'list(in)] *m* (12) solista *su*.

Soll ✝ [zɔl] *n* (11 *u. uv.*) debe *m*; pasivo *m*; ∼ *und Haben* debe y haber; **∼-Bestand** *m* efectivo *m* teórico *od.* previsto; **¹en** (30) *Pflicht:* deber; *Notwendigkeit:* haber de; *Annahme:* deber de; *du hättest es sagen ∼* debieras haberlo dicho; *was soll ich tun?* ¿qué quieres que haga?, ¿qué he de hacer?; *ich weiß nicht, was ich tun soll* no sé qué hacer; *was soll das (heißen?)* ¿qué significa esto?; *sollte es möglich sn?* ¿sería posible?; *man sollte meinen* se diría; *Befehl:* er soll kommen que venga; *du sollst nicht töten!* no matarás; *sollte er kommen, falls er kommen sollte (en)* caso que venga, si viniera;

er soll krank sn dicen que está enfermo.

Söller ['zœlər] *m* (7) azotea *f*.

Solo [zo:lo] *n* (11, *pl. a. -li*) solo *m*; **∼instrument** *n* instrumento *m* solista; **∼konzert** *n* recital *m*; **∼stimme** *f* solo *m*.

Solquelle ['zo:lkvɛlə] *f* (15) manantial *m* de aguas salinas.

solven|t [zɔl'vɛnt] solvente; **2z** [-'vɛnts] *f* (16) solvencia *f*.

somit [zo'mit] así pues, por lo tanto, · por consiguiente.

Sommer ['zɔmər] *m* (7) verano *m*; *poet.* estío *m*; *im ∼* en verano; **∼...** *in Zssgn* estival, de verano; veraniego; **∼frische** *f* verano *m*; *in die ∼ gehen* ir a veranear; **∼frischler** ['--friʃlər] *m* (7), **∼gast** *m* veraneante *m*; **2lich** veraniego; de verano; **∼schlußverkauf** *m* rebajas *f/pl.* de verano; **∼sonnenwende** *f* solsticio *m* estival *od.* de verano; **∼sprosse** *f* peca *f*; **2sprossig** pecoso; **∼zeit** *f* (tempo-rada *f* de) verano *m*; *(Uhrzeit)* horario *m* de verano.

Sonate [zo'na:tə] *f* (15) sonata *f*.

Sonde ['zɔndə] *f* (15) sonda *f (a. ✈)*.

Sonder... ['-dər...]: *in Zssgn oft* especial; **∼abdruck** *m* tirada *f* aparte; **∼angebot** *n* oferta *f*; **∼ausgabe** *f* edición *f* especial; *(Zeitung)* número *m* extraordinario; **2bar** singular, extraño; curioso; raro; **2barer'weise** lo extraño es que; **∼beilage** *f* suplemento *m* extraordinario; **∼berichterstatter** *m* enviado *m* especial; **∼fall** *m* caso *m* excepcional; **∼frieden** *m* paz *f* separada; **2'gleichen** sin igual, sin par; sin precedente; **∼interesse** *n* interés *m* particular; **2lich** *s. sonderbar; nicht ∼* no mucho; **∼ling** ['--liŋ] *m* (3¹) original *m*, F tipo *m* raro; **∼marke** *f* sello *m* especial; **2n** 1. *cj.* sino; 2. *v/t.* (29) separar; *(unterscheiden)* distinguir; **∼nummer** *f s. Sonderausgabe;* **∼recht** *n* privilegio *m*; **∼schule** *f* centro *m* de educación especial; **∼stellung** *f* posición *f* privilegiada; **∼zug** *m* tren *m* especial.

sondier|en [-'di:rən] sond(e)ar; ✈ sondar; *fig. das Gelände ∼* tantear el terreno; **2ung** *f* sondeo *m*.

Sonett [zo'nɛt] *n* (3) soneto *m*.

Sonnabend ['zɔn'?abənt] *m* (3¹) sábado *m*; **2s** los sábados.

Sonne ['zɔnə] *f* (15) sol *m*; *in der ∼* al sol; **∼n** (25) solear; *sich ∼* tomar el sol.

Sonnen... ['ˈnən...]: *in Zssgn oft* de(l) sol; *Astr.*, ⊕ solar; **~aufgang** *m* salida *f* del sol; **~bad** *n* baño *m* de sol; **~blume** *f* girasol *m*; **~brand** *m* quemadura *f* de sol; **~bräune** *f* bronceado *m*; **~brille** *f* gafas *f/pl.* de sol; **~creme** *f* crema *f* bronceadora; **~dach** *n* toldo *m*; **~energie** *f* energía *f* solar; **~finsternis** *f* eclipse *m* solar; **~fleck** *M* mancha *f* solar; **⁀gebräunt** ['ˈ--gebrɔ‿ynt] bronceado; tostado por el sol; **~klar** evidente; claro como el agua; **~kollektor** *m* colector *m od.* panel *m* solar; **~kraftwerk** *n* central *f* solar; **~öl** *n* aceite *m* bronceador; **~schein** *m* (luz *f* del) sol *m*; **~schirm** *m* sombrilla *f*, parasol *m*; **~seite** *f* lado *m* expuesto al sol; **~stich** ⚕ *m* insolación *f*; **~strahl** *m* rayo *m* de sol; **~system** *n* sistema *m* solar; **~terrasse** *f* solario *m*, solárium *m*; **~uhr** *f* reloj *m* de sol; **~untergang** *m* puesta *f* del sol; **~wende** *f* solsticio *m*.

sonnig ['ˈniç] expuesto al sol, soleado; *fig.* alegre; radiante.

Sonntag ['ˈtaːk] *m* domingo *m*.

sonntäglich ['ˈtɛːkliç] dominical; dominguero.

Sonntags|ausflügler ['ˈtaːksˈausflyːglər] *m* dominguero *m*; **~fahrer** *m* (conductor *m*) dominguero *m*; **~kind** *n fig.* persona *f* nacida con buena estrella; **~rückfahrkarte** *f* billete *m* de ida y vuelta en días festivos; **~ruhe** *f* descanso *m* dominical; **~staat** *m* ropas *f/pl.* de fiesta; *im ~* endomingado.

sonst [zɔnst] *(andernfalls)* de lo contrario, si no; *(übrigens)* por lo demás, *(außerdem)* además; *wie ~* como de costumbre; *~ noch etwas?* ¿alguna otra cosa?; *~ nichts* nada más; *~ niemand* ningún otro, nadie más; *~ nirgends* en ninguna otra parte; *mehr als ~* más que de ordinario; *wer ~ als er?* ¿quién si no él?; *'~ig* otro; *'~wie* de cualquier manera; *'~wo* dondequiera.

sooft [zoˈˈɔft] cada vez que; cuando, siempre que.

Sopran [-ˈpraːn] *m* (3¹) soprano *m*; **~istin** [-praˈnistin] *f* soprano *f*.

Sorge ['ˈzɔrgə] *f* (15) preocupación *f*; *stärker:* inquietud *f*, alarma *f*; *(Für⁀)* cuidado *m*; *(Kummer)* aflicción *f*, pena *f*; *sich ~n machen* preocuparse; *keine ~!, seien Sie ohne ~!* ¡descuide!; *laß das m-e ~ sn!* ¡déjame hacer!

sorgen ['ˈzɔrgən] (25): *~ für* cuidar de; atender a; *(beschaffen)* procurar; *sich ~ preocuparse, inquietarse (um de, por)*; **~frei** libre de cuidados; **⁀kind** *n* niño *m* que causa muchas preocupaciones; **~voll** lleno de preocupaciones; inquieto, preocupado.

Sorgerecht ᵗʰᵗ ['ˈzɔrgeçt] *n* custodia *f*.

Sorg|falt ['ˈzɔrkfalt] *f* (16, *o. pl.*) cuidado *m*, esmero *m*; **⁀fältig**, **⁀sam** cuidadoso; esmerado; *adv.* con esmero; **⁀los** despreocupado; descuidado; **~losigkeit** *f* despreocupación *f*; incuria *f*.

Sort|e ['ˈtə] *f* (15) clase *f*, especie *f*; ⚕ variedad *f*; **⁀ieren** clasificar; *(auswählen)* seleccionar, escoger; **~iment** [-tiˈmɛnt] *n* (3) surtido *m*; **~i'mentsbuchhandlung** *f* librería *f* general.

so|sehr [zoˈzeːr] por más (*od.* mucho) que; **~so** [ˈ-ˈzoː] así, así, *~!* ¡vaya, vaya!

Soße ['ˈzoːsə] *f* (15) salsa *f*; **~nschüssel** *f* salsera *f*.

Souffl|eur [zuˈfløːr] *m* (3¹) **(~euse** [-ˈfløːzə] *f* [15]) apuntador(a *f*) *m*; **~eurkasten** *m* concha *f* del apuntador; **⁀ieren** apuntar.

Soundso ['ˈzoːˈʔuntzoː]: *Herr (Frau) ~* fulano (-a) *m* (*f*) de tal; *⚕ viel equis*; **⁀vielte** ['ˈ---ˈfiːltə]: *am ~n* a tantos de.

Soutane [zuˈtaːnə] *f* (15) sotana *f*.

Souterrain [-tɛˈrɛ̃] *n* (11) sótano *m*.

Souvenir [-vəˈniːr] *n* (11) recuerdo *m*.

souverän [-vəˈrɛːn], ⚕ *m* (3¹) soberano (*m*); **⁀ität** [---niˈtɛːt] *f* soberanía *f*.

so|viel [zoˈfiːl] tanto (*wie* como); *noch einmal ~* otro tanto; *~ ich weiß que yo sepa*; **~weit** en cuanto; *~ nicht* a menos que; *wir sind ~* ya estamos; **~wenig** tan poco; **~wie** (así) como; tan pronto como, en cuanto; **~wieso** en todo caso; de todos modos.

Sowjet [zɔˈvjɛt] *m* (11) soviet *m*; **⁀isch** [-ˈvjɛːtiʃ] soviético.

sowohl [zɔˈvoːl]: *~ ... als auch* tanto ... como.

sozial [zɔˈtsjaːl] social; **⁀-abgaben** *f/pl.* cargas *f/pl.* sociales; **⁀-arbeiter(in** *f*) *m* asistente *su.* social; **⁀demokrat** *m*, **⁀demokratisch** socialdemócrata (*m*); **⁀demokratie** *f* socialdemocracia *f*; **~isieren** [-tsjaliˈziːrən] socializar; **⁀isierung** *f* socialización *f*; **⁀ismus** [--ˈlismus] *m* (16, *o. pl.*) socialismo *m*; **⁀ist(in** *f*) [--ˈlist(in)] *m* (12), **~istisch** [--ˈlistiʃ] socialista (su.); ♀**leistungen** f/pl. prestaciones f/pl. sociales; ♀**partner** m/pl. interlocutores m/pl. sociales; ♀**politik** f política f social; ♀**produkt** n producto m nacional od. social; ♀**rentner** m pensionista m del seguro social; ♀**versicherung** f seguro m social; ♀**wohnung** f vivienda f de protección oficial.

Soziolog|e [zotsjo'lo:gə] m (13) sociólogo m; **.ie** [--lo'gi:] f (15, o. pl.) sociología f; ♀**isch** [--'lo:giʃ] sociológico.

Sozius ['zo:tsjus] m (14²) socio m, asociado m; **.sitz** m Motorrad: asiento m trasero.

sozusagen [-tsu'za:gən] por decirlo así.

Spachtel ['ʃpaxtəl] m (7) od. f (15) espátula f.

Spaghetti [ʃpa'gɛti] pl. espaguetis m/pl.

späh|en ['ʃpɛːən] (25): ~ nach espiar (ac.); ♀**trupp** m patrulla f.

Spalier ✓ [ʃpa'liːr] n (3¹) espaldera f, espaldar m; fig. ~ stehen cubrir la carrera; formar calle.

Spalt [ʃpalt] m (3) hendedura f, raja f, grieta f; fisura f; ♀**bar** fisible; **.e** f (15) = Spalt; Typ. columna f; ♀**en** (26; p.pt. ge~) dividir, partir; Pol. escindir; ⚚ disociar; Phys. desintegrar; **'.pilz** m esquizomiceto m; **'.-produkt** n producto m de fisión; **'.ung** f ⚚ disociación f; Phys. fisión f; fig. división f; escisión f (a. Pol.); Psych. desdoblamiento m.

Span [ʃpaːn] m (3³) astilla f; viruta f; **'.ferkel** n lechón m, cochinillo m.

Spange ['ʃpaŋə] f (15) prendedero m; pasador m; am Schuh: hebilla f.

Span|ier(in f) ['ʃpaːnjər(in)] m (7) español(a) m (f); ♀**isch** español; Sprache: a. castellano; fig. das kommt mir ~ vor eso es chino para mí; **'.isch--ameri'kanisch** hispano-americano; ♀**ischsprechend** de habla española, castellanoparlante.

Spann [ʃpan] **1.** m (3) empeine m; **2.** 2 s. spinnen; **'.beton** m hormigón m pretensado; **'.bettuch** n sábana f ajustable; **'.e** f (15) (Hand) palmo m; (Zeit) lapso m, espacio m; ✝ margen m; ♀**en** (25) **1.** v/t. tender; (straffen) estirar; Feder, Bogen: armar; Waffe: amartillar; s-e Erwartungen zu hoch ~ tener pretensiones exageradas; **2.** v/i. Kleid usw.: apretar; ♀**end** fig. de

interés) palpitante; cautivador; Film usw.: de suspense; **'.er** m (7) für Zeitungen: sujetador m; für Hosen: estirador m; für Schuhe: extendedor m; ⊕ tensor m; Zo. falena f; **'.kraft** f elasticidad f; fig. energía f; **'.ung** f ⚡ tensión f (a. fig.), voltaje m; fig. impaciencia f; Film usw.: suspense m; **'.ungsmesser** m voltímetro m; **'.weite** f envergadura f.

Spant [ʃpant] n (5) cuaderna f.

Spar|buch ['ʃpaːrbuːx] n libreta f od. cartilla f de ahorro; **.büchse** f hucha f; **.-einlagen** f/pl. imposiciones f/pl. de ahorro; ♀**en** (25) ahorrar; economizar, hacer economías; **.er(in** f) m (7) ahorrador(a) m (f).

Spargel ['ʃpargəl] m (7) espárrago m; **.beet** n esparraguera f.

Spar|gelder ['ʃpaːrgɛldər] n/pl. ahorros m/pl.; **.groschen** m/pl. ahorrillos m/pl.; **.guthaben** m ahorro m; **.kasse** f caja f de ahorros; **.konto** n cuenta f de ahorro.

spärlich ['ʃpɛːrliç] escaso; Haar: claro; ♀**keit** f escasez f.

Sparmaßnahme ['ʃpaːrmaːsnaːmə] f medida f de economía.

Sparren ['ʃparən] m (6) cabrio m.

sparsam ['ʃpaːrzaːm] económico; ahorrativo; ♀**keit** f economía f.

spartanisch [ʃpar'taːniʃ] espartano (a. fig.).

Sparte ['-tə] f (15) sector m, sección f.

Spaß [ʃpaːs] m (3² u. ³) broma f, burla f; (Witz) chiste m; (Vergnügen) diversión f; zum ~ en broma; ~ beiseite! ¡bromas aparte!; viel ~! ¡que te diviertas!; das macht ihm ~ le hace gracia; (keinen) ~ verstehen (no) aguantar od. consentir las bromas; den ~ verderben aguar la fiesta; ♀**en** (27) bromear; ♀**haft**, ♀**ig** burlesco, chistoso; **'.macher**, **'.vogel** m bromista m; **'.verderber** m (7) aguafiestas m.

Spat Min. [ʃpaːt] m (3) espato m.

spät [ʃpɛːt] tardío; adv. tarde; wie ~ ist es? ¿qué hora es?; zu ~ kommen venir tarde; bis ~ in die Nacht hasta muy entrada la noche.

Spatel ['ʃpaːtəl] m (7) espátula f.

Spaten ['-tən] m (6) laya f.

spät|er ['ʃpɛːtər] posterior, ulterior (als a.); adv. más tarde; eine Stunde ~ una hora después; **.erhin** más tarde; **.estens** lo más tarde, a más tardar; ♀**frost** m helada f tardía; ♀**herbst** m fines m/pl. de otoño; ♀**-obst** n fruta f tardía; **2sommer** m veranillo m de San Martín.

Spatz Zo. [ʃpats] m (12) gorrión m.

Spätzündung ['ʃpɛːttsyndun] f encendido m retardado.

spazier|en [[ʃpa'tsiːrən] (sn) pasear(se); **~enfahren** v/i. (sn) dar un paseo en coche; **~enführen** llevar de paseo; **~engehen** (sn) pasear(se), dar un paseo; **2gang** m paseo m; **2gänger** m paseante m; **2stock** m bastón m.

Specht [ʃpɛçt] m (3) pájaro m carpintero, pico m.

Speck [ʃpɛk] m (3) tocino m; geräucherter: bacon m; **²ig** pringoso, grasiento; **'~schwarte** f ('~seite f) corteza f (hoja f) de tocino.

spedieren [ʃpe'diːrən] expedir, despachar; mandar, enviar.

Spedit|eur [-di'tøːr] m (3¹) agente m de transportes; **~ion** [--'tsjoːn] f expedición f, transporte m; **~i'ons-firma** f agencia f de transportes.

Speer [ʃpeːr] m (3) lanza f; (Wurf2) jabalina f; **'~werfen** n Sport: lanzamiento m de jabalina.

Speiche ['ʃpaɪça] f (15) ⊕ rayo m; Anat. radio m.

Speichel ['-çəl] m (7) saliva f; **~drüse** f glándula f salival; **~fluß** m salivación f; **✿** (p)tialismo m; **~lecker** m (7) cobista m; P lameculos m.

Speicher ['-çər] m (7) (Lager) almacén m; (Boden) desván m; (Getreide2) granero m; silo m; Computer: memoria f; **2n** (29) almacenar (a. Daten); acaparar; acumular; **~ung** f almacenamiento m (a. v. Daten), almacenaje m; acumulación f.

speien ['-ən] (30) escupir; a. fig. vomitar.

Speise ['-zə] f (15) comida f; alimento m; (Gericht) plato m, manjar m; **~eis** n helado m; **'~kammer** f despensa f; **~karte** f lista f de platos; menú m, minuta f; **2n** (27) **1.** v/t. alimentar (a. ⊕); dar de comer; **2.** v/i. comer; **~n-aufzug** m montaplatos m; **~n-folge** f menú m; **~öl** n aceite m comestible od. de mesa; **~röhre** Anat. f esófago m; **~saal** m comedor m; **~wagen** 🚂 m coche m od. vagón m restaurante.

Speisung ['-zuŋ] f alimentación f.

Spektakel [ʃpɛk'taːkəl] m (7) jaleo m; **2n** (29) armar jaleo.

Spektr|alanalyse [-'traːl²analyzə] f

(15) análisis m espectral; **~um** ['-trum] n (9 u. 9²) espectro m.

Spekul|ant [ʃpeku'lant] m (12) especulador m; **~ation** [--la'tsjoːn] f especulación f; **2ativ** [--la'tiːf] especulativo; **2ieren** especular (auf sobre); an der Börse ~ jugar a la bolsa; fig. auf et. ~ aspirar a a/c.

Spelunke [-'luŋkə] f (15) tabernucho m; tugurio m.

Spelz 🌾 [[ʃpɛlts] m (3²) espelta f; **'~e** 🌾 f (15) gluma f.

spend|abel F [ʃpɛn'daːbəl] generoso, rumboso; **2e** ['-də] f (15) regalo m; donativo m; óbolo m; **~en** (26) dar; donar; Sakramente: administrar; **2er(in** f) m (7) donador(a) m (f); donante su.; **~ieren** regalar, ofrecer.

Sperber Zo. ['ʃpɛrbər] m (7) gavilán m.

Sperenzchen F [ʃpe'rɛntsçən] pl. uv.: ~ machen poner dificultades.

Sperling ['ʃpɛrlin] m (3¹) gorrión m.

Sperma ['-ma] n (9¹, pl. a. ~ta) esperma m.

sperr|angelweit ['-²aŋəl'vaɪt] de par en par; **2druck** Typ. m composición f espaciada; **2e** f (15) cierre m; (Schranke) barrera f; (Verbot) prohibición f; (Blockade) bloqueo m; **~en** (25) cerrar; Gas, Strom, Wasser, Straße: cortar; (hindern) impedir; (verbieten) prohibir; ✗, ⚓, ♠ u. ✈ Kredit, Scheck: bloquear; Konto: a. congelar; Typ. espaciar; sich ~ oponerse (gegen a), protestar (contra); **2feuer** ✗ n tiro m de barrera; barrera f de fuego; **2gebiet** n zona f prohibida; **2gut** n mercancías f/pl. de gran bulto; **2guthaben** n crédito m bloqueado; **2holz** n madera f contrachapeada od. terciada; **2ig** voluminoso, abultado; **2kette** f Tür: cadena f de seguridad; (Kordon) cordón m; **2-konto** n cuenta f bloqueada od. congelada; **2kreis** ∮ m circuito m filtrador; **2müll** m residuos m/pl. voluminosos; **2sitz** m butaca f de preferencia; **2ung** f cierre m; bloqueo m; (Verbot) prohibición f; Typ. espaciado m; **2zone** f zona f prohibida.

Spesen ['ʃpeːzən] pl. uv. gastos m/pl.; **~rechnung** f cuenta f de gastos.

spezial [ʃpe'tsjaːl], **2...** especial; **2gebiet** n especialidad f; **~isieren** [-tsjali'ziːrən] especializar (auf en); **2i'sierung** f especialización f; **2ist** m (12) especialista *m* (*a.* ✱); 2i'**tät** *f* especialidad *f*.

speziell [-'tsjɛl] especial, particular.

Spezies [ˈʃpeːtsjɛs] *f uv.* especie *f*.

spezif|isch [ʃpeˈtsiːfiʃ] específico; **~i-zieren** [-tsifiˈtsiːrən] especificar.

Sphär|e [ˈsfɛːrə] *f* (15) esfera *f*; *fig. a.* ambiente *m*; 2**isch** esférico.

Sphinx [sfiŋks] *f* (14) esfinge *f*.

spick|en [ˈʃpikən] (25) mechar; F (*bestechen*) sobornar; F (*abschreiben*) copiar; 2**nadel** *f* aguja *f* de mechar; 2**zettel** *m* F chuleta *f*.

Spiegel [ˈʃpiːɡəl] *m* (7) espejo *m*; (*Schrank*2) luna *f*; ✱ espéculo *m*; *e-r Flüssigkeit*: nivel *m*; (*Kragen*2) solapa *f*; **~bild** *n* imagen *f* reflejada, reflejo *m*; 2**blank** limpio como un espejo; **~ei** *n* huevo *m* frito od. al plato; **~fechte'rei** *f* fantasmagoría *f*; finta *f*; **~glas** *n* cristal *m* de espejo; 2**glatt** (liso) como un espejo; 2**n** (29) reflejar (*a. fig.*); *sich* ~ reflejarse; **~reflexkamera** *f* cámara *f* reflex; **~schrank** *m* armario *m* de luna; **~schrift** *f* escritura *f* en espejo; **~ung** *f* reflejo *m*.

Spiel [ʃpiːl] *n* (3) juego *m*; *Schach usw.*: partida *f*; *Sport*: partido *m*; (*Karten*) baraja *f*; *Thea.* interpretación *f*; ♪ ejecución *f*; *aufs* ~ *setzen* arriesgar, poner en juego; jugarse a/c.; *auf dem* ~ *stehen* estar en juego; *aus dem* ~ *lassen* dejar a un lado; *leichtes* ~ *haben* no tener dificultades; *seine Hand im* ~ *haben* haber intervenir; **~art** *f* variante *f*; *Biol.* variedad *f*; **~automat** *m* (máquina *f*) tragaperras *m/f*; **~ball** *m* pelota *f*; *fig.* juguete *m*; **~bank** *f* casa *f* de juego; casino *m*; **~dose** *f* caja *f* de música; 2**en** (25) 1. *v/t.* jugar; ♪ ejecutar; *Instrument*: tocar; *Thea.* representar; *Rolle*: interpretar; (*vorgeben*) simular; 2. *v/i.* jugar; *Thea.* actuar; *Handlung*: pasar; *ins Blaue* ~ *Farbe*: tirar a azul; 2**end** *fig.* fácilmente; sin dificultades; **~er** *m* (7) jugador *m*; ejecutante *m*; *Thea.* actor *m*; **~e'rei** *f* pasatiempo *m*; niñería *f*; 2**erisch** (como) jugando; juguetón; **~feld** *n* campo *m od.* terreno *m* de juego, *Am.* cancha *f*; **~film** *m* largometraje *m*; **~führer** *m Sport*: capitán *m* (del equipo); **~gefährte** *m* compañero *m* de juego(s); **~hölle** *f* garito *m*; **~karte** *f* naipe *m*, carta *f*; **~kasino** *n* casino *m* de juego; **~leiter** *m Thea.*

director *m*; *Film*: *a.* realizador *m*; *Sport*: árbitro *m*; **~mann** ✕ *m* (1, *pl.* **~leute**) tambor *m*; **~marke** *f* ficha *f*; **~plan** *m* programa *m*, repertorio *m*; cartelera *f*; **~platz** *m* für *Kinder*: parque *m* infantil; **~raum** *m* margen *m*; espacio *m*; ⊕ juego *m*; *fig.* libertad *f* (de movimiento); **~regel** *f* regla *f* de(l) juego; **~sachen** *f/pl.* juguetes *m/pl.*; **~salon** *m* sala *f* recreativa; **~schuld** *f* deuda *f* de juego; **~uhr** *f* reloj *m* de música; **~verderber(in** *f*) *m* aguafiestas *su.*; **~waren** *f/pl.* juguetes *m/pl.*; **~warenhandlung** *f* juguetería *f*; **~zeit** *f Thea.* temporada *f*; *Sport*: duración *f* del partido; **~zeug** *n* juguete *m*.

Spieß [ʃpiːs] *m* (3²) pica *f*; lanza *f*; jabalina *f*; (*Brat*2) asador *m*; ✕ F brigada *m*; **~bürger** *m*, 2**bürgerlich** pequeñoburgués (*m*); 2**en** (27) clavar; espetar; **~er** *m* (7) = *Spießbürger*; **~geselle** *m* cómplice *m*; 2**ig** burgués; aburguesado; **~ruten** *f/pl.*: ~ *laufen* correr baquetas.

Spikes [spaiks] *m/pl. Kfz.* neumáticos *m/pl.* claveteados; *Sport*: zapatillas *f/pl.* de clavos.

Spill ⚓ [[pil] *n* (3) cabrestante *m*.

Spinat [ʃpiˈnaːt] *m* (3) espinaca(s) *f*(*/pl.*).

Spind [ʃpint] *m u. n* (3) armario *m*.

Spindel [ˈʃpindəl] *f* (15) huso *m*; (*Welle*) árbol *m*; 2**dürr** hecho un fideo.

Spinett ♪ [ʃpiˈnɛt] *n* (3) espineta *f*.

Spinn|e [ˈʃpinə] *f* (15) araña *f*; 2**e-'feind**: *j-m* ~ *sein* estar a matar con alg.; 2**en** (30) hilar; *Katze*: ronronear; *fig.* tramar, urdir; F estar chiflado; **~en** *n* hilado *m*; **~(en)gewebe** *n* telaraña *f*; **~er** *m* (7) hilandero *m*; *fig.* F chiflado *m*; **~e'rei** *f* hilandería *f*; **~erin** *f* hilandera *f*; **~faser** *f* fibra *f* textil; **~rad** *n* torno *m* de hilar; **~rocken** *m* rueca *f*.

spintisieren [-ti'ziːrən] cavilar.

Spion|(in *f*) [ʃpiˈoːn(in)] *m* (3¹) espía *su.*; **~age** [-o'naːʒə] *f* (15, *o. pl.*) espionaje *m*; **~age-abwehr** *f* contraespionaje *m*; **~agering** *m* red *f* de espionaje; 2**ieren** espiar.

Spiral... [-'raːl...] *in Zssgn* espiral; **~bohrer** *m* broca *f* espiral; **~e** *f* (15) espiral *f*; **~feder** *f* resorte *m* espiral; 2**förmig** espiral.

Spiritis|mus [-ri'tismus] *m* (16, *o.*

pl.) espiritismo *m*; **~t** *m* (12), **2tisch** espiritista (*m*).

Spirituosen [--tu'o:zən] *pl. uv.* bebidas *f/pl.* espirituosas.

Spiritus ['ʃpi:ritus] *m* (14²) alcohol *m*; **~kocher** *m* hornillo *m* (de alcohol), infiernillo *m*.

Spital [ʃpi'ta:l] *n* (1²) hospital *m*.

spitz [ʃpits] **1.** *adj.* agudo (*a.* A); puntiagudo; *fig.* picante, mordaz; **2.** 2 *Zo. m* (3²) lulú *m*; !**2bart** *m* barba *f* en punta, perilla *f*; **2bogen** *m* ojiva *f*, arco *m* ojival; !**2bube** *m* pícaro *m*, bribón *m*, pillo *m*; !**~bübisch** pícaro; **2e** *f* (15) punta *f*; (*Ende*) extremidad *f*, cabo *m*; (*Berg*2) pico *m*, cima *f*; (*Turm*2) flecha *f*; (*Gewebe*) encaje *m*, puntilla *f*; *fig.* cabeza *f*; (*Höchstwert*) tope *m*; (*Bosheit*) indirecta *f*; *an der ~* al frente; *en* (*od.* a la) cabeza; *sich an die ~ setzen* tomar la delantera; *an der ~ liegen* llevar la delantera; *ir en cabeza*; *die ~n der Gesellschaft* la crema de la sociedad; *auf die ~ treiben* extremar; !**2el** *m* (7) espía *m*, confidente *m*; F soplón *m*; !**~en** (27) afilar; aguzar; *die Ohren ~* aguzar el oído; *sich ~ auf* (*ac.*) contar con.

Spitzen... ['~ən...]: *in Zssgn s. a. Höchst...*, **~gruppe** *f Sport*: pelotón *m* de cabeza; **~klasse** *f* primera calidad *f*; **~klöpplerin** ['--klœplərin] *f* encajera *f*; **~leistung** *f Sport*: récord *m*; ⊕ rendimiento *m* máximo; **~lohn** *m* salario *m* máximo; **~reiter** *m a. fig.* líder *m*; **~tanz** *m* baile *m* de puntas; **~verkehr** *m* horas *f/pl.* punta.

spitz|findig ['-findiç] sutil; **2findigkeit** *f* sutileza *f*; **2hacke** *f* pico *m*; **~kriegen** F enterarse de; descubrir; **2maus** *f* musaraña *f*; **2name** *m* apodo *m*, mote *m*; **~winklig** A acutángulo.

Spleen [spli:n] *m* (3¹ *od.* 11) esplín *m*; manía *f*; **2ig** excéntrico.

Splint [ʃplint] *m* (3) clavija *f*.

Splitt [ʃplit] *m* (3) gravilla *f*.

Splitter ['ʃplitər] *m* (7) astilla *f*; *in der Haut*: espina *f*; (*Granat*2, *Stein*2) casco *m*; (*Knochen*2) esquirla *f*; (*Bruchstück*) fragmento *m*; **2frei** inastillable; **~gruppe** *f* grupúsculo *m*; **2n** (29, *h. u. sn*) astillarse; **2-nackt** en cueros (vivos), F en pelotas.

spontan [ʃpɔn'ta:n] espontáneo; **2(e)ität** [-tan(e)i'tɛ:t] *f* espontaneidad *f*.

sporadisch [ʃpo'ra:diʃ] esporádico.

Spore ♀ ['ʃpo:rə] *f* (15) espora *f*.

Sporn [ʃpɔrn] *m* (5³) espuela *f*; *Zo. u.* ♣ espolón *m*; *die Sporen geben* dar de espuelas; **2streichs** ['-ʃtraiçs] a rienda suelta; a toda prisa; (*sofort*) acto seguido.

Sport [ʃpɔrt] *m* (3) deporte *m*; *~ treiben* practicar un deporte; '**~...:** *in Zssgn mst* deportivo; de deporte; '**~anlage** *f* polideportivo *m*; '**~art** *f* deporte *m*; '**~flugzeug** *n* avioneta *f*; '**~geschäft** *n* tienda *f* de artículos de deporte; '**~lehrer** *m* profesor *m* de educación física; '**~ler(in** *f*) *m* (7) deportista *su.*; '**2lich** deportivo; '**~lichkeit** *f* deportividad *f*; '**~platz** *m* campo *m* de deportes; '**~smann** *m* deportista *m*; '**~taucher** *m* submarinista *m*; '**~wagen** *m Kfz.* coche *m* deportivo; *für Kinder*: cochecito *m* (plegable).

Spott [ʃpɔt] *m* (3, *o. pl.*) burla *f*; mofa *m*; escarnio *m*; **2billig** baratísimo, tirado, a precio irrisorio.

Spöttel|ei [ʃpœtə'lai] *f* burla *f*; **2n** ['-təln] (29) burlarse (*über ac.* de).

spotten ['ʃpɔtən] (26) reírse (*über ac.* de); mofarse (de); *jeder Beschreibung ~* ser indescriptible.

Spötter(in *f*) ['ʃpœtər(in)] *m* (7) burlón (-ona) *m* (*f*).

Spott|gedicht ['ʃpɔtgədiçt] *n* sátira *f*; **~geld** *n* precio *m* irrisorio.

spöttisch ['ʃpœtiʃ] burlón; sarcástico.

Spott|lied ['ʃpɔtli:t] *n* canción *f* satírica; **~name** *m* apodo *m*, mote *m*; **~preis** *m* precio *m* irrisorio; **~sucht** *f* carácter *m* burlón.

sprach, spräche [ʃprɑːx, 'ʃprɛːçə] *s. sprechen.*

Sprach|begabung ['ʃprɑːxbəgɑːbuŋ] *f* don *m* de lenguas; talento *m* lingüístico; **~e** *f* (15) lengua *f*, idioma *m*; (*Sprechfähigkeit*) habla *f*; lenguaje *m*; (*Sprechart*) lenguaje *m*; (*Ausdrucksweise*) dicción *f*; *zur ~ bringen* poner sobre el tapete; *zur ~ kommen* (llegar a) discutirse; *nicht mit der ~ herauswollen no* explicarse; *heraus mit der ~ !* F ¡desembucha!; **~eigentümlichkeit** *f* modismo *m*, idiotismo *m*; **~fehler** ♂ *m* defecto *m* del habla; **~forscher** *m* lingüista *m*; **~führer** *m* manual *m* de conversación; **~gebiet** *n*: *deutsches ~* países *m/pl.* de habla alemana; **~gebrauch** *m* uso *m* del idioma; ~gefühl *n* intuición *f* lingüística; ℥gewandt elocuente; de palabra fácil; ~gewandtheit *f* facilidad *f* de palabra; ℥kundig experto en idiomas; ~labor *n* laboratorio *m* de idiomas; ~lehre *f* gramática *f*; ~lehrer *m* profesor *m* de idiomas; ℥lich lingüístico; ~los *fig.* atónito; ~losigkeit *fig. f* estupefacción *f*; ~reiniger *m* (7) purista *m*; ~rohr *n* megáfono *m*; *fig.* portavoz *m*; ~schatz *m* vocabulario *m*, tesoro *m* idiomático; ~störung *f* trastorno *m* de fonación; ~studium *n* estudio *m* de idiomas; ~unterricht *m* enseñanza *f* de idiomas; ~wissenschaft *f* filología *f*; lingüística *f*; ~wissenschaftler *m* lingüista *m*; filólogo *m*.

sprang [ʃpraŋ] *s.* springen.

Spray [ʃpreː, spreɪ] *m od. n* (11) spray *m*.

Sprech|anlage [ˈʃprɛçʔanlaːɡə] *f* interfono *m*; ~blase *f* globito *m*; ~chor *m* coro *m* hablado; ℥en (30) hablar (*über ac. de*); (*sagen*) decir; *Urteil:* dictar; *dafür* ~ hablar en favor *od.* en pro de; *zu* ~ *sn* recibir; *gut zu* ~ *sn auf j-n* estar bien dispuesto para con alg.; *nicht gut zu* ~ *sn auf j-n* tener a alg. entre ceja y ceja; ℥end *fig.* expresivo; ~ähnlich muy parecido; ~er *m* (7) orador *m* (*Wortführer*) portavoz *m*; *Radio:* locutor *m*; ~funk *m* radiotelefonía *f*; ~stunde *f* hora *f* de despacho; ℥ (hora *f* de) consulta *f*; ~stundenhilfe *f* auxiliar *f* de médico; ~übung *f* ejercicio *m* de conservación *bzw.* de fonación; ~weise *f* modo *m* de hablar; ~zimmer *n* locutorio *m*; ℥ sala *f* de consulta.

spreizen [ˈʃpraɪtsən] (27) abrir; extender; *Beine:* separar; *fig. sich* ~ pavonearse.

Spreng|bombe [ˈʃprɛŋbɔmbə] *f* bomba *f* explosiva; ~el *Rel. m* (7) diócesis *f*; parroquia *f*; ℥en (25) *Garten usw.:* regar; *Schloß:* forzar; *Versammlung:* dispersar; *Spielbank:* hacer saltar; (*in die Luft*) ~ hacer saltar, volar; dinamitar; ~kapsel *f* detonador *m*; cápsula *f* explosiva; ~kommando *n* destacamento *m* de dinamiteros; ~kopf *m* cabeza *f*; ~körper *m* (cuerpo *m*) explosivo *m*; ~kraft *f* fuerza *f* explosiva; ~ladung *f* carga *f* explosiva; ~loch *n* barreno *m*; ~meister *m* barrenero *m*; dinamitero *m*; ~stoff *m* explosivo *m*;

~ung *f* voladura *f*; ~wagen *m* autorregadora *f*.

sprenkeln [ˈʃprɛnkəln] (29) salpicar, manchar.

Spreu [ʃprɔy] *f* (16, *o. pl.*) tamo *m*, granzas *f/pl.*

sprich, ~st, ~t [ʃpriç(st)] *s.* sprechen; '℥wort *n* (1²) refrán *m*, proverbio *m*; '~wörtlich proverbial (*a. fig.*).

sprießen [ˈʃpriːsən] (30, sn) brotar; crecer.

Spring|brunnen [ˈʃprɪŋbrunən] *m* surtidor *m*, fuente *f*; ℥en (30, sn) saltar; (*hüpfen*) brincar; (*platzen*) reventar, estallar; *Glas:* rajarse; *Quelle:* brotar; *in die Augen* ~ *fig.* saltar a la vista; ℥end: *der* ~*e Punkt* el punto esencial, F el busilis, el quid; ~er *m* (7) *Sport:* saltador *m*; *Schach:* caballo *m*; ~flut *f* marea *f* viva; ~insfeld [ˈʔɪnsfɛlt] *m* (3) saltarín *m*; ~reiten *n* concurso *m* de saltos; ~seil *n* comba *f*.

Sprint [ʃprɪnt] *m* (11) sprint *m*; '℥en (26, *a.* sn) sprintar; '~er *m* (7) sprínter *m*, velocista *m*.

Sprit [ʃprɪt] *m* (3) alcohol *m*; F gasolina *f*.

Spritz|e [ˈʃprɪtsə] *f* (15) jeringa *f*; ℥ *a.* jeringuilla *f*; (*Einspritzung*) inyección *f*; (*Feuer*℥) bomba *f* de incendio(s); *e-e* ~ *geben* poner una inyección; ℥en (27) **1.** *v/t.* rociar, regar; ℥ inyectar; **2.** *v/i.* (*h. u.* sn) saltar, brotar; *Schmutz, Tinte:* salpicar; F *fig.* correr; ~enhaus *n* depósito *m* de bombas de incendio(s); ~er *m* (7) salpicadura *f*; (*kleine Menge*) chispa *f*; ℥ig *fig.* chispeante; ~kuchen *m* churro *m*; ~pistole *f* pistola *f* pulverizadora *od.* para pintar; ~tour F *f* vuelta *f*; escapada *f*.

spröd|e [ˈʃprøːdə] frágil, quebradizo; *Haut:* áspero; *fig.* esquivo; ℥igkeit *f* fragilidad *f*; aspereza *f*; *fig.* esquivez *f*.

Sproß [ʃprɔs] *m* (4, *pl. a.* -ssen) ℥ retoño *m*, vástago *m* (*beide a. fig.*); renuevo *m*.

Sprosse [ˈʃprɔsə] *f* (15) escalón *m*, peldaño *m*; ℥n (28) brotar; retoñar; ~nwand *f* espaldera *f*.

Sprößling [ˈʃprœslɪŋ] *m* (3¹) *bsd. fig.* vástago *m*, retoño *m*.

Sprotte [ˈʃprɔtə] *Zo. f* (15) espadín *m*.

Spruch [ʃprux] *m* (3³) (*Aus*℥) dicho *m*, sentencia *f*; (*Sinn*℥) adagio *m*, proverbio *m*; ⚖ fallo *m*, sentencia *f*;

der Geschworenen: veredicto *m*; '~**band** *n* pancarta *f*; '2**reif** maduro; ⚤ concluso para sentencia.

Sprudel ['ʃpruːdəl] *m* (7) surtidor *m* (de aguas minerales); *(Getränk)* gaseosa *f*; 2**n** (29, sn *u. h.*) brotar a borbotones, surtir; *(sieden)* hervir; *Sekt:* burbujear; 2**nd** efervescente; *fig.* fogoso.

Sprüh|dose ['ʃpryːdoːzə] *f* spray *m*; 2**en** (25) chispear *(a. fig.)*; *(Regen)* lloviznar; 2**end** chispeante *(a. fig.)*; ~**regen** *m* llovizna *f*.

Sprung [ʃpruŋ] *m* (3³) salto *m*; *(Satz)* brinco *m*; *(Riß)* raja *f*, grieta *f*; *auf dem* ~ *sein zu* (*inf.*) estar a punto de; '~**brett** *n* trampolín *m* *(a. fig.)*; '~**feder** *f* resorte *m*; '~**federmatratze** *f* colchón *m* de muelles, *gal.* somier *m*; '2**haft** *fig.* inconstante; veleidoso; '~**schanze** *f* trampolín *m* de saltos; '~**tuch** *n* lona *f* de salvamento; '~**turm** *m* torre *f* de trampolines.

Spuck|e ['ʃpukə] *f* (15, *o. pl.*) saliva *f*; F *fig. mir blieb die* ~ *weg* me quedé atónito; 2**en** (25) escupir; ~**napf** *m* escupidera *f*.

Spuk [ʃpuːk] *m* (3) fantasma *m*; aparición *f* (de fantasmas); '2**en** (25) trasguear; *es spukt* andan duendes; '~**geist** *m* duende *m*; '2**haft** fantasmal.

Spülbecken ['ʃpyːlbɛkən] *n* fregadero *m*, pila *f*.

Spule ['ʃpuːlə] *f* (15) ⚡ bobina *f*; *(Rolle)* carrete *m*; *(Weber* 2*)* canilla *f*; 2**n** (25) bobinar.

spül|en ['ʃpyːlən] (25) lavar; ⚡ irrigar; *Mund, Gläser:* enjuagar; *Wäsche:* aclarar; *an Land* ~ arrojar a la costa; 2**maschine** *f* lavavajillas *m*, lavaplatos *m*; 2**mittel** *n* detergente *m*; 2**ung** *f* lavado *m*; ⚡ *a.* irrigación *f*; 2**wasser** *n* lavaduras *f/pl.*

Spulwurm ['ʃpuːlvurm] *m* ascáride *f*.

Spund [ʃpunt] *m* (3³) tapón *m* (de tonel), bitoque *m*; '~**loch** *n* piquera *f*.

Spur [ʃpuːr] *f* (16) huella *f* *(a. fig.)*; *(Fuß* 2*)* pisada *f*; *(Rad* 2*)* rodada *f*; 🚗 vía *f*; *Vkw.* carril *m*; *(Tonband)* canal *m*; *(Fährte)* pista *f* *(a. fig.)*; *fig.* indicio *m*; *e-r Sache auf die* ~ *kommen* descubrir a/c.; *j-m auf der* ~ *sn* seguir *(od.* estar sobre) la pista de alg.; *keine* ~*!* ¡ni pensarlo! ¡qué va!

spür|bar ['ʃpyːrbaːr] perceptible; *fig.* sensible; ~**en** (25) **1.** *v/t.* sentir; *(wahrnehmen)* notar, percibir; **2.** *v/i. Jgdw.* rastrear, seguir la pista (de);

2**hund** *m* perro *m* rastrero; *fig.* sabueso *m*.

spurlos ['ʃpuːrloːs] sin dejar rastro.

Spür|nase ['ʃpyːrnaːzə] *f* buen olfato *m*; ~**sinn** *m* olfato *m*.

Spurt [ʃpurt] *m* (11 *od.* 3) sprint *m*.

Spurweite 🚗 ['ʃpuːrvaɪtə] *f* ancho *m* de vía, *Am.* trocha *f*.

sputen ['ʃpuːtən] (26): *sich* ~ darse prisa, *Am.* apurarse.

Staat [ʃtaːt] *m* (5) Estado *m*; *(Prunk)* gala *f*, pompa *f*; F *in vollem* ~ de tiros largos; ~ *machen mit* hacer alarde de, lucir *(ac.)*; '2**enlos** apátrida; '2**lich** del Estado; estatal; nacional; ~ *geprüft* diplomado.

Staats|akt ['s-ʔakt] *m* ceremonia *f* oficial; ~**angehörige(r)** *m* súbdito *m*; ciudadano *m*; ~**angehörigkeit** *f* nacionalidad *f*; ciudadanía *f*; ~**anleihe** *f* empréstito *m* del Estado; ~**anwalt** *m* fiscal *m*; ~**anwaltschaft** *f* fiscalía *f*, ministerio *m* público; ~**anzeiger** *m* Boletín *m* Oficial del Estado; ~**beamte(r)** *m* funcionario *m* público *od.* del Estado; ~**begräbnis** *n* sepelio *m* nacional; ~**bürger(in)** *m* ciudadano (-a) *m* *(f)*; ~**bürgerkunde** *f* instrucción *f* cívica; 2**bürgerlich** cívico; ~**dienst** *m* servicio *m* público; ~**examen** *n* examen *m* de Estado; licenciatura *f*; ~**form** *f* forma *f* de gobierno; ~**gebiet** *n* territorio *m* nacional; 2**gefährdend** subversivo; ~**geheimnis** *n* secreto *m* de Estado; ~**gewalt** *f* autoridad *f* pública; ~**haushalt** *m* presupuesto *m* del Estado; ~**hoheit** *f* soberanía *f* (nacional); ~**kasse** *f* Tesoro *m* público, fisco *m*; ~**mann** *m* (1²) hombre *m* de Estado, estadista *m*; 2**männisch** político; ~**oberhaupt** *n* jefe *m* de Estado; ~**papiere** ✝ *n/pl.* fondos *m/pl.* públicos; ~**rat** *m* Consejo *m* de Estado; ~**recht** *n* derecho *m* público *od.* constitucional; ~**schuld** *f* deuda *f* pública; ~**sekretär** *m* secretario *m* de Estado; *Span.* subsecretario *m*; ~**sicherheitsdienst** *m* servicio *m* de seguridad del Estado; ~**straße** *f* carretera *f* nacional; ~**streich** *m* golpe *m* de Estado; ~**wissenschaften** *f/pl.* ciencias *f/pl.* políticas; ~**wohl** *n* bien *m* público.

Stab [ʃtaːp] *m* (3³) bastón *m*; *(Stange)* vara *f*, *(Metall* 2*)* barra *f*; *Sport:* pértiga *f*; *(Mitarbeiter* 2*)* plana *f* mayor; ⚔ Estado *m* Mayor; *fig.* den ~ brechen über j-n condenar la conducta de alg., criticar severamente a alg.; '~**hochsprung** *m* salto *m* con pértiga.

stabil [ʃtaˈbiːl] estable; ~**isieren** [-biliˈziːrən] estabilizar; ⁨ˀ⁩i**sierung** *f* estabilización *f*; ⁨ˀ⁩i**tät** *f* estabilidad *f*.

Stab|reim [ˈʃtaːpraɪm] *m* aliteración *f*; ~**s-arzt** *m* capitán *m* médico; ~**s-chef** *m* jefe *m* de Estado Mayor; ~**s-offizier** *m* oficial *m* del Estado Mayor; ~**squartier** *n* cuartel *m* general.

stach [ʃtaːx] *s. stechen*.

Stachel [ˈʃtaxəl] *m* (10) pincho *m*; ⚓ a. espina *f*; *Zo.* púa *f*; *(Insekten⁨ˀ⁩)* aguijón *m* (*a. fig.*); ~**beere** *f* grosella *f* espinosa; ~**draht** *m* alambre *m* de espino; ~**drahtverhau** *m* alambrada *f* de espino; ~**häuter** [ˈ--hɔʏtər] *m* (7) *Zo.* equinodermo *m*; ⁨ˀ⁩**ig** espinoso; erizado; ~**schwein** *n* puerco *m* espín.

Stad|ion [ˈʃtaːdjon] *n* (9¹) estadio *m*; ~**ium** [ˈ-djum] *n* (9) fase *f*, estad(i)o *m*.

Stadt [ʃtat] *f* (14¹) ciudad *f*; '~...: *in Zssgn mst* municipal; urbano; '~**bahn** *f* ferrocarril *m* metropolitano *od.* urbano; ⁨ˀ⁩**bekannt** notorio; '~**bezirk** *m* distrito *m*; '~**bummel** *m*: e-n ~ machen callejear; recorrer las calles.

Städte|bau [ˈʃtɛtəbau] *m* urbanismo *m*; ~**bauer** *m* urbanista *m*; ⁨ˀ⁩**baulich** urbanístico; ~**partnerschaft** *f* hermanamiento *m od.* gemelación *f* de ciudades; ~**r** *m* (7) hombre *m* de ciudad; ciudadano *m*.

Stadt|gas [ˈʃtatgaːs] *n* gas *m* ciudad; ~**gebiet** *n* término *m* municipal; ~**gemeinde** *f* municipio *m* urbano; ~**gespräch** *n fig.* comidilla *f* de la ciudad; *Fernspr.* conferencia *f* urbana.

städtisch [ˈʃtɛːtiʃ] urbano; municipal; ciudadano.

Stadt|kern [ˈʃtatkɛrn] *m* casco *m* urbano; ~**kommandant** *m* comandante *m* de la plaza; ~**mauer** *f* muralla *f*; ~**plan** *m* plano *m* de la ciudad; ~**planung** *f* urbanismo *m*; ~**rand** *m* periferia *f*; afueras *f/pl.*; ~**randsiedlung** *f* colonia *f* periférica; ~**rat** *m* concejo *m*; *(Person)* concejal *m*; ~**rundfahrt** *f* visita *f* de la ciudad; ~**staat** *m* ciudad-estado *f*; ~**teil**, ~**viertel** *n* barrio *m*; ~**verordnete(r)** [ˈ-fɛrˀɔrdnətə(r)] *m* concejal *m*;

~**verwaltung** *f* administración *f* municipal; ayuntamiento *m*; ~**zentrum** *n* centro *m* de la ciudad.

Stafette [ʃtaˈfɛtə] *f* (15) estafeta *f*.

Staffage [-ˈfaːʒə] *f* (15) adorno *m*; *(Beiwerk)* accesorios *m/pl.*

Staffel [ˈʃ-fəl] *f* (15) escalón *m*; *Sport:* relevo *m*; ⚔ escuadrilla *f*; ~**ei** [--ˈlaɪ] *f* caballete *m*; ~**lauf** *m* carrera *f* de relevos; ⁨ˀ⁩**n** (29) escalonar; graduar; ~**tarif** *m* tarifa *f* escalonada; ~**ung** *f* escalonamiento *m*; graduación *f*.

Stag|nation [ʃtagnaˈtsjoːn] *f* estancamiento *m*; ⁨ˀ⁩**nieren** estancarse.

stahl [ʃtaːl] *s. stehlen*.

Stahl [ʃtaːl] *m* (3³) acero *m*; '~**bau** *m* construcción *f* metálica; '~**beton** *m* hormigón *m* armado; '⁨ˀ⁩**blau** azul acerado; '~**blech** *n* chapa *f* de acero.

stähl|en [ˈʃtɛːlən] (25) acerar; *fig.* fortalecer; ~**ern** de acero, acerado; *fig.* de hierro, férreo.

stahl|grau [ˈʃtaːlgrau] (gris) acerado; ~**hart** duro como acero; ⁨ˀ⁩**helm** *m* casco *m* de acero; ⁨ˀ⁩**industrie** *f* industria *f* del acero; ⁨ˀ⁩**kammer** *f* cámara *f* acorazada; ⁨ˀ⁩**(rohr)möbel** *n/pl.* muebles *m/pl.* metálicos; ⁨ˀ⁩**stich** *m* grabado *m* sobre acero; ⁨ˀ⁩**werk** *n* acería *f*, fábrica *f* de acero.

staken ⚓ [ˈʃtaːkən] (25) empujar con el bichero.

Staket [ʃtaˈkeːt] *n* (3) empalizada *f*.

Stall [ʃtal] *m* (3³) establo *m*; *(Pferde⁨ˀ⁩)* cuadra *f*; '~**knecht** *m* mozo *m* de cuadra; '~**mist** *m* estiércol *m* de establo; '~**ungen** *f/pl.* establos *m/pl.*

Stamm [ʃtam] *m* (3³) tronco *m*; *(Geschlecht)* linaje *m*, estirpe *f*; *(Volks⁨ˀ⁩)* tribu *f*; *Gram.* radical *m*; '~**-aktie** ✝ *f* acción *f* ordinaria; '~**baum** *m* árbol *m* genealógico; '~**buch** *n* álbum *m*; '⁨ˀ⁩**eln** (29) balbucear, balbucir; '~**eln** *n* balbuceo *m*; '⁨ˀ⁩**en** (25) provenir, proceder (*aus* de); (*ab*~) descender (*von* de); ~ *aus* ser natural de; '~**gast** *m* cliente *m* habitual; parroquiano *m*; '~**halter** *m* primogénito *m*; '~**haus** *n* casa *f* matriz.

stämmig [ˈʃtɛmiç] robusto, vigoroso; ⁨ˀ⁩**keit** *f* robustez *f*.

Stamm|kapital [ˈʃtamkapitaːl] *n* capital *m* social; ~**kunde** *m* cliente *m* fijo; ~**kundschaft** *f* clientela *f* fija; ~**lokal** *n* bar *m* habitual; ~**personal** *n* personal *m* de plantilla; ~**rolle** ⚔ *f* matrícula *f*; ~**tafel** *f* tabla *f* genealógica; ~**tisch** *m* tertulia *f*; peña *f*.

stampf|en ['-pfən] (25) dar patadas (en el suelo); patalear; *Pferd:* piafar; ⚓ cabecear; ⊕ pisar, apisonar; **⁀en** *n* pataleo *m*; ⚓ cabeceo *m*; **⁀er** *m* (7) pisón *m*.

Stand [ʃtant] **1.** *m* (3³) (*Verkaufs*⁀) puesto *m*; (*Messe*⁀) stand *m*; (*Still*⁀) parada *f*; (*Lage*) posición *f*, situación *f*; (*Höhe*) nivel *m*; (*Zu*⁀) estado *m*; (*Beruf*) profesión *f*; (*Rang*) rango *m*, categoría *f*; *e-n schweren ⁀ haben* estar en una situación difícil; *gut im ⁀ sn* estar en buen estado; *auf den neuesten ⁀ bringen* poner al día; actualizar; **2.** ⚘ *s. stehen.*

Standard ['-dart] *m* (11) standard *m*, estándar *m*; modelo *m*; patrón *m*; tipo *m*; **⁀isieren** [--di'ziːrən] estandarizar; **⁀i'sierung** *f* estandarización *f*; **⁀werk** *n* obra *f* modelo.

Standarte [-'-tə] *f* (15) estandarte *m*.

Standbild ['ʃtantbilt] *n* estatua *f*.

Ständ|chen ['ʃtɛntçən] *n* (6) serenata *f* (*bringen* dar); (*Morgen*⁀) alborada *f*; **⁀er** ['-dər] *m* (7) soporte *m*; poste *m*; ⚘ estator *m*; ⊕ montante *m*.

Standes|amt ['ʃtandəs'amt] *n* registro *m* civil; **⁀amtlich** *Trauung:* civil; *⁀ heiraten* casarse por lo civil; **⁀beamte(r)** *m* oficial *m* del registro civil; **⁀dünkel** *m* orgullo *m* de casta; **⁀gemäß** conforme a su rango *od.* posición social; **⁀unterschied** *m* diferencia *f* de clases; **⁀vorurteil** *n* prejuicio *m* de clase.

stand|fest ['ʃtantfɛst] estable; **⁀festigkeit** *f* estabilidad *f*; **⁀gericht** *n* consejo *m* de guerra; juicio *m* sumarísimo; **⁀haft** constante; **⁀haftigkeit** *f* constancia *f*; perseverancia *f*; **⁀halten** resistir.

ständig ['ʃtɛndiç] permanente.

Stand|licht ['ʃtantliçt] *n* luz *f* de posición; **⁀ort** *m* lugar *m*, sitio *m*; emplazamiento *m*, *bsd. Am.* ubicación *f*; ✕ guarnición *f*; **⁀pauke** F *f* sermón *m*, filípica *f* (*halten* echar); **⁀punkt** *m* punto *m* de vista; *auf dem ⁀ stehen, daß* opinar que; **⁀quartier** *n* ✕ guarnición *f*; *fig.* cuartel *m* general; **⁀recht** *n* ley *f* marcial; **⁀rechtlich:** *⁀ erschießen* pasar por las armas; **⁀uhr** *f* reloj *m* de caja.

Stange ['ʃtaŋə] *f* (15) vara *f*; pértiga *f*; palo *m*; (*Hühner*⁀, *Kleider*⁀) percha *f*; (*Metall*⁀) barra *f*; *Zigaretten:* cartón *m*; *fig.* j-m *die ⁀ halten* tomar el partido de alg.; *von der ⁀ kaufen* comprar hecho; *eine ⁀ Geld kosten* costar un dineral *od.* un ojo de la cara; **⁀nbohne** *f* judía *f* de enrame *od.* trepadora; **⁀nspargel** *m* espárrago *m* entero.

stank [ʃtaŋk] *s. stinken.*

Stänker F ['ʃtɛŋkər] *m* (7) camorrista *m*; **⁀n** (29) armar *bzw.* buscar camorra.

Stanniol [ʃtan'joːl] *n* (3¹) hoja *f* de estaño.

Stanze ['-tsə] *f* (15) perforadora *f*; (*Loch*⁀) punzonadora *f*; **⁀n** (27) estampar; perforar; punzonar.

Stapel ['ʃtaːpəl] *m* (7) pila *f*, montón *m*; ⚓ grada *f*; *vom ⁀ lassen* botar; **⁀lauf** ⚓ *m* botadura *f*; **⁀n** (29) amontonar, apilar; **⁀platz** *m* depósito *m*.

Stapfe ['ʃtapfə] *f* (15) pisada *f*, huella *f*; **⁀n** (25, sn) andar pesadamente *bzw.* con dificultad.

Star [ʃtaːr] *m:* **a)** *Zo.* (3) estornino *m*; **b)** ⚕ (3): *grauer ⁀* catarata *f*; *grüner ⁀* glaucoma *m*; **c)** *Thea.* (11) estrella *f*; **'⁀-allüren** *f/pl.* caprichos *m/pl.* de diva.

starb [ʃtarp] *s. sterben.*

stark [ʃtark] (18²) fuerte; robusto; vigoroso; *Kaffee:* cargado; ⊕ potente; (*dick*) grueso, gordo, obeso; *Verkehr usw.:* intenso; *adv.* mucho; F *das ist ⁀!* ¡no hay derecho!; **'⁀bier** *n* cerveza *f* fuerte.

Stärke ['ʃtɛrkə] *f* (15) fuerza *f*; robustez *f*; vigor *m*; intensidad *f*; ⊕ potencia *f*; *der Truppen:* efectivo *m*; (*Dicke*) grosor *m*, espesor *m*; ⚘ almidón *m*; *fig.* fuerte *m*, especialidad *f*; **⁀haltig** ['--haltiç] feculento, amiláceo; **⁀mehl** *n* fécula *f*; **⁀n** (25) fortalecer, fortificar; robustecer; ⚘ tonificar; *Wäsche:* almidonar; *sich ⁀* confortarse, repararse; **⁀nd** fortificante; reparador; ⚘ tónico.

stark|knochig ['ʃtarkknɔxiç] huesudo; **⁀strom** ⚘ *m* corriente *f* de alta tensión.

Stärkung ['ʃtɛrkuŋ] *f* confortación *f*; (*Imbiß*) refrigerio *m*; **⁀smittel** *n* tónico *m*; reconstituyente *m*.

starr [ʃtar] rígido, tieso; (*unbeweglich*) fijo, inmóvil; *⁀ vor Furcht* petrificado; *⁀ vor Kälte* transido *od.* aterido de frío; *⁀ vor Staunen* perplejo; **'⁀en** (25) mirar fijamente (*auf ac.*); *⁀ von etw.* estar cubierto de; **'⁀heit** *f* rigidez *f*; **'⁀kopf** *m*, **⁀köpfig** ['-kœpfiç] terco (*m*), testarudo (*m*); **'⁀köpfigkeit** *f* terquedad *f*, testarudez *f*; ¹²**krampf** *m* tétanos *m*; ¹²**sinn** *m* obstinación *f*; **sinnig** obstinado.

Start [ʃtart] *m* (11) salida *f* (*a. Sport*), arranque *m*; ⚑ despegue *m*; **bahn** ⚑ *f* pista *f* de despegue; ¹²**bereit** ⚑ listo para el despegue; *fig.* listo para partir; ¹²**en** (26) **1.** *v/i.* (sn) salir, arrancar; ⚑ despegar; **2.** *v/t. Rakete usw.*: lanzar; *a. fig.* poner en marcha; **er** *m* (7) *Kfz.* arranque *m*; *Sport*: juez *m* de salida; **nummer** *f Sport*: dorsal *m*; **zeichen** *n* señal *f* de salida.

Statik [ʃtaːtik] *f* (16, *o. pl.*) estática *f*.

Station [ʃtaˈtsjoːn] *f* estación *f*; ⚑ sección *f*; (*Halt*) parada *f*; *freie* comida y alojamiento (gratis); *machen* detenerse; ²**är** [-tsjoˈnɛːr] estacionario; *e Behandlung* tratamiento *m* clínico; ²**ieren** estacionar; *Raketen*: instalar, desplegar; **svorsteher** *m* jefe *m* de estación.

statisch [ˈʃtaːtiʃ] estático.

Statist [ʃtaˈtist] *m* (12) comparsa *m*, figurante *m*; *Film*: extra *m*; **ik** *f* (16) estadística *f*; **iker** *m* (7), ²**isch** estadístico (*m*).

Stativ [-ˈtiːf] *n* (3¹) trípode *m*.

statt [ʃtat] **1.** *prp.* (*gen.*, *zu* + *inf.*) en lugar de, en vez de; **2.** ² *f* (16, *o. pl.*): *an s-r* en su lugar; *an Kindes* *annehmen* adoptar.

Stätte [ˈʃtɛtə] *f* (15) lugar *m*, sitio *m*.

statt|finden [ˈʃtatfindən] tener lugar; verificarse, realizarse; **geben** dar curso; (*gewähren*) acceder; **haft** lícito; **halter** *m* (7) gobernador *m*; **lich** vistoso; imponente; considerable.

Statue [ˈʃtaːtuə] *f* (15) estatua *f*; **tte** [--ˈɛtə] *f* (15) estatuilla *f*; figurilla *f*.

Statur [ʃtaˈtuːr] *f* (16) estatura *f*, talla *f*.

Status [ˈʃtaːtus] *m uv.* estado *m*; estatus *m* (*social*); **symbol** *n* signo *m* externo de posición social.

Statut [ʃtaˈtuːt] *n* (5) estatuto *m*; ²**enmäßig** estatutario.

Stau [[ʃtaʊ] *m* (11 *od.* 3) *a. Vkw.* retención *f*; **anlage** *f* presa *f*.

Staub [[ʃtaʊp] *m* (3) polvo *m*; *sich aus dem* *machen* poner pies en polvorosa; **beutel** ⚘ *m* antera *f*.

staubecken [ˈ-bɛkən] *n* embalse *m*.

stauben [ˈ-bən] (25) levantar polvo; *es staubt* hay polvo.

stäuben [ˈʃtɔʏbən] (25) espolvorear.

Staub|faden ⚘ [ˈʃtaʊpfaːdən] *m* filamento *m*; **fänger** *m fig.* nido *m* de polvo; **gefäß** ⚘ *n* estambre *m*; ²**ig** [ˈ-biç] polvoriento; **kamm** *m* caspera *f*; **korn** *n* polvillo *m*; **mantel** *m* guardapolvo *m*; ²**saugen** pasar la aspiradora; **sauger** *m* aspiradora *f*; **tuch** *n* trapo *m* quitapolvo; **wedel** *m* plumero *m*; **wolke** *f* polvareda *f*.

stauchen [ˈ-xən] (25) comprimir; ⊕ recalcar.

Staudamm [ˈ-dam] *m* presa *f*; dique *m* (de contención).

Staude ⚘ [ˈ-də] *f* (15) arbusto *m*.

staue|n [ˈ-ən] (25) estancar *Wasser*: represar; ⚓ estibar; *sich Verkehr*: congestionarse; ²**r** ⚓ *m* (7) estibador *m*.

staunen [ˈ-nən] **1.** *v/i.* (25) asombrarse, admirarse (*über ac.* de); **2.** ² *n* asombro *m*, admiración *f*.

Staupe ⚕ [ˈ-pə] *f* (15) moquillo *m*.

Stau|see [ˈ-zeː] *m* pantano *m*; **ung** *f* estancamiento *m*; *Verkehr*: congestión *f* (*a.* ⚕), embotellamiento *m*, atasco *m*; **wasser** *n* agua *f* remansada; **werk** *n* presa *f*.

Steak [steːk] *n* (11) bistec *m*.

Stearin [[teaˈriːn] *n* (3¹) estearina *f*.

Stech|apfel [ˈʃtɛçʔapfəl] *m* estramonio *m*; **becken** *n* bacinilla *f*; ²**en** (30) pinchar; punzar; *Insekt, Sonne*: picar; *Torf*: extraer; *Spargel*: cortar; *Kartenspiel*: hacer baza; *in Kupfer*: grabar; *Sport*: desempatar; **end** punzante; *Schmerz*: *a.* lancinante; *Geruch*: penetrante; **fliege** *f* tábano *m*; **ginster** *m* aulaga *f*; **heber** *m* pipeta *f*; **mücke** *f* mosquito *m*; *Am.* zancudo *m*; **palme** ⚘ *f* acebo *m*; **uhr** *f* reloj *m* para fichar; **zirkel** *m* compás *m* de punta seca.

Steck|brief [ˈʃtɛkbriːf] *m* (carta *f*) requisitoria *f*; orden *f* de búsqueda y captura; **dose** *f* (caja *f* de) enchufe *m*; ²**en** (25) **1.** *v/t.* meter, poner; ⚘ plantar; *Geld in et.*: invertir; (*fest*) prender, fijar; **2.** *v/i.* estar (metido), hallarse; *Schlüssel*: estar puesta; *dahinter steckt et.* F aquí hay gato encerrado; **en** *m* (6) palo *m*, bastón *m*; ²**enbleiben** (sn) atascarse (*a. fig.*); *Fahrzeug*: quedarse parado; quedar detenido (*im Schnee* por la nieve); ²**enlassen** *Schlüssel*: dejar puesto; **enpferd** *n fig.* caballo *m* de batalla; hobby *m*; **er** ⚡ *m* (7) clavija *f*; enchufe *m*; **ling** ⚘ [ˈ-liŋ] *m* (3¹) plantón m; **~nadel** f alfiler m; **~rübe** ♀ f colinabo m.

Steg [ʃteːk] m (3) pasadera f; pasarela f; (♩ u. Brillen♂) puente m; (Hosen♂) trabilla f; Typ. regleta f; **'~reif** m: aus dem ~ sprechen improvisar (un discurso).

Steh|aufmännchen [ˈʃteːʔaʊfmɛn-çən] n (6) dominguillo m; **~bierhalle** f bar m.

stehen [ˈ~ən] **1.** v/i. (30, h. u. sn) estar de od. en pie; (sich befinden) estar, encontrarse; in e-m Text: figurar en; Uhr, Verkehr: estar parado; Kleidung: ir, sentar; ~ für (bürgen) responder de; zu j-m ~ tomar el partido de alg.; wie stehst du dazu? ¿qué opinas de esto?; sich gut mit j-m ~ llevarse bien con alg.; fig. hinter j-m ~ respaldar a alg.; es steht bei ihm depende de él; über et. ~ estar por encima de a/c.; teuer zu ~ kommen salir od. resultar caro; wie steht es mit ...? ¿qué hay de ...?; **2.** ♀ n: im ~ de pie; zum ~ bringen detener, paralizar; Blut: restañar; **~bleiben** (sn) pararse (a. Uhr), detenerse, quedarse parado; ♩ de pie; derecho; Heer: permanente; Wasser: estancado, muerto; ~e Redensart frase f hecha; ~en Fußes en el acto; **~lassen** dejar (j-n: plantado); (vergessen) olvidar; Speise: no tocar; sich e-n Bart ~ dejarse la barba.

Steh|kragen [ˈ~kraːɡən] m cuello m duro; **~lampe** f lámpara f de pie; **~leiter** f escalera f de tijera.

stehlen [ˈ~lən] (30) hurtar, robar; sich ~ in ac. entrar a hurtadillas en; er kann mir gestohlen bleiben! ¡que se vaya al diablo!

Steh|platz [ˈ~plats] m Thea. localidad f de pie; entrada f general; im Verkehrsmittel: plaza f de pie; **~pult** n pupitre m.

steif [ʃtaɪf] tieso, rígido; Grog, Wind: fuerte; Glieder: entumecido; Benehmen: formal, ceremonioso; ~ und fest behaupten afirmar categóricamente; **'~en** (25) atiesar; Wäsche: almidonar; **'~gefroren** aterido, **'~heit** f rigidez f; fig. formalidad f; **²leinen** n entretela f.

Steig [ʃtaɪk] m (3) sendero m, senda f; **'~bügel** m estribo m (a. Anat.); **'~eisen** n garfio m; Sport: trepadores m/pl.; **²en** [ˈ~ɡən] (30, sn) subir (auf, in ac. a); (zunehmen) aumentar,

crecer; ins Fenster ~ entrar por la ventana; aufs Pferd ~ montar a caballo; zu Kopf ~ subir a la cabeza; **'~en** n subida f; fig. aumento m; **'²end** en alza; creciente; **'~er** ⚒ m (7) capataz m de minas; **'²ern** (29) acrecentar; aumentar; elevar; alzar; Preis a. subir; (Auktion) pujar; Gram. formar los grados de comparación de; sich ~ aumentar, ir en aumento; **'~erung** f aumento m, subida f; Gram. comparación f; **'~erungsrate** f tasa f de incremento; **'~fähigkeit** [ˈ~kfɛːiçkaɪt] f capacidad f ascensional; **'~höhe** ✈ f techo m; **'~ung** [ˈ~ɡʊn] f subida f; cuesta f, pendiente f.

steil [ʃtaɪl] escarpado; empinado; Küste: acantilado; **'²hang** m despeñadero m; tajo m; **'²küste** f acantilado m.

Stein [ʃtaɪn] m (3) piedra f; ⚙ cálculo m; (Spiel♂) pieza f, peón m; (Obst♂) hueso m; ~ und Bein schwören jurar por todos los santos; bei j-m e-n ~ im Brett haben gozar del favor de alg.; ~ der Weisen (des Anstoßes) piedra f filosofal (de escándalo); **'~adler** m águila f real; **²'alt** muy viejo; vetusto; **'~bock** m cabra f montés; Astr. Capricornio m; **'~bruch** m cantera f; **'~butt** Zo. m rodaballo m; **'~druck** m litografía f; **'~eiche** f encina f; **'²ern** de piedra; **'~garten** m jardín m de rocalla; **'~gut** n loza f; gres m; **'²hart** duro como piedra; **'²ig** pedregoso; **'²igen** (25) lapidar, apedrear; **'~igung** f lapidación f, apedreo m; **'~kohle** f hulla f; **'~kohlenbergwerk** n mina f de hulla; **'~kohlenindustrie** f industria f hullera; **'~marder** m garduña f; **~metz** [ˈ~mɛts] m (12) cantero m, picapedrero m; **'~obst** n fruta f de hueso; **'~pilz** ♀ m boleto m comestible; **²'reich** inmensamente rico, riquísimo; ~er Mann ricachón m; **'~salz** n sal f gema; **'~schlag** m caída f de piedras; **'~schleuder** f honda f; tirachinas m; **'~wurf** m pedrada f; **'~zeit** f edad f de piedra.

Steiß [ʃtaɪs] m (3²) trasero m; **'~bein** n coxis m.

Stellage [ʃtɛˈlaːʒə] f (15) armazón m; (Regal) estantería f.

Stelldichein [ˈʃtɛldiçʔaɪn] n (uv. od. 11) cita f.

Stelle [ˈʃtɛlə] f (15) sitio m, lugar m;

(*Anstellung*) empleo *m*, puesto *m*, colocación *f*; *in Büchern*: pasaje *m*; (*Behörde*) autoridad *f*; servicio *m*; centro *m* (oficial); *freie* ~ vacante *f*; *fig. schwache* ~ punto *m* flaco; *an* ~ *von* en lugar de; *ich an deiner* ~ yo que tú; *an j-s* ~ *treten* remplazar a alg. sustituir a alg.; *auf der* ~ *treten* marcar el paso; *fig.* no adelantar; *auf der* ~ en el acto; *nicht von der* ~ *kommen* no adelantar; *zur* ~ *sein* estar presente.

stellen ['ʃtələn] (25) **1.** *v/t.* colocar; poner; meter; ⊕ ajustar; *Uhr*: poner en hora; (*liefern*) suministrar; *Aufgabe*: proponer; *Zeugen*, *Bürgen*: presentar; *Antrag*, *Frage*: hacer; *Frist*: fijar; **2.** *v/refl.*: *sich* ~ colocarse, ponerse, meterse; ✗ presentarse; *Täter*: entregarse; (*so tun als ob*) fingir; *mit inf.*; *sich dumm* ~ hacerse el tonto; ♀-**angebot** *n* oferta *f* de empleo *od.* colocación; ♀**gesuch** *n* demanda *f od.* solicitud *f* de empleo; ~los sin empleo, sin trabajo; ♀**nachweis** *m*, ♀**vermittlung** *f* agencia *f* de colocaciones; ~**weise** aquí y allá; en parte; ♀**wert** *m* importancia *f* (relativa).

'...**stellig**, *z. B. drei*~ de tres cifras *od.* dígitos.

Stell|macher ['~maxər] *m* (7) carretero *m*; ~**mache'rei** *f* carretería *f*; ~**schraube** *f* tornillo *m* de ajuste.

Stellung ['~luŋ] *f* posición *f* (*a.* ✗); (*Haltung*) *a.* postura *f*, actitud *f*; (*Amt♀*) empleo *m*, puesto *m*, colocación *f*; ~ *nehmen* tomar posición *od.* opinar sobre; ~**nahme** ['~~naːmə] *f* (15) toma *f* de posición; parecer *m*, opinión *f*; ~**skrieg** *m* guerra *f* de posiciones; ♀**slos** *s. stellenlos*; ~**ssuchende(r)** *m* solicitante *m* de empleo; ~**swechsel** *m* cambio *m* de empleo *bzw.* ✗ de posición.

stellvertret|end ['~fɛrtreːtənt] vice...; suplente; interino; ♀**er(in** *f*) *m* sustituto (-a) *m* (*f*), suplente *su.*; representante *su.*

Stellwerk 🚂 ['~vɛrk] *n* puesto *m* de maniobra.

Stelze ['ʃtɛltsə] *f* (15) zanco *m*; ♀**n** (27, sn) ir en zancos.

Stemm|eisen ['ʃtɛm?aɪzən] *n* formón *m*, cincel *m*; ♀**en** (25) apoyar (con fuerza); *Gewichte*: levantar; ⊕ escoplear; *sich* ~ *gegen* apoyarse contra; *fig.* resistirse a.

Stempel ['~pəl] *m* (7) sello *m* (*a. fig.*); timbre *m*; (*Namens♀*) estampilla *f*; ⚘ matasellos *m*; ⊕ punzón *m*; ✗ puntal *m*; ⚘ pistilo *m*; ~**farbe** *f* tinta *f* (para tampón); ~**gebühr** *f* derechos *m/pl.* de timbre; ~**geld** F *n* subsidio *m* de paro; ~**kissen** *n* tampón *m*, almohadilla *f*; ~**marke** *f* timbre *m*; póliza *f*; ♀**n** (29) sellar; timbrar; ⚘ *Marke*: matasellar, inutilizar; *bsd. Wertpapiere*: estampillar; *Silber usw.*: marcar (*a. fig.*); *j-n zu et.* ~ tildar a alg. de a/c.; F ~ *gehen* cobrar subsidio de paro; ~**papier** *n* papel *m* sellado.

Stengel ['ʃtɛŋəl] *m* (7) tallo *m*.

Steno|gramm ['ʃteno'gram] *n* (3) taquigrama *m*; ~**block** *m* bloc *m* de taquigrafía.

Stenograph\|in *f*) [~'graːf(in)] *m* (12) taquígrafo (-a) *m* (*f*); ~**ie** [~graˈfiː] *f* (15) taquigrafía *f*; ♀**ieren** [~~ˈfiːrən] taquigrafiar; ♀**isch** [~'graːfiʃ] taquigráfico.

Stenotypistin [~~tyˈpistin] *f* (16[1]) taquimecanógrafa *f*, F taquimeca *f*.

Stepp|decke ['ʃtɛpdɛkə] *f* (15) colcha *f* pespunteada; edredón *m*; ~**e** *f* (15) estepa *f*; ♀**en** (25) pespuntear; (*tanzen*) bailar claqué.

Steptanz ['~tants] *m* claqué *m*.

Sterbe|bett ['ʃtɛrbəbɛt] *n* lecho *m* de muerte; ~**fall** *m* fallecimiento *m*; ~**geld** *n* subsidio *m* de defunción; ~**haus** *n* casa *f* mortuoria; ~**hemd** *n* mortaja *f*; ~**kasse** *f* caja *f* de defunción; ♀**n** (30) morir (*an dat.* de); fallecer; ~**n** *n* muerte *f*, defunción *f*; *im* ~ *liegen* estar muriéndose; ♀**nd** moribundo; '~**ns'angst** *f* angustia *f* mortal; '♀**ns'krank** enfermo de muerte; '♀**ns'langweilig** aburridísimo; ~**nswörtchen** ['~~ns'vœrtçən] *n*: *kein* ~ ni una sola palabra; ~**sakramente** *n/pl.* últimos sacramentos *m/pl.*, viático *m*; ~**urkunde** *f* partida *f* de defunción.

sterblich ['ʃtɛrpliç] mortal; ♀**keit** *f* mortalidad *f*; ♀**keitsziffer** *f* índice *m* de mortalidad.

Stereo|anlage ['ʃteːreoˀanlaːgə] *f* equipo *m* estereofónico *od.* estéreo; ~**metrie** [~~meˈtriː] *f* (15, *o. pl.*) estereometría *f*; ~**phonie** [~~foˈniː] *f* (15, *o. pl.*) estereofonía *f*; '~**platte** *f* disco *m* estereofónico; ~**skop** [~~'skoːp] *n* (3[1]) estereoscopio *m*; ~**typ** [~~'tyːp] estereotípico, estereotipado (*a. fig.*); ~**typie** [~~tyˈpiː] *f* (15) estereotipia *f*.

steril [ʃteˈriːl] estéril; **2isation** [-rili-zaˈtsjoːn] f esterilización f; **2i'sieren** esterilizar; **2ität** [---ˈtɛːt] f esterilidad f.

Stern [ʃtɛrn] m (3) estrella f, Astr. a. astro m; **'~bild** n constelación f; **~chen** ['-çən] n (6) Typ. asterisco m; (Film2) aspirante f a estrella; **~deu-ter** ['-dɔytər] m (7) astrólogo m; **'~deutung** f astrología f; **~enban-ner** n bandera f estrellada; **'~en-himmel** m firmamento m; **'~enzelt** n bóveda f celeste; **'~fahrt** f rally(e) m; **2förmig** ['-fœrmiç] estrellado, radiado; **'~karte** f planisferio m celeste; **'2klar** estrellado; **'~kunde** f astronomía f; **'~schnuppe** f (15) estrella f fugaz; **'~stunde** fig. f momento m estelar; **'~warte** f observatorio m (astronómico).

Sterz [ʃtɛrts] m (3²) Zo. rabadilla f; (Pflug) esteva f, mancera f.

stet|ig [ʃteːtiç] constante, continuo; **2igkeit** f constancia f, continuidad f; **~s** siempre.

Steuer [ˈʃtɔyər] **a)** f (15) impuesto m, contribución f; **b)** n (7) ⚓ u. ⚙ timón m (a. fig.); Kfz. volante f; **~abzug** m deducción f del impuesto; **~aufkommen** n recaudación f fiscal; **~berater** m asesor m fiscal; **~bord** ⚓ n estribor m; **~erhebung** f recaudación f de impuestos; **~er-klärung** f declaración f de impuestos; **~erlaß** m desgravación f; **~fahndung** f F peinado m fiscal; **~flucht** f evasión f fiscal; **2frei** libre de impuestos; **~freiheit** f exención f fiscal; **~hinterziehung** f fraude m fiscal; **~klasse** f categoría f impositiva; **~knüppel** ⚙ m palanca f de mando; **~last** f carga f fiscal; **2lich** fiscal; **~mann** ⚓ m timonel m; **2n** (29) ⚙ gobernar; ⚙ pilotar; Kfz. conducir, guiar; ⊕ mandar; **2pflich-tig** et.: imponible; j.: contribuyente; **~rad** n Kfz. volante m; ⚙ timón m; **~recht** n derecho m fiscal; **~reform** f reforma f tributaria; **~schraube** f: fig. die ~ anziehen apretar el torniquete fiscal; **~ung** f ⊕ gobierno m; ⚙ pilotaje m; Kfz. dirección f; ⊕ mando m; regulación f; control m; **~zahler** m contribuyente m.

Steven ⚓ m [ˈʃteːvən] m (6) roda f.

Steward [ˈstjuːərt] m (11) ⚙ auxiliar m de vuelo; ⚓ camarero m; **~eß**

['--dɛs] f (16³) ⚙ azafata f, Am. aeromoza f; ⚓ camarera f.

stibitzen F [ʃtiˈbitsən] (27) escamotear, birlar.

Stich [ʃtiç] m (3) pinchazo m; punzada f (a. Schmerz); e-s Insekts: picadura f; beim Nähen: punto m, puntada f; Kartenspiel: baza f; (Bild) grabado m, lámina f, estampa f; e-n ~ bekom-men Milch usw.: picarse; e-n ~ ins Grüne haben tirar a verde; im ~ lassen abandonar; F e-n ~ haben Person: estar mal de la cabeza; **'~el** m (7) buril m; **'~e'lei** fig. f pulla f, indirecta f; **'2eln** fig. (29) echar indirectas od. pullas; **'~flamme** f dardo m de llama; **'2haltig** concluyente; fundado; **~ling** Zo. ['-liŋ] m (3¹) gasterósteo m; **'~probe** f prueba f (hecha) al azar; **2st, 2t** [ʃtiç(s)t] s. stechen; **'~tag** m día m fijado; fecha f tope; **'~waffe** f arma f punzante; **'~wahl** f votación f de desempate, balotaje m; **'~wort** n (Notiz) apunte m; Thea. entrada f; pie m; Typ. voz f guía; entrada f; vereinbartes: santo m y seña; **'~wort-verzeichnis** n índice m; **'~wunde** f herida f punzante.

stick|en [ˈʃtikən] (25) bordar; **2e'rei** f bordado m; **2erin** f bordadora f; **2garn** n hilo m de bordar; **~ig** sofocante; **2muster** n patrón m de bordado; **2rahmen** m tambor m; **2stoff** 🜊 m nitrógeno m; **2stoffdünger** m abono m nitrogenado; **~stoffhaltig** nitrogenado.

Stiefbruder [ˈʃtiːfbruːdər] m hermanastro m.

Stiefel ['-fəl] m (7) bota f; **~knecht** m sacabotas m; **2n** F (29, sn) zancajear.

Stiefeltern ['-ˀɛltərn] pl. padrastros m/pl.; **~geschwister** pl. hermanastros m/pl.; **~kind** n hijastro (-a) m (f); **~mutter** f madrastra f; **~müt-terchen** 🜊 n pensamiento m; **2müt-terlich**: fig. ~ behandeln tratar con negligencia; **~schwester** f herma-nastra f; **~sohn** m (~tochter f) hijastro (-a) m (f); **~vater** m padrastro m.

stieg [ʃtiːk] s. steigen; **2e** ['-gə] f (15) escalera f (estrecha).

Stieglitz [ˈʃtiːglits] m (3²) jilguero m.

stiehl(st) [ʃtiːl(st)] s. stehlen.

Stiel [ʃtiːl] m (3) mango m; ⚘ tallo m; a. Zo. pedúnculo m; **'~auge** n Zo. ojo m pedunculado; fig. ~n machen nach írsele a uno los ojos tras; **'~topf** m cazo m.

Stier [ʃtiːr] **1.** *m* (3) toro *m*; *Astr.* Tauro *m*; *fig.* den ~ bei den Hörnern *packen* agarrar el toro por los cuernos; **2.** ≈ *adj. Blick:* ~en (25): ~ *auf* (*ac.*) mirar (*ac.*) fijamente; '~**kampf** *m* corrida *f* de toros; '~**kampf-arena** *f* plaza *f* de toros; '~**kämpfer** *m* torero *m*; '~**kämpfer-tracht** *f* traje *m* de luces; ≈**nackig** cogotudo.

stieß [ʃtiːs] *s.* stoßen.

Stift [ʃtift]: **a)** *m* (3) clavija *f*; espiga *f*; tachuela *f*; (*Blei*≈) lápiz *m*; F (*Lehrling*) aprendiz *m*; **b)** *n* (3) convento *m*; (*Dom*≈) capítulo *m*, cabildo *m*; '≈en (26) fundar, crear; (*schenken*) donar, regalar; (*hervorrufen*) causar; *Frieden* ~ meter paz; '≈**engehen** F largarse; '~**er(in** *f*) *m* (7) fundador(a) *m* (*f*); donante *su.*, donador(a) *m* (*f*); '~**skirche** *f* colegiata *f*; '~**ung** *f* fundación *f*; (*Schenkung*) donación *f*; '~**ungsfest** *n* aniversario *m* de la fundación; '~**zahn** *m* diente *m* de espiga.

Stil [ʃtiːl] *m* (3) estilo *m*; in großem ~ por todo lo alto; '~**blüte** *f* desliz *m* estilístico; ~**ett** [ʃtiˈlɛt] *n* (3) estilete *m*; ≈**isieren** [-liˈziːrən] estilizar; ~**istik** [-ˈlistik] *f* (16) estilística *f*; ≈**istisch** estilístico.

still [ʃtil] (*ruhig*) tranquilo, quieto; (*lautlos*) silencioso; (*heimlich*) secreto; (*unbeweglich*) inmóvil; (*schweigend*) tácito, taciturno; ~ *u.* heimlich a la chita callando; im ~en para sí; en silencio, en secreto; '≈e *f* (15, *o. pl.*) tranquilidad *f*; silencio *m*; calma *f*; in *aller* ~ en la (más estricta) intimidad. **Stilleben** [ˈʃtilleːbən] *n* (6, *bei Trennung: Still-leben*) naturaleza *f* muerta, bodegón *m*.

stilleg|en [ˈʃtilleːgən] (*bei Trennung: still-legen*) parar; cerrar; paralizar; ≈**ung** *f* cierre *m*, paralización *f*.

still|en [ˈʃtilən] (25) calmar, tranquilizar; *Hunger:* matar; *Durst:* apagar; *Blut:* restañar; *Kind:* dar el pecho, amamantar; ≈**en** *n* lactancia *f*; ≈**halte-abkommen** *n* moratoria *f*; ~**halten** no moverse, quedarse quieto.

stilliegen [ˈʃtilliːgən] (*bei Trennung: still-liegen*) estar parado *od.* paralizado.

stillos [ˈʃtiːlloːs] de mal gusto.

still|schweigen [ˈʃtilʃvaɪgən] callarse; ≈**schweigen** *n* silencio *m*; mutis-

mo *m*; ~**schweigend** callado, tácito; ~ *übergehen* silenciar; ~**sitzen** estarse quieto; ≈**stand** *m* parada *f*; suspensión *f*; paro *m*; paralización *f*; ~**stehen** quedarse parado *od.* quieto, no moverse; ✕ cuadrarse; *Betrieb:* estar parado; ~**stehend** estacionario, inmóvil; *a. fig.* estancado; ~**vergnügt** contento; *adv.* con íntima satisfacción.

Stil|möbel [ˈʃtilmøːbəl] *n/pl.* muebles *m/pl.* de estilo; ≈**voll** de buen gusto; de estilo refinado.

Stimm|abgabe [ˈʃtimˈʔapɡaːbə] *f* votación *f*; ~**bänder** *n/pl.* cuerdas *f/pl.* vocales; ≈**berechtigt** con derecho a votar; ~**bruch** *m* cambio *m* de voz; im ~ sn cambiar la voz; ~**e** *f* (15) voz *f*; *Pol.* voto *m*; ♪ parte *f*; s-e ~ *abgeben* votar.

stimmen [ˈʃtimən] (25) **1.** *v/t.* ♪ afinar; *fig. milde* ~ apaciguar; *traurig* ~ entristecer; *gut* (*schlecht*) gestimmt de buen (mal) humor; **2.** *v/i.* (*zutreffen*) ser exacto *od.* cierto *od.* justo; *Pol.* ~ *für* votar por; ≈**fang** *m* caza *f od.* captación *f* de votos; ≈**gewirr** *n* vocerío *m*, algarabía *f*; ≈**gleichheit** *f* empate *m*; ≈**mehrheit** *f* mayoría *f* de votos.

Stimm|enthaltung [ˈ-ʔɛnthaltuŋ] *f* abstención *f*; ~**gabel** *f* diapasón *m*; ≈**haft** sonoro; ~**lage** *f* tesitura *f*; ≈**los** afónico; *Laut:* sordo; ~**recht** *n* derecho *m* de voto; ~**ritze** *f* glotis *f*; ~**ung** *f* ♪ afinación *f*; *fig.* disposición *f*; humor *m*; estado *m* de ánimo; ambiente *m*, atmósfera *f*; ✝ tendencia *f*; in ~ *kommen* animarse; ~**ungsbild** *n* cuadro *m* de ambiente; ~**ungsmensch** *m* hombre *m* veleidoso; ≈**ungsvoll** (muy) expresivo; (muy) animado; ~**zählung** *f* recuento *m* de votos, escrutinio *m*; ~**zettel** *m* papeleta *f* de votación.

stimulieren [ʃtimuˈliːrən] estimular.

Stink|bombe [ˈʃtiŋkbɔmbə] *f* bomba *f* fétida; ≈**en** (30) heder (*nach* a); oler mal, apestar; ≈**end** fétido, hediondo, maloliente; '≈**faul** F ~ sn no dar golpe; '≈**langweilig** F aburridísimo, soporífero; ~**tier** *n* mofeta *f*, *Am.* chinga *f*.

Stipendi|at [ʃtipɛnˈdjaːt] *m* (12) becario *m*; ~**um** [-ˈpɛndjum] *n* (9) beca *f*; bolsa *f* de estudios.

stippen [ˈʃtipən] (25) mojar.

stirb, ~**st**, ~**t** [ʃtirp(st)] *s.* sterben.
Stirn [ʃtirn] *f* (16) frente *f*; j-m die ~ **bieten** hacer frente a alg.; '~**höhle** *f* seno *m* frontal; '~**höhlen-entzündung** *f* sinusitis *f*; '~**runzeln** *n* ceño *m*.

stöbern [ˈʃtøːbərn] (29) revolver (*in dat.* a/c.); *Hund*: zarcear.

stochern [ˈʃtɔxərn] (29) hurgar (*in dat.* a/c.); *in den Zähnen* ~ mondar los dientes.

Stock [ʃtɔk] *m*: **a)** (3³) bastón *m*; palo *m*; (*Billard*⚜) taco *m*; *über* ~ *und Stein* a campo traviesa; **b)** △ (3, *pl. uv. u.* ~*werke*) piso *m*, planta *f*; !²**be'trunken:** F ~ *sn* estar hecho una cuba; !²!**dumm** tonto de remate; !²!**dunkel** completamente oscuro.

Stöckelschuh [ˈʃtœkəlʃuː] *m* zapato *m* con tacón alto.

stock|en [ˈʃtɔkən] (25) interrumpirse; pararse, detenerse; *Verkehr*: congestionarse; *beim Reden*: atascarse, cortarse; '~**'finster** completamente oscuro; **2fisch** *m* bacalao *m* (seco); **2fleck** *m* mancha *f* de moho; '~**heiser** afónico; **2hieb** *m* bastonazo *m*; ~*e pl.* palos *m/pl.*

Stock|schnupfen [ˈʃtɔkˈʃnupfən] *m* constipado *m* seco, romadizo *m*; !²!**taub** F más sordo que una tapia; ~**ung** *f* interrupción *f*; detención *f*; estancamiento *m*; (*Verkehr*) congestión *f*; ~**werk** *n* piso *m*, planta *f*.

Stoff [ʃtɔf] *m* (3) materia *f*, sustancia *f*; (*Tuch*) paño *m*, tela *f*, tejido *m*; (*Thema*) tema *m*, asunto *m*; F (*Rauschgift*) polvo *m*; '~**el** *m* (7) paleto *m*; !²!**lich** material; '~**rest** *m* retal *m*, retazo *m*; '~**tier** *n* animal *m* de trapo; '~**wechsel** *m* metabolismo *m*.

stöhnen [ˈʃtøːnən] **1.** *v/i.* (25) gemir; *fig.* quejarse (*über ac.* de); **2.** ♀ *m* gemidos *m/pl.*

Sto|iker [ˈʃtoːikər] *m* (7), **2isch** estoico (*m*).

Stola [ˈ~la] *f* (16²) estola *f*.

Stollen [ˈʃtɔlən] *m* (6) ⚒ galería *f*; *am Fußballschuh*: taco *m*; (*Gebäck*) bollo *m* de Navidad.

stolpern [ˈʃtɔlpərn] (29, sn) tropezar (*über ac.* con); dar un traspié.

stolz [ʃtɔlts] **1.** *adj.* orgulloso (*auf ac.* de); soberbio; altanero; **2.** ♀ *m* (3², *o. pl.*) orgullo *m*; soberbia *f*; altanería *f*; ~**'ieren** pavonearse.

stopf|en [ˈʃtɔpfən] (25) meter (*in ac.* en); (*füllen*) rellenar (*mit* de); *Geflü-*

gel: engordar; *Pfeife*: cargar; *Loch*: tapar; *Strumpf*: zurcir; (*schlingen*) tragar; 🎯 estreñir; F *gestopft voll* abarrotado; **2en** *m* (6) tapón *m*; **2-garn** *n* (2**nadel** *f*) hilo *m* (aguja *f*) de zurcir; **2stelle** *f* zurcido *m*.

Stopp [ʃtɔp] **1.** *m* (11) parada *f*; **2.** 2! ¡alto!

Stoppel [ˈ~pəl] *f* (15) rastrojo *m*; ~**bart** *m* barba *f* de varios días; ~**feld** *n* rastrojera *f*; **2n** (29) espigar.

stopp|en [ˈ~pən] (25) **1.** *v/t.* (hacer) parar; detener; *Zeit*: cronometrar; **2.** *v/i.* parar(se), detenerse; **2licht** *n* luz *f* de parada; **2-uhr** *f* cronómetro *m*.

Stöpsel [ˈʃtœpsəl] *m* (7) tapón *m* (*a.* F *fig.*); ⚡ clavija *f*; **2n** (29) tapar; ⚡ enchufar.

Stör *Zo.* [ʃtøːr] *m* (3) esturión *m*.

Storch [ʃtɔrç] *m* (3³) cigüeña *f*; '~**schnabel** *m* ♀ geranio *m*, pico *m* de cigüeña; ⊕ pantógrafo *m*.

stör|en [ˈʃtøːrən] (25) estorbar; molestar; incomodar; perturbar; ~**end** molesto; perturbador; **2enfried** [ˈ~friːt] *m* (3) perturbador *m*; aguafiestas *m*; **2geräusche** *n/pl.* (ruidos *m/pl.*) parásitos *m/pl.*, interferencias *f/pl.*

stornieren 🕯 [ʃtɔrˈniːrən] anular.

störrisch [ˈʃtœriʃ] terco, recalcitrante.

Störsender [ˈʃtøːrzɛndər] *m* emisora *f* interferente.

Störung [ˈ~ruŋ] *f* estorbo *m*; molestia *f*; perturbación *f*; 🎯 trastorno *m*; ⚡ interferencia *f*; ⊕ avería *f*; ~**sstelle** *f* servicio *m* de averías.

Stoß [ʃtoːs] *m* (3² *u.* ³) golpe *m*; empujón *m*; *mit dem Ellenbogen*: codazo *m*; (*Fechten*) estocada *f*; (*Erschütterung*) sacudida *f*; (*Anprall*) choque *m*; (*Haufen*) pila *f*, montón *m*; (*Akten*⚜) legajo *m*; *fig. sich* (*dat.*) *e-n* ~ *geben* F hacer de tripas corazón; '~**dämpfer** *m* amortiguador *m*.

Stößel [ˈʃtøːsəl] *m* (7) mano *f* de almirez.

stoß|en [ˈʃtoːsən] (30) **1.** *v/t.* empujar; (*mahlen*) triturar, moler; *sich* ~ darse un golpe; hacerse daño; *fig. sich* ~ rechazar; *fig. sich* ~ *an* (*dat.*) escandalizarse de; **2.** *v/i.* (h. *u. sn*) *Stier*: dar cornadas; *Wagen*: dar sacudidas; ~ *auf* (*ac.*) dar *od.* topar con; ~ *an* (*ac.*) chocar (*od.*) contra, tropezar con; (*angrenzen*) lindar con; *zu* j-m ~ reunirse con alg.; ~**fest** a prueba de golpes; ⊇**gebet** n jaculatoria f; ⊇**kraft** f ⊕ fuerza f de propulsión; a. fig. empuje m; ⊇**seufzer** m hondo suspiro m; ⊇**stange** f parachoques m; ⊇**trupp** ⨯ m grupo m de choque; ⊇**verkehr** m horas f/pl. punta od. de afluencia; **~waffe** f arma f contundente; **~weise** a golpes; adj. intermitente; ⊇**zahn** m colmillo m.

Stotter|er ['ʃtɔtərər] m (7) tartamudo m; ⊇**n** (29) tartamudear; **~n** n tartamudeo m; balbuceo m; F auf ~ a plazos.

Straf|anstalt ['ʃtrɑːf'anʃtalt] f penal m; centro m penitenciario; **~antrag** m querella f penal; **~anzeige** f denuncia f (erstatten presentar); **~arbeit** f Schule: ejercicio m de castigo; **~aufschub** m aplazamiento m de la ejecución penal; **~aussetzung** f suspensión f de la ejecución penal; ⊇**bar** punible; delictivo; criminal; sich ~ machen incurrir en una pena; delinquir; **~befehl** m orden f penal; **~e** f (15) castigo m; fig. pena f; (Geld⊇) multa f; sanción f; bei ~ von bajo od. so pena de; ⊇**en** (25) castigar; multar; sancionar; **~end** Blick: represivo; **~erlaß** m remisión f de la pena.

straff [ʃtraf] tieso, tirante; fig. enérgico; riguroso, severo.

straffällig ['ʃtrɑːfɛːliç] culpable; ~ werden delinquir.

straffen ['ʃtrafən] (25) estirar, atiesar; ⊇**heit** f tiesura f, tirantez f; fig. rigor m; severidad f.

straf|frei ['ʃtraːfraɪ] impune; für ~ erklären neol. despenalizar; ⊇**freiheit** f impunidad f; neol. despenalización f; ⊇**gefangene(r** m) su. preso (-a) m (f); ⊇**gericht** n tribunal m de lo criminal; fig. castigo m; ⊇**gerichtsbarkeit** f justicia f criminal; ⊇**gesetzbuch** n código m penal; ⊇**kammer** f sala f de lo criminal; ⊇**lager** n campo m penitenciario.

sträf|lich ['ʃtrɛːfliç] punible; fig. imperdonable; ⊇**ling** ['-lɪŋ] m (3¹) penado m; recluso m; preso m.

straf|los ['ʃtrɑːfloːs] impune (ausgehen quedar); ⊇**mandat** n multa f; ⊇**maß** n (cuantía f de la) pena f; ⊇**maßnahme** f sanción f; **~mildernd** atenuante; **~mündig** en edad penal; ⊇**porto** ⧖ n sobretasa f de franqueo; ⊇**predigt** f sermón m (halten echar); ⊇**prozeß** m proceso m

penal; ⊇**prozeß-ordnung** f ley f de enjuiciamiento criminal; ⊇**punkt** m Sport: penalización f; ⊇**raum** m Sport: área f de castigo od. de penalty; ⊇**recht** n derecho m penal; ⊇**rechtler** ['-rɛçtlər] m (7) penalista m; **~rechtlich** penal; ⊇**register** n registro m de antecedentes penales; ⊇**richter** m juez m de lo criminal; ⊇**sache** f asunto m criminal; causa f penal; ⊇**stoß** m Sport: penalty m; ⊇**tat** f hecho m delictivo; acción f punible; ⊇**verfahren** n procedimiento m penal; **~verschärfend** agravante; ⊇**versetzung** f traslado m disciplinario od. forzoso; ⊇**verteidiger** m abogado m criminalista; ⊇**vollstreckung** f, ⊇**vollzug** m ejecución f de la pena; offener **~vollzug** m régimen m de prisión abierto.

Strahl [ʃtrɑːl] m (5) rayo m; (Wasser⊇) chorro m; ⊇**en** (25) radiar; (aus~) irradiar; fig. estar radiante (vor de).

Strahlen|brechung ['-lənbrɛçuŋ] f refracción f; **~bündel** n haz m de rayos; ⊇**d** radiante (vor de); ⊇**förmig** radial, radiado; **~schädigung** f radiolesión f; **~schutz** m protección f contra las radiaciones; **~therapie** f radioterapia f.

Strahl|triebwerk ['-triːpʋɛrk] n reactor m, propulsor m de reacción; **~ung** f radiación f; **~ungswärme** f calor m radiante.

Strähn|e ['ʃtrɛːnə] f (15) Garn: madeja f; Haar: mechón m; ⊇**ig** lacio.

stramm [ʃtram] tieso, tirante; fig. riguroso; '**~stehen** ⨯ cuadrarse.

Strampel|höschen ['-pəlhøːsçən] n (6) pelele m; ⊇**n** (29) patalear; F (radfahren) pedalear.

Strand [ʃtrant] m (3³) playa f; '**~anzug** m traje m de playa; '**~bad** n playa f; ⊇**en** ['-dən] (26, sn) ⚓ encallar, varar; fig. fracasar; '**~gut** n restos m/pl. arrojados por el mar; '**~kleid** n vestido m playero; '**~korb** m sillón m de mimbre (para la playa); '**~promenade** f paseo m marítimo; '**~raub** ('-räuber) m raque(ro) m; '**~schuh** m zapatilla f playera; **~ung** ['-duŋ] f encalladura f.

Strang [ʃtraŋ] m (3³) cuerda f, soga f; (Schienen⊇) vía f; (Wolle) madeja f; fig. an e-m ~ ziehen tirar de la misma cuerda; über die Stränge schlagen propasarse; wenn alle Stränge reißen en el peor de los casos; **2ulieren** [-gu'li:-rən] estrangular.

Strapaz|e [ʃtra'pa:tsə] f (15) fatiga f; **2ieren** [-pa'tsi:rən] fatigar, cansar; *et.*: gastar (mucho); **2'ierfähig** resistente; **2iös** [--'tsjø:s] fatigoso; penoso.

Straße ['ʃtra:sə] f (15) calle f; (*Land2*) carretera f; vía f; ⚓ estrecho m; *fig. auf die* ~ *setzen* poner en la calle; *der Mann von der* ~ el hombre de la calle.

Straßen|anzug ['-sən'antsu:k] m traje m de calle; **~arbeiter** m peón m caminero; **~bahn** f tranvía m; **~bahner** ['--ba:nər] m (7) tranviario m; **~bahnwagen** m coche m de tranvía; **~bau** m construcción f de carreteras; **~beleuchtung** f alumbrado m público; **~decke** f firme m; **~ecke** f esquina f; **~graben** m cuneta f; **~händler** m vendedor m ambulante; **~junge** m golfillo m; **~kampf** m lucha f callejera; **~karte** f mapa m de carreteras; **~kehrer** ['--ke:rər] m (7) barrendero m; **~kehrmaschine** f barredera f; **~kreuzung** f cruce m; **~lage** f Kfz. comportamiento m en carretera; **~laterne** f farol m; farola f; **~mädchen** n ramera f; F fulana f; **~netz** n red f de carreteras; **~raub** m atraco m; **~räuber** m atracador m; **~reinigung** f limpieza f pública; **~rennen** n carrera f por carretera; **~schild** n rótulo m de calle; **~sperre** f barrera f; **~verkehr** m tráfico m, circulación f; **~verkehrs-ordnung** f código m de la circulación; **~verzeichnis** n (nomenclátor m) callejero m; **~walze** f apisonadora f.

Strategie [ʃtra'te:gə] m (13) estratega m; **~ie** [-te'gi:] f (15) estrategia f; **2isch** [-'te:giʃ] estratégico.

Stratosphäre [-to'sfɛ:rə] f (15, *o. pl.*) estratosfera f.

sträuben ['ʃtrɔʏbən] (25): (*sich*) ~ erizar(se); *sich* ~ *Haare*: ponerse de punta; *fig.* oponerse, resistirse (*gegen a*).

Strauch [ʃtraʊx] m (1²) arbusto m, mata f; **~dieb** m salteador m de caminos; **2eln** (29, sn) dar un traspié; *a. fig.* tropezar; **~werk** n matorral m.

Strauß [ʃtraʊs] m: **a)** (*Blumen2*) (3² u. ³) ramo m, ramillete m; **b)** Zo. (3²) avestruz m; **c)** (*Kampf*) (3² u. ³) lucha f.

Streb|e ['ʃtre:bə] f (15) puntal m;

~ebalken m tornapunta f; **~ebogen** m arbotante m; **2en** (25): ~ *nach* aspirar a; ambicionar (*ac.*); **~en** n aspiración f; ambición f; tendencia f; **~epfeiler** m contrafuerte m; **~er** m (7) ambicioso m, arribista m; *Schule*: F empollón m; **2sam** [ʃ'tre:pza:m] aplicado; asiduo; **~samkeit** f aplicación f; asiduidad f.

Streck|e ['ʃtrɛkə] f (15) recorrido m (*a. Sport*), trayecto m; (*Entfernung*) distancia f; (*Teilstück*) trecho m; 🌐 línea f (*nach de*); ⚒ galería f; *zur* ~ *bringen* matar; *fig.* derrotar; *fig. auf der* ~ *bleiben* quedar en la estacada; **2en** (25) estirar, extender; *Waffen*: rendir; *Vorräte*: alargar; *zu Boden* ~ derribar; *in gestrecktem Galopp* a galope tendido; **~enwärter** 🌐 m guardavía m; **2enweise** a trechos; **~muskel** m (músculo m) extensor m; **~ung** f extensión f; distensión f; **~verband** m vendaje m de extensión.

Streich [ʃtraiç] m (3) golpe m; *fig.* travesura f; *dummer* ~ tontería f; *j-m e-n* (*üblen*) ~ *spielen* hacer una mala jugada a alg.; **'2eln** (29) acariciar; **'2en** (30) **1.** *v/i.* (sn *u. h.*) pasar (*über ac.* por); (*streifen*) vagar (*durch ac.* por); **2.** *v/t.* pintar; (*aus*) borrar, tachar; *Text*: suprimir; *Auftrag*: anular; *Flagge, Segel*: arriar; *Butter usw.*: extender; **'~er** ♪ m (7) instrumentista m de cuerda; *pl.* cuerdas f/pl.; **'~holz** n cerilla f, fósforo m; **'~holzschachtel** f caj(it)a f de cerillas; **'~instrument** n instrumento m de cuerda od. de arco; **'~käse** m queso m para extender; **'~quartett** n cuarteto m de cuerda; **'~riemen** m suavizador m; **'~ung** f supresión f; anulación f; cancelación f.

Streif|band 🌐 n (1²) faja f; **~bandsendung** f envío m bajo faja; **~e** f (15) patrulla f; ronda f; **~en** m (6) raya f; tira f; (*Film*) cinta f; (*Geländes*) faja f; **2en** (25) **1.** *v/t.* rozar, *a. fig.* tocar; (*ab*) quitar (*von de*); **2.** *v/i.* (sn) vagar (*durch* por); **~enkarte** *Vkw.* f tarjeta f multiviaje; **~enwagen** m coche m patrulla; **2ig** rayado; **~licht** n reflejo m de luz; *ein* ~ *werfen auf et.* ilustrar a/c.; **~schuß** m rozadura f (causada por un balazo); **~zug** m correría f; incursión f.

Streik [ʃtraik] m (sg. 3, pl. 11) huelga f; *in den* ~ *treten* declararse en huelga; **'~brecher** m esquirol m; **'2en** (25) estar en huelga; *fig.* pasar; *Motor usw.*: fallar; '~**ende(r)** *m* (18) huelguista *m*; '~**posten** *m* piquete *m*.

Streit [ʃtraɪt] *m* (3) querella *f*, conflicto *m*; riña *f*; pendencia *f* (*Wort* 2) disputa *f*, controversia *f*; ⚖ litigio *m*; '2**bar** agresivo; '2**en** (30) disputar (*über ac.* sobre); reñir (*um* por); luchar, combatir; ⚖ litigar; *fig.* militar (*für ac.* por); *sich um et.* ~ disputarse a/c.; '2**end** ⚖ litigante; '~**er** *m* (7) combatiente *m*; '~**fall** *m* litigio *m*; '~**frage** *f* punto *m* litigioso; '2**ig:** *j-m et.* ~ *machen* disputar a/c. a alg.; '~**kräfte** *f/pl.* fuerzas *f/pl.* armadas; '~**punkt** *m* punto *m* de controversia *od.* litigioso; '~**sache** *f* ⚖ pleito *m*; causa *f*; '~**schrift** *f* escrito *m* polémico; '~**sucht** *f* acometividad *f*; carácter *m* pendenciero; '2**süchtig** pendenciero.

streng [ʃtrɛŋ] severo; riguroso; *Kälte*: intenso; *Sitte*: austero; *adv.* estrictamente; ~(*stens*) *verboten* terminantemente prohibido; '2**e** *f* (15, *o. pl.*) severidad *f*; rigor *m*; austeridad *f*; ~**genommen** ['~gənɔmən] en rigor; '~**gläubig** ortodoxo.

Streß [ʃtrɛs] *m* (4) stress *m*, estrés *m*.

Streu [ʃtrɔɪ] *f* (16) cama *f* (de paja); '2**en** (25) esparcir; echar; dispersar; '2**en** F (25, *sn*) vagar; vagabundear; '~**sand** *m* arenilla *f*.

Strich [ʃtrɪç] **1.** *m* (3) raya *f*; línea *f*; *der Vögel*: paso *m*; (*Land* 2) comarca *f*, región *f*; *j-m e-n* ~ *durch die Rechnung machen* contrariar los proyectos de alg.; *gegen den* ~ a contrapelo; *fig. das geht mir gegen den* ~ esto no me gusta nada; *fig. e-n* ~ *unter et. machen* hacer borrón y cuenta nueva; P *auf den* ~ *gehen* hacer la calle *od.* la carrera; **2.** 2 *s. streichen*; '~**code** *m* código *m* de barras; '2**eln** (29) rayar; *gestrichelte Linie* línea *f* discontinua; '~**junge** *m* prostituto *m*; '~**mädchen** F *n* prostituta *f*; '~**punkt** *m* punto *m* y coma; '~**regen** *m* lluvia *f* local; '~**weise** en algunos puntos; por zonas; '~**zeichnung** *f* dibujo *m* a rayas.

Strick [ʃtrɪk] *m* (3) cuerda *f*, soga *f*; *fig.* pilluelo *m*; F *wenn alle* ~*e reißen* en el peor de los casos; '~**arbeit**, ~**e'rei** *f* labor *m* de punto; '2**en** (25) hacer calceta *od.* punto, *neol.* tricotar; *gestrickt* de punto; '~**er(in** *f*) *m* (7) calcetero (-a) *m* (*f*); '~**garn** *n* hilo *m* de punto; '~**jacke** *f* chaqueta *f* de punto; '~**leiter** *f* escala *f* de cuerda; '~**maschine** *f* tricotosa *f*; '~**nadel** *f* aguja *f* para labores de punto; '~**waren** *f/pl.* géneros *m/pl.* de punto; '~**wolle** *f* lana *f* de labores; '~**zeug** *n* labor *f* de (hacer) punto.

Striegel ['ʃtriːgəl] *m* (7) almohaza *f*; 2**n** (29) almohazar.

Strieme ['ʃtriːmə] *f* (15), ~**n** *m* (6) cardenal *m*, verdugón *m*.

strikt [ʃtrɪkt] estricto.

Strippe F ['ʃtrɪpə] *f* (15) cuerda *f*.

stritt [ʃtrɪt] *s. streiten*; '~**ig** litigioso; dudoso; discutido.

Stroh [ʃtroː] *n* (3) paja *f*; '~**blume** *f* siempreviva *f*; '~**feuer** *fig.* n humo *m* de paja; '~**halm** *m* brizna *f* de paja; *zum Trinken*: paja *f*; '~**hut** *m* sombrero *m* de paja; '2**ig** pajoso; '~**mann** *fig. m* testaferro *m*, hombre *m* de paja; '~**matte** *f* estera *f* de paja; '~**sack** *m* jergón *m*; '~**witwer** *m*: ~ *sein* estar de Rodríguez.

Strolch [ʃtrɔlç] *m* (3) vagabundo *m*; '2**en** (25, *sn*) vagabundear; vagar.

Strom [ʃtroːm] *m* (3³) río *m*; (*Strömung*, ⚡) corriente *f* (a. *fig.* torrente *m*; *fig. mit dem* (*gegen den*) ~ *schwimmen* irse con (ir contra) la corriente; *es regnet in Strömen* llueve a cántaros; '~**abnehmer** ⚡ *m* trole *m*; 2'~**ab** (-**wärts**) aguas abajo; '~**aggregat** *n* grupo *m* electrógeno; 2'~**auf**(**wärts**) aguas arriba; '~**ausfall** *m* apagón *m*.

strömen ['ʃtrøːmən] (25, *sn*) correr (*aus* por); chorrear; *Regen*: caer a chorros; *fig.* afluir (*nach* a); acudir en masa; ~*der Regen* lluvia *f* torrencial.

Stromer F ['ʃtroːmər] *m* (7) vagabundo *m*.

Strom|erzeuger ⚡ ['~ʔɛrtsɔɪgər] *m* generador *m*; ~**gebiet** *n* cuenca *f*; ~**kreis** ⚡ *m* circuito *m*; ~**linienform** *f* forma *f* aerodinámica; ~**linienförmig** aerodinámico; ~**messer** ⚡ *m* amperímetro *m*; ~**netz** ⚡ *n* red *f* de corriente; ~**schiene** ⚡ *f* barra *f* de toma de corriente; ~**schnelle** *f* rápido *m*; ~**stärke** ⚡ *f* intensidad *f* de la corriente; ~**stoß** ⚡ *m* impulso *m*.

Strömung ['ʃtrøːmʊŋ] *f* corriente *f* (*a. fig.*).

Strom|verbrauch ⚡ ['ʃtroːmfɛrbraux] *m* consumo *m* de corriente; ~**versorgung** ⚡ *f* suministro *m* de electricidad; ~**zähler** ⚡ *m* contador *m* de corriente.

Strophe [ˈʃtroːfə] f (15) estrofa f.

strotzen [ˈʃtrɔtsən] (27): ~ von rebosar de.

strubbelig F [ˈʃtrubəliç] desgreñado.

Strudel [ˈʃtruːdəl] m (7) remolino m, torbellino m; vorágine f (alle a. fig.).

Struktur [ʃtrukˈtuːr] f (16) estructura f; **2ell** [-tuˈrɛl] estructural.

Strumpf [ʃtrumpf] m (3³) media f; '~**band** n (1²) liga f; '~**halter** m portaligas m, liguero m; '~**hose** f leotardos m/pl.; panty m.

Strunk [ʃtruŋk] m (3³) troncho m.

struppig [ˈʃtrupiç] hirsuto; Haar: desgreñado.

Strychnin [ʃtryçˈniːn] n (3¹, o. pl.) estricnina f.

Stube [ˈʃtuːbə] f (15) cuarto m, habitación f, pieza f; gute ~ sala f.

Stuben|älteste(r) ✗ [ˈ-bənˈʔɛltəstə(r)] m (18) jefe m de cuarto; ~**arrest** m arresto m en casa; ~**fliege** f mosca f; ~**gelehrte(r)** m sabio m de gabinete; ~**hocker** F m persona f muy casera; **2rein** limpio; educado.

Stuck [ʃtuk] m (3, o. pl.) estuco m.

Stück [ʃtyk] n (3; als Maß nach Zahlen inv.) pieza f (a. Thea., ♪); trozo m, pedazo m; (Bruch2) fragmento m; Seife: pastilla f; Zucker: terrón m; Brot: mendrugo m; ~ Land (lote m de) terreno m; ~ Vieh res f; ~ für ~ pieza por pieza; das ist ein starkes ~! ¡esto sí que es demasiado!; große ~e auf j-n halten apreciar (en) mucho a alg.; aus freien ~en espontáneamente; in ~e schlagen (gehen) despedazar(se), hacer(se) pedazos; '~**arbeit** f trabajo m a destajo; '2**eln** (29) despedazar; '~**gut** ✚ n bultos m/pl. sueltos; '~**lohn** m salario m a destajo; **2weise** a trozos; '~**werk** n obra f imperfecta; '~**zahl** f número m de piezas.

Student|(in f) [ʃtuˈdɛnt(in)] m (12) estudiante su.; universitario (-a) m (f); ~**en...:** in Zssgn = **2isch** de estudiantes, estudiantil; ~**enfutter** n postre m de músico; ~**enheim** n residencia f de estudiantes; ~**enschaft** f estudiantado m.

Studie [ˈʃtuːdjə] f (15) estudio m; ~**n-assessor** m etwa: profesor m adjunto; ~**ndirektor** m director m de colegio; ~**nfach** n asignatura f; ~**ngang** m ciclo m de estudios; ~**nrat** m catedrático m de Instituto; ~**nreise** f viaje m de estudios.

studier|en [ʃtuˈdiːrən] estudiar; **2-zimmer** n gabinete m de trabajo; despacho m.

Stud|io [ˈʃtuːdjo] n (11) estudio m; ~**ium** [ˈ-jum] n (9) estudios m/pl.

Stufe [ˈ-fə] f (15) escalón m (a. fig.); peldaño m; grada f; (Phase) fase f; etapa f; fig. grado m; nivel m; ~**nfolge** f gradación f; escalonamiento m; **2nförmig** escalonado; ~**nleiter** fig. f escala f social; **2nweise** gradualmente.

Stuhl [ʃtuːl] m (3³) silla f; der Heilige ~ la Santa Sede; '~**gang** ♂ m deposiciones f/pl.; defecación f.

Stukkatur [ʃtukaˈtuːr] f (16) estucado m.

Stulle F [ˈʃtulə] f (15) bocadillo m, F bocata m.

Stulpe [ˈʃtulpə] f (15) vuelta f; (Ärmel2) puño m.

stülpen [ˈʃtylpən] (25) (um~) volver; (auf~, über~) poner.

stumm [ʃtum] mudo; '2**el** m (7) muñón m; (Kerzen2) cabo m; (Zigaretten2) colilla f, Am. pucho m; '2**film** m película f muda; cine m mudo; '2**heit** f mudez f; mutismo m.

Stümper [ˈʃtympər] m (7), **2haft** chapucero (-a); ~**ei** [--ˈraɪ] f chapucería f, chapuza f; **2n** (29) chapucear.

stumpf [ʃtumpf] 1. adj. sin filo; romo; Nase: a. chato; ▲ Kegel, Pyramide: truncado; Winkel: obtuso; fig. apático; ~ machen (werden) embotar(se); 2. ⚥ m (3³) (Glied) muñón m; (Baum) tronco m; mit ~ und Stiel de raíz, de cuajo; '2**heit** fig. f apatía f; embotamiento m; '2**sinn** m estupidez f; '~**sinnig** estúpido; obtuso; '~**winklig** obtusángulo.

Stunde [ˈʃtundə] f (15) hora f (Unterrichts2) lección f, clase f; **2n** (26) aplazar (el pago de); conceder un plazo; ~**ngeschwindigkeit** f velocidad f por hora; ~**nkilometer** m kilómetro m por hora; **2nlang** de horas enteras, interminable; adv. horas y horas; ~**nlohn** m salario m por hora; ~**nplan** m horario m; **2nweise** por horas; ~**nzeiger** m horario m.

stündlich [ˈʃtyntliç] cada hora; zweimal ~ dos veces por hora.

Stundung [ˈʃtunduŋ] f aplazamiento m de pago; prórroga f.

Stunk F [ʃtuŋk] m (3, o. pl.) camorra f; gresca f; es wird ~ geben habrá jaleo od. hule.

stupide [ʃtu'pi:də] estúpido.

Stupsnase ['ʃtupsna:zə] f nariz f respingona.

stur [ʃtu:r] testarudo, terco; **²heit** f tozudez f, terquedad f.

Sturm [ʃturm] m (3³) tempestad f (a. fig.); (Gewitter⁂) tormenta f (a. fig.); temporal m, ♣ a. borrasca f; ⚔ asalto m; Fußball: delantera f; ~ laufen gegen asaltar (ac.); ~ läuten tocar a rebato; **~angriff** m asalto m.

stürm|en ['ʃtyrmən] (25) **1.** v/t. ⚔ tomar por asalto; **2.** v/i. ⚔ asaltar; dar el asalto; fig. lanzarse (auf ac. sobre); es stürmt hay tempestad od. temporal; **²er** m (7) Sport: delantero m.

Sturm|flut ['ʃturmflu:t] f marea f viva; **~gewehr** n fusil m de asalto; **~glocke** f campana f de rebato.

stürmisch ['ʃtyrmiʃ] tempestuoso, borrascoso, tormentoso; fig. turbulento; impetuoso; Beifall: delirante, frenético.

Sturm|läuten ['ʃturmlɔytən] n rebato m; **~riemen** m barboquejo m; **~schaden** m daños m/pl. causados por la tempestad; **~schritt** ⚔ m paso m de carga; **~segel** n vela f de fortuna; **~tief** n borrasca f; **~trupp** m grupo m de asalto; **~warnung** f aviso m de tempestad.

Sturz [ʃturts] m (3² u. ³) caída f; ♣ dintel m; **~acker** m campo m roturado; **'~bach** m torrente m.

stürzen ['ʃtyrtsən] (27) **1.** v/t. derribar (a. fig.); Pol. a. derrocar; (kippen) volcar; (hinab~) arrojar, precipitar; **2.** v/refl.: sich ~ arrojarse (aus dem Fenster por la ventana); sich ~ auf (ac.) abalanzarse sobre; precipitarse sobre; sich in Schulden ~ contraer deudas; **3.** v/i. (sn) caer(se); (eilen) precipitarse; ~ auf (ac.) 🌊 estrellarse contra.

Sturz|flug ['ʃturtsflu:k] m vuelo m en picado; **~helm** m casco m protector; **~regen** m chaparrón m; **~see** f golpe m de mar.

Stuß F [ʃtus] m (4, o. pl.) tonterías f/pl.; F chorradas f/pl.

Stut|e ['ʃtu:tə] f (15) yegua f; **~fohlen** n potranca f.

Stütz|balken ['ʃtytsbalkən] m puntal m; **~e** f (15) apoyo m; soporte m (beide a. fig.); ~ rodrigón m; fig. pilar m, puntal m.

stutzen ['ʃtutsən] (27) **1.** v/t. (re-) cortar; ✗ podar; **2.** v/i. titubear; quedar perplejo; **3.** ⚲ m (6) ✗ carabina f; ⊕ tubuladura f; empalme m.

stützen ['ʃtytsən] (27) apoyar (a. fig.), sostener; △ apuntalar; fig. sich ~ auf (ac.) basarse od. fundarse en.

Stutz|er ['ʃtutsər] m (7) pinturero m; pisaverde m; **~flügel** ♪ m piano m de media cola; **²ig** perplejo; (argwöhnisch) suspicaz; ~ machen (werden) escamar(se).

Stütz|pfeiler ['ʃtytspfaɪlər] m pilar m de sostén; **~punkt** m punto m de apoyo; ✗, ♣ base f.

subaltern [zup²al'tɛrn] subalterno.

Subjekt [-'jɛkt] n (3) sujeto m (a. fig. desp.); **²iv** [-'ti:f] subjetivo; **~ivität** [--tivi'tɛ:t] f subjetividad f.

Subli|mat [zubli'ma:t] n (3) sublimado m; **²mieren** [--'mi:rən] sublimar.

Subskri|bent [zupskri'bɛnt] m (12) suscriptor m; **²bieren** suscribirse a; **~ption** [--p'tsjo:n] f suscripción f.

Substantiv [-'stanti:f] n (3¹), **²isch** sustantivo (m).

Substanz [-'stants] f (16) sustancia f.

subtil [-'ti:l] sutil.

subtra|hieren [-tra'hi:rən] restar, sustraer; **²ktion** [-trak'tsjo:n] f sustracción f, resta f.

subtropisch ['-tro:piʃ] subtropical.

Subventio|n [-vɛn'tsjo:n] f subvención f; **²nieren** subvencionar.

Suche ['zu:xə] f (15) busca f, búsqueda f; auf der ~ nach en busca de; **²en** (25) buscar; (ver~) ~ zu inf. tratar de; **~er** m (7) Phot. visor m; **~gerät** n detector m; **~scheinwerfer** m faro m móvil.

Sucht [zuxt] f (14¹) manía f; pasión f; afán m; 🇸 neol. adicción f.

süchtig ['zyçtiç] toxicómano; adicto.

Sud [zu:t] m (3) decocción f.

Süd... ['zy:t...]: in Zssgn mst del sur, meridional; **~amerikaner(in** f) m, **²amerikanisch** sudamericano (-a) m (f).

Sudel|ei [zu:də'laɪ] f F mamarrachada f; Mal. pintarrajo m; (Pfuscherei) chapuza f; **'²n** (29) chapucear; Mal. pintorrear, pintarrajear.

Süd|en ['zy:dən] m (6) sur m, mediodía m; **~früchte** ['zy:tfryçtə] f/pl. frutos m/pl. meridionales; **~länder(in** f) ['-lɛndər(in)] m (7), **²ländisch** meridional (su.); **²lich** meridional, del sur; austral; ~ von al sur de; **~'osten** m sudeste m; **~pol** m polo *m* sur *od.* antártico; **∼'westen** *m* sudoeste *m*; **∼wind** *m* viento *m* del sur.

Suff P [zuf] *m* (3, *o. pl.*) borrachera *f*; *im* ∼ borracho.

süffig ['zyfiç] abocado.

Suffix *Gram.* [zu'fiks] *n* (3²) sufijo *m*.

sugge|rieren [-ge'riːrən] sugerir; insinuar; **2stion** [-ge'stjoːn] *f* sugestión *f*; **∼stiv** [--'tiːf] sugestivo.

Sühn|e ['zyːnə] *f* (15) expiación *f*; **∼emaßnahme** *f* sanción *f*; **2en** (25) expiar; **∼eversuch** ⚔ *m* tentativa *f* de conciliación; **∼-opfer** *n* víctima *f* expiatoria.

Suite ['sviːt(ə)] *f* (15) ♪ *u. Hotel:* suite *f*.

Sulfat [zul'faːt] *n* (3) sulfato *m*.

Sulfonamid [-fona'miːt] *n* (3) sulfamida *f*.

Sultan ['-taːn] *m* (3¹) sultán *m*; **∼at** [-ta'naːt] *n* (3) sultanato *m*; **∼ine** [--'niːnə] *f* (15) pasa *f* gorrona.

Sülze ['zyltsə] *f* (15) carne *f* en gelatina.

summarisch [zu'maːriʃ] sumario.

Sümmchen ['zymçən] *n* (6): F *ein hübsches* ∼ una bonita suma.

Summ|e ['zumə] *f* (15) suma *f*; total *m*; cantidad *f*; **2en** (25) zumbar; *Lied:* canturrear; **∼en** *n* zumbido *m*; **∼er** ⚡ *m* (7) vibrador *m*; zumbador *m*; **2ieren** sumar; *sich* ∼ acumularse.

Sumpf [zumpf] *m* (3³) pantano *m*; **∼dotterblume** *f* hierba *f* centella; **∼fieber** *n* paludismo *m*; **∼gas** *n* gas *m* de los pantanos; **2ig** pantanoso; **∼pflanze** *f* planta *f* palustre.

Sünd|e ['zyndə] *f* (15) pecado *m*; **∼enbock** *m* cabeza *f* de turco, chivo *m* expiatorio; **∼enfall** *m* pecado *m* original; **∼enregister** *n* lista *f* de pecados; **∼er(in** *f*) *m* (7) pecador(a) *m* (*f*); **2haft** ['-thaft] pecador; F ∼ *teuer* carísimo; **2ig** ['-diç] pecador; **2igen** ['--gən] (25) pecar.

super F ['zuːpər] F estupendo; bárbaro; **2(benzin)** *n* (gasolina *f*) super *m*; **2intendent** ['--⁹ɪntɛndɛnt] *m* (12) superintendente *m*; **∼klug** que se pasa de listo; **2lativ** ['--latiːf] *m* (3¹) superlativo *m*; **2macht** *f* superpotencia *f*; **2markt** *m* supermercado *m*; **2-oxyd** *n* peróxido *m*.

Suppe ['zupə] *f* (15) sopa *f*; *fig. die* ∼ *auslöffeln* pagar los vidrios *od.* platos rotos; *j-m die* ∼ *versalzen* aguar la fiesta a alg.; **∼nfleisch** *n* carne *f* para caldo; **∼ngrün** *n* hierbas *f/pl.* (para el caldo); **∼nhuhn** *n* gallina *f* para caldo; **∼nkelle** *f* cucharón *m*; **∼nlöffel** *m* cuchara *f*; **∼nschüssel**, **∼nterrine** *f* sopera *f*; **∼nteller** *m* plato *m* sopero *od.* hondo; **∼nwürfel** *m* cubito *m* de caldo.

Surf|brett ['sœːfbrɛt] *n* tabla *f* deslizadora *od.* de surf; **2en** (25) practicar el surf; **∼en** *n*, **∼ing** ['-iŋ] *n* (9, *o. pl.*) surf(ing) *m*.

Surrealismus [zyrea'lismus] *m* (16, *o. pl.*) surrealismo *m*.

surren ['zurən] **1.** *v/i.* (25) zumbar; **2.** **2** *n* zumbido *m*.

Surrogat [-ro'gaːt] *n* (3) sucedáneo *m*.

suspendier|en [zuspɛn'diːrən] suspender (de sus funciones); **2ung** *f* suspensión *f*.

süß [zyːs] dulce; *Kind:* F mono; **2e** *f* (15, *o. pl.*) dulzura *f*; **∼en** (25) endulzar; edulcorar; **'2holz** *n* regaliz *m*; *fig.* ∼ *raspeln* F echar flores; **'2igkeit** *f* dulzura *f*; **∼en** *pl.* dulces *m/pl.*; golosinas *f/pl.*; **'2kartoffel** ⚘ *f* batata *f*, boniato *m*; **'∼lich** dulzón (*a. fig.*); **'2most** *m* jugo *m* de fruta; **'∼'sauer** agridulce; **'2speise** *f* dulce *m*; **'2stoff** *m* edulcorante *m*; sacarina *f*; **'2warengeschäft** *n* confitería *f*, dulcería *f*, bombonería *f*; **'2wasser** *n* agua *f* dulce; **'2wein** *m* vino *m* dulce.

Symbol [zym'boːl] *n* (3¹) símbolo *m*; emblema *m*; **2isch** simbólico; **2isieren** [-boli'ziːrən] simbolizar.

Symmetr|ie [-me'triː] *f* (15) simetría *f*; **2isch** ['-me:triʃ] simétrico.

Sympath|ie [-pa'tiː] *f* (15) simpatía *f*; **∼iestreik** *m* huelga *f* de solidaridad; **∼isant** [--ti'zant] *m* (12) simpatizante *m*; **2isch** ['-paːtiʃ] simpático; **2isieren** [-pati'ziːrən] simpatizar.

Symphonie [-fo'niː] *f* (15) sinfonía *f*; **∼orchester** *n* orquesta *f* sinfónica.

symphonisch [-'foːniʃ] sinfónico.

Symposium [-'poːzjum] *n* (9) simposio *m*.

Symptom [-p'toːm] *n* (3¹) síntoma *m*; **2atisch** [-to'maːtiʃ] sintomático.

Synagoge [zyna'goːgə] *f* (15) sinagoga *f*.

synchron [-'kroːn] sincrónico; **2getriebe** *Kfz. n* cambio *m* de velocidades sincronizado; **2isation** [-kroniza'tsjoːn] *f* sincronización *f*; *Film:* doblaje *m*; **∼i'sieren** sincronizar;

Film: doblar; ♀**sprecher** *m* actor *m* de doblaje, doblador *m*.

Syndik|at [-di'ka:t] *n* (3) sindicato *m*; **~us** ['--kus] *m* (14²) síndico *m*; asesor *m* jurídico.

Synkope ♪ [-'ko:pǝ] *f* (15) síncopa *f*.

Synode [-'no:dǝ] *f* (15) sínodo *m*.

Synonym [-no'ny:m] *n* (3¹), ♀ *adj.* sinónimo (*m*).

Syntax *Gram.* ['-taks] *f* (16) sintaxis *f*.

Synthe|se [-'te:zǝ] *f* (15) síntesis *f*; ♀**tisch** sintético.

Syphilis ['zy:filis] *f* (16, *o. pl.*) sífilis *f*.

Syr|(i)er ['-r(j)ǝr] *m* (7), ♀**isch** sirio (*m*).

System [zys'te:m] *n* (3¹) sistema *m*; **~atik** [--'ma:tik] *f* (16) sistemática *f*; ♀**atisch** [--'ti∫] sistemático.

Szen|e ['stse:nǝ] *f* (15) escena *f* (*a. fig.*); *Film*: secuencia *f*; in ~ setzen *Thea.* llevar a la escena; *a. fig.* poner en escena; *j-m* e-e ~ machen hacer una escena a alg.; **~erie** [--'ri:] *f* (15) escenario *m*; decorado *m*; ♀**isch** escénico.

T

T, t [te:] *n* T, t *f*.

Tabak ['tɑːbak] *m* (3) tabaco *m*; **~bau** *m* cultivo *m* de(l) tabaco; **~händler** *m* tabaquero *m*, *Span.* estanquero *m*; **~laden** *m* tabaquería *f*, *Span.* estanco *m*; **~sbeutel** *m* petaca *f*; **~sdose** *f* tabaquera *f*; **~s-pfeife** *f* pipa *f*.

tabellarisch [tabɛˈlɑːriʃ] en forma de cuadro *od.* de tabla; sinóptico; **2e** [-ˈ-lə] *f* (15) cuadro *m*; tabla *f*.

Tablett [-ˈblɛt] *n* (3) bandeja *f*; **~e** *f* (15) tableta *f*; comprimido *m*.

tabu [-ˈbuː], **2** *n* (11) tabú (*m*).

Tachometer [-xoˈmeːtər] *m u. n* (7) taquímetro *m*.

Tadel ['tɑːdəl] *m* (7) censura *f*; reprensión *f*; reprimenda *f*; **2los** irreprochable; intachable; impecable; **2n** (29) censurar, criticar (*wegen* por); reprender; reprochar (*j-n wegen et. a/c. a alg.*); **2nswert** reprochable, censurable.

Tafel ['-fəl] *f* (15) tablero *m*, tabla *f*; (*Schild*) letrero *m*; (*Metall2*) placa *f*; (*Tisch*) mesa *f*; (*Schiefer2*) pizarra *f*; (*Schokolade*) tableta *f*; (*Illustration*) lámina *f*; **~aufsatz** *m* centro *m* de mesa; **~geschirr** *n* servicio *m* de mesa; **~land** *n* meseta *f*; **2n** (29) banquetear.

täfeln ['tɛːfəln] (29) *Wand*: revestir de madera, enmaderar; *Decke*: artesonar; *Fußboden*: entarimar.

Tafelobst ['tɑːfəlˀoːpst] *n* frutas *f/pl.* de mesa; **~öl** *n* aceite *m* de mesa; **~runde** *f* comensales *m/pl.*; tertulia *f*; *Lit.* Tabla *f* Redonda.

Täfelung ['tɛːfəluŋ] *f* (*Wand2*) revestimiento *m* de madera; (*Decken2*) artesonado *m*; (*Boden2*) entarimado *m*.

Taft [taft] *m* (3) tafetán *m*.

Tag [tɑːk] *m* (3) día *m*; *als Dauer*: jornada *f*; *bei* **~e** de día; *am* **~(e)** *danach* al día siguiente; *am* **~(e)** *zuvor* el día antes, la víspera; **⚒** *über* **~e** a cielo abierto; **⚒** *unter* **~e** bajo tierra; *e-n* **~** *um den andern* cada dos días, un día sí y otro no; *e-s (schönen)* **~es** (*Vergangenheit*) un (buen) día, (*Zukunft*) algún día; *in 14* **~en** dentro de

quince días; *in den* **~** *hinein leben* vivir al día; *sich* (*dat.*) *e-n vergnügten* **~** *machen* echar una cana al aire; *an den* **~** *bringen* (*kommen*) revelar(se); *an den* **~** *legen* manifestar; *es wird* **~** amanece; *guten* **~!** ¡buenos días!, *nachmittags*: ¡buenas tardes!; **2'~aus:** **~,** *tagein* día por día.

Tagebau **⚒** ['-gəbau] *m* explotación *f* a cielo abierto; **~buch** *n* diario *m*; **~dieb** *m* gandul *m*; haragán *m*; **~geld** *n* dietas *f/pl.*; **2lang** días y días; **~lohn** *m* jornal *m*; **~löhner** ['-løːnər] *m* (7) jornalero *m*; **2n** (25) (*beraten*) celebrar sesión; reunirse (en sesión); *es tagt* está amaneciendo; **~reise** *f* jornada *f*.

Tages... ['-gəs...]: *in Zssgn oft* del día; **~anbruch** *m*: *bei* **~** al amanecer; al alba; **~gespräch** *n* tema *m* del día; **~kasse** *Thea. f* taquilla *f*; **~kurs** **↑** *m* cambio *m* del día; **~lauf** *m* jornada *f*; **~leistung** *f* producción *f* diaria; rendimiento *m* por día; **~licht** *n* luz *f* del día; **~ordnung** *f* orden *m* del día; **~presse** *f* prensa *f* diaria; **~schau** *TV f* telediario *m*; **~zeit** *f* hora *f* del día; **~zeitung** *f* diario *m*.

tageweise ['-gəvaizə] por días; **2ewerk** *n* jornada *f*; tarea *f* diaria; **2falter** *Zo.* ['-kfaltər] *m* mariposa *f* diurna; **~'hell** claro como el día.

täglich ['tɛːkliç] diario, cotidiano; diurno; *adv.* todos los días, cada día; *zweimal* **~** dos veces al día.

tags [tɑːks]: **~** *darauf* el *od.* al día siguiente; **~** *zuvor* el día antes; **~'über** durante el día.

tagtäglich [-'tɛːkliç] diario, cotidiano; *adv.* todos los días; **2und'nachtgleiche** *f* (15) equinoccio *m*; **2ung** ['-guŋ] *f* sesión *f*; congreso *m*; jornada(s) *f(/pl.)*; **2ungs-teilnehmer** *m* congresista *m*; jornadista *m*.

Taifun [tai'fuːn] *m* (3[1]) tifón *m*.

Taille ['taljə] *f* (15) talle *m*, cintura *f*.

Takelage [tɑːkəˈlɑːʒə] *f* (15), **'~werk** *n* jarcias *f/pl.*; aparejo *m*; **'2n** (29) aparejar.

Takt [takt] *m* (3) **♪** compás *m*; (*Motor*) tiempo *m*; *fig.* tacto *m*; discreción *f*;

im ~ al compás; *den* ~ *schlagen (halten)* marcar (llevar) el compás; '~**gefühl** *fig. n* tacto *m*; delicadeza *f*; discreción *f*; ~**ik** ['-ik] *f* (16) táctica *f*; ~**iker** ['--kər] *m* (7), '²**isch** táctico (*m*); '²**los** indiscreto; sin tacto; '~**losigkeit** *f* falta *f* de tacto; indiscreción *f*; '~**stock** *m* batuta *f*; '²**voll** delicado, discreto.

Tal [ta:l] *n* (1²) valle *m*.

Talar [ta'la:r] *m* (3¹) hábito *m* talar; ♣ toga *f*.

Talent [-'lɛnt] *n* (3) talento *m*; ²**iert** de talento, dotado; ²**los** sin talento.

Talg [talk] *m* (3) sebo *m*; '~**drüse** *f* glándula *f* sebácea; '~**licht** *n* vela *f* de sebo.

Talisman ['ta:lisman] *m* (3¹) talismán *m*.

Talk [talk] *m* (3, *o. pl.*) talco *m*.

Talkessel ['ta:lkɛsəl] *m* circo *m* (de montañas).

Talmi ['talmi] *n* (11, *o. pl.*) similor *m*; *fig.* baratijas *f/pl.*

Tal|sohle ['ta:lzo:lə] *f* vaguada *f*; fondo *m* del valle; ~**sperre** *f* presa *f*.

Tamburin ♪ [tambu'ri:n, *a.* 'tam--] *n* (3¹) pandereta *f*, pandero *m*.

Tampon *f* ['tampɔn] *m* (11) tapón *m*, tampón *m*; ²**ieren** ♣ [-po'ni:rən] taponar.

Tand [tant] *m* (3, *o. pl.*) fruslerías *f/pl.*, baratijas *f/pl.*; chucherías *f/pl.*

Tändel|ei [tɛndə'laɪ] *f* jugueteo *m*; flirteo *m*; '²**n** (29) juguetear; flirtear, tontear.

Tandem ['tandɛm] *n* (11) tándem *m*.

Tang ♣ [taŋ] *m* (3) alga *f* marina.

Tangente ♣ [-'gɛntə] *f* (15) tangente *f*.

Tango ['-go] *m* (11) tango *m*.

Tank [taŋk] *m* (11) depósito *m*; cisterna *f*; *a.* ✕ tanque *m*; (*Wasser*²) *a.* aljibe *m*; '²**en** (25) echar gasolina; repostar; '~**er** *m* (7) petrolero *m*; buque *m* cisterna; '~**stelle** *f* gasolinera *f*; estación *f* de servicio; '~**wagen** *m* camión *m* cisterna; 🚃 vagón *m* cisterna; '~**wart** *m* (3) empleado *m* de gasolinera, *neol.* gasolinero *m*.

Tanne ['tanə] *f* (15) abeto *m*; ~**nbaum** *m* ~**nholz** *n* abeto *m*; ~**nadel** *f* aguja *f* de abeto; ~**nwald** *m* abetal *m*; ~**nzapfen** *m* piña *f* (de abeto).

Tante ['tantə] *f* (15) tía *f*.

Tantieme [tã'tjɛ:mə] *f* (15) tanto *m*

por ciento; *v. Autoren usw.*: derechos *m/pl.* de autor.

Tanz [tants] *m* (3² *u.* ³) baile *m*; danza *f*; '~**abend** *m* (velada *f* de) baile *m*; '~**bein** *n*: F das ~ *schwingen* F mover el esqueleto.

tänzeln ['tɛntsəln] (29, h. *u.* sn) bailotear; contonearse; *Pferd*: escarcear.

tanzen ['tantsən] (27, h. *u.* sn) bailar; danzar.

Tänzer(in *f*) ['tɛntsər(in)] *m* (7) bailador(a) *m* (*f*); (*Berufs*²) bailarín (-ina) *m* (*f*).

Tanz|fläche ['tantsflɛça] *f* pista *f* de baile; ~**lokal** *n* salón *m* de baile; ~**musik** *f* música *f* de baile; bailable *m*; ~**schule** *f* academia *f* de baile; ~**tee** *m* té *m* baile.

Tapet [ta'pe:t] *n*: *aufs* ~ *bringen* poner sobre el tapete; ~**e** *f* (15) papel *m* pintado; ~**entür** *f* puerta *f* secreta; ~**enwechsel** *fig. m* cambio *m* de ambiente.

tapezier|en [-pe'tsi:rən] empapelar; ²**er** *m* (7) empapelador *m*.

tapfer ['tapfər] valiente; intrépido; ²**keit** *f* valentía *f*; intrepidez *f*.

tappen ['tapən] (25, h. *u.* sn) andar a tientas (*a. fig. im dunkeln* ~); ~ *in* (*ac.*) pisar en.

täppisch ['tɛpiʃ] torpe; desgarbado.

Tara ✝ ['ta:ra] *f* (16²) tara *f*.

Tarantel *Zo.* [ta'rantəl] *f* (15) tarántula *f*.

Tarif [-'ri:f] *m* (3¹) tarifa *f*; ²**lich** tarifario; según tarifa; ~**lohn** *m* salario *m* según tarifa; ~**partner** *m/pl.* partes *f/pl.* contratantes de un convenio colectivo; ~**verhandlungen** *f/pl.* negociaciones *f/pl.* colectivas; ~**vertrag** *m* convenio *m* colectivo.

tarn|en ['tarnən] (25) disimular; enmascarar; *bsd.* ✕ camuflar; ²**netz** ✕ *n* red *f* de camuflaje; ²**ung** *f* disimulación *f*; enmascaramiento *m*; camuflaje *m*; *fig. a.* tapadera *f*.

Tasche ['taʃə] *f* (15) bolsillo *m*; (*Beutel*) bolsa *f*; (*Hand*²) bolso *m*; *fig. j-n in die* ~ *stecken* meterse a alg. en el bolsillo; *j-n in der* ~ *haben* tener a alg. en el bolsillo *od.* en el bote; ~**n...** *in Zssgn mst* de bolsillo; ~**nbuch** *n* libro de bolsillo; ~**ndieb** *m* ratero *m*, carterista *m*; ~**ngeld** *n* dinero *m* para gastos menudos; ~**nkalender** *m* agenda *f*; ~**nkrebs** *m* buey *m* de mar; ~**nlampe** *f* linterna *f* de bolsillo; ~**nmesser** *n* navaja *f*; ~**nrechner**

calculadora *f* de bolsillo; **~nspieler** *m* prestidigitador *m*; **~ntuch** *n* pañuelo *m*; **~nwörterbuch** *n* diccionario *m* de bolsillo.

Tasse ['tasə] *f* (15) taza *f*; *große*: tazón *m*; F *fig. nicht alle ~n im Schrank haben* F estar mal de la cabeza.

Tast|atur [tasta'tu:r] *f* (16) teclado *f*; **2bar** palpable; **~e** *f* (15) tecla *f*; **2en** (26) tentar, palpar; **2end** a tiento; **~entelefon** *n* teléfono *m* de teclado; **~er** *m* (7) *Zo.* palpo *m*; **~sinn** *m* (sentido *m* del) tacto *m*.

Tat [ta:t] *f* (16) hecho *m*; acción *f*, acto *m*; (*Helden2*) hazaña *f*, proeza *f*; (*Straf2*) crimen *m*; *auf frischer ~ ertappen* coger en flagrante *od.* F con las manos en la masa; *in der ~* en efecto; *in die ~ umsetzen* realizar, llevar a efecto; **2.** 2 *s. tun*; **'~bestand** ⚖ *m* hechos *m/pl.*

täte ['tɛ:tə] *s. tun.*

Taten|drang ['ta:təndraŋ], **~durst** *m* espíritu *m* emprendedor; **2los** inactivo; *adv.* con los brazos cruzados.

Täter ['tɛ:tər] *m* (7) autor *m*; culpable *m*; **~schaft** *f* autoría *f*.

tätig ['-tiç] activo; (*beschäftigt*) ocupado; ~ *sein als* actuar de; **~en** ['--gən] (25) efectuar, realizar; **2keit** *f* actividad *f*; (*Beschäftigung*) ocupación *f*; (*Beruf*) profesión *f*; *in e-m Amt:* actuación *f*; funciones *f/pl.*; ⊕ *in ~ setzen* poner en marcha; **2keits·bereich** *m* esfera *f* od. campo *m* de actividades; **2keitsform** *Gram. f* voz *f* activa; **2keitswort** *n* verbo *m*.

Tat|kraft ['ta:tkraft] *f* energía *f*; **2-kräftig** enérgico; activo.

tätlich ['tɛ:tliç]: ~ *werden* pasar a las vías de hecho; venir *od.* llegar a las manos; **2keiten** *f/pl.* vías *f/pl.* de hecho; *es kam zu ~* se llegó a las manos.

Tatort ['ta:t'ɔrt] *m* lugar *m* del suceso *od.* del crimen; ⚖ lugar *m* de autos.

tätowier|en [tɛto'vi:rən] tatuar; **2ung** *f* tatuaje *m*.

Tat|sache ['ta:tzaxə] *f* hecho *m*; **~sachenbericht** *m* relato *m* verídico; **2sächlich** real, positivo, efectivo; *adv.* de hecho, en efecto.

tätscheln ['tɛtʃəln] (29) dar golpecitos suaves.

Tatter|greis F ['tatərgrais] *m* viejo *m* decrépito; **~ich** F ['--riç] *m* (3, *o. pl.*) temblor *m* de las manos; **2ig** temblón; **~sall** ['--zal] *m* (11) picadero *m*.

Tatze ['-sə] *f* (15) zarpa *f*, garra *f*; (*Pfote*) pata *f*.

Tau [tau]: **a)** *n* (3) cuerda *f*, maroma *f*, cable *m*; ⚓ cabo *m*; **b)** *m* (3, *o. pl.*) rocío *m*.

taub [taup] sordo; *Glied:* entumecido; *Nuß:* vacío; *Ei:* huero; *Ähre:* hueco; ~ *machen* ensordecer; *sich ~ stellen* hacerse el sordo *od.* F el sueco.

Taube ['-bə] *f* (15) paloma *f*; *junge:* pichón *m*; **~nhaus** *n*, **~nschlag** *m* palomar *m*; **~nschießen** *n* tiro *m* de pichón; **~nzucht** *f* colombicultura *f*.

Tauber ['-bər] *m* (7), **Täuberich** ['tɔybəriç] *m* (3) palomo *m*.

Taub|heit ['tauphait] *f* sordera *f*; **~nessel** ♀ *f* ortiga *f* muerta; **2stumm** sordomudo; **~stummen·anstalt** *f* asilo *m* de sordomudos; **~stummheit** *f* sordomudez *f*.

Tauch|boot ['tauxbo:t] *n* sumergible *m*; **2en** (25) *v/t.* (*v/i.* h. u. sn) sumergir(se); zambullir(se); *Taucher:* bucear; **~en** *n* buceo *m*; **~er** *m* (7) buceador *m*; (*Berufs2*) buzo *m*; **~er·anzug** *m* traje *m* de buzo; escafandra *f*; **~er·ausrüstung** *f* equipo *m* de buzo *od.* de inmersión; **~erglocke** *f* campana *f* de buzo; **2fähig** sumergible; **~gerät** *n* escafandra *f*; (*Tiefsee2*) batiscafo *m*; **~sieder** ['-zi:dər] *m* (7) calentador *m* de inmersión; **~sport** *m* submarinismo *m*.

tauen ['tauən] (25, h. u. sn) caer rocío; (*auf~*) deshelarse; *Schnee:* derretirse; *es taut* hay deshielo.

Tauf... ['tauf...]: *in Zssgn oft* bautismal; **'~becken** *n* pila *f* bautismal; **'~e** *f* (15) (*Sakrament*) bautismo *m*; (*Handlung*) bautizo *m*; *aus der ~ heben* sacar de pila; **'2en** (25) bautizar (*a. fig.*).

Täuf|er ['tɔyfər] *m* (7): *Johannes der ~* San Juan Bautista; **~ling** ['-liŋ] *m* (3¹) (*Kind*) recién bautizado *m*; (*Erwachsener*) neófito *m*.

Tauf|name ['taufna:mə] *m* nombre *m* de pila; **~pate** *m* padrino *m*; **~patin** *f* madrina *f*; **~schein** *m* partida *f* de bautismo.

taug|en ['taugən] (25) valer; ~ *zu* servir para; **2enichts** *m* (4; *sg. a. uv.*) inútil *m*; tunante *m*; **~lich** ['-kliç] útil, apto, idóneo (*zu para*); **2lichkeit** *f* aptitud *f*, idoneidad *f*.

Taumel ['-məl] *m* (7) vértigo *m*, vahído *m*; *fig.* delirio *m*; **2ig** tambaleante; **2n** (29, h. u. sn) vacilar;

tambalearse; dar traspiés *od.* tumbos.

Tausch [tauʃ] *m* (3²) cambio *m*; (*Aus*⚲) trueque *m*; (*Um*⚲) canje *m*; (*bsd. Ämter*⚲, *Wohnungs*⚲) permuta *f*; ⚲**en** (27) cambiar (*gegen por*); trocar; canjear; permutar.

täuschen ['tɔyʃən] (27) engañar; embaucar; *Hoffnung:* frustrar; *sich* ∼ engañarse; estar equivocado; **₂d** engañoso; ilusorio; *sich* ∼ *ähnlich sehen* parecerse como dos gotas de agua.

Tausch|geschäft ['tauʃɡəʃɛft] *n*, ∼**handel** *m* trueque *m*.

Täuschung ['tɔyʃuŋ] *f* (*Betrug*) engaño *m*; (*Illusion*) ilusión *f*; (*Irrtum*) equivocación *f*; error *m*.

tausend ['tauzənt] **1.** mil; **2.** ⚲ *n* (3¹) millar *m*; *zu* ∼*en* por millares; **₂er** ['--dər] *m* (7) billete *m* de mil; ∼**erlei** ['---lai] miles de; ∼**fach**, ∼**fältig** ['--fɛltiç] *adj.* mil veces tanto; *adv.* de mil maneras diferentes; **₂füßler** *Zo.* ['--fy:slər] *m* (7) ciempiés *m*, miriápodo *m*; **₂jahrfeier** *f* milenario *m*; ∼**jährig** milenario; ∼**mal** mil veces; **₂sassa** ['--zasa] *F m* (11) demonio *m* de hombre; **₂schön(chen)** ♣ ['--ʃøːn(çən)] *n* (3¹ [6]) margarita *f*; **₂stel** *n* (7) milésima parte *f*; ∼**ste(r)** milésimo.

Tau|werk ['-vɛrk] *n* cordaje *m*; ∼**wetter** *n* deshielo *m* (*a. Pol.*); ∼**ziehen** *n* (6) *Sport:* prueba *f* de la cuerda; *fig.* tira y afloja *m*.

Tax|ameter [taksa'meːtər] *m* (7) taxímetro *m*; ∼**ator** [-'ksaːtɔr] *m* (8¹) tasador *m*; ∼**e** *f* (15) tasa *f*; tarifa *f*; cuota *f*; (*Auto*) = '∼**i** *n* (11) taxi *m*; **₂ieren** tasar; evaluar; estimar; ∼**ierung** *f* tasación *f*; evaluación *f*; estimación *f*; ∼**ifahrer** *m* taxista *m*; ∼**igirl** ['taksigœrl] *n* (11) chica *f* de alterne; '∼**istand** *m* parada *f* de taxis; '∼**wert** *m* valor *m* estimativo.

Teakholz ['tiːkhɔlts] *n* teca *f*.

Team [tiːm] *n* (11) equipo *m*; '∼**-arbeit** *f*, ∼**work** ['-vœːk] *n* (11, *o. pl.*) trabajo *m* en equipo.

Techni|k ['tɛçnik] *f* (16) técnica *f*; ∼**ker** *m* (7) técnico *m*; ∼**kum** ['--kum] *n* (9² *u.* 9) escuela *f* técnica; **₂sch** técnico.

Technologie [-nolo'giː] *f* (15) tecnología *f*.

Techtelmechtel [-təl'mɛçtəl] *n* (7) amorío *m*; lío *m* (amoroso).

Teddy(bär) ['tɛdi(bɛːr)] *m* (11) osito *m* de trapo *bzw.* de peluche.

Tee [teː] *m* (11) té *m*; ♣ tisana *f*, infusión *f*; ∼ *trinken* tomar té; '∼**gebäck** *n* pastas *f/pl.* (de té); '∼**kanne** *f* tetera *f*; '∼**löffel** *m* cucharilla *f*; '∼**löffelvoll** *m* cucharadita *f*.

Teer [teːr] *m* (3) alquitrán *m*; brea *f*; **₂en** (25) alquitranar; embrear.

Tee|service ['teːzɛrviːs] *n* juego *m* de té; ∼**sieb** *n* colador *m* de té; ∼**tasse** *f* taza *f* de té; ∼**wagen** *m* carrito *m* de té *od.* de servicio; ∼**wärmer** *m* (7) cubretetera *m*.

Teich [taiç] *m* (3) estanque *m*; *F fig. über den großen* ∼ *fahren* pasar el charco.

Teig [taik] *m* (3) masa *f*; pasta *f*; **₂ig** ['-giç] pastoso; '∼**waren** *f/pl.* pastas *f/pl.* alimenticias.

Teil [tail] *m u. n* (3) parte *f*; (*An*⚲) porción *f*; cuota *f*; (*Bruch*⚲) trozo *m*, fracción *f*; ⊕ pieza *f*; *zum* ∼ en parte; *ich für mein(en)* ∼ en cuanto a mí; ∼...: *in Zssgn oft* parcial; '**₂bar** divisible; '∼**barkeit** *f* divisibilidad *f*; '∼**betrag** *m* suma *f* parcial; ∼**chen** *f* [-'çən] *n* (6) partícula *f*; **₂en** (25) dividir (*a.* ♣); partir; *Meinung, Zimmer usw.:* compartir; '∼**er** ♣ *m* (7) divisor *m*; '∼**haben** tener parte, participar (*an dat.* en); ∼**haber(in** *f*) *m* (7) [-'haːbər(in)] socio (-a) *m* (*f*); '∼**haberschaft** *f* participación *f*; calidad *f* de socio (-a); ∼**nahme** ['-naːmə] *f* (15) participación *f* (*an dat.* en); (*Mitgefühl*) simpatía *f*, compasión *f*; (*Beileid*) pésame *m*; '**₂nahmslos** indiferente, apático; '**₂nahmsvoll** compasivo; '**₂nehmen:** ∼ *an* (*dat.*) participar en; tomar parte en; (*anwesend sein*) asistir a; '**₂nehmend** *fig.* compasivo; '∼**nehmer(in** *f*) *m* participante *su.*; *Fernspr.* abonado (-a) *m* (*f*); *a.* (*Anwesender*) asistente *su.*, concurrente *su.*

teils [tails] en parte; ∼ ..., ∼ ... ya ..., ya ...; medio ..., medio ...

Teil|strecke ['-ʃtrɛkə] *f* recorrido *m* parcial; *Vkw.* sección *f*; ∼**ung** *f* división *f*; partición *f*; **₂weise** parcial; *adv.* en parte; ∼**zahlung** *f* pago *m* parcial *od.* fraccionado; pago *m* a plazos; (*Rate*) plazo *m*; ∼**zeit-arbeit** *f* trabajo *m* a tiempo parcial.

Teint [tɛ̃] *m* (11) tez *f*; (color *m* del) cutis *m*.

Telefon [tele'foːn] *n* = *Telephon.*

Telegramm [--'gram] n (3¹) telegrama m; **~adresse** f dirección f telegráfica; **~stil** m estilo m telegráfico.

Telegraph [--'gra:f] m (12) telégrafo m; **~en-amt** n oficina f de telégrafos; **~enleitung** f línea f telegráfica; **~en-mast** m poste m telegráfico; **~ie** [--gra'fi:] f (15, o. pl.) telegrafía f; **2ieren** telegrafiar; **2isch** [--'gra:fiʃ] telegráfico; adv. por telégrafo; **~ist(in** f) m (12) [---'fist(in)] telegrafista su.

Tele|objektiv ['te:le'ʔɔpjɛkti:f] n teleobjetivo m; **~pathie** [telepa'ti:] f telepatía f.

Telephon [--'fo:n] n (3¹) teléfono m; **~anruf** m llamada f telefónica; **~anschluß** m comunicación f telefónica; **~buch** n guía f telefónica, listín m; **~gespräch** n conversación f telefónica; **2ieren** telefonear; **2isch** telefónico; adv. por teléfono; **~ist(in** f) m (12) [--fo'nist(in)] telefonista su.; **~marke** f ficha f; **~seelsorge** f teléfono m de la esperanza; **~zelle** f cabina f telefónica; **~zentrale** f central f telefónica; in Betrieben: centralita f.

Teleskop [--'sko:p] n telescopio m; **2isch** telescópico.

Telex ['te:lɛks] n (uv. od. 14) télex m.

Teller ['tɛlɐr] m (7) plato m; flacher (tiefer) ~ plato llano (hondo); **~wärmer** m (7) calientaplatos m; **~wäscher** m (7) lavaplatos m.

Tempel ['tɛmpəl] m (7) templo m; **~herr** m templario m; **~orden** m orden f del Temple.

Tempera... ['--pəra...]: in Zssgn Mal. al temple.

Temperament [--ra'mɛnt] n (3) temperamento m; brío m; vivacidad f; **2voll** brioso; vivo.

Temperatur [---'tu:r] f (16) temperatura f; **~schwankung** f fluctuación f de temperatura; **~sturz** m descenso m brusco de temperatura.

temperieren [--'ri:rən] templar.

Tempo ['--po] n (11, pl. a. -pi) ritmo m; velocidad f; ♪ tiempo m.

Tendenz [tɛn'dɛnts] f (16) tendencia f; **2iös** [--'tsjø:s] tendencioso.

tendieren [--'di:rən] tender (zu a).

Tenne ['tɛnə] f (15) era f.

Tennis ['--nis] n uv. tenis m; **~ball** m pelota f de tenis; **~platz** m pista f (bsd. Am. cancha f) de tenis; **~schlä-ger** m raqueta f; **~spieler(in** f) m tenista su.; **~turnier** n campeonato m od. torneo m de tenis.

Tenor¹ ['te:nɔr] m (3¹, o. pl.) tenor m.

Tenor² ♪ [-'no:r] m (3¹ u. ³) tenor m.

Teppich ['tɛpiç] m (3¹) alfombra f; (Wand2) tapiz m; **~boden** m moqueta f, Am. alfombrado m; **~kehrmaschine** f escoba f od. barredora f mecánica; **~klopfer** m sacudidor m; **~weber** m alfombrero m.

Termin [tɛr'mi:n] m (3¹) término m; (Frist) plazo m; (Datum) fecha f; beim Arzt: hora f (de visita); ♫ (Verhandlung) vista f; juicio m oral; **~al** ['tœ:minəl] n (11) terminal f; **~geschäft** ♣ n operación f a plazo; **~kalender** m agenda f; **~ologie** [-minolo'gi:] f (15) terminología f.

Termite [-'mi:tə] f (15) termita f, comején m; **~nhügel** m termitero m, comejenera f.

Terpentin [-pɛn'ti:n] n (3¹) trementina f; **~öl** n aguarrás m.

Terrain [tɛ'rɛ̃] n (11) terreno m; solar m.

Terrakotta [-ra'kɔta] f (16²) terracota f; barro m cocido.

Terrasse [-'-sə] f (15) terraza f; (Dach2) azotea f.

Terrine [-'ri:nə] f (15) sopera f.

territori|al [-ritor'ja:l] territorial; **2um** [--'to:rjum] n (9) territorio m.

Terror ['-rɔr] m (11, o. pl.) terror m; **2isieren** [--ri'zi:rən] aterrorizar; **~ismus** [--'rismus] m (16, o. pl.) terrorismo m; **~ist(in** f) [--'rist(in)] m (12), **2istisch** terrorista (su).

tertiär [-'tsjɛ:r] terciario.

Terz ♪, Fechtk. [tɛrts] f (16) tercera f; **~ett** [-'tsɛt] n (3) terceto m, trío m.

Test [tɛst] m (3 u. 11) prueba f, test m.

Testament [-ta'mɛnt] n (3) testamento m; Rel. Altes (Neues) ~ Antiguo (Nuevo) Testamento m; **2arisch** [---'ta:riʃ] testamentario; adv. por testamento; **~s-eröffnung** f apertura f del testamento; **~svollstrecker** m (7) albacea m, testamentario m.

Test|at [-'ta:t] n (3) certificado m; **'~bild** TV n carta f de ajuste; **'2en** (26) probar; ensayar; **2ieren** testar; (bescheinigen) certificar; **'~pilot** m piloto m de pruebas.

Tetanus ♣ ['tetanus] m uv. tétanos m.

teuer ['tɔyɐr] caro (a. fig.); wie ~ ist ...? ¿cuánto vale od. cuesta ...?; fig. das wird ihn ~ zu stehen kommen lo pagará caro; 2**ung** f carestía f; 2**ungszulage** f plus m por carestía (de vida).

Teufel ['-fəl] m (7) diablo m; demonio m; zum ~ mit ...! ¡al diablo con ...!; wie zum ~ ...? ¿cómo diablos ...?; zum ~ jagen mandar al diablo; hol' dich der ~! ¡vete al diablo!; ~**ei** [--'laɪ] f acción f diabólica; ~**skerl** m diablo m de hombre; ~**skreis** m círculo m vicioso.

teuflisch ['-fliʃ] diabólico, infernal.

Text [tɛkst] m (3²) texto m; ♪ letra f; '~**buch** ♪ n libreto m; '~**dichter** m libretista m; '~**er** ♪ m (7) letrista m.

Textil... [-'ti:l]: in Zssgn oft textil; ~**ien** [--jən] pl. textiles m/pl.; tejidos m/pl.; ~**industrie** f industria f textil.

'**Textver-arbeitung** f tratamiento m od. proceso m de textos.

Theater [te'ɑ:tər] n (7) teatro m; ~ spielen hacer teatro (a. fig.); ~**dichter** m autor m dramático, dramaturgo m; ~**karte** f entrada f, localidad f; ~**kasse** f despacho m de localidades; taquilla f; ~**kritik** f crítica f teatral; ~**stück** n pieza f od. obra f de teatro.

theatralisch [-a'trɑ:liʃ] teatral (a. fig.).

Theke ['te:kə] f (15) mostrador m; (Bar) barra f.

Thema ['-ma] n (9¹; pl. a. -ta) tema m (a. ♪); asunto m; ~**tik** [te'mɑ:tik] f (16) temática f; 2**tisch** [-'-tiʃ] temático.

Theolog|e [teo'lo:gə] m (13) teólogo m; ~**ie** [--lo'gi:] f (15) f teología f; 2**isch** teológico.

Theoret|iker [--'re:tikər] m (7), 2**isch** teórico (m).

Theorie [--'ri:] f (15) teoría f.

Thera|peut [tera'pɔʏt] m (12) terapeuta m; 2**peutisch** terapéutico; ~**pie** [--'pi:] f (15) terapia f.

Thermal|bad [tɛr'mɑ:lbɑ:t] n baño m termal; (Ort) estación f termal; ~**quelle** f aguas f/pl. termales; ~**schwimmbad** n piscina f termal.

Thermo|dynamik [-mody'nɑ:mik] f termodinámica f; ~**meter** n termómetro m; 2**nukle'ar** termonuclear.

Thermos|flasche ['-mɔsflaʃə] f termo m; 2**tat** [-mo'stɑ:t] m (3 od. 12) termostato m.

These ['te:zə] f (15) tesis f.

Thrombose ♂ [trɔm'bo:zə] f (15) trombosis f.

Thron [tro:n] m (3) trono m; '~**an-** **wärter** m pretendiente m al trono; '~**besteigung** f advenimiento m al trono; '2**en** (25) reinar; '~**folge** f sucesión f al trono; '~**folger** m heredero m al trono; '~**himmel** m dosel m; '~**rede** f discurso m de la Corona.

Thunfisch ['tu:nfiʃ] m atún m.

Thymian ♀ ['ty:mjɑ:n] m (3¹) tomillo m.

Tick [tik] m (11) ♂ tic m; fig. F chifladura f; e-n ~ haben tener vena de loco; 2**en** (25) Uhr: hacer tic tac.

tief [ti:f] 1. adj. hondo, profundo (a. fig.); (niedrig) bajo; ♪ grave; Farbe: subido, intenso; 2 Meter ~ dos metros de profundidad od. de fondo; im ~sten Winter en pleno invierno; bis ~ in die Nacht hasta muy avanzada la noche; das läßt ~ blicken eso da que pensar; 2. ♀ n (11) zona f de baja presión.

tief... ['ti:f...]: in Zssgn mit adj. u. adv. oft profundamente, muy, más; 2**bau** m obras f/pl. públicas bzw. subterráneas; 2**bau-ingenieur** m ingeniero m de caminos, canales y puertos; ~**blau** azul oscuro; 2**druck** Typ. m huecograbado m; 2**druckgebiet** n zona f de baja presión; 2**e** f (15) profundidad f (a. fig.); (Hintergrund) fondo m; (Abgrund) abismo m; 2**-ebene** f llano m, llanura f; 2**en-psychologie** f (p)sicología f profunda; 2**enwirkung** f efecto m en profundidad; 2**flug** m vuelo m rasante; 2**gang** ♂ m calado m; 2**garage** f garaje m bzw. aparcamiento m subterráneo; 2**gekühlt** congelado; ~**greifend**, ~**gründig** ['-gryndiç] profundo; 2**kühlfach** n congelador m; 2**kühlkost** f alimentos m/pl. congelados; 2**kühltruhe** f arca f congeladora; congelador m (horizontal); 2**kühlung** f congelación f; 2**land** n tierras f/pl. bajas; 2**punkt** m punto m más bajo; fig. bache m; 2**schlag** m Boxen: golpe m bajo; ~**schürfend** profundo; sustancial; 2**see** f aguas f/pl. abisales; ~**sinnig** profundo; melancólico; 2**stand** m nivel m más bajo; depresión f.

Tiegel ['ti:gəl] m (7) (Topf) cacerola f; ⊕ crisol m.

Tier [ti:r] n (3) animal m; bestia f; fig. F hohes ~ F pez m gordo; '~**arzt** m, '2-**ärztlich** veterinario (m); '~**bändiger** m domador m de fieras; '~**garten** m jardín m zoológico; '2**isch** animal;

fig. bestial, brutal; **'~kreis(zeichen** *n*) *m* (signo *m* del) zodíaco *m*; **'~kunde** *f* zoología *f*; **'~liebe** *f* amor *m* a los animales; **'~medizin** *f* veterinaria *f*; **'~park** *m* parque *m od.* jardín *m* zoológico; **~quäle'rei** *f* crueldad *f* con los animales; **'~reich** *n* reino *m* animal; **'~schau** *f* exposición *f* de fieras; **'~schutzverein** *m* sociedad *f* protectora de animales; **'~welt** *f* fauna *f*.

Tiger ['ti:gər] *m* (7) tigre *m*; **~in** *f* tigresa *f*.

Tilde ['tildə] *f* (15) tilde *m od. f.*

tilg|bar ['tilkba:r] amortizable; **~en** ['~gən] (25) † amortizar; anular; cancelar; *(auslöschen)* borrar; **2ung** *f* amortización *f*; anulación *f*; cancelación *f*.

Tinktur [tiŋk'tu:r] *f* (16) tintura *f*.

Tinte ['tintə] *f* (15) tinta *f*; *fig. in der* ~ *sitzen* estar en un gran apuro; **~nfaß** *n* tintero *m*; **~nfisch** *m* sepia *f*; calamar *m*; **~nklecks** *m* borrón *m*; **~n-stift** *m* lápiz *m* (de) tinta.

Tip [tip] *m* (11) *Sport:* pronóstico *m*; *(Wink)* aviso *m* (secreto); pista *f*; soplo *m*; *ein guter* ~ un buen consejo.

Tipp|elbruder ['~əlbru:dər] *m* F vagabundo *m*; **2eln** (29) F trotar; **2en** (25) escribir a máquina; *~ an* tocar *(ac.)*; *~ auf (ac.)* apostar por; **~fehler** *m* error *m* de máquina; **~fräulein** *n* F taquimeca *f*; **2topp** F ['~'top] impecable; **~zettel** *m* boleto *m*; quiniela *f*.

Tisch [tiʃ] *m* (3²) mesa *f*; *bei* ~ a la mesa; *vor (nach)* ~ antes (después) de la comida; *den* ~ *(ab)decken* poner (quitar) la mesa; *zu* ~ *gehen* ir a comer; *zu* ~ *bitten* invitar a comer; *sich zu* ~ *setzen* sentarse a la mesa; **'~dame** *f* compañera *f* de mesa; **'~decke** *f* mantel *m*, **'~gast** *m* convidado *m*; **'~gebet** *n* bendición *f* de la mesa, benedícite *m*; **'~genosse** *m* comensal *m*; **'~gesellschaft** *f* comensales *m/pl.*; **'~herr** *m* compañero *m* de mesa; **'~lampe** *f* lámpara *f* de sobremesa; **'~ler** *m* (7) carpintero *m*; *(Kunst2)* ebanista *m*; **le'rei** *f* carpintería *f*; ebanistería *f*; **~lerwerkstatt** *f* taller *m* de carpintería *od.* ebanistería; **'~nachbar(in** *f*) *m* vecino (-a *f*) *m* de mesa; **'~platte** *f* tablero *m* (de la mesa); **'~rede** *f* discurso *m* de sobremesa; brindis *m*; **'~tennis** *n* pingpong *m*, tenis *m* de mesa; **'~tuch** *n* mantel *m*; **'~wein** *m* vino *m* de

mesa; **'~zeit** *f* hora *f* de comer.

Titel ['ti:təl] *m* (7) título *m*; **~blatt** *n* portada *f*; **~rolle** *Thea. f* papel *m* principal *od.* de protagonista; **~träger** *m* titular *m*; **~verteidiger** *m* *Sport:* defensor *m* del título.

titulieren [titu'li:rən] titular; *(anreden)* tratar *od.* tildar de.

Toast [to:st] *m* (3²) *Kchk.* tostada *f*; *(Trinkspruch)* brindis *m*; *e-n* ~ *auf j-n ausbringen* brindar por alg.; **'~brot** *n* pan *m* tostado *bzw.* para tostar; **'2en** (26) tostar; **'~er** *m* (7), **'~röster** *m* tostador *m* de pan.

tob|en ['to:bən] (25) rabiar, estar furioso; *Kind:* retozar; *Sturm, See:* bramar; **2sucht** *f* ['~pzuxt] *f* delirio *m* furioso; frenesí *m*; **~süchtig** frenético; rabioso.

Tochter ['tɔxtər] *f* (14¹) hija *f*; **~gesellschaft** † *f* (sociedad *f*) filial *f*.

Tod [to:t] *m* (3) muerte *f*; fallecimiento *m*; defunción *f*; *e-s natürlichen (gewaltsamen)* ~*es sterben* morir de muerte natural (violenta); *Kampf auf Leben und* ~ lucha *f* a muerte; *sich zu* ~*e langweilen* F aburrirse como una ostra.

Todes... ['~dəs...]: *in Zssgn oft* de (la) muerte, *(tödlich)* mortal; **~angst** *f* angustia *f* mortal; **~anzeige** *f* esquela *f* de defunción; **~fall** *m* defunción *f*; *im* ~ en caso de muerte; **~gefahr** *f* peligro *m* de muerte; **~kampf** *m* agonía *f*; **2mutig** desafiando la muerte; **~stoß** *m* golpe *m* mortal; **~strafe** *f* pena *f* capital *od.* de muerte; *bei* ~ bajo pena de muerte; **~stunde** *f* última hora *f*; **~urteil** *n* sentencia *f* de muerte.

Tod|feind ['to:tfaint] *m* enemigo *m* mortal; **'2krank** enfermo de muerte.

tödlich ['tø:tliç] mortal; fatal; *(todbringend)* mortífero; ~ *verunglücken* sufrir un accidente mortal.

tod|müde ['to:t'my:də] muerto de cansancio *od.* sueño; **'~schick** muy elegante *od.* chic; **'~sicher** absolutamente seguro; **'2sünde** *f* pecado *m* mortal.

Toilette [toa'lɛtə] *f* (15) *(Kleid)* vestido *m*; *(Abort)* lavabo *m*, servicios *m/pl.*; **~n-artikel** *m/pl.* artículos *m/pl.* de tocador; **~nfrau** *f* encargada *f* del lavabo; **~npapier** *n* papel *m* higiénico; **~nseife** *f* jabón *m* de tocador; **~ntisch** *m* tocador *m*.

toler|ant [tole'rant] tolerante; **2anz** f (16) tolerancia f; **~ieren** tolerar.

toll [tɔl] loco; frenético; furioso; F *fig.* fantástico, F estupendo; es zu ~ *treiben* pasarse, exagerar; *sich ~ amüsieren* F pasarlo bomba *od.* pipa; **2e** f (15) tupé m, copete m; **~en** (25) retozar; alborotar; **2haus** n manicomio m (a. *fig.*); **2heit** f locura f; **2kirsche** f belladona f; **~kühn** temerario; **2kühnheit** f temeridad f; **2wut** ♀ f rabia f, hidrofobia f; **~wütig** rabioso.

Tölpel ['tœlpəl] m (7), **2haft** zoquete (m), torpe (m).

Tomate [to'maːtə] f (15) tomate m; **~nmark** m puré m de tomate; **~nsaft** m jugo m *od.* zumo m de tomate.

Tombola ['tɔmbola] f (11¹) tómbola f, rifa f.

Ton [toːn] m: **a)** (3³) (*Klang*) sonido m; ♪ u. *fig.* tono m; (*Klangfarbe*) timbre m; (*Betonung*) acento m; *zum guten ~ gehören* ser de buen tono; *fig.* *den ~ angeben* llevar la voz cantante *od.* la batuta; **b)** (3) *Min.* arcilla f; barro m; **~abnehmer** m pick-up m; **2-angebend** *fig.* que da el tono; **~arm** m brazo m del pick-up; **~art** f tonalidad f; tono m; **2-artig** arcilloso; **~aufnahme** f grabación f (sonora); **2band** n cinta f magnetofónica; **~band-aufnahme** f grabación f (en cinta) magnetofónica; **~bandgerät** n magnetofón m, magnetófono m; **~dichtung** f poema m sinfónico.

tönen ['tøːnən] (25) **1.** *v/i.* ♪ (re)sonar; **2.** *v/t.* matizar; *Haar:* dar reflejos.

Tonerde ['toːnʔeːrdə] f (15) tierra f arcillosa; ♀ alúmina f; *essigsaure ~* acetato m de alúmina.

tönern ['tøːnərn] de barro.

Ton|fall ['toːnfal] m entonación f; *Arg.* tonada f; **~film** m película f sonora; cine m sonoro; **~fülle** f sonoridad f; **~geschlecht** ♪ n modo m; **2haltig** ['-haltiç] arcilloso; **~ingenieur** m ingeniero m del sonido; **~kopf** m cabeza f fonocaptora; **~leiter** f escala f (musical), gama f; **2los** átono; **~meister** m técnico m del sonido.

Tonnage [tɔ'naːʒə] f (15) tonelaje m.

Tonne ['-nə] f (15) tonel m; barril m; ♣ boya f; (*Maß*) tonelada f; **~ngehalt** ♣ m tonelaje m; **~ngewölbe** n bóveda f de cañón.

Ton|pfeife ['toːnpfaɪfə] f pipa f de barro; **~schiefer** m esquisto m arcilloso; **~spur** f *Film:* pista f sonora; **~streifen** m *Film:* banda f sonora.

Tonsur [tɔn'zuːr] f (16) tonsura f.

Tontaubenschießen ['toːntaʊbən-ˌʃiːsən] n tiro m al plato.

Tönung ['tøːnʊŋ] f colorido m; matiz m.

Tonwaren ['toːnvaːrən] f/pl. loza f; objetos m/pl. de barro.

Topas [to'paːs] m (4) topacio m.

Topf [tɔpf] m (3³) olla f; marmita f; cacerola f; F *fig.* in e-n ~ werfen meter en el mismo saco; **~deckel** m tapa(dera) f.

Töpfer ['tœpfər] m (7) alfarero m; **~ei** [--'raɪ] f alfarería f; **~scheibe** f torno m de alfarero; **~waren** f/pl. (objetos m/pl. de) alfarería f; cacharrería f.

top-fit ['tɔp'fit] en plena forma; en perfectas condiciones físicas.

Topf|lappen ['tɔpflapən] m agarrador m; **~pflanze** f planta f de maceta.

Topograph|ie [topogra'fiː] f (15) topografía f; **2isch** [--'graːfiʃ] topográfico.

topp [tɔp] **1.** ~! ¡chócala!; ¡trato hecho!; **2.** ♀ ♣ m (3¹ u. 11) tope m; **2mast** m mastelero m; **2segel** n juanete m.

Tor [toːr]: **a)** m (12) tonto m; necio m; loco m; **b)** n (3) puerta f; portal m; *Sport:* portería f; *erzieltes:* gol m, tanto m (*schießen* marcar); **~einfahrt** f puerta f cochera.

Torf [tɔrf] m (3) turba f; **~moor** n turbera f; **~mull** m serrín m de turba; **~stich** m extracción f de turba.

Tor|heit ['toːrhaɪt] f tontería f; necedad f; disparate m; **~hüter** m portero m; *Sport:* a. (guarda)meta m.

töricht ['tøːriçt] tonto; necio; estúpido.

torkeln ['tɔrkəln] (29, sn u. h.) tambalearse; F ir haciendo eses.

Tor|lauf ['toːrlaʊf] m slalom m; **~linie** f *Sport:* línea f de gol *od.* de meta.

Tor|nado [tɔr'naːdo] m (11) tornado m; **~nister** [-'nɪstər] m (7) mochila f; (*Schul2*) cartera f.

torpedier|en [-pe'diːrən] torpedear (a. *fig.*); **2ung** f torpedeo m.

Torpedo [-'peːdo] m (11) torpedo m; **~boot** n torpedero m; **~bootzerstörer** m contratorpedero m; **~flugzeug** n avión m torpedero.

Tor|schluß ['to:rʃlus] *m* hora *f* de cierre; *fig. kurz vor* ~ en el último momento; **~schuß** *m* tiro *m* a puerta *od.* a gol; **~schütze** *m* autor *m* del gol; goleador *m*.

Torso ['tɔrzo] *m* (11) torso *m*.

Torte ['l-tə] *f* (15) tarta *f*; **~nboden** *m* base *f* de tarta; **~nform** *f* tartera *f*; **~nheber** *m* paleta *f* para pasteles.

Tortur [-'tu:r] *f* (16) tortura *f* (*a. fig.*).

Tor|wart ['to:rvart] *m* (3) portero *m*, (guarda)meta *m*; **~weg** *m* puerta *f* cochera.

tosen ['to:zən] (27, h. *u.* sn) bramar, rugir; **~d** *Beifall:* atronador.

tot [to:t] muerto; difunto; fallecido; (*leblos*) inanimado; (*öde*) desierto; *Kapital:* inactivo; **~es Rennen** carrera *f* empatada; **~er Punkt** punto *m* muerto (*a. fig.*).

total [to'ta:l] total; entero, completo; **2isator** [-tali'za:tor] *m* (8¹) totalizador *m*; **~itär** [---'tɛ:r] totalitario; **2schaden** *m* *Kfz.* siniestro *m* total.

tot|arbeiten F ['to:t²arbaɪtən]: *sich* ~ matarse trabajando; **~ärgern** F: *sich* ~ reventar de rabia; **2e(r** *m*) *m u. f* muerto (-a *f*) *m*; difunto (-a *f*) *m*; finado (-a *f*) *m*.

töten ['tø:tən] (26) matar; dar muerte a.

Toten|amt ['to:tən²amt] *n* oficio *m* de difuntos; **~bahre** *f* féretro *m*; **~bett** *n* lecho *m* mortuorio; **2'blaß**, **2'bleich** de una palidez mortal; lívido, cadavérico; **~blässe** *f* palidez *f* cadavérica; **~feier** *f* funerales *m/pl.*; **~geläut** *n* toque *m* a muerto, doble *m*; **~glocke** *f:* die ~ *läuten* tocar a muerto, doblar; **~gräber** ['--grɛ:bər] *m* (7) sepulturero *m*, enterrador *m*; *Zo.* necróforo *m*; **~hemd** *n* mortaja *f*; **~kopf** *m* calavera *f*; **~maske** *f* mascarilla *f*; **~messe** *f* misa *f* de réquiem *od.* de difuntos; **~schein** *m* partida *f* (**²** *certificado m*) de defunción; **~starre** *f* rigidez *f* cadavérica; **~stille** *f* silencio *m* sepulcral; **~tanz** *m* danza *f* macabra; **~wache** *f* velatorio *m*.

tot|geboren ['l-gəbo:rən] nacido muerto; **~lachen**: *sich* ~ morirse de risa; **~laufen** *f:* sich ~ acabar en nada.

Toto ['to:to] *m u. n* (11) quinielas *f/pl.*; **~schein** *m* quiniela *f*.

tot|schießen ['to:tʃi:sən] matar a tiros; **2schlag** *m* homicidio *m*; **~schla**-

~gen matar (*a. fig. Zeit*); **2schläger** *m* homicida *m*; (*Waffe*) rompecabezas *m*; **~schweigen** silenciar, callar; echar tierra a; **~stellen**: *sich* ~ hacerse el muerto.

Tötung ['tø:tuŋ] *f* homicidio *m*.

Tou|pet [tu'pe:] *n* (11) bisoñé *m*; **2'pieren** cardar.

Tour [tu:r] *f* (16) (*Umdrehung*) revolución *f, a. Sport:* vuelta *f*; (*Ausflug*) excursión *f*; gira *f*; F *fig. krumme ~en* caminos *m/pl.* tortuosos; *in e-r* ~ sin parar; *auf vollen ~en* a toda máquina; **'~enzahl** *f* número *m* de revoluciones; **'~enzähler** ⊕ *m* contador *m* de revoluciones.

Touris|mus [tu'rismus] *m* (16, *o. pl.*) turismo *m*; **~t(in** *f*) *m* (12) turista *su.*; **~tenklasse** *f* clase *f* turista.

Tournee [tur'ne:] *f* (11¹ *u.* 15) gira *f*; tournée *f*.

Trab [tra:p] *m* (3, *o. pl.*) trote *m*; *im* ~ al trote; **~ant** [tra'bant] *m* (12) *Astr.* satélite *m* (*a. fig.*); **~antenstadt** *f* ciudad *f* satélite; **2en** [tra:bən] (25, sn) trotar, ir al trote; **'~er** *m* (7) trotón *m*; **~rennen** ['tra:prɛnən] *n* carrera *f* al trote.

Tracht [traxt] *f* (16) traje *m* regional; (*Schwestern² usw.*) uniforme *m*; ~ *Prügel* paliza *f*; **'2en** (26): ~ *nach* aspirar a; pretender, anhelar (*ac.*); *j-m nach dem Leben* ~ atentar contra la vida de alg.; **'~en** *n* aspiraciones *f/pl.*; esfuerzos *m/pl.*

trächtig ['trɛçtiç] preñada; **2keit** *f* preñez *f*, gestación *f*.

Tradition [tradi'tsjo:n] *f* tradición *f*; **2ell** [--tsjo'nɛl] tradicional.

traf, träfe ['tra:f, 'trɛ:fə] *s. treffen.*

Trag|bahre ['tra:kba:rə] *f* camilla *f*; **~balken** *m* viga *f* maestra; **2bar** portátil; *Kleidung:* llevable; *fig.* llevadero; **~e** ['l-gə] *f* (15) angarillas *f/pl.*; andas *f/pl.*

träge ['trɛ:gə] perezoso; indolente; *Phys.* inerte.

tragen ['tra:gən] (30) **1.** *v/t.* llevar; *Brille, Bart: a.* gastar; *Zinsen:* producir; *Früchte: dar; (stützen)* sostener; *die Kosten* ~ correr con los gastos, costear (a/c.); *sich mit dem Gedanken* ~ *zu* acariciar la idea de; *die Folgen* ~ sufrir las consecuencias; *Sorge* ~ *für cuidar de; Uniform (Zivil)* ~ vestir de uniforme (de paisano); **2.** *v/i. Eis:* resistir; *Baum:* dar fruto; *Tier:* estar preñada; **3.** **2** *n Kleidung:*

uso *m*; ~**d** *fig.* fundamental; principal.

Träger ['trɛːgər] *m* (7) portador *m*; △ soporte *m*, sostén *m*; *an Kleidungsstücken*: tirante *m*; hombrera *f*; *fig.* exponente *m*; ~**kleid** *n* vestido *m* de tirantes; ~**rakete** *f* cohete *m* portador; ~**rock** *m* pichi *m*.

trag|fähig ['traːkfɛːiç] capaz de sostener; ✓ productivo; **2fähigkeit** *f* capacidad *f* de carga; ✓ productividad *f*; **2fläche** ✈ *f* ala *f*; **2flügelboot** *n* hidroala *m*, hidrofoil *m*; **2gestell** *n* parihuela *f*; andas *f/pl.*

Trägheit ['trɛːkhaɪt] *f* pereza *f*; indolencia *f*; *Phys.* inercia *f*.

Tragi|k ['traːgik] *f* (16, *o. pl.*) lo trágico; ~**ker** *m* (7) trágico *m*; **2komisch** tragicómico; ~**komödie** *f* tragicomedia *f*; **2sch** trágico; *et.* ~ *nehmen* tomar a/c. a la tremenda.

Trag|korb ['traːk-kɔrp] *m* cuévano *m*; ~**last** *f* carga *f*.

Tragöd|e [traˈgøːdə] *m* (13) (actor *m*) trágico *m*; ~**ie** [-ˈ-djə] *f* (15) tragedia *f* (*a. fig.*).

Trag|riemen ['traːkriːmən] *m* correa *f* portadora; ~**sattel** *m* albarda *f*; ~**schrauber** ✈ *m* (7) autogiro *m*; ~**sessel** *m* silla *f* de manos; ~**weite** *f* alcance *m*; *fig. a.* tra(n)scendencia *f*, envergadura *f*.

Train|er ['trɛːnər] *m* (7) entrenador *m*; **2ieren** *v/t.* (*v/i.*) entrenar(se); ~**ing** [-'niŋ] *n* (11) entrenamiento *m*; ~**ings-anzug** *m* chandal *m*.

Trakt [trakt] *m* (3) △ ala *f*; (*Straßen2*) tramo *m*, trecho *m*; ~**at** [-ˈtaːt] *m od. n* (3) tratado *m*; **2ieren** obsequiar, agasajar; ~**or** [-ˈtɔr] *m* (8¹) tractor *m*; **2orfahrer** *m*, ~**o'rist** *m* (12) tractorista *m*.

trällern ['trɛlərn] (29) tararear; canturrear.

trampel|n ['trampəln] (29) pat(al)ear; **2n** *n* pat(al)eo *m*; **2pfad** *m* sendero *m* trillado; **2tier** *n* camello *m*.

trampe|n ['trɛmpən] (25, *sn*) hacer autostop; **2er** *m* (7) autostopista *m*.

Trampolin [trampoˈliːn] *n* (3¹) cama *f* elástica.

Tran [traːn] *m* (3) aceite *m* de pescado; F *im* ~ *sein* estar medio dormido.

tranchier|en [trãˈʃiːrən] trinchar; **2messer** *n* cuchillo *m* de trinchar.

Träne ['trɛːnə] *f* (15) lágrima *f*; *in* ~*n ausbrechen* romper a llorar; **2n** (25)

lagrimear; ~**ndrüse** *f* glándula *f* lacrimal; ~**ngas** *n* gas *m* lacrimógeno; ~**nsack** *m* saco *m* lacrimal; **2n-überströmt** anegado en llanto.

tranig ['traːniç] aceitoso; (*schläfrig*) soñoliento; (*träge*) F cachazudo.

Trank [traŋk] 1. *m* (3³) bebida *f*; ✿ pócima *f*; 2. **2** *s. trinken*.

Tränke ['trɛŋkə] *f* (15) abrevadero *m*; **2n** (25) abrevar; (*durch~*) empapar, impregnar (*mit* de).

Trans|fer [transˈfeːr] *m* (11) transferencia *f*; **2ferieren** [-feˈriːrən] transferir; ~**formator** [-fɔrˈmaːtɔr] *m* (8¹) transformador *m*.

Transistor [-ˈzistɔr] *m* (8¹), ~**radio** *n* transistor *m*.

Transit [-ˈziːt] *m* (3¹) tránsito *m*; **2iv** [ˈ--tiːf] *Gram.* transitivo; ~**verkehr** *m* tráfico *m* de tránsito.

transparent [transpaˈrɛnt] 1. *adj.* transparente; 2. **2** *n* (3) transparente *m*; (*Spruchband*) pancarta *f*.

trans|pirieren [-piˈriːrən] transpirar; **2plantation** ✿ [-plantaˈtsjoːn] *f* trasplante *m*; ~**ponieren** ♪ [-poˈniːrən] transportar.

Transport [-ˈpɔrt] *m* (3) transporte *m*; **2abel** [--ˈtaːbəl] transportable; ~**arbeiter** *m* obrero *m* del ramo de transportes; ~**band** *n* cinta *f* transportadora; ~**eur** [-ˈtøːr] *m* (3¹) transportista *m*; ⊕, ⚗ transportador *m*; **2fähig** transportable; ~**flugzeug** *n* avión *m* de transporte; **2ieren** transportar; ~**kosten** *pl.* gastos *m/pl.* de transporte; ~**mittel** *n* medio *m* de transporte; ~**schiff** *n* (buque *m* de) transporte *m*; ~**unternehmen** *n* empresa *f od.* agencia *f* de transportes; ~**unternehmer** *m* transportista *m*; ~**versicherung** *f* seguro *m* de transporte; ~**wesen** *n* transportes *m/pl.*

Transvestit [-vɛsˈtiːt] *m* (12) travestí *m*, travestí *m*.

Trapez [traˈpeːts] *n* (3²) trapecio *m*; ~**künstler** *m* trapecista *m*.

Trappe *Zo.* [ˈ-pə] *f* (15) avutarda *f*; **2ln** (29, *h. u. sn*) trotar.

Tras|se [ˈ-sə] *f* (15) trazado *m*; **2'sieren** trazar; ✝ librar, girar (*auf ac.* contra).

trat, träte [traːt, ˈtrɛːtə] *s. treten.*

Tratsch F [traːtʃ] *m* (3, *o. pl.*) chismorreo *m*; cotilleo *m* (pop. 27) chismorrear; cotillear.

Tratte [ˈtratə] ✝ *f* (15) giro *m*.

Traube ['traubə] f (15) racimo m (a. fig.); (Wein♀) uva f; **~most** m mosto m de uva; **~nsaft** m zumo m de uva; **~nzucker** m glucosa f.

trauen ['-ən] (25) 1. v/i. confiar (j-m en alg.); fiarse (de); s-n Augen (Ohren) nicht ~ no dar crédito a sus ojos (oídos); 2. v/t. (sich ~ lassen) casar (-se); 3. v/refl.: sich ~ zu atreverse a.

Trauer ['-ər] f (15, o. pl.) tristeza f; (Toten♀) duelo m; luto m; ~ tragen llevar luto; **~fall** m defunción f; **~feier** f funerales m/pl.; exequias f/pl.; **~flor** m crespón m de luto; **~gefolge** n comitiva f fúnebre, duelo m; **~haus** n casa f mortuoria; **~kleid** n vestido m de luto; **~kleidung** f luto m; **~marsch** m marcha f fúnebre; **~miene** f cara f de funeral; ♀n (29): ~um llorar la muerte de; estar de luto por; **~rand** m orla f negra; **~spiel** n tragedia f (a. fig.); **~weide** ♀ f sauce m llorón; **~zeit** f luto m; **~zug** m cortejo m fúnebre.

Traufe ['-fə] f (15) gotera f.

träufeln ['trɔyfəln] (29) echar gota a gota; ♣ instilar.

traulich ['traulɪç] íntimo; familiar; ♀**keit** f intimidad f; familiaridad f.

Traum [traum] m (3³) sueño m; ensueño m; fig. das fällt mir nicht im ~ ein! ¡ni en sueños! ¡ni soñarlo!; **~a** n (9¹, pl. a. -ta) trauma m, traumatismo m; **~bild** n visión f; **~deutung** f interpretación f de los sueños.

träumen ['trɔymən] (25) soñar (von con); das hätte ich mir nie ~ lassen nunca me lo hubiera imaginado; ♀**er(in** f) m (7) soñador(a) m (f); iluso (-a) m (f); visionario (-a) m (f); ♀**e'rei** f sueño m, fantasía f; **~erisch** soñador.

Traumgesicht ['traumgəzɪçt] n visión f; ♀**haft** como un sueño; ~ (schön) de ensueño; **~welt** f mundo m fantástico od. imaginario.

traurig ['traurɪç] triste; afligido; ~ machen apenar, entristecer; ♀**keit** f tristeza f; aflicción f.

Trau|ring ['-rɪŋ] m alianza f; **~schein** m acta f de matrimonio; **~ung** f matrimonio m (kirchliche religioso; standesamtliche civil); **~zeuge** m padrino m de boda; **~zeugin** f madrina f de boda.

Treber ['tre:bər] pl. (7) orujo m.

Trecker ['trɛkər] m (7) tractor m.

Treff [trɛf] n (11) Kartenspiel: bastos m/pl.

treff|en ['-fən] (30) 1. v/t. u. v/i. alcanzar; Kugel: dar en; a. fig. herir; (erraten) acertar; (begegnen) encontrar; zufällig: tropezar con; (berühren) tocar; Maßnahmen: tomar; Vorbereitungen: hacer; Verabredung: concertar; ~ auf (ac.) dar con; wen trifft die Schuld? ¿quién tiene la culpa?; es gut ~ tener suerte; 2. v/refl.: sich ~ reunirse; darse cita; encontrarse; es traf sich, daß dio la casualidad de que; fig. sich getroffen fühlen darse por aludido; wie es sich gerade trifft al azar; a trochemoche; ♀en n (6) encuentro m (a. Sport); reunión f; cita f; ✕ combate m; **~end** acertado; exacto; justo; ♀**er** m (7) ✕ impacto m; Sport: gol m, tanto m; Boxen: golpe m certero; Lotterie: billete m premiado; fig. gran éxito m; **~lich** excelente; ♀**punkt** m punto m de reunión; lugar m de (la) cita; **~sicher** certero; seguro; exacto; ♀**sicherheit** f ✕ precisión f del tiro; fig. precisión f; exactitud f.

Treib|eis ['traip?ais] n hielos m/pl. flotantes; ♀**en** ['-bən] (30) 1. v/t. empujar; impeler; (an~) ⊕ accionar; impulsar; Vieh: conducir; ♪gdw. batir; ojear; Metall: repujar; (be~) practicar, ejercitar, ejercer; Sprachen: estudiar; Künste: cultivar; (ver~) expulsar, echar (aus de); ♀ forzar; Blüten, Knospen: echar; fig. (drängen) atosigar; (anspornen) incitar, estimular; Preis: (in die Höhe) ~ hacer subir; es zu weit od. zu bunt ~ ir demasiado lejos; (pro)pasarse; 2. v/i. (h. u. sn) flotar; ♣ a la deriva; ♀ brotar; germinar; (gären) fermentar; **~e Kraft** fuerza f motriz; j.: iniciador m; propulsor m; ♀**en** n (Tun) actividad f; (Bewegung) movimiento m; animación f; ♪gdw. batida f; ojeo m; ♀**er** m (7) ♪gdw. ojeador m; **~gas** ['-pgas] n gas m propelente; **~haus** n invernadero m; **~holz** n madera f flotante; **~jagd** f batida f; caza f en ojeo; **~mine** f mina f flotante; **~rad** n rueda f motriz; **~riemen** m correa f de transmisión; (anspornen) inci; **~sand** m arena f movediza; **~stoff** m carburante m.

Trema ['tre:ma] n (11²) diéresis f, crema f.

Trend [trɛnd] m (11) tendencia f (zu a).

trenn|bar ['trɛnbɑːr] separable; **~en** (25) separar; *a.* 🜨 disociar; (*entzweien*) desunir; *Ehe*: disolver; *Naht*: descoser; *Fernspr.* cortar; *sich ~ separarse* (*a. Eheleute*); **~scharf** selectivo; **2schärfe** *f* selectividad *f*; **2ung** *f* separación *f*; división *f*; **2ungslinie** *f* línea *f* divisoria; **2ungsstrich** *m* guión *m*; **2wand** *f* tabique *m*.

Trense ['-zə] *f* (15) bridón *m*.

trepp|auf [trɛpˈʔaʊf], **~-'ab** escaleras arriba y abajo.

Treppe ['-pə] *f* (15) escalera *f*; *drei ~n hoch* en el tercer piso; **~n-absatz** *m* descansillo *m*, rellano *m*; **~ngeländer** *n* pasamano(s) *m*; **~nhaus** *n* caja *f* od. hueco *m* de la escalera; **~nstufe** *f* peldaño *m*, escalón *m*.

Tresen ['treːzən] *m* (6) mostrador *m*; barra *f*.

Tresor [treˈzoːr] *m* (3¹) *in Banken*: cámara *f* acorazada; (*Geldschrank*) caja *f* fuerte *od.* de caudales.

Tresse ['trɛsə] *f* (15) galón *m*.

Trester ['-tər] *pl.* (7) orujo *m*.

Tret|boot ['treːtboːt] *n* patín *m* (acuático); **~eimer** *m* cubo *m* de pedal; **2en** (30) **1.** *v/i.* (*a. sn*) (*gehen*) caminar; marchar; (*radeln*) pedalear; *vor et. ~* ponerse, colocarse delante de a/c.; *vor j-n ~*, *j-m unter die Augen ~* presentarse ante alg.; *auf od. in et. ~* pisar a/c.; *in e-n Raum ~* entrar en; *aus et. ~* salir de; *zu j-m ~* acercarse a alg.; *gegen et. ~* dar una patada a/c.; **2.** *v/t.* pisar; *j-n ~* dar un puntapié *od.* una patada a alg.; **~mühle** *fig. f* trajín *m* cotidiano.

treu [trɔʏ] fiel (*a. fig.*), leal; *~ u. brav* religiosamente; **2bruch** *m* violación *f* de la fe jurada; (*Untreue*) deslealtad *f*; **'~brüchig** desleal; traidor; **2e** *f* (15, *o. pl.*) fidelidad *f*; lealtad *f*; *auf Treu und Glauben* de buena fe; **2-eid** *m* juramento *m* de fidelidad; **2händer** ✝ ['-hɛndər] *m* (7) (agente *m*) fiduciario *m*; **2handgesellschaft** ✝ *f* sociedad *f* fiduciaria; **'~herzig** franco; ingenuo, cándido; **2herzigkeit** *f* franqueza *f*; ingenuidad *f*; **'~lich** fielmente; **'~los** desleal; infiel; pérfido; **2losigkeit** *f* deslealtad *f*; infidelidad *f*; perfidia *f*.

Triangel ['triːaŋəl] *m* (7) triángulo *m*.

Tribun [triˈbuːn] *m* (3¹ *u.* 12) tribuno *m*; **~al** [-buˈnɑːl] *n* (3¹) tribunal *m*.

Tribüne [-ˈbyːnə] *f* (15) tribuna *f*.

Tribut [-ˈbuːt] *m* (3) tributo *m* (*zollen* rendir); **2pflichtig** tributario.

Trichin|e [-ˈçiːnə] *f* (15) triquina *f*; **2ös** [-çiˈnøːs] triquinoso; **~ose** [--ˈnoːzə] *f* (15) triquinosis *f*.

Trichter ['trɪçtər] *m* (7) embudo *m*; (*Füll2*) tolva *f*; (*Vulkan2*, *Granat2*) cráter *m*; *F auf den ~ kommen* caer en la cuenta; **~mündung** *f* estuario *m*.

Trick [trɪk] *m* (3¹ *u.* 11) truco *m*; **'~film** *m* dibujos *m/pl.* animados.

Trieb [triːp] *m* (3) (*Antrieb*) impulso *m*; (*Instinkt*) instinto *m*; (*Neigung*) inclinación *f*; ♀ brote *m*, retoño *m*; **2.** ~ *s. treiben*; **'~feder** *f* resorte *m*; *fig.* móvil *m*; **'2haft** instintivo; (*sinnlich*) sensual; **'~handlung** *f* acto *m* instintivo; **'~kraft** *f* (**'~rad** *n*) fuerza *f* (rueda *f*) motriz; **'~wagen** *m* automotor *m*; **'~werk** *n* mecanismo *m* de accionamiento; *a.* ✈ propulsor *m*.

trief|äugig ['triːfˈɔʏɡɪç] legañoso; **~en** (25) chorrear; *Nase*: moquear; *Auge*: lagrimear; **~end** empapado (vor de); **2nase** *f* nariz *f* mocosa; **'~naß** calado hasta los huesos.

triezen ['triːtsən] F (27) hostigar, vejar, fastidiar.

triff, ~st, ~t [trɪf(st)] *s. treffen*.

Trift [trɪft] *f* (16) pasto *m*, dehesa *f*; (*Weg*) cañada *f*; **'2ig** concluyente, plausible; (bien) fundado.

Trigonometr|ie [trigonomeˈtriː] *f* (15) trigonometría *f*; **2isch** [---ˈmeːtriʃ] trigonométrico.

Trikot [-ˈkoː] *n* (11) (*Kleidungsstück*) malla *f*; tricot *m*; **~agen** [-koˈtaːʒən] *f/pl.* géneros *m/pl.* de punto.

Triller ['-lər] *m* (7) ♪ trino *m*; *Vogel*: *a.* gorjeo *m*; **2n** (29) trinar; gorjear; **~n** *n* gorjeo *m*; **~pfeife** *f* pito *m*.

Trilogie [-loˈɡiː] *f* (15) trilogía *f*.

Trimester [-ˈmɛstər] *n* (7) trimestre *m*.

Trimm|-dich-Pfad ['trɪmdɪçpfɑːt] *m* circuito *m* natural; **2en** (25) equilibrar; ♻ lastrar; *Hund*: asear; *sich ~* hacer ejercicio; entrenarse; **~er** ♻ *m* (7) carbonero *m*.

trink|bar ['trɪŋkbɑːr] potable; **2barkeit** *f* potabilidad *f*; **2becher** *m* vaso *m*; **2en** (30) beber (*aus* en); *Tee*, *Kaffee*: tomar; *auf et. od. j-n ~* brindar por a/c. *od.* alg.; **2er(in** *f*) *m* (7) bebedor(a) *m* (*f*); alcohólico (-a) *m* (*f*); **2erheil-anstalt** *f* centro *m* de desintoxicación (para alcohólicos); **~fest:** ~ *sn* resistir bien la bebida;

⋈**gelage** n bacanal f; ⋈**geld** n propina f; ⋈**halle** f kiosco m de bebidas; chiringuito m; ⋈**spruch** m brindis m; e-n ∼ ausbringen auf (ac.) brindar por; ⋈**wasser** n agua f potable; ⋈**wasseraufbereitungs-anlage** f planta f potabilizadora.

Trio ['tri:o] n (11) trío m (a. fig.); ∼**le ♪** ['tri'o:lə] f (15) tresillo m.

Trip [trip] m (11) escapada f; (Rauschgift⋈) viaje m; '⋈**peln** (29, sn u. h.) andar a pasitos cortos y rápidos; '∼**per ♂** m (7) gonorrea f, blenorragia f, F purgaciones f/pl.

tritt [trit] **1.** s. treten; **2.** ⋈ m (3) paso m; (Spur) huella f, pisada f; (Fuß⋈) puntapié m; (Stufe) escalón m; '⋈**brett** n estribo m; '⋈**leiter** f escalerilla f.

Triumph [tri'umf] m (3) triunfo m; ∼**...:** in Zssgn oft triunfal; ⋈**al** [--'fa:l] triunfal; ⋈**ieren** triunfar (über ac. de).

trivial [-'vjɑ:l] trivial, banal.

trocken ['trɔkən] seco (a. fig.); (dürr) árido; ∼ werden secarse; fig. noch nicht ∼ hinter den Ohren sn tener aún la leche in los labios; auf dem ∼en sitzen estar sin dinero; im ⋈en sitzen estar a cubierto (de la lluvia); ⋈**batterie** f pila f seca; ⋈**boden** m secadero m; ⋈**dock** n dique m seco; ⋈**eis** n hielo m seco; ⋈**element ⚡** n pila f seca; ⋈**futter** n forraje m seco; ⋈**gemüse** n hortalizas f/pl. secas; ⋈**gestell** n secadero m; für Wäsche: tendedero m; ⋈**haube** f (casco m) secador m; ⋈**heit** f sequedad f (a. fig.); sequía f; (Dürre) aridez f; ∼**legen** desecar; Gelände: desaguar; Kind: cambiar los pañales; ⋈**legung** f desagüe m; ⋈**milch** f leche f en polvo; ⋈**obst** n fruta f seca; ⋈**rasierer** m máquina f de afeitar eléctrica, afeitadora f; ⋈**zeit** f temporada f seca, sequía f.

trocknen ['-nən] **1.** v/t. (26) secar (v/i. -se); **2.** ⋈ n secado m.

Troddel ['trɔdəl] f (15) borla f.

Trödel ['trø:dəl] m (7) baratijas f/pl.; trastos m/pl. viejos; ∼**ei** f lentitud f; tardanza f; ⋈**ig** lento; ∼**laden** m prendería f; baratillo m; ∼**markt** m mercadillo m (de viejo); ⋈**n** (29) perder el tiempo; rezagarse.

Trödler [-la'dlɐ] m (7) prendero m.

Trog [tro:k] m (3³) (Back⋈) artesa f; (Brunnen⋈) pilón m; (Freß⋈) comedero m.

trollen ['trɔlən] (25): sich ∼ largarse.

Trommel ['trɔməl] f (15) tambor m (a. ⊕); ∼**fell** n parche m (de tambor); Anat. tímpano m; ∼**feuer ⚔** n fuego m graneado od. nutrido; ⋈**n** (29) tocar el tambor; mit den Fingern ∼ tabalear; ∼**stock** m palillo m de tambor; ∼**wirbel** m redoble m.

Trommler ['-lɐ] m (7) tambor m.

Trompete [-'pe:tə] f (15) trompeta f; ⋈**n** (26) tocar la trompeta; ∼**r** m (7) trompeta m, trompetista m.

Tropen ['tro:pən] pl. trópicos m/pl.; ∼**helm** m salacot m; ∼**hitze** f (∼**klima** n) calor m (clima m) tropical.

Tropf [trɔpf] m (3³) necio m, bobo m, tonto m; ∼**♀** F gota a gota m; armer ∼ pobre diablo m.

tröpfeln ['trœpfəln] (29, h. u. sn) gotear.

tropfen ['trɔpfən] **1.** v/i. (25, h. u. sn) gotear; **2.** ⋈ m (6) gota f; ⋈**farm** m recogegotas m; ∼**weise** gota a gota; ⋈**zähler** m cuentagotas m.

tropfnaß ['-nas] empapado; chorreando.

Tropfstein ['-ʃtain] m an der Decke: estalactita f; am Boden: estalagmita f; ∼**höhle** f gruta f de estalactitas.

Trophäe [tro'fɛ:ə] f (15) trofeo m.

tropisch ['tro:piʃ] tropical.

Troß [trɔs] m (4) impedimenta f; bagajes m/pl.; (Gefolge) séquito m.

Trosse ⚓ ['-sə] f (15) cable m; amarra f.

Trost [tro:st] m (3², o. pl.) consuelo m; nicht recht bei ∼ sein F estar chiflado.

tröst|en ['trø:stən] (26) consolar; ∼**end**, ⋈**er** m (7), ∼**lich** consolador (m); ⋈**ung** f consuelo m; consolación f.

trost|los ['tro:stlo:s] desconsolado; desesperado; (öde) desolado; ⋈**losigkeit** f desconsuelo m; desesperación f; desolación f; ⋈**preis** m premio m de consolación; ∼**reich** consolador; ⋈**wort** n palabra f consoladora od. de consuelo.

Trott [trɔt] m (3) trote m; fig. der tägliche ∼ la rutina cotidiana; ∼**el** m (7) imbécil m, idiota m; '⋈**en** (26, h. u. sn) trotar; ∼**oir** [-to'ɑ:r] n (3¹) acera f.

trotz [trɔts] **1.** prp. (gen. u. dat.) a pesar de, no obstante, pese a; **2.** ⋈ m (3², o. pl.) obstinación f, terquedad f; j-m zum ∼ a despecho de alg.; ∼ bieten (dat.) hacer frente a, oponerse a; desafiar; '∼**dem** sin embargo, no

trotzen 930

obstante, a pesar de todo; '**_en** (27) (*dat.*) porfiar; resistirse a; *e-r Gefahr* ~ arrostrar un peligro; '**_ig** obstinado, terco, porfiado; **2kopf** *m* testarudo *m*, F cabezota *f*.

trübe ['try:bə] *Flüssigkeit*: turbio; borroso; *Licht*: mortecino; (*glanzlos*) deslucido; *Glas*: empañado; *Tag*: gris; *Wetter*: nuboso; *Himmel*: nublado; *fig.* sombrío; triste; *im* ~*n fischen* pescar en río revuelto.

Trubel ['tru:bəl] *m* (7, *o. pl.*) jaleo *m*, barullo *m*; bulla *f*.

trüb|en ['try:bən] (25) enturbiar (*a. fig.*); (*verdunkeln*) oscurecer; *Glas*: empañar (*a. fig. Freude*); *Gemüt*, *Verstand*: turbar; **2sal** ['-pza:l] *f* (14) aflicción *f*; *u. blasen* F estar alicaído; **_selig** triste; afligido; **2sinn** *m* melancolía *f*; **_sinnig** melancólico; **2ung** ['-buŋ] *f* enturbiamiento *m*; opacidad *f*; *fig.* perturbación *f*.

trudeln ['tru:dəln] (29) 🛪 entrar *bzw.* caer en barrena.

Trüffel ['tryfəl] *f* (15) trufa *f*.

Trug [tru:k] **1.** *m* (3, *o. pl.*) engaño *m*; embuste *m*; ilusión *f*; **2.** *2 s. tragen*; '**_bild** *n* fantasma *m*; espejismo *m*; '**_dolde** 🌸 *f* cima *f*.

trüge ['try:gə] *s. tragen*.

trüg|en ['try:gən] (30) engañar; **_erisch** engañoso; falaz.

Trugschluß ['tru:kʃlus] *m* conclusión *f* errónea.

Truhe ['tru:ə] *f* (15) arca *f*; cofre *m*.

Trümmer ['trymər] *pl.* (7) escombros *m/pl.*; ruinas *f/pl.*; *in* ~ *gehen* caer en ruina; '**_beseitigung** *f* des(es)combro *m*; '**_haufen** *m* montón *m* de escombros.

Trumpf [trumpf] *m* (3³) triunfo *m*; *fig.* baza *f*; *e-n* ~ *ausspielen* echar un triunfo; '**2en** matar con un triunfo.

Trunk [truŋk] *m* (3³) bebida *f*; (*Schluck*) trago *m*; *dem* ~ *ergeben* F aficionado al trago; '**2en** ebrio; **_enbold** ['-kənbɔlt] *m* (3) borracho *m*; beodo *m*; '**_enheit** *f* embriaguez *f*; *wegen* ~ *am Steuer* por conducir en estado de embriaguez; '**_sucht** *f* alcoholismo *m*; '**2süchtig** dado a la bebida; alcohólico.

Trupp [trup] *m* (11) grupo *m*; *Arbeiter*: brigada *f*, equipo *m*; ⚔ pelotón *m*; destacamento *m*; '**_e** *f* (15) ⚔ tropa *f*; *Thea.* compañía *f* (teatral), *Am.* elenco *m*; '**_engattung** f arma *f*; '**_enschau** *f* revista *f*; '**_enteil** *m*

unidad *f*; '**_en-übungsplatz** *m* campo *m* de maniobras; '**2weise** por *od.* en grupos.

Trust [trast] *m* (3 *u.* 11) trust *m*.

Trut|hahn ['tru:tha:n] *m* pavo *m*; '**_henne** *f* pava *f*.

Tschech|e ['tʃɛçə] *m* (13) (**_in** *f*), **2isch** checo (-a) *m* (*f*).

Tschechoslowak|e [-çoslo'va:kə] *m* (13) (**_in** *f*), **2isch** checoslovaco (-a) *m* (*f*).

T-Shirt ['ti:ʃœ:t] *n* (11) camiseta *f*.

Tuba ♪ ['tu:ba] *f* (16²) tuba *f*.

Tube ['-bə] *f* (15) tubo *m*; *Anat.* trompa *f*.

Tuberk|el [tu'bɛrkəl] *m* (7) tubérculo *m*; **2ulös** [--ku'lø:s] tuberculoso; **_ulose** [--ku'lo:zə] *f* (15) tuberculosis *f*.

Tuch [tu:x] *n*: **a)** (3) (*Stoff*) paño *m*; **b)** (1²) (*Wisch2*) trapo *m*; (*Hals2*, *Kopf2 usw.*) pañuelo *m*; '**_fühlung** *f* ⚔ (*con*)tacto *m* de codos; *fig.* estrecho contacto *m*; '**_händler** *m* pañero *m*.

tüchtig ['tyçtiç] hábil; capaz; eficiente; bueno; *adv.* de lo lindo; **2keit** *f* habilidad *f*; capacidad *f*; eficiencia *f*.

Tuchwaren ['tu:xva:rən] *f/pl.* paños *m/pl.*; pañería *f*.

Tück|e ['tykə] *f* (15) perfidia *f*; malicia *f*; insidia *f*; **2isch** pérfido; malicioso; traidor (*a. Tier*); insidioso.

Tuff [tuf] *m* (3¹), '**_stein** *m* toba *f*.

Tüft|elei [tyftə'laɪ] *f* sutileza *f*; '**2eln** (29) sutilizar.

Tugend ['tu:gənt] *f* (16) virtud *f*; **_bold** ['--bɔlt] *m* (3) *iron.* dechado *m* de virtudes; **2haft** virtuoso.

Tüll [tyl] *m* (3¹) tul *m*; '**_e** *f* (15) pico *m*, pitorro *m*.

Tulpe ['tulpə] *f* (15) tulipán *m*.

tummel|n ['tuməln] (29) *Pferd*: hacer caracolear; *sich* ~ *Kinder*: retozar; (*sich beeilen*) apresurarse; **2platz** *m* lugar *m* de recreo; *fig.* campo *m* de acción.

Tümmler ['tymlər] *Zo. m* (7) marsopa *f*.

Tumor 🔬 ['tu:mɔr] *m* (8¹) tumor *m*.

Tümpel ['tympəl] *m* (7) charco *m*.

Tumult [tu'mult] *m* (3) tumulto *m*; alboroto *m*; **2uarisch** [--tu'a:riʃ], **2uös** [---'ø:s] tumultuoso.

tun [tu:n] **1.** (30) hacer; *in et.* (*hinein*) ~ introducir, meter, poner en; echar en; (*viel*) *zu* ~ *haben* estar (muy) ocupado; tener (mucho) que hacer;

mit j-m zu ~ haben (tener que) tratar con alg.; *nichts zu ~ haben* mit no tener nada que ver con; *mit ihm will ich nichts zu ~ haben* no quiero saber nada de él; *das tut nichts* no importa; *damit ist es nicht getan* con eso no basta; *es ist mir sehr darum zu ~* eso me importa mucho; *so ~, als ob* hacer como si; fingir; **2.** ♀ *n* ocupaciones *f/pl.*; actividades *f/pl.*; *sein ~ und Treiben* su vida y milagros.

Tünche ['tynçə] *f* (15) blanqueo *m*; jalbegue *m*; *fig.* barniz *m*; **2n** (25) blanquear, enjalbegar.

Tunes|ier [tu'neːzjər] *m* (7), **2isch** tunecino (*m*).

Tunichtgut ['tuːnɪçtguːt] *m* (3, *sg. a. uv.*) bribón *m*, tunante *m*.

Tunika ['-nika] *f* (16²) túnica *f*.

Tunke ['tuŋkə] *f* (15) salsa *f*; **2n** (25) mojar (*in ac.* en).

tunlichst ['tuːnlɪçst] a ser posible.

Tunnel ['tunəl] *m* (7) túnel *m*.

Tunte P ['-tə] *f* (15) maricón *m*.

Tüpfel ['typfəl] *m u. n* (7) manchita *f*; puntito *m*; mota *f*; **~chen** ['--çən] *n* (6): *das ~ auf dem i* el punto sobre la i; **2n** (29) puntear, motear.

tupfe|n ['tupfən] (25) tocar ligeramente; **2n** *m* (6) punto *m*; *im Stoff:* lunar *m*; **2r** ♣ *m* (7) torunda *f*.

Tür [tyːr] *f* (16) puerta *f*; (*Wagen2*) portezuela *f*; *hinter verschlossenen ~en* a puerta cerrada; *mit der ~ ins Haus fallen* entrar de rondón; *vor die ~ setzen* echar a la calle; *vor der ~ stehen* estar a la puerta; *fig. a.* estar al caer; '*~angel* f gozne *m*.

Turban ['turbaːn] *m* (3¹) turbante *m*.

Turbine [-'biːnə] *f* (15) turbina *f*; **~ntriebwerk** *n* turborreactor *m*.

turbulent [-bu'lɛnt] turbulento.

Tür|flügel ['tyːrflyːgəl] *m* hoja *f* de puerta; **~füllung** *f* entrepaño *m*; **~griff** *m* tirador *m*.

Türk|e ['tyrkə] *m* (13) (**~in** *f*), **2isch** turco (-a) *m* (*f*); **~is** [-'kiːs] *m* (4) turquesa *f*.

Tür|klinke ['tyːrklɪŋkə] *f* picaporte *m*; **~klopfer** *m* aldaba *f*.

Turm [turm] *m* (3³) torre *f* (*a. Schach*); (*Glocken2*) campanario *m*; (*Festungs2*) torreón *m*; (*Wacht2*) atalaya *f*.

türm|en ['tyrmən] (25) **1.** *v/t.* elevar; apilar; **2.** *v/i.* (sn) F largarse; **2er** *m*

(7) torrero *m*; atalaya *m*.

Turm|falke ['turmfalkə] *m* cernícalo *m*; **2hoch** *fig.* gigantesco; *fig. ~ über et. (dat.) stehen* estar muy por encima de a/c.; **~schwalbe** *f* vencejo *m*; **~spitze** *f* aguja *f*; flecha *f*; **~springen** *n* saltos *m/pl.* de palanca; **~uhr** *f* reloj *m* de torre.

Turn... ['turn...]: *in Zssgn* de gimnasia, gimnástico; **2en** (25) hacer gimnasia; **~en** *n* gimnasia *f* (deportiva); **~er(in** *f*) *m* (7) gimnasta *su.*; **2erisch** gimnástico; **~gerät** *n* aparato *m* gimnástico; **~halle** *f* gimnasio *m*; **~hose** *f* pantalón *m* de gimnasia; **~ier** [-'niːr] *n* (3¹) torneo *m*; **~ierplatz** *m* liza *f*; **~lehrer(in** *f*) *m* profesor(a) *m* (*f*) de gimnasia; **~schuhe** *m/pl.* zapatillas *f/pl.*

Turnus ['-nus] *m* (14²) turno *m*; **2-mäßig** por turno(s).

Turn|verein [-'fɛr?ain] *m* club *m* de gimnasia; **~wart** *m* (3) monitor *m*.

Tür|öffner ['tyːr?œfnər] *m* (7): *automatischer ~* portero *m* electrónico; **~pfosten** *m* jamba *f*; **~rahmen** *m* marco *m* (de la puerta); **~schild** *n* placa *f*; **~schließer** *m* (*Apparat*) cierre *m* (de puertas) automático; **~schloß** *n* cerradura *f*.

Turteltaube ['turtəltaubə] *f* (15) tórtola *f*.

Tusch [tuʃ] *m* (3²) toque *m* (de clarines); '**~e** *f* (15) tinta *f* china; '**2en** (29) cuchichear; '**2en** (27) dibujar con tinta china; '**~kasten** *m* caja *f* de colores; '**~zeichnung** *f* aguatinta *f*.

Tüte ['tyːtə] *f* (15) cucurucho *m*; bolsa *f* (de papel); F *das kommt nicht in die ~!* ¡de eso, ni hablar!

tuten ['tuːtən] (26) tocar (la sirena; la bocina, *etc.*); (hacer) sonar.

Tutor ['tuːtɔr] *m* (8¹) tutor *m*.

Twinset ['tvinsɛt] *n od. n* (11) conjunto *m*.

Twist [tvist] *m* (3²) hilo *m* de algodón.

Typ [tyːp] *m* (8) tipo *m*; '**~e** *f* (15) *Typ.* tipo *m* (de imprenta); letra *f* de molde; F *fig.* tío *m*; tipejo *m*.

Typhus ['tyːfus] *m* (16, *o. pl.*) tifus *m*, fiebre *f* tifoidea.

typisch ['-pɪʃ] típico.

Tyrann [ty'ran] *m* (12) tirano *m*; **~ei** [--'nai] *f* tiranía *f*; **2isch** tiránico; **2i'sieren** tiranizar.

U

U, u [u:] *n* U, u *f*.
U-Bahn ['u:baːn] *f* metro *m*; *Arg.* subte(rráneo) *m*.
übel ['y:bəl] **1.** *adj.* mal(o) (*comp.* **übler**, *sup.* ~**st** peor); *adv.* mal; *mir ist* (*od. wird*) ~ no me siento bien; tengo náuseas; *nicht* ~*!* ¡no está mal!; **2.** Ω *n* (7) mal *m*; *das kleinere* ~ el mal menor; *zu allem* ~ para colmo de males; ~**gelaunt** de mal humor; ~**gesinnt** malintencionado; Ω**keit** *f* náuseas *f/pl.*; ~ *erregend* nauseabundo; ~**nehmen** tomar a mal; ~**nehmerisch** susceptible; quisquilloso; ~**riechend** maloliente; Ω**stand** *m* inconveniente *m*; mal *m*; Ω**tat** *f* fechoría *f*; mala acción *f*; Ω**täter(in** *f*) *m* malhechor(a) *m* (*f*); ~**wollen** *j-m* ~ tener mala voluntad a alg.; ~**wollend** malintencionado.
üben ['y:bən] (25) **1.** *v/t.* ejercitar; practicar; ejercer; ♪ estudiar; *Geduld:* tener; *Gewalt:* emplear; **2.** *v/i.* hacer ejercicios; entrenarse.
über ['y:bər] **1.** *prp.* (*wo? dat.; wohin? ac.*) sobre; encima de; (~ *... hinweg*) por encima de; (~ *... hinaus*) más allá de; (*während*) durante; (*mehr als*) más de; (*von*) de, sobre; 🕮 vía, por; *ein Scheck* ~ *100 Mark* un cheque (por valor) de cien marcos; ~ *Ostern* durante los días de Pascua; *den ganzen Tag* ~ (durante) todo el día; *es ist schon* ~ *eine Woche her* hace ya más de una semana; ~ *40 (Jahre alt) sn* haber pasado los cuarenta (años); **2.** *adv.:* ~ *und* ~ completamente; *j-m* ~ *sn* ser superior a alg.
über|all [--'?al] en *od.* por todas partes; ~**altert** demasiado viejo; *fig.* envejecido; Ω**angebot** ✝ *n* oferta *f* excesiva; ~'**anstrengen** fatigar excesivamente; Ω-**anstrengung** *f* fatiga *f* excesiva; sobreesfuerzo *m*; ~'**antworten** entregar; ~'**arbeiten** revisar; retocar; *sich* ~ trabajar demasiado; Ω-'**arbeitung** *f* revisión *f*; retoque *m*; exceso *m* de trabajo; '~-**aus** sumamente, extremadamente, sobremanera.
über|'backen gratinar; '~**beanspru-**

chen sobrecargar; 'Ω**bein** 🦴 *n* sobrehueso *m*; '~**belichten** *Phot.* sobreexponer; 'Ω**belichtung** *f* sobreexposición *f*; '~**bewerten** sobrevalorar, supervalorar; ~'**bieten** sobrepujar (*a. fig.*); Ω**bleibsel** ['--blaɪpsəl] *n* (7) resto *m*; residuo *m*; *fig.* vestigio *m*: sobras *f/pl.*; 'Ω**blick** *m a. fig.* vista *f* general *od.* de conjunto; (*Zusammenfassung*) resumen *m*; sumario *m*; ~'**blicken** abarcar con la vista; *a. fig.* dominar; ~'**bringen** entregar; transmitir; Ω'**bringer(scheck)** ✝ *m* (7) (cheque *m* al) portador *m*; ~'**brücken** (25) echar un puente sobre; *fig. Entfernung:* salvar; *Schwierigkeiten:* allanar; Ω'**brückung** *f fig.* solución *f* de transición; Ω'**brückungshilfe** *f* ayuda *f* transitoria; Ω'**brückungskredit** *m* crédito-puente *m*.
über|dachen [--'daxən] (25) cubrir con un techo, techar; ~'**dauern** sobrevivir a; ~'**denken** reflexionar sobre; recapacitar; ~'**dies** además; 'Ω**dosis** *f* sobredosis *f*; ~'**drehen** torcer; forzar; 'Ω**druck** ⊕ *m* sobrepresión *f*; 'Ω**druckkabine** *f* cabina *f* presurizada; Ω**druß** ['--drus] *m* (4, *o. pl.*) hastío *m*, tedio *m*; *bis zum* ~ hasta la saciedad; ~'**drüssig** ['--drysiç] harto (*gen.* de); '~**durchschnittlich** superior al promedio; extraordinario; 'Ω-**eifer** *m* exceso *m* de celo; '~-**eifrig** muy celoso; fanático; ~'**eignen** transferir; transmitir (la propiedad); *Geschäft:* traspasar; ~'**eilen** precipitar; ~'**eilt** precipitado; prematuro; ~'**eilung** *f* precipitación *f*.
übereinander [--?aɪn'?andər] uno sobre otro; ~**legen** sobreponer, superponer; ~**schlagen** *Beine:* cruzar.
überein|kommen [--'?aɪnkɔmən] (sn) ponerse de acuerdo (*über ac.* sobre); convenir (en); Ω'**kommen** *n*, Ω**kunft** [--'-kunft] *f* (14²) convenio *m*; acuerdo *m*; arreglo *m*; ~**stimmen** coincidir; concordar; estar conforme *od.* de acuerdo; ~**stimmend** de acuerdo con; conforme con; Ω**stimmung** *f* concordancia *f*; armonía *f*;

conformidad f; in ~ mit de acuerdo
con.

'über-empfindlich hipersensible;
2keit f hipersensibilidad f.

über-|·'essen (part. pt. ~'gessen): sich ~
ahitarse, atiborrarse (an dat. de);
'~·essen (part. pt. '~gegessen): sich
(dat.) et. ~ hartarse de a/c.; **~'fahren**
atropellar, arrollar; Signal: pasar;
2fahrt f travesía f; pasaje m; **'~fall** m
agresión f; ✕ ataque m por sorpresa;
(Raub✕) atraco m; **~'fallen** ✕ atacar
por sorpresa; atracar; fig. sorprender; **'~fällig** retrasado; ✝ vencido (y
no pagado); **2fallkommando** n
brigada f volante; **~'fliegen** sobre-
volar; fig. recorrer; **~'fließen** (sn)
desbordarse; fig. a. rebosar (von de);
~'flügeln (29) sobrepujar, aventajar;
2fluß m abundancia f, profusión f
(an dat. de); **2flußgesellschaft** f
sociedad f opulenta; **~'flüssig** superfluo; ~ sn sobrar, estar de sobra od. de
más; **~'fluten** inundar (a. fig.);
2flutung f inundación f; **~'fordern**
exigir demasiado; **2fracht** f exceso
m de carga, sobrecarga f; **2frem-
dung** f extranjerización f; **~'führen**
trasladar, conducir; **~'führen** ⚥
convencer; **~'führt** ⚥ convicto;
2führung f traslado m; transporte
m; e-r Leiche: conducción f; Vkw.
paso m superior od. elevado; ⚥ convicción f; **2fülle** f sobreabundancia
f; profusión f; **~'füllt** repleto, atestado, F de bote en bote; **2füllung** f
repleción f; congestión f; **~'füttern**
sobrealimentar.

'Über|gabe f entrega f; ✕ rendición f;
'~gang m paso m; fig. transición f;
'~gangsbestimmung f disposición
f transitoria; **'~gangskleidung** f
ropa f de entretiempo; **'~gangsstelle**
f paso m; **'~gangszeit** f periodo m
transitorio od. de transición; **2'geben** entregar; ✕ rendir; sich ~ vomitar; **2'gehen** (sn): ~ zu pasar a;
proceder a; ~ auf (ac.) transmitirse a;
~ in (ac.) convertirse en; **2'gehen**
pasar por alto; (auslassen) omitir; bei
der Beförderung: postergar; **2'genug**
de sobra; **2geordnet** superior; **'~ge-
päck** n exceso m de equipaje; **'~ge-
wicht** m sobrepeso m, exceso m de
peso; fig. preponderancia f; ~ bekommen perder el equilibrio; fig. pre-
ponderar; **2'gießen** verter, derramar; **2'gießen** regar, rociar; **2'-**

glücklich muy feliz; loco de alegría;
2greifen extenderse (auf ac. a); pro-
pagarse (a); **'~griff** m abuso m; usur-
pación f; **2groß** demasiado grande;
𝓯 hipertrófico.

'über|haben Mantel: llevar puesto;
(übrig haben) tener de sobra; F et. ~
estar harto de a/c.; **~'handnehmen**
llegar a ser excesivo; aumentar demasiado; menudear; **2hang** m △
saledizo m; fig. exceso m (an dat. de);
~'hängen 1. v/i. (30) sobresalir; 2.
v/t. (25) ponerse (sobre los hombros); colgar (del hombro); **~'hasten**
precipitar; **~'häufen** colmar (mit
de); mit Arbeit usw.: agobiar, abrumar (de); **'~haupt** generalmente; en
suma; (eigentlich) en realidad; ~ nicht
de ningún modo; ~ nichts absolutamente nada; **~'heben**: sich ~ derren-
garse; **~'heblich** [--'he:plɪç] presuntuoso; arrogante; **2heblichkeit** f
arrogancia f; **~'heizen** calentar demasiado; **~'hitzen** (27) recalentar;
~'höhen (25) peraltar; **~'höht** Preis:
abusivo; **2höhung** f peralte m;
~'holen adelantar; pasar; fig. aventajar; ⊕ revisar; repasar; **2'holen**
n Vkw. adelantamiento m; **~'holt**
[--'ho:lt] fig. anticuado; **2holung** ⊕
f revisión f; **2'holverbot** n prohibición f de adelantar; **~'hören** no oír;
absichtlich: hacerse el desentendido;
'~irdisch celestial; sobrenatural.

'über|kippen (h. u. sn) volcar; **~'kle-
ben** pegar encima; **~'klug** sabihondo; **'~kochen** (sn) rebosar al hervir;
Milch: salirse; **2'kommen** 1. v/t.
sobrecoger; sobrevenir; 2. adj. tradicional; **'~kriegen** F: et. ~ cansarse od.
hartarse de a/c.

über|'laden sobrecargar; fig. recar-
gar; **~'lagern** superponer; **2'lagerung** f superposición f; 𝓯 interferencia f; **2landbus** m coche m de
línea; **2landleitung** ⚡ f línea f de
transmisión de larga distancia;
2landzentrale ⚡ f central f interur-
bana; **~'lassen** (abtreten) ceder; (anheimstellen) dejar; sich ~ abandonarse
(dat. a), entregarse (a); **2'lassung** f
cesión f; entrega f; **2'last** f sobrecarga f; **~'lasten** sobrecargar; fig. agobiar, abrumar (mit de); **2'lastung** f
sobrecarga f (a. fig.); **'~laufen** (sn)
derramarse, rebosar; salirse; ✕ pasarse al enemigo; **~'laufen** muy concurrido; muy solicitado; **'2läufer** m

Pol. tránsfuga *m*; ⚔ desertor *m*; ~**leben** sobrevivir a; *sich* ~ pasar de moda; 2**lebende(r)** *m* superviviente *m*; '~**lebensgroß** de tamaño sobrenatural; ~**legen 1.** *v/t.* pensar, considerar; reflexionar; **2.** *adj.* superior; '~**legen** poner encima; F *j-n* ~ dar una paliza a alg.; 2**legenheit** *f* superioridad *f*; 2**legung** *f* reflexión *f*; (*Vorbedacht*) premeditación *f*; '~**leiten** formar la transición; '2**leitung** *f* transición *f*; ~**lesen** recorrer; (*übersehen*) omitir; saltarse; '~**liefern** transmitir; ~**liefert** tradicional; 2**lieferung** *f* tradición *f*; '2**listen** (26) engañar. '**Über|macht** *f* ⚔ superioridad *f* de fuerzas *bzw.* numérica; '2**mächtig** prepotente; demasiado fuerte; 2~**malen** repintar; 2**mannen** (25) vencer; rendir; '~**maß** *n* exceso *m* (*an dat.* de); *im* ~ en exceso, en demasía; '2**mäßig** excesivo; desmesurado; ♪ aumentado; *adv.* demasiado; '~**mensch** *m* superhombre *m*; '2**menschlich** sobrehumano; 2~**mitteln** (29) transmitir; ~'**mittlung** *f* transmisión *f*; 2~**morgen** pasado mañana; 2**müdet** rendido; ~**müdung** *f* exceso *m* de fatiga; '~**mut** *m* loca alegría (*Mutwille*) petulancia *f*; *e-s Kindes*: travesura *f*; 2**mütig** ['--my:tiç] loco de alegría; petulante; travieso.

'**über|nächst:** *am* ~**en Tag** dos días después *od.* más tarde; ~'**nachten** (26) pasar la noche (en), pernoctar; ~**nächtigt** [--'nεçtiçt] trasnochado; ~ *aussehen* tener cara de no haber dormido; 2'**nachtung** *f* pernoctación *f*; 2**nahme** ['--nɑːmə] *f* (15) aceptación *f*; recepción *f*; *e-s Amtes*: toma *f* de posesión; '~**natürlich** sobrenatural; ~'**nehmen** tomar, aceptar; recibir; *Amt:* tomar posesión de; *Arbeit, Auftrag:* encargarse de; *Stelle, Firma:* hacerse cargo de; *Verantwortung:* asumir; *sich* ~ abusar de sus fuerzas; excederse (*bei dat.* en). '**über|ordnen** anteponer; '~**parteilich** imparcial; *neol.* suprapartidista; '2**produktion** *f* sobreproducción *f*; ~'**prüfen** examinar; revisar; comprobar; 2'**prüfung** *f* examen *m*; revisión *f*; comprobación *f*; '~**quellen** rebosar (*von* de); ~**queren** (25) atravesar, cruzar; 2'**querung** *f* travesía *f*.
'**über'ragen** sobresalir entre; ser más

alto que; (*beherrschen*) dominar; *fig.* sobrepasar; ser superior a; ~**d** sobresaliente; (pre)dominante; *fig.* eminente; descollante.

über'rasch|en (27) sorprender; ~**end** sorprendente; inesperado; 2**ung** *f* sorpresa *f*.
über'red|en persuadir; 2**ung** *f* persuasión *f*; 2**ungskunst** *f* dotes *f/pl.* persuasivas.
'**über|reich** abundante; ~ *sn an* (*dat.*) abundar en; ~'**reichen** entregar; presentar; '~**reichlich** sobreabundante; *adv.* con profusión; 2'**reichung** *f* entrega *f*; presentación *f*; '~**reif** demasiado maduro; *Obst:* pasado; ~'**reizen** sobreexcitar; 2'**reizung** *f* sobreexcitación *f*; ~'**rennen** arrollar (*a.* ⚔); '2**rest** *m* resto *m*; *sterbliche* ~ restos *m/pl.* mortales; '~**rumpeln** coger desprevenido; sorprender; 2'**rumpelung** *f* sorpresa *f*; ⚔ ataque *m* por sorpresa; ~'**runden** tomar la delantera (*a. fig.*).
'**über|satt** repleto; ~'**sättigen** hartar (*a. fig.*); ♫ sobresaturar; 2'**sättigung** *f* sobresaturación *f*; '2**schallflugzeug** *n* avión *m* supersónico; 2**schallgeschwindigkeit** *f* velocidad *f* supersónica; ~'**schatten** (26) *a. fig.* ensombrecer; ~'**schätzen** sobr(e)estimar; 2'**schätzung** *f* sobr(e)estimación *f*; '~**schäumen** rebosar (*vor* de); ~'**schlafen** F *fig.* consultar con la almohada; '2**schlag** *m* cálculo *m* aproximativo; (*Turnen*) paloma *f*; '~**schlagen** *Beine:* cruzar; ~'**schlagen** (*auslassen*) pasar por alto, omitir; (*berechnen*) calcular; *sich* ~ dar una vuelta de campana; *a. fig.* capotar; F *fig.* volcarse; *s-e Stimme überschlug sich* F soltó un gallo; '2~**schlaglaken** *n* sábana *f* encimera; '~**schnappen** (sn) F chiflarse; *übergeschnappt* chiflado; ~'**schneiden:** *sich* ~ cruzarse; (*zeitlich*) coincidir; ~'**schreiben** (*betiteln*) (in)titular; ⚕ transferir; ✝ pasar; ~'**schreien:** *j-n* ~ gritar más fuerte que alg.; *sich* ~ desgañitarse; ~'**schreiten** atravesar, cruzar, pasar; *fig.* exceder, pasar de, rebasar; *Gesetz, Gebot:* violar, infringir; 2'**schreitung** *f* paso *m*; ⚕ violación *f*, infracción *f*; '2**schrift** *f* título *m*; '2**schuh** *m* chanclo *m*; '2~**schuß** *m* excedente *m*, sobrante *m*; (*Kassen*2) superávit *m*, saldo *m* activo; '~**schüssig** excedente, sobrante;

~**'schütten** cubrir (*mit* de); *fig. a.* colmar (de); ²**schwang** ['--{vaŋ] *m* (3, *o. pl.*) exuberancia *f*; exaltación *f*; ~**schwemmen** *a. fig.* inundar (*mit* de); ²**schwemmung** *f* inundación *f*; ~**schwenglich** ['--{veŋliç] excesivo; exaltado; desbordante; ²**-schwenglichkeit** *f* exaltación *f*.

'**Über|see...**: *in Zssgn*, ²**seeisch** ['--ze:iʃ] de ultramar, ultramarino; '~**seedampfer** *m* transatlántico *m*; ²**sehbar** al alcance de la vista; *fig.* apreciable; ²**sehen** abarcar con la vista; (*nicht sehen*) no ver; omitir; *absichtlich*: pasar por alto, F hacer la vista gorda a; (*nicht beachten*) no hacer caso de, desatender; ²**senden** enviar, mandar, remitir; '~**sendung** *f* envío *m*, remesa *f*; ²**setzbar** traducible; ²**setzen** pasar (a la otra orilla); ²**setzen** traducir; ~**'setzer(in** *f*) *m* traductor(a) *m* (*f*); ~**'setzung** *f* traducción *f*; *in die Muttersprache*: versión *f*; ⊕ transmisión *f*; *am Fahrrad*: multiplicación *f*; '~**sicht** *f* vista *f* general *od.* de conjunto; (*Zusammenfassung*) resumen *m*; cuadro *m* sinóptico; ²**sichtig** ✱ hipermétrope; '~**sichtigkeit** ✱ *f* hipermetropía *f*; '²**sichtlich** claro; *Gelände*: abierto; ~**sichtlichkeit** *f* claridad *f*; buena disposición *f*; '²**siedeln** (sn) trasladarse; '~**siedlung** *f* traslado *m*; '²**sinnlich** sobrenatural; transcendental; metafísico; ²**spannen** cubrir (*mit* de); (*zu stark spannen*) estirar demasiado; *fig.* exagerar; ²**spannt** *fig.* exagerado; exaltado; extravagante; ~**'spanntheit** *f* exageración *f*; exaltación *f*; extravagancia *f*; ²**spielen** *Schallplatte*: regrabar; *fig.* disimular; ²**spitzen** *fig.* extremar; exagerar; '²**springen** (sn) saltar (*auf ac.* a); ²**springen** saltar (por encima de); *fig.* saltarse; '²**sprudeln** (sn) rebosar; ~**d** rebosante, desbordante (*vor* de); '²**staatlich** superestatal; supranacional; ²**stehen** sobresalir, resaltar; ²**stehen** pasar; vencer; *glücklich* ~ salir airoso de; ²**steigen** pasar por encima de; *fig.* exceder; desbordar; ²**steigert** excesivo; exagerado; ²**stimmen** vencer por mayoría de votos; ²**strahlen** *a. fig.* eclipsar; ²**streichen** pintar con; '²**strömen** (sn) desbordarse; *fig.* rebosar (*von* de); '²**strömend** rebosante, desbordante; efusivo; '~**stun-**

de *f* hora *f* extraordinaria; ²**stürzen** precipitar; ~**'stürzung** *f* precipitación *f*.

über|'teuern (29) encarecer (con exceso); ~**'tölpeln** (29) engañar; ~**'tönen** dominar (con la voz); ♪ cubrir; ²**trag** ['--tra:k] ✱ *m* (3³) suma *f* anterior, suma *f* y sigue; ~ *auf neue Rechnung* saldo *m od.* traslado *m* a cuenta nueva; ~**'tragbar** transferible; *a.* ✱ transmisible; *nicht* ~ intransferible; ~**'tragen** trasladar; *a.* ✱, ⊕ transmitir (*auf ac.* a); ✠, ✝ transferir; *Steno*: transcribir; (*übersetzen*) traducir; *Radio, TV*: (re)transmitir; *Amt, Aufgabe*: encargar, confiar; *in ~er Bedeutung* en sentido figurado; ²**tragung** *f* ✠, ✝ transferencia *f*; transmisión *f* (*a.* ⊕); ✱ *a.* contagio *m*; (*Steno*) transcripción *f*; (*Übersetzung*) traducción *f*; *Radio, TV*: (re)transmisión *f*; ²**tragungswagen** *m Funk, TV*: unidad *f* móvil; ~**'treffen** exceder; superar; *j-n*: aventajar (*an dat.* en); llevar ventaja a; ~**'treiben** exagerar; ²**treibung** *f* exageración *f*; ~**'treten** (sn) *Fluß*: desbordarse; *Rel.* convertirse a; *fig.* pasarse a; ~**'treten** ✠ contravenir a; infringir; violar; ²**tretung** *f* contravención *f*; infracción *f*; violación *f*; ~**trieben** [--'tri:bən] exagerado; '²**tritt** *m* paso *m* (zu a); *Rel.* conversión *f*; ~**'trumpfen** *fig.* sobrepujar; aventajar.

über|völkert [--'fœlkərt] superpoblado; ²**völkerung** *f* superpoblación *f*; ~**'vorteilen** (25) engañar, F dar gato por liebre.

über|'wachen vigilar; inspeccionar; controlar; ²**wachung** *f* vigilancia *f*; inspección *f*; control *m*; ~**wältigen** [--'vɛltigən] (25) vencer; dominar; subyugar; ~**'wältigend** grandioso, imponente; *Mehrheit*: aplastante; *Erfolg*: arrollador; ²**wasserfahrt** *f* *U-Boot*: navegación *f* en superficie; ~**'weisen** transferir; *Geld*: *a.* girar; ²**weisung** *f* transferencia *f*; giro *m*; '~**werfen** echarse encima, ponerse (sobre los hombros); ~**'werfen**: *sich* ~ enemistarse (*mit* con); '~**wiegen** preponderar; predominar; prevalecer (sobre); '~**wiegend** preponderante; *adv.* en su mayoría; ~**winden** vencer; superar; *Hindernisse*: *a.* allanar; *Gefühle*: dominar; *sich* ~ (*et. zu tun*) hacer de tripas corazón; ²**win-**

dung f vencimiento m; superación f; es kostet ihn ~, zu (inf.) le cuesta un gran esfuerzo (inf.); **~'wintern** (29) invernar; **~'wölben** abovedar; **~'wuchern** invadir; cubrir enteramente; **Ꞷwurf** m capa f.

'Über|zahl f superioridad f numérica; in der ~ sn estar en mayoría; **Ꞷzählig** ['-tsɛ:liç] excedente; supernumerario; **Ꞷ'zeugen** convencer (von de); **Ꞷ'zeugend** convincente; Beweis: concluyente; contundente; **~'zeugung** f convencimiento m, convicción f; **Ꞷ'ziehen** revestir, (re-)cubrir; forrar (mit de); Möbel: tapizar; Kissen: enfundar; Konto: dejar en descubierto; Kredit, Zeit: rebasar; das Bett frisch~ mudar la ropa de la cama; **'Ꞷziehen** Mantel: ponerse; F j-m eins ~ asestar un golpe a alg.; **'~zieher** m (7) gabán m; sobretodo m; **Ꞷ'zuckern** bañar de azúcar; **'~zug** m ⊕ revestimiento m; (Hülle) funda f; (Schicht) capa f.

üblich ['y:pliç] usual; acostumbrado; wie ~ como de costumbre.

U-Boot ['u:bo:t] n submarino m; **~Krieg** m guerra f submarina.

übrig ['y:briç] sobrante, restante; das ~e el resto; lo demás; die ~en los demás; im ~en por lo demás; ein ~es tun hacer lo más de lo necesario; ~ sn sobrar; ~ haben tener de sobra; für j-n et. ~ haben sentir simpatía por alg.; **~behalten** tener de sobra; **~bleiben** (sn) quedar, sobrar; was bleibt mir anderes übrig? ¡qué remedio!; **~ens** ['-gəns] por lo demás; a propósito; **~lassen** dejar; zu wünschen ~ dejar que desear.

Übung ['-buŋ] f ejercicio m; práctica f; (Training) entrenamiento m; aus der ~ kommen perder la práctica; **~sbuch** n manual m de ejercicios; **~sflug** ✈ m vuelo m de entrenamiento; **~s-platz** ✕ m campo m de maniobras.

Ufer ['u:fər] n (7) orilla f; borde m; (Fluß Ꞷ) a. ribera f; über die ~ treten desbordarse; **Ꞷlos** fig. ilimitado, sin límites.

Uhr [u:r] f (16) reloj m; Zeit: hora f; wieviel ~ ist es? ¿qué hora es?; es ist ein ~ es la una; es ist zwei ~ son las dos; **'~armband** n pulsera f bzw. correa f de reloj; **'~engeschäft** n relojería f; **'~en-industrie** f industria f relojera; **'~gehäuse** n caja f (de

reloj); **'~glas** n cristal m de(l) reloj; **'~macher** m relojero m; **~mache'rei** f relojería f; **'~werk** n mecanismo m de(l) reloj; **'~zeiger** m aguja f, manecilla f; **'~zeigersinn** m: im ~ en el sentido de las agujas del reloj; **'~zeit** f hora f.

Uhu Zo. ['u:hu] m (11) búho m.

Ulk [ulk] m (3) broma f; **Ꞷen** (25) bromear; **Ꞷig** cómico, gracioso; chusco.

Ulme 🜨 ['ulmə] f (15) olmo m.

Ulti|matum [-ti'mɑ:tum] n (11 u. 9) ultimátum m (stellen poner); **~mo** ['-mo] m (11) fin m de mes; per ~ a fines de (este) mes.

Ultra-... ['-tra...] in Zssgn mst ultra; **~'kurzwelle** f onda f ultracorta; Radio: frecuencia f modulada; **~schall** m ultrasonido m; **Ꞷviolett** ultravioleta; **~e Strahlen** rayos m/pl. ultravioletas.

um [um] **1.** prp. (ac.) **a)** örtl. (~ ... herum) alrededor de; **b)** zeitl. a; (ungefähr) hacia, a eso de; Tag ~ Tag día por día; e-n Tag ~ den andern cada dos días, un día sí y otro no; **c)** Grund: (~ ... willen) gen. por, a causa de; **d)** Maß: ~ so besser (schlimmer) tanto mejor (peor); ~ so mehr als tanto más cuanto que; máxime cuando; ~ so weniger tanto menos; **e)** Preis: por, al precio de; **2.** cj.: ~ zu (inf.) para; **3.** adv.: ~ und ~ por todos lados.

'um-änder|n transformar; modificar; cambiar; reformar; **Ꞷung** f transformación f; modificación f; cambio m.

'um-arbeit|en transformar; retocar; Buch: refundir; Kleid: arreglar; **Ꞷung** f transformación f; refundición f.

um-'arm|en (25) abrazar, dar un abrazo a; **Ꞷung** f abrazo m.

'Umbau m (3, pl. a. -ten) 🜨 reformas f/pl.; transformación f; Thea. cambio m de decorados; fig. reorganización f; **Ꞷen** reformar; transformar; fig. reorganizar.

'um|besetzen Thea. cambiar el reparto (de papeles); **~betten** trasladar a otra cama; **~biegen** doblar.

'umbild|en transformar; remodelar; reorganizar; **Ꞷung** f transformación f; remodelación f; reorganización f; Pol. a. reajuste m.

'um|binden Schürze, Krawatte: ponerse; **'~blicken:** sich ~ mirar en torno suyo; volver la cabeza; '**_bre-chen** romper; ✓ roturar; ~'**brechen** _Typ._ compaginar; '**_bringen** matar, asesinar; '²**bruch** m _Typ._ compaginación f; _fig._ cambio m radical.

'**umbuch|en** ✝ pasar a otra cuenta; _Reise_: cambiar la reserva; **Qung** f cambio m de asiento (_Reise_: de reserva).

'**umdreh|en** volver; dar vuelta a; _Hals_: torcer; _sich_ ~ volverse, volver la cabeza; **Qung** [-'dre:uŋ] f vuelta f; rotación f; ⊕ revolución f; **Qungszahl** ⊕ f número m de revoluciones.

'**Um|druck** _Typ._ m reimpresión f; '²**-erziehen** reeducar; '²**-fahren** derribar; _j-n:_ atropellar; ²'**fahren** dar la vuelta a; _Kap, Insel:_ doblar; '²**fallen** (sn) caerse; volcar; _fig._ cambiar bruscamente de opinión; _Pol._ F chaquetear; _zum_ Q _müde_ sn caerse de sueño.

'**Umfang** m circunferencia f; ᚿ perímetro m; periferia f; (_Dicke_) espesor m; (_Volumen_) volumen m (a. ♪); _fig._ extensión f; envergadura f; proporciones f/pl.; **Qen** [-'faŋən] abrazar; '²**reich** voluminoso; extenso.

um'fass|en abrazar; (_packen_) empuñar; _fig._ abarcar, comprender; contener; **~end** amplio, extenso; completo; **Qung** f cerca f; vallado m; **Qungsmauer** f muro m exterior; _e-r Stadt:_ muralla f.

um'fließen rodear; bañar.

'**umform|en** transformar; ⚡ convertir; **Qer** ⚡ m convertidor m; **Qung** f transformación f.

'**Umfrage** f encuesta f (_halten_ hacer).

'**umfüll|en** tra(n)svasar, trasegar; **Qung** f tra(n)svase m, trasiego m.

'**Um|gang** m galería f; _fig._ trato m; relaciones f/pl.; _mit j-m_ ~ _haben_ tratar a alg.; **Qgänglich** ['-gɛŋlɪç] tratable, sociable.

Umgangs|formen ['-gaŋsfɔrmən] f/pl. modales m/pl.; **~sprache** f lenguaje m familiar _od._ coloquial.

umgarnen [-'garnən] (25) enredar; _fig._ F engatusar.

um|'geben rodear (_mit_ de); **Q'gebung** f a) _fig._ entorno m; ambiente m; medio m; **b)** = '²**gegend** f alrededores m/pl.; inmediaciones f/pl.; cercanías f/pl.; contornos m/pl.

umgeh|en 1. ['-ge:ən] _v/i._ (sn) _Gerücht:_ circular; _Geist:_ andar; ~ _mit j-m_ tratar a alg.; ~ _mit et._ manejar

---

a/c.; _mit dem Gedanken_ ~ acariciar la idea de; **2.** [-'---] _v/t._ dar la vuelta alrededor de; _fig._ evitar, eludir; **~end** inmediato; _adv._ (_postwendend_) a vuelta de correo; **Qung** [-'-uŋ] f ⚔ envolvimiento m; _fig._ evitación f, elusión f; _unter_ ~ (_gen._) pasando por alto a/c.; **Qungsstraße** f carretera f de circunvalación.

umgekehrt ['-gəke:rt] invertido; inverso; contrario; _adv._ al revés, por el (_od._ al) contrario; _und_ ~ y viceversa.

'**umgestalt|en** transformar; reorganizar; remodelar; **Qung** f transformación f; reorganización f; remodelación f.

'**um|gießen** transvasar, trasegar; ⊕ refundir; '**~graben** cavar; remover; **~'grenzen** limitar; (_einfrieden_) cercar; vallar; _fig._ delimitar; '**~gruppieren** reagrupar; '**~gucken** F: _sich_ ~ _s. umsehen_; '**~gürten** ceñir; '**~haben** tener puesto, llevar; '**~hacken** cavar; **~halsen** [-'halzən] (27) abrazar; '²**hang** m mantón m; capa f.

'**umhänge|n** (25) colgar; _Mantel:_ ponerse sobre los hombros; _Bild:_ colocar de otro modo; _über die Schulter:_ poner en bandolera; **Qtasche** f bolso m en bandolera.

'**umhauen** derribar (a hachazos); _fig._ dejar atónito.

um'her alrededor, en torno; _in Zssgn s. a. herum..._; '**~blicken** mirar en torno suyo; '**~fahren** (sn) pasearse en coche; '**~gehen** (sn) pasearse; **~irren** vagar, errar; '**~spazieren** (sn) andar paseando, callejear; ~**streifen** (sn) andar vagando (_in dat._ por); **~ziehen** (sn) vagar; errar; **~ziehend** ambulante; nómada.

um'hinkönnen: _nicht_ ~ _zu_ no poder menos de.

'**umhören:** _sich_ ~ _nach_ informarse sobre.

um'hüll|en envolver (_mit_ con, en); revestir (de); **Qung** f envoltura f; revestimiento m; revestimiento m.

'**um|jubeln** aplaudir frenéticamente; **~'kämpft** disputado; reñido.

Umkehr ['-ke:r] f (16, _o. pl._) vuelta f; (_Rückkehr_) a. regreso m; _fig._ (_Bekehrung_) conversión f; **Qbar** reversible; **Qen 1.** _v/t._ volver; dar vuelta a; ᚿ, ⚡ invertir; **2.** _v/i._ (sn) volver; dar media vuelta; **~ung** f inversión f.

'**umkippen** (*a. v/i.* [sn]) volcar; F *fig.* desmayarse.

um'klammer|n abrazar; agarrar; ✕ envolver; ℒ*ung* f abrazo m; a. *Boxen:* agarro m; ✕ envolvimiento m.

umklapp|bar ['-klapbɑːr] abatible; plegable; ℒ*en* doblar; abatir.

umkleide|n 1. ['---] *v/refl.:* sich ~ cambiarse; **2.** [-'---] *v/t.* revestir (*mit* de); '**℔raum** m vestuario m.

'**um|knicken 1.** *v/t.* doblar; **2.** *v/i.* (sn) (*mit dem Fuß*) ~ torcerse el pie; ~**kommen** (sn) perecer; (*verderben*) desperdiciarse; echarse a perder; ~**kränzen** [-'krɛntsən] (27) coronar (*mit* de).

'**Um|kreis** m periferia f, circunferencia f; ☾ círculo m circunscrito; (*Bereich*) ámbito m; *im* ~ *von* 10 km en diez kilómetros a la redonda; **℔krei-sen** girar alrededor de; (*umringen*) rodear.

'**umkrempeln** (29) volver al revés; *Ärmel:* arremangar; F *fig.* cambiar radicalmente.

'**umlad|en** transbordar; ℒ*ung* f transbordo m.

'**Um|lage** f reparto m; repartición f; cuota f; **℔lagern** sitiar, cercar.

'**Umlauf** m circulación f; *Astr.*, ⊕ revolución f; rotación f; (*Schreiben*) circular f; *in* ~ *bringen* poner en circulación; *im* ~ *sn* circular, estar en circulación; ~**bahn** *Astr.* f órbita f; **℔en** (sn) circular.

'**Umlaut** m metafonía f.

Umleg|ekragen ['-leːgəkrɑːgən] m cuello m vuelto; ℒ*en* (*anders legen*) colocar de otro modo; ⚕ *Weiche:* cambiar; (*falten*) doblar; *Mantel, Schmuck usw.:* ponerse; (*umwerfen*) derribar; P (*töten*) dejar seco *od.* tieso; (*verteilen*) repartir (*auf ac.* entre).

'**umleit|en** desviar; ℒ*ung* f desviación f.

'**um|lernen** cambiar de método; reorientarse; '~**liegend** vecino, inmediato; ~'**mauern** cercar con muro, murar; '~**modeln** transformar, modificar, remodelar.

umnacht|et [-'naxtət] perturbado, trastornado; ℒ*ung* f: *geistige* ~ enajenación f mental.

um|nebeln [-'neːbəln] (29) *fig.* ofuscar; '~**organisieren** reorganizar; '~**packen** empaquetar de nuevo; *Koffer:* volver a hacer; *Ware:* cambiar el embalaje; '~**pflanzen** tras-

plantar; replantar; ~'**pflanzen** rodear (*mit* de); '~**pflügen** labrar, arar; ~**quartieren** ['-kvarti:rən] (25) cambiar de alojamiento; ~'**rahmen** (25) encuadrar; ~**randen** [-'randən] (26) perfilar; contornear; (*einfassen*) orlar (*mit* de); ~'**ranken** trepar por; emparrar; '~**räumen** disponer de otro modo.

'**umrechn|en** convertir (*in* en); ℒ*ung* f conversión f; ℒ*ungskurs* m tipo m de cambio.

'**um|reißen** derribar; ~'**reißen** perfilar; esbozar; '~**rennen** atropellar; derribar; ~'**ringen** (25) rodear; ✕ a. cercar; '℔**riß** m contorno m; *in groben Umrissen* a grandes rasgos; '~**rühren** remover, agitar; '~**satteln** *fig.* cambiar de profesión *bzw.* de carrera.

'**Umsatz** ✝ m (3² u. ³) transacciones f/pl.; volumen m *od.* cifra f de negocios; (*Absatz*) (volumen m de) ventas f/pl.; ~**steuer** f *Span.* impuesto m sobre el tráfico de empresas.

'**um|säumen** hacer el dobladillo; ~'**säumen** rodear; orlar.

'**umschalt|en** ✁ conmutar; *TV* cambiar de canal; ℒ*er* ✁ m conmutador m; ℒ**taste** f *Schreibmaschine:* tecla f de mayúsculas; ℒ*ung* ✁ f conmutación f.

'**Umschau** f: ~ *halten* mirar alrededor; pasar revista a; ℒ**en:** sich ~ volver la cabeza.

'**umschicht|en** *fig.* reagrupar; reajustar; ~**ig** alternativamente; por turno(s).

um'**schiff|en** navegar alrededor de, dar la vuelta a; *Kap:* doblar; ℒ*ung* f circunnavegación f.

'**Umschlag** m (3³) (*Hülle*) envoltura f; (*Buch℔*) cubierta f; forro m; (*Brief℔*) sobre m; ⚕ compresa f; *an der Hose usw.:* vuelta f; *fig.* (*Wendung*) cambio m repentino *od.* brusco; ✝ movimiento m; (*Umladen*) transbordo m; ℒ**en 1.** *v/i.* (sn) (*kippen*) volcar; *Wetter:* cambiar bruscamente; **2.** *v/t. Stoff:* doblar; *Ärmel:* arremangar; *Seite:* volver; ✝ transbordar; ~**(e)tuch** n chal m; mantón m; ~**hafen** (~**platz**) ✝ m puerto m (lugar m) de transbordo.

um|'**schleichen** rondar; ~'**schließen** circundar; encerrar; ✕ cercar; ~'**schlingen** abrazar; estrechar entre los brazos; ~'**schmeicheln** F hacer la pelotilla a; '~**schmeißen** F derribar;

ı.**schmelzen** refundir; ı.**schnallen** ceñir.

umschreib|en 1. [ı---] v/t. transcribir; refundir; ⚎ transferir (auf ac. a, en); **2.** [-ı--] v/t. circunscribir; fig. parafrasear; ⚎**end** [-ı--] perifrástico; ⚎**ung** f **1.** [ı---] transcripción f; transferencia f; **2.** [-ı--] circunscripción f; circunlocución f, perífrasis f.

ı**Um|schrift** f transcripción f (fonética); Münze: leyenda f; ⚎**schuldung** f conversión f de una deuda.

ı**umschul|en** enviar a otra escuela; Pol. reeducar; beruflich: readaptar; ⚎**ung** f cambio m de escuela; Pol. reeducación f; beruflich: readaptación f profesional.

ı**um|schütten** derramar; (umfüllen) verter en otro vaso; trasvasar; ⚎**schwärmen** revolotear alrededor de; fig. cortejar; ı⚎**schweife** m/pl. rodeos m/pl. (machen andar con); ohne ~ sin tapujos; ı.**schwenken** virar; fig. cambiar de opinión; ı⚎**schwung** m cambio m brusco od. repentino; revolución f; ~**segeln** navegar alrededor de; Kap: doblar; ı.**sehen**: sich ~ mirar (hacia) atrás, volver la cabeza; mirar alrededor; fig. sich ~ nach buscar a/c.; sich in der Welt ~ ver mundo; im ⚎ F en un santiamén; ı.**sein** haber terminado; Frist: haber expirado od. vencido; ⚎**seitig** [-ızaitiç] a la vuelta; al dorso.

umsetz|bar ⚮ [ı-zɛtsbaːr] vendible; ~**en** cambiar de sitio; trasladar; ⚮ vender, colocar; ⚭ transportar; ⚮ trasplantar; ~ in transformar en.

ı**Umsichgreifen** n propagación f; extensión f.

ı**Umsicht** f circunspección f, cautela f; ⚎**ig** circunspecto, cauteloso.

ı**umsied|eln** reasentar; ⚎**lung** f reasentamiento m.

ı**um|sinken** (sn) caer(se), desplomarse; ~**sonst** (kostenlos) gratis, de balde; (vergeblich) en vano, en balde; inútil(mente); ~**sorgen** cuidar solícitamente; ı.**spannen** ⚡ transformar; ı**spannen** rodear; fig. abarcar, comprender; ı.**springen** (sn) Wind: cambiar bruscamente; mit j-m ~ tratar (mal) a alg.

ı**Umstand** m circunstancia f; hecho m; besonderer ~ particularidad f.

Umstände [ı-ʃtɛndə] m/pl. circunstancias f/pl.; (Lage) situación f; (Förmlichkeiten) ceremonias f/pl.;

cumplidos m/pl.; mach dir keine ~ no te molestes; unter ~n tal vez, eventualmente; unter allen ~n en todo caso, a todo trance; unter keinen ~n en ningún caso, de ningún modo; in anderen ~n encinta, embarazada; ⚎**halber** debido a las circunstancias.

umständlich [ı-ʃtɛntliç] circunstanciado; prolijo; (förmlich) ceremonioso, formalista; (verwickelt) complicado; (lästig) engorroso.

ı**Umstands|kleidung** f vestidos m/pl. para futura mamá; ~**krämer** m formalista m; pedante m; ~**wort** Gram. n adverbio m.

ı**umstehend** al dorso; die ⚎en los circunstantes.

Umsteige|fahrschein [ı-ʃtaɪɡəfaːrʃaɪn] m, ~**karte** f billete m combinado od. de correspondencia; ⚎n (sn) cambiar (de tren, etc.); hacer tra(n)sbordo; ~n tra(n)sbordo m.

ı**um|stellen** colocar en otro sitio; cambiar de sitio; fig. reorganizar; sich ~ auf (ac.) (re)adaptarse a; ı.**stellen** rodear (mit de); cercar; ı⚎**stellung** f reorganización f; (re)adaptación f; a. ⚮ reconversión f.

ı**um|stimmen** hacer cambiar de opinión; ı.**stoßen** derribar; volcar; fig. anular; invalidar; ~**stricken** fig. enredar; ⚎**stritten** [-ıʃtrɪtən] discutido, controvertido; ~**strukturieren** [-ıʃtrukturiːrən] reestructurar; ~**stülpen** volver boca abajo bzw. al revés.

ı**Umsturz** Pol. m subversión f; revolución f; ~**:** in Zssgn subversivo, revolucionario.

ı**umstürz|en 1.** v/t. volcar; derribar; **2.** v/i. (sn) volcar; derrumbarse; ~**lerisch** subversivo; revolucionario.

ı**umtaufen** cambiar el nombre de.

ı**Umtausch** m cambio m; trueque m; canje m; ⚎en cambiar; trocar; canjear.

Umtriebe [ı-triːbə] m/pl. maquinaciones f/pl.; intrigas f/pl.

ı**umtun** ponerse; sich ~ nach ir en busca de.

ı**umwälz|en** revolver; fig. revolucionar; ~**end** revolucionario; ⚎**ung** f revolución f.

ı**umwand|eln** transformar; cambiar; ⚮ convertir; ⚡ conmutar; ⚎**lung** f transformación f; cambio m; ⚮ conversión f; ⚡ conmutación f.

ı**um|wechseln** cambiar; ⚎**weg**

Umwelt

['veːk] *m* rodeo *m* (*a. fig.*); *auf* ~en indirectamente.

'Umwelt *f* medio *m* ambiente; ambiente *m*; entorno *m*; ~...: *in Zssgn oft* ambiental; **2freundlich** no contaminante; **~schutz** *m* protección *f* del medio ambiente; **~schützer** *m* ecologista *m*; **~verschmutzung** *f* contaminación *f* ambiental.

'um|wenden volver; *sich* ~ volverse; volver la cabeza; **~'werben** *Frau*: cortejar, galantear; **~'werfen** derribar; volcar; *Mantel*: ponerse (sobre los hombros); *fig.* echar por tierra; **~werfend** *fig.* arrollador; **~wickeln** envolver (*mit en*); recubrir (de); **~wohnend** vecino; **~wölken** [-'vœlkən] (25): *sich* ~ nublarse (*a. fig.*); **~wühlen** revolver.

umzäun|en [-'tsɔynən] (25) cercar; **2ung** *f* cerca *f*, cercado *m*.

'umziehen 1. *v/i.* (sn) mudarse de casa; trasladarse; **2.** *v/refl.*: *sich* ~ mudarse de ropa, cambiarse.

umzingeln [-'tsiŋəln] (29) envolver, rodear, cercar.

'Umzug *m* mudanza *f* (de casa); traslado *m*; (*Festzug*) desfile *m*; cabalgata *f*.

unabänderlich [un'ap'¹⁹ɛndərliç] inmutable, invariable, inalterable; (*unwiderruflich*) irrevocable.

unabhängig ['-hɛŋiç] independiente; **2keit** *f* independencia *f*.

unab|kömmlich [-'kœmliç] insustituible; **~lässig** ['-lɛsiç] incesante, continuo; *adv.* sin cesar, sin parar; **~'sehbar** inmenso; incalculable; imprevisible; **~'setzbar** inamovible; **~sichtlich** involuntario; *adv.* sin intención, sin querer(lo); **~wendbar** [-'vɛntbaːr] inevitable, ineludible; fatal.

'un-achtsam distraído; inadvertido; descuidado; **2keit** *f* distracción *f*; inadvertencia *f*; descuido *m*.

'un-ähnlich poco parecido (a).

un-an|'fechtbar incontestable, indiscutible; **~gebracht** inoportuno; inconveniente; **~gefochten** ['-gəfɔxtən] incontestado; indiscutido; ~ *lassen* dejar en paz; **~gemeldet** ['-gəmɛldət] sin anunciarse; **~gemessen** inadecuado; inconveniente; **~genehm** desagradable; molesto; *es ist mir* ~ me sabe mal; **~'greifbar** inatacable; **~nehmbar** inaceptable; **2nehmlichkeit** *f* disgusto *m*;

inconveniente *m*; molestia *f*; **~sehnlich** poco vistoso; *fig.* insignificante; **~ständig** indecente, indecoroso; **2-ständigkeit** *f* indecencia *f*; **~'tastbar** intangible; inviolable; **2tastbarkeit** *f* inviolabilidad *f*.

'un-appetitlich poco apetitoso; repugnante.

'Un-art *f* mala costumbre *f*; vicio *m*; *e-s Kindes*: travesura *f*; **2ig** *Kind*: travieso, malo; (*unhöflich*) descortés.

'un-ästhetisch poco estético; antiestético.

un-auf|dringlich ['-auf] discreto; **~findbar** [-'fintbaːr] imposible de hallar; *neol.* ilocalizable; **~gefordert** ['-gəfɔrdərt] espontáneo; **~haltsam** ['-haltzaːm] incontenible; irresistible; **~hörlich** [-'høːrliç] incesante, continuo; *adv.* sin cesar; **~'löslich** indisoluble (*a. Ehe*); **2löslichkeit** *f* indisolubilidad *f*; **~merksam** desatento; distraído; **2merksamkeit** *f* falta *f* de atención; distracción *f*; **~richtig** insincero; **2richtigkeit** *f* falta *f* de sinceridad; **~schiebbar** [-'ʃiːpbaːr] inaplazable.

unaus|bleiblich ['-'aus'blaipliç] inevitable; indefectible; **~'führbar** irrealizable, impracticable; **~gefüllt** ['-gəfylt] *Formular*: en blanco; *fig.* vacío; **~geglichen** desequilibrado; **~löschlich** ['-'lœʃliç] indeleble, imborrable; **~rottbar** ['-'rɔtbaːr] incorregible; **~sprechlich** ['-'ʃprɛçliç] inefable, indecible; **~stehlich** ['-'ʃteːliç] insoportable; **~weichlich** ['-'vaiçliç] inevitable; fatal.

'unbändig ['-bɛndiç] indómito; *fig.* incontenible; *sich* ~ *freuen* estar loco de alegría.

'unbarmherzig despiadado; cruel; **2keit** *f* inhumanidad *f*; dureza *f*.

unbe|absichtigt ['-bə'apziçtiçt] involuntario; *adv.* sin querer(lo); **~achtet** inadvertido (*bleiben* pasar); ~ *lassen* no hacer caso de; **~'anstandet** sin reparo; **~antwortet** sin respuesta, sin contestación; **~arbeitet** bruto; crudo; **~baut** sin edificar; *✔* no cultivado, inculto; **~dacht** inconsiderado; irreflexivo; **~darft** F ['-darft] ingenuo; **~deckt** descubierto; **~denklich** inofensivo; *adv.* sin vacilar; sin reparo; **~deutend** insignificante; de poca monta; **~'dingt** incondicional, absoluto; *adv.* a toda costa; **~'fahrbar** intransitable, impracticable; ⚓ innavegable; '~**fangen** imparcial; sin prejuicios; (*arglos*) ingenuo; cándido; '2~**fangenheit** *f* imparcialidad *f*; ingenuidad *f*; '~**fleckt** sin mancha; *Rel.* inmaculado; '~**friedigend** poco satisfactorio; insuficiente; '~**friedigt** descontento, poco satisfecho; '~**fristet** ilimitado; '~**fugt** no autorizado; ilícito; '~**gabt** poco inteligente; poco apto; sin talento; '~'**greiflich** incomprensible, inconcebible; '~'**grenzt** ilimitado; '~'**gründet** infundado; '2~**hagen** *n* malestar *m*; '~'**haglich** desagradable; incómodo; molesto; *Zimmer*: poco confortable; ~**helligt** ['~'heliçt] sin ser molestado; '~'**herrscht** que no sabe dominarse; '~'**hindert** libre; *adv.* sin ser impedido, sin encontrar obstáculo; ~**holfen** ['~'holfən] torpe; '2**holfenheit** *f* torpeza *f*; ~**irrt** ['~'irt] firme; imperturbable; *adv.* sin turbarse; '~**kannt** desconocido; '2**kannte** ⚥ *f* incógnita *f*; '~**kleidet** desnudo; '~'**kümmert** despreocupado; descuidado; indiferente; '~**lastet** sin gravamen; *Grundstück*: sin cargas hipotecarias; '~**lebt** inanimado; *Straße*: poco frecuentado; ~**lehrbar** ['~'le:rba:r] incorregible; '~**liebt** impopular; '2**liebtheit** *f* impopularidad *f*; '~**mannt** sin tripulación, no tripulado; '~'**merkbar** imperceptible; '~**merkt** inadvertido, sin ser visto; '~'**mittelt** sin recursos; indigente; '~**nommen:** *es bleibt Ihnen* ~ *zu es* Vd. muy dueño de; '~**nutzbar** inutilizable; '~**nutzt** sin utilizar; '~-**obachtet** inobservado; inadvertido; '~**quem** incómodo; (*lästig*) molesto; engorroso; '2**quemlichkeit** *f* incomodidad *f*; molestia *f*; '~'**rechenbar** incalculable; *j.:* caprichoso; veleidoso; '~**rechtigt** injustificado; infundado; *adv.* sin autorización; '~**rück-sichtigt:** ~ *lassen* no tener en cuenta; desatender; '~**rufen** sin autorización; ~*!* [--'--] ¡en buena hora lo diga(s)!; '~**rührt** intacto; *a. fig.* virgen; '~'**schadet** (*gen.*) sin perjuicio de; '~**schädigt** intacto; ✝ en buenas condiciones; '~**schäftigt** desocupado; '~**scheiden** inmodesto; impertinente; '2**scheidenheit** *f* inmodestia *f*; impertinencia *f*; ~**scholten** ['~'ʃoltən] irreprochable; íntegro; ⚥ sin antecedentes penales; '2**schol-**

tenheit *f* buena reputación *f*; integridad *f*; '~'**schränkt** ilimitado; absoluto; ~**schreiblich** ['~'ʃraiplɪç] indescriptible; ~**schrieben** ['~'ʃri:bən] en blanco; *fig. ein* ~*es Blatt sn* ser bisoño; ~**schwert** ['~'ʃve:rt] *fig.* despreocupado; '~**seelt** inanimado; '~'**sehen** *adv.* sin reparo; '~**setzt** desocupado; libre; *Stelle*: vacante; ~**siegbar** ['~'zi:kba:r] invencible; '~'**siegt** invicto; imbatido; '~**sonnen** atolondrado; irreflexivo; '2**sonnenheit** *f* irreflexión *f*; imprudencia *f*; '~**sorgt** tranquilo; *seien Sie* ~*!* ¡descuide (Vd.)!; '~**ständig** inconstante, inestable; *a. Wetter*: variable; '2**ständigkeit** *f* inconstancia *f*; inestabilidad *f*; '~**stechlich** incorruptible; '2**stechlichkeit** *f* incorruptibilidad *f*; '~**stellt** ♪ inculto; ~'**stimmbar** indeterminable, indefinible; '~**stimmt** indeterminado, indefinido (*a. Gram.*); indeciso, vago; '2**stimmtheit** *f* indeterminación *f*; indecisión *f*; '~**streitbar** incontestable; indiscutible; ~**stritten** ['~'ʃtritən] incontestado; indiscutido; '~**teiligt** desinteresado; ajeno (*an* a); '~**tont** átono; '~'**trächtlich** insignificante; de poca importancia.

unbeugsam ['~'bɔyksa:m] inflexible; rígido; 2**keit** *f* inflexibilidad *f*; rigidez *f*.

unbe|**wacht** ['unbəvaxt] no vigilado; sin guarda; '~**waffnet** no armado, inerme; '~**wandert** poco versado; '~**weglich** inmóvil; fijo (*a. Fest*); rígido; ~*e Güter n/pl.* bienes *m/pl.* inmuebles; '2**weglichkeit** *f* inmovilidad *f*; '~**wegt** imp·asible; '~**weibt** F soltero; '~'**weisbar** inde·nostrable; ~**wiesen** ['~'vi:zən] no d·mostrado; no probado; '~'**wohnbar** inhabitable; '~**wohnt** inhabitado; *Gebäude*: deshabitado; '~**wußt** inconsciente; instintivo; involuntario; *adv.* sin darse cuenta; '~**zahlbar** impagable (*a. fig.*); '~**zahlt** impagado, sin pagar; '~**zähmbar** indomable; '~**zwingbar** invencible.

Unbild|**en** ['~'bildən] *pl. uv.:* ~ *der Witterung* intemperie *f*; inclemencia(s) *f*(*pl.*) del tiempo; ~**ung** *f* incultura *f*.

Unbill ['~'bil] *f* (16, *pl. Unbilden*) iniquidad *f*, injusticia *f*; 2**ig** inicuo, injusto.

'unblutig sin derramar sangre; ✠, *Kampf*: incruento.

'unbotmäßig insubordinado; rebelde; **2keit** *f* insubordinación *f*; rebeldía *f*.

'unbrauchbar inutilizable; inservible; *j.*: inútil; incapaz; ~ *machen* inutilizar; **2keit** *f* inutilidad *f*; incapacidad *f*.

'unchristlich indigno de un cristiano; poco cristiano.

und [unt] y, (*vor i od.* hi) e.

'Undank *m* ingratitud *f*; desagradecimiento *m*; **2bar** ingrato (*a. fig.*); desagradecido; **~barkeit** *f s. Undank*.

un|datiert ['-dati:rt] sin fecha; **~defi'nierbar** indefinible.

un'denk|bar inimaginable; impensable; **~lich**: seit ~en Zeiten desde tiempos inmemoriales.

'un'deutlich indistinto; vago; *Laut*: inarticulado; *Schrift*: ilegible; *Bild*: borroso; **~dicht** permeable; ~ sn *Fenster usw.*: juntar mal; *Gefäß*: salirse, rezumar; **2ding** *n* absurdo *m*; **~diszipliniert** indisciplinado.

'unduldsam intolerante; **2keit** *f* intolerancia *f*.

undurch|dringlich ['-durç'driŋliç] impenetrable (*a. fig.*); impermeable; **'2dringlichkeit** *f* impenetrabilidad *f*; impermeabilidad *f*; **'~führbar** irrealizable, impracticable; **~lässig** impermeable; **'2lässigkeit** *f* impermeabilidad *f*; **~sichtig** opaco; *fig.* impenetrable; ambiguo; **2sichtigkeit** *f* opacidad *f*.

'un-eben desigual; *Gelände*: escabroso; accidentado; *Weg*: áspero; F *fig. nicht* ~ sn no estar mal; **2heit** *f* desigualdad *f*; aspereza *f*; escabrosidad *f*; ~*en des Geländes* accidentes *m/pl.* del terreno.

'un-echt falso; falsificado; imitado; *Haar*: postizo; ♘ *Bruch*: impropio.

'un-ehelich ilegítimo; natural.

'Un-ehr|e *f* deshonor *m*; deshonra *f*; **2enhaft** deshonroso; indigno; **2-erbietig** ['-'?ɛrbi:tiç] irrespetuoso; irreverente; **2lich** falso; insincero; desleal; **~lichkeit** *f* falsedad *f*; deslealtad *f*.

'un-eigennützig desinteresado; **2-keit** *f* desinterés *m*.

unein|geschränkt ['-'?aɪŋə'ʃrɛŋkt] ilimitado; absoluto; **'~ig** desunido; desavenido; **'2igkeit** *f* discordia *f*; desacuerdo *m*; desunión *f*; desave-

nencia *f*; **~nehmbar** ['-'ne:mba:r] inconquistable; inexpugnable.

'un-emp|fänglich: ~ *für* insensible a; ✠ no predispuesto a; inmune a; **2fänglichkeit** *f* insensibilidad *f*; **~findlich** *a. fig.* insensible (*gegen* a); apático, indiferente; ✠ anestesiado; **2findlichkeit** *f* insensibilidad *f*.

un-'endlich infinito (*a.* ♈); *fig. a.* inmenso; **2keit** *f* infinidad *f*; inmensidad *f*.

'un-ent|behrlich indispensable, imprescindible; **~geltlich** ['--'gɛltliç] gratuito; *adv.* gratis; **~rinnbar** ['--'rinba:r] inevitable; **'~schieden** indeciso; *Spiel*, *Wahl*: empatado; ~ *spielen* empatar; **2schieden** *n* empate *m*; **'~schlossen** irresoluto; **'2schlossenheit** *f* irresolución *f*; indecisión *f*; **'~schuldbar** indisculpable; inexcusable; **~wegt** ['--'ve:kt] firme; imperturbable; *adv.* sin parar; **'~wickelt** poco desarrollado; **~wirrbar** ['--'virba:r] inextricable.

uner|bittlich ['-'?ɛr'bitliç] inexorable; implacable; **'~fahren** inexperto, sin experiencia; **2fahrenheit** *f* inexperiencia *f*; falta *f* de experiencia; **~findlich** ['--'fintliç] incomprensible; **~forschlich** ['--'fɔr'liç] impenetrable; inescrutable; **'~forscht** inexplorado; **~freulich** desagradable; **~füllbar** ['--'fylba:r] irrealizable; **'~giebig** improductivo; **'~gründlich** insondable (*a. fig.*); **'~heblich** insignificante; **'~hört** inaudito; increíble; *das ist* ~! ¡habráse visto!; **~kannt** ['--kant] *adv.* sin ser reconocido; de incógnito; **'~klärlich** inexplicable; **~läßlich** ['--'lɛsliç] indispensable, imprescindible; **~laubt** ilícito; **'~ledigt** sin despachar; *Frage*: en suspenso; pendiente; **~meßlich** ['--'mɛsliç] inmenso; **~müdlich** ['--'my:tliç] infatigable; **'~örtert:** ~ *bleiben* no ser discutido; ~ *lassen* no discutir; **'~quicklich** desagradable; fastidioso; **'~reichbar** inalcanzable; inaccesible; *fig.* inasequible; **'~reicht** sin igual, inigualado, sin par; **~sättlich** ['--'zɛtliç] insaciable (*a. fig.*); **'2sättlichkeit** *f* insaciabilidad *f*; **'~schöpflich** inagotable; **'~schrocken** intrépido, denodado; **'2schrockenheit** *f* intrepidez *f*, denuedo *m*; **'~schütterlich** imperturbable; impávido; *Wille*: inquebrantable; **'~schwinglich** in-

asequible; *Preis*: exorbitante; '~-
'setzlich insustituible; *Verlust*: irreparable; '~'**träglich** insoportable,
inaguantable; intolerable; '~**wähnt**:
~ *lassen* pasar en silencio; '~'**wartet**
inesperado, imprevisto; *adv.* de improviso; '~**widert** sin contestación
od. respuesta; *Liebe*: no correspon-
dido; '~**wünscht** indeseable; ~**zogen** ['~tso:gən] mal educado, mal-
criado.

'**unfähig** incapaz (*zu* de); inepto (*zu*
para); 2**keit** *f* incapacidad *f*.

unfair ['~fɛːr] desleal; injusto; *Sport*:
sucio.

'**Unfall** *m* accidente *m*; ~**flucht** *f*
huida *f* en casa de accidente; ~**krankenhaus** *n* clínica *f* de urgencia;
~**medizin** *f* traumatología *f*; ~**station** *f* puesto *m* de socorro; ~**tod** *m*
muerte *f* a consecuencia de un accidente; ~**verhütung** *f* prevención *f* de
accidentes; ~**versicherung** *f* seguro
m de *od.* contra accidentes; ~**wagen**
m: **a)** ambulancia *f*; **b)** coche *m*
siniestrado.

'**un'faßbar** inconcebible.

unfehlbar ['~'feːlbaːr] infalible; 2-
keit *f* infalibilidad *f*.

'**unfein** poco delicado; grosero.

'**unfertig** incompleto, inacabado.

Un'flat ['~flaːt] *m* (3, *o. pl.*) suciedad
f; porquería *f*; 2**flätig** ['~flɛːtiç] sucio; puerco; obsceno.

'**unfolgsam** desobediente.

unförm|ig ['~fœrmiç] informe; de-
forme; 2**igkeit** *f* informidad *f*; de-
formidad *f*; ~**lich** informal.

'**unfrankiert** no franqueado; sin
franquear.

'**unfrei** que no es libre; &? **(a)** porte
debido; ~**willig** involuntario.

'**unfreundlich** poco amable *od.* amigable; *Gesicht*: F de pocos amigos;
Wetter: desapacible; 2**keit** *f* falta *f* de
amabilidad; desatención *f*.

'**Un|friede(n)** *m* discordia *f*; 2**frisiert**
sin peinar.

'**unfruchtbar** estéril (*a. fig.*); infe-
cundo; *Boden*: árido; 2**keit** *f* esterilidad *f*; infecundidad *f*; aridez *f*;
2**machung** *f* esterilización *f*.

'**Unfug** *m* (3, *o. pl.*) (*Streich*) travesura *f*; (*Unsinn*) tonterías *f*/*pl.*; ⚡ grober ~ desorden *m* grave; ~ *treiben*
cometer abusos; hacer travesuras.

'**ungalant** poco galante; descortés.

Ungar ['uŋgar] *m* (13) (~**in** *f*), 2**isch**
húngaro (-a) *m* (*f*).

'**ungastlich** inhospitalario; 2**keit** *f*
inhospitalidad *f*.

unge|achtet ['uŋgə'ʔaxtət] **1.** *adj.*
poco apreciado *od.* respetado; **2.**
prp. (*gen.*) no obstante, a pesar de;
'~'**ahnt** insospechado; ~**bärdig**
['~bɛːrdiç] recalcitrante; '~**beten** no
invitado; ~**er** *Gast* intruso *m*; ~**beugt**
['~bɔykt] derecho; *fig.* inflexible;
'~**bildet** inculto; '~**boren** no nato;
'~**brannt** *Kaffee*: crudo; '~**bräuchlich** poco usado; '~**braucht** no usado; (*completamente*) nuevo; '~**bro-
chen** *fig.* inquebrantable; '2**bühr** *f*
inconveniencia *f*; indecencia *f*; '~-
bührlich** inconveniente; impertinente; indecente.

'**unge|bunden** *Buch*: en rústica; *fig.*
libre; independiente; '2**bundenheit**
f libertad *f*; independencia *f*;
'~**deckt** ✝ descubierto; '~**druckt**
inédito; '2**duld** *f* impaciencia *f*; '~-
duld** impacientarse; ~ *werden* impacientarse; '~**eignet** inadecuado, impropio (*für* para).

ungefähr ['~-'fɛːr] aproximativo;
adv. aproximadamente, (poco) más o
menos; *von* ~ por casualidad; '~**det**
sin peligro; '~**lich** inofensivo.

'**unge|fällig** poco complaciente *od.*
atento; '2**fälligkeit** *f* falta *f* de atención; '~**fragt** sin ser preguntado;
espontáneamente; '~**füge** voluminoso, abultado; '2**fügig** terco, obstinado; '~**halten** disgustado, enfadado; ~ *werden* enfadarse; enojarse;
'~**heißen** espontáneamente; '~-
hemmt** libre; sin trabas; '2**heuer** *n*
(7) monstruo *m*; '~**heuer** monstruoso; enorme; '~**heuerlich** monstruoso; '2**heuerlichkeit** *f* monstruosi-
dad *f*; '~**hindert** sin ser molestado;
'~**hobelt** sin cepillar; en bruto; *fig.*
grosero; rústico; '~**hörig** inconveniente; impertinente; '2**hörigkeit** *f*
impertinencia *f*; '~**horsam** desobediente; '2**horsam** *m* desobediencia
f; '~**kämmt** sin peinar; (*zerzaust*)
desgreñado; '~**klärt** no aclarado;
pendiente (de solución); '~**kocht** sin
cocer; crudo; '2**künstelt** natural; sin
afectación; '~**kürzt** *Text*: completo,
integro; '~**laden** *Gast*: no invitado;
⚔, *Waffe*: no cargado; '~**legen** inoportuno, intempestivo; *adv.* a deshora, a destiempo; '2**legenheit** *f* im-

portunidad f; j-m ~en machen causar molestias a alg.; '~lehrig indócil; '~lenk(ig) torpe, desmañado; '~~ lernt Arbeiter: no cualificado; '~~ logen F de verdad; sin exagerar; '~löscht Kalk: vivo; '~löst Problem: pendiente (de solución); ℒmach n (3, o. pl.) males m/pl.; molestias f/pl.; '~mein extraordinario; adv. extremadamente; sobremanera; '~mütlich desagradable; poco confortable; j.: poco simpático; Wetter: desapacible; '~nannt anónimo; '~nau inexacto; impreciso; 'ℒnauigkeit f inexactitud f; imprecisión f; ~niert ['-ʒeˈniːrt] desenvuelto, desenfadado; sin cumplidos; '~nießbar incomible; imbebible; fig. insoportable; '~nügend insuficiente; Prüfungsnote: suspenso; '~nutzt, '~nützt no utilizado; ~ lassen Gelegenheit usw.: desaprovechar; '~ordnet en desorden, desordenado; '~pflegt descuidado; Person: a. desaseado, desaliñado; '~rächt impune; '~rade Zahl: impar; '~raten Kind: avieso; descastado; '~rechnet sin contar.

'ungerecht injusto; ~fertigt injustificado; ℒigkeit f injusticia f.

'unge|regelt no arreglado; desordenado; '~reimt fig. absurdo, disparatado; 'ℒreimtheit f absurdo m, disparate m.

'ungern de mala gana; a disgusto; con desgana; ich tue es ~ no me gusta hacerlo; er sieht es ~ no lo ve con buenos ojos.

'unge|rührt insensible; impasible; '~salzen no salado, sin sal; '~sattelt sin silla, desensillado; ~ reiten montar en pelo; '~sättigt no saciado; ℛm insaturado; '~säuert Brot: sin levadura; ázimo; '~schehen: ~ machen deshacer lo hecho.

'Ungeschick(lichkeit f) n torpeza f; ℒt torpe, desmañado.

'unge|schlacht tosco, grosero; '~schlechtlich asexual, asexuado; ~schliffen ['--ʃlifən] Edelstein: en bruto; Messer: no afilado; fig. zafio; grosero; '~schmälert entero, íntegro; '~schminkt fig. Bericht: verídico; Wahrheit: crudo; '~schoren ['--ˈʃoːrən]: fig. ~ lassen dejar en paz; ~schrieben ['--ˈʃriːbən]: fig. ~es Gesetz convenio m tácito; '~schützt indefenso; no protegido; '~sehen inadvertido; sin ser visto; '~sellig in

sociable; '~setzlich ilegal; ilegítimo; 'ℒsetzlichkeit f ilegalidad f; ilegitimidad f; '~sittet inculto; indecente; '~stalt(et) deforme; '~stört tranquilo; adv. sin ser molestado; sin ningún estorbo; ~ lassen dejar en paz; '~straft impune; ~stüm ['--ʃtyːm] impetuoso; fogoso; 'ℒstüm n (3, o. pl.) ímpetu m, impetuosidad f; '~sund malsano; insalubre; ℛtan ['--taːn]: ~ lassen no hacer; '~teilt indiviso; (ganz) entero; (einstimmig) unánime; '~treu infiel; desleal; '~trübt fig. inalterable; Glück: puro; ℒtüm ['--tyːm] n (3) monstruo m; '~übt sin práctica; sin experiencia; inexperto; '~wandt torpe; desmañado; '~wiß incierto; dudoso; 'ℒwißheit f incertidumbre f; '~wöhnlich poco común; insólito; extraordinario; (seltsam) raro, extraño; '~wohnt desacostumbrado, insólito; '~wollt sin querer(lo); '~zählt innumerable; '~zähmt indomado.

'Ungeziefer ['--tsiːfar] n (7, o. pl.) bichos m/pl.; ~bekämpfung f desinsectación f.

'unge|zogen ['--tsoːgən] mal educado; Kind: travieso; malo; (frech) impertinente; 'ℒzogenheit f travesura f; impertinencia f; '~zügelt desenfrenado; '~zwungen fig. desenvuelto; natural; informal; sin afectación; 'ℒzwungenheit f desenvoltura f; naturalidad f.

'Unglaube m incredulidad f.

'ungläubig incrédulo, descreído; Rel. infiel; no creyente.

'un|glaublich increíble.

'unglaubwürdig inverosímil; Person: de poco crédito.

'ungleich desigual, diferente; adv. (viel) infinitamente, mucho; ~artig heterogéneo; 'ℒförmig desigual; ℒgewicht n desequilibrio m; 'ℒheit f desigualdad f; ~mäßig desigual; ~seitig Dreieck: escaleno.

'Unglück n (3) desgracia f, desdicha f; (Mißgeschick) infortunio m; (Pech) mala suerte f; (Unfall) accidente m; siniestro m; ins ~ stürzen perder, arruinar; zu allem ~ para colmo de males od. desgracias; 'ℒlich desgraciado, infeliz; 'ℒlicher'weise desgraciadamente, por desgracia; 'ℒselig infortunado; fatal, funesto; ~sfall m accidente m, siniestro m; ~srabe m desgraciado m; ~s-tag m día m aciago.

'Un|gnade f desgracia f; malevolencia f; in ~ fallen caer en desgracia; ²gnädig poco amable; de mal humor; ²graziös desgarbado.

'ungültig nulo; inválido; für ~ erklären, ~ machen cancelar, anular, invalidar; ²keit f nulidad f; invalidez f.

'Un|gunst f desgracia f; der Witterung: inclemencia f; zu ~en von en perjuicio de; ²günstig desfavorable; Aussicht: poco prometedor; ²gut mal; nichts für ~! no lo tome usted a mal; '²'haltbar insostenible; ✕ imposible de defender; ²handlich poco manejable; ²harmonisch inarmónico; discordante.

'Unheil n mal m; desgracia f; desastre m; ²bar ['-'-ba:r] irremediable; ⚔ incurable; ²bringend, ²voll funesto; Tag: aciago.

'unheimlich inquietante, fatídico; lúgubre; F fig. enorme; F adv. enormemente.

'unhöflich descortés; ²keit f descortesía f.

'Un|hold m (3) monstruo m; ogro m; '²'hörbar imperceptible, inaudible; '²hygienisch antihigiénico.

'uni [y'ni:, 'yni] Stoff: liso.

'Uniform [uni'fɔrm] f (16) uniforme m; ²'ieren uniformizar.

'Unikum ['unikum] n (11 u. 9²) ejemplar m único; F fig. tipo m raro; original m.

'un-interess|ant poco interesante; ~iert desinteresado (an dat. en); ²iertheit f desinterés m.

'Union [un'jo:n] f unión f.

'universal, ²al... [univer'za:l] universal; ²ität [---zi'tε:t] f universidad f; ²i'täts...: in Zssgn oft universitario; ²i'tätsprofessor m catedrático m (de universidad); ²um [--'-zum] n (9, o. pl.) universo m.

'Unke ['uŋkə] f (15) sapo m; F fig. agorero m; ²n F (25) agorar.

'unkennt|lich irreconocible; desfigurado; ~ machen desfigurar; ²nis f ignorancia f.

'unkeusch impúdico; ²heit f impudicia f.

'unklar poco claro; confuso; (trübe) turbio; Bild: borroso; im ~en sn über (ac.) no ver claro en; ²heit f falta f de claridad; confusión f.

'unkleidsam que no sienta bien.

'unklug poco inteligente; imprudente; ²heit f imprudencia f.

'un|kompliziert poco complicado; sencillo; '~kontrol'lierbar incontrolable; '~konventionell anticonvencional; informal; '~konzentriert distraído.

'Unkosten pl. uv. gastos m/pl.; sich in ~ stürzen meterse en gastos; ~beitrag m contribución f a los gastos.

'Unkraut n mala hierba f, Am. yuyo m; ~ vergeht nicht mala hierba nunca muere; ~bekämpfungsmittel n herbicida m.

'unkritisch acrítico.

'unkult|iviert inculto; bárbaro; ²ur f incultura f.

'un|kündbar Vertrag: irrevocable, irrescindible; Stellung: permanente; '~kundig: e-r Sache ~ sn ignorar od. no saber a/c.; '~längst hace poco, recientemente; '~lauter impuro; Geschäft: sucio; turbio; Wettbewerb: desleal; '~leidlich insoportable; '~lenksam indócil; '~leserlich ilegible; '~leugbar ['-'lɔykba:r] innegable, incontestable.

'unlieb desagradable; es ist mir nicht ~ no me viene mal; ~enswürdig poco amable; ~sam desagradable.

'unlogisch ilógico.

'un|lös|bar, ~lich insoluble; ²lichkeit f insolubilidad f.

'Unlust f desgana f; malestar m; (Abneigung) aversión f; ²ig desganado; sin ganas; con desgana.

'un|manierlich de modales groseros; mal educado; ~männlich afeminado; poco varonil; ²masse f cantidad f enorme; sinfín m; ~maßgeblich incompetente; Meinung: humilde.

'unmäßig inmoderado; desmesurado; im Genuß: intemperante; ²keit f inmoderación f; intemperancia f.

'Unmenge f cantidad f enorme; e-e ~ von F la mar de.

'Unmensch m monstruo m.

'un|menschlich inhumano; ²keit f inhumanidad f.

'un|merklich imperceptible; '~methodisch sin método; '~militärisch poco militar od. marcial; '~miß-ver'ständlich inequívoco; categórico; '~mittelbar inmediato; directo; '~möbliert sin amueblar; '~modern pasado de moda; anticuado.

'un'möglich imposible (a. fig.); das ist ~ a. no puede ser; ²keit f imposibilidad f.

'**un|moralisch** inmoral; **~motiviert** infundado; inmotivado.

'**unmündig** menor de edad; **2keit** *f* minoría *f* de edad.

'**unmusikalisch** sin talento *bzw.* sentido musical.

'**Unmut** *m* disgusto *m*; mal humor *m*; **2ig** malhumorado, de mal humor; disgustado.

unnach|ahmlich ['-nɑ:x'ˀɑ:mlɪç] inimitable; **~giebig** inflexible, intransigente; '**~sichtig** severo.

unnahbar ['-'nɑ:bɑ:r] inaccesible; intratable.

'**unnatürlich** poco natural; afectado; desnaturalizado; **2keit** *f* falta *f* de naturalidad; afectación *f*.

un|nennbar ['-'nɛnbɑ:r] indecible; '**~normal** anormal; '**~notiert** ✝ no cotizado.

'**unnötig** inútil; superfluo; **~erweise** ['-nø:tɪgər'vaɪzə] sin necesidad; inútilmente.

unnütz ['-nʏts] inútil; superfluo; *Kind:* travieso; **~** *sn* no servir para nada; *adv.* = '**~er'weise** inútilmente; (*umsonst*) en vano.

'**un-ord|entlich** en desorden; *j.:* desordenado; descuidado; **2nung** *f* desorden *m*; desarreglo *m*; **in ~ bringen** desordenar; desarreglar.

'**un|-organisch** inorgánico; **~paar(ig)** impar.

'**unpartei|isch** imparcial; **2ische(r)** *m* árbitro *m*; **2lichkeit** *f* imparcialidad *f*.

'**unpassend** impropio (*für* de); inconveniente; (*unschicklich*) incorrecto; (*ungelegen*) inoportuno.

'**unpas'sierbar** intransitable, impracticable; ✈ innavegable.

unpäßlich ['-pɛslɪç] indispuesto; **2-keit** *f* indisposición *f*.

'**un|persönlich** impersonal; **~politisch** apolítico; **~populär** impopular; **~praktisch** poco práctico; *j.:* poco hábil; **~produktiv** improductivo; **~proportioniert** desproporcionado.

'**unpünktlich** poco puntual; **2keit** *f* falta *f* de puntualidad.

'**un|rasiert** sin afeitar; **2rast** *f* inquietud *f*; agitación *f*.

'**Unrat** *m* (3, *o. pl.*) inmundicias *f/pl.*; basura *f*; *fig.* **~ wittern** oler el poste; '**2ionell** poco racional; '**2sam** desaconsejable; poco recomendable.

'**unrealistisch** poco realista.

'**unrecht 1.** *adj.* injusto; (*unrichtig*) equivocado, falso; (*übel*) malo; *adv.* mal; *zur* **~en Zeit** a deshora; **~ haben** no tener razón; estar equivocado; *j-m* **~ tun** ser injusto con alg.; **2.** **2** *n* (3, *o. pl.*) injusticia *f*; *angetanes:* agravio *m*; *zu* **~** injustamente; sin razón; *im* **~** *sn* no tener razón; **~mäßig** ilegítimo; ilegal; *sich* (*dat.*) **~** *aneignen* usurpar.

'**unredlich** desleal; fraudulento; **2-keit** *f* mala fe *f*; deslealtad *f*.

'**unre-ell** informal; de poca confianza.

'**unregelmäßig** irregular; *Leben:* desordenado; **2keit** *f* irregularidad *f*.

'**unreif** inmaduro (*a. fig.*); *Obst:* a. verde; **2e** *f* inmadurez *f* (*a. fig.*).

'**unrein** impuro; sucio; ♪ desafinado; *ins* **~e schreiben** escribir en borrador; **2heit** *f* impureza *f* (*a. fig.*); **~lich** desaseado, sucio; **2lichkeit** *f* desaseo *m*, suciedad *f*.

'**un|rentabel** no rentable; '**~rettbar** sin salvación; **~ verloren** irremediablemente perdido; '**~rhythmisch** arrítmico.

'**unrichtig** inexacto; falso; incorrecto; **2keit** *f* inexactitud *f*; incorrección *f*.

'**Unruh|e** *f* inquietud *f*, desasosiego *m*; intranquilidad *f*; (*Aufruhr*) agitación *f*; disturbio *m*; (*Besorgnis*) preocupación *f*; alarma *f*; *in* **~ versetzen** (*geraten*) inquietar(se), alarmar(se); **~(e)stifter** *m* alborotador *m*, perturbador *m* (del orden público); fautor *m* de desórdenes; **2ig** inquieto; intranquilo; agitado.

'**unrühmlich** deslucido; poco honroso; *adv.* sin gloria.

uns [uns] nos; *betont:* a nosotros (-as); *ein Freund von* **~** un amigo nuestro.

'**unsach|gemäß** inadecuado; no apropiado; **~lich** subjetivo; parcial; que no viene al caso.

'**unsagbar** [-'zɑ:kbɑ:r], **~säglich** [-'zɛ:klɪç] indecible; indescriptible; '**~sanft** rudo; duro.

'**unsauber** sucio; **2keit** *f* suciedad *f*.

'**unschädlich** inofensivo; in(n)ocuo; **~ machen** *Gift:* neutralizar; *Mine usw.:* desactivar; *Person:* eliminar; **2keit** *f* carácter *m* inofensivo; inocuidad *f*.

'**un|scharf** *Phot.* borroso; poco nítido; **~schätzbar** ['-'ʃɛtsbɑ:r] inestimable; incalculable; '**~scheinbar** de poca apariencia; poco vistoso; insignificante; (*zurückhaltend*) discreto.

'unschicklich indecoroso, indecente; **⌢keit** *f* indecencia *f*.

unschlagbar [-'ʃla:kba:r] imbatible.

'unschlüssig irresoluto; indeciso; **⌢keit** *f* irresolución *f*; indecisión *f*.

'unschön feo; desagradable.

'Unschuld *f* inocencia *f*; s-e *Hände in* ⌢ *waschen* lavarse las manos; **⌢ig** inocente.

'unschwer fácilmente, sin dificultad.

'unselbständig dependiente; *fig.* (*unbeholfen*) falto de iniciativa; *Arbeit*: hecho con ayuda ajena; **⌢keit** *f* dependencia *f*; falta *f* de iniciativa.

'unselig funesto; fatal; nefasto.

unser ['-zər] nuestro, -a; **⌢-einer**, **⌢-eins** uno; (gente uno) nosotros; **⌢erseits** ['--rər'zaıts] por nuestra parte; **⌢twegen** ['--t'veːgən] por nosotros.

'unsicher inseguro; incierto; dudoso; *Lage*: precario; ⌢ *machen Gegend*: infestar; **⌢heit** *f* inseguridad *f*; incertidumbre *f*; dudas *f*/*pl.*

'unsichtbar invisible; **⌢keit** *f* invisibilidad *f*.

'Unsinn *m* (3, *o. pl.*) absurdo *m*; (*dummes Zeug*) disparates *m*/*pl.*; tonterías *f*/*pl.*; ⌢ *reden* desatinar, disparatar; **⌢ig** absurdo *f*; insensato; **⌢igkeit** *f* absurdidad *f*; insensatez *f*.

'Unsitte *f* mala costumbre *f*; vicio *m*; **⌢lich** inmoral; **⌢lichkeit** *f* inmoralidad *f*.

'un|solide poco serio; informal; *Firma*: de poca confianza; *Leben*: desarreglado; **⌢sozial** antisocial; **⌢sportlich** antideportivo; **⌢statthaft** inadmisible; ilícito.

un'sterblich inmortal; ⌢ *machen* inmortalizar; **⌢keit** *f* inmortalidad *f*.

'Unstern *m* (3, *o. pl.*) mala estrella *f*.

'unstet inestable; inconstante; *Charakter*: voluble, versátil; *Leben*: errante; vagabundo; **⌢igkeit** *f* inestabilidad *f*; inconstancia *f*; versatilidad *f*.

un|stillbar ['-'ʃtılba:r] insaciable; **⌢stimmigkeit** ['-'ʃtımıçkaıt] *f* desacuerdo *m*; divergencia *f*; discrepancia *f*; **⌢streitig** indiscutible, incontestable; *adv. a.* sin duda; **'⌢summe** *f* suma *f* od. cantidad *f* enorme; e-e ⌢ (*Geld*) un dineral; **'⌢symmetrisch** asimétrico; **'⌢sympathisch** antipático; **⌢tadelig** ['-'ta:dəliç] irrepro-

chable, impecable; **'⌢tat** *f* crimen *m*; fechoría *f*.

'untätig ocioso; inactivo; **⌢keit** *f* ociosidad *f*; inactividad *f*.

'untauglich inútil (*a.* ✗); no apto (*für* para); incapaz (de); **⌢keit** *f* inutilidad *f*; incapacidad *f*.

'un'teilbar indivisible; **⌢keit** *f* indivisibilidad *f*.

unten ['-tən] abajo; *nach* ⌢ hacia abajo; *von* ⌢ de abajo; *weiter* ⌢ más abajo; *siehe* ⌢! véase más abajo od. más adelante; **⌢genannt** ['--gənant], **⌢stehend** abajo mencionado.

unter ['-tər] **1.** *prp.* (*wo? dat.*; *wohin? ac.*) debajo de; bajo; (*zwischen*) entre; (*während*) durante; (*weniger*) menos de; *fig.* bajo; ⌢ *... hervor* de debajo de; ⌢ *uns gesagt* dicho sea entre nosotros; **2.** *adj.* (18, *sup.* ⌢st) inferior; de debajo; bajo.

'Unter|-abteilung *f* subdivisión *f*; sección *f*; **⌢arm** *m* antebrazo *m*; **⌢art** *f* ♀, *Zoo.* subespecie *f*; **⌢ausschuß** *m* subcomisión *f*; **⌢bau** *m* (3, *pl.* ⌢bauten) fundamento *m*; 🔒 infraestructura *f*; **⌢belegung** *f* infrautilización *f*; **⌢belichten** subexponer; **⌢belichtung** *f* subexposición *f*; **⌢beschäftigung** *f* subempleo *m*; **⌢bevölkert** subpoblado; **⌢bewerten** infravalorar; **⌢bewußt** subconsciente; **⌢bewußtsein** *n* subconsciente *m*; **⌢bieten** ofrecer mejor precio que; *Rekord*: mejorar; **⌢binden** ♀ ligar; *fig.* prohibir; impedir; **⌢bleiben** no realizarse; **⌢brechen** interrumpir; *zeitweilig*: suspender; ♀ cortar; **⌢brechung** *f* interrupción *f*; suspensión *f*; ♀ corte *m*; **⌢breiten** [--'braıtən] (26) someter; presentar; **⌢bringen** colocar (a. ♀); *Gast*: alojar, hospedar; **⌢bringung** *f* colocación *f*; alojamiento *m*; **⌢der'hand** bajo cuerda; bajo mano; **⌢des(sen)** entretanto, mientras tanto; **⌢drükken** suprimir; *Volk*: oprimir; *Aufstand*: reprimir; (*vertuschen*) disimular; **⌢drücker** *m* opresor *m*; **⌢drükung** *f* supresión *f*; represión *f*; opresión *f*; **⌢ein-'ander** entre sí; entre nosotros *usw.*; (*gegenseitig*) mutuamente, recíprocamente; **⌢entwickelt** subdesarrollado; **⌢ernährt** insuficientemente od. mal alimentado; desnutrido; **⌢ernährung** *f* subalimentación *f*; desnutrición *f*; **⌢fangen:** *sich* ⌢ *zu* atreverse a; **⌢fan-**

gen *n* empresa *f* (audaz); **2fassen** dar el brazo a; *sich* ~ ir del brazo; **2fertigen** [--'fɛrtigən] firmar; *der Unterfertigte* el infrascrito, el abajo firmante; ~**führung** *f* paso *m* inferior *od.* subterráneo; ~**funktion** ♂ *f* hipofunción *f*; ~**gang** *m* ♣ hundimiento *m*; *Astr.* puesta *f*; *fig.* ruina *f*; decadencia *f*; ocaso *m*; **2'geben**, ~'**gebene(r)** *m* subordinado (*m*); **2gehen** ♣ irse a pique, hundirse; *Astr.* ponerse; *fig.* perderse; perecer; **2geordnet** ['--gəʔɔrdnət] subordinado; subalterno; *an Bedeutung:* inferior; secundario; ~**geschoß** *n* piso *m* bajo; ~**gewicht** *n* falta *f* de peso; **2'gliedern** subdividir; **2graben** enterrar; **2'graben** socavar; *a. fig.* minar; ~**grund** *m* subsuelo *m*; *Mal.* fondo *m*; ~**grundbahn** *f* metro *m*; *Am.* subte(rráneo *m*); ~**grundbewegung** *f Pol.* movimiento *m* clandestino; ~**haken**: *sich* ~ darse el brazo; **2halb** (*gen.*) (por) debajo de.

'Unterhalt *m* (3, *o. pl.*) sustento *m*; mantenimiento *m*, manutención *f*; (*Lebens*2) subsistencia *f*; ♃ alimentos *m/pl.*; pensión *f* alimenticia; *s-n* ~ *bestreiten* ganarse la vida; ♃ ~ *zahlen* pasar una pensión; **2en 1.** [----] poner debajo de; **2.** [--'--] conservar (en buen estado); (*ernähren*) sustentar, mantener; (*vergnügen*) divertir, distraer; *sich* ~ divertirse; entretenerse; (*plaudern*) conversar; **2end** [--'-tənt], **2sam** [--'za:m] entretenido, divertido; *Lektüre*: ameno; ~**er** [--'haltər] *m* (7): *guter* ~ conversador *m* ameno; ~'**skosten** *pl.* gastos *m/pl.* de mantenimiento; ~'**s-pflicht** *f* deber *m* de alimentos; ~**ung** [--'haltuŋ] *f* conversación *f*; ♪ conservación *f*; (*Zerstreuung*) entretenimiento *m*, diversión *f*, distracción *f*; ~**ungsbeilage** *f* suplemento *m* literario; ~**ungs-elektronik** *f* electrónica *f* de consumo; ~**ungslektüre** *f* lectura *f* amena *od.* recreativa; ~**ungsmusik** *f* música *f* ligera.

unter'handeln negociar (*über et. a/c.*); '**2händler** *m* negociador *m*; mediador *m*; ✕ parlamentario *m*; **2'handlung** *f* negociación *f*; **2haus** *n* Cámara *f* de los Comunes; **2hemd** *n* camiseta *f*; ~'**höhlen** socavar; *a. fig.* minar; '**2holz** *n* monte *m* bajo; '**2hose** *f* calzoncillos *m/pl.*; '~-**irdisch** subterráneo; ~'**jochen** (25)

subyugar; ~'**kellert** con sótano; '**2kiefer** *m* maxilar *m* inferior; '**2kleidung** *f* ropa *f* interior; '~'**kommen** hallar alojamiento; alojarse; (*Anstellung*) colocarse; '**2kommen** *n* hospedaje *m*, alojamiento *m*; (*Stellung*) empleo *m*, colocación *f*; ~'**kriegen** F someter; *sich nicht* ~ *lassen* no doblegarse; **2kunft** [--'kunft] *f* (14[^1]) alojamiento *m*; '**2lage** *f* base *f* (*a. fig.*); ⊕ soporte *m*; apoyo *m*; (*Schreib*2) carpeta *f*; (*Beleg*) documento *m*; *pl.* documentación *f*; '**2land** *n* tierra *f* baja; **2laß** ['--las] *m*: *ohne* ~ sin cesar; ~'**lassen** dejar; dejarse *od.* omitir; **2'lassung** *f* omisión *f*; '**2lauf** *m* curso *m* inferior; ~'**laufen 1.** *v/i.* (sn) *Fehler:* deslizarse; introducirse. **2.** *adj.:* *mit Blut* ~ inyectado de sangre; ~'**legen** poner *od.* colocar debajo; *fig.* atribuir; ~'**legen 1.** *v/t.* forrar (*mit de*); ♪ *e-n Text* ~ poner letra a; **2.** *adj.* inferior (*j-m* a alg.; *an dat.* en); **2'legenheit** *f* inferioridad *f*; '**2leib** *m* (bajo) vientre *m*; abdomen *m*; ~**leibs...:** *in Zssgn* ♂ abdominal; ~'**liegen** (sn) sucumbir; ser vencido; *fig.* estar sujeto a; *keinem Zweifel* ~ no admitir duda; '**2lippe** *f* labio *m* inferior; ~'**malen** *fig.* acompañar; **2'malung** ♪ *f* fondo *m* musical; ~'**mauern** cimentar (*a. fig.*); '~-**mengen**, ~'**mischen** (entre)mezclar; **2miete** *f* subarriendo *m*; '**2mieter** *m* subinquilino *m*, realquilado *m*; ~**mi'nieren** minar (*a. fig.*).

unter'nehmen emprender; **2en** *n* (6) empresa *f*; ~**end** emprendedor; **2er** *m* (7) empresario *m*; **2ung** *f* empresa *f*; **2ungsgeist** *m*, **2ungslust** *f* espíritu *m* emprendedor; ~**ungslustig** emprendedor; activo, dinámico.

'**Unter|-offizier** *m* suboficial *m*; **2-ordnen:** (*sich*) ~ subordinar(se); someter(se); ~'**ordnung** *f* subordinación *f*; ~**pfand** *n* prenda *f*; ~'**redung** *f* conversación *f*; entrevista *f*.

Unterricht ['--rıçt] *m* (3) enseñanza *f*; instrucción *f*; (*Stunden*) clases *f/pl.*, lecciones *f/pl.*; *der* ~ *fällt aus* no hay clase; **2en** [--'rıçtən] enseñar; dar clases; *j-n:* instruir; *fig.* ~ *über* (*ac.*) informar sobre, enterar de.

'**Unterrichts...:** *in Zssgn oft* de enseñanza; ~**briefe** *m/pl.* lecciones *f/pl.* por correspondencia; ~**fach** *n* asignatura *f*; ~**ministerium** *n* Ministerio *m* de Educación y Ciencia;

~**raum** m clase f, aula f; ~**stoff** m materia f (de enseñanza); ~**stunde** f lección f, clase f; ~**wesen** n enseñanza f.

Unter'richtung f información f; instrucción f.

¹**Unterrock** m combinación f; enaguas f/pl.

unter'**sagen** prohibir; interdecir; ¹²**satz** m soporte m; base f; pie m; (Sockel) zócalo m, pedestal m; (Teller) platillo m; ~'**schätzen** subestimar.

unter'**scheid|en** distinguir; discernir; diferenciar; ~**end** distintivo; ²**ung** f distinción f; diferenciación f; ²**ungsmerkmal** n signo m od. rasgo m distintivo; ²**ungsvermögen** n discernimiento m.

¹**Unter|schenkel** m pierna f; ~**schicht** f capa f inferior; sozial: clase f baja; ²**schieben** meter debajo; fig. imputar.

Unterschied ['--ʃiːt] m (3) diferencia f; distinción f; im ~ zu a diferencia de; ²**lich** distinto; diferente; ²**slos** indistintamente; sin distinción.

unter'**schlagen** Geld: sustraer; malversar; defraudar; Brief: interceptar; ²'**schlagung** f sustracción f, malversación f; defraudación f; ²**schlupf** ['--ʃlʊpf] m (3³) refugio m; abrigo m; ~'**schlüpfen** refugiarse; cobijarse; ~'**schreiben** firmar; fig. suscribir; ~'**schreiten** quedar debajo de; ¹²**schrift** f firma f; e-s Bildes: leyenda f; ~'**schwellig** subliminal; ¹²**seeboot** n submarino m; ¹~**seeisch** submarino; ¹²**seite** f lado m inferior; ¹²**setzer** m posavasos m; salvamanteles m; ~**setzt** [--'zɛtst] regordete, rechoncho; ~'**sinken** (sn) sumergirse, hundirse; ~'**spülen** socavar; ¹~**st** (el) más bajo; das ²**e zuoberst kehren** volver lo de arriba abajo; ¹²**stand** ✕ m abrigo m; refugio m; ~'**stehen** j-m: estar subordinado a; depender de; sich ~ zu atreverse a; ¹~**stellen** poner od. colocar debajo de; (sich) ~ ponerse(se) al abrigo; ~'**stellen** subordinar; (annehmen) suponer; (zuschreiben) atribuir; imputar; ²'**stellung** f subordinación f; imputación f; suposición f; ~'**streichen** subrayar (a. fig.); ¹²**stufe** f grado m inferior; primer grado m.

unter'**stütz|en** apoyar; respaldar; (helfen) ayudar, socorrer; (fördern)

favorecer; fomentar; subvencionar; ²**ung** f apoyo m; respaldo m; ayuda f, socorro m; fomento m; finanzielle: subsidio m, subvención f; ²**ungsempfänger** m beneficiario m de un subsidio.

unter'**suchen** examinar; ✍ a. reconocer; Gepäck: registrar; (erforschen) investigar; ⚗ analizar; ⚙ indagar, pesquisar.

Untersuchung [--'zuːxʊŋ] f examen m; registro m; investigación f; ⚗ análisis m; ✍ reconocimiento m; ⚙ indagación f, pesquisa f; e-e ~ einleiten gegen formar expediente a; ~**s-ausschuß** m comisión f investigadora; ~**sgefangene(r)** m preso m preventivo; ~**shaft** f prisión f preventiva; ~**srichter** m juez m instructor od. de instrucción.

Unter'tagebau ✕ m explotación f subterránea.

unter|tan ['--taːn] (nur pred.) j-m: sumiso; sometido; ²**tan** m (8 u. 12) súbdito m; ~'**tänig** ['--tɛːniç] sumiso; humilde; ²**tasse** f platillo m (fliegende volante); ~**tauchen** sumergir; zambullir; fig. desaparecer; esconderse; ²**teil** n od. m parte f inferior; ~'**teilen** subdividir; ²'**teilung** f subdivisión f; ²**temperatur** ✍ f hipotermia f; ²**titel** m subtítulo m (a. Film); mit ~n subtitulado; ²**ton** m fig. matiz m; ~'**tunneln** construir un túnel debajo de; ~'**vermieten** realquilar; subarrendar; ~'**versichert** insuficientemente asegurado; ²**versicherung** f neol. infraseguro m; ~'**wandern** infiltrarse (en); ²'**wanderung** f infiltración f; ²**wäsche** f ropa f interior; ²'**wasser...**: in Zssgn oft submarino m; ²'**wassermassage** f masaje m subacuático; ²'**wassersport** m submarinismo m; ~**wegs** [--'veːks] en el camino; durante el viaje; ~'**weisen** instruir; ²'**weisung** f instrucción f; ²**welt** f infiernos m/pl.; fig. bajos fondos m/pl.; ~'**werfen:** (sich) ~ someter(se); fig. sujetar; ²'**werfung** f sumisión f; sujeción f (unter ac. a); ~'**würfig** ['--'vyrfiç] sumiso; servil; ²'**würfigkeit** f sumisión f; servilismo m.

unter'zeichn|en firmar; ²**er(in** f) m firmante su.; Pol. signatario m; ²**ete(r)** m (18) infrascrito m, abajo firmante m; ²**ung** f firma f.

¹**Unter|zeug** n ropa f interior; ²-

ziehen poner debajo; *Kchk.* incorporar; 2**ziehen** someter; *sich* ~ (*dat.*) someterse a; *e-r Aufgabe*: encargarse de.

'**Un|tiefe** *f* bajo fondo *m*; bajío *m*; ~**tier** *n* monstruo *m*; 2'**tragbar** insoportable; 2**trainiert** desentrenado; '2'**trennbar** inseparable.

'**untreu** desleal; infiel; *sich* (*dat.*) *selbst* ~ *werden* desmentir su carácter; 2**e** *f* deslealtad *f*; infidelidad *f*.

'**un|tröstlich** inconsolable; ~**trüglich** ['-'try:kliç] infalible; '~**tüchtig** incapaz; inútil; '2**tugend** *f* vicio *m*; mala costumbre *f*.

unüber|brückbar ['-'?y:bər'brykba:r] *fig.* insuperable; *Gegensatz*: inconciliable; ~**legt** ['---le:kt] irreflexivo; atolondrado; inconsiderado; '2**legtheit** *f* irreflexión *f*; ~'**sehbar** inmenso; incalculable; '~**setzbar** intraducible; '~**sichtlich** poco claro; complejo; intrincado; *Gelände*: de difícil orientación; ~'**tragbar** intransferible; '~**trefflich** insuperable; '~**troffen** inigualado; sin par; '~'**windlich** invencible; *Schwierigkeit*: insuperable, insalvable.

unum|gänglich ['-?um'gɛnliç] indispensable; imprescindible; ~**schränkt** ['--'[rɛŋkt] ilimitado; absoluto; ~**stößlich** ['--'[tø:sliç] irrefutable; irrevocable; incontestable; ~**stritten** ['--'[tritən] indiscutido; ~**wunden** ['--'vundən] franco; *adv.* sin rodeos.

ununterbrochen ['-?untər'brɔxən] continuo; *adv.* sin interrupción.

'**unver-'änder|lich** invariable; inalterable; inmutable; constante; ~**t** inalterado; *adv.* sin cambiar; como siempre.

'**unver-'antwortlich** irresponsable; imperdonable; 2**keit** *f* irresponsabilidad *f*.

'**unver|-'arbeitet** sin labrar; tosco; (en) bruto; *fig.* no asimilado; '~'**äußerlich** inalienable; inajenable; '~'**besserlich** incorregible; '2'**bindlich** sin compromiso; (*unfreundlich*) poco amable; '~'**blümt** seco; crudo; *adv.* sin rodeos *od.* tapujos; '~**braucht** *fig.* bien conservado; '~'**brennbar** incombustible; ~**brüchlich** ['-fɛr'bryçliç] inviolable; inquebrantable; *Gehorsam*: ciego; '~**bürgt** no confirmado; '~'**daulich** indigesto (*a. fig.*); '~'**daut** mal digerido (*a. fig.*); '~'**derblich** incorruptible; '~'**dient** inmerecido; '~'**dorben** en buen estado; *fig.* incorrupto; puro; inocente; '~'**drossen** infatigable; '~**dünnt** sin diluir; '~**ehelicht** soltero; '~'**eidigt** no jurado; '~'**einbar** incompatible; '2'**einbarkeit** *f* incompatibilidad *f*; '~'**fälscht** verdadero; legítimo; auténtico; puro; '~'**fänglich** inocente; inofensivo; *adv.* sin segunda intención; '~'**froren** descarado; F fresco; '2**frorenheit** *f* descaro *m*; F frescura *f*; '~'**gänglich** imperecedero; inmortal; '~**gessen** inolvidado; '~'**geßlich** inolvidable; '~'**gleichlich** incomparable; inigualable; '~'**hältnismäßig** desproporcionado; excesivo; '~'**heiratet** soltero; '~'**hofft** inesperado; imprevisto; *adv.* de improviso; '~'**hohlen**, '~**hüllt** *fig.* franco; sincero; *adv.* sin disimulo; '~'**käuflich** invendible; '~'**kennbar** inequívoco; evidente; ~**langt** no solicitado; '~'**letzbar**, '~'**letzlich** invulnerable; *fig.* inviolable; '2**letzlichkeit** *f* invulnerabilidad *f*; *fig.* inviolabilidad *f*; '~**letzt** ileso; sano y salvo; '~'**lierbar** imperdible; '~**mählt** soltero; '~'**meidlich** inevitable; '~**mindert** sin disminuir; '~**mischt** puro, sin mezcla; '~'**mittelt** súbito; brusco; *adv.* de repente; '2**mögen** *n* incapacidad *f*; impotencia *f*; '~**mögend** incapaz; (*arm*) sin fortuna; '~**mutet** imprevisto; '2**nunft** *f* insensatez *f*; imprudencia *f*; '~**nünftig** irracional; insensato; imprudente; '~'**öffentlicht** inédito; '~**packt** sin embalar; a granel; '~**richterdinge** ['-fɛrriçtər'diŋə] sin haber logrado su propósito; con las manos vacías; '~'**rückbar** firme; inquebrantable; '~**schämt** desvergonzado, descarado, insolente; ~**er Kerl** sinvergüenza *m*; '2**schämtheit** *f* descaro *m*; desvergüenza *f*; insolencia *f*; '~'**schließbar** que no se puede cerrar con llave; '~'**schlossen** no cerrado; '~'**schuldet** inmerecido; † libre de deudas; '~'**sehens** de improviso; '~'**sehrt** ileso, incólume; intacto; '~'**sichert** no asegurado; ~**siegbar** ['--'zi:kba:r] inagotable; '~'**siegelt** sin sello; '~'**söhnlich** irreconciliable; implacable; intransigente; '~**sorgt** ['--zɔrkt] desamparado; '2**stand** *m* falta *f* de juicio; '~**standen** incomprendido;

'**ständig** irreflexivo, atolondrado; '**ständlich** ininteligible, incomprensible; '**steuer** libre de impuestos od. derechos; '**sucht**: nichts ~ lassen no perdonar medio; '**träglich** intratable; insociable; (unvereinbar) incompatible; '2**träglichkeit** f insociabilidad f; incompatibilidad f; '**wandt** fijo; '**wechselbar** inconfundible; '**wehrt**: es ist Ihnen ~ zu (inf.) es Vd. muy dueño de (inf.); '**wundbar** invulnerable; '**wüstlich** indestructible; muy robusto; '**zagt** intrépido; '**zeihlich** imperdonable; '**zinslich** sin interés; '**zollt** sin pagar derechos; ~**züglich** ['--'tsy:kliç] inmediato; adv. en el acto; sin demora.

'**unvoll**|'**endet** inacabado; incompleto; '**kommen** imperfecto; defectuoso; '2**kommenheit** f imperfección f; '**ständig** incompleto.

'**unvor**|**bereitet** desprevenido; improvisado; adv. sin preparación; ~**eingenommen** sin prejuicios; imparcial; ~**hergesehen** imprevisto; ~**sichtig** imprudente, incauto; 2~**sichtigkeit** f descuido m, imprudencia f; ~**stellbar** inimaginable; ~**teilhaft** desventajoso; ~ wirken hacer mal efecto.

unwägbar ['-'vɛ:kba:r] imponderable.

'**unwahr** falso; inexacto; ~**haftig** mentiroso; insincero; 2**heit** f falsedad f; mentira f; die ~ sagen faltar a la verdad, mentir.

'**unwahrscheinlich** improbable, inverosímil; F fig. increíble; 2**keit** f improbabilidad f.

'**un**|**wandelbar** inmutable; invariable; ~**wegsam** ['-ve:kza:m] intransitable; impracticable; '~**weiblich** impropio de la mujer; poco femenino; ~**weigerlich** ['-vaigərliç] inevitable; adv. sin falta; '~**weit** (gen.) cerca de; '~**wert** indigno (gen. de); '2**wesen** n abuso(s) m(pl.); sein ~ treiben hacer de las suyas; '~**wesentlich** insignificante; irrelevante; de poca importancia; '2**wetter** n temporal m; borrasca f; tempestad f; (Gewitter) tormenta f; '~**wichtig** insignificante; irrelevante; de poca importancia; ~ sn no tener importancia.

'**unwider**|'**legbar** irrefutable; '~'**ruf**-**lich** irrevocable; ~**stehlich** ['-'vi:dər-'ʃte:liç] irresistible.

unwiederbringlich ['---'briŋliç] irrecuperable; Verlust: irreparable; ~ verloren perdido para siempre.

'**Unwill**|e m indignación f; (Ärger) enojo m; 2**ig** 1. adj. indignado (über ac. de, por); enojado; ~ werden indignarse; enojarse; 2. adv. de mala gana; 2**kommen** indeseable; inoportuno; 2**kürlich** ['-vil'ky:rliç] involuntario; maquinal; automático; adv. a. sin querer.

'**unwirk**|**lich** irreal; ~**sam** ineficaz; inoperante.

unwirsch [-virʃ] de mal humor; brusco; desabrido.

unwirt|**lich** ['-virtliç] inhospitalario, inhóspito; ~**schaftlich** poco económico; antieconómico.

unwissen|d ['-visənt] ignorante; 2~**heit** f ignorancia f; ~**schaftlich** poco científico; ~**tlich** inconscientemente; sin saberlo.

'**unwohl** indispuesto; ich fühle mich ~ no me siento bien; 2**sein** n indisposición f.

'**un**|**wohnlich** poco confortable; ~**würdig** indigno (gen. de); 2**zahl** f sinnúmero m; infinidad f; 2**zählig** ['-'tsɛ:liç] innumerable, incontable; ~**zähmbar** indomable; ~**zart** poco delicado.

Unze ['untsə] f (15) onza f.

'**Unzeit** f: zur ~ a deshora; 2**gemäß** pasado de moda; anacrónico.

'**unzer**|**brechlich**, '~**reißbar** irrompible; '~**störbar** indestructible; '~**trennlich** inseparable.

'**un**|**ziemlich** inconveniente; indecente; ~**zivilisiert** no civilizado; bárbaro; 2**zucht** f impudi(ci)cia f, deshonestidad f; gewerbsmäßige: prostitución f; ~**züchtig** impúdico; lascivo; obsceno; pornográfico.

unzu|**frieden** descontento; 2**friedenheit** f descontento m; ~**gänglich** inaccesible; ~**länglich** insuficiente; deficiente; 2**länglichkeit** f insuficiencia f; deficiencia f; ~**lässig** inadmisible; ilícito; tʰ improcedente; ~**rechnungsfähig** irresponsable (de sus acciones); 2**rechnungsfähigkeit** f irresponsabilidad f; ~**reichend** insuficiente; ~**sammenhängend** incoherente; ~**ständig** incompetente; ~**träglich** perjudicial (a); ~**treffend** inexacto; erróneo; ~**ver**-

lässig inseguro, dudoso; *j.*: informal; de poca confianza; ☰**verlässigkeit** *f* informalidad *f*; falta *f* de seriedad.

'**un|zweckmäßig** inoportuno; poco conveniente *od.* indicado; contraproducente; **~zweideutig** inequívoco; claro; '**~zweifelhaft** indudable; *adv.* sin duda.

üppig ['ʏpɪç] exuberante; lozano; abundante; opulento; *Mahl*: opíparo; (*schwelgerisch*) voluptuoso; **~** leben vivir a cuerpo de rey; ☰**keit** *f* exuberancia *f*, lozanía *f*; abundancia *f*; opulencia *f*; voluptuosidad *f*.

Ur *Zo.* [uːr] *m* (3) uro *m*; '**~abstimmung** *f* referéndum *m*; '**~ahn(e** *f*) *m* bisabuelo (-a) *m* (*f*); *die* **~en** los antepasados; '☰**-alt** muy viejo; vetusto.

Uran ⚛ [uˈraːn] *n* (3¹) uranio *m*; ☰**haltig** uranífero.

uraufführen ['uːrʔauffyːrən] estrenar; ☰**ung** *f* estreno *m* absoluto.

'**urbar** cultivable; laborable; **~** machen roturar; ☰**machung** *f* roturación *f*; roza *f*.

'**Ur|bevölkerung** *f*, **~bewohner** *m/pl.* habitantes *m/pl.* primitivos; aborígenes *m/pl.*; **~bild** *n* prototipo *m*; original *m*; ☰**-eigen** inherente; muy personal; **~enkel(in** *f*) *m* bisnieto (-a) *m* (*f*); **~fassung** *f* versión *f* original; '☰**ge'mütlich** muy acogedor; **~geschichte** *f* prehistoria *f*; **~gestein** *n* roca *f* primitiva; **~groß-eltern** *pl.* bisabuelos *m/pl.*; **~großvater** *m* (**~großmutter** *f*) bisabuelo (-a) *m* (*f*).

Urheber ['uːr-heːbər] *m* autor *m*; **~recht** *n* derechos *m/pl.* de autor; derecho *m* de la propiedad intelectual; **~schaft** *f* autoría *f*; **~schutz** *m* protección *f* de la propiedad intelectual.

Urin [uˈriːn] *m* (3¹) orina *f*; ☰'**ieren** orinar.

Urkunde ['uːrkundə] *f* documento *m*; título *m*; instrumento *m*; *notarielle*: escritura *f*; **~nfälschung** *f* falsedad *f* en documentos; falsificación *f* de documentos; ☰**lich** ['--tlıç] documental; **~** belegen documentar.

Urlaub ['-laup] *m* (3) vacaciones *f/pl.*; ⚔ licencia *f*, permiso *m*; *auf* **~** sn

estar de vacaciones (⚔ de permiso); **~er** ['--bər] *m* (7) turista *m*; *neol.* vacacionista *m*; ⚔ soldado *m* con permiso; **~sgeld** *n* suplemento *m* por vacaciones; **~sschein** ⚔ *m* permiso *m*, licencia *f*.

'**Urmensch** *m* hombre *m* primitivo.

Urne ['urnə] *f* (15) urna *f*.

Urologe [uroˈloːgə] *m* (13) urólogo *m*; **~gie** [--loˈgiː] (15, *o. pl.*) urología *f*.

ur|plötzlich ['uːrˈplœtslıç] de repente; '☰**quell** *m* fuente *f* (primitiva); '☰**sache** *f* causa *f*; (*Anlaß*) motivo *m*; *keine* **~** de nada, no hay de qué; *alle* **~** *haben* zu tener sobrada razón para; '**~sächlich** causal; ☰**schrift** *f* original *m*; '☰**sprache** *f* lengua *f* primitiva *od.* original; '☰**sprung** *m* origen *m*; procedencia *f*; '**~sprünglich** primitivo; original; *fig.* natural; '☰**-sprungszeugnis** *n* certificado *m* de origen.

Urteil ['urtail] *n* (3) juicio *m*; (*Meinung*) parecer *m*, opinión *f*; ⚖ sentencia *f*, fallo *m*; (*Gutachten*) dictamen *m*; ☰**en** (25) juzgar (*über ac.* de); ⚖ sentenciar, fallar; (*meinen*) opinar; **~sbegründung** ⚖ *f* considerandos *m/pl.*; **~sfähig** competente (para juzgar); **~skraft** *f* discernimiento *m*; juicio *m*; **~sspruch** *m* sentencia *f*; fallo *m*; **~svollstrekkung** *f* ejecución *f* de la sentencia.

Ur|text ['uːrtɛkst] *m* (texto *m*) original *m*; **~tierchen** ['-tiːrçən] *n/pl.* protozoarios *m/pl.*; ☰**tümlich** primitivo; **~ur-enkel** *m* tataranieto *m*; **~ur-großvater** *m* tatarabuelo *m*; **~wald** *m* selva *f* virgen; ☰**wüchsig** ['-vyːsıç] primitivo; original; *j.*: de pura cepa; natural; ☰**zeit** *f* tiempos *m/pl.* primitivos; **~zeugung** *f* generación *f* espontánea; **~zustand** *m* estado *m* primitivo.

Usur|pation [uzurpaˈtsjoːn] *f* usurpación *f*; **~pator** [--ˈpaːtɔr] *m* (8¹) usurpador *m*; ☰'**pieren** usurpar.

Utensilien [utɛnˈziːljən] *pl. uv.* utensilios *m/pl.*; enseres *m/pl.*

Utop|ie [utoˈpiː] *f* (15) utopía *f*; ☰**isch** [-ˈtoːpiʃ] utópico; **~ist** [-toˈpıst] *m* (12) utopista *m*.

uzen F ['uːtsən] (27) embromar; F tomar el pelo.

V

V, v [faʊ] *n* V, v *f*.

Vagabund [vagaˈbʊnt] *m* (12) vagabundo *m*, *Arg*. atorrante *m*; ♀**ieren** [---ˈdiːrən] vagabundear.

vage [ˈvaːgə] impreciso; vago.

vakan|t [vaˈkant] vacante; ♀**z** [-ˈkants] *f* (16) (plaza *f*) vacante *f*.

Vakuum [ˈvaːkuʔʊm] *n* (9²) vacío *m*; ♀**verpackt** envasado al vacío.

Valuta [vaˈluːta] *f* (16²) moneda *f* extranjera.

Vamp [vɛmp] *m* (11) vampiresa *f*; ♁**ir** [ˈvampiːr] *m* (3¹) vampiro *m*.

Vandal|e [vanˈdaːlə] *m* (13), ♀**isch** vándalo (*m*) (*a. fig.*).

Vanille [vaˈnɪl(j)ə] *f* (15, *o. pl.*) vainilla *f*.

Vari|ante [-riˈantə] *f* (15) variante *f*; ♁**ation** [--aˈtsjoːn] *f* variación *f*; ♁**eté** [--eˈteː] *n* (11) teatro *m* de variedades, music-hall *m*; ♀**ieren** variar.

Vasall [-ˈzal] *m* (12) vasallo *m*; ♁**entum** *n* vasallaje *m*.

Vase [ˈvaːzə] *f* (15) florero *m*; *große:* jarrón *m*.

Vaselin [vazəˈliːn] *n* (3¹, *o. pl.*), ♁**e** *f* (15, *o. pl.*) vaselina *f*.

Vater [ˈfaːtər] *m* (7¹) padre *m*; ♁**haus** *n* casa *f* paterna; ♁**land** *n* patria *f*; ♀**ländisch** [ˈ--lɛndɪʃ] nacional; patrio; ♁**landsliebe** *f* amor *m* a la patria, patriotismo *m*; ♀**landsliebend** patriótico.

väterlich [ˈfɛːtərlɪç] paterno; paternal; ♁**erseits** [ˈ---çɔrzaɪts] de parte del padre; paterno.

vater|los [ˈfaːtərloːs] huérfano (de padre); ♁**mord** *m* parricidio *m*; ♁**mörder** *m* parricida *m*; ♁**schaft** *f* paternidad *f*; ♁**stadt** *f* ciudad *f* natal; ♁**stelle** *f*: ∼ **vertreten** *bei* hacer las veces de padre con; ♁-ˈ**unser** *n* (7) Padrenuestro *m*.

Vege|tarier(in *f*) [vegeˈtaːrjər(in)] *m* (7), ♀**tarisch** vegetariano (-a) *m* (7); ♁**tation** [--taˈtsjoːn] *f* vegetación *f*; ♁**tativ** [---ˈtiːf] vegetativo; ♀**tieren** vegetar.

Vehikel [-ˈhiːkəl] *n* (7) vehículo *m*; *desp.* cacharro *m*.

Veilchen [ˈfaɪlçən] *n* (6) violeta *f*; ♁**blau** violado, de color violeta.

Veitstanz ♯ [ˈfaɪtstants] *m* (3², *o. pl.*) baile *m* de San Vito, corea *f*.

Vene [ˈveːnə] *f* (15) vena *f*; ♁**n-ent-zündung** *f* flebitis *f*.

ven|erisch [veˈneːrɪʃ] venéreo; ♁**ös** [-ˈnøːs] venoso.

Ventil [vɛnˈtiːl] *n* (3¹) válvula *f*; ♪ pistón *m*; *fig.* válvula *f* de escape; ♁**ation** [-tilaˈtsjoːn] *f* ventilación *f*; ♁**ator** [--ˈlaːtər] *m* (8¹) ventilador *m*; ♀**ieren** ventilar (*a. fig.*).

verab|reden [fɛrˈʔapreːdən] concertar; convenir; *sich* ∼ apalabrarse; citarse; ♁**redung** *f* cita *f*; ♁**reichen** dar, entregar; ♯ administrar; ∼**scheuen** detestar; aborrecer; abominar; ∼**scheuenswert** detestable, aborrecible; ∼**schieden** [-ˈʃiːdən] (26) despedir; ✗ licenciar; *Gesetz:* votar; aprobar; *sich* ∼ despedirse (*von* de); ♁**schiedung** *f* despedida *f*; ✗ licenciamiento *m*; *Gesetz:* votación *f*, aprobación *f*.

ver-ˈachten despreciar, menospreciar.

Verächt|er [-ˈʔɛçtər] *m* (7) despreciador *m*; ♁**lich** despreciable; desdeñoso, despectivo.

ver-ˈachtung *f* desprecio *m*, menosprecio *m*, desdén *m*.

ver-ˈalbern F (29) tomar el pelo (a).

ver-allge|meinern (29) generalizar; ♁**ung** *f* generalización *f*.

ver-ˈalten (26, *sn*) envejecer; pasar de moda; ∼**et** anticuado; pasado de moda.

Veranda [veˈranda] *f* (16²) veranda *f*.

veränder|lich [fɛrˈʔɛndərlɪç] variable; ♁**lichkeit** *f* variabilidad *f*; ∼**n** cambiar, mudar; modificar; *sich* ∼ cambiar; ♁**ung** *f* cambio *m*; modificación *f*.

verängstigt [-ˈʔɛnstɪçt] azorado; asustado.

ver-ˈankern ⚓ anclar; *fig.* cimentar.

veran|lagen [-ˈʔanlaːgən] (25) *Steuer:* tasar, estimar; ∼**lagt** [-ˈ-laːkt]: ∼ *sn für* tener talento *od.* dotes para; ♁**lagung** *f Steuer:* tasación *f*, estimación *f*; ⚓ predisposición *f*; *geistige:* disposición *f*; *(Begabung)* don *m*; talento *m*; **~lassen** (28) ocasionar, originar; motivar; *(anordnen)* disponer; *j-n zu et.* ~ inducir a alg. a hacer a/c.; *das Nötige* ~ tomar las medidas oportunas; **2lassung** *f* causa *f*; motivo *m*; *auf* ~ (*gen.*) por iniciativa, por orden de; **~schaulichen** [-¹-ᵃaúlıçən] (25) ilustrar; **2-schaulichung** *f* ilustración *f*; **~schlagen** (25) tasar, estimar, evaluar *(auf ac.* en); **~stalten** [-¹-ʃtaltən] (26) organizar; **2stalter(in** *f) m* (7) organizador(a) *m* (*f*); **2staltung** *f* organización *f*; *feierliche:* acto *m*; *gesellschaftliche:* reunión *f*; *sportliche:* concurso *m*.

ver-¹antwort|en responder de; *sich* ~ justificarse *(wegen* de); **~lich** responsable *(für* de); **2ung** *f* responsabilidad *f*; *die* ~ *übernehmen* responsabilizarse *(für* de); *j-n zur* ~ *ziehen* pedir cuentas a alg.; *auf meine* ~ bajo mi responsabilidad; *auf eigene* ~ a propio riesgo; **~ungsbewußt** consciente de su responsabilidad; **~ungslos** irresponsable; **~ungsvoll** de gran responsabilidad.

veräppeln F [-¹ᵉɛpəln] (29) *s. veralbern.*

ver-¹arbeit|en elaborar, transformar; *fig.* asimilar; **2ung** *f* elaboración *f*, transformación *f*; *fig.* asimilación *f*.

ver|argen [-¹ᵃargən] (25) tomar a mal; **~ ¹ärgern** irritar; disgustar.

verarm|en [-¹ᵃarmən] (25, sn) empobrecer(se); **2ung** *f* empobrecimiento *m*; depauperación *f*.

verästel|n [-¹ɛstəln] (29): *sich* ~ ramificarse; **2ung** *f* ramificación *f*.

ver-¹aus|gaben (25): *sich* ~ apurar sus recursos; *fig.* agotar sus fuerzas; vaciarse; **~lagen** (25) desembolsar; adelantar.

ver-¹äußer|n (29) enajenar; **2ung** *f* enajenación *f*.

Verb [vɛrp] *n* (5²) verbo *m*; **2al** [-¹baːl] *m* verbal.

verballhornen [fɛr¹balhɔrnən] (25) mutilar; desfigurar.

Ver¹band *m* (3³) *(Verein)* asociación *f*; federación *f*; ✂ unidad *f*; ⚓ vendaje *m*; **~(s)kasten** *m* botiquín *m*; **~(s)päckchen** *n* paquete *m* de curación; **~(s)platz** ✂ *m* hospital *m* de sangre; **~(s)watte** *f* algodón *m* hidrófilo; **~(s)zeug** *n* vendajes *m*/*pl.*

ver¹bann|en desterrar; **2ung** *f* destierro *m*.

ver|barrika¹dieren levantar barricadas; **~¹bauen** *(versperren)* obstruir; *Geld:* gastar en construcciones; *(schlecht bauen)* construir mal; *die Aussicht* ~ quitar la vista; **~be-¹am-ten** (26) *neol.* funcionarizar; **~¹beißen** reprimir, contener, disimular; *sich in et.* ~ obstinarse en a/c.; **~¹ber-gen** esconder, ocultar; encubrir.

ver¹besser|n mejorar; perfeccionar; corregir; enmendar; **2ung** *f* mejora *(-miento m) f*; perfeccionamiento *m*; corrección *f*; enmienda *f*; **~ungsfähig** mejorable.

ver¹beug|en: *sich* ~ hacer una reverencia, inclinarse; **2ung** *f* reverencia *f*, inclinación *f*.

ver¹beulen (25) abollar; **~¹biegen** torcer; doblar; deformar; **~¹bieten** prohibir; vedar; **~¹bildet** deformado; desfigurado.

ver¹billig|en (25) abaratar; **2ung** *f* abaratamiento *m*.

ver¹bind|en unir, juntar, ligar; reunir; enlazar; asociar; ⚓ *u. Augen:* vendar; 🎵 combinar; ⚡ conectar; ⊕ ensamblar; acoplar; empalmar; *Fernspr.* poner *(*en comunicación*)*; *sich* ~ unirse, aliarse; **~lich** [-¹bıntlıç] obligatorio; *(gefällig)* complaciente, amable; **~sten** *Dank* muchísimas gracias; **2lichkeit** *f* obligación *f*; *(Gefälligkeit)* complacencia *f*, amabilidad *f*.

Ver¹bindung *f* unión *f*; enlace *m* (*a. Vkw.*); reunión *f*; asociación *f*; *(Beziehung)* relación *f*; contacto *m*; 🎵 combinación *f*; *Fernspr.* comunicación *f*; ⚡ conexión *f*; ⊕ empalme *m*; *in* ~ *stehen mit* estar en contacto con; *Zimmer:* comunicar con; *sich mit j-m in* ~ *setzen* ponerse al habla *od.* en contacto con alg.; *neol.* contactar con alg.; **~smann** *m* enlace *m*; **~sstück** ⊕ *n* pieza *f* de unión.

ver¹bissen [-¹bısən] encarnizado, obstinado; **2bissenheit** *f* encarnizamiento *m*; obstinación *f*; **~¹bitten:** *sich (dat.)* ~ no admitir, no consentir.

verbitter|n [-¹bıtərn] (29) amargar; **~t** amargado; **2ung** *f* amargura *f*.

verblassen [-¹blasən] (28, sn) palidecer; perder el color, desteñirse.

Verbleib [-¹blaıp] *m* (3, *o. pl.*) paradero *m*; **2en** [-¹-bən] quedar; permanecer; seguir; 2**end** sobrante, restante.

ver'**blend|en** (*betören*) cegar, deslumbrar; ⚕ revestir; ⚓**et** obcecado, ciego; 2**ung** *f* ceguedad *f*, ofuscación *f*; ⚕ revestimiento *m*.

ver**bleuen** F [-'blɔvən] (25) moler a palos.

ver**blichen** [-'bliçən] descolorido; (*tot*) fallecido.

ver**blöd|en** [-'blø:dən] (26, sn) entontecer; ⚓**et** idiota, imbécil; 2**ung** *f* entontecimiento *m*.

ver**blüff|en** [-'blyfən] (25) desconcertar; ⚓**end** desconcertante; asombroso; ⚓**t** perplejo, estupefacto; 2**ung** *f* perplejidad *f*, estupefacción *f*.

ver**|'blühen** (25, sn) marchitarse; ⚓**blümt** [-'bly:mt] disimulado; velado; ⚓**'bluten** (sn) desangrarse.

ver**bohr|en:** *sich* ⚓ *in* (*ac.*) aferrarse a; ⚓**t** obstinado, testarudo; 2**theit** *f* obstinación *f*, testarudez *f*.

ver**borgen 1.** *v/t.* prestar; **2.** *adj.* escondido, oculto; secreto; 2**heit** *f* oscuridad *f*; clandestinidad *f*.

Verbot [-'bo:t] *n* (3) prohibición *f*.

ver**brämen** [-'brɛ:mən] (25) guarnecer (*mit* de); *fig.* disimular.

Ver'brauch *m* (3, *o. pl.*) consumo *m*; 2**en** consumir; gastar; ⚓**er(in** *f*) *m* (7) consumidor(a) *m* (*f*); ⚓**erpreis** *m* precio *m* al consumidor; ⚓**erschutz** *m* protección *f* al consumidor; ⚓**sgüter** *n/pl.* bienes *m/pl.* de consumo.

ver'**brechen 1.** *v/t.:* et. ⚓ cometer un crimen; **2.** 2 *n* (6) crimen *m*.

Ver'brecher(in *f*) *m* (7) criminal *su.*; delincuente *su.*; ⚓**album** *n* fichero *m* de delincuentes; 2**isch** criminal; ⚓**tum** *n* criminalidad *f*.

ver'**breit|en** difundir; divulgar; propagar; *Geruch:* despedir; *sich* ⚓ *über* (*ac.*) extenderse sobre; ⚓**ern** (29) ensanchar; 2**erung** *f* ensanche *m*; ⚓**et** popular; corriente, general(izado); 2**ung** *f* difusión *f*; divulgación *f*; propagación *f*.

ver'**brenn|en** *v/t.* (*v/i.* [sn]) quemar (-se); *Tote:* incinerar; 2**ung** *f* combustión *f*; ⚓ quemadura *f*; (*Leichen*2) incineración *f*, cremación *f*; 2**ungsmotor** *m* motor *m* de combustión interna; 2**ungs-ofen** *m* horno *m* crematorio.

ver**brieft** [-'bri:ft] documentado; ⚓**'bringen** pasar.

ver**brüder|n** [-'bry:dərn] (29): *sich* ⚓

fraternizar; 2**ung** *f* (con)fraternización *f*.

ver**|'brühen:** (*sich*) ⚓ escaldar(se); ⚓**'buchen** ♣ sentar (en los libros); *fig.* apuntarse; ⚓**'bummeln 1.** *v/t.* perder (por descuido); olvidar; *Zeit:* desperdiciar; **2.** *v/i.* (sn) echarse a perder; ⚓**'bunden** unido; *ich bin Ihnen sehr* ⚓ le quedo muy agradecido; ⚓**'bünden** [-'byndən] (26): *sich* ⚓ aliarse, unirse; confederarse; 2'**bundenheit** *f* solidaridad *f*; 2'**bündete(r)** *m* (18) aliado *m*; 2'**bundenglas** *n* vidrio *m* laminado.

ver'**bürg|en** garantizar; *sich* ⚓ *für* responder de; ⚓**erlichen** (25) aburguesarse; ⚓**t** garantizado; acreditado; auténtico.

ver**|'büßen** cumplir; expiar; ⚓**chromen** [-'kro:mən] (25) cromar.

Verdacht [-'daxt] *m* (3, *o. pl.*) sospecha *f* (*auf ac.* de); recelo *m*; *j-n in* ⚓ *haben* sospechar de alg.; ⚓ *erregen* (*schöpfen*) inspirar (concebir) sospechas.

ver**dächtig** [-'dɛçtiç] sospechoso; ⚓**en** [-'---gən] (25) sospechar de; *j-n e-r Sache* ⚓ imputar a/c. a alg.; 2**ung** *f* sospecha *f*.

ver**damm|en** [-'damən] (25) condenar; ⚓**enswert** condenable; 2**nis** *f* perdición *f*; ⚓**t** maldito; 2**ung** *f* condenación *f*.

ver**|'dampf|en** *v/t.* (*v/i.* [sn]) evaporar (-se); 2**er** *m* (7) evaporizador *m*; 2**ung** *f* evaporación *f*.

ver**|'danken** deber (*j-m* et. a/c. a alg.); ⚓**'darb** [-'darp] *s.* verderben; ⚓**'dattert** F [-'datərt] perplejo.

ver**dau|en** [-'davən] (25) digerir (*a. fig.*); ⚓**lich** digestible; digerible; *leicht* ⚓ de fácil digestión; *schwer* ⚓ indigesto; 2**ung** *f* digestión *f*; 2**ungs...:** *in Zssgn oft* digestivo; 2**ungsbeschwerden** *f/pl.*, 2**ungsstörung** *f* trastorno *m* digestivo; indigestión *f*.

Ver'deck *n* (3) *Kfz.* capota *f*; 2**en** cubrir; tapar; *fig.* ocultar.

ver'**denken:** *ich kann es ihm nicht* ⚓ no puedo censurarle por ello.

Verderb [-'dɛrp] *m* (3) pérdida *f*; ruina *f*; 2**en** [-'-bən] **1.** *v/t.* (30) echar a perder; deteriorar; estropear; *Freude:* turbar; *Fest:* aguar; *sittlich:* pervertir, corromper, depravar; *sich den Magen* ⚓ coger una indigestión; *es mit j-m* ⚓ enemistarse con alg.; **2.** *v/i.*

(30, sn) deteriorarse; echarse a perder; perderse; **~en** *n* perdición *f*; ruina *f*; *ins* **~** stürzen perder; arruinar; **2enbringend** funesto, fatal; **2lich** [-'-pliç] *Ware*: perecedero, corruptible; *fig.* pernicioso; funesto; **~nis** *f* (14²) depravación *f*; corrupción *f*; perversión *f*; **2t** depravado; corrupto; perverso; **~theit** *f* perversidad *f*.

verdeut|lichen [-'dɔʏtliçən] (25) aclarar; **~schen** [-'-ʃən] (25) traducir al alemán.

ver|dicht|en condensar; concentrar (*a. fig.*); **2er** *m* compresor *m*; **2ung** *f* condensación *f*; solidificación *f*; concentración *f*.

ver|dicken [-'dikən] (25) espesar; **~dienen** ganar; *fig.* merecer; *sein Brot* **~** ganarse la vida.

Verdienst [-'di:nst] (3²): **a)** *n* mérito *m*; **b)** *m* ganancia *f*; beneficio *m*; (*Lohn*) sueldo *m*, salario *m*; **~ausfall** *m* pérdida *f* de ganancias; **~spanne** *f* margen *m* de ganancia *od.* de beneficio; **2voll** meritorio; benemérito.

verdient [-'di:nt] merecido; *Person*: de mérito; *sich* **~** *machen um* merecer bien de; *s-e* **~e** *Strafe bekommen* llevar su merecido.

ver|dingen [-'diŋən] (25, *part. pt. a. verdungen*): *sich* **~** entrar al servicio de; **~dolmetschen** interpretar; traducir; **~donnern** F condenar.

verdoppel|n [-'dɔpəln] (29) doblar, (re)duplicar; *a. fig.* redoblar; **2ung** *f* (re)duplicación *f* (*a. fig.*).

verdorben [-'dɔrbən] *s.* verderben; *Lebensmittel*: podrido; *Luft*: viciado; *fig.* corrupto, perverso; *e-n* **~en** *Magen haben* tener una indigestión; **2heit** *f* corrupción *f*.

verdorren [-'dɔrən] (25, sn) secarse.

ver|dräng|en desalojar; expulsar; *a.* ♂ desplazar; *aus e-m Amt usw.*: desbancar; *Psych.* reprimir; **2ung** *f* expulsión *f*; desplazamiento *m*; *Psych.* represión *f*.

ver|dreh|en torcer; *fig.* tergiversar, falsear; *j-m den Kopf* **~** volver loco a alg.; **~t** excéntrico; F chiflado; **2ung** *f* torcedura *f*, torsión *f*; *fig.* tergiversación *f*, falseamiento *m*.

ver|dreifachen [-'draifaxən] (25) triplicar; **~dreschen** F dar una tunda.

verdrieß|en [-'dri:sən] (30) disgustar, enfadar; *es sich nicht* **~** *lassen* no desalentarse; no cejar; **~lich** malhu-

morado, de mal humor; *et.*: molesto; enojoso.

verdro|ß [-'drɔs] *s.* verdrießen; **~ssen** malhumorado; **2ssenheit** *f* mal humor *m*.

ver|drücken *Kleid*: arrugar; F (*essen*) tragar; F *sich* **~** despedirse a la francesa; escabullirse; **2druß** [-'drus] *m* (4) disgusto *m*; **~duften** F (sn) esfumarse; **~dummen** [-'dumən] (25) *v/t.* (*v/i.* [sn]) abobar(se).

ver|dunk|eln oscurecer; *Glanz*: deslucir; *Astr. u. fig.* eclipsar; ♂♂ encubrir; **2(e)lung** *f* oscurecimiento *m*; ♂♂ encubrimiento *m*.

verdünn|en [-'dynən] (25) diluir; *Luft*: enrarecer; **2ung** *f* dilución *f*; enrarecimiento *m*; **2ungsmittel** *n* dilu(y)ente *m*.

verdunst|en [-'dunstən] (26, sn) evaporarse; **2ung** *f* evaporación *f*.

ver|dursten (26, sn) morir(se) de sed; **~düstern** [-'dy:stərn] (29) oscurecer; **~dutzt** [-'dutst] perplejo.

veredel|n [-'ʔe:dəln] (29) refinar (*a.* ⊕); ✔ injertar; *Güter*: elaborar; **2ung** *f* refinación *f*; ✔ injerto *m*; elaboración *f*.

ver|ehr|en venerar, respetar; adorar; *j-m et.* **~** obsequiar a alg. con a/c.; **2er(in)** *f) m* admirador(a) *m* (*f*); adorador(a) *m* (*f*); **2ung** *f* veneración *f*, respeto *m*; adoración *f*; *Rel. a.* culto *m*; **~ungswürdig** venerable.

vereidig|en [-'ʔaidigən] (25) juramentar, tomar juramento a; **~t** jurado; **2ung** *f* prestación *f* *bzw.* toma *f* de juramento.

Verein [-'ʔaɪn] *m* (3) unión *f*; asociación *f*; círculo *m*, club *m*; sociedad *f*; *im* **~** *mit* en cooperación con, con el concurso de.

vereinbar [-'ʔaɪnba:r] compatible; **~en** (25) ponerse de acuerdo sobre; convenir, acordar, concertar; *sich* **~** *lassen* ser compatible; **2ung** *f* acuerdo *m*, convenio *m*; arreglo *m*.

ver|ein|en (25) unir; reunir; juntar; *mit vereinten Kräften* de común esfuerzo; *die Vereinten Nationen* las Naciones Unidas; **~fachen** [-'-faxən] (25) simplificar; **2fachung** *f* simplificación *f*; **~heitlichen** [-'haitliçən] (25) unificar; estandarizar; **~igen** (25) unir; reunir; juntar; asociar; *sich* **~** unirse; juntarse; asociarse; **2igung** *f* unión *f*; reunión *f*; asociación *f*; **~samen** [-'-za:mən] (25, sn) quedar aislado; 2**samung** f aislamiento m; **~zelt** [-'-tsəlt] aislado; esporádico.

vereis|en [-'⁹aizən] (27, sn) helarse, cubrirse de hielo; 2**ung** f formación f de) hielo m.

ver|eiteln [-'⁹aitəln] (29) frustrar; abortar; hacer fracasar; **~'eitern** (sn) supurar; **~'ekeln** (29): j-m et. ~ quitar a alg. el gusto de a/c.; **~elenden** [-'⁹e:lεndən] (26, sn) caer en la miseria; **~'enden** (sn) morir; Tier: a. reventar.

vereng|e(r)n [-'⁹εŋə(r)n] (25 [29]) estrechar; 2**(er)ung** f estrechamiento m.

ver-'erb|en dejar en herencia: testamentarisch: legar; (sich) ~ auf (ac.) transmitir(se) hereditariamente a; 2**ung** f transmisión f hereditaria; herencia f; 2**ungslehre** f genética f.

verewigen [-'⁹e:vigən] (25) eternizar; inmortalizar.

ver'fahren 1. v/i. (sn u. h.) proceder, obrar; mit j-m ~ tratar a alg.; 2. v/refl.: sich ~ extraviarse, errar el camino; 3. 2 n (6) ⊕, ⚙ 2⃝ procedimiento m; ⚖ ein ~ einleiten gegen proceder judicialmente contra; 4. adj. embrollado.

Ver'fall m (3, o. pl.) decaimiento m; decadencia f; ruina f; der Sitten: corrupción f, depravación f; ✝ vencimiento m, expiración f; caducidad f; in ~ geraten decaer; 2**en** 1. v/i. decaer (a. ⚙ u. fig.); △ desmoronarse; ✝ vencer, expirar; caducar; ~ auf (ac.) dar en; er verfiel darauf, zu (inf.) se le ocurrió (la idea de) (inf.); e-r Sache ~ entregarse od. darse a a/c.; ~ in (ac.) caer en; 2. part. pt. decaído; en ruinas; (ungültig) caducado; dem Laster ~ entregado al vicio; **~sdatum** n fecha f de caducidad; **~s-erscheinung** f síntoma m de decadencia; **~(s)tag** ✝ m fecha f od. día m de vencimiento.

ver'fälsch|en falsificar; adulterar; alterar; 2**ung** f falsificación f; adulteración f; alteración f.

ver'|fangen hacer efecto; obrar, ✝ pegar; sich ~ enredarse; **~fänglich** [-'fεŋliç] Frage: capcioso; Lage: embarazoso; **~'färben**: sich ~ cambiar de color; Stoff: desteñirse.

ver'fass|en componer; escribir; redactar; 2**er(in)** f) m (7) autor(a) m (f). **Ver'fassung** f estado m; condición f;

disposición f; Pol. constitución f; 2**gebend** Pol. constituyente; 2**smäßig** constitucional; 2**swidrig** anticonstitucional.

ver'faulen (sn) pudrirse.
ver'fechten defender; sostener.
ver'fehl|en errar; perder; no encontrar; nicht ~ zu (inf.) no dejar de; **~t** equivocado; fracasado; 2**ung** f falta f; delito m.

verfeinden [-'faindən] (26): sich ~ enemistarse (mit con).

verfeiner|n [-'fainərn] (29) refinar; pulir (a. fig.); 2**ung** f refinación f; perfeccionamiento m.

ver'femen [-'fe:mən] (25) proscribir; **~'fertigen** fabricar, elaborar.

ver'fett|en echar grasas; 2**ung** f degeneración f adiposa, adiposis f.

ver'feuern quemar; Munition: gastar.

ver'film|en llevar a la pantalla, filmar; 2**ung** f versión f od. adaptación f cinematográfica; filmación f.

ver'filzen fig. enmarañar; enredar (a. Haare).

verfinster|n [-'finstərn] (29) oscurecer; Astr. eclipsar; 2**ung** f oscurecimiento m; Astr. eclipse m.

verflachen [-'flaxən] (25, sn) fig. perderse en trivialidades.

ver'flecht|en entrelazar (a. fig.); 2**ung** f entrelazamiento m; fig. interdependencia f.

ver'|fliegen (sn) evaporarse; Zeit: pasar volando; ✈ sich ~ desorientarse, perder el rumbo; **~'fließen** (sn) Zeit: pasar, transcurrir; **~flixt** [-'flikst] maldito; iron. dichoso.

ver'fluch|en maldecir; **~t 1.** adj. maldito; **~!** ¡maldita sea!; **2.** adv. F Endung -ísimo, z. B. ~ schwierig dificilísimo.

verflüchtigen [-'flyçtigən] (25): sich ~ evaporarse; volatilizarse.

verflüssig|en [-'flysigən] (25) licuar; 2**ung** f licuación f, licuefacción f.

Verfolg [-'fɔlk] m (3, o. pl.) curso m, prosecución f; 2**en** [-'-gən] perseguir (gerichtlich judicialmente); fig. proseguir; (beobachten) seguir de cerca, observar; Spur: seguir; **~er** m (7) perseguidor m; **~ung** f persecución f; **~ungswahn** ✈ m manía f persecutoria.

ver'|formen deformar; **~frachten** [-'fraxtən] (26) despachar, expedir; 2**fremdung** [-'frεmduŋ] f distanciación f; **~froren** [-'fro:rən] friolero; **~früht** [-'fry:t] prematuro.

verfüg|bar [-'fy:kba:r] disponible; **~en** [-'gən] **1.** v/i. disponer, ordenar; decretar; **2.** v/i.: **~ über** (ac.) disponer de; (besitzen) contar con; sich ~ nach dirigirse a; **2ung** f disposición f; decreto m; j-m zur ~ stellen (stehen) poner (estar) a la disposición de alg.

ver'führ|en seducir; **2er(in** f) m (7) seductor(a) m (f); **~erisch** seductor, tentador; **2ung** f seducción f.

ver'fünffachen [-'fynffaxən] (25) quintuplicar; **2'gabe** f adjudicación f; **~'gaffen:** F sich ~ in (ac.) F chiflarse por; **~gällen** [-'gɛlən] (25) **⚗** desnaturalizar; fig. amargar; **~'gammeln** F pudrirse; a. Person: echarse a perder.

vergangen [-'gaŋən] pasado; **2heit** f pasado m; Gram. pretérito m; (Vorleben) antecedentes m/pl.

vergänglich [-'gɛŋliç] pasajero; perecedero; efímero; **2keit** f inconstancia f; carácter m efímero.

vergas|en [-'ga:zən] (27) gasificar; Kfz. carburar; (umbringen) gasear; **2er** Kfz. m (7) carburador m; **2ung** f gasificación f; carburación f.

vergaß, vergäße [-'ga:s, -'gɛ:sə] s. vergessen.

ver'geb|en (weggeben) dar; ceder; (zuerkennen) adjudicar; Amt, Stelle: proveer; (verzeihen) perdonar; du vergibst dir nichts dabei no te caerán los anillos; **~ens** en vano; en balde; **~lich** [-'ge:pliç] vano, inútil; adv. en vano; **2lichkeit** f inutilidad f; **2ung** [-'-bʊŋ] f perdón m; der Sünden: remisión f.

vergegenwärtigen [-ge:gən'vɛrti-gən] (25): sich (dat.) ~ tener presente, figurarse, representarse.

ver'geh|en 1. v/i. (sn) Zeit: pasar, transcurrir; (verschwinden) desaparecer; fig. ~ vor morirse de; sich ~ an (dat.) violar (ac.); sich ~ gegen faltar a, **⚖** contravenir a; **2.** **2** n (6) falta f; **⚖** delito m.

vergeistigen [-'gaistigən] (25) espiritualizar.

ver'gelt|en Dienst: devolver; pagar; (rächen) desquitarse de; Gleiches mit Gleichem ~ pagar con la misma moneda; **2ung** f desquite m; revancha f; **2ungsmaßnahmen** f/pl. represalias f/pl.

vergesellschaften [-gə'zɛlʃaftən] (26) socializar.

vergessen [-'gɛsən] (30) olvidar; ~, et. zu tun olvidarse de hacer a/c.; sich ~ descomedirse; **2heit** f olvido m; in ~ geraten caer en el olvido.

vergeßlich [-'gɛsliç] olvidadizo; **2-keit** f falta f de memoria; aus ~ por olvido.

vergeud|en [-'gɔydən] (26) despilfarrar, derrochar, disipar; desperdiciar; **2ung** f despilfarro m; derroche m, disipación f; desperdicio m.

vergewaltig|en [-gə'valtigən] (25) violar; **2ung** f violación f.

vergewissern [--'visərn] (29): sich ~ cerciorarse, asegurarse.

vergiftden [-'giftən] (26) intoxicar; envenenar; **2ung** f intoxicación f; envenenamiento m.

vergilb|en [-'gilbən] (25, sn) amarillear; **~t** [-'-pt] amarillento.

Vergißmeinnicht [-'gismainniçt] n (3) miosota f, nomeolvides m.

vergittern [-'gitərn] (29) enrejar.

verglas|en [-'gla:zən] (27) acristalar, poner cristales a; **2ung** f acristalamiento m.

Ver'gleich m (3) comparación f; paralelo m (ziehen establecer); parangón m; **⚖** arreglo m, acuerdo m; ajuste m; im ~ zu en comparación con; **2bar** comparable; **2en** comparar (mit con, a); parangonar; Schriftstücke: cotejar; sich ~ **⚖** u. **⚖** arreglarse, llegar a un acuerdo; vergleiche S. 12 véase pág. 12; **2end** comparativo; comparado; **2sweise** comparativamente.

ver'glimmen, ~'glühen (sn) irse extinguiendo.

vergnüg|en [-'gny:gən] (25): (sich) ~ divertir(se); distraer(se); **2en** n (6) placer m; diversión f, divertimiento m; zum ~ para divertirse; mit ~! ¡con mucho gusto!; viel ~! ¡que se divierta!; **~lich** [-'-kliç] divertido; **~t** [-'-kt] alegre; contento.

Vergnügung [-'-gʊŋ] f diversión f; **~s-park** m parque m de atracciones; **~sreise** f viaje m (**⚓** crucero m) de placer; **~sstätte** f establecimiento m de recreo; **~ssteuer** f impuesto m sobre espectáculos; **~ssüchtig** ávido de placeres; **~sviertel** n barrio m de diversiones.

ver'gold|en (26) dorar; ℒ**ung** *f* dorado *m*.

ver'gönnen permitir, conceder.

vergötter|n [-'gœtərn] (29) deificar; idolatrar; ℒ**ung** *f* deificación *f*; idolatría *f*

ver'graben enterrar, soterrar; *fig.* *sich* ~ encerrarse; *sich* ~ *in* engolfarse en.

ver'gräm|en (25) *Wild*: espantar; **~t** acongojado; apenado.

ver'greifen: *sich* ~ equivocarse (*a.* ♪); *sich* ~ *an* (*dat.*) atentar contra; poner la mano en; (*stehlen*) robar (*a./c.*); (*mißbrauchen*) abusar de; **~griffen** [-'grifən] *Buch*, *Ware*: agotado.

vergrößer|n [-'grø:sərn] (29) agrandar, engrandecer; aumentar; amplificar; ampliar (*a.* Phot.); (*erweitern*) ensanchar; ℒ**ung** *f* engrandecimiento *m*; aumento *m*; amplificación *f*; ampliación *f* (*a.* Phot.); ensanche *m*; ℒ**ungs-apparat** *m* ampliadora *f*; ℒ**ungsglas** *n* lente *f* de aumento, lupa *f*.

Vergünstigung [-'gynstiguŋ] *f* preferencia *f*; privilegio *m*; ventaja *f*; **~en** *pl.* facilidades *f/pl.*

vergüt|en [-'gy:tən] (26) compensar, re(e)mbolsar; abonar; (*entlohnen*) remunerar; *j-m* et. ~ indemnizar a alg. de a/c.; ℒ**ung** *f* re(e)mbolso *m*; abono *m*; remuneración *f*; indemnización *f*.

ver'haft|en detener; ℒ**ung** *f* detención *f*.

ver'hageln (29, *sn*) apedrearse; **~'hallen** ir extinguiéndose; perderse.

ver'halten 1. *v/t.* retener; contener; reprimir; *sich* ~ conducirse, portarse; *sich ruhig* ~ quedarse *od.* estarse quieto; **2.** ℒ *n* conducta *f*, comportamiento *m*; ℒ**sforschung** *f* etología *f*.

Verhältnis [-'hɛltnis] *n* (4[1]) relación *f*; proporción *f*; (*Liebes*ℒ) lío *m* (amoroso); F ligue *m*; **~se** *pl.* circunstancias *f/pl.*; condiciones *f/pl.*; situación *f*; *im* ~ *zu* en proporción *od.* relación a; en comparación con; ℒ**mäßig** relativo; proporcional; **~wahl** *f* representación *f* proporcional; **~wort** *Gram.* *n* (1[2]) preposición *f*.

Ver'haltung ♣ *f* retención *f*; **~smaßregeln** *f/pl.* normas *f/pl.* de conducta.

ver'hand|eln (29) negociar (*über* a/c.); deliberar (sobre); discutir

(sobre *od.* a/c.); ⚖ ver una causa; ℒ**lung** *f* negociación *f*; deliberación *f*; discusión *f*; ⚖ vista *f* (de la causa); ℒ**lungsweg** *m*: *auf dem* ~ por vía de negociaciones.

verhangen [-'haŋən] *Himmel*: cubierto; encapotado.

ver'häng|en (25) cubrir; *Strafe*: infligir, imponer (*über* ac. a); *Belagerungszustand*: declarar; ℒ**nis** *n* (4[1]) fatalidad *f*; **~nisvoll** fatal; funesto.

ver'harmlosen [-'harmlo:zən] (27) minimizar; quitar importancia a; **~härmt** [-'hɛrmt] acongojado; **~'harren** permanecer; *fig.* persistir (*bei dat.* en); **~harschen** [-'harʃən] (27) ♣ cicatrizar; *Schnee*: endurecerse.

ver'härt|en endurecer; ℒ**ung** *f* endurecimiento *m*; ♣ induración *f*.

ver'haspeln (29): *sich* ~ atascarse, trabucarse; **~haßt** [-'hast] odioso; odiado (*bei* de); **~hätscheln** mimar.

Verhau [-'hau] *m* (3) estacada *f*; (*Draht*ℒ) alambrada *f*; ℒ**en** F (*prügeln*) pegar, dar una paliza a; *Prüfung*: fallar; *fig.* *sich* ~ equivocarse.

verheddern F [-'hɛdərn] (29) *s.* verhaspeln.

verheer|en [-'he:rən] (25) devastar; asolar, desolar; **~end** asolador; *fig.* desastroso; ℒ**ung** *f* devastación *f*; estragos *m/pl.*

ver'hehlen (25) encubrir; disimular; ocultar; **~'heilen** (*sn*) cicatrizarse; curarse; **~heimlichen** [-'haimliçən] (25) disimular, ocultar.

ver'heirat|en: (*sich*) ~ casar(se); ℒ**ung** *f* casamiento *m*.

ver'heiß|en prometer; ℒ**ung** *f* promesa *f*; **~ungsvoll** prometedor.

ver'helfen: *j-m zu* et. ~ proporcionar a/c. a alg.

verherrlich|en [-'hɛrliçən] (25) enaltecer, glorificar, ensalzar; ℒ**ung** *f* glorificación *f*; ensalzamiento *m*.

ver'hexen embrujar.

ver'hinder|n impedir; (*vorbeugen*) evitar; *verhindert sn* no poder asistir; ℒ**ung** *f* impedimento *m*.

ver'höhn|en escarnecer; mofarse de; ℒ**ung** *f* escarnio *m*; mofa *f*.

Verhör [-'hø:r] *n* (3) interrogatorio *m*; *j-n ins* ~ *nehmen* = ℒ**en** interrogar; *Zeugen*: oír; *sich* ~ entender *od.* oír mal.

ver'|hüllen cubrir; tapar; *a.* *fig.* velar; ocultar; **~'hungern** (*sn*) morir(se) de hambre; **~hunzen** F

[-'huntsən] (27) estropear; ~'**hüten** evitar; prevenir.

verhütt|en ⊕ [-'hytən] (26) fundir; ⚥ung f fundición f.

Ver'hütung f prevención f; ✻ a. profilaxis f; ~**smittel** n preservativo m; anticonceptivo m.

verhutzelt [-'hutsəlt] arrugado.

ver-'irr|en: sich ~ extraviarse, perder el camino; ⚥ung f extravío m; error m; aberración f.

ver'jagen ahuyentar (a. fig.).

verjähr|en [-'jɛːrən] (25, sn) caducar; ⚥⚥ prescribir; ⚥ung f (⚥ungsfrist f) (plazo m de) prescripción f.

ver'jubeln F despilfarrar.

verjüng|en [-'jyŋən] (25) rejuvenecer; Maßstab: reducir; △ sich ~ estrecharse; ⚥ung f rejuvenecimiento m; reducción f; estrechamiento m.

ver'kalk|en (25, sn) calcificarse; ✻ esclerosarse; ~**t** calcificado; ✻ esclerótico; ⚥ung f calcificación f; ✻ esclerosis f.

ver|kannt [-'kant] s. verkennen; ~**kappt** [-'kapt] fig. encubierto; ~**kapseln** [-'kapsəln] (29): sich ~ enquistarse; ~**katert** [-'kaːtərt]: ~ sn F tener resaca.

Ver'kauf m (3³) venta f; ⚥en vender; zu ~ en venta.

Ver'käufer(in f) m (7) vendedor(a) m(f); ⚥**lich** vendible, en venta; leicht ~ de venta fácil.

Verkaufs... [-'kaufs...]: in Zssgn oft de venta; ~**preis** m precio m de venta; ~**stand** m puesto m.

Verkehr [-'keːr] m (3, o. pl.) circulación f; tráfico m; tránsito m; ✝ movimiento m; operaciones f/pl.; (Umgang) trato m; relaciones f/pl.; für den ~ freigeben Straße: abrir al tráfico; aus dem ~ ziehen Banknoten: retirar de la circulación; ⚥**en 1.** v/i. circular; ~ bei od. in frecuentar ac.; mit j-m ~ tener trato con alg.; geschlechtlich ~ tener comercio carnal; **2.** v/t. (umkehren) invertir; Sinn: tergiversar.

Ver'kehrs|-ader f arteria f; ~**ampel** f semáforo m; ~**betriebe** m/pl. transportes m/pl. públicos; ~**chaos** n caos m circulatorio; ~**flugzeug** n avión m comercial; ~**hindernis** n obstáculo m a la circulación; ~**insel** f refugio m; ~**knotenpunkt** m nudo m de comunicaciones; ~**ministerium** n

Ministerio m de Transportes; ~**mittel** n medio m de transporte; ~**netz** n red f de comunicaciones; ~**ordnung** f reglamento m de la circulación; ~**polizei** f policía f de tráfico; ~**polizist** m agente m od. policía m de tráfico; ~**regel** f norma f de circulación; ~**regelung** f regulación f del tráfico; ⚥**reich** muy frecuentado; ~**schild** n señal f (vertical) de circulación; ~**stau(ung** f) m, ~**stockung** f embotellamiento m, atasco m; ~**sünder** m delincuente m de la circulación; ~**teilnehmer** m usuario m de la vía pública; ~**unfall** m accidente m de tráfico; ~**verein** m oficina f de turismo; ~**weg** [-'sveːk] m vía f de comunicación; ~**wesen** n transportes m/pl.; ⚥**widrig** antirreglamentario; ~**zeichen** n señal f de tráfico.

ver|kehrt [-'keːrt] invertido; (falsch) falso; adv. al revés; ~'**keilen** ⊕ acuñar; F fig. s. verprügeln; ~'**kennen** no comprender; subestimar; nicht ~ no negar.

verkett|en [-'kɛtən] (26) encadenar; fig. concatenar; ⚥ung f encadenamiento m; fig. concatenación f.

ver|'kitten enmasillar; ~'**klagen** ⚥⚥ demandar a, poner pleito a.

ver|'klär|en Rel. transfigurar (a. fig.); ~**t** Gesicht: radiante; ⚥ung f transfiguración f.

ver|'klatschen F denunciar; ~'**kleben** pegar; tapar.

ver|'kleid|en disfrazar; ⊕ revestir (mit de); ⚥ung f disfraz m; ⊕ revestimiento m.

verkleiner|n [-'klaɪnərn] (29) empequeñecer (a. fig.); disminuir; A reducir; ⚥ung f disminución f; reducción f; ⚥ungswort Gram. n (1²) diminutivo m.

ver|klemmt [-'klɛmt] atascado; fig. reprimido; ~'**klingen** (sn) ir extinguiéndose; ~'**knallen:** F sich ~ in chalarse por.

verknapp|en [-'knapən] (25, sn) escasear; ⚥ung f escasez f.

ver'kneifen F: sich (dat.) ~ (ac.) renunciar a; das Lachen: contener.

ver'knittern arrugar.

verknöcher|n [-'knœçərn] (29, sn) osificarse; fig. anquilosarse; ~**t** fig. anquilosado.

ver'knoten anudar.

ver-'knüpf|en ligar, enlazar, atar; fig. vincular; logisch: combinar; Ideen:

asociar; **2ung** f enlace m; fig. vinculación f.

ver'kohlen (25) carbonizar; F fig. tomar el pelo a.

verkok|en [-'ko:kən] (25) coquizar; **2ung** f coquización f.

ver'kommen 1. v/i. (sn) echarse a perder; depravarse; **2.** adj. depravado; **2heit** f depravación f.

ver'kork|en (25) encorchar, taponar; **~sen** F [-'kɔrksən] (27) estropear.

verkörper|n [-'kœrpərn] (29) personificar, a. Thea. encarnar; **2ung** f personificación f; encarnación f.

ver'krach|en f: sich ~ reñir; **~t** fracasado.

ver'kraften [-'kraftən] (26) poder con; resistir; **~'kramen** F traspapelar; **~'krampft** [-'krampft] crispado; forzado; **~'kratzen** rayar; **~'kriechen:** sich ~ esconderse; **~'krümeln** F: sich ~ largarse; **2'krümmung** f deformación f; **✗** desviación f; **~krüppelt** [-'krypəlt] lisiado; contrahecho; **~krustet** [-'krustət] incrustado; **~'kühlen:** sich ~ coger frío; **~'kümmern** desmedrar; ir a menos; **✗** atrofiarse.

ver'künd|(ig)en (26 [25]) anunciar; publicar; Gesetz: promulgar; **✗** Urteil: pronunciar; **2igung** f anuncio m; publicación f; Mariä ~ Anunciación f; **2ung** f promulgación f.

ver'kuppeln alcahuetear; prostituir.

ver'kürz|en acortar; (vermindern) reducir (a. Arbeitszeit); **2ung** f acortamiento m; reducción f.

ver'lad|en cargar; **♣** embarcar; **2e-rampe** f muelle m; **2ung** f carga f; **♣** embarque m.

Verlag [-'la:k] m (3) editorial f; **2ern** [-'-gərn] cambiar; trasladar; **~erung** f cambio m; traslado m; **~sbuchhändler** m librero m editor; **~sbuchhandlung** f librería f editorial; **~srecht** n derecho m editorial; **~svertrag** m contrato m editorial.

ver'langen 1. (25) pedir (von j-m a); exigir; reclamar; nach et. ~ anhelar (ac.); nach j-m ~ desear ver a alg.; **2.** 2 n deseo m; exigencia f; demanda f; auf ~ a petición, a requerimiento.

verlänger|n [-'lɛŋərn] (29) alargar; zeitl. prolongar; **✗✗** prorrogar; **2ung** f alargamiento m; prolongación f; **✗✗** prórroga f; **2ungsschnur** ⚡ f prolongación f.

verlangsamen [-'laŋza:mən] (25)

retardar; Geschwindigkeit: reducir.

Verlaß [-'las] m (4, o. pl.): es ist kein ~ auf ihn no puede uno fiarse de él.

ver'lassen 1. v/t. dejar; abandonar; Wohnung: desocupar; sich ~ auf (ac.) fiarse de, contar con; **2.** adj. abandonado; (hilflos) desamparado; Ort: desierto; (einsam) solitario; **2heit** f abandono m; desamparo m; aislamiento m.

verläßlich [-'lɛsliç] seguro; fiable.

Ver'lauf m (3, o. pl.) curso m; transcurso m; desarrollo m; nach ~ von al cabo de; **2en** pasar; transcurrir; sich ~ perderse, perder el camino; Menge: dispersarse.

verlaust [-'laʊst] piojoso.

verlautbar|en [-'laʊtbaːrən] (25) publicar; **2ung** f publicación f; notificación f; comunicado m.

ver'lauten (26): ~ lassen manifestar; hacer saber; nichts ~ lassen guardar silencio; es verlautet, daß dicen que, corre la voz que.

ver'leben pasar; **~t** desgastado.

ver'leg|en 1. v/t. trasladar; irrtümlich: extraviar, Papiere: a. traspapelar; (aufschieben) aplazar; (versperren) atajar, cortar; Buch: publicar, editar; Leitung: colocar; tender; sich ~ auf (ac.) dedicarse a; **2.** adj. cohibido; azorado; turbado; nie um ein Antwort ~ sein saber replicar; ~ werden turbarse, cortarse; **2enheit** f confusión f; turbación f; dilema m; (Geld2) apuro m; in ~ bringen poner en un apuro; aus der ~ helfen sacar del apuro; **2er** m (7) editor m; **2ung** f traslado m; zeitl. aplazamiento m.

ver'leiden (26): j-m et. ~ quitar a alg. el gusto od. las ganas de a/c.

Verleih [-'laɪ] m (3) alquiler m; **2en** prestar; (vermieten) alquilar; Titel: conferir; Preis: conceder; Recht: otorgar; **~er(in** f) m prestador(a) m (f); **~ung** f concesión f; otorgamiento m.

ver'leiten inducir (zu a); seducir (a); **~'lernen** desaprender, olvidar; **~'lesen** leer; dar lectura a; Gemüse: limpiar; sich ~ equivocarse (al leer).

ver'letz|en (27) lastimar; herir (a. fig.); lesionar (a. Interessen); Pflicht: faltar a; **✗✗** violar, infringir; (kränken) ofender; **~end** hiriente; ofensivo; **~lich** vulnerable; **2te(r)** m herido m; **2ung** f lesión f; herida f; **✗✗** violación f; infracción f.

ver'leugnen negar; desmentir.

verleumd|en [-'lɔʏmdən] (26) calumniar, difamar; **2er(in** *f*) *m* (7), **⸗erisch** calumniador(a) *m* (*f*); **2ung** *f* calumnia *f*, difamación *f*.

ver'lieb|en: *sich ⸗ in* (*ac.*) enamorarse de; **⸗t** [-'-pt] enamorado; **2theit** *f* enamoramiento *m*.

verlier|en [-'li:rən] (30) perder; **2er** *m* (7) perdedor *m*.

Verlies [-'li:s] *n* (4) calabozo *m*, mazmorra *f*.

ver'lob|en: *sich ⸗* prometerse; **⸗t** [-'lo:pt] prometido; **2te(r** *m*) *su.* prometido (-a *m* (*f*), F novio (-a) *m* (*f*); **2ung** [-'-buŋ] *f* esponsales *m/pl.*; compromiso *m* matrimonial; **2ungs-ring** *m* anillo *m* de compromiso.

ver'lock|en seducir; tentar; **⸗end** seductor; tentador; **2ung** *f* seducción *f*; tentación *f*.

verlogen [-'lo:gən] mentiroso; mendaz; **2heit** *f* mendacidad *f*.

verloren [-'lo:rən] perdido; *⸗er Sohn* hijo *m* pródigo; *⸗ geben* dar por perdido; **⸗gehen** perderse, extraviarse.

ver'löschen (sn) irse extinguiendo.

ver'los|en sortear; **2ung** *f* sorteo *m*.

ver'|löten soldar; **⸗lottern** [-'lɔtərn] (29, sn) echarse a perder; degradarse.

Verlust [-'lʊst] *m* (3²) pérdida *f*; (*Schwund*) merma *f*; **✝** déficit *m*; **⸗e** *pl.* ✕ bajas *f/pl.*; **2betrieb** *m* empresa *f* deficitaria; **2ig** *adj.* *⸗ gehen* (*gen.*) perder (*ac.*); **⸗liste** ✕ *f* lista *f* de bajas; **2reich** ✕ sangriento.

ver'|machen legar; **2mächtnis** [-'mɛçtnis] *n* (4¹) legado *m*.

vermähl|en [-'mɛ:lən] (25): (*sich*) *⸗* casar(se); **2ung** *f* enlace *m*, casamiento *m*.

ver|markten [-'marktən] (26) comercializar; **2'marktung** *f* comercialización *f*; **⸗masseln** F [-'masəln] (29) echar a perder; **2massung** [-'masuŋ] *f* masificación *f*.

ver'mehr|en aumentar, acrecentar; *sich ⸗* aumentar; multiplicarse; crecer; **2ung** *f* aumento *m*, incremento *m*; multiplicación *f*.

vermeid|bar [-'maɪtba:r] evitable; **⸗en** [-'-dən] evitar; **2ung** *f* evitación *f*.

ver'meinen suponer; figurarse; **⸗tlich** supuesto; presunto.

ver'mengen mezclar; *fig.* confundir.

Vermerk [-'mɛrk] *m* (3) nota *f*; apunte *m*; **2en** anotar; apuntar; *übel ⸗* tomar a mal.

ver'mess|en 1. *v/t.* medir; *Land:* apear; *sich ⸗ zu inf.* atreverse a; **2.** *adj.* temerario; **2enheit** *f* temeridad *f*; **2ung** *f* medición *f*; (*Land2*) agrimensura *f*; **2ungs-ingenieur** *m* geodesta *m*; **2ungskunde** *f* geodesia *f*.

ver'miet|en alquilar; *zu ⸗ se* alquila; **2er(in** *f*) *m* (7) alquilador(a) *m* (*f*); arrendador(a) *m* (*f*); **2ung** *f* alquiler *m*.

ver'minder|n disminuir; reducir; **2ung** *f* disminución *f*; reducción *f*.

verminen [-'mi:nən] (25) minar.

ver'misch|en mezclar; **2ung** *f* mezcla *f*.

ver'mi|ssen echar de menos; *Am.* extrañar; **2ßte(r)** ✕ [-'mɪstə(r)] *m* desaparecido *m*.

vermitt|eln [-'mɪtəln] (29) 1. *v/i.* mediar; intervenir; 2. *v/t.* procurar, facilitar, proporcionar; **⸗els** (*gen.*) mediante, por medio de; **2er** *m* (7) intermediario *m*; mediador *m*; **2lung** *f* intervención *f*; mediación *f*; *Fernspr.* central *f*; **2lungsgebühr** *f* comisión *f*.

vermodern [-'mo:dərn] (29, sn) pudrirse, corromperse.

vermöge [-'mø:gə] (*gen.*) en virtud de, mediante (*ac.*).

ver'mögen 1. *v/t.* poder, ser capaz de; 2. **2** *n* (6) poder *m*; capacidad *f*; (*Besitz*) fortuna *f*, bienes *m/pl.*; **⸗d** adinerado, acaudalado; **2ssteuer** *f* impuesto *m* sobre el patrimonio; **2sverwalter** *m* administrador *m* de bienes.

vermorscht [-'mɔrʃt] podrido.

vermummen [-'mʊmən] (25) disfrazar; *Gesicht:* embozar.

vermut|en [-'mu:tən] (26) suponer; presumir; barruntar; **⸗lich** presunto; probable; **2ung** *f* suposición *f*; presunción *f*; sospecha *f*.

vernachlässig|en [-'nɑːxlɛsigən] (25) descuidar; desatender; **2ung** *f* descuido *m*, negligencia *f*; desatención *f*; desaliño *m*.

ver'|nageln clavar; **⸗nähen** coser; **⸗narben** [-'narbən] (25, sn) cicatrizarse; **⸗narrt** [-'nart]: *⸗ in* (*ac.*) loco por; **⸗naschen** gastar en golosinas; **⸗nebeln** [-'ne:bəln] (29) ✕ cubrir con niebla artificial; *fig.* ofuscar.

vernehm|bar [-'ne:mba:r] perceptible; **~en** percibir, oír; ♊ interrogar; **2en** n: dem ~ nach según lo que dicen; **~lich** perceptible; en voz alta; 2ung f ♊ interrogatorio m; toma f de declaración; **~ungsfähig** en estado de declarar.

ver'neig|en: sich ~ inclinarse; 2ung f inclinación f.

vernein|en [-'naɪnən] (25) negar; **~end** negativo; 2ung f negación f.

vernicht|en [-'nɪçtən] (26) destruir; aniquilar, anonadar; exterminar; 2ung f destrucción f; aniquilamiento m; exterminio m.

ver|'nickeln [-'nɪkəln] (29) niquelar; **~'nieten** remachar.

Vernunft [-'nʊnft] f (16, o. pl.) razón f; zur ~ bringen poner en razón; ~ annehmen, zur ~ kommen entrar en razón; sentar la cabeza; 2gemäß lógico; razonable; **~grund** m argumento m racional; **~heirat** f matrimonio m de conveniencia.

vernünftig [-'nynftɪç] razonable; sensato; juicioso.

veröd|en [-'ʔøːdən] (26, sn) quedar desierto, despoblarse; 2ung f devastación f; despoblación f.

veröffentlich|en [-'ʔœfəntlɪçən] (25) publicar; 2ung f publicación f.

ver-'ordn|en ordenar; decretar; ♂ prescribir, recetar; 2ung f orden(anza) f; decreto m; ♂ prescripción f; receta f.

ver|'pachten arrendar; 2'pächter(in f) m (7) arrendador(a) m (f); 2'pachtung f arrendamiento m.

ver|'pack|en embalar; envasar; 2ung f embalaje m; envase m.

ver|'passen perder; j-n: no encontrar; **~patzen** F [-'patsən] (27) estropear; **~pesten** [-'pɛstən] (26) apestar; infestar; **~petzen** F delatar.

ver|'pfänd|en empeñar; pignorar; 2ung f empeño m; pignoración f.

ver|'pfeifen F delatar.

ver|'pflanz|en trasplantar; 2ung f trasplante m.

ver|'pfleg|en alimentar; abastecer; 2ung f alimentación f, comida f; abastecimiento m; víveres m/pl.

verpflicht|en [-'pflɪçtən] (26) obligar; Thea. contratar; sich ~ zu comprometerse a; 2ung f obligación f; compromiso m.

ver|'pfuschen F chapucear; estropear.

ver|'pimpeln F [-'pɪmpəln] (29) mimar; **~'plappern:** sich ~ irse de la lengua; **~plempern** F [-'plɛmpərn] (29) malgastar; desperdiciar; **~pönt** [-'pøːnt] mal visto; **~'prassen** derrochar; **~proviantieren** [-provjan-'tiːrən] abastecer, aprovisionar, avituallar; **~'prügeln** dar una paliza; **~'puffen** (sn) deflagrar; detonar; fig. acabar en nada; **~pulvern** [-'pʊl-fərn] F (29) (mal)gastar; **~'pumpen** F prestar; **~puppen** [-'pupən] (25): sich ~ transformarse en crisálida od. ninfa; **~'pusten** F: sich ~ tomar aliento; **~'putzen** △ revocar, enlucir; F (essen) tragar; **~qualmt** [-'kvalmt] lleno de humo; **~quicken** [-'kvikən] (25) (entre)mezclar; **~quollen** [-'kvɔlən] hinchado; **~'rammeln** atrancar; **~'ramschen** baratear.

Verrat [-'raːt] m (3, o. pl.) traición f; **2en** traicionar; denunciar; Geheimnis: descubrir; delatar; fig. (zeigen) denotar, acusar.

Verräter|(in f) m [-'rɛːtər(in)] m (7) traidor(a) m (f); **2isch** traidor; traicionero.

ver|'rauchen (sn) evaporarse (a. fig.); **~räuchern** [-'rɔyçərn] ahumar.

ver|'rechn|en poner en cuenta; compensar; liquidar; sich ~ equivocarse en sus cálculos; fig. equivocarse; 2ung f compensación f; ✝ nur zur ~ para abonar en cuenta; 2ungsscheck m cheque m cruzado od. barrado.

ver|'recken P (sn) reventar; P diñarla; **~regnen** (sn) echarse a perder con la lluvia.

ver|'reis|en (sn) salir od. irse de viaje; **~t:** ~ sn estar de viaje.

ver|'reißen F criticar duramente; poner por los suelos.

verrenk|en [-'rɛŋkən] (25) dislocar; torcer; 2ung f dislocación f; torcedura f.

ver|'rennen: sich ~ in (ac.) aferrarse a.

ver|'richt|en hacer; ejecutar; 2ung f ejecución f; tarea f.

verriegeln [-'riːgəln] (29) echar el cerrojo a.

verringer|n [-'rɪŋərn] (29) disminuir, reducir; 2ung f disminución f, reducción f.

ver|'rinnen (sn) transcurrir, pasar; **~rohen** [-'roːən] (25) embrutecerse; **~rosten** (sn) corroerse, oxidarse;

ⴰrotten [-'rɔtən] (26, sn) descomponerse; pudrirse.

ver'rucht [-'ru:xt] infame, malvado; **ⵣheit** f infamia f; maldad f.

ver'rück|en cambiar de sitio, remover; **ⴰt** loco; ⴰ machen volver loco; ⴰ sn nach estar loco por; **ⵣtheit** f locura f; **ⵣtwerden** n (6): es ist zum ⴰ es para volverse loco.

Ver'ruf m (3, o. pl.) descrédito m; in ⴰ bringen desacreditar; **ⵣen** adj. mal reputado, de mala fama.

ver'rühren mezclar; remover; **ⴰ'ru-ßen** cubrirse de hollín.

Vers [fɛrs] m (4) verso m; Rel. versículo m; F ich kann mir keinen ⴰ darauf machen no me lo explico.

versag|en [fɛr'za:gən] **1.** v/t. denegar, rehusar; sich et. ⴰ privarse de a/c.; **2.** v/i. fallar; no funcionar; Kräfte usw.: faltar; Person: fracasar; **ⵣen** n fallo m; ⊕ a. avería f; menschliches ⴰ fallo m humano; **ⵣer** m (7) fallo m; fracaso m; (Person) fracasado m.

ver'salzen salar demasiado; fig. estropear; aguar.

ver'samm|eln reunir; juntar; **ⵣlung** f reunión f; asamblea f; Pol. mitin m.

Versand [-'zant] m (3, o. pl.) expedición f; envío m; **ⴰabteilung** f (departamento m de) expedición f; **ⵣbereit** listo para la expedición; **ⵣen** [-'-dən] (26, sn) cubrirse de arena; fig. quedar en nada; **ⴰhandel** m venta f por correspondencia od. por correo.

versau|en P [-'zauən] (25) ensuciar; estropear; **ⴰern** (29) fig. llevar una vida aburrida.

ver'säum|en omitir; (verpassen) perder; Gelegenheit: a. desaprovechar; Pflicht, Schule: faltar a; nicht ⴰ, zu (inf.) no dejar de; **ⵣnis** n (4¹) omisión f; descuido m; negligencia f; falta f; **ⵣnis-urteil** ⚄ n sentencia f en rebeldía.

Versbau [ˈfɛrsbau] m (3, o. pl.) versificación f.

ver'schachern F [fɛr'ʃaxərn] vender; **ⴰ'schaffen** (25) proporcionar, procurar, facilitar.

verschal|en [-'ʃɑ:lən] (25) encofrar; **ⵣung** f encofrado m.

ver'schämt [-'ʃɛ:mt] avergonzado; vergonzoso; **ⴰschandeln** F [-'ʃandəln] (29) afear; degradar.

ver'schanz|en sich ⴰ atrincherarse;

fig. a. escudarse (hinter en); **ⵣung** f atrincheramiento m.

ver'schärf|en agravar, agudizar; intensificar; Tempo: acelerar; **ⵣung** f agravación f; intensificación f.

ver'scharren soterrar; enterrar; **ⴰ'scheiden** (sn) fallecer; **ⴰ'schenken** regalar, dar; **ⴰ'scherzen** perder (por ligereza); **ⴰscheuchen** [-'ʃɔʏçən] (25) ahuyentar (a. fig.), espantar; **ⴰ'scheuern** F vender (barato).

ver'schick|en enviar, expedir; **ⵣung** f envío m, expedición f.

Verschieb|ebahnhof [-'ʃi:bəba:n-ho:f] m estación f de maniobras; **ⵣen** cambiar de sitio (a. refl.), desplazar; zeitl. aplazar; Waren: vender bajo mano; **ⴰung** f desplazamiento m; zeitl. aplazamiento m.

verschieden [-'ʃi:dən] **1.** adj. diferente, distinto; pl. ⴰe (mehrere) diversos, varios; **2.** s. verscheiden; **ⴰ-artig** distinto, heterogéneo; **ⴰfarbig** de varios colores, multicolor; **ⵣheit** f diferencia f; diversidad f; **ⴰtlich** repetidas veces.

ver'schieß|en 1. v/t. Munition: gastar, agotar; F fig. sich ⴰ in chalarse por; **2.** v/i. Stoff: perder el color, desteñirse.

ver'schiff|en embarcar; **ⵣung** f embarque m.

ver'schimmeln enmohecerse; **ⴰ-schlacken** [-'ʃlakən] (25) escorificarse; **ⴰ'schlafen 1.** v/t. pasar durmiendo; (sich) ⴰ levantarse bzw. despertarse tarde; **2.** adj. soñoliento.

Ver'schlag m apartadizo m; cobertizo m; **ⵣen 1.** v/t. revestir de od. cerrar con tablas; Buchseite, Ball: perder; ⴰ werden nach ir a parar a; es verschlug ihm die Sprache se quedó de una pieza; **2.** adj. taimado, astuto; **ⴰ-enheit** f astucia f.

verschlamm|en [-'ʃlamən] (25, sn) encenagarse; **ⴰpen** F [-'-pən] (25) perder, extraviar; **ⴰpt** descuidado.

verschlechter|n [-'ʃlɛçtərn] (29) empeorar; sich ⴰ empeorarse; **ⵣung** f empeoramiento m.

ver'schleier|n [-'ʃlaiərn] (29) velar; fig. encubrir; **ⵣung** f encubrimiento m.

verschleimen [-'ʃlaimən] (25, sn) obstruir con flema.

Verschleiß [-'ʃlais] m (3²) desgaste m; **ⵣen** (30) desgastar.

ver'schlepp|en j-n: secuestrar; deportar; et.: dar largas a; ⚓ descuidar;

curar mal; 2**ung** f secuestro m; deportación f.

ver'**schleudern** dilapidar; ✝ malbaratar.

verschließ|**bar** [-'ʃliːsbaːr] con cerradura; ~**en** cerrar (con llave); (*einschließen*) encerrar; *sich e-r Sache* ~ no admitir a/c.

verschlimmer|**n** [-'ʃlimərn] (29): (*sich*) ~ agravar(se); 2**ung** f agravación f; empeoramiento m.

ver'**schlingen** entrelazar; (*essen*) devorar (*a. fig.*), tragarse; *viel Geld* ~ costar un dineral; ~**schlissen** [-'ʃlisən] desgastado (por el uso).

verschlossen [-'ʃlɔsən] cerrado; *fig. a.* reservado; 2**heit** f reserva f.

ver'**schlucken** tragar; *Wort*: comerse; *sich* ~ atragantarse (*an dat.* con); 2'**schluß** m cierre m; *Phot.* obturador m; *e-r Flasche*: tapón m; ✝ oclusión f; *unter* ~ *halten* guardar bajo llave; ~**schlüsseln** [-'ʃlysəln] (29) cifrar; 2'**schlußlaut** *Gram.* m (consonante f) oclusiva f; ~'**schmachten** morirse (*vor* de); ~'**schmähen** despreciar, desdeñar.

ver'**schmelz|en** 1. *v/t.* fundir; *fig. a.* amalgamar; ✝ fusionar; 2. *v/i.* (sn) fundirse; 2**ung** f fundición f; *a.* ✝ fusión f.

ver'**schmerzen** consolarse de; olvidar; ~'**schmieren** *Loch*: tapar; *Papier*: emborronar.

verschmitzt [-'ʃmitst] socarrón; pícaro; 2**heit** f socarronería f.

ver'**schmutz|en** *v/t.* (*v/i.* [sn]) ensuciar(se); *Umwelt*: contaminar; 2**ung** f ensuciamiento m; *der Umwelt*: contaminación f; polución f.

ver'**schnauf|en**: (*sich*) ~ tomar aliento; 2**pause** f respiro m.

ver'**schnei|den** *Stoff*: cortar mal; *Wein*: mezclar; *Tier*: castrar, capar; *Baum*: podar; ~**t** nevado.

Ver|**schnitt** [-'ʃnit] m (*Wein usw.*) mezcla f; 2**schnörkelt** [-'ʃnœrkəlt] florido; 2**schnupft** [-'ʃnupft] acatarrado, constipado; *fig.* amoscado, picado; 2'**schnüren** atar (con cuerda), encordelar; 2**schollen** [-'ʃɔlən]: ~ *sn* haber desaparecido; 2'**schonen** respetar; dejar en paz; perdonar la vida a.

verschöner|**n** [-'ʃøːnərn] (29) embellecer, hermosear; 2**ung** f embellecimiento m.

ver|**schossen** [-'ʃɔsən] *Farbe*: desteñido; F *fig.* ~ *in* chalado por; ~**schränken** [-'ʃrɛŋkən] (25) *Arme*: cruzar; ~'**schrauben** atornillar; ~'**schreiben** *Tinte*: gastar; ⚕ recetar, prescribir; ⚖ legar; *sich* ~ equivocarse al escribir; *fig. sich e-r Sache* (*dat.*) ~ entregarse a a/c.; ~**schrien** [-'ʃriːn]: ~ *sn als* tener fama de.

verschröben [-'ʃrøːbən] excéntrico; 2**heit** f excentricidad f.

ver|**schrotten** [-'ʃrɔtən] (26) desguazar; ~'**schrumpeln** F (29) arrugarse; ~**schüchtert** [-'ʃʏçtərt] intimidado.

ver'**schuld|en** tener la culpa de; causar; 2**en** n culpa f, falta f; ~**et** endeudado; 2**ung** f endeudamiento m.

ver'**schütt|en** derramar; ~**et**: ~ *werden* quedar sepultado.

ver'**schwäger|t** [-'ʃvɛːɡərt] emparentado; ~'**schweigen** callar; silenciar; pasar en silencio; ocultar.

verschwend|**en** [-'ʃvɛndən] (26) prodigar, disipar; dilapidar; derrochar; *a. Zeit*: desperdiciar; 2**er(in** f) m (7), ~**erisch** pródigo (-a) m (f), derrochador(a) m (f), disipador(a) m (f); 2**ung** f disipación f, derroche m, despilfarro m; 2**ungssucht** f prodigalidad f.

verschwiegen [-'ʃviːɡən] callado; reservado; discreto; 2**heit** f reserva f; discreción f.

ver'**schwimmen** (sn) desdibujarse; confundirse (*in* con).

ver'**schwinden** 1. *v/i.* (sn) desaparecer; F eclipsarse; ~ *lassen* escamotear; 2. 2 n desaparición f; ~**d**: ~ *klein* diminuto; microscópico.

ver'**schwitzen** F *fig.* olvidarse de; ~**t** sudoroso.

verschwommen [-'ʃvɔmən] vago; nebuloso; *Bild usw.*: borroso.

ver'**schwör|en**: *sich* ~ conspirar, conjurarse, confabularse; 2**er(in** f) m (7) conspirador(a) m (f), conjurado (-a) m (f); 2**ung** f conjuración f, conspiración f, complot m.

ver**sehen** 1. *v/t. Amt usw.*: desempeñar, ejercer; ~ *mit* dotar de, proveer de; *sich* ~ (*irren*) equivocarse; *ehe man sich's versieht* cuando menos se piensa; (*im Nu*) en un santiamén; 2. 2 n equivocación f, error m; descuido m, inadvertencia f; *aus* ~ = ~**tlich** por equivocación, por descuido.

ver'**send|en** expedir, enviar, despachar; 2**ung** f expedición f, envío m.

ver'sengen chamuscar, quemar.

versenk|bar [-'zɛŋkbɑːr] sumergible; **~en** sumergir; ⚓ hundir; echar a pique; *sich ~ in (ac.)* sumirse *od.* abismarse en; **⚲ung** *f* sumersión *f*; hundimiento *m*; *Thea.* escotillón *m*.

versessen [-'zɛsən]: *~ auf (ac.)* empeñado en; loco por; **⚲heit** *f* empeño *m*.

ver'setz|en trasladar (*a. Beamte*); ✓ trasplantar; *Schüler*: hacer pasar al curso siguiente; *Schlag*: asestar, propinar; (*entgegnen*) replicar; (*vermischen*) mezclar; *als Pfand*: empeñar; F *j-n ~* dar esquinazo *od.* un plantón a alg.; *in Angst usw. ~* causar (*ac.*); *nicht versetzt werden Schüler*: tener que repetir el curso; **⚲ung** *f* traslado *m*; (*Schule*) paso *m* al curso siguiente; (*Pfand*) empeño *m*; (*Mischung*) mezcla *f*; **⚲ungszeichen** ♪ *n* accidente *m*.

verseuch|en [-'zɔyçən] (25) infestar, contaminar; **⚲ung** *f* infestación *f*; contaminación *f*.

Versfuß ['fɛrsfuːs] *m* pie *m* (de verso).

Versicher|er [fɛr'ziçərər] *m* (7) asegurador *m*; **⚲n** ✝ asegurar; (*behaupten*) aseverar, afirmar; **~te(r** *m*) *su.* (18) asegurado (-a) *m* (*f*); **⚲ung** *f* ✝ seguro *m*; (*Behauptung*) aseveración *f*, afirmación *f*.

Versicherungs... [-'---ruŋs...]: *in Zssgn oft* de seguro; **~gesellschaft** *f* compañía *f* de seguros; **~nehmer** *m* contratante *m*; **~pflicht** *f* obligatoriedad *f* del seguro; **~police** *f* póliza *f* de seguro; **~prämie** *f* prima *f* de seguro; **~summe** *f* suma *f* asegurada; **~vertrag** *m* contrato *m* de seguro.

ver'sickern rezumar(se); **~'siegeln** sellar; (*mit Lack*) lacrar; **~'siegen** secarse; *fig.* agotarse.

versiert [vɛr'ziːrt] versado.

ver'silbern [fɛr'zilbərn] (29) platear; F *fig.* hacer dinero de; **~'sinken** hundirse, sumergirse; ⚓ irse a pique; *fig.* perderse; *in Gedanken ~* ensimismarse; **~'sinnbildlichen** [-'zin-biltliçən] (25) simbolizar.

Version [vɛr'zjoːn] *f* versión *f*.

versklaven [fɛr'sklɑːvən] (25) esclavizar.

Vers|lehre [vɛr'ziːrt] *f* métrica *f*; **~maß** *n* metro *m*.

versöhn|en [fɛr'zøːnən] (25) reconciliar; *sich ~* reconciliarse, hacer las paces; **~lich** conciliador; **⚲ung** *f* reconciliación *f*.

ver'sonnen meditabundo; ensimismado; soñador.

ver'sorg|en proveer, abastecer, aprovisionar (*mit* de); ✝ surtir (*mit* de); suministrar (*ac.*); (*sorgen für*) cuidar de; **⚲er** *m* (7) sostén *m* de la familia; **~t** provisto (*mit* de); *Gesicht*: preocupado; *gut ~ sn* tener el futuro asegurado; **⚲ung** *f* suministro *m*; abasto *m*, abastecimiento *m*; aprovisionamiento *m*.

verspät|en [-'ʃpɛːtən] (26): *sich ~* retrasarse; llegar tarde; **~et** con retraso; tardío; **⚲ung** *f* retraso *m*; **~ haben** llevar retraso.

ver'speisen comer; consumir; **~'sperren** cerrar; obstruir; *Tür*: atrancar; *Weg*: atajar; *Aussicht*: quitar.

ver'spiel|en perder en el juego; **~t** juguetón.

ver'spott|en burlarse de, mofarse de; escarnecer; **⚲ung** *f* burla *f*, mofa *f*; escarnio *m*.

ver'sprech|en prometer; *sich ~* equivocarse (al hablar); *sich viel ~ von* esperar mucho de; **⚲en** *n*, **⚲ung** *f* promesa *f*.

ver'spreng|en *a.* ⚔ dispersar; **~t** disperso.

ver'spritzen esparcir; derramar; **~'sprühen** pulverizar; atomizar; **~'spüren** sentir, experimentar; *Folgen*: resentirse de.

verstaatlich|en [-'ʃtɑːtliçən] (25) nacionalizar; **⚲ung** *f* nacionalización *f*.

Verstädterung [-'ʃtɛtərʊŋ] *f* urbanización *f*.

Verstand [-'ʃtant] *m* (3, *o. pl.*) entendimiento *m*; inteligencia *f*; intelecto *m*; (*Urteilskraft*) juicio *m*; *den ~ verlieren* perder el juicio; *nicht recht bei ~ sein* no estar en su juicio; *das geht über meinen ~* no lo comprendo, F eso no me entra; **⚲esmäßig** intelectual; **~esmensch** *m* hombre *m* cerebral; intelectual *m*; **~esschärfe** *f* perspicacia *f*, penetración *f*.

verständig [-'ʃtɛndiç] inteligente; razonable, sensato; juicioso; **~en** [-'--gən] (25) enterar, informar (*von* de); *sich ~* entenderse; (*sich einigen*) ponerse de acuerdo; **⚲ung** *f* acuerdo *m*; arreglo *m*; *Fernspr.* comunicación *f*.

verständlich [-'ʃtɛntliç] inteligible;

comprensible; *schwer* ~ difícil de entender; *allgemein* ~ al alcance de todos; *sich* ~ *machen* hacerse entender.

Ver'ständnis [-'-nis] *n* (4¹) comprensión *f*; entendimiento *m*; ~ *haben für* comprender (*ac.*); **2los** incomprensivo; *adv.* sin comprender nada; **2voll** comprensivo.

ver'stärk|en reforzar (*a.* ⊕, ⚓ *u.* *Phot.*); ⚡ amplificar; (*vermehren*) aumentar; intensificar; **2er** ⚡ *m* amplificador *m*; **2ung** *f* refuerzo *m* (*a.* ⚓); aumento *m*; intensificación *f*; ⚡ amplificación *f*.

ver'stauben (*sn*) cubrirse de polvo.

verstauch|en [-'ʃtauxən] (25): *sich den Fuß* ~ torcerse el pie; **2ung** *f* torcedura *f*.

ver'stauen ⚓ arrumar; estibar; F guardar.

Ver'steck [-'ʃtɛk] *n* (3) escondrijo *m*; ~ *spielen* jugar al escondite (*a. fig.*); **2en** esconder (*vor dat.* de); ocultar (*vor dat.* a); *sich* ~ esconderse; ~**spiel** *n* juego *m* de escondite; **2t** escondido; *fig.* oculto; velado.

ver'stehen entender (*unter dat.* por); comprender; (*können*) saber; *sich* ~ *entenderse*; *zu* ~ *geben* dar a entender; *sich auf et.* ~ entender de a/c.; *sich* ~ *zu* consentir en, prestarse a; *das versteht sich von selbst* eso se sobrentiende.

ver'steif|en ⊕ reforzar; *sich* ~ ⚓ ponerse rígido *od.* tieso; *fig.* endurecerse; *fig. sich* ~ *auf* (*ac.*) obstinarse en, aferrarse a; **2ung** *f* ⊕ refuerzo *m*; ⚓ anquilosis *f*; *fig.* obstinación *f*.

ver'steigen: *sich* ~ extraviarse en la montaña; *fig. sich* ~ *zu* atreverse a.

ver'steiger|n subastar, rematar; *Am.* licitar; *öffentlich* ~ vender en pública subasta; **2ung** *f* subasta *f*, remate *m*; *Am.* licitación *f*.

ver'steiner|n *v/i.* (29, *sn*) petrificarse; **2ung** *f* petrificación *f*; fósil *m*.

ver'stell|bar ajustable, regulable; graduable; orientable; ~**en** ajustar, regular; *Möbel usw.*: cambiar de sitio, trasladar; (*versperren*) obstruir, cerrar; *Schrift, Stimme*: desfigurar; *sich* ~ disimular; fingir; **2ung** *f* disimulo *m*.

ver'steuern pagar impuestos por.

verstiegen [-'ʃtiːgən] extravagante; **2heit** *f* extravagancia *f*.

ver'stimm|en *fig.* disgustar; poner de mal humor; ~**t** ♪ desafinado, destemplado; *fig.* de mal humor; disgustado; **2ung** *f fig.* mal humor *m*; desavenencia *f*.

verstockt [-'ʃtɔkt] obstinado; **2heit** *f* obstinación *f*.

verstohlen [-'ʃtoːlən] furtivo, clandestino; *adv.* con disimulo.

ver'stopf|en obstruir; cegar; *Loch*: tapar; taponar; ⚕ estreñir; **2ung** *f* obstrucción *f*; ⚕ estreñimiento *m*; *Vkw.* embotellamiento *m*, atasco *m*.

ver'storben [-'ʃtɔrbən] difunto, fallecido; ~**stört** [-'ʃtøːrt] asustado; alterado; trastornado.

Ver'stoß *m* (3² *u.* ³) falta *f* (*gegen* a); contravención *f* (*gegen* a); **2en 1.** *v/t.* expulsar; *Frau*: repudiar; **2.** *v/i.*: ~ *gegen* faltar a; contravenir a; infringir (*ac.*); ~**ung** *f* expulsión *f*; repudio *m*.

ver'streb|en ⚓ apuntalar; **2ung** *f* apuntalamiento *m*.

ver'streichen 1. *v/t. Butter usw.*: extender; *Fuge*: tapar; **2.** *v/i.* (*sn*) transcurrir, pasar; *Frist*: vencer; ~**'streuen** dispersar, esparcir; ~**'stricken**: *sich* ~ enredarse (*in ac.* en).

verstümmel|n [-'ʃtymɛln] (29) mutilar (*a. fig.*); **2ung** *f* mutilación *f*.

ver'stummen [-'ʃtumən] (25, *sn*) enmudecer, callarse; *Lärm*: cesar.

Ver'such [-'zuːx] *m* (3) tentativa *f*, intento *m* (*a.* ⚓); (*Probe*) prueba *f*, ensayo *m*; *Phys. usw.*: *a.* experimento *m*; **2en** probar (*a. kosten*), ensayar; (*verlocken*) tentar; ~ *zu inf.* intentar, procurar (*inf.*); tratar de; ~**er** *m* (7) tentador *m*; ~**sballon** *m* globo *m* sonda (*a. fig.*); ~**skaninchen** *n* conejillo *m* de Indias (*a. fig.*); ~**s-person** *f* sujeto *m* (de experimentación); ~**s-reihe** *f* serie *f* experimental; ~**s-tier** *n* animal *m* experimental *od.* de experimentación; **2sweise** a título de ensayo *od.* prueba; ~**ung** *f* tentación *f*; *in* ~ *führen* tentar.

versumpfen [-'zumpfən] (25, *sn*) empantanarse; F *fig.* encenagarse.

ver'sündig|en: *sich* ~ pecar (*an dat.* contra); **2ung** *f* pecado *m*.

ver'sunken [-'zuŋkən] *s.* versinken; *fig.* ~ *in* (*ac.*) absorto en; ~**'süßen** endulzar; *fig. a.* dulcificar; *fig. Pille*: dorar.

ver'tag|en aplazar (*auf ac.* hasta); **2ung** *f* aplazamiento *m*.

vertäuen ⚓ [-ˈtɔʏən] (25) amarrar.

verˈtauschen cambiar (*gegen* por); (*verwechseln*) confundir (*mit* con).

verteidig|en [-ˈtaɪdɪɡən] (25) defender; **2er** m (7) defensor m (a. ♟); *Sport:* defensa m; **2ung** f defensa f; **2ungs...:** *in Zssgn* defensivo; **2ungs-minister(ium** n) m Ministro m (Ministerio m) de Defensa.

verˈteil|en distribuir; repartir; *sich ~* dispersarse; **2er** m (7) repartidor m; a. ⊕ distribuidor m; **2ung** f distribución f; reparto m.

verteuer|n [-ˈtɔʏərn] (29) encarecer; **2ung** f encarecimiento m.

verteufelt [-ˈtɔʏfəlt] endiablado, endemoniado.

vertief|en [-ˈtiːfən] (25) ahondar, profundizar; *sich ~ in* (*ac.*) absorberse en; engolfarse en; **2ung** f ahondamiento m; profundización f; (*Grube*) hoyo m; (*Mulde*) hondonada f; (*Höhlung*) hueco m.

vertieren [-ˈtiːrən] (25, sn) embrutecerse.

vertikal [vɛrtiˈkaːl] vertical.

vertilg|en [fɛrˈtɪlɡən] destruir; exterminar; F comerse; **2ung** f destrucción f; exterminación f, exterminio m.

verton|en [-ˈtoːnən] (25) poner en música, *neol.* musicar; **2ung** f puesta f en música.

vertrackt F [-ˈtrakt] complicado.

Vertrag [-ˈtraːk] m (3³) contrato m; convenio m; *Pol.* tratado m; **2en** [-ˈɡən] (*ertragen*) aguantar, resistir; (*dulden*) soportar; *sich (gut) ~* llevarse bien; *Sachen:* ser compatible; **2lich** [-ˈtraːklɪç] contractual; *adv.* por contrato.

verträglich [-ˈtrɛːklɪç] tratable; sociable; complaciente; conciliante.

Vertrag|sbruch [-ˈtraːksbrux] m violación f del contrato; **2brüchig:** ~ *werden* violar un contrato; **2schließend** contratante; **2sgemäß** conforme al contrato; **~shändler** m concesionario m; **~s-partner** m (parte f) contratante m; **~sstrafe** f pena f contractual.

verˈtrauen 1. *v/i.* confiar (*j-m od. auf ac.* en alg. *od.* a/c.); 2. 2 n confianza f (*auf, zu* en); *im ~* en confianza, confidencialmente; *im ~ auf* (*ac.*) confiando en; *~ haben zu* tener confianza en; **~erweckend** que inspira confianza; **2sbruch** m abuso m de con-

fianza; **2smann** m hombre m de confianza; confidente m; **2ssache** f asunto m confidencial; **~sselig** crédulo; **~svoll** confiado; **2svotum** n voto m de confianza; **~swürdig** (digno) de confianza.

verˈtraulich confidencial; familiar, íntimo; **2keit** f familiaridad f, intimidad f.

verˈträumt soñador.

vertraut [-ˈtraʊt] íntimo; familiar; *~ sn mit* conocer a fondo (*ac.*); *sich ~ machen mit* familiarizarse con; **2e(r** m) su. confidente su.; **2heit** f intimidad f; familiaridad f.

verˈtreib|en desalojar; expulsar; *fig.* ahuyentar; (*ersetzen*) re(e)mplazar, sustituir; *Meinung:* sostener; defender; F *sich* (*dat.*) *die Beine ~* estirar las piernas; *sich den Fuß ~* torcerse el pie; **2er(in** f) m (7) representante su. (a. ♣); sustituto (-a) m (f), suplente su.; **2ung** f representación f; sustitución f.

Vertrieb [-ˈtriːp] ♣ m (3) venta f; distribución f; **~ene(r)** [-ˈbenə(r)] m expulsado m.

verˈtrinken gastar en bebidas; **~ˈtrocknen** (sn) secarse; **~ˈtrödeln** *Zeit:* perder; **~ˈtrösten** entretener con (vanas) promesas; **~ˈtun** malgastar, desperdiciar; *sich ~* equivocarse; **~ˈtuschen** disimular, encubrir; **~ˈübeln** (29) tomar a mal; **~ˈüben** cometer, perpetrar; **~ˈulken** F burlarse de; embromar.

verun|glimpfen [-ˈʔʊnɡlɪmpfən] (25) denigrar, difamar; **~glücken** *j.:* tener *od.* sufrir un accidente; *et.:* fracasar; **2glückte(r)** m accidentado m; **~reinigen** ensuciar; *Luft:* contaminar; **2reinigung** f ensuciamiento m; polución f; contaminación f; **~sichern** confundir; **~stalten** [-ˈʃtaltən] (26) desfigurar, afear; **~treuen** [-ˈtrɔʏən] (25) desfalcar, defraudar; malversar; **2treuung** f desfalco m, defraudación f; malversación f; **~zieren** afear.

verur|sachen [-ˈʔuːrzaxən] (25) causar, ocasionar, provocar; **~teilen** condenar (*a. fig.*); ⚖ *a.* sentenciar; **2teilung** f condena f.

vervielfältig|en [-'fiːlfɛltigən] (25) multiplicar; *Phot. usw.*: reproducir; (*abziehen*) multicopiar; **2ung** *f* multiplicación *f*; reproducción *f*; **2ungs-apparat** *m* multicopista *f*.

vervoll|kommnen [-'fɔlkɔmnən] (26) perfeccionar; **2kommnung** *f* perfeccionamiento *m*; **~ständigen** [-'-ʃtendigən] (25) completar.

ver|wachsen 1. *v/i.* (sn) *Wunde*: cicatrizarse, cerrarse; *Knochen*: soldarse; **2.** *adj.* deforme; (*bucklig*) jorobado; *fig.* muy unido.

verwackelt [-'vakəlt] *Phot.* movido.

verwahr|en [-'vaːrən] guardar; custodiar; *sich* ~ protestar (*gegen* contra); **~losen** [-'-loːzən] (27, sn) quedar abandonado; ~ *lassen* dejar abandonado; descuidar; **~lost** [-'-st] abandonado; **2losung** [-'--zuŋ] *f* abandono *m*; **2ung** *f* custodia *f*; (*Einspruch*) protesta *f*; ~ *einlegen* protestar; *in* ~ *geben* dar en depósito.

verwaist [-'vaist] huérfano; *fig.* abandonado.

ver|walt|en administrar; *Amt*: desempeñar; **2er(in** *f*) *m* (7) administrador(a) *m* (*f*); **2ung** *f* administración *f*; **2ungs...:** *in Zssgn oft* administrativo; **2ungs-angestellte(r)** *m* administrativo *m*; **2ungsbezirk** *m* distrito *m*; **2ungsgericht** *n* tribunal *m* administrativo; **2ungsrat** *m* consejo *m* de administración.

ver|wand|eln transformar; cambiar; convertir; **2lung** *f* transformación *f*; cambio *m*; conversión *f*; *Thea.* mutación *f*.

verwandt [-'vant] pariente (*mit* de); *fig.* semejante (a); análogo (a); **2e(r** *m*) *su.* pariente *su.*; familiar *su.*; **2schaft** *f* parentesco *m*; (*die Verwandten*) parentela *f*; *fig.* afinidad *f*; **~schaftlich** de pariente.

ver|warn|en amonestar; advertir; **2ung** *f* amonestación *f*; advertencia *f*.

ver|'waschen *adj.* deslavado; *Farbe*: descolorido; *fig.* vago; **~'wässern** aguar; **~'weben** entretejer.

ver|'wechs|eln confundir; **2(e)lung** *f* confusión *f*; equivocación *f*.

verwegen [-'veːgən] temerario; osado, audaz; **2heit** *f* temeridad *f*; osadía *f*, audacia *f*.

ver|'wehen *v/t.* (*v/i.* [sn]) dispersar (-se), disipar(se); *Spur*: borrar(se).

ver|'wehren impedir; prohibir.

verweichlich|en [-'vaiçliçən] (25) enervarse; afeminarse; **2ung** *f* enervación *f*; afeminación *f*.

ver|'weiger|n rehusar; (de)negar; **2ung** *f* rehuso *m*; (de)negación *f*.

ver|'weilen permanecer, detenerse.

verweint [-'vaint] lloroso.

Verweis [-'vais] *m* (4) (*Tadel*) reprensión *f*, reprimenda *f*; (*Hinweis*) remisión *f* (*auf ac.* a); **2en** [-'-zən] (*hinweisen*) remitir (*an, auf ac.* a); *des Landes* ~ expulsar; **~ung** *f* remisión *f*; expulsión *f*.

ver|'welken (sn) marchitarse.

verweltlichen [-'vɛltliçən] (25) secularizar.

verwend|bar [-'vɛntbaːr] utilizable, aprovechable (*für* para); **2barkeit** *f* utilidad *f* (práctica); **~en** [-'-dən] utilizar, emplear; *Geld, Zeit, Sorgfalt*: gastar (*für, auf ac.* en); *sich* ~ *für* interceder en favor de; **2ung** *f* empleo *m*, uso *m*, utilización *f*.

ver|'werf|en rechazar, desechar; (*tadeln*) reprobar; *sich* ~ *Holz*: alabearse; **~lich** reprobable; condenable; **2ung** *f* rechazo *m*; reprobación *f*; *Geol.* falla *f*.

ver|'wert|bar utilizable, aprovechable; **~en** utilizar, aprovechar; **2ung** *f* utilización *f*, aprovechamiento *m*.

verwes|en [-'veːzən] (27, sn) pudrirse, corromperse; **2ung** *f* putrefacción *f*, descomposición *f*.

ver|'wick|eln enredar, enmarañar; *fig.* complicar; *sich in Widersprüche* ~ incurrir en contradicciones; **~elt** *fig.* complicado; enredado; ~ *sn in* (*ac.*) estar implicado *od.* envuelto en; **2lung** *f* complicación *f*; enredo *m* (*a. Thea.*).

verwilder|n [-'vildərn] (29, sn) volverse salvaje; *Garten*: cubrirse de maleza; **~t** descuidado, abandonado.

ver|'winden *fig.* olvidar; consolarse de.

ver|'wirk|en perder; *Strafe*: incurrir en; *sein Leben verwirkt haben* merecer la muerte; **~lichen** (25) realizar; **2lichung** *f* realización *f*.

verwirr|en [-'virən] (25) enmarañar, enredar; *fig.* desconcertar; confundir; **~end** desconcertante; **~t** confuso; desconcertado; **2ung** *f* embrollo *m*; confusión *f*; desconcierto *m*.

ver|'wischen borrar (*a. fig.*); **~'wittern** (sn) corroerse; descomponerse;

~witwet [-'vitvət] viudo; ~wöhnen [-'vøːnən] (25) mimar.

verworfen [-'vɔrfən] abyecto; depravado; 2heit f abyección f; depravación f.

verworren [-'vɔrən] embrollado; confuso; 2heit f confusión f.

verwund|bar [-'vuntbaːr] vulnerable; ~en [-'dən] (26) herir (a. fig.).

ver'wunder|lich extraño; sorprendente; ~n extrañar; sorprender; sich ~ über (ac.) maravillarse de; 2ung f admiración f; asombro m.

Ver'wund|ete(r) m herido m; ~ung f herida f.

ver'wünsch|en maldecir, imprecar; ~t maldito; 2ung f maldición f, imprecación f.

verwurzelt [-'vurtsəlt] a. fig. enraizado, arraigado.

verwüst|en [-'vyːstən] (26) devastar, asolar; 2ung f devastación f.

ver'zag|en desanimarse; 2theit [-'tsaːkthait] f desanimación f.

ver'zählen: sich ~ equivocarse (al contar).

ver'zahn|en ⊕ engranar; 2ung ⊕ ~f engranaje m (a. fig.).

ver'zapfen Getränke: expender, despachar; F Unsinn ~ decir tonterías.

verzärtel|n [-'tsɛːrtəln] (29) mimar; 2ung f mimos m/pl.

ver'zauber|n encantar, hechizar; ~ in (ac.) transformar en; 2ung f hechizo m; transformación f.

Verzehr [-'tseːr] m (3, o. pl.) consumo m; 2en consumir (a. fig.); comer(se); 2end fig. ardiente.

ver'zeichn|en dibujar mal; (aufzeichnen) apuntar, anotar; (entstellen) desfigurar; 2is n (4¹) lista f; relación f.

ver'zeih|en perdonar, disculpar; ~lich perdonable; 2ung f perdón m; ~! ¡perdone!, ¡perdón!; j-n um ~ bitten pedir perdón a alg.

ver'zerr|en deformar; desfigurar; a. ✴ distorsionar; 2ung f deformación f; desfiguración f; a. ✴ distorsión f.

verzetteln [-'tsɛtəln] (29) dispersar; desperdiciar; sich ~ dispersar sus fuerzas.

Verzicht [-'tsiçt] m (3) renuncia f (auf ac. a); 2en renunciar (auf ac. a).

verzeih|(en) [-'tsiː(ən)] s. verzeihen; ~en 1. v/t. torcer; Kind: mimar; malcriar; keine Miene ~ no pestañear; das Gesicht ~ torcer el gesto; sich ~ Holz: alabearse; Wolken: disiparse;

F Person: esfumarse; 2. v/i. (sn) mudarse de casa, cambiar de domicilio; ~ nach ir a vivir a.

ver'zier|en adornar, decorar; 2ung f adorno m; 🜄 ornamento m.

verzinken [-'tsiŋkən] (25) galvanizar.

verzinnen [-'tsinən] (25) estañar.

verzins|en [-'tsinzən] (27) pagar intereses; sich ~ dar od. devengar intereses; mit 5⁰/₀ ~ pagar un 5⁰/₀ de interés; ~lich [-'sliç] a interés; 2ung [-'zuŋ] f rédito m.

ver'zöger|n retardar, demorar; sich ~ retrasarse; 2ung f retraso m; demora f.

verzoll|bar [-'tsɔlbaːr] sujeto al pago de aduana; ~en pagar aduana; haben Sie et. zu ~? ¿tiene usted algo que declarar?; 2ung f pago m de aduana; despacho m en la aduana.

verzück|t [-'tsykt] arrobado, extasiado; 2ung f éxtasis f; in ~ geraten extasiarse.

Verzug [-'tsuːk] m (3, o. pl.) demora f; in ~ geraten retrasarse; ~szinsen m/pl. intereses m/pl. moratorios.

verzweig|en [-'tsvaigən] (25): sich ~ ramificarse; 2ung f ramificación f.

verzwickt F [-'tsvikt] complicado; intrincado.

Vesper ['fɛspər] f (15): a) kath. vísperas f/pl.; b) = ~brot n merienda f; 2n (29) merendar.

Veter|an [vete'raːn] m (12) veterano m; ~inär [--ri'nɛːr] m (3¹) veterinario m.

Veto ['veːto] n (11) veto m; sein ~ einlegen gegen poner veto a; ~recht n derecho m de veto.

Vetter ['fɛtər] m (7) primo m; ~nwirtschaft f nepotismo m.

Viadukt [via'dukt] m (3) viaducto m.

vibrieren [-'briːrən] vibrar.

Video|clip ['viːdeoklip] m videoclip m; ~kassette f videocassette f; ~platte f videodisco m; ~recorder ['---rekɔrdər] m (7) grabadora f de videocassettes, videocassette m, F vídeo m; magnetoscopio m; ~spiel n videojuego m; ~thek [---'teːk] f (16) videoteca f.

Vieh [fiː] n (3, o. pl.) ganado m; (Stück n) ~ res f; fig. bruto m; bicho m; '~bestand m número m de reses;

ganadería f; '~dieb m cuatrero m; '~futter n forraje m, pasto m; '~handel m comercio m de ganado; '~händler m tratante m de ganado; '2isch bestial; '~markt m mercado m bzw. feria f de ganado; '~salz n sal f común bruta; '~seuche f epizootía f; '~wagen 🚃 m vagón m para ganado; '~zählung f censo m de ganado; '~zucht f cría f de ganado; ganadería f; '~züchter m ganadero m.

viel [fi:l] (comp. mehr, sup. meist) mucho; sehr ~ muchísimo; so ~ tanto; ziemlich ~ bastante; '~beschäftigt ocupadísimo; atareado; '~deutig ['-dɔytiç] equívoco, ambiguo; 2eck ['-ʔɛk] n (3) polígono m; ~erlei ['-lər-'lai] uv. toda clase de; '~fach múltiple; (wiederholt) reiterado, repetido; adv. a menudo, con frecuencia; 2falt ['-falt] f (16, o. pl.) diversidad f; variedad f; ~fältig ['-fɛltiç] variado; múltiple; '~farbig multicolor; policromo; '2fraß m (3²) glotón m; ~genannt ['--nant] renombrado; ~gereist ['-raist] que ha viajado mucho; ~gestaltig ['--ʃtaltiç] multiforme; 2götterei ['-gœtə'rai] f politeísmo m; '2heit f multiplicidad f; multitud f; ~leicht quizá(s), tal vez; acaso; ~mals ['-ma:ls]: danke ~! ¡muchísimas gracias!; er läßt dich ~ grüßen te manda muchos recuerdos; '~mehr más bien; '~sagend significativo; ~seitig ['-zaitiç] variado; universal; Person: polifacético; Gerät: versátil; '2seitigkeit f variedad f; universalidad f; ~sprachig ['-ʃpra:xiç] políglota; '~versprechend muy prometedor; 2weiberei [-vaibə'rai] f poligamia f; '2zahl f multitud f, gran número m (de).

vier [fi:r] cuatro; unter ~ Augen a solas; auf allen ~en a gatas; '~beinig ['-bainiç] cuadrúpedo; 2eck ['-ʔɛk] n (3) cuadrángulo m, cuadrilátero m; '~eckig cuadrangular; '~fach cuádruplo; 2füß(l)er [-fy:s(l)ər] m (7) cuadrúpedo m; '~händig ['-hɛndiç] a cuatro manos; '~hundert cuatrocientos; 2'jahres-plan m plan m cuatrienal; '~jährig de cuatro años; cuadrienal; '~kantig cuadrado, cuadrangular; 2linge ['-liŋə] m/pl. cuatrillizos m/pl.; '~mal cuatro veces; ~motorig ['-moto:riç] cuadrimotor; ~rädrig ['-rɛ:driç] de cuatro ruedas; ~schrötig ['-ʃrø:tiç] rechoncho; ~

seitig ['-zaitiç] cuadrilátero; '~stellig de cuatro cifras od. dígitos; ~stimmig ♩ ['-ʃtimiç] a cuatro voces; ~stöckig ['-ʃtœ:kiç] de cuatro pisos; '2taktmotor m motor m de cuatro tiempos; '~'tausend cuatro mil; '~te(r) cuarto.

Viertel ['firtəl] n (7) cuarto m; (Stadt2) barrio m; ~ nach fünf las cinco y cuarto; ~ vor fünf las cinco menos cuarto; ~'jahr n trimestre m; 2jährlich trimestral; ~note ♩ f negra f; ~'pfund n cuarto m de libra, cuarterón m; ~'stunde f cuarto m de hora; 2stündlich cada cuarto de hora.

vier|tens ['fi:rtəns] en cuarto lugar; ~zehn ['firtse:n] catorce; ~ Tage quince días; ~zehntägig quincenal; ~zehnte(r) décimo cuarto.

vierzig ['firtsiç] cuarenta; 2er(in f) m (7) ['--gər(in)] cuarentón (-ona) m (f); 2stel ['--çstəl] n (7) cuarentavo m; ~ste(r) cuadragésimo.

Vignette [vin'jɛtə] f (15) viñeta f.
Vikar [vi'ka:r] m (3¹) vicario m.
Villa ['vila] f (16²) chalet m; torre f; ~enkolonie f urbanización f; ~enviertel n barrio m residencial.
Viola ♩ [vi'o:la] f (16²) viola f.
violett [vio'lɛt] violeta.
Viol|ine [--'li:nə] f (15) violín m; ~inschlüssel m clave f de sol; ~oncello [--lɔn'tʃɛlo] n (11, pl. a. -lli) violonc(h)elo m.
Viper ['vi:pər] f (15) víbora f.
virtuos [virtu'o:s] virtuoso; 2e [--'o:zə] m (13) virtuoso m; 2ität [--ozi'tɛ:t] f virtuosismo m.
Virus ['vi:rus] n, m (16²) virus m.
Visier [vi'zi:r] n (3¹) Helm: visera f; Gewehr: mira f; alza f; 2en Ziel: apuntar; Paß: visar.
Vision [-'zjo:n] f visión f; 2är [-zjo-'nɛ:r] visionario.
Visite [-'zi:tə] f (15) visita f (a. 🕇); ~nkarte f tarjeta f (de visita).
visuell [-zu'ɛl] visual.
Visum ['vi:zum] n (9 u. 9²) visado m.
vital [vi'ta:l] vital; 2ität [-tali'tɛ:t] f vitalidad f.
Vitamin [-ta'mi:n] n (3¹) vitamina f; ~mangel m carencia f vitamínica; avitaminosis f; 2reich rico en vitaminas.
Vitrine [-'tri:nə] f (15) vitrina f.
Vitriol [-tri'o:l] n (3¹) vitriolo m, caparrosa f.

Vize...

Vize... ['fi:tsə..., 'vi:tsə...]: *in Zssgn* vice...; **~kanzler** *m* vicecanciller *m*; **~könig** *m* virrey *m*.

Vlies [fli:s] *n* (4) vellón *m*; *das Goldene* ~ el Toisón de Oro; *Myth.* el vellocino de oro.

V-Mann ['faʊman] *m* enlace *m*; confidente *m*.

Vogel ['fo:gəl] *m* (7¹) ave *f*; *kleiner*: pájaro *m*; *fig.* den ~ *abschießen* llevarse la palma; F *e-n* ~ *haben* estar chiflado; **~bauer** *n* jaula *f*; **~beere** ♀ *f* serba *f*; **♀frei** fuera de la ley; **~futter** *n* alpiste *m*; **~händler** *m* pajarero *m*; **~handlung** *f* pajarería *f*; **~haus** *n* pajarera *f*; **~kunde** *f* ornitología *f*; **~nest** *n* nido *m* de pájaro; **~perspektive**, **~schau** *f*: *aus der* ~ *a* vista de pájaro; **~scheuche** *f* espantajo *m* (*a. fig.*), espantapájaros *m*; **~steller** ['--[tɛlər] *m* (7) pajarero *m*; **~'Strauß-Politik** *f* política *f* de avestruz; **~warte** *f* estación *f* ornitológica; **~zug** *m* paso *m* od. migración *f* de las aves.

Vogt [fo:kt] *m* (3³) corregidor *m*; (*Burg♀*) alcaide *m*.

Vokab|el [vo'ka:bəl] *f* (15) vocablo *m*, voz *f*; **~ular** [-kabu'la:r] *n* (3¹) vocabulario *m*.

Vokal [-'ka:l] *m* (3¹) vocal *f*; **♀isch** vocálico.

Volant [-'lã] *m* (11) volante *m*.

Volk [fɔlk] *n* (1²) pueblo *m*; nación *f*; (*Pöbel*) vulgo *m*; *der Mann aus dem* ~ el hombre de la calle.

Völker|bund ['fœlkərbunt] *m* Sociedad *f* de las Naciones; **~kunde** *f* etnología *f*; **♀kundlich** etnológico; **~mord** *m* genocidio *m*; **~recht** *n* derecho *m* internacional; **~schaft** *f* pueblo *m*; (*Stamm*) tribu *f*; **~verständigung** *f* aproximación *f* de los pueblos; **~wanderung** *hist. f* Invasión *f* de los Bárbaros.

volkreich ['fɔlkraiç] populoso.

Volks... ['fɔlks...]: *in Zssgn oft* popular; nacional; **~abstimmung** *f* plebiscito *m*; referéndum *m*; **~aufstand** *m* insurrección *f* del pueblo; **~ausgabe** *f* edición *f* popular; **~befragung** *f* plebiscito *m*; **~begehren** *n* petición *f* de plebiscito; **~bildung** *f* educación *f* nacional; **~demokratie** *f* democracia *f* popular; **~entscheid** *m* plebiscito *m*; **~fest** *n* fiesta *f* popular; **~front** *f* frente *m* popular; **~herrschaft** *f* democracia *f*; **~hoch**-

---

972

~schule *f* universidad *f* popular; **~küche** *f* comedor *m* público *od.* social; **~kunde** *f* folklore *m*; **~lied** *n* canción *f* popular; **~meinung** *f* opinión *f* pública; **~menge** *f* multitud *f*; **~mund** *m*: *im* ~ *en el lenguaje* popular; **~republik** *f* república *f* popular; **~schicht** *f* estrato *m* social; **~schule** *f* escuela *f* primaria; **~schullehrer(in** *f*) *m* maestro (-a) *m* (*f*); **~sprache** *f* lenguaje *m* popular; **~stamm** *m* tribu *f*; **~tanz** *m* danza *f* popular; **~tracht** *f* traje *m* nacional *bzw.* regional; **~tum** *n* nacionalidad *f*; costumbres *f/pl.* nacionales; **♀tümlich** ['-ty:mliç] popular; **~tümlichkeit** *f* popularidad *f*; **~vertreter** *m* representante *m* del pueblo; **~vertretung** *f* representación *f* nacional; **~wirtschaft** *f* economía *f* política; **~wirt (-schaftler** [7]) *f* economista *m*; **~wohl** *n* bien *m* público; **~zählung** *f* censo *m* (de población).

voll [fɔl] lleno (de); *fig.* pleno; (*ganz*) completo, entero; P (*betrunken*) borracho; ~ *und ganz* totalmente; *bis oben* ~ a tope; *aus ~em Herzen* de todo corazón; *in ~em Lauf* a todo correr; (*nicht*) *für* ~ *nehmen* (no) tomar en serio; *aus dem* ~*en schöpfen* tener amplios recursos; **'~auf** completamente; ~ *genug* más que suficiente; **'~automatisch** completamente automático; **'♀bad** *n* baño *m* entero; **'♀bart** *m* barba *f* (cerrada); **'♀beschäftigung** *f* pleno empleo *m*; **'♀besitz** *m*: *im* ~ *s-r Kräfte* en plena posesión de sus fuerzas; **'♀blut (-pferd)** *n* (caballo *m* de) pura sangre *m*; **'♀blütig** ['-bly:tiç] de pura sangre; *fig.* pletórico; **'~bringen** llevar a cabo; realizar; **'♀dampf** *m*: *mit* ~ a toda máquina (*a. fig.*); **~enden** acabar; terminar; ultimar; rematar; **~endet** acabado; (*vollkommen*) perfecto; **~e** *Tatsache* hecho *m* consumado; **~ends** ['-lɛnts] por completo, completamente; **♀'~endung** *f* acabamiento *m*; perfección *f*.

Völlerei [fœlə'rai] *f* gula *f*.

Volleyball ['vɔlibal] *m* voleibol *m*, balonvolea *m*.

voll|führen [fɔl'fy:rən] realizar, ejecutar; **'♀gas** *n*: *mit* ~ a todo gas, a toda marcha; ~ *geben* pisar a fondo; **'♀genuß** *m* pleno goce *m*; **~gepfropft** ['-gəpfropft] repleto (*mit* de); **'~gießen** llenar; **'~gültig** (perfectamente) válido; '♀-**idiot** F *m* tonto *m* de remate.

völlig ['fœliç] completo, entero.

voll|jährig ['fɔljɛːriç] mayor de edad; **♀jährigkeit** *f* mayoría *f* de edad; **♀kasko(versicherung** *f)* *n* seguro *m* a todo riesgo; **~'kommen** perfecto; **♀'kommenheit** *f* perfección *f*; **♀kornbrot** *n* pan *m* integral; **♀kraft** *f* pleno vigor *m*; **~'machen** llenar; completar; F ensuciar; **♀macht** *f* (16) poder *m*; (plenos) poderes *m*/*pl.*; **♀milch** *f* leche *f* entera de leche completa; **♀mond** *m* luna *f* llena, plenilunio *m*; **♀narkose** *f* anestesia *f* general; **♀pension** *f* pensión *f* completa; **~pfropfen** atestar (*mit de*); **~schlank** metido en carnes; **♀sitzung** *f* sesión *f* plenaria; **~ständig** completo, entero; íntegro; **♀ständigkeit** *f* integridad *f*; totalidad *f*; **~stopfen** atestar (*mit de*); **~'streckbar** ejecutable; *Urteil:* ejecutorio; **~'strecken** ejecutar; **♀'strecker** *m* ejecutor *m*; **♀'streckung** *f* ejecución *f*; **♀'streckungsbefehl** *m* ejecutoria *f*; **~tanken** llenar el depósito; **~tönend** sonoro; **♀treffer** 🗙 *m* impacto *m* completo; **♀versammlung** *f* asamblea *f* plenaria, pleno *m*; **♀waise** *f* huérfano (-a) *m* (*f*) de padre y madre; **~wertig** ['veːrtiç] de valor integral; **~zählig** ['tsɛːliç] completo; **~'ziehen** ejecutar; efectuar; *Ehe:* consumar; **~de Gewalt** *f* (poder *m*) ejecutivo *m*; **♀'zug** *m* (3, *o. pl.*) ejecución *f*.

Volontär [volɔn'tɛːr] *m* (3¹) practicante *m*.

Volt [vɔlt] *n* (3 *u. uv.*) voltio *m*; '~**meter** *n* voltímetro *m*; '~**zahl** *f* voltaje *m*.

Volum|en [vo'luːmən] *n* (6; *pl. mst -mina*) volumen *m*; **♀inös** [-lumi'nøːs] voluminoso.

vom [fɔm] = *von dem*.

von [fɔn] *prp.* (*dat.*) de; *beim pas. mst* por; **~** ... *ab, an* desde, a partir de; **~** *jetzt* (*od. nun*) *an* de ahora en adelante; **~** ... *bis* de ... a, desde ... hasta; *ein Freund* **~** *mir* un amigo mío; **~** *mir aus* por mí; por mí parte; **~ein-'ander** uno(s) de otro(s); **~statten** [-'ʃtatən]: **~** *gehen* tener lugar, efectuarse.

vor [foːr] **1.** *prp.* (*wo?, wann? dat.*; *wohin? ac.*): **a)** *örtl.* delante de; *a. fig.* ante; *fig.* **~** *sich gehen* tener lugar; ocurrir; **b)** *zeitl.* antes de; **~** *fünf Jahren* hace cinco años; *fünf Minuten*

~ *drei* las tres menos cinco; **c)** *kausal*: de; **~** *Freude* de alegría; **2.** *adv.*: *nach wie* **~** ahora como antes; '♀-**abdruck** *m* avance *m* editorial; '♀-**abend** *m* víspera *f*; *am* **~** *von* en vísperas de; '♀-**ahnung** *f* presentimiento *m*.

voran [fo'ran] delante; adelante; **~gehen** (sn) ir delante (*j-m de alg.*); tomar la delantera; *zeitl.* preceder; **~kommen** adelantar; avanzar.

Voran|meldung ['foːr'ʔanmɛlduŋ] *f Fernspr.* preaviso *m*; *beim Arzt:* cita *f* previa; **~schlag** *m* presupuesto *m*.

voran|stellen [fo'ranʃtɛlən] anteponer; (*vorweg bemerken*) anticipar; **~treiben** activar.

Voranzeige ['foːr'ʔantsaɪɡə] *f* previo aviso *m*; *TV, Film:* avance *m* (de programa).

'**Vor-arbeit** *f* trabajo *m* preparatorio *od.* preliminar; **♀en** trabajar de antemano; *fig.* preparar el terreno; **~er** *m* capataz *m*.

voraus [fo'raʊs] hacia adelante; *j-m* **~** sn llevar ventaja a alg.; *im* **~** ['--] de antemano, con anticipación, por adelantado; **~ahnen** presentir; **~bezahlen** pagar por adelantado; **~eilen** adelantarse; **~gehen** ir delante; preceder; **~gesetzt**: ..., *daß* ... suponiendo que ...; a condición de que (*subj.*); **~haben**: *j-m et.* **~** aventajar a alg. en a/c.; **♀sage** *f* predicción *f*; pronóstico *m*; **~sagen** predecir; pronosticar; **~schicken** enviar adelante; *fig.* ich muß **~** debo anticipar; **~sehbar** previsible; **~sehen** prever; **~setzen** (pre)suponer; **♀setzung** *f* suposición *f*; (*Bedingung*) condición *f* (previa); **♀sicht** *f* previsión *f*; **~sichtlich** probable; **~zahlen** pagar por adelantado; **♀zahlung** *f* pago *m* por adelantado.

Vorbau △ ['foːrbaʊ] *m* saliente *m*, saledizo *m*; **♀en** construir en saliente; *fig.* tomar sus precauciones.

'**Vorbe|dacht** *m*: *mit* **~** con premeditación; **~deutung** *f* presagio *m*, agüero *m*; **~dingung** *f* condición *f* previa.

Vorbehalt ['-bəhalt] *m* (3) reserva *f*; **♀en**: *sich et.* **~** reservarse a/c.; **♀lich** (*gen.*) salvo; **♀los** sin reserva.

vorbei [for'baɪ] por delante (*an dat.* de); junto a; *zeitl.* pasado; acabado; *es ist* **~** ya pasó; *es ist alles* **~** todo se acabó; **~fahren**, **~gehen**, **~kommen** (sn) pasar (*an dat.* por delante de, junto a); **~lassen** dejar pasar; **⚥marsch** ✕ *m* desfile *m*; **~marschieren** desfilar (*an dat.* ante); **~reden:** *aneinander* ~ hablar sin entenderse.

Vorbemerkung ['fo:rbəmɛrkuŋ] *f* advertencia *f* preliminar.

'vorbereit|en preparar; **~end,** ⚥ungs... preparatorio; ⚥ung *f* preparación *f*; **~en** *pl.* preparativos *m*/*pl.*

'Vorbe|sprechung *f* conferencia *f* preliminar; ⚥stellen reservar; ⚥lich ejemplar; **⚥ung** *f* reserva *f*; ⚥straft: (*nicht*) ~ con (sin) antecedentes penales.

'vorbeug|en 1. *v*/*refl.*: sich ~ inclinarse hacia adelante; **2.** *v*/*i.* prevenir (e-*r Sache* a/c.); **~end,** ⚥ungs... preventivo; ⚤ *a.* profiláctico; ⚥ung *f* prevención *f*; ⚤ *a.* profilaxis *f*; ⚥ungsmaßnahme *f* medida *f* preventiva (⚤ *a.* profiláctica); ⚥ungsmittel *n* preventivo *m*; ⚤ profiláctico *m*.

'Vorbild *n* modelo *m*; ejemplo *m*; ideal *m*; (*Urbild*) prototipo *m*; ⚥lich ejemplar; modelo (*uv.*); **~ung** *f* formación *f* previa.

'vor|binden *Schürze usw.*: poner (-se); ⚥bote *m* precursor *m*; *fig. a.* presagio *m*; indicio *m*; **~bringen** decir; formular; *Gründe*: alegar, aducir; *Beweise*: presentar; ⚥bühne *f Thea.* proscenio *m*; **~christlich** precristiano; ⚥dach *n* cobertizo *m*; marquesina *f*; **~datieren** antefechar.

vorder ['fordər] (*a.* ⚥... *in Zssgn* de delante, delantero; anterior; ⚥-achse *f* eje *m* delantero; ⚥-ansicht *f* vista *f* frontal *od.* de frente; ⚥bein *n*, ⚥fuß *m* pata *f* delantera; ⚥deck ⚓ *n* cubierta *f* de proa; ⚥front △ *f* fachada *f*; ⚥grund *m* primer plano *m* (*a. fig.*); **~lastig** ['~lastiç] ⚓ pesado de proa (✕ de testa); ⚥mann *m* el que está delante; ✕ cabo *m* de fila, guía *m*; **~halten** cubrir a su fila; F *fig. auf* ~ *bringen* meter en cintura; ⚥rad *n* rueda *f* delantera; ⚥rad-antrieb *m* tracción *f* delantera; ⚥reihe *f* primera fila *f*; ⚥seite *f* parte *f* anterior *od.* delantera; *Münze*: cara *f*; △ fachada *f*; ⚥sitz *m* asiento *m* delantero; **~st:** *der* ~ el más adelantado *od.* avanzado; el primero; ⚥teil *n od. m* parte *f* delantera; ⚥tür *f* puerta *f* de entrada.

vor|drängen ['fo:rdrɛŋən]: *sich* ~ abrirse paso a codazos; **~dringen**

(sn) avanzar, adelantar; ganar terreno; ⚥dringen *n* avance *m*; **~dringlich** urgente; ⚥druck *m* formulario *m*, impreso *m*; **~ehelich** prenupcial, prematrimonial.

'vor-eilig precipitado; prematuro; ⚥keit *f* precipitación *f*.

vor-ein-'ander uno(s) de otro(s).

'vor-eingenommen parcial; prevenido (*gegen* contra); ⚥heit *f* parcialidad *f*; prejuicio *m*.

'vor-enthalt|en: *j-m* et. ~ escatimar *bzw.* ocultar a/c. a alg.; ⚥ung *f* retención *f*; detentación *f*.

'Vor-entwurf *m* anteproyecto *m*; ⚥-erst de momento; por lo pronto; **~erwähnt** precitado, susodicho.

Vorfahr ['fɔːr] *m* (12) antepasado *m*.

'vorfahr|en (sn) adelantar, pasar; *vor e-m Haus*: parar; ⚥t(srecht *n*) *f* prioridad *f od.* preferencia *f* de paso; *Vorfahrt beachten!* ceda el paso.

'Vorfall *m* suceso *m*, acontecimiento *m*; incidente *m*; ⚤ prolapso *m*; ⚥en ocurrir, suceder, pasar.

'Vor|fertigung *f* prefabricación *f*; **~film** *m* corto(metraje) *m*; ⚥finden encontrar; ⚥freude *f* alegría *f* anticipada; **~frühling** *m* comienzo *m* de (la) primavera; ⚥fühlen tantear el terreno.

'Vorführ|dame *f* maniquí *f*; ⚥en exhibir; presentar; demostrar; *Film*: proyectar; **~er** *m* (7) demostrador *m*; *Film*: operador *m*; **~raum** *m Film*: cabina *f* del operador; **~ung** *f* exhibición *f*; presentación *f*; demostración *f*; *e-s Films*: proyección *f*.

'Vor|gabe *f* ventaja *f*; **~gang** *m* suceso *m*, acontecimiento *m*; (*Natur* ⚥) fenómeno *m*; ⊕, ☊, ⚤ proceso *m*; (*Akten* ⚥) expediente *m*; **~gänger(in** *f)* ['~gɛŋər(in)] *m* (7) antecesor(a) *m* (*f*), predecesor(a) *m* (*f*); **~garten** *m* jardín *m* delantero; ⚥gaukeln fingir, simular; ⚥geben *Sport*: dar una ventaja; (*behaupten*) pretender; (*vorschützen*) pretextar; **~gebirge** *n* cabo *m*, promontorio *m*; ⚥gefaßt preconcebido; ⚥gefertigt prefabricado; **~gefühl** *n* presentimiento *m*; corazonada *f*.

'vorgehen 1. *v*/*i.* (sn) pasar adelante; *Uhr*: adelantar, ir adelantando; (*den Vorrang haben*) tener preferencia; (*geschehen*) suceder, ocurrir, pasar; (*handeln*) proceder; **2.** ⚥ *n* (manera *f* de) proceder *m*.

'Vorge|richt n entrada f; **2rückt** ['--rykt]: in ~em Alter de edad avanzada; entrado en años; zu ~er Stunde a altas horas de la noche; **~schichte** f prehistoria f; fig. antecedentes m/pl.; **2schichtlich** prehistórico; **2schmack** m fig. prueba f; anticipo m; **2schritten** ['--ʃritən] avanzado; s. a. vorgerückt; **~setzte(r)** ['--zɛtstə(r)] m superior m.

'vorgest|ern anteayer; ~ abend anteanoche; **~rig** de anteayer.

'vor|greifen (dat.) adelantarse a; anticiparse a; **2griff** m anticipación f (auf ac. a); **~haben** tener la intención de; pensar (inf.); proponerse (inf.); et. (nichts) ~ (no) tener un (ningún) compromiso; **2haben** n (6) intención f; proyecto m; **2halle** f vestíbulo m; hall m; (Säulen2) pórtico m.

'vorhalt|en 1. v/t. poner od. colocar delante; (vorwerfen) reprochar, echar en cara; **2.** v/i. (dauern) durar; **2ung** f reproche m.

vorhanden [-'handən] existente; presente; ✝ disponible; ~ sn existir; **2sein** n existencia f; presencia f.

'Vorhang m cortina f; Thea. telón m.

'Vorhängeschloß n candado m.

'Vorhaut Anat. f prepucio m.

'vorher antes; (im voraus) con anticipación; kurz (lang) ~ poco (mucho) antes; am Tage ~ la víspera.

vor'her|bestimmen predestinar; **2-bestimmung** f predestinación f; **~gehend, ~ig** precedente, anterior.

'Vorherr|schaft f predominio m; supremacía f; hegemonía f; **2schen** predominar; prevalecer; **2schend** predominante.

Vor'her|sage f, **2sagen** s. Voraussage, voraussagen; **2sehen** prever.

'vor|hin hace un momento.

'Vor|hof m antepatio m; ♂ aurícula f; **~hut** ⚔ f vanguardia f.

'vor|ig precedente, anterior, pasado; **2jahr** n año m pasado; **~jährig** ['-jɛːriç] del año pasado.

'Vor|kämpfer m campeón m; pionero m; **~kaufsrecht** n derecho m de retracto; **~kehrung** f: ~en treffen tomar medidas bzw. precauciones; **~kenntnisse** f/pl. conocimientos m/pl. preliminares; **2knöpfen**: F sich j-n ~ llamar a alg. a capítulo.

'vorkomm|en (sn) (geschehen) ocurrir, pasar, suceder; (auftreten) encontrarse; existir; figurar; (scheinen)

parecer; sich klug usw. ~ creerse inteligente, etc.; **2en** n presencia f, existencia f; Geol. yacimientos m/pl.; **2nis** n (4¹) suceso m, acontecimiento m; incidente m.

'Vorkriegs... ['-kriːks...]: in Zssgn de (la) anteguerra; **~zeit** f (época f de la) anteguerra f.

'vorlad|en ⚖ citar, emplazar; **2ung** f citación f, emplazamiento m.

'Vor|lage f presentación f; (Gesetz) proyecto m; (Muster) muestra f, modelo m; (Schablone) patrón m; Fußball: pase m; **2lassen** dejar pasar; Besucher: hacer pasar; **~läufer** m precursor m; **2läufig** provisional, interino; adv. por ahora, por de pronto; **2laut** indiscreto; F fresco; **~leben** n antecedentes m/pl.

'Vorleg|emesser n trinchante m; **2en** presentar; enseñar, mostrar; someter; Speise: servir; Schloß: poner; F Tempo ~ acelerar la marcha; **~er** m (7) alfombrilla f; **~eschloß** n candado m.

'vorles|en leer (en voz alta); **2er(in** f) m (7) lector(a) m (f); **2ung** f clase f; curso m; ~en halten dar od. impartir clases; **2ungsverzeichnis** n programa m (de cursos).

'vor|letzt penúltimo; **2liebe** f predilección f (für por); preferencia f; **~'liebnehmen** contentarse (mit con); **~liegen** existir; es liegt nichts vor no hay nada; mir liegt et. vor tengo a la vista a/c.; was liegt gegen ihn vor? ¿de qué se le acusa?; **~d** presente; **~lügen**: j-m et. ~ mentir a alg.; **~machen** enseñar; fig. engañar.

'Vormachtstellung f hegemonía f, supremacía f, preponderancia f.

vormal|ig ['-maːliç] anterior, precedente; **~s** antes.

'Vor|marsch m avance m; **2merken** apuntar, anotar; tomar nota de; sich ~ lassen für inscribirse od. apuntarse para.

'Vormittag m mañana f; morgen **2** mañana por la mañana; **2s** por la mañana; **~svorstellung** f sesión f od. función f matinal.

'Vormund m tutor m; **~schaft** f tutela f.

vorn [fɔrn] (por) delante; weiter ~ más adelante; von ~ por delante, de frente; zeitl. de nuevo; nach ~ hacia adelante; (wieder) von ~ anfangen volver a empezar; fig. von ~ bis hinten F de cabo a rabo.

Vor|nahme ['fo:rnɑːmə] f (15) ejecución f; **~name** m nombre m de pila.

vornehm ['-ne:m] noble; distinguido; elegante; **~** tun darse aires de gran señor(a); **~en** efectuar; proceder a; sich (dat.) et. **~** proponerse a/c.; fig. sich j-n **~** llamar a alg. a capítulo; **2heit** f nobleza f; distinción f; **~lich** ante od. sobre todo.

vorn|herein ['fɔrnhɛ'raɪn]: von **~** desde un principio; **~'über** hacia adelante; **~weg** [-'vɛk] delante, a la cabeza.

Vorort ['fo:rʔɔrt] m suburbio m; **~verkehr** m tráfico m suburbano.

'Vor|platz m entrada f; explanada f; **~posten** m puesto m avanzado; 2**~programmiert** preprogramado; **~prüfung** f examen m previo; **~rang** m primacía f (vor dat. sobre); preferencia f; 2**rangig** ['-raŋiç]: **~** sn tener prioridad; **~rat** m (3³) provisión f; † existencias f/pl.; stock m; 2**rätig** ['-rɛːtiç] en almacén; disponible; **~ratskammer** f despensa f; **~ratsschrank** m fresquera f; **~raum** m antecámara f; vestíbulo m; 2**rechnen** hacer el cálculo (j-m et. de a/c. a alg.); **~recht** n privilegio m; prerrogativa f.

'Vorred|e f prefacio m, prólogo m; **~ner** m orador m precedente.

'vorricht|en disponer; preparar; 2**ung** f dispositivo m, mecanismo m.

'vorrücken 1. v/i. (sn) u. v/t. avanzar; **2.** 2 n avance m.

'Vor|runde f Sport: eliminatoria f; **~saal** m antesala f; vestíbulo m; 2**sagen** soplar; **~saison** f temporada f baja; **~satz** m propósito m, intención f; 🔒 dolo m; 2**sätzlich** ['-zɛtsliç] premeditado; adv. de propósito; a. 🔒 con premeditación; **~schau** f previsión f; TV avance m de programa; Film: a. trailer m; **~schein** m: zum **~** bringen sacar a la luz, poner de manifiesto, descubrir; zum **~** kommen salir a la luz, aparecer, surgir; 2**schieben** empujar (hacia) adelante; Riegel: echar; fig. pretextar; 2**schießen** fig. Geld: adelantar, anticipar.

'Vorschlag m proposición f; propuesta f; ♪ apoyatura f; auf **~** von a propuesta de; 2**en** proponer; **~sliste** f lista f de candidatos.

'Vor|schlußrunde f Sport: semifinal f; 2**schnell** precipitado; 2**schreiben**

fig. prescribir; ordenar; Preise: fijar; Bedingungen: imponer.

'Vorschrift f prescripción f (a. 🔒); reglamento m; Dienst nach **~** trabajo m a reglamento; **~** sn ser de rigor; 2**mäßig** reglamentario; adv. en (su) debida forma; 2**swidrig** antirreglamentario.

'Vor|schub m ⊕ avance m; **~** leisten favorecer; **~schule** f escuela f preparatoria; **~schul-erziehung** f educación f preescolar; **~schuß** m anticipo m, adelanto m; 2**schützen** pretextar; 2**schweben**: mir schwebt ... vor tengo una (vaga) idea de ...; 2**schwindeln**: j-m et. **~** mentir a alg.

'vorseh|en prever; sich **~** tener cuidado; guardarse (vor dat. de); tomar precauciones; 2**ung** f Providencia f.

'vorsetzen poner delante; (anbieten) ofrecer; Speisen: servir.

'Vorsicht f precaución f; cuidado m; prudencia f; **~!** ¡cuidado!; F ¡ojo!; 2**ig** prudente, cauto; adv. con cuidado; **~** sn tener cuidado; 2**shalber** por precaución; por si acaso; **~s-maßregel** f medida f de precaución.

'Vor|silbe f prefijo m; 2**singen** cantar (j-m delante de alg.); 2**sintflutlich** antediluviano (a. fig.).

'Vorsitz m presidencia f; den **~** führen presidir (ac.); **~ende(r)** m presidente m.

'Vorsorg|e f previsión f; **~** treffen = 2**en** tomar (sus) precauciones bzw. las medidas necesarias; **~e-untersuchung** 🔒 f chequeo m preventivo; 2**lich** ['-zɔrkliç] previsor; adv. por precaución.

'Vor|spann m Film: títulos m/pl. (de crédito); **~speise** f entrada f, entremés m.

'vorspiegel|n aparentar, fingir, simular; 2**ung** f simulación f; **~** falscher Tatsachen impostura f, falsedad f.

'Vorspiel n preludio m (a. fig.); Thea. prólogo m; 2**en** tocar (j-m et. a/c. para alg.).

'vor|sprechen 1. v/t. decir (para que otro lo repita); **2.** v/i. ir a ver (bei j-m a alg.); pasar por casa de; **~springen** (sn) echarse adelante; △ resaltar; sobresalir; **~springend** saliente; saledizo; Kinn: prominente; 2**sprung** m △ resalto m, saledizo m; fig. ventaja f; e-n **~** haben vor llevar ventaja a;

²**stadt** f arrabal m; ~**städtisch** arrabalero.

'**Vorstand** m junta f directiva; (*Vorsteher*) jefe m, director m.

'**vorsteh|en** △ resaltar; sobresalir; (*leiten*) dirigir; ~**end** saliente; (*obig*) susodicho; precedente; ²**er** m (7) director m; ²**erdrüse** *Anat.* f próstata f; ²**hund** m perro m de muestra.

'**vorstell|en** poner od. colocar delante; (*Uhr*: adelantar; *j-n*: presentar; (*darstellen*) representar; (*bedeuten*) significar; *sich j-m* ~ presentarse a alg.; *sich* (*dat.*) *et.* ~ figurarse, imaginarse; ~**ig**: ~ *werden bei* presentar una reclamación a; ²**ung** f *j-s*: presentación f; *Thea.* representación f; función f; *Kino*: sesión f; (*Begriff*) idea f; concepto m; ~**en** *pl.* (*Ermahnungen*) advertencias f/pl.; ²**ungskraft** f imaginación f.

'**Vorstoß** m avance m; *fig.* iniciativa f; ²**en** (sn) avanzar.

'**Vor|strafen** f/pl. antecedentes m/pl. penales; ²**strecken** tender hacia adelante; *Geld*: adelantar; ~**studien** f/pl. estudios m/pl. preparatorios; ~**stufe** f primer grado m; ~**tag** m día m anterior; víspera f; ²**täuschen** fingir, simular.

Vorteil ['fɔrtaɪl] m (3) ventaja f; (*Gewinn*) provecho m; *im* ~ sn llevar ventaja; *auf s-n* ~ *bedacht sn* barrer para dentro; *s-e Vor- u. Nachteile haben* tener sus más y sus menos; ²**haft** ventajoso; provechoso; *Kleidung*: favorecedor.

Vortrag ['fo:rtra:k] m (3³) conferencia f (*halten dar*); *e-r Dichtung*: declamación f, recitación f; ♩ interpretación f; ♦ suma f od. saldo m anterior; ²**en** [-ɡən] exponer; declamar, recitar; ♩ interpretar; ♦ *auf neue Rechnung*: trasladar; ~**ende(r** m) su. conferenciante su.; ~**s-abend** ['-ks-²aːbənt] m velada f artística; ♩ recital m; ~**sreihe** f ciclo m de conferencias.

vor|trefflich excelente, exquisito; ²**keit** f excelencia f, exquisitez f.

'**vor|treiben** ✗ abrir; ~**treten** (sn) adelantarse; ✗ salir de la fila; ²**tritt** m precedencia f (*vor dat.* sobre); *den* ~ *lassen* ceder el paso; ²**trupp** ✗ m avanzada f.

vorüber [fo'ry:bər] pasado; ~**gehen** pasar (*an dat.* por delante de); ~**gehend** pasajero; (*zeitweilig*) tempora-

rio; interino; *adv.* de paso; ²**gehende(r)** m transeúnte m.

Vor|übung ['fo:r²y:bʊŋ] f ejercicio m preliminar; ~**untersuchung** 🏛 f instrucción f previa, sumario m.

'**Vor-urteil** n prejuicio m; ²**slos** libre de prejuicios.

Vor|väter ['-fɛːtər] m/pl. antepasados m/pl.; ~**verhandlungen** f/pl. preliminares m/pl.; ~**verkauf** *Thea.* m venta f anticipada; ²**verlegen** anticipar, adelantar; ²**vertrag** m precontrato m; ²**vorgestern** hace tres días; ²**wagen**: *sich* ~ atreverse a avanzar; *fig.* aventurarse; ~**wahl** f *Pol.* elección f preliminar; *Fernspr.* = ~**wählnummer** f prefijo m; ~**wand** m pretexto m; ²**wärmen** precalentar.

vorwärts ['fɔrvɛrts] (hacia) adelante; ~ *gehen* avanzar; ~**bringen** *fig.* llevar adelante; ~**gehen**, ~**kommen** (sn) *fig.* salir adelante; progresar.

vorweg [fo:r'vɛk] de antemano; ²**nahme** [-'-na:mə] f (15) anticipación f; ~**nehmen** anticipar.

'**vor|weisen** presentar; ~**weltlich** prehistórico; ~**werfen** echar; *fig.* reprochar, echar en cara; ~**wiegen** predominar; ~**wiegend** predominante, preponderante; *adv.* en su mayoría.

'**Vorwitz** m indiscreción f, curiosidad f (indiscreta); petulancia f; ²**ig** indiscreto, curioso; petulante.

'**Vorwort** n (3) prefacio m, prólogo m.

'**Vorwurf** m reproche m; (*Thema*) asunto m; *zum* ~ *machen* reprochar; ²**svoll** lleno de reproches.

'**vor|zählen** *j-m*: contar delante de alg.; ²**zeichen** n augurio m, presagio m, agüero m; ∱ signo m; ♩ accidente m; ~**zeichnen** dibujar; *fig.* trazar, designar, señalar; ~**zeigen** presentar; enseñar.

'**Vorzeit** f pasado m; antigüedad f; ²**en** [-'tsaɪtən] antiguamente; antaño; ¹²**ig** prematuro, anticipado; *adv. a.* antes de tiempo, con antelación.

'**Vor|zensur** f censura f previa; ²**ziehen** *Vorhang*: correr; *fig.* preferir; *vorzuziehen preferible*; ²**zimmer** n antesala f; ~**zug** m: **a)** preferencia f; (*Vorteil*) ventaja f; (*gute Eigenschaft*) mérito m; **b)** 🚂 tren m suplementario.

vorzüglich [-'tsy:klɪç] excelente, exquisito; superior.

'**Vorzugs**|-**aktie** f acción f preferente;
~**preis** m precio m de favor; ⌂**weise**
de preferencia, preferentemente; ~**zölle** m/pl. derechos m/pl. preferenciales.

'**Vorzündung** f encendido m prematuro.

Votivbild [vo'ti:fbilt] n exvoto m.

Votum ['vo:tum] n (9 u. 9²) voto m.

Voyeur [voa'jœ:r] m (3¹) mirón m.

vulgär [vul'gɛ:r] vulgar; grosero.

Vulkan [-'ka:n] m (3¹) volcán m;
~**fiber** f fibra f vulcanizada; ⌂**isch** volcánico; ⌂**isieren** [-kani'zi:rən] vulcanizar; Kfz. recauchutar.

W

W, w [ve:] *n* W, w (doble ve) *f*.

Waage ['vɑ:gə] *f* (15) balanza *f*; báscula *f*; *Astr.* Libra *f*; *sich die ~ halten* equilibrarse; **~balken** *m* cruz *f* (de la balanza); **2recht** horizontal.

Waagschale ['vɑ:kʃɑ:lə] *f* platillo *m*; *fig. in die ~ werfen* hacer valer.

wabbelig F ['vabəliç] fofo.

Wabe ['vɑ:bə] *f* (15) panal *m*.

wach [vax] despierto; *fig. a.* espabilado, vivo; *~ machen (werden)* despertar(se); **2dienst** *m* servicio *m* de vigilancia *bzw.* de guardia; '**2e** *f* (15) guardia *f*; (*Mannschaft*) cuerpo *m* de guardia; (*Polizei*2) comisaría *f*; puesto *m* de policía; (*Posten*) centinela *m*; *~ stehen* estar de guardia; *auf ~ ziehen* montar la guardia; '*~en* (25) estar despierto; *~ bei* velar (*ac.*); *~ über* (*ac.*) vigilar (*ac.*), velar por; '**~habend** de guardia; '**~halten** *fig.* conservar vivo; '**2hund** *m* perro *m* guardián.

Wacholder 💮 [va'xɔldər] *m* (7) enebro *m*; **~branntwein** *m* ginebra *f*.

wachrufen ['vaxru:fən] despertar; *fig.* evocar.

Wachs [vaks] *n* (4) cera *f*; '**~abdruck** *m* impresión *f* en cera.

wachsam ['vaxsɑ:m] vigilante, alerta; **2keit** *f* vigilancia *f*.

Wachschiff ['vaxʃif] *n* guardacostas *m*.

wachsen ['vaksən] **1.** *v/i.* (30, sn) crecer; *fig. a.* aumentar; acrecentar; *s. a. gewachsen*; **2.** *v/t.* (27) encerar; **~d** creciente.

wächsern ['vɛksərn] de cera, céreo.

Wachs... ['vaks...]: *in Zssgn* de cera; **~figurenkabinett** *n* museo *m* de (figuras de) cera; **~kerze** *f* vela *f*; *in der Kirche:* cirio *m*; **~tuch** *n* hule *m*.

'**Wachs-tum** *n* (1, *o. pl.*) crecimiento *m*; (*Wein*) cosecha *f*; **~srate** *f* tasa *f* de crecimiento.

Wacht [vaxt] *f* (16) guardia *f*.

Wachtel *Zo.* ['vaxtəl] *f* (15) codorniz *f*; **~hund** *m* perdiguero *m*.

Wächter ['vɛçtər] *m* (7) guarda *m*; guardián *m*; vigilante *m*.

Wacht... ['vaxt...]: *in Zssgn oft* de

guardia; **~meister** *m* ✕ sargento *m* primero; (*Polizei*) agente *m* de policía; **~posten** *m* centinela *m*; **~turm** *m* vigía *f*, atalaya *f*.

wack|(e)lig ['vak(ə)liç] tambaleante; movedizo; *Möbel:* cojo; *fig.* inseguro; **2elkontakt** ⚡ *m* contacto *m* flojo *od.* intermitente; **~eln** (29) tambalear(se); moverse (*a. Zahn*); (*Möbel*) cojear; *mit dem Kopf ~* cabecear; **~er** bueno, honrado; (*tapfer*) valiente, esforzado.

Wade ['vɑ:də] *f* (15) pantorrilla *f*; **~nbein** *n* peroné *m*; **~nkrampf** 🦿 *m* calambre *m* (en la pierna).

Waffe ['vafə] *f* (15) arma *f*; *zu den ~n greifen* tomar las armas; *Volk:* alzarse en armas.

Waffel ['-fəl] *f* (15) barquillo *m*; **~eisen** *n* barquillero *m*.

'**Waffen|besitz** *m:* (*unerlaubter*) *~* tenencia *f* (ilícita) de armas; **~dienst** *m* servicio *m* militar; **~gattung** *f* arma *f*, cuerpo *m*; **~gewalt** *f: mit ~ a* mano armada; **~händler** *m* armero *m*; **~handlung** *f* armería *f*; **2los** sin armas; **~rock** *m* guerrera *f*; **~ruhe** *f* tregua *f*; suspensión *f* de las hostilidades; **~schein** *m* licencia *f* de armas; **~schmied** *m* armero *m*; **~schmuggel** *m* contrabando *m* de armas; **~stillstand** *m* armisticio *m*; **~tat** *f* hecho *m* de armas.

wägbar ['vɛ:kbɑ:r] ponderable.

Wagemut ['vɑ:gəmu:t] *m* osadía *f*, temeridad *f*, audacia *f*; **2ig** atrevido, temerario, audaz.

wagen ['vɑ:gən] (25) atreverse a, osar (*inf.*); (*riskieren*) arriesgar, aventurar.

'**Wagen** *m* (6) coche *m* (*a.* 🚗, *Kfz.*); (*Karren*) carro *m* (*a.* ⊕ *u. Schreibmaschine*); 🚋 vagón *m*; *Astr.* Carro *m*, Osa *f*; **2~bauer** *m* carretero *m*; **~führer** *m* conductor *m*; chófer *m*; **~heber** *m* gato *m*; **~ladung** *f* carretada *f*; carga *f*; **~park** *m* 🚗 material *m* rodante; *Kfz.* parque *m* móvil; **~schlag** *m*, **~tür** *f* portezuela *f*; **~schuppen** *m* cochera *f*; **~spur** *f* rodada *f*.

Waggon

Waggon [va'gɔn] *m* (11) vagón *m*.
waghalsig ['va:khalziç] temerario; atrevido; 2**keit** *f* temeridad *f*.
Wagnis [-nis] *n* (4¹) empresa *f* arriesgada; riesgo *m*.
Wahl [va:l] *f* (16) elección *f* (*a. Pol.*); *pl. a.* comicios *m*/*pl.*; *zwischen zwei Möglichkeiten:* alternativa *f*, opción *f*; ✝ **erste** ~ primera calidad; *nach* ~ a elección; *die* ~ *haben* poder elegir; *Pol. zur* ~ *gehen* acudir a las urnas; '**....:** *in Zssgn oft* electoral.
wählbar ['vɛ:lba:r] elegible; 2**keit** *f* elegibilidad *f*.
wahl|berechtigt ['va:lbərɛçtiçt] con derecho a votar; ~ *sn* tener voto; 2**beteiligung** *f* participación *f* electoral; 2**bezirk** *m* distrito *m* electoral.
wähl|en ['vɛ:lən] (25) elegir; (*aus*~) escoger, seleccionar; optar; (*abstimmen*) votar; *Fernspr.:* marcar; 2**er** ['-lər] *m* (7) elector *m*; votante *m*.
Wahlergebnis ['va:l?ɛrge:pnis] *n* resultado *m* de las elecciones.
wähler|isch ['vɛ:ləriʃ] difícil (de contentar); 2**liste** *f* censo *m* electoral; 2**schaft** *f* electorado *m*; 2**scheibe** *Fernspr.:* *f* disco *m* (de marcar).
Wahl|fach ['va:lfax] *n* asignatura *f* optativa; 2**fei** facultativo; optativo; ~**gang** *m* (vuelta *f* de) escrutinio *m*; ~**heimat** *f* patria *f* adoptiva; ~**kampagne** *f* campaña *f* electoral; ~**kampf** *m* lucha *f* electoral; ~**kreis** *m* distrito *m* electoral; ~**liste** *f* lista *f* de candidatos; ~**lokal** *n* colegio *m* electoral; 2**los** confuso; *adv.* al azar; sin orden ni concierto; ~**mann** *m* (1²) compromisario *m*; ~**recht** *n* derecho *m* de votar; *allgemeines* ~ sufragio *m* universal; ~**spruch** *m* lema *m*, divisa *f*; ~**urne** *f* urna *f* electoral; ~**versammlung** *f* mitin *m* electoral; ~**verwandtschaft** *f* afinidad *f* electiva; ~**vorstand** *m* comité *m* electoral; ~**vorsteher** *m* presidente *m* de mesa electoral; 2**weise** opcionalmente, a elección; ~**zettel** *m* papeleta *f* electoral.
Wahn [va:n] *m* (3, *o. pl.*) ilusión *f*.
wähnen ['vɛ:nən] (25) creer (erróneamente); imaginarse.
Wahn|gebilde ['va:ngəbildə] *n* quimera *f*; alucinación *f*; ~**sinn** *m* locura *f* (*a. fig.*); ✝ demencia *f*; 2**sinnig** loco (*a. fig.*); ✝ demente; ~**vorstellung** *f* alucinación *f*; idea *f* fija; ~**witz** *m* locura *f*.

wahr [va:r] verdadero; verídico; (*echt*) auténtico; real; (*aufrichtig*) sincero; *das ist* ~ *es* verdad; *nicht* ~? ¿verdad?; ~ *machen* (*werden*) realizar(se); *so* ~ *ich lebe!* ¡por mi vida!
wahren ['va:rən] (25) cuidar de, salvaguardar; *Rechte:* defender; *Würde:* mirar por.
währen ['vɛ:rən] (25) durar; continuar; ~**d 1.** *prp.* (*gen.*) durante; **2.** *cj.* mientras; *Gegensatz:* mientras que.
wahrhaben ['va:rha:bən]: *et. nicht* ~ *wollen* no querer admitir a/c.
wahrhaft ['-haft] veraz; verídico; ~**ig** [-'-tiç] verdadero; *adv.* verdaderamente; realmente; ~? ¿de veras?
Wahrheit ['-hait] *f* verdad *f*; *um die* ~ *zu sagen* a decir verdad; *j-m* (*gehörig*) *die* ~ *sagen* decirle cuatro verdades a alg.; 2**gemäß**, 2**getreu** conforme a la verdad; verídico; ~**sliebe** *f* amor *m* a la verdad; veracidad *f*; 2**sliebend** veraz, verídico.
wahrlich ['-liç] realmente; a fe mía.
wahrnehm|bar ['-ne:mba:r] perceptible; visible; ~**en** percibir; (*bemerken*) notar, observar; *Gelegenheit:* aprovechar; *Interessen:* salvaguardar, defender; 2**ung** *f* percepción *f*; observación *f*; 2**ungsvermögen** *n* facultad *f* perceptiva.
Wahrsag|ekunst, ~**erei** ['-za:gəkunst, ---'rai] *f* adivinación *f*; 2**en** decir la buenaventura; profetizar; ~**er(in** *f*) *m* (7) adivino (-a) *m* (*f*); pitonisa *f*; ~**ung** *f* adivinación *f*, vaticinio *m*, profecía *f*.
wahrscheinlich [-'ʃainliç] probable; verosímil; *er wird* ~ (*nicht*) *kommen* (no) es probable que venga; 2**keit** *f* probabilidad *f*; *aller* ~ *nach* con toda probabilidad; 2**keitsrechnung** *f* cálculo *m* de probabilidades.
'**Wahrung** *f* defensa *f*; salvaguardia *f*.
Währung ['vɛ:ruŋ] *f* moneda *f*; ~**s...:** *in Zssgn mst* monetario; ~**sreform** *f* reforma *f* monetaria; ~**sverfall** *m* depreciación *f* monetaria.
Wahrzeichen ['va:rtsaiçən] *n* símbolo *m*.

Waise ['vaizə] *f* (15) huérfano *m* (-a *f*); ~**nhaus** *n* orfanato *m*; ~**nrente** *f* pensión *f* de orfandad.
Wal [va:l] *m* (3) ballena *f*.
Wald [valt] *m* (1²) bosque *m*; monte *m*; *er sieht den* ~ *vor lauter Bäumen nicht* los árboles le impiden ver el bosque; '~**beere** *f* arándano *m*;

'**brand** m incendio m forestal; '**erdbeere** f fresa f (de los bosques); '**frevel** m delito m forestal; '**horn** n trompa f; '**hüter** m guardabosque m; **2ig** ['-diç] cubierto de bosques, boscoso; '**land** n terreno m boscoso; '**lauf** m Sport: carrera f por el bosque, cross-country m; '**meister** & m aspérula f, asperilla f; '**pflanze** f planta f selvática; '**rand** m linde su. del bosque; **2reich** poblado de bosques, boscoso; '**reichtum** m riqueza f forestal; '**sterben** n muerte f lenta de los bosques; **ung** ['-duŋ] f (región f de) bosques m/pl.; **weg** m camino m forestal.

Walfänger ['va:lfɛŋər] m ballenero m (a. Schiff); **fisch** m ballena f.

walken ['valkən] (25) abatanar; **2er** m (7) batanero m; **2mühle** f batán m.

Walküre [-'ky:rə] f (15) valquiria f.

Wall [val] m (3³) (Erd2) terraplén m; (Mauer) muralla f.

Wallach ['-lax] m (3) caballo m capón.

wallen ['-lən] (25, sn u. h.) ondear; (sieden) bullir, hervir (a borbotones); **fahren** (untr., sn) peregrinar, ir de romería; **2fahrer** m peregrino m, romero m; **2fahrt** f peregrinación f, romería f; **2fahrts-ort** m lugar m de peregrinación; **2ung** f (Sieden) ebullición f; fig. a. efervescencia f; fig. in ~ bringen (geraten) agitar(se).

Wallnuß ['-nus] f nuez f; **nußbaum** m nogal m; **roß** n morsa f.

walten ['-tən] (26): ~ über (ac.) od. in (dat.) gobernar (ac.), reinar; ~ als obrar de, actuar de; s-s Amtes ~ cumplir con su deber; Milde ~ lassen usar clemencia; das walte Gott! ¡Dios lo quiera!

Walzblech ['valtsblɛç] n chapa f laminada; **e** f (15) rodillo m; rollo m; ⊕ cilindro m; **2en** (27) 1. v/t. ⊕ laminar; cilindrar; Boden: allanar, aplanar; Straße: apisonar; 2. v/i. (tanzen) valsar.

wälzen ['vɛltsən] (27) hacer rodar, arrollar; Bücher: manejar; Probleme: dar vueltas a; sich ~ revolcarse (in en); et. von sich ~ quitarse a/c. de encima; **2er** f m (7) libro m voluminoso, F mamotreto m.

Walzer ['valtsər] m (7) vals m; **stahl** m acero m laminado; **straße** f tren m de laminación; **werk** n laminadora f.

Wamme ['vamə] f (15) papo m, papada f.

Wams [vams] n (2¹) ehm. jubón m.

wand [vant] s. winden.

Wand [vant] f (14¹) pared f (a. Berg2); (Mauer) muro m; (Zwischen2) tabique m; spanische ~ biombo m, mampara f; ~ an ~ pared en medio; fig. an die ~ drücken arrinconar; an die ~ stellen llevar al paredón; '**arm** m brazo m; aplique m; '**behang** m tapicería f; colgadura f; '**bild** n mural m; '**brett** n estante m.

Wandel ['vandəl] m (7) cambio m; transformación f; **2bar** variable; inconstante; **gang** m, **halle** f pasillo m; galería f; **2n** (29) 1. v/i. (sn) caminar; deambular; 2. v/t. cambiar (a. sich); transformar; **schuldverschreibung** † f obligación f convertible.

Wander... ['vandər...]: in Zssgn oft ambulante, itinerante; **ausstellung** f exposición f ambulante; **bühne** f teatro m ambulante od. itinerante; **düne** f duna f movediza; **er** m (7) excursionista m; caminante m; **falke** m halcón m peregrino; **heuschrecke** f langosta f migratoria; **leben** n vida f nómada; **lust** f afición f a las excursiones; **2n** (29, sn) caminar, viajar a pie; hacer excursiones; Völker, Vögel: migrar; **n** n excursionismo m (a pie); **niere** f riñón m flotante; **pokal** m copa f ambulante; **prediger** m predicador m ambulante; **preis** m trofeo m ambulante; **ratte** f rata f común; **schaft** f peregrinación f; **stab** m bastón m (de viaje); **trieb** m nomadismo m; Zo. instinto m migratorio; **ung** f excursión f; caminata f; Völker, Vögel: migración f; **zirkus** m circo m ambulante.

Wandgemälde ['vantgəmɛːldə] n (pintura f) mural m; **kalender** m calendario m de pared; **karte** f mapa m mural; **lampe** f aplique m; **lung** ['-dluŋ] f transformación f; **2lungsfähig** transformable; Künstler: versátil; **malerei** f pintura f mural; **schirm** m mampara f, biombo m; **schmiererei** f pintada f; **schrank** m armario m empotrado; **tafel** f pizarra f; **teppich** m tapiz m; **uhr** f reloj m de pared; **zeitung** f periódico m mural.

Wange ['vaŋə] f (15) mejilla f.

Wank|elmut ['l-kəlmu:t] m inconstancia f, versatilidad f; **2elmütig** ['--my:tiç] inconstante, versátil, veleidoso; **2en** (25) vacilar; flaquear; titubear; *ins* 2 *bringen* hacer vacilar; *ins* 2 *geraten* tambalearse (*a. fig.*).

wann [van] cuando; *~?* ¿cuándo?

Wanne ['vanə] f (15) ⊕ tina f; (*Bade*2) bañera f; (*Stein*2) pila f; **~nbad** n baño m (en bañera).

Wanst [vanst] m (3² u. 3³) panza f, barriga f.

Wanze ['vantsə] f (15) chinche m; F *fig.* micro-espía m.

Wappen ['vapən] n (6) armas f/pl., blasón m, escudo m; **~kunde** f heráldica f; **~schild** n od. m escudo m de armas; **~spruch** m lema m.

wappnen ['vapnən] (26): *sich ~* armarse (*mit* de).

war [vɑ:r] s. sein.

warb [varp] s. werben.

Ware ['vɑ:rə] f (15) mercancía f; género m; *Am.* mercadería f.

Waren|-automat m máquina f automática de venta; expendedora f automática; **~bestand** m existencias f/pl.; stock m; **~börse** f lonja f, bolsa f de contratación; **~haus** n grandes almacenes m/pl., *Am.* emporio m; **~korb** m *Statistik*: cesta f de la compra; **~kunde** f mercología f; **~lager** n almacén m, depósito m; **~probe** f muestra; **~zeichen** n marca f (*eingetragenes* registrada).

warf [varf] s. werfen.

warm [varm] caliente; *Klima*: cálido (*a. fig.*); *Wetter*: caluroso (*a. fig. Empfang usw.*); *Kleid*: de abrigo; *es ist ~* hace calor; *mir ist ~* tengo calor; *~ machen* calentar; *~ werden* calentarse; *fig.* animarse; salir de su reserva; *sich ~ anziehen* abrigarse; **2blüter** ['l-bly:tər] m (7) animal m de sangre caliente; **~blütig** ['l-bly:tiç] de sangre caliente.

Wärme ['vɛrmə] f (15, *o. pl.*) calor m (*a. fig.*); **~beständigkeit** f resistencia f al calor; **~dämmung** f aislamiento m térmico; **~einheit** f unidad f de calor; caloría f; **2-erzeugend** calorífico; **2-isolierend** termoaislante; **~kraftwerk** n central f térmica; **~lehre** f termología f; **~leiter** m conductor m del calor; **~messer** m termómetro m; calorímetro m; **2n** (25): (*sich*) *~* ca-

lentar(se); **~pumpe** f bomba f de calor.

Wärmflasche ['l-flaʃə] f bolsa f de agua caliente.

Warm|front ['varmfrɔnt] f frente m cálido; **2halten** *fig.*: *sich j-n ~* conservarse las simpatías de alg.; **2herzig** caluroso; **~luft** f aire m caliente.

Warm|wasser|bereiter m calentador m de agua; **~heizung** f calefacción f por agua caliente; **~speicher** m termo m.

Warn|anlage ['varnʔanlaːgə] f dispositivo m de alarma; **~dienst** m servicio m de vigilancia; **~drei-eck** n triángulo m de peligro; **2en** (25) advertir, prevenir (*vor* contra); poner sobre aviso; *vor ... wird gewarnt* cuidado con ...; **~ruf** m grito m de alarma; **~schuß** m tiro m al aire od. de aviso; **~signal** n señal f de aviso; **~streik** m huelga f de advertencia; **~ung** f advertencia f; aviso m; *abschreckende*: escarmiento m.

warst, wart [vɑ:r(s)t] s. sein.

Warte ['vartə] f (15) punto m de observación; observatorio m; **~geld** n excedencia f; **~liste** f lista f de espera; **2n** (26) **1.** *v/i.* esperar (*auf j-n* a alg., *auf et. a/c.*); *auf sich ~ lassen* hacerse esperar; tardar mucho; **2.** *v/t.* cuidar de.

Wärter ['vɛrtər] m (7) guardián m; guarda m; (*Pfleger*) cuidador m; ⚕ enfermero m.

Warte|raum m, **~saal** m, **~zimmer** n ['vartə...] sala f de espera; **~zeit** f tiempo m de espera.

Wartung f (*Pflege*) cuidado m; ⊕ mantenimiento m, entretenimiento m; **2frei** sin mantenimiento.

warum? [va'rum] ¿por qué?

Warze ['vartsə] f (15) verruga f; **2ig** verrugoso.

was [vas] (24) **1.** *pron. interr.* ¿qué?; **2.** *pron. rel.* que; lo que, lo cual; *~ für* (*ein*) qué (clase de); **3.** F (*etwas*) algo; *ich will dir ~ sagen* te voy a decir una cosa.

Wasch|anstalt ['vaʃʔanʃtalt] f lavandería f; **~automat** m lavadora f automática; **2bar** lavable; **~bär** *Zo.* m mapache m; **~becken** n lavabo m.

Wäsche ['vɛʃə] f (15) ropa f; (*Waschen*) lavado m; colada f; *in die ~ geben* dar a lavar; *~ zum Wechseln* muda f.

waschecht ['vaʃ°ɛçt] resistente al lavado; *fig.* de pura cepa, castizo.

Wäsche|geschäft ['vɛʃəgəʃɛft] *n* lencería *f*; (*Herren*♀) camisería *f*; **~klammer** *f* pinza *f* (para la ropa); **~korb** *m* cesta *f* para la ropa; **~leine** *f* cuerda *f* (para tender la ropa).

waschen ['vaʃən] **1.** *v/t.* (30) lavar; *sich* ~ lavarse; **2.** ♀ *n* lavado *m*.

Wäsche|rei [vɛʃə'raɪ] *f* lavandería *f*; '~**rin** *f* lavandera *f*; '~**schleuder** *f* secadora *f* centrífuga; '~**schrank** *m* armario *m* de las lencerías.

Wasch|frau ['vaʃfraʊ] *f* lavandera *f*; **~küche** *f* lavadero *m*; **~lappen** *m* manopla *f* para baño; F *fig.* calzonazos *m*; Juan Lanas *m*; **~leder** *n* gamuza *f*; **~maschine** *f* lavadora *f*; ♀**maschinenfest** lavable en lavadora; **~mittel** *n*, **~pulver** *m* detergente *m*; **~raum** *m* lavabo *m*; cuarto *m* de aseo; **~schüssel** *f* jofaina *f*, palangana *f*; **~straße** *Kfz. f* tren *m* de túnel *m* de lavado; **~tisch** *m* palanganero *m*; lavabo *m*; **~ung** *f* lavado *m*; *Rel. u.* 🕉 ablución *f*; **~wanne** *f* tina *f*; **~wasser** *n* agua *f* de lavar; **~weib** F *desp. n* chismosa *f*; **~zettel** *m* Buch: texto *m* de presentación; **~zeug** *n* utensilios *m/pl.* de aseo.

Wasser ['vasər] *n* (7) agua *f*; *Kölnisch* ~ agua *f* de Colonia, colonia *f*; *fig. stilles* ~ mosquita *f* muerta; *fig. sich über* ~ *halten* mantenerse a flote; *unter* ~ *setzen* (*stehen*) inundar (estar inundado); *zu* ~ *und zu Lande* por tierra y por mar; ~ *lassen* orinar; *fig. ins* ~ *fallen* aguarse; *j-m nicht das* ~ *reichen können* no llegarle a alg. a la suela del zapato; *das* ~ *läuft mir im Munde zusammen* se me hace la boca agua; *mit allen* ~*n gewaschen* sin conocer todos los trucos; **~abfluß** *m* desagüe *m*; ♀**abstoßend** hidrófugo; ♀**arm** falto de agua; árido; **~bad** *n* baño *m* María; **~ball**(**spiel** *n*) *m* waterpolo *m*; **~becken** *n* pila *f*, pilón *m*; **~behälter** *m* depósito *m* de agua; cisterna *f*; **~bett** *n* cama *f* de agua; **~blase** *f* burbuja *f*; 🔥 ampolla *f*; **~bombe** *f* carga *f* de profundidad.

Wässerchen ['vɛsərçən] *n*: *fig. er sieht aus, als ob er kein* ~ *trüben könnte* parece que nunca ha roto un plato.

Wasser|dampf ['vasərdampf] *m* vapor *m* de agua; ♀**dicht** impermeable; **~eimer** *m* cubo *m*; **~fall** *m* salto *m* de agua; cascada *f*; catarata *f*; **~farbe**

f aguada *f*; **~flasche** *f* garrafa *f*; **~flugzeug** *n* hidroavión *m*; **~glas** *n* vaso *m* para agua; 🜨 silicato *m* de potasa; **~graben** *m* acequia *f*; **~hahn** *m* grifo *m*, *Arg.* canilla *f*; ♀**haltig** ['--haltiç] acuoso; **~hose** *f* tromba *f* de agua; **~huhn** *n* foja *f*.

wässerig ['vɛsəriç] acuoso; *den Mund* ~ *machen* dar dentera.

Wasser|kanne ['vasərkanə] *f* jarro *m* para agua; **~kessel** *m* hervidor *m*; ⊕ caldera *f*; **~klosett** *n* wáter *m*, inodoro *m*; **~kopf** *m* hidrocéfalo *m*; **~kraft** *f* fuerza *f* hidráulica; **~kraftwerk** *n* central *f* hidroeléctrica; **~krug** *m* cántaro *m*, jarra *f*; **~kühlung** *f* refrigeración *f* por agua; **~kur** *f* cura *f* hidroterápica; **~lache** *f* charco *m*; **~landung** *f s. Wassern*; **~lauf** *m* corriente *f* de agua; **~leitung** *f* tubería *f* de agua; **~lilie** *f* nenúfar *m*; **~linie** ⚓ *f* línea *f* de flotación; ♀**löslich** soluble en agua, hidrosoluble; **~mangel** *m* falta *f* od. escasez *f* de agua; **~mann** *Astr. m* Acuario *m*; **~melone** *f* sandía *f*; **~mühle** *f* molino *m* de agua; ♀**n** 🜄 (29) amarar, amerizar; **~n** *n* amaraje *m*, amerizaje *m*.

wässern ['vɛsərn] (29) regar; (*einweichen*) poner a remojo; *Phot.* lavar.

Wasser|pfeife ['vasərpfaɪfə] *f* narguile *m*; **~pflanze** *f* planta *f* acuática; **~rad** *n* rueda *f* hidráulica; **~ratte** *f a. fig.* rata *f* de agua; ♀**reich** *Fluß*: caudaloso; abundante en agua; **~rose** *f* nenúfar *m*; **~schaden** *m* daño *m* causado por el agua; **~scheide** *f* divisoria *f* de aguas; ♀**scheu** que tiene miedo al agua; 🜄 hidrófobo; **~scheu** *f* horror *m* al agua; **~schi** *m* esquí *m* acuático od. náutico; **~schlauch** *m* manguera *f* de agua; **~speicher** *m* depósito *m* de agua; **~speier** ⚑ ['--ʃpaɪər] *m* (7) gárgola *f*; **~spiegel** *m* nivel *m bzw.* superficie *f* del agua; **~spiele** *n/pl.* juegos *m/pl.* de agua; **~sport** *m* deporte *m* acuático od. náutico; **~spülung** *f* cisterna *f*; **~stand** *m* nivel *m* del agua; **~stelle** *f* aguada *f*; **~stoff** *m* hidrógeno *m*; **~stoffbombe** *f* bomba *f* de hidrógeno; **~stoff°super-oxyd** *n* agua *f* oxigenada; **~strahl** *m* chorro *m* de agua; **~straße** *f* vía *f* de navegación; **~sucht** 🜄 *f* hidropesía *f*; **~suppe** *f* sopa *f* boba; **~turbine** *f* turbina *f* hidráulica; **~turm** *m* arca *f* de agua;

~**uhr** f contador m de agua; ~**ung** f s. *Wassern*; ~**verdrängung** ⚓ f desplazamiento m; ~**versorgung** f abastecimiento m de agua; ~**vogel** m ave f acuática; ~**waage** f nivel m (de agua); ~**weg** ['-ve:k] m: auf dem ~ por agua; por vía fluvial *bzw.* marítima; ~**welle** f ondulación f; ~**werfer** m cañón m de agua; ~**werk** n central f de abastecimiento de aguas; ~**zähler** m contador m de agua; ~**zeichen** n filigrana f.

waten ['va:tən] (26, sn) vadear (*durch ac.*); caminar (*in* por).

watschel|ig ['va:tʃəliç]: ~er Gang andares m/pl. patosos; ~n (29, sn) andar patosamente, anadear.

Watt [vat] n: **a)** *Erdk.* (5) marisma f; **b)** ½ (11, *im pl. uw.*) vatio m; '~e f (15) algodón m; '~ebausch m tapón m de algodón; '~enmeer n aguas f/pl. bajas de la costa; 2'~ieren enguatar, acolchar.

wau wau! ['vaʊ'vaʊ] ¡guau!

web|en ['ve:bən] (25) tejer; 2**en** n tejedura f; 2**er(in** f) m (7) tejedor(a) m (f); 2**e'rei** f tejeduría f; fábrica f de tejidos; 2**erschiffchen** n lanzadera f; 2**stuhl** ['ve:pʃtu:l] m telar m; 2**waren** f/pl. tejidos m/pl.

Wechsel ['vɛksəl] m (7) cambio m; variación f; *regelmäßiger*: alternación f; *Jagd*: pista f; *der Studenten*: mensualidad f; ♦ letra f de cambio; *gezogener* ~ giro m; ~**agent** m agente m de cambio; ~**aussteller** ♦ m librador m, girador m; 2**bank** ♦ f banco m de descuento; ~**beziehung** f correlación f; relación f recíproca; ~**bürge** m fiador m de la letra; aval(ista) m; ~**bürgschaft** f aval m; ~ *leisten* avalar (una letra); 2**fälle** ['-fɛlə] m/pl. vicisitudes f/pl., peripecias f/pl.; ~**fieber** n fiebre f intermitente; ~**geld** n cambio m; vuelta f; ~**getriebe** ⊕ n engranaje m de cambio (de velocidades); 2**haft** cambiante; ~**jahre** n/pl. climaterio m, menopausia f; ~**kurs** m tipo m de cambio; 2**n** (29) cambiar (*a. Geld u. fig.*); variar; *den Platz, die Stellung* ~ cambiar de sitio, de empleo; *die Kleider, die Wohnung* ~ mudarse de ropa, de casa; *können Sie* ~? ¿tiene Vd. cambio?; 2**nd** cambiante; variable; ~**nehmer** ♦ m (7) tenedor m de una letra; ~**protest** m protesto m de una letra; ~**recht** n

derecho m cambiario; ~**reite'rei** f giro m de letras cruzadas; 2**seitig** ['--zaɪtiç] mutuo, recíproco; ~**strom** ½ m corriente f alterna; ~**stube** f oficina f *od.* casa f de cambio; 2**voll** variado; lleno de vicisitudes; 2**weise** alternando; por turno; ~**wirkung** f acción f recíproca, interacción f; ~**wirtschaft** ✔ f cultivo m alterno.

Weck|dienst ['vɛkdi:nst] m *Fernspr.* servicio m de despertador; 2**en** (25) despertar (*a. fig.*); llamar; *fig.* evocar; ~**er** m (7) despertador m; F *fig.* j-m *auf den* ~ *fallen* dar la lata a alg.

Wedel ['ve:dəl] m (7) (*Staub*2) plumero m; ♀ fronda f; 2**n** (29) agitar (*mit et.* a/c.); *mit dem Fächer*: abanicar; *mit dem Schwanz* ~ menear la cola.

weder ['-dər]: ~ ... *noch* ni ... ni.

Weg [ve:k] m (3) camino m (*a. fig.*); ruta f; vía f (*a. fig.*); (*Strecke*) recorrido m; (*Route*) itinerario m; *auf halbem* ~ a medio camino; *auf den* ~ *e nach* camino de; *fig. auf dem* ~ *e zu* en vías de; *sich auf den* ~ *machen nach* ponerse en camino para; *aus dem* ~ *e gehen* dar paso a; *fig. j-m*: evitar un encuentro con; *e-r Frage*: eludir; *auf dem richtigen* (*falschen*) ~ *e* sn ir por buen (mal) camino; *im* ~ *e sn od. stehen* estorbar; *dem* *steht nichts im* ~ *e* no hay (ningún) inconveniente; *in den* ~ *treten* cerrar el camino; *fig.* hacer frente; *et. in die* ~ *e leiten* tramitar, iniciar a/c.

weg [vɛk] (*abwesend*) ausente; (*verloren*) perdido; *er ist* ~ (*gegangen*) ha salido; se ha ido; ~ *da!* ¡fuera de aquí!; F *fig. ganz* ~ *sn* no caber en sí (*vor dt.*).

Wegbereiter ['ve:kbəraɪtər] m precursor m; pionero m.

weg|bleiben ['vɛkblaɪbən] (sn) no venir; faltar; ~**blicken** apartar la vista; ~**bringen** quitar; llevarse; ~**drängen** empujar; repeler.

Wege|bau ['ve:gəbaʊ] m construcción f de caminos; ~**karte** f itinerario m; ~**lagerer** ['-la:gərər] m (7) salteador m de caminos.

wegen ['-gən] (*gen. od. dat.*) por, a *od.* por causa de; con motivo de; debido a.

Wegerich ♀ ['--riç] m (3¹) llantén m.

weg|essen ['vɛk'ɛsən]: *alles* ~ comérselo todo; ~**fahren** v/i. (sn) irse, marcharse; salir (*nach* para); 2**fall** m supresión *f*; ⁓**fallen** (sn) quedar suprimido, omitirse; ⁓**fegen** barrer (*a. fig.*); ⁓**fliegen** (sn) *j.*: partir en avión; *et.*: ser llevado por el viento; ⁓**fließen** (sn) derramarse; ⁓**führen** llevar consigo; ⁓**gang** *m* salida *f*, partida *f*; ⁓**geben** dar; deshacerse de; ⁓**gehen** (sn) irse, marcharse; ✝ venderse; ⁓**gießen** tirar; ⁓**haben** haber recibido (su parte); *s-e Strafe* ⁓ tener su merecido; F *et.* ⁓ haber comprendido; ⁓**hängen** *Kleid*: guardar; ⁓**holen** ir *od.* venir a buscar; F *Krankheit*: coger, F pillar; ⁓**jagen** echar, ahuyentar; ⁓**kommen** (sn) (lograr) salir; perderse; *gut (schlecht) bei et.* ⁓ salir bien (mal) librado de a/c.; ⁓**können** poder salir; ⁓**lassen** dejar salir; (*auslassen*) suprimir; omitir; ⁓**laufen** (sn) irse corriendo, huir; ⁓**legen** poner aparte; ⁓**machen** quitar; ⁓**müssen** tener que salir *od.* marcharse; ⁓**nahme** ['⁓na:mə] *f* (15) toma *f*; confiscación *f*; ⁓**nehmen** quitar; ⁓**packen** recoger; ⁓**radieren** borrar; ⁓**raffen** arrebatar.

Wegrand ['ve:krant] *m*: *am* ⁓ al borde del camino.

weg|räumen ['vɛkrɔymən] quitar; recoger; ⁓**reißen** arrancar; arrebatar; ⁓**rennen** (sn) salir corriendo, huir; ⁓**rücken** *v/t.* apartar; ⁓**rufen** llamar; ⁓**schaffen** llevarse; apartar; ⁓**schenken** dar, regalar; ⁓**scheren**: *sich* ⁓ largarse; ⁓**schicken** enviar, mandar; *Person*: despedir; ⁓**schieben** empujar; ⁓**schleichen** (sn) (*a. sich* ⁓) marcharse a hurtadillas; escabullirse; ⁓**schleppen** arrastrar (consigo); llevarse; ⁓**schließen** encerrar; ⁓**schmeißen** F tirar; ⁓**schnappen** pescar; birlar; ⁓**schneiden** cortar; ⁓**schütten** tirar; ⁓**schwimmen** (sn) *et.*: ser arrastrado por la corriente; ⁓**sehen** apartar la vista; *über et.* ⁓ F hacer la vista gorda; ⁓**setzen** poner en otro sitio; ⁓**stecken** esconder; ⁓**stellen** poner a un lado; ⁓**stoßen** empujar.

Wegstrecke ['ve:kʃtrɛkə] *f* recorrido *m*, trayecto *m*.

weg|tragen ['vɛktra:gən] llevarse; ⁓**treten** (sn) retirarse; ✗ romper filas; ⁓**tun** echar; apartar; quitar; ⁓**wehen** *v/i.* (sn) ser llevado por el viento.

wegweis|end ['ve:kvaizənt] orientador; ⁓**er** *m* (7) indicador *m* (de camino); poste *m* indicador.

Weg|werf... ['vɛkvɛrf...]: *in Zssgn mst* desechable; ⁓**werfen** tirar; *sich* ⁓ rebajarse; ⁓**werfend** desdeñoso, con desdén; ⁓**werfgesellschaft** *f* sociedad *f* del despilfarro; ⁓**wischen** quitar (con un trapo); borrar.

Wegzehrung ['ve:ktse:ruŋ] *f* provisiones *f/pl.* para el viaje.

weg|ziehen ['vɛktsi:ən] **1.** *v/t.* retirar; *Vorhang*: descorrer; **2.** *v/i.* (sn) mudarse de casa, cambiar de domicilio; ⁓**zug** *m* partida *f* (*nach para*); marcha *f*; cambio *m* de domicilio.

weh [ve:] **1.** *adj.* malo; doloroso; *adv.* mal; ⁓ *tun* doler, hacer daño; *j-m*: causar dolor; *fig.* afligir; *sich* ⁓ *tun* hacerse daño; *o* ⁓! ¡vaya!; ⁓(e) *mir!* ¡ay de mí!; **2.** ⁓ *n* (3) dolor *m*; pena *f*.

Wehe ['⁓ə] *f* (15): **a)** duna *f* de nieve; **b)** ⁓ *n* 🦶 *pl.* dolores *m/pl.* del parto; ⁓**n** (25) soplar; *Fahne*: ondear, flotar.

'**Weh|geschrei** *n* lamentos *m/pl.*; ⁓**klage** *f* lamento *m*; *pl. a.* lamentaciones *f/pl.*; ⁓**klagen** (*untr.*) lamentarse (*über ac.* de); ⁓**leidig** quejumbroso; ⁓**mut** *f* melancolía *f*; nostalgia *f*; ⁓**mütig** ['⁓my:tiç] melancólico; nostálgico.

Wehr [ve:r] **a)** *f* (16) defensa *f*; armas *f/pl.*; *sich zur* ⁓ *setzen* defenderse; **b)** *n* (3) presa *f*; ⁓**beitrag** *m* contribución *f* a la defensa; ⁓**bezirk** *m* distrito *m* militar; ⁓**dienst** *m* servicio *m* militar; ⁓**dienstverweigerer** *m* objetor *m* de conciencia; ⁓**dienstverweigerung** *f* objeción *f* de conciencia; ⁓²**en** (25) prohibir; *sich* ⁓ defenderse (*gegen contra*); ⁓**ersatzdienst** *m* servicio *m* sustitutorio (del servicio militar); ⁓²**fähig** útil para el servicio militar; ⁓**kraft** *f* fuerza *f* defensiva; ⁓²**los** indefenso; inerme; ⁓**losigkeit** *f* indefensión *f*; ⁓**macht** *f* fuerzas *f/pl.* armadas; ⁓**paß** *m* cartilla *f* militar; ⁓**pflicht** *f* (¹⁶²²⁻pflichtig sujeto al) servicio *m* militar obligatorio.

Weib [vaip] *n* (1) mujer *f*; *poet.* esposa *f*; ⁓**chen** *Zo.* ['⁓çən] *n* (6) hembra *f*; ⁓**erfeind** ['⁓bərfaint] *m* misógino *m*; ⁓**erheld** *m* tenorio *m*, (hombre *m*) mujeriego *m*; ⁓²**isch** ['⁓biʃ] afeminado, mujeril; ⁓²**lich** ['⁓pliç] femenino; ⁓**lichkeit** *f* feminidad *f*; ⁓**sbild** ['⁓psbilt] *n desp.* tía *f*.

weich [vaiç] blando; muelle; (*zart*) tierno (*a. Fleisch*); *fig.* sensible, impresionable; (*sanft*) suave; dulce;

Hut: flexible; ~ *machen* (*werden*) ablandar(se); '2**bild** *n* término *m* municipal; '2e *f* (15) *Anat.* flanco *m*, ijada *f*; 🐾 aguja *f*; '~**en 1.** *v/t.* (25) remojar; 2. *v/i.* (30, sn) ablandarse; (*nachgeben*) ceder; 2**ensteller** ['-çən-[tɛlər] *m* (7) guardagujas *m*; ~**ge-kocht** ['-gəkɔxt] *Ei*: pasado (por agua); '2**heit** *f* blandura *f*; suavidad *f*; *fig.* ternura *f*; sensibilidad *f*; '~**herzig** blando (de corazón); '~**lich** blando, flojo; *fig.* débil; F blandengue; 2**ling** ['-lin] *m* (3¹) hombre *m* afeminado; blando *m*, F blandengue *m*; '2**spüler** *m* suavizante *m*; '2**teile** *Anat. pl.* partes *f/pl.* blandas; '2**tier** *n* molusco *m*.

Weide ['vaɪdə] *f* (15) 🌳 pasto *m*, dehesa *f*; 🐾 sauce *m*; (*Weide-*)**land** *n* pastos *m/pl.*; ~**n** (26) **1.** *v/t.* pastar; *sich ~* deleitarse (*an dat.* en); **2.** *v/i.* pacer, pastar; ~**nkätzchen** *n* flor *f* de sauce; ~**nkorb** *m* cesto *m* de mimbre; ~**n-rute** *f* mimbre *m*; ~**platz** *m* pasto *m*; ~**recht** *n* derecho *m* de pastoreo.

weid|gerecht, ~**männisch** ['vaɪtgə-rɛçt, '-mɛnɪʃ] experimentado en la caza; como buen cazador; ~**lich** *adv.* mucho; F de lo lindo; 2**mann** *m* (1²) cazador *m*; 2**messer** *n* cuchillo *m* de monte; 2**werk** *n* caza *f*, montería *f*; ~**wund** herido.

weiger|n ['vaɪgərn] (29): *sich ~* negar-se (*zu* a); 2**ung** *f* negativa *f*.

Weih [vaɪ] *m* (3) milano *m*; ~**bi-schof** *m* obispo *m* auxiliar; ~**e** *f* (15) *Rel.* consagración *f*; (*Segen*) bendición *f*; (*Priester2*) ordenación *f*; 2**en** (25) consagrar; bendecir; *Priester*: ordenar; (*widmen*) dedicar (a); '~**er** *m* (7) estanque *m*; '~**estunde** *f* hora *f* *bzw.* acto *m* solemne; '2**evoll** solemne; '~**gabe** *f* ofrenda *f*; exvoto *m*.

Weihnacht ['-naxt] *f uv.*, ~**en** *n uv.* (*mst o. art.*) Navidad(es) *f(pl.)*; *Fröhliche ~!* ¡felices Pascuas!; 2**lich** navideño; ~**s-...** *in Zssgn oft* de Navidad, navideño; ~**s-abend** *m* Nochebuena *f*; ~**sbaum** *m* árbol *m* de Navidad; ~**sgeschenk** *n* regalo *m* de Navidad; ~**slied** *n* villancico *m*; ~**smann** *m* Papá *m* Noel; ~**sstern** ⚘ *m* flor *f* de Pascua; ~**szeit** *f* tiempo *m* de Navidad; época *f* navideña.

'**Weih|rauch** *m* incienso *m*; ~**rauch-faß** *n* incensario *m*; ~**wasser** *n* agua *f* bendita; ~**wasserbecken** *n* pila *f* del agua bendita; ~**wedel** *m* hisopo *m*.

weil [vaɪl] porque.

Weil|chen ['-çən] *n* (6) ratito *m*; ~**e** *f* (15) rato *m*; *e-e ganze ~* un buen rato; 2**en** *poet.* (25) permanecer; estar; ~**er** *m* (7) caserío *m*.

Wein [vaɪn] *m* (3) vino *m*; (*Rebe*) vid *f*; *wilder ~* vid *f* silvestre; *j-m reinen ~ einschenken* decir a alg. la (cruda) verdad; '~**bau** *m* viticultura *f*; '~**bauer** *m* viticultor *m*; '~**beere** *f* uva *f*; '~**berg** *m* viña *f*, viñedo *m*; '~**bergschnecke** *f* caracol *m* (de Borgoña); '~**brand** *m* aguardiente *m* de vino; coñac *m*.

wein|en ['-ən] (25) llorar (*vor* de; *um* por); ~**erlich** llorón.

'**Wein|-ernte** *f* vendimia *f*; ~**-essig** *m* vinagre *m* de vino; ~**faß** *n* tonel *m* pipa *f*; cuba *f*; ~**flasche** *f* botella *f* de vino; ~**garten** *m* viña *f*; ~**gegend** *f* región *f* vitícola; ~**geist** *m* alcohol *m*; ~**glas** *n* vaso *m bzw.* copa *f* para vino; ~**händler** *m* tratante *m* en vinos, vinatero *m*; ~**handlung** *f* bodega *f*; vinatería *f*; ~**jahr** *n*: *gutes ~* año *m* abundante en vino(s); ~**karte** *f* carta *f* de vinos; ~**keller** *m* bodega *f*; ~**krampf** 🐾 *m* llanto *m* convulsivo; ~**kühler** *m* enfriador *m* de botellas; ~**land** *n* país *m* vitícola; ~**laub** *n* hojas *f/pl.* de parra; ~**laube** *f* parral *m*, emparrado *m*; ~**lese** *f* vendimia *f*; ~**lokal** *n* taberna *f*; ~**probe** *f* degustación *f od.* cata *f* de vinos; ~**ranke** *f* sarmiento *m*; ~**rebe** *f* vid *f*; ~**schlauch** *m* odre *m*; ~**stein** 🐾 *m* tártaro *m*; ~**(stein)säure** *f* ácido *m* tartárico; ~**stock** *m* cepa *f*; ~**stube** *f* taberna *f*; ~**traube** *f* racimo *m* de uvas; *einzelne*: uva *f*.

weise ['vaɪzə] **1.** *adj.* sabio; **2.** 2 *f* (15) manera *f*, modo *m*; ♪ melodía *f*, aire *m*; *auf diese ~* de esta manera, de este modo; *in der ~, daß* de tal manera *od.* modo que; ~**n** (30) señalar, indicar; mostrar; *von sich ~* rechazar; 2(**r**) *m* (18) sabio *m*; *die ~n aus dem Morgenland* los Reyes Magos.

Weis|heit ['vaɪshaɪt] *f* sabiduría *f*; ~**heitszahn** *m* muela *f* del juicio; 2**lich** prudentemente; 2**machen** hacer creer; *mach das e-m andern weis!* ¡a otro perro con ese hueso!

weiß [vaɪs] **1.** *s. wissen*; **2.** *adj.* blanco; ~**e** *Haare* canas *f/pl.*; **3.** 2 *n* (*uv.*, *sg. a.* 3²) blanco *m*, blancura *f*.

'**weissag|en** ['-za:gən] (*untr.*) profetizar, vaticinar; 2**ung** f profecía f, vaticinio m.

'**Weiß**|**bier** n cerveza f blanca; ~**blech** n hojalata f; ~**brot** n pan m blanco; ~**buch** Pol. n libro m blanco; ~**dorn** ♀ m espino m (blanco); ~**e** f (15) blancura f; 2**en** (27) blanquear; (tünchen) encalar; ~**e(r** m) su. (18) blanco (-a) m (f); ~**fisch** m albur m; 2**gekleidet** ['-gǝklardǝt] vestido de blanco; ~**gerber** m curtidor m de fino, peletero m; ~**gerbe'rei** f peletería f; 2**-glühend** candente, incandescente; ~**glut** f incandescencia f; F fig. j-n zur ~ bringen sacar a alg. de quicio; ~**gold** n oro m blanco; 2**haarig** cano(so), encanecido; ~**kohl** m repollo m; 2**-lich** blanquecino; ~**näherin** f costurera f de ropa blanca; ~**tanne** f abeto m blanco; ~**waren** f/pl. lencería f; ~**wein** m vino m blanco.

Weisung ['varzʊn] f orden f; instrucción f.

weit [vart] (geräumig) espacioso, amplio; ancho (a. Kleid); (ausgedehnt) extenso, vasto; Weg, Reise: largo; (fern) lejano, adv. lejos; ~ offen abierto de par en par; 2 Kilometer ~ vom Meer entfernt a dos kilómetros del mar; wie ~? ¿hasta dónde?; wie ist es bis ...? ¿cuánto falta para od. hasta ...?; bei ~em (nicht) (ni) con mucho; ~ größer mucho mayor; von ~em desde lejos; fig. zu ~ gehen, es zu ~ treiben (pro)pasarse, extralimitarse; das geht zu ~ esto pasa de la raya; es ~ bringen llegar lejos; es ist nicht ~ her damit no es nada del otro mundo; ~ und breit a la redonda; '~'**ab** muy lejos; '~'**aus** con mucho; 2**blick** m perspicacia f; visión f de futuro; '~**blickend** perspicaz; '2**e** 1. f (15) anchura f; (Ausdehnung) extensión f; (Länge) largo m; (Entfernung) distancia f; (Ferne) lejanía f; 2. n (18): das ~ suchen tomar las de Villadiego; '~**en** (26) ensanchar; dilatar.

weiter ['-ǝr] 1. comp. v. weit; 2. fig. (sonstig) otro; adicional; ulterior; (außerdem) además; ~! ¡adelante!; bitte ~! ¡siga Vd.!; ~ nichts nada más; ohne ~es sin más ni más; bis auf ~es por ahora; hasta nuevo aviso od. nueva orden; und ~? ¿qué más? wer ~? ¿quién más?; und so ~ etcétera (Abk. etc.); ~ et. tun seguir haciendo a/c.; alles 2e todo lo demás; ~**befördern** reexpedir; ~**bilden**: sich ~ per-

feccionarse; ampliar estudios; ~**bringen** hacer avanzar; das bringt mich nicht weiter esto no me ayuda nada; ~**geben** transmitir; pasar (an ac. a); ~**gehen** (sn) seguir su camino; fig. continuar; ~**hin** zeitl. (de aquí) en adelante; (außerdem) además; ~**kommen** (sn) adelantar; ~**können**: nicht ~ no poder más; ~**leiten** transmitir; cursar; 2**leitung** f transmisión f; ~**machen** seguir, continuar; 2**reise** f continuación f del viaje; ~**reisen** (sn) continuar el viaje; ~**sagen** divulgar; (hacer) correr la voz; 2**verkauf** m reventa f; ~**verkaufen** revender.

weit|**gehend** ['-ge:ǝnt] amplio; considerable; adv. en gran parte; ~**gereist** que ha viajado mucho; ~**her** de lejos; ~**herzig** generoso; ~**hin** a lo lejos; ~**läufig** vasto; extenso; (ausführlich) detallado; Verwandter: lejano; ~**maschig** ['-maʃiç] de mallas anchas; ~**reichend** extenso; ~**schweifig** ['-ʃvarfiç] prolijo; 2**schweifigkeit** f prolijidad f; ~**sichtig** ['-ziçtiç] ♂ présbita; fig. perspicaz; 2**sichtigkeit** f ♂ presbicia f; 2**sprung** m salto m de longitud; ~**tragend** de gran alcance; trascendental; ~**verbreitet** muy frecuente od. corriente; ~**verzweigt** ['-fertsvarkt] muy ramificado; 2**winkel-objektiv** Phot. n objetivo m grangular.

Weizen ['vartsǝn] m (6) trigo m; ~**feld** n trigal m; ~**mehl** n harina f de trigo.

welch [vɛlç] (21¹): ~ (ein[e]) ...! ¡qué ...!; '~**e(r, s)** fragend: ¿qué?; ¿cuál (de)?; relativ: que; el (la, lo) cual; pl. (einige) unos, algunos; 2**erlei** ['-çǝr'lar] qué clase de; in ~ Form es auch sei en cualquier forma.

welk [vɛlk] marchito, ajado (a. fig.); '~**en** (25, sn) marchitarse.

Well|**blech** ['vɛlblɛç] n chapa f ondulada; ~**e** f (15) ola f (a. fig.); a. Phys. onda f; große: oleada f (a. fig.); (Haar2) ondulación f; ⊕ árbol m, eje m; Turnen: molinete m; 2**en** (25) ondular.

'**Wellen**|**bereich** m gama f de ondas; ~**bewegung** f movimiento m ondulatorio; ondulación f; ~**brecher** m rompeolas m; 2**förmig** ondulatorio; ondulado; ~**gang** m oleaje m; ~**kamm** m cresta f de la ola; ~**länge** Phys. f longitud f de onda; ~**linie** f línea f ondulada; ~**reiten** n surf m;

~schlag *m* embate *m* de las olas; ~sittich *Zo.* *m* periquito *m*.

well|ig ['vɛliç] ondulado; *Boden:* accidentado; ♀pappe *f* cartón *m* ondulado.

Welpe ['vɛlpə] *m* (13) cachorro *m*.

Wels *Zo.* [vɛls] *m* (4) siluro *m*.

Welt [vɛlt] *f* (16) mundo *m*; universo *m*; *alle* ~ todo el mundo; *auf der* ~ en el mundo; *zur* ~ *bringen* dar a luz; *aus der* ~ *schaffen Streitigkeit:* zanjar, allanar; *nicht um alles in der* ~ por nada del mundo.

Welt... [vɛlt...]: *in Zssgn oft* universal, mundial; del mundo; ~all *n* universo *m*; ♀-anschaulich ideológico; ~anschauung *f* ideología *f*; concepción *f* del mundo; ~ausstellung *f* exposición *f* universal; ♀bekannt, ♀berühmt de fama mundial; ♀bewegend revolucionario; ~bild *n* concepto *m* del mundo; ~bürger *m* cosmopolita *m*; ~bürgertum *n* cosmopolitismo *m*; ~enbummler *m* trotamundos *m*; ♀-erfahren conocedor del mundo, de mucho mundo; ~ergewicht *n Sport:* peso *m* welter; ♀-erschütternd de repercusión mundial; ~firma *f* casa *f* de renombre mundial; ♀fremd ajeno al mundo; ~frieden *m* paz *f* universal; ~geschichte *f* historia *f* universal; ♀gewandt de mucho mundo; ~handel *m* comercio *m* internacional; ~herrschaft *f* dominio *m* del mundo; ~karte *f* mapamundi *m*; ~kenntnis *f* mundología *f*; ~krieg *m* guerra *f* mundial; ~kugel *f* globo *m*; ~lage *f* situación *f* internacional; ♀lich mundano, mundanal; profano; *Rel.* seglar; *Schule usw.:* laico; ~literatur *f* literatura *f* universal; ~macht *f* potencia *f* mundial; ~mann *m* hombre *m* de mundo; ♀männisch ['-mɛniʃ] de hombre de mundo; ~markt *m* mercado *m* mundial; ~meer *n* océano *m*; ~meister(schaft *f*) *m* campeón *m* (campeonato *m*) del mundo; ~raum *m* espacio *m* interplanetario; ~raum... *in Zssgn s. a. Raum...*; ~raumforschung *f* investigación *f* espacial; ~reich *n* imperio *m* (universal); ~reise *f* vuelta *f* al (*od.* viaje *m* alrededor del) mundo; ~rekord *m* marca *f od.* récord *m* mundial; ~ruf *m*, ~ruhm *m* fama *f* mundial; ~schmerz *m* desengaño *m* de la vida; ~sprache *f* lengua *f* universal;

~stadt *f* metrópoli *f*; ~teil *m* continente *m*; ~untergang *m* fin *m* del mundo; ♀weit universal; ~wirtschaft *f* economía *f* mundial.

wem? [ve:m] (*s. wer*) ¿a quién?; *von* ~? ¿de quién?

wen? [ve:n] (*s. wer*) ¿a quién? (*a.* = *an* ~?).

Wende ['vɛndə] *f* (15) vuelta *f*; cambio *m*; ~kreis *m* trópico *m*; *Kfz.* radio *m* de giro; ~ltreppe *f* escalera *f* de caracol.

wend|en ['-dən] (30) **1.** *v/t.* volver, dar la vuelta a; *bitte* ~! ¡véase al dorso!; **2.** *v/i. Kfz. u.* ♣ virar; dar la vuelta; **3.** *v/refl.: sich* ~ *an* dirigirse a; *sich* ~ *gegen* volverse contra; ♀punkt *m fig.* momento *m* crucial; cambio *m* (de rumbo); ♀ig ágil; *Kfz.* de fácil manejo, manejable; ♀igkeit *f* agilidad *f*; *Kfz.* manejabilidad *f*; ♀ung *f* vuelta *f*; *Kfz.* viraje *m*; ♣ virada *f*; *sprachliche:* giro *m*, locución *f*; (*Wechsel*) cambio *m*.

wenig ['ve:niç] poco; *ein (klein)* ~ un poco (un poquito); ~er ['--gər] menos; ~ *als* menos que (*vor Zahlen* de); ~ *werden* disminuir; ♀keit *f: hum. meine* ~ un servidor; ~st ['--çst]: *das* ~e, *am* ~en lo menos; *die* ~en (*Leute*) muy poca gente; ~stens al (*od.* por lo) menos.

wenn [vɛn] *Bedingung:* si; *zeitl.* cuando; ~ *auch* si bien; aun cuando, aunque (*subj.*); ~ *nur* con tal que, *als* ~ como si (*subj.*); *selbst* ~ aun cuando (*subj.*); ~ *er auch noch so reich ist por* rico que sea; ~ *man ihn trifft* al encontrarle; ~ *er doch käme!* ¡ojalá viniera!

wer [ve:r] (24) **1.** *fragend:* ¿quién?; ~ *da?* ¿quién vive?; ~ *von beiden?* ¿cuál de los dos?; **2.** *relativ:* el que, quien; ~ *auch immer* quienquiera que (*subj.*).

Werbe... ['vɛrbə...]: *in Zssgn oft* publicitario, de publicidad; ~abteilung *f* sección *f* de publicidad; ~antwort ✆ *f* respuesta *f* comercial; ~büro *n* agencia *f* publicitaria; ~fachmann *m* agente *m* de publicidad; ~feldzug *m* campaña *f* publicitaria; ~fernsehen *n* publicidad *f* televisiva; televisión *f* comercial; ~film *m* película *f* publicitaria; ~funk *m* emisiones *f/pl.* publicitarias; ~graphiker *m* grafista *m* publicitario; ~leiter *m* jefe *m* de publicidad; ~material *n* material *m* de propaganda; **2n** (30) **1.** v/t. reclutar; *Kunden*: captar; **2.** v/i.: ~ **für** hacer propaganda *od.* publicidad por; *um j-n* ~ cortejar a alg.; **~r** m (7) enganchador m; **~spot** ['--spɔt] m (11) spot m publicitario, cuña f publicitaria; **~spruch** m slogan m publicitario; **~texter** m redactor m publicitario; **~zeichner** m dibujante m publicitario.

werb|lich ['vɛrpliç] publicitario; **2ung** ['-bʊŋ] f ✝ publicidad f, propaganda f; **2ungskosten** pl. gastos m/pl. de publicidad.

Werdegang ['veːrdəgaŋ] m (3³) desarrollo m; formación f; historial m; (*Laufbahn*) carrera f.

werden ['-dən] (30) **1.** *Hilfsverb:* **a)** *fut.:* sie ~ es tun lo harán, lo van a hacer; **b)** *pas.* ser (*a.* quedar, resultar) *od. refl.* (es wurde getan se hizo); **2.** v/i. (sn) **a)** *mit su.:* llegar a ser, hacerse, convertirse en; **b)** *mit adj.:* volverse, ponerse, quedar, resultar; *oft besondere vb., z. B.* reich ~ enriquecerse; **c)** *selbständiges Verb:* nacer; desarrollarse; *was willst du* ~? ¿qué quieres ser (de mayor)?; *was soll aus ihm* ~? ¿qué será de él?; *was ist aus ihm geworden?* ¿qué ha sido de él?; *was soll daraus* ~? ¿dónde va a parar eso?; *es ist nichts daraus geworden* todo se quedó en nada; *es wird schon* ~! ¡ya se arreglará!; (*nun*), *wird's bald!* ¡date prisa!; **3.** **2** n desarrollo m; *Phil.* devenir m; **~d** naciente; **~e** *Mutter* futura mamá f.

werfen ['vɛrfən] (30) echar, tirar; (*schleudern*) arrojar, lanzar; *Junge*: parir; *Bild, Schatten*: proyectar; *sich* ~ *Holz*: alabearse, abarquillarse; *sich* ~ *auf* (*ac.*) abalanzarse sobre; dedicarse a.

Werft [vɛrft] f (16) astillero(s) m(/pl.).

Werg [vɛrk] n (3, *o.* pl.) estopa f.

Werk [vɛrk] n (3) obra f; (*Arbeit*) trabajo m; (*Fabrik*) fábrica f, talleres m/pl.; planta f; (*Getriebe*) mecanismo m; *ans* ~ *gehen* poner manos a la obra; *ins* ~ *setzen* realizar, organizar; **~bank** f banco m (de trabajo); **2en** (25) trabajar; afanarse; **~meister** m capataz m, contramaestre m; jefe m de taller; **~s-arzt** m médico m de empresa; **~spionage** f espionaje m industrial; **~statt**, **~stätte** f taller m; **~stoff** m material m; **~stück** n pieza f; **~student** m estudiante m que se

gana la vida trabajando; **~tag** m día m laborable; **2tags** en días laborables; **2tätig** trabajador; **~e** *Bevölkerung* población f activa; **~unterricht** m manualidades f/pl.; **~vertrag** m contrato m de obra; **~zeug** n ⊕ herramienta f; *fig.* instrumento m; **~zeugmaschine** f máquina-herramienta f.

Wermut ['veːrmuːt] m (3, *o.* pl.) ♀ ajenjo m; (*Wein*) vermut m.

wert [veːrt] **1.** (*würdig*) digno s; (*geehrt*) estimado, apreciado; (*lieb*) querido; ~ *sn* valer; *er ist es* ~ se lo merece; **2.** **2** m (3²) valor m; *fig.* mérito m; *im* ~*e von* por valor de; ~ *legen auf* (*ac.*) dar importancia a; **2-angabe** f declaración f de valor; **~beständig** (de valor) estable; **2brief** m valores m/pl. declarados; **~en** (26) valorar, estimar; *Sport:* calificar (*nach* por); **2gegenstand** m objeto m de valor; **2igkeit** 🔬 f valencia f; **~los** sin valor; **2losigkeit** f falta f de valor; **2messer** m criterio m; **2minderung** f depreciación f; **2paket** n envío m con valor declarado; **2papier** n título m, valor m; **2sachen** f/pl. objetos m/pl. de valor; **2schätzen** apreciar, estimar; **2schätzung** f aprecio m, estimación f; **2sendung** f valores m/pl. declarados; **2steigerung** f aumento m de valor; **2ung** f valoración f; *Sport:* calificación f, puntuación f; **2-urteil** n juicio m de valor; **~voll** precioso, valioso, de mucho valor; **2zuwachs** m plusvalía f.

Wesen ['veːzən] n (6) ser m; *Phil.* ente m; (*Gehalt*) sustancia f; esencia f; (*Wesensart*) carácter m, naturaleza f; *viel* ~*s machen von* hacer mucho caso de; *sein* ~ *treiben* hacer de las suyas; **2los** irreal; **~s-art** f manera f de ser; naturaleza f; **2sfremd** ajeno a su carácter; **2sgleich** idéntico; **~szug** m rasgo m; **2tlich** esencial, sustancial; integrante; *adv. vor comp.* mucho; *im* ~*en* en sustancia.

weshalb [vɛs'halp] **1.** *fragend:* ¿por qué?; **2.** *relativ:* por lo que, por lo cual.

Wespe ['-pə] f (15) avispa f; **~nnest** n avispero m; *fig. in ein* ~ *stechen* meterse en un avispero.

wessen ['vɛsən] **1.** *fragend:* ¿de quién?; ~ *Haus ist dies?* ¿de quién es esta casa?; **2.** *relativ:* cuyo.

Weste ['vɛstə] f (15) chaleco m; fig.
e-e weiße ~ haben tener las manos
limpias.
West|en ['-tən] m (6) oeste m; occi-
dente m; **~entasche** f: fig. wie s-e ~
kennen conocer como la palma de la
mano; **~gote** m, **2gotisch** visigodo
(m); **2lich** occidental, del oeste; adv.
al oeste; **~mächte** f/pl. potencias
f/pl. occidentales; **2wärts** hacia el
oeste; **~wind** m viento m del oeste.
weswegen [vɛsˈveːgən] s. weshalb.
Wett|bewerb ['vɛtbəvɛrp] m (3) con-
curso m; competición f; ♣ competencia f; **~büro** n agencia f de apues-
tas; **~e** f (15) apuesta f; was gilt die ~?
¿qué apostamos?, ¿cuánto va?; um
die ~ a porfía, a cual más od. mejor;
~eifer m emulación f; rivalidad f;
2-eifern untr. rivalizar; competir;
2en (26) apostar (auf, um ac. por); ~,
daß ich recht habe? F ¿a que yo tengo
razón?; **~er¹** m (7) apostador m.
Wetter² ['vɛtər] n (7) tiempo m;
(Un2) tempestad f, temporal m; es ist
schönes (schlechtes) ~ hace buen (mal)
tiempo; alle ~! ¡caramba!; **~aus-
sichten** f/pl. tiempo m probable;
previsiones f/pl. meteorológicas; **~
bericht** m boletín m od. parte m
meteorológico; **~dienst** m servicio m
meteorológico; **~fahne** f veleta f;
2fest resistente a la intemperie; impermeable; **~frosch** F m hombre m
del tiempo; **2fühlig** ['--fyːliç] sensible a los cambios del tiempo; **~
karte** f mapa m meteorológico; **~
kunde** f meteorología f; **~lage** f
estado m del tiempo; **2leuchten** n
relampagueo m; **~mantel** m impermeable m; **~meldungen** f/pl. informe m meteorológico; **2n** (29) fig.
tronar, echar pestes; es wettert hay
tormenta; **~satellit** m satélite m meteorológico; **~schacht** ⚒ m pozo m
de ventilación; **~seite** f lado m del
viento; **~sturz** m fuerte depresión f
atmosférica; **~umschlag** m cambio
m del tiempo; **~vorhersage** f previsión f od. pronóstico m del tiempo;
~warte f observatorio m meteorológico; estación f meteorológica; 2-
wendisch ['--vɛndiʃ] versátil, veleidoso, tornadizo; ~ sn ser una veleta.
Wett|fahrt ['vɛtfaːrt] f carrera f; **~
kampf** m lucha f; concurso m;
Sport: competición f; campeonato
m; **~kämpfer** m participante m en la

competición; competidor m; **~lauf**
m carrera f; **~läufer** m corredor m;
2machen reparar; compensar;
Mangel: suplir a; **~rennen** n carrera
f; **~rüsten** n carrera f armamentista
od. de armamentos; **~schwimmen** n
concurso m de natación; **~spiel** n
encuentro m, match m; **~streit** m
rivalidad f; competición f.
wetz|en ['vɛtsən] (27) afilar; amolar;
2stahl m chaira f, afilón m; **2stein** m
piedra f de afilar od. de amolar.
Whisky ['viski] m (11) whisky m,
güisqui m.
wich [viç] s. weichen.
Wichse ['viksə] f (15) betún m para
calzado; F (Prügel) paliza f; **2n** (27)
embetunar; lustrar.
Wicht [viçt] m (3) sujeto m; armer ~
infeliz m, pobre diablo m.
wichtig ['-tiç] importante; ~ tun, sich
~ machen F darse importancia od.
tono; **2keit** f importancia f, trascen-
dencia f; **2tuer** ['--tuːər] m (7) presumido m, F farolero m; **2tue'rei** f
presunción f, postín m.
Wicke ♣ ['vikə] f (15) arveja f, veza f.
Wickel ['-kəl] m (7) (Haar2) bigudí
m, rulo m; ✂ compresa f; compresa f;
F j-n beim ~ kriegen agarrar a alg. por
el cogote; **~gamaschen** f/pl. bandas
f/pl. (para las piernas); **~kind** n rorro
m, nene m; **2n** (29) arrollar; (ein2)
envolver; Kind: fajar; poner bzw.
cambiar los pañales a; Garn: devanar; ✂ bobinar; **~rock** m falda f
cruzada.
Wicklung ✂ ['-luŋ] f bobinado m.
Widder ['vidər] m (7) morueco m;
Astr. Aries m.
wider ['viːdər] (ac.) contra; bei Zssgn
mit betontem vb. untr.; **~'fahren** (sn)
ocurrir, suceder; **2haken** m gancho
m; garfio m; **2hall** m eco m, resonancia f; fig. a. repercusión f; **~
hallen** resonar; dumpf: retumbar;
fig. repercutir; **2lager** ⚒ n contrafuerte m, estribo m; **~legbar** [--'leːk-
baːr] refutable, rebatible; **~'legen**
refutar; **2'legung** f refutación f; **2-
lich** repugnante; asqueroso; **~na-
türlich** contra natura; perverso;
~'raten j-m et. ~ disuadir a alg. de
a/c.; **~rechtlich** ilegal; contrario a la
ley; **2rede** f contradicción f; réplica
f; ohne ~ sin protestar, sin rechistar;
2rist Anat. m cruz f; **2ruf** m revoca-
ción f; retractación f; bis auf ~ hasta

nueva orden; ~**rufen** revocar; anular; *Aussage*: retractarse de; desmentir; ~**ruflich** ['--'ru:fliç] revocable; 2**sacher(in** f) ['--zaxər(in)] *m* (7) adversario (-a) *m* (f); 2**schein** m reflejo *m*; ~**setzen**: *sich* ~ oponerse (*dat.* a); ~**setzlich** [--'zɛtsliç] insubordinado; insumiso; 2**setzlichkeit** f insubordinación f; 2**sinn** *m* contrasentido *m*; absurdo *m*; paradoja f; ~**sinnig** absurdo; paradójico; ~**spenstig** ['--'ʃpɛnstiç] reacio, obstinado, terco; rebelde; 2**spenstigkeit** f obstinación f; terquedad f; rebeldía f; ~**spiegeln** reflejar (*a. fig.*); ~**sprechen** (*dat.*) contradecir (*ac.*); llevar la contraria (*a* alg.); protestar (contra); ~'**sprechend** contradictorio; 2**spruch** *m* contradicción f; protesta f; oposición f; *im* ~ *stehen zu* estar en contradicción con; ~ *erheben* protestar; ~**sprüchlich** contradictorio; ~**spruchslos** sin protestar; ~**spruchsvoll** lleno de contradicciones; 2**stand** *m* resistencia f (*a. ⚡*); oposición f; ~ *leisten* resistirse a; ~**standsfähig** resistente; 2**standskraft** f resistencia f; ~**standslos** sin resistencia; ~**stehen** resistir (a/c.); (*zuwider sn*) repugnar; ~'**streben** oponerse a; *es widerstrebt mir, zu ...* me repugna (*inf.*); ~'**strebend** de mala gana, a disgusto; 2**streit** *m* conflicto *m*; antagonismo *m*; ~'**streitend** antagónico; divergente; ~**wärtig** ['--'vɛrtiç] antipático; repugnante; 2**wärtigkeit** f contrariedad f; adversidad f; 2**wille** *m* repugnancia f; aversión f; antipatía f; ~**willig** con repugnancia; de mala gana, a disgusto.

widm|en ['vitmən] (26): (*sich*) ~ dedicar(se); *Zeit*: consagrar; 2**ung** f dedicatoria f.

widrig ['vi:driç] contrario; adverso; ~**enfalls** ['--gən'fals] de lo contrario, si no; 2**keit** f contrariedad f; adversidad f.

wie [vi:] **1.** *adv.* **a)** *fragend*: ¿cómo?; ~ *bitte?* ¿cómo (dice)?; **b)** *Ausruf*: ~! ¡cómo!; *und* ~! ¡y tanto!; ~ *hübsch sie ist!* ¡qué bonita es!; ~ *dumm!* ¡qué tontería!; ~ *freue ich mich!* ¡cuánto me alegro!; **2.** *cj.* como; *ich denke* ~ *du* pienso como (*od.* igual que) tú; ~ *ich sehe* según veo; *por lo que veo*; *schlau,* ~ *er ist* con lo listo que es; *ich sah,* ~ *er aufstand* le vi levantarse.

Wiedehopf *Zo.* ['-dəhɔpf] *m* (3) abubilla f.

wieder ['-dər] de nuevo, nuevamente; otra vez; *in Zssgn oft Umschreibung mit* volver *a* (*inf.*); *nie* ~ nunca más; *immer* ~ una y otra vez; *ich bin gleich* ~ *da* vuelvo enseguida; ~'**anknüpfen** reanudar; 2~'**aufbau** *m* reconstrucción f; 2~'**aufbauen** reconstruir; 2~'**aufbereitung** ⊕ f reprocesamiento *m*; 2~'**aufführung** f reestreno *m*; *a. Thea.* reposición f; ~'**aufleben** (sn) revivir; 2~'**aufnahme** f reanudación f; 2~'**aufnahmeverfahren** 🏛 *n* revisión f (del proceso); ~'**aufnehmen** reanudar; 2~**beginn** *m* reapertura f; ~**bekommen** recobrar, recuperar; ~**beleben** reanimar; *Wirtschaft*: relanzar, reactivar; 2**belebung** f reanimación f; *fig.* relanzamiento *m*, reactivación f; 2**belebungsversuche** *m/pl.* intentos *m/pl.* de reanimación; 2**bewaffnung** f rearme *m*; ~**bringen** devolver; ~'**einführen** renovar; restablecer; 🕇 reimportar; 2~'**eingliederung** f reintegración f, reincorporación f; ~'**einsetzen** restablecer; reinstalar; 2~'**einstellung** f *von Arbeitern*: readmisión f; reempleo *m*; ~**erhalten**, ~**erlangen** recobrar, recuperar; ~**erkennen** reconocer; ~**er-obern** reconquistar; 2~**er-oberung** f reconquista f; 2~**er-öffnung** f reapertura f; ~**erzählen** repetir; F contar a; ~**finden** hallar, encontrar; ~'**flottmachen** ⚓ sacar a flote (*a. fig.*); 2**gabe** f reproducción f; ♪ interpretación f; ~**geben** devolver; restituir; reproducir; interpretar; 2**geburt** f renacimiento *m*; *fig. a.* regeneración f; ~**gewinnen** recuperar; ~'**gutmachen** reparar; *nicht wiedergutzumachen* irreparable; 2'**gutmachung** f reparación f; ~'**herstellen** restablecer; restaurar; reparar; 2**herstellung** f restablecimiento *m* (*a. ⚕*); restauración f; reparación f; ~**holen** ir a buscar; ~'**holen** repetir; reiterar; ~'**holt** repetido, reiterado; *adv.* repetidas veces; 2'**holung** f repetición f; recapitulación f; 2'**holungsfall** *m*: *im* ~ en caso de reincidencia; 2~'**impfung** f revacunación f; ~**käuen** ['--kɔʏən] (25) rumiar; *fig.* repetir; 2**käuer** *m* (3) rumiante *m*; 2**kehr** ['--ke:r] f (16, *o. pl.*) vuelta f; regreso *m*; 2**kehren,** ~**kommen** (sn) volver;

regresar; repetirse; *regelmäßig* ~*d* periódico; ~**sagen** repetir; ~**sehen** volver a ver; 2**sehen** *n* reencuentro *m*; *auf* ~*!* ¡adiós!; ¡hasta la vista!; *auf baldiges* ~*!* ¡hasta pronto!; 2**täufer** *m* anabaptista *m*; ~**tun** volver a hacer; ~**um** de nuevo; (*andererseits*) por otra parte; ~**ver-einigen** reunificar; 2**ver-einigung** reunificación *f*; 2**verheiratung** *f* segundo matrimonio *m*, segundas nupcias *f/pl.*; 2**verkauf** *m* reventa *f*; ~**verkaufen** revender; 2**verkäufer** *m* revendedor *m*; 2**verwendung** *f* reutilización *f*; 2**verwertung** *f* recuperación *f*; *neol.* reciclaje *m*; 2**wahl** *f* reelección *f*; ~**wählbar** reelegible; ~**wählen** reelegir; 2**zulassung** *f* readmisión *f*.

Wiege ['vi:gə] *f* (15) cuna *f*; ~**messer** *n* tajadera *f*; 2**n 1.** *v/t.* (25) *Kind:* mecer; *mit Lied:* arrullar; *Fleisch:* picar; *sich* ~ balancearse; **2.** *v/t. u. v/i.* (30) pesar; ~**ndruck** *m* incunable *m*; ~**nfest** *n* cumpleaños *m*; ~**nlied** *n* canción *f* de cuna.

wiehern ['-ərn] **1.** *v/i.* (29) relinchar; **2.** 2 *n* relincho *m*.

Wiener ['-nər] *m* (7) vienés *m*; 2**isch** vienés.

wies, wiesen [vi:s, '-zən] *s. weisen.*

Wiese ['-zə] *f* (15) prado *m*; pradera *f*.

Wiesel Zo. ['-zəl] *n* (7) comadreja *f*.

Wiesen|pflanze ['-zən...] *f* planta *f* pratense; ~**schaumkraut** ♀ *n* cardamina *f*, masturzo *m*.

wie|so? [-'zo:] ¿cómo?; ~ *denn?* ¿por qué?; ~ *nicht?* ¿cómo que no?; ~'**viel?** ¿cuánto?; *pl.* ~? ¿cuántos?; ~'**vielte:** *den* 2*n haben wir heute?* ¿a cuántos estamos hoy?

wild [vilt] **1.** salvaje (*a. Streik*); *Stier:* bravo; ♀ silvestre; *Tier u. fig.:* feroz; (*heftig*) violento; impetuoso; (*zügellos*) desenfrenado, desordenado; *Kind:* travieso, revoltoso; *Gerücht:* fantástico; F *fig.* ~ *sn auf* estar loco por; *das ist halb so* ~ no es para tanto; **2.** 2 *n* (1, *o. pl.*) caza *f*; venado *m*; 2**bach** *m* torrente *m*; 2**bret** ['-brɛt] *n* (3¹, *o. pl.*) caza *f*; venado *m*; 2**dieb** *m* cazador *m* furtivo; 2**diebe'rei** *f* caza *f* furtiva; 2**e(r)** ['-də(r)] *m* salvaje *m*; 2**erer** *m* (7) cazador *m* furtivo; ~**ern** (29) hacer caza furtiva; 2**fang** ['viltfaŋ] *m* niño *m* travieso; ~**fremd** completamente desconocido; 2**gans** *f* ánsar *m* común; 2**gehege** *n* coto *m* de caza; 2**heit** *f* braveza *f*;

ferocidad *f*; impetuosidad *f*; 2**hüter** *m* guardabosque(s) *m*; 2**katze** *f* gato *m* montés; 2**leder** *n* gamuza *f*; ante *m*; 2**nis** *f* (14²) desierto *m*; selva *f*; 2**park** *m* reserva *f* de caza; ~**reich** abundante en caza; 2**sau** *f* jabalina *f*; 2**schaden** *m* daños *m/pl.* causados por los animales de caza; 2**schwein** *n* jabalí *m*; ~**wachsend** silvestre, de crecimiento espontáneo; 2'**west-film** *m* película *f* del Oeste, western *m*.

will [vil] *s. wollen.*

Will|e ['vilə] *m* (13¹), ~**en** *m* (6) voluntad *f*; *freier* ~ libre albedrío *m*; *aus freiem* ~*n* de buen grado, de buena voluntad; *Letzter* ~ última voluntad *f*; *gegen m-n* ~*n* a pesar mío; *wider* ~*n* de mala gana; *sin querer*lo; *den festen* ~*n haben* tener el firme propósito; *ich kann es beim besten* ~*n nicht (tun)* me es de todo punto imposible; *s-n* ~*n durchsetzen* F salirse con la suya; 2**en:** *um ...* ~ por; en aras de; 2**enlos** sin energía; abúlico; ~**enlosigkeit** *f* falta *f* de energía; abulia *f*; 2**ens:** ~ *sn zu* estar dispuesto a; ~**ensfreiheit** *f* libre voluntad *f*; libre albedrío *m*; ~**enskraft** *f* fuerza *f* de voluntad, energía *f*; 2**ensschwach** abúlico; ~**ensschwäche** *f* falta *f* de voluntad; abulia *f*; 2**ensstark** enérgico; 2**entlich** a propósito, con intención; 2'**fahren** (25, *untr., part. pt.* [ge]*willfahrt*) *j-m* complacer (a); *e-r Bitte:* acceder (a); ~**fährig** ['-fɛ:riç] complaciente, deferente; 2**ig** servicial, solícito; dócil; *adv.* de buena voluntad; ~**komm** *m* (3¹), ~'**kommen** *n*, *m* (6) bienvenida *f*; 2'**kommen** *adj. j.*: bienvenido; *et.*: oportuno; *j-n* ~ *heißen* dar la bienvenida a alg.; ~**kür** ['-ky:r] *f* (16, *o. pl.*) arbitrariedad *f*; 2**kürlich** arbitrario.

wimm|eln ['viməln] (29) hormiguear, pulular; ~ *von* rebosar de; estar plagado de; ~**ern** ['-mərn] (29) gemir, gimotear; 2**ern** *n* gemido *m*, gimoteo *m*.

Wimp|el ['-pəl] *m* (7) banderín *m*; grímpola *f*; ♧ gallardete *m*; ~**er** *f* (15) pestaña *f*; *ohne mit der* ~ *zu zucken* sin pestañear; ~**erntusche** *f* rímel *m*.

Wind [vint] *m* (3) viento *m*; *bei* ~ *und Wetter* con mal tiempo que haga; *fig. von et.* ~ *bekommen* olerse (el poste); *in den* ~ *reden* hablar al aire; *in den* ~ *schlagen* despreciar, desechar; *j-m* den ~ aus den Segeln nehmen abatir el pabellón a alg.; '~beutel m buñuelo m de viento; fig. F calavera m.

Winde ['-də] f (15): **a)** ⊕ torno m, guinche m; cabrestante m; **b)** ♀ enredadera f.

Windel ['-dəl] f (15) pañal m; ♀-**weich:** F ~ schlagen moler a palos.

wind|en ['-dən] (30) torcer; Kranz: tejer; aus den Händen ~ arrebatar, arrancar; in die Höhe ~ guindar, izar; sich ~ retorcerse; Fluß: serpentear; ♀**es-eile** f: mit ~ como un rayo.

Wind|fahne ['vintfa:nə] f veleta f; ~**fang** m cancel m; ♀**geschützt** ['-gə]ytst] al abrigo del viento; ~**hose** f manga f de viento; ~**hund** m lebrel m; galgo m; fig. calavera m; ♀g ['-diç] ventoso; expuesto al viento; fig. casquivano; Ausrede: fútil; es ist ~ hace viento; ~**jacke** f cazadora f; anorak m; ~**kanal** m túnel m aerodinámico od. de viento; ~**licht** n vela f inextinguible; ~**messer** m anemómetro m; ~**mühle** f molino m de viento; (Spielzeug) molinete m; ~**pocken** f/pl. varicela f; ~**richtung** f dirección f del viento; ~**rose** f rosa f náutica od. de los vientos; ~**schaden** m daño m causado por el viento; ~**schatten** m lado m no accesible al viento; ♀**schief** inclinado; ♀**schlüpfig** aerodinámico; ~**schutzscheibe** f parabrisas m; ~**seite** f lado m expuesto al viento; ~**spiel** n galgo m; ~**stärke** f fuerza f del viento; ♀**still** tranquilo; es ist ~ no corre ningún aire; ~**stille** f calma f; völlige ~ calma f chicha; ~**stoß** m ráfaga f de viento; ~**surfing** ['-sœ:fiŋ] n windsurfing m, surf m a vela; ~**ung** f ['-duŋ] f (Schrauben♀) vuelta f, espira f; e-s Weges: sinuosidad f, tortuosidad f; e-s Flusses: a. meandro m; Anat. circunvolución f; ⊕ enroscadura f.

Wink [viŋk] m (3) seña(l) f; fig. advertencia f; aviso m; F soplo m; j-m e-n ~ geben avisar a alg.

Winkel ['-kəl] m (7) ángulo m; (Ecke) rincón m; ♀**advokat** m picapleitos m; ~**eisen** n hierro m angular; escuadra f de hierro; ♀**förmig** (de forma) angular; ~**haken** f ⊕ anguloso; Straße: tortuoso; ~**maß** n escuadra f, cartabón m; ~**messer** m transportador m; goniómetro m; ~**messung** f

goniometría f; ~**züge** ['--tsy:gə] m/pl. rodeos m/pl.; ~ machen tergiversar.

wink|en ['-kən] (25) hacer señas; ⨯, ♣ hacer señales; mit et. ~ agitar a/c.; fig. ihm winkt ... le espera ...; ♀**er** m (7) ⨯ señalador m; Kfz. indicador m de dirección, flecha f.

winseln ['vinzəln] (29) gimotear, lloriquear; gemir.

Winter ['-tər] m (7) invierno m; im ~ en invierno; ~**fahrplan** m horario m de invierno; ~**garten** m jardín m de invierno; ~**getreide** n cereales m/pl. de invierno; ♀**kurort** m estación f de invierno; ♀**lich** invernal; ~**olympiade** f olimpíada f de invierno od. blanca; ♀**schlaf** m hibernación f; ~ halten hibernar; ~**schlußverkauf** m saldos m/pl. de invierno; ~**sonnenwende** f solsticio m de invierno; ~**spiele** n/pl.: Olympische ~ juegos m/pl. olímpicos de invierno; ~**sport** m deporte(s) m(pl.) de invierno; ~**(s)zeit** f estación f invernal; zur ~ en invierno.

Winzer ['-tsər] m (7) viñador m; viticultor m.

winzig ['-tsiç] diminuto, minúsculo, F chiquitín; ♀**keit** f (extrema) pequeñez f; insignificancia f.

Wipfel ['vipfəl] m (7) cima f.

Wippe ['vipə] f (15) báscula f; ♀**n** (25) balancearse.

wir [vi:r] nosotros (-as).

Wirbel ['virbəl] m (7) torbellino m; vórtice m; remolino m (a. Haar♀); Anat. vértebra f; (Trommel♀) redoble m; der Geige: clavija f; F fig. (Trubel) jaleo m; ♀**los** invertebrado; ♀**n** (29) 1. v/t. remolinear, agitar; die Trommel ~ redoblar; 2. v/i. arremolinarse; girar (vertiginosamente); ~**säule** Anat. f columna f vertebral; ~**sturm** m ciclón m; tornado m; ~**tier** n vertebrado m; ~**wind** m torbellino m (a. fig.).

wirb(s)t [virp(s)t] s. werben.

wird [virt] s. werden.

wirf, ~st, ~t [virf(st)] s. werfen.

wirk|en ['virkən] (25) 1. v/i. obrar; a. ⚶ actuar, producir efecto (auf ac. sobre); ⊕ accionar (auf sobre); ~ als actuar de; gut ~ hacer buen efecto; 2. v/t. obrar; (weben) tejer; ♀**en** n actuación f; ♀**lich** real; efectivo; verdadero; ~? ¿de veras?; ♀**lichkeit** f realidad f; ~**lichkeitsfremd** poco realista; ~**lichkeitsnah** realista; ♀-

lichkeitssinn *m* realismo *m*; **~sam** eficaz; eficiente; activo; ~ *sn* surtir efecto; **2samkeit** *f* eficacia *f*; eficiencia *f*; actividad *f*; **2stoff** *m* sustancia *f* activa; principio *m* activo.

Wirkung ['-kuŋ] *f* efecto *m*; acción *f*; resultado *m*; **~sbereich** *m* esfera *f od.* radio *m* de acción; **~sfeld** *n* campo *m* de acción; **~sgrad** ⊕ *m* rendimiento *m*; **~skraft** *f* eficacia *f*; eficiencia *f*; **~skreis** *m* esfera *f* de acción; **2slos** ineficaz, inoperante; **2slosigkeit** *f* ineficacia *f*; **2svoll** eficaz; *fig.* impresionante.

Wirkwaren ['virkvɑːrən] *f/pl.* géneros *m/pl.* de punto.

wirr [vir] confuso (*a. fig.*); enredado; *Haar:* desgreñado; **~es Durcheinander** caos *m*; **2en** *f/ uv.* disturbios *m/pl.*; **'2kopf** *m* cabeza *f* de chorlito; **'2warr** *m* (3¹, *o. pl.*) desorden *m*; confusión *f*, caos *m*; barullo *m*.

Wirsing(kohl) ['virziŋ(koːl)] *m* (3¹, *o. pl.*) col *f* rizada.

Wirt [virt] *m* (3) (*Gastgeber*) anfitrión *m*; (*Gast2*) dueño *m*; (*Haus2*) *a.* patrón *m*; *Biol.* huésped *m*; **'~in** *f* dueña *f*, patrona *f*; **'2lich** hospitalario.

Wirtschaft ['-ʃaft] *f* economía *f*; (*Haushalt*) gobierno *m* de la casa; (*Gast2*) restaurante *m*, cervecería *f*, taberna *f*; **2en** (26) administrar; llevar la casa; **~er** *m* (7) administrador *m*; **~erin** *f* ama *f* de casa *od.* de llaves; **~ler** *m* (7) economista *m*; **2lich** económico; rentable; **~lichkeit** *f* rentabilidad *f*; **~s...:** *in Zssgn* *oft* económico; **~s-abkommen** *n* acuerdo *m* económico; **~s-aufschwung** *m* auge *m od.* despegue *m* económico; **~sberater** *m* asesor *m* económico; **~sgebäude** ⚘ *n/pl.* edificios *m/pl.* de explotación; **~sgeld** *n* dinero *m* para gastos de la casa; **~shilfe** *f* ayuda *f* económica; **~sjahr** *n* ejercicio *m*; **~slage** *f* situación *f* económica; **~sministerium** *n* Ministerio *m* de Economía; **2s-politisch** político-económico; **~s-prüfer** *m* censor *m* (jurado) de cuentas; **~swissenschaften** *f/pl.* ciencias *f/pl.* económicas; **~swunder** *n* milagro *m* económico.

Wirts|haus ['virtshaʊs] *n* restaurante *m*; cervecería *f*; mesón *m*; **~leute** *pl.* dueños *m/pl.*

Wisch [viʃ] *m* (3²) papelucho *m*; **'2en**

(27) (*putzen*) fregar; limpiar; (*abtrocknen*) enjugar; *Mal.* difuminar; *Staub* ~ quitar el polvo; **'~er** *m* (7) *Mal.* difumino *m*; **'~lappen** *m*, **'~tuch** *n* trapo *m*; bayeta *f*.

Wisent ['viːzɛnt] *m* (3) bisonte *m* (europeo).

Wismut ['vismuːt] *n* (3, *o. pl.*) bismuto *m*.

wispern ['-pərn] **1.** *v/i.* (29) cuchichear; *poet.* murmurar; **2.** ⚔ *n* cuchicheo *m*; murmullo *m*.

Wißbegier|(de) ['-bəɡiːr(də)] *f* (*uv., o. pl.*) deseo *m od.* afán *m* de saber *od.* aprender; curiosidad *f*; **2ig** deseoso de aprender; curioso.

wissen ['vissən] **1.** *v/t.* (30) saber; *nicht* ~ ignorar; *soviel ich weiß* que yo sepa; *nicht, daß ich wüßte* no que yo sepa; *man kann nie* ~ nunca se sabe; **2.** ⚔ *n* saber *m*; conocimientos *m/pl.*; *m-s* **~s** que yo sepa; *ohne mein* ~ sin saberlo yo; *wider besseres* ~ contra su propia convicción.

'Wissenschaft *f* ciencia *f*; **~ler** *m* (7) hombre *m* de ciencia, científico *m*; **2lich** científico.

Wissens|drang ['-sdraŋ], **~durst** *m* afán *m* de saber *od.* instruirse; **2wert** digno de saberse; interesante; **~zweig** *m* disciplina *f*.

wissentlich ['-tliç] premeditado; *adv.* a sabiendas; a propósito.

wittern ['vitərn] (29) olfatear (*a. fig.*); husmear; *fig.* oler.

Witterung ['-ruŋ] *f*: **a)** (*Wetter*) tiempo *m*; **b)** *Jgdw.* olfato *m*, husmeo *m*; **~s-einflüsse** *m/pl.* influencias *f/pl.* atmosféricas; **~s-umschlag** *m* cambio *m* de tiempo; **~sverhältnisse** *n/pl.* condiciones *f/pl.* atmosféricas.

Witwe ['vitvə] *f* (15) viuda *f*; **~nrente** *f* pensión *f* de viudedad; **~nstand** *m* viudez *f*; **~r** *m* (7) viudo *m*.

Witz [vits] *m* (3²) gracia *f*; salero *m*; (*Einfall*) salida *f*; (*Scherz*) chiste *m*; broma *f*; **~e machen** gastar bromas; *fig. das ist der* ~ *der Sache* ahí está el busilis; **'~blatt** *n* revista *f* humorística; **'~bold** ['-bɔlt] *m* (3) bromista *m*, F guasón *m*; **'2eln** (29) bromear; ~ *über* (*ac.*) burlarse de; **'2ig** chistoso; gracioso; ~ *sn* tener gracia; **'2los** sin gracia; F *fig.* (*sinnlos*) inútil.

wo [voː] donde; ~? ¿dónde? ~; (*auch*) *immer* dondequiera que; *ach* ~!, *i* ~! ¡qué va!; **~'anders** en otro sitio.

wob [vo:p] s. weben.

wobei [vo:'baɪ] en od. con lo cual; oft durch ger. ausgedrückt: ~ es möglich ist, daß siendo posible que.

Woche ['vɔxə] f (15) semana f; heute in zwei ~n hoy en quince días; F unter der ~ entre semana.

Wochen... ['-xən...]: in Zssgn oft semanal; **~bett** ⚕ n sobreparto m, puerperio m; **~blatt** n semanario m, revista f semanal; **~ende** n fin m de semana; **~karte** f (casa f de) maternidad f. **2lang** durante semanas enteras; **~lohn** m salario m semanal; **~tag** m día m de (la) semana; (Werktag) día m laborable; an ~en = 2tags los días laborables.

wöchentlich ['vœçəntliç] semanal; hebdomadario; einmal ~ una vez a la od. por semana; **2nerin** ['-nərin] f parturienta f, puérpera f; **2nerinnenheim** n (casa f de) maternidad f.

wodurch [vo:'durç] por donde; por lo que; ~? ¿por qué medio?, ¿cómo?; ~'für por (od. para) lo cual; ~? ¿para qué?

wog, wöge [vo:k, 'vø:gə] s. wiegen.

Woge ['vo:gə] f (15) onda f, ola f.

wogegen [-'ge:gən] a cambio de lo cual; contra lo cual; fragend: ~? ¿contra qué?; cj. mientras que.

wogen ['-gən] (25) ondear; Menschenmenge: agitarse; Meer: estar agitado.

woher? [-'he:r] ¿de dónde?; **~'hin?** ¿(a)dónde?, ¿hacia dónde?; **~hin-'gegen** mientras que.

wohl [vo:l] **1.** adv. bien; ~ oder übel por las buenas o por las malas; ~ dem, der dichoso aquél que; sich ~ fühlen estar bien; das ist ~ möglich es muy probable; ob er ~ krank ist? ¿estará enfermo?; **2.** 2 n (3, o. pl.) bien m; bienestar m; auf Ihr ~! ¡a su salud!; ~'auf bien de salud; **~bedacht** bien pensado; **2befinden** n bienestar m; buena salud f; **2behagen** n bienestar m; comodidad f; **~behalten** sano y salvo; intacto; **~bekannt** bien conocido; **2~ergehen** n bienestar m; prosperidad f; **~erzogen** ['-ʔɛrtso:gən] bien educado; **2fahrt** f (16, o. pl.) asistencia f social; **2fahrtsstaat** m Estado m providencia; **~feil** barato; **2gefallen** n agrado m; satisfacción f; complacencia f; hum. sich in ~ auflösen desvanecerse; quedar en nada; **~gefällig** placentero; satis-

fecho; **2gefühl** n sensación f de bienestar; **~gemeint** bienintencionado; **~gemerkt!** bien entendido; **~gemut** alegre; **~genährt** bien alimentado; **2geruch** m perfume m, fragancia f, aroma m; **2geschmack** m sabor m agradable; **~gesinnt** bienintencionado; j-m ~ sn estar bien dispuesto hacia alg.; **~gestaltet** bien proporcionado, bien formado; **2habend** acomodado; pudiente, adinerado; **2habenheit** f bienestar m; prosperidad f; **~ig** agradable; muy cómodo; **2klang** m armonía f; **~klingend** melodioso; armonioso; **2leben** n vida f holgada; **~meinend** bienintencionado; **~riechend** oloroso; fragante; aromático; **~schmeckend** sabroso; **2sein** n bienestar m; **2stand** m bienestar m; prosperidad f; **2standsgesellschaft** f sociedad f de bienestar; **2tat** f beneficio m; buena acción f; fig. alivio m; **2täter(in** f) m bienhechor(a) m (f); **~tätig** benéfico; caritativo; **2tätigkeit** f beneficencia f; caridad f; **2tätigkeits...** de beneficencia, benéfico; **~tuend** ['-tu:ənt] agradable; benéfico; **~tun** hacer bien; ser agradable; **~verdient** bien merecido; **~verstanden** bien entendido; **~verwahrt** a buen recaudo; **~weislich** con buen motivo; **~wollen** j-m ~ querer bien a alg.; **2wollen** n benevolencia f; (Gunst) favor m; **~wollend** benévolo; amistoso; adv. con buenos ojos.

Wohn|block ['vo:nblɔk] m bloque m de viviendas; polígono m residencial; **2en** (25) vivir; habitar; residir; **~fläche** f superficie f habitable; **~gemeinschaft** f comuna f; **2haft** domiciliado; residente; **~haus** n casa f (de pisos); finca f urbana; **~heim** n residencia f; **~küche** f cocina f comedor; **2lich** confortable; acogedor; **~mobil** n coche-vivienda m, neol. autocaravana f; **~ort** m (lugar m de) residencia f; **~raum** m cuarto m, pieza f; habitación f; **~siedlung** f conjunto m od. polígono m residencial; **~sitz** m domicilio m.

Wohnung ['vo:nuŋ] f vivienda f; casa f; (Etagen2) piso m, Am. departamento m; **~s-amt** n oficina f de la vivienda; **~sbau** m construcción f de viviendas (sozialer de protección oficial); **~s-eigentum** n propiedad f horizontal; **~snot** f escasez f de viviendas; **~s-tausch** m permuta f; **~swechsel** m cambio m de domicilio.

'**Wohn|viertel** n barrio m residencial; **~wagen** m caravana f, gal. roulotte f; **~zimmer** n cuarto m de estar, engl. living m.

wölb|en ['vœlbən] (25) arquear; abovedar; sich ~ abombarse; arquearse; 2**ung** f (Gewölbe) bóveda f.

Wolf [vɔlf] Zo. m (3³) lobo m.

Wölfin ['vœlfin] f loba f.

Wolfram ['vɔlfram] n (3¹, o. pl.) tungsteno m, wolframio m.

Wolfs|hund m perro m lobo; **~hunger** m fig. hambre f canina; **~milch** ♀ f euforbia f; lechetrezna f.

Wolk|e ['vɔlkə] f (15) nube f; F fig. aus allen ~n fallen quedarse perplejo od. atónito; in den ~n schweben estar en las nubes; **~enbruch** m lluvia f torrencial; aguacero m; **~enkratzer** m rascacielos m; 2**enlos** despejado; **~enwand** f cerrazón f; 2**ig** nublado, nuboso.

Woll|decke ['vɔldɛkə] f manta f de lana; **~e** f (15) lana f; sich in die ~ geraten F andar a la greña; 2**en**¹ adj. de lana.

wollen² ['-lən] **1.** (30) querer; (wünschen) desear; (beabsichtigen) tener la intención de; pensar; (fordern) exigir; (behaupten) afirmar, pretender; lieber ~ preferir; wir ~ essen vamos a comer; wir ~ gehen vámonos; wir ~ sehen ya veremos; ~ Sie bitte (inf.) haga el favor de; hier ist nichts zu ~! aquí no se puede hacer nada; wie du willst como quieras; **2.** 2 n querer m; voluntad f; Phil. volición f.

woll|ig ['-liç] lanudo, lanoso; Haar: crespo; 2**-industrie** f industria f lanera; 2**kämme'rei** f cardería f; 2**stoff** m tejido m de lana.

Wol|lust ['-lust] f (14¹) voluptuosidad f; lujuria f; 2**lüstig** ['-lystiç] voluptuoso; lujurioso.

'**Wollwaren** f/pl. géneros m/pl. de lana, lanas f/pl.

wo|mit [vo:'mit] con que; con lo cual; ~? ¿con qué?; **~'möglich** si es posible; F a lo mejor; **~'nach** según lo cual; ~ fragt er? ¿qué (es lo que) pregunta?; ~ riecht das? ¿a qué huele?

Wonne ['vɔnə] f (15) delicia f; deleite m; mit ~ muy gozoso; con gran placer; **~gefühl** n sensación f deliciosa; **~monat**, **~mond** m (mes m de) mayo m; 2**voll, wonnig** ['-niç] delicioso.

wor|an [vo:'ran] a que; ~ denkst du? ¿en qué estás pensando?; er weiß nicht, ~ er ist no sabe a qué atenerse; **~'auf** sobre que; sobre lo cual; zeitl. después de lo cual; ~ wartest du? ¿(a) qué esperas?; **~'aus** de que; de lo cual; de donde; **~'in** en que, en lo cual, donde.

Wort [vɔrt] n (3, einzeln: 1²) palabra f; (Ausdruck) término m, voz f; (Ausspruch) frase f, dicho m; Rel. Verbo m; ~ für ~ palabra por palabra; viele ~e machen ser prolijo; aufs ~ gehorchen obedecer sin rechistar; aufs ~ glauben creer a pies juntillas; in ~ en en letra(s); mit anderen ~en en otras palabras; mit e-m ~ en una palabra; en resumen; bei diesen ~en con estas palabras; (nicht) zu ~e kommen (no) llegar a hablar; zu ~e kommen lassen dejar hablar; das große ~ führen llevar la voz cantante; j-n beim ~ nehmen coger la palabra a alg.; j-m das ~ aus dem Mund nehmen quitarle a alg. la(s) palabra(s) de la boca; F hast du ~e? ¿será posible?; **~-akzent** m acento m tónico; '**~bruch** m falta f de palabra; 2**brüchig**: ~ werden faltar a su palabra.

Wörter|buch ['vœrtərbu:x] n diccionario m; **~verzeichnis** n vocabulario m; glosario m.

Wort|folge ['vɔrtfɔlgə] f orden m de (las) palabras; **~führer** m portavoz m; bsd. Am. vocero m; 2**gefecht** n disputa f; 2**getreu** literal; 2**gewandt** de palabra fácil; 2**karg** parco en palabras; lacónico; **~klauber** ['-klaubər] m (7) verbalista m; **~klaube'rei** f verbalismo m; 2**laut** m texto m; tenor m; im ~ textualmente; ... hat folgenden ~ ... reza así.

wörtlich ['vœrtliç] literal; textual; adv. al pie de la letra.

wort|los ['vɔrtlo:s] adv. sin decir nada; **~reich** verboso; elocuente; 2**schatz** m vocabulario m; léxico m; 2**schwall** m verbosidad f, F verborrea f; 2**spiel** n juego m de palabras; 2**stellung** f orden m de (las) palabras; 2**wechsel** m disputa f, altercado m; **~'wörtlich** al pie de la letra.

wo|rüber [vo:'ry:bər] sobre que, de que; **~rum** de que; **~runter** bajo que; bajo lo cual; entre que; **~von**

de que, de lo cual; ~? ¿de qué?;
~'**vor** delante de que; ~? ¿de qué?;
~'**zu** a que, a lo cual; ~? ¿para qué?
Wrack [vrak] *n* (11 *od.* 3) buque *m*
naufragado; *fig.* piltrafa *f.*
wrang [vraŋ] *s.* wringen.
wringen ['vriŋən] (30) (re)torcer.
Wucher ['vu:xər] *m* (7) usura *f*; ~
treiben usur(e)ar; ~**er** *m* (7) usurero
m; **²isch** usurario; **²n** (29) ⚭ multiplicarse rápidamente; ✝ usur(e)ar;
⚘ proliferar (*a. fig.*); ~**preis** *m* precio
m abusivo; ~**ung** ⚘ *f* proliferación *f.*
Wuchs [vu:ks] **1.** *m* (4, *o. pl.*) (*Wachstum*) crecimiento *m*; (*Gestalt*) estatura *f*, talla *f*; **2.** ⚭ *s.* wachsen.
Wucht [vuxt] *f* (16) empuje *m*, ímpetu *m*, pujanza *f*; *mit voller* ~ con toda
fuerza; **¹²en** (26) levantar con gran
esfuerzo; **'²ig** pesado; macizo;
Schlag: violento.
Wühl|arbeit ['vy:l[?]arbaɪt] *f* activi-
dades *f/pl.* subversivas; **²en** (25) excavar (*in dat.* a/c.); *Schwein:* hozar;
a. fig. hurgar (*in* en); *in Papieren
usw.:* revolver (a/c.); ~**maus** *f* cam-
pañol *m.*
Wulst [vulst] *m* (3² *u.* ³) abomba-
miento *m*; bulto *m*; *a.* ⚘ protuberancia *f*; **'²ig** hinchado; abultado; *Lippe:* grueso.
wund [vunt] excoriado, desollado;
sich ~ *laufen* desollarse los pies; ~
reiben excoriar; *fig.* ~*er Punkt* punto
m delicado *od.* flaco (*berühren dar*
con); **²e** ['-də] *f* (15) herida *f*, llaga *f*
(*a. fig.*).
Wunder ['-dər] *n* (7) milagro *m* (*a.
Rel.*); maravilla *f*; prodigio *m*; *das ist
kein* ~ no es nada sorprendente; *sich
(dat.)* ⚭ *was einbilden* presumir
mucho; *sein blaues* ~ *erleben* llevarse
una gran sorpresa; **²bar** maravilloso; milagroso; prodigioso; *adv.* a
maravilla; ~**ding** *n* prodigio *m*; ~
doktor *m* curandero *m*; ~**glaube** *m*
creencia *f* en milagros; **²'hübsch**
muy bonito; encantador; ~**kind** *n*
niño *m* prodigio; ~**land** *n* país *m* de
las (mil) maravillas; **²lich** extravagante, raro; extraño; **²n** (29): *sich* ~
asombrarse, extrañarse (*über ac.* de);
²'schön hermosísimo; maravilloso;
²tätig milagroso; **²voll** maravilloso,
magnífico; ~**werk** *n* maravilla *f.*
Wund|fieber ['vuntfi:bər] *n* fiebre *f*
traumática; **²liegen:** *sich* ~ de-
centrarse; llagarse; ~**mal** *Rel. n*

estigma *m*; ~**starrkrampf** *m* tétanos *m.*
Wunsch [vunʃ] *m* (3² *u.* ³) deseo *m*;
anhelo *m*; *auf* ~ a petición; *nach* ~ a
voluntad, a pedir de boca; *haben Sie
noch e-n* ~? ¿desea algo más?; '~**bild**
n ideal *m*; '~**denken** *n* pensamiento
m desiderativo.
Wünschelrute ['vynʃəlru:tə] *f* varita
f de zahorí; ~**ngänger** ['----ngɛŋər]
m (7) zahorí *m.*
wünschen ['-ʃən] (27) desear; anhelar; *j-m Glück* ~ desear (buena) suerte
a alg.; *was* ~ *Sie?* ¿qué desea?; ✝
¿qué se le ofrece?; *ganz wie Sie* ~
como Vd. quiera; *Sie werden ge-
wünscht* le llaman; ~**swert** deseable.
wunsch|gemäß ['vunʃgəmɛːs] con-
forme a los deseos de; ~**los:** F ~
glücklich completamente feliz; ~
traum *m* ideal *m*; ilusión *f*; **²zettel**
m lista *f* de regalos deseados.
wurde, würde ['vurdə, 'vyrdə] *s.*
werden.
Würde ['vyrdə] *f* (15) dignidad *f*;
(*Titel*) título *m*; *unter aller* ~ malísimo; despreciable; *ich halte es für
unter m-r* ~ ... me parece indigno ...;
²los indigno; ~**nträger** *m* dignatario
m; **²voll** grave; solemne; majestuoso.
würdig ['-diç] digno; *sich e-r Sache* ~
erweisen hacerse digno de a/c.; ~**en**
['--gən] (25) apreciar; *j-n keiner Antwort (keines Blickes)* ~ no dignarse
contestar (mirar) a alg.; **²keit**
['--çkaɪt] *f* dignidad *f*; **²ung** *f* ~
f apreciación *f.*
Wurf [vurf] *m* (3³) tiro *m*; *a. Sport:*
lanzamiento *m*; *beim Würfeln:* jugada *f*; *Zo.* camada *f*; *fig. auf e-n* ~ de un
tirón; *ein großer* ~ un gran éxito.
Würfel ['vyrfəl] *m* (7) dado *m*; Å cubo
m; (*Zucker*) terrón *m*; (*Käse*²⚭, *Schinken*²⚭) taco *m*; *auf Stoffen:* cuadro *m*;
fig. die ~ *sind gefallen* la suerte está
echada; ~**becher** *m* cubilete *m*; **²-
förmig** cúbico; **²n** (29) jugar a (*od.*
echar) los dados; ~**spiel** *n* juego *m* de
dados; ~**zucker** *m* azúcar *m* en terrones.
Wurf|geschoß ['vurfgəʃɔs] *n* proyec-
til *m*; ~**speer**, ~**spieß** *m* venablo *m*,
dardo *m*; jabalina *f*; ~**waffe** *f* arma *f*
arrojadiza.
würg|en ['vyrgən] (25) **1.** *v/t.* ahogar,
sofocar, estrangular; **2.** *v/i.* atragantarse; **²engel** ['-k[?]eŋəl] *m* ángel *m*

exterminador; 2er *Zo.* ['-gər] *m* (7) alcaudón *m*.

Wurm [vurm] (1²): **a)** *m* gusano *m*; F *fig. j-m die Würmer aus der Nase ziehen* tirar de la lengua a alg.; F *da ist der ~ drin!* ¡aquí hay gato encerrado!; **b)** F *n* nene *m*; *das arme ~!* ¡la pobre criatura!; 2en (25): *das wurmt mich* me sabe mal; me da rabia; 2förmig vermicular; '~fortsatz & *m* apéndice *m* (vermiforme); '~fraß *m* carcoma *f*; '~mittel & *n* vermifugo *m*; 2stichig ['-ʃtiçiç] carcomido; *Obst:* agusanado.

Wurst [vurst] *f* (14¹) embutido *m*; (*Hart*2) salchichón *m*; *das ist mir ~ F* me importa un bledo *od.* un comino *od.* un rábano.

Würstchen ['vyrstçən] *n* (6) salchicha *f* (*Frankfurter* de Francfort); F *fig.* don nadie *m*.

wurst|eln F ['vurstəln] (29) chapucear; ~ig F descuidado; indolente; 2igkeit *f* descuido *m*; indolencia *f*; 2vergiftung *f* botulismo *m*; 2waren *f/pl.* embutidos *m/pl.*; charcutería *f*.

Würze ['vyrtsə] *f* (15) condimento *m*; (*Gewürz*) especias *f*; *fig.* sal *f*, gracia *f*.

Wurzel ['vurtsəl] *f* (15) raíz *f* (*a. fig.*); ~(*n*) *fassen*, ~ *schlagen a. fig.* echar raíces, arraigar; ~behandlung & *f* tratamiento *m* de la raíz; ~bildung *f* radicación *f*; ~faser *f* raicilla *f*; ~haut-entzündung *f* periodontitis *f*; 2los *fig.* desarraigado; 2n (29) radi-

car (*a. fig.*), arraigar; ~stock *m* rizoma *m*; ~werk *n* raigambre *f*, raíces *f/pl.*; ~zeichen A *n* radical *m*; ~ziehen A, & *n* extracción *f* de la raíz.

würz|en ['vyrtsən] (27) condimentar, sazonar; aromatizar; ~ig aromático; sabroso.

wusch, wüsche [vu:ʃ, 'vy:ʃə] *s. waschen*.

wuschel|ig ['vuʃəliç] *Haar:* desgreñado; 2kopf *m* pelambrera *f*.

wußte, wüßte ['vustə, 'vystə] *s. wissen*.

Wust [vu:st] *m* (3², *o. pl.*) fárrago *m*; mezcolanza *f*.

wüst [vy:st] (*öde*) desierto, desolado; (*unordentlich*) desordenado; (*ausschweifend*) libertino; '2e *f* (15) desierto *m*; 2ling ['-lin] *m* (3¹) libertino *m*.

Wut [vu:t] *f* (16, *o. pl.*) furia *f*; rabia *f*; *in ~ bringen* poner furioso; *in ~ geraten* ponerse furioso, enfurecerse; '~anfall *m* ataque *m* de rabia.

wüten ['vy:tən] (26) estar furioso; rabiar; (*toben*) enfurecerse; *Sturm:* desencadenarse; *Seuche:* causar estragos; ~d furioso; enfurecido; rabioso; ~ *machen* (*werden*) poner(se) furioso; *auf j-n ~ sn* tener rabia a alg.

wut|entbrannt ['vu:t'ɛntbrant] furibundo; ~schnaubend echando pestes.

Wüterich ['vy:təriç] *m* (3) sanguinario *m*.

X

X, x [iks] *n uv.* X, x *f*; *j-m ein X für ein U vormachen* dar gato por liebre a alg.; *Herr X* fulano *m*.

'**X-|Beine** *n/pl.* piernas *f/pl.* en X; ~beinig ['-bainiç] (pati)zambo; '2-beliebig cualquier(a).

Xero|graphie [kse:rogra'fi:] *f* (15)

xerografía *f*; ~ko'pie *f* xerocopia *f*.

x-mal ['iksma:l] mil veces.

x-te ['-tə] *zum ~n Mal* por enésima vez.

Xylo|graph [ksylo'gra:f] *m* (12) xilógrafo *m*; ~phon ♩ [--'fo:n] *n* (3¹) xilófono *m*, xilofón *m*.

Y

Y, y ['ypsilɔn] *n uv.* Y, y *f*.

Yankee ['jɛŋki] *m* (11) yanqui *m*.

Yard [jɑ:rt] *n* (11) yarda *f*.

Ysop ♣ ['i:zɔp] *m* (3¹) hisopo *m*.

Z

Z, z [tsɛt] n uv. Z, z f.

Zack|e ['tsakə] f(15), **∼en¹** m(6) punta f; púa f; ⊕ diente m; F fig. du wirst dir keinen ∼ aus der Krone brechen no te caerán los anillos; **∼en²** (25) dentar; **2ig** dent(ell)ado; con púas; F fig. resuelto; arrojado.

zag|en ['tsaːɡən] (25) vacilar; tener miedo; **2en** n vacilación f; miedo m; **∼haft** ['-khaft] tímido; temeroso; **2-haftigkeit** f timidez f.

zäh [tsɛː] resistente; Fleisch: duro; fig. tenaz; pertinaz; '**∼flüssig** espeso; viscoso; '**2igkeit** f tenacidad f, dureza f.

Zahl [tsaːl] f (16) número m; (Ziffer) cifra f; '**2bar** pagadero; '**2en** (25) pagar; bitte ∼! la cuenta, por favor; was habe ich zu ∼? ¿cuánto le debo?

zählen ['tsɛːlən] (25) contar (auf ac. con); ∼ zu figurar entre.

zahlen|mäßig ['tsaːlənmɛːsiç] numérico; **2material** n datos m/pl. numéricos.

Zahler(in f) ['-lər(in)] m (7) pagador(a) m (f).

Zähler ['tsɛːlər] m (7) ⚡ numerador m; ⚓ ⊕ contador m.

Zahl|grenze ['tsaːlɡrɛntsə] f límite m de zona bzw. de tarifa; **∼karte** ⚒ f impreso m para giro postal; **2los** innumerable, sin número; **∼meister** m ✗ (oficial m) pagador m; ⚓ sobrecargo m; **2reich** numeroso; ⚓ pl. a. gran número de; **∼stelle** f pagaduría f; **∼tag** m día m de pago; **∼ung** f pago m; in ∼ nehmen (geben) aceptar (dar) en pago.

Zählung ['tsɛːluŋ] f numeración f; v. Stimmen usw.: recuento m; (Volks2) censo m.

Zahlungs... ['tsaːluŋs...]: in Zssgn oft de pago(s); **∼abkommen** n acuerdo m de pagos; **∼anweisung** f orden f de pago; **∼aufforderung** f requerimiento m de pago; **∼aufschub** m prórroga f, moratoria f; **∼bedingungen** f/pl. condiciones f/pl. de pago; **∼befehl** m orden f de pago; **∼bilanz** f balanza f de pagos; **∼einstellung** f suspensión f de pagos; **∼empfän-**

ger m beneficiario m del pago; destinatario m; **∼erleichterungen** f/pl. facilidades f/pl. de pago; **2fähig** solvente; **∼fähigkeit** f solvencia f; **∼frist** f plazo m de pago; **∼mittel** n medio m de pago; gesetzliches ∼ moneda f legal; ∼ sind e-s Wechsels: domicilio m; **2-unfähig** insolvente; **∼unfähigkeit** f insolvencia f; **∼verkehr** m servicio m de pagos; **∼weise** f modo m de pago.

'**Zahlwort** n numeral m.

zahm [tsaːm] doméstico, domesticado; manso; fig. dócil.

zähm|bar ['tsɛːmbaːr] domesticable; domable; **∼en** (25) amansar; domesticar; domar; fig. (sich) ∼ contener(se).

Zahmheit ['tsaːmhait] f mansedumbre f.

Zähmung ['tsɛːmuŋ] f domesticación f; doma f.

Zahn [tsaːn] m (3³) diente m (a. ⊕); mit den Zähnen klappern castañetear (los dientes); dar diente con diente; fig. j-m auf den ∼ fühlen tomar el pulso a alg.; die Zähne zeigen enseñar los dientes (j-m a alg.); '**∼arzt** m ('∼ärztin f) odontólogo (-a) m (f), dentista su.; '**2ärztlich** odontológico, dental; '**∼bürste** f cepillo m de dientes; '**∼creme** f crema f dental.

Zähne|klappern ['tsɛːnəklapərn] n castañeteo m de los dientes; **∼knirschen** n rechinamiento m de dientes; **2knirschend** a regañadientes.

zahnen ['tsaːnən] 1. v/i. (25) echar los dientes; 2. 2 n dentición f.

'**Zahn|-ersatz** m dientes m/pl. artificiales; prótesis f dental; **∼fäule** f caries f (dental); **∼fleisch** n encía(s pl.) f; **∼fleisch-entzündung** f gingivitis f; **∼füllung** f empaste m; **∼heilkunde** f odontología f; **∼klinik** f clínica f odontológica; **2los** Zo. desdentado; j.: sin dientes; **∼lücke** f mella f; **∼medizin** f odontología f; **∼pasta** f pasta f dentífrica, dentífrico m; **∼pflege** f higiene f dental; **∼prothese** f prótesis f dental; **∼rad** n rueda f dentada; kleines: piñón m;

~**radbahn** f ferrocarril m de cremallera; ~**radgetriebe** n engranaje m; ~**schmelz** m esmalte m (dental); ~**schmerzen** m/pl. dolor m de muelas; ~**spange** f aparato m ortodóncico; ~**stange** ⊕ f cremallera f; ~**stein** m sarro m (dentario), tártaro m (dental); ~**stocher** ['-ʃtɔxər] m (7) palillo m, mondadientes m; ~**techniker** m protésico m dental, mecánico m dentista; ~**wechsel** m segunda dentición f; ~**wurzel** f raíz f dentaria; ~**zange** f gatillo m; ~**ziehen** n extracción f de dientes.

Zander Zo. ['tsandər] m (7) lucioperca f.

Zange ['tsaŋə] f (15) tenazas f/pl.; (Flach⚇) alicates m/pl.; ⚓, Zo. pinzas f/pl.; ~**ngeburt** ⚕ f parto m instrumental od. con fórceps.

Zank [tsaŋk] m (3, o. pl.) disputa f; altercado m; riña f; pendencia f; '~**apfel** m manzana f de la discordia; '²**en** (25): sich ~ reñir, pelearse, disputarse (um et. a.).

Zänk|er ['tseŋkər] m (7), ²**isch** pendenciero (m), camorrista (m).

Zank|sucht ['tsaŋkzuxt] f carácter m pendenciero, ²**süchtig** pendenciero.

Zäpfchen ['tsepfçən] n (6) (Gaumen⚇) úvula f, campanilla f; ⚕ supositorio m.

zapfen ['tsapfən] **1.** v/t. sacar; **2.** ⚇ m (6) ⊕ (Stift) espiga f, clavija f, tarugo m; (Faß⚇) espita f, canilla f; ⚓ cono m; ²**streich** ⚔ m retreta f.

'**Zapf|hahn** m espita f; ~**säule** f surtidor m (de gasolina).

zappel|ig ['tsapəliç] inquieto; '~**n** (29) agitarse; ²**philipp** m: er ist ein ~ es un azogue.

Zar [tsaːr] m (12) zar m; ~**in** ['-rin] f zarina f.

zart [tsaːrt] tierno (a. Fleisch); Haut, Gesundheit: delicado; (dünn) delgado, fino; (sanft) suave; (empfindlich) sensible; ~**besaitet** ['-bəzaitət] sensitivo; '~**fühlend** delicado; ²**gefühl** n delicadeza f; '²**heit** f ternura f; delicadeza f; finura f.

zärtlich ['tseːrtliç] tierno; afectuoso; cariñoso (zu con); ²**keit** f ternura f; cariño m; (Liebkosung) caricia f.

Zaster F ['tsastər] m (7, o. pl.) F pasta f.

Zäsur [tsɛˈzuːr] f (16) cesura f.

Zauber ['tsaubər] m (7) encanto m, hechizo m (a. fig.); fauler ~ embuste m; charlatanería f; ~**ei** [--ˈraɪ] f hechicería f; magia f; ~**er** m (7) hechicero m; mago m; ~**formel** f fórmula f mágica; ²**haft** encantador; ~**kasten** m caja f de magia; ~**kraft** f virtud f mágica; ~**kunst** f magia f; ~**künstler** m prestidigitador m; ~**kunststück** n juego m de manos; ~**lehrling** m aprendiz m de brujo; ²**n** (29) hacer juegos de manos; ~**spruch** m fórmula f mágica; conjuro m; ensalmo m; ~**stab** m varita f mágica; ~**trank** m filtro m.

zaudern ['-dərn] **1.** (29) vacilar, titubear; **2.** ⚇ n vacilación f, titubeo m.

Zaum [tsaʊm] m (3³) brida f; freno m; fig. (sich) im ~ halten refrenar(se).

zäumen ['tsɔymən] (25) enfrenar; embridar.

Zaumzeug ['tsaʊmtsɔyk] n brida f.

Zaun [tsaʊn] m (3³) cerca f, cercado m; (Holz⚇) vallado m, valla f; e-n Streit vom ~ brechen buscar camorra; '~**gast** m espectador m de gorra; '~**könig** Zo. m reyezuelo m; '~**pfahl** m estaca f; e-n Wink mit dem ~ geben echar una indirecta.

zausen ['tsaʊzən] (27) sacudir; Haare: desgreñar.

Zebra Zo. ['tseːbra] n (11) cebra f; ~**streifen** m paso m cebra.

Zech|bruder ['tseçbruːdər] m bebedor m; ~**e** f (15) ⚒ mina f; (Rechnung) cuenta f; fig. die ~ bezahlen pagar el pato; ²**en** (25) empinar el codo; ~**er** m (7) bebedor m; ~**rei** f, ~**gelage** n francachela f, bacanal f; ~**preller** ['-prɛlər] m (7) cliente m que se larga sin pagar; ~**prelle'rei** f estafa f de consumición.

Zecke Zo. ['tsɛkə] f (15) garrapata f.

Zeder ⚇ ['tseːdər] f (15) cedro m.

Zeh [tseː] m (5), '~**e** f (15) dedo m del pie; große(r) ~ dedo m gordo; '~**enspitze** f: auf ~n de puntillas.

zehn [tseːn] **1.** diez; (etwa) ~ ... una decena de; **2.** ²f (16) diez m; '²**er** ⅍ m (7) decena f; '~**fach** décuplo; '²**kampf** m decat(h)lón m; '~'**tausend** diez mil; die oberen ⚇ la crema de la sociedad; '~**te(r)** décimo; '²**tel** n (7) décimo m, décima parte f; '~**tens** (en) décimo (lugar).

zehren ['tseːrən] (25) a. fig. vivir (von de); (schwächen) enflaquecer; fig. roer, minar (an dat. a/c.).

Zeichen ['tsaɪçən] n (6) signo m; (Signal) señal f; (Wink) seña f; (Kenn) marca f; (An2) indicio m, a. ♯ síntoma m; (Wahr2) símbolo m; s-s Zeichens de oficio; j-m ein ~ geben hacer señas a alg.; ✝ Ihr ~ su referencia; **~block** m bloc m de dibujo; **~brett** n tablero m de dibujo; **~dreieck** Â n escuadra f; **~erklärung** f leyenda f; **~kunst** f dibujo m; **~lehrer** m profesor m de dibujo; **~papier** n papel m para dibujar; **~saal** m sala f de dibujo; **~setzung** Gram. f puntuación f; **~sprache** f lenguaje m por señas; **~stift** m lápiz m de dibujo; **~tisch** m mesa f de dibujo; **~(trick)film** m dibujos m/pl. animados.

zeichn|en ['-çnən] (26) dibujar; Plan: delinear; (kenn~) marcar; (unter~) firmar; Anleihe: suscribir; 2en dibujo m; 2er m (7) dibujante m; delineante m; **~erisch** suscritor m; **~erisch** gráfico; 2ung f dibujo m; ✝ suscripción f.

Zeige|finger ['-gəfiŋər] m índice m; 2n (25) enseñar, mostrar; (angeben) indicar, marcar; (beweisen) demostrar, probar; (aufweisen) acusar; ~ auf (ac.) señalar (ac.); sich ~ mostrarse, aparecer; offiziell: hacer acto de presencia; sich am Fenster ~ asomarse a la ventana; das wird sich ~ eso se verá; zeig mal! ¡a ver!; **~r** m (7) aguja f; Uhr: a. manecilla f; **~stock** m puntero m.

Zeile ['-lə] f (15) línea f; renglón m; neue ~! ¡punto y aparte!; j-m ein paar ~n schreiben poner cuatro letras a alg.; fig. zwischen den ~n lesen leer entre líneas; **~n-abstand** m interlineado m, espacio m entre líneas; **~nschalter** m palanca f de interlineado.

Zeisig Zo. ['-ziç] m (3) lugano m.

Zeit [tsart] f (16) tiempo m (a. Gram.); (~raum) período m; (~alter) era f; época f; edad f; (Jahres2) temporada f; (Uhr2) hora f; 2 m-s Lebens durante toda mi vida; du liebe ~! ¡Dios mío!; außer der ~ fuera de tiempo; a deshora; für alle ~en para siempre; von ~ zu ~ de vez en cuando; vor der ~ antes de tiempo; vor langer ~ hace mucho tiempo; seit einiger ~ desde hace algún tiempo; es ist (höchste) ~ ya es (más que) hora; zur ~ de momento; actualmente; sich (dat.) ~ lassen od. nehmen tomarse tiempo; no precipitarse; das hat ~ no corre prisa; mit der ~ con el tiempo; mit der ~

gehen ir con el tiempo; '~abschnitt m período m; época f; '~alter n era f; edad f; siglo m; época f; '~angabe f hora f; fecha f; '~ansage f Fernspr. información f horaria; Radio: hora f exacta; '~aufwand m tiempo m invertido; '~bombe f bomba f de relojería; '~dauer f duración f; '~druck m premura f de tiempo; '~enfolge Gram. f concordancia f de los tiempos; '~ersparnis f ahorro m de tiempo; '~fahren f Sport: carrera f contra reloj; '~faktor m factor m tiempo; 2gebunden sujeto a la moda; '2gemäß de actualidad; moderno; '2genosse m, 2genössisch ['-gənœsiʃ] contemporáneo (m); '~geschehen n actualidad f/pl.; '~geschichte f historia f contemporánea; '~gewinn m ganancia f de tiempo; '2ig temprano; a tiempo; '~karte f abono m; '~lang f: e-e ~ (por) algún tiempo; 2'lebens durante toda mi (tu, su) vida; '2lich temporal; das 2e segnen entregar el alma; '2los independiente de la moda; '~lupe f cámara f lenta; in ~ a cámara lenta; gal. al ralentí; '~lupen-aufnahme f secuencia f a cámara lenta; '~mangel m: aus ~ por falta de tiempo; '~maß ♪ m compás m, tiempo m; '~messer m cronómetro m; '~messung f cronometría f; '2nah de actualidad; '~nehmer ['-ne:mər] m (7) Sport: cronometrador m; '~punkt m momento m; fecha f; '~raffer ['-rafər] m (7) cámara f rápida; '2raubend largo; que exige mucho tiempo; '~raum m espacio m de tiempo; período m; '~rechnung f cronología f; christliche ~ era f cristiana; '~schrift f revista f; '~spanne f lapso m de tiempo; '2sparend que ahorra tiempo; '~tafel f cuadro m cronológico; '~umstände m/pl. circunstancias f/pl.

Zeitung ['-tuŋ] f periódico m, diario m.

'**Zeitungs|-abonnement** n suscripción f a un periódico; **~artikel** m artículo m de periódico; **~ausschnitt** m recorte m de periódico; **~austräger** ['--'?austre:gər] m (7) repartidor m de periódicos; **~kiosk** m quiosco m de periódicos; **~notiz** f noticia f de prensa; **~papier** n papel m prensa od. de periódico; **~ständer** m revistero m; **~verkäufer** m ven dedor *m* de periódicos *od.* de prensa; ~**wesen** *n* periodismo *m*; ~**wissenschaft** *f* periodismo *m*.

'**Zeit**|**vergeudung** *f* desperdicio *m* de tiempo; ~**verlust** *m* pérdida *f* de tiempo; ~**vertreib** ['-fɛrtraɪp] *m* (3) pasatiempo *m*; *zum* ~ para pasar el rato; 2**weilig** ['-vaɪlɪç] temporal; provisional; 2**weise** por momentos; ~**wort** *n* (1²) verbo *m*; ~**zeichen** *n Radio:* señal *f* horaria; ~**zünder** *m* espoleta *f* retardada.

zelebrieren [tsele'briːrən] celebrar.

Zell... ['tsɛl...]: *in Zssgn oft* celular; ~**e** *f* (15) *Biol., Pol.* célula *f*; (*Bienen*2) celdilla *f*, alvéolo *m*; △ celda *f* (a. *Kloster*2); (*Bade*2) caseta *f*; *Fernspr.* cabina *f*; 2**enförmig** celular; alveolar; ~**gewebe** *n* tejido *m* celular; ~**kern** *m* núcleo *m* celular; ~**ophan** [-lo'faːn] *n* (3¹, *o. pl.*) celofán *m*; ~**stoff** *m*, ~**ulose** [-lu'loːzə] *f* (15) celulosa *f*; ~**uloid** [-lu'lɔyt] *n* (3, *o. pl.*) celuloide *m*; ~**wand** *f* membrana *f* celular; ~**wolle** *f* viscosilla *f*.

Zelt [tsɛlt] *n* (3) tienda *f* (de campaña; *großes:* entoldado *m*; *bsd. Am. u. Zirkus*2: carpa *f*; '~**bahn** *f* hoja *f* de tienda; '~**dach** *n* toldo *m*; '2**en** (26) acampar; hacer camping; '~**en** *n* camping *m*; ~**lager** *n* campamento *m* (de tiendas); ~**ler** ['-lər] *m* (7) acampador *m*, campista *m*; '~**pflock** *m* estaca *f*; '~**platz** *m* (terreno *m* de) camping *m*; '~**stange** *f* palo *m* de tienda.

Zement [tse'mɛnt] *m* (3) cemento *m*; 2**ieren** cementar.

Zenit [-'niːt] *m* (3, *o. pl.*) cenit *m*.

zens|**ieren** [tsɛn'ziːrən] censurar; *Schule:* calificar; 2**or** ['-zɔr] *m* (8¹) censor *m*; 2**ur** [-'zuːr] *f* (16) censura *f*; *Schule:* nota *f*, calificación *f*.

Zentimeter [-ti'meːtər] *m od.* *n* centímetro *m*; ~**maß** *n* cinta *f* métrica.

Zentner ['tsɛntnər] *m* (7) cincuenta kilos *m/pl.*; ~**last** *f fig.* peso *m* abrumador; 2**schwer** *fig.* abrumador.

zentral [-'traːl], 2**...** *in Zssgn* central; ~ *gelegen* céntrico; 2**e** *f* (15) ✆, ⚡, *Fernspr.* central *f*; 2**heizung** *f* calefacción *f* central; ~**isieren** [-trali'ziːrən] centralizar; 2**i'sierung** *f* centralización *f*; 2**komitee** *n* comité *m* central; 2**stelle** *f* centro *m*.

zentrifu|**gal** [-trifu'ɡaːl] centrífugo; 2'**galkraft** *f* fuerza *f* centrífuga; 2**ge**

[--'fuːɡə] *f* (15) centrífuga *f*, centrifugadora *f*.

Zentrum ['-trum] *n* (9) centro *m*.

Zepter ['tsɛptər] *n* (7) cetro *m*.

zerbeißen [tsɛr'baɪsən] romper con los dientes.

zer'bersten (sn) reventar, estallar.

Zerberus ['-bərus] *fig. m* (14²) cancerbero *m*.

zer'brech|**en** *v/t.* (*v/i.* [sn]) romper (-se), quebrar(se); *fig. sich den Kopf* ~ romperse la cabeza; devanarse los sesos; ~**lich** frágil; quebradizo; 2**lichkeit** *f* fragilidad *f*.

zer'bröckeln *v/t.* (*v/i.* [sn]) desmenuzar(se); *Brot:* desmigajar(se).

zer'drücken aplastar; chafar; *Kleid usw.:* arrugar.

Zeremon|**ie** [tseremo'niː, --'moːnjə] *f* (15) ceremonia *f*; 2**iell** [--mon'jɛl] ceremonioso; ~**iell** *n* (3¹) ceremonial *m*.

zerfahren [tsɛr'faːrən] confuso, distraído; 2**heit** *f* distracción *f*.

Zer'fall *m* descomposición *f* (*a.* 🔬); ruina *f*; *Phys. u. fig.* desintegración *f*; 2**en** (sn) descomponerse, *a. fig.* desintegrarse; ~ *in* (*ac.*) dividirse en; *mit j-m* ~ *sn* estar enemistado con alg.; ~**s-produkt** *n* producto *m* de descomposición.

zerfasern [-'faːzərn] (29) *v/t.* (*v/i.* [sn]) deshilachar(se).

zer|**'fetzen**, ~**'fleischen** [-'fɛtsən, -'flaɪʃən] (27) desgarrar.

zer'fließen (sn) derretirse; *in Tränen* ~ deshacerse en lágrimas.

zer'fressen roer; ⊕ corroer.

zer'furcht arrugado; surcado de arrugas.

zer'gehen (sn) derretirse; fundirse; *in Flüssigkeit:* desleírse; *fig. auf der Zunge* ~ hacerse agua en la boca.

zer'glieder|**n** descomponer; *fig.* analizar; desglosar; 2**ung** *f* descomposición *f*; análisis *m*, desglose *m*.

zer|**'hacken**, ~**'hauen** despedazar; partir.

zer'kauen masticar (bien).

zerkleinern [-'klaɪnərn] (29) desmenuzar; partir; triturar.

zerklüftet ['-klyftət] quebrado, escabroso.

zerknirsch|**t** [-'knɪrʃt] contrito; compungido; 2**ung** *f* contrición *f*; compunción *f*.

zer|**'knittern**, ~**'knüllen** arrugar; chafar.

zer'kochen v/t. (v/i. [sn]) cocer demasiado.

zer'kratzen rasgar, arañar; *Möbel*: rayar.

zer'krümeln desmigajar.

zer'lassen derretir.

zerleg|bar [-'le:kbɑ:r] desmontable; **~en** [-'-gən] dividir (en partes); descomponer; *Fleisch*: trinchar; *Vieh*: descuartizar; ⊕ desmontar, desarmar; *fig.* analizar; **2ung** f división f; descomposición f; desmontaje m; análisis m.

zer'lesen gastado, manoseado.

zerlumpt [-'lumpt] harapiento, andrajoso.

zer'mahlen triturar, moler.

zermalmen [-'malmən] (25) aplastar; *fig. a.* aniquilar.

zer'martern: *sich den Kopf od. das Hirn* ~ devanarse los sesos.

zermürb|en [-'myrbən] (25) cansar; agotar; desmoralizar; **2ungskrieg** m guerra f de desgaste.

zer'nagen roer.

zer'pflücken deshojar; *fig.* desmenuzar.

zer'platzen (sn) reventar; estallar.

zer'quetschen machacar; aplastar.

Zerrbild ['tsɛrbilt] n caricatura f.

zerreiben [tsɛr'raibən] triturar; pulverizar.

zerreiß|bar [-'raisbɑ:r]: *leicht* ~ fácilmente rompible; **~en 1.** v/t. romper; desgarrar; despedazar; rasgar; **2.** v/i. (sn) romperse; **2festigkeit** f resistencia f a la rotura; **2probe** f prueba f de rotura; *fig.* dura prueba f.

zerren ['tsɛrən] (25) tirar (*an dat.* de); (*schleppen*) arrastrar; ⚓ distender.

zerrinnen [-'rinən] (sn) deshacerse; derretirse; *fig.* quedar en nada.

Zerrissenheit [-'risənhait] f *fig.* desunión f; *Pol.* desmembramiento m.

Zerrung ⚓ ['tsɛruŋ] f distensión f.

zerrütt|en [-'rytən] (26) desordenar, descomponer; desorganizar; *Gesundheit*: arruinar; *Nerven*: trastornar; *Ehe*: desunir; **~et** *Ehe*: desunido, desavenido; **2ung** f desorden m; desorganización f; ruina f; perturbación f.

zersägen [tsɛr'zɛ:gən] serrar; cortar (con la sierra).

zerschellen [-'ʃɛlən] (25, sn) estrellarse (*an dat.* contra).

zer'schlagen romper; hacer pedazos; destruir; destrozar; *fig. sich* ~

fracasar; *fig. wie* ~ *sn* F estar hecho polvo.

zerschlissen [-'ʃlisən] gastado.

zer'schmettern romper; destrozar (*a. fig.*); estrellar.

zer'schneiden partir; cortar (en trozos); *Fleisch*: trinchar.

zer'setz|en descomponer; disolver; *fig.* desmoralizar; **~end** *fig.* desmoralizador; **2ung** f descomposición f; disolución f; *fig.* desmoralización f.

zer'spalten partir, hender.

zer'splitter|n v/t. (v/i. [sn]) hacer(se) astillas (*od.* pedazos), astillarse; *fig.* disipar; *sich* ~ dispar sus esfuerzos; **~t** *fig.* desunido; ✗ disperso; **2ung** f *fig.* dispersión f; disipación f.

zer'sprengen *fig.* disipar; dispersar.

zer'springen (sn) romperse; (*platzen*) estallar, reventar.

zer'stampfen triturar; machacar.

zer'stäub|en pulverizar; vaporizar; atomizar; **2er** m (7) pulverizador m; vaporizador m; **2ung** f pulverización f; vaporización f, atomización f.

zerstieben [-'ʃti:bən] (30, sn) *Menge*: dispersarse.

zerstochen [-'ʃtɔxən] lleno de picaduras.

zer'stör|en destruir, destrozar (*a. fig.*); **~end** destructivo, destructor; **2er** m (7) destructor m (*a.* ⚓); **2ung** f destrucción f; demolición f; estragos m/pl.; **2ungswut** f vandalismo m.

zer'stoßen triturar; machacar; pulverizar.

zer'streu|en dispersar; esparcir, diseminar; *fig. Bedenken*: disipar; (*erheitern*) distraer; *sich* ~ *Menge*: dispersarse; **~t** disperso; esparcido; *fig.* distraído, F despistado; **2theit** f distracción f, F despiste m; **2ung** f dispersión f; *fig.* distracción f; diversión f; **2ungslinse** *Phys.* f lente f divergente.

zer'stückel|n (29) desmenuzar; despedazar; descuartizar; *Land*: desmembrar; **2ung** f despedazamiento m; desmembramiento m.

zer'teilen dividir, partir; (*zerstreuen*) disipar.

zer'trampeln pisotear.

zer'treten aplastar, pisar.

zertrümmer|n [-'trymərn] (29) destruir, destrozar; demoler; *Atom*: desintegrar; **2ung** f destrucción f, destrozo m; demolición f; *Atom*: desintegración f.

Zervelatwurst 1004

Zervelatwurst [-vəˈlɑːtvurst] f (14¹) salchichón m; longaniza f.
zer'wühlen revolver.
Zerwürfnis [-ˈvyrfnɪs] n (4¹) desavenencia f.
zer'zausen Haar: desgreñar.
Zeter [ˈtseːtər] n: ~ und Mordio schreien dar grandes gritos; poner el grito en el cielo; **~geschrei** n clamor m, gritería f; **2n** (29) poner el grito en el cielo.
Zettel [ˈtsetəl] m (7) papel(ito) m; (Blatt) hoja f; (Kartei2) ficha f; **~kasten** m fichero m.
Zeug [tsɔʏk] n (3) (Kleidung) ropa f, vestidos m/pl.; (Material) material m; (Stoff) tela f; (Geräte) útiles m/pl., utensilios m/pl., instrumentos m/pl.; (Sachen) cosas f/pl.; F chismes m/pl.; trastos m/pl.; dummes ~ tonterías f/pl., disparates m/pl.; das ~ haben zu tener madera de; j-m et. am ~ flicken enmendar la plana a alg.; was das ~ hält F a más no poder; sich ins ~ legen F arrimar el hombro.
Zeug|e [ˈtsɔʏgə] m (13) testigo m; **2en** (25) 1. v/i. declarar (como testigo); ~ von demostrar, evidenciar (ac.); 2. v/t. procrear, engendrar; **~enaussage** f deposición f del testigo, declaración f testimonial; **~enbeweis** m prueba f testifical; **~enstand** m estrado m de testigos; **~envernehmung** f interrogatorio m od. audición f de los testigos; **~haus** [ˈkhaus] n arsenal m; **~in** [ˈ-gɪn] f testigo f; **~nis** [ˈ-knɪs] n (4¹) ⚖ testimonio m; (Bescheinigung) certificado m; (Diplom) diploma m; (Schul2) boletín m de calificaciones.
Zeugung [ˈ-gʊŋ] f generación f, procreación f; **2s-akt** m acto m generador; **2sfähig** capaz de engendrar; potente; **~skraft** f fuerza f procreadora; potencia f (generadora); **2s-unfähig** impotente.
Zichorie [tsiˈçoːrjə] f (15) achicoria f.
Zick|e [ˈtsɪkə] f (15) cabra f (a. fig.); F fig. mach keine ~n! ¡déjate de tonterías!; **~lein** [ˈ-laɪn] n (6) cabrito m, chivo m.
Zickzack [ˈtsɪktsak] m (3) zigzag m, eses f/pl.; im ~ gehen zigzaguear; **~linie** f línea f en zigzag.
Ziege [ˈtsiːgə] f (15) cabra f.
Ziegel [ˈ-gəl] m (7) ladrillo m; (Dach2) teja f; **~bau** m construcción f en ladrillo; **~dach** n tejado m; **~ei** [--ˈlaɪ] f fábrica f de tejas y ladrillos; tejar m;

~ofen m horno m de ladrillos; **~stein** m ladrillo m.
Ziegen|bart [ˈ-gənbart] m barba(s) f(/pl.) de chivo (a. fig.); **~bock** m macho m cabrío, cabrón m; **~hirt** m cabrero m; **~käse** m queso m de cabra; **~leder** n cabritilla f; **~peter** ⚕ [ˈ--peːtər] m (7) paperas f/pl.
Ziehbrunnen [ˈ-brunən] m pozo m de garrucha.
ziehen [ˈ-ən] (30) 1. v/t. tirar (an dat. de); (heraus~) sacar, extraer (a. Zahn, ♣ Wurzel); Degen: desenvainar; (schleppen) arrastrar; ♣, Kfz. remolcar; Draht: estirar; Linie: trazar; Graben: abrir; Mauer: levantar; Spielfigur: mover; Wechsel: librar, girar (auf ac. sobre); ✓ cultivar; Hut: quitarse; die Blicke auf sich ~ atraer las miradas; die Aufmerksamkeit auf sich ~ llamar la atención; j-n ins Vertrauen ~ confiarse a alg.; ins Lächerliche ~ poner en ridículo; in Zweifel ~ poner en duda; fig. nach sich ~ acarrear; 2. v/refl.: sich ~ extenderse; estirarse; Holz: alabearse; 3. v/i. a) Ofen, Zigarre: tirar; Schach usw.: jugar; F fig. (wirken) surtir efecto; Film, Ware usw.: tener mucho éxito; ~ lassen Tee: dejar reposar od. en reposo; F das zieht bei mir nicht conmigo no vale eso; es zieht hay corriente; b) (sn) ir (nach a.); Vögel, Wolken: pasar; zu j-m ~ ir a vivir en casa de alg.; durch die Welt ~ ir por el mundo; 4. ♀ tracción f; ♀ cultivo m; ♂ tirones m/pl.
'Zieh|harmonika f acordeón m; **~ung** f (Lotterie) sorteo m.
Ziel [tsiːl] n (3) Sport: meta f (a. fig.); (Zweck) fin m; objetivo m (a. ⚔); (~scheibe) blanco m; (Reise2) destino m; ✝ (Frist) término m, plazo m; das ~ treffen (verfehlen) dar en (errar) el blanco; (als erster) durchs ~ gehen cruzar la meta (el primero); ans ~ gelangen llegar a la meta; fig. sein ~ erreichen lograr su fin; sich et. zum ~ setzen proponerse a/c.; **'~band** f Sport: cinta f de llegada; **'2bewußt** que sabe lo que quiere; consecuente; **2en** (25) apuntar (auf ac. a); fig. hacer alusión (a); das zielt auf dich eso va por ti; gezielt Maßnahme: encauzado; bien calculado; **'~fernrohr** n mira f telescópica; **'~gerade** f Sport: recta f final; **'~linie** f línea f de llegada od. de meta; **'2los** sin rumbo

fijo; '**richter** m Sport: juez m de llegada; '**scheibe** f blanco m (a. fig.); '**²sicher**, **²strebig** ['-ʃtreːbiç] s. **²bewußt**.

ziemen ['tsiːmən] (25): sich ~ convenir.

ziemlich ['tsiːmliç] considerable; adv. bastante; F so ~ casi casi.

Zier [tsiːr] f (16, o. pl.), **~at** ['-raːt] m (3) adorno m; ornamento m; **~de** ['-də] f (15) adorno m; fig. honor m; gloria f; **²en** (25) (ad)ornar; decorar; embellecer; sich ~ hacer remilgos od. melindres; **~erei** [-rəˈraɪ] f afectación f; remilgos m/pl., melindres m/pl.; '**~garten** m jardín m de recreo; '**~leiste** f Δ, Kfz. moldura f; Typ. viñeta f; '**²lich** grácil; delicado, fino; '**~lichkeit** f gracilidad f; delicadeza f, finura f; '**~pflanze** f planta f ornamental od. de adorno; '**~puppe** fig. f muchacha f remilgada.

Ziffer ['tsifər] f (15) cifra f, guarismo m; **~blatt** n esfera f.

zig F [tsiç] (sehr viele) infinidad de.

Zigarette [tsigaˈrɛtə] f (15) cigarrillo m, F pitillo m; **~n-automat** m máquina f expendedora de cigarrillos; **~n-etui** n pitillera f; **~npapier** n papel m de fumar; **~nschachtel** f cajetilla f; **~nspitze** f boquilla f; **~nstummel** m colilla f, Am. pucho m.

Zigarillo [--ˈril(j)o] m, a. n (11) purito m.

Zigarre [-ˈgarə] f (15) puro m, cigarro m; **~n-abschneider** m cortapuros m; **~n-etui** n petaca f; **~nkiste** f caja f de puros; **~nspitze** f boquilla f (para puros); **~nstummel** m colilla f, Am. pucho m.

Zigeuner|(in f) [-ˈgɔynər(in)] m (7) gitano -(a m (f); **²haft** agitanado; **²isch** gitano; **~junge** m (**~mädchen** n) gitanillo m (-a f); **~leben** n fig. vida f nómada; **~sprache** f caló m.

Zikade Zo. [-ˈkaːdə] f (15) cigarra f.

Zimbel ♪ ['tsimbəl] f (15) címbalo m.

Zimmer ['tsimər] n (3) cuarto m, habitación f, pieza f; **~antenne** f antena f interior; **~decke** f techo m; cielo m raso; **~einrichtung** f mueblaje m; **²flucht** f serie f de habitaciones; suite f; **²handwerk** n carpintería f; **~kellner** m camarero m de piso; **²lautstärke** f: das Radio auf ~ stellen bajar la radio; **~mädchen** n camarera f (de piso); **~mann** m car-

pintero m; **²n** (29) carpintear (a. v/i.); hacer, construir; **~pflanze** f planta f de interior; **~temperatur** f temperatura f ambiente; **~theater** n teatro m de bolsillo; **~vermieterin** f patrona f.

zimperlich ['tsimpərliç] melindroso; delicado; ~ tun F hacer dengues.

Zimt [tsimt] m (3) canela f; F der ganze ~ todo el tinglado; '**~stange** f canela f en rama.

Zink [tsiŋk] n (3, o. pl.) cinc m, zinc m; '**~e** f (15) diente m; púa f; '**~en** m (6) = Zinke; F (Nase) napias f/pl.; '**²en** (25) Karten: marcar.

Zinn [tsin] n (3, o. pl.) estaño m; '**~e** Δ f almena f; **²ern** ['-nərn] de estaño; '**~gießer** m estañero m; **~ober** ['-noːbər] m (7) Min. cinabrio m; (Farbe) bermellón m; '**~soldat** m soldad(it)o m de plomo.

Zins [tsins] m (5¹) ♱ (mst pl. ~en) interés m, intereses m/pl.; (Miet²) alquiler m; (Abgabe) tributo m; 3⁰/₀ Zinsen bringen dar un interés del 3⁰/₀; **~eszins** ['tsinzəstsins] m interés m compuesto; '**~rechnung** f cálculo m de intereses; '**~satz** m tipo m de interés; '**~schein** m cupón m de intereses.

Zionis|mus [tsioˈnismus] m (16, o. pl.) sionismo m; **~t** m (12), **²tisch** sionista (m).

Zipfel ['tsipfəl] m (7) punta f, cabo m; **~mütze** f gorro m con borla.

Zirbeldrüse Anat. ['tsirbəldryːzə] f glándula f pineal, epífisis f.

zirka ['-ka] aproximadamente; cerca de.

Zirkel ['-kəl] m (7) cɔːmpás m; fig. círculo m; **~kasten** n̥ caja f de compases.

zirkulieren [-kuˈliːrən] cir̩cular.

Zirkus ['-kus] m (14²) circo m; **~reiter(in** f) m caballista su. (de circo).

zirpen ['-pən] (25) Grille: cantar, chirriar.

zisch|eln ['tsiʃəln] (29) cuchichear; **~en** (27) silbar; Thea. sisear; **²en** n silbidos m/pl.; Thea. siseo m; **²laut** m sibilante f.

Ziselier|arbeit [tsizəˈliːrʔarbaɪt] f cinclado m; **²en** cincelar.

Zisterne [tsisˈtɛrnə] f (15) cisterna f.

Zitadelle [tsitaˈdɛlə] f (15) ciudadela f.

Zitat [-ˈtaːt] n (3) cita f.

Zither ['-tər] f (15) cítara f; **~spieler(in** f) m citarista su.
zitieren [-'ti:rən] citar.
Zitronat [-tro'na:t] n (3) acitrón m.
Zitrone [-'tro:nə] f (15) limón m; **~nbaum** m limonero m; **2ngelb** amarillo limón; **~nlimonade** f limonada f; **~npresse** f exprimidor m; **~nsaft** m zumo m de limón; **~nsäure** f ácido m cítrico; **~nschale** f corteza f od. piel f de limón; **~nsprudel** m gaseosa f de limón.
Zitrusfrüchte ['tsi:trusfryçtə] f/pl. agrios m/pl., cítricos m/pl.
zitter|ig ['tsitəriç] tembloroso, temblón; **~n** (29) temblar (vor de); trepidar; vibrar; vor Kälte ~ tiritar de frío; **2n** n temblor m; trepidación f; vibración f; **2pappel** ♀ f álamo m temblón; **2rochen** Zo. m torpedo m.
Zitze ['tsitsə] f (15) pezón m, teta f.
zivil [tsi'vi:l] civil, Preis: módico; in **2** de paisano; **2** tragen vestir de paisano (bsd. Am. de civil); **2bevölkerung** f población f civil; **2courage** f valor m cívico; **2gesetzbuch** n código m civil; **2isation** [-viliza'tsjo:n] f civilización f; **~i'sieren** civilizar; **2ist** m (12) paisano m, bsd. Am. civil m; **2kammer** ♃ [-'vi:lkamər] f sala f de lo civil; **2kleidung** f traje m de paisano; **2prozeß** m causa f civil, pleito m; **2prozeß-ordnung** f ley f de enjuiciamiento civil; **2recht** n derecho m civil; **2trauung** f matrimonio m civil.
Zobel ['tso:bəl] m (7) cebellina f.
Zofe ['-fə] f (15) doncella f.
zog, zöge [tso:k, 'tsø:gə] s. ziehen.
zögern ['tsø:gərn] 1. (29) tardar (mit en); (schwanken) titubear, vacilar (zu inf. en); 2. **2** n tardanza f, demora f; vacilación f; ohne ~ sin vacilar.
Zögling ['tsø:klin] m (3[1]) educando m, alumno m; (Internats**2**) interno m.
Zölibat [tsø:li'ba:t] n, Theol. m (3, o. pl.) celibato m.
Zoll [tsɔl] m (3[1]): **a)** (Maß, im pl. uv.) pulgada f; **b)** (Abgabe) (derechos m/pl. de) aduana f; (Brücken**2**) peaje m; fig. tributo m; **~abbau** m desarme m arancelario; **~abfertigung** f despacho m aduanero; **~amt** n aduana f; **2amtlich** aduanero; **~anschluß** m enclave m aduanero; **~beamte(r)** m funcionario m de aduana; vista m; **~begleitschein** m guía f de tránsito; **2en** (25) tributar,

rendir; **~erklärung** f declaración f de aduana; **2frei** exento de aduana; **~freiheit** f franquicia f aduanera; **~gebiet** n territorio m aduanero; **~gebühren** f/pl. derechos m/pl. de aduana; **~grenze** f frontera f aduanera; **~kontrolle** f control m aduanero; **~(l)ager** n depósito m de aduana.
Zöllner ['tsœlnər] m (7) ehm. publicano m; F aduanero m.
zoll|pflichtig ['tsɔlpfliçtiç] sujeto a aduana; **2plombe** f precinto m de aduana; **2schranke** f barrera f arancelaria; **2stock** m metro m plegable; **2tarif** m arancel m (de aduana); **2verschluß** m: unter ~ bajo precinto de aduana.
Zone ['tso:nə] f (15) zona f.
Zoo F [tso:] m (11) zoo m.
Zoolog|e [tso'o'lo:gə] m (13) zoólogo m; **~ie** [---'gi:] f (15, o. pl.) zoología f; **2isch** [--'lo:giʃ] zoológico; **~er Garten** jardín m od. parque m zoológico.
Zopf [tsɔpf] m (3[3]) trenza f; Stk. coleta f; fig. alter ~ costumbre f anticuada; **2ig** anticuado, rancio.
Zorn [tsɔrn] m (3, o. pl.) cólera f, ira f, enojo m; in ~ geraten montar en cólera; **2ig** airado, encolerizado; furioso; ~ werden ponerse furioso; encolerizarse.
Zot|e ['tso:tə] f (15) obscenidad f; **2ig** obsceno.
Zott|el ['tsɔtəl] f (15) mechón m; **2eln** trotar; **2ig** velloso, velludo.
zu [tsu:] **1.** prp. **a)** örtl. a; ~ j-m gehen ir a casa de alg.; der Weg ~m Bahnhof el camino de la estación; ~r Tür (~m Fenster) hinaus por la puerta (la ventana); ~ Hause en casa; sich ~ j-m setzen sentarse junto a (od. al lado de) alg.; **b)** zeitl. a; zu; ~ Anfang al principio; ~ jener Zeit en aquella época; ~r Nacht por la noche; **c)** Art und Weise, Mittel: ~ Fuß a pie; ~ Pferd a caballo; ~ Schiff en barco; **d)** Bestimmung, Zweck: para; zu s-m Geburtstag para su cumpleaños; oft unübersetzt: ~m Direktor ernennen nombrar director; ~m Präsidenten wählen elegir presidente; **e)** bei Zahlen: zu 30 Peseten das Kilo a treinta pesetas el kilo; 3:0 siegen ganar por tres a cero; ~ dreien de tres en tres; (alle drei) los tres juntos; **f)** vor inf.: leicht ~ behalten fácil de recordar; ich habe ~ tun tengo que hacer; das ist nicht ~ ver-

meiden no se puede evitar; **2.** *adv.*
(*geschlossen*) cerrado; (*allzu*) demasiado; *Tür* ~*!* ¡cierre la puerta!; *nur* ~*!*
¡adelante!; ~**'aller-'erst** (**-'letzt**)
en primer (último) lugar.

Zubehör ⊕ ['-bəhøːr] *n* (*a. m*) (3)
accesorios *m*/*pl.*; *modisches* ~ complementos *m*/*pl.* de moda.

'**zubeißen** morder.

'**zubekommmen** lograr cerrar.

Zuber ['-bər] *m* (7) cubo *m*; tina *f*.

'**zubereit|en** preparar; '**2ung** *f* preparación *f*.

'**zubilligen** conceder.

'**zubinden** ligar; atar.

'**zubleiben** quedar cerrado.

'**zublinzeln** guiñar un ojo (*j-m* a alg.).

'**zubring|en** *Zeit*: pasar; **2erdienst** *m*
servicio *m* de enlace; **2erstraße** *f*
carretera *f* de acceso.

Zucht [tsuxt] *f* (16) *Zo.* cría *f*; ♀
cultivo *m*; (*Rasse*) raza *f*; *fig.* disciplina *f*; '**-bulle** *m* toro *m* semental.

'**zücht|en** ['tsyçtən] (26) *Zo.* criar; ♀
cultivar; **2er** *m* (7) criador *m*; cultivador *m*.

Zucht|haus ['tsuxthaus] *n* presidio
m; *lebenslängliches* ~ cadena *f* perpetua; ~**häusler** *m* (7) presidiario *m*;
~**hausstrafe** *f* presidio *m*; ~**hengst** *m*
caballo *m* padre *od.* semental.

züchtig ['tsyçtiç] casto; púdico; ~**en**
['--gən] (25) castigar; azotar; **2ung** *f*
castigo *m*.

zucht|los ['tsuxtloːs] indisciplinado;
~**losigkeit** *f* indisciplina *f*; **2perle** *f*
perla *f* cultivada; **2stute** *f* yegua *f* de
cría; **2tier** *n* animal *m* reproductor;
semental *m*.

Züchtung ['tsyçtuŋ] *f Zo.* cría *f*; ♀
cultivo *m*; selección *f*.

Zucht|vieh ['tsuxtfiː] *n* ganado *m* de
cría; ~**wahl** *f* selección *f*.

zucken ['tsukən] (25) palpitar; contraerse (convulsivamente); *Blitz*:
caer.

zücken ['tsykən] (25) sacar; *Degen*:
desenvainar.

zuckend ['tsukənt] palpitante; convulsivo.

Zucker ['tsukər] *m* (7) azúcar *m*; ♂ F ~
haben tener diabetes; ~**dose** *f* azucarero *m*; ~**fabrik** *f* fábrica *f* de azúcar,
azucarera *f*; ~**guß** *m* baño *m* de
azúcar; ~**hut** *m* pilón *m od.* pan *m* de
azúcar; ~**-industrie** *f* industria *f*
azucarera; **2krank** diabético; ~
krankheit *f* diabetes *f*; ~**mandel** *f*

peladilla *f*; **2n** (29) azucarar; ~**rohr** *n*
caña *f* de azúcar; ~**rübe** *f* remolacha *f*
azucarera; ~**streuer** *m* azucarero *m*;
2'süß muy dulce; *fig.* acaramelado;
~**zange** *f* tenacillas *f*/*pl.* para azúcar.

Zuckung 𝔰 ['tsukuŋ] *f* contracción *f*;
convulsión *f*; palpitación *f*.

zudecken ['tsuːdɛkən] cubrir; tapar;
sich ~ cubrirse.

zudem [tsu'deːm] además.

zudenken ['tsuːdeŋkən]: *j-m et.* ~
destinar a/c. a alg.

'**zudrehen** *Hahn*: cerrar; *j-m den*
Rücken ~ volver las espaldas a alg.

'**zudringlich** importuno, impertinente; '**2keit** *f* importunidad *f*; impertinencia *f*.

'**zudrücken** cerrar; *fig. ein Auge* ~
hacer la vista gorda.

'**zu-eign|en** dedicar; **2ung** *f* dedicatoria *f*.

zu-ein-'ander uno(s) a *bzw.* con
otro(s).

'**zu-erkenn|en** adjudicar; conceder;
2ung *f* adjudicación *f*; concesión *f*.

zu-'erst primero, en primer lugar;
(*als erster*) el primero.

'**zufächeln**: *sich Luft* ~ abanicarse.

'**zufahr|en** (sn): ~ *auf* (*ac.*) dirigirse
hacia; F *fahr zu!* ¡adelante!; **2t** *f*
acceso *m*; **2tsstraße** *f* vía *f* de acceso.

Zufall *m* casualidad *f*; azar *m*; coincidencia *f*; **2en** (sn) cerrarse de golpe; *fig. j-m*: corresponder, tocar;
caer en suerte; ♘ recaer (an alg.).

zufällig casual, ocasional, accidental, fortuito; *adv.* por casualidad;
wenn ~ si por acaso; **2keit** *f* casualidad *f*; contingencia *f*.

'**Zufalls...:** *in Zssgn* casual, accidental; ~**treffer** *m* acierto *m* fortuito.

'**zufassen** coger, agarrar; *fig.* echar
una mano, ayudar.

'**zufliegen** (sn) *Tür*: cerrarse de golpe; *fig. ihm fliegt alles zu* todo es fácil
para él.

'**zufließen** (sn) correr hacia; *fig. j-m*:
ser destinado a.

'**Zuflucht** *f* refugio *m*, asilo *m*; *vor*
Unwetter: abrigo *m*; *fig.* recurso *m*;
s-e ~ *nehmen zu* recurrir a, acogerse a.

'**Zufluß** *m* afluente *m*; *a. fig.* afluencia
f; ⊕ entrada *f*, admisión *f*.

'**zuflüstern** decir al oído.

zufolge [tsu'fɔlgə] según; conforme
a.

zufrieden [-'friːdən] contento; satisfecho (*mit* con, de); ~**geben:** *sich* ~

darse por satisfecho; **♀heit** f contento m, satisfacción f; **~lassen** dejar en paz; **~stellen** satisfacer, complacer; **~stellend** satisfactorio.

zufrieren ['tsu:fri:rən] (sn) helarse.

'**zufügen** añadir; *Schaden*: causar, infligir, ocasionar.

Zufuhr ['⌐fu:r] f (16) aprovisionamiento m, abastecimiento m; (*Transport*) acarreo m, transporte m; ⊕ entrada f, alimentación f.

'**zuführen** llevar, conducir; acarrear, transportar; ⊕ alimentar (con).

Zug [tsu:k] m (3³) 🚂 tren m; (*Ruck*) tirón m; ⊕ tracción f; (*Schluck*) trago m; *Rauchen*: chupada f; *Gespann, Ofen*: tiro m; (*Luft♀*) corriente f (de aire); ✕ sección f; pelotón m; (*Fest♀*) procesión f; desfile m; *Vögel*: bandada f; (*Schach♀*) jugada f; (*Gesichts♀, Charakter♀*) rasgo m; (*Neigung*) tendencia f, inclinación f; *am Gewehr*: rayado m; *in e-m ~* de un trago; *fig.* de un tirón; *e-n ~ tun* echar un trago; *fig. in großen Zügen* a grandes rasgos; *zum ~e kommen* entrar en acción; *in den letzten Zügen liegen* estar agonizando.

Zugabe ['tsu:ga:bə] f añadidura f; ♪ bis m, F propina f.

'**Zugang** m acceso m; entrada f.

zugänglich ['⌐gɛnliç] accesible; *fig.* abierto (*für* a); (*umgänglich*) tratable; *leicht ~* de fácil acceso.

Zugbrücke ['tsu:kbrykə] f puente m levadizo.

zugeben ['tsu:ge:bən] añadir, agregar; (*zulassen*) admitir; (*bekennen*) confesar; ♪ dar un bis.

zugegen [tsu'ge:gən] presente (*bei en*); *~ sn* asistir a, presenciar (*ac.*).

zugehen ['tsu:ge:ən] (sn) *Tür*: cerrarse; (*geschehen*) suceder, ocurrir; *~ lassen* enviar; *~ auf* (*ac.*) acercarse a; dirigirse a *od.* hacia; **♀frau** f asistenta f.

'**zugehör|en** pertenecer a; **~ig** perteneciente a; *Pol.* afiliado a; **♀igkeit** f pertenencia f; *Pol.* (a)filiación f.

zugeknöpft ['⌐gəknœpft] *fig.* reservado; poco comunicativo.

Zügel ['tsy:gəl] m (7) rienda f, brida f; *a. fig.* freno m; *fig. die ~ schießen lassen* dar rienda suelta; **♀los** desenfrenado (*a. fig.*); **~losigkeit** f desenfreno m; libertinaje m; **♀n** (29) refrenar; *fig. a.* frenar, poner freno a.

zugesellen ['tsu:gəzɛlən]: *sich ~ zu* reunirse con; asociarse a.

'**Zuge|ständnis** n concesión f; **♀stehen** conceder; admitir; **♀tan** aficionado a; *j-m ~ sn* tener afecto a alg.

Zug|festigkeit ⊕ ['tsu:kfɛstiçkaɪt] f resistencia f a la tracción; **~führer** m 🚂 jefe m de tren; ✕ cabo m de sección.

zugießen ['tsu:gi:sən] añadir; echar más.

zugig ['⌐giç] expuesto a la corriente de aire; *es ist ~* hay corriente de aire.

zügig ['tsy:giç] fluido; *adv.* a buen paso.

Zug|kraft ['tsu:kkraft] f fuerza f de tracción; *fig.* atractivo m; **♀kräftig** atractivo; *Thea.* de mucho éxito.

zugleich [tsu'glaɪç] a la vez; al mismo tiempo (*mit mir que yo*); *alle ~* todos juntos.

Zug|luft ['tsu:kluft] f corriente f de aire; **~maschine** f tractor m; **~mittel** n atractivo m; **~nummer** *fig.* f atracción f; F plato m fuerte; **~personal** n personal m del tren; **~pferd** n caballo m de tiro; **~pflaster** ✍ n vejigatorio m, emplasto m epispástico.

zu|greifen ['tsu:graɪfən] asir, coger, agarrar; (*helfen*) echar una mano; *bei Tisch*: servirse; *fig.* aprovechar la oportunidad; **♀griff** m golpe m inesperado (*auf ac.* contra); intervención f.

zugrunde [tsu'grundə]: *~ gehen* perecer; perderse; arruinarse; *~ legen* tomar por base; *~ liegen* (*dat.*) servir de base; *~ richten* echar a perder, arruinar.

Zug|seil ['tsu:kzaɪl] n cable m de tracción; **~stück** *Thea.* n éxito m taquillero; **~tier** n animal m de tiro.

zugunsten [tsu'gunstən] (*gen.*) a *od.* en favor de.

zugute [-'gu:tə]: *j-m et. ~ halten* tener en cuenta a/c. a alg.; *j-m ~ kommen* redundar en provecho de alg.; beneficiar a alg.; *j-m et. ~ kommen lassen* proporcionar a/c. a alg.

Zug|verbindung ['tsu:kfɛrbinduŋ] f enlace m; **~verkehr** m tráfico m ferroviario; servicio m de trenes; **~vogel** m ave f de paso.

zuhaken ['tsu:hɑ:kən] (25) cerrar; abrochar.

'**zuhalten 1.** *v/t.* (man)tener cerrado; **2.** *v/i.*: *~ auf* (*ac.*) dirigirse a *od.* hacia.

zündend

Zuhälter [ˈ-hɛltər] m (7) rufián m, F chulo m; ⁂ proxeneta m; **~ei** [---ˈraɪ] f proxenetismo m.

zuhängen [ˈtsuːhɛŋən] (25) cubrir con una cortina.

zuhauen desbastar; Steine: tallar; F pegar.

Zuhause [tsuˈhaʊzə] n (uv., o. pl.) hogar m, casa f.

zuheilen [ˈtsuːhaɪlən] (sn) cerrarse; cicatrizarse.

Zuhilfenahme [tsuˈhilfənaːmə] f: unter ~ (gen.) valiéndose de; con ayuda de.

zuhör|en [ˈtsuːhøːrən] escuchar; ⁂er(in f) m oyente su.; ⁂erschaft f auditorio m.

zu|jauchzen, **~jubeln** (dat.) aclamar, vitorear; ovacionar (ac.).

zukehren volver (a. Rücken).

zuklappen v/t. (v/i. [sn]) cerrar(se) de golpe.

zukleben pegar.

zuklinken [ˈ-kliŋkən] (25) cerrar con picaporte.

zuknallen F cerrar de golpe; die Tür ~ dar un portazo.

zuknöpfen abotonar.

zukommen (sn): ~ auf (ac.) dirigirse hacia; ir al encuentro de; fig. auf j-n ~ (bevorstehen) esperar a alg.; j-m ~ (gebühren) corresponder a alg.; j-m et. ~ lassen proporcionar, regalar a/c. a alg.; (schicken) enviar; fig. et. auf sich ~ lassen esperar con calma a/c.

zukorken [ˈ-kɔrkən] (25) tapar con corcho; encorchar.

Zukunft [ˈ-kunft] f (16, o. pl.) porvenir m; futuro m (a. Gram.); in ~ en lo sucesivo, en el futuro, (de aquí) en adelante.

zukünftig futuro, venidero; adv. en el futuro; F m-e ⁂e mi futura.

Zukunfts|forschung f futurología f; **~musik** fig. f música f del futuro; **~pläne** m/pl. planes m/pl. para el futuro; **~roman** m novela f de ciencia ficción.

zulächeln sonreír (j-m a alg.).

Zulage f suplemento m; plus m.

zulande [tsuˈlandə]: bei uns ~ en nuestro país.

zulangen [ˈtsuːlaŋən] bei Tisch: servirse; tüchtig ~ hacer honor a la comida.

zulänglich suficiente.

zulassen dejar cerrado; Person: admitir (a. fig. Zweifel usw.); (er-

lauben) permitir, tolerar; Kfz. matricular.

zulässig admisible; autorizado, lícito; ⁂keit f licitud f.

Zulassung f admisión f; permiso m; Kfz. permiso m de circulación; **~sprüfung** f examen m de admisión; prueba f de acceso.

Zulauf m afluencia f; concurso m; großen ~ haben tener mucha clientela; ser muy concurrido; Thea. atraer al público; ⁂en (sn): ~ auf (ac.) correr hacia; spitz ~ acabar en punta.

zulegen (hinzufügen) añadir; sich (dat.) et. ~ comprarse a/c.; F sich e-e Braut ~ hacerse novia.

zuleide [tsuˈlaɪdə]: j-m et. ~ tun hacer daño a alg.

zuleit|en [ˈtsuːlaɪtən] conducir; llevar; Schreiben: transmitir; ⁂ung f transmisión f; ⊕ conducción f; tubería f.

zuletzt [tsuˈlɛtst] en último lugar; por último; al fin; (als letzter) el último.

zu liebe: j-m ~ por amor a alg.

zum [tsum] = zu dem.

zumachen [ˈtsuːmaxən] cerrar; tapar; Jacke usw.: abrochar; F mach zu! ¡date prisa!

zumal [tsuˈmaːl] sobre todo; ~ da cuanto más que.

zumauern [ˈtsuːmaʊərn] tapiar; condenar.

zumeist [tsuˈmaɪst] la mayoría de las veces; en general.

zumessen [ˈtsuːmɛsən]: j-m sein Teil ~ darle lo que le corresponde.

zumindest [tsuˈmindəst] por lo menos, al menos.

zumut|bar [ˈtsuːmuːtbaːr] razonable; **~e** [tsuˈmuːtə]: mir ist nicht danach ~ no tengo ganas de humor para eso; **~en** [tsuˈmuːtən] (26) exigir (j-m et. a/c. de alg.); zuviel ~ pedir demasiado; sich (dat.) zuviel ~ excederse en a/c.; ⁂ung f exigencia f exagerada; impertinencia f, F frescura f.

zunächst [tsuˈnɛːçst] en primer lugar, ante todo; (vorläufig) por de pronto, de momento.

zunageln [ˈtsuːnaːgəln] clavar.

zunähen coser.

Zunahme [ˈ-naːmə] f (15) aumento m, incremento m; crecimiento m.

Zuname m apellido m.

zünden [ˈtsyndən] v/i. (26) encenderse; prender; fig. entusiasmar; electrizar; **~d** fig. vibrante.

Zunder ['tsundər] *m* (7) yesca *f*.

Zünd|er ['tsyndər] *m* (7) espoleta *f*; detonador *m*; **~holz** ['-hɔlts] *n* cerilla *f*, fósforo *m*; **~hütchen** ['-hy:tçən] *n* (6) cápsula *f* fulminante; **~kapsel** *f* cápsula *f* fulminante; detonador *m*; **~kerze** ⊕ *f* bujía *f*; **~schlüssel** *m* llave *f* de contacto; **~schnur** *f* mecha *f*; **~stoff** *m* materia *f* inflamable; *fig.* causa *f* de discordia; **~ung** ['-duŋ] *f* encendido *m*.

zunehmen ['tsu:ne:mən] aumentar (*an dat.* de); acrecentarse, incrementarse, ir en aumento; crecer (*a. Mond*); *Tage usw.*: irse alargando; *an Gewicht*: engordar; **~d** creciente (*a. Mond*); progresivo.

zuneig|en (*a. sich*) inclinar(se) hacia; *fig.* simpatizar con; *sich dem Ende~* ir acabando; tocar a su fin; **2ung** *f* inclinación *f*; afecto *m*; simpatía *f*.

Zunft [tsunft] *f* (14¹) gremio *m*, corporación *f*.

zünftig ['tsynftiç] *fig.* auténtico; experto; *adv.* como es debido.

Zunge ['tsuŋə] *f* (15) lengua *f*; ♪ *u. Waage*: lengüeta *f*; *es liegt mir auf der ~* lo tengo en la (punta de la) lengua; *e-e feine ~ haben* tener un paladar muy fino; *e-e böse~ haben* tener mala lengua.

züngeln ['tsyŋəln] (29) *Schlange*: mover la lengua; *Feuer*: llamear.

Zungen|band ['tsuŋənbant] *n* frenillo *m*; **2fertig**: *~ sn* tener facilidad de palabra; **~fertigkeit** *f* facilidad *f* de palabra; labia *f*; **~spitze** *f* punta *f* de la lengua.

zunichte [tsu'niçtə]: *~ machen* destruir; aniquilar; *Plan usw.*: desbaratar; frustrar; *~ werden* venirse abajo; frustrarse.

zunicken ['tsu:nikən] (*dat.*) hacer seña *bzw.* saludar con la cabeza.

zunutze [tsu'nutsə]: *sich* (*dat.*) *et. ~ machen* aprovecharse de a/c., sacar provecho de a/c.

zuoberst [-'o:bərst] en lo más alto; encima de todo.

zuordnen ['tsu:ʔɔrdnən] agregar; coordinar.

zupacken *s. zugreifen.*

zupaß [tsu'pas]: *~ kommen* venir a propósito.

zupf|en ['tsupfən] (25) tirar (*an dat.* de); ♪ puntear; **2-instrument** ♪ *n* instrumento *m* punteado.

zupfropfen ['tsu:pfrɔpfən] taponar.

zuprosten ['-pro:stən] (26) *s. zutrinken.*

zur [tsu:r] = *zu der.*

zuraten ['tsu:ra:tən] recomendar; aconsejar.

'zurechn|en incluir en (*od.* añadir a) la cuenta; *fig.* imputar; **~ungsfähig** responsable de sus actos; **2ungsfähigkeit** *f* responsabilidad *f* personal; imputabilidad *f*.

zurecht|biegen [tsu'rɛçtbi:gən] F *fig.* arreglar; **~finden**: *sich ~* orientarse; **~kommen** (*sn*) llegar a tiempo; *fig.* arreglárselas; *mit j-m ~* entenderse con alg.; **~legen** preparar; arreglar; disponer; *fig. sich* (*dat.*) *et. ~* imaginarse a/c.; **~machen** arreglar, disponer; *sich ~* arreglarse; **~setzen**: *j-m den Kopf ~* hacer entrar en razón a alg.; **~weisen** *fig.* reprender; **2weisung** *f* reprimenda *f*.

zureden ['tsu:re:dən] **1.** *v/i.* (*dat.*) tratar de persuadir; (*gut*) ~ animar (zu a); **2.** ⍰ *n* instancias *f/pl.*; exhortaciones *f/pl.*

'zureichen 1. *v/t. bei Tisch*: pasar; **2.** *v/i.* alcanzar.

'zureiten 1. *v/t.* domar; **2.** ⍰ *n* doma *f*.

'zurichten preparar; disponer; *Typ.* ajustar; *übel ~* dejar maltrecho; *et.*: echar a perder.

zuriegeln ['tsu:ri:gəln] (29) echar el cerrojo (a).

zürnen ['tsyrnən] (25) estar enfadado (*j-m* con alg.); guardar rencor (a alg.).

Zurschaustellung [tsur'ʃaʊʃtɛluŋ] *f* exhibición *f*; *fig. a.* ostentación *f*.

zurück [tsu'ryk] (hacia *od.* para) atrás; (*im Rückstand*) retrasado, atrasado; *es gibt kein* ⍰ *mehr* ya no se puede ir atrás; *~ sn* estar de vuelta; **~begeben**: *sich ~* regresar, volver; **~behalten** reservar; guardar; retener; **~bekommen** recuperar, recobrar; *ich habe es ~* me lo han devuelto; **~bezahlen** devolver; **~bleiben** (*sn*) quedarse atrás; rezagarse; *in Leistungen*: quedar retrasado; *hinter den Erwartungen ~* no corresponder a lo que se esperaba; **~blicken** mirar atrás; *a. fig.* volver la vista atrás; **~bringen** *j-n*: acompañar a casa; *et.*: devolver; restituir; **~datieren** antedatar; **~denken**: *~ an* (*ac.*) recordar (*ac.*); **~drängen** hacer retroceder; *fig.* contener; **~drehen** volver (hacia) atrás; **~dürfen** poder volver; ~eilen (sn) volver rápidamente; ~erbitten pedir la devolución de; ~er-obern reconquistar; ~erstatten devolver; restituir; ~erwarten esperar la vuelta de; ~fahren v/i. (sn) regresar, volver, fig. retroceder (asustado); ~fallen (sn) caer (hacia) atrás; fig. ~ in (ac.) recaer en; ~finden: (sich) ~ encontrar el camino (de vuelta); ~fliegen (sn): ~ nach volver a; ~fließen refluir; ~fordern reclamar; reivindicar; ~führen acompañar; llevar; ~ auf (ac.) atribuir a; ~geben devolver; restituir; ~geblieben atrasado; fig. retrasado; subnormal; ~gehen (sn) volver; retroceder; (abnehmen) bajar, disminuir; fig. ~ auf (ac.) remontarse a; ser debido a; ~ lassen devolver; ~gekehrt de regreso; ~gewinnen recuperar; ~gezogen retirado; 2gezogenheit f retiro m; retraimiento m; ~greifen: ~ auf (ac.) recurrir a; ~haben: et. ~ wollen reclamar a/c.; ~halten detener; retener; a. fig. contener; sich ~ contenerse; mit et.: abstenerse de; disimular (ac.); ~haltend reservado; 2haltung f reserva f; recato m; ~holen ir a buscar; ~kehren volver, regresar; ~klappen abatir; ~kommen (sn) volver, regresar; ~ auf (ac.) volver a; ~können poder volver; fig. echarse atrás; ~lassen dejar (atrás); abandonar; ~laufen (sn) volver corriendo; ~legen reservar; Geld: ahorrar; Strecke: recorrer; cubrir; sich ~ = ~lehnen: sich ~ recostarse; reclinarse; ~liegen datar de; ~melden: sich ~ avisar su regreso; bei j-m: presentarse a; ~müssen tener que volver; 2nahme [-'-na:mə] f (15) recogida f; e-r Äußerung: retractación f; ⚔ desistimiento m; ~nehmen recoger; ⚔ retirar; fig. revocar; ~prallen (sn) rebotar, resaltar; fig. retroceder asustado; ~reichen: ~ bis remontar a, tener su origen en; ~reisen (sn) volver, regresar; ~rufen llamar; hacer volver; fig. evocar; ins Gedächtnis ~ hacer recordar; ins Leben ~ resucitar; ~schalten Kfz. reducir marchas; ~schauen s. ~blicken; ~scheuen retroceder (asustado); ~schicken devolver; j-n: hacer volver; ~schieben empujar (hacia) atrás; apartar; ~schlagen rechazar (a. ⚔); Ball: devolver; Vorhang:

descorrer; Decke: apartar; ~schnellen (sn) rebotar, resaltar; ~schrauben fig. reducir; ~schrecken intimidar; asustar; vor nichts ~ no arredrarse ante nada; ~sehnen: sich ~ nach añorar a/c.; ~setzen retirar; Preis: reducir; fig. postergar; 2setzung f fig. postergación f; ~sinken (sn) caer (para) atrás; ~springen (sn) dar un salto atrás; ~stecken moderarse; arriar velas; ~stehen (sn): hinter j-m ~ ser inferior a; ser postergado; ~stellen poner en su sitio; Uhr: atrasar; fig. aplazar; dejar para más tarde; ⚔ sich ~ lassen pedir prórroga; ~stoßen repeler, rechazar; Kfz. echar para atrás; ~strahlen reflejar; ~streifen Ärmel: arremangar; ~taumeln (sn) retroceder tambaleando; ~treten (sn) dar un paso atrás; retroceder; fig. pasar a segundo término; vom Amt: dimitir, renunciar a; vom Vertrag usw.: desistir de; ~verfolgen fig. remontar a sus orígenes; ~verlangen reclamar; ~versetzen: sich ~ in (ac.) evocar (ac.); retrotraerse a; ~verweisen: ~ auf (ac.) remitir a; ~weichen (sn) retroceder; retirarse; fig. ceder, cejar; ~weisen rechazar; denegar; 2weisung f rechazo m; denegación f; ~werfen rechazar; ⚔ a. Ball: devolver; Licht: reflejar; fig. poner en retraso; ~wirken repercutir (auf ac. en); ~wollen querer volver; ~zahlen devolver, re(e)mbolsar; 2zahlung f devolución f, re(e)mbolso m; ~ziehen: (sich) ~ retirar(se).

Zuruf ['tsu:ru:f] m grito m; llamada f; durch ~ por aclamación; 2en gritar.

'Zusage f (15) promesa f; (Zustimmung) consentimiento m; auf e-e Einladung: aceptación f; 2n 1. v/t. prometer; 2. v/i. aceptar (una invitación); (gefallen) gustar.

zusammen [tsu'zamən] juntos; juntamente; (im ganzen) todo junto, en total; ~ mit junto con; en unión con; 2-arbeit f cooperación f; colaboración f; ~-arbeiten cooperar; colaborar; ~ballen (a. sich) aglomerar(se); concentrar(se); 2ballung f aglomeración f; concentración f; ~bauen ⊕ montar, ensamblar; ~beißen: die Zähne ~ apretar los dientes; ~bekommen lograr reunir; ~binden atar; liar; ~bleiben (sn) quedar unidos, seguir juntos; ~brauen mezclar; *fig.* sich ~ cernerse; F *da braut sich et. zs.* algo se está tramando; **~brechen** (sn) *a. fig.* derrumbarse; hundirse; *a. Person:* desplomarse; ✞ sufrir un colapso; *Firma:* quebrar; **~bringen** acumular; reunir; ⚕ poner en contacto; ⚥**bruch** *m a. fig.* derrumbamiento *m*; hundimiento *m*; ✞ colapso *m*; ✞ quiebra *f*; **~drängen** (*a. sich*) apretar(se); aglomerar(se); *Menschen: a.* apiñar(se); **~drücken** comprimir; aplastar; **~fahren** (sn) *fig.* sobresaltarse; **~fallen** (sn) hundirse; *zeitl.* coincidir; **~falten** plegar, doblar; **~fassen** reunir; centralizar; *kurz* ~ resumir; **~fassend** sumario; *adv.* en resumen; ⚥**fassung** *f* centralización *f*; resumen *m*; **~fegen** barrer; **~finden**: *sich* ~ reunirse, juntarse; **~fließen** confluir; ⚥**fluß** *m* confluencia *f*; **~fügen** juntar; ⊕ *a.* ensamblar; **~führen** reunir; *Familie:* reagrupar; **~gehen** (sn) ir juntos; **~gehören** al mismo grupo; pertenecer al mismo grupo; *zwei Dinge:* hacer juego; hacer pareja; **~gehörig** correspondiente; ⚥**gehörigkeit** *f* correspondencia *f*; unión *f*; ⚥**gehörigkeitsgefühl** *n* solidaridad *f*; **~gesetzt** compuesto; **~gewürfelt** heterogéneo; abigarrado; ⚥**halt** *m* consistencia *f*; cohesión *f*; *fig. a.* solidaridad *f*; **~halten** 1. *v/t.* mantener unidos; *sein Geld* ~ evitar gastos; ahorrar; *s-e Gedanken* ~ concentrarse; 2. *v/i.* seguir unidos; ser solidarios; ⚥**hang** *m* conexión *f*; cohesión *f*; (*Beziehung*) relación *f*; *fortlaufender:* continuidad *f*; (*Text*) contexto *m*; *in diesem* ~ a este respecto; *in* ~ *bringen mit* relacionar con; **~hängen** estar unido (*mit a.*); estar relacionado (*mit con*); **~hängend** coherente; continuo, seguido; **~hang(s)los** incoherente; **~hauen** hacer pedazos; *fig.* chapucear; F *j-n* ~ moler a palos a alg.; **~heften** coser; juntar; **~holen** reunir; **~kauern**: *sich* ~ acurrucarse; ⚥**klang** *m* ♩ consonancia *f*; *fig.* armonía *f*; **~klappbar** [-'---klapbaːr] plegable; **~klappen** 1. *v/t.* plegar; *Messer:* cerrar; 2. F *v/i.* (sn) desmayarse, desplomarse; **~kleben** pegar; **~kneifen** apretar; *Augen:* entrecerrar; **~knüllen** arrugar; estrujar; **~kommen** (sn) reunirse; *zu e-r Besprechung:* entrevistarse; *Umstände:*

concurrir, coincidir; **~kratzen** F *fig. Geld:* reunir penosamente, arañar; ⚥**kunft** [-'--kunft] *f* (14¹) reunión *f*; (*Besprechung*) entrevista *f*; **~läppern** [-'--lɛpərn] (29): F *sich* ~ ir acumulándose; **~lassen** dejar juntos; **~laufen** (sn) acudir en masa, apiñarse; *Milch:* cuajarse; *Linien:* converger; *Farben:* confundirse; **~leben** vivir juntos; hacer vida común; (con)vivir (*mit j-m* con alg.); ⚥**leben** *n* vida *f* (en) común; convivencia *f*; **~legbar** [-'--leːkbaːr] plegable; **~legen** poner juntos; reunir; ✞ fusionar; (*falten*) doblar; plegar; **~leimen** pegar; **~liegen** *Grundstück:* tocarse; **~löten** soldar; **~nageln** clavar; **~nähen** coser; **~nehmen** juntar, reunir; *Kräfte, Gedanken:* concentrar; *s-n Mut* ~ hacer acopio de valor; *sich* ~ contenerse, dominarse; *alles zusammengenommen* todo sumado; en total; **~packen** empaquetar; recoger; **~passen** 1. *v/t.* ajustar, adaptar; 2. *v/i.* ir bien (*mit con*); hacer juego; *a. Personen:* armonizar; **~pferchen** *fig.* apiñar, hacinar; ⚥**prall** *m* (3) choque *m*, colisión *f* (*a. fig.*); **~prallen** (sn) chocar, colisionar (*a. fig.*); **~pressen** comprimir; apretar; **~raffen** juntar (a toda prisa); acumular; *sich* ~ hacer un esfuerzo; **~rechnen** sumar; **~reimen**: *sich* ~ explicarse; sacar sentido; **~reißen**: *sich* ~ hacer un esfuerzo; dominarse; **~rollen** enrollar; **~rotten** [-'--rɔtən] (26): *sich* ~ agruparse; *Aufrührer:* amotinarse; **~rücken** 1. *v/t.* aproximar; juntar; 2. *v/i.* (sn) aproximarse; *fig.* cerrar filas; **~rufen** convocar; reunir; **~sacken** F [-'--zakən] desplomarse; **~scharen**: *sich* ~ reunirse; **~schieben** aproximar; juntar; **~schießen** derribar *bzw.* matar a tiros; **~schlagen** 1. *v/t.* hacer pedazos, demoler; *j-n:* apalear; *fig. die Hände über dem Kopf* ~ llevarse las manos a la cabeza; 2. *v/i.* (sn) cerrarse (*über sobre*); **~schließen**: *sich* ~ unirse; fusionarse; asociarse; ⚥**schluß** *m* unión *f*; fusión *f*; asociación *f*; **~schmelzen** (sn) derretirse; *fig.* ir disminuyendo; **~schnüren** atar; *fig. Herz:* oprimir; *die Kehle* ~ hacérsele a uno un nudo en la garganta; **~schrauben** juntar con tornillos; **~schrecken** (sn) estremecerse; **~schreiben** escribir en una palabra; **~schrumpfen** (sn) encogerse; contraerse; *fig.* disminuir; **~schütten** mezclar; **~schweißen** soldar; **2sein** n reunión f; asamblea f; **~setzen** juntar; (re)unir; ⊕ montar, ensamblar; *sich* ~ sentarse juntos; *sich* ~ *aus* componerse de; **2setzung** f composición f; **~sinken** (sn) desplomarse; **~sitzen** estar (sentados) juntos; **~sparen** ir ahorrando; **2spiel** n juego m de conjunto (*Sport: a.* de equipo); **~stauchen**: F *j-n* ~ echar una bronca a alg.; **~stecken 1.** *v/t.* juntar; *die Köpfe* ~ cuchichear; **2.** *v/i.* estar juntos; **~stehen** estar juntos; formar corro; *fig.* ayudarse mutuamente; **~stellen** colocar juntos; reunir; agrupar; combinar; componer (*a. Menü*); *Daten:* compilar; *Programm:* organizar; *Liste:* hacer, confeccionar; **2stellung** f reunión f; agrupación f; combinación f; composición f; (*Liste*) lista f; (*Tabelle*) cuadro m (sinóptico); **~stoppeln** F (29) compilar (atropelladamente); **~stoß** m choque m, colisión f (*a. fig.*); encontronazo m; ✗ encuentro m; **~stoßen** chocar (*a. fig.*); colisionar; entrar en colisión; (*sich berühren*) tocarse; *fig.* tener un altercado; **~streichen** abreviar; reducir; **~strömen** (sn) afluir; concurrir (en masa); **2sturz** m hundimiento m; derrumbamiento m; **~stürzen** (sn) hundirse; derrumbarse; **~suchen** rebuscar (*a. fig.*); recoger (de todas partes); **~tragen** reunir; compilar; *Lit.* recopilar; **~treffen** (sn) encontrarse; entrevistarse; *zeitl.* coincidir; **2treffen** n encuentro m; entrevista f; coincidencia f; *v. Umständen:* concurso m; **~treten** (sn) reunirse; **2tritt** m reunión f; **~trommeln** reunir; convocar; **~tun** poner juntos; (re)unir; *sich* ~ unirse; asociarse; aliarse; **~wachsen** (sn) juntarse; *Knochen:* soldarse; *fig.* fusionarse; **~werfen** echar en un montón; **~wirken** cooperar; *Umstände:* concurrir; **2wirken** n cooperación f; concurso m; coincidencia f; **~zählen** sumar; **~ziehen 1.** *v/t.* contraer; (*sammeln*) reunir; concentrar (*a.* ✗); ✿ sumar; 🐍 astringir; *sich* ~ contraerse; *Stoff:* encogerse; *Gewitter:* cernerse; **2.** *v/i.* (sn) ir a vivir juntos; **2ziehung** f reunión f; concentración f; contracción f; **~zucken** sobresaltarse.

Zu|satz ['tsu:zats] m (3² u. ³) adición f, añadidura f; 🥖 aditivo m; (*Nachtrag*) suplemento m; **....** *in Zssgn*, **2sätzlich** ['-zɛtslɪç] adicional; suplementario; *adv.* además.

zuschanden [tsu:'ʃandən]: ~ *machen* desbaratar, frustrar; echar a perder; ~ *werden* fracasar.

zuschanzen ['tsu:ʃantsən] (27) procurar, proporcionar (*j-m et. a/c. a* alg.).

'**zuschau|en** estar mirando; ser espectador (*bei* de); asistir (a); **2er(in** f) m (7) espectador(a) m (f); *pl.* público m; **2erraum** m sala f (de espectadores).

'**zuschicken** enviar, mandar.

'**zuschieben** cerrar; *fig.* atribuir, imputar.

'**zuschießen** contribuir a.

'**Zuschlag** m *Auktion, Ausschreibung:* adjudicación f; (*Aufschlag*) recargo m; *a.* 🍾 sobretasa f; *a.* 🚂 suplemento m; **2en 1.** *v/t.* cerrar de golpe; *Auktion, Auftrag:* adjudicar; **2.** *v/i.* pegar; *Tür:* cerrarse de golpe; **~karte** f suplemento m; **2pflichtig** sujeto a suplemento.

'**zuschließen** cerrar con llave.

'**zuschnappen** *Hund* (h.): dar un mordisco; *Tür* (sn): cerrarse de golpe.

'**zuschneid|en** cortar; **2er** m (7) cortador m.

'**zuschneien** (sn) cubrirse de nieve.

'**Zuschnitt** m corte m, hechura f (*a. fig.*).

'**zuschnüren** atar; *die Kehle* ~ estrangular.

'**zuschrauben** atornillar.

'**zuschreiben** atribuir; imputar; *zu*~ *sn* ser debido a; *er hat es sich* (*dat.*) *selbst zu*~ es culpa suya.

'**Zuschrift** f carta f; comunicación f.

'**zuschulden** [tsu:'ʃuldən]: *sich* (*dat.*) *et.* (*nichts*) ~ *kommen lassen* (no) hacerse culpable de a/c. (nada).

Zuschuß ['tsu:ʃus] m (4²) ayuda f; subsidio m; subvención f; **~betrieb** m empresa f subvencionada *bzw.* deficitaria.

'**zuschütten** (re)llenar; (*hin*~) añadir.

'**zusehen** s. *zuschauen*; ~, *daß* procurar que (*subj.*); *fig. soll er selbst* ~! ¡allá él!; **~ds** a ojos vista.

'**zusenden** enviar, mandar.

'**zusetzen** añadir; *Geld:* perder; *j-m* (*hart*) ~ apretar, acosar a alg.

'zusicher|n asegurar; garantizar; prometer; **2ung** f seguridad f; promesa f.

Zuspätkommende(r) [tsu'ʃpɛːt-kɔməndə(r)] m retrasado m; rezagado m.

zuspielen ['tsu:ʃpiːlən] Ball: pasar; fig. facilitar.

'zuspitzen: fig. sich ~ agravarse, agudizarse.

'zusprechen adjudicar; Preis: conceder; Mut ~ animar; Trost ~ consolar; dem Bier ~ beber mucha cerveza.

'Zuspruch m buenos consejos m/pl.; consuelo m; (Zulauf) afluencia f (de clientela); viel ~ haben od. finden tener mucho éxito.

'Zustand m estado m; condición f; situación f; in gutem ~ en buen estado; **𝕏 Zustände haben** tener ataques (de nervios).

zustande [tsu'ʃtandə]: ~ bringen llevar a cabo; ~ kommen realizarse, efectuarse; **2kommen** n (6, o. pl.) realización f.

zuständig ['tsu:ʃtɛndiç] competente; **2keit** f competencia f; incumbencia f.

zustatten [tsu'ʃtatən]: ~ kommen venir a propósito; beneficiar.

zustecken ['tsu:ʃtɛkən] cerrar con alfileres; j-m et. ~ pasar a/c. a alg. disimuladamente.

'zustehen corresponder, incumbir a.

'Zustell|bezirk 📫 m distrito m de reparto; **2en** entregar, enviar; 📫 repartir, distribuir; 📫 notificar; (versperren) bloquear; tapar; **~ung** f entrega f, envío m; 📫 reparto m, distribución f; 📫 notificación f; **~ungsgebühr** f gastos m/pl. de entrega.

'zusteuern 1. v/t. contribuir; **2.** v/i. (sn): ~ auf (ac.) hacer rumbo a; dirigirse a od. hacia.

'zustimm|en (dat.) consentir (en); aprobar (ac.); **~end** afirmativo; **2ung** f consentimiento m; aprobación f.

'zustopfen tapar.

'zustoßen 1. v/t. Tür: empujar, cerrar; **2.** v/i. (sn) j-m: suceder, pasar, ocurrir.

'zustreben dirigirse a; fig. aspirar a.

'Zu|strom m afluencia f; **2strömen** (sn) afluir; fig. a. acudir en masa.

'zustürzen (sn) arrojarse, precipitarse (auf ac. sobre).

zutage [tsu'taːgə]: ~ fördern (treten)

sacar (salir) a la luz; 𝕏 ~ treten aflorar; fig. offen ~ liegen ser evidente od. patente.

Zutaten ['tsu:taːtən] f/pl. (16) Kchk. ingredientes m/pl.; Schneiderei: avíos m/pl.; forros m/pl.

zuteil [tsu'taɪl]: ~ werden tocar en suerte; ~ werden lassen deparar.

zuteil|en ['tsu:taɪlən] asignar; adjudicar; (austeilen) repartir, distribuir; j-n: agregar; a. 𝕏 destinar; **2ung** f asignación f; adjudicación f; reparto m, distribución f; (Anteil) cuota f.

zutiefst [tsu'tiːfst] profundamente.

zutragen ['tsu:traːgən] fig. contar; delatar; sich ~ suceder, ocurrir, pasar.

'Zuträg|er m delator m; F soplón m; **2lich** ['-trɛːkliç] (dat.) provechoso; beneficioso (heilsam) saludable.

'zutrau|en: j-m et. ~ creer a alg. capaz de a/c.; sich (dat.) zuviel ~ excederse; **2en** n confianza f (zu en); **~lich** confiado; Kind: cariñoso; Tier: manso.

'zutreffen ser justo od. exacto od. cierto; ser verdad; ~ auf (ac.) aplicarse a; **~d** justo; cierto.

'zutrinken: j-m ~ beber a la salud de alg.; brindar por alg.

'Zutritt m entrada f; acceso m; admisión f; ~ verboten! ¡se prohibe la entrada!

'zutun 1. v/t. añadir; **2. 2** n: ohne mein ~ sin mi intervención; sin comerlo ni beberlo.

zuunterst [tsu'ʔuntərst] debajo de todo.

zuverlässig ['tsu:fɛrlɛsiç] seguro; Person: formal; (digno) de confianza; a. ⊕ fiable; Nachricht: fidedigno; **2keit** f seguridad f; formalidad f; a. ⊕ fiabilidad f; **2keits-prüfung** ⊕ f prueba f de resistencia.

Zuversicht ['-fɛrziçt] f (16, o. pl.) confianza f; esperanza f; **2lich** confiado; lleno de confianza; **~lichkeit** f confianza f.

zuviel [tsu'fiːl] demasiado.

zu'vor antes, primero.

zu'vorkommen (sn) j-m: adelantarse a; e-m Wunsch: anticipar (ac.); e-r Gefahr: prevenir (ac.); **~d** atento, solícito (gegen con); **2heit** f atención f; cortesía f; deferencia f.

Zuwachs ['tsu:vaks] m (4, o. pl.) aumento m, incremento m (an dat. de); crecimiento m; auf ~ berechnet crecedero; **2en** (sn) cerrarse; **~rate** f tasa f de incremento.

'Zuwander|er m inmigrante m; **2n** (sn) inmigrar; **~ung** f inmigración f.

zuwege [tsu've:gə]: et. ~ *bringen* llevar a cabo, lograr a/c.

zu'weilen a veces, de vez en cuando.

zuweis|en ['tsu:vaɪzən] asignar, señalar; **2ung** f asignación f.

'zuwend|en (*dat.*) volver hacia; *fig.* j-m et.: proporcionar; *sich* ~ dirigirse a; *fig.* dedicarse a; **2ung** f donativo m; ฿ donación f.

zuwenig [tsu've:niç] demasiado poco.

zuwerfen ['tsu:vɛrfən] *Blick*: lanzar, echar; *Ball*: tirar, pasar; *Tür*: cerrar de golpe; *Graben*: cegar.

zuwider [tsu'vi:dər]: *er ist mir* ~ me es antipático; *es ist mir* ~ me repugna; lo detesto; **~handeln** (*dat.*) contravenir a, infringir (*ac.*); **2handlung** f contravención f, infracción f; transgresión f; **~laufen** ser contrario a.

zuwinken ['tsu:viŋkən] hacer señas (j-m a alg.).

'zuzahlen pagar un suplemento.

'zuzählen agregar, añadir.

zuzeiten [tsu'tsaɪtən] a veces.

zuzieh|en ['tsu:tsi:ən] **1.** *v/t. Vorhang*: correr; (*fest* ~) apretar; *Arzt usw.*: consultar; *sich* (*dat.*) ~ atraerse; *Krankheit*: contraer; **2.** *v/i.* (sn) establecerse; **2ung** f: *unter* ~ (*gen.*) consultando (*ac.*).

'Zuzug m afluencia f; llegada f.

zuzüglich ['-tsy:kliç] (*gen.*) más (*ac.*).

Zwang [tsvaŋ] **1.** m (3³) (*Gewalt*) fuerza f, violencia f; (*Druck*) presión f; *moralischer*: obligación f, *stärker*: coacción f; ฿ coerción f; *sich keinen* ~ *antun* no hacer cumplidos; no tener reparos; **2.** ฿ *s. zwingen.*

zwängen ['tsvɛŋən] (25) hacer entrar por fuerza.

zwanglos ['tsvaŋlo:s] *fig.* informal; sin cumplidos; sin compromiso; **2igkeit** f informalidad f; desenvoltura f.

Zwangs... ['tsvaŋs...]: *in Zssgn oft* forzoso; ฿ coercitivo; **~anleihe** f empréstito m forzoso; **~arbeit** f trabajos m/pl. forzados; **~handlung** *Psych.* f acto m obsesivo; **~jacke** f camisa f de fuerza; **~lage** f situación f embarazosa; aprieto m; **2läufig** inevitable; *adv.* forzosamente; a la *od.* por fuerza; **~maßnahme** f medida f

coercitiva; **~mittel** n medio m coercitivo; **~räumung** f desahucio m; **~umtausch** m cambio m obligatorio (de divisas); **~versteigerung** f subasta f forzosa; **~vollstreckung** f ejecución f forzosa; **~vorstellung** f obsesión f; idea f fija *od.* obsesiva; **2weise** por (*od.* a la) fuerza; **~wirtschaft** f economía f intervenida.

zwanzig ['tsvantsiç] veinte; *etwa* ~ una veintena; **~ste(r)** (18) vigésimo; **2stel** n (7) veintavo m.

zwar [tsva:r] por cierto; en verdad; es cierto *od.* verdad que; *und* ~ es decir, a saber.

Zweck [tsvɛk] m (3) fin m; finalidad f; (*Absicht*) intención f; (*Ziel*) objetivo m; objeto m; *zu diesem* ~ con este fin; *zu welchem* ~? ¿para qué?; *keinen* ~ *haben* ser inútil; **'~bau** m edificio m funcional; **'2dienlich** útil; conveniente; ฿ pertinente; **~e** f (15) (*Nagel*) tachuela f; (*Reiß2*) chincheta f; **'2-entfremdet** usado para fines extraños; **'2-entsprechend** apropiado, adecuado; **'2los** inútil; **'~losigkeit** f inutilidad f; **'2mäßig** conveniente, oportuno; apropiado; **'~mäßigkeit** f conveniencia f, oportunidad f; **2s** (*gen.*) con el fin (*od.* objeto) de, para (*inf.*); **'2widrig** contraproducente; inoportuno.

zwei [tsvaɪ] **1.** (*gen.* ~er, *dat.* ~en) dos; *zu* ~en de dos en dos; **2.** f (16) dos m; **~beinig** ['-baɪniç] de dos pies *od.* patas; bípedo; **'2bettzimmer** n habitación f de dos camas; **~deutig** ['-dɔytiç] equívoco; ambiguo; **'2deutigkeit** f doble sentido m; ambigüedad f; **2drittelmehrheit** f mayoría f de dos tercios; **'~eiig** ['-?aɪiç] *Zwillinge*: bivitelino; **'2er** ♂ m (7) dos m; **~erlei** ['-ər'laɪ] de dos clases; *das ist* ~ son dos cosas distintas; **'~fach** doble (*ac.*); *in* ~*er Ausfertigung* por duplicado; **'~farbig** de dos colores, bicolor.

Zweifel ['-fəl] m (7) duda f; *ohne* ~ sin duda alguna; *im* ~ *sein* dudar (*über* de); *es besteht kein* ~ no cabe duda; *in* ~ *ziehen* (*ac.*) poner en duda; **2haft** dudoso; (*ungewiß*) incierto; (*verdächtig*) sospechoso; **2los** indudable; *adv.* (= **2s-'ohne**) sin duda alguna; **2n** (29) dudar (*an dat.* de); **2nd** escéptico; **~sfall** m: *im* ~ en caso de duda.

Zweifler ['-lər] m (7) escéptico m.

Zweig [tsvaɪk] *m* (3) ramo *m*; rama *f* (*beide a. fig.*); *fig. auf keinen grünen ~ kommen* no levantar cabeza; *no salir de apuros*; '~**bahn** *f* ramal *m*.

zwei|geschlechtig ['tsvaɪgəʃlɛçtiç] bisexual; 2**gespann** *fig. n* tándem *m*.

Zweiggeschäft ['tsvaɪkgəʃɛft] *n* sucursal *f*.

zweigleisig ['tsvaɪglaɪziç] de vía doble.

Zweig|niederlassung ['tsvaɪkni:dərlasʊn] *f* sucursal *f*; ~**stelle** *f* sucursal *f*; agencia *f* (*urbana*).

zwei|händig ['tsvaɪhɛndiç] *a* dos manos; ~'**hundert** doscientos; ~**jährig** de dos años; bienal; 2**'kammersystem** *Pol. n* bicameralismo *m*; 2**kampf** *m* duelo *m*; ~**mal** dos veces; ~ *monatlich* (*wöchentlich*) *erscheinend* bimensual (bisemanal); ~**malig** doble; ~**motorig** ['-moto:riç] bimotor; 2**par'teiensystem** *n* bipartidismo *m*; 2**phasen...** *⚡* [-'fa:zən...]: *in Zssgn* bifásico; ~**polig** ['-po:liç] bipolar; ~**rad** *n* bicicleta *f*; ~**räd(e)rig** ['-rɛ:d(ə)riç] de dos ruedas; 2**reiher** *m* traje *m* cruzado; ~**schneidig** de dos filos (*a. fig.*); ~**seitig** ['-zaɪtiç] bilateral; 2**sitzer** ['-zɪtsər] *m* (7) coche *m* de dos asientos; ✈ biplaza *m*; ~**sprachig** ['-ʃprɑːxiç] bilingüe; 2**sprachigkeit** *f* bilingüismo *m*; ~**stimmig** ['-ʃtɪmiç] *de* (*adv. a*) dos voces; ~**stöckig** ['-ʃtœkiç] de dos pisos; ~**stündig** ['-ʃtʏndiç] de dos horas; ~**stündlich** cada dos horas; ~**t** [tsvaɪt]: *zu* ~ dos a dos; de dos en dos; 2**taktmotor** *m* motor *m* de dos tiempos; ~**tältest** ['tsvaɪt?ɛltəst] segundo en edad; ~'**tausend** dos mil; ~**tbest** segundo (mejor); ~**teilig** de dos partes; *Kleid:* de dos piezas; ~**tens** en segundo lugar; ~**te(r)** (18) segundo; *jeden* ~ *Tag* un día sí y otro no; ~**tgrößt** ['-grøːst] segundo mayor *od.* más grande; ~**tjüngst** ['-jʏnst], ~**tletzt** penúltimo; ~**tklassig** ['-klasiç] de segunda categoría; ~**trangig** ['-raŋiç] secundario; de segunda fila; 2**tschrift** *f* duplicado *m*; 2**twohnung** *f* segunda residencia *f*.

Zwerchfell *Anat.* ['tsvɛrçfɛl] *n* diafragma *m*.

Zwerg [tsvɛrk] *m* (3) enano *m* (*a. fig.*); 2**enhaft** ['-gənhaft] enano, pigmeo; '~**wuchs** *⚕ m* enanismo *m*.

Zwetsch(g)e ['tsvɛt∫(g)ə] *f* (15) ciruela *f*; ~**nbaum** *m* ciruelo *m*;

~**nwasser** *n* aguardiente *m* de ciruelas.

Zwick|el ['tsvikəl] *m* (7) entrepierna *f*; 2**en** (25) pellizcar; ~**er** *m* (7) quevedos *m/pl.*; ~**mühle** *f fig.* dilema *m*; apuro *m*.

Zwieback ['tsvi:bak] *m* (3³) bizcocho *m* (seco).

Zwiebel ['-bəl] *f* (15) cebolla *f*; (*Blumen*2) bulbo *m*; ~**gewächs** *n* planta *f* bulbosa; 2**n** F (29) hacer sudar; F hacerlas pasar moradas; ~**suppe** *f* sopa *f* de cebolla; ~**turm** *m* torre *f* bulbiforme.

'**Zwie|gespräch** *n* diálogo *m*; coloquio *m*; ~**licht** *n* media luz *f*; *im* ~ entre dos luces; ~**spalt** *m* discrepancia *f*; desacuerdo *m*; dilema *m*; 2**spältig** ['-ʃpɛltiç] discrepante, disonante; ~**sprache** *f*: ~ *halten* mit dialogar con; ~**tracht** *f* (16, *o. pl.*) discordia *f* (*säen, stiften* sembrar).

Zwillich ['tsviliç] *m* (3) cutí *m*.

Zwilling ['-lɪn] *m* (3¹) gemelo *m*, mellizo *m*; *Astr.* ~**e** Géminis *m*; ~**sbruder** *m* hermano *m* gemelo; ~**sgeburt** *f* parto *m* gemelar; ~**s-paar** *n* hermanos *m/pl.* gemelos.

Zwing|e ['tsviŋə] ⊕ *f* (15) abrazadera *f*; (*Schraub*2) prensa-tornillo *m*; 2**en** (30) obligar; *stärker:* forzar (*zu* a); *sich* ~ forzarse (*zu* a), hacer un esfuerzo (*para*); *sich gezwungen sehen zu* verse obligado a; 2**end** obligatorio; forzoso; *Grund:* concluyente; ~**er** *m* (7) jaula *f* (*Hunde*2) perrera *f*; (*Bären*2) osera *f*; ~**herr** *m* déspota *m*, tirano *m*; ~**herrschaft** *f* tiranía *f*.

zwinkern ['tsviŋkərn] (29) parpadear; *mit den Augen* ~ guiñar los ojos.

Zwirn [tsvirn] *m* (3) hilo *m*; (*Seiden*2) torzal *m*; 2**en** (25) (re)torcer; '~**sfaden** *m* hilo *m*.

zwischen ['tsvi∫ən] entre; en medio de; 2**...:** *in Zssgn oft* intermediario; intermedio; (*provisorisch*) interino, provisional; 2**-akt** *m* entreacto *m*; 2**bemerkung** *f* observación *f* (hecha de paso); paréntesis *m*; 2**bescheid** *m* contestación *f* provisional; 2**deck** ⚓ *n* entrepuente *m*; 2**ding** *n* cosa *f* intermedia; ~'**durch** *zeitl.* entretanto; entremedias; *et.* ~ *essen* comer entre horas; 2**fall** *m* incidente *m*; 2**gericht** *n* entremés *m*; 2**geschoß** △ *n* entresuelo *m*; 2**handel** *m* comercio *m* intermediario; 2**händler** *m* intermediario *m*; **~landen** 🐎 hacer escala; **2landung** 🐎 *f* escala *f*; **2mahlzeit** *f* comida *f* entre horas; **~menschlich** interpersonal; **2prüfung** *f* examen *m* parcial; **2raum** *m* espacio *m*; *zeitl.* intervalo *m*; **2ruf** *m* grito *m* (espontáneo); interrupción *f*; **2runde** *f* *Sport:* semifinal *f*; **2spiel** *Thea. n* intermedio *m*; **~staatlich** internacional; **2stock** *m* entresuelo *m*; **2stufe** *f* grado *m* intermedio; **2summe** *f* subtotal *m*; **2vorhang** *Thea. m* telón *m* de foro; **2wand** *f* tabique *m*; **2zeit** *f* intervalo *m*; *in der* ~ entretanto, mientras tanto.

Zwist [tsvist] *m* (3²), **~igkeit** *f* discordia *f*; controversia *f*; desavenencia *f*.

zwitschern ['tsvitʃərn] (29) gorjear, trinar.

Zwitter ['tsvitər] *m* (7) hermafrodita *m*; **~bildung** *f* hermafroditismo *m*; **2haft** hermafrodita; *fig.* híbrido.

zwölf [tsvœlf] **1.** doce; ~ *Stück* una docena; **2.** 2 *f* (16) doce *m*; 2**ʼfinger-**

darm *Anat. m* duodeno *m*; **ʼ~te(r)** duodécimo; **ʼ2tel** *n* (7) dozavo *m*; **ʼ2tonmusik** *f* dodecafonía *f*; **ʼ2tonsystem** *n* sistema *m* dodecafónico, dodecafonismo *m*.

Zyankali [tsyanʼkɑːli] *n* cianuro *m* de potasio.

zyklisch ['tsyːkliç] cíclico.

Zyklon [tsyʼkloːn] *m* (3¹) ciclón *m*.

Zyklop [-ʼkloːp] *m* (12) cíclope *m*.

Zyklotron [-kloʼtroːn] *n* (3¹) ciclotrón *m*.

Zyklus ['tsyːklus] *m* (16²) ciclo *m*.

Zylinder [tsiʼlindər, tsyʼ--] *m* (7) ⊕ cilindro *m*; (*Lampen*2) tubo *m* de lámpara; (*Hut*) sombrero *m* de copa, F chistera *f*; **~kopf** *Kfz. m* culata *f*.

zylindrisch [-ʼlindriʃ] cilíndrico.

Zyn|iker ['tsyːnikər] *m* (7), **2isch** cínico (*m*); **~ismus** [tsyʼnismus] *m* (16²) cinismo *m*.

Zypresse ♧ [tsyʼpresə] *f* (15) ciprés *m*; **~nhain** *m* cipresal *m*.

Zyste ♫ ['tsystə] *f* (15) quiste *m*.

Deutsche Eigennamen

Nombres propios alemanes

A

'Aachen n Aquisgrán m
AB'C-Staaten m/pl. los países A.B.C.: la Argentina, el Brasil, el Chile
Abes'sinien n Abisinia f
'Abraham m Abrahán
'Adam m Adán
'Aden n Adén m
'Adria f, **Adri'atisches Meer** n (Mar) Adriático m
Af'ghanistan n Afganistán m
'Afrika n África m
Ä'gäis f, **Ä'gäisches Meer** n (Mar) Egeo m
Ä'gypten n Egipto m
'Agnes f Inés
Al'banien n Albania f
'Albert m Alberto
'Alex f, **Ale'xander** m Alejandro
Ale'xandria n Alejandría f
'Alfons m Al(f)onso
'Alfred m Alfredo
Al'gerien n Argelia f
'Algier n Argel m
'Alpen pl. Alpes m/pl.
Ama'zonas m, **Ama'zonenstrom** m Amazonas m
A'merika n América f
Ana'tolien n Anatolia f
Anda'lusien n Andalucía f
'Anden pl. Andes m/pl.
An'dreas m Andrés
'Anna, 'Anne f Ana
Ant'arktis f Antártica f
An'tillen pl. Antillas f/pl.
'Anton m Antonio
Ant'werpen n Amberes f od. Antuerpia f
Apen'nin(en) m(/pl.) Apeninos m/pl.
Äquatori'alguinea n Guinea f Ecuatorial
A'rabien n Arabia f
Ara'gonien n Aragón m
Ar'dennen pl. Ardenas f/pl.
Argen'tinien n la Argentina

Ar'menien n Armenia f
'Armelkanal m Canal m de La Mancha
'Asien n Asia f
As'syrien n Asiria f
As'turien n Asturias f/pl.
A'then n Atenas f
Äthi'opien n Etiopía f
At'lantik m, **At'lantischer 'Ozean** m (Océano m) Atlántico m
'Ätna m Etna m
'Augsburg n Augsburgo m
'August m Agustín, Augusto
Aus'tralien n Australia f
A'vignon n Aviñón m
A'zoren pl. Azores f/pl.

B

'Babylon n Babilonia f
Ba'hamainseln, Bahamas f/pl. las Bahamas
Bale'aren pl. Baleares f/pl.
'Balkan m Balcanes m/pl.
'Basel n Basilea f
'Baskenland n País m Vasco
'Bayern n Baviera f
'Belgien n Bélgica f
'Belgrad n Belgrado m
'Beneluxstaaten m/pl. (Estados m/pl.) Benelux m
Ber'lin n Berlín m
Bern n Berna f
'Bernhard m Bernardo
'Bethlehem n Belén m
Bis'kaya f Vizcaya f; **Golf von ~** Golfo m de Vizcaya
'Bodensee m Lago m de Constanza
'Böhmen n Bohemia f
Bo'livien n Bolivia f
Bor'deaux n Burdeos f
'Bosporus m Bósforo m
'Brandenburg n Brande(n)burgo m
Bra'silien n el Brasil
'Braunschweig n Brunswick f
Bre'tagne f Bretaña f

Bri'gitte f Brígida
'Brügge n Brujas f
'Brüssel n Bruselas f
Bul'garien n Bulgaria f
'Bundesrepublik f **'Deutschland**
República f Federal de Alemania
Bur'gund n Borgoña f
By'zanz n Bizancio m

C

Cä'cilie f Cecilia
'Cäsar m César
'Ceylon n Ceilán m
Char'lotte f Carlota
'Chile n Chile m
'China n China f
Christi'ane, Chris'tine f Cristina
'Christoph m Cristóbal
'Christus m Cristo
'Córdoba n Córdoba f
'Cornwall n Cornualles m
'Costa 'Rica n Costa Rica f
'Côte d'A'zur f Costa f Azul

D

Dal'matien n Dalmacia f
Da'maskus n Damasco m
'Dänemark n Dinamarca f
Darda'nellen pl. Dardanelos m/pl.
'Delphi n Delfos f
Den 'Haag n La Haya
'Deutsche Demo'kratische Repu'blik f República f Democrática Alemana
'Deutschland n Alemania f
Dolo'miten pl. Dolomitas f/pl.
Domini'kanische Repu'blik f República f Dominicana
'Donau f Danubio m
Doro'thea f Dorotea
'Dresden n Dresde f
'Dünkirchen n Dunquerque m

E

Ecua'dor n el Ecuador m
'Edinburg n Edimburgo m
'Eduard m Eduardo
'Eismeer n Océano m Glacial
'Elbe f Elba m
Eleo'nore f Leonor
'Elfenbeinküste f Costa f de Marfil
E'lisabeth f Isabel

El Salva'dor n El Salvador
'Elsaß n Alsacia f
'Emil m Emilio
'England n Inglaterra f
Ernst m Ernesto
'Estland n Estonia f
Etsch f Ádige m
'Eugen m Eugenio
'Euphrat m Eufrates m
Eu'rasien n Eurasia f
Eu'ropa n Europa f

F

'Falklandinseln f/pl. Islas f/pl. Malvinas
'Ferdinand m Fernando
'Feuerland n Tierra f del Fuego
'Finnland n Finlandia f
'Flandern n Flandes m
Flo'renz n Florencia f
'Franken n Franconia f
'Frankfurt n Francfort m (am Main del Meno; an der Oder del Oder)
'Frankreich n Francia f
Franz m Francisco, Paco
Fran'ziska f Francisca, Paquita
'Freiburg n Friburgo m
Friede'rike f Federica
'Friedrich m, **Fritz** m Federico
'Friesland n Frisia f

G

Ga'bun n Gabón m
Ga'licien n Galicia f (en España)
Ga'lizien n Galicia f (en Polonia)
'Ganges n Ganges m
Ga'ronne f Garona m
Gas'cogne f Gascuña f
'Gelbes Meer n Mar m Amarillo
Genf n Ginebra f; ~er See Lago m Lemán od. de Ginebra
Gent n Gante f
'Genua n Génova f
'Georg m Jorge
Ge'orgien n Georgia f
Gi'braltar n Gibraltar m
'Golfstrom m Corriente f del Golfo
'Gottfried m Godofredo
'Göttingen n Gotinga f
'Gottlieb m Teófilo
Grau'bünden n Los Grisones
'Gregor m Gregorio
'Griechenland n Grecia f
'Grönland n Groenlandia f

Großbri'tannien n Gran Bretaña f
Guate'mala n Guatemala f
Gua'yana n Guayana f
Gui'nea f Guinea f
'Gustav m Gustavo

H

Ha'iti n Haiti m
'Hamburg n Hamburgo m
Han'nover n Hanóver m
Hans m Juan
Ha'vanna n La Habana
Ha'waii n Hawai m
He'briden f/pl. Islas f/pl. Hébridas
'Hedwig f Eduvigis
'Heinrich m Enrique
He'lene f Elena
'Helgoland n (Isla f de) Hel(i)goland
Henri'ette f Enriqueta
'Hessen n Hesse f
'Hindustan n Indostán m
Hi'malaya m Himalaya m
His'panoa'merika n Hispanoamérica f
'Holland n Holanda f
Hon'duras n Honduras f

I

I'berische 'Halbinsel f Península f Ibérica
I'beroa'merika n Iberoamérica f
'Ignaz, Ig'natius m Ignacio
'Indien n la India
'Indischer 'Ozean m Océano m Índico, Mar m de las Indias
Indo'nesien n Indonesia f
'Indus m Indo m
I'onisches Meer n Mar m Jónico
I'rak m Irak m
I'ran m Irán m
'Irland n Irlanda f
'Island n Islandia f
'Israel n Israel m
Istan'bul n Estambul f
I'talien n Italia f

J

'Jakob m Jaime, Diego, Jacobo
Ja'maika n Jamaica f
'Japan n Japón m
'Java n Java f
'Jemen m el Yemen

Je'rusalem n Jerusalén m
'Jesus m Jesús
'Joachim, Jochen m Joaquín
Jo'hann, Jo'hannes m Juan
Jo'hanna f Juana
'Jordan m Jordán m
Jor'danien n Jordania f
'Joseph m José, Pepe
Jugo'slawien n Yugo(e)slavia f
'Julia f Julia f
'Julius m Julio
'Jütland n Jutlandia f

K

'Kairo n El Cairo
Kali'fornien n California f
Kal'kutta n Calcuta f
Kam'bodscha n Camboya f
Kame'run n Camerún m
'Kanada n Canadá m
Ka'narische 'Inseln f/pl. (Islas f/pl.) Canarias f/pl.
'Kap n **der Guten 'Hoffnung** Cabo m de Buena Esperanza
Kap n **'Ho(o)rn** Cabo m de Hornos
'Kapstadt n El Cabo
Ka'ribik f, **Ka'ribisches Meer** n (Mar m) Caribe m
Karl m Carlos
'Kärnten n Carintia f
Kar'paten pl. Cárpatos m/pl.
'Kaschmir n Cachemira f
'Kaspisches Meer n (Mar m) Caspio m
Kas'tilien n Castilla f
Kata'lonien n Cataluña f
Katha'rina, 'Käthe f Catalina
'Kaukasus m Cáucaso m
'Kenia n Kenia f
Klein'asien n Asia f Menor
'Koblenz n Coblenza f
Köln n Colonia f
Ko'lumbien n Colombia f
Ko'lumbus m Colón m
'Kongo n El Congo
'Konrad m Conrado
'Konstanz n Constanza f
Kopen'hagen n Copenhague f
Kordi'lleren pl. Andes m/pl.
Ko'rea n Corea f
Ko'rinth n Corinto m
'Korsika n Córcega f
Kosta'rika n Costa Rica f
'Krakau n Cracovia f
Kreml m Kremlín m
'Kreta n Creta f

Krim f Crimea f
Kro'atien n Croacia f
'Kuba n Cuba f
'Küstengebirge n (USA) Cadena f Costera (E.E. U.U.)
'Kuwait n Kuwait m
Ky'kladen f/pl. Islas f/pl. Cícladas

L

'Lappland n Laponia f
La'teinamerika n América f Latina
Lau'sanne n Lausana f
'Leningrad n Leningrado m
'Leo m León
'Lettland n Letonia f, Latvia f
Libanon m Líbano m
Li'berien n Liberia f
'Libyen n Libia f
'Liechtenstein n Liechtenstein m
'Lissabon n Lisboa f
'Litauen n Lituania f
'Loire f Loira m
Lombar'dei f Lombardía f
'London n Londres m
'Lothringen n Lorena f
'Löwen n Lovaina f
'Ludwig m Luis
Lu'ise f Luisa
'Lüttich n Lieja f
'Luxemburg n Luxemburgo m
Lu'zern n Lucerna f

M

Maas f Mosa m
Mada'gaskar n Madagascar m
'Mähren n Moravia f
'Mailand n Milano m
Main m Meno m
Mainz n Maguncia f
'Malaga n Málaga f
Ma'laysia n Malasia f
'Mali n Malí m
Mandschu'rei f Manchuria f
Marga'rete f Margarita
Ma'ria f María
Ma'rokko n Marruecos m/pl.
Mar'seille n Marsella f
'Mekka n La Meca
'Mexiko n Méjico m, México m
'Michael m Miguel
Missis'sippi m Misisipí m
Mis'souri m Misurí m
Mittela'merika n América f Central, Centroamérica f

'Mittelmeer n (Mar m) Mediterráneo m
Mo'naco n Mónaco m
Mongo'lei f Mongolia f
'Monika f Mónica
'Moritz m Mauricio
'Mosel f Mosela m
'Mose(s) m Moisés
'Moskau n Moscú m
Mül'hausen n Mulhouse m
'München n Munich m

N

Nar'bonne n Narbona f
Ne'apel n Nápoles m
Neu'fundland n Terranova f
Neugui'nea n Nueva Guinea f
Neu'seeland n Nueva Zelanda f
New 'Mexiko n Nuevo Méjico m
New 'York n Nueva York f
Nia'garafälle m/pl. Cataratas f/pl. del Niágara
Nica'ragua n Nicaragua f
'Niederbayern n Baja Baviera f
'Niederlande pl. Países m/pl. Bajos
'Niedersachsen n Baja Sajonia f
'Nikolaus m Nicolás
Nil m Nilo m
'Nimwegen n Nimega f
'Nizza n Niza f
Norda'merika n América f del Norte
Nordko'rea n Corea f del Norte
'Nordrhein-West'falen n Renania del Norte-Westfalia f
'Nordsee f Mar m del Norte
Norman'die f Normandía f
'Norwegen n Noruega f
'Nürnberg n Nuremberg m

O

'Oberbayern n Alta Baviera f
Ober'volta n el Alto Volta
O'dysseus m Ulises
'Oldenburg n Oldemburgo m
O'lymp m (monte) Olimpo m
'Orpheus m Orfeo
'Ostdeutschland n Alemania f oriental od. del Este
'Österreich n Austria f
'Ostsee f (Mar m) Báltico m
'Otto m Otón
Oze'anien n Oceanía f

P

'Pakistan *n* el Pakistán
Palä'stina *n* Palestina *f*
'Panama *n* Panamá *m*
'Pandschab *m* Punjab *m*
Para'guay *n* el Paraguay
Pa'ris *n* París *m*
Pata'gonien *n* Patagonia *f*
Paul *m* Pablo
Pa'zifik *m*, Pa'zifischer 'Ozean *m* (Océano *m*) Pacífico *m*
'Peking *n* Pekín *m*
Pelopon'nes *m* Peloponeso *m*
Pennsyl'vanien *n* Pensilvania *f*
'Persien *n* Persia *f*
Pe'ru *n* el Perú
'Peter *m* Pedro
Pfalz *f* Palatinado *m*
'Philipp *m* Felipe
Philip'pinen *pl.* Filipinas *f/pl.*
'Polen *n* Polonia *f*
'Pommern *n* Pomerania *f*
Pom'peji *n* Pompeya *f*
'Portugal *n* Portugal *m*
Prag *n* Praga *f*
'Preußen *n* Prusia *f*
Pro'vence *f* Provenza *f*
Pu'erto 'Rico *n* Puerto Rico *m*
Pyre'näen *pl.* Pirineos *m/pl.*

R

'Raphael *m* Rafael
'Regensburg *n* Ratisbona *f*
Rhein *m* Rin *m*
'Rheinland *n* Renania *f*
Rho'desien *n* R(h)odesia *f*
'Rhodos *n* Rodas *f*
'Rhone *f* Ródano *m*
'Richard *m* Ricardo
'Robert *m* Roberto
'Rocky 'Mountains *pl.* Montañas *f/pl.* Rocosas
'Roland *m* Orlando, Roldán
Rom *n* Roma *f*
'Rotes Meer *n* Mar *m* Rojo
'Rudolf *m* Rodolfo
Ru'mänien *n* Rumania *f*
'Rußland *n* Rusia *f*

S

Saar *f* Sarre *m*
Saar'brücken *n* Saarbruck *n*
'Sachsen *n* Sajonia *f*
Sa'hara *f* Sahara *m*
Salva'dor, El *n* El Salvador
'Salzburg *n* Salzburgo *m*
Sankt 'Gotthard *m* San Gotardo *m*
Sankt-'Lorenz-Strom *m* San Lorenzo *m*
Sara'gossa *n* Zaragoza *f*
Sar'dinien *n* Cerdeña *f*
Saudi-A'rabien *n* Arabia *f* Saudita *od.* Saudí
Sa'voyen *n* Saboya *f*
Schaff'hausen *n* Escafusa *f*
'Schelde *f* Escalda *m*
'Schlesien *n* Silesia *f*
'Schottland *n* Escocia *f*
'Schwaben *n* Suabia *f*
'Schwarzes Meer *n* Mar *m* Negro
'Schwarzwald *m* Selva *f* Negra
'Schweden *n* Suecia *f*
Schweiz *f* Suiza *f*
Se'bastian *m* Sebastián
'Seine *f* Sena *f*
'Serbien *n* Servia *f*
Si'birien *n* Siberia *f*
Sieben'bürgen *n* Transilvania *f*
Si'zilien *n* Sicilia *f*
Sim'babwe *n* Zimbabue *m*
Skandi'navien *n* Escandinavia *f*
Slowa'kei *f* Eslovaquia *f*
Slo'wenien *n* Eslovenia *f*
So'phie *f* Sofía
Sow'jetunion *f* Unión *f* Soviética
'Spanien *n* España *f*
'Speyer *n* Espira *f*
'Steiermark *f* Estiria *f*
'Stephan *m* Esteban
'Stephanie *f* Estefanía
'Stiller 'Ozean *m s.* Pazifik
'Stockholm *n* Estocolmo *m*
'Straßburg *n* Estrasburgo *m*
Süd'afrika *n* Sudáfrica *f*
Süda'merika *n* América *f* del Sur
Su'dan *m* Sudán *m*
'Südko'rea *n* Corea *f* del Sur
'Südsee *f* Mar *m* del Sur
'Sueskanal *m* Canal *m* de Suez
Su'sanne *f* Susana
'Syrien *n* Siria *f*

T

'Tanger *n* Tánger *m*
Tehe'ran *n* Teherán *m*
Tene'riffa *n* Tenerife *f*
Tes'sin *m* (*Fluß*) *u. n* (*Kanton*) Tesino *m*
'Texas *n* Tejas *m*

'Thailand n Tailandia f
'Theben n Tebas f
'Themse f Támesis m
'Theodor m Teodoro
The'rese f Teresa
'Thomas m Tomás
'Thüringen n Turingia f
'Tibet n el Tibet
Ti'rol n el Tirol
'Totes Meer n Mar m Muerto
Tri'ent n Trento m
Trier n Tréveris m
Tschad m el Chad
Tschechoslowa'kei f Checoslovaquia f
'Tübingen n Tubinga f
Tu'nesien n Túnez m, Tunicia f
'Tunis n Túnez m
Tür'kei f Turquía f
Tyr'rhenisches Meer n Mar m Tirreno

U

U'kraine f Ucrania f
'Ungarn n Hungría f
U'ral m Montes m/pl. Urales
Uru'guay n el Uruguay

V

Vati'kan(stadt f) m (Ciudad f del) Vaticano m
Ve'nedig n Venecia f
Venezu'ela n Venezuela f
Ver'einigte A'rabische Emi'rate pl. Emiratos m/pl. Árabes Unidos
Ver'einigte A'rabische Repu'blik f República f Árabe Unida

Ver'einigtes 'Königreich n **(von Großbri'tannien und Nord-'irland)** Reino m Unido (de Gran Bretaña e Irlanda del Norte)
Ver'einigte 'Staaten m/pl. **von A'merika** Estados m/pl. Unidos de América
Ver'sailles n Versalles f
Ve'suv m Vesubio m
Vier'waldstätter See m Lago m de los Cuatro Cantones
Viet'nam n Vietnam m
Vo'gesen pl. Vosgos m/pl.
'Vorderasien n Asia f Menor

W

'Wales n Gales m
'Walter m Gualterio
'Warschau n Varsovia f
'Weichsel f Vístula m
'Westdeutschland n Alemania f occidental
West'falen n Westfalia f
West'indien n Indias f/pl. Occidentales
Wien n Viena f
'Wilhelm m Guillermo
'Wolga f Volga m
'Württemberg n Wurtemberg m

Z

Zen'tralafrika n Centroáfrica f
Zen'tralafrikanische Repu'blik f República f Centroafricana
'Zürich n Zurich m
'Zypern n Chipre m

Deutsche und ausländische Abkürzungen

Abreviaturas alemanas y extranjeras

A

AA *Auswärtiges Amt* Ministerio de Asuntos Exteriores.

a. a. O. *am angeführten Ort* en el lugar citado.

Abb. *Abbildung* figura.

Abf. *Abfahrt* salida.

Abk. *Abkürzung* abreviatura.

Abs. *Absatz* párrafo; *Absender* remitente.

Abschn. *Abschnitt* párrafo.

Abt. *Abteilung* sección; departamento.

a. Chr. (n.) *ante Christum (natum)* antes de Jesucristo.

a. d. *an der (bei Ortsnamen)* del.

a. D. *außer Dienst* jubilado, retirado.

ADAC *Allgemeiner Deutscher Automobil-Club* Automóvil Club General de Alemania.

ADN *Allgemeiner Deutscher Nachrichtendienst (DDR)* Servicio general de informaciones *(RDA)*.

Adr. *Adresse* dirección.

AEG *Allgemeine Elektricitäts-Gesellschaft* Sociedad General de Electricidad.

AG *Aktiengesellschaft* Sociedad Anónima.

allg. *allgemein* general(mente).

a. M. *am Main* del Meno.

Anh. *Anhang* apéndice.

Ank. *Ankunft* llegada.

Anl. *Anlage im Brief* anejo.

Anm. *Anmerkung* observación; nota.

AOK *Allgemeine Ortskrankenkasse* caja local de enfermedad.

a. o. Prof. *außerordentlicher Professor* catedrático supernumerario.

APO *Außerparlamentarische Opposition* oposición extraparlamentaria.

ARD *Arbeitsgemeinschaft der öffentlich-rechtlichen Rundfunkanstalten der Bundesrepublik Deutschland* Asociación de las estaciones de radio de la República Federal de Alemania.

a. Rh. *am Rhein* del Rin.

Art. *Artikel* artículo.

AStA *Allgemeiner Studentenausschuß* Asociación General de Estudiantes.

Aufl. *Auflage* edición; tirada.

Ausg. *Ausgabe* edición.

B

b. *bei*; *bei Ortsangaben:* cerca de; *Adresse:* en casa de.

B *Bundesstraße* carretera federal.

BAT *Bundesangestelltentarif* tarifa federal de empleados.

Bd. *Band* tomo; volumen.

BDI *Bundesverband der Deutschen Industrie* Unión Federal de la Industria Alemana.

beif. *beifolgend* adjunto.

beil. *beiliegend* adjunto.

bes. *besonders* especialmente; en particular.

Best.-Nr. *Bestellnummer* número de pedido.

betr. *betreffend, betreffs* concerniente a; con respecto a.

Betr. *Betreff* referencia; objeto.

bez. *bezahlt* pagado.

Bez. *Bezeichnung* denominación; *Bezirk* distrito.

BGB *Bürgerliches Gesetzbuch* Código civil.

BH F *Büstenhalter* sujetador.

Bhf. *Bahnhof* estación.

Bl. *Blatt* hoja.

BND *Bundesnachrichtendienst* Servicio Federal de Inteligencia.

BP *Bundespost* Correos Federales.

BR *Bayerischer Rundfunk* Radio de Baviera.

BRD *Bundesrepublik Deutschland* República Federal de Alemania.

brosch. *broschiert* en rústica.

BRT *Bruttoregistertonne* tonelada de registro bruto.

b.w. *bitte wenden* véase al dorso.

bzw. *beziehungsweise* o bien; respectivamente.

C

C *Celsius* centígrado; Celsius.
ca. *circa, ungefähr, etwa* aproximadamente; *vor Zahlen:* unos.
cand. *Kandidat* candidato.
cbm *Kubikmeter* metro cúbico.
ccm *Kubikzentimeter* centímetro cúbico.
CDU *Christlich-Demokratische Union* Unión Democrática Cristiana.
CH *Confoederatio Helvetia* Confederación Helvética.
Cie. *Kompanie* compañía.
cl *Zentiliter* centilitro.
cm *Zentimeter* centímetro.
Co. *Kompanie* compañía.
CSU *Christlich-Soziale Union* Unión Social-Cristiana.
CVJM *Christlicher Verein Junger Männer* Asociación Cristiana de Jóvenes.

D

d. Ä. *der Ältere* el Mayor.
DAAD *Deutscher Akademischer Austauschdienst* Servicio de Intercambio Académico.
DAG *Deutsche Angestellten-Gewerkschaft* Sindicato Alemán de Empleados.
DB *Deutsche Bundesbahn* Ferrocarriles Federales Alemanes.
DBB *Deutscher Beamtenbund* Unión de Funcionarios Alemanes.
DBP *Deutsche Bundespost* Correos Federales Alemanes.
DDR *Deutsche Demokratische Republik* República Democrática Alemana.
DER *Deutsches Reisebüro* Agencia Alemana de Viajes.
desgl. *desgleichen* ídem.
DFB *Deutscher Fußballbund* Federación Alemana de Fútbol.
DGB *Deutscher Gewerkschaftsbund* Confederación de Sindicatos Alemanes.
dgl. *dergleichen* tal; semejante; análogo.
d. Gr. *der Große* el Grande.
d. h. *das heißt* es decir; o sea.
d. i. *das ist* esto es.

DIN *Deutsche Industrie-Norm(en)* norma(s) industrial(es) alemana(s).
Dipl.-Ing. *Diplomingenieur* ingeniero diplomado.
d. J. *dieses Jahres* del año actual, del año corriente; *der Jüngere* el Joven.
DKP *Deutsche Kommunistische Partei* Partido Comunista de Alemania.
dl *Deziliter* decilitro.
DM *Deutsche Mark* marco alemán.
d. M. *dieses Monats* del (mes) corriente.
DNA *Deutscher Normenausschuß* Comisión Alemana de Normalización.
d. O. *der Obige* el susodicho; el arriba mencionado.
dpa *Deutsche Presse-Agentur* Agencia Alemana de Prensa.
Dr. *Doktor* doctor.
Dr.-Ing. *Doktor der Ingenieurwissenschaft* doctor en ingeniería.
Dr. jur. *Doktor der Rechte* doctor en derecho.
Dr. med. *Doktor der Medizin* doctor en medicina.
Dr. med. dent. *Doktor der Zahnheilkunde* doctor en odontología.
Dr. med. vet. *Doktor der Tierheilkunde* doctor en veterinaria.
Dr. phil. *Doktor der Philosophie* doctor en filosofía (y letras).
Dr. rer. nat. *Doktor der Naturwissenschaften* doctor en ciencias (físicas, químicas y naturales).
Dr. rer. pol. *Doktor der Staatswissenschaften* doctor en ciencias políticas.
Dr. theol. *Doktor der Theologie* doctor en teología.
d. R. *der Reserve* de la reserva.
DRK *Deutsches Rotes Kreuz* Cruz Roja Alemana.
DSG *Deutsche Schlafwagen- und Speisewagen-Gesellschaft* Compañía Alemana de Coches cama y restaurante.
dto. *dito, dasselbe* ídem.
dt(sch). *deutsch* alemán, alemana.
Dtz(d). *Dutzend* docena.
d. U. *der Unterzeichnete* el infrascrito; el abajo firmante.
d. Vf. *der Verfasser* el autor.
dz *Doppelzentner* quintal métrico.

E

E *Eilzug* rápido.
ebd. *ebenda* ibídem; en el mismo lugar.

Ed. *Edition, Ausgabe* edición.
EDV *Elektronische Datenverarbeitung* proceso electrónico de datos.
EEG *Elektroenzephalogramm* electroencefalograma.
EFTA *European Free Trade Association (Europäische Freihandelszone)* Asociación Europea de Libre Comercio *(AELC)*.
EG *Europäische Gemeinschaft* Comunidad Europea.
eGmbH *eingetragene Genossenschaft mit beschränkter Haftung* cooperativa registrada de responsabilidad limitada.
e.h. *ehrenhalber* honoris causa; honorífico.
ehem., ehm. *ehemals* antes; antiguamente.
eig., eigtl. *eigentlich* propiamente.
einschl. *einschließlich* inclusive.
EKD *Evangelische Kirche in Deutschland* Iglesia evangélica en Alemania.
EKG *Elektrokardiogramm* electrocardiograma.
em. *emeritus* emérito.
entspr. *entsprechend* correspondiente.
erg. *ergänze* complétese; añádase.
erl. *erledigt* despachado.
EURATOM *Europäische Atomgemeinschaft* Comunidad Europea de Energía Atómica.
ev. *evangelisch* protestante.
e.V. *eingetragener Verein* asociación registrada.
evtl. *eventuell* eventualmente.
Ew. *Euer* Vuestro.
EWA *Europäisches Währungsabkommen* Acuerdo Monetario Europeo *(AME)*.
EWG *Europäische Wirtschaftsgemeinschaft* Comunidad Económica Europea *(CEE)*.
exkl. *exklusive* excluido; excepto.
Expl. *Exemplar* ejemplar.
Exz. *Exzellenz* Excelencia.

F

f. *folgende Seite* página siguiente; *für* para.
F *Fahrenheit* Fahrenheit.
Fa. *Firma* casa; razón social.
FAO *Food and Agriculture Organization of the United Nations (Ernährungs- und Landwirtschaftsorganisation der* *Vereinten Nationen)* Organización de las Naciones Unidas para la Agricultura y la Alimentación.
F.C. *Fußballclub* club de fútbol.
FD *Fernschnellzug* expreso internacional.
FDGB *Freier Deutscher Gewerkschaftsbund (DDR)* Federación Libre de los Sindicatos Alemanes *(RDA)*.
FDJ *Freie Deutsche Jugend (DDR)* Juventud Libre Alemana *(RDA)*.
FDP *Freie Demokratische Partei* Partido Liberal Demócrata.
f. d. R. *für die Richtigkeit* comprobado y conforme.
ff *sehr fein* superfino.
ff. *folgende Seiten* páginas siguientes.
FKK *Freikörperkultur* desnudismo.
fm *Festmeter* metro cúbico.
Forts. *Fortsetzung* continuación.
Fr. *Frau* señora.
fr. *frei* libre.
frdl. *freundlich* amable.
Frhr. *Freiherr* barón.
Frl. *Fräulein* señorita.
frz. *französisch* francés.
FU *Freie Universität (Berlin)* Universidad Libre *(Berlín)*.

G

G *Gramm* gramo.
Gbf. *Güterbahnhof* estación de mercancías.
geb. *geboren* nacido; *gebunden* encuadernado.
Gebr. *Gebrüder* hermanos.
gefl. *gefällig(st)* grato; por favor.
gegr. *gegründet* fundado.
geh. *geheftet* en rústica.
gek. *gekürzt* abreviado.
GEMA *Gesellschaft für musikalische Aufführungs- u. mechanische Vervielfältigungsrechte* Sociedad para los derechos de representación musical y de reproducción mecánica.
Ges. *Gesellschaft* sociedad; *Gesetz* ley.
gesch. *geschieden* divorciado.
ges. gesch. *gesetzlich geschützt* registrado legalmente; patentado.
gest. *gestorben* difunto; fallecido.
GewO *Gewerbeordnung* Código industrial.
gez. *gezeichnet* firmado.
GG *Grundgesetz* ley fundamental.
ggf. *gegebenenfalls* si fuera preciso, eventualmente.

GmbH *Gesellschaft mit beschränkter Haftung* sociedad de responsabilidad limitada.

H

ha *Hektar* hectárea.
habil. *habilitatus* habilitado.
Hbf. *Hauptbahnhof* estación central.
h.c. *honoris causa* honoris causa.
hg. *herausgegeben* editado.
HGB *Handelsgesetzbuch* Código mercantil.
hl. *heilig* santo.
hl *Hektoliter* hectólitro.
HR *Hessischer Rundfunk* Radio de Hesse.
Hr., Hrn. *Herr(n)* señor.
hrsg. *herausgegeben* editado.
Hrsg. *Herausgeber* editor.
Hs. *Handschrift* manuscrito.

I

i. A. *im Auftrag* por orden.
IAA *Internationales Arbeitsamt* Oficina Internacional del Trabajo.
IATA *International Air Transport Association* (*Internationaler Luftverkehrsverband*) Asociación de Transporte Aéreo Internacional.
ib(d). *ibidem, ebendort* ibidem.
IC *Intercity-Zug* tren Intercity.
id. *idem* idem.
IG *Industriegewerkschaft* sindicato industrial.
IHK *Industrie- und Handelskammer* Cámara de Industria y Comercio.
i. J. *im Jahre* en el año.
Ing. *Ingenieur* ingeniero.
Inh. *Inhaber* propietario; *Inhalt* contenido.
inkl. *inklusive* inclusive.
Interpol *Internationale Kriminalpolizeiliche Organisation* Organización Internacional de Policía judicial.
IOK *Internationales Olympisches Komitee* Comité Internacional Olímpico.
i. R. *im Ruhestand* jubilado, retirado.
i. V. *in Vertretung* por autorización; *in Vollmacht* por poder.
i. W. *in Worten* en letras.
IWF *Internationaler Währungsfonds* Fondo Monetario Internacional.

J

Jb. *Jahrbuch* anuario.
Jg. *Jahrgang* año.
JH *Jugendherberge* albergue juvenil.
Jh. *Jahrhundert* siglo.
jr., jun. *junior* hijo, junior.
Juso *Jungsozialist* joven socialista.

K

Kap. *Kapitel* capítulo.
kart. *kartoniert* empastado.
kath. *katholisch* católico.
Kfm. *Kaufmann* comerciante.
kfm. *kaufmännisch* comercial; mercantil.
Kfz *Kraftfahrzeug* automóvil; vehículo de motor.
kg *Kilogramm* kilogramo.
KG *Kommanditgesellschaft* sociedad en comandita; sociedad comanditaria.
kgl. *königlich* real.
kHz, KHz *Kilohertz* kilociclo.
Kl. *Klasse* clase.
km *Kilometer* kilómetro.
Komp. *Kompanie* compañia.
KP *Kommunistische Partei* Partido Comunista.
Kr. *Kreis* distrito.
Kripo *Kriminalpolizei* policía de investigación criminal.
Kto. *Konto* cuenta.
kW *Kilowatt* kilovatio.
kWh *Kilowattstunde* kilovatio-hora.
KZ *Konzentrationslager* campo de concentración.

L

l *Liter* litro.
led. *ledig* soltero.
lfd. *laufend* corriente.
lfd. m *laufendes Meter* metro lineal.
lfd. Nr. *laufende Nummer* número de orden.
Lfg., Lfrg. *Lieferung* entrega.
Lkw *Lastkraftwagen* camión.
LP *Langspielplatte* elepé.
LPG *Landwirtschaftliche Produktionsgenossenschaft* (*DDR*) Cooperativa de Producción Agrícola (*RDA*).
lt. *laut* según.
luth. *lutherisch* luterano.

M

m *Meter* metro.
mA *Milliampere* miliamperio.
MAD *Militärischer Abschirmdienst* Servicio Militar de Contraespionaje.
m. A. n. *meiner Ansicht nach* según mi opinión.
m. a. W. *mit anderen Worten* en otras palabras.
mb *Millibar* milibario.
MdB, M.d.B. *Mitglied des Bundestages* Miembro del Bundestag.
MdL, M.d.L. *Mitglied des Landtags* Miembro del Landtag.
m. E. *meines Erachtens* a mi parecer.
MEZ *Mitteleuropäische Zeit* hora de la Europa Central.
mg *Milligramm* miligramo.
MG *Maschinengewehr* ametralladora.
MHz *Megahertz* megaciclo.
Mill. *Million(en)* millón, millones.
Min. *Minute* minuto.
Mio. *Million(en)* millón, millones.
mm *Millimeter* milímetro.
möbl. *möbliert* amueblado.
MP *Militärpolizei* policía militar; *Maschinenpistole* metralleta.
Mrd. *Milliarde(n)* mil millones.
Ms., Mskr. *Manuskript* manuscrito.
m/s *Meter pro Sekunde* metros por segundo.
mtl. *monatlich* mensual.
m. W. *meines Wissens* a mi saber.
MwSt. *Mehrwertsteuer* impuesto sobre el valor añadido (*IVA*).

N

N *Norden* norte.
N(a)chf. *Nachfolger* sucesor.
nachm. *nachmittags* por la tarde.
NASA *National Aeronautics and Space Administration* (*Nationales Amt für Luft- und Weltraumfahrt*) Administración pública para las navegaciones aérea e interplanetaria.
NATO *North Atlantic Treaty Organization* (*Nordatlantikpakt-Organisation*) Organización del Tratado del Atlántico Norte (*OTAN*).
NB *nota bene* nota bene.
n. Chr. *nach Christus* después de Jesucristo.
NDR *Norddeutscher Rundfunk* Radio de la Alemania del Norte.
n. J. *nächsten Jahres* del año próximo.

n. M. *nächsten Monats* del mes próximo.
N.N. *nomen nescio, Name unbekannt* señor X.
NO *Nordosten* nordeste.
NOK *Nationales Olympisches Komitee* Comité olímpico nacional.
Nr. *Nummer* número.
NS *Nachschrift* posdata.
NW *Nordwesten* noroeste.

O

O *Osten* este.
o. *oben* arriba; *ohne* sin.
o. ä. *oder ähnliches* o algo parecido.
OAS *Organisation der amerikanischen Staaten* Organización de los Estados Americanos (*OEA*).
o.B. ✠ *ohne Befund* sin hallazgo.
OB *Oberbürgermeister* (primer) alcalde.
Obb. *Oberbayern* Alta Baviera.
ÖBB *Österreichische Bundesbahnen* Ferrocarriles Federales de Austria.
od. *oder* o.
OECD *Organization for Economic Cooperation and Development* (*Organisation für wirtschaftliche Zusammenarbeit und Entwicklung*) Organización de Cooperación y Desarrollo Económico (*OCDE*).
OEZ *Osteuropäische Zeit* hora de la Europa del Este.
OHG *Offene Handelsgesellschaft* sociedad colectiva.
o. J. *ohne Jahr* sin año.
OP *Operationssaal* quirófano.
op. *Opus, Werk* obra.
o. P. *ordentlicher Professor* catedrático numerario.
ÖTV *Öffentliche Dienste, Transport und Verkehr* (*Gewerkschaft*) servicios públicos y transportes (*sindicato*).

P

p. A. *per Adresse* en casa de.
Pf *Pfennig* pfennig.
Pfd. *Pfund* libra.
PH *Pädagogische Hochschule* Escuela Normal.
Pkt. *Punkt* punto.
Pkw *Personenkraftwagen* automóvil.
pp., ppa. *per procura* por poder.
Prof. *Professor* catedrático; profesor.

1030

Prov. *Provinz* provincia.
PS *Pferdestärke* caballo de vapor (*CV*); *Postskriptum* postdata.
PSchA *Postscheckamt* oficina de cheques postales.

Q

qkm *Quadratkilometer* kilómetro cuadrado.
qm *Quadratmeter* metro cuadrado.

R

R *Réaumur* Réaumur.
rd. *rund (gerechnet)* alrededor de; en números redondos.
Reg.-Bez. *Regierungsbezirk* distrito administrativo.
Rel. *Religion* religión.
resp. *respektive* respectivamente.
rh, Rh *Rhesusfaktor* factor Rhesus.
Rhld. *Rheinland* Renania.
RIAS *Rundfunk im amerikanischen Sektor (von Berlin)* Radio en el sector americano (de Berlín).
r.-k. *römisch-katholisch* católico romano.
rm *Raummeter* metro cúbico.

S

S *Süden* sur.
S. *Seite* página.
s. *siehe* véase.
s.a. *siehe auch* véase también.
Sa. *Summa, Summe* suma; total.
S-Bahn *Schnellbahn* ferrocarril rápido.
SBB *Schweizerische Bundesbahnen* Ferrocarriles Federales de Suiza.
s.d. *siehe dies* véase esto.
SDR *Süddeutscher Rundfunk* Radio de Alemania del Sur.
sec *Sekunde* segundo.
SED *Sozialistische Einheitspartei Deutschlands (DDR)* Partido Socialista Unificado de Alemania (*RDA*).
sen. *senior* padre, senior.
SFB *Sender Freies Berlin* Emisora del Berlín Libre.
sm *Seemeile* milla marina.
SO *Südosten* sudeste.
s.o. *siehe oben* véase más arriba.
sog. *sogenannt* llamado.

SPD *Sozialdemokratische Partei Deutschlands* Partido Socialdemócrata de Alemania.
SS *Sommersemester* semestre de verano.
St. *Sankt* santo.
St., Std. *Stunde* hora.
StGB *Strafgesetzbuch* Código penal.
StPO *Strafprozeßordnung* Ley de enjuiciamiento criminal.
Str. *Straße* calle.
stud. *studiosus, Student* estudiante.
StVO *Straßenverkehrsordnung* Código de la circulación.
s.u. *siehe unten* véase más abajo.
SW *Südwesten* sudoeste.
s.Z. *seinerzeit* en su día.

T

t *Tonne* tonelada.
Tb(c) *Tuberkulose* tuberculosis.
TEE *Trans-Europ-Express* Exprés Transeuropeo.
Tel. *Telefon* teléfono.
TH *Technische Hochschule* Escuela Superior Técnica.
Tsd. *Tausend* mil.
TU *Technische Universität* Universidad Técnica.
TÜV *Technischer Überwachungsverein* Servicio de Inspección Técnica.
TV *Turnverein* Club de gimnasia; *Television* televisión.

U

u. *und* y.
u.a. *unter anderem* entre otras cosas; *unter anderen* entre otros; *und andere(s)* y otro(s).
u.ä. *und ähnliche(s)* y cosas semejantes.
u.a.m. *und andere(s) mehr* y otros más; etcétera.
u.A.w.g. *um Antwort wird gebeten* se ruega contestación.
u.dgl.(m.) *und dergleichen (mehr)* etcétera; y cosas análogas.
u.d.M. *unter dem Meeresspiegel* bajo el nivel del mar.
ü.d.M. *über dem Meeresspiegel* sobre el nivel del mar.
UdSSR *Union der Sozialistischen Sowjetrepubliken* Unión de Repúblicas Socialistas Soviéticas (*URSS*).

u.E. *unseres Erachtens* a nuestro parecer.

UFO *Unbekanntes Flugobjekt* objeto volante no identificado (*OVNI*).

UKW *Ultrakurzwelle* onda ultracorta; frecuencia modulada.

U/min *Umdrehungen pro Minute* revoluciones por minuto.

UNESCO *United Nations Educational, Scientific and Cultural Organization* (*Organisation der Vereinten Nationen für Erziehung, Wissenschaft und Kultur*) Organización de las Naciones Unidas para la Educación, la Ciencia y la Cultura.

UNO *Organisation der Vereinten Nationen* Organización de las Naciones Unidas (*ONU*).

urspr. *ursprünglich* originalmente.

USA *United States of America* (*Vereinigte Staaten von Nordamerika*) Estados Unidos de América (*E.E.U.U.*).

usf. *und so fort* y así sucesivamente; etcétera.

usw. *und so weiter* etcétera.

u.U. *unter Umständen* tal vez, eventualmente.

u.ü.V. *unter üblichem Vorbehalt* salvo buen fin.

u.W. *unseres Wissens* a nuestro saber.

V

v. *von* de.

V *Volt* voltio.

V. *Vers* verso.

v.Chr. *vor Christus* antes de Jesucristo.

VEB *Volkeigener Betrieb* (*DDR*) empresa socializada (*RDA*).

Verf., Vf. *Verfasser* autor.

verh. *verheiratet* casado.

Verl. *Verlag* editorial, casa editorial.

verw. *verwitwet* viudo.

vgl. *vergleiche* compárese.

v.g.u. *vorgelesen, genehmigt, unterschrieben* leído, aprobado, firmado.

v.H. *vom Hundert* por ciento.

v.J. *vorigen Jahres* del año pasado.

v.M. *vorigen Monats* del mes pasado.

vorm. *vormals* antes; antaño; *vormittags* por la mañana.

Vors. *Vorsitzender* presidente.

v.T. *vom Tausend* por mil.

VW *Volkswagen* Volkswagen.

W

W *Westen* oeste.

WDR *Westdeutscher Rundfunk* Radio de la Alemania del Oeste.

WEU *Westeuropäische Union* Unión de Europa Occidental.

WEZ *Westeuropäische Zeit* hora de la Europa Occidental.

WGB *Weltgewerkschaftsbund* Federación Sindical Mundial (*FSM*).

w.o. *wie oben* como arriba.

WS *Wintersemester* semestre de invierno.

Wwe. *Witwe* viuda.

Wz. *Warenzeichen* marca registrada.

Z

z.B. *zum Beispiel* por ejemplo.

z.d.A. *zu den Akten* archívese.

ZDF *Zweites Deutsches Fernsehen* Segundo canal de la televisión alemana.

z.H(d). *zu Händen (von)* a manos de.

ZPO *Zivilprozeßordnung* Ley de enjuiciamiento civil.

z.S. *zur See* de Marina.

z.T. *zum Teil* en parte.

Ztg. *Zeitung* diario; periódico.

Ztr. *Zentner* (*50 kg*) quintal.

zus. *zusammen* junto.

zw. *zwischen* entre.

z.Z., z.Zt. *zur Zeit* actualmente.

Modelos
de declinación y conjugación
del idioma alemán

A. Declinación

Orden de los casos: *nom.*, *gen.*, *dat.* y *ac. sg.* y *pl.* – Sustantivos y adjetivos compuestos (v.gr. *Eisbär, Ausgang, abfällig*, etc.) se declinan como el último vocablo componente (*Bär, Gang, fällig*). Las letras entre paréntesis pueden omitirse.

I. Sustantivos y nombres propios

1
| Bild | ~(e)s[1] | ~(e) | ~ |
| Bilder[2] | ~ | ~n | ~ |

[1] *sólo* es: Geist, Geistes.
[2] a, o, u > ä, ö, ü: Rand, Ränder; Haupt, Häupter; Dorf, Dörfer; Wurm, Würmer.

2
| Reis★ | ~es | ~(e) | ~ |
| Reiser[1] | ~ | ~n | ~ |

[1] a, o > ä, ö: Glas, Gläser; Haus, Häuser; Faß, Fässer; Schloß, Schlösser.
★ ß (*precedida de vocal breve*) > ss: Faß, Fasse(s).

3
| Arm | ~(e)s[1,2] | ~(e)[1] | ~ |
| Arme[3] | ~ | ~n | ~ |

[1] *sin* e: Billard, Billard(s).
[2] *sólo* es: Maß, Maßes.
[3] a, o, u > ä, ö, ü: Gang, Gänge; Saal, Säle, Gebrauch, Gebräuche; Sohn, Söhne; Hut, Hüte.

4
| Greis[1]★ | ~es | ~(e) | ~ |
| Greise[2] | ~ | ~n | ~ |

[1] s > ss: Kürbis, Kürbisse(s).
[2] a, o, u > ä, ö, ü: Hals, Hälse; Baß, Bässe; Schoß, Schöße; Fuchs, Füchse; Schuß, Schüsse.
★ ß (*precedida de vocal breve*) > ss: Roß, Rosse(s).

5
| Strahl | ~(e)s[1,2] | ~(e)[2] | ~ |
| Strahlen[3] | ~ | ~ | ~ |

[1] *sólo* es: Schmerz, Schmerzes.
[2] *sin* e: Juwel, Juwel(s).
[3] Sporn, Sporen.

6
| Lappen | ~s | ~ | ~★ |
| Lappen[1] | ~ | ~ | ~ |

[1] a, o > ä, ö: Graben, Gräben; Boden, Böden.
★ *Infinitivos sustantivados no forman pl.*: Befinden, Gehen, etc.

7
| Maler | ~s | ~ | ~ |
| Maler[1] | ~ | ~n | ~ |

[1] a, o, u > ä, ö, ü: Vater, Väter; Kloster, Klöster; Bruder, Brüder.

8
| Untertan | ~s | ~ | ~ |
| Untertanen[1,2] | ~ | ~ | ~ |

[1] *Con cambio de acento*: Pro'fessor, Profes'soren; 'Dämon, Dä'monen.
[2] *pl.* ien: Kolleg, Kollegien; Mineral, Mineralien.

9
| Studium | ~s | ~ | ~ |
| Studien[1,2] | ~ | ~ | ~ |

[1] a y o(n) > en: Drama, Dramen; Folio, Folien; Stadion, Stadien.
[2] on y um > a: Lexikon, Lexika; Faktum, Fakta.

10
| Auge | ~s | ~ | ~ |
| Augen | ~ | ~ | ~ |

11
| Genie | ~s[1]★ | ~ | ~ |
| Genies[2]★ | ~ | ~ | ~ |

[1] *Sin desinencia*: Bouillon, Diva, etc.
[2] *pl.* s o ta: Komma, Kommas o Kommata; *pero*: Klima, Klimate (3).
★ *La* s *se pronuncia*: Genies: ʒe'ni:s.

12
| Bär[1] | ~en | ~en | ~en[2] |
| Bären | ~ | ~ | ~ |

[1] ß (*precedida de vocal breve*) > ss: Genoß (= Genosse), Genossen.
[2] Herr, *sg.* Herrn; Herz, *gen.* Herzens, *ac.* Herz.

13
| Knabe | ~n[1] | ~ | ~n |
| Knaben | ~ | ~ | ~ |

[1] ns: Name, Namens.

14 Trübsal $\sim$ $\sim$ $\sim$
Trübsale[1],[2],[3] $\sim$ $\sim$n $\sim$ $\sim$

[1] **a, o, u > ä, ö, ü:** Hand, Hände;
Braut, Bräute; Not, Nöte; Luft,
Lüfte; *sin* **e:** Tochter, Töchter;
Mutter, Mütter; **ß** (*precedida de
vocal breve*) > **ss:** Nuß, Nüsse.
[2] **s > ss:** Kenntnis, Kenntnisse;
Nimbus, Nimbusse.
[3] **is y us > e:** Pluralis, Plurale;
Kultus, Kulte; *con cambio de acento:*
Di'akonus, Dia'kone.

15 Blume $\sim$ $\sim$ $\sim$
Blumen $\sim$ $\sim$ $\sim$
...'ee: [-e:, *pl.* -'e:ən], v.gr. I'dee,
I'deen.

...ie $\begin{cases} en\ sílaba\ tónica:\ [-'i:,\ pl.\ -'i:ən], \\ v.gr.\ Batte'rie(n). \\ en\ sílaba\ átona:\ ['-jə,\ pl.\ '-jən], \\ v.gr.\ Ar'terie(n). \end{cases}$

16 Frau $\sim$ $\sim$ $\sim$
Frauen[1],[2],[3] $\sim$ $\sim$ $\sim$

[1] **in > innen:** Freundin, Freun-
dinnen.
[2] **a, is, os y us > en:** Firma,
Firmen; Krisis, Krisen; Epos, Epen;
Genius, Genien; *con cambio de
acento:* 'Heros, He'roen; Di'akonus,
Dia'konen; 'Agens, A'genzien.
[3] **s y ß > ss:** Kirmes, Kirmessen;
Meß, Messen.

17 **a)** *Los nombres propios con artículo
definido* (22):
Friedrich $\sim$ $\sim$ $\sim$
Friedriche[1],[2] $\sim$ $\sim$n $\sim$
Elisabeth $\sim$ $\sim$ $\sim$
Elisabethen[1] $\sim$ $\sim$ $\sim$
Marie (15) $\sim$ $\sim$ $\sim$
Marien[1] $\sim$ $\sim$ $\sim$

[1] *El plural de los nombres de personas, países y poblaciones es poco
usado.*

[2] *pl.* = *sg.:* Alexander (*dat.*
Alexandern), Gretchen.
[3] *pl.* **s:** Paula, Paulas.

b) *Forman el gen. sg. en* **s:**

1. *Los nombres propios sin artículo
definido:* Friedrichs, Paulas,
(Friedrich von) Schillers,
Deutschlands, Berlins;

2. *los nombres propios masculinos
o neutros* (*excepto los nombres
de poblaciones*) *con artículo definido y un adjetivo:* des braven
Friedrichs Bruder, des jungen
Deutschlands (Söhne).

Después de **s, ß, x** y **z** *el gen.
sg. termina en* **ens** *o* ' (*en lugar de* '
se prefiere el artículo definido o **von**),
v.gr. die Werke des (o von) Sokrates,
Voß o Sokrates', Voß' (*no Sokrates-
sens, raramente* Vossens) Werke;
sólo: die Umgebung **von** Mainz.
*Los nombres femeninos que terminan
en una consonante o la vocal* **e** *forman
el gen. sg. en* **(en)s** *o* **(n)s;** *en el dat.
y ac. sg. tales nombres pueden ter-
minar en* **(e)n** (*pl.* = 17a):

Fritz	$\sim$ens	$\sim$(en)	$\sim$(en)
Elisabeth	$\sim$(en)s	$\sim$(en)	$\sim$(en)
Marie	$\sim$(n)s	$\sim$(en)	$\sim$(n)

c) *Si al nombre propio se une un
título, se declina:*

1. *sólo el título, si se emplea con
artículo definido:*
der Kaiser Karl (der Große)
des $\sim$ $\sim$**s** $\sim$ (des $\sim$**n**), etc.;

2. *sólo el* (*último*) *nombre, si se emplea
sin artículo:*
Kaiser Karl (der Große)
$\sim$ $\sim$**s** (des $\sim$ $\sim$**n**), etc.
(*pero:* Herrn Lehmanns Brief).

1036

II. Adjetivos y participios (también tomados como sustantivos*), pronombres, etc.

18

	m	f	n	pl.	
a) gut	er¹,²	~e	~es	~e†	sin artículo, detrás de preposiciones, pronombres personales y voces invariables
	en**	~er	~en**	~en	
	em	~er	~em	~en	
	en	~e	~es	~e	
b) gut	e¹,²	~e	~e	~en	con artículo definido (22) o con pronombre (21)
	en	~en	~en	~en	
	en	~en	~en	~en	
	en	~e	~e	~en	
c) gut	er¹,²	~e	~es	~en	con artículo indefinido o con pronombre (20)
	en	~en	~en	~en	
	en	~en	~en	~en	
	en	~e	~es	~en	

¹ **ß** (precedida de vocal breve) > **ss:** kraß, krasse(r, ~s, ~st, etc.).

² **a, o, u** > **ä, ö, ü** formando el comp. y sup.: alt, älter(e, ~es, etc.), ältest (der ~e, am ~en); grob, gröber(e, ~es, etc.), gröbst (der ~e, am ~en); kurz, kürzer(e, ~es, etc.), kürzest (der ~e, am ~en).

* v.gr. Böse(r) su.: der (die, eine) Böse, ein Böser; **Böse(s)** n: das Böse, sin artículo Böses; también Abgesandte(r) su., Angestellte(r) su., etc. En algunos casos el uso varía.

** A veces el gen. sing. termina en **es** en lugar de **en:** beim Vergessen empfangenes Guten, gutes (o guten) Mutes sein.

† Se suprime una **e:** böse, böse(r, ~s, ~st, etc.).

Grados de comparación

Las desinencias del grado comparativo y del superlativo son:

comp. ~**er:** reich, reicher } declinados según (18[²]).
sup. ~**st:** schön, schönst }

Después de vocales (excepto **e** [18†]) y después de **d, s, sch, ß, st, t, tz, x** y **z** el superlativo termina en **est,** pero en sílabas átonas después de **d, sch** y **t** generalmente en **st:** blau, blauest; rund, rundest; rasch, raschest, etc.; pero: 'dringend, 'dringendst; 'närrisch, 'närrisch(e)st; ge'eignet, ge'eignetst.

Nota. – En los adjetivos terminados en **el, en** (excepto **nen**) y **er** (v.gr. dunkel, eben, heiter), y además en los adjetivos posesivos unser y euer (20) se suprime en general la **e** (convirtiéndose **ss** en **ß**): angemessen, angemeßner).

Flexión:

	e	em	en	er	es
+ **el** >	le	lem*	len*	ler	les
+ **en** >	(e)ne	(e)nem	(e)nen	(e)ner†	(e)nes
+ **er** >	(e)re	rem*	ren*	(e)rer†	(e)res

* o elm, eln, erm, ern; v.gr. **dunk|el:** ~le, ~lem (o ~elm), ~len (o ~eln), ~ler, ~les; **eb|en:** ~(e)ne, ~(e)nem, etc.; **heit|er:** ~(e)re, ~rem (o ~erm), etc.

† El comp. declinado se forma en **ner** y **rer** solamente: eben, ebnere(r, ~s, etc.); heiter, heitrere(r, ~s, etc.); pero sup. ebenst, heiterst.

19

	1ª pers.	2ª pers.	3ª pers.		
	m, f, n	m, f, n	m	f	n
sg.	ich	du	er	sie	es
	meiner*	deiner*	seiner*	ihrer	seiner*
	mir	dir	ihm	ihr	ihm†
	mich	dich	ihn	sie	es†
pl.	wir	ihr		sie	(Sie)
	unser	euer		ihrer	(Ihrer)
	uns	euch		ihnen	(Ihnen)†
	uns	euch		sie	(Sie)†

* *En poesía a veces sin desinencia:* gedenke mein!; *además* **es** *por* seiner *n:* ich bin es überdrüssig.

† *Forma reflexiva:* sich.

20

	m	f	n	pl.
mein		~e	~	~e*
dein	es	~er	~es	~er
sein	em	~er	~em	~en
(k)ein	en	~e	~	~e

* *El artículo indefinido* ein *no tiene plural. – En poesía* mein, dein *y* sein *pueden colocarse detrás del sustantivo, sin desinencias:* die Mutter (Kinder) mein, *o como predicado:* der Hut (die Tasche, das Buch) ist mein; *sin sustantivo:* (m)einer *m,* (m)eine *f,* (m)ein(e)s *n,* meine *pl.* (21), *v. gr.:* wem gehört der Hut (die Tasche, das Buch)? es ist meiner (meine, mein[e]s); *con artículo determinado:* der (die, das) meine, *pl.* die meinen (18b); *o* der meinige, *etc.* (18b). *Respecto a* unser *y* euer *véase la nota* (18).

21

	m	f	n	pl.
dies		~e	~es*	~e**
jen	er	~e	~es	~er¹
manch	em	~er	~em	~en¹
welch	en	~e	~es*	~e

¹ **welche(r, ~s)** *como pronombre relativo:* gen. sg. y pl. dessen, deren, dat. pl. denen (23).

* *Cuando hace oficio de sustantivo, se prefiere* dies *a* dieses.

** manch, solch, welch *frecuentemente sin flexión:*

manch	guter	(ein guter)	Mann		
solch	~en	(	~es	~en)	~es
welch	~em	(	~em	~en)	~e

etc. (18).

Igualmente all:

all	der (dieser, mein	)	Schmerz	
~	des (	~es,	~es)		~es
		etc.		

22

	m	f	n	pl.¹	
	der	die	das	die¹	artículo
	des	der	des	der	definido
	dem	der	dem	den	
	den	die	das	die	

¹ derjenige; derselbe–desjenigen; demjenigen; desselben, demselben, etc. (18b).

---

23 *Pronombre relativo*

	m	f	n	pl.
	der	die	das	die
	dessen*	deren	dessen*	deren¹
	dem	der	dem	denen
	den	die	das	die

¹ *también* derer, *cuando se emplea como pronombre demostrativo.*

* *también* des.

24

wer	was	jemand, niemand
wessen*	wessen	~(e)s
wem	–	~(em†)
wen	was	~(en†)

* *también* wes.

† *mejor sin desinencia.*

B. Conjugación

Advertencias generales. – En las tablas de conjugación (25 – 30) no figuran más que los verbos simples, y en la lista alfabética (pág. 1040–1045) los verbos compuestos sólo se incluyen, si no existe el verbo simple (v.gr. **beginnen**; *ginnen* no existe). Para informarse de la conjugación de cualquier verbo compuesto (con prefijo separable o inseparable, regular o irregular), hay que buscar el respectivo verbo simple.

Verbos con prefijo separable y acentuado como **'ab-, 'an-, 'auf-, 'aus-, 'bei-, be'vor-, 'dar-, 'ein-, em'por-, ent'gegen-, 'fort-, 'her-, he'rab-**, etc. e igualmente *'klar-[legen], 'los-[schießen], 'sitzen-[bleiben], über'hand-[nehmen], 'rad-[fahren], 'wunder-[nehmen]*, etc. (pero no los verbos derivados de sustantivos compuestos como *be'antragen* de *'Antrag* o *be'ratschlagen* de *'Ratschlag*, etc.) admiten entre el prefijo tónico y la radical: la preposición **zu** (en el infinitivo y el participio de presente) y la sílaba **ge** (en el participio pasivo o de pretérito).

Los verbos con prefijo inseparable (*untr.*) y átono como **be-, emp-, ent-, er-, ge-, ver-, zer-** y en general **miß-** (aunque vaya acentuado) admiten la preposición **zu** delante del prefijo y pierden la sílaba **ge** en el participio pasivo o de pretérito. Los prefijos **durch-, hinter-, über-,**

um-, unter-, voll-, wi(e)der- son separables, si llevan acento, e inseparables, si son átonos.

Ejemplos:

geben: *zu geben, zu gebend; gegeben; ich gebe, du gibst*, etc.;

'abgeben: *'abzugeben, 'abzugebend; 'abgegeben; ich gebe (du gibst,* etc.*) ab;*

ver'geben: *zu ver'geben, zu ver'gebend; ver'geben; ich ver'gebe, du ver'gibst*, etc.;

'umstellen: *'umzustellen, 'umzustellend; 'umgestellt; ich stelle (du stellst,* etc.*) um;*

um'stellen: *zu um'stellen, zu um'stellend; um'stellt; ich um'stelle, du um'stellst*, etc.

Las mismas reglas se observan, si el verbo admite dos prefijos, v.gr.

zu'rückbehalten [véase *halten*]: *zu'rückzubehalten, zu'rückzubehaltend; zu'rückbehalten; ich behalte (du behältst,* etc.*) zurück;*

wieder'aufheben [véase *heben*]: *wieder'aufzuheben, wieder'aufzuhebend; wieder'aufgehoben; ich hebe (du hebst,* etc.*) wieder auf.*

Las formas entre paréntesis ( ) se emplean de modo análogo.

a) Conjugación débil

25	loben			26	reden		
prs. ind.	lobe	lobst	lobt	*prs. ind.*	rede	redest	redet
	loben	lobt	loben		reden	redet	reden
prs. subj.	lobe	lobest	lobe	*prs. subj.*	rede	redest	rede
	loben	lobet	loben		reden	redet	reden
impf. ind.	lobte	lobtest	lobte	*impf. ind.*	redete	redetest	redete
y subj.	lobten	lobtet	lobten	*y subj.*	redeten	redetet	redeten

imp.sg. lob(e), *pl.* lob(e)t, loben Sie; *inf.prs.* loben; *inf.pt.* gelobt haben; *part.prs.* lobend; *part.pt.* gelobt (18; 29★★).

imp.sg. rede, *pl.* redet, reden Sie; *inf.prs.* reden; *inf.pt.* geredet haben; *part.prs.* redend; *part.pt.* geredet (18; 29★★).

27 reisen

prs. ind. { reise   reist*   reist
           reisen   reist   reisen

prs. subj. { reise   reisest   reise
            reisen   reiset   reisen

impf. ind. { reiste   reistest   reiste
y subj.   { reisten   reistet   reisten

imp.sg. reise, *pl.* reist, reisen Sie;
inf.prs. reisen; *inf.pt.* gereist sein;
part.prs. reisend; *part.pt.* gereist (18;
29**).

* **s:** reisen, du reist (reisest); **sch:**
naschen, naschst (naschest); **ß:** spa-
ßen, spaßt (spaßest); **tz:** ritzen, ritzt
(ritzest); **x:** hexen, hext (hexest); **z:**
reizen, reizt (reizest).

---

28 fassen

prs. ind. { fasse   faßt*   faßt
           fassen   faßt   fassen

prs. subj. { fasse   fassest   fasse
            fassen   fasset   fassen

impf. ind. { faßte   faßtest   faßte
y subj.   { faßten   faßtet   faßten

imp.sg. fasse (faß), *pl.* faßt, fassen Sie;
inf.prs. fassen; *inf.pt.* gefaßt haben;
part.prs. fassend; *part.pt.* gefaßt (18;
29**).

* du faßt (fassest).

---

29 handeln

prs. ind.

handle*   handelst   handelt
handeln   handelt   handeln

prs. subj.

handle*   handelst   handle*
handeln   handelt   handeln

impf. ind. y subj.

handelte   handeltest   handelte
handelten   handeltet   handelten

imp.sg. handle, *pl.* handelt, handeln
Sie; *inf.prs.* handeln; *inf.pt.* gehandelt
haben; *part.prs.* handelnd; *part.pt.*
gehandelt (18; 29**).

* *También* handele; *wandern,*
wand(e)re; *pero* bessern, bessere
(beßre); donnern, donnere.

** *Sin* ge, *si la primera sílaba es
átona, v.gr.* be'grüßen, be'grüßt; ent-
'stehen, ent'standen; stu'dieren,
stu'diert (*no* gestudiert); trom'peten,
trom'petet (*igualmente si se antepone
un prefijo acentuado:* 'austrompeten,
'austrompetet, *no* 'ausgetrompetet).
Algunos verbos «débiles» *tienen en el
part.pt. la desinencia* en *en lugar de* t,
v.gr. mahlen – gemahlen. *En los verbos*
brauchen, dürfen, heißen, helfen, hören, können, lassen, lehren, lernen,
machen, mögen, müssen, sehen, sollen, wollen, *el part.pt. se cambia en inf.*
(*sin* ge), *cuando se construye con otro
inf., v.gr.* ich habe ihn singen hören,
du hättest es tun können, er hat gehen
müssen, ich hätte ihn laufen lassen
sollen.

---

30 b) Conjugación fuerte

(véase la lista pág. 1040–1045)

fahren

prs. ind. { fahre   fährst   fährt
           fahren   fahrt   fahren

prs. subj. { fahre   fahrest   fahre
            fahren   fahret   fahren

impf. ind. { fuhr   fuhrst*   fuhr
            fuhren   fuhrt   fuhren

impf. subj. { führe   führest   führe
             führen   führet   führen

imp.sg. fahr(e), *pl.* fahr(e)t, fahren
Sie; *inf.prs.* fahren; *inf.pt.* gefahren
haben o sein; *part.prs.* fahrend,
part.pt. gefahren (18; 29**).

* *En la lista alfabética (pág.* 1040–
1045) *no se menciona la* 2ª *persona del
impf.ind., si se forma añadiendo* st *a la
1ª persona.*

Lista alfabética de los verbos alemanes irregulares

(subj. significa *impf. subj.* El *impf. ind.* alemán corresponde al *pt. perf.* y al *pt. impf.* del idioma español.)*

backen *prs.* backe, bäckst (backst), bäckt (backt); *impf.* backte (buk); *subj.* backte (büke); *imp.* back(e); *part.pt.* gebacken.

befehlen *prs.* befehle, befiehlst, befiehlt; *impf.* befahl; *subj.* beföhle (befähle); *imp.* befiehl; *part.pt.* befohlen.

beginnen *prs.* beginne, beginnst, beginnt; *impf.* begann; *subj.* begänne (begönne); *imp.* beginn(e); *part.pt.* begonnen.

beißen *prs.* beiße, beißt, beißt; *impf.* biß, bissest; *subj.* bisse; *imp.* beiß(e); *part.pt.* gebissen.

bergen *prs.* berge, birgst, birgt; *impf.* barg; *subj.* bärge; *imp.* birg; *part.pt.* geborgen.

bersten *prs.* berste, birst, birst; *impf.* barst, barstest; *subj.* bärste; *imp.* birst; *part.pt.* geborsten.

bewegen *prs.* bewege, bewegst, bewegt; *impf.* bewegte *(fig.* bewog); *subj. fig.* bewöge; *imp.* beweg(e); *part.pt.* bewegt *(fig.* bewogen).

biegen *prs.* biege, biegst, biegt; *impf.* bog; *subj.* böge; *imp.* bieg(e); *part. pt.* gebogen.

bieten *prs.* biete, bietest, bietet; *impf.* bot, bot(e)st; *subj.* böte; *imp.* biet(e); *part.pt.* geboten.

binden *prs.* binde, bindest, bindet; *impf.* band, band(e)st; *subj.* bände; *imp.* bind(e); *part.pt.* gebunden.

bitten *prs.* bitte, bittest, bittet; *impf.* bat, bat(e)st; *subj.* bäte; *imp.* bitte (bitt); *part.pt.* gebeten.

blasen *prs.* blase, bläst, bläst; *impf.* blies, bliesest; *subj.* bliese; *imp.* blas(e); *part.pt.* geblasen.

bleiben *prs.* bleibe, bleibst, bleibt; *impf.* blieb, bliebst; *subj.* bliebe; *imp.* bleib(e); *part.pt.* geblieben.

braten *prs.* brate, brätst, brät; *impf.* briet, briet(e)st; *subj.* briete; *imp.* brat(e); *part.pt.* gebraten.

brechen *prs.* breche, brichst, bricht; *impf.* brach; *subj.* bräche; *imp.* brich; *part.pt.* gebrochen.

brennen *prs.* brenne, brennst, brennt; *impf.* brannte; *subj.* brennte; *imp.* brenn(e); *part.pt.* gebrannt.

bringen *prs.* bringe, bringst, bringt; *impf.* brachte; *subj.* brächte; *imp.* bring(e); *part.pt.* gebracht.

denken *prs.* denke, denkst, denkt; *impf.* dachte; *subj.* dächte; *imp.* denk(e); *part.pt.* gedacht.

dingen s. dringen; *impf.* dingte (dang); *part.pt.* gedungen (gedingt).

dreschen *prs.* dresche, drischst, drischt; *impf.* drosch, drosch(e)st; *subj.* drösche; *imp.* drisch; *part.pt.* gedroschen.

dringen *prs.* dringe, dringst, dringt; *impf.* drang, drangst; *subj.* dränge; *imp.* dring(e); *part.pt.* gedrungen.

dürfen *prs.* darf, darfst, darf, dürfen; *impf.* durfte; *subj.* dürfte; *imp.* —; *part.pt.* gedurft.

empfangen s. fangen; *part.pt.* empfangen.

empfehlen *prs.* empfehle, empfiehlst, empfiehlt; *impf.* empfahl; *subj.* empföhle (empfähle); *imp.* empfiehl; *part.pt.* empfohlen.

empfinden s. finden; *part.pt.* empfunden.

erlöschen *prs.* erlösche, erlischst, erlischt; *impf.* erlosch, erlosch(e)st; *subj.* erlösche; *imp.* erlisch; *part.pt.* erloschen.

erschrecken *(v/i.) prs.* erschrecke, erschrickst, erschrickt; *impf.* erschrak; *subj.* erschräke; *imp.* erschrick; *part.pt.* erschrocken.

erwägen *prs.* erwäge, erwägst, erwägt; *impf.* erwog, erwogst; *subj.*

erwöge; *imp.* erwäg(e); *part.pt.* erwogen.

essen *prs.* esse, ißt, ißt; *impf.* aß, aßest; *subj.* äße; *imp.* iß; *part.pt.* gegessen.

fahren *prs.* fahre, fährst, fährt; *impf.* fuhr, fuhrst; *subj.* führe; *imp.* fahr(e); *part.pt.* gefahren.

fallen *prs.* falle, fällst, fällt; *impf.* fiel; *subj.* fiele; *imp.* fall(e); *part.pt.* gefallen.

fangen *prs.* fange, fängst, fängt; *impf.* fing; *subj.* finge; *imp.* fang(e); *part.pt.* gefangen.

fechten *prs.* fechte, fichtst, ficht; *impf.* focht, fochtest; *subj.* föchte; *imp.* ficht; *part.pt.* gefochten.

finden *prs.* finde, findest, findet; *impf.* fand, fand(e)st; *subj.* fände; *imp.* find(e); *part.pt.* gefunden.

flechten *prs.* flechte, flichtst, flicht; *impf.* flocht, flochtest; *subj.* flöchte; *imp.* flicht; *part.pt.* geflochten.

fliegen *prs.* fliege, fliegst, fliegt; *impf.* flog, flogst; *subj.* flöge; *imp.* flieg(e); *part.pt.* geflogen.

flieh(e)n *prs.* fliehe, fliehst, flieht; *impf.* floh, flohst; *subj.* flöhe; *imp.* flieh(e); *part.pt.* geflohen.

fließen *prs.* fließe, fließt, fließt; *impf.* floß, flossest; *subj.* flösse; *imp.* fließ(e); *part.pt.* geflossen.

fressen *prs.* fresse, frißt, frißt; *impf.* fraß, fraßest; *subj.* fräße; *imp.* friß; *part.pt.* gefressen.

frieren *prs.* friere, frierst, friert; *impf.* fror; *subj.* fröre; *imp.* frier(e); *part.pt.* gefroren.

gären *prs.* es gärt; *impf.* es gor (*bsd. fig.* gärte); *subj.* es göre (gärte); *imp.* gär(e); *part.pt.* gegoren (gegärt).

gebären *prs.* gebäre, gebärst (gebierst), gebärt (gebiert); *impf.* gebar; *subj.* gebäre; *imp.* gebär(e) (gebier); *part.pt.* geboren.

geben *prs.* gebe, gibst, gibt; *impf.* gab; *subj.* gäbe; *imp.* gib; *part.pt.* gegeben.

gedeihen *prs.* gedeihe, gedeihst, gedeiht; *impf.* gedieh; *subj.* gediehe; *imp.* gedeih(e); *part.pt.* gediehen.

geh(e)n *prs.* gehe, gehst, geht; *impf.* ging; *subj.* ginge; *imp.* geh(e); *part.pt.* gegangen.

gelingen *prs.* es gelingt; *impf.* es gelang; *subj.* es gelänge; *imp.* geling(e); *part.pt.* gelungen.

gelten *prs.* gelte, giltst, gilt; *impf.* galt,

galt(e)st; *subj.* gälte (gölte); *imp.* gilt; *part.pt.* gegolten.

genesen *prs.* genese, gene(se)st, genest; *impf.* genas, genasest; *subj.* genäse; *imp.* genese; *part.pt.* genesen.

genießen *prs.* genieße, genießt, genießt; *impf.* genoß, genossest; *subj.* genösse; *imp.* genieß(e); *part.pt.* genossen.

geschehen *prs.* es geschieht; *impf.* es geschah; *subj.* es geschähe; *imp.* —; *part.pt.* geschehen.

gewinnen *prs.* gewinne, gewinnst, gewinnt; *impf.* gewann, gewannst; *subj.* gewönne (gewänne); *imp.* gewinn(e); *part.pt.* gewonnen.

gießen *prs.* gieße, gießt, gießt; *impf.* goß, gossest; *subj.* gösse; *imp.* gieß(e); *part.pt.* gegossen.

gleichen *prs.* gleiche, gleichst, gleicht; *impf.* glich, glichst; *subj.* gliche; *imp.* gleich(e); *part.pt.* geglichen.

gleiten *prs.* gleite, gleitest, gleitet; *impf.* glitt, glitt(e)st; *subj.* glitte; *imp.* gleit(e); *part.pt.* geglitten.

glimmen *prs.* es glimmt; *impf.* es glomm (glimmte); *subj.* es glömme (glimmte); *imp.* glimm(e); *part.pt.* geglommen (geglimmt).

graben *prs.* grabe, gräbst, gräbt; *impf.* grub, grubst; *subj.* grübe; *imp.* grab(e); *part.pt.* gegraben.

greifen *prs.* greife, greifst, greift; *impf.* griff, griffst; *subj.* griffe; *imp.* greif(e); *part.pt.* gegriffen.

haben *prs.* habe, hast, hat; *impf.* hatte; *subj.* hätte; *imp.* hab(e); *part.pt.* gehabt.

halten *prs.* halte, hältst, hält; *impf.* hielt, hielt(e)st; *subj.* hielte; *imp.* halt(e); *part.pt.* gehalten.

hängen (*v/i.*) *prs.* hänge, hängst, hängt; *impf.* hing, hingst; *subj.* hinge; *imp.* häng(e); *part.pt.* gehangen.

hauen *prs.* haue, haust, haut; *impf.* haute (hieb); *subj.* haute (hiebe); *imp.* hau(e); *part.pt.* gehauen.

heben *prs.* hebe, hebst, hebt; *impf.* hob, hobst; *subj.* höbe; *imp.* heb(e); *part.pt.* gehoben.

heißen *prs.* heiße, heißt, heißt; *impf.* hieß, hießest; *subj.* hieße; *imp.* heiß(e); *part.pt.* geheißen.

helfen *prs.* helfe, hilfst, hilft; *impf.* half, halfst; *subj.* hülfe; *imp.* hilf; *part.pt.* geholfen.

kennen *prs.* kenne, kennst, kennt; *impf.* kannte; *subj.* kennte; *imp.* kenn(e); *part.pt.* gekannt.

klimmen *prs.* klimme, klimmst, klimmt; *impf.* klomm (klimmte); *subj.* klömme (klimmte); *imp.* klimm(e); *part.pt.* geklommen (geklimmt).

klingen *prs.* klinge, klingst, klingt; *impf.* klang, klangst; *subj.* klänge; *imp.* kling(e); *part.pt.* geklungen.

kneifen *prs.* kneife, kneifst, kneift; *impf.* kniff, kniffst; *subj.* kniffe; *imp.* kneif(e); *part.pt.* gekniffen.

kommen *prs.* komme, kommst, kommt; *impf.* kam; *subj.* käme; *imp.* komm(e); *part.pt.* gekommen.

können *prs.* kann, kannst, kann, können; *impf.* konnte; *subj.* könnte; *imp.* —; *part.pt.* gekonnt.

kriechen *prs.* krieche, kriechst, kriecht; *impf.* kroch; *subj.* kröche; *imp.* kriech(e); *part.pt.* gekrochen.

laden *prs.* lade, lädst, lädt; *impf.* lud(e)st; *subj.* lüde; *imp.* lad(e); *part.pt.* geladen.

lassen *prs.* lasse, läßt, läßt; *impf.* ließ, ließest; *subj.* ließe; *imp.* laß (lasse); *part.pt.* gelassen.

laufen *prs.* laufe, läufst, läuft; *impf.* lief, liefst; *subj.* liefe; *imp.* lauf(e); *part.pt.* gelaufen.

leiden *prs.* leide, leidest, leidet; *impf.* litt, litt(e)st; *subj.* litte; *imp.* leid(e); *part.pt.* gelitten.

leihen *prs.* leihe, leihst, leiht; *impf.* lieh, lieh(e)st; *subj.* liehe; *imp.* leih(e); *part.pt.* geliehen.

lesen *prs.* lese, liest, liest; *impf.* las, lasest; *subj.* läse; *imp.* lies; *part.pt.* gelesen.

liegen *prs.* liege, liegst, liegt; *impf.* lag, lagst; *subj.* läge; *imp.* lieg(e); *part.pt.* gelegen.

lügen *prs.* lüge, lügst, lügt; *impf.* log, logst; *subj.* löge; *imp.* lüg(e); *part.pt.* gelogen.

meiden *prs.* meide, meidest, meidet; *impf.* mied, mied(e)st; *subj.* miede; *imp.* meid(e); *part.pt.* gemieden.

melken *prs.* melke, melkst, melkt; *impf.* melkte (molk); *subj.* mölke; *imp.* melk(e); *part.pt.* gemolken (gemelkt).

messen *prs.* messe, mißt, mißt; *impf.* maß, maßest; *subj.* mäße; *imp.* miß; *part.pt.* gemessen.

mißlingen *prs.* es mißlingt; *impf.* es mißlang; *subj.* es mißlänge; *imp.* —; *part.pt.* mißlungen.

mögen *prs.* mag, magst, mag, mögen; *impf.* mochte; *subj.* möchte; *imp.* —; *part.pt.* gemocht.

müssen *prs.* muß, mußt, muß, müssen, müßt, müssen; *impf.* mußte; *subj.* müßte; *imp.* müsse; *part.pt.* gemußt.

nehmen *prs.* nehme, nimmst, nimmt; *impf.* nahm, nahmst; *subj.* nähme; *imp.* nimm; *part.pt.* genommen.

nennen *prs.* nenne, nennst, nennt; *impf.* nannte; *subj.* nennte; *imp.* nenn(e); *part.pt.* genannt.

pfeifen *prs.* pfeife, pfeifst, pfeift; *impf.* pfiff, pfiffst; *subj.* pfiffe; *imp.* pfeif(e); *part.pt.* gepfiffen.

preisen *prs.* preise, preist, preist; *impf.* pries, priesest; *subj.* priese; *imp.* preis(e); *part.pt.* gepriesen.

quellen (*v/i.*) *prs.* quelle, quillst, quillt; *impf.* quoll; *subj.* quölle; *imp.* quill; *part.pt.* gequollen.

raten *prs.* rate, rätst, rät; *impf.* riet, riet(e)st; *subj.* riete; *imp.* rat(e); *part.pt.* geraten.

reiben *prs.* reibe, reibst, reibt; *impf.* rieb, riebst; *subj.* riebe; *imp.* reib(e); *part.pt.* gerieben.

reißen *prs.* reiße, reißt, reißt; *impf.* riß, rissest; *subj.* risse; *imp.* reiß(e); *part.pt.* gerissen.

reiten *prs.* reite, reitest, reitet; *impf.* ritt, ritt(e)st; *subj.* ritte; *imp.* reit(e); *part.pt.* geritten.

rennen *prs.* renne, rennst, rennt; *impf.* rannte; *subj.* rennte; *imp.* renn(e); *part.pt.* gerannt.

riechen *prs.* rieche, riechst, riecht; *impf.* roch; *subj.* röche; *imp.* riech(e); *part.pt.* gerochen.

ringen *prs.* ringe, ringst, ringt; *impf.* rang; *subj.* ränge; *imp.* ring(e); *part.pt.* gerungen.

rinnen *prs.* es rinnt; *impf.* es rann; *subj.* es ränne; *imp.* rinn(e); *part.pt.* geronnen.

rufen *prs.* rufe, rufst, ruft; *impf.* rief, riefst; *subj.* riefe; *imp.* ruf(e); *part.pt.* gerufen.

saufen *prs.* saufe, säufst, säuft; *impf.* soff, soffst; *subj.* söffe; *imp.* sauf(e); *part.pt.* gesoffen.

saugen *prs.* sauge, saugst, saugt; *impf.* sog (saugte); *subj.* söge; *imp.* saug(e); *part.pt.* gesogen (gesaugt).

schaffen (er~) *prs.* schaffe, schaffst, schafft; *impf.* schuf, schufst; *subj.* schüfe; *imp.* schaff(e); *part.pt.* geschaffen.

scheiden *prs.* scheide, scheidest, scheidet; *impf.* schied, schied(e)st; *subj.* schiede; *imp.* scheid(e); *part.pt.* geschieden.

scheinen *prs.* scheine, scheinst, scheint; *impf.* schien, schienst; *subj.* schiene; *imp.* schein(e); *part.pt.* geschienen.

schelten *prs.* schelte, schiltst, schilt; *impf.* schalt, schalt(e)ste; *imp.* schilt; *part.pt.* gescholten.

scheren *prs.* schere, scherst, schert; *impf.* schor, schorst; *subj.* schöre; *imp.* scher(e); *part.pt.* geschoren.

schieben *prs.* schiebe, schiebst, schiebt; *impf.* schob, schobst; *subj.* schöbe; *imp.* schieb(e); *part.pt.* geschoben.

schießen *prs.* schieße, schießt, schießt; *impf.* schoß, schossest; *subj.* schösse; *imp.* schieß(e); *part.pt.* geschossen.

schinden *prs.* schinde, schindest, schindet; *impf.* schindete; *imp.* schind(e); *part.pt.* geschunden.

schlafen *prs.* schlafe, schläfst, schläft; *impf.* schlief, schliefst; *subj.* schliefe; *imp.* schlaf(e); *part.pt.* geschlafen.

schlagen *prs.* schlage, schlägst, schlägt; *impf.* schlug, schlugst; *subj.* schlüge; *imp.* schlag(e); *part.pt.* geschlagen.

schleichen *prs.* schleiche, schleichst, schleicht; *impf.* schlich, schlichst; *subj.* schliche; *imp.* schleich(e); *part.pt.* geschlichen.

schleifen *prs.* schleife, schleifst, schleift; *impf.* schliff, schliffst; *subj.* schliffe; *imp.* schleif(e); *part.pt.* geschliffen.

schließen *prs.* schließe, schließt, schließt; *impf.* schloß, schlossest; *subj.* schlösse; *imp.* schließ(e); *part.pt.* geschlossen.

schlingen *prs.* schlinge, schlingst, schlingt; *impf.* schlang, schlangst; *subj.* schlänge; *imp.* schling(e); *part.pt.* geschlungen.

schmeißen *prs.* schmeiße, schmeißt, schmeißt; *impf.* schmiß, schmissest; *subj.* schmisse; *imp.* schmeiß(e); *part.pt.* geschmissen.

schmelzen *prs.* schmelze, schmilzt, schmilzt; *impf.* schmolz, schmolzest; *subj.* schmölze; *imp.* schmilz; *part.pt.* geschmolzen.

schneiden *prs.* schneide, schneidest, schneidet; *impf.* schnitt, schnitt(e)st; *subj.* schnitte; *imp.* schneid(e); *part.pt.* geschnitten.

schreiben *prs.* schreibe, schreibst, schreibt; *impf.* schrieb, schriebst; *subj.* schriebe; *imp.* schreib(e); *part.pt.* geschrieben.

schreien *prs.* schreie, schreist, schreit; *impf.* schrie, schriest; *subj.* schriee; *imp.* schrei(e); *part.pt.* geschrie(e)n.

schreiten *prs.* schreite, schreitest, schreitet; *impf.* schritt, schritt(e)st; *subj.* schritte; *imp.* schreit(e); *part.pt.* geschritten.

schweigen *prs.* schweige, schweigst, schweigt; *impf.* schwieg, schwiegst; *subj.* schwiege; *imp.* schweig(e); *part.pt.* geschwiegen.

schwellen *prs.* schwelle, schwillst, schwillt; *impf.* schwoll, schwollst; *subj.* schwölle; *imp.* schwill; *part.pt.* geschwollen.

schwimmen *prs.* schwimme, schwimmst, schwimmt; *impf.* schwamm, schwammst; *subj.* schwömme (schwämme); *imp.* schwimm(e); *part.pt.* geschwommen.

schwinden *prs.* schwinde, schwindest, schwindet; *impf.* schwand, schwand(e)st; *subj.* schwände; *imp.* schwind(e); *part.pt.* geschwunden.

schwingen *prs.* schwinge, schwingst, schwingt; *impf.* schwang, schwangst; *subj.* schwänge; *imp.* schwing(e); *part.pt.* geschwungen.

schwören *prs.* schwöre, schwörst, schwört; *impf.* schwor (schwur); *subj.* schwüre; *imp.* schwör(e); *part.pt.* geschworen.

sehen *prs.* sehe, siehst, sieht; *impf.* sah; *subj.* sähe; *imp.* sieh (*Hinweis, Ausruf:* siehe); *part.pt.* gesehen.

sein *prs.* bin, bist, ist, sind, seid, sind; *subj. prs.* sei, sei(e)st, sei, seien, seiet, seien; *impf.* war, warst, war, waren; *subj.* wäre; *imp.* sei, seid; *part.pt.* gewesen.

senden *prs.* sende, sendest, sendet; *impf.* sandte (sendete*); *subj.* sendete; *imp.* send(e); *part.pt.* gesandt (gesendet*).

*Radio.

sieden *prs.* siede, siedest, siedet; *impf.* sott (siedete), sottest (siedetest); *subj.* sötte (siedete); *imp.* sied(e); *part.pt.* gesotten (gesiedet).

singen *prs.* singe, singst, singt; *impf.* sang, sangst; *subj.* sänge; *imp.* sing(e); *part.pt.* gesungen.

sinken *prs.* sinke, sinkst, sinkt; *impf.* sank, sankst; *subj.* sänke; *imp.* sink(e); *part.pt.* gesunken.

sinnen *prs.* sinne, sinnst, sinnt; *impf.* sann, sannst; *subj.* sänne; *imp.* sinn(e); *part.pt.* gesonnen.

sitzen *prs.* sitze, sitzt, sitzt; *impf.* saß, saßest; *subj.* säße; *imp.* sitz(e); *part.pt.* gesessen.

sollen *prs.* soll, sollst, soll; *impf.* sollte; *subj.* sollte; *imp.* —; *part.pt.* gesollt.

speien *prs.* speie, speist, speit; *impf.* spie; *subj.* spiee; *imp.* spei(e); *part.pt.* gespie(e)n.

spinnen *prs.* spinne, spinnst, spinnt; *impf.* spann, spannst; *subj.* spönne (spänne); *imp.* spinn(e); *part.pt.* gesponnen.

sprechen *prs.* spreche, sprichst, spricht; *impf.* sprach, sprachst; *subj.* spräche; *imp.* sprich; *part.pt.* gesprochen.

sprießen *prs.* es sprießt; *impf.* es sproß; *subj.* es sprösse; *imp.* sprieß(e); *part.pt.* gesprossen.

springen *prs.* springe, springst, springt; *impf.* sprang, sprangst; *subj.* spränge; *imp.* spring(e); *part.pt.* gesprungen.

stechen *prs.* steche, stichst, sticht; *impf.* stach, stachst; *subj.* stäche; *imp.* stich; *part.pt.* gestochen.

steh(e)n *prs.* stehe, stehst, steht; *impf.* stand, stand(e)st; *subj.* stünde (stände); *imp.* steh(e); *part.pt.* gestanden.

stehlen *prs.* stehle, stiehlst, stiehlt; *impf.* stahl; *subj.* stähle; *imp.* stiehl; *part.pt.* gestohlen.

steigen *prs.* steige, steigst, steigt; *impf.* stieg, stiegst; *subj.* stiege; *imp.* steig(e); *part.pt.* gestiegen.

sterben *prs.* sterbe, stirbst, stirbt; *impf.* starb; *subj.* stürbe; *imp.* stirb; *part.pt.* gestorben.

stinken *prs.* stinke, stinkst, stinkt; *impf.* stank, stankst; *subj.* stänke; *imp.* stink(e); *part.pt.* gestunken.

stoßen *prs.* stoße, stößt, stößt; *impf.* stieß, stießest; *subj.* stieße; *imp.* stoß(e); *part.pt.* gestoßen.

streichen *prs.* streiche, streichst, streicht; *impf.* strich, strichst; *subj.* striche; *imp.* streich(e); *part.pt.* gestrichen.

streiten *prs.* streite, streitest, streitet; *impf.* stritt, stritt(e)st; *subj.* stritte; *imp.* streit(e); *part.pt.* gestritten.

tragen *prs.* trage, trägst, trägt; *impf.* trug, trugst; *subj.* trüge; *imp.* trag(e); *part.pt.* getragen.

treffen *prs.* treffe, triffst, trifft; *impf.* traf, trafst; *subj.* träfe; *imp.* triff; *part.pt.* getroffen.

treiben *prs.* treibe, treibst, treibt; *impf.* trieb, triebst; *subj.* triebe; *imp.* treib(e); *part.pt.* getrieben.

treten *prs.* trete, trittst, tritt; *impf.* trat, trat(e)st; *subj.* träte; *imp.* tritt; *part.pt.* getreten.

trinken *prs.* trinke, trinkst, trinkt; *impf.* trank, trankst; *subj.* tränke; *imp.* trink(e); *part.pt.* getrunken.

trügen *prs.* trüge, trügst, trügt; *impf.* trog, trogst; *subj.* tröge; *imp.* trüg(e); *part.pt.* getrogen.

tun *prs.* tue, tust, tut, tun, tun; *impf.* tat, tat(e)st; *subj.* täte; *imp.* tu(e); *part.pt.* getan.

verderben *prs.* verderbe, verdirbst, verdirbt; *impf.* verdarb; *subj.* verdürbe; *imp.* verdirb; *part.pt.* verdorben.

verdrießen *prs.* verdrieße, verdrießt, verdrießt; *impf.* verdroß, verdrossest; *subj.* verdrösse; *imp.* verdrieß(e); *part.pt.* verdrossen.

vergessen *prs.* vergesse, vergißt, vergißt; *impf.* vergaß, vergaßest; *subj.* vergäße; *imp.* vergiß; *part.pt.* vergessen.

verlieren *prs.* verliere, verlierst, verliert; *impf.* verlor; *subj.* verlöre; *imp.* verlier(e); *part.pt.* verloren.

wachsen (*v/i.*) *prs.* wachse, wächst, wächst; *impf.* wuchs, wuchsest; *subj.* wüchse; *imp.* wachs(e); *part. pt.* gewachsen.

wägen 1. *s.* erwägen; 2. abwägen: *impf.* wägte (wog) ab; *part.pt.* abgewägt (abgewogen).

waschen *prs.* wasche, wäschst, wäscht; *impf.* wusch, wuschest; *subj.* wüsche; *imp.* wasch(e); *part. pt.* gewaschen.

weichen (*v/i.*) *prs.* weiche, weichst, weicht; *impf.* wich, wichst; *subj.*

wiche; *imp.* weich(e); *part.pt.* gewichen.

weisen *prs.* weise, weist, weist; *impf.* wies, wiesest; *subj.* wiese; *imp.* weis(e); *part.pt.* gewiesen.

wenden *prs.* wende, wendest, wendet; *impf.* wandte (wendete); *subj.* wendete; *imp.* wend(e); *part.pt.* gewandt (gewendet).

werben *prs.* werbe, wirbst, wirbt; *impf.* warb; *subj.* würbe; *imp.* wirb; *part.pt.* geworben.

werden *prs.* werde, wirst, wird; *impf.* wurde, wurdest; *subj.* würde; *imp.* werd(e); *part.pt.* geworden (worden*).

werfen *prs.* werfe, wirfst, wirft; *impf.* warf, warfst; *subj.* würfe; *imp.* wirf; *part.pt.* geworfen.

wiegen *prs.* wiege, wiegst, wiegt; *impf.* wog; *subj.* wöge; *imp.* wieg(e); *part.pt.* gewogen.

winden *prs.* winde, windest, windet;

impf. wand, wandest; *subj.* wände; *imp.* wind(e); *part.pt.* gewunden.

wissen *prs.* weiß, weißt, weiß, wissen, wißt, wissen; *impf.* wußte; *subj.* wüßte; *imp.* wisse; *part.pt.* gewußt.

wollen *prs.* will, willst, will, wollen; *impf.* wollte; *subj.* wollte; *imp.* wolle; *part.pt.* gewollt.

wringen *prs.* wringe, wringst, wringt; *impf.* wrang; *subj.* wränge; *imp.* wring(e); *part.pt.* gewrungen.

zeihen (ver~) *prs.* zeihe, zeihst, zeiht; *impf.* zieh, ziehst; *subj.* ziehe; *imp.* zeih(e); *part.pt.* geziehen.

ziehen *prs.* ziehe, ziehst, zieht; *impf.* zog, zogst; *subj.* zöge; *imp.* zieh(e); *part.pt.* gezogen.

zwingen *prs.* zwinge, zwingst, zwingt; *impf.* zwang, zwangst; *subj.* zwänge; *imp.* zwing(e); *part.pt.* gezwungen.

*Construido con el *part.pt.* de otros verbos.

Normas generales para la pronunciación alemana

A 1. La lengua alemana posee vocales largas, breves y semilargas.

2. Las vocales breves son siempre abiertas: [ɛ] [œ] [i] [y] [ɔ] [u]

3. Las vocales largas y semilargas, excepto [ɛ], siempre son cerradas:
    [e:] [ø:] [i:] [y:] [o:] [u:]
    [e'] [ø'] [i'] [y'] [o'] [u']

Excepciones: [ɛ:] [ɛ']

4. En palabras de origen extranjero se hallan en la sílaba postónica, es decir, en la que sigue a la sílaba acentuada, vocales breves que apenas se pronuncian por no constituir sílaba propia: [i] [ỹ] [ũ] [õ]

5. La **a** alemana es neutra, es decir, tanto si es larga como breve su sonido se mantiene equidistante de la **o** y de la **e**. Sin embargo, por lo general la **a** larga se pronuncia en un tono más profundo que la breve y la semilarga.

La **a** larga y profunda (semivelar) está representada por [ɑ:] y la **a** breve y la semilarga clara (semipalatal) por [a] y [a'] respectivamente.

6. En los prefijos **be-** y **ge-** y en los sufijos que preceden a **-l, -ln, -lst, -m, -n, -nd, -nt, [-r, -rn, -rn, -rt, -rst]*), -s** así como al final de palabra (**-e**) la **e** se pronuncia como una especie de vocal mixta con efecto fonético poco definido: [ə]

B La ortografía alemana se ajusta, en parte, a la tradición histórica y también, parcialmente, a la pronunciación efectiva. No obstante, es posible establecer determinadas normas con arreglo a las cuales se logra una correcta pronunciación de la mayoría de las palabras alemanas.

1. Las vocales siempre son breves cuando preceden a consonantes dobles como, por ejemplo, **ff**, **mm, tt, ss****) y **ck** (en lugar de **kk**); también son breves, generalmente, cuando preceden a dos o más consonantes.

    offen   [ˈʔɔfən]
    lassen   [ˈlasən]
    Acker   [ˈʔakər]
    oft   [ʔɔft']

Las excepciones figuran señaladas en el vocabulario con la indicación de la vocal larga: Jagd   [jɑ:kt']

---

*) Véase **E** 7c.   **) Respecto a **ß** véase **B** 2e.

2. Las vocales son largas
   a) en las sílabas abiertas y acentuadas: Ware ['vɑ:rə]

   Si la vocal es larga en el infinitivo de los verbos débiles conservará también ese carácter en las demás formas verbales de los mismos:

   sagen ['za:gən]
   sagte ['za:ktə]
   gesagt [gə'za:kt']

   b) cuando figuran duplicadas: Paar [p'a:r]

   c) cuando van seguidas de **h** muda: Bahn [ba:n]

   d) cuando van seguidas de una sola consonante: Tag [t'a:k']

   Excepciones:

   ab ['ap'] bis [bis] hin [hin] in ['ʔin] man [man] mit [mit'] ob ['ʔɔp'] um ['ʔum] -nis [-nis] ver- [fɛr-] zer- [tsɛr-] bin [bin] zum [tsum] das [das] an ['ʔan] von [fɔn] un- ['ʔun-] wes [vɛs] was [vas] es ['ʔɛs] des [dɛs] weg [vɛk']
   y en algunas palabras compuestas como, por ejemplo: Walnuß ['valnus]

   e) delante de **ß** intervocálica: grüßen ['gry:sən]

   La ortografía alemana prescribe que al final de palabra se emplee siempre la letra **ß** y en ningún caso dos eses: Schluß [ʃlus]

   Para determinar si la vocal precedente a una **ß** final es larga o breve bastará formar el plural de la palabra correspondiente si ésta es un substantivo o formar el comparativo de la misma si se tratara de un adjetivo; si hecho esto la **ß** se mantiene como tal, en el plural o en el comparativo formados, la vocal en cuestión es larga:

   Gruß [u:] – Grüße [y:]
   groß [o:] – größer [ø:]

   Si el plural o, en su caso, el comparativo correspondiente se escribieran con **ss**, la vocal será breve tanto en el singular, o en la forma positiva del adjetivo, como en el plural o en el comparativo:

   Faß [a] - Fässer [ɛ]
   naß [a] - nässer [ɛ]

   f) Como la **ch** y la **sch** no se duplican nunca, no es posible precisar si la vocal que precede a estos grupos de letras es larga o breve. Por lo general es breve:

   Bach [bax]
   Wäsche ['vɛʃə]

   Las excepciones figuran señaladas en el vocabulario con la indicación de la vocal larga: Buch [bu:x]

3. Las vocales semilargas se encuentran exclusivamente en las sílabas átonas o no acentuadas; en la mayor parte de los casos se trata de palabras de origen extranjero:

   viel
   leicht [fiˑ'laɪçt']
   monoton [moˑnoˑt'o:n]

C El idioma alemán tiene tres diptongos:

au [aʊ]
ai, ei, ey [aɪ]
äu, eu, oi [ɔʏ]

La primera vocal del diptongo se pronuncia más fuerte que la segunda. La segunda vocal es muy abierta, es decir, la **u** abierta [ʊ] en **au** [aʊ] se aproxima a lo **o** cerrada [o] y la **i** abierta [ɪ] en **ei, ai** y **ey** [aɪ] a la **e** cerrada [e]; en el caso de **äu, eu, oi** [ɔʏ] se opera un ligero redondeo hacia **ö** [ø]. Por esta razón muchas veces no se escribe [aʊ], [aɪ], [ɔʏ] sino [ao], [ae], [ɔø].

D Vocales nasales sólo se hallan en palabras originariamente francesas; en posición tónica o acentuada son largas, a diferencia muchas veces del francés, y en posición átona o no acentuada son semilargas.

En las palabras de uso corriente las vocales nasales son sustituidas por el correspondiente vocal pura seguida de la consonante oclusiva nasal [ŋ]. La pronunciación de estas palabras va indicada aquí tal como son expresadas en el lenguaje alemán culto y no con sujeción estricta a reglas teóricas:

Waggon [vaˈgɔŋ]

E Exponemos a continuación algunas particularidades relativas a consonantes alemanas aisladas y al valor fonético de las mismas según el lugar que ocupen en la palabra.

1. Las vocales tónicas iniciales de palabra van precedidas de una especie de sonido gutural oclusivo, equivalente en inglés al *glottal stop* y en francés al *coup de glotte* y que también muestra gran analogía con el *stød* danés y con el *hamza* árabe:

[ʔ]

En la ortografía alemana no se indica con ningún signo este sonido. Si se produce en el interior de una palabra (después de un prefijo) va señalado en el vocabulario con un corto trazo de unión:

ab-arbeiten
[ˈʔapˈʔarbaɪtən]

2. La **h** se pronuncia en alemán:

a) cuando es inicial de palabra:

hinein [hiˈnaɪn]

b) cuando precede a una vocal tónica; delante de vocales que forman parte de una sílaba radical, en cuyo caso llevan también un acento secundario:

Halt [halt]
anhalten
[ˈʔanhaltən]

c) en palabras de diversa especie, particularmente en voces de origen extranjero:

Uhu [ˈʔuːhuˑ]
Alkohol
[ˈʔalkˑoˑhoːl]

En los restantes casos la **h** es muda:

gehen [ˈgeːən]
sehen [ˈzeːən]
Ehe [ˈʔeːəl]

3. p – t – k

En las posiciones señaladas a continuación estas consonantes oclusivas sordas son aspiradas, es decir, su pronunciación va unida con una aspiración claramente audible después de rota la oclusión.

La aspiración se produce:

a) al comienzo de palabra delante de vocal: o bien delante de **l, n, r** y **v** (en **qu-**):

Pech	[pʼɛç]
Plage	[ˈpʼlɑ:gə]
Kreis	[kʼraɪs]
Quelle	[ˈkʼvɛlə]

b) en la sílaba acentuada en el interior de la palabra:

ertragen
[ɛrˈtʼrɑ:gən]

c) en las palabras extranjeras delante de vocal y también en las sílabas átonas:

Krokodil
[kʼroˑkʼoˑˈdiːl]

d) al final de palabra:

Rock [rɔkʼ]

En los demás casos **p, t** y **k** no son aspiradas o lo son muy débilmente.

4. b – d – g

Estas oclusivas sonoras se transforman en sordas al final de palabra:

ab	[ʔapʼ]
und	[ʔuntʼ]
Weg	[veːkʼ]

Los grupos de consonantes **-gd, -bt** y **-gt** experimentan la misma transformación:

Jagd	[jɑːktʼ]
gibt	[giːptʼ]
gesagt	[gəˈzɑːktʼ]

Al final de sílaba y precediendo a una consonante de la sílaba siguiente **b, d, g** se pronuncian sin vibración; la transcripción fonética de estas consonantes será, respectivamente: [p], [t], [k]:

ablaufen
[ˈʔaplaʊfən]
endgültig
[ˈʔɛntgyltiç]
weggehen
[ˈvɛkgeːən]

5.
Cuando se encuentran dos oclusivas sordas iguales pero pertenecientes a dos sílabas distintas (por ejemplo, **-tt-**) sólo una de ellas será pronunciada claramente y con una ligera prolongación en su articulación bucal. Al pronunciar, por ejemplo, la palabra «Bettuch» se hará una breve vacilación después de **-t-** antes de pronunciar la **-u-** siguiente. De este modo se produce una sola oclusiva con subsiguiente aspiración:

Bettuch [ˈbɛtʼuːx]
Handtuch
[ˈhanttʼuːx]

6.
Cuando a una consonante sorda sigue otra sonora situada al comienzo de la sílaba siguiente no se produce asimilación alguna en ningún sentido, esto es, ni la consonante sorda da este carácter a la consonante siguiente ni ésta hace

sonora a la consonante precedente; una y otra se pronuncian distintamente y según sus características fonéticas propias:

aussetzen
[ˈˀauszɛtsən]
Absicht [ˈˀapzɪçt]

7. En alemán existen tres diferentes pronunciaciones de la **r**, a saber:

a) una **r** acentuadamente gutural al principio de sílaba o después de consonante; el sonido de esta **r** se produce por vibración uvular:

rollen [ˈrɔlən]
Ware [ˈvaːrə]
schreiben [ˈʃraɪbən]

b) una **r** gutural suavizada y apenas vibrante al final de palabra y precediendo a consonante:

für [fyːr]
stark [ʃtark]

c) una **r** fuertemente vocalizada en la sílaba final átona **-er:** [ər]

Lehrer [ˈleːrər]

Zahlwörter — Numerales

Die spanischen Ordnungszahlen sowie die Grundzahlen *uno* und die Hunderte von *doscientos* ab haben für das weibliche Geschlecht eine besondere Form, die durch Verwandlung des auslautenden -o in -a (Mehrzahl -as) gebildet wird.

Wir geben im folgenden nur die männliche Form ohne Artikel.

Die spanischen Ordnungszahlen 13te bis 19te werden mit Hilfe von *décimo* und der Ordnungszahl des betreffenden Einers gebildet. Von 20ste ab haben alle Ordnungszahlen die Endung -*ésimo*.

Grundzahlen — Números cardinales

0 null *cero*
1 eins *uno* (Kurzform: *un*), *una*
2 zwei *dos*
3 drei *tres*
4 vier *cuatro*
5 fünf *cinco*
6 sechs *seis*
7 sieben *siete*
8 acht *ocho*
9 neun *nueve*
10 zehn *diez*
11 elf *once*
12 zwölf *doce*
13 dreizehn *trece*
14 vierzehn *catorce*
15 fünfzehn *quince*
16 sechzehn *dieciséis*
17 siebzehn *diecisiete*
18 achtzehn *dieciocho*
19 neunzehn *diecinueve*
20 zwanzig *veinte*
21 einundzwanzig *veintiuno*, Kurzform: *veintiún*
22 zweiundzwanzig *veintidós*
30 dreißig *treinta*
31 einunddreißig *treinta y un(o)*
40 vierzig *cuarenta*

50 fünfzig *cincuenta*
60 sechzig *sesenta*
70 siebzig *setenta*
80 achtzig *ochenta*
90 neunzig *noventa*
100 hundert *ciento*, Kurzform: *cien*
101 (ein)hunderteins *ciento un(o)*
200 zweihundert *doscientos*, *-as*
300 dreihundert *trescientos*
400 vierhundert *cuatrocientos*
500 fünfhundert *quinientos*
600 sechshundert *seiscientos*
700 siebenhundert *setecientos*
800 achthundert *ochocientos*
900 neunhundert *novecientos*
1000 tausend *mil*
1875 eintausendachthundertfünf-undsiebzig *mil ochocientos setenta y cinco*
3000 dreitausend *tres mil*
5000 fünftausend *cinco mil*
10 000 zehntausend *diez mil*
100 000 hunderttausend *cien mil*
500 000 fünfhunderttausend *quinientos mil*
1 000 000 eine Million *un millón* (de)
2 000 000 zwei Millionen *dos millones* (de)

Ordnungszahlen — Números ordinales

1. erste *primero*, Kurzform: *primer*
2. zweite *segundo*
3. dritte *tercero*, Kurzform: *tercer*
4. vierte *cuarto*
5. fünfte *quinto*
6. sechste *sexto*
7. siebte, siebente *sé(p)timo*
8. achte *octavo*
9. neunte *noveno, nono*
10. zehnte *décimo*
11. elfte *undécimo*
12. zwölfte *duodécimo*
13. dreizehnte *décimotercero, décimotercio*
14. vierzehnte *décimocuarto*
15. fünfzehnte *décimoquinto*
16. sechzehnte *décimosexto*
17. siebzehnte *décimosé(p)timo*
18. achtzehnte *décimoctavo*
19. neunzehnte *décimonono*
20. zwanzigste *vigésimo*
21. einundzwanzigste *vigésimo primero, vigésimo primo*
22. zweiundzwanzigste *vigésimo segundo*
30. dreißigste *trigésimo*
31. einunddreißigste *trigésimo prim(er)o*
40. vierzigste *cuadragésimo*

50. fünfzigste *quincuagésimo*
60. sechzigste *sexagésimo*
70. siebzigste *septuagésimo*
80. achtzigste *octogésimo*
90. neunzigste *nonagésimo*
100. hundertste *centésimo*
101. hunderterste *centésimo primero*
200. zweihundertste *ducentésimo*
300. dreihundertste *trecentésimo*
400. vierhundertste *cuadringentésimo*
500. fünfhundertste *quingentésimo*
600. sechshundertste *sexcentésimo*
700. siebenhundertste *septingentésimo*
800. achthundertste *octingentésimo*
900. neunhundertste *noningentésimo*
1000. tausendste *milésimo*
1875. eintausendachthundertfünfundsiebzigste *milésimo octingentésimo septuagésimo quinto*
3000. dreitausendste *tres milésimo*
100 000. hunderttausendste *cien milésimo*
500 000. fünfhunderttausendste *quinientos milésimo*
1 000 000. millionste *millonésimo*
2 000 000. zweimillionste *dos millonésimo*

Bruchzahlen – Números quebrados

$^1/_2$ ein halb *medio, media;* $1^1/_2$ einein-
halb od. anderthalb *uno y medio;*
$^1/_2$ Meile *media legua;* $1^1/_2$ Meilen
legua y media; $2^1/_2$ Meilen *dos
leguas y media.*

$^1/_3$ ein Drittel *un tercio;* $^2/_3$ *dos tercios.*

$^1/_4$ ein Viertel *un cuarto;* $^3/_4$ *tres
cuartos od. las tres cuartas partes;*
$^1/_4$ Stunde *un cuarto de hora;*
$1^1/_4$ Stunden *una hora y un cuarto.*

$^1/_5$ ein Fünftel *un quinto;* $3^4/_5$ *tres y
cuatro quintos.*

$^1/_{11}$ ein Elftel *un onzavo;* $^5/_{12}$ *cinco
dozavos;* $^7/_{13}$ *siete trezavos* usw.

Vervielfältigungszahlen – Números proporcionales

Einfach *simple,* zweifach *doble, duplo,*
dreifach *triple,* vierfach *cuádruplo,*
fünffach *quíntuplo,* sechsfach *séxtuplo,* siebenfach *séptuplo,* acht-
fach *óctuplo,* zehnfach *décuplo,*
hundertfach *céntuplo.*

Einmal *una vez;* zwei-, drei-, viermal usw. *dos, tres, cuatro veces;*
zweimal soviel *dos veces más;*
noch einmal *otra vez.*

$7 + 8 = 15$ sieben und acht ist
fünfzehn *siete y ocho son quince.*

$10 - 3 = 7$ zehn weniger drei ist
sieben *diez menos tres son siete;
de tres a diez van siete.*

$2 \times 3 = 6$ zwei mal drei ist sechs
dos por tres son seis.

$20 : 4 = 5$ zwanzig (geteilt) durch
vier ist fünf *veinte dividido por
cuatro es cinco; veinte entre
cuatro son cinco.*

Zahladverbien – Adverbios numerales

Erstens *en primer lugar, primero, primeramente* (1.°)
Zweitens *en segundo lugar, segundo* (2.°)
Drittens *en tercer lugar, tercero* (3.°)

Potenzen, Wurzeln und Prozente
Potencias, raíces y porcentajes

Potenz: 3^2 drei hoch zwei *tres elevado a la segunda potencia* oder *tres elevado a dos*
Wurzel: $\sqrt{9}$ Wurzel aus neun *la raíz cuadrada de nueve*
Prozent: $4^0/_0$ vier Prozent *el* oder *un cuatro por ciento*

Deutsche Maße und Gewichte

Medidas y pesos alemanes

Längenmaße
Medidas de longitud

1 mm	*Millimeter* milímetro	
1 cm	*Zentimeter* centímetro	
1 dm	*Dezimeter* decímetro	
1 m	*Meter* metro	
1 km	*Kilometer* kilómetro	
1 sm	*Seemeile* milla marina = 1852 metros	

Flächenmaße
Medidas de superficie

1 mm²	*Quadratmillimeter* milímetro cuadrado
1 cm²	*Quadratzentimeter* centimetro cuadrado
1dm²	*Quadratdezimeter* decímetro cuadrado
1 m²	*Quadratmeter* metro cuadrado
1 a	*Ar* área
1 ha	*Hektar* hectárea
1 km²	*Quadratkilometer* kilómetro cuadrado
1 Morgen	yugada

Hohlmaße
Medidas de capacidad

1 ml	*Milliliter* mililitro
1 cl	*Zentiliter* centilitro
1 dl	*Deziliter* decilitro
1 l	*Liter* litro
1 hl	*Hektoliter* hectolitro

Raummaße
Medidas de capacidad

1 mm³	*Kubikmillimeter* milímetro cúbico
1 cm³	*Kubikzentimeter* centimetro cúbico
1 dm³	*Kubikdezimeter* decímetro cúbico
1 m³	*Kubikmeter* metro cúbico
1 rm	*Raummeter* metro cúbico
1 fm	*Festmeter* estéreo
1 BRT	*Bruttoregistertonne* tonelada de registro bruto

Gewichte
Pesos

1 mg	*Milligramm* miligramo
1 cg	*Zentigramm* centigramo
1 dg	*Dezigramm* decigramo
1g	*Gramm* gramo
1 Pfd.	*Pfund* libra
1 kg	*Kilogramm* kilogramo
1 Ztr.	*Zentner* cincuenta kilos
1 dz	*Doppelzentner* quintal métrico
1 t	*Tonne* tonelada

Mengenbezeichnung
Cantidad

1 Dtzd.	*Dutzend* docena

Langenscheidts Wörterbücher:
die Standardwerke für fremde Sprachen

Langenscheidts Enzyklopädisches Wörterbuch Englisch „Der Große Muret-Sanders"

Das größte zweisprachige Wörterbuch überhaupt. Für Dozenten und Übersetzer, Auslandskorrespondenten und Wissenschaftler – kurz für alle, die höchste Ansprüche an ein enzyklopädisches Wörterbuch haben.
In zwei Teilen à 2 Bänden. Mit insgesamt rund 560 000 Stichwörtern und Wendungen.

Langenscheidts Großwörterbücher

Für große Ansprüche im Bereich von Lehre und Unterricht, Wissenschaft und Forschung, Beruf und Wirtschaft.
In Einzelbänden. Mit bis zu 360 000 Stichwörtern und Wendungen in beiden Teilen.

Langenscheidts Handwörterbücher

Die umfassenden Nachschlagewerke für gehobene Ansprüche. Für den praktischen Gebrauch in Handel und Industrie, für Lehre und Studium.
In Einzel- und Komplettbänden. Mit bis zu 210 000 Stichwörtern und Wendungen in beiden Teilen.

Langenscheidts Große Schulwörterbücher

Besonders geeignet für die gymnasiale Oberstufe, für Fremdsprachenkurse in der Erwachsenenbildung und für das Studium.
In Einzelbänden. Mit bis zu 200 000 Stichwörtern und Wendungen in beiden Teilen.

Langenscheidts Taschenwörterbücher

Millionenfach bewährte Standardwörterbücher. Für Beruf und Alltag, für die Reise und fremdsprachliche Lektüre.
In Einzel- und Komplettbänden. Mit bis zu 100 000 Stichwörtern und Wendungen in beiden Teilen.

Langenscheidts Schulwörterbücher

Für Haupt-, Realschule und Gymnasium. Die Stichwortauswahl ist auf die in den Schulen gebräuchlichen Lehrbücher abgestimmt.
In Komplettbänden. Mit bis zu 48 000 Stichwörtern und Wendungen.

Langenscheidt ... weil Sprachen verbinden